4주 28일 완성 학습계획표

2026 마더텅 전국연합 학력평가 기출문제집 고1 국어 독서

- 마더텅 기출문제집을 100% 활용할 수 있도록 도와주는 학습계획표입니다. 계획표를 활용하여 학습 일정을 계획하고 자신의 성적을 체크해 보세요.
  꼭 4주 완성을 목표로 하지 않더라도, 스스로 학습 현황을 체크하면서 공부하는 습관은 문제집을 끝까지 푸는 데 도움을 줍니다.

- 날짜별로 정해진 분량에 맞춰 공부하고 학습 결과를 기록합니다.

- 계획은 도중에 틀어질 수 있습니다. 하지만 계획을 세우고 지키는 과정은 그 자체로 효율적인 학습에 큰 도움이 됩니다.
  학습 중 계획이 변경될 경우에 대비해 마더텅 홈페이지에서 학습계획표 PDF 파일을 제공하고 있습니다.

KB244857

주차	Day	학습 내용		성취도				
				100%	99~75%	74~50%	49~25%	24~0%
1주차	1일차	Ⅰ. 인문	001번 ~ 014번					
	2일차		015번 ~ 028번					
	3일차		029번 ~ 042번					
	4일차		043번 ~ 058번					
	5일차		059번 ~ 071번					
	6일차		072번 ~ 087번					
	7일차		088번 ~ 099번					
2주차	8일차		100번 ~ 111번					
	9일차		112번 ~ 121번					
	10일차	Ⅱ. 사회	001번 ~ 014번					
	11일차		015번 ~ 024번					
	12일차		025번 ~ 040번					
	13일차		041번 ~ 056번					
	14일차		057번 ~ 070번					
3주차	15일차		071번 ~ 083번					
	16일차		084번 ~ 098번					
	17일차		099번 ~ 113번					
	18일차		114번 ~ 127번					
	19일차	Ⅲ. 과학, 기술	001번 ~ 013번					
	20일차		014번 ~ 029번					
	21일차		030번 ~ 041번					
4주차	22일차		042번 ~ 056번					
	23일차		057번 ~ 069번					
	24일차		070번 ~ 084번					
	25일차		085번 ~ 099번					
	26일차		100번 ~ 113번					
	27일차		114번 ~ 128번					
	28일차	Ⅳ. 예술	001번 ~ 026번					

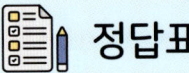
Ⅰ. 인문

1. 서양철학과 사상가 문제편 p.012 해설편 p.002

001 ⑤	002 ②	003 ②	004 ②	005 ⑤
006 ③	007 ②	008 ③	009 ②	010 ②
011 ④	012 ④	013 ①	014 ②	015 ②
016 ④	017 ⑤	018 ⑤	019 ②	020 ⑤
021 ⑤	022 ①	023 ①	024 ①	025 ⑤
026 ③	027 ②	028 ③	029 ③	030 ②
031 ③	032 ④	033 ①	034 ④	035 ⑤
036 ②	037 ②	038 ⑤	039 ④	040 ⑤
041 ①	042 ④			

2. 동양철학과 사상가 문제편 p.030 해설편 p.029

043 ②	044 ④	045 ④	046 ⑤	047 ④
048 ③	049 ③	050 ②	051 ④	052 ④
053 ①	054 ④	055 ④	056 ③	057 ⑤
058 ④	059 ④	060 ④	061 ⑤	062 ①
063 ②	064 ④	065 ①	066 ②	

3. 우리의 마음과 행동에 대한 연구 문제편 p.040 해설편 p.043

067 ②	068 ③	069 ⑤	070 ④	071 ②
072 ①	073 ①	074 ②	075 ③	076 ②
077 ②	078 ②	079 ④	080 ⑤	081 ②
082 ②				

4. 그 밖의 인문학적 이야기들 문제편 p.047 해설편 p.053

083 ③	084 ④	085 ⑤	086 ②	087 ①
088 ④	089 ②	090 ⑤	091 ③	092 ②
093 ④	094 ⑤	095 ②	096 ⑤	097 ③
098 ⑤	099 ⑤	100 ④	101 ③	102 ①
103 ④	104 ④	105 ②	106 ③	107 ④
108 ④	109 ①	110 ②	111 ④	112 ③
113 ④	114 ⑤	115 ⑤	116 ③	117 ④
118 ⑤	119 ⑤	120 ③	121 ②	

Ⅱ. 사회

1. 경제에 대한 기초적 이해 문제편 p.066 해설편 p.081

001 ③	002 ②	003 ③	004 ③	005 ①
006 ⑤	007 ①	008 ①	009 ②	010 ⑤
011 ②	012 ④	013 ⑤	014 ②	015 ⑤
016 ⑤	017 ⑤	018 ⑤	019 ①	020 ⑤
021 ①	022 ②	023 ⑤	024 ③	

2. 여러 가지 경제 현상의 원인과 결과 문제편 p.076 해설편 p.096

025 ②	026 ②	027 ②	028 ⑤	029 ③
030 ①	031 ③	032 ①	033 ②	034 ④
035 ②				

3. 우리는 법의 울타리 안에서 어떤 보호를 받을 수 있는가? 문제편 p.081 해설편 p.103

036 ④	037 ③	038 ①	039 ①	040 ①
041 ③	042 ④	043 ①	044 ⑤	045 ①
046 ⑤	047 ③	048 ⑤	049 ⑤	050 ③
051 ⑤	052 ②	053 ④	054 ②	055 ③
056 ⑤	057 ③	058 ⑤	059 ④	060 ①
061 ①	062 ②	063 ②	064 ②	065 ①
066 ①	067 ④	068 ②	069 ⑤	070 ②
071 ①	072 ⑤	073 ②	074 ②	075 ④
076 ⑤	077 ②	078 ⑤	079 ⑤	080 ①
081 ⑤	082 ③	083 ④	084 ⑤	085 ⑤
086 ②	087 ②	088 ③	089 ⑤	090 ④
091 ⑤	092 ①	093 ④	094 ⑤	095 ②
096 ②	097 ③	098 ①	099 ①	100 ③
101 ⑤	102 ②	103 ④	104 ⑤	105 ②
106 ⑤	107 ③	108 ②		

4. 그 밖의 사회, 문화 관련 이야기들 문제편 p.112 해설편 p.152

109 ②	110 ②	111 ④	112 ⑤	113 ③
114 ②	115 ①	116 ②	117 ⑤	118 ①
119 ⑤	120 ④	121 ②	122 ④	123 ⑤
124 ①	125 ③	126 ③	127 ④	

Ⅲ. 과학, 기술

1. 우리 몸의 이해 문제편 p.120 해설편 p.165

001 ②	002 ⑤	003 ①	004 ②	005 ①
006 ⑤	007 ④	008 ③	009 ③	010 ③
011 ④	012 ③	013 ④	014 ①	015 ⑤
016 ④	017 ④	018 ④	019 ③	020 ⑤
021 ④	022 ③	023 ⑤	024 ②	

2. 물리와 관련된 이야기 문제편 p.130 해설편 p.181

025 ①	026 ④	027 ③	028 ⑤	029 ③
030 ④	031 ⑤	032 ③	033 ④	034 ①
035 ③	036 ①	037 ②	038 ①	039 ①
040 ⑤	041 ③			

3. 우주와 지구에 대한 이해 문제편 p.137 해설편 p.193

042 ③	043 ②	044 ⑤	045 ④	046 ③
047 ③	048 ③	049 ⑤	050 ④	051 ②
052 ④	053 ⑤	054 ①	055 ⑤	056 ④
057 ③	058 ④	059 ②		

4. 디지털/컴퓨터 기술 원리 문제편 p.144 해설편 p.206

060 ①	061 ⑤	062 ③	063 ⑤	064 ④
065 ③	066 ①	067 ③	068 ②	069 ①
070 ⑤	071 ①	072 ④	073 ④	074 ④
075 ①	076 ②	077 ⑤	078 ④	079 ④
080 ①	081 ③	082 ⑤	083 ③	084 ③

5. 생활 속 기술 이야기 문제편 p.155 해설편 p.223

085 ⑤	086 ⑥	087 ③	088 ④	089 ①
090 ⑤	091 ④	092 ⑤	093 ④	094 ②
095 ④	096 ⑤	097 ⑤	098 ①	099 ⑤
100 ④	101 ⑤	102 ③	103 ⑤	104 ⑤
105 ②	106 ②	107 ⑤	108 ①	109 ⑤
110 ⑤	111 ③	112 ⑤	113 ⑤	114 ④
115 ⑥	116 ⑤	117 ④	118 ②	119 ④
120 ②	121 ①	122 ③	123 ④	124 ①
125 ⑤	126 ⑤	127 ③	128 ②	

Ⅳ. 예술

1. 음악과 미술에 대한 이해 문제편 p.175 해설편 p.252

001 ③	002 ①	003 ④	004 ①	005 ③
006 ①	007 ④	008 ⑤	009 ③	010 ⑤
011 ①				

2. 그 밖의 예술 이야기 문제편 p.180 해설편 p.260

012 ⑤	013 ②	014 ②	015 ②	016 ⑤
017 ③	018 ④	019 ④	020 ①	021 ⑤
022 ①	023 ②	024 ⑤	025 ⑤	026 ④

미니모의고사 1회 문제편 p.187 해설편 p.270

001 ⑤	002 ①	003 ②	004 ④	005 ③
006 ②	007 ④	008 ①	009 ⑤	010 ⑤
011 ①	012 ④	013 ④	014 ④	015 ①

미니모의고사 2회 문제편 p.194 해설편 p.280

001 ①	002 ③	003 ④	004 ①	005 ③
006 ④	007 ④	008 ④	009 ③	010 ②
011 ②	012 ④	013 ①	014 ④	015 ①

2028학년도 예시문항 문제편 p.201 해설편 p.290

001 ⑤	002 ②	003 ④	004 ⑤	005 ②
006 ③	007 ②	008 ②	009 ⑤	010 ①
011 ⑤	012 ②	013 ①	014 ⑤	015 ②
016 ②	017 ⑤			

빠른 정답표 QR
QR 코드를 스캔하시면
정답표 PDF를 다운로드하실 수 있습니다.

목차

*노란 음영은 고3 기출 문제

지문 구조 유형 톺아보기

1 중심 개념 - 특징 구조

step 1 중심 개념 - 특징 구조

중심이 되는 대상에 대한 개념을 제시한 후 이어서 대상의 특징을 제시하는 구조를 말한다. 이때 특징이란 대상이 등장한 배경, 대상이 성립하기 위한 조건, 대상의 장단점, 기능, 문제점이나 대안, 한계 및 의의 등의 정보를 이른다. 중심 개념이 어렵고 추상적인 경우 이를 쉽게 설명하기 위해 대상에 대한 사례나 예시를 드는 경우도 있다. 글에서 쉽게 만날 수 있는 가장 기본이 되는 구조로, 글 전체를 관통할 수도 있고 한 문단 내에서 나타낼 수도 있다.

step 2 읽기 전략

대체로 첫 문단에서 글의 중심이 되는 화제가 나타난다. 화제를 먼저 파악한 후 이어지는 문단에서 설명하는 내용을 파악해야 한다. 중심 화제에 대한 다양한 특징을 병렬적으로 제시하는 경우도 있고 하나의 특징을 다양한 각도에서 제시하는 경우도 있으므로, 앞뒤 문단 간의 관계를 면밀히 파악하면서 읽어야 한다.

중심
화제 파악 → 화제와 관련하여
문단별
중심 내용 파악 → 앞뒤 문단의
중심 화제 및
중심 내용과 비교하여
전체적인 흐름 확인

step 3 기출로 확인

고1 2016년 6월 학평

　다음 상황을 생각해 보자. A가 등교하는 길에 다리가 불편한 할머니가 횡단보도 건너는 것을 도와 달라고 하였다. 지금 학교에 가지 않으면 지각을 하여 벌점을 받게 된다. A는 할머니를 도와야 할까, 아니면 학교에 가야 할까? 이런 상황을 도덕적 딜레마라 한다. 이런 상황에서 <u>개인 행위의 옳고 그름을 판단하는 기준</u>이 필요하다. 이러한 기준을 우리는 크게 두 가지 관점에서 제시할 수
중심 화제
있다. 하나는 의무론적 관점이고 다른 하나는 목적론적 관점이다.

　<mark>의무론적 관점</mark>은 행위에 대한 도덕적 판단이 도덕 법칙에 따라 이루어져야 한다고 보았다. 이 관점은 <u>도덕 법칙을 지키려는 의</u>
의무론적 관점의 개념
<u>지를 의무로 보았으며 결과와 무관하게 행위 자체의 옳고 그름에 주목</u>하였다. 도덕 법칙은 언제나 타당하고 보편적인 것이기에
의무론적 관점의 특징
'왜'라는 질문은 성립하지 않는다. 따라서 좋지 않은 결과를 초래하더라도 도덕 법칙은 지켜야 한다. 이런 의미에서 의무론적 관점을 법칙론이라고도 한다.

　그러나 의무론적 관점에는 한계가 있다. <u>두 개의 옳은 도덕 법칙이 충돌할 때 의무론적 관점에 따르면 결정을 내릴 수 없다.</u> [예
의무론적 관점의 한계
를 들어 1 번 철로에는 3 명의 인부가, 2 번 철로에는 5 명의 인부가 일을 하고 있을 때 브레이크가 고장 난 기차의 기관사는 어떤 길을 선택해야 할까? 의무론적 관점은 이 상황에서 어떤 철로를 선택해야 할지 결정을 내릴 수 없다.] 의무론적 관점의 한계를
설명하기 위한 예시

　한편, <mark>목적론적 관점</mark>은 행복이나 쾌락을 인간이 추구해야 할 목적으로 보았다. 이 관점은 <u>오로지 최선의 결과를 가져오는 행위</u>
목적론적 관점의 개념
<u>가 옳은 행위이며, 경험을 통하여 도덕을 얻을 수 있다고 생각</u>하였다. 도덕은 '보다 많은 사람들에게 보다 많은 행복을 가져오는 행
목적론적 관점의 특징
위'이다. 따라서 어떤 행위를 결정할 때는 미래에 있을 결과를 고려해야 한다. 이런 의미에서 목적론적 관점을 결과론이라고도 한다.

　그러나 목적론적 관점도 한계가 있다. 똑같은 결과라도 사람마다 판단이 달라질 수 있기 때문이다. [위의 예에서 1 번 철로를 선택하는 것이 목적론적 관점에서는 옳은 선택이지만 1 번 철로에 있던 인부의 가족에게 물었을 경우 대답은 달라질 것이다.] 이런 문제 때문에 목적론적 관점은 <u>도덕 법칙에 대해 많은 예외를 허용할 우려가 있다.</u>
목적론적 관점의 한계를
설명하기 위한 예시
목적론적 관점의 한계

2 비교·대조 구조

step 1 비교·대조 구조

둘 이상의 관점이나 대상이 제시되었을 때 그 관점이나 대상 간의 공통점과 차이점을 견주는 구조를 말한다. 공통점보다는 차이점을 중심으로 하여 묻는 경우가 많으며, 이때 두 대상의 차이를 만드는 기준이 무엇인지에 대해 파악하는 것도 중요하다. 예를 들어, 축구 경기와 야구 경기를 견준다고 할 때 경기 운용 방식을 기준으로 하면 인원 수, 경기 시간, 경기가 치러지는 빈도 등을 언급하겠지만, 문화적 측면을 기준으로 하면 인기도나 팬 문화 등에 대해 언급할 수 있다.

step 2 읽기 전략

비교·대조가 되는 관점이나 대상이 무엇인지, 어떤 기준에 따라 비교·대조하고 있는지, 공통점이나 차이점이 무엇인지 파악해야 한다. 중심 화제들이 대등한 위상으로 대비되기도 하지만, 특정 화제를 강조하기 위해 다른 대상과의 대비를 활용하는 경우도 있다. 비교·대조 구조의 지문을 볼 때는 지문 위에 각기 다른 기호나 색상으로 표시하면서 읽어나가는 것이 좋다.

일반적으로 '반면에, 그러나, 한편, 대조적으로, 이와 달리'의 표지가 함께 나타난다.

| 두 가지 이상의 중심 화제를 비교·대조하는지 확인 | → | 각 대상의 개념이나 특성 등의 세부 정보 확인 | → | 공통점 파악 | → | 차이점과 그 기준 파악 |

step 3 기출로 확인

고2 2014년 6월 학평

그리스인들은 음악의 목적이 윤리적 목적과 일치하는 것으로 보았으며, 성품에 미치는 가치로 음악을 평가하였기 때문에 가장 아름다운 음악은 동시에 도덕적으로 가장 훌륭한 음악이라고 생각하였다.
중심 화제

플라톤은 이상 국가 건설을 위해 국가에서 가르쳐야 할 것으로, 신체를 위한 교육과 영혼을 위한 교육을 들었다. 그는 훌륭한 영혼이 훌륭한 신체를 만든다고 보아 무엇보다도 영혼을 위한 교육이 중요하다고 생각하였다. 그중에서도 음악이 어떤 예술보다도 인간의 영혼에 큰 영향을 미친다고 보아 음악 교육을 강조했다. *플라톤과 아리스토텔레스의 공통점* 그러나 플라톤에게 예술은 그 자체로서의 미를 추구하는 것이 아니라 이상 국가 건설이라는 목적에 부합하는 것이어야 했다. 따라서 음악 교육도 도덕성을 확립하는 데 가장 중요한 방법으로 간주했다. *플라톤의 견해* 플라톤에게 음악은 조화로운 인격을 형성하는 역할을 하는 것이어야 했다.

아리스토텔레스의 음악론은 플라톤의 이론에 많은 영향을 받았다. 아리스토텔레스도 덕스럽고 좋은 음악을 통해 선한 인간이 길러진다고 보았기 때문에 음악 교육을 중요하게 생각했다. 그러나 선과 덕을 지향하지 않는 음악을 추방해야 한다고 주장했던 플라톤과는 달리 아리스토텔레스는 모든 종류의 음악이 나름대로 필요하다고 역설했다. *플라톤과 아리스토텔레스의 차이점* 즉 플라톤은 윤리적이고 교육적 *아리스토텔레스의 견해* 인 측면에서만 음악의 존재 이유를 인정했지만, 아리스토텔레스는 오락과 지적 쾌락으로써의 음악적 가치도 중시했다. 또 인간은 누구나 공포나 광란 같은 격한 감정에 치우칠 때가 있으며, 그럴 경우에는 오히려 비슷한 성격의 음악을 듣고 동종의 감정을 자극하고 환기함으로써 그러한 감정을 배설하여 과도한 상태를 제거할 수 있다고 보았다. 이런 맥락에서 그는 모든 종류의 음악이 그 나름의 존재 가치가 있다고 말했다.

3 문제 – 해결 구조

step 1 문제 – 해결 구조

어떤 사회 현상이나 대상의 문제점을 밝히고 이를 해결할 수 있는 방안을 제시하거나, 어떤 이론의 한계를 지적하면서 그 한계를 극복하는 대안을 제시하는 구조를 말한다. 문제점과 해결 방안과 더불어 문제점이 나타난 배경과 상황, 문제가 발생한 원인, 문제를 해결하지 않았을 때 초래할 수 있는 부정적 결과, 문제를 해결했을 때 얻을 수 있는 기대 효과 등이 함께 제시된다.

step 2 읽기 전략

글쓴이가 인식하는 문제 상황이 무엇인지와 문제 상황을 만들어 낸 원인 혹은 배경, 그 해결 방안으로 제시한 내용이 무엇인지를 파악하는 것이 중요하다. 문제를 해결할 방안이 비교적 명확한 경우에는 문제점과 해결 방안 전체를 구체적으로 서술하지만 문제를 해결할 방안이 불분명한 경우에는 문제가 발생한 원인에 초점을 두어 서술하는 경우가 많다. 또한 하나의 문제 상황을 해결할 수 있는 방안이 여러 가지인 경우에는 해당 해결 방안의 특징을 모두 파악한 후 그 내용의 차이를 이해할 수 있어야 한다.

문제가 발생한 배경과 상황 파악	→	문제의 원인, 구체적인 내용, 심각성 파악	→	문제 해결 방안 파악

step 3 기출로 확인

고1 2014년 6월 학평

컴퓨터로 작업을 하다가 전원이 꺼져 작업하던 데이터가 사라져 낭패를 본 경험이 한 번쯤은 있을 것이다. 이는 현재 컴퓨터에서 **[문제 상황]** 주 메모리로 D램을 사용하기 때문이다. **[문제의 원인]** D램은 전기장의 영향을 받으면 극성을 띠게 되는 물질을 사용하는데 극성을 띠면 1, 그렇 **[중심 화제]** 지 않으면 0이 된다. 그런데 D램에 사용되는 물질의 극성은 지속적으로 전원을 공급해야만 유지된다. 그래서 D램은 읽기나 쓰기 작업을 하지 않아도 전력이 소모되며, 전원이 꺼지면 데이터가 모두 사라진다는 문제점을 안고 있다. **[문제점 ①]** **[문제점 ②]**

이러한 D램의 문제를 해결할 수 있는 차세대 램 메모리로 가장 주목을 받고 있는 것은 M램이다. M램은 두 장의 자성 물질 사이 **[해결 방안]** **[중심 화제]** 에 얇은 절연막을 끼워 넣어 접합한 구조로 되어 있다. 절연막은 일반적으로 전류의 흐름을 막는 것이지만 M램에서는 절연막이 매우 얇아 전류가 통과할 수 있다. 그리고 자성 물질은 자석처럼 일정한 자기장 방향을 가지는데, 아래 위 자성 물질의 자기장 방향에 **[M램의 특징]** 따라 저항이 달라진다. 자기장 방향이 반대일 경우 저항이 커져 전류가 약해지지만 자기장 방향이 같을 경우 저항이 약해져 상대적으로 강한 전류가 흐르게 된다. M램은 이 전류의 강도 차이를 감지해 전류가 상대적으로 약할 때 0, 강할 때 1로 읽게 된다. 자성 **[M램의 특징]** 물질은, 강한 전기 자극을 가하면 자기장 방향이 바뀌는데 이를 이용해 한쪽 자성 물질의 자기장 방향만 바꿈으로써 쓰기 작업도 할 수 있다.

자성 물질의 자기장 방향은 전기 자극을 가해주지 않는 이상 변하지 않기 때문에 M램에서는 D램에서처럼 지속적으로 전원을 공 **[해결 방안의 장점 ①]** 급할 필요가 없다. 그렇기 때문에 D램에 비해 훨씬 적은 양의 전력을 사용하면서도 속도가 빠르며, 전원이 꺼져도 데이터를 잃어버 **[해결 방안의 장점 ②]** **[해결 방안의 장점 ③]** 릴 염려가 없다. 이런 장점들로 인해 M램이 일반화되면 컴퓨터뿐만 아니라 스마트폰이나 태블릿 PC와 같은 모바일 기기들의 성능 **[기대 효과]** 은 크게 향상될 것이다.

4 원인 - 결과 구조

step 1 원인 - 결과 구조

특정 사건이나 현상에 대해 설명할 때, 그것이 왜 일어났는지, 어떻게 이루어진 것인지, 그 결과가 어떠한지에 대해 설명하는 구조를 말한다. 대상의 작동 원리를 설명하는 과학·기술 지문이나 어떠한 현상이 일어나게 된 원인과 결과, 그 영향 등을 설명하는 사회·문화 지문 혹은 경제 지문에서 주로 볼 수 있다. 원인 - 결과 구조의 지문을 읽을 때는 세부 정보를 파악하는 것과 함께 정보 간의 관계를 잘 이해하는 것이 중요하다.

step 2 읽기 전략

원인과 결과가 비교적 단순하게 나타나는 경우도 있지만, 원인과 결과가 하나만 나타나지 않는 경우도 있으니 주의해야 한다. 예를 들어, 어떠한 원인의 결과로 제시된 내용이 다시 원인으로 작용하여 또 다른 결과가 나타나는 등 원인과 결과의 관계가 연쇄적으로 나타날 경우 정보들의 인과 관계가 어떻게 성립되는지 차근차근 따져 가며 읽어야 한다. 원인 - 결과 구조의 지문을 읽을 때는 세부 정보를 간략히 정리하며 읽거나 화살표 등 자신만의 기호로 표시를 하며 읽는 것이 좋다.

일반적으로 '왜냐하면, 때문에, …로 인해, 그 결과, 따라서' 등의 표지가 함께 나타난다.

글이 사건이나 현상과 관련하여 원인 또는 결과를 설명하는지 확인	→	원인과 결과 관계 파악	→	세부 내용 파악

step 3 기출로 확인

고2 2015년 9월 학평

그렇다면 지구의 하루는 왜 길어지는 것일까? 그것은 바로 지구의 자전이 느려지기 때문이다. 지구의 자전은 달과 밀접한 관련을 맺고 있다. 지구가 달을 끌어당기는 힘이 있듯이 달 또한 지구를 끌어당기는 힘이 있다. 달은 태양보다 크기는 작지만 지구와의 거리는 태양보다 훨씬 가깝기 때문에 지구의 자전에 미치는 영향은 달이 더 크다. 달의 인력은 지구의 표면을 부풀어 오르게 한다. 그리고 이 힘은 지구와 달 사이의 거리에 따라 다르게 작용하여 달과 가까운 쪽에는 크게, 그 반대쪽에는 작게 영향을 미치게 된다. 결국 지구 표면은 달의 인력과 지구-달의 원운동에 의한 원심력*의 영향을 받아 그림처럼 양쪽이 부풀어 오르게 된다.

이때 달과 가까운 쪽 지구의 '부풀어 오른 면'은 지구와 달을 잇는 직선에서 벗어나 지구 자전 방향으로 앞서게 되는데, 그 이유는 지구가 하루 만에 자전을 마치는데 비해 달은 한 달 동안 공전 궤도를 돌기 때문이다. 달의 인력은 이렇게 지구 자전 방향으로 앞서가는 부풀어 오른 면을 반대 방향으로 다시 당기고, 그로 인해 지구의 자전은 방해를 받아 속도가 느려진다. 한편 지구보다 작고 가벼운 달의 경우에는 지구보다 더 큰 방해를 받아 자전 속도가 더 빨리 줄게 된다.

이렇게 지구와 달은 서로의 인력 때문에 자전 속도가 줄게 되는데, 이 자전 속도와 관련된 운동량은 '지구-달 계'* 내에서 달의 공전 궤도가 늘어나는 것으로 보존된다. 왜냐하면 일반적으로 외부에서 작용하는 힘이 없다면 운동량은 보존되기 때문이다. 이렇게 하여 결국 달의 공전 궤도는 점점 늘어나고, 달은 지구로부터 점점 멀어지는 것이다.

* 지구-달의 원운동에 의한 원심력 : 지구-달의 공통 질량 중심을 기준으로 회전하는 원운동에 의해 생기는 힘으로, 지구의 모든 지역에서 힘의 크기는 동일함
* 지구-달 계 : 태양이나 다른 천체의 영향력이 없다고 가정한, 지구와 달로 이루어진 계

5 분석 구조

step 1 분석 구조

대상을 이루고 있는 하위 요소를 중심으로 내용을 조직하는 구조를 말한다. 신체 기관의 기능을 설명하는 과학 지문이나 세부 기능을 통해 기계 장치의 전체적인 작동 원리를 제시하는 기술 지문에 주로 나타난다. 간혹 건축 등과 관련한 예술 지문에서도 볼 수 있다.

step 2 읽기 전략

구성 요소의 세부적인 속성과 특징, 역할, 기능을 바탕으로 하여 대상이 작동하는 원리를 이해해야 한다. 또한 각 구성 요소들은 서로 유기적인 관계를 맺고 있으므로 이들 간의 관계도 놓치지 않고 살피는 것이 중요하다. 분석 구조를 이루는 글에서는 지문이나 문제에 그림이 함께 주어지는 경우가 많다. 글을 읽으면서 그림을 함께 살펴보면 전체적인 내용을 이해하는 데 도움이 된다.

중심 화제를 하위 요소로 나누어 설명하는지 확인 → 대상의 구조를 파악하면서 구성 요소의 특성과 기능 확인 → 각 구성 요소의 관계 파악

step 3 기출로 확인

고1 2018년 9월 학평

간은 육각형 기둥 모양의 간소엽이라는 작은 공장들로 이루어져 있고 그 내부는 간의 주요 기능을 수행하는 간세포로 채워져 있다. (중심 화제) 간소엽의 중심부에는 중심 정맥이 놓여 있어 간을 거친 혈액을 간정맥으로 보내 심장으로 흐르게 한다. 그리고 육각형 기둥의 각 모서리에는 간문맥, 간동맥, 담관이 지나가고 있는데, 간문맥과 간동맥은 혈액이 다른 장기에서 간으로 유입되는 관이고, 담관은 담즙이 간에서 배출되는 관이다.

고2 2015년 6월 학평

하이브리드 자동차는 만드는 방법에 따라 구동 방식이나 구조상 차이가 있지만, 대체로 위의 그림과 같은 핵심 구성 요소들로 이루어져 있다. (중심 화제) 내연기관 엔진은 기관 내부에서 연료를 연소시켜 열에너지를 기계적 에너지로 바꾼다. 전기모터는 자동차의 주행 상태에 따라 전동기나 발전기 역할을 할 수도 있고 작동하지 않을 수도 있다. 전동기 역할을 할 때는 전력을 사용하여 자동차를 움직이게 하고, 발전기 역할을 할 때는 회전 에너지를 전력으로 바꾸어 배터리를 충전한다. 배터리는 전기모터가 필요로 하는 에너지를 공급하는 장치로, 자동차의 주행 상태에 따라 에너지가 충전되기도 한다. 그 외 구성 요소에는 내연기관 엔진과 전기모터의 회전 운동을 바퀴에 전달하는 변속기, 연료를 보관하는 연료탱크, 전력이나 전기모터를 제어하는 모듈, 배터리 상태를 확인하는 모듈 등이 있다.

6 분류 구조

분류 구조

어떠한 대상을 일정한 기준에 따라 하위 종류나 유형으로 범주화하여 각각의 특성을 설명하는 구조를 말한다. 이때 상위 개념의 특징이 하위 개념 간의 공통적인 속성이 되고, 상위 개념을 구분한 기준에 따라 하위 개념들 간의 차이점이 드러난다.

읽기 전략

중심 화제가 무엇인지 먼저 파악한 후에 어떠한 기준에 따라 하위 개념으로 나뉘는지 파악해야 한다. 그리고 분류된 하위 개념들의 특징, 기능, 원리 등을 비교·대조해야 한다.

'…에 따라 나누면, …에 따라, …을 중심으로 구분하면' 등의 표지가 나타나는 경우가 있다.

중심 화제를 기준에 따라 범주화하는지 확인 → 분류 기준을 확인하고, 각 하위 개념의 특성 파악 → 하위 개념들의 차이점 파악

기출로 확인   고1 2017년 6월 학평

경매는 입찰* 방식의 공개 여부에 따라 공개 구두 경매와 밀봉 입찰 경매로 구분할 수 있다. 먼저 공개 구두 경매는 경매에 참여
_{중심 화제}
하는 사람들을 모두 한 자리에 모아 놓고 누가 어떠한 조건으로 경매에 응하는지를 공개적으로 진행하는 방식을 말한다. 이러한 공
공개 구두 경매의 개념 = 영국식 경매와 네덜란드식 경매의 공통점
개 구두 경매는 다시 영국식 경매와 네덜란드식 경매로 구분할 수 있다. 영국식 경매는 오름 경매 방식으로, 우리가 가장 흔히 접
하는 낮은 가격부터 시작해서 가장 높은 가격을 제시한 사람이 낙찰자*가 되는 방식을 말한다. 이러한 영국식 경매를 통해 가격을
영국식 경매의 개념
결정하고 있는 대표적인 품목으로는 와인과 앞서 소개한 최고급 생두가 여기에 해당한다.
영국식 경매의 예
이와는 반대로 판매자가 높은 가격부터 제시해 가격을 점점 낮추면서 가장 먼저 응찰*한 사람을 낙찰자로 정하는 방식이 네덜란
네덜란드식 경매의 개념
드식 경매다. 이것이 내림 경매 방식이다. 내림 경매 방식은 튤립 재배로 유명한 네덜란드에서 오래 전부터 이용해 오던 방식이며,
국내에서도 수산물 도매시장에서 생선 가격을 결정할 때 이 방식을 통해 가격을 결정한다.
네덜란드식 경매의 예
공개적으로 진행되는 경매와는 달리 경매 참여자들이 서로 어떠한 가격에 응찰했는지를 확인할 수 없는 밀봉 입찰 경매가 있다.
밀봉 입찰 경매의 개념 = 최고가 밀봉 경매와 차가 밀봉 경매의 공통점
밀봉 입찰 경매는 낙찰자가 지불하는 금액을 어떻게 결정하느냐에 따라 최고가 밀봉 경매와 차가 밀봉 경매로 구분된다. 최고가 밀
봉 경매는 응찰자 중 가장 높은 가격을 적어 냈을 때 낙찰이 되는 것으로 낙찰자는 자신이 적어 낸 금액을 지불한다. 차가 밀봉 경
최고가 밀봉 경매와 차가 밀봉 경매의 공통점   최고가 밀봉 경매의 특징
매의 낙찰자 결정 방식은 최고가 밀봉 경매와 동일하다. 그러나 낙찰자가 지불하는 금액은 자신이 적어 낸 금액이 아니라 응찰자
가 적어 낸 금액 중 두 번째로 높은 금액이다.
차가 밀봉 경매의 특징

* 입찰 : 경매 참가자에게 각자의 희망 가격을 제시하게 하는 일
* 낙찰자 : 경매나 경쟁 입찰 따위에서 물건이나 일을 받기로 결정된 사람
* 응찰 : 입찰에 참가함

7 과정 구조

step 1 과정 구조

어떠한 대상을 구성하는 하위 요소들의 작동 과정이나 일의 순서를 순차적으로 설명하는 구조를 말한다. 대상이 변화하는 과정을 시간 순서대로 설명하는 것도 과정 구조에 속한다. 실험 과정이나 대상의 작동 원리를 단계적으로 제시하는 과학·기술 지문, 하나의 개념이 시간이 흐름에 따라 변화되거나 발달된 모습을 설명하는 인문 지문, 법적인 절차를 다루는 사회 지문에 주로 나타난다.

step 2 읽기 전략

과학·기술 지문이나 사회 지문의 경우 단계별 순서를 파악하고 각 단계별 특징을 이해해야 한다. 하나의 단계가 그 다음 단계의 조건이 되는 경우가 많으므로 단계들이 가지는 관계성도 파악해야 한다. 인문 지문의 경우 대상이 시간의 흐름이 따라 변하는 모습을 이해하고 단계별 특징에 주목해야 한다. 그리고 단계별 차이점을 파악하여 어떠한 부분에서 바뀌었는지 따져 봐야 한다. 과정 구조의 지문을 읽을 때는 각 단계를 화살표, 연결선 등의 기호로 표시하거나 각 단계에 번호를 매기며 읽는 것이 좋다.

일반적으로 '우선, 이후, 먼저, 다음, 첫 번째, 두 번째' 등의 표지가 함께 나타난다.

| 중심 화제를 과정이나 절차를 통해 설명하는지 확인 | → | 순차적 단계를 파악하고 각 단계의 특징 정리 | → | 전체 과정의 흐름을 이해하고 단계별 차이점 파악 |

step 3 기출로 확인

고1 2016년 11월 학평

그렇다면 염증 반응은 어떻게 일어날까? 가령 뾰족한 핀으로 찢긴 피부에 **●**병원체가 침입해 감염을 일으키는 상태가 되면, 병원체들은 우리 몸의 여러 조직에 상주하고 있는, 세포 섭취 능력을 가진 **❷**'대식 세포'에 의해 포식되어 파괴되기 시작한다. 대식 세포 표면에는 병원체의 고유한 특징을 인식하는 수용체가 있어서 이것이 병원체 표면의 특징적인 분자들을 인식해 병원체와 결합하면 대식 세포가 활성화되어 병원체를 삼키게 되는 것이다. 이러한 반응과 더불어 피부나 내장 기관을 둘러싸고 있는 조직의 일부에 분포하는 **❸**'비만 세포'가 화학 물질인 히스타민을 분비한다. 분비된 히스타민은 화학적 경보 신호로 작용하여, 더 많은 백혈구가 감염 부위로 올 수 있도록 혈관을 확장시킨다. 혈관이 확장되면 혈관 벽을 싸고 있는 내피세포들의 사이가 벌어져 혈장 단백질, 백혈구 등의 혈액 성분들이 혈관에서 쉽게 빠져나올 수 있게 된다.

이때 백혈구의 일종인 **❹**단핵구가 혈관벽을 통과하여 병원체가 있는 감염 부위로 들어오게 된다. 혈관 속에 있을 때 세포 섭취 능력이 없던 **❺**단핵구는 혈관 벽을 통과한 후 대식 세포로 분화*하여 병원체를 포식하게 된다. 이러한 **❻**대식 세포는 사이토카인과 케모카인이라는 단백질을 분비해 병원체를 제거할 다른 방어 체제를 유도한다. 사이토카인은 혈관 내피세포에 작용하여 혈관을 확장시키고, 또 다른 백혈구의 일종인 호중구가 혈관 벽에 잘 달라붙을 수 있게 한다. 그리고 케모카인은 혈관 벽에 붙은 호중구가 혈관 벽 내피세포 사이로 빠져나와 감염 부위로 이동할 수 있도록 유도하는 역할을 한다. 감염 부위로 이동한 **❼**호중구는 대식 세포와 같은 방법으로 병원체를 삼킨다.

한편 세포들이 병원체를 포식하여 파괴하는 과정에서 병원체와 함께 죽는 경우도 있는데, 이렇게 **❽**죽거나 죽어 가는 세포나 병원체 등은 고름의 주성분이 된다. **❾**고름은 대식 세포에 의해 점차적으로 제거되기도 하고 압력에 의해 밖으로 나오기도 한다. 또한 히스타민에 의해 혈관이 확장되면서 **❿**상처 부위가 혈장으로 채워지기 때문에 빨갛게 부어오르고, 상처 부위가 부어올라 신경을 물리적으로 누르면 통증이 나타나기도 한다.

* 분화 : 생물체나 세포의 구조와 기능 따위가 특수화되는 현상

8 복합 구조

하나의 지문에는 하나의 구조만 나타나지 않는다. 예를 들어, 전체 지문은 과정 구조로 되어 있으면서 부분적으로는 분석 구조나 원인 - 결과 구조가 나타날 수도 있다. 지문 전체를 관통하는 구조를 중점적으로 파악하면서 하위 문단에 나타나는 구조를 파악하면 지문을 이해하는 데 도움이 된다.

고1 2019년 9월 학평

직장인 A 씨는 셔츠 정기 배송 서비스를 신청하여 일주일 간 입을 셔츠를 제공받고, 입었던 셔츠는 반납한다. A 씨는 셔츠를 직접 사러 가거나 세탁할 필요가 없어져 시간을 절약할 수 있게 되었다. 이처럼 소비자가 회원 가입 및 신청을 하면 정기적으로 원하는 상품을 배송받거나, 필요한 서비스를 언제든지 이용할 수 있는 경제 모델을 '구독경제'라고 한다.
개념   중심 화제

→ 구독경제의 개념

신문이나 잡지 등 정기 간행물에만 적용되던 구독 모델은 최근 들어 그 적용 범위가 점차 넓어지고 있다. 이로 인해 사람들은 소유와 관리에 대한 부담은 줄이면서 필요할 때 사용할 수 있는 방식으로 소비를 할 수 있게 되었다. 이러한 구독경제에는 크게 세 가지 유형이 있다. 첫 번째 유형은 정기 배송 모델인데, 월 사용료를 지불하면 칫솔, 식품 등의 생필품을 지정 주소로 정기 배송 해 주는 것을 말한다. 두 번째 유형은 무제한 이용 모델로, 정액 요금을 내고 영상이나 음원, 각종 서비스 등을 무제한 또는 정해진 횟수 만큼 이용할 수 있는 모델이다. 세 번째 유형인 장기 렌털 모델은 구매에 목돈이 들어 경제적 부담이 될 수 있는 자동차 등의 상품을 월 사용료를 지불하고 이용하는 것을 말한다.
예시 및 개념   예시 및 개념   예시 및 개념

분류 구조

→ 구독경제의 세 가지 유형

개념 - 특징 구조

최근 들어 구독경제가 빠르게 확산되고 있는데, 그 이유는 무엇일까? 경제학자들은 구독경제의 확산 현상을 '합리적 선택 이론' 으로 설명한다. 경제 활동을 하는 소비자가 주어진 제약 속에서 자신의 효용을 최대화하려는 것을 합리적 선택이라고 하는데, 이 때 효용이란 소비자가 상품을 소비함으로써 얻는 만족감을 의미한다. 소비자들이 한정된 비용으로 최대한의 만족을 얻기 위해 노력한 결과가 구독경제의 확산으로 이어졌다는 것이다. 이것은 최근의 소비자들이 상품을 소유함으로써 얻는 만족감보다는 상품을 사용함으로써 얻는 만족감을 더 중요시한다는 것을 보여 준다고 할 수 있다.
결과   원인   개념   특징

원인 - 결과 구조

→ 구독경제가 빠르게 확산되는 이유

특징 : 소비자 입장에서 바라본 구독경제의 장점

구독경제는 [소비자의 입장에서 소유하기 이전에는 사용해 보지 못하는 상품을 사용해 볼 수 있다는 장점이 있다. 구독경제를 이용하면 값비싼 상품을 사용하는 데 큰 비용을 들이지 않아도 되고, 상품 구매 행위에 들이는 시간과 구매 과정에 따르는 불편함 등의 문제를 해결할 수 있다.] [생산자의 입장에서는 상품을 사용하는 고객들의 정보를 수집하고, 이를 통해 개별화된 서비스를 제공하여 고객과의 관계를 지속적으로 유지할 수 있다. 또한 매월 안정적으로 매출을 올릴 수 있다는 장점도 있다.] 특징 : 생산자 입장에서 바라본 구독경제의 장점

특징 : 소비자 입장에서 바라본 구독경제의 단점   → 구독경제의 긍정적인 면

그러나 구독경제의 확산이 경제 활동의 주체들에게 긍정적인 면만 있는 것은 아니다. ⟨ [소비자의 입장에서는 구독하는 서비스가 지나치게 많아질 경우 고정 지출이 늘어나 경제적으로 부담이 될 수 있다.] [생산자의 입장에서는 상품이 소비자에게 만족감을 주지 못하거나 고객과의 관계를 지속적으로 유지하지 못할 경우 구독 모델 이전에 얻었던 수익에 비해 낮은 수익을 얻는 경우도 있다.] ⟩ 따라서 ⟨ 소비자는 합리적인 소비 계획을 수립하고 생산자는 건전한 수익 모델을 연구하여 자신의 경제 활동에 도움이 되는 방향으로 구독경제를 활용할 필요가 있다. ⟩
문제

특징 : 생산자 입장에서 바라본 구독경제의 단점

해결 방안

문제 - 해결 구조

→ 구독경제의 부정적인 면과 바람직한 활용 방법

[001~005] 2024년 9월 학평 16번~20번 정답과 해설편 p.002

다음 글을 읽고 물음에 답하시오. 5문항을 9분 안에 풀어보세요. 9분

(가)

하이데거는 인간을 자신의 존재 의미에 대한 물음을 제기할 수 있는 '현존재'라고 정의하고 삶의 실존적 의미를 탐구했다. 하이데거에 따르면 현존재는 정해진 운명에 따라 살아가는 것이 아니라 살아가는 동안 계속해서 무언가가 될 수 있는 가능성을 바탕으로 자신의 존재 이유를 스스로 만들어 나갈 수 있다.

그런데 현존재는 자신이 속한 사회가 요구하는 체제에 따라 살아가기 때문에, 자기 자신의 고유성을 드러내는 본래적 삶을 살지 않고 세상이 시키는 대로 살게 되곤 한다. 하이데거는 이를 현존재가 익명의 타인들인 ㉠ '세인(世人)'으로서 존재하며 비본래적인 삶을 살아가는 것이라고 보았다. 세인은 특정한 누군가가 아닌 익명성을 지닌 모든 타인이기에, 세인의 일원이 된 현존재는 자신의 고유성을 잃고 살아가게 되는 것이다.

그렇다면 비본래적 삶에서 해방되어 본래적 삶으로 나아가려면 어떻게 해야 할까? 이에 대해 하이데거는 삶이 유한하다는 인식, 즉 죽음에 대한 인식이 필요하다고 강조하였다. 하이데거에게 죽음은 현존재가 반드시 맞이하게 된다는 점에서 확실성을 가지며, 삶의 일부분으로서 '아직 오지 않음'의 상태로 존재한다. 다시 말해, 죽음은 현존재 외부에 있는 사건이 아니라 현존재 자체에 내재해 있는 것이다. 또한 죽음은 다른 누군가가 대신해 줄 수 없는, 나 스스로만이 경험할 수 있는 고유한 것이기에 대체불가능성을 지닌다. 따라서 죽음이야말로 다른 사람과 구별되는 나의 가장 고유한 가능성이며, 나의 죽음을 적극적으로 대면할 때 자신의 진정한 개인적 삶을 인식하고 본래적 삶을 살아가는 계기를 마련할 수 있는 것이다.

하지만 죽음을 적극적으로 대면하지 않고 단순히 내가 죽는다는 사실을 아는 것으로 그칠 때는 본래적 삶을 살아갈 수 없다. 자신이 죽는다는 사실을 인식하면 현존재는 불안을 느끼게 되고, 그로부터 벗어나기 위해 스스로를 세인으로 전락시켜 자신의 죽음을 은폐하기 때문이다. 그리하여 타인의 죽음을 보면서도 자신의 고유한 죽음에 대해서는 잘 실감하지 못하고, 오히려 죽음이 자신과는 무관한 사건이라고 외면하며 죽음의 확실성을 부정하게 된다. 하이데거는 죽음에 대한 이러한 회피와 무관심이 현존재를 자신의 가장 고유한 가능성으로부터 멀어지게 한다고 보았다.

따라서 하이데거는 삶의 변화를 위해, 죽음이 주는 불안으로부터 달아나지 않고 죽음을 대면하여 선취할 것을 요구하였다. 죽음은 아직 오지 않았지만, 죽음이라는 가능성 앞에 미리 자신을 세워 봄으로써 과거의 비본래적 삶을 반성해야 한다는 것이다. 이러한 하이데거의 관점은 자신의 존재 의미를 스스로 결정하며 살아가겠다는 새로운 결단을 통한 실존적 삶을 제시했다는 점에서 의미를 지닌다.

(나)

사르트르는 인생을 하나의 긴 기대라고 정의하였다. 인간은 존재하는 한 무언가를 기대하고, 그런 기대를 넘어 다시 기대를 갖게 되는 실존적 존재 방식을 취한다는 것이다. 그리고 인간은 그러한 기대를 실현하기 위해 현재의 자신을 부정하고 미래를 향해 새로운 자신을 만들어 나갈 수 있는 자유를 가진 존재라고 보았다.

하지만 삶을 의미 있게 형성해 나가는 기대와 자유는 예기치 않은 순간에 필연적으로 다가오는 죽음과 동시에 중지되므로 죽음은 나의 존재 방식인 기대를 차단하는 것이며, 이는 곧 나의 사라짐을 뜻한다. 이와 관련하여 사르트르는 죽음을 나와 관련 없이, 외부에서 우연히 나에게 찾아오는 하나의 사실일 뿐이라고 보고, 이를 '죽음의 우연성'이라고 하였다. 이 같은 단순한 사실로서의 죽음은 삶의 일부분으로 존재하는 것이 아니며, 모든 기대와 가능성을 무의미하게 만드는 것이다.

무언가에 의미를 부여하는 주체인 '나'가 사라지면 자신의 죽음에 의미를 부여하는 것도 불가능해진다. 따라서 죽은 나의 삶이나 죽음에 의미를 부여할 수 있는 자는 나 자신이 아니라, 나와 마찬가지로 자유를 가지고 살아가는 또 다른 주체인 ㉡ 타자이다. 가령 어떤 청년이 한 권의 책을 쓰고 갑자기 죽었다고 하자. 이때 그의 죽음이나 그가 남긴 책에 대해서는 철저히 타자에 의해서만 그 의미가 부여된다. 이렇듯 사르트르는 자신의 죽음의 의미를 스스로 결정할 수 없다는 점에서 죽음이 나라는 존재에 속한 것이 아니라고 보았다. 그리고 죽음은 그 자체로서는 삶에서 의미를 지닐 수 없기 때문에 삶과 단절된 상태라고 주장하는 등 죽음은 삶에서 실감될 수 없는 것임을 강조하였다.

이러한 사르트르의 견해는 죽음을 지나치게 타자 중심적인 관점에서 바라보았다는 점에서 비판을 받기도 하지만 다른 사람의 죽음을 받아들이는 '나'에게는 좋은 위로가 될 수 있다. 고인의 삶은 타자인 나의 시선에서 재구성되므로, 이를 통해 고인과의 기억을 긍정적으로 승화시켜 상실의 아픔을 극복할 수 있기 때문이다. 결국 사르트르에게 실존적 삶을 논하는 데 있어 중요한 것은 죽음에 대한 인식이 아니라 현재의 삶을 주체적으로 살아가는 태도이다. 여기서 주체적 태도란 내게 주어진 자유를 발휘하여 스스로 선택을 내리며 그에 대해 후회나 변명 없이 책임을 지는 것을 말한다. 이처럼 사르트르의 관점은 인간이 죽음에 연연하지 않고 자기 자신의 실존적 의미를 스스로 정립해 나갈 수 있게 하는 것이라고 볼 수 있다.

001

(가), (나)에 대한 설명으로 가장 적절한 것은?

① (가)는 시간의 흐름에 따른 구성을 통해 특정 개념의 의미 변화를 설명하고 있다.

② (나)는 질문에 답하는 형식으로 특정 개념에 대한 철학자의 견해를 제시하고 있다.

③ (가)는 (나)와 달리 특정 철학자의 이론을 언급하며 이론이 지닌 한계를 드러내고 있다.

④ (나)는 (가)와 달리 역사적 인물의 삶을 분석하며 철학자의 주장을 입증하고 있다.

⑤ (가)와 (나)는 모두, 특정 개념에 대한 설명을 바탕으로 철학자의 관점에 대해 의미를 부여하고 있다.

002

(가)의 현존재에 대한 이해로 적절하지 않은 것은?

① 현존재는 자신이 죽는다는 사실을 인식하면 불안을 느끼게 된다.

② 현존재는 삶이 유한하다는 것을 인식하기 위해 죽음을 은폐하지 않고 본래적 삶을 살아간다.

③ 현존재는 세상이 원하는 기준에 맞추어 살아갈 때 고유성을 상실하고 비본래적 삶을 살게 된다.

④ 현존재는 죽음의 대체불가능성을 적극적으로 대면할 때 자신의 진정한 개인적 삶을 인식할 수 있다.

⑤ 현존재는 정해진 운명에 따라 살아가는 것이 아니라 자신의 존재 이유를 스스로 만들어 갈 수 있다.

003

(가)와 (나)를 바탕으로 ㉠과 ㉡을 비교하여 이해한 내용으로 가장 적절한 것은?

① ㉠은 죽음의 확실성을 부정하는 존재이고, ㉡은 죽음의 우연성을 부정하는 존재이다.

② ㉠은 자신의 죽음을 외면하는 존재이고, ㉡은 타인의 죽음에 의미를 부여할 수 있는 존재이다.

③ ㉠은 다른 사람과 구별되어 살아가는 존재이고, ㉡은 다른 사람과 단절되어 살아가는 존재이다.

④ ㉠은 익명성으로부터 벗어나 살아가는 존재이고, ㉡은 주체성으로부터 벗어나 살아가는 존재이다.

⑤ ㉠은 자신의 삶에서 새로운 결단을 실현하는 존재이고, ㉡은 자신의 삶에서 기대를 실현하는 존재이다.

004

(나)의 사르트르의 관점에서 <보기>의 야스퍼스를 비판한다고 가정했을 때, 그 내용으로 가장 적절한 것은?

> **| 보기 |**
>
> 야스퍼스는 '죽음은 나와 함께 변한다.'라고 말하며 죽음에 대한 태도가 고정적이지 않다고 주장했다. 자신의 죽음을 어떻게 받아들이느냐에 따라 죽음은 보편적이고 객관적인 사실일 수도 있고, 주관적인 의미를 지닌 것일 수도 있다는 것이다. 이때 전자의 경우는 죽음을 모든 것을 무의미하게 만들어 버리는 허망한 종말로서 인식하는 데 그치지만, 후자의 경우는 자신의 태도에 따라 죽음의 의미를 판단하며 참다운 자기 자신으로서 실존할 수 있게 된다.

① 죽음은 삶의 일부분이 아니므로 인간은 자신의 죽음을 맞이해야만 실존적 의미를 지닐 수 있다.

② 죽음은 나와 상관없이 찾아오는 우연한 사실이므로 인간은 자신의 죽음의 의미를 판단할 수 없다.

③ 인간은 자유를 발휘하며 살아갈 수 있으므로 자신의 관점에서 자신의 죽음을 해석하여 실존할 수 있다.

④ 죽음은 나의 사라짐을 의미하므로 인간은 자신의 죽음의 의미를 찾지 못해 실존적 삶을 살아갈 수 없다.

⑤ 인간은 각자의 기대에 따라 무언가에 의미를 부여하며 살아가므로 자신의 죽음을 주관적인 의미로만 인식할 수 있다.

005

다음은 학생이 작성한 일기이다. (가)의 하이데거와 (나)의 사르트르의 입장에서 이를 분석한 내용으로 적절하지 않은 것은? [3점]

> 2024. 09. ○○. 날씨 맑음 ☀
>
> 　오늘은 오랜만에 영화를 보고 왔는데, 주인공이 인생의 유한성을 깨달은 이후부터 삶에 최선을 다하는 모습이 무척 인상 깊었다. 사실 인생의 유한성에 대해 생각해 본 적이 없었는데, 내 삶에 끝이 있다고 생각하니 별 고민 없이 다른 사람들을 따라 무심코 선택했던 일들을 돌아보게 된다. 이제는 내가 진정으로 원하는 내 삶의 모습을 생각해 봐야지. 내가 좋아하면서 가치도 있는 일이 뭐가 있을까…… . 그래, 좋은 소설을 쓰면 내가 세상을 떠난 후에도 사람들이 내 삶을 가치 있게 기억해 줄 테니 훌륭한 작가가 되어야겠다! 그리고 이 다짐을 지키기 위해 내 삶의 마지막 순간을 항상 떠올리며 최선을 다해 살아가야겠다.

① 하이데거는 '인생의 유한성에 대해 생각해 본 적이 없었'던 것을 현존재가 비본래적 삶에서 해방되지 않은 상태라고 보겠군.

② 하이데거는 '별 고민 없이 다른 사람들을 따라 무심코 선택했던 일들을 돌아보'는 것을 현존재가 세인으로 존재했던 삶을 반성하는 자세라고 여기겠군.

③ 사르트르는 '내가 세상을 떠난 후에도 사람들이 내 삶을 가치 있게 기억해' 주는 것에 대해 나의 삶이 타자에 의해 재구성되는 것으로 해석하겠군.

④ 하이데거와 사르트르는 모두, '내가 진정으로 원하는 내 삶의 모습'에 대해 고민하는 것을 삶의 실존적 의미를 찾아가는 과정으로 판단하겠군.

⑤ 하이데거와 사르트르는 모두, '내 삶의 마지막 순간을 항상 떠올리며 최선을 다'하겠다는 태도가 주체적인 삶을 살아가는 데 필요하다는 점에 대해 동의하겠군.

[006~009] 2022년 9월 학평 22번~25번 정답과 해설편 p.005

다음 글을 읽고 물음에 답하시오. 4문항을 8분 안에 풀어보세요. 8분

　인간은 누구나 행복을 추구하며 살아간다. 그런데 과학기술의 발전을 통해 유례없는 풍요를 누리고 있는 현대인은 과연 행복한가? 현대 사회에서의 행복에 대해 고찰한 철학자 에리히 프롬은 행복을 무엇이라고 했는지 알아보자.

　프롬의 사상을 파악하기 위해서는 먼저 그의 인간관을 이해해야 한다. 프롬은 인간과 다른 동물을 구분 지을 수 있는 특성이자 인간의 본질을 이성이라고 파악했다. 그에 따르면 이성이 있는 인간은 세계와 분리되어 있음을 인지하고 불안과 고독을 느낀다. 이는 인간의 실존적 한계이다. 프롬은 인간은 세계와 합일을 이루고자 하며, 이러한 열망이 충족될 때 행복을 느낄 수 있다고 보았다. 그는 인간이 세계와 관계 맺는 방식을 소유적 실존양식과 존재적 실존양식으로 구분하고 어떤 실존양식을 따르는지에 의해 인간의 사고, 감정, 행동이 결정된다고 보았다.

　먼저 ⊙ 소유적 실존양식은 자신을 소유물과 동일시함으로써 세계와 일체감을 느끼고자 하는 삶의 방식이다. 소유적 실존양식 아래에서 사람들은 소유를 통해 감각적 욕망을 충족시킬 수 있지만, 욕망이 충족된 후에도 소유에 대한 탐욕을 느낀다. 자신과 세계와의 합일이 자신이 소유한 것에 의해 결정된다고 보기 때문이다. 프롬에 따르면 이러한 탐욕은 소유물을 차지하기 위한 경쟁의 욕구와 타인의 소유물을 빼앗기 위한 폭력의 욕구, 자신의 소유물을 잃을 수도 있다는 불안감을 불러일으킬 수밖에 없다. 그렇기에 소유적 실존양식 아래에서 사람들은 더 많이 소유하는 것, 자신의 소유물을 지키며 타인의 소유물을 빼앗을 수 있는 권력을 차지하는 것에서 행복을 찾으려고 한다. 프롬은 생존을 위해 필요한 최소한의 소유를 부정하지는 않았지만 소유를 통해 행복의 원천을 발견하려는 집착적 욕망을 비판했다. 프롬이 보기에 이러한 욕망에는 포화점이 없다. 이미 소유한 것은 더 이상 충족감을 줄 수 없으며, 소유를 통해서는 인간의 근원적 불안과 외로움은 극복되지 않기 때문이다.

　프롬은 이러한 소유적 실존양식이 아닌 ⊙ 존재적 실존양식으로 살아갈 것을 제안했다. 존재적 실존양식은 소유에서 벗어나 세계와 하나가 되는 삶의 방식이다. 프롬은 세계와 합일을 이루기 위해서는 이성적 능력을 생산적으로 사용해야 한다고 했는데, 이때 '생산적'이라는 것은 쓸모 있는 결과물을 만들어 내는 능력이 아니라 내면의 능동적인 상태를 의미한다. 예를 들어 프롬은 시를 읽고 의미를 깊이 있게 고민하는 사람의 내면에서는 능동적인 작용이 일어나고 있다고 보았다. 존재적 실존양식 아래에서 사람들은 자신이 세계와 긴밀하게 결합해 있다고 느끼므로 가진 것을 잃을 수 있다는 불안에 시달리지 않는다. 그래서 다른 존재에 대해 호의적이다. 이때 사람들은 타인을 사랑하고 자신이 가진 것을 나눔으로써 다른 존재의 성장을 도우려 하는데, 프롬은 이러한 삶의 모습을 궁극적 행복이라 보았다.

　한편 프롬에 따르면 두 실존양식에서는 우리가 일상생활에서 사용하는 물건들과 지식·사상 등이 모두 그 대상으로 나타난다. 예를 들어 소유적 실존양식을 따르는 사람에게 학습은 권력 추구의 수단이 되지만 존재적 실존양식을 따르는 사람에게 학습은 내면의 새로

운 사고를 촉발하는 과정이 된다고 보았다.

그렇다면 프롬은 현대 사회에서의 행복 문제를 어떻게 진단했을까? 프롬이 보기에 현대인은 물질적 풍요를 통한 감각적 욕망의 충족을 누리고 있지만, 고독과 불안에 시달리고 있다. 그에 따르면 이같은 현대 사회의 병리적 현상이 일어나는 원인은 끝없는 소비를 조장하여 무한한 이윤을 추구하는 소유지향적인 사회이다. 프롬은 현대 사회의 병리적 현상과 같은 위기는 개인이 존재지향적 삶을 사는 것만으로는 극복하기 어려우며, 근본적 해결을 위해 사회적 변혁이 필요하다고 역설했다. 그는 사회의 구조와 규범에 따라 주된 실존양식이 무엇인지 결정된다고 보았기 때문이다.

이처럼 프롬은 무한 소비를 조장하는 현대 사회의 병리적 현상을 고찰하고 인간에 대한 신뢰를 바탕으로 해결책을 제시한 휴머니스트로 평가받는다.

006

윗글을 통해 답을 찾을 수 <u>없는</u> 질문은?

① 프롬은 현대 사회의 병리적 현상의 원인을 무엇이라고 진단했는가?
② 프롬은 실존양식에 따라 학습의 의미가 어떻게 달라진다고 보았는가?
③ 프롬은 동물과 달리 인간이 이성을 가지는 이유를 무엇이라고 보았는가?
④ 프롬은 사회의 주된 실존양식을 결정짓는 요인을 무엇이라고 보았는가?
⑤ 프롬은 존재적 실존양식 아래에서 사람들이 타인에게 호의적인 이유를 무엇이라고 보았는가?

007

다음은 A와 B가 나눈 대화의 일부이다. 윗글을 바탕으로 할 때, ㉮에 들어갈 내용으로 가장 적절한 것은?

> A : 내가 어제 책을 읽었는데, 행복을 위해서 아무것도 소유하지 않아야 한다고 하더라고. 그런데 현실적으로 생각하면 인간이 생존에 필수적인 의식주 없이 어떻게 살겠어? 또 난 얼마 전에 최신 휴대폰을 구매했는데 행복했어. 이처럼 소유를 통해 행복을 느낄 수도 있는 것 아닐까?
> B : 그 문제에 대해서 프롬은 [㉮   ]고 이야기를 했어.

① 소유물은 소유하고 있는 동안 충분한 만족감과 행복을 제공하므로 소유를 통한 행복이 필요하다
② 삶을 영위하기 위한 기본적인 소유는 불가피한 것이지만 소유를 통해 행복을 찾으려는 욕망은 완전히 채워질 수 없다
③ 소유를 통해 만족감을 얻거나 행복의 원천을 발견하려는 집착적 욕망을 극복할 수 없으므로 모든 소유의 방식을 부정해야 한다
④ 생존을 위한 소유는 필요하지만 소유물과 자신을 동일시하는 태도는 세계와의 대립을 유발하므로 행복에 대한 욕망을 버려야 한다
⑤ 소유를 통한 행복을 부정하지는 않지만 처음 소유했을 때의 만족감은 시간이 지나면 사라지기 때문에 최소한의 소유도 필요 없다

008

㉠, ㉡에 대한 이해로 적절하지 <u>않은</u> 것은?

① ㉠에서 소유에 대한 탐욕은 경쟁심을 불러일으키는 요인이다.
② ㉠은 권력을 차지하는 것을 통해 소유의 충족감을 얻고자 하는 삶의 방식이다.
③ ㉡에서 유용한 결과물을 생산하는 것은 행복을 실현할 수 있는 조건이다.
④ ㉡은 상실에 대한 불안에서 벗어나 타인을 사랑하고 자신이 가진 것을 나눌 수 있는 삶의 방식이다.
⑤ ㉠과 ㉡은 모두 일상의 사물과 관념적 대상에 적용되는 삶의 방식이다.

009

윗글과 〈보기〉를 비교한 내용으로 적절하지 **않은** 것은? `3점`

| 보 기 |

　인간의 본질인 이성이 탁월하게 실현된 상태가 덕이며, 덕이 구현된 상태가 행복이다. 행복은 세 가지로 나눌 수 있다. 첫 번째는 감각적 욕망의 충족을 통해 누릴 수 있는 행복이다. 하지만 이것은 찰나이며 지나칠 경우 거부감을 줄 수 있다. 두 번째는 사회에 책임을 지는 시민으로서의 정치적 행복이다. 이때 인간의 덕은 공동체의 훈육을 통해 개발되므로 인간은 사회를 떠나서 행복할 수 없다. 마지막은 이성적 사고를 통해 세상의 질서를 깨닫는 철학자로서의 행복이며, 최고의 행복이다. 인간이 행복한 삶을 누리기 위해서는 이 세 가지 행복을 함께 구현해야 한다. 행복이란 한순간의 감정이 아니라 덕의 실현이 습관화됐을 때 도달할 수 있는 경지이므로 어떤 사람이 행복한 사람인지를 알기 위해서는 그 사람이 일생에 이룩한 인격적 성숙에 따라 평가해야 한다.

① 프롬과 〈보기〉는 모두 인간의 행복은 사회의 영향을 받는다고 보았군.

② 프롬과 〈보기〉는 모두 행복을 위해서 개인이 사회에 책임을 짐으로써 사회적 변혁을 이끌어야 한다고 보았군.

③ 프롬은 궁극적 행복이 내면의 능동적인 작용을 통해, 〈보기〉는 최고의 행복이 이성적 사고를 통해 가능하다고 보았군.

④ 한 인간이 행복한지 알기 위해서 프롬은 세계와 합일을 이루었는지를, 〈보기〉는 인격적으로 성숙했는지를 살펴보아야 한다고 보았군.

⑤ 감각적 욕망의 충족을 프롬은 행복이 아니라고 보았으나, 〈보기〉는 지나치지만 않으면 행복한 삶을 누리기 위한 조건이 된다고 보았군.

[010~014]　　2022년 3월 학평 21번~25번　정답과 해설편 p.008

다음 글을 읽고 물음에 답하시오.　　5문항을 14분 안에 풀어보세요. **14분**

(가)

　플라톤은 초월 세계인 이데아계와 감각 세계인 현상계를 구분했다. 영원불변의 이데아계는 현상계에 나타난 모든 사물의 근본이 되는 보편자, 즉 형상(form)이 존재하는 곳으로 이성으로만 인식될 수 있는 관념의 세계이다. 반면 현상계는 이데아계의 형상을 바탕으로 만들어진 세계로 끊임없이 변화하는 사물이 감각에 의해 지각된다. 플라톤에 따르면 ㉠ 현상계의 모든 사물은 형상을 본뜬 그림자에 불과하다.

　이러한 관점에서 플라톤은 예술을 감각 가능한 현상의 모방이라고 보았다. 예를 들어 목수는 이성을 통해 침대의 형상을 인식하고 그것을 모방하여 침대를 만든다. 그리고 화가는 감각을 통해 이 침대를 보고 그림을 그린다. 결국 침대 그림은 보편자에서 두 단계 떨어져 있는 열등한 것이며, 형상에 대한 참된 인식을 방해하는 허구의 허구에 불과하다. 이데아계의 형상을 모방하여 생겨난 것이 현상인데, 예술은 현상을 다시 모방한 것이기 때문이다.

　플라톤은 시가 회화와 다르다고 보았다. 고대 그리스에서 음유시인은 허구의 허구인 서사시나 비극을 창작하고, 이를 작품 속 등장인물의 성격에 어울리는 말투, 몸짓 같은 감각 가능한 현상으로 연기함으로써 다시 허구를 만들어 냈다. 이 과정에서 음유시인의 연기는 인물의 성격을 드러내는데, 이는 감각 가능한 외적 특성을 모방해 감각으로 파악될 수 없는 내적 특성을 드러내는 것이다.

　플라톤은 음유시인이 용기나 절제 같은 덕성을 갖춘 인간이 아닌 저급한 인간의 면모를 모방할 수밖에 없다고 주장했다. 가령 화를 잘 내는 인물은 목소리가 거칠어지고 안색이 붉어지는 등 다양한 감각 가능한 현상들을 모방함으로써 쉽게 표현할 수 있지만, 용기나 절제력이 있는 인물에 수반되는 감각 가능한 현상은 표현하기 어렵기 때문이다. 따라서 플라톤은 음유시인의 연기를 보는 관객들이 이성이 아닌 감정이나 욕구와 같은 비이성적인 것들에 지배되어 타락하게 된다고 보았다.

(나)

　아리스토텔레스는 이데아계가 존재한다고 보지 않았다. 예컨대 사람은 나이가 들며 늙는데, 만약 이데아계의 변하지 않는 어린아이의 형상과 성인의 형상을 바탕으로 각각 현상계의 어린아이와 성인이 생겨났다면, 현상계에서 어린아이가 성인으로 성장하는 것을 설명할 수 없기 때문이다.

　아리스토텔레스는 [형상]이 항상 사물의 생성과 변화의 바탕이 되는 [질료]에 내재한다고 보고, 이를 가능태와 현실태라는 개념을 통해 설명하였다. 가능태란 형상을 실현시킬 수 있는 가능적 힘이자 질료를 의미하며, 현실태란 가능태에 형상이 실현된 어떤 상태이다. 가령 도토리는 떡갈나무가 되기 위한 가능태라면, 도토리가 떡갈나무가 된 상태가 현실태이다. 이처럼 생성·변화하는 모든 것은 목적을 향해 움직이므로 가능태에 있는 것은 형상이 완전히 실현된 상태인 '완전 현실태'를 향해 나아가는데, 이 이행 과정이 운동이다. 즉 운동의 원인은 외부가 아닌 가능태 자체에 내재한다.

아리스토텔레스에게 있어 예술의 목적은 개개의 사물에 내재하고 있는 보편자, 즉 형상을 표현해 내는 것이다. 이런 점에서 그는 시가 역사보다 우월하다고 주장했다. 역사는 개별적 사건들의 기록일 뿐이지만 시는 개별적 사건에 깃들어 있는 보편자를 표현한 것이기 때문이다.

아리스토텔레스는 인간이 예술을 통해 쾌감을 느낄 수 있다고 보았다. 특히 비극시는 파멸하는 주인공을 통해 인간의 근본적 한계를 다루기 때문에, 시를 창작하면 인간 존재의 본질을 인식하는 앎의 쾌감을 느낄 수 있다고 하였다. 비극시 속 이야기는 음유시인이 경험 세계의 개별자들 속에서 보편자를 인식해 내어, 그것을 다시 허구의 개별자로 표현한 결과물인 것이다. 또한 관객은 음유시인의 연기를 통해 앎의 쾌감을 느낄 수 있을 뿐 아니라 그와 다른 종류의 쾌감도 경험할 수 있다. 관객은 고통을 받는 인물의 이야기를 통해 그에 대한 연민과 함께, 자신도 유사한 고통을 겪을 수 있다는 공포를 느낀다. 이러한 과정에서 감정이 고조됐다가 해소되면서 얻게 되는 쾌감, 즉 카타르시스를 경험한다.

010

(가)와 (나)에 대한 설명으로 가장 적절한 것은?

① (가)와 (나)는 모두 특정 사상가의 예술을 바라보는 관점이 변화하게 된 이유를 설명하고 있다.

② (가)와 (나)는 모두 특정 사상가가 예술을 평가하는 데 바탕이 된 철학적 관점을 설명하고 있다.

③ (가)와 달리 (나)는 특정 사상가가 생각하는 예술의 불완전성을 설명하고 있다.

④ (나)와 달리 (가)는 특정 사상가의 예술관에 내재한 장점과 단점을 제시하고 있다.

⑤ (가)는 특정 사상가의 예술관이 보이는 한계를, (나)는 특정 사상가의 예술관이 주는 의의를 제시하고 있다.

011

(가)의 '플라톤'의 사상을 이해한 내용으로 적절하지 <u>않은</u> 것은?

① 예술은 형상에 대한 참된 인식을 방해한다.

② 형상은 감각이 아닌 이성을 통해서만 인식할 수 있다.

③ 현상계의 사물을 모방한 예술은 형상보다 열등한 것이다.

④ 예술의 표현 대상은 사물이 아니라 사물 안에 존재하는 형상이다.

⑤ 이데아계는 현상계에 나타난 모든 사물의 형상이 존재하는 곳이다.

012

(나)의 '아리스토텔레스'의 관점에서 형상 과 질료 에 대해 이해한 내용으로 적절하지 <u>않은</u> 것은?

① 형상은 질료와 분리되어 존재할 수 없다.

② 질료는 형상을 실현시킬 수 있는 가능적 힘이다.

③ 형상이 질료에 실현되는 원인은 가능태 자체에 내재한다.

④ 형상과 질료 사이의 관계는 현실태와 가능태 사이의 관계와 같다.

⑤ 생성·변화하는 것은 형상이 질료에 완전히 실현된 상태인 완전 현실태를 향한다.

013

(가)와 (나)를 참고할 때, '아리스토텔레스'의 입장에서 ㉠을 비판한 것으로 가장 적절한 것은?

① 현상계의 사물이 형상을 본뜬 것이라면 현상계의 사물이 생성·변화하는 이유를 설명할 수 없다.

② 형상이 변하지 않는 것이라면 현상계에 존재하는 사물들이 모두 제각기 다른 이유를 설명할 수 없다.

③ 형상과 현상계의 사물이 서로 독립적이라면 현상계에서 사물이 시시각각 변화하는 현상을 설명할 수 없다.

④ 형상이 현상계를 초월하여 존재하는 것이라면 형상을 포함하지 않는 사물을 감각으로 느끼는 것은 불가능하다.

⑤ 현상계의 모든 사물이 형상의 그림자에 불과하다면 그림자만 볼 수 있는 인간이 형상을 인식하는 것은 불가능하다.

014

(가)의 '플라톤'과 (나)의 '아리스토텔레스'가 <보기>에 대해 보일 반응으로 적절하지 **않은** 것은? 3점

> | 보 기 |
>
> 고대 그리스의 비극시『오이디푸스 왕』의 주인공 오이디푸스는 자신에게 주어진 숙명에 의해 파멸당하는 인물이다. 비극시를 공연하는 음유시인은 목소리, 몸짓으로 작품 속 오이디푸스를 관객 앞에서 연기한다. 음유시인의 연기에 몰입한 관객은 덕성을 갖춘 주인공이 특별한 잘못이 없는데도 불행해지는 모습을 보고 연민과 공포를 느낀다.

① 플라톤 : 오이디푸스는 덕성을 갖춘 현상 속 인물을 본떠 만든 허구의 허구이며, 그에 대한 음유시인의 연기는 이를 다시 본뜬 허구이다.

② 플라톤 : 음유시인은 오이디푸스의 덕성을 연기하는 데 주력하겠지만, 관객은 이를 감각으로 파악할 수 없기 때문에 감정과 욕구에 지배되어 타락하게 된다.

③ 플라톤 : 음유시인의 목소리와 몸짓을 통해 오이디푸스의 성격이 드러난다면, 감각 가능한 외적 특성을 모방하는 과정에서 감각되지 않는 내적 특성이 표현된 것이다.

④ 아리스토텔레스 : 음유시인이 현상 속 인간의 개별적 모습들에서 보편자를 인식해 내어, 이를 다시 오이디푸스라는 허구의 개별자로 표현한 것이다.

⑤ 아리스토텔레스 : 오이디푸스가 숙명에 의해 파멸당하는 것을 본 관객들은 인간 존재의 본질을 이해하는 쾌감을 느낄 뿐 아니라 카타르시스를 경험할 수 있다.

[015~019] 2021년 11월 학평 37번~41번 정답과 해설편 p.011

다음 글을 읽고 물음에 답하시오. 5문항을 10분 안에 풀어보세요. 10분

(가)

사랑의 본질에 대한 토마스 아퀴나스의 설명은 인간의 사랑인 아모르에 대한 분석에 기초한다. 그는 인간이 선을 추구하려는 욕구를 지닌 존재인데, ㉠ 욕구를 추구하는 인간 행위의 원천이 바로 사랑이라 말한다. 이때 선이란 자신에게 좋은 것으로 자신의 본성에 적합하거나 자신에게 기쁨을 주는 것을 뜻한다.

아퀴나스에 ⓐ 따르면 인간의 욕구는 감각적 욕구와 지적 욕구로 구별되는데, 이는 선을 추구한다는 점에서는 동일하지만 크게 두 가지 차이점이 있다. 첫째, 감각적 욕구에 의한 추구 행위는 대상에 의해 촉발되어 이에 수동적으로 반응하는 것이다. 반면 지적 욕구에 의한 추구 행위는 지성의 능동적인 활동과 주체의 선택에 의해 일어나는 보다 적극적인 것이다. 둘째, 감각적 욕구는 감각적 인식능력에 의해 선으로 인식된 것을 추구하는 반면, 지적 욕구는 지성에 의해 선으로 이해된 것을 추구한다. 왜냐하면 감각적 인식능력은 대상의 선악 판단에 개입할 수 없지만, 지성은 대상이 무엇이든 이해한 바에 따라 선악 판단을 다르게 할 수 있기 때문이다. 예를 들어 단맛이 나에게 기쁨을 준다면 감각적 욕구는 사탕을 추구하겠지만, 지적 욕구는 사탕이 충치를 유발할 수도 있으므로 선이 아니라고 판단한다면 추구하지 않을 수도 있다.

아퀴나스는 감각적 욕구와 지적 욕구가 있는 곳에는 항상 사랑이 있다고 말하며, 사랑이 선을 향한 감각적 욕구와 지적 욕구에 의한 추구 행위를 일으키는 힘이라고 설명한다. 특히, 아퀴나스는 감각적 욕구에 의한 추구 행위를 '정념'이라고 칭하며, 사랑을 전제하지 않는 정념은 없으며 선을 향한 사랑에서부터 여러 정념이 비롯된다고 하였다. 만약 여러 대상에 대한 감각적 욕구들이 동시에 일어난다면 어떻게 될까? 인간은 가장 먼저 추구할 감각적 욕구를 지성에 의해 판단하고 선택한다. 다른 것보다 더 선이라고 이해된 것을 우선 추구하기 때문이다. 결국 아퀴나스가 말하는 인간의 사랑은 선에 대한 자신의 이해에 입각하기 때문에 자신에게 선인 것에 대한 사랑을 근본으로 한다.

(나)

칸트는 감성적 차원의 사랑과 실천적 차원의 사랑이 다르다고 설명한다. 감성적 차원의 사랑은 남녀 간의 사랑같이 인간의 경향성에 근거한 사랑이며, 실천적 차원의 사랑은 의무로서의 사랑이라 할 수 있다. 칸트는 감성적 차원의 사랑보다는 실천적 차원의 사랑에 더 주목하고 가치를 부여한다.

칸트에 따르면 인간은 도덕법칙을 실천하려고 하는 선의지를 지닌 존재이다. 여기서 선의지란 선을 지향하는 의지로 그 자체만으로 조건 없이 선한 것이다. 그는 인간이 도덕적 존재가 될 수 있는 것은 이성이 인간에게 도덕법칙을 의무로 부여하기 때문이라고 말한다. 칸트에게 의무란 도덕법칙에 대한 존경심 때문에 어떤 행위를 필연적으로 해야만 하는 것이다. 이때 보편적으로 적용할 수 있는 도덕법칙은 '너는 무엇을 해야 한다'라는 명령의 형식으로 나타

나며, 칸트는 선의지에 따라 의무로부터 비롯된 행위를 실천하는 것만이 도덕적 가치가 있다고 보았다.

칸트의 관점에서 감성적 차원의 사랑은 욕구나 자연적 경향성에 이끌리는 감정이기 때문에, 의무로 강제하거나 명령을 통해 일으킬 수 있는 것이 아니다. 그는 어떤 경향성과도 무관하거나 심지어 경향성을 거스르지만, 도덕법칙을 ⓑ <u>따르려는</u> 의무로서의 사랑을 실천하는 것만이 참된 도덕적 가치를 지닌다고 보았다. 그리고 실천적 차원의 사랑만이 보편적인 도덕법칙으로 명령될 수 있으며, 인간에 대한 실천적 차원의 사랑은 모든 인간이 갖는 서로에 대한 의무라고 말한다.

015

(가)와 (나)의 공통점으로 가장 적절한 것은?

① (가)와 (나)는 모두 문제점에 대한 해결 방안을 모색하고 있다.
② (가)와 (나)는 모두 용어의 개념을 정의하며 내용을 전개하고 있다.
③ (가)와 (나)는 모두 두 가지 이론의 장단점을 비교하며 설명하고 있다.
④ (가)와 (나)는 모두 두 가지 관점을 절충하며 하나의 결론을 도출하고 있다.
⑤ (가)와 (나)는 모두 특정 학자의 견해가 지닌 논리적 오류를 지적하고 있다.

016

㉠에 대한 설명으로 적절하지 <u>않은</u> 것은?

① 선을 추구한다.
② 인간이 지니고 있는 것이다.
③ 감각적 욕구와 지적 욕구로 구별된다.
④ 감각적 욕구들은 동시에 일어날 수 없다.
⑤ 감각적 욕구에 의한 추구 행위는 정념이라 부른다.

017

(가)와 (나)를 읽은 학생이 <보기>에 대해 보인 반응으로 적절하지 <u>않은</u> 것은? [3점]

| 보기 |

　갑은 잠에서 깨어나 방안 가득한 카레 냄새를 맡고 카레가 먹고 싶어져 식탁으로 갔다. 그런데 오늘 예정된 봉사활동에 늦지 않기 위해 카레를 먹지 않기로 하고 봉사활동을 하러 갔다. 봉사활동을 마치고 집에 가는 길에 카페에 들렀더니 진열장에 시원한 생수와 맛있는 케이크가 있었다. 그것들을 보니 목도 마르고 배도 고팠지만 생수를 먼저 주문해 마신 후, 케이크를 주문해 먹었다. 그러다 갑은 카페에 들어오는 이성인 을의 미소를 보고 첫눈에 반했다. 평소 갑은 부끄러움이 많았지만 용기를 내어 을에게 다가갔다.

① 아퀴나스에 따르면, 갑이 카레가 먹고 싶어진 것은 카레 냄새에 의해 촉발된 감각적 욕구에 의한 추구 행위이겠군.
② 아퀴나스에 따르면, 갑이 카레를 먹지 않은 것은 지성이 카레를 먹는 것을 선이 아니라고 판단했기 때문이겠군.
③ 아퀴나스에 따르면, 갑이 생수와 케이크 중 생수를 먼저 주문해 마신 것은 갈증을 해결하는 것이 더 선이라고 이해했기 때문이겠군.
④ 칸트에 따르면, 갑이 을의 미소에 첫눈에 반한 것은 자연적 경향성에 이끌린 것이겠군.
⑤ 칸트에 따르면, 갑이 을에게 다가간 것은 감성적 차원의 사랑에서 실천적 차원의 사랑으로 나아간 것이겠군.

018

(가)와 (나)에 대해 이해한 내용으로 적절하지 <u>않은</u> 것은?

① (가)의 아퀴나스는 인간이 선악을 판단할 수 있다고 보았고, (나)의 칸트는 인간에게 그 자체로 선한 선의지가 내재되어 있다고 보았다.

② (가)의 아퀴나스는 모든 정념이 사랑을 전제한다고 보았고, (나)의 칸트는 감성적 차원의 사랑은 명령을 통해 일으킬 수 없다고 보았다.

③ (가)의 아퀴나스는 사랑을 통해 기쁨을 얻을 수 있다고 보았고, (나)의 칸트는 사랑이 인간에게 도덕법칙을 의무로 부여한다고 보았다.

④ (가)의 아퀴나스는 사랑을 욕구와의 관계에 따라 설명하였고, (나)의 칸트는 사랑을 감성적 차원과 실천적 차원으로 구분하여 설명하였다.

⑤ (가)의 아퀴나스는 인간의 사랑이 자신에게 선인 것에 대한 사랑을 근본으로 한다고 보았고, (나)의 칸트는 보편적으로 적용할 수 있는 도덕법칙이 있다고 보았다.

019

다음 중 ⓐ와 ⓑ의 의미로 쓰인 예가 바르게 짝지어진 것은?

① ┌ ⓐ : 경찰이 범인의 뒤를 <u>따랐다</u>.
　└ ⓑ : 춤으로는 그를 <u>따를</u> 자가 없다.

② ┌ ⓐ : 그는 법에 <u>따라</u> 일을 처리했다.
　└ ⓑ : 우리는 의회의 결정을 <u>따르겠다</u>.

③ ┌ ⓐ : 개발에 <u>따른</u> 공해 문제가 심각하다.
　└ ⓑ : 우리 집 개는 아버지를 유난히 <u>따른다</u>.

④ ┌ ⓐ : 아무도 그의 솜씨를 <u>따를</u> 수 없었다.
　└ ⓑ : 그는 유행을 <u>따라서</u> 옷을 입었다.

⑤ ┌ ⓐ : 사용 목적에 <u>따라서</u> 물건을 분류했다.
　└ ⓑ : 나는 강을 <u>따라</u> 천천히 내려갔다.

[020~023] 2021년 9월 학평 30번~33번 정답과 해설편 p.014

다음 글을 읽고 물음에 답하시오. 4문항을 6분 안에 풀어보세요. 6분

　북아메리카 원주민들에게는 독특한 방식으로 선물을 ⓐ <u>주는</u> '포틀래치(potlatch)'라는 관습이 있다. 행사를 연 마을의 수장은 자신이 쌓아온 재물을 초대받은 다른 마을의 수장들에게 무료로 나누어 주기도 하고, 심지어 그것을 파괴하기도 한다. 손님들은 선물을 받고 자기 마을로 돌아와 '복수'를 맹세하는데, '복수'의 방법이란 그동안 선물을 준 사람들에게 답례 포틀래치를 열어 자기가 받은 것보다 더 많은 선물을 제공하는 것이다.

　초기 인류학자들은 이러한 포틀래치라는 관습을 자신의 재산을 대가 없이 자발적으로 주는 일반적인 증여로 파악하고, 위신을 얻기 위해 재산을 탕진하는 비합리적인 생활양식으로 이해하였다. 하지만 모스와 레비스트로스 같은 후대 인류학자들은 포틀래치를 호혜적 교환 행위로 바라보았다. 호혜적 교환이란 일반적인 경제적 교역, 즉 사물의 가격을 측정하여 같은 값으로 교환하는 행위와는 달리, 돌려받을 대가나 시기를 분명하게 정하지 않고 사물을 교환하는 방식을 말한다. 모스는 포틀래치가 자발성을 띤 증여로 보이지만 실제적으로는 교환의 성격을 지닌다고 보았다. 왜냐하면 선물을 받은 사람은 의무적으로 답례를 해야 할 뿐만 아니라 더 많은 선물을 돌려주어야 하기 때문이다. 모스는 이러한 포틀래치가 집단 간의 유대 관계를 형성하는 역할을 한다고 보았다.

　레비스트로스는 여기에서 더 나아가 포틀래치에 나타나는 호혜적 교환을 사회가 성립되는 원리로 제시하였다. 폐쇄적인 집단은 환경의 변화나 주변의 침략에 쉽게 무너질 수 있으므로, 인간은 생존하기 위해서 교환을 하며 다른 집단과 사회적 유대를 맺어야 한다는 것이다. 이때 포틀래치와 같이 상대방에게 선물을 주는 행위가 상대방에게 부채감을 ⓑ <u>주고</u>, 이 부채감이 다시 선물을 주는 행위로 이어지게 만들어 결국 교환이 이루어지도록 한다는 것이다. 한편 다른 집단과 동맹을 맺는 가장 좋은 방법은 그 집단과 결혼을 하는 것이므로, 레비스트로스는 교환을 위해 ㉠ '친족 간의 결혼 금지'가 만들어졌다고 말한다. 그는 친족 간의 결혼 금지로 인해 우리 부족의 사람이 다른 부족으로 넘어가고, 새로운 사람이 우리 부족에 들어오는 호혜적 관계가 형성되었으며, 이를 통해 부족 간의 호혜적 교환이 가능해져 사회적 공동체가 형성되었다고 주장한다. 또한 그는 친족 간의 결혼 금지라는 규칙을 바탕으로 공동체에 필요한 다른 규칙들이 형성됨으로써 인간이 자연 상태에서 문명 상태로 접어들게 되었다고 말한다.

　이처럼 레비스트로스는 포틀래치를 교환의 구조나 사회 규칙이라는 체계의 틀에서 이해하고자 하였다. 그의 견해에 따르면 인류의 보편적인 현상인 친족 간의 결혼 금지와 같은 결혼 제도도 인간의 본성이 아닌 사회적 유대 관계를 형성하는 구조 속에서 만들어진 결과이다. 이렇게 인간을 비롯한 대상의 의미나 본질은 하나의 개체로서가 아니라 전체 안에서 다른 것들과 맺은 관계 때문에 결정된다는 관점을 '구조주의'라고 한다. 이 관점에 따르면 인간은 결단의 주체가 아니며 인간의 특성과 정체성은 인간 스스로 결정하는 것이 아닌 그가 속한 사회 구조에 의해 결정된다.

　구조주의 인류학자 레비스트로스는 인간은 어떤 고립된 개인으

로 이해되어서는 안 된다고 말한다. 사회 구조가 인간을 만들기 때문에, 인간을 이해하려면 인간의 구체적인 행동보다는 그 인간이 속한 사회 구조를 살펴야 한다는 것이다. 그의 관점에 따르면 소유를 중시하고 치열한 경쟁을 하며 살아가는 현대인의 모습 역시 현대 사회의 구조 아래에서 형성된 특성에 불과하다. 그런 점에서 그의 연구는 현대 사회의 구조 변화가 현대인들의 삶의 변화로 이어질 수 있다는 가능성을 보여 주었다는 평가를 받고 있다.

020

윗글을 통해 알 수 있는 내용으로 적절하지 <u>않은</u> 것은?

① 후대 인류학자들은 포틀래치가 유대 관계를 형성하는 역할을 한다고 보았다.
② 초기 인류학자들은 포틀래치를 위신을 얻기 위해 재산을 탕진하는 비합리적인 행위로 보았다.
③ 일반적인 증여는 자신의 재산을 상대방에게 대가 없이 자발적으로 제공하는 행위에 해당한다.
④ 일반적인 경제적 교역은 사물의 가치를 따져 같은 값으로 교환한다는 점에서 포틀래치와 차이가 있다.
⑤ 후대 인류학자들은 포틀래치를 선물을 받은 사람이 답례의 시행 여부를 선택할 수 있는 호혜적 행위라고 보았다.

021

㉠에 대한 '레비스트로스'의 견해로 가장 적절한 것은?

① 다른 부족과의 결혼을 유도하여 부족 간의 동맹을 약화시키는 규칙이다.
② 인류의 보편적인 현상이 아닌 인간의 본성에 의해 개별적으로 형성된 규칙이다.
③ 사람을 받아들인 부족은 부채감을 덜게 하고, 보낸 부족은 부채감을 갖게 하는 규칙이다.
④ 인간이 자연 상태를 벗어나 문명 상태로 발전한 상황에서 사회적 구조에 의해 성립된 규칙이다.
⑤ 다른 집단과 동맹을 맺기 위한 목적으로 활용되어 호혜적 교환이 일어날 수 있게 하는 규칙이다.

022

윗글의 '구조주의'와 <보기>의 사상을 비교한 내용으로 적절하지 <u>않은</u> 것은? `3점`

| 보기 |

'전통철학'에서는 인간이 선천적인 원리에 의해 미리 규정된 '특성'과 '본질'을 갖는다고 보았다. 그리고 인간은 그 특성과 본질을 이 세계에서 충실하게 실현해야 한다는 것이다. 하지만 '실존주의'에서는 인간은 결단의 주체이며 자신의 특성과 정체성을 스스로 결정할 자유로운 의식과 권리가 있고, 스스로 자신의 결정에 책임을 질 필요가 있다고 보았다. 따라서 실존주의에서는 인간을 하나의 현상이자 개별적인 존재로 보고 인간의 구체적인 행동에 관심을 두었다.

① 구조주의와 실존주의에서는 모두 인간을 자신의 결정에 책임을 지는 결단의 주체로 보는군.
② 구조주의에서는 실존주의와 달리 인간은 자신의 정체성을 스스로 결정하지 않는다고 보는군.
③ 실존주의에서는 구조주의와 달리 인간을 이해하기 위해서는 인간의 구체적인 행동에 주목해야 한다고 보는군.
④ 전통철학에서는 구조주의와 달리 인간에게는 충실하게 실현해야 할 본질이 미리 규정되어 있다고 보는군.
⑤ 구조주의에서는 전통철학과 달리 인간의 특성은 집단 안에서 다른 것들과 맺는 관계에 따라 결정된다고 보는군.

023

ⓐ, ⓑ의 의미로 쓰인 예가 바르게 짝지어진 것은?

① ⓐ : 그는 아이에게 용돈을 <u>주었다</u>.
　 ⓑ : 지나친 기대는 학생에게 부담을 <u>준다</u>.

② ⓐ : 선생님께서 학생에게 책을 <u>주셨다</u>.
　 ⓑ : 그는 개에게 먹이를 <u>주고</u> 집을 나섰다.

③ ⓐ : 오늘부터 너에게 3일의 시간을 <u>주겠다</u>.
　 ⓑ : 나는 너에게 중요한 임무를 <u>주겠다</u>.

④ ⓐ : 여행은 우리에게 기쁨을 <u>주는</u> 일이다.
　 ⓑ : 손에 힘을 더 <u>주고</u> 손잡이를 돌려야 한다.

⑤ ⓐ : 그 사람은 모두에게 정을 <u>주는</u> 사람이다.
　 ⓑ : 어머니는 우리에게 조건 없이 사랑을 <u>주는</u> 분이다.

다음 글을 읽고 물음에 답하시오. 5문항을 14분 안에 풀어보세요. **14분**

인간은 지식 체계의 형성을 위해 개념을 필요로 하는데, 개념이란 여러 관념 속에서 공통 요소를 뽑아내어 종합해 얻어 낸 보편적인 관념을 말한다. 이러한 개념을 통해 체계와 기준을 머릿속에 먼저 정해 놓고 그것을 현실에 적용하는 개념주의적 태도를 지닌 근대 사상가들이 있었다. 하지만 들뢰즈는 이 세상에 동일한 것은 없다는 전제하에 세상을 개념으로만 파악하려는 태도를 비판하고 개별 대상의 다양성에 주목하는 '차이'의 철학을 제시했다.

일반적으로 차이란 서로 같지 않고 다르다는 의미로 쓰이지만 들뢰즈는 차이를 '개념적 차이'와 '차이 자체'로 구분하여 자신이 말하고자 하는 차이의 의미를 명확히 했다. 이때 개념적 차이란 개념적 종차*를 통해 파악될 수 있는, 어떤 대상과 다른 대상의 상대적 다름을 의미하며, 차이 자체란 개념으로 드러낼 수 없는 대상 자체의 절대적 다름을 의미한다. 예를 들어 소금의 보편적 특성은 짠맛이나 흰색 등으로 볼 수 있는데 이러한 특성은 소금과 설탕의 맛을 비교하거나, 소금과 숯의 색깔을 비교함으로써 파악될 수 있다. 즉 소금과 다른 대상들과의 상대적인 비교를 통해 소금의 개념적 차이가 형성되는 것이다. 그런데 ㉠ 소금이라는 개념으로 동일하게 분류되는 각각의 입자들은 그 입자마다의 염도와 빛깔 등이 다를 수밖에 없다. 어떤 소금 입자들은 다른 소금 입자보다 조금 더 짤 수도 있고, 흰색이 조금 더 밝을 수도 있다. 이때 각 ㉡ 소금 입자가 가지는 염도, 빛깔의 고유한 정도 차이에 해당하는 특성이 바로 개별 소금 입자의 차이 자체인 것이다.

들뢰즈는 개념적 차이로는 대상만의 고유한 가치나 절대적 다름이 파악될 수 없다고 하였다. 왜냐하면 개념적 차이는 다른 대상과의 비교를 통해 파악된 결과로 다른 대상에 의존하는 방식이어서, 그 과정에서 개별 대상의 고유한 특성이 무시되기 때문이다. 또한 들뢰즈는 개념이 개별 대상들을 규정함으로써 개별 대상을 개념에 포섭시키는 상황이나, 개념에 맞추어 세상을 파악함으로써 세상을 오로지 개념의 틀에 가두는 상황을 우려했다. 왜냐하면 이와 같은 상황에서는 미리 정해 둔 개념에 부합하는 개별 대상은 좋은 것으로, 그렇지 못한 개별 대상은 나쁜 것으로 규정되는 개념의 폭력 이 발생할 수 있기 때문이다.

한편 들뢰즈는 개별 대상의 차이 자체를 드러낼 수 있는 작용 원리를 '반복'과 '강도'라는 용어로 설명했다. 일반적으로 반복은 같은 일을 되풀이한다는 의미로 쓰이지만 들뢰즈가 말하는 반복이란 되풀이하여 지각된 강도의 차이를 통해 개별 대상의 차이 자체를 발견해 나가는 과정을 의미한다. 이때 강도란 정량화하기 힘든, 개별 대상의 고유한 크기이자, 다른 것과 비교될 수 없는 개별 대상에 대한 감각적 경험을 의미한다. 예를 들어 어떤 사람이 피아노로 같은 악보를 반복해서 연주한다고 할 때, 각각의 ㉢ 연주는 결코 동일할 수 없으므로 연주가 반복될수록 연주자와 관객 모두 연주마다의 서로 다른 강도를 느끼게 된다. 즉 각각의 연주는 차이 자체를 드러내게 되는 것이다. 이처럼 들뢰즈에게 차이 자체란 반복에 의해 경험하게 되는 강도의 차이를 의미한다.

일반적으로 인간은 의사소통을 위해 서로가 동일하게 인정할 수 있는 개념을 필요로 하며, 개념을 통해 형성되는 인간의 지식 체계가 세상을 변화시킨다는 점을 고려하면 개념은 인간에게 필수적인 것이다. 들뢰즈도 이와 같은 개념의 기능을 전면적으로 부정한 것은 아니다. 다만 들뢰즈의 철학은, 개념을 최고의 가치로 숭상하면서 이 세상을 개념으로 온전히 규정하려는 기존 철학자들의 사상을 극복하고자 한 것이며 철학의 시선을 개념에서 현실 세계의 대상 자체로 돌리게 했다는 점에서 의의를 지닌다.

* 종차 : 상위 개념에 속한 동일한 층위의 하위 개념들 중 어떤 하위 개념이 다른 하위 개념과 구별되는 요소

024

윗글의 내용 전개 방식에 대한 설명으로 가장 적절한 것은?

① 기존의 관점을 비판한 특정 견해를 예를 들어 설명하고 그 의의를 밝히고 있다.
② 두 이론의 공통점과 차이점을 분석하고 이를 절충한 새로운 이론을 소개하고 있다.
③ 특정 이론의 변천 과정을 설명하고 해당 이론의 발전 방향에 대해 예측하여 전망하고 있다.
④ 특정 견해의 특징을 드러낼 수 있는 역사적 사건을 언급하고 그 견해의 장단점을 비교하고 있다.
⑤ 특정 견해를 뒷받침하는 다른 견해를 제시하고 사회적 현상을 분석하여 두 견해의 유사점을 부각하고 있다.

025

윗글을 바탕으로 ㉠~㉢을 이해한 내용으로 가장 적절한 것은?

① ㉠과 달리 ㉡은 개념에 해당한다.
② ㉠과 달리 ㉢은 개별 대상에 해당한다.
③ ㉢과 달리 ㉡은 개별 대상에 해당한다.
④ ㉠과 ㉢은 모두 개별 대상에 해당한다.
⑤ ㉡과 ㉢은 모두 개념에 해당한다.

026

개념의 폭력 에 대한 이해로 적절하지 않은 것은?

① 개념에 개별 대상을 포섭시킴으로써 일어난다.
② 개념에 맞추어 세상을 보았을 때 생기는 문제이다.
③ 개별 대상이 지닌 고유한 특성만을 중요시할 때 나타난다.
④ 대상에 대한 보편적 관념만을 강조했을 때 발생할 수 있다.
⑤ 개별 대상이 개념과 일치하는지 여부에 따라 개별 대상의 가치가 결정되는 것이다.

027

<보기>는 온라인 수업 게시판의 일부이다. 윗글을 바탕으로 학생들이 과제를 수행했다고 할 때 ㉮와 ㉯에 들어갈 말로 가장 적절한 것은?

| 보 기 |

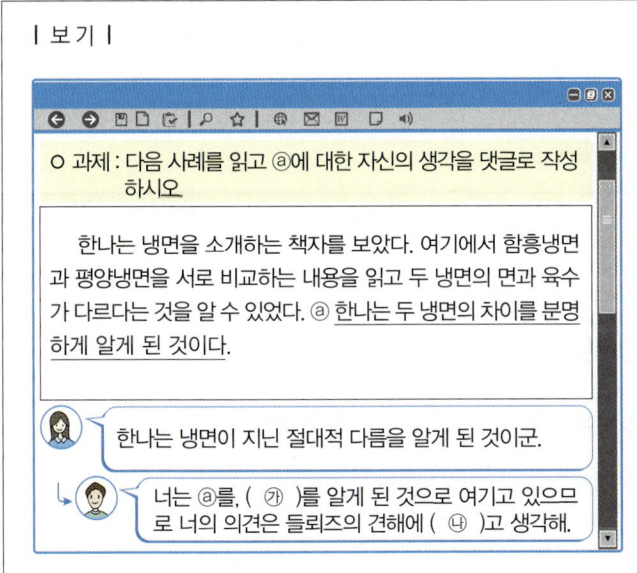

	㉮	㉯
①	차이 자체	부합한다
②	차이 자체	부합하지 않는다
③	개념적 차이	부합한다
④	개념적 차이	부합하지 않는다
⑤	개념적 종차	부합한다

028

<보기>에 대해 '들뢰즈'가 보일 수 있는 반응으로 적절하지 않은 것은?　3점

| 보 기 |

○ 헤겔은 세상을 개념적으로 파악하기 위한 방법론으로 변증법을 제시했다. 가령 '아인슈타인'이라는 개별 대상은 '남자', '과학자' 등과 같은 더 많은 개념들을 활용한다면 완벽하게 규정될 수 있다고 본 것이 헤겔 변증법의 핵심이다.

○ 앤디 워홀은 실크스크린을 통한 대량 인쇄 작업을 거쳐 공장에서 한 가지 상품의 동일한 이미지를 작품으로 제작하였다. 이 작품들은 언뜻 보면 동일해 보였지만 실제로는 윤곽선의 번짐이나 색상에서 조금씩 차이를 느낄 수 있었다. 이러한 앤디 워홀의 작업은 같음을 생산하는 과정을 되풀이함으로써 오히려 어떠한 결과물도 같을 수 없음을 보여 준다.

① 헤겔의 변증법을 활용하더라도 아인슈타인이라는 개별 대상을 온전히 규정할 수 없겠군.
② 헤겔이 세상을 보는 방법론은 미리 만들어진 개념이 현실 세계의 개별 대상들을 규정하는 것이겠군.
③ 앤디 워홀은 같음을 생산하는 과정을 되풀이하며 제작한 결과물을 통해 동일한 강도가 지각될 수 있음을 보여 주려 한 것이겠군.
④ 앤디 워홀이 대량 인쇄 작업으로 제작한 작품들은 다른 것과 비교될 수 없는 개별 대상에 대한 감각적 경험을 가능하게 하겠군.
⑤ 앤디 워홀의 실크스크린 작품들에서는 다른 대상에 의존하는 방식으로는 파악할 수 없는 특성이 색상과 윤곽선에 대한 지각을 통해 드러나게 되는 것이겠군.

다음 글을 읽고 물음에 답하시오. 5문항을 11분 안에 풀어보세요.

11분

한나 아렌트는 정치를 어떤 관점에서 사유해야 하는지, 그래서 어떻게 현실을 이해해야 하는지에 대한 정치철학적 지평을 열어 준 철학자이다. 아렌트의 정치철학을 이해하기 위해서는 그녀가 생각하는 정치의 본질을 이해할 필요가 있다. 아렌트에 따르면 정치는 사적인 것이 아닌, 공적인 것에서부터 출발하고 공적인 것을 추구한다. 그렇다면 공적인 것과 사적인 것은 어떤 점에서 구별되는가? 아렌트가 이것과 관련하여 제기하는 핵심 문제는 바로 행위의 가능성이다. 그녀는 인간의 활동으로 '노동', '작업', '행위'를 제시하고 이 세 가지 활동이 서로 긴밀하게 연결되어 인간의 실존을 가능하게 한다고 말한다. 그녀가 생각하는 노동은 생물학적 욕구를 충족시키는 동물적 활동이다. 노동은 자기 보존의 수단일 뿐이고 생존을 위해 필요한 생산과 소비의 끊임없는 순환 과정 속에 종속된 것이다. 작업은 단순한 생존을 넘어서 삶의 편의를 위해 물건과 결과물을 만드는 것으로 자연과 구분되는 인간 세계를 구축하는 활동이다. 마지막으로 행위는 다른 존재들과 상호소통하며 자신의 존재를 드러내는 것으로 다수의 사람들과 공동의 관심사에 대해 의견을 나누는 활동을 의미한다. 그녀는 행위가 노동, 작업과 달리 혼자서는 할 수 없기에 오직 행위만이 타인의 지속적인 현존을 전제 조건으로 삼는다고 밝힌다. 그리고 노동과 작업을 사적인 것으로, 행위를 공적인 것으로 구분하고 행위가 이루어지는 곳을 공적 영역으로 규정한다.

아렌트는 이러한 공적인 것과 사적인 것이 이루어지는 영역이 공간적으로 분리된다고 보았다. 그리고 이러한 생각의 모델을 고대 그리스의 가정과 폴리스*의 구분에서 찾았다. 그녀는 고대 그리스인들의 가정을 노동과 작업이 이루어지는 사적 영역으로 인식했으며 가정에서 이루어지는 모든 활동은 필연성의 지배를 받는다고 보았다. 노동은 인간이 생명을 보존해야 한다는 필연성의 구속을 받고, 작업은 인간의 필요에 따라 유용한 것만을 생산해야 한다는 필연성의 구속을 받는다는 것이다. 또한 가정은 가장을 중심으로 의견이 일치하는 획일성이 지배하는 불평등한 공간으로 인식했다. 이에 반해 폴리스는 공적 영역으로서 행위가 이루어지는 자유의 공간으로 인식했다. 아렌트는 사적 영역과 공적 영역을 엄격하게 분리했지만, 그렇다고 사적 영역을 부정하지는 않았다. 사적 영역은 공적 영역을 위해 존재한다고 보았고, 가정에서 삶의 필연성을 충족한 시민들이 폴리스라는 공적 영역으로 나아갈 수 있다고 여겼다. 가정 밖으로 나온 시민들은 폴리스에서 다른 시민들을 만나 함께 공적인 문제를 자유롭게 논의하고 결정했다. 이때 자유롭다는 것은 삶의 필연성에서 벗어나 어떠한 강제나 강요도 없이 시민 모두가 평등한 위치에서 각자의 서로 다른 의견을 표현하고 공유하는 것을 의미한다. 그들은 폴리스라는 공적 영역에서 언어적 소통을 통해 타인과 관계를 맺으며 내가 누구인지, 내 의견과 다른 사람들의 의견이 어떻게 다른지를 확인할 수 있었다. 아렌트는 이러한 행위가 바로 정치라고 보았다. 결국 고대 그리스인들이 공적 영역에서 행위를 통해 자유를 실현한 것처럼 아렌트는 정치의 본질을 자유의 실현이라고 생각했다.

그런데 아렌트는 근대 이후에 '사회'가 출현했고, 이 사회의 출현으로 말미암아 정치의 의미가 왜곡되었다고 진단한다. 왜 아렌트는 사회의 출현을 부정적으로 생각한 것일까? 그것은 그녀가 사회를 경제적으로 조직된 여러 구성원의 거대한 가족 결합체로 보았기 때문이다. 고대 그리스에서 가정의 활동은 생계 유지에 필요한 재화나 용역을 생산하고 소비하는 노동 활동을 중심으로 이루어졌었기에 경제 활동은 본래 사적 영역에서의 활동이었다. 그런데 이러한 가정에서의 경제 활동이 근대에 이르러 사회가 출현하고 시장이 발달하면서 공적 영역으로 옮겨갔고 이로 인해 공적 영역과 사적 영역의 경계가 허물어졌다. 경제 활동이 행위의 공간이었던 공적 영역에 자리하게 되면서 공적 영역이 사라지게 되었다는 것이 아렌트의 분석이다.

결국 아렌트가 말하는 사회의 문제점은 행위가 일어날 수 있는 가능성이 배제된다는 것이다. 그녀는 이러한 사회가 등장하며 새롭게 나타난 활동 양식을 '행동'이라 부른다. 행동은 행위가 일어났던 공적인 공간에서 사람들이 오로지 사적인 이익만을 추구하는 것을 말한다. 인간 삶의 모든 것을 경제적 가치가 지배하는 근대 이후의 사회에서 사람들은 더 이상 다양한 관점을 가질 수 없게 되었다. 사람들은 다른 사람들과 함께 공동의 문제를 위해 행위하지 않고 자신의 경제적 이익의 극대화를 위해 행동하기 때문이다. 그로 인해 철저하게 경제화된 근대 이후의 사회에서 사람들은 시장 경제 논리에 따라 움직이고, 궁극적으로 행위가 일어날 가능성도 박탈당한다. 이런 의미에서 사회에서의 행동은 결코 행위가 될 수 없다. 사람들은 오직 공적 영역에서만 자신의 행위 가능성을 보존하고 자유 실현의 가능성을 찾을 수 있다. 이것이 바로 아렌트가 말하는 공적 영역을 우리가 회복하고 보존해야 하는 이유인 것이다.

* 폴리스 : 고대 그리스에서 지역별로 도시 국가의 형태로 이루어진 정치 공동체

029

윗글의 내용 전개 방식으로 가장 적절한 것은?

① 특정 철학자의 정치 이론의 변화 과정을 설명하고 그의 견해가 지니는 의의를 강조하고 있다.

② 특정 철학자가 제시하는 인간 활동의 유형을 비교하고 그의 정치 이론이 지닌 한계를 평가하고 있다.

③ 특정 철학자가 밝힌 정치와 관련된 이론을 제시하고 그가 비판하는 근대 이후 사회의 문제를 설명하고 있다.

④ 특정 철학자의 정치와 관련된 가설을 소개하고 다양한 역사적 사례를 통해 가설의 타당성을 검토하고 있다.

⑤ 특정 철학자가 분석하는 정치 체제의 발달 단계를 고찰하고 근대 이후 사회에서 필요한 정치 체제를 제시하고 있다.

030

윗글에 대한 이해로 적절하지 <u>않은</u> 것은?

① 자유는 다른 사람과 관계를 맺는 행위를 통해 실현되는 것이다.
② 정치는 사람들이 자유를 실현하기 위해 개인의 행위를 강제하는 것이다.
③ 정치는 인간들이 평등한 위치에서 공적인 문제에 대해 논의하는 것이다.
④ 행위는 언어적 소통을 통해 다른 사람에게 자신의 존재를 드러내는 것이다.
⑤ 행위는 인간의 생존을 위한 필연성의 구속을 벗어난 곳에서 이루어지는 것이다.

031

'한나 아렌트'의 견해에 대해 〈보기〉의 견해를 가진 사람이 비판한 내용으로 가장 적절한 것은?

| 보 기 |
인간은 노동을 통해 자아를 실현하는 창조적 존재이다. 인간에게 노동은 물질적 생활을 충족시키고, 자연과 상호작용하는 인간의 세계를 만드는 활동이다. 또한 노동은 동물과 구별되는 인간의 고유한 삶의 방식으로 노동을 통해 인간은 다른 사람들과 관계를 맺고 공동체의 구성원으로서의 자신의 삶을 깨닫게 된다. 이러한 노동으로 인간은 자유를 실현할 수 있고 인간다운 삶을 살 수 있게 된다.

① 당신은 노동을 자기 보존의 수단으로 보지만, 노동은 인간에게 자유를 가능하게 합니다.
② 당신은 노동을 정치적 활동으로 보지만, 노동은 인간의 물질적 생활을 충족시켜 줍니다.
③ 당신은 노동을 삶의 편의를 위해 물건을 만드는 활동으로 보지만, 노동으로 인간은 자아를 실현할 수 있습니다.
④ 당신은 노동을 다른 사람들과 관계를 맺는 활동으로 보지만, 노동은 다른 사람의 존재를 필요로 하지 않습니다.
⑤ 당신은 노동을 인간만이 할 수 있는 활동으로 보지만, 노동으로는 인간과 동물의 삶의 방식을 구분 지을 수 없습니다.

032

'한나 아렌트'가 말하는 <u>사회</u>에 대한 이해로 적절하지 <u>않은</u> 것은?

① 사람들은 사회에서 행위를 하기 어렵겠군.
② 사람들은 사회에서 공동의 문제에 관심을 가지지 않겠군.
③ 사람들은 고대 그리스의 가정에서 했던 경제 활동을 사회에서 하겠군.
④ 사람들은 시장 경제가 발달한 사회일수록 정치를 실현할 수 있는 영역을 확장하겠군.
⑤ 사람들은 사회를 지배하는 하나의 가치만을 추구할 뿐 다양한 관점은 갖지 못하겠군.

033

윗글의 '한나 아렌트'와 〈보기〉의 '공자', '플라톤'을 비교한 내용으로 가장 적절한 것은? `3점`

| 보 기 |
공자는 부자 관계에서 자식이 부모를 사랑하는 것을 정치로 간주하였고, 이러한 사랑이 국가 차원으로 확장된다고 여겼다. 즉 국가는 가정의 확장이기 때문에 공적 영역과 사적 영역은 구분할 수 없고 가정에서의 관계 맺음은 정치 체제의 근본 토대가 된다는 것이다.
한편 플라톤은 정치와 관련하여 사적 영역인 가정을 이상 국가를 만드는 데 방해물로 보았다. 국가를 위해서는 개인의 욕망을 절제해야 하는데 가정은 개인의 욕망을 보호하는 역할을 하기 때문이다. 그래서 플라톤은 정치가들에게 자식과 재산을 공유할 것을 주장하며, 공적인 것을 위해 사적인 것을 지양해야 한다고 강조했다.

① '공자'와 달리 '한나 아렌트'는 공적 영역과 사적 영역을 공간적으로 분리해서 인식하고 있군.
② '공자'와 '한나 아렌트'는 모두 사적 영역에서도 정치가 이루어진다고 보고 있군.
③ '공자'와 '한나 아렌트'는 모두 가족 구성원의 관계 맺음을 정치로 인식하고 있군.
④ '플라톤'과 달리 '한나 아렌트'는 공적인 것을 위해 사적인 것을 지양해야 한다고 여기고 있군.
⑤ '플라톤'과 '한나 아렌트'는 모두 사적인 것을 공유해야만 공적인 영역에서의 정치가 가능하다고 보고 있군.

다음 글을 읽고 물음에 답하시오. 5문항을 11분 안에 풀어보세요. **11분**

비트겐슈타인은 철학의 관심사가 사람이 '생각하는 바'가 아닌 사람이 '생각하는 바를 표현하는 것'이어야 한다고 주장했다. 그는 정신이나 이성에 관심을 가졌던 종래의 철학이 명제와 사실의 관계를 간과했다고 지적하며, 새로운 철학은 '말할 수 있는 것'과 '말할 수 없는 것'의 한계를 명확하게 설정할 수 있어야 한다고 보았다.

이를 위해 비트겐슈타인은 먼저 명제와 사실의 관계를 분명히 했다. 그에 의하면 명제는 사실과 대응한다. 그래서 그는 명제와 사실을 비교해서 명제가 사실과 일치하면 참, 사실과 일치하지 않으면 거짓이라고 보았다. 이를테면 '지구는 태양 주위를 돈다.'라는 명제는 지구가 태양 주위를 돌고 있다는 실제 경험할 수 있는 사실과 비교할 때 사실과 일치하기 때문에 참이 된다. 반면 '태양은 지구 주위를 돈다.'라는 명제는 사실과 비교할 때 거짓이 된다. 이처럼 비트겐슈타인은 하나의 명제는 하나의 사실과 대응하여 참 또는 거짓으로 판단할 수 있다고 보았다.

그렇다면 '지구는 태양 주위를 돌고, 달은 지구 주위를 돈다.'와 같은 명제도 하나의 사실에 대응하는 것일까? 비트겐슈타인은 진리함수이론을 통해 이 같은 고민을 해결하고자 했다. 그는 어떤 명제는 그 안에 좀 더 단순한 형태의 명제들을 포함할 수 있다고 생각했다. 그래서 명제와 사실의 관계에 있어 논리적 기초가 되는 ㉠'요소명제'라는 언어 단위를 도입하였다. 그에 따르면 요소명제는 더 이상 분석할 수 없는 최소의 언어 단위로, 최소의 사실 단위인 '원자사실'에 대응한다. 그래서 그는 요소명제가 원자사실과 일치하면 '참(T)'이라는 진릿값을, 일치하지 않으면 '거짓(F)'이라는 진릿값을 갖는다고 보았으며, 명제의 진릿값이 나올 수 있는 경우의 수를 진리가능성이라고 불렀다. 그에 의하면 요소명제의 진리가능성은 언제나 참과 거짓, 2 개가 된다. 또한 그는 두 개 혹은 그 이상의 요소명제들로 구성된 명제를 '복합명제'라고 불렀는데, 복합명제를 구성하는 각각의 요소명제는 각각 하나의 원자사실과 대응하기 때문에 여기서 나올 수 있는 진릿값을 조합한 모든 경우의 수가 복합명제의 진리가능성이 된다고 보았다. 결국 복합명제가 몇 개의 요소명제들로 이루어지느냐에 따라 요소명제의 수를 n이라고 보면, 복합명제의 진리가능성은 2^n 개가 된다.

그리고 비트겐슈타인은 복합명제의 진릿값은 복합명제를 구성하는 각각의 요소명제들의 진릿값에 대한 진리연산을 통해 얻을 수 있다고 보았다. 이때 진리연산은 요소명제들로부터 진리함수가 만들어져 나오는 방법이며, 진리연산의 결과는 복합명제가 참이 되거나 거짓이 되는 조건을 말해주는 진리조건이 된다. 그래서 '지구는 태양 주위를 돌고, 달은 지구 주위를 돈다.'라는 복합명제의 경우에는 '지구는 태양 주위를 돈다.'라는 요소명제 p와 '달은 지구 주위를 돈다.'라는 요소명제 q가 '그리고'에 의해 결합되어 있으므로, 이 복

p	q	p∧q
T	T	T
F	T	F
T	F	F
F	F	F

〈표〉

합명제는 p와 q의 진릿값에 대해 '그리고'라는 진리연산이 적용된 진리함수 p∧q로 표현할 수 있다. 진리함수 p∧q는 '지구는 태양 주위를 돈다.'가 참이고, '달은 지구 주위를 돈다.'도 참이 될 때에만 진릿값이 참이 된다. 이를 비트겐슈타인이 고안한 진리표로 만들면, 〈표〉와 같이 p와 q의 진리가능성은 TT, FT, TF, FF가 되고, p∧q의 진리조건은 TFFF가 된다.

비트겐슈타인은 이렇게 복합명제를 진리표로 만들었을 때, 진리조건에 T와 F가 함께 표기되는 명제, 즉 사실과 비교함으로써 참 또는 거짓을 판단할 수 있는 명제를 '의미 있는 명제'라고 불렀다. 그리고 그는 의미 있는 명제가 바로 우리가 '말할 수 있는 것'의 영역에 포함된다고 보았다. 반면에 그는 우리가 '말할 수 없는 것'의 영역에 포함되는 명제로 '무의미한 명제'와 '의미를 결여한 명제'를 제시했다. 무의미한 명제는 그 명제에 대응하는 사실이 없어서 참과 거짓을 가려낼 수 없는 명제이다. 그리고 의미를 결여한 명제는 그 명제에 대응하는 사실은 없지만, 언제나 참이거나 언제나 거짓인 명제이다. 만약 의미를 결여한 명제를 진리표로 만든다면 그 진리조건은 언제나 모두 참이거나 모두 거짓으로 표기되겠지만, 이는 진리연산의 결과와 상관없는 표기이다. 결국 비트겐슈타인은 진리함수이론을 통해 우리가 말할 수 있는 것의 영역에는 참 또는 거짓으로 판단할 수 있는 의미 있는 명제밖에 없다는 것을 보여줄 수 있었다.

034

윗글에 대한 설명으로 가장 적절한 것은?

① 명제와 사실이 갖는 한계를 지적하고, 이를 극복할 수 있는 방법을 소개하고 있다.

② 명제와 사실의 공통점을 사례를 중심으로 보여주고, 특정 이론을 통해 이를 점검하고 있다.

③ 명제에 대한 통념을 비판하고, 다양한 철학자의 견해를 비교하여 새로운 주장을 내세우고 있다.

④ 명제와 사실의 관계를 밝히고, 이와 관련된 특정 이론을 구체적인 예시를 사용하여 설명하고 있다.

⑤ 명제에 대한 특정 철학자의 관점을 시대순으로 정리하고, 이에 대한 비판적 견해를 제시하고 있다.

035

비트겐슈타인의 관점에서 ㉠을 이해한 내용으로 적절하지 <u>않은</u> 것은?

① 요소명제는 더 이상 쪼갤 수 없는 언어 단위이다.
② 두 개 이상의 요소명제가 결합하여 복합명제를 만들 수 있다.
③ 원자사실과의 일치 여부에 따라 요소명제의 진릿값이 정해진다.
④ 요소명제의 진릿값이 나올 수 있는 경우의 수는 언제나 2 개이다.
⑤ 요소명제는 '무의미한 명제'를 '의미를 결여한 명제'와 구분하는 기준이다.

※ 〈보기〉는 윗글을 참고하여, 임의의 두 명제를 각각 진리표로 만든 것이다. 036번과 037번 물음에 답하시오.

| 보 기 |

p	q	p∨q
T	T	T
F	T	T
T	F	T
F	F	F

[진리표 1]

p	q	p→(q→p)
T	T	T
F	T	T
T	F	T
F	F	T

[진리표 2]

036

윗글을 바탕으로 〈보기〉의 [진리표 1]을 이해한 내용으로 적절하지 <u>않은</u> 것은?

① 진리연산의 결과인 진리조건은 TTTF이다.
② 복합명제의 진릿값이 F일 때는 p와 q에 대응하는 원자사실이 없는 경우이다.
③ 진리조건에 T와 F가 함께 표기되어 있으므로 이 복합명제는 '의미 있는 명제'이다.
④ p와 q의 진리가능성이 TT, FT, TF일 때에 진리함수 p∨q의 진릿값이 참이 된다.
⑤ 복합명제를 구성하는 요소명제가 하나 더 추가되면 이 복합명제의 진리가능성은 2^3 개가 된다.

037

윗글을 읽은 학생이 〈보기〉의 [진리표 1]과 [진리표 2]에 대해 보인 반응으로 가장 적절한 것은? 3점

① [진리표 1]과 [진리표 2]의 진리함수는 서로 같겠군.
② [진리표 1]과 달리 [진리표 2]는 '의미를 결여한 명제'를 진리표로 만든 것이겠군.
③ [진리표 1]과 달리 [진리표 2]의 복합명제는 '말할 수 있는 것'의 영역에 속하겠군.
④ [진리표 1]의 복합명제와 [진리표 2]의 복합명제에 적용된 진리연산은 서로 같겠군.
⑤ 원자사실과 대응하는 요소명제의 수는 [진리표 1]에는 1 개, [진리표 2]에는 2 개이겠군.

038

윗글을 이해한 학생이 비트겐슈타인의 입장에서 〈보기〉의 ⓐ에 대해 보인 반응으로 가장 적절한 것은?

| 보 기 |

플라톤은 정신을 통해서만 이데아를 인식할 수 있다고 보았으며 ⓐ "이데아란 영원하고 불변하는 사물의 본질적인 원형이다."라고 했다. 즉 그에 의하면 이데아는 육안이 아니라 마음의 눈으로 통찰되는 사물의 순수하고 완전한 형태를 가리킨다.

① ⓐ는 철학의 관심사로 삼아야 할 내용을 담은 명제라고 할 수 있겠군.
② ⓐ는 '생각하는 바를 표현한 것'이므로 '의미 있는 명제'라고 할 수 있겠군.
③ ⓐ는 '말할 수 있는 것'과 '말할 수 없는 것'의 경계를 표현한 명제라고 할 수 있겠군.
④ ⓐ는 실제 경험할 수 있으므로 진리조건이 언제나 '거짓'으로 표기되는 명제라고 할 수 있겠군.
⑤ ⓐ는 대응하는 사실이 없어, '참'과 '거짓'을 판단할 수 없기에 '무의미한 명제'라고 할 수 있겠군.

다음 글을 읽고 물음에 답하시오. 4문항을 10분 안에 풀어보세요. 10분

　비트겐슈타인이 1918년에 쓴 『논리 철학 논고』는 '빈학파'의 논리실증주의를 비롯하여 20세기 현대 철학에 큰 영향을 주었다. 그는 많은 철학적 논란들이 언어를 애매하게 사용하여 발생한다고 보았기 때문에 언어를 분석하고 비판하여 명료화하는 것을 철학의 과제로 삼았다.

　그는 이 책에서 언어가 세계에 대한 그림이라는 '그림 이론'을 주장한다. 이 이론을 세우는 데 그에게 영감을 주었던 것은, 교통사고를 다루는 재판에서 장난감 자동차와 인형 등을 이용한 ⊙ 모형을 통해 ⓒ 사건을 설명했다는 기사였다. 그런데 모형을 가지고 사건을 설명할 수 있는 이유는 무엇일까? 그것은 모형이 실제의 자동차와 사람 등에 대응하기 때문이다. 그는 언어도 이와 같다고 보았다. 언어가 의미를 갖는 것은 언어가 세계와 대응하기 때문이다. 다시 말해 언어가 세계에 존재하는 것들을 가리키고 있기 때문이다. 언어는 명제들로 구성되어 있으며, 세계는 사태들로 구성되어 있다. 그리고 명제들과 사태들은 각각 서로 대응하고 있다. 이처럼 언어와 세계의 논리적 구조는 동일하며, 언어는 세계를 그림처럼 기술함으로써 의미를 가진다.

　'그림 이론'에서 명제에 대응하는 '사태'는 '사실'이 아니라 사실이 될 수 있는 논리적 가능성을 의미한다. 따라서 언어를 구성하는 명제들은 사실적 그림이 아니라 논리적 그림이다. 사태가 실제로 일어나서 사실이 되면 그것을 기술하는 명제는 참이 되지만, 사태가 실제로 일어나지 않는다면 그 명제는 거짓이 된다. 어떤 명제가 '의미 있는 명제'가 되기 위해서는 그 명제가 실재하는 대상이나 사태에 대해 언급해야 하며, 그것에 대해서는 참, 거짓을 따질 수 있다. 만약 어떤 명제가 실재하지 않는 대상이나 사태가 아닌 것에 대해 언급하면 그것은 '의미 없는 명제'가 되며, 그것에 대해 참, 거짓을 따질 수 없다. 따라서 경험적 세계에 대해 언급하는 명제만이 의미 있는 것이 된다.

　이러한 관점에서 비트겐슈타인은 기존의 철학자들이 다루었던 신, 영혼, 형이상학적 주체, 윤리적 가치 등과 관련된 논의가 의미 없는 말들에 불과하다고 보았다. 왜냐하면 그 말들이 가리키는 대상이 세계 속에 존재하지 않는, 즉 경험 가능하지 않은 대상이기 때문이다. 이와 같은 형이상학적 문제와 관련된 명제나 질문들은 의미가 없는 말들이다. 그러한 문제는 우리의 삶을 통해 끊임없이 드러나는 신비한 것들이지만 이에 대해 말로 답변하거나 설명할 수는 없다. 그래서 비트겐슈타인은 "말할 수 없는 것에 대해서는 침묵해야 한다."라고 말했다.

039

비트겐슈타인의 이론에 대한 이해로 적절하지 않은 것은?

① 언어의 문제를 철학의 중요한 과제로 보았다.
② '그림 이론'으로 논리실증주의에 큰 영향을 주었다.
③ '사태'와 '사실'의 개념을 구별하였다.
④ 경험적 대상을 언급하는 명제는 참이라고 보았다.
⑤ 형이상학적 문제를 다룬 기존 철학을 비판하였다.

040

윗글의 '의미 없는 명제'에 해당하는 것은? 1점

① 곰팡이는 생물의 일종이다.
② 물은 1기압에서 90 °C에 끓는다.
③ 피카소는 1881년 스페인에서 태어났다.
④ 우리 반 학생의 절반 이상이 헌혈을 했다.
⑤ 선생님은 한평생 바람직한 삶을 살아왔다.

041

⊙ : ⓛ의 관계에 해당하는 것만을 〈보기〉에서 있는 대로 고른 것은?

| 보 기 |
ㄱ. 언어 : 세계
ㄴ. 명제 : 사태
ㄷ. 논리적 그림 : 의미 있는 명제
ㄹ. 형이상학적 주체 : 경험적 세계

① ㄱ, ㄴ
② ㄱ, ㄷ
③ ㄴ, ㄹ
④ ㄱ, ㄴ, ㄷ
⑤ ㄴ, ㄷ, ㄹ

042

윗글로 미루어 볼 때, 비트겐슈타인이 〈보기〉와 같이 말한 이유로 가장 적절한 것은? 3점

| 보 기 |
사다리를 딛고 올라간 후에 그 사다리를 던져 버리듯이, 『논리철학 논고』를 이해한 사람은 거기에 나오는 내용을 버려야 한다. ㉮ 이 책의 내용은 의미 있는 언어의 한계를 넘어선 것이기 때문에 엄밀하게 보면 '말할 수 있는 것'의 범주에 속하지 않는다.

① ㉮는 자신이 내세웠던 철학의 과제를 넘어서는 주제들을 다루고 있기 때문이다.
② ㉮는 객관적 세계에 존재하는 대상을 과학적으로 분석하여 서술하고 있기 때문이다.
③ ㉮는 실재하는 대상이 아니라 논리적으로 가능한 사태에 대해 기술하고 있기 때문이다.
④ ㉮는 경험적 세계가 아니라 언어와 세계의 논리적 관계에 대해 언급하고 있기 때문이다.
⑤ ㉮는 기존의 철학자들이 다루었던 형이상학적 물음에 대해 관념적으로 답하고 있기 때문이다.

[043~048] 2022년 11월 학평 16번~21번 정답과 해설편 p.029

다음 글을 읽고 물음에 답하시오. 6문항을 10분 안에 풀어보세요. 10분

(가)

관중은 춘추 시대 제(齊)나라의 재상으로 군주인 환공을 도와 약소국이던 제나라를 부강한 국가로 성장시켰다. 관중이 생각한 이상적인 국가의 모습과 국가를 통치하는 방법은 『관자』를 통해 살펴볼 수 있다. 그는 자신이 살던 현실의 문제에 실리적으로 ⓐ 대처하고 정치적인 분열을 적극적으로 막아 나라의 부강과 백성의 평안을 이루고자 하였다.

관중은 백성이 국가 경제의 근본이라는 경제적 관점을 바탕으로 법의 필요성을 강조하였다. 그에 따르면, 군주는 법을 만들 수 있는 자격을 천부적으로 지닌 사람이다. 하지만 군주가 마음대로 법을 만들면 백성의 삶이 ⓑ 피폐해질 수 있으므로 군주는 이익을 추구하는 백성의 본성을 고려해 백성의 삶이 윤택해질 수 있는 법을 만들어야 한다고 보았다. 이때 관중이 강조한 백성의 윤택한 삶은 도덕적 교화와 같은 목적을 위한 것이 아닌, 부강한 나라의 실현을 위한 것이라는 실리적 관점에서 이해할 수 있다.

또한 관중은 군주가 자신에 대해서는 존귀하게 여기지 않는 것을 '패(覇)'라고 ⓒ 규정하였는데, 이를 바탕으로 군주도 법의 적용에서 예외가 되지 않아야 한다고 주장하였다. 그에 따르면 군주는 '권세'를 지녀야 국가를 다스릴 수 있는데, 이때 군주가 패를 실천해야 백성이 권세를 인정하게 된다. ㉠ 결국 군주가 법을 존중하는 것은 백성이 군주를 존중하는 것으로 이어지게 되는 것이다.

관중은 권세를 가진 군주는 부강한 나라를 이루는 통치, 즉 '패업(覇業)'을 위한 통치를 펼쳐야 한다고 주장하고, 법을 통한 통치의 중요성을 강조하였다. 이때 군주는 능력 있는 신하를 공정하게 등용하되 신하들이 군주의 권세를 넘보거나 법질서를 혼란스럽게 하지 못하도록 자신의 권세를 신하에게 위임하지 말아야 하며 백성의 경제적 안정을 위한 정책들을 시행해야 한다고 보았다. 이러한 관중의 사상은 백성들의 경제적 안정을 기반으로 부강한 나라를 이루기 위해 법을 통한 통치를 도모한 것으로 평가할 수 있다.

(나)

율곡은 유학적 사상을 기반으로, 자신이 생각하는 군주상을 제시하였다. 그는 『성학집요』에서 개인의 수양을 통해 앎을 늘리고 인격을 완성하는 것을 군주의 자격으로 보았다. 율곡은 군주가 인격을 완성하고 아는 것을 실천하면 백성의 선한 본성을 회복하는 도덕적 교화가 가능해진다고 본 것이다. 율곡은 자신이 이상적으로 생각하는 왕도정치가 실현되기 위해서는 군주가 신하를 통해 백성을 다스려야 한다고 생각했는데, 만약 군주가 포악한 정치를 펼쳐 신하들의 지지를 얻지 못하거나 민심을 잃으면 교체될 수 있다고 여겼다.

[A] ──
율곡은 군주의 통치에 따라 태평한 시대인 치세와 혼란스러운 시대인 난세가 구분된다고 보고, 이를 중심으로 군주의 유형과 통치 방법을 나누어 설명했다. 치세를 만드는 군주는 재능과 지식이 출중해 신하를 능력에 맞게 발탁하여 일을 분배할 줄 알거나, 재능과 지식은 ⓓ 부족하지만 현명한 신하를 분별하여 그에게 나라의 일을 맡길 줄 안다. 이들의 통치 방법은 '왕도(王道)'와 '패도(覇道)'로 나뉜다. 왕도는 군주의 인격 완성을 통해 백성의 도덕적 교화까지 이루어 내는 것이고, 패도는 군주의 인격이 완성되지 않아 백성의 도덕적 교화까지는 이루어지지 않았지만 백성의 경제적 안정은 이루어 내는 것이다.

난세를 만드는 군주는 자신의 총명만을 믿고 신하를 불신하거나, 간신의 말을 믿고 의지하여 눈과 귀가 가려진 군주이다. 이들은 백성을 괴롭히고 충언을 받아들이지 않아 스스로 멸망에 이르는 폭군, 간사한 자를 분별하지 못하고 총명함이 없으며 무능력한 혼군, 나약하여 자신의 뜻을 세우지 못하고 우유부단한 용군으로 분류된다. 이들의 통치 방법은 포악한 정치를 의미하는 '무도(無道)'이므로 율곡의 관점에서 무도를 행하는 군주는 교체되어야 할 존재이다.
──

율곡은 백성의 도덕적 교화를 이루는 왕도정치를 위해서는 백성들의 삶이 경제적으로 편안한 것이 전제되어야 한다고 보았다. 이는 군주의 존재 근거가 백성이라고 보는 민본관에 의한 것으로, 조세 부담을 줄이는 등 백성의 경제적 기반을 유지할 수 있는 정책을 펼쳐야 함을 ⓔ 역설한 것이다. 이처럼 율곡의 사상은 왕도정치를 실현하는 과정에서 백성의 현실적 삶에 주목하려는 시도로 볼 수 있다.

──────────

043

(가), (나)에 대한 설명으로 가장 적절한 것은?

① (가)와 (나)는 모두 특정한 사상가가 주장하는 군주의 통치술의 변화 과정을 소개하고 있다.

② (가)와 (나)는 모두 특정한 사상가가 주장하는 군주의 통치술에 담긴 내용을 중심으로 그 의의를 밝히고 있다.

③ (가)와 달리 (나)는 특정한 사상가가 주장하는 군주의 통치술이 갖는 한계를 드러내고 새로운 통치술을 제안하고 있다.

④ (나)와 달리 (가)는 특정한 사상가가 주장하는 군주의 통치술을 군주의 유형에 따라 범주화하여 제시하고 있다.

⑤ (나)와 달리 (가)는 특정한 사상가가 주장하는 군주의 통치술에 대한 상반된 입장을 제시하고 장단점을 비교하고 있다.

044

㉠의 이유로 가장 적절한 것은?

① 군주가 마음대로 법을 만들 수 있는 패를 실천할 수 있기 때문이다.
② 군주가 법을 존중하면 법을 제정할 수 있는 기회를 얻을 수 있기 때문이다.
③ 군주가 법의 필요성을 인식해야 백성을 국가의 근본으로 여기게 되기 때문이다.
④ 군주가 자신에게도 법 적용에 예외를 두지 않음으로써 권세를 인정받게 되기 때문이다.
⑤ 군주가 백성의 본성을 고려하지 않고 나라의 부강을 우선시하는 법을 만들어야 하기 때문이다.

045

(나)에서 알 수 있는 '율곡'의 견해로 적절하지 않은 것은?

① 군주는 앎을 늘리는 것뿐 아니라 앎을 실천하는 것도 중요하다.
② 군주는 포악한 정치를 펼쳐 신하들에게 지지를 얻지 못하면 교체될 수 있다.
③ 군주는 왕도정치를 실현하기 위해 자신의 존재 근거를 백성으로 보아야 한다.
④ 백성의 도덕적 교화가 이루어져야 백성의 삶이 경제적으로 편안해질 수 있다.
⑤ 백성의 조세 부담을 줄이는 것은 백성의 경제적 기반을 유지할 수 있는 방법 중 하나이다.

046

(가)의 관점에서 [A]를 판단한 것으로 가장 적절한 것은?

① [A]에서 눈과 귀가 가려진 군주는, 정치적 분열을 막아 백성을 평안하게 하므로 패업을 이룰 수 있는 존재로 볼 수 있다.
② [A]에서 군주가 충언을 받아들이지 않는 것은, 법을 만들 수 있는 자격을 천부적으로 지닌 것이므로 패업으로 볼 수 있다.
③ [A]에서 군주가 자신의 총명을 믿고 신하를 불신하는 것은, 백성의 삶을 윤택하게 하려는 것이므로 패업으로 볼 수 있다.
④ [A]에서 군주가 자신의 뜻을 세우지 못하는 것은, 자신을 존귀하게 여기지 않은 것이므로 패업을 위한 통치의 방법으로 볼 수 있다.
⑤ [A]에서 군주가 신하를 능력에 맞게 발탁하여 일을 분배한 것은, 능력에 따라 신하를 공정하게 등용한 것이므로 패업을 위한 통치의 방법으로 볼 수 있다.

047

<보기>는 동서양 사상가들의 견해이다. <보기>와 (가), (나)를 읽은 학생이 보인 반응으로 적절하지 않은 것은? [3점]

| 보기 |
㉮ 군주는 권력을 얻기 전까지는 수단과 방법을 가리지 않는 것이 오히려 백성을 위한 것입니다. 하지만 권력을 얻은 후에는 법을 통해 통치함으로써 자신의 권력을 유지할 수 있습니다.
㉯ 군주에 따라 치세와 난세가 되는 것을 지양하기 위해 법을 제정하고 기준을 세우는 것이 필요합니다. 그리고 법을 통해 통치할 수 있는 권한은 군주만이 갖고 있어야 권력을 유지할 수 있습니다.
㉰ 군주는 타락한 현실에 의해 잃어버린 인간의 선한 본성인 도덕성을 회복시켜야 합니다. 이때 군주는 도덕성의 회복을 목적으로 백성의 기본적인 경제적 욕구를 충족시키고 인간다운 교육을 실시해야 합니다.

① 관중과 ㉮는 모두 법을 통한 통치의 중요성을 인식했다고 볼 수 있겠군.
② 관중과 ㉯는 모두 국가를 다스릴 수 있는 권한이 오로지 군주에게 있어야 함을 강조했다고 볼 수 있겠군.
③ 관중은 ㉰와 달리 백성의 경제적 안정의 목적이 도덕성 회복이 아니라고 보았군.
④ 율곡은 ㉯와 달리 군주의 인격 완성 여부에 따라 치세와 난세가 구분된다고 보았군.
⑤ 율곡과 ㉰는 모두 백성의 본성을 선한 것으로 인식했다고 볼 수 있군.

048

ⓐ~ⓔ의 사전적 의미로 적절하지 않은 것은?

① ⓐ : 어떤 정세나 사건에 대하여 알맞은 조치를 취함.
② ⓑ : 지치고 쇠약해짐.
③ ⓒ : 바로잡아 고침.
④ ⓓ : 필요한 양이나 기준에 미치지 못해 충분하지 아니함.
⑤ ⓔ : 자신의 뜻을 힘주어 말함.

다음 글을 읽고 물음에 답하시오. 5문항을 8분 안에 풀어보세요. 8분

　　㉠ 중화(中華)사상은 한족(漢族)이 자신들을 세계의 중심을 의미하는 중화로 생각하고, 주변국들이 자신들의 발달된 문화와 예법을 받아들여야 한다고 생각한 사상이다. 조선은 중화사상을 수용하여 한족 왕조인 명나라의 문화를 받아들이는 것을 당연시하였다. 17세기에 이민족이 ⓐ 세운 청나라가 중국 땅을 차지하였지만, 조선은 청나라를 중화라고 생각하지 않고 명나라의 부활을 고대하였다. 당시 송시열은 '오랑캐는 중국을 차지할 수 없고 금수(禽獸)는 인류와 한 부류가 될 수 없다.'라고 하였는데, 이는 청나라를 공격하자는 북벌론과 청나라를 배척하자는 척화론으로 이어졌다.

　　18세기에 청나라가 정치적 안정을 이루고 조선이 북벌을 통해 명나라를 회복하기 어렵게 되자, 조선의 유학자들 사이에서는 조선이 중화의 계승자라는 인식이 보편화되었다. 이때 청나라가 가진 발달된 문물을 도입하는 북학파가 등장하였다. 그중 홍대용은 청나라의 발달된 문물은 오랑캐인 청나라가 만든 것이 아니라, 청나라가 중국 땅을 차지하며 가지게 된 한족의 문물로 보았다. 이런 생각은 청나라와 청나라의 문물을 구별한 것으로, 그가 저술한 「을병연행록」에서도 발견된다. 이를 통해 이때까지도 그는 조선이 중화의 계승자라는 인식과 중화사상에서 벗어나지 못했음을 알 수 있다. 하지만 청나라 여행을 계기로 그곳에서 만난 학자들과 교류를 이어 가며 선진 문물과 새로운 학문을 탐구한 결과, 사상적 전환을 이루었고 이를 바탕으로 「의산문답」을 저술하였다.

　　홍대용의 사상적 전환을 잘 보여 주는 것은 「의산문답」에 실려 있는 ㉡ 지구설과 무한 우주설이다. 그는 하늘이 둥글고 땅이 모나다는 전통적인 천지관을 비판하고, 땅이 둥글다는 지구설을 주장하면서 그 근거로 일식과 월식을 이야기하였다. 일식과 월식이 둥글게 나타나는 것은 달과 우리가 사는 땅이 둥글기 때문이라는 것이다. 우리가 사는 땅은 둥글기 때문에 상하나 동서남북은 정해져 있지 않고, 개개인이 서 있는 곳이 각각 기준이 될 수 있다고 주장하였다. 또한 그는 하늘은 무한하여 형체를 알 수 없고 지구와 같은 땅이 몇 개가 되는지 알 수 없다는 무한 우주설을 주장하였다.

　　지구설과 무한 우주설은 세상의 중심과 그 주변을 구별하는 중화사상과 다른 생각이다. 홍대용은 하늘에서 우리가 사는 세상을 본다면 이 땅이 무한한 우주에 비해 티끌만큼도 안 되며, 안과 밖을 구별하거나 중심과 주변을 나눌 수 없다고 보았다. 따라서 중국 안과 밖을 구별할 수 없고 중화와 오랑캐라는 구별도 상대적이라고 생각했다. 이에 따라 중화와 오랑캐로 여겨졌던 국가가 모두 동등하며, 사람들이 각자 제 나라와 제 문화를 기준으로 살아가는 것이 당연하다고 생각하였다. 이러한 그의 생각은 모든 사람들이 중심이 될 수 있고 존재 가치가 있다는 생각으로 이어졌고, 이를 바탕으로 그는 당시 유교적 명분을 내세우며 특권을 누리려 했던 양반들을 비판하였다. 또한 재주와 학식이 있는 자는 신분이 낮은 농부의 자식이라도 높은 관직에 오를 수 있어야 한다고 주장하였다.

　　어떤 국가와 문화, 사람도 각자 중심이 될 수 있고 존재 가치가 있다고 생각한 홍대용의 사상은 평등주의와 다원주의를 우리 역사에서 선구적으로 보여 주었다는 점에서 의의가 있다.

049

다음은 학생이 윗글을 읽는 중 작성한 독서 활동지이다. 학생의 활동 내용 중 적절하지 않은 것은?

◆ 2문단까지 읽고 내용을 정리한 후, 이어질 내용을 예측하고 확인하며 읽어 보자.

읽은 내용 정리
○ 청나라가 중국 땅을 차지한 후 조선에서는 북벌론과 척화론이 나타남. ·· ①
○ 청나라가 정치적 안정을 이루고 북벌이 힘들어지자 조선의 유학자들은 조선이 중화의 계승자라고 생각함. ·················· ②
○ 청의 문물을 배우자는 북학파가 등장하였고, 그중 홍대용은 선진 문물과 새로운 학문을 탐구하여 사상을 전환하고 「의산문답」을 저술함.

↓

이어질 내용 예측	확인 결과
○ 홍대용이 선진 문물과 새로운 학문을 탐구하여 깨달은 점이 언급될 것이다.	하늘이 둥글다는 것을 깨달음. ·············· ③
○ 「의산문답」의 내용이 언급될 것이다.	지구설과 무한 우주설을 설명함. ·············· ④
○ 홍대용이 아닌 다른 북학파 학자들의 사상이 언급될 것이다.	언급되지 않음. ······· ⑤

050

〈보기〉의 대화를 윗글과 관련지어 이해한 것으로 적절하지 않은 것은?

| 보기 |

갑 : 천지 사이의 생물 가운데 오직 사람만이 귀합니다. 동물과 초목
　은 지혜가 없고 깨달음도 없으며, 오륜도 모릅니다. 그러므로
　사람은 동물보다 귀하고, 초목은 동물보다 천합니다.

을 : 오륜은 사람의 예의입니다. 무리 지어 다니고 소리를 내어 새끼
　들을 불러 먹이는 것은 동물의 예의입니다. 그리고 떨기로 나서
　무성해지는 것은 초목의 예의입니다. 사람의 관점을 기준으로
　하면 사람이 귀하고 사물이 천하지만, 사물의 관점을 기준으로
　하면 사물이 귀하고 사람이 천한 것입니다. 하늘에서 보면 사람
　과 사물은 똑같습니다.

① 갑은 귀한 대상과 천한 대상을 나누어 생각한다는 점에서 송시열과 공통점이 있다.

② 갑이 동물보다 사람을 높게 평가한 것은 신분이 낮은 농부의 자식이라도 높은 관직에 오를 수 있어야 한다는 생각으로 이어질 수 있다.

③ 을이 동물과 초목이 각자의 예의가 있다고 한 것은 세상 사람들이 자기 나라와 자기 문화를 기준으로 살아가는 것이 당연하다는 생각과 연결될 수 있다.

④ 을이 사물의 관점을 기준으로 하면 사물이 귀하다고 한 것은 모든 사람이 존재 가치가 있다는 생각과 연결될 수 있다.

⑤ 을이 하늘에서 보면 사람과 사물이 똑같다고 한 것은 우리가 사는 이 땅에서 중심과 주변을 나눌 수 없다는 홍대용의 생각과 일맥상통한다.

051

㉠과 ㉡을 이해한 것으로 가장 적절한 것은?

① ㉠은 ㉡을 통해 조선의 중심 사상으로 자리 잡았다.

② ㉠과 ㉡은 청을 오랑캐라 여기는 생각의 근거가 되었다.

③ ㉠은 북벌론의 바탕이 되었고, ㉡은 척화론의 바탕이 되었다.

④ ㉡은 홍대용이 ㉠에서 벗어났음을 보여 주는 학설이다.

⑤ ㉡은 조선의 유학자들이 가지고 있던 ㉠을 홍대용이 발전시킨 것이다.

052

〈보기〉는 심화 학습을 위해 조사한 자료이다. (가), (나)에 대해 보인 반응으로 적절하지 않은 것은? `3점`

| 보기 |

(가)

　중국 의관이 변한 지 이미 100년이 넘은지라 지금 천하에 오직 우리 조선만이 오히려 명나라의 제도를 지키거늘, 청나라에 들어오니 무식한 부류들이 우리를 보고 웃지 않는 사람이 없으니 어찌 가련치 않겠는가? (중략) 슬프다! 번화한 문물을 오랑캐에게 맡기고 백 년이 넘도록 회복할 방법이 없구나.

- 홍대용, 「을병연행록」-

(나)

　피와 살이 있으면 다 똑같은 사람이고, 강토를 지키고 있으면 다 동등한 국가이다. 공자는 주나라 사람이므로 그가 쓴 『춘추』에서 주나라 안과 밖을 구분한 것은 당연하다. 그가 바다를 건너 주나라 밖에 살았더라면 주나라 밖에서 도를 일으켰을 것이고, 그곳을 기준으로 생각하는 『춘추』가 나왔을 것이다.

- 홍대용, 「의산문답」-

① (가) : 청나라를 오랑캐라고 말하고 있는 것에서, 홍대용이 중화사상을 가진 적이 있었다는 것을 확인할 수 있군.

② (가) : 조선만이 명나라의 제도를 지킨다는 것에서, 홍대용이 조선을 중화의 계승자라고 생각했음을 알 수 있군.

③ (가) : 번화한 문물을 오랑캐에게 맡겼다고 한 것에서, 홍대용이 청나라와 청나라가 가지고 있는 문물을 구별하려 했음을 확인할 수 있군.

④ (나) : 『춘추』에서 주나라 안과 밖을 구분한 것이 당연하다는 것에서, 중국 안과 밖을 구별하려는 홍대용의 생각이 드러나는군.

⑤ (나) : 공자가 주나라 밖에 살았다면 그곳에서 도를 일으켰을 것이라는 부분에서, 중화와 오랑캐의 구별이 상대적이라는 홍대용의 생각이 드러나는군.

053

문맥상 ⓐ와 의미가 가장 유사한 것은?

① 그는 새로운 회사를 세웠다.

② 국가의 기강을 바로 세워야 한다.

③ 집을 지을 구체적인 방안을 세웠다.

④ 두 귀를 쫑긋 세우고 말소리를 들었다.

⑤ 도끼날을 잘 세워야 나무를 쉽게 벨 수 있다.

다음 글을 읽고 물음에 답하시오. 5문항을 8분 안에 풀어보세요. 8분

정약용은 조선 후기의 실학자로, 인간의 본성에 대한 탐구를 통해 인간의 선한 행위를 설명하고자 하였다. 그는 이전까지 절대적 권위를 가지고 있던 주희(朱熹)의 주자학을 비판하며 인간의 본성에 대한 자신의 이론을 정립했다는 점에서 주희와는 다른 관점을 보여 주었다.

주희는 인간의 본성을 '본연지성(本然之性)'과 '기질지성(氣質之性)'으로 설명하였다. '본연지성'은 인간이 하늘로부터 부여받은 순수하고 선한 본성이고, '기질지성'은 본연지성에 사람마다 다른 기질이 더해진 것으로 사람에 따라 다양하게 나타난다. 그래서 주희는 인간의 기질이 맑으면 선한 행위를 하고 탁하면 악한 행위를 할 수 있다고 보았다. 그러나 정약용은 선한 행위와 악한 행위의 원인을 기질이라는 선천적 요인으로 본다면 행위에 인간의 의지가 개입되지 않으므로 악한 행위를 한 사람에게 윤리적 책임을 물을 수 없다고 주희의 관점을 비판하였다.

정약용은 인간의 본성을 '기호(嗜好)'라고 보았다. 기호란 즐기고 좋아한다는 뜻으로, 생명이 있는 모든 존재는 각각의 기호를 본성으로 갖는다고 보았다. 꿩은 산을 좋아하는 경향성을 갖고 벼는 물을 좋아하는 경향성을 갖는 것처럼, 인간도 어떤 경향성을 갖는다는 것이다. 정약용은 인간에게 ㉠'감각적 욕구에서 비롯된 기호'와 ㉡'도덕적 욕구에서 비롯된 기호'가 있다고 보았다. 먼저, 감각적 욕구에서 비롯된 기호는 생명이 있는 모든 존재가 지니는 육체의 경향성으로, 맛있는 것을 좋아하고 맛없는 것을 싫어하는 것을 예로 ⓐ들 수 있다. 다음으로, 도덕적 욕구에서 비롯된 기호는 인간만이 지니는 영혼의 경향성으로, 선을 좋아하거나 악을 싫어하는 것을 예로 들 수 있다. 정약용은 감각적 욕구가 생존에 필요하고 삶의 원동력이 된다는 점에서 일부 긍정했으나, 감각적 욕구에서 비롯된 기호를 제어하지 못할 경우 악한 행위가 나타날 수 있고, 도덕적 욕구에서 비롯된 기호를 따를 경우 선한 행위가 나타난다고 보았다. 정약용은 선한 행위를 하거나 악한 행위를 하는 것이 온전히 인간의 자유 의지에 달려 있으므로, 악한 행위를 한 사람에게 윤리적 책임을 물을 수 있다고 보았다.

그래서 정약용은 자유 의지로 선한 행위를 선택하고 이를 실천하는 것이 중요하다고 보았는데, 구체적인 실천 원리로 '서(恕)'를 강조하였다. 그는 '서'를 용서(容恕)와 추서(推恕)로 구분하고, 추서를 특히 강조하였다. 용서는 타인을 다스리는 것과 관련되어 '타인의 악을 너그럽게 보아줌'을 의미하고, 추서는 자신을 다스리는 것과 관련되어 '내가 대접받고 싶은 대로 타인을 대우함'을 의미한다. 친구가 거짓말을 했을 때 잘못을 덮어 주는 행위는 용서이고, 내가 아우의 존중을 받고 싶을 때 내가 먼저 형을 존중하는 모습을 보여 주는 행위는 추서인 것이다. 그런데 용서는 타인의 악한 행위를 용인해 주는 문제가 발생할 수 있지만, 추서는 자신의 마음을 미루어 타인의 마음을 이해할 수 있으므로, 정약용은 추서에 따라 선한 행위를 실천해야 한다고 보았다.

054

윗글의 내용 전개 방식으로 가장 적절한 것은?

① 인간의 본성에 대한 여러 관점이 사회에 미친 영향을 설명하고 있다.
② 인간의 본성에 대한 기존의 관점을 비판하는 다른 관점을 소개하고 있다.
③ 인간의 본성에 대한 관점의 타당성 여부를 다양한 입장에서 분석하고 있다.
④ 인간의 본성에 대한 상반된 관점을 절충한 새로운 관점의 특징을 밝히고 있다.
⑤ 인간의 본성에 대해 대비되는 관점이 등장하게 된 시대적 배경을 설명하고 있다.

055

윗글의 내용과 일치하지 않는 것은?

① 주희는 인간에게 하늘로부터 부여받은 본연지성이 있다고 보았다.
② 주희는 기질의 맑고 탁함에 따라 선하거나 악한 행위가 나타날 수 있다고 보았다.
③ 정약용은 추서에 따라 선한 행위를 실천하는 것이 중요하다고 보았다.
④ 정약용은 감각적 욕구가 악한 행위를 유도하므로 제거해야 한다고 보았다.
⑤ 정약용은 주희의 관점으로는 악한 행위를 한 사람에게 윤리적 책임을 물을 수 없다고 보았다.

056

㉠과 ㉡에 대한 이해로 가장 적절한 것은?

① ㉠은 인간이 제어할 수 없는 기호이다.
② ㉡은 생존에 필요한 욕구에서 비롯된 것이다.
③ ㉠은 ㉡과 달리 생명이 있는 모든 존재가 지닌다.
④ ㉡은 ㉠과 달리 욕구를 즐기고 좋아하는 경향성이다.
⑤ ㉠과 ㉡은 모두 타인의 잘못을 덮어 주는 행위와 직결된다.

057

윗글을 바탕으로 〈보기〉를 이해한 내용으로 적절하지 <u>않은</u> 것은?

3점

> | 보 기 |
>
> 학급에서 복도 청소를 맡은 학생 A와 B가 있었다. A는 평소 청소를 잘 하지 않았고, B는 항상 성실히 청소를 하였다. 복도가 깨끗한 것을 본 선생님이 복도 청소 담당인 두 학생을 모두 칭찬하였는데, 이때 A는 자신이 B보다 더 열심히 청소를 했다고 거짓말을 하였다. B는 A가 거짓말을 했다는 것을 알고 있었지만 이를 내색하지 않고 평소대로 열심히 청소하였고 A는 그러한 B를 보면서 부끄러움을 느꼈다. 이후, A는 B에게 자신의 행동을 사과하였으며, 책임감을 갖고 청소하였다.

① 주희는 거짓말을 한 것과 무관하게 A에게는 순수하고 선한 본성이 있다고 보겠군.
② 주희는 평소 청소를 잘 하지 않는 A와 항상 성실히 청소하는 B의 기질이 서로 다르다고 보겠군.
③ 정약용은 A가 책임감 있게 청소하게 된 것이 A의 자유 의지에 의한 것이라고 보겠군.
④ 정약용은 A가 도덕적 욕구에서 비롯된 기호를 따랐기 때문에 행동의 변화가 나타났다고 보겠군.
⑤ 정약용은 B가 추서로 A의 마음을 이해해 주었기 때문에 A의 거짓말을 용인하게 되었다고 보겠군.

058

ⓐ와 문맥적 의미가 가장 유사한 것은?

① 명확한 증거를 <u>들었다</u>.
② 감기가 <u>들어</u> 약을 먹었다.
③ 마음에 <u>드는</u> 사람이 있다.
④ 우리 집은 햇볕이 잘 <u>든다</u>.
⑤ 상자 안에 선물이 <u>들어</u> 있다.

다음 글을 읽고 물음에 답하시오. 4문항을 6분 안에 풀어보세요. 6분

고대 중국에서 '대학'은 교육 기관을 가리키는 말이었다. 이 '대학'에서 가르쳐야 할 내용을 전하고 있는 책이 『대학』이다. 유학자들은 『대학』의 '명명덕(明明德)'과 '친민(親民)'을 공자의 말로 여기지만, 그 해석에 있어서는 차이가 있다. 경문 해석의 차이는 글자와 문장의 정확성을 따지는 훈고(訓詁)가 다르기 때문이기도 하지만 해석자의 사상적 관심이 다르기 때문이기도 하다.

주희와 정약용은 ⓐ '명명덕'과 '친민'에 대해 서로 다르게 해석한다. 주희는 '명덕(明德)'을 인간이 본래 지니고 있는 마음의 밝은 능력으로 해석한다. 인간이 올바른 행동을 할 수 있는 것은 명덕을 지니고 있어서인데 기질에 가려 명덕이 발휘되지 못하게 되면 잘못된 행동을 하게 된다. 따라서 도덕 실천을 위해서는 명덕이 발휘되도록 기질을 교정하는 공부가 필요하다. '명명덕'은 바로 명덕이 발휘되도록 공부한다는 뜻이다. 반면, 정약용은 명덕을 '효(孝)', '제(弟)', '자(慈)'의 덕목으로 해석한다. 명덕은 마음이 지닌 능력이 아니라 행위를 통해 실천해야 하는 구체적 덕목이다. 어떤 사람을 효자라고 부르는 것은 그가 효를 실천할 수 있는 마음의 능력을 가지고 있어서가 아니라 실제로 효를 실천했기 때문이다. '명명덕'은 구체적으로 효, 제, 자를 실천하도록 한다는 뜻이다.

유학자들은 자신이 먼저 인격자가 될 것을 강조하지만 궁극적으로는 자신뿐 아니라 백성 또한 올바른 행동을 할 수 있도록 ㉠ 이끌어야 한다는 생각을 원칙으로 삼는다. 주희도 자신이 명덕을 밝힌 후에는 백성들도 그들이 지닌 명덕을 밝혀 새로운 사람이 될 수 있도록 ㉡ 가르쳐야 한다고 본다. 백성을 가르쳐 그들을 새롭게 만드는 것이 바로 ⓑ '신민(新民)'이다. 주희는 『대학』을 새로 편찬하면서 고본(古本) 『대학』의 '친민'을 '신민'으로 ㉢ 고쳤다. '친(親)'보다는 '신(新)'이 '백성을 새로운 사람으로 만든다'는 취지를 더 잘 표현한다고 보았던 것이다. 반면, 정약용은 친민을 신민으로 고치는 것은 옳지 않다고 본다. 정약용은 '친민'을 백성들이 효, 제, 자의 덕목을 실천하도록 이끄는 것이라 해석한다. 즉 백성들로 하여금 자식이 어버이를 사랑하여 효도하고 어버이가 자식을 사랑하여 자애의 덕행을 실천하도록 이끄는 것이 친민이다. 백성들이 이전과 달리 효, 제, 자를 실천하게 되었다는 점에서 새롭다는 뜻은 있지만 본래 글자를 고쳐서는 안 된다고 보았다.

주희와 정약용 모두 개인의 인격 완성과 인륜 공동체의 실현을 이상으로 하였다. 하지만 그 이상의 실현 방법에 있어서는 생각이 달랐다. 주희는 개인이 마음을 어떻게 수양하여 도덕적 완성에 ㉣ 이를 것인가에 관심을 둔 반면, 정약용은 당대의 학자들이 마음 수양에 치우쳐 개인과 사회를 위한 구체적인 덕행의 실천에는 한 걸음도 나아가지 못하는 문제를 ㉤ 바로잡고자 하는 데 관심이 있었다.

059

윗글을 읽고 추론한 내용으로 가장 적절한 것은?

① '대학'은 백성을 가르치기 위해 공자가 건립한 교육 기관이다.
② 주희는 사람들이 명덕을 교정하지 못하여 잘못된 행위를 한다고 보았다.
③ 주희와 정약용의 경전 해석에서 글자의 훈고에 대해서는 언급되지 않았다.
④ 주희와 정약용 모두 도덕 실천이 공동체 차원으로 확장되어야 한다고 보았다.
⑤ 정약용의 『대학』 해석에는 마음 수양의 중요성에 대한 그의 관심이 반영되었다.

060

ⓐ, ⓑ에 대한 설명으로 적절한 것은?

① ⓐ에 대한 주희와 정약용의 해석은 일치한다.
② 주희와 정약용 모두 ⓐ를 이루기 위한 수단으로 ⓑ를 강조하였다.
③ 주희는 ⓐ를 '효', '제', '자'라는 구체적 덕목을 실천하는 것으로 보았다.
④ ⓑ에는 백성 또한 도덕적 존재가 될 수 있다는 주희의 생각이 반영되어 있다.
⑤ 정약용은 ⓑ가 고본 『대학』의 '친민'의 본래 의미를 잘 나타내었다고 보았다.

061

윗글과 〈보기〉를 근거로 판단한 내용으로 적절한 것은? [3점]

| 보 기 |

　왕양명은 당시에 통용되던 『대학』의 '신민'을 고본 『대학』에 따라 '친민'으로 고쳤다. 그는 백성이 가르쳐야 할 대상인 동시에 사랑해야 할 대상이라는 점에서 가르침에 치중한 '신'보다는 '친'이 적합하다고 보았다. 그러나 정약용은 왕양명이 '명덕'을 마음의 밝은 능력으로 해석한 점을 지적하면서, 왕양명이 '명덕'을 바르게 이해하지 못해 '친민' 또한 바르게 해석하지 못했다고 하였다.

① 왕양명과 정약용은 '명덕'을 동일한 의미로 해석하였다.

② 정약용은 왕양명의 '명덕' 해석이 주희와 다르다고 보았다.

③ 왕양명의 '친민' 해석은 주희가 아닌 정약용의 해석과 일치한다.

④ 왕양명과 정약용은 고본 『대학』의 '친민'을 수정해야 한다고 보았다.

⑤ 왕양명은 '친민'을 '신민'으로 고친 주희의 해석이 백성을 가르침의 대상으로 한정한 문제가 있다고 보았다.

062

문맥상 ㉠~㉤을 바꿔 쓰기에 가장 적절한 것은?

① ㉠ : 인도(引導)해야

② ㉡ : 지시(指示)해야

③ ㉢ : 개편(改編)했다

④ ㉣ : 도착(到着)할

⑤ ㉤ : 쇄신(刷新)하고자

다음 글을 읽고 물음에 답하시오.　4문항을 9분 안에 풀어보세요. **9분**

　중국 역사에서 전국 시대는 전쟁으로 점철된 시대였다. 여러 사상가들이 혼란한 정국을 수습하고 백성들을 고통에서 벗어나게 하기 위한 대안을 마련하였는데, 이 과정에서 그들의 이론을 뒷받침할 형이상학적 체계로서의 인성론이 대두되었다. 인성론은, 인간의 본성은 선하다는 성선설, 인간의 본성이 악하다는 성악설, 인간의 본성에는 애초에 선과 악이라는 구분이 전혀 없다는 성무선악설 등으로 분류될 수 있다. 맹자와 순자를 비롯한 사상가들은 인간 본성에 대한 이론적 탐구에서 더 나아가 사회적·정치적 관점으로 인성론을 구성하고 변형시켜 왔다.

　[A] ┌ 맹자의 성선설이 국가 공권력에 저항하기 위해 호족들 및 지주들이 선한 본성을 갖춘 자신들을 간섭하지 말라는 이념적 논거로 사용되었다면, 순자나 법가의 성악설은 군주가 국가 공권력을 정당화할 때 그 논거로서 사용되었다. 즉 선악이란 윤리적 개념이 정치적 개념과 불가분의 관계에 놓여 있다는 사실을 확인할 수 있다. 성선설에서는 개체가 외부의 강제적인 간섭 없이도 '정치적 질서'를 낳고 유지할 수 있다고 본 반면, 성악설에서는 외부의 간섭이 없을 경우 개체는 '정치적 무질서'를 초래할 뿐인 존재라고 본 것이다. ┘

　한편 ㉠ 고자는 성무선악설을 통해 인간이 가지고 있는 식욕과 같은 자연적인 욕구가 본성이므로 이를 정치적이면서 동시에 윤리적인 범주로서의 선과 악의 개념으로 다룰 수 없다고 주장했다. 그는 인간의 본성을 '소용돌이치는 물'로 비유했는데, 이러한 관점은 소용돌이처럼 역동적인 삶의 의지를 지닌 인간을 규격화함으로써 그 역동성을 마비시키려는 일체의 외적 간섭에 저항하는 입장을 취하도록 하였다.

　㉡ 맹자는, 인간의 본성을 역동적인 것으로 간주한 고자의 인성론을 비판하였다. 맹자는 살아있는 버드나무와 그것으로 만들어진 나무 술잔의 비유를 통해, 나무 술잔으로 쓰일 수 있는 본성이 이미 버드나무 안에 있다고 보았다. 맹자는 인간이 선천적으로 지닌 이러한 본성을 인의예지 네 가지로 규정하였다. 고통에 빠진 타인을 측은히 여기는 동정심, 즉 측은지심은 인간이라면 누구나 갖고 있다고 보고, 측은한 마음은 인간의 의식적 노력에서 나온 것이 아니라 불쌍한 타인을 목격할 때 저절로 내면 깊은 곳에서 흘러나온다고 본 것이 맹자의 관점이었다. 다시 말해 인간은 스스로의 노력으로 본성을 실현할 수 있는 존재, 즉 타인의 힘이 아닌 자력으로 수양할 수 있는 존재라고 보았다. 이것이 바로 맹자 수양론의 기본 전제이다.

　모든 인간은 선한 본성을 지니고 있고, 이 선한 본성의 실현은 주체 자신의 노력에 의해서만 가능하다는 맹자의 성선설을 순자는 사변적이고 낙관적이며 현실 감각이 결여된 주장으로 보았다. 선한 인간이 되기 위해서 인간은 국가 질서, 학문, 관습 등과 같은 외적인 것에 의존할 필요가 없다고 본 맹자의 논리는 현실 사회에서 국가 공권력과 사회 규범의 역할을 전적으로 부정하는 논거로도 사용될 수 있었기 때문이다. ㉢ 순자의 견해처럼 인간의 본성이 악하다고 전제할 때 그것을 교정하고 순치할 수 있는 외적인 강제력, 다시 말

해 국가 권력이나 전통적인 제도들이 부각될 수 있다. 국가 질서와 사회 규범을 정당화하기 위한 순자의 견해는 성악설뿐만 아니라 현실주의적 인간관에서 비롯되었다.

　순자는 인간의 욕망이 무한하지만 그것을 충족시켜줄 재화는 매우 한정되어 있다고 보고 이런 모순을 해결하기 위해서 국가에 의해 예(禮)가 만들어졌다는 입장을 견지하였다. 만약 인간에게 외적인 공권력과 사회 규범이 없는 경우를 가정한다면 인간들은 자신들의 욕망 충족에 있어 턱없이 부족한 재화를 놓고 일종의 전쟁 상태에 빠지게 될 것이고, 그 결과 사회는 걷잡을 수 없는 무질서 상태로 전락하게 될 것이다. 맹자의 성선설이 비현실적일 뿐만 아니라 정치적 질서를 해칠 가능성이 있다고 본 순자의 비판은, 바로 인간과 사회에 대한 이와 같은 견해로부터 나온 것이다.

063

윗글에 대한 설명으로 가장 적절한 것은?

① 인성에 대한 세 견해의 장단점을 비교하고 있다.
② 인성론의 등장 배경과 다양한 견해를 소개하고 있다.
③ 인성론의 역사적 의의와 한계에 대해 분석하고 있다.
④ 인성론이 등장한 시대적 상황을 구체적 자료를 통해 제시하고 있다.
⑤ 인성에 대한 두 견해를 제시하며 이를 절충한 이론을 소개하고 있다.

064

[A]를 통해 '인성론'에 대해 이해한 내용으로 가장 적절한 것은?

① 사회의 발전을 위한 갈등 유지의 당위성을 인정하였다.
② 권력자의 윤리 의식과 통치력이 상반된다고 판단하였다.
③ 정치적 입장을 정당화하는 이념적인 수단으로 사용되었다.
④ 초자연적 존재와 대비되는 인간 본성의 우위를 추구하였다.
⑤ 인간의 타고난 본성을 거스르는 인위적 노력을 배격하였다.

065

윗글의 '순자'와 〈보기〉의 '홉스'가 모두 동의할 만한 진술로 가장 적절한 것은? `3점`

| 보 기 |

　홉스의 『리바이어던』에 따르면, 인간은 본성이 이기적이므로 자신의 이익을 극대화하기 위해 '자연 상태'에서 '만인의 만인에 대한 투쟁' 상태로 비참하게 살아갈 수밖에 없다. 이를 극복하기 위해 공동의 권력을 만들었는데 이것이 바로 리바이어던이다. 이는 공동의 평화와 방어를 위해 필요한 모든 힘과 수단을 이용할 수 있는 절대 권력이다. 사람들은 리바이어던 같은 절대 통치자에게 복종을 약속하고 대신 통치자는 사람들의 안전을 보장해 주는데, 국가는 바로 이러한 계약에 따라 만들어졌다.

① 인간의 이기적 본성이 사회의 혼란과 무질서를 초래함을 인정해야 한다.
② 인간은 공동의 평화를 위해 국가 권력에 대해 비판적 태도를 지녀야 한다.
③ 통치자는 권력을 유지하기 위해 한정된 재화의 균등한 분배에 힘써야 한다.
④ 대립적 상황의 해결을 위하여 인간의 본성이 발현되는 자연 상태로 돌아가야 한다.
⑤ 사회의 질서를 유지하기 위한 제도와 규범은 구성원들의 계약에 의해 마련되어야 한다.

066

㉠~㉢의 관점에서 〈보기〉를 이해한 것으로 적절하지 <u>않은</u> 것은?

| 보 기 |

　가난과 배고픔 때문에 빵을 훔친 장발장은 체포되어 19년 동안 감옥 생활을 한다. 출소한 장발장은 신분증에 전과가 적혀 있어 잠잘 곳도, 일자리도 구할 수 없게 된다. 오직 미리엘 주교만은 이런 그를 따뜻하게 맞아주었으나, 장발장은 은촛대를 훔치다가 경관에게 붙잡힌다. 하지만 미리엘 주교는 은촛대는 장발장이 훔친 것이 아니라 선물로 준 것이라고 말하며 사랑을 베풀어 주었고, 이에 감동받은 장발장은 정체를 숨기고 선행을 베풀며 살아간다.

① ㉠ : 장발장이 배가 고파 빵을 먹고 싶은 것은 인간의 자연스러운 욕구에서 비롯된 것으로 이해할 수 있다.
② ㉠ : 미리엘 주교가 은촛대를 장발장에게 준 선물이라고 말한 것은 역동적 삶의 의지를 규격화하려는 행위로 볼 수 있다.
③ ㉡ : 미리엘 주교가 장발장에게 편히 쉴 곳을 마련해 준 것은 불쌍한 사람을 측은히 여기는 마음에 따른 것으로 이해할 수 있다.
④ ㉡ : 장발장이 선행을 베풀며 살아가는 모습은 스스로의 노력으로 선한 본성을 실현하는 것으로 볼 수 있다.
⑤ ㉢ : 장발장이 체포되어 수감된 것은 본성을 바로잡기 위한 사회 규범에 의거한 것으로 볼 수 있다.

[067~071]   2024년 10월 학평 22번~26번 정답과 해설편 p.043

다음 글을 읽고 물음에 답하시오. 5문항을 9분 안에 풀어보세요. **9분**

도덕 심리학의 중심축을 형성해 온 콜버그의 인지 발달 이론에서는 도덕적 이해를 지식 구조, 즉 인지의 발달에 의한 것으로 보고, 도덕적 이해가 자동적으로 도덕적 행동을 이끌 것이라고 생각했다. 그런데 과연 도덕적 이해가 도덕적 행동을 보장할 수 있을까? 그렇지 않다고 생각할 수 있다. 도덕적으로 옳은 행동인 줄 알면서도 행하지 않는 경우가 많기 때문이다. 블라지는 콜버그의 이론에 의문을 제기하며, 왜 어떤 사람은 도덕적 이해가 행동으로 나타나고 어떤 사람은 그렇지 않은지에 관심을 기울였다. 블라지는 콜버그와 마찬가지로 도덕적 이해가 중요하다고 보았지만, 콜버그와 달리 도덕적 이해가 자아와 통합되는 과정을 거쳐야 도덕적 행동으로 이어진다고 보았다. 그는 이 과정에서 나타나는 자아의 능동적 역할을 강조하며, 도덕적 행동을 이끌기 위한 '도덕적 자아 모델'을 제시하였다.

도덕적 자아 모델은 ㉠ 도덕적 이해로부터 ㉡ 도덕적 행동으로 이어지는 과정에 초점을 맞춘 모델이다. 이 모델에서는 도덕적 행동을 이끄는 데 있어 자아가 핵심적 역할을 한다고 보았다. 기존의 학자들이 자아가 무엇인지에 대한 개념적 정의에 관심을 두었다면, 블라지는 전체로서의 자아를 능동적으로 구성하는 방식으로 자아를 설명하는 것이 보다 적절하다고 보았다. 자아는 고정불변의 상태가 아니라 구성 방식에 따라 달리 나타날 수 있는데, 개인마다 다른 자아 구성의 방식에 따라 자아의 여러 특징들은 중심적인 것, 주변적인 것 등으로 위계가 정해진다. 예를 들어 어떤 사람은 자아를 구성하는 데 '친절'이나 '우정'을 '경쟁'보다 중심적 위치에, 어떤 사람은 주변적 위치에 놓을 수 있다. 블라지는 자아에 대한 이러한 견해를 통해, 인간은 선천적인 기질에 따라 살아가는 수동적인 존재가 아니라는 점을 강조한다.

도덕적 자아 모델에서는, 도덕적 이해가 도덕적 행동으로 나타날 수 있게 하는 심리적 요소로 '도덕적 정체성', '도덕적 책임감', '자아 일관성'을 강조하고 있는데, 이들은 자아 모델의 세 가지 핵심 구성 요소라고 할 수 있다. 도덕적 정체성은 도덕적 이해에 바탕을 두고 있어, 해야 할 행동의 방향을 일러 준다. 도덕적 책임감과 자아 일관성은 그 방향으로 나아갈 수 있는 추동력을 제공하여 도덕적 행동을 이끈다.

도덕적 자아 모델의 첫 번째 구성 요소인 도덕적 정체성은 도덕성을 자아의 중심에 두는 것, 즉 도덕성과 자아를 통합하는 것을 통해 정체성이 형성된 것이다. '도덕성'은 선악에 대한 보편적인 인식을, '정체성'은 본질적인 자아를 의미한다. 이때 도덕성이 자아의 중심이 되는 정도, 즉 도덕적 통합의 정도는 사람마다 다를 수 있다. 도덕적 통합은 '끊임없이 주의를 요하는, 부서지기 쉬운 것'이기에 본능적인 충동을 ⓐ 억제하려는, 의도적이고 지속적인 노력이 필요하다. 블라지는 도덕성을 자아의 중심에 두는 사람일수록, 자신의

도덕적 이상에 부합하는 삶을 ⓑ 추구하며 도덕적 이해를 행동으로 옮길 가능성이 높다고 보았다. 이러한 주장은 도덕적 이해가 도덕적 행동으로 나타나기 위해서는 도덕성을 자아의 중심에 둘 수 있도록 해야 한다는 것인데, 이때 도덕성을 자아의 중심에 두려면 도덕적 이해뿐만 아니라 도덕적인 사람이 되는 것에 대한 관심도 필요하다.

두 번째 구성 요소인 도덕적 책임감은, 어떤 행동이 도덕적으로 옳은지에 대한 판단과 더불어 그런 행동을 할 도덕적 의무가 있다는 것을 깨닫는 것이다. 도덕적 책임감은 도덕성이 자아와 통합된 결과로 나타나는데, 도덕적 책임감은 반드시 도덕적 행동으로 나타내야 하는 스스로에 대한 욕구이며, 외부의 기대나 요구에 의해 ⓒ 부여되는 것이 아니라 자아가 스스로에게 요구하는 엄중한 의무에 의해 생기게 되는 것이다.

세 번째 구성 요소인 자아 일관성은, 자신의 자아의식과 일치해서 살아가고자 하는 인간의 경향성을 의미한다. 블라지에 의하면, 자아 일관성은 단지 본능적인 경향성이나 자기 충족 욕구에 ⓓ 의한 것이 아니다. 자신의 도덕적 이상과 일치된 행동을 하려는 자아 일관성은 도덕적 정체성에서 나오며, 도덕적 책임감으로부터 도덕적 행동으로의 전환은 자아 일관성에 의해 뒷받침된다. 자신의 판단에 따라 행동하지 않는 것이 자아의 균열을 ⓔ 의미하기 때문이다. 자아의 여러 특징들 중 선(善), 정의, 공평 등과 같은 도덕적 범주를 자아의 중심에 둘 때, 자신의 도덕적 정체성과 일치된 행동을 하고자 하는 자아 일관성은 도덕적 행동을 이끄는 추동력이 된다.

067

윗글의 내용과 일치하지 않는 것은?

① 콜버그는, 도덕적 행동을 이끌어 내는 데 지식 구조의 발달이 필요하다고 보았다.

② 콜버그는, 도덕적으로 옳은 줄 알면서도 행동하지 않는 이유를 인지 발달 이론을 통해 설명하였다.

③ 블라지는, 도덕성과 자아의 통합으로 형성된 정체성은 도덕적 이해에 바탕을 두고 있다고 보았다.

④ 블라지는, 자아는 고정된 것이 아니며 자아의 특징들은 서로 다른 위계를 가질 수 있다고 간주하였다.

⑤ 콜버그와 블라지는 모두, 도덕적으로 옳은 행동이 무엇인지를 아는 것이 도덕적 행동을 이끌어 내는 데 중요하다고 보았다.

DAY
05

I

인
문

068

<보기>는 학자들이 나눈 가상 대화의 일부이다. [A]에 들어갈 내용으로 가장 적절한 것은?

| 보 기 |

갑 : '인지 부조화 이론'에 따르면, 개인의 사고와 행동 간의 불일치는 심리적으로 불쾌감을 주기 때문에 사람들은 불일치를 해소하려고 합니다. 건강에 나쁜 줄 알면서도 습관적으로 야식을 먹는 사람은, 야식을 참는 것이 스트레스를 유발해 정신 건강에 오히려 안 좋을 수 있다고 자신을 합리화함으로써 사고와 행동 간의 불일치를 해소하려고 하죠. 이런 사례도 '자아 일관성'으로 볼 수 있을까요?

을 : 블라지가 말하는 '자아 일관성'은 자기 합리화를 통한 불일치의 해소와는 달라요. 자아 일관성은 [A]

① 도덕적 책임감에서 비롯된 것으로, 자신의 행동이 도덕적으로 옳은지 판단하려는 욕구입니다.

② 도덕적 정체성에서 비롯된 것으로, 자신의 선천적 기질에 따라 살아가려는 욕구입니다.

③ 도덕적 정체성에서 비롯된 것으로, 자신의 도덕적 이상과 자신의 행위를 일치시키려는 욕구입니다.

④ 본능적인 경향성에서 비롯된 것으로, 자신의 사고와 일치된 행동으로 자아의 균열을 막으려는 욕구입니다.

⑤ 본능적인 경향성에서 비롯된 것으로, 자신의 판단에 따른 행동으로 심리적 불쾌감을 줄이려는 욕구입니다.

069

'블라지'의 견해를 바탕으로 ㉠과 ㉡에 대해 보인 반응으로 가장 적절한 것은?

① ㉠에 기반을 두지 않아도 ㉡이라고 평가할 만한 행위가 있겠군.

② ㉠이 ㉡으로 이어지기 위해서는 자아에서 선악에 대한 보편적 인식을 분리시켜야 하겠군.

③ ㉡이 ㉠으로 돌아가기 위해서는 자신의 자아의식에 따라 판단하려는 노력이 필요하겠군.

④ 다른 사람과의 경쟁이 중요한 것임을 아는 ㉠만 있으면, 경쟁에서 이기겠다는 ㉡으로 나아갈 추동력이 생기겠군.

⑤ 불우 이웃을 돕는 것이 옳은 행동임을 아는 ㉠이, 불우 이웃을 돕는 ㉡으로 이어지려면 자아의 능동성이 중요하겠군.

070

<보기>는 윗글의 이해를 위한 학습지의 일부이다. 활동 과제를 수행한 내용으로 적절하지 않은 것은? `3점`

| 보 기 |

[활동 과제]

다음 사례를 바탕으로 도덕적 자아 모델 을 탐구해 보자.

○ A : 성실성은 없지만 평소 주변 사람들의 어려움을 살피고 배려함.

○ B : 정직하게 살겠다는 자신과의 약속을 반드시 지켜야 할 의무로 생각하고 실천함.

○ C : 정직하게 살겠다는 다짐을 지키려는 노력을 지속하지 못하고 본능적으로 거짓말을 반복함.

○ D : 교사가 제시한 실천 과제에 따라 도덕적으로 바람직한 행동을 일상에서 생활화함.

① A는, 자아를 구성하는 데 있어 '배려'를 '성실'보다 더 중심적 위치에 놓았겠군.

② B는, 자아가 스스로에게 요구하는 엄중한 의무에 의해 자신과의 약속을 반드시 지킬 의무가 있다고 생각했겠군.

③ C는, 도덕적 통합을 위해 필요한, 본능적인 충동을 억제하려는 지속적인 노력을 하지 않아 거짓말을 반복한 것이겠군.

④ D는, 외부의 요구에 의해 도덕적 책임감이 부여되어 바람직한 행동을 생활화했겠군.

⑤ B는 C보다, '정직'이라는 도덕적 범주를 자아와 통합한 정도가 더 높을 수 있겠군.

071

문맥상 ⓐ~ⓔ와 바꾸어 쓰기에 적절하지 않은 것은?

① ⓐ : 억누르려는

② ⓑ : 넘보며

③ ⓒ : 주어지는

④ ⓓ : 말미암은

⑤ ⓔ : 뜻하기

* 내담자 : 상담실 따위에 자발적으로 찾아와서 이야기하는 사람

다음 글을 읽고 물음에 답하시오.

5문항을 7분 안에 풀어보세요. **7분**

　상담 이론이자 상담 기법인 '현실요법'에서는 인간의 다섯 가지 기본 욕구를 제시하고 있다. 이 이론에서는 개인의 모든 행동은 기본 욕구를 충족시키기 위해서 그 자신이 선택하는 것이라 보았다. 만약 이러한 선택으로 문제가 발생한다면 다섯 가지 기본 욕구를 실현 가능한 수준으로 타협하고 조절해 새로운 선택을 할 필요가 있다고 ⓐ 제안했다.

　다섯 가지 기본 욕구 중 첫째는 '생존의 욕구'로, 자신의 삶을 유지하려는 생물학적인 속성이다. 사회적 규칙이나 상식을 지키려는 욕구이며, 생존에 필요한 것을 아끼고 모으려는 욕구이기도 하다. 이 욕구가 강한 사람은 건강과 안전을 중시하는 편이다. 둘째는 '사랑의 욕구'로, 사랑하고 나누며 함께하고자 하는 욕구이다. 이 욕구가 강한 사람은 타인을 잘 돕고, 사랑을 주는 만큼 받는 것도 중요하게 여기기에 인간관계에서 힘들어하기도 한다. 셋째는 '힘의 욕구'로, 경쟁하여 성취하고 인정받고 싶어 하는 욕구이다. 이 욕구가 강한 사람은 직장에서의 성공과 명예를 중시하고 높은 사회적 지위에 ⓑ 도달하기 위해 노력한다. 또한 자기가 옳게 여기는 것에 대한 의지가 있어 자기주장이 강하며 타인에게 지시하는 일에 능하다. 넷째는 '자유의 욕구'로, 무언가에 얽매이지 않고 벗어나고 싶어 하는 욕구이다. 이 욕구가 강한 사람은 상대방을 구속하는 것, 자신을 구속시키는 것을 싫어한다. 그래서 상대방에게 대체로 관대하고, 혼자 하는 것을 좋아하며, 사람들과 적정한 거리를 유지하는 것을 편하게 여긴다. 다섯째는 '즐거움의 욕구'로, 새로운 것을 배우고 놀이를 통해 즐기고 싶어 하는 욕구이다. 이 욕구가 강한 사람은 취미 생활을 즐기며, 잘 웃고 긍정적 태도를 취한다. 또한 호기심이 많기에 배우는 것을 좋아한다.

　현실요법에서는 이 다섯 가지 욕구들의 강도가 개인마다 달라 행동 양상이 다양하게 나타나고, 여러 가지 갈등을 겪을 수도 있다고 보았다. 현실요법은 우선 내담자*가 자신의 욕구를 들여다볼 수 있도록 한 다음, 약한 욕구를 북돋아 주거나 강한 욕구들 사이에서 타협과 조절을 하여 새로운 선택을 하도록 이끄는 단계를 밟는다. 예를 들어 사랑의 욕구가 강하고 힘의 욕구가 약한 사람이 타인의 부탁에 불편함을 느끼면서도 거절하지 못해 괴로워한다고 가정해 보자. 이 경우 현실요법에서는 ㉠ 힘의 욕구를 북돋아 자기주장을 표현할 수 있도록 도울 수 있다. 또 자유의 욕구와 힘의 욕구 모두가 강한 사람은 자신이 ⓒ 선호하는 것을 우선시하고 이것이 방해받으면 불편해하며 주변 사람들과 갈등을 일으킬 수 있다. 이 경우 힘의 욕구를 조절하도록 이끌 수 있는데, 타인과의 사소한 의견 충돌 상황에서 자기주장을 강조하기보다는 타인의 마음을 헤아리고 그 의견을 ⓓ 겸허하게 수용하는 연습을 하게 할 수 있다.

　현실요법은 타인의 욕구 충족을 방해하지 않으면서 효과적인 선택을 통해 자신의 욕구를 충족시키려 한다. 이는 내담자가 외부 요인에 의해 통제되는 존재가 아니라 스스로 자신의 욕구를 조절할 수 있는 주체라고 보는 관점을 기반으로 한다. 현재 현실요법은 상담 분야에서 호응을 얻어 심리 상담에 널리 ⓔ 활용되고 있다.

072

윗글에 대한 설명으로 가장 적절한 것은?

① 이론의 주요 개념을 밝히고 그 이론의 구체적 적용 사례를 들고 있다.
② 이론을 소개하고 장점을 밝힌 후 그 이론이 지닌 한계를 덧붙이고 있다.
③ 이론이 등장하게 된 사회적 배경과 이론이 발전하는 과정을 드러내고 있다.
④ 하나의 이론과 다른 관점의 이론을 대조하여 둘의 차이점을 부각하고 있다.
⑤ 이론의 주요 개념을 여러 유형으로 나눈 다음 추가할 새로운 유형을 소개하고 있다.

073

윗글의 내용과 일치하지 않는 것은?

① 약한 욕구를 강한 욕구로 대체해야 갈등에서 벗어날 수 있다.
② 개인이 지닌 욕구들의 강도에 따라 다양한 행동 양상이 나타난다.
③ 현실요법에서는 내담자는 외부 요인에 의해 통제되는 존재가 아니라고 본다.
④ 현실요법에 따르면 인간은 기본 욕구를 충족시키기 위해 스스로 행동을 선택한다.
⑤ 현실요법은 기본 욕구들을 실현 가능한 수준으로 타협하는 것이 가능하다고 본다.

074

㉠의 구체적인 방법으로 가장 적절한 것은?

① 자신과 다른 의견을 경청하는 연습을 하도록 이끈다.
② 부탁을 거절하거나 자신의 불편함을 표출하도록 이끈다.
③ 혼자 어디론가 떠나거나 혼자만의 시간을 갖도록 권한다.
④ 타인과 약속을 잘 지킬 수 있는 원칙을 만들도록 권한다.
⑤ 사람들과 어울려 새로운 취미 생활을 즐길 수 있도록 권한다.

075

윗글을 바탕으로 〈보기〉를 이해한 내용으로 적절하지 않은 것은?

3점

┃ 보 기 ┃

A, B 학생의 욕구 강도 프로파일

(5점 : 매우 강하다, 4점 : 강하다, 3점 : 보통이다,
2점 : 약하다, 1점 : 매우 약하다)

다섯 가지 기본 욕구 측정 항목		욕구 강도	
		A	B
(가)	• 남의 지시와 잔소리를 싫어한다. • 자신의 방식대로 살고 싶다. ⋮	5	5
(나)	• 다른 사람의 잘못을 잘 짚어 준다. • 내 분야에서 최고가 되고 싶다. ⋮	4	1
(다)	• 친구를 위한 일에 기꺼이 시간을 낸다. • 친절을 베푸는 것을 좋아한다. ⋮	5	1
(라)	• 큰 소리로 웃는 것을 좋아한다. • 여가 활동으로 알찬 휴일을 보낸다. ⋮	1	3
(마)	• 균형 잡힌 식생활을 하려고 노력한다. • 저축을 중요하게 생각한다. ⋮	2	5

① A는 '즐거움의 욕구'보다 '힘의 욕구'가 더 강하다고 할 수 있겠군.
② B는 '힘의 욕구'가 '생존의 욕구'보다 더 약하다고 할 수 있겠군.
③ A는 B보다 '힘의 욕구'가 더 약하다고 할 수 있겠군.
④ A와 B는 모두 '자유의 욕구'가 매우 강하다고 할 수 있겠군.
⑤ A는 '사랑의 욕구'가 '즐거움의 욕구'보다 강하지만, B는 '즐거움의 욕구'가 '사랑의 욕구'보다 강하다고 할 수 있겠군.

076

ⓐ~ⓔ의 사전적 의미로 적절하지 않은 것은?

① ⓐ : 안이나 의견으로 내놓음.
② ⓑ : 사람이나 동식물 따위가 자라서 점점 커짐.
③ ⓒ : 여럿 가운데서 특별히 가려서 좋아함.
④ ⓓ : 스스로 자신을 낮추고 비우는 태도가 있음.
⑤ ⓔ : 충분히 잘 이용함.

다음 글을 읽고 물음에 답하시오.

(가)

19세기에 분트는 인간의 정신세계가 의식으로 이루어져 있다고 보고, 실험을 통해 인간의 정신 현상과 행동을 설명하는 실험심리학을 주창하였다. 이때 의식이란 깨어 있는 상태에서 자신이나 세계를 인식하는 모든 정신 작용을 의미한다. 그러나 프로이트는 정신 질환을 겪는 환자들을 치료하면서 인간에게 의식과는 다른 무의식 세계가 있다는 것을 발견하였다. 이에 그는 인간을 무의식의 지배를 받는 비합리적 존재로 간주하고, 정신분석이론을 통해 인간의 정신세계를 ⓐ 규명하려 하였다.

프로이트에 의하면 인간의 정신세계 중 의식이 차지하는 영역은 빙산의 일각일 뿐, 무의식이 정신세계의 대부분을 차지한다. 그는 무의식의 심연에는 '원초아'가, 무의식에서 의식에 걸쳐 '자아'와 '초자아'가 존재

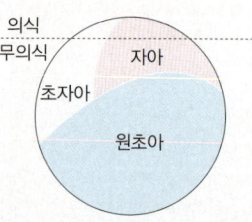

한다고 보았다. 원초아는 성적 에너지를 바탕으로 본능적인 욕구를 충족하려는 선천적 정신 요소이다. 반면 자아는 외적 상황으로 인해 충족되지 못하고 지연되거나 좌절된 원초아의 욕구를 사회적으로 용인될 수 있는 방법으로 충족하려는 정신 요소이다. 마지막으로 초자아는 도덕률에 따라 원초아의 욕구를 억제하고 양심에 따라 행동하도록 하는 정신 요소로, 어린 시절 부모의 종교나 가치관 등을 내재화하는 과정에서 후천적으로 발달한다.

이러한 원초아, 자아, 초자아는 역동적으로 상호작용하면서 개인의 성격을 형성한다. 가령, 원초아가 강할 때는 본능적인 욕구에 집착하는 충동적인 성격이, 초자아가 강할 때는 엄격하게 도덕을 지키려는 원칙주의적 성격이 나타난다. 자아는 원초아와 초자아의 요구 사이에서 이를 조정하는 역할을 하기 때문에, 정신적 균형을 이루기 위해서는 자아의 발달이 중요하다. 만일 자아가 제 역할을 하지 못하면 정신 요소의 균형이 깨져 불안감이 생기는데, 자아는 이를 해소하기 위해 무의식적으로 방어기제를 사용하게 된다. 대표적인 방어기제로는 억압이나 승화 등이 있다. 억압은 자아가 수용하기 힘든 욕구를 무의식 속으로 억누르는 것을, 승화는 그러한 욕구를 예술과 같이 가치 있는 활동으로 ⓑ 전환하는 것을 의미한다. 개인마다 습관적으로 사용하는 방어기제가 다르기 때문에 어떤 방어기제를 사용하느냐 또한 개인의 성격 형성에 영향을 미친다.

프로이트는 어린 시절에 해소되지 않은 원초아의 욕구나 정신 요소 간의 갈등은 성인이 된 후에도 지속적으로 영향을 주기 때문에, 이 시기에 부모와의 상호작용 경험이 성격 형성에 큰 영향을 준다고 설명하였다. 특히 그는 성인의 정신 질환을 어린 시절의 심리적 갈등이 재현된 것으로 보고, 이를 치유하기 위해서는 무의식에 내재되어 있는 과거의 상처를 의식의 세계로 끌어내는 과정이 필요하다고 주장하였다. 이러한 프로이트의 이론은 기존의 이론에서 ⓒ 간과한 무의식에 대한 탐구를 통해 인간 이해에 대한 지평을 넓혔다는 평을 받고 있다.

(나)

융은 프로이트의 정신분석이론에 반기를 들고, 분석심리학을 주창하였다. 무의식을 단지 의식에서 수용할 수 없는 원초적 욕구나 해결되지 못한 갈등의 창고로만 본 프로이트와 달리, 융은 무의식을 인간이 잠재적 가능성을 실현할 때 필요한 창조적인 에너지의 샘으로 보았다는 점에서, 그의 분석심리학은 프로이트의 이론과 구별된다.

융은 정신세계의 가장 바깥쪽에는 의식이, 그 안쪽에는 개인 무의식이, 그리고 맨 안쪽에는 집단 무의식이 순서대로 자리잡고 있다고 보았다. 의식은 생각이나 감정, 기억과 같이 인

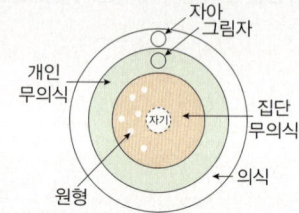

간이 직접 인식할 수 있는 영역으로, 여기에는 '자아'가 존재한다. 자아는 의식을 지배하는 동시에 무의식과 교류하며 이를 조정하는 역할을 한다. 개인 무의식은 의식에 의해 ⓓ 배제된 생각이나 감정, 기억 등이 존재하는 영역이다. 이곳에 존재하는 '그림자'는 자아에 의해 억압된 '또 하나의 나'라고 할 수 있다. 마지막으로 집단 무의식은 태어날 때부터 누구나 가지고 있는 원초적이며 보편적인 무의식이다. 거기에는 진화를 통해 축적되어 온 인류의 경험이 '원형'의 형태로 존재한다. 가령 어두운 상황에서 누구나 공포심을 느끼는 것이 원형에 해당한다.

융에 따르면 집단 무의식의 가장 안쪽에는 '자기'가 존재한다. 이는 정신세계에 내재하는 개인의 근원적인 모습이라고 할 수 있다. 융은 자아가 성찰을 통해 무의식의 심연에 존재하는 자기를 발견하면, 인간은 비로소 타인과 구별되는 고유한 존재가 된다고 보고 이를 개별화라고 불렀다. 이는 의식에 존재하는 자아가 무의식과 끊임없이 상호작용하며 무의식의 영역을 의식으로 통합하는 과정, 즉 ㉠ 무의식을 의식화하는 과정을 통해 이루어진다. 이 과정에서 자아는 자신의 또 다른 모습인 그림자와 ⓔ 대면하게 되고, 집단 무의식에 존재하는 여러 원형들을 발견하게 된다. 결국 자아가 무의식의 심연에 존재하는 자기를 찾아가는 과정은 정신세계를 구성하는 자아와 그림자, 그리고 여러 원형들이 대립에서 벗어나 하나의 정신으로 통합되면서 정신적 균형을 이루는 과정이라 할 수 있다. 이러한 과정에서 개인은 내면의 성숙을 이루며 자신의 정체성을 찾게 된다.

077

(가), (나)의 공통점으로 가장 적절한 것은?

① 인간의 무의식을 주장한 이론에 대한 상반된 평가를 제시하고 있다.

② 기존과 다른 관점에서 인간의 정신세계를 설명한 이론을 소개하고 있다.

③ 인간의 무의식을 설명한 이론이 등장하게 된 역사적 사건을 소개하고 있다.

④ 인간의 정신 질환을 분류하고 각각의 특징을 설명한 이론을 제시하고 있다.

⑤ 인간의 정신세계를 설명한 이론이 다른 학문 영역에 미친 영향을 분석하고 있다.

078

(가)의 내용과 일치하지 않는 것은?

① 분트는 인간의 정신세계가 의식으로만 구성되어 있다고 보았다.

② 프로이트는 인간을 무의식의 지배를 받는 비합리적 존재로 여겼다.

③ 프로이트는 원초아가 강할 때 본능적인 욕구에 집착하는 성격이 나타난다고 생각했다.

④ 프로이트는 세 가지 정신 요소들이 상호작용하면서 개인의 성격이 형성된다고 보았다.

⑤ 프로이트는 의식적으로 사용하는 방어기제와 무의식적으로 사용하는 방어기제를 구분하였다.

079

(가)의 '프로이트'와 (나)의 '융'의 관점에서 <보기>를 이해한 내용으로 적절하지 않은 것은? [3점]

| 보기 |

[헤르만 헤세의 연보]

ㅇ 1877 : 기독교인다운 엄격한 생활을 중시하는 경건주의 집안에서 태어남. ·············· ㉠

ㅇ 1881~1886 : 자유분방한 기질로 인해 엄한 아버지의 교육 방식에 반항하며 불안감을 느낌. ·············· ㉡

ㅇ 1904~1913 : 잠재된 문학적 재능을 발휘하여 왕성하게 작품 창작을 하며 불안에서 벗어남. ·············· ㉢

ㅇ 1916~1919 : 아버지의 죽음을 접하고 심한 우울증을 경험함. ·············· ㉣

ㅇ 1945~1962 : 성찰적 글쓰기 활동 속에서 심리적 안정감을 느끼며 여생을 보냄. ·············· ㉤

ㅇ 1962 : 몬타뇰라에서 죽음.

① ㉠ : 프로이트는 엄격한 집안 분위기가 헤세의 초자아가 발달하는 데 영향을 주었다고 보겠군.

② ㉡ : 프로이트는 헤세의 불안감을 원초아와 초자아의 요구를 자아가 제대로 조정하지 못한 결과라고 보겠군.

③ ㉢ : 프로이트는 헤세의 왕성한 창작 활동을 승화로, 융은 이를 무의식의 창조적 에너지가 발현된 것으로 보겠군.

④ ㉣ : 프로이트는 헤세의 우울증을 유년기의 불안이 재현된 것으로, 융은 이를 자아와 그림자가 통합된 것으로 보겠군.

⑤ ㉤ : 융은 헤세가 성찰하는 글쓰기 활동을 통해 자기를 발견하는 과정에서 심리적 안정감을 느낀 것으로 보겠군.

080

(가)의 정신분석이론 과 (나)의 분석심리학 에서 모두 동의하는 진술로 가장 적절한 것은?

① 자아는 의식과 무의식의 세계에 걸쳐서 존재한다.
② 무의식은 성적 에너지로만 이루어진 정신 요소이다.
③ 무의식은 개인의 경험을 초월해 원형의 형태로 유전된다.
④ 무의식에는 자아에 의해 억압된 열등한 자아가 존재한다.
⑤ 정신적 균형을 이루기 위해서는 자아의 역할이 중요하다.

081

㉠을 이해한 내용으로 가장 적절한 것은?

① 의식의 확장을 통해 타인과의 경계를 허무는 과정이다.
② 자신의 근원적인 모습을 찾아 나가는 개별화의 과정이다.
③ 의식에 의해 발견된 무의식의 욕구가 억눌리는 과정이다.
④ 무의식이 의식에서 분화되어 정체성이 실현되는 과정이다.
⑤ 과거의 경험들을 반복함으로써 성격이 형성되는 과정이다.

082

ⓐ~ⓔ의 사전적 의미로 적절하지 않은 것은?

① ⓐ : 어떤 사실을 자세히 따져서 바로 밝힘.
② ⓑ : 주기적으로 자꾸 되풀이하여 돎.
③ ⓒ : 큰 관심 없이 대강 보아 넘김.
④ ⓓ : 받아들이지 아니하고 물리쳐 제외함.
⑤ ⓔ : 서로 얼굴을 마주 보고 대함.

I 인문 4. 그 밖의 인문학적 이야기들

[083~087]   2025년 6월 학평 16번~20번   정답과 해설편 p.053

다음 글을 읽고 물음에 답하시오. 5문항을 8분 안에 풀어보세요. 8분

(가)

시민이란 법에 보장된 일정한 권리와 의무를 지닌 자유롭고 평등한 사람으로서, 정치에 참여할 수 있는 권한과 자격을 가진 사회 구성원이다. 시민에 관한 논의는 고대 그리스에서 시작하여, 로마를 거쳐 근대에 이르기까지 다양한 사상을 바탕으로 이루어져 왔다. 그중 자유주의와 공화주의는 시민의 자유와 권리, 의무의 근거를 설명하는 대표적인 사상이다.

자유주의는 무엇보다 개인의 자유와 권리를 중시하는 사상으로, 자연권 사상을 바탕으로 발전하였다. 자연권이란 인간이 태어나면서부터 가지는 선천적인 권리로서 천부인권이라고도 한다. 자유주의에서는 이러한 자연권이 시대나 장소에 상관없이 모든 인간에게 보편적으로 내재해 있으며, 개인의 자유와 권리를 보장하는 근거라고 보았다.

자유주의는 국가보다 개인을 우선한다는 개인주의를 바탕으로 한다. 자유주의자들은 개인들이 모여 국가를 형성한다고 보았기 때문이다. 개인을 중시하는 자유주의 관점은 시민의 의무에 관한 견해에서도 잘 드러난다. 자유주의에서는 개인의 권리와 의무가 충돌할 때, 권리를 우선시한다. 또 불가피하게 개인의 권리를 제약하거나 개인에게 어떤 의무를 부과하려면, 반드시 시민들의 자발적 동의를 얻어야 한다고 본다.

자유주의자들은 '소극적 자유'를 중시했는데, 이는 외부의 부당한 압력이나 강제에서 벗어난 상태를 의미한다. 이러한 소극적 자유는 국가와 타인에게 구속당하지 않고 행동할 수 있는 사적 영역을 보장함으로써 실현될 수 있으며, 간섭이 없는 상태인 방임으로서의 자유를 의미하기도 한다.

한편, 일부 자유주의 사상가들은 소극적 자유와 함께 '적극적 자유'를 주장하였다. 적극적 자유란 자신의 의지에 따라 스스로가 원하는 삶을 능동적으로 실현할 수 있는 자유를 의미한다. 외부 간섭의 부재에 만족하지 않고, 가치 있는 삶과 자기실현을 위한 자율적 삶을 중시하는 것이다. 적극적 자유를 지지한 사상가들은 대체로 개인의 지적, 신체적, 사회적 능력의 신장을 위한 국가의 개입이 정당하다고 보았다.

자유주의는 현대 사회에서 모든 개인이 자유와 권리를 바탕으로 자신의 삶을 선택하고, 각자의 양심과 이성에 따라 자유롭게 살아가는 주체적 시민이 되도록 하는 데 기여하였다.

(나)

공화주의는 자유주의와 달리 시민의 권리는 자연적으로 주어진 것이 아니라 시민들의 능동적이고 자발적인 참여로써 성취해야 하는 정치적 결과물이며, 공동체의 의무와 결합되어 있다고 본다. 또한 자유를 중요한 가치로 삼지만, 개인의 우선성을 강조했던 자유

주의에 비해 공익을 위해 개인의 자유가 제한될 수도 있다고 했다. 즉, 자신이 속한 공동체에서 맡은 역할을 책임 있게 수행하며, 공동선에 관심을 가지는 사람을 이상적인 시민으로 여긴다.

이러한 공화주의는 크게 두 가지 관점으로 분류할 수 있다. 아리스토텔레스의 영향을 받은 아테네 전통의 시민적 공화주의와 마키아벨리의 영향을 받은 로마 전통의 신로마 공화주의이다. ⊙ 시민적 공화주의자들은 인간의 타고난 사회성을 강조하면서, 인간이 국가 안에서만 도덕적 존재로 살아갈 수 있다고 보았다. 그리고 정치 참여란 시민의 의무이자 자유를 행사하는 것으로서, 그 자체가 목적이라고 주장하였다. 정치 참여가 덕성을 함양하는 일이자 윤리적 자기실현이라고 보았기 때문이다. 따라서 그들은 개인의 권리나 이익보다 시민의 정치적 의무를 더 우선시하였고, 이런 의무는 개인이 선택하거나 거부할 수 없다고 보았다.

⊙ 신로마 공화주의자들 또한 시민적 공화주의자와 마찬가지로 정치 참여와 같은 시민의 의무를 강조하였다. 그러나 그들은 정치 참여의 근거를 인간의 자연적 사회성이나 윤리적 자기실현에서 찾지 않았다. 그들에 따르면, 정치 참여는 그 자체로 목적이 아니라 외세와 폭정으로부터 시민의 자유를 지키기 위한 수단이기 때문이다. 그들은 이를 실현하기 위해 비지배로서의 자유를 제시하였다.

비지배 자유의 핵심은 타인의 자의적인 지배에서 벗어나는 것이다. 즉 자유주의에서 말하는 간섭의 부재에서 그치는 것이 아니라, 타인에게 사적으로 종속되지 않는 상태를 지향한다. 그들은 공공의 법으로써 이러한 자유가 가능하다고 보았다. 이에 따르면, 공화국의 법은 시민의 참여 속에서 공동의 결정으로 만들어진다. 그리고 공화국의 시민은 자신이 만든 법에 따라 자신의 의지에 복종함으로써 정치적 자유를 누릴 수 있다. 이러한 이유로 그들은 자유의 근거를 자연권에서 찾는 자유주의자들과 달리, 시민들 스스로가 심의하고 제정한 헌법에서 찾는다.

한편, 공화주의에서 말하는 시민의 자유와 권리는 자치와 자율적 시민이라는 민주주의의 이상과 부합하여 오늘날 개인과 사회, 개인과 국가의 관계 형성에 영향을 끼치고 있다.

083

(가)와 (나)에 대한 설명으로 가장 적절한 것은?

① (가)는 자유주의의, (나)는 공화주의의 시대에 따른 변천 과정을 설명하고 있다.

② (가)는 자유주의가, (나)는 공화주의가 등장하게 된 사회적 배경에 관해 설명하고 있다.

③ (가)는 자유주의가, (나)는 공화주의가 현대 사회에서 지니는 의의에 대해 설명하고 있다.

④ (가)는 자유주의가, (나)는 공화주의가 지니고 있는 한계를 구체적 사례를 통해 설명하고 있다.

⑤ (가)는 자유주의의, (나)는 공화주의의 사상적 토대를 마련한 특정 철학자들에 관해 설명하고 있다.

084

(가)와 (나)를 이해한 내용으로 적절하지 <u>않은</u> 것은?

① 자유주의에서는 개인주의 사상을 토대로 의무보다 권리를 우선시한다.

② 자유주의에서 시민의 권리인 자유는 외부의 부당한 압력이 배제되어야 누릴 수 있다.

③ 공화주의에서 권리는 시민의 의무를 책임 있게 수행함으로써 얻을 수 있다.

④ 자유주의와 공화주의에서 의무는 모두 개인의 자유 의지에 따라 선택할 수 있다.

⑤ 자유주의와 공화주의에서 시민이 누려야 할 자유의 바탕이 되는 근거는 서로 다르다.

085

〈보기〉의 입장에서, (가)의 '적극적 자유를 지지한 사상가'에게 제기할 수 있는 비판으로 가장 적절한 것은?

> | 보 기 |
> 　자유롭다는 것은 자신의 활동에 누구도 간섭하지 않는 상태를 일컫는다. 자유란 그저 한 사람이 타인에게 방해받지 않고 행동할 수 있는 영역을 의미한다.

① 자유는 개인이 공동선을 추구함으로써 실현될 수 있다는 것을 모르고 있다.

② 자유는 공익에 해를 끼치지 않는 한도 내에서만 허용된다는 점을 모르고 있다.

③ 자유는 시민이 만들어 가는 것이 아니라 천부의 자연권에서 나오는 것임을 모르고 있다.

④ 좋은 의도의 합리적인 국가 간섭이 소극적 자유를 실현시킬 수 있다는 것을 모르고 있다.

⑤ 국가의 개입을 정당화하여 개인의 자유와 권리를 침해할 여지가 있다는 것을 모르고 있다.

086

⊙, ⓒ에 대한 이해로 가장 적절한 것은?

① ⊙은 인간이 도덕적 존재로 살아가기 위해서는 공공의 법이 필요하다고 보았다.

② ⊙은 시민의 정치 참여는 개인의 자유를 제한하는 것이 아니라 자유를 행사하는 것으로 보았다.

③ ⓒ은 인간의 본질적 특성인 사회성을 정치 참여의 근거로 보았다.

④ ⓒ은 자유를 보장하기 위해서는 법으로 인간의 행위를 제한할 필요가 없다고 보았다.

⑤ ⊙과 ⓒ은 모두, 윤리와 정치를 구분하지 않고 정치 참여의 목적을 윤리적 덕목을 함양하는 데 있다고 보았다.

087

윗글을 바탕으로 〈보기〉의 상황에 대해 반응한 것으로 적절하지 **않은** 것은? 3점

| 보 기 |

　A가 자기 소유의 기존 건물을 철거하고 그 자리에 새로운 건물을 지으려고 구청에 건축 허가를 신청했다. 그런데 건물이 들어설 토지의 일부가 인근 주민들이 이용하는 중요한 생활도로로 오랫동안 쓰이고 있었다. 구청은 도로가 막히면 주민들이 다른 길을 찾기 위해 우회해야 하며, 이에 따른 사회적 비용이 발생하고 주민들의 생활에 막대한 지장을 줄 수 있다는 점을 들어 A의 건축 허가 신청을 반려했다. 이에 A는 자신의 사유지에 건물을 세울 권리가 있다는 점을 들어 구청의 결정에 불복하여 소송을 제기했다. 법원은 이 도로가 법정 도로는 아니지만, 주민들의 중요한 생활도로로 이용되어 왔기 때문에 이를 보호하는 것이 공익적 차원에서 매우 중요하다고 보고, 구청의 주장이 옳다고 판단했다.

① 공화주의자들은 구청 측의 주장이 개인의 적극적 자유를 침해했다고 판단하겠군.

② 공화주의자들은 구청 측의 주장을 받아들인 법원의 결정을 합리적 판단이라 생각하겠군.

③ 공화주의자들은 A를 공동선에 관심을 가지는 이상적 시민상과는 거리가 먼 사람으로 판단하겠군.

④ 자유주의자들은 A가 사유 재산에 대한 권리를 침해받고 있으므로 A의 소송 제기를 정당한 요구라고 생각하겠군.

⑤ 자유주의자들은 A 소유의 토지 일부를 생활도로로 사용하려면 A의 자발적 동의를 반드시 얻어야 한다고 주장하겠군.

다음 글을 읽고 물음에 답하시오. 6문항을 12분 안에 풀어보세요. **12분**

(가)

공리주의는 공리의 실천을 통한 ㉮ 최대 행복의 원리를 중시한다. 공리란 이익과 효용을 뜻하는 것으로 공리주의에서 행복이란 공리를 극대화하는 것, 즉 고통을 피하고 쾌락을 추구하는 것이다. 여기서 행복은 개인의 쾌락만이 아니라 개인의 행위와 관련된 사회 구성원의 쾌락도 고려하는 것을 의미한다.

밀 이전의 공리주의는 모든 쾌락이 측정 가능하고 그 원천에 상관없이 동질적이므로 단지 양에서만 차이가 난다는 양적 쾌락주의의 입장을 가졌다. 동물적 욕망에서 비롯하는 감각적이고 육체적인 쾌락과 인간의 고등 정신 능력인 지성, 도덕 감정, 상상력 등에서 비롯하는 정신적 쾌락이 본질적으로 동일하다고 본 것이다. 그런데 이에 따르면 상대적으로 쉽게 쾌락을 향유할 수 있는 동물이 가장 행복한 존재가 될 수 있기에 천박한 돼지의 철학이라는 비판을 받았다. 또한 최대 행복의 추구가 인간의 이기심이라는 본성과 ⓐ 상충할 수 있어 실현 가능성이 떨어진다는 비판도 있었다. 이에 ㉠ 밀은 공리주의에 대해 제기되는 문제점을 해결하면서 공리주의 이론을 발전시켰다.

밀은 쾌락은 본래부터 질적 차이가 있다고 보는 질적 쾌락주의를 주장하였다. 그에 의하면 감각적이고 육체적인 쾌락은 저급 쾌락이고, 정신적 쾌락은 고급 쾌락이다. 고급 쾌락은 저급 쾌락보다 더 바람직하고 가치 있는 우월성을 지닌다. 동물과 달리 인간은 고급 쾌락의 추구를 통해 인간의 품위를 높일 수 있고 이에 어긋나는 것은 본질적으로 인간 행복의 구성 요소가 될 수 없다.

밀 이전의 공리주의는 최대 행복 추구와 이기심이 상충할 때 법률, 여론 등과 같은 외적 제재가 개인의 이기적 본성을 ⓑ 제어할 수 있다는 입장을 드러냈다. 하지만 밀은 이것이 근본적인 해결책이 아니라고 생각했다. 밀에 따르면 외적 제재가 최대 행복의 원리에 부합하는 행동을 하게 할 수는 있지만, 자발적으로 그러한 행동을 하도록 이끄는 힘은 아니라고 생각했다. 그는 내적 제재인 양심을 강조했는데, 양심은 우리의 마음 안에서 형성되는 일종의 도덕적 의무감으로 이를 어기면 내면에 고통을 준다. 양심은 구성원들과 일체감을 이루고자 하는 타고난 사회적 감정에 토대를 두고, 교육과 외적 제재 등의 후천적인 경험을 통해 ⓒ 함양된다. 이를 통해 비로소 인간은 자기 이익 지향성을 극복하고 최대 행복의 원리에 따르는 삶을 실현할 수 있다고 보았다.

밀은 외적 제재와 내적 제재를 통해 최대 행복의 원리를 실현하여 사회 구성원의 후생을 높일 수 있다고 보았고, 그러한 점에서 공리주의가 인간 윤리의 타당한 기준이 될 수 있음을 강조하였다.

(나)

인간의 이기적 욕망을 ⓓ 충족하기에 한 사회가 갖고 있는 자원은 유한하다. 경제학자들은 인간이 합리적인 선택을 통해 개인의 이익을 극대화하는 존재로 보고, 합리적 소비 과정을 이해하기 위하여 효용 이론을 제시하였다.

효용이란 의사 결정자가 어떤 행동의 결과로 얻는 주관적인 기쁨이나 만족감으로, 경제학자들은 효용을 극대화하는 것이 합리적인 소비라고 보았다. 그리고 합리적인 소비 과정을 한계 효용 체감의 법칙과 한계 효용 균등의 법칙을 활용하여 설명하였다. 한계 효용이란 재화에 대한 소비를 한 단위씩 늘릴 때 추가되는 효용을 말한다. 그런데 한계 효용은 소비하는 재화의 수량이 증가함에 따라 점차 감소하는 양상을 보이는데 이를 한계 효용 체감의 법칙이라 한다.

일반적으로 소비자는 재화를 선택하여 소비할 때 총효용을 극대화하려는 경향을 보인다. 예를 들어 은우가 1 개에 각각 1,000 원인 튀김과 초밥을 한 개씩 추가로 소비하는 상황을 가정해 보자. 은우의 튀김과 초밥에 대한 한계 효용은 아래의 표와 같다.

〈튀김과 초밥의 한계 효용〉

번째	1	2	3	4	5
튀김	16	8	4	2	1
초밥	5	4	3	2	1

[A] 만약 은우가 5,000 원의 예산을 지출할 때, 모든 선택 가능한 대안에 대해 각각의 총효용을 계산해 보면 은우는 튀김 3 개와 초밥 2 개를 선택할 것이다. 이러한 선택을 할 때 은우가 얻을 수 있는 총효용이 37로 가장 크기 때문이다. 이때 5,000 원으로 효용을 극대화하는 지점인 튀김 3 개와 초밥 2 개의 한계 효용이 4로 일치한다. 위의 상황과 같이 경제학자들은 각 상품의 화폐 단위당 한계 효용이 동일한 지점에서 소비하는 것이 한정된 예산에서 효용을 극대화할 수 있는 선택 방법이라고 보았고, 이를 ㉯ 한계 효용 균등의 법칙이라고 정의하였다. 한계 효용 균등의 법칙은 한정된 재화로 최대의 만족을 얻기 위한 선택의 문제를 설명하는 방법으로, 여러 상품의 한계 효용이 균등해지는 지점은 개인이 효용의 수치를 어떻게 매기느냐에 따라 달라진다.

재화를 합리적으로 소비하는 경향을 설명하는 효용 이론은 정부의 정책 결정에 합리적 근거를 제공하기도 한다. 한계 효용 체감의 법칙에 따르면 저소득층이 추가적으로 얻는 소득 10,000 원의 효용은 고소득층이 추가적으로 얻는 소득 10,000 원의 효용보다 더 큰 효용을 ⓔ 창출한다. 이때 고소득층의 소득 10,000 원을 세금으로 걷어 저소득층에게 배분하면 고소득층의 효용 감소분보다 저소득층의 효용 증가분이 더 커져 사회 전체의 효용이 증가한다. 대부분의 국가는 이러한 경제학적 원리에 의거하여 소득이 증가함에 따라 높은 세율을 적용하는 누진적 소득세를 부과하고 있다. 이는 누진적 소득세로 얻은 재정 수입을 통해 사회 전체의 효용을 높이려는 의도라고 할 수 있다.

088

(가)와 (나)의 공통점으로 가장 적절한 것은?

① 효율적으로 재화를 선택하는 방법을 서술하고 있다.
② 정부가 정책을 시행하는 일반적인 과정을 설명하고 있다.
③ 도덕적 판단 기준으로서 쾌락의 유효성을 강조하고 있다.
④ 인간의 자기 이익 지향성을 고찰한 이론을 소개하고 있다.
⑤ 개인의 선택을 방해하는 여론 형성 조건을 제시하고 있다.

089

㉠과 같이 평가할 수 있는 이유로 가장 적절한 것은?

① 쾌락의 개념을 수정하고 그것의 효용을 계량화하여 이론을 체계화하였기 때문이다.
② 쾌락의 질적 차이와 내적 제재를 연구하여 최대 행복의 실현 가능성을 높였기 때문이다.
③ 쾌락의 원천들을 밝히고 그것의 동일성을 규명하여 쾌락의 개념을 정교화하였기 때문이다.
④ 쾌락의 경험이 인간의 동물적 욕망 추구에 미치는 영향을 분석하여 제도화하였기 때문이다.
⑤ 저급 쾌락의 개념을 거부하고 고급 쾌락의 개념을 도입하면서 새로운 학문을 개척하였기 때문이다.

090

[A]를 바탕으로 〈보기〉를 이해한 내용으로 적절하지 않은 것은?

3점

| 보 기 |
　아래의 그래프에서 a, b, c, d, e는 은우의 소비 선택 지점을 표시한 것이고, 예산 제약선은 5,000 원으로 구입할 수 있는 소비 선택 지점을 이은 선이다.

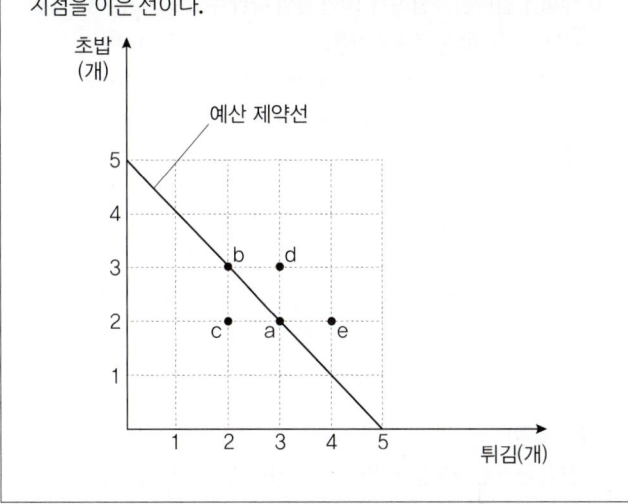

① a는 5,000 원의 예산으로 총효용을 극대화할 수 있는 소비 선택 지점이다.
② 소비 선택 지점이 a에서 b로 달라지면 동일한 예산에서 총효용이 작아진다.
③ 소비 선택 지점이 b에서 c로 달라지면 1,000 원을 덜 소비하고 총효용이 작아진다.
④ 소비 선택 지점이 c에서 a로 달라지면 1,000 원을 더 소비하고 총효용이 커진다.
⑤ d, e 모두 6,000 원의 예산으로 가능한 소비 선택 지점으로서 e는 d보다 총효용이 크다.

091

㉮와 ㉯에 대한 설명으로 적절하지 않은 것은?

① ㉮는 교육적 경험을 쌓아 실행될 수 있다.
② ㉯는 개인에 따라 한계 효용이 균등해지는 지점이 달라진다.
③ ㉮는 의사 결정의 판단 근거가 개인의 이익이고, ㉯는 의사 결정의 판단 근거가 사회의 이익이다.
④ ㉮는 윤리적 판단의 기준으로, ㉯는 소비 선택의 기준으로 쓰일 수 있다.
⑤ ㉮와 ㉯는 모두 이익의 극대화를 목표로 하고 있다.

092

(가)의 '밀[Ⓐ]'과 (나)의 '경제학자[Ⓑ]'의 입장에서 〈보기〉를 이해한 반응으로 적절하지 <u>않은</u> 것은?

| 보기 |

기부의 경제학 실험

[실험 내용]

○ 실험에 참여한 5 명에게 10만 원씩 나눠 주고 참가자는 이 돈을 갖거나 기부할 금액을 결정함.

○ 기부한 금액은 공공재 생산에 쓰여 2 배의 효용을 창출하고 그 혜택이 모든 사람에게 1/5만큼씩 돌아간다는 것을 참가자들에게 알려 줌.

[실험 참가자의 예상 행동에 따른 효용 비교]

○ 아무도 기부하지 않으면 한 사람이 누리는 효용은 10만 원

○ 모두가 기부하면 한 사람이 누리는 효용은 20만 원

○ 4 명이 10만 원을 기부하고 1 명이 기부를 하지 않으면 기부한 사람의 효용은 16만 원, 기부하지 않은 1 명의 효용은 26만 원

[실험 결과]

○ 실험 참가자 대부분은 40~60 % 정도 기부하였고, 일부는 기부하지 않았음.

○ 기부한 실험 참가자들은 이타적인 마음, 기부 행위에서 얻는 자부심 등이 기부의 이유였음을 밝힘.

① Ⓐ는 기부 행위를 고등 정신 능력을 발휘해 인간의 품위를 높일 수 있는 행위로 보겠군.

② Ⓑ는 한계 효용 체감의 법칙에 따라 기부자와 기부하지 않은 자가 같은 금액으로 얻을 수 있는 효용이 다르다고 보겠군.

③ Ⓐ는 기부하지 않은 자의 행동을 양심을 위반한 행동으로, Ⓑ는 기부하지 않은 자가 참가자들의 예상 행동에 따른 효용을 비교해 보고 합리적인 선택을 했을 것으로 이해하겠군.

④ Ⓐ는 이타적인 마음을 동료를 자신과 같이 여기는 사회적 감정으로, Ⓑ는 자부심을 기부의 결과로 얻는 주관적인 만족감으로 이해하겠군.

⑤ Ⓐ는 최대 행복을 추구하는 것이, Ⓑ는 누진적 소득세를 도입하는 것이 구성원 전체의 효용을 높인다는 점에서 개인이 기부하는 행위와 공통점이 있다고 보겠군.

093

ⓐ ~ ⓔ의 사전적 의미로 적절하지 <u>않은</u> 것은?

① ⓐ : 맞지 아니하고 서로 어긋남.

② ⓑ : 감정, 충동, 생각 따위를 막거나 누름.

③ ⓒ : 능력이나 품성 따위를 길러 쌓거나 갖춤.

④ ⓓ : 일정한 분량을 채워 모자람이 없게 함.

⑤ ⓔ : 안에서 밖으로 밀어 내보냄.

[094~099]   2024년 3월 학평 33번~38번 정답과 해설편 p.061

다음 글을 읽고 물음에 답하시오.   6문항을 10분 안에 풀어보세요.

(가)

기원전 3세기경 중국의 전국시대 말기는 침략과 정벌의 전쟁이 빈번하게 벌어지는 혼란의 시대였다. 이와 동시에 국가의 혼란을 해결하기 위한 길을 ⓐ모색한 여러 사상들이 융성한 시대이기도 했다.

이 시대에 활동했던 순자는 사회의 혼란과 무질서를 악(惡)이라고 규정하고 악은 온전히 인간의 성(性)에게서 비롯된 것으로 파악한다. 성이란 인간이 태어나면서부터 지니고 있는 동물적인 경향성을 일컫는 말로 욕망과 감정의 형태로 드러난다. 이 중에서 이익을 좋아하고 그것을 얻으려고 하는 인간의 성이 악을 초래한다고 보았다. 사회적 자원과 재화는 한정적인데 사람들이 모두 이기적인 욕망을 그대로 좇게 되면 그들 사이에 다툼과 쟁탈이 일어나게 된다는 것이다.

하지만 그는 인간이 성뿐만이 아니라 심(心)도 타고났기에 인간다워질 수 있고, 성에서 비롯한 사회 문제의 해결도 가능하다고 보았다. 심은 인간의 인지 능력을 뜻하는데, 인간의 감각 기관이 가져온 정보를 종합해서 인식하고 판단한다. 즉, 심은 성이 합리적인지 판단하여 성을 통제한다. 이러한 심의 작용을 통해 인간은 배우며 실천할 수 있는데, 이와 같은 인간의 의식적이고 후천적인 노력 또는 그것의 산물을 위(僞)라고 한다.

순자는 성을 변화시키는 위의 역할을 강조했는데, 특히 위의 핵심으로서 예(禮)를 언급하고 그것을 실천할 것을 주문한다. 예란 위를 ⓑ축적하여 완전한 인격체가 된 성인(聖人)이 일찍이 사회의 혼란을 우려해 만든 일체의 사회적 규범을 말한다. 이는 개인의 도덕 규범이자 나라를 다스리는 규범으로, 개인의 모든 행위의 기준이자 사회의 위계 질서를 나누는 기준이 된다. 예의 가장 중요한 기능은 ㉠신분적 차이를 구분해서 직분을 정하는 것인데 이는 인간의 욕망 추구를 긍정하되 그 적절한 기준과 한계를 설정함을 의미한다. 사회 구성원이 자신의 위치에 맞게끔 욕망을 추구하게 함으로써 다툼과 쟁탈이 없는 안정된 사회를 만들 수 있다고 생각했기 때문이다.

이때 순자는 군주를 예의 근본으로 규정하고 그의 역할을 중시한다. 군주는 계승되어 온 예의 공통된 원칙을 지키고, 당대의 요구에 맞춰 예를 제정해야 한다. 구체적으로 군주는 백성들의 직분을 정해 주고 그들을 가르쳐 예의 길로 인도하는 역할을 수행한다. 이를 통해 백성들의 성은 교화되고 질서와 조화를 이룬 선(善)한 사회에 다다를 수 있다.

순자는 당대의 사상가들과 달리 사회 문제의 원인을 외적 상황에서 찾지 않고 인간의 타고난 성향에서 찾음으로써 인간 사회를 바라보는 새로운 관점을 제시하였다. 그러한 점에서 순자는 인간의 후천적 노력을 바탕으로 한 인간과 사회의 변화 가능성을 ⓒ신뢰한 사상가라 할 수 있다.

(나)

홉스가 살던 17세기는 종교 전쟁과 내전을 겪으며 혼란스러웠다. 이에 왕의 권력은 신으로부터 부여받은 것이라는 왕권신수설에 많은 사람들은 의문을 품게 되었다. 이러한 상황에서 홉스는 사회적 혼란을 해결하고자 신이 아닌 인간에 대한 탐구를 시작한다.

홉스는 국가 성립 과정을 설명하기 위해 국가가 성립하기 이전의 집단적 삶인 자연 상태를 가정한다. 그는 인간을 자기 보존을 추구하는 존재로 규정한다. 또한 인간은 자연 상태에서 누구나 절대적인 자유를 행사할 수 있는 권리를 지니는데, 이를 자연권이라고 말한다. 자연 상태에서 인간은 자기 보존을 위해 자신의 이익만을 추구하면서 끊임없이 싸우게 되는데 그는 전쟁과도 같은 이 상황을 '만인에 대한 만인의 투쟁'이라 ⓓ명명한다. 하지만 이 상황에서 인간이 느끼는 죽음에 대한 공포는 평화와 안전을 바라게 하는 감정을 유발하기도 한다.

이때 인간의 이성은 평화로운 상태로 나아가기 위한 최선의 법칙을 발견하는데 홉스는 이를 자연법이라 일컫는다. 자연법의 가장 근본적인 원칙은 평화를 추구하고 따르라는 것이다. 그리고 이를 위해 인간의 이성은 자연 상태에서 가졌던 권리의 상당 부분을 포기하고 그것을 양도하는 ㉡사회 계약이 필요함을 깨닫는다.

개인이 자기 보존을 위해 자발적으로 동의한 사회 계약은 두 단계에 걸쳐 이루어진다. 첫 번째 단계에서 개인과 개인은 상호 적대적인 행위를 중지하고자 자연권의 대부분을 포기하는 계약을 맺는다. 그런데 이 계약은 누군가가 이를 위반할 경우에 그것을 제재할 수단이 없다는 한계가 있어 쉽게 파기될 수 있다. 이 계약의 불안정성을 해소하고 실효성을 보장하기 위해서는 계약 위반을 제재할 강제력과 그것을 집행할 수 있는 힘의 소유자를 세우는 일이 필요하다. 이에 개인은 계약 위반을 제재할 공동의 힘을 지닌 통치자와 두 번째 단계의 계약을 맺고 자신들의 권리를 그에게 양도한다.

이러한 계약의 과정을 거치며 '리바이어던'이라 불리는 국가가 탄생한다. 리바이어던은 본래 성서에 등장하는 무적의 힘을 가진 바다 괴물의 이름으로, 홉스는 이를 통해 계약으로 탄생한 국가의 강력한 공적 권력을 강조한 것이다. 통치자는 국가 권력의 실질적인 행사 주체로서 국가에 대한 복종을 요구하는 대신에 개인을 위험으로부터 보호하는 책무를 갖는다. 그는 강력한 처벌에 대한 규정을 만들고 개인들이 이에 따르게 함으로써 그들의 안전을 보장한다. 통치자가 개인들로부터 위임받은 권리를 정당하게 행사하여 개인들 간의 투쟁을 해소함으로써 비로소 평화로운 사회가 ⓔ구현된다.

홉스의 사회 계약론은 인간의 본성에 대한 통찰을 바탕으로 국가가 성립하게 되는 과정을 제시하고 있다. 특히 국가가 지닌 힘의 원천을 신이 아닌 자유로운 개인들에게서 찾고 있다는 점에서 근대 주권 국가의 토대를 마련했다고 할 수 있다.

094

(가)와 (나)의 공통점으로 가장 적절한 것은?

① 인간 중심적인 시각에서 벗어나 사회 현상을 분석하고 있다.
② 현실을 개선하려는 사상가의 견해와 그 의의를 제시하고 있다.
③ 종교적인 믿음을 바탕으로 성립된 권력의 개념을 밝히고 있다.
④ 국가와 국가 간의 전쟁이 야기한 사상의 탄압 양상을 설명하고 있다.
⑤ 시대적 상황의 변화에 따라 달라진 지도자의 위상을 통시적으로 설명하고 있다.

095

(가)의 군주와 (나)의 통치자에 대한 이해로 적절하지 않은 것은?

① 군주는 사회 구성원의 내면의 변화를 전제로 질서와 조화를 이룬 선한 사회를 만든다.
② 통치자는 신으로부터 부여받은 권리를 정당하게 행사함으로써 평화로운 사회를 만든다.
③ 군주는 백성을 사회적 위치에 맞게 행동하도록 인도하고, 통치자는 개인들의 상호 적대적인 행위의 중지를 요구한다.
④ 군주는 예를 바탕으로 한 교화를 통해, 통치자는 강력한 공적 권력을 바탕으로 한 처벌을 통해 사회의 질서를 도모한다.
⑤ 군주와 통치자는 모두 나라를 다스리는 지도자로서 사회적 역할을 이행해야 할 책무를 갖는다.

096

㉠에 대한 설명으로 가장 적절한 것은?

① 개인의 욕망보다 사회의 요구를 강조하여 심의 부작용을 막기 위한 것이다.
② 인간의 성과 심의 차이를 구분하여 새로운 도덕적 기준을 세우기 위한 것이다.
③ 사회 구성원이 심을 체득하게 하여 혼란한 사회적 상황을 해결하기 위한 것이다.
④ 개인의 도덕 규범과 나라의 통치 규범을 구분하여 사회 문제의 원인을 찾기 위한 것이다.
⑤ 한정적인 사회적 자원과 재화를 적절하게 분배하여 사회의 안정성을 추구하기 위한 것이다.

097

㉡을 이해한 내용으로 적절하지 않은 것은?

① 만인에 대한 만인의 투쟁 상황에서 벗어나기 위해 맺은 것이다.
② 자유를 향유할 수 있는 권리의 포기는 자발적인 동의하에 이루어진다.
③ 개인은 첫 번째 단계의 계약을 맺음으로써 공동의 힘을 제재할 수 있다.
④ 첫 번째 단계의 계약은 두 번째 단계의 계약과 달리 위반할 경우 제재 수단이 없다.
⑤ 두 번째 단계의 계약은 첫 번째 단계의 계약과 달리 개인의 권리 양도가 이루어진다.

098

(가)의 '순자'와 (나)의 '홉스'의 입장에서 〈보기〉의 상황을 이해한 내용으로 적절하지 <u>않은</u> 것은? [3점]

| 보기 |

　생물학자인 개릿 하딘은 공유지에서의 자유가 초래하는 혼란한 상황을 '공유지의 비극'이라 일컬었다. 그는 한 목초지에서 벌어지는 상황을 예로 들어 이를 설명하였다.

　　모두가 사용할 수 있는 목초지가 있다. 한 목동은 자신의 이익을 극대화하는 방법으로 가능한 한 많은 소 떼들을 목초지에 풀어 놓는다. 다른 목동들도 같은 방법을 취하게 되고 결국 목초지는 황폐화된다.

① 순자는 목동들이 '위'를 행하였다면 목초지의 황폐화를 막을 수 있었을 것이라고 생각하겠군.

② 홉스는 목동들이 처한 상황을 자기 보존을 추구하는 욕망이 발현된 '자연 상태'라고 생각하겠군.

③ 순자는 완전한 인격체가 만든 규범이, 홉스는 강력한 국가의 개입이 필요한 상황이라고 생각하겠군.

④ 순자는 '성'을 그대로 좇는 모습으로, 홉스는 '자연권'을 행사하는 모습으로 목동들의 이기적 행동을 이해하겠군.

⑤ 순자와 홉스는 모두 목동들이 공포를 느끼게 되면 문제 상황에 대한 합리적 판단 능력을 갖게 될 것이라고 생각하겠군.

099

ⓐ~ⓔ의 사전적 의미로 적절하지 <u>않은</u> 것은?

① ⓐ : 일이나 사건 따위를 해결할 수 있는 방법이나 실마리를 더듬어 찾음.

② ⓑ : 지식, 경험, 자금 따위를 모아서 쌓음.

③ ⓒ : 자기의 주장을 굽혀 남의 의견을 좇음.

④ ⓓ : 사람, 사물, 사건 등의 대상에 이름을 지어 붙임.

⑤ ⓔ : 어떤 내용이 구체적인 사실로 나타나게 함.

다음 글을 읽고 물음에 답하시오.   6문항을 8분 안에 풀어보세요. 8분

(가)

18세기 말 산업 혁명 이후 과학과 기술의 진보로 똑같은 물건을 대량으로 생산하는 것이 가능해졌다. 이에 따라 건축에서도 철근과 콘크리트를 활용하여 기둥과 벽을 최소화하면서 건축물을 대량 생산할 수 있다는 인식이 생기게 되었다. 이 시기의 건축가들은 이전 시대와 달리 장식적인 요소가 제거된 합리적이고 기능적인 건축물에 가치를 부여하게 되었다. 이러한 변화는 건축의 활동 영역을 도시 계획 디자인, 산업 디자인 등으로 확대시키며, 모더니즘 건축의 형성에 영향을 미쳤다.

모더니즘 건축가 미스 반데어로에는 건축이 본연의 모습을 잃고 현 시대에 어울리지 않는 형태를 @ 답습하는 것에 대해 비판하며 ㉠ "간결한 것이 풍부하다."라고 주장했다. 그는 기능적으로 필요한 공간 이외에는 불필요하다고 생각했기 때문에 장식과 기능을 철저하게 분리하고 장식을 공간 구성에서 원칙적으로 배제해야 한다고 말한다. 또한 그는 폐쇄적인 구조를 지양하고 공간을 기능적으로 활용할 수 있도록 칸막이를 자유롭게 이동할 수 있게 하여 유연성 있는 공간을 구축하였다.

또 다른 건축가 르코르뷔지에는 기능적인 것은 그 자체로 미적인 것이라고 주장하며, 주택을 거주를 위한 기계라고 정의하였다. 그는 항공 기능의 최적화를 실현한 비행기 디자인처럼 건축물도 그 목적에 ⓑ 부합하도록 기능적으로 최적화되어야 하며 현란한 장식이나 예술적 감상을 위한 건축물을 지양해야 한다고 말한다. 또한 도시를 계획하는 일에도 관심이 많았던 그는 사람보다는 자동차를 중심으로 도시 공간을 구획해야 한다고 주장했다. 이는 격자 구조의 도로망으로 도시 공간을 구획하면 치안과 위생이라는 도시의 기능을 이상적으로 ⓒ 구현하면서 동시에 미적으로 이상적인 도시가 된다고 생각했기 때문이다. 그에게 있어 근대화란 효율적인 교통 체계를 위해 도시를 인위적으로 정돈하는 것을 의미한다.

(나)

20세기 초에는 이성적 존재인 인간이 모든 문제를 합리적으로 해결할 수 있다는 모더니즘이 지배적이었다. 그러나 합리성에는 한계가 있음이 곧 밝혀졌고, 이로부터 벗어나야 한다는 생각이 포스트모더니즘으로 발전하게 되었다. 이에 영향을 받은 푸코, 벤투리, 추미 등은 합리성과 효율성을 우선시하는 기존의 시스템을 비판하고, 기계적이고 무미건조한 양식 대신에 개별성과 자율성을 중시하는 모습을 보였다.

철학자 푸코는 근대화로 인한 도시의 구획을 권력과 관련지어 비판했다. 그는 18세기부터 형성되기 시작한 격자 구조의 도시 공간은 위생학적 측면에서 전염병에 대처하기 위한 기능을 하기도 하지만 권력이 작동하는 그물망으로도 ⓓ 작용한다고 주장했다. 전염병 환자에 대한 감시는 결국 발병 요소를 근원적으로 통제해야 한다는 의식으로 이어져, 발병 가능성이 있는 모든 존재에 대한 감시로 확대된다는 것이다.

포스트모더니즘 건축가 벤투리는 ㉡ "간결한 것은 지루하다."라

며 모더니즘 건축의 흐름에 저항했다. 모더니즘 건축이 명료성을 내세웠다면 그는 모호성을 새로운 기준으로 제시하며 형태를 기능에 가두는 것을 거부했다. 그는 건축물의 모든 부분이 단일한 기능으로 명료하게 설명될 수 없으며, 오히려 다양한 측면에서 설명될 수도 있어 그 기능이 매우 모호할 수 있다고 주장했다. 벤투리에게 모더니즘 건축은 미적인 것을 기능적인 것에 제약하는 것에 불과했다. 그래서 그는 모더니즘의 공간에서는 공간의 미적 차원이 소멸되어 획일적인 공간만이 남게 된다고 주장했다.

건축가 추미는 기존의 모더니즘 건축이 지나치게 금욕적이라고 비판했다. 모더니즘 건축에서 장식적인 요소는 낭비로 취급받으며 무의미한 부분으로 간주된다. 하지만 추미는 이렇게 무의미하다고 생각되는 낭비야말로 모더니즘 건축의 획일화로부터 ⓔ 해방될 수 있는 탈출구라고 주장했다. 추미는 모더니즘 건축의 금욕주의에서 벗어나는 방법을, 시각적 화려함을 추구하는 낭비의 부활에서 찾았다. 그에게 있어 포스트모더니즘의 건축은 낭비의 미덕을 실현하는 유희의 건축이다.

100

(가)와 (나)에 대한 설명으로 가장 적절한 것은?

① (가)와 달리 (나)는 특정 시기의 건축에 대한 상반된 관점을 제시하여 절충 방안을 모색하고 있다.

② (나)와 달리 (가)는 특정 시기의 건축에 대한 관점이 기술의 발전에 미친 영향을 인과적으로 밝히고 있다.

③ (가)와 (나)는 모두, 특정 시기의 건축에 대한 관점을 시대순으로 나열하여 한계를 도출하고 있다.

④ (가)와 (나)는 모두, 특정 시기의 건축에 대한 관점을 소개하며 각 관점이 지닌 특성을 설명하고 있다.

⑤ (가)와 (나)는 모두, 특정 시기의 건축에 대한 관점을 유형별로 나누면서 그 분류 기준의 문제점을 설명하고 있다.

101

윗글에 대한 이해로 가장 적절한 것은?

① 포스트모더니즘 건축과 달리 모더니즘 건축은 개별성을 중시한다.

② 포스트모더니즘 건축은 효율성의 중시를 통해 합리성의 문제를 해결하려 한다.

③ 모더니즘 건축은 명료성을 추구하는 반면 포스트모더니즘 건축은 모호성을 추구한다.

④ 모더니즘 건축은 건축의 영역에서 도시 계획 디자인과 산업 디자인의 영역을 제외한다.

⑤ 모더니즘 건축과 달리 포스트모더니즘 건축은 철근과 콘크리트 등의 재료를 주로 사용한다.

※ 윗글과 〈보기〉를 바탕으로 102번과 103번의 물음에 답하시오.

┃ 보 기 ┃

[자료 1]

○○시는 인구 밀도가 높아 거리가 혼잡하고 비위생적이었다. 건축가 A는 ○○시의 위생 환경을 개선하기 위하여 교통 체계 중심의 ㉮ 격자 구조의 도로망을 연결하고 주거 지역과 업무 지역을 멀리 떨어뜨려 구분하는 도시 설계안을 구안했다.

[자료 2]

건축가 B는 기능과 상관없는 구조물이나 장식적인 것들을 배제하고 실내에는 이동 가능한 칸막이가 설치된 주택을 설계했다. 하지만 건축가 C는 이러한 주택을 주거 기능과 경제적 효율성만 추구한 ㉯ 단순한 형태의 건물이라고 비판했다. 이에 그는 벽 장식이나 화려한 마감재와 같이 건축가의 미적 가치가 반영된 주택을 설계했다.

102

다음은 윗글을 읽은 학생이 〈보기〉를 이해한 내용을 정리한 것이다. 적절하지 않은 것은?

[자료 1]	푸코는 격자 구조의 도시 공간에는 위생학적 기능이 없다고 생각하므로, 건축가 A의 도시 설계안을 부정적으로 바라보겠군. ············· ①
	르코르뷔지에는 사람보다는 차를 중심으로 도시를 공간화해야 한다고 생각하므로, 건축가 A의 도시 설계안을 긍정적으로 바라보겠군. ············· ②
[자료 2]	벤투리는 모더니즘 건축의 흐름에 저항하므로, 건축가 B가 설계한 주택을 부정적으로 바라보겠군. ············· ③
	미스 반데어로에는 폐쇄적인 구조를 지양하고 공간을 기능적으로 활용해야 한다고 생각하므로, 건축가 B가 설계한 주택을 긍정적으로 바라보겠군. ············· ④
	추미는 시각적 화려함을 추구하는 낭비의 미덕을 중시하므로, 건축가 C가 설계한 주택을 긍정적으로 바라보겠군. ············· ⑤

103

윗글을 바탕으로 〈보기〉에 대해 보인 반응으로 적절하지 않은 것은? `3점`

① 미스 반데어로에는 [자료 2]의 ㉯가 장식과 기능을 분리하여 불필요한 부분을 배제한 건물이라고 생각하겠군.

② 르코르뷔지에는 [자료 1]의 ㉮가 도시의 기능적 측면과 미적인 측면을 모두 이상적으로 구현할 수 있다고 판단하겠군.

③ 푸코는 [자료 1]의 ㉮가 권력이 작동하는 그물망으로 작용할 수 있다고 주장하겠군.

④ 벤투리는 [자료 2]의 ㉯가 미적 차원이 소멸되어 획일적인 공간만 남았다고 판단하겠군.

⑤ 추미는 [자료 2]의 ㉯가 금욕주의에서 벗어나 유희의 건축이 실현되었다고 판단하겠군.

104

㉠과 ㉡에 담긴 의미를 추론한 내용으로 가장 적절한 것은?

① ㉠에는 본연의 모습에서 벗어난 공간에 대한 긍정이, ㉡에는 공간의 본질이 변화하는 것에 대한 부정이 담겨 있다.

② ㉠에는 공간의 독립성을 강조하고자 하는 건축가의 판단이, ㉡에는 공간의 보편성을 강조하고자 하는 건축가의 판단이 담겨 있다.

③ ㉠에는 합리적이고 기능적인 건축물에 가치를 부여하는 태도가, ㉡에는 기계적이고 무미건조한 건축물을 거부하는 태도가 담겨 있다.

④ ㉠에는 시대와 상관없는 절대적 공간을 추구해야 한다는 의미가, ㉡에는 시대의 요구를 충족하는 공간을 추구해야 한다는 의미가 담겨 있다.

⑤ ㉠에는 공간이 공간 그 자체로서 심미적 가치를 보존할 수 있다는 인식이, ㉡에는 공간이 그 자체로서 효율적 가치를 보존할 수 있다는 인식이 담겨 있다.

105

ⓐ~ⓔ의 사전적 의미로 적절하지 않은 것은?

① ⓐ : 예로부터 해 오던 방식이나 수법을 좇아 그대로 행함.

② ⓑ : 둘 이상의 조직이나 기구 따위를 하나로 합침.

③ ⓒ : 어떤 내용을 구체적인 사실로 나타나게 함.

④ ⓓ : 어떠한 현상을 일으키거나 영향을 미침.

⑤ ⓔ : 구속이나 억압, 부담 따위에서 벗어나게 함.

[106~111]

2023년 9월 학평 21번~26번 정답과 해설편 p.070

다음 글을 읽고 물음에 답하시오.

6문항을 16분 안에 풀어보세요.

16분

(가)

'세계'는 그것을 대면한 각 인식 주체들에 의해 다양하게 드러난다. 가장 일차적이고 일반적인 세계는 우리가 경험하는 현실 세계이며, 인식 주체들은 각자가 지닌 조건에 따라 현실 세계를 다양하게 인식한다. 한 예로, 각 인식 주체는 서로 다른 가시 및 가청 범위를 가지며, 이러한 신체적 지각의 차이에 따라 그들이 경험하는 세계에 대한 인식도 각기 달라진다. 또한 인식 주체는 일상 언어를 바탕으로 현실 세계를 인식한다. 예를 들어 연속된 시간을 시, 분으로 표현하는 것처럼 일상 언어는 연속된 세계를 분절하여 인식하게 만든다.

그런데 신체적 지각이나 일상 언어는 고정적이지 않다. 운동선수처럼 반복적 수련을 하거나 안경 등의 도구를 이용하면 인식 주체들이 지닌 조건은 ⓐ 달라질 수 있으며, 새로 도입된 낯선 언어가 시간이 흐르면서 일상 언어로 자리 잡기도 한다.

인식 주체들에 의해 드러나는 각각의 세계는 세계 전체를 이루는 여러 얼굴이라 할 수 있다. 인식 주체들의 인식 조건은 다양하므로 각각의 인식틀에 따라 저마다의 얼굴, 즉 각각의 존재면이 드러나게 된다. 그런 의미에서 회화 예술은 세계의 다양한 존재면을 드러내는 작업이다.

의식 수준이 성장함에 따라 인간은 점차 현실 세계의 현상 너머에 있는 형이상학적인 것을 갈망하게 되었다. 이런 경향은 현대회화에도 영향을 ⓑ 끼쳤으며, 회화에서 현실 세계를 다루는 양상에도 변화가 나타났다. 현대회화의 존재적 특징은 과학과의 비교를 통해 분명해진다. 과학은 존재면이 비교적 일의적이며, 한 존재면을 수직으로 파고들어 그 면을 심층적으로 드러낸다. 예를 들어 생물학은 종, 개체, 기관, 세포, 유전자 등 무수한 면들을 드러내나, 이 면들은 넓게 보면 같은 면의 객관적 심층이다. 그러나 현대회화는 여러 존재면을 수평적으로 드러낸다. 예를 들어 입체주의나 표현주의 현대회화를 보면, 하나의 그림 위에 일상의 현실 세계와 상상에 의한 가능 세계가 혼재해 있음을 알 수 있다. 현실 세계의 실재를 있는 그대로 재현하고자 했던 ㉠ 전통회화와 달리 ㉡ 현대회화는 변형과 과장을 통해 실재와는 다른 방식으로 세계들을 조합해 나간 것이다. 이러한 현대회화의 추상성은 처음에는 혁신적이었으나 점차 보편적인 것이 되었다.

추상의 강도가 더해질수록 현대회화는 실재의 재현에서 더욱 ⓒ 멀어져, 실재가 아닌 화가의 내면을 표현하는 것으로 인식되었다. 내면은 상상의 영역이기에, 전통회화와 달리 현대회화로는 현실 세계의 존재면을 드러내기 어렵다는 인식도 생겨났다. 그러나 현대회화의 추상성에 대해 실재는 배제한 채 내면만 표현한 것이라고 이분법적으로 이해하는 것은 적절하지 않다. 상상의 대부분은 현실의 경험에서 ⓓ 비롯되며, 내면의 추상적 영역 또한 객관적 실재의 외면을 이질적으로 변형시켜 존재를 다양하게 드러내는, 세계의 무수한 존재면 중 하나이기 때문이다. 회화를 통해 접하는 다양한 가능 세계와의 만남은 우리를 현실 세계에 더 가까이 다가가게 해 준다.

(나)

회화는 캔버스 위에 물감으로 색과 형태를 드러낸 가시적 존재지만, 회화의 의미가 창작자의 주관이나 감상자의 주관에 따라 다양하게 형성된다는 점에서 비가시적 존재이기도 하다. 이렇듯 회화는 가시적이면서 동시에 비가시적인 독특한 존재 방식을 갖는다.

전통회화는 회화의 가시적 속성을 통해 객관적 세계의 외면을 사실적으로 재현하는 데 주목했다. 이에 반해 현대회화는 회화의 가시적 속성을 통해 화가의 비가시적 내면을 드러내는 데 치중한다. 현대회화는 화가들이 자신만의 관념적 세계를 가시화한 결과물로서, 회화 속에서 객관적 실재는 주관화된다. 현대회화의 화가들은 현실에서 목격하는 일상의 모습이 비대칭적이고 혼란스럽더라도 임의로 대칭을 만들거나 현실을 조작하는 등의 방법으로 비현실적 허구를 표현해 내고자 했다. 이렇게 예술을 통해 현실이 추상화되는 과정에서 예술은 객관적 현실로부터 점차 멀어져 가는 경향을 보였다.

이러한 ㉮ 예술과 현실의 분리는 회화뿐 아니라 음악에서도 나타난다. 음악에 사용되는 음은 현실의 무한한 소리 중 극히 일부이며, 일상에서 들을 수 있는 일반적 소리와 달리 균질적이고 세련되며 인위적인 배열을 ⓔ 따른다. 이렇게 음악도 일상 현실과 거리를 두며 그 정체성을 확보해 왔다.

그런데 이러한 예술의 흐름에 대항하여 새로운 시도를 하는 예술가들도 있었다. 화가이자 음악가였던 루솔로는 일상 현실의 기계 소리를 소음이 아닌 음악적 표현 대상으로 삼아, 소음 기계를 악기로 만들었다. 작곡가 바레즈는 분절된 몇 개의 음만을 표현할 수 있는 일반적 악기와 달리, 사이렌이 음과 음 사이의 분절되지 않은 무한한 음을 낼 수 있는 일상적 사물이라는 점에 주목하여 사이렌으로 음악을 표현했다. 또한 작곡가 셰페르는 사람의 소리, 기계 소리, 자연음 등을 '음향 오브제'로 활용하는 '구체음악'을 창시하기도 하였다.

게르노트 뵈메는 예술의 영역을 일상적 삶으로 확장하려는 이러한 노력을 '확장된 미학'이라 일컬었다. 뵈메는 예술의 미적 경험이 일상적인 맥락에서 분리되어 예술가라는 특별한 존재에 의해 창조되는 특정한 미적 대상에만 국한된다고 보는 기존의 미학을 비판하며, 예술이 창작되고 수용되는 미적 경험이 일상적 현실로까지 확장되어야 한다고 보았다.

106

(가)와 (나)에 대한 설명으로 가장 적절한 것은?

① (가)는 인식 주체가 인식의 한계를 극복하는 과정을, (나)는 인식의 한계가 예술 이해에 미친 영향을 설명하고 있다.

② (가)는 현대회화의 추상성을 이분법적으로 이해해야 하는 이유를, (나)는 회화가 비가시적 내면을 드러내는 원리를 분석하고 있다.

③ (가)는 세계에 대한 인식을 바탕으로 회화 예술을 이해하는 관점을, (나)는 예술과 현실의 관계에 대한 상반된 인식을 제시하고 있다.

④ (가)는 인간의 의식 수준의 성장에 따른 현실 세계의 변화 양상을, (나)는 일상으로부터 분리되어 가는 예술의 흐름을 언급하고 있다.

⑤ (가)는 현대회화가 세계를 추상적으로 드러내는 방식을, (나)는 현실 세계에 의해 회화와 음악이 변화하게 되는 계기를 밝히고 있다.

107

(가)를 바탕으로 존재면과 관련하여 추론한 내용으로 적절하지 않은 것은?

① 하나의 회화 작품을 함께 감상하더라도 각 감상자가 지닌 인식틀에 따라 서로 다른 존재면을 인식하게 될 수 있겠구나.

② 새로 개발된 기술을 지칭하는 용어가 일상 언어로서의 지위를 갖게 되면 그 언어로 지각되는 존재면도 달라질 수 있겠구나.

③ 형이상학적인 것에 대한 갈망으로 인해 회화에 나타난 현실 세계의 존재면이 추상적 방향으로 변하는 경향을 띠게 되었겠구나.

④ 개개의 과학 학문은 하나의 존재면이 서로 관련이 없는 여러 존재면들로 구성되어 있을 때 그 학문의 심층이 드러나게 되겠구나.

⑤ 입체주의 화가의 회화에서는 현실 세계의 존재면과 가능 세계의 존재면이 수평적으로 혼재해 있는 모습을 발견할 수 있겠구나.

108

(가)와 (나)를 바탕으로 ㉠과 ㉡을 비교하여 이해한 내용으로 가장 적절한 것은?

① ㉠과 ㉡은 모두 현실 세계의 존재면을 드러내기 어렵다는 한계를 갖는다.

② ㉠과 ㉡은 모두 현실 세계의 사실적 재현을 통해 화가의 내면 세계를 드러내는 데 치중했다.

③ ㉠은 ㉡과 달리 다양한 가능 세계와의 만남을 통해 현실 세계에 더 가까이 다가가게 해 준다.

④ ㉡은 ㉠과 달리 가시적 속성과 비가시적 속성을 동시에 가지는 독특한 존재 방식을 취한다.

⑤ ㉡은 ㉠과 달리 현실 세계의 객관적 외면을 의도적으로 변형시킴으로써 현실 세계의 얼굴을 다양하게 드러낸다.

109

(가), (나)와 관련지어 <보기>에 대해 보인 반응으로 적절하지 <u>않</u>은 것은? `3점`

| 보 기 |

최근 한 의과 대학에서 구스타프 클림트의 대표적 표현주의 작품인 『키스』에 대한 연구 결과를 발표했다. 연구진은 이 회화 속 남녀의 의상에 한 사람의 생명체가 완성되기까지의 순차적 세포분열 과정이 과장된 크기와 다양한 색으로 변형되어 그려져 있음에 주목했다. 그리고 이를 통해 클림트가 당시 현미경 기술의 비약적 발전에 따른 생물학적 탐구에 대한 성과를 토대로 삶과 죽음, 생명에 대한 자신의 깊은 관심을 드러냈다고 밝혔다.

① (가) : 생명체가 완성되기까지의 세포분열 과정을 밝혀낸 생물학적 지식이 드러내는 현실 세계는 클림트의 회화에 비해 일의적인 성격을 갖는다고 볼 수 있겠군.

② (가) : 현미경 기술의 발전으로 세포분열 과정을 직접 관찰할 수 있게 된 것은 인식 주체가 지닌 조건이 달라져 현실 세계가 새롭게 지각된 사례에 해당한다고 볼 수 있겠군.

③ (가) : 클림트의 회화에서 세포분열 과정이 현실과 다르게 변형되어 그려진 것에서 실재와는 다른 방식으로 세계를 조합하는 현대회화의 추상성이 드러난다고 볼 수 있겠군.

④ (나) : 클림트의 회화는 색과 형태를 가진다는 점에서는 가시적이지만 세포분열 과정이라는 생물학적 탐구를 다루고 있다는 점에서는 비가시적 속성을 가진다고 볼 수 있겠군.

⑤ (나) : 클림트의 회화에서 삶과 죽음, 생명에 대한 화가의 관심이 드러난다고 본 연구 결과는 회화가 화가의 관념적 세계를 표현한 결과라는 인식이 빈영된 것이라 볼 수 있겠군.

110

㉮와 관련하여 (나)에 언급된 인물들에 대해 파악한 내용으로 적절하지 <u>않</u>은 것은?

① 현대회화 화가들은 일상의 비대칭성과 혼란스러움을 조작하여 그린 예술 작품을 통해 현실을 비현실적으로 추상화하고자 했다.

② 루솔로는 일상의 기계 소음에서 음악에 사용되는 음의 인위적인 배열을 추구함으로써 예술과 현실의 대립을 극복하고자 했다.

③ 바레즈는 일반 악기와 달리 두 음 사이의 무한한 음을 표현할 수 있는 도구를 이용해 일상 현실을 예술로 표현하고자 했다.

④ 셰페르는 기존 음악의 정체성과는 거리가 먼 일상의 소리를 음향 오브제로 활용하는 새로운 예술 장르를 창시하였다.

⑤ 게르노트 뵈메는 미적 대상의 창작과 수용에 따르는 미적 경험이 일상 현실로까지 확장되어야 한다고 여겼다.

111

문맥상 ⓐ~ⓔ와 바꾸어 쓰기에 가장 적절한 것은?

① ⓐ : 치환(置換)될

② ⓑ : 부과(賦課)했으며

③ ⓒ : 심화(深化)되어

④ ⓓ : 시작(始作)되며

⑤ ⓔ : 추종(追從)한다

조선 시대의 유학자들은 왕권의 기반이 민심에 있으며 민심을 천심으로 받아들여야 한다고 보는 민본(民本) 사상을 통치 기조로 삼을 것을 주장했다. 이러한 관점에서 군주는 백성의 뜻을 하늘의 뜻으로 받들며 섬기고 덕성을 갖춘 성군으로서 백성의 모범이 되어야 하며, 백성을 사랑하는 애민의 태도로 백성의 삶을 안정시키고 백성을 교화해야 하는 존재라고 강조했다. 또한 백성은 보살핌과 가르침을 받는 존재로서 통치에 ⓐ 순응해야 한다고 보았다.

군주와 백성에 대한 이러한 관점은 조선 개국을 주도하고 통치 체제를 설계한 정도전의 주장에도 드러난다. 정도전은 군주나 관료가 백성에 대한 통치권을 지닌 것은 백성을 지배하기 위한 것이 아니라 백성을 보살피고 안정시키기 위한 것이라고 보았다. 군주나 관료가 지배자가 아니라 백성을 위해 일하는 봉사자일 때 이들의 지위나 녹봉은 그 정당성이 확보된다고 여긴 것이다. 또한 왕권이 정상적으로 작동하기 위해서는 왕을 정점으로 하여 관료 조직을 위계적으로 ⓑ 정비하는 것과 더불어, 민심을 받들어 백성을 보살피는 자로서 군주가 덕성을 갖추는 것이 중요하다고 보았다. 백성을 위하는 관료의 자질 향상 및 책무의 중요성을 강조한 한편, 관료의 비행을 감독하는 감사 기능의 강화를 주장하기도 했다. 이러한 정도전의 주장은 백성을 보살핌의 대상으로 바라본 민본 사상의 관점에 입각한 것이라 할 수 있다.

조선 중기의 학자 이이 역시 군주의 바람직한 덕성을 강조한 한편 군주와 백성의 관계를 부모와 자식의 관계에 빗대어 백성을 보살펴야 하는 대상이라 논했다. 이이는 특히 애민은 부모가 자녀를 가르치듯 군주가 백성들을 도덕적으로 교화함으로써 실현되며, 교화를 ⓒ 순조롭게 이루기 위해서는 우선 백성들을 경제적으로 안정시켜야 한다는 점을 강조했다. 또한 백성은 군주에 대한 신망을 지닐 수도 버릴 수도 있는 존재이므로, 군주는 백성을 두려워하는 외민(畏民)의 태도를 지녀야 함을 역설했다. 백성을 보살피고 교화해야 할 대상으로 여긴 점은 정도전의 관점과 상통하는 지점이다. 다만 군주가 백성에 대한 두려움을 가지고 백성의 신망을 유지하기 위해 노력해야 한다는 것을 강조한 점에서 차이가 있다.

조선 후기의 학자 정약용은 환자나 극빈자, 노인과 어린이 등 사회적 약자에 속하는 백성을 적극적으로 보호하는 것이 애민의 내용이라고 주장했다. 이는 백성을 보살핌의 대상으로 바라보는 시각을 구체화한 것이라 할 수 있다. 한편 정약용은 백성을 통치 체제 유지에 기여해야 하는 존재라 보고, 백성이 각자의 경제적 형편에 ⓓ 부합하는 역할을 수행해야 한다고 주장하여 백성에 대한 기존의 관점과 차이를 드러냈다. 그는 가난한 백성인 '소민'은 교화를 따름으로써, 부유한 백성인 '대민'은 생산 수단을 제공하고 납세의 부담을 맡음으로써 통치 질서의 안정에 기여해야 한다고 논했다. 이는 조선 후기 농업 기술과 상·공업의 발달로 인해 재산을 축적한 백성들이 등장한 현실을 고려한 것으로, 백성이 국가를 유지하는 근간이라고 보는 관점에 ⓔ 기반한 주장이었다.

[A] ┌ 조선 시대 학자들의 이와 같은 주장은 군주를 비롯한 통치 계층이 백성을 존중하는 정책을 펼치는 바탕이 되었다. 백성을 대상으로 한 교육 제도, 관료의 횡포를 견제하는 감찰 제도, 민생 안정을 위한 조세 및 복지 제도, 백성의 민원을 수렴하는 소원 제도 등은 백성을 위한 정책이 구현된 사례라 할 수 있다. └

112

윗글에 대한 설명으로 가장 적절한 것은?

① 조선 시대 관료 조직의 위계를 분석하고 있다.
② 조선 시대 조세 제도의 문제점을 나열하고 있다.
③ 조선 시대 학자들의 백성에 대한 관점을 비교하고 있다.
④ 조선 시대 군주들의 통치관을 비판적으로 서술하고 있다.
⑤ 조선 시대 상업의 발달 과정을 통시적으로 기술하고 있다.

113

외민(畏民)에 대한 이해로 가장 적절한 것은?

① 백성이 군주에 대해 지녀야 할 마음가짐이다.
② 관료의 비행을 감독하기 위해 마련한 제도이다.
③ 군주와 백성을 부모와 자식의 관계에 비유하는 근거이다.
④ 민생이 안정되었을 때 드러나는 백성의 이상적 모습이다.
⑤ 백성이 군주에 대한 신망을 버릴 수 있다고 보는 관점이다.

114

윗글을 바탕으로 <보기>를 이해한 내용으로 적절하지 않은 것은?

3점

| 보기 |

ㄱ. 옛날에 바야흐로 온 세상을 제압하고 나서 천자가 벼슬을 내리고 녹봉을 나누어 준 것은 신하들을 위해서가 아니라 백성들을 위한 것이었다. … 임금이 관리에게 책임을 지우는 것도 한결같이 백성에 근본을 두고, 관리가 임금에게 보고하는 것도 한결같이 백성에 근본을 두면, 백성은 중요한 존재가 된다.

- 정도전, 『삼봉집』-

ㄴ. 청컨대 전하의 식사와 옷에서부터, 바치는 물건들과 대궐 안에서 일상적으로 쓰는 물건들 일체를 삼분의 일 줄이십시오. 이런 방식으로 헤아려서 모든 팔도의 진상·공물들도 삼분의 일 줄이십시오. 이렇게만 하신다면 은택이 아래로 미치어 백성들이 실질적인 혜택을 받게 될 것입니다.

- 이이, 『율곡전서』-

ㄷ. 만일 목화 농사가 흉작이 되어 면포의 가격이 뛰어 오르는데 수백 리 밖의 고장은 풍년이 들어 면포의 값이 매우 쌀 경우 수령은 일단 백성에게 군포를 납부하지 말도록 해야 한다. 그리고 아전 중 청렴한 자를 골라 풍년이 든 곳에 가서 면포를 구입해 오도록 하여 군포를 바친다. 그리고 면포를 구입하는 데 쓴 돈은 백성들이 균등하게 부담케 하면 백성에게 큰 혜택이 돌아갈 것이다.

- 정약용, 『목민심서』-

① ㄱ은 관료의 녹봉이 백성을 위해 일하는 봉사자로서 얻는 것이라는 주장과 관련된다.
② ㄴ은 군주가 백성을 보살피는 존재라는 시각을 바탕으로 한다.
③ ㄷ은 대민과 소민에 따라 납세 부담에 차이가 있어야 한다는 주장을 구현하는 방법이다.
④ ㄱ과 ㄷ은 민본 사상의 관점에서 바람직한 관료의 면모를 보여준다.
⑤ ㄴ과 ㄷ은 백성의 경제적 안정을 중시하는 관점에서 제안된 방안에 해당한다.

115

다음은 윗글을 읽은 학생의 독후 활동이다. ㉮에 들어갈 내용으로 가장 적절한 것은?

독후 활동

유사한 화제를 다룬 다음 자료를 읽고, 관점의 차이를 정리해 보자.

[자료]

조선 시대의 교육은 신분 질서 유지를 통해 통치 계층의 우위를 확보하는 데 기여했다. 현실적으로 통치 계층이 아닌 백성은 정치에 참여하는 관료가 되기 어려웠는데, 이는 신분에 따라 교육 기회가 제한된 것과 관련된다. 한편, 백성을 대상으로 하는 교육은 대체로 도덕적 교화를 위한 것에 한정되었다.

[결론]

[자료]와 [A]는 조선 시대의 (　㉮　)에 대하여 관점의 차이를 보이고 있다.

① 백성이 교육 기회를 얻고자 노력했는지
② 교육이 본질적으로 백성을 위한 것인지
③ 교육 방식이 현대적으로 계승되었는지
④ 신분 질서가 어떤 의미를 지니는지
⑤ 백성이 어떻게 정치에 참여했는지

116

문맥상 ⓐ~ⓔ와 바꿔 쓰기에 적절하지 않은 것은?

① ⓐ : 따라야
② ⓑ : 가다듬는
③ ⓒ : 끊임없이
④ ⓓ : 걸맞은
⑤ ⓔ : 바탕을 둔

다음 글을 읽고 물음에 답하시오.   5문항을 11분 안에 풀어보세요. 11분

아리스토텔레스의 고전 논리학에서는 기본 명제를 네 가지로 분류하고 이를 각각 '전체 긍정 명제', '전체 부정 명제', '부분 긍정 명제', '부분 부정 명제'라고 이름을 붙였다. 삼단논법에 이용되는 명제는 어떤 것이든 이 네 가지 기본 명제 중 어느 하나의 형식을 가져야 하며, 이 명제들은 그 뜻이 애매하다거나 모호하지 않아야 하므로 **표준 형식**으로 고쳐 주어야 한다.

먼저, 전체 긍정을 뜻하는 명제의 표준 형식은 "모든 철학자는 이상주의자이다."와 같이 '모든 ~는 ~이다.'로 하면 된다. 전체 부정을 뜻하는 명제의 표준 형식의 경우, "모든 철학자는 이상주의자가 아니다."라는 말은 애매하다. 왜냐하면 "철학자는 한 사람도 이상주의자가 아니다."를 뜻하는 것인지, 아니면 "철학자 중에는 이상주의자가 아닌 사람도 있다."를 뜻하는 것인지 분명하지 않기 때문이다. 그러므로 '모든 ~는 ~가 아니다.'라는 형식은 전체 부정 명제의 표준 형식이 될 수 없다. 전체 부정의 뜻을 분명하게 나타내어 줄 수 있는 표준 형식은 "어느 철학자도 이상주의자가 아니다."와 같이 '어느 ~도 ~가 아니다.'로 하면 된다. 부분 긍정을 뜻하는 명제의 표준 형식은 "어떤 철학자는 염세주의자이다."와 같이 '어떤 ~는 ~이다.'라는 형식이면 된다. '어떤'이란 말이 '어떤 낯선 사람'이라고 할 때처럼 불확정적인 대상이라는 뜻을 가질 수도 있으나 그것은 부분 긍정을 뜻하는 데는 별 문제가 되지 않는다. 마지막으로, 부분 부정을 뜻하는 명제의 표준 형식은 "어떤 철학자는 도덕주의자가 아니다."에서와 같이 '어떤 ~는 ~가 아니다.'라는 형식이면 된다.

"고래는 포유동물이다."라는 일상 언어의 문장은 모든 고래에 대한 긍정을 뜻하는 것이므로 이것을 표준 형식의 명제로 고치면 "모든 고래는 포유동물이다."가 된다. 그러나 "칼을 쓰는 자는 칼로 망한다."라는 말은 전체 긍정의 뜻으로 받아들일 수도 있고 부분 긍정의 뜻으로 받아들일 수도 있다. 이것을 "칼을 쓰는 모든 사람은 칼로 망하는 사람이다."라고 한다면 전체 긍정이 되지만, "칼을 쓰는 어떤 사람은 칼로 망하는 사람이다."라고 한다면 부분 긍정이 된다. ㉠ 어느 쪽 해석이 옳은가라는 문제는 논리학의 관심 문제가 아니다. 그것을 사실의 서술로 보는 사람은 칼을 쓰는 사람들 중 일부분의 사람만 칼로 망하게 된다는 사실을 긍정하는 것으로 이해하는 것이며, 그 반면 그것을 하나의 교훈적인 말로 받아들이는 사람은 그것이 하나의 ⓐ 보편적인 법칙 같은 것을 뜻하는 것으로 이해하기 때문에 전체 긍정으로 읽게 되는 것이다.

"대부분의 젊은이들은 현실 부정적이다."에서 '대부분'은 전체가 아니라는 뜻이므로 이런 경우는 '어떤'으로, 즉 부분 긍정이나 부분 부정으로 이해할 수밖에 없다. 전체 중에서 단 한 사람에 대한 긍정을 한 것도 부분 긍정으로 ⓑ 일반화시킬 수밖에 없으며, 한 사람만 제외한 다른 모든 사람들에 대한 긍정도 부분 긍정으로 ⓒ 간주할 수밖에 없다. 명제의 양을 전체와 부분으로만 나누어 두었기 때문에 전체에 관한 것이 아닌 것은 모두 부분에 관한 것으로 표현되어야 한다는 뜻이다. 부분에 관한 명제들 중에서 그 양의 정도가 다른 것을 나타낼 수 있는 방법은 없다. 이것은 곧 모든 명제를 네 가지 기본 형식으로만 나누어야 하는 고전 논리의 한계점이 된다. 그러

므로 위의 명제도 "어떤 젊은이들은 현실 부정적인 사람이다."라고 고칠 수밖에 없다.

"미국 흑인들 외에는 아무도 흑인 영가*의 참뜻을 느낄 수 없다." 이 문장에는 흑인 영가의 참뜻을 느낄 수 있는 미국 흑인에 대한 것과 그것을 느낄 수 없는 다른 사람들에 대한 것이 포함되어 있다. 따라서 "모든 미국 흑인들은 흑인 영가의 참뜻을 느낄 수 있는 사람이다."라는 명제와 "미국 흑인이 아닌 모든 사람은 흑인 영가의 참뜻을 느낄 수 없는 사람이다."라는 명제로 고쳐야 한다. 그리고 둘째 명제는 다음과 같이 전체 부정 명제로 고쳐 쓸 수 있다. "미국 흑인이 아닌 어느 사람도 흑인 영가의 참뜻을 느낄 수 있는 사람이 아니다."

일상 언어의 문장은 그것이 어떤 사실을 긍정하는 것일지라도 위에서 ⓓ 검토해 본 예문들처럼 그것의 논리적 의미가 분명치 못한 것이 많다. 그것이 이용되는 경우에 따라서, 또 내용에 따라서 그 의미가 다르게 이해되어야 할 때가 많다. 이러한 문제는 논리학의 범위에 속하지 않는 것이므로 그것을 사용하는 사람이 자기대로 ⓔ 타당한 이해를 할 수밖에 없는 것이다. 그러한 문장을 표준 형식의 명제로 고치고자 할 때는 먼저 적절한 해석을 한 후 그것이 이해되는 뜻에 따라서 그것에 맞는 형식으로 고쳐 주면 된다.

* 영가(靈歌) : 미국의 흑인들이 부르는 일종의 종교적인 노래

117

윗글의 내용과 일치하는 것은?

① "미국 흑인이 아닌 모든 사람은 흑인 영가의 참뜻을 느낄 수 없는 사람이다."는 다른 명제로 고칠 수 없다.

② "칼을 쓰는 모든 사람은 칼로 망하는 사람이다."를 교훈의 말로 받아들이는 사람은 부분 긍정으로 이해한다.

③ "모든 철학자는 이상주의자가 아니다."라는 말의 표준 형식은 "모든 ~는 ~가 아니다."라는 형식이 될 수 있다.

④ 부분 명제 중에서 그 양의 정도가 다른 것을 나타낼 수 있는 방법이 없다는 점은 고전 논리의 한계로 볼 수 있다.

⑤ 일상 언어의 문장은 어떤 사실을 긍정할 경우에만 그것의 논리적 의미가 분명해진다고 볼 수 있다.

118

㉠의 이유로 가장 적절한 것은?

① 일상 언어는 논리학의 표준 명제로 고칠 수 없기 때문이다.
② 논리학은 명제의 형식에 대해서는 문제로 삼지 않기 때문이다.
③ 일상 언어의 문장과 논리학의 문장은 본질적으로 다르기 때문이다.
④ 논리학은 일상 언어의 문장을 우선 네 가지 기본 명제의 형식으로 고친 후 해석해야 하기 때문이다.
⑤ 일상 언어의 문장들은 읽는 사람에 따라서 혹은 그것이 쓰이는 상황에 따라서 그것의 논리적 의미가 다르기 때문이다.

119

윗글을 참고하여 <보기>에 대해 판단한 내용으로 적절하지 <u>않은</u> 것은?

> | 보 기 |
> "문제의식이 투철한 사람만 참석했다."

① '참석한 모든 사람은 문제의식이 투철한 사람이었다.'라는 뜻이군.
② '문제의식이 투철한 사람은 누구나 다 참석했다.'는 것을 뜻하지는 않는군.
③ '문제의식이 투철한 사람의 일부분이 참석했다.'라는 것을 긍정하지도 않는군.
④ 참석한 사람들만이 문제의식이 투철한 사람들인지 어떤지에 대한 긍정은 없군.
⑤ '문제의식이 투철한 사람만 참석했다.'는 하나의 표준 형식으로서 분명한 뜻을 지니는군.

120

윗글을 바탕으로, <보기>의 문장들을 표준 형식의 명제로 고친 것으로 적절하지 <u>않은</u> 것은? `3점`

> | 보 기 |
> ㉮ 원숭이도 나무에서 떨어진다.
> ㉯ 소수의 사람들만이 특혜를 받았다.
> ㉰ 경마에 미친 사람은 경마만 좋아한다.
> ㉱ 비가 오는 날이면 언제나 그는 택시를 탄다.
> ㉲ 이번 여름은 피서지마다 초만원을 이루었다.

① ㉮ : 어떤 원숭이는 나무에서 떨어지는 원숭이이다.
② ㉯ : 어떤 사람은 특혜를 받은 사람이다.
③ ㉰ : 경마에 미친 모든 사람은 경마를 좋아한다.
④ ㉱ : 비가 오는 모든 날은 그가 택시를 타는 날이다.
⑤ ㉲ : 이번 여름의 모든 피서지는 초만원을 이루는 곳이다.

121

ⓐ~ⓔ의 사전적 의미로 적절하지 <u>않은</u> 것은?

① ⓐ : 두루 널리 미치는
② ⓑ : 구체적인 것으로 됨
③ ⓒ : 상태, 모양, 성질 따위가 그와 같다고 봄
④ ⓓ : 사실이나 내용을 분석해 따짐
⑤ ⓔ : 일의 이치로 보아 옳은

다음 글을 읽고 물음에 답하시오. 5문항을 10분 안에 풀어보세요. **10분**

원가회계란 정확한 원가나 수익을 측정하고 분석하는 경영 관리 활동 중 하나이다. 여기서 원가란 기업이 제품을 만들기 위해 재료를 구입하거나 서비스를 얻기 위해 소비된 경제적 가치를 화폐액으로 측정한 것으로, 기업의 입장에서는 원가가 항목별로 얼마나 소비되었는지를 알아야 기업을 경영하는 데 필요한 의사 결정을 할 수 있다. 그래서 기업은 원가를 항목별로 분류하여 집계하고 분석하기 위해 원가회계를 활용한다.

먼저 원가회계에서는 원가를 크게 제조원가와 비제조원가로 나눈다. 제조원가는 재료비, 인건비, 기계 설비 대여비, 공장 임차료 등과 같이, 기업이 재료를 구입하고 제품을 만드는 활동에서 소요된 모든 비용이다. 비제조원가는 광고비나 운반비 등과 같이, 생산된 제품을 판매하고 관리하는 활동에서 소요된 모든 비용으로, 제조원가를 제외한 모든 원가이다. 일반적으로 제조원가와 비제조원가의 합에 예상 수익을 더한 것이 판매가격이 된다. 원가회계에서는 제조원가를 계산할 때 단위당 제조원가를 기준으로 한다. 여기서 단위당 제조원가는 특정 기간에 생산된 제품 한 개의 제조원가를 의미하는 것으로, 발생한 제조원가의 총액을 총생산량으로 ⓐ 나누어 구한다.

한편 원가회계에서는 원가행태에 따라 원가를 분류하기도 한다. 원가행태란 조업도의 변화에 따라, 발생한 원가의 총액이 일정한 방식으로 변화하는 움직임을 의미한다. 이때 조업도란 기업이 자원을 최대한 투입하여 생산할 수 있는 규모에서, 현재 어느 정도를 생산하고 있는가를 의미하는 것이다. 조업도는 주로 생산량으로 나타낼 수 있는데, 예를 들어 조업도가 80 %라면, 기업이 최대로 생산할 수 있는 총생산량의 80 %를 생산하고 있다는 뜻이다. 일반적으로 조업도와 기업의 수익은 비례할 것이라 예측하기 쉽지만, 경우에 따라서는 비용이 추가로 지출될 수 있어 오히려 단위당 제조원가의 변화를 예측하기 어려울 수 있다. 그래서 원가회계에서는 조업도의 변화에 따른 원가의 움직임을 유효하게 적용할 수 있는 조업도의 범위를 임의로 정하고, 그 범위 안의 원가행태를 분석한다.

이러한 원가행태에 따라 원가를 분류하면 고정원가, 변동원가, 혼합원가로 나눌 수 있다. 먼저 고정원가는 조업도의 변화와 상관없이 원가의 총액이 일정하게 발생하는 것으로, 기계 설비 대여비, 공장 임차료 등을 들 수 있다. 예를 들어 제과점이 빵을 만들기 위해 일정 금액을 지불하고 공장을 1 년간 빌렸다면, 임차료로 발생한 원가의 총액은 빵을 생산하지 않아도 일정하다. 또한 빵 생산량이 늘거나 줄어도 임차료로 발생한 원가의 총액은 항상 일정하다. 따라서 빵 하나를 생산하는 데 필요한 단위당 임차료는 조업도가 증가할수록 오히려 감소한다.

다음으로 변동원가는 조업도의 변화에 따라 원가의 총액이 비례

적으로 증가하거나 감소하는 것으로, 대표적인 예로 제품의 재료비를 들 수 있다. 가령 제과점에서 빵 생산량을 늘리면 그만큼 밀가루 구입비도 늘어나므로, 밀가루 구입비로 발생한 원가의 총액은 조업도의 증가에 따라 비례하여 증가한다. 따라서 빵 하나를 생산하는 데 필요한 단위당 밀가루 구입비는 조업도의 증감과 상관없이 동일하다.

마지막으로 혼합원가는 고정원가와 변동원가의 합으로, 전기 요금이 대표적인 예이다. 전기 요금은 사용량과 관계없이 발생하는 기본요금과 사용량에 따라 발생하는 추가 요금으로 이루어져 있어 고정원가와 변동원가의 특성을 모두 가진다. 그래서 전기 요금으로 발생한 원가의 총액은 조업도의 증가에 따라 비례하여 증가하고, 단위당 전기 요금은 조업도가 증가할수록 감소한다.

이러한 고정원가, 변동원가, 혼합원가를 활용하여 기업은 효율적으로 경영 관리 활동을 할 수 있다. 가령 ㉠ 기계 설비 대여비에 투자한 비용이 커서 고정원가 비중이 변동원가보다 높은 기업은 조업도를 높이는 데 집중하면 기업의 수익을 높이는 데 효과적이다.

001

윗글을 읽고, 답을 찾을 수 없는 질문은?

① 원가의 개념은 무엇인가?

② 변동원가의 예로 들 수 있는 것은 무엇인가?

③ 비제조원가를 줄일 수 있는 구체적인 방법은 무엇인가?

④ 기업이 원가 정보를 파악하여 얻을 수 있는 효과는 무엇인가?

⑤ 기업이 판매가격을 책정하는 데 고려할 수 있는 요소는 무엇인가?

002

원가회계 에 대한 설명으로 적절하지 <u>않은</u> 것은?

① 원가회계에서는 단위당 제조원가를 기준으로 제조원가를 계산한다.
② 원가회계에서는 원가를 원가행태에 따라 제조원가와 비제조원가로 나눈다.
③ 기업은 원가를 항목별로 분류하여 집계하고 분석하기 위해 원가회계를 활용한다.
④ 원가회계는 정확한 원가나 수익을 측정하고 분석하는 경영 관리 활동 중 하나이다.
⑤ 원가회계는 조업도의 변화에 따른 원가의 움직임을 유효하게 적용할 수 있는 조업도의 범위를 임의로 정한다.

003

〈보기〉는 윗글을 이해하기 위한 학습지의 일부이다. 윗글을 바탕으로 〈보기〉에 대해 보인 반응으로 적절하지 <u>않은</u> 것은? `3점`

| 보 기 |

　A 회사는 나무 의자 제조를 위해 무인 자동화 기계 설비를 대여하고 2023년 1월부터 1년간 공장을 임차하여 근로자 없이 공장을 가동하였다. 이 회사는 2023년 1월부터 3월까지 의자를 1200개 생산하였고, 지역 신문에 광고를 실어 매달 생산한 의자를 모두 해당 월에 판매하였다. 다음은 이 회사의 2023년 1월부터 3월까지의 원가 분석 자료이다.

항목＼월	1월	2월	3월
의자 생산량	200개	400개	600개
목재 구입비(개당)	5만 원	5만 원	5만 원
공장 임차료	100만 원	100만 원	100만 원
기계 설비 대여비	10만 원	10만 원	10만 원
공장 전기 요금	15만 원	25만 원	35만 원
광고비	1만 원	1만 원	1만 원

(단, 제시된 항목 외에 다른 비용은 발생하지 않았고, 조업도는 생산량으로 나타냄.)

① 1월부터 3월까지 비제조원가는 매달 동일하군.
② 목재 구입비로 발생한 원가의 총액은 3월이 가장 높군.
③ 단위당 공장 전기 요금은 2월에 비하여 3월에 증가하는군.
④ 1월부터 3월까지 발생한 변동원가의 비중은 고정원가의 비중보다 높군.
⑤ 4월에 생산량이 없더라도 공장 임차료로 발생한 원가의 총액은 변하지 않겠군.

004

㉠의 이유를 추론한 내용으로 가장 적절한 것은?

① 기계 설비 대여비 원가의 총액이 제품의 생산량이 늘어날수록 줄어들기 때문이겠군.
② 기계 설비 대여비 원가의 총액이 단계별로 증가해야 기업의 수익을 높일 수 있기 때문이겠군.
③ 조업도를 높이면 단위당 기계 설비 대여비가 감소하여 기업의 수익을 높이는 데 효과적이기 때문이겠군.
④ 단위당 기계 설비 대여비가 증가함에 따라 조업도가 증가하여 판매가격을 올리는 데 효과적이기 때문이겠군.
⑤ 조업도를 높이면 기계 설비 대여비 원가의 총액이 비례적으로 증가해서 제품의 판매가격이 오르기 때문이겠군.

005

밑줄 친 부분의 문맥적 의미가 ⓐ와 가장 유사한 것은?

① 20을 5로 <u>나누면</u> 4가 된다.
② 나와 내 동생은 피를 <u>나눈</u> 형제이다.
③ 나는 고향 친구와 이야기를 <u>나누었다</u>.
④ 나는 아내와 모든 즐거움을 <u>나누며</u> 살았다.
⑤ 그들은 물건을 불량품과 정품으로 <u>나누는</u> 작업을 한다.

경기가 침체되어 가계의 소비가 줄어들면 시중의 제품이 팔리지 않아 기업은 생산 규모를 축소하게 된다. 그 결과 실업률이 증가하고 가계의 수입이 감소하면서 소비는 더욱 위축된다. 이와 같은 악순환으로 경기 침체가 심화되면 국가는 이에서 벗어나기 위해 유동성을 늘리는 통화 정책을 시행한다.

유동성이란 자산 또는 채권을 손실 없이 현금화할 수 있는 정도로, 현금과 같은 화폐는 유동성이 높은 자산인 반면 토지나 건물과 같은 부동산은 유동성이 낮은 자산이다. 이처럼 유동성은 자산의 성격을 나타내는 용어이지만, 흔히 시중에 유통되는 화폐의 양, 즉 통화량을 나타내는 말로도 사용된다. 가령 시중에 통화량이 지나치게 많을 때 '유동성이 넘쳐 난다'고 표현하고, 반대로 통화량이 줄어들 때 '유동성이 감소한다'고 표현한다. 유동성이 넘쳐 날 경우 시중에 화폐가 흔해지는 상황이므로 화폐의 가치는 떨어지게 된다.

유동성은 금리와 밀접한 관련이 있기 때문에 국가는 정책적으로 금리를 올리고 내림으로써 유동성을 조절할 수 있다. 이때 금리는 예금이나 빌려준 돈에 붙는 이자율로, 이는 기준 금리와 시중 금리 등으로 구분된다. 기준 금리는 국가가 정책적인 차원에서 결정하는 금리로, 한 나라의 금융 및 통화 정책의 주체인 중앙은행에 의해 결정된다. 반면 시중 금리는 기준 금리의 영향을 받아 중앙은행 이외의 시중 은행이 세우는 표준적인 금리로, 가계나 기업의 금융 거래에 영향을 미친다. 가령 시중 금리가 내려가면 예금을 통한 이자 수익과 대출에 따른 이자 부담이 줄어 가계나 기업에서는 예금을 인출하거나 대출을 받으려는 경향성이 늘어난다. 그 결과 시중의 유동성이 증가하게 된다. 반대로 시중 금리가 올라가면 이자 수익과 대출 이자 부담이 모두 늘어나기 때문에 유동성이 감소하게 된다.

이와 같은 금리와 유동성의 관계를 고려하여, 중앙은행은 기준 금리를 조절하는 통화 정책을 통해 경기를 안정시키려고 한다. 만일 경기가 침체되면 중앙은행은 기준 금리를 인하하는 정책을 도입하여 시중 금리를 낮추도록 유도한다. 그 결과 유동성이 증가하여 가계의 소비가 늘고 주식이나 부동산에 대한 투자가 확대된다. 또한 기업의 생산과 고용이 늘고 다양한 분야에 대한 투자가 확대되어 물가가 상승하고 경기가 전반적으로 활성화된다. 반대로 경기가 과열되어 자산 가격이나 물가가 지나치게 오르면 중앙은행은 기준 금리를 인상하는 정책을 통해 유동성을 감소시킨다. 그 결과 기준 금리를 인하할 때와 반대의 현상이 나타나 자산 가격이 하락하고 물가가 안정되어 과열된 경기가 진정된다.

그러나 중앙은행이 경기 활성화를 위해 통화 정책을 시행했음에도 불구하고 애초에 의도한 결과가 나타나지 않기도 한다. 즉, 기준 금리를 인하하여 시중에 유동성을 충분히 공급하더라도, 증가한 유동성이 기대만큼 소비나 투자로 이어지지 않으면 경기가 활성화되지 않는다. 특히 심각한 경기 침체로 인해 경기 회복에 대한 전망이 불투명할 경우, 경제 주체들은 쉽게 소비를 늘리지 못하거나 투자를 결정하지 못해 돈을 손에 쥐고만 있게 된다. 이 경우 충분한 유동성이 경기 회복으로 이어지지 못해 경기 침체가 지속되는데, 마치 유동성이 함정에 빠진 것 같다고 하여 케인스는 이를 유동성 함정이라 불렀다. 그는 이러한 유동성 함정을 통해 통화 정책의 한계를 설명하면서, 정부가 재정 지출을 확대하여 소비와 투자를 유도하는 정책을 시행하는 것이 중요하다고 역설하였다.

006

윗글을 통해 알 수 있는 내용이 <u>아닌</u> 것은?

① 중앙은행이 하는 역할
② 유동성이 높은 자산의 예
③ 기준 금리와 시중 금리의 관계
④ 경기 침체로 인해 나타나는 현상
⑤ 유동성에 대한 케인스 주장의 한계

007

윗글을 바탕으로 할 때, <보기>의 ㄱ ~ ㄷ에 들어갈 말로 적절한 것은?

| 보 기 |

국가의 통화 정책이 정상적으로 작동될 때, 중앙은행이 기준 금리를 (ㄱ) 시중의 유동성이 (ㄴ)하며, 화폐의 가치가 (ㄷ)한다.

	ㄱ	ㄴ	ㄷ
①	내리면	증가	하락
②	내리면	증가	상승
③	내리면	감소	상승
④	올리면	증가	상승
⑤	올리면	감소	하락

008

유동성 함정 에 대해 이해한 내용으로 가장 적절한 것은?

① 시중에 유동성이 충분히 공급되더라도 경기 침체가 지속되는 상황을 의미한다.
② 시중 금리의 상승으로 유동성이 감소하여 물가가 하락하는 상황을 의미한다.
③ 기업의 생산과 가계의 소비가 줄어들어 유동성이 넘쳐 나는 상황을 의미한다.
④ 경기 과열로 인해 유동성이 높은 자산에 대한 선호가 늘어나는 상황을 의미한다.
⑤ 유동성이 감소하여 경기 회복에 대한 전망이 긍정적으로 바뀌는 상황을 의미한다.

009

윗글을 바탕으로 경제 주체들이 <보기>의 신문 기사를 읽고 보일 수 있는 반응으로 적절하지 <u>않은</u> 것은? `3점`

| 보 기 |

금융 당국 '빅스텝' 단행

금융 당국은 오늘 '빅스텝'을 단행하였다. 빅스텝이란 기준 금리를 한 번에 0.5 %p 인상하는 것을 의미한다. 이처럼 금리를 큰 폭으로 인상한 것은 과도하게 증가한 유동성으로 인해 물가가 지나치게 상승하고 부동산, 주식 등의 자산 가격이 폭등했기 때문이다.

① 투자자 : 부동산의 가격이 하락할 수 있으니, 당분간 부동산 투자를 미루고 시장 상황을 지켜봐야겠군.
② 소비자 : 위축된 소비 심리가 회복되어 지금보다 물가가 오를 수 있으니, 자동차 구매 시기를 앞당겨야겠군.
③ 기업인 : 대출을 통해 자금을 확보하는 것이 부담스러워질 수 있으니, 공장을 확장하려던 계획을 보류해야겠군.
④ 공장장 : 당분간 우리 공장에서 생산한 부품에 대한 수요가 줄 수 있으니, 재고가 늘어날 것에 대비해야겠군.
⑤ 은행원 : 시중 은행에 저축하려는 사람들이 늘어날 수 있으니, 다양한 상품을 개발하여 고객을 유치해야겠군.

다음 글을 읽고 물음에 답하시오.   5문항을 10분 안에 풀어보세요. 10분

수요의 법칙에 따르면 어떤 상품의 가격 변화에 따라 그 상품의 수요량은 변화한다. 수요의 가격탄력성은 가격이 변할 때 수요량이 변하는 정도를 나타내는 지표다. 가격 변화에 따른 수요량의 변화가 ㉠ 민감하면 탄력적이라 하고, 가격 변화에 따른 수요량의 변화가 민감하지 않으면 비탄력적이라고 한다.

수요의 가격탄력성에 영향을 주는 대표적인 요인에는 세 가지가 있다. 첫째, 대체재의 존재 여부이다. 어떤 상품에 ㉡ 밀접한 대체재가 있으면, 소비자들은 그 상품 대신에 대체재를 사용할 수 있으므로 그 상품 수요의 가격탄력성은 탄력적이다. 예를 들어 버터는 마가린이라는 밀접한 대체재가 있기 때문에 버터 가격이 오르면 버터의 수요량은 크게 감소하므로 버터 수요의 가격탄력성은 탄력적이다. 반면에 달걀은 마땅한 대체재가 없으므로, 달걀 수요의 가격탄력성은 비탄력적이다. 둘째, 필요성의 정도이다. 필수재 수요의 가격탄력성은 대체로 비탄력적인 반면에, 사치재 수요의 가격탄력성은 대체로 탄력적이다. 예를 들어 필수재인 휴지의 가격이 오르면 아껴 쓰기는 하겠지만 그 수요량이 ㉢ 급격하게 줄어들지는 않는다. 그러나 사치재인 보석의 가격이 상승하면 그 수요량이 감소한다. 셋째, 소득에서 지출이 차지하는 비중이다. 해당 상품을 구매하기 위한 지출이 소득에서 차지하는 비중이 높을수록 수요의 가격탄력성은 커진다. 소득에서 차지하는 비중이 큰 상품의 가격이 인상되면 개인의 소비 생활에 지장을 ㉣ 초래할 수 있으므로 그만큼 가격 변화에 민감하게 반응할 수밖에 없다.

[A]

그렇다면 수요의 가격탄력성은 어떻게 계산할 수 있을까? 수요의 가격탄력성은 수요량의 변화율을 가격의 변화율로 나눈 값이다.

$$\text{수요의 가격탄력성} = \frac{\text{수요량의 변화율}}{\text{가격의 변화율}} = \frac{\text{수요량 변화분/기존 수요량}}{\text{가격 변화분/기존 가격}}$$

예를 들어 아이스크림 가격이 10 % 인상되었는데, 아이스크림 수요량이 20 % 감소했다고 하자. 이 경우 수요량의 변화율이 가격 변화율의 2 배에 해당하므로 수요의 가격탄력성은 2가 된다. 일반적으로 수요의 가격탄력성이 1보다 크면 탄력적, 1보다 작으면 비탄력적이라 하고, 수요의 가격탄력성이 1이면 단위탄력적이라 한다.

수요의 가격탄력성은 총수입에 큰 영향을 미친다. 총수입은 상품 판매자의 판매 수입이며 동시에 상품에 대한 소비자의 지출액인데, 이는 상품의 가격에 거래량을 곱한 수치로 ㉤ 산출할 수 있다. 일반적으로 수요의 가격탄력성이 비탄력적인 경우 가격이 상승하면 총수입도 증가하지만, 수요의 가격탄력성이 탄력적인 경우 가격이 상승하면 총수입은 감소한다. 예를 들어 어느 상품의 가격이 500 원에서 600 원으로 20 % 상승할 때 수요량이 100 개에서 90 개로 10 % 감소했다면, 이 상품 수요의 가격탄력성은 비탄력적이다. 이때 총수입은 상품의 가격에 거래량을 곱한 수치이므로 가격 인상 전 50,000 원에서 인상 후 54,000 원으로 4,000 원 증가하게 되는 것이다. 그러므로 ⓐ 수요의 가격탄력성을 파악하는 것은 판매자에게 매우 중요한 일이다.

010

윗글을 통해 알 수 있는 내용으로 적절하지 <u>않은</u> 것은?

① 수요의 가격탄력성 개념
② 수요의 가격탄력성 산출 방법
③ 상품 판매자의 판매 수입 산출 방법
④ 대체재의 유무가 수요의 가격탄력성에 미치는 영향
⑤ 수요의 가격탄력성에 영향을 주는 요인들 간의 관계

011

윗글을 참고할 때, <보기>의 ㉮~㉰에 들어갈 말을 바르게 짝지은 것은?

| 보 기 |

쌀을 주식으로 하는 갑국은 밀을 주식으로 하는 나라에 비해 쌀 수요의 가격탄력성은 (㉮)이고, 자동차보다 저렴한 오토바이가 주요 이동 수단인 을국은 자동차가 주요 이동 수단인 나라에 비해 자동차를 (㉯)로 인식하여 자동차 수요의 가격탄력성은 (㉰)이다.

	㉮	㉯	㉰
①	비탄력적	사치재	비탄력적
②	비탄력적	사치재	탄력적
③	비탄력적	필수재	탄력적
④	탄력적	사치재	비탄력적
⑤	탄력적	필수재	탄력적

012

@의 이유로 가장 적절한 것은?

① 수요의 가격탄력성으로 소비자의 소득 규모를 판단할 수 있기 때문에
② 수요의 가격탄력성으로 판매 상품의 문제점을 파악할 수 있기 때문에
③ 수요의 가격탄력성이 판매 상품의 생산 단가를 예측 가능하게 하기 때문에
④ 수요의 가격탄력성이 판매자의 총수입 증가 여부에 영향을 미칠 수 있기 때문에
⑤ 수요의 가격탄력성으로 판매자의 판매 수입과 소비자의 지출액 차이를 파악할 수 있기 때문에

013

〈보기〉는 김밥과 영화 관람권의 가격 인상 이후 하루 동안의 수요량 감소를 나타낸 표이다. [A]를 바탕으로 〈보기〉를 탐구한 내용으로 적절한 것은? `3점`

| 보기 |

구분	김밥	영화 관람권
기존 가격	2,000 원	10,000 원
가격 변화분	500 원	2,000 원
기존 수요량	100 개	2,500 장
수요량 변화분	20 개	1,000 장

※ 단, 김밥과 영화 관람권의 가격과 수요량에 영향을 끼치는 다른 요인은 없는 것으로 한다.

① 김밥은 가격의 변화율이 수요량의 변화율보다 작다.
② 영화 관람권은 가격의 변화율이 수요량의 변화율보다 크다.
③ 김밥과 영화 관람권 수요의 가격탄력성은 모두 1보다 작다.
④ 김밥과 영화 관람권은 가격의 변화율에 대한 수요량의 변화율이 같다.
⑤ 김밥 수요의 가격탄력성은 비탄력적이고, 영화 관람권 수요의 가격탄력성은 탄력적이다.

014

㉠~㉤의 사전적 의미로 적절하지 <u>않은</u> 것은?

① ㉠ : 자극에 빠르게 반응을 보이거나 쉽게 영향을 받음.
② ㉡ : 아주 가깝게 맞닿아 있음.
③ ㉢ : 변화의 움직임 따위가 급하고 격렬함.
④ ㉣ : 일의 결과로서 어떤 현상을 생겨나게 함.
⑤ ㉤ : 어떤 일에 필요한 돈이나 물자 따위를 내놓음.

다음 글을 읽고 물음에 답하시오. 5문항을 11분 안에 풀어보세요. **11분**

역사적으로 은행의 첫 장을 연 것은 금세공업자들이었다. 금을 스스로 보관하기 어렵다고 생각한 사람들은 금고를 가진 금세공업자에게 금을 맡기고 보관증을 받았다. 사람들은 물건을 거래할 때 금보다 보관증만을 주고받는 것이 훨씬 편리하다는 것을 알게 되면서 보관증을 오늘날의 지폐나 수표처럼 사용하게 되었다. 한편 금세공업자들은 금을 맡긴 사람들이 일시에 몰려와 금을 찾아가지 않는다는 것을 알고, 자신이 써 준 보관증만큼의 금을 반드시 가지고 있을 필요가 없음을 깨달았다. 그래서 그들은 보관된 금의 일정 부분만 남기고 나머지를 원하는 사람에게 빌려 주며 수수료를 받아 이윤을 얻었다. 그 과정에서 금세공업자들은 금의 양이 많아질수록 더 많은 수입을 얻을 수 있다고 생각하여 금을 맡기는 사람에게 사례를 했다. ㉠ 금세공업자가 했던 일은 결국 오늘날의 은행이 하는 일과 크게 다르지 않다.

여기서 우리는 은행의 두 가지 기능을 알 수 있다. 첫째, 돈의 여유가 있는 사람으로부터 자금을 ⓐ 조성하여 이를 필요로 하는 사람에게 융통해 주는 금융중개 기능이다. 은행은 금융중개 기능을 통해 금융 시장의 거래비용을 낮추고, 조성된 자금이 효율적으로 활용되도록 자금의 흐름을 조정하는 역할을 수행한다. 은행은 자금 수요자의 수익성과 안전성을 정확하게 평가할 수 있는 안목과 정보를 가지고 있어서, 조성된 자금이 한층 더 건전하고 수익성 높은 곳으로 투자되도록 ⓑ 유도하기도 한다.

둘째, 화폐를 창출하는 예금창조 기능으로, 예금창조는 신용창조라고도 한다. 다시 금세공업자의 경우를 살펴보자. 만일 금세공업자가 맡아 놓은 금 전체를 그냥 가지고만 있다면 그 경제의 통화량은 변하지 않는다. 금세공업자가 써 준 모든 보관증에 기록된 금의 합은 그가 맡아 놓은 금의 양과 같을 것이기 때문이다. 그러나 맡아 놓은 금의 일부만 지급 준비용으로 ⓒ 보유하고 나머지를 다른 사람에게 대출해 줄 경우 사정은 달라진다. 금세공업자들이 맡아 놓은 금의 30 %만 남겨 놓기로 결정했다면, 70 %만큼의 금을 다른 사람이 빌려다 필요한 곳에 쓸 수 있다. 이는 유통되는 금의 양, 즉 통화량이 그만큼 더 늘어난 것을 뜻한다. 만약 금을 대출받은 사람이 그것을 다른 금세공업자에게 맡기고 보관증을 받는다면 통화량은 한층 더 늘어난다. 그 금세공업자가 다시 30 %만 남겨 놓고 나머지를 또 다른 사람에게 대출해 줄 것이기 때문이다.

이런 일이 반복되면 통화량은 처음의 몇 배 크기로 늘어나게 되고, 금세공업자들이 맡아 두었다고 기록된 금의 양도 늘어나게 된다. 이는 새로운 예금이 만들어진 셈으로 예금창조가 이루어졌다고 할 수 있다. 그러나 새롭게 만들어진 예금은 누군가가 빌려서 생긴 빚이기 때문에 사람들이 갚아야 할 빚도 그만큼 늘어난 상황으로 볼 수 있다. 은행의 예금창조 기능은 결국 예금의 일부분만을 지급준비금으로 보유하는 지급준비제도에서 비롯되는 것이다. 은행은 예금의 일부만 보유하고 그 나머지를 대출하면서 예금통화라는 화폐를 창출하게 되고, 대출받은 사람들은 재화와 서비스를 구입할 수 있는 능력이 커지게 된다. 이러한 화폐 창출 과정이 이루어지면 ㉡ 교환의 매개수단으로 쓰이는 화폐의 양이 늘어 경제의 유동성은 증가

하지만, 경제가 종전에 비해 더 부유해지는 것은 아니다.

은행의 일정 시점의 총체적 재무 상태를 기록해 놓은 대차대조표를 활용하면 은행의 예금창조 기능을 좀 더 자세히 이해할 수 있다. 자금의 ⓓ 조달 원천을 나타내는 자본 및 부채의 내역은 대차대조표의 오른편에 기록되며, 자금의 운영 상태를 나타내는 자산의 내역은 왼편에 기록된다. 이때 대차대조표의 오른편을 대변, 왼편을 차변이라고 한다.

자산		자본 및 부채	
지급준비금	300	예금	1,500
대출	1,200	기타 부채	300
유가증권	300	자본금	200
기타 자산	200	-	-
총계	2,000	총계	2,000

〈표〉 가상 은행의 대차대조표(단위 : 십억 원)

〈표〉는 가상 은행의 대차대조표를 요약해 놓은 것이다. 일반적으로 은행의 중요한 자금 조달 원천은 예금이기 때문에 은행은 예금을 많이 유치하려고 한다. 오른편을 보면 예금이 가장 큰 비중을 차지하고 있음을 알 수 있는데, 은행의 입장에서 예금은 언제든 ⓔ 요구가 있으면 지급해야 하는 부채의 성격을 갖는다. 은행이 다른 금융 기관이나 중앙은행으로부터 자금을 빌려 온 내역은 기타 부채로 나타나 있고, 마지막 항목은 은행의 자본금이다. 이렇게 조성된 자금은 왼편에 나타나 있는 여러 가지 형태의 자산으로 운영된다. 이 은행은 예금액의 일정 부분을 지급준비금으로 떼어 놓고, 나머지 자금은 대출을 해 주거나 유가증권 등 그 밖의 여러 가지 자산을 보유하는 데 사용하고 있다. 이렇듯 은행의 지급준비제도와 대출을 통해 예금통화가 창출되고 있는 것이다.

[A] 그렇다면 은행은 어떻게 이득을 얻을까? 대차대조표에서도 알 수 있듯이 은행은 주로 예금으로 자금을 조달하고 대출로 자금을 운영하는데, 통상 예금 이자에 비해 대출 이자가 높으므로 양 이자의 차이로 발생한 예대 금리 차가 은행의 주된 수익원이 된다. 대출 이자가 더 높은 까닭은 차입자가 원금과 이자를 갚지 못하는 대출 손실이 일어날 수 있어, 차입자의 신용도에 맞춰 위험 할증금을 부과하기 때문이다. 은행의 영업 이익은 예대 금리 차로 발생한 수익에서 인력과 지점 조직, IT 인프라를 유지하기 위한 경상 운영비를 차감한 것이 된다. 그래서 은행은 대출 손실을 영업 이익보다 적게 유지해야만 안정적으로 이득을 얻을 수 있다. 만일 대출 손실이 영업 이익을 넘어선다면 은행은 자본금까지 잠식당하게 된다. 따라서 예금을 받아 대출을 하되 신용 위험을 적극적으로 관리해야 하는 것이 은행업의 본질이다.

015

윗글의 내용으로 적절하지 <u>않은</u> 것은?

① 은행은 자금을 조성하여 필요한 사람에게 융통해 주며 금융 시장의 거래비용을 낮춘다.

② 은행의 입장에서 예금은 부채의 성격을 갖기 때문에 대차대조표에 기타 부채로 기재된다.

③ 은행의 예금창조는 예금의 일부만 보유하고 그 나머지를 대출해 주는 과정에서 일어난다.

④ 은행의 대차대조표에는 자금의 조달 원천을 나타내는 내역과 자금의 운영 상태를 나타내는 내역이 기록된다.

⑤ 은행은 조성된 자금이 수요자의 수익성과 안전성에 대한 정보를 바탕으로 건전한 곳에 투자되도록 유도한다.

016

윗글을 읽은 학생이 ㉠에 대해 정리한 내용이다. 적절하지 <u>않은</u> 것은?

금세공업자가 했던 일	오늘날의 은행이 하는 일	
다른 사람의 금을 맡아 주는 것	고객의 돈을 보관해 주는 것	… ①
맡아 둔 금의 일정 부분을 남겨 두는 것	지급준비금을 보유하고 있는 것	… ②
맡아 둔 금의 일부를 원하는 사람에게 빌려 주는 것	예금의 일부를 필요한 사람에게 대출해 주는 것	… ③
금을 많이 맡아 두려고 하는 것	예금을 많이 유치하려고 하는 것	… ④
금을 맡기는 사람에게 사례하는 것	대출에 대해 이자를 부과하는 것	… ⑤

017

윗글을 바탕으로 ㉡의 이유를 추론한 것으로 가장 적절한 것은?

① 대출을 받은 사람들에게 화폐라는 자산이 생기지만 그 경제의 통화량은 줄어들기 때문이다.

② 은행에 서류상으로 맡겨 놓은 예금이 늘어나는 만큼 창출되는 예금통화는 줄어들기 때문이다.

③ 대출을 받은 사람들이 그 돈을 다른 은행에 예금으로 맡겨도 통화량에 아무 변화가 일어나지 않기 때문이다.

④ 은행이 새로운 예금을 만들어 내는 만큼 은행에 돈을 맡긴 사람들이 부담해야 하는 부채도 늘어나기 때문이다.

⑤ 대출을 받은 사람들이 재화와 서비스를 구입할 수 있는 능력이 커진 만큼 그에 상응하는 부채도 늘어나기 때문이다.

018

[A]를 참고하여 <보기>를 이해한 내용으로 적절하지 <u>않은</u> 것은?

`3점`

> **│ 보기 │**
>
> 2019년 ○○은행의 자산은 1,000억 원인데, 이 자산은 모두 대출로 구성되어 있다. 이 중 900억 원은 예금으로, 100억 원은 자본금으로 조달한 것이다. 이 은행의 예금 금리는 평균 2 %이고, 대출 금리는 평균 4 %이다. ○○은행은 예대금리 차에 의해 (1,000억 원 × 4 %) - (900억 원 × 2 %)에 해당하는 22억 원의 수익이 발생하였고, 12억 원은 경상 운영비로 사용하였다. (단, 다른 요인은 고려하지 않는다.)

① ○○은행의 영업 이익은 예대 금리 차에 의한 수익에서 경상운영비를 차감한 10억 원이겠군.

② ○○은행의 수익은 22억 원으로, 주로 예금으로 자금을 조달하고 대출로 자금을 운영하여 발생한 것이겠군.

③ ○○은행의 대출 금리가 평균 4 %로 평균 예금 금리보다 높은 것은 대출 손실에 대한 위험 할증금이 반영된 것이겠군.

④ 만약 ○○은행의 대출 손실이 12억 원 발생했다면, ○○은행의 자본금은 잠식되었겠군.

⑤ 만약 ○○은행이 평균 2 %인 예금 금리를 올린다면, 지점 조직을 유지하기 위한 비용이 더 줄어서 수익이 늘어나겠군.

019

@~@의 사전적 의미로 적절하지 <u>않은</u> 것은?

① @ : 어떤 기준이나 실정에 맞게 정돈함.

② ⓑ : 사람이나 물건을 목적한 장소나 방향으로 이끎.

③ ⓒ : 가지고 있거나 간직하고 있음.

④ ⓓ : 자금이나 물자 따위를 대어 줌.

⑤ ⓔ : 받아야 할 것을 필요에 의하여 달라고 청함.

다음 글을 읽고 물음에 답하시오.   5문항을 13분 안에 풀어보세요.

최근 수입품에 높은 관세를 부과하여 국제 무역 분쟁이 발생하면서 관세에 대한 관심이 높아지고 있다. 관세란 수입되는 재화에 부과되는 조세로, 정부는 조세 수입을 늘리거나 국내 산업을 보호하기 위한 목적으로 관세를 부과한다. 그런데 관세를 부과하면 국내 경기 및 국제 교역에 영향을 미치게 된다.

관세가 국내 경기에 미치는 영향을 살펴보기 위해서는 시장에서의 수요와 공급의 원리를 알아야 한다. 〈그림〉은 가격에 따른 수요량과 공급량의 변화를 나

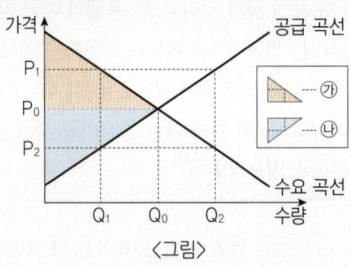

〈그림〉

타내는 그래프이다. 여기서 수요 곡선은 재화의 가격에 따른 수요량의 변화를 나타내는데, 그래프에서 가격은 재화 1 단위 추가 소비를 위한 소비자의 지불 용의 가격을 나타내기도 한다. 공급 곡선은 재화의 가격에 따른 공급량의 변화를 나타내는데, 그래프에서 가격은 재화 1 단위 추가 생산을 위한 생산자의 판매 용의 가격을 나타내기도 한다. 수요와 공급의 원리에 따르면 재화의 균형 가격은 수요 곡선과 공급 곡선이 만나는 P_0에서 형성된다. 재화의 가격이 P_1로 올라가면 수요량은 Q_1로 줄어들고 공급량은 Q_2로 증가하지만, 재화의 가격이 P_2로 내려가면 수요량은 Q_2로 증가하고 공급량은 Q_1로 줄어든다.

이처럼 재화의 가격 변화로 수요량과 공급량이 달라지면 소비자 잉여와 생산자 잉여에도 변화가 생기게 된다. 여기서 잉여란 제품을 소비하거나 판매함으로써 얻는 이득으로, 소비자 잉여는 소비자가 어떤 재화를 구입할 때 지불할 용의가 있는 가격과 실제 지불한 가격의 차이이고, 생산자 잉여는 생산자가 어떤 재화를 판매할 때 실제 판매한 가격과 판매할 용의가 있는 가격의 차이이다. 〈그림〉에서 수요 곡선과 실제 재화의 가격의 차이에 해당하는 ㉮는 소비자 잉여를, 실제 재화의 가격과 공급 곡선의 차이에 해당하는 ㉯는 생산자 잉여를 나타낸다. 만일 재화의 가격이 P_0에서 P_1로 올라가면 소비자 잉여는 줄어들고 생산자 잉여는 늘어나는 반면, 재화의 가격이 P_2로 내려가면 소비자 잉여는 늘어나고 생산자 잉여는 줄어들게 된다.

이를 바탕으로 관세가 국내 경기에 미치는 영향을 살펴보자. 밀가루 수입 전에 형성된 K국의 밀가루 가격이 500 원/kg이고, 국제 시장에서 형성된 밀가루의 가격이 300 원/kg이라고 가정해 보자. K국이 자유 무역을 통해 관세 없이 밀가루를 수입하면 국산 밀가루 가격은 수입 가격 수준인 300 원/kg까지 내려가게 된다. 그 결과 국산 밀가루 공급량은 줄어들지만 오히려 수요량은 늘어나기 때문에, 국내 수요량에서 국내 공급량을 뺀 나머지 부분만큼 밀가루를 수입하게 된다. 밀가루 수입으로 국산 밀가루 가격이 하락하면 결과적으로 생산자 잉여가 감소하지만 소비자 잉여는 증가하게 된다. 증가한 소비자 잉여가 감소한 생산자 잉여보다 크기 때문에 소비자 잉여와 생산자 잉여의 총합인 사회적 잉여는 밀가루를 수입하기 전

에 비해 커지게 된다.

그런데 K국이 수입 밀가루에 100 원/kg의 관세를 부과할 경우, 수입 밀가루의 국내 판매 가격은 400 원/kg으로 올라가게 된다. 그렇게 되면 국산 밀가루 생산자는 관세 부과 전보다 100 원/kg 오른 가격에 밀가루를 판매할 수 있으므로 국산 밀가루의 공급량이 늘어 관세를 부과하기 전보다 생산자 잉여가 증가하게 된다. 반대로 소비자 입장에서는 가격이 올라가면 그만큼 수요량이 줄어들게 되므로 소비자 잉여는 감소하게 된다. 하지만 증가한 생산자 잉여가 감소한 소비자 잉여보다 작기 때문에 소비자 잉여와 생산자 잉여의 총합인 사회적 잉여는 수입 밀가루에 관세를 부과하기 전에 비해 작아지게 된다.

그런데 관세 정책이 장기화될 경우, 국내 경기가 침체에 빠질 수 있다. 예컨대 K국 정부가 국내 밀가루 산업을 보호하기 위하여 수입 밀가루에 높은 관세를 부과할 경우, 단기적으로는 국내 밀가루 생산자의 이익을 늘려 자국의 밀가루 산업을 보호할 수 있다. 하지만 높은 관세로 국내 밀가루 가격이 상승하면 밀가루를 원료로 하는 제품들의 가격이 줄줄이 상승하게 되어, 국내 소비자들은 밀가루를 이용하여 만든 제품들의 소비를 줄이게 된다. 이러한 과정이 장기화된다면 K국의 경기는 결국 침체에 빠질 수도 있다. 실제로 1930년대 국내 산업을 보호할 목적으로 시행된 각국의 관세 정책으로 인해 오히려 경제 대공황이 심화된 사례가 이를 잘 보여 주고 있다.

이렇게 볼 때 국내 산업을 보호할 목적으로 부과된 ㉠ 관세는 사회적 잉여를 감소시키고, 해당 제품에 대한 국내 소비를 줄어들게 한다. 그리고 그와 관련된 다른 산업에까지 악영향을 미칠 수 있다. 또한 과도한 관세는 국제 교역을 감소시켜 국제 무역 시장을 침체시킬 뿐만 아니라, 국제 무역 분쟁을 야기할 소지도 있다. 이러한 이유로 대다수의 경제학자들은 과도한 관세에 대한 우려를 드러내고 있다.

020

윗글에 대한 설명으로 가장 적절한 것은?

① 상반된 두 입장을 제시한 후 이를 절충하고 있다.

② 문제 상황을 언급한 후 해결책을 구체화하고 있다.

③ 이론의 한계를 단계적인 순서에 따라 설명하고 있다.

④ 학설이 나타난 배경과 그 학문적 성과를 분석하고 있다.

⑤ 원리를 설명한 후 구체적 사례를 들어 이해를 돕고 있다.

021

윗글에 대한 이해로 적절하지 <u>않은</u> 것은?

① 소비자의 지불 용의 가격은 균형 가격보다 항상 높다.
② 균형 가격에서는 재화의 수요량과 공급량이 동일하다.
③ 원료의 가격은 이에 기반한 제품의 가격에 영향을 미친다.
④ 관세는 국가 간의 무역 분쟁의 원인으로 작용하기도 한다.
⑤ 대다수의 경제학자들은 과도한 관세에 대해 부정적 입장을 취한다.

022

㉠의 이유로 적절한 것은?

① 소비자 잉여 감소분이 생산자 잉여 증가분과 같기 때문에
② 소비자 잉여 감소분이 생산자 잉여 증가분보다 크기 때문에
③ 소비자 잉여 증가분이 생산자 잉여 증가분보다 크기 때문에
④ 소비자 잉여 감소분이 생산자 잉여 감소분보다 작기 때문에
⑤ 소비자 잉여 증가분이 생산자 잉여 감소분보다 작기 때문에

023

윗글을 바탕으로 <보기>를 설명한 내용으로 적절하지 <u>않은</u> 것은?

`3점`

| 보 기 |

　P국에서는 국산 바나나만을 소비하다 값싼 수입산 바나나를 관세 없이 수입하면서 국산 바나나 가격이 국제 시장 가격 수준으로 하락했다. 이에 정부에서는 국내 바나나 산업 보호를 위하여 관세를 부과하였다.

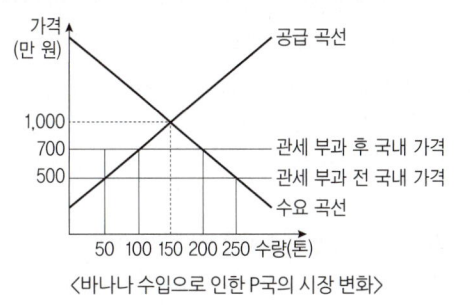

〈바나나 수입으로 인한 P국의 시장 변화〉

① 바나나를 수입하기 전 바나나의 국내 균형 가격은 톤당 1,000만 원이었다.
② 관세를 부과하기 이전에는 수입되는 바나나의 수량이 200 톤이었다.
③ 관세를 부과하기 이전과 이후의 가격을 비교해 보니 톤당 200만 원만큼의 관세가 부과되었다.
④ 관세를 부과한 결과 국내 생산자는 바나나의 공급량을 50 톤에서 100 톤으로 늘리게 된다.
⑤ 관세를 부과한 결과 수입되는 바나나의 수량은 이전보다 50 톤이 줄어드는 효과가 발생한다.

024

윗글의 '관세(A)'와 <보기>의 '수입 할당제(B)'에 대해 이해한 내용으로 적절하지 <u>않은</u> 것은?

| 보 기 |

　'수입 할당제'는 일정 기간 특정 재화를 수입할 수 있는 양을 제한하여 제한된 할당량까지는 자유 무역 상태에서 수입하고 그 할당량이 채워지면 수입을 전면적으로 금지하는 비관세 정책이다. 수입 할당제는 수입되는 재화의 양을 제한함으로써 그 재화의 국내 가격을 자연적으로 상승시켜 국내 생산자를 보호하는 기능을 한다.

① A는 수입품의 가격을 상승시키는 원인으로 작용하겠군.
② B는 수량을 기준으로 수입되는 재화의 양을 제한하겠군.
③ A는 B와 달리 정책 시행 시의 혜택을 국내 생산자가 보겠군.
④ B는 A와 달리 수입품에 대한 정부의 조세 수입이 없겠군.
⑤ A와 B 모두 국제 무역 규모의 감소를 유발할 수 있겠군.

[025~029] 2020년 6월 학평 21번~25번 정답과 해설편 p.096

다음 글을 읽고 물음에 답하시오. 5문항을 13분 안에 풀어보세요.   13분

2002년 월드컵 조별 예선에서 우리나라가 폴란드를 이기고 사상 처음 1승을 거두자 'Be the Reds'라고 새겨진 티셔츠 수요가 폭발했다. 하지만 실제 월드컵 기간 동안 불티나게 팔린 티셔츠로 수익을 본 업체는 모조품을 판매하는 업체와 이를 제조하는 업체였다. 오히려 정품을 생산해 대리점에서 판매하는 ㉠ 스포츠 브랜드 업체는 수익을 내지 못했다. 실제로 많은 브랜드 업체들은 월드컵 이후 수요가 폭락해 팔지 못한 재고로 난처했다. 도대체 왜 이런 상황이 벌어졌을까?

간단한 문제 같지만 이 현상은 요즘 경영에서 유행처럼 번지는 공급 사슬망 관리(Supply Chain Management, SCM)의 핵심을 설명해 줄 수 있는 사례이다. 공급 사슬망이란 상품의 흐름이 고리처럼 연결되어 있고, 이들의 상관관계 또한 서로 긴밀하게 연결되어 있는 것을 말한다.

이 현상의 원인을 설명하기 위해서는 공급 사슬망의 '채찍 효과(Bullwhip effect)'를 우선 이해해야 한다. 아기 기저귀라는 상품을 예로 들어보면, 상품 특성상 소비자 수요는 일정한데 소매점 및 도매점 주문 수요는 들쑥날쑥했다. 그리고 이러한 주문 변동폭은 '최종 소비자 - 소매점 - 도매점 - 제조업체 - 원자재 공급업체'로 이어지는 공급 사슬망에서 최종 소비자로부터 멀어질수록 더 증가하였다. 공급 사슬망에서 이와 같이 수요 변동폭이 확대되는 현상을 공급 사슬망의 '채찍 효과'라 한다. 이는 채찍을 휘두를 때 손잡이 부분을 작게 흔들어도 이 파동이 끝 쪽으로 갈수록 더 커지는 현상과 유사하기 때문에 붙여진 이름이다. 이런 변동폭은 유통업체나 제조업체 모두 반길 만한 사항이 아니다. 왜냐하면 늘 수요가 일정하면 이를 기준으로 생산이나 마케팅의 자원을 적절히 분배하여 계획하고 효율적으로 운영할 수 있지만, 변동폭이 크면 계획이나 운영을 원활하게 수행하기 어렵기 때문이다.

그렇다면 이런 채찍 효과가 생기는 이유는 무엇일까? 여러 가지 이유가 있지만 첫 번째는 수요의 왜곡이다. 소비자의 수요가 갑자기 늘면 소매점은 앞으로 수요 증가를 기대하는 심리로 기존 주문량보다 더 많은 양을 도매점에 주문하게 된다. 그리고 도매점도 같은 이유로 소매점 주문량보다 더 많은 양을 제조업체에 주문한다. 즉, 공급 사슬망에서 최종 소비자로부터 멀어질수록 점점 더 심하게 왜곡되는 현상이 발생하는 것이다. 이러한 왜곡 현상은 공급자가 시장에서 제한적일 때 더 크게 발생한다. 즉 공급자가 한정된 상황에서는 더 많은 양을 주문해야 제품을 공급받기가 수월하기 때문이다. 티셔츠를 공급하는 제조업체에서 물량이 한정돼 있으면 한꺼번에 많은 양을 주문하는 도매업체에게 우선권을 주는 것은 당연하다. 결국 물건을 공급받기 위해서 업체들은 경쟁적으로 더 많은 주문을 해 공급을 보장받으려 한다. 결국 '수요의 왜곡'이 발생한다.

채찍 효과가 일어나는 두 번째 이유는 공급 사슬망에서 최종 소비자로부터 멀어질수록 대량 주문 방식을 요하기 때문이다. 예를 들면 소비자는 소매점에서 물건을 한두 개 단위로 구입하지만 소매점은 도매상에서 물건을 박스 단위로 주문한다. 그리고 다시 도매점은 제조업체에 트럭 단위로 주문을 한다. 이처럼 최종 소비자로부터 멀어질수록 기본 주문 단위가 커진다. 그런데 이렇게 주문 단위가 커질수록 재고량이 증가하게 되고, 재고량 증가는 변화에 민첩하게 대응하지 못하게 하는 원인이 된다.

채찍 효과의 세 번째 원인은 주문 발주에서 도착까지의 발주 실행 시간에 의한 시차 때문이다. 물건을 주문했다고 바로 물건이 도착하지 않는다. 주문을 처리하고 물류가 이동하는 시간이 있기 때문이다. 그런데 문제는 각 공급 사슬망 주체의 발주 실행 시간이 저마다 다르다는 데에 있다. 예를 들어 소매점이 도매점으로 주문을 했을 때 물건을 받기까지 걸리는 시간이 3~4일 정도라면, 도매점이 제조업체에 주문을 했을 때 물건을 받기까지는 몇 주 정도가 걸릴 수도 있다. 즉 최종 소비자로부터 멀어질수록 이런 물류 이동 시간이 증가하게 된다. 그리고 이처럼 발주 실행 시간이 길어지면 주문량이 많아지고, 이는 재고량 증가로 이어질 수 있다.

공급 사슬망에서 채찍 효과로 인해 발생하는 재고는 기업 입장에서는 큰 부담이 될 수 있다. 왜냐하면 재고를 쌓아둘 공간을 마련하거나 재고를 손상 없이 관리하는 데 큰 비용이 들기 때문이다. 그러므로 공급 사슬망에서 각 주체들 간에 수요와 공급 정보를 공유함으로써 불필요한 재고를 줄여야 한다.

025

윗글에 대한 설명으로 적절한 것은?

① 사회 현상과 관련된 이론의 문제점을 지적하고 있다.

② 사회 현상의 발생 원인을 관련 개념을 통해 설명하고 있다.

③ 사회 현상과 관련된 원인을 역사적 변천 과정에 따라 설명하고 있다.

④ 사회 현상의 원인에 대한 대립적 의견들을 소개하고 그 공통점과 차이점을 설명하고 있다.

⑤ 사회 현상의 원인을 파악하기 위해 가설을 설정하고 실험을 통해 그 타당성을 검증하고 있다.

026

윗글에 대한 이해로 적절하지 <u>않은</u> 것은?

① 주문 변동폭은 원자재 공급업체에 가까워질수록 커진다.
② 소비자의 수요가 일정한 상품에서는 채찍 효과가 나타나지 않는다.
③ 주문 변동폭이 클수록 유통업체와 제조업체의 계획이나 운영에 어려움이 생긴다.
④ 물건의 기본 주문 단위가 커질수록 재고량이 증가하고 변화에 민첩하게 대처하지 못한다.
⑤ 주문하고 바로 물건을 받을 수 없는 이유는 주문 처리 시간과 물류 이동 시간이 있기 때문이다.

027

윗글을 바탕으로 ㉠의 원인을 추론한 것으로 가장 적절한 것은?

① 적정 재고량을 유지했기 때문이겠군.
② 공급 사슬망에서 벗어났기 때문이겠군.
③ 시장에서 공급자가 제한적이기 때문이겠군.
④ 수익보다 재고 관리 비용이 적었기 때문이겠군.
⑤ 발주 실행 시간이 물건을 공급받기에 짧았기 때문이군.

028

윗글과 〈보기〉를 읽고 이해한 내용으로 적절하지 <u>않은</u> 것은?

| 보 기 |

예상치 못한 수요가 급격히 증가할 경우 소매점에서 재고량이 없다면 급히 도매점에 상품을 주문할 것이다. 만일 도매점에도 재고가 모자라 주문 물량을 다 소화할 수 없다면 제조업체에 추가 주문을 할 것이고 예상치 못한 주문에 야간 조업 등 계획에 없던 공장 가동을 할 수도 있다. 이처럼 최종 소비자의 갑작스러운 수요 증가로 인한 불확실성이 '소매점 - 도매점 - 제작업체'로 전달된다. 그러나 반대로 소매점에 갑작스러운 수요 증가를 흡수할 수 있는 충분한 재고가 있다면 소매점은 도매점에 계획에 없던 추가 주문을 할 필요도 없다. 공급 사슬망에서 재고는 한쪽에서 발생된 불확실성의 충격이 다른 곳으로 전이되는 것을 완화시켜주는 기능이 있다.

① 공급 사슬망에서 재고는 긍정적 측면뿐만 아니라 부정적 측면도 있다.
② 수요의 왜곡 현상과 불확실성의 전이는 공급 사슬망의 주체들에게 부담을 준다.
③ 공급 사슬망의 채찍 효과로 인해 공급자가 최종 소비자로부터 가까울수록 주문량이 많다.
④ 소비자의 수요가 갑자기 늘어나면 수요의 왜곡 현상과 불확실성의 전이가 나타날 수 있다.
⑤ 수요의 왜곡을 겪은 도매점은 다음 주문부터는 기존 주문량보다 더 많은 양의 주문을 고려할 것이다.

029

윗글을 바탕으로 〈보기〉에 대해 이해한 것으로 가장 적절한 것은? [3점]

| 보 기 |

'협력 공급 기획 예측(CPFR) 프로그램'이란 제조사와 이동통신 사업자 간 협력을 통해 물량 수요 예측을 조정해 나가는 프로세스다. 국내 이동통신 시장은 돌발적인 수요 변화가 많다. 이런 환경에서 A전자와 B통신은 CPFR 프로그램을 이용하여 판매, 재고, 생산 계획의 정보를 실시간으로 공유하며 적기에 필요한 물량을 공급하고 재고를 최소화하기로 하였다. (단, 여기에서는 A전자와 B통신 외에 다른 요인이 작용하지 않는다.)

① B통신은 A전자 휴대폰을 항상 대량 주문할 것이다.
② A전자와 B통신의 휴대폰 재고량이 늘어나게 될 것이다.
③ A전자와 B통신이 서로 정보를 공유함으로써 과잉주문이 줄어들 것이다.
④ B통신이 A전자 휴대폰 공장 근처로 이전하게 되어 주문량에 상관없이 물건을 받는 시간은 일정하게 유지될 것이다.
⑤ A전자가 휴대폰을 B통신에 안정적으로 공급함으로써 국내 이동통신 시장에서 돌발적인 수요 변화가 줄어들 것이다.

다음 글을 읽고 물음에 답하시오. 6문항을 12분 안에 풀어보세요. **12분**

심리학자인 카너먼은 인간이 논리적 사고 과정을 통해 합리적으로 문제를 해결하기보다는 직감에 의해 문제를 해결하는 경향이 강하다고 주장하였다. 예컨대 "영어 단어 중 R로 시작하는 단어와 R이 세 번째에 있는 단어 중 어느 것이 더 많은가?"라는 질문에, 실제로는 후자의 단어가 더 많지만 전자의 단어가 더 쉽게 떠오르기 때문에 대부분의 사람들은 R로 시작하는 단어가 더 많다고 대답한다. 그는 이를 ㉠ 해당 사례를 자주 접하거나 쉽게 떠올릴 수 있으면, 발생 빈도수가 높다고 판단하는 인간의 심리적 특성에 기인한다고 보았다. 그는 실제 인간의 행동에 나타나는 다양한 양상을 연구하여 인간은 합리적 선택을 한다는 전통 경제학의 전제에 반기를 들고, 심리학적 연구 성과를 경제학에 접목시킨 새로운 이론을 제안했다.

전통 경제학에서는 인간을 합리적 선택을 하는 존재로 가정하고, 시장에서의 재화와 용역의 생산, 분배, 소비 활동을 연구한다. 전통 경제학의 대표적 이론인 기대 효용 이론에 따르면, 인간은 대안이 여러 개일 때 각 대안의 효용을 계산하여 자신에게 최대 이득을 주는 대안을 선택한다. 이때 '효용'이란 재화를 소비할 때 느끼는 만족감이다. 어떤 대안의 기댓값인 기대 효용은, 대안을 선택했을 때 발생할 수 있는 개별 사건의 효용에, 각 사건의 발생 확률을 곱해 모두 더한 값이다.

예컨대 동전을 던져 앞면이 나오면 20,000 원을 얻고 뒷면이 나오면 10,000 원을 잃는 게임 A, 앞면이 나오면 10,000 원을 얻고 뒷면이 나오면 5,000 원을 잃는 게임 B가 있다고 해 보자. 화폐 효용은 그것의 액면가와 같다고 할 때, 동전의 앞면, 뒷면이 나올 확률은 각각 0.5이므로, 게임 A의 기대 효용은 (20,000 원 × 0.5) - (10,000 원 × 0.5) = 5,000 원, 게임 B의 기대 효용은 (10,000 원 × 0.5) - (5,000 원 × 0.5) = 2,500 원이다. 기대 효용 이론에 따라 합리적 판단을 한다면 기대 효용이 더 큰 게임 A를 선택해야 하지만, 실제 선택 상황에서는 대다수의 사람들이 게임 B를 선택한다.

카너먼은 이러한 선택의 문제를 설명하기 위해 전망 이론을 제시하였다. ⓐ 전망 이론은 이득보다 손실에 대해 민감하게 반응하는 인간의 심리가 선택 행동에 미치는 영향을 설명하는 이론이다. 여기서 '전망'은 이득과 손실에 대해 사람들이 느끼는 심리 상태를 의미한다. 전망은 대안을 선택했을 때 발생할 수 있는 개별 성과의 가치에, 각각의 결정 가중치*를 곱해 모두 더한 값이다.

〈그림〉은 전망 이론에서 이득과 손실에 대한 인간의 반응을 설명하는 그래프다. 여기서 x축은 성과를, y축은 성과에 대해 사람들이 부여하는 가치 (v)를 나타낸다. 그리고 두 축이 교차하는 지점은 현재 '나'의 상황을 의미하는 준거점으로, 이를 기준으로 오른쪽은 이득 영역이고, 왼쪽은 손실 영역이다. 이 그래프에서 이득 영역의 v(a)와 손실 영역의 v(-a)의 절댓값을 비교하면 후자의 값이 더 크다는 것을 알 수 있는데, 이는 같은 크기의

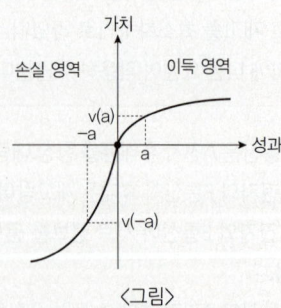

〈그림〉

이득과 손실이 있을 때 이득감보다 손실감이 더 크다는 것을 의미한다.

이 그래프에 따라 앞서 예를 든 게임 A와 B 중에서 사람들이 후자를 더 많이 선택하는 이유를 분석하면, 20,000 원을 얻었을 때의 이득감이 10,000 원을 얻었을 때의 이득감보다 크지만, 10,000 원을 잃었을 때의 손실감이 5,000 원을 잃었을 때의 손실감보다 훨씬 더 크기 때문에, 더 큰 손실감을 피하고자 하는 심리가 반영된 결과로 해석할 수 있다.

전망 이론에서는 이러한 심리가 실제 선택 행동에 영향을 미치는 현상을 ⓑ '틀 효과'로 설명한다. 이에 따르면 사람들은 여러 대안 중 하나를 선택할 때, 선택 상황이 자신에게 이득을 주는지, 손실을 주는지에 따라 전자를 '긍정적 틀'로, 후자를 '부정적 틀'로 인식한다. 그 결과 사람들은 긍정적 틀에서는 확실한 이득을 주는 대안을 선택하고, 부정적 틀에서는 불확실한 손실을 주는 대안을 선택한다. 불확실성을 '위험'이라 할 때, 불확실성을 피해 확실성을 추구하는 것은 '위험 회피 성향'에, 불확실성을 추구하는 것은 '위험 추구 성향'에 해당하므로, 사람들은 긍정적 틀에서는 위험 회피 성향을, 부정적 틀에서는 위험 추구 성향을 보인다고 할 수 있다. 다음의 선택 상황에서 이와 같은 틀 효과를 확인할 수 있다.

[상황 1] 100만 원이 있으며, Ⓐ안과 Ⓑ안 중 택 1
○ Ⓐ안 : 0.5의 확률로 100만 원을 받거나, 아무것도 받지 못한다.
○ Ⓑ안 : 1의 확률로 50만 원을 받는다.

[상황 2] 100만 원이 있으며, Ⓒ안과 Ⓓ안 중 택 1
○ Ⓒ안 : 0.5의 확률로 100만 원을 잃거나, 아무것도 잃지 않는다.
○ Ⓓ안 : 1의 확률로 50만 원을 잃는다.

'상황 1'은 이득을 주는 상황으로, 사람들은 이를 긍정적 틀로 인식하므로 많은 사람들이 이득이 불확실한 Ⓐ안보다 이득이 확실한 Ⓑ안을 선택한다. 반대로 '상황 2'는 손실을 주는 상황으로, 사람들은 이를 부정적 틀로 인식하므로 많은 사람들이 손실이 확실한 Ⓓ안보다 손실이 불확실한 Ⓒ안을 선택한다.

전통 경제학은 인간이 합리적 선택을 한다는 전제로 이상적인 경제 상황을 설명했다면, 카너먼은 이러한 전제를 비판하며 실제 인간의 삶에서 나타나는 선택 행동의 특성을 심리학에 근거해 설명했다. 그 결과 인간의 선택 과정에 영향을 주는 요인들에 주목해 행동 경제학이라는 새로운 분야를 개척하였다.

* 결정 가중치 : 어떤 성과에 대해 사람들이 주관적으로 느끼는 발생 확률

030

윗글의 내용과 일치하지 <u>않는</u> 것은?

① 기대 효용 이론은 자신의 현재 상황을 준거로 하여 나타나는 선택 행동의 다양한 양상을 분석하였다.

② 기대 효용 이론에 따르면 인간은 여러 대안이 있을 때 자신에게 가장 큰 이득을 주는 대안을 선택한다.

③ 카너먼은 인간이 논리적 사고 과정보다는 직감에 의존해 문제를 해결하는 경향이 강하다고 주장하였다.

④ 카너먼은 심리학적 연구 성과를 경제학에 접목시켜 전통 경제학과 구별되는 새로운 이론을 구축하였다.

⑤ 카너먼은 인간이 합리적인 선택을 한다는 전통 경제학의 전제를 실제 인간의 행동을 근거로 반박하였다.

031

㉠에 해당하는 사례로 가장 적절한 것은?

① (질문) 신은 존재하는가?
　(대답) 그렇다. 왜냐하면 신이 없음을 증명한 사람이 없기 때문이다.

② (질문) '1부터 10까지의 합'과 '11부터 15까지의 합' 중 더 큰 것은?
　(대답) 전자이다. 왜냐하면 전자가 후자보다 많은 숫자를 더하기 때문이다.

③ (질문) '교통사고로 인한 사망률'과 '당뇨로 인한 사망률' 중 사망률이 더 높은 것은?
　(대답) 전자이다. 왜냐하면 전자를 후자보다 매체를 통해 자주 보기 때문이다.

④ (질문) '지방이 10 % 함유된 우유'와 '지방이 90 % 제거된 우유' 중 선택하고 싶은 것은?
　(대답) 후자이다. 왜냐하면 후자가 전자보다 지방이 적게 함유된 식품으로 느껴지기 때문이다.

⑤ (질문) '한 명이 빵 한 개를 만드는 것'과 '열 명이 빵 열 개를 만드는 것' 중 시간이 더 오래 걸리는 것은?
　(대답) 후자이다. 후자가 전자보다 힘이 더 많이 드는 일로 느껴지기 때문이다.

032

〈보기〉는 윗글의 〈그림〉에 대한 설명이다. A, B에 들어갈 내용을 바르게 짝지은 것은?

> **| 보 기 |**
> 　이득 영역에서는 성과가 동일한 크기로 증가할 때마다 성과에 대하여 부여하는 가치의 크기가 (　A　)하는 폭이 (　B　).

	A	B
①	증가	작아진다
②	증가	커진다
③	증가	같아진다
④	감소	작아진다
⑤	감소	커진다

033

'카너먼'의 입장에서 윗글의 '상황 1'과 '상황 2'에 대해 설명한 것으로 적절하지 <u>않은</u> 것은?

① Ⓑ안의 50만 원과 Ⓓ안의 50만 원에 대해 사람들이 부여하는 가치는 다르다.

② Ⓐ안을 선택하는 사람들은 위험 회피 성향이고, Ⓒ안을 선택하는 사람들은 위험 추구 성향이다.

③ Ⓐ, Ⓒ안은 이득이나 손실이 불확실한 대안, Ⓑ, Ⓓ안은 이득이나 손실이 확실한 대안에 해당한다.

④ '상황 1'에서 Ⓑ안을 선택하는 사람이 많은 것은 사람들이 불확실한 이득보다 확실한 이득을 선호하기 때문이다.

⑤ '상황 2'에서 Ⓒ안을 선택하는 사람이 많은 것은 확실한 손실을 꺼리는 인간의 심리가 반영된 결과이다.

DAY 12
Ⅱ
사
회

034

ⓐ를 바탕으로, <보기>의 밑줄 친 부분의 이유를 추론한 것으로 가장 적절한 것은?

| 보기 |

　"먼저 써 보시고 한 달 후에 제품이 마음에 들지 않으면 반품하십시오. 금액은 전액 환불해 드립니다."라는 광고 문구에 많은 소비자들이 귀가 솔깃해져 쉽게 제품을 구매한다. 하지만 막상 한 달 후, 제품이 마음에 들지 않더라도 사용하던 제품을 반품하고 구매한 금액을 환불받는 소비자는 소수에 지나지 않는다. 이는 이득과 손실에 대한 심리 반응의 차이를 이용한 효과적인 판매 전략이라 할 수 있다.

① 제품을 사용하는 기간만큼 제품을 통해 얻는 이득감이 줄어들기 때문에

② 제품에 대한 불만족은 심리적인 현상일 뿐, 제품 자체의 문제가 아니기 때문에

③ 제품을 반품했을 때의 이득감이 제품을 그대로 사용했을 때의 이득감보다 더 크기 때문에

④ 제품을 반품할 때 느끼는 손실감이 구매한 금액을 환불받을 때 느끼는 이득감보다 크게 느껴지기 때문에

⑤ 제품을 구매하는 과정에 투입된 시간과 노력을 계산했을 때, 제품을 반품하는 것이 합리적 선택이기 때문에

035

ⓑ를 고려할 때, <보기>의 '상황'에 대한 사람들의 선택을 예측한 것으로 적절한 것은? 3점

| 보기 |

[상황]

　○○ 지역에 전염병이 돌아 600 명의 주민이 죽을 것으로 예상된다. 이 전염병을 막기 위한 프로그램 ㉮와 ㉯가 있다.

○ 프로그램 ㉮ : 400 명의 사람이 죽게 됨.

○ 프로그램 ㉯ : 아무도 죽지 않을 확률이 3분의 1이고, 600 명이 죽게 될 확률이 3분의 2임.

[질문]

　만약 여러분이 정책 담당자라면 프로그램 ㉮와 ㉯ 중 어느 것을 선택하겠는가?

① 사람들은 상황을 부정적 틀로 인식하기 때문에 프로그램 ㉮를 선택하는 사람들이 더 많을 것이다.

② 사람들은 상황을 부정적 틀로 인식하기 때문에 프로그램 ㉯를 선택하는 사람들이 더 많을 것이다.

③ 사람들은 상황을 긍정적 틀로 인식하기 때문에 프로그램 ㉮를 선택하는 사람들이 더 많을 것이다.

④ 사람들은 상황을 긍정적 틀로 인식하기 때문에 프로그램 ㉯를 선택하는 사람들이 더 많을 것이다.

⑤ 사람들은 상황을 긍정적 틀로 인식하기 때문에 프로그램 ㉮와 ㉯를 선택하는 사람들이 비슷할 것이다.

II 사회 3. 우리는 법의 울타리 안에서 어떤 보호를 받을 수 있는가?

[036~040] **2025년 9월 학평 22번~26번** 정답과 해설편 p.103

다음 글을 읽고 물음에 답하시오. 5문항을 11분 안에 풀어보세요.   **11분**

건축법에서 건축물의 건축은 공공복리를 저해할 수 있는 위험한 행위로 간주된다. 그래서 허가 요건에 맞춘 설계로 최소한의 안전이 보장되었다고 판단되는 경우에 한해 건축 금지가 해제되어 건축이 가능해진다.

건축 행위는 건축물을 건축할 수 있는 땅인 대지 위에서 이루어진다. 원칙적으로 하나의 대지는 하나의 지번을 가지며, 이것이 건축 허가의 단위가 된다. 일반적으로 건축은 신축, 증축, 개축, 재축, 이전의 다섯 가지 유형으로 나뉜다.

신축이란 건축물이 없는 대지에 새로 건축물을 축조하는 것을 말한다. 신축에서 건축물을 축조하려는 대지는 처음부터 건축물이 존재하지 않는 나대지일 수도 있고, 기존 건축물이 건축주의 자발적 의지에 의해 인위적으로 부서지는 해체나 천재지변으로 인해 부서지는 멸실로 인해 전부 소실된 대지일 수도 있다. 전부 소실된 경우 새로 축조한 건축물의 규모가 개축이나 재축에 해당하면 신축으로 보지 않는다. 한편, 주된 용도의 건축물을 이용 및 관리하는 데 필요한 부속 용도의 건축물만 존재하는 대지 내에서 이 부속건축물과는 별도로 주된 건축물을 새로 짓는 경우도 신축에 해당한다.

증축은 기존 건축물이 있는 대지에서 건축물의 규모를 늘려 짓는 것을 말하며, 건축물의 규모에는 건축면적, 연면적, 층수, 높이가 포함된다. 건축면적은 일반적으로 지상층 중 가장 넓은 층의 면적을, 연면적은 각 층 바닥면적의 총합을 의미한다. 증축에는 지하층의 바닥면적을 증가시키는 경우, 비닥면적의 증감 없이 높이만 증가시키는 경우, 주된 건축물이 있는 대지에 부속건축물이나 다른 주된 건축물을 축조하는 경우 등이 있다. 기존 지하층을 둘러싼 지표면을 깎아서 그 층이 지상에 노출되게 하는 것도 건축물의 높이가 증가한 경우이므로 증축에 속한다. 또한 한 층의 층고가 상당히 높아 중간층을 만들어 사용하는 경우도 증축에 해당한다. 한편 냉난방, 급수 등 건축물의 기능을 안정적으로 유지하기 위해 설치하는 건축물의 설비는 건축물로 보지 않으므로 설비 설치는 증축에 해당하지 않는다.

㉠ 개축은 기존 건축물의 전부 또는 일부를 해체하고 그 대지에 건축물의 규모가 종전 규모 범위 이하인 건축물을 다시 축조하는 것이다. 이때 일부를 해체한다는 것은 내력벽*, 기둥, 보*, 지붕틀 중 셋 이상을 해체하는 것을 말한다. 같은 대지 안에서 건축물의 위치를 이동하거나 구조를 변경하는 것은 개축에 해당하나, 한 대지에 여러 동이 있는 경우 개별 건축물 단위로 개축 해당 여부를 판단하므로 동수를 늘려서 축조하는 경우는 개축에 해당하지 않는다.

㉡ 재축이란 기존 건축물의 전부 또는 일부가 멸실된 경우 그 대지에 건축물을 다시 축조하는 것이다. 이때 연면적의 합계, 즉 그 대지에 존재하는 모든 건축물의 연면적의 합이 종전 규모 이하여야 하며, 동수, 층수, 높이 중 어느 하나는 종전 규모를 초과하는 것이

가능하다.

이전이란 도시 개발 계획, 주변 환경의 변화, 안전 문제, 설계와 다른 배치 등의 사유로 건축물의 주요구조부를 해체하지 않고 같은 대지의 다른 위치로 ⓐ 옮기는 것이다. 주요구조부는 철거 시 건축물의 안전성에 결정적 위해가 되는 구조 부분인 내력벽, 기둥, 보, 바닥, 지붕틀, 주계단을 말하며, 최하층 바닥, 옥외 계단 등은 주요구조부에서 제외된다. 일체식 구조인 철근콘크리트조 건축물과 달리 조립식 구조인 목조 건축물은 최하층 바닥 등을 제외한 상층부의 구조체를 들어 올려서 이전할 수 있다.

* 내력벽 : 구조물의 하중을 견디어 내기 위하여 만든 벽
* 보 : 기둥 위에서 지붕의 무게를 전달해 주는 건축 재료

036

윗글을 통해 알 수 있는 내용으로 적절하지 않은 것은?

① 건축물의 건축은 설계상 최소한의 안전이 보장되도록 허가 요건을 준수한 경우에 한해 허가된다.

② 나대지에 신축하는 것은 기존에 건축물이 존재하지 않던 대지에 새로운 건축물을 축조하는 행위이다.

③ 건축물의 내력벽을 해체하는 것이 옥외 계단을 해체하는 것보다 건축물의 안전에 더 중대한 영향을 미친다.

④ 철근콘크리트조 건축물이 설계와 다르게 배치되었을 경우에 상층부의 구조체를 들어 이전하는 것이 가능하다.

⑤ 자연재해로 인해 기존 건축물이 전부 소실된 대지에 층수와 높이를 증가시킨 새로운 건축물을 축조하는 것은 신축에 해당한다.

DAY 12 II 사 회

037

증축에 대해 이해한 내용으로 적절하지 <u>않은</u> 것은?

① 중간층을 만들어 건축물의 연면적을 늘린 것은 증축에 해당하겠군.
② 건축물의 옥상에 물 공급을 위한 물탱크를 설치하는 것은 증축에 해당하지 않겠군.
③ 건축면적은 그대로 유지하면서 지하층의 바닥면적만 증가시킨 것은 증축에 해당하지 않겠군.
④ 부속건축물만 있는 대지에 주된 용도의 건축물을 별도로 축조하는 것은 증축에 해당하지 않겠군.
⑤ 지하층이 존재하는 건축물 주변의 지표면을 깎아 지하층을 지상에 드러나게 한 것은 증축에 해당하겠군.

038

㉠과 ㉡을 비교하여 이해한 내용으로 가장 적절한 것은?

① ㉠은 ㉡과 달리, 건축주의 자발적 의지로 기존 건축물이 소실된 상황에서 건축물을 다시 축조하는 것이다.
② ㉠은 ㉡과 달리, 한 대지에 있는 여러 동의 건축물이 모두 소실되었을 때 일부 동만 다시 축조하는 것이 가능하다.
③ ㉡은 ㉠과 달리, 기존 건축물이 존재하던 대지와 동일한 대지 내에서 이루어진다.
④ ㉡은 ㉠과 달리, 한 건축물의 일부만 소실된 경우 건축물의 연면적을 종전과 같게 다시 축조하는 것이 가능하다.
⑤ ㉠과 ㉡은 모두, 건축물의 높이를 기존 건축물보다 낮게 바꾸는 것이 불가능하다.

039

윗글을 바탕으로 〈보기〉를 이해한 내용으로 적절하지 <u>않은</u> 것은?

`3점`

> **| 보기 |**
>
> ○ A는 건축물을 새로 짓기로 결심하고 자신이 오래전부터 소유하던, 각 층의 바닥면적이 500 m²인 3 층짜리 건축물을 모두 부수었다. 그리고 기존 건축물이 있던 대지에 건축물의 높이와 층별 바닥면적이 기존과 동일하면서 각 층의 층고만 높인 2 층짜리 건축물을 새로 축조하였다.
> ○ B는 한 대지 내에 연면적이 각 400 m²이면서 형태가 동일한 2 개 동의 상가 건축물을 소유하고 있었다. B는 이를 모두 부수고 그 대지에 새로운 상가 건축물을 짓는 방안을 검토하고 있었으나 지진이 발생해 기존 건축물이 모두 붕괴되었다.

① A가 층고를 기존 건축물보다 높여 지은 것은 건축물의 규모를 늘려 지은 것이므로 증축에 해당한다.
② A가 새로 지은 건축물을 관리하기 위해 같은 대지 안에 경비실을 추가로 짓는 것은 증축에 해당한다.
③ B가 지진 발생 전에 기존 건축물을 전부 부수고 각 층 바닥 면적의 총합이 900 m²인 1 개 동의 건축물을 축조했다면, 이는 신축에 해당한다.
④ B가 붕괴된 기존의 건축물을 연면적의 합계가 700 m²인 건축물로 재축한다면, 층수와 높이가 종전 규모 범위 이하인 3 개 동으로 축조할 수 있다.
⑤ B가 지진 발생 전에 기존 건축물을 모두 해체하고 개축했다면, 같은 대지 내에서 기존 건축물과 다른 위치에 새로운 건축물을 축조하는 것이 가능했을 것이다.

040

ⓐ와 문맥상 의미가 가장 가까운 것은?

① 우리는 행사를 위해 물건을 강당으로 옮겼다.
② 나는 남의 말을 다른 이에게 옮기는 것을 경계하였다.
③ 그는 역사적 사건을 그림으로 옮겨서 후대에 전하였다.
④ 그녀는 준비해 온 계획을 실행에 옮기고자 결심하였다.
⑤ 동생은 방향을 바꾸어 반대편으로 발걸음을 옮겨 갔다.

[041~045]
2025년 6월 학평 21번~25번 정답과 해설편 p.107

다음 글을 읽고 물음에 답하시오. 5문항을 11분 안에 풀어보세요. 11분

17세의 고등학생이 부모의 동의 없이 60만 원의 다이어트 식품을 할부로 구매하여 절반 정도 복용을 했지만, 효과가 없자 결국 계약을 취소하기로 했다. 하지만 판매업자는 미성년자에 의한 계약이라도 사용한 만큼의 대금은 지불해야 하므로 이미 지급한 20만 원에 추가로 10만 원을 더 지불하라고 요구했다. ㉠ 만약 계약이 취소되었고 학생이 복용하고 남은 다이어트 식품을 반환했다면, 판매업자와 학생의 법적 책임은 어떻게 될까?

최근 10대들의 상품 구매력이 갈수록 높아지고 있는 현상과 맞물려 부모 동의 없이 행한 미성년자의 계약 취소에 대한 분쟁이 끊이지 않고 있다. 민법 제5조에 의하면 19세 미만의 미성년자는 원칙적으로 부모와 같은 법정 대리인의 동의가 없으면 계약 등의 법률행위를 할 수 없으며, 만약 동의 없이 계약했다면 체결한 계약은 일단 유효하지만, 법적으로 정해진 해약 기간이 지났더라도 법정 대리인은 상품을 계약한 미성년자의 동의 없이 계약을 취소할 수 있다. 이는 미성년자가 성인과 달리 사회적인 경험과 지식, 판단 능력 등이 부족하기 때문에 자신의 미성숙한 행위로 스스로에게 불리한 법률행위를 하는 것을 방지함으로써 미성년자를 보호하기 위한 제도이다.

[A]
문제는 앞서 든 사례와 같이 구매한 물건을 사용하다가 중도에 취소를 요구하는 경우인데, 이때는 어떻게 되는 것일까? 일반적으로 계약을 취소한다는 것은 계약 이전의 상태로 원상회복함을 의미한다. 즉, 처음부터 계약을 맺지 않았던 것이 되기 때문에, 판매업자는 이미 받은 대금을 반환하고 상품 구매자는 그 상품을 반환해야 한다. 이때 상품을 이미 사용한 경우라면, 구매자는 사용한 만큼의 이익에 상당하는 금액을 반환하면 된다.

그런데 민법 제141조는, 미성년자기 법정 대리인의 동의 없이 구매한 상품의 계약을 취소하는 경우 '대금의 반환 의무 범위는 받은 이익이 현존하는 한도에서만 책임이 있는' 것으로 명시하고 있다. 이를 구체적으로 설명하자면, 생활필수품에 해당하는 상품을 구매 계약한 경우에는 실질적으로 미성년자가 그것을 소비함으로써 현존 이익이 발생했으므로 사용한 만큼의 대금을 반환할 의무가 있다. 하지만 다이어트 식품과 같이 생활필수품이 아닌 상품을 구매한 경우는 사용한 만큼에 상당하는 대금을 반환할 필요가 없다. 오히려 계약 취소에 따라 계약 이전의 상태로 되돌아가므로, 미성년 소비자는 구매한 상품을 반환하고 이미 지급한 대금에 대해서는 반환을 요구할 수 있다.

그런데 미성년자라는 이유로 임의로 계약을 취소하면 미성년자와 거래한 판매업자가 손해를 입을 수도 있으므로 이를 보호하기 위한 제도도 마련되어 있다. 먼저 미성년자가 판매업자를 속여 자신이 미성년자가 아니라고 믿게 했거나, 법정 대리인이 동의한 것처럼 믿게 했을 때는 취소권을 행사할 수 없는 '취소권 행사의 배제'가 있다. 또한 미성년자와 거래한 판매업자는 1개월 이상의 기간을 정하여 미성년자의 법정 대리인에게 계약을 취소할 것인지에 대한 확답을 촉구할 수 있는 '확답을 촉구할 권리'가 있다. 이때 그 기간 내에 미성년자의 법정 대리인이 확답을 발송하지 아니하면 그

행위를 추인*한 것으로 ⓐ 본다. 다음으로 판매업자는 미성년자의 법정 대리인의 추인이 있기 전까지 먼저 계약 의사를 철회할 수 있는 '철회권'이 있다. 다만, 판매업자가 계약 당시에 상품 구매자의 신분이 미성년자임을 알았다면 철회권을 행사할 수 없다.

한편, ㉡ 민법 제5조에서는 미성년자가 법정 대리인의 동의 없이 단독으로 할 수 있는 계약도 명시하고 있다. 예를 들어 철도나 버스와 같은 대중교통 이용, 김밥과 과자 같은 간단한 식음료의 구입 등 일상적인 거래는 법정 대리인의 동의 없이 자유롭게 행할 수 있다.

* 추인 : 민법상 불완전한 법률행위를 사후에 보충하여 유효하게 만드는 일방적 의사표시

041

윗글을 이해한 내용으로 적절하지 않은 것은?

① 계약의 취소는 거래 자체가 무효화됨을 의미한다.

② 미성년자와 거래한 판매업자는 일정한 조건이 충족되면 먼저 계약 취소를 요구할 수 있다.

③ 미성년자가 맺은 계약을 유지하려는 법정 대리인은 판매업자의 확답 촉구에 대해 응답해야만 한다.

④ 미성년자가 부모 동의 없이 거래한 상품 계약의 취소는 법적으로 정해진 해약 기간에 영향을 받지 않는다.

⑤ 미성년자가 부모 동의 없이 계약한 상품을 사용 도중 취소하면 상품의 성격에 따라 대금 반환 의무의 여부가 달라질 수 있다.

042

[A]를 바탕으로 ㉠에 대한 법적 판단으로 가장 적절한 것은?

① 학생은 판매업자에게 지불한 20만 원은 돌려받을 수 있지만, 판매업자가 추가로 요구한 10만 원은 지불해야 한다.

② 학생은 판매업자에게 지불한 20만 원은 돌려받을 수 없지만, 판매업자가 추가로 요구한 10만 원은 지불하지 않아도 된다.

③ 학생은 판매업자에게 지불한 20만 원은 돌려받을 수 있고, 판매업자가 추가로 요구한 10만 원은 지불하지 않아도 된다.

④ 판매업자는 학생에게 이미 받은 20만 원 외에 추가로 10만 원을 더 받을 수 있다.

⑤ 판매업자는 학생에게 계약 당시 체결한 다이어트 식품 대금 60만 원을 모두 받을 수 있다.

043

㉡의 이유를 추론한 내용으로 가장 적절한 것은?

① 미성년자가 특별히 보호받을 필요가 없는 계약이기 때문이다.

② 미성년자가 경제적 이익을 취할 수 있는 계약이기 때문이다.

③ 미성년자가 상대방과 암묵적으로 합의한 계약이기 때문이다.

④ 미성년자와 거래한 상대방이 경제적 손해를 보지 않는 계약이기 때문이다.

⑤ 미성년자와 거래한 상대방이 법률적 불이익을 당하지 않는 계약이기 때문이다.

044

윗글을 바탕으로 〈보기〉를 이해한 내용으로 적절하지 않은 것은?

`3점`

| 보기 |

　갑(17 세)은 부모의 동의를 얻지 않고, 을(17 세)은 부모의 동의서를 위조하여 판매자 병으로부터 고가의 노트북을 구매하였다. 거래 당시 병은 갑과 을이 모두 미성년자임을 알고 있었고, 을의 동의서가 위조된 사실은 알지 못했다. 며칠 후 갑과 을의 부모는 갑과 을이 자신들의 동의 없이 노트북을 구매한 사실을 알게 되었다.

① 갑의 부모는 갑의 의사와 무관하게 노트북 구매 계약을 취소할 수 있겠군.

② 을과 을의 부모는 노트북 구매 계약을 취소할 수 없겠군.

③ 갑과 을이 병과 체결한 노트북 구매 계약은 일단 유효하겠군.

④ 병은 갑과 체결한 계약에 대해 철회권을 행사할 수 없겠군.

⑤ 병은 갑과 을에게 노트북 구매 계약의 취소 여부에 대한 확답을 촉구할 수 있겠군.

045

ⓐ와 문맥상 의미가 가장 가까운 것은?

① 그는 매사를 부정적으로 보는 경향이 있다.

② 그녀는 여전히 부모님의 눈치를 보고 있다.

③ 나는 친구가 추천한 책을 감명 깊게 보았다.

④ 선생님은 지금 병원에서 환자를 보고 계십니다.

⑤ 노부모는 하루빨리 손자를 보고 싶으신 모양이다.

[046~050] 2025년 3월 학평 34번~38번 정답과 해설편 p.109

다음 글을 읽고 물음에 답하시오. 5문항을 10분 안에 풀어보세요.   10분

법질서 아래에서는 관계의 종류에 따라 적용해야 할 법의 분야가 달라지는데, 법의 대표적인 두 분야는 형사법과 민사법이다. 형사법은 국가와 범죄자 간의 법률관계를 규율하며 민사법은 개인과 개인 혹은 개인으로 인정되는 법인*과의 관계에 적용된다.

형사법의 목적은 사회 질서 유지 및 범죄 처벌로, 공익을 위해 국가가 범죄자에게 형벌을 가한다. 여기서 형벌은 생명, 자유, 명예, 재산 등에 관한 기본권을 박탈하는 것을 내용으로 한다. 민사법은 개인 간 분쟁 해결 및 개인의 권리 보호를 목적으로 한다. 사건 당사자들이 평등한 관계임을 전제하고 손해와 이익을 조정하여 당사자 사이의 수평적 균형 관계를 회복시키고자 하는 것이다. 그러므로 소송이 진행될 때, 형사법과 민사법의 소송 당사자와 소송 내용은 ⓐ 상이할 수밖에 없다.

형사 소송의 당사자는 검사와 피고인으로, 공익의 대표자인 검사가 범죄 혐의가 있는 자를 피고인으로 기소하며 소송이 시작된다. 이때 기소란 검사가 특정 형사 사건에 대하여 법원에 심판을 요구하는 일이다. 피고인의 유죄 입증은 검사가 담당하고, 피고인은 변호인을 통하여 반박할 수 있다. 법원은 검사의 입증과 피고인의 반박을 토대로 피고인의 범죄 성립 여부 및 잘못의 정도를 따진 후 그에 합당한 벌을 내린다. 이때 어떤 두 사람이 같은 종류의 범죄로 기소되었더라도 범죄 동기와 정황, 피고인과 피해자의 합의 여부 등을 ⓑ 고려하여 형량이 결정되므로 두 사람의 최종 선고형은 달라질 수 있다. 그리고 검사가 피고인을 기소하면 소송이 시작되는 것이 원칙이다. 하지만 예외적으로 피해자가 처벌을 원하지 않으면 국가가 나서 규율하지 않기로 정한 폭행죄, 모욕죄 등의 경우에는 소송이 진행되지 않을 수 있다.

민사 소송의 당사자는 원고와 피고로, 피해자라고 주장하며 소송을 제기한 개인이 원고가 되고, 가해자로 지목된 상대방은 피고가 된다. 이때 각 당사자는 모두 소송 대리인인 변호인을 쓸 수 있다. 민사 소송의 당사자들은 자신에게 유리한 법규를 근거로 하여 자신에게 책임이 없다는 사실을 입증해야 한다. 만약 입증해야 하는 사실을 입증하지 못하는 경우 법원은 해당 당사자에게 불리하게 판단할 수밖에 없다. 민사 소송은 형사 소송과 달리 두 당사자가 손해와 이익을 ⓒ 적절하게 타협하면 바로 소송이 종결된다.

형사법과 민사법은 서로 다른 분야인 만큼 하나의 사건이더라도 그중 한 분야에서만, 또는 두 분야 모두에서 문제가 될 수도 있다. 만약 갑이 을에게 맞아 갑이 다쳤다는 하나의 사건이 있다고 가정해 보자. 이때 검사가 법원에 을을 상해죄라는 법규로 처벌해 달라는 형사 소송을 제기할 수도 있고, 갑이 을에게 치료비와 위자료를 청구하는 민사 소송을 제기할 수도 있다. 하지만 하나의 사건이라 하더라도 똑같은 결론이 ⓓ 도출되지 않을 수 있다. 소송마다 입증해야 하는 사실 관계가 다를 수 있을 뿐만 아니라 입증의 정도도 다르기 때문이다.

형사 소송은 '법관으로 하여금 합리적인 의심을 할 여지가 없을 정도'의 강한 입증을 요구한다. 즉, 증거가 기소 내용이 진실하다고 확신하게 하는 증명력이 부족하다면 피고인에게 유죄의 의심이 간

다고 하더라도 피고인의 이익으로 판단한다. 이는 무죄추정의 원칙, 즉 형사 소송법 제275조의2에서 '피고인은 유죄의 판결이 확정될 때까지는 무죄로 추정된다.'라는 법규를 근거로 하기 때문이다. 따라서 형사 소송에서는 100을 기준으로 검사의 유죄 입증 정도가 51이라면 유죄가 될 수 없다. ㉠ '열 사람의 범인을 놓치는 한이 있더라도 한 사람의 죄 없는 자를 벌해서는 안 된다.'라는 법언은 이를 뒷받침한다. 그래서 흉악한 범죄를 범한 혐의로 중형을 선고받은 피고인이 상급심에서 무죄를 선고받기도 하는데, 여기서 무죄는 반드시 피고인의 결백을 의미하지는 않는다. 반면, 민사 소송에서는 '통상인이라면 의심을 품지 않을 정도'의 입증을 요구한다. 이는 '어떤 사실이 있었다는 점을 인정할 수 있는 개연성을 증명하는 정도'로 해석된다. 결국 법원은 원고와 피고의 증거를 바탕으로 ⓔ 신뢰할 만한 증거를 누가 더 많이 제시하는가를 기준으로 판단한다. 만일 원고와 피고의 입증 정도가 51 대 49라면 원고의 손을 들어 주게 된다.

* 법인 : 법률상 권리와 의무의 주체가 될 수 있는 사단과 재단

046

윗글에서 사용된 설명 방식으로 적절하지 않은 것은?

① 용어의 개념을 설명하여 내용에 대한 이해를 돕고 있다.
② 규범 내용을 인용하여 특정 원칙에 대해 설명하고 있다.
③ 문제 상황을 가정하여 서로 다른 분야에 적용하고 있다.
④ 예외적 조건을 제시하여 원칙과 다른 경우를 소개하고 있다.
⑤ 서로 다른 견해를 절충하여 현실적인 대책을 제시하고 있다.

047

윗글을 이해한 내용으로 적절하지 않은 것은?

① 형사법에서는 형벌을 가함으로써 사회 질서가 유지되도록 하고자 한다.

② 민사법에서는 당사자들이 타협을 하면 수평적 균형 관계가 회복된 것으로 간주한다.

③ 형사 소송은 검사의 기소로 시작하며 피해자가 변호인을 통하여 소송의 당사자로 참여한다.

④ 형사 소송에서의 최종 선고형에는 범죄의 종류 외에도 피고인의 상황이 영향을 미칠 수 있다.

⑤ 민사 소송에서는 특정 사실이 있었을 개연성을 증명하는 증거를 많이 제출하는 당사자가 유리할 수 있다.

048

㉠의 의미를 추론한 것으로 가장 적절한 것은?

① 피고인과 피해자의 타협이 이루어지기 전까지는 피고인을 무죄로 간주해야 한다는 것이겠군.

② 재판 과정에서 개인의 재산상 피해가 발생하더라도 국가는 사회 질서 유지를 우선시해야 한다는 것이겠군.

③ 잘못된 행위를 하더라도 그 행위와 관련된 법규가 없다면 검사가 해당 내용으로 기소할 수 없다는 것이겠군.

④ 재판에서 피고인은 자신에게 불리한 사실과 관련한 질문에 답하지 않을 수 있는 권리를 지니고 있다는 것이겠군.

⑤ 범죄 사실이 확실하게 입증되지 않았음에도 처벌을 받아 개인의 기본권이 침해되는 경우를 방지하기 위한 것이겠군.

049

〈보기〉의 ㄱ과 ㄴ은 동일한 사건을 바탕으로 제기된 소송이다. 윗글을 바탕으로 〈보기〉를 이해할 때, 적절하지 않은 것은? `3점`

| 보기 |

ㄱ. 운전 중이던 A는 도로에 쓰러져 있던 B를 밟고 지나갔으나, 이를 인지하지 못하였다. 검사는 A가 주의 의무를 위반하는 과실을 범해 B를 밟았다고 판단하고 A를 기소했다. 하지만 구조가 복잡하여 도로 환경이 열악했던 점 등을 고려하면, 주의 의무 위반으로 인해 사고가 났음을 인정하기 어렵다며 무죄가 선고되어 확정되었다.

ㄴ. 이후 B는 A가 가입한 보험사에 손해 배상 민사 소송을 제기했다. 보험사는 A의 형사 소송 판결을 증거로 제출하며 이 사건은 손해 배상 면책 사유에 해당한다고 맞섰다. 하지만 법원은 A가 도로에 사람이 다닐 가능성을 염두에 두어 안전하게 운행할 의무가 있었고, 제출한 증거로는 해당 사실을 입증하기에 부족하여 B에게 보험금을 지급하라고 판결하였다.

① ㄱ은 피고인의 범죄 사실을 규명하여 처벌하기 위한 소송에, ㄴ은 피고와 원고 간의 분쟁을 해결하기 위한 소송에 해당되겠군.

② ㄱ에서 A의 주의 의무 위반 여부와 ㄴ에서 A의 안전하게 운행할 의무 위반 여부를 판단할 때 입증해야 하는 사실 관계가 동일하지 않을 수 있었겠군.

③ ㄱ에서는 A의 유죄를 입증할 만한 증거의 증명력이 부족했을 것으로, ㄴ에서는 B가 통상인이 의심을 품지 않을 정도의 입증을 한 것으로 볼 수 있겠군.

④ ㄱ에서는 도로에 쓰러져 있던 B의 과실이 크다는 것이 피고인에게 유리하게 작용했고, ㄴ에서는 A가 도로의 보행자를 인지하지 못했다는 것이 원고에게 유리하게 작용했겠군.

⑤ ㄱ에서는 법관이 열악한 도로 환경을 근거로 A의 유죄에 대해 합리적인 의심을 품었지만, ㄴ에서는 도로에 사람이 다닐 가능성을 근거로 피고의 법적 책임을 인정한 것이겠군.

050

문맥상 ⓐ~ⓔ와 바꿔 쓰기에 적절하지 않은 것은?

① ⓐ : 서로 다를

② ⓑ : 따져

③ ⓒ : 견주어

④ ⓓ : 나오지

⑤ ⓔ : 믿을

[051~056]   2024년 10월 학평 16번~21번   정답과 해설편 p.113

다음 글을 읽고 물음에 답하시오.   6문항을 8분 안에 풀어보세요.   8분

(가)

민법에서 불법행위는 가해자의 고의 또는 과실로 인한 위법행위로 피해자에게 손해를 가하는 행위로 규정된다. 이때 고의는 자신의 행위가 타인에게 손해를 가할 것임을 알고도 의도적으로 실행한 것을, 과실은 자신의 행위가 타인에게 손해를 가할 것이라고 예상하지 못한 상태에서 실행한 것을 말한다. 여기서 과실은 정상적으로 요구되는 의무인 주의 의무를 다하지 못한 것을 의미하며, 정상적으로 요구된다는 것은 사회적인 통념상 보편적인 사람인 '사회 평균인'을 기준으로 한다는 것을 뜻한다. 즉, 일반적인 개인의 능력이나 사정 등은 고려하지 않는다는 것이다. 그리고 손해는 불법행위 전후에 따른 피해자의 이익 상태의 차이를 의미한다.

우리나라는 민법에서 피해자가 입은 손해는 가해자가 배상하도록 규정하고 있다. 이는 그 손해가 가해자의 불법행위에 의한 것이므로 원래 상태에 가장 가까운 상태로 회복시켜야 한다고 본 것이다. 이러한 점에서 일반적으로 법적 정의가 구현된 것으로 받아들여진다. 피해자가 손해를 배상받으려면 가해자의 고의나 과실은 피해자가 입증해야 하고, 이를 법원에서 인정했을 때 가해자는 피해자가 입은 손해에 대해 금전적으로 배상해야 한다.

그런데 피해자의 손해에 피해자의 과실이 관련된 것으로 인정된 경우도 있다. 이때 고의에 의한 불법행위라면 손해배상에서 피해자의 과실은 고려하지 않는다. 하지만 가해자의 과실에 의한 불법행위라면, 가해자는 피해자에게 손해를 가할 의도가 없었고, 피해자 본인의 과실도 일정 부분 있으므로 피해자의 과실을 고려하지 않는 것은 부당하다고 할 수 있다. 가해자가 자신의 과실이 아닌 부분에 대한 책임을 지게 되기 때문이다. 이러한 시각에서는 피해자의 손해를 원래 상태에 가장 가까운 상태로 회복하는 것만이 아니라 가해자와 피해자 각각의 과실에 따른 책임을 고려해 손해에 대한 부담을 배분하는 것까지를 법적 정의를 구현한 것으로 본다. 이를 법적 정의의 관점에서는 배분적 정의라고 일컫는다.

우리나라는 피해자가 입은 손해에 피해자의 과실도 관련된 것으로 인정된 경우에는 '과실상계'를 적용한다. 과실상계는 가해자가 지급해야 할 손해배상액 중에서 피해자의 과실에 해당하는 만큼을 감액하는 것을 의미한다. 이때 피해자의 과실에 대해 판단할 때도 '사회 평균인'을 기준으로 한다. ㉠이는 과실상계를 공정하게 적용하기 위한 것으로 볼 수 있다.

(나)

불법행위가 여러 명의 가해자에 의해 발생한 경우는 공동불법행위라고 규정한다. 공동불법행위가 가해자들의 고의 없이 과실만에 의해 발생했고 그 손해에 피해자의 과실도 있다고 인정될 때는, 가해자들이 부담해야 할 손해배상액에서 피해자의 과실에 해당하는 만큼을 감액할 수 있다. 그런데 공동불법행위는 가해자 각각의 과실이 피해자가 입은 손해에 미친 영향이 서로 다를 수 있다. 이때 피해자의 손해를 가해자가 부담하는 방식이 다양하게 적용될 수 있다.

우리나라는 원칙적으로 공동불법행위로 인해 피해자가 입은 손해는 가해자들이 연대하여 배상해야 한다는 민법 규정을 적용한다. 여기서 연대하여 배상한다는 것은, 손해배상액 전체를 가해자들이 함께 책임지는 방식을 의미한다. 이는 과실이 경미한 가해자라도 본인 외의 다른 가해자에게 경제적 능력이 전혀 없다면 단독으로 손해배상액 전체를 책임져야 할 수 있다는 의미이다. 대신 피해자의 입장에서는 자신이 입은 손해를 원래의 상태에 가장 가까운 상태로 회복할 가능성이 크다는 장점이 있다. ⒜이 방식에 따르면, 손해배상액은 가해자 각각이 피해자가 입은 손해에 영향을 미친 정도에 관계없이 가해자들이 공동으로 책임진다. 예를 들어, 피해자 갑이 가해자 을과 병의 공동불법행위로 100만 원의 손해를 입었을 때 갑, 을, 병의 과실이 각각 10 %, 30 %, 60 % 인정되면, 을과 병은 갑의 전체 손해액 중에서 10 %만큼 감액된 금액을 공동으로 배상해야 한다. 이때 법원에서는 과실의 비율만 판단하고 각자가 실제 배상할 금액을 지정해 주지는 않기 때문에, 을과 병은 법원이 판단한 과실의 비율을 기준으로 ⓐ삼아 각자가 배상할 금액을 합의하여 정하게 된다. 만약 병이 파산 등의 이유로 경제적 능력이 전혀 없다면, 을이 연대책임자라는 이유로 90만 원을 모두 배상하게 될 수 있다.

하지만 손해배상액에 대한 책임을 연대하는 방식을 적용하는 것이 적절하지 않은 경우도 있을 수 있다. 독립적으로 일어난 여러 불법행위가 우연한 이유로 하나의 손해를 일으켜 공동불법행위가 되는 때도 있는데, 과실이 가장 적은 사람인데도 손해배상액 전액을 배상하게 된다면 특히 부당하다고 여겨질 수 있기 때문이다. 우리나라는 자신이 부담해야 할 손해배상액보다 더 많은 금액을 실제로 배상한 경우, 초과 부담한 만큼의 금액을 다른 가해자들에게 청구할 수 있는 권리를 인정하고 있다. 하지만 청구를 받은 가해자가 경제적 능력이 전혀 없으면 청구한 금액을 돌려받기 어려울 수 있다.

이를 고려해 판례에서는 예외적으로 연대 배상 방식이 아닌, 가해자가 자신의 과실만큼만 개별적으로 배상하게 하는 방식을 취하기도 한다. ⒝이 방식은 가해자들 사이에 공모 행위가 없다는 것을 전제로, 손해배상액이 거액이고, 가해자 각각의 과실이 손해에 끼친 영향의 차이를 비교적 명확하게 비교할 수 있는 경우에 법원의 판단으로 적용될 수 있다. 이 방식에 따르면, 법원이 피해자의 과실과 가해자 각각의 과실을 개별적으로 비교해 가해자가 실제 배상할 금액을 지정한다. 예를 들어 법원이 피해자와 가해자 1의 과실 비율을 1 : 1, 피해자와 가해자 2의 과실 비율을 1 : 3이라고 판단해 가해자 1, 2 각각의 실제 배상 금액을 지정할 수 있는 것이다. 이 방식에 따를 경우 피해자 입장에서는 가해자 각각에게 손해배상을 청구해야 한다는 어려움이 존재한다. 하지만 자신의 과실에 대한 책임만 부담하면 된다는 점에서 이것이 가해자에게는 정당한 방식이라고 여겨질 수 있다.

051

(가), (나)에 대한 설명으로 가장 적절한 것은?

① (가)는 우리나라의 불법행위와 관련된 법률 규정이 등장하게 된 배경을 밝히고 발전해 온 과정을 소개하고 있다.

② (가)는 우리나라의 불법행위와 관련된 법률 규정이 적용되는 사례를 열거하고 각각에 적용된 구체적인 조항을 제시하고 있다.

③ (나)는 불법행위에 영향을 끼치는 원인을 분류하고 각 원인에 대한 해결 방안을 모색하고 있다.

④ (나)는 불법행위의 개념과 법률의 이론적 배경을 제시하고 이에 대한 다양한 학자들의 법률적 이론을 분석하고 있다.

⑤ (가)와 (나)는 모두 불법행위와 관련된 법률 규정을 밝히고 그 규정이 적용되는 양상을 다루고 있다.

052

윗글의 내용과 일치하지 <u>않는</u> 것은?

① 민법에서는 불법행위 전후에 따른 피해자의 이익 상태의 차이를 손해라고 한다.

② 민법에서는 피해자가 손해를 배상받으려면 가해자의 고의나 과실은 법원이 입증하도록 규정하고 있다.

③ 민법에 따르면 가해자는 피해자가 입은 손해를 금전적으로 배상해야 한다.

④ 공동불법행위 중에는 독립적으로 일어난 여러 불법행위가 우연한 이유로 하나의 손해를 일으켜 발생하는 경우가 있다.

⑤ 공동불법행위에서 가해자가 부담해야 할 금액을 초과해 배상했을 때 초과한 금액을 다른 가해자에게 청구할 수 있는 경우가 있다.

053

배분적 정의 의 관점에서, Ⓐ와 Ⓑ를 평가한 내용으로 가장 적절한 것은?

① 과실 여부를 판단할 때 사회 평균인을 기준으로 한다는 점에서, Ⓐ를 Ⓑ보다 정당한 것으로 평가하겠군.

② 피해자의 과실이 있는 경우 가해자가 피해자의 손해를 예상했다면 피해자와 책임을 나눈다는 점에서, Ⓐ를 Ⓑ보다 정당한 것으로 평가하겠군.

③ 가해자의 입장에서는 자신의 과실에 대한 책임만 부담하면 된다는 점에서, Ⓑ를 Ⓐ보다 정당한 것으로 평가하겠군.

④ 피해자가 여럿이고 가해자가 단독일 경우 가해자가 손해배상액을 각각의 피해자에게 배분한다는 점에서, Ⓑ를 Ⓐ보다 정당한 것으로 평가하겠군.

⑤ 피해자의 입장에서는 가해자가 적을수록 자신이 받을 손해배상액이 늘어난다는 점에서, Ⓐ와 Ⓑ를 모두 정당한 것으로 평가하겠군.

054

㉠의 이유로 가장 적절한 것은?

① 가해자와 피해자가 서로에게 동일한 금액을 배상하는 것이 공평하기 때문이다.

② 과실상계 여부를 판단할 때 가해자와 피해자의 과실 비율이 동일해야 하기 때문이다.

③ 과실상계는 피해자가 이미 지급 받은 손해배상액의 액수를 고려하여 적용되기 때문이다.

④ 과실상계를 적용할 때 동일한 기준으로 가해자와 피해자의 과실에 대해 판단하기 때문이다.

⑤ 피해자의 과실에 적용된 과실상계가 피해자가 받을 전체 손해배상액을 증액시키기 때문이다.

055

〈보기〉는 (가), (나)의 내용을 학습하기 위한 자료의 일부이다. (가), (나)를 읽은 학생의 〈보기〉에 대한 반응으로 적절하지 않은 것은? 3점

┃ 보 기 ┃

[가상의 상황]

○ 사건 당사자 : A 법인, B 사, C 씨

○ 사건 내용

A 법인은 부주의로 인해 오류가 있는 경제 보고서를 작성했다. B 사는 이 보고서를 근거로 한 투자 상품을 C 씨에게 판매했는데, 이 과정에서 B 사는 투자 유의 사항을 제대로 설명하지 않았다. 그리고 C 씨는 잘못된 판단으로 성급하게 투자를 결정하여 10만 원의 손해를 입었다. C 씨는 자신의 손해가 A 법인과 B 사 때문임을 주장했다.

[판결 결과]

법원은 이 사건이 A 법인과 B 사의 과실만에 의해 발생한 공동 불법행위라고 판단하며 C 씨의 과실도 인정함. 법원은 A 법인, B 사, C 씨의 과실 비율만 각각 30 %, 60 %, 10 %로 판단하고 A 법인, B 사 각자가 실제 배상할 금액은 지정해 주지 않음.

(단, 다른 상황은 고려하지 않음.)

① A 법인에 고의가 없다고 판결한 것은, A 법인의 부주의는 C 씨에게 손해를 가할 것임을 의도한 것은 아니라고 본 것이겠군.

② A 법인과 B 사의 과실에 대해 법원이 지정한 비율은, A 법인과 B 사 각자가 배상할 금액을 합의하여 정하는 기준이 될 수 있겠군.

③ A 법인의 과실이 B 사보다 작다고 판결한 것은, B 사가 파산하여 경제적 능력이 없더라도 A 법인이 단독으로 책임질 필요가 없다고 본 것이겠군.

④ A 법인과 B 사가 실제 배상할 금액을 법원이 지정해 주지 않은 것은, C 씨가 입은 손해를 A 법인과 B 사가 연대하여 배상해야 한다고 본 것이겠군.

⑤ C 씨의 과실을 인정한다고 판결한 것은, C 씨가 투자를 할 때 투자자에게 정상적으로 요구되는 의무를 제대로 지키지 않은 것이라고 본 것이겠군.

056

밑줄 친 부분의 문맥적 의미가 ⓐ와 가장 유사한 것은?

① 나는 그를 제자로 <u>삼을</u> 것이다.

② 비단은 명주실을 <u>삼아서</u> 만든다.

③ 나는 요즘 취미 <u>삼아</u> 그림을 배우고 있다.

④ 그는 시골에서 자연을 벗 <u>삼아</u> 살고 있다.

⑤ 그는 근면을 신조로 <u>삼아</u> 최선을 다해 살았다.

다음 글을 읽고 물음에 답하시오. 4문항을 6분 안에 풀어보세요. 6분

　　사회 구성원들이 경제적 이익을 추구하는 과정에서 불법 행위를 감행하기 쉬운 상황일수록 이를 억제하는 데에는 금전적 제재 수단이 효과적이다.

　　현행법상 불법 행위에 대한 금전적 제재 수단에는 민사적 수단인 손해 배상, 형사적 수단인 벌금, 행정적 수단인 과징금이 있으며, 이들은 각각 피해자의 구제, 가해자의 징벌, 법 위반 상태의 시정을 목적으로 한다. 예를 들어 기업들이 담합하여 제품 가격을 인상했다가 적발된 경우, 그 기업들은 피해자에게 손해 배상 소송을 제기당하거나 법원으로부터 벌금형을 선고받을 수 있고 행정 기관으로부터 과징금도 부과받을 수 있다. 이처럼 하나의 불법 행위에 대해 세 가지 금전적 제재가 내려질 수 있지만 제재의 목적이 서로 다르므로 중복 제재는 아니라는 것이 법원의 판단이다.

　　그런데 우리나라에서는 기업의 불법 행위에 대해 손해 배상 소송이 제기되거나 벌금이 부과되는 사례는 드물어서, 과징금 등 행정적 제재 수단이 억제 기능을 수행하는 경우가 많다. 이런 상황에서는 과징금 등 행정적 제재의 강도를 높임으로써 불법 행위의 억제력을 끌어올릴 수 있다. 그러나 적발 가능성이 매우 낮은 불법 행위의 경우에는 과징금을 올리는 방법만으로는 억제력을 유지하는 데 한계가 있다. 또한 피해자에게 귀속되는 손해 배상금과는 달리 벌금과 과징금은 국가에 귀속되므로 과징금을 올려도 피해자에게는 ㉠직접적인 도움이 되지 못한다. 이 때문에 적발 가능성이 매우 낮은 불법 행위에 대해 억제력을 높이면서도 손해 배상을 더욱 충실히 할 수 있는 방안들이 요구되는데 그 방안 중 하나가 '징벌적 손해 배상 제도'이다.

　　이 제도는 불법 행위의 피해자가 손해액에 해당하는 배상금에다 가해자에 대한 징벌의 성격이 가미된 배상금을 더하여 배상받을 수 있도록 하는 것을 내용으로 한다. 일반적인 손해 배상 제도에서는 피해자가 손해액을 초과하여 배상받는 것이 불가능하지만 징벌적 손해 배상 제도에서는 ㉡그것이 가능하다는 점에서 이례적이다. 그런데 ㉢이 제도는 민사적 수단인 손해 배상 제도이면서도 피해자가 받는 배상금 안에 ㉣벌금과 비슷한 성격이 가미된 배상금이 포함된다는 점 때문에 중복 제재의 발생과 관련하여 의견이 엇갈리며, 이 제도 자체에 대한 찬반양론으로 이어지고 있다.

　　이 제도의 반대론자들은 징벌적 성격이 가미된 배상금이 피해자에게 부여되는 ㉤횡재라고 본다. 또한 징벌적 성격이 가미된 배상금이 형사적 제재 수단인 벌금과 함께 부과될 경우에는 가해자에 대한 중복 제재가 된다고 주장한다. 반면에 찬성론자들은 징벌적 성격이 가미된 배상금을 피해자들이 소송을 위해 들인 시간과 노력에 대한 정당한 대가로 본다. 따라서 징벌적 성격이 가미된 배상금도 피해자의 구제를 목적으로 하는 민사적 제재의 성격을 갖는다고 보아야 하므로 징벌적 성격이 가미된 배상금과 벌금이 함께 부과되더라도 중복 제재가 아니라고 주장한다.

057

윗글에서 다룬 내용이 <u>아닌</u> 것은?

① 징벌적 손해 배상 제도의 내용
② 징벌적 손해 배상 제도와 관련한 논쟁
③ 불법 행위에 대한 금전적 제재 수단의 종류
④ 징벌적 손해 배상 제도의 도입 사례와 문제점
⑤ 징벌적 손해 배상 제도의 도입이 요구되는 배경

058

윗글에 대한 이해로 적절하지 <u>않은</u> 것은?

① 과징금은 불법 행위를 행정적으로 제재하는 수단에 해당된다.
② 기업이 담합해 제품 가격을 인상한 행위는 불법 행위에 해당한다.
③ 불법 행위로 인한 피해자는 손해 배상으로 구제받는 것이 가능하다.
④ 하나의 불법 행위에 대해 두 가지 이상의 금전적 제재가 내려질 수 있다.
⑤ 우리나라에서는 기업의 불법 행위를 과징금보다 벌금으로 제재하는 사례가 많다.

059

문맥을 고려할 때 ㉠~㉤에 대한 설명으로 적절하지 않은 것은?

① ㉠은 피해자가 금전적으로 구제받는 것을 의미한다.
② ㉡은 피해자가 손해액을 초과하여 배상받는 것을 가리킨다.
③ ㉢은 징벌적 손해 배상 제도를 가리킨다.
④ ㉣은 행정적 제재 수단으로서의 성격을 말한다.
⑤ ㉤은 배상금 전체에서 손해액에 해당하는 배상금을 제외한 금액을 의미한다.

060

윗글을 바탕으로 〈보기〉를 이해한 내용으로 적절하지 않은 것은?

`3점`

| 보 기 |

　우리나라의 법률 중에는 징벌적 손해 배상 제도의 성격을 가진 규정이 「하도급거래 공정화에 관한 법률」 제35조에 포함되어 있다. 이 규정에 따르면 하도급거래 과정에서 자기의 기술자료를 유용당하여 손해를 입은 피해자는 그 손해의 3 배까지 가해자로부터 배상을 받을 수 있다.

① 이 규정에 따라 피해자가 받게 되는 배상금은 국가에 귀속되겠군.
② 이 규정의 시행으로, 기술자료를 유용해 타인에게 손해를 끼치는 행위가 억제되는 효과가 생기겠군.
③ 이 규정에 따라 피해자가 손해의 3 배를 배상받을 경우에는 배상금에 징벌적 성격이 가미된 배상금이 포함되겠군.
④ 일반적인 손해 배상 제도를 이용할 때보다 이 규정을 이용할 때에 피해자가 받을 수 있는 배상금의 최대한도가 더 커지겠군.
⑤ 이 규정이 만들어진 것으로 볼 때, 하도급거래 과정에서 발생하는 기술자료 유용은 적발 가능성이 매우 낮은 불법 행위에 해당되겠군.

다음 글을 읽고 물음에 답하시오. 5문항을 16분 안에 풀어보세요. 16분

형법은 범죄와 형벌을 규정한 법률로 어떤 행위가 형법상 범죄 행위로 성립하려면 '구성 요건 해당성', '위법성', '책임'이라는 세 가지 요건을 순차적으로 모두 충족해야 한다.

첫 번째 성립 요건인 구성 요건 해당성은 어떤 행위에 대한 구체적인 사실이 형법상 규정된 범죄의 유형에 해당하는 것을 말한다. 이때 구성 요건으로 행위와 결과를 요구하는 경우에는 구성 요건상 행위와 결과 간에 인과관계가 인정되어야 한다. 두 번째 성립 요건인 위법성은 전체 법질서에 위배된다는 가치 판단으로, 어떤 행위가 구성 요건에 해당하는 행위이면 일반적으로 위법성이 추정된다. 하지만 구성 요건에 해당하는 행위이더라도 예외적으로 위법성을 소멸시키는 사유인 위법성 조각 사유에 해당한다면 범죄가 성립하지 않는다. 예를 들어 범죄의 구성 요건에 해당하는 타인에 대한 폭력이 형법에 규정된 위법성 조각 사유 중 하나인 정당방위에 해당한다면 위법성이 조각되어 범죄라고 볼 수 없다는 것이다. 세 번째 성립 요건인 책임은 행위자에 대해 사회적 비난이 가능하다는 성질을 의미한다. 어떤 행위가 구성 요건에 해당하는 위법한 행위라도 행위자에 대한 사회적 비난이 가능하지 않다면 범죄가 되지 않는다. 이때 행위자에 대한 책임을 물을 수 없는 사유인 책임 조각 사유 역시 형법에 규정되어 있는데 그 예로 강요된 행위가 있다.

형법에서 다루는 범죄는 '고의범'과 '과실범'으로 나눌 수 있다. 고의범은 행위자가 죄를 범할 의사를 가지고 저지르는 범죄로, 범죄 사실의 발생 가능성에 대한 인식이 있음은 물론 나아가 범죄 사실이 발생할 위험을 용인하는 마음속의 의사를 가지고 행동하는 '미필적 고의'에 의한 범죄 역시 고의범에 포함하고 있다. 형법에서 다루는 범죄는 고의범이 대부분이지만, 실수로 타인의 생명과 신체를 침해하는 사례가 많아지면서 죄를 범할 의사는 없지만 부주의로 타인에게 상처를 입히는 등의 과실로 인한 범죄인 과실범에 대해서도 특별한 규정을 두어 처벌하고 있다.

과실은 결과 발생의 위험성에 대한 인식의 유무와 형법상의 과실범 규정에 따라 그 유형을 나눌 수 있다. 먼저 인식의 유무에 따라 과실의 유형을 나누면 '인식 없는 과실'과 '인식 있는 과실'로 나눌 수 있다. 자동차 운전을 하면서 통화를 하다가 정지신호를 보지 못하고 통과하던 중 교통사고를 ⓐ일으킨 경우, 운전 중 통화 행위가 사고를 발생시킬 수 있는 위험한 행동이라고 인식하지 못하였다면 운전자의 행위는 인식 없는 과실에 해당한다. 그러나 운전 중 통화 행위가 사고를 발생시킬 수 있는 위험한 행동이라고 인식했지만 주의해서 운전하면 교통사고는 발생하지 않을 것이라고 생각하면서 계속 통화를 하던 중 교통사고를 일으켰다면 운전자의 행위는 인식 있는 과실에 해당한다고 볼 수 있다. 두 과실은 형법상 취급에는 차이가 없고 과실범의 성립 여부에 영향을 주지 않는다. 하지만 ㉠두 과실을 구분함으로써 인식 있는 과실을 미필적 고의와 구별할 수 있다.

다음으로 과실은 형법상의 과실범 규정에 따라 ㉠'통상의 과실', ㉡'업무상 과실', ㉢'중과실'로 나눌 수 있는데, 이들은 법정형에 차이가 있다. 업무상 과실은 업무가 계속적·반복적인 수행을 요건으로 하기 때문에 결과 발생에 대한 예견가능성이 높다고 할 수 있으므로 일반인에게 통상적으로 요구되는 주의의무를 위반하는 통상의 과실에 비해 상대적으로 무겁게 처벌한다. 이 경우 업무는 결과 발생 야기 행위의 내용이어야 하며 이와 무관한 업무를 수행하던 중 발생한 결과에 대해서는 업무상 과실을 인정할 수 없다. 중과실은 통상의 과실에 비해 주의의무를 현저히 태만히 한 경우, 즉 극히 근소한 주의만 기울였더라도 결과의 발생을 예견할 수 있었다는 점에서 통상의 과실에 비해 상대적으로 무겁게 처벌한다.

061

윗글의 내용에 대한 이해로 적절하지 않은 것은?

① 협박에 의해 강요된 행위였다면 위법성이 조각되어 범죄로 볼 수 없다.

② 어떤 행위에 대한 결과가 없더라도 그 행위만으로도 구성 요건에 해당할 수 있다.

③ 어떤 행위가 형법에 규정된 범죄 행위의 유형에 속하지 않는다면 범죄로 볼 수 없다.

④ 어떤 행위가 형법상 범죄로 성립하기 위해서는 범죄 성립의 세 가지 요건을 순차적으로 모두 충족해야 한다.

⑤ 범죄의 구성 요건으로 행위와 결과를 요구하는 경우, 구성 요건상 행위와 결과는 인과관계가 인정되어야 한다.

062

⑦의 이유를 추론한 내용으로 가장 적절한 것은?

① 고의는 과실보다 부주의로 인해 죄를 범할 가능성이 상대적으로 낮기 때문이다.

② 과실은 행위의 위험성에 대한 인식 유무에 따라 서로 다른 유형으로 나뉘기 때문이다.

③ 결과 발생의 위험성에 대한 인식 유무가 고의와 과실을 나누는 중요한 기준이기 때문이다.

④ 고의와 과실은 범죄 사실의 발생 가능성에 대한 인식 유무와 그 결과를 용인하는 의사 유무 모두에 차이가 있기 때문이다.

⑤ 행위자가 자기 행위로 인하여 발생할 위험을 용인하는 의사의 유무에 따라 그 행위가 고의와 과실로 구별되기 때문이다.

063

㉠~㉢에 대한 설명으로 적절하지 <u>않은</u> 것은?

① ㉠과 ㉡은 업무로 인한 결과 발생 가능성을 얼마만큼 예견했는가에 따라 법정형이 달라진다.

② ㉠과 ㉢은 주의의무에 대한 태만의 정도 차이를 기준으로 나뉜다.

③ ㉡은 계속적이고 반복적인 수행으로 인해 결과 발생에 대한 예견가능성이 ㉠에 비해 상대적으로 높다.

④ ㉢은 조금만 주의를 기울여도 결과의 발생을 피할 수 있다는 점에서 ㉠에 비해 상대적으로 무겁게 처벌한다.

⑤ ㉠~㉢은 형법상 과실 행위를 세분화한 것으로 법정형에 차이가 있다.

064

윗글을 참고했을 때, <보기>의 판결문에 대한 반응으로 적절하지 <u>않은</u> 것은? [3점]

> | 보 기 |
> A 씨(견주)는 자신의 의류 매장에서 반려견을 키우고 있었다. A 씨는 ○월 ○일 11시에 자신의 매장에서 환불을 요구하는 손님과 다툼을 벌였고, 그 과정에서 A 씨의 반려견이 밖으로 나갔다. 이때 지나가던 B 씨에게 A 씨의 반려견이 달려들었고, B 씨는 A 씨의 반려견에게 물려 상해를 입게 되었다. A 씨의 과실 여부를 판단하는 재판 과정에서, A 씨는 자신의 반려견이 매장 밖으로 나가 타인에게 해를 끼칠 수도 있겠다고 생각했지만 손님과의 다툼으로 어쩔 수 없었던 상황이었다고 호소했다. 이에 대한 판결은 다음과 같다.
>
> [판결문]
> 피고인(A 씨)은 피고인이 운영하는 의류 매장에서 견주로서 반려견에게 목줄을 채우지 않은 채 풀어놓고 출입문의 잠금 상태를 소홀히 한 과실로 피해자(B 씨)에게 상세 불명의 신체 부위에 상처를 입게 하였으므로 피고인을 벌금 150만 원에 처한다.

① A 씨가 반려견에 대한 관리를 소홀히 한 사실에 대해 A 씨에 대한 사회적 비난이 가능하다고 판단한 것이겠군.

② A 씨가 반려견에 대한 관리를 소홀히 하면 타인에게 해를 끼칠 수 있다고 인식한 점은 과실범의 성립 여부에 영향을 미쳤겠군.

③ A씨가 손님과의 다툼으로 반려견에 대한 관리를 소홀히 할 수밖에 없었다고 주장하는 부분에 대해 책임 조각 사유로 인정하지 않았겠군.

④ A 씨가 반려견에 대한 관리를 소홀히 하였고 그로 인해 B 씨가 상해를 입게 된 점을 형법상 규정된 범죄 유형에 해당한다고 판단한 것이겠군.

⑤ A 씨가 반려견에 대한 관리 소홀로 타인을 다치게 하여 벌금형을 받은 점은 구성 요건에 해당하는 행위에 위법성이 있다고 판단한 것이겠군.

065

ⓐ와 문맥상 의미가 가장 가까운 것은?

① 동생이 학교에서 말썽을 일으켰다.

② 말이 먼지를 일으키며 달려가고 있다.

③ 그는 넘어지자마자 재빨리 몸을 일으켰다.

④ 선풍기는 전기를 동력으로 삼아 바람을 일으킨다.

⑤ 우리는 무너진 집안을 일으키기 위해 열심히 노력했다.

다음 글을 읽고 물음에 답하시오. 　5문항을 10분 안에 풀어보세요. **10분**

　법의 효력이란 사회 규범으로서의 법이 타당성과 실효성을 바탕으로 그 목적과 내용대로 실현되는 힘을 의미한다. 이때 타당성이란 법이 구속력을 가질 수 있는 정당한 자격을 말한다. 국민과 법이 추구하는 정의가 서로 같고, ⓐ적법한 절차에 의해서 법이 제정된 경우에는 타당성이 있다고 할 수 있다. 실효성이란 법이 현실로 지켜져 실현되게 하는 강제력을 의미한다. 실효성이 없는 법은 법을 이행하도록 하는 실제적인 힘이 없기 때문에 공동체의 법으로서 효력이 없다. ㉠법은 이러한 타당성과 실효성을 모두 갖추어야 효력을 발휘하며, 효력을 갖춘 법이 미치는 범위는 시간, 사람, 장소로 구분할 수 있다.

　법의 시간적 효력은 법의 부칙에 별도로 규정된 시행일로부터 발생한다. 만약 시행일을 규정하지 않은 경우에는 법을 공포*한 날로부터 20일이 ⓑ경과되면 법의 효력이 자동적으로 발생한다. 규정된 폐지일이 지나거나, 폐지일 이전에 법 자체가 폐지되면 법의 효력은 소멸한다. 폐지일이 규정되지 않은 경우에는 구법의 내용과 상충되는 신법이 시행되었을 때 구법의 효력이 소멸된다. 법의 효력은 시행 후에 발생한 사항에만 적용되며 ⓒ시행 이전에 발생한 사항에 대해서는 적용되지 않는다. 왜냐하면 법을 ⓓ소급해서 적용할 경우 이미 신법 시행 이전에 적법하게 취득한 권리를 침해하여 사회적 혼란을 일으킬 수 있기 때문이다. 그러나 신법이 시행될 때 이전에 발생한 사건에 대한 구법의 시간적 효력이 남아 있는 경우 예외적으로 신법을 소급하여 적용할 수 있다.

　법의 인적 효력은 한 사람에게 어느 나라의 법을 적용하느냐에 관한 문제로, 속인주의와 속지주의 중 어떤 원칙을 선택하느냐에 따라 효력이 미치는 범위가 달라진다. 속인주의란 그 나라의 국적을 가진 사람이 어느 장소에 있든지 관계 없이 국적국의 법을 적용하는 원칙이다. 예를 들어 우리나라 사람이 외국에서 죄를 지은 경우 속인주의에 따르면 우리나라 법의 적용을 받게 된다. 그런데 외국에 있는 우리나라 사람이 불법적인 행위를 한 상황에서 속인주의를 적용한다면 다른 나라의 영토 주권을 침범하여 문제가 발생할 수 있다. 이러한 한계는 속지주의로 보완할 수 있다. 속지주의란 자국의 영역 내에 있는 모든 사람에 대하여 내·외국인을 불문하고 자국법을 적용한다는 원칙이다. 가령 외국인이 우리나라에서 범죄를 저질렀을 때, 속지주의에 따르면 우리나라 법의 적용을 받게 된다. 그런데 주한 외교 사절은 기본적으로 우리나라의 법을 준수해야 하지만, ⓔ면책 특권 때문에 예외적으로 법의 효력이 발생하지 않는다.

　법의 장소적 효력은 법이 어떤 공간에 적용되느냐에 관한 문제이다. 국가의 법은 원칙적으로 그 국가의 주권이 미치는 전체 영역인 영토, 영해, 영공에 걸쳐 적용되는데, 예외적으로 도시계획법 중 일부 조항처럼 특정 지역에만 적용되는 법도 있다.

* 공포 : 이미 확정된 법률, 조약, 명령 따위를 일반 국민에게 널리 알리는 일

066

윗글의 내용과 일치하는 것은?

① 법의 효력은 국가 영역의 일부에만 적용될 수도 있다.
② 법의 폐지일이 경과하지 않으면 법을 폐지할 수 없다.
③ 법의 효력은 부칙에 시행일을 반드시 규정해야 발생한다.
④ 주한 외교 사절은 우리나라의 법을 준수하지 않아도 된다.
⑤ 외국에 있는 우리나라 사람에게 우리나라 법을 적용하더라도 타국의 영토 주권을 침범하지 않는다.

067

㉠의 이유로 가장 적절한 것은?

① 법이 타당성만 있고 실효성이 없으면, 법의 제정 과정에서 절차적 정당성을 가질 수 없기 때문에
② 법이 타당성만 있고 실효성이 없으면, 법 위반 행위를 금지하는 정당한 자격을 갖출 수 없기 때문에
③ 법이 실효성만 있고 타당성이 없으면, 해당 법의 실현을 위한 강제력을 가질 수 없기 때문에
④ 법이 실효성만 있고 타당성이 없으면, 법이 추구하는 정의를 국민으로부터 인정받을 수 없기 때문에
⑤ 법이 타당성과 실효성을 모두 갖추더라도, 법을 실제적으로 이행하도록 하는 힘을 국민들에게 인정받지 못하기 때문에

068

윗글을 참고할 때, <보기>의 ㉮~㉰에 들어갈 수 있는 말을 바르게 짝지은 것은?

| 보기 |

　　음주가 허용된 나라인 A국 국민 ○○씨가 음주가 금지된 B국에서 음주를 한 경우, ㉮ 에 따르면 ㉯ 의 법을 적용해야 하고, 이에 따르면 ○○씨는 ㉰ .

※ 단, ○○씨는 A국에서 B국으로 파견된 외교 사절은 아님

	㉮	㉯	㉰
①	속지주의	A국	처벌받을 것이다
②	속지주의	B국	처벌받을 것이다
③	속지주의	B국	처벌받지 않을 것이다
④	속인주의	A국	처벌받을 것이다
⑤	속인주의	B국	처벌받지 않을 것이다

069

윗글을 바탕으로 <보기>를 이해한 내용으로 적절하지 않은 것은?

3점

| 보기 |

　　△△기업은 2010년 1월부터 2월까지 가격 담합을 했다는 혐의로 2016년 6월에 조사를 받기 시작했다. 1990년 1월에 제정된 관련법은 별도의 폐지 시기를 규정하지 않았는데, 이에 따르면 과징금은 '위법 행위 종료일부터 5년'까지 부과할 수 있다. 그런데 이 법이 개정되어 2012년 2월 1일에 공포된 후 2월 10일부터 시행되었다. 과징금을 부과할 수 있는 기간은 '위법 행위에 대한 조사 개시일로부터 5년'으로 변경되었고, 효력을 현재까지 계속 유지하고 있다.

① 구법의 효력은 개정된 법의 시행일로부터 소멸했겠군.
② 개정된 법에 따르면 △△기업에 대한 과징금은 2021년 7월에는 부과할 수 없겠군.
③ △△기업에 과징금이 부과되었다면 개정된 법을 소급하여 적용한 것으로 볼 수 있겠군.
④ 개정된 법이 공포된 시점에는 △△기업의 담합 행위에 대한 구법의 효력이 존재했겠군.
⑤ 법이 개정되지 않았더라도 2016년 6월에 △△기업에 대해 과징금 처분을 내릴 수 있었겠군.

070

ⓐ~ⓔ의 사전적 의미로 적절하지 않은 것은?

① ⓐ : 법규에 맞음.
② ⓑ : 시간이 지나감.
③ ⓒ : 어려운 점을 무릅쓰고 행함.
④ ⓓ : 과거에까지 거슬러 올라가서 미치게 함.
⑤ ⓔ : 책임이나 책망을 면함.

다음 글을 읽고 물음에 답하시오. 4문항을 10분 안에 풀어보세요. 10분

매매 계약, 유언 등과 같은 법률행위가 법률효과를 발생시키려면 성립요건과 효력요건을 갖추어야 한다. 성립요건은 법률행위가 성립되기 위한 요건으로, 성립요건을 갖추지 못한 경우 법률행위가 불성립했다고 한다. 효력요건은 이미 성립한 법률행위가 효력을 발생하는 데 필요한 요건으로, 이를 갖추어 효력을 발생시켰을 때 법률행위가 유효하다고 한다.

그런데 법률행위는 성립하였지만, 효력요건이 불충분하여 그 법률행위가 성립한 당시부터 법률상 당연히 그 효력이 발생하지 않는 경우 그 법률행위는 무효가 된다. ㉠ 법률행위의 무효는 무효 사유가 존재한다면 특정인의 무효 주장이 없이도 그 법률행위가 처음부터 효력이 없는 것이 되며, 기간이 경과해도 무효라는 사실은 변하지 않는다.

한편 ㉡ 법률행위의 취소는 법률행위로서 일단 효력이 발생하였다가 어떤 사유가 있어 그 법률행위가 성립한 당시로 소급하여 효력을 잃게 되는 경우를 말한다. 법률행위의 취소가 확정되면 법률상의 효력이 무효와 같아지지만, 취소 사유가 존재하더라도 취소권을 가진 특정인이 취소를 주장할 때만 그 법률행위의 효력이 없어질 수 있다는 점에서 무효와 차이가 있다. 또한 취소권은 일정한 기간이 경과하면 소멸되고, 취소권이 소멸된 법률행위는 결국 유효한 것으로 확정된다.

무효인 법률행위에서는 아무런 효력도 생기지 않으며, 법적으로는 아무것도 없는 것이라 보기 때문에 소급하여 유효로 할 수 있는 대상이 없는 상태라 할 수 있다. 그래서 무효인 법률행위, 즉 무효행위는 다른 법률행위로 전환을 하기도 하고, 추인함으로써 그때부터 새로운 법률행위가 되게 만들기도 한다. 무효는 이미 성립된 법률행위를 전제로 하기 때문에 이러한 전환이나 추인이 가능한 것이며, 만약 법률행위가 불성립했다면 전환이나 추인은 할 수 없다. 무효행위를 전환한다는 것은 무효인 법률행위가 다른 법률행위로서의 효력요건은 갖추고 있을 때, 그 법률행위로서의 효력을 인정하는 것을 말한다. 이때 전환을 위해서는 당사자가 무효임을 알았더라면, 그 법률행위가 아니라 처음부터 다른 법률행위를 했을 것이라고 인정되어야 한다. 무효행위의 전환의 예로는, 징계해고로서 효력요건을 갖추지 못해 무효가 된 법률행위가 징계휴직으로서의 효력요건은 갖추고 있을 때 징계휴직으로 전환하여 법률행위가 유효가 되는 경우를 들 수 있다.

무효행위를 추인한다는 것은 무효가 된 법률행위가 갖추지 못했던 효력요건을 추후에 보충하여 새로운 법률행위로서의 효력을 인정하는 것을 말한다. ㉰ 무효행위를 추인하면 그 무효행위가 처음 성립한 때로 소급하여 유효한 것이 되는 것이 아니라 추인한 때부터 새로운 법률행위를 한 것으로 본다. 민법은 원칙적으로 무효행위의 추인을 인정하지 않지만, 무효 원인이 소멸한 상태이고 당사자가 기존 법률행위가 무효임을 알고 추인한 경우에 한해서는 추인을 인정하고 있다.

법률행위가 무효가 되면 그 법률행위에 따른 법률효과도 생기지 않으므로 무효행위를 근거로 하는 청구권도 부인된다. 따라서 해당

법률행위에 따라 채무가 있는 경우 상대방이 청구권을 행사할 수 없으므로 채무를 이행할 필요가 없다. 만약 이미 채무가 이행된 경우라면 수령자는 해당 이득을 반환해야 하는 부당이득 반환의무를 진다. 무효는 시간이 흘러도 그대로 유지되지만, 부당이득의 반환청구권은 소멸시효가 있으므로 영구적으로 주장할 수 있는 것은 아니다.

071

윗글의 내용과 일치하지 <u>않는</u> 것은?

① 법률행위가 불성립한 경우에도 법률행위의 전환이나 추인을 할 수 있다.

② 성립요건과 효력요건을 모두 갖추어야 법률행위는 법률효과를 발생시킬 수 있다.

③ 법률행위가 효력을 발생시켰더라도 어떤 사유가 있어 그 효력을 잃게 되기도 한다.

④ 법률행위가 무효가 되면 해당 법률행위에 따른 채무가 발생한 경우라도 그 채무를 이행할 필요가 없다.

⑤ 법률행위가 무효라는 사실이 그대로 유지되더라도 부당이득의 반환청구권을 영구적으로 주장할 수 있는 것은 아니다.

072

㉠, ㉡에 대한 이해로 적절하지 <u>않은</u> 것은?

① ㉠은 효력요건이 불충분하여 법률상 당연히 효력이 발생하지 않는 경우이다.

② ㉡은 취소 사유가 존재하더라도 법률행위의 효력이 발생하는 경우가 있다.

③ ㉠과 ㉡은 모두 법률행위가 성립한 것을 전제로 한다.

④ ㉡은 ㉠과 달리 법률행위의 효력 유무에 변화를 줄 수 있는 기한이 존재한다.

⑤ ㉡은 ㉠과 달리 특정인의 주장이 없어도 법률행위의 효력이 없어질 수 있다.

073

윗글을 바탕으로 <보기>의 ⓐ와 ⓑ에 대해 이해한 내용으로 가장 적절한 것은? 3점

| 보 기 |

   갑은 자신의 유언을 법적으로 인정받고자 ⓐ '비밀증서에 의한 유언'의 형태로 유언증서를 남겼다. 하지만 갑의 사망 후 이 유언증서는 봉인상의 확정일자를 받아야 한다는 조건을 충족하지 않아 무효임이 밝혀졌다. 이에 대해 법원에서는 해당 유언증서가 다른 형태의 유언증서인 ⓑ '자필서명에 의한 유언'의 조건은 모두 충족하고 있으며 갑이 자신의 유언증서가 무효임을 알았다면 이러한 형태의 유언증서를 남겼을 것이라 보아, '자필서명에 의한 유언'으로서는 유효하다고 판단했다.

① ⓐ가 무효가 되면서 ⓑ의 성립요건도 불충분하게 된 것이군.

② ⓐ는 효력요건을 갖추지 못했지만 ⓑ는 효력요건을 갖추고 있군.

③ ⓐ의 부족한 효력요건이 추후에 보충되어 ⓑ가 유효하게 된 것이군.

④ ⓐ는 ⓑ로 바뀌면서 무효 원인이 소멸되어 다시 효력을 가지게 되는군.

⑤ ⓐ의 효력이 발생하려면 ⓑ가 무효임을 당사자가 알았다는 조건이 충족되어야 하는군.

074

㉮의 이유를 추론한 내용으로 가장 적절한 것은?

① 법률행위를 추인할 때 추인의 조건을 갖춘 상태라면 이를 소급하여 유효한 것으로 만들 수도 있기 때문이다.

② 추인으로 인해 무효행위의 유효요건이 보충되면서 새로운 법률행위로서 효력을 발생시킬 필요가 없어졌기 때문이다.

③ 무효인 법률행위는 법적으로 아무것도 없는 것이어서 소급해서 추인할 수 있는 대상 자체가 없는 상태이기 때문이다.

④ 무효인 법률행위가 성립한 때를 정확하게 증명할 수 없다면 추인을 통해 유효하게 된 시점도 특정할 수 없기 때문이다.

⑤ 무효인 법률행위는 원칙적으로 추인할 수 없도록 법률상으로 정해 놓은 것이어서 추인을 통해 유효한 것이 될 수는 없기 때문이다.

다음 글을 읽고 물음에 답하시오.   6문항을 12분 안에 풀어보세요. **12분**

(가)

저작권법 제2조 제1호에서 정의하고 있는 저작물이란 인간의 사상 또는 감정을 표현한 창작물을 말한다. 저작권법으로 보호받는 저작물이 되려면 창작성이 있어야 한다. 여기에서의 창작성이란 완전히 새로워야 한다거나 예술적 수준이 높아야 한다는 것이 아니라, 남의 것을 단순히 베끼지 않고 최소한의 개성을 담아야 함을 의미한다. 우연히 기존의 저작물과 유사하더라도 베끼지 않고 독자적으로 창작한 것이라면 저작권을 보호받을 수 있다.

저작권법상 원저작물을 번역·편곡·변형·각색 등의 방법으로 작성한 창작물을 2차적저작물이라 한다. 이러한 2차적저작물이 되려면 원저작물을 기초로 하여야 한다. 또한 원저작물과 실질적 유사성을 유지하여야 한다. 소설을 기초로 하는 영화가 2차적저작물이 되려면 영화의 사건 구성과 전개, 등장인물의 교차 등이 소설과 실질적 유사성을 유지하여야 한다. 그리고 원저작물에 사회 통념상 새로운 저작물이 될 수 있을 정도의 수정·증감을 가하여 새로운 창작성을 부가하여야 한다. 근대 소설을 현대 표기법에 맞도록 수정한 것은 원저작물의 복제물에 가까운 것으로 2차적저작물로 보기 어렵다. 반면 소설을 원저작물로 하여 이를 각색한 후 영화로 제작한다면 이 영화는 2차적저작물이 된다.

만약 원저작물을 떠올릴 수 없을 정도로 완전히 바뀌어 실질적 유사성이 인정되지 않는다면 이것은 2차적저작물이 아니라 원저작물과는 다른 독립저작물로 인정받을 수 있다. 2차적저작물과 독립저작물을 구별하는 기준으로 원저작물과 시장적 경쟁 관계에 있는지 여부가 있다. 시장적 경쟁 관계에 있다는 것은 어떤 저작물을 구매할 때 원저작물의 수요가 줄어드는 것이다. 이는 구매한 저작물이 원저작물을 대체한다는 것이다. 일반적으로 2차적저작물은 원저작물과 시장적 경쟁 관계에 있다고 보지만, 독립저작물은 원저작물과 시장적 경쟁 관계에 있다고 보지 않는다.

(나)

저작권이란 저작자가 자신이 창작한 저작물에 대해 갖는 권리이다. 저작권은 여러 가지 권리의 총집합으로 저작인격권과 저작재산권으로 ⓐ 나눌 수 있다. 저작인격권은 저작자가 자신의 저작물에 대하여 가지는 인격적 권리로, 저작자만이 가질 수 있으며 양도할 수 없고 저작자가 사망하면 소멸한다. 저작자가 사망한 뒤에라도 유족 등은 명예 회복을 위한 조치를 취할 수 있는데, 저작물을 이용하는 사람이 저작자가 살아 있었다면 저작인격권의 침해가 될 행위를 하여 저작자의 명예를 훼손한 경우가 이에 해당한다. 이와 달리 저작재산권은 저작물을 일정한 방식으로 이용함으로써 발생하는 재산적 이익을 보호하는 권리로, 양도가 가능하다. 이때 저작재산권 전체를 양도할 수도 있지만 저작재산권을 구성하는 각각의 권리를 나누어 일부를 양도할 수도 있다.

저작권 침해 사안은 저작재산권을 구성하는 권리 중 하나인 2차적저작물 작성권과 관련되어 있는 경우가 많다. 저작권법 제22조에 의하면 저작자는 자신의 저작물을 원저작물로 하는 2차적저작

물을 작성하여 이용할 권리, 즉 2차적저작물 작성권을 갖는다. 만약 누군가 원저작물의 저작자, 즉 원저작자 허락 없이 원저작물에 의거하여 그 저작물과 실질적으로 유사한 저작물을 작성하여 이용한다면 그 사람은 원저작자의 2차적저작물 작성권을 침해한 것이 된다.

㉮ 저작권법 제5조 제1항에 의하면 2차적저작물은 독자적인 저작물로서 보호를 받는다. 그런데 원저작자의 허락 없이 작성된 2차적저작물도 저작권법의 보호를 받을 수 있을까? 받을 수 있다. 즉 원저작자에게 허락을 받지 않아도 일단 2차적저작물이 만들어지면 2차적저작물의 저작권은 원저작물의 저작권과는 별개의 권리로서 보호를 받으며, 원저작자의 허락이 있었는지 여부는 2차적저작물의 저작권 발생에 영향을 주지 않는다.

다만 허락 없이 2차적저작물을 작성하여 이용하는 것은 원저작자의 권리를 침해하는 것이므로, 원저작자는 자기 허락 없이 만들어진 2차적저작물을 이용하지 못하도록 금지하거나 손해배상을 청구하는 등 권리를 침해한 사람에게 자신의 권리를 주장할 수 있다. 그러므로 2차적저작물을 작성하여 이용하려는 사람은 원저작자의 저작권을 침해하지 않기 위해 원저작자에게 원저작물 이용에 대한 허락을 받을 필요가 있다. 만약 원저작자가 2차적저작물 작성권을 다른 사람에게 양도하였다면 양도받은 사람에게 허락을 받아야 한다.

㉠ 원저작물을 기초로 만들어진 ㉡ 2차적저작물을 기반으로 하여 ㉢ 또 다른 2차적저작물을 제작하는 경우라면, 원저작물의 2차적저작물 작성권을 가진 사람의 허락까지 받을 필요가 있다. 소설을 각색한 2차적저작물인 영화를 기반으로 또 다른 2차적저작물인 연극을 제작한다고 할 때, 연극이 소설을 기반으로 창작된 것임을 부인할 수는 없을 것이다. 그러므로 연극을 제작하려는 사람은 소설과 영화의 2차적저작물 작성권을 가진 사람 모두에게 허락을 받을 필요가 있다.

075

(가), (나)에 대한 설명으로 적절하지 <u>않은</u> 것은?

① (가)는 일정한 기준에 따라 2차적저작물과 독립저작물을 구분하고 있다.

② (가)는 예시를 활용하여 2차적저작물이 갖추어야 할 요건을 설명하고 있다.

③ (나)는 차이점을 밝히며 저작인격권과 저작재산권을 구별하고 있다.

④ (나)는 묻고 답하는 방식을 통하여 저작권 침해가 발생하는 경우를 나열하고 있다.

⑤ (가)와 (나)는 모두 법에 제시된 내용에 근거하여 2차적저작물과 관련된 용어를 설명하고 있다.

076

(가), (나)의 내용과 일치하는 것은?

① 저작인격권은 저작자 사망 시 유족에게 양도되어 보호받는다.

② 2차적저작물의 저작권은 2차적저작물 작성권을 가진 사람이 갖게 된다.

③ 원저작물을 수정한 것이라면 복제물에 가깝더라도 2차적저작물로 간주할 수 있다.

④ 다른 사람의 저작물을 베낀 것이 아니더라도 그 저작물과 유사하면 저작권 보호를 받을 수 없다.

⑤ 2차적저작물 작성권은 2차적저작물을 작성하여 이용함으로써 발생하는 재산적 이익을 보호하기 위한 권리이다.

077

㉠~㉢을 이해한 내용으로 적절하지 않은 것은?

① ㉠의 저작자와 ㉡을 작성하여 이용할 수 있는 권리를 가진 사람은 다를 수 있다.

② ㉡은 ㉠을 기반으로 창작된 것으로 본다.

③ ㉡과 ㉢은 시장적 경쟁 관계에 있다고 보는 것이 일반적이다.

④ ㉢은 ㉠과 실질적 유사성이 있다고 간주한다.

⑤ ㉡을 작성할 때는 ㉢과 달리 ㉠의 2차적저작물 작성권을 가진 사람의 허락을 받을 필요가 있다.

078

(가)를 참고하여 ㉮의 이유를 추론한 것으로 가장 적절한 것은?

① 원저작물을 떠올릴 수 없을 정도로 바뀌었으므로

② 원저작물의 저작자가 아닌 사람이 창작하였으므로

③ 원저작물에 없는 새로운 창작성이 부가되어 있으므로

④ 원저작물에 비해 예술적 수준이 높다고 볼 수 있으므로

⑤ 원저작물의 저작자가 지닌 권리를 침해하지 않았으므로

079

(가), (나)를 읽은 학생이 <보기>에 대해 보인 반응으로 적절하지 않은 것은? 　3점

| 보기 |

○A는 오디션 프로그램에 나가기 위해 기존 가요를 편곡하였고 편곡한 곡을 자신의 블로그에 올렸다. A의 친구는 기존 가요의 저작자인 B의 허락을 받지 않고 편곡한 것이 문제가 될 수 있음을 말해 주었다. A는 편곡은 B의 허락을 받을 필요가 없다고 생각하고 있다.

○C는 인터넷 검색을 하다가 평소 관심 있던 외국 영화의 한글 자막을 보게 되었고 이것을 자신이 운영하는 영화 관련 웹 사이트에 올렸다. 그런데 영어 자막을 번역하여 이 한글 자막을 작성한 D가 자신의 저작물을 무단으로 이용했다는 이유로 C에게 권리를 주장했다. 하지만 D가 영어 자막의 저작자에게 허락받지 않고 한글 자막으로 번역하였다는 것을 알게 된 C는 자신에게 잘못이 없다고 생각하고 있다.

※ 단, 저작자가 아닌 다른 사람에게 양도된 저작권은 없다고 가정하고, 주어진 상황 이외에는 고려하지 않음

① B는 A가 편곡하여 블로그에 올린 곡에 대한 저작권을 가지고 있지 않겠군.

② 영어 자막의 저작자는 D에게 손해배상을 청구할 수 있겠군.

③ 기존 가요와 영어 자막은 원저작물로 볼 수 있겠군.

④ A는 C와 달리 2차적저작물 작성권을 침해한 것이겠군.

⑤ B와 D는 모두 2차적저작물 작성권을 침해받은 것이겠군.

080

문맥상 ⓐ와 바꾸어 쓰기에 가장 적절한 것은?

① 분류(分類)할

② 변별(辨別)할

③ 배분(配分)할

④ 판별(判別)할

⑤ 해석(解釋)할

다음 글을 읽고 물음에 답하시오. 3문항을 5분 안에 풀어보세요. 5분

문화가 발전하려면 저작자의 권리 보호와 저작물의 공정 이용이 균형을 이루어야 한다. 저작물의 공정 이용이란 저작권자의 권리를 일부 제한하여 저작권자의 허락이 없어도 저작물을 자유롭게 이용하는 것을 말한다. 비영리적인 사적 복제를 허용하는 것이 그 예이다. 우리나라의 저작권법에서는 오래전부터 공정 이용으로 볼 수 있는 저작권 제한 규정을 두었다.

그런데 디지털 환경에서 저작물의 공정 이용은 여러 장애에 부딪혔다. 디지털 환경에서는 저작물을 원본과 동일하게 복제할 수 있고 용이하게 개작할 수 있다. 따라서 저작물이 개작되더라도 그것이 원래 창작물인지 이차적 저작물인지 알기 어렵다. 그 결과 디지털화된 저작물의 이용 행위가 공정 이용의 범주에 드는 것인지 가늠하기가 더 어려워졌고 그에 따른 처벌 위험도 커졌다.

이러한 문제를 해소하기 위한 시도의 하나로 포괄적으로 적용할 수 있는 '저작물의 공정한 이용' 규정이 저작권법에 별도로 신설되었다. 그리하여 저작권자의 동의가 없어도 저작물을 공정하게 이용할 수 있는 영역이 확장되었다. 그러나 공정 이용 여부에 대한 시비가 자율적으로 해소되지 않으면 예나 지금이나 법적인 절차를 밟아 갈등을 해소해야 한다. 저작물 이용의 영리성과 비영리성, 목적과 종류, 비중, 시장 가치 등이 법적인 판단의 기준이 된다.

저작물 이용자들이 처벌에 대한 불안감을 여전히 느낀다는 점에서 저작물의 자유 이용 허락 제도와 같은 '저작물의 공유' 캠페인이 주목을 받고 있다. 이 캠페인은 저작권자들이 자신의 저작물에 일정한 이용 허락 조건을 표시해서 이용자들에게 무료로 개방하는 것을 말한다. 누구의 저작물이든 개별적인 저작권을 인정하지 않고 모두가 공동으로 소유하자고 주장하는 사람들과 달리, 이 캠페인을 펼치는 사람들은 기본적으로 자신과 타인의 저작권을 존중한다. 캠페인 참여자들은 저작권자와 이용자들의 자발적인 참여를 통해 자유롭게 활용할 수 있는 저작물의 양과 범위를 확대하려고 노력한다. 이들은 저작물의 공유가 확산되면 디지털 저작물의 이용이 활성화되고 그 결과 인터넷이 더욱 창의적이고 풍성한 정보 교류의 장이 될 것이라고 본다. 그러나 캠페인에 참여한 저작물을 이용할 때 허용된 범위를 벗어난 경우 법적 책임을 질 수 있다.

한편 ㉠ 다른 시각을 가진 사람들도 있다. 이들은 저작물의 공유 캠페인이 확산되면 저작물을 창조하려는 사람들의 동기가 크게 감소할 것이라고 우려한다. 이들은 결과적으로 활용 가능한 저작물이 줄어들게 되어 이용자들도 피해를 입게 된다고 주장한다. 또 디지털 환경에서는 사용료 지불 절차 등이 간단해져서 '저작물의 공정한 이용' 규정을 별도로 신설할 필요가 없었다고 본다. 이들은 저작물의 공유 캠페인과 신설된 공정 이용 규정으로 인해 저작권자들의 정당한 권리가 침해받고 있으므로 이를 시정하는 것이 오히려 공익에 더 도움이 된다고 말한다.

081

윗글에 대한 이해로 적절하지 않은 것은?

① 저작자의 권리 보호는 문화 발전의 한 축을 이룬다.
② 디지털 환경 이전에도 공정 이용과 관련된 규정이 있었다.
③ 저작권자의 동의가 없을 경우에도 저작물의 공정 이용은 성립할 수 있다.
④ 공정 이용의 대상이 되는 저작물에도 저작권이 인정된다.
⑤ 저작물이 모두의 소유라는 주장은 저작물 공유 캠페인의 핵심이다.

082

㉠의 주장에 가장 가까운 것은?

① 이용 허락 조건을 저작물에 표시하면 창작 활동을 더욱 활성화한다.
② 저작권자의 정당한 권리 보호를 위해 저작물의 공유 캠페인이 확산되어야 한다.
③ 비영리적인 경우 저작권자의 동의가 없어도 복제가 허용되는 영역을 확대해야 한다.
④ 저작권자가 자신들의 노력에 상응하는 대가를 정당하게 받을수록 창작 의욕이 더 커진다.
⑤ 자신의 저작물을 자유롭게 이용하도록 양보하는 것은 다른 저작권자의 저작권 개방을 유도하여 공익을 확장시킨다.

083

윗글을 바탕으로 〈보기〉를 이해할 때, 적절하지 <u>않은</u> 것은? `3점`

| 보 기 |

【자료 1】

　다음은 저작물 공유 캠페인의 '자유 이용 허락' 조건 표시의 한 예이다.

　ⓘ : 출처를 표시하고 자유롭게 사용 가능함.

　ⓘⓢ : 출처를 표시하고 사용하되 상업적 사용은 안 됨.

【자료 2】

　A는 자신의 미술 평론에 항상 ⓘ 표시를 하여 블로그에 올렸다. B는 표시의 조건을 지키며 A의 미술 평론을 이용해왔다. 최근 A는 조카의 돌잔치 동영상을 만들고 ⓘⓢ 표시를 하여 블로그에 올렸다. 그런데 B는 그 동영상에서 자신의 저작물인 예술 사진이 동의 없이 사용된 것을 발견하였다. B는 A에게 예술 사진에 대한 저작권 사용료를 지불하라고 요구하였다.

---

① A는 '자유 이용 허락' 조건 표시를 사용하는 것으로 보아 저작물의 공유 캠페인에 참여하는 사람이겠군.

② B가 평소 A의 자료를 이용한 것에 대해서 A는 B에게 사용료 지불을 요구할 수 없겠군.

③ A의 행위가 공정 이용에 해당한다면, A는 B에게 사용료를 지불하지 않아도 되겠군.

④ B는 공정 이용 규정이 없었다면, A에게 사용료 지불을 요구할 수 없겠군.

⑤ B가 A의 미술 평론의 일부를 편집해 자신의 블로그에 올렸다면, A의 동의를 별도로 받지 않아도 되었겠군.

[084~088]　2021년 11월 학평 20번~24번　정답과 해설편 p.134

다음 글을 읽고 물음에 답하시오.　5문항을 14분 안에 풀어보세요. 14분

　손해보험은 계약에서 정한 보험 사고가 발생했을 때 보험가입자 측에게 생긴 재산상의 손해를 보상하는 보험이다. 교통사고, 화재, 도난 등으로 생기는 피해에 대비하기 위해 가입하는 손해보험은 오늘날 우리 생활과 가까운 곳에 있다.

　보험 사고가 발생할 때에 보험금을 받을 자를 피보험자, 보험금을 지급할 의무를 지는 자를 보험자라 한다. 손해보험의 피보험자는 보험의 목적에 피보험이익을 가져야 한다. 이때 보험의 목적이란 보험 사고의 대상을 말한다. 손해보험 계약은 손해 보상을 목적으로 하는데, 손해의 전제로서 피보험자는 보험의 목적에 경제상의 이익을 가져야 하고, 이를 피보험이익이라 한다. 시가 100 원의 주택을 소유한 사람은 화재로 주택이 전소하면 100 원을 잃는데, 이렇게 보험 사고 발생으로 잃어버릴 염려가 있는 이익이 피보험이익이다. 피보험이익이 없는 자에게 보험금 청구권을 인정하면, 보험 계약이 도박처럼 될 수 있고 고의로 보험 사고를 유발하는 보험 범죄의 가능성도 생길 수 있다.

　피보험이익으로 인정되려면 몇 가지 요건이 필요하다. 우선 객관적으로 금전으로 산정할 수 있는 경제적 가치를 가져야 한다. 따라서 개인적, 정신적, 도덕적 이익은 피보험이익이 될 수 없다. 예컨대 소중히 간직한 자신의 일기장을 5억 원의 손해보험에 가입하는 것은 허용되지 않는다. 그리고 적법한 이익이어야 하며, 계약 체결 당시 그 가치가 객관적으로 확정되어 있거나 적어도 보험 사고가 발생할 때까지는 확정되어야 한다.

　손해보험은 실손보상원칙을 기본 원칙으로 삼는다. 실손보상원칙이란 실제 발생한 손해만을 보상하고 그 이상은 보상하지 않는다는 것을 뜻한다. 따라서 손해보험을 통해 피보험자가 재산상 이익을 얻는 것은 허용되지 않는데, 이를 이득금지의 원칙이라고 한다. 실손보상원칙은 손해보험 계약의 도박화를 막고 보험 범죄를 방지하는 역할을 한다.

　[A]　보험가액은 피보험이익의 객관적인 금전적 평가액으로, 보험자가 보험금의 형태로 부담하게 되는 보상책임의 법률상의 최고 한도액이다. 보험가액은 고정된 것이 아니며 경제상황 등에 따라 변동될 수 있는데, 이득금지의 원칙과 관련해 피보험자에게 이득이 생겼는가 여부를 판단하는 기준이 된다. 이와 달리 보험 사고 발생 시 보험자가 지급하기로 보험계약에서 실제 약정한 최고 한도액은 보험금액이라 한다. 보험금액은 당사자 간 약정에 의하여 일정한 금액으로 정해지며, 보험 기간 중에는 이를 변경하지 않는 것이 원칙이다. 보험금은 보험 사고가 발생할 때 실제로 보험자가 지급하는 금액이다. 보험 사고가 발생하였다고 해서 항상 보험금액만큼 지급되는 것은 아니므로 보험금액은 보험금의 최고 한도라는 의미만을 갖는다.

　보험가액과 보험금액은 서로 일치하지 않을 수 있다. 보험금액이 보험가액을 현저하게 초과하는 경우를 초과보험이라 한다. 시가 100 원 상당의 건물을 보험금액 200 원으로 하여 가입한 화재보험이 그 예이다. 손해보험에서 보험가액을 초과하는 부분에는 피보험이익이 존재하지 않으므로 보험금액을 보험가액과의 비율에 따라

조정해야 한다. 위 사례에서 건물이 100 % 손실을 입었다면 100 원만을 지급한다는 의미이다. 보험계약 체결 당시엔 초과보험이 아니었으나 보험가액이 감소한 경우처럼, 당사자가 의도하지 않은 채 초과보험 계약을 한 경우는 단순한 초과보험이라 한다. 이런 경우 예외적으로 보험자는 보험금액의 감액을, 보험에 가입한 보험계약자는 보험자에 지급하는 금액인 보험료의 감액을 각각 청구할 수 있다. 그러나 보험계약자가 재산상 이익을 얻을 목적으로 초과보험을 체결한 경우는 사기에 의한 초과보험이라 하여 그 계약 전부를 무효로 한다.

한 명의 피보험자가 동일한 피보험이익과 동일한 보험 사고에 관하여 여러 보험자와 계약을 체결한 경우에 그 보험금액의 합계가 보험가액을 초과하는 경우를 중복보험이라 한다. 이때 각각의 보험은 보험의 목적이 서로 같아야 하고, 보험 기간도 공통이어야 한다. 중복보험은 초과보험과 유사하게 보험계약자가 중복보험을 의도한 경우와 그렇지 않은 경우를 구분하고 있다. 사기에 의한 중복보험은 그 계약 전부를 무효로 한다. 단순한 중복보험의 경우, 각 보험자가 보험금액의 비율에 따라 연대 책임을 지지만 그 보상액은 각각의 보험금액으로 제한된다. 예를 들어 보험가액 100 원인 건물에 대하여 각기 다른 세 보험자와 보험금액을 각각 100 원, 60 원, 40 원으로 하여 화재보험 계약을 한 경우, 각 보험자는 보험 사고가 발생할 때 가입 당시 보험금액의 한도 내에서 연대 책임을 진다. 만약 100 % 손실을 입으면 피보험자가 100 원의 보상을 받을 수 있도록 각 보험자는 보험금액의 비율에 따라 50 원, 30 원, 20 원을 보험금으로 지급하게 된다.

084

다음은 윗글을 읽은 후 메모한 내용의 일부이다. ㉠에 들어갈 수 있는 내용으로 적절하지 <u>않은</u> 것은?

> ○ 글을 선택한 이유 : 광고를 접하면서 손해보험에 관심이 생겨서.
> ○ 글을 통해 알게 된 내용 :   ㉠   .
> ○ 더 알고 싶은 것 : 손해보험이 아닌 보험에는 어떤 것이 있을까?

① 손해보험 계약이 초과보험인 경우는 어떤 때인지

② 손해보험 계약에서 실손보상원칙이 어떤 역할을 하는지

③ 손해보험 계약에서 보험자, 피보험자란 각각 무엇을 의미하는지

④ 손해보험 계약이 보험 사고에 따른 보상이 이루어진 뒤에도 계속 효력이 유지되는지

⑤ 손해보험 계약에서 정신적, 도덕적 이익이 피보험이익이 될 수 없는 이유는 무엇인지

085

<u>피보험이익</u>에 대한 설명으로 적절하지 <u>않은</u> 것은?

① 보험가액을 초과하는 피보험이익은 존재하지 않는다.

② 보험의 목적에 피보험이익이 없으면 피보험자가 될 수 없다.

③ 피보험이익이 서로 다른 손해보험 계약은 중복보험으로 볼 수 없다.

④ 피보험이익은 피보험자가 보험 사고의 대상에 갖는 경제상의 이익이다.

⑤ 보험계약 체결 당시 그 가치가 확정되어 있어야만 피보험이익으로 인정될 수 있다.

086

[A]에 대한 이해로 적절하지 <u>않은</u> 것은?

① 보험금은 보험가액을 초과할 수 없고 보험금액을 초과할 수도 없다.

② 보험금액은 변동될 수 있으나 보험 기간 중 보험가액은 바뀌지 않는 것이 원칙이다.

③ 보험가액은 보험금의 액수가 이득금지의 원칙에 위배되는지 여부를 판단하는 기준이 된다.

④ 보험가액은 객관적인 금전적 가치 평가에 의해, 보험금액은 계약 당사자 사이의 약정에 의해 정해진다.

⑤ 보험자가 일정한 보험금액을 약정했더라도 보험 사고 발생 시 항상 보험금액만큼 지급하는 것은 아니다.

※ 〈보기〉는 윗글과 관련된 상황이다. 087번과 088번 물음에 답하시오.

| 보기 |

갑은 2년 전 시가 1,000만 원의 건물 X를 소유하고 있었는데 당시 ㉮ X에 대하여 보험사 A와 보험금액을 600만 원으로 하는 화재보험에 가입하고, ㉯ 같은 건물에 대하여 보험사 B와 보험금액 400만 원의 화재보험에 가입했다. 그런데 그 뒤 X의 시세가 하락해 현재 평가액은 800만 원이다. 갑이 가입한 손해보험의 보험금액과 보험료는 모두 가입 당시와 달라지지 않았다.

(단, 갑이 가입한 손해보험은 피보험자가 모두 갑 본인이다. 모두 계약일이 같으며 보험 기간은 5년이다.)

087

윗글을 읽은 학생이 〈보기〉의 ㉮와 ㉯에 대해 보인 반응으로 적절하지 **않은** 것은? 3점

① ㉮와 ㉯는 보험의 목적과 보험 사고가 동일하고, 보험자는 서로 다른 손해보험이겠군.

② ㉮와 ㉯의 보험금액의 합계는 가입 당시와 달리 현재는 보험가액과 일치하지 않겠군.

③ 보험계약 후 건물 시세가 하락하였지만 ㉮와 ㉯ 중 어느 것도 계약 전부가 무효로 되지 않겠군.

④ 계약에서 정한 보험 사고가 발생하기 전이라면, ㉮와 ㉯의 피보험자인 갑은 A와 B로부터 보상을 받을 수 없겠군.

⑤ 갑이 ㉮에 가입하지 않았다고 가정하면, ㉯의 보험자는 보험가액의 변동을 근거로 보험금액의 감액을 청구할 수 있었겠군.

088

다음은 〈보기〉와 관련한 보험 사고 상황이다. 윗글을 참고할 때 ⓐ~ⓒ에 들어갈 금액을 바르게 짝지은 것은?

건물 X에 화재가 일어나 50 %의 손실이 발생하였다. 이에 갑은 보험사 A와 B에 보험금을 청구하였다. A는 보험계약에서 실제 약정한 (ⓐ)의 한도 내에서 책임을 질 의무가 있다. 그런데 다른 보험사와 연대 책임을 질 의무가 있는 A는 각 보험사의 보험금액의 비율에 따라 갑에게 (ⓑ)을 보험금으로 지급하였다. 역시 연대 책임을 질 의무가 있는 B는 (ⓒ)을 갑에게 보험금으로 지급하였다. 단, X의 평가액은 현재 기준으로 산정되었다.

	ⓐ	ⓑ	ⓒ
①	300만 원	240만 원	160만 원
②	300만 원	480만 원	320만 원
③	600만 원	240만 원	160만 원
④	600만 원	480만 원	320만 원
⑤	800만 원	480만 원	320만 원

DAY 16

Ⅱ

사회

다음 글을 읽고 물음에 답하시오. 6문항을 14분 안에 풀어보세요. 14분

보험은 같은 위험을 보유한 다수인이 위험 공동체를 형성하여 보험료를 납부하고 보험 사고가 발생하면 보험금을 지급받는 제도이다. 보험 상품을 구입한 사람은 장래의 우연한 사고로 인한 경제적 손실에 ⓐ대비할 수 있다. 보험금 지급은 사고 발생이라는 우연적 조건에 따라 결정되는데, 이처럼 보험은 조건의 실현 여부에 따라 받을 수 있는 재화나 서비스가 달라지는 조건부 상품이다.

[가]
위험 공동체의 구성원이 납부하는 보험료와 지급받는 보험금은 그 위험 공동체의 사고 발생 확률을 근거로 산정된다. 특정 사고가 발생할 확률은 정확히 알 수 없지만 그동안 발생된 사고를 바탕으로 그 확률을 예측한다면 관찰 대상이 많아짐에 따라 실제 사고 발생 확률에 근접하게 된다. 본래 보험 가입의 목적은 금전적 이득을 취하는 데 있는 것이 아니라 장래의 경제적 손실을 보상받는 데 있으므로 위험 공동체의 구성원은 자신이 속한 위험 공동체의 위험에 상응하는 보험료를 납부하는 것이 공정할 것이다. 따라서 공정한 보험에서는 구성원 각자가 납부하는 보험료와 그가 지급받을 보험금에 대한 기댓값이 일치해야 하며 구성원 전체의 보험료 총액과 보험금 총액이 일치해야 한다. 이때 보험금에 대한 기댓값은 사고가 발생할 확률에 사고 발생 시 수령할 보험금을 곱한 값이다. 보험금에 대한 보험료의 비율(보험료 / 보험금)을 보험료율이라 하는데, 보험료율이 사고 발생 확률보다 높으면 구성원 전체의 보험료 총액이 보험금 총액보다 더 많고, 그 반대의 경우에는 구성원 전체의 보험료 총액이 보험금 총액보다 더 적게 된다. 따라서 공정한 보험에서는 보험료율과 사고 발생 확률이 같아야 한다.

물론 현실에서 보험사는 영업 활동에 소요되는 비용 등을 보험료에 반영하기 때문에 공정한 보험이 적용되기 어렵지만 기본적으로 위와 같은 원리를 바탕으로 보험료와 보험금을 산정한다. 그런데 보험 가입자들이 자신이 가진 위험의 정도에 대해 진실한 정보를 알려 주지 않는 한, 보험사는 보험 가입자 개개인이 가진 위험의 정도를 정확히 ⓑ파악하여 거기에 상응하는 보험료를 책정하기 어렵다. 이러한 이유로 사고 발생 확률이 비슷하다고 예상되는 사람들로 구성된 어떤 위험 공동체에 사고 발생 확률이 더 높은 사람들이 동일한 보험료를 납부하고 진입하게 되면, 그 위험 공동체의 사고 발생 빈도가 높아져 보험사가 지급하는 보험금의 총액이 증가한다. 보험사는 이를 보전하기 위해 구성원이 납부해야 할 보험료를 ⓒ인상할 수밖에 없다. 결국 자신의 위험 정도에 상응하는 보험료보다 더 높은 보험료를 납부하는 사람이 생기게 되는 것이다. 이러한 문제는 정보의 비대칭성에서 비롯되는데 보험 가입자의 위험 정도에 대한 정보는 보험 가입자가 보험사보다 더 많이 갖고 있기 때문이다. 이를 해결하기 위해 보험사는 보험 가입자의 감춰진 특성을 파악할 수 있는 수단이 필요하다.

우리 상법에 규정되어 있는 고지 의무는 이러한 수단이 법적으로 구현된 제도이다. 보험 계약은 보험 가입자의 청약과 보험사의 승낙으로 성립된다. 보험 가입자는 반드시 계약을 체결하기 전에 '중요한 사항'을 알려야 하고, 이를 사실과 다르게 진술해서는 안 된

다. 여기서 '중요한 사항'은 보험사가 보험 가입자의 청약에 대한 승낙을 결정하거나 차등적인 보험료를 책정하는 근거가 된다. 따라서 고지 의무는 결과적으로 다수의 사람들이 자신의 위험 정도에 상응하는 보험료보다 더 높은 보험료를 납부해야 하거나, 이를 이유로 아예 보험에 가입할 동기를 상실하게 되는 것을 방지한다.

보험 계약 체결 전 보험 가입자가 고의나 중대한 과실로 '중요한 사항'을 보험사에 알리지 않거나 사실과 다르게 알리면 고지 의무를 위반하게 된다. 이러한 경우에 우리 상법은 보험사에 계약 해지권을 부여한다. 보험사는 보험 사고가 발생하기 이전이나 이후에 상관없이 고지 의무 위반을 이유로 계약을 해지할 수 있고, 해지권 행사는 보험사의 일방적인 의사 표시로 가능하다. 해지를 하면 보험사는 보험금을 지급할 책임이 없게 되며, 이미 보험금을 지급했다면 그에 대한 반환을 청구할 수 있다. 일반적으로 법에서 의무를 위반하게 되면 위반한 자에게 그 의무를 이행하도록 강제하거나 손해 배상을 청구할 수 있는 것과 달리, 보험 가입자가 고지 의무를 위반했을 때에는 보험사가 해지권만 행사할 수 있다. 그런데 보험사의 계약 해지권이 제한되는 경우도 있다. 계약 당시에 보험사가 고지 의무 위반에 대한 사실을 알았거나 중대한 과실로 인해 알지 못한 경우에는 보험 가입자가 고지 의무를 위반했어도 보험사의 해지권은 ⓓ배제된다. 이는 보험 가입자의 잘못보다 보험사의 잘못에 더 책임을 둔 것이라 할 수 있다. 또 보험사가 해지권을 행사할 수 있는 기간에도 일정한 제한을 두고 있는데, 이는 양자의 법률관계를 신속히 확정함으로써 보험 가입자가 불안정한 법적 상태에 장기간 놓여 있는 것을 방지하려는 것이다. 그러나 고지해야 할 '중요한 사항' 중 고지 의무 위반에 해당되는 사항이 보험 사고와 인과 관계가 없을 때에는 보험사는 보험금을 지급할 책임이 있다. 그렇지만 이때에도 해지권은 행사할 수 있다.

보험에서 고지 의무는 보험에 가입하려는 사람의 특성을 검증함으로써 다른 가입자에게 보험료가 부당하게 ⓔ전가되는 것을 막는 기능을 한다. 이로써 사고의 위험에 따른 경제적 손실에 대비하고자 하는 보험 본연의 목적이 달성될 수 있다.

089

윗글에 대한 설명으로 가장 적절한 것은?

① 보험 계약에서 보험사가 준수해야 할 법률 규정의 실효성을 검토하고 있다.

② 보험사의 보험 상품 판매 전략에 내재된 경제학적 원리와 법적 규제의 필요성을 강조하고 있다.

③ 공정한 보험의 경제학적 원리와 보험의 목적을 실현하는 데 기여하는 법적 의무를 살피고 있다.

④ 보험금 지급을 두고 벌어지는 분쟁의 원인을 나열한 후 경제적 해결책과 법적 해결책을 모색하고 있다.

⑤ 보험 상품의 거래에 부정적으로 작용하는 법률 조항의 문제점을 경제학적인 시각에서 분석하고 있다.

090

윗글을 이해한 내용으로 가장 적절한 것은?

① 보험사가 청약을 하고 보험 가입자가 승낙해야 보험 계약이 해지된다.

② 구성원 전체의 보험료 총액보다 보험금 총액이 더 많아야 공정한 보험이 된다.

③ 보험 사고 발생 여부와 관계없이 같은 보험료를 납부한 사람들은 동일한 보험금을 지급받는다.

④ 보험에 가입하고자 하는 사람이 알린 중요한 사항을 근거로 보험사는 보험 가입을 거절할 수 있다.

⑤ 우리 상법은 보험 가입자보다 보험사의 잘못을 더 중시하기 때문에 보험사에 계약 해지권을 부여하고 있다.

091

[가]를 바탕으로 〈보기〉의 상황을 이해한 내용으로 적절한 것은?

`3점`

| 보기 |

　사고 발생 확률이 각각 0.1과 0.2로 고정되어 있는 위험 공동체 A와 B가 있다고 가정한다. A와 B에 모두 공정한 보험이 항상 적용된다고 할 때, 각 구성원이 납부할 보험료와 사고 발생 시 지급받을 보험금을 산정하려고 한다.

　단, 동일한 위험 공동체의 구성원끼리는 납부하는 보험료가 같고, 지급받는 보험금이 같다. 보험료는 한꺼번에 모두 납부한다.

① A에서 보험료를 두 배로 높이면 보험금은 두 배가 되지만 보험금에 대한 기댓값은 변하지 않는다.

② B에서 보험금을 두 배로 높이면 보험료는 변하지 않지만 보험금에 대한 기댓값은 두 배가 된다.

③ A에 적용되는 보험료율과 B에 적용되는 보험료율은 서로 같다.

④ A와 B에서의 보험금이 서로 같다면 A에서의 보험료는 B에서의 보험료의 두 배이다.

⑤ A와 B에서의 보험료가 서로 같다면 A와 B에서의 보험금에 대한 기댓값은 서로 같다.

092

윗글의 고지 의무 에 대한 설명으로 적절하지 않은 것은?

① 고지 의무를 위반한 보험 가입자가 보험사에 손해 배상을 해야 하는 근거가 된다.

② 보험사가 보험 가입자의 위험 정도에 따라 차등적인 보험료를 책정하는 데 도움이 된다.

③ 보험 계약 과정에서 보험사가 가입자들의 특성을 파악하는 데 드는 어려움을 줄여 준다.

④ 보험사와 보험 가입자 간의 정보 비대칭성에서 기인하는 문제를 줄일 수 있는 법적 장치이다.

⑤ 자신의 위험 정도에 상응하는 보험료보다 높은 보험료를 내야 한다는 이유로 보험 가입을 포기하는 사람들이 생기는 것을 방지하는 효과가 있다.

093

윗글을 바탕으로 〈보기〉의 사례를 검토한 내용으로 가장 적절한 것은?

| 보기 |

　보험사 A는 보험 가입자 B에게 보험 사고로 인한 보험금을 지급한 후, B가 중요한 사항을 고지하지 않았다는 사실을 뒤늦게 알고 해지권을 행사할 수 있는 기간 내에 보험금 반환을 청구했다.

① 계약 체결 당시 A에게 중대한 과실이 있었다면 A는 계약을 해지할 수 없으나 보험금은 돌려받을 수 있다.

② 계약 체결 당시 A에게 중대한 과실이 없다 하더라도 A는 보험금을 이미 지급했으므로 계약을 해지할 수 없다.

③ 계약 체결 당시 A에게 중대한 과실이 있고 B 또한 중대한 과실로 고지 의무를 위반했다면 A는 보험금을 돌려받을 수 있다.

④ B가 고지하지 않은 중요한 사항이 보험 사고와 인과 관계가 없다면 A는 보험금을 돌려받을 수 없다.

⑤ B가 자신의 고지 의무 위반 사실을 보험 사고가 발생한 후 A에게 즉시 알렸다면 고지 의무를 위반한 것이 아니다.

094

ⓐ~ⓔ를 사용하여 만든 문장으로 적절하지 않은 것은?

① ⓐ : 지난해의 이익과 손실을 대비해 올해 예산을 세웠다.

② ⓑ : 일을 시작하기 전에 상황을 파악하는 것이 중요하다.

③ ⓒ : 임금이 인상되었다는 소식에 많은 사람들이 기뻐했다.

④ ⓓ : 이번 실험이 실패할 가능성을 전혀 배제할 수는 없다.

⑤ ⓔ : 그는 자신의 실수에 대한 책임을 동료에게 전가했다.

다음 글을 읽고 물음에 답하시오. 4문항을 9분 안에 풀어보세요. 9분

의사능력이란 '자기의 행위의 의미나 결과를 합리적으로 예견할 수 있는 정신적인 능력 내지 지능'을 의미한다. 사람이 자신의 법률행위에 의하여 권리를 취득하거나 의무를 부담할 수 있으려면 의사능력이 있어야 한다. 따라서 의사능력이 없는 의사무능력자의 법률행위는 무효, 즉 법률행위의 효력이 처음부터 발생하지 않은 것으로 본다.

하지만 의사무능력자가 자기에게 불리한 법률행위를 무효화하려면 법률행위 당시 자신에게 의사능력이 없었다는 점을 증명하여야 하는데, 이를 증명하는 것이 쉽지 않다. 이에 민법에서는 의사무능력자 여부, 즉 의사능력의 유무와 관계없이 나이나 법원의 결정이라는 일정하고 객관적인 기준에 따라 제한능력자를 규정하고 있다. 구체적으로 만 19세 미만의 미성년자, 그리고 가정법원으로부터 심판을 받은 피성년후견인*과 피한정후견인* 등이 제한능력자에 해당되는데, 이들은 독자적으로 완전하고 유효한 법률 행위를 할 수 있는 행위능력자와 구분되며, 자신의 의사무능력을 증명할 필요가 없다. 제한능력자는 단독으로 재산상의 법률행위를 한 경우 10년 내에 취소권을 행사할 수 있는데, 이를 제한능력자제도라고 한다. 이때 제한능력자의 법률행위의 취소 여부는 제한능력자 측, 즉 제한능력자 본인이나 그의 법정대리인의 의사에 따라서만 결정된다. 제한능력자 측에서 취소권을 행사할 경우 법률행위는 처음부터 무효인 것으로 보지만, 행위를 취소하지 않을 경우에는 그 법률행위에 대해서는 그대로 효력이 유지된다.

미성년자는 주민등록증과 가족관계등록부를 통해, 피성년후견인과 피한정후견인은 후견등기부를 통해 확인할 수 있다. 하지만 제한능력자의 계약 상대방이 이를 항상 확인하지는 않으므로 계약을 한 후 자신이 계약을 한 상대방이 제한능력자라는 사실을 뒤늦게 알게 되는 경우가 있다. 제한능력자 측은 자신의 법률행위에 대해 10년 내에 취소할 수 있는 취소권을 갖기 때문에 제한능력자의 계약 상대방은 불이익을 당할 수도 있다. 이에 민법은 제한능력자를 보호함으로써 불이익을 당하게 되는 상대방을 위해 '상대방의 확답촉구권', '상대방의 철회권·거절권', '제한능력자의 속임수'와 같은 제도를 운영하고 있다.

먼저 ⓐ 상대방의 확답촉구권은 제한능력자의 계약 상대방이 1개월 이상의 기간을 정해 계약 취소 여부에 대한 확답을 요구할 수 있는 권리이다. 이때 확답촉구는 제한능력자에게는 할 수 없으며, 제한능력자의 법정대리인이나 제한능력자가 행위능력자가 된 경우에만 요구할 수 있다. 특별한 절차가 필요한 행위를 제외하고 확답촉구를 받은 사람은 상대방이 설정한 유효기간 내에 취소 여부에 대한 확답을 해야 하며, 유효기간 내에 확답을 하지 않으면 제한능력자와 계약한 법률행위는 취소할 수 없는 것으로 확정된다.

상대방의 철회권·거절권은 제한능력자의 계약 상대방이 법률행위의 효력 발생을 원하지 않는 경우 제한능력자 측에게 행사할 수 있는 권리이다. ⓑ 상대방의 철회권은 제한능력자의 계약 상대방이 계약 당시 제한능력자와 계약한 사실을 알지 못했을 때 계약을 철회할 수 있는 권리이고, ⓒ 상대방의 거절권은 제한능력자의 계약

상대방이 계약 당시 제한능력자와 계약한 사실을 인지했는지의 여부와 상관없이 제한능력자가 단독행위*를 한 경우에 상대방이 거절할 수 있는 권리이다. 다만 위의 철회권·거절권은 제한능력자 측에서 해당 법률행위에 대해 취소권을 행사하지 않겠다는 의사를 표시하기 전까지만 권리가 인정된다.

제한능력자의 속임수는 제한능력자가 속임수를 써서 자신을 행위능력자로 믿게 한 경우나 미성년자나 피한정후견인이 속임수를 써서 법정대리인의 동의가 있는 것으로 믿게 한 경우에는 제한능력자의 취소권을 박탈하는 것이다. 예를 들어 미성년자인 갑이 자신이 성년인 것처럼 신분증을 위조하는 등의 적극적인 사기수단을 써서 을과 계약을 하는 법률행위를 했다면 갑의 취소권이 배제됨은 물론이고 갑의 법정대리인의 취소권까지 배제되는 것이다.

이처럼 민법에서는 제한능력자제도를 통해 제한능력자가 행한 재산상의 법률행위를 일정한 요건하에 취소할 수 있게 하여 제한능력자를 보호하고 있다. 또한 제한능력자의 법률행위로 인해 불이익을 당할 수 있는 상대방을 보호하는 제도 역시 규정함으로써 제한능력자의 계약 상대방이 입을 수 있는 손해를 최소화하고 있다.

* 피성년후견인 : 정신적 제약으로 사무를 처리할 능력이 지속적으로 결여되어 가정법원의 심판에 의해 단독으로 유효하게 법률행위를 할 수 없는 자

* 피한정후견인 : 정신적 제약으로 사무를 처리할 능력이 부족하여 가정법원의 심판에 의해 행위능력이 부분적으로 제한된 자

* 단독행위 : 일방적인 의사표시에 의하여 법률효과를 발생하게 하는 법률행위

095

윗글에 대한 설명으로 가장 적절한 것은?

① 특정 제도가 발전한 과정을 제시한 뒤 전망을 예측하고 있다.

② 특정 제도의 필요성을 제시하고 제도의 특징을 설명하고 있다.

③ 특정 제도가 변화된 원인을 분석하고 제도의 의의를 평가하고 있다.

④ 특정 제도를 바라보는 상반된 입장을 제시하고 절충안을 모색하고 있다.

⑤ 특정 제도의 영향력을 분석한 뒤 사회적 인식의 변화 양상을 서술하고 있다.

096

윗글을 통해 알 수 있는 내용으로 적절하지 <u>않은</u> 것은?

① 미성년자의 경우 따로 법원의 결정을 받지 않아도 제한능력자로 규정한다.

② 의사능력이 있는 제한능력자의 경우 재산상의 법률행위를 법에 의해 보호받을 수 없다.

③ 가족관계등록부나 후견등기부를 통해 계약을 한 상대방이 제한능력자임을 확인할 수 있다.

④ 제한능력자는 일정 기간 내에 취소권을 행사하여 자신의 재산상의 법률행위를 처음부터 무효로 만들 수 있다.

⑤ 법원에서 제한능력자로 규정한 자는 재산상의 법률행위를 취소할 때마다 자신의 의사무능력을 증명할 필요가 없다.

097

ⓐ~ⓒ에 대한 설명으로 적절하지 <u>않은</u> 것은?

① ⓑ는 제한능력자의 계약 상대방이 제한능력자와 제한능력자의 법정대리인 모두에게 행사할 수 있다.

② ⓒ는 제한능력자의 계약 상대방이 법률행위의 효력 발생을 원하지 않는 경우에 사용한다.

③ ⓐ와 ⓒ는 모두 제한능력자의 계약 상대방이 제한능력자에게 직접 행사하여 자신의 권리를 보장받을 수 있다.

④ ⓑ와 ⓒ는 모두 제한능력자 측이 취소권을 행사하지 않겠다는 의사를 표시하기 전까지만 행사할 수 있다.

⑤ ⓐ~ⓒ는 모두 제한능력자제도에 의해 받을 수 있는 불이익으로부터 제한능력자의 계약 상대방을 보호하기 위한 제도이다.

098

윗글을 바탕으로 <보기>를 이해한 내용으로 가장 적절한 것은?

3점

| 보 기 |

17세인 A는 악기를 1,000만 원에 구입하였다. 이 사실을 1년 뒤에 알게 된 A의 법정대리인은 판매자가 법정대리인의 동의 여부를 확인하지 않고 악기를 판매한 것이므로, 판매자에게 계약 취소를 요구하였다. 판매자는 판매 당시 직원의 강요가 없었고 악기의 특성상 판매 후에는 반품 및 환불이 불가함을 설명하였기 때문에 판매 과정에 잘못이 없다며 계약 취소를 인정하지 않았다.

① A가 악기를 구입한 후 성년이 된 다음 날은 계약 취소가 불가능하겠군.

② A는 법정대리인의 동의를 얻어야 악기 매매 계약을 취소할 수 있는 권리가 생기겠군.

③ A의 법정대리인이 A의 악기 구매 사실을 1년 뒤에 알았기 때문에 이 계약은 취소될 수 없겠군.

④ A가 법정대리인의 동의서를 위조하여 판매자를 믿게 하고 계약을 했다면 이 계약은 취소될 수 없겠군.

⑤ 판매자가 계약 취소를 인정하지 않았기 때문에 A의 법정대리인이 취소권을 행사한다고 하더라도 계약을 취소할 수 없겠군.

다음 글을 읽고 물음에 답하시오. 5문항을 14분 안에 풀어보세요. **14분**

공익을 위한 적법한 행정 작용으로 개인의 재산권*에 특별한 희생이 발생한 경우, 개인은 자신이 입은 재산상 손실을 보상하도록 요구할 수 있는 권리인 '손실 보상 청구권'을 갖는다. 여기서 '특별한 희생'이란 보호할 필요가 있는 재산권에 대한 침해를 이르는 말로, 이로 인한 손실은 국가가 보상해야 한다. 가령 감염병예방법에 따르면, 행정 기관이 감염병 예방을 위해 의료기관의 병상이나 연수원, 숙박 시설 등을 동원한 경우 이로 인한 손실을 개인에게 보상하여야 하는데, 이때의 재산권 침해가 특별한 희생에 해당하는 것이다.

손실 보상 청구권은 ⓐ 공적 부담의 평등을 위해 인정되는 헌법상 권리이다. 행정 작용으로 누군가에게 특별한 희생이 발생하면, 그로 인한 부담을 공공이 분담하는 것이 평등 원칙에 부합하기 때문이다. 또한 헌법 제23조 제3항은 "공공필요에 의한 재산권의 수용·사용 또는 제한 및 그에 대한 보상은 법률로써 하되, 정당한 보상을 지급하여야 한다."라고 하여, '공공필요에 의한 재산권의 수용·사용 또는 제한', 즉 공용 침해와 이에 대한 보상이 법률에 규정되어야 함을 명시하고 있다. 공용 침해 중 수용이란 개인의 재산권을 국가로 이전하는 것, 사용이란 행정 기관이 개인의 재산권을 일시적으로 사용하는 것, 제한이란 개인의 재산권 사용 또는 그로 인한 수익을 한정하는 것을 의미한다. 한편 제23조 제3항은 내용상 분리될 수 없는 사항은 함께 규정되어야 한다는 의미의 '불가분 조항'이다. 따라서 ⓑ 공용 침해 규정과 보상 규정은 하나의 법률에서 규정되어야 한다.

그러나 헌법은 제23조 제1항에서 "모든 국민의 재산권은 보장된다. 그 내용과 한계는 법률로 정한다."라고 규정하여, 재산권은 법률에 의해 구체화된다고 밝히고 있다. 또한 제2항에서 "재산권의 행사는 공공복리에 적합하도록 하여야 한다."라고 하여, 개인의 재산권 행사가 공익에 적합하여야 한다는 재산권의 '사회적 제약'을 규정하고 있다. 특히 토지처럼 공공성이 강한 사유 재산은 재산권 행사에 더욱 강한 사회적 제약을 받을 수 있다. 만약 재산권 침해가 ⓒ 사회적 제약의 범위 내에 있다면 이로 인한 손실은 보상의 대상이 되지 않는다. 즉 재산권 침해가 특별한 희생에 해당할 때만 보상이 가능한 것이다.

재산권의 사회적 제약과 특별한 희생의 구별에 대해 ㉠ 경계 이론과 ㉡ 분리 이론은 서로 다른 입장을 취한다. 경계 이론에 따르면 ⓓ 양자는 별개가 아니라 단지 침해의 정도에 있어서만 차이가 있을 뿐이다. 재산권 침해는 그 정도가 사회적 제약의 범위를 넘어서면 특별한 희생으로 바뀐다는 것이다. 따라서 경계 이론은 사회적 제약을 벗어나는 재산권 침해는 보상 규정이 없어도 보상이 이루어져야 한다고 본다. 보상을 규정하지 않은 채 공용 침해를 규정하고 있는 법률은, 불가분 조항인 헌법 제23조 제3항에 위반되어 위헌이고, 위헌임이 밝혀진 법률에 근거한 공용 침해 행위는 위법한 행정 작용이 된다는 것이다. 경계 이론은 적법한 공용 침해 행위의 경우에 보상이 인정된다면, 위법한 공용 침해 행위의 경우에도 헌법 제23조 제3항을 근거로 보상을 인정해야 한다는 입장이다.

이에 반해 분리 이론은 재산권의 사회적 제약에 대한 헌법 제23조 제2항의 규정과 특별한 희생에 대한 제3항의 규정은 ⓔ 입법자의 의사에 따라 완전히 분리된다고 주장한다. 따라서 재산권 침해를 규정한 법률에 보상 규정이 없는 경우 입법자가 이러한 재산권 침해를 특별한 희생이 아닌 사회적 제약으로 규정한 것으로 본다. 재산권 침해가 사회적 제약 또는 특별한 희생 중 무엇에 해당하는지 결정하는 것은 법률을 제정하는 입법자의 권한이라는 것이다. 만약 해당 법률에 규정된 재산권 침해가 헌법 제23조 제2항에서 규정한 재산권의 공익 적합성을 넘어서서 개인의 재산권을 과도하게 침해한다면, 이러한 법률은 헌법 제23조 제2항을 위반하여 위헌이고, 위헌임이 밝혀진 법률에 근거한 행정 작용은 위법하게 된다. 분리 이론은 이러한 경우 ㉢ 손실을 보상하는 것이 아니라, 위법한 행정 작용 자체를 제거해야 한다고 본다. 재산권을 존속시키는 것이 재산권을 침해하면서 그 손실을 보상하는 것보다 우선한다고 보기 때문이다.

* 재산권 : 재산의 소유권, 사용·수익권, 처분권 등 일체의 재산적 가치가 있는 권리

099

윗글에 대한 이해로 가장 적절한 것은?

① 헌법이 개인에게 보장하는 재산권의 내용은 법률로써 그 내용이 구체화된 것이다.

② 공용 침해 중 '사용'과 달리 '제한'의 경우, 행정 작용에도 불구하고 개인의 재산권은 국가로 이전되지 않는다.

③ 재산권을 침해하는 모든 행정 작용에 대해, 개인은 자신이 입은 손실을 보상하도록 요구할 수 있는 권리를 갖는다.

④ 재산권의 사회적 제약을 규정하는 모든 법률은 공용 침해와 손실 보상이 내용상 분리될 수 없다는 원칙에 어긋난다.

⑤ 감염병 예방을 위해 행정 기관이 사설 연수원을 일정 기간 동원하는 것은 공공필요에 의한 재산권의 '수용'에 해당한다.

100

㉠과 ㉡에 대한 이해로 적절하지 <u>않은</u> 것은?

① ㉠은 법률에 보상 규정이 없는 경우에도 헌법 제23조 제3항을 근거로 하여, 행정 작용으로 인한 재산상 손실을 보상할 수 있다고 본다.

② ㉡은 헌법 제23조 제2항과 제3항의 규정은 전혀 다른 내용을 규정하고 있다고 본다.

③ ㉠은 행정 작용으로 인한 재산상 손실을 항상 보상해야 한다고 보는 반면, ㉡은 보상하지 않을 수 있다고 본다.

④ ㉠은 재산권 침해의 정도를, ㉡은 입법자의 의사를 기준으로 손실 보상 청구권의 성립 여부를 판단해야 한다고 본다.

⑤ ㉠과 ㉡은 모두 보상 규정 없이 사회적 제약의 범위를 벗어나는 재산권 침해를 규정한 법률은 위헌이라고 본다.

101

㉢의 전제로 가장 적절한 것은?

① 재산권은 입법자의 의사에 따라 보상 없이 제한해야 하는 권리이다.

② 공용 침해 규정과 손실 보상 규정이 동일한 법률에서 규정될 필요는 없다.

③ 재산권의 사회적 제약은 입법자의 의사에 따라 제한 없이 규정될 수 있다.

④ 행정 작용이 공익을 목적으로 한다면 이로 인한 손실은 보상할 필요가 없다.

⑤ 입법자가 별도로 규정하지 않는 한, 재산권은 그대로 보존되어야 하는 권리이다.

102

윗글을 참고하여 〈보기〉의 '헌법 재판소'의 판단에 대해 추론한 내용으로 적절하지 <u>않은</u> 것은? [3점]

| 보기 |

　　A 법률에 따르면, 국가는 도시 환경을 보전하기 위해 개발 제한 구역을 지정할 수 있고, 개발 제한 구역으로 지정된 토지에서는 건축 등 토지 사용이 제한된다. 하지만 A 법률은 개발 제한 구역 지정으로 인한 손실을 보상하는 규정은 포함하고 있지 않았다. 이러한 상황에서 A 법률에 대한 헌법 소원이 제기되었다.

　　헌법 재판소는 분리 이론의 입장을 취하면서, 토지 재산권의 공공성을 고려하면 A 법률은 원칙적으로 합헌이라고 판단하였다. 하지만 개발 제한 구역으로 지정되어 토지를 사용할 방법이 전혀 없는 등 개인에게 가혹한 부담이 발생하는 예외적인 경우에는 사회적 제약을 벗어나서 토지 소유자의 재산권을 과도하게 침해한다고 판단하였다. 따라서 이러한 예외적인 경우까지 고려하지 않은 A 법률은 헌법에 위반된다고 판단하였다.

① 헌법 재판소는 개발 제한 구역을 지정하는 행위가 헌법 제23조 제2항에 위반되는지를 판단하였겠군.

② 헌법 재판소는 개발 제한 구역을 지정하는 행위가 헌법 제23조 제3항과는 관련이 없다고 판단하였겠군.

③ 헌법 재판소는 개발 제한 구역을 지정하는 행위가 헌법에 위반되었는지 여부를 토지의 공공성을 근거로 판단하였겠군.

④ 헌법 재판소는 개발 제한 구역 지정으로 인한 재산권 침해는 개인에게 가혹한 부담이 발생하지 않는 범위 내에서만 가능하다고 판단하였겠군.

⑤ 헌법 재판소는 개발 제한 구역을 지정하는 행위가 개인에게 가혹한 부담을 초래한 경우, 이때의 재산권 침해는 특별한 희생에 해당한다고 판단하였겠군.

103

문맥상 ⓐ~ⓔ를 바꿔 쓴 것으로 적절하지 <u>않은</u> 것은?

① ⓐ : 행정 작용으로 인한 부담을 개인이 모두 떠안게 되는 불평등을 조정하기 위해

② ⓑ : 공공필요에 의해 개인의 재산권을 수용·사용·제한하는 규정과

③ ⓒ : 헌법 제23조 제2항에 규정된 재산권의 한계 안에

④ ⓓ : 경계 이론의 입장과 분리 이론의 입장은 전혀 다른 것이 아니라

⑤ ⓔ : 재산권 침해 정도에 따라 구분되는 것이 아니라 입법자의 서로 다른 의사가 반영된 것이라고

다음 글을 읽고 물음에 답하시오. 5문항을 14분 안에 풀어보세요. 14분

현대 산업 사회에서는 주로 대량 생산이 이루어지기 때문에 그 과정에서 결함 상품이 발생하고, 이에 따라 소비자의 피해도 발생한다. 이런 경우 피해를 입은 소비자가 구제를 받기 위해서는 제조물의 제조 과정에서 제조자의 과실이 있었고 그 과실에 따른 결함으로 피해가 발생하였음을 입증하여야 하는데 그것은 상당히 어렵다. 이에 소비자가 쉽게 피해 구제를 받을 수 있도록 하기 위해 제조물 책임법을 제정하여 시행하고 있다.

㉮ 제조물 책임법은 제조업자에게 고의나 과실이 없더라도 제조물의 결함으로 인해 생명·신체·재산상의 손해를 입은 사람에 대하여 제조업자가 손해 배상 책임을 지도록 하는 법률이다. 이 법이 적용되는 ⓐ 제조물과 ⓑ 제조업자의 범위를 살펴보면, 제조물은 공산품, 가공 식품 등의 제조 또는 가공된 물품을 의미하는 것으로, 일상생활에서 사용하고 있는 거의 모든 물품이 포함된다. 또한 중고품, 폐기물, 부품, 원재료도 적용 대상이 된다. 그러나 미가공 농수축산물 등은 원칙적으로 제조물의 범위에서 제외되는데, 농수축산물 등 일차 농산품에까지 확대할 경우 농업인 등이 쉽게 소송의 대상이 될 뿐만 아니라 연대 책임 조항에 의하여 유통업자와 가공업자의 과실에 대해서도 불공정하게 책임을 질 우려가 있기 때문이다. 그리고 손해 배상의 책임 주체인 제조업자에는 부품 또는 완성품의 제조업자, 제조물 수입을 업(業)으로 하는 자, 자신을 제조자 혹은 수입업자로 표시한 자가 포함된다. 제조업자를 알 수 없는 경우에는 제조물의 공급업자도 해당된다.

제조물 책임은 제조물에 결함이 존재하는가 여부에 의해 결정되는데, 결함의 유형에는 제조상의 결함, 설계상의 결함, 표시상의 결함이 있다. 제조상의 결함은 제조업자가 제조 또는 가공상의 주의 의무를 이행하였음에도 불구하고 제조물이 원래 의도한 설계와 다르게 제조 또는 가공됨으로써 안전하지 못하게 된 경우이며, 설계상의 결함은 제조업자가 소비자를 고려하여 합리적으로 설계했다면 피해나 위험을 줄이거나 피할 수 있었음에도 그렇게 하지 않아 제조물이 안전하지 못하게 된 경우를 말한다. 표시상의 결함은 제조업자가 합리적인 설명·지시·경고 또는 그 밖의 표시를 하였더라면 해당 제조물에 의하여 발생할 수 있는 피해나 위험을 줄이거나 피할 수 있었음에도 이를 표시하지 않은 경우를 말한다.

그런데 피해자가 제조업자에게 손해 배상을 청구하려면 원칙적으로 제조물의 결함 사실과 손해 발생의 사실, 그리고 제조물의 결함과 손해 발생의 인과 관계를 입증해야 한다. 하지만 소비자의 입장에서 이를 입증하는 것은 쉽지 않다. 그래서 제조물 책임법은 소비자가 제조물을 통상적인 방법으로 사용하다가 사고가 발생했다는 사실만 입증하면 해당 제조물 자체에 결함이 있었고 그 결함으로 인하여 피해가 발생한 것으로 추정하도록 하고 있다.

한편 제조물의 결함으로 손해가 발생한 경우에 제조업자는 다음 중 어느 하나를 입증하면 손해 배상 책임을 면할 수 있다. 첫째, 제조업자가 해당 제조물을 공급하지 아니한 사실, 둘째, 제조업자가 해당 제조물을 공급한 때의 과학·기술 수준으로는 결함의 존재를 발견할 수 없었다는 사실, 셋째, 제조업자가 해당 제조물을 공급할 당시의 법령이 정하는 기준을 준수함으로써 제조물의 결함이 발생한 사실 등이다. 그 밖에 원재료 또는 부품 제조업자의 경우에는 해당 원재료 또는 부품을 사용한 제조물 제조업자의 설계 또는 제작에 관한 지시로 인하여 결함이 발생하였다는 사실을 입증하면 책임을 지지 않아도 된다. 그러나 면책 사유에 해당하더라도 제조업자가 제조물의 결함을 ㉠ 알면서도 적절한 피해 예방 조치를 하지 않은 경우, 또는 주의를 기울였다면 충분히 알 수 있었을 결함을 발견하지 못한 경우에는 책임을 피할 수 없다.

제조물 책임법에 따른 제조업자의 배상 의무는 피해자의 생명·신체 또는 재산상의 손해에 대한 것으로 한정되고, 결함이 있는 제조물 자체는 민법에 따라 유통업자나 판매업자에게 구제받아야 한다. 예컨대, 결함이 있는 녹즙기로 인하여 손을 다쳤을 경우, 치료비는 제조업자에게 배상받고 불량품인 녹즙기는 판매업자에게 환불받을 수 있다.

104

윗글을 읽고 해결할 수 있는 질문으로 적절한 것을 〈보기〉에서 고른 것은?

| 보 기 |

ㄱ. 제조물 책임법이 제정된 배경은 무엇인가?

ㄴ. 제조물의 결함을 해결할 수 있는 방안은 무엇인가?

ㄷ. 제조물 책임법이 적용되는 제조물과 제조업자의 범위는 어디까지인가?

ㄹ. 제조물 책임법상 피해자가 손해 배상을 청구할 수 있는 기한은 언제까지인가?

① ㄱ, ㄴ   ② ㄱ, ㄷ   ③ ㄴ, ㄷ
④ ㄴ, ㄹ   ⑤ ㄷ, ㄹ

105

윗글을 바탕으로 〈보기〉의 사례를 이해한 반응으로 적절하지 <u>않</u>은 것은?

| 보 기 |

(가) A는 안심 버튼이 있어 사용 중 넘어져도 뜨거운 물이 쏟아지지 않는다는 광고를 보고 B사의 전기 주전자를 C마트에서 구입하였다. 그러나 물을 끓이던 도중 B사의 전기 주전자가 넘어져 쏟아진 물에 생후 8개월 된 A의 딸이 양팔에 2~3도의 화상을 입었다. 한국소비자원의 조사 결과 주전자의 개폐 버튼 부분이 잘못 결합되어 물이 새는 결함이 발견되었다.

(나) D가 E사의 승용차 탈취제를 구입하여 사용 설명서에 따라 에어컨 통풍구에 분사하던 중 승용차에 화재가 발생하였다. 제품 사용 설명서에는 탈취제가 LP가스를 포함하고 있어 화재가 발생할 위험이 있다는 문구가 없었다. 조사 결과 탈취제의 LP가스가 화재의 원인으로 밝혀졌다.

① A가 B사에 책임을 물으려면 전기 주전자를 통상적으로 사용했음을 입증해야겠군.
② A는 B사로부터 전기 주전자에 대해 환불을 받을 수 있겠군.
③ B사는 제조상의 결함을 지닌 제품을 생산했군.
④ D는 승용차 화재로 인해 발생한 피해에 대해 E사에 손해 배상을 청구할 수 있겠군.
⑤ E사가 제조한 승용차 탈취제는 표시상의 결함을 지녔군.

106

㉮와 〈보기〉의 ㉯를 비교한 것으로 적절하지 <u>않</u>은 것은? `3점`

| 보 기 |

㉯ 리콜제도는 소비자의 생명·신체 및 재산상에 위해를 끼치거나 끼칠 우려가 있는 제품 결함이 발견된 경우, 제조업자 스스로 또는 정부의 강제 명령에 의해 제품의 결함 내용을 소비자에게 알리고 제품 전체를 대상으로 수거·파기 및 수리·교환·환급 등의 적절한 시정 조치를 취함으로써 결함 제품으로 인한 위해 확산을 방지하고자 하는 소비자 보호 제도이다.

소비자의 입장에서 보면 결함 제품에 의한 피해의 확산을 방지하여 안전한 소비 생활을 영위할 수 있도록 하며, 기업의 입장에서 보면 안전사고를 미연에 방지함으로써 소비자 피해에 대한 손해 배상의 부담을 줄일 수 있다.

① ㉮가 사후 피해 구제에 중점을 두고 있다면, ㉯는 결함 제품에 의한 피해 확산 방지에 중점을 두고 있다.
② ㉮는 결함 제품으로 인한 소비자 피해 사실에 대해, ㉯는 결함 제품에 대해 책임을 지는 제도이다.
③ ㉮와 달리 ㉯는 제품 결함이 발견된 경우 소비자에게 결함 내용을 알리는 제도이다.
④ ㉯와 달리 ㉮는 소비자의 요청이 있어야만 이행된다.
⑤ ㉮와 ㉯는 모두 제조물의 결함으로 인한 소비자의 손해 발생을 필수 조건으로 하고 있다.

107

ⓐ와 ⓑ에 대한 이해로 적절하지 <u>않</u>은 것은?

① 화장품, 건전지와 달리 고등어는 ⓐ에 포함되지 않는다.
② 중고 자동차는 ⓐ에 포함되며, 이를 수입하는 자는 ⓑ에 해당된다.
③ 복숭아 통조림은 ⓐ에 포함되고, 이를 제조한 자와 복숭아를 생산한 자 모두 ⓑ에 해당된다.
④ 자동차 부품의 결함으로 자동차가 고장이 났다면 자동차 부품을 만든 자는 ⓑ에 해당되므로 손해 배상의 책임이 있다.
⑤ 전자 제품에 결함이 발생했지만 제품을 공급했을 당시의 기술 수준으로는 발견할 수 없었던 결함이라면 ⓑ는 손해 배상에 대한 면책 요건을 갖추고 있다.

108

문맥상 의미가 ㉠과 가장 가까운 것은?

① 이 문제는 당신이 <u>알아서</u> 처리해야 한다.
② 밖으로 나와서야 날씨가 추운 것을 <u>알았다</u>.
③ 그녀는 차는 없었지만 운전을 할 줄 <u>알았다</u>.
④ 그 사람은 공부만 <u>알지</u> 세상 물정을 통 모른다.
⑤ 그녀는 그의 사랑 고백을 농담으로 <u>알고</u> 지나쳤다.

[109~113]   2023년 6월 학평 38번~42번   정답과 해설편 p.152

다음 글을 읽고 물음에 답하시오.   5문항을 13분 안에 풀어보세요.   13분

어떤 안건을 대하는 집단 구성원들의 생각은 각기 다르므로, 상이한 생각들을 집단적 합의에 이르게 하는 의사 결정 과정이 필요하다. 공공 선택 이론은 이처럼 집단을 구성하는 개인의 의사가 집단의 의사로 통합되는 과정을 다룬다. 직접 민주주의하에서의 의사 결정 방법으로 단순 과반수제, 최적 다수결제, 점수 투표제, 보르다(Borda) 투표제 등이 있다.

㉠ 단순 과반수제는 투표자의 과반수가 지지하는 안건이 채택되는 다수결 제도이다. 효율적으로 의사 결정이 이루어져 많이 사용되고 있으나, 각 투표자는 찬반 여부를 표시할 뿐 투표 결과에는 선호 강도가 드러나지 않아 안건 채택 시 사회 전체의 후생*이 감소할 가능성이 있다. 이는 다수의 횡포에 의해 소수의 이익이 침해되는 상황이 발생할 수 있음을 의미한다. 또한 어떤 대안들을 먼저 비교하는가에 따라 그 결과가 달라지는 ⓐ '투표의 역설' 현상이 나타날 수 있다. 예를 들어, 갑, 을, 병 세 사람이 사는 마을에 정부에서 병원, 학교, 경찰서 중 하나를 지어 줄 테니 투표를 통해 선택하라고 제안하였고, 이때 세 사람의 선호 순위가 다음 〈표〉와 같다고 하자. 세 가지 대안을 동시에 투표에 부치면 하나의 대안으로 결정되지 않는다. 그래서 먼저 병원, 학교, 경찰서 중 두 대안을 선정하여 다수결로 결정한 후 남은 한 가지 대안과 다수결로 승자를 결정하면 최종적으로 하나의 대안이 결정된다. 즉, 비교하는 대안의 순서에 따라 〈표〉의 투표 결과는 달라지게 된다.

선호 순위 투표자	1순위	2순위	3순위
갑	병원	학교	경찰서
을	학교	경찰서	병원
병	경찰서	병원	학교

〈표〉

[A]
최적 다수결제는 투표에 따르는 총비용이 최소화되는 지점을 산정한 후, 안건의 찬성자 수가 그 이상이 될 때 안건이 통과되는 제도이다. 이때의 총비용은 의사 결정 비용과 외부 비용의 합으로 결정된다. 의사 결정 비용은 투표자들의 동의를 구하는 데 드는 시간과 노력에 따른 비용을 의미하며, 찬성표의 비율이 높을수록 증가한다. 외부 비용은 어떤 안건이 통과됨에 따라 그 안건에 반대하였던 사람들이 느끼는 부담을 의미하며, 찬성표의 비율이 높아질수록 낮아지며 모든 사람이 찬성할 경우에는 0이 된다. 안건 통과에 필요한 투표자 수가 증가할수록 의사 결정 비용이 증가하므로 의사 결정 비용 곡선은 우상향한다. 이와 달리 외부 비용은 감소하므로 외부 비용 곡선은 우하향하며, 두 곡선을 합한 총비용 곡선은 U자 형태로 나타난다. 이때 총비용이 최소화되는 곳이 최적 다수결제에서의 안건 통과 기준이 되는 최적 다수 지점이 된다. 이 제도는 의사 결정 과정을 이론적으로 명쾌하게 설명할 수 있지만, 최적 다수결의 기준을 정하는 데 시간을 지나치게 소비하게 된다는 단점이 있다.

㉡ 점수 투표제는 각 투표자에게 일정한 점수를 주고 각 투표자가 자신의 선호에 따라 각 대안에 대하여 주어진 점수를 배분하여 투표하는 제도로, 합산하여 가장 많은 점수를 얻은 대안이 선택된다. 투표자의 선호 강도에 따라 점수를 배분하므로 투표자의 선호 강도가 잘 반영된다. 소수의 의견도 투표 결과에 잘 반영되며, 투표의 역설이 나타나지 않는다는 장점이 있다. 하지만 전략적 행동에 취약하여 투표 결과가 불규칙하게 바뀔 수 있다는 단점이 있다. 전략적 행위란 어떤 투표자가 다른 투표자의 투표 성향을 예측하고 자신의 행동을 이에 맞춰 변화시킴으로써 자기가 원하는 것을 얻으려 하는 태도를 뜻한다. 이 행위는 어떤 투표 제도에서든 나타날 수 있으나, 점수 투표제에서 나타날 가능성이 높다.

㉢ 보르다 투표제는 n 개의 대안이 있을 때 가장 선호하는 대안부터 순서대로 n, (n-1), …, 1 점을 주고, 합산하여 가장 높은 점수를 받은 대안을 선택하는 투표 방식으로, 점수 투표제와 달리 오로지 순서에 의해서만 선호 강도를 표시한다. 이 제도하에서는 일부에게 선호도가 아주 높은 대안보다는 투표자 모두에게 어느 정도 차선이 될 수 있는 ⓑ 중도의 대안이 채택될 가능성이 높으며, 점수 투표제와 마찬가지로 투표의 역설이 발생하지 않는다.

＊후생 : 사회 구성원들의 복지 수준

109

윗글에 대한 이해로 적절하지 않은 것은?

① 어떤 투표제에서든 투표자의 전략적 행위가 나타날 수 있다.

② 보르다 투표제에서는 가장 선호하지 않는 대안에 0 점을 부여한다.

③ 단순 과반수제에서는 채택된 대안으로 인해 사회의 후생이 감소되기도 한다.

④ 점수 투표제는 최적 다수결제와 달리 대안에 대한 선호 강도를 표시할 수 있다.

⑤ 최적 다수결제는 단순 과반수제와 달리 안건 통과의 기준이 안건에 따라 달라질 수 있다.

110

ⓐ와 관련하여 〈표〉를 이해한 것으로 적절하지 <u>않은</u> 것은?

① '병원'과 '학교'를 먼저 비교할 경우, '병원'과 '경찰서'의 다수결 승자가 최종의 대안으로 결정된다.

② '학교'와 '경찰서'를 먼저 비교할 경우, '갑'과 '을'이 '학교'에 투표하여 최종적으로 '학교'가 결정된다.

③ '병원'과 '학교'를 먼저 비교하는지, '학교'와 '경찰서'를 먼저 비교하는지에 따라 투표의 결과가 달라진다.

④ '병원', '학교', '경찰서'를 동시에 투표에 부치면, 모두 한 표씩 얻어 어떤 대안도 과반수가 되지 않는다.

⑤ 대안에 대한 '갑', '을', '병' 세 사람의 선호 순위는 바뀌지 않아도, 투표의 결과가 바뀌는 현상이 나타난다.

111

ⓑ의 이유로 가장 적절한 것은?

① 주어진 점수를 투표자가 임의대로 배분할 수 있기 때문이다.

② 투표자는 중도의 대안에 관해서만 자신의 의사를 표현할 수 있기 때문이다.

③ 점수 투표제와 달리 투표자의 전략적 행동을 유발하여 투표 결과를 조작할 수 있기 때문이다.

④ 일부에게만 선호도가 높은 대안이 다수에게 선호도가 매우 낮으면 점수 합산 면에서 불리하기 때문이다.

⑤ 순서로만 선호 강도를 표시할 경우, 모든 투표자에게 선호도가 가장 높은 대안이라도 최종 승자가 아닐 수 있기 때문이다.

112

〈보기〉가 [A]의 각 비용들에 대한 그래프라고 할 때, 이에 대한 이해로 적절하지 <u>않은</u> 것은?

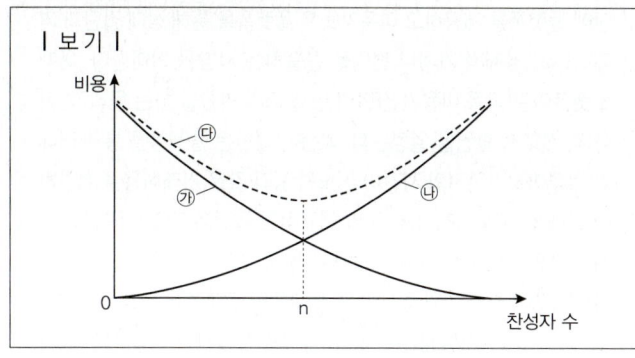

① ㉮는 외부 비용으로, 반대하는 투표자 수가 많아질수록 그 값이 커진다.

② ㉯는 의사 결정 비용으로, 투표 참가자들을 설득하는 데 드는 시간과 노력이 적을수록 그 값이 작아진다.

③ ㉰는 총비용으로, ㉮와 ㉯를 합한 값이 최소가 되는 지점 n이 최적 다수 지점이 된다.

④ 투표에 참가하는 모든 사람이 찬성하면 ㉮의 값은 0이 된다.

⑤ 안건 통과에 필요한 투표자가 많아지게 되면 ㉯는 이동하지만 ㉮는 이동하지 않는다.

113

대안 Ⅰ~Ⅲ에 대한 투표자 A~E의 선호 강도가 〈보기〉와 같다고 할 때, ㉠~㉢을 통해 채택될 대안으로 적절한 것은? 〔3점〕

보기					
투표자 대안	A	B	C	D	E
Ⅰ	3	1	1	3	1
Ⅱ	1	7	6	2	5
Ⅲ	6	2	3	5	4

(단, 표 안의 수치가 높을수록 더 많이 선호함을 나타내며, 투표에 미치는 외부적인 요인과 투표자들의 전략적 행동은 없다고 가정한다.)

	㉠	㉡	㉢
①	Ⅰ	Ⅲ	Ⅱ
②	Ⅱ	Ⅱ	Ⅱ
③	Ⅱ	Ⅱ	Ⅲ
④	Ⅲ	Ⅰ	Ⅲ
⑤	Ⅲ	Ⅱ	Ⅱ

다음 글을 읽고 물음에 답하시오. 4문항을 12분 안에 풀어보세요. **12분**

　　양면시장은 플랫폼 사업자가 서로 구분되는 두 개의 이용자 집단에 플랫폼을 제공하고 이용자들은 플랫폼을 통해 상대 집단과 거래하면서 경제적 가치나 편익을 창출하는 시장을 의미한다. 이때 플랫폼이란 양쪽 이용자 집단의 연결 고리 역할을 하는 물리적, 가상적, 제도적 환경을 일컫는다. 이용자 집단은 플랫폼을 통해 거래가 이루어지기까지의 시간이나 노력 등과 같은 거래비용을 절감하여 상대 집단과 거래하게 된다. 대표적인 플랫폼으로 신용 카드 회사가 제공하는 카드 결제 시스템을 들 수 있다. 플랫폼의 한쪽에는 카드로 결제하는 회원들이 있고, 플랫폼의 반대쪽에는 그것을 지불 수단으로 받는 가맹점들이 있다. 플랫폼 사업자인 신용 카드 회사 입장에서는 양쪽 이용자 집단인 카드 회원들과 가맹점들 모두가 고객이 된다.

　　플랫폼을 통해 연결되는 양쪽 이용자 집단의 관계는 '네트워크 외부성'을 통해 설명할 수 있다. 네트워크 외부성은 어떤 제품이나 서비스를 사용하는 이용자의 규모가 이용자의 효용에 영향을 미치는 것으로 직접 네트워크 외부성과 간접 네트워크 외부성으로 구분된다. 직접 네트워크 외부성이란 동일 집단 내에서 발생하는 것으로, 동일 집단에 속한 이용자의 규모가 커지면 집단 내 개별 이용자의 효용이 증가하는 특성이다. 이와 달리 간접 네트워크 외부성이란 서로 다른 집단 간에 발생하는 것으로, 한쪽 이용자 집단의 규모가 커지면 반대쪽 이용자 집단의 효용이 증가하고, 한쪽 이용자 집단의 규모가 작아지면 반대쪽 이용자 집단의 효용이 감소하게 된다. 양면시장에서는 간접 네트워크 외부성이 필수적으로 작용하므로 양쪽 이용자 집단이 서로 긴밀하게 영향을 주고받는다.

　　이를 바탕으로 플랫폼 사업자는 플랫폼 이용료를 통해 수익을 창출하기 때문에 양쪽 이용자 집단 모두를 플랫폼에 참여하도록 유도할 수 있는 가격구조를 결정하게 된다. 이때 가격구조란 플랫폼 이용료를 각각의 이용자 집단에 어떻게 부과하느냐를 의미한다. 플랫폼 사업자는 수익을 극대화할 수 있는 전략으로 양쪽 이용자 집단에 차별적인 가격을 부과하는 것이 일반적인데, 한쪽 이용자 집단의 플랫폼 이용료를 아주 낮게 책정하거나 한쪽 이용자 집단에 보조금을 지급하는 경우도 있다.

　　위에서 언급된 카드 결제 시스템을 바탕으로 간접 네트워크 외부성이 가격구조에 미치는 영향을 살펴보면 다음과 같다. 카드 회원들이 가맹점에 미치는 간접 네트워크 외부성이 클수록, 카드 회사는 카드 회원 수를 늘리기 위해 낮은 연회비를 부과할 수 있다. 이에 따라 카드 회원 수가 늘어나면 가맹점들의 효용이 증가하기 때문에 가맹점은 높은 결제 건당 수수료를 지불하더라도 카드 결제 시스템을 이용하게 된다. 이는 가맹점이 카드 회원들에게 미치는 간접 네트워크 외부성이 큰 경우에도 마찬가지로 적용된다.

　　한편 가격구조는 수요의 가격탄력성에도 영향을 받는다. 수요의 가격탄력성이란 가격이 오르거나 내릴 때 수요량이 얼마나 변동하느냐를 의미하는 것으로, 양면시장에서 양쪽 이용자 집단 각각은 플랫폼 이용료의 변동에 따라 이용자 수나 서비스 이용량과 같은 수요량에 영향을 받게 된다. 카드 회원의 수요의 가격탄력성이 높

은 경우에는 연회비가 오를 때 카드 회원 수가 크게 감소하고, 수요의 가격탄력성이 낮은 경우에는 변동이 크지 않다. 따라서 플랫폼 사업자는 자신의 수익을 극대화하기 위해 양쪽 이용자 집단의 특성을 파악하여 각 집단에 최적의 이용료를 부과하게 된다. 일반적으로 플랫폼 사업자는 수요의 가격탄력성이 높은 집단에 낮은 이용료를 부과하여 해당 집단의 이용자 수를 늘리려고 한다.

　　플랫폼 사업자가 수익을 창출하기 위해 사용하는 대표적인 전략으로 공짜 미끼와 프리미엄(free-mium) 등이 있다. 공짜 미끼 전략은 무료 서비스를 통해 한쪽 집단의 이용자 수를 늘리면서 반대쪽 집단 이용자의 플랫폼 참여를 유인하는 것이다. 프리미엄 전략은 기본적 기능은 무료로 제공하지만 추가적인 기능은 유료로 제공하는 것으로, 무료에서 유료로 전환한 이용자의 긍정적 경험이 무료 이용자에게 전파되어 그중 일부가 유료 이용자로 전환되도록 하는 것이다.

114

윗글을 이해한 내용으로 적절하지 <u>않은</u> 것은?

① 카드 결제 시스템은 카드 회원들과 카드 가맹점을 연결하는 플랫폼이다.
② 양면시장에서는 신용 카드 회사와 카드 회원 모두가 가맹점의 고객이 된다.
③ 플랫폼 사업자는 이용자 집단이 플랫폼에 참여하도록 보조금을 지급할 수 있다.
④ 플랫폼 사업자는 플랫폼 이용자들에게 경제적 가치를 창출하는 환경을 제공한다.
⑤ 프리미엄 전략은 유료로 전환한 이용자들이 무료 이용자들의 유료화에 영향을 미치는 것이다.

115

가격구조에 대한 설명으로 가장 적절한 것은?

① 플랫폼 사업자가 수익을 극대화하기 위해 고려하는 것이다.
② 양쪽 이용자 집단의 이용료 지불 수단을 결정하는 방법이다.
③ 양쪽 이용자 집단에 동일한 이용료를 부과하기 위한 원칙이다.
④ 양쪽 이용자 집단의 규모가 항상 고정되어 있음을 전제로 하는 것이다.
⑤ 플랫폼 사업자가 규모가 큰 이용자 집단에는 이용료를 부과하지 못한다.

※ 윗글과 <보기>를 바탕으로 116번과 117번 두 물음에 답하시오.

| 보 기 |

P사가 개발한 메신저 프로그램은 이용자끼리 무료로 메시지를 주고받을 수 있어서 ㉠ 메신저 이용자들이 빠르게 증가했고, 메신저 이용자들끼리 서로 편하게 연락을 주고받을 수 있게 되었다. 그러자 광고 효과를 기대하고 P사와 계약한 ㉡ 광고주들이 크게 늘어났고, P사는 모든 광고주들에게 원래보다 높은 광고 비용을 부과했다. 이후 P사는 더 많은 메신저 이용자들을 확보하기 위해 메신저에서 사용할 수 있는 무료 이모티콘을 배포하였고, 이를 통해 ㉢ 이모티콘 사용에 익숙해진 이용자를 많이 확보할 수 있었다. 이모티콘을 사용하는 이용자들이 점점 많아지자 P사는 메신저를 통해 ㉣ 이모티콘 공급 업체들이 유료 이모티콘을 판매할 수 있도록 하였다. P사가 높은 판매 수수료를 부과했음에도 불구하고 이용자들에게 이모티콘을 판매하고자 하는 업체들이 모여들게 되었다.

116

윗글을 바탕으로 <보기>를 이해한 내용으로 적절하지 <u>않은</u> 것은?

[3점]

① P사가 메신저 이용자들에게 무료 이모티콘을 배포한 것은 무료 서비스를 통해 더 많은 메신저 이용자들을 플랫폼으로 유도하기 위한 공짜 미끼 전략이겠군.

② P사가 이모티콘 사용에 익숙해진 메신저 이용자들을 확보한 것은 메신저를 통해 적은 거래비용으로 이용자에게 이모티콘을 직접 판매하고자 하는 목적이겠군.

③ P사가 광고주들에게 부과한 광고 비용과 이모티콘 공급 업체에게 부과한 판매 수수료는 P사의 수익 창출을 위한 플랫폼 이용료에 해당하겠군.

④ P사가 모든 광고주들에게 원래보다 높은 광고 비용을 부과한 것은 메신저 이용자들의 수가 늘어남에 따라 광고주들이 얻는 편익이 증가했다고 판단했기 때문이겠군.

⑤ P사가 개발한 메신저의 이용자 수가 많아져 이용자들끼리 더 편하게 연락을 주고받을 수 있게 된 것은 메신저 이용자들 사이에 직접 네트워크 외부성이 존재하는 것이겠군.

117

다음은 윗글과 <보기>를 읽은 학생이 보인 반응이다. A~C에 들어갈 내용으로 적절한 것은?

㉠의 수요의 가격탄력성이 높고, ㉠이 ㉡에 미치는 간접 네트워크 외부성이 클 때, P사가 무료이던 메신저 이용료를 유료로 전환한다고 가정하면, ㉠의 수는 (　A　)하고 ㉡의 효용은 크게 (　B　)할 것이다. 한편 ㉣이 ㉢에 미치는 간접 네트워크 외부성이 크다고 가정하면, P사가 ㉣에 부과하는 판매 수수료는 (　C　)할 것이다.

	A	B	C
①	감소	증가	하락
②	증가	증가	하락
③	감소	증가	상승
④	증가	감소	상승
⑤	감소	감소	하락

다음 글을 읽고 물음에 답하시오. 5문항을 14분 안에 풀어보세요. 14분

어떤 제약 회사에서 특정한 병에 효과가 있는 새로운 약을 만들고 있다고 가정해 보자. 신약 개발은 엄청난 자본이 들어가는 일이기 때문에 경영자는 신중하게 판단을 해야 한다. 경영자는 신약이 효과가 있다는 것을 확인하기 위해 [가설 검정]의 방법을 사용할 수 있다. 가설 검정은 ⓐ 모순된 관계에 있는 두 개의 가설을 세우고 실험을 통해 얻은 통계 자료로 가설의 참 또는 거짓을 판단하는 것이다. 가설 검정을 위해 경영자는 '신약이 효과가 있다.'와 '신약이 효과가 없다.'라는 가설을 설정한다. 전자는 판단하는 이가 주장하려는 가설로 '대립(對立)가설'이라 하고 후자는 주장하고 싶은 내용과는 반대되는 가설인 '귀무(歸無)가설'이라 한다.

'신약이 효과가 있다.'라는 대립가설을 입증하기 위해서는 특정 질병을 겪고 있는 모든 환자에게 신약을 투약해 보면 된다. 하지만 전체를 대상으로 실험하는 것은 현실적으로 불가능하기 때문에 대립가설을 기준으로 가설 검정을 하지는 않는다. 대신 가설 검정에서는 귀무가설이 참이라고 가정한 상태에서, 일부 환자에게 투약해서 얻은 자료를 바탕으로 확률에 근거하여 귀무가설의 기각 여부를 결정한다. '신약이 효과가 없다.'라는 귀무가설 아래에서 투약하였는데 관찰한 결과 ⓑ 병이 호전된 경우가 많았다고 하자. 이는 '신약이 효과가 없다.'가 타당하지 않은 것이므로, 경영자는 ⓒ 귀무가설을 버리고 대립가설을 채택하면 된다. 한편 '신약이 효과가 없다.'라는 귀무가설 아래에서 투약하였고, 관찰 결과 병이 낫지 않은 경우가 더 많았다고 하자. 이때는 귀무가설을 버릴 수 없다. 이처럼 가설 검정은 '귀무가설을 기각한다.' 또는 '귀무가설을 기각하지 못한다.'라는 의사 결정을 중심으로 대립가설의 채택 여부가 결정된다.

경영자가 의사 결정을 하는 과정에서는 두 가지 오류가 발생할 수 있다. 귀무가설이 참인데도 불구하고 귀무가설을 기각하는 결정을 내린 것을 '1종 오류'라고 한다. 앞선 예에서 실제로는 약효가 없는데도 약효가 있다고 판단하는 것이다. 그리고 귀무가설이 참이 아닌데 귀무가설을 기각하지 못한 결정을 내린 것을 '2종 오류'라고 한다. 실제로는 약효가 있지만 약효가 없다고 판단하는 것이다. 이러한 오류는 판결에서도 나타날 수 있다. 증거에 의해 '피고인은 유죄이다.'라는 대립가설이 채택되기 전까지는 '피고인은 무죄이다.'라고 가정한다. 판사는 확보된 증거를 바탕으로 ⓓ 귀무가설의 기각 여부를 판단해야 한다. 이때 판사가 무죄인 사람에게 유죄를 선고하는 것은 1종 오류, 유죄인 사람에게 무죄를 선고하는 것은 2종 오류에 해당한다.

오류들 중 상대적으로 더 심각한 문제를 초래하는 것은 1종 오류이다. 효과가 있는 약을 출시하지 못해서 기업이 수익을 창출할 기회를 잃어버리는 상황에 비해, 시장에 출시했는데 약의 효능이 없어서 회사가 신뢰를 잃는 위험이 더 크다. 또한 죄가 있는데 무죄 판결을 내리는 것보다 결백한 사람에게 유죄 판결을 내리는 것이 더 심각한 문제이다. 그런데 ⓔ 두 가지 오류를 동시에 줄일 수는 없다. 한쪽 오류를 줄이면 그만큼 반대쪽 오류는 늘어나기 때문이다. 만약 경영자가 약의 효능과는 무관하게 일단은 약을 출시하기로 결정했다면 2종 오류는 배제할 수 있지만 그만큼 1종 오류는 늘어나게 된다.

따라서 가설 검정 과정에서는 1종 오류가 발생할 확률의 최대 허용 범위인 ㉠ 유의 수준을 가급적 낮게 정한다. 예를 들어 유의 수준이 5 %라면 백 번의 시행 중 다섯 번 이내로 1종 오류가 발생하더라도 우연히 일어난 일로 보고 대립가설을 채택하지만, 이 값을 넘어서면 귀무가설을 기각하지 못한다는 것이다. 또한 유의 수준은 실험을 하기 전에 미리 정하며, 사람의 생명이나 인권과 결부된 것이라면 유의 수준은 더 낮게 잡아야 한다.

118

[가설 검정]에 대하여 윗글을 통해 답을 찾을 수 없는 질문은?

① 귀무가설을 기각할 때 새롭게 설정하는 가설은 무엇인가?
② 대립가설을 기준으로 가설을 검정하지 않는 이유는 무엇인가?
③ 대립가설의 채택 여부를 판단하기 위해 사용하는 가설은 무엇인가?
④ 1종 오류와 2종 오류를 함께 줄일 수 없는 이유는 무엇인가?
⑤ 1종 오류와 2종 오류 중 더 심각한 문제를 초래하는 오류는 무엇인가?

119

윗글의 내용과 일치하는 것은?

① 귀무가설이 기각되면 대립가설은 채택될 수 없다.
② 판결에서 대립가설의 기각 여부는 피고인이 판단한다.
③ 귀무가설은 대립가설이 채택될 때 받아들여지는 가설이다.
④ 귀무가설은 참과 거짓을 알기 전까지는 거짓으로 간주한다.
⑤ 신약 개발을 하는 경영자가 채택하고 싶은 것은 대립가설이다.

120

윗글을 바탕으로 〈보기〉를 이해할 때, A~D에 대한 설명으로 적절하지 <u>않은</u> 것은? 3점

| 보기 |

구분		실제 상황	
		귀무가설 참	귀무가설 거짓
의사 결정	귀무가설 기각 못함	A	B
	귀무가설 기각함	C	D

① 실제로 피고인이 죄를 저지르지 않은 것은 A와 C의 경우에 해당한다.

② 경영자가 신약의 효능이 없다고 판단하는 것은 A와 B의 경우에 해당한다.

③ A와 D는 피고인에 대해 판사가 내린 판결에 오류가 발생하지 않은 경우에 해당한다.

④ 법원이 B를 줄이면, 실제로 죄를 저지른 피고인을 무죄로 판결해서 사회로 돌려보내는 수가 늘어난다.

⑤ 제약 회사가 C를 줄이려는 이유는 약의 효능이 없어 시장에서 신뢰를 잃는 상황을 심각하게 생각하기 때문이다.

121

㉠에 대한 설명으로 적절한 것은?

① 인권과 관련된 판단일수록 값을 크게 설정한다.

② 귀무가설이 참일 확률과 거짓일 확률의 차이를 의미한다.

③ 값을 낮게 정할수록 대립가설을 채택할 확률이 낮아진다.

④ 실험이 이루어진 후에 자료를 분석할 때 결정하는 값이다.

⑤ 가설을 판단할 때 사용할 자료 개수의 최대 허용 범위이다.

122

문맥상 ⓐ~ⓔ와 바꿔 쓰기에 적절하지 <u>않은</u> 것은?

① ⓐ : 동시에 참이 되거나 동시에 거짓이 될 수 없는

② ⓑ : 귀무가설과 어긋난

③ ⓒ : '신약이 효과가 없다.'라는 가설을 기각하고

④ ⓓ : '피고인은 유죄이다.'라는 가설

⑤ ⓔ : 1종 오류와 2종 오류

다음 글을 읽고 물음에 답하시오. 5문항을 14분 안에 풀어보세요. **14분**

　㉠마르크스는 사물의 경제적 가치를 사용가치와 교환가치로 구분하면서 자본주의 사회에서는 경제적 가치가 교환가치에 의해 결정된다고 보았다. 사용가치는 사물의 기능적 가치를, 교환가치는 시장 거래를 통해 부여된 가치를 의미하는데 사물 자체의 유용성은 고정적이므로 시장에서의 수요와 공급에 의해서만 경제적 가치가 결정된다고 보았기 때문이다. 또한 그는 사물의 거래 가격은 결국 사물의 생산 비용에 의해 결정된다는 점에서 소비를 생산에 종속된 현상으로 보고 소비의 자율성을 인정하지 않았다.

　마르크스의 이러한 주장과 달리 ㉡보드리야르는 교환가치가 아닌 사용가치가 경제적 가치를 결정하며, 자본주의 사회는 소비 우위의 사회라고 주장했다. 이때 보드리야르가 제시한 사용가치는 사물 자체의 유용성에 대한 가치가 아니라 욕망의 대상으로서 기호(sign)가 ⓐ지니는 기능적 가치, 즉 기호가치를 의미한다.

　기호는 어떤 대상을 지시하는 상징으로서 문자나 음성같이 감각으로 지각되는 기표와 의미 내용인 기의로 구성되는데, 기표와 기의의 관계는 자의적이다. 가령 '남성'이란 문자는 필연적으로 어떤 대상을 지시하는 것이 아니며 '여성'이란 기호와의 관계 속에서 의미 내용이 결정된다. 다시 말해, 어떤 기호의 의미 내용을 결정하는 것은 기표와 기의의 관계가 아니라 기호들 간의 관계, 즉 기호 체계 이다.

[A] 　보드리야르는 자본주의 사회에서 대량 생산 기술이 급속하게 발전하면서 소비자가 기호가치 때문에 사물을 소비한다고 보았다. 대량 생산 기술의 발전으로 수요를 충족하고 남을 만큼의 공급이 이루어져 사물 자체의 유용성은 더 이상 소비를 결정하는 요인으로 작용할 수 없기 때문이다. 예를 들어 소비자는 특정 계층 또는 집단의 일원이라는 상징을 얻기 위해 명품 가방을 소비한다. 이때 사물은 소비자가 속하고 싶은 집단과 다른 집단 간의 차이를 부각하는 기호로서 기능한다. 따라서 보드리야르에 따르면 자본주의 사회에서 소비의 원인은 사물이 상징하는 특정 사회적 지위에 대한 욕구이다.

　보드리야르는 현대인이 자연 발생적인 욕구에 따라 자유롭게 소비하는 것처럼 보이지만 사실은 강제된 욕구에 따르는 것에 불과하다고 보았다. 이는 기호가 다른 기호와의 관계 속에서 그 의미 내용이 결정되는 것과 관계된다. 특정 사물의 상징은 기호 체계, 즉 사회적 상징체계 속에서 유동적이며, 따라서 ㉢상징체계 변화에 따라 욕구도 유동적이다. 이때 대중매체는 사물의 기의에 영향을 미침으로써 욕구를 강제할 수 있다. 현실이 대중매체를 통해 전달될 때 현실은 현실 그 자체가 아니라 다른 기호와 조합될 수 있는 기호로서 추상화되기 때문이다. 가령 텔레비전 속 유명 연예인이 소비하는 사물은 유명 연예인이라는 기호에 의해 새로운 의미 내용이 부여된다. 요컨대 특정 사물에 대한 현대인의 욕망은 대중매체를 매개로 하여 자기도 모르는 사이에 강제된다.

　보드리야르는 기술 문명이 초래한 사물의 풍요 속에서 현대인의 일상생활이 사물의 기호가치와 이에 대한 소비에 의해 규정된다고 보고 자본주의 사회를 소비사회로 명명하였다. 그의 이론은 소비가 인간에 미치는 영향을 비판적으로 성찰해야 한다는 점을 시사한다.

123

'자본주의 사회'에 대한 ㉠, ㉡의 주장을 이해한 내용으로 가장 적절한 것은?

① ㉠ : 소비가 생산에 종속되므로 사용가치와 교환가치는 결국 동일하다.

② ㉠ : 사물 자체의 유용성은 변하지 않으므로 소비자의 욕구를 중심으로 분석해야 한다.

③ ㉡ : 소비자에게 소비의 자율성이 존재하므로 교환가치가 사용가치를 결정한다.

④ ㉡ : 개인에게 욕구가 강제되므로 소비를 통해 집단 간의 사회적 차이가 소멸한다.

⑤ ㉡ : 경제적 가치는 사회적 상징체계에 따라 결정되므로 기호가치가 소비의 원인이다.

124

기호 체계를 바탕으로 [A]를 이해한 내용으로 적절하지 않은 것은?

① 사물은 기표로서의 추상성과 기의로서의 구체성을 갖는다.

② 사물과 그것이 상징하는 특정한 사회적 지위와의 관계는 자의적이다.

③ 사물은 사물 자체가 아닌 사물 간의 관계를 통해 의미 내용이 결정된다.

④ 소비는 사물이라는 기호를 통해 특정 계층 또는 집단의 일원이라는 상징을 얻는 행위이다.

⑤ 기호가치는 사물의 기의와 그에 대한 소비자의 욕구와 관련될 뿐 사물의 기표에 의해 결정되는 것은 아니다.

125

ⓒ의 전제로 가장 적절한 것은?

① 상징체계 변화에 의해 사물 자체의 유용성이 변화한다.
② 사물에 대한 욕구는 사람마다 제각기 다른 양상을 보인다.
③ 사물의 기호가치가 변화하면 사물에 대한 욕구도 변화한다.
④ 사물을 소비하는 행위는 개인의 자연 발생적 욕구에 따른 것이다.
⑤ 사물이 지시하는 의미 내용과 사물에 대한 욕구는 서로 독립적이다.

126

윗글의 '보드리야르'의 관점을 바탕으로 <보기>를 이해한 내용으로 적절하지 않은 것은? 3점

| 보 기 |

개성이란 타인과 구별되는 개인만의 고유한 특성으로, 현대 사회의 개인은 개성을 추구함으로써 자신의 고유함을 드러내려 한다. 이때 사물은 개성을 드러낼 수 있는 수단이다. 찢어진 청바지를 입는 것, 타투나 피어싱을 하는 것은 사물을 통한 개성 추구의 사례이다. 이런 점에서 '당신의 삶에 차이를 만듭니다'와 같은 광고 문구는 개성에 대한 현대인의 지향을 단적으로 드러낸 것이라 할 수 있다.

① 타인과 구별되는 개성이란 개인이 소속되길 바라는 집단의 차별화된 속성일 수 있겠군.
② 소비사회에서 사물을 통한 개성의 추구는 그 사물의 기호가치에 대한 욕구에서 비롯되겠군.
③ 찢어진 청바지는 개인만의 고유한 특성을 드러내는 수단이자 젊은 세대의 일원이라는 기호를 상징하는 것일 수 있겠군.
④ '당신의 삶에 차이를 만듭니다'라는 광고 문구는 그 광고의 상품을 소비함으로써 사회적 차이를 드러내고 싶다는 욕구를 강제하는 것일 수 있겠군.
⑤ 타투나 피어싱을 한 유명 연예인을 텔레비전에서 보고, 이를 따라하기 위해 돈을 지불하는 것은 대중매체를 매개로 하여 추상화된 기호를 소비하는 것일 수 있겠군.

127

문맥상 의미가 ⓐ와 가장 가까운 것은?

① 그는 항상 지갑에 현금을 지니고 있었다.
② 그녀는 어릴 때의 모습을 그대로 지니고 있다.
③ 우리는 자기가 맡은 일에 책임을 지녀야 한다.
④ 사람은 누구나 고정 관념을 지니고 살기 마련이다.
⑤ 그는 어린 시절의 추억을 항상 마음속에 지니고 있다.

[001~004]　2025년 9월 학평 27번~30번　정답과 해설편 p.165

다음 글을 읽고 물음에 답하시오.　4문항을 15분 안에 풀어보세요. 15분

　진화론자들은 생존에 유리한 방향으로 우연히 돌연변이가 발생한 유전자가 후대에 전해지는 자연선택 과정의 누적으로, 오늘날 생태계의 생명체들이 현재와 같은 모습을 띠게 되었다고 본다. 그런데 우리의 눈과 같이 고차원적인 생체 기관도 우연의 산물이라고 보기는 어렵다며 의문을 제기하는 이들도 있다. 이에 대해 진화생물학자 리처드 도킨스는 생명체의 진화 과정을 '불가능 산'에 오르는 것에 비유하면서, 불가능 산의 최정점에 있다고 여겨지는 우리의 눈은 깎아지른 절벽을 단숨에 뛰어오르는 우연으로 그곳에 이른 게 아니라, 완만한 비탈을 천천히 오르는 우연의 누적으로 그곳에 이른 것이라 말한다.

　눈의 진화 과정에서 시작 단계에 해당하는 불가능 산의 밑자락에는 빛의 존재 여부만 희미하게 감지하는 세포를 지닌, 일부 단세포 생물의 피부나 거머리의 피부가 자리한다. 그 뒤에 이어지는 오르막에서는 빛의 광자를 포획하고 그 충격을 신경 자극으로 변환하는 일을 담당하는 광세포가 점차 늘어나는 경향이 나타난다. 그러나 광세포 그 자체는 동물에게 빛의 유무만을 알려 주므로 빛의 방향과 주변 대상의 형태까지 감지하려면 한쪽 면에는 암막이 있는 광세포가 필요하다. 광세포가 투명하면 모든 방향에서 빛이 들어와 어느 쪽에서 빛이 오는지 알 수 없기 때문이다. 그래서 광세포로 이루어진 평면을 활처럼 구부려서 그 곡면의 뒤쪽에는 암막이 있게 만든 오목한 눈이 등장하게 되는데, 대합이나 갯지렁이 등의 눈이 이 유형에 속한다. 그러나 오목한 눈의 망막에도 대상을 분별할 수 있는 하나의 상이 형성되지는 못한다.

　오목한 눈에 돌고래의 상이 맺히는 상황을 생각해 보자. 셀 수 없이 다양한 방향에서 무수히 많은 빛이 동시에 들어오면 오목한 망막은 〈그림 1〉과 같이 무수히 많은 돌고래 상으로 뒤덮여 결국 하나의 상을 파악해 내지 못하게 된다. 그래서 〈그림 2〉와 같이 상하가 뒤바뀐 도립상이긴 하지만 단 하나의 온전한 돌고래 상만 망막에 맺힐 수 있을 때까지 빛의 유입구를 계속 좁혀 나가며 불가능 산을 오르는 긴 여정이 시작되었다. 그 결과 전복이나 고둥의 눈처럼 빛의 유입구가 매우 좁아진 눈과 앵무조개의 눈처럼 완전한 바늘구멍 눈이 나타나게 된다.

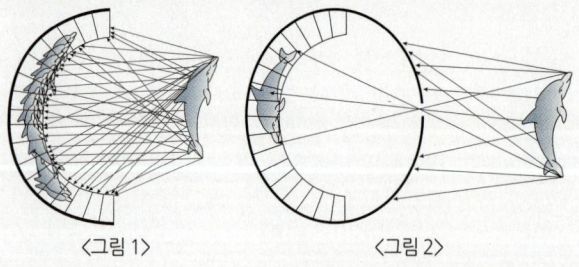

〈그림 1〉　　　　〈그림 2〉

　그러나 하나의 상만 맺힐 만큼 빛 유입구가 좁아지면 빛의 유입량이 부족해 아주 밝을 때만 대상을 볼 수 있다. 또한 빛은 파동처럼

움직이며 서로 간섭을 일으켜 상이 흐릿해지는 회절 현상을 보이는데, 빛의 유입구가 좁을수록 그 정도가 심화된다. 그래서 유입구를 더 넓게 하는 것도, 좁게 하는 것도 선택하기 어려운 진퇴양난의 상황이 발생한다. 바늘구멍 눈의 이러한 상황을, 두 장점을 동시에 취할 수 없는 상황이 흔히 다뤄지는 경제학의 특성을 본떠 <u>광자 경제학</u>이라 일컫는다.

　빛은 하나의 투명 물질에서 다른 투명 물질로 들어갈 때 굴절되는데, 볼록 렌즈 모양의 투명 물질은 빛의 굴절을 통해 물체의 상을 더 선명하게 만들어 준다. 그래서 광자 경제학의 난제를 해결하기 위한 대안으로, 빛의 유입구를 더 넓힌 뒤에 투명한 볼록 렌즈인 수정체를 그 뒤에 끼워 넣은 수정체 눈이 나타났다. 수정체를 거친 빛도 도립상을 이루는 것은 여전하지만, 빛의 유입량이 늘어 아주 밝지 않아도 망막에 선명한 상이 맺힐 수 있게 되었다. 일반적으로 척추동물은 불가능 산의 아주 높은 곳에 자리하고 있는 수정체 눈을 가지는데, 어류나 파충류 등은 수정체의 위치를 이동하는 방법으로, 조류나 포유류는 수정체의 두께를 조절하는 방법으로 빛의 굴절률을 조절하여 대상과의 거리에 맞게 초점을 맞춘다.

001

윗글을 읽은 방법으로 가장 적절한 것은?

① 오늘날의 생태계에서 발견이 되는 눈의 유형과 발견이 되지 않는 눈의 유형을 비교하며 읽었다.

② 여러 가지 눈의 유형별 차이점에 주목하여 각 유형의 눈이 나타나게 된 원인을 파악하며 읽었다.

③ 광세포와 빛의 관계를 중심으로 생명체의 눈이 불가능 산의 최정점에 오를 수 없는 이유를 추측하며 읽었다.

④ 고차원적 생체 기관은 우연의 산물이 아니라고 보는 사람들이 제시한 눈의 진화 과정에서 논리적 모순을 찾아내며 읽었다.

⑤ 다양한 생물 종의 눈이 고차원적 눈의 유형으로 수렴해 가는 원리를 시간의 흐름에 따라 순차적으로 이해하며 읽었다.

002

윗글에 대한 이해로 적절하지 <u>않은</u> 것은?

① 진화론자들은 생존에 유리한 돌연변이의 발생이 누적되어 생명체가 현재의 모습에 이르게 되었다고 본다.

② 리처드 도킨스는 새로운 유형의 눈이 나타나는 진화의 과정을 완만한 비탈을 천천히 오르는 것에 비유했다.

③ 눈의 진화의 시작 단계에 있는 생물은 빛의 존재를 감지할 수 있는 피부를 통해 빛의 유무만 파악할 수 있다.

④ 앵무조개의 눈은 갯지렁이의 눈과 달리 바라보고 있는 대상의 모습이 망막에 하나의 상으로 맺힌다.

⑤ 포유류의 눈은 어류의 눈과 달리 빛의 유입량을 늘리기 위해 수정체의 두께를 변화시켜 빛의 굴절률을 조절한다.

003

광자 경제학 을 중심으로 윗글에 대해 이해한 내용으로 적절하지 <u>않은</u> 것은?

① 파동처럼 움직이면서 서로 간섭을 일으키는 빛의 속성은 바늘구멍 눈의 빛 유입구를 더 넓히지 못하게 만드는 원인이 된다.

② 빛이 투명한 물질을 통과할 때 굴절되는 성질은 바늘구멍 눈의 빛 유입구를 더 넓히기도, 좁히기도 곤란한 문제 상황을 해결할 수 있게 한다.

③ 바늘구멍 눈으로, 아주 밝지 않은 곳에서 대상을 볼 수 있는 것과 대상을 단 하나의 상으로 파악할 수 있는 것을 동시에 충족시키기는 어렵다.

④ 수정체는 바늘구멍 눈의 빛 유입구를 넓혔을 때 얻게 되는 이점과 바늘구멍 눈의 빛 유입구를 좁혔을 때 얻게 되는 이점을 동시에 취할 수 있게 해 준다.

⑤ 여러 방향에서 동시에 많은 빛이 유입될 때 일시에 많은 상이 맺히는 현상은 아주 밝지 않아도 대상을 볼 수 있도록 바늘구멍 눈의 빛 유입구를 조절하는 데 제약이 된다.

004

윗글을 바탕으로 <보기>에 대해 보인 반응으로 적절하지 <u>않은</u> 것은? [3점]

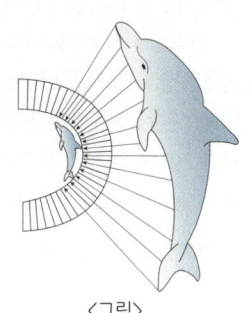

| 보기 |

곤충이나 갑각류에게서 흔히 나타나는 연립상 겹눈은 오목한 눈의 원리를 변형하여 적용하고, 바늘구멍 눈의 원리도 적용하여 상하가 뒤바뀌지 않은 정립상을 만든다. 이 눈은 <그림>처럼 오목한 그릇 모양의 뒷면, 즉 볼록한 표면에 광세포가 바깥쪽을 향하도록 배치되어 있고, 길쭉한 관들이 방사형으로 빽빽하게 모여 있다. 각각의 관은 아주 좁은 빛 유입구를 가진 낱눈으로, 일직선상에 있는 관측 대상의 작은 일부분에 해당하는 빛만 망막에 맺힌다. 각 낱눈에는 투명한 볼록 렌즈가 달려 있고 광세포로 이루어진 망막도 있으나 각 망막에 맺힌 상은 무시되고 낱눈을 통해 들어온 빛의 양만 기록된다. 이렇게 빛의 분리 공급을 통해 각 낱눈에 들어온 빛이 모두 합쳐지면 최종적으로는 하나의 온전한 전체 상을 인식할 수 있게 된다.

<그림>

① 연립상 겹눈이 빛의 유무를 넘어 관측 대상의 형태까지 파악할 수 있는 것으로 보아 연립상 겹눈의 광세포는 투명하지 않겠군.

② 연립상 겹눈은 그릇 모양의 볼록한 표면에 광세포가 배치되어 있어서 오목한 눈에 비해 더 많은 양의 빛이 망막에 닿게 되겠군.

③ 연립상 겹눈으로 분리 공급된 빛을 통해 최종적으로 인식되는 관측 대상의 전체 상은 실제 관측 대상의 모습과 상하 방향이 일치하겠군.

④ 연립상 겹눈의 각 낱눈은 관측 대상의 작은 일부분만 감지한다는 점에서 관측 대상의 전체 형상을 감지할 수 있는 바늘구멍 눈과는 차이가 있겠군.

⑤ 연립상 겹눈을 구성하는 각 낱눈의 망막에 맺힌 관측 대상의 각 상은 수정체 눈의 망막에 맺힌 관측 대상의 상과 마찬가지로 모두 상하가 전복되어 있겠군.

다음 글을 읽고 물음에 답하시오. 5문항을 10분 안에 풀어보세요. **10분**

전자 녹음 장치에 녹음된 자신의 목소리를 스피커를 통해 들으면 어색하게 느껴진다. 그 이유 를 이해하기 위해서는 소리가 무엇이며 어떤 과정을 통해 들리게 되는지 살펴볼 필요가 있다.

소리는 물체의 진동에 의해 발생하고 매질의 진동으로 전달되는 파동이다. 소리가 들린다는 것은 매질의 진동이 내이에 도달하여 달팽이관 속 림프액을 진동시켜 섬모가 흔들리고, 이로 인해 발생한 전기 신호가 청각 신경을 따라 뇌에 전달됨을 의미한다. 이때 소리가 내이에 도달하는 방식으로는 외이와 중이를 거치는 공기 전도와 이를 거치지 않는 골전도가 있다.

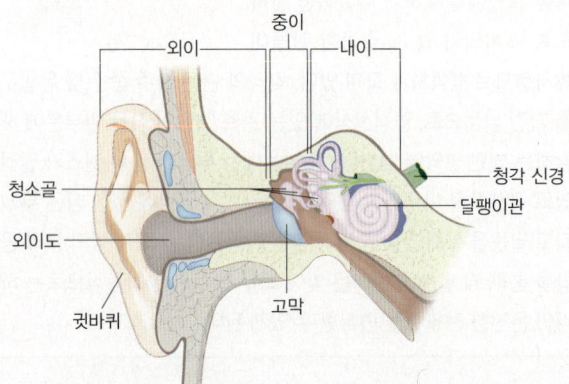

공기 전도는 공기를 매질로 소리가 내이에 전달되는 것을 의미한다. 물체의 진동이 주변 공기를 진동시키면 귓바퀴가 이 진동을 모아 귓속으로 보내고, 그 결과 진동은 외이도를 지나게 된다. 귓바퀴와 외이도 등 진동이 지나가는 각 지점에서는 소리의 공명이 발생한다. 공명이란 공명 주파수*에서 진폭이 커지는 현상을 말하는데 외이도의 경우 공명 주파수는 성인 기준으로 2,500~2,700 Hz이다. 공명 주파수는 외이도의 길이에 반비례하기 때문에, 외이도의 길이가 성인보다 짧은 유아는 공명 주파수가 더 높다. 이러한 공명에 의해 증폭된 진동은 고막을 진동시키고 고막의 진동은 청소골에서 더욱 증폭되어 내이에 전달된다.

이에 반해 골전도는 귀 주변 뼈를 매질로 소리가 내이에 바로 전달되는 것이다. 대화할 때 들리는 자신의 목소리에는 성대에서 발생한 진동이 공기 전도를 통해 전달된 소리와 골전도를 통해 전달된 소리가 함께 있다. 자신의 목소리 중에서 20~1,000 Hz의 소리는 골전도로는 잘 전달이 되지만, 외이와 중이에서 공명이 잘 일어나지 않아 공기 전도로는 잘 전달되지 않는다. 녹음된 자신의 목소리를 스피커를 통해 들으면 골전도를 통해 듣던 소리는 잘 들리지 않으므로 어색함을 느끼게 되는 것이다.

한편 외이와 중이에 이상이 있는 사람도 골전도를 통해서는 소리를 들을 수 있는데, 이를 이용한 보청기도 사용되고 있다. 최근에는 이어폰에도 골전도의 원리가 이용되고 있다. 이어폰 내부에는 일반적으로 내부 자기장을 형성하는 자석과 보이스코일이 있다. 보이스코일에 교류 전류를 가하면 내부 자기장에 의해 보이스코일에 인력과 척력이 교대로 작용하여 보이스코일에 진동이 발생한다. 이때 전류의 방향이 바뀌는 주기를 짧게 할수록 주파수가 높아져 높은 음의 소리가 난다. 또 전류를 세게 할수록 진폭이 커져 음량이 높

아진다. ㉠ 일반적인 이어폰은 이러한 진동을 공기를 통해 전달하는데, ㉡ 골전도 이어폰은 귀 주변 뼈에 진동판을 밀착하여 진동을 내이로 직접 전달한다.

골전도 이어폰은 일반적인 이어폰과 달리 귀를 막지 않고 사용하기 때문에 다양한 장점이 있다. 우선 귀 내부가 습해지는 것을 방지할 수 있고 고막을 직접 자극하지 않는다. 또 야외 활동 시 착용해도 주변 소리를 들을 수 있어 위험 상황에 잘 대처할 수 있다. 그러나 골전도 이어폰을 사용해도 내이는 자극이 되므로 장시간 사용하면 청각 신경이 손상될 수 있어 주의해야 한다.

* 공명 주파수 : 공명 현상이 일어나거나 공명에 의해 강해지는 주파수

005

윗글에 대한 설명으로 가장 적절한 것은?

① 소리가 전달되는 두 가지 방식을 제시하고 이와 관련한 기술을 소개하고 있다.

② 이어폰 기술의 과학적 원리를 살펴보고 앞으로 전개될 발전 방향을 예측하고 있다.

③ 청각에 대한 두 가지 관점을 언급하고 이를 절충한 새로운 관점을 제시하고 있다.

④ 골전도 현상이 일어나는 과정을 제시하고 이에 대한 서로 다른 견해를 분석하고 있다.

⑤ 청각에 이상이 생기는 사례를 소개하고 이를 예방하기 위한 구체적인 방안을 제시하고 있다.

006

윗글을 읽고 알 수 있는 내용으로 적절하지 않은 것은?

① 주파수가 낮아지면 낮은 음의 소리가 난다.
② 고막의 진동은 청소골을 통과할 때 증폭된다.
③ 외이도의 길이가 짧을수록 공명 주파수는 높아진다.
④ 이어폰의 보이스코일에 흐르는 전류가 세지면 음량이 높아진다.
⑤ 20 ~ 1,000 Hz의 소리는 물체의 진동에 의해서는 발생할 수 없다.

007

윗글의 내용을 고려할 때, 그 이유로 가장 적절한 것은?

① 평소에 골전도로 전달되는 소리를 들을 기회가 적었으므로
② 스피커에서 나온 녹음된 목소리는 내이를 거치지 않고 뇌에 전달되므로
③ 전자 장치의 전기적 에너지로 인해 청각 신경이 받는 자극의 크기가 커졌으므로
④ 녹음된 소리를 들을 때에는 골전도로 전달되는 주파수의 소리가 잘 들리지 않으므로
⑤ 자신이 말할 때 듣는 목소리에는 녹음된 목소리와 달리 외이에서 공명이 일어나는 소리가 빠져 있으므로

008

윗글을 바탕으로 〈보기〉에 대해 보인 반응으로 가장 적절한 것은? [3점]

| 보기 |

난청이란 소리가 잘 들리지 않거나 전혀 들리지 않는 증상으로 외이도에서 뇌에 이르기까지 소리가 전달되는 과정 중 특정 부분에 문제가 생기면 발생한다. 그중 전음성 난청은 외이와 중이에 문제가 있어 발생하는 증상으로, 이 경우 소리가 커지면 알아듣는 정도가 좋아질 수 있다.

이와 달리 감각 신경성 난청은 달팽이관까지 소리가 잘 전달되었음에도 소리가 잘 들리지 않는 것으로 달팽이관의 청각 세포나, 청각 자극을 뇌로 전달하는 청각 신경 또는 중추 신경계 이상 등으로 발생한다. 이 경우 소리가 커져도 그것을 알아듣는 정도가 좋아지지 않는다.

① 골전도 이어폰은 장시간 사용해도 감각 신경성 난청을 유발하지는 않겠군.
② 청각 신경의 이상으로 인한 난청이 있는 사람의 경우 이어폰의 음량을 높이면 잘 들을 수 있겠군.
③ 자신이 말하는 목소리가 전혀 들리지 않는 사람은 감각 신경성 난청 증상이 있다고 볼 수 있겠군.
④ 고막의 이상으로 난청이 있는 경우 골전도의 원리를 이용한 보청기는 사용해도 효과가 없겠군.
⑤ 전음성 난청이 있는 사람은 골전도 이어폰의 소리는 들을 수 없지만 일반적인 이어폰의 소리는 들을 수 있겠군.

009

㉠, ㉡에 대한 설명으로 적절하지 않은 것은?

① ㉠은 교류 전류를 진동으로 바꾸고 공기를 통해 그 진동을 내이에 전달한다.
② ㉡은 진동판을 통해 뼈에 진동을 발생시켜 소리를 내이로 전달한다.
③ ㉠은 ㉡과 달리 섬모의 흔들림을 유발하여 전기 신호를 발생시킨다.
④ ㉡은 ㉠과 달리 야외 활동 시 사용해도 주변 소리를 들을 수 있어 위험 상황에 잘 대처할 수 있다.
⑤ ㉠과 ㉡은 모두 내부 자기장과 교류 전류로 인해 인력과 척력이 발생한다.

다음 글을 읽고 물음에 답하시오. 4문항을 7분 안에 풀어보세요. 7분

이어폰으로 스테레오 음악을 ㉠ 들으면 두 귀에 약간 차이가 나는 소리가 들어와서 자기 앞에 공연장이 펼쳐진 것 같은 공간감을 느낄 수 있다. 이러한 효과는 어떤 원리가 적용되어 나타난 것일까?

사람의 귀는 주파수 분포를 감지하여 음원의 종류를 알아내지만, 음원의 위치를 알아낼 수 있는 직접적인 정보는 감지하지 못한다. 하지만 사람의 청각 체계는 두 귀 사이 그리고 각 귀와 머리 측면 사이의 상호 작용에 의한 단서들을 이용하여 음원의 위치를 알아낼 수 있다. 음원의 위치는 소리가 오는 수평·수직 방향과 음원까지의 거리를 이용하여 지각하는데, 그 정확도는 음원의 위치와 종류에 따라 다르며 개인차도 크다. 음원까지의 거리는 목소리 같은 익숙한 소리의 크기와 거리의 상관관계를 이용하여 추정한다.

음원이 청자의 정면 정중앙에 있다면 음원에서 두 귀까지의 거리가 같으므로 소리가 두 귀에 도착하는 시간 차이는 없다. 반면 음원이 청자의 오른쪽으로 ㉡ 치우치면 소리는 오른쪽 귀에 먼저 도착하므로, 두 귀 사이에 도착하는 시간 차이가 생긴다. 이때 치우친 정도가 클수록 시간 차이도 커진다. 도착 순서와 시간 차이는 음원의 수평 방향을 ㉢ 알아내는 중요한 단서가 된다.

음원이 청자의 오른쪽 귀 높이에 있다면 머리 때문에 왼쪽 귀에는 소리가 작게 들린다. 이러한 현상을 '소리 그늘'이라고 하는데, 주로 고주파 대역에서 ㉣ 일어난다. 고주파의 경우 소리가 진행하다가 머리에 막혀 왼쪽 귀에 잘 도달하지 않는 데 비해, 저주파의 경우 머리를 넘어 왼쪽 귀까지 잘 도달하기 때문이다. 소리 그늘 효과는 주파수가 1,000 Hz 이상인 고음에서는 잘 나타나지만, 그 이하의 저음에서는 거의 나타나지 않는다. 이 현상은 고주파 음원의 수평 방향을 알아내는 데 특히 중요한 단서가 된다.

한편, 소리는 귓구멍에 도달하기 전에 머리 측면과 귓바퀴의 굴곡의 상호 작용에 의해 여러 방향으로 반사되고, 반사된 소리들은 서로 간섭을 일으킨다. 같은 소리라도 소리가 귀에 도달하는 방향에 따라 상호 작용의 효과가 달라지는데, 수평 방향뿐만 아니라 수직 방향의 차이도 영향을 준다. 이러한 상호 작용에 의해 주파수 분포의 변형이 생기는데, 이는 간섭에 의해 어떤 주파수의 소리는 ㉤ 작아지고 어떤 주파수의 소리는 커지기 때문이다. 이 또한 음원의 방향을 알아낼 수 있는 중요한 단서가 된다.

010

윗글의 내용과 일치하지 않는 것은?

① 사람의 귀는 소리의 주파수 분포를 감지하는 감각 기관이다.
② 청각 체계는 여러 단서를 이용해서 음원의 위치를 지각한다.
③ 위치 감지의 정확도는 소리가 오는 방향에 관계없이 일정하다.
④ 소리 그늘 현상은 머리가 장애물로 작용하기 때문에 일어난다.
⑤ 반사된 소리의 간섭은 소리의 주파수 분포에 변화를 일으킨다.

011

사람의 청각 체계에 대한 설명으로 옳은 것은?

① 두 귀에 소리가 도달하는 순서와 시간 차이를 감지했다면 생소한 소리라도 음원까지의 거리를 알아낼 수 있다.
② 이어폰을 통해 두 귀에 크기와 주파수 분포가 같은 소리를 동시에 들려주면 수평 방향의 공간감이 느껴진다.
③ 소리가 울리는 실내라면 소리가 귀까지 도달하는 시간이 다양해져서 음원의 방향을 더 잘 찾아낼 수 있다.
④ 귓바퀴의 굴곡을 없애도록 만드는 보형물을 두 귀에 붙이면 음원의 수평 방향을 지각할 수 없다.
⑤ 소리의 주파수에 따라 음원의 수평 방향 지각에서 소리 그늘을 활용하는 정도가 달라진다.

012

<보기>에서 ⓐ~ⓔ의 합성에 적용된 원리를 분석한 내용으로 옳지 <u>않은</u> 것은?

| 보 기 |

　은영이는 이어폰을 이용한 소리 방향 지각 실험에 참여하였다. 이 실험에서는 컴퓨터가 각각 하나의 원리만을 이용해서 합성한 소리를 들려준다. 은영이는 ⓐ <u>멀어져 가는 자동차 소리</u>, ⓑ <u>머리 위에서 나는 종소리</u>, ⓒ <u>발 바로 아래에서 나는 마루 삐걱거리는 소리</u>, ⓓ <u>오른쪽에서 나는 저음의 북소리</u>, ⓔ <u>왼쪽에서 나는 고음의 유리잔 깨지는 소리</u>로 들리도록 합성한 소리를 차례로 들었다.

① ⓐ는 소리의 크기가 시간에 따라 점점 작아지도록 했겠군.
② ⓑ는 귓바퀴와 머리 측면의 상호 작용이 일어난 소리가 두 귀에 들리도록 했겠군.
③ ⓒ는 같은 소리가 두 귀에서 시간 차이를 두고 들리도록 했겠군.
④ ⓓ는 특정 주파수 분포를 가진 소리가 오른쪽 귀에 먼저 들리도록 했겠군.
⑤ ⓔ는 오른쪽 귀에 소리 그늘 효과가 생긴 소리가 들리도록 했겠군.

013

㉠~㉤을 바꾸어 쓴 말로 적절하지 <u>않은</u> 것은?

① ㉠ : 청취(聽取)하면
② ㉡ : 치중(置重)하면
③ ㉢ : 파악(把握)하는
④ ㉣ : 발생(發生)한다
⑤ ㉤ : 감소(減少)하고

DAY 19　Ⅲ　과학, 기술

다음 글을 읽고 물음에 답하시오. 5문항을 11분 안에 풀어보세요. 11분

'식욕'은 음식을 먹고 싶어 하는 욕망으로, 인간이 살아가는 데 필요한 영양분을 얻기 위해서 반드시 필요하다. 식욕은 기본적으로 뇌의 시상 하부*에 있는 식욕 중추*의 영향을 받는데, 이 중추에는 배가 고픈 느낌이 들게 하는 '섭식 중추'와 배가 부른 느낌이 들게 하는 '포만 중추'가 함께 있다. 우리 몸이 영양분을 필요로 하는 상태가 되면 섭식 중추는 뇌 안의 다양한 곳에 신호를 보낸다. 그러면 식욕이 느껴져 침의 분비와 같이 먹는 일과 관련된 무의식적인 행동이 촉진된다. 그러다 영양분의 섭취가 늘어나면, 포만 중추가 작용해서 식욕이 억제된다.

[A] 그렇다면 뇌에 있는 섭식 중추나 포만 중추는 어떻게 몸속 영양분의 상태에 따라 식욕을 조절하는 것일까? 여기에서 중요한 역할을 하는 것이 혈액 속을 흐르는 영양소인데, 특히 탄수화물에서 분해된 '포도당'과 지방에서 분해된 '지방산'이 중요하다. 먼저 탄수화물은 식사를 통해 섭취된 후 소장에서 분해되면, 포도당으로 변해 혈액 속으로 흡수된다. 그러면 혈중 포도당의 농도가 높아지고, 이를 줄이기 위해 췌장에서 '인슐린'이라는 호르몬이 분비된다. 이 포도당과 인슐린이 혈액을 타고 시상 하부로 이동하여 포만 중추의 작용은 촉진하고 섭식 중추의 작용은 억제한다. 반면에 지방은 피부 아래의 조직에 중성지방의 형태로 저장되어 있다가 공복 상태가 길어지면 혈액 속으로 흘러가 간(肝)으로 운반된다. 그러면 부족한 에너지를 보충하기 위해 간에서 중성지방이 분해되고, 이 과정에서 생긴 지방산이 혈액을 타고 시상 하부로 이동하여 섭식 중추의 작용은 촉진하고 포만 중추의 작용은 억제한다. 이와 같은 작용 원리에 따라 우리의 식욕은 자연스럽게 조절된다.

그런데 우리는 온전히 영양분 섭취만을 목적으로 식욕을 느끼는 것은 아니다. 예를 들어, '스트레스를 받으니까 매운 음식이 먹고 싶어.'처럼 영양분의 섭취와 상관없이 취향이나 기분에 좌우되는 식욕도 있다. 이와 같은 식욕은 대뇌의 앞부분에 있는 '전두 연합 영역'에서 조절되는데, 본래 이 영역은 정신적이고 지적인 활동을 담당하는 곳이지만 식욕에도 큰 영향을 미친다. 이곳에서는 음식의 맛, 냄새 등 음식에 관한 다양한 감각 정보를 정리해 종합적으로 기억한다. 또한 맛이 없어도 건강을 위해 음식을 섭취하는 것과 같이, 먹는 행동을 이성적으로 조절하는 일도 이곳에서 담당하는데, 전두 연합 영역의 지령은 신경 세포의 신호를 통해 섭식 중추와 포만 중추로 전해진다.

한편 전두 연합 영역의 기능을 알면, ⓐ 음식을 먹은 후 '이젠 더 이상 못 먹겠다.'라고 생각하면서도 디저트를 먹는 현상을 쉽게 이해할 수 있다. 흔히 사람들이 '이젠 더 이상 못 먹겠다.'고 생각하는 이유는 ⓑ 실제로 배가 찼기 때문일 수도 있고, 배가 차지는 않았지만 특정한 맛에 질렸기 때문일 수도 있다. 그런데 이런 상황에도 불구하고 디저트를 먹는 현상은 모두 전두 연합 영역의 영향을 받는다. 먼저, 배가 찬 상태에서는 전두 연합 영역의 영향으로 위(胃) 속에 디저트가 들어갈 공간을 마련할 수 있다. 전두 연합 영역의 신경 세포가 '맛있다'와 같은 신호를 섭식 중추로 보내면, 거기에서 '오렉신'이라는 물질이 나온다. 오렉신은 위(胃)의 운동에 관련되는 신경 세포에 작용해서, 위(胃)의 내용물을 밀어내고 다시 새로운 음식이 들어갈 공간을 마련하는 것이다. 다음으로, 배가 차지 않은 상태이지만 전두 연합 영역의 영향으로 특정한 맛에 질릴 수 있다. 그래서 식사가 끝난 후에는 대개 단맛의 음식을 먹고 싶어 하게 되는데, 이는 주식이나 반찬에는 그 정도의 단맛을 내는 음식이 없기 때문이다. 따라서 우리가 "디저트 먹을 배는 따로 있다."라고 하는 것은 생물학적으로 충분히 설득력 있는 표현이 되는 것이다.

* 시상 하부 : 사람이 의식적으로 통제하지 못하는 다양한 신체 시스템을 감시하고 조절하는 뇌의 영역
* 중추 : 신경 기관 가운데, 신경 세포가 모여 있는 부분

014

윗글의 표제와 부제로 가장 적절한 것은?

① 식욕의 작용 원리
  — 식욕 중추와 전두 연합 영역을 중심으로
② 식욕의 개념과 특성
  — 영양소의 종류와 역할을 중심으로
③ 식욕이 생기는 이유
  — 탄수화물과 지방의 영향 관계를 중심으로
④ 전두 연합 영역의 특성
  — 디저트의 섭취와 소화 과정을 중심으로
⑤ 전두 연합 영역의 여러 기능
  — 포도당과 지방산의 작용 관계를 중심으로

015

윗글을 이해한 내용으로 적절하지 않은 것은?

① 식욕은 인간이 살아가는 데 반드시 필요한 욕망이다.
② 인간의 뇌에 있는 시상 하부는 인간의 식욕에 영향을 끼친다.
③ 위(胃)의 운동에 관여하는 오렉신은 전두 연합 영역에서 분비된다.
④ 음식의 특정한 맛에 질렸을 때 더 이상 먹을 수 없다고 생각할 수 있다.
⑤ 전두 연합 영역은 정신적이고 지적인 활동뿐만 아니라 식욕에도 관여한다.

016

ⓑ와 '식욕 중추의 작용'을 고려하여 ⓐ를 이해한 내용으로 적절한 것은?

① 섭식 중추의 작용이 억제되므로 ⓐ는 타당하다.
② 섭식 중추의 작용이 활발하므로 ⓐ는 모순적이다.
③ 포만 중추의 작용이 억제되므로 ⓐ는 모순적이다.
④ 포만 중추의 작용이 활발하므로 ⓐ는 모순적이다.
⑤ 섭식 중추와 포만 중추의 작용이 반복되므로 ⓐ는 타당하다.

017

[A]를 바탕으로 〈보기〉에 대해 설명한 내용으로 가장 적절한 것은?

| 보기 |

　다음은 탄수화물이 포함된 식사 전후에 혈액 속을 흐르는 물질이 식욕 중추에 끼치는 영향 관계를 표현한 모식도이다.

① 혈관 속에 ㉠의 양이 줄어들면 ㉡이 분비된다.
② 혈관 속에 ㉠과 ㉡의 양이 많아지면 배가 고픈 느낌이 든다.
③ 공복 상태가 길어지면 ㉠과 ㉢은 시상 하부의 명령을 식욕 중추에 전달한다.
④ 공복 상태가 길어지면 혈관 속에 ㉠의 양은 줄어들고 ㉢의 양은 늘어난다.
⑤ 식사를 하는 동안에 ㉡은 ㉢의 도움으로 피부 아래의 조직에 중성지방으로 저장된다.

018

윗글을 바탕으로 〈보기〉를 이해한 내용으로 적절하지 <u>않은</u> 것은?

`3점`

| 보기 |

(뷔페에서 음식을 먹은 후)

A : 너무 많이 먹어서 배가 터질 것 같아.
B : 나도 배가 부르기는 한데, 그래도 내가 좋아하는 떡볶이를 좀 더 먹어야겠어.

(잠시 후 디저트를 둘러보며)

A : 예전에 여기서 이 과자 먹어 봤는데 정말 달고 맛있었어. 오늘도 먹어 볼까?
B : 너 조금 전에 배가 터질 것 같다고 하지 않았니?
A : 후식 먹을 배는 따로 있다는 말도 못 들어 봤어?
B : 와! 그게 또 들어가? 진짜 대단하다. 나는 입맛에는 안 맞지만 건강을 위해 녹차나 마셔야겠어.

① A는 오렉신의 영향으로 위(胃)에 후식이 들어갈 공간이 더 마련되었겠군.
② A는 섭식 중추의 작용으로 뷔페의 과자가 맛있었다고 떠올릴 수 있었겠군.
③ B는 영양분의 섭취와는 무관하게 떡볶이가 먹고 싶다고 생각했겠군.
④ B는 전두 연합 영역의 작용으로 건강을 위해 입맛에 맞지 않는 녹차를 마셨겠군.
⑤ A와 B는 디저트를 둘러보기 전까지 섭식 중추의 작용이 점점 억제되었겠군.

다음 글을 읽고 물음에 답하시오.   6문항을 12분 안에 풀어보세요. 12분

실어증(失語症)이란 후천적인 뇌 손상으로 인해 언어의 표현과 이해에 장애가 발생하는 것이다. 1865년 프랑스의 외과 의사 브로카는 좌뇌의 전두엽과 측두엽 사이가 손상되어 나타나는 실어증을 발견하였다. 그는 이 부위를 브로카 영역이라 ⓐ 명명하고 이곳이 손상되어 나타나는 증상을 브로카 실어증이라 하였다.

이후 1874년 독일의 신경정신과 의사인 베르니케는 좌뇌의 두 정엽 아래가 손상되어 나타나는 또 다른 실어증을 발견하였다. 그는 이 부위를 베르니케 영역이라 명명하고 이곳이 손상되어 나타나는 증상을 베르니케 실어증이라 하였다. 이와 같은 실어증 환자들의 뇌 손상 부위와 증상을 연구하는 과정에서 인간의 언어 처리 과정에 대한 관심이 ⓑ 대두되면서 그와 관련된 이론이 발전해 왔다.

최근 언어 처리 과정에 대한 이론은 뇌의 여러 영역들이 결합하여 언어를 처리한다는 결합주의 이론이 지배적이다. 최초의 결합주의 이론은 베르니케가 주장한 '베르니케 모형'으로, 그는 베르니케 영역과 브로카 영역 간의 긴밀한 정보 교류에 의해서 언어가 처리된다는 이론을 발표하였다. 이후 1885년 리시트하임은 베르니케 모형에 개념 중심부를 추가하여 베르니케 영역, 브로카 영역, 개념 중심부가 결합하여 언어가 처리된다는 ㉠ '리시트하임 모형'을 제시하였다. 그에 의하면 베르니케 영역은 일종의 머릿속 사전으로, 단어가 소리의 형태로 저장되어 있는 언어 중추*이고, 브로카 영역은 단어를 조합하여 문장이나 발화를 생성하는 언어 중추, 그리고 개념 중심부는 의미를 형성하거나 해석하는 언어 중추이다. 리시트하임 모형은 베르니케 영역, 브로카 영역, 개념 중심부를 꼭짓점으로 하는 삼각형 모양으로, 베르니케 영역에서 개념 중심부로, 개념 중심부에서 브로카 영역으로는 일방향으로 정보가 이동하지만, 브로카 영역과 베르니케 영역 간에는 쌍방향으로 정보가 이동한다는 특징이 있다.

리시트하임은 자신의 모형을 바탕으로 뇌에서 이루어지는 듣기와 말하기 과정을 다음과 같이 설명하였다. 우선 듣기 과정은 '베르니케 영역 → 개념 중심부'의 순서로 이루어진다. 즉, 귀로 들어온 청각 자극이 베르니케 영역으로 송부되면, 베르니케 영역은 자신이 저장하고 있는 단어 중 청각 자극과 일치하는 단어를 찾아 개념 중심부로 송부하고, 개념 중심부는 이를 받아 의미를 해석한다는 것이다. 이에 비해 말하기 과정은 '개념 중심부 → 브로카 영역 → 베르니케 영역 → 브로카 영역'과 같이 ㉮ 브로카 영역을 두 번 거치는 복잡한 순서로 이루어진다. 먼저 개념 중심부에서 말하고자 하는 의미를 형성하여 브로카 영역을 거쳐서 베르니케 영역으로 송부하면, 베르니케 영역은 이에 해당하는 단어를 찾아 브로카 영역으로 송부하고, 마지막으로 브로카 영역에서 이를 조합하여 문장이나 발화를 만든다는 것이다. 그런데 실제로 말하기 위해서는 발음 기관을 움직여 소리를 만드는 과정이 필요한데 그의 모형에는 그러한 과정이 드러나 있지 않다. 또한 그는 개념 중심부를 새롭게 추가하였으나 그것의 정확한 위치를 규명하지는 못하였다.

이후 실어증 환자들에 대한 연구가 발전됨에 따라 뇌에서 언어를 담당하는 중추가 추가로 발견되었다. 이를 토대로 1964년 게쉬윈드는 ⓛ '베르니케-게쉬윈드 모형'을 새롭게 제시하였다. 그는 리시트하임의 모형에서 개념 중심부를 제외하고 새롭게 운동 영역과 각회를 언어 중추로 추가하였다. 〈그림〉은 게쉬윈드가 제시한 언어 처리 모형으로, 청각 자극을 ⓒ 수용하는 기본 청각 영역과 시각 자극을 수용하는 기본 시각 영역, 그리고 베르니케 영역, 브로카 영역, 운동 영역, 각회라는 네 개의 언어 중추를 중심으로 언어 처리 과정을 설명하고 있다. 게쉬윈드는 기존의 모형에서 개념 중심부를 제외하는 대신, 청각 형태로 단어가 저장되어 있는 베르니케 영역에서 그러한 역할도 함께 한

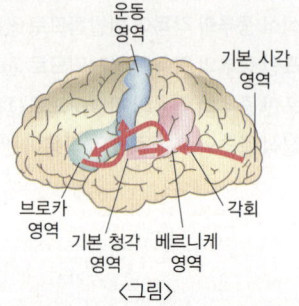

〈그림〉

다고 설명하였다. 즉, 베르니케 영역은 듣기와 읽기에서는 수용된 자극에 해당하는 단어를 찾아 의미를 해석하고, 말하기와 쓰기에서는 의미를 형성한 뒤 해당 단어를 찾는 역할을 한다고 보았다.

브로카 영역에는 단어를 조합하여 문장이나 발화를 생성하는 역할 외에 말하기나 쓰기에 필요한 운동 프로그램을 만들어 운동 영역으로 송부하는 역할을 추가하였다. 그리고 운동 영역은 브로카 영역에서 받은 운동 프로그램에 근거하여 말하기나 쓰기에 필요한 신경적 지시를 내리는 기능을 ⓓ 담당한다고 보았다. 마지막으로 각회는 베르니케 영역과 인접해 있으면서 읽기에서는 시각 형태의 정보를 청각 형태로 전환하고, 쓰기에서는 청각 형태의 정보를 시각 형태로 전환하여 베르니케 영역으로 송부하는 역할을 한다고 보았다.

이 모형에 ⓔ 의거하면 듣기 과정은 '기본 청각 영역 → 베르니케 영역'의 순서로 이루어진다. 이와 달리 말하기 과정은 '베르니케 영역 → 브로카 영역 → 운동 영역'의 순서로 이루어진다. 읽기나 쓰기 과정도 듣기나 말하기 과정과 유사하지만, 베르니케 영역에 저장된 단어가 청각 형태이기 때문에 각회를 거치는 과정이 추가된다. 각회에서 처리된 정보는 베르니케 영역으로 송부되어 읽기의 경우에는 의미를 해석하고, 쓰기의 경우에는 바로 다음 단계인 브로카 영역으로 정보를 송부한다.

이처럼 뇌에 대한 연구가 발전됨에 따라 언어 처리 과정에 대한 이론도 정교화되고 있다. 특히 베르니케-게쉬윈드 모형은 이전의 모형과 달리 듣기와 말하기뿐만 아니라 읽기와 쓰기에 대해서도 종합적인 설명을 제시하고 있다는 점에서 오늘날 뇌의 언어 처리 과정을 설명하는 표준형으로 평가받는다.

* 언어 중추 : 언어의 생성과 이해를 관장하는 뇌의 중추

019

윗글의 내용과 일치하지 <u>않는</u> 것은?

① 실어증은 후천적인 뇌 손상으로 인해 언어 처리에 장애가 생기는 증상이다.

② 실어증 환자에 대한 연구를 바탕으로 언어 처리 과정에 대한 이론이 발전했다.

③ 베르니케가 제시한 모형은 오늘날 언어 처리 과정의 표준형으로 인정받고 있다.

④ 언어 처리 과정에 대한 이론이 발전됨에 따라 설정되는 언어 중추의 개수가 많아졌다.

⑤ 리시트하임은 뇌에서 의미 형성에 관여하는 영역의 구체적 위치를 밝혀내지 못하였다.

020

㉠과 ㉡에 대한 설명으로 적절한 것은?

① ㉠은 실제 발음 기관을 움직여 소리를 만드는 과정에 대한 설명이 가능하다.

② ㉡은 기본 시각 영역과 기본 청각 영역을 새로운 언어 중추로 추가하였다.

③ ㉠은 ㉡과 달리 말하기, 듣기, 읽기, 쓰기의 전 과정에 대한 설명이 가능하다.

④ ㉡은 ㉠과 달리 귀로 들어온 청각 자극이 베르니케 영역으로 송부된다고 보았다.

⑤ ㉠과 ㉡ 모두 베르니케 영역에 단어가 소리의 형태로 저장되어 있다고 보았다.

021

㉮의 이유를 추론한 내용으로 가장 적절한 것은?

① 베르니케 영역에서 개념 중심부로 직접 정보를 송부하기 때문에

② 브로카 영역과 개념 중심부 사이의 정보가 쌍방향으로 송부되기 때문에

③ 개념 중심부에서 브로카 영역으로 정보를 직접 송부하지 못하기 때문에

④ 개념 중심부에서 베르니케 영역으로 정보를 직접 송부하지 못하기 때문에

⑤ 베르니케 영역과 브로카 영역 사이의 정보가 쌍방향으로 송부되기 때문에

022

윗글을 바탕으로 <보기>의 과정에 대해 이해한 내용으로 적절하지 <u>않은</u> 것은?

| 보기 |

'베르니케-게쉬윈드 모형'에 의하면 쓰기 과정은 다음과 같은 언어 처리 과정을 거친다.

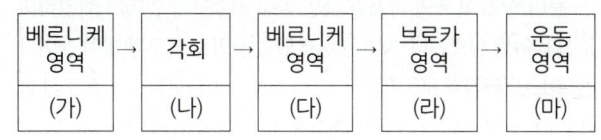

베르니케 영역	→	각회	→	베르니케 영역	→	브로카 영역	→	운동 영역
(가)		(나)		(다)		(라)		(마)

① (가) : 의미를 형성하고 해당하는 단어를 찾는다.

② (나) : 청각 형태의 정보를 시각 형태로 전환한다.

③ (다) : 각회에서 처리한 정보를 받아 의미를 해석한다.

④ (라) : 쓰기를 하는 데 필요한 운동 프로그램을 만든다.

⑤ (마) : 운동 프로그램을 바탕으로 신경적 지시를 내린다.

023

윗글을 바탕으로 할 때, <보기>를 보고 '리시트하임(A)'과 '게쉬윈드(B)'가 진단할 만한 내용으로 적절한 것은? `3점`

| 보기 |

[실어증 환자 관찰 결과]

○ 문법에 어긋난 문장을 사용함.

○ 조사나 어미를 제대로 사용하지 못함.

○ 단어를 조합하여 문장을 잘 만들지 못함.

① A는 B와 달리 베르니케 영역이 손상되었다고 진단하겠군.

② B는 A와 달리 브로카 영역이 손상되었다고 진단하겠군.

③ A는 브로카 영역이, B는 베르니케 영역이 손상되었다고 진단하겠군.

④ A는 개념 중심부가, B는 브로카 영역이 손상되었다고 진단하겠군.

⑤ A와 B 모두 브로카 영역이 손상되었다고 진단하겠군.

024

문맥에 따라 ⓐ~ⓔ를 바꿔 쓴 것으로 적절하지 <u>않은</u> 것은?

① ⓐ : 이름 붙이고 ② ⓑ : 옮겨지면서

③ ⓒ : 받아들이는 ④ ⓓ : 맡는다고

⑤ ⓔ : 따르면

2. 물리와 관련된 이야기

[025~029]   **2023년 6월 학평 21번~25번**   정답과 해설편 p.181

다음 글을 읽고 물음에 답하시오.   5문항을 13분 안에 풀어보세요. **13분**

　물이 담긴 욕조의 마개를 빼면 물이 배수구 주변에서 회전하며 소용돌이를 일으킨다. 배수구에서 멀리 떨어져 있으면 빨려 들어가는 속도의 크기가 0에 가깝고, 배수구 중앙에 가까울수록 속도가 빨라진다. 원운동을 하는 물체의 이동 거리, 즉 호의 길이가 시간에 따라 변하는 비율을 원주속도라고 한다. 욕조의 소용돌이 중심과 가장 가까운 부분에서 최대 원주속도가 나오고, 소용돌이 중심에서 멀어져 반지름이 커짐에 따라 원주속도가 감소한다. 이 소용돌이를 '자유 소용돌이'라 하는데, 배수구로 들어간 물은 물체의 자유낙하처럼 중력의 영향 아래 물 자체의 에너지로 운동을 유지한다.

　이와 달리 컵 속의 물을 숟가락으로 강하게 휘젓거나 컵의 중심선을 회전축으로 하여 컵과 물을 함께 회전시키는 상황을 생각해 보자. 이때 원심력 등이 작용해 중심의 물 입자들이 컵 가장자리로 쏠려 컵 중앙에 있는 물의 압력이 낮아지면서 ㉠ 가운데가 오목한 소용돌이가 만들어진다. 회전이 충분히 안정되면 물 전체의 회전 속도, 즉 회전하는 물체의 단위 시간당 각도 변화 비율인 ㉡ 각속도가 똑같아져 마치 팽이가 돌듯이 물 전체가 고체처럼 회전한다. 이때 물은 팽이의 회전과 같이 회전 중심은 원주속도가 0이 되고 중심에서 멀어질수록 반지름에 비례하여 원주속도가 증가하는 분포를 보인다. 이 소용돌이를 '강제 소용돌이'라 하는데, 용기 안의 물이 회전 운동을 유지하려면 에너지를 외부에서 인위적으로 제공해야 한다.

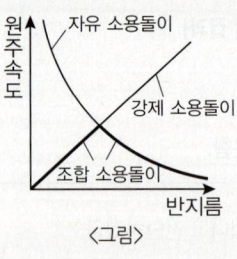
〈그림〉

　숟가락으로 컵 안에 강제 소용돌이를 만든 후 숟가락을 빼고 일정한 시간 동안 관찰하면 가운데에는 강제 소용돌이, 주변에는 자유 소용돌이가 발생한다. 〈그림〉에서 보는 것처럼 이를 '랭킨의 조합 소용돌이'라고 한다. 이는 전체를 강제로 회전시킨 힘을 제거했을 때 바깥쪽에서는 원주속도가 서서히 떨어지고, 중심에서는 원주속도가 유지되는 상태의 소용돌이다. 조합 소용돌이에서는 소용돌이 중심에서 원주속도가 최소가 되고, 강제 소용돌이에서 자유 소용돌이로 전환되는 점에서 원주속도가 최대가 된다. 조합 소용돌이의 예로 ㉢ 태풍의 소용돌이를 들 수 있다.

　이러한 원리를 적용한 분체 분리기는 기체나 액체의 흐름으로 분진 등 혼합물을 분리하는 장치이다. 혼합물에 작용하는 원심력도 이용하기 때문에 원심 분리기, 공기의 흐름이 기상 현상의 사이클론과 비슷해서 사이클론 분리기라고도 한다. 그 예로 쓰레기용 필터가 없는 가정용, 산업용 ㉣ 사이클론식 청소기를 들 수 있다. 원통 아래에 원추 모양의 통을 붙이고 원추 아래에 혼합물 상자를 두는데, 내부 중앙에는 별도의 작은 원통인 내통이 있다. 혼합물을 함유한 공기를 원통부 가장자리를 따라 소용돌이를 만들어 시계 방향으로 흘려보내면, 혼합물은 원통부와 원추부 벽면에 충돌하여 떨어져 바닥에 쌓인다. 유입된 공기는 아래쪽 원추부로 향할수록 원주속도를 증가시키는 자유 소용돌이를 만들고, 원추부 아래쪽에서는 강해진 자유 소용돌이가 돌면서 강제 소용돌이를 만들어 낸다. 강제 소용돌이는 용기 중앙의 내통에서 혼합물이 없는 공기로 흐르게 되어 반시계 방향으로 돌며 배기된다.

025

윗글의 내용과 일치하지 <u>않는</u> 것은?

① 자연에서 발생하는 소용돌이는 모두 자유 소용돌이이다.
② 배수구에서 멀어지면 원운동을 하는 물의 속도는 느려진다.
③ 강제 소용돌이는 고체처럼 회전하고 회전 중심의 속도는 0이다.
④ 분체 분리기는 자유 소용돌이로 강제 소용돌이를 만들어 낼 수 있는 기계 장치이다.
⑤ 용기 안의 강제 소용돌이는 외부에서 가해지는 힘이 있어야 운동을 유지할 수 있다.

026

㉠에 대한 설명으로 적절한 것은?

① 물이 회전할 때 원심력과 압력은 서로 관련이 없다.
② 컵 중앙 부분으로 갈수록 물 입자의 양이 많아진다.
③ 컵 반지름이 클수록 물을 회전시키는 에너지 크기는 작아진다.
④ 컵 속에서 회전하는 물의 압력이 커진 부분은 수면이 높아진다.
⑤ 외부 에너지를 더 가하더라도 회전 중심의 수면 높이는 변화가 없다.

027

ⓛ을 통해 알 수 있는 것은?

① 각속도가 시간이 지남에 따라 점점 빨라지겠군.
② 단위 시간당 각도가 변하는 비율이 수시로 달라지겠군.
③ 각속도는 회전 중심에서 가깝든 멀든 상관없이 일정하겠군.
④ 강제 소용돌이의 수면 어느 지점에서나 원주속도는 항상 같겠군.
⑤ 강제 소용돌이는 자유 소용돌이와 같은 원주속도 분포를 보이겠군.

028

윗글을 바탕으로 ⓒ을 이해할 때, 〈보기〉의 ⓐ~ⓒ에 들어갈 말로 적절한 것은?

| 보기 |

태풍 중심 부분은 '태풍의 눈'이라 하고 (ⓐ   )의 중심에 해당한다. 강제 소용돌이와 자유 소용돌이의 경계층에 해당하는 부분은 '태풍의 벽'이라고 하여 바람이 (ⓑ   ). 이는 윗글 〈그림〉의 (ⓒ   )에 해당한다.

	ⓐ	ⓑ	ⓒ
①	자유 소용돌이	강하다	자유 소용돌이와 강제 소용돌이의 교차점
②	자유 소용돌이	약하다	반지름이 가장 큰 자유 소용돌이의 지점
③	강제 소용돌이	강하다	반지름이 가장 작은 자유 소용돌이의 지점
④	강제 소용돌이	약하다	반지름이 가장 큰 강제 소용돌이의 지점
⑤	강제 소용돌이	강하다	자유 소용돌이와 강제 소용돌이의 교차점

029

〈보기〉는 ⓡ의 구조를 그림으로 나타낸 것이다. 윗글을 읽은 학생의 반응으로 적절하지 <u>않은</u> 것은? 3점

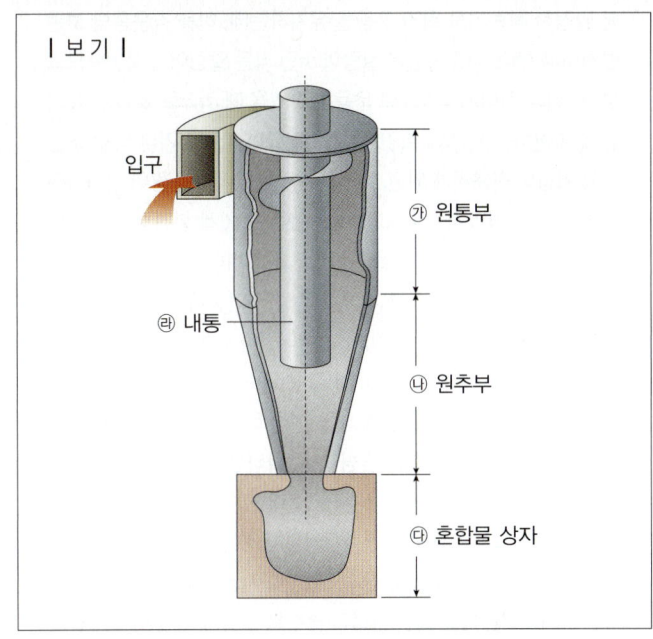

| 보기 |

입구
⑦ 원통부
ⓡ 내통
④ 원추부
⑤ 혼합물 상자

① ⑦에서는 소용돌이가 시계 방향으로 돌아 혼합물에 원심력이 작용하겠군.
② ⑦보다 ④에서 소용돌이의 원주속도가 상대적으로 빠르겠군.
③ ⑤에 모인 쓰레기나 혼합물이 ⓡ 내부에서 도는 소용돌이를 통해 외부로 배출되겠군.
④ ⓡ의 반지름이 커지면 ⓡ에서 반시계 방향으로 도는 소용돌이의 원주속도는 빨라지겠군.
⑤ 산업용으로 돌조각을 분리한다면 ⑦와 ④에 충격이나 마모에 강한 소재를 써야겠군.

다음 글을 읽고 물음에 답하시오. 2문항을 6분 안에 풀어보세요. 6분

회전 운동을 하는 물체는 외부로부터 돌림힘이 작용하지 않는다면 일정한 빠르기로 회전 운동을 유지하는데, 이를 각운동량 보존 법칙이라 한다. 각운동량은 질량이 m인 작은 알갱이가 회전축으로부터 r만큼 떨어져 속도 v로 운동하고 있을 때 mvr로 표현된다. 그런데 회전하는 물체에 회전 방향으로 힘이 가해지거나 마찰 또는 공기 저항이 작용하게 되면, 회전하는 물체의 각운동량이 변화하여 회전 속도는 빨라지거나 느려지게 된다. 이렇게 회전하는 물체의 각운동량을 변화시키는 힘을 돌림힘이라고 한다.

그러면 팽이와 같은 물체의 각운동량은 어떻게 표현할까? 아주 작은 균일한 알갱이들로 팽이가 이루어졌다고 볼 때, 이 알갱이 하나하나를 질량 요소라고 한다. 이 질량 요소 각각의 각운동량의 총합이 팽이 전체의 각운동량에 해당한다. 회전 운동에서 물체의 각운동량은 (각속도) × (회전 관성)으로 나타낸다. 여기에서 각속도는 회전 운동에서 물체가 단위 시간당 회전하는 각이다. 질량이 직선 운동에서 물체의 속도를 변화시키기 어려운 정도를 나타내듯이, 회전 관성은 회전 운동에서 각속도를 변화시키기 어려운 정도를 나타낸다. 즉, 회전체의 회전 관성이 클수록 그것의 회전 속도를 변화시키기 어렵다.

회전체의 회전 관성은 회전체를 구성하는 질량 요소들의 회전 관성의 합과 같은데, 질량 요소들의 회전 관성은 질량 요소가 회전축에서 떨어져 있는 거리가 멀수록 커진다. 그러므로 질량이 같은 두 팽이가 있을 때 홀쭉하고 키가 큰 팽이보다 넓적하고 키가 작은 팽이가 회전 관성이 크다.

각운동량 보존의 원리는 스포츠에서도 쉽게 확인할 수 있다. 피겨 선수에게 공중 회전수는 중요한데 이를 확보하기 위해서는 공중 회전을 하는 동안 각속도를 크게 해야 한다. 이를 위해 피겨 선수가 공중에서 팔을 몸에 바짝 붙인 상태로 회전하는 것을 볼 수 있다. 피겨 선수의 회전 관성은 몸을 이루는 질량 요소들의 회전 관성의 합과 같다. 따라서 팔을 몸에 붙이면 팔을 구성하는 질량 요소들이 회전축에 가까워져서 팔을 폈을 때보다 몸 전체의 회전 관성이 줄어들게 된다. 점프 이후에 공중에서 각운동량은 보존되기 때문에 팔을 붙였을 때가 폈을 때보다 각속도가 커지는 것이다. 반대로 착지 직전에는 각속도를 줄여 착지 실수를 없애야 하기 때문에 양팔을 한껏 펼쳐 회전 관성을 크게 만드는 것이 유리하다.

030

윗글로 미루어 알 수 있는 내용으로 적절한 것은?

① 정지되어 있는 물체는 회전 관성이 클수록 회전시키기 쉽다.

② 회전하는 팽이는 외부에서 가해지는 돌림힘의 작용 없이 회전을 멈출 수 있다.

③ 지면과의 마찰은 회전하는 팽이의 회전 관성을 작게 만들어 팽이의 각운동량을 줄어들게 한다.

④ 크기와 질량이 동일한, 속이 빈 쇠공과 속이 찬 플라스틱 공이 자전할 때 회전 관성은 쇠공이 더 크다.

⑤ 회전하는 하나의 시곗바늘 위의 두 점 중 회전축에 가까이 있는 점이 멀리 있는 점보다 각속도가 작다.

031

윗글을 바탕으로 〈보기〉를 이해한 내용으로 적절한 것은? 3점

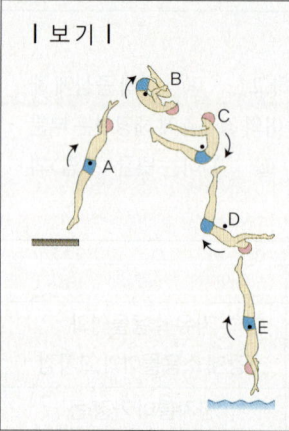

| 보 기 |

다이빙 선수가 발판에서 점프하여 공중회전하며 A~E 단계를 거쳐 1.5 바퀴 회전하여 입수하고 있다. 여기에서 검은 점은 회전 운동의 회전축을 나타내며 회전 운동은 화살표 방향으로만 진행된다. 단, 다이빙 선수가 공중에 머무는 동안은 외부에서 돌림힘이 작용하지 않는다고 간주한다.

① A보다 B에서 다이빙 선수의 각운동량이 더 크겠군.

② B보다 D에서 다이빙 선수의 질량 요소들의 합은 더 작겠군.

③ A~E의 다섯 단계 중 B 단계에서 다이빙 선수는 가장 작은 각속도를 갖겠군.

④ C에서 E로 진행함에 따라 다이빙 선수의 팔과 다리가 펼쳐지면서 회전 관성이 작아지겠군.

⑤ B 단계부터 같은 자세로 회전 운동을 계속하여 입수한다면 다이빙 선수는 1.5 바퀴보다 더 많이 회전하겠군.

[032~036] 2022년 9월 학평 30번~34번 정답과 해설편 p.186

다음 글을 읽고 물음에 답하시오. 5문항을 13분 안에 풀어보세요. 13분

조상들은 더운 여름에 얼음을 이용하기 위해 석빙고를 활용하였다. 석빙고는 겨울철에 입구를 개방하여 내부를 냉각시킨 후 얼음을 저장한 냉동 창고로, 내부의 낮아진 온도가 장기간 지속되는 구조를 통해 다음 해 가을까지 얼음을 보관하였다. 석빙고에서 얼음을 어떻게 보관할 수 있었는지 알아보자.

우선 석빙고를 낮은 온도로 유지하는 데에는 얼음이 중요한 역할을 한다. 에너지는 항상 높은 쪽에서 낮은 쪽으로 이동하여 평형을 이루려고 하고 에너지의 이동은 물질의 온도를 변화시킨다. 하지만 물질이 고체, 액체, 기체로 변화하는 상태 변화가 일어나는 동안 온도는 변하지 않고 물질이 주변에서 에너지를 흡수하거나 주변으로 방출하는데 이때의 에너지를 숨은열 이라고 한다. 예를 들면 얼음이 녹아 물이 될 때는 주변에서 융해열을 흡수하고, 거꾸로 같은 양의 물이 얼어 얼음이 될 때는 같은 양의 응고열을 방출한다. 그러므로 같은 양의 0 ℃ 얼음보다 0 ℃ 물이 더 큰 에너지를 갖게 되는 것이다. 석빙고 안에서 얼음이 상태변화가 일어날 때, 더 큰 에너지를 가진 물질로부터 에너지를 전달받을 수밖에 없다. 따라서 주변 공기로부터 에너지를 흡수하여 일부의 얼음이 물이 되면서 주변 공기는 차가워지고, 이는 다른 얼음이 녹지 않을 수 있게 한다. ㉠ 이 과정에서 생긴 물은 빨리 제거되어야 하므로 조상들은 석빙고 바닥을 경사면으로 만들어 물이 원활하게 배수되도록 하였다.

내부를 차갑게 만들고 최대한 밀폐된 구조를 만들더라도 석빙고는 외부와 에너지 및 공기를 주고받아 내부의 온도는 올라갈 수밖에 없다. 이를 해결하기 위해 조상들은 석빙고 천장의 상단에 통풍구를 설치하였다. 공기와 같은 유체는 온도가 올라가면 분자 사이의 거리가 멀어지면서 밀도가 낮아져 에너지를 동반하여 위로 이동한다. 밀도가 낮은 공기가 상승하면 밀도가 높은 공기, 즉 온도가 낮은 공기가 아래로 이동하게 된다. 석빙고 내부에서는 이와 같은 공기의 흐름에 따라 에너지의 이동이 나타나며, 상승한 공기는 아치형 천장의 움푹 들어간 공간을 통해 그 위의 통풍구로 빠져나가 내부의 차가움을 유지하게 된다. 더불어 통풍구에는 얼음에 영향을 줄 수 있는 직사광선이나 빗물을 차단하기 위해 덮개돌을 설치하였다.

또한 얼음이 최대한 녹지 않을 수 있도록 얼음과 얼음 사이에 일종의 단열재 역할을 하는 짚을 채워 넣어 보관하였다. 접촉하고 있는 두 물질의 분자들 사이에서는 에너지 교환이 일어나는데, 물질의 한쪽 끝에 에너지가 가해지면 해당 부분의 분자들이 에너지를 얻어 진동하게 되고 그 진동은 옆 분자를 다시 진동시키며 순차적으로 에너지가 이동한다. 이러한 에너지 전달의 정도는 물질마다 서로 다르다. 짚은 얼음에 비해 에너지가 잘 전달되지 않는데, 이 때문에 얼음끼리 쌓아 놓는 것보다 짚을 활용하여 쌓는 것이 얼음 보관에 훨씬 효율적인 방법이라고 할 수 있다. 또 짚은 스티로폼처럼

미세한 공기구멍을 많이 포함하고 있어 단열 효과를 높일 수 있었다.

이 밖에도 석빙고 외부에 흙을 덮어 내부로 유입되는 에너지가 잘 차단되도록 하였고 풀을 심어 태양의 복사 에너지로 인해 내부의 온도가 상승하는 것을 최대한 막고자 하였다. 또한 얼음을 저장하는 빙실은 온도 유지를 위해 주변 지반에 비해 낮게 만들었다.

석빙고는 조상들의 지혜가 집약된 천연 냉장고로, 당시 다른 나라의 장치에 비해서도 기술이 ⓐ 떨어지지 않는 건축물이다.

032

윗글의 내용과 일치하지 않는 것은?

① 석빙고 외부의 풀은 내부의 온도 상승을 막는 데 도움을 준다.

② 석빙고에 얼음을 저장하기 전에 우선 내부를 차갑게 하는 과정이 필요하다.

③ 석빙고의 아치형 천장은 외부 공기를 이용하여 내부의 차가움을 유지하게 한다.

④ 빙실을 지반보다 낮게 만든 것은 석빙고 내부의 낮아진 온도를 지속하기 위해서이다.

⑤ 석빙고의 통풍구에 덮개돌이 없으면 햇빛이 석빙고 내부로 들어와 온도를 높일 수 있다.

DAY
21

Ⅲ

과학, 기술

033

⊙의 이유로 가장 적절한 것은?

① 물이 얼음으로부터 에너지를 전달받아 얼음을 녹이기 때문이다.

② 에너지가 높은 쪽에서 낮은 쪽으로 이동하는 것을 물이 방해하기 때문이다.

③ 물이 상태변화가 시작되어 석빙고 내부의 온도를 상승시킬 수 있기 때문이다.

④ 상태변화가 일어나 생긴 물이 얼음보다 더 큰 에너지를 가지고 있기 때문이다.

⑤ 물이 내부 공기와 에너지 평형을 이루어 석빙고 내부의 온도를 변화시킬 수 없기 때문이다.

034

윗글의 숨은열 에 대해 <보기>와 같이 정리했다고 할 때, ㉮~㉱에 들어갈 말로 가장 적절한 것은?

| 보 기 |

　　물질의 상태변화가 일어날 때는 숨은열이 개입한다. 여름에 석빙고 안에서 물질이 (㉮)될 때 숨은열로 인해 에너지 교환이 일어난 주변 물질은 에너지가 (㉯)한다. 상태가 바뀌는 동안 물질의 온도는 (㉱).

	㉮	㉯	㉱
①	융해	감소	유지된다
②	융해	감소	하강한다
③	융해	증가	유지된다
④	응고	감소	하강한다
⑤	응고	증가	유지된다

035

윗글의 '석빙고(A)'와 <보기>의 '이글루(B)'를 이해한 내용으로 적절하지 <u>않은</u> 것은? `3점`

| 보 기 |

　　추운 지방에서 이누이트족이 전통적으로 거주했던 얼음집인 이글루는 우선 눈 벽돌을 쌓아 올린 후에, 이글루 안에서 불을 피워 내부 공기의 온도를 높인다. 시간이 지나 공기가 순환하여 눈 벽돌이 녹으면서 물이 생기면 출입구를 열어 물이 얼도록 한다. 이 과정에서 눈 사이에 들어 있던 공기는 빠져나가지 못하고 얼음 속에 갇히게 된다. 이렇게 만들어진 얼음은 에너지의 전달을 방해한다. 또한 물이 눈 벽돌 사이를 메우면서 얼어 만들어진 얼음 벽은 내부의 에너지 유출을 막는다.

① B의 얼음 벽은 A의 외부 흙과 달리 외부로의 에너지 유출을 막기 위한 것이겠군.

② A의 짚에 포함된 공기구멍과 B의 얼음 속 공기층은 모두 단열 효과를 높일 수 있겠군.

③ A의 얼음 사이의 짚과 B의 눈 벽돌 사이를 메운 물은 모두 외부와의 공기 출입을 막는 역할을 하겠군.

④ A와 B는 모두 공기의 밀도 변화에 따른 에너지의 이동이 나타나겠군.

⑤ A와 B는 모두 내부의 온도를 낮추기 위한 방법으로 출입구를 활용했겠군.

036

문맥상 ⓐ의 의미와 가장 가까운 것은?

① 그의 실력은 평균보다 떨어지는 편이다.

② 곧 너에게 중요한 임무가 떨어질 것이다.

③ 이미 그 일에 정이 떨어진 지 꽤 되었다.

④ 아이는 잠시도 엄마에게서 떨어지지 않으려고 한다.

⑤ 배가 고프다는 말이 떨어지기가 무섭게 밥상이 나왔다.

[037~041]   2021년 3월 학평 26번~30번   정답과 해설편 p.188

다음 글을 읽고 물음에 답하시오.   5문항을 14분 안에 풀어보세요. **14분**

원자핵은 양성자나 중성자와 같은 핵자들의 결합으로 이루어져 있다. 원자핵을 구성하는 양성자와 중성자의 개수를 모두 더한 것을 질량수라고 하는데, 질량수가 큰 하나의 원자핵이 질량수가 작은 두 개의 원자핵으로 쪼개지는 것을 핵분열이라고 하고 질량수가 작은 두 개의 원자핵이 결합하여 질량수가 큰 하나의 원자핵이 되는 것을 핵융합이라고 한다.

핵분열이나 핵융합은 핵자당 결합 에너지로 설명할 수 있다. 원자핵의 질량은 그 원자핵을 구성하는 개별 핵자들의 질량을 모두 더한 것보다 작다. 이처럼 핵자들이 결합하여 원자핵이 되면서 질량이 줄어든 것을 질량 결손이라고 한다. '질량-에너지 등가 원리'에 따르면 질량과 에너지는 상호 간의 전환이 가능하고, 이때 에너지는 질량에 광속의 제곱을 곱한 값과 같다. 한편 핵자들의 결합에서 줄어든 질량은 에너지로 전환되는데, 이 에너지는 원자핵의 결합 에너지와 그 크기가 같다. 원자핵의 결합 에너지란 원자핵을 개별 핵자들로 분리할 때 가해야 하는 에너지이다. 원자핵의 결합 에너지를 질량수로 나눈 것을 핵자당 결합 에너지라고 하고 그 값은 원자핵의 종류에 따라 다르다.

원자핵을 구성하는 핵자들은 핵자당 결합 에너지가 클수록 더 강력하게 결합되어 있고 이는 원자핵이 더 안정된 상태라는 것을 의미한다. 모든 원자핵은 안정된 상태가 되려는 성질이 있으므로, 핵자당 결합 에너지가 작은 원자핵들은 핵분열이나 핵융합을 거쳐 핵자당 결합 에너지가 큰 상태가 된다. 핵분열이나 핵융합도 반응 전후로 질량 결손이 일어나고, 줄어든 질량은 에너지로 전환된다.

핵분열과 핵융합에서 발생하는 에너지를 발전에 이용할 수 있다. ㉠ 우라늄-235(^{235}U) 원자핵을 사용하는 핵분열 발전의 경우, 우라늄 원자핵에 중성자를 흡수시키면 질량수가 작고 핵자당 결합 에너지가 큰 원자핵들로 분열된다. 이때 2~3개의 중성자가 방출되는데 이 중성자는 다른 우라늄 원자핵에 흡수되어 연쇄 반응을 일으킨다. 이 과정에서 질량 결손으로 인해 전환되는 에너지를 발전에 이용하는 것이다.

핵분열 발전에서는 중성자의 속도를 느리게 해야 한다. 중성자가 너무 빠르게 움직이면 원자핵에 흡수될 확률이 낮기 때문이다. 특히 핵분열 과정에서 방출된 중성자는 속도가 매우 빠르기 때문에 이를 느리게 해야 연쇄 반응을 일으킬 수 있다. 그래서 물이나 흑연을 감속재로 사용하여 중성자의 속도를 느리게 만든다. 한편 연쇄 반응이 급격하게 일어나면 과도한 에너지가 발생하여 폭발이 일어날 수 있기 때문에 제어봉을 사용한다. 제어봉은 중성자를 흡수하는 장치로, 핵분열에 관여하는 중성자 수를 조절하여 급격한 연쇄 반응을 방지한다.

핵융합 발전을 위한 시도도 계속되고 있다. 태양이 에너지를 생성하는 방법이 바로 핵융합이다. ⓐ 수소(^{1}H) 원자핵을 원료로 하는 태양의 핵융합은 주로 태양의 중심부에서 일어난다. 먼저 수소 원자핵 2개가 융합하여 중수소(^{2}H) 원자핵이 되고, 중수소 원자핵은 수소 원자핵과 융합하여 헬륨-3(^{3}He) 원자핵이 된다. 그리고 2개의 헬륨-3 원자핵이 융합하여 헬륨-4(^{4}He) 원자핵이 된다. 이러한 과정에서 줄어든 질량이 에너지로 전환되는 것이다.

지구는 태양과 물리적 조건이 달라서 태양의 핵융합을 똑같이 재현할 수 없다. 가장 많이 시도하는 방식은 ⓑ D-T 핵융합이다. 이 방식에서는 중수소 원자핵과 삼중 수소(^{3}H) 원자핵이 융합하여 헬륨-4 원자핵이 된다. 중수소 원자핵과 삼중 수소 원자핵을 핵융합 발전의 원료로 사용하는 이유는 다른 원자핵들의 핵융합보다 반응 확률이 높고 질량 결손으로 전환되는 에너지도 크기 때문이다.

하지만 지구에서 핵융합을 일으키는 것은 간단하지 않다. 양(+)의 전하를 띤 원자핵은 음(-)의 전하를 띤 전자와 전기적 인력에 의해 단단히 결합되어 있어서 일반적인 상태에서 원자핵이 융합하는 것은 불가능하다. 따라서 핵융합 반응을 일으키기 위해서는 물질을 원자핵과 전자가 분리된 상태인 플라스마 상태로 만들어야 한다. 또한 원자핵은 양의 전하를 띠고 있어서 서로 가까이 다가갈수록 척력이 강하게 작용한다. 척력을 이겨내고 원자핵이 융합하게 하기 위해서는 플라스마의 온도를 높여 원자핵이 고속으로 움직일 수 있도록 해야 한다. 따라서 핵융합 발전을 위한 핵융합로에서는 ㉢ 플라스마를 1억 ℃ 이상으로 가열해서 핵융합의 확률을 높인다. 융합로에서 플라스마의 온도를 높인 이후에는 고온 상태를 일정 시간 이상 유지하는 것도 중요하다. 플라스마는 융합로의 벽에 접촉하면 온도가 내려가기 때문에 자기장을 활용해서 플라스마가 벽에 닿지 않게 하여 고온 상태를 유지할 수 있도록 한다. 안정적인 핵융합 발전을 위해서는 고온의 플라스마를 높은 밀도로 최소 300초 이상 유지해야 한다.

037

윗글의 내용과 일치하는 것은?

① 양성자의 질량과 중성자의 질량을 더한 것을 질량수라고 한다.

② 원자핵과 전자 사이에는 척력이 작용하여 서로 단단하게 결합되어 있다.

③ 원자핵의 결합 에너지는 핵자당 결합 에너지를 질량수로 나눈 것이다.

④ 질량-에너지 등가 원리에 따르면 질량은 에너지에 광속의 제곱을 곱한 값과 같다.

⑤ 핵자들이 결합하여 원자핵이 될 때 줄어든 질량이 전환된 에너지의 크기는 그 원자핵을 다시 개별 핵자들로 분리할 때 필요한 에너지의 크기와 같다.

038

⊙에 대한 이해로 적절하지 **않은** 것은?

① 우라늄-235 원자핵에 전자를 흡수시켜 핵분열을 일으킨다.

② 물이나 흑연을 감속재로 사용하여 중성자의 속도를 조절한다.

③ 제어봉으로 중성자를 흡수하여 과도한 에너지가 발생하지 않도록 한다.

④ 우라늄-235 원자핵이 분열되면 우라늄-235 원자핵보다 질량수가 작은 원자핵들로 나뉜다.

⑤ 우라늄-235 원자핵이 분열되면서 방출되는 중성자의 속도를 느리게 해서 연쇄 반응을 일으킨다.

039

윗글을 읽은 학생이 〈보기〉의 설명을 이해한 내용으로 가장 적절한 것은? `3점`

| 보 기 |

선생님 : 이 그림은 여러 원자핵의 핵자당 결합 에너지를 나타내고 있어요. 철($^{56}_{26}$Fe) 원자핵은 다른 원자핵들에 비해 핵자당 결합 에너지가 크죠? 철 원자핵은 모든 원자핵 중에서 핵자당 결합 에너지가 가장 크고 가장 안정된 상태예요. 철 원자핵보다 질량수가 작은 원자핵은 핵융합을, 질량수가 큰 원자핵은 핵분열을 통해 핵자당 결합 에너지가 높은 원자핵이 된답니다.

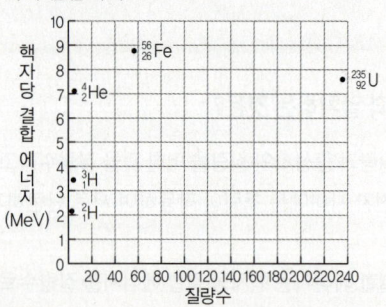

※ 원자핵의 질량수(A)와 양성자 수(Z)는 원소 기호(X)에 다음과 같이 표기한다.

$$^{A}_{Z}X$$

① 헬륨-4 원자핵은 핵융합을 거치면 더 안정된 상태의 원자핵으로 변하겠군.

② 중수소 원자핵은 삼중 수소 원자핵과 양성자의 수는 같지만 더 안정된 상태이겠군.

③ 철 원자핵의 결합 에너지는 철 원자핵의 핵자당 결합 에너지에 26을 곱한 값과 같겠군.

④ 우라늄-235 원자핵이 핵분열하여 생성된 원자핵들은 핵자당 결합 에너지가 9 MeV 이상이겠군.

⑤ 우라늄-235 원자핵은 철 원자핵에 비해 원자핵을 구성하고 있는 핵자들이 더 강력하게 결합되어 있겠군.

040

ⓐ와 ⓑ에 대한 설명으로 적절하지 **않은** 것은?

① ⓐ의 과정에서 헬륨-4 원자핵의 개수는 늘어난다.

② ⓑ는 중수소 원자핵과 삼중 수소 원자핵을 원료로 사용한다.

③ 헬륨-4 원자핵은 ⓑ에서와 달리 ⓐ에서는 헬륨-3 원자핵이 융합하여 생성된다.

④ ⓐ와 ⓑ에서는 모두 반응 전후로 질량 결손이 일어나고 줄어든 질량은 에너지로 전환된다.

⑤ ⓑ를 일으키기 위해서는 ⓐ가 일어나기 위한 물리적 조건과 동일한 조건을 만들어 주어야 한다.

041

ⓛ의 이유로 가장 적절한 것은?

① 원자핵이 융합로의 벽에 접촉하지 않게 하기 위해

② 자기장을 발생시켜 플라스마의 온도를 유지하기 위해

③ 원자핵이 척력을 이겨내고 서로 융합할 수 있도록 하기 위해

④ 전자를 고속으로 움직이게 하여 핵융합의 효율을 높이기 위해

⑤ 원자핵들 사이에 전기적 인력을 발생시켜 핵융합의 확률을 높이기 위해

[042~046]   2025년 6월 학평 29번~33번 정답과 해설편 p.193

III 과학, 기술   3. 우주와 지구에 대한 이해

다음 글을 읽고 물음에 답하시오.   5문항을 10분 안에 풀어보세요.

지진은 지구 내부에서 일어나는 지각 변동으로 인해 땅이 ⓐ 흔들리는 현상이다. 이때 지각 부분에서 방출된 에너지는 파동의 형태로 전달되는데, 이를 지진파라고 한다. 대표적인 지진파로는 P파와 S파가 있다.

[A]
P파는 에너지가 전달되는 파동의 진행 방향이 매질*의 진동 방향과 같은 지진파로, 매질이 압축과 팽창을 반복하면서 전달되며 관측소에 가장 먼저 도착한다. P파의 전파 속도는 초속 약 6~8 km이지만, 진폭은 작아 지진 피해는 비교적 작은 편이다. 반면에 S파는 파동의 진행 방향이 매질의 진동 방향과 수직인 지진파로, 전파 속도는 초속 약 3~4 km로 P파보다 느리지만 진폭이 비교적 커서 지진 피해 정도는 훨씬 크게 나타난다. 두 지진파가 관측소에 도착하는 시간의 차이를 PS시라고 하는데 진원에서 멀어질수록 PS시는 커진다. ⊙ PS시를 활용하면 지진 발생 시 다른 지역의 지진 피해를 조금이나마 줄일 수 있다.

P파와 S파가 통과할 수 있는 매질에는 차이가 있다. P파는 고체, 액체, 기체를 모두 통과하는 반면, S파는 고체만 통과할 수 있다. 따라서 액체 상태인 외핵을 통과할 수 없으므로, S파가 도착하지 못하는 S파 암영대가 생긴다. P파는 맨틀과 외핵, 외핵과 내핵과 같이 상태가 ⓑ 다르거나 같은 상태라도 밀도가 다른 매질의 경계면을 지날 때 굴절이 일어나는데, 이로 인해 P파 역시 암영대가 생긴다. 또 지진파의 전달 속도는 매질의 밀도가 높아지면 빨라지고 밀도가 낮아지면 느려진다.

한편 지진 발생 시 건물 붕괴로 인한 피해를 줄이기 위해 지진에 저항할 수 있도록 건물을 설계하는 것을 내진설계라고 하는데, 내진구조, 제진구조, 면진구조의 세 유형이 있다. 내진구조는 강한 지진파에도 건축물이 붕괴되지 않게 철근 콘크리트 등을 보강하여 기둥과 벽 자체를 튼튼하게 짓는 것이다. 내진벽과 같은 부자재를 설치하여 강한 흔들림에도 무너지지 않고 버티는 내구성이 높아지도록 건물을 짓는 것이다. 이는 단순히 건물의 내구력만을 높인 것이라 지진 발생 시 건물이 무너지지 않더라도 건물 구조에 심각한 손상이 생길 수 있다.

이에 비해 제진구조는 제진 장치가 땅으로부터 건물에 전달되는 진동을 감지하고, 건물의 흔들림 방향과 반대 방향으로 건물을 지지하여 건물의 붕괴를 ⓒ 막는 구조이다. 철제 빔과 같은 장치로 건물에 X자 등의 제진 장치를 보강하여 건물 전체를 보호하는 것이다. 현재 대부분의 고층 건물은 이러한 방식을 사용하여, 내진구조에 비해 상대적으로 더 안전하다고 볼 수 있다.

앞선 두 구조가 건물이 지진력을 버티는 데 초점을 두었다면, 면진구조는 건물에 전달되는 지진력 자체를 줄이는 데 중점을 둔다. 파동의 에너지는 주기가 짧을수록 크기 때문에 면진구조는 지진파의 파장을 길게 바꾸어 충격을 감소시킨다. 보통 지면 위에 바로 건물을 세우는 것과 달리 면진구조는 건물과 땅 사이에 고무 스프링과 댐퍼, 베어링 등을 설치해 흔들림이 건물로 전해지는 것을 막는 방식이다. 건물 자체와 지면을 떨어뜨리면 진동이 ⓓ 줄어들어 전달되기 때문에 아주 강한 지진이 ⓔ 일어나더라도 건물 내부에 있는 구조물이 쓰러지지 않기 때문에 지진에 대비할 수 있는 효과적인 공법으로 평가받고 있다.

* 매질 : 어떤 물리적 작용을 한 곳에서 다른 곳으로 전하여 주는 매개물로, 고체, 액체, 기체 등이 있음

042

윗글에 대한 이해로 적절하지 않은 것은?

① P파는 진폭이 작아 S파보다 지진 피해가 작은 편이다.

② 지진파는 매질의 밀도에 따라 전달 속도가 달라진다.

③ P파 암영대는 지진파가 외핵을 통과하지 못해 생긴다.

④ P파는 통과할 수 있지만, S파는 통과할 수 없는 매질이 있다.

⑤ P파와 달리 S파는 파동의 진행 방향과 매질의 진동 방향이 서로 다르다.

043

[A]를 참고하여 <보기>를 이해한 것으로 적절하지 않은 것은?

[3점]

| 보 기 |

　진원에서 발생한 지진이 세 관측소에서 관측되었다. 관측소 1에는 P파만 도착하였고, 관측소 2와 관측소 3에는 P파와 S파가 모두 도착하였다. 그런데 관측소 2에는 P파와 S파가 한 번씩 도착한 반면, 관측소 3에는 P파와 S파가 두 번씩 도착하였다. 이 중, C를 지난 P파와 S파가 B만 지난 P파와 S파보다 먼저 도착하였다.

　(단, 그림은 가상의 땅속을 나타낸 것이다.)

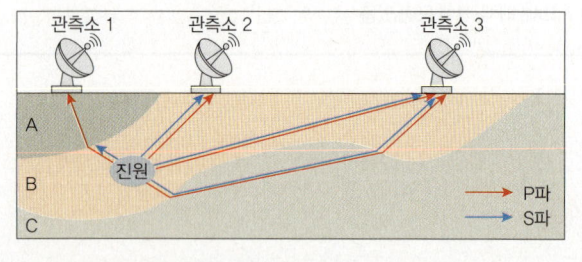

① 관측소 2에는 P파가 S파보다 먼저 도착했겠군.

② 관측소 1에 도착한 지진파는 관측소 2에 도착한 지진파와 달리 상태는 동일하지만 밀도가 다른 두 매질을 지나왔겠군.

③ 관측소 2에 도착한 지진파의 PS시보다 관측소 3에 도착한 지진파 중 B만 지난 지진파의 PS시가 더 크게 나타났겠군.

④ 관측소 3과 달리 관측소 1에 S파가 도착하지 않은 것은 관측소 1과 관측소 3으로 가는 경로의 매질의 상태가 다르기 때문이겠군.

⑤ 관측소 3에 도착한 지진파 중 C를 지난 지진파가 B만 지난 지진파보다 먼저 도착한 것은 C의 매질 밀도가 B보다 높기 때문이겠군.

044

㉠의 이유를 추론한 내용으로 가장 적절한 것은?

① P파와 S파의 진폭을 추정할 수 있어 지진의 강도를 예상할 수 있기 때문에

② 지진파가 통과하는 매질의 밀도를 확인하여 매질의 진동 방향을 예상할 수 있기 때문에

③ 지진파가 도착하지 않는 암영대를 예측하여 피해가 적을 장소를 예측할 수 있기 때문에

④ P파와 S파가 도착한 시간을 통해 추후 지진 발생 시점과 진원의 위치를 예측할 수 있기 때문에

⑤ PS시를 측정한 지역보다 진원으로부터 먼 지역에서는 P파 탐지 후 S파 도착 전에 지진에 대비할 수 있기 때문에

045

<보기>의 (가)~(다)는 내진설계의 각 구조를 도식화한 것이다. 윗글을 바탕으로 <보기>를 이해한 내용으로 가장 적절한 것은?

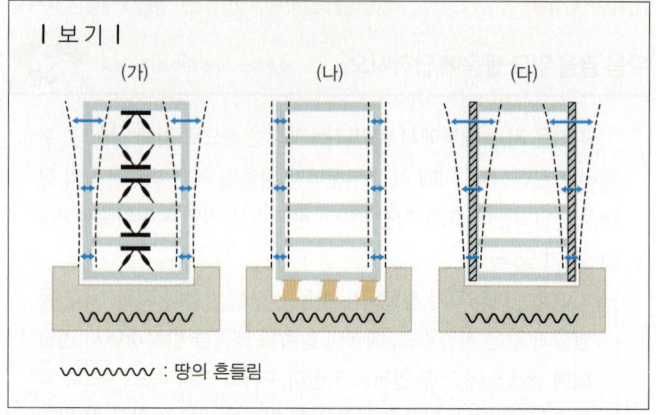

| 보 기 |

〜〜〜〜〜 : 땅의 흔들림

① (가)는 (나)보다 건물에 전달되는 지진력을 더 줄일 수 있다.

② (나)는 (다)와 달리 지진파의 파장을 짧게 바꾸어 지진력을 줄인다.

③ (다)는 (나)보다 지진 발생 시 건물 구조가 받는 손상이 상대적으로 적다.

④ (가)는 건물의 진동 방향과 같은 방향으로, (나)는 건물의 진동 방향과 반대 방향으로 건물을 지지한다.

⑤ (나)는 건물 아래에 설치된 구조물에 의해, (다)는 건물 자체의 내구력에 의해 건물이 보호된다.

046

문맥상 ⓐ~ⓔ와 바꿔 쓰기에 적절하지 않은 것은?

① ⓐ : 진동(震動)하는

② ⓑ : 상이(相異)하거나

③ ⓒ : 보완(補完)하는

④ ⓓ : 완화(緩和)되어

⑤ ⓔ : 발생(發生)하더라도

[047~050]
2025년 3월 학평 30번~33번 정답과 해설편 p.196

다음 글을 읽고 물음에 답하시오. 4문항을 10분 안에 풀어보세요. **10분**

식물은 광합성을 통하여 생장에 필요한 포도당을 생산한다. 광합성의 과정은 대부분의 식물이 동일한데, 식물이 서식하는 환경에 따라 그 효율은 크게 달라질 수 있다. 그래서 어떤 식물들은 일반적인 식물과 다른 방식으로 광합성을 하도록 진화하였다. 그렇다면 이들의 광합성 방식은 일반적인 식물과 어떤 차이가 있을까?

일반적인 식물의 광합성은 잎에 있는 엽육 세포에서 주로 일어난다. 광합성의 과정은 ㉠ 명반응과 ㉡ 암반응이라는 두 단계로 이루어져 있다. 명반응은 빛 에너지로 물을 분해하여 암반응에 필요한 화학 에너지를 생성하는 단계로, 이 과정에서 부산물로 산소가 발생한다. 명반응으로 발생하는 화학 에너지는 빛의 세기가 강할수록 많이 생성되는데, 일정 수준 이상으로 빛의 세기가 강해져도 생산량이 더 증가하지는 않는다. 명반응 과정에서 발생하는 산소는 포도당을 생성하는 데 불필요한 요소이기 때문에, 식물은 잎 뒤에 주로 분포되어 있는 기공을 열어 산소를 배출한다. 기공은 산소를 배출할 때뿐만 아니라 암반응에 필요한 이산화 탄소를 흡수하거나 체내의 수분을 배출해야 할 때에도 열린다.

암반응은 명반응에서 생성된 화학 에너지와 기공을 통해 흡수한 이산화 탄소를 이용하여 포도당을 생성하고, 부산물로 물이 생기는 단계이다. 암반응 과정은 캘빈 회로를 통하여 진행되는데 대기로부터 흡수된 이산화 탄소는 RuBP와 결합하며, 이 결합은 루비스코라는 촉매를 통하여 촉진된다. 이 결합으로 3개의 탄소가 결합한 3탄당이 형성되고, 3탄당은 화학적 변환 과정을 거쳐 포도당을 생성하며, 포도당 생성에 쓰이고 남은 화합물은 RuBP로 재생되어 이산화 탄소와 결합되는 과정이 다시 진행된다. 이러한 순환 과정을 캘빈 회로라고 하는데, 캘빈 회로로 포도당이 생성되려면 일정 수준 이상의 이산화 탄소 농도, 적정한 온도 등의 환경이 갖추어져야 한다. 그렇지 않으면 RuBP가 이산화 탄소와 결합하는 비율이 낮아져 포도당 생산의 효율이 떨어진다. 지구상 대부분의 식물은 이와 같은 과정으로 광합성을 하며, 이산화 탄소와 RuBP가 결합하여 생성되는 첫 화합물이 3탄당임을 고려하여 C3 식물이라고 부른다.

그런데 ㉢ C3 식물은 기온이 높거나 건조할 때 광합성의 효율이 저하되는 한계가 있다. 기온이 높거나 날씨가 건조할 때 기공을 열면 체내의 수분이 지나치게 배출되므로 식물은 기공을 열지 않는다. 이로 인해 포도당의 생산이 어려워지면 식물은 잘 생장하지 못한다. 가령 이상 기후 현상으로 인하여 고온의 기후가 지속되는 상황이 발생하면 위와 같은 문제가 심화될 수 있으며, C3 식물이자 대표적인 식량 작물인 쌀과 밀 등의 생산량이 감소하는 문제로 이어질 수 있다. 이에 따라 C3 식물과 다른 방식으로 광합성을 하여 고온에서도 잘 자랄 수 있는 C4 식물에 대한 연구가 활발히 진행되고 있다.

옥수수, 조, 수수 등 고온의 열대 지방에서도 잘 자라도록 진화한 C4 식물은 두 개의 공간에서 광합성이 진행된다는 특징이 있다. 첫 번째 공간인 엽육 세포는 C3 식물과 같은 방식으로 명반응이 일어나는 곳이자, 암반응의 첫 번째 단계로 탄소를 저장하는 역할을 하는 곳이다. 이 식물의 엽육 세포에는 이산화 탄소와 결합하는 역할

을 하는 PEP가 존재한다. PEP와 이산화 탄소가 결합되면 4개의 탄소가 포함된 화합물인 4탄당이 형성되는데, C4 식물은 이를 고려하여 붙여진 이름이다. 4탄당은 엽육 세포에 저장되어 있다가 유관속초 세포라는 두 번째 공간으로 이동한 후 분해되어 포도당 생성에 필요한 이산화 탄소를 배출한다. 그리고 배출된 이산화 탄소는 유관속초 세포 속에 농축되었다가 캘빈 회로를 통하여 포도당을 형성하는 데 쓰이는데, C3 식물과 C4 식물의 캘빈 회로의 작동 방식은 동일하다. 이러한 방식으로 C4 식물은 유관속초 세포 속의 이산화 탄소 농도를 높게 유지함으로써 C3 식물에 비해 높은 광합성 효율을 보인다.

C4 식물의 비율은 전체 생물량의 5%에 불과하다. 그러나 이들의 광합성량은 전체 광합성량의 23%에 달한다. 이러한 C4 식물에 대한 연구는 미래에 발생할 수 있는 기후 위기에 대응하는 중요한 열쇠가 될 수 있을 것으로 기대된다.

047

윗글을 읽고 답할 수 있는 질문으로 적절하지 않은 것은?

① 식물이 광합성을 하는 목적은?
② C3 식물과 C4 식물의 이름에 담긴 의미는?
③ C4 식물의 광합성 방식이 진화되는 과정은?
④ C4 식물에 대한 연구가 필요한 까닭은?
⑤ C4 식물이 C3 식물보다 광합성 효율이 높은 이유는?

048

㉠과 ㉡에 대한 설명으로 가장 적절한 것은?

① ㉠은 ㉡과 달리 이산화 탄소를 필요로 한다.
② ㉡은 ㉠과 달리 산소를 활용한 물의 분해가 진행된다.
③ ㉠은 산소가, ㉡은 물이 반응의 부산물로 생성된다.
④ ㉠은 물을, ㉡은 RuBP를 재생하는 반응이 일어난다.
⑤ ㉠과 ㉡은 모두 빛의 세기가 강해질수록 반응이 활성화된다.

049

ⓒ의 원인을 추론한 내용으로 가장 적절한 것은?

① 광합성에 필요한 빛 에너지가 적어지기 때문이다.

② 대기 중 이산화 탄소의 농도가 옅어지기 때문이다.

③ 기공을 통하여 배출되는 산소의 양이 늘어나기 때문이다.

④ 광합성에 사용되는 탄소보다 저장되는 탄소가 더 많아지기 때문이다.

⑤ 캘빈 회로에 사용될 수 있는 이산화 탄소의 양이 줄어들기 때문이다.

050

〈보기〉는 'C3 식물'과 'C4 식물'의 광합성 과정을 나타낸 것이다. a ~c에 대한 설명으로 적절하지 <u>않은</u> 것은? 3점

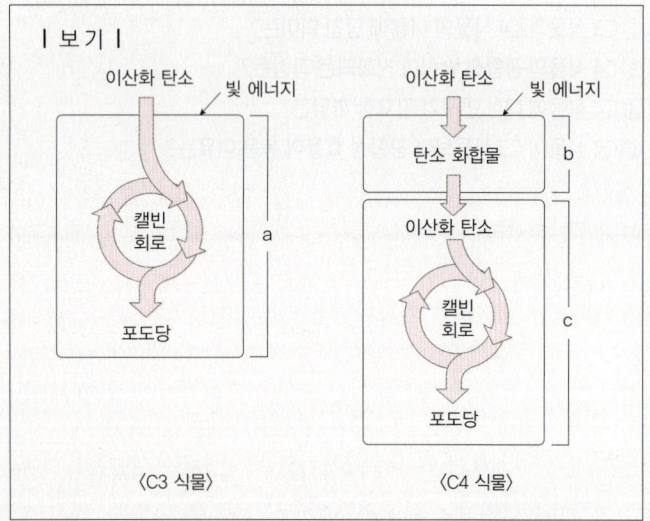

〈C3 식물〉 〈C4 식물〉

① a와 b는 엽육 세포에서, c는 유관속초 세포에서 일어나는 반응이다.

② a에서는 3탄당이, c에서는 b에서 이동한 4탄당이 포도당 생성에 기여한다.

③ a와 b에서는 빛 에너지를 활용하여 화학 에너지를 생성하는 반응이 진행된다.

④ a의 캘빈 회로에서는 RuBP가, c의 캘빈 회로에서는 PEP가 이산화 탄소와 결합한다.

⑤ a와 c에서는 포도당을 생성하는 데 필요한 화합물을 만들 때 루비스코라는 촉매가 필요하다.

[051~056] 2019년 6월 학평 16번~21번 정답과 해설편 p.199

다음 글을 읽고 물음에 답하시오. 6문항을 15분 안에 풀어보세요. 15분

식물의 생장에는 물이 필수적이다. 동물과 달리 식물은 잎에서 광합성을 통해 생장에 필요한 양분을 만들어 내는데, 물은 바로 그 원료가 된다. 물은 지구 중심으로부터 중력을 받기 때문에 높은 곳에서 낮은 곳으로 흐르지만, 식물은 지구 중심과는 반대 방향으로 자란다. 따라서 식물이 줄기 끝에 달려 있는 잎에 물을 공급하려면 중력의 반대 방향으로 물을 끌어 올려야 한다. 미국의 캘리포니아 레드우드 국립공원에는 세계에서 키가 가장 큰 세쿼이아가 있다. 이 나무는 키가 무려 112 m에 이르며, 뿌리는 땅속으로 약 15 m까지 뻗어 있다고 한다. 따라서 물이 뿌리에서 나무의 꼭대기에 있는 잎까지 도달하려면 127 m나 끌어 올려져야 한다. 펌프 같은 장치도 보이지 않는데 대체 물이 어떻게 그 높은 곳까지 올라갈 수 있는 것일까? 식물은 어떤 힘을 이용하여 뿌리에서부터 잎까지 물을 끌어 올릴까? 식물이 물을 뿌리에서 흡수하여 잎까지 보내는 데는 뿌리압, 모세관 현상, 증산 작용으로 생긴 힘이 복합적으로 작용한다.

[A] 호박이나 수세미의 잎을 모두 ⓐ 떼어 내고 뿌리와 줄기만 남기고 자른 후 뿌리 끝을 물에 넣어 보면, 잘린 줄기 끝에서는 물이 힘차게 솟아오르지는 않지만 계속해서 올라온다. 뿌리털을 둘러싼 세포막을 경계로 안쪽은 땅에 비해 여러 가지 유기물과 무기물들이 더 많이 섞여 있어서 뿌리 바깥보다 용액의 농도가 높다. 다시 말해 뿌리털 안은 농도가 높은 반면, 흙 속에 포함되어 있는 물은 농도가 낮다. 이때 농도의 균형을 맞추기 위해 흙 속에 있는 물 분자는 뿌리털의 세포막을 거쳐 물 분자가 상대적으로 적은 뿌리 내부로 ⓑ 들어온다. 이처럼 농도가 낮은 흙 속의 물을 농도가 높은 뿌리 쪽으로 이동시키는 힘이 생기는데, 이를 뿌리압이라고 한다. 즉 뿌리압이란 뿌리에서 물이 흡수될 때 밀고 들어오는 압력으로, 물을 위로 밀어 올리는 힘이다.

물이 담긴 그릇에 가는 유리관을 ⓒ 꽂아 보면 유리관을 따라 물이 올라가는 것을 관찰할 수 있다. 이처럼 가는 관과 같은 통로를 따라 액체가 올라가거나 내려가는 것을 모세관 현상이라고 한다. 모세관 현상은 물 분자와 모세관 벽이 결합하려는 힘이 물 분자끼리 결합하려는 힘보다 더 크기 때문에 일어난다. 따라서 관이 가늘어질수록 물이 올라가는 높이가 높아진다. 식물체 안에는 뿌리에서 줄기를 거쳐 잎까지 연결된 물관이 있다. 물관은 말 그대로 물이 지나가는 통로인데, 지름이 75 ㎛(마이크로미터, 1 ㎛ = 0.001 mm)로 너무 가늘어 눈으로는 볼 수 없다. 이처럼 식물은 물관의 지름이 매우 작기 때문에 ㉠ 모세관 현상으로 물을 밀어 올리는 힘이 생긴다.

뜨거운 햇볕이 내리쬐는 더운 여름철에는 큰 나무가 만들어 주는 그늘이 그렇게 고마울 수가 없다. 나무가 만들어 주는 그늘이 건물이 만들어 주는 그늘보다 더 시원한 이유는 무엇일까? ㉤ 나무의 잎은 물을 수증기 상태로 공기 중으로 내보내는데, 이때 물이 주위의 열을 흡수하기 때문에 나무의 그늘 아래가 건물이 만드는 그늘보다 훨씬 시원한 것이다. 식물의 잎에는 기공이라는 작은 구멍이 있다. 기공을 통해 공기가 들락날락하거나 잎의 물이 공기 중으로 증발하기도 한다. 이처럼 식물체 내의 수분이 잎의 기공을 통하여

수증기 상태로 증발하는 현상을 ⓒ 증산 작용이라고 한다. 가로 세로가 10 ×10 cm인 잔디밭에서 1 년 동안 증산하는 물의 양을 조사한 결과, 놀랍게도 55 톤이나 되었다. 이는 1 리터짜리 페트병 5만 5천 개 분량에 해당하는 물의 양이다. 상수리나무는 6~11 월 사이에 약 9,000 kg의 물을 증산하며, 키가 큰 해바라기는 맑은 여름날 하루 동안 약 1 kg의 물을 증산한다.

기공의 크기는 식물의 종류에 따라 ⓓ 다른데 보통 폭이 8 ㎛, 길이가 16 ㎛ 정도밖에 되지 않는다. 크기가 1 cm²인 잎에는 약 5만 개나 되는 기공이 있으며, 그 대부분은 잎의 뒤쪽에 있다. 이 기공을 통해 그렇게 엄청난 양의 물이 공기 중으로 증발해 버린다. 증산 작용은 물을 식물체 밖으로 내보내는 작용으로, 뿌리에서 흡수된 물이 줄기를 거쳐 잎까지 올라가는 원동력이다. 잎의 세포에서는 물이 공기 중으로 증발하면서 아래쪽의 물 분자를 끌어 올리는 현상이 일어난다. 즉, 물 분자들은 서로 잡아당기는 힘으로써 연결되는데, 이는 물 기둥을 형성하는 것과 같다. 사슬처럼 연결된 물 기둥의 한쪽 끝을 ⓔ 이루는 물 분자가 잎의 기공을 통해 빠져나가면 아래쪽 물 분자가 끌어 올려지는 것이다. 증산 작용에 의한 힘은 잡아당기는 힘으로 식물이 물을 끌어 올리는 요인 중 가장 큰 힘이다.

051

윗글의 내용과 일치하지 않는 것은?

① 식물의 종류에 따라 기공의 크기가 다르다.
② 식물의 뿌리압은 중력과 동일한 방향으로 작용한다.
③ 식물이 광합성 작용을 하기 위해서는 반드시 물이 필요하다.
④ 뿌리에서 잎까지 물 분자들은 사슬처럼 서로 연결되어 있다.
⑤ 물관 내에서 물 분자와 모세관 벽이 결합하려는 힘으로 물이 위로 이동한다.

052

[A]와 〈보기〉를 이해한 것으로 적절하지 않은 것은? `3점`

| 보기 |
    삼투 현상이란 용액의 농도가 낮은 곳에서 높은 곳으로 선택적 투과성 막을 통해 물이 이동하는 현상이다. 이때 물이 이동하는 힘을 삼투압이라 하며, 이 힘은 용액의 농도에 따라 비례한다. 삼투 현상의 예로 배추를 소금물에 담그면 소금 입자는 이동하지 못하고 배추에 있는 물이 소금물 쪽으로 이동하여 배추가 절여지는 것을 들 수 있다.

① 뿌리털을 둘러싼 세포막은 선택적 투과성 막 역할을 한다.
② 소금물에 소금을 추가하면 배추에서 빠져나오는 물이 이동하는 힘이 커진다.
③ 선택적 투과성 막을 흙 속의 물 분자는 통과할 수 있지만 소금 입자는 통과할 수 없다.
④ 흙 속의 물과 배추의 물이 이동하면 뿌리털 안의 용액과 소금물의 농도가 높아진다.
⑤ 뿌리가 흙 속의 물을 흡수하는 것과 배추에서 물이 빠져나오는 것은 용액의 농도 차이 때문에 발생한다.

053

㉠과 ㉡에 대한 설명으로 적절하지 않은 것은?

① ㉠은 관의 지름에 따라 물이 올라가는 높이가 달라진다.
② ㉡이 일어나면 물이 식물체 내에서 빠져나와 주변의 온도를 낮춘다.
③ ㉠에 의해서는 물의 상태가 바뀌지 않고, ㉡에 의해서는 물의 상태가 바뀐다.
④ ㉠으로 물을 위로 밀어 올리는 힘이, ㉡으로 물을 위에서 잡아당기는 힘이 생긴다.
⑤ ㉠에 의해 식물이 물을 밀어 올리는 힘보다 ㉡에 의해 식물이 물을 끌어 올리는 힘이 더 작다.

DAY
22

Ⅲ

과학, 기술

054

㉮와 같은 현상이 일어나는 예로 적절한 것은?

① 피부에 알코올 솜을 문지를 때
② 주머니 난로의 액체가 하얗게 굳어갈 때
③ 음식물을 공기 중에 오래 두어 부패될 때
④ 이누이트 족이 얼음집 안에 물을 뿌릴 때
⑤ 폭죽에 들어있는 화약이 터져 불꽃이 발생할 때

055

학생이 〈보기〉와 같은 실험을 하였다. 윗글을 바탕으로 〈보기〉에 대한 반응으로 적절한 것은?

| 보 기 |

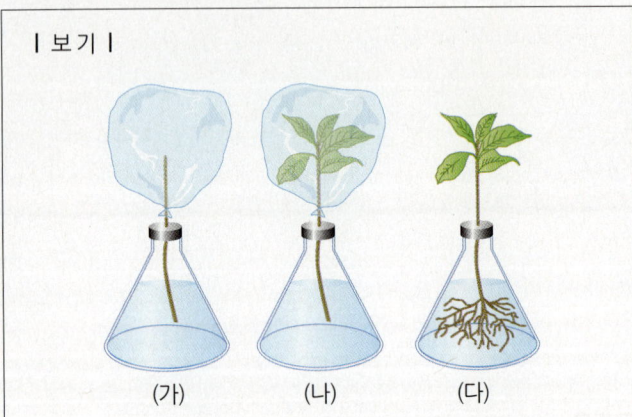

(가)　　　　(나)　　　　(다)

　　크기와 종류가 같은 식물 셋을 (가)는 줄기만, (나)는 줄기와 잎만을 남겨 비닐을 씌운다. (다)는 뿌리, 줄기, 잎을 그대로 둔다. 셋을 물에 담아 햇빛 등이 동일한 조건에서 변화를 관찰하였다.

① (가)보다 (나)의 비닐 안쪽 면에 물방울이 덜 맺힐 것이다.
② (가)의 용기에 담긴 물이 (나), (다)의 용기에 담긴 물보다 더 많이 줄어들 것이다.
③ (나)에서는 한 가지 힘이, (다)에서는 두 가지 힘이 작용하여 물이 이동한다.
④ (가), (나), (다) 모두 물 분자들이 연결된 물 기둥이 형성될 것이다.
⑤ (가), (나), (다) 모두 공기가 식물 내부로 출입하는 현상이 일어나지 않는다.

056

문맥상 ⓐ～ⓔ와 바꿔 쓰기에 가장 적절한 것은?

① ⓐ : 삭제(削除)하고
② ⓑ : 투입(投入)된다
③ ⓒ : 부착(附着)하면
④ ⓓ : 상이(相異)한데
⑤ ⓔ : 조성(造成)하는

[057~059]　고3 | 2013학년도 6월 모평 23번~25번　정답과 해설편 p.203

다음 글을 읽고 물음에 답하시오.　3문항을 6분 안에 풀어보세요.　6분

일반적으로 대기 중에서 만들어질 수 있는 물기둥의 최대 높이는 10 m 정도이다. 그런데 지구상의 나무 중에는 그 높이가 110 m를 넘는 것들도 있다. 어떻게 뿌리에서 흡수된 물이 높이 110 m의 나무 꼭대기에까지 전달될 수 있는 것일까?

대기 중의 수분 농도는 잎의 수분 농도보다 낮기 때문에 물이 잎의 표피에 있는 기공을 통하여 대기 중으로 확산되는데, 이를 증산 작용이라고 한다. 기공을 통해 물이 빠져나가면 물의 통로가 되는 조직인 물관부 내부에 물을 끌어 올리는 장력이 생기며, 이에 따라 물관부의 물기둥이 위로 끌려 올라가게 된다. 이때 물기둥이 끊어지지 않고 끌려 올라갈 수 있는 것은 물의 강한 응집력 때문이다. 물의 응집력이 물관부에서 발생하는 장력보다 크기 때문에 물기둥이 뿌리에서부터 잎까지 끊어지지 않고 마치 끈처럼 연결되어 올라가는 것이다. 물관부에서 물 수송이 이루어지도록 하는 이러한 작용을 '증산—장력—응집력' 메커니즘이라 한다.

㉠ 이 메커니즘은 수분 퍼텐셜로 설명할 수 있다. 수분 퍼텐셜은 토양이나 식물체가 포함하고 있는 물의 양을 에너지 개념으로 바꾼 것으로, 물이 이동할 수 있는 능력을 나타낸다. 단위로는 파스칼(Pa, 1 MPa = 10^6 Pa)을 사용한다. 물은 수분 퍼텐셜이 높은 쪽에서 낮은 쪽으로 별도의 에너지 소모 없이 이동한다. 순수한 물의 수분 퍼텐셜은 0 MPa인데, 압력이 낮아지거나 용질*이 첨가되어 이온 농도가 높아지면 수분 퍼텐셜이 낮아진다. 토양의 수분 퍼텐셜은 -0.01~-3 MPa, 대기의 수분 퍼텐셜은 -95 MPa 정도이다. 일반적으로 토양에서 뿌리, 줄기, 잎으로 갈수록 수분 퍼텐셜이 낮아지고, 그에 따라 물은 뿌리에서 줄기를 거쳐 잎에 도달한 후 기공을 통해 대기 중으로 확산된다.

기공의 개폐는 잎 표면에 있는 한 쌍의 공변세포에 의해 이루어진다. 빛의 작용으로 공변세포 내부의 이온 농도가 높아지면 수분 퍼텐셜이 낮아지고, 그에 따라 물이 공변세포로 들어와 기공이 열린다. 그러면 식물은 대기 중의 이산화탄소를 흡수하여 광합성을 통해 포도당을 생산할 수 있다. 문제는 식물이 이산화탄소를 흡수하기 위해 기공을 열면 물이 손실되고, 반대로 물 손실을 막기 위해 기공을 닫으면 이산화탄소를 포기해야 하는 데 있다. 물과 포도당이 모두 필요한 식물은, 이러한 딜레마를 해결하기 위해 광합성에 필요한 햇빛이 있는 낮에는 기공을 열고 그렇지 않은 밤에는 기공을 닫아서 이산화탄소의 흡수와 물의 배출을 조절하는 시스템을 만들어 냈다. 그 결과 기공의 개폐는 일정한 주기를 가지게 된다.

* 용질 : 용액에 녹아 있는 물질

057

윗글의 내용과 일치하지 <u>않는</u> 것은?

① 기공의 개폐는 빛의 영향을 받는다.
② 광합성의 결과로 포도당이 만들어진다.
③ 기공이 열리면 식물 내부의 이산화탄소가 손실된다.
④ 증산 작용으로 물관부 내의 물기둥에 장력이 발생한다.
⑤ 물의 응집력으로 인해 물관부 내의 물기둥이 끊어지지 않는다.

058

㉠의 내용으로 옳은 것만을 〈보기〉에서 있는 대로 고른 것은?

| 보 기 |
ⓐ 뿌리의 수분 퍼텐셜이 토양의 수분 퍼텐셜보다 낮아 물이 토양에서 뿌리로 이동한다.
ⓑ 줄기의 물이 잎으로 이동하면 줄기의 수분 퍼텐셜이 낮아져 뿌리의 물이 줄기로 이동한다.
ⓒ 증산 작용으로 잎의 수분이 공기 중으로 빠져나가면 잎의 수분 퍼텐셜이 낮아져 줄기의 물이 잎으로 이동한다.
ⓓ 광합성이 일어나는 동안에는 잎의 수분 퍼텐셜이 대기의 수분 퍼텐셜보다 낮아진다.

① ⓐ, ⓑ　　　② ⓐ, ⓓ　　　③ ⓒ, ⓓ
④ ⓐ, ⓑ, ⓒ　　⑤ ⓑ, ⓒ, ⓓ

059

일출부터 일몰까지의 '잎'의 수분 퍼텐셜을 나타낸 그래프로 윗글의 내용에 부합하는 것은?

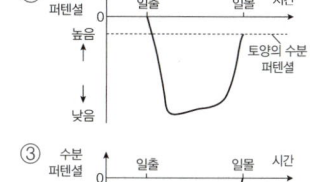
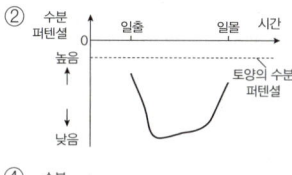
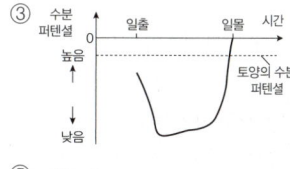
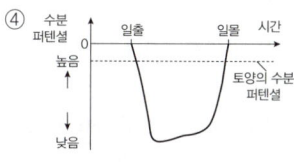
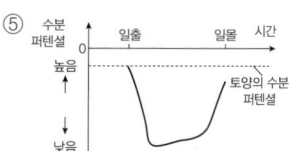
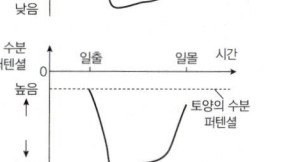

DAY 23

Ⅲ

과학, 기술

4. 디지털/컴퓨터 기술 원리

[060~064] 2024년 9월 학평 21번~25번 정답과 해설편 p.206

다음 글을 읽고 물음에 답하시오. 5문항을 11분 안에 풀어보세요. **11분**

인터넷의 발달로 데이터 저장 및 분석 과정이 인터넷상에서 @ 이루어지고 있으며 그에 따라 개인정보와 같은 민감한 데이터는 암호화되어 인터넷 서버에 저장된다. 그런데 현재 널리 사용되는 공개키 암호화 방식으로 암호화된 데이터는 통계 처리를 위한 연산을 수행하기 위해서 원래 데이터로 복원하는 복호화 과정을 거친 후 연산을 수행하고 그 결과를 다시 암호화해야 한다. 하지만 이 과정에서 비밀키나 민감한 개인정보가 유출되는 일이 생길 수 있다. 그래서 암호화된 데이터를 복호화하지 않고 암호화된 상태로 안전하게 연산을 수행할 수 있는 동형암호가 등장하였다.

동형암호는 동형성을 기반으로 하는데, 동형성이란 데이터를 암호화한 상태에서 특정 연산을 수행했을 때 나오는 결과가 암호화하지 않은 상태에서 같은 연산을 수행하고 암호화를 한 결과와 같은 것을 ⓑ 말한다. 이때 연산의 횟수에 제한 없이 특정한 한 종류의 연산에만 동형성을 갖는 암호를 부분 동형암호, 연산의 종류와 관계없이 특정 횟수까지만 동형성을 갖는 암호를 제한적 동형암호라고 하며, 횟수에 제한 없이 컴퓨터의 주된 연산인 덧셈, 곱셈에 동형성을 갖는 암호를 완전 동형암호라고 한다.

완전 동형암호는 암호화에 사용하는 원리에 따라 격자 기반, CRT(Chinese Remainder Theorem) 기반 등으로 ⓒ 나뉜다. 그중 ㉠ 격자 기반 완전 동형암호는 수학계에서 답을 찾기 어렵다고 알려진 격자 문제를 응용하여 만들어졌다. 이 방식은 원문 데이터를 비트* 단위로 변환하고 각각의 비트를 개별적으로 암호화한다. 암호키 p와 임의의 정수를 곱한 수를 원문에 더하면 암호문이 만들어지는데, 이 과정에서 무작위로 오룻값을 추가하여 안전성을 높인다. 그래서 암호문의 연산을 반복할수록 오룻값이 커지게 되며, 특히 곱셈 연산을 수행할수록 오룻값이 급격하게 커지기 때문에 일정 횟수 이상 수행하면 원문 복호화가 불가능하다.

따라서 연산을 지속적으로 수행하기 위해서는 오룻값이 한계치에 ⓓ 이른 암호문은 부트스트래핑 과정을 반드시 거쳐야 한다. 일정 횟수의 덧셈과 곱셈 연산을 수행하여 암호문에 오룻값이 누적되면, 다른 암호키로 해당 암호문과 암호키 p를 암호화한다. 그리고 복호화 회로를 통해 기존의 암호키 p에 의한 이전 암호문을 복호화하면 그동안의 연산 과정에서 누적된 오룻값이 제거된 새로운 암호문이 ⓔ 만들어진다. 이때 새로운 암호문이 만들어지면서 오룻값이 추가되지만 그 크기가 기존의 누적된 것보다 작아서 적절하게 부트스트래핑 과정을 수행한다면 지속적인 연산이 가능하다.

이 방식은 원문을 비트 단위로 변환하여 각 비트별로 암호화하기 때문에 원문에 비해 암호문의 값이 10~100 배가량 커져서 데이터의 저장 공간이 많이 필요하다. 그리고 개별 비트 단위로 암호문의 연산과 부트스트래핑 과정을 거쳐야 하기 때문에 연산 속도가 느리다.

그래서 최근에는 효율성을 개선한 ㉡ CRT 기반 완전 동형암호가 등장하였다. 이 방식은 하나의 원문을 특정한 정수인 암호키로 나눈 나머지 값을 암호문으로 이용하고, 이 나머지 값에서 원문을 복호화하는 방법이다. 이때 암호키의 개수는 임의로 설정할 수 있으며 각각의 원문마다 암호키의 개수만큼 암호문이 만들어진다. 암호키가 두 개일 때 정수로 된 원문 A와 B를 덧셈 연산한 결과가 동형성을 갖는 원리를 간단히 알아보자. 우선 서로소*인 임의의 정수 p와 q를 암호키로 정하고 정수로 된 원문 A와 B를 각각의 암호키로 나눈 나머지 값을 구하면 A_p, A_q와 B_p, B_q가 되는데 이 나머지 값이 원문 A와 B의 암호문이 된다. 그리고 〈그림〉처럼 각 원문을 동일한 암호키로 나눈 나머지 값인 A_p와 B_p, A_q와 B_q끼리 서로 덧셈 연산을 수행한다. 만약 연산 수행 **[A]** 의 결괏값이 암호키와 같거나 암호키보다 크면 한 번 더 암호키로 나누어 나머지 값을 구한다. 그러면 연산 수행의 결괏값인 A_p + B_p, A_q + B_q가 원문 A와 B를 직접 덧셈 연산한 결괏값을 암호키 p와 q로 나눈 나머지 값인 $(A+B)_p$, $(A+B)_q$와 같다. 그리고 원문을 각 암호키로 나누었을 때의 나머지 값과 각 암호키를 알면 원문을 복호화할 수 있다.

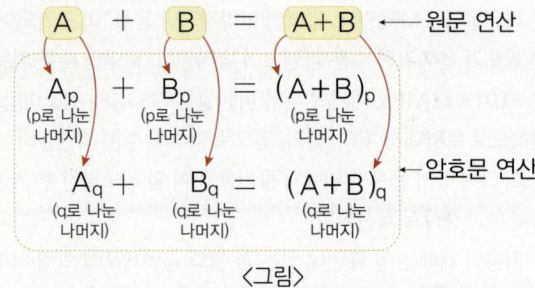

〈그림〉

이 방식 또한 안전성을 위해서 암호키의 개수를 늘려 계산이 복잡하고 무작위로 오룻값을 추가하기 때문에 부트스트래핑 과정이 필요하다. 하지만 데이터를 정수 단위로 암호화하기 때문에 비트 단위로 암호화하는 격자 기반의 방식보다 더 많은 데이터를 저장할 수 있다. 또한 CRT 방식은 원문보다 작은 나머지 값으로 연산을 수행하기 때문에 격자 기반의 방식에 비해 연산 값이 상대적으로 작아 연산 속도가 빠르고, 격자 기반의 방식과 달리 병렬적으로 연산을 수행할 수 있다.

* 비트 : 정보량의 최소 기본 단위. 1비트는 이진수 체계(0, 1)의 한 자리
* 서로소 : 여러 개의 수 사이에 1 이외의 공약수가 없음을 이르는 말

060

윗글의 내용과 일치하지 <u>않는</u> 것은?

① 제한적 동형암호는 컴퓨터의 특정한 한 종류의 연산에만 동형성을 갖는 암호이다.

② 격자 기반 완전 동형암호는 수학적으로 답을 찾기 어려운 문제를 응용하여 만들어졌다.

③ 공개키 방식으로 암호화된 데이터를 연산하기 위해서는 원래의 데이터로 복호화해야 한다.

④ CRT 기반 완전 동형암호는 원문을 특정한 정수로 나눈 나머지 값을 암호문으로 사용한다.

⑤ 격자 기반 완전 동형암호는 암호키와 임의의 정수를 곱한 수를 원문에 더해서 암호문을 만든다.

061

부트스트래핑 에 대해 이해한 내용으로 적절하지 <u>않은</u> 것은?

① 부트스트래핑은 동일한 암호문을 연산할 때 덧셈 연산보다 곱셈 연산을 많이 수행할수록 더 빨리 시작된다.

② 부트스트래핑은 암호문의 연산 과정에서 오륫값이 한계치에 이르렀을 때 진행된다.

③ 부트스트래핑에 사용되는 암호키는 이전 암호화에 사용된 암호키와 다르다.

④ 부트스트래핑의 과정을 거치면 이전 암호화된 암호문이 복호화된다.

⑤ 부트스트래핑의 결과로 생성된 새로운 암호문에는 오륫값이 없다.

062

㉠과 ㉡을 비교하여 이해한 내용으로 적절하지 <u>않은</u> 것은?

① ㉠은 ㉡과 달리 비트 단위로 암호문 연산을 수행한다.

② ㉠은 ㉡과 달리 원문을 암호화했을 때 암호문의 값이 원문보다 커진다.

③ ㉡은 ㉠과 달리 암호문에 오륫값을 추가하여 안전성을 높인다.

④ ㉡은 ㉠과 달리 데이터를 병렬적으로 연산하는 것이 가능하다.

⑤ ㉠과 ㉡은 모두 암호문을 연산하는 횟수에 제한이 없다.

063

[A]를 바탕으로 〈보기〉를 이해한 내용으로 가장 적절한 것은?

`3점`

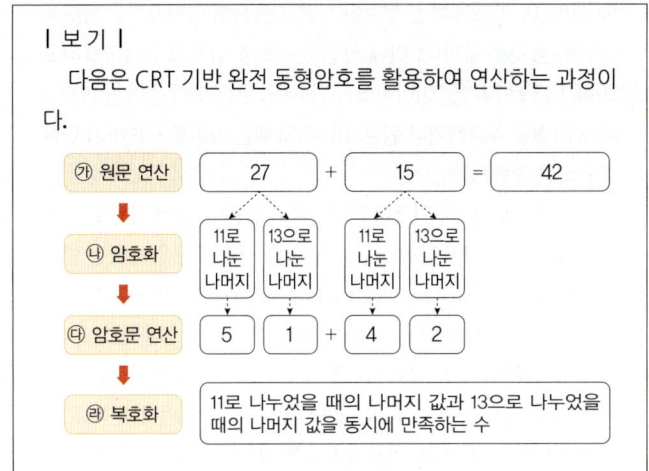

| 보 기 |

　　다음은 CRT 기반 완전 동형암호를 활용하여 연산하는 과정이다.

① ㉮에서 원문 연산의 결괏값을 암호키로 암호화하면 5, 4가 된다.

② ㉯에서 각 원문을 암호화한 암호키의 개수는 총 4개이다.

③ ㉰에서 만들어진 암호문을 연산한 결괏값은 암호키로 다시 나눌 필요가 없다.

④ ㉱에서 암호키를 알면 나머지 값을 몰라도 원문 27과 15를 복호화할 수 있다.

⑤ ㉮~㉰의 과정을 통해 만들어진 연산 결괏값은 암호문과 달리 정수이다.

064

문맥상 ⓐ~ⓔ와 바꾸어 쓰기에 가장 적절한 것은?

① ⓐ : 달성(達成)되고

② ⓑ : 제시(提示)한다

③ ⓒ : 분리(分離)된다

④ ⓓ : 도달(到達)한

⑤ ⓔ : 결성(結成)된다

다음 글을 읽고 물음에 답하시오. 5문항을 13분 안에 풀어보세요.   13분

디지털 이미지 워터마킹은 디지털 이미지에 저작권자나 배급자의 서명, 마크 등의 특정 정보를 다른 사람들이 인식하지 못하도록 삽입하는 것을 말한다. 이때 삽입된 정보를 디지털 워터마크라고 하며, 이것은 디지털 이미지의 무단 배포, 무단 복사 등이 발생했을 때 저작권을 주장하거나 원본 이미지의 훼손 여부를 검증하기 위한 수단으로 활용된다.

[A]
디지털 이미지 워터마킹은 이미지의 공간 영역 활용 방식과 주파수 영역 활용 방식으로 나눌 수 있는데, 공간 영역 활용 방식으로는 LSB(Least Significant Bit) 치환 방법이 있다. 흑백 원본 이미지에 흑백 워터마크 이미지를 삽입하는 과정을 통해 그 원리를 살펴보자. 흑백 이미지를 구성하는 한 픽셀*의 색상은 밝기에 따라 0 ~ 255까지의 정숫값을 가지는데 0은 검은색, 255는 흰색을 나타낸다. 이를 컴퓨터가 처리하는 데이터의 기본 단위인 8 비트*로 나타내면 각각의 픽셀은 검은색인 0 0 0 0 0 0 0 0 부터 흰색인 1 1 1 1 1 1 1 1 까지 총 256 가지의 값 중 하나를 갖게 되며, 그 숫자가 클수록 흰색에 가깝다. 이때 각 픽셀은 8 비트의 데이터 중 왼쪽에 위치하는 상위 비트가 바뀔수록 그에 해당하는 정숫값의 변화가 크기 때문에 색상의 변화를 육안으로 인식하기 쉽고, 오른쪽 하위 비트가 바뀔수록 색상의 변화를 육안으로 인식하기 어렵다. LSB는 색상 변화에 가장 영향을 적게 주는 오른쪽 마지막 최하위 비트를 ㉠말한다. LSB 치환 과정에서는 원본 이미지에 시각적인 변화를 주지 않기 위해 워터마크 이미지의 픽셀 데이터를 원본 이미지의 각 픽셀의 LSB에 하나씩 나누어 숨긴다.

이때 원본 이미지 각 픽셀의 8 개의 비트 중 LSB에만 데이터를 삽입하기 때문에 워터마크 이미지의 한 픽셀 데이터를 삽입하기 위해서는 원본 이미지의 픽셀 8 개가 필요하다. 결국 원본 이미지의 픽셀 수는 최대로 삽입 가능한 비트 수와 같기 때문에 원본 이미지의 픽셀 수가 워터마크 이미지의 전체 비트 수보다 적다면 워터마크 이미지의 데이터 일부는 삽입할 수 없게 된다. 그리고 원본 이미지의 픽셀 수가 워터마크 이미지의 전체 비트 수보다 많을수록 원본 이미지에 시각적 변화가 적게 나타난다. 이 방법은 많은 양의 데이터를 빠르고 간단하게 삽입할 수 있으며, 원본 이미지의 각 픽셀에서 LSB만 변경하기 때문에 시각적으로 색상이나 감도의 변화를 감지하기 어렵다. 그러나 워터마크가 삽입된 이미지의 LSB를 인위적으로 조작하는 경우 워터마크가 쉽게 제거될 수 있다는 단점이 있다.

주파수 영역을 활용하는 방식으로는 DCT(Discrete Cosine Transform)를 이용하는 방법이 주로 쓰인다. DCT는 이미지 데이터를 공간값에서 주파숫값으로 바꾸는 과정이다. 이미지에 DCT를 적용하면 주변 픽셀과 색상이나 밝기 차이가 적은 픽셀은 낮은 주파숫값으로, 경계선 등 주변 픽셀과 색상이나 밝기 차이가 큰 픽셀은 높은 주파숫값으로 나타난다. 원본 이미지를 일정한 크기의 여러 블록으로 나누고 블록별로 각 픽셀의 색상값을 DCT 수식에 따라 변환하면 주파숫값 분포표를 얻을 수 있다. 주파숫값 분포표에는 좌측 상단으로 갈수록 낮은 주파숫값, 우측 하단으로 갈수록 높은 주파숫값이 분포하게 되는데 이미지의 색상이나 밝기에 따라 각 주파숫값이 분포하는 영역의 비율은 다르게 나타난다. 이때 워터마크 이미지의 픽셀의 색상값을 주파숫값 형태로 삽입한 후 다시 역변환 수식에 따라 변환하면, 어느 주파숫값에 삽입하든 워터마크가 원본 이미지의 전 영역에 걸쳐 고르게 분산된 형태로 삽입된다.

인간의 시각은 낮은 주파수 성분의 변화에는 민감하나 높은 주파수 성분의 변화에는 둔감하기 때문에 높은 주파숫값이 분포하는 영역에 워터마크를 삽입하면 원본 이미지의 시각적인 변화를 최소화할 수 있다. 그러나 JPEG와 같은 방식의 압축 이미지 알고리즘은 높은 주파수 성분의 요소를 제거하여 이미지를 압축하기 때문에 높은 주파숫값이 분포하는 영역에 워터마크를 삽입하면 이미지 압축과 같은 과정에서 워터마크가 삭제될 수 있다. 그래서 워터마크를 삽입할 때는 낮은 주파숫값이 분포하는 영역과 높은 주파숫값이 분포하는 영역의 경계면에 해당하는 특정 주파숫값 영역을 중심으로 워터마크 정보를 삽입한다.

이 방법은 이미지의 왜곡이 적어 시각적으로 원본 이미지와의 차이를 식별하기 어렵다. 또한 삽입할 데이터를 이미지 영역에 골고루 분산시키기 때문에 변형의 과정을 거쳐도 LSB 치환 방법에 비해 워터마크가 상대적으로 쉽게 제거되지 않는다. 그러나 데이터 삽입이 가능한 주파숫값의 개수가 원본 이미지의 픽셀 수보다는 훨씬 적기 때문에, 삽입할 수 있는 데이터의 양이 LSB 치환 방법보다 상대적으로 적다. 그리고 픽셀의 개수가 같은 이미지라 하더라도 이미지의 색상이나 밝기에 따라 각 주파숫값이 분포하는 영역의 비율이 달라지기 때문에 이미지에 따라 삽입할 수 있는 데이터의 양이 달라질 수 있다.

* 픽셀 : 작은 점의 행과 열로 이루어져 있는 화면의 작은 점 각각을 이르는 말
* 비트 : 2진 기수법 표기의 기본 단위. 2진 기수법에서는 모든 수를 0과 1로만 표기하는데 이 0 또는 1이 각각 하나의 비트가 된다.

065

윗글을 통해 답을 찾을 수 <u>없는</u> 질문은?

① 디지털 워터마크의 용도는 무엇인가?
② 디지털 이미지 워터마킹의 개념은 무엇인가?
③ 디지털 이미지 워터마킹 기술의 전망은 어떠한가?
④ 디지털 이미지 워터마크를 삽입하는 원리는 무엇인가?
⑤ 디지털 이미지 워터마킹의 방식에는 어떤 것들이 있는가?

066

윗글에 대해 이해한 내용으로 적절하지 <u>않은</u> 것은?

① LSB 치환 방법은 DCT를 이용하는 방법에 비해 상대적으로 쉽게 워터마크가 제거되지 않는다.
② LSB 치환 방법은 DCT를 이용하는 방법에 비해 동일한 원본 이미지에 삽입할 수 있는 데이터의 양이 많다.
③ DCT를 적용하기 위해서는 원본 이미지를 여러 개의 블록으로 분할하고 블록 단위로 변환을 수행해야 한다.
④ JPEG 압축 방식은 이미지에서 주변 픽셀과 색상이나 밝기 차이가 큰 픽셀을 제거하는 방식으로 이루어진다.
⑤ DCT를 이용하는 방법은 원본 이미지의 색상이나 밝기에 따라 삽입할 수 있는 데이터의 양이 달라질 수 있다.

067

[A]를 바탕으로 <보기>를 이해한 내용으로 적절하지 <u>않은</u> 것은?

3점

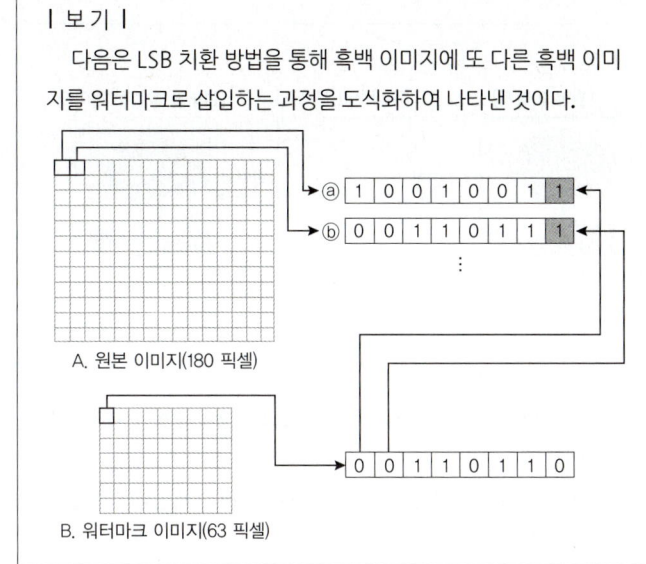

| 보기 |

　다음은 LSB 치환 방법을 통해 흑백 이미지에 또 다른 흑백 이미지를 워터마크로 삽입하는 과정을 도식화하여 나타낸 것이다.

A. 원본 이미지(180 픽셀)

B. 워터마크 이미지(63 픽셀)

① A에 최대로 삽입 가능한 비트 수는 180이다.
② B의 전체 데이터 중 일부 비트는 A에 삽입할 수 없다.
③ B의 픽셀 수가 더 많아지면 A의 시각적인 변화는 줄어든다.
④ ⓐ 픽셀의 색상이 ⓑ 픽셀의 색상에 비해 더 흰색에 가깝다.
⑤ ⓐ 픽셀과 ⓑ 픽셀에 데이터가 삽입되면 LSB가 모두 1에서 0으로 바뀌게 된다.

DAY
23

Ⅲ

과
학,
기
술

068

DCT(Discrete Cosine Transform)를 이용하는 방법 에 대한 이해를 바탕으로 〈보기〉의 ㉮~㉱에 대해 보인 반응으로 가장 적절한 것은?

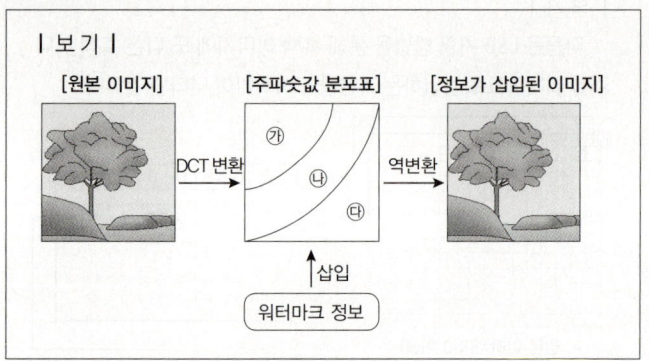

① ㉮는 ㉯보다 원본 이미지에서 주변 픽셀과 색상이나 밝기 차이가 더 큰 부분이겠군.

② ㉮에 워터마크를 삽입하면 ㉱에 삽입하는 것보다 역변환 후 원본 이미지의 시각적 변화가 더 크겠군.

③ ㉯에 삽입된 워터마크가 ㉱에 삽입된 워터마크보다 JPEG와 같은 방식의 압축에 의해 더 쉽게 제거되겠군.

④ ㉱에 삽입된 워터마크가 ㉮에 삽입된 워터마크보다 역변환 후 전체 이미지에 더 고르게 분산되겠군.

⑤ ㉮, ㉯, ㉱ 영역은 원본 이미지와 상관없이 항상 일정한 비율로 나타나겠군.

069

문맥상 ㉠과 가장 가까운 의미로 쓰인 것은?

① 북극은 지구 자전축의 북쪽 끝을 <u>말한다</u>.
② 선생님은 그 작가에 대해 항상 좋게 <u>말했다</u>.
③ 난 내 생각을 다른 사람에게 솔직하게 <u>말한다</u>.
④ 친구에게 동생이 오면 문을 열어 달라고 <u>말했다</u>.
⑤ 그녀에게 약속 장소를 <u>말하지</u> 않은 것이 생각난다.

[070~074] 2022년 11월 학평 25번~29번 정답과 해설편 p.212

다음 글을 읽고 물음에 답하시오. 5문항을 11분 안에 풀어보세요. 11분

수학자 힐베르트는 어떤 1차 논리의 논리식이 주어졌을 경우 이 논리식이 타당한지 여부를 결정하는 알고리즘이 존재하느냐 하는 문제를 제기했다. 튜링은 이 문제에 대한 답을 얻는 과정에서 가상의 기계 장치인 '튜링 기계'를 ⓐ고안하게 된다.

튜링 기계는 사람이 계산할 때 일어나는 사고 과정을 응용한 가상의 기계로 ㉠테이프, ㉡헤드, ㉢상태 기록기 등의 부품으로 ⓑ구성된다. 테이프는 좌우 양방향으로 무한히 많은 칸을 갖고 있다고 가정하며, 각 칸은 비어 있거나 한 개의 기호가 기록되어 있다. 헤드는 테이프에 기록된 기호를 읽거나 기호를 기록하는 장치인데, 테이프 위를 좌우로 한 칸씩 움직일 수 있다. 상태 기록기는 튜링 기계의 상태를 나타낸다.

튜링 기계는 작동규칙이 주어지면 튜링 기계의 상태와 헤드로 판독한 기호에 따라 작동되는데, 작동규칙은 예를 들면 (A, 1, P0, R, B)와 같이 표시할 수 있으며 이와 같은 형식을 '5순서열'이라고 한다. 5순서열의 첫 번째 자리와 다섯 번째 자리에는 A, B, C 등의 임의의 기호가 사용되어 튜링 기계의 상태를 나타낸다. (A, 1, P0, R, B)에서 'A'는 튜링 기계의 현재 상태를, 'B'는 튜링 기계의 다음 상태를 나타낸다. 이렇게 현재 상태를 나타내는 기호와 다음 상태를 나타내는 기호가 다르면 기계는 다음 상태로 바뀌고, 이와 달리 두 기호가 같으면 현재 상태가 유지된다. 5순서열의 두 번째 자리와 세 번째 자리에는 0, 1, □ 등의 기호가 사용되는데, □는 빈칸을 의미한다. (A, 1, P0, R, B)에서 '1'은 헤드가 읽는 기호를 나타내며, 'P0'은 기호를 읽은 칸에 0을 기록하라는 것을 나타낸다. 만약 P□가 사용되면 이는 □를 기록하라는 뜻으로 테이프에 기록된 기호가 있을 경우에는 이를 지우게 된다. 튜링 기계는 헤드가 읽는 기호와 테이프에 기록된 기호가 서로 같으면 주어진 5순서열을 수행하게 되지만, 다르면 주어진 5순서열을 수행하지 않게 된다. 5순서열의 네 번째 자리에는 헤드의 위치 변경을 지시하는 기호로 L, R, N이 사용되는데, L은 헤드를 왼쪽으로 한 칸, R은 헤드를 오른쪽으로 한 칸 이동하는 것을 나타내며, N은 헤드의 위치를 이동하지 않는 것을 나타낸다.

튜링 기계를 결정하는 5순서열은 여러 개가 모여 5순서열의 모임을 이룰 수도 있는데 이때는 세미콜론(;)을 사용해 나타낼 수 있다. 튜링 기계는 테이프의 시작 모습, 기계의 시작 상태, 그리고 테이프에서 헤드의 시작 위치가 정해지면 주어진 5순서열의 모임 중 수행 가능한 5순서열이 있을 경우, 이에 따라 작동하게 된다. 그러나 수행 가능한 5순서열이 없을 경우에는 작동을 멈추게 된다. 〈그림〉은 테이프의 시작 모습이 모두 빈칸이고, 기계의 시작 상태는 A이며, 헤드의 시작 위치는 화살표의 위치일 때, 5순서열의 모임 (A, □, P0, R, B) ; (B, □,

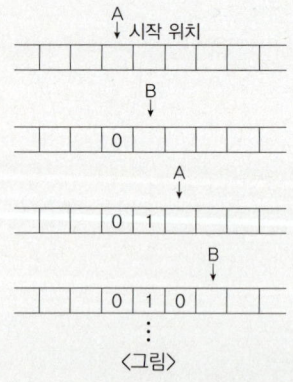

〈그림〉

P1, R, A)가 하나의 테이프에서 작동하는 상황을 단계별로 도식화한 것이다. 먼저 튜링 기계의 현재 상태가 A이고 테이프가 빈칸이므로, (A, □, P0, R, B)에 따라 그 칸에 0을 기록하고 오른쪽으로 헤드를 한 칸 이동한 후 상태를 B로 변경한다. 다음으로 튜링 기계의 현재 상태가 B이고 테이프가 빈칸이므로, (B, □, P1, R, A)에 따라 그 칸에 1을 기록하고 오른쪽으로 헤드를 한 칸 이동한 후 상태를 A로 변경한다. 그러면 다시 (A, □, P0, R, B)에 따라 작동하게 되어 결국 튜링 기계는 테이프에 0과 1을 무한히 반복하며 기록하게 된다.

튜링은 위와 같이 무한히 반복되는 5순서열의 모임뿐만 아니라 사칙연산과 같은 유한한 계산을 수행하는 5순서열의 모임을 제시하며 5순서열을 어떻게 ⓒ 조합하느냐에 따라 다양한 튜링 기계의 알고리즘을 만들 수 있다고 말한다. 나아가 테이프 한 칸에 튜링 기계의 알고리즘 하나하나가 들어가는 '보편 튜링 기계'라는 것을 제시하며, 아무리 복잡한 알고리즘도 간단한 단위로 ⓓ 분해해서 처리할 수 있다고 주장한다. 현대의 컴퓨터 역시, 용량이 크고 속도가 빠를 뿐 결국 복잡한 알고리즘을 아주 간단한 단위로 분해해서 수행하는 것이다. 이런 면에서 튜링 기계는 현대 컴퓨터 발명의 기본적인 착상을 제공하는 데 크게 ⓔ 공헌한 것으로 평가받고 있다.

070

윗글에서 답을 찾을 수 있는 질문에 해당하지 <u>않는</u> 것은?

① 튜링 기계가 등장하게 된 배경은 무엇인가?
② 튜링 기계의 작동규칙을 표시하는 형식은 무엇인가?
③ 보편 튜링 기계와 현대 컴퓨터의 공통점은 무엇인가?
④ 튜링 기계가 작동되기 위해 필요한 조건들은 무엇인가?
⑤ 보편 튜링 기계가 처리하지 못하는 알고리즘의 종류는 무엇인가?

071

㉠~ⓒ을 이해한 내용으로 가장 적절한 것은?

① ㉠의 길이를 무한으로 가정한 것은 튜링 기계가 가상의 장치라는 것을 보여 주는 것이겠군.
② ⓒ이 한 번에 판독할 수 있는 기호의 개수는 항상 동일하게 유지되겠군.
③ ㉠의 시작 모습은 ⓛ의 위치 변경을 지시하는 기호에 따라 결정되겠군.
④ ⓛ의 시작 위치가 정해지는 것은 ⓒ이 나타내는 튜링 기계의 상태와 관련이 있겠군.
⑤ ⓒ에 임의의 기호가 사용된다는 것은 ㉠에 기록된 기호의 종류가 항상 달라진다는 것을 의미하는 것이겠군.

※ 윗글과 다음을 참고하여 072번과 073번 두 물음에 답하시오.

[1진법의 덧셈을 하는 튜링 기계의 알고리즘]
㉮ (X, 1, P1, R, X) ; ㉯ (X, □, P1, R, Y) ; ㉰ (Y, 1, P1, R, Y) ;
㉱ (Y, □, P□, L, Z) ; ㉲ (Z, 1, P□, N, Z)

[1진법의 덧셈을 하는 튜링 기계의 시작 모습]
아래는 1진법의 덧셈을 하는 튜링 기계의 시작 모습을 도식화한 것이다. 튜링 기계의 시작 상태는 X이며, 헤드의 시작 위치는 화살표의 위치이다. 테이프에는 1진법에서 2를 의미하는 '11'과 3을 의미하는 '111'이 기록되어 있으며, '11'과 '111'을 구분하기 위해 사이에 빈칸이 하나 삽입되어 있다.

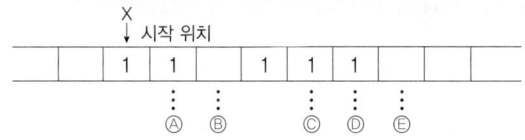

072

윗글을 바탕으로 ㉮~㉲에 대해 이해한 내용으로 적절한 것은?

① ㉮는 튜링 기계의 현재 상태와 다음 상태가 다르게 지정되어 있다.
② ㉲는 튜링 기계의 헤드가 읽는 기호와 기록할 기호가 동일하게 지정되어 있다.
③ ㉮와 ㉯는 튜링 기계의 헤드가 읽는 기호가 동일하게 지정되어 있다.
④ ㉯와 ㉲는 튜링 기계의 헤드가 기록할 기호가 다르게 지정되어 있다.
⑤ ㉰와 ㉱는 튜링 기계의 헤드가 이동할 방향이 동일하게 지정되어 있다.

073

윗글과 [1진법의 덧셈을 하는 튜링 기계의 시작 모습]을 바탕으로 Ⓐ~Ⓔ에 대해 이해한 내용으로 적절하지 <u>않은</u> 것은? `3점`

① Ⓐ에서 튜링 기계의 상태가 X일 때, ㉮에 따라 헤드는 오른쪽으로 한 칸 이동하고 기계는 상태를 유지하게 되겠군.

② Ⓑ에서 튜링 기계의 상태가 X일 때, ㉯에 따라 헤드는 빈칸에 1을 기록하고 기계는 상태를 바꾸게 되겠군.

③ Ⓒ에서 튜링 기계의 상태가 Y일 때, ㉰에 따라 헤드는 오른쪽으로 한 칸 이동하고 기계는 상태를 유지하게 되겠군.

④ Ⓓ에서 튜링 기계의 상태가 Z일 때, ㉱에 따라 헤드는 테이프에 기록된 1을 지우고 기계는 상태를 바꾸게 되겠군.

⑤ Ⓔ에서 튜링 기계의 상태가 Y일 때, ㉲에 따라 헤드는 왼쪽으로 한 칸 이동하고 기계는 상태를 바꾸게 되겠군.

074

문맥상 ⓐ~ⓔ와 바꾸어 쓰기에 적절하지 <u>않은</u> 것은?

① ⓐ : 생각해 내게

② ⓑ : 이루어진다

③ ⓒ : 짜느냐에

④ ⓓ : 퍼뜨려서

⑤ ⓔ : 이바지한

[075~079] 2022년 3월 학평 26번~30번 정답과 해설편 p.215

다음 글을 읽고 물음에 답하시오. 5문항을 14분 안에 풀어보세요. 14분

컴퓨터 네트워크에서 데이터가 전송될 때 수신된 데이터에 오류가 있는 경우가 있다. 오류를 검출하기 위해 송신기는 오류 검출 부호를 포함한 데이터를 전송하고 수신기는 수신한 데이터를 검사하여 오류가 있으면 재전송을 요청한다.

수신한 데이터에 오류가 있는지 검출하는 가장 간단한 방식은 ㉠ 패리티 검사이다. 이 방식은 전송할 데이터에 패리티 비트라는 오류 검출 부호를 추가하는 방법으로, 패리티 비트를 추가하여 데이터의 1의 개수를 짝수나 홀수로 만든다. 1의 개수를 짝수로 만드는 방식을 짝수 패리티, 홀수로 만드는 방식을 홀수 패리티라고 하고 송·수신기는 모두 같은 방식을 사용해야 한다. 예를 들어 짝수 패리티를 사용한다면 송신기는 항상 데이터의 1의 개수를 짝수로 만들어서 전송하지만 만일 수신한 데이터의 1의 개수가 홀수가 되면 수신기는 오류가 발생했다고 판단하는 것이다. 하지만 패리티 검사는 ㉮ 수신한 데이터에서 짝수 개의 비트에 오류가 동시에 있으면 이를 검출하기 어렵다. 또한 오류의 발생 여부를 검출할 수 있을 뿐 데이터 내 오류의 위치는 알아낼 수 없다.

전송할 데이터를 2차원 배열로 구성해서 패리티 비트를 생성하면 오류의 발생 여부뿐만 아니라 오류의 위치도 알아낼 수 있다. 예를 들어 송신기가 1100011 1111111을 전송한다고 하자. 송신기는 이를 $\begin{matrix} 1100011 \\ 1111111 \end{matrix}$ 과 같이 2차원 배열로 구성하고 가로 방향인 모든 행과 세로 방향인 모든 열에 패리티 비트를 생성한 후 이를 포함한 데이터를 전송한다. 수신기는 수신한 데이터의 각각의 행과 열의 1의 개수를 세어 오류를 검사한다. 만약 어떤 비트에 오류가 발생하면 그 비트가 포함된 행과 열에서 모두 오류가 검출된다. 따라서 오류가 발생한 위치를 알 수 있다. 다만 동일한 행 또는 열에서 짝수 개의 오류가 발생하면 오류가 발생한 정확한 위치를 알 수 없다.

㉡ CRC 방식은 미리 선택된 생성 부호를 사용해서 오류 검출 부호를 생성하는 방식이다. 전송할 데이터를 생성 부호로 나누어서 오류 검출 부호를 생성하는 데 모듈로-2 연산을 활용한다. 모듈로-2 연산은 자릿수가 제한된 상태에서 나머지를 구하는 연산으로 해당 자릿수의 비트 값이 같으면 0, 다르면 1이 된다.

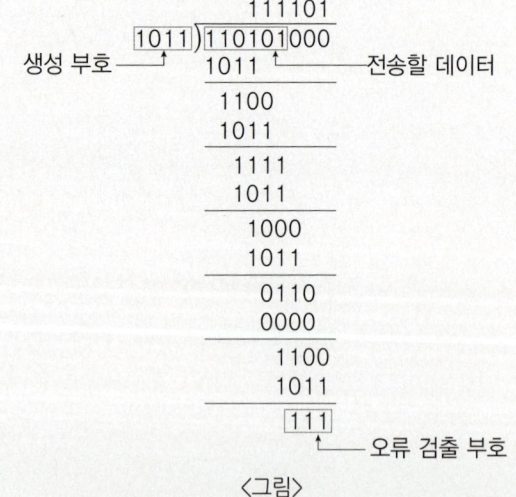

〈그림〉

〈그림〉과 같이 생성 부호가 1011이고 전송할 데이터가 110101인 경우를 보자. 전송할 데이터는 오류 검출 부호를 추가해야 하기 때문에 그만큼의 비트가 더 필요하다. 송신기는 전송할 데이터의 오른쪽 끝에 생성 부호의 비트 수보다 하나 작은 비트 수만큼 0을 추가한 후 이를 생성 부호로 나누고 그 나머지가 오류 검출 부호가 된다. 송신기는 오류 검출 부호를 포함한 데이터 ⓒ 110101111만을 전송하고 수신기는 수신한 데이터를 송신기와 동일한 생성 부호로 나눈다. 수신한 데이터는 전송할 데이터에 나머지를 추가했으므로 오류가 없다면 생성 부호로 나누었을 때 나머지가 0이 된다. 이때 나머지가 0이 아니면 수신한 데이터에 오류가 있다고 판단한다. CRC 방식은 복잡하지만 여러 개의 오류가 동시에 생겨도 이를 검출할 수 있어서 오류 검출 확률이 높다.

075

윗글에서 알 수 있는 내용으로 적절하지 않은 것은?

① CRC 방식은 모듈로-2 연산을 사용해서 생성 부호를 만들어 낸다.
② 패리티 검사에서 송신기와 수신기는 동일한 패리티 방식을 사용해야 한다.
③ CRC 방식에서 생성 부호의 비트 수는 오류 검출 부호의 비트 수보다 하나가 더 많다.
④ 짝수 패리티는 패리티 비트를 포함한 데이터의 1의 개수가 짝수인지 여부를 검사한다.
⑤ CRC 방식은 여러 개의 오류가 동시에 생겨도 검출할 수 있어서 오류 검출 확률이 높다.

076

㉠과 ㉡에 대해 이해한 내용으로 적절하지 않은 것은?

① ㉠은 ㉡과 달리 데이터에 포함된 1의 개수가 짝수나 홀수가 되도록 오류 검출 부호를 생성한다.
② ㉡은 ㉠과 달리 데이터의 오류를 검출하기 위해 송신기와 수신기 모두에서 오류 검사를 해야 한다.
③ ㉠과 ㉡은 모두, 수신한 데이터의 오류 발생 여부를 수신기가 판단한다.
④ ㉠과 ㉡은 모두, 데이터를 전송하기 전에 오류 검출 부호를 생성해야 한다.
⑤ ㉠과 ㉡은 모두, 전송할 데이터가 같더라도 오류 검출 부호는 다를 수 있다.

077

㉮의 이유로 가장 적절한 것은?

① 송신기가 패리티 비트를 생성하는 것이 불가능하기 때문에
② 전송되는 데이터에 포함된 1의 개수가 항상 홀수로 나타나기 때문에
③ 전송되는 데이터에 포함된 1의 개수가 항상 짝수로 나타나기 때문에
④ 오류가 발생했을 때 전송되는 패리티 비트의 크기가 늘어나기 때문에
⑤ 수신한 데이터가 정상일 때와 수신한 데이터에 오류가 있을 때의 패리티 비트가 동일하기 때문에

078

윗글을 바탕으로 〈보기〉를 설명한 내용으로 적절하지 <u>않은</u> 것은?

3점

| 보기 |

　송신기는 오류 검출 방식으로 홀수 패리티를 활용하기로 하였다. 수신기는 수신한 데이터에 오류가 있다고 다음과 같이 판단하였다.

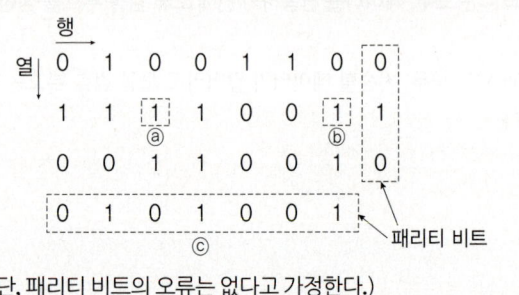

(단, 패리티 비트의 오류는 없다고 가정한다.)

① 첫 번째 행은 패리티 비트를 포함한 데이터의 1의 개수가 홀수이므로 오류가 없다고 판단했을 것이다.

② 여섯 번째 열은 패리티 비트를 포함한 데이터의 1의 개수가 홀수이므로 오류가 없다고 판단했을 것이다.

③ ⓐ가 포함된 행과 열의 패리티 비트를 포함한 데이터의 1의 개수가 각각 짝수이므로 수신기는 ⓐ를 오류라고 판단했을 것이다.

④ 수신한 데이터에서 ⓑ도 0으로 바뀌어서 수신되었다면 데이터의 오류 발생 여부를 검출할 수 없었을 것이다.

⑤ 짝수 패리티를 활용했다면 송신기는 ⓒ를 1010110으로 생성했을 것이다.

079

〈보기〉는 수신기가 ⓒ의 오류를 검사한 연산이다. 윗글을 바탕으로 〈보기〉를 이해한 내용으로 적절하지 <u>않은</u> 것은?

| 보기 |

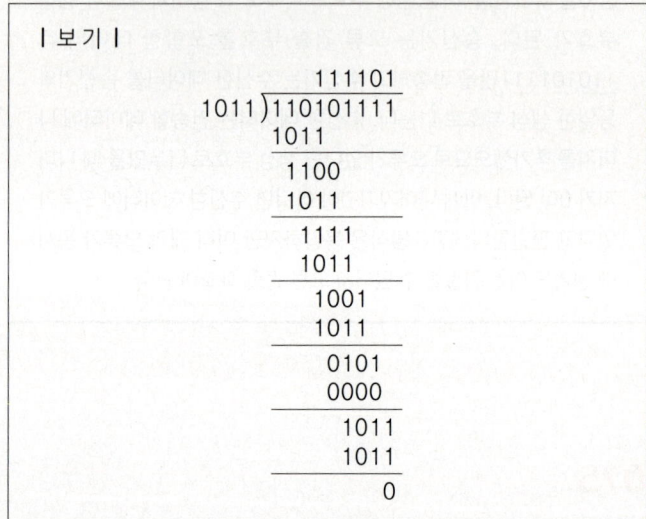

① 수신기는 송신기와 동일한 생성 부호인 '1011'을 사용하여 모듈로-2 연산을 하였군.

② 수신기가 수신한 데이터의 오른쪽 끝에 있는 '111'은 송신기에서 생성한 오류 검출 부호이군.

③ 수신기가 모듈로-2 연산을 할 때는 수신한 데이터에 생성 부호보다 하나 작은 비트 수만큼의 0을 추가하지 않았군.

④ 수신기가 연산한 몫인 '111101'이 송신기가 전송한 데이터와 동일하기 때문에 수신기는 오류가 없다고 판단했겠군.

⑤ 수신기가 연산한 결과의 나머지가 0이 아니었다면 수신기는 송신기에 재전송을 요청했겠군.

[080~084]
2019년 3월 학평 34번~38번 정답과 해설편 p.219

다음 글을 읽고 물음에 답하시오. 5문항을 11분 안에 풀어보세요. **11분**

우리는 내비게이션을 통해 목적지까지의 경로를 ⓐ 탐색하거나 스마트폰을 이용해 자신이 현재 있는 위치를 확인할 수 있다. 이는 GPS(Global Positioning System)로 인해 가능한 것이다. 그렇다면 GPS는 어떻게 현재 위치를 파악하는 것일까?

GPS는 크게 GPS 위성과 GPS 수신기 등으로 구성된다. 현재 지구를 도는 약 30개의 GPS 위성은 일정한 속력으로 정해진 궤도를 돌면서, 자신의 위치 정보 및 시각 정보를 담은 신호를 지구로 송신한다. 이 신호를 받은 수신기는 위성에서 신호를 보낸 시각과 자신이 신호를 받은 시각의 차이를 근거로, 위성 신호가 수신기까지 이동하는 데 걸린 시간을 계산하여 위성과 수신기 사이의 거리를 구한다. 위성이 보낸 신호는 빛의 속력으로 이동하므로, 신호가 이동하는 데 걸린 시간(t)에 빛의 속력(c)을 곱하면 위성과 수신기 사이의 거리(r)를 구할 수 있다. 이를 식으로 ⓑ 표시하면 '$r = t \times c$'이다.

그런데 GPS가 현재 위치를 정확하게 파악하기 위해서는 상대성 이론을 고려해야 한다. 상대성 이론에 따르면 대상이 빠르게 움직일수록 시간은 느리게 흐르고, 대상에 미치는 중력이 약해질수록 시간은 빠르게 흐른다. 실제로 위성은 지구의 자전 속력보다 빠르게 지구 주변을 돌고 있기 때문에 지표면에 비해 시간이 느리게 흘러, 위성의 시간은 하루에 약 7.2 ㎲*씩 느려지게 된다. 또한 위성은 약 20,000 km 이상의 상공에 있기 때문에 중력이 지표면보다 약하게 작용해 지표면에 비해 시간이 하루에 약 45.8 ㎲씩 빨라지게 된다. 그 결과 ㉠ GPS 위성에 있는 원자시계의 시간은 지표면의 시간에 비해 매일 약 38.6 ㎲씩 빨라진다. 이러한 차이는 하루에 약 11 km의 오차를 발생시킨다. 이를 방지하기 위해 GPS는 위성에 ⓒ 탑재된 원자시계의 시간을 지표면의 시간과 일치하도록 조정하여 위성과 수신기 사이의 거리를 정확하게 구하게 된다.

이렇게 계산된 거리는 수신기가 자신의 위치를 파악하는 데 사용되는데, 이를 이해하기 위해서는 삼변 측량법을 알아야 한다. 삼변 측량법은 세 기준점 A, B, C의 위치와, 각 기준점에서 대상 P까지의 거리를 이용하여 P의 위치를 측정하는 방법이다.

가령, <그림>과 같이 평면상의 A(0, 0)에서 거리가 5만큼 떨어진 지점에, B(4, 0)에서 거리가 3만큼 떨어진 지점에, C(0, 3)에서 거리가 4만큼 떨어진 지점에 P(x, y)가 있다고 하자. 평면상의 한 점에서 같은 거리에 있는 점을 모두 ⓓ 연결하면 원이 된다. 그러

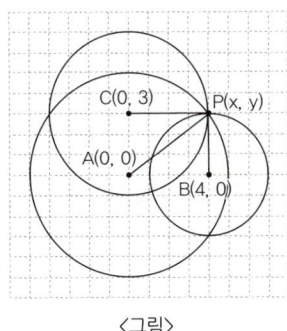

<그림>

므로 A를 중심으로 반지름이 5인 원, B를 중심으로 반지름이 3인 원, C를 중심으로 반지름이 4인 원을 그리면 세 원이 교차하는 지점이 하나 생기는데, 이 지점이 바로 P(4, 3)의 위치가 된다. 이때 세 개의 점 A, B, C를 GPS 위성으로 본다면 이들의 좌푯값은 위성의 위치 정보이고, P의 좌푯값은 GPS 수신기의 위치 정보에 해당한다고 할 수 있다.

그러나 실제 공간은 2차원 평면이 아닌 3차원 입체이기 때문에 GPS 위성으로부터 ⓔ 동일한 거리에 있는 점들은 원이 아니라 구(球)의 형태로 나타난다. 그 결과 세 개의 GPS 위성을 중심으로 하는 세 개의 구가 겹치는 지점은 일반적으로 두 군데가 된다. 하지만 이 중 한 지점은 지구 표면 가까이에 위치하게 되고, 나머지 한 지점은 우주 공간에 위치하게 된다. GPS 수신기는 이 두 교점 중 지구 표면 가까이에 있는 지점을 자신의 현재 위치로 파악하게 된다.

* ㎲(마이크로초) : 1초의 100만분의 1

080

윗글의 내용 전개 방식으로 가장 적절한 것은?

① GPS에 적용된 원리를 구체적으로 설명하고 있다.
② GPS의 발전 과정을 시간의 순서로 제시하고 있다.
③ GPS를 다른 대상과 비교하며 장단점을 설명하고 있다.
④ GPS의 다양한 종류를 일정 기준에 따라 분류하고 있다.
⑤ GPS의 유용성을 설명하며 앞으로의 전망을 제시하고 있다.

DAY
24

III

과학, 기술

081

윗글에서 알 수 있는 내용으로 적절하지 않은 것은?

① GPS 위성은 약 20,000 km 이상의 상공에서 일정한 속력으로 정해진 궤도를 돈다.

② GPS를 이용하면 스마트폰이나 내비게이션으로 현재의 위치 정보를 확인할 수 있다.

③ GPS 수신기는 GPS 위성에 보낸 신호를 바탕으로 자신의 위치 정보를 계산한다.

④ GPS 위성과 GPS 수신기 간의 거리를 빛의 속력으로 나누면 위성의 신호가 수신기에 도달하는 데 걸린 시간이 된다.

⑤ 삼변 측량법이란 기준점의 위치 및 대상과 기준점 사이의 거리를 이용하여 대상의 위치를 파악하는 방법이다.

082

문맥을 고려할 때, ㉠의 이유로 가장 적절한 것은?

① GPS 위성에는 지구의 중력이 지표면에 비해 강하게 작용하기 때문이다.

② GPS 위성이 지구를 도는 속력이 지구가 자전하는 속력보다 느리기 때문이다.

③ GPS 위성이 지구를 도는 방향과 지구가 자전을 하는 방향이 동일하기 때문이다.

④ GPS 수신기가 GPS 위성의 신호를 받는 과정에서 시간의 차이가 생기기 때문이다.

⑤ GPS 위성의 이동 속력으로 인한 시간의 변화보다 중력으로 인한 시간의 변화가 더 크기 때문이다.

083

윗글을 바탕으로 〈보기〉에 대해 이해한 내용으로 적절하지 않은 것은? 3점

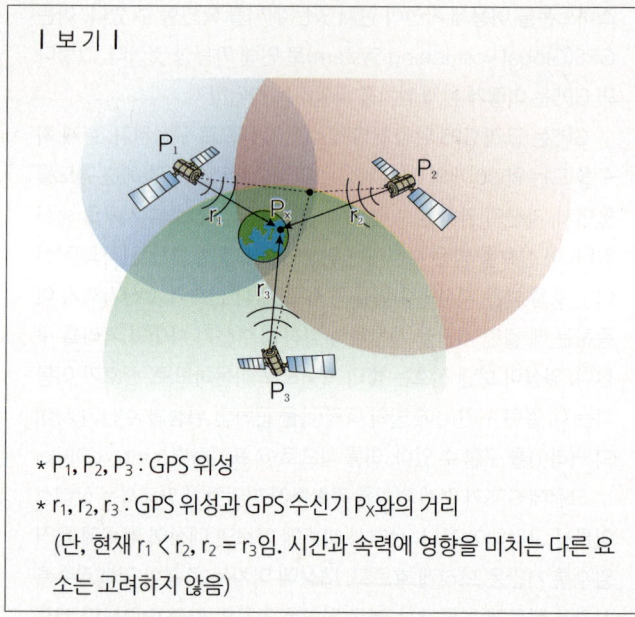

| 보기 |

* P_1, P_2, P_3 : GPS 위성
* r_1, r_2, r_3 : GPS 위성과 GPS 수신기 P_X와의 거리
  (단, 현재 $r_1 < r_2$, $r_2 = r_3$임. 시간과 속력에 영향을 미치는 다른 요소는 고려하지 않음)

① $P_1 \sim P_3$가 송신하는 신호에는 위성의 위치 정보와 위성이 신호를 보낸 시각 정보가 담겨 있다.

② $P_1 \sim P_3$의 위치 정보가 달라져도 $r_1 \sim r_3$의 값이 변하지 않으면, 각각의 위성이 보낸 신호가 P_X에 도달하는 데 걸리는 시간은 달라지지 않는다.

③ P_1에서 보낸 신호가 P_X에 도달하는 데 걸린 시간이 실제보다 짧게 계산되면, r_1의 값은 실제보다 작게 계산된다.

④ P_1이 송신한 신호가 P_X에 도달할 때까지 걸린 시간은 P_2가 송신한 신호가 P_X에 도달할 때까지 걸린 시간보다 길다.

⑤ $r_1 \sim r_3$를 반지름으로 하는 구의 교점 중 지표면에 가까운 교점이 P_X의 현재 위치이다.

084

문맥상 ⓐ~ⓔ와 바꾸어 쓸 수 있는 말로 적절하지 않은 것은?

① ⓐ : 찾거나

② ⓑ : 나타내면

③ ⓒ : 태운

④ ⓓ : 이으면

⑤ ⓔ : 같은

III 과학, 기술 5. 생활 속 기술 이야기

[085~088]　　2024년 10월 학평 27번~30번　정답과 해설편 p.223

다음 글을 읽고 물음에 답하시오.

4문항을 12분 안에 풀어보세요.

12분

구조물은 부재를 바탕으로 구성되는데, 외부에서 작용하는 힘인 하중을 받는다. 구조물은 하중에 의해 파손되어 영구적으로 변형될 수 있으므로, 구조물을 설계할 때는 부재에 가해질 하중과 부재의 허용하중을 계산해야 한다. 허용하중은 구조물의 안전을 위해 부재에 허용되는 하중의 최댓값인데, 구조물의 안전을 위해서는 부재에 가해질 하중보다 부재의 허용하중을 더 크게 설계해야 한다.

하중에는 부재의 단면에 수직 방향으로 작용하는 수직하중이 있다. 수직하중은 부재를 수축시키는 방향으로 작용하는 힘과 부재를 늘리는 방향으로 작용하는 힘을 말하며, 이를 각각 압축하중과 인장하중이라고 한다. 일반적으로 부재는 압축하중보다 인장하중에 더 취약한 경우가 많다. 따라서 구조물을 설계할 때 인장하중에 대한 허용하중은 중요한 요소로 다뤄진다. 인장하중에 대한 허용하중을 계산하기 위해서는 부재의 단면에 작용하는 허용응력을 먼저 계산해야 한다. 응력은 하중에 의해 부재의 단면에 나타나는 힘으로, 하중을 단면의 면적으로 나누어 구한다. 허용응력은 부재의 안전을 위해 부재에 허용되는 응력의 최댓값으로, 인장하중에 대한 허용응력을 구할 때는 부재를 구성하는 재료의 다양한 물리적 성질을 파악해야 한다. 이를 위해 인장 시험을 시행한다. 인장 시험은 시편*에 가하는 인장하중을 일정 크기만큼 점진적으로 늘리는 방식으로 진행하는데, 인장하중의 변화에 따라 시편의 늘어난 길이를 측정한다.

구조물에 널리 사용되는 금속인 연강을 대상으로 인장 시험 을 한다고 해 보자. 시편에 인장하중이 점진적으로 가해지면 시편의 단면에는 인장하중에 의한 응력이 나타나고, 시편의 최초 길이에 대해 늘어난 길이의 비율인 변형률을 구할 수 있다. 연강의 응력과 변형률의 관계에서는 크게 탄성 구간, 소성변형 구간, 변형경화 구간, 네킹 구간이 나타나는 것이 일반적이다. 먼저 탄성 구간에서는 인장하중을 점진적으로 증가시킬 때 응력이 증가함에 따라 시편의 변형률이 증가하며, 응력과 시편의 변형률은 비례 관계이다. 이 구간은 재료의 탄성이 작용하는 구간이므로, 만약 이 구간에서 시편에 가해진 인장하중을 제거한다고 가정하면, 시편은 탄성에 의해 원래의 길이로 되돌아가게 된다. 탄성의 정도는 탄성계수로 나타낸다. 탄성계수는 재료마다 다른 고유한 값으로 탄성계수가 작은 재료일수록 탄성이 크다. 이후 탄성 구간을 넘어서는 인장하중이 가해지면 소성변형 구간이 시작된다. 소성변형 구간이 시작되는 지점에서 시편은 탄성을 잃는다. 이는 소성변형 구간에서 시편의 결정 구조 및 원자의 결합 상태에 변형이 일어나, 시편에 영구적인 변형이 생겼음을 의미한다. 소성변형 구간이 시작되는 지점의 응력을 항복응력이라고 하며, 소성변형 구간에서는 시편의 변형률이 급격하게 증가한다. 소성변형 구간이 끝나면 변형경화 구간이 나타난다. 이 구간에서는 응력이 증가함에 따라 시편의 변형률이 증가하

고, 응력이 계속 증가하여 극한응력을 넘으면 네킹 구간에 진입한다. 네킹 구간에서는 시편의 변형률이 계속 증가하다가 시편이 완전히 끊어지는 파단 현상이 발생한다.

이처럼 연강의 인장 시험에서는 네 개의 구간과 항복응력 및 극한응력이 뚜렷하게 나타난다. 이는 인장하중이 가해졌을 때, 연강이 가늘고 길게 늘어나는 성질을 가진 재료인 연성 재료이기 때문이다. 반면에, 취성 재료는 가늘고 길게 늘어나는 성질이 거의 없어, 탄성 구간을 넘어서는 인장하중이 가해졌을 때 거의 늘어나지 않고 끊어지는 재료이다. 취성 재료는 항복응력과 소성변형 구간이 뚜렷하지 않고 대체로 극한응력이 뚜렷하다. 유리는 대표적인 취성 재료로, 연성이 거의 없어서 탄성 구간을 넘어서는 인장하중이 가해졌을 때 거의 늘어나지 않고 파단되어 영구적 변형이 일어난다.

부재가 하중에 의해 파손되어 영구적으로 변형되는 것을 예방하기 위해, 재료의 특성에 따라 먼저 허용응력을 산출해야 한다. 일반적으로 연성 재료는 항복응력을, 취성 재료는 극한응력을 각각 안전계수로 나누어 허용응력을 구한다. 이때 안전계수는 부재가 하중에 의해 파손되어 영구적으로 변형되지 않도록 하는 역할을 한다. 안전계수는 허용응력을 항복응력이나 극한응력보다 낮추기 위해 1을 초과하는 값으로 결정되며 ㉠ 안전계수가 클수록 허용응력은 낮아진다. 허용응력을 구한 후에는 허용응력에 부재의 단면의 면적을 곱하여 허용하중을 산출할 수 있다. 이는 부재의 단면의 면적에 따라 허용하중이 달라질 수 있음을 의미한다.

* 시편 : 역학적 시험을 하기 위하여 만든 일정한 형상과 치수의 재료

085

윗글을 이해한 내용으로 적절하지 않은 것은?

① 유리는 탄성 구간을 넘어서는 인장하중이 가해졌을 때 거의 늘어나지 않는다.

② 구조물을 설계할 때는 부재에 가해질 하중과 허용하중을 계산할 필요가 있다.

③ 탄성계수는 재료마다 다른 고유한 값이며, 탄성계수가 작은 재료일수록 탄성이 크다.

④ 수직하중은 부재의 단면에 수직 방향으로 작용하는 힘으로, 압축하중과 인장하중으로 구분된다.

⑤ 부재는 인장하중보다 압축하중에 취약한 경우가 많으므로 인장하중은 구조물 설계 시 중요하게 고려되는 요소이다.

086

<보기>는 인장 시험 에 대해 학생이 정리한 내용이다. ⓐ~ⓔ에 들어갈 내용으로 적절하지 <u>않은</u> 것은?

| 보기 |

○ 시험 대상 : 구조물에 널리 사용되는 금속인 연강

○ 시험 목적 : [ⓐ   ]

○ 시험 내용 정리 : 인장하중의 변화에 따른 연강의 응력과 변형률의 관계를 바탕으로 네 개의 구간을 나눌 수 있으며, 구간별 특징을 정리하면 다음과 같다.

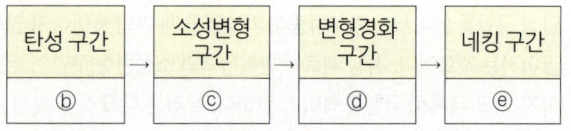

① ⓐ : 연강의 다양한 물리적 성질을 파악한다.
② ⓑ : 연강 시편에 가해진 인장하중을 제거한다면 시편의 길이가 원래의 길이로 되돌아가게 된다.
③ ⓒ : 연강 시편이 탄성을 잃으며 시편의 변형률은 급격하게 증가한다.
④ ⓓ : 응력이 증가하여 연강 시편에 파단 현상이 발생한다.
⑤ ⓔ : 연강 시편의 변형률이 계속 증가하다가 시편이 완전히 끊어진다.

087

㉠의 이유로 가장 적절한 것은?

① 안전계수가 항복응력이나 극한응력보다 커야 하기 때문이다.
② 항복응력이나 극한응력이 커질수록 안전계수는 작아지기 때문이다.
③ 허용응력은 항복응력이나 극한응력을 안전계수로 나눈 값이기 때문이다.
④ 항복응력이나 극한응력에 따라 안전계수를 다르게 계산할 수 있기 때문이다.
⑤ 허용응력과 항복응력을 안전계수로 나눈 값이 극한응력과 비례하기 때문이다.

088

<보기>는 윗글의 내용을 이해하기 위한 학습 자료의 일부이다. 학생의 반응으로 적절하지 <u>않은</u> 것은? `3점`

| 보기 |

항복응력이 140 MPa*, 극한응력이 150 MPa인 연성 재료 A와 항복응력이 뚜렷하지 않고 극한응력이 100 MPa인 취성 재료 B가 있다. 갑은 부재 ㄱ의 제작에 재료 A를, 부재 ㄴ의 제작에 재료 B를 사용하는 설계 시안을 다음과 같이 구성하였다. 이때 현재 시점에서 ㄱ, ㄴ에 가해질 것으로 예상되는 인장하중은 300 N이며, ㄱ, ㄴ의 허용응력 계산에는 안전계수 2를 사용한다.
(단, A, B는 ㄱ, ㄴ의 제작에 모두 사용 가능하며, ㄱ, ㄴ은 각각 단일 재료로 제작한다. 다른 상황은 고려하지 않는다.)

부재	허용응력(MPa)	단면의 면적(mm²)	허용하중(N)
ㄱ	70	10	700
ㄴ	50	5	250

* MPa : 응력의 단위

① ㄱ은 ㄴ보다 부재에 허용되는 하중의 최댓값이 크게 설계되어 있군.
② ㄱ과 ㄴ의 허용응력을 구하기 위해 A는 항복응력을, B는 극한응력을 안전계수로 나누었군.
③ ㄱ은 예상되는 인장하중에 의한 응력이 A의 항복응력보다 작으므로, ㄱ의 결정 구조 및 원자의 결합 상태에 변형이 생기지 않겠군.
④ ㄴ은 단면의 면적을 변경하지 않고 재료를 A로 교체하면, 허용하중이 인장하중보다 작아지므로 안전을 담보할 수 없겠군.
⑤ ㄱ과 ㄴ에 가해질 인장하중이 예상보다 2배로 커질 경우, ㄱ은 ㄴ과 달리 단면의 면적을 늘리지 않더라도 영구적 변형이 일어나지 않겠군.

[089~094] 고3 | 2017학년도 9월 모평 25번~30번 정답과 해설편 p.225

다음 글을 읽고 물음에 답하시오.

6문항을 10분 안에 풀어보세요. 10분

'콘크리트'는 건축 재료로 다양하게 사용되고 있다. 일반적으로 콘크리트가 근대 기술의 ㉠산물로 알려져 있지만 콘크리트는 이미 고대 로마 시대에도 사용되었다. 로마 시대의 탁월한 건축미를 보여 주는 판테온은 콘크리트 구조물인데, 반구형의 지붕인 돔은 오직 콘크리트로만 이루어져 있다. 로마인들은 콘크리트의 골재 배합을 달리하면서 돔의 상부로 갈수록 두께를 점점 줄여 지붕을 가볍게 할 수 있었다. 돔 지붕이 지름 45 m 남짓의 넓은 원형 내부 공간과 이어지도록 하였고, 지붕의 중앙에는 지름 9 m가 넘는 ㉡원형의 천창을 내어 빛이 내부 공간을 채울 수 있도록 하였다.

콘크리트는 시멘트에 모래와 자갈 등의 골재를 섞어 물로 반죽한 혼합물이다. 콘크리트에서 결합재 역할을 하는 시멘트가 물과 만나면 ㉢점성을 띠는 상태가 되며, 시간이 지남에 따라 수화 반응이 일어나 골재, 물, 시멘트가 결합하면서 굳어진다. 콘크리트의 수화 반응은 상온에서 일어나기 때문에 작업하기에도 좋다. 반죽 상태의 콘크리트를 거푸집에 부어 경화시키면 다양한 형태와 크기의 구조물을 만들 수 있다. 콘크리트의 골재는 종류에 따라 강도와 밀도가 다양하므로 골재의 종류와 비율을 조절하여 콘크리트의 강도와 밀도를 다양하게 변화시킬 수 있다. 그리고 골재들 간의 접촉을 높여야 강도가 높아지기 때문에, 서로 다른 크기의 골재를 배합하는 것이 효과적이다.

콘크리트가 철근 콘크리트로 발전함에 따라 건축은 구조적으로 더욱 견고해지고, 형태 면에서는 더욱 다양하고 자유로운 표현이 가능해졌다. 일반적으로 콘크리트는 누르는 힘인 압축력에는 쉽게 부서지지 않지만 당기는 힘인 인장력에는 쉽게 부서진다. 압축력이나 인장력에 재료가 부서지지 않고 그 힘에 견딜 수 있는, 단위 면적당 최내의 힘을 각각 압축 강도와 인장 강도라 한다. 콘크리트의 압축 강도는 인장 강도보다 10 배 이상 높다. 또한 압축력을 가했을 때 최대한 줄어드는 길이는 인장력을 가했을 때 최대한 늘어나는 길이보다 훨씬 길다. 그런데 철근이나 철골과 같은 철재는 인장력과 압축력에 의한 변형 정도가 콘크리트보다 작은 데다가 압축 강도와 인장 강도 모두가 콘크리트보다 높다. 특히 인장 강도는 월등히 더 높다. 따라서 보강재로 철근을 콘크리트에 넣어 대부분의 인장력을 철근이 받도록 하면 인장력에 취약한 콘크리트의 단점이 크게 보완된다. 다만 철근은 무겁고 비싸기 때문에, 대개는 인장력을 많이 받는 부분을 정확히 계산하여 그 지점을 ㉣위주로 철근을 보강한다. 또한 가해진 힘의 방향에 수직인 방향으로 재료가 변형되는 점도 고려해야 하는데, 이때 필요한 것이 포아송 비이다. 철재는 콘크리트보다 포아송 비가 크며, 대체로 철재의 포아송 비는 0.3, 콘크리트는 0.15 정도이다.

강도가 높고 지지력이 좋아진 철근 콘크리트를 건축 재료로 사용하면서, 대형 공간을 축조하고 기둥의 간격도 넓힐 수 있게 되었다. 20 세기에 들어서면서부터 근대 건축에서 철근 콘크리트는 예술적 ㉤영감을 줄 수 있는 재료로 인식되기 시작하였다. 기술이 예술의 가장 중요한 근원이라는 신념을 가졌던 르 코르뷔지에는 철근 콘크리트 구조의 장점을 사보아 주택에서 완벽히 구현하였다. 사보아 주택은, 벽이 건물의 무게를 지탱하는 구조로 설계된 건축물과는 달리 기둥만으로 건물 본체의 하중을 지탱하도록 설계되어 건물이 공중에 떠 있는 듯한 느낌을 준다. 2 층 거실을 둘러싼 벽에는 수평으로 긴 창이 나 있고, 건축가가 '건축적 산책로'라고 이름 붙인 경사로는 지상의 출입구에서 2 층의 주거 공간으로 이어지다가 다시 테라스로 나와 지붕까지 연결된다. 목욕실 지붕에 설치된 작은 천창을 통해 하늘을 바라보면 이 주택이 자신을 중심으로 펼쳐진 또 다른 소우주임을 느낄 수 있다. 평평하고 넓은 지붕에는 정원이 조성되어, 여기서 산책하다 보면 대지를 바다 삼아 항해하는 기선의 갑판에 서 있는 듯하다.

철근 콘크리트는 근대 이후 가장 중요한 건축 재료로 널리 사용되어 왔지만 철근 콘크리트의 인장 강도를 높이려는 연구가 계속되어 프리스트레스트 콘크리트가 등장하였다. 프리스트레스트 콘크리트는 다음과 같이 제작된다. 먼저, 거푸집에 철근을 넣고 철근을 당긴 상태에서 콘크리트 반죽을 붓는다. 콘크리트가 굳은 뒤에 당기는 힘을 제거하면, 철근이 줄어들면서 콘크리트에 압축력이 작용하여 외부의 인장력에 대한 저항성이 높아진 프리스트레스트 콘크리트가 만들어진다. 킴벨 미술관은 개방감을 주기 위하여 기둥 사이를 30 m 이상 벌리고 내부의 전시 공간을 하나의 층으로 만들었다. 이 간격은 프리스트레스트 콘크리트 구조를 활용하였기에 구현할 수 있었고, 일반적인 철근 콘크리트로는 구현하기 어려웠다. 이 구조로 이루어진 긴 지붕의 틈새로 들어오는 빛이 넓은 실내를 환하게 채우며 철근 콘크리트로 이루어진 내부를 대리석처럼 빛나게 한다.

이처럼 건축 재료에 대한 기술적 탐구는 언제나 새로운 건축 미학의 원동력이 되어 왔다. 특히 근대 이후에는 급격한 기술의 발전으로 혁신적인 건축 작품들이 탄생할 수 있었다. 건축 재료와 건축 미학의 유기적인 관계는 앞으로도 지속될 것이다.

089

윗글에 대한 설명으로 가장 적절한 것은?

① 건축 재료의 특성과 발전을 서술하면서 각 건축물들의 공간적 특징을 설명하고 있다.

② 건축 재료의 특성에 기초하여 건축물들의 특징에 대한 상반된 평가를 제시하고 있다.

③ 건축 재료의 기원을 검토하여 다양한 건축물들의 미학적 특성과 한계를 평가하고 있다.

④ 건축 재료의 시각적 특성을 설명하면서 각 재료와 건축물들의 경제적 가치를 탐색하고 있다.

⑤ 건축물들의 특징에 대한 평가가 시대에 따라 달라진 원인을 제시하고 건축 재료와의 관계를 설명하고 있다.

090

윗글의 내용에 대한 이해로 적절하지 않은 것은?

① 판테온의 돔에서 상대적으로 더 얇은 부분은 상부 쪽이다.

② 사보아 주택의 지붕은 여유를 즐길 수 있는 공간으로도 활용되었다.

③ 킴벨 미술관은 철근 콘크리트의 인장 강도를 높이는 방법을 이용하여 넓고 개방된 내부 공간을 확보하였다.

④ 판테온과 사보아 주택은 모두 천창을 두어 빛이 위에서 들어올 수 있도록 하였다.

⑤ 사보아 주택과 킴벨 미술관은 모두 층을 구분하지 않도록 구성하여 개방감을 확보하였다.

091

윗글을 바탕으로 추론한 내용으로 가장 적절한 것은?

① 당기는 힘에 대한 저항은 철근 콘크리트가 철재보다 크다.

② 일반적으로 철근을 콘크리트에 보강재로 사용할 때는 압축력을 많이 받는 부분에 넣는다.

③ 프리스트레스트 콘크리트에서는 철근의 인장력으로 높은 강도를 얻게 되어 수화 반응이 일어나지 않는다.

④ 프리스트레스트 콘크리트는 철근이 복원되려는 성질을 이용하여 콘크리트에 압축력을 줌으로써 인장 강도를 높인 것이다.

⑤ 콘크리트의 강도를 높이는 데에는 크기가 다양한 자갈을 사용하는 것보다 균일한 크기의 자갈만 사용하는 것이 효과적이다.

092

윗글을 바탕으로 〈보기〉에 대해 탐구한 내용으로 적절하지 않은 것은?

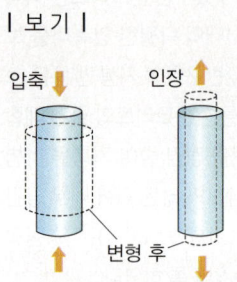

| 보기 |

압축   인장

변형 후

철재만으로 제작된 원기둥 A와 콘크리트만으로 제작된 원기둥 B에 힘을 가하며 변형을 관찰하였다. A와 B의 윗면과 아랫면에 수직인 방향으로 압축력을 가했더니 높이가 줄어들면서 지름은 늘어났다. 또, A의 윗면과 아랫면에 수직인 방향으로 인장력을 가했더니 높이가 늘어나면서 지름이 줄어들었다. 이때 지름의 변화량의 절댓값을 높이의 변화량의 절댓값으로 나누어 포아송 비를 구하였더니, 일반적으로 알려진 철재와 콘크리트의 포아송 비와 동일하게 나왔다. 그리고 A와 B의 포아송 비는 변형 정도에 상관없이 그 값이 변하지 않았다. (단, 힘을 가하기 전 A의 지름과 높이는 B와 동일하다.)

① 동일한 압축력을 가했다면 B는 A보다 높이가 더 줄어들었을 것이다.

② A에 인장력을 가했다면 높이의 변화량의 절댓값은 지름의 변화량의 절댓값보다 컸을 것이다.

③ B에 압축력을 가했다면 지름의 변화량의 절댓값은 높이의 변화량의 절댓값보다 작았을 것이다.

④ A와 B에 압축력을 가했을 때 줄어든 높이의 변화량이 같았다면 B의 지름이 A의 지름보다 더 늘어났을 것이다.

⑤ A와 B에 압축력을 가했을 때 늘어난 지름의 변화량이 같았다면 A의 높이가 B의 높이보다 덜 줄어들었을 것이다.

093

윗글과 〈보기〉를 읽고 추론한 내용으로 적절하지 <u>않은</u> 것은? `3점`

| 보기 |

　철골은 매우 높은 강도를 지닌 건축 재료로, 규격화된 직선의 형태로 제작된다. 철근 콘크리트 대신 철골을 사용하여 기둥을 만들면 더 가는 기둥으로도 간격을 더욱 벌려 세울 수 있어 훨씬 넓은 공간 구현이 가능하다. 하지만 산화되어 녹이 슨다는 단점이 있어 내식성 페인트를 칠하거나 콘크리트를 덧입히는 등 산화 방지 조치를 하여 사용한다.

　베를린 신국립미술관은 철골의 기술적 장점을 미학적으로 승화시킨 건축물이다. 거대한 평면 지붕은 여덟 개의 십자형 철골 기둥만이 떠받치고 있고, 지붕과 지면 사이에는 가벼운 유리벽이 사면을 둘러싸고 있다. 최소한의 설비 외에는 어떠한 것도 천장에 닿아 있지 않고 내부 공간이 텅 비어 있어 지붕은 공중에 떠 있는 느낌을 준다. 미술관 내부에 들어가면 넓은 공간 속에서 개방감을 느끼게 된다.

① 베를린 신국립미술관의 기둥에는 산화 방지 조치가 되어 있겠군.
② 휘어진 곡선 모양의 기둥을 세우려 할 때는 대체로 철골을 재료로 쓰지 않겠군.
③ 베를린 신국립미술관은 철골을, 킴벨 미술관은 프리스트레스트 콘크리트를 활용하여 개방감을 구현하였겠군.
④ 가는 기둥들이 넓은 간격으로 늘어선 건물을 지을 때 기둥의 재료로는 철골보다 철근 콘크리트가 더 적합하겠군.
⑤ 베를린 신국립미술관의 지붕과 사보아 주택의 건물이 공중에 떠 있는 느낌을 주는 것은 벽이 아닌 기둥이 구조적으로 중요한 역할을 하고 있기 때문이겠군.

094

㉠~㉤을 사용하여 만든 문장으로 적절하지 <u>않은</u> 것은?

① ㉠ : 행복은 성실하고 꾸준한 노력의 <u>산물</u>이다.
② ㉡ : 이 건축물은 후대 미술관의 <u>원형</u>이 되었다.
③ ㉢ : 이 물질은 <u>점성</u> 때문에 끈적끈적한 느낌을 준다.
④ ㉣ : 그녀는 채소 <u>위주</u>의 식단을 유지하고 있다.
⑤ ㉤ : 그의 발명품은 형의 조언에서 <u>영감</u>을 얻은 것이다.

다음 글을 읽고 물음에 답하시오. 5문항을 11분 안에 풀어보세요. 11분

최근 인구 증가와 기후변화로 전 세계적인 물 부족 현상이 발생하고 있다. 지구상에 존재하는 물의 대부분은 해수이며 염분이 없는 물인 담수는 전체의 약 2.5 %이다. 담수 중에서도 빙하, 지하수 등을 제외하면 인간이 손쉽게 활용할 수 있는 것은 물의 총량 중 극히 일부에 지나지 않는다. 따라서 해수를 담수로 ⓐ 만드는 여러 가지 기술이 연구되어 왔다.

1세대 해수 담수화 기술로는 다단 증발법 이 있다. 이는 물의 상변화* 원리를 활용한 것으로, 가열된 해수를 수증기로 변화시켜 응축함으로써 담수를 얻는 방법이다. 일반적으로 다단 증발법을 적용한 해수 담수화 설비는 해수 가열기, 진공 유지 장치, 직렬로 연결된 여러 개의 증발기 등으로 구성된다. 해수는 증발기 내부의 냉각관을 통과하여 해수 가열기 내부로 이동한다. 해수 가열기는 고온의 증기로 해수의 온도를 해수의 끓는점인 110 ℃ 이상까지 높이는 역할을 하며, 가열된 해수는 앞서 통과한 증발기들의 하부를 역순으로 통과한다. 이때 증발기들의 내부는 진공 유지 장치에 의해 대기압보다 훨씬 낮은 압력을 유지하고 있다. 해수의 끓는점은 대기압이 낮을수록 낮아지기 때문에 증발기로 진입한 해수는 순간적으로 끓어올라 수증기로 바뀌게 된다. 생성된 수증기에 포함된 미량의 해수는 필터를 통과하며 제거되어 순수한 수증기가 되고 설비 밖으로 빠져나간다. 순수한 수증기는 증발기 상부의 냉각관과 만나서 응축되어 담수가 된다. 해수는 증발기들을 거칠수록 염분 농도는 높아지고 온도는 계속 낮아진다. 하지만 증발기들의 내부 압력 또한 설비 끝으로 갈수록 더 낮아지기 때문에 마지막 증발기까지 담수가 계속 생성된다. 다단 증발법은 해수를 끓여 수증기만 얻는 방식이므로 해수의 수질 조건에 큰 영향을 받지 않으며 담수를 대량으로 생산할 수 있다는 장점이 있지만, 에너지 소비량이 매우 많다는 단점이 있다.

2세대 해수 담수화 기술인 역삼투법 은 다단 증발법의 대안으로 제시된 기술로, 반투막을 이용하여 해수에서 담수를 얻는 방법이다. 같은 양의 담수와 해수 사이에 물 분자만 통과할 수 있는 반투막을 설치하면 염도가 낮은 담수에서 염도가 높은 해수 방향으로 물 분자가 옮겨 가는 삼투 현상이 일어나며, 이때 담수에 작용하는 힘을 삼투압이라고 한다. 위와 같은 조건에서 압력 펌프를 사용하여 삼투압보다 더 큰 압력을 해수에 가하면 오히려 반대로 해수에 있는 물 분자가 반투막을 거쳐 담수 방향으로 이동하며 담수가 생성되는데, 이를 역삼투법이라고 한다. 역삼투법은 반투막의 오염 정도가 심해짐에 따라 담수 생성 효율이 저하되므로 반투막과 맞닿는 해수의 수질 조건이 매우 중요하다. 따라서 해수에 섞인 이물질을 제거하는 전처리 과정이 필수적이라고 할 수 있다. 역삼투법은 다단 증발법에 비해 담수 생성 효율은 높고 에너지 소비량은 적지만, 삼투압보다 높은 압력을 얻기 위해 여전히 에너지를 많이 소비한다는 문제가 있다.

해수 담수화 기술은 에너지 소모량이 적은 방식으로 발전해 왔으며, 에너지원 확보가 어려운 지역을 위한 해수 담수화 설비에 대한 요구도 점차 커지고 있다. 이를 위해 세계 각국에서도 많은 연구비용을 투자하여 신재생 에너지를 활용한 차세대 해수 담수화 기술을 상용화하기 위해 노력하고 있다.

---

* 상변화 : 물질이 온도와 압력에 따라 기체, 액체, 고체로 변하는 현상

095

윗글을 통해 답을 찾을 수 없는 질문은?

① 다단 증발법의 장점은 무엇인가?
② 물 부족 현상의 원인은 무엇인가?
③ 해수 담수화 기술은 어떤 방식으로 발전해 왔는가?
④ 해수 속 이물질을 제거하는 과정은 어떻게 이루어지는가?
⑤ 인간이 쉽게 활용할 수 없는 물은 어떤 상태로 존재하는가?

096

〈보기〉는 다단 증발법 을 적용한 설비의 구조이다. 윗글을 바탕으로 〈보기〉를 이해한 내용으로 적절하지 않은 것은?

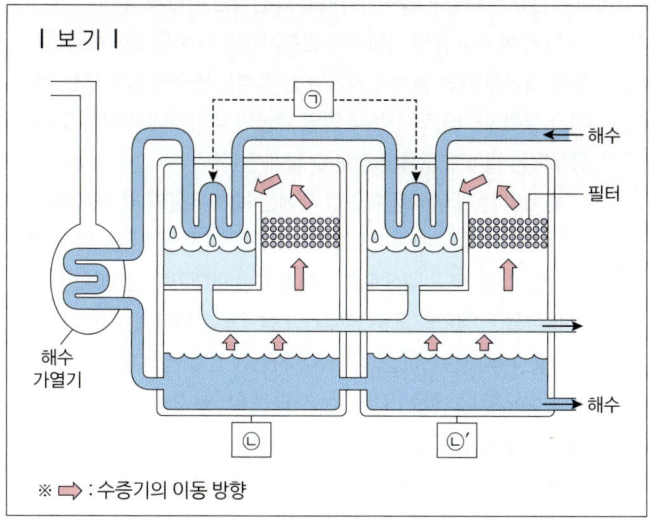

| 보 기 |

해수

필터

해수
가열기

해수

해수

※ ⬌ : 수증기의 이동 방향

① 해수의 염분 농도는 ⓛ보다 ⓛ′에서 더 높다.
② ⓛ과 ⓛ′에서 생성된 담수는 설비 밖으로 빠져나온다.
③ 해수 가열기에서 온도가 끓는점보다 더 높아진 해수는 ⓛ으로 이동한다.
④ ⓛ과 ⓛ′에서 생성된 수증기는 필터에 의해 해수가 제거된 상태로 ㉠과 만나 응축된다.
⑤ 내부 압력이 같은 ⓛ과 ⓛ′은 대기압보다 낮은 내부 압력을 유지하고 있으므로 해수를 순간적으로 끓어오르게 한다.

097

역삼투법 에 대한 설명으로 적절하지 않은 것은?

① 다단 증발법보다 담수 생성 효율이 높은 기술이다.
② 에너지 소비 측면에서 다단 증발법보다 더 발전된 기술이다.
③ 다단 증발법보다 전처리 과정이 더 중요한 역할을 하는 기술이다.
④ 삼투압보다 더 큰 압력을 해수에 가하여 담수를 생성하는 기술이다.
⑤ 염분만 통과할 수 있는 반투막의 성질을 이용하여 해수에서 담수를 분리하는 기술이다.

098

윗글을 참고하여 〈보기〉의 ㉮를 이해한 내용으로 적절하지 않은 것은? [3점]

| 보 기 |

　㉮'막 증류법'의 대표적인 방식은 고온의 해수와 저온의 담수 사이에 소수성*을 띤 다공성* 막을 설치하여 온도 차이에 의해 해수에서 증발된 수증기만 막을 통과하도록 해 담수를 얻는 것이다. 이 방식은 해수의 온도를 50~70 ℃로 높이는 것을 제외하면 압력 등 다른 요소를 변화시키지 않아도 되기에 1, 2세대 해수 담수화 기술에 비해 에너지 소비량이 적어 소규모의 신재생 에너지 설비로도 담수를 생산할 수 있다. 하지만 막이 물과 맞닿기 때문에 막이 오염되지 않도록 관리하는 것이 중요하다.

　* 소수성 : 물과 친화력이 적은 성질
　* 다공성 : 물질의 내부나 표면에 작은 구멍이 많이 있는 성질

① 압력을 변화시키지 않아도 된다는 점에서 다단 증발법과 유사하군.
② 역삼투법과 달리 물의 상변화를 이용하여 담수를 생성하고 있군.
③ 막의 오염을 관리하는 것이 매우 중요하다는 점에서 역삼투법과 유사하군.
④ 다단 증발법과 달리 해수의 온도를 끓는점 이상까지 높이지 않아도 되겠군.
⑤ 다단 증발법과 역삼투법에 비해 에너지원 확보가 어려운 지역에 설치하기 유리하겠군.

099

문맥상 의미가 ⓐ와 가장 가까운 것은?

① 새 학년을 맞아 동아리를 만들었다.
② 경기 규칙을 새롭게 만드는 일은 어렵다.
③ 시를 소설로 만드는 과정은 매우 흥미롭다.
④ 생일 선물로 친구에게 줄 케이크를 만드는 중이다.
⑤ 송진을 채취하기 위해 소나무에 칼로 흠집을 만들었다.

다음 글을 읽고 물음에 답하시오. 5문항을 13분 안에 풀어보세요. **13분**

사계절이 뚜렷한 곳에서 자라는 나무는 매해 하나씩 나이테를 만들기 때문에 나이테를 세면 나무의 나이를 알 수 있다. 그렇다면 나이테는 단순히 나무의 나이를 알기 위해서만 활용되는 것일까? 그렇지 않다. 나이테는 현재 남아 있는 다양한 목제 유물들이 언제 만들어졌는지 그 제작 연도를 ⓐ 규명하는 데도 활용되고 있다.

나무의 나이테는 위치에 따라 크게 심재, 변재로 구분된다. 심재는 나무의 성장 초기에 형성된 안쪽 부분으로 생장이 거의 멈추면서 진액이 내부에 갇혀 색깔이 어둡게 변한 부분이다. 변재는 심재의 끝부터 껍질인 수피 전까지의 바깥 부분으로 물과 영양분을 공급하는 생장 세포가 활성화되어 있어 밝은 색상을 띠는 부분이다. 나무의 나이는 이 심재와 변재의 나이테 수를 합한 것이 된다.

그런데 나무의 나이테 너비를 살펴보면 매해 그 너비가 동일하지 않다. 그 이유는 '제한 요소의 법칙'에 의해서 나무의 생장량이 결정되기 때문이다. 나무가 생장하기 위해서는 물, 빛, 온도, 이산화탄소 등의 다양한 환경 요소가 필요한데 환경 요소들은 해마다 다르기 때문에 나이테의 너비도 변하게 된다. 그렇다고 모든 환경 요소가 나이테의 너비 변화에 영향을 주는 것은 아니다. 여러 환경 요소 중에서 가장 부족한 요소가 나이테의 너비 변화에 가장 큰 영향을 주게 되는데 이것이 바로 제한 요소의 법칙이다.

나무가 가장 부족한 요소에 모든 생물학적 활동을 맞추는 것은 안전하게 생장하기 위한 전략이다. 만일 나무의 생장이 가장 풍족한 요소를 기준으로 이뤄진다면 생장에 필요한 생물학적 활동을 제한하는 요소가 많아져 ⓑ 고사할 위험이 높아지게 될 것이기 때문이다. 제한 요소의 법칙은 모든 나무의 생장에 예외 없이 적용되며, 그 결과로 동일한 수종이 유사한 생장 환경에서 자라면 나이테의 너비 변화 패턴이 유사하다. 하지만 수종이 같더라도 지역이 다르면 생장 환경이 다르기 때문에 나이테의 너비 변화 패턴은 달라지게 된다.

나이테를 활용하여 목제 유물에 사용된 나무의 벌채* 연도나 환경 조건을 추정하는 것을 연륜 연대 측정이라 하는데 이를 위해서는 나이테의 너비 변화 패턴을 그래프로 나타낸 ㉠ 연륜 연대기가 있어야 한다. 수천 년 살 수 있는 나무는 많지 않으나 아래 <그림>과 같은 방법으로 수천 년에 달하는 연륜 연대기 작성은 가능하다.

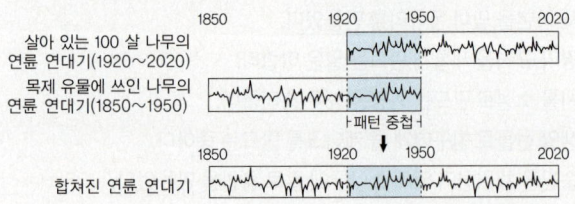

살아 있는 나무에서 나이테 너비를 ⓒ 측정하면 정확한 연도가 부여된 연륜 연대기를 작성할 수 있다. 다음으로 오래지 않은 과거에 제작된 목제 유물의 나이테로 연륜 연대기를 작성하여 이미 작성된 연륜 연대기와 비교하면 패턴이 겹치는 기간을 확인할 수 있다. 그 기간은 지금 살아 있는 나무와 과거 유물에 사용된 나무가 함께 생장하던 기간이 된다. 이러한 방법으로 보다 과거의 목제 유물로 작성된 연륜 연대기와 패턴 비교를 반복하면 수백, 수천 년에 달

하는 나무의 연륜 연대기 작성이 가능해진다. 이렇게 작성된 장기간의 연륜 연대기를 표준 연대기라 하는데 우리나라는 현재 소나무, 참나무, 느티나무의 표준 연대기를 ⓓ 보유하고 있다. 연륜 연대 측정은 이 표준 연대기와 목제 유물의 나이테로 작성한 유물 연대기의 패턴을 비교함으로써 진행되고 그 방법은 다음과 같다.

먼저 목제 유물의 나이테에 변재가 있는지 확인해야 한다. 나무를 가공할 때는 벌레가 먹거나 쉽게 썩는 변재의 일부 또는 전체가 잘려 나가기도 하는데 만일 유물의 나이테에 변재가 없는 경우에는 벌채 연도를 추정할 수 없게 된다.

변재의 존재 여부를 확인한 후에는 목제 유물의 각 부분에서 나이테를 채취해 패턴이 중첩되는 부분을 비교하여 유물 연대기를 만든 다음, 비교 대상으로 사용할 표준 연대기를 정해야 한다. 이때 유물 연대기와 표준 연대기의 상관도를 나타내는 t값과 일치도를 나타내는 G값을 고려해야 하는데 100 년 이상의 기간을 상호 비교할 때 t값은 3.5 이상, G값은 65 % 이상의 값을 가져야 통계적으로 유의성이 있는 것으로 ⓔ 간주된다.

[A]

표준 연대기를 정한 후에는 유물 연대기와 표준 연대기의 패턴을 비교하여 중첩되는 부분의 시작 나이테의 연도부터 마지막 나이테의 연도를 확정하여 절대 연도를 부여한다. 유물의 나이테가 변재를 완전하게 갖고 있을 경우에는 마지막 나이테의 절대 연도가 벌채 연도가 된다. 하지만 변재의 바깥쪽 나이테 일부가 잘려 나갔다면 마지막 나이테의 절대 연도에 잘려 나간 변재 나이테 수를 더한 값이 벌채 연도가 되는데 이때는 수령별 평균 변재 나이테 수를 참고한다. 비슷한 수령의 나무가 갖는 평균 변재 나이테 수에서 유물에 남아 있는 변재 나이테 수를 빼, 나무를 가공할 때 잘라 낸 변재 나이테 수를 구한다. 그리고 이를 마지막 나이테의 절대 연도에 더해 벌채 연도를 확정한다. 그 다음, 벌채한 후 가공할 때까지 나무를 건조하는 일반적인 기간인 1~2 년을 더해 목제 유물의 제작 연도를 추정한다.

＊ 벌채 : 나무를 베어 냄

100

윗글에서 사용된 전개 방식으로 적절하지 않은 것은?

① 자문자답의 방식으로 화제를 제시하고 있다.

② 대상의 특성을 관련 개념을 통해 설명하고 있다.

③ 일정한 기준에 따라 대상을 나누어 설명하고 있다.

④ 어려운 개념을 친숙한 대상에 빗대어 설명하고 있다.

⑤ 반대 상황을 가정하여 현상에 대한 이해를 돕고 있다.

101

윗글에서 알 수 있는 내용으로 가장 적절한 것은?

① 심재는 생장이 거의 멈춘 나이테로 수피에 인접하여 있다.

② 변재는 생장 세포에 있는 진액으로 인해 밝은 색상을 띤다.

③ 나무의 수령은 변재 나이테의 개수로 파악할 수 있다.

④ 나이테의 너비는 가장 풍족한 환경 요소로 결정된다.

⑤ 심재 나이테만 남아 있다면 연륜 연대 측정은 불가하다.

102

㉠에 대한 설명으로 적절하지 않은 것은?

① 동일한 수종이라도 환경이 다르면 패턴이 달라진다.

② 패턴 비교를 반복하면 장기간의 연대기 작성이 가능하다.

③ 나이테의 너비가 일정하면 패턴 분석의 대상이 될 수 없다.

④ 제한 요소의 법칙에 따라 나무가 생장한 결과를 보여 준다.

⑤ 현재 국내에는 3종의 나무에 대한 표준 연대기가 존재한다.

103

[A]를 바탕으로 〈보기〉의 '연륜 연대 측정 자료'를 이해한 내용으로 적절하지 않은 것은? `3점`

| 보기 |

[소나무 서랍장에 대한 연륜 연대 측정]

Ⅰ. 측정 참고 자료

○ 두 곳의 서랍에서 같은 나무의 나이테를 채취하였고, 이 중 서랍 2에서는 좁은 나이테 모양으로 보아 바깥쪽 나이테가 거의 수피에 근접한 것을 확인하였음.

○ 서랍 1, 2 연대기의 패턴을 비교하여 유물 연대기를 작성한 후 표준 연대기와 비교하여 절대 연도를 부여함.

Ⅱ. 유의성 및 수령별 평균 변재 나이테 수 자료

표준 연대기	t값	G값	평균 변재 나이테 수	
			수령 100 년	수령 150 년
a산 소나무	3.7	69 %	60 개	77 개
b산 소나무	3.2	60 %	58 개	65 개

Ⅲ. 소나무 서랍장 유물 연대기 및 절대 연도 부여 자료

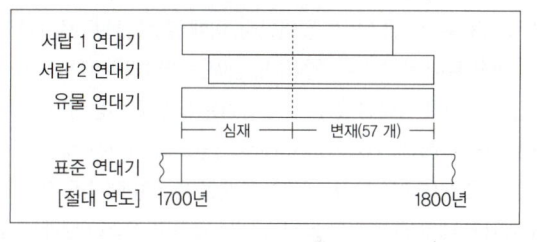

① t값과 G값을 고려할 때 표준 연대기는 a산 소나무의 연대기가 사용되었을 것이다.

② 유물 연대기와 표준 연대기의 패턴이 중첩되는 기간은 1700년부터 1800년까지일 것이다.

③ 마지막 나이테의 절대 연도를 고려할 때 서랍장에 사용된 나무의 벌채 연도는 1802년일 것이다.

④ 비슷한 수령의 소나무가 갖는 평균 변재 나이테 수를 참고하면 가공할 때 잘려 나간 변재 나이테 수는 3 개일 것이다.

⑤ 벌채한 나무의 건조 기간을 고려하면 서랍장의 제작 연도는 1804년에서 1805년 사이일 것이다.

104

ⓐ~ⓔ를 바꿔 쓴 것으로 적절하지 않은 것은?

① ⓐ : 밝히는

② ⓑ : 말라 죽을

③ ⓒ : 헤아리면

④ ⓓ : 가지고

⑤ ⓔ : 여겨진다

다음 글을 읽고 물음에 답하시오. 　4문항을 6분 안에 풀어보세요. **6분**

　　최근 해양에서 얻을 수 있는 재생 에너지원에 대한 관심이 커지면서 해양 온도차 발전이 주목받고 있다. 해양에서는 태양열을 흡수한 정도에 따라, 수심이 얕은 표층수와 수심이 깊은 심층수 사이에 온도 차이가 발생한다. 일반적으로 해양 온도차 발전은 약 20 ℃를 유지하는 표층수로 냉매를 가열하고, 약 4 ℃를 유지하는 심층수로 냉매를 냉각하는 과정을 반복하여 전력을 생산한다. 이 과정에서 냉매는 발전 설비를 순환하면서 열전달을 통해 기화와 액화를 반복한다. 이때 열전달이란 고온부의 열에너지가 저온부로 전달되는 현상으로, 열전달량은 열을 전달하는 면적과 온도 차이에 비례한다.

　　발전 설비는 냉매 펌프, 기화기, 터빈, 응축기 등의 기기로 구성된다. 이 기기들은 냉매가 이동할 수 있는 배관으로 연결되어 있고, 냉매는 이 배관을 따라 기기들을 순차적으로 지나며 순환한다. 냉매 펌프는 배관에 일정한 압력을 가하여 액체 상태의 냉매를 기화기 입구 쪽으로 이동시킨다. 기화기의 내부에는 냉매가 이동하는 다수의 배관이 있으며, 기화기 양옆에는 표층수가 이동하는 취수관과 배수관이 있다. 기화기 입구로 들어온 냉매가 다수의 배관을 따라 기화기 내부를 이동할 때, 취수관을 통해 기화기 내부로 유입된 고온의 표층수와 열전달이 일어난다. 이때 열전달을 마친 표층수는 배수관을 통해 바깥으로 배출되며, 냉매는 가열되어 액체와 기체가 혼합된 상태로 기화기 출구 쪽에 설치된 노즐로 이동한다. 노즐은 좁은 구멍을 통해, 기화기 출구에서 터빈으로 이어진 배관으로 냉매를 내뿜는 역할을 한다. 냉매는 노즐을 통과할 때 속도가 증가하여 냉매의 내부 압력은 감소한다. 내부 압력이 감소한 냉매는 끓는점이 낮아져 모두 기체 상태가 되어 배관을 따라 터빈으로 이동한다.

　　터빈은 회전식 기계 장치로, 회전하는 날개가 회전축에 부착되어 있다. 배관을 이동한 냉매가 터빈의 내부 공간으로 유입될 때 냉매는 열에너지가 운동 에너지로 전환되면서 부피가 급격히 팽창하며 회전 날개를 움직인다. 이때 냉매가 회전 날개를 움직이며 발생한 회전 날개의 운동 에너지는 회전축과 연결된 발전기를 구동시키면서 전기 에너지를 생산한다. 이 과정에서 회전 날개를 움직이며 기체 상태를 유지할 에너지를 상실한 냉매는 온도가 떨어져 액체와 기체가 혼합된 상태가 되어 배관을 통해 응축기로 이동한다.

　　응축기의 내부에는 기화기와 마찬가지로 냉매가 이동하는 다수의 배관이 있으며, 응축기 양옆에는 심층수가 이동하는 취수관과 배수관이 있다. 응축기 입구로 들어온 냉매가 다수의 배관을 따라 응축기 내부를 이동할 때, 취수관을 통해 응축기 내부로 유입된 저온의 심층수와 열전달이 일어난다. 이때 열전달을 마친 심층수는 배수관을 통해 바깥으로 배출되며, 냉매는 냉각되어 액체 상태로 노즐이 없는 응축기 출구를 지나, 냉매 펌프를 거쳐 다시 기화기로 이동한다.

　　해양 온도차 발전은 바닷물의 온도 차이를 이용하므로 환경 오염을 일으키지 않으며, 재생 에너지원 중 경제적 가치가 높은 것으로 평가받고 있다. 특히, 우리나라 동해는 수심이 깊고 난류가 흘러들어서 해양 온도차 발전에 유리하다고 평가받기 때문에 앞으로 우리나라 전력 수급의 한 축을 담당할 수 있을 것으로 기대된다.

105

윗글의 내용과 일치하지 않는 것은?

① 해양 온도차 발전은 재생 에너지원의 하나로 최근 주목받고 있다.
② 노즐은 냉매가 좁은 공간으로 지나가게 하여 속도를 감소시키는 역할을 한다.
③ 기화기와 응축기 양옆에는 바닷물이 드나드는 취수관과 배수관이 연결되어 있다.
④ 해양에서는 태양열을 흡수한 정도에 따라 표층수와 심층수 사이에 온도 차이가 발생한다.
⑤ 우리나라 동해는 수심이 깊고 난류가 흘러들어서 해양 온도차 발전에 유리하다고 평가받는다.

※ 〈보기〉는 윗글의 내용을 냉매의 이동을 중심으로 도식화한 것이다. 윗글을 참고하여 106번과 107번의 물음에 답하시오.

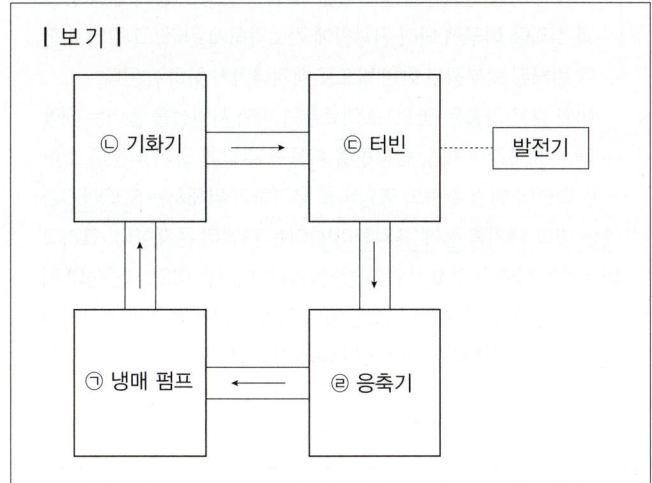

| 보 기 |

ⓛ 기화기 → ⓒ 터빈 ┈┈ 발전기

ⓣ 냉매 펌프 ← ⓔ 응축기

106

윗글을 참고하여 〈보기〉의 ㉠~㉣에 대해 이해한 내용으로 적절하지 <u>않은</u> 것은? [3점]

① ㉠은 배관에 일정한 압력을 가하여 냉매를 ㉡으로 이동시킨다.
② ㉡의 취수관을 통해 들어오는 해수의 온도는 ㉣의 취수관을 통해 들어오는 해수의 온도보다 낮다.
③ ㉢의 내부 공간으로 유입될 때 냉매는 부피가 급격히 팽창한다.
④ ㉢의 회전 날개에서 발생한 운동 에너지는 발전기를 구동시켜 전기 에너지를 생산한다.
⑤ ㉣과 달리 ㉡은 냉매가 이동하는 출구 쪽에 노즐이 설치되어 있다.

107

윗글을 바탕으로 〈보기〉에 대해 보인 반응으로 적절하지 <u>않은</u> 것은?

① ㉠을 지나는 냉매는 액체 상태이겠군.
② ㉡을 나와 ㉢으로 이동하는 냉매는 기체 상태이겠군.
③ ㉡으로 유입되는 냉매의 온도는 ㉢으로 유입되는 냉매의 온도보다 더 높겠군.
④ ㉢에서 나갈 때 냉매는 액체와 기체가 혼합된 상태이겠군.
⑤ ㉣로 들어올 때보다 나갈 때의 냉매의 온도가 더 낮겠군.

108

윗글을 읽은 학생이 〈보기〉와 같이 메모했을 때, ㉮~㉰에 들어갈 말로 적절한 것은?

| 보 기 |

   해양 온도차 발전 설비에서는 해수와 냉매 사이의 온도 차이가 (㉮) 해수와 냉매 사이의 열을 전달하는 면적이 (㉯) 열전달량이 (㉰), 발전 효율은 높아진다.

	㉮	㉯	㉰
①	클수록	넓을수록	많아지고
②	클수록	넓을수록	적어지고
③	클수록	좁을수록	적어지고
④	작을수록	좁을수록	적어지고
⑤	작을수록	넓을수록	많아지고

다음 글을 읽고 물음에 답하시오. 5문항을 11분 안에 풀어보세요. 11분

맑고 화창한 날 밖에서 스마트폰 화면이 잘 보이지 않았던 경험이 한 번쯤은 있을 것이다. 이는 화면에 반사된 햇빛이 화면에서 나오는 빛과 많이 ⓐ 혼재될수록 야외 시인성이 저하되기 때문이다. 야외 시인성이란, 빛이 밝은 야외에서 대상을 명확하게 인식할 수 있는 성질을 의미한다. 그렇다면 스마트폰에는 야외 시인성 개선을 위해 어떠한 기술이 적용되어 있을까?

㉠ 스마트폰 화면의 명암비가 높으면 우리는 화면에 표현된 이미지를 선명하다고 인식한다. 명암비는 가장 밝은 색과 가장 어두운 색을 화면이 얼마나 잘 표현하는지를 나타내는 수치로, 흰색을 표현할 때의 휘도를 검은색을 표현할 때의 휘도로 나눈 값이다. 여기서 휘도는 화면에서 나오는 빛이 사람의 눈에 얼마나 들어오는지를 나타내는 양이다. 가령, 흰색을 표현할 때의 휘도가 2,000 cd/m²이고 검은색을 표현할 때의 휘도가 2 cd/m²인 스마트폰의 명암비는 1,000이다.

명암비는 휘도를 측정하는 환경에 따라 암실 명암비와 명실 명암비로 구분된다. 암실 명암비는 햇빛과 같은 외부광 없이 오로지 화면에서 나오는 빛만을 인식할 수 있는 조건에서의 명암비를, 명실 명암비는 외부광이 ⓑ 존재하는 조건에서의 명암비를 의미한다. 스마트폰의 야외 시인성을 높이기 위해서는 명실 명암비를 높여야 한다. 이를 위해 화면에서 흰색을 표현할 때의 휘도를 높이는 방법과 검은색을 표현할 때의 휘도를 낮추는 방법을 사용할 수 있다.

그런데 스마트폰에 흔히 사용되는 OLED는 흰색을 표현할 때의 휘도를 높이는 데 한계가 있다. OLED는 화면의 내부에 있는 기판*에서 빛을 내는 소자로, 빨간색, 초록색, 파란색 빛을 조합하여 다양한 색을 ⓒ 구현한다. 이렇게 OLED가 색을 표현할 때, 출력되는 빛의 세기를 높이면 해당 색의 휘도가 높아진다. 그러나 강한 세기의 빛을 출력할수록 OLED의 수명이 ⓓ 단축되는 문제가 있다. 이러한 이유로 OLED 스마트폰에는 편광판과 위상지연필름을 활용하여, 외부광의 반사로 높아진, 검은색을 표현할 때의 휘도를 낮추는 기술이 적용되고 있다.

〈그림〉은 OLED 스마트폰에 적용된 편광판의 원리를 나타낸 것이다. 일반적으로 빛은 진행하는 방향에 수직인 모든 방향으로 진동하며 나아간다. 빛이

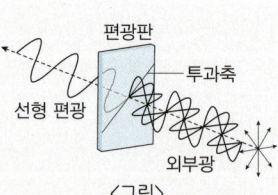
〈그림〉

편광판을 통과하면 그중 편광판의 투과축과 평행한 방향으로 진동하며 나아가는 선형 편광만 남고, 투과축의 수직 방향으로 진동하는 빛은 차단된다. 이러한 과정에서 편광판을 통과한 빛의 세기는 감소하게 된다.

[A] 이러한 원리를 이용해 OLED 스마트폰에서 야외 시인성을 높이는 기술을 설명하면 다음과 같다. 먼저 스마트폰 화면 안으로 들어오는 외부광은 편광판을 거치면서 일부가 차단되고 투과축과 평행한 방향으로 진동하는 선형 편광만 남게 된다. 그런 다음 이 선형 편광은 위상지연필름을 지나면서 회전하며 나아가는 빛인 원형 편광으로 편광의 형태가 바뀐다. 이 원형 편광은 스마트폰 화면의 내부 기판에 반사된 뒤, 다시 위상지연필름을 통과하며 선형 편광으로 바뀐다. 그런데 이 선형 편광의 진동 방향은 외부광이 처음 편광판을 통과했을 때 남은 선형 편광의 진동 방향과 수직을 이루게 되어 편광판에 가로막히게 된다. 그 결과 기판에 반사된 외부광은 화면 밖으로 빠져나가지 못하게 된다.

이와 같은 기술은 OLED 스마트폰의 야외 시인성을 높이는 데에는 매우 효과적이지만, 편광판을 사용할 수밖에 없기 때문에 스마트폰 화면이 일정 수준의 명암비를 유지하기 위해서는 ㉡ OLED가 내는 빛의 세기를 높게 유지해야 한다는 단점이 존재한다. 그리고 외부광이 화면의 외부 표면에 반사되어 나타나는 야외 시인성의 저하도 ⓔ 방지하지 못한다. 최근에는 이러한 문제점들을 개선하기 위한 연구가 다양한 분야에서 이루어지고 있다.

＊ 기판 : 전기 회로가 편성되어 있는 판

109

윗글에서 알 수 있는 내용으로 가장 적절한 것은?

① 햇빛은 진행하는 방향에 수직인 모든 방향으로 진동한다.
② OLED는 네 가지의 색을 조합하여 다양한 색을 구현한다.
③ 사람의 눈에 들어오는 빛의 양이 많으면 휘도는 낮아진다.
④ 야외 시인성은 사물 간의 크기 차이를 비교하는 기준이다.
⑤ OLED는 화면의 외부 표면에 반사되는 외부광을 차단한다.

110

㉠에 대한 설명으로 적절하지 <u>않은</u> 것은?

① 명실 명암비를 높이면 야외 시인성이 높아지게 된다.
② 흰색을 표현할 때의 휘도가 낮아질수록 암실 명암비가 높아진다.
③ 휘도를 측정하는 환경에 따라 명실 명암비와 암실 명암비로 나뉜다.
④ 흰색을 표현할 때의 휘도를 검은색을 표현할 때의 휘도로 나눈 값이다.
⑤ 화면에 반사된 외부광이 눈에 많이 들어올수록 명실 명암비가 낮아진다.

111

㉡의 이유를 추론한 것으로 가장 적절한 것은?

① OLED가 내는 빛의 휘도를 조절할 수 없기 때문이다.
② OLED가 내는 빛이 강할수록 수명이 길어지기 때문이다.
③ OLED가 내는 빛 중 일부가 편광판에서 차단되기 때문이다.
④ OLED가 내는 빛이 약하면 명암비 계산이 어렵기 때문이다.
⑤ OLED가 내는 빛의 세기를 높이는 데 한계가 있기 때문이다.

112

〈보기〉는 [A]의 과정을 나타낸 그림이다. 윗글을 바탕으로 〈보기〉를 이해한 내용으로 적절하지 <u>않은</u> 것은? `3점`

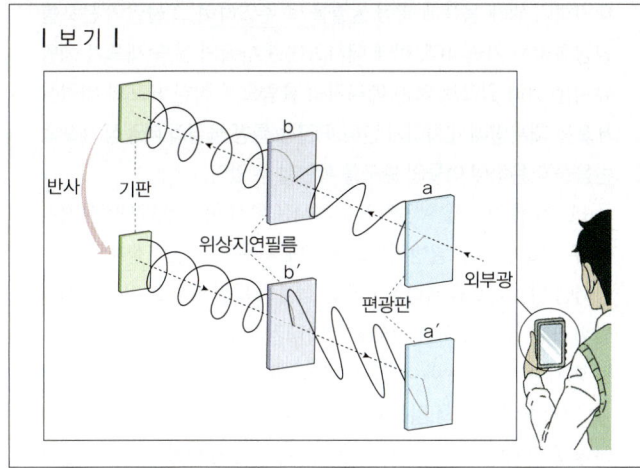

| 보기 |

① 외부광은 a를 거치면서 투과축과 평행한 방향으로 진동하는 빛만 남게 된다.
② a를 거쳐 b로 나아가는 빛은 진행 방향에 수직인 방향으로 진동한다.
③ b를 거친 빛은 기판에 의해 a를 거쳐 b로 나아가는 빛과 같은 형태의 편광으로 바뀌게 된다.
④ b′를 거친 빛의 진동 방향은 a를 거쳐 b로 나아가는 빛의 진동 방향과 수직을 이룬다.
⑤ b′를 거친 빛은 진동 방향이 a′의 투과축과 수직을 이루므로 화면 밖으로 빠져나가지 못하게 된다.

113

문맥상 ⓐ~ⓔ와 바꾸어 쓰기에 적절하지 <u>않은</u> 것은?

① ⓐ : 뒤섞일수록
② ⓑ : 있는
③ ⓒ : 고른다
④ ⓓ : 줄어드는
⑤ ⓔ : 막지

다음 글을 읽고 물음에 답하시오. 5문항을 11분 안에 풀어보세요.   **11분**

양전자 단층 촬영(PET)은 세포의 대사량 등 인체에 대한 정보를 확인하기 위해 몸속에 특정 물질을 ⓐ <u>주입하여</u> 그 물질의 분포를 영상화하는 기술이다. 이때 대사량이란 사람의 몸속 세포가 생명 유지를 위해 필요로 하는 에너지의 총량으로 정상 세포와 비정상 세포는 대사량에서 차이가 난다. PET는 특정 물질과 비정상 세포의 반응을 이용하여 이들의 분포를 확인할 수 있다.

PET를 통해 이를 확인하기 위해서는 우선 몸속에 방사성추적자를 주입해야 한다. 일반적으로 PET에 사용되는 방사성추적자는 방사성 동위원소를 결합한 포도당 성분의 특정 물질로 이는 특정한 원소 또는 물질의 이동 양상을 알아내기 위해 쓰인다. 이렇게 주입된 방사성추적자는 에너지원으로 쓰이는 포도당과 유사하기 때문에, 대사량이 높아서 많은 에너지원을 필요로 하는 비정상 세포에 다량 흡수된다. 그런데 세포 안으로 흡수된 방사성추적자는 일반 포도당과 달리 세포의 에너지원으로 사용되지 않고, 일정 시간 동안 세포 안에 머무른다.

세포 내에 축적된 방사성추적자의 방사성 동위원소는 붕괴되면서 양전자를 ⓑ <u>방출한다.</u> 방출된 양전자는 몸속의 전자와 결합하여 소멸하는데, 이때 두 입자의 질량이 에너지로 바뀐다. 이 에너지는 180도 각도를 이루는 한 쌍의 감마선으로 방출되어 몸 밖으로 나온다.

몸 밖으로 나온 감마선은 PET 스캐너를 통해 검출되는데, PET 스캐너는 수많은 검출기가 검사 대상을 원형으로 둘러싸고 있는 구조이다. 180도로 방출된 한 쌍의 감마선은 각각의 진행 방향에 있는 검출기에 ⓒ <u>도달하게</u> 된다. 이때 한 쌍의 감마선이 도달한 검출기의 두 지점을 잇는 직선을 동시검출응답선이라고 하며 감마선의 방출 지점은 이 선의 어느 한 점에 있다고 할 수 있다. 그런데 한 쌍의 감마선이 각각의 검출기에 도달하는 시간에는 미세한 차이가 발생하는데, 이는 몸의 어느 지점에서 감마선이 방출되었는지에 따라 검출기까지의 거리가 달라지기 때문이다.

감마선이 PET 영상의 유효한 성분이 되기 위해서는 한 지점에서 방출된 한 쌍의 감마선이 PET 스캐너의 검출기로 동시에 도달해야 하는데 이 경우를 동시계수라고 한다. 하지만 ㉠ <u>한 쌍의 감마선이 완전히 동시에 도달하는 경우는 현실적으로 불가능하므로</u> PET 스캐너는 동시계수로 인정할 수 있는 최대 시간폭인 동시계수시간폭을 설정하고 동시계수시간폭 안에 들어온 경우를 유효한 성분으로 ⓓ <u>간주한다.</u>

그런데 동시계수시간폭 내에 도달한 한 쌍의 감마선 즉 동시계수 중에서도 PET 영상에 유효한 성분이 되지 않는 경우가 있다. 우선 감마선이 주변의 물질과 상호 작용을 일으켜 진행 방향이 바뀌면서 검출기에 도달하는 시간의 변화가 생겼으나 동시계수시간폭 내에 검출되는 경우가 있는데 이를 산란계수라고 한다. 다음으로 한 지점에서 방출된 두 개의 감마선 중 한 개의 감마선만이 검출기로 도달할 때, 다른 지점에서 방출된 한 개의 감마선과 동시계수시간폭 내에 도달하는 경우가 있는데 이를 랜덤계수라고 한다. 이 두 경우는 모두 실제 감마선이 방출된 지점이 동시검출응답선 위에 존

재하지 않기 때문에 PET 영상의 정확도를 떨어뜨리는 요인이 된다. 즉, 한 지점에서 방출된 한 쌍의 감마선이 아무런 방해를 받지 않고 동시계수시간폭 내에 도달하는 참계수만이 유효한 영상 성분이 되는 것이다. 따라서 PET 영상의 정확도를 높이기 위해서는 산란계수와 랜덤계수의 검출을 최소화하기 위해 동시계수시간폭을 적절하게 ⓔ <u>설정하는</u> 것이 중요하다.

114

윗글의 내용과 일치하지 <u>않는</u> 것은?

① PET는 특정 물질과 비정상 세포의 반응을 이용한다.
② PET에서 동시검출응답선은 직선의 형태로 표현된다.
③ PET 스캐너는 감마선을 방출하여 PET 영상을 만든다.
④ PET는 인체의 정보를 확인하기 위한 영상화 기술이다.
⑤ PET 스캐너는 수많은 검출기로 이루어진 원형 구조이다.

115

방사성추적자에 대한 설명으로 적절하지 <u>않은</u> 것은?

① 비정상 세포 내에 다량으로 흡수되어 축적된다.
② 세포의 대사량을 평소보다 높이기 위해 사용된다.
③ 일반 포도당과 유사하지만 에너지원으로 사용되지 않는다.
④ 특정 물질의 이동 양상을 밝히기 위해 사용되는 화합물이다.
⑤ 양전자를 방출하며 붕괴되는 방사성 동위원소가 결합된 물질이다.

116

㉠의 이유를 추론한 내용으로 가장 적절한 것은?

① 방출된 감마선이 180도 방향으로 진행하기 때문이다.
② 양전자와 전자의 질량이 에너지로 바뀌었기 때문이다.
③ 한 쌍의 감마선이 동시에 검출기에 도달하면 동시계수로 인정되기 때문이다.
④ 한 쌍의 감마선 중 하나의 감마선만이 PET 영상의 유효한 성분이 되기 때문이다.
⑤ 감마선 방출 지점에 따라 두 감마선이 검출기까지 이동하는 거리가 서로 다르기 때문이다.

117

윗글을 바탕으로 〈보기〉를 이해한 내용으로 적절하지 않은 것은?

3점

| 보기 |

구분	A	B	C
검출기에 도달한 두 감마선의 시간 차	5ns	7ns	10ns

o A~C는 모두 동시계수시간폭을 12ns로 설정한, 동일한 PET 스캐너로 감마선을 검출한 경우이고 ■는 감마선의 방출 지점을 나타낸다.
o ns는 시간 단위로 10억분의 1초를 나타낸다.

① A의 경우 한 쌍의 감마선이 주변 물질과 상관없이 도달했다면, 참계수라고 할 수 있겠군.
② B의 경우 한 감마선의 진행 방향이 바뀌었지만 동시계수시간폭 내에 도달하였다고 할 수 있겠군.
③ C의 경우 PET 영상에 유효한 성분이 될 수 없는 랜덤계수라고 할 수 있겠군.
④ A와 B의 경우 동시계수시간폭이 8ns이었다면, 산란계수는 검출되지 않았겠군.
⑤ B와 C의 경우 실제 감마선의 방출 지점이 동시검출응답선 위에 존재하지 않겠군.

118

ⓐ~ⓔ의 사전적 의미로 적절하지 않은 것은?

① ⓐ : 흘러 들어가도록 부어 넣다.
② ⓑ : 입자나 전자기파의 형태로 에너지를 내보내다.
③ ⓒ : 목적한 곳이나 수준에 다다르다.
④ ⓓ : 유사한 점에 기초하여 다른 사물을 미루어 추측하다.
⑤ ⓔ : 새로 만들어 정해 두다.

다음 글을 읽고 물음에 답하시오. 3문항을 6분 안에 풀어보세요. 6분

1895년에 발견된 X선은 진단의학의 혁명을 일으켰다. 이후 X선 사진 기술은 단면 촬영을 통해 입체 영상 구성이 가능한 CT(컴퓨터 단층촬영장치)로 진화하면서 해부를 하지 않고 인체 내부를 정확하게 진단하는 기술로 발전하였다.

X선 사진은 X선을 인체에 조사하고, 투과된 X선을 필름에 감광시켜 얻어낸 것이다. 조사된 X선의 일부는 조직에서 흡수·산란되고 나머지는 조직을 투과하여 반대편으로 나오게 된다. X선이 투과되는 정도를 나타내는 투과율은 공기가 가장 높으며 지방, 물, 뼈의 순서로 낮아진다. 또한 투과된 X선의 세기는 통과한 조직의 투과율이 낮을수록, 두께가 두꺼울수록 약해진다. 이런 X선의 세기에 따라 X선 필름의 감광 정도가 달라져 조직의 흑백 영상을 얻을 수 있다. 그렇지만 X선 사진에서는 투과율이 비슷한 조직들 간의 구별이 어려워서, X선 사진은 다른 조직과의 투과율 차이가 큰 뼈나 이상 조직의 검사에 주로 사용된다. 이러한 X선 사진의 한계를 극복한 것이 CT이다.

CT는 인체에 투과된 X선의 분포를 통해 인체의 횡단면을 영상으로 재구성한다. CT 촬영기 한쪽 편에는 X선 발생기가 있고 반대편에는 여러 개의 X선 검출기가 배치되어 있다. CT 촬영기 중심에, 사람이 누운 침대가 들어가면 X선 발생기에서 나온 X선이 인체를 투과한 후 맞은편 X선 검출기에서 검출된다.

X선 검출기로 인체를 투과한 X선의 세기를 검출하는데, 이때 공기를 통과하며 감쇄된 양을 빼고, 인체 조직만을 통과하면서 감쇄된 X선의 총량을 구해야 한다. 이것은 공기만을 통과한 X선 세기와 조직을 투과한 X선 세기의 차이를 계산하면 얻을 수 있고, 이를 환산값이라고 한다. 즉, 환산값은 특정 방향에서 X선이 인체 조직을 통과하면서 산란되거나 흡수되어 감쇄된 총량을 의미한다. 이 값을 여러 방향에서 구하기 위해 CT 촬영기를 회전시킨다. 그러면 동일 단면에 대한 각 방향에서의 환산값을 구할 수 있고, 이를 활용하여 컴퓨터가 단면 영상을 재구성한다.

CT에서 영상을 재구성하는 데에는 역투사 (back projection) 방법이 이용된다. 역투사는 어떤 방향에서 X선이 진행했던 경로를 거슬러 진행하면서 경로상에 환산값을 고르게 분배하는 방법이다. CT 촬영기를 회전시키며 얻은 여러 방향의 환산값을 경로별로 역투사하여 더해 나가는데, 이처럼 여러 방향의 환산값들이 더해진 결과가 역투사 결괏값이다. 역투사를 하게 되면 뼈와 같이 감쇄를 많이 시키는 조직에서는 여러 방향의 값들이 더해지게 되고, 그 결과 다른 조직에서보다 더 큰 결괏값이 나오게 된다.

역투사 결괏값들을 합성하면 투과율의 차이에 따른 조직의 분포를 영상으로 재구성할 수 있다. CT 촬영기가 조금씩 움직이면서 인체의 여러 단면에 대하여 촬영을 반복하면 연속적인 단면 영상을 얻을 수 있고, 필요에 따라 이 단면 영상들을 조합하여 입체 영상도 얻을 수 있다.

119

윗글에 대한 이해로 적절하지 <u>않은</u> 것은?

① CT 촬영을 할 때 X선 발생기와 X선 검출기는 회전한다.
② X선 사진에서는 비슷한 투과율을 가진 조직들 간의 구별이 어렵다.
③ CT에서의 환산값은 통과한 조직에서 감쇄된 X선의 총량을 나타낸다.
④ 조직에서 흡수·산란된 X선의 세기는 그 조직을 투과한 X선 세기와 항상 같다.
⑤ 조직의 투과율이 높을수록, 조직의 두께가 얇을수록 X선은 더 많이 투과된다.

120

역투사 에 대한 설명으로 적절하지 <u>않은</u> 것은?

① X선 사진의 흑백 영상을 만드는 과정에서 역투사는 필요하지 않다.
② 역투사 결괏값은 조직이 없고 공기만 있는 부분에서 가장 크다.
③ 역투사 결괏값들을 활용하여 조직의 분포에 대한 영상을 얻을 수 있다.
④ X선 투과율이 낮은 조직일수록 그 위치에 대응하는 역투사 결괏값은 커진다.
⑤ 역투사 결괏값은 CT 촬영기에서 구한 환산값을 컴퓨터에서 처리하여 얻을 수 있다.

121

윗글을 바탕으로 〈보기〉와 같은 실험을 했을 때, B에 해당하는 그래프로 알맞은 것은? [3점]

| 보 기 |

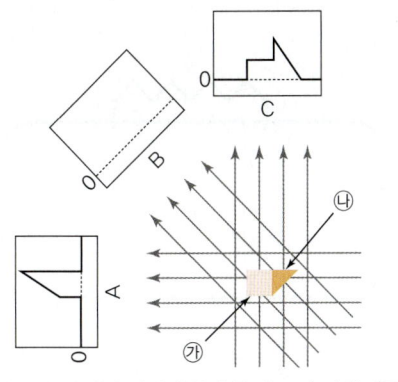

위의 그림처럼 단면이 정사각형인 물체 ㉮와 직각이등변삼각형인 물체 ㉯가 연결된 ▨를 CT 촬영기 안에 넣고 촬영하여 A, B, C 방향에서 구한 환산값의 크기를 그래프로 나타냈다. 이때 ㉮의 투과율은 ㉯의 2 배이다.

＊ X선은 화살표와 같이 평행하게 진행함
＊ 물체 ▨의 밑면을 기준으로 A는 0°방향, B는 45°방향, C는 90°방향의 위치에 있음

① 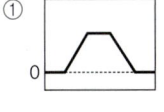 ② 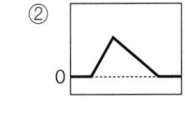 ③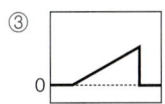

④ 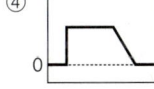 ⑤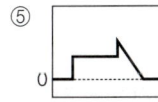

[122~125] 2021년 9월 학평 38번~41번 정답과 해설편 p.246

다음 글을 읽고 물음에 답하시오. 4문항을 9분 안에 풀어보세요. 9분

자동차에서 배출되는 오염 물질로 인한 대기 오염 및 기후 변화 문제가 심각해지면서 세계 각국은 온실가스의 배출 억제를 위해 자동차 분야 규제를 강화하고 있어 오염 물질의 배출이 적은 친환경차가 주목을 ⓐ받고 있다.

친환경차에는 전기차, 수소전기차, 하이브리드차가 있는데 이 중 ㉠ 전기차와 수소전기차는 전기에너지를 운동에너지로 변환하여 주는 모터만으로 구동되고, ㉡ 하이브리드차는 모터와 함께 ㉢ 내연기관차처럼 연료를 연소시킬 때 발생하는 열에너지를 운동에너지로 바꿔 주는 엔진을 사용하여 구동된다. 내연기관차는 마찰 제동장치를 사용하므로 차가 감속할 때 운동에너지가 열에너지로 변환된 후 사라지는 반면, 친환경차는 감속 시 운동에너지를 전기에너지로 변환하여 배터리에 충전해 다시 사용할 수 있게 하는 회생 제동장치도 사용해 에너지 효율을 높이고 있다.

하이브리드차는 출발할 때에는 전기에너지를 이용하여 모터를 구동하고 주행 시에는 주행 상황에 따라 모터와 엔진을 적절히 이용하므로 일반 내연기관차보다 연비가 좋고 배기가스가 저감되는 효과가 있다. 전기차와 수소전기차는 엔진 없이 모터를 사용해 전기에너지만으로 달리는 차라 할 수 있다. 전기차는 고전압 배터리에 충전을 해 전기에너지를 모터로 공급하여 움직이고, 수소전기차는 연료 탱크에 저장된 수소를 연료전지를 통해 전기에너지로 변환하여 동력원으로 사용한다. 연료전지는 차량 구동에 필요한 수준의 전기에너지를 발전시키기 위해 다수의 연료전지를 직렬로 연결하여 가로로 쌓아 만드는데 이를 스택(stack)이라 한다. 연료전지는 저장된 수소와 외부로부터 공급되는 공기 속 산소가 만나 일어나는 산화·환원 반응 과정을 통해 전기에너지를 생성하는데, 산화란 어떤 물질이 전자를 내어 주는 것을, 환원이란 전자를 받아들이는 것을 의미한다. 이렇게 물질이 전자를 얻거나 잃는 것을 이온화라고도 하는데 물질이 전자를 얻으면 음이온이, 전자를 잃으면 양이온이 된다.

수소전기차에는 백금을 넣은 촉매와 고분자전해질막을 지닌 연료전지를 많이 사용하는데 다른 연료전지에 비해 출력이 크고 저온에서도 작동이 되며 구조도 간단하다. 연료전지의 -극과 +극에 사용되는 촉매 속에 들어있는 백금은 -극에서는 수소의 산화 반응을, +극에서는 산소의 환원 반응을 활성화한다. 그리고 두 극 사이에 있는 고분자전해질막은 양이온의 이동은 돕고 음이온과 전자의 이동은 억제하는 역할을 한다.

연료전지에서 전기에너지가 생성되는 과정은 수소를 저장한 연료 탱크로부터 수소가 -극으로, 공기공급기로 유입되는 외부의 공기 속 산소가 +극으로 공급되며 시작된다. -극에 공급된 수소는 촉매 속 백금에 의해 수소 양이온(H^+)과 전자(e^-)로 분리되고, 수소 양이온은 고분자전해질막을 통과해 +극으로, 전자는 외부 회로를 통해 +극으로 이동한다. 이렇게 전자가 외부 회로로 흐르며 전기에너지가 발생하는데, 생성된 전기에너지는 모터로 전해져 동력원이 되고 일부는 배터리에 충전된다. +극에서는 공급된 산소가 외부 회로를 통해 이동해 온 전자(e^-)와 결합해 산소 음이온(O^-)이 된 후, 수소

양이온(H^+)과 만나 물(H_2O)이 되어 외부로 배출된다.

수소전기차에 사용되는 수소는 가솔린의 세 배나 되는 단위질량 당 에너지 밀도를 지니고 있어 에너지 효율이 높다. 그리고 수소와 산소의 반응을 이용하므로 오염 물질이나 온실가스의 배출이 적고 외부로부터 공급되는 공기를 필터로 정화하여 사용한 후 배출하므로 공기를 정화하는 기능도 한다. 그러나 고가인 백금과 고분자전해질막을 사용해 연료전지를 제작해 가격이 비싸다는 점, 수소는 고압으로 압축해야 하므로 폭발할 위험성이 커 보관과 이동에 어려움이 있다는 점 등 해결해야 할 문제들이 남아 있다.

122

윗글에 대해 이해한 내용으로 적절하지 <u>않은</u> 것은?

① 고압으로 압축한 수소는 폭발할 위험이 크니 보관이나 이동에 어려움이 많겠군.

② 수소전기차는 공급되는 외부 공기를 필터로 걸러 사용하므로 정화된 공기가 배출되겠군.

③ 수소가 연료로 쓰이는 이유는 가솔린보다 에너지 효율은 낮지만 친환경적이기 때문이겠군.

④ 백금과 고분자전해질막을 대신할 저가의 원료를 개발한다면 연료전지의 가격을 낮출 수 있겠군.

⑤ 수소전기차를 구동할 수준의 전기에너지를 만들어 내려면 다수의 연료전지를 직렬로 연결해 만들어야겠군.

123

〈보기〉는 수소전기차의 연료전지에서 전기에너지가 생성되는 과정을 도식화한 것이다. 윗글을 바탕으로 〈보기〉를 이해한 내용으로 적절하지 <u>않은</u> 것은? `3점`

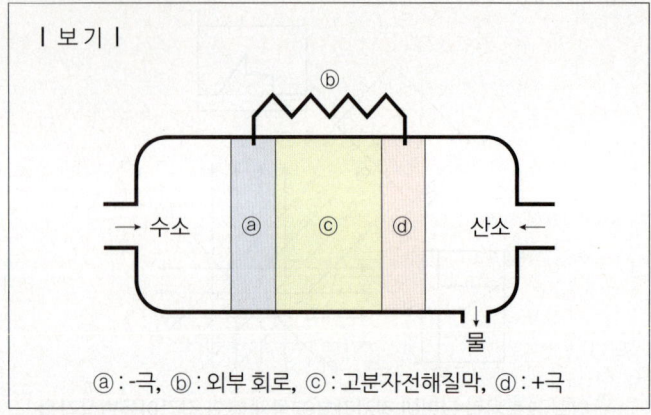

| 보기 |

ⓐ : -극, ⓑ : 외부 회로, ⓒ : 고분자전해질막, ⓓ : +극

① ⓐ와 ⓓ에 들어 있는 금속은 각각 수소와 산소의 이온화를 촉진하겠군.

② ⓑ를 통해 전자가 흘러가는 이유는 ⓒ가 전자의 이동을 억제하기 때문이겠군.

③ ⓒ를 통과하여 ⓓ로 이동하는 수소 양이온은 ⓐ에서 전자를 잃은 수소이겠군.

④ ⓐ와 ⓓ에서 분리된 전자는 ⓑ에서 만나 전기에너지를 생성하겠군.

⑤ ⓓ에서는 수소 양이온과 산소 음이온이 결합하여 물이 생성되겠군.

124

㉠~㉢에 대한 이해로 적절하지 <u>않은</u> 것은?

① ㉠은 ㉡, ㉢과 달리 연료 탱크를 제작할 필요가 없다.

② ㉡은 ㉠에 쓰이는 모터와 ㉢에 쓰이는 엔진을 주행 상황에 따라 이용한다.

③ ㉢은 ㉠, ㉡과 달리 감속할 때 발생하는 에너지를 자동차의 주행에 활용하지 못한다.

④ ㉠, ㉡은 ㉢에 비해 배출되는 오염 물질과 온실가스의 양이 적다.

⑤ ㉠, ㉡은 ㉢과 달리 전기에너지를 운동에너지로 변환하여 출발한다.

125

문맥상 ㉮와 가장 가까운 의미로 쓰인 것은?

① 회사의 미래를 위해 신입 사원을 받아야 하겠군.

② 네가 원하는 요구 조건은 무엇이든지 받아 주겠다.

③ 그 아이는 막내로 태어나 집에서 귀염을 받고 자랐다.

④ 그는 좌회전 신호를 받고 천천히 차의 속도를 높였다.

⑤ 예전에는 빗물을 큰 물통에 받아 빨래하는 데 쓰기도 했다.

[126~128]

2019년 9월 학평 24번~26번 정답과 해설편 p.249

다음 글을 읽고 물음에 답하시오.

3문항을 7분 안에 풀어보세요. **7분**

전기레인지는 용기를 가열하는 방식에 따라 하이라이트 레인지와 인덕션 레인지로 나눌 수 있다. 하이라이트 레인지는 상판 자체를 가열해서 열을 발생시키는 ㉠ 직접 가열 방식이고, 인덕션 레인지는 상판을 가열하지 않고 전자기유도 현상을 통해 용기에 자체적으로 열을 발생시키는 ㉡ 유도 가열 방식이다.

하이라이트 레인지는 주로 니크롬으로 만들어진 열선을 원형으로 배치하고 열선의 열을 통해 그 위의 세라믹글라스 판을 직접 가열한다. 이렇게 발생한 열이 용기에 전달되어 음식을 조리할 수 있게 된다. 하이라이트 레인지는 비교적 다양한 소재의 용기를 쓸 수 있지만 에너지 효율이 낮아 조리 속도가 느리고 상판의 잔열로 인한 화상의 우려가 있다.

인덕션 레인지는 표면이 세라믹글라스 판으로 되어 있고 그 밑에 나선형 코일이 설치되어 있다. 전원이 켜지면 코일에 2만 Hz 이상의 고주파 교류 전류가 흐르면서 그 주변으로 1 초에 2만 번 이상 방향이 바뀌는 교류 자기장이 발생하게 되고, 그 위에 도체인 냄비를 놓으면 교류 자기장에 의해 냄비 바닥에는 수많은 폐회로*가 생겨나며 그 회로 속에 소용돌이 형태의 유도 전류인 맴돌이전류가 발생한다. 이때 흐르는 맴돌이전류가 냄비 소재의 저항에 부딪혀 줄열 효과*가 나타나게 되고 이에 의해 냄비에 열이 발생하게 되는데, 이때 맴돌이전류의 세기는 나선형 코일에 흐르는 전류의 세기에 비례한다.

인덕션 레인지의 가열 원리는 강자성체의 자기 이력 현상과도 관련이 있다. 일반적으로 물체는 자기장의 영향을 받으면 자석의 성질을 갖게 되는데 이것을 자화라고 하며, 자화된 물체를 자성체라고 한다. 자성체의 자화 세기는 물체에 가해 준 자기장의 세기에 비례하여 커지다가 일정값 이상으로는 더 이상 커지지 않는데, 이를 자기 포화 상태라고 한다. 이때 물체에 가해 준 자기장의 세기를 줄이면 자화의 세기도 줄어들기 시작하며, 외부의 자기장이 사라지면 자석의 성질도 사라진다. 그런데 강자성체의 경우에는 외부 자기장의 세기가 줄어들어도 자화의 세기가 상대적으로 천천히 줄어들게 되고 외부 자기장이 사라져도 어느 정도 자화된 상태를 유지하게 되는데, 이를 자기 이력 현상이라고 하며 자성체에 남아 있는 자화의 세기를 잔류 자기라고 한다. 그리고 처음에 가해 준 외부 자기장의 역방향으로 일정 세기의 자기장을 가해 주면 자화의 세기가 0이 되고, 자기장을 더 세게 가해 주면 반대쪽으로 커져 자기 포화 상태가 된다. 이러한 과정을 반복하면 자기장의 세기에 따른 자화의 세기는 일정한 곡선을 그리게 되는데 이를 자기 이력 곡선이라고 한다. 이 과정에서 자기에너지는 열에너지로 전환되어 자성체의 온도를 높이는데, 이때 발생하는 열에너지는 자기 이력 곡선의 내부 면적과 비례한다. 만약 인덕션에 사용하는 냄비의 소재가 강자성체인 경우, 자기 이력 현상으로 인해 냄비에 추가로 열이 발생하게 된다.

이러한 가열 방식 때문에 인덕션 레인지는 음식 조리에 필요한 열을 낼 수 있도록 소재의 저항이 크면서 강자성체인 용기를 사용해야 한다는 제약이 있다. 또한 고주파 전류를 사용하기 때문에 조

리 시 전자파에 대한 우려도 있다. 하지만 직접 가열 방식보다 에너지 효율이 높아 순식간에 용기가 가열되기 때문에 상대적으로 빠르게 음식을 조리할 수 있다. 그리고 무엇보다 상판이 직접 가열되지 않기 때문에 발화에 의한 화재의 가능성이 매우 낮고, 뜨거운 상판에 의한 화상 등의 피해로부터 비교적 안전하다는 장점이 있다.

* 폐회로 : 전류가 흐를 수 있도록 구성된 회로
* 줄열 효과 : 도체에 전류를 흐르게 했을 때 도체의 저항 때문에 열에너지가 증가하는 현상

126

㉠과 ㉡에 대한 설명으로 적절한 것은?

① ㉠은 유도 전류를 이용하여 용기를 가열한다.
② ㉡은 상판을 가열하여 그 열로 음식을 조리한다.
③ ㉠은 ㉡에 비해 상대적으로 화상의 위험이 적다.
④ ㉠은 ㉡과 달리 빠른 시간 안에 용기를 가열할 수 있다.
⑤ ㉡은 ㉠보다 사용할 수 있는 용기 소재에 제약이 많다.

127

윗글을 바탕으로 〈보기〉의 '전기레인지'를 이해한 내용으로 적절하지 <u>않은</u> 것은?

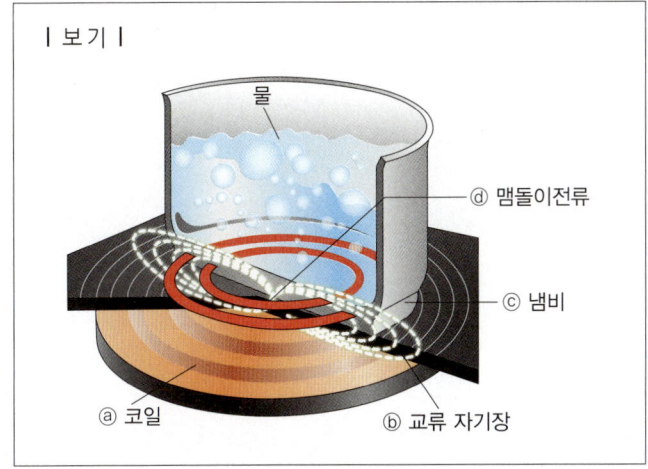

| 보기 |

ⓓ 맴돌이전류
ⓒ 냄비
ⓑ 교류 자기장
ⓐ 코일
물

① ⓐ에 고주파 교류 전류가 흐르면 ⓑ가 만들어지는군.
② ⓑ의 영향을 받으면 ⓒ의 바닥에 ⓓ가 발생하는군.
③ ⓒ 소재의 저항이 커지면 ⓑ의 세기도 커지겠군.
④ ⓓ의 세기는 ⓐ에 흐르는 전류의 세기에 비례하겠군.
⑤ ⓓ가 흐르면 ⓒ 소재의 저항에 의해 열이 발생하는군.

윗글을 바탕으로 〈보기〉를 이해한 내용으로 적절하지 <u>않은</u> 것은?

3점

| 보 기 |

　아래 그림은 두 물체 A, B의 자기장의 세기에 따른 자화 세기의 변화를 나타낸 자기 이력 곡선이다.

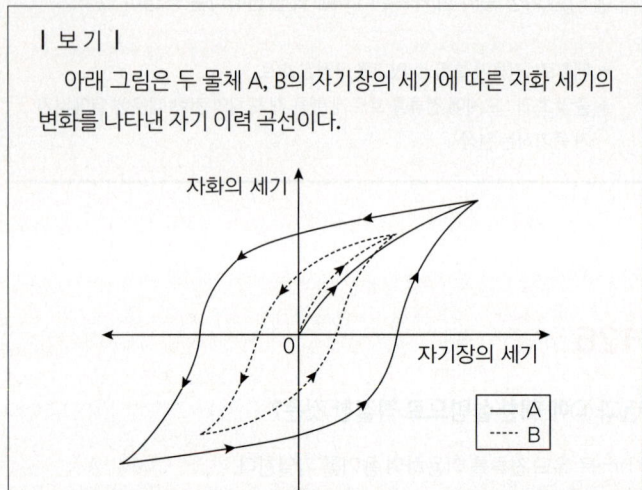

① 외부 자기장이 사라져도 자석의 성질을 지닌다는 점에서 A와 B는 모두 인덕션 레인지 용기의 소재로 적합하겠군.

② A 소재의 용기 외부에 가해지는 자기장의 세기가 커질수록 발생하는 열에너지의 크기는 계속 증가하겠군.

③ 인덕션 레인지의 전원을 차단했을 때 A 소재의 용기가 B 소재의 용기보다 잔류 자기의 세기가 더 크겠군.

④ 용기의 잔류 자기를 제거하기 위해서는 B 소재의 용기보다 A 소재의 용기에 더 큰 세기의 자기장을 가해 주어야겠군.

⑤ B 소재의 용기는 A 소재의 용기보다 자기장의 변화에 따라 발생하는 열에너지가 적겠군.

Ⅳ 예술 | 1. 음악과 미술에 대한 이해

[001~004]　2024년 3월 학평 21번~24번　정답과 해설편 p.252

다음 글을 읽고 물음에 답하시오.　4문항을 6분 안에 풀어보세요. 6분

　　20세기 초 유럽에서 일어난 과학 문명의 발전은 현실을 이루는 법칙을 하나씩 부정하였다. 절대적이라고 믿어 왔던 시공간마저 상대적인 것으로 밝혀지면서, 사람들은 기존에 당연시되어 온 인식에 의문을 품었다. 이는 서양의 회화에도 영향을 미쳐 큐비즘이라는 새로운 미술 양식을 탄생시켰다.

　　큐비즘은 대상의 사실적 재현에 집중했던 전통 회화와 달리, 대상의 본질을 구현하기 위해 그 근원적 형태를 그려 내는 것을 목표로 삼았다. 이를 위해 대상의 본질과 관련 없는 세부적 묘사를 배제하고 구와 원기둥 등의 기하학적 형태로 대상을 단순화하여 질감과 부피감을 부각하였다. 색채 또한 본질 구현에 있어 부차적인 것으로 판단하여 몇 가지 색으로 제한하였다.

　　또한 큐비즘은 하나의 시점으로는 대상의 한쪽 형태밖에 표현할 수 없다고 생각하여, 하나의 시점에서 대상을 보고 표현하는 원근법을 거부하였다. 그리고 대상의 전체 형태를 표현하기 위해 다중 시점을 적용하였는데, 이는 여러 시점에서 관찰한 대상을 한 화면에 그려 내고자 한 기법이다. 예를 들어, 한 인물을 그릴 때 얼굴의 정면과 측면을 동시에 표현함으로써 대상의 전체 형태를 관람자들에게 보여 주는 것이다. 이렇게 큐비즘은 사실적 재현에서 벗어나 대상의 근원적 형태를 표현하려 하였으며, 관람자들에게 새로운 미적 인식을 환기하였다.

　　대상의 형태를 더 다양한 시점으로 보여 주려는 시도는 다중 시점의 극단화로 치달았는데, 이 시기의 큐비즘을 ⓐ 분석적 큐비즘이라고 일컫는다. 분석적 큐비즘은 대상을 여러 시점으로 해체하여 작은 격자 형태로 쪼개어 표현했고, 색채 또한 대상의 고유색이 아닌 무채색으로 한정하였다. 해체 정도가 심해짐에 따라 대상은 부피감이 사라질 정도로 완전히 분해되었다. 이로 인해 관람자는 대상이 무엇인지조차 알아볼 수 없게 되었고, 제목이나 삽입된 문자를 통해서만 대상이 무엇인지 추측할 수 있게 되었다.

　　㉠ 대상이 극단적으로 해체되어 형태를 파악하지 못하게 된 문제를 해결하기 위해, 큐비즘은 화면 안으로 실제 대상 혹은 대상의 특성을 잘 드러내는 화면 밖의 재료들을 끌어들였다. 이것을 ⓑ 종합적 큐비즘이라고 일컫는다. 종합적 큐비즘의 특징을 보여 주는 대표적 기법으로 '파피에 콜레'가 있다. 이는 화면에 신문이나 벽지 등의 실제 종이를 오려 붙여 대상의 특성을 표현하는 기법이다. 예를 들어, 나무 탁자의 질감을 표현하기 위해 화면에 나뭇결무늬의 종이를 직접 붙였다. 화면에 붙인 종이의 색으로 인해 색채도 다시 살아났다.

　　큐비즘은 대상의 근원적 형태를 화면에 구현하기 위해 대상을 표현하는 새로운 방법을 모색하였다. 큐비즘이 대상의 형태를 실제에서 해방한 것은 회화 예술에 무한한 표현의 가능성을 가져다주었다. 이는 표현 대상을 보이는 세계에 한정하지 않는 현대 추상 회화

의 탄생에 직접적인 영향을 미쳤다.

001

윗글에서 알 수 있는 내용으로 적절하지 않은 것은?

① 큐비즘이 사용한 표현 기법
② 큐비즘이 등장한 시대적 배경
③ 큐비즘에 대한 다른 화가들의 논쟁
④ 큐비즘의 작품 경향이 변화된 양상
⑤ 큐비즘이 현대 추상 회화에 미친 영향

002

㉠을 이해한 내용으로 가장 적절한 것은?

① 대상의 본질을 화면에 구현하기 위해 다중 시점에 집착한 결과이겠군.
② 인식의 절대적 기준을 제시하기 위해 대상의 변화를 무시한 결과이겠군.
③ 화면의 공간을 사실적으로 표현하기 위해 대상의 형태를 희생한 결과이겠군.
④ 기하학적 형태에서 탈피하기 위해 대상의 정면과 측면을 동시에 표현한 결과이겠군.
⑤ 관람자들에게 새로운 미적 인식을 환기하기 위해 대상을 있는 그대로 재현한 결과이겠군.

DAY
28

Ⅳ

예
술

003

ⓐ와 ⓑ에 대한 설명으로 가장 적절한 것은?

① ⓐ는 ⓑ와 달리 고유색을 통해 대상을 그려 낸다.
② ⓐ는 ⓑ와 달리 삽입된 문자로만 대상을 드러낸다.
③ ⓑ는 ⓐ와 달리 작은 격자 형태로 대상을 해체한다.
④ ⓑ는 ⓐ와 달리 화면 밖의 재료를 활용해 대상을 표현한다.
⑤ ⓐ와 ⓑ는 모두 질감과 부피감을 살려서 대상을 형상화한다.

004

윗글을 바탕으로 <보기>의 작품을 감상한 내용으로 적절하지 않은 것은? `3점`

| 보기 |

브라크의 「에스타크의 집들」은 집과 나무를 그린 풍경화이다. 그런데 회화 속 풍경은 실제와 다르다. 집에 당연히 있어야 할 문이 생략되어 있으며, 집들은 부피감이 두드러지는 입방체 형태로 단순화되어 있다. 그림자의 방향은 일관성 없이 다양하게 표현되어 광원이 하나가 아님을 알 수 있다. 그리고 집과 나무는 모두 황토색과 초록색, 회색으로 칠해져 있다. 큐비즘의 시작을 알린 이 풍경화는 처음 공개되었을 때 평론가로부터 "작은 입방체(cube)를 그렸다."라는 비판을 받았는데, 이는 '큐비즘 (Cubism)'이라는 명칭의 기원이 되었다.

① 집이 입방체 형태로 단순화된 것은 대상의 근원적 형태를 드러내기 위한 것이겠군.
② 풍경의 모습이 실제와 다른 것은 관찰한 대상이 무엇인지 추측할 수 없도록 하기 위한 것이겠군.
③ 그림자의 방향이 일관성 없이 다양하게 표현된 것은 하나의 시점을 강제하는 원근법을 거부한 것이겠군.
④ 집에 당연히 있어야 할 문이 없는 것은 세부적 묘사는 대상의 본질과 관련이 없다는 생각을 반영한 것이겠군.
⑤ 색이 황토색, 초록색, 회색으로 제한된 것은 색채는 본질을 구현하는 데 부차적인 요소라는 생각에 근거한 것이겠군.

[005~007] **2021년 9월 학평 24번~26번** 정답과 해설편 p.255

다음 글을 읽고 물음에 답하시오. 3문항을 5분 안에 풀어보세요. 5분

국악의 장단이란 일반적으로 일정한 주기로 소리의 길이와 강약이 규칙적으로 되풀이되는 것을 말하며, 기본 단위인 '박'으로 구성된다. 박은 음의 길이를 재는 단위로, 기준이 되는 박을 보통박이라 하고 보통박을 더 작은 단위로 쪼갠 박을 소박이라 한다. 여러 개의 소박이 모여서 하나의 보통박을 이루며, 우리 민요 장단은 굿거리장단처럼 3개의 소박으로 이루어진 보통박이 4번 나타나는 3 소박 4 보통박으로 구성되는 경우가 많다. 이를 정간보에 나타낼 때는 <그림 1>과 같이 12 정간(칸)이 필요하다.

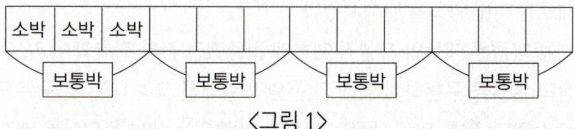

<그림 1>

국악 연주에서 장단을 맡는 대표적인 악기는 장구로, 장단을 맞추기 위해 장구의 가죽 면을 치는 것을 '점(點)'이라 한다. <그림 2>는 굿거리장단의 기본 장구 장단을 나타낸 것으로 장구 장단을 정간보에 기보할 때는 각각의 점에 해당하는 부호를 사용하며, 악기에서 울려 나오는 특징적인 소리를 입으로 흉내 낸 구음을 부호 아래에 첨가하기도 한다.

⊕		i	○	¦		○		i	○	¦
덩		기덕	쿵	더러러러		쿵		기덕	쿵	더러러러

<그림 2>

㉠ 장구 장단을 칠 때는 한 손으로 채를 잡아 채편을 치고 다른 손으로는 북편을 치는데, 장구의 채편과 북편을 동시에 치는 것을 '덩'이라 하고 정간보에 '⊕'로 표시한다. 이는 합장단이라고도 하며 주로 음악을 시작할 때 사용한다. 채편을 한 번 치는 것을 '덕'이라 하고 'i'로 표시하며, 채편을 칠 때 짧은 꾸밈음을 붙여 치는 것을 '기덕'이라고 하고 'i'로 표시한다. '기덕'은 채편을 겹쳐 친다고 하여 겹채라고도 한다. 채의 탄력을 이용하여 채를 굴리며 채편을 칠 때는 '더러러러'라고 하고 '¦'로 표시한다. '덕', '기덕', '더러러러'에서는 북편을 치지 않고 채편만 치며, 장구의 북편만 칠 때는 '쿵'이라 하고 '○'로 표시한다.

또한 정간보에는 점의 길이도 나타낼 수 있다. 한 정간에 점을 나타내는 부호 하나가 있으면 그 점은 한 소박이 되고, 한 정간에 점을 나타내는 부호 하나가 있고 그 다음 정간이 빈칸으로 남아 있으면 그 점은 두 소박이 되는 식이다. 비어 있는 정간은 앞의 소리를 연장한다는 표시이기 때문이다. 예를 들어 <그림 2>에서 첫 번째 보통박의 '덩'은 두 소박, '기덕'은 한 소박이 된다. 또한 장단을 칠 때는 기본이 되는 장단을 흐트러뜨리지 않는 범위 내에서 악곡의 흐름이나 연주자의 해석에 따른 변주도 가능하다. 예를 들어 연주자에 따라 '기덕'을 '덕'으로 바꾸거나 '쿵더러러러'를 '쿵덕쿵'으로 바꾸어 변주할 수 있는 것이다. 이러한 변주는 악곡의 흐름에 맞게 장단에 변화를 주어 음악을 더욱 풍성하게 만드는 역할을 한다.

한편 실외음악이나 사물놀이처럼 큰 소리를 내야 할 때에는 북편을 손 대신 궁채로 치기도 한다. 또한 채편을 칠 때는 채편 가죽의

중앙 부분인 복판을 치는 것이 일반적이지만 독창 또는 독주의 반주나 실내악 연주처럼 소리를 작게 내어야 할 경우에는 가죽의 가장자리 부분인 변죽을 친다. 변죽은 작고 높은 소리가 나는 반면, 복판은 크고 낮은 소리가 나기 때문에 연주 상황에 어울리는 소리가 나도록 치는 것이다.

　　장단은 단지 음악의 진행을 시간적으로 안배하는 역할만을 하는 것이 아니라 연주자나 창자의 호흡을 조절하며 음악의 분위기를 이끌어 나간다. 따라서 국악을 깊이 있게 감상하려면 장단을 이해하는 것이 중요하며, 이를 통해 우리 음악에 담긴 흥을 더욱 잘 느낄 수 있을 것이다.

005

윗글에서 답을 찾을 수 있는 질문으로 적절하지 <u>않은</u> 것은?

① 국악에서 장단의 개념은 무엇일까?
② 장단을 구성하는 단위는 무엇일까?
③ 정간보에 점의 강약을 나타내는 방법은 무엇일까?
④ 장단을 변주할 때 얻을 수 있는 효과는 무엇일까?
⑤ 국악 감상에서 장단을 이해하는 것이 중요한 이유는 무엇일까?

006

㉠에 대한 이해로 가장 적절한 것은?

① 정간보를 보면 연주할 점의 길이를 알 수 있다.
② 크고 낮은 소리를 내기 위해 채편의 변죽을 친다.
③ 여러 개의 보통박을 쳐서 하나의 소박을 연주한다.
④ 북편을 치는 도구는 기본이 되는 장단에 의해 결정된다.
⑤ 기본이 되는 장단을 연주할 때에는 북편과 채편을 동시에 칠 수 없다.

007

윗글을 바탕으로 〈보기〉의 창작 장단 을 연주한다고 할 때, 이에 대한 이해로 적절하지 <u>않은</u> 것은? `3점`

| 보 기 |

학생 : 오늘 배운 내용을 가지고 나만의 창작 장단 을 만들어 연주해 볼까? 3 소박 4 보통박으로 치면 재미있을 것 같아. 우선은 정간보에 부호와 구음을 표시하고 그대로 연주해 봐야지.

⊕	¦	│	○	¦	○	│	¦
덩	기덕	쿵	덕	쿵	더러러러	쿵	덕	기덕

① '│(덕)'은 각각 두 소박으로 연주해야겠군.
② 마지막 보통박에서는 채편만 치면 되겠군.
③ 합장단으로 시작하고 겹채로 마무리해야겠군.
④ 세 번째 보통박에서는 종류가 다른 세 점을 연주해야겠군.
⑤ 첫 번째와 마지막 보통박의 세 번째 소박에서는 '¦(기덕)'을 쳐야겠군.

DAY 28
Ⅳ
예술

다음 글을 읽고 물음에 답하시오.   4문항을 9분 안에 풀어보세요. 9분

　최근 예술 분야에서는 과학 기술을 이용하여 새로운 장르를 ⓐ개척하려는 시도가 이루어지고 있다. 이러한 배경을 바탕으로 등장한 예술의 하나가 바로 '㉠엑스레이 아트(X-ray Art)'이다. 엑스레이 아트는 엑스레이 사진을 활용하여 만든 예술 작품을 의미한다.

　엑스레이 아트의 거장인 닉 베세이는 엑스레이를 활용하여 오브제* 내부에 ⓑ주목한 작품을 만들었다. 그는 「튤립」이라는 작품을 통해 꽃봉오리에 감추어진 암술과 수술을 드러냄으로써, 꽃의 보이지 않는 내부의 아름다움을 탐색하였다. 또한 「셀피」라는 작품을 통해 현대 사회의 외모 지상주의를 비판하기도 했다. 이 작품은 자기 얼굴을 찍는 사람의 모습을 엑스레이로 촬영한 것으로, 엑스레이로 인체를 촬영할 경우 외양이 드러나지 않는 점을 이용하여 창작 의도를 나타낸 것이다.

　엑스레이 아트의 창작 의도를 ⓒ구현하기 위해서는 오브제의 특성을 고려해야 한다. 이는 오브제의 재질과 두께에 따라 엑스레이의 투과율이 달라지기 때문이다. 이러한 이유로 엑스레이 아트에서는 엑스레이가 투과되지 않는 물질이 포함된 오브제를 배제하기도 하고, 역으로 이를 활용하기도 한다. 촬영을 할 때에는 오브제의 두께에 따라 엑스레이의 강도와 오브제에 엑스레이가 투과되는 시간을 조절해야 의도하는 명도의 사진을 얻을 수 있다. 또한 오브제와 근접한 거리에서 촬영해야 하는 엑스레이의 특성상, 가로 35 cm, 세로 43 cm인 엑스레이 필름의 크기보다 오브제가 클 경우 오브제를 여러 부분으로 나누어서 촬영한다. 한편 작품 창작 의도를 구현하는 데 오브제의 모든 구성 요소가 필요하지 않다면 오브제의 일부 구성 요소만 선택하여 창작 의도를 드러낼 수도 있다. 그리고 오브제가 겹쳐 있을 경우, 창작 의도와 다른 사진이 나올 수 있으므로 이를 고려하여 오브제를 적절하게 ⓓ배치하고 촬영 각도를 결정한다.

　이렇게 촬영한 엑스레이 사진은 컴퓨터 그래픽 작업을 거치는데, 창작 의도를 드러내기 위해 여러 장의 사진을 합성하기도 한다. 특히 항공기 동체와 같이 크기가 큰 대상을 오브제로 삼아 여러 날에 걸쳐 촬영할 경우, 촬영할 당시의 기온, 습도 등의 영향으로 각각의 사진마다 명도가 다르게 나타날 수 있다. 그러므로 그래픽 작업을 통해 사진들의 명도를 보정한 뒤, 이 사진들을 퍼즐처럼 맞추어 하나의 사진으로 합성하여 작품을 완성한다.

　엑스레이는 대상의 골격이나 구조를 노출하는 기술이라는 점에서 차가운 느낌을 주기도 한다. 하지만 이를 활용한 엑스레이 아트는 발상의 전환을 통해 감상자들에게 기존의 예술 작품과는 다른 미적 감수성을 불러일으킨다는 점에서 현대 예술의 외연을 넓히는 데 ⓔ기여하였다는 평가를 받고 있다.

* 오브제(objet) : 일상 용품이나 물건을 본래의 용도로 쓰지 않고 예술 작품에 사용하는 기법 또는 그 물체

008

윗글에서 언급된 내용이 <u>아닌</u> 것은?

① 엑스레이 아트의 개념
② 엑스레이 아트의 작품 사례
③ 엑스레이 아트의 창작 방법
④ 엑스레이 아트의 등장 배경
⑤ 엑스레이 아트의 발전 양상

009

윗글을 바탕으로 할 때, <보기>의 작품에 대해 보인 반응으로 적절하지 <u>않은</u> 것은?   3점

┃ 보 기 ┃

　「버스」는 실제 버스와 사람을 오브제로 삼아, 이를 여러 날에 걸쳐 각각 촬영한 뒤 합성한 엑스레이 아트이다. 작가는 작품의 창작 의도를 구현하는 데 필요한 바퀴나 차체 등의 일부 구성 요소들만 선택하였다. 그리고 버스의 측면이 보이도록 촬영하여 버스에 타고 있는 사람들의 여러 가지 자세와 인체 골격의 다양한 모습을 드러내고 있다.

〈닉 베세이, 「버스」〉

① 물체를 투과하는 엑스레이를 이용한 것은 일상적 시선으로는 볼 수 없는 인체 골격의 모습을 보여 주려는 의도였겠군.
② 바퀴나 차체 등의 일부 구성 요소만 선택한 것에는 필요하지 않은 부분을 배제하려는 작가의 의도가 반영된 것이겠군.
③ 버스의 측면이 보이도록 촬영한 것은 촬영 각도에 따라 엑스레이가 투과되지 않는 효과를 이용하기 위한 것이겠군.
④ 작품이 한 번에 촬영한 사진처럼 보이는 것은 컴퓨터 그래픽 작업을 통해 각 사진의 명도를 보정한 결과이겠군.
⑤ 엑스레이 필름보다 큰 실제 크기의 오브제를 선정하였기 때문에 촬영한 여러 장의 사진을 합성한 것이겠군.

010

㉠의 의의로 가장 적절한 것은?

① 오브제를 찍은 사진에 의도적인 변형을 가하여 오브제의 실체를 감추는 예술이다.

② 실존하지 않는 대상을 그래픽 작업으로 만들어 사회의 병폐를 풍자하는 예술이다.

③ 인체나 사물의 외양을 있는 그대로 드러냄으로써 아름다움의 의미를 구현하는 예술이다.

④ 눈에 보이지 않을 만큼 작은 오브제를 가시화하여 대상의 본질에 대해 탐색하는 예술이다.

⑤ 겉으로 드러나지 않는 오브제의 내부를 의도적으로 보여 주어 예술의 영역을 확장한 예술이다.

011

ⓐ~ⓔ의 사전적 의미로 적절하지 <u>않은</u> 것은?

① ⓐ : 새로운 물건을 만들거나 새로운 생각을 내어놓음.

② ⓑ : 관심을 가지고 주의 깊게 살핌.

③ ⓒ : 어떤 내용이 구체적인 사실로 나타나게 함.

④ ⓓ : 사람이나 물자 따위를 일정한 자리에 알맞게 나누어 둠.

⑤ ⓔ : 도움이 되도록 이바지함.

[012~017] 2025년 9월 학평 16번~21번 정답과 해설편 p.260

다음 글을 읽고 물음에 답하시오. 6문항을 10분 안에 풀어보세요. 10분

(가)

샤프츠베리는 근대 미학의 기초를 마련한 인물로 ⓐ 간주된다. 그의 미학은 초월적 신의 존재가 모든 것에 우선한다는 형이상학적 전제를 바탕으로 한다. 온 우주가 신의 피조물이라고 보았던 샤프츠베리는 우주의 속성인 질서, 균형, 조화를 지닌 대상을 아름답다고 여겼으며 그가 생각하는 미는 대상 속에 실재하는 형식적 성질로부터 기인하는 것이었다.

샤프츠베리가 가지고 있는 또 다른 형이상학적 전제는 미의 위계성이다. 그는 대상이 지닌 형성력을 기준으로 미를 3등급으로 나누었다. 모든 것을 만들 수 있는 형성력을 지닌 존재인 신을 가장 높은 등급으로 보았고, 신에 의해서 형성되어 예술품과 같은 아름다운 것도 형성할 수 있는 인간을 그다음 등급으로, 예술품과 같이 형성된 결과물에 해당하는 물질적 대상은 가장 낮은 등급으로 보았다. 그는 하위 등급은 언제나 상위 등급으로부터 기인한다고 강조하면서, 물질적 대상보다는 인간이, 인간보다는 신이 더 아름답다고 말했다.

그렇다면 샤프츠베리는 미적 경험에 있어서 인간이 어떻게 미를 감지한다고 보았을까? 샤프츠베리는 이를 설명하기 위해 인간이 신으로부터 받은 자연적 본능인 '취미'를 제시한다. ㉠ 취미는 미를 감각하는 하나의 독립적인 내감이자 미를 판단하는 능력으로서, 감각 기관이 대상의 맛, 색깔 등을 즉각적으로 감지하는 것처럼 취미도 대상을 접하는 순간 즉각적으로 미를 판단해 낸다는 것이다. 그런데 취미는 자연적 본능임에도 문화권이나 사람에 따라 미적 판단이 달라질 수 있다. 샤프츠베리는 그 이유를 본능이 왜곡되기 때문이라고 보았다. 취미는 본능이므로 인간의 노력으로 새롭게 얻을 수는 없지만, 사회적 영향에 따라 ⓑ 발현되는 양상이 달라질 수 있다는 것이다. 따라서 취미가 제대로 발현되기 위해서는 교육이나 계발이 필요하다고 보았다.

한편 취미의 반응이 즉각적이라는 점은 미적 판단이 우리의 이익과 무관한 것임을 시사하는데 이와 관련하여 샤프츠베리는 무관심성 이라는 개념을 제시했다. 무관심성이란 대상에 대해 무신경한 태도를 취하는 것이 아니라 사적 욕망으로부터 벗어나는 것을 의미한다. 이는 미적 경험의 주체인 인간이 대상의 도구적 가치에 주목하거나 대상에 대한 소유욕을 갖는 것에서 벗어나 대상 그 자체가 지닌 미적 성질, 즉 내재적 가치에 주목해야 대상의 아름다움을 관조할 수 있다는 점을 강조한 것이다.

(나)

존 듀이는 인간을 자연의 일부이자 환경과 긴밀하게 연결되는 유기체로 보았다. 그래서 경험의 주체인 인간은 환경과 같은 경험 대상에 적응할 뿐만 아니라 그 대상을 자신에게 적응시키는 과정을 반복하며 경험을 생성한다고 보았다.

듀이는 어떤 경험의 시작부터 의도된 목적이 ⓒ 달성되는 완결에 이르기까지, 경험을 이루는 행위들이 온전하게 이어지는 경험을 '하나의 경험'이라고 하였다. 듀이는 이렇게 경험을 이루는 각 행위가 서로 긴밀히 연결되어 경험이 완결되면 하나로 통합된 단일체가 된다고 말했다. '하나의 경험'이 단일체가 될 수 있는 것은 ㉡ 질성으로 묶여 있기 때문이다. 질성이란 경험 주체가 어떠한 경험 상황에서 직접 포착하는 것으로, 경험 상황만이 가진 고유하며 독특한 성질을 의미한다. 가령, 가족과 함께 식사를 한 후 자신이 포착한 그 식사의 지배적인 특징이 풍성함이었다면 풍성함이 그 식사의 질성이 된다. 만약 다른 가족 구성원에게는 우아함이 지배적인 특징이었다면 우아함이 그 식사의 질성이 된다. 이와 같이 질성은 경험 주체가 경험 대상과 상호 작용한 결과로 나타나기에 같은 경험에 대해서도 주체마다 ⓓ 상이하게 나타날 수 있다.

또한 듀이는 예술도 '하나의 경험'이라는 차원에서 설명하고자 했다. 그는 창작 행위가 '하나의 경험'이 되려면 창작자가 작품을 창작하는 과정에서 스스로가 감상자로서의 관점을 지녀야 한다고 보았다. 이는 자신의 행위가 의도한 목적을 향하여 제대로 수행되고 있는지 감상을 통해 지속적으로 판단하며, 끊임없이 행위를 선택하고 결정함으로써 작품을 완성해야 한다는 것을 의미한다. 또한 듀이는 창작자가 기술적 정교함이 아니라 자신의 작품을 통해 감상자가 어떠한 경험을 갖게 될 것인가에 더 주목해야 한다고 보았다.

한편 듀이는 감상자의 미적 경험에서 감상 행위가 '하나의 경험'이 되려면 감상자도 창작자가 작품을 실제로 만드는 행위에 견줄 만한 자기만의 경험을 창조해야 한다고 보았다. 창작자가 자신의 의도대로 작품을 완성하기 위해 노력한 것처럼, 감상자도 연습이나 수련을 통해 길러진 자신의 관점과 관심에 따라 작품을 감상해야 한다는 것이다. 따라서 듀이의 관점에서 예술 작품의 의미와 가치는 고정되어 있지 않고 그것을 ⓔ 대면하는 감상자의 문화적, 시대적 배경 등에 따라 달라질 수 있다.

012

(가), (나)에 대한 설명으로 가장 적절한 것은?

① (가)는 미적 경험에 대한 특정 철학자의 견해가 변화해 온 과정을 시간의 흐름에 따라 설명하고 있다.

② (나)는 특정 철학자의 견해가 비판을 받는 이유를 미적 경험에 대한 구체적 사례를 들어 설명하고 있다.

③ (가)는 (나)와 달리, 미적 경험에 대한 특정 철학자의 견해를 긍정적 측면과 부정적 측면으로 구분하여 설명하고 있다.

④ (나)는 (가)와 달리, 특정 철학자가 제시한 미적 경험에 관한 개념이 어떤 역사적 배경을 지니고 있는지 설명하고 있다.

⑤ (가)와 (나)는 모두, 미적 경험의 과정에 특정 철학자의 견해가 어떻게 적용되는지 설명하고 있다.

013

윗글에 대한 이해로 적절하지 <u>않은</u> 것은?

① (가) : 샤프츠베리는 인간을 신의 피조물이자, 예술품을 만들 수 있는 존재로 본다.

② (가) : 샤프츠베리는 취미가 지속적인 교육과 계발을 통해 얻을 수 있는 것이라고 본다.

③ (나) : 듀이는 경험의 주체인 인간을 환경과 긴밀하게 연결되는 유기체로 본다.

④ (나) : 듀이는 의도한 목적이 달성되는 완결에 이르지 못한 경험은 '하나의 경험'이 아니라고 본다.

⑤ (나) : 듀이는 기술적 정교함만으로는 '하나의 경험'으로서의 창작 행위가 성립될 수 없다고 본다.

014

무관심성 을 바탕으로 대상의 가치를 판단한 사례로 가장 적절한 것은?

① 별을 보고, 별의 탄생 원리를 밝혀 학문적 성취를 이루고자 하는 것

② 바다를 보고, 물결이 끝없이 이어져 있는 바다의 광활함에 감탄하는 것

③ 은행나무를 보고, 은행잎이 노랗게 물든 것도 모른 채 그 옆을 무심히 지나가는 것

④ 조각상을 보고, 좋아하는 작가의 작품이라는 것을 알게 되어 이를 소장하고자 하는 것

⑤ 꽃을 보고, 그 꽃이 연인에게 사랑을 전달하기에 적합한 아름다움을 가지고 있다고 여기는 것

015

㉠과 ㉡을 이해한 내용으로 가장 적절한 것은?

① ㉠은 미를 객관적으로 감지하는 수단이고, ㉡은 객관적으로 파악된 미적 대상의 특성이다.

② ㉠은 미를 감지하는 독립적인 능력이고, ㉡은 경험 대상과의 상호 작용을 통해 나타나는 성질이다.

③ ㉠은 주체가 대상의 특성을 판단한 결과이고, ㉡은 경험 대상이 주체의 특성을 만들어 낸 결과이다.

④ ㉠은 초월적인 존재가 부여하는 특성이고, ㉡은 경험 주체의 경험이 의도한 목적에서 벗어나지 않게 해 주는 수단이다.

⑤ ㉠은 미적 대상을 감각할 때 즉각적으로 발현되는 능력이고, ㉡은 미적 대상을 창작하는 과정에서 습득하게 되는 능력이다.

016

(가), (나)를 이해한 학생이 <보기>의 ⒜에 대해 보인 반응으로 적절하지 않은 것은? [3점]

| 보 기 |

　라파엘로는 토론을 바탕으로 한 지식 탐구의 중요성을 드러내기 위해 ⒜ '아테네 학당'이라는 그림을 창작하였다. 그는 책을 들고 탐구하는 모습, 토론에 열중하는 모습 등 실존했던 철학자들을 다양한 모습으로 묘사하였는데, 한 사람 한 사람을 그릴 때마다 이 묘사가 지식 탐구의 중요성을 드러내기에 적합한지를 고려하면서 창작하였다. 또한 건축물과 인물들을 완벽한 대칭과 비례에 따라 균형 있게 구성하였고, 감상자가 공간의 깊이감과 현실감을 느끼도록 원근법을 사용하였다. 이 작품을 감상한 사람들은 원근법을 통해 실제 그 공간 속에 있는 듯한 현실감을 느낀다고 평가하였다. 한편, 그림 속 일부 인물들은 분명하게 식별이 안 되어 인물들의 정체에 대해 다양한 해석과 논쟁이 발생하기도 하였다.

① 샤프츠베리는 대칭과 비례에 따라 건축물과 인물을 균형 있게 배치한 ⒜의 형식적 구성이 우주의 속성을 드러낸다고 보아 아름답다고 판단하겠군.

② 듀이는 라파엘로가 ⒜에 원근법을 사용하여 감상자에게 현실감이 느껴지도록 의도했다는 점에서, 창작자가 감상자를 고려한 '하나의 경험'으로서의 창작 행위를 한 것으로 보겠군.

③ 듀이는 라파엘로가 지식 탐구의 중요성을 드러내기에 적합한지 고려하며 ⒜의 각 인물을 그려 나간 것을, 창작자 스스로가 감상자로서의 관점에서 행위를 선택하고 결정해 나간 과정으로 보겠군.

④ 샤프츠베리는 ⒜를 자신이 생각하는 미의 위계 중 가장 낮은 등급에 해당하는 대상으로 보고, 듀이는 ⒜를 감상자에 의해 그 작품의 의미가 재창조될 수 있는 대상으로 보겠군.

⑤ ⒜의 인물에 대한 다양한 해석과 논쟁에 대해 샤프츠베리는 취미가 왜곡되어 나타난 결과로 보고, 듀이는 감상자만의 관점에 따라 작품을 감상하는 연습이 부족해서 나타난 결과로 보겠군.

017

문맥상 ⓐ~ⓔ와 바꿔 쓰기에 적절하지 않은 것은?

① ⓐ : 여겨진다
② ⓑ : 나타나는
③ ⓒ : 세워지는
④ ⓓ : 서로 다르게
⑤ ⓔ : 마주하는

[018~022] **2024년 6월 학평 16번~20번** 정답과 해설편 p.264

다음 글을 읽고 물음에 답하시오.

5문항을 11분 안에 풀어보세요. **11분**

(가)

흔히 예술이라고 하면 고상한 소재를 활용하여 아름다움이나 만족감을 주는 특별한 작품이나 행위를 떠올린다. 하지만 현대 예술에서는 고상함을 찾기 힘든 일상적 소재를 활용하기도 하고 추함이나 불쾌감을 전달하기도 한다. 이러한 경향에 큰 영향을 준 것이 바로 아방가르드이다. 아방가르드는 주력 부대가 전진할 수 있도록 새로운 길을 개척하는 병사를 일컫는 말에서 유래한 예술 용어로, 예술에 대한 기존의 통념에 저항하고 새로운 예술의 모습을 제시하는 혁신적인 예술 운동이다.

아방가르드의 탄생은 '예술이란 무엇인가'라는 물음과 관련이 있다. 근대 이전까지의 예술은 독립적인 영역으로 인정받지 못했으며 집단의 종교적 목적이나, 왕이나 귀족 개인의 세속적 목적을 충족시키기 위한 종속적인 수단이었다. 예술가 또한 종교나 궁정에 소속된 일개 기술자에 불과하다고 인식되었다. 반면 근대의 예술은 그 자체로 아름다움이나 만족감 등 고유한 미적 체험을 줄 수 있는 독립적인 영역으로 인식되었고, 예술가도 특별한 재능을 바탕으로 작품을 창작하는 주체로 인정받게 되었다. 하지만 권위 있는 비평가들에게 작품의 아름다움을 인정받기 위해, 예술가들은 예술적 전통과 관습이라는 당대의 미학적 기준을 철저히 따를 수밖에 없었다. 당대의 미학적 기준은 예술을 고유의 영역으로 독립시켰지만, 오히려 전통과 관습에 종속되게 한 채 새로움을 잃게 만들었다. 아방가르드는 이러한 미학적 기준에 저항하고, 새로운 예술의 기준을 제시하면서 예술의 자율성을 확립하기 위해 탄생하였다.

아방가르드의 관점에서 예술가는 전통이나 관습에 적극적으로 저항하면서 새로운 미래나 방향성을 제시하는 주체라고 볼 수 있다. 새로운 예술의 모습을 제시하기 위해, 아방가르드 예술가들은 추하고 난해한 그림을 그리거나 알아들을 수 없는 말로 된 시를 낭송하는 등 의도적으로 당대의 미학적 기준에 저항하였다. 또한 변기, 자전거 바퀴 등 일상적인 소재들을 창작에 활용하거나, 예술 활동이 특별하고 독창적인 일이라는 통념을 깨기 위해 일상적 활동을 활용하여 예술과 일상의 구분을 무너뜨렸다. 아울러 새로운 기술이나 매체를 적극적으로 예술 활동에 적용하였으며, 특별한 재능을 가진 사람만이 예술을 완성한다는 통념에서 벗어나 관객이 작품에 참여하거나 작품을 수정할 수 있게 하여 예술가와 관객의 경계를 파괴하였다.

예술계는 아방가르드가 제시한 예술을 처음에는 거부했지만 이후 새로운 경향으로 인정하였고, 이를 바탕으로 한 수많은 사조와 작품들이 주류 예술로 편입되었다. 그런데 ㉠ 이러한 변화가 역설적이게도 아방가르드의 본질을 상실하게 만들어 아방가르드 운동은 쇠퇴하였다. 하지만 새로움과 저항이라는 가치로 예술의 새로운 모습을 제시한다는 아방가르드의 본질은 후대의 다양한 예술 분야에 큰 영향을 미쳤다.

(나)

기술 발달과 아방가르드 예술의 영향으로 등장한 비디오 아트 는 비디오 카메라로 촬영한 영상을 텔레비전과 같은 대중 매체를 활용해 상영하는 방식에 기반한 미술의 한 갈래이다.

비디오 아트는 미술이 대중문화에 위축되어 그 역할과 위상이 흔들리자 그 대안으로 제시되었다. 1960년대 미국을 중심으로 한 텔레비전의 보급은 대중문화의 확산을 가져왔다. 하지만 텔레비전에서 방영되는 영상은 국가나 기업에 의해 일방적으로 편성된 것이었다. 그 내용은 국가의 이념이나 상업적 가치, 흥미 위주로 구성되었으며, 대중들은 이러한 일방적인 메시지를 수동적으로 받아들일 수밖에 없었다. 이러한 상황에서 가정용 비디오 카메라의 보급은 누구나 저렴한 비용으로 손쉽게 영상을 촬영하고 배포하는 것을 가능케 했다. 이는 메시지를 일방적으로 수용했던 대중을 메시지를 적극적으로 생산하고 소통하는 주체로 변화시켰다. 이런 맥락에서 탄생한 비디오 아트는 텔레비전이라는 새로운 매체와 새로운 표현 방식을 통해 기존 예술에서 흔히 볼 수 없었던 대중문화에 대한 저항, 시공간적 제약으로부터의 자유, 창작자와 관람객의 상호 소통을 지향한다.

비디오 아트의 유형은 형태를 기준으로 비디오 영상과 설치 비디오로 나뉜다. 비디오 영상은 맥락 없는 이미지, 빈 화면 등의 실험적 이미지나 비판적 내용을 담아 만든 영상 자체를 의미한다. 설치 비디오는 영상을 텔레비전 등 다양한 사물이나 장치와 결합하여 제작한 설치물이다. 설치 비디오에는 예술가가 텔레비전의 일방 소통적 특성을 비판하기 위해 기계 장치로 텔레비전의 기능을 자의적으로 왜곡하여 변형된 화면을 보여주는 것이 있다. 또 예술가가 다양한 장비를 활용하여 작품이 관람객의 행동이나 주위의 환경에 따라 반응하여 변하도록 만든 것도 있다.

이처럼 비디오 아트는 대중문화에 대한 저항과, 작품이 이미 완결된 것이라는 고정관념에서 벗어나 언제든지 우연한 사건의 개입으로 변화될 수 있다는 것을 보여주었다. 이는 관람객의 역할을 단순한 감상자에서 예술 작품 완성의 주체로 변화시켰다는 점에서 예술의 새로운 모습을 보여주었다는 의의가 있다.

018

(가), (나)에 대한 설명으로 가장 적절한 것은?

① (가)는 중심 개념을 바라보는 여러 학자들의 견해를 제시하고 있다.

② (나)는 중심 개념의 의의와 한계를 분석하고 있다.

③ (가)와 (나)는 모두 중심 개념의 변화 과정을 제시하고 있다.

④ (가)와 (나)는 모두 중심 개념을 정의하고 그 등장 배경을 밝히고 있다.

⑤ (가)와 (나)는 모두 중심 개념의 하위 유형 구분 기준을 명시하고 관련 사례를 제시하고 있다.

019

(가)를 이해한 내용으로 적절하지 않은 것은?

① 근대 이전의 예술가는 기술자에 불과하다고 인식되었다.
② 근대에는 예술과 예술가에 대한 인식의 변화가 일어났다.
③ 아방가르드라는 용어는 예술이 아닌 다른 분야에서 유래하였다.
④ 근대 이전의 예술은 예술가의 세속적 목적을 충족시키기 위해 이루어졌다.
⑤ 근대의 예술가들이 전통을 따랐던 이유는 작품의 아름다움을 비평가들에게 인정받기 위해서였다.

020

⊙의 이유를 추론한 것으로 가장 적절한 것은?

① 아방가르드가 주류 예술에 편입되어 더 이상 새로운 예술이 아니게 되었기 때문이다.
② 아방가르드 운동의 쇠퇴로 인해 이를 뛰어넘는 새로운 예술이 등장하였기 때문이다.
③ 아방가르드를 바탕으로 한 작품들이 등장하면서 기존의 주류 예술을 보완한 사조들을 형성하게 되었기 때문이다.
④ 아방가르드가 추구하는 예술가의 모습이 기존의 주류 예술계에서 인식하는 예술가의 모습과 같지 않기 때문이다.
⑤ 아방가르드가 제시하고 있는 예술의 방향성이 기존의 주류 예술계가 요구하는 미학적 기준에 부합하지 않기 때문이다.

021

비디오 아트 를 이해한 내용으로 적절하지 않은 것은?

① 대중문화로 인해 미술의 역할과 위상이 흔들리자 그 대안으로 제시된 장르이다.
② 손쉽게 촬영할 수 있는 기기를 통해 창작자와 관람객의 상호 소통을 지향하는 예술이다.
③ 대중문화의 확산을 일으킨 매체를 활용하여 대중문화에 대한 저항을 표현하는 예술이다.
④ 기술의 발달로 인한 변화를 활용하여 시공간적 제약으로부터의 자유를 추구하는 예술이다.
⑤ 메시지의 생산과 수용 과정에서 이루어졌던 국가와 대중의 기존 역할이 서로 전환되는 예술이다.

022

윗글을 바탕으로 〈보기〉의 ⓐ, ⓑ를 이해한 내용으로 가장 적절한 것은? `3점`

| 보 기 |
○ 무대 공연을 위해 만들어진 백남준의 ⓐ〈TV 첼로〉는 1971년에 제작된, 첼로에 텔레비전 세 대를 결합한 형태의 작품이다. 이 작품에서 출력되는 영상은 첼리스트의 즉흥 연주나 행동에 반응하여 변형된다.
○ 백남준의 ⓑ〈닉슨〉은 텔레비전 두 대에 변조 장치를 결합한 작품으로, 화면에 계속 등장하는 닉슨 대통령의 얼굴을 여러 형태로 일그러뜨려 희화화한 이미지를 관객에게 보여준다.

① 설치 비디오 유형에 해당하는 ⓐ는, 새로운 매체를 예술 활동에 적용했다는 점에서 새로운 예술의 모습을 제시하였다고 볼 수 있겠군.
② 텔레비전 기능의 자의적 조정을 보여주는 ⓐ는, 기존 예술에서 보였던 예술가와 관객 사이의 경계를 파괴하려 하였다고 볼 수 있겠군.
③ 비디오 영상 유형에 해당하는 ⓑ는, 예술에 대한 기존 통념에 저항함으로써 새로운 예술의 모습을 제시하였다고 볼 수 있겠군.
④ 작품에 언제든 우연한 사건이 개입되어 변할 수 있다는 것을 보여주는 ⓑ는, 일상적인 소재를 활용하여 예술의 소재에 대한 기존 관점의 문제점을 드러냈다고 볼 수 있겠군.
⑤ 실험적 이미지를 활용한 ⓐ와 ⓑ는, 일상적 활동을 예술에 적용하여 기존의 예술적 전통을 발전시킴으로써 새로운 예술의 모습을 제시하였다고 볼 수 있겠군.

[023~026] 고3 | 2010학년도 9월 모평 44번~47번 정답과 해설편 p.267

다음 글을 읽고 물음에 답하시오.

4문항을 9분 안에 풀어보세요. 9분

기차 안에서처럼 두 개의 의자가 서로 마주보고 있고, 그 옆에는 스크린이 창문처럼 설치되어 있다. 관람객들이 이 의자에 앉아 대화를 나누면 대화 속의 단어들에 상응하는 이미지들이 화면 가득히 나타나 입체적 영상을 만들어 낸다. 이는 소머러와 미그노뉴의 디지털 아트 작품인 「인터넷 타기」에 대한 설명이다. 이와 같은 최근의 예술적 시도들은 ㉠ 작품과 수용자 사이의 경계를 넘어 작품의 생성과 전개에 수용자를 참여시킴으로써 ㉡ 작품과 수용자 사이의 상호 작용을 가능하게 한다.

이는 분명 종래의 예술관에 대한 도전이다. 종래의 예술관은 수용자의 참여를 허락하지 않았을 뿐만 아니라 예술 감상을 미적 관조로 한정하고 있었기 때문이다. 즉 예술 작품에 대한 감상은 ㉢ 예술 이외의 모든 관심과 욕구로부터 ⓐ 초연한 상태에서 가능하다는 것이다. 더구나 이러한 관조적 태도와 함께 예술 작품 자체도 모든 것에서 벗어난 순수한 객체가 됨으로써 이제 예술은 그 어떤 ⓑ 권위도 침해할 수 없는 자율적 영역이 된다. 이 때문에 종종 예술은 쓸모없는 것으로 평가절하되기도 하지만, 현실의 모든 ⓒ 긴장과 갈등으로부터 벗어날 수 있는 ㉣ 해방 공간으로 승화되기도 한다.

그렇다면 최근의 예술적 시도들이 예술을 상호 작용 공간으로 만들 경우 미적 해방 공간마저 일상적 삶의 긴장과 갈등, 그리고 예술 이외의 관심과 욕구로 얼룩지고 마는 것인가? 넓게 보자면 인간은 세상과의 상호 작용 속에서 살고 있기 때문에 인간의 경험이란 세상과의 ⓓ 부단한 상호 작용의 결과이다. 상호 작용이 외적·내적 요인으로 인해 긴장과 갈등을 낳을 때, 인간의 경험은 대립과 분열 속에 빠지며, 이것이 지속될 때 삶은 위기를 맞는다. 반면 각각의 상호 작용의 고유성이 보호되면서도 이것이 하나의 전체 속에서 통일될 때 인간의 삶은 ⓔ 극치를 이룬다. 존 듀이는 이러한 통일성에 대한 체험을 ㉤ 미적 체험으로 간주한다. 물론 이러한 미적 체험은 현실적 삶에서 실현되기 어렵다. 오히려 이것은 예술 작품 속에서 상이한 요소, 행동, 사건, 주체들이 고유성을 상실하지 않으면서도 하나의 통일성을 이룰 때 가능하다.

이런 점에서 듀이는 예술의 신성화가 아니라, 예술의 세속화 를 원한다. 대립되고 분열된 일상의 수많은 상호 관계와 경험들은 이 세상 속에서 미적 체험으로 통합되어야 한다. ㉺ 상호 작용을 강조하는 예술적 시도가 이러한 미적 체험을 실험하고 연습하는 장을 만든다면, 이는 예술 작품을 넘어 삶 속에서도 미적 체험을 성취하는 데 기여할 것이다.

023

㉠~㉤에 대한 이해로 적절하지 **않은** 것은?

① ㉠ : 예술 작품을 창작하는 데 수용자의 참여를 배제함으로써 예술 작품을 예술가만의 창작 결과로 만드는 것을 말한다.
② ㉡ : 수용자가 완결성을 갖는 작품을 변형하면서 이를 감상하는 것을 말한다.
③ ㉢ : 실용적, 윤리적, 정치적 목적을 달성하려는 욕구 혹은 과학적 호기심 등 예술 작품 자체를 향유하려는 것 이외의 관심과 욕구를 말한다.
④ ㉣ : 사람들이 삶의 긴장과 갈등으로부터 벗어나 오직 예술 작품에만 관심을 집중하는 상태를 말한다.
⑤ ㉤ : 한 인간이 맺고 있는 수많은 관계가 서로 조화를 이루어 자신의 삶에 대해 아름다움을 느끼는 것을 말한다.

024

〈보기〉의 입장에서 '예술의 세속화'에 대해 비판적으로 반응할 때, 적절하지 **않은** 것은?

| 보 기 |
쇼펜하우어에 따르면 이 세상은 의지의 표현이며, 이 의지는 스스로를 보존하려는 맹목적 충동일 뿐이다. 이 충동은 하나가 만족되면 새로운 충동으로 이어지고, 결국 인간은 맹목적 충동의 사슬이 불러일으키는 불만족과 갈등에 시달린다. 미적 관조는 이러한 고통으로부터 벗어날 수 있는 길이며, 인간은 잠시나마 이를 통해 불교에서 말하는 해탈의 경지에 이르게 된다.

① 예술의 세속화는 자기 보존을 둘러싼 대립과 갈등 때문에 실현 불가능한 것은 아닐까?
② 예술의 세속화는 상호 관계를 강조함으로써 결국 예술의 순수성을 위협하는 것은 아닐까?
③ 예술의 세속화는 역으로 예술을 인간의 맹목적 충동에 종속시킬 위험성을 갖는 것은 아닐까?
④ 예술의 세속화는 오히려 인간이 현실적 고통에서 벗어날 수 있는 길을 차단하는 것은 아닐까?
⑤ 예술의 세속화는 미적 관조를 현실 세계로 확산시키므로 삶의 통일성에 대한 경험을 가로막는 것은 아닐까?

025

윗글의 「인터넷 타기」에 대한 관람객의 반응 중, ㉮의 입장에 가장 가까운 것은?

① 전화기라는 단어를 말했다. 수많은 종류의 전화기가 실제 보는 것처럼 입체적으로 나타났다. 아마 작가는 영상을 활용하여 사물의 생생함을 전달하려고 한 것 같았다.

② 얼굴이란 단어를 말하자 수많은 얼굴 모습이, 인간을 말하자 각양각색의 사람들 이미지가 나타났다. 한순간이나마 세상의 관심과 욕구에 초연한 채 바로 내가 순수한 예술가가 된 것 같았다.

③ 정말 재미있었다. 내가 하는 말이 바로 영상으로 나타났고, 스크린을 만지니 영상이 정지하기도 했다. 나는 이 단어, 저 단어를 말하며 다양한 영상을 보았다. 컴퓨터 기술이 이렇게까지 발전한 것에 감탄했다.

④ 우리는 대화를 나누며 인터넷 검색하듯이 대화 속의 단어에 상응한 이미지를 볼 수 있었다. 그런데 스크린에 이미지로 등장한 사물들은 일상 생활의 맥락에서와는 달리 무언가 신비스런 느낌을 주는 것 같았다.

⑤ 생활이 어려워 결혼반지를 팔았던 일을 아내가 이야기했다. 그런데 똑같지는 않지만, 반지의 모습이 나타난 것이다. 우리는 옛일을 회상했다. 삶과 작품 공간이 하나가 되고, 이 속에서 아내와 나도 하나 되는 느낌을 받았다.

026

ⓐ~ⓔ의 사전적 의미로서 적절하지 <u>않은</u> 것은?

① ⓐ : 어떤 현실 속에서 벗어나 그 현실에 아랑곳하지 않고 의젓하다.

② ⓑ : 일정한 분야에서 사회적으로 인정을 받고 영향력을 끼칠 수 있는 위신.

③ ⓒ : 마음을 조이고 정신을 바짝 차림.

④ ⓓ : 아주 가깝게 맞닿아 있다. 또는 그런 관계에 있다.

⑤ ⓔ : 도달할 수 있는 최고의 정취나 경지.

1회 미니모의고사

[001~005]   2019년 9월 학평 16번~20번   정답과 해설편 p.270

다음 글을 읽고 물음에 답하시오.

서양 철학은 ㉠ 존재에 대한 물음에서 시작되었다. 고대 그리스 철학자 파르메니데스는 있는 것은 있고 없는 것은 없다고 말했다. 그는 어떤 존재가 있다가 없어지고 없다가 있게 되는 일은 불가능하다며 존재의 생성과 변화, 소멸을 부정했다. 그에게 존재는 영원하며 절대적이고 불변성을 가지는 것이었다. 이에 반해 헤라클레이토스는 존재의 생성과 변화를 긍정했다. 그는 존재하는 모든 것이 변화의 과정 중에 있으며 끊임없이 생성과 소멸을 반복하는 것이라고 생각했다. 존재에 대한 두 철학자의 견해는 플라톤의 이데아론에 영향을 주었다. 플라톤은 존재를 끊임없이 변하는 존재와 영원히 변하지 않는 존재로 나누었다. 그는 우리가 경험하는 현실 세계의 존재는 변한다고 생각했다. 그리고 현실 세계에 존재하는 모든 것의 근원을 이데아로 ⓐ 상정하고 이데아를 영원하고 불변하는 존재, 그 자체로 완전한 진리로 여겼다. 반면에 현실 세계의 존재는 이데아를 모방한 것일 뿐 이데아와 달리 불완전하다고 보았다. 또한 감각을 통해 인식할 수 있는 현실 세계의 존재와 달리 이데아는 오직 이성에 의해서만 인식할 수 있다는 이성 중심의 사유를 전개했다. 플라톤의 이러한 철학적 견해는 이후 서양 철학의 주류가 되었다.

그러나 플라톤의 견해를 바탕으로 한 서양 철학의 주류적 입장은 근대에 이르러 니체에 의해 강한 비판을 받았다. 헤라클레이토스의 견해를 받아들인 니체는 영원히 변하지 않는 존재, 절대적이고 영원한 진리는 없다고 주장했다. 또한 우리가 살고 있는 현실 세계가 유일한 세계라면서 '신은 죽었다'라고 선언하며 형이상학적 이원론*이 말하는 진리, 신 중심의 초월적 세계, 합리적 이성 체계 모두를 부정했다. 니체는 형이상학적 이원론이 진리를 영원불변한 것으로 고정하고, 현실 너머의 이상 세계와 초월적 대상을 생명의 근원으로 설정함으로써 인간이 현실의 삶을 부정하도록 만들었다고 보았다. 그래서 생명의 근원과 삶의 의미를 상실한 인간은 허무에 ⓑ 직면하게 되었다는 것이다.

니체는 허무에서 벗어나기 위해서는 생명의 본질을 ⓒ 회복해야 한다고 했다. 그는 인간이 자신의 삶을 지탱할 수 있게 하는 것을 '힘에의 의지'로 보았다. 니체가 말하는 '힘에의 의지'는 주변인이나 사물을 자기 마음대로 지배하고 억압하려는 의지가 아니라 자기 극복을 이끌어 내고 생명의 상승을 지향하는 의지로 이해할 수 있다. 니체는 이러한 '힘에의 의지'가 생성과 변화의 끊임없는 과정 중에서 창조적 생성 작용을 하는데, 그 최고의 형태가 예술이라고 했다. 그는 본능에 내재한 감성을 바탕으로 하는 예술적 충동을 중시하였고, 예술가의 창작 활동을 인간의 삶의 가치 상승을 도와주는 '힘에의 의지'로 보았다. 그는 예술을 통해 생명력을 회복하고 허무를 극복할 수 있음을 강조한 것이다.

이러한 니체의 철학적 견해는 20세기 초의 예술가들에게 많은 영향을 주었는데, 특히 회화에서 독일의 표현주의가 니체의 철학을 ⓓ 수용했다. 표현주의는 전통적인 사실주의 미학을 따르지 않았다. 사실주의 미학은 형이상학적 이원론에 근거하여 존재와 진리의 참모습을 모방하는 것을 예술의 목적으로 받아들이는 재현의 미학이었다. 그러나 니체의 철학적 관점에서 예술을 이해한 표현주의 화가들은 예술의 목적을 대상의 재현이 아니라 인간의 감정과 충동을 표현하는 것으로 생각했다. 그들은 사실주의 미학에서 이성보다 열등한 것이라고 여겼던 감정을 존재의 본질을 드러내는 것으로 보았다. 그들이 생각하는 인간의 감정은 시시각각 변화하며 생성과 소멸을 반복하는 것이었기에 그림을 그리는 동안에도 매 순간 변화하는 감정을 중시했다. 그래서 대상의 비례와 고유한 형태를 왜곡하고, 색채도 실제보다 더 강하게 과장해서 그리거나 대비되는 원색을 대담하게 사용하는 등의 방법을 통해 자신의 감정과 충동을 표현했다. 또한 원근법에 얽매이지 않는 화면 구성을 보임으로써 작품에서 드러나는 공간이 현실 공간의 재현이 아니라 화가 자신의 감정을 표현하기 위한 상징과 의미를 생산하는 공간이라는 인식을 드러냈다.

표현주의 화가들은 이성과 합리성의 가치를 추구하던 당시 사회의 분위기에 ⓔ 반발하며 예술가로서의 감정적, 주관적인 표현을 예술이 추구해야 하는 가치로 보았다. 그들은 자유로운 형태와 색채로 자신들이 가지고 있던 내면의 불안, 공포, 고뇌 등을 예술로써 극복하려고 노력하면서 강한 생명력을 보여 주었다. 결국 화가의 내면을 적극적으로 표현했던 표현주의는 니체의 철학을 근거로 예술에 대한 새로운 해석을 보여 주었다고 할 수 있다.

* 형이상학적 이원론 : 세계를 경험의 세계와 경험을 초월한 세계로 나누고, 사물의 본질과 존재의 근본 원리를 사유를 통해 연구하는 이론

001

윗글에 대한 설명으로 가장 적절한 것은?

① 니체의 철학적 개념을 예술 양식의 발전 단계에 따라 정리하고 있다.

② 예술에 대한 니체의 견해가 시대에 따라 달리 평가받는 원인을 분석하고 있다.

③ 예술에 대한 니체의 시각과 서양 철학의 주류적 입장의 장단점을 비교하고 있다.

④ 예술에 대한 여러 철학자들의 견해가 니체에 의해 통합되는 과정을 살펴보고 있다.

⑤ 서양 철학의 주류적 입장을 부정하는 니체의 철학이 예술에 미친 영향을 설명하고 있다.

002

⊙에 대한 이해로 가장 적절한 것은?

① 헤라클레이토스와 니체는 ⊙이 변화한다고 생각했다.
② 파르메니데스와 플라톤은 ⊙이 불완전하다고 여겼다.
③ 플라톤과 헤라클레이토스는 영원히 변하지 않는 ⊙이 있다고 보았다.
④ 파르메니데스는 헤라클레이토스와 달리 ⊙의 생성을 긍정했다.
⑤ 플라톤은 니체와 달리 ⊙의 근원을 감각을 통해 인식할 수 있다고 보았다.

003

윗글에 나타난 표현주의 화가들 의 생각으로 적절하지 <u>않은</u> 것은?

① 인간의 감정을 존재의 본질을 드러내는 것으로 인식했다.
② 존재와 진리의 참모습을 모방하는 것이 중요하다고 여겼다.
③ 시시각각 변화하며 생성과 소멸을 반복하는 감정을 중시했다.
④ 예술가로서의 주관적 표현을 예술이 추구해야 하는 가치라고 생각했다.
⑤ 작품에서 드러나는 공간을 화가의 감정을 표현하기 위한 공간으로 인식했다.

004

윗글에 나타난 니체의 사상과 연결 지어 〈보기〉의 작품을 감상한 내용으로 가장 적절한 것은? 3점

| 보기 |

　독일 표현주의 화가인 키르히너의 〈해바라기와 여인의 얼굴(1906)〉은 창가에 놓인 해바라기 꽃병과 여인의 모습을 그린 작품으로 화가의 내면이 잘 표현되었다는 평가를 받는다. 해바라기는 노란색, 꽃병은 녹색, 배경은 주황색의 화려한 원색으로 그려져 있고, 해바라기 앞의 여인은 슬프고 우울해 보인다. 활짝 핀 해바라기의 윤곽은 빨갛고 두터운 선으로 그려져 해바라기의 노란색과 대비를 이루고 있다. 또한 여인보다 뒤에 있는 해바라기 꽃병이 더 크게 그려진 화면 구성을 보이고 있다.

① 여인을 슬프고 우울해 보이게 그린 것을 보니 인간은 결코 허무를 극복할 수 없다는 니체의 철학과 관련된 것으로 볼 수 있겠군.
② 해바라기를 강조한 화면 구성을 보니 현실 너머의 이상 세계를 생명의 근원이라고 여긴 니체의 견해가 반영된 것으로 볼 수 있겠군.
③ 해바라기의 노란색과 윤곽의 빨간색을 대비한 것을 보니 초월적 세계를 재현한 것이 현실 세계라는 니체의 입장과 관련된 것으로 볼 수 있겠군.
④ 해바라기, 꽃병, 배경 등을 화려한 원색으로 그린 것을 보니 감성을 바탕으로 한 예술적 충동을 중요하게 여겼던 니체의 생각에 영향을 받은 것으로 볼 수 있겠군.
⑤ 해바라기 꽃병과 여인을 원근법에 어긋나게 그린 것을 보니 인간은 자기 주변의 사물을 지배해야 한다는 의지를 강조한 니체의 주장이 수용된 것으로 볼 수 있겠군.

005

ⓐ~ⓔ의 사전적 의미로 적절하지 <u>않은</u> 것은?

① ⓐ : 어떤 정황을 가정적으로 생각하여 단정함.
② ⓑ : 어떠한 일이나 사물을 직접 당하거나 접함.
③ ⓒ : 온전하게 보호하여 유지함.
④ ⓓ : 어떠한 것을 받아들임.
⑤ ⓔ : 어떤 상태나 행동 따위에 대하여 거스르고 반항함.

[006~010] 2020년 11월 학평 20번~24번 정답과 해설편 p.273

다음 글을 읽고 물음에 답하시오.

특정 산업에서 선발 기업이 후발 기업보다 기술력이나 마케팅 능력 면에서 더 뛰어나다는 점을 고려하면, 선발 기업이 산업의 주도권을 유지하는 것이 자연스러워 보인다. 그런데 오늘날의 국제 경제 환경에서는 후발 기업이 선발 기업을 따라잡아 산업의 주도권이 선발 기업에서 후발 기업으로 이동하는 현상이 종종 관찰된다. 이러한 현상을 설명하는 이론으로 추격 사이클 이론이 있다.

산업의 주도권 이동과 관련하여 기업에는 세 가지 기회의 창이 열릴 수 있다. 첫 번째는 새로운 기술의 등장이다. 기존에 없었던 새로운 기술이 등장하는 경우에 선발 기업과 후발 기업은 비교적 동등한 출발점에 서게 된다. 선발 기업이 자신들의 기존 기술을 최대한 활용하고 싶은 미련을 버리지 못해 새로운 기술의 도입을 주저할 때 후발 기업이 새로운 기술을 도입한다면 선발 기업보다 유리한 상황에 놓일 수 있다. 두 번째는 시장의 갑작스러운 변화이다. 경기 순환 또는 새로운 소비자층의 등장과 같은 변화가 여기에 속하는데, 이는 새로운 기술의 등장과 마찬가지로 반복해서 발생한다. 특히 불황기에 일부 선발 기업은 적자로 인해 자원을 방출하기도 하는데, 이때 후발 기업은 이런 자원을 적은 비용으로 이용할 수 있다. 또 불황기에는 기술 이전과 지식 획득이 쉬워지고 비용도 저렴해질 수 있는데, 이 역시 후발 기업에게 이득이 될 수 있다. 세 번째는 정부의 규제 혹은 직접적인 지원이다. 이를 통해 선발 기업과 후발 기업의 비대칭적인 환경이 조성될 때 선발 기업은 시장에서 불리한 위치에 놓이게 된다. 이때 비대칭적인 환경의 의미는 정부가 산업 진입 허가 또는 보조금 등을 통해 선발 기업을 자국 시장에서 불리한 위치에 놓이게 한다는 것이다. 이는 후발 기업이 시장에 진입하면서 생기는 불리함을 상쇄할 수 있는 계기로 작용한다.

이런 기회의 창과 관련해 산업의 주도권 이동은 '정상 사이클', '중도 실패 사이클', '슈퍼 사이클'이라는 세 가지 종류의 추격 사이클로 설명이 가능하다. 이 중 정상 사이클은 다음의 네 단계를 모두 경험하는 경우이다. 제1단계는 진입 단계이다. 국영 기업 혹은 정부의 지원을 받는 민간 기업이 후발 기업으로 나타날 때, 이들은 보조금 등의 이점으로 선발 기업에 비해 일정한 비용 우위를 누린다. 제2단계는 점진적 추격 단계이다. 이 단계에서 후발 기업들은 점차 투자를 위한 이윤을 확보해 시장 점유율을 높여 간다. 투자를 위한 이윤의 확보는 선발 기업보다 후발 기업에서 일어날 가능성이 높다. 왜냐하면 선발 기업의 주주들은 투자를 위한 이윤의 확보보다는 배당*을 더 선호하는 경향이 있지만 후발 기업의 주주들은 상대적으로 반대의 경향을 보이기 때문이다. 그러나 점진적 추격 단계에 도달한 후발 기업이 저부가 가치 제품 시장에서 고부가 가치 제품 시장으로 이동하지 못하면 다음 단계로 넘어가지 못할 가능성이 높은데, 이 경우를 중도 실패 사이클이라 한다. 제3단계는 추월 단계이다. 이 단계에서 후발 기업은 확보된 이윤을 새로운 기술과 같은 기회에 신속하고 과감하게 투자하고 채택하여 산업 주도권에 갑작스럽고 큰 변화를 일으킨다. 그 결과 선발 기업은 후발 기업에 밀려 추락을 경험하게 된다. 제4단계는 추락 단계이다. 새롭게 리더가 된 후발 기업이 새 기술 및 소비 패턴의 변화를 놓친다면 이 단계에서 다른 도전자에 밀려 추락하게 된다. 그런데 제3단계에서 선발 기업을 추월한 후발 기업이 기술, 시장, 또는 규제의 변화 등에 민첩하게 대응하는 경우 산업의 주도권을 오랫동안 유지할 가능성이 높은데, 이 경우를 슈퍼 사이클이라고 한다.

결국 기업의 추격 사이클은 기회의 창들에 대한 기업의 전략적 선택에 따른 결과라고 할 수 있다. 이런 관점에서 추격 사이클 이론은 특정 요소 결정론적이기보다는 ⊙ 외부적 요인과 주체적 요인을 모두 중시한다고 할 수 있다.

* 배당 : 주식을 보유한 사람들에게 그 지분에 따라 기업이 이윤을 분배하는 것

006

다음은 윗글에 대한 한 줄 평이다. 주제를 고려할 때 밑줄 친 부분에 들어갈 내용으로 가장 적절한 것은?

> ＿＿＿＿＿＿＿＿＿＿＿＿＿ 가 궁금한 분에게 추천합니다.

① 추격 사이클 이론에 대한 비판의 쟁점이 무엇인지
② 기업의 전략적 선택이 정부 정책에 미치는 영향이 무엇인지
③ 산업의 주도권 이동이 초래한 국제 경제의 위기는 무엇인지
④ 산업의 주도권 이동이 기업들 사이에서 어떻게 이루어지는지
⑤ 산업의 주도권을 가진 기업이 각종 경제 규제를 어떻게 극복하는지

007

윗글의 내용과 일치하지 <u>않는</u> 것은?

① 산업 진입 허가와 관련된 정부의 규제를 통해 선발 기업이 자국 시장에서 불리해질 수 있다.

② 새로운 기술은 선발 기업과 후발 기업이 비교적 동등한 출발점에서 경쟁을 할 수 있게 해 준다.

③ 시장의 갑작스러운 변화 중에는 기술 이전과 지식 획득이 쉬워지는 상황이 조성되는 경우가 있다.

④ 국영 기업은 후발 기업으로 나타날 때 선발 기업에 대한 정부의 보조금으로 비용 우위를 누리기 어렵다.

⑤ 경기 순환에 따른 불황기에는 선발 기업의 적자로 인해 방출되는 자원을 후발 기업이 활용하기 용이해진다.

008

문맥상 ㉠과 바꾸어 쓰기에 가장 적절한 것은?

① 기업에 주어지는 기회와 이에 대한 기업의 전략적 선택을 모두 고려한다고 할 수 있다.

② 특정 산업 분야의 선발 기업과 이와 다른 분야의 선발 기업을 모두 참고한다고 할 수 있다.

③ 선발 기업의 기술력과 이와 동등한 후발 기업의 마케팅 능력을 모두 인정한다고 할 수 있다.

④ 새로운 기술과 이에 대해 선발 기업이 취해야 하는 수동적 태도를 모두 강조한다고 할 수 있다.

⑤ 산업의 주도권과 그것에 의해 정부가 기업에 부여하는 의무적 역할을 모두 중시한다고 할 수 있다.

※ 윗글과 다음을 참고하여 009번과 010번 두 물음에 답하시오.

[상황]

○ A사는 B사보다 휴대전화 산업에 먼저 진입하여 산업을 선도하였다. 그런데 A사는 휴대전화 카메라 기능의 향상을 원하는 청년층의 요구에 민첩하게 대응할 수 있는 신기술을 채택하지 않았다. 이로 인해 A사는 시장 점유율 하락을 겪게 되었고 이후에는 휴대전화 산업을 선도할 수 없게 되었다.

○ B사는 개인이 창업한 기업으로 정부의 보조금으로 성장했고, 이 과정에서 얻은 이윤의 상당 부분을 주주들의 협조로 투자를 위해 확보하였다. 그 후 ⓐ 부가 가치가 높은 휴대전화를 생산하게 되었고, 휴대전화 카메라 기능을 향상시킨 신기술을 채택하여 휴대전화 산업을 선도하는 기업으로 올라섰다. 그러나 ⓑ 휴대전화 게임의 그래픽 기능 향상을 원하는 청소년층의 등장에 민첩하게 대응할 수 있는 신기술을 채택하지 않아서 매출의 감소를 경험하였다.

○ C사는 B사보다 나중에 휴대전화 산업에 진입했다. 시장 점유율을 높여가던 C사는, B사와 달리 휴대전화 게임의 그래픽 기능 향상을 가능하게 한 신기술을 채택하여 시장 점유율을 대폭 증가시켰다.

[B사 중심의 추격 사이클]

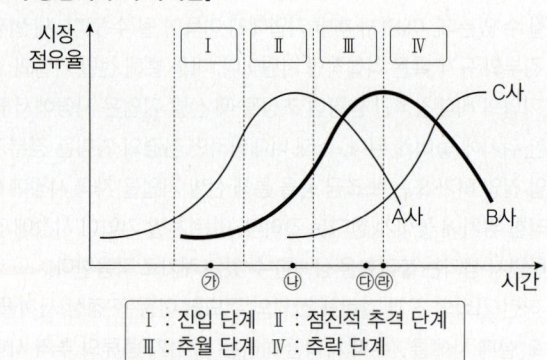

Ⅰ : 진입 단계　Ⅱ : 점진적 추격 단계
Ⅲ : 추월 단계　Ⅳ : 추락 단계

＊단, [상황]에 해당하는 내용만을 고려할 것

009

윗글을 바탕으로 [상황]과 [B사 중심의 추격 사이클]에 대해 이해한 내용으로 적절하지 <u>않은</u> 것은? 3점

① ㉮에서 B사는 A사보다 시장 점유율이 낮지만 정부가 조성하는 비대칭적인 환경 때문에 비용 우위를 누렸다.

② ㉮에서보다 ㉯에서는 B사의 시장 점유율이 높은데, 이는 B사의 주주들이 배당보다는 투자를 위한 이윤 확보를 선호한 결과이다.

③ ㉯부터의 A사 시장 점유율 변화 양상이 ㉰부터의 B사 시장 점유율 변화 양상과 유사한 것은, 반복되는 새로운 기회의 창에 대한 A사와 B사의 유사한 대응에서 비롯된 것이다.

④ ㉯와 ㉰ 사이에서 A사와 B사의 시장 점유율 우위가 바뀌고 ㉱ 이후에 B사와 C사의 시장 점유율 우위가 바뀌는 데는, 각각의 경우 새로운 기술에 대한 B사의 선택 여부가 영향을 주었다.

⑤ ㉰와 ㉱ 사이에서 A사의 시장 점유율과 달리 B사와 C사의 시장 점유율은 증가하기 때문에, A사는 새로운 도전자로서 부상하는 움직임을 보였다.

010

윗글과 [상황]을 바탕으로 〈보기〉의 학습 활동을 수행한 학생의 반응으로 가장 적절한 것은?

| 보 기 |

[학습 활동] B사를 중심으로 ⓐ와 ⓑ에 의해 벌어질 수 있는 상황을 가정하여 각 상황에서 나타날 수 있는 추격 사이클의 종류를 파악해 보자. (단, B사에 대한 가정을 제외한 모든 조건은 동일하다.)

① 만약 B사가 ⓐ를 생산하지 못했다면 정상 사이클을 경험할 가능성이 높겠네요.

② 만약 B사가 ⓐ를 생산하지 못했다면 슈퍼 사이클을 경험할 가능성이 높겠네요.

③ B사가 ⓐ를 생산했고, 만약 ⓑ에 민첩하게 대응했다면 슈퍼 사이클을 경험할 가능성이 높겠네요.

④ B사가 ⓐ를 생산했고, 만약 ⓑ에 민첩하게 대응했다면 중도 실패 사이클을 경험할 가능성이 높겠네요.

⑤ 만약 B사가 ⓐ를 생산하지 못했고, ⓑ에 민첩하게 대응하지 못했다면 정상 사이클을 경험할 가능성이 높겠네요.

[011~015] 2020년 9월 학평 32번~36번 정답과 해설편 p.276

다음 글을 읽고 물음에 답하시오.

컴퓨터의 중앙처리장치인 CPU는 데이터를 처리하기 위해 주기억장치와 끊임없이 데이터를 주고받는다. 그런데 CPU는 처리 속도가 매우 빠른 반면, 주기억장치의 처리 속도는 상대적으로 느리다. 그렇기 때문에 CPU가 명령을 실행할 때마다 주기억장치로부터 데이터를 읽어 오면 두 장치의 처리 속도의 차이로 인해 명령을 빠르게 실행할 수가 없다. 그래서 캐시 기억장치를 활용하여 데이터 처리 속도를 향상시킨다. 캐시 기억장치는 CPU 내에 또는 CPU와 주기억장치 사이에 위치한 기억장치로 주기억장치보다 용량은 작지만 처리 속도가 매우 빠르다. 이러한 캐시 기억장치에 주기억장치의 데이터 중 자주 사용되는 데이터의 일부를 복사해 두고 CPU가 이 데이터를 사용하도록 하는 과정을 '캐싱(caching)'이라고 한다.

캐싱이 효율적으로 이루어지려면 CPU가 캐시 기억장치에 저장된 데이터를 반복적으로 사용하는 것이 중요한데 이를 위해 고려되는 것이 참조의 지역성이다. 참조의 지역성은 시간적 지역성과 공간적 지역성으로 나눌 수 있다. 시간적 지역성은 CPU가 한 번 사용한 특정 데이터가 가까운 미래에 다시 사용될 가능성이 높은 것을 말하고, 공간적 지역성은 한 번 사용한 데이터 근처에 있는 데이터가 곧 사용될 가능성이 높은 것을 말한다.

한편 주기억장치는 '워드(word)' 단위로 데이터가 저장되고 캐시 기억장치는 '블록(block)' 단위로 데이터가 저장된다. 이때 워드는 비트(bit)*의 집합이고 블록은 연속된 워드 여러 개의 묶음을 말한다. 주기억장치의 데이터가 캐시 기억장치에 저장되는 장소를 '라인(line)'이라고 한다. 캐시 기억장치는 일반적으로 하나의 라인에 하나의 블록이 들어갈 수 있도록 설계되어 있기 때문에 주기억장치에서 캐시 기억장치로 데이터를 전송할 때에는 블록 단위로 데이터를 전송한다. 캐시 기억장치의 용량은 주기억장치보다 훨씬 작기 때문에 주기억장치의 블록 중에서 일부만 캐시 기억장치에 저장될 수 있다. 그러므로 캐싱을 위해서는 주기억장치의 여러 블록이 캐시 기억장치의 하나의 라인을 공유하여 사용해야 한다.

[A] ┌ 예를 들어 어떤 컴퓨터의 주기억장치의 데이터 용량을 워드 2^n 개, 캐시 기억장치의 데이터 용량을 워드 M 개라고 가정해 보자. 이때 주기억장치의 블록 한 개가 K 개의 워드로 이루어져 있다고 하면 이 주기억장치의 총 블록 개수는 $2^n/K$ 개가 되며 각 워드는 n 비트의 주소로 지정된다. 그리고 캐시 기억장치의 각 라인은 K 개의 워드로 채워지므로 캐시 기억장치에는 총 M/K 개 └ 의 라인이 만들어진다.

캐싱이 이루어질 때 CPU가 요청한 데이터가 캐시 기억장치에 있는지 여부를 확인하고 해당 데이터를 불러오기 위해 주기억장치의 데이터 주소가 사용된다. 이 주소는 '태그 필드, 라인 필드, 워드 필드'의 형식으로 구성되어 있는데 '태그 필드'는 캐시 기억장치의 특정 라인에 주기억장치의 어떤 블록이 저장되어 있는지를 구분해 주는 역할을 한다. 그리고 '라인 필드'는 주기억장치의 블록이 들어갈 캐시 기억장치의 라인을 지정해 주며, '워드 필드'는 주기억장치의 각 블록에 저장되어 있는 워드를 지정해 준다.

1회 미니모의고사

주기억장치의 데이터를 캐시 기억장치에 저장하는 방식에는 여러 가지가 있는데 그중 하나가 ⊙ '직접 매핑'이다. 직접 매핑은 주기억장치의 데이터를 블록 단위로 캐시 기억장치의 지정된 라인에 저장하는 방식이다. 직접 매핑 방식에서 캐싱이 이루어지는 과정은 다음과 같다. CPU가 '태그 필드, 라인 필드, 워드 필드'로 이루어진 주소를 통해 데이터를 요청하면, 우선 요청 주소의 라인 필드를 이용하여 캐시 기억장치의 해당 라인을 확인한다. 그리고 해당 라인에 데이터가 저장되어 있으면 그 라인의 태그와 요청 주소의 태그를 비교한다. 이때 두 태그의 값이 일치하는 경우를 '캐시 히트(cache hit)'라고 하며, 캐시 히트가 일어나면 주소의 워드 필드를 이용하여 라인 내 워드들 중에서 해당 데이터를 찾아 CPU에 보내 준다. 그런데 CPU가 요청한 주소의 태그와 캐시 기억장치 라인의 태그가 일치하지 않거나 해당 라인이 비어 있어서 요청한 데이터를 찾지 못하는 경우가 있다. 이는 CPU가 요청한 데이터가 캐시 기억장치에 저장되어 있지 않다는 의미로, 이 경우를 '캐시 미스(cache miss)'라고 한다. 캐시 미스가 일어나면 요청 주소에 해당하는 블록을 주기억장치에서 복사하여 캐시 기억장치의 지정된 라인에 저장한다. 그리고 주소의 태그를 그 라인의 태그 필드에 기록하고 요청된 데이터를 CPU에 보내 준다. 만약 그 라인에 다른 블록이 저장되어 있다면 그 블록은 지워지고 새롭게 가져온 블록이 저장된다.

[B]

직접 매핑은 CPU가 요청한 데이터가 캐시 기억장치에 있는지 확인할 때 해당 라인만 검색하면 되기 때문에 검색 속도가 빠르다. 그리고 회로의 구조가 단순하여 시스템을 구성하는 비용이 저렴한 장점이 있다. 하지만 같은 라인에 저장되어야 하는 서로 다른 블록을 CPU가 번갈아 요청하는 경우, 계속 캐시 미스가 발생해서 반복적으로 블록이 교체되므로 시스템의 효율이 ⓐ 떨어질 수 있다. 그래서 캐시 기억장치의 라인 어디에나 자유롭게 블록을 저장하는 '완전 연관 매핑', 직접 매핑과 완전 연관 매핑을 혼합한 '세트 연관 매핑' 등을 활용하기도 한다.

* 비트 : 컴퓨터에서 정보를 나타내는 가장 기본적인 단위. 2진수의 0 또는 1이 하나의 비트

011

윗글의 내용과 일치하는 것은?

① 캐시 기억장치의 하나의 라인에는 하나의 워드만 저장될 수 있다.

② 캐시 기억장치는 주기억장치보다 용량이 크고 처리 속도가 느리다.

③ 캐시 기억장치에 저장된 데이터가 반복적으로 사용되어야 캐싱의 효율이 높아진다.

④ 시간적 지역성은 한 번 사용된 데이터 근처에 있는 데이터가 곧 사용될 가능성이 높은 것을 말한다.

⑤ 캐싱은 캐시 기억장치의 데이터 중 자주 사용되는 데이터의 일부를 주기억장치에 복사하여 사용하는 것을 말한다.

012

[A]를 참고할 때 〈보기〉의 ㉮~㉰에 들어갈 말을 바르게 짝지은 것은?

| 보기 |

　주기억장치의 데이터 용량이 64 개의 워드이고, 하나의 블록이 4 개의 워드로 이루어져 있다면, 주기억장치는 총 16 개의 (　㉮　)(으)로 구성되며, 각 워드는 (　㉯　)의 주소로 지정된다. 또한 캐시 기억장치의 데이터 용량이 16 개의 워드라면 캐시 기억장치의 라인은 (　㉰　)가 만들어진다.

	㉮	㉯	㉰
①	블록	6 비트	4 개
②	블록	8 비트	6 개
③	워드	8 비트	4 개
④	라인	6 비트	4 개
⑤	라인	8 비트	6 개

013

〈보기〉는 '직접 매핑' 과정을 도식화한 것이다. [B]를 바탕으로 〈보기〉를 이해한 내용으로 적절하지 <u>않은</u> 것은? 3점

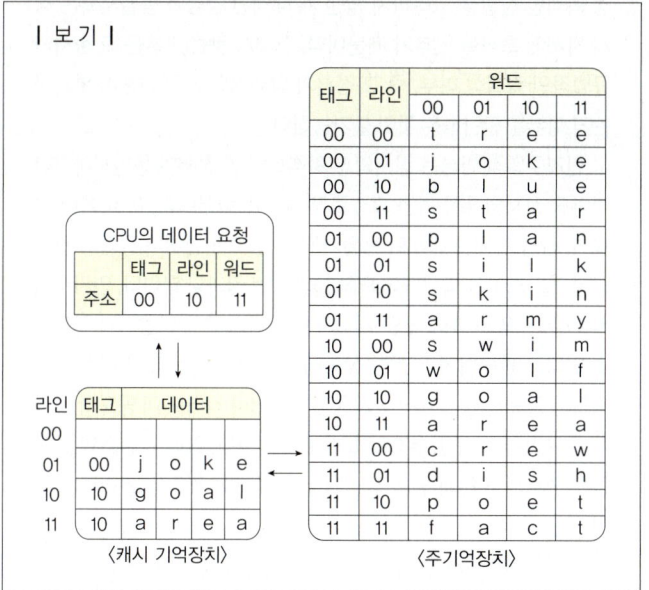

| 보기 |

태그	라인	워드			
		00	01	10	11
00	00	t	r	e	e
00	01	j	o	k	e
00	10	b	l	u	e
00	11	s	t	a	r
01	00	p	l	a	n
01	01	s	i	l	k
01	10	s	k	i	n
01	11	a	r	m	y
10	00	s	w	i	m
10	01	w	o	l	f
10	10	g	o	a	l
10	11	a	r	e	a
11	00	c	r	e	w
11	01	d	i	s	h
11	10	p	o	e	t
11	11	f	a	c	t

CPU의 데이터 요청

	태그	라인	워드
주소	00	10	11

라인	태그	데이터			
00					
01	00	j	o	k	e
10	10	g	o	a	l
11	10	a	r	e	a

〈캐시 기억장치〉　　　〈주기억장치〉

① 요청된 주소의 '10'을 이용하여 캐시 기억장치의 라인을 확인한 후 태그 '00'이 그 라인의 태그와 일치하는지 확인하겠군.

② CPU가 요청한 데이터가 캐시 기억장치에 저장되어 있지 않으므로 캐시 미스가 일어나겠군.

③ 주기억장치의 데이터 블록 중에서 'b, l, u, e'가 복사되어 캐시 기억장치에 저장되겠군.

④ 캐시 기억장치의 라인 '01'에 저장되어 있는 데이터 블록이 삭제되겠군.

⑤ CPU의 데이터 요청에 의해 최종적으로 CPU로 보내지는 데이터는 'e'가 되겠군.

014

㉠과 〈보기〉의 ㉡을 비교한 내용으로 가장 적절한 것은?

| 보기 |

　㉡ 완전 연관 매핑은 캐시 기억장치에 블록을 저장할 때 라인을 지정하지 않고 임의로 저장하는 방식이다. 이 방식은 필요한 데이터 위주로 저장할 수 있기 때문에 매핑 방식 중에 캐시 히트의 확률이 가장 높다. 그러나 히트 여부 확인이 모든 라인에 걸쳐 이루어져야 하므로 검색 시간이 가장 오래 걸린다. 그리고 회로의 구조가 복잡해서 시스템을 구성하는 비용이 높다. 주기억장치의 블록이 캐시 기억장치의 정해진 라인에 저장되는 것이 아니기 때문에 주기억장치의 주소는 태그 필드, 워드 필드로 이루어진다. 대신 블록이 교체될 때 어떤 블록을 삭제할지를 결정하는 블록 교체 알고리즘이 별도로 필요하다.

① ㉠과 달리 ㉡은 주기억장치의 주소에 태그 필드가 있다.

② ㉠과 달리 ㉡은 캐시 히트 여부를 확인하는 시간이 빠르다.

③ ㉡과 달리 ㉠은 블록 교체 알고리즘이 필요하다.

④ ㉡과 달리 ㉠은 라인을 지정하여 블록을 저장한다.

⑤ ㉠과 ㉡은 모두 회로의 구조가 복잡하다.

015

문맥상 의미가 ⓐ와 가장 가까운 것은?

① 엔진의 성능이 떨어져서 큰일이다.

② 소매에서 단추가 떨어져서 당황했다.

③ 감기가 떨어지지 않아 큰 고생을 했다.

④ 해가 떨어지기 전에 이 일을 마치기로 했다.

⑤ 굵은 빗방울이 머리에 한두 방울씩 떨어지기 시작했다.

1 회

미니모의고사

[001~005] 2018년 11월 학평 33번~37번 정답과 해설편 p.280

다음 글을 읽고 물음에 답하시오.

일반적으로 사람들은 정서와 감정을 동일한 것으로 여긴다. 그런데 오늘날의 심리 철학에서는 '정서'라는 개념을 특정 시점에서의 주관의 정신 상태라고 정의하면서 정서와 감정을 개념적으로 구분하고, 정서의 본질에 대해 이전부터 계속되어 온 철학적 탐구를 이어가고 있다.

정서의 본질에 대한 전통적인 논의는 크게 두 방향의 이론으로 설명할 수 있는데, 하나는 '감정 이론'이고 다른 하나는 '인지주의적 이론'이다. 다음 사례에서 드러나는 정서의 요소를 바탕으로 두 이론의 대립하는 방향성을 확인할 수 있다. 민호가 전신주 옆에서 버스를 기다리고 있을 때, 전신주 변압기에서 연기가 솟아났고 민호는 갑자기 공포에 빠져들게 된 상황을 가정해 보자. 이때 민호의 공포라는 정서에서 감정적 요소에 해당하는 것은 민호가 느끼는 공포감이라는 느낌이고, 인지적 요소에 해당하는 것은 민호가 연기를 보았을 때 '민호 자신이 위험한 상황에 처했다.'라는 명제로 표현될 수 있는 판단이나 믿음이다. 감정 이론은 전자를 중심으로 정서를 정의하는 이론이고, 인지주의적 이론은 후자를 중심으로 정서를 정의하는 이론이다.

㉠ 감정 이론은 특정 정서를 그 정서가 내포하는 특정 감정 즉 자신도 모르게 생기는 느낌과 동일시하는 이론이다. 감정 이론에 따르면, 정서를 이해하는 것은 인지적인 요소가 아니라 감정적인 요소를 통해서 가능하다. 즉 상황에 대해서 어떻게 판단하고 믿느냐가 아니라 어떻게 느끼느냐를 이해하는 것을 통해서만 가능하다는 것이다. 감정 이론은 앞의 예에서 공포라는 민호의 정서를 공포감이라는 감정적 요소와 동일시하면서 민호의 정서를 이해하는 데 있어 인지적 요소는 배제한다. 인지적 요소인 판단과 믿음은 앞의 예에서 민호가 연기를 보았다고 가정했을 때 그 '연기'와 같은 구체적인 대상을 전제하는데, 감정 이론은 판단과 믿음을 배제하기 때문에 정서의 지향적인 성격을 부정한다. 또한 감정 이론을 바탕으로 할 때, 감정은 정서와 동일시되므로 의지에 의해 통제되기 힘든 감정의 속성은 그대로 정서의 속성이 된다.

감정 이론은 사람들이 일상적으로 정서를 감정과 동일시하는 보편적인 성향을 잘 설명할 수 있다는 장점을 지닌다. 사람들이 '어떤 사람이 공포의 정서 상태에 있다.'라는 말의 의미를 전달하기 위해서, 이 말보다 '어떤 사람이 공포를 느낀다.'라는 말을 더 자연스럽게 여기는 것은 정서와 감정을 동일시하는 사람들의 보편적인 성향을 잘 보여 준다. 그러나 감정 이론은 정서들을 분류하는 데 한계를 지닌다. 왜냐하면 감정 이론은 감정 외적인 인지적 요소를 배제하고 감정적 요소만을 강조하기 때문에 개별 정서의 차이를 구분하여 설명하지 못하고 단지 각각의 정서가 다르게 느껴진다고 이야기한다. 그리고 감정 이론은 정서가 규범적 성격을 가질 수 있다는 점을 설명할 수 없다. 왜냐하면 감정 이론은, 어떻게 느끼느냐에 대한 감

정 외적인 상황을 고려하지 않은 채 내적인 감정과 동일시되는 정서 자체에 초점을 맞추기 때문이다. 그래서 감정 이론은 그 정서의 규범적인 적절성 여부, 즉 그 정서가 당위적인 가치 기준에 부합하는지 여부를 판단하는 것이 불가능하다.

인지주의적 이론은 정서의 인지적 요소를 정서와 동일시하거나 적어도 정서의 필수적인 요소로 인정하는 이론이다. 이 이론에 따르면, 감정 자체는 정서와 동일시될 수 없고 판단이나 믿음과 같은 인지적 요소들의 복합체에 의해 초래되는 결과일 뿐이다. 인지주의적 이론은, 앞의 예에서 민호가 자신의 머리 위에 변압기가 떨어질 수 있다고 판단하여 위험한 상황에 처했다고 믿는 것을 민호가 경험하는 공포라는 정서 상태와 동일시하거나 적어도 이 공포라는 정서를 규정하는 데 필수적인 요소로 인정한다. 그리고 민호의 공포감은 민호의 판단과 믿음의 결과로 가지게 된 감정일 뿐이라고 본다.

인지주의적 이론의 장점은 앞서 언급한 감정 이론의 두 가지 문제점을 해결할 수 있다는 것이다. 인지주의적 이론은 정서들을 개별 정서로 분류하는 것이 가능하다. 왜냐하면 사람들이 비슷하다고 생각하는 정서를 판단이나 믿음이라는 인지적 요소를 바탕으로 각각의 정서로 구분할 수 있기 때문이다. 그리고 인지주의적 이론은 정서가 규범적 성격을 가질 수 있다는 점을 설명할 수 있다. 왜냐하면 인지주의적 이론이 정서와 동일시하거나 적어도 정서의 필수적인 요소로 여기는 판단과 믿음에는 당위적인 가치 기준이 개입될 수 있기 때문이다. 그러나 인지주의적 이론은 인지적 요소만을 지나치게 강조하기 때문에, 사람들의 보편적인 성향에서 드러나는 감정적 요소를 경시하고 있다.

ⓐ 감정 이론과 인지주의적 이론은 유사한 맥락에서 한계를 지니고 있다. 그래서 오늘날의 심리 철학은 두 이론을 정서의 다면적인 성격을 설명하기 위한 철학적 바탕으로 삼되, 두 이론과 달리 정서의 다면적 성격을 종합적으로 설명할 수 있는 새로운 이론적 틀을 마련하기 위해 노력하고 있다.

001

윗글의 전개 방식에 대한 설명으로 가장 적절한 것은?

① 중심 화제에 대한 대비되는 두 이론을 소개한 후 각 이론의 장단점을 제시하고 있다.
② 중심 화제에 대한 상반된 이론을 제시한 후 두 이론을 절충한 새로운 이론을 비판하고 있다.
③ 중심 화제에 대한 두 이론의 가설을 제시하고 통계를 바탕으로 가설의 타당성을 검증하고 있다.
④ 중심 화제에 대한 두 이론의 대표적인 학자들을 제시하고 그들이 후속 연구에 미친 영향을 소개하고 있다.
⑤ 중심 화제에 대해 새롭게 등장한 두 이론과 각각의 등장 배경을 소개하고 기존 이론의 등장 배경과 대비하고 있다.

002

윗글을 바탕으로 〈보기〉를 이해한 내용으로 적절하지 않은 것은?

`3점`

| 보기 |

집에 가던 수아는 갑자기 비가 내리자 버스 정류장에서 비를 피하고 있었다. 그때 멀리서 수아를 본 어머니가 웃는 얼굴로 우산을 들고 수아에게 다가왔다. 어머니를 만난 수아는 행복이라는 정서를 가지게 되었다.

① 감정 이론에 따르면, 수아가 집에 갈 때 어머니를 만난 특정 시점에서 가지게 된 행복이라는 정서는 수아가 느낀 감정인 행복감 자체와 동일시된다고 보겠군.
② 감정 이론에 따르면, 수아의 행복이라는 정서를 이해하려면 '수아가 비를 맞지 않게 하려고 어머니가 우산을 들고 나왔다.'라는 명제로 표현될 수 있는 요소는 배제해야겠군.
③ 인지주의적 이론에 따르면, 자신을 본 어머니의 웃는 얼굴을 보게 됨으로써 수아가 가지게 된 행복이라는 정서는 감정에서 비롯된 결과라고 보겠군.
④ 인지주의적 이론에 따르면, 수아의 행복이라는 정서를 설명하기 위해서는 어머니가 우산을 들고 수아에게 다가오는 상황을 고려해야 한다고 보겠군.
⑤ 인지주의적 이론에 따르면, 어머니의 표정과 행동이라는 구체적인 대상에 대한 수아의 판단은 수아가 가지게 된 행복이라는 정서 상태의 필수적인 요소로 인정되겠군.

003

윗글과 〈보기〉에 대해 설명한 내용으로 가장 적절한 것은?

| 보기 |

정서의 본질을 설명하는 전통적인 이론 중에서 행동주의 이론은 정서의 본질을 인간에게 가해지는 자극과 이에 대한 반응의 관계를 통해 파악하려고 했다. 행동주의 이론에 따르면, 인간의 모든 기능은 공통적으로 자극과 반응의 원리를 통해 설명될 수 있기 때문에 인간의 정서도, 내적인 감정이 아니라 자극에서 초래된 외적인 반응으로서의 특정한 행동과 현상으로 기술될 수 있다는 것이다.

① 감정 이론과 행동주의 이론은 모두 인간에게 가해지는 자극을 통해서 인지적인 요소가 정서의 필수적인 요소임을 증명할 수 있다고 보고 있다.
② 인지주의적 이론과 행동주의 이론은 모두 인간의 외적인 반응에 주목하여 사람의 마음에 일어나는 감정 그 자체인 정서를 설명하려 하고 있다.
③ 감정 이론은 행동주의 이론과 달리, 인간이 어떻게 느끼느냐에 대한 스스로의 판단은 특정한 행동을 하게 만든다는 사실에 초점을 두어 정서를 설명하려 하고 있다.
④ 행동주의 이론은 감정 이론과 달리, 인간의 정서는 내적인 감정이 아니라 자극과 반응으로 기술될 수 있다는 특징에 주목하여 정서라는 개념을 설명할 수 있다고 보고 있다.
⑤ 행동주의 이론은 인지주의적 이론과 달리, 인간의 모든 기능을 설명할 수 있는 공통적인 원리가 아닌 특수한 대상에 적용되는 원리를 바탕으로 정서에서의 감정적 요소를 설명하려 하고 있다.

004

윗글의 ㉠과 <보기>의 ⓐ에 대해 보인 반응으로 적절하지 <u>않은</u> 것은?

| 보 기 |

　ⓐ 제임스의 이론에 따르면, 사람이 공포라는 정서 상태에 있을 때 얼굴이 핼쑥해지고 등줄기에 식은땀이 흐르는 등 여러 가지 신체적 변화가 발생하는데 이러한 물리적인 변화는 의지에 의해 통제되기 힘든 특정 느낌을 동반한다. 제임스는 이러한 느낌을 중심으로, 느낌들의 복합체, 즉 신체적 감각의 복합체를 공포라는 정서와 동일시한다.

① ㉠과 ⓐ는 정서의 지향적인 성격을 전제한다는 점에서 유사하겠군.

② ㉠과 ⓐ는 느낌이라는 것을 중심으로 정서를 이해한다는 점에서 유사하겠군.

③ ㉠과 ⓐ는 의지에 의해 통제되기 힘든 정서의 속성을 인정한다는 점에서 유사하겠군.

④ ㉠은 감정과 정서의 속성을 동일시하여 정서를 이해하려 하고 있군.

⑤ ⓐ는 신체적 감각의 복합체를 정서와 동일시하여 정서를 이해하려 하고 있군.

005

ⓐ에 대한 설명으로 가장 적절한 것은?

① 감정 이론과 인지주의적 이론은 모두 정서가 규범적인 속성을 가질 수 있다는 점을 설명하지 못한다.

② 감정 이론과 인지주의적 이론은 모두 사람들이 느끼는 개별 정서의 차이를 구분하여 설명하지 못한다.

③ 감정 이론과 인지주의적 이론은 모두 특정 요소만을 강조하여 정서의 본질을 종합적으로 설명하지 못한다.

④ 감정 이론과 인지주의적 이론은 모두 정서에 대해서 사람들이 지니고 있는 보편적인 성향을 반영하지 못한다.

⑤ 감정 이론과 인지주의적 이론은 모두 상황에 따른 정서의 적절성 여부를 결정하는 당위적인 가치 기준을 제시하지 못한다.

[006~010]　2018년 9월 학평 33번~37번　정답과 해설편 p.283

다음 글을 읽고 물음에 답하시오.

　범죄란 사회 질서를 파괴하고 타인의 육체나 정신에 고통을 주거나 재산 또는 명예에 손상을 입히는 행위로, 사회의 안녕과 개인의 안전에 해를 끼친다. 그래서 사람들은 여러 논의를 통해 범죄 발생률을 낮추려고 노력해 왔고, 그 결과 탄생한 것이 바로 '범죄학'이다.

　㉠'고전주의 범죄학'은 법적 규정 없이 시행됐던 지배 세력의 불합리한 형벌 제도를 비판하며 18세기 중반에 등장했다. 고전주의 범죄학에서는 범죄를 포함한 인간의 모든 행위는 자유 의지에 입각한 합리적 판단에 따라 이루어지므로, 범죄에 비례해 형벌을 부과할 경우 개인의 합리적 선택에 의해 범죄가 억제될 수 있다고 보았다. 고전주의 범죄학의 대표자인 베카리아는 형벌은 법으로 ⓐ <u>규정해야</u> 하고, 그 법은 누구나 이해할 수 있도록 문서로 만들어야 한다고 강조했다. 또한 형벌의 목적은 사회 구성원에 대한 범죄 행위의 예방이며, 따라서 범죄를 저지를 경우 누구나 법에 의해 확실히 처벌받을 것이라는 두려움이 범죄를 억제할 것이라고 확신했다. 이러한 고전주의 범죄학의 주장은 각 국가의 범죄 및 범죄자에 대한 입법과 정책에 많은 영향을 끼쳤다.

　19세기 중반 이후 사회 혼란으로 범죄율과 재범률이 증가하자, 범죄의 원인을 과학적으로 증명하려 한 ㉡'실증주의 범죄학'이 등장했다. 실증주의 범죄학은 고전주의 범죄학의 비과학성을 비판하며, 범죄의 원인을 개인의 자유 의지로는 통제할 수 없는 생물학적·심리학적·사회학적 요소에서 찾으려 했다. 이 분야의 창시자인 롬브로소는 범죄 억제를 위해서는 범죄자들의 개별적 범죄 기질을 도출하고 그 기질에 따른 교정이나 교화, 또는 치료를 실시해야 한다고 생각했다. 이를 위해 그는 범죄자만의 특성과 행위 원인을 연구하여 범죄자들의 유형을 ⓑ <u>구분하고</u> 그 유형에 따라 형벌을 달리할 것을 주장했다. 그는 출생부터 범죄자의 기질을 타고나 범죄를 저지를 수밖에 없는 범죄자의 경우 초범일지라도 무기한 구금을 해야 하지만, 우발적으로 범죄를 저지른 범죄자의 수감에는 반대했고, 이러한 생각은 이후 집행 유예 제도의 이론적 기초가 되었다. 비록 차별과 편견이 개입됐다는 비판을 받기는 했지만, 롬브로소의 연구는 이후 범죄 생물학, 범죄 심리학, 범죄 사회학의 탄생과 발전에 큰 영향을 끼쳤다.

　이러한 범죄학의 큰 흐름들은 범죄를 억제하려는 그동안의 법체계와 정책의 근간이 되어 왔다. 하지만 1970년대 이후 이러한 시도들의 범죄 감소 효과에 대한 비판이 일면서, 환경에 의한 범죄 유발 요인과 환경 개선을 통한 범죄 기회의 감소 효과 등을 연구하는 '환경 범죄학'이 주목받기 시작했다. 이러한 가운데 건축학이나 도시 설계 전문가들은 범죄의 원인과 예방의 해법을 환경과 디자인에서 찾아야 한다고 주장했다. 바로 '셉테드(CPTED)'라 불리는 범죄 예방 설계가 그것이다. 셉테드는 건축 설계나 도시 계획 등을 통해 대상 지역의 방어적 공간 특성을 높여, 범죄 발생 가능성을 줄이고 지역 주민들이 안전감을 느끼도록 하여 궁극적으로 삶의 질을 ⓒ <u>향상시키는</u> 종합적인 범죄 예방 전략을 의미한다.

[A]
　셉테드는 다음의 원리로 이루어진다. 우선 '자연적 감시의 원리'는 공간과 시설물에 대한 가시권을 확보하고 잠재적 범죄자의 은폐 장소를 최소화시킴으로써 내부인이나 외부인의 행동을 주변 사람들이 자연스럽게 관찰할 수 있게 만드는 것이다. 다음으로 '접근 통제의 원리'는 보행로, 조경, 문 등을 통해 사람들의 통행을 일정한 경로로 ⓓ <u>유도하여</u> 허가받지 않은 사람들의 출입을 통제하거나 차단하는 것을 말한다. '영역성의 원리'는 안과 밖이라는 공간 영역을 조성하여 외부인의 침범 기준을 명확히 ⓔ <u>확립하는</u> 것을 말한다. 이 외에도 공공장소 및 시설에 대한 내부인들의 활발한 사용을 유도하여 그 근방의 범죄를 감소시킨다는 '활동의 활성화 원리', 공공장소와 시설물이 처음 설계된 대로 지속적으로 유지 및 관리되어야 한다는 '유지 및 관리의 원리'가 있다. 이 모든 원리는 범죄 예방의 전략과 목표를 범죄자 개인이 아닌 도시 및 건축 환경의 설계와 계획에 두고 있다는 점에서 공통적이다.

　우리나라는 2005년 즈음부터 셉테드를 도입하여 도시 설계와 건축물에 범죄 예방 설계 활용을 본격화하기 시작했다. 그동안의 법과 정책, 그리고 셉테드가 동시에 강화된다면 좀 더 안전한 사회를 만들 수 있을 것이다.

006

윗글에 대한 설명으로 가장 적절한 것은?

① 예상되는 반론을 반박하며 주장을 강화하고 있다.

② 필자의 관점을 명시한 후 다른 관점과 비교하고 있다.

③ 핵심 개념의 가치와 효용을 비유적으로 제시하고 있다.

④ 통시적 관점에서 문제 해결을 위한 방법들을 설명하고 있다.

⑤ 두 이론의 장점을 절충하여 새로운 이론으로 통합하고 있다.

007

㉠과 ㉡에 대한 이해로 적절하지 않은 것은?

① ㉠은 법적 근거 없이 부과된 형벌은 정당하지 않다고 지적하고 있군.
② ㉡은 범죄자들의 특성과 행위 원인을 바탕으로 범죄자의 유형을 구분해야 한다고 말하고 있군.
③ ㉠은 ㉡과 달리 연구의 초점을 범죄의 처벌보다는 범죄의 원인에 두고 있군.
④ ㉠은 ㉡과 달리 범죄에 따른 형벌을 예외 없이 적용하는 것이 범죄율을 낮출 수 있다고 보고 있군.
⑤ ㉡은 ㉠과 달리 인간의 자유 의지를 통해서는 범죄 욕구를 제어할 수 없다고 판단하고 있군.

008

윗글과 〈보기〉를 읽은 학생이 보일 수 있는 반응으로 가장 적절한 것은? `3점`

| 보 기 |

'합리적 선택이론'은 합리적 인간성을 기본 가정으로 하여 각각의 상황에 따른 잠재적 범죄자의 의사 결정 과정을 설명한다. 즉 잠재적 범죄자들은 개인과 주변 상황 등을 모두 종합해 범죄로 인한 이익과 범죄의 실패 위험을 비교한 후 범행의 실행 여부를 결정한다는 것이다. 따라서 범죄가 발각될 환경적 요건이 강화될 경우 범죄 실행을 포기하게 된다고 설명한다.

① 베카리아는 합리적 선택이론의 인간에 대한 기본 가정을 비판하겠군.
② 베카리아와 합리적 선택이론은 모두 도덕성을 바탕으로 한 인간의 의사 결정 과정을 중시하고 있군.
③ 롬브로소가 범죄자의 유형을 구분한 것은 합리적 선택이론에 의해 정당성이 확보될 수 있겠군.
④ 셉테드와 달리 합리적 선택이론은 합리적 판단이 불가능한 인간이 범죄를 유발한다고 보고 있군.
⑤ 셉테드와 합리적 선택이론은 모두 환경적 요인의 개선이 범죄 예방의 수단이라고 주장하고 있군.

009

[A]를 참고하여 〈보기〉의 사례를 설명한 것으로 적절하지 않은 것은?

| 보 기 |

□□학교는 개교한 지가 오래돼 다소 음침한 느낌을 주는 곳이었다. 이에 학교는 교내 외진 장소에 다양한 운동 시설을 설치해 학생들의 이용을 활성화하고 학생들의 안전을 위해 그곳에 CCTV를 설치했다. 사람들의 시선을 막고 있는 학교 담장은 철거하고, 대신 작은 나무와 꽃들을 심은 화단을 조성했다. 또한 외부인의 출입을 통제하기 위해 후문을 폐쇄하여 사람들의 통행을 정문으로 유도했고, 학생들과 교사는 환경지킴이라는 동아리를 조직하여 개선된 학교 환경을 유지하기 위한 봉사 활동을 주기적으로 실시하고 있다.

① 후문을 폐쇄한 것은 '접근 통제의 원리'를 통해 사람들의 통행을 정문으로 유도하기 위한 것이다.
② 학교 담장을 허문 것은 '자연적 감시의 원리'를 통해 학교 시설물에 대한 가시권을 확보하기 위한 것이다.
③ 봉사 동아리를 조직해 운영하는 것은 '유지 및 관리의 원리'를 통해 환경 설계 효과를 지속시키려는 것이다.
④ 다양한 운동 시설을 설치한 것은 '활동의 활성화 원리'를 통해 외진 장소에서의 범죄 발생률을 낮추려는 것이다.
⑤ 교내 외진 장소에 CCTV를 설치한 것은 '영역성의 원리'를 통해 안과 밖이라는 공간 영역을 명확하게 확립한 것이다.

010

문맥상 ⓐ~ⓔ와 바꿔 쓰기에 적절하지 않은 것은?

① ⓐ : 고쳐야
② ⓑ : 나누고
③ ⓒ : 높이는
④ ⓓ : 이끌어
⑤ ⓔ : 세우는

다음 글을 읽고 물음에 답하시오.

지역난방은 열병합 발전소에서 전기 생산을 위해 사용된 열을 회수하여 인근 지역의 난방에 활용하는 것이다. 지역난방에서는 회수된 열로 데워진 물을 배관을 통해 인근 지역으로 공급함으로써 열을 수송하는 방식을 주로 사용하는데, 근래에는 열 수송의 효율성을 높이기 위해 상변화 물질을 활용하는 방식을 개발하고 있다.

열 수송에 사용되는 상변화 물질이란, 상변화를 할 때 수반되는 ㉠ 잠열을 효율적으로 사용하기 위해 활용되는 물질을 말한다. 상변화란, 물질의 상태를 고체, 액체, 기체로 분류할 때, 주변의 온도나 압력 변화에 의해 어떤 물질이 이전과 다른 상태로 변하는 것을 의미하는데, 얼음이 물이 되거나 물이 수증기가 되는 것 등이 이에 해당한다. 이러한 변화에는 열이 수반되는데, 이를 '잠열'이라고 한다. 예를 들어 비커에 일정량의 얼음을 넣고 가열하면 얼음의 온도가 올라가게 되고, 0 ℃에 도달하면 얼음이 물로 변하기 시작하여 비커 속에는 얼음과 물이 공존하게 된다. 그런데 비커 속 얼음이 모두 물로 변할 때까지는 온도가 올라가지 않고 계속 0 ℃를 유지하는데, 이는 비커에 가해진 열이 물질의 온도 변화가 아닌 상변화에 사용되었기 때문이다. 이렇게 상변화에 사용된 열이 잠열인데, 이는 물질의 온도 변화로 나타나지 않는 숨어 있는 열이라는 뜻이다. 잠열은 물질마다 그 크기가 다르며, 일반적으로 물질이 고체에서 액체가 되거나 액체에서 기체가 될 때, 또는 고체에서 바로 기체가 될 때에는 잠열을 흡수하고 그 반대의 경우에는 잠열을 방출한다. 한편 비커를 계속 가열하여 얼음이 모두 녹아 물이 된 후에는 다시 온도가 올라가기 시작한다. 이렇게 얼음의 온도가 올라가거나 물의 온도가 올라가는 것처럼 온도 변화로 나타나는 열을 '현열'이라고 한다.

그렇다면 상변화 물질의 특성을 이용하여 열 수송을 하면 어떤 장점이 있는 것일까? 상변화 물질을 활용하여 열병합 발전소에서 인근 지역 공동주택으로 열을 수송하는 과정을 통해 이를 살펴보자. 열병합 발전소에서는 발전에 사용된 수증기를 열교환기로 ⓐ 보낸다. 열교환기로 이동한 수증기는 열 수송에 사용되는 물에 열을 전달하여 물을 데운다. 이 물 속에는 고체 상태의 상변화 물질이 담겨 있는 마이크로 단위의 캡슐이 섞여 있다. 이 상변화 물질의 녹는점은 물의 어는점과 끓는점 사이에 있기 때문에, 물이 데워져 물의 온도가 상변화 물질의 녹는점 이상이 되면 상변화 물질은 액체로 상변화하게 된다. 액체가 된 상변화 물질이 섞인 물은 열교환기에서 나와 온수 공급관을 통해 인근 지역 공동주택 기계실의 열교환기로 이동한다. 이 과정에서 상변화 물질이 고체로 상변화되지 않아야 하므로 이동하는 물의 온도는 상변화 물질의 녹는점 이상으로 유지되어야 한다.

공동주택 기계실의 열교환기로 이동한 물과 캡슐 속 상변화 물질은 공동주택의 찬물에 열을 전달하면서 온도가 내려간다. 이렇게 공동주택의 찬물을 데우는 과정에서 상변화 물질의 온도가 상변화 물질의 녹는점 이하로 내려가면 캡슐 속 상변화 물질은 액체에서 고체로 상변화하면서 잠열을 방출하게 되는데, 이 역시 찬물을 데우는 데 사용된다. 즉 온수 공급관을 통해 이동해 온 물의 현열과 캡슐 속 상변화 물질의 현열, 그리고 상변화 물질의 잠열이 공동주택의 찬물을 데우는 데 모두 사용되는 것이다. 이렇게 데워진 공동주택의 물은 각 세대의 난방기로 공급되어 세대 난방을 하게 되고, 상변화 물질 캡슐이 든 물은 온수 회수관을 통해 다시 발전소로 회수되어 재사용된다.

이와 같이 상변화 물질을 활용한 열 수송 방식을 사용하면 현열만 사용하던 기존의 열 수송 방식과 달리 현열과 잠열을 모두 사용할 수 있으므로 온수 공급관을 통해 보내는 물의 온도를 현저히 낮출 수 있어 열 수송의 효율성이 개선된다. 이때 상변화 물질 캡슐의 양을 늘릴수록 열 수송에 활용할 수 있는 잠열의 양은 증가하겠지만 캡슐의 양이 일정 수준 이상으로 늘어나면 물이 원활하게 이동할 수 없으므로 캡슐의 양을 증가시키는 데에는 한계가 있다.

011

윗글의 내용과 일치하지 않는 것은?

① 상변화는 주변의 온도나 압력 변화에 의해 물질의 상태가 변하는 것을 의미한다.

② 열병합 발전소에서는 전기 생산에 사용된 수증기의 열을 회수하여 인근 지역으로 공급한다.

③ 상변화 물질이 들어 있는 캡슐의 양은 물의 이동을 고려해야 하므로 일정 수준 이상 늘릴 수 없다.

④ 상변화 물질을 활용하여 열을 수송하는 방식을 사용하는 것은 열 수송의 효율성을 높이기 위해서이다.

⑤ 상변화 물질을 활용한 열 수송 방식에서는 온수 공급관으로 보내는 물의 온도를 기존 방식보다 높여야 한다.

012

㉠에 대한 설명으로 적절하지 <u>않은</u> 것은?

① 물질마다 크기가 각기 다르다.
② 물질의 온도 변화로 나타나지 않는다.
③ 숨어 있는 열이라는 뜻을 지니고 있다.
④ 물질의 상변화가 일어날 때 흡수되거나 방출된다.
⑤ 상변화하고 있는 물질의 현열을 증가시키는 역할을 한다.

013

〈보기〉는 상변화 물질을 활용한 열 수송 과정을 도식화한 것이다. 윗글을 바탕으로 〈보기〉에 대해 이해한 내용으로 적절하지 <u>않은</u> 것은? 3점

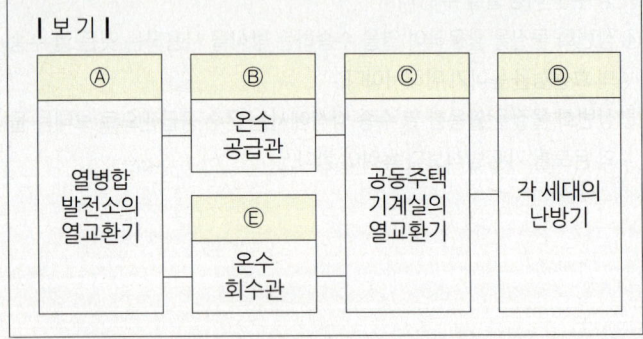

① ⒜에서 캡슐 속 상변화 물질의 온도는 상변화 물질의 녹는점 이상으로 올라가겠군.
② Ⓑ에서는 물에 있는 캡슐 속 상변화 물질의 상변화가 일어나지 않겠군.
③ Ⓑ와 Ⓔ를 통해 이동하는 물에 있는 상변화 물질의 상태는 서로 같겠군.
④ ⒞에서 공동주택의 찬물은 현열과 잠열에 의해 데워져 Ⓓ에 공급되겠군.
⑤ Ⓔ를 통해 회수된 물에 있는 상변화 물질은 ⒜에서 다시 상변화 과정을 거쳐 재사용되겠군.

014

윗글을 읽은 학생이 〈보기 1〉을 보고 〈보기 2〉와 같이 메모했을 때, ㉮~㉰에 들어갈 말로 적절한 것은?

| 보기 1 |

　A 기업에서는 녹는점이 15 ℃인 상변화 물질을 벽에 넣어 밤과 낮의 온도 차가 크더라도 벽의 온도를 일정하게 만들 수 있는 기술을 연구하고 있다.

| 보기 2 |

　벽의 온도가 15 ℃보다 높아지면 이 상변화 물질은 (㉮)로 상변화할 것이고, 이때 잠열을 (㉯)할 것이다. 이렇게 상변화가 일어나는 중에는 상변화 물질의 온도가 (㉰) 것이다.

	㉮	㉯	㉰
①	액체	흡수	유지될
②	액체	흡수	상승할
③	액체	방출	유지될
④	고체	흡수	유지될
⑤	고체	방출	상승할

015

ⓐ와 문맥적 의미가 가장 유사한 것은?

① 그는 선물을 동생 집으로 <u>보냈다</u>.
② 그는 그저 멍하니 세월만 <u>보냈다</u>.
③ 그는 아들을 작년에 장가를 <u>보냈다</u>.
④ 관객들은 연주자에게 박수를 <u>보냈다</u>.
⑤ 그녀는 슬피 울며 정든 친구를 <u>보냈다</u>.

날짜	월	일	요일	풀이 시간 ⏱
시간	:	~	:	**35**분

[001~003]   2028학년도 예시문항 11번~13번   정답과 해설편 p.290

다음 글을 읽고 물음에 답하시오.

21세기 들어 보편화된 디지털 영상 기술은 영화 미학, 영화 창작 방식, 관객의 영화 체험 등 영화 전반에 걸쳐 큰 변화를 초래했다. 특히 컴퓨터를 이용해 이미지를 가공하는 '디지털 후반작업'이 통상적 제작 과정으로 자리 잡으면서 영화는 현실을 사실적으로 재현하는 리얼리즘적 매체라는 오랜 믿음이 흔들리기 시작했다.

영화는 처음 발명되었을 때부터 놀라운 현실 재현 능력으로 주목받았다. 카메라의 셔터가 작동하면 피사체의 이미지가 필름에 새겨진다. 필름 표면에 각인된 이미지는 영화가 촬영되는 순간에 영화 속 인물, 사물, 공간이 실제로 카메라 앞에 존재했음을 확인해 준다. 따라서 영화는 하나의 기록이자 증언으로 인식되었다. ㉠지가 베르토프는 역동적인 현실 세계를 회화나 사진보다 더 사실적으로 재현하는 영화의 리얼리즘적 역량을 '영화 - 눈'이라고 명명했다. 그는 '영화 - 눈'이 인간의 지각을 확장하여 현실에 대한 정확하고 총체적인 인식을 제공한다고 생각했다.

필름 영화와 달리 디지털 영화에서는 현실과 영화 이미지 사이의 연관성이 매우 느슨하거나, 아예 존재하지 않는다. 디지털 영화에서 이미지는 0과 1의 이산적인 전자 정보로 저장되며, 이 정보들은 디지털 후반작업 과정에서 변형되기 때문이다. 더 나아가 여러 개의 이미지를 합성하거나, 카메라를 사용하지 않고 컴퓨터 그래픽만으로 가상의 인물과 공간을 만들어 내는 것도 가능해졌다. ㉡레프 마노비치는 디지털 기술의 도입으로 인해 '영화 - 눈'의 시대가 지나가고 '영화 - 붓'의 시대가 열렸다고 주장한다. 그는 현실의 사실적 재현을 넘어 상상의 세계를 그려 내는, 이른바 '합성 리얼리즘'의 시대로 진입하면서, 영화는 사진보다 회화나 애니메이션에 더 가까워졌다고 말한다.

그런데 변형되고 가공된 디지털 이미지가 오히려 영화의 사실적인 느낌을 강화하는 역설적인 현상이 발생하기도 한다. ㉢스티븐 프린스는 컴퓨터 그래픽으로 가공된 이미지를 관객이 사실적이라고 인식하는 '트루 라이즈', 즉 '진짜 거짓말' 현상을 '지각적 리얼리즘'이라고 정의한다. 그는 영화가 보여 주는 대상이 현실에 존재한다는 믿음에 기반한 '사진적 리얼리즘'은 더 이상 유효하지 않으며, 컴퓨터 그래픽을 통해 인위적으로 변형된 이미지에서 더 강한 사실감을 느끼는 관객의 심리에 대해 주목해야 한다고 주장한다. 디지털 영화에서 관객이 보는 것은 0과 1로 이루어진 정보가 아니라, 지각 가능한 형태로 전환되어 스크린에 투사된 이미지이다. 따라서 필름 영화의 이미지와는 다른 관점에서 디지털 이미지의 실재성 문제를 고찰할 필요가 있다.

001

윗글을 읽고 이해한 내용으로 적절하지 <u>않은</u> 것은?

① 필름 영화와 디지털 영화는 이미지의 실재성 측면에서 차이가 있다.

② 디지털 영화는 영화의 리얼리즘적 속성에 대한 인식의 전환을 초래했다.

③ '트루 라이즈'는 인위적으로 가공된 디지털 이미지에서 관객이 사실적인 느낌을 받는 현상을 말한다.

④ 영화가 기록이자 증언이라는 주장은 영화의 이미지와 현실 사이에 실제적인 연관성이 존재한다는 의미이다.

⑤ 디지털 영화에서 이미지는 0과 1의 정보로 투사되며 관객은 이 정보를 인지 가능한 형태로 전환하여 받아들인다.

002

㉠~㉢의 관점에 대해 파악한 내용으로 가장 적절한 것은?

① ㉠은 회화에 대한 영화의 우위를, ㉡은 영화에 대한 회화의 우위를 주장하고 있군.

② ㉠은 영화의 현실 재현 능력을, ㉢은 영화를 보는 관객의 인식을 중요하게 생각하겠군.

③ ㉡은 카메라가 대상을 포착하는 역량을, ㉢은 영화 이미지가 가상의 세계를 구현하는 역량을 중요하게 생각하겠군.

④ ㉠과 ㉢은 모두 영화에서 '지각적 리얼리즘'을 중요하게 생각하겠군.

⑤ ㉡과 ㉢은 모두 ㉠의 리얼리즘 개념이 디지털 영화의 시대에도 여전히 유효하다고 생각하겠군.

003

다음은 영화감독 A의 인터뷰이다. 윗글과 인터뷰를 바탕으로 ㉮, ㉯에 대한 비평문을 작성한다고 할 때, 떠올린 내용으로 적절하지 않은 것은? [3점]

> 2020년 ○월 ○○일　　　　　　　　　　□□일보
>
> 기자 : 감독님께서는 ㉮ 이전 영화들에서 필름 작업만을 고집하다가 ㉯ 이번 작품에는 디지털 기술도 사용하셨는데, 특별한 의도가 있나요?
>
> A : 제가 디지털 영화에 대해 부정적으로 생각했던 것은 사실입니다. 컴퓨터 그래픽으로 가상 세계를 표현한 영화가 유행하고 있지만, 시각적 쾌감을 제공하는 데 그치고 있다고 생각해요. 저는 제 영화가 언제나 현실과 밀접한 관계를 맺고 있기를 원했고, 삶의 다양한 양상들이 제 영화에 드러나기를 원했습니다. 지금도 같은 생각이에요. 그렇지만 이번에는 역사적 사건의 현실성을 높이는 목적으로만 컴퓨터 그래픽을 최소한도로 사용해 보았습니다. 다행히 많은 관객이 실제 현장에 있는 듯한 느낌을 받았다고 해서 기뻤습니다.

① A가 필름 작업을 고집했던 것을 통해 ㉮에 대한 비평에서 A가 영화에서 현실의 역동적 양상을 포착하려고 노력했다는 것을 이야기할 수 있겠군.

② A가 삶의 다양한 양상들이 자신의 영화에 드러나기를 원했다는 것을 통해 ㉮에 대한 비평에서 A가 현실의 총체적 인식을 중요하게 생각하고 있다는 것을 이야기할 수 있겠군.

③ A가 자신의 영화가 현실과 밀접한 관련을 맺고 있기를 바란다는 것을 통해 ㉯에 대한 비평에서 A가 '영화 - 붓'과 '합성 리얼리즘'을 중시한다는 점을 이야기할 수 있겠군.

④ A가 컴퓨터 그래픽을 사용하면서도 최소화하려는 것을 통해 ㉯에 대한 비평에서 A가 '영화 - 눈'의 가치를 여전히 중요하게 생각하고 있다는 것을 이야기할 수 있겠군.

⑤ A가 컴퓨터 그래픽에 대한 관객들의 반응을 긍정적으로 평가하는 것을 통해 ㉯에 대한 비평에서 A가 '지각적 리얼리즘'을 의도하고 연출했다는 것을 이야기할 수 있겠군.

[004~007]　2028학년도 예시문항 14번~17번　정답과 해설편 p.292

다음 글을 읽고 물음에 답하시오.

정보 시스템에 대한 '접근'이란 시스템 자원을 사용하기 위해 시스템과 상호 작용하는 작업을 의미한다. 이때 정보의 '객체'는 접근의 대상이 되는 시스템 또는 시스템 자원을, 정보의 '주체'는 접근을 통해 특정 목적을 달성하고자 하는 사람 또는 프로그램 등을 의미한다. '접근제어'는 적절한 권한을 가진 정보 주체만이 정보 객체에 접근할 수 있도록 통제하는 기술이다.

접근제어에서는 보안등급에 따라 접근 권한이 관리되는데, 이때 '보안등급'은 정보 주체와 객체에 부여된 중요도 또는 신뢰도를 나타낸다. 인터넷 카페에서 등급에 따라 읽기 또는 쓰기 권한을 주는 것은 이러한 예에 해당한다. 접근제어에서 관리하는 권한은 접근제어행렬, 접근제어목록 등으로 표현될 수 있다. '접근제어행렬'은 정보 주체를 행으로, 정보 객체를 열로 구성한 테이블로서, 객체에 대한 주체의 접근 권한은 해당 주체의 행과 해당 객체의 열이 만나는 셀에 기록된다. '접근제어목록'은 특정 객체에 대한 접근 권한을 갖는 주체가 나열된 목록이다.

접근제어에는 임의적 접근제어, 강제적 접근제어 등이 있다. ㉠ '임의적 접근제어'에서는 정보 객체의 소유자가 해당 객체에 대한 보안등급을 부여한다. 또한 객체에 대한 주체의 접근 권한 역시 해당 정보 객체의 소유자가 결정한다. 따라서 임의적 접근제어에서 접근 권한을 표현할 때는 접근제어목록이 주로 사용된다. 임의적 접근제어는 구현이 쉽고 권한 관리가 유연한 방식이지만, 정보 객체의 소유자가 접근 권한을 임의로 변경할 수 있어서 접근 권한의 일률적 통제가 어렵다는 문제가 있다. ㉡ '강제적 접근제어'에서는 보안등급 부여와 접근 권한의 관리가 중앙화된 방식으로 수행된다. 따라서 접근 권한을 일률적으로 통제할 수 있다는 장점이 있다. 강제적 접근제어에는 벨라파둘라 모델과 비바 모델 등이 있는데, ㉢ 벨라파둘라 모델은 기밀 정보의 유출 방지에 적합하고, 비바 모델은 정보의 신뢰도 유지에 적합하다.

정보 객체가 문서이고 정보 주체가 객체에 대한 읽기와 쓰기 권한을 갖는다고 가정했을 때, 벨라파둘라 모델에서 정보 주체는 자신보다 높은 등급의 문서를 읽는 것이 금지되지만, 등급이 같거나 낮은 문서에 대해서는 읽는 것이 가능하다. 또한 정보 주체는 자신보다 낮은 등급의 문서에 쓰는 것은 금지되지만, 등급이 같거나 높은 문서에 쓰는 것은 허용된다. 비바 모델에서 정보 주체는 자신보다 높은 등급의 문서에 대해서는 쓰기 권한이 없지만, 등급이 같거나 낮은 문서에 대해서는 쓰기가 가능하다. 또한 정보 주체는 자신보다 낮은 등급의 문서에 대해서는 읽기 권한이 없지만, 등급이 같거나 높은 문서를 읽는 것이 허용된다. 정보 주체는 자신보다 낮은 등급의 문서에 포함된 신뢰도가 낮은 정보를 참조함으로써 자신이 보유한 정보의 신뢰도를 떨어뜨릴 수 있는데, 비바 모델에서는 이를 방지할 수 있다.

004

윗글의 내용과 일치하지 <u>않는</u> 것은?

① 접근제어행렬은 접근 권한을 나타내는 테이블이다.
② 임의적 접근제어의 접근 권한 표현에는 접근제어목록이 주로 사용된다.
③ 접근은 시스템과의 상호 작용을 통해 시스템 자원을 사용하는 것을 목적으로 한다.
④ 접근제어에서는 정보 주체와 정보 객체에 부여된 중요도나 신뢰도에 따라 접근 권한이 관리된다.
⑤ 접근제어목록은 특정 정보 주체가 접근할 수 있는 정보 객체를 목록화하여 관리하기 위해 사용된다.

005

㉠과 ㉡에 대한 이해로 적절하지 <u>않은</u> 것은?

① ㉠과 달리 ㉡은 중앙화된 방식으로 접근 권한을 통제하기 때문에 일률적인 권한 관리가 가능하다는 특징이 있다.
② ㉠과 달리 ㉡은 정보 객체의 소유자 외의 정보 주체가 해당 객체를 변경하는 것을 방지하기 위해 사용되는 방식이다.
③ ㉡과 달리 ㉠은 정보 객체의 소유자가 접근 권한을 관리하기 때문에 권한 관리가 유연한 방식이다.
④ ㉠과 ㉡은 모두 권한을 부여하고 관리하기 위해 사용된다.
⑤ ㉠과 ㉡은 모두 접근제어행렬을 이용한 접근 권한 표현이 가능한 방식이다.

006

㉮의 이유로 가장 적절한 것은?

① 정보 객체의 정보가, 같은 등급의 정보 주체로 전달되지 않기 때문이다.
② 정보 주체와 정보 객체의 보안등급이 중앙화된 방식으로 관리되기 때문이다.
③ 정보 주체가 자신보다 낮은 등급의 정보 객체에 쓰는 것이 금지되기 때문이다.
④ 정보 주체가 자신보다 높은 등급의 정보 객체에 쓰는 것이 가능하기 때문이다.
⑤ 정보 주체와 정보 객체를 중요도에 따라 분류하고 이를 테이블을 이용해서 관리하기 때문이다.

007

윗글을 바탕으로 〈보기〉를 이해한 내용으로 적절하지 <u>않은</u> 것은?

`3점`

| 보 기 |

다음은 비바 모델 접근제어를 사용하는 ○○ 회사의 접근제어행렬이다. 이 회사에는 갑, 을, 병이라는 정보 주체와 A, B, C라는 정보 객체가 있다. 이 회사는 모든 정보 주체 및 객체를 1등급, 2등급, 3등급의 보안등급으로 분류하고 있다. 테이블에서 r은 읽기 권한을, w는 쓰기 권한을 의미한다.

주체＼객체	A	B	C
갑	[ ]	rw	r
을	rw	w	r
병	w	w	rw

① 모든 주체가 B에 대한 쓰기 권한을, C에 대한 읽기 권한을 가지고 있음을 고려할 때, 갑은 A에 대한 읽기 권한을 가지고 있겠군.
② 을은 병에 비해 읽기 권한이 많다는 점을 고려할 때, 보안등급은 을이 병보다 높겠군.
③ 을은 A에 대한 읽기 권한과 쓰기 권한을 모두 가지고 있음을 고려할 때, 을과 A의 보안등급은 같겠군.
④ 을은 C에 대한 읽기 권한이 있으므로 C보다 보안등급이 낮은 을에게 C의 중요 정보가 유출될 수 있겠군.
⑤ 병이 A와 B에 대한 읽기 권한이 없는 것은 병이 보유한 정보의 신뢰도 하락을 막기 위한 것이겠군.

다음 글을 읽고 물음에 답하시오.

(가)

표현의 자유는 개인의 인격 발현과 민주주의의 유지 발전을 위해 필수적이다. 표현의 자유가 보장되지 않으면 다양한 사상과 의견이 공론의 장에 진입하지 못한다. 표현의 자유가 보장되기 위해서는 ㉠'사전억제의 금지원칙'과 '과잉금지원칙'의 적용이 필요하다. 사전억제의 금지원칙은 표현하려는 내용을 사전에 심사하여 억제해서는 안 된다는 것이다. 과잉금지원칙이란, 기본권을 제한하는 법률은 '목적의 정당성', '수단의 적절성', '침해의 최소성' 그리고 '법익의 균형성'을 모두 충족해야 한다는 것이다. 이들 원칙은 표현의 자유의 본질을 침해하는 것을 막는 데 기여한다.

이러한 원칙을 반영하여 표현의 자유를 제한하는 방식, 범위, 대상에 의미 있는 변화가 있었다. 우선 표현을 규제하는 방식이 변했다. 헌법재판소는 방송 광고 등 상업적 표현물과 일반 영상물에 대한 사전심의제도가 행정 기관이 주체가 되어 운영된다는 점에서, 우리 헌법이 금지하는 검열에 해당한다고 결정했다. 이들 영역의 심의는 법적인 사후심의나 자율적 사전심의로 대체되었다.

또한 익명 표현의 범위가 확대되었다. 인터넷 게시판에 글을 쓰려는 사람들이 사전에 요구 받았던 본인확인제를 헌법재판소는 위헌으로 결정했다. 헌법재판소는 인터넷에서 건전한 정보의 유통을 추구하려는 이 제도가 가진 목적의 정당성을 인정하였다. 또 본인확인이 목적 달성에 기여한다는 점에서 수단의 적절성도 인정하였다. 그러나 본인확인제는 익명 표현의 장점까지 포괄적으로 제한하므로 침해의 최소성은 인정하지 않았다. 또한 표현의 자유를 제한하여 얻는 이익에 비해 달성되는 공익이 크지 않다는 점에서 법익의 균형성도 인정하지 않았다.

또 일부 대상에 대한 명예훼손 책임이 완화되었다. 2002년 대법원은 '공적 인물·공적 사안의 법리'를 도입했다. 공적 인물이나 공적 사안에 대한 언론 보도와 사적 인물이나 사적 사안에 대한 언론 보도의 명예훼손 책임을 달리 취급해야 한다는 것이다. 후자의 경우 인격권의 보호가 우선할 수 있으나, 전자의 경우 언론 보도의 법적 책임이 완화되어야 한다는 이 법리는 법원의 명예훼손 재판 기준으로 유지되고 있다. 법원은 공직자나 정치인 등의 도덕성이나 업무 처리에 대한 비판적 보도로 인해 생길 수 있는 언론의 법적 책임을 완화하고 있다. 공론의 장에 나선 공적 인물의 명예나 초상권 등의 인격권은 표현의 자유를 위해 한발 물러서야 한다는 것이다.

(나)

디지털 공간에서는 개인의 인격권을 침해하는 정보가 쉽게 확산된다. 자신의 인격권을 침해하는 정보가 인터넷에서 공유되고, 그 내용이 언론을 통해 공론화되고 있는 상황을 가정해 보자. 어떻게 대응할 수 있을까?

개인의 사생활을 침해하거나 명예를 훼손하는 정보는 법적 절차를 통해 삭제가 가능하다. 일반 이용자가 작성한 게시물이나 댓글의 경우, '정보통신망법'에 의거 정보통신서비스 제공자에게 피해 사실을 ⓐ소명하고, 삭제를 요청할 수 있다. 삭제 요청을 받은 서비스 제공자는 해당 게시물을 ⓑ지체 없이 삭제해야 한다. 만약 언론의 보도 기사에 의해 인격권이 침해되고 있다면, 법원 혹은 언론중재위원회를 통한 기사삭제청구권의 행사를 고려해 볼 수 있다. 기사삭제청구권은 법률에 규정은 없지만, 법원은 그 기사가 허위이며 중대하고 ⓒ현저한 침해가 계속되는 경우 기사 삭제의 청구를 판례를 통해 인정하고 있다. 이때 기사의 허위성은 피해자가 입증해야 한다.

언론의 보도 기사에 대해서는 언론사, 언론중재위원회 또는 법원에 정정보도나 반론보도, 추후보도를 청구할 수도 있다. '언론중재법'은 언론 보도가 진실하지 않을 때 진실에 부합하게 고쳐 달라고 요구할 수 있는 정정보도청구권, 언론 보도의 진실 여부와 관계없이 그에 대립되는 반박적 주장을 보도해 달라고 요구하는 반론보도청구권을 규정하고 있다. 또 범죄 혐의가 있다거나 형사상의 조치를 받았다고 언론이 보도했으나 무죄확정판결 또는 혐의없음으로 사건이 종결되었을 때 이를 보도해 달라고 요구할 수 있는 추후보도청구권을 규정하고 있다.

자신에 대한 허위 정보가 시사 보도 프로그램을 통해 방송될 예정이라면, 법원에 방영금지가처분을 신청해 그 내용이 방송되지 않도록 할 수도 있다. 방송될 내용이 진실이 아니고 피해자에게 회복하기 어려운 중대하고 현저한 손해를 입힐 수 있는 경우 법원의 판단하에 방영금지가처분 신청이 ⓓ인용될 수 있다. ㉡방영금지가처분제도가 위헌이라는 주장이 있지만 헌법재판소는 방영금지가처분이 과잉금지원칙에 위배되지 않는다고 판단했다. 또한 검열에 해당한다는 점도 ⓔ부인했다.

008

(가), (나)에 대한 설명으로 가장 적절한 것은?

① (가)는 표현의 자유를 보호하는 절차를, (나)는 인격권의 필요성을 설명하고 있다.

② (가)는 표현의 자유가 확장된 양상을, (나)는 인격권 침해에 대한 구제 방법을 소개하고 있다.

③ (가)는 표현의 자유가 강조된 배경을, (나)는 인격권의 정의에 대한 다양한 시각을 제시하고 있다.

④ (가)는 표현의 자유에 관한 상반되는 의견을, (나)는 인격권에 관한 절충적인 의견을 제시하고 있다.

⑤ (가)와 (나)는 모두 표현의 자유와 관련하여 대립되는 학자들의 이론을 비교하여 설명하고 있다.

009

(가)에 대한 이해로 가장 적절한 것은?

① 상업적 광고에 대한 심의는 사후에만 허용된다.
② 표현의 자유를 보장하는 이유는 개인의 명예 보호와 민주주의 발전을 위해서이다.
③ 공적 인물에 대한 인격권과 표현의 자유가 대립할 때는 표현의 자유를 우위에 둔다.
④ 공적 사안에 대한 언론의 무분별한 보도를 방지하기 위해 '공적 인물·공적 사안의 법리'가 채택되었다.
⑤ 영상물에 대한 심의가 검열이라고 판단된 것은 심의 시기와 관련 없이 행정 기관이 주체가 되어 진행되었기 때문이다.

010

다음은 학생이 작성한 학습 활동지이다. (나)를 바탕으로 할 때, 적절하지 않은 것은?

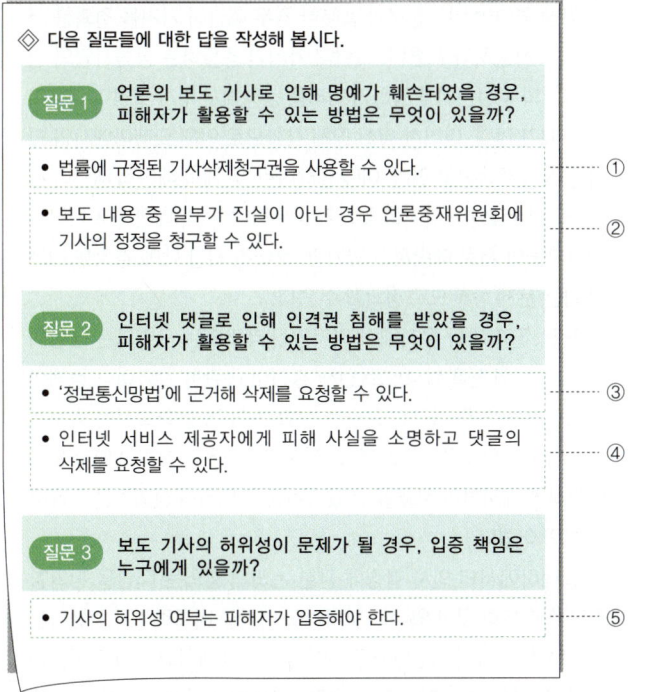

◇ 다음 질문들에 대한 답을 작성해 봅시다.

| 질문 1 | 언론의 보도 기사로 인해 명예가 훼손되었을 경우, 피해자가 활용할 수 있는 방법은 무엇이 있을까? |

• 법률에 규정된 기사삭제청구권을 사용할 수 있다. ········ ①

• 보도 내용 중 일부가 진실이 아닌 경우 언론중재위원회에 기사의 정정을 청구할 수 있다. ········ ②

| 질문 2 | 인터넷 댓글로 인해 인격권 침해를 받았을 경우, 피해자가 활용할 수 있는 방법은 무엇이 있을까? |

• '정보통신망법'에 근거해 삭제를 요청할 수 있다. ········ ③

• 인터넷 서비스 제공자에게 피해 사실을 소명하고 댓글의 삭제를 요청할 수 있다. ········ ④

| 질문 3 | 보도 기사의 허위성이 문제가 될 경우, 입증 책임은 누구에게 있을까? |

• 기사의 허위성 여부는 피해자가 입증해야 한다. ········ ⑤

011

㉠을 바탕으로 ㉡을 비판한 내용으로 적절하지 않은 것은?

① 행정 기관이 주체가 되어 심사하는 것이 아니므로 '사전억제의 금지원칙'에 위반되지 않는다.
② 방송으로 인해 훼손된 인격은 다시 회복되기 어려우므로 이를 예방한다는 '목적의 정당성'이 인정된다.
③ 인격권을 손상할 것이 명백한 방송이라면, 이를 사전에 금지하는 것이 불가피하므로 '수단의 적절성'이 인정된다.
④ 현저하게 피해가 예상되는 경우에만 제한적으로 허용한다는 점에서 '침해의 최소성'이 인정된다.
⑤ 허위 사실의 방송을 금지함으로써 얻는 이익보다, 표현의 자유를 제한함으로써 발생하는 불이익이 크다는 면에서 '법익의 균형성'을 충족한다.

012

ⓐ~ⓔ의 문맥상 의미를 파악한 것으로 적절하지 않은 것은?

① ⓐ : 근거를 갖추어 피해 사실을 '밝혀 설명하고'라는 의미이다.
② ⓑ : 게시물을 충분히 검토하여 '착오가 없이'라는 의미이다.
③ ⓒ : 피해 사실이 '분명하게 드러나 있는'이라는 의미이다.
④ ⓓ : 신청이 '인정되고 받아들여질'이라는 의미이다.
⑤ ⓔ : 검열이라는 주장을 '받아들이지 않았다'라는 의미이다.

013

(가)와 (나)를 참고하여 <보기>를 이해한 내용으로 적절하지 <u>않은</u> 것은? `3점`

| 보기 |

'갑' 신문사는 공적 인물인 A가 불법 거래로 부당한 이익을 얻은 의혹이 있다는 기사를 내보냈다. 일반인 B는 포털 게시판에, 보도된 의혹 외에 A가 추가로 부당 이익을 얻은 적이 있다는 글을 익명으로 올렸다. 사건이 커지자 '을' 방송사는 A의 부당 이익 수취에 대한 의혹을 다룬 시사 보도 프로그램을 1주일 후 방영하겠다고 방송에서 예고했다. A는 방영금지가처분을 신청했다.

① A에 대한 의혹이 진실이라면, A는 '갑' 신문사의 기사를 반박하는 내용을 보도해 달라고 청구할 수 없겠군.

② A의 혐의가 무죄로 종결되고 A의 청구가 있다면, 법원은 '을' 방송사에 해당 사실을 보도하라고 판결하겠군.

③ B가 게시한 A에 대한 의혹이 진실이 아니며 A의 삭제 요청이 있었다면, 포털의 서비스 제공자는 게시물을 삭제해야겠군.

④ A가 명예훼손 책임을 '갑' 신문사에게 묻는다면, 법원은 A가 사적 인물이 아니라는 점을 고려하여 언론의 책임을 완화하겠군.

⑤ 법원이 방영금지가처분 신청을 기각했다면, '을' 방송사가 방송하려는 내용이 진실이거나 A의 인격권을 중대하고 현저하게 침해하지 않는다고 판단했겠군.

[014~017] 2028학년도 예시문항 24번~27번 정답과 해설편 p.299

(가)와 (나)는 학생이 읽은 글이고, (다)는 이를 바탕으로 쓴 논증하는 글의 초고이다. 물음에 답하시오.

(가)

주어진 자원이 한정적인 상황에서는 합리적 선택이 중요하다. 합리적 선택을 위해서는 선택으로 얻게 되는 만족과 기회비용을 함께 판단해야 한다. 기회비용은 어떤 선택을 함으로써 포기하는 것의 가치가 무엇인지를 따지는 개념이다. 기회비용은 대안을 선택함으로써 실제 지출하는 비용과 다른 대안을 선택했다면 얻을 수 있었던 가치를 함께 고려하여 구한다.

일요일에 도서관에서 책을 읽으려고 했는데, 친구가 공연 관람을 가자고 한다. 만약 공연 관람을 선택한다면 공연 관람료가 실제 지출하는 비용이고, 도서관에서 책을 읽는다면 얻을 수 있는 만족이 공연 관람으로 포기한 것의 가치에 해당한다. 기회비용을 구할 때, 공연 관람료처럼 대안을 선택함으로써 실제 지출하는 비용을 고려하지 못하는 경우가 종종 있다. 하지만 그 비용은 다른 곳에 사용했다면 얻을 수 있는 만족을 포기한 것이기 때문에 기회비용에 포함되어야 한다.

합리적 선택을 할 때 고려할 필요가 없는 비용도 있다. 바로 매몰 비용이다. 매몰 비용이란 이미 투입되어 다시 회수할 수 없는 비용으로, 의사 결정 시 고려해서는 안 된다. 가령 공연이 시시하여 관람을 계속할지 말지를 선택하는 경우 관람료가 아까워 계속 관람하는 것은 비합리적 선택이다. 그러므로 되돌릴 수 없는 매몰 비용이 아니라 앞으로의 선택이 가져올 기회비용을 산출하는 것이 합리적 선택을 위한 효과적인 전략이다.

(나)

정책 영역에서는 정보가 충분한 경우 대안이 가져올 결과를 서로 비교 가능하다고 본다. 그런데 가치가 충돌하는 공공사업의 경우 가치의 우선순위를 정하기 어려운 상황에서 의사 결정이 이루어지는 때가 많다. 이러한 현실 정책 상황으로 인해 딜레마에서의 의사 결정이 주목받고 있다. 이때 딜레마란 '두 개의 배타적 대안이 존재하고, 두 대안이 가져올 결과가 상충적이며, 각 대안을 지지하는 행위자들이 서로 대립하고 있지만, 주어진 시간 내에 결정을 내려야 하는 문제 상황'으로 정의할 수 있다.

한편, 딜레마와 유사해 보이지만 딜레마와는 구별되는 상황이 있다. 정보의 불확실성으로 인해 결정이 곤란한 상황이나 정책의 모호성으로 인해 결정이 곤란한 상황 등이다. 불확실성은 정보를 추가적으로 탐색하여 해소할 수 있고 모호성은 정책의 의미를 보다 분명하게 제시하여 해소할 수 있기 때문에 이러한 상황들은 딜레마로 보기 어렵다.

딜레마에서의 의사 결정에 관한 논의의 함의는 대안을 평가할 정보를 충분히 갖고 있다고 할지라도 대안을 비교하기가 어렵다는 것이다. 딜레마에서의 의사 결정에는 가치가 개입되고 그 가치들이 서로 충돌하는 상황에서 의사 결정이 이루어질 수밖에 없다.

(다)

우리 지역의 ○○ 부지에 하수 처리 시설 유치 여부를 연말까지 결정해야 하는 상황에서 사람들의 찬반 논쟁이 첨예하게 벌어지고 있다. 나는 하수 처리 시설을 유치해야 한다고 생각한다. 우리에게 주어진 자원이 한정적인 상황에서 하수 처리 시설을 유치하는 것이 합리적 선택이기 때문이다.

그 근거로 우선 지역 주민 소득 증가 효과를 들 수 있다. 시설을 유치할 경우 시설 구축 비용뿐만 아니라 보조금이 정부에서 지급될 예정이다. 이를 활용하여 지역 경제 활성화 프로그램을 시행할 수 있다. △△ 기관 연구 보고서에 따르면 지방 자치 단체의 경제 활성화 프로그램이 지역 주민의 소득 증가에 유의미한 영향을 미치는 것으로 조사되었다.

또한, 지역민의 정서적 만족도를 높일 수 있다. 지하에 구축될 하수 처리 시설의 지상에는 공원이 들어설 예정이다. 도시 계획 전문가 이□□에 따르면 여가와 휴식 공간이 있는 곳에 거주하는 지역민은 그렇지 않은 지역민보다 정서적 만족도가 1.5 배가량 높다고 한다.

[A] ⌈ 물론, 이에 대해 해당 부지의 환경적 가치가 중요하다며 하수 처리 시설 유치를 반대할 수도 있다. 하지만 현재 산출한 기회비용은 해당 부지의 환경적 가치는 물론, 부지의 다른 가치도 모두 포함한 것이다. ⌊

그러므로 현재 우리에게 주어진 조건 속에서는 하수 처리 시설을 유치하는 것이 가장 합리적 선택이다.

014

다음은 학생이 글을 읽는 과정에서 작성한 질문이다. (가), (나)에서 답을 확인할 수 <u>없는</u> 것은?

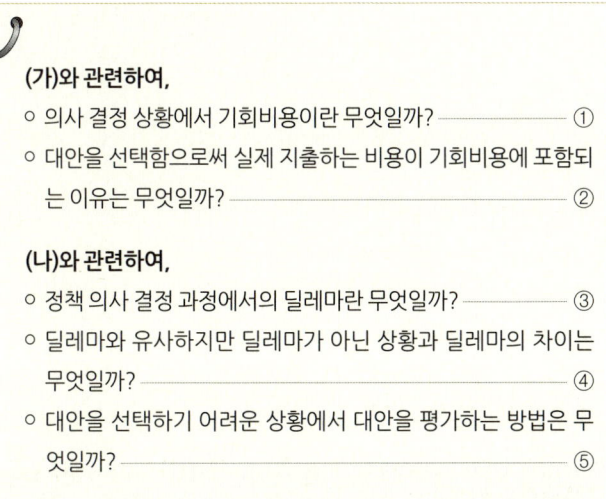

(가)와 관련하여,
○ 의사 결정 상황에서 기회비용이란 무엇일까? ─────── ①
○ 대안을 선택함으로써 실제 지출하는 비용이 기회비용에 포함되는 이유는 무엇일까? ─────── ②

(나)와 관련하여,
○ 정책 의사 결정 과정에서의 딜레마란 무엇일까? ─────── ③
○ 딜레마와 유사하지만 딜레마가 아닌 상황과 딜레마의 차이는 무엇일까? ─────── ④
○ 대안을 선택하기 어려운 상황에서 대안을 평가하는 방법은 무엇일까? ─────── ⑤

015

(다)를 작성하기 위해 (가), (나)를 읽은 방법으로 가장 적절한 것은?

① (가)에서 매몰 비용의 개념에 주목하고, 의사 결정 시 매몰 비용 산출이 선행되어야 한다는 것을 확인하며 읽었다.
② (가)에서 기회비용의 중요성에 주목하고, 선택하지 않은 대안의 가치도 고려해야 합리적 선택이 가능하다는 것을 확인하며 읽었다.
③ (가)에서 기회비용의 효용성에 주목하고, 기회비용이 대안을 선택함으로써 얻게 되는 만족과 실제 지출하는 비용으로 구성된다는 것을 확인하며 읽었다.
④ (나)에서 딜레마에서의 선택에 가치가 개입된다는 점에 주목하고, 가치의 우선순위를 확정하는 것이 필요하다는 점을 확인하며 읽었다.
⑤ (나)에서 딜레마에서의 선택에 정보가 영향을 미친다는 점에 주목하고, 정보가 충분할수록 의사 결정이 수월할 수 있다는 점을 확인하며 읽었다.

016

〈보기〉를 참고할 때, (다)를 작성하기 위해 세운 글쓰기 계획으로 적절하지 <u>않은</u> 것은?

| 보 기 |
논증은 자신의 주장이 옳음을 입증하는 과정이다. 논증 요소는 주장과 왜 그러한 주장을 하는지에 관한 주관적 생각인 이유, 주장이나 이유를 뒷받침하는 객관적 자료인 근거, 예상되는 반론과 이에 대한 반박 등이 있다.

① 하수 처리 시설 유치 쟁점에서 찬성 입장을 주장으로 제시한다.
② 자원이 한정적인 상황에서 발생한 논쟁이 첨예하여 갈등 해결이 시급하다는 내용을 이유로 제시한다.
③ 지역 경제 활성화 프로그램 시행으로 주민 소득이 증가한다는 연구 보고서 내용을 근거로 제시한다.
④ 해당 부지의 환경적 가치가 중요하다는 내용을 예상 반론으로 제시한다.
⑤ 고려할 수 있는 해당 부지의 모든 가치를 기회비용에 포함하였다는 내용을 반박으로 제시한다.

예시문항
2028학년도

017

<보기>는 (다)를 작성한 후 추가로 수집한 자료이다. <보기>를 (가), (나)와 연결 지어 (다)의 [A]를 구체화하는 방안으로 가장 적절한 것은? 3점

| 보기 |

　합리적 선택을 할 때, 정보나 지식이 충분하더라도 대안을 비교하기 어려운 경우가 있다. 이런 상황에 대한 적극적인 대응으로 절차적 합리성이 제안될 수 있다. 이는 내용적으로 어느 것이 더 합리적인지 판단하기 어려울 때, 일정한 형식적 절차를 거쳐서 나온 결과는 내용적으로도 합리적인 것으로 간주할 수 있다는 의미이다.

- ◇◇ 학회 논문 자료 -

① <보기>를 (가)와 연결 지어, 대안의 가치를 비교하여 합리적 선택이 가능함을 제시하고 절차적 합리성을 확보하면 대안의 대립이 해소될 수 있다는 내용으로 예상 반론을 구체화해야겠어.

② <보기>를 (가)와 연결 지어, 정보가 충분하면 대안의 가치를 정확히 측정할 수 있음을 제시하고 형식적 절차를 위해 추가 정보가 필요하다는 내용으로 반박을 구체화해야겠어.

③ <보기>를 (나)와 연결 지어, 배타적 대안이 상충된 결과를 초래할 수 있음을 제시하고 형식적 절차를 거치더라도 기회비용 산출이 어렵다는 내용으로 예상 반론을 구체화해야겠어.

④ <보기>를 (나)와 연결 지어, 딜레마에서 가치를 정확히 산출하는 것이 필수적임을 제시하고 형식적 절차에 따라 만족의 크기를 비교해야 한다는 내용으로 예상 반론을 구체화해야겠어.

⑤ <보기>를 (나)와 연결 지어, 가치 충돌 상황에서 의사 결정이 요구됨을 제시하고 현재 산출한 기회비용이 절차적 합리성을 확보하고 있다는 내용으로 반박을 구체화해야겠어.

마더텅 연습용 답안지
고1 국어 독서

OMR 카드가 추가로 필요한 수험생분들은 마더텅 홈페이지에서 OMR 카드의 PDF 파일을 내려받을 수 있습니다.

이용방법 1 ① 주소창에 www.toptutor.co.kr 입력 또는 포털에서 [마더텅] 검색
② 학습자료실 → 교재관련자료 → [고등] [까만책] [과목] [교재] 선택 → OMR 카드 내려받기

이용방법 2 QR 코드 스캔 →
OMR 카드 내려받기

OMR 카드 QR

DAY 1일차

제한시간	31 분 00 초
소요시간	분 초
틀린 문항 수	14개 중 개

I. 인문　　　　p.12

문번	답 란
001	① ② ③ ④ ⑤
002	① ② ③ ④ ⑤
003	① ② ③ ④ ⑤
004	① ② ③ ④ ⑤
005	① ② ③ ④ ⑤
006	① ② ③ ④ ⑤
007	① ② ③ ④ ⑤

008	① ② ③ ④ ⑤
009	① ② ③ ④ ⑤
010	① ② ③ ④ ⑤
011	① ② ③ ④ ⑤
012	① ② ③ ④ ⑤
013	① ② ③ ④ ⑤
014	① ② ③ ④ ⑤

www.toptutor.co.kr

DAY 2일차

제한시간	30 분 00 초
소요시간	분 초
틀린 문항 수	14개 중 개

I. 인문　　　　p.18

문번	답 란
015	① ② ③ ④ ⑤
016	① ② ③ ④ ⑤
017	① ② ③ ④ ⑤
018	① ② ③ ④ ⑤
019	① ② ③ ④ ⑤
020	① ② ③ ④ ⑤
021	① ② ③ ④ ⑤

022	① ② ③ ④ ⑤
023	① ② ③ ④ ⑤
024	① ② ③ ④ ⑤
025	① ② ③ ④ ⑤
026	① ② ③ ④ ⑤
027	① ② ③ ④ ⑤
028	① ② ③ ④ ⑤

www.toptutor.co.kr

DAY 3일차

제한시간	32 분 00 초
소요시간	분 초
틀린 문항 수	14개 중 개

I. 인문　　　　p.24

문번	답 란
029	① ② ③ ④ ⑤
030	① ② ③ ④ ⑤
031	① ② ③ ④ ⑤
032	① ② ③ ④ ⑤
033	① ② ③ ④ ⑤
034	① ② ③ ④ ⑤
035	① ② ③ ④ ⑤

036	① ② ③ ④ ⑤
037	① ② ③ ④ ⑤
038	① ② ③ ④ ⑤
039	① ② ③ ④ ⑤
040	① ② ③ ④ ⑤
041	① ② ③ ④ ⑤
042	① ② ③ ④ ⑤

DAY 4일차

제한시간	26 분 00 초
소요시간	분 초
틀린 문항 수	16개 중 개

I. 인문　　　　p.30

문번	답 란
043	① ② ③ ④ ⑤
044	① ② ③ ④ ⑤
045	① ② ③ ④ ⑤
046	① ② ③ ④ ⑤
047	① ② ③ ④ ⑤
048	① ② ③ ④ ⑤
049	① ② ③ ④ ⑤

050	① ② ③ ④ ⑤
051	① ② ③ ④ ⑤
052	① ② ③ ④ ⑤
053	① ② ③ ④ ⑤
054	① ② ③ ④ ⑤
055	① ② ③ ④ ⑤
056	① ② ③ ④ ⑤
057	① ② ③ ④ ⑤
058	① ② ③ ④ ⑤

DAY 5일차

제한시간	24 분 00 초
소요시간	분 초
틀린 문항 수	13개 중 개

I. 인문　　　p.36

문번	답 란
059	① ② ③ ④ ⑤
060	① ② ③ ④ ⑤
061	① ② ③ ④ ⑤
062	① ② ③ ④ ⑤
063	① ② ③ ④ ⑤
064	① ② ③ ④ ⑤
065	① ② ③ ④ ⑤

066	① ② ③ ④ ⑤
067	① ② ③ ④ ⑤
068	① ② ③ ④ ⑤
069	① ② ③ ④ ⑤
070	① ② ③ ④ ⑤
071	① ② ③ ④ ⑤

www.toptutor.co.kr

DAY 6일차

제한시간	26 분 00 초
소요시간	분 초
틀린 문항 수	16개 중 개

I. 인문　　　p.42

문번	답 란
072	① ② ③ ④ ⑤
073	① ② ③ ④ ⑤
074	① ② ③ ④ ⑤
075	① ② ③ ④ ⑤
076	① ② ③ ④ ⑤
077	① ② ③ ④ ⑤
078	① ② ③ ④ ⑤

079	① ② ③ ④ ⑤
080	① ② ③ ④ ⑤
081	① ② ③ ④ ⑤
082	① ② ③ ④ ⑤
083	① ② ③ ④ ⑤
084	① ② ③ ④ ⑤
085	① ② ③ ④ ⑤
086	① ② ③ ④ ⑤
087	① ② ③ ④ ⑤

www.toptutor.co.kr

DAY 7일차

제한시간	22 분 00 초
소요시간	분 초
틀린 문항 수	12개 중 개

I. 인문　　　p.50

문번	답 란
088	① ② ③ ④ ⑤
089	① ② ③ ④ ⑤
090	① ② ③ ④ ⑤
091	① ② ③ ④ ⑤
092	① ② ③ ④ ⑤
093	① ② ③ ④ ⑤
094	① ② ③ ④ ⑤

095	① ② ③ ④ ⑤
096	① ② ③ ④ ⑤
097	① ② ③ ④ ⑤
098	① ② ③ ④ ⑤
099	① ② ③ ④ ⑤

www.toptutor.co.kr

DAY 8일차

제한시간	24 분 00 초
소요시간	분 초
틀린 문항 수	12개 중 개

I. 인문　　　p.56

문번	답 란
100	① ② ③ ④ ⑤
101	① ② ③ ④ ⑤
102	① ② ③ ④ ⑤
103	① ② ③ ④ ⑤
104	① ② ③ ④ ⑤
105	① ② ③ ④ ⑤
106	① ② ③ ④ ⑤

107	① ② ③ ④ ⑤
108	① ② ③ ④ ⑤
109	① ② ③ ④ ⑤
110	① ② ③ ④ ⑤
111	① ② ③ ④ ⑤

DAY 9일차

제한시간	21 분 00 초
소요시간	분 초
틀린 문항 수	10개 중 개

Ⅰ. 인문   p.62

문번	답 란
112	① ② ③ ④ ⑤
113	① ② ③ ④ ⑤
114	① ② ③ ④ ⑤
115	① ② ③ ④ ⑤
116	① ② ③ ④ ⑤
117	① ② ③ ④ ⑤
118	① ② ③ ④ ⑤
119	① ② ③ ④ ⑤
120	① ② ③ ④ ⑤
121	① ② ③ ④ ⑤

www.toptutor.co.kr

DAY 10일차

제한시간	27 분 00 초
소요시간	분 초
틀린 문항 수	14개 중 개

Ⅱ. 사회   p.66

문번	답 란
001	① ② ③ ④ ⑤
002	① ② ③ ④ ⑤
003	① ② ③ ④ ⑤
004	① ② ③ ④ ⑤
005	① ② ③ ④ ⑤
006	① ② ③ ④ ⑤
007	① ② ③ ④ ⑤
008	① ② ③ ④ ⑤
009	① ② ③ ④ ⑤
010	① ② ③ ④ ⑤
011	① ② ③ ④ ⑤
012	① ② ③ ④ ⑤
013	① ② ③ ④ ⑤
014	① ② ③ ④ ⑤

www.toptutor.co.kr

DAY 11일차

제한시간	24 분 00 초
소요시간	분 초
틀린 문항 수	10개 중 개

Ⅱ. 사회   p.72

문번	답 란
015	① ② ③ ④ ⑤
016	① ② ③ ④ ⑤
017	① ② ③ ④ ⑤
018	① ② ③ ④ ⑤
019	① ② ③ ④ ⑤
020	① ② ③ ④ ⑤
021	① ② ③ ④ ⑤
022	① ② ③ ④ ⑤
023	① ② ③ ④ ⑤
024	① ② ③ ④ ⑤

www.toptutor.co.kr

DAY 12일차

제한시간	36 분 00 초
소요시간	분 초
틀린 문항 수	16개 중 개

Ⅱ. 사회   p.76

문번	답 란
025	① ② ③ ④ ⑤
026	① ② ③ ④ ⑤
027	① ② ③ ④ ⑤
028	① ② ③ ④ ⑤
029	① ② ③ ④ ⑤
030	① ② ③ ④ ⑤
031	① ② ③ ④ ⑤
032	① ② ③ ④ ⑤
033	① ② ③ ④ ⑤
034	① ② ③ ④ ⑤
035	① ② ③ ④ ⑤
036	① ② ③ ④ ⑤
037	① ② ③ ④ ⑤
038	① ② ③ ④ ⑤
039	① ② ③ ④ ⑤
040	① ② ③ ④ ⑤

www.toptutor.co.kr

제한시간	29 분 00 초
소요시간	분 초
틀린 문항 수	16개 중 개

Ⅱ. 사회　　　　p.83

문번	답 란
041	① ② ③ ④ ⑤
042	① ② ③ ④ ⑤
043	① ② ③ ④ ⑤
044	① ② ③ ④ ⑤
045	① ② ③ ④ ⑤
046	① ② ③ ④ ⑤
047	① ② ③ ④ ⑤
048	① ② ③ ④ ⑤
049	① ② ③ ④ ⑤
050	① ② ③ ④ ⑤
051	① ② ③ ④ ⑤
052	① ② ③ ④ ⑤
053	① ② ③ ④ ⑤
054	① ② ③ ④ ⑤
055	① ② ③ ④ ⑤
056	① ② ③ ④ ⑤

www.toptutor.co.kr

제한시간	32 분 00 초
소요시간	분 초
틀린 문항 수	14개 중 개

Ⅱ. 사회　　　　p.90

문번	답 란
057	① ② ③ ④ ⑤
058	① ② ③ ④ ⑤
059	① ② ③ ④ ⑤
060	① ② ③ ④ ⑤
061	① ② ③ ④ ⑤
062	① ② ③ ④ ⑤
063	① ② ③ ④ ⑤
064	① ② ③ ④ ⑤
065	① ② ③ ④ ⑤
066	① ② ③ ④ ⑤
067	① ② ③ ④ ⑤
068	① ② ③ ④ ⑤
069	① ② ③ ④ ⑤
070	① ② ③ ④ ⑤

www.toptutor.co.kr

제한시간	27 분 00 초
소요시간	분 초
틀린 문항 수	13개 중 개

Ⅱ. 사회　　　　p.96

문번	답 란
071	① ② ③ ④ ⑤
072	① ② ③ ④ ⑤
073	① ② ③ ④ ⑤
074	① ② ③ ④ ⑤
075	① ② ③ ④ ⑤
076	① ② ③ ④ ⑤
077	① ② ③ ④ ⑤
078	① ② ③ ④ ⑤
079	① ② ③ ④ ⑤
080	① ② ③ ④ ⑤
081	① ② ③ ④ ⑤
082	① ② ③ ④ ⑤
083	① ② ③ ④ ⑤

www.toptutor.co.kr

제한시간	37 분 00 초
소요시간	분 초
틀린 문항 수	15개 중 개

Ⅱ. 사회　　　　p.101

문번	답 란
084	① ② ③ ④ ⑤
085	① ② ③ ④ ⑤
086	① ② ③ ④ ⑤
087	① ② ③ ④ ⑤
088	① ② ③ ④ ⑤
089	① ② ③ ④ ⑤
090	① ② ③ ④ ⑤
091	① ② ③ ④ ⑤
092	① ② ③ ④ ⑤
093	① ② ③ ④ ⑤
094	① ② ③ ④ ⑤
095	① ② ③ ④ ⑤
096	① ② ③ ④ ⑤
097	① ② ③ ④ ⑤
098	① ② ③ ④ ⑤

www.toptutor.co.kr

DAY 17일차

제한시간	41 분 00 초
소요시간	분 초
틀린 문항 수	15개 중 개

Ⅱ. 사회　　　　p.108

문번	답 란
099	① ② ③ ④ ⑤
100	① ② ③ ④ ⑤
101	① ② ③ ④ ⑤
102	① ② ③ ④ ⑤
103	① ② ③ ④ ⑤
104	① ② ③ ④ ⑤
105	① ② ③ ④ ⑤
106	① ② ③ ④ ⑤
107	① ② ③ ④ ⑤
108	① ② ③ ④ ⑤
109	① ② ③ ④ ⑤
110	① ② ③ ④ ⑤
111	① ② ③ ④ ⑤
112	① ② ③ ④ ⑤
113	① ② ③ ④ ⑤

www.toptutor.co.kr

DAY 18일차

제한시간	40 분 00 초
소요시간	분 초
틀린 문항 수	14개 중 개

Ⅱ. 사회　　　　p.114

문번	답 란
114	① ② ③ ④ ⑤
115	① ② ③ ④ ⑤
116	① ② ③ ④ ⑤
117	① ② ③ ④ ⑤
118	① ② ③ ④ ⑤
119	① ② ③ ④ ⑤
120	① ② ③ ④ ⑤
121	① ② ③ ④ ⑤
122	① ② ③ ④ ⑤
123	① ② ③ ④ ⑤
124	① ② ③ ④ ⑤
125	① ② ③ ④ ⑤
126	① ② ③ ④ ⑤
127	① ② ③ ④ ⑤

www.toptutor.co.kr

DAY 19일차

제한시간	32 분 00 초
소요시간	분 초
틀린 문항 수	13개 중 개

Ⅲ. 과학, 기술　　　　p.120

문번	답 란
001	① ② ③ ④ ⑤
002	① ② ③ ④ ⑤
003	① ② ③ ④ ⑤
004	① ② ③ ④ ⑤
005	① ② ③ ④ ⑤
006	① ② ③ ④ ⑤
007	① ② ③ ④ ⑤
008	① ② ③ ④ ⑤
009	① ② ③ ④ ⑤
010	① ② ③ ④ ⑤
011	① ② ③ ④ ⑤
012	① ② ③ ④ ⑤
013	① ② ③ ④ ⑤

www.toptutor.co.kr

DAY 20일차

제한시간	36 분 00 초
소요시간	분 초
틀린 문항 수	16개 중 개

Ⅲ. 과학, 기술　　　　p.126

문번	답 란
014	① ② ③ ④ ⑤
015	① ② ③ ④ ⑤
016	① ② ③ ④ ⑤
017	① ② ③ ④ ⑤
018	① ② ③ ④ ⑤
019	① ② ③ ④ ⑤
020	① ② ③ ④ ⑤
021	① ② ③ ④ ⑤
022	① ② ③ ④ ⑤
023	① ② ③ ④ ⑤
024	① ② ③ ④ ⑤
025	① ② ③ ④ ⑤
026	① ② ③ ④ ⑤
027	① ② ③ ④ ⑤
028	① ② ③ ④ ⑤
029	① ② ③ ④ ⑤

www.toptutor.co.kr

DAY 21일차

제한시간	33 분 00 초
소요시간	분 초
틀린 문항 수	12개 중 개

Ⅲ. 과학, 기술　　p.132

문번	답 란
030	① ② ③ ④ ⑤
031	① ② ③ ④ ⑤
032	① ② ③ ④ ⑤
033	① ② ③ ④ ⑤
034	① ② ③ ④ ⑤
035	① ② ③ ④ ⑤
036	① ② ③ ④ ⑤
037	① ② ③ ④ ⑤
038	① ② ③ ④ ⑤
039	① ② ③ ④ ⑤
040	① ② ③ ④ ⑤
041	① ② ③ ④ ⑤

DAY 22일차

제한시간	35 분 00 초
소요시간	분 초
틀린 문항 수	15개 중 개

Ⅲ. 과학, 기술　　p.137

문번	답 란
042	① ② ③ ④ ⑤
043	① ② ③ ④ ⑤
044	① ② ③ ④ ⑤
045	① ② ③ ④ ⑤
046	① ② ③ ④ ⑤
047	① ② ③ ④ ⑤
048	① ② ③ ④ ⑤
049	① ② ③ ④ ⑤
050	① ② ③ ④ ⑤
051	① ② ③ ④ ⑤
052	① ② ③ ④ ⑤
053	① ② ③ ④ ⑤
054	① ② ③ ④ ⑤
055	① ② ③ ④ ⑤
056	① ② ③ ④ ⑤

DAY 23일차

제한시간	30 분 00 초
소요시간	분 초
틀린 문항 수	13개 중 개

Ⅲ. 과학, 기술　　p.143

문번	답 란
057	① ② ③ ④ ⑤
058	① ② ③ ④ ⑤
059	① ② ③ ④ ⑤
060	① ② ③ ④ ⑤
061	① ② ③ ④ ⑤
062	① ② ③ ④ ⑤
063	① ② ③ ④ ⑤
064	① ② ③ ④ ⑤
065	① ② ③ ④ ⑤
066	① ② ③ ④ ⑤
067	① ② ③ ④ ⑤
068	① ② ③ ④ ⑤
069	① ② ③ ④ ⑤

DAY 24일차

제한시간	36 분 00 초
소요시간	분 초
틀린 문항 수	15개 중 개

Ⅲ. 과학, 기술　　p.148

문번	답 란
070	① ② ③ ④ ⑤
071	① ② ③ ④ ⑤
072	① ② ③ ④ ⑤
073	① ② ③ ④ ⑤
074	① ② ③ ④ ⑤
075	① ② ③ ④ ⑤
076	① ② ③ ④ ⑤
077	① ② ③ ④ ⑤
078	① ② ③ ④ ⑤
079	① ② ③ ④ ⑤
080	① ② ③ ④ ⑤
081	① ② ③ ④ ⑤
082	① ② ③ ④ ⑤
083	① ② ③ ④ ⑤
084	① ② ③ ④ ⑤

DAY 25일차

제한시간	33 분 00 초
소요시간	분 초
틀린 문항 수	15개 중 개

Ⅲ. 과학, 기술   p.155

문번	답 란
085	① ② ③ ④ ⑤
086	① ② ③ ④ ⑤
087	① ② ③ ④ ⑤
088	① ② ③ ④ ⑤
089	① ② ③ ④ ⑤
090	① ② ③ ④ ⑤
091	① ② ③ ④ ⑤
092	① ② ③ ④ ⑤
093	① ② ③ ④ ⑤
094	① ② ③ ④ ⑤
095	① ② ③ ④ ⑤
096	① ② ③ ④ ⑤
097	① ② ③ ④ ⑤
098	① ② ③ ④ ⑤
099	① ② ③ ④ ⑤

DAY 26일차

제한시간	30 분 00 초
소요시간	분 초
틀린 문항 수	14개 중 개

Ⅲ. 과학, 기술   p.162

문번	답 란
100	① ② ③ ④ ⑤
101	① ② ③ ④ ⑤
102	① ② ③ ④ ⑤
103	① ② ③ ④ ⑤
104	① ② ③ ④ ⑤
105	① ② ③ ④ ⑤
106	① ② ③ ④ ⑤
107	① ② ③ ④ ⑤
108	① ② ③ ④ ⑤
109	① ② ③ ④ ⑤
110	① ② ③ ④ ⑤
111	① ② ③ ④ ⑤
112	① ② ③ ④ ⑤
113	① ② ③ ④ ⑤

DAY 27일차

제한시간	33 분 00 초
소요시간	분 초
틀린 문항 수	15개 중 개

Ⅲ. 과학, 기술   p.168

문번	답 란
114	① ② ③ ④ ⑤
115	① ② ③ ④ ⑤
116	① ② ③ ④ ⑤
117	① ② ③ ④ ⑤
118	① ② ③ ④ ⑤
119	① ② ③ ④ ⑤
120	① ② ③ ④ ⑤
121	① ② ③ ④ ⑤
122	① ② ③ ④ ⑤
123	① ② ③ ④ ⑤
124	① ② ③ ④ ⑤
125	① ② ③ ④ ⑤
126	① ② ③ ④ ⑤
127	① ② ③ ④ ⑤
128	① ② ③ ④ ⑤

DAY 28일차

제한시간	50 분 00 초
소요시간	분 초
틀린 문항 수	26개 중 개

Ⅳ. 예술   p.175

문번	답 란
001	① ② ③ ④ ⑤
002	① ② ③ ④ ⑤
003	① ② ③ ④ ⑤
004	① ② ③ ④ ⑤
005	① ② ③ ④ ⑤
006	① ② ③ ④ ⑤
007	① ② ③ ④ ⑤
008	① ② ③ ④ ⑤
009	① ② ③ ④ ⑤
010	① ② ③ ④ ⑤
011	① ② ③ ④ ⑤
012	① ② ③ ④ ⑤
013	① ② ③ ④ ⑤
014	① ② ③ ④ ⑤
015	① ② ③ ④ ⑤
016	① ② ③ ④ ⑤
017	① ② ③ ④ ⑤
018	① ② ③ ④ ⑤
019	① ② ③ ④ ⑤
020	① ② ③ ④ ⑤
021	① ② ③ ④ ⑤
022	① ② ③ ④ ⑤
023	① ② ③ ④ ⑤
024	① ② ③ ④ ⑤
025	① ② ③ ④ ⑤
026	① ② ③ ④ ⑤

2026 CALENDAR

세상에서 가장 소중한 당신을 응원합니다!

1월

일	월	화	수	목	금	토
				1 새해	2	3
4	5	6	7	8	9	10
11	12	13	14	15	16	17
18	19	20	21	22	23	24
25	26	27	28	29	30	31

2월

일	월	화	수	목	금	토
1	2	3	4	5	6	7
8	9	10	11	12	13	14
15	16	17 설날	18	19	20	21
22	23	24	25	26	27	28

3월   고1·2 전국연합 학력평가

일	월	화	수	목	금	토
1 삼일절	2 대체 휴일	3	4	5	6	7
8	9	10	11	12	13	14
15	16	17	18	19	20	21
22	23	24	25	26	27	28
29	30	31				

4월

일	월	화	수	목	금	토
			1	2	3	4
5	6	7	8	9	10	11
12	13	14	15	16	17	18
19	20	21	22	23	24	25
26	27	28	29	30		

5월

일	월	화	수	목	금	토
					1	2
3	4	5 어린이날	6	7	8	9
10	11	12	13	14	15	16
17	18	19	20	21	22	23
24 부처님 오신날	25 대체 휴일	26	27	28	29	30
31						

6월   고1·2 전국연합 학력평가

일	월	화	수	목	금	토
	1	2	3 지방선거	4	5	6 현충일
7	8	9	10	11	12	13
14	15	16	17	18	19	20
21	22	23	24	25	26	27
28	29	30				

7월

일	월	화	수	목	금	토
			1	2	3	4
5	6	7	8	9	10	11
12	13	14	15	16	17	18
19	20	21	22	23	24	25
26	27	28	29	30	31	

8월

일	월	화	수	목	금	토
						1
2	3	4	5	6	7	8
9	10	11	12	13	14	15 광복절
16	17 대체 휴일	18	19	20	21	22
23	24	25	26	27	28	29
30	31					

9월   고1·2 전국연합 학력평가

일	월	화	수	목	금	토
		1	2	3	4	5
6	7	8	9	10	11	12
13	14	15	16	17	18	19
20	21	22	23	24	25 추석	26
27	28	29	30			

10월   고1·2 전국연합 학력평가

일	월	화	수	목	금	토
				1	2	3 개천절
4	5 대체 휴일	6	7	8	9 한글날	10
11	12	13	14	15	16	17
18	19	20	21	22	23	24
25	26	27	28	29	30	31

11월

일	월	화	수	목	금	토
1	2	3	4	5	6	7
8	9	10	11	12	13	14
15	16	17	18	19 2027학년도 수능일	20	21
22	23	24	25	26	27	28
29	30					

12월

일	월	화	수	목	금	토
		1	2	3	4	5
6	7	8	9	10	11	12
13	14	15	16	17	18	19
20	21	22	23	24	25 성탄절	26
27	28	29	30	31		

정답표

2026 마더텅 전국연합 학력평가 기출문제집 고1 국어 독서

Ⅰ. 인문

1. 서양철학과 사상가 문제편 p.012 해설편 p.002

001 ⑤	002 ②	003 ②	004 ②	005 ⑤
006 ③	007 ②	008 ③	009 ②	010 ②
011 ④	012 ④	013 ①	014 ②	015 ②
016 ④	017 ⑤	018 ③	019 ②	020 ⑤
021 ⑤	022 ①	023 ①	024 ①	025 ②
026 ③	027 ②	028 ③	029 ③	030 ②
031 ①	032 ③	033 ①	034 ④	035 ⑤
036 ②	037 ②	038 ⑤	039 ④	040 ⑤
041 ①	042 ④			

2. 동양철학과 사상가 문제편 p.030 해설편 p.029

043 ②	044 ④	045 ④	046 ⑤	047 ④
048 ③	049 ③	050 ②	051 ④	052 ④
053 ①	054 ②	055 ④	056 ③	057 ⑤
058 ①	059 ②	060 ④	061 ⑤	062 ①
063 ②	064 ②	065 ①	066 ②	

3. 우리의 마음과 행동에 대한 연구
문제편 p.040 해설편 p.043

067 ②	068 ③	069 ⑤	070 ④	071 ②
072 ①	073 ①	074 ②	075 ③	076 ②
077 ②	078 ⑤	079 ④	080 ⑤	081 ②
082 ②				

4. 그 밖의 인문학적 이야기들
문제편 p.047 해설편 p.053

083 ③	084 ④	085 ⑤	086 ②	087 ①
088 ④	089 ②	090 ⑤	091 ③	092 ②
093 ⑤	094 ②	095 ②	096 ⑤	097 ③
098 ⑤	099 ②	100 ④	101 ③	102 ①
103 ⑤	104 ②	105 ②	106 ③	107 ④
108 ⑤	109 ④	110 ②	111 ④	112 ③
113 ⑤	114 ②	115 ②	116 ③	117 ④
118 ⑤	119 ⑤	120 ③	121 ②	

Ⅱ. 사회

1. 경제에 대한 기초적 이해
문제편 p.066 해설편 p.081

001 ③	002 ②	003 ③	004 ③	005 ①
006 ⑤	007 ①	008 ②	009 ②	010 ⑤
011 ②	012 ④	013 ⑤	014 ⑤	015 ②
016 ⑤	017 ②	018 ⑤	019 ①	020 ⑤
021 ①	022 ②	023 ⑤	024 ③	

2. 여러 가지 경제 현상의 원인과 결과
문제편 p.076 해설편 p.096

025 ②	026 ②	027 ③	028 ③	029 ③
030 ①	031 ③	032 ①	033 ②	034 ④
035 ②				

3. 우리는 법의 울타리 안에서 어떤 보호를 받을 수 있는가? 문제편 p.081 해설편 p.103

036 ④	037 ③	038 ①	039 ①	040 ①
041 ③	042 ①	043 ①	044 ⑤	045 ①
046 ⑤	047 ②	048 ⑤	049 ④	050 ③
051 ⑤	052 ②	053 ③	054 ②	055 ⑤
056 ⑤	057 ②	058 ②	059 ②	060 ②
061 ①	062 ②	063 ②	064 ②	065 ①
066 ①	067 ②	068 ②	069 ⑤	070 ②
071 ②	072 ③	073 ②	074 ②	075 ④
076 ⑤	077 ②	078 ②	079 ⑤	080 ①
081 ⑤	082 ②	083 ④	084 ④	085 ②
086 ②	087 ②	088 ②	089 ③	090 ④
091 ⑤	092 ①	093 ④	094 ①	095 ②
096 ⑤	097 ②	098 ②	099 ①	100 ⑤
101 ⑤	102 ②	103 ②	104 ④	105 ②
106 ⑤	107 ③	108 ②		

4. 그 밖의 사회, 문화 관련 이야기들
문제편 p.112 해설편 p.152

109 ②	110 ②	111 ④	112 ⑤	113 ③
114 ②	115 ①	116 ②	117 ⑤	118 ①
119 ⑤	120 ④	121 ③	122 ④	123 ⑤
124 ①	125 ③	126 ③	127 ④	

Ⅲ. 과학, 기술

1. 우리 몸의 이해 문제편 p.120 해설편 p.165

001 ②	002 ⑤	003 ①	004 ②	005 ①
006 ⑤	007 ④	008 ②	009 ③	010 ⑤
011 ⑤	012 ②	013 ②	014 ①	015 ⑤
016 ②	017 ④	018 ②	019 ③	020 ⑤
021 ④	022 ②	023 ⑤	024 ②	

2. 물리와 관련된 이야기 문제편 p.130 해설편 p.181

025 ①	026 ④	027 ③	028 ⑤	029 ③
030 ④	031 ⑤	032 ③	033 ④	034 ①
035 ③	036 ①	037 ⑤	038 ①	039 ①
040 ⑤	041 ③			

3. 우주와 지구에 대한 이해
문제편 p.137 해설편 p.193

042 ②	043 ②	044 ⑤	045 ⑤	046 ③
047 ③	048 ③	049 ⑤	050 ④	051 ②
052 ④	053 ⑤	054 ①	055 ⑤	056 ④
057 ③	058 ④	059 ②		

4. 디지털/컴퓨터 기술 원리
문제편 p.144 해설편 p.206

060 ①	061 ⑤	062 ③	063 ③	064 ④
065 ③	066 ①	067 ③	068 ②	069 ④
070 ⑤	071 ①	072 ④	073 ④	074 ④

075 ①	076 ②	077 ⑤	078 ④	079 ④
080 ①	081 ③	082 ⑤	083 ④	084 ③

5. 생활 속 기술 이야기
문제편 p.155 해설편 p.223

085 ⑤	086 ②	087 ⑤	088 ④	089 ①
090 ⑤	091 ④	092 ④	093 ④	094 ②
095 ④	096 ⑤	097 ⑤	098 ①	099 ⑤
100 ①	101 ⑤	102 ③	103 ④	104 ③
105 ②	106 ②	107 ⑤	108 ①	109 ①
110 ②	111 ⑤	112 ⑤	113 ③	114 ⑤
115 ②	116 ③	117 ④	118 ⑤	119 ④
120 ②	121 ①	122 ④	123 ②	124 ①
125 ③	126 ⑤	127 ③	128 ②	

Ⅳ. 예술

1. 음악과 미술에 대한 이해
문제편 p.175 해설편 p.252

001 ③	002 ①	003 ④	004 ②	005 ③
006 ①	007 ④	008 ⑤	009 ③	010 ⑤
011 ①				

2. 그 밖의 예술 이야기
문제편 p.180 해설편 p.260

012 ⑤	013 ②	014 ②	015 ②	016 ⑤
017 ③	018 ④	019 ④	020 ①	021 ⑤
022 ①	023 ②	024 ⑤	025 ⑤	026 ④

미니모의고사 1회 문제편 p.187 해설편 p.270

001 ⑤	002 ①	003 ②	004 ④	005 ③
006 ④	007 ④	008 ①	009 ⑤	010 ②
011 ⑤	012 ①	013 ④	014 ④	015 ①

미니모의고사 2회 문제편 p.194 해설편 p.280

001 ①	002 ③	003 ④	004 ①	005 ③
006 ④	007 ③	008 ⑤	009 ③	010 ①
011 ⑤	012 ③	013 ④	014 ①	015 ①

2028학년도 예시문항
문제편 p.201 해설편 p.290

001 ⑤	002 ②	003 ③	004 ⑤	005 ②
006 ②	007 ②	008 ②	009 ③	010 ①
011 ⑤	012 ②	013 ①	014 ⑤	015 ②
016 ②	017 ⑤			

빠른 정답표 QR
QR 코드를 스캔하시면
정답표 PDF를 다운로드하실 수 있습니다.

2026 마더텅 전국연합 학력평가 기출문제집 시리즈

학교 시험에 자주 출제되는 유형을 철저히 분석하여 적용한 유형별 기출문제집
중간·기말고사와 전국연합 학력평가 대비를 위한 기출문제집

This book belongs to

마더텅은 1999년 창업 이래 2025년까지 3,642만 부의 교재를 판매했습니다. 2025년 판매량은 322만 부로 자사 교재의 품질은 학원 강의와 온/오프라인 서점 판매량으로 검증받았습니다. [마더텅 수능기출문제집 시리즈]는 친절하고 자세한 해설로 수험생들의 전폭적인 지지를 받으며 누적 판매 950만 부, 2025년 한 해에만 95만 부가 판매된 베스트셀러입니다. 또한 [중학영문법 3800제]는 2007년부터 2025년까지 19년 동안 중학 영문법 부문 판매 1위를 지키며 명실공히 대한민국 최고의 영문법 교재로 자리매김했습니다. 그리고 2018년 출간된 [뿌리 깊은 초등국어 독해력 시리즈]는 2025년까지 323만 부가 판매되면서 초등 국어 부문 판매 1위를 차지하였습니다.(교보문고/YES24 판매량 기준, EBS 제외) 이처럼 마더텅은 초·중·고 학습 참고서를 대표하는 대한민국 제일의 교육 브랜드로 자리잡게 되었습니다. 이와 같은 성원에 감사드리며, 앞으로도 효율적인 학습에 보탬이 되는 교재로 보답하겠습니다.

10차 개정판 2쇄 2026년 1월 19일 (초판 1쇄 발행일 2016년 2월 1일) **발행처** (주)마더텅 **발행인** 문숙영 **책임 편집** 김선아

해설 집필 권지은, 기노혁, 김구슬, 김다영, 박려정, 이슬, 이지연, 최소연, 이혜지, 피영은 **첨삭** 김다영, 박려정, 이랑희, 이혜지, 피영은 **원고 교정** 김선아 / 김다영, 박지애, 안현미, 이지연 **원문 대조 교정** 강현묵, 강혜원, 곽혜진, 기혜린, 김가희, 김선아, 김여진, 김여현, 김지원, 김형택, 나예영, 남궁영, 박소영, 박지애, 백신희, 서건아, 서민규, 손수정, 신효진, 안예지, 윤주영, 이범영, 이복기, 이지은, 임유진, 임지애, 임진희, 장성, 전수연, 전소민, 전영서, 정은빈, 하병준 **교정** 김선아, 김혜영, 박지애 / 강현묵, 강혜원, 기혜린, 김여진, 김자영, 김지원, 김지인, 김혜인, 나예영, 남궁영, 박정란, 백신희, 서건아, 신혜원, 신효진, 안예지, 윤주영, 이랑희, 이복기, 이승택, 이아영, 이준학, 이지은, 임지애, 임지혜, 장성, 전수연, 전영서, 정은빈, 정지영, 최화영, 황정아 **주제별 분류** 이랑희 **과학·기술 영역 감수** 장혜원 / 김서영, 서지윤, 장인수 **경제 영역 감수** 이지은 **컷** 곽원영 / 박성은, 박주현 **삽화** 박병현, 이혜승 **디자인** 김연실, 양은선 **인디자인 편집** 오덕선 **제작** 이주영 **홍보** 정반석 **주소** 서울시 금천구 가마산로 96, 708호 **등록번호** 제1-2423호(1999년 1월 8일)

마더텅 교재를 풀면서 궁금한 점이 생기셨나요? 교재 관련 내용 문의나 오류신고 사항이 있으면 아래 문의처로 보내 주세요! 문의하신 내용에 대해 성성성의껏 답변해 드리겠습니다. 또한 **교재의 내용 오류 또는 오·탈자, 그 외 수정이 필요한 사항에 대해 가장 먼저 신고해 주신 분께는** 감사의 마음을 담아 **네이버페이 포인트 1천 원** 을 보내 드립니다!

* 기한: 2026년 12월 31일 * 오류신고 이벤트는 당사 사정에 따라 조기 종료될 수 있습니다.
* 홈페이지에 게시된 정오표 기준으로 최초 신고된 오류에 한하여 상품권을 보내 드립니다.

book.toptutor.co.kr
구하기 어려운 교재는 마더텅
모바일(인터넷)을 이용하세요.
즉시 배송해 드립니다.

🏠 홈페이지 www.toptutor.co.kr 🗒 교재Q&A게시판 💬 카카오톡 mothertongue 📧 이메일 mothert1004@toptutor.co.kr
🎧 고객센터 전화 1661-1064(07:00~22:00) ✉ 문자 010-6640-1064(문자수신전용)

마더텅 학습 교재 이벤트에 참여해 주세요. 참여해 주신 분께 선물을 드립니다.

이벤트 1 1분 간단 교재 사용 후기 이벤트

마더텅은 고객님의 소중한 의견을 반영하여 보다 좋은 책을 만들고자 합니다. 교재 구매 후, <교재 사용 후기 이벤트>에 참여해 주신 모든 분께 감사의 마음을 담아 **네이버페이 포인트 1천 원** 을 보내 드립니다. **지금 바로 QR 코드를 스캔**해 소중한 의견을 보내 주세요!

이벤트 2 마더텅 기출문제집 인증샷 이벤트

SNS에 <마더텅 기출문제집> 인증샷을 올려 주시면 참여해 주신 모든 분께 감사의 마음을 담아 **네이버페이 포인트 2천 원** 을 보내 드립니다. **지금 바로 QR 코드를 스캔**해 작성한 게시물의 URL을 입력해 주세요!

필수 태그 #마더텅 #마더텅기출

이벤트 3 마더텅 우편 이벤트

본 교재의 미니모의고사 문제편 페이지를 오려서 마더텅으로 보내 주세요! 추첨을 통해 소정의 상품을 보내 드립니다.

참여 방법 미니모의고사(p.187~200) 풀이 및 채점 완료 → 해당 페이지를 모두 오려서 마더텅에 발송(우편, 택배 등)
→ QR 코드를 스캔하고 발송 인증

주소 (08501) 서울특별시 금천구 가마산로 96, 대륭테크노타운 8차 708호, 마더텅 이벤트 담당자 앞 / 010-6640-1064

※ 이벤트 기간: 2026년 12월 31일까지 (*해당 이벤트는 당사 사정에 따라 조기 종료될 수 있습니다.)
※ 자세한 사항은 해당 QR 코드를 스캔하거나 홈페이지 이벤트 공지 글을 참고해 주세요.   ※ 당사 사정에 따라 이벤트의 내용이나 상품이 변경될 수 있으며 변경 시 홈페이지에 공지합니다.
※ 상품은 이벤트 참여일로부터 4~5일(영업일 기준) 내에 발송됩니다. (단, 이벤트 3은 예외)   ※ 동일 교재로 세 가지 이벤트 모두 참여 가능합니다. (단, 같은 이벤트 중복 참여는 불가합니다.)

2026 마더텅
전국연합 학력평가 기출문제집

고1 국어 독서

정답과 해설편

2026 The 10th Mothertongue
Scholarship (Learning Essay Contest) for Brilliant Students

2026 마더텅 10기
성적 우수·성적 향상 학습수기 공모전

수능 및 전국연합 학력평가 기출문제집 █ 까만책, █ 빨간책, █ 노란책, █ 파란책 등

2026년에도 마더텅 고등 교재와 함께 우수한 성적을 거두신
학습자님들께 장학금을 드립니다.

대상
500
만원

MOTHERTONGUE

은상 50 만원   금상 100 만원   동상 30 만원

마더텅 고등 교재로 공부한 해당 과목 ※1인 1개 과목 이상 지원 가능하며, 여러 과목 지원 시 가산점이 부여됩니다.

아래 조건에 해당한다면 마더텅 고등 교재로 공부하면서 #느낀 점과 #공부 방법, #학업 성취, #성적 변화 등에 관한
자신만의 수기를 작성해서 마더텅으로 보내 주세요. 우수한 글을 보내 주신 학습자님을 선발해 **학습수기 공모 장학금을 드립니다!**
성적 우수·성적 향상 분야 동시 지원 가능합니다.(단, 선발은 하나의 분야에서 이뤄집니다.)

 성적 우수 분야
고3/N수생 수능 1등급
고1/고2 전국연합 학력평가 1등급 또는 내신 95점 이상

 성적 향상 분야
고3/N수생 수능 1등급 이상 향상
고1/고2 전국연합 학력평가 1등급 이상 향상 또는 내신 성적 10점 이상 향상
*전체 과목 중 과목별 향상 등급(혹은 점수)의 합계로 응모해 주시면 감사하겠습니다.

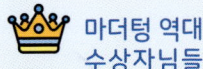 **마더텅 역대 수상자님들**

제1기 2018년 2월 24일 총 55명	제2기 2019년 1월 18일 총 51명	제3기 2020년 1월 10일 총 150명
제4기 2021년 1월 29일 총 383명	제5기 2022년 1월 25일 총 210명	제6기 2023년 1월 20일 총 168명
제7기 2024년 1월 31일 총 270명	제8기 2025년 2월 6일 총 149명	제9기 2026년 2월 12일 총 000명

응모 대상 **마더텅 고등 교재로 공부한 고1, 고2, 고3, N수생**
마더텅 수능기출문제집, 마더텅 수능기출 모의고사, 마더텅 전국연합 학력평가 기출문제집, 예비 고1 마더텅 3월 전국연합 학력평가 기출 모의고사 4개년 24회,
마더텅 전국연합 학력평가 기출 모의고사 3개년, 마더텅 수능기출 전국연합 학력평가 20분 미니모의고사 24회, 마더텅 수능기출 20분 미니모의고사 24회,
마더텅 수능기출 고난도 미니모의고사, 마더텅 수능기출 유형별 20분 미니모의고사 26회 등 **마더텅 고등 교재 중 1권 이상 신청 가능**

선발 일정 **접수기한** 2026년 12월 28일 월요일   **수상자 발표일** 2027년 1월 11일 월요일   **장학금 수여일** 2027년 2월 18일 목요일

응모 방법
① 마더텅 홈페이지 www.toptutor.co.kr [커뮤니티 - 이벤트] 게시판에 접속
② [2026 마더텅 10기 학습수기 공모전 안내] 클릭 후 [2026 마더텅 10기 학습수기 공모전 지원서 양식]을 다운로드
③ [2026 마더텅 10기 학습수기 공모전 지원서 양식] 작성 후 mothert.marketing@gmail.com 메일 발송

2026 마더텅
전국연합 학력평가 기출문제집

고1 국어 독서

정답과 해설편

MOTHERTONGUE
마더텅출판사
since 1999.4.1.

[001~005] 다음 글을 읽고 물음에 답하시오.

(가)

1 ¹하이데거는 인간을 자신의 존재 의미에 대한 물음을 제기할(提起-, 내놓을) 수 있는 '현존재'라고 정의하고 삶의 실존적(實存的, 개인으로서의 인간의 주체적 존재성을 강조하는 '실존주의' 철학을 바탕으로 한) 의미를 탐구했다.(探究-, 깊이 연구했다.) ²하이데거에 따르면 현존재는 정해진 운명에 따라 살아가는 것이 아니라 살아가는 동안 계속해서 무언가가 될 수 있는 가능성을 바탕으로 자신의 존재 이유를 스스로 만들어 나갈 수 있다.

→ 인간을 '현존재'로 정의한 하이데거

2 ¹그런데 현존재는 자신이 속한 사회가 요구하는 체제(體制, 사회의 조직, 양식, 상태)에 따라 살아가기 때문에, 자기 자신의 고유성(固有性, 본래부터 가지고 있어 특유한 성질이나 속성)을 드러내는 본래적 삶을 살지 않고 세상이 시키는 대로 살게 되곤 한다. ²하이데거는 이를 현존재가 익명(匿名, 이름을 숨김)의 타인(他人, 다른 사람)들인 ㉠'세인(世人)'(세상 세, 사람 인)으로서 존재하며 비(非, 아니다 비)본래적인 삶을 살아가는 것이라고 보았다. ³세인은 특정한 누군가가 아닌 익명성을 지닌 모든 타인이기에, 세인의 일원(一員, 한 구성원)이 된 현존재는 자신의 고유성을 잃고 살아가게 되는 것이다.

→ 현존재가 '세인'으로서 존재하는 비본래적 삶

3 ¹그렇다면 비본래적 삶에서 해방되어(解放-, 벗어나) 본래적 삶으로 나아가려면 어떻게 해야 할까? ²이에 대해 하이데거는 삶이 유한하다는(有限-, 일정한 한도나 한계가 있다는) 인식(認識, 분별하고 판단하여 앎), 즉 죽음에 대한 인식이 필요하다고 강조하였다. ³하이데거에게 죽음은 현존재가 반드시 맞이하게 된다는 점에서 확실성을 가지며, 삶의 일부분으로 '아직 오지 않음'의 상태로 존재한다. ⁴다시 말해, 죽음은 현존재 외부(外部, 밖)에 있는 사건이 아니라 현존재 자체(自體, 바로 그 본래의 바탕)에 내재해 있는(內在-, 안에 들어 있는) 것이다. ⁵또한 죽음은 다른 누군가가 대신해 줄 수 없는, 나 스스로만이 경험할 수 있는 고유한 것이기에 대체(代替, 다른 것으로 대신함)불가능성을 지닌다. ⁶따라서 죽음이야말로 다른 사람과 구별되는 나의 가장 고유한 가능성이며, 나의 죽음을 적극적으로 대면할(對面-, 마주 보고 대할) 때 자신의 진정한(眞正-, 참되고 올바른) 개인적 삶을 인식하고 본래적 삶을 살아가는 계기(契機, 결정적 원인, 기회)를 마련할 수 있는 것이다.

→ 죽음에 대한 인식의 필요성

4 ¹하지만 죽음을 적극적으로 대면하지 않고 단순히 내가 죽는다는 사실을 아는 것으로 그칠 때는 본래적 삶을 살아갈 수 없다. ²자신이 죽는다는 사실을 인식하면 현존재는 불안을 느끼게 되고, 그로부터 벗어나기 위해 스스로를 세인으로 전락시켜(轉落-, 나쁜 상태로 빠지게 하여) 자신의 죽음을 은폐하기(隱蔽-, 덮어 감추거나 가려 숨기기) 때문이다. ³그리하여 타인의 죽음을 보면서도 자신의 고유한 죽음에 대해서는 잘 실감하지(實感-, 실제로 체험하는 듯한 느낌을 받지) 못하고, 오히려 죽음이 자신과는 무관한(無關-, 관계가 없는) 사건이라고 외면하며(外面-, 인정하지 않고 받아들이지 않으며) 죽음의 확실성을 부정하게(否定-, 인정하지 않게) 된다. ⁴하이데거는 죽음에 대한 이러한 회피(回避, 꺼리어 피함)와 무관심이 현존재를 자신의 가장 고유한 가능성으로부터 멀어지게 한다고 보았다.

→ 죽음을 적극적으로 대면하지 않았을 때의 문제점

5 ¹따라서 하이데거는 삶의 변화를 위해, 죽음이 주는 불안으로부터 달아나지 않고 죽음을 대면하여 선취할(先取-, 먼저 가질) 것을 요구하였다. ²죽음은 아직 오지 않았지만, 죽음이라는 가능성 앞에 미리 자신을 세워봄으로써 과거의 비본래적 삶을 반성해야 한다는 것이다. ³이러한 하이데거의 관점은 자신의 존재 의미를 스스로 결정하며 살아가겠다는 새로운 결단(決斷, 결정적인 판단을 하거나 단정을 내림)을 통한 실존적 삶을 제시했다는 점에서 의미를 지닌다.

→ 죽음을 대면하는 것의 중요성 및 하이데거 관점이 가진 의미

(나)

1 ¹사르트르는 인생을 하나의 긴 기대(期待, 어떤 일이 원하는 대로 이루어지기를 바라면서 기다림)라고 정의하였다.(定義-, 뜻을 뚜렷하게 밝혀 규정하였다.) ²인간은 존재하는 한 무엇인가를 기대하고, 그런 기대를 넘어 다시 기대를 갖게 되는 실존적 존재 방식을 취한다는(取-, 가진다는) 것이다. ³그리고 인간은 그러한 기대를 실현하기(實現-, 실제로 이루기) 위해 현재의 자신을 부정하고 미래를 향해 새로운 자신을 만들어 나갈 수 있는 자유를 가진 존재라고 보았다.

→ 인생을 '긴 기대'라고 정의한 사르트르

2 ¹하지만 삶을 의미 있게 형성해(形成-, 이루어) 나가는 기대와 자유는 예기치(豫期-, 앞으로 닥쳐올 일에 대해 미리 생각하고 기다리지) 않은 순간에 필연적으로(必然的-, 반드시) 다가오는 죽음과 동시에 중지되므로(中止-, 중간에 그만두게 되므로) 죽음은 나의 존재 방식인 기대를 차단하는(遮斷-, 막거나 끊는) 것이며, 이는 곧 나의 사라짐을 뜻한다. ²이와 관련하여 사르트르는 죽음을 나와 관련 없이, 외부에서 우연히 나에게 찾아오는 하나의 사실일 뿐이라고 보고, 이를 '죽음의 우연성'이라고 하였다. ³이 같은 단순한 사실로서의 죽음은 삶의 일부분으로 존재하는 것이 아니며, 모든 기대와 가능성을 무의미하게 만드는 것이다.

→ 죽음의 의미와 '죽음의 우연성'

3 ¹무언가에 의미를 부여하는(附與-, 붙여 주는) 주체인 '나'가 사라지면 자신의 죽음에 의미를 부여하는 것도 불가능해진다. ²따라서 죽은 나의 삶이나 죽음에 의미를 부여할 수 있는 자는 나 자신이 아니라, 나와 마찬가지로 자유를 가지고 살아가는 또 다른 주체인 ㉡타자이다. ³가령(假令, 예를 들어) 어떤 청년이 한 권의 책을 쓰고 갑자기 죽었다고 하자. ⁴이때 그(청년)의 죽음이나 그가 남긴 책에 대해서는 철저히(徹底-, 속속들이 꿰뚫어 빈틈이 없이) 타자에 의해서만 그 의미가 부여된다. ⁵이렇듯 사르트르는 자신의 죽음의 의미를 스스로 결정할 수 없다는 점에서 죽음이 나라는 존재에 속한 것이 아니라고 보았다. ⁶그리고 죽음은 그 자체로서는 삶에서 의미를 지닐 수 없기 때문에 삶과 단절된(斷絶-, 끊어진) 상태라고 주장하는 등 죽음은 삶에서 실감될 수 없는 것임을 강조하였다.

→ '타자'의 개념과 역할

4 ¹이러한 사르트르의 견해(見解, 의견, 생각)는 죽음을 지나치게 타자 중심적인 관점에서 바라보았다는 점에서 비판(批判, 잘못된 점을 지적함)을 받기도 하지만 다른 사람의 죽음을 받아들이는 '나'에게는 좋은 위로(慰勞, 따뜻한 말이나 행동으로 괴로움을 덜어 주거나 슬픔을 달래 줌)가 될 수 있다. ²고인(故人, 죽은 사람)의 삶은 타자인 나의 시선에서 재구성되므로, 이를 통해 고인과의 기억을 긍정적으로 승화시켜(昇華-, 더 높은 상태로 발전하게 하여) 상실(喪失, 헤어짐)의 아픔을 극복할 수 있기 때문이다. ³결국 사르트르에게 실존적 삶을 논하는(論-, 의견을 말하는) 데 있어 중요한 것은 죽음에 대한 인식이 아니라 현재의 삶을 주체적으로 살아가는 태도이다. ⁴여기서 주체적 태도란 내게 주어진 자유를 발휘하여(發揮-, 떨쳐 드러내어) 스스로 선택을 내리며 그(스스로 내린 선택)에 대해 후회나 변명 없이 책임을 지는 것을 말한다. ⁵이처럼 사르트르의 관점은 인간이 죽음에 연연하지(戀戀-, 집착하여 미련을 가지지) 않고 자기 자신의 실존적 의미를 스스로 정립해(定立-, 정하여 세워) 나갈 수 있게 하는 것이라고 볼 수 있다.

→ 사르트르의 견해에 대한 비판 및 사르트르의 관점이 가진 의미

■ 지문 이해

(가)

〈삶의 실존적 의미를 탐구한 하이데거의 관점〉

❶ 인간을 '현존재'로 정의한 하이데거
- 인간은 자신의 존재 의미에 대한 물음을 제기할 수 있는 '현존재'임
- 현존재는 가능성을 바탕으로 자신의 존재 이유를 스스로 만들어 나갈 수 있음

❷ 현존재가 '세인'으로서 존재하는 비본래적 삶
- 현존재가 고유성을 드러내는 본래적 삶을 살지 않고 세상이 시키는 대로 살게 됨
  → 익명성을 지닌 타인인 '세인'으로 존재하며, 고유성을 잃고 비본래적 삶을 살아감

❸ 죽음에 대한 인식의 필요성

- 비본래적 삶에서 해방되어 본래적 삶으로 나아가기 위해 '죽음에 대한 인식'이 필요함
- 죽음 : 확실성을 가지며, 현존재 자체에 내재하는, 대체불가능성을 지닌 것, 다른 사람과 구별되는 가장 고유한 가능성
  → 나의 죽음을 적극적으로 대면할 때 진정한 개인적 삶을 인식하고 본래적 삶을 살아가는 계기를 마련할 수 있음

❹ 죽음을 적극적으로 대면하지 않았을 때의 문제점

- 죽음을 단순히 아는 것에서 그칠 때 본래적 삶을 살아갈 수 없음 : 자신의 죽음을 인식할 때 현존재는 불안을 느낌 → 스스로를 세인으로 전락시켜 자신의 죽음을 은폐함 → 죽음을 외면하고, 죽음의 확실성을 부정하게 됨
- 죽음에 대한 회피와 무관심이 현존재를 고유한 가능성에서 멀어지게 함

❺ 죽음을 대면하는 것의 중요성 및 하이데거 관점이 가진 의미

- 죽음의 가능성 앞에 미리 자신을 세워봄으로써 과거의 비본래적 삶을 반성해야 함
- 하이데거의 관점이 가진 의미 : 자신의 존재 의미를 스스로 결정하며 살아가겠다는 결단을 통한 실존적 삶을 제시함

(나)

〈실존적 삶에 대한 사르트르의 관점〉

❶ 인생을 '긴 기대'라고 정의한 사르트르

- 인간은 존재하는 한 무엇인가를 기대하는 실존적 존재 방식을 가지며, 그러한 기대를 실현하기 위해 새로운 자신을 만들어 나갈 수 있는 자유를 가진 존재임

❷ 죽음의 의미와 '죽음의 우연성'

- 죽음 : 나의 존재 방식인 기대를 차단하는 것, 나의 사라짐, 삶의 일부분으로 존재하지 않음
- 죽음의 우연성 : 죽음은 나와 관련 없이 외부에서 우연히 나에게 찾아오는 하나의 사실일 뿐

❸ '타자'의 개념과 역할

- 타자 : 나와 마찬가지로 자유를 가지고 살아가는 또 다른 주체
- 죽은 나의 삶이나 죽음에 의미를 부여할 수 있는 것은 나 자신이 아니라 '타자'임
  → 자신의 죽음의 의미를 스스로 결정할 수 없으므로, 죽음은 '나'라는 존재에 속한 것이 아님

❹ 사르트르의 견해에 대한 비판 및 사르트르의 관점이 가진 의미

- 죽음을 지나치게 타자 중심적인 관점에서 바라보았다는 비판을 받음
- 사르트르의 관점이 가진 의미
  - 죽음에 대한 인식보다 현재의 삶을 주체적으로 살아가는 태도를 중시함
  - 인간이 죽음에 연연하지 않고 자신의 실존적 의미를 스스로 정립해 나갈 수 있게 함

---

001 | 글의 서술 방식 파악 - 적절한 것 고르기 | 2024년 9월 학평 16번
정답률 90% | 정답 ⑤

(가), (나)에 대한 설명으로 가장 적절한 것은?

근거 **(가)-❶-1** 하이데거는 인간을 … '현존재'라고 정의하고 삶의 실존적 의미를 탐구, **(가)-❷-2~3** 현존재가 익명의 타인들인 '세인(世人)'으로서 존재하며 비본래적인 삶을 살아가는 것이라고 보았다. 세인은 … , **(가)-❸-3~6** 하이데거에게 죽음은 … 존재한다. 다시 말해, 죽음은 … 현존재 자체에 내재해 있는 것이다. 또한 죽음은 … 대체불가능성을 지닌다. 따라서 죽음이야말로 … 마련할 수 있는 것, **(가)-❺-3** 하이데거의 관점은 … 의미를 지닌다, **(나)-❷-2** 사르트르는 죽음을 … 이를 '죽음의 우연성'이라고 하였다, **(나)-❸-2** 죽은 나의 삶이나 죽음에 의미를 부여할 수 있는 자는 나 자신이 아니라, 나와 마찬가지로 자유를 가지고 살아가는 또 다른 주체인 타자, **(나)-❹-5** 사르트르의 관점은 인간이 죽음에 연연하지 않고 자기 자신의 실존적 의미를 스스로 정립해 나갈 수 있게 하는 것이라고 볼 수 있다.

풀이 (가)에서는 '현존재', '세인', '죽음' 등의 개념을 설명하고, 이를 바탕으로 하이데거의 관점에 존재 의미를 스스로 결정하며 살아가겠다는 새로운 결단을 통한 실존적 삶

을 제시했다는 점에서 의미를 부여하고 있다. 또한 (나)에서는 '죽음의 우연성', '타자' 등의 개념을 설명하고, 이를 바탕으로 인간을 죽음에 연연하지 않고 자신의 실존적 의미를 스스로 정립할 수 있는 존재로 보았다는 점에서 사르트르의 관점이 지닌 의미를 밝히고 있다. 따라서 정답은 ⑤번이다.

① (가)는 ~~시간의 흐름에 따른 구성을 통해~~ 특정 개념의 ~~의미 변화를 설명~~하고 있다.
(가)

② (나)는 질문에 답하는 형식으로 특정 개념에 대한 철학자의 견해를 제시하고 있다.
근거 (가)-❸-1~2 그렇다면 비본래적 삶에서 해방되어 본래적 삶으로 나아가려면 어떻게 해야 할까? 이에 대해 하이데거는 … .

(나)는 (가)와 달리

③ (가)는 (나)와 달리 특정 철학자의 이론을 언급하며 이론이 지닌 한계를 드러내고 있다.
근거 (나)-❹-1 이러한 사르트르의 견해는 죽음을 지나치게 타자 중심적인 관점에서 바라보았다는 점에서 비판을 받기도

④ (나)는 (가)와 달리 ~~역사적 인물의 삶을 분석하며~~ 철학자의 주장을 ~~입증~~하고 있다.

⑤ (가)와 (나)는 모두, 특정 개념에 대한 설명을 바탕으로 철학자의 관점에 대해 의미를 부여하고 있다.
→ 적절함!

---

002 | 핵심 개념 파악 - 적절하지 않은 것 고르기 | 2024년 9월 학평 17번
정답률 75%, 매력적 오답 ① 10% | 정답 ②

(가)의 현존재에 대한 이해로 적절하지 않은 것은?

① 현존재는 자신이 죽는다는 사실을 인식하면 불안을 느끼게 된다.
근거 (가)-❹-2 자신이 죽는다는 사실을 인식하면 현존재는 불안을 느끼게 되고
→ 적절함!

② 현존재는 삶이 유한하다는 것을 인식하기 위해 죽음을 은폐하지 않고 본래적 삶을 살아간다.
= 죽음에 대한 인식
근거 (가)-❸-1~2 비본래적 삶에서 해방되어 본래적 삶으로 나아가려면 어떻게 해야 할까? 이에 대해 하이데거는 삶이 유한하다는 인식, 즉 죽음에 대한 인식이 필요하다고 강조
풀이 하이데거의 견해에 따르면, 현존재는 삶이 유한하다는 것을 인식하기 위해 본래적 삶을 살아간다고 본 것이 아니라, 현존재가 본래적 삶으로 나아가기 위해서는 삶이 유합하다는 인식이 필요하다고 보았다
→ 적절하지 않음!

세인
③ 현존재는 세상이 원하는 기준에 맞추어 살아갈 때 고유성을 상실하고 비본래적 삶을 살게 된다.
근거 (가)-❷-1~3 현존재는 자신이 속한 사회가 요구하는 체제에 따라 살아가기 때문에, 자기 자신의 고유성을 드러내는 본래적 삶을 살지 않고 세상이 시키는 대로 살게 되곤 한다. 하이데거는 이를 현존재가 … 비본래적인 삶을 살아가는 것이라고 보았다. … 세인의 일원이 된 현존재는 자신의 고유성을 잃고 살아가게 되는 것
→ 적절함!

④ 현존재는 죽음의 대체불가능성을 적극적으로 대면할 때 자신의 진정한 개인적 삶을 인식할 수 있다.
근거 (가)-❸-5~6 죽음은 … 대체불가능성을 지닌다. 따라서 죽음이야말로 다른 사람과 구별되는 나의 가장 고유한 가능성이며, 나의 죽음을 적극적으로 대면할 때 자신의 진정한 개인적 삶을 인식하고 본래적 삶을 살아가는 계기를 마련할 수 있는 것
→ 적절함!

⑤ 현존재는 정해진 운명에 따라 살아가는 것이 아니라 자신의 존재 이유를 스스로 만들어 갈 수 있다.
근거 (가)-❶-2 하이데거에 따르면 현존재는 정해진 운명에 따라 살아가는 것이 아니라 … 자신의 존재 이유를 스스로 만들어 나갈 수 있다.
→ 적절함!

(가)와 (나)를 바탕으로 ㉠과 ㉡을 비교하여 이해한 내용으로 가장 적절한 것은?

㉠ '세인(世人)'　　㉡ 타자

▶ 지문 핵심 개념 정리

세인(世人)	• 특정한 누군가가 아닌 익명성을 지닌 모든 타인((가)-②-3) • 자신이 죽는다는 사실을 인식한 현존재는 죽음에 대한 불안으로부터 벗어나기 위해 스스로를 세인으로 전락시켜 자신의 죽음을 은폐함((가)-④-2) • 죽음이 자신과는 무관한 사건이라고 외면하며 죽음의 확실성을 부정함((가)-④-3)
타자	• 죽은 나의 삶이나 죽음에 의미를 부여할 수 있는 자((나)-③-2) • 나와 마찬가지로 자유를 가지고 살아가는 또 다른 주체((나)-③-2)

① ㉠은 죽음의 확실성을 부정하는 존재이고, ㉡은 ~~죽음의 우연성을 부정하는 존재이다.~~

풀이 세인(㉠)이 죽음의 확실성을 부정하는 존재라는 설명은 적절하지만, 타자(㉡)가 죽음의 우연성을 부정하는 존재인지는 윗글을 통해 알 수 없다.

→ 적절하지 않음!

② ㉠은 자신의 죽음을 외면하는 존재이고, ㉡은 타인의 죽음에 의미를 부여할 수 있는 존재이다.

풀이 하이데거에 따르면 현존재는 죽음에 대한 불안에서 벗어나기 위해 스스로를 세인으로 전락시켜 자신의 죽음을 은폐하려 한다. 그 결과 죽음이 자신과 무관하다고 외면하며, 죽음의 확실성을 부정한다. 따라서 세인(㉠)이 자신의 죽음을 외면하는 존재라는 설명은 적절하다. 한편 사르트르는 타자(㉡)에 대해 죽은 나의 삶이나 죽음에 의미를 부여할 수 있는 존재라고 보았다.

→ 적절함!

③ ㉠은 다른 사람과 ~~구별되어 살아가는 존재이고,~~ ㉡은 다른 사람과 ~~단절되어 살아가는 존재이다.~~

풀이 세인(㉠)은 다른 사람과 구별되는 특정한 누군가가 아니라, 고유성을 잃고 익명성을 지닌 모든 타인을 뜻한다. 따라서 ㉠이 다른 사람과 구별되어 살아가는 존재라는 설명은 적절하지 않다. 한편 타자(㉡)는 다른 사람과 단절되어 살아가는 존재가 아니라 자유를 가지고 살아가는 주체를 말한다.

→ 적절하지 않음!

④ ㉠은 ~~익명성으로부터 벗어나 살아가는 존재이고,~~ ㉡은 ~~주체성으로부터 벗어나 살아가는 존재이다.~~

풀이 세인(㉠)은 특정한 누군가가 아닌 익명성을 지닌 모든 타인을 말하므로, ㉠이 익명성으로부터 벗어나 살아가는 존재라는 설명은 적절하지 않다. 또 타자(㉡)는 '나'와 마찬가지로 자유를 가지고 살아가는 또 다른 주체이므로, ㉡이 주체성으로부터 벗어나 살아가는 존재라는 설명 또한 적절하지 않다.

→ 적절하지 않음!

⑤ ㉠은 자신의 삶에서 ~~새로운 결단을 실현하는 존재이고,~~ ㉡은 자신의 삶에서 기대를 실현하는 존재이다.

근거 (가)-②-2 현존재가 익명의 타인들인 '세인(世人)'으로서 존재하며 비본래적인 삶을 살아가는 것, (가)-③-6 나의 죽음을 적극적으로 대면할 때 자신의 진정한 개인적 삶을 인식하고 본래적 삶을 살아가는 계기를 마련할 수 있는 것, (가)-⑤-3 하이데거의 관점은 자신의 존재 의미를 스스로 결정하며 살아가겠다는 새로운 결단을 통한 실존적 삶을 제시, (나)-①-3 인간은 그러한 기대를 실현하기 위해 현재의 자신을 부정하고 미래를 향해 새로운 자신을 만들어 나갈 수 있는 자유를 가진 존재, (나)-③-2 나와 마찬가지로 자유를 가지고 살아가는 또 다른 주체인 타자

풀이 하이데거의 견해에 따르면 자신의 삶에서 새로운 결단을 실현하는 존재는 '비본래적 삶을 살아가는 세인(㉠)'이 아니라 죽음을 적극적으로 대면하고 진정한 개인적 삶을 인식하여 본래적 삶을 살아가는 실존적 존재를 말한다. 따라서 ㉠은 자신의 삶에서 새로운 결단을 실현하는 존재라고 볼 수 없다. 한편 사르트르는 인간은 무언가를 기대하는 실존적 존재이며, 그러한 기대를 실현하기 위해 나아갈 수 있는 자유를 가진 존재라고 보았다. 또 그는 '타자'를 나와 마찬가지로 그러한 자유를 가지고 살아가는 주체라고 보았다. 따라서 사르트르의 관점에서 타자(㉡)는 자신의 삶에서 기대를 실현하는 존재로 볼 수 있다.

→ 적절하지 않음!

(나)의 사르트르의 관점에서 〈보기〉의 야스퍼스를 비판한다고 가정했을 때, 그 내용으로 가장 적절한 것은?

| 보기 |

　야스퍼스는 '죽음은 나와 함께 변한다.'라고 말하며 죽음에 대한 태도가 고정적이지 않다고 주장했다. 자신의 죽음을 어떻게 받아들이느냐에 따라 죽음은 보편적(普遍的, 모든 것에 두루 미치거나 통하는 것)이고 객관적(客觀的, 주관의 작용과 독립하여 존재한다고 생각되는 것)인 사실일 수도 있고, 주관적(主觀的, 자기의 견해나 관점을 기초로 하는 것)인 의미를 지닌 것일 수도 있다는 것이다. 이때 전자(前者, 죽음을 보편적이고 객관적인 사실로 받아들이는 것)의 경우는 죽음을 모든 것을 무의미하게 만들어 버리는 허망한(虛妄~, 어이없고 허무한) 종말(終末, 맨 끝)로서 인식하는 데 그치지만, 후자(後者, 죽음을 주관적 의미를 지닌 것으로 받아들이는 것)의 경우는 자신의 태도에 따라 죽음의 의미를 판단하며 참다운 자기 자신으로서 실존할 수 있게 된다.

① ~~죽음은 삶의 일부분이 아니므로 인간은 자신의 죽음을 맞이해야만 실존적 의미를 지닐 수 있다.~~

근거 (나)-②-3 죽음은 삶의 일부분으로 존재하는 것이 아니며, (나)-④-5 사르트르의 관점은 인간이 죽음에 연연하지 않고 자기 자신의 실존적 의미를 스스로 정립해 나갈 수 있게 하는 것

풀이 사르트르가 죽음을 삶의 일부분이 아니라고 본 것은 맞지만, 그는 인간이 '죽음에 연연하지 않고' 자기 자신의 실존적 의미를 스스로 정립해 나갈 수 있다고 보았다. 따라서 〈보기〉에 대해 '인간은 자신의 죽음을 맞이해야만' 실존적 의미를 지닐 수 있다고 비판하는 것은 사르트르의 관점으로 적절하지 않다.

→ 적절하지 않음!

② 죽음은 나와 상관없이 찾아오는 우연한 사실이므로 인간은 자신의 죽음의 의미를 판단할 수 없다.

근거 (나)-②-2 사르트르는 죽음을 나와 관련 없이, 외부에서 우연히 나에게 찾아오는 하나의 사실일 뿐이라고 보고, (나)-③-1 무언가에 의미를 부여하는 주체인 '나'가 사라지면 자신의 죽음에 의미를 부여하는 것도 불가능해진다.

풀이 인간은 자신의 죽음에 의미를 부여할 수 없다고 본 사르트르와 달리, 야스퍼스는 인간이 자신의 죽음의 의미를 판단하는 과정을 통해 참다운 자기 자신으로서 실존할 수 있다고 주장하였다. 따라서 인간은 자신의 죽음의 의미를 판단할 수 없다는 것은 사르트르의 관점에서 야스퍼스를 비판한 내용으로 적절하다.

→ 적절함!

③ 인간은 자유를 발휘하며 살아갈 수 있으므로 ~~자신의 관점에서 자신의 죽음을 해석하여 실존할 수 있다.~~

근거 (나)-③-1 무언가에 의미를 부여하는 주체인 '나'가 사라지면 자신의 죽음에 의미를 부여하는 것도 불가능해진다.

풀이 사르트르는 주체인 '나'가 사라지면 자신의 죽음에 의미를 부여하는 것도 불가능해진다고 보았다. 이러한 사르트르의 관점에서 〈보기〉에 대해 '인간은 자신의 관점에서 자신의 죽음을 해석하여 실존할 수 있다'고 비판하는 것은 적절하지 않다.

→ 적절하지 않음!

④ 죽음은 나의 사라짐을 의미하므로 인간은 ~~자신의 죽음의 의미를 찾지 못해 실존적 삶을 살아갈 수 없다.~~

근거 (나)-④-5 사르트르의 관점은 인간이 죽음에 연연하지 않고 자기 자신의 실존적 의미를 스스로 정립해 나갈 수 있게 하는 것

풀이 사르트르는 인간이 죽음에 연연하지 않고 자신의 실존적 의미를 스스로 정립해 나갈 수 있다고 보았으므로, 〈보기〉에 대해 '인간은 자신의 죽음의 의미를 찾지 못해 실존적 삶을 살아갈 수 없다'고 비판하는 것은 사르트르의 관점으로 적절하지 않다.

→ 적절하지 않음!

⑤ 인간은 각자의 기대에 따라 무언가에 의미를 부여하며 살아가므로 ~~자신의 죽음을 주관적인 의미로만 인식할 수 있다.~~

근거 (나)-③-1 무언가에 의미를 부여하는 주체인 '나'가 사라지면 자신의 죽음에 의미를 부여하는 것도 불가능해진다, (나)-③-5~6 이렇듯 사르트르는 자신의 죽음의 의미를 스스로 결정할 수 없다 … 죽음은 그 자체로는 삶에서 의미를 지닐 수 없기 때문

풀이 사르트르는 죽음 자체는 삶에서 의미를 지닐 수 없으며, '나'가 사라지면 자신의 죽음에 의미를 부여하는 것도 불가능해진다고 보았다. 따라서 '자신의 죽음을 주관적인 의미로만 인식할 수 있다'는 비판은 사르트르의 관점으로 적절하지 않다.

→ 적절하지 않음!

005

구체적인 사례에 적용 - 적절하지 않은 것 고르기 2024년 9월 학평 20번
정답률 65%, 매력적 오답 ④ 15%

정답 ⑤

다음은 학생이 작성한 일기이다. (가)의 하이데거와 (나)의 사르트르의 입장에서 이를 분석한 내용으로 적절하지 <u>않은</u> 것은? [3점]

> 2024. 09. ○○. 날씨 맑음 ☀
> 오늘은 오랜만에 영화를 보고 왔는데, 주인공이 인생의 **유한성**(有限性, 일정하게 정해진 범위나 한계가 있는 성질)을 깨달은 이후부터 삶에 최선을 다하는 모습이 무척 인상 깊었다. 사실 인생의 유한성에 대해 생각해 본 적이 없었는데, 내 삶에 끝이 있다고 생각하니 별 고민 없이 다른 사람들을 따라 **무심코**(無心-, 아무런 뜻이나 생각이 없이) 선택했던 일들을 돌아보게 된다. 이제는 내가 진정으로 원하는 내 삶의 모습을 생각해 봐야지. 내가 좋아하면서 가치도 있는 일이 뭐가 있을까……. 그래, 좋은 소설을 쓰면 내가 세상을 떠난 후에도 사람들이 내 삶을 가치 있게 기억해 줄 테니 훌륭한 작가가 되어야겠다! 그리고 이 다짐을 지키기 위해 내 삶의 마지막 순간을 항상 떠올리며 최선을 다해 살아야겠다.

= 죽음에 대한 인식
= 삶이 유한하다는 인식

① 하이데거는 '인생의 유한성에 대해 생각해 본 적이 없었던' 것을 현존재가 비본래적 삶에서 해방되지 않은 상태라고 보겠군.

근거 (가)-❸-1~2 비본래적 삶에서 해방되어 본래적 삶으로 나아가려면 어떻게 해야 할까? 이에 대해 하이데거는 삶이 유한하다는 인식, 즉 죽음에 대한 인식이 필요하다고 강조

풀이 하이데거는 비본래적 삶에서 해방되어 본래적 삶으로 나아가기 위해서는 삶이 유한하다는 인식이 필요하다고 보았다. 따라서 하이데거는 〈보기〉의 학생이 '인생의 유한성에 대해 생각해 본 적이 없었던' 것을 현존재가 비본래적 삶에서 해방되지 않은 상태라고 보았을 것이다.

→ 적절함!

현존재가 세인으로 존재하며 비본래적 삶을 살아가는 것

② 하이데거는 '별 고민 없이 다른 사람들을 따라 무심코 선택했던 일들을 돌아보'는 것을 현존재가 세인으로 존재했던 삶을 반성하는 자세라고 여기겠군.

근거 (가)-❷-1~2 현존재는 자신이 속한 사회가 요구하는 체계에 따라 살아가기 때문에, 자기 자신의 고유성을 드러내는 본래적 삶을 살지 않고 세상이 시키는 대로 살게 되곤 한다. 하이데거는 이를 현존재가 익명의 타인들인 '세인(世人)'으로서 존재하며 비본래적인 삶을 살아가는 것이라고 보았다. (가)-❺-2 죽음은 아직 오지 않았지만, 죽음이라는 가능성 앞에 미리 자신을 세워봄으로써 과거의 비본래적 삶을 반성해야 한다는 것

풀이 하이데거의 관점에 따르면, 〈보기〉에서 '별 고민 없이 다른 사람들을 따라 무심코 선택했던 일들'은 현존재가 세인으로서 존재하며 비본래적인 삶을 살아가는 것에 해당한다. 한편 〈보기〉의 학생은 삶에 끝이 있다고 생각하니, 즉 '죽음의 가능성'을 생각하니 별 고민 없이 다른 사람들을 따라 무심코 선택했던 일들을 '돌아보게 된다'고 하였는데, 하이데거에 따르면 이는 죽음이라는 가능성 앞에 미리 자신을 세워봄으로써, 즉 죽음을 대면함으로써 비본래적 삶을 반성하는 자세에 해당한다고 볼 수 있다.

→ 적절함!

타자

③ 사르트르는 '내가 세상을 떠난 후에도 사람들이 내 삶을 가치 있게 기억해' 주는 것에 대해 나의 삶이 타자에 의해 재구성되는 것으로 해석하겠군.

근거 (나)-❹-2 고인의 삶은 타자인 나의 시선에서 재구성되므로

풀이 사르트르는 죽은 '나'의 삶은 나 자신이 아니라 타자에 의해 재구성된다고 보았다. 따라서 〈보기〉의 내용 중 '내가 세상을 떠난 후에도 사람들이 내 삶을 가치 있게 기억해' 주는 것에 대해 사르트르는 나의 삶이 타자에 의해 재구성되는 것으로 해석할 것이다.

→ 적절함!

④ 하이데거와 사르트르는 모두, '내가 진정으로 원하는 내 삶의 모습'에 대해 고민하는 것을 삶의 실존적 의미를 찾아가는 과정으로 판단하겠군.

근거 (가)-❺-3 하이데거의 관점은 자신의 존재 의미를 스스로 결정하며 살아가겠다는 새로운 결단을 통한 실존적 삶을 제시, (나)-❹-3~4 사르트르에게 실존적 삶을 논하는 데 있어 중요한 것은 죽음에 대한 인식이 아니라 현재의 삶을 주체적으로 살아가는 태도이다. 여기서 주체적 태도란 내게 주어진 자유를 발휘하여 스스로 선택을 내리고 그에 대해 후회나 변명 없이 책임을 지는 것

풀이 하이데거는 자신의 존재 의미를 스스로 결정하며 살아가는 것을 실존적 삶이라고 제시하였고, 사르트르는 현재의 삶에 대해 주어진 자유를 발휘하여 스스로 선택을 내리며 책임을 지는 것을 실존적 삶이라고 보았다. 따라서 하이데거와 사르트르는 모두 '내가 진정으로 원하는 내 삶의 모습'에 대해 스스로 고민하는 것을 삶의 실존적 의미를 찾아가는 과정으로 판단하였을 것이다.

→ 적절함!

하이데거는   = 죽음에 대한 인식
= 삶이 유한하다는 인식

⑤ ✔ 하이데거와 사르트르는 모두, '내 삶의 마지막 순간을 항상 떠올리며 최선을 다하겠다'는 태도가 주체적인 삶을 살아가는 데 필요하다는 점에 대해 동의하겠군.

근거 (가)-❸-1~2 비본래적 삶에서 해방되어 본래적 삶으로 나아가려면 어떻게 해야 할까? 이에 대해 하이데거는 삶이 유한하다는 인식, 즉 죽음에 대한 인식이 필요하다고 강조, (가)-❺-1~2 하이데거는 삶의 변화를 위해, 죽음이 주는 불안으로부터 달아나지 않고 죽음을 대면하여 선취할 것을 요구하였다. 죽음은 아직 오지 않았지만, 죽음이라는 가능성 앞에 미리 자신을 세워봄으로써 과거의 비본래적 삶을 반성해야 한다는 것, (나)-❹-3-4 사르트르에게 실존적 삶을 논하는 데 있어 중요한 것은 죽음에 대한 인식이 아니라 현재의 삶을 주체적으로 살아가는 태도이다. 여기서 주체적 태도란 내게 주어진 자유를 발휘하여 스스로 선택을 내리고 그에 대해 후회나 변명 없이 책임을 지는 것

풀이 하이데거는 본래적 삶으로 나아가기 위해서는 죽음에 대한 인식이 필요하다고 보았다. 한편 사르트르는 실존적 삶을 위해 중요한 것은 죽음에 대한 인식이 아니라 주체적인 삶의 태도라고 보았다. 따라서 〈보기〉에서 '내 삶의 마지막 순간, 즉 죽음을 항상 떠올리며 최선을 다하겠다는 학생의 태도에 대해 하이데거는 동의할 것이나, 사르트르는 동의하지 않을 것이다.

→ 적절하지 않음!

[006~009] 다음 글을 읽고 물음에 답하시오.

1 ¹인간은 누구나 행복을 추구하며 살아간다. ²그런데 과학기술의 발전을 통해 **유례없는**(類例-, 같거나 비슷한 예가 없는) **풍요**(豐饒, 흠뻑 많아서 넉넉함)를 누리고 있는 현대인은 과연 행복한가? ³현대 사회에서의 행복에 대해 **고찰한**(考察-, 깊이 생각하고 연구한) 철학자(哲學者, 인간과 세계에 대한 근본 원리, 삶의 본질 등을 연구하는 학문인 '철학'을 전문적으로 연구하는 사람) 에리히 프롬은 행복을 무엇이라고 했는지 알아보자.

→ **현대 사회에서의 행복에 대해 고찰한 에리히 프롬**

2 ¹프롬의 **사상**(思想, 어떤 사물에 대해 가지고 있는 구체적인 생각)을 파악하기 위해서는 먼저 **그**(프롬)**의 인간관**(人間觀, 인간을 보는 관점)을 이해해야 한다. ²프롬은 인간과 다른 동물을 구분 지을 수 있는 특성이자 인간의 본질을 **이성**(理性, 감각적 능력에 상대하여 개념적으로 생각하는 능력)이라고 파악했다. ³**그**(프롬)에 따르면 이성이 있는 인간은 세계와 분리되어 있음을 **인지하고**(認知-, 인정하여 알고) **불안**(不安, 마음이 편하지 않고 조마조마함)과 **고독**(孤獨, 세상에 홀로 떨어져 있는 듯 매우 외롭고 쓸쓸함)을 느낀다. ⁴이는 인간의 **실존적**(實存的, 주체적으로 존재하는 개별적 인간으로서 가지는) 한계이다. ⁵프롬은 인간은 세계와 **합일**(合一, 합하여 하나가 됨)을 이루고자 하며, 이러한 **열망**(熱望, 열렬하게 바람)이 **충족될**(充足-, 채워져 모자람이 없게 될) 때 행복을 느낄 수 있다고 보았다. ⁶**그**(프롬)는 인간이 세계와 관계 맺는 방식을 소유적 실존양식과 존재적 실존양식으로 구분하고 어떤 실존양식을 따르는지에 의해 인간의 사고, 감정, 행동이 결정된다고 보았다.

→ **프롬의 인간관 및 그가 구분한 인간의 두 가지 실존양식**

3 ¹먼저 ⊙ 소유적 실존양식은 자신을 **소유물**(所有物, 자기 것으로 가지고 있는 물건)과 **동일시함으로써**(同一視-, 똑같은 것으로 봄으로써) 세계와 **일체감**(一體感, 어우러져 하나로 되는 감정)을 느끼고자 하는 삶의 방식이다. ²소유적 실존양식 아래에서 사람들은 소유를 통해 감각적 **욕망**(欲望, 부족을 느껴 가지고자 하는 마음)을 충족시킬 수 있지만, 욕망이 충족된 후에도 소유에 대한 **탐욕**(貪慾, 지나치게 가지고 싶어 하는 욕심)을 느낀다. ³자신과 세계와의 합일이 자신이 소유한 것에 의해 결정된다고 보기 때문이다. ⁴프롬에 따르면 이러한 탐욕은 소유물을 차지하기 위한 경쟁의 **욕구**(欲求, 무슨 일을 하고자 하거나 무엇을 얻고자 바라는 일)와 **타인**(他人, 다른 사람)의 소유물을 빼앗기 위한 폭력의 욕구, 자신의 소유물을 잃을 수도 있다는 불안감을 불러일으킬 수밖에 없다. ⁵그렇기에 소유적 실존양식 아래에서 사람들은 더 많이 소유하는 것, 자신의 소유물을 지키며 타인의 소유물을 빼앗을 수 있는 **권력**(權力, 남을 복종시키거나 지배할 수 있는 권리, 힘)을 차지하는 것에서 행복을 찾으려고 한다. ⁶프롬은 **생존**(生存, 살아남음)을 위해 필요한 최소한의 소유를 **부정하지는**(否定-, 옳지 않다고 반대하지는) 않았지만 소유를 통해 행복의 **원천**(源泉, 본바탕)을 발견하려는 **집착적**(執着的, 마음이 쏠려 잊지 못하고 매달리는) 욕망을 비판했다. ⁷프롬이 보기에 이러한 욕망에는 **포화점**(飽和點, 더 이상의 양을 받아들일 수 없이 가득 찬 '포화'의 한계나 포화의 상태를 나타내는 점)이 없다. ⁸이미 소유한 것은 더 이상 충족감을 줄 수 없으며, 소유를

통해서는 인간의 근원적(根源的, 근본 원인이 되는) 불안과 외로움은 극복되지 않기 때문이다.

→ 소유적 실존양식

4 [1]프롬은 이러한 소유적 실존양식이 아닌 ⓒ 존재적 실존양식으로 살아갈 것을 제안했다. [2]존재적 실존양식은 소유에서 벗어나 세계와 하나가 되는 삶의 방식이다. [3]프롬은 세계와 합일(合一, 합하여 하나가 됨)을 이루기 위해서는 이성적 능력을 생산적으로 사용해야 한다고 했는데, 이때 '생산적'이라는 것은 쓸모 있는 결과물을 만들어 내는 능력이 아니라 내면(內面, 밖으로 드러나지 않는 속마음. 정신적·심리적 측면)의 능동적인(能動的−, 다른 것에 이끌리지 않고 스스로 일으키거나 움직이는) 상태를 의미한다. [4]예를 들어 프롬은 시를 읽고 의미를 깊이 있게 고민하는 사람의 내면에서는 능동적인 작용이 일어나고 있다고 보았다. [5]존재적 실존양식 아래에서 사람들은 자신이 세계와 긴밀하게(緊密−, 매우 가까워 빈틈이 없이) 결합해 있다고 느끼므로 가진 것을 잃을 수 있다는 불안에 시달리지 않는다. [6]그래서 다른 존재에 대해 호의적이다.(好意的−, 좋게 생각해 주는 마음을 갖는다.) [7]이때 사람들은 타인을 사랑하고 자신이 가진 것을 나눔으로써 다른 존재의 성장을 도우려 하는데, 프롬은 이러한 삶의 모습을 궁극적(窮極的, 더할 나위 없는 지경에 도달하는) 행복이라 보았다.

→ 존재적 실존양식

5 [1]한편 프롬에 따르면 두 실존양식에서는 우리가 일상생활에서 사용하는 물건들과 지식·사상 등이 모두 그 대상으로 나타난다. [2]예를 들어 소유적 실존양식을 따르는 사람에게 학습은 권력 추구의 수단이 되지만 존재적 실존양식을 따르는 사람에게 학습은 내면의 새로운 사고를 촉발하는(觸發−, 일으키는) 과정이 된다고 보았다.

→ 두 실존양식의 적용 대상

6 [1]그렇다면 프롬은 현대 사회에서의 행복 문제를 어떻게 진단했을까? [2]프롬이 보기에 현대인은 물질적 풍요를 통한 감각적 욕망의 충족을 누리고 있지만, 고독과 불안에 시달리고 있다. [3]그(프롬)에 따르면 이 같은 현대 사회의 병리적(病理的, 병의 원인, 발생, 진행 과정 등에 관한 이론과 관련된) 현상이 일어나는 원인은 끝없는 소비(消費, 욕망의 충족을 위해 재화나 용역을 소모하는 일)를 조장하여(助長−, 더 심해지도록 부추겨) 무한한(無限−, 제한이나 한계가 없는) 이윤(利潤, 물질적 이익)을 추구하는 소유지향적인(所有志向的−, 소유를 향해 나아가는) 사회이다. [4]프롬은 현대 사회의 병리적 현상과 같은 위기는 개인이 존재지향적 삶을 사는 것만으로는 극복하기 어려우며, 근본적 해결을 위해 사회적 변혁(變革, 급격하게 바꾸어 아주 달라지게 함)이 필요하다고 역설했다.(力說−, 힘주어 말하였다.) [5]그(프롬)는 사회의 구조와 규범에 따라 주된 실존양식이 무엇인지 결정된다고 보았기 때문이다.

→ 현대 사회에서의 행복 문제에 대한 프롬의 진단

7 [1]이처럼 프롬은 무한 소비를 조장하는 현대 사회의 병리적 현상을 고찰하고 인간에 대한 신뢰를 바탕으로 해결책을 제시한 휴머니스트(humanist, 인도주의, 인본주의 등 인간다움을 존중하는 사상적 태도와 세계관을 따르는 사람)로 평가받는다.

→ 프롬에 대한 평가

■ 지문 이해

〈현대 사회에서의 행복에 관한 에리히 프롬의 견해〉

❶ 현대 사회에서의 행복에 대해 고찰한 에리히 프롬

❷ 프롬의 인간관 및 그가 구분한 인간의 두 가지 실존양식
• 이성이 있는 인간이 가진 실존적 한계 → 세계와 합일을 이루고자 함 → 충족 시 '행복'을 느낌 • 인간이 세계와 관계 맺는 방식을 소유적 실존양식과 존재적 실존양식으로 구분하고, 이에 따라 인간의 사고, 감정, 행동이 결정된다고 봄

❸ 소유적 실존양식
• 소유적 실존양식 : 자신을 소유물과 동일시함으로써 세계와 일체감을 느끼고자 하는 삶의 방식 • 소유적 실존양식 아래에서는 자신과 세계와의 합일이 소유물에 의해 결정된다고 봄 → 소유를 통한 감각적 욕망의 충족 이후에도 소유에 대한 탐욕을 느낌 → 경쟁·폭력의 욕구, 불안감을 불러일으킴 → 더 많은 소유, 권력의 차지에서 행복을 찾으려 함 • 이미 소유한 것은 더 이상 충족감을 줄 수 없으며, 소유를 통해서는 근원적 불안, 외로움이 극복되지 않음 ⇒ 생존에 필요한 최소한의 소유는 인정하지만, 소유를 통해 행복을 찾으려는 집착적 욕망을 비판함

❹ 존재적 실존양식
• 존재적 실존양식 : 소유에서 벗어나 세계와 하나가 되는 삶의 방식 • 세계와 합일을 이루기 위해 이성적 능력을 내면의 능동적 작용을 통해 사용해야 한다고 봄 • 존재적 실존양식 아래에서는 자신이 세계와 긴밀하게 결합해 있다고 느낌 → 가진 것을 잃는다는 불안에 시달리지 않음 → 타인을 사랑하고 자신이 가진 것을 나눔으로써 다른 존재의 성장을 도우려 함 ⇒ 궁극적 행복

❺ 두 실존양식의 적용 대상
• 일상생활에서 사용하는 물건들, 지식 사상 등이 모두 그 대상으로 나타남

❻ 현대 사회에서의 행복 문제에 대한 프롬의 진단
• 현대인은 물질적 풍요를 통한 감각적 욕망의 충족을 누리고 있지만 고독, 불안에 시달리고 있으며, 이러한 병리적 현상의 원인이 소유지향적 사회에 있다고 봄 • 사회의 구조와 규범에 따라 주된 실존양식이 결정됨 → 현대 사회의 병리적 현상은 개인의 존재지향적 삶만으로는 극복이 어려우며, 근본적 해결을 위해 사회적 변혁이 필요하다고 봄

❼ 프롬에 대한 평가
• 현대 사회의 병리적 현상을 고찰하고 인간에 대한 신뢰를 바탕으로 해결책을 제시한 휴머니스트

---

006 | 세부 정보 이해 - 적절하지 않은 것 고르기 2022년 9월 학평 22번
정답률 75%, 매력적 오답 ④ 10% | 정답 ③

윗글을 통해 답을 찾을 수 없는 질문은?

① 프롬은 현대 사회의 병리적 현상의 원인을 무엇이라고 진단했는가?

> **근거** ❻-3 그(프롬)에 따르면 이 같은 현대 사회의 병리적 현상이 일어나는 원인은 끝없는 소비를 조장하여 무한한 이윤을 추구하는 소유지향적인 사회이다.
> → 적절함!

② 프롬은 실존양식에 따라 학습의 의미가 어떻게 달라진다고 보았는가?

> **근거** ❺-2 소유적 실존양식을 따르는 사람에게 학습은 권력 추구의 수단이 되지만 존재적 실존양식을 따르는 사람에게 학습은 내면의 새로운 사고를 촉발하는 과정이 된다고 보았다.
> → 적절함!

✓③ 프롬은 동물과 달리 인간이 이성을 가지는 이유를 무엇이라고 보았는가?

> **근거** ❷-2~4 프롬은 인간과 다른 동물을 구분 지을 수 있는 특성이자 인간의 본질을 이성이라고 파악했다. 그에 따르면 이성이 있는 인간은 세계와 분리되어 있음을 인지하고 불안과 고독을 느낀다. 이는 인간의 실존적 한계이다.
> **풀이** 윗글에서는 프롬이 '이성'을 인간과 동물을 구분 지을 수 있는 특성이자 인간의 본질로 보았다는 점을 설명하고 있다. 그러나 윗글에서 프롬이 '인간이 이성을 가지는 이유'를 무엇이라고 보았는지는 설명하지 않았다.
> → 적절하지 않음!

④ 프롬은 사회의 주된 실존양식을 결정짓는 요인을 무엇이라고 보았는가?

> **근거** ❻-5 그(프롬)는 사회의 구조와 규범에 따라 주된 실존양식이 무엇인지 결정된다고 보았기 때문
> → 적절함!

⑤ 프롬은 존재적 실존양식 아래에서 사람들이 타인에게 호의적인 이유를 무엇이라고 보았는가?

> **근거** ❹-5~6 존재적 실존양식 아래에서 사람들은 자신이 세계와 긴밀하게 결합해 있다고 느끼므로 가진 것을 잃을 수 있다는 불안에 시달리지 않는다. 그래서 다른 존재에 대해 호의적이다.
> → 적절함!

007 추론의 적절성 판단 - 적절한 것 고르기 2022년 9월 학평 23번
정답률 80% 정답 ②

다음은 A와 B가 나눈 대화의 일부이다. 윗글을 바탕으로 할 때, ㉮에 들어갈 내용으로 가장 적절한 것은?

> A : 내가 어제 책을 읽었는데, 행복을 위해서 아무것도 소유하지 않아야 한다고 하더라고. 그런데 현실적으로 생각하면 인간이 생존에 필수적인 의식주 없이 어떻게 살겠어? 또 난 얼마 전에 최신 휴대폰을 구매했는데 행복했어. 이처럼 소유를 통해 행복을 느낄 수도 있는 것 아닐까?
> B : 그 문제에 대해서 프롬은 [㉮   ]고 이야기를 했어.

① 소유물은 소유하고 있는 동안 충분한 만족감과 행복을 제공하므로 소유를 통한 행복이 필요하다

근거 ❸-7~8 프롬이 보기에 이러한 욕망에는 포화점이 없다. 이미 소유한 것은 더 이상 충족감을 줄 수 없으며, 소유를 통해서는 인간의 근원적 불안과 외로움은 극복되지 않기 때문

풀이 프롬은 소유를 통해 행복을 발견하려는 욕망에는 포화점이 없다고 보았으며, 이미 소유한 것은 더 이상 만족감을 줄 수 없다고 하였다. 따라서 소유물을 소유하고 있는 동안 충분한 만족감과 행복을 제공한다는 것은 프롬의 견해로 적절하지 않다.

→ 적절하지 않음!

② 삶을 *영위하기 위한 기본적인 소유는 **불가피한 것이지만 소유를 통해 행복을 찾으려는 욕망은 완전히 채워질 수 없다 *營爲-, 꾸려 나가기 **不可避-, 피할 수 없는

근거 ❸-6~8 프롬은 생존을 위해 필요한 최소한의 소유를 부정하지는 않았지만 소유를 통해 행복의 원천을 발견하려는 집착적 욕망을 비판했다. 프롬이 보기에 이러한 욕망에는 포화점이 없다. 이미 소유한 것은 더 이상 충족감을 줄 수 없으며, 소유를 통해서는 인간의 근원적 불안과 외로움은 극복되지 않기 때문

풀이 프롬은 생존을 위해 기본적으로 필요한 최소한의 소유는 불가피한 것이지만, 소유를 통해 행복을 발견하려는 욕망은 한계가 없어 완전히 채워질 수 없다고 보았다.

→ 적절함!

③ 소유를 통해 만족감을 얻거나 행복의 원천을 발견하려는 집착적 욕망을 극복할 수 없으므로 모든 소유의 방식을 부정해야 한다

근거 ❸-6 프롬은 생존을 위해 필요한 최소한의 소유를 부정하지는 않았지만 소유를 통해 행복의 원천을 발견하려는 집착적 욕망을 비판했다.

풀이 프롬이 소유를 통해 행복의 원천을 발견하려는 집착적 욕망을 비판한 것은 맞지만, 생존을 위해 필요한 최소한의 소유까지 부정하지는 않았다.

→ 적절하지 않음!

④ 생존을 위한 소유는 필요하지만 소유물과 자신을 동일시하는 태도는 세계와의 *대립을 **유발하므로 행복에 대한 욕망을 버려야 한다 *對立, 서로 반대되거나 모순됨 **誘發-, 일어나게 하므로

근거 ❸-1 소유적 실존양식은 자신을 소유물과 동일시함으로써 세계와 일체감을 느끼고자 하는 삶의 방식, ❹-1~2 프롬은 이러한 소유적 실존양식이 아닌 존재적 실존양식으로 살아갈 것을 제안했다. 존재적 실존양식은 소유에서 벗어나 세계와 하나가 되는 삶의 방식

풀이 프롬은 인간이 세계와 합일을 이루고자 하며 이것이 충족될 때 행복을 느낀다고 보고, 인간이 세계와 관계 맺는 방식으로 소유적 실존양식과 존재적 실존양식을 제시하였다. 이때 '소유물과 자신을 동일시하는 태도'는 소유적 실존양식에 해당한다. 프롬은 소유적 실존양식 아래에서 사람들이 소유를 통해 행복의 원천을 발견하려는 집착적 욕망을 비판하고, 소유적 실존양식이 아닌 존재적 실존양식으로 살아갈 것을 제안하였다. 그러나 그가 소유물과 자신을 동일시하는 태도가 세계와의 대립을 유발하므로 '행복에 대한 욕망' 자체를 버려야 한다고 주장하지는 않았다.

→ 적절하지 않음!

⑤ 소유를 통한 행복을 부정하지는 않지만 처음 소유했을 때의 만족감은 시간이 지나면 사라지기 때문에 최소한의 소유도 필요 없다

근거 ❸-6 프롬은 생존을 위해 필요한 최소한의 소유를 부정하지는 않았지만

→ 적절하지 않음!

---

008 핵심 개념 파악 - 적절하지 않은 것 고르기 2022년 9월 학평 24번
정답률 80%, 매력적 오답 ⑤ 10% 정답 ③

㉠, ㉡에 대한 이해로 적절하지 않은 것은?

> ㉠ 소유적 실존양식 ㉡ 존재적 실존양식

① ㉠에서 소유에 대한 탐욕은 경쟁심을 불러일으키는 요인이다.

근거 ❸-2 소유적 실존양식 아래에서 사람들은 소유를 통해 감각적 욕망을 충족시킬 수 있지만, 욕망이 충족된 후에도 소유에 대한 탐욕을 느낀다, ❸-4 프롬에 따르면 이러한 탐욕은 소유물을 차지하기 위한 경쟁의 욕구와 타인의 소유물을 빼앗기 위한 폭력의 욕구, 자신의 소유물을 잃을 수도 있다는 불안감을 불러일으킬 수밖에 없다.

→ 적절함!

② ㉠은 권력을 차지하는 것을 통해 소유의 충족감을 얻고자 하는 삶의 방식이다.

근거 ❸-5 소유적 실존양식 아래에서 사람들은 더 많이 소유하는 것, 자신의 소유물을 지키며 타인의 소유물을 빼앗을 수 있는 권력을 차지하는 것에서 행복을 찾으려고 한다.

→ 적절함!

③ ㉡에서 *유용한 결과물을 생산하는 것은 행복을 실현할 수 있는 조건이다. *有用-, 쓸모가 있는

근거 ❹-3 이때 '생산적'이라는 것은 쓸모 있는 결과물을 만들어 내는 능력이 아니라 내면의 능동적인 상태를 의미한다.

→ 적절하지 않음!

④ ㉡은 *상실에 대한 불안에서 벗어나 타인을 사랑하고 자신이 가진 것을 나눌 수 있는 삶의 방식이다. *喪失, 아주 없어지거나 사라짐

근거 ❹-5 존재적 실존양식 아래에서 사람들은 … 가진 것을 잃을 수 있다는 불안에 시달리지 않는다, ❹-7 이때 사람들은 타인을 사랑하고 자신이 가진 것을 나눔으로써 다른 존재의 성장을 도우려 하는데, 프롬은 이러한 삶의 모습을 궁극적 행복이라 보았다.

→ 적절함!

⑤ ㉠과 ㉡은 모두 일상의 사물과 *관념적 대상에 적용되는 삶의 방식이다. *觀念的, 견해, 생각, 인식이나 의식과 관련된

근거 ❺-1 프롬에 따르면 두 실존양식에서는 우리가 일상생활에서 사용하는 물건과 지식·사상 등이 모두 그 대상으로 나타난다.

→ 적절함!

1등급 문제

009 <보기>와 내용 비교 - 적절하지 않은 것 고르기 2022년 9월 학평 25번
정답률 50%, 매력적 오답 ④ 10% ⑤ 25% 정답 ②

윗글과 <보기>를 비교한 내용으로 적절하지 않은 것은? [3점]

> | 보기 |
> [1]인간의 본질인 이성이 *탁월하게(卓越-, 남보다 두드러지게 뛰어나게) *실현된(實現-, 실제로 이루어진) 상태가 *덕(德 덕 덕, 도덕적·윤리적 이상을 실현해 나가는 인격적 능력)이며, 덕이 *구현된(具現-, 구체적인 사실로 나타난) 상태가 행복이다. [2]행복은 세 가지로 나눌 수 있다. [3]첫 번째는 감각적 욕망의 충족을 통해 누릴 수 있는 행복이다. [4]하지만 이것은 *찰나(刹那, 매우 짧은 시간)이며 지나칠 경우 *거부감(拒否感, 받아들이고 싶지 않은 느낌)을 줄 수 있다. [5]두 번째는 사회에 책임을 지는 *시민(市民, 국가 사회의 일원으로 헌법에 의한 권리와 의무를 가지는 사람)으로서의 정치적 행복이다. [6]이때 인간의 덕은 *공동체(共同體, 생활, 행동, 목적 등을 같이하는 집단)의 *훈육(訓育, 품성이나 도덕 등을 가르쳐 기름)을 통해 개발되므로 인간은 사회를 떠나서 행복할 수 없다. [7]마지막은 이성적 사고를 통해 세상의 질서를 깨닫는 철학자로서의 행복이며, 최고의 행복이다. [8]인간이 행복한 삶을 누리기 위해서는 이 세 가지 행복을 함께 구현해야 한다. [9]행복이란 한순간의 감정이 아니라 덕의 실현이 습관화됐을 때 도달할 수 있는 *경지(境地, 도달해 있는 일정 수준 이상의 단계나 상태)이므로 어떤 사람이 행복한 사람인지를 알기 위해서는 그 사람이 *일생(一生, 태어나서 죽을 때까지의 동안)에 이룩한 *인격적(人格的, 인격에 바탕을 둔) *성숙(成熟, 자라서 어른스럽게 됨)에 따라 평가해야 한다.

① 프롬과 <보기>는 모두 인간의 행복은 사회의 영향을 받는다고 보았군.

근거 ❻-5 그는 사회의 구조와 규범에 따라 주된 실존양식이 무엇인지 결정된다고 보았

기 때문, 〈보기〉-6 인간은 사회를 떠나서 행복할 수 없다.

풀이 프롬은 사회의 구조와 규범에 따라 주된 실존양식이 무엇인지 결정된다고 보았다. 또한 〈보기〉에서는 인간이 사회를 떠나 행복할 수 없다고 말하고 있다. 따라서 프롬과 〈보기〉가 모두 인간의 행복은 사회의 영향을 받는다고 보았다는 설명은 적절하다.

→ 적절함!

✓② 프롬과 〈보기〉는 모두 행복을 위해서 개인이 사회에 책임을 짐으로써 사회적 변혁을 이끌어야 한다고 보았군.

근거 ❻-4~5 프롬은 현대 사회의 병리적 현상과 같은 위기는 개인이 존재지향적 삶을 사는 것만으로는 극복하기 어려우며, 근본적 해결을 위해 사회적 변혁이 필요하다고 역설했다. 그는 사회의 구조와 규범에 따라 주된 실존양식이 무엇인지 결정된다고 보았기 때문, 〈보기〉-5 두 번째는 사회에 책임을 지는 시민으로서의 정치적 행복이다.

풀이 프롬은 사회의 구조와 규범에 따라 주된 실존양식이 결정되므로, 현대 사회의 병리적 현상의 근본적 해결을 위해서는 사회적 변혁이 필요하다고 역설하였다. 그러나 그러한 사회적 변혁을 '개인이 사회에 책임을 짐으로써' 이끌어야 한다고 주장하지는 않았다. 한편 〈보기〉에서는 사회에 책임을 지는 시민으로서의 정치적 행복에 대해 이야기하고 있지만, 개인이 사회에 책임을 짐으로써 '사회적 변혁을 이끌어야 한다'고 이야기하지는 않았다.

→ 적절하지 않음!

③ 프롬은 궁극적인 행복이 내면의 능동적인 작용을 통해, 〈보기〉는 최고의 행복이 이성적 사고를 통해 가능하다고 보았군.

근거 ❹-3 프롬은 세계와 합일을 이루기 위해서는 이성적 능력을 생산적으로 사용해야 한다고 했는데, 이때 '생산적'이라는 것은 … 내면의 능동적인 상태를 의미한다, ❹-7 프롬은 이러한 삶의 모습을 궁극적 행복이라 보았다, 〈보기〉-7 이성적 사고를 통해 세상의 질서를 깨닫는 철학자로서의 행복이며, 최고의 행복이다.

풀이 프롬은 세계와 하나가 되는 삶의 방식인 존재적 실존양식을 설명하면서, 세계와 하나가 되기 위해서는 이성적 능력을 내면의 능동적 작용을 통해 사용해야 한다고 하였다. 또 이러한 존재적 실존양식을 따르는 삶의 모습을 궁극적 행복이라고 보았다. 한편 〈보기〉에서는 이성적 사고를 통해 세상의 질서를 깨닫는 철학자로서의 행복이 최고의 행복이라고 말하였다. 따라서 프롬은 궁극적인 행복이 내면의 능동적인 작용을 통해, 〈보기〉는 최고의 행복이 이성적 사고를 통해 가능하다고 보았다는 설명은 적절하다.

→ 적절함!

④ 한 인간이 행복한지 알기 위해서 프롬은 세계와 합일을 이루었는지를, 〈보기〉는 인격적으로 성숙했는지를 살펴보아야 한다고 보았군.

근거 ❹-2 존재적 실존양식은 소유에서 벗어나 세계와 하나가 되는 삶의 방식이다, ❹-7 프롬은 이러한 삶의 모습을 궁극적 행복이라 보았다, 〈보기〉-9 어떤 사람이 행복한 사람인지를 알기 위해서는 그 사람이 일생에 이룩한 인격적 성숙에 따라 평가해야 한다.

풀이 프롬은 세계와 하나가 되는 삶의 방식인 존재적 실존양식 아래에서 사람들은 궁극적으로 행복한 삶의 모습을 보인다고 하였다. 또 〈보기〉에서는 어떤 사람이 행복한지를 알기 위해서는 그의 인격적 성숙에 따라 평가해야 한다고 하였다. 따라서 한 인간이 행복한지 알기 위해서 프롬은 세계와 합일을 이루었는지를, 〈보기〉는 인격적으로 성숙했는지를 살펴보아야 한다고 보았다는 설명은 적절하다.

→ 적절함!

⑤ 감각적 욕망의 충족을 프롬은 행복이 아니라고 보았으나, 〈보기〉는 지나치지 않으면 행복한 삶을 누리기 위한 조건이 된다고 보았군.

근거 ❸-2 소유적 실존양식 아래에서 사람들은 소유를 통해 감각적 욕망을 충족시킬 수 있지만, 욕망이 충족된 후에도 소유에 대한 탐욕을 느낀다, ❸-6 프롬은 … 소유를 통해 행복의 원천을 발견하려는 집착적 욕망을 비판했다, ❸-8 이미 소유한 것은 더 이상 충족감을 줄 수 없으며, 소유를 통해서는 인간의 근원적 불안과 외로움은 극복되지 않기 때문, 〈보기〉-3~4 첫 번째는 감각적 욕망의 충족을 통해 누릴 수 있는 행복이다. 하지만 이것은 찰나이며 지나칠 경우 거부감을 줄 수 있다, 〈보기〉-8 인간이 행복한 삶을 누리기 위해서는 이 세 가지 행복을 함께 구현해야 한다.

풀이 프롬은 소유적 실존양식 아래에서 사람들은 소유를 통해 감각적 욕망을 충족시킬 수 있지만, 이미 소유한 것은 더 이상 충족감을 줄 수 없고, 소유를 통해서는 인간의 불안과 외로움이 극복되지 않는다고 보아 소유를 통해 행복을 발견하려는 욕망을 비판하였다. 반면 〈보기〉에서는 감각적 욕망의 충족을 통한 행복도 지나치지 않을 경우 행복한 삶을 누리기 위한 세 가지 행복 중 하나가 된다고 보았다.

→ 적절함!

[010~014] **다음 글을 읽고 물음에 답하시오.**

(가)

① ¹플라톤은 초월 세계(超越世界, 경험이나 인식을 벗어난 세계)인 이데아계와 감각 세계(感覺世界, 지각이나 감각으로 경험할 수 있는 세계)인 현상계를 구분했다. ²영원불변(永遠不變, 영원히 변하지 않음)의 이데아계는 현상계에 나타난 모든 사물의 근본(根本, 사물의 본질, 본바탕)이 되는 보편자, 즉 형상(form)이 존재하는 곳으로 이성(理性, 감각적 능력에 상대하여 개념적으로 생각하는 능력을 이르는 말)으로만 인식될 수 있는 관념(觀念, 현실에 의하지 않는 추상적 생각)의 세계이다. ³반면 현상계는 이데아계의 형상을 바탕으로 만들어진 세계로 끊임없이 변화하는 사물이 감각에 의해 지각된다(知覺-, 판단하여 알게 된다.) ⁴플라톤에 따르면 ㉠ 현상계의 모든 사물은 형상을 본뜬(本-, 본보기로 삼아 그대로 좇아 만든) 그림자에 불과하다.

→ 플라톤의 철학적 관점 : 이데아계와 현상계를 구분

② ¹이러한 관점에서 플라톤은 예술을 감각 가능한 현상의 모방(模倣, 다른 것을 본뜨거나 본받음)이라고 보았다. ²예를 들어 목수는 이성을 통해 침대의 형상을 인식하고 그것(침대의 형상)을 모방하여 침대(이데아계의 형상을 본떠 만든 현상계의 사물)를 만든다. ³그리고 화가는 감각을 통해 이(목수가 침대의 형상을 인식하고 그것을 모방하여 만든) 침대를 보고 그림(이데아계의 형상을 모방하여 만든 현상계의 사물을 다시 모방한 것)을 그린다. ⁴결국 침대 그림은 보편자(= 형상)에서 두 단계 떨어져 있는 열등한(劣等-, 수준이나 등급이 낮은) 것이며, 형상에 대한 참된 인식을 방해하는 허구(虛構, 사실에 없는 일을 사실처럼 만들어 냄)의 허구에 불과하다. ⁵이데아계의 형상을 모방하여 생겨난 것이 현상인데, 예술은 현상을 다시 모방한 것이기 때문이다.

→ 예술에 관한 플라톤의 견해 ① : 예술은 감각 가능한 현상의 모방

③ ¹플라톤은 시가 회화와 다르다고 보았다. ²고대 그리스에서 음유시인(吟遊詩人, 시를 지어 읊으며 여기저기 떠돌아다니는 사람)은 허구의 허구인 서사시(敍事詩, 역사적 사실이나 신화, 전설, 영웅의 이야기 등을 시간의 흐름에 따른 서사적 형태로 쓴 시)나 비극(悲劇, 인생의 슬픔과 비참함을 제재로 주인공의 파멸, 패배, 죽음 등 불행한 결말을 갖는 극 형식)을 창작하고, 이(창작한 서사시나 비극)를 작품 속 등장인물의 성격에 어울리는 말투, 몸짓 같은 감각 가능한 현상으로 연기함으로써 다시 허구를 만들어 냈다. ³이(음유시인이 작품을 창작하고, 창작한 작품을 연기하는) 과정에서 음유시인의 연기는 인물의 성격을 드러내는데, 이(음유시인이 말투, 몸짓 등을 연기하여 드러내는 인물의 성격)는 감각 가능한 외적(外的, 겉으로 드러나 보이는) 특성을 모방하여 감각으로 파악될 수 없는 내적(內的, 정신이나 마음과 관련된) 특성을 드러내는 것이다.

→ 예술에 관한 플라톤의 견해 ② : 음유시인의 연기

④ ¹플라톤은 음유시인이 용기나 절제(節制, 적절히 조절하여 제한함) 같은 덕성(德性, 어질고 너그러운 성질)을 갖춘 인간이 아닌 저급한(低級-, 수준이 낮은) 인간의 면모(面貌, 겉모습이나 됨됨이)를 모방할 수밖에 없다고 주장했다. ²가령 화를 잘 내는 인물은 목소리가 거칠어지고 안색(顔色, 얼굴에 나타나는 표정이나 빛깔)이 붉어지는 등 다양한 감각 가능한 현상들을 모방함으로써 쉽게 표현할 수 있지만, 용기나 절제력이 있는 인물에 수반되는(隨伴-, 더불어 생기는) 감각 가능한 현상은 표현하기 어렵기 때문이다. ³따라서 플라톤은 음유시인의 연기를 보는 관객들이 이성이 아닌 감정이나 욕구와 같은 비이성적인 것들에 지배되어(支配-, 영향을 받게 되어) 타락하게(墮落-, 잘못된 길로 빠지게) 된다고 보았다.

→ 예술에 관한 플라톤의 견해 ③ : 관객의 타락

(나)

① ¹아리스토텔레스는 이데아계가 존재한다고 보지 않았다. ²예컨대 사람은 나이가 들며 늙는데, 만약 이데아계의 변하지 않는 어린아이의 형상과 성인의 형상을 바탕으로 각각 현상계의 어린아이와 성인이 생겨났다면, 현상계에서 어린아이가 성인으로 성장하는 것을 설명할 수 없기 때문이다.

→ 아리스토텔레스의 철학적 관점 ① : 이데아계는 존재하지 않음

② ¹아리스토텔레스는 형상이 항상 사물의 생성과 변화의 바탕이 되는 질료에 내재한다고(內在-, 안에 들어 있다고) 보고, 이를 가능태와 현실태라는 개념을 통해 설명하였다. ²가능태란 형상을 실현시킬 수 있는 가능적 힘이자 질료를 의미하며, 현실태란 가능태에 형상이 실현된 어떤 상태이다. ³가령 도토리는 떡갈나무가 되기 위한 가능태라면, 도토리가 떡갈나무가 된 상태가 현실태이다. ⁴이처럼 생성·변화하는 모든 것은 목적을 향해 움직이므로 가능태에 있는 것은 형상이 완전히 실현된 상태인 '완전 현실태'를 향해 나아가는데, 이(가능태에 있는 것이 완전 현

실태를 향해 나아가는) 이행(移行, 변해 가는) 과정이 운동이다. [5]즉 운동의 원인은 외부가 아닌 가능태 자체에 내재한다.

→ 아리스토텔레스의 철학적 관점 ② : 형상이 질료에 내재함

3 [1]아리스토텔레스에게 있어 예술의 목적은 개개의 사물에 내재하고 있는 보편자, 즉 형상을 표현해 내는 것이다. [2]이런 점에서 그(아리스토텔레스)는 시가 역사보다 우월하다고 주장했다. [3]역사는 개별적 사건들의 기록일 뿐이지만 시는 개별적 사건에 깃들어 있는 보편자를 표현한 것이기 때문이다.

→ 예술에 관한 아리스토텔레스의 견해 ① : 예술의 목적

4 [1]아리스토텔레스는 인간이 예술을 통해 쾌감(快感, 상쾌하고 즐거운 느낌)을 느낄 수 있다고 보았다. [2]특히 비극시는 파멸하는(破滅−, 파괴되어 없어지는) 주인공을 통해 인간의 근본적 한계를 다루기 때문에, 시를 창작하면 인간 존재의 본질을 인식하는 앎의 쾌감을 느낄 수 있다고 하였다. [3]비극시 속 이야기는 음유시인이 경험 세계의 개별자들 속에서 보편자를 인식해 내어, 그것(개별자들 속에서 인식해 낸 보편자)을 다시 허구의 개별자로 표현한 결과물인 것이다. [4]또한 관객은 음유시인의 연기를 통해 앎의 쾌감을 느낄 수 있을 뿐 아니라 그(앎의 쾌감)와 다른 종류의 쾌감도 경험할 수 있다. [5]관객은 고통을 받는 인물의 이야기를 통해 그(고통을 받는 인물)에 대한 연민(憐憫, 불쌍하고 가련하게 여김)과 함께, 자신(관객)도 유사한 고통을 겪을 수 있다는 공포를 느낀다. [6]이러한 과정에서 감정이 고조됐다가(高潮−, 높아졌다가) 해소되면서(解消−, 풀려서 없어지면서) 얻게 되는 쾌감, 즉 카타르시스를 경험한다.

→ 예술에 관한 아리스토텔레스의 견해 ② : 예술을 통해 얻는 쾌감

■ **지문 이해**

(가)

〈플라톤의 철학적 관점과 예술관〉

❶ 플라톤의 철학적 관점 : 이데아계와 현상계를 구분	
이데아계	**현상계**
- 초월 세계, 영원불변 - 보편자, 즉 형상이 존재하는 곳 - 이성으로만 인식될 수 있는 관념의 세계	- 감각 세계 - 이데아계의 형상을 바탕으로 만들어진 세계 - 변화하는 사물이 감각에 의해 지각됨

→ 현상계의 모든 사물은 형상을 본뜬 그림자에 불과함

예술에 관한 플라톤의 견해

❷ 예술은 감각 가능한 현상의 모방
- 예술은 형상을 모방한 현상을 다시 모방한 것
  - 보편자에서 두 단계 떨어져 있는 열등한 것
  - 형상에 대한 참된 인식을 방해하는 허구의 허구에 불과함

❸ 음유시인의 연기
- 음유시인은 허구의 허구인 작품을 창작하고, 이를 연기함으로써 다시 허구를 만들어 냄
- 음유시인의 연기는 감각 가능한 외적 특성을 모방해 감각으로 파악될 수 없는 내적 특성을 드러내는 것

❹ 관객의 타락
- 음유시인은 덕성을 갖춘 인간이 아닌 저급한 인간의 면모를 모방할 수밖에 없음
- 관객들은 이성이 아닌 감정, 욕구 등의 비이성적 것들에 지배되어 타락하게 됨

(나)

〈아리스토텔레스의 철학적 관점과 예술관〉

아리스토텔레스의 철학적 관점

❶ 이데아계는 존재하지 않음

❷ 형상이 질료에 내재함
- 형상은 항상 사물의 생성·변화의 바탕이 되는 질료에 내재함
  - 가능태 : 형상을 실현시킬 수 있는 가능적 힘 = 질료
  - 현실태 : 가능태에 형상이 실현된 상태
- 가능태에 있는 것은 '완전 현실태'를 향해 나아가며, 이 이행 과정이 '운동'임
- 운동의 원인은 외부가 아닌 가능태 자체에 내재함

예술에 관한 아리스토텔레스의 견해

❸ 예술의 목적
- 예술의 목적 : 개개의 사물에 내재한 보편자, 즉 형상을 표현해 내는 것
  → 시는 개별적 사건에 깃든 보편자를 표현한 것이므로 역사보다 우월함

❹ 예술을 통해 얻는 쾌감
- 인간은 예술을 통해 쾌감을 느낄 수 있음
  - 시를 창작하면 인간 존재의 본질을 인식하는 앎의 쾌감을 느낄 수 있음
  - 관객은 음유시인의 연기를 통해 앎의 쾌감을 느낄 수 있음
  - 관객은 감정이 고조됐다가 해소되면서 얻게 되는 쾌감인 카타르시스를 경험함

---

010 | 글의 서술 방식 파악 - 적절한 것 고르기 2022년 3월 학평 21번
정답률 70%, 매력적 오답 ⑤ 15% | **정답 ②**

(가)와 (나)에 대한 설명으로 가장 적절한 것은?

① (가)와 (나)는 모두 특정 *사상가의 예술을 바라보는 관점이 변화하게 된 이유를 설명하고 있다. *思想家, 어떤 사상을 잘 알고 이를 적극적으로 주장하는 사람

근거 (가)-❷-1 플라톤은 예술을 감각 가능한 현상의 모방이라고 보았다. (나)-❸-1 아리스토텔레스에게 있어 예술의 목적은 개개의 사물에 내재하고 있는 보편자, 즉 형상을 표현해 내는 것

풀이 (가)와 (나)는 각각 플라톤과 아리스토텔레스가 예술을 바라보는 관점을 설명하고 있지만, 관점의 변화나 관점이 변화하게 된 이유를 설명하고 있지는 않다.

→ 적절하지 않음!

✔ ② (가)와 (나)는 모두 특정 사상가가 예술을 평가하는 데 바탕이 된 철학적 관점을 설명하고 있다.

근거 (가)-❶-1~4 플라톤은 초월 세계인 이데아계와 감각 세계인 현상계를 구분 … 플라톤에 따르면 현상계의 모든 사물은 형상을 본뜬 그림자에 불과, (가)-❷-1 이러한 관점에서 플라톤은 예술을 감각 가능한 현상의 모방이라고 보았다, (나)-❶-1 아리스토텔레스는 이데아계가 존재한다고 보지 않았다, (나)-❷-1 아리스토텔레스는 형상이 항상 … 질료에 내재한다고 보고, 이를 가능태와 현실태라는 개념을 통해 설명, (나)-❸-1 아리스토텔레스에게 있어 예술의 목적은 개개의 사물에 내재하고 있는 보편자, 즉 형상을 표현해 내는 것

풀이 (가)에서는 예술에 대한 플라톤의 관점을 설명하기 위해 먼저 ❶문단에서 그 바탕이 되는 플라톤의 철학적 관점을 설명하였다. 또 (나)에서는 예술에 대한 아리스토텔레스의 관점을 설명하기 위해 ❶문단과 ❷문단에서 그의 철학적 관점을 설명하고 있다. 따라서 (가)와 (나) 모두 특정 사상가가 예술을 평가하는 데 바탕이 된 철학적 관점을 설명하고 있다는 설명은 적절하다.

→ 적절함!

(나)와 달리 (가)는
③ (가)와 달리 (나)는 특정 사상가가 생각하는 예술의 *불완전성을 설명하고 있다.
*不完全性, 완전하지 못한 성질

근거 (가)-❷-4~5 침대 그림은 보편자에서 두 단계 떨어져 있는 열등한 것이며, 형상에 대한 참된 인식을 방해하는 허구의 허구에 불과하다. 이데아계의 형상을 모방하여 생겨난 것이 현상인데, 예술은 현상을 다시 모방한 것이기 때문, (가)-❹-1 플라톤은 음유시인이 … 저급한 인간의 면모를 모방할 수밖에 없다고 주장, (가)-❹-3 플라톤은 음유시인의 연기를 보는 관객들이 … 타락하게 된다고 보았다, (나)-❸-2 그(아리스토텔레스)는 시가 역사보다 우월하다고 주장

풀이 특정 사상가가 생각하는 예술의 불완전성을 설명하고 있는 것은 (나)가 아니라 (가)이다.

→ 적절하지 않음!

④ (나)와 달리 (가)는 특정 사상가의 예술관에 내재한 장점과 단점을 제시하고 있다.

풀이 (가)와 (나)는 각각 플라톤과 아리스토텔레스의 철학적 관점과 이를 바탕으로 한 그들의 예술관에 대해 설명하고 있을 뿐, 그 예술관에 내재한 장점이나 단점을 제시하고 있지는 않다.

→ 적절하지 않음!

⑤ (가)는 특정 사상가의 예술관이 보이는 한계를, (나)는 특정 사상가의 예술관이 주는 *의의를 제시하고 있다. *意義, 중요성이나 가치

풀이 (가)와 (나)는 각각 플라톤과 아리스토텔레스의 철학적 관점과 이를 바탕으로 한 그들의 예술관을 설명하여 사실적 정보를 전달하고 있을 뿐, 그 예술관의 한계나 의의를 제시하고 있지는 않다.

→ 적절하지 않음!

1등급 문제

011 세부 정보 이해 - 적절하지 않은 것 고르기 2022년 3월 학평 22번
정답률 55%, 매력적 오답 ② 20% ③ 10%

정답 ④

(가)의 '플라톤'의 사상을 이해한 내용으로 적절하지 않은 것은?

① 예술은 형상에 대한 참된 인식을 방해한다.

근거 (가)-❷-4 침대 그림(예술)은 보편자에서 두 단계 떨어져 있는 열등한 것이며, 형상에 대한 참된 인식을 방해하는 허구의 허구에 불과하다.

→ 적절함!

② 형상은 감각이 아닌 이성을 통해서만 인식할 수 있다.

근거 (가)-❶-2~3 영원불변의 이데아계는 … 형상(form)이 존재하는 곳으로 이성으로만 인식될 수 있는 관념의 세계이다. 반면 현상계는 … 끊임없이 변화하는 사물이 감각에 의해 지각된다.

풀이 플라톤은 이데아계에 존재하는 형상은 이성으로만 인식될 수 있으며, 현상계의 사물은 감각에 의해 지각된다고 보았다.

→ 적절함!

③ 현상계의 사물을 모방한 예술은 형상보다 열등한 것이다.

근거 (가)-❷-4~5 침대 그림은 보편자에서 두 단계 떨어져 있는 열등한 것이며, 형상에 대한 참된 인식을 방해하는 허구의 허구에 불과하다. 이데아계의 형상을 모방하여 생겨난 것이 현상인데, 예술은 현상을 다시 모방한 것이기 때문

풀이 플라톤은 예술이 이데아계의 형상을 모방한 현상을 다시 모방한 것이기 때문에, 형상보다 열등한 것이라고 보았다.

→ 적절함!

사물 안에 존재하는 형상이 아니라 감각에 의해 지각되는 사물
④ 예술의 표현 대상은 사물이 아니라 사물 안에 존재하는 형상이다.

근거 (가)-❶-3 현상계는 … 끊임없이 변화하는 사물이 감각에 의해 지각된다, (가)-❷-1 플라톤은 예술을 감각 가능한 현상의 모방이라고 보았다, (가)-❷-5 이데아계의 형상을 모방하여 생겨난 것이 현상인데, 예술은 현상을 다시 모방한 것

풀이 플라톤은 예술이 이데아계의 형상을 모방하여 생겨난 '현상'을 다시 모방한 것이라고 보았다. 따라서 그의 관점에서 예술의 표현 대상은 사물 안에 존재하는 형상이 아니라 감각에 의해 지각되는 사물이다.

→ 적절하지 않음!

⑤ 이데아계는 현상계에 나타난 모든 사물의 형상이 존재하는 곳이다.

근거 (가)-❶-2 영원불변의 이데아계는 … 형상(form)이 존재하는 곳, (가)-❶-3~4 현상계는 이데아계의 형상을 바탕으로 만들어진 세계로 끊임없이 변화하는 사물이 감각에 의해 지각된다. 플라톤에 따르면 현상계의 모든 사물은 형상을 본뜬 그림자에 불과

풀이 플라톤에 따르면 현상계는 이데아계의 형상을 바탕으로 만들어진 세계로, 현상계의 모든 사물은 이데아계에 존재하는 형상을 본뜬 것이다.

→ 적절함!

1등급 문제

012 핵심 개념 파악 - 적절하지 않은 것 고르기 2022년 3월 학평 23번
정답률 40%, 매력적 오답 ① 15% ② 10% ③ 20% ⑤ 15%

정답 ④

(나)의 '아리스토텔레스'의 관점에서 형상과 질료에 대해 이해한 내용으로 적절하지 않은 것은?

① 형상은 질료와 분리되어 존재할 수 없다.

근거 (나)-❷-1 아리스토텔레스는 형상이 항상 사물의 생성과 변화의 바탕이 되는 질료에 내재한다고 보고

풀이 아리스토텔레스는 형상이 항상 질료 안에 들어 있다고 보았다. 따라서 아리스토텔레스의 관점에서 형상은 질료와 분리되어 존재할 수 없다는 설명은 적절하다.

→ 적절함!

② 질료는 형상을 실현시킬 수 있는 가능적 힘이다.

근거 (나)-❷-2 가능태란 형상을 실현시킬 수 있는 가능적 힘이자 질료를 의미하며

---

③ 형상이 질료에 실현되는 원인은 가능태 자체에 내재한다.

근거 (나)-❷-2 가능태란 형상을 실현시킬 수 있는 가능적 힘이자 질료를 의미하며, 현실태란 가능태에 형상이 실현된 어떤 상태, (나)-❷-4~5 가능태에 있는 것은 형상이 완전히 실현된 상태인 '완전 현실태'를 향해 나아가는데, 이 이행 과정이 운동이다. 즉 운동의 원인은 외부가 아닌 가능태 자체에 내재한다.

풀이 아리스토텔레스는 '현실태'가 가능태, 즉 질료에 형상이 실현된 상태를 말한다고 하였다. 또한 그는 가능태가 형상이 완전히 실현된 상태인 완전 현실태를 향해 나아가는 과정을 '운동'이라고 하였고, 운동의 원인은 가능태 자체에 내재한다고 하였다. 따라서 형상이 질료에 실현되는 원인은 가능태 자체에 내재한다는 설명은 적절하다.

→ 적절함!

현실태
④ 형상과 질료 사이의 관계는 현실태와 가능태 사이의 관계와 같다.

근거 (나)-❷-1 아리스토텔레스는 형상이 항상 사물의 생성과 변화의 바탕이 되는 질료에 내재한다고 보고, (나)-❷-2 가능태란 형상을 실현시킬 수 있는 가능적 힘이자 질료를 의미하며, 현실태란 가능태에 형상이 실현된 어떤 상태

풀이 아리스토텔레스는 형상이 항상 질료에 내재한다고 보았다. 또 그는 가능태를 형상을 실현시킬 수 있는 가능적 힘이자 질료로, 현실태를 가능태에 '형상이 실현된 상태'로 보았다. 따라서 아리스토텔레스는 형상과 질료 사이의 관계를 현실태와 가능태 사이의 관계와 같다고 보지 않았다.

〈참고 그림〉

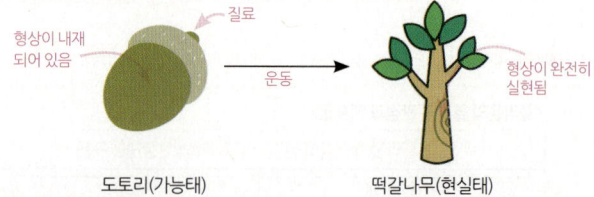

형상이 내재
되어 있음   질료

운동

형상이 완전히
실현됨

도토리(가능태)   떡갈나무(현실태)

→ 적절하지 않음!

⑤ 생성·변화하는 것은 형상이 질료에 완전히 실현된 상태인 완전 현실태를 향한다.

근거 (나)-❷-2 가능태란 형상을 실현시킬 수 있는 가능적 힘이자 질료를 의미하며, 현실태란 가능태에 형상이 실현된 어떤 상태, (나)-❷-4 생성·변화하는 모든 것은 목적을 향해 움직이므로 가능태에 있는 것은 형상이 완전히 실현된 상태인 '완전 현실태'를 향해 나아가는데

풀이 아리스토텔레스는 현실태란 가능태에 형상이 실현된 어떤 상태라고 하였으므로, 그가 말하는 '완전 현실태'는 가능태에 형상이 완전히 실현된 상태를 뜻함을 알 수 있다. 따라서 아리스토텔레스의 관점에서 생성·변화하는 것은 형상이 가능태로서의 질료에 완전히 실현된 상태인 완전 현실태를 향한다고 볼 것이다.

→ 적절함!

1등급 문제

013 추론의 적절성 판단 - 적절한 것 고르기 2022년 3월 학평 24번
정답률 60%, 매력적 오답 ③ 15% ⑤ 10%

정답 ①

(가)와 (나)를 참고할 때, '아리스토텔레스'의 입장에서 ㉠을 비판한 것으로 가장 적절한 것은?

㉠ 현상계의 모든 사물은 형상을 본뜬 그림자에 불과하다.

① 현상계의 사물이 형상을 본뜬 것이라면 현상계의 사물이 생성·변화하는 이유를 설명할 수 없다.

근거 (나)-❶-2 예컨대 사람은 나이가 들며 늙는데, 만약 이데아계의 변하지 않는 어린아이의 형상과 성인의 형상을 바탕으로 각각 현상계의 어린아이와 성인이 생겨났다면, 현상계에서 어린아이가 성인으로 성장하는 것을 설명할 수 없기 때문

풀이 아리스토텔레스는 이데아계가 존재하지 않는다고 보고, 만약 현상계의 사물이 이데아계의 형상을 본뜬 것이라면 현상계의 사물이 성장, 즉 변화하는 것을 설명할 수 없다고 하였다. 따라서 아리스토텔레스의 입장에서 ㉠을 비판한 내용으로 적절하다.

→ 적절함!

② 형상이 변하지 않는 것이라면 현상계에 존재하는 사물들이 모두 제각기 다른 이유를 설명할 수 없다.

근거 (가)-❶-2 영원불변의 이데아계는 … 형상(form)이 존재하는 곳, (가)-❶-4 플라톤에 따르면 현상계의 모든 사물은 형상을 본뜬 그림자에 불과

풀이 플라톤은 형상이 존재하는 이데아계는 변하지 않으며, 현상계에 존재하는 모든 사물들은 이데아계의 형상을 본뜬 그림자에 불과하다고 보았다. 이러한 플라톤의 관점에서 현상계의 사물들이 제각기 다른 이유는 그 사물들 각각이 서로 다른 형상을 본떴기 때문이라고 설명할 수 있다. 따라서 ⊙을 비판한 내용으로 적절하지 않다.

→ 적절하지 않음!

③ 형상과 현상계의 사물이 서로 독립적이라면 현상계에서 사물이 시시각각 변화하는 현상을 설명할 수 없다.

근거 (가)-❶-3 현상계는 이데아계의 형상을 바탕으로 만들어진 세계

풀이 플라톤은 이데아계와 현상계를 구분했지만, 이데아계에 존재하는 형상과 현상계의 사물을 서로 독립적이라고 보지는 않았다. 그는 현상계가 이데아계의 형상을 바탕으로 만들어진 세계이며, 현상계의 모든 사물은 형상을 본뜬 그림자에 불과하다고 보았다. 따라서 ⊙을 비판한 내용으로 적절하지 않다.

→ 적절하지 않음!

④ 형상이 현상계를 초월하여 존재하는 것이라면 형상을 포함하지 않는 사물을 감각으로 느끼는 것은 불가능하다.

근거 (가)-❶-2~3 영원불변의 이데아계는 현상계에 나타난 모든 사물의 근본이 되는 보편자, 즉 형상(form)이 존재하는 곳으로 이성으로만 인식될 수 있는 관념의 세계이다. 반면 현상계는 이데아계의 형상을 바탕으로 만들어진 세계로 끊임없이 변화하는 사물이 감각에 의해 지각된다.

풀이 플라톤이 형상을 초월 세계인 이데아계에 존재하는 것이라고 본 것은 맞지만, 그는 현상계가 이데아계의 형상을 바탕으로 만들어졌으며, 현상계의 모든 사물은 형상을 본뜬 그림자라고 보았다. 즉 플라톤의 관점에서 현상계의 모든 사물은 형상을 바탕으로 한 것이므로, '형상을 포함하지 않는 사물'은 존재하지 않는다. 따라서 ⊙을 비판한 내용으로 적절하지 않다.

→ 적절하지 않음!

⑤ 현상계의 모든 사물이 형상의 그림자에 불과하다면 그림자만 볼 수 있는 인간이 형상을 인식하는 것은 불가능하다.

근거 (가)-❶-2 영원불변의 이데아계는 현상계에 나타난 모든 사물의 근본이 되는 보편자, 즉 형상(form)이 존재하는 곳으로 이성으로만 인식될 수 있는 관념의 세계

풀이 플라톤은 이데아계를 이성으로만 인식될 수 있는 관념의 세계라고 보았다. 이러한 그의 관점에 따르면 인간은 이데아계에 존재하는 형상을 이성으로 인식할 수 있다. 따라서 '인간이 형상을 인식하는 것은 불가능하다'는 것은 플라톤의 관점에 대한 비판으로 적절하지 않다.

→ 적절하지 않음!

1등급 문제

014 반응의 적절성 판단 - 적절하지 않은 것 고르기 2022년 3월 학평 25번
정답률 35%, 매력적 오답 ③ 30% ④ 25%

정답 ②

(가)의 '플라톤'과 (나)의 '아리스토텔레스'가 〈보기〉에 대해 보일 반응으로 적절하지 않은 것은? **3점**

| 보기 |
[1]고대 그리스의 비극시 『오이디푸스 왕』의 주인공 오이디푸스는 자신에게 주어진 숙명(宿命, 타고난 정해진 운명)에 의해 파멸당하는 인물이다. [2]비극시를 공연하는 음유시인은 목소리, 몸짓으로 작품 속 오이디푸스를 관객 앞에서 연기한다. [3]음유시인의 연기에 몰입한 관객은 덕성을 갖춘 주인공이 특별한 잘못이 없는데도 불행해지는 모습을 보고 연민과 공포를 느낀다.

① 플라톤 : 오이디푸스는 덕성을 갖춘 현상 속 인물을 본떠 만든 허구의 허구이며, 그에 대한 음유시인의 연기는 이를 다시 본뜬 허구이다.

근거 (가)-❸-2 고대 그리스에서 음유시인은 허구의 허구인 서사시나 비극을 창작하고, 이를 … 연기함으로써 다시 허구를 만들어 냈다.

풀이 플라톤에 따르면 고대 그리스의 비극시 『오이디푸스 왕』의 주인공 오이디푸스는 허구의 허구이며, 그에 대한 음유시인의 연기는 허구의 허구를 다시 본뜬 허구이다.

→ 적절함!

덕성을 갖춘 인간이 아닌 저급한 인간의 면모를 모방하여

✔ **플라톤 : 음유시인은 오이디푸스의 덕성을 연기하는 데 *주력하겠지만, 관객은 이를 감각으로 파악할 수 없기 때문에 감정과 욕구에 지배되어 타락하게 된다. *注力-, 온 힘을 기울이겠지만**

이성이 아닌

근거 (가)-❹-1 플라톤은 음유시인이 용기나 절제 같은 덕성을 갖춘 인간이 아닌 저급한 인간의 면모를 모방할 수밖에 없다고 주장, (가)-❹-3 음유시인의 연기를 보는 관객

들이 이성이 아닌 감정이나 욕구와 같은 비이성적인 것들에 지배되어 타락하게 된다고 보았다.

풀이 플라톤은 음유시인이 연기를 통해 인물의 성격을 드러내는데, 이때 용기나 절제와 같은 덕성을 갖춘 인간이 아닌 저급한 인간의 면모를 모방할 수밖에 없다고 하였다. 또한 이러한 음유시인의 연기를 보는 관객들은 감정, 욕구 등 비이성적인 것들에 지배되어 타락하게 된다고 보았다. 따라서 음유시인이 오이디푸스의 덕성을 연기하는 데 주력할 것이라거나, 관객이 음유시인의 연기를 감각으로 파악할 수 없다는 것은 플라톤의 반응으로 적절하지 않다.

→ 적절하지 않음!

③ 플라톤 : 음유시인의 목소리와 몸짓을 통해 오이디푸스의 성격이 드러난다면, 감각 가능한 외적 특성을 모방하는 과정에서 감각되지 않는 내적 특성이 표현된 것이다.

근거 (가)-❸-2~3 음유시인은 … 작품 속 등장인물의 성격에 어울리는 말투, 몸짓 같은 감각 가능한 현상으로 연기 … 이 과정에서 음유시인의 연기는 인물의 성격을 드러내는데, 이는 감각 가능한 외적 특성을 모방해 감각으로 파악될 수 없는 내적 특성을 드러내는 것

→ 적절함!

④ 아리스토텔레스 : 음유시인이 현상 속 인간의 개별적 모습들에서 보편자를 인식해 내어, 이를 다시 오이디푸스라는 허구의 개별자로 표현한 것이다.

근거 (나)-❹-3 비극시 속 이야기는 음유시인이 경험 세계의 개별자들 속에서 보편자를 인식해 내어, 그것을 다시 허구의 개별자로 표현한 결과물인 것

→ 적절함!

⑤ 아리스토텔레스 : 오이디푸스가 숙명에 의해 파멸당하는 것을 본 관객들은 인간 존재의 본질을 이해하는 쾌감을 느낄 뿐 아니라 카타르시스를 경험할 수 있다.

근거 〈보기〉-3 관객은 … 연민과 공포를 느낀다, (나)-❹-2 인간 존재의 본질을 인식하는 앎의 쾌감, (나)-❹-5~6 관객은 고통을 받는 인물의 이야기를 통해 그에 대한 연민과 함께, 자신도 유사한 고통을 겪을 수 있다는 공포를 느낀다. 이러한 과정에서 … 카타르시스를 경험

→ 적절함!

[015~019] 다음 글을 읽고 물음에 답하시오.

(가)

❶ [1]사랑의 본질(本質, 처음부터 가지고 있는 그 자체의 성질, 모습)에 대한 토마스 아퀴나스의 설명은 인간의 사랑인 아모르에 대한 분석에 기초한다. [2]그(토마스 아퀴나스)는 인간이 선(善, 착하다 선)을 추구하려는(追求-, 이룰 때까지 좇아 구하려는) 욕구(欲求, 얻거나 하고자 바라는 일)를 지닌 존재인데, ⊙욕구를 추구하는 인간 행위(行爲, 의지를 가지고 하는 움직임)의 원천(源泉, 시작되는 근본, 원인)이 바로 사랑이라 말한다. [3]이때 선이란 자신에게 좋은 것으로 자신의 본성(本性, 사람이 처음부터 가진 성질)에 적합하거나(適合-, 꼭 알맞거나) 자신에게 기쁨을 주는 것을 뜻한다.

→ 사랑의 본질에 대한 아퀴나스의 견해

❷ [1]아퀴나스에 ⓐ따르면 인간의 욕구는 감각적(感覺的, 감각을 통해 얻는 것에 관한) 욕구와 지적(知的, 지식, 지성에 관한) 욕구로 구별되는데, 이(감각적 욕구와 지적 욕구)는 선을 추구한다는 점에서는 동일하지만 크게 두 가지 차이점이 있다. [2]첫째, 감각적 욕구에 의한 추구 행위는 대상에 의해 촉발되어(觸發-, 일어나) 이(대상)에 수동적으로(受動的-, 스스로 움직이지 않고 그것의 영향을 받아) 반응하는 것이다. [3]반면 지적 욕구에 의한 추구 행위는 지성(知性, 알게 된 것을 정리하고 통일하여, 이것을 바탕으로 새로운 인식을 낳게 하는 정신 작용)의 능동적인(能動的-, 다른 것에 이끌리지 않고 스스로 일으키거나 움직이는) 활동과 주체의 선택에 의해 일어나는 보다 적극적인 것이다. [4]둘째, 감각적 욕구는 감각적 인식능력에 의해 선으로 인식된(認識-, 이해된) 것을 추구하는 반면, 지적 욕구는 지성에 의해 선으로 이해된 것을 추구한다. [5]왜냐하면 감각적 인식능력은 대상의 선악(善惡, 착한 것과 악한 것) 판단에 개입할(介入-, 끼어들) 수 없지만, 지성은 대상이 무엇이든 이해한 바에 따라 선악 판단을 다르게 할 수 있기 때문이다. [6]예를 들어 단맛이 나에게 기쁨을 준다면 감각적 욕구는 사탕을 추구하겠지만, 지적 욕구는 사탕이 충치를 유발할(誘發-, 생기게 할) 수도 있으므로 선이 아니라고 판단한다면 추구하지 않을 수도 있다.

→ 감각적 욕구와 지적 욕구

3 ¹아퀴나스는 감각적 욕구와 지적 욕구가 있는 곳에는 항상 사랑이 있다고 말하며, 사랑이 선을 향한 감각적 욕구와 지적 욕구에 의한 추구 행위를 일으키는 힘이라고 설명한다. ²특히, 아퀴나스는 감각적 욕구에 의한 추구 행위를 '정념(情 뜻 정 念 생각 념, 감정에 따라 일어나는, 억누르기 어려운 생각)'이라고 칭하며, 사랑을 전제하지(前提-, 먼저 내세우지) 않는 정념은 없으며 선을 향한 사랑에서부터 여러 정념이 비롯된다고 하였다. ³만약 여러 대상에 대한 감각적 욕구들이 동시에 일어난다면 어떻게 될까? ⁴인간은 가장 먼저 추구할 감각적 욕구를 지성에 의해 판단하고 선택한다. ⁵다른 것보다 더 선이라고 이해된 것을 우선 추구하기 때문이다. ⁶결국 아퀴나스가 말하는 인간의 사랑은 선에 대한 자신의 이해에 입각하기(立脚-, 근거를 두어 그 입장에 서기) 때문에 자신에게 선인 것에 대한 사랑을 근본으로 한다.

→ 아퀴나스가 말하는 인간의 사랑

(나)

1 ¹칸트는 감성적 차원의 사랑과 실천적 차원의 사랑이 다르다고 설명한다. ²감성적 차원의 사랑은 남녀 간의 사랑같이 인간의 경향성(傾向性, 사상, 행동 등이 일정한 방향으로 기울어지는 성향)에 근거한 사랑이며, 실천적 차원의 사랑은 의무로서의 사랑이라 할 수 있다. ³칸트는 감성적 차원의 사랑보다는 실천적 차원의 사랑에 더 주목하고 가치를 부여한다.

→ 감성적 차원의 사랑과 실천적 차원의 사랑을 구분한 칸트

2 ¹칸트에 따르면 인간은 도덕법칙을 실천하려고 하는 선의지를 지닌 존재이다. ²여기서 선의지란 선을 지향하는(志向-, 뜻이 쏠리어 향하는) 의지(意志, 이루고자 하는 마음)로 그(선의지) 자체만으로 조건 없이 선한 것이다. ³그(칸트)는 인간이 도덕적 존재가 될 수 있는 것은 이성(理性, 감각적 능력에 상대하여 개념적으로 생각하는 능력을 이르는 말)이 인간에게 도덕법칙을 의무로 부여하기 때문이라고 말한다. ⁴칸트에게 의무란 도덕법칙에 대한 존경심 때문에 어떤 행위를 필연적으로(必然的-, 반드시 그렇게 될 수밖에 없도록) 해야만 하는 것이다. ⁵이때 보편적으로 적용할 수 있는 도덕법칙은 '너는 무엇을 해야 한다'라는 명령의 형식으로 나타나며, 칸트는 선의지에 따라 의무로부터 비롯된 행위를 실천하는 것만이 도덕적 가치가 있다고 보았다.

→ 도덕적 가치에 관한 칸트의 견해

3 ¹칸트의 관점에서 감성적 차원의 사랑은 욕구나 자연적 경향성에 이끌리는 감정이기 때문에, 의무로 강제하거나(强制-, 원하지 않는데 억지로 시키거나) 명령을 통해 일으킬 수 있는 것이 아니다. ²그(칸트)는 어떤 경향성과도 무관하거나(無關-, 관계가 없거나) 심지어 경향성을 거스르지만, 도덕법칙을 ⓑ 따르려는 의무로서의 사랑을 실천하는 것만이 참된 도덕적 가치를 지닌다고 보았다. ³그리고 실천적 차원의 사랑만이 보편적인 도덕법칙으로 명령될 수 있으며, 인간에 대한 실천적 차원의 사랑은 모든 인간이 갖는 서로에 대한 의무라고 말한다.

→ 실천적 차원의 사랑에 도덕적 가치를 부여한 칸트

■ 지문 이해
(가)

〈인간의 사랑에 관한 토마스 아퀴나스의 견해〉

❶ 사랑의 본질에 대한 아퀴나스의 견해
- 인간은 '선'을 추구하려는 욕구를 지닌 존재
  - '선' : 자신의 본성에 적합하거나 자신에게 기쁨을 주는 것(= 좋은 것)
- 욕구를 추구하는 인간 행위의 원천은 '사랑'

❷ 감각적 욕구와 지적 욕구

	감각적 욕구	지적 욕구
공통점	선을 추구함	
차이점	대상에 의해 촉발되며, 인간은 이에 수동적으로 반응함	지성의 능동적 활동과 주체의 선택에 의해 일어남
	선악 판단에 개입할 수 없는 감각적 인식능력에 의해 선으로 인식된 것을 추구함	이해한 바에 따라 선악 판단을 다르게 할 수 있는 지성에 의해 선으로 이해된 것을 추구함

❸ 아퀴나스가 말하는 인간의 사랑
- 사랑 : 선을 향한 감각적 욕구와 지적 욕구에 의한 추구 행위를 일으키는 힘
- 정념 : 감각적 욕구에 의한 추구 행위. 사랑을 전제하며, 선을 향한 사랑에서부터 여러 정념이 비롯됨
- 감각적 욕구들이 동시에 일어날 경우 지성에 의해 우선순위를 판단하고 선택함
- 아퀴나스가 말하는 인간의 사랑 : 자신에게 선인 것에 대한 사랑을 근본으로 함

(나)
〈사랑에 관한 칸트의 견해〉

❶ 감성적 차원의 사랑과 실천적 차원의 사랑을 구분한 칸트
- 감성적 차원의 사랑 : 인간의 경향성에 근거한 사랑
- 실천적 차원의 사랑 : 의무로서의 사랑
  → 실천적 차원의 사랑에 더 주목하고 가치를 부여함

❷ 도덕적 가치에 관한 칸트의 견해
- 인간은 도덕법칙을 실천하려고 하는 선의지를 지닌 존재
  - 선의지 : 선을 지향하는 의지, 그 자체만으로 조건 없이 선한 것
- 인간이 도덕적 존재가 될 수 있는 것은 이성이 인간에게 도덕법칙을 의무로 부여하기 때문
  - 보편적으로 적용할 수 있는 도덕법칙 : 명령의 형식으로 나타남
- 선의지에 따라 의무로부터 비롯된 행위를 실천하는 것만이 도덕적 가치가 있다고 봄

❸ 실천적 차원의 사랑에 도덕적 가치를 부여한 칸트
- 실천적 차원의 사랑만이 도덕적 가치를 지니며, 모든 인간이 갖는 서로에 대한 의무임
  - 감성적 차원의 사랑 : 욕구나 자연적 경향성에 이끌리는 감정, 의무로 강제하거나 명령을 통해 일으킬 수 없음 →도덕적 가치×
  - 실천적 차원의 사랑 : 도덕법칙을 따르려는 의무로서의 사랑 → 참된 도덕적 가치○

015 | 글의 서술 방식 파악 - 적절한 것 고르기 2021년 11월 학평 37번
정답률 75%, 매력적 오답 ④ 15% | 정답 ②

(가)와 (나)의 공통점으로 가장 적절한 것은?

근거 **(가)-❶-3** 이때 선이란 … 뜻한다, **(나)-❷-2** 여기서 선의지란 … 것이다.

풀이 (가)와 (나)는 사랑에 관한 토마스 아퀴나스와 칸트의 견해를 각각 설명하는 글로, (가)의 ❶문단에서는 '선'의 개념을, (나)의 ❷문단에서는 '선의지'의 개념을 정의하면서 내용을 전개하고 있다. 따라서 정답은 ②번이다.

① (가)와 (나)는 모두 문제점에 대한 해결 방안을 *모색하고 있다. *摸索-, 더듬어 찾고

② (가)와 (나)는 모두 용어의 개념을 *정의하며 내용을 **전개하고 있다. *定義-, 뜻을 뚜렷하게 밝혀 정하며 **展開-, 펴 나가고
→ 적절함!

③ (가)와 (나)는 모두 두 가지 이론의 장단점을 비교하며 설명하고 있다.

④ (가)와 (나)는 모두 두 가지 관점을 *절충하며 하나의 결론을 **도출하고 있다. *折衷-, 알맞게 조절하여 서로 잘 어울리게 하며 **導出-, 이끌어 내고

⑤ (가)와 (나)는 모두 특정 학자의 *견해가 지닌 논리적 **오류를 지적하고 있다. *見解, 의견이나 생각 **誤謬, 잘못되어 이치에 맞지 않는 일

016 | 핵심 개념 이해 - 적절하지 않은 것 고르기 2021년 11월 학평 38번
정답률 90% | 정답 ④

㉠에 대한 설명으로 적절하지 않은 것은?

㉠ 욕구

① 선을 추구한다.

근거 **(가)-②-1** 아퀴나스에 따르면 인간의 욕구는 … 선을 추구한다는 점에서는 동일하지만

→ 적절함!

② 인간이 지니고 있는 것이다.

근거 **(가)-①-2** □(토마스 아퀴나스)는 인간이 선을 추구하려는 욕구를 지닌 존재인데

→ 적절함!

③ 감각적 욕구와 지적 욕구로 구별된다.

근거 **(가)-②-1** 아퀴나스에 따르면 인간의 욕구는 감각적 욕구와 지적 욕구로 구별되는데

→ 적절함!

④ 감각적 욕구들은 동시에 일어날 수 없다. ~~있다~~

근거 **(가)-③-3~4** 만약 여러 대상에 대한 감각적 욕구들이 동시에 일어난다면 어떻게 될까? 인간은 가장 먼저 추구할 감각적 욕구를 지성에 의해 판단하고 선택한다.

→ 적절하지 않음!

⑤ 감각적 욕구에 의한 추구 행위는 정념이라 부른다.

근거 **(가)-③-2** 아퀴나스는 감각적 욕구에 의한 추구 행위를 '정념'이라고 칭하며

→ 적절함!

1등급 문제

017 구체적인 사례에 적용 - 적절하지 않은 것 고르기 2021년 11월 학평 39번
정답률 60%, 매력적 오답 ③ 15% ④ 10% | **정답 ⑤**

(가)와 (나)를 읽은 학생이 <보기>에 대해 보인 반응으로 적절하지 않은 것은? [3점]

| 보기 |
¹갑은 잠에서 깨어나 방안 가득한 카레 냄새를 맡고 카레가 먹고 싶어져 식탁으로 갔다. ²그런데 오늘 예정된 봉사활동에 늦지 않기 위해 카레를 먹지 않기로 하고 봉사활동을 하러 갔다. ³봉사활동을 마치고 집에 가는 길에 카페에 들렀더니 진열장에 시원한 생수와 맛있는 케이크가 있었다. ⁴그것들을 보니 목도 마르고 배도 고팠지만 생수를 먼저 주문해 마신 후, 케이크를 주문해 먹었다. ⁵그러다 갑은 카페에 들어오는 이성(異性, 남자 쪽에서 여자, 여자 쪽에서 남자를 가리키는 말로, 성(性)이 다른 것을 뜻함)인 을의 미소를 보고 첫눈에 반했다. ⁶평소 갑은 부끄러움이 많았지만 용기를 내어 을에게 다가갔다.

① 아퀴나스에 따르면, 갑이 카레가 먹고 싶어진 것은 카레 냄새에 의해 촉발된 감각적 욕구에 의한 추구 행위이겠군.

근거 **(가)-②-2** 감각적 욕구에 의한 추구 행위는 대상에 의해 촉발되어 이에 수동적으로 반응하는 것, **<보기>-1** 갑은 … 방안 가득한 카레 냄새를 맡고 카레가 먹고 싶어져 식탁으로 갔다.

풀이 아퀴나스는 대상에 의해 촉발되어 이에 수동적으로 반응하는 것을 감각적 욕구에 의한 추구 행위라고 말하였다. <보기>에서 갑은 카레 냄새를 맡고 카레가 먹고 싶어져 식탁으로 갔다. 따라서 아퀴나스는 갑이 카레가 먹고 싶어진 것을 카레 냄새에 의해 촉발된 감각적 욕구에 의한 추구 행위로 보았을 것이다.

→ 적절함!

② 아퀴나스에 따르면, 갑이 카레를 먹지 않은 것은 지성이 카레를 먹는 것을 선이 아니라고 판단했기 때문이겠군.

근거 **(가)-②-4** 지적 욕구는 지성에 의해 선으로 이해된 것을 추구, **(가)-②-6** 지적 욕구는 사탕이 충치를 유발할 수도 있으므로 선이 아니라고 판단한다면 추구하지 않을 수도 있다, **<보기>-2** 예정된 봉사활동에 늦지 않기 위해 카레를 먹지 않기로 하고

풀이 아퀴나스는 '지적 욕구'를 지성에 의해 선으로 이해된 것을 추구하는 것이라고 보고, 지성이 선이 아니라고 판단한다면 추구하지 않을 수도 있다고 하였다. 이러한 아퀴나스의 견해에 따르면, <보기>에서 갑이 카레를 먹지 않은 것은 카레를 먹을 경우 봉사활동에 늦을 수도 있으므로 선이 아니라고 판단하였기 때문일 것이다.

→ 적절함!

③ 아퀴나스에 따르면, 갑이 생수와 케이크 중 생수를 먼저 주문해 마신 것은 갈증을 해결하는 것이 더 선이라고 이해했기 때문이겠군.

근거 **(가)-③-3~5** 만약 여러 대상에 대한 감각적 욕구들이 동시에 일어난다면 어떻게 될까? 인간은 가장 먼저 추구할 감각적 욕구를 지성에 의해 판단하고 선택한다. 다른 것보다 더 선이라고 이해된 것을 우선 추구하기 때문, **<보기>-3~4** 진열장에 시원한 생수와 맛있는 케이크가 있었다. 그것들을 보니 목도 마르고 배도 고팠지만 생수를 먼저

풀이 <보기>에서 갑은 카페 진열장에 놓인 생수와 케이크를 보고 목도 마르고 배도 고팠다. 이는 아퀴나스가 말한 '여러 대상에 대한 감각적 욕구들이 동시에 일어난 경우'에 해당한다. 아퀴나스는 이 경우 인간은 다른 것보다 더 선이라고 이해된 것을 우선 추구한다고 하였으므로, <보기>에서 갑이 생수를 먼저 주문해 마신 것은 갈증을 해결하는 것이 더 선이라고 이해했기 때문이다.

→ 적절함!

④ 칸트에 따르면, 갑이 을의 미소에 첫눈에 반한 것은 자연적 경향성에 이끌린 것이겠군.

근거 **(나)-①-2** (칸트에 따르면) 감성적 차원의 사랑은 남녀 간의 사랑같이 인간의 경향성에 근거한 사랑, **(나)-③-1** 칸트의 관점에서 감성적 차원의 사랑은 욕구나 자연적 경향성에 이끌리는 감정, **<보기>-5** 갑은 카페에 들어오는 이성인 을의 미소를 보고 첫눈에 반했다.

풀이 칸트는 남녀 간의 사랑과 같은 감성적 차원의 사랑은 욕구나 자연적 경향성에 이끌리는 감정이라고 보았다. 따라서 <보기>에서 갑이 이성인 을의 미소에 첫눈에 반한 것에 대해 감성적 차원의 사랑, 즉 자연적 경향성에 이끌리는 감정이라고 보았을 것이다.

→ 적절함!

⑤ 칸트에 따르면, 갑이 을에게 다가간 것은 감성적 차원의 사랑에서 실천적 차원의 사랑으로 나아간 것이겠군.

근거 **(나)-①-2** (칸트에 따르면) 감성적 차원의 사랑은 남녀 간의 사랑같이 인간의 경향성에 근거한 사랑이며, 실천적 차원의 사랑은 의무로서의 사랑, **(나)-③-2** 어떤 경향성과도 무관하거나 심지어 경향성을 거스르지만, 도덕법칙을 따르려는 의무로서의 사랑, **<보기>-5** 갑은 카페에 들어오는 이성인 을의 미소를 보고 첫눈에 반했다.

풀이 칸트는 남녀 간의 사랑처럼 인간의 경향성에 근거한 사랑을 '감성적 차원의 사랑'으로, 경향성과 무관하거나 경향성을 거스르지만 도덕법칙을 따르려는 의무로서의 사랑을 '실천적 차원의 사랑'으로 보고 이 둘을 구분하였다. <보기>에서 갑이 이성인 을의 미소에 첫눈에 반해 을에게 다가간 것은 '감성적 차원의 사랑'에 해당한다. 따라서 칸트가 이것을 두고 '감성적 차원의 사랑에서 실천적 차원의 사랑으로 나아간 것'이라고 보지는 않았을 것이다.

→ 적절하지 않음!

1등급 문제

018 세부 정보 이해 - 적절하지 않은 것 고르기 2021년 11월 학평 40번
정답률 55%, 매력적 오답 ① 15% ② 10% ⑤ 15% | **정답 ③**

(가)와 (나)에 대해 이해한 내용으로 적절하지 않은 것은?

① (가)의 아퀴나스는 인간이 선악을 판단할 수 있다고 보았고, (나)의 칸트는 인간에게 그 자체로 선한 선의지가 *내재되어 있다고 보았다. *内在-, 안에 들어

근거 **(가)-①-2** □(토마스 아퀴나스)는 인간이 선을 추구하려는 욕구를 지닌 존재인데, **(가)-②-5** 지성은 대상이 무엇이든 이해한 바에 따라 선악 판단을 다르게 할 수 있기 때문, **(나)-②-1~2** 칸트에 따르면 인간은 도덕법칙을 실천하려고 하는 선의지를 지닌 존재이다. 여기서 선의지란 선을 지향하는 의지로 그 자체만으로 조건 없이 선한 것

풀이 아퀴나스는 인간이 '선을 추구하려는 욕구를 지닌 존재'라고 하였으며, 인간의 지성은 선악 판단을 할 수 있다고 하였다. 한편 칸트는 인간이 그 자체로 선한 선의지를 지닌 존재라고 보았다.

→ 적절함!

② (가)의 아퀴나스는 모든 정념이 사랑을 전제한다고 보았고, (나)의 칸트는 감성적 차원의 사랑은 명령을 통해 일으킬 수 없다고 보았다.

근거 **(가)-③-2** 아퀴나스는 … 사랑을 전제하지 않는 정념은 없으며, **(나)-③-1** 칸트의 관점에서 감성적 차원의 사랑은 … 의무로 강제하거나 명령을 통해 일으킬 수 있는 것이 아니다.

→ 적절함!

③ (가)의 아퀴나스는 사랑을 통해 기쁨을 얻을 수 있다고 보았고, (나)의 칸트는 사랑이 인간에게 도덕법칙을 의무로 부여한다고 보았다. ~~이성~~

근거 **(가)-①-2~3** □(토마스 아퀴나스)는 인간이 선을 추구하려는 욕구를 지닌 존재인데, 욕구를 추구하는 인간 행위의 원천이 바로 사랑이라 말한다. 이때 선이란 … 기쁨을 주는 것을 뜻한다, **(나)-②-3** □(칸트)는 인간이 도덕적 존재가 될 수 있는 것은 이성이 인간에게 도덕법칙을 의무로 부여하기 때문이라고 말한다.

풀이 아퀴나스는 인간이 선을 추구하려는 욕구를 지닌 존재이며, 그 욕구는 사랑을 근원

으로 한다고 보았다. 이때 선은 자신의 본성에 적합하거나 자신에게 기쁨을 주는 것을 뜻한다. 즉 아퀴나스는 사랑을 근원으로 하는 욕구를 통해 선을 추구하고, 선을 추구함으로써 기쁨을 얻을 수 있다고 본 것이다. 그러나 (나)에서 칸트는 '사랑'이 아니라 '이성'이 인간에게 도덕법칙을 의무로 부여한다고 보았다.

→ 적절하지 않음!

④ (가)의 아퀴나스는 사랑을 욕구와의 관계에 따라 설명하였고, (나)의 칸트는 사랑을 감성적 차원과 실천적 차원으로 구분하여 설명하였다.

근거 (가)-❸-1 아퀴나스는 감각적 욕구와 지적 욕구가 있는 곳에는 항상 사랑이 있다고 말하며, 사랑이 선을 향한 감각적 욕구와 지적 욕구에 의한 추구 행위를 일으키는 힘이라고 설명, (나)-❶-1 칸트는 감성적 차원의 사랑과 실천적 차원의 사랑이 다르다고 설명

→ 적절함!

⑤ (가)의 아퀴나스는 인간의 사랑이 자신에게 선인 것에 대한 사랑을 근본으로 한다고 보았고, (나)의 칸트는 보편적으로 적용할 수 있는 도덕법칙이 있다고 보았다.

근거 (가)-❸-6 아퀴나스가 말하는 인간의 사랑은 … 자신에게 선인 것에 대한 사랑을 근본으로 한다, (나)-❷-5 보편적으로 적용할 수 있는 도덕법칙은 '너는 무엇을 해야 한다'라는 명령의 형식으로 나타나며

→ 적절함!

---

019 단어의 의미 파악 - 적절한 것 고르기 2021년 11월 학평 41번
정답률 85% | 정답 ②

다음 중 @와 ⓑ의 의미로 쓰인 예가 바르게 짝지어진 것은?

아퀴나스에 @ 따르면 인간의 욕구는 감각적 욕구와 지적 욕구로 구별되는데 도덕법칙을 ⓑ 따르려는 의무로서의 사랑을 실천하는 것

풀이 윗글에서 @의 '따르다'는 '어떤 경우, 사실이나 기준 따위에 의거하다'의 의미로, ⓑ의 '따르다'는 '관례, 유행이나 명령, 의견 따위를 그대로 실행하다'의 의미로 쓰였다.

① ┌ @: 경찰이 범인의 뒤를 따랐다.
   └ ⓑ: 춤으로는 그를 따를 자가 없다.

풀이 @의 '따르다'는 '다른 사람이나 동물의 뒤에서, 그가 가는 대로 같이 가다'의 의미이고, ⓑ의 '따르다'는 '앞선 것을 좇아 같은 수준에 이르다'의 의미이다.

→ 적절하지 않음!

✓② ┌ @: 그는 법에 따라 일을 처리했다.
    └ ⓑ: 우리는 의회의 결정을 따르겠다.

풀이 @의 '따르다'는 '어떤 경우, 사실이나 기준 따위에 의거하다'의 의미로, ⓑ의 '따르다'는 '관례, 유행이나 명령, 의견 따위를 그대로 실행하다'의 의미로 쓰였다.

→ 적절함!

③ ┌ @: 개발에 따른 공해 문제가 심각하다.
   └ ⓑ: 우리 집 개는 아버지를 유난히 따른다.

풀이 @의 '따르다'는 '어떤 일이 다른 일과 더불어 일어나다'의 의미이고, ⓑ의 '따르다'는 '좋아하거나 존경하여 가까이 좇다'의 의미이다.

→ 적절하지 않음!

④ ┌ @: 아무도 그의 솜씨를 따를 수 없었다.
   └ ⓑ: 그는 유행을 따라서 옷을 입었다.

풀이 @의 '따르다'는 '앞선 것을 좇아 같은 수준에 이르다'의 의미이고, ⓑ의 '따르다'는 '관례, 유행이나 명령, 의견 따위를 그대로 실행하다'의 의미이다.

→ 적절하지 않음!

⑤ ┌ @: 사용 목적에 따라서 물건을 분류했다.
   └ ⓑ: 나는 강을 따라 천천히 내려갔다.

풀이 @의 '따르다'는 '어떤 경우, 사실이나 기준 따위에 의거하다'의 의미이고, ⓑ의 '따르다'는 '일정한 선 따위를 그대로 밟아 움직이다'의 의미이다.

→ 적절하지 않음!

[020~023] 다음 글을 읽고 물음에 답하시오.

1 ¹북아메리카 원주민(原住民, 그 지역에 본디부터 살고 있는 사람들)들에게는 독특한 방식으로 선물을 @ 주는 '포틀래치(potlatch)'라는 관습(慣習, 오랫동안 지켜 내려와 그 사회 성원들이 널리 인정하는 질서나 풍습)이 있다. ²행사를 연 마을의 수장(首長, 위에서 중심이 되어 집단을 이끄는 사람)은 자신이 쌓아온 재물(財物, 돈이나 그 밖의 값나가는 물건들)을 초대받은 다른 마을의 수장들에게 무료로 나누어 주기도 하고, 심지어 그것을 파괴하기도 한다. ³손님들은 선물을 받고 자기 마을로 돌아와 '복수'를 맹세하는데, '복수'의 방법이란 그동안 선물을 준 사람들에게 답례(答禮, 남에게서 받은 예를 도로 갚음) 포틀래치를 열어 자기가 받은 것보다 더 많은 선물을 제공하는 것이다.

→ 북아메리카 원주민들의 '포틀래치' 관습

2 ¹초기 인류학자(人類學者, 인류와 그 문화의 생겨남, 특질 등을 연구하는 사람)들은 이러한 포틀래치라는 관습을 자신의 재산을 대가(代價, 그에 대해 받는 값) 없이 자발적으로(自發的-, 남이 시키거나 요청하지 않아도 자기 스스로) 주는 일반적인 증여(贈 주다 증 與 주다 여)로 파악하고, 위신(威信, 위엄과 신망)을 얻기 위해 재산을 탕진하는(蕩盡-, 다 써서 없애는) 비합리적인(非合理的-, 올바르고 마땅한 이치나 도리에 맞지 않는) 생활양식으로 이해하였다. ²하지만 모스와 레비스트로스 같은 후대(後代, 뒤에 오는 세대) 인류학자들은 포틀래치를 호혜적(互惠的, 서로 혜택을 주고받는) 교환 행위로 바라보았다. ³호혜적 교환이란 일반적인 경제적 교역(交易, 물건을 사고팔아 서로 바꿈), 즉 사물의 가격을 측정하여 같은 값으로 교환하는 행위와는 달리, 돌려받을 대가나 시기를 분명하게 정하지 않고 사물을 교환하는 방식을 말한다. ⁴모스는 포틀래치가 자발성을 띤 증여로 보이지만 실제적으로는 교환의 성격을 지닌다고 보았다. ⁵왜냐하면 선물을 받은 사람은 의무적으로 답례를 해야 할 뿐만 아니라 더 많은 선물을 돌려주어야 하기 때문이다. ⁶모스는 이러한 포틀래치가 집단 간의 유대 관계(紐帶關係, 서로 연결하거나 결합하는 관계)를 형성하는 역할을 한다고 보았다.

→ 포틀래치 관습에 대한 초기 인류학자들과 후대 인류학자들의 견해 차이

3 ¹레비스트로스는 여기에서 더 나아가 포틀래치에 나타나는 호혜적 교환을 사회가 성립되는 원리로 제시하였다. ²폐쇄적인(閉鎖的-, 외부와 통하거나 교류하지 않는) 집단은 환경의 변화나 주변의 침략(侵略, 정당한 이유 없이 남의 나라에 쳐들어감)에 쉽게 무너질 수 있으므로, 인간은 생존하기 위해서 교환을 하며 다른 집단과 사회적 유대를 맺어야 한다는 것이다. ³이때 포틀래치와 같이 상대방에게 선물을 주는 행위가 상대방에게 부채감(負債感, 빚을 지고 있는 느낌)을 ⓑ 주고, 이 부채감이 다시 선물을 주는 행위로 이어지게 만들어 결국 교환이 이루어지도록 한다는 것이다. ⁴한편 다른 집단과 동맹(同盟, 서로의 이익이나 목적을 위해 같이 행동하기로 맹세하여 맺는 약속)을 맺는 가장 좋은 방법은 그 집단과 결혼을 하는 것이므로, 레비스트로스는 교환을 위해 ⊙ '친족(親族, 배우자, 같은 조상으로부터 갈려 나온 친족, 혼인에 의해 맺어진 친척 등을 이르는 말) 간(間, 사이)의 결혼 금지'가 만들어졌다고 말한다. ⁵그(레비스트로스)는 친족 간의 결혼 금지로 인해 우리 부족(部族, 같은 조상, 언어, 종교 등을 가진 원시 사회의 구성 단위가 되는 지역적 생활 공동체)의 사람이 다른 부족으로 넘어가고, 새로운 사람이 우리 부족에 들어오는 호혜적 관계가 형성되었으며, 이(친족 간 결혼 금지로 인한 다른 부족 사람과의 결혼)를 통해 부족 간의 호혜적 교환이 가능해져 사회적 공동체가 형성되었다고 주장한다. ⁶또한 그(레비스트로스)는 친족 간의 결혼 금지라는 규칙을 바탕으로 공동체에 필요한 다른 규칙들이 형성됨으로써 인간이 자연 상태에서 문명(文明, 인류가 이룩한 물질적·사회적 발전) 상태로 접어들게 되었다고 말한다.

→ 포틀래치 관습에 대한 레비스트로스의 견해

4 ¹이처럼 레비스트로스는 포틀래치를 교환의 구조나 사회 규칙이라는 체계의 틀에서 이해하고자 하였다. ²그(레비스트로스)의 견해에 따르면 인류의 보편적인(普遍的-, 모든 것에 두루 미치거나 통하는) 현상인 친족 간의 결혼 금지와 같은 결혼 제도도 인간의 본성(本性, 처음부터 가지고 있는 특성)이 아닌 사회적 유대 관계를 형성하는 구조 속에서 만들어진 결과이다. ³이렇게 인간을 비롯한 대상의 의미나 본질(本質, 처음부터 가지고 있는 그 자체의 성질이나 모습)은 하나의 개체(個體, 하나하나의 낱개)로서가 아니라 전체 안에서 다른 것들과 맺은 관계 때문에 결정된다는 관점을 '구조주의'라고 한다. ⁴이(구조주의) 관점에 따르면 인간은 결단(決斷, 결정적인 판단을 하거나 단정을 내림)의 주체(主體, 적극적으로 나서서 주도해 나가는 존재)가 아니며 인간의 특성(特性, 특별히 다른 성질)과 정체성(正體性, 변하지 않는 존재의 본질을 깨닫는 성질)은 인간 스스로 결정하는 것이 아닌 그가 속한 사회 구조에 의해 결정된다.

→ 구조주의적 관점을 바탕으로 한 레비스트로스의 견해

5 [1]구조주의 인류학자 레비스트로스는 인간은 어떤 고립된(孤立-. 다른 사람과 어울려 사귀지 않거나 도움을 받지 못해 외톨이로 된) 개인으로 이해되어서는 안 된다고 말한다. [2]사회 구조가 인간을 만들기 때문에, 인간을 이해하려면 인간의 구체적인 행동보다는 그 인간이 속한 사회 구조를 살펴야 한다는 것이다. [3]그(레비스트로스)의 관점에 따르면 소유(所有. 물건을 자기의 것으로 가짐)를 중시하고 치열한 경쟁을 하며 살아가는 현대인의 모습 역시 현대 사회의 구조 아래에서 형성된 특성에 불과하다.(不過-. 지나지 않는다.) [4]그런 점에서 그(레비스트로스)의 연구는 현대 사회의 구조 변화가 현대인들의 삶의 변화로 이어질 수 있다는 가능성을 보여 주었다는 평가를 받고 있다.

→ 레비스트로스 연구의 의의

■ 지문 이해
〈구조주의 관점에서 '포틀래치' 관습을 이해한 레비스트로스의 연구〉

❶ 북아메리카 원주민들의 '포틀래치' 관습

❷ 포틀래치 관습에 대한 초기 인류학자들과 후대 인류학자들의 견해 차이
- 초기 인류학자들의 견해 : 포틀래치 관습을 일반적인 증여로 파악하고, 위신을 얻기 위해 재산을 탕진하는 비합리적 생활양식으로 이해함
- 후대 인류학자들의 견해 : 포틀래치를 호혜적 교환 행위로 바라봄
  - 모스 : 포틀래치는 교환의 성격을 지니며, 집단 간 유대 관계를 형성하는 역할을 한다고 봄

❸ 포틀래치 관습에 대한 레비스트로스의 견해
- 포틀래치에 나타나는 호혜적 교환을 사회 성립 원리로 제시함
- 인간은 생존을 위해 교환을 하며, 다른 집단과 사회적 유대를 맺어야 함 → '포틀래치'처럼 상대방에게 선물을 주는 행위는 상대방에게 부채감을 주며, 이로 인해 교환이 이루어지도록 한다고 봄
- 교환을 위해 '친족 간의 결혼 금지'가 만들어졌다고 봄
  → 부족 간 호혜적 교환이 가능해져 사회적 공동체가 형성되었다고 봄
  → 인간이 자연 상태에서 문명 상태로 접어들게 되었다고 봄

❹ 구조주의적 관점을 바탕으로 한 레비스트로스의 견해
- 포틀래치를 교환의 구조나 사회 규칙이라는 체계의 틀에서 이해하고자 함
- 친족 간의 결혼 금지 제도도 인간의 본성이 아니라, 사회적 유대 관계를 형성하는 구조 속에서 만들어진 결과라고 봄
- 구조주의
  - 대상의 의미나 본질은 하나의 개체로서가 아니라 전체 안에서 다른 것들과 맺은 관계 때문에 결정된다는 관점
  - 인간은 결단의 주체가 아니며, 인간의 특성과 정체성은 그가 속한 사회 구조에 의해 결정됨

❺ 레비스트로스 연구의 의의
- 인간을 이해하려면 그 인간이 속한 사회 구조를 살펴야 한다고 봄 → 현대 사회의 구조 변화가 현대인들의 삶의 변화로 이어질 수 있다는 가능성을 보여 줌

---

020 | 세부 정보 이해 - 적절하지 않은 것 고르기 | 2021년 9월 학평 30번
정답률 75%, 매력적 오답 ④ 10% | **정답 ⑤**

윗글을 통해 알 수 있는 내용으로 적절하지 <u>않은</u> 것은?

① 후대 인류학자들은 포틀래치가 유대 관계를 형성하는 역할을 한다고 보았다.
근거 ❷-2 모스와 레비스트로스 같은 후대 인류학자들, ❷-6 모스는 이러한 포틀래치가 집단 간의 유대 관계를 형성하는 역할을 한다고 보았다, ❸-2~3 (레비스트로스의 견해에 따르면) 인간은 생존하기 위해서 교환을 하며 다른 집단과 사회적 유대를 맺어야 한다는 것이다. 이때 포틀래치와 같이 상대방에게 선물을 주는 행위가 … 결국 교환이 이루어지도록 한다는 것
풀이 후대 인류학자인 모스는 포틀래치가 집단 간 유대 관계를 형성하는 역할을 한다고 보았다. 또 레비스트로스는 인간은 교환을 하며 다른 집단과 사회적 유대를 맺어야 하는데, 포틀래치가 이러한 교환이 이루어지도록 한다고 보았다. 즉 레비스트로스는 인간이 포틀래치를 통해 다른 집단과 유대 관계를 맺을 수 있다고 본 것이다. 따라서 후대 인류학자들은 포틀래치가 유대 관계를 형성하는 역할을 한다고 보았다는 설명은 적절하다.

→ 적절함!

② 초기 인류학자들은 포틀래치를 위신을 얻기 위해 재산을 탕진하는 비합리적인 행위로 보았다.
근거 ❷-1 초기 인류학자들은 이러한 포틀래치라는 관습을 … 위신을 얻기 위해 재산을 탕진하는 비합리적인 생활양식으로 이해하였다.

→ 적절함!

③ 일반적인 증여는 자신의 재산을 상대방에게 대가 없이 자발적으로 제공하는 행위에 해당한다.
근거 ❷-1 자신의 재산을 대가 없이 자발적으로 주는 일반적인 증여

→ 적절함!

④ 일반적인 경제적 교역은 사물의 가치를 따져 같은 값으로 교환한다는 점에서 포틀래치와 차이가 있다.
근거 ❷-2~3 모스와 레비스트로스 같은 후대 인류학자들은 포틀래치를 호혜적 교환 행위로 바라보았다. 호혜적 교환이란 일반적인 경제적 교역, 즉 사물의 가격을 측정하여 같은 값으로 교환하는 행위와는 달리, 돌려받을 대가나 시기를 분명하게 정하지 않고 사물을 교환하는 방식
풀이 윗글에서 후대 인류학자들은 포틀래치를 호혜적 교환 행위로 바라보았다고 하였고, '호혜적 교환'은 사물의 가격을 측정하여 같은 값으로 교환하는 '일반적인 경제적 교역'과 다르다고 설명하고 있다.

→ 적절함!

⑤ 후대 인류학자들은 포틀래치를 선물을 받은 사람이 *답례의 시행 여부를 선택할 수 있는 호혜적 행위라고 보았다. *답례를 할 것인지 하지 않을 것인지
근거 ❷-2 모스와 레비스트로스 같은 후대 인류학자들은 포틀래치를 호혜적 교환 행위로 바라보았다, ❷-5 선물을 받은 사람은 의무적으로 답례를 해야 할 뿐만 아니라 더 많은 선물을 돌려주어야 하기 때문
풀이 후대 인류학자들은 포틀래치를 호혜적 교환 행위라고 보았으며, 후대 인류학자인 모스는 선물을 받은 사람은 '의무적으로 답례를 해야 한다'는 점에서 포틀래치가 교환적 성격을 지닌다고 보았다. 포틀래치에서 선물을 받은 사람은 의무적으로 답례를 해야 하므로, 선물을 받은 사람이 답례의 시행 여부를 선택할 수 있다는 설명은 적절하지 않다.

→ 적절하지 않음!

---

021 | 세부 정보 이해 - 적절한 것 고르기 | 2021년 9월 학평 31번
정답률 80%, 매력적 오답 ④ 10% | **정답 ⑤**

㉠에 대한 '레비스트로스'의 견해로 가장 적절한 것은?

㉠ '친족 간의 결혼 금지'

① 다른 부족과의 결혼을 유도하여 부족 간의 동맹을 약화시키는 규칙이다.
근거 ❸-4 다른 집단과 동맹을 맺는 가장 좋은 방법은 그 집단과 결혼을 하는 것이므로, 레비스트로스는 교환을 위해 '친족 간의 결혼 금지'가 만들어졌다고 말한다.

→ 적절하지 않음!

② 인류의 보편적인 현상이 아닌 인간의 본성에 의해 개별적으로 형성된 규칙이다.
근거 ❹-2 그(레비스트로스)의 견해에 따르면 인류의 보편적인 현상인 친족 간의 결혼 금지와 같은 결혼 제도도 인간의 본성이 아닌 사회적 유대 관계를 형성하는 구조 속에서 만들어진 결과
풀이 레비스트로스는 친족 간의 결혼 금지 규칙을 인류의 보편적 현상이라고 보았다.

→ 적절하지 않음!

③ 사람을 받아들인 부족은 부채감을 덜게 하고, 보낸 부족은 부채감을 갖게 하는 규칙이다. 갖게 / 덜게
근거 ❸-3 상대방에게 선물을 주는 행위가 상대방에게 부채감을 주고, 이 부채감이 다시 선물을 주는 행위로 이어지게 만들어 결국 교환이 이루어지도록 한다는 것
풀이 레비스트로스는 친족 간의 결혼 금지가 교환을 위해 만들어졌다고 말하였다. 그는 선물을 주는 행위는 상대방에게 부채감을 주고, 이 부채감이 상대방으로 하여금 다시 선물을 주는 행위로 이어지게 만들어 교환이 이루어진다고 보았다. 따라서 친족 간 결혼 금지 규칙은 우리 부족의 사람이 다른 부족으로 넘어가면 사람을 받아들인 부족은 부채감을 갖게 되고, 이에 새로운 사람을 우리 부족으로 보냄으로써 부채감을 덜게 하는 규칙에 해당한다.

→ 적절하지 않음!

친족 간의 결혼 금지 규칙을 바탕으로   하게 되었다

④ 인간이 자연 상태를 벗어나 문명 상태로 발전한 상황에서 사회적 구조에 의해 성립된 규칙이다.

근거 **❸-6** 그(레비스트로스)는 친족 간의 결혼 금지라는 규칙을 바탕으로 공동체에 필요한 다른 규칙들이 형성됨으로써 인간이 자연 상태에서 문명 상태로 접어들게 되었다고 말한다.

풀이 레비스트로스에 따르면, 친족 간의 결혼 금지는 인간이 자연 상태를 벗어나 문명 상태로 발전한 상황에서 성립된 규칙이 아니라, 친족 간의 결혼 금지를 바탕으로 다른 규칙들이 형성됨으로써 인간이 자연 상태를 벗어나 문명 상태로 발전하게 된 것이다.

→ 적절하지 않음!

⑤ 다른 집단과 동맹을 맺기 위한 목적으로 활용되어 호혜적 교환이 일어날 수 있게 하는 규칙이다.

근거 **❸-4~5** 다른 집단과 동맹을 맺는 가장 좋은 방법은 그 집단과 결혼을 하는 것이므로, 레비스트로스는 교환을 위해 '친족 간의 결혼 금지'가 만들어졌다고 말한다. 그(레비스트로스)는 친족 간의 결혼 금지로 인해 … 호혜적 관계가 형성되었으며, 이를 통해 부족 간의 호혜적 교환이 가능해져 사회적 공동체가 형성되었다고 주장

→ 적절함!

---

022 | <보기>와 내용 비교 – 적절하지 않은 것 고르기 | 2021년 9월 학평 32번
정답률 75% | 정답 ①

윗글의 '구조주의'와 <보기>의 사상을 비교한 내용으로 적절하지 않은 것은? [3점]

| 보기 |
¹'전통철학'에서는 인간이 선천적인(先天的–, 태어날 때부터 가지고 있는) 원리에 의해 미리 규정된 '특성'과 '본질'을 갖는다고 보았다. ²그리고 인간은 그 특성과 본질을 이 세계에서 충실하게 실현해야 한다는 것이다. ³하지만 '실존주의'에서는 인간은 결단의 주체이며 자신의 특성과 정체성을 스스로 결정할 자유로운 의식(意識, 자기 자신이나 사물에 대해 인식하는 작용)과 권리가 있고, 스스로 자신의 결정에 책임을 질 필요가 있다고 보았다. ⁴따라서 실존주의에서는 인간을 하나의 현상이자 개별적인 존재로 보고 인간의 구체적인 행동에 관심을 두었다.

▶ 구조주의와 <보기>의 사상(전통철학, 실존주의) 비교

	구조주의	전통철학	실존주의
인간을 자신의 결정에 책임을 지는 결단의 주체로 봄			○
인간은 자신의 정체성을 스스로 결정하지 않는다고 봄	○		
인간을 이해하기 위해서는 인간의 구체적인 행동에 주목해야 한다고 봄			○
인간에게는 충실하게 실현해야 할 본질이 미리 규정되어 있다고 봄		○	
인간의 특성은 집단 안에서 다른 것들과 맺는 관계에 따라 결정된다고 봄	○		

실존주의에서는
① 구조주의와 실존주의에서는 모두 인간을 자신의 결정에 책임을 지는 결단의 주체로 보는군.

근거 **❹-4** 이(구조주의) 관점에 따르면 인간은 결단의 주체가 아니며, <보기>-3 '실존주의'에서는 인간은 결단의 주체이며 … 스스로 자신의 결정에 책임을 질 필요가 있다고 보았다.

풀이 실존주의에서는 인간을 자신의 결정에 책임을 지는 결단의 주체로 보지만, 구조주의에서는 인간이 결단의 주체가 아니라고 보았다.

→ 적절하지 않음!

② 구조주의에서는 실존주의와 달리 인간은 자신의 정체성을 스스로 결정하지 않는다고 보는군.

근거 **❹-4** 이(구조주의) 관점에 따르면 … 인간의 특성과 정체성은 인간 스스로 결정하는 것이 아닌 그가 속한 사회 구조에 의해 결정된다, <보기>-3 '실존주의'에서는 인간은 결단의 주체이며 자신의 특성과 정체성을 스스로 결정할 자유로운 의식과 권리가 있고

풀이 실존주의에서 인간이 자신의 정체성을 스스로 결정하는 존재라고 본 것과 달리, 구조주의에서는 인간의 정체성은 스스로 결정하는 것이 아니라 그가 속한 사회 구조에 의해 결정된다고 보았다.

→ 적절함!

③ 실존주의에서는 구조주의와 달리 인간을 이해하기 위해서는 인간의 구체적인 행동에 주목해야 한다고 보는군.

근거 **❺-2** 인간을 이해하려면 인간의 구체적인 행동보다는 그 인간이 속한 사회 구조를 살펴야 한다는 것, <보기>-4 실존주의에서는 인간을 하나의 현상이자 개별적인 존재로 보고 인간의 구체적인 행동에 관심을 두었다.

풀이 구조주의에서 인간을 이해하기 위해서는 인간의 구체적인 행동보다 그 인간이 속한 사회 구조를 살펴야 한다고 본 것과 달리, 실존주의에서는 개별적 존재인 인간의 구체적인 행동에 관심을 가졌다.

→ 적절함!

④ 전통철학에서는 구조주의와 달리 인간에게는 충실하게 실현해야 할 본질이 미리 규정되어 있다고 보는군.

근거 **❹-3** 인간을 비롯한 대상의 의미나 본질은 하나의 개체로서가 아니라 전체 안에서 다른 것들과 맺은 관계 때문에 결정된다는 관점을 '구조주의'라고 한다, <보기>-1 '전통철학'에서는 인간이 선천적인 원리에 의해 미리 규정된 '특성'과 '본질'을 갖는다고 보았다.

풀이 구조주의에서는 인간의 본질이 전체 안에서 다른 것들과 맺은 관계로 인해 결정된다고 보았다. 이와 달리 전통철학에서는 인간의 본질이 선천적 원리에 의해 미리 규정된다고 보았다.

→ 적절함!

⑤ 구조주의에서는 전통철학과 달리 인간의 특성은 집단 안에서 다른 것들과 맺는 관계에 따라 결정된다고 보는군.

근거 **❹-3** 인간을 비롯한 대상의 의미나 본질은 하나의 개체로서가 아니라 전체 안에서 다른 것들과 맺은 관계 때문에 결정된다는 관점을 '구조주의'라고 한다, <보기>-1 '전통철학'에서는 인간이 선천적인 원리에 의해 미리 규정된 '특성'과 '본질'을 갖는다고 보았다.

풀이 전통철학에서 인간의 특성이 선천적 원리에 의해 미리 규정된다고 본 것과 달리, 구조주의에서는 인간의 특성이 전체 안에서 다른 것들과 맺은 관계 때문에 결정된다고 보았다.

→ 적절함!

---

023 | 단어의 의미 파악 – 적절한 것 고르기 | 2021년 9월 학평 33번
정답률 90% | 정답 ①

ⓐ, ⓑ의 의미로 쓰인 예가 바르게 짝지어진 것은?

독특한 방식으로 선물을 ⓐ 주는 '포틀래치(potlatch)'라는 관습이 있다.
상대방에게 부채감을 ⓑ 주고

풀이 '주다'는 ⓐ에서 '물건 따위를 남에게 건네어 가지거나 누리게 하다'의 의미로, ⓑ에서 '남에게 어떤 일이나 감정을 겪게 하거나 느끼게 하다'의 의미로 쓰였다.

① ⓐ : 그는 아이에게 용돈을 주었다.
ⓑ : 지나친 기대는 학생에게 부담을 준다.

풀이 '용돈을 주다'에서 '주다'는 '물건 따위를 남에게 건네어 가지거나 누리게 하다'의 의미이고, '부담을 주다'에서 '주다'는 '남에게 어떤 일이나 감정을 겪게 하거나 느끼게 하다'의 의미이다.

→ 적절함!

② ⓐ : 선생님께서 학생에게 책을 주셨다.
ⓑ : 그는 개에게 먹이를 주고 집을 나섰다.

풀이 '책을 주다', '먹이를 주다'에서 '주다'는 모두 '물건 따위를 남에게 건네어 가지거나 누리게 하다'의 의미이다.

→ 적절하지 않음!

③ ⓐ : 오늘부터 너에게 3일의 시간을 주겠다.
ⓑ : 나는 너에게 중요한 임무를 주겠다.

풀이 '시간을 주다'에서 '주다'는 '시간 따위를 남에게 허락하여 가지거나 누리게 하다'의 의미이고, '임무를 주다'에서 '주다'는 '남에게 어떤 역할 따위를 가지게 하다'의 의미이다.

→ 적절하지 않음!

④ ⎡ ⓐ : 여행은 우리에게 기쁨을 <u>주는</u> 일이다.
　 ⎣ ⓑ : 손에 힘을 더 <u>주고</u> 손잡이를 돌려야 한다.

풀이 '기쁨을 주다'에서 '주다'는 '남에게 어떤 일이나 감정을 겪게 하거나 느끼게 하다'의 의미이고, '손에 힘을 주다'에서 '주다'는 '속력이나 힘 따위를 내다'의 의미이다.

→ 적절하지 않음!

⑤ ⎡ ⓐ : 그 사람은 모두에게 정을 <u>주는</u> 사람이다.
　 ⎣ ⓑ : 어머니는 우리에게 조건 없이 사랑을 <u>주는</u> 분이다.

풀이 '정을 주다'에서 '주다'는 '다른 사람에게 정이나 마음을 베풀거나 터놓다'의 의미이고, '사랑을 주다'에서 '주다'는 '남에게 어떤 일이나 감정을 겪게 하거나 느끼게 하다'의 의미이다.

→ 적절하지 않음!

[024~028] 다음 글을 읽고 물음에 답하시오.

1 ¹인간은 **지식 체계**(知識體系, 여러 개별적 지식들이 하나로 이어진 논리에 따라 조직됨으로써, 각 부분이 전체 또는 다른 부분과 관련하여 이해될 수 있도록 통일적 전체를 이루고 있는 것)의 형성을 위해 **개념**(槪 대개 개 念 생각 념)을 필요로 하는데, 개념이란 여러 **관념**(觀念, 어떤 사물이나 현상에 대한 견해나 생각) 속에서 공통 요소를 뽑아내어 종합해 얻어낸 **보편적인**(普遍的~, 모든 것에 두루 미치거나 통하는) 관념을 말한다. ²이러한 개념을 통해 체계와 기준을 머릿속에 먼저 정해 놓고 **그것**(개념을 통해 머릿속에 먼저 정해 놓은 체계와 기준)을 현실에 적용하는 개념주의적 태도를 지닌 근대 **사상가**(思想家, 어떤 사상을 잘 알고 이를 적극적으로 주장하는 사람)들이 있었다. ³하지만 들뢰즈는 이 세상에 동일한 것은 없다는 전제하에 세상을 개념으로만 **파악하려는**(把握~, 이해하여 알려고 하는) 태도를 비판하고 **개별**(個別, 여럿 중에서 하나씩 따로 나뉜 상태) 대상의 다양성에 **주목하는**(注目~, 관심을 가지고 주의 깊게 살피는) '차이'의 철학을 제시했다.

→ '차이'의 철학을 제시한 들뢰즈

2 ¹일반적으로 차이란 서로 같지 않고 다르다는 의미로 쓰이지만 들뢰즈는 차이를 '개념적 차이'와 '차이 **자체**(自體, 다른 것을 제외한 바로 그 자신)'로 구분하여 자신이 말하고자 하는 차이의 의미를 명확히 했다. ²이때 개념적 차이란 개념적 종차*를 통해 파악될 수 있는, 어떤 대상과 다른 대상의 **상대적**(相對的, 서로 비교되는 관계에 있는) 다름을 의미하며, 차이 자체란 개념으로 드러낼 수 없는 대상 자체의 **절대적**(絶對的, 아무런 조건이나 제한이 붙지 않는) 다름을 의미한다. ³예를 들어 소금의 보편적 특성은 짠맛이나 흰색 등으로 볼 수 있는데 **이러한 특성**(짠맛, 흰색 등 소금의 보편적 특성)은 소금과 설탕의 맛을 비교하거나, 소금과 숯의 색깔을 비교함으로써 파악될 수 있다. ⁴즉 소금과 다른 대상들과의 상대적인 비교를 통해 소금의 개념적 차이가 형성되는 것이다. ⁵그런데 ㉠소금이라는 개념으로 동일하게 분류되는 각각의 **입자**(粒子, 물질을 구성하는 미세한 크기의 물체)들은 그 입자마다의 **염도**(鹽度, 소금기의 정도)와 빛깔 등이 다를 수밖에 없다. ⁶어떤 소금 입자들은 다른 소금 입자보다 조금 더 짤 수도 있고, 흰색이 조금 더 밝을 수도 있다. ⁷이때 각 ㉡소금 입자가 가지는 염도, 빛깔의 **고유한**(固有~, 처음부터 가지고 있어 특별한) 정도 차이에 해당하는 특성이 바로 개별 소금 입자의 차이 자체인 것이다.

→ '개념적 차이'와 '차이 자체'의 의미 구분

3 ¹들뢰즈는 개념적 차이로는 대상만의 고유한 **가치**(價値, 대상이 지니고 있는 쓸모)나 절대적 다름이 파악될 수 없다고 하였다. ²왜냐하면 개념적 차이는 다른 대상과의 비교를 통해 파악된 결과로 다른 대상에 **의존하는**(依存~, 의지하여 존재하는) 방식이어서, **그**(다른 대상과의 비교를 통해 개념적 차이를 파악하는) 과정에서 개별 대상의 고유한 특성이 무시되기 때문이다. ³또한 들뢰즈는 개념이 개별 대상들을 **규정함으로써**(規定~, 밝혀 정함으로써) 개별 대상을 개념에 **포섭시키는**(包攝~, 속하게 하는) 상황이나, 개념에 맞추어 세상을 파악함으로써 세상을 오로지 개념의 틀에 가두는 상황을 우려했다. ⁴왜냐하면 이와 같은 상황에서는 미리 정해 둔 개념에 **부합하는**(符合~, 서로 꼭 들어맞는) 개별 대상은 좋은 것으로, 그렇지 못한 개별 대상은 나쁜 것으로 규정되는 **개념의 폭력**이 발생할 수 있기 때문이다.

→ '개념적 차이'에 관한 들뢰즈의 견해

4 ¹한편 들뢰즈는 개별 대상의 차이 자체를 드러낼 수 있는 작용 원리를 '반복'과 **강도**(強度, 센 정도)라는 용어로 설명했다. ²일반적으로 반복은 같은 일을 되풀이

한다는 의미로 쓰이지만 들뢰즈가 말하는 반복이란 되풀이하여 **지각된**(知覺~, 깨닫게 된) 강도의 차이를 통해 개별 대상의 차이 자체를 발견해 나가는 과정을 의미한다. ³이때 강도란 **정량화하기**(定量化~, 양을 헤아려 수치를 매기기) 힘든, 개별 대상의 고유한 크기이자, 다른 것과 비교될 수 없는 개별 대상에 대한 감각적 경험을 의미한다. ⁴예를 들어 어떤 사람이 피아노로 같은 악보를 반복해서 연주한다고 할 때, 각각의 ㉢**연주**는 결코 동일할 수 없으므로 연주가 반복될수록 연주자와 관객 모두 연주마다의 서로 다른 강도를 느끼게 된다. ⁵즉 각각의 연주는 차이 자체를 드러내게 되는 것이다. ⁶이처럼 들뢰즈에게 차이 자체란 반복에 의해 경험하게 되는 강도의 차이를 의미한다.

→ '차이 자체'에 관한 들뢰즈의 견해

5 ¹일반적으로 인간은 의사소통을 위해 서로 동일하게 **인정할**(認定~, 확실히 그렇다고 여길) 수 있는 개념을 필요로 하며, 개념을 통해 형성되는 인간의 지식 체계가 세상을 변화시킨다는 점을 고려하면 개념은 인간에게 필수적인 것이다. ²들뢰즈도 이와 같은 개념의 기능을 전면적으로 부정한 것은 아니다. ³다만 들뢰즈의 철학은, 개념을 최고의 가치로 **숭상하면서**(崇尙~, 높여 소중히 여기면서) 이 세상을 개념으로 온전히 규정하려는 기존 철학자들의 사상을 극복하고자 한 것이며 철학의 시선을 개념에서 현실 세계의 대상 자체로 돌리게 했다는 점에서 **의의**(意義, 중요성과 가치)를 지닌다.

→ 들뢰즈 철학의 의의

* **종차**(種 종류 종 差 다르다 차) : 상위 개념에 속한 동일한 **층위**(層位, 전체 구조에서 차지하는 위치)의 하위 개념들 중 어떤 하위 개념이 다른 하위 개념과 구별되는 요소

■ 지문 이해

〈들뢰즈가 제시한 '차이'의 철학〉

❶ '차이'의 철학을 제시한 들뢰즈
- 들뢰즈 : 세상을 개념으로만 파악하려는 기존 근대 사상가들의 태도를 비판하고, 개별 대상의 다양성에 주목하는 '차이'의 철학을 제시함

❷ '개념적 차이'와 '차이 자체'의 의미 구분
- 개념적 차이
  - 개념적 종차를 통해 파악될 수 있는, 어떤 대상과 다른 대상의 상대적 다름
  - **예** 소금의 짠맛, 흰색 등 다른 대상들과의 상대적 비교를 통해 형성된 보편적 특성
- 차이 자체
  - 개념으로 드러낼 수 없는, 대상 자체의 절대적 다름
  - **예** 개별 소금 입자가 가지는 냄도, 빛깔의 고유한 정노 차이에 해낭하는 특성

❸ '개념적 차이'에 관한 들뢰즈의 견해
- 개념적 차이로는 대상만의 고유한 가치나 절대적 다름이 파악될 수 없음 ← 다른 대상과의 비교를 통해 개념적 차이를 파악하는 과정에서 개별 대상의 고유한 특성이 무시되기 때문
- 개념이 개별 대상들을 규정하여 개별 대상을 개념에 포섭하는 상황이나, 개념에 맞추어 세상을 파악함으로써 세상을 개념의 틀에 가두는 상황에서는 개념의 폭력이 발생할 수 있음

❹ '차이 자체'에 관한 들뢰즈의 견해
- 차이 자체 : 반복에 의해 경험하게 되는 강도의 차이
- 반복 : 되풀이하여 지각된 강도의 차이를 통해 개별 대상의 차이 자체를 발견해 나가는 과정
- 강도 : 정량화하기 힘든, 개별 대상의 고유한 크기이자, 다른 것과 비교될 수 없는 개별 대상에 대한 감각적 경험

❺ 들뢰즈 철학의 의의
- 개념을 최고 가치로 숭상하고 세상을 개념으로 규정하려 한 기존 철학자들의 사상을 극복하고자 하였으며, 철학의 시선을 개념에서 현실 세계의 대상 자체로 돌리게 함

윗글의 내용 전개 방식에 대한 설명으로 가장 적절한 것은?

근거 ❶-2~3 개념을 통해 체계와 기준을 머릿속에 먼저 정해 놓고 그것을 현실에 적용하는 개념주의적 태도를 지닌 근대 사상가들이 있었다. 하지만 들뢰즈는 이 세상에 동일한 것은 없다는 전제하에 세상을 개념으로만 파악하려는 태도를 비판하고 개별 대상의 다양성에 주목하는 '차이'의 철학을 제시, ❷-3 예를 들어 소금의 보편적 특성은, ❹-4 예를 들어 어떤 사람이 피아노로 같은 악보를 반복해서 연주한다고 할 때, ❺-3 들뢰즈의 철학은, … 의의를 지닌다.

풀이 윗글의 ❶문단에서는 개념주의적 태도를 지닌 근대 사상가들의 관점을 비판한 들뢰즈의 '차이'의 철학을 제시하고, ❷문단과 ❹문단에서는 소금과 피아노 연주를 예로 들어 들뢰즈의 견해를 설명하였다. 또 ❺문단에서 들뢰즈 철학이 가진 의의를 밝히고 있다. 따라서 정답은 ①번이다.

✓① 기존의 *관점을 비판한 특정 **견해를 예를 들어 설명하고 그 의의를 밝히고 있다. *觀點, 어떤 사물이나 현상에 대해 생각하는 태도나 방향 **見解, 어떤 사물이나 현상에 대한 자신의 의견이나 생각

→ 적절함!

② 두 이론의 공통점과 차이점을 분석하고 이를 *절충한 새로운 이론을 소개하고 있다. *折衷─, 서로 다른 관점을 알맞게 조절하여 서로 잘 어울리게 한

③ 특정 이론의 *변천 과정을 설명하고 해당 이론의 발전 방향에 대해 **예측하여 ***전망하고 있다. *變遷, 세월의 흐름에 따라 바뀌고 변함 **豫測─, 미리 헤아려 짐작하여 ***展望─, 미리 내다보고

④ 특정 견해의 특징을 드러낼 수 있는 역사적 사건을 언급하고 그 견해의 장단점을 비교하고 있다.

⑤ 특정 견해를 뒷받침하는 다른 견해를 제시하고 사회적 현상을 분석하여 두 견해의 *유사점을 **부각하고 있다. *類似點, 서로 비슷한 점 **浮刻─, 특징지어 두드러지게 하

윗글을 바탕으로 ㉠~㉢을 이해한 내용으로 가장 적절한 것은?

| ㉠ 소금 | ㉡ 소금 입자 | ㉢ 연주 |

근거 ❷-5~7 소금이라는 개념으로 동일하게 분류되는 각각의 입자들은 그 입자마다의 염도와 빛깔 등이 다를 수밖에 없다. 어떤 소금 입자들은 다른 소금 입자보다 조금 더 짤 수도 있고, 흰색이 조금 더 밝을 수도 있다. 이때 각 소금 입자가 가지는 염도, 빛깔의 고유한 정도 차이에 해당하는 특성이 바로 개별 소금 입자의 차이 자체인 것, ❹-1 들뢰즈는 개별 대상의 차이 자체를 드러낼 수 있는 작용 원리를 '반복'과 '강도'라는 용어로 설명했다, ❹-4~5 예를 들어 … 각각의 연주는 차이 자체를 드러내게 되는 것

풀이 ❷문단의 예에서 '소금이라는 개념'이라는 표현을 통해 소금(㉠)은 '개념'에 해당한다는 것을 알 수 있다. 또 각각 고유한 염도, 빛깔 등의 특성을 가지는 개별 소금 입자(㉡)는 '개별 대상'의 예에 해당한다. 한편 ❹문단에서 개별 대상의 차이 자체를 드러낼 수 있는 작용 원리를 설명한 예에서 '각각의 연주는 차이 자체를 드러내게 된다'는 표현을 통해 각각의 연주(㉢)가 '개별 대상'을 의미한다는 점을 알 수 있다. 따라서 정답은 ②번이다.

㉡과 달리 ㉠은
① ㉠과 달리 ㉡은 개념에 해당한다.

✓② ㉠과 달리 ㉢은 개별 대상에 해당한다.

→ 적절함!

㉡과 ㉢은 모두
③ ㉢과 달리 ㉡은 개별 대상에 해당한다.

㉠과 달리 ㉢은
④ ㉠과 ㉢은 모두 개별 대상에 해당한다.

개별 대상
⑤ ㉡과 ㉢은 모두 개념에 해당한다.

개념의 폭력에 대한 이해로 적절하지 않은 것은?

▶ 지문 핵심 개념 정리

'개념적 차이'에 관한 들뢰즈의 견해와 '개념의 폭력'
• 개념적 차이는 다른 대상과의 비교를 통해 파악된 결과로 다른 대상에 의존하는 방식 → 개별 대상의 고유한 특성이 무시됨(❸-2) • 개념이 개별 대상들을 규정하여 개별 대상을 개념에 포섭하는 상황, 개념에 맞추어 세상을 파악함으로써 세상을 개념의 틀에 가두는 상황을 우려함 ← 개념에 부합하면 좋은 것, 아니면 나쁜 것으로 규정되는 개념의 폭력 발생(❸-3~4)

① 개념에 개별 대상을 포섭시킴으로써 일어난다.
풀이 들뢰즈는 '개념의 폭력'은 개념이 개별 대상들을 규정함으로써 개별 대상을 개념에 포섭시키는 상황에서 발생할 수 있다고 하였다.

→ 적절함!

② 개념에 맞추어 세상을 보았을 때 생기는 문제이다.
풀이 들뢰즈는 '개념의 폭력'은 개념에 맞추어 세상을 파악함으로써 세상을 오로지 개념의 틀에 가두는 상황에서 발생할 수 있다고 하였다.

→ 적절함!

✓③ 개별 대상이 지닌 고유한 특성만을 중요시할 때 나타난다.
풀이 들뢰즈에 따르면, 개념의 폭력은 개별 대상의 고유한 특성만을 중요시할 때 나타나는 것이 아니라, 개별 대상의 고유한 특성이 무시된 채 개별 대상을 개념에 포섭시키거나, 개념에 맞추어 세상을 파악함으로써 세상을 개념의 틀에 가두는 상황에서 나타날 수 있다.

→ 적절하지 않음!

= 개념
④ 대상에 대한 보편적 관념만을 강조했을 때 발생할 수 있다.
근거 ❶-1 개념이란 여러 관념 속에서 공통 요소를 뽑아내어 종합해 얻어 낸 보편적인 관념
풀이 들뢰즈는 개념이 개별 대상들을 규정하여 개별 대상을 개념에 포섭시키거나 세상을 오로지 개념의 틀에 가두는 등, 대상에 대한 '개념'만을 강조했을 때 '개념의 폭력'이 발생할 수 있다고 하였다. 이때 '개념'은 여러 관념 속에서 공통 요소를 뽑아내어 종합해 얻어 낸 '보편적인 관념'을 말한다. 따라서 개념의 폭력이 대상에 대한 보편적 관념만을 강조했을 때 발생할 수 있다는 설명은 적절하다.

→ 적절함!

⑤ 개별 대상이 개념과 일치하는지 여부에 따라 개별 대상의 가치가 결정되는 것이다.
풀이 들뢰즈에 따르면 '개념의 폭력'은 개별 대상이 미리 정해 둔 개념에 부합하는지 여부에 따라 좋거나 나쁜 것으로 그 가치가 규정된다.

→ 적절함!

---

027 1등급 문제 | 구체적인 사례에 적용 - 적절한 것 고르기 2020년 11월 학평 37번
정답률 20%, 매력적 오답 ① 35% ③ 15% ④ 25% | 정답 ②

〈보기〉는 온라인 수업 게시판의 일부이다. 윗글을 바탕으로 학생들이 과제를 수행했다고 할 때 ㉮와 ㉯에 들어갈 말로 가장 적절한 것은?

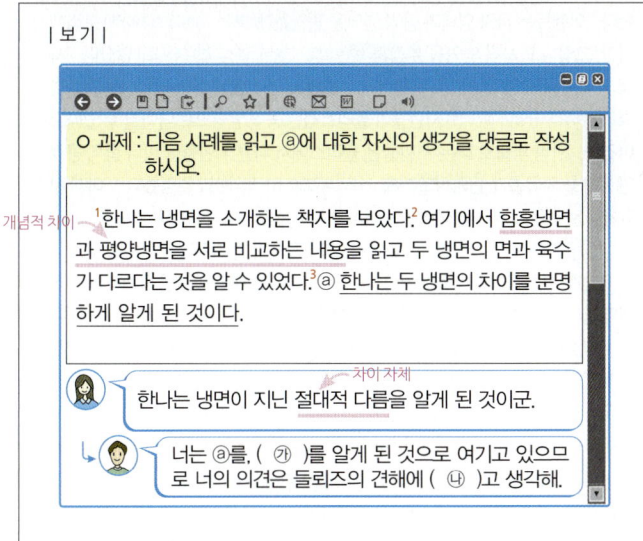

| 보기 |

○ 과제 : 다음 사례를 읽고 @에 대한 자신의 생각을 댓글로 작성하시오.

¹한나는 냉면을 소개하는 책자를 보았다. ²여기에서 함흥냉면과 평양냉면을 서로 비교하는 내용을 읽고 두 냉면의 면과 육수가 다르다는 것을 알 수 있었다. ³@ 한나는 두 냉면의 차이를 분명하게 알게 된 것이다.

한나는 냉면이 지닌 절대적 다름을 알게 된 것이군.

너는 @를, (㉮)를 알게 된 것으로 여기고 있으므로 너의 의견은 들뢰즈의 견해에 (㉯)고 생각해.

근거 〈보기〉-2 함흥냉면과 평양냉면을 서로 비교하는 내용을 읽고 두 냉면의 면과 육수가 다르다는 것을 알 수 있었다, ❷-2 개념적 차이란 … 어떤 대상과 다른 대상의 상대적 다름을 의미하며, 차이 자체란 개념으로 드러낼 수 없는 대상 자체의 절대적 다름을 의미, ❷-4 소금과 다른 대상들과의 상대적인 비교를 통해 소금의 개념적 차이가 형성되는 것, ❷-7 각 소금 입자가 가지는 염도, 빛깔의 고유한 정도 차이에 해당하는 특성이 바로 개별 소금 입자의 차이 자체, ❸-1 들뢰즈는 개념적 차이로는 대상만의 고유한 가치나 절대적 다름이 파악될 수 없다고 하였다.

풀이 들뢰즈는 차이를 '개념적 차이'와 '차이 자체'로 구분하였다. 먼저 '개념적 차이'는 어떤 대상과 다른 대상의 상대적 다름을 의미하는데, 이는 소금과 설탕의 맛을 비교하는 것처럼 다른 대상과의 상대적인 비교를 통해 형성된다. 반면 '차이 자체'는 개별 소금 입자가 가진 염도, 빛깔의 고유한 정도 차이 등에 해당하는 특성처럼, 개념으로는 드러낼 수 없는 대상 자체의 절대적 다름을 의미한다. 〈보기〉의 예에서 한나는 함흥냉면과 평양냉면을 서로 비교하는 책자의 내용을 통해 두 냉면의 차이를 알게 되었다. 들뢰즈의 견해에 따르면 이는 대상 간의 상대적 다름에 해당하는 '개념적 차이'에 해당하고, 들뢰즈는 개념적 차이로는 대상 자체의 절대적 다름이 파악될 수 없다고 하였다.
첫 번째 댓글에서는 한나가 '절대적 다름'을 알게 된 것이라고 이야기하여, '개념적 차이'가 아니라 '차이 자체(㉮)'를 알게 된 것으로 여기고 있다. 두 번째 댓글에서는 이러한 첫 번째 댓글의 오류를 지적하며, 이는 들뢰즈의 견해에 부합하지 않음(㉯)을 함께 지적하고 있다. 따라서 정답은 ②번이다.

	㉮	㉯
①	차이 자체	부합한다
②	차이 자체	부합하지 않는다	→ 적절함!
③	개념적 차이	부합한다
④	개념적 차이	부합하지 않는다
⑤	개념적 종차	부합한다

---

028 반응의 적절성 판단 - 적절하지 않은 것 고르기 2020년 11월 학평 38번
정답률 65%, 매력적 오답 ④ 10% | 정답 ③

〈보기〉에 대해 '들뢰즈'가 보일 수 있는 반응으로 적절하지 않은 것은? [3점]

| 보기 |

○ 헤겔은 세상을 개념적으로 파악하기 위한 방법론으로 변증법을 제시했다. 가령 '아인슈타인'이라는 개별 대상은 '남자', '과학자' 등과 같은 더 많은 개념들을 활용한다면 완벽하게 규정될 수 있다고 본 것이 헤겔 변증법의 핵심이다.
○ 앤디 워홀은 실크스크린을 통한 대량 인쇄 작업을 거쳐 공장에서 한 가지 상품의 동일한 이미지를 작품으로 제작하였다. 이 작품들은 언뜻 보면 동일해 보였지만 실제로는 윤곽선의 번짐이나 색상에서 조금씩 차이를 느낄 수 있었다. 이러한 앤디 워홀의 작업은 같음을 생산하는 과정을 되풀이함으로써 오히려 어떠한 결과물도 같을 수 없음을 보여 준다.

① 헤겔의 변증법을 활용하더라도 아인슈타인이라는 개별 대상을 온전히 규정할 수 없겠군.

근거 ❷-2 개념적 차이란 … 어떤 대상과 다른 대상의 상대적 다름을 의미, ❸-1~2 들뢰즈는 개념적 차이로는 대상만의 고유한 가치나 절대적 다름이 파악될 수 없다고 하였다. 왜냐하면 개념적 차이는 다른 대상과의 비교를 통해 파악된 결과로 다른 대상에 의존하는 방식이어서, 그 과정에서 개별 대상의 고유한 특성이 무시되기 때문

풀이 들뢰즈의 견해에 따르면, 헤겔의 변증법은 개별 대상을 다른 대상과 비교하여 그 상대적 다름을 파악하는 '개념적 차이'에 해당한다. 들뢰즈는 개념적 차이로는 개별 대상의 고유한 가치나 절대적 다름이 파악될 수 없다고 하였으므로, 헤겔의 변증법을 활용하더라도 아인슈타인이라는 개별 대상을 온전히 규정할 수는 없다고 보았을 것이다.
→ 적절함!

② 헤겔이 세상을 보는 방법론은 미리 만들어진 개념이 현실 세계의 개별 대상들을 규정하는 것이겠군.

근거 ❶-2~3 개념을 통해 체계와 기준을 머릿속에 먼저 정해 놓고 그것을 현실에 적용하는 개념주의적 태도를 지닌 근대 사상가들이 있었다. 하지만 들뢰즈는 이 세상에 동일한 것은 없다는 전제하에 세상을 개념으로만 파악하려는 태도를 비판

풀이 〈보기〉에서 헤겔의 변증법은 세상을 개념적으로 파악하기 위한 방법론이라고 하였다. 들뢰즈는 헤겔의 변증법처럼 개념을 통해 체계와 기준을 미리 정해 놓고 그것을 현실에 적용하는 개념주의적 태도를 비판하였다.
→ 적절함!

✓③ 앤디 워홀은 같음을 생산하는 과정을 되풀이하며 제작한 결과물을 통해 동일한 강도가 지각될 수 있음을 보여 주려 한 것이겠군.

근거 ❹-2 들뢰즈가 말하는 반복이란 되풀이하여 지각된 강도의 차이를 통해 개별 대상의 차이 자체를 발견해 나가는 과정을 의미, ❹-6 들뢰즈에게 차이 자체란 반복에 의해 경험하게 되는 강도의 차이를 의미

풀이 들뢰즈의 견해에 따르면 반복이란 되풀이하여 지각된 강도의 차이를 통해 개별 대상의 차이 자체를 발견해 나가는 과정을 의미한다. 따라서 들뢰즈는 〈보기〉의 앤디 워홀이 같음을 생산하는 과정을 되풀이(= 반복)함으로써 어떠한 결과물도 같을 수 없음, 즉 '강도의 차이'가 지각될 수 있음을 보여 주려 한 것이라고 보았을 것이다.
→ 적절하지 않음!

④ 앤디 워홀이 대량 인쇄 작업으로 제작한 작품들은 다른 것과 비교될 수 없는 개별 대상에 대한 감각적 경험을 가능하게 하겠군.

근거 ❹-2~3 들뢰즈가 말하는 반복이란 되풀이하여 지각된 강도의 차이를 통해 개별 대상의 차이 자체를 발견해 나가는 과정을 의미한다. 이때 강도란 정량화하기 힘든, 개별 대상의 고유한 크기이자, 다른 것과 비교될 수 없는 개별 대상에 대한 감각적 경험을 의미

풀이 〈보기〉에서 앤디 워홀은 대량 인쇄 작업(= 반복)을 거쳐 동일한 이미지를 작품으로 제작하였는데, 이 작품들은 윤곽선의 번짐이나 색상에서 조금씩 차이를 느낄 수 있었다(= 강도의 차이 지각). 들뢰즈는 이러한 앤디 워홀의 작품들에서 강도의 차이를 지각할 수 있다고 보았을 것이다. 이때 '강도'는 다른 것과 비교될 수 없는 개별 대상에 대한 감각적 경험을 의미한다고 하였으므로, 결국 들뢰즈의 입장에서 앤디 워홀이 대량 인쇄 작업으로 제작한 작품들은 다른 것과 비교될 수 없는 개별 대상에 대한 감각적 경험을 가능하게 하는 것에 해당한다고 볼 수 있다.
→ 적절함!

⑤ 앤디 워홀의 실크스크린 작품들에서는 다른 대상에 의존하는 방식으로는 파악할 수 없는 특성이 색상과 윤곽선에 대한 지각을 통해 드러나게 되는 것이겠군.

= 개념적 차이

근거 ❸-1~2 들뢰즈는 개념적 차이로는 대상만의 고유한 가치나 절대적 다름이 파악될 수 없다고 하였다. 왜냐하면 개념적 차이는 다른 대상과의 비교를 통해 파악된 결과로 다른 대상에 의존하는 방식이어서, 그 과정에서 개별 대상의 고유한 특성이 무시되기 때문, ❹-2~3 들뢰즈가 말하는 반복이란 되풀이하여 지각된 강도의 차이를 통해 개별 대상의 차이 자체를 발견해 나가는 과정을 의미한다. 이때 강도란 정량화하기 힘든, 개별 대상의 고유한 크기이자, 다른 것과 비교될 수 없는 개별 대상에 대한 감각적 경험을 의미

풀이 들뢰즈는 '다른 대상에 의존하는 방식'으로 파악할 수 있는 것은 '개념적 차이'이며 개념적 차이로는 대상의 고유한 특성이 파악될 수 없다고 하였다. 한편 <보기>에서 앤디 워홀이 대량 인쇄 작업을 통해 제작한 작품들에서는 각각의 윤곽선이나 색상을 통해 강도의 차이를 느낄 수 있었는데, 들뢰즈에 따르면 이렇게 지각된 강도의 차이를 통해 개별 작품들의 '차이 자체'를 발견할 수 있다. 따라서 들뢰즈의 입장에서 앤디 워홀의 실크스크린 작품들에서는 다른 대상에 의존하는 방식, 즉 개념적 차이로는 파악할 수 없는 특성이 색상과 윤곽선에 대한 지각을 통해 드러나게 된다고 보았을 것이다.

→ 적절함!

[029~033] 다음 글을 읽고 물음에 답하시오.

1 ¹한나 아렌트는 정치(政治, 나라를 다스리는 일)를 어떤 관점(觀點, 사물이나 현상을 관찰할 때 그 사람이 보고 생각하는 태도, 방향, 처지)에서 사유해야(思惟-, 두루 생각해야) 하는지, 그래서 어떻게 현실을 이해해야 하는지에 대한 정치철학적 지평(地平, 전망, 가능성)을 열어 준 철학자이다. ²아렌트의 정치철학을 이해하기 위해서는 그녀(한나 아렌트)가 생각하는 정치의 본질(本質, 처음부터 가지고 있는 그 자체의 성질이나 모습)을 이해할 필요가 있다. ³아렌트에 따르면 정치는 사적인(私的-, 개인에 관계되는) 것이 아닌, 공적인(公的-, 국가나 사회와 관계되는) 것에서부터 출발하고 공적인 것을 추구한다. ⁴그렇다면 공적인 것과 사적인 것은 어떤 점에서 구별되는가? ⁵아렌트가 이것(공적인 것과 사적인 것의 구별)과 관련하여 제기하는(提起-, 내어놓는) 핵심 문제는 바로 행위의 가능성이다. ⁶그녀(한나 아렌트)는 인간의 활동으로 '노동', '작업', '행위'를 제시하고 이 세 가지 활동(노동, 작업, 행위)이 서로 긴밀하게 연결되어 인간의 실존(實存, 실제 존재함)을 가능하게 한다고 말한다. ⁷그녀(한나 아렌트)가 생각하는 노동은 생물학적(生物學的, 생물의 기능, 구조, 발달 등을 연구하는 학문과 관련된) 욕구(欲求, 무엇을 얻거나 무슨 일을 하고자 바라는 일)를 충족시키는 동물적(動物的, 동물의 본성과 같은) 활동이다. ⁸노동은 자기 보존(自己保存, 자기의 생명을 보호하여 남기고 발전시키려는 본능)의 수단(手段, 목적을 이루기 위한 방법)일 뿐이고 생존(生存, 살아 있음)을 위해 필요한 생산(生産, 생활에 필요한 각종 물건을 만들어 냄)과 소비(消費, 욕구를 채우기 위해 재화를 써서 없앰)의 끊임없는 순환(循環, 주기적으로 자꾸 되풀이하여 돎) 과정 속에 종속된(從屬-, 딸려 붙게 된) 것이다. ⁹작업은 단순한 생존을 넘어서 삶의 편의(便宜, 편하고 좋음)를 위해 물건과 결과물을 만드는 것으로 자연과 구분되는 인간 세계를 구축하는(構築-, 기초를 닦아 세우는) 활동이다. ¹⁰마지막으로 행위는 다른 존재들과 상호(相互, 상대가 되는 이쪽과 저쪽이 함께)소통하며 자신의 존재를 드러내는 것으로 다수의 사람들과 공동의 관심사에 대해 의견을 나누는 활동을 의미한다. ¹¹그녀(한나 아렌트)는 행위가 노동, 작업과 달리 혼자서는 할 수 없기에 오직 행위만이 타인(他人, 다른 사람)의 지속적인(持續的-, 오래 계속되는) 현존(現存, 현재에 존재함)을 전제 조건(前提條件, 제대로 이루어지기 위해 앞서 이루어져야 하는 조건)으로 삼는다고 밝힌다. ¹²그리고 노동과 작업을 사적인 것으로, 행위를 공적인 것으로 구분하고 행위가 이루어지는 곳을 공적 영역으로 규정한다.(規定-, 제한하여 정한다.)

→ 정치의 본질 및 인간의 세 가지 활동 양식에 관한 한나 아렌트의 견해

2 ¹아렌트는 이러한 공적인 것과 사적인 것이 이루어지는 영역이 공간적으로 분리된다고 보았다. ²그리고 이러한 생각의 모델을 고대 그리스의 가정(家庭, 한 가족이 생활하는 집)과 폴리스*의 구분에서 찾았다. ³그녀(한나 아렌트)는 고대 그리스인들의 가정을 노동과 작업이 이루어지는 사적 영역으로 인식했으며(認識-, 구별하고 판단하여 알았으며) 가정에서 이루어지는 모든 활동은 필연성(必然性, 반드시 그렇게 될 수밖에 없는 성질)의 지배를 받는다고 보았다. ⁴노동은 인간이 생명을 보존해야(保存-, 잘 보호하여 남겨야) 한다는 필연성의 구속(拘束, 행동이나 생각의 자유를 제한함)을 받

고, 작업은 인간의 필요에 따라 유용한(有用-, 쓸모가 있는) 것만을 생산해야 한다는 필연성의 구속을 받는다는 것이다. ⁵또한 가정은 가장(家長, 한 가정을 이끌어 나가는 사람)을 중심으로 의견이 일치하는(一致-, 서로 어긋나지 않고 같은) 획일성(劃一性, 모두가 한결같아서 다름이 없는 성질)이 지배하는 불평등의 공간으로 인식했다. ⁶이에 반해(反-, 반대로) 폴리스는 공적 영역으로서 행위가 이루어지는 자유의 공간으로 인식했다. ⁷아렌트는 사적 영역과 공적 영역을 엄격하게(嚴格-, 엄하고 철저하게) 분리했지만, 그렇다고 사적 영역을 부정하지는(否定-, 옳지 않다고 반대하는) 않았다. ⁸사적 영역은 공적 영역을 위해 존재한다고 보았고, 가정에서 삶의 필연성을 충족한(充足-, 채워 모자람이 없게 한) 시민들이 폴리스라는 공적 영역으로 나아갈 수 있다고 여겼다. ⁹가정 밖으로 나온 시민들은 폴리스에서 다른 시민들을 만나 함께 공적인 문제를 자유롭게 논의하고(論議-, 서로 의견을 내어 토의하고) 결정했다. ¹⁰이때 자유롭다는 것은 삶의 필연성에서 벗어나 어떠한 강제(強制, 원하지 않는 일을 억지로 시킴)나 강요(強要, 억지로 요구함)도 없이 시민 모두가 평등한 위치에서 각자의 서로 다른 의견을 표현하고 공유하는 것을 의미한다. ¹¹그들(시민들)은 폴리스라는 공적 영역에서 언어적 소통을 통해 타인과 관계를 맺으며 내가 누구인지, 내 의견과 다른 사람들의 의견이 어떻게 다른지를 확인할 수 있었다. ¹²아렌트는 이러한 행위가 바로 정치라고 보았다. ¹³결국 고대 그리스인들이 공적 영역에서 행위를 통해 자유를 실현한 것처럼 아렌트는 정치의 본질을 자유의 실현이라고 생각했다.

→ 공적 영역과 사적 영역의 구분과 정치의 본질에 관한 아렌트의 견해

3 ¹그런데 아렌트는 근대 이후에 '사회'가 출현했고(出現-, 나타났고), 이 사회의 출현으로 말미암아 정치의 의미가 왜곡되었다고(歪曲-, 잘못되게 되었다고) 진단한다.(診斷-, 자세히 판단한다.) ²왜 아렌트는 사회의 출현을 부정적으로 생각한 것일까? ³그것은 그녀(한나 아렌트)가 사회를 경제적으로(經濟的-, 인간의 생활에 필요한 재화, 용역을 생산하고 분배하고 소비하는 모든 활동과 관련되어) 조직된 여러 구성원(構成員, 조직을 이루고 있는 사람)의 거대한 가족 결합체(結合體, 서로 관계를 맺어 하나가 되어 이룬 조직체)로 보았기 때문이다. ⁴고대 그리스에서 가정의 활동은 생계유지(生計維持, 살아 나갈 방법을 찾아 계속 이어 나감)에 필요한 재화(財貨, 사람이 바라는 바를 충족시켜 주는 모든 물건)나 용역(用役, 물질적 재화 형태를 가지지 않고 생산과 소비에 필요한 육체적 노력을 제공하는 일)을 생산하고 소비하는 노동 활동을 중심으로 이루어졌기에 경제 활동은 본래(本來, 처음부터) 사적 영역에서의 활동이었다. ⁵그런데 이러한 가정에서의 경제 활동이 근대에 이르러 사회가 출현하고 시장이 발달하면서 공적 영역으로 옮겨갔고 이로 인해 공적 영역과 사적 영역의 경계(境界, 어떤 기준에 의해 구별되는 한계)가 허물어졌다. ⁶경제 활동이 행위의 공간이었던 공적 영역에 자리하게 되면서 공적 영역이 사라지게 되었다는 것이 아렌트의 분석(分析, 복잡한 현상을 다양한 각도로 풀어서 논리적으로 해명함)이다.

→ 아렌트가 '사회'의 출현을 부정적으로 생각한 이유

4 ¹결국 아렌트가 말하는 사회의 문제점은 행위가 일어날 수 있는 가능성이 배제된다는(排除-, 받아들여지지 않고 제외된다는) 것이다. ²그녀(한나 아렌트)는 이러한 사회가 등장하며 새롭게 나타난 활동 양식을 '행동'이라 부른다. ³행동은 행위가 일어났던 공적인 공간에서 사람들이 오로지 사적인 이익(利益, 물질적으로나 정신적으로 이롭고 보탬이 되는 것)만을 추구하는 것을 말한다. ⁴인간 삶의 모든 것을 경제적 가치가 지배하는 근대 이후의 사회에서 사람들은 더 이상 다양한 관점을 가질 수 없게 되었다. ⁵사람들은 다른 사람들과 함께 공동의 문제를 위해 행위하지 않고 자신의 경제적 이익의 극대화를 위해 행동하기 때문이다. ⁶그로 인해 철저하게(徹底-, 깊은 구석까지 빈틈이 없이) 경제화된 근대 이후의 사회에서 사람들은 시장 경제 논리에 따라 움직이고, 궁극적으로(窮極的-, 그 과정의 마지막에 이르러서는) 행위가 일어날 가능성도 박탈당한다.(剝奪-, 빼앗긴다.) ⁷이런 의미에서 사회에서의 행동은 결코 행위가 될 수 없다. ⁸사람들은 오직 공적 영역에서만 자신의 행위 가능성을 보존하고 자유 실현의 가능성을 찾을 수 있다. ⁹이것이 바로 아렌트가 말하는 공적 영역을 우리가 회복하고(回復-, 원래의 상태를 되찾고) 보존해야 하는 이유인 것이다.

→ 아렌트가 말하는 '사회'의 문제점 및 공적 영역을 회복하고 보존해야 하는 이유

* 폴리스 : 고대 그리스에서 지역별로 도시 국가의 형태로 이루어진 정치 공동체

■ 지문 이해

〈한나 아렌트의 정치철학〉

❶ 정치의 본질 및 인간의 세 가지 활동 양식에 관한 한나 아렌트의 견해

- 정치는 공적인 것에서부터 출발하고 공적인 것을 추구하는 것이라고 생각함
- 인간의 활동 양식으로 노동, 작업, 행위를 제시함
- 노동 : 사적인 것
  - 생물학적 욕구를 충족시키는 동물적 활동
  - 자기 보존의 수단, 생존에 필요한 생산과 소비의 순환 과정 속에 종속된 것
- 작업 : 사적인 것
  - 단순한 생존을 넘어 삶의 편의를 위해 물건과 결과물을 만드는 것
  - 자연과 구분되는 인간 세계를 구축하는 활동
- 행위 : 공적인 것
  - 다른 존재들과 상호소통하며 자신의 존재를 드러내는 것
  - 다수의 사람들과 공동 관심사에 대해 의견을 나누는 활동
  - 노동, 작업과 달리 혼자서는 할 수 없음 → 타인의 지속적 현존을 전제 조건으로 삼음

❷ 공적 영역과 사적 영역의 구분과 정치의 본질에 관한 아렌트의 견해

- 공적인 것과 사적인 것이 이루어지는 영역은 공간적으로 분리된다고 봄
- 공적 영역과 사적 영역을 엄격하게 분리했지만 사적 영역을 부정하지는 않음 → 사적 영역은 공적 영역을 위해 존재한다고 봄
- 고대 그리스의 가정
  - 노동, 작업이 이루어지는 사적 영역
  - 필연성과 획일성의 지배를 받는 공간
- 고대 그리스의 폴리스
  - 공적 영역으로서 행위가 이루어지는 자유의 공간
  - 공적인 문제를 '자유롭게' 논의하고 결정함
  - 언어적 소통을 통해 타인과 관계를 맺으며 내가 누구인지, 내 의견과 다른 사람의 의견이 어떻게 다른지 확인함 → 이러한 행위가 바로 정치
- 정치의 본질 : 고대 그리스인들이 공적 영역에서 행위를 통해 자유를 실현한 것처럼, 정치의 본질은 자유의 실현이라고 봄

❸ 아렌트가 '사회'의 출현을 부정적으로 생각한 이유

- 근대 이후 '사회'의 출현으로 정치의 의미가 왜곡되었다고 봄
- 사적 영역에서의 활동이었던 경제 활동이 근대 이후 '사회'의 출현과 시장의 발달로 공적 영역으로 옮겨감 → 공적 영역과 사적 영역의 경계가 허물어짐
  ⇒ 경제 활동이 행위의 공간이었던 공적 영역에 자리하게 되면서 공적 영역이 사라지게 됨

❹ 아렌트가 말하는 '사회'의 문제점 및 공적 영역을 회복하고 보존해야 하는 이유

- '사회'의 문제점 : 행위가 일어날 수 있는 가능성이 배제됨
- 행동
  - 사회의 등장으로 새롭게 나타난 활동 양식
  - 행위가 일어났던 공적 공간에서 사람들이 오로지 사적 이익만을 추구하는 것
- 공적 영역을 회복하고 보존해야 하는 이유 : 사람들은 오직 공적 영역에서만 자신의 행위 가능성을 보존하고 자유 실현의 가능성을 찾을 수 있기 때문

---

029 | 글의 서술 방식 파악 – 적절한 것 고르기 2020년 9월 학평 37번
정답률 70% | 정답 ③

윗글의 내용 전개 방식으로 가장 적절한 것은?

근거 ❶-1 한나 아렌트는 … 철학자이다, ❶-3 아렌트에 따르면 정치는 … 공적인 것을 추구한다, ❷-12~13 아렌트는 이러한 행위가 바로 정치라고 보았다. 결국 고대 그리스인들이 공적 영역에서 행위를 통해 자유를 실현한 것처럼 아렌트는 정치의 본질을 자유의 실현이라고 생각, ❸-1 그런데 아렌트는 근대 이후에 '사회'가 출현했고, 이 사회의 출현으로 말미암아 정치의 의미가 왜곡되었다고 진단, ❸-6 경제 활동이 행위의 공간이었던 공적 영역에 자리하게 되면서 공적 영역이 사라지게 되었다는 것이 아렌트의 분석, ❹-1 아렌트가 말하는 사회의 문제점은 행위가 일어날 수 있는 가능성이 배제된다는 것, ❹-8~9 사람들은 오직 공적 영역에서만 자신의 행위 가능성을 보존하고 자유 실현의 가능성을 찾을 수 있다. 이것이 바로 아렌트가 말하는 공적 영역을 우리가 회복하고 보존해야 하는 이유인 것

풀이 윗글에서는 먼저 한나 아렌트라는 철학자가 밝힌 정치와 관련된 이론을 제시하고, 아렌트가 말하는 근대 이후 사회의 문제점이 무엇인지를 설명하고 있다. 따라서 정

답은 ③번이다.

① ~~특정 철학자의 정치 이론의 변화 과정을 설명하고 그의 견해가 지니는 의의를 강조하~~고 있다. *特定, 특별히 가리켜 정한 **意義, 중요성이나 가치

② ~~특정 철학자가 제시하는 인간 활동의 *유형을 비교하고 그의 정치 이론이 지닌 **한계를 평가하~~고 있다. *類型, 성질이나 특징을 공통적인 것끼리 묶은 하나의 틀 **限界, 능력, 책임 등이 실제로 작용할 수 있는 범위

✓③ 특정 철학자가 밝힌 정치와 관련된 이론을 제시하고 그가 비판하는 근대 이후 사회의 문제를 설명하고 있다.
→ 적절함!

④ ~~특정 철학자의 정치와 관련된 *가설을 소개하고 다양한 역사적 **사례를 통해 가설의 ***타당성을 ****검토하~~고 있다. *假說, 설명하려고 임시로 세운 이론 **事例, 전에 실제로 일어난 예 ***妥當性, 이치에 맞는 옳은 성질 ****檢討–, 분석하여 따지고

⑤ ~~특정 철학자가 분석하는 정치 체제의 발달 단계를 *고찰하고 근대 이후 사회에서 필요한 정치 체제를 제시하~~고 있다. *考察–, 깊이 생각하여 연구하고

---

030 | 세부 정보 이해 – 적절하지 않은 것 고르기 2020년 9월 학평 38번
정답률 70% | 정답 ②

윗글에 대한 이해로 적절하지 않은 것은?

① 자유는 다른 사람과 관계를 맺는 행위를 통해 실현되는 것이다.

근거 ❷-11 그들(고대 그리스의 시민들)은 폴리스라는 공적 영역에서 언어적 소통을 통해 타인과 관계를 맺으며 내가 누구인지, 내 의견과 다른 사람들의 의견이 어떻게 다른지를 확인할 수 있었다, ❷-13 고대 그리스인들이 공적 영역에서 행위를 통해 자유를 실현한 것처럼

풀이 윗글에서 한나 아렌트는 고대 그리스의 시민들이 타인과 관계를 맺으며 언어적으로 소통하는 행위를 통해 자유를 실현하였다고 보았다. 따라서 자유는 다른 사람들과 관계를 맺는 행위를 통해 실현되는 것이라는 설명은 적절하다.

→ 적절함!

✓② 정치는 사람들이 자유를 실현하기 위해 개인의 행위를 강제하는 것이다.

근거 ❷-9~10 시민들은 폴리스에서 다른 시민들을 만나 함께 공적인 문제를 자유롭게 논의하고 결정했다. 이때 자유롭다는 것은 삶의 필연성에서 벗어나 어떠한 강제나 강요도 없이 시민 모두가 평등한 위치에서 각자의 서로 다른 의견을 표현하고 공유하는 것을 의미한다, ❷-12~13 아렌트는 이러한 행위가 바로 정치라고 보았다. 결국 고대 그리스인들이 공적 영역에서 행위를 통해 자유를 실현한 것처럼 아렌트는 정치의 본질을 자유의 실현이라고 생각했다.

풀이 고대 그리스의 시민들은 공적 영역인 폴리스에서 다른 시민들과 함께 공적인 문제에 대해 '어떠한 강제나 강요도 없이' 평등한 위치에서 논의하였다. 한나 아렌트는 고대 그리스인들이 공적 영역에서 행위를 통해 자유를 실현한 것처럼, 정치의 본질도 자유의 실현이라고 보았다. 따라서 정치는 사람들이 자유를 실현하기 위해 개인의 행위를 '강제하는' 것이라는 설명은 적절하지 않다.

→ 적절하지 않음!

③ 정치는 인간들이 평등한 위치에서 공적인 문제에 대해 논의하는 것이다.

근거 ❷-9~10 가정 밖으로 나온 시민들은 폴리스에서 다른 시민들을 만나 함께 공적인 문제를 자유롭게 논의하고 결정했다. 이때 자유롭다는 것은 삶의 필연성에서 벗어나 어떠한 강제나 강요도 없이 시민 모두가 평등한 위치에서 각자의 서로 다른 의견을 표현하고 공유하는 것을 의미한다, ❷-12 아렌트는 이러한 행위가 바로 정치라고 보았다.

풀이 한나 아렌트는 고대 그리스의 시민들이 다른 시민들과 평등한 위치에서 공적인 문제를 자유롭게 논의하고 결정한 행위가 바로 정치라고 보았다. 따라서 정치는 인간들이 평등한 위치에서 공적인 문제에 대해 논의하는 것이라는 설명은 적절하다.

→ 적절함!

④ 행위는 언어적 소통을 통해 다른 사람에게 자신의 존재를 드러내는 것이다.

근거 ❶-10 행위는 다른 존재들과 상호소통하며 자신의 존재를 드러내는 것, ❷-11 공적 영역에서 언어적 소통을 통해 타인과 관계를 맺으며

풀이 한나 아렌트는, 행위는 공적 영역에서 언어적 소통을 통해 타인과 관계를 맺으며 자신의 존재를 드러내는 것이라고 보았다.

→ 적절함!

⑤ 행위는 인간의 생존을 위한 필연성의 구속을 벗어난 곳에서 이루어지는 것이다.

근거 **❶**-12 노동과 작업을 사적인 것으로, 행위를 공적인 것으로 구분하고 행위가 이루어지는 곳을 공적 영역으로 규정, **❷**-1 공적인 것과 사적인 것이 이루어지는 영역이 공간적으로 분리된다고 보았다, **❷**-3~4 가정을 노동과 작업이 이루어지는 사적 영역으로 인식했으며 가정에서 이루어지는 모든 활동은 필연성의 지배를 받는다고 보았다. 노동은 인간이 생명을 보존해야 한다는 필연성의 구속을 받고, 작업은 인간의 필요에 따라 유용한 것만을 생산해야 한다는 필연성의 구속을 받는다는 것, **❷**-6 이에 반해 폴리스는 공적 영역으로서 행위가 이루어지는 자유의 공간으로 인식

풀이 한나 아렌트는 필연성의 구속을 받는 '노동'이나 '작업'은 사적 영역인 가정에서 이루어진다고 보았다. 이와 달리 '행위'는 공적 영역인 폴리스에서 이루어진다고 보았다. 따라서 행위는 인간의 생존을 위한 필연성의 구속을 벗어난 곳에서 이루어지는 것이라는 설명은 적절하다.

→ 적절함!

1등급문제

031 세부 정보 이해 – 적절한 것 고르기 2020년 9월 학평 39번 정답률 60%, 매력적 오답 ③ 15% | 정답 ①

'한나 아렌트'의 견해에 대해 〈보기〉의 견해를 가진 사람이 비판한 내용으로 가장 적절한 것은?

| 보기 |
[1]인간은 노동을 통해 자아를 실현하는 창조적 존재이다. [2]인간에게 노동은 물질적 생활을 충족시키고, 자연과 상호작용하는 인간의 세계를 만드는 활동이다. [3]또한 노동은 동물과 구별되는 인간의 고유한(固有–. 처음부터 특별히 가지고 있는) 삶의 방식으로 노동을 통해 인간은 다른 사람들과 관계를 맺고 공동체의 구성원으로서의 자신의 삶을 깨닫게 된다. [4]이러한 노동으로 인간은 자유를 실현할 수 있고 인간다운 삶을 살 수 있게 된다.

✔① 당신은 노동을 자기 보존의 수단으로 보지만, 노동은 인간에게 자유를 가능하게 합니다.

근거 **❶**-8 (한나 아렌트가 생각하는) 노동은 자기 보존의 수단일 뿐이고, 〈보기〉-4 노동으로 인간은 자유를 실현할 수 있고

풀이 윗글에서 한나 아렌트는 노동을 자기 보존의 수단으로 보았지만, 〈보기〉에서는 인간이 노동으로 자유를 실현할 수 있다고 보았다. 따라서 〈보기〉의 견해를 가진 사람이 한나 아렌트의 견해에 대해 비판한 내용으로 적절하다.

→ 적절함!

'행위'에 대한 한나 아렌트의 견해
② 당신은 노동을 ~~정치적 활동~~으로 보지만, 노동은 인간의 물질적 생활을 충족시켜 줍니다.

근거 **❶**-8 (한나 아렌트가 생각하는) 노동은 자기 보존의 수단일 뿐이고 생존을 위해 필요한 생산과 소비의 끊임없는 순환 과정 속에 종속된 것, **❷**-12 아렌트는 이러한 행위가 바로 정치라고 보았다, 〈보기〉-2 인간에게 노동은 물질적 생활을 충족시키고

풀이 윗글에서 한나 아렌트는, 노동은 자기 보존의 수단일 뿐이며 생존을 위해 필요한 생산과 소비의 끊임없는 순환 과정 속에 종속된 것으로 보았으며, '노동'이 아니라 '행위'를 정치적 활동으로 보았다. 따라서 〈보기〉의 견해를 가진 사람이 한나 아렌트의 견해에 대해, 노동을 정치적 활동으로 본다고 비판한 것은 적절하지 않다.

→ 적절하지 않음!

'작업'에 대한 한나 아렌트의 견해
③ 당신은 노동을 삶의 편의를 위해 물건을 만드는 활동으로 보지만, 노동으로 인간은 자아를 실현할 수 있습니다.

근거 **❶**-9 (한나 아렌트가 생각하는) 작업은 단순한 생존을 넘어서 삶의 편의를 위해 물건과 결과물을 만드는 것, 〈보기〉-1 인간은 노동을 통해 자아를 실현

풀이 한나 아렌트가 삶의 편의를 위해 물건을 만드는 활동으로 본 것은 '노동'이 아니라 '작업'이다. 따라서 〈보기〉의 견해를 가진 사람이 한나 아렌트의 견해에 대해, 노동을 삶의 편의를 위해 물건을 만드는 활동으로 본다고 비판한 것은 적절하지 않다.

→ 적절하지 않음!

다른 사람의 존재를 필요로 하지 않는다고
④ 당신은 노동을 다른 사람들과 관계를 맺는 활동으로 보지만, 노동은 ~~다른 사람의 존재를 필요로 하지 않습니다.~~

다른 사람들과 관계를 맺는 활동입니다

근거 **❶**-10~11 행위는 다른 존재들과 상호소통하며 자신의 존재를 드러내는 것으로 … 그녀는 행위가 노동, 작업과 달리 혼자서는 할 수 없기에, 〈보기〉-3 노동을 통해 인간은 다른 사람들과 관계를 맺고 공동체의 구성원으로서의 자신의 삶을 깨닫게 된다.

풀이 한나 아렌트가 다른 사람들과 관계를 맺는 활동으로 본 것은 '노동'이 아니라 '행위'이다. 아렌트는 행위가 노동, 작업과 달리 혼자서는 할 수 없다고 보았다. 즉 그는 노동, 작업은 혼자서 할 수 있다고 보았던 것이다. 한편 〈보기〉에서는 노동을 통해 인간이 다른 사람과 관계를 맺는다고 하였다. 따라서 한나 아렌트의 견해에 대해 노동을 다른 사람들과 관계를 맺는 활동으로 본다고 한 것과, 〈보기〉의 견해에 대해 노동은 다른 사람의 존재를 필요로 하지 않는다고 한 것 모두 적절하지 않다.

→ 적절하지 않음!

동물적 활동으로   노동은 동물과 구별되는 인간의 고유한 삶의 방식입니다
⑤ 당신은 노동을 인간만이 할 수 있는 활동으로 보지만, ~~노동으로는 인간과 동물의 삶의 방식을 구분 지을 수 없습니다.~~

근거 **❶**-7 그녀가 생각하는 노동은 생물학적 욕구를 충족시키는 동물적 활동, 〈보기〉-3 노동은 동물과 구별되는 인간의 고유한 삶의 방식

풀이 한나 아렌트는 노동을 동물적 활동이라고 보았고, 〈보기〉에서는 노동을 동물과 구별되는 인간의 고유한 삶의 방식이라고 보았다. 따라서 한나 아렌트의 견해에 대해 노동을 인간만이 할 수 있는 활동으로 본다고 한 것과, 〈보기〉의 견해에 대해 노동으로 인간과 동물의 삶의 방식을 구분 지을 수 없다고 한 것 모두 적절하지 않다.

→ 적절하지 않음!

032 핵심 개념 이해 – 적절하지 않은 것 고르기 2020년 9월 학평 40번 정답률 65%, 매력적 오답 ③ 10% | 정답 ④

'한나 아렌트'가 말하는 [사회]에 대한 이해로 적절하지 않은 것은?

① 사람들은 사회에서 행위를 하기 어렵겠군.

근거 **❹**-1 아렌트가 말하는 사회의 문제점은 행위가 일어날 수 있는 가능성이 배제된다는 것

→ 적절함!

② 사람들은 사회에서 공동의 문제에 관심을 가지지 않겠군.

근거 **❹**-5 사람들은 다른 사람들과 함께 공동의 문제를 위해 행위하지 않고 자신의 경제적 이익의 극대화를 위해 행동

→ 적절함!

③ 사람들은 고대 그리스의 가정에서 했던 경제 활동을 사회에서 하겠군.

근거 **❸**-4~5 고대 그리스에서 가정의 활동은 생계유지에 필요한 재화나 용역을 생산하고 소비하는 노동 활동을 중심으로 이루어졌기에 경제 활동은 본래 사적 영역에서의 활동이었다. 그런데 이러한 가정에서의 경제 활동이 근대에 이르러 사회가 출현하고 시장이 발달하면서 공적 영역으로 옮겨갔고 이로 인해 공적 영역과 사적 영역의 경계가 허물어졌다.

→ 적절함!

✔④ 사람들은 시장 경제가 발달한 사회일수록 정치를 실현할 수 있는 영역을 *확장하겠군. *擴張–. 넓히겠군.

근거 **❶**-3 아렌트에 따르면 정치는 사적인 것이 아닌, 공적인 것에서부터 출발하고 공적인 것을 추구한다, **❸**-5~6 가정에서의 경제 활동이 근대에 이르러 사회가 출현하고 시장이 발달하면서 공적 영역으로 옮겨갔고 이로 인해 공적 영역과 사적 영역의 경계가 허물어졌다. 경제 활동이 행위의 공간이었던 공적 영역에 자리하게 되면서 공적 영역이 사라지게 되었다는 것이 아렌트의 분석, **❹**-6 철저하게 경제화된 근대 이후의 사회에서 사람들은 시장 경제 논리에 따라 움직이고, 궁극적으로 행위가 일어날 가능성도 박탈당한다.

풀이 한나 아렌트는 근대에 이르러 사회가 출현하고 시장이 발달하면서 경제 활동이 사적 영역에서 공적 영역으로 옮겨갔고, 이로 인해 공적인 것에서 출발하고 공적인 것을 추구하는 '정치'를 실현할 수 있는 공적 영역이 사라지게 되었다고 분석하였다. 따라서 사람들은 시장 경제가 발달한 사회일수록 정치를 실현할 수 있는 영역을 확장할 것이라는 설명은 한나 아렌트의 견해로 적절하지 않다.

→ 적절하지 않음!

⑤ 사람들은 사회를 지배하는 하나의 가치만을 추구할 뿐 다양한 관점은 갖지 못하겠군.

근거 **❹**-4~5 인간 삶의 모든 것을 경제적 가치가 지배하는 근대 이후의 사회에서 사람들은 더 이상 다양한 관점을 가질 수 없게 되었다. 사람들은 다른 사람들과 함께 공동의 문제를 위해 행위하지 않고 자신의 경제적 이익의 극대화를 위해 행동하기 때문

→ 적절함!

033 | <보기>와 내용 비교 – 적절한 것 고르기 2020년 9월 학평 41번
정답률 65% | 정답 ①

윗글의 '한나 아렌트'와 <보기>의 '공자', '플라톤'을 비교한 내용으로 가장 적절한 것은? [3점]

| 보기 |
[1]공자는 부자(父子, 아버지와 아들) 관계에서 자식이 부모를 사랑하는 것을 정치로 간주하였고(看做–, 여겼고), 이러한 사랑이 국가 차원으로 확장된다고 여겼다. [2]즉 국가는 가정의 확장이기 때문에 공적 영역과 사적 영역은 구분할 수 없고 가정에서의 관계 맺음은 정치 체제의 근본 토대(土臺, 밑바탕)가 된다는 것이다.
[3]한편 플라톤은 정치와 관련하여 사적 영역인 가정을 이상 국가(理想國家, '이상(理想)'은 생각할 수 있는 범위 안에서 가장 완전하다고 여겨지는 상태를 뜻하며, 플라톤이 말하는 이상 국가는 완벽하게 좋은 나라, 아름다운 나라, 지혜·용기·절제 등 모든 덕목을 갖춘 정의로운 나라임)를 만드는 데 방해물로 보았다. [4]국가를 위해서는 개인의 욕망을 절제해야 하는데 가정은 개인의 욕망을 보호하는 역할을 하기 때문이다. [5]그래서 플라톤은 정치가들에게 자식과 재산을 공유할 것을 주장하며, 공적인 것을 위해 사적인 것을 지양해야(止揚–, 하지 않아야) 한다고 강조했다.

▶ 한나 아렌트와 공자, 플라톤의 견해 비교	아렌트	공자	플라톤
공적 영역과 사적 영역을 공간적으로 분리해서 인식함	○		○
사적 영역에서도 정치가 이루어진다고 봄		○	
가족 구성원의 관계 맺음을 정치로 인식함		○	
공적인 것을 위해 사적인 것을 지양해야 한다고 여김			○
사적인 것을 공유해야만 공적인 영역에서의 정치가 가능하다고 봄			○

① '공자'와 달리 '한나 아렌트'는 공적 영역과 사적 영역을 공간적으로 분리해서 인식하고 있군.
근거 ❷-1 아렌트는 이러한 공적인 것과 사적인 것이 이루어지는 영역이 공간적으로 분리된다고 보았다, <보기>-2 (공자의 견해에 따르면) 공적 영역과 사적 영역은 구분할 수 없고

→ 적절함!
'한나 아렌트'와 달리 '공자'는

② '공자'와 '한나 아렌트'는 모두 사적 영역에서도 정치가 이루어진다고 보고 있군.
근거 ❶-12 (한나 아렌트는) 행위가 이루어지는 곳을 공적 영역으로 규정, ❷-12 아렌트는 이러한 행위가 바로 정치라고 보았다, <보기>-1 공자는 부자 관계에서 자식이 부모를 사랑하는 것을 정치로 간주하였고, 이러한 사랑이 국가 차원으로 확장된다고 여겼다.
풀이 '공자'는 사적 영역인 가정에서 자식이 부모를 사랑하는 것을 정치로 간주하였다. 사적 영역에서도 정치가 이루어진다고 본 것이다. 반면 '한나 아렌트'는 행위, 즉 정치가 이루어지는 곳을 공적 영역으로 규정하였다.

→ 적절하지 않음!
'한나 아렌트'와 달리 '공자'는

③ '공자'와 '한나 아렌트'는 모두 가족 구성원의 관계 맺음을 정치로 인식하고 있군.
근거 ❷-3 그녀는 고대 그리스인들의 가정을 노동과 작업이 이루어지는 사적 영역으로 인식, ❷-5 (한나 아렌트는) 가정은 가장을 중심으로 의견이 일치하는 획일성이 지배하는 불평등의 공간으로 인식, <보기>-2 (공자의 견해에 따르면) 가정에서의 관계 맺음은 정치 체제의 근본 토대가 된다는 것
풀이 '공자'는 가정에서의 관계 맺음을 정치로 인식하였다. 반면 '한나 아렌트'는 가정을 사적 영역으로 인식하고, 가장을 중심으로 의견이 일치하는 획일성이 지배하는 불평등의 공간으로 보았다.

→ 적절하지 않음!
'한나 아렌트'와 달리 '플라톤'은

④ '플라톤'과 달리 '한나 아렌트'는 공적인 것을 위해 사적인 것을 지양해야 한다고 여기고 있군.
근거 ❷-7~8 아렌트는 사적 영역과 공적 영역을 엄격하게 분리했지만, 그렇다고 사적 영역을 부정하지는 않았다. 사적 영역은 공적 영역을 위해 존재한다고 보았고, 가정에서 삶의 필연성을 충족한 시민들이 폴리스라는 공적 영역으로 나아갈 수 있다고 여겼다, <보기>-5 (플라톤은) 공적인 것을 위해 사적인 것을 지양해야 한다고 강조
풀이 '플라톤'은 공적인 것을 위해 사적인 것을 지양해야 한다고 강조하였다. 반면 '한나 아렌트'는 사적 영역을 부정하지 않았으며, 사적 영역인 가정에서 삶의 필연성을 충족한 시민들이 공적 영역인 폴리스로 나아갈 수 있다고 여겼다.

→ 적절하지 않음!
'플라톤'은

⑤ '플라톤'과 '한나 아렌트'는 모두 사적인 것을 공유해야만 공적인 영역에서의 정치가 가능하다고 보고 있군.
근거 <보기>-5 플라톤은 정치가들에게 자식과 재산을 공유할 것을 주장
풀이 '플라톤'은 정치가들에게 사적인 것을 공유할 것을 주장하였다. 그러나 윗글에서 '한나 아렌트'가 사적인 것을 공유해야 공적인 영역에서의 정치가 가능하다고 주장한 내용은 확인할 수 없다.

→ 적절하지 않음!

[034~038] 다음 글을 읽고 물음에 답하시오.

1 [1]비트겐슈타인은 철학(哲學, 인간과 세계에 대한 근본 원리와 삶의 본질 등을 연구하는 학문)의 관심사가 사람이 '생각하는 바(생각하는 그 자체)'가 아닌 사람이 생각하는 바를 표현하는(表現–, 언어나 몸짓 등으로 드러내어 나타내는) 것'이어야 한다고 주장했다. [2]그(비트겐슈타인)는 정신이나 이성(理性, 논리적으로 생각하고 판단하는 능력)에 관심을 가졌던 종래(從來, 지금까지)의 철학이 명제(命題, 논리적 판단 내용과 주장을 언어 또는 기호로 표시한 것)와 사실의 관계를 간과했다고(看過–, 대강 봐 넘겼다고) 지적하며, 새로운 철학은 '말할 수 있는 것'과 '말할 수 없는 것'의 한계(限界, 작용할 수 있는 범위)를 명확하게 설정할 수 있어야 한다고 보았다.

→ 비트겐슈타인이 말하는 '새로운 철학'

2 [1]이(철학이 '말할 수 있는 것'과 '말할 수 없는 것'의 한계를 명확하게 설정할 수 있어야 하는 것)를 위해 비트겐슈타인은 먼저 명제와 사실의 관계를 분명히 했다. [2]그(비트겐슈타인)에 의하면 명제는 사실과 대응한다.(對應–, 서로 짝이 된다.) [3]그래서 그(비트겐슈타인)는 명제와 사실을 비교해서 명제가 사실과 일치하면 참, 사실과 일치하지 않으면 거짓이라고 보았다. [4]이를테면 '지구는 태양 주위를 돈다.'라는 명제는 지구가 태양 주위를 돌고 있다는 실제 경험할 수 있는 사실과 비교할 때 사실과 일치하기 때문에 참이 된다. [5]반면 '태양은 지구 주위를 돈다.'라는 명제는 사실과 비교할 때 거짓이 된다. [6]이처럼 비트겐슈타인은 하나의 명제는 하나의 사실과 대응하여 참 또는 거짓으로 판단할 수 있다고 보았다.

→ 명제와 사실의 관계에 대한 비트겐슈타인의 견해

3 [1]그렇다면 '지구는 태양 주위를 돌고, 달은 지구 주위를 돈다.'와 같은 명제도 하나의 사실에 대응하는 것일까? [2]비트겐슈타인은 진리함수이론을 통해 이 같은 고민을 해결하고자 했다. [3]그(비트겐슈타인)는 어떤 명제는 그(명제) 안에 좀 더 단순한 형태의 명제들을 포함할 수 있다고 생각했다. [4]그래서 명제와 사실의 관계에 있어 논리적 기초가 되는 ⊙ '요소명제'라는 언어 단위를 도입하였다.(導入–, 끌어 들였다.) [5]그(비트겐슈타인)에 따르면 요소명제는 더 이상 분석할(分析–, 더 단순하게 나눌) 수 없는 최소의 언어 단위로, 최소의 사실 단위인 '원자사실'에 대응한다. [6]그래서 그(비트겐슈타인)는 요소명제가 원자사실과 일치하면 '참(T)'이라는 진릿값을, 일치하지 않으면 '거짓(F)'이라는 진릿값을 갖는다고 보았으며, 명제의 진릿값이 나올 수 있는 경우의 수를 진리가능성이라고 불렀다. [7]그(비트겐슈타인)에 의하면 요소명제의 진리가능성은 언제나 참과 거짓, 2개가 된다. [8]또한 그(비트겐슈타인)는 두 개 혹은 그 이상의 요소명제로 구성된 명제를 '복합명제'라고 불렀는데, 복합명제를 구성하는 각각의 요소명제는 각각 하나의 원자사실과 대응하기 때문에 여기서 나올 수 있는 진릿값을 조합한(組合–, 한데 모아 한 덩어리가 되게 한) 모든 경우의 수가 복합명제의 진리가능성이 된다고 보았다. [9]결국 복합명제가 몇 개의 요소명제들로 이루어지느냐에 따라 요소명제의 수를 n이라고 보면, 복합명제의 진리가능성은 2^n개가 된다.

• ❸-9 보충 설명
p, q 두 개의 요소명제로 이루어진 복합명제의 경우를 예로 들었을 때, 이 복합명제의 진리가능성은 요소명제 p가 참(T)이고 요소명제 q도 참(T)인 경우(TT), 요소명제 p가 참(T)이고 요소명제 q가 거짓(F)인 경우(TF), 요소명제 p가 거짓(F)이고 요소명제 q가 참(T)인 경우(FT), 요소명제 p가 거짓(F)이고 요소명제 q도 거짓(F)인 경우(FF)의 4개(2^2개)가 된다.

→ 진리함수이론 ① : 복합명제의 진리가능성

4 [1]그리고 비트겐슈타인은 복합명제의 진릿값은 복합명제를 구성하는 각각의 요소명제들의 진릿값에 대한 진리연산을 통해 얻을 수 있다고 보았다. [2]이때 진리연산은 요소명제들로부터 진리함수가 만들어져 나오는 방법이며, 진리연산의 결과는 복합명제가 참이 되거나 거짓이 되는 조건을 말해주는 진리조건이 된다.

[3]그래서 '지구는 태양 주위를 돌고, 달은 지구 주위를 돈다.'라는 복합명제의 경우에는 '지구는 태양 주위를 돈다.'라는 요소명제 p와 '달은 지구 주위를 돈다.'라는 요소명제 q가 '그리고'에 의해 결합되어 있으므로, 이 복합명제('지구는 태양 주위를 돌고, 달은 지구 주위를 돈다.')는 p와 q의 진릿값에 대해 '그리고'라는 진리연산이 적용된 진리함수 p∧q로 표현할 수 있다. [4]진리함수 p∧q는 '지구는 태양 주위를 돈다.'(요소명제 p)가 참(T)이고, '달은 지구 주위를 돈다.'(요소명제 q)도 참(T)이 될 때에만 진릿값이 참(T)이 된다. [5]이(복합명제의 진릿값)를 비트겐슈타인이 고안한(考案-, 연구하여 생각해 낸) 진리표로 만들면, 〈표〉와 같이 p와 q의 진리가능성은 TT, FT, TF, FF가 되고, p∧q의 진리조건은 TFFF가 된다.

요소명제		진리연산
p	q	p∧q
T	T	T
F	T	F
T	F	F
F	F	F

p와 q의 진리가능성 : TT, FT, TF, FF 〈표〉 p∧q의 진리조건

→ 진리함수이론 ② : 복합명제의 진릿값

[5] [1]비트겐슈타인은 이렇게 복합명제를 진리표로 만들었을 때, 진리조건에 T와 F가 함께 표기되는 명제, 즉 사실과 비교함으로써 참 또는 거짓을 판단할 수 있는 명제를 '의미 있는 명제'라고 불렀다. [2]그리고 그(비트겐슈타인)는 의미 있는 명제가 바로 우리가 '말할 수 있는 것'의 영역에 포함된다고 보았다. [3]반면에 그(비트겐슈타인)는 우리가 '말할 수 없는 것'의 영역에 포함되는 명제로 '무의미한 명제'와 '의미를 결여한(缺如-, 갖추지 못한) 명제'를 제시했다. [4]무의미한 명제는 그 명제에 대응하는 사실이 없어서 참과 거짓을 가려낼(밝힐) 수 없는 명제이다. [5]그리고 의미를 결여한 명제는 그 명제에 대응하는 사실은 없지만, 언제나 참이거나 언제나 거짓인 명제이다. [6]만약 의미를 결여한 명제를 진리표로 만든다면 그(의미를 결여한 명제의) 진리조건은 언제나 모두 참이거나 모두 거짓으로 표기되겠지만, 이(언제나 모두 참이거나 모두 거짓으로 표기되는, 의미를 결여한 명제의 진리조건)는 진리연산의 결과와 상관없는 표기이다. [7]결국 비트겐슈타인은 진리함수이론을 통해 우리가 말할 수 있는 것의 영역에는 참 또는 거짓으로 판단할 수 있는 의미 있는 명제밖에 없다는 것을 보여줄 수 있었다.

→ 진리함수이론 ③ : 말할 수 있는 것의 영역에 포함되는 '의미 있는 명제'

■지문 이해
〈비트겐슈타인의 진리함수이론〉

❶ 비트겐슈타인이 말하는 '새로운 철학'
• 철학의 관심사 : 사람이 '생각하는 바를 표현하는 것'이어야 함
• 새로운 철학 : 말할 수 있는 것과 말할 수 없는 것의 한계를 명확하게 설정할 수 있어야 함

❷ 명제와 사실의 관계에 대한 비트겐슈타인의 견해
• 하나의 명제는 하나의 사실과 대응하여 참 또는 거짓으로 판단할 수 있다고 봄

진리함수이론

❸ 복합명제의 진리가능성
• 요소명제 : 더 이상 분석할 수 없는 최소의 언어 단위 ┐
• 원자사실 : 최소의 사실 단위 ┘ 대응
• 진리가능성
  - 명제의 진릿값이 나올 수 있는 경우의 수
  - 요소명제의 진리가능성은 언제나 참(T), 거짓(F)의 2개임
• 복합명제
  - 둘 이상의 요소명제로 구성된 명제
  - 각각의 요소명제는 각각 하나의 원자사실과 대응함
• 복합명제의 진리가능성 : 2^n 개 (n : 요소명제의 수)

❹ 복합명제의 진릿값
• 진리연산 : 요소명제들로부터 진리함수가 만들어져 나오는 방법
• 진리연산의 결과 : 복합명제가 참 또는 거짓이 되는 조건을 말해주는 진리조건이 됨
• 진리함수 : 각 요소명제의 진릿값에 대해 진리연산을 적용하여 표현한 것

❺ 말할 수 있는 것의 영역에 포함되는 '의미 있는 명제'
• 말할 수 있는 것의 영역에 포함되는 명제
  - 의미 있는 명제 : 사실과 비교하여 참 또는 거짓을 판단할 수 있는 명제
• 말할 수 없는 것의 영역에 포함되는 명제
  - 무의미한 명제 : 명제에 대응하는 사실이 없어서 참과 거짓을 가려낼 수 없는 명제
  - 의미를 결여한 명제 : 그 명제에 대응하는 사실은 없지만, 언제나 참이거나 언제나 거짓인 명제

034 | 글의 서술 방식 파악 – 적절한 것 고르기 2019년 11월 학평 25번 | 정답 ④
정답률 80%

윗글에 대한 설명으로 가장 적절한 것은?

근거 ❷-1~3 비트겐슈타인은 먼저 명제와 사실의 관계를 분명히 했다. 그에 의하면 명제는 사실과 대응한다. 그래서 그는 명제와 사실을 비교해서 명제가 사실과 일치하면 참, 사실과 일치하지 않으면 거짓이라고 보았다. ❸-1~2 '지구는 태양 주위를 돌고, 달은 지구 주위를 돈다.'와 같은 명제도 하나의 사실에 대응하는 것일까? 비트겐슈타인은 진리함수이론을 통해 이 같은 고민을 해결하고자 했다. ❹-1~5 비트겐슈타인은 복합명제의 진릿값은 … 그래서 '지구는 태양 주위를 돌고, 달은 지구 주위를 돈다.'라는 복합명제의 경우에는, ❺-7 비트겐슈타인은 진리함수이론을 통해 우리가 말할 수 있는 것의 영역에는 참 또는 거짓으로 판단할 수 있는 의미 있는 명제밖에 없다는 것을 보여줄 수 있었다.

풀이 윗글은 명제와 사실의 관계에 대한 비트겐슈타인의 견해를 설명하고 있다. 먼저 ❷문단에서 명제가 사실과 대응한다는 명제와 사실의 관계를 밝히고, 이와 관련한 그의 진리함수이론에 대해 ❸문단과 ❹문단에서 구체적인 예를 통해 자세히 설명하였다. 따라서 정답은 ④번이다.

① 명제와 사실이 갖는 한계를 지적하고, 이를 극복할 수 있는 방법을 소개하고 있다.

② 명제와 사실의 공통점을 사례를 중심으로 보여주고, 특정 이론을 통해 이를 점검하고 있다.

③ 명제에 대한 통념을 비판하고, 다양한 철학자의 견해를 비교하여 새로운 주장을 내세우고 있다.

④ 명제와 사실의 관계를 밝히고, 이와 관련된 특정 이론을 구체적인 예시를 사용하여 설명하고 있다.
→ 적절함!

⑤ 명제에 대한 특정 철학자의 관점을 시대순으로 정리하고, 이에 대한 비판적 견해를 제시하고 있다.

035 | 세부 정보 이해 – 적절하지 않은 것 고르기 2019년 11월 학평 26번 | 정답 ⑤
정답률 70%, 매력적 오답 ④ 15%

비트겐슈타인의 관점에서 ㉠을 이해한 내용으로 적절하지 않은 것은?

㉠ '요소명제'

① 요소명제는 더 이상 쪼갤 수 없는 언어 단위이다.
근거 ❸-5 그(비트겐슈타인)에 따르면 요소명제는 더 이상 분석할 수 없는 최소의 언어 단위
→ 적절함!

② 두 개 이상의 요소명제가 결합하여 복합명제를 만들 수 있다.
근거 ❸-8 그(비트겐슈타인)는 두 개 혹은 그 이상의 요소명제들로 구성된 명제를 '복합명제라고 불렀는데
→ 적절함!

③ 원자사실과의 *일치 여부에 따라 요소명제의 진릿값이 정해진다. *一致與否, 들어맞는지 그렇지 않은지
근거 ❸-6 그(비트겐슈타인)는 요소명제가 원자사실과 일치하면 '참(T)'이라는 진릿값을,

일치하지 않으면 '거짓(F)'이라는 진릿값을 갖는다고 보았으며

→ 적절함!

④ 요소명제의 진릿값이 나올 수 있는 경우의 수는 언제나 2 개이다.

근거 **③**-6~7 ⊒(비트겐슈타인)는 … 명제의 진릿값이 나올 수 있는 경우의 수를 진리가능성이라고 불렀다. 그에 의하면 요소명제의 진리가능성은 언제나 참과 거짓, 2 개가 된다.

→ 적절함!

⑤ 요소명제는 '무의미한 명제'를 '의미를 결여한 명제'와 구분하는 기준이다.

근거 **③**-5 ⊒(비트겐슈타인)에 따르면 요소명제는 … 최소의 사실 단위인 '원자사실'에 대응한다. **③**-8 복합명제를 구성하는 각각의 요소명제는 각각 하나의 원자사실과 대응. **⑤**-4~5 무의미한 명제는 그 명제에 대응하는 사실이 없어서 참과 거짓을 가려낼 수 없는 명제이다. 그리고 의미를 결여한 명제는 그 명제에 대응하는 사실은 없지만, 언제나 참이거나 언제나 거짓인 명제이다.

풀이 윗글에서 요소명제는 원자사실에 대응한다고 하였다. 한편 무의미한 명제나 의미를 결여한 명제는 그 명제에 대응하는 사실이 없다고 하였다. 따라서 대응하는 사실이 있는 요소명제가 대응하는 사실이 없는 무의미한 명제나 의미를 결여한 명제의 구분 기준이라는 설명은 적절하지 않다.

→ 적절하지 않음!

※ 〈보기〉는 윗글을 참고하여, *임의의 두 명제를 각각 진리표로 만든 것이다. 036번과 037번 물음에 답하시오. *任意−. 일정한 제한을 받지 않고 마음대로 정한

| 보 기 |

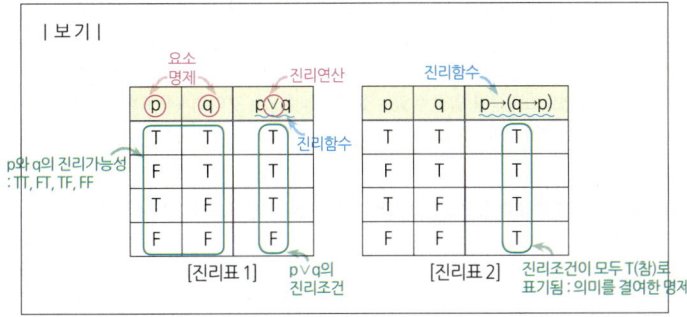

036 구체적인 사례에 적용 – 적절하지 않은 것 고르기 2019년 11월 학평 27번 | **1등급 문제**
정답률 50%, 매력적 오답 ③ 10% ④ 15% ⑤ 20% | 정답 ②

윗글을 바탕으로 〈보기〉의 [진리표 1]을 이해한 내용으로 적절하지 않은 것은?

① 진리연산의 결과인 진리조건은 TTTF이다.

근거 **④**-2 진리연산의 결과는 … 진리조건이 된다, **④**-5 〈표〉와 같이 … p∧q의 진리조건은 TFFF가 된다.

풀이 윗글의 〈표〉에 대한 설명에서 진리함수 p∧q의 진리조건은 TFFF라고 하였다. 이를 〈보기〉의 [진리표 1]에 적용하면 [진리표 1]의 진리함수 p∨q의 진리조건은 TTTF이다.

→ 적절함!

② 복합명제의 진릿값이 F일 때는 p와 q 에 대응하는 원자사실이 없는 경우이다.
(가 각각의 원자사실과 일치하지 않는)

근거 **③**-5~8 요소명제는 더 이상 분석할 수 없는 최소의 언어 단위로, 최소의 사실 단위인 '원자사실'에 대응한다. 그래서 그는 요소명제가 원자사실과 일치하면 '참(T)'이라는 진릿값, 일치하지 않으면 '거짓(F)'이라는 진릿값을 갖는다고 보았으며, … 복합명제를 구성하는 각각의 요소명제는 각각 하나의 원자사실과 대응

풀이 윗글을 통해 하나의 요소명제는 하나의 원자사실과 대응하며, 요소명제의 진릿값이 F일 때는 '요소명제에 대응하는 원자사실이 없는 경우'가 아니라 '요소명제가 원자사실과 일치하지 않는 경우'임을 알 수 있다. 복합명제의 경우에도 그 복합명제를 구성하는 각각의 요소명제 p와 q가 각각 하나의 원자사실과 대응한다고 하였으므로, 복합명제의 진릿값이 F일 때는 p와 q에 대응하는 원자사실이 없는 경우라는 설명은 적절하지 않다. 〈보기〉의 [진리표 1]에서는 p가 F(거짓)이고 q도 F(거짓)일 때(FF) 복합명제의 진릿값이 F(거짓)이다.

→ 적절하지 않음!

---

③ 진리조건에 T와 F가 함께 표기되어 있으므로 이 복합명제는 '의미 있는 명제'이다.

근거 **④**-5 〈표〉와 같이 … p∧q의 진리조건은 TFFF가 된다. **⑤**-1 진리조건에 T와 F가 함께 표기되는 명제, 즉 사실과 비교함으로써 참 또는 거짓을 판단할 수 있는 명제를 '의미 있는 명제'라고 불렀다.

풀이 윗글의 〈표〉에 대한 설명에서 진리함수 p∧q의 진리조건은 TFFF라고 하였다. 이를 〈보기〉의 [진리표 1]에 적용하면 [진리표 1]의 진리함수 p∨q의 진리조건은 TTTF로, 진리조건에 T와 F가 함께 표기되어 있다. 윗글에서 비트겐슈타인은 진리조건에 T와 F가 함께 표기되는 명제를 '의미 있는 명제'라고 불렀다고 하였다. 따라서 진리조건에 T와 F가 함께 표기되어 있는 〈보기〉의 [진리표 1]을 '의미 있는 명제'라고 설명한 것은 적절하다.

→ 적절함!

④ p와 q의 진리가능성이 TT, FT, TF일 때에 진리함수 p∨q의 진릿값은 참이 된다.

근거 **④**-1~2 비트겐슈타인은 복합명제의 진릿값은 복합명제를 구성하는 각각의 요소명제들의 진릿값에 대한 진리연산을 통해 얻을 수 있다고 보았다. … 진리연산의 결과는 복합명제가 참이 되거나 거짓이 되는 조건을 말해주는 진리조건이 된다, **④**-5 〈표〉와 같이 p와 q의 진리가능성은 TT, FT, TF, FF가 되고, p∧q의 진리조건은 TFFF가 된다.

풀이 복합명제의 진릿값은 각 요소명제들의 진릿값에 대한 진리연산을 통해 얻을 수 있고, 진리연산의 결과는 진리조건이 된다고 하였으므로, 결국 복합명제의 진릿값은 진리연산의 결과인 진리조건을 통해 확인할 수 있다. 〈보기〉의 [진리표 1]에서 p∨q의 진리조건은 TTTF이다. 즉 진리함수 p∨q의 진릿값은 p가 참이고 q도 참이 될 때(TT), p가 거짓이고 q가 참이 될 때(FT), p가 참이고 q가 거짓이 될 때(TF) 참이 된다. 따라서 p와 q의 진리가능성이 TT, FT, TF일 때에 진리함수 p∨q의 진릿값은 참이 된다는 설명은 적절하다.

→ 적절함!

⑤ 복합명제를 구성하는 요소명제가 하나 더 추가되면 이 복합명제의 진리가능성은 2^3 개가 된다.

근거 **③**-8~9 복합명제를 구성하는 각각의 요소명제는 각각 하나의 원자사실과 대응하기 때문에 여기서 나올 수 있는 진릿값을 조합한 모든 경우의 수가 복합명제의 진리가능성이 된다고 보았다. 결국 복합명제가 몇 개의 요소명제로 이루어지느냐에 따라 요소명제의 수를 n이라고 보면, 복합명제의 진리가능성은 2^n 개가 된다.

풀이 〈보기〉의 복합명제는 p, q 두 개의 요소명제로 구성되어 있다. 여기에 요소명제가 하나 더 추가되면 복합명제의 요소명제는 모두 세 개가 되고, 이때 이 복합명제의 진리가능성은 2^3 개이다.

→ 적절함!

---

037 자료 해석의 적절성 판단 – 적절한 것 고르기 2019년 11월 학평 28번 | **1등급 문제**
정답률 60%, 매력적 오답 ③ 15% ④ 10% | 정답 ②

윗글을 읽은 학생이 〈보기〉의 [진리표 1]과 [진리표 2]에 대해 보인 반응으로 가장 적절한 것은? [3점]

① [진리표 1]과 [진리표 2]의 진리함수는 서로 같겠군. (다르겠군)

근거 **④**-3 '지구는 태양 주위를 돌고, 달은 지구 주위를 돈다.'라는 복합명제의 경우에는 '지구는 태양 주위를 돈다.'라는 요소명제 p와 '달은 지구 주위를 돈다.'라는 요소명제 q가 '그리고'에 의해 결합되어 있으므로, 이 복합명제는 p와 q의 진릿값에 대해 '그리고'라는 진리연산이 적용된 진리함수 p∧q로 표현할 수 있다, 〈보기〉-[진리표 1] p∨q, 〈보기〉-[진리표 2] p→(q→p)

풀이 〈보기〉에서 [진리표 1]의 진리함수는 'p∨q', [진리표 2]의 진리함수는 'p→(q→p)'이다. 따라서 [진리표 1]과 [진리표 2]의 진리함수는 서로 다르다.

→ 적절하지 않음!

② [진리표 1]과 달리 [진리표 2]는 '의미를 결여한 명제'를 진리표로 만든 것이겠군.

근거 **⑤**-1 복합명제를 진리표로 만들었을 때, 진리조건에 T와 F가 함께 표기되는 명제, 즉 사실과 비교함으로써 참 또는 거짓을 판단할 수 있는 명제를 '의미 있는 명제'라고 불렀다, **⑤**-5~6 의미를 결여한 명제는 그 명제에 대응하는 사실은 없지만, 언제나 참이거나 언제나 거짓인 명제이다. 만약 의미를 결여한 명제를 진리표로 만든다면 그 진리조건은 언제나 모두 참이거나 모두 거짓으로 표기

풀이 〈보기〉의 [진리표 1]은 'p∨q'의 진리조건이 TTTF로, 진리조건에 T와 F가 함께 표기되는 '의미 있는 명제'에 해당한다. 한편 [진리표 2]는 'p→(q→p)'의 진리조건이 TTTT로, 언제나 모두 참으로 표기되는 '의미를 결여한 명제'에 해당한다.

→ 적절함!

③ **[진리표 1]과 달리 [진리표 2]의 복합명제는 '말할 수 있는 것'의 영역에 속하겠군.**

근거 ⑤-1~3 복합명제를 진리표로 만들었을 때, 진리조건에 T와 F가 함께 표기되는 명제, 즉 사실과 비교함으로써 참 또는 거짓을 판단할 수 있는 명제를 '의미 있는 명제'라고 불렀다. 그리고 그는 의미 있는 명제가 바로 우리가 '말할 수 있는 것'의 영역에 포함된다고 보았다. 반면에 그는 우리가 '말할 수 없는 것'의 영역에 포함되는 명제로 '무의미한 명제'와 '의미를 결여한 명제'를 제시했다. ⑤-6 의미를 결여한 명제를 진리표로 만든다면 그 진리조건은 언제나 모두 참이거나 모두 거짓으로 표기

풀이 〈보기〉의 [진리표 1]은 'p∨q'의 진리조건이 TTTF로, 진리조건에 T와 F가 함께 표기되는 '의미 있는 명제'에 해당하며, '말할 수 있는 것'의 영역에 속한다. 한편 [진리표 2]는 'p→(q→p)'의 진리조건이 TTTT로, 언제나 모두 참으로 표기되는 '의미를 결여한 명제'에 해당하며, '말할 수 없는 것'의 영역에 속한다.

→ 적절하지 않음!

④ **[진리표 1]의 복합명제와 [진리표 2]의 복합명제에 적용된 진리연산은 서로 같겠군.** 다르겠군

근거 ④-2~3 진리연산은 요소명제들로부터 진리함수가 만들어져 나오는 방법이며, … 이 복합명제는 p와 q의 진릿값에 대해 '그리고'라는 진리연산이 적용된 진리함수 p∧q로 표현할 수 있다.

풀이 [진리표 1]의 복합명제는 진리함수 'p∨q'로 표현되었다. 즉 [진리표 1]의 복합명제에 적용된 진리연산은 '∨'이다. 한편 [진리표 2]의 복합명제는 진리함수 'p→(q→p)'로 표현되었다. 즉 [진리표 2]의 복합명제에 적용된 진리연산은 '→'이며, 괄호를 통해 연산의 우선순위를 나타내고 있다. 따라서 [진리표 1]의 복합명제와 [진리표 2]의 복합명제에 적용된 진리연산은 서로 다르다.

→ 적절하지 않음!

⑤ **원자사실과 대응하는 요소명제의 수는 [진리표 1]에는 1개, [진리표 2]에는 2개이겠군.** 2개 0개

근거 ③-8 복합명제를 구성하는 각각의 요소명제는 각각 하나의 원자사실과 대응, ⑤-5 의미를 결여한 명제는 그 명제에 대응하는 사실은 없지만, 언제나 참이거나 언제나 거짓인 명제

풀이 [진리표 1]은 요소명제 p와 요소명제 q로 구성된 복합명제이므로 요소명제의 수는 2개이다. 한편 [진리표 2]는 언제나 참인 '의미를 결여한 명제'이므로 요소명제에 대응하는 원자사실이 없다. 따라서 원자사실과 대응하는 요소명제의 수는 0개이다.

→ 적절하지 않음!

---

038 | 반응의 적절성 판단 – 적절한 것 고르기 2019년 11월 학평 29번 | 정답 ⑤
정답률 70%

윗글을 이해한 학생이 비트겐슈타인의 입장에서 〈보기〉의 ⓐ에 대해 보인 반응으로 가장 적절한 것은?

| 보기 |
[1]플라톤은 정신을 통해서만 이데아(Idea)를 인식할(認識–, 구별하고 판단하여 앎) 수 있다고 보았으며 ⓐ "이데아란 영원하고 불변하는(不變–, 변하지 않는) 사물의 본질적인(本質的–, 처음부터 가지고 있는 그 자체의 성질이나 모습을 이루는) 원형(原形, 처음 근본의 모양)이다."라고 했다. [2]즉 그(플라톤)에 의하면 이데아는 육안(肉眼, 눈)이 아니라 마음의 눈으로 통찰하는(洞察–, 예리한 관찰력으로 꿰뚫어져 보이는) 사물의 순수하고 완전한 형태를 가리킨다.

▶ 지문 핵심 개념 정리

비트겐슈타인의 '새로운 철학'
• 철학의 관심사는 사람이 '생각하는 바를 표현하는 것'이어야 함(❶–1)
• 정신이나 이성에 관심을 가졌던 종래의 철학 지적(❶–2)
• 명제는 경험할 수 있는 사실과의 일치 여부에 따라 참과 거짓으로 판단(④–4~5)
• 사실을 비교함으로써 참 또는 거짓을 판단할 수 있는 명제 = 의미 있는 명제 ⊂ 말할 수 있는 것(⑤–1~2)
• 대응하는 사실이 없어서 참과 거짓을 가려낼 수 없는 명제 = 무의미한 명제 ⊂ 말할 수 없는 것(⑤–3~4)
• 새로운 철학 : 말할 수 있는 것에 포함되는 의미 있는 명제(⑤–7)

① **ⓐ는 철학의 관심사로 삼아야 할 내용을 담은 명제라고 할 수 있겠군.**

풀이 비트겐슈타인은 새로운 철학의 관심사로 삼아야 할 내용이 '생각하는 바를 표현하는 것'이어야 한다고 주장하였다. 이는 '말할 수 있는 것'의 영역에 포함되는 '의미 있는 명제'로 표현되어야 함을 말한다. 한편 ⓐ에서 말하는 '이데아'는 정신을 통해서만 인식할 수 있으며 육안이 아니라 마음의 눈으로 통찰된다고 하였다. 비트겐슈타인의 입장에서 보았을 때 이는 대응하는 사실이 없어서 참과 거짓을 가려낼 수 없는 '무의

미한 명제'에 해당하며, 이는 곧 '말할 수 없는 것'의 영역에 포함되는 명제이다. 따라서 비트겐슈타인의 입장에서 ⓐ를 철학의 관심사로 삼아야 할 내용을 담은 명제라고 보았을 것이라는 설명은 적절하지 않다.

→ 적절하지 않음!

② **ⓐ는 '생각하는 바를 표현한 것'이므로 '의미 있는 명제'라고 할 수 있겠군.**

풀이 비트겐슈타인은 철학의 관심사가 '생각하는 바'가 아닌 사람이 '생각하는 바를 표현하는 것'이어야 한다고 주장하였다. 그와 동시에 종래의 철학이 정신이나 이성에 관심을 가졌음을 지적하였다. 비트겐슈타인의 입장에서 볼 때 정신을 통해서만 인식할 수 있는 ⓐ는 '생각하는 바를 표현한 것'이 아닌 '생각하는 바'에 해당한다. 또한 비트겐슈타인은 '실제 경험할 수 있는 사실과 비교할 때 사실과 일치하면 참, 일치하지 않으면 거짓이라 하였고, 이렇게 사실과 비교하여 참 또는 거짓을 판단할 수 있는 명제를 '의미 있는 명제'라고 하였다. 한편 〈보기〉의 ⓐ에서 말하는 '이데아'는 정신을 통해서만 인식할 수 있으며, 육안이 아니라 마음의 눈으로 통찰된다고 하였다. 즉 ⓐ는 '실제 경험할 수 있는 사실'과 대응된다고 보기 어렵다. 따라서 비트겐슈타인의 입장에서 ⓐ를 '생각하는 바를 표현한 것'이므로 '의미 있는 명제'라고 보았을 것이라는 설명은 적절하지 않다.

→ 적절하지 않음!

③ **ⓐ는 '말할 수 있는 것'과 '말할 수 없는 것'의 *경계를 표현한 명제라고 할 수 있겠군.**
*境界, 어떤 기준에 의해 나누어지는 한계

근거 ⑤-2~4 그(비트겐슈타인)는 의미 있는 명제가 바로 우리가 '말할 수 있는 것'의 영역에 포함된다고 보았다. 반면에 그는 우리가 '말할 수 없는 것'의 영역에 포함되는 명제로 '무의미한 명제'와 '의미를 결여한 명제'를 제시했다. 무의미한 명제는 그 명제에 대응하는 사실이 없어서 참과 거짓을 가려낼 수 없는 명제이다.

풀이 ⓐ에서 말하는 '이데아'는 정신을 통해서만 인식할 수 있으며 육안이 아니라 마음의 눈으로 통찰된다고 하였다. 따라서 비트겐슈타인의 입장에서 보았을 때 〈보기〉의 ⓐ는 대응하는 사실이 없어서 참과 거짓을 가려낼 수 없는 '무의미한 명제'에 해당한다. 비트겐슈타인은 '무의미한 명제'를 '말할 수 없는 것'의 영역에 포함되는 명제라고 하였으므로, ⓐ를 '말할 수 있는 것'과 '말할 수 없는 것'의 경계를 표현한 명제라고 보지 않았을 것이다.

→ 적절하지 않음!

④ **ⓐ는 실제 경험할 수 있으므로 진리조건이 언제나 '거짓'으로 표기되는 명제라고 할 수 있겠군.**

근거 ⑤-5~6 의미를 결여한 명제는 그 명제에 대응하는 사실은 없지만, 언제나 참이거나 언제나 거짓인 명제이다. 만약 의미를 결여한 명제를 진리표로 만든다면 그 진리조건은 언제나 모두 참이거나 모두 거짓으로 표기

풀이 ⓐ에서 말하는 '이데아'는 정신을 통해서만 인식할 수 있으며 육안이 아니라 마음의 눈으로 통찰된다고 하였으므로, ⓐ를 '실제 경험할 수 있는 것'이라고 말하기 어렵다. 또 윗글을 통해 비트겐슈타인은 '진리조건이 언제나 참이나 거짓으로 표기되는 명제'를 '의미를 결여한 명제'라고 본 것을 확인할 수 있다. 〈보기〉의 ⓐ는 '의미를 결여한 명제'가 아니라 대응하는 사실이 없어서 참과 거짓을 가려낼 수 없는 '무의미한 명제'에 해당한다. 따라서 비트겐슈타인의 입장에서 ⓐ를 실제 경험할 수 있는 것으로 보았을 것이라거나, 진리조건이 언제나 '거짓'으로 표기되는 명제라고 보았을 것이라는 설명은 적절하지 않다.

→ 적절하지 않음!

⑤ **ⓐ는 대응하는 사실이 없어, '참'과 '거짓'을 판단할 수 없기에 '무의미한 명제'라고 할 수 있겠군.**

근거 ⑤-1~4 비트겐슈타인은 … 사실과 비교함으로써 참 또는 거짓을 판단할 수 있는 명제를 '의미 있는 명제'라고 불렀다. 그리고 그는 의미 있는 명제가 바로 우리가 '말할 수 있는 것'의 영역에 포함된다고 보았다. 반면에 그는 우리가 '말할 수 없는 것'의 영역에 포함되는 명제로 '무의미한 명제'와 '의미를 결여한 명제'를 제시했다. 무의미한 명제는 그 명제에 대응하는 사실이 없어서 참과 거짓을 가려낼 수 없는 명제

풀이 비트겐슈타인은 사실과 비교하여 참과 거짓을 판단할 수 있는 명제를 '의미 있는 명제'로, 명제에 대응하는 사실이 없어서 참과 거짓을 가려낼 수 없는 명제를 '무의미한 명제'로 보았다. 〈보기〉의 ⓐ에서 말하는 '이데아'는 정신을 통해서만 인식할 수 있으며 육안이 아니라 마음의 눈으로 통찰된다고 하였으므로, 비트겐슈타인의 입장에서 보았을 때 ⓐ는 이에 대응하는 사실이 없어서 사실과 비교하여 참과 거짓을 가려낼 수 없는 명제인 '무의미한 명제'에 해당한다.

→ 적절함!

tip · 말할 수 없는 것에 대해서는 침묵해야 한다

비트겐슈타인은 철학이 말할 수 있는 것, 즉 사실과 비교함으로써 참 또는 거짓을 판단할 수 있는 의미 있는 명제만을 다뤄야 한다고 주장하면서 철학을 논리적으로 분석한 것으로 유명하다. 이 때문에 비트겐슈타인이 예술에 대한 미학적 판단이나 기존의 형이상학적 판단은 무시하는 것으로 오해할 수 있다. 그러나 실제 비트겐슈타인은 예술과 형이상학을 배격하지 않았으며, 오히려 그에 대한 깊은 관심을 가지고 있었다.

비트겐슈타인이 그의 책의 마지막 구절에서 "말할 수 없는 것에 대해서는 침묵해야 한다"고 밝힌 것은 참 또는 거짓을 판단할 수 있는 의미 있는 명제만이 유일하게 참된 세계임을 보여 주기 위한 것이 아니라, 인간이 논리적으로 접근할 수 있는 것의 한계를 분명히 밝히고자 한 것이다. 다시 말해 예술이나 형이상학처럼 논리적으로 완벽하게 명제화할 수 없는 것을 명제화하려고 하는 것이 바로 철학의 오만이며, 논리적인 것만이 절대적으로 옳은 것은 아니라는 것이다.

고3 실전 문제

[039~042] 다음 글을 읽고 물음에 답하시오.

1 ¹비트겐슈타인이 1918년에 쓴 『논리 철학 논고』는 '빈학파'의 논리실증주의(과학의 논리적 분석 방법을 철학에 적용하고자 하는 사상)를 비롯하여 20 세기 현대 철학에 큰 영향을 주었다. ²그는 많은 철학적 논란들이 언어를 애매하게 사용하여 발생한다고 보았기 때문에 언어를 분석하고(分析-, 개념이나 문장을 보다 단순한 개념이나 문장으로 나누어 의미를 분명하게 하고) 비판하여(批判-, 옳고 그름을 가려 판단하여) 명료화하는(明瞭化-, 뚜렷하고 분명하게 하는) 것을 철학의 과제로 삼았다.

→ 비트겐슈타인이 중시한 철학적 과제

2 ¹그는 이 책에서 언어가 세계에 대한 그림이라는 '그림 이론'을 주장한다. ²이 이론을 세우는 데 그에게 영감을 주었던 것은, 교통사고를 다루는 재판에서 장난감 자동차와 인형 등을 이용한 ㉠ 모형을 통해 ㉡ 사건을 설명했다는 기사였다. ³그런데 모형을 가지고 사건을 설명할 수 있는 이유는 무엇일까? ⁴그것은 모형이 실제의 자동차와 사람 등에 대응하기(對應-, 짝이 되기) 때문이다. ⁵그는 언어도 이와 같다고 보았다. ⁶언어가 의미를 갖는 것은 언어가 세계와 대응하기 때문이다. ⁷다시 말해 언어가 세계에 존재하는 것들을 가리키고 있기 때문이다. ⁸언어는 명제(命題, 어떤 문제에 대한 논리적인 판단과 주장으로 참과 거짓을 판단할 수 있는 내용)들로 구성되어 있으며, 세계는 사태(事態, 상황, 사건)들로 구성되어 있다. ⁹그리고 명제들과 사태들은 각각 서로 대응하고 있다. ¹⁰이처럼 언어와 세계의 논리적 구조는 동일하며, 언어는 세계를 그림처럼 기술함(記述-, 기록하여 서술함)으로써 의미를 가진다.

→ '그림 이론'의 소개

사태 〈 실제로 일어남 → 참 / 실제로 일어나지 않음 → 거짓

3 ¹'그림 이론'에서 명제에 대응하는 '사태'는 '사실'이 아니라 사실이 될 수 있는 논리적 가능성을 의미한다. ²따라서 언어를 구성하는 명제들은 사실적 그림이 아니라 논리적 그림이다. ³사태가 실제로 일어나서 사실이 되면 그것을 기술하는 명제는 참이 되지만, 사태가 실제로 일어나지 않는다면 그 명제는 거짓이 된다. ⁴어떤 명제가 '의미 있는 명제'가 되기 위해서는 그 명제가 실재하는(實在-, 실제로 존재하는) 대상이나 사태에 대해 언급해야 하며, 그것에 대해서는 참, 거짓을 따질 수 있다. ⁵만약 어떤 명제가 실재하지 않는 대상이나 사태가 아닌 것에 대해 언급하면 그것은 '의미 없는 명제'가 되며, 그것에 대해 참, 거짓을 따질 수 없다. ⁶따라서 경험적 세계에 대해 언급하는 명제만이 의미 있는 것이 된다.

→ '그림 이론'에서의 명제와 사태의 관계

4 ¹이러한 관점에서 비트겐슈타인은 기존의 철학자들이 다루었던 신, 영혼, 형이상학적(形而上學的, 경험할 수 없는) 주체, 윤리적 가치 등과 관련된 논의가 의미 없는 말들에 불과하다고 보았다. ²왜냐하면 그 말들이 가리키는 대상이 세계 속에 존재하지 않는, 즉 경험 가능하지 않은 대상이기 때문이다. ³이와 같은 형이상학적 문제와 관련된 명제나 질문들은 의미가 없는 말들이다. ⁴그러한 문제는 우리의 삶을 통해 끊임없이 드러나는 신비한 것들이지만 이에 대해 말로 답변하거나 설명할 수는 없다. ⁵그래서 비트겐슈타인은 "말할 수 없는 것에 대해서는 침묵해야 한다."라고 말했다.

→ 기존 철학자들에 대한 비트겐슈타인의 비판

■ 지문 이해
〈비트겐슈타인의 '그림 이론'〉

❶ 비트겐슈타인이 중시한 철학적 과제
· 『논리 철학 논고』: 논리실증주의를 비롯하여 20 세기 현대 철학에 큰 영향
· 많은 철학적 논란들이 언어를 애매하게 사용하여 발생함
 → 언어를 분석하고 비판하여 명료화하는 것이 철학의 과제

❷ '그림 이론'의 소개
· 그림 이론 : 언어와 세계의 논리적 구조는 동일하며, 언어는 세계를 그림처럼 기술함으로써 의미를 가짐
 - 교통사고를 다루는 재판에서 장난감 자동차와 인형 등의 모형으로 사건을 설명
 → 모형이 실제의 자동차와 사람 등에 대응
· 언어가 의미를 갖는 것은 언어가 세계와 대응하기 때문
· 언어는 명제들로 구성되어 있으며, 세계는 사태들로 구성
 → 명제들과 사태들은 각각 서로 대응함

❸ '그림 이론'에서의 명제와 사태의 관계
· 의미 있는 명제 : 실재하는 대상이나 사태에 대해 언급하는 명제. 참, 거짓을 따질 수 있음. 경험적 세계에 대해 언급하는 명제만이 의미 있는 것
· 의미 없는 명제 : 실재하지 않는 대상이나 사태가 아닌 것에 대해 언급한 명제. 참, 거짓을 따질 수 없음

❹ 기존 철학자들에 대한 비트겐슈타인의 비판
· 기존의 철학자들이 다루었던 신, 영혼, 형이상학적 주체, 윤리적 가치 등과 관련된 논의, 형이상학적 문제와 관련된 명제나 질문들 = 가리키는 대상이 세계 속에 존재하지 않는, 즉 경험 가능하지 않은 대상 = 의미 없는 말들

---

039 세부 정보 이해 - 적절하지 않은 것 고르기 2012학년도 수능 17번
정답률 70%, 매력적 오답 ③ 10% | 정답 ④

비트겐슈타인의 이론에 대한 이해로 적절하지 않은 것은?

= 언어를 분석하고 비판하여 명료화하는 것

① 언어의 문제를 철학의 중요한 과제로 보았다.
근거 ❶-2 그(비트겐슈타인)는 많은 철학적 논란들이 언어를 애매하게 사용하여 발생한다고 보았기 때문에 언어를 분석하고 비판하여 명료화하는 것을 철학의 과제로 삼았다.
→ 적절함!

② '그림 이론'으로 논리실증주의에 큰 영향을 주었다.
근거 ❶-1 비트겐슈타인이 1918년에 쓴 『논리 철학 논고』는 '빈학파'의 논리실증주의를 비롯하여 20 세기 현대 철학에 큰 영향을 주었다. ❷-1 그는 이 책에서 언어가 세계에 대한 그림이라는 '그림 이론'을 주장
→ 적절함!

③ '사태'와 '사실'의 개념을 구별하였다.
근거 ❸-1 '그림 이론'에서 명제에 대응하는 '사태'는 '사실'이 아니라 사실이 될 수 있는 논리적 가능성을 의미
→ 적절함!

참, 거짓을 따질 수 있다
✔④ 경험적 대상을 언급하는 명제는 참이라고 보았다.
근거 ❸-4~6 어떤 명제가 '의미 있는 명제'가 되기 위해서는 그 명제가 실재하는 대상이나 사태에 대해 언급해야 하며, 그것에 대해서는 참, 거짓을 따질 수 있다. 만약 어떤 명제가 실재하지 않는 대상이나 사태가 아닌 것에 대해 언급하면 그것은 '의미 없는 명제'가 되며, 그것에 대해 참, 거짓을 따질 수 없다. 따라서 경험적 세계에 대해 언급하는 명제만이 의미 있는 것이 된다.
풀이 경험적 대상을 언급하는 명제에 대해서 참, 거짓을 따질 수 있다는 것이지 그러한 명제가 모두 참이라는 것은 아니다.
→ 적절하지 않음!

경험 가능하지 않은 대상이므로 의미 없는 말들에 불과하다고 봄
⑤ 형이상학적 문제를 다룬 기존 철학을 비판하였다.
근거 ❹-3 형이상학적 문제와 관련된 명제나 질문들은 의미가 없는 말들이다.
→ 적절함!

040 | 구체적인 사례에 적용 - 적절한 것 고르기 2012학년도 수능 18번 | 정답률 90% | 정답 ⑤

윗글의 '의미 없는 명제'에 해당하는 것은? [1점]

근거 ❸-5 만약 어떤 명제가 실재하지 않는 대상이나 사태가 아닌 것에 대해 언급하면 그것은 '의미 없는 명제'가 되며, 그것에 대해 참, 거짓을 따질 수 없다. ❹-1 이러한 관점에서 비트겐슈타인은 기존의 철학자들이 다루었던 신, 영혼, 형이상학적 주체, 윤리적 가치 등과 관련된 논의가 의미 없는 말들에 불과하다고 보았다.

풀이 윗글에서 말하고 있는 '의미 없는 명제'는 실재하지 않는 대상이나 사태가 아닌 것에 대한 언급을 가리킨다.

① 곰팡이는 생물의 일종이다. ← 실재하는 대상. 참, 거짓 따질 수 있음
　풀이 '곰팡이'라는 실재하는 대상에 대해 언급하였으므로 '의미 있는 명제'에 해당한다.
　→ 적절하지 않음!

② 물은 1 기압에서 90 ℃에 끓는다. ← 실제 일어나는 사태. 참, 거짓 따질 수 있음
　풀이 실제로 일어나는 사태에 대해 언급하였으므로 '의미 있는 명제'에 해당한다.
　→ 적절하지 않음!

③ 피카소는 1881년 스페인에서 태어났다. ← 실재하는 대상. 참, 거짓 따질 수 있음
　풀이 '피카소'라는 실제 인물에 대해 언급하였으므로 '의미 있는 명제'에 해당한다.
　→ 적절하지 않음!

④ 우리 반 학생의 절반 이상이 헌혈을 했다. ← 실제 일어난 사태. 참, 거짓 따질 수 있음
　풀이 실제로 일어난 사태에 대해 언급하였으므로 '의미 있는 명제'에 해당한다.
　→ 적절하지 않음!

⑤ 선생님은 한평생 바람직한 삶을 살아왔다. ← 윤리적 가치와 관련된 논의. 참, 거짓 따질 수 없음
　풀이 '바람직하다'는 윤리적 가치를 언급하였으므로 '의미 없는 명제'에 해당한다. '바람직하다/아니다', '착하다/나쁘다' 등의 윤리적 가치는 주관적 가치에 따른 것으로 윗글의 비트겐슈타인에 따르면 객관적으로 참, 거짓을 판단할 수 없다.
　→ 적절함!

041 | 자료 해석의 적절성 판단 - 적절한 것 고르기 2012학년도 수능 19번 | 정답률 50%, 매력적 오답 ② 10% ④ 35% | 1등급 문제 | 정답 ①

㉠ : ㉡의 관계에 해당하는 것만을 〈보기〉에서 있는 대로 고른 것은?

　㉠ 모형　　㉡ 사건

| 보기 |
ㄱ. 언어 : 세계
ㄴ. 명제 : 사태
ㄷ. 논리적 그림 : 의미 있는 명제
ㄹ. 형이상학적 주체 ⇔ 경험적 세계

논리적 그림 → 의미 있는 명제

▶ 지문 핵심 개념 정리

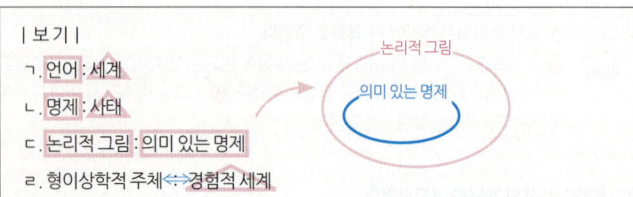

모형	대응	사건
장난감 자동차	대응	자동차
인형	대응	사람

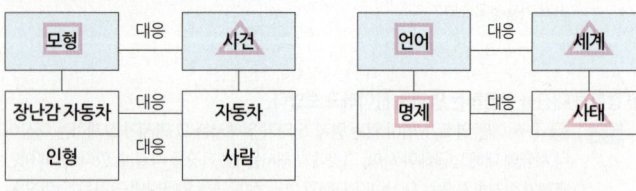

| 언어 | 대응 | 세계 |
| 명제 | 대응 | 사태 |

풀이 ㄱ. '언어 : 세계'의 관계는 '모형 : 사건'의 관계와 같이 서로 대응하는 관계이다. (○)
ㄴ. '명제 : 사태'의 관계는 '모형 : 사건'의 관계와 같이 서로 대응하는 관계이다. (○)
ㄷ. '논리적 그림'은 언어를 구성하는 명제를 말한다. ❸-2 이 명제는 '의미 있는 명제'와 '의미 없는 명제'로 나뉘므로 '논리적 그림'을 '의미 있는 명제'의 상위 개념이라고 할 수 있다. (×)
ㄹ. '형이상학적 주체'는 '세계 속에 존재하지 않는, 경험 가능하지 않은 대상(❹-1~2)'이다. 이는 '경험적 세계'와는 상반된 개념이라고 할 수 있다. (×)

① ㄱ, ㄴ → 적절함!

② ㄱ, ㄷ

---

③ ㄴ, ㄹ

④ ㄱ, ㄴ, ㄷ

⑤ ㄴ, ㄷ, ㄹ

042 | 근거의 적절성 판단 - 적절한 것 고르기 2012학년도 수능 20번 | 정답률 45%, 매력적 오답 ③ 20% ⑤ 20% | 1등급 문제 | 정답 ④

윗글로 미루어 볼 때, 비트겐슈타인이 〈보기〉와 같이 말한 이유로 가장 적절한 것은? [3점]

| 보기 |
　[1]사다리를 딛고 올라간 후에 그 사다리를 던져 버리듯이, 『논리 철학 논고』를 이해한 사람은 거기에 나오는 내용을 버려야 한다. [2]㉮ 이 책의 내용은 의미 있는 언어의 한계를 넘어선 것이기 때문에 엄밀하게 보면 '말할 수 있는 것'의 범주에 속하지 않는다.
= 의미 없는 명제

▶ 지문 핵심 개념 정리

비트겐슈타인의 철학적 과제	언어를 분석하고 비판하여 명료화하는 것 ∵ 많은 철학적 논란들이 언어를 애매하게 사용하여 발생한다고 보았기 때문(❶-2)
의미 있는 명제	실재하는 대상이나 사태에 대해 언급하는 명제. 참, 거짓을 따질 수 있음(❸-4), 경험적 세계에 대해 언급하는 명제만이 의미 있는 것(❸-6)
의미 없는 명제	기존의 철학자들이 다루었던 신, 영혼, 형이상학적 주체, 윤리적 가치 등(❹-1), 실재하지 않는 대상이나 사태가 아닌 것에 대해 언급한 명제. 참, 거짓을 따질 수 없음(❸-5)

① ㉮는 자신이 내세웠던 철학의 과제를 넘어서는 주제들을 다루고 있기 때문이다.
（언어에 대한 분석）
　풀이 비트겐슈타인이 내세웠던 철학의 과제는 '언어에 대한 분석'이고, 이 주제를 다룬 책이 『논리 철학 논고』이다.
　→ 적절하지 않음!
（'언어'를 다룸）

② ㉮는 객관적 세계에 존재하는 대상을 과학적으로 분석하여 서술하고 있기 때문이다.
　풀이 비트겐슈타인은 '객관적 세계에 존재하는 대상'이 '말할 수 있는 범주'에 속하며 '의미 있는 것'이라고 하였으므로 ㉮가 객관적 세계에 존재하는 대상을 과학적으로 분석하여 서술한 것이라면 ㉮를 버릴 필요가 없다.
　→ 적절하지 않음!

③ ㉮는 실재하는 대상이 아니라 논리적으로 가능한 사태에 대해 기술하고 있기 때문이다.
　풀이 '논리적으로 가능한 사태'에 대한 언급은 참, 거짓을 판별할 수 있으므로, ㉮가 논리적으로 가능한 사태에 대해 기술한 것이라면 ㉮를 버릴 필요가 없다.
　→ 적절하지 않음!

= 실재하지 않는 대상이나 사태가 아닌 것에 대해 언급
= 의미 없는 명제 = 참, 거짓을 따질 수 없음
∴ 의미 있는 언어의 한계를 넘어선 것

④ ㉮는 경험적 세계가 아니라 언어와 세계의 논리적 관계에 대해 언급하고 있기 때문이다.
　근거 ❷-6~7 언어가 의미를 갖는 것은 언어가 세계와 대응하기 때문이다. 다시 말해 언어가 세계에 존재하고 있는 것들을 가리키고 있기 때문이다, 〈보기〉-2 이 책(『논리 철학 논고』)의 내용은 의미 있는 언어의 한계를 넘어선 것이기 때문에 엄밀하게 보면 '말할 수 있는 것'의 범주에 속하지 않는다.
　풀이 비트겐슈타인의 그림 이론에 따르면 언어는 세계에 존재하는 것들, 즉 경험적 세계에 대해 언급하고 있기 때문에 의미를 갖는다. 그런데 ㉮는 세계에 존재하고 있는 것들이 아니라, 언어와 세계의 논리적인 관계에 대해 언급하고 있다. 따라서 엄밀하게 보면 ㉮는 '말할 수 있는 것'의 범주에 속하지 않는다.
　→ 적절함!

⑤ ㉮는 기존의 철학자들이 다루었던 형이상학적 물음에 대해 관념적으로 답하고 있기 때문이다.
　풀이 비트겐슈타인은 형이상학적 물음에 대해 비판적 입장을 보이며 말로 답변하거나 설명할 수 없다고 했다. 따라서 ㉮는 형이상학적 물음에 답하고 있는 것이 아니라 언어와 세계의 관계를 분석한 것이다.
　→ 적절하지 않음!

Ⅰ 인문 2. 동양철학과 사상가

[043~048] 다음 글을 읽고 물음에 답하시오.

(가)

1 ¹관중은 춘추 시대 제(齊)나라의 재상(宰相, 군주를 돕고, 나랏일을 맡아 보는 사람들을 지휘하고 감독하는 일을 하던 벼슬)으로 군주(君主, 왕)인 환공을 도와 약소국(弱小國, 정치·경제·군사적으로 힘이 약한 작은 나라)이던 제나라를 부강한(富強, 재물이 넉넉하고 강한) 국가로 성장시켰다. ²관중이 생각한 이상적인(理想的, 생각할 수 있는 범위 안에서 가장 완전하다고 여겨지는) 국가의 모습과 국가를 통치하는(統治, 다스리는) 방법은 『관자』를 통해 살펴볼 수 있다. ³그(관중)는 자신이 살던 현실의 문제에 실리적으로(實利的, 실제로 이익이 되도록) ⓐ대처하고 정치적인 분열(分裂, 갈라져 나뉨)을 적극적으로 막아 나라의 부강과 백성의 평안(平安, 걱정이나 탈이 없음)을 이루고자 하였다.
→ 이상적인 국가의 모습과 통치 방법을 제시한 관중

2 ¹관중은 백성이 국가 경제의 근본(根本, 본바탕)이라는 경제적 관점(觀點, 생각하는 태도, 방향, 입장)을 바탕으로 법의 필요성을 강조하였다. ²그(관중)에 따르면, 군주는 법을 만들 수 있는 자격을 천부적으로(天賦的, 태어날 때부터 갖추어) 지닌 사람이다. ³하지만 군주가 마음대로 법을 만들면 백성의 삶이 ⓑ피폐해질 수 있으므로 군주는 이익을 추구하는(追求, 좇아 구하는) 백성의 본성(本性, 태어날 때부터 가진 성질)을 고려해 백성의 삶이 윤택해질(潤澤, 넉넉하고 여유로워질) 수 있는 법을 만들어야 한다고 보았다. ⁴이때 관중이 강조한 백성의 윤택한 삶은 도덕적 교화(敎化, 가르치고 이끌어 좋은 방향으로 나아가게 함)와 같은 목적을 위한 것이 아닌, 부강한 나라의 실현(實現, 실제로 이룸)을 위한 것이라는 실리적 관점에서 이해할 수 있다.
→ 백성의 윤택한 삶을 위한 법의 필요성을 강조한 관중

3 ¹또한 관중은 군주가 자신에 대해서는 존귀하게(尊貴, 높고 귀하게) 여기지(생각하지) 않는 것을 패(覇, 으뜸 패)'라고 ⓒ규정하였는데, 이(패)를 바탕으로 군주도 법의 적용에서 예외(例外, 벗어나는 일)가 되지 않아야 한다고 주장하였다. ²그(관중)에 따르면 군주는 권세(權勢, 권력과 세력)를 지녀야 국가를 다스릴 수 있는데, 이때 군주가 패를 실천해야 백성이 권세를 인정하게(認定, 확실히 그렇다고 여기게) 된다. ³⊙결국 군주가 법을 존중하는(尊重, 높여 귀중하게 대하는) 것은 백성이 군주를 존중하는 것으로 이어지게 되는 것이다.
→ 군주는 패를 실천해야 권세를 지닐 수 있다고 주장한 관중

4 ¹관중은 권세를 가진 군주는 부강한 나라를 이루는 통치, 즉 '패업(覇業)'을 위한 통치를 펼쳐야 한다고 주장하고, 법을 통한 통치의 중요성을 강조하였다. ²이때 군주는 능력 있는 신하를 공정하게(公正, 공평하고 올바르게) 등용하되(登用, 뽑아 쓰되) 신하들이 군주의 권세를 넘보거나(욕심내어 마음에 두거나) 법질서를 혼란스럽게(混亂, 질서 없이 뒤섞여 어지러워지게) 하지 못하도록 자신의 권세를 신하에게 위임하지(委任, 책임 지워 맡기지) 말아야 하며 백성의 경제적 안정을 위한 정책들을 시행해야(施行, 현실적으로 행해야) 한다고 보았다. ³이러한 관중의 사상(思想, 생각)은 백성들의 경제적 안정을 기반(基盤, 밑바탕)으로 부강한 나라를 이루기 위해 법을 통한 통치를 도모한(圖謀, 이루기 위해 대책과 방법을 세운) 것으로 평가할 수 있다.
→ 이상적인 통치 방법에 대한 관중의 견해와 관중의 사상이 지닌 의의

(나)

1 ¹율곡은 유학적 사상을 기반으로, 자신이 생각하는 군주상(像, 모양 상)을 제시하였다. ²그(율곡)는 『성학집요』에서 개인의 수양(修養, 몸과 마음을 갈고닦아 품성, 지식, 도덕 등을 높은 수준으로 끌어올림)을 통해 앎을 늘리고 인격(人格, 사람의 바탕과 성품)을 완성하는 것을 군주의 자격으로 보았다. ³율곡은 군주가 인격을 완성하고 아는 것을 실천하면 백성의 선한 본성을 회복하는 도덕적 교화가 가능해진다고 본 것이다. ⁴율곡은 자신이 이상적으로 생각하는 왕도정치(王道政治, 인격과 덕을 바탕으로 하는 정치)가 실현되기 위해서는 군주가 신하를 통해 백성을 다스려야 한다고 생각했는데, 만약 군주가 포악한(暴惡, 사납고 악한) 정치를 펼쳐 신하들의 지지(支持, 뜻을 같이하여 도와 힘을 씀)를 얻지 못하거나 민심(民心, 백성의 마음)을 잃으면 교체될(交替, 바뀔) 수 있다고 여겼다.
→ 유학적 사상을 기반으로 군주상을 제시한 율곡

2 ¹율곡은 군주의 통치에 따라 태평한(太平, 나라가 안정되어 아무 걱정 없이 평안한) 시대인 치세(治, 다스리다 치 世 시대 세)와 혼란스러운 시대인 난세(亂, 어지럽다 난 世 시대 세)가 구분된다고 보고, 이를 중심으로 군주의 유형과 통치 방법을 나누어 설명했다. ²치세를 만드는 군주는 재능과 지식이 출중해(出衆, 특별히 두드러져) 신하를 능력에 맞게 발탁하여(拔擢, 여럿 중에서 쓸 사람을 뽑아) 일을 분배할(分配, 나눌) 줄 알거나, 재능과 지식은 ⓓ부족하지만 현명한(賢明, 어질고 슬기로워 이치에 밝은) 신하를 분별하여(分別, 구별하여 갈라) 그에게 나라의 일을 맡길 줄 안다. ³이들(치세를 만드는 군주)의 통치 방법은 '왕도(王道)'와 '패도(覇道)'로 나뉜다. ⁴왕도는 군주의 인격 완성을 통해 백성의 도덕적 교화까지 이루어 내는 것이고, 패도는 군주의 인격이 완성되지 않아 백성의 도덕적 교화까지는 이루어지지 않았지만 백성의 경제적 안정은 이루어 내는 것이다.
→ '치세'를 만드는 군주들의 유형과 통치 방법

3 ¹난세를 만드는 군주는 자신의 총명(聰明, 영리하고 재주가 있음)만을 믿고 신하를 불신하거나(不信, 믿지 않거나), 간신(奸臣, 간사한 신하)의 말을 믿고 의지하여 눈과 귀가 가려진 군주이다. ²이들(난세를 만드는 군주)은 백성을 괴롭히고 충언(忠言, 충직하고 바른 말)을 받아들이지 않아 스스로 멸망(滅亡, 망하여 없어짐)에 이르는 폭군(暴, 사납다 폭 君 임금 군), 간사한(奸邪, 마음이 바르지 않고 자기의 이익을 위해 나쁜 꾀를 부리는) 자(者, 사람)를 분별하지 못하고 총명함이 없으며 무능력한 혼군(昏, 어둡다 혼 君 임금 군), 나약하여(懦弱, 의지가 굳세지 못하여) 자신의 뜻을 세우지 못하고 우유부단한(優柔不斷, 망설이기만 하고 결단성이 없는) 용군(庸, 어리석다 용 君 임금 군)으로 분류된다. ³이들(난세를 만드는 군주 = 폭군, 혼군, 용군)의 통치 방법은 포악한 정치를 의미하는 '무도(無道, 없다 무, 도리 도, 인간으로서 지켜야 할 도리에 어긋나 막됨)'이므로 율곡의 관점에서 무도를 행하는 군주는 교체되어야 할 존재이다.
→ '난세'를 만드는 군주들의 유형과 통치 방법

4 ¹율곡은 백성의 도덕적 교화를 이루는 왕도정치를 위해서는 백성들의 삶이 경제적으로 편안한 것이 전제되어야(前提, 먼저 내세워져야) 한다고 보았다. ²이는 군주의 존재 근거가 백성이라고 보는 민본관에 의한 것으로, 조세(租稅, 국가나 지방 자치 단체가 필요한 경비 충당을 위해 국민으로부터 강제하여 거두는 세금) 부담을 줄이는 등 백성의 경제적 기반을 유지할(維持, 변함없이 계속되게 할) 수 있는 정책을 펼쳐야 함을 ⓔ역설한 것이다. ³이처럼 율곡의 사상은 왕도정치를 실현하는 과정에서 백성의 현실적 삶에 주목하려는(注目, 관심을 가지고 주의 깊게 살피려는) 시도로 볼 수 있다.
→ 민본관에 근거한 율곡의 군주상이 지닌 의의

■지문 이해

(가)

〈이상적인 국가의 모습과 통치 방법에 대한 관중의 사상〉

❶ 이상적인 국가의 모습과 통치 방법을 제시한 관중

❷ 백성의 윤택한 삶을 위한 법의 필요성을 강조한 관중

• 백성을 국가 경제의 근본으로 보는 경제적 관점에서, 법의 필요성을 강조함
• 군주는 법을 만들 수 있는 자격을 지닌 사람으로, 백성의 삶이 윤택해질 수 있는 법을 만들어야 한다고 봄
• 백성의 윤택한 삶은 도덕적 교화를 위한 것이 아니라, 부강한 나라의 실현을 위한 것임

❸ 군주는 패를 실천해야 권세를 지닐 수 있다고 주장한 관중

• 패(覇) : 군주가 자신에 대해서는 존귀하게 여기지 않는 것
→ 군주도 법의 적용에서 예외가 되지 않아야 함
• 군주가 패를 실천 → 백성에게 권세를 인정받음
= 군주가 법을 존중 → 백성이 군주를 존중
┐ 군주가 국가를 다스릴 수 있음

❹ 이상적인 통치 방법에 대한 관중의 견해와 관중의 사상이 지닌 의의

- 부강한 나라를 이루는 통치 = '패업(覇業)'을 위한 통치 = 법을 통한 통치
  - 능력 있는 신하를 공정하게 등용
  - 군주의 권세를 신하에게 위임 ×
  - 백성의 경제적 안정을 위한 정책 시행
- 백성들의 경제적 안정을 기반으로 부강한 나라를 이루기 위해 법을 통한 통치를 도모한 것으로 평가할 수 있음

(나)
〈율곡의 군주상〉

❶ 유학적 사상을 기반으로 군주상을 제시한 율곡

- 군주의 자격 : 개인 수양을 통해 앎을 늘리고 인격을 완성하는 것
- 군주가 인격을 완성하고 아는 것을 실천하면 백성의 도덕적 교화가 가능해진다고 봄
- 왕도정치의 실현을 위해 군주는 신하를 통해 백성을 다스려야 함 → 군주가 포악한 정치를 펼치면 교체될 수 있다고 여김

군주의 유형과 통치 방법

	❷ 태평한 시대, '치세'	**❸ 혼란스러운 시대, '난세'**
군주의 유형	• 재능, 지식이 출중하여 신하를 능력에 맞게 발탁, 일을 분배할 줄 앎 • 재능, 지식이 부족하지만 현명한 신하를 분별, 일을 맡길 줄 앎	• 폭군 : 백성을 괴롭히고 충언을 받아들이지 않아 멸망에 이름 • 혼군 : 간신 분별 ×, 총명함 ×, 무능력함 • 용군 : 나약함, 뜻을 세우지 못함, 우유부단함
통치 방법	• 왕도(王道) : 군주의 인격 완성 ○ → 백성의 도덕적 교화 ○ • 패도(覇道) : 군주의 인격 완성 × → 백성의 도덕적 교화 × 경제적 안정 ○	• 무도(無道) : 포악한 정치 → 무도를 행하는 군주는 교체되어야 할 존재

❹ 민본관에 근거한 율곡의 군주상이 지닌 의의

- 민본관에 근거한 왕도정치(백성의 도덕적 교화)를 위해서는 백성의 경제적 안정이 전제되어야 한다고 봄
- 왕도정치의 실현 과정에서 백성의 현실적 삶에 주목하려는 시도로 볼 수 있음

---

043 | 글의 서술 방식 파악 - 적절한 것 고르기 2022년 11월 학평 16번 | 정답 ②
정답률 90%

(가), (나)에 대한 설명으로 가장 적절한 것은?

근거 **(가)-❹-3** 이러한 관중의 사상은 백성들의 경제적 안정을 기반으로 부강한 나라를 이루기 위해 법을 통한 통치를 도모한 것으로 평가할 수 있다. **(나)-❹-3** 이처럼 율곡의 사상은 왕도정치를 실현하는 과정에서 백성의 현실적 삶에 주목하려는 시도로 볼 수 있다.

풀이 윗글의 (가)와 (나)에서는 ❶~❸문단에서 각각 관중과 율곡이 주장한 군주의 통치술에 대해 설명하고, ❹문단에서 해당 사상이 지닌 의의를 밝히고 있다. 따라서 정답은 ②번이다.

① (가)와 (나)는 모두 *특정한 사상가가 주장하는 군주의 **통치술의 변화 과정을 소개하고 있다. *特定-, 특별히 가리켜 정한 **統治術, 통치하는 방법

✓② (가)와 (나)는 모두 특정한 사상가가 주장하는 군주의 통치술에 담긴 내용을 중심으로 그 *의의를 밝히고 있다. *意義, 중요성이나 가치
→ 적절함!

③ (가)와 달리 (나)는 특정한 사상가가 주장하는 군주의 통치술이 갖는 *한계를 드러내고 새로운 통치술을 **제안하고 있다. *限界, 실제 적용할 수 있는 범위 **提案-, 내놓고
(가)와 달리 (나)는

④ (나)와 달리 (가)는 특정한 사상가가 주장하는 군주의 통치술을 군주의 유형에 따라 *범주화하여 제시하고 있다. *範疇化-, 일정한 기준에 따라 하나의 종류나 부류로 묶어

⑤ (나)와 달리 (가)는 특정한 사상가가 주장하는 군주의 통치술에 대한 *상반된 입장을

제시하고 장단점을 비교하고 있다. *相反-, 서로 반대된

044 | 세부 정보 이해 - 적절한 것 고르기 2022년 11월 학평 17번 | 정답 ④
정답률 85%

㉠의 이유로 가장 적절한 것은?

㉠ 결국 군주가 법을 존중하는 것은 백성이 군주를 존중하는 것으로 이어지게 되는 것이다.

근거 **(가)-❸-1~2** 관중은 군주가 자신에 대해서는 존귀하게 여기지 않는 것을 '패(覇)'라고 규정하였는데, 이를 바탕으로 군주도 법의 적용에서 예외가 되지 않아야 한다고 주장하였다. 그에 따르면 군주는 '권세'를 지녀야 국가를 다스릴 수 있는데, 이때 군주가 패를 실천해야 백성이 권세를 인정하게 된다.

풀이 관중은 군주가 '패'를 바탕으로, 군주 자신도 법의 적용에서 예외가 되지 않아야 한다고 주장하면서, 군주가 이러한 '패'를 실천해야 백성이 군주의 권세를 인정한다고 보았다. 이러한 관중의 견해에 따르면 군주가 법을 존중한다는 것은 곧 군주가 패를 실천하는 것이며, 이때 백성은 군주의 권세를 인정하여 존중하게 된다. 즉 군주가 법을 존중하는 것이 백성이 군주를 존중하는 것으로 이어지게 되는 이유는 군주가 자신에게도 법 적용에 예외를 두지 않음으로써 권세를 인정받기 때문이다. 따라서 정답은 ④번이다.

① 군주가 마음대로 법을 만들 수 있는 패를 실천할 수 있기 때문이다.
근거 **(가)-❷-3** 군주가 마음대로 법을 만들면 백성의 삶이 피폐해질 수 있으므로 군주는 … 백성의 삶이 윤택해질 수 있는 법을 만들어야 한다고 보았다.
풀이 관중은 군주가 마음대로 법을 만들면 백성의 삶이 피폐해질 수 있으므로, 군주는 백성의 삶이 윤택해질 수 있는 법을 만들어야 한다고 보았다. 또한 군주가 법을 만드는 것은 ㉠과 관련이 없다.

② 군주가 법을 존중하면 법을 *제정할 수 있는 기회를 얻을 수 있기 때문이다. *制定-, 만들어 정할
근거 **(가)-❷-2** 그(관중)에 따르면, 군주는 법을 만들 수 있는 자격을 천부적으로 지닌 사람
풀이 관중은 군주가 법을 존중하였을 때 법 제정의 기회를 얻을 수 있는 것이 아니라, 군주는 태어날 때부터 법 제정의 자격을 지니고 있다고 보았다. 또한 군주가 법을 제정하는 것은 ㉠과 관련이 없다.

③ 군주가 법의 필요성을 *인식해야 백성을 국가의 근본으로 여기게 되기 때문이다. *認識-, 분별하고 판단하여 알아야
근거 **(가)-❷-1** 관중은 백성이 국가 경제의 근본이라는 경제적 관점을 바탕으로 법의 필요성을 강조
풀이 관중은 백성을 국가의 근본으로 여기는 관점을 바탕으로 법의 필요성을 강조하면서, 군주는 백성의 본성을 고려해 백성의 삶이 윤택해질 수 있는 법을 만들어야 한다고 보았다. 군주가 법의 필요성을 인식해야 백성을 국가의 근본으로 여기게 되는 것이 아니며, 군주가 백성을 국가의 근본으로 여기게 되는 것은 ㉠과 관련이 없다.

= 군주가 '패'를 실천함   = 백성이 군주를 존중함
✓④ 군주가 자신에게도 법 적용에 예외를 두지 않음으로써 권세를 인정받게 되기 때문이다.
→ 적절함!

⑤ 군주가 백성의 본성을 고려하지 않고 나라의 부강을 우선시하는 법을 만들어야 하기 때문이다.
근거 **(가)-❷-3** 군주는 이익을 추구하는 백성의 본성을 고려해 백성의 삶이 윤택해질 수 있는 법을 만들어야 한다고 보았다.
풀이 관중은 군주가 백성의 본성을 고려해 백성의 삶이 윤택해질 수 있는 법을 만들어야 한다고 보았다. 또한 군주가 백성의 본성을 고려하여 법을 만드는 것은 ㉠과 관련이 없다.

045 | 세부 정보 이해 - 적절하지 않은 것 고르기 2022년 11월 학평 18번 | 정답 ④
정답률 75%, 매력적 오답 ③ 10%

(나)에서 알 수 있는 '율곡'의 견해로 적절하지 않은 것은?

① 군주는 앎을 늘리는 것뿐 아니라 앎을 실천하는 것도 중요하다.
근거 **(나)-❶-2~3** 그는 『성학집요』에서 개인의 수양을 통해 앎을 늘리고 인격을 완성하

는 것을 군주의 자격으로 보았다. 율곡은 군주가 인격을 완성하고 아는 것을 실천하면 백성의 선한 본성을 회복하는 도덕적 교화가 가능해진다고 본 것

→ 적절함!

② 군주는 포악한 정치를 펼쳐 신하들에게 지지를 얻지 못하면 교체될 수 있다.

근거 (나)-**1**-4 율곡은 … 만약 군주가 포악한 정치를 펼쳐 신하들의 지지를 얻지 못하거나 민심을 잃으면 교체될 수 있다고 여겼다.

→ 적절함!

③ 군주는 왕도정치를 실현하기 위해 자신의 존재 근거를 백성으로 보아야 한다.

근거 (나)-**4**-1~2 율곡은 백성의 도덕적 교화를 이루는 왕도정치를 위해서는 백성들의 삶이 경제적으로 편안한 것이 전제되어야 한다고 보았다. 이는 군주의 존재 근거가 백성이라고 보는 민본관에 의한 것

→ 적절함!

이루어지지 않더라도

✓ **④ 백성의 도덕적 교화가 이루어져야 백성의 삶이 경제적으로 편안해질 수 있다.**

근거 (나)-**2**-3~4 이들(태평한 시대인 치세를 만드는 군주)의 통치 방법은 '왕도(王道)'와 '패도(覇道)'로 나뉜다. … 패도는 군주의 인격이 완성되지 않아 백성의 도덕적 교화까지는 이루어지지 않았지만 백성의 경제적 안정은 이루어 내는 것

풀이 율곡이 제시한 '치세를 만드는 군주의 통치 방법' 중 '패도'는 백성의 도덕적 교화까지는 이루어지지 않았지만 백성의 경제적 안정은 이루어 내는 것을 뜻한다. 따라서 율곡의 견해에 따르면 백성의 도덕적 교화가 이루어지지 않더라도 백성의 삶이 경제적으로 안정될 수는 있다.

→ 적절하지 않음!

⑤ 백성의 조세 부담을 줄이는 것은 백성의 경제적 기반을 유지할 수 있는 방법 중 하나이다.

근거 (나)-**4**-2 조세 부담을 줄이는 등 백성의 경제적 기반을 유지할 수 있는 정책을 펼쳐야 함을 역설한 것

→ 적절함!

---

046 추론의 적절성 판단 - 적절한 것 고르기 2022년 11월 학평 19번 **정답 ⑤**
정답률 75%

(가)의 관점에서 [A]를 판단한 것으로 가장 적절한 것은?

① [A]에서 눈과 귀가 가려진 군주는, 정치적 분열을 막아 백성을 평안하게 하므로 패업을 이룰 수 있는 존재로 볼 수 있다.

근거 (가)-**4**-1 관중은 권세를 가진 군주는 부강한 나라를 이루는 통치, 즉 '패업(覇業)'을 위한 통치를 펼쳐야 한다고 주장, (가)-**4**-3 이러한 관중의 사상은 백성들의 경제적 안정을 기반으로 부강한 나라를 이루기 위해 법을 통한 통치를 도모한 것, (나)-**3**-1 난세를 만드는 군주는 … 간신의 말을 믿고 의지하여 눈과 귀가 가려진 군주, (나)-**3**-3 이들의 통치 방법은 포악한 정치를 의미하는 '무도(無道)'

풀이 (가)에서 관중은 군주가 '패업'을 위한 통치를 펼쳐야 하며, 백성의 경제적 안정을 위한 정책들을 시행하는 것이 바람직하다고 주장하였다. 한편 율곡의 견해에 따르면 [A]에서 눈과 귀가 가려진 군주는 혼란스러운 시대인 난세를 만드는 군주에 해당하며, 이러한 군주는 포악한 정치를 펼쳐 백성의 삶을 편안하게 하지 못한다. 따라서 [A]에서 눈과 귀가 가려진 군주는 정치적 분열을 막아 백성을 평안하게 하지 못하므로, (가)의 관점에서 패업을 이룰 수 있는 존재로 볼 수 없다.

→ 적절하지 않음!

② [A]에서 군주가 충언을 받아들이지 않는 것은, 법을 만들 수 있는 자격을 천부적으로 지닌 것이므로 패업으로 볼 수 있다.

근거 (가)-**2**-2~3 군주는 법을 만들 수 있는 자격을 천부적으로 지닌 사람이다. 하지만 … 군주는 이익을 추구하는 백성의 본성을 고려해 백성의 삶이 윤택해질 수 있는 법을 만들어야 한다고 보았다, (나)-**3**-2~3 백성을 괴롭히고 충언을 받아들이지 않아 스스로 멸망에 이르는 폭군, … 이들의 통치 방법은 포악한 정치를 의미하는 '무도(無道)'이므로 율곡의 관점에서 무도를 행하는 군주는 교체되어야 할 존재

풀이 율곡의 견해에 따르면 충언을 받아들이지 않는 군주는 난세를 만드는 군주의 유형에 해당하며, 이러한 군주는 포악한 정치를 펼치므로 교체되어야 할 존재이다. (가)의 관점에서 이러한 군주는 패업을 위한 통치를 펼치는 군주라고 볼 수 없으며, 군주가 충언을 받아들이지 않는 것은 (가)에서 군주가 법을 만들 수 있는 자격을 천부적으로 지녔다는 것과는 관련이 없다.

→ 적절하지 않음!

③ [A]에서 군주가 자신의 총명을 믿고 신하를 불신하는 것은, 백성의 삶을 윤택하게 하

려는 것이므로 패업으로 볼 수 있다.

근거 (나)-**3**-1 난세를 만드는 군주는 자신의 총명만을 믿고 신하를 불신하거나, 간신의 말을 믿고 의지하여 눈과 귀가 가려진 군주

풀이 율곡의 견해에 따르면 자신의 총명을 믿고 신하를 불신하는 것은 난세를 만드는 군주에 해당한다. 난세를 만드는 군주는 포악한 정치를 펼치며, 백성의 경제적 안정을 이루어 내지 못한다. 따라서 (가)의 관점에서 이러한 군주는 부강한 나라를 이루는 통치를 펼치는 군주라고 볼 수 없다.

→ 적절하지 않음!

④ [A]에서 군주가 자신의 뜻을 세우지 못하는 것은, 자신을 존귀하게 여기지 않은 것이므로 패업을 위한 통치의 방법으로 볼 수 있다.

근거 (가)-**3**-1~2 관중은 군주가 자신에 대해서는 존귀하게 여기지 않는 것을 '패'라고 규정 … 군주가 패를 실천해야 백성이 권세를 인정하게 된다, (나)-**3**-2 나약하여 자신의 뜻을 세우지 못하고 우유부단한 용군

풀이 (가)에서 관중은 군주가 자신에 대해 존귀하게 여기지 않는 '패'를 실천해야 권세를 지닐 수 있다고 하였으며, 패업을 위한 통치, 즉 권세를 지닌 군주가 부강한 나라를 이루는 통치 방법을 이상적으로 보았다. 따라서 [A]에서 군주가 자신의 뜻을 세우지 못하는 것은 자신을 존귀하게 여기지 않은 것과 관련이 없으며, 패업을 위한 통치의 방법이라고 볼 수 없다.

→ 적절하지 않음!

✓ **⑤ [A]에서 군주가 신하를 능력에 맞게 발탁하여 일을 분배한 것은, 능력에 따라 신하를 공정하게 등용한 것이므로 패업을 위한 통치의 방법으로 볼 수 있다.**

근거 (가)-**4**-2 (패업을 위한 통치를 펼칠 때) 군주는 능력 있는 신하를 공정하게 등용하되, (나)-**2**-1~2 율곡은 군주의 통치에 따라 태평한 시대인 치세와 혼란스러운 시대인 난세가 구분된다고 보고, … 치세를 만드는 군주는 … 신하를 능력에 맞게 발탁하여 일을 분배할 줄 알거나, … 맡길 줄 안다.

풀이 율곡에 따르면 신하를 능력에 맞게 발탁하여 일을 분배한 것은 태평한 시대인 치세를 만드는 군주에 해당하며, 치세에는 백성의 경제적 안정이 이루어진다. 이러한 군주의 모습은 (가)에서 관중이 말한 '패업'을 위한 통치를 펼치면서, 능력 있는 신하를 공정하게 등용하는 군주의 모습과 일맥상통한다고 볼 수 있다.

→ 적절함!

1등급 문제

047 <보기>와 내용 비교 - 적절하지 않은 것 고르기 2022년 11월 학평 20번 **정답 ④**
정답률 50%, 매력적 오답 ② 20% ③ 15% ⑤ 10%

<보기>는 동서양 사상가들의 견해이다. <보기>와 (가), (나)를 읽은 학생이 보인 반응으로 적절하지 않은 것은? 3점

| 보기 |

㉮ ¹군주는 권력을 얻기 전까지는 수단과 방법을 가리지 않는 것이 오히려 백성을 위한 것입니다. ²하지만 권력을 얻은 후에는 법을 통해 통치함으로써 자신의 권력을 유지할 수 있습니다.

㉯ ³군주에 따라 치세와 난세가 되는 것을 지양하기(止揚-. 피하기) 위해 법을 제정하고 기준을 세우는 것이 필요합니다. ⁴그리고 법을 통해 통치할 수 있는 권한(權限. 권리나 권력이 미치는 범위)은 군주만이 갖고 있어야 권력을 유지할 수 있습니다.

㉰ ⁵군주는 타락한(墮落-. 올바른 길에서 벗어나 잘못된 길로 빠진) 현실에 의해 잃어버린 인간의 선한 본성인 도덕성을 회복시켜야 합니다. ⁶이때 군주는 도덕성의 회복을 목적으로 백성의 기본적인 경제적 욕구를 충족시키고 인간다운 교육을 실시해야 합니다.

① 관중과 ㉮는 모두 법을 통한 통치의 중요성을 인식했다고 볼 수 있겠군.

근거 (가)-**4**-1 관중은 … 법을 통한 통치의 중요성을 강조, <보기>-2 권력을 얻은 후에는 법을 통해 통치함으로써 자신의 권력을 유지할 수 있습니다.

→ 적절함!

② 관중과 ㉯는 모두 국가를 다스릴 수 있는 권한이 오로지 군주에게 있어야 함을 강조했다고 볼 수 있겠군.

근거 (가)-**3**-2 그(관중)에 따르면 군주는 '권세'를 지녀야 국가를 다스릴 수 있는데, (가)-**4**-2 군주는 … 신하들이 군주의 권세를 넘보거나 법질서를 혼란스럽게 하지 못하도록 자신의 권세를 신하에게 위임하지 말아야 하며, <보기>-4 법을 통해 통치할 수 있는 권한은 군주만이 갖고 있어야 권력을 유지할 수 있습니다.

풀이 관중은 군주가 권세를 지녀야 국가를 다스릴 수 있으며, 군주는 자신이 가진 권세를 신하에게 위임하지 말아야 한다고 보았다. 이를 통해 관중은 국가를 다스릴 수 있는 권한이 오직 군주에게 있어야 한다고 보았음을 알 수 있다. 또한 <보기>의 ㉯에서는 법을 통해 통치할 수 있는 권한은 군주만이 갖고 있어야 권력을 유지할 수 있다고 하

였다. 따라서 관중과 ㉰는 모두 국가를 다스릴 수 있는 권한이 오로지 군주에게 있어야 함을 강조했다고 볼 수 있다.

→ 적절함!

③ 관중은 ㉰와 달리 백성의 경제적 안정의 목적이 도덕성 회복이 아니라고 보았군.

근거 (가)-**2**-4 관중이 강조한 백성의 윤택한 삶은 도덕적 교화와 같은 목적을 위한 것이 아닌, 부강한 나라의 실현을 위한 것이라는 실리적 관점, (가)-**4**-3 관중의 사상은 백성들의 경제적 안정을 기반으로 부강한 나라를 이루기 위해 법을 통한 통치를 도모한 것, <보기>-6 군주는 도덕성의 회복을 목적으로 백성의 기본적인 경제적 욕구를 충족시키고

풀이 <보기>의 ㉰에서는 군주가 도덕성의 회복을 목적으로 백성의 경제적 욕구를 충족시켜야 한다고 주장하였다. 이와 달리 관중은 백성들의 경제적 안정은 도덕적 교화를 목적으로 한 것이 아니라, 부강한 나라를 이루기 위한 것이라고 보았다. 따라서 관중은 ㉰와 달리 백성의 경제적 안정의 목적이 도덕성 회복이 아니라고 보았다는 설명은 적절하다.

→ 적절함!

왕도와 패도
✓④ 율곡은 ㉰와 달리 군주의 인격 완성 여부에 따라 치세와 난세가 구분된다고 보았군.

근거 (나)-**2**-1 율곡은 군주의 통치에 따라 태평한 시대인 치세와 혼란스러운 시대인 난세가 구분된다고 보고, (나)-**2**-4 (치세를 만드는 군주들의 통치 방법 중) 왕도는 군주의 인격 완성을 통해 백성의 도덕적 교화까지 이루어 내는 것이고, 패도는 군주의 인격이 완성되지 않아 백성의 도덕적 교화까지는 이루어지지 않지만 백성의 경제적 안정은 이루어 내는 것

풀이 율곡은 군주의 통치에 따라 치세와 난세가 구분된다고 보고, 치세를 만드는 군주들의 통치 방법을 군주의 인격 완성 여부에 따라 '왕도'와 '패도'로 구분하여 설명하였다. 즉 율곡은 군주의 인격 완성 여부에 따라 치세와 난세가 구분된다고 본 것이 아니라, 왕도와 패도가 구분된다고 보았다. 한편 <보기>의 ㉰에서는 군주에 따라 치세와 난세가 되는 것을 막기 위해 법을 제정하고 기준을 세우는 것이 필요하다고 이야기하고 있을 뿐, 치세와 난세가 구분되는 기준을 어디에 둘 것인지 이야기하고 있지는 않다.

→ 적절하지 않음!

⑤ 율곡과 ㉰는 모두 백성의 본성을 선한 것으로 인식했다고 볼 수 있군.

근거 (나)-**1**-3 율곡은 군주가 인격을 완성하고 아는 것을 실천하면 백성의 선한 본성을 회복하는 도덕적 교화가 가능해진다고 본 것, <보기>-5 군주는 타락한 현실에 의해 잃어버린 인간의 선한 본성인 도덕성을 회복시켜야 합니다.

→ 적절함!

---

048 단어의 사전적 의미 - 적절하지 않은 것 고르기 2022년 11월 학평 21번
정답률 75%, 매력적 오답 ⑤ 20% | **정답** ③

ⓐ~ⓔ의 사전적 의미로 적절하지 않은 것은?

| ⓐ 대처 | ⓑ 피폐 | ⓒ 규정 | ⓓ 부족 | ⓔ 역설 |

① ⓐ : 어떤 *정세나 사건에 대하여 알맞은 조치를 취함. *情勢, 일이 되어 가는 형편

풀이 '대처(對 대하다 대 處 처리하다 처)'의 사전적 의미는 '어떤 정세나 사건에 대하여 알맞은 조치를 취함'이다.

예문 사고에 대한 신속한 대처가 필요하다.

→ 적절함!

② ⓑ : 지치고 *쇠약해짐. *衰弱-, 힘이 줄어 약해짐

풀이 '피폐(疲 지치다 피 弊 해지다 폐)'의 사전적 의미는 '지치고 쇠약해짐'이다.

예문 자연환경의 피폐로 인한 결과는 참담했다.

→ 적절함!

✓③ ⓒ : 바로잡아 고침.

풀이 '규정(規 법칙 규 定 정하다 정)'의 사전적 의미는 '내용이나 성격, 의미 따위를 밝혀 정함'이다. '바로잡아 고침'의 뜻을 가진 단어는 '규정'이 아니라 '수정(修 고치다 수 正 바르다 정)'이다.

예문 사건에 대하여 명확한 규정을 내려 봅시다.

→ 적절하지 않음!

④ ⓓ : 필요한 양이나 기준에 미치지 못해 충분하지 아니함.

풀이 '부족(不 아니다 부 足 넉넉하다 족)'의 사전적 의미는 '필요한 양이나 기준에 미치지

못해 충분하지 아니함'이다.

예문 지식의 부족을 채우기 위하여 독서량을 늘려야 한다.

→ 적절함!

⑤ ⓔ : 자신의 뜻을 힘주어 말함.

풀이 '역설(力 힘주다 역 說 말하다 설)'의 사전적 의미는 '자기의 뜻을 힘주어 말함'이다.

예문 선생님은 성실과 절약의 중요성을 역설하였다.

→ 적절함!

[049~053] 다음 글을 읽고 물음에 답하시오.

1 ¹㉠ 중화(中華)(가운데 중, 번성하다 화)사상은 한족(漢族)(중국에서 예로부터 살아온, 중국의 중심이 되는 종족)이 자신들(한족)을 세계의 중심을 의미하는 중화로 생각하고, 주변국(周邊國, 주변에 있는 나라)들이 자신들(한족)의 발달된 문화와 예법(禮法, 예의로써 지켜야 할 규범)을 받아들여야 한다고 생각한 사상(思想, 일정한 인식이나 견해)이다. ²조선은 중화사상을 수용하여(受容-, 받아들여) 한족 왕조(王朝, 같은 왕가에 속하는 통치자의 계열)인 명나라의 문화를 받아들이는 것을 당연시하였다. ³17세기에 이민족(異民族, 언어나 풍습 등이 다른 민족)이 ⓐ 세운 청나라가 중국 땅을 차지하였지만, 조선은 청나라를 중화라고 생각하지 않고 명나라의 부활을 고대하였다.(苦待-, 몹시 기다렸다.) ⁴당시 송시열은 '오랑캐('이민족'을 낮잡아 이르는 말)는 중국을 차지할 수 없고 금수(禽獸)(새 금, 짐승 수. 날짐승과 길짐승이라는 뜻으로 모든 짐승을 이르는 말)는 인류와 한 부류가 될 수 없다.'라고 하였는데, 이는 청나라를 공격하자는 북벌론과 청나라를 배척하자는(排斥-, 거부하여 내치자는) 척화론으로 이어졌다.

→ 17세기 조선의 사상적 배경 : 중화사상

2 ¹18세기에 청나라가 정치적 안정을 이루고 조선이 북벌을 통해 명나라를 회복하기 어렵게 되자, 조선의 유학자들 사이에서는 조선이 중화의 계승자(繼承者, 물려받아 이어 나가는 사람)라는 인식이 보편화되었다.(普遍化-, 널리 퍼졌다.) ²이때 청나라가 가진 발달된 문물(文物, 정치, 경제, 예술, 법률 등 문화에 관한 모든 것)을 도입하자는(導入-, 끌어 들이자는) 북학파가 등장하였다. ³그중 홍대용은 청나라의 발달된 문물은 오랑캐인 청나라가 만든 것이 아니라, 청나라가 중국 땅을 차지하며 가지게 된 한족의 문물로 보았다. ⁴이런 생각은 청나라와 청나라의 문물을 구별한 것으로, 그(홍대용)가 저술한(著述-, 쓴)「을병연행록」에서도 발견된다. ⁵이를 통해 이때까지도 그(홍대용)는 조선이 중화의 계승자라는 인식과 중화사상에서 벗어나지 못했음을 알 수 있다. ⁶하지만 청나라 여행을 계기로 그곳(청나라)에서 만난 학자들과 교류(交流, 문화나 사상 등을 서로 주고받음)를 이어 가며 선진(先進, 발전 단계나 진보 정도가 앞선) 문물과 새로운 학문을 탐구한 결과, 사상적 전환(轉換, 다른 방향으로 바꿈)을 이루었고 이를 바탕으로「의산문답」을 저술하였다.

→ 18세기 북학파의 등장과 홍대용의 사상적 전환

3 ¹홍대용의 사상적 전환을 잘 보여 주는 것은「의산문답」에 실려 있는 ㉡ 지구설과 무한(無限, 한계가 없음) 우주설이다. ²그(홍대용)는 하늘이 둥글고 땅이 모나다는 전통적인 천지관(天地觀, 하늘과 땅에 관한 관점, 견해)을 비판하고, 땅이 둥글다는 지구설을 주장하면서 그(지구설 주장의) 근거로 일식과 월식을 이야기하였다. ³일식과 월식이 둥글게 나타나는 것은 달과 우리가 사는 땅이 둥글기 때문이라는 것이다. ⁴우리가 사는 땅은 둥글기 때문에 상하나 동서남북은 정해져 있지 않고, 개개인이 서 있는 곳이 각각 기준이 될 수 있다고 주장하였다. ⁵또한 그(홍대용)는 하늘은 무한하여 형체를 알 수 없고 지구와 같은 땅이 몇 개가 되는지 알 수 없다는 무한 우주설을 주장하였다.

→ 지구설과 무한 우주설의 개념

4 ¹지구설과 무한 우주설은 세상의 중심과 그 주변을 구별하는 중화사상과 다른 생각이다. ²홍대용은 하늘에서 우리가 사는 세상을 본다면 이 땅이 무한한 우주에 비해 티끌만큼도 안 되며, 안과 밖을 구별하거나 중심과 주변을 나눌 수 없다고 보았다. ³따라서 중국 안과 밖을 구별할 수 없고 중화와 오랑캐라는 구별도 상대적이라고(相對的-, 서로 비교되는 관계에 있는 것이라고) 생각했다. ⁴이에 따라 중화와 오랑캐로 여겨졌던 국가가 모두 동등하며, 사람들이 각자 제(자기의) 나라와 제 문화를 기준으로 살아가는 것이 당연하다고 생각하였다. ⁵이러한 그(홍대용)의 생각은 모든 사람들이 중심이 될 수 있고 존재 가치가 있다는 생각으로 이어졌고, 이를 바탕으로 그(홍대용)는 당시 유교적 명분(名分, 각자의 신분에 따라 마땅히 지켜야 할 도

리을 내세우며 **특권**(特權, 특별한 권리)을 누리려 했던 양반들을 비판하였다. [6]또한 재주와 **학식**(學識, 학문과 식견)이 있는 자는 신분이 낮은 농부의 자식이라도 높은 관직에 오를 수 있어야 한다고 주장하였다.

→ 지구설과 무한 우주설에 근거를 둔 홍대용의 사상

5 　[1]어떤 국가와 문화, 사람도 각자 중심이 될 수 있고 존재 가치가 있다고 생각한 홍대용의 사상은 **평등주의**(平等主義, 모든 것에 차별을 두지 않는 태도)와 **다원주의**(多元主義, 기본으로 삼는 원칙이나 목적이 서로 다를 수 있음을 인정하는 태도)를 우리 역사에서 **선구적으로**(先驅的, 그 시대의 맨 앞에 서서) 보여 주었다는 점에서 **의의**(意義, 중요성과 가치)가 있다.

→ 홍대용의 사상이 지닌 의의

■ 지문 이해
〈홍대용의 사상과 그 의의〉

❶ 17 세기 조선의 사상적 배경 : 중화사상
• 중화사상 : 한족이 자신들을 세계의 중심으로 생각하고, 주변국들은 자신들의 발달된 문화와 예법을 받아들여야 한다고 생각한 사상
• 조선은 중화사상을 수용하여 명나라 문화를 받아들이고, 청나라는 중화라고 생각하지 않음 → 북벌론, 척화론으로 이어짐

❷ 18 세기 북학파의 등장과 홍대용의 사상적 전환
• 18 세기 조선의 유학자들은 조선이 중화의 계승자라고 인식함
• 청나라가 가진 발달된 문물을 도입하자고 주장하는 북학파가 등장함
• 홍대용은 청나라와 청나라의 문물을 구별함 : 중화사상에서 벗어나지 못했음 → 청나라 여행을 계기로 사상적 전환을 이룸

❸ 지구설과 무한 우주설의 개념
• 지구설 : 땅은 둥긂 → 상하나 동서남북이 정해져 있지 않고, 각각 서 있는 곳이 기준이 될 수 있음
• 무한 우주설 : 하늘은 무한하여 형체를 알 수 없고, 지구와 같은 땅이 몇 개나 되는지 알 수 없음

❹ 지구설과 무한 우주설에 근거를 둔 홍대용의 사상
• 지구설, 무한 우주설은 세상의 중심과 그 주변을 구별하는 중화사상과 다름
　- 중국 안과 밖을 구별할 수 없으며, 중화와 오랑캐로 여겨졌던 국가는 모두 동등함
　- 사람들은 각자 제 나라와 제 문화를 기준으로 살아가는 것이 당연함
　- 모든 사람들은 중심이 될 수 있고, 존재 가치가 있음
　→ 유교적 명분을 내세워 특권을 누리려는 양반을 비판함
　→ 재주와 학식이 있는 자는 신분과 상관없이 높은 관직에 오를 수 있어야 한다고 주장함

❺ 홍대용의 사상이 지닌 의의
• 어떤 국가, 문화, 사람도 각자 중심이 될 수 있고, 존재 가치가 있다고 생각
　→ 평등주의, 다원주의를 우리 역사에서 선구적으로 보여 주었다는 의의가 있음

---

049 | 세부 정보 이해 - 적절하지 않은 것 고르기 | 2022년 6월 학평 16번
정답률 80% | 정답 ③

다음은 학생이 윗글을 읽는 중 작성한 독서 활동지이다. 학생의 활동 내용 중 적절하지 않은 것은?

◆ 2문단까지 읽고 내용을 정리한 후, 이어질 내용을 예측하고 확인하며 읽어 보자.

읽은 내용 정리

○ 청나라가 중국 땅을 차지한 후 조선에서는 북벌론과 척화론이 나타남. ·· ①
　근거 ❶-3~4 17 세기에 이민족이 세운 청나라가 중국 땅을 차지하였지만, 조선은 청나라를 중화라고 생각하지 않고 명나라의 부활을 고대하였다. … 이는 청나라를 공격하자는 북벌론과 청나라를 배척하자는 척화론으로 이어졌다.
　→ 적절함!

○ 청나라가 정치적 안정을 이루고 북벌이 힘들어지자 조선의 유학자들은 조선이 중화의 계승자라고 생각함. ······················ ②
　근거 ❷-1 18 세기에 청나라가 정치적 안정을 이루고 조선이 북벌을 통해 명나라를 회복하기 어렵게 되자, 조선의 유학자들 사이에서는 조선이 중화의 계승자라는 인식이 보편화되었다.
　→ 적절함!

○ 청의 문물을 배우자는 북학파가 등장하였고, 그중 홍대용은 선진 문물과 새로운 학문을 탐구하여 사상을 전환하고 「의산문답」을 저술함.

이어질 내용 예측	확인 결과
○ 홍대용이 선진 문물과 새로운 학문을 탐구하여 깨달은 점이 언급될 것이다.	~~하늘이~~ 땅 둥글다는 것을 깨달음. ·················· ③
근거 ❸-2 하늘이 둥글고 땅이 모나다는 전통적인 천지관을 비판하고, 땅이 둥글다는 지구설을 주장 → 적절하지 않음!	
○ 「의산문답」의 내용이 언급될 것이다.	지구설과 무한 우주설을 설명함. ·········· ④
근거 ❸-1~2 홍대용의 사상적 전환을 잘 보여 주는 것은 「의산문답」에 실려 있는 지구설과 무한 우주설이다. … 땅이 둥글다는 지구설을 주장, ❸-5 하늘은 무한하여 형체를 알 수 없고 지구와 같은 땅이 몇 개가 되는지 알 수 없다는 무한 우주설을 주장 → 적절함!	
○ 홍대용이 아닌 다른 북학파 학자들의 사상이 언급될 것이다.	언급되지 않음. ······ ⑤
풀이 윗글은 18 세기에 등장한 북학파 학자들 중 홍대용의 사상에 관해 설명하고 있다. 홍대용 외의 다른 북학파 학자들의 사상에 대해서는 이야기하지 않았다. → 적절함!	

---

050 | 추론의 적절성 판단 - 적절하지 않은 것 고르기 | 2022년 6월 학평 17번
정답률 80% | 정답 ②

〈보기〉의 대화를 윗글과 관련지어 이해한 것으로 적절하지 않은 것은?

보 기

갑 : 천지 사이의 생물 가운데 오직 사람만이 귀합니다. 동물과 **초목**(草木, 풀과 나무)은 지혜가 없고 깨달음도 없으며, **오륜**(五倫, 부자유친, 군신유의, 부부유별, 장유유서, 붕우유신 등 유학에서 말하는, 사람이 마땅히 지켜야 할 다섯 가지 도리)도 모릅니다. 그러므로 사람은 동물보다 귀하고, 초목은 동물보다 천합니다.
을 : 오륜은 사람의 예의입니다. 무리 지어 다니고 소리를 내어 새끼들을 불러 먹이는 것은 동물의 예의입니다. 그리고 **떨기**(식물의 한 뿌리에서 여러 개의 줄기가 나와 수북해진 무더기)로 나서 무성해지는 것은 초목의 예의입니다. 사람의 관점을 기준으로 하면 사람이 귀하고 사물이 천하지만, 사물의 관점을 기준으로 하면 사물이 귀하고 사람이 천한 것입니다. 하늘에서 보면 사람과 사물은 똑같습니다.

① 갑은 귀한 대상과 천한 대상을 나누어 생각한다는 점에서 송시열과 공통점이 있다.
　근거 ❶-4 당시 송시열은 '오랑캐는 중국을 차지할 수 없고 금수(禽獸)는 인류와 한 부류가 될 수 없다.'라고 하였는데
　풀이 〈보기〉에서 갑은 사람만이 귀하고, 동물과 초목은 천하다고 하면서 귀한 대상과 천한 대상을 구분하고 있다. 윗글의 송시열 또한 중국과 인류는 귀한 대상으로, 오랑캐와 금수는 천한 대상으로 구분하고 있다.
　→ 적절함!

✓② 갑이 동물보다 사람을 높게 평가한 것은 ~~신분이 낮은 농부의 자식이라도 높은 관직에 오를 수 있어야 한다는 생각으로 이어질 수 있다.~~
　풀이 신분이 낮은 농부의 자식이라도 높은 관직에 오를 수 있어야 한다는 생각은 대상을 귀천에 따라 구분하지 않고 능력에 따라 동등하게 대우해야 한다는 관점에 해당한

다. 따라서 갑이 동물보다 사람을 높게 평가한 것은 신분이 낮은 농부의 자식이라도 높은 관직에 오를 수 있어야 한다는 생각으로 이어지기 어렵다.

→ 적절하지 않음!

③ 을이 동물과 초목이 각자의 예의가 있다고 한 것은 세상 사람들이 자기 나라와 자기 문화를 기준으로 살아가는 것이 당연하다는 생각과 연결될 수 있다.

근거 ❹-4 사람들이 각자 제 나라와 제 문화를 기준으로 살아가는 것이 당연하다고 생각하였다.

풀이 〈보기〉에서 을이 동물과 초목이 각자의 예의가 있다고 한 것은 동물과 초목이 각자 저마다의 기준으로 살아가고 있음을 이야기한 것이다. 이는 사람들이 각자 자기의 나라와 문화를 기준으로 살아가는 것이 당연하다고 주장한 홍대용의 사상과 연결될 수 있다.

→ 적절함!

④ 을이 사물의 관점을 기준으로 하면 사물이 귀하다고 한 것은 모든 사람이 존재 가치가 있다는 생각과 연결될 수 있다.

근거 ❹-5 그의 생각은 모든 사람들이 중심이 될 수 있고 존재 가치가 있다는 생각으로 이어졌고

풀이 〈보기〉에서 을이 사물의 관점을 기준으로 하면 사물이 귀하다고 한 것은 사람과 동물, 초목 모두가 중심과 주변으로 나뉘지 않고 동등하다는 관점에 해당한다. 이는 윗글에서 홍대용이 모든 사람들이 중심이 될 수 있고 존재 가치가 있다고 주장한 것과 연결될 수 있다.

→ 적절함!

⑤ 을이 하늘에서 보면 사람과 사물이 똑같다고 한 것은 우리가 사는 이 땅에서 중심과 주변을 나눌 수 없다는 홍대용의 생각과 일맥상통한다.

근거 ❹-2 홍대용은 하늘에서 우리가 사는 세상을 본다면 이 땅이 무한한 우주에 비해 티끌만큼도 안 되며, 안과 밖을 구별하거나 중심과 주변을 나눌 수 없다고 보았다.

풀이 〈보기〉에서 을이 하늘에서 보면 사람과 사물이 똑같다고 한 것은 윗글에서 홍대용이 하늘에서 우리가 사는 세상을 보면 안과 밖을 구별하거나 중심과 주변을 나눌 수 없다고 주장한 것과 연결될 수 있다.

→ 적절함!

051 핵심 개념 파악 - 적절한 것 고르기 2022년 6월 학평 18번 | 정답률 90% | 정답 ④

⊙과 ⓛ을 이해한 것으로 가장 적절한 것은?

⊙ 중화(中華)사상   ⓛ 지구설

① ⊙은 ⓛ을 통해 조선의 중심 사상으로 자리 잡았다.

근거 ❹-1 지구설과 무한 우주설은 세상의 중심과 그 주변을 구별하는 중화사상과 다른 생각

풀이 지구설은 세상의 중심과 그 주변을 구별하는 중화사상과 다른 생각이라고 하였으므로, 중화사상(⊙)이 지구설(ⓛ)을 통해 조선의 중심 사상으로 자리 잡았다고 볼 수 없다.

→ 적절하지 않음!

⊙은
② ⊙과 ⓛ은 청을 오랑캐라 여기는 생각의 근거가 되었다.

근거 ❶-2~3 조선은 중화사상을 수용 … 청나라가 중국 땅을 차지하였지만, 조선은 청나라를 중화라고 생각하지 않고 명나라의 부활을 고대, ❹-4 홍대용은 지구설과 무한 우주설을 주장하면서 중화와 오랑캐로 여겨졌던 국가가 모두 동등하며,

풀이 조선은 중화사상에 따라 한족 왕조인 명나라의 문화를 받아들였다. 또한 17세기에 중국 땅을 차지한 청나라를 중화라 생각하지 않고, 오랑캐로 여겼다. 따라서 중화사상(⊙)이 청을 오랑캐라 여기는 생각의 근거가 되었다고 볼 수 있다. 반면 지구설(ⓛ)에 따르면, 중화와 오랑캐로 여겨졌던 국가는 모두 동등하다. 따라서 지구설(ⓛ)이 청을 오랑캐라 여기는 생각의 근거가 되었다고 볼 수는 없다.

→ 적절하지 않음!

③ ⊙은 북벌론의 바탕이 되었고, ⓛ은 척화론의 바탕이 되었다.

근거 ❶-2~4 조선은 중화사상을 수용 … 청나라가 중국 땅을 차지하였지만, 조선은 청나라를 중화라고 생각하지 않고 명나라의 부활을 고대하였다. 당시 송시열은 '오랑캐는 중국을 차지할 수 없고 금수(禽獸)는 인류와 한 부류가 될 수 없다.'라고 하였는데, 이는 청나라를 공격하자는 북벌론과 청나라를 배척하는 척화론으로 이어졌다.

풀이 조선은 중화사상을 수용하여, 청나라를 중화라고 생각하지 않고 한족 왕조인 명나라의 부활을 고대하였다. 이렇게 중화사상에 바탕을 둔 조선 유학자들의 인식은 청나라를 공격하자는 북벌론과 청나라를 배척하는 척화론으로 이어졌다. 따라서 북벌론과 척화론은 모두 중화사상(⊙)에 근거를 두었다고 볼 수 있다.

→ 적절하지 않음!

✔④ ⓛ은 홍대용이 ⊙에서 벗어났음을 보여 주는 학설이다.

근거 ❷-3~6 홍대용은 청나라의 발달된 문물은 오랑캐인 청나라가 만든 것이 아니라, 청나라가 중국 땅을 차지하며 가지게 된 한족의 문물로 보았다. … 이를 통해 이때까지도 그는 조선이 중화의 계승자라는 인식과 중화사상에서 벗어나지 못했음을 알 수 있다. 하지만 청나라 여행을 계기로 … 사상적 전환을 이루었고 이를 바탕으로 「의산문답」을 저술, ❸-1 홍대용의 사상적 전환을 잘 보여 주는 것은 「의산문답」에 실려 있는 지구설과 무한 우주설, ❹-1 지구설과 무한 우주설은 세상의 중심과 그 주변을 구별하는 중화사상과 다른 생각

→ 적절함!

⑤ ⓛ은 조선의 유학자들이 가지고 있던 ⊙을 홍대용이 발전시킨 것이다.

근거 ❹-1 지구설과 무한 우주설은 세상의 중심과 그 주변을 구별하는 중화사상과 다른 생각

풀이 조선의 유학자들은 중화사상(⊙)을 수용하여, 청나라를 중화라 생각하지 않고 오랑캐로 여겼다. 한편 홍대용은 지구설(ⓛ)과 무한 우주설을 주장하였는데, 이에 따르면 세상의 중심과 그 주변을 구별할 수 없다. 따라서 지구설(ⓛ)은 조선의 유학자들이 가지고 있던 중화사상(⊙)을 홍대용이 발전시킨 것이라고 볼 수 없다.

→ 적절하지 않음!

052 반응의 적절성 판단 - 적절하지 않은 것 고르기 2022년 6월 학평 19번 | 정답률 70%, 매력적 오답 ③ 10% ⑤ 10% | 정답 ④

〈보기〉는 심화 학습을 위해 조사한 자료이다. (가), (나)에 대해 보인 반응으로 적절하지 않은 것은? 3점

| 보기 |
(가)
¹중국 의관(衣冠, 문물이 열리고 예의가 바른 풍속)이 변한 지 이미 100년이 넘은지라 지금 천하(天下, 하늘 아래 온 세상)에 오직 우리 조선만이 오히려 명나라의 제도를 지키거늘, 청나라에 들어오니 무식한 부류들이 우리를 보고 웃지 않는 사람이 없으니 어찌 가련치(可憐ー, 가엾고 불쌍하지) 않겠는가? ²(중략) ³슬프다! ⁴번화한(繁華ー, 번성하고 화려한) 문물을 오랑캐(청나라)에게 맡기고 백 년이 넘도록 회복할 방법이 없구나.
- 홍대용, 「을병연행록」 -

(나)
¹피와 살이 있으면 다 똑같은 사람이고, 강토(疆土, 나라의 경계 안에 있는 땅)를 지키고 있으면 다 동등한 국가이다. ²공자(孔子, 중국 고대 사상가이자 유교의 시조)는 주나라 사람이므로 그(공자)가 쓴 『춘추』에서 주나라 안과 밖을 구분한 것은 당연하다. ³그(공자)가 바다를 건너 주나라 밖에 살았더라면 주나라 밖에서 도를 일으켰을 것이고, 그곳(주나라 밖)을 기준으로 생각하는 『춘추』가 나왔을 것이다.
- 홍대용, 「의산문답」 -

① (가) : 청나라를 오랑캐라고 말하고 있는 것에서, 홍대용이 중화사상을 가진 적이 있었다는 것을 확인할 수 있군.

근거 〈보기〉-(가)-4 번화한 문물을 오랑캐에게 맡기고 백 년이 넘도록 회복할 방법이 없구나, ❷-3~4 홍대용은 청나라의 발달된 문물은 오랑캐인 청나라가 만든 것이 아니라, 청나라가 중국 땅을 차지하며 가지게 된 한족의 문물로 보았다. 이런 생각은 청나라와 청나라의 문물을 구별한 것으로, 그가 저술한 「을병연행록」에서도 발견된다. 이를 통해 이때까지도 그는 조선이 중화의 계승자라는 인식과 중화사상에서 벗어나지 못했음을 알 수 있다.

→ 적절함!

② (가) : 조선만이 명나라의 제도를 지킨다는 것에서, 홍대용이 조선을 중화의 계승자라고 생각했었음을 알 수 있군.

근거 〈보기〉-(가)-1 지금 천하에 오직 우리 조선만이 오히려 명나라의 제도를 지키거늘, ❶-2 조선은 중화사상을 수용하여 한족 왕조인 명나라의 문화를 받아들이는 것을 당연시하였다, ❷-5 이때까지도 그(홍대용)는 조선이 중화의 계승자라는 인식과 중화사상에서 벗어나지 못했음을 알 수 있다.

→ 적절함!

③ (가) : 번화한 문물을 오랑캐에게 맡겼다고 한 것에서, 홍대용이 청나라와 청나라가 가지고 있는 문물을 구별하려 했음을 확인할 수 있군.

근거 〈보기〉-(가)-4 번화한 문물을 오랑캐에게 맡기고, ❷-3~4 홍대용은 청나라의 발달된 문물은 오랑캐인 청나라가 만든 것이 아니라, 청나라가 중국 땅을 차지하며 가지게 된 한족의 문물로 보았다. 이런 생각은 청나라와 청나라의 문물을 구별한 것으로, 그가 저술한 『을병연행록』에서도 발견된다.

→ 적절함!

④ (나) : 『춘추』에서 주나라 안과 밖을 구분한 것이 당연하다는 것에서, 중국 안과 밖을 구별하려는 홍대용의 생각이 드러나는군.

근거 〈보기〉-(나)-2 공자는 주나라 사람이므로 그가 쓴 『춘추』에서 주나라 안과 밖을 구분한 것은 당연하다, ❹-3~4 중국 안과 밖을 구별할 수 없고 중화와 오랑캐라는 구별도 상대적이라고 생각했다. 이에 따라 중화와 오랑캐로 여겨졌던 국가가 모두 동등하며, 사람들이 각자 제 나라와 제 문화를 기준으로 살아가는 것이 당연하다고 생각하였다.

풀이 『춘추』에서 주나라 안과 밖을 구분한 것이 당연하다는 것은 『춘추』를 쓴 공자가 주나라 사람이기 때문에 주나라를 기준으로 생각하는 것이 당연하다는 것이다. 이는 홍대용이 중국 안과 밖을 구분하려 한 것이 아니라, 국가는 모두 동등하며 사람들은 각자 제 나라와 제 문화를 기준으로 살아가는 것이라는 그의 생각을 드러낸 것이다.

→ 적절하지 않음!

⑤ (나) : 공자가 주나라 밖에 살았다면 그곳에서 도를 일으켰을 것이라는 부분에서, 중화와 오랑캐의 구별이 상대적이라는 홍대용의 생각이 드러나는군.

근거 〈보기〉-(나)-3 그가 바다를 건너 주나라 밖에 살았더라면 주나라 밖에서 도를 일으켰을 것이고, 그곳을 기준으로 생각하는 『춘추』가 나왔을 것, ❹-3~4 중국 안과 밖을 구별할 수 없고 중화와 오랑캐라는 구별도 상대적이라고 생각했다. 이에 따라 중화와 오랑캐로 여겨졌던 국가가 모두 동등하며, 사람들이 각자 제 나라와 제 문화를 기준으로 살아가는 것이 당연하다고 생각하였다.

→ 적절함!

---

053 문맥적 의미 파악 - 적절한 것 고르기 2022년 6월 학평 20번
정답률 95%　　　　　　　　　　　　정답 ①

문맥상 ⓐ와 의미가 가장 유사한 것은?

17세기에 이민족이 ⓐ 세운 청나라

풀이 ⓐ에서 '세우다'는 '나라나 기관 따위를 처음으로 생기게 하다'의 의미이다.

① 그는 새로운 회사를 세웠다.

풀이 '나라나 기관 따위를 처음으로 생기게 하다'의 의미이다.

예문 오산학교는 1907년 이승훈이 세운 학교이다.

→ 적절함!

② 국가의 기강을 바로 세워야 한다.

풀이 '질서나 체계, 규율 따위를 올바르게 하거나 짜다'의 의미이다.

예문 그는 이탈리아 오페라의 전통을 세웠다.

→ 적절하지 않음!

③ 집을 지을 구체적인 방안을 세웠다.

풀이 '계획, 방안 따위를 정하거나 짜다'의 의미이다.

예문 시간을 가지고 차분히 생각하면서 계획을 세워 보자.

→ 적절하지 않음!

④ 두 귀를 쫑긋 세우고 말소리를 들었다.

풀이 '처져 있던 것을 똑바로 위를 향하여 곧게 하다'의 의미이다.

예문 그는 외투 깃을 세우고 천천히 걸어갔다.

→ 적절하지 않음!

⑤ 도끼날을 잘 세워야 나무를 쉽게 벨 수 있다.

풀이 '무딘 것을 날카롭게 하다'의 의미이다.

예문 어머니는 칼날을 세우려고 숫돌에 대고 갈았다.

→ 적절하지 않음!

[054~058] 다음 글을 읽고 물음에 답하시오.

1 ¹정약용은 조선 후기의 실학자(實學者, 조선 중기에 일어난 실학사상을 주장한 사람)로, 인간의 본성(本性, 인간이 처음부터 가진 성질)에 대한 탐구를 통해 인간의 선한(善–, 올바르고 착하여 도덕적 기준에 맞는) 행위를 설명하고자 하였다. ²그(정약용)는 이전까지 절대적(絶對的, 비교하거나 상대될 만한 것이 없는) 권위(權威, 일정 분야에서 사회적으로 인정을 받고 영향력을 끼칠 수 있는 능력)를 가지고 있던 주희(朱熹)의 주자학을 비판하며 인간의 본성에 대한 자신(정약용)의 이론(理論, 이치나 지식을 논리적으로 일반화한 체계)을 정립했다는(定立–, 정하여 세웠다는) 점에서 주희와는 다른 관점(觀點, 보고 생각하는 태도나 방향)을 보여 주었다.

→ 주희와 다른 관점을 보여 준, 조선 후기 실학자 정약용

2 ¹주희는 인간의 본성을 '본연지성(本然之性)'과 '기질지성(氣質之性)'으로 설명하였다. ²'본연지성'은 인간이 하늘로부터 부여받은 순수하고 선한 본성이고, '기질지성'은 본연지성에 사람마다 다른 기질(氣質, 혈기에 의해 생기는 성질)이 더해진 것으로 사람에 따라 다양하게 나타난다. ³그래서 주희는 인간의 기질이 맑으면 선한 행위를 하고 탁하면(濁–, 흐리거나) 악한(惡–, 도덕적 기준에 어긋나 나쁜) 행위를 할 수 있다고 보았다. ⁴그러나 정약용은 선한 행위와 악한 행위의 원인을 기질이라는 선천적(先天的, 태어날 때부터 지니고 있는) 요인(要因, 조건이 되는 요소)으로 본다면 행위에 인간의 의지(意志, 이루고자 하는 마음)가 개입되지(介入–, 끼어들지) 않으므로 악한 행위를 한 사람에게 윤리적(倫理的, 사람으로서 마땅히 행하거나 지켜야 할 도리인 '윤리'에 관련된) 책임을 물을 수 없다고 주희의 관점을 비판하였다.

→ 인간의 본성에 대한 주희의 관점과 이에 대한 정약용의 비판

3 ¹정약용은 인간의 본성을 '기호(嗜好, 즐기다 기, 좋아하다 호)'라고 보았다. ²기호란 즐기고 좋아한다는 뜻으로, 생명이 있는 모든 존재는 각각의 기호를 본성으로 갖는다고 보았다. ³꿩은 산을 좋아하는 경향성(傾向性, 일정한 방향으로 기울어지는 성향)을 갖고 벼는 물을 좋아하는 경향성을 갖는 것처럼, 인간도 어떤 경향성을 갖는다는 것이다. ⁴정약용은 인간에게 ㉠'감각적(感覺的, 시각, 청각, 후각, 미각, 촉각 등 신체 기관을 통하여 자극을 느끼거나 알아차리는 '감각'을 자극하는 것과 관계된) 욕구에서 비롯된 기호'와 ㉡'도덕적(道德的, 사회의 구성원들이 양심, 사회적 여론, 관습 등에 비추어 스스로 마땅히 지켜야 할 행동 준칙이나 규범에 해당하는 '도덕'과 관계된) 욕구에서 비롯된 기호'가 있다고 보았다. ⁵먼저, 감각적 욕구에서 비롯된 기호는 생명이 있는 모든 존재가 지니는 육체의 경향성으로, 맛있는 것을 좋아하고 맛없는 것을 싫어하는 것을 예로 ⓐ 들 수 있다. ⁶다음으로, 도덕적 욕구에서 비롯된 기호는 인간만이 지니는 영혼의 경향성으로, 선을 좋아하거나 악을 싫어하는 것을 예로 들 수 있다. ⁷정약용은 감각적 욕구가 생존에 필요하고 삶의 원동력(原動力, 근본이 되는 힘)이 된다는 점에서 일부 긍정했으나, 감각적 욕구에서 비롯된 기호를 제어하지(制御–, 억눌러 다스리지) 못할 경우 악한 행위가 나타날 수 있고, 도덕적 욕구에서 비롯된 기호를 따를 경우 선한 행위가 나타난다고 보았다. ⁸정약용은 선한 행위를 하거나 악한 행위를 하는 것이 온전히 인간의 자유 의지(自由意志, 외적인 제약이나 구속을 받지 않고 스스로 어떤 목적을 위한 행동을 자유롭게 선택하는 의지)에 달려 있으므로, 악한 행위를 한 사람에게 윤리적 책임을 물을 수 있다고 보았다.

→ 인간의 본성에 대한 정약용의 관점

4 ¹그래서 정약용은 자유 의지로 선한 행위를 선택하고 이(선한 행위)를 실천하는 것이 중요하다고 보았는데, 구체적인 실천 원리로 '서(恕)(용서하다 서)'를 강조하였다. ²그(정약용)는 '서'를 용서(容恕)(용서하다 용, 용서하다 서)와 추서(推恕)(받들다 추, 용서하다 서)로 구분하고, 추서를 특히 강조하였다. ³용서는 타인(他人, 다른 사람)을 다스리는 것과 관련되어 '타인의 악을 너그럽게 보아줌'을 의미하고, 추서는 자신을 다스리는 것과 관련되어 '내가 대접받고 싶은 대로 타인을 대우함(待遇–, 사회적 관계나 태도로 대함)'을 의미한다. ⁴친구가 거짓말을 했을 때 잘못을 덮어 주는 행위는 용서이고, 내가 아우의 존중을 받고 싶을 때 내가 먼저 형을 존중하는 모습을 보여 주는 행위는 추서인 것이다. ⁵그런데 용서는 타인의 악한 행위를 용인해(容認–, 너그러운 마음으로 받아들여 인정해) 주는 문제가 발생할 수 있지만, 추서는 자신의 마음을 미루어 타인의 마음을 이해할 수 있으므로, 정약용은 추서에 따라 선한 행위를 실천해야 한다고 보았다.

→ 정약용이 강조한 선한 행위의 실천 원리

■지문 이해
〈인간의 본성에 대한 주희와 정약용의 관점〉

❶ 주희와 다른 관점을 보여 준, 조선 후기 실학자 정약용
• 인간의 본성에 대한 탐구를 통해 인간의 선한 행위를 설명하고자 함
• 절대적 권위를 가지고 있던 주희의 주자학을 비판함

❷ 인간의 본성에 대한 주희의 관점과 이에 대한 정약용의 비판
• 주희 : 인간의 본성을 '본연지성'과 '기질지성'으로 설명함
• 본연지성 : 인간이 하늘로부터 부여받은 순수하고 선한 본성
• 기질지성 : 본연지성에 사람마다 다른 기질이 더해진 것. 기질에 따라 선한 행위나 악한 행위를 할 수 있음
  → 정약용 : 행위에 인간의 의지가 개입되지 않으므로 악한 행위에 대한 윤리적 책임을 물을 수 없다고 비판함

❸ 인간의 본성에 대한 정약용의 관점
• 인간의 본성을 '기호(嗜好)'라고 봄
• 감각적 욕구에서 비롯된 기호 : 생명이 있는 모든 존재가 지니는 육체의 경향성. 생존에 필요하고 삶의 원동력이 되지만, 제어하지 못할 경우 악한 행위가 나타날 수 있음
• 도덕적 욕구에서 비롯된 기호 : 인간만이 지니는 영혼의 경향성. 이를 따를 경우 선한 행위가 나타남
• 선한 행위나 악한 행위를 하는 것은 인간의 자유 의지에 달려 있음 → 악한 행위를 한 사람에게 윤리적 책임을 물을 수 있음

❹ 정약용이 강조한 선한 행위의 실천 원리
• 선한 행위의 실천 원리로 '서(恕)'를, 그중에서도 추서를 강조함
• 용서(容恕) : 타인의 악을 너그럽게 보아줌 → 타인의 악한 행위를 용인해 주는 문제가 발생할 수 있음
• 추서(推恕) : 내가 대접받고 싶은 대로 타인을 대우함 → 자신의 마음을 미루어 타인의 마음을 이해할 수 있음

---

055 | 세부 정보 이해 – 적절하지 않은 것 고르기 2021년 6월 학평 22번
정답률 90% | 정답 ④

윗글의 내용과 일치하지 않는 것은?

① 주희는 인간에게 하늘로부터 부여받은 본연지성이 있다고 보았다.
근거 ❷-1~2 주희는 인간의 본성을 '본연지성(本然之性)'과 '기질지성(氣質之性)'으로 설명하였다. '본연지성'은 인간이 하늘로부터 부여받은 순수하고 선한 본성
→ 적절함!

② 주희는 기질의 맑고 탁함에 따라 선하거나 악한 행위가 나타날 수 있다고 보았다.
근거 ❷-3 주희는 인간의 기질이 맑으면 선한 행위를 하고 탁하면 악한 행위를 할 수 있다고 보았다.
→ 적절함!

③ 정약용은 추서에 따라 선한 행위를 실천하는 것이 중요하다고 보았다.
근거 ❹-5 정약용은 추서에 따라 선한 행위를 실천해야 한다고 보았다.
→ 적절함!

④ 정약용은 감각적 욕구가 악한 행위를 유도하므로 제거해야 한다고 보았다.
근거 ❸-7 정약용은 감각적 욕구가 생존에 필요하고 삶의 원동력이 된다는 점에서 일부 긍정했으나, 감각적 욕구에서 비롯된 기호를 제어하지 못할 경우 악한 행위가 나타날 수 있고,
풀이 정약용은 감각적 욕구가 악한 행위를 유도하는 것이 아니라, 감각적 욕구에서 비롯된 기호를 제어하지 못할 경우 악한 행위가 나타날 수 있다고 보았다. 또한 정약용은 감각적 욕구가 생존에 필요하고 삶의 원동력이 된다는 점에서 일부 긍정했다. 따라서 정약용이 감각적 욕구를 제거해야 한다고 보았다는 설명은 적절하지 않다.
→ 적절하지 않음!

⑤ 정약용은 주희의 관점으로는 악한 행위를 한 사람에게 윤리적 책임을 물을 수 없다고 보았다.
근거 ❷-4 정약용은 … 악한 행위를 한 사람에게 윤리적 책임을 물을 수 없다고 주희의 관점을 비판하였다.
→ 적절함!

---

054 | 글의 서술 방식 파악 – 적절한 것 고르기 2021년 6월 학평 21번
정답률 80% | 정답 ②

윗글의 내용 전개 방식으로 가장 적절한 것은?

근거 ❷-1 주희는 인간의 본성을 '본연지성(本然之性)'과 '기질지성(氣質之性)'으로 설명, ❷-3~4 주희는 인간의 기질이 맑으면 선한 행위를 하고 탁하면 악한 행위를 할 수 있다고 보았다. 그러나 정약용은 선한 행위와 악한 행위의 원인을 기질이라는 선천적 요인으로 본다면 행위에 인간의 의지가 개입되지 않으므로 악한 행위를 한 사람에게 윤리적 책임을 물을 수 없다고 주희의 관점을 비판, ❸-1 정약용은 인간의 본성을 '기호(嗜好)'라고 보았다, ❸-8 정약용은 선한 행위를 하거나 악한 행위를 하는 것이 온전히 인간의 자유 의지에 달려 있으므로, 악한 행위를 한 사람에게 윤리적 책임을 물을 수 있다고 보았다. ❹-1 정약용은 자유 의지로 선한 행위를 선택하고 이를 실천하는 것이 중요하다고 보았는데, ❹-5 정약용은 추서에 따라 선한 행위를 실천해야 한다고 보았다.

풀이 윗글에서는 인간의 본성에 대한 주희의 관점을 비판하는 정약용의 관점을 소개하고 있다. 따라서 정답은 ②번이다.

① 인간의 본성에 대한 여러 관점이 사회에 미친 영향을 설명하고 있다.

② 인간의 본성에 대한 기존의 관점을 비판하는 다른 관점을 소개하고 있다.
→ 적절함!

③ 인간의 본성에 대한 관점의 *타당성 여부를 다양한 입장에서 분석하고 있다. *이치에 맞는 옳은 성질이 있는지 그렇지 않은지

④ 인간의 본성에 대한 *상반된 관점을 **절충한 새로운 관점의 특징을 밝히고 있다. *相反-, 서로 반대되는 **折衷-, 알맞게 조절하여 서로 잘 어울리게 한

⑤ 인간의 본성에 대해 *대비되는 관점이 등장하게 된 시대적 배경을 설명하고 있다. *對比-, 차이를 밝힐 목적으로 서로 맞대어져 비교되는

---

056 | 핵심 개념 파악 – 적절한 것 고르기 2021년 6월 학평 23번
정답률 85% | 정답 ③

㉠과 ㉡에 대한 이해로 가장 적절한 것은?

㉠ '감각적 욕구에서 비롯된 기호' ㉡ '도덕적 욕구에서 비롯된 기호'

① ㉠은 인간이 제어할 수 <del>없는</del> 있는 기호이다.
근거 ❸-7 감각적 욕구에서 비롯된 기호를 제어하지 못할 경우 악한 행위가 나타날 수 있고, ❸-8 선한 행위를 하거나 악한 행위를 하는 것이 온전히 인간의 자유 의지에 달려 있으므로
풀이 감각적 욕구에서 비롯된 기호를 '제어하지 못할 경우' 악한 행위가 나타날 수 있지만, 인간은 자유 의지에 따라 이를 '제어하여' 악한 행위를 하지 않을 수 있다. 따라서 감각적 욕구에서 비롯된 기호(㉠)는 인간이 제어할 수 있는 기호이다.
→ 적절하지 않음!

② ㉡은 생존에 필요한 욕구에서 비롯된 것이다. ㉠
근거 ❸-7 정약용은 감각적 욕구가 생존에 필요하고 삶의 원동력이 된다는 점에서 일부 긍정
풀이 생존에 필요한 욕구에서 비롯된 것은 도덕적 욕구에서 비롯된 기호(㉡)가 아니라, 감각적 욕구에서 비롯된 기호(㉠)와 관련된다.
→ 적절하지 않음!

③ ㉠은 ㉡과 달리 생명이 있는 모든 존재가 지닌다.
근거 ❸-5~6 감각적 욕구에서 비롯된 기호는 생명이 있는 모든 존재가 지니는 육체의 경향성 … 도덕적 욕구에서 비롯된 기호는 인간만이 지니는 영혼의 경향성
→ 적절함!

④ ㉡은 ㉠과 달리 욕구를 즐기고 좋아하는 경향성이다. ㉠과 ㉡은 모두
근거 ❸-2~3 기호란 즐기고 좋아한다는 뜻으로, … 인간도 어떤 경향성을 갖는다는 것

풀이 '감각적 욕구에서 비롯된 기호(ⓐ)'는 감각적 욕구를 즐기고 좋아하는 경향성을, '도덕적 욕구에서 비롯된 기호(ⓑ)'는 도덕적 욕구를 즐기고 좋아하는 경향성을 뜻한다. 따라서 ⓐ과 ⓑ은 모두 욕구를 즐기고 좋아하는 경향성이라고 볼 수 있다.

→ 적절하지 않음!

⑤ ⓐ과 ⓑ은 모두 타인의 잘못을 덮어 주는 행위와 *직결된다. *直結−, 직접 연결된다.

근거 ④-4 친구가 거짓말을 했을 때 잘못을 덮어 주는 행위는 용서

풀이 '타인의 잘못을 덮어 주는 행위'는 용서로, ⓐ이나 ⓑ과는 직결되지 않는다.

→ 적절하지 않음!

1등급 문제

057 구체적인 사례에 적용 – 적절하지 않은 것 고르기 2021년 6월 학평 24번
정답률 60%, 매력적 오답 ① 15%
정답 ⑤

윗글을 바탕으로 〈보기〉를 이해한 내용으로 적절하지 않은 것은? [3점]

| 보기 |
학급에서 복도 청소를 맡은 학생 A와 B가 있었다. A는 평소 청소를 잘 하지 않았고, B는 항상 성실히 청소를 하였다. 복도가 깨끗한 것을 본 선생님이 복도 청소 담당인 두 학생을 모두 칭찬하였는데, 이때 A는 자신이 B보다 더 열심히 청소를 했다고 거짓말을 하였다. B는 A가 거짓말을 했다는 것을 알고 있었지만 이를 내색하지(−色−, 마음속에 느낀 것을 얼굴에 드러내지) 않고 평소대로 열심히 청소하였고 A는 그러한 B를 보면서 부끄러움을 느꼈다. 이후, A는 B에게 자신의 행동을 사과하였으며, 책임감을 갖고 청소하였다.

▶지문 핵심 개념 정리

주희의 관점	정약용의 관점
• 인간의 본성을 '본연지성'과 '기질지성'으로 설명함(❷−1)	• 인간의 본성을 '기호'라고 봄(❸−1)
• 본연지성 : 인간이 하늘로부터 부여받은 순수하고 선한 본성(❷−2)	• 도덕적 욕구에서 비롯된 기호를 따를 경우 선한 행위가 나타난다고 봄(❸−7)
• 기질지성 : 본연지성에 사람마다 다른 기질이 더해진 것(❷−2)	• 선한 행위와 악한 행위는 인간의 자유 의지에 따른 것이라고 봄(❸−8)
• 기질에 따라 선한 행위나 악한 행위를 할 수 있음(❷−3)	• 악한 행위를 한 사람에게 윤리적 책임을 물을 수 있다고 봄(❸−8)
	• 추서에 따라 선한 행위를 실천해야 함(❹−5)

① 주희는 거짓말을 한 것과 *무관하게 A에게는 순수하고 선한 본성이 있다고 보겠군.
*無關−, 상관없이

풀이 주희는 인간의 본성을 인간이 하늘로부터 부여받은 순수하고 선한 본성인 '본연지성'과, 사람에 따라 다양하게 나타나는, 서로 다른 기질이 더해진 '기질지성'으로 설명하였으며, 인간은 각자의 기질에 따라 선한 행위나 악한 행위를 한다고 보았다. 따라서 주희는 〈보기〉의 A가 거짓말을 한 것은 A의 기질에 따른 것이며, 그러한 기질과는 무관하게 A는 하늘로부터 부여받은 순수하고 선한 본성인 '본연지성'을 지니고 있다고 볼 것이다.

→ 적절함!

② 주희는 평소 청소를 잘 하지 않는 A와 항상 성실히 청소하는 B의 기질이 서로 다르다고 보겠군.

풀이 주희는 인간이 기질에 따라 선한 행위를 하거나 악한 행위를 한다고 보았다. 따라서 주희의 관점에서는 청소를 잘 하지 않는 A와 항상 성실히 청소하는 B의 기질이 서로 다르다고 볼 것이다.

→ 적절함!

③ 정약용은 A가 책임감 있게 청소하게 된 것이 A의 자유 의지에 의한 것이라고 보겠군.

풀이 정약용은 인간이 선한 행위를 하거나 악한 행위를 하는 것이 인간의 자유 의지에 달려 있다고 보았다. 따라서 정약용은 A가 책임감 있게 청소하게 된 것이 A의 자유 의지에 의한 것이라고 볼 것이다.

→ 적절함!

④ 정약용은 A가 도덕적 욕구에서 비롯된 기호를 따랐기 때문에 행동의 변화가 나타났다고 보겠군.

풀이 정약용은 도덕적 욕구에서 비롯된 기호를 따를 경우 선한 행위가 나타난다고 보았다. 〈보기〉에서 A가 자신의 행동을 사과하고 책임감을 갖고 청소하게 된 것은 선한 행위가 나타난 것으로 볼 수 있는데, 정약용은 A에게 이러한 행동 변화가 나타난 것은 A가 도덕적 욕구에서 비롯된 기호를 따랐기 때문이라고 볼 것이다.

→ 적절함!

✓용서로서 A의 잘못을 덮어 주었기

⑤ 정약용은 B가 추서로 A의 마음을 이해해 주었기 때문에 A의 거짓말을 용인하게 되었다고 보겠군.

근거 ④-4 친구가 거짓말을 했을 때 잘못을 덮어 주는 행위는 용서

풀이 정약용의 관점에서 〈보기〉의 B가 친구의 거짓말에 내색하지 않고 이를 덮어 준 행위는 '추서'가 아니라 '용서'에 해당한다.

→ 적절하지 않음!

---

058 문맥적 의미 파악 – 적절한 것 고르기 2021년 6월 학평 25번
정답률 95%
정답 ①

ⓐ와 문맥적 의미가 가장 유사한 것은?

맛있는 것을 좋아하고 맛없는 것을 싫어하는 것을 예로 ⓐ 들 수 있다.

풀이 ⓐ는 문맥상 '설명하거나 증명하기 위하여 사실을 가져다 대다'의 의미이다.

✓① 명확한 증거를 들었다.

풀이 '설명하거나 증명하기 위하여 사실을 가져다 대다'의 의미이다.

예문 선생님은 보기를 들어 다시 설명해 주셨다.

→ 적절함!

② 감기가 들어 약을 먹었다.

풀이 '몸에 병이나 증상이 생기다'의 의미이다.

예문 아이는 넘어져서 다리에 멍이 들었다.

→ 적절하지 않음!

③ 마음에 드는 사람이 있다.

풀이 '어떤 물건이나 사람이 좋게 받아들여지다'의 의미이다.

예문 쇼윈도에 그의 눈에 드는 옷이 걸려 있었다.

→ 적절하지 않음!

④ 우리 집은 햇볕이 잘 든다.

풀이 '빛, 볕, 물 따위가 안으로 들어오다'의 의미이다.

예문 물이 이쪽으로 들지 않도록 조심해라.

→ 적절하지 않음!

⑤ 상자 안에 선물이 들어 있다.

풀이 '안에 담기거나 그 일부를 이루다'의 의미이다.

예문 빵 속에 든 단팥이 맛있다.

→ 적절하지 않음!

고3 실전 문제

[059~062] 다음 글을 읽고 물음에 답하시오.

❶ ¹고대 중국에서 '대학(大學)'은 교육 기관을 가리키는 말이었다. ²이 '대학'에서 가르쳐야 할 내용을 전하고 있는 책이 『대학』이다. ³유학자들(유교 사상을 공부하고 따르는 사람들)은 『대학』의 '명명덕(明明德)'과 '친민(親民)'을 공자의 말로 여기지만, 그 해석에 있어서는 차이가 있다. ⁴경문 해석(훌륭한 사람이 지었거나, 훌륭한 사람의 말이나 행동을 적은 글을 풀어주는 것)의 차이는 글자와 문장의 정확성을 따지는 훈고(訓詁)가 다르기 때문이기도 하지만 해석자의 사상적 관심(해석자가 '명명덕'과 '친민'을 바라보는 시각)이 다르기 때문이기도 하다.

→ 경문 해석에 차이가 생기는 까닭

❷ ¹주희와 정약용은 ⓐ '명명덕'과 '친민'에 대해 서로 다르게 해석한다. ²주희는 명덕(明德)을 인간이 본래 지니고 있는 마음의 밝은 능력으로 해석한다. ³인간이 올바른 행동을 할 수 있는 것은 명덕을 지니고 있어서인데 기질(氣質, 개인이 지닌 성질)에 가려 명덕이 발휘되지 못하게 되면(각자가 가지고 있는 성질 때문에 본래 지닌 마음의 밝은 능력을 드러내지 못하게 되면) 잘못된 행동을 하게 된다. ⁴따라서 도덕 실천을 위해서는 명덕이 발휘되도록 기질을 교정하는(矯正−, 바로잡아 고치는) 공부가 필요하다. ⁵명명덕'은 바로 명덕이 발휘되도록 공부한다는 뜻이다. ⁶반면, 정약용은 명덕을 '효(孝)'(자식이 부모에게 효도함, 확장하면 아랫사람이 윗사람을 섬기는 덕목), '제(弟)'(형제

간의 우애, 확장하면 친구와 선후배 간의 의리', '자(慈)(부모가 자식을 사랑하는 마음, 확장하면 윗사람이 아랫사람에게 베푸는 사랑)'의 덕목(德目, 도덕적인 마음과 행동의 요소)으로 해석한다. [7]명덕은 마음이 지닌 능력이 아니라 행위를 통해 실천해야 하는 구체적 덕목이다. [8]어떤 사람을 효자라고 부르는 것은 그가 효를 실천할 수 있는 마음의 능력을 가지고 있어서가 아니라 실제로 효를 실천했기 때문이다. [9]명명덕은 구체적으로 효, 제, 자를 실천하도록 한다는 뜻이다.

→ '명덕'과 '명명덕'에 대한 주희와 정약용의 해석 차이

3 [1]유학자들은 자신이 먼저 인격자가 될 것을 강조하지만 궁극적으로는(窮極的一, 결국은) 자신뿐 아니라 백성 또한 올바른 행동을 할 수 있도록 ㉠이끌어야 한다는 생각을 원칙으로 삼는다. [2]주희도 자신이 명덕을 밝힌 후에는 백성들도 그들이 지닌 명덕을 밝혀 새로운 사람이 될 수 있도록 ㉡가르쳐야 한다고 본다. [3]백성을 가르쳐 그들을 새롭게 만드는 것이 바로 ⓑ'신민(新民)'이다. [4]주희는 『대학』을 새로 편찬하면서(編纂一, 책으로 만들면서) 고본(古本)(같은 책의 오래된 판, 여기에서는 주희가 새로 편찬하기 전에 있었던 『대학』을 말함) 『대학』의 '친민'을 '신민'으로 ㉢고쳤다. [5]친(親)(친할 친)보다는 '신(新)(새로울 신)'이 '백성을 새로운 사람으로 만든다'는 취지(趣旨, 목적)를 더 잘 표현한다고 보았던 것이다. [6]반면, 정약용은 친민을 신민으로 고치는 것은 옳지 않다고 본다. [7]정약용은 '친민'을 백성들이 효, 제, 자의 덕목을 실천하도록 이끄는 것이라 해석한다. [8]즉 백성들로 하여금 자식이 어버이를 사랑하여 효도하고 어버이가 자식을 사랑하여 자애의 덕행을 실천하도록(사랑을 베풀도록) 이끄는 것이 친민이다. [9]백성들이 이전과 달리 효, 제, 자를 실천하게 되었다는 점에서 새롭다는 뜻은 있지만 본래 글자를 고쳐서는 안 된다고 보았다.

→ '친민'에 대한 주희와 정약용의 해석 차이

4 [1]주희와 정약용 모두 개인의 인격 완성과 인륜 공동체의 실현(유교의 규범을 잘 지키며 서로 끈끈하게 연결되어 있는 공동체를 이루는 것)을 이상(理想, 가장 완전하다고 여겨지는 상태)으로 하였다.(목표로 삼았다.) [2]하지만 그 이상의 실현 방법에 있어서는 생각이 달랐다. [3]주희는 개인이 마음을 어떻게 수양하여(修養一, 갈고닦아) 도덕적 완성에 ㉣이를 것인가에 관심을 둔 반면, 정약용은 당대(當代, 그 시대)의 학자들이 마음 수양에 치우쳐 개인과 사회를 위한 구체적인 덕행의 실천에는 한 걸음도 나아가지 못하는 문제(효, 제, 자의 구체적인 덕목을 실제로 실천하는 것에는 힘쓰지 않는 문제)를 ㉤바로잡고자 하는 데 관심이 있었다.

→ 주희와 정약용의 공통점과 차이점

■지문 이해

〈『대학』의 '명명덕'과 '친민'에 대한 주희와 정약용의 해석 차이〉

❶ 경문 해석에 차이가 생기는 까닭		
• 훈고 • 해석자의 사상적 관심		

	주희	정약용
❷ 명덕	• 인간이 본래 지니고 있는 마음의 밝은 능력	• 행위를 통해 실천해야 하는 효, 제, 자의 구체적 덕목
❷ 명명덕	• 명덕이 발휘되도록 공부하는 것	• 구체적으로 효, 제, 자를 실천하도록 하는 것
❸ 친민	• '친민'을 '신민'으로 고침 • 신민은 백성을 가르쳐 새로운 사람으로 만드는 것	• '친민'을 '신민'으로 고치는 것은 옳지 않음 • 친민은 백성들이 효, 제, 자의 덕목을 실천하도록 이끄는 것

❹	주희	정약용
공통점	• 개인의 인격 완성과 인륜 공동체의 실현을 이상으로 함	
차이점	• 이상의 실현 방법 : 개인의 마음 수양	• 이상의 실현 방법 : 개인과 사회를 위한 구체적 덕행의 실천

---

059 추론의 적절성 판단 - 적절한 것 고르기 2014학년도 9월 모평B 17번
정답률 70%, 매력적 오답 ③ 15% **정답 ④**

윗글을 읽고 추론한 내용으로 가장 적절한 것은?

① '대학'은 백성을 가르치기 위해 공자가 *건립한 교육 기관이다. (*建立一, 세운) 〔알 수 없음〕
> **근거** ❶-1 고대 중국에서 '대학'은 교육 기관을 가리키는 말
> **풀이** 대학은 교육 기관을 가리키는 말이 맞지만, 공자가 건립했다는 내용은 나오지 않는다.
> → 적절하지 않음!

② 주희는 사람들이 명덕을 교정하지 못하여 잘못된 행위를 한다고 보았다. 〔발휘하지〕
> **근거** ❷-3~4 기질에 가려 명덕이 발휘되지 못하게 되면 잘못된 행동을 하게 된다. 따라서 도덕 실천을 위해서는 명덕이 발휘되도록 기질을 교정하는 공부가 필요하다.
> **풀이** 명덕을 교정하지 못해서 잘못된 행위를 하는 것이 아니라, 명덕이 '기질에 가려져서' 발휘되지 못하기 때문에 잘못된 행위를 하는 것이다. 따라서 잘못된 행동을 하지 않기 위해서는 명덕을 교정하는 것이 아니라, 기질을 교정해야 한다.
> → 적절하지 않음!

③ 주희와 정약용의 경전 해석에서 글자의 훈고에 대해서는 *언급되지 않았다. (*言及一, 이야기되지) 〔주희 : 신(新)
정약용: 친(親)〕
> **근거** ❶-4 글자와 문장의 정확성을 따지는 훈고(訓詁), ❸-5~7 (주희는) '친(親)'보다는 '신(新)'이 '백성을 새로운 사람으로 만든다'는 취지를 더 잘 표현한다고 보았던 것이다. 반면, 정약용은 친민을 신민으로 고치는 것은 옳지 않다고 본다. 정약용은 '친민'을 백성들이 효, 제, 자의 덕목을 실천하도록 이끄는 것이라 해석
> **풀이** 주희와 정약용은 글자 '친'과 '신'의 적합성을 따지고 있다. 따라서 훈고에 대한 언급이 없다는 것은 틀린 설명이다.
> → 적절하지 않음!

✓④ 주희와 정약용 모두 도덕 실천이 공동체 차원으로 확장되어야 한다고 보았다.
> **근거** ❹-1 주희와 정약용 모두 개인의 인격 완성과 인륜 공동체의 실현을 이상으로 하였다.
> → 적절함!

⑤ 정약용의 『대학』 해석에는 마음 수양의 중요성에 대한 그의 관심이 *반영되었다. (*反映一, 영향을 주어 나타났다.) 〔마음 수양보다 구체적 덕행 실천〕
> **근거** ❷-7 명덕은 마음이 지닌 능력이 아니라 행위를 통해 실천해야 하는 구체적 덕목이다, ❹-3 정약용은 당대의 학자들이 마음 수양에 치우쳐 개인과 사회를 위한 구체적인 덕행의 실천에는 한 걸음도 나아가지 못하는 문제를 바로잡고자 하는 데 관심이 있었다.
> **풀이** 정약용은 마음 수양의 중요성보다 구체적인 덕행의 실천에 관심이 있었다.
> → 적절하지 않음!

---

060 핵심 개념 이해 - 적절한 것 고르기 2014학년도 9월 모평B 18번
정답률 90% **정답 ④**

ⓐ, ⓑ에 대한 설명으로 적절한 것은?

> ⓐ '명명덕' ⓑ '신민(新民)'

① ⓐ에 대한 주희와 정약용의 해석은 일치한다. 〔명덕이 발휘되도록 공부〕〔구체적으로 효, 제, 자를 실천〕
> **근거** ❷-1 주희와 정약용은 '명명덕'과 '친민'에 대해 서로 다르게 해석
> → 적절하지 않음!

② 주희와 정약용 모두 ⓐ를 이루기 위한 수단으로 ⓑ를 강조하였다.
> **근거** ❸-4 (주희는) 고본(古本) 『대학』의 '친민'을 '신민'으로 고쳤다, ❸-6 정약용은 친민을 신민으로 고치는 것은 옳지 않다고 본다, ❹-1 주희와 정약용 모두 개인의 인격 완성과 인륜 공동체의 실현을 이상으로 하였다.
> **풀이** '신민'은 주희가 '친민'을 해석하면서 내놓은 개념으로, 정약용은 '친민'을 '신민'으로 고치는 것은 옳지 않다고 하였다. 따라서 정약용이 '신민'(ⓑ)을 강조했다는 설명은 적절하지 않다. 한편 주희와 정약용 모두 '명명덕'은 개인의 인격 완성과 관련된 덕목으로, '신민' 혹은 '친민'은 인륜 공동체의 실현과 관련된 덕목으로 보았으므로, '명명

덕'(ⓐ)을 이루기 위한 수단으로 '신민'(ⓑ)을 강조할 수는 없다.

→ 적절하지 않음!

③ 주희는 ⓐ를 '효', '제', '자'라는 구체적 덕목을 실천하는 것으로 보았다.

근거 ❷-5 '명명덕'은 바로 명덕이 발휘되도록 공부한다는 뜻

풀이 주희는 명명덕을 인간이 본래 지니고 있는 마음의 밝은 능력이 발휘되도록 공부한다는 뜻으로 보았다. 명명덕을 효, 제, 자의 구체적 덕목 실천으로 본 것은 주희가 아니라 정약용의 견해이다.

→ 적절하지 않음!

= 백성을 가르쳐 그들을 새롭게 만드는 것
✓④ ⓑ에는 백성 또한 도덕적 존재가 될 수 있다는 **주희**의 생각이 반영되어 있다.

근거 ❷-4 도덕 실천을 위해서는 명덕이 발휘되도록 기질을 교정하는 공부가 필요, ❸-2~3 주희도 자신이 명덕을 밝힌 후에는 백성들도 그들이 지닌 명덕을 밝혀 새로운 사람이 될 수 있도록 가르쳐야 한다고 본다. 백성을 가르쳐 그들을 새롭게 만드는 것이 바로 '신민(新民)'이다.

풀이 주희는 명덕이 발휘되면 도덕적 실천이 가능해진다고 보았다. 따라서 주희는 백성들이 지닌 명덕을 밝힐 수 있도록 가르치면 백성들도 도덕적 실천이 가능한 새로운 사람, 즉 '신민'이 될 수 있다고 생각했다.

→ 적절함!

⑤ 정약용은 ⓑ가 고본 『대학』의 '친민'의 본래 의미를 잘 나타내었다고 보았다.

근거 ❸-6 정약용은 친민을 신민으로 고치는 것은 옳지 않다고 본다, ❸-9 본래 글자를 고쳐서는 안 된다고 보았다.

풀이 '신민'이 '친민'의 본래 의미를 잘 나타내었다고 본 것은 정약용이 아니라 주희의 견해이다.

→ 적절하지 않음!

---

061 | 자료 해석의 적절성 판단 - 적절한 것 고르기 2014학년도 9월 모평B 19번
정답률 85% | 정답 ⑤

윗글과 <보기>를 근거로 판단한 내용으로 적절한 것은? [3점]

| 보기 |
[1]왕양명은 당시에 **통용되던**(通用-, 일반적으로 쓰이던) 『대학』의 '신민'을 고본 『대학』에 따라 '친민'으로 고쳤다. [2]그는 백성이 가르쳐야 할 대상인 동시에 사랑해야 할 대상이라는 점에서 가르침에 치중한 '신'보다는 '친'이 적합하다고 보았다. [3]그러나 정약용은 왕양명이 '명덕'을 마음의 밝은 능력으로 해석한 점을 지적하면서, 왕양명이 '명덕'을 바르게 이해하지 못해 '친민' 또한 바르게 해석하지 못했다고 하였다.

▶ 지문 핵심 개념 정리

	주희	정약용
명명덕	• 명덕 : 인간이 본래 지니고 있는 마음의 밝은 능력(❷-2) • 명명덕 : 명덕이 발휘되도록 공부하는 것(❷-5)	• 명덕 : 행위를 통해 실천해야 하는 효, 제, 자의 구체적 덕목(❷-6~7) • 명명덕 : 구체적으로 효, 제, 자를 실천하도록 하는 것(❷-9)
친민	• '친민'을 '신민'으로 고침(❸-4) • 신민은 백성을 가르쳐 새로운 사람으로 만드는 것(❸-3)	• '친민'을 '신민'으로 고치는 것은 옳지 않음(❸-6) • 친민은 백성들이 효, 제, 자의 덕목을 실천하도록 이끄는 것(❸-7)

다른
① 왕양명과 정약용은 '명덕'을 동일한 의미로 해석하였다.

근거 <보기>-3 정약용은 왕양명이 '명덕'을 마음의 밝은 능력으로 해석한 점을 지적하면서, 왕양명이 '명덕'을 바르게 이해하지 못해 '친민' 또한 바르게 해석하지 못했다고 하였다.

→ 적절하지 않음!

같다고
② 정약용은 왕양명의 '명덕' 해석이 주희와 다르다고 보았다.

근거 <보기>-3 정약용은 왕양명이 '명덕'을 마음의 밝은 능력으로 해석한 점을 지적, ❷-2 주희는 '명덕(明德)'을 인간이 본래 지니고 있는 마음의 밝은 능력으로 해석

풀이 정약용은 왕양명의 '명덕' 해석을 주희의 해석과 같은 것으로 보고 있다.

→ 적절하지 않음!

일치하지 않는다
③ 왕양명의 '친민' 해석은 주희가 아닌 정약용의 해석과 일치한다.

근거 <보기>-3 (정약용은) 왕양명이 '명덕'을 바르게 이해하지 못해 '친민' 또한 바르게 해

석하지 못했다고 하였다, ❸-7 정약용은 '친민'을 백성들이 효, 제, 자의 덕목을 실천하도록 이끄는 것이라 해석

→ 적절하지 않음!

수정해서는 안 된다고
④ 왕양명과 정약용은 고본 『대학』의 '친민'을 수정해야 한다고 보았다.

근거 <보기>-1 왕양명은 당시에 통용되던 『대학』의 '신민'을 고본 『대학』에 따라 '친민'으로 고쳤다, ❸-6 정약용은 친민을 신민으로 고치는 것은 옳지 않다고 본다.

풀이 두 사람 모두 고본 『대학』의 '친민'을 다른 표현으로 수정하는 것에 반대하는 입장이다.

→ 적절하지 않음!

= 가르침에 치중한 '신'보다는 '친'이 적합하다고 보았다.
✓⑤ 왕양명은 '친민'을 '신민'으로 고친 주희의 해석이 백성을 가르침의 대상으로 *한정한 문제가 있다고 보았다. *限定-, 범위를 제한한

근거 <보기>-2 그(왕양명)는 백성이 가르쳐야 할 대상인 동시에 사랑해야 할 대상이라는 점에서 가르침에 치중한 '신'보다는 '친'이 적합하다고 보았다.

→ 적절함!

---

062 | 문맥적 의미 파악 - 적절한 것 고르기 2014학년도 9월 모평B 20번
정답률 85% | 정답 ①

문맥상 ㉠~㉤을 바꿔 쓰기에 가장 적절한 것은?

| ㉠ 이끌어야 | ㉡ 가르쳐야 | ㉢ 고쳤다 | ㉣ 이를 | ㉤ 바로잡고자 |

✓① ㉠ : 인도(引導)해야

풀이 '인도(리 이끌다 인 導 이끌다 도)하다'는 '이끌어 지도하다'의 의미이다. ㉠을 '인도해야'로 바꿔 써도 문맥상 의미가 달라지지 않으므로 바꿔 쓰기에 적절하다.

→ 적절함!

② ㉡ : 지시(指示)해야

풀이 ㉡의 '가르치다'는 '사람의 도리나 바른길을 일깨우다'의 의미이다. 한편 '지시(指 가리키다 지 示 보이다 시)하다'는 '가리켜 보게 하다, 일러서 시키다'의 의미이다. ㉡을 '지시해야로 바꿔 쓸 경우 문맥상 의미가 달라지므로, 바꿔 쓰기에 적절하지 않다. ㉡은 '어떤 목적이나 방향으로 남을 가르쳐 이끌다'의 뜻을 지닌 '지도(指 가리키다 지 導 인도하다 도)하다'로 바꿔 쓰는 것이 적절하다.

→ 직질하지 않음!

③ ㉢ : 개편(改編)했다

풀이 ㉢의 '고치다'는 '모양이나 내용 따위를 바꾸다'의 의미이다. 한편 '개편(改 고치다 개 編 엮다 편)하다'는 '책이나 과정 따위를 고쳐 다시 엮다'의 의미이다. ㉢을 '개편했다'로 바꿔 쓸 경우 문맥상 의미가 달라지므로, 바꿔 쓰기에 적절하지 않다. ㉢은 '글이나 글자의 잘못된 점을 고치다'의 뜻을 지닌 '수정(修 닦다 수 訂 바로잡다 정)하다'로 바꿔 쓰는 것이 적절하다.

→ 적절하지 않음!

④ ㉣ : 도착(到着)할

풀이 ㉣의 '이르다'는 '어떤 정도나 범위에 미치다'의 의미이다. 한편 '도착(到 이르다 도 着 붙다 착)하다'는 '목적한 곳에 다다르다'의 의미이다. ㉣을 '도착할로 바꿔 쓸 경우 문맥상 의미가 달라지므로, 바꿔 쓰기에 적절하지 않다. ㉣은 '목적한 곳이나 수준에 다다르다'의 뜻을 지닌 '도달(到 이르다 도 達 통달하다 달)하다'로 바꿔 쓰는 것이 적절하다.

→ 적절하지 않음!

⑤ ㉤ : 쇄신(刷新)하고자

풀이 ㉤의 '바로잡다'는 '그릇된 일을 바르게 만들거나 잘못된 것을 올바르게 고치다'의 의미이다. 한편 '쇄신(刷 인쇄하다 쇄 新 새롭다 신)하다'는 '나쁜 폐단이나 묵은 것을 버리고 새롭게 하다'의 의미이다. ㉤을 '쇄신하고자로 바꿔 쓸 경우 문맥상 의미가 달라지므로, 바꿔 쓰기에 적절하지 않다. ㉤은 '바로잡아 고치다'의 뜻을 지닌 '수정(修 닦다 수 正 바르다 정)하다'로 바꿔 쓰는 것이 적절하다.

→ 적절하지 않음!

〈참고 그림〉

도덕적 실천은 꾸준한 공부와 내면 수양으로 가능하지!

주희

윗사람을 공경하고, 사람들과 우애 있게 지내고, 아랫사람을 사랑하는 게 바로 도덕적 실천이야!

정약용

④―1~3 주희와 정약용 모두 개인의 인격 완성과 인류 공동체 실현을 이상으로 삼은 점에서는 공통되지만, 그 방법에 있어서는 의견이 달랐다. 주희는 개인이 마음을 어떻게 수양하여 도덕적 완성에 이를 것인가에 관심을 둔 반면, 정약용은 구체적인 덕행의 실천을 강조하였다.

[063~066] 다음 글을 읽고 물음에 답하시오.

1 ¹중국 역사에서 전국 시대(戰國時代, 기원전 403년~221년 사이의 시기로 진나라가 중국 전체를 통일하기 전까지의 혼란했던 시대)는 전쟁으로 점철된(點綴–, 서로 이어진) 시대였다. ²여러 사상가(思想家, 사회, 정치, 인생 등에 대한 일정한 생각을 적극적으로 주장하는 사람)들이 혼란한 정국(政局, 정치 상황)을 수습하고(收拾–, 바로잡고) 백성들을 고통에서 벗어나게 하기 위한 대안(對案, 대처할 방법)을 마련하였는데, 이(대안 마련) 과정에서 그들(여러 사상가)의 이론을 뒷받침할 형이상학적(形而上學的, 대상의 본질, 존재의 근본 원리를 사유나 직관에 의하여 탐구하는 학문에 바탕을 둔) 체계(體系, 일정한 원리에 따라 짜임새 있게 조직되어 통일된 전체)로서의 인성론(人性論, 사람의 본성을 어떻게 보는가에 관한 논의)이 대두되었다.(擡頭–, 나타났다.) ³인성론은, 인간의 본성(本性, 사람이 본디부터 가진 성질)은 선하다는 성선설, 인간의 본성이 악하다는 성악설, 인간의 본성에는 애초에(–初–, 처음부터) 선과 악이라는 구분이 전혀 없다는 성무선악설 등으로 분류될 수 있다. ⁴맹자와 순자를 비롯한 사상가들은 인간 본성에 대한 이론적 탐구에서 더 나아가 사회적·정치적 관점으로 인성론을 구성하고 변형시켜 왔다.

→ 인성론의 등장 배경

2 ¹맹자의 성선설이 국가 공권력(國家公權力, 국가가 국민에게 명령하고 강제로 원하지 않는 일을 하라고 할 수 있는 힘)에 저항하기(抵抗–, 굽히거나 따르지 않고 버티기) 위해 호족(豪族, 재산이 많고 세력이 강한 집안)들 및 지주(地主, 자신이 가진 땅을 다른 사람들에게 빌려주고 그 대가를 받는 사람)들이 선한 본성을 갖춘 자신들을 간섭하지(干涉–, 끼어들어 이래라저래라 하지) 말라는 이념적(理念的, 특정한 주장이나 주의, 신념에 관한) 논거(論據, 논리의 근거)로 사용되었다면, 순자나 법가의 성악설은 [A] 군주가 국가 공권력을 정당화할(正當化–, 이치에 맞아 올바르고 마땅한 것이라고 꾸며 댈) 때 그(국가 공권력 정당화) 논거로서 사용되었다. ²즉 선악이란 윤리적 개념이 정치적 개념과 불가분의(不可分–, 나누려 해도 나눌 수 없는) 관계에 놓여 있다는 사실을 확인할 수 있다. ³성선설에서는 개체(個體, 낱낱의 물체, 여기에서는 '각각의 인간'을 의미함)가 외부의 강제적인 간섭 없이도 '정치적 질서'를 낳고 유지할(維持–, 변함없이 계속할) 수 있다고 본 반면(反面, 반대로), 성악설에서는 외부의 간섭이 없을 경우 개체는 '정치적 무질서'를 초래할(招來–, 가져오게 할) 뿐인 존재라고 본 것이다.

→ 정치적 논거로 사용된 맹자의 성선설과 순자와 법가의 성악설

3 ¹한편 ㉠고자는 성무선악설을 통해 인간이 가지고 있는 식욕(食慾, 음식을 먹고 싶어 하는 욕구)과 같은 자연적인 욕구(欲求, 무엇을 얻고 싶어 하거나 무슨 일을 하고 싶어 하는 일)가 본성이므로 이를 정치적이면서 동시에 윤리적인 범주(範疇, 같은 성질을 가진 갈래나 범위)로서의 선과 악의 개념으로 다룰 수 없다고 주장했다. ²그(고자)는 인간의 본성을 '소용돌이치는(빙빙 돌면서 흐르는) 물'로 비유했는데(比喩–, 빗대어 설명했는데), 이러한 관점은 소용돌이처럼 역동적인(力動的–, 힘차고 활발하게 움직이는) 삶의 의지를 지닌 인간을 규격화함으로써(規格化–, 일정한 형식이나 방향에 맞춤으로써)

그 역동성을 마비시키려는(痲痺–, 못하도록 멈추게 하려는) 일체의(一切–, 모든) 외적 간섭에 저항하는 입장을 취하도록(取–, 가지도록) 하였다.

→ 고자의 성무선악설

4 ¹㉡ 맹자는, 인간의 본성을 역동적인 것으로 간주한(看做–, 생각한) 고자의 인성론을 비판하였다. ²맹자는 살아있는 버드나무와 그것(살아있는 버드나무)으로 만들어진 나무 술잔의 비유를 통해, 나무 술잔으로 쓰일 수 있는 본성이 이미 버드나무 안에 있다고 보았다. ³맹자는 인간이 선천적으로(先天的–, 태어나면서부터) 지닌 이러한 본성을 인의예지(仁義禮智, 어짊과 의로움과 예의와 지혜) 네 가지로 규정하였다.(規定–, 밝혀 정했다.) ⁴고통에 빠진 타인(他人, 다른 사람)을 측은히(惻隱–, 가엾고 불쌍하게) 여기는 동정심, 즉 측은지심은 인간이라면 누구나 갖고 있다고 보고, 측은한 마음은 인간의 의식적(意識的, 일부러 하는) 노력에서 나온 것이 아니라 불쌍한 타인을 목격할(目擊–, 눈으로 보았을) 때 저절로 내면(內面, 마음속) 깊은 곳에서 흘러나온다고 본 것이 맹자의 관점이었다. ⁵다시 말해 인간은 스스로의 노력으로 본성을 실현할(實現–, 실제로 이룰) 수 있는 존재, 즉 타인의 힘이 아닌 자력(自力, 자기 혼자의 힘)으로 수양할(修養–, 몸과 마음을 닦아 지식이나 마음을 높은 단계까지 끌어올릴) 수 있는 존재라고 보았다. ⁶이것(인간은 스스로의 노력으로 본성을 실현할 수 있는 존재라는 것)이 바로 맹자 수양론의 기본 전제(前提, 결론의 기초가 되는 판단)이다.

→ 고자의 성무선악설에 대한 맹자의 비판과 맹자의 성선설

5 ¹모든 인간은 선한 본성을 지니고 있고, 이 선한 본성의 실현은 주체(主體, 의지를 가진 존재) 자신의 노력에 의해서만 가능하다는 맹자의 성선설을 순자는 사변적(思辨的, 경험하지 않고 순수하게 이론만을 바탕으로 하는 생각)이고 낙관적(樂觀的, 대상을 밝고 희망적인 것으로 보는 것)이며 현실 감각(現實感覺, 지금 실제로 존재하는 일이나 상황에 대해 알아차리는 능력)이 결여된(缺如–, 없거나 모자란) 주장으로 보았다. ²선한 인간이 되기 위해서 인간은 국가 질서, 학문, 관습 등과 같은 외적인 것에 의존할(依存–, 기댈) 필요가 없다고 본 맹자의 논리는 현실 사회에서 국가 공권력과 사회 규범(社會規範, 사회의 질서를 유지하고 사람들을 바람직한 방향으로 이끄는 법률, 도덕, 종교, 관습 등의 기준)의 역할을 전적으로(全的–, 모두) 부정하는 논거로도 사용될 수 있었기 때문이다. ³㉢ 순자의 견해처럼 인간의 본성이 악하다고 전제할 때 그것(인간의 악한 본성)을 교정하고(矯正–, 잘못된 것을 가르쳐 바르게 하고) 순치할(馴致–, 목적으로 삼은 상태로 차차 도달하게 할) 수 있는 외적인 강제력(強制力, 남에게 원하지 않는 일을 억지로 시키는 권력이나 힘), 다시 말해 국가 권력이나 전통적인 제도들이 부각될(浮刻–, 두드러지게 나타날) 수 있다. ⁴국가 질서와 사회 규범을 정당화하기 위한 순자의 견해는 성악설뿐만 아니라 현실주의적 인간관(現實主義的人間觀, 실제 경험과 같은 현실 감각을 가지고 인간을 바라보는 관점)에서 비롯되었다.

→ 맹자의 성선설에 대한 순자의 비판과 순자의 성악설 ①

6 ¹순자는 인간의 욕망이 무한하지만(無限–, 한계가 없지만) 그것(인간의 무한한 욕망)을 충족시켜줄 재화(財貨, 재물이나 가치 있는 물질)는 매우 한정되어(限定–, 수나 양, 범위의 한도가 정해져) 있다고 보고 이런 모순(인간의 욕망은 무한하지만 그 욕망을 충족시켜줄 재화는 매우 한정적인 것)을 해결하기 위해서 국가에 의해 예(禮, 예절 예)가 만들어졌다는 입장을 견지하였다.(堅持–, 굳게 지켰다.) ²만약 인간에게 외적인 공권력과 사회 규범이 없는 경우를 가정한다면(假定–, 임시로 사실인 것처럼 정한다면) 인간들은 자신들의 욕망 충족에 있어 턱없이(수준에 맞지 아니하게) 부족한 재화를 놓고 일종의 전쟁 상태에 빠지게 될 것이고, 그 결과 사회는 걷잡을 수 없는 무질서 상태로 전락하게(轉落–, 나쁜 상태에 빠지게) 될 것이다. ³맹자의 성선설이 비현실적일(非現實的–, 실제로 존재하는 일과는 관련성이 거의 없을) 뿐만 아니라 정치적 질서를 해칠 가능성이 있다고 본 순자의 비판은, 바로 인간과 사회에 대한 이와 같은(인간에게 외적인 공권력과 사회 규범이 없다면 사회는 무질서 상태가 될 것이라는) 견해(見解, 의견이나 생각)로부터 나온 것이다.

→ 맹자의 성선설에 대한 순자의 비판과 순자의 성악설 ②

■ 지문 이해
〈인성론의 등장 배경과 세 가지 견해〉

❶ 인성론의 등장 배경

• 중국 전국 시대에 혼란한 정국을 수습하고 백성들을 고통에서 벗어나게 하기 위해 마련한 대안을 뒷받침할 형이상학적 체계로서의 인성론이 대두됨
• 인성론의 분류
  - 성선설 : 인간의 본성은 선하다고 봄
  - 성악설 : 인간의 본성은 악하다고 봄
  - 성무선악설 : 인간의 본성에는 선과 악이라는 구분이 전혀 없다고 봄

> ❷ 정치적 논거로 사용된 맹자의 성선설과 순자와 법가의 성악설
> • 맹자의 성선설
> - 국가 공권력에 저항하기 위한 이념적 논거로 사용됨
> - 개체는 외부의 강제적 간섭 없이도 정치적 질서를 낳고 유지할 수 있다고 봄
> • 순자나 법가의 성악설
> - 국가 공권력을 정당화하기 위한 이념적 논거로 사용됨
> - 외부의 간섭이 없을 경우 개체는 정치적 무질서를 초래하는 존재라고 봄

> ❸ 고자의 성무선악설
> • 고자의 성무선악설
> - 인간의 본성을 성선설, 성악설처럼 정치적 범주의 선악 개념으로 다룰 수 없다고 주장함
> - 역동적인 삶의 의지를 지닌 인간을 규격화하여 역동성을 마비시키는 일체의 외적 간섭에 저항하는 입장을 취함

> ❹ 고자의 성무선악설에 대한 맹자의 비판과 맹자의 성선설
> • 인간의 본성을 역동적인 것으로 간주한 고자의 인성론을 비판함
> • 인간을 '인의예지'를 선천적으로 지닌 존재, 스스로의 노력으로 본성을 실현할 수 있는 존재라고 봄

> ❺~❻ 맹자의 성선설에 대한 순자의 비판과 순자의 성악설
> • 모든 인간은 선한 본성을 지니며, 자신의 노력에 의해서만 선한 본성이 실현될 수 있다는 맹자의 성선설을 비판함
> • 인간의 본성은 악하며, 외적 강제력에 의해 악한 본성을 교정하고 순치할 수 있다고 봄
> • 국가 질서와 사회 규범을 정당화함
> • 무한한 인간의 욕망에 비해 재화는 매우 한정되어 있는 모순을 해결하기 위해서 국가에 의해 예(禮)가 만들어졌다고 봄
> • 외적 공권력과 사회 규범을 통해 무질서를 바로잡을 수 있다고 봄

---

063 | 글의 서술 방식 파악 - 적절한 것 고르기 2019년 6월 학평 34번
정답률 70% | 정답 ②

윗글에 대한 설명으로 가장 적절한 것은?

① 인성에 대한 세 견해의 장단점을 ~~비교하고~~ 있다.

　풀이 인성에 대한 세 견해인 성선설, 성악설, 성무선악설을 소개하고 있을 뿐 각 견해의 장단점을 비교하고 있지는 않다.

　→ 적절하지 않음!

✓② 인성론의 등장 배경과 다양한 견해를 소개하고 있다.

　근거 ❶-1~3 중국 역사에서 전국 시대는 전쟁으로 점철된 시대였다. 여러 사상가들이 혼란한 정국을 수습하고 백성들을 고통에서 벗어나게 하기 위한 대안을 마련하였는데, 이 과정에서 그들의 이론을 뒷받침할 형이상학적 체계로서의 인성론이 대두되었다. 인성론은, 인간의 본성은 선하다는 성선설, 인간의 본성이 악하다는 성악설, 인간의 본성에는 애초에 선과 악이라는 구분이 전혀 없다는 성무선악설 등으로 분류될 수 있다.

　풀이 전쟁으로 점철된 중국 전국 시대의 혼란을 극복할 대안을 마련하는 과정에서 등장한 인성론의 세 견해인 성선설, 성악설, 성무선악설을 소개하고 있다.

　→ 적절함!

③ 인성론의 역사적 ~~의의와 한계~~에 대해 분석하고 있다.

　풀이 인성론의 역사적 의의와 한계는 나타나 있지 않다.

　→ 적절하지 않음!

④ 인성론이 등장한 시대적 상황을 ~~구체적 자료~~를 통해 제시하고 있다.

　풀이 인성론이 등장한 시대적 상황을 전쟁으로 점철된 혼란한 중국 전국 시대라고 설명하고 있지만, 이를 구체적 자료를 통해 제시하지는 않았다.

　→ 적절하지 않음!

⑤ 인성에 대한 ~~두 견해~~를 제시하며 이를 *절충한 이론을 소개하고~~ 있다. *折衷−, 서로 다른 견해를 조절하여 알맞게 한

　풀이 인성에 대한 두 견해가 아니라 세 견해를 소개하고 있으며, 각 이론을 절충한 이론 역시 나타나 있지 않다.

→ 적절하지 않음!

064 | 핵심 개념 파악 - 적절한 것 고르기 2019년 6월 학평 35번
정답률 70% | 정답 ③

[A]를 통해 '인성론'에 대해 이해한 내용으로 가장 적절한 것은?

　근거 ❷-1 맹자의 성선설이 국가 공권력에 저항하기 위해 호족들 및 지주들이 선한 본성을 갖춘 자신들을 간섭하지 말라는 이념적 논거로 사용되었다면, 순자나 법가의 성악설은 군주가 국가 공권력을 정당화할 때 그 논거로서 사용되었다. ❷-3 성선설에서는 개체가 외부의 강제적인 간섭 없이도 '정치적 질서'를 낳고 유지할 수 있다고 본 반면, 성악설에서는 외부의 간섭이 없을 경우 개체는 '정치적 무질서'를 초래할 뿐인 존재라고 본 것

　풀이 윗글의 [A]를 통해 맹자의 성선설은 국가 공권력에 저항하려 하는 호족들 및 지주들의 정치적 입장을 정당화하는 이념적 수단으로, 순자나 법가의 성악설은 군주의 국가 공권력 정당화를 위한 이념적 수단으로 사용되었음을 확인할 수 있다. 따라서 정답은 ③번이다.

① 사회의 발전을 위한 갈등 유지의 *당위성을 인정하였다. *當爲性, 마땅히 그렇게 하거나 그렇게 되어야 할 성질

② 권력자의 *윤리 의식과 **통치력이 ***상반된다고 판단하였다. *倫理意識, 윤리를 지키려 하는 강한 의지 **統治力, 나라나 지역을 맡아 다스리는 힘 ***相反−, 서로 반대된다고

✓③ 정치적 입장을 정당화하는 이념적 수단으로 사용되었다.

　→ 적절함!

④ *초자연적 존재와 대비되는 인간 본성의 **우위를 추구하였다. *超自然的存在, 자연을 뛰어넘는 힘을 가진 존재로 절대자나 신을 의미함 **優位, 다른 것보다 높거나 유리한 위치와 입장

⑤ 인간의 타고난 본성을 *거스르는 **인위적 노력을 ***배격하였다. *따르지 않고 반대되는 태도를 취하는 **人爲的, 사람의 힘으로 이루어지는 ***排擊−, 물리쳤다

　근거 ❺-1 모든 인간은 선한 본성을 지니고 있고, 이 선한 본성의 실현은 주체 자신의 노력에 의해서만 가능하다는 맹자의 성선설, ❺-3 순자의 견해처럼 인간의 본성이 악하다고 전제할 때 그것을 교정하고 순치할 수 있는 외적인 강제력, 다시 말해 국가 권력이나 전통적인 제도들이 부각될 수 있다.

　풀이 맹자는 인간이 타고난 선한 본성을 유지하기 위해 자력으로 수양하는 인위적 노력이 필요하다고 보았다. 또한 순자는 인간의 타고난 악한 본성을 교정하고 순치할 수 있는 국가 권력이나 전통적 제도 등 인위적 노력이 필요하다고 보았다. 맹자와 순자 모두 인간의 타고난 본성을 유지하거나 거스르기 위한 인위적 노력이 필요하다고 보았으므로, 이는 [A]를 통해 '인성론'에 대해 이해한 내용이 아니다.

1등급 문제

065 | <보기>와 내용 비교 - 적절한 것 고르기 2019년 6월 학평 36번
정답률 60%, 매력적 오답 ③ 10% ⑤ 20% | 정답 ①

윗글의 '순자'와 <보기>의 '홉스'가 모두 *동의할 만한 **진술로 가장 적절한 것은? *同意−, 의견을 같이할 **陳述, 자세하게 늘어놓은 이야기　[3점]

> | 보기 |
> [1]홉스의 『리바이어던』에 따르면, 인간은 본성이 이기적이므로 자신의 이익을 극대화하기(極大化−, 가장 크게 하기) 위해 '자연 상태'에서 '만인(萬人, 모든 사람)의 만인에 대한 투쟁(鬪爭, 목적을 이루거나 상대편을 이기기 위해 싸움)' 상태로 비참하게(悲慘−, 슬프고 끔찍하게) 살아갈 수밖에 없다. [2]이(자신의 이익 극대화를 위해 서로 싸우며 비참하게 살 수밖에 없는 것)를 극복하기 위해 공동의 권력을 만들었는데 이것이 바로 리바이어던이다. [3]이(리바이어던)는 공동의 평화와 방어(防禦, 상대방의 공격을 맞서서 막음)를 위해 필요한 모든 힘과 수단을 이용할 수 있는 절대 권력(絕對權力, 어떤 경우에도 맞서지 못할 권력)이다. [4]사람들은 리바이어던 같은 절대 통치자에게 복종(服從, 조금도 어긋남 없이 명령을 그대로 따름)을 약속하고 대신 통치자는 사람들의 안전을 보장해(保障−, 어려움 없이 이루어지도록 조건을 마련해 보호해) 주는데, 국가는 바로 이러한 계약에 따라 만들어졌다.

✓① 인간의 이기적 본성이 사회의 혼란과 무질서를 초래함을 인정해야 한다.

　근거 ❻-1~2 순자는 인간의 욕망이 무한하지만 그것을 충족시켜줄 재화는 매우 한정되어 있다고 보고 이런 모순을 해결하기 위해서 국가에 의해 예(禮)가 만들어졌다는 입장을 견지하였다. 만약 인간에게 외적인 공권력과 사회 규범이 없는 경우를 가정한다면 인간들은 자신들의 욕망 충족에 있어 턱없이 부족한 재화를 놓고 일종의 전쟁

상태에 빠지게 될 것이고, 그 결과 사회는 걷잡을 수 없는 무질서 상태로 전락하게 될 것이다. <보기>-1 홉스의 『리바이어던』에 따르면, 인간은 본성이 이기적이므로 자신의 이익을 극대화하기 위해 '자연 상태'에서 '만인의 만인에 대한 투쟁' 상태로 비참하게 살아갈 수밖에 없다.

풀이 순자와 홉스는 모두 인간을 이기적 존재로 보았고, 이러한 본성이 전쟁이나 투쟁과 같은 사회적 혼란과 무질서를 불러일으킬 것이라고 보았다.

→ 적절함!

② 인간은 공동의 평화를 위해 ~~국가 권력에 대해 비판적 태도를 지녀야 한다.~~

근거 **6**-1~2 순자는 인간의 욕망이 무한하지만 그것을 충족시켜줄 재화는 매우 한정되어 있다고 보고 이런 모순을 해결하기 위해서 국가에 의해 예(禮)가 만들어졌다는 입장을 견지하였다. 만약 인간에게 외적인 공권력과 사회 규범이 없는 경우를 가정한다면 인간들은 자신들의 욕망 충족에 있어 턱없이 부족한 재화를 놓고 일종의 전쟁 상태에 빠지게 될 것이고, 그 결과 사회는 걷잡을 수 없는 무질서 상태로 전락하게 될 것. <보기>-3~4 이(리바이어던)는 공동의 평화와 방어를 위해 필요한 모든 힘과 수단을 이용할 수 있는 절대 권력이다. 사람들은 리바이어던 같은 절대 통치자에게 복종을 약속하고 대신 통치자는 사람들의 안전을 보장해 주는데, 국가는 바로 이러한 계약에 따라 만들어졌다.

풀이 순자와 홉스 모두 질서와 공동의 평화, 안전을 위해 '예(禮)'나 '리바이어던'과 같은 국가 권력이 필요하다고 보고 있다.

→ 적절하지 않음!

③ 통치자는 권력을 유지하기 위해 한정된 재화의 *균등한 **분배에 힘써야 한다. *均等-, 차별이 없는 **分配, 고르게 나눔

풀이 윗글에서 순자가 무한한 인간의 욕망을 충족시켜 줄 재화는 매우 한정되어 있는 데서 오는 모순을 해결하기 위해 국가에 의해 '예'가 만들어졌다는 입장을 가지고 있음을 알 수 있다. 그러나 통치자의 권력을 유지하기 위해 한정된 재화를 균등하게 분배해야 한다는 내용은 윗글과 <보기>에서 찾을 수 없다.

→ 적절하지 않음!

④ *대립적 상황의 해결을 위하여 인간의 본성이 **발현되는 자연 상태로 돌아가야 한다. *對立的, 서로 맞서거나 반대되는 **發現-, 속에 있는 것이 나타나는

근거 **5**-3 순자의 견해처럼 인간의 본성이 악하다고 전제할 때, **6**-2 만약 인간에게 외적인 공권력과 사회 규범이 없는 경우를 가정한다면 인간들은 자신들의 욕망 충족에 있어 턱없이 부족한 재화를 놓고 일종의 전쟁 상태에 빠지게 될 것이고, 그 결과 사회는 걷잡을 수 없는 무질서 상태로 전락하게 될 것, <보기>-1 홉스의 『리바이어던』에 따르면, 인간은 본성이 이기적이므로 자신의 이익을 극대화하기 위해 '자연 상태'에서 '만인의 만인에 대한 투쟁' 상태로 비참하게 살아갈 수밖에 없다.

풀이 순자나 홉스는 모두 인간을 악한 본성을 지닌 존재로 보았으며, 인간의 악한 본성이 발현되는 자연 상태에서는 전쟁과 무질서, 투쟁 상태에 빠질 것이라고 보았다. 인간의 악한 본성이 발현되는 자연 상태에서 대립적 상황이 해결되기는 어렵다.

→ 적절하지 않음!

⑤ 사회의 질서를 유지하기 위한 제도와 규범은 구성원들의 계약에 의해 마련되어야 한다. 홉스

근거 **6**-1 순자는 인간의 욕망이 무한하지만 그것을 충족시켜줄 재화는 매우 한정되어 있다고 보고 이런 모순을 해결하기 위해서 국가에 의해 예(禮)가 만들어졌다는 입장을 견지하였다, <보기>-4 사람들은 리바이어던 같은 절대 통치자에게 복종을 약속하고 대신 통치자는 사람들의 안전을 보장해 주는데, 국가는 바로 이러한 계약에 따라 만들어졌다.

풀이 사회 질서 유지를 위한 제도와 규범이 구성원들의 계약에 의해 마련되어야 한다는 것은 홉스의 입장이다. 순자의 경우 사회 질서 유지를 위해 국가에 의해 예가 만들어졌다고 하였지만 이것이 구성원들의 계약에 의한 것인지는 윗글을 통해 확인할 수 없다.

→ 적절하지 않음!

066 구체적인 상황에 적용 - 적절하지 않은 것 고르기 2019년 6월 학평 37번
정답률 60%, 매력적 오답 ④ 15% | **정답 ②**

⊙~ⓒ의 관점에서 <보기>를 이해한 것으로 적절하지 **않은** 것은?

⊙ 고자   ⓛ 맹자   ⓒ 순자

| 보기 |
[1]가난과 배고픔 때문에 빵을 훔친 장발장은 체포되어 19년 동안 감옥 생활을 한다. [2]출소한(出所-, 감옥에서 나온) 장발장은 신분증에 전과(前科, 이전에 죄를 지어 감옥 생활을 한 사실)가 적혀 있어 잠잘 곳도, 일자리도 구할 수 없게 된다. [3]오직 미리엘 주교(主教, 천주교에서 어떤 지역을 맡아 관리하는 일을 하는 사람)만은 이런 그를 따뜻하게 맞아주었으나, 장발장은 은촛대를 훔치다가 경관(警官, 경찰관)에게 붙잡힌다. [4]하지만 미리엘 주교는 은촛대는 장발장이 훔친 것이 아니라 선물로 준 것이라고 말하며 사랑을 베풀어 주었고, 이에 감동받은 장발장은 정체(正體, 본모습)를 숨기고 선행을 베풀며 살아간다.

① ⊙ : 장발장이 배가 고파 빵을 먹고 싶은 것은 인간의 자연스러운 욕구에서 비롯된 것으로 이해할 수 있다.

근거 **3**-1 고자는 성무선악설을 통해 인간이 가시고 있는 식욕과 같은 자연적인 욕구가 본성이므로 이를 정치적이면서 동시에 윤리적 범주로서의 선과 악의 개념으로 다룰 수 없다고 주장

풀이 ⊙(고자)의 관점에서 장발장이 배가 고파 빵을 먹고 싶어 한 것, 즉 장발장의 식욕은 자연적인 욕구라고 볼 것이다.

→ 적절함!

② ⊙ : 미리엘 주교가 은촛대를 장발장에게 준 선물이라고 말한 것은 역동적 삶의 의지를 규격화하려는 행위로 볼 수 있다.

근거 **3**-2 그(고자)는 인간의 본성을 '소용돌이치는 물'로 비유했는데, 이러한 관점은 소용돌이처럼 역동적인 삶의 의지를 지닌 인간을 규격화함으로써 그 역동성을 마비시키려는 일체의 외적 간섭에 저항하는 입장을 취하도록 하였다.

풀이 ⊙(고자)이 말한 '역동적인 삶의 의지를 지닌 인간을 규격화하려는 행위'는 인간 본성의 역동성을 마비시키려는 외적 간섭을 의미한다. 장발장이 훔친 은촛대를 자신이 선물로 준 것이라고 말한 미리엘 주교의 행동을 인간 본성의 역동성을 마비시키고 인간을 규격화하려는 행위로 보기는 어렵다.

→ 적절하지 않음!

③ ⓛ : 미리엘 주교가 장발장에게 편히 쉴 곳을 마련해 준 것은 불쌍한 사람을 측은히 여기는 마음에 따른 것으로 이해할 수 있다.

근거 **4**-4 고통에 빠진 타인을 측은히 여기는 동정심, 즉 측은지심은 인간이라면 누구나 갖고 있다고 보고, 측은한 마음은 인간의 의식적 노력에서 나온 것이 아니라 불쌍한 타인을 목격할 때 저절로 내면 깊은 곳에서 흘러나온다고 본 것이 맹자의 관점

풀이 ⓛ(맹자)의 관점에서 보면, 미리엘 주교가 장발장에게 편히 쉴 곳을 마련해 준 것은 장발장에게 측은지심을 가졌기 때문으로 설명할 수 있다.

→ 적절함!

④ ⓛ : 장발장이 선행을 베풀며 살아가는 모습은 스스로의 노력으로 선한 본성을 실현하는 것으로 볼 수 있다.

근거 **4**-5 (맹자는) 인간은 스스로의 노력으로 본성을 실현할 수 있는 존재, 즉 타인의 힘이 아닌 자력으로 수양할 수 있는 존재라고 보았다. **5**-1 모든 인간은 선한 본성을 지니고 있고, 이 선한 본성의 실현은 주체 자신의 노력에 의해서만 가능하다는 맹자의 성선설

풀이 ⓛ(맹자)의 관점에서 보면, 선행을 베풀며 살아가는 장발장의 모습을 자신이 지닌 선한 본성을 스스로의 노력으로 실현하는 것이라고 설명할 것이다.

→ 적절함!

⑤ ⓒ : 장발장이 체포되어 수감된 것은 본성을 바로잡기 위한 사회 규범에 *의거한 것으로 볼 수 있다. *依據-, 근거를 둔

근거 **5**-3~4 순자의 견해처럼 인간의 본성이 악하다고 전제할 때 그것을 교정하고 순치할 수 있는 외적인 강제력, 다시 말해 국가 권력이나 전통적인 제도들이 부각될 수 있다. 국가 질서와 사회 규범을 정당화하기 위한 순자의 견해

풀이 ⓒ(순자)의 관점에서는, 빵을 훔친 장발장이 체포되어 19년 동안 감옥 생활을 하게 된 것은 인간의 악한 본성을 교정하고 순치하기 위한 국가 질서와 사회 규범에 따른 것이라고 볼 것이다.

→ 적절함!

인문 3. 우리의 마음과 행동에 대한 연구

[067~071] 다음 글을 읽고 물음에 답하시오.

1 ¹도덕 심리학의 중심축(中心軸, 매우 중요하고 기본이 되는 것)을 형성해(形成−, 이루어) 온 콜버그의 인지 발달 이론에서는 도덕적 이해를 지식 구조, 즉 인지(認知, 어떤 사실을 인정하여 앎)의 발달에 의한 것으로 보고, 도덕적 이해가 자동적으로 도덕적 행동을 이끌 것이라고 생각했다. ²그런데 과연 도덕적 이해가 도덕적 행동을 보장할(保障−, 어려움 없이 이루어지도록 할) 수 있을까? ³그렇지 않다고 생각할 수 있다. ⁴도덕적으로 옳은 행동인 줄 알면서도(도덕적 이해가 있으면서도) 행하지(도덕적 행동을 하지) 않는 경우가 많기 때문이다. ⁵블라지는 콜버그의 이론에 의문을 제기하며, 왜 어떤 사람은 도덕적 이해가 행동으로 나타나고 어떤 사람은 그렇지 않은지에 관심을 기울였다. ⁶블라지는 콜버그와 마찬가지로 도덕적 이해가 중요하다고 보았지만, 콜버그와 달리 도덕적 이해가 자아(自我, 자기 자신에 대한 의식이나 관념)와 통합되는(統合−, 하나로 합쳐지는) 과정을 거쳐야 도덕적 행동으로 이어진다고 보았다. ⁷그(블라지)는 이(도덕적 이해가 자아와 통합되는) 과정에서 나타나는 자아의 능동적(能動的, 다른 것에 이끌리지 않고 스스로 일으키거나 움직이는) 역할을 강조하며, 도덕적 행동을 이끌기 위한 '도덕적 자아 모델'을 제시하였다.

→ **블라지가 제시한 '도덕적 자아 모델'의 등장 배경**

2 ¹도덕적 자아 모델은 ㉠ 도덕적 이해로부터 ㉡ 도덕적 행동으로 이어지는 과정에 초점(焦點, 관심이나 주의가 집중되는 중심 부분)을 맞춘 모델이다. ²이 모델(도덕적 자아 모델)에서는 도덕적 행동을 이끄는 데 있어 자아가 핵심적 역할을 한다고 보았다. ³기존의 학자들이 자아가 무엇인지에 대한 개념적(概念的, 어떤 사물이나 현상에 대한 일반적 지식의) 정의(定義, 뜻을 뚜렷하게 밝혀 정함)에 관심을 두었다면, 블라지는 전체로서의 자아를 능동적으로 구성하는 방식으로 자아를 설명하는 것이 보다 적절하다고 보았다. ⁴자아는 고정불변(固定不變, 고정되어 변함이 없음)의 상태가 아니라 구성 방식에 따라 달리 나타날 수 있는데, 개인마다 다른 자아 구성의 방식에 따라 자아의 여러 특징들은 중심적인 것, 주변적인 것 등으로 위계(位階, 지위나 계층 등의 등급)가 정해진다. ⁵예를 들어 어떤 사람은 자아를 구성하는 데 '친절'이나 '우정'을 '경쟁'보다 중심적 위치에, 어떤 사람은 주변적 위치에 놓을 수 있다. ⁶블라시는 사아에 내한 이러한 견해(見解, 의견이나 생각)를 통해, 인간은 신천직인(先天的−, 태어날 때부터 지니고 있는) 기질(氣質, 개인의 성격적 소질)에 따라 살아가는 수동적인(受動的−, 다른 것의 작용을 받아 움직이는) 존재가 아니라는 점을 강조한다.

→ **도덕적 자아 모델의 특징**

3 ¹도덕적 자아 모델에서는, 도덕적 이해가 도덕적 행동으로 나타날 수 있게 하는 심리적 요소(要素, 성립에 꼭 필요한 성분 또는 근본 조건)로 '도덕적 정체성(正體性, 변하지 않는 존재의 본질을 깨닫는 성질)', '도덕적 책임감', '자아 일관성(一貫性, 방법이나 태도 등이 한결같은 성질)'을 강조하고 있는데, 이들은 자아 모델의 세 가지 핵심 구성 요소라고 할 수 있다. ²도덕적 정체성은 도덕적 이해에 바탕을 두고 있어, 해야 할 행동의 방향을 일러(알려) 준다. ³도덕적 책임감과 자아 일관성은 그 방향으로 나아갈 수 있는 추동력(推動力, 앞으로 나아가게 하는 힘)을 제공하여 도덕적 행동을 이끈다.

→ **도덕적 자아 모델의 세 가지 핵심 구성 요소**

4 ¹도덕적 자아 모델의 첫 번째 구성 요소인 도덕적 정체성은 도덕성을 자아의 중심에 두는 것, 즉 도덕성과 자아를 통합하는 것을 통해 정체성이 형성된 것이다. ²'도덕성'은 선악(善惡, 착한 것과 악한 것)에 대한 보편적인(普遍的−, 모든 것에 두루 미치거나 통하는) 인식(認識, 사물을 분별하고 판단하여 앎)을, '정체성'은 본질적인(本質的−, 처음부터 가지고 있는 그 자체의 성질이나 모습인) 자아를 의미한다. ³이때 도덕성이 자아의 중심이 되는 정도, 즉 도덕적 통합의 정도는 사람마다 다를 수 있다. ⁴도덕적 통합은 '끊임없이 주의(注意, 마음에 새겨 두고 조심함)를 요하는(要−, 필요로 하는), 부서지기 쉬운 것'이기에 본능적인(本能的−, 선천적으로 가지고 있는, 억누를 수 없는 감정이나 충동에 따라 움직이려고 하는) 충동(衝動, 순간적으로 어떤 행동을 하고 싶은 욕구를 느끼게 하는 마음속의 자극)을 ⓐ 억제하려는, 의도적이고(意圖的−, 힘을 들이고) 지속적인(持續的−, 오래 계속되게 하는) 노력이 필요하다. ⁵블라지는 도덕성을 자아의 중심에 두는 사람

일수록, 자신의 도덕적 이상(理想, 생각할 수 있는 범위 안에서 가장 완전하다고 여겨지는 상태)에 부합하는(符合−, 꼭 들어맞는) 삶을 ⓑ 추구하며 도덕적 이해를 행동으로 옮길 가능성이 높다고 보았다. ⁶이러한 주장은 도덕적 이해가 도덕적 행동으로 나타나기 위해서는 도덕성을 자아의 중심에 둘 수 있도록 해야 한다는 것인데, 이때 도덕성을 자아의 중심에 두려면 도덕적 이해뿐만 아니라 도덕적인 사람이 되는 것에 대한 관심도 필요하다.

→ **도덕적 자아 모델의 구성 요소 ① : 도덕적 정체성**

5 ¹두 번째 구성 요소인 도덕적 책임감은, 어떤 행동이 도덕적으로 옳은지에 대한 판단과 더불어 그런 행동을 할 도덕적 의무(義務, 사람으로서 마땅히 하여야 할 일)가 있다는 것을 깨닫는 것이다. ²도덕적 책임감은 도덕성이 자아와 통합된 결과로 나타나는데, 도덕적 책임감은 반드시 도덕적 행동으로 나타나야 하는 스스로에 대한 욕구이며, 외부(外部, 바깥)의 기대(期待, 원하는 대로 이루어지기를 바라면서 기다림)나 요구(要求, 달라고 청함)에 의해 ⓒ 부여되는 것이 아니라 자아가 스스로에게 요구하는 엄중한(嚴重−, 보통 일처럼 아무렇지도 않게 여길 수 없을 정도로 중대한) 의무에 의해 생기게 되는 것이다.

→ **도덕적 자아 모델의 구성 요소 ② : 도덕적 책임감**

6 ¹세 번째 구성 요소인 자아 일관성은, 자신의 자아의식(自我意識, 자신의 내면적 세계에 대한 인식)과 일치해서 살아가고자 하는 인간의 경향성(傾向性, 일정한 방향으로 기울어지는 성향)을 의미한다. ²블라지에 의하면, 자아 일관성은 단지 본능적인 경향성이나 자기 충족(充足, 채워 모자람이 없게 함) 욕구에 ⓓ 의한 것이 아니다. ³자신의 도덕적 이상과 일치된 행동을 하려는 자아 일관성은 도덕적 정체성에서 나오며, 도덕적 책임감으로부터 도덕적 행동으로의 전환(轉換, 다른 방향이나 상태로 바꿈)은 자아 일관성에 의해 뒷받침된다. ⁴자신의 판단에 따라 행동하지 않는 것이 자아의 균열(龜裂, 거북의 등에 있는 무늬처럼 갈라져 터짐)을 ⓔ 의미하기 때문이다. ⁵자아의 여러 특징들 중 선(善, 착한 것), 정의(正義, 참된 이치에 맞는 올바른 도리), 공평(公平, 어느 쪽으로도 치우치지 않고 차이가 없이 한결같음) 등과 같은 도덕적 범주(範疇, 같은 성질을 가진 범위)를 자아의 중심에 둘 때, 자신의 도덕적 정체성과 일치된 행동을 하고자 하는 자아 일관성은 도덕적 행동을 이끄는 추동력이 된다.

→ **도덕적 자아 모델의 구성 요소 ③ : 자아 일관성**

■ 지문 이해
〈블라지의 '도덕적 자아 모델'〉

> **❶ 블라지가 제시한 '도덕적 자아 모델'의 등장 배경**
>
> • 콜버그의 인지 발달 이론 : 도덕적 이해가 자동적으로 도덕적 행동을 이끌 것으로 봄
> • 블라지 : 도덕적 이해가 자아와 통합되는 과정을 거쳐야 도덕적 행동으로 이어진다고 봄 → '도덕적 자아 모델' 제시

> **❷ 도덕적 자아 모델의 특징**
>
> • 도덕적 이해로부터 도덕적 행동으로 이어지는 과정에 초점을 맞춤
> • 자아
> - 도덕적 행동을 이끄는 핵심적 역할을 함
> - 개인의 구성 방식에 따라 달리 나타나며, 그에 따라 여러 특징들의 위계가 정해짐

> **❸ 도덕적 자아 모델의 세 가지 핵심 구성 요소**
>
> • 도덕적 이해가 도덕적 행동으로 나타날 수 있게 하는 심리적 요소로 도덕적 정체성, 도덕적 책임감, 자아 일관성을 강조함
> - 도덕적 정체성 : 도덕적 이해에 바탕을 두고, 해야 할 행동의 방향을 일러 줌
> - 도덕적 책임감, 자아 일관성 : 추동력을 제공해 도덕적 행동을 이끎

---

067 | 세부 정보 이해 - 적절하지 않은 것 고르기 2024년 10월 학평 22번
정답률 75% | 정답 ②

윗글의 내용과 일치하지 않는 것은?

= 인지

① 콜버그는, 도덕적 행동을 이끌어 내는 데 지식 구조의 발달이 필요하다고 보았다.

근거 ❶-1 콜버그의 인지 발달 이론에서는 도덕적 이해를 지식 구조, 즉 인지의 발달에 의한 것으로 보고, 도덕적 이해가 자동적으로 도덕적 행동을 이끌 것이라고 생각했다.

→ 적절함!

✓② 콜버그는, 도덕적으로 옳은 줄 알면서도 행동하지 않는 이유를 인지 발달 이론을 통해 설명하였다.

근거 ❶-1~4 콜버그의 인지 발달 이론에서는 도덕적 이해를 지식 구조, 즉 인지의 발달에 의한 것으로 보고, 도덕적 이해가 자동적으로 도덕적 행동을 이끌 것이라고 생각했다. 그런데 과연 도덕적 이해가 도덕적 행동을 보장할 수 있을까? 그렇지 않다고 생각할 수 있다. 도덕적으로 옳은 행동인 줄 알면서도 행하지 않는 경우가 많기 때문이다.

풀이 콜버그는 도덕적 이해가 도덕적 행동을 자동적으로 이끌 것이라고 보았다. 한편 블라지는 이러한 콜버그의 견해에 대해 도덕적으로 옳은 행동인 줄 알면서도 행하지 않는 경우가 많다는 점을 들어 콜버그의 이론에 의문을 제기하였다. 따라서 콜버그가 인지 발달 이론을 통해 '도덕적으로 옳은 줄 알면서도 행동하지 않는 이유'를 설명하였다고 볼 수 없다.

→ 적절하지 않음!

도덕적 정체성

③ 블라지는, 도덕성과 자아의 통합으로 형성된 정체성은 도덕적 이해에 바탕을 두고 있다고 보았다.

근거 ❸-2 도덕적 정체성은 도덕적 이해에 바탕을 두고 있어, ❹-1 도덕적 정체성은 … 도덕성과 자아를 통합하는 것을 통해 정체성이 형성된 것

→ 적절함!

④ 블라지는, 자아는 고정된 것이 아니며 자아의 특징들은 서로 다른 위계를 가질 수 있다고 간주하였다.

근거 ❷-4 (블라지의 도덕적 자아 모델에 따르면) 자아는 고정불변의 상태가 아니라 구성 방식에 따라 달리 나타날 수 있는데, 개인마다 다른 자아 구성의 방식에 따라 자아의 여러 특징들은 중심적인 것, 주변적인 것 등으로 위계가 정해진다.

→ 적절함!

도덕적 이해

⑤ 콜버그와 블라지는 모두, 도덕적으로 옳은 행동이 무엇인지를 아는 것이 도덕적 행동

을 이끌어 내는 데 중요하다고 보았다.

근거 ❶-1 콜버그의 인지 발달 이론에서는 … 도덕적 이해가 자동적으로 도덕적 행동을 이끌 것이라고 생각했고, ❶-6 블라지는 콜버그와 마찬가지로 도덕적 이해가 중요하다고 보았지만, 콜버그와 달리 도덕적 이해가 자아와 통합되는 과정을 거쳐야 도덕적 행동으로 이어진다고 보았다.

풀이 콜버그는 도덕적 이해가 자동적으로 도덕적 행동을 이끌 것이라고 생각하였다. 또 블라지는 도덕적 이해가 중요하다고 보고, 도덕적 이해가 자아와 통합되는 과정을 거쳐야 도덕적 행동으로 이어진다고 보았다. 따라서 콜버그와 블라지는 모두 도덕적으로 옳은 행동이 무엇인지를 아는 것, 즉 도덕적 이해가 도덕적 행동을 이끌어 내는 데 중요하다고 보았을 것이다.

→ 적절함!

---

068 | 세부 정보 이해 - 적절한 것 고르기 2024년 10월 학평 23번
정답률 85% | 정답 ③

〈보기〉는 학자들이 나눈 가상 대화의 일부이다. [A]에 들어갈 내용으로 가장 적절한 것은?

| 보기 |

갑 : '인지 부조화(不調和, 서로 잘 어울리지 않음) 이론'에 따르면, 개인의 사고(思考, 생각)와 행동 간(間, 사이)의 불일치(不一致, 서로 어긋나서 꼭 맞지 않음)는 심리적으로 불쾌감(不快感, 못마땅하여 기분이 좋지 않은 느낌)을 주기 때문에 사람들은 불일치를 해소하려고(解消-, 해결하여 없애버리려고) 합니다. 건강에 나쁜 줄 알면서도 습관적으로 야식을 먹는 사람은, 야식을 참는 것이 스트레스를 유발해(誘發-, 일어나게 하여) 정신 건강에 오히려 안 좋을 수 있다고 자신을 합리화함으로써(合理化-, 자책감이나 죄책감에서 벗어나기 위하여 정당성이 없는 것을 정당한 것으로 만듦으로써) 사고와 행동 간의 불일치를 해소하려고 하죠. 이런 사례도 '자아 일관성'으로 볼 수 있을까요?

을 : 블라지가 말하는 '자아 일관성'은 자기 합리화를 통한 불일치의 해소와는 달라요. 자아 일관성은 [A] 입니다.

▶ 지문 핵심 개념 정리

자아 일관성

- 자신의 자아의식과 일치해 살아가고자 하는 인간의 경향성(❻-1)
- 본능적인 경향성이나 자기 충족 욕구에 의한 것이 아님(❻-2)
- 자신의 도덕적 이상과 일치된 행동을 하려는 것(❻-3)
- 도덕적 정체성에서 나옴(❻-3)
- 도덕적 책임감으로부터 도덕적 행동으로의 전환을 뒷받침함(❻-3)
- 도덕적 범주를 자아의 중심에 둘 때 도덕적 행동을 이끄는 추동력이 됨(❻-5)

도덕적 정체성

① 도덕적 책임감에서 *비롯된 것으로, 자신의 행동이 도덕적으로 옳은지 판단하려는 욕구입니다. *처음으로 시작된

근거 ❺-1 도덕적 책임감은, 어떤 행동이 도덕적으로 옳은지에 대한 판단과 더불어 그런 행동을 할 도덕적 의무가 있다는 것을 깨닫는 것

풀이 블라지의 견해에 따르면 자아 일관성은 도덕적 책임감이 아니라 도덕적 정체성에서 나오는 것이다. 또한 자아 일관성에 의해 도덕적 책임감으로부터 도덕적 행동으로의 전환이 뒷받침되므로, 자아 일관성이 도덕적 책임감에서 비롯된 것이라는 설명은 적절하지 않다. 한편 자신의 행동이 도덕적으로 옳은지 판단하는 것은 자아 일관성이 아니라 도덕적 책임감과 관련하여 언급되는 내용이다.

→ 적절하지 않음!

② 도덕적 정체성에서 비롯된 것으로, 자신의 선천적 기질에 따라 살아가려는 욕구입니다.

근거 ❷-6 블라지는 자아에 대한 이러한 견해를 통해, 인간은 선천적인 기질에 따라 살아가는 수동적인 존재가 아니라는 점을 강조

풀이 블라지의 견해에 따르면 자아 일관성이 도덕적 정체성에서 비롯된 것이라는 설명은 적절하다. 그러나 블라지는 도덕적 자아 모델을 제시하면서 인간은 선천적 기질에 따라 살아가는 존재가 아니라는 점을 강조하였다. 따라서 '선천적 기질에 따라 살아가려는 욕구'라는 설명은 블라지가 말하는 자아 일관성에 대한 것으로 적절하지 않다.

→ 적절하지 않음!

✓③ 도덕적 정체성에서 비롯된 것으로, 자신의 도덕적 이상과 자신의 행위를 일치시키려는 욕구입니다.

풀이 블라지의 견해에 따르면 도덕적 자아 모델의 세 번째 구성 요소인 자아 일관성은 자신의 도덕적 이상과 일치된 행동을 하려는 것으로, 도덕적 정체성에서 나온다.

→ 적절함!

④ 본능적인 경향성에서 비롯된 것으로, 자신의 사고와 일치된 행동으로 자아의 균열을 막으려는 욕구입니다.

근거 **6**-4 자신의 판단에 따라 행동하지 않는 것이 자아의 균열을 의미

풀이 블라지의 견해에 따르면 자아 일관성은 본능적인 경향성에서 비롯된 것이 아니라 자신의 자아의식과 일치해 살아가고자 하는 경향성을 의미한다. 한편 윗글에서 자신의 판단에 따라 행동하지 않는 것이 자아의 균열을 의미한다고 하였으므로, 자신의 도덕적 이상과 일치한 행동을 하려는 자아 일관성은 자신의 사고와 일치된 행동으로 자아의 균열을 막으려는 욕구라고 볼 수 있다.

→ 적절하지 않음!

⑤ 본능적인 경향성에서 비롯된 것으로, 자신의 판단에 따른 행동으로 심리적 불쾌감을 줄이려는 욕구입니다.

풀이 블라지의 견해에 따르면 자아 일관성은 본능적인 경향성에서 비롯된 것이 아니다. 또한 심리적 불쾌감을 줄이려는 욕구는 '인지 부조화 이론'과 연관이 있으며, 이때 개인은 자신의 판단에 따른 행동이 아니라 자신을 합리화함으로써 사고와 행동 간의 불일치를 해소하여 심리적 불쾌감을 줄이고자 한다.

→ 적절하지 않음!

아의 중심에 둘 때, … 자아 일관성은 도덕적 행동을 이끄는 추동력이 된다.

풀이 '경쟁'은 블라지가 말한 선, 정의, 공평과 같은 도덕적 범주에 해당하지 않는다. 또한 블라지는 콜버그와 달리, 도덕적 이해가 자동적으로 도덕적 행동을 이끄는 것이 아니라, 도덕적 이해가 '자아와 통합되는 과정'을 거쳐야 도덕적 행동으로 이어진다고 보았다. 따라서 '다른 사람과의 경쟁이 중요한 것임을 아는 도덕적 이해(㉠)만 있으면 경쟁에서 이기겠다는 도덕적 행동(㉡)으로 나아갈 추동력이 생긴다'는 것은 블라지의 견해를 바탕으로 한 논의로 적절하지 않다.

→ 적절하지 않음!

✔ ⑤ 불우 이웃을 돕는 것이 옳은 행동임을 아는 ㉠이, 불우 이웃을 돕는 ㉡으로 이어지려면 자아의 능동성이 중요하겠군.

근거 **1**-6~7 블라지는 … 도덕적 이해가 자아와 통합되는 과정을 거쳐야 도덕적 행동으로 이어진다고 보았다. 그는 이 과정에서 나타나는 자아의 능동적 역할을 강조하며

풀이 블라지는 도덕적 이해가 자아와 통합되는 과정을 거쳐야 도덕적 행동으로 이어진다고 보고, 이 과정에서 나타나는 자아의 능동적 역할을 강조하였다. 따라서 불우 이웃을 돕는 것이 옳은 행동임을 아는 도덕적 이해(㉠)가, 불우 이웃을 돕는 도덕적 행동(㉡)으로 이어지는 과정에서 나타나는 자아의 능동성을 중요하게 여겼을 것이다.

→ 적절함!

---

069 핵심 개념 파악 - 적절한 것 고르기 2024년 10월 학평 24번
정답률 70%, 매력적 오답 ④ 10%

정답 ⑤

'블라지'의 견해를 바탕으로 ㉠과 ㉡에 대해 보인 반응으로 가장 적절한 것은?

㉠ 도덕적 이해   ㉡ 도덕적 행동

① ㉠에 *기반을 두지 않아도 ㉡이라고 평가할 만한 행위가 있겠군. *基盤, 기초가 되는 바탕

근거 **1**-6 블라지는 콜버그와 마찬가지로 도덕적 이해가 중요하다고 보았지만, 콜버그와 달리 도덕적 이해가 자아와 통합되는 과정을 거쳐야 도덕적 행동으로 이어진다고 보았다. **2**-1 도덕적 자아 모델은 도덕적 이해로부터 도덕적 행동으로 이어지는 과정에 초점을 맞춘 모델이다.

풀이 블라지는 콜버그와 달리 도덕적 이해가 '자동적으로' 도덕적 행동을 이끈다고 보지 않았다. 그러나 블라지가 도덕적 이해를 중요하지 않다고 생각한 것은 아니다. 그가 제시한 도덕적 자아 모델은 '도덕적 이해로부터 도덕적 행동으로 이어지는 과정'에 초점을 맞추고 있다. 따라서 도덕적 이해(㉠)를 바탕으로 두지 않은 도덕적 행동(㉡)이 있다고 보는 것은 블라지의 견해로 적절하지 않다.

→ 적절하지 않음!

② ㉠이 ㉡으로 이어지기 위해서는 자아에서 선악에 대한 보편적 인식을 *분리시켜야 하겠군. *分離~, 서로 나누어 떨어지게 해 ← 도덕성

근거 **4**-2 '도덕성'은 선악에 대한 보편적인 인식을, **4**-5 블라지는 도덕성을 자아의 중심에 두는 사람일수록, … 도덕적 이해를 행동으로 옮길 가능성이 높다고 보았다.

풀이 블라지는 선악에 대한 보편적인 인식을 뜻하는 '도덕성'을 자아의 중심에 두는 사람일수록 도덕적 이해를 행동으로 옮길 가능성이 높다고 보았다. 따라서 도덕적 이해(㉠)가 도덕적 행동(㉡)으로 이어지기 위해서는 자아에서 선악에 대한 보편적 인식을 분리시켜야 한다고 보는 것은 블라지의 견해로 적절하지 않다.

→ 적절하지 않음!

③ ㉡이 ㉠으로 돌아가기 위해서는 자신의 자아의식에 따라 판단하려는 노력이 필요하겠군.

근거 **2**-1 도덕적 자아 모델은 도덕적 이해로부터 도덕적 행동으로 이어지는 과정에 초점을 맞춘 모델

풀이 블라지가 제시한 도덕적 자아 모델은 도덕적 이해(㉠)로부터 도덕적 행동(㉡)으로 이어지는 과정에 초점을 맞춘 것으로, 도덕적 행동을 이끄는 데 있어 자아가 핵심적 역할을 한다고 본다. 따라서 '도덕적 행동이 도덕적 이해로 돌아가기 위한 것'은 블라지의 견해를 바탕으로 한 논의와 관련이 없다.

→ 적절하지 않음!

④ 다른 사람과의 경쟁이 중요한 것임을 아는 ㉠만 있으면, 경쟁에서 이기겠다는 ㉡으로 나아갈 추동력이 생기겠군.

근거 **1**-1 콜버그의 인지 발달 이론에서는 … 도덕적 이해가 자동적으로 도덕적 행동을 이끌 것이라고 생각했다. **1**-6 블라지는 콜버그와 마찬가지로 도덕적 이해가 중요하다고 보았지만, 콜버그와 달리 도덕적 이해가 자아와 통합되는 과정을 거쳐야 도덕적 행동으로 이어진다고 보았다, **6**-5 선, 정의, 공평 등과 같은 도덕적 범주를 자

---

070 구체적인 사례에 적용 - 적절하지 않은 것 고르기 2024년 10월 학평 25번
정답률 60%, 매력적 오답 ③ 20%

1등급 문제

정답 ④

〈보기〉는 윗글의 이해를 위한 학습지의 일부이다. 활동 과제를 수행한 내용으로 적절하지 않은 것은? 3점

| 보기 |
[활동 과제]
다음 사례를 바탕으로 도덕적 자아 모델을 탐구해 보자.
ㅇ A : 성실성(誠實性, 정성스럽고 진실한 품성)은 없지만 평소 주변 사람들의 어려움을 살피고 배려함.
ㅇ B : 정직하게 살겠다는 자신과의 약속을 반드시 지켜야 할 의무로 생각하고 실천함.
ㅇ C : 정직하게 살겠다는 다짐을 지키려는 노력을 지속하지 못하고 본능적으로 거짓말을 반복함.
ㅇ D : 교사가 제시한 실천 과제에 따라 도덕적으로 바람직한 행동을 일상(日常, 날마다 반복되는 생활)에서 생활화함(生活化~, 생활 습관이 되게 하거나 실생활에 옮겨지게 함.)

① A는, 자아를 구성하는 데 있어 '배려'를 '성실'보다 더 중심적 위치에 놓았겠군.

근거 **2**-4~5 개인마다 다른 자아 구성의 방식에 따라 자아의 여러 특징들은 중심적인 것, 주변적인 것 등으로 위계가 정해진다. 예를 들어 어떤 사람은 자아를 구성하는 데 '친절'이나 '우정'을 '경쟁'보다 중심적 위치에, 어떤 사람은 주변적 위치에 놓을 수 있다.

풀이 도덕적 자아 모델에서는, 자아는 고정된 것이 아니라 구성 방식에 따라 달리 나타날 수 있으며, 이때 자아의 구성 방식은 개인마다 다르다고 보았다. 〈보기〉의 A는 성실성은 없지만 주변 사람들의 어려움을 살피고 배려하는 모습을 보인다. 도덕적 자아 모델에 따르면 이러한 A는 자아를 구성하는 데 있어 자아의 여러 특징 중 '성실'보다 '배려'를 더 중심적 위치에 놓은 것으로 볼 수 있다.

→ 적절함!

② B는, 자아가 스스로에게 요구하는 엄중한 의무에 의해 자신과의 약속을 반드시 지킬 의무가 있다고 생각했겠군. ← 도덕적 책임감

근거 **5**-1~2 도덕적 책임감은, 어떤 행동이 도덕적으로 옳은지에 대한 판단과 더불어 그런 행동을 할 도덕적 의무가 있다는 것을 깨닫는 것이다. … 도덕적 책임감은 반드시 도덕적 행동으로 나타내야 하는 스스로에 대한 욕구이며, … 자아가 스스로에게 요구하는 엄중한 의무에 의해 생기게 되는 것이다.

풀이 도덕적 자아 모델에 따르면 도덕적 책임감은 반드시 도덕적 행동으로 나타내야 하는 스스로에 대한 욕구이며, 자아가 스스로에게 요구하는 엄중한 의무에 의해 생기는 것이다. 따라서 〈보기〉에서 B가 정직하게 살겠다는 '자신과의 약속'을 '반드시 지켜야 할 의무'로 생각하고 실천하는 것은, 도덕적 자아 모델에서 말하는 도덕적 책임감으로 설명할 수 있다.

→ 적절함!

③ C는, 도덕적 통합을 위해 필요한, 본능적인 충동을 억제하려는 지속적인 노력을 하지 않아 거짓말을 반복한 것이겠군.

근거 **4**-4 도덕적 통합은 '끊임없이 주의를 요하는, 부서지기 쉬운 것'이기에 본능적인

충동을 억제하려는, 의도적이고 지속적인 노력이 필요하다.

풀이 도덕적 자아 모델에 따르면 도덕성이 자아의 중심이 되는 '도덕적 통합'은 끊임없이 주의를 요하는 것이기에, 본능적인 충동을 억제하려는 의도적이고 지속적인 노력이 필요하다. 따라서 〈보기〉에서 C가 '정직하게 살겠다는 다짐'을 지키려는 노력을 지속하지 못하고 본능적으로 거짓말을 반복하는 것은, 도덕적 통합을 위해 필요한 본능적 충동을 억제하려는 의도적이고 지속적인 노력을 하지 않았기 때문이라고 볼 수 있다.

→ 적절함!

✔④ **D는, 외부의 요구에 의해 도덕적 책임감이 부여되어 바람직한 행동을 생활화했겠군.**

근거 ❺-2 도덕적 책임감은 도덕성이 자아와 통합된 결과로 나타나는데, 도덕적 책임감은 반드시 도덕적 행동으로 나타나야 하는 스스로에 대한 욕구이며, 외부의 기대나 요구에 의해 부여되는 것이 아니라 자아가 스스로에게 요구하는 엄중한 의무에 의해 생기게 되는 것이다.

풀이 도덕적 자아 모델에 따르면 도덕적 책임감은 자아가 스스로에게 요구하는 엄중한 의무에 의해 생기게 되는 것이지, 외부의 기대나 요구에 의해 부여되는 것이 아니다. 〈보기〉에서 D는 '교사가 제시한 실천 과제에 따라' 도덕적으로 바람직한 행동을 일상에서 생활화하고 있다. 이는 외부의 기대나 요구에 의해 부여된 것이지, 자아가 스스로에게 요구하는 엄중한 의무에 의해 생긴 것으로 볼 수 없다. 따라서 D의 행동에 대해 '도덕적 책임감이 부여되어' 바람직한 행동을 생활화한 것으로 설명하는 것은 도덕적 자아 모델에 따른 것으로 적절하지 않다.

→ 적절하지 않음!

⑤ **B는 C보다, '정직'이라는 도덕적 범주를 자아와 통합한 정도가 더 높을 수 있겠군.**

근거 ❹-3~5 도덕성이 자아의 중심이 되는 정도, 즉 도덕적 통합의 정도는 사람마다 다를 수 있다. 도덕적 통합은 … 본능적인 충동을 억제하려는, 의도적이고 지속적인 노력이 필요하다. 블라시는 도덕성을 자아의 중심에 두는 사람일수록, 자신의 도덕적 이상에 부합하는 삶을 추구하며 도덕적 이해를 행동으로 옮길 가능성이 높다고 보았다. ❻-5 자아의 여러 특징들 중 선(善), 정의, 공평 등과 같은 도덕적 범주를 자아의 중심에 둘 때, 자신의 도덕적 정체성과 일치하는 행동을 하고자 하는 자아 일관성이 도덕적 행동을 이끄는 추동력이 된다.

풀이 도덕적 자아 모델에서는 '도덕적 통합'의 정도는 사람마다 다르며, 도덕성을 자아의 중심에 두는 사람일수록 자신의 도덕적 이상에 부합하는 삶을 추구하며 도덕적 이해를 행동으로 옮길 가능성이 높다고 보았다. 또 자아의 여러 특징 중 선, 정의, 공평 등을 '도덕적 범주'라고 하면서, 이들 도덕적 범주를 자아의 중심에 둘 때 자신의 도덕적 정체성과 일치된 행동을 하고자 하는 자아 일관성이 도덕적 행동을 이끄는 추동력이 된다고 하였다. 〈보기〉에서 B는 정직하게 살겠다는 자신과의 약속을 반드시 지켜야 할 의무로 생각하고 실천하였다. 이와 달리 C는 정직하게 살겠다는 다짐을 지키려는 노력을 지속하지 못하고 본능적으로 거짓말을 반복하였다. 따라서 도덕적 자아 모델에 따르면 B가 C보다 '정직'이라는 도덕적 범주를 자아의 중심에 둔 정도, 즉 도덕적 통합의 정도가 더 높다고 볼 수 있을 것이다.

→ 적절함!

---

071 문맥적 의미 파악 - 적절하지 않은 것 고르기 2024년 10월 학평 26번
정답률 85%   **정답 ②**

문맥상 ⓐ~ⓔ와 바꾸어 쓰기에 적절하지 않은 것은?

ⓐ 억제하려는   ⓑ 추구하며   ⓒ 부여되는   ⓓ 의한   ⓔ 의미하기

① ⓐ : 억누르려는

풀이 ⓐ에서 쓰인 '억제(抑 누르다 억 制 절제하다 제)하다'는 '감정이나 욕망, 충동적 행동 따위를 내리눌러서 그치게 하다'의 뜻으로, '어떤 감정이나 심리 현상 따위가 일어나거나 나타나지 아니하도록 스스로 참다'의 뜻을 지닌 '억누르다'와 바꿔 써도 문맥상 의미가 달라지지 않는다. 따라서 ⓐ의 '억제하려는'을 '억누르려는'으로 바꿔 쓰는 것은 문맥상 적절하다.

→ 적절함!

✔② ⓑ : 넘보며

풀이 ⓑ에서 쓰인 '추구(追 따르다 추 求 구하다 구)하다'는 '목적을 이룰 때까지 좇아 구하다'의 의미이다. 한편 '넘보다'는 '남의 능력 따위를 업신여겨 얕보다' 또는 '어떤 것을 욕심내어 마음에 두다'의 의미로, ⓑ와 바꿔 쓸 경우 해당 문장의 의미가 달라진다. 따라서 ⓑ의 '추구하며'를 '넘보며'로 바꿔 쓰는 것은 적절하지 않다.

→ 적절하지 않음!

③ ⓒ : 주어지는

풀이 ⓒ에서 쓰인 '부여(附 붙다 부 與 주다 여)되다'는 '사람에게 권리·명예·임무 따위가 주어지거나, 사물이나 일에 가치·의의 따위가 붙여지다'의 뜻으로, '주어지다'와 바꿔 써도 문맥상 의미가 달라지지 않는다. 따라서 ⓒ의 '부여되는'을 '주어지는'으로 바꿔 쓰는 것은 문맥상 적절하다.

→ 적절함!

④ ⓓ : 말미암은

풀이 ⓓ에서 쓰인 '의(依 의지하다 의)하다'는 '무엇에 의거하거나(依據-, 근거하거나) 기초하다. 또는 무엇으로 말미암다'의 뜻으로, '말미암다'와 바꿔 써도 문맥상 의미가 달라지지 않는다. 따라서 ⓓ의 '의한'을 '말미암은'으로 바꿔 쓰는 것은 문맥상 적절하다.

→ 적절함!

⑤ ⓔ : 뜻하기

풀이 ⓔ에서 쓰인 '의미(意 뜻 의 味 뜻 미)하다'는 '행위나 현상이 무엇을 뜻하다'의 뜻으로, '뜻하다'와 바꿔 써도 문맥상 의미가 달라지지 않는다. 따라서 ⓔ의 '의미하기'를 '뜻하기'로 바꿔 쓰는 것은 문맥상 적절하다.

→ 적절함!

[072~076] 다음 글을 읽고 물음에 답하시오.

1 ¹상담(相談, 상담자가 도움을 필요로 하는 사람에게 전문적 지식과 기능을 가지고 내담자와 그의 환경에 대한 이해를 늘리도록 돕고, 합리적·효율적·현실적인 행동 양식을 늘리거나 의사 결정을 내릴 수 있도록 돕는 활동) 이론이자 상담 기법(技法, 기술이나 솜씨, 방법)인 '현실요법'에서는 인간의 다섯 가지 기본 욕구(欲求, 무엇을 얻거나 무슨 일을 하고자 바라는 일)를 제시하고 있다. ²이 이론(현실요법)에서는 개인의 모든 행동은 기본 욕구를 충족시키기(充足-, 채워 모자람이 없게 하기) 위해서 그 자신이 선택하는 것이라 보았다. ³만약 이러한(기본 욕구를 충족시키기 위한) 선택으로 문제가 발생한다면 다섯 가지 기본 욕구를 실현(實現, 실제로 이룸) 가능한 수준으로 타협하고(安協-, 서로 맞추고) 조절해 새로운 선택을 할 필요가 있다고 ⓐ제안했다.

→ **인간의 다섯 가지 기본 욕구를 제시한 '현실요법'**

2 ¹다섯 가지 기본 욕구 중 첫째는 '생존(生存, 살아남음)의 욕구'로, 자신의 삶을 유지하려는(維持-, 변함없이 계속해 내려는) 생물학적인(生物學的-, 생물의 기능, 구조, 발달, 생명 현상 등을 연구하는 학문과 관련된) 속성(屬性, 특징이나 성질)이다. ²사회적 규칙이나 상식(常識, 사람들이 보통 알고 있거나 알아야 하는 지식)을 지키려는 욕구이며, 생존에 필요한 것을 아끼고 모으려는 욕구이기도 하다. ³이 욕구(생존의 욕구)가 강한 사람은 건강과 안전을 중시하는(重視-, 매우 크고 중요하게 생각하는) 편이다.(便-, 대체로 그러한 부류에 속한다) ⁴둘째는 '사랑의 욕구'로, 사랑하고 나누며 함께하고자 하는 욕구이다. ⁵이 욕구(사랑의 욕구)가 강한 사람은 타인(他人, 다른 사람)을 잘 돕고, 사랑을 주는 만큼 받는 것도 중요하게 여기기에 인간관계에서 힘들어하기도 한다. ⁶셋째는 '힘의 욕구'로, 경쟁하여 성취하고(成就-, 이루고) 인정받고 싶어 하는 욕구이다. ⁷이 욕구(힘의 욕구)가 강한 사람은 직장에서의 성공과 명예(名譽, 세상에서 훌륭하다고 인정되는 이름이나 자랑, 품위)를 중시하고 높은 사회적 지위에 ⓑ도달하기 위해 노력한다. ⁸또한 자기가 옳게 여기는 것에 대한 의지(意志, 이루고자 하는 마음)가 있어 자기주장이 강하며 타인에게 지시하는(指示-, 말하여 시키는) 일에 능하다.(能-, 뛰어나다) ⁹넷째는 '자유의 욕구'로, 무언가에 얽매이지(마음대로 행동할 수 없도록 제한되지) 않고 벗어나고 싶어 하는 욕구이다. ¹⁰이 욕구(자유의 욕구)가 강한 사람은 상대방을 구속하는(拘束-, 행동이나 의사의 자유를 제한하고 막는) 것, 자신을 구속시키는 것을 싫어한다. ¹¹그래서 상대방에게 대체로 관대하고(寬大-, 마음이 너그럽고 크고), 혼자 하는 것을 좋아하며, 사람들과 적정한(適正-, 정도가 알맞고 바른) 거리를 유지하는 것을 편하게 여긴다. ¹²다섯째는 '즐거움의 욕구'로, 새로운 것을 배우고 놀이를 통해 즐기고 싶어 하는 욕구이다. ¹³이 욕구(즐거움의 욕구)가 강한 사람은 취미 생활을 즐기며, 잘 웃고 긍정적 태도를 취한다. ¹⁴또한 호기심이 많기에 배우는 것을 좋아한다.

→ **다섯 가지 기본 욕구의 개념과 특징**

3 ¹현실요법에서는 이 다섯 가지 욕구들의 강도(强度, 센 정도)가 개인마다 달라 행동 양상(樣相, 모습, 상태)이 다양하게 나타나고, 여러 가지 갈등을 겪을 수도 있다고

보았다. ²현실요법은 우선 내담자*가 자신의 욕구를 들여다볼 수 있도록 한 다음, 약한 욕구를 북돋아(더욱 높여) 주거나 강한 욕구들 사이에서 타협과 조절을 하여 새로운 선택을 하도록 이끄는 단계를 밟는다. ³예를 들어 사랑의 욕구가 강하고 힘의 욕구가 약한 사람이 타인의 부탁에 불편함을 느끼면서도 거절하지 못해 괴로워한다고 **가정해**(假定–, 사실인 것처럼 임시로 정해) 보자. ⁴이 경우 현실요법에서는 ㉠ 힘의 욕구를 북돋아 자기주장을 표현할 수 있도록 도울 수 있다. ⁵또 자유의 욕구와 힘의 욕구 모두가 강한 사람은 자신이 ㉡ **선호하는 것을 우선시하고**(優先視–, 다른 것보다 중요하게 여기고) 이것이 방해받으면 불편해하며 주변 사람들과 갈등을 일으킬 수 있다. ⁶이 경우 힘의 욕구를 조절하도록 이끌 수 있는데, 타인과의 **사소한**(些少–, 보잘것없이 작은) 의견 충돌 상황에서 자기주장을 강조하기보다는 타인의 마음을 **헤아리고**(미루어 생각하고) ㉢(타인의) 의견을 ㉣ **겸허하게 수용하는**(受容–, 받아들이는) 연습을 하게 할 수 있다.

→ 현실요법의 예

4 ¹현실요법은 타인의 욕구 충족을 방해하지 않으면서 효과적인 선택을 통해 자신의 욕구를 충족시키려 한다. ²이는 내담자가 **외부**(外部, 바깥) **요인**(要因, 까닭)에 의해 **통제되는**(統制–, 제한을 받는) 존재가 아니라 스스로 자신의 욕구를 조절할 수 있는 주체라고 보는 관점을 **기반으로**(基盤으로, 기초가 되는 바탕으로) 한다. ³현재 현실요법은 상담 분야에서 호응을 얻어 심리 상담에 널리 ㉤ 활용되고 있다.

→ 현실요법의 기반이 되는 관점 및 현실요법의 활용

* 내담자 : 상담실 따위에 **자발적으로**(自發的–, 남이 시키거나 요청한 것이 아니라 자기 스스로 행하여) 찾아와서 이야기하는 사람

■ 지문 이해

〈현실요법에서 제시한 인간의 다섯 가지 기본 욕구〉

❶ 인간의 다섯 가지 기본 욕구를 제시한 '현실요법'

- 개인의 모든 행동은 기본 욕구를 충족시키기 위해 자신이 선택하는 것이라고 봄
- 문제 발생 시 다섯 가지 기본 욕구를 실현 가능 수준으로 타협·조절하여 새로운 선택을 할 필요가 있다고 제안함

❷ 다섯 가지 기본 욕구의 개념과 특징

- 생존의 욕구 : 사회적 규칙이나 상식을 지키려는 욕구, 생존에 필요한 것을 아끼고 모으려는 욕구
  - 건강과 안전을 중시함
- 사랑의 욕구 : 사랑하고 나누며 함께하고자 하는 욕구
  - 타인을 잘 도움
  - 사랑을 주고받는 것을 중요하게 여겨 인간관계에서 힘들어하기도 함
- 힘의 욕구 : 경쟁하여 성취하고 인정받고 싶어 하는 욕구
  - 성공, 명예를 중시하며, 높은 사회적 지위 도달을 위해 노력함
  - 자기주장이 강하고 타인에게 지시하는 일에 능함
- 자유의 욕구 : 얽매이지 않고 벗어나고 싶어 하는 욕구
  - 구속하는 것, 구속당하는 것을 싫어함
  - 상대방에게 관대하고 혼자 하는 것을 좋아하며, 사람들과의 적정 거리 유지를 편하게 여김
- 즐거움의 욕구 : 새로운 것을 배우고 놀이를 통해 즐기고 싶어 하는 욕구
  - 취미 생활을 즐기며 잘 웃고 긍정적임
  - 호기심이 많아 배우는 것을 좋아함

❸ 현실요법의 예

- 다섯 가지 욕구들의 강도는 개인마다 달라 행동 양상이 다양하게 나타나고, 갈등도 발생함
- 현실요법의 단계 : 내담자가 자신의 욕구를 들여다볼 수 있게 함 → 약한 욕구를 북돋우거나, 강한 욕구들을 타협·조절하여 새로운 선택을 하도록 함

❹ 현실요법의 기반이 되는 관점 및 현실요법의 활용

- 내담자는 스스로 자신의 욕구를 조절할 수 있는 주체임 → 효과적인 선택을 통해 자신의 욕구를 충족시키려 함
- 심리 상담에 널리 활용되고 있음

---

072 | 글의 서술 방식 파악 – 적절한 것 고르기 2023년 6월 학평 16번 | 정답률 85% | **정답 ①**

윗글에 대한 설명으로 가장 적절한 것은?

근거 ❶-1 '현실요법'에서는 인간의 다섯 가지 기본 욕구를 제시하고 있다. ❷-1 다섯 가지 기본 욕구 중 첫째는 '생존의 욕구', ❷-4 둘째는 '사랑의 욕구', ❷-6 셋째는 '힘의 욕구', ❷-9 넷째는 '자유의 욕구', ❷-12 다섯째는 '즐거움의 욕구', ❸-2~3 현실요법은 우선 내담자가 … 이끄는 단계를 밟는다. 예를 들어

풀이 윗글에서는 현실요법에서 제시한 인간의 다섯 가지 기본 욕구의 개념을 밝혀 소개하고, 내담자의 기본 욕구들의 강도를 조절하여 내담자가 새로운 선택을 할 수 있도록 이끄는 현실요법을 예를 들어 설명하고 있다. 따라서 정답은 ①번이다.

☑ ① 이론의 ***주요** ****개념**을 밝히고 그 이론의 구체적 적용 사례를 들고 있다. *主要, 주되고 중요함 **概念, 일반적 지식

→ 적절함!

② 이론을 소개하고 장점을 밝힌 후 그 이론이 지닌 *~~한계~~를 ~~덧붙이고~~ 있다. *限界, 실제 작용할 수 있는 범위

③ 이론이 ~~등장하게 된 사회적 배경~~과 이론이 ~~발전하는 과정~~을 드러내고 있다.

④ ~~하나의 이론과 다른 관점의 이론~~을 ***대조**하여 ~~둘의 차이점~~을 ****부각**하고 있다. *對照 –, 맞대어 같고 다름을 분석하여 따져 **浮刻–, 특징지어 두드러지게 하고

⑤ 이론의 주요 개념을 ~~여러 유형으로 나눈 다음 추가할 새로운 유형을 소개~~하고 있다.

---

073 | 세부 정보 이해 – 적절하지 않은 것 고르기 2023년 6월 학평 17번 | 정답률 85% | **정답 ①**

윗글의 내용과 일치하지 않는 것은?

☑ ① ~~약한 욕구를 강한 욕구로 *대체해야~~ 갈등에서 벗어날 수 있다. *代替–, 대신해야

근거 ❸-2 현실요법은 우선 내담자가 자신의 욕구를 들여다볼 수 있도록 한 다음, 약한 욕구를 북돋아 주거나 강한 욕구들 사이에서 타협과 조절을 하여 새로운 선택을 하도록 이끄는 단계를 밟는다.

풀이 현실요법에서는 약한 욕구를 강한 욕구로 대체하는 것이 아니라, 약한 욕구를 북돋아 준다고 하였다.

→ 적절하지 않음!

② 개인이 지닌 욕구들의 강도에 따라 다양한 행동 양상이 나타난다.

근거 ❸-1 현실요법에서는 이 다섯 가지 욕구들의 강도가 개인마다 달라 행동 양상이 다양하게 나타나고, 여러 가지 갈등을 겪을 수도 있다고 보았다.

→ 적절함!

③ 현실요법에서는 내담자는 외부 요인에 의해 통제되는 존재가 아니라고 본다.

근거 ❹-2 내담자가 외부 요인에 의해 통제되는 존재가 아니라 스스로 자신의 욕구를 조절할 수 있는 주체라고 보는 관점을 기반으로 한다.

→ 적절함!

④ 현실요법에 따르면 인간은 기본 욕구를 충족시키기 위해 스스로 행동을 선택한다.

근거 ❶-2 이 이론(현실요법)에서는 개인의 모든 행동은 기본 욕구를 충족시키기 위해서 그 자신이 선택하는 것이라 보았다.

→ 적절함!

⑤ 현실요법은 기본 욕구들을 실현 가능한 수준으로 타협하는 것이 가능하다고 본다.

근거 ❶-3 만약 이러한 선택으로 문제가 발생한다면 다섯 가지 기본 욕구를 실현 가능한 수준으로 타협하고 조절해 새로운 선택을 할 필요가 있다고 제안했다.

→ 적절함!

⊙의 구체적인 방법으로 가장 적절한 것은?

> ⊙ 힘의 욕구를 북돋아 자기주장을 표현할 수 있도록 도울 수 있다.

근거 **③**-3~4 예를 들어 사랑의 욕구가 강하고 힘의 욕구가 약한 사람이 타인의 부탁에 불편함을 느끼면서도 거절하지 못해 괴로워한다고 가정해 보자. 이 경우 현실요법에서는 힘의 욕구를 북돋아 자기주장을 표현할 수 있도록 도울 수 있다. **②**-8 (힘의 욕구가 강한 사람은) 자기가 옳게 여기는 것에 대한 의지가 있어 자기주장이 강하며 타인에게 지시하는 일에 능하다.

풀이 사랑의 욕구가 강하고 힘의 욕구가 약한 사람이 타인의 부탁에 불편함을 느끼면서도 거절하지 못해 괴로워할 때, 힘의 욕구를 북돋아 부탁을 거절하거나 자신의 불편함을 표현하는 등 자기주장을 할 수 있도록 도울 수 있다. 따라서 정답은 ②번이다.

① 자신과 다른 의견을 *경청하는 연습을 하도록 이끈다. *傾聽−. 귀를 기울여 듣는

근거 **③**-5~6 자유의 욕구와 힘의 욕구 모두가 강한 사람은 자신이 선호하는 것을 우선시하고 이것이 방해받으면 불편해하며 주변 사람들과 갈등을 일으킬 수 있다. 이 경우 힘의 욕구를 조절하도록 이끌 수 있는데, 타인과의 사소한 의견 충돌 상황에서 자기주장을 강조하기보다는 타인의 마음을 헤아리고 그 의견을 겸허하게 수용하는 연습을 하게 할 수 있다.

풀이 자신과 다른 의견을 경청하는 연습을 하도록 이끄는 것은 힘의 욕구가 약한 사람이 아니라 힘의 욕구가 강한 사람이 이를 조절하도록 이끄는 방법에 해당한다.

✓② 부탁을 거절하거나 자신의 불편함을 *표출하도록 이끈다. *表出−. 겉으로 나타내도록

→ 적절함!

③ 혼자 어디론가 떠나거나 혼자만의 시간을 갖도록 *권한다. *勸−. 부추긴다.

근거 **②**-11 (자유의 욕구가 강한 사람은) 혼자 하는 것을 좋아하며, 사람들과 적정한 거리를 유지하는 것을 편하게 여긴다.

④ 타인과 약속을 잘 지킬 수 있는 원칙을 만들도록 권한다.

근거 **②**-2 (생존의 욕구는) 사회적 규칙이나 상식을 지키려는 욕구

⑤ 사람들과 어울려 새로운 취미 생활을 즐길 수 있도록 권한다.

근거 **②**-12~13 '즐거움의 욕구'로, 새로운 것을 배우고 놀이를 통해 즐기고 싶어 하는 욕구이다. 이 욕구가 강한 사람은 취미 생활을 즐기며, 잘 웃고 긍정적 태도를 취한다.

윗글을 바탕으로 〈보기〉를 이해한 내용으로 적절하지 않은 것은? [3점]

| 보기 |

A, B 학생의 욕구 강도 프로파일

(5점 : 매우 강하다, 4점 : 강하다, 3점 : 보통이다, 2점 : 약하다, 1점 : 매우 약하다)

다섯 가지 기본 욕구 측정 항목		욕구 강도	
		A	B
(가)	• 남의 지시와 잔소리를 싫어한다. • 자신의 방식대로 살고 싶다. ← 자유의 욕구	5	5
(나)	• 다른 사람의 잘못을 잘 짚어 준다. • 내 분야에서 최고가 되고 싶다. ← 힘의 욕구	4	1
(다)	• 친구를 위한 일에 기꺼이 시간을 낸다. • 친절을 베푸는 것을 좋아한다. ← 사랑의 욕구	5	1
(라)	• 큰 소리로 웃는 것을 좋아한다. • 여가 활동으로 알찬 휴일을 보낸다. ← 즐거움의 욕구	1	3
(마)	• 균형 잡힌 식생활을 하려고 노력한다. • 저축을 중요하게 생각한다. ← 생존의 욕구	2	5

▶ 지문 핵심 개념 정리

다섯 가지 기본 욕구

• 자유의 욕구
  − 얽매이지 않고 벗어나고 싶어 함(**②**−9)
  − 구속하는 것, 구속당하는 것을 싫어함(**②**−10)
• 힘의 욕구
  − 경쟁하여 성취하고 인정받고 싶어 함(**②**−6)
  − 성공, 명예, 높은 사회적 지위를 중시함(**②**−7)
  − 자기주장이 강하고 타인에게 지시함(**②**−8)
• 사랑의 욕구
  − 타인을 잘 돕고, 사랑을 주고받는 것을 중요하게 여김(**②**−5)
• 즐거움의 욕구
  − 취미 생활을 즐기며, 잘 웃고 긍정적임(**②**−13)
• 생존의 욕구
  − 생존에 필요한 것을 아끼고 모으려는 욕구(**②**−2)
  − 건강과 안전을 중시함(**②**−3)

풀이 〈보기〉의 (가)는 '자유의 욕구', (나)는 '힘의 욕구', (다)는 '사랑의 욕구', (라)는 '즐거움의 욕구', (마)는 '생존의 욕구'를 측정하는 항목에 해당한다.

① A는 '즐거움의 욕구'보다 '힘의 욕구'가 더 강하다고 할 수 있겠군.

풀이 〈보기〉에서 A는 '즐거움의 욕구'(라)에 대한 욕구 강도가 1, '힘의 욕구'(나)에 대한 욕구 강도가 4이므로, '즐거움의 욕구'보다 '힘의 욕구'가 더 강하다고 할 수 있다.

→ 적절함!

② B는 '힘의 욕구'가 '생존의 욕구'보다 더 약하다고 할 수 있겠군.

풀이 〈보기〉에서 B는 '힘의 욕구'(나)에 대한 욕구 강도가 1, '생존의 욕구'(마)에 대한 욕구 강도가 5이므로, '힘의 욕구'가 '생존의 욕구'보다 더 약하다고 할 수 있다.

→ 적절함!

✓③ A는 B보다 '힘의 욕구'가 더 ~~약하다고~~ 강하다고 할 수 있겠군.

풀이 〈보기〉에서 '힘의 욕구'(나)에 대한 욕구 강도는 A가 4, B가 1이므로, A는 B보다 '힘의 욕구'가 더 강하다고 할 수 있다.

→ 적절하지 않음!

④ A와 B는 모두 '자유의 욕구'가 매우 강하다고 할 수 있겠군.

풀이 〈보기〉에서 '자유의 욕구'(가)에 대한 욕구 강도는 A와 B 모두 5점으로 나타났으므로, A와 B는 모두 '자유의 욕구'가 매우 강하다고 할 수 있다.

→ 적절함!

⑤ A는 '사랑의 욕구'가 '즐거움의 욕구'보다 강하지만, B는 '즐거움의 욕구'가 '사랑의 욕구'보다 강하다고 할 수 있겠군.

풀이 〈보기〉에서 A는 '사랑의 욕구'(다)에 대한 욕구 강도가 5, '즐거움의 욕구'(라)에 대한 욕구 강도가 1이므로 '사랑의 욕구'가 '즐거움의 욕구'보다 강하다고 할 수 있다. 한편 B는 '사랑의 욕구'(다)에 대한 욕구 강도가 1, '즐거움의 욕구'(라)에 대한 욕구 강도가 3이므로 '즐거움의 욕구'가 '사랑의 욕구'보다 강하다고 할 수 있다.

→ 적절함!

ⓐ~ⓔ의 사전적 의미로 적절하지 않은 것은?

> ⓐ 제안   ⓑ 도달   ⓒ 선호   ⓓ 겸허   ⓔ 활용

① ⓐ : 안이나 의견으로 내놓음.

풀이 '제안(提 제시하다 제 案 안건 안)'의 사전적 의미는 '안이나 의견으로 내놓음'이다.

예문 그는 나의 제안을 받아들였다.

→ 적절함!

✓② ⓑ : 사람이나 동식물 따위가 자라서 점점 커짐.

풀이 '도달(到 이르다 도 達 이르다 달)'의 사전적 의미는 '목적한 곳이나 수준에 다다름'이다. '사람이나 동식물 따위가 자라서 점점 커짐'의 뜻을 가진 단어는 '도달'이 아니라 '성장(成 이루다 성 長 자라다 장)'이다.

예문 도달 가능한 합의점을 찾아보자.

→ 적절하지 않음!

③ ⓒ : 여럿 가운데서 특별히 가려서 좋아함.

풀이	'선호(選 가리다 선 好 좋아하다 호)'의 사전적 의미는 '여럿 가운데서 특별히 가려서 좋아함'이다.
예문	생활 수준이 높아짐에 따라 무공해 식품의 <u>선호</u>가 두드러진다.

→ 적절함!

④ ⓓ : 스스로 자신을 낮추고 비우는 태도가 있음.

풀이	'겸허(謙 겸손하다 겸 虛 비우다 허)'의 사전적 의미는 '스스로 자신을 낮추고 비우는 태도가 있음'이다.
예문	선생님은 항상 <u>겸허</u>의 자세로 다른 사람을 대하였다.

→ 적절함!

⑤ ⓔ : 충분히 잘 이용함.

풀이	'활용(活 살리다 활 用 쓰다 용)'의 사전적 의미는 '충분히 잘 이용함'이다.
예문	국토의 효율적인 <u>활용</u>과 보존을 위해 노력해야 한다.

→ 적절함!

[077~082] 다음 글을 읽고 물음에 답하시오.

(가)

1 ¹19세기에 분트는 인간의 정신세계가 의식으로 이루어져 있다고 보고, 실험을 통해 인간의 정신 현상과 행동을 설명하는 실험심리학을 주장하였다.(主唱-, 앞장서서 주장하였다.) ²이때 의식이란 깨어 있는 상태에서 자신이나 세계를 인식하는(認識-, 분별하고 판단하여 아는) 모든 정신 작용을 의미한다. ³그러나 프로이트는 정신 질환을 겪는 환자들을 치료하면서 인간에게 의식과는 다른 무의식 세계가 있다는 것을 발견하였다. ⁴이에 그(프로이트)는 인간을 무의식의 지배(支配, 생각이나 행동에 적극적으로 영향을 미침)를 받는 비합리적(非合理的, 정당한 이치나 도리에 맞지 않는) 존재로 간주하고(看做-, 여기고), 정신분석이론을 통해 인간의 정신세계를 ⓐ 규명하려 하였다.

→ 정신분석이론을 통해 인간의 정신세계를 규명하려 한 프로이트

2 ¹프로이트에 의하면 인간의 정신세계 중 의식이 차지하는 영역은 빙산의 일각(一角, 한 부분)일 뿐, 무의식이 정신세계의 대부분을 차지한다. ²그(프로이트)는 무의식의 심연(深淵, 깊은 곳)에는 '원초아'가, 무의식에서 의식에 걸쳐 '자아'와 '초자아'가 존재한다고 보았다. ³원초아는 성적 에너지를 바탕으로 본능적인(本能的-, 본능에 따라 움직이려 하는) 욕구(欲求, 무엇을 얻거나 무슨 일을 하고자 바라는 일)를 충족하려는(充足-, 채우려는) 선천적(先天的, 태어날 때부터 지니고 있는) 정신 요소이다. ⁴반면 자아는 외적 상황으로 인해 충족되지 못하고 지연되거나(遲延-, 늦추어지거나) 좌절된(挫折-, 꺾이게 된) 원초아의 욕구를 사회적으로 용인될(容認-, 받아들여져 인정될) 수 있는 방법으로 충족하려는 정신 요소이다. ⁵마지막으로 초자아는 도덕률(道德律, 도덕적 행위의 기준이 되는 보편타당한 법칙)에 따라 원초아의 욕구를 억제하고(抑制-, 억눌러 그치게 하고) 양심에 따라 행동하도록 하는 정신 요소로, 어린 시절 부모의 종교나 가치관(價値觀, 인간이 자기를 포함한 세계나 그 속의 사상에 대해 가지는 평가의 근본적 태도) 등을 내재화하는(內在化-, 받아들여 자기 것으로 하는) 과정에서 후천적으로(後天的-, 태어난 후에 얻어져) 발달한다.

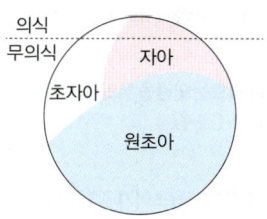

의식
무의식
자아
초자아
원초아

→ 무의식과 의식의 구성 및 '원초아', '자아', '초자아'의 개념

3 ¹이러한 원초아, 자아, 초자아는 역동적으로(力動的-, 힘차고 활발하게) 상호작용하면서 개인의 성격을 형성한다.(形成-, 이룬다.) ²가령, 원초아가 강할 때는 본능적인 욕구에 집착하는(執着-, 늘 마음이 쏠려 잊지 못하고 매달리는) 충동적인(衝動的-, 마음속에서 어떤 욕구 같은 것이 갑작스럽게 일어나는) 성격이, 초자아가 강할 때는 엄격하게(嚴格-, 매우 엄하고 철저하게) 도덕을 지키려는 원칙주의적(原則主義的, 규칙이나 법칙대로 하려는) 성격이 나타난다. ³자아는 원초아와 초자아의 요구 사이에서 이를 조정하는(調整-, 중간에서 서로 타협점을 찾아 합의하도록 하는) 역할을 하기 때문에, 정신적 균형을 이루기 위해서는 자아의 발달이 중요하다. ⁴만일 자아가 제 역할을 하지 못하면 정신 요소의 균형이 깨져 불안감이 생기는데, 자아는 이(불안감)를 해소하기(解消-, 해결하여 없애기) 위해 무의식적으로 방어기제(防禦機制, 자아가 불안으로부터

자신을 보호하기 위해 사용하는 심리 의식이나 행위)를 사용하게 된다. ⁵대표적인 방어기제로는 억압이나 승화 등이 있다. ⁶억압은 자아가 수용하기 힘든 욕구를 무의식 속으로 억누르는 것을, 승화는 그러한 욕구를 예술과 같이 가치 있는 활동으로 ⓑ 전환하는 것을 의미한다. ⁷개인마다 습관적으로 사용하는 방어기제가 다르기 때문에 어떤 방어기제를 사용하느냐 또한 개인의 성격 형성에 영향을 미친다.

→ '원초아', '자아', '초자아'의 상호작용을 통해 형성되는 개인의 성격

4 ¹프로이트는 어린 시절에 해소되지 않은 원초아의 욕구나 정신 요소 간의 갈등은 성인이 된 후에도 지속적으로(持續的-, 오래 계속되어) 영향을 주기 때문에, 이 시기에 부모와의 상호작용 경험이 성격 형성에 큰 영향을 준다고 설명하였다. ²특히 그(프로이트)는 성인의 정신 질환을 어린 시절의 심리적 갈등이 재현된(再現-, 다시 나타난) 것으로 보고, 이를 치유하기(治癒-, 치료하여 낫게 하기) 위해서는 무의식에 내재되어 있는 과거의 상처를 의식의 세계로 끌어내는 과정이 필요하다고 주장하였다. ³이러한 프로이트의 이론은 기존의 이론(분트의 실험심리학)에서 ⓒ 간과한 무의식에 대한 탐구를 통해 인간 이해에 대한 지평(地平, 전망, 가능성)을 넓혔다는 평(評, 평가)을 받고 있다.

→ 프로이트의 정신분석이론이 지닌 의의

(나)

1 ¹융은 프로이트의 정신분석이론에 반기를 들고(반대의 뜻을 나타내고), 분석심리학을 주장하였다. ²무의식을 단지 의식에서 수용할 수 없는 원초적(原初的, 일이나 현상이 비롯하는 맨 처음이 되는) 욕구나 해결되지 못한 갈등의 창고로만 본 프로이트와 달리, 융은 무의식을 인간이 잠재적(潛在的, 겉으로 드러나지 않고 숨은 상태로 존재하는) 가능성을 실현할 때 필요한 창조적인 에너지의 샘(기운이 솟아나게 하는 근원)으로 보았다는 점에서, 그(융)의 분석심리학은 프로이트의 이론과 구별된다.

→ '무의식'에 대한 관점을 달리한 융의 분석심리학

2 ¹융은 정신세계의 가장 바깥쪽에는 의식이, 그 안쪽에는 개인 무의식이, 그리고 맨 안쪽에는 집단 무의식이 순서대로 자리잡고 있다고 보았다. ²의식은 생각이나 감정, 기억과 같이 인간이 직접 인식할 수 있는 영역으로, 여기(의식)에는 '자아'가 존재한다. ³자아는 의식을 지배하는 동시에 무의식과 교류하며(交流-, 서로 통하게 하며) 이(무의식)를 조정하는 역할을 한다.

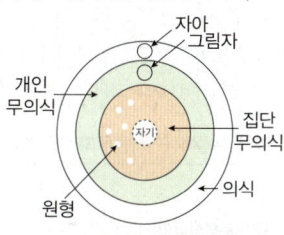

자아
그림자
개인
무의식
집단
무의식
자기
원형
의식

⁴개인 무의식은 의식에 의해 ⓓ 배제된 생각이나 감정, 기억 등이 존재하는 영역이다. ⁵이곳에 존재하는 '그림자'는 자아에 의해 억압된 '또 하나의 나'라고 할 수 있다. ⁶마지막으로 집단 무의식은 태어날 때부터 누구나 가지고 있는(= 선천적인) 원초적이며 보편적인(普遍的-, 모든 것에 두루 미치거나 통하는) 무의식이다. ⁷거기에는 진화를 통해 축적되어(蓄積-, 모여서 쌓여) 온 인류의 경험이 '원형'의 형태로 존재한다. ⁸가령 어두운 상황에서 누구나 공포심을 느끼는 것이 원형에 해당한다.

→ '의식', '개인 무의식', '집단 무의식'의 개념

3 ¹융에 따르면 집단 무의식의 가장 안쪽에는 '자기'가 존재한다. ²이(자기)는 정신세계에 내재하는 개인의 근원적인(根源的-, 처음으로 시작되는 근본이나 원인이 되는) 모습이라고 할 수 있다. ³융은 자아가 성찰(省察, 자기의 마음을 반성하고 살핌)을 통해 무의식의 심연에 존재하는 자기를 발견하면, 인간은 비로소 타인(他人, 다른 사람)과 구별되는 고유한(固有-, 본래부터 가지고 있어 특유한) 존재가 된다고 보고 이를 개별화라고 불렀다. ⁴이(개별화)는 의식에 존재하는 자아가 무의식과 끊임없이 상호작용하며 무의식의 영역을 의식으로 통합하는(統合-, 하나의 전체를 이루는) 과정, 즉 ㉠ 무의식을 의식화하는 과정을 통해 이루어진다. ⁵이 과정에서 자아는 자신의 또 다른 모습인 그림자와 ⓔ 대면하게 되고, 집단 무의식에 존재하는 여러 원형들을 발견하게 된다. ⁶결국 자아가 무의식의 심연에 존재하는 자기를 찾아가는 과정은 정신세계를 구성하는 자아와 그림자, 그리고 여러 원형들이 대립(對立, 서로 반대되거나 모순된 관계)에서 벗어나 하나의 정신으로 통합되면서 정신적 균형을 이루는 과정이라 할 수 있다. ⁷이러한 과정에서 개인은 내면의 성숙(成熟, 자라서 어른스럽게 됨)을 이루며 자신의 정체성(正體性, 변하지 않는 존재의 본질을 깨닫는 성질)을 찾게 된다.

→ '개별화'의 개념 및 개별화가 이루어지는 과정

■지문 이해
(가)
〈프로이트의 정신분석이론〉

❶ 정신분석이론을 통해 인간의 정신세계를 규명하려 한 프로이트

- 분트의 '실험심리학' : 인간의 정신세계는 의식으로 이루어져 있다고 봄
  ↕
- 프로이트의 '정신분석이론' : 인간은 무의식의 지배를 받는 비합리적 존재

❷ 무의식과 의식의 구성 및 '원초아', '자아', '초자아'의 개념

- 원초아 ← 무의식의 심연에 존재함
  - 성적 에너지를 바탕으로 본능적 욕구를 충족하려는 선천적 정신 요소
- 자아 ← 무의식에서 의식에 걸쳐 존재
  - 외적 상황으로 지연되거나 좌절된 원초아의 욕구를 사회적으로 용인될 수 있는 방법으로 충족하려는 정신 요소
- 초자아 ← 무의식에서 의식에 걸쳐 존재
  - 도덕률에 따라 원초아의 욕구를 억제하고 양심에 따라 행동하도록 하는 정신 요소
  - 부모의 종교, 가치관 등을 내재화하는 과정에서 후천적으로 발달함

❸ '원초아', '자아', '초자아'의 상호작용을 통해 형성되는 개인의 성격

- 원초아, 자아, 초자아는 역동적으로 상호작용하면서 개인의 성격을 형성함
- 자아 : 원초아와 초자아의 요구를 조정하는 역할
  - 정신적 균형을 위해서는 자아의 발달이 중요함
  - 자아가 제 역할을 하지 못하면 정신 요소의 균형이 깨져 불안감이 생김 → 무의식적으로 방어기제를 사용함
- 방어기제 : 어떤 방어기제를 사용하는지가 개인의 성격 형성에 영향을 미침
  - 억압 : 자아가 수용하기 힘든 욕구를 무의식 속으로 억누르는 것
  - 승화 : 자아가 수용하기 힘든 욕구를 예술 등 가치 있는 활동으로 전환하는 것

❹ 프로이트의 정신분석이론이 지닌 의의

- 성인의 정신 질환을 어린 시절의 심리적 갈등이 재현된 것으로 봄 → 치유를 위해 무의식에 내재된 과거의 상처를 의식 세계로 끌어내는 과정이 필요하다고 주장함
- 기존 이론에서 간과한 무의식에 대한 탐구를 통해 인간 이해의 지평을 넓힘

(나)
〈융의 분석심리학〉

❶ '무의식'에 대한 관점을 달리한 융의 분석심리학

- 프로이트의 '무의식' : 의식에서 수용할 수 없는 원초적 욕구나 해결되지 못한 갈등의 창고
  ↕
- 융의 '무의식' : 인간의 잠재적 가능성 실현에 필요한 창조적인 에너지의 샘

❷ '의식', '개인 무의식', '집단 무의식'의 개념

- 의식 ← 정신세계의 가장 바깥쪽
  - 인간이 직접 인식할 수 있는 영역
  - 의식을 지배하고, 무의식과 교류하며 이를 조정하는 '자아'가 존재함
- 개인 무의식 ← 의식의 안쪽
  - 의식에 의해 배제된 생각, 감정, 기억 등이 존재하는 영역
  - 자아에 의해 억압된 또 하나의 나인 '그림자'가 존재함
- 집단 무의식 ← 정신세계의 맨 안쪽
  - 태어날 때부터 누구나 갖고 있는 원초적이며 보편적인 무의식
  - 인류의 경험이 '원형'의 형태로 존재함

❸ '개별화'의 개념 및 개별화가 이루어지는 과정

- 집단 무의식 가장 안쪽에는 정신세계에 내재하는 개인의 근원적인 모습인 '자기'가 존재함
- 개별화
  - 자아가 무의식에서 '자기'를 발견하여 타인과 구별되는 고유한 존재가 되는 것
  - 무의식을 의식화하는 과정을 통해 이루어짐
- 개별화가 이루어지는 과정
  - 자아, 그림자, 원형들이 대립에서 벗어나 하나의 정신으로 통합되면서 정신적 균형을 이루는 과정
  → 이 과정에서 개인은 내면의 성숙을 이루고, 정체성을 찾게 됨

(가), (나)의 공통점으로 가장 적절한 것은?

> 근거 **(가)-❶-1** 19세기에 분트는 인간의 정신세계가 의식으로 이루어져 있다고 보고, 실험을 통해 인간의 정신 현상과 행동을 설명하는 실험심리학을 주창하였다. **(가)-❶-3~4** 그러나 프로이트는 … 인간에게 의식과는 다른 무의식 세계가 있다는 것을 발견하였다. 이에 그는 … 정신분석이론을 통해 인간의 정신세계를 규명, **(가)-❹-3** 이러한 프로이트의 이론은 기존의 이론에서 간과한 무의식에 대한 탐구를 통해 인간 이해에 대한 지평을 넓혔다는 평을 받고 있다. **(나)-❶-1~2** 융은 프로이트의 정신분석이론에 반기를 들고, 분석심리학을 주창하였다. … 그의 분석심리학은 프로이트의 이론과 구별된다.

> 풀이 (가)에서는 인간의 정신세계가 의식으로 이루어져 있다고 본 분트의 실험심리학과 다른 관점에서, 무의식을 바탕으로 인간의 정신세계를 규명하려 한 프로이트의 정신분석이론을 소개하였다. 또한 (나)에서는 프로이트가 무의식을 의식에서 수용할 수 없는 원초적 욕구나 해결되지 못한 갈등의 창고로만 본 것과 달리, 무의식을 창조적 에너지의 샘으로 본 융의 분석심리학을 소개하고 있다. 따라서 정답은 ②번이다.

① 인간의 무의식을 주장한 이론에 대한 *상반된 평가를 제시하고 있다. *相反-. 서로 반대된

> 풀이 (가)와 (나)는 공통적으로 인간의 무의식을 주장한 프로이트와 융의 이론을 다루고 있으나, 이에 대한 상반된 평가를 제시하고 있지는 않다.

✓ **기존과 다른 관점에서 인간의 정신세계를 설명한 이론을 소개하고 있다.**
　→ 적절함!

③ 인간의 무의식을 설명한 이론이 등장하게 된 역사적 사건을 소개하고 있다.

④ 인간의 정신 질환을 분류하고 각각의 특징을 설명한 이론을 제시하고 있다.

⑤ 인간의 정신세계를 설명한 이론이 다른 학문 영역에 미친 영향을 분석하고 있다.

(가)의 내용과 일치하지 않는 것은?

① 분트는 인간의 정신세계가 의식으로만 구성되어 있다고 보았다.
> 근거 **(가)-❶-1** 19세기에 분트는 인간의 정신세계가 의식으로 이루어져 있다고 보고
　→ 적절함!

② 프로이트는 인간을 무의식의 지배를 받는 비합리적 존재로 여겼다.
> 근거 **(가)-❶-4** ㄱ(프로이트)는 인간을 무의식의 지배를 받는 비합리적 존재로 간주하고
　→ 적절함!

③ 프로이트는 원초아가 강할 때 본능적인 욕구에 집착하는 성격이 나타난다고 생각했다.
> 근거 **(가)-❸-2** 원초아가 강할 때는 본능적인 욕구에 집착하는 충동적인 성격이, 초자아가 강할 때는 엄격하게 도덕을 지키려는 원칙주의적 성격이 나타난다.
　→ 적절함!

　　　　　　　　　↗ 원초아, 자아, 초자아
④ 프로이트는 세 가지 정신 요소들이 상호작용하면서 개인의 성격이 형성된다고 보았다.
> 근거 **(가)-❸-1** 원초아, 자아, 초자아는 역동적으로 상호작용하면서 개인의 성격을 형성한다.
　→ 적절함!

✓ **⑤ 프로이트는 의식적으로 사용하는 방어기제와 무의식적으로 사용하는 방어기제를 구분하였다.**
> 근거 **(가)-❸-4** 자아가 제 역할을 하지 못하면 정신 요소의 균형이 깨져 불안감이 생기는데, 자아는 이를 해소하기 위해 무의식적으로 방어기제를 사용하게 된다.

> 풀이 프로이트에 따르면, 자아는 방어기제를 '무의식적으로' 사용한다. 따라서 프로이트가 의식적으로 사용하는 방어기제와 무의식적으로 사용하는 방어기제를 구분하였다는 설명은 적절하지 않다.

　→ 적절하지 않음!

079 구체적인 사례에 적용 - 적절하지 않은 것 고르기 2023년 3월 학평 30번
정답률 65%, 매력적 오답 ③ 10% **정답 ④**

(가)의 '프로이트'와 (나)의 '융'의 관점에서 〈보기〉를 이해한 내용으로 적절하지 않은 것은? [3점]

| 보기 |

[헤르만 헤세의 연보]

○ 1877 : 기독교인다운 엄격한 생활을 중시하는(重視−, 매우 크고 중요하게 여기는) 경건 주의 집안에서 태어남. .... ㉮
○ 1881~1886 : 자유분방한(自由奔放−, 격식이나 관습에 얽매이지 않고 행동이 자유로운) 기질(氣質, 개인의 성격적 소질)로 인해 엄한 아버지의 교육 방식에 반항하며 불안감을 느낌. .... ㉯
○ 1904~1913 : 잠재된 문학적 재능을 발휘하여(發揮−, 떨쳐 나타내어) 왕성하게(旺盛−, 매우 활발하게) 작품 창작을 하며 불안에서 벗어남. .... ㉰
○ 1916~1919 : 아버지의 죽음을 접하고(接−, 겪고)심한 우울증을 경험함. .... ㉱
○ 1945~1962 : 성찰적(省察的, 지나간 일을 되돌아보며 반성하고 살피는) 글쓰기 활동 속에서 심리적 안정감을 느끼며 여생(餘生, 남은 인생)을 보냄. .... ㉲
○ 1962 : 몬타뇰라에서 죽음.

① ㉮ : 프로이트는 엄격한 집안 분위기가 헤세의 초자아가 발달하는 데 영향을 주었다고 보겠군.
근거 (가)-❷-5 초자아는 도덕률에 따라 원초아의 욕구를 억제하고 양심에 따라 행동하도록 하는 정신 요소로, 어린 시절 부모의 종교나 가치관 등을 내재화하는 과정에서 후천적으로 발달한다.
풀이 프로이트는 초자아가 어린 시절 부모의 종교나 가치관 등을 내재화하는 과정에서 후천적으로 발달한다고 보았다. 따라서 프로이트는 엄격한 집안 분위기가 헤세의 초자아 발달에 영향을 주었다고 보았을 것이다.
→ 적절함!

② ㉯ : 프로이트는 헤세의 불안감을 원초아와 초자아의 요구를 자아가 제대로 조정하지 못한 결과라고 보겠군.
근거 (가)-❸-3~4 자아는 원초아와 초자아의 요구 사이에서 이를 조정하는 역할을 하기 때문에, 정신적 균형을 이루기 위해서는 자아의 발달이 중요하다. 만일 자아가 제 역할을 하지 못하면 정신 요소의 균형이 깨져 불안감이 생기는데
풀이 프로이트는 자아가 원초아와 초자아의 요구를 조정하는 역할을 제대로 하지 못할 경우, 정신 요소의 균형이 깨져 불안감이 생긴다고 보았다. 따라서 프로이트는 헤세의 불안감을 원초아와 초자아의 요구를 자아가 제대로 조정하지 못한 결과라고 보았을 것이다.
→ 적절함!

③ ㉰ : 프로이트는 헤세의 왕성한 창작 활동을 승화로, 융은 이를 무의식의 창조적 에너지가 발현된 것으로 보겠군.
근거 (가)-❸-6 승화는 그러한 욕구(자아가 수용하기 힘든 욕구, 불안감)를 예술과 같이 가치 있는 활동으로 전환하는 것을 의미한다, (나)-❶-2 융은 무의식을 인간이 잠재적 가능성을 실현할 때 필요한 창조적인 에너지의 샘으로 보았다는 점
→ 적절함!

④ ㉱ : 프로이트는 헤세의 우울증을 *유년기의 불안이 재현된 것으로, 융은 이를 자아와 그림자가 통합된 것으로 보겠군. *幼年期, 어린이가 성장·발달하는 단계의 하나로, 유아기와 소년기의 중간 시기
근거 (가)-❹-2 그(프로이트)는 성인의 정신 질환을 어린 시절의 심리적 갈등이 재현된 것으로 보고, (나)-❸-6~7 자아가 무의식의 심연에 존재하는 자기를 찾아가는 과정은 정신세계를 구성하는 자아와 그림자, 그리고 여러 원형들이 대립에서 벗어나 하나의 정신으로 통합되면서 정신적 균형을 이루는 과정이라 할 수 있다. 이러한 과정에서 개인은 내면의 성숙을 이루며 자신의 정체성을 찾게 된다.
풀이 〈보기〉에서 헤세가 아버지의 죽음을 접하고 심한 우울증을 겪은 것에 대해 프로이트는 이를 어린 시절의 불안감이 재현된 것으로 보았을 것이라는 설명은 적절하다. 한편 융은 개인이 자신의 근원적인 모습인 '자기'를 발견하는 '개별화'는, 정신세계를 구성하는 자아와 그림자, 여러 원형들이 대립에서 벗어나 하나의 정신으로 통합되면서 정신적으로 균형을 이루는 과정을 통해 이루어진다고 보고, 이러한 과정에서 개인은 내면의 성숙을 이루고 자신의 정체성을 찾게 된다고 하였다. 〈보기〉에서 헤세가 아버지의 죽음을 접하고 심한 우울증을 경험하는 것은 정신적 균형이 이루어지고, 내면의 성숙을 이루고, 정체성을 찾은 모습이라고 볼 수 없다. 따라서 융이 헤세의 우울증을 자아와 그림자가 통합된 것으로 보았을 것이라는 설명은 적절하지 않다.

→ 적절하지 않음!

⑤ ㉲ : 융은 헤세가 성찰하는 글쓰기 활동을 통해 자기를 발견하는 과정에서 심리적 안정감을 느낀 것으로 보겠군.
근거 (나)-❸-3 융은 자아가 성찰을 통해 무의식의 심연에 존재하는 자기를 발견하면, 인간은 비로소 타인과 구별되는 고유한 존재가 된다고 보고 이를 개별화라고 불렀다, (나)-❸-6~7 자아가 무의식의 심연에 존재하는 자기를 찾아가는 과정은 정신세계를 구성하는 자아와 그림자, 그리고 여러 원형들이 대립에서 벗어나 하나의 정신으로 통합되면서 정신적 균형을 이루는 과정이라 할 수 있다. 이러한 과정에서 개인은 내면의 성숙을 이루며 자신의 정체성을 찾게 된다.
풀이 융은 헤세가 성찰하는 글쓰기 활동을 통해 자기를 발견하는 과정을 정신세계를 구성하는 자아, 그림자, 원형들이 대립에서 벗어나 통합되면서 정신적 균형을 이루는 과정인 '개별화'라고 보았을 것이다. 또한 그 과정에서 헤세가 내면의 성숙을 이루고 정체성을 찾게 되어 심리적 안정감을 느꼈다고 보았을 것이다.
→ 적절함!

---

080 세부 정보 이해 - 적절한 것 고르기 2023년 3월 학평 31번
정답률 70%, 매력적 오답 ① 15% **정답 ⑤**

(가)의 정신분석이론과 (나)의 분석심리학에서 모두 동의하는 진술로 가장 적절한 것은?

① 자아는 의식과 무의식의 세계에 걸쳐서 존재한다. (가)
근거 (가)-❷-2 그(프로이트)는 … 무의식에서 의식에 걸쳐 '자아'와 '초자아'가 존재한다고 보았다, (나)-❷-2 의식은 … 여기에는 '자아'가 존재한다, (나)-❸-4 의식에 존재하는 자아
풀이 (가)의 정신분석이론에서는 자아가 의식과 무의식에 걸쳐 존재한다고 보았지만, (나)의 분석심리학에서는 자아가 의식에 존재한다고 보았다.
→ 적절하지 않음!

② 무의식은 성적 에너지로만 이루어진 정신 요소이다.
근거 (가)-❷-2~3 그는 무의식의 심연에는 '원초아'가, 무의식에서 의식에 걸쳐 '자아'와 '초자아'가 존재한다고 보았다. 원초아는 성적 에너지를 바탕으로 본능적인 욕구를 충족하려는 선천적 정신 요소, (나)-❶-2 융은 무의식을 인간이 잠재적 가능성을 실현할 때 필요한 창조적인 에너지의 샘으로 보았다는 점에서, 그의 분석심리학은 프로이트의 이론과 구별된다.
풀이 (가)의 정신분석이론에서는 무의식에 '자아'와 '초자아', 그리고 성적 에너지를 바탕으로 하는 '원초아'가 존재한다고 보았으므로, 무의식을 '성적 에너지로만' 이루어진 정신 요소라고 보지는 않았다. 한편 (나)의 분석심리학에서는 무의식을 잠재적 가능성 실현에 필요한 창조적 에너지의 샘으로 보았다. 따라서 무의식은 성적 에너지로만 이루어진 정신 요소라는 진술은 (가)와 (나) 어디에도 해당되지 않는다.
→ 적절하지 않음!

③ 무의식은 개인의 경험을 *초월해 원형의 형태로 유전된다. *超越−, 뛰어넘어 (나)
근거 (나)-❷-6~7 집단 무의식은 태어날 때부터 누구나 가지고 있는 원초적이며 보편적인 무의식이다. 거기에는 진화를 통해 축적되어 온 인류의 경험이 '원형'의 형태로 존재
풀이 (나)의 분석심리학에만 해당되는 진술이다.
→ 적절하지 않음!

④ 무의식에는 자아에 의해 억압된 *열등한 자아가 존재한다. *劣等−, 수준이 낮은
근거 (나)-❷-4~5 개인 무의식은 의식에 의해 배제된 생각이나 감정, 기억 등이 존재하는 영역이다. 이곳에 존재하는 '그림자'는 자아에 의해 억압된 '또 하나의 나'라고 할 수 있다.
풀이 (나)의 분석심리학에서는 개인 무의식의 영역에 존재하는 '그림자'가 자아에 의해 억압된 '또 하나의 나'라고 보았지만, 이것을 '열등한' 자아라고 설명하지는 않았다. 또한 (가)의 정신분석이론에서 무의식 속에 자아에 의해 억압된 열등한 자아가 존재한다고 보지 않았다. 따라서 무의식에 자아에 의해 억압된 열등한 자아가 존재한다는 진술은 (가)와 (나) 어디에도 해당되지 않는다.
→ 적절하지 않음!

⑤ 정신적 균형을 이루기 위해서는 자아의 역할이 중요하다.
근거 (가)-❸-3 자아는 원초아와 초자아의 요구 사이에서 이를 조정하는 역할을 하기 때문에, 정신적 균형을 이루기 위해서는 자아의 발달이 중요하다, (나)-❸-6 자아가 무의식의 심연에 존재하는 자기를 찾아가는 과정은 … 정신적 균형을 이루는 과정
→ 적절함!

㉠을 이해한 내용으로 가장 적절한 것은?

㉠ 무의식을 의식화하는 과정

① **의식의 확장을 통해 타인과의 *경계를 **허무는 과정이다.** *境界, 구분되는 한계 **헐어 무너지게 하는

근거 **(나)-❸-3~4** 융은 자아가 성찰을 통해 무의식의 심연에 존재하는 자기를 발견하면, 인간은 비로소 타인과 구별되는 고유한 존재가 된다고 보고 이를 개별화라고 불렀다. 이는 의식에 존재하는 자아가 무의식과 끊임없이 상호작용하며 무의식의 영역을 의식으로 통합하는 과정, 즉 무의식을 의식화하는 과정을 통해 이루어진다.

풀이 융에 따르면 무의식을 의식화하는 과정을 통해 이루어지는 '개별화'는 자아가 무의식의 심연에 존재하는 자기를 발견하여 '타인과 구별되는' 고유한 존재가 되는 것을 말한다.

→ 적절하지 않음!

=자기
② **자신의 근원적인 모습을 찾아 나가는 개별화의 과정이다.**

근거 **(나)-❸-2~4** 이(자기)는 정신세계에 내재하는 개인의 근원적인 모습이라고 할 수 있다. 융은 자아가 성찰을 통해 무의식의 심연에 존재하는 자기를 발견하면, 인간은 비로소 타인과 구별되는 고유한 존재가 된다고 보고 이를 개별화라고 불렀다. 이는 의식에 존재하는 자아가 무의식과 끊임없이 상호작용하며 무의식의 영역을 의식으로 통합하는 과정, 즉 무의식을 의식화하는 과정을 통해 이루어진다.

풀이 융은 집단 무의식의 가장 안쪽에 존재하는 '자기'를 개인의 근원적인 모습이라고 보고, 자아가 '자기'를 발견하여 타인과 구별되는 고유한 존재가 되는 것을 '개별화'라고 하였다. 또 그는 이러한 개별화가 '무의식을 의식화하는 과정(㉠)'을 통해 이루어진다고 설명하였다. 따라서 '자신의 근원적인 모습을 찾아 나가는 개별화의 과정'이라는 것은 ㉠을 설명한 내용으로 적절하다.

→ 적절함!

③ **의식에 의해 발견된 무의식의 욕구가 억눌리는 과정이다.**

근거 **(나)-❸-6** 자아가 무의식의 심연에 존재하는 자기를 찾아가는 과정은 정신세계를 구성하는 자아와 그림자, 그리고 여러 원형들이 대립에서 벗어나 하나의 정신으로 통합되면서 정신적 균형을 이루는 과정

풀이 무의식을 의식화하는 과정은 의식에 의해 발견된 무의식의 욕구가 '억눌리는' 과정이 아니라 자아, 무의식에 존재하는 그림자, 여러 원형들이 하나의 정신으로 통합되면서 정신적 균형을 이루는 과정이다.

→ 적절하지 않음!

④ **무의식이 의식에서 *분화되어 정체성이 실현되는 과정이다.** *分化-, 나뉘어

근거 **(나)-❸-4** 무의식의 영역을 의식으로 통합하는 과정, 즉 무의식을 의식화하는 과정, **(나)-❸-6~7** 자아가 무의식의 심연에 존재하는 자기를 찾아가는 과정은 정신세계를 구성하는 자아와 그림자, 그리고 여러 원형들이 대립에서 벗어나 하나의 정신으로 통합되면서 정신적 균형을 이루는 과정이라 할 수 있다. 이러한 과정에서 개인은 내면의 성숙을 이루며 자신의 정체성을 찾게 된다.

풀이 개인이 자신의 정체성을 찾는 것은 무의식이 의식에서 분화되는 과정이 아니라, 무의식의 영역을 의식으로 통합하는 과정을 통해 이루어진다.

→ 적절하지 않음!

⑤ **과거의 경험들을 반복함으로써 성격이 형성되는 과정이다.**

풀이 윗글에서 ㉠과 관련하여 근거를 찾을 수 없는 내용이다.

→ 적절하지 않음!

ⓐ~ⓔ의 사전적 의미로 적절하지 않은 것은?

ⓐ 규명 ⓑ 전환 ⓒ 간과 ⓓ 배제 ⓔ 대면

① **ⓐ : 어떤 사실을 자세히 따져서 바로 밝힘.**

풀이 '규명(糾 규명하다 규 明 밝히다 명)'의 사전적 의미는 '어떤 사실을 자세히 따져서 바로 밝힘'이다.

예문 원인 규명에 최선을 다하고 있다.

→ 적절함!

② **ⓑ : 주기적으로 자꾸 되풀이하여 돎.**

풀이 '전환(轉 바꾸다 전 換 바꾸다 환)'의 사전적 의미는 '다른 방향이나 상태로 바뀌거나 바꿈'이다. '주기적으로 자꾸 되풀이하여 돎'의 뜻을 가진 단어는 '전환'이 아니라 '순환(循 돌다 순 環 고리 환)'이다.

예문 지금은 발상의 전환이 필요할 때이다.

→ 적절하지 않음!

③ **ⓒ : 큰 관심 없이 대강 보아 넘김.**

풀이 '간과(看 보다 간 過 지나다 과)'의 사전적 의미는 '큰 관심 없이 대강 보아 넘김'이다.

예문 한 측면에 대한 일방적 강조는 다른 측면에 대한 간과로 이어질 수 있다.

→ 적절함!

④ **ⓓ : 받아들이지 아니하고 물리쳐 제외함.**

풀이 '배제(排 물리치다 배 除 덜다 제)'의 사전적 의미는 '받아들이지 아니하고 물리쳐 제외함'이다.

예문 특정 업체의 독점 배제를 위한 조치가 필요하다.

→ 적절함!

⑤ **ⓔ : 서로 얼굴을 마주 보고 대함.**

풀이 '대면(對 대하다 대 面 얼굴 면)'의 사전적 의미는 '서로 얼굴을 마주 보고 대함'이다.

예문 그들은 뜻밖의 대면에 할 말을 잃었다.

→ 적절함!

I 인문 4. 그 밖의 인문학적 이야기들

[083~087] 다음 글을 읽고 물음에 답하시오.

(가)

1 ¹시민(市 시장 시 民 백성 민)이란 법에 보장된(保障-, 어려움 없이 이루어지도록 조건이 마련되어 보증되거나 보호된) 일정한(一定-, 정해져 있는) 권리(權利, 어떤 일을 행하거나 타인에 대해 당연히 요구할 수 있는 힘이나 자격)와 의무(義務, 규범에 의해 부과되는 부담이나 구속)를 지닌 자유롭고 평등한 사람으로서, 정치(政治, 국가의 권력을 획득하고 유지하며 행사하는 활동으로, 국민들이 인간다운 삶을 살게 하고 사회 질서를 바로잡는 일)에 참여할 수 있는 권한(權限, 권리나 권력이 미치는 범위)과 자격(資格, 조건이나 능력)을 가진 사회 구성원(構成員, 이루고 있는 사람)이다. ²시민에 관한 논의는 고대 그리스에서 시작하여, 로마를 거쳐 근대에 이르기까지 다양한 사상을 바탕으로 이루어져 왔다. ³그중 자유주의와 공화주의는 시민의 자유와 권리, 의무의 근거를 설명하는 대표적인 사상(思想, 지역, 사회, 정치, 인생 등에 관한 일정한 인식이나 견해)이다.

→ 시민의 정의 및 시민에 관한 논의

2 ¹자유주의는 무엇보다 개인의 자유와 권리를 중시하는(重視-, 매우 크고 중요하게 여기는) 사상으로, 자연권 사상을 바탕으로 발전하였다. ²자연권이란 인간이 태어나면서부터 가지는 선천적인(先天的-, 태어날 때부터 지니고 있는) 권리로서 천부인권(天 하늘 천 賦 주다 부 人 사람 인 權 권리 권)이라고도 한다. ³자유주의에서는 이러한 자연권이 시대나 장소에 상관없이 모든 인간에게 보편적으로(普遍的-, 모든 것에 두루 미치거나 통하는 것으로) 내재해(內在-, 안에 들어) 있으며, 개인의 자유와 권리를 보장하는 근거라고 보았다.

→ 자유주의와 자연권의 개념

3 ¹자유주의는 국가보다 개인을 우선한다는(優先-, 앞서 다루거나 특별히 여긴다는) 개인주의를 바탕으로 한다. ²자유주의자들은 개인들이 모여 국가를 형성한다고(形成-, 이룬다고) 보았기 때문이다. ³개인을 중시하는 자유주의 관점(觀點, 태도, 입장)은 시민의 의무에 관한 견해(見解, 의견이나 생각)에서도 잘 드러난다. ⁴자유주의에서는 개인의 권리와 의무가 충돌할(衝突-, 서로 맞부딪치거나 맞설) 때, 권리를 우선시한다.(優先視-, 가장 기본적이고 우선이 되는 것으로 여기다) ⁵또 불가피하게(不可避-, 피할 수 없게) 개인의 권리를 제약하거나(制約-, 조건을 붙여 내용을 제한하거나) 개인에게 어떤 의무를 부과하려면(賦課-, 부담하여 맡게 하려면), 반드시 시민들의 자발적(自發的, 남이 시키거나 요청하지 않아도 자기 스스로 나아가 행하는) 동의(同意, 다른 사람의 행위를 마땅하다고 받아들이거나, 옳다고 인정함)를 얻어야 한다고 본다.

→ 개인주의를 바탕으로 한 자유주의

4 ¹자유주의자들은 '소극적 자유'를 중시했는데, 이는 외부(外部, 어떤 조직이나 단체에 속하지 않는 범위)의 부당한(不當-, 이치에 맞지 않는) 압력(壓力, 권력이나 세력에 의해 타인을 자기 의지에 따르게 하는 힘)이나 강제(强制, 권력이나 위력으로 남의 자유의사를 억눌러 원하지 않는 일을 억지로 시킴)에서 벗어난 상태를 의미한다. ²이러한 소극적 자유는 국가와 타인(他人, 다른 사람)에게 구속당하지(拘束-, 행동이나 의사의 자유를 제한당하거나 속박하지) 않고 행동할 수 있는 사적(私的, 개인에 관계된) 영역을 보장함으로써 실현될 수 있으며, 간섭(干涉, 직접 관계가 없는 남의 일에 부당하게 참견함)이 없는 상태인 방임(放任, 돌보거나 간섭하지 않고 제멋대로 내버려 둠)으로서의 자유를 의미하기도 한다.

→ 자유주의에서 말하는 '소극적 자유'의 의미

5 ¹한편, 일부 자유주의 사상가들은 소극적 자유와 함께 '적극적 자유'를 주장하였다. ²적극적 자유란 자신의 의지에 따라 스스로가 원하는 삶을 능동적으로(能動的-, 다른 것에 이끌리지 않고 스스로) 실현할 수 있는 자유를 의미한다. ³외부 간섭의 부재(不在, 있지 않음)에 만족하지 않고, 가치(價值, 대상이 인간과의 관계에 의하여 지니게 되는 중요성) 있는 삶과 자기실현(自己實現, 자아의 본질을 완전히 실현하는 일)을 위한 자율적(自律的, 자기 스스로의 원칙에 따라 어떤 일을 하거나 자기 스스로를 통제하여 절제하는) 삶을 중시하는 것이다. ⁴적극적 자유를 지지한(支持-, 옳다고 판단하여 그에 뜻을 같이하고, 이를 위해 힘을 씀) 사상가들은 대체로 개인의 지적(知的, 지식이나 지성에 관한 것), 신체적, 사회적 능력의 신장(伸張, 늘어남)을 위한 국가의 개입(介入, 자신과 직접적인

관계가 없는 일에 끼어듦)이 정당하다고(正當-, 이치에 맞아 올바르고 마땅하다고) 보았다.

→ 자유주의에서 말하는 '적극적 자유'의 의미

6 ¹자유주의는 현대 사회에서 모든 개인이 자유와 권리를 바탕으로 자신의 삶을 선택하고, 각자의 양심(良心, 사물의 가치를 가려내고, 자기의 행위에 대해 옳고 그름과 선과 악의 판단을 내리는 도덕적 의식)과 이성(理性, 개념적으로 생각하는 능력)에 따라 자유롭게 살아가는 주체적(主體的, 자유롭고 자주적인 성질이 있는) 시민이 되도록 하는 데 기여하였다.(寄與-, 도움이 되도록 하였다.)

→ 자유주의가 현대 사회에서 지니는 의의

(나)

1 ¹공화주의는 자유주의와 달리 시민의 권리는 자연적으로 주어진 것이 아니라 시민들의 능동적이고 자발적인 참여로써 성취해야 하는 정치적 결과물이며, 공동체의 의무와 결합되어(結合-, 서로 관계를 맺어 하나가 되어) 있다고 본다. ²또한 자유를 중요한 가치로 삼지만, 개인의 우선성을 강조했던 자유주의에 비해 공익(公益, 사회 전체의 이익)을 위해 개인의 자유가 제한될(制限-, 일정한 한도가 정해지거나 그 한도가 넘어가지 못하게 막힐) 수도 있다고 했다. ³즉, 자신이 속한 공동체에서 맡은 역할을 책임 있게 수행하며(遂行-, 생각하거나 계획한 대로 일을 해내며), 공동선(共同善, 개인을 위한 것이 아닌 국가나 사회, 또는 온 인류를 위한 선)에 관심을 가지는 사람을 이상적인(理想的-, 생각할 수 있는 범위 안에서 가장 완전한) 시민으로 여긴다.

→ 공화주의와 자유주의의 차이점

2 ¹이러한 공화주의는 크게 두 가지 관점으로 분류할 수 있다. ²아리스토텔레스의 영향을 받은 아테네 전통의 시민적 공화주의와 마키아벨리의 영향을 받은 로마 전통의 신로마 공화주의이다. ³㉠시민적 공화주의자들은 인간의 타고난 사회성을 강조하면서, 인간이 국가 안에서만 도덕적 존재로 살아갈 수 있다고 보았다. ⁴그리고 정치 참여란 시민의 의무이자 자유를 행사하는 것으로서, 그 자체가 목적이라고 주장하였다. ⁵정치 참여가 덕성(德性, 어질고 너그러운 성질)을 함양하는(涵養-, 길러 쌓거나 갖추는) 일이자 윤리적 자기실현이라고 보았기 때문이다. ⁶따라서 그들(시민적 공화주의자들)은 개인의 권리나 이익보다 시민의 정치적 의무를 더 우선시하였고, 이런 의무는 개인이 선택하거나 거부할(拒否-, 받아들이지 않고 물리칠) 수 없다고 보았다.

→ 공화주의의 두 관점 ① : 시민적 공화주의

3 ¹㉡신로마 공화주의자들 또한 시민적 공화주의자와 마찬가지로 정치 참여와 같은 시민의 의무를 강조하였다. ²그러나 그들(신로마 공화주의자들)은 정치 참여의 근거를 인간의 자연적 사회성이나 윤리적 자기실현에서 찾지 않았다. ³그들(신로마 공화주의자들)에 따르면, 정치 참여는 그 자체로 목적이 아니라 외세(外勢, 외국의 세력)와 폭정(暴政, 포악한 정치)으로부터 시민의 자유를 지키기 위한 수단(手段, 방법, 도구)이기 때문이다. ⁴그들(신로마 공화주의자들)은 이를 실현하기 위해 비(非, '아님'의 뜻을 더하는 접두사)지배로서의 자유를 제시하였다.

→ 공화주의의 두 관점 ② : 신로마 공화주의

4 ¹비지배 자유의 핵심은 타인의 자의적인(恣意的-, 일정한 질서를 무시하고 제멋대로 하는) 지배에서 벗어나는 것이다. ²즉 자유주의에서 말하는 간섭의 부재에서 그치는 것이 아니라, 타인에게 사적으로 종속되지(從屬-, 자주성이 없이 주가 되는 것에 딸려 있게 되거나 좌우되는 관계에 있게 되지) 않는 상태를 지향한다.(志向-, 목표로 한다.) ³그들(신로마 공화주의자들)은 공공(公共, 국가나 사회의 구성원에게 두루 관계되는 것)의 법으로써 이러한 자유가 가능하다고 보았다. ⁴이에 따르면, 공화국의 법은 시민의 참여 속에서 공동의 결정으로 만들어진다. ⁵그리고 공화국의 시민은 자신이 만든 법에 따라 자신의 의지에 복종함으로써(服從-, 그대로 따라서 좇음으로써) 정치적 자유를 누릴 수 있다. ⁶이러한 이유로 그들은 자유의 근거를 자연권에서 찾는 자유주의자들과 달리, 시민들 스스로가 심의하고(審議-, 자세히 조사하여 토의하고) 제정한(制定-, 만들어서 정한) 헌법(憲法, 법 중에서 가장 기본이 되고 중요한 법으로, 국민의 권리와 의무, 국가 기관을 조직하고 운영하는 기본 원칙 등이 담김)에서 찾는다.

→ 신로마 공화주의에서 제시한 '비지배 자유'의 개념

5 ¹한편, 공화주의에서 말하는 시민의 자유와 권리는 자치(自治, 스스로 다스림)와

자율적 시민이라는 민주주의의 이상과 부합하여(符合−. 꼭 들어맞아) 오늘날 개인과 사회, 개인과 국가의 관계 형성에 영향을 끼치고 있다.

→ 공화주의가 현대 사회에서 지니는 의의

■지문 이해

(가)
〈자유주의〉

❶ 시민의 정의 및 시민에 관한 논의
• 시민 : 법에 보장된 일정한 권리와 의무를 지닌 자유롭고 평등한 사람 - 정치에 참여할 수 있는 권한과 자격을 가진 사회 구성원 • 시민의 자유와 권리, 의무의 근거를 설명하는 대표적 사상 : 자유주의, 공화주의

❷ 자유주의와 자연권의 개념
• 자유주의 : 개인의 자유와 권리를 가장 중시하는 사상 ← 자연권(천부인권) 사상을 바탕으로 발전 • 자유주의에서는 자연권이 개인의 자유와 권리를 보장하는 근거라고 봄

❸ 개인주의를 바탕으로 한 자유주의
• 자유주의는 국가보다 개인을 우선하는 개인주의를 바탕으로 함 - 개인의 권리와 의무가 충돌할 때 권리를 우선시함 - 개인의 권리를 제약하거나 개인에게 의무를 부과하려면 자발적 동의를 얻어야 함

❹ 자유주의에서 말하는 '소극적 자유'의 의미
• 자유주의자들은 소극적 자유를 중시함 • 소극적 자유 : 외부의 부당한 압력이나 강제에서 벗어난 상태 - 사적 영역을 보장함으로써 실현될 수 있음 - 방임(간섭 없는 상태)으로서의 자유를 의미함

❺ 자유주의에서 말하는 '적극적 자유'의 의미
• 적극적 자유 : 자신의 의지에 따라 스스로가 원하는 삶을 능동적으로 실현할 수 있는 자유 - 외부 간섭 부재에 만족×, 가치 있는 삶과 자기실현을 위한 자율적 삶을 중시함 • 적극적 자유를 주장한 자유주의 사상가들은 개인의 능력 신장을 위한 국가의 개입이 정당하다고 봄

❻ 자유주의가 현대 사회에서 지니는 의의
• 모든 개인이 자유와 권리를 바탕으로 삶을 선택하고, 양심과 이성에 따라 자유롭게 살아가는 주체적 시민이 되도록 하는 데 기여함

(나)
〈공화주의〉

❶ 공화주의와 자유주의의 차이점		
	공화주의	자유주의
시민의 권리	시민들의 참여로 성취해야 하는 정치적 결과물, 공동체의 의무와 결합된 것	자연적으로 주어진 것
자유에 대한 입장	자유를 중요한 가치로 삼음	
	공익을 위해 자유가 제한될 수 있음	개인의 우선성 강조
이상적 시민	공동체에서 맡은 역할을 책임 있게 수행하며 공동선에 관심을 가지는 사람	

❷ 시민적 공화주의
• 인간의 타고난 사회성 강조 • 인간은 국가 안에서만 도덕적 존재로 살아갈 수 있음 • 정치 참여 - 시민의 의무이자 자유를 행사하는 것, 그 자체가 목적 - 덕성을 함양하는 일이자 윤리적 자기실현 • 개인의 권리나 이익보다 시민의 정치적 의무를 더 우선시함 └ 개인이 선택·거부할 수 없음

❸~❹ 신로마 공화주의
• 정치 참여 - 시민의 의무 - 그 자체로 목적이 아니라 외세와 폭정으로부터 시민의 자유를 지키기 위한 수단 → 비지배로서의 자유를 제시 • 비지배 자유 - 타인의 자의적인 지배에서 벗어나는 것 ← 공공의 법으로써 가능 - 자유의 근거를 자연권이 아니라 시민 스스로 심의·제정한 헌법에서 찾음

❺ 공화주의가 현대 사회에서 지니는 의의
• 공화주의에서 말하는 시민의 자유와 권리는 자치와 자율적 시민이라는 민주주의의 이상과 부합함 → 오늘날 개인과 사회, 개인과 국가의 관계 형성에 영향을 끼침

---

083 | 글의 서술 방식 파악 - 적절한 것 고르기 2025년 6월 학평 16번 | 정답률 80% | 정답 ③

(가)와 (나)에 대한 설명으로 가장 적절한 것은?

① (가)는 자유주의, (나)는 공화주의의 시대에 따른 *변천 과정을 설명하고 있다. *變遷. 세월의 흐름에 따라 바뀌고 변함

풀이　(가)와 (나) 모두 사상의 시대에 따른 변천 과정을 설명하고 있지 않다.

→ 적절하지 않음!

② (가)는 자유주의가, (나)는 공화주의가 등장하게 된 사회적 배경에 관해 설명하고 있다.

풀이　(가)와 (나) 모두 사상이 등장하게 된 사회적 배경에 관해 설명하고 있지 않다.

→ 적절하지 않음!

③ (가)는 자유주의가, (나)는 공화주의가 현대 사회에서 지니는 *의의에 대해 설명하고 있다. *意義. 중요성이나 가치

근거　(가)-❻-1 자유주의는 현대 사회에서 … 기여하였다, (나)-❺-1 공화주의에서 말하는 시민의 자유와 권리는 … 오늘날 … 영향을 끼치고 있다.

풀이　(가)의 ❻문단과 (나)의 ❺문단에서, 각각의 사상이 현대 사회에서 지니는 의의에 대해 설명하고 있다.

→ 적절함!

④ (가)는 자유주의가, (나)는 공화주의가 지니고 있는 *한계를 구체적 **사례를 통해 설명하고 있다. *限界. 실제 작용할 수 있는 범위 **事例. 어떤 일이 전에 실제로 일어난 예

풀이　(가)와 (나)는 시민의 자유와 권리, 의무의 근거에 대한 각 사상의 견해를 밝히는 글로, 사상의 한계를 구체적 사례를 통해 설명하고 있지는 않다.

→ 적절하지 않음!

⑤ (가)는 자유주의의, (나)는 공화주의의 사상적 *토대를 마련한 특정 철학자들에 관해 설명하고 있다. *土臺. 밑바탕

근거　(나)-❷-1~2 공화주의는 크게 두 가지 관점으로 분류할 수 있다. 아리스토텔레스의 영향을 받은 아테네 전통의 시민적 공화주의와 마키아벨리의 영향을 받은 로마 전통의 신로마 공화주의이다.

풀이　(나)에서 공화주의의 사상적 토대를 마련한 아리스토텔레스와 마키아벨리를 언급하고 있지만, 이들 철학자들에 관한 구체적인 설명은 제시하지 않았다. 또한 (가)에서는 자유주의의 사상적 토대를 마련한 특정 철학자에 대해 언급하지 않았다.

→ 적절하지 않음!

---

084 | 세부 정보 이해 - 적절하지 않은 것 고르기 2025년 6월 학평 17번 | 정답률 85% | 정답 ④

(가)와 (나)를 이해한 내용으로 적절하지 않은 것은?

① 자유주의에서는 개인주의 사상을 토대로 의무보다 권리를 우선시한다.

근거　(가)-❸-1 자유주의는 국가보다 개인을 우선한다는 개인주의를 바탕으로 한다,

(가)-❸-4 자유주의에서는 개인의 권리와 의무가 충돌할 때, 권리를 우선시한다.

→ 적절함!

② 자유주의에서 시민의 권리인 자유는 외부의 부당한 압력이 *배제되어야 누릴 수 있다. *排除-, 받아들여지지 않고 물리쳐져 제외되어야

근거 **(가)-❹-1~2** 자유주의자들은 '소극적 자유'를 중시했는데, 이는 외부의 부당한 압력이나 강제에서 벗어난 상태를 의미한다. 이러한 소극적 자유는 국가와 타인에게 구속당하지 않고 행동할 수 있는 사적 영역을 보장함으로써 실현될 수 있으며

→ 적절함!

③ 공화주의에서 권리는 시민의 의무를 책임 있게 수행함으로써 얻을 수 있다.

근거 **(나)-❶-1** 공화주의는 자유주의와 달리 시민의 권리는 자연적으로 주어진 것이 아니라 시민들의 능동적이고 자발적인 참여로써 성취해야 하는 정치적 결과물, **(나)-❶-3** 자신이 속한 공동체에서 맡은 역할을 책임 있게 수행하며, 공동선에 관심을 가지는 사람을 이상적인 시민으로 여긴다.

→ 적절함!

✓④ 자유주의와 공화주의에서 의무는 모두 개인의 자유 의지에 따라 선택할 수 있다.

근거 **(가)-❸-5** (자유주의에서는) 개인에게 어떤 의무를 부과하려면, 반드시 시민들의 자발적 동의를 얻어야 한다고 본다, **(나)-❷-6** 그들(시민적 공화주의자들)은 개인의 권리나 이익보다 시민의 정치적 의무를 더 우선시하였고, 이런 의무는 개인이 선택하거나 거부할 수 없다고 보았다.

풀이 (가)에 따르면, 자유주의에서는 개인에게 어떤 의무를 부과하려면 반드시 시민들의 '자발적 동의'를 얻어야 한다고 보았다. 따라서 자유주의에서 의무는 개인의 자유 의지에 따라 선택할 수 있다는 설명은 적절하다. 반면 (나)에 따르면, 시민적 공화주의자들은 개인의 권리나 이익보다 시민의 정치적 의무를 더 우선시하였고, 이러한 의무를 '개인이 선택하거나 거부할 수 없다'고 보았다. 따라서 공화주의에서 의무를 개인의 자유 의지에 따라 선택할 수 있다고 설명한 것은 (나)에 대한 이해로 적절하지 않다.

→ 적절하지 않음!

⑤ 자유주의와 공화주의에서 시민이 누려야 할 자유의 바탕이 되는 근거는 서로 다르다.

근거 **(가)-❷-3** 자유주의에서는 이러한 자연권이 … 개인의 자유와 권리를 보장하는 근거라고 보았다, **(나)-❹-6** 그들(신로마 공화주의자들)은 자유의 근거를 자연권에서 찾는 자유주의자들과 달리, 시민들 스스로가 심의하고 제정한 헌법에서 찾는다.

→ 적절함!

---

085 | 추론의 직절성 판단 - 적절한 것 고르기 2025년 6월 학평 18번
정답률 70%, 매력적 오답 ② 15% | 정답 ⑤

〈보기〉의 입장에서, (가)의 '적극적 자유를 지지한 사상가'에게 제기할 수 있는 비판으로 가장 적절한 것은?

| 보 기 |
자유롭다는 것은 자신의 활동에 누구도 간섭하지 않는 상태를 일컫는다. 자유란 그저 한 사람이 타인에게 방해받지 않고 행동할 수 있는 영역을 의미한다.

근거 **(가)-❹-2** 소극적 자유는 국가와 타인에게 구속당하지 않고 행동할 수 있는 사적 영역을 보장함으로써 실현될 수 있으며, 간섭이 없는 상태인 방임으로서의 자유를 의미하기도 한다.

풀이 〈보기〉는 소극적 자유를 중시한 자유주의자들의 견해에 해당한다.

① 자유는 개인이 공동선을 추구함으로써 실현될 수 있다는 것을 모르고 있다.

근거 **(나)-❶-3** (공화주의에서는) 자신이 속한 공동체에서 맡은 역할을 책임 있게 수행하며, 공동선에 관심을 가지는 사람을 이상적인 시민으로 여긴다.

풀이 공동선을 추구하는 개인을 이상적인 시민으로 보고 그러한 시민의 자유에 관해 설명한 것은 공화주의 사상에 해당한다. 〈보기〉는 소극적 자유를 중시한 자유주의자들의 견해에 해당하므로, '자유는 개인이 공동선을 추구함으로써 실현될 수 있다는 것을 모르고 있다'고 비판하는 것은 〈보기〉의 입장에서 (가)의 '적극적 자유를 지지한 사상가'에게 제기할 수 있는 비판으로 적절하지 않다.

→ 적절하지 않음!

② 자유는 공익에 해를 끼치지 않는 한도 내에서만 허용된다는 점을 모르고 있다.

근거 **(나)-❶-2** (공화주의는) 자유를 중요한 가치로 삼지만, 개인의 우선성을 강조했던 자유주의에 비해 공익을 위해 개인의 자유가 제한될 수도 있다고 했다.

풀이 개인의 우선성을 강조하였던 자유주의에 비해, 공화주의는 공익을 위해 개인의 자

유가 제한될 수도 있다고 보았다. 〈보기〉는 소극적 자유를 중시한 자유주의자들의 견해에 해당하므로, '자유는 공익에 해를 끼치지 않는 한도 내에서만 허용된다는 점을 모르고 있다'고 비판하는 것은 〈보기〉의 입장에서 (가)의 '적극적 자유를 지지한 사상가'에게 제기할 수 있는 비판으로 적절하지 않다.

→ 적절하지 않음!

③ 자유는 시민이 만들어 가는 것이 아니라 천부의 자연권에서 나오는 것임을 모르고 있다.

근거 **(가)-❷-2~3** 자연권이란 인간이 태어나면서부터 가지는 선천적인 권리로서 천부 인권이라고도 한다. 자유주의에서는 이러한 자연권이 시대나 장소에 상관없이 모든 인간에게 보편적으로 내재해 있으며, 개인의 자유와 권리를 보장하는 근거라고 보았다.

풀이 자유주의에서는 자연권이 개인의 자유와 권리를 보장하는 근거라고 보았다. (가)의 '적극적 자유를 지지한 사상가' 역시 자유주의자로, 자유가 천부의 자연권에서 나온다고 보았을 것이다. 따라서 '자유는 시민이 만들어 가는 것이 아니라 천부의 자연권에서 나오는 것임을 모르고 있다'는 것은 (가)의 '적극적 자유를 지지한 사상가'에게 제기할 수 있는 비판으로 적절하지 않다.

→ 적절하지 않음!

④ 좋은 의도의 합리적인 국가 간섭이 소극적 자유를 실현시킬 수 있다는 것을 모르고 있다.

풀이 자유주의자들이 중시한 소극적 자유는 '간섭이 없는 상태'인 방임으로서의 자유를 의미하며, 이는 국가와 타인에게 구속당하지 않고 행동할 수 있는 사적 영역을 보장함으로써 실현될 수 있다. 즉 어떤 의도이든 국가의 간섭이 자유를 실현시킨다고 보는 것은 소극적 자유를 중시한 자유주의 사상가의 견해라고 볼 수 없다. 따라서 '좋은 의도의 합리적 국가 간섭이 소극적 자유를 실현시킬 수 있다는 것을 모르고 있다'는 것은 〈보기〉의 입장에서 (가)의 '적극적 자유를 지지한 사상가'에게 제기할 수 있는 비판으로 적절하지 않다.

→ 적절하지 않음!

✓⑤ 국가의 개입을 *정당화하여 개인의 자유와 권리를 **침해할 ***여지가 있다는 것을 모르고 있다. *正當化-, 정당하지 않거나 정당성에 의문이 있는 것을 무엇으로 둘러대어 정당한 것으로 만들어 **侵害-, 침범하여 해를 끼칠 ***餘地, 어떤 일이 일어날 가능성이나 희망

근거 **(가)-❺-3~4** (적극적 자유란) 외부 간섭의 부재에 만족하지 않고, … 적극적 자유를 지지한 사상가들은 대체로 개인의 지적, 신체적, 사회적 능력의 신장을 위한 국가의 개입이 정당하다고 보았다.

풀이 (가)의 '적극적 자유를 지지한 사상가'들은 외부 간섭의 부재에 만족하지 않고, 개인의 지적, 신체적, 사회적 능력의 신장을 위한 국가의 개입이 정당하다고 보았다. 이러한 견해에 대해 〈보기〉와 같은 입장을 가진 소극적 자유주의자들은 '국가의 개입을 정당화하여 개인의 자유와 권리를 침해할 여지가 있다는 것을 모르고 있다'고 비판을 제기할 수 있을 것이다.

→ 적절함!

---

086 | 핵심 개념 파악 - 적절한 것 고르기 2025년 6월 학평 19번
정답률 80% | 정답 ②

㉠, ㉡에 대한 이해로 가장 적절한 것은?

㉠ 시민적 공화주의자들   ㉡ 신로마 공화주의자들

① ㉠은 인간이 도덕적 존재로 살아가기 위해서는 공공의 법이 필요하다고 보았다.

근거 **(나)-❹-3** 그들(신로마 공화주의자들)은 공공의 법으로써 이러한 자유가 가능하다고 보았다.

풀이 공공의 법이 필요하다는 것은 시민적 공화주의자들(㉠)이 아니라 신로마 공화주의자들(㉡)의 견해에 해당한다.

→ 적절하지 않음!

✓② ㉠은 시민의 정치 참여는 개인의 자유를 제한하는 것이 아니라 자유를 행사하는 것으로 보았다.

근거 **(나)-❷-4** (시민적 공화주의자(㉠)들은) 정치 참여란 시민의 의무이자 자유를 행사하는 것으로서, 그 자체가 목적이라고 주장하였다.

→ 적절함!

③ ㉡은 인간의 본질적 특성인 사회성을 정치 참여의 근거로 보았다.

근거 **(나)-②-3** 시민적 공화주의자들은 인간의 타고난 사회성을 강조하면서, **(나)-③-2** 그들(신로마 공화주의자들)은 정치 참여의 근거를 인간의 자연적 사회성이나 윤리적 자기실현에서 찾지 않았다.

풀이 시민적 공화주의자들㉠은 인간의 타고난 사회성을 강조하였다. 반면 신로마 공화주의자들㉡은 정치 참여의 근거를 인간의 자연적 사회성이나 윤리적 자기실현에서 찾지 않았다. 따라서 ㉡이 인간의 본질적 특성인 사회성을 정치 참여의 근거로 보았다는 설명은 적절하지 않다.

→ 적절하지 않음!

④ **㉡은 자유를 보장하기 위해서는 법으로 인간의 행위를 제한할 필요가 없다고 보았다.**

근거 **(나)-④-5~6** 공화국의 시민은 자신이 만든 법에 따라 자신의 의지에 복종함으로써 정치적 자유를 누릴 수 있다. 이러한 이유로 그들(신로마 공화주의자들)은 자유의 근거를 자연권에서 찾는 자유주의자들과 달리, 시민들 스스로가 심의하고 제정한 헌법에서 찾는다.

풀이 신로마 공화주의자들㉡은 시민이 법에 따라 자신의 의지에 복종함으로써 정치적 자유를 누릴 수 있다고 보았고, 자유의 근거를 시민들 스스로가 심의하고 제정한 헌법에서 찾는다고 보았다. 따라서 ㉡이 자유를 보장하기 위해서는 법으로 인간의 행위를 제한할 필요가 없다고 보았다는 설명은 적절하지 않다.

→ 적절하지 않음!

⑤ **㉠과 ㉡은 모두, 윤리와 정치를 구분하지 않고 정치 참여의 목적을 윤리적 덕목을 함양하는 데 있다고 보았다.**

근거 **(나)-②-4~5** (시민적 공화주의자들은) 정치 참여란 시민의 의무이자 자유를 행사하는 것으로서, 그 자체가 목적이라고 주장하였다. 정치 참여가 덕성을 함양하는 일이자 윤리적 자기실현이라고 보았기 때문, **(나)-③-2~3** 그들(신로마 공화주의자들)은 정치 참여의 근거를 인간의 자연적 사회성이나 윤리적 자기실현에서 찾지 않았다. 그들에 따르면, 정치 참여는 그 자체로 목적이 아니라 외세와 폭정으로부터 시민의 자유를 지키기 위한 수단이기 때문

풀이 시민적 공화주의자들㉠은 정치 참여가 덕성을 함양하는 일이자 윤리적 자기실현이라고 보고, 그 자체가 목적이라고 주장하였다. 반면 신로마 공화주의자들㉡은 정치 참여의 근거를 인간의 자연적 사회성이나 윤리적 자기실현에서 찾지 않았다.

→ 적절하지 않음!

---

087 | 구체적인 상황에 적용 - 적절하지 않은 것 고르기 | 2025년 6월 학평 20번
정답률 85% | 정답 ①

윗글을 바탕으로 〈보기〉의 상황에 대해 반응한 것으로 적절하지 않은 것은? [3점]

| 보기 |
[1]A가 자기 소유(所有, 가지고 있음)의 기존(旣存, 이미 존재함) 건물을 철거하고(撤去-, 무너뜨려 없애고) 그 자리에 새로운 건물을 지으려고 구청에 건축 허가를 신청했다. [2]그런데 건물이 들어설 토지의 일부가 인근(隣近, 이웃한 가까운 곳) 주민들이 이용하는 중요한 생활도로로 오랫동안 쓰이고 있었다. [3]구청은 도로가 막히면 주민들이 다른 길을 찾기 위해 우회해야(迂廻-, 곧바로 가지 않고 멀리 돌아서 가야) 하며, 이에 따른 사회적 비용이 발생하고 주민들의 생활에 막대한(莫大-, 더할 수 없을 만큼 많거나 큰) 지장(支障, 거치적거리거나 방해가 되는 장애)을 줄 수 있다는 점을 들어 A의 건축 허가 신청을 반려했다.(返戾-, 처리하지 않고 되돌려주었다.) [4]이에 A는 자신의 사유지(私有地, 개인이 가진 땅)에 건물을 세울 권리가 있다는 점을 들어 구청의 결정에 불복하여(不服-, 그대로 따르지 않아) 소송(訴訟, 재판에 의해 원고와 피고 사이의 권리나 의무 등의 법률관계를 확정해 줄 것을 법원에 요구함)을 제기했다. [5]법원은 이 도로가 법정(法定, 법률로 규정함) 도로는 아니지만, 주민들의 중요한 생활도로로 이용되어 왔기 때문에 이를 보호하는 것이 공익적 차원에서 매우 중요하다고 보고, 구청의 주장이 옳다고 판단했다.

자유주의자들은
① **공화주의자들은 구청 측의 주장이 개인의 적극적 자유를 침해했다고 판단하겠군.**

근거 **〈보기〉-3** 구청은 도로가 막히면 주민들이 다른 길을 찾기 위해 우회해야 하며, 이에 따른 사회적 비용이 발생하고 주민들의 생활에 막대한 지장을 줄 수 있다는 점을 들어 A의 건축 허가 신청을 반려, **(가)-⑤-2** 적극적 자유란 자신의 의지에 따라 스스로가 원하는 삶을 능동적으로 실현할 수 있는 자유를 의미한다, **(나)-①-2** (공화주의는) 자유를 중요한 가치로 삼지만, 개인의 우선성을 강조했던 자유주의에 비해 공익을 위해 개인의 자유가 제한될 수도 있다고 했다.

풀이 〈보기〉에서 구청은 도로가 막히면 사회적 비용이 발생한다는 점과 주민들의 생활에 지장을 줄 수 있다는 점을 들어 A의 건축 허가 신청을 반려하였다. 이에 대해, 자유주의자들은 구청 측의 주장이 개인의 적극적 자유를 침해했다고 판단하였을 것이

다. 그러나 공화주의자들은 자유를 중요한 가치로 삼으면서도, 공익을 위해 개인의 자유가 제한될 수도 있다고 보았으므로, 구청 측의 주장에 동의하였을 것이다.

→ 적절하지 않음!

② **공화주의자들은 구청 측의 주장을 받아들인 법원의 결정을 합리적 판단이라 생각하겠군.**

근거 **〈보기〉-5** 법원은 이 도로가 법정 도로는 아니지만, 주민들의 중요한 생활도로로 이용되어 왔기 때문에 이를 보호하는 것이 공익적 차원에서 매우 중요하다고 보고, 구청의 주장이 옳다고 판단, **(나)-①-2** (공화주의는) 자유를 중요한 가치로 삼지만, 개인의 우선성을 강조했던 자유주의에 비해 공익을 위해 개인의 자유가 제한될 수도 있다고 했다.

풀이 공화주의자들은 자유를 중요한 가치로 삼지만, 공익을 위해 개인의 자유가 제한될 수도 있다고 보았다. 따라서 공화주의자들은 구청 측의 주장을 받아들인 법원의 결정을 합리적 판단이라고 보았을 것이다.

→ 적절함!

③ **공화주의자들은 A를 공동선에 관심을 가지는 이상적 시민상과는 거리가 먼 사람으로 판단하겠군.**

근거 **〈보기〉-4** A는 자신의 사유지에 건물을 세울 권리가 있다는 점을 들어 구청의 결정에 불복하여 소송을 제기, **(나)-①-2~3** (공화주의는) 공익을 위해 개인의 자유가 제한될 수도 있다고 했다. 즉, 자신이 속한 공동체에서 맡은 역할을 책임 있게 수행하며, 공동선에 관심을 가지는 사람을 이상적인 시민으로 여긴다.

풀이 〈보기〉에서 A는 공익보다 개인의 이익을 우선시하고 있다. 공화주의자들은 공익을 위해 개인의 자유가 제한될 수 있다고 보았으며, 공동선에 관심을 가지는 사람을 이상적인 시민으로 여겼다. 따라서 공화주의자들은 개인의 이익을 우선시하는 A에 대해 공동선에 관심을 가지는 이상적 시민상과는 거리가 먼 사람이라고 판단하였을 것이다.

→ 적절함!

④ **자유주의자들은 A가 사유 재산에 대한 권리를 침해받고 있으므로 A의 소송 제기를 정당한 요구라고 생각하겠군.**

근거 **(가)-②-1** 자유주의는 무엇보다 개인의 자유와 권리를 중시하는 사상, **(가)-③-4** 자유주의에서는 개인의 권리와 의무가 충돌할 때, 권리를 우선시한다, **(가)-④-2** 소극적 자유는 국가와 타인에게 구속당하지 않고 행동할 수 있는 사적 영역을 보장함으로써 실현될 수 있으며

풀이 자유주의자들은 개인의 자유와 권리를 무엇보다 중시하며, 개인의 권리와 의무가 충돌할 때 권리를 우선시한다. 또한 자유주의자들은 국가와 타인에게 구속당하지 않고 행동할 수 있는 사적 영역을 보장함으로써 실현되는 소극적 자유를 중시한다. 따라서 자유주의자들은 사유 재산에 대한 권리를 침해받고 있는 A가 소송을 제기하는 것은 정당한 요구라고 보았을 것이다.

→ 적절함!

⑤ **자유주의자들은 A 소유의 토지 일부를 생활도로로 사용하려면 A의 자발적 동의를 반드시 얻어야 한다고 주장하겠군.**

근거 **(가)-③-5** (자유주의에서는) 불가피하게 개인의 권리를 제약하거나 개인에게 어떤 의무를 부과하려면, 반드시 시민들의 자발적 동의를 얻어야 한다고 본다.

풀이 자유주의자들은 불가피하게 개인의 권리를 제약하거나 개인에게 어떤 의무를 부과하려면 반드시 시민들의 자발적 동의를 얻어야 한다고 보았다. 따라서 자유주의자들은 A 소유의 토지 일부를 생활도로로 사용하려면, A의 자발적 동의를 반드시 얻어야 한다고 주장하였을 것이다.

→ 적절함!

[088~093] 다음 글을 읽고 물음에 답하시오.

(가)

① [1]공리주의는 공리(功 로로 공 利 이롭다 리)의 실천을 통한 ㉮ 최대 행복의 원리를 중시한다.(重視-, 매우 크고 중요하게 여긴다.) [2]공리란 이익과 효용(效用, 보람 있게 쓰거나 쓰임, 또는 그런 보람이나 쓸모)을 뜻하는 것으로 공리주의에서 행복이란 공리를 극대화하는(極大化-, 아주 크게 하는) 것, 즉 고통을 피하고 쾌락(快樂, 유쾌하고 즐거운 느낌)을 추구하는(追求-, 좇아 구하는) 것이다. [3]여기서 행복은 개인의 쾌락만이 아니라 개인의 행위와 관련된 사회 구성원의 쾌락도 고려하는(考慮-, 생각하고 헤아려 보는)

것을 의미한다.

→ 공리주의에서 말하는 공리와 행복의 의미

2 ¹밀 이전(以前, 그보다 앞)의 공리주의는 모든 쾌락이 측정 가능하고(양의 크기를 잴 수 있고) 그(쾌락의) 원천(源泉, 비롯되는 근본)에 상관없이 동질적이므로(同質的–, 성질이 같은 것이므로) 단지 양에서만 차이가 난다는 양적(量的, 세거나 잴 수 있는 분량이나 수량과 관계된) 쾌락주의의 입장을 가졌다. ²동물적 욕망에서 비롯하는(생겨나는) 감각적이고 육체적인 쾌락과 인간의 고등(高等, 등급, 수준, 정도가 높음) 정신 능력인 지성(知性, 지각된 것을 정리하고 통일하여, 이것을 바탕으로 새로운 인식을 낳게 하는 정신 작용), 도덕 감정, 상상력 등에서 비롯하는 정신적 쾌락이 본질적으로(本質的–, 본디부터 가지고 있는 그 자체의 성질에 관해) 동일하다고 본 것이다. ³그런데 이(양적 쾌락주의)에 따르면 상대적으로(相對的–, 인간과 비교하여) 쉽게 쾌락을 향유할(享有–, 누리어 가질) 수 있는 동물이 가장 행복한 존재가 될 수 있기에 천박한(淺薄–, 학문이나 생각이 얕거나, 말이나 행동 따위가 천하고 교양이 없는) 돼지의 철학이라는 비판을 받았다. ⁴또한 최대 행복의 추구가 인간의 이기심(利己心, 자기 자신의 이익만을 꾀하는 마음)이라는 본성(本性, 사람이 처음부터 가진 성질)과 ⓐ 상충할 수 있어 실현(實現, 실제로 이룸) 가능성이 떨어진다는 비판도 있었다. ⁵이에 ㉠ 밀은 공리주의에 대해 제기되는 문제점을 해결하면서 공리주의 이론을 발전시켰다.

→ 밀 이전의 공리주의의 입장과 이에 대한 비판

3 ¹밀은 쾌락은 본래(本來, 그 처음)부터 질적(質的, 사물의 속성, 가치, 유용성, 등급 따위의 총체와 관련된) 차이가 있다고 보는 질적 쾌락주의를 주장하였다. ²그(밀)에 의하면 감각적이고 육체적인 쾌락은 저급(低級, 내용, 성질, 품질 등의 정도가 낮은) 쾌락이고, 정신적 쾌락은 고급(高級, 수준이 높은) 쾌락이다. ³고급 쾌락은 저급 쾌락보다 더 바람직하고 가치 있는 우월성(優越性, 다른 것보다 나은 성질이나 특성)을 지닌다. ⁴동물과 달리 인간은 고급 쾌락의 추구를 통해 인간의 품위(品位, 사람이 갖추어야 할 위엄이나 기품)를 높일 수 있고 이에 어긋나는 것은 본질적으로 인간 행복의 구성 요소가 될 수 없다.

→ 밀의 공리주의 : 질적 쾌락주의를 주장

4 ¹밀 이전의 공리주의는 최대 행복 추구와 이기심이 상충할 때 법률, 여론(輿論, 사회 대중의 공통된 의견) 등과 같은 외적(外的, 외부적인) 제재(制裁, 일정한 규칙이나 관습의 위반에 대해 제한하거나 금지하는 조치)가 개인의 이기적 본성을 ⓑ 제어할 수 있다는 입장을 드러냈다. ²하지만 밀은 이것(외적 제재)이 근본적인 해결책이 아니라고 생각했다. ³밀에 따르면 외적 제재가 최대 행복의 원리에 부합하는(符合–, 꼭 들어맞는) 행동을 하게 할 수는 있지만, 자발적으로(自發的–, 남이 시키거나 요청하지 않아도 자기 스스로) 그러한 행동을 하도록 이끄는 힘은 아니라고 생각했다. ⁴그(밀)는 내적(內的, 정신이나 마음의 작용에 관한) 제재인 양심을 강조했는데, 양심은 우리의 마음 안에서 형성되는 일종의(一種–, 어떤 종류의) 도덕적 의무감으로 이(양심)를 어기면 내면(內面, 속마음)에 고통을 준다. ⁵양심은 구성원들과 일체감(一體感, 남과 어우러져 하나로 되는 감정)을 이루고자 하는 타고난 사회적 감정에 토대(土臺, 밑바탕)를 두고, 교육과 외적 제재 등의 후천적인(後天的–, 태어난 후에 얻어진) 경험을 통해 ⓒ 함양된다. ⁶이(양심의 함양)를 통해 비로소 인간은 자기 이익 지향성(志向性, 어떤 목표에 뜻이 쏠려 향하는 성질)을 극복하고(克服–, 이겨 내고) 최대 행복의 원리에 따르는 삶을 실현할 수 있다고 보았다.

→ 밀의 공리주의 : 내적 제재를 강조

5 ¹밀은 외적 제재(법률, 여론)와 내적 제재(양심)를 통해 최대 행복의 원리를 실현하여 사회 구성원의 후생(厚生, 사람들의 생활을 넉넉하고 윤택하게 하는 일)을 높일 수 있다고 보았고, 그러한 점에서 공리주의가 인간 윤리(倫理, 사람으로서 마땅히 행하거나 지켜야 할 도리)의 타당한(妥當–, 일의 이치로 보아 옳은, 마땅한) 기준이 될 수 있음을 강조하였다.

→ 밀의 공리주의의 강조점

(나)

1 ¹인간의 이기적 욕망을 ⓓ 충족하기에 한 사회가 갖고 있는 자원(資源, 인간 생활 및 경제 생산에 이용되는 인적·물적 요소)은 유한하다.(有限–, 수, 양, 공간, 시간 등에 일정한 한도나 한계가 있다.) ²경제학자들은 인간이 합리적인(合理的–, 이론이나 이치에 합당한) 선택을 통해 개인의 이익을 극대화하는 존재로 보고, 합리적 소비 과정을 이해하기 위하여 효용 이론을 제시하였다.

→ 효용 이론의 제시 배경

2 ¹효용이란 의사 결정자(意思決定者, 어떤 문제를 해결하기 위해 여러 대안 중 가장 적합한

대안을 선택하는 의사 결정을 하는 사람)가 어떤 행동의 결과로 얻는 주관적인 기쁨이나 만족감으로, 경제학자들은 효용을 극대화하는 것이 합리적인 소비라고 보았다. ²그리고 합리적인 소비 과정을 한계 효용 체감(體感, 몸으로 어떤 감각을 느낌)의 법칙과 한계 효용 균등(均等, 고르고 가지런하여 차별이 없음)의 법칙을 활용하여 설명하였다. ³한계 효용이란 재화(財貨, 사람이 바라는 바를 충족시켜 주는 모든 물건)에 대한 소비를 한 단위씩 늘릴 때 추가되는 효용을 말한다. ⁴그런데 한계 효용은 소비하는 재화의 수량이 증가함(增加–, 늘어남)에 따라 점차 감소하는(減少–, 줄어드는) 양상(樣相, 모양이나 상태)을 보이는데 이를 한계 효용 체감의 법칙이라 한다.

→ 효용, 한계 효용 및 '한계 효용 체감의 법칙'의 개념

3 ¹일반적으로 소비자는 재화를 선택하여 소비할 때 총효용을 극대화하려는 경향(傾向, 일정한 방향성)을 보인다. ²예를 들어 은우가 1 개에 각각 1,000 원인 튀김과 초밥을 한 개씩 추가로 소비하는 상황을 가정해(假定–, 사실이 아닌 것을 임시로 사실인 것처럼 인정하여) 보자. ³은우의 튀김과 초밥에 대한 한계 효용은 아래의 표와 같다.

〈튀김과 초밥의 한계 효용〉

번째	1	2	3	4	5
튀김	16	8	4	2	1
초밥	5	4	3	2	1

[A]

→ '한계 효용 균등의 법칙'의 예

4 ¹만약 은우가 5,000 원의 예산(豫算, 필요한 비용을 미리 헤아려 계산한 비용)을 지출할 때, 모든 선택 가능한 대안에 대해 각각의 총효용을 계산해 보면 은우는 튀김 3 개와 초밥 2 개를 선택할 것이다. ²이러한 선택을 할 때 은우가 얻을 수 있는 총효용이 37(튀김 3 개와 초밥 2 개의 한계 효용의 합 = (16 + 8 + 4) + (5 + 4) = 37)로 가장 크기 때문이다. ³이때 5,000 원으로 효용을 극대화하는 지점인 튀김 3 개와 초밥 2 개의 한계 효용이 4로 일치한다. ⁴위의 상황과 같이 경제학자들은 각 상품의 화폐 단위당 한계 효용이 동일한 지점에서 소비하는 것이 한정된(限定–, 제한되어 정해진) 예산에서 효용을 극대화할 수 있는 선택 방법이라고 보았고, 이를 ㉡ 한계 효용 균등의 법칙이라고 정의하였다.(定義–, 뜻을 명백히 밝혀 규정하였다.) ⁵한계 효용 균등의 법칙은 한정된 재화로 최대의 만족을 얻기 위한 선택의 문제를 설명하는 방법으로, 여러 상품의 한계 효용이 균등해지는 지점은 개인이 효용의 수치를 어떻게 매기느냐에 따라 달라진다.

→ 예를 통해 설명한 '한계 효용 균등의 법칙'의 정의

5 ¹재화를 합리적으로 소비하는 경향을 설명하는 효용 이론은 정부의 정책 결정에 합리적 근거를 제공하기도(提供–, 내주기도) 한다. ²한계 효용 체감의 법칙에 따르면 저소득층(低所得層, 소득과 소비의 수준이 낮은 계층)이 추가적으로 얻는 소득 10,000 원의 효용은 고소득층이 추가적으로 얻는 소득 10,000 원의 효용보다 더 큰 효용을 ⓔ 창출한다. ³이때 고소득층의 소득 10,000 원을 세금으로 걷어 저소득층에게 배분하면(配分, 몫몫이 별러 나누면) 고소득층의 효용 감소분(分, 분량)보다 저소득층의 효용 증가분이 더 커져 사회 전체의 효용이 증가한다. ⁴대부분의 국가는 이러한 경제학적 원리에 의거하여(依據–, 근거하여) 소득이 증가함에 따라 높은 세율(稅率, 과세 표준에 의해 세금을 계산하여 매기는 법정률)을 적용하는 누진적 소득세(累進的所得稅, 개인이 한 해 동안 벌어들인 돈에 대하여 소득이 높을수록 비율이 점점 높아지게끔 매기는 세금)를 부과하고(賦課–, 매기어 부담하게 하고) 있다. ⁵이(대부분의 국가가 누진적 소득세를 부과하는 것)는 누진적 소득세로 얻은 재정(財政, 국가 또는 공공 단체가 행정 활동이나 공공 정책의 시행을 위해 자금을 만들어 관리하고 이용하는 경제 활동) 수입을 통해 사회 전체의 효용을 높이려는 의도라고 할 수 있다.

→ 누진적 소득세 정책의 합리적 근거를 제공하는 효용 이론

(가)

〈밀의 질적 공리주의〉

❶ 공리주의에서 말하는 공리와 행복의 의미

- 공리주의 : 공리의 실천을 통한 최대 행복의 원리를 중시함
  - 공리 : 이익과 효용
  - 행복 : 공리를 극대화하는 것, 개인의 쾌락 + 사회 구성원의 쾌락

❷ 밀 이전의 공리주의의 입장과 이에 대한 비판	❸~❹ 밀의 공리주의

• 양적 쾌락주의
  - 모든 쾌락은 측정 가능함
  - 감각적이고 육체적인 쾌락과 정
   신적 쾌락이 본질적으로 동일하
   다고 봄
  - 최대 행복 추구와 이기심이 상충
   할 때 외적 제재가 제어 가능함
   (❹)
 	
↑비판
 	
• 상대적으로 쉽게 쾌락을 향유할 수
 있는 동물이 가장 행복한 존재가
 될 수 있음
• 최대 행복의 추구가 인간의 이기심
 과 상충할 수 있어 실현 가능성이
 떨어짐
	• 질적 쾌락주의
	  - 감각적·육체적 쾌락은 저급 쾌락,
	   정신적 쾌락은 고급 쾌락
	  - 고급 쾌락은 저급 쾌락보다 더 바
	   람직하고 가치 있는 우월성을 지
	   님
	  - 내적 제재인 양심(도덕적 의무감)
	   을 강조함
	
	↗ 인간은 동물과 달리 고급 쾌락의
	  추구를 통해 인간의 품위를 높일
	  수 있음
	↗ 양심을 함양함으로써 자기 이익 지
	  향성을 극복하고 최대 행복의 원리
	  에 따르는 삶을 실현할 수 있음

(가운데 '해결')

❺ 밀의 공리주의의 강조점

- 외적 제재와 내적 제재를 통해 최대 행복의 원리를 실현하여 사회 구성원의 후생을 높일 수 있다고 봄 → 공리주의는 인간 윤리의 타당한 기준이 될 수 있음을 강조함

(나)

〈효용 이론〉

❶ 효용 이론의 제시 배경

- 인간을 합리적 선택을 통해 개인의 이익을 극대화하는 존재로 봄
- 합리적 소비 과정을 이해하기 위한 효용 이론을 제시함

❷ 효용, 한계 효용 및 '한계 효용 체감의 법칙'의 개념

- 효용 : 의사 결정자가 어떤 행동의 결과로 얻는 주관적 기쁨이나 만족감
  → 효용을 극대화하는 것이 합리적인 소비
- 한계 효용 : 재화에 대한 소비를 한 단위씩 늘릴 때 추가되는 효용
- 한계 효용 체감의 법칙 : 소비하는 재화의 수량이 증가함에 따라 한계 효용이 점차 감소하는 양상

❸~❹ '한계 효용 균등의 법칙'의 정의와 그 예

- 일반적으로 소비자는 재화를 선택하여 소비할 때 총효용을 극대화하려는 경향을 보임
- 한계 효용 균등의 법칙 : 소비자가 재화를 선택하여 소비할 때 각 상품의 화폐 단위당 한계 효용이 동일한 지점에서 소비하는 것이 한정된 예산에서 효용을 극대화할 수 있는 선택 방법이라는 것
  - 한정된 재화로 최대의 만족을 얻기 위한 선택의 문제를 설명하는 방법
  - 여러 상품의 한계 효용 균등 지점은 개인에 따라 달라짐

❺ 누진적 소득세 정책의 합리적 근거를 제공하는 효용 이론

- 대부분의 국가는 효용 이론에 근거하여 누진적 소득세를 부과함
  → 누진적 소득세로 얻은 재정 수입을 통해 사회 전체의 효용을 높이려는 의도

---

088 | 글의 서술 방식 파악 - 적절한 것 고르기 | 2025년 3월 학평 16번 | **정답 ④**
정답률 75%, 매력적 오답 ③ 10%

(가)와 (나)의 공통점으로 가장 적절한 것은?

① 효율적으로 재화를 선택하는 방법을 서술하고 있다. ←(나)

> **근거** (나)-❹-5 한계 효용 균등의 법칙은 한정된 재화로 최대의 만족을 얻기 위한 선택의 문제를 설명하는 방법, (나)-❺-1 재화를 합리적으로 소비하는 경향을 설명하는 효용 이론
> **풀이** (나)에 해당하는 설명이다.

→ 적절하지 않음!

② 정부가 정책을 *시행하는 일반적인 과정을 설명하고 있다. *施行-. 실지로 행하는

> **근거** (나)-❺-1 재화를 합리적으로 소비하는 경향을 설명하는 효용 이론은 정부의 정책 결정에 합리적 근거를 제공하기도 한다, (나)-❺-4 대부분의 국가는 이러한 경제학적 원리에 의거하여 소득이 증가함에 따라 높은 세율을 적용하는 누진적 소득세를 부과
> **풀이** (나)에서 정부가 효용 이론을 근거로 누진적 소득세를 부과한다는 점을 설명하고 있지만, 정부 정책 시행의 '일반적인 과정'을 설명한 것은 아니다. 또한 (가)에서는 정부 정책 시행의 일반적 과정을 설명하지 않았다.

→ 적절하지 않음!

③ 도덕적 판단 기준으로서 쾌락의 *유효성을 강조하고 있다. *有效性, 효력이나 효과가 있는 특성이나 성질

> **근거** (가)-❶-2 공리주의에서 행복이란 공리를 극대화하는 것, 즉 고통을 피하고 쾌락을 추구하는 것, (가)-❺-1 공리주의가 인간 윤리의 타당한 기준이 될 수 있음을 강조
> **풀이** (가)에서는 쾌락을 추구하여 최대 행복을 얻는 것을 중시하는 공리주의가 인간 윤리의 타당한 기준이 될 수 있음을 강조한 밀의 견해를 설명하였다. 따라서 (가)에서 도덕적 판단 기준으로서 쾌락의 유효성을 강조하였다는 설명은 적절하다. 그러나 (나)에서는 도덕적 판단 기준으로서 쾌락의 유효성에 대해 언급하지 않았다.

→ 적절하지 않음!

④ 인간의 자기 이익 지향성을 *고찰한 이론을 소개하고 있다. *考察-. 깊이 생각하고 연구한

> **근거** (가)-❹-4 그(밀)는 내적 제재인 양심을 강조했는데, (가)-❹-6 이를 통해 비로소 인간은 자기 이익 지향성을 극복하고 최대 행복의 원리에 따르는 삶을 실현할 수 있다고 보았다, (나)-❶-2 경제학자들은 인간이 합리적인 선택을 통해 개인의 이익을 극대화하는 존재로 보고, 합리적 소비 과정을 이해하기 위하여 효용 이론을 제시
> **풀이** (가)에서는 내적 제재인 양심을 함양함으로써 인간이 자기 이익 지향성을 극복하고 최대 행복의 원리에 따른 삶을 실현할 수 있다고 주장한 밀의 공리주의 이론을 소개하고 있다. 한편 (나)에서는 합리적 선택을 통해 개인의 이익을 극대화하려는 인간의 합리적 소비 과정을 설명하는 효용 이론을 소개하고 있다. 따라서 (가)와 (나)는 모두 인간의 자기 이익 지향성을 고찰한 이론을 소개하고 있다는 설명은 적절하다.

→ 적절함!

⑤ 개인의 선택을 방해하는 여론 형성 조건을 제시하고 있다.

> **근거** (가)-❷-1 밀 이전의 공리주의는 최대 행복 추구와 이기심이 상충할 때 법률, 여론 등과 같은 외적 제재가 개인의 이기적 본성을 제어할 수 있다는 입장을 드러냈다.
> **풀이** (가)에서 법률이나 여론 등의 외적 제재가 개인의 이기적 본성을 제어할 수 있다는 밀 이전의 공리주의의 입장에 대해 언급하고 있지만, '개인의 선택을 방해하는 여론 형성 조건'을 제시하지는 않았다. 또한 (나)에서도 개인의 선택을 방해하는 여론 형성 조건을 제시하지 않았다.

→ 적절하지 않음!

---

089 | 추론의 적절성 판단 - 적절한 것 고르기 | 2025년 3월 학평 17번 | **정답 ②**
정답률 70%

㉠과 같이 평가할 수 있는 이유로 가장 적절한 것은?

> ㉠ 밀은 공리주의에 대해 제기되는 문제점을 해결하면서 공리주의 이론을 발전시켰다.

① 쾌락의 개념을 수정하고 그것의 효용을 *계량화하여 이론을 **체계화하였기 때문이다. *計量化-, 수량으로써 표시하여 **體系化-, 일정한 원리에 따라 낱낱의 부분이 짜임새 있게 조직되어 통일된 전체로 되게 하였기

> **근거** (가)-❷-1 밀 이전의 공리주의는 모든 쾌락이 측정 가능하고 그 원천에 상관없이 동질적이므로 단지 양에서만 차이가 난다는 양적 쾌락주의의 입장, (가)-❸-1~2 밀은

쾌락은 본래부터 질적 차이가 있다고 보는 질적 쾌락주의를 주장하였다. 그에 의하면 감각적이고 육체적인 쾌락은 저급 쾌락이고, 정신적 쾌락은 고급 쾌락

풀이 밀은 쾌락의 개념을 저급 쾌락과 고급 쾌락으로 구분하고, 질적 쾌락주의를 주장하였으므로, 쾌락의 개념을 수정하였다는 설명은 적절하다고 볼 수 있다. 그러나 쾌락의 효용을 '계량화'한 것은 밀이 아니라 밀 이전의 공리주의의 '양적 쾌락주의'에 관련된 설명이다.

→ 적절하지 않음!

☑ **② 쾌락의 질적 차이와 내적 제재를 연구하여 최대 행복의 실현 가능성을 높였기 때문이다.**

근거 (가)-**②**-3~5 이(양적 쾌락주의의 입장을 가진 밀 이전의 공리주의)에 따르면 상대적으로 쉽게 쾌락을 향유할 수 있는 동물이 가장 행복한 존재가 될 수 있기에 천박한 돼지의 철학이라는 비판을 받았다. 또한 최대 행복의 추구가 인간의 이기심이라는 본성과 상충할 수 있어 실현 가능성이 떨어진다는 비판도 있었다. 이에 밀은 공리주의에 대해 제기되는 문제점을 해결, (가)-**③**-4 동물과 달리 인간은 고급 쾌락의 추구를 통해 인간의 품위를 높일 수 있고, (가)-**④**-4 그(밀)는 내적 제재인 양심을 강조했는데, (가)-**④**-6 이(양심의 함양)를 통해 비로소 인간은 자기 이익 지향성을 극복하고 최대 행복의 원리에 따르는 삶을 실현할 수 있다고 보았다.

풀이 윗글에서 언급된, 밀 이전의 공리주의에 대해 제기되는 문제점은 크게 두 가지이다. 감각적이고 육체적인 쾌락과 정신적 쾌락 등 모든 쾌락을 동질적으로 본 양적 쾌락주의에 대해, 상대적으로 쉽게 쾌락을 향유할 수 있는 동물이 가장 행복한 존재가 될 수 있는 것 아닌가 하는 비판과, 최대 행복의 추구가 인간의 이기심과 상충하여 실현 가능성이 떨어진다는 비판이 그것이다. 이러한 비판에 대해 밀은 질적 쾌락주의를 주장하여 저급 쾌락과 고급 쾌락을 구분하고, 동물과 달리 인간은 고급 쾌락의 추구를 통해 인간의 품위를 높일 수 있다고 주장하였다. 또한 밀은 내적 제재인 '양심'을 강조하면서, 최대 행복 추구와 이기심이 상충할 때 내적 제재인 양심의 함양을 통해 인간이 자기 이익 지향성을 극복하고 최대 행복의 원리에 따르는 삶을 실현할 수 있다고 주장하였다. 따라서 밀이 쾌락의 질적 차이와 내적 제재를 연구하여 최대 행복의 실현 가능성을 높였다는 점은, ⊙과 같이 평가할 수 있는 이유로 적절하다.

→ 적절함!

③ **쾌락의 원천들을 밝히고 그것의 동일성을 *규명하여 쾌락의 개념을 **정교화하였기 때문이다.** *糾明−, 자세히 따져 바로 밝혀 **精巧化−, 자세하고 꼼꼼하게 하였기

근거 (가)-**③**-1~3 밀은 쾌락은 본래부터 질적 차이가 있다고 보는 질적 쾌락주의를 주장하였다. 그에 의하면 감각적이고 육체적인 쾌락은 저급 쾌락이고, 정신적 쾌락은 고급 쾌락이다. 고급 쾌락은 저급 쾌락보다 더 바람직하고 가치 있는 우월성을 지닌다.

풀이 밀은 쾌락이 본래부터 질적 차이가 있다고 보고, 감각적이고 육체적인 저급 쾌락과 정신적 쾌락인 고급 쾌락을 구분하였다. 또한 그는 고급 쾌락이 저급 쾌락보다 더 바람직하고 가치 있는 우월성을 지닌다고 보았다. 따라서 밀은 쾌락의 원천을 밝히고 질적 차이를 구분한 것이지, 그것의 '동일성을 규명'하였다고 볼 수 없다.

→ 적절하지 않음!

④ **쾌락의 경험이 인간의 동물적 욕망 추구에 미치는 영향을 *분석하여 **제도화하였기 때문이다.** *分析−, 복잡한 것을 풀어서 개별적 요소나 성질로 나누어 **制度化−, 제도로 되게 만들었기

근거 (가)-**③**-4 동물과 달리 인간은 고급 쾌락의 추구를 통해 인간의 품위를 높일 수 있고 이에 어긋나는 것은 본질적으로 인간 행복의 구성 요소가 될 수 없다.

풀이 밀은 쾌락을 감각적이고 육체적인 저급 쾌락과 정신적 쾌락인 고급 쾌락으로 구분하고, 동물과 달리 인간은 고급 쾌락의 추구를 통해 인간의 품위를 높일 수 있고 이에 어긋나는 것은 인간 행복의 구성 요소가 될 수 없다고 보았다. 이러한 점에서 밀이 쾌락의 경험이 인간의 동물적 욕망 추구에 미치는 영향을 분석하였다고 볼 수는 있겠으나, 밀이 이러한 분석을 바탕으로 공리주의를 '제도화하였다'는 설명은 적절하지 않다.

→ 적절하지 않음!

⑤ **저급 쾌락의 개념을 거부하고 고급 쾌락의 개념을 *도입하면서 새로운 학문을 **개척하였기 때문이다.** *導入−, 끌어 들이면서 **開拓−, 처음으로 열어 나갔기

근거 (가)-**③**-1~3 밀은 쾌락은 본래부터 질적 차이가 있다고 보는 질적 쾌락주의를 주장하였다. 그에 의하면 감각적이고 육체적인 쾌락은 저급 쾌락이고, 정신적 쾌락은 고급 쾌락이다. 고급 쾌락은 저급 쾌락보다 더 바람직하고 가치 있는 우월성을 지닌다.

풀이 밀은 질적 쾌락주의를 주장하면서, 저급 쾌락과 고급 쾌락을 구분하고 고급 쾌락이 저급 쾌락보다 더 바람직하고 가치 있는 우월성을 지닌다고 보았다. 그러나 밀이 이를 통해 저급 쾌락의 개념을 '거부'한 것은 아니다.

→ 적절하지 않음!

---

090 | 세부 정보 이해 - 적절하지 않은 것 고르기 | 2025년 3월 학평 18번 정답률 65%, 매력적 오답 ② 15% | **정답 ⑤**

[A]를 바탕으로 <보기>를 이해한 내용으로 적절하지 않은 것은? `3점`

| 보기 |
아래의 그래프에서 a, b, c, d, e는 은우의 소비 선택 지점을 표시한 것이고, 예산 제약(制約, 조건을 붙여 내용을 제한함)선은 5,000 원으로 구입할 수 있는 소비 선택 지점을 이은 선이다.

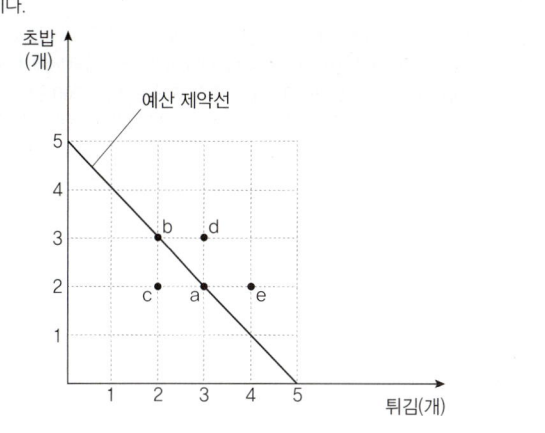

▶ **지문 핵심 개념 정리**

'한계 효용 균등의 법칙'의 예
• 1 개에 각각 1,000 원인 튀김과 초밥을 한 개씩 추가로 소비하는 상황을 가정((나)-**③**−2) • 5,000 원의 예산을 지출할 때, 튀김 3 개와 초밥 2 개를 선택할 것 → 총효용이 37로 가장 크기 때문((나)-**④**−1~2) • 5,000 원으로 효용을 극대화하는 지점인 튀김 3 개와 초밥 2 개의 한계 효용이 4로 일치((나)-**④**−3) ⇒ 각 상품의 화폐 단위당 한계 효용이 동일한 지점에서 소비하는 것이 한정된 예산에서 효용을 극대화할 수 있는 선택 방법((나)-**④**−4)

① **a는 5,000 원의 예산으로 총효용을 극대화할 수 있는 소비 선택 지점이다.**

풀이 윗글의 [A]에서 은우가 5,000 원의 예산을 지출할 때, '5,000 원으로 효용을 극대화하는 지점은 튀김 3 개와 초밥 2 개를 선택하였을 때라고 하였다. 따라서 튀김 3 개와 초밥 2 개를 선택한 a가 5,000 원의 예산으로 총효용을 극대화할 수 있는 소비 선택 지점이라는 설명은 적절하다.

→ 적절함!

② **소비 선택 지점이 a에서 b로 달라지면 동일한 예산에서 총효용이 작아진다.**

풀이 <보기>의 그래프를 살펴보면 우선 a와 b는 모두 5,000 원의 예산으로 구입할 수 있는 예산 제약선 위에 있으므로, a와 b는 동일한 예산을 지출한 것임을 알 수 있다. 소비 선택 지점이 a에서 b로 달라지면 은우는 튀김 2 개와 초밥 3 개를 선택한 것이 되므로, 이때의 총효용은 36(튀김 2 개와 초밥 3 개의 한계 효용의 합 = (16 + 8) + (5 + 4 + 3) = 36)이다. 소비 선택 지점이 a일 때의 총효용은 37(튀김 3 개와 초밥 2 개의 한계 효용의 합 = (16 + 8 + 4) + (5 + 4) = 37)이라고 하였으므로, 소비 선택 지점이 a에서 b로 달라지면 동일한 예산 5,000 원에서 총효용이 작아진다는 설명은 적절하다.

→ 적절함!

③ **소비 선택 지점이 b에서 c로 달라지면 1,000 원을 덜 소비하고 총효용이 작아진다.**

풀이 윗글의 예에서, 튀김과 초밥은 1 개에 각각 1,000 원이라고 하였다. <보기>의 그래프에서 소비 선택 지점이 b에서 c로 달라지면, 구입한 튀김의 개수는 그대로이고 초밥의 개수는 3 개에서 2 개로 1 개가 줄어든다. 따라서 소비 선택 지점이 b에서 c로 달라지면 1,000 원을 덜 소비한다는 설명은 적절하다. 또한 소비 선택 지점이 b에서 c로 달라진다면 구입한 초밥의 개수가 3 개에서 2 개로 줄어든 것이므로, c의 총효용(튀김 2 개와 초밥 2 개의 한계 효용의 합 = (16 + 8) + (5 + 4) = 33)은 b의 총효용(튀김 2 개와 초밥 3 개의 한계 효용의 합 = (16 + 8) + (5 + 4 + 3) = 36)에 비해 3 번째 초밥의 한계 효용인 3 만큼 작아질 것이다. 따라서 소비 선택 지점이 b에서 c로 달라진다면 총효용이 작아진다는 설명 또한 적절하다.

→ 적절함!

④ **소비 선택 지점이 c에서 a로 달라지면 1,000 원을 더 소비하고 총효용이 커진다.**

풀이 <보기>의 그래프에서 소비 선택 지점이 c에서 a로 달라지면, 구입한 초밥의 개수는 그대로이고 튀김의 개수는 1 개가 늘어난다. 윗글의 예에서 튀김과 초밥은 1 개에 각각 1,000 원이라고 하였으므로, 소비 선택 지점이 c에서 a로 달라지면 1,000 원을 더 소비한다는 설명은 적절하다. 또한 소비 선택 지점이 c에서 a로 달라진다면 구입

한 튀김의 개수가 2개에서 3개로 늘어난 것이므로, a의 총효용(튀김 3개와 초밥 2개의 한계 효용의 합 = (16 + 8 + 4) + (5 + 4) = 37)은 c의 총효용(튀김 2개와 초밥 2개의 한계 효용의 합 = (16 + 8) + (5 + 4) = 33)에 비해 3번째 튀김의 한계 효용인 4만큼 커질 것이다. 따라서 소비 선택 지점이 c에서 a로 달라지면 총효용이 커진다는 설명 또한 적절하다.

→ 적절함!

✓ ⑥ d, e 모두 6,000원의 예산으로 가능한 소비 선택 지점으로서 e는 d보다 총효용이 ~~크다.~~ **작다**

풀이 〈보기〉의 그래프에서 d는 튀김 3개와 초밥 3개를 구입한 소비 선택 지점이고, e는 튀김 4개와 초밥 2개를 구입한 소비 선택 지점이다. 윗글의 예에서 튀김과 초밥이 1개에 각각 1,000원이라고 하였으므로, d와 e는 모두 6,000원의 예산으로 가능한 소비 선택 지점이라는 설명은 적절하다. 그러나 d의 총효용은 40(튀김 3개와 초밥 3개의 한계 효용의 합 = (16 + 8 + 4) + (5 + 4 + 3) = 40)이고, e의 총효용은 39(튀김 4개와 초밥 2개의 한계 효용의 합 = (16 + 8 + 4 + 2) + (5 + 4) = 39)이므로, e가 d보다 총효용이 크다는 설명은 적절하지 않다.

→ 적절하지 않음!

---

091 핵심 개념 파악 - 적절하지 않은 것 고르기 2025년 3월 학평 19번
정답률 80%, 매력적 오답 ① 10% **정답 ③**

㉮와 ㉯에 대한 설명으로 적절하지 않은 것은?

| ㉮ 최대 행복의 원리 | ㉯ 한계 효용 균등의 법칙 |

① ㉮는 교육적 경험을 쌓아 실행될 수 있다.

근거 (가)-④-5~6 양심은 구성원들과 일체감을 이루고자 하는 타고난 사회적 감정에 토대를 두고, 교육과 외적 제재 등의 후천적인 경험을 통해 함양된다. 이를 통해 비로소 인간은 자기 이익 지향성을 극복하고 최대 행복의 원리에 따르는 삶을 실현할 수 있다고 보았다.

→ 적절함!

② ㉯는 개인에 따라 한계 효용이 균등해지는 지점이 달라진다.

근거 (나)-④-5 한계 효용 균등의 법칙은 … 여러 상품의 한계 효용이 균등해지는 지점은 개인이 효용의 수치를 어떻게 매기느냐에 따라 달라진다.

→ 적절함!

✓ ③ ㉮는 의사 결정의 판단 근거가 ~~개인의 이익이고~~, ㉯는 의사 결정의 판단 근거가 ~~사회의 이익이다.~~

근거 (가)-①-3 여기서 행복은 개인의 쾌락만이 아니라 개인의 행위와 관련된 사회 구성원의 쾌락도 고려하는 것을 의미한다, (가)-④-6 이(양심)을 통해 비로소 인간은 자기 이익 지향성을 극복하고 최대 행복의 원리에 따르는 삶을 실현할 수 있다고 보았다, (가)-⑤-1 밀은 외적 제재와 내적 제재를 통해 최대 행복의 원리를 실현하여 사회 구성원의 후생을 높일 수 있다고 보았고, (나)-②-1 효용이란 의사 결정자가 어떤 행동의 결과로 얻는 주관적인 기쁨이나 만족감, (나)-④-5 한계 효용 균등의 법칙은 한정된 재화로 최대의 만족을 얻기 위한 선택의 문제를 설명하는 방법으로, 여러 상품의 한계 효용이 균등해지는 지점은 개인이 효용의 수치를 어떻게 매기느냐에 따라 달라진다.

풀이 ㉮에서 말하는 행복이란 개인의 쾌락만이 아니라, 개인의 행위와 관련된 사회 구성원의 쾌락도 고려하는 것을 의미한다. 또한 밀은 인간이 양심을 함양함으로써 최대 행복 추구와 개인의 이기심이 상충할 때 자기 이익 지향성을 극복하고 최대 행복의 원리에 따르는 삶을 실현할 수 있다고 보았다. 따라서 ㉮의 의사 결정의 판단 근거가 개인의 이익이라고 보기 어렵다. 한편 (나)에서 효용이란 의사 결정자가 행동의 결과로 얻는 '주관적인' 기쁨이나 만족감이라고 하였고, 한계 효용 균등의 법칙에서 한계 효용이 균등해지는 지점은 '개인에 따라' 달라진다고 하였다. 따라서 ㉯의 의사 결정의 판단 근거는 사회의 이익이 아니라 개인의 이익이다.

→ 적절하지 않음!

④ ㉮는 윤리적 판단의 기준으로, ㉯는 소비 선택의 기준으로 쓰일 수 있다.

근거 (가)-⑤-1 밀은 외적 제재와 내적 제재를 통해 최대 행복의 원리를 실현하여 사회 구성원의 후생을 높일 수 있다고 보았고, 그러한 점에서 공리주의가 인간 윤리의 타당한 기준이 될 수 있음을 강조, (나)-④-4~5 경제학자들은 각 상품의 화폐 단위당 한계 효용이 동일한 지점에서 소비하는 것이 한정된 예산에서 효용을 극대화할 수 있는 선택 방법이라고 보았고, 이를 한계 효용 균등의 법칙이라고 정의하였다. 한계 효용 균등의 법칙은 한정된 재화로 최대의 만족을 얻기 위한 선택의 문제를 설명하

는 방법

풀이 밀은 질적 쾌락주의를 주장하면서, 공리의 실천을 통한 최대 행복의 원리를 중시하는 공리주의가 인간 윤리의 타당한 기준이 될 수 있음을 강조하였다. 따라서 ㉮가 윤리적 판단의 기준으로 쓰일 수 있다는 설명은 적절하다. 한편 (나)에서 경제학자들은 '한계 효용 균등의 법칙'을 통해 개인이 한정된 예산에서 효용을 극대화할 수 있는 선택 방법을 설명하였다. 따라서 ㉯가 소비 선택의 기준으로 쓰일 수 있다는 설명 또한 적절하다.

→ 적절함!

⑤ ㉮와 ㉯는 모두 이익의 극대화를 목표로 하고 있다.

근거 (가)-①-1~2 공리주의는 공리의 실천을 통한 최대 행복의 원리를 중시한다. 공리란 이익과 효용을 뜻하는 것으로 공리주의에서 행복이란 공리를 극대화하는 것, (나)-①-2 경제학자들은 인간이 합리적인 선택을 통해 개인의 이익을 극대화하는 존재로 보고, 합리적 소비 과정을 이해하기 위하여 효용 이론을 제시, (나)-④-5 한계 효용 균등의 법칙은 한정된 재화로 최대의 만족을 얻기 위한 선택의 문제를 설명하는 방법

풀이 (가)에서 공리주의는 공리의 실천을 통한 최대 행복의 원리를 중시한다고 하였다. 이때 공리는 이익과 효용을 뜻하고, 공리주의에서 행복은 공리를 극대화하는 것을 뜻한다고 하였으므로, ㉮가 이익의 극대화를 목표로 한다는 설명은 적절하다. 한편 (나)에서 경제학자들은 인간을 '합리적 선택을 통해 개인의 이익을 극대화하는 존재'로 보고, 합리적 소비 과정을 이해하기 위해 효용 이론을 제시하였다고 하였다. 이때 합리적 소비 과정은 한계 효용 체감의 법칙과 한계 효용 균등의 법칙을 통해 설명하였는데, 이 중 한계 효용 균등의 법칙은 한정된 재화로 최대의 만족을 얻기 위한 선택의 문제를 설명하는 방법이다. 따라서 ㉯가 이익의 극대화를 목표로 한다는 설명 또한 적절하다.

→ 적절함!

1등급 문제

092 구체적인 사례에 적용 - 적절하지 않은 것 고르기 2025년 3월 학평 20번
정답률 20%, 매력적 오답 ③ 15% ④ 35% ⑤ 25% **정답 ②**

(가)의 '밀[Ⓐ]'과 (나)의 '경제학자[Ⓑ]'의 입장에서 〈보기〉를 이해한 반응으로 적절하지 않은 것은?

| 보기 |

기부(寄附, 자선 사업이나 공공사업을 돕기 위해 돈이나 물건을 대가 없이 내놓음)의 경제학 실험

[실험 내용]

○ [1]실험에 참여한 5명에게 10만 원씩 나눠 주고 참가자는 이 돈을 갖거나 기부할 금액을 결정함.
○ [2]기부한 금액은 공공재(公共財, 도로, 항만, 교량, 공원 등 사회의 대부분의 사람들이 공동으로 사용하는 물건이나 시설) 생산에 쓰여 2배의 효용을 창출하고(創出-, 만들어 내고) 그 혜택(惠澤, 은혜와 덕택)이 모든 사람에게 1/5만큼씩 돌아간다는 것을 참가자들에게 알려 줌.

[실험 참가자의 예상 행동에 따른 효용 비교]

○ [3]아무도 기부하지 않으면 한 사람이 누리는 효용은 10만 원 ← 나눠 준 금액 그대로 10
○ [4]모두가 기부하면 한 사람이 누리는 효용은 20만 원
  ① 5명의 기부, 2배의 효용 창출 ② 그 혜택을 모든 사람에게 1/5 $\frac{50 \times 2}{5} = 20$
  ① 4명의 기부, 2배의 효용 창출 ② 그 혜택을 모든 사람에게 1/5 $\frac{40 \times 2}{5} = 16$
○ [5]4명이 10만 원을 기부하고 1명이 기부를 하지 않으면 기부한 사람의 효용은 16만 원, 기부하지 않은 1명의 효용은 26만 원
  나눠 받은 금액 그대로 10 + 다른 4명이 기부한 금액의 혜택 16 = 26

[실험 결과]

○ [6]실험 참가 대부분은 40~60% 정도 기부하였고, 일부는 기부하지 않았음.
○ [7]기부한 실험 참가자들은 이타적인(利他的-, 자기의 이익보다는 다른 이의 이익을 더 꾀하는) 마음, 기부 행위에서 얻는 자부심(自負心, 자기 자신 또는 자기와 관련되어 있는 것에 대해 스스로 그 가치나 능력을 믿고 당당히 여기는 마음) 등이 기부의 이유였음을 밝힘.

① Ⓐ는 기부 행위를 고등 정신 능력을 *발휘해 인간의 품위를 높일 수 있는 행위로 보겠군. *發揮-, 떨치어 나타내

근거 〈보기〉-7 기부한 실험 참가자들은 이타적인 마음, 기부 행위에서 얻는 자부심 등이 기부의 이유였음을 밝힘, (가)-③-2~4 정신적 쾌락은 고급 쾌락이다. 고급 쾌락은 저급 쾌락보다 더 바람직하고 가치 있는 우월성을 지닌다. 동물과 달리 인간은 고급 쾌락의 추구를 통해 인간의 품위를 높일 수 있고

풀이 〈보기〉에서 기부한 실험 참가자들은 이타적인 마음, 기부 행위에서 얻는 자부심 등을 기부의 이유로 밝혔다. 밀은 정신적 쾌락을 고급 쾌락으로 구분하고, 고급 쾌락은 저급 쾌락보다 더 바람직하고 가치 있는 우월성을 가지며, 인간은 고급 쾌락의 추구

를 통해 인간의 품위를 높일 수 있다고 주장하였다. 따라서 밀(Ⓐ)은 기부 행위를 고등 정신 능력을 발휘해 인간의 품위를 높일 수 있는 행위로 보았을 것이라는 반응은 적절하다.

→ 적절함!

✓② Ⓑ는 한계 효용 체감의 법칙에 따라 기부자와 기부하지 않은 자가 같은 금액으로 얻을 수 있는 효용이 다르다고 보겠군.

근거 <보기>-5 4 명이 10만 원을 기부하고 1 명이 기부를 하지 않으면 기부한 사람의 효용은 16만 원, 기부하지 않은 1 명의 효용은 26만 원, (나)-❷-3~4 한계 효용이란 재화에 대한 소비를 한 단위씩 늘릴 때 추가되는 효용을 말한다. 그런데 한계 효용은 소비하는 재화의 수량이 증가함에 따라 점차 감소하는 양상을 보이는데 이를 한계 효용 체감의 법칙이라 한다.

풀이 <보기>의 실험에서 기부자와 기부하지 않은 자가 같은 금액 10만 원으로 얻을 수 있는 효용이 각각 16만 원과 26만 원으로 다른 것은 실험 참가자 각 개인이 기부를 선택한 것과 기부를 선택하지 않은 것의 차이에 따른 결과인 것이지, 한 개인이 재화에 대한 소비에 있어 재화의 수량이 증가함에 따라 한계 효용이 점차 감소하는 양상을 뜻하는 '한계 효용 체감의 법칙'과는 관련이 없다. 따라서 (나)의 경제학자(Ⓑ)가 한계 효용 체감의 법칙에 따라 기부자와 기부하지 않은 자가 같은 금액으로 얻을 수 있는 효용이 다르다고 보았을 것이라는 반응은 적절하지 않다.

→ 적절하지 않음!

③ Ⓐ는 기부하지 않은 자의 행동을 양심을 *위반한 행동으로, Ⓑ는 기부하지 않은 자가 참가자들의 예상 행동에 따른 효용을 비교해 보고 합리적인 선택을 했을 것으로 이해하겠군. *違反−, 지키지 않고 어김

근거 (가)-❹-4-5 그는 내적 제재인 양심을 강조했는데, 양심은 우리의 마음 안에서 형성되는 일종의 도덕적 의무감으로 이를 어기면 내면에 고통을 준다. 양심은 구성원들과 일체감을 이루고자 하는 타고난 사회적 감정에 토대를 두고, (나)-❷-1 경제학자들은 효용을 극대화하는 것이 합리적인 소비라고 보았다.

풀이 밀은 우리 마음 안에서 형성되는 일종의 도덕적 의무감인 양심을 강조하였는데, 이때 양심은 구성원들과의 일체감을 이루고자 하는 타고난 사회적 감정에 토대를 둔 것이라고 하였다. 따라서 밀(Ⓐ)은 기부하지 않은 자의 행동을 양심을 위반한 행동으로 보았을 것이다. 한편 (나)의 경제학자(Ⓑ)들은 효용을 극대화하는 것이 합리적인 소비라고 보았으므로, 기부하지 않은 자의 선택은 참가자들의 예상 행동에 따른 효용을 비교해 보고 자신의 효용을 극대화한 합리적 선택을 한 것으로 이해하였을 것이다.

→ 적절함!

④ Ⓐ는 이타적인 마음을 동료를 자신과 같이 여기는 사회적 감정으로, Ⓑ는 자부심을 기부의 결과로 얻는 주관적인 만족감으로 이해하겠군.

근거 <보기>-7 기부한 실험 참가자들은 이타적인 마음, 기부 행위에서 얻는 자부심 등이 기부의 이유였음을 밝힘, (가)-❹-5 양심은 구성원들과 일체감을 이루고자 하는 타고난 사회적 감정에 토대를 두고, (나)-❷-1 효용이란 의사 결정자가 어떤 행동의 결과로 얻는 주관적인 기쁨이나 만족감으로, 경제학자들은 효용을 극대화하는 것이 합리적인 소비라고 보았다.

풀이 밀은 우리 마음 안에서 형성되는 일종의 도덕적 의무감인 양심을 강조하였는데, 이때 양심은 구성원들과의 일체감을 이루고자 하는 타고난 사회적 감정에 토대를 둔 것이라고 하였다. 따라서 밀(Ⓐ)은 <보기>에서 기부한 실험 참가자들이 이타적인 마음을 기부의 이유로 밝힌 것에 대해, 이러한 이타적인 마음을 구성원들과의 일체감을 이루고자 하는 사회적 감정으로 이해했을 것이다. 한편 (나)의 경제학자들은 효용을 극대화하는 것이 합리적인 소비라고 보았는데, 이때 효용은 의사 결정자가 어떤 행동의 결과로 얻는 주관적인 기쁨이나 만족감을 뜻한다. 따라서 (나)의 경제학자(Ⓑ)들은 <보기>에서 기부한 실험 참가자들이 기부 행위에서 얻는 자부심을 기부의 이유로 밝힌 것에 대해, 이러한 자부심을 기부라는 행동의 결과로 얻는 주관적인 만족감으로 이해했을 것이다.

→ 적절함!

⑤ Ⓐ는 최대 행복을 추구하는 것이, Ⓑ는 누진적 소득세를 도입하는 것이 구성원 전체의 효용을 높인다는 점에서 개인이 기부하는 행위와 공통점이 있다고 보겠군.

근거 <보기>-2 기부한 금액은 공공재 생산에 쓰여 2 배의 효용을 창출하고 그 혜택이 모든 사람에게 1/5만큼씩 돌아간다는 것, (가)-❶-1 공리주의는 공리의 실천을 통한 최대 행복의 원리를 중시, (가)-❶-3 여기서 행복은 개인의 쾌락만이 아니라 개인의 행위와 관련된 사회 구성원의 쾌락도 고려하는 것을 의미, (나)-❺-5 누진적 소득세로 얻은 재정 수입을 통해 사회 전체의 효용을 높이려는 의도

풀이 (가)에 따르면 공리주의는 최대 행복의 원리를 중시하는데, 이때의 행복은 개인의 쾌락만이 아니라 개인의 행위와 관련된 사회 구성원의 쾌락도 고려하는 것을 의미한다. 또 (나)에서는 누진적 소득세를 도입하는 것은, 이것으로 얻은 재정 수입을 통해 사회 전체의 효용을 높이려는 의도라고 설명하였다. 한편 <보기>에서 기부한 금

액은 공공재 생산에 쓰여 2 배의 효용을 창출하고, 그 혜택이 모든 사람에게 골고루 돌아가 실험 참가자 전체의 효용을 높일 수 있다. 따라서 최대 행복 추구, 누진적 소득세의 도입, 개인의 기부 행위는 모두 구성원 전체의 효용을 높인다는 점에서 공통점을 찾을 수 있다.

→ 적절함!

---

093 | 단어의 사전적 의미 - 적절하지 않은 것 고르기 2025년 3월 학평 21번 | 정답률 80%, 매력적 오답 ① 10% | 정답 ⑤

ⓐ~ⓔ의 사전적 의미로 적절하지 않은 것은?

ⓐ 상충   ⓑ 제어   ⓒ 함양   ⓓ 충족   ⓔ 창출

① ⓐ : 맞지 아니하고 서로 어긋남.

풀이 '상충(相 서로 상 衝 부딪치다 충)'의 사전적 의미는 '맞지 아니하고 서로 어긋남'이다.

예문 두 나라 간 이해관계의 상충으로 전쟁이 일어났다.

→ 적절함!

② ⓑ : 감정, 충동, 생각 따위를 막거나 누름.

풀이 '제어(制 절제하다 제 御 다스리다 어)'의 사전적 의미는 '감정, 충동, 생각 따위를 막거나 누름'이다.

예문 그는 감정 제어를 하지 못해 울음을 터트렸다.

→ 적절함!

③ ⓒ : 능력이나 품성 따위를 길러 쌓거나 갖춤.

풀이 '함양(涵 담그다 함 養 기르다 양)'의 사전적 의미는 '능력이나 품성 따위를 길러 쌓거나 갖춤'이다.

예문 독서는 학생들의 지식과 정서 함양에 도움이 된다.

→ 적절함!

④ ⓓ : 일정한 분량을 채워 모자람이 없게 함.

풀이 '충족(充 채우다 충 足 충족하다 족)'의 사전적 의미는 '일정한 분량을 채워 모자람이 없게 함'이다.

예문 욕구의 충족이 없으니 일에 흥미가 없다.

→ 적절함!

✓⑤ ⓔ : 안에서 밖으로 밀어 내보냄.

풀이 '창출(創 비롯하다 창 出 내놓다 출)'의 사전적 의미는 '전에 없던 것을 처음으로 생각하여 지어내거나 만들어 냄'이다. '안에서 밖으로 밀어 내보냄'의 뜻을 가진 단어는 '창출'이 아니라 '배출(排 밀어내다 배 出 내놓다 출)'이다.

예문 소설은 어떤 태도나 신념의 창출 과정이다.

→ 적절하지 않음!

[094~099] 다음 글을 읽고 물음에 답하시오.

(가)

❶ ¹기원전 3 세기경 중국의 전국시대(戰國時代, 춘추 시대 다음부터 진나라가 중국을 통일할 때까지의 약 200 년간) 말기(末期, 끝이 되는 때나 시기)는 침략(侵略, 정당한 이유 없이 남의 나라에 쳐들어감)과 정벌(征伐, 적이나 죄 있는 무리를 무력으로 침)의 전쟁이 빈번하게(頻繁−, 거듭하는 횟수가 번거로울 정도로 잦게) 벌어지는 혼란(混亂, 뒤죽박죽이 되어 어지럽고 질서가 없음)의 시대였다. ²이와 동시에 국가의 혼란을 해결하기 위한 길을 ⓐ 모색한 여러 사상(思想, 사회, 정치, 인생 등에 대한 일정한 견해나 생각)들이 융성한(隆盛−, 기운차게 일어나거나 대단히 번성한) 시대이기도 했다.

→ 중국 전국시대 말기의 시대적 상황

❷ ¹이 시대(전국시대 말기)에 활동했던 순자는 사회의 혼란과 무질서(無秩序, 질서가 없음)를 악(惡, 악하다 악)이라고 규정하고(規定−, 내용, 성격, 의미 등을 밝혀 정하고) 악은 온전히(穩全−, 본바탕 그대로 고스란히) 인간의 성(性, 성품 성)에서 비롯된(처음으로 시작된) 것으로 파악한다.(把握−, 확실하게 이해하여 안다.) ²성이란 인간이 태어나면서부

터 지니고 있는 동물적인 경향성(傾向性, 어떤 방향으로 기울어지거나 쏠리는 현상)을 일컫는(가리켜 말하는) 말로 욕망과 감정의 형태로 드러난다. ³이(욕망과 감정의 형태로 드러나는 인간의 '성') 중에서 이익을 좋아하고 그것(이익)을 얻으려고 하는 인간의 성이 악을 초래한다고(招來-, 결과로서 생겨나게 한다고) 보았다. ⁴사회적 자원(資源, 인간 생활 및 경제 생산에 이용되는 원료를 통틀어 이르는 말)과 재화(財貨, 사람이 바라는 것을 충족해 주는 모든 물건)는 한정적인데(限定的-, 수량이나 범위에 일정한 한도가 정해져 있는데) 사람들이 모두 이기적인(利己的-, 자기 자신의 이익만을 꾀하는) 욕망을 그대로 좇게 되면 그들 사이에 다툼과 쟁탈(爭奪, 서로 다투어 빼앗음)이 일어나게 된다는 것이다.

→ 순자의 사상 ① : '악(惡)'과 '성(性)'의 개념

③ ¹하지만 그(순자)는 인간이 성뿐만이 아니라 심(心, 마음 심)도 타고났기에 인간다워질 수 있고, 성에서 비롯한 사회 문제의 해결도 가능하다고 보았다. ²심은 인간의 인지(認知, 어떤 사실을 인정하여 앎) 능력을 뜻하는데, 인간의 감각 기관이 가져온 정보를 종합해서 인식하고(認識-, 사물을 분별하고 판단하여 알고) 판단한다. ³즉, 심은 성이 합리적인지(合理的-, 이치에 합당한 것인지) 판단하여 성을 통제한다.(統制-, 일정한 방침, 계획, 목적에 따라 제한한다.) ⁴이러한 심의 작용을 통해 인간은 배우며 실천할 수 있는데, 이와 같은 인간의 의식적이고(意識的-, 인식하거나 자각하면서 일부러 하는 것이고) 후천적인(後天的-, 태어날 때부터 가지고 난 것이 아니라, 태어난 후에 얻어진) 노력 또는 그것의 산물(産物, 그것에 의해 생겨나는 사물이나 현상)을 위(僞)(거짓 위)라고 한다.

→ 순자의 사상 ② : '심(心)'과 '위(僞)'의 개념

④ ¹순자는 성을 변화시키는 위의 역할을 강조했는데, 특히 위의 핵심으로서 예(禮)(예절 예)를 언급하고 그것(예)을 실천할 것을 주문한다.(注文-, 요구하거나 부탁한다.) ²예란 위를 ⓑ축적하여 완전한 인격체(人格體, 인격이 있는 주체)가 된 성인(聖人)(지혜와 덕이 매우 뛰어나 우러러 본받을 만한 사람)이 일찍이 사회의 혼란을 우려해(憂慮-, 근심하거나 걱정하여) 만든 일체(一切, 모든 것)의 사회적 규범(規範, 인간이 행동하고 판단할 때 따르고 지켜야 할 가치 판단 기준)을 말한다. ³이('예')는 개인의 도덕 규범이자 나라를 다스리는 규범으로, 개인의 모든 행위의 기준이자 사회의 위계 질서(位階秩序, 지위, 계층, 직책 등 상하 관계에서의 차례와 순서를 나누는 기준)가 된다. ⁴예의 가장 중요한 기능은 ㉠신분(身分, 개인의 사회적 위치나 계급적 차이를 구분해서 직분(職分, 마땅히 하여야 할 본분)을 정하는 것인데 이는 인간의 욕망 추구(追求, 목적을 이룰 때까지 뒤좇아 구함)를 긍정하되(肯定-, 옳다고 인정하되) 그(욕망 추구의) 적절한 기준과 한계를 설정함을 의미한다. ⁵사회 구성원이 자신의 위치에 맞게끔 욕망을 추구하게 함으로써 다툼과 쟁탈이 없는 안정된(安定-, 바뀌어 달라지지 않고 일정한 상태가 유지되는) 사회를 만들 수 있다고 생각했기 때문이다.

→ 순자의 사상 ③ : '예(禮)'의 개념과 기능

⑤ ¹이때 순자는 군주를 예의 근본(根本, 본바탕)으로 규정하고 그(군주)의 역할을 중시한다. ²군주는 계승되어(繼承-, 이어져) 온 예의 공통된 원칙을 지키고, 당대(當代, 그 시대)의 요구에 맞춰 예를 제정해야(制定-, 만들어 정해야) 한다. ³구체적으로 군주는 백성들의 직분을 정해 주고 그들(백성들)을 가르쳐 예의 길로 인도하는(引導-, 이끌어 지도하는) 역할을 수행한다.(遂行-, 해낸다.) ⁴이를 통해 백성들의 성은 교화되고(敎化-, 가르침을 받고 이끌려 좋은 방향으로 나아가게 되고) 질서와 조화를 이룬 선(善)(착하다 선)한 사회에 다다를(목적한 곳에 이를) 수 있다.

→ 순자의 사상 ④ : 예의 근본인 군주의 역할

⑥ ¹순자는 당대의 사상가들과 달리 사회 문제의 원인을 외적(外的, 외부적인) 상황에서 찾지 않고 인간의 타고난 성향(性向, 성질에 따른 경향)에서 찾음으로써 인간 사회를 바라보는 새로운 관점(觀點, 보고 생각하는 태도, 방향)을 제시하였다.(提示-, 나타내어 보였다.) ²그러한 점에서 순자는 인간의 후천적 노력을 바탕으로 한 인간과 사회의 변화 가능성을 ⓒ신뢰한 사상가라 할 수 있다.

→ 순자 사상의 의의

(나)

① ¹홉스가 살던 17세기는 종교 전쟁(宗敎戰爭, 십자군 전쟁, 30년 전쟁 등 서로 다른 종교나 종파 간 대립과 충돌로 일어난 전쟁)과 내전(內戰, 한 나라 안에서 일어나는 싸움)을 겪으며 혼란스러웠다. ²이에 왕의 권력(權力, 남을 자신의 뜻에 따르게 하거나 지배할 수 있는 권리와 힘)은 신으로부터 부여받은(附與-, 권리, 명예, 임무 등이 주어진) 것이라는 왕권신수설에 많은 사람들은 의문을 품게 되었다. ³이러한 상황에서 홉스는 사회적 혼란을 해결하고자 신이 아닌 인간에 대한 탐구를 시작한다.

→ 17세기 혼란스러운 시대적 상황

② ¹홉스는 국가 성립(成立, 제대로 이루어짐) 과정을 설명하기 위해 국가가 성립하기 이전의 집단적 삶인 자연 상태(自然狀態, 사람의 손을 더하지 않은 본래 그대로의 상태)를 가정한다.(假定-, 임시로 사실인 것처럼 정한다.) ²그(홉스)는 인간을 자기 보존(自己保存, 자기의 생명을 잘 보살펴 남기고 발전시키려는 본능)을 추구하는 존재로 규정한다. ³또한 인간은 자연 상태에서 누구나 절대적인(絕對的-, 아무런 조건이나 제약이 붙지 않는) 자유를 행사할(行使-, 실현할) 수 있는 권리를 지니는데, 이를 자연권이라고 말한다. ⁴자연 상태에서 인간은 자기 보존을 위해 자신의 이익만을 추구하면서 끊임없이 싸우게 되는데 그(홉스)는 전쟁과도 같은 이 상황을 '만인(萬人, 모든 사람)에 대한 만인의 투쟁(鬪爭, 이기거나 극복하기 위한 싸움)'이라 ⓓ명명한다. ⁵하지만 이 상황에서 인간이 느끼는 죽음에 대한 공포는 평화와 안전을 바라게 하는 감정을 유발하기도(誘發-, 일어나게 하기도) 한다.

→ 홉스의 사상 ① : 자연권의 개념과 자연 상태에서의 인간

③ ¹이때 인간의 이성은 평화로운 상태로 나아가기 위한 최선의 법칙을 발견하는데 홉스는 이를 자연법이라 일컫는다. ²자연법의 가장 근본적인 원칙은 평화를 추구하고 따르라는 것이다. ³그리고 이를 위해 인간의 이성은 자연 상태에서 가졌던 권리의 상당(相當, 일정한 정도) 부분을 포기하고 그것을 양도하는(讓渡-, 넘겨주는) ⓒ사회 계약이 필요함을 깨닫는다.

→ 홉스의 사상 ② : 자연법의 개념과 사회 계약의 필요성

④ ¹개인이 자기 보존을 위해 자발적으로(自發的-, 남이 시키거나 요청하지 않아도 자기 스스로 나서서) 동의한(同意-, 의견을 같이한) 사회 계약은 두 단계에 걸쳐 이루어진다. ²첫 번째 단계에서 개인과 개인은 상호(相互, 상대가 되는 이쪽과 저쪽이 함께) 적대적인(敵對的-, 적으로 대하는) 행위를 중지하고자(中止-, 그만두고자) 자연권의 대부분을 포기하는 계약을 맺는다. ³그런데 이 계약은 누군가가 이를 위반할(違反-, 지키지 않고 어길) 경우에 그것(계약 위반)을 제재할(制裁-, 제한하거나 금지할) 수단이 없다는 한계가 있어 쉽게 파기될(破棄-, 깨뜨려 버릴) 수 있다. ⁴이 계약의 불안정성을 해소하고(解消-, 해결하여 없애 버리고) 실효성(實效性, 실제로 효과를 나타내는 성질)을 보장하기(保障-, 어려움 없이 이루어지도록 보호하기) 위해서는 계약 위반을 제재할 강제력(強制力, 강제하는 힘이나 권력)과 그것을 집행할(執行-, 실제로 시행할) 수 있는 힘의 소유자(所有者, 가지고 있는 사람)를 세우는 일이 필요하다. ⁵이에 개인은 계약 위반을 제재할 공동(共同, 둘 이상의 사람이나 단체가 같은 자격으로 관계를 가짐)의 힘을 지닌 통치자와 두 번째 단계의 계약을 맺고 자신들(개인들)의 권리를 그(통치자)에게 양도한다.

→ 홉스의 사상 ③ : 사회 계약의 두 단계

⑤ ¹이러한 계약의 과정을 거치며 '리바이어던'이라 불리는 국가가 탄생한다. ²리바이어던은 본래(本來, 생겨난 그 처음) 성서(聖書, 기독교의 경전)에 등장하는 무적(無敵, 매우 강하여 겨룰 만한 맞수가 없음)의 힘을 가진 바다 괴물의 이름으로, 홉스는 이(리바이어던)를 통해 계약으로 탄생한 국가의 강력한 공적(公的, 국가나 사회에 관계되는) 권력을 강조한 것이다. ³통치자는 국가 권력의 실질적인(實質的-, 실제를 이루는 바탕이 되는) 행사(行事, 시행함) 주체(主體, 어떤 행동의 주가 되는 것)로서 국가에 대한 복종(服從, 남의 명령이나 의사를 그대로 따라서 좇음)을 요구하는(要求-, 할 것을 청하는) 대신에 개인을 위험으로부터 보호하는 책무(責務, 책임이나 임무)를 갖는다. ⁴그(통치자)는 강력한 처벌에 대한 규정을 만들고 개인들이 이(처벌 규정)에 따르게 함으로써 그들(개인들)의 안전을 보장한다. ⁵통치자가 개인들로부터 위임받은(委任-, 책임 지워 맡겨진) 권리를 정당하게(正當-, 이치에 맞아 올바르고 마땅하게) 행사하여 개인들 간의 투쟁을 해소함으로써 비로소 평화로운 사회가 ⓔ구현된다.

→ 홉스의 사상 ④ : '리바이어던' 국가의 역할

⑥ ¹홉스의 사회 계약론은 인간의 본성에 대한 통찰(洞察, 예리한 관찰력으로 사물을 꿰뚫어 봄)을 바탕으로 국가가 성립하게 되는 과정을 제시하고 있다. ²특히 국가가 지닌 힘의 원천(源泉, 비롯되는 근본, 원인)을 신이 아닌 자유로운 개인들에게서 찾고 있다는 점에서 근대 주권 국가(主權國家, 다른 나라의 간섭을 받지 않고, 주권을 완전히 행사할 수 있는 독립된 나라)의 토대(土臺, 밑바탕)를 마련했다고 할 수 있다.

→ 홉스 사상의 의의

■지문 이해

(가)
〈순자의 사상과 의의〉

❶ 중국 전국시대 말기의 시대적 상황
· 전쟁이 빈번한 혼란의 시대이자 혼란 해결의 길을 모색한 사상들이 융성한 시대

순자의 사상

❷ '악(惡)'과 '성(性)'의 개념
· 악 : 사회의 혼란과 무질서로, 인간의 '성'에게서 비롯된 것
· 성 : 인간이 선천적으로 지닌 동물적 경향성으로, 욕망과 감정의 형태로 드러남
　→ 이익을 좋아하고 얻으려는 인간의 성이 악을 초래하여 인간 사이에 다툼과 쟁탈이 일어남

❸ '심(心)'과 '위(僞)'의 개념
· 심 : 인간의 인지 능력으로, 성이 합리적인지 판단하여 성을 통제함. 성에서 비롯한 사회 문제 해결
· 위 : 심의 작용을 통한 인간의 의식적·후천적 노력 또는 그것의 산물

❹ '예(禮)'의 개념과 기능
· 예 : '위'의 핵심. 위를 축적하여 완전한 인격체가 된 성인이 사회의 혼란을 우려해 만든 일체의 사회적 규범
· 예의 가장 중요한 기능은 신분적 차이를 구분해 직분을 정하는 것
　- 인간의 욕망 추구를 긍정하되 기준과 한계를 설정함 → 직분에 맞는 욕망을 추구 → 다툼과 쟁탈 없는 안정된 사회

❺ 예의 근본인 군주의 역할
· 계승되어 온 예의 공통된 원칙을 지키고 당대의 요구에 맞춰 예를 제정함
· 백성들의 직분을 정해 주고 그들을 가르쳐 예의 길로 인도함
　→ 백성들의 성이 교화되고 질서와 조화를 이룬 선한 사회에 다다를 수 있음

❻ 순자 사상의 의의
· 사회 문제의 원인을 인간의 타고난 성향에서 찾음으로써 인간 사회를 바라보는 새로운 관점을 제시함
　→ 순자는 인간의 후천적 노력을 바탕으로 한 인간과 사회의 변화 가능성을 신뢰한 사상가

(나)
〈홉스의 사상과 의의〉

❶ 17세기 혼란스러운 시대적 상황
· 종교 전쟁과 내전으로 인한 혼란, 왕권신수설에 대한 의문
　→ 홉스는 사회적 혼란을 해결하고자 신이 아닌 인간에 대한 탐구를 시작함

홉스의 사상

❷ 자연권의 개념과 자연 상태에서의 인간
· 자연권 : 인간이 자연 상태에서 지니는, 절대적인 자유를 행사할 수 있는 권리
· 만인에 대한 만인의 투쟁 : 자연 상태에서 인간이 자기 보존을 위해 자신의 이익만을 추구하며 끊임없이 싸우게 되는 상황 → 죽음에 대한 공포가 평화와 안전을 바라게 하는 감정을 유발하기도 함

❸ 자연법의 개념과 사회 계약의 필요성
· 자연법 : 인간의 이성이 발견한, 평화로운 상태로 나아가기 위한 최선의 법칙
· 평화를 추구하고 따르라는 자연법의 근본 원칙을 지키기 위해 인간의 이성은 사회 계약이 필요함을 깨달음

❹ 사회 계약의 두 단계
· 사회 계약 : 개인이 자기 보존을 위해 자발적으로 동의한 것
　- 첫 번째 단계의 계약 : 개인 간 상호 적대적 행위를 중지하고자 자연권의 대부분을 포기하는 계약. 제재 수단이 없어 쉽게 파기될 수 있음
　- 두 번째 단계의 계약 : 첫 번째 단계의 계약의 불안정성을 해소하고 실효성을 보장하기 위해 계약 위반을 제재할 공동의 힘을 지닌 통치자를 세워 그에게 자신들의 권리를 양도함

❺ '리바이어던' 국가의 역할
· 두 단계의 계약 과정을 거치며 '리바이어던' 국가가 탄생함
　- 계약으로 탄생한 국가의 강력한 공적 권력을 강조함
　- 통치자는 개인들의 복종을 요구하는 대신, 강력한 처벌 규정을 만들어 그들의 안전을 보장함
　- 통치자가 개인들로부터 위임받은 권리를 정당하게 행사하여 개인 간 투쟁을 해소 → 평화로운 사회 구현

❻ 홉스 사상의 의의
· 개인의 본성에 대한 통찰을 바탕으로 국가 성립 과정을 제시함
· 국가의 힘의 원천을 신이 아닌 개인들에게서 찾음 → 근대 주권 국가의 토대를 마련함

---

094 | 글의 서술 방식 파악 - 적절한 것 고르기 | 2024년 3월 학평 33번
정답률 80% | **정답 ②**

(가)와 (나)의 공통점으로 가장 적절한 것은?

근거 (가)-❶-1 기원전 3세기경 중국의 전국시대 말기는 침략과 정벌의 전쟁이 빈번하게 벌어지는 혼란의 시대, (가)-❷-1 이 시대에 활동했던 순자는 … , (가)-❻-1 순자는 … 인간 사회를 바라보는 새로운 관점을 제시, (나)-❶-1 홉스가 살던 17세기는 종교 전쟁과 내전을 겪으며 혼란스러웠다, (나)-❶-3 이러한 상황에서 홉스는 사회적 혼란을 해결하고자 신이 아닌 인간에 대한 탐구를 시작, (나)-❻-1~2 홉스의 사회 계약론은 … 근대 주권 국가의 토대를 마련했다고 할 수 있다.

풀이 (가)는 전국시대 말기 혼란의 시대에서 사회 문제의 원인을 제시하고 안정된 사회를 만들기 위해 예의 실천이 필요하다고 주장한 순자의 견해를 소개하고, 그 의의를 밝히고 있다. 또 (나)는 17세기 당시 혼란스러운 시대적 상황에서 사회적 혼란을 해결하고자 한 홉스의 사회 계약론을 설명하고, 그 의의를 제시하였다. 따라서 정답은 ②번이다.

① 인간 중심적인 시각에서 벗어나 사회 현상을 분석하고 있다.
근거 (가)-❻-1 순자는 당대의 사상가들과 달리 사회 문제의 원인을 외적 상황에서 찾지 않고 인간의 타고난 성향에서 찾음으로써 인간 사회를 바라보는 새로운 관점을 제시, (나)-❻-1 홉스의 사회 계약론은 인간의 본성에 대한 통찰을 바탕으로 국가가 성립하게 되는 과정을 제시
풀이 (가)와 (나) 모두 당대 사회 문제의 원인을 인간 외적 상황이 아니라 인간의 본성에서 찾고 있으므로, 인간 중심적인 시각에서 벗어나 사회 현상을 분석하였다는 설명은 적절하지 않다.

②✔ 현실을 *개선하려는 사상가의 **견해와 그 ***의의를 제시하고 있다. *改善-. 잘못된 것이나 부족한 것, 나쁜 것 등을 고쳐 더 좋게 만들려는 **見解, 의견이나 생각 ***意義, 중요성, 가치
　→ 적절함!
　(나)
③ 종교적인 믿음을 바탕으로 성립된 권력의 *개념을 밝히고 있다. *概念, 여러 견해나 생각 속에서 공통된 요소를 뽑아내어 종합하여서 얻은 하나의 보편적인 견해나 생각
근거 (나)-❶-2 왕의 권력은 신으로부터 부여받은 것이라는 왕권신수설
풀이 (나)에서 '왕권신수설'의 개념을 밝히고 있다. 그러나 (가)에서는 종교적인 믿음을 바탕으로 성립된 권력의 개념을 밝히고 있지 않다.

④ 국가와 국가 간의 전쟁이 *야기한 사상의 **탄압 ***양상을 설명하고 있다. *惹起-. 일으킨 **彈壓, 권력이나 무력 등으로 억지로 눌러 꼼짝 못 하게 함 ***樣相, 모양, 상태
풀이 (가)와 (나)에서 각 사상가가 활동한 시기가 전쟁으로 혼란했던 것은 맞지만, 해당 글에서 전쟁이 야기한 사상의 탄압 양상을 설명하지는 않았다.

⑤ 시대적 상황의 변화에 따라 달라진 지도자의 *위상을 **통시적으로 설명하고 있다. *位相, 다른 것과의 관계 속에서 가지는 위치나 상태 **通時的-, 시간의 흐름에 따라 나타나는 변화와 관련하여

095 | 세부 정보 이해 - 적절하지 않은 것 고르기 2024년 3월 학평 34번
정답률 75% | 정답 ②

096 | 핵심 개념 파악 - 적절한 것 고르기 2024년 3월 학평 35번
정답률 55%, 매력적 오답 ① 10% ③ 20% | 정답 ⑤

(가)의 군주와 (나)의 통치자에 대한 이해로 적절하지 않은 것은?

= 백성들의 성의 교화

① 군주는 사회 구성원의 *내면의 변화를 **전제로 질서와 조화를 이룬 선한 사회를 만든다. *内面, 겉으로 드러나지 않은 사람의 정신적·심리적 측면 **前提-, 먼저 내세워

근거 **(가)-⑤-3~4** 군주는 백성들의 직분을 정해 주고 그들을 가르쳐 예의 길로 인도하는 역할을 수행한다. 이를 통해 백성들의 성은 교화되고 질서와 조화를 이룬 선(善)한 사회에 다다를 수 있다.

→ 적절함!

개인들로부터 위임받은
✓② 통치자는 ~~신으로부터 부여받은~~ 권리를 정당하게 행사함으로써 평화로운 사회를 만든다.

근거 **(나)-④-5** 개인은 계약 위반을 제재할 공동의 힘을 지닌 통치자와 두 번째 단계의 계약을 맺고 자신들의 권리를 그에게 양도, **(나)-⑤-5** 통치자가 개인들로부터 위임받은 권리를 정당하게 행사하여 개인들 간의 투쟁을 해소함으로써 비로소 평화로운 사회가 구현된다.

풀이 홉스의 견해에 따르면 통치자의 권리는 신으로부터 부여받은 것이 아니라, 개인들로부터 위임받은 것이다.

→ 적절하지 않음!

③ 군주는 백성을 사회적 위치에 맞게 행동하도록 인도하고, 통치자는 개인들의 상호 적대적인 행위의 중지를 요구한다.

근거 **(가)-⑤-3** 군주는 백성들의 직분을 정해 주고 그들을 가르쳐 예의 길로 인도하는 역할을 수행, **(나)-④-2~3** 첫 번째 단계에서 개인과 개인은 상호 적대적인 행위를 중지하고자 자연권의 대부분을 포기하는 계약을 맺는다. 그런데 이 계약은 누군가가 이를 위반할 경우에 그것을 제재할 수단이 없다는 한계가 있어 쉽게 파기될 수 있다, **(나)-④-5** 이에 개인은 계약 위반을 제재할 공동의 힘을 지닌 통치자와 두 번째 단계의 계약을 맺고 자신들의 권리를 그에게 양도

풀이 순자의 견해에 따르면 군주는 백성들의 직분을 정해 주고 그들이 자신의 위치에 맞게 행동하도록 인도하는 역할을 한다. 한편 홉스의 견해에 따르면 개인과 개인이 상호 적대적 행위를 중지하고자 맺은 첫 번째 단계의 사회 계약에서는 계약 위반을 제재할 수단이 없으므로, 개인은 계약 위반을 제재할 힘을 지닌 통치자와 두 번째 단계의 계약을 맺고 자신의 권리를 통치자에게 양도한다. 개인들로부터 권리를 위임받은 통치자는 개인들의 상호 적대적 행위 중지를 요구할 수 있는 강력한 처벌 규정을 만들어 이에 따르게 할 수 있다.

→ 적절함!

④ 군주는 예를 바탕으로 한 교화를 통해, 통치자는 강력한 공적 권력을 바탕으로 한 처벌을 통해 사회의 질서를 도모한다.

근거 **(가)-⑤-2~4** 군주는 계승되어 온 예의 공통된 원칙을 지키고, 당대의 요구에 맞춰 예를 제정해야 한다. 구체적으로 군주는 백성들의 직분을 정해 주고 그들을 가르쳐 예의 길로 인도하는 역할을 수행한다. 이를 통해 백성들의 성은 교화되고 질서와 조화를 이룬 선(善)한 사회에 다다를 수 있다, **(나)-⑤-2~4** 홉스는 이를 통해 계약으로 탄생한 국가의 강력한 공적 권력을 강조한 것이다. 통치자는 국가 권력의 실질적인 행사 주체로서 국가에 대한 복종을 요구하는 대신에 개인을 위험으로부터 보호하는 책무를 갖는다. 그는 강력한 처벌에 대한 규정을 만들어 개인들이 이에 따르게 함으로써 그들의 안전을 보장

→ 적절함!

⑤ 군주와 통치자는 모두 나라를 다스리는 지도자로서 사회적 역할을 *이행해야 할 책무를 갖는다. *履行-, 실제로 행해야

근거 **(가)-⑤-2~3** 군주는 계승되어 온 예의 공통된 원칙을 지키고, 당대의 요구에 맞춰 예를 제정해야 한다. 구체적으로 군주는 백성들의 직분을 정해 주고 그들을 가르쳐 예의 길로 인도하는 역할을 수행, **(나)-⑤-3** 통치자는 국가 권력의 실질적인 행사 주체로서 국가에 대한 복종을 요구하는 대신에 개인을 위험으로부터 보호하는 책무를 갖는다.

→ 적절함!

⊙에 대한 설명으로 가장 적절한 것은?

⊙ 신분적 차이를 구분해서 직분을 정하는 것

성
① 개인의 욕망보다 사회의 요구를 강조하여 ~~심~~의 부작용을 막기 위한 것이다.

근거 **(가)-②-2~3** 성이란 인간이 태어나면서부터 지니고 있는 동물적인 경향성을 일컫는 말로 욕망과 감정의 형태로 드러난다. 이 중에서 이익을 좋아하고 그것을 얻으려고 하는 인간의 성이 악을 초래한다고 보았다, **(가)-④-1~5** 순자는 성을 변화시키는 위의 역할을 강조했는데, 특히 위의 핵심으로서 예를 언급하고 그것을 실천할 것을 주문한다. 예란 … 일체의 사회적 규범을 말한다. 이는 개인의 도덕 규범이자 나라를 다스리는 규범으로, 개인의 모든 행위의 기준이자 사회의 위계 질서를 나누는 기준이 된다. 예의 가장 중요한 기능은 신분적 차이를 구분해서 직분을 정하는 것인데 이는 인간의 욕망 추구를 긍정하되 그 적절한 기준과 한계를 설정함을 의미한다. 사회 구성원이 자신의 위치에 맞게끔 욕망을 추구하게 함으로써 다툼과 쟁탈이 없는 안정된 사회를 만들 수 있다고 생각했기 때문이다.

풀이 순자는 이익을 좋아하고 그것을 얻으려고 하는 인간의 성, 즉 개인의 이기적인 욕망으로부터 사회 문제가 발생한다고 보았다. 그리고 이러한 성의 부작용을 막기 위해 사회적 규범으로서 예의 실천을 주문하였다. ⊙은 예의 가장 중요한 기능으로서 개인의 욕망에 사회적으로 요구되는 적절한 기준과 한계를 적용하는 것이므로, 개인의 욕망보다 사회적 요구를 강조하여 성의 부작용을 막기 위한 것이라 볼 수 있다.

→ 적절하지 않음!

② 인간의 성과 심의 차이를 구분하여 새로운 도덕적 기준을 세우기 위한 것이다.

근거 **(가)-②-2** 성이란 인간이 태어나면서부터 지니고 있는 동물적인 경향성, **(가)-③-2** 심은 인간의 인지 능력, **(가)-④-1~3** 순자는 성을 변화시키는 위의 역할을 강조했는데, 특히 위의 핵심으로서 예를 언급하고 그것을 실천할 것을 주문한다. 예란 위를 축적하여 완전한 인격체가 된 성인이 일찍이 사회의 혼란을 우려해 만든 일체의 사회적 규범을 말한다. 이는 개인의 도덕 규범이자 나라를 다스리는 규범으로, 개인의 모든 행위의 기준이자 사회의 위계 질서를 나누는 기준이 된다, **(가)-⑤-2** 군주는 계승되어 온 예의 공통된 원칙을 지키고, 당대의 요구에 맞춰 예를 제정해야 한다.

풀이 순자가 성과 심의 차이를 구분하고 개인의 도덕 규범으로서 예의 실천을 주문한 것은 맞으나, 예는 성인이 일찍이 만든 사회적 규범이며 계승되어 오는 것이라는 점에서 예의 중요한 기능인 ⊙이 '새로운' 도덕적 기준을 세우기 위한 것이라는 설명은 적절하지 않다. 또한 ⊙은 사회의 위계 질서를 나누는 기준으로서 예의 기능으로, 인간의 본성인 성과 심의 구분과는 관련이 없다.

→ 적절하지 않음!

③ 사회 구성원이 심을 *체득하게 하여 혼란한 사회적 상황을 해결하기 위한 것이다. *體得-, 몸소 체험하여 알게

근거 **(가)-③-1** 그는 인간이 성뿐만이 아니라 심(心)도 타고났기에 인간다워질 수 있고,
풀이 순자는 인간이 '심'을 타고났다고 보았으므로, 심을 체득하게 한다는 설명은 적절하지 않다.

→ 적절하지 않음!

④ 개인의 도덕 규범과 나라의 통치 규범을 구분하여 사회 문제의 원인을 찾기 위한 것이다.

근거 **(가)-④-2~3** 예란 위를 축적하여 완전한 인격체가 된 성인(聖人)이 일찍이 사회의 혼란을 우려해 만든 일체의 사회적 규범을 말한다. 이는 개인의 도덕 규범이자 나라를 다스리는 규범으로, 개인의 모든 행위의 기준이자 사회의 위계 질서를 나누는 기준이 된다, **(가)-②-1** 순자는 사회의 혼란과 무질서를 악(惡)이라고 규정하고 악은 온전히 인간의 성(性)에게서 비롯된 것으로 파악

풀이 순자의 견해에 따르면 예는 개인의 도덕 규범이자 나라를 다스리는 규범이다. 따라서 개인의 도덕 규범과 나라의 통치 규범을 구분한다는 것은 ⊙에 대한 설명으로 적절하지 않다. 또한 ⊙은 다툼과 쟁탈이 없는 안정된 사회를 만들기 위한 것이지 사회 문제의 원인을 찾기 위한 것은 아니다. 순자에 따르면 혼란스러운 사회 문제의 원인은 '성'이다.

→ 적절하지 않음!

✓⑤ 한정적인 사회적 자원과 재화를 적절하게 분배하여 사회의 안정성을 추구하기 위한 것이다.

근거 **(가)-②-3~4** 이익을 좋아하고 그것을 얻으려고 하는 인간의 성이 악을 초래한다고 보았다. 사회적 자원과 재화는 한정적인데 사람들이 모두 이기적인 욕망을 그대로 좇게 되면 그들 사이에 다툼과 쟁탈이 일어나게 된다는 것, **(가)-④-4~5** 예의 가장

중요한 기능은 신분적 차이를 구분해서 직분을 정하는 것인데 이는 인간의 욕망 추구를 긍정하되 그 적절한 기준과 한계를 설정함을 의미한다. 사회 구성원이 자신의 위치에 맞게끔 욕망을 추구하게 함으로써 다툼과 쟁탈이 없는 안정된 사회를 만들 수 있다고 생각했기 때문

풀이 순자의 견해에 따르면 예는 신분적 차이를 구분하여 직분을 정함으로써 욕망 추구의 적절한 기준과 한계를 설정하는 기능을 한다. 이를 통해 사회 구성원은 자신의 위치에 맞게끔 욕망을 추구하게 되고, 한정적 사회적 자원과 재화가 적절히 분배되어 다툼과 쟁탈 없는 안정된 사회를 만들 수 있다.

→ 적절함!

---

097 핵심 개념 파악 - 적절하지 않은 것 고르기 2024년 3월 학평 36번
정답률 75% | 정답 ③

ⓛ을 이해한 내용으로 적절하지 않은 것은?

ⓛ 사회 계약

① 만인에 대한 만인의 투쟁 상황에서 벗어나기 위해 맺은 것이다.

근거 (나)-②-4~5 자연 상태에서 인간은 자기 보존을 위해 자신의 이익만을 추구하면서 끊임없이 싸우게 되는데 그는 전쟁과도 같은 이 상황을 '만인에 대한 만인의 투쟁'이라 명명한다. 하지만 이 상황에서 인간이 느끼는 죽음에 대한 공포는 평화와 안전을 바라게 하는 감정을 유발하기도 한다. (나)-③-1 이때 인간의 이성은 평화로운 상태로 나아가기 위한 최선의 법칙을 발견하는데 홉스는 이를 자연법이라 일컫는다, (나)-③-3 인간의 이성은 자연 상태에서 가졌던 권리의 상당 부분을 포기하고 그것을 양도하는 사회 계약이 필요함을 깨닫는다.

풀이 홉스에 따르면 인간은 만인에 대한 만인의 투쟁과 같은 상황에서 벗어나 평화로운 상태로 나아가기 위해 사회 계약을 맺는다.

→ 적절함!

② 자유를 *향유할 수 있는 권리의 포기는 자발적인 동의하에 이루어진다. *享有-. 누려 가질

근거 (나)-②-3 인간은 자연 상태에서 누구나 절대적인 자유를 행사할 수 있는 권리를 지니는데, (나)-③-2~3 자연법의 가장 근본적인 원칙은 평화를 추구하고 따르라는 것이다. 그리고 이를 위해 인간의 이성은 자연 상태에서 가졌던 권리의 상당 부분을 포기하고 그것을 양도하는 사회 계약이 필요함을 깨닫는다, (나)-④-1 개인이 자기 보존을 위해 자발적으로 동의한 사회 계약

→ 적절함!

두 번째 단계

③ 개인은 첫 번째 단계의 계약을 맺음으로써 공동의 힘을 제재할 수 있다. ✓

근거 (나)-④-5 개인은 계약 위반을 제재할 공동의 힘을 지닌 통치자와 두 번째 단계의 계약을 맺고 자신들의 권리를 그에게 양도한다.

→ 적절하지 않음!

④ 첫 번째 단계의 계약은 두 번째 단계의 계약과 달리 위반할 경우 제재 수단이 없다.

근거 (나)-④-3 이(첫 번째 단계의) 계약은 누군가가 이를 위반할 경우에 그것을 제재할 수단이 없다는 한계가 있어 쉽게 파기될 수 있다.

→ 적절함!

⑤ 두 번째 단계의 계약은 첫 번째 단계의 계약과 달리 개인의 권리 양도가 이루어진다.

근거 (나)-④-5 개인은 계약 위반을 제재할 공동의 힘을 지닌 통치자와 두 번째 단계의 계약을 맺고 자신들의 권리를 그에게 양도한다.

→ 적절함!

---

098 구체적인 상황에 적용 - 적절하지 않은 것 고르기 2024년 3월 학평 37번
정답률 75% | 정답 ⑤

(가)의 '순자'와 (나)의 '홉스'의 입장에서 〈보기〉의 상황을 이해한 내용으로 적절하지 않은 것은? 3점

| 보기 |
생물학자인 개릿 하딘은 공유지(公有地, 소유권이 특정 개인에게 있지 않고 사회 구성원 모두에게 있는 땅)에서의 자유가 초래하는 혼란한 상황을 '공유지의 비극'이라 일컬었다. 그(개릿 하딘)는 한 목초지(牧草地, 가축의 사료가 되는 풀이 자라고 있는 곳)에서 벌어지는 상황을 예로 들어 이('공유지의 비극')를 설명하였다.

> 모두가 사용할 수 있는 목초지가 있다. 한 목동(牧童, 풀을 뜯기며 가축을 치는 아이)은 자신의 이익을 극대화하는(極大化-, 아주 크게 하는) 방법으로 가능한 한 많은 소 떼들을 목초지에 풀어 놓는다. 다른 목동들도 같은 방법을 취하게 되고 결국 목초지는 황폐화된다.(荒廢化-, 돌보아 살피지 않아 거칠고 못 쓰게 된다.)

① 순자는 목동들이 '위'를 행하였다면 목초지의 황폐화를 막을 수 있었을 것이라고 생각하겠군.

근거 (가)-②-3~4 이익을 좋아하고 그것을 얻으려고 하는 인간의 성이 악을 초래한다고 보았다. 사회적 자원과 재화는 한정적인데 사람들이 모두 이기적인 욕망을 그대로 좇게 되면 그들 사이에 다툼과 쟁탈이 일어나게 된다는 것, (가)-③-3~4 심은 성이 합리적인지 판단하여 성을 통제한다. 이러한 심의 작용을 통해 인간은 배우며 실천할 수 있는데, 이와 같은 인간의 의식적이고 후천적인 노력 또는 그것의 산물을 위(僞)라고 한다.

풀이 순자는 목동들이 심의 작용을 통해 이기적인 욕망을 좇는 성을 통제하는 의식적이고 후천적인 노력, 즉 '위'를 행하였다면 목초지의 황폐화를 막을 수 있었을 것이라고 보았을 것이다.

→ 적절함!

② 홉스는 목동들이 처한 상황을 자기 보존을 추구하는 욕망이 발현된 '자연 상태'라고 생각하겠군.

근거 (나)-②-4 자연 상태에서 인간은 자기 보존을 위해 자신의 이익만을 추구

풀이 홉스의 견해에 따르면 목동들이 자신의 이익을 극대화하기 위해 가능한 한 많은 소 떼를 목초지에 풀어 놓아 목초지가 황폐화된 것은 목동들이 자기 보존을 위해 자신의 이익만을 추구하였기 때문이라고 볼 수 있다. 따라서 홉스는 목동들이 처한 상황을 자기 보존을 추구하는 욕망이 발현된 '자연 상태'라고 생각했을 것이다.

→ 적절함!

③ 순자는 완전한 인격체가 만든 규범이, 홉스는 강력한 국가의 개입이 필요한 상황이라고 생각하겠군.

근거 (가)-②-3~4 이익을 좋아하고 그것을 얻으려고 하는 인간의 성이 악을 초래한다고 보았다. 사회적 자원과 재화는 한정적인데 사람들이 모두 이기적인 욕망을 그대로 좇게 되면 그들 사이에 다툼과 쟁탈이 일어나게 된다는 것, (가)-④-1~2 순자는 성을 변화시키는 위의 역할을 강조했는데, 특히 위의 핵심으로서 예(禮)를 언급하고 그것을 실천할 것을 주문한다. 예란 위를 축적하여 완전한 인격체가 된 성인(聖人)이 일찍이 사회의 혼란을 우려해 만든 일체의 사회적 규범, (나)-②-4 자연 상태에서 인간은 자기 보존을 위해 자신의 이익만을 추구, (나)-⑤-2 홉스는 이를 통해 계약으로 탄생한 국가의 강력한 공적 권력을 강조, (나)-⑤-5 통치자가 개인들로부터 위임받은 권리를 정당하게 행사하여 개인들 간의 투쟁을 해소함으로써 비로소 평화로운 사회가 구현

풀이 목동들이 이기적인 욕망을 그대로 좇아 일어나게 된 목초지의 상황에 대해, 순자는 완전한 인격체인 성인이 만든 사회적 규범인 예를 통해 다툼과 쟁탈이 없는 안정된 상황을 만들 수 있다고 보았을 것이다. 또한 홉스는 목동들이 자기 보존을 위해 자신의 이익만을 추구하여 벌어진 목초지의 상황에 대해, 국가의 강력한 공적 권력과 그것의 실질적 행사 주체인 통치자의 역할을 통해 혼란을 해소할 수 있다고 보았을 것이다.

→ 적절함!

④ 순자는 '성'을 그대로 좇는 모습으로, 홉스는 '자연권'을 행사하는 모습으로 목동들의 이기적 행동을 이해하겠군.

근거 (가)-②-3~4 이익을 좋아하고 그것을 얻으려고 하는 인간의 성이 악을 초래한다고 보았다. 사회적 자원과 재화는 한정적인데 사람들이 모두 이기적인 욕망을 그대로 좇게 되면 그들 사이에 다툼과 쟁탈이 일어나게 된다는 것, (나)-②-3~4 인간은 자연 상태에서 누구나 절대적인 자유를 행사할 수 있는 권리를 지니는데, 이를 자연권이라고 말한다. 자연 상태에서 인간은 자기 보존을 위해 자신의 이익만을 추구하면서 끊임없이 싸우게 되는데

풀이 순자는 자신의 이익을 극대화하고자 가능한 한 많은 소 떼를 목초지에 풀어 놓는 목동들의 이기적 행동에 대해 이익을 좋아하고 그것을 얻으려 하는 '성'을 그대로 좇는 모습이라고 보았을 것이다. 한편 홉스는 목동들의 행동에 대해, 자연 상태에서 자기 보존을 위해 자신의 이익만을 추구할 수 있는 '자연권'을 행사한 것이라고 보았을 것이다.

→ 적절함!

홉스는

✓ **⑤ 순자와 홉스는 모두 목동들이 공포를 느끼게 되면 문제 상황에 대한 합리적 판단 능력을 갖게 될 것이라고 생각하겠군.**

근거 (가)-❸-1~3 그(순자)는 인간이 성뿐만이 아니라 심(心)도 타고났기에 인간다워질 수 있고, 성에서 비롯한 사회 문제의 해결도 가능하다고 보았다. 심은 인간의 인지 능력을 뜻하는데, 인간의 감각 기관이 가져온 정보를 종합해서 인식하고 판단한다. 즉, 심은 성이 합리적인지 판단하여 성을 통제. (나)-❷-4~5 자연 상태에서 인간은 자기 보존을 위해 자신의 이익만을 추구하면서 끊임없이 싸우게 되는데 그(홉스)는 전쟁과도 같은 이 상황을 '만인에 대한 만인의 투쟁'이라 명명한다. 하지만 이 상황에서 인간이 느끼는 죽음에 대한 공포는 평화와 안전을 바라게 하는 감정을 유발하기도 한다. (나)-❸-1 이때 인간의 이성은 평화로운 상태로 나아가기 위한 최선의 법칙을 발견하는데, (나)-❸-3 인간의 이성은 자연 상태에서 가졌던 권리의 상당 부분을 포기하고 그것을 양도하는 사회 계약이 필요함을 깨닫는다.

풀이 홉스의 견해에 따르면 인간은 자연 상태에서 자신의 이익만을 추구하면서 끊임없이 싸우게 되고, 그러한 상황에서 느끼는 공포로 인해 인간의 이성은 평화로운 상태로 나아가기 위해 자연 상태에서 가졌던 권리의 상당 부분을 포기하고 그것을 양도하는 사회 계약이 필요함을 깨닫게 된다. 따라서 홉스는 〈보기〉의 목동들이 처한 혼란스러운 상황에서 목동들이 공포를 느끼게 되면 이성을 통해 평화로운 상태로 나아가기 위해 사회 계약이 필요함을 깨닫게 될 것이라고 보았을 것이다. 한편 순자는 인간이 타고난 '심'을 통해 성에서 비롯된 사회 문제를 해결할 수 있다고 보았다. 이때 심은 인간의 인지 능력으로, 성이 합리적인지 판단하고 통제한다. 이러한 순자의 견해에 따르면 인간의 합리적 판단 능력은 타고난 것이므로, 〈보기〉의 상황에서 목동들이 '공포를 느끼게 되면' 문제 상황에 대한 합리적 판단 능력을 갖게 될 것이라고 생각하지는 않았을 것이다.

→ 적절하지 않음!

---

099 | 단어의 사전적 의미 - 적절하지 않은 것 고르기 2024년 3월 학평 38번
정답률 90% | 정답 ③

ⓐ~ⓔ의 사전적 의미로 적절하지 않은 것은?

ⓐ 모색   ⓑ 축적   ⓒ 신뢰   ⓓ 명명   ⓔ 구현

① ⓐ : 일이나 사건 따위를 해결할 수 있는 방법이나 실마리를 더듬어 찾음.

풀이 '모색(摸 찾다 모 索 찾다 색)'의 사전적 의미는 '일이나 사건 따위를 해결할 수 있는 방법이나 실마리를 더듬어 찾음'이다.

예문 학문 연구를 위해 이론적 모색에 충실하여야 한다.

→ 적절함!

② ⓑ : 지식, 경험, 자금 따위를 모아서 쌓음.

풀이 '축적(蓄 모으다 축 積 쌓다 적)'의 사전적 의미는 '지식, 경험, 자금 따위를 모아서 쌓음. 또는 모아서 쌓은 것'이다.

예문 우리 회사는 오랜 연구와 투자로 기술 축적을 이루어 냈다.

→ 적절함!

✓ **③ ⓒ : 자기의 주장을 굽혀 남의 의견을 좇음.**

풀이 '신뢰(信 믿다 신 賴 의지하다 뢰)'의 사전적 의미는 '굳게 믿고 의지함'이다. '자기의 주장을 굽혀 남의 의견을 좇음'의 뜻을 가진 단어는 '신뢰'가 아니라 '양보(讓 양보하다 양 步 걸음 보)'이다.

예문 우리는 그에게 절대적인 지지와 신뢰를 보내고 있다.

→ 적절하지 않음!

④ ⓓ : 사람, 사물, 사건 등의 대상에 이름을 지어 붙임.

풀이 '명명(命 이름짓다 명 名 이름 명)'의 사전적 의미는 '사람, 사물, 사건 등의 대상에 이름을 지어 붙임'이다.

예문 해군은 이번에 새로 만든 배의 이름을 '이순신'이라고 명명하였다.

→ 적절함!

---

⑤ ⓔ : 어떤 내용이 구체적인 사실로 나타나게 함.

풀이 '구현(具 갖추다 구 現 나타나다 현)'의 사전적 의미는 '어떤 내용이 구체적인 사실로 나타나게 함'이다.

예문 인간다운 삶은 생명 유지에서 그치지 않고 인간 존엄성의 구현으로 나아가는 것이어야 한다.

→ 적절함!

[100~105] 다음 글을 읽고 물음에 답하시오.

(가)

1 ¹18세기 말 산업 혁명 이후 과학과 기술의 **진보**(進步, 정도나 수준이 나아지거나 높아짐)로 똑같은 물건을 **대량**(大量, 아주 많은 분량이나 수량)으로 생산하는 것이 가능해졌다. ²이(똑같은 물건의 대량 생산이 가능해짐)에 따라 건축에서도 철근과 콘크리트를 활용하여 기둥과 벽을 **최소화하면서**(最少化-, 가장 적게 하면서) 건축물을 대량 생산할 수 있다는 **인식**(認識, 분별하고 판단하여 앎)이 생기게 되었다. ³이(18세기 말 산업 혁명 이후) 시기의 건축가들은 이전(산업 혁명 이전) 시대와 달리 장식적인(裝飾的-, 겉모양을 아름답게 꾸미는) 요소가 **제거된**(除去-, 없어지게 된) **합리적이고**(合理的-, 이론, 이치에 합당하고) **기능적인**(機能的-, 어떤 일을 해내는 작용이나 능력에 관한) 건축물에 가치를 **부여하게**(附與-, 붙여 주게) 되었다. ⁴이러한 변화는 건축의 활동 영역을 도시 계획 디자인, 산업 디자인 등으로 **확대시키고**(擴大-, 더 크게 하며), 모더니즘 건축의 **형성**(形成, 이룸)에 영향을 미쳤다.

모더니즘 건축에 대한 관점 ① → 18세기 말 산업 혁명 이후 건축의 변화 양상과 모더니즘 건축의 형성

2 ¹모더니즘 건축가 미스 반데어로에는 건축이 **본연**(本然, 처음부터 가지고 있는 그대로)의 모습을 잃고 **현**(現, 지금의) 시대에 어울리지 않는 형태를 ⓐ **답습**하는 것에 대해 비판하며 ㉠ "**간결한**(簡潔-, 간단하고 깔끔한) 것이 **풍부하다**.(豐富-, 넉넉하고 많다.)"라고 주장했다. ²그(미스 반데어로에)는 기능적으로 필요한 공간 이외에는 불필요하다고 생각했기 때문에 장식과 기능을 **철저하게**(徹底-, 빈틈이나 부족함이 없게) **분리하고**(分離-, 서로 나누어 떨어지게 하고) 장식을 공간 구성에서 원칙적으로 **배제해야**(排除-, 받아들이지 않고 물리쳐 제외해야) 한다고 말한다. ³또한 그(미스 반데어로에)는 **폐쇄적인**(閉鎖的-, 외부와 통하거나 교류하지 않는) 구조를 **지양하고**(止揚-, 하지 않고) 공간을 기능적으로 활용할 수 있도록 칸막이를 자유롭게 이동할 수 있게 하여 **유연성**(柔軟性, 형편과 상황에 따라 융통성 있게 대응하는 성질) 있는 공간을 **구축하였다**.(構築-, 만들었다.)

모더니즘 건축에 대한 관점 ② → 미스 반데어로에의 견해

3 ¹또 다른 건축가 르코르뷔지에는 기능적인 것은 그 자체로 **미적인**(美的-, 아름다움과 관련된) 것이라고 주장하며, 주택을 **거주**(居住, 일정한 곳에 머물러 삶)를 위한 기계라고 **정의하였다**.(定義-, 뜻을 명백히 밝혀 정하였다.) ²그(르코르뷔지에)는 항공 기능의 **최적화**(最適化, 주어진 상황에서 가장 알맞은 결과를 얻을 수 있도록 처리하여 효율성을 추구하는 것)를 **실현한**(實現-, 실제로 이룬) 비행기 디자인처럼 건축물도 그 목적에 ⓑ **부합**하도록 기능적으로 최적화되어야 하며 **현란한**(絢爛-, 눈이 부시도록 매우 화려하고 아름다운) 장식이나 예술적 감상을 위한 건축물을 지양해야 한다고 말한다. ³또한 도시를 계획하는 일에도 관심이 많았던 그(르코르뷔지에)는 사람보다는 자동차를 중심으로 도시 공간을 **구획해야**(區劃-, 경계를 지어 갈라야) 한다고 주장했다. ⁴이는 **격자**(格子, 바둑판처럼 가로세로를 일정한 간격으로 직각이 되게 짠 형식) 구조의 도로망(道路網, 그물처럼 이리저리 얽힌 도로의 체계)으로 도시 공간을 구획하면 **치안**(治安, 국가 사회의 안녕과 질서를 유지하고 보전함)과 **위생**(衛生, 건강에 유익하도록 대책을 세움)이라는 도시의 기능을 **이상적으로**(理想的-, 생각할 수 있는 범위 안에서 가장 완전하다고 여겨지는 것으로) ⓒ **구현**하면서 동시에 미적으로 이상적인 도시가 된다고 생각했기 때문이다. ⁵그(르코르뷔지에)에게 있어 **근대화**(近代化, 근대적 상태가 됨)란 **효율적인**(效率的-, 들인 노력에 비해 얻는 결과가 큰) 교통 체계를 위해 도시를 **인위적으로**(人爲的-, 자연의 힘이 아닌 사람의 힘으로) **정돈하는**(整頓-, 규모 있게 고쳐 놓거나 가지런히 바로잡아 정리하는) 것을 의미한다.

→ 르코르뷔지에의 견해

〈참고 사진〉 모더니즘 건축물

▲ 미스 반데어로에, 베를린 신국립미술관, 1968   ▲ 르코르뷔지에, 빌라 사보아, 1931

(나)

1 ¹20세기 초에는 이성적 존재인 인간이 모든 문제를 합리적으로 해결할 수 있다는 모더니즘이 지배적이었다.(支配的–. 세력이 매우 강한 것이었다.) ²그러나 합리성에는 한계(限界. 다다를 수 있는 범위)가 있음이 곧 밝혀졌고, 이(합리성)로부터 벗어나야 한다는 생각이 포스트모더니즘으로 발전하게 되었다. ³이(포스트모더니즘)에 영향을 받은 푸코, 벤투리, 추미 등은 합리성과 효율성을 우선시하는(優先視–. 다른 것보다 중요하게 여기는) 기존의 시스템을 비판하고, 기계적이고(機械的–. 정확하고 규칙적인 점이 기계와 비슷하고) 무미건조한(無味乾燥–. 재미나 멋이 없이 메마른) 양식 대신에 개별성(個別性. 각각 따로 지니고 있는 특성)과 자율성(自律性. 스스로의 원칙에 따라 어떤 일을 하거나 스스로 통제할 수 있는 성질)을 중시하는(重視–. 매우 크고 중요하게 여기는) 모습을 보였다.

포스트모더니즘 건축에 대한 관점 ① → 모더니즘의 한계를 비판하며 등장한 포스트모더니즘

2 ¹철학자 푸코는 근대화로 인한 도시의 구획을 권력(權力. 남을 복종시키거나 지배할 수 있도록 인정된 권리와 힘)과 관련지어 비판했다. ²그(푸코)는 18세기부터 형성되기 시작한 격자 구조의 도시 공간은 위생학적 측면(側面. 부분)에서 전염병에 대처하기(對處–. 알맞은 조치를 취하기) 위한 기능을 하기도 하지만 권력이 작동하는 그물망으로도 ⓓ작용한다고 주장했다. ³전염병 환자에 대한 감시(監視. 단속하기 위해 주의 깊게 살핌)는 결국 발병(發病. 병이 남) 요소를 근원적으로(根源的–. 근본이나 원인이 되는 것에 대해) 통제해야(統制–. 제한을 가해야) 한다는 의식으로 이어져, 발병 가능성이 있는 모든 존재에 대한 감시로 확대된다는 것이다.

포스트모더니즘 건축에 대한 관점 ② → 푸코의 견해

3 ¹포스트모더니즘 건축가 벤투리는 ⓒ "간결한 것은 지루하다."라며 모더니즘 건축의 흐름에 저항했다.(抵抗–. 굽히거나 따르지 않았다.) ²모더니즘 건축이 명료성(明瞭性. 뚜렷하고 분명한 성질)을 내세웠다면 그(벤투리)는 모호성(模糊性. 의미의 한계가 분명하지 않아서 정확하게 무엇을 나타내는지 알기 어려운 성질)을 새로운 기준으로 제시하며 형태를 기능에 가두는(형태보다 기능을 중요시하는) 것을 거부했다.(拒否–. 받아들이지 않고 물리쳤다.) ³그(벤투리)는 건축물의 모든 부분이 단일한(單一–. 단 하나의) 기능으로 명료하게 설명될 수 없으며, 오히려 다양한 측면에서 설명될 수도 있어 그 기능이 매우 모호할 수 있다고 주장했다. ⁴벤투리에게 모더니즘 건축은 미적인 것을 기능적인 것에 제약하는(미적인 것이 기능적인 것을 뛰어넘지 못하도록 막는) 것에 불과했다.(不過–. 지나지 않았다.) ⁵그래서 그(벤투리)는 모더니즘의 공간에서는 공간의 미적 차원이 소멸되어(消滅–. 사라져 없어지게 되어) 획일적인(劃一的–. 모두가 한결같아서 다름이 없는) 공간만이 남게 된다고 주장했다.

포스트모더니즘 건축에 대한 관점 ③ → 벤투리의 견해

4 ¹건축가 추미는 기존의 모더니즘 건축이 지나치게 금욕적이라고(禁慾的–. 욕구나 욕망을 억누르거나 참는 것이라고) 비판했다. ²모더니즘 건축에서 장식적인 요소는 낭비로 취급받으며 무의미한 부분으로 간주된다.(看做–. 여겨진다.) ³하지만 추미는 이렇게 무의미하다고 생각되는 낭비야말로 모더니즘 건축의 획일화로부터 ⓔ해방될 수 있는 탈출구라고 주장했다. ⁴추미는 모더니즘 건축의 금욕주의에서 벗어나는 방법을, 시각적 화려함을 추구하는 낭비의 부활에서 찾았다. ⁵그(추미)에게 있어 포스트모더니즘의 건축은 낭비의 미덕(美德. 아름답고 올바른 일)을 실현하는 유희(遊戲. 즐겁게 놀며 장난함)의 건축이다.

→ 추미의 견해

〈참고 사진〉 포스트모더니즘 건축물

▲ 로버트 벤투리, 바나 벤투리 하우스, 1964   ▲ 베르나르 추미, 라빌레트 공원, 1982

■ 지문 이해

(가)

〈모더니즘 시기의 건축〉

❶ 18세기 말 산업 혁명 이후 건축의 변화 양상과 모더니즘 건축의 형성
- 철근, 콘크리트를 활용해 기둥과 벽을 최소화하면서 건축물을 대량 생산할 수 있다는 인식이 생겨남 → 장식적 요소가 제거된 합리적이고 기능적인 건축물에 가치를 부여함
- 건축의 활동 영역을 확대시키며 모더니즘 건축의 형성에 영향을 미침

모더니즘 시기의 건축에 대한 관점

❷ 미스 반데어로에의 견해
- 건축이 본연의 모습을 잃고 현 시대에 어울리지 않는 형태를 답습하는 것을 비판
- "간결한 것이 풍부하다."
  - 기능적으로 필요한 공간 이외에는 불필요 : 장식과 기능을 철저히 분리하고 장식 배제
  - 폐쇄적 구조 지양, 자유로운 칸막이 이동을 통한 유연성 있는 공간 구축

❸ 르코르뷔지에의 견해
- 기능적인 것은 그 자체로 미적인 것
- 주택은 거주를 위한 기계
- 건축물은 목적에 부합하도록 기능적으로 최적화되어야 함
- 자동차 중심의 도시 공간 구획 : 격자 구조의 도로망

(나)

〈포스트모더니즘 시기의 건축〉

❶ 모더니즘의 한계를 비판하며 등장한 포스트모더니즘
- 20세기 초 지배적이었던 모더니즘의 한계 → 포스트모더니즘이 발전
- 합리성, 효율성을 우선시하는 기존 시스템을 비판하고 기계적이고 무미건조한 양식 대신 개별성과 자율성을 중시함

포스트모더니즘 시기의 건축에 대한 관점

❷ 푸코의 견해
- 근대화로 인한 도시의 구획을 권력과 관련지어 비판함
  - 격자 구조의 도시 공간은 전염병 대처 기능을 하기도 하지만 권력 작동의 그물망으로도 작용
  - 전염병 환자에 대한 감시는 발병 가능성이 있는 모든 존재에 대한 감시로 확대됨

❸ 벤투리의 견해
- "간결한 것은 지루하다."라며 모더니즘 건축 흐름에 저항함
- 모호성을 새로운 기준으로 제시하며 형태를 기능에 가두는 것을 거부함
- 모더니즘 건축은 미적인 것을 기능적인 것에 제약하는 것 : 공간의 미적 차원이 소멸되어 획일적 공간만 남게 됨

❹ 추미의 견해
- 모더니즘 건축이 지나치게 금욕적이라고 비판함
- 시각적 화려함을 추구하는 낭비(장식적 요소)의 부활을 통해 모더니즘 건축의 금욕주의에서 벗어날 수 있다고 봄
- 포스트모더니즘 건축은 낭비의 미덕을 실현하는 유희의 건축

---

100 글의 서술 방식 파악 - 적절한 것 고르기 | 2023년 11월 학평 16번
정답률 85% | 정답 ④

(가)와 (나)에 대한 설명으로 가장 적절한 것은?

근거 (가)-❶-1 18세기 말 산업 혁명 이후, (가)-❶-3~4 이 시기의 건축가들은 … 이러한 변화는 … 모더니즘 건축의 형성에 영향을 미쳤다. (가)-❷-1 모더니즘 건축가 미스 반데어로에는 …, (가)-❸-1 또 다른 건축가 르코르뷔지에는 …, (나)-❶-2~3 포스트모더니즘으로 발전하게 되었다. 이에 영향을 받은 푸코, 벤투리, 추미 등은 …,

(나)-**②**-1 철학자 푸코는 … , (나)-**③**-1 포스트모더니즘 건축가 벤투리는 … , (나)-**④**-1 건축가 추미는 … .

풀이 윗글의 (가)에서는 모더니즘 시기의 건축에 대한 미스 반데어로에와 르코르뷔지에의 관점을, (나)에서는 포스트모더니즘 시기의 건축에 대한 푸코, 벤투리, 추미의 관점을 소개하고, 각 관점의 특성을 설명하고 있다. 따라서 정답은 ④번이다.

① (가)와 달리 (나)는 *특정 시기의 건축에 대한 **상반된 ***관점을 제시하여 ****절충 방안을 *****모색하고 있다. *特定, 특별히 가리켜 정한 **相反−, 서로 반대되는 ***觀點, 사물이나 현상을 관찰할 때, 그 사람이 보고 생각하는 태도나 방향, 처지 ****折衷, 서로 다른 사물이나 의견, 관점 등을 알맞게 조절하여 서로 잘 어울리게 함 *****摸索, 더듬어 찾고

과학과 기술의 발전이 건축에 대한 관점에
② (나)와 달리 (가)는 특정 시기의 건축에 대한 관점이 기술의 발전에 미친 영향을 *인과적으로 밝히고 있다. *因果的−, 원인과 결과 관계를 파악하여

풀이 (가)는 특정 시기의 건축에 대한 관점이 기술의 발전에 미친 영향이 아니라, 특정 시기(18세기 말 산업 혁명 이후) 과학과 기술의 발전이 건축에 대한 인식에 미친 영향을 설명하고 있다.

③ (가)와 (나)는 모두, 특정 시기의 건축에 대한 관점을 시대순으로 *나열하여 한계를 **도출하고 있다. *羅列−, 죽 벌어 놓아 **導出−, 이끌어 내고

④ (가)와 (나)는 모두, 특정 시기의 건축에 대한 관점을 소개하며 각 관점이 지닌 특성을 설명하고 있다.
→ 적절함!

⑤ (가)와 (나)는 모두, 특정 시기의 건축에 대한 관점을 *유형별로 나누면서 그 분류 기준의 문제점을 설명하고 있다. *類型別, 유형에 따라 구별하여 나눈 갈래

| **101** | 세부 정보 이해 - 적절한 것 고르기 2023년 11월 학평 17번
정답률 90% | 정답 ③ |

윗글에 대한 이해로 가장 적절한 것은?

포스트모더니즘 건축 특성
① 포스트모더니즘 건축과 달리 모더니즘 건축은 개별성을 중시한다.
근거 (나)-**①**-3 이(포스트모더니즘)에 영향을 받은 푸코, 벤투리, 추미 등은 합리성과 효율성을 우선시하는 기존의 시스템을 비판하고, 기계적이고 무미건조한 양식 대신에 개별성과 자율성을 중시하는 모습을 보였다.
→ 적절하지 않음!

모더니즘 건축 특성
② 포스트모더니즘 건축은 효율성의 중시를 통해 합리성의 문제를 해결하려 한다.
근거 (나)-**①**-3 이(포스트모더니즘)에 영향을 받은 푸코, 벤투리, 추미 등은 합리성과 효율성을 우선시하는 기존의 시스템을 비판하고, 기계적이고 무미건조한 양식 대신에 개별성과 자율성을 중시하는 모습을 보였다.
→ 적절하지 않음!

③ 모더니즘 건축은 명료성을 추구하는 반면 포스트모더니즘 건축은 모호성을 추구한다.
근거 (나)-**③**-1~2 포스트모더니즘 건축가 벤투리는 … 모더니즘 건축의 흐름에 저항했다. 모더니즘 건축이 명료성을 내세웠다면 그는 모호성을 새로운 기준으로 제시하며 형태를 기능에 가두는 것을 거부
→ 적절함!

④ 모더니즘 건축은 건축의 영역에서 도시 계획 디자인과 산업 디자인의 영역을 제외한다.
근거 (가)-**①**-4 이러한 변화는 건축의 활동 영역을 도시 계획 디자인, 산업 디자인 등으로 확대시키며, 모더니즘 건축의 형성에 영향을 미쳤다.
→ 적절하지 않음!

⑤ 모더니즘 건축과 달리 포스트모더니즘 건축은 철근과 콘크리트 등의 재료를 주로 사용한다.
근거 (가)-**①**-2 건축에서도 철근과 콘크리트를 활용하여 기둥과 벽을 최소화하면서 건축물을 대량 생산할 수 있다는 인식이 생기게 되었다. (가)-**①**-4 이러한 변화는 … 모더니즘 건축의 형성에 영향을 미쳤다.
풀이 (가)에서 철근과 콘크리트를 활용해 건축물을 대량 생산할 수 있다는 인식이 모더니즘 건축의 형성에 영향을 미쳤다고 하였으므로, 모더니즘 건축은 철근과 콘크리트 등의 재료를 주로 사용했을 것이라 추론할 수 있다. 그러나 (나)에서 포스트모더니

즘 건축이 어떤 재료를 주로 사용했는지는 언급되지 않았다.
→ 적절하지 않음!

※ 윗글과 〈보기〉를 바탕으로 102번과 103번의 물음에 답하시오.

| 보기 |

[자료1]
¹○○시는 인구 밀도(人口密度, 단위 면적당 살고 있는 사람의 수를 뜻하며 보통 1 km² 안의 사람 수로 나타냄)가 높아 거리가 혼잡하고(混雜−, 여럿이 한데 뒤섞여 어수선하고) 비위생적이었다.(非衛生的−, 위생에 좋지 않거나 알맞지 않았다.) ²건축가 A는 ○○시의 위생 환경을 개선하기(改善−, 고쳐 더 좋게 만들기) 위하여 교통 체계 중심의 ⑦ 격자 구조의 도로망을 연결하고 주거 지역과 업무 지역을 멀리 떨어뜨려 구분하는 도시 설계안(設計案, 설계를 궁리하여 내놓은 생각이나 계획)을 구안했다.(具案−, 작성하였다.)

[자료2]
³건축가 B는 기능과 상관없는 구조물이나 장식적인 것들을 배제하고 실내에는 이동 가능한 칸막이가 설치된 주택을 설계했다. ⁴하지만 건축가 C는 이러한(건축가 B가 설계한 것과 같은) 주택을 주거 기능과 경제적 효율성만 추구한 ④ 단순한 형태의 건물이라고 비판했다. ⁵이에 그(건축가 C)는 벽 장식이나 화려한 마감재(−材, 건물의 겉면을 마감하는 데 쓰는 재료로 외부의 영향으로부터 건물을 보호하고 건물의 겉모양을 아름답게 하는 역할을 함)와 같이 건축가의 미적 가치가 반영된(反映−, 영향을 받아 나타난) 주택을 설계했다.

| **102** | 구체적인 사례에 적용 - 적절하지 않은 것 고르기 2023년 11월 학평 18번
정답률 80% | 정답 ① |

다음은 윗글을 읽은 학생이 〈보기〉를 이해한 내용을 정리한 것이다. 적절하지 않은 것은?

[자료1]	푸코는 격자 구조의 도시 공간에는 위생학적 기능이 없다고 생각하므로, 건축가 A의 도시 설계안을 부정적으로 바라보겠군. …………… ✓①
	르코르뷔지에는 사람보다는 차를 중심으로 도시를 공간화해야 한다고 생각하므로, 건축가 A의 도시 설계안을 긍정적으로 바라보겠군. ……… ②
[자료2]	벤투리는 모더니즘 건축의 흐름에 저항하므로, 건축가 B가 설계한 주택을 부정적으로 바라보겠군. …………………………………… ③
	미스 반데어로에는 폐쇄적인 구조를 지양하고 공간을 기능적으로 활용해야 한다고 생각하므로, 건축가 B가 설계한 주택을 긍정적으로 바라보겠군. …………………………………… ④
	추미는 시각적 화려함을 추구하는 낭비의 미덕을 중시하므로, 건축가 C가 설계한 주택을 긍정적으로 바라보겠군. …………… ⑤

① 푸코는 격자 구조의 도시 공간에는 위생학적 기능이 없다고 생각하므로, 건축가 A의 도시 설계안을 부정적으로 바라보겠군.
근거 〈보기〉-2 건축가 A는 ○○시의 위생 환경을 개선하기 위하여 교통 체계 중심의 격자 구조의 도로망을 연결, (나)-**②**-2 그(푸코)는 18세기부터 형성되기 시작한 격자 구조의 도시 공간은 위생학적 측면에서 전염병에 대처하기 위한 기능을 하기도 하지만 권력이 작동하는 그물망으로도 작용한다고 주장
풀이 푸코는 격자 구조의 도시 공간이 위생학적 기능을 하는 동시에 권력이 작동하는 그물망으로도 작용한다고 주장하였다. 따라서 푸코가 '격자 구조의 도시 공간에는 위생학적 기능이 없다고 생각하므로' 건축가 A의 도시 설계안을 부정적으로 바라볼 것이라는 학생의 이해는 적절하지 않다.
→ 적절하지 않음!

② 르코르뷔지에는 사람보다는 차를 중심으로 도시를 공간화해야 한다고 생각하므로, 건축가 A의 도시 설계안을 긍정적으로 바라보겠군.
근거 〈보기〉-2 건축가 A는 ○○시의 위생 환경을 개선하기 위하여 교통 체계 중심의 격자 구조의 도로망을 연결, (가)-**③**-3~4 그(르코르뷔지에)는 사람보다는 자동차를 중심으로 도시 공간을 구획해야 한다고 주장했다. 이는 격자 구조의 도로망으로 도시 공간을 구획하면 치안과 위생이라는 도시의 기능을 이상적으로 구현하면서 동시에 미적으로 이상적인 도시가 된다고 생각했기 때문
→ 적절함!

③ 벤투리는 모더니즘 건축의 흐름에 저항하므로, **건축가 B가 설계한 주택을 부정적으로 바라보겠군.**

> [근거] 〈보기〉-3 건축가 B는 기능과 상관없는 구조물이나 장식적인 것들을 배제하고 실내에는 이동 가능한 칸막이가 설치된 주택을 설계, (가)-❶-3~4 이 시기의 건축가들은 이전 시대와 달리 장식적인 요소가 제거된 합리적이고 기능적인 건축물에 가치를 부여하게 되었다. 이러한 변화는 … 모더니즘 건축의 형성에 영향을 미쳤다, (나)-❸-1 포스트모더니즘 건축가 벤투리는 "간결한 것은 지루하다."라며 모더니즘 건축의 흐름에 저항

> [풀이] 〈보기〉에서 건축가 B는 기능과 상관없는 구조물이나 장식적인 것들을 배제하고, 실내에는 이동 가능한 칸막이를 설치하여 기능적 활용도를 높인 주택을 설계하였다. 이는 장식적 요소가 제거된 합리적이고 기능적인 건축물에 가치를 부여하는 모더니즘 건축에 해당한다. 윗글의 (나)에서 포스트모더니즘 건축가 벤투리는 모더니즘 건축의 흐름에 저항했다고 하였으므로, 건축가 B가 설계한 주택을 부정적으로 바라보았을 것이다.

→ 적절함!

④ 미스 반데어로에는 폐쇄적인 구조를 지양하고 공간을 기능적으로 활용해야 한다고 생각하므로, **건축가 B가 설계한 주택을 긍정적으로 바라보겠군.**

> [근거] 〈보기〉-3 건축가 B는 기능과 상관없는 구조물이나 장식적인 것들을 배제하고 실내에는 이동 가능한 칸막이가 설치된 주택을 설계, (가)-❷-3 □(미스 반데어로에)는 폐쇄적인 구조를 지양하고 공간을 기능적으로 활용할 수 있도록 칸막이를 자유롭게 이동할 수 있게 하여 유연성 있는 공간을 구축

→ 적절함!

⑤ 추미는 시각적 화려함을 추구하는 낭비의 미덕을 중시하므로, **건축가 C가 설계한 주택을 긍정적으로 바라보겠군.**

> [근거] 〈보기〉-5 □(건축가 C)는 벽 장식이나 화려한 마감재와 같이 건축가의 미적 가치가 반영된 주택을 설계, (나)-❹-4~5 추미는 모더니즘 건축의 금욕주의에서 벗어나는 방법을, 시각적 화려함을 추구하는 낭비의 부활에서 찾았다. 그에게 있어 포스트모더니즘의 건축은 낭비의 미덕을 실현하는 유희의 건축

→ 적절함!

---

103 반응의 적절성 판단 - 적절하지 않은 것 고르기 | 2023년 11월 학평 19번 | 정답률 80% | 정답 ⑤

윗글을 바탕으로 〈보기〉에 대해 보인 반응으로 적절하지 **않은** 것은?

> ㉮ 격자 구조의 도로망 ㉯ 단순한 형태의 건물

① 미스 반데어로에는 [자료 2]의 ㉯가 장식과 기능을 분리하여 불필요한 부분을 배제한 건물이라고 생각하겠군.

> [근거] 〈보기〉-3 건축가 B는 기능과 상관없는 구조물이나 장식적인 것들을 배제하고 실내에는 이동 가능한 칸막이가 설치된 주택을 설계, (가)-❷-2 □(미스 반데어로에)는 기능적으로 필요한 공간 이외에는 불필요하다고 생각했기 때문에 장식과 기능을 철저하게 분리하고 장식을 공간 구성에서 원칙적으로 배제해야 한다고 말한다.

→ 적절함!

② 르코르뷔지에는 [자료 1]의 ㉮가 도시의 기능적 측면과 미적인 측면을 모두 이상적으로 구현할 수 있다고 판단하겠군.

> [근거] 〈보기〉-2 건축가 A는 ○○시의 위생 환경을 개선하기 위하여 교통 체계 중심의 격자 구조의 도로망을 연결, (가)-❸-3~4 □(르코르뷔지에)는 사람보다는 자동차를 중심으로 도시 공간을 구획해야 한다고 주장했다. 이는 격자 구조의 도로망으로 도시 공간을 구획하면 치안과 위생이라는 도시의 기능을 이상적으로 구현하면서 동시에 미적으로 이상적인 도시가 된다고 생각했기 때문

→ 적절함!

③ 푸코는 [자료 1]의 ㉮가 권력이 작동하는 그물망으로 작용할 수 있다고 주장하겠군.

> [근거] 〈보기〉-2 건축가 A는 ○○시의 위생 환경을 개선하기 위하여 교통 체계 중심의 격자 구조의 도로망을 연결, (나)-❷-2 □(푸코)는 18세기부터 형성되기 시작한 격자 구조의 도시 공간은 위생학적 측면에서 전염병에 대처하기 위한 기능을 하기도 하지만 권력이 작동하는 그물망으로도 작용한다고 주장

→ 적절함!

④ 벤투리는 [자료 2]의 ㉯가 미적 차원이 소멸되어 획일적인 공간만 남았다고 판단하겠

군.

> [근거] 〈보기〉-3 건축가 B는 기능과 상관없는 구조물이나 장식적인 것들을 배제하고 실내에는 이동 가능한 칸막이가 설치된 주택을 설계, (나)-❸-5 □(벤투리)는 모더니즘의 공간에서는 공간의 미적 차원이 소멸되어 획일적인 공간만 남게 된다고 주장

→ 적절함!

✓⑤ 추미는 [자료 2]의 ㉯가 금욕주의에서 벗어나 유희의 건축이 실현되었다고 판단하겠군.

> [근거] 〈보기〉-3 건축가 B는 기능과 상관없는 구조물이나 장식적인 것들을 배제하고 실내에는 이동 가능한 칸막이가 설치된 주택을 설계, (나)-❹-2 모더니즘 건축에서 장식적인 요소는 낭비로 취급받으며 무의미한 부분으로 간주된다, (나)-❹-4~5 추미는 모더니즘 건축의 금욕주의에서 벗어나는 방법을, 시각적 화려함을 추구하는 낭비의 부활에서 찾았다. 그에게 있어 포스트모더니즘의 건축은 낭비의 미덕을 실현하는 유희의 건축

> [풀이] [자료 2]의 ㉯, 즉 기능과 상관없는 구조물이나 장식적인 것들을 배제하고 실내에는 이동 가능한 칸막이가 설치된 건물은 모더니즘 건축에 해당한다고 볼 수 있다. 한편 추미는 포스트모더니즘 건축가로, 시각적 화려함을 추구하는 낭비의 부활을 통해 모더니즘 건축의 금욕주의에서 벗어날 수 있다고 보았다. 즉 추미의 관점에서 '금욕주의에서 벗어나 유희의 건축이 실현된 것'은 포스트모더니즘 건축에 해당하는 설명이다. 따라서 추미는 모더니즘 건축물에 해당하는 [자료 2]의 ㉯에 대해 금욕주의에서 벗어나 유희의 건축이 실현된 것이라고 판단하지 않을 것이다.

→ 적절하지 않음!

---

104 추론의 적절성 판단 - 적절한 것 고르기 | 2023년 11월 학평 20번 | 정답률 85% | 정답 ③

㉠과 ㉡에 담긴 의미를 추론한 내용으로 가장 적절한 것은?

> ㉠ "간결한 것이 풍부하다." ㉡ "간결한 것은 지루하다."

① ㉠에는 본연의 모습에서 벗어난 공간에 대한 긍정이, ㉡에는 공간의 본질이 변화하는 것에 대한 부정이 담겨 있다.

> [근거] (가)-❷-1 모더니즘 건축가 미스 반데어로에는 건축이 본연의 모습을 잃고 현 시대에 어울리지 않는 형태를 답습하는 것에 대해 비판

> [풀이] 미스 반데어로에는 건축이 본연의 모습을 잃고 현 시대에 어울리지 않는 형태를 답습하는 것에 대해 비판하였으므로, ㉠에 본연의 모습에서 벗어난 공간에 대한 긍정이 담겨 있다는 설명은 적절하지 않다.

→ 적절하지 않음!

② ㉠에는 공간의 독립성을 강조하고자 하는 건축가의 판단이, ㉡에는 공간의 보편성을 강조하고자 하는 건축가의 판단이 담겨 있다.

> [근거] (가)-❷-3 □(미스 반데어로에)는 폐쇄적인 구조를 지양하고 공간을 기능적으로 활용할 수 있도록 칸막이를 자유롭게 이동할 수 있게 하여 유연성 있는 공간을 구축

> [풀이] 미스 반데어로에는 '폐쇄적인 구조를 지양하고 공간을 기능적으로 활용할 수 있도록 칸막이를 자유롭게 이동할 수 있는 '유연성 있는 공간'을 구축하고자 하였다. 따라서 ㉠에 공간의 '독립성'을 강조하고자 하는 건축가의 판단이 담겨 있다고 보기는 어렵다.

→ 적절하지 않음!

✓③ ㉠에는 합리적이고 기능적인 건축물에 가치를 부여하는 태도가, ㉡에는 기계적이고 무미건조한 건축물을 거부하는 태도가 담겨 있다.

> [근거] (가)-❶-3~4 건축가들은 이전 시대와 달리 장식적인 요소가 제거된 합리적이고 기능적인 건축물에 가치를 부여하게 되었다. 이러한 변화는 건축의 활동 영역을 도시 계획 디자인, 산업 디자인 등으로 확대시키며, 모더니즘 건축의 형성에 영향을 미쳤다, (가)-❷-1 모더니즘 건축가 미스 반데어로에, (나)-❶-3 이(포스트모더니즘)에 영향을 받은 푸코, 벤투리, 추미 등은 합리성과 효율성을 우선시하는 기존의 시스템을 비판하고, 기계적이고 무미건조한 양식 대신에 개별성과 자율성을 중시하는 모습을 보였다.

→ 적절함!

④ ㉠에는 시대와 상관없는 절대적 공간을 추구해야 한다는 의미가, ㉡에는 시대의 요구를 충족하는 공간을 추구해야 한다는 의미가 담겨 있다.

근거 (가)-②-1 모더니즘 건축가 미스 반데어로에는 건축이 본연의 모습을 잃고 현 시대에 어울리지 않는 형태를 답습하는 것에 대해 비판

풀이 미스 반데어로에는 건축이 현 시대에 어울리지 않는 형태를 답습하는 것에 대해 비판하였으므로, ⊙에 '시대와 상관없는' 절대적 공간을 추구해야 한다는 의미가 담겨 있다는 설명은 적절하지 않다.

→ 적절하지 않음!

⑤ ⊙에는 공간이 공간 그 자체로서 심미적 가치를 보존할 수 있다는 인식이, ⓒ에는 공간이 그 자체로서 효율적 가치를 보존할 수 있다는 인식이 담겨 있다.

근거 (가)-②-2 그(미스 반데어로에)는 기능적으로 필요한 공간 이외에는 불필요하다고 생각했기 때문에 장식과 기능을 철저하게 분리하고 장식을 공간 구성에서 원칙적으로 배제해야 한다고 말한다. (나)-①-3 이(포스트모더니즘)에 영향을 받은 푸코, 벤투리, 추미 등은 합리성과 효율성을 우선시하는 기존의 시스템을 비판

풀이 미스 반데어로에는 기능적으로 필요한 공간 이외에는 불필요하며 장식과 기능을 철저히 분리하고 장식을 공간 구성에서 배제해야 한다고 주장하였으므로, ⊙에 공간이 공간 그 자체로서 '심미적 가치'를 보존할 수 있다는 인식이 담겨 있다는 설명은 적절하지 않다. 또한 벤투리는 합리성과 효율성을 우선시하는 기존의 시스템을 비판한 포스트모더니즘 건축가이므로, ⓒ에 공간이 그 자체로서 '효율적 가치'를 보존할 수 있다는 인식이 담겨 있다는 설명도 적절하지 않다.

→ 적절하지 않음!

---

105 단어의 사전적 의미 - 적절하지 않은 것 고르기 2023년 11월 학평 21번 정답률 90% **정답 ②**

ⓐ~ⓔ의 사전적 의미로 적절하지 않은 것은?

ⓐ 답습   ⓑ 부합   ⓒ 구현   ⓓ 작용   ⓔ 해방

① ⓐ : 예로부터 해 오던 방식이나 수법을 좇아 그대로 행함.
풀이 '답습(踏 밟다 답 襲 그대로 따르다 습)'의 사전적 의미는 '예로부터 해 오던 방식이나 수법을 좇아 그대로 행함'이다.
예문 전통의 계승과 답습을 혼동해서는 안 된다.
→ 적절함!

② ⓑ : 둘 이상의 조직이나 기구 따위를 하나로 합침.
풀이 '부합(符 증거 부 合 합하다 합)'의 사전적 의미는 '부신(符信, 나뭇조각이나 두꺼운 종이에 글자를 기록하고 증명하기 위한 도장을 찍은 뒤에, 두 조각으로 쪼개어 한 조각은 상대자에게 주고 다른 한 조각은 자기가 가지고 있다가 나중에 서로 맞추어서 증거로 삼던 물건)이 꼭 들어맞듯 사물이나 현상이 서로 꼭 들어맞음'이다. '둘 이상의 조직이나 기구 따위를 하나로 합침'의 뜻을 가진 단어는 '부합'이 아니라 '통합(統 합치다 통 合 합하다 합)'이다.
예문 후보의 공약과 실제 사업의 부합 여부가 궁금하다.
→ 적절하지 않음!

③ ⓒ : 어떤 내용을 구체적인 사실로 나타나게 함.
풀이 '구현(具 갖추다 구 現 나타나다 현)'의 사전적 의미는 '어떤 내용을 구체적인 사실로 나타나게 함'이다.
예문 세계 사회 정의의 날은 정의로운 사회 구현을 위해 국제 연합(UN)이 매년 2월 20일로 지정한 기념일이다.
→ 적절함!

④ ⓓ : 어떠한 현상을 일으키거나 영향을 미침.
풀이 '작용(作 미치다 작 用 쓰다 용)'의 사전적 의미는 '어떠한 현상을 일으키거나 영향을 미침'이다.
예문 물은 우리 몸속에서 다양한 작용을 한다.
→ 적절함!

⑤ ⓔ : 구속이나 억압, 부담 따위에서 벗어나게 함.
풀이 '해방(解 풀다 해 放 놓다 방)'의 사전적 의미는 '구속이나 억압, 부담 따위에서 벗어나게 함'이다.
예문 링컨은 노예 해방을 선언하였다.
→ 적절함!

[106~111] 다음 글을 읽고 물음에 답하시오.

(가)

① [1]'세계'는 그것(세계)을 대면한(對面-, 서로 얼굴을 마주 보고 대한) 각(各, 낱낱의) 인식(認識, 사물을 분별하고 판단하여 앎) 주체들에 의해 다양하게 드러난다. [2]가장 일차적이고(一次的-, 근본적이고) 일반적인 세계는 우리가 경험하는 현실 세계이며, 인식 주체들은 각자가 지닌 조건에 따라 현실 세계를 다양하게 인식한다. [3]한 예로, 각 인식 주체는 서로 다른 가시(可視, 눈으로 볼 수 있는 것) 및 가청(可聽, 들을 수 있음) 범위를 가지며, 이러한 신체적 지각(知覺, 알아서 깨닫는 능력)의 차이에 따라 그들(각 인식 주체들)이 경험하는 세계에 대한 인식도 각기(各其, 각각 저마다) 달라진다. [4]또한 인식 주체는 일상 언어(日常言語, 날마다 반복되는 일상생활에서 자연스럽게 쓰는 말)를 바탕으로 현실 세계를 인식한다. [5]예를 들어 연속된 시간을 시, 분으로 표현하는 것처럼 일상 언어는 연속된 세계를 분절하여(分節-, 마디로 나누어) 인식하게 만든다.
→ 인식 주체와 세계의 인식

② [1]그런데 신체적 지각이나 일상 언어는 고정적이지 않다. [2]운동선수처럼 반복적 수련(修鍊, 힘써 배우고 익힘)을 하거나 안경 등의 도구를 이용하면 인식 주체들이 지닌 조건은 ⓐ 달라질 수 있으며, 새로 도입된 낯선 언어가 시간이 흐르면서 일상 언어로 자리 잡기도 한다.
→ 신체적 지각과 일상 언어의 비고정성

③ [1]인식 주체들에 의해 드러나는 각각의 세계는 세계 전체를 이루는 여러 얼굴이라 할 수 있다. [2]인식 주체들의 인식 조건은 다양하므로 각각의 인식틀(일정한 격식이나 형식)에 따라 저마다의 얼굴, 즉 각각의 존재면이 드러나게 된다. [3]그런 의미에서 회화(繪 그림 회 畵 그림 화, 여러 가지 선이나 색채로 평면상에 형상을 그려 내는 조형 미술) 예술은 세계의 다양한 존재면을 드러내는 작업이다.
→ 세계의 다양한 존재면을 드러내는 회화 예술

④ [1]의식 수준이 성장함에 따라 인간은 점차 현실 세계의 현상 너머에 있는 형이상학적인(形而上學的-, 사물의 본질, 존재의 근본 원리 등을 탐구하는 학문인 '형이상학'에 바탕을 둔) 것을 갈망하게(渴望-, 간절히 바라게) 되었다. [2]이런 경향은 현대회화에도 영향을 ⓑ 끼쳤으며, 회화에서 현실 세계를 다루는 양상(樣相, 모양, 상태)에도 변화가 나타났다. [3]현대회화의 존재적 특징은 과학과의 비교를 통해 분명해진다. [4]과학은 존재면이 비교적 일의적이며(一義的-, 한 종류이며), 한 존재면을 수직으로 파고들어 그 면(수직으로 파고든 한 존재면)을 심층적으로(深層的-, 깊이 있고 철저하게) 드러낸다. [5]예를 들어 생물학은 종(種, 생물 분류의 기초 단위), 개체(個體, 하나의 독립된 생물체), 기관(器官, 일정한 모양과 생리 기능을 가지고 있는 생물체의 부분), 세포, 유전자 등 무수한(無數-, 헤아릴 수 없는) 면들을 드러내나, 이 면들은 넓게 보면 같은 면의 객관적 심층(深層, 깊은 층)이다.(→ 존재면이 일의적임) [6]그러나 현대회화는 여러 존재면을 수평적으로 드러낸다. [7]예를 들어 입체주의나 표현주의 현대회화를 보면, 하나의 그림 위에 일상의 현실 세계와 상상에 의한 가능 세계가 혼재해(混在-, 뒤섞여) 있음을 알 수 있다. [8]현실 세계의 실재(實在, 실제로 존재함)를 있는 그대로 재현하고자(再現-, 다시 나타내고자) 했던 ⊙ 전통회화와 달리 ⓒ 현대회화는 변형(變形, 모양이나 형태가 달라지게 함)과 과장(誇張, 사실보다 지나치게 불려서 나타냄)을 통해 실재와는 다른 방식으로 세계들을 조합해(組合-, 한 덩어리로 짜) 나간 것이다. [9]이러한 현대회화의 추상성(抽象性, 실제로나 구체적으로 경험할 수 없는 성질)은 처음에는 혁신적이었으나(革新的-, 묵은 풍속, 관습, 조직, 방법 등을 완전히 바꾸어 새롭게 하는 것이었으나) 점차 보편적인 것이 되었다.
→ 회화에서 현실 세계를 다루는 양상에 나타난 변화

⑤ [1]추상의 강도(强度, 센 정도)가 더해질수록 현대회화는 실재의 재현에서 더욱 ⓒ 멀어져, 실재가 아닌 화가의 내면(內面, 밖으로 드러나지 않는 사람의 정신적·심리적 측면)을 표현하는 것으로 인식되었다. [2]내면은 상상의 영역이기에, 전통회화와 달리 현대회화로는 현실 세계의 존재면을 드러내기 어렵다는 인식도 생겨났다. [3]그러나 현대회화의 추상성에 대해 실재는 배제한(排除-, 받아들이지 않고 뺀) 채 내면만 표현한 것이라고 이분법적으로(二分法的-, 둘로 나누어) 이해하는 것은 적절하지 않다. [4]상상의 대부분은 현실의 경험에서 ⓓ 비롯되며, 내면의 추상적 영역 또한 객관적 실재의 외면(外面, 겉에 있거나 보이는 면)을 이질적으로(異質的-, 성질이 다른 것으로) 변형시켜 존재를 다양하게 드러내는, 세계의 무수한 존재면 중 하나이기 때문이다. [5]회화를 통해 접하는 다양한 가능 세계와의 만남은 우리를 현실 세계에 더 가까이 다가가게 해 준다.
→ 현대회화의 추상성에 대한 이해

I
인
문

(나)

1 ¹회화는 캔버스(canvas, 유화를 그릴 때 쓰는 천) 위에 물감으로 색과 형태를 드러낸 가시적 존재지만, 회화의 의미가 창작자(創作者, 작품을 만든 사람)의 주관(主觀, 견해나 관점)이나 감상자(鑑賞者, 작품의 아름다움을 이해하여 즐기고 평가하는 사람)의 주관에 따라 다양하게 형성된다는 점에서 비가시적(非可視的, 눈으로 볼 수 없는) 존재이기도 하다. ²이렇듯 회화는 가시적이면서 동시에 비가시적인 독특한 존재 방식을 갖는다.

→ 가시적이면서 동시에 비가시적인 회화

2 ¹전통회화는 회화의 가시적 속성을 통해 객관적 세계의 외면을 사실적으로 재현하는 데 주목했다. ²이에 반해(反~, 반대로) 현대회화는 회화의 가시적 속성을 통해 화가의 비가시적 내면을 드러내는 데 치중한다.(置重, 중점을 둔다.) ³현대회화는 화가들이 자신만의 관념적(觀念的, 현실에 의하지 않는 추상적이고 공상적인) 세계를 가시화한 결과물로서, 회화 속에서 객관적 실재는 주관화된다.(主觀化~, 자신의 관점이나 생각과 관련된 입장에서 다루어지게 된다.) ⁴현대회화의 화가들은 현실에서 목격하는(目擊~, 눈으로 직접 보는) 일상의 모습이 비대칭적이고(非對稱的~, 서로 동일한 모습으로 마주보며 짝을 이루고 있지 않고) 혼란스럽더라도 임의로(任意~, 일정한 기준이나 원칙에 따르지 않고 하고 싶은 대로) 대칭(對稱, 서로 동일한 모습으로 마주보며 짝을 이루고 있는 상태)을 만들거나 현실을 조작하는 등의 방법으로 비현실적 허구(虛構, 사실에 없는 일을 사실처럼 꾸며 만듦)를 표현해 내고자 했다. ⁵이렇게 예술을 통해 현실이 추상화되는 과정에서 예술은 객관적 현실로부터 점차 멀어져 가는 경향을 보였다.

→ 전통회화와 현대회화의 대조적 특징

3 ¹이러한 ㉠예술과 현실의 분리는 회화뿐 아니라 음악에서도 나타난다. ²음악에 사용되는 음은 현실의 무한한(無限~, 제한이나 한계가 없는) 소리 중 극히 일부이며, 일상에서 들을 수 있는 일반적 소리와 달리 균질적이고(均質的~, 성분이나 특성이 고루 같은 것이고) 세련되며(洗練~, 잘 다듬어져 있으며) 인위적인(人爲的~, 사람의 힘으로 이루어진) 배열(配列, 일정한 차례나 간격에 따라 벌여 놓음)을 ⓔ따른다. ³이렇게 음악도 일상 현실과 거리를 두며 그(음악의) 정체성(正體性, 본질적으로 가지고 있는 특성)을 확보해 왔다.

→ 음악에서 나타나는 예술과 현실의 분리

4 ¹그런데 이러한(현실과 분리된) 예술의 흐름에 대항하여(對抗~, 맞서) 새로운 시도를 하는 예술가들도 있었다. ²화가이자 음악가였던 루솔로는 일상 현실의 기계 소리를 소음이 아닌 음악적 표현 대상으로 삼아, 소음 기계를 악기로 만들었다. ³작곡가 바레즈는 분절된(分節~, 마디로 나눈) 몇 개의 음만을 표현할 수 있는 일반적 악기와 달리, 사이렌(siren, 많은 공기구멍이 뚫린 원판을 빠른 속도로 돌려 공기의 진동으로 소리를 내는 장치로, 신호, 경보 등에 씀)이 음과 음 사이의 분절되지 않은 무한한 음을 낼 수 있는 일상적 사물이라는 점에 주목하여 사이렌으로 음악을 표현했다. ⁴또한 작곡가 셰페르는 사람의 소리, 기계 소리, 자연음 등을 '음향(音響, 물체에서 나는 소리와 그 울림) 오브제(objet, 원래의 용도에서 분리되어 예술 작품에 사용된 일상 용품이나 자연물)'로 활용하는 '구체음악'을 창시하기도(創始~, 처음으로 시작하기도) 하였다.

→ 새로운 시도를 한 예술가들

5 ¹게르노트 뵈메는 예술의 영역을 일상적 삶으로 확장하려는 이러한 노력을 '확장된 미학(美學, 자연, 인생, 예술 등에 담긴 미의 본질과 구조를 밝히는 학문)'이라 일컬었다.(이름 지어 불렀다.) ²뵈메는 예술의 미적(美的, 아름다움에 관한) 경험이 일상적인 맥락에서 분리되어 예술가라는 특별한 존재에 의해 창조되는 특정한 미적 대상에만 국한된다고(局限~, 범위가 제한된다고) 보는 기존의 미학을 비판하며, 예술이 창작되고 수용되는(受容~, 받아들여지는) 미적 경험이 일상적 현실로까지 확장되어야 한다고 보았다.

→ 기존의 미학을 비판한 뵈메의 견해

■ 지문 이해
(가)
〈세계의 다양한 존재면을 드러내는 회화 예술〉

❶ 인식 주체와 세계의 인식
- 인식 주체들은 각자가 지닌 조건에 따라 현실 세계를 다양하게 인식함
- 인식 주체는 신체의 지각과 일상 언어를 바탕으로 현실 세계를 인식함

❷ 신체적 지각과 일상 언어의 비고정성

❸ 세계의 다양한 존재면을 드러내는 회화 예술
- 인식 주체들의 인식 조건은 다양하므로, 각각의 인식틀에 따라 저마다의 존재면이 드러남
- → 회화 예술은 세계의 다양한 존재면을 드러내는 작업

❹ 회화에서 현실 세계를 다루는 양상에 나타난 변화

과학의 존재적 특징	현대회화의 존재적 특징
- 존재면이 비교적 일의적임 - 한 존재면을 수직으로 파고들어, 그 면을 심층적으로 드러냄	- 여러 존재면을 수평적으로 드러냄 - 하나의 그림 위에 현실 세계와 가능 세계가 혼재함

전통회화	현대회화
- 현실 세계의 실재를 있는 그대로 재현하고자 함	- 변형, 과장을 통해 실재와 다른 방식으로 세계들을 조합함 : 추상성

❺ 현대회화의 추상성에 대한 이해
- 추상성이 강해지면서 현대회화는 실재가 아닌 화가의 내면을 표현하는 것으로 인식됨 → 전통회화와 달리 현대회화로는 현실 세계의 존재면을 드러내기 어렵다는 인식이 생겨남
- ⇒ 현대회화의 추상성을 '실재를 배제한 내면 표현'이라고 보는 이분법적 이해는 적절하지 않음
  - 상상의 대부분은 현실의 경험에서 비롯됨
  - 내면의 추상적 영역도 세계의 무수한 존재면 중 하나임
  - 회화를 통해 다양한 가능 세계와 접함으로써 현실 세계에 더 가까이 다가갈 수 있음

(나)
〈예술과 현실의 관계에 관한 기존의 흐름과 이에 대항한 새로운 시도들〉

❶ 가시적이면서 동시에 비가시적인 회화
- 회화 : 가시적이면서 동시에 비가시적인 독특한 존재 방식을 가짐
  - 가시적 : 캔버스 위에 물감으로 색과 형태를 드러냄
  - 비가시적 : 회화의 의미가 창작자나 감상자의 주관에 따라 다양하게 형성됨

❷ 전통회화와 현대회화의 대조적 특징

전통회화	현대회화
- 회화의 가시적 속성을 통해 객관적 세계의 외면을 사실적으로 재현하는 데 주목함	- 회화의 가시적 속성을 통해 화가의 비가시적 내면을 드러내는 데 치중함

- 현대회화의 특징
  - 화가가 자신만의 관념적 세계를 가시화한 결과물
  - 회화 속 객관적 실재는 주관화됨
  - 현실의 비대칭적이고 혼란스러운 모습을 조작하여 비현실적 허구를 표현함
  - 예술을 통해 현실이 추상화되는 과정에서 예술이 객관적 현실로부터 멀어지는 경향을 보임

❸ 음악에서 나타나는 예술과 현실의 분리
- 음악에 사용되는 음은 균질적이고 세련되며 인위적 배열을 따름
  - → 일상 현실과 거리를 두며 정체성을 확보해 옴

1등급 문제

106 글의 서술 방식 파악 - 적절한 것 고르기 2023년 9월 학평 21번
정답률 35%, 매력적 오답 ④ 25% ⑤ 30%　　**정답 ③**

(가)와 (나)에 대한 설명으로 가장 적절한 것은?

> **근거** **(가)-❶**-2 인식 주체들은 각자가 지닌 조건에 따라 현실 세계를 다양하게 인식, **(가)-❸**-3 회화 예술은 세계의 다양한 존재면을 드러내는 작업, **(가)-❹**-6~8 현대회화는 여러 존재면을 수평적으로 드러낸다. … 현대회화는 변형과 과장을 통해 실재와는 다른 방식으로 세계들을 조합해 나간 것, **(가)-❺**-3~5 현대회화의 추상성에 대해 … 이분법적으로 이해하는 것은 적절하지 않다. … 회화를 통해 접하는 다양한 가능 세계와의 만남은 우리를 현실 세계에 더 가까이 다가가게 해 준다, **(나)-❶**-2 회화는 가시적이면서 동시에 비가시적인 독특한 존재 방식을 갖는다, **(나)-❷**-2 현대회화는 회화의 가시적 속성을 통해 화가의 비가시적 내면을 드러내는 데 치중, **(나)-❷**-5 예술을 통해 현실이 추상화되는 과정에서 예술은 객관적 현실로부터 점차 멀어져 가는 경향을 보였다, **(나)-❸**-1 예술과 현실의 분리는 회화뿐 아니라 음악에서도 나타난다, **(나)-❸**-3 음악도 일상 현실과 거리를 두며 그 정체성을 확보해 왔다, **(나)-❹**-1 이러한 예술의 흐름에 대항하여 새로운 시도를 하는 예술가들, **(나)-❺**-2 기존의 미학을 비판하며, 예술이 창작되고 수용되는 미적 경험이 일상적 현실로까지 확장되어야 한다고 보았다.

> **풀이** 윗글의 (가)에서는 각각의 인식 주체들이 세계를 다양하게 인식하며 인식 주체들이 가진 인식틀에 따라 저마다의 존재면이 드러난다고 설명하면서, 회화 예술이 세계의 다양한 존재면을 드러내는 작업이라고 설명하고 있다. 또한 현대회화의 추상성에 대해 이분법적으로 이해하는 것은 적절하지 않다고 이야기하고 있다. 따라서 (가)는 세계에 대한 인식을 바탕으로 회화 예술을 이해하는 관점을 제시하고 있다고 볼 수 있다. 한편 (나)에서는 예술과 현실이 분리되었던 기존의 경향을 설명하고, 이러한 기존의 흐름에 대항하여 예술의 영역을 일상적 현실로 확장하려는 예술가들의 새로운 시도들을 소개하였다. 즉 (나)는 예술과 현실의 관계에 대한 상반된 인식을 제시하고 있다. 따라서 정답은 ③번이다.

① (가)는 인식 주체가 인식의 한계를 극복하는 과정을, (나)는 인식의 한계가 예술 이해에 미친 영향을 설명하고 있다.

② (가)는 현대회화의 추상성을 이분법적으로 이해해야 하는 이유를, (나)는 회화가 비가시적 내면을 드러내는 원리를 분석하고 있다.

③ (가)는 세계에 대한 인식을 바탕으로 회화 예술을 이해하는 관점을, (나)는 예술과 현실의 관계에 대한 상반된 인식을 제시하고 있다.
> → 적절함!

④ (가)는 인간의 의식 수준의 성장에 따른 현실 세계의 변화 양상을, (나)는 일상으로부터 분리되어 가는 예술의 흐름을 언급하고 있다.

> **근거** **(가)-❹**-1~2 의식 수준이 성장함에 따라 인간은 점차 현실 세계의 현상 너머에 있는 형이상학적인 것을 갈망하게 되었다. 이런 경향은 현대회화에도 영향을 끼쳤으며,

> **풀이** 윗글의 (가)에 따르면 의식 수준이 성장함에 따라 인간은 형이상학적을 갈망하게 되는 경향이 나타나게 되었다. 의식 수준의 성장으로 인해 현실 세계가 변화한 것은 아니다.

⑤ (가)는 현대회화가 세계를 추상적으로 드러내는 방식을, (나)는 현실 세계에 의해 회화와 음악이 변화하게 되는 *계기를 밝히고 있다. *契機. 결정적 원인, 기회

> **근거** **(나)-❷**-5 이렇게 예술을 통해 현실이 추상화되는 과정에서 예술은 객관적 현실로부터 점차 멀어져 가는 경향을 보였다.

> **풀이** 윗글의 (나)에 따르면 현실 세계에 의해 회화와 음악이 변화하는 것이 아니라 예술, 즉 회화와 음악을 통해 현실이 추상화되는 것이다.

---

107 추론의 적절성 판단 - 적절하지 않은 것 고르기 2023년 9월 학평 22번
정답률 75%　　**정답 ④**

(가)를 바탕으로 존재면과 관련하여 추론한 내용으로 적절하지 않은 것은?

① 하나의 회화 작품을 함께 감상하더라도 각 감상자가 지닌 인식틀에 따라 서로 다른 존재면을 인식하게 될 수 있겠구나.

> **근거** **(가)-❶**-2 인식 주체들은 각자가 지닌 조건에 따라 현실 세계를 다양하게 인식한다, **(가)-❸**-2 인식 주체들의 인식 조건은 다양하므로 각각의 인식틀에 따라 저마다의 얼굴, 즉 각각의 존재면이 드러나게 된다.
> → 적절함!

② 새로 개발된 기술을 *지칭하는 용어가 일상 언어로서의 지위를 갖게 되면 그 언어로 지각되는 존재면도 달라질 수 있겠구나. *指稱ㅡ. 가리켜 말하는

> **근거** **(가)-❶**-4 인식 주체는 일상 언어를 바탕으로 현실 세계를 인식한다, **(가)-❷**-1~2 신체적 지각이나 일상 언어는 고정적이지 않다. … 새로 도입된 낯선 언어가 시간이 흐르면서 일상 언어로 자리 잡기도 한다, **(가)-❸**-2 인식 주체들의 인식 조건은 다양하므로 각각의 인식틀에 따라 저마다의 얼굴, 즉 각각의 존재면이 드러나게 된다.

> **풀이** (가)에 따르면 각 인식 주체는 일상 언어를 바탕으로 현실 세계를 인식한다. 그런데 일상 언어는 고정적이지 않아서, 낯선 언어가 일상 언어로 자리 잡기도 한다. 새로 개발된 기술을 지칭하는 낯선 용어가 일상 언어로서의 지위를 갖게 되면, 해당 언어를 바탕으로 현실 세계를 인식하게 되므로 지각되는 존재면도 달라질 수 있을 것이다.
> → 적절함!

③ 형이상학적인 것에 대한 갈망으로 인해 회화에 나타난 현실 세계의 존재면이 추상적 방향으로 변하는 경향을 띠게 되었겠구나.

> **근거** **(가)-❹**-1~2 의식 수준이 성장함에 따라 인간은 점차 현실 세계의 현상 너머에 있는 형이상학적인 것을 갈망하게 되었다. 이런 경향은 현대회화에도 영향을 끼쳤으며, 회화에서 현실 세계를 다루는 양상에도 변화가 나타났다, **(가)-❹**-8~9 현실 세계의 실재를 있는 그대로 재현하고자 했던 전통회화와 달리 현대회화는 변형과 과장을 통해 실재와는 다른 방식으로 세계들을 조합해 나간 것이다. 이러한 현대회화의 추상성
> → 적절함!

④ 개개의 과학 학문은 하나의 존재면이 서로 관련이 없는 여러 존재면들로 구성되어 있을 때 그 학문의 심층이 드러나게 되겠구나.

> **근거** **(가)-❹**-4~5 과학은 존재면이 비교적 일의적이며, 한 존재면을 수직으로 파고들어 그 면을 심층적으로 드러낸다. 예를 들어 생물학은 종, 개체, 기관, 세포, 유전자 등 무수한 면들을 드러내나, 이 면들은 넓게 보면 같은 면의 객관적 심층이다.

> **풀이** (가)에서는 과학의 특징을 현대회화의 존재적 특징과 대조적으로 설명하고 있다. 과학은 존재면이 비교적 일의적이며, '한 존재면을 수직으로 파고들어' 그 면을 심층적으로 드러낸다는 것이다. 따라서 개개의 과학 학문은 하나의 존재면이 '서로 관련이 없는 여러 존재면들로 구성'되어 있을 때 그 학문의 심층이 드러나게 될 것이라는 추론은 적절하지 않다.
> → 적절하지 않음!

⑤ 입체주의 화가의 회화에서는 현실 세계의 존재면과 가능 세계의 존재면이 수평적으로 혼재해 있는 모습을 발견할 수 있겠구나.

> **근거** **(가)-❹**-6~7 현대회화는 여러 존재면을 수평적으로 드러낸다. 예를 들어 입체주의나 표현주의 현대회화를 보면, 하나의 그림 위에 일상의 현실 세계와 상상에 의한 가능 세계가 혼재해 있음을 알 수 있다.
> → 적절함!

108 세부 정보 이해 - 적절한 것 고르기 2023년 9월 학평 23번 | **1등급 문제**
정답률 55%, 매력적 오답 ③ 10% ④ 25% | **정답 ⑤**

(가)와 (나)를 바탕으로 ㉠과 ㉡을 비교하여 이해한 내용으로 가장 적절한 것은?

㉠ 전통회화　㉡ 현대회화

① ㉠과 ㉡은 모두 현실 세계의 존재면을 ~~드러내기 어렵다는 한계를 갖는다.~~

> **근거** (가)-❹-8 현실 세계의 실재를 있는 그대로 재현하고자 했던 전통회화, (가)-❺-2~3 전통회화와 달리 현대회화로는 현실 세계의 존재면을 드러내기 어렵다는 인식도 생겨났다. 그러나 현대회화의 추상성에 대해 실재는 배제한 채 내면만 표현한 것이라고 이분법적으로 이해하는 것은 적절하지 않다.

> **풀이** (가)에서 현대회화(㉡)는 전통회화(㉠)와 달리 현실 세계의 존재면을 드러내기 어렵다는 인식이 있으나, 이러한 이분법적 인식은 '적절하지 않다'고 설명하고 있다. 따라서 전통회화(㉠)와 현대회화(㉡)는 모두 현실 세계의 존재면을 드러낼 수 있다고 볼 수 있다.

→ 적절하지 않음!

② ㉠과 ㉡은 모두 현실 세계의 사실적 재현을 통해 화가의 내면 세계를 드러내는 데 치중했다.

> **근거** (가)-❹-8 현실 세계의 실재를 있는 그대로 재현하고자 했던 전통회화, (나)-❷-1~2 전통회화는 회화의 가시적 속성을 통해 객관적 세계의 외면을 사실적으로 재현하는 데 주목했다. 이에 반해 현대회화는 회화의 가시적 속성을 통해 화가의 비가시적 내면을 드러내는 데 치중한다.

> **풀이** 윗글에 따르면 전통회화가 현실 세계를 있는 그대로, 즉 사실적으로 재현하고자 한 것은 맞지만, 이를 통해 '화가의 내면 세계'를 드러내고자 했는지는 알 수 없다. 한편 현대회화가 화가의 비가시적 내면을 드러내는 데 치중한 것은 맞지만, 윗글에 따르면 이는 '회화의 가시적 속성을 통해' 이루어진 것이지, '현실 세계의 사실적 재현'을 통한 것이라고 볼 수 없다. 따라서 현실 세계의 사실적 재현을 통해 화가의 내면 세계를 드러내는 데 치중하였다는 것은 전통회화(㉠)와 현대회화(㉡) 모두 해당하지 않는 설명이다.

→ 적절하지 않음!
㉡은 ㉠과 달리

③ ㉠은 ㉡과 달리 다양한 가능 세계와의 만남을 통해 현실 세계에 더 가까이 다가가게 해 준다.

> **근거** (가)-❺-3~5 현대회화(㉡)의 추상성에 대해 실재는 배제한 채 내면만 표현한 것이라고 이분법적으로 이해하는 것은 적절하지 않다 … 회화를 통해 접하는 다양한 가능 세계와의 만남은 우리를 현실 세계에 더 가까이 다가가게 해 준다.

→ 적절하지 않음!
㉠과 ㉡은 모두

④ ㉡은 ㉠과 달리 가시적 속성과 비가시적 속성을 동시에 가지는 독특한 존재 방식을 취한다.

> **근거** (나)-❶-1~2 회화는 캔버스 위에 물감으로 색과 형태를 드러낸 가시적 존재지만, 회화의 의미가 창작자의 주관이나 감상자의 주관에 따라 다양하게 형성된다는 점에서 비가시적 존재이기도 하다. 이렇듯 회화는 가시적이면서 동시에 비가시적인 독특한 존재 방식을 갖는다.

> **풀이** '회화'에 속하는 전통회화(㉠)와 현대회화(㉡) 모두에 해당하는 설명이다.

→ 적절하지 않음!

✓ ⑤ ㉡은 ㉠과 달리 현실 세계의 객관적 외면을 의도적으로 변형시킴으로써 현실 세계의 얼굴을 다양하게 드러낸다.

> **근거** (가)-❺-4 (현대회화에 나타나는) 내면의 추상적 영역 또한 객관적 실재의 외면을 이질적으로 변형시켜 존재를 다양하게 드러내는, 세계의 무수한 존재면 중 하나이기 때문, (나)-❷-1 전통회화는 회화의 가시적 속성을 통해 객관적 세계의 외면을 사실적으로 재현하는 데 주목

> **풀이** 객관적 세계의 외면을 사실적으로 재현하는 데 주목한 전통회화(㉠)와 달리, 현대회화(㉡)는 현실 세계의 객관적 실재의 외면을 변형시켜 존재를 다양하게 드러낸다고 설명하고 있다. 따라서 현대회화(㉡)는 전통회화(㉠)와 달리 현실 세계의 객관적 외면을 의도적으로 변형시킴으로써 현실 세계의 얼굴을 다양하게 드러낸다는 설명은 적절하다.

→ 적절함!

---

109 구체적인 사례에 적용 - 적절하지 않은 것 고르기 2023년 9월 학평 24번 | **1등급 문제**
정답률 55%, 매력적 오답 ① 15% ② 15% ③ 15% | **정답 ④**

(가), (나)와 관련지어 <보기>에 대해 보인 반응으로 적절하지 않은 것은? [3점]

| 보 기 |
[1]최근 한 의과 대학에서 구스타프 클림트의 대표적 표현주의 작품인 『키스』에 대한 연구 결과를 발표했다. [2]연구진은 이 회화 속 남녀의 의상에 한 사람의 생명체가 완성되기까지의 순차적(順次的, 순서를 따라 차례대로) 세포분열(細胞分裂, 한 개의 모세포가 핵분열과 세포질 분열을 거쳐 두 개의 세포로 나누어지는 현상) 과정이 과장된(誇張-, 사실보다 지나치게 불려진) 크기와 다양한 색으로 변형되어 그려져 있음에 주목했다. [3]그리고 이를 통해 클림트가 당시 현미경 기술의 비약적(飛躍的, 수준이 갑자기 빠른 속도로 높아지는) 발전에 따른 생물학적 탐구에 대한 성과를 토대로 삶과 죽음, 생명에 대한 자신의 깊은 관심을 드러냈다고 밝혔다.

〈참고 그림〉
구스타프 클림트(Gustav Klimt), '키스(The Kiss)'
(1907~1908)

① (가) : 생명체가 완성되기까지의 세포분열 과정을 밝혀낸 생물학적 지식이 드러내는 현실 세계는 클림트의 회화에 비해 일의적인 성격을 갖는다고 볼 수 있겠군.

> **근거** (가)-❹-4 과학은 존재면이 비교적 일의적이며, (가)-❹-6 현대회화는 여러 존재면을 수평적으로 드러낸다.

> **풀이** (가)에서는 현대회화의 존재적 특징을 과학과 비교하면서, 과학은 존재면이 비교적 일의적이며, 현대회화는 여러 존재면을 수평적으로 드러낸다고 설명하고 있다. 이러한 (가)의 입장에서 생명체가 완성되기까지의 세포분열 과정을 밝혀낸 생물학적 지식이 드러내는 현실 세계는 클림트의 회화에 비해 일의적인 성격을 갖는다고 본 것은 적절하다.

→ 적절함!

② (가) : 현미경 기술의 발전으로 세포분열 과정을 직접 관찰할 수 있게 된 것은 인식 주체가 지닌 조건이 달라져 현실 세계가 새롭게 지각된 사례에 해당한다고 볼 수 있겠군.

> **근거** (가)-❶-3 각 인식 주체는 서로 다른 가시 및 가청 범위를 가지며, 이러한 신체적 지각의 차이에 따라 그들이 경험하는 세계에 대한 인식도 각기 달라진다, (가)-❷-1~2 그런데 신체적 지각이나 일상 언어는 고정적이지 않다. 운동선수처럼 반복적 수련을 하거나 안경 등의 도구를 이용하면 인식 주체들이 지닌 조건은 달라질 수 있으며

> **풀이** (가)에서는 각 인식 주체의 신체적 지각 차이에 따라 그들이 경험하는 세계에 대한 인식이 달라진다고 설명하면서, 이때 신체적 지각은 고정적이지 않으며 안경 등의 도구를 이용하면 인식 주체들이 지닌 조건이 달라질 수 있다고 하였다. 이러한 (가)의 입장에서, 현미경 기술의 발전으로 세포분열 과정을 직접 관찰할 수 있게 된 것은 현미경이라는 도구를 이용함으로써 인식 주체가 지닌 조건이 달라져 그에 따라 현실 세계에 대해 새롭게 지각하게 된 사례에 해당한다고 볼 수 있을 것이다.

→ 적절함!

③ (가) : 클림트의 회화에서 세포분열 과정이 현실과 다르게 변형되어 그려진 것에서 실재와는 다른 방식으로 세계를 조합하는 현대회화의 추상성이 드러난다고 볼 수 있겠군.

> **근거** (가)-❹-8~9 현실 세계의 실재를 있는 그대로 재현하고자 했던 전통회화와 달리 현대회화는 변형과 과장을 통해 실재와는 다른 방식으로 세계들을 조합해 나간 것이다. 이러한 현대회화의 추상성

> **풀이** (가)에서 현대회화는 변형과 과장을 통해 실재와는 다른 방식으로 세계들을 조합하는 추상성을 가진다고 설명하고 있다. 따라서 (가)의 입장에서는 클림트의 회화에서 세포분열 과정이 현실과 다르게 변형되어 그려진 것에 대해 실재와는 다른 방식으로 세계를 조합하는 현대회화의 추상성이 드러난 것이라고 보았을 것이다.

→ 적절함!
비가시적 속성으로 볼 수 없음

✓ ④ (나) : 클림트의 회화는 색과 형태를 가진다는 점에서는 가시적이지만 세포분열 과정이라는 생물학적 탐구를 다루고 있다는 점에서는 비가시적 속성을 가진다고 볼 수 있겠군.

> **근거** (나)-❶-1 회화는 캔버스 위에 물감으로 색과 형태를 드러낸 가시적 존재지만, 회화의 의미가 창작자의 주관이나 감상자의 주관에 따라 다양하게 형성된다는 점에서

비가시적 존재이기도 하다, <보기>-3 클림트가 당시 현미경 기술의 비약적 발전에 따른 생물학적 탐구에 대한 성과를 토대로 삶과 죽음, 생명에 대한 자신의 깊은 관심을 드러냈다고 밝혔다.

풀이 (나)에 따르면 회화는 캔버스 위에 물감으로 색과 형태를 드러냈다는 점에서 가시적 속성을 가지며, 그 의미가 창작자나 감상자의 주관에 따라 다양하게 형성된다는 점에서 비가시적 속성을 가진다. 클림트의 회화가 색과 형태를 가진다는 점에서 가시적이라는 설명은 (나)를 참고했을 때 적절한 반응이지만, '세포분열 과정이라는 생물학적 탐구를 다루고 있다는 점'에서 비가시적 속성을 가진다는 설명은 적절하지 않다. 클림트의 회화는 그 의미가 클림트의 주관(삶과 죽음, 생명에 대한 관심)에 따라 형성되었다는 점에서 비가시적 속성을 지닌다.

→ **적절하지 않음!**

⑤ (나) : 클림트의 회화에서 삶과 죽음, 생명에 대한 화가의 관심이 드러난다고 본 연구 결과는 회화가 화가의 관념적 세계를 표현한 결과라는 인식이 반영된 것이라 볼 수 있겠군.

근거 (나)-❷-3 현대회화는 화가들이 자신만의 관념적 세계를 가시화한 결과물로서, 회화 속에서 객관적 실재는 주관화된다.

풀이 (나)에서 현대회화는 화가가 자신만의 관념적 세계를 가시화한 결과물이라고 하였다. 이러한 (나)의 입장에 따르면, 클림트의 회화에서 삶과 죽음, 생명에 대한 화가의 관심이 드러난다고 본 연구 결과는 회화가 화가의 관념적 세계를 표현한 결과라는 인식이 반영된 것이라고 볼 수 있을 것이다.

→ **적절함!**

---

110 세부 정보 이해 - 적절하지 않은 것 고르기 2023년 9월 학평 25번
정답률 60%, 매력적 오답 ① 15% ③ 10% ④ 10%
1등급 문제
정답 ②

㉮와 관련하여 (나)에 언급된 인물들에 대해 파악한 내용으로 적절하지 <u>않은</u> 것은?

㉮ 예술과 현실의 분리

① 현대회화 화가들은 일상의 비대칭성과 혼란스러움을 조작하여 그린 예술 작품을 통해 현실을 비현실적으로 추상화하고자 했다.

근거 (나)-❷-4~5 현대회화의 화가들은 현실에서 목격하는 일상의 모습이 비대칭적이고 혼란스럽더라도 임의로 대칭을 만들거나 현실을 조작하는 등의 방법으로 비현실적 허구를 표현해 내고자 했다. 이렇게 예술을 통해 현실이 추상화되는 과정

→ **적절함!**

✓ 올 음악적 표현 대상으로 삼아
② 루솔로는 일상의 기계 소음에서 음악에 사용되는 음의 인위적인 배열을 추구함으로써 예술과 현실의 대립을 극복하고자 했다.

근거 (나)-❸-2 음악에 사용되는 음은 … 일상에서 들을 수 있는 일반적 소리와 달리 균질적이고 세련되며 인위적인 배열을 따른다, (나)-❹-2 화가이자 음악가였던 루솔로는 일상 현실의 기계 소리를 소음이 아닌 음악적 표현 대상으로 삼아, 소음 기계 악기로 만들었다.

풀이 음악에 사용되는 음은 일상에서 들을 수 있는 일반적 소리와 달리 인위적인 배열을 따른다. 이에 대항하여 루솔로는 일상 현실의 기계 소리를 음악적 표현 대상으로 삼아 예술의 영역을 일상적 현실로 확장하려 하였다.

→ **적절하지 않음!**

사이렌
③ 바레즈는 일반 악기와 달리 두 음 사이의 무한한 음을 표현할 수 있는 도구를 이용해 일상 현실을 예술로 표현하고자 했다.

근거 (나)-❹-3 작곡가 바레즈는 분절된 몇 개의 음만을 표현할 수 있는 일반적 악기와 달리, 사이렌이 음과 음 사이의 분절되지 않은 무한한 음을 낼 수 있는 일상적 사물이라는 점에 주목하여 사이렌으로 음악을 표현했다.

→ **적절함!**

일상에서 들을 수 있는 일반적 소리와 달리 균질적이고 세련되며 인위적인 배열을 따름
④ 세페르는 기존 음악의 정체성과는 거리가 먼 일상의 소리를 음향 오브제로 활용하는 새로운 예술 장르를 창시하였다.

근거 (나)-❸-2~3 음악에 사용되는 음은 현실의 무한한 소리 중 극히 일부이며, 일상에서 들을 수 있는 일반적 소리와 달리 균질적이고 세련되며 인위적인 배열을 따른다. 이렇게 음악도 일상 현실과 거리를 두며 그 정체성을 확보해 왔다, (나)-❹-4 작곡가 세페르는 사람의 소리, 기계 소리, 자연음 등을 '음향 오브제'로 활용하는 '구체음악'을 창시하기도 하였다.

→ **적절함!**

⑤ 게르노트 뵈메는 미적 대상의 창작과 수용에 따르는 미적 경험이 일상 현실로까지 확장되어야 한다고 여겼다.

근거 (나)-❺-2 뵈메는 예술의 미적 경험이 일상적인 맥락에서 분리되어 예술가라는 특별한 존재에 의해 창조되는 특정한 미적 대상에만 국한된다고 보는 기존의 미학을 비판하며, 예술이 창작되고 수용되는 미적 경험이 일상적 현실로까지 확장되어야 한다고 보았다.

→ **적절함!**

---

111 문맥적 의미 파악 - 적절한 것 고르기 2023년 9월 학평 26번
정답률 75%, 매력적 오답 ③ 10%
정답 ④

문맥상 ⓐ~ⓔ와 바꾸어 쓰기에 가장 적절한 것은?

ⓐ 달라질   ⓑ 끼쳤으며   ⓒ 멀어져   ⓓ 비롯되며   ⓔ 따른다

① ⓐ : 치환(置換)될

풀이 ⓐ에서 쓰인 '달라지다'는 '변하여 전과는 다르게 되다'의 의미이다. 한편 '치환(置 둘 치 換 바꾸다 환)되다'는 '바뀌어 놓이다'의 의미로, ⓐ와 바꿔 쓸 경우 해당 문장의 의미가 달라진다. 따라서 ⓐ를 '치환될'로 바꿔 쓰는 것은 적절하지 않다.

→ **적절하지 않음!**

② ⓑ : 부과(賦課)했으며

풀이 ⓑ에서 쓰인 '끼치다'는 '영향, 해, 은혜 따위를 당하거나 입게 하다'의 의미이다. 한편 '부과(賦 매기다 부 課 매기다 과)하다'는 '일정한 책임이나 일을 부담하여 맡게 하다'의 의미로, ⓑ와 바꿔 쓸 경우 해당 문장의 의미가 달라진다. 따라서 ⓑ를 '부과했으며'로 바꿔 쓰는 것은 적절하지 않다.

→ **적절하지 않음!**

③ ⓒ : 심화(深化)되어

풀이 '심화(深 깊어지다 심 化 되다 화)되다'는 '정도나 경지가 점점 깊어지다'의 의미로, ⓒ의 '멀어지다'와 바꿔 쓸 경우 해당 문장의 의미가 달라진다. 따라서 ⓒ를 '심화되어'로 바꿔 쓰는 것은 적절하지 않다.

→ **적절하지 않음!**

✓ ④ ⓓ : 시작(始作)되며

풀이 ⓓ에서 쓰인 '비롯되다'는 '처음으로 시작되다'의 뜻으로, '어떤 일이나 행동이 어떤 사건이나 장소에서 처음으로 발생되다'의 뜻을 가진 '시작(始 처음 시 作 비롯하다 작)되다'와 바꿔 써도 문맥상 의미가 달라지지 않는다. 따라서 ⓓ의 '비롯되며'를 '시작되며'로 바꿔 쓰는 것은 문맥상 적절하다.

→ **적절함!**

⑤ ⓔ : 추종(追從)한다

풀이 ⓔ에서 쓰인 '따르다'는 '어떤 경우, 사실, 기준 따위에 의거하다'의 의미이다. 한편 '추종(追 따르다 추 從 좇다 종)하다'는 '남의 뒤를 따라서 좇다'의 의미로, ⓔ와 바꿔 쓸 경우 해당 문장의 의미가 달라진다. 따라서 ⓔ를 '추종한다'로 바꿔 쓰는 것은 적절하지 않다.

→ **적절하지 않음!**

[112~116] 다음 글을 읽고 물음에 답하시오.

1 ¹조선 시대의 유학자들은 왕권(王權, 임금이 지닌 권력이나 권리)의 기반(基盤, 기초가 되는 바탕)이 민심(民心, 백성의 마음)에 있으며 민심을 천심(天心, 하늘의 뜻)으로 받아들여야 한다고 보는 민본(民本, 백성 민, 근본 본) 사상을 통치(統治, 나라를 다스림) 기조(基調, 기본적 방향)로 삼을 것을 주장했다. ²이러한 관점에서 군주(君主, 세습에 의해 나라를 다스리는 최고 지위의 사람)는 백성의 뜻을 하늘의 뜻으로 받들며(소중히 여기고 마음속으로 따르며) 섬기고(잘 모시어 소중히 대하고) 덕성(德性, 어질고 너그러운 성질)을 갖춘 성군(聖君, 마음이 너그럽고 착하며 슬기롭고 덕이 높은 임금)으로서 백성의 모범이 되어야 하며, 백성을 사랑하는 애민(愛 사랑 애 民 백성 민)의 태도로 백성의 삶을 안정시키고 백성을 교화해야(教化~, 가르치고 이끌어 좋은 방향으로 나아가게 해야) 하는 존재라

고 강조했다. ³또한 백성은 보살핌과 가르침을 받는 존재로서 통치에 ⓐ순응해야 한다고 보았다.

→ 조선 시대 통치 기조인 민본 사상에서의 군주와 백성에 대한 관점

2 ¹군주와 백성에 대한 이러한 관점은 조선 개국(開國, 새로 나라를 세움)을 주도하고(主導─, 이끌고) 통치 체제(體制, 조직과 양식, 지배하는 상태)를 설계한 정도전의 주장에도 드러난다. ²정도전은 군주나 관료(官僚, 관직에 있는 벼슬아치)가 백성에 대한 통치권(統治權, 국민과 국토를 다스리는 국가의 최고 권력)을 지닌 것은 백성을 지배하기(支配─, 자기의 뜻이나 규칙대로 따르게 하여 다스리기) 위한 것이 아니라 백성을 보살피고 안정시키기 위한 것이라고 보았다. ³군주나 관료가 지배자가 아니라 백성을 위해 일하는 봉사자일 때 이들(군주나 관료)의 지위(地位, 사회적 신분에 따른 자리, 위치)나 녹봉(祿俸, 벼슬아치에게 벼슬살이의 대가로 나눠 주던 금품)은 그 정당성(正當性, 이치에 맞아 옳고 정의로운 성질)이 확보된다고(確保─, 확실히 갖춰진다고) 여긴 것이다. ⁴또한 왕권이 정상적으로 작동하기 위해서는 왕을 정점(頂點, 가장 높은 위치)으로 하여 관료 조직을 위계적으로(位階的─, 등급을 매겨 높고 낮음을 나누어) ⓑ정비하는 것과 더불어, 민심을 받들어 백성을 보살피는 자(者, 사람)로서 군주가 덕성을 갖추는 것이 중요하다고 보았다. ⁵백성을 위하는 관료의 자질(資質, 능력이나 실력의 정도) 향상(向上, 나아지게 함) 및 책무(責務, 직업상 맡은 일에 따른 책임이나 의무)의 중요성을 강조한 한편, 관료의 비행(非行, 잘못된 행위)을 감독하는 감사(監 살피다 감 査 조사하다 사) 기능의 강화(強化, 더 강하게 함)를 주장하기도 했다. ⁶이러한 정도전의 주장은 백성을 보살핌의 대상으로 바라본 민본 사상의 관점에 입각한(立脚─, 근거를 두어 그 입장에 선) 것이라 할 수 있다.

→ 조선 개국 시기 : 백성에 대한 정도전의 관점

3 ¹조선 중기의 학자 이이 역시 군주의 바람직한 덕성을 강조한 한편 군주와 백성의 관계를 부모와 자식의 관계에 빗대어 백성을 보살펴야 하는 대상이라 논했다. ²이이는 특히 애민은 부모가 자녀를 가르치듯 군주가 백성들을 도덕적으로 교화함으로써 실현되며, 교화를 ⓒ순조롭게 이루기 위해서는 우선 백성들을 경제적으로 안정시켜야 한다는 점을 강조했다. ³또한 백성은 군주에 대한 신망(信望, 믿고 기대함)을 지닐 수도 버릴 수도 있는 존재이므로, 군주는 백성을 두려워하는 외민(畏民)(두려워하다 외, 백성 민)의 태도를 지녀야 함을 역설했다.(力說─, 힘주어 말했다.) ⁴백성을 보살피고 교화해야 할 대상으로 여긴 점은 정도전의 관점과 상통하는(相通─, 서로 공통되는 부분이 존재하는) 지점이다. ⁵다만 군주가 백성에 대한 두려움을 가지고 백성의 신망을 유지하기 위해 노력해야 한다는 것을 강조한 점에서 차이가 있다.

→ 조선 중기 : 백성에 대한 이이의 관점

4 ¹조선 후기의 학자 정약용은 환자나 극빈자(極貧者, 몹시 가난한 사람), 노인과 어린이 등 사회적 약자(弱者, 힘이나 세력이 약한 사람 또는 그 집단)에 속하는 백성을 적극적으로 보호하는 것이 애민의 내용이라고 주장했다. ²이는 백성을 보살핌의 대상으로 바라보는 시각을 구체화한 것이라 할 수 있다. ³한편 정약용은 백성을 통치 체제 유지에 기여해야(寄與─, 도움이 되도록 힘을 써야) 하는 존재라 보고, 백성이 각자의 경제적 형편에 ⓓ부합하는 역할을 수행해야 한다고 주장하여 백성에 대한 기존의 관점과 차이를 드러냈다. ⁴그(정약용)는 가난한 백성인 '소민'은 교화를 따름으로써, 부유한 백성인 '대민'은 생산 수단을 제공하고 납세(納稅, 세금을 냄)의 부담을 맡음으로써 통치 질서의 안정에 기여해야 한다고 논했다. ⁵이는 조선 후기 농업 기술과 상·공업의 발달로 인해 재산을 축적한(蓄積─, 모아서 쌓은) 백성들이 등장한 현실을 고려한 것으로, 백성이 국가를 유지하는 근간(根幹, 본바탕이나 중심이 되는 중요한 것)이라고 보는 관점에 ⓔ기반한 주장이었다.

→ 조선 후기 : 백성에 대한 정약용의 관점

5 ¹조선 시대 학자들의 이와 같은 주장은 군주를 비롯한 통치 계층이 백성을 존중하는 정책을 펼치는 바탕이 되었다. ²백성을 대상으로 한 교육 제도, 관료의 횡포(橫暴, 제멋대로 굴며 몹시 난폭함)를 견제하는(牽制─, 지나치게 세력을 펴거나 자유롭게 행동하지 못하도록 일정한 힘을 가해 억누르는) 감찰(監察, 잘못되지 않도록 행동을 살핌) 제도, 민생 안정을 위한 조세(租稅, 국가가 필요한 경비의 사용을 위해 국민에게 강제로 거두어들이는 금전) 및 복지 제도(福祉制度, 국민의 행복한 삶, 즉 복지를 증진하기 위해 다양한 정책을 펴는 제도), 백성의 민원(民願, 행정 기관에 원하는 바를 요구하는 일)을 수렴하는(收斂─, 여러 의견을 하나로 모아 정리하는) 소원(訴冤, 억울한 일을 당하여 관에 하소연함) 제도 등은 백성을 위한 정책이 구현된(具現─, 구체적인 사실로 나타난) 사례라 할 수 있다.

[A]

→ 논의들이 지닌 의의

■ 지문 이해
〈민본 사상을 바탕으로, 조선 시대 학자들이 제시한 '백성'에 대한 관점〉

❶ 조선 시대 통치 기조인 민본 사상에서의 군주와 백성에 대한 관점
- 조선 시대 유학자들은 민본 사상을 통치 기조로 삼을 것을 주장함
- 군주 : 민심을 천심으로 받들며 섬기고 덕성을 갖춘 성군으로, 백성의 모범이 되며 애민의 태도로 백성의 삶을 안정시키고 백성을 교화해야 하는 존재
- 백성 : 보살핌과 가르침을 받으며, 통치에 순응해야 하는 존재

❷ 조선 개국 시기 : 백성에 대한 정도전의 관점
- 군주, 관료가 통치권을 지닌 것은 백성을 보살피고 안정시키기 위한 것이라고 봄
- 군주, 관료가 지배자가 아닌 봉사일 때 그 지위와 녹봉의 정당성이 확보된다고 여김
- 군주의 덕성을 중요시함
- 관료의 자질 향상·책무의 중요성 강조, 감사 기능의 강화 주장
  → 백성을 보살핌의 대상으로 바라본 민본 사상의 관점에 입각한 주장

❸ 조선 중기 : 백성에 대한 이이의 관점
- 군주의 덕성을 강조함
- 애민은 부모가 자녀를 가르치듯 군주가 백성들을 도덕적으로 교화함으로써 실현된다고 봄
- 교화를 위해서는 백성들의 경제적 안정이 우선되어야 함을 강조함
- 군주는 백성을 두려워하는 외민의 태도를 지녀야 함을 역설함
  → 백성을 보살피고 교화해야 할 대상으로 여김

❹ 조선 후기 : 백성에 대한 정약용의 관점
- 사회적 약자에 속하는 백성을 적극적으로 보호하는 것이 애민의 내용이라고 주장함 → 백성을 보살핌의 대상으로 바라보는 시각을 구체화함
- 백성을 통치 체제 유지에 기여해야 하는 존재라 보고, 백성 각자의 경제적 형편에 부합하는 역할을 수행해야 한다고 주장함
  → 백성이 국가를 유지하는 근간이라고 보는 관점에 기반한 주장

❺ 논의들이 지닌 의의
- 조선 시대 통치 계층이 백성을 존중하는 정책을 펼치는 바탕이 됨

---

112 글의 서술 방식 파악 - 적절한 것 고르기 2021년 3월 학평 16번
정답률 80% | **정답 ③**

윗글에 대한 설명으로 가장 적절한 것은?

근거 ❶-1~3 조선 시대의 유학자들은 … 민본(民本) 사상을 통치 기조로 삼을 것을 주장했다. 이러한 관점에서 … 백성은 보살핌과 가르침을 받는 존재, ❷-2 정도전은 군주나 관료가 백성에 대한 통치권을 지닌 것은 백성을 지배하기 위한 것이 아니라 백성을 보살피고 안정시키기 위한 것이라고 보았다. ❷-6 정도전의 주장은 백성을 보살핌의 대상으로 바라본 민본 사상의 관점에 입각한 것, ❸-4~5 (이이가) 백성을 보살피고 교화해야 할 대상으로 여긴 점은 정도전의 관점과 상통하는 지점이다. 다만 군주가 백성에 대한 두려움을 가지고 백성의 신망을 유지하기 위해 노력해야 한다는 것을 강조한 점에서 차이가 있다. ❹-3 정약용은 … 백성에 대한 기존의 관점과 차이를 드러냈다.

풀이 윗글에서는 민본 사상을 기조로, 정도전, 이이, 정약용 등 조선 시대 유학자들이 백성에 대해 어떤 관점을 가지고 있었는지를 설명하고, 이들의 주장을 비교하여 그 공통점과 차이점을 제시하고 있다. 따라서 정답은 ③번이다.

① 조선 시대 관료 조직의 위계를 분석하고 있다.

② 조선 시대 조세 제도의 문제점을 나열하고 있다.

✓③ 조선 시대 학자들의 백성에 대한 관점을 비교하고 있다. → 적절함!

④ 조선 시대 군주들의 통치관을 *비판적으로 서술하고 있다. *批判的─, 옳고 그름을 판단하여 밝히거나 잘못된 점을 지적하여

⑤ 조선 시대 상업의 발달 과정을 *통시적으로 **기술하고 있다. *通時的─, 시간의 흐름에 따라 나타나는 변화와 관련하여 **記述─, 기록하여 서술하고

113 세부 정보 이해 - 적절한 것 고르기 2021년 3월 학평 17번
정답률 80% | **정답 ⑤**

외민(畏民)에 대한 이해로 가장 적절한 것은?

군주가 백성에 대해

① 백성이 군주에 대해 지녀야 할 마음가짐이다.

근거 **❸-3** 군주는 백성을 두려워하는 외민(畏民)의 태도를 지녀야 함을 역설

풀이 백성이 군주에 대해 지녀야 할 마음가짐이 아니라, 군주가 백성에 대해 지녀야 할 마음가짐이다.

→ 적절하지 않음!

감사 기능
② 관료의 비행을 감독하기 위해 마련한 제도이다.

근거 **❷-5~6** 관료의 비행을 감독하는 감사 기능의 강화를 주장하기도 했다. 이러한 정도전의 주장은 백성을 보살핌의 대상으로 바라본 민본 사상의 관점에 입각한 것

풀이 윗글에서 정도전이 민본 사상의 관점에 입각하여 관료의 비행을 감독하는 감사 기능의 강화를 주장하였다는 내용이 나오긴 하지만, 이는 군주가 백성을 두려워하는 외민(畏民)의 태도를 가져야 한다는 내용과는 관계가 없다.

→ 적절하지 않음!

'애민'
③ 군주와 백성을 부모와 자식의 관계에 비유하는 근거이다.

근거 **❸-1~2** 조선 중기의 학자 이이 역시 … 군주와 백성의 관계를 부모와 자식의 관계에 빗대어 백성을 보살펴야 하는 대상이라 논했다. 이이는 특히 애민은 부모가 자녀를 가르치듯 군주가 백성들을 도덕적으로 교화함으로써 실현되며

풀이 군주와 백성을 부모와 자식의 관계에 비유하는 것은 '외민'이 아니라 '애민'에 근거한다.

→ 적절하지 않음!

④ 민생이 안정되었을 때 드러나는 백성의 *이상적 모습이다. *理想的. 생각할 수 있는 범위 안에서 가장 완전하다고 생각되는

근거 **❶-2~3** 이러한(민본 사상을 통치 기조로 삼아야 한다는) 관점에서 … 백성은 보살핌과 가르침을 받는 존재로서 통치에 순응해야 한다고 보았다.

풀이 윗글에서 조선 시대 민본 사상을 통치 기조로 삼아야 한다는 관점에서 본 백성의 이상적 모습을 언급하고 있지만, 이는 군주가 백성을 두려워하는 '외민(畏民)'의 태도를 가져야 한다는 내용과는 관계가 없다.

→ 적절하지 않음!

✓⑤ 백성이 군주에 대한 신망을 버릴 수 있다고 보는 관점이다.

근거 **❸-3** 백성은 군주에 대한 신망을 지닐 수도 버릴 수도 있는 존재이므로, 군주는 백성을 두려워하는 외민(畏民)의 태도를 지녀야 함을 역설

→ **적절함!**

1등급문제

114 <보기>와 내용 비교 - 적절하지 않은 것 고르기 2021년 3월 학평 18번
정답률 45%, 매력적 오답 ② 15% ④ 25% | **정답 ③**

윗글을 바탕으로 <보기>를 이해한 내용으로 적절하지 않은 것은? 3점

| 보기 |

ㄱ. [1]옛날에 바야흐로(이제 한창) 온 세상을 제압하고(制壓-, 억눌러 통제하고) 나서 천자(天子, 하늘의 뜻을 받아 하늘을 대신하여 천하를 다스리는 사람을 이르는 말로 왕, 임금을 뜻함)가 벼슬을 내리고 녹봉을 나누어 준 것은 신하들을 위해서가 아니라 백성들을 위한 것이었다. … [2]임금이 관리에게 책임을 지우는(지게 하는) 것도 한결같이 백성에 근본을 두고, 관리가 임금에게 보고하는 것도 한결같이 백성에 근본을 두면, 백성은 중요한 존재가 된다.

- 정도전, 『삼봉집』-

ㄴ. [3]청컨대(請-, 부탁하여 바라건대) 전하의 식사와 옷에서부터, 바치는 물건들과 대궐 안에서 일상적으로 쓰는 물건들 일체(一切, 모든 것)를 삼분의 일 줄이십시오. [4]이런 방식으로 헤아려서 모든 팔도(八道, 조선 시대에, 전국을 여덟 개로 나눈 행정 구역)의 진상(進上, 보배롭고 귀한 물품이나 그 지방에서 특별히 나는 물건 등을 임금에게 바침)·공물(貢物, 해당 지역의 특산물을 세금으로 바치는 것)들도 삼분의 일 줄이십시오. [5]이렇게만 하신다면 은택(恩澤, 은혜와 덕택)이 아래로 미치어 백성들이 실질적인 혜택을 받게 될 것입니다.

- 이이, 『율곡전서』-

ㄷ. [6]만일 목화 농사가 흉작(凶作, 농작물의 수확이 평균 수확량을 훨씬 밑도는 일)이 되어 면포(綿布, 솜에서 뽑아내어 만든 무명실로 짠 천)의 가격이 뛰어 오르는데 수백 리 밖의 고장은 풍년(豊年, 곡식이 잘 자라고 여물어 보통 수확을 올린 해보다 수확이 많은 해)이 들어 면포의 값이 매우 쌀 경우 수령(守令, 각 고을을 맡아 다스리던 지방관)은 일단 백성에게 군포(軍布, 병역을 면제해 주는 대신 받아들이던, 무명실 등으로 짠 천)를 납부하지(納付-, 내지) 말도록 해야 한다. [7]그리고 아전(衙前, 조선 시대에 각 관아의 벼슬아치 밑에서 일을 보던 사람) 중 청렴한(淸廉-, 성품과 행실이 높고 맑으며 탐욕이 없는) 자를 골라 풍년이 든 곳에 가서 면포를 구입해 오도록 하여 군포를 바친다. [8]그리고 면포를 구입하는 데 쓴 돈은 백성들이 균등하게(均等-, 차별이 없게) 부담케 하면 백성에게 큰 혜택이 돌아갈 것이다.

- 정약용, 『목민심서』-

① ㄱ은 관료의 녹봉이 백성을 위해 일하는 봉사자로서 얻는 것이라는 주장과 관련된다.

근거 <보기>-1 천자가 벼슬을 내리고 녹봉을 나누어 준 것은 신하들을 위해서가 아니라 백성들을 위한 것, **❷-2~3** 정도전은 군주나 관료가 백성에 대한 통치권을 지닌 것은 … 백성을 보살피고 안정시키기 위한 것이라고 보았다. 군주나 관료가 지배자가 아니라 백성을 위해 일하는 봉사자일 때 이들의 지위나 녹봉은 그 정당성이 확보된다고 여긴 것

→ 적절함!

② ㄴ은 군주가 백성을 보살피는 존재라는 시각을 바탕으로 한다.

근거 <보기>-3~5 대궐 안에서 일상적으로 쓰는 물건들 일체를 삼분의 일 줄이십시오. 이런 방식으로 헤아려서 모든 팔도의 진상·공물들도 삼분의 일 줄이십시오. 이렇게만 하신다면 은택이 아래로 미치어 백성들이 실질적인 혜택을 받게 될 것, **❶-2~3** 이러한(민본 사상의) 관점에서 군주는 … 애민의 태도로 백성의 삶을 안정시키고 백성을 교화해야 하는 존재라고 강조했다. 또한 백성은 보살핌과 가르침을 받는 존재, **❸-1** 백성을 보살펴야 하는 대상이라 논했다.

풀이 <보기>의 ㄴ에서는 군주에게 일상적으로 사용하는 물건을 줄여 백성으로부터 거두는 진상과 공물을 줄이고, 그 혜택이 백성들에게 돌아갈 수 있도록 하라고 조언하고 있다. 이는 애민의 태도로 백성의 삶을 안정시키고 백성을 보살핌의 대상으로 보는 관점을 바탕으로 한 것이다.

→ 적절함!

✓③ ㄷ은 대민과 소민에 따라 납세 부담에 차이가 있어야 한다는 주장을 구현하는 방법이다.

근거 <보기>-6~8 만일 목화 농사가 흉작이 되어 면포의 가격이 뛰어 오르는데 수백 리 밖의 고장은 풍년이 들어 면포의 값이 매우 쌀 경우 … 풍년이 든 곳에 가서 면포를 구입해 오도록 하여 군포를 바친다. 그리고 면포를 구입하는 데 쓴 돈은 백성들이 균등하게 부담케 하면 백성에게 큰 혜택이 돌아갈 것, **❹-3~4** 백성이 각자의 경제적 형편에 부합하는 역할을 수행해야 한다고 주장하여 … 가난한 백성인 '소민'은 교화를 따름으로써, 부유한 백성인 '대민'은 생산 수단을 제공하고 납세의 부담을 맡음으로써 통치 질서의 안정에 기여해야 한다고 논했다.

풀이 <보기>의 ㄷ에서는 흉작이 된 고장의 수령이 청렴한 아전에게 풍년이 든 고장에서 면포를 구입해 오게 하여 군포를 바치고, 면포 구입에 쓴 돈을 백성들에게 균등하게 부담하게 한다고 하였다. 이는 대민과 소민을 구분하지 않고 흉작이 든 고장의 백성들이 똑같이 납세를 부담하는 것이므로, 대민과 소민에 따라 납세 부담에 차이가 있어야 한다는 주장을 구현하는 방법이라고 보기는 어렵다.

→ 적절하지 않음!

④ ㄱ과 ㄷ은 민본 사상의 관점에서 바람직한 관료의 *면모를 보여준다. *面貌. 됨됨이

근거 <보기>-2 임금이 관리에게 책임을 지우는 것도 한결같이 백성에 근본을 두고, 관리가 임금에게 보고하는 것도 한결같이 백성에 근본을 두면, 백성은 중요한 존재가 된다, <보기>-6~8 만일 목화 농사가 흉작이 되어 면포의 가격이 뛰어 오르는데 … 수령은 일단 백성에게 군포를 납부하지 말도록 해야 한다. … 면포를 구입하는 데 쓴 돈은 백성들이 균등하게 부담케 하면 백성에게 큰 혜택이 돌아갈 것이다, **❶-2** 이러한(민본 사상의) 관점에서 군주는 백성의 뜻을 하늘의 뜻으로 받들며 섬기고 … 백성의 삶을 안정시키고 백성을 교화해야 하는 존재, **❷-2** 군주나 관료가 백성에 대한 통치권을 지닌 것은 백성을 지배하기 위한 것이 아니라 백성을 보살피고 안정시키기 위한 것

풀이 <보기>의 ㄱ에서 군주와 관료가 '백성에 근본을 두는 것'과 ㄷ에서 '백성에게 혜택이 돌아가게 하는 것'은 모두 민본 사상의 관점에서 백성의 뜻을 하늘의 뜻으로 받들고 백성을 보살피고 안정시키고자 하는 바람직한 관료의 면모라 할 수 있다.

→ 적절함!

⑤ ㄴ과 ㄷ은 백성의 경제적 안정을 중시하는 관점에서 제안된 방안에 해당한다.

근거 <보기>-4~5 모든 팔도의 진상·공물들도 삼분의 일 줄이십시오. 이렇게만 하신다면

은택이 아래로 미치어 백성들이 실질적인 혜택을 받게 될 것, <보기>-6~8 목화 농사가 흉작이 되어 면포의 가격이 뛰어 오르는데 수백 리 밖의 고장은 풍년이 들어 면포의 값이 매우 쌀 경우 … 면포를 구입하는 데 쓴 돈은 백성들이 균등하게 부담케 하면 백성에게 큰 혜택이 돌아갈 것

풀이 <보기>의 ㄴ에서는 백성들이 경제적 혜택을 받을 수 있도록 진상·공물을 줄이는 것을 제안하고 있다. 또 ㄷ에서는 흉년이 든 고장의 백성들로 하여금 풍년이 들어 면포 값이 매우 싼 고장에서 면포를 구입하여 군포를 납부하게 함으로써 그 백성들에게 경제적으로 큰 혜택을 줄 것을 제안하고 있다. 즉 ㄴ과 ㄷ은 모두 백성의 경제적 안정을 중시하는 관점에서 제안된 방안에 해당한다.

→ 적절함!

115	추론의 적절성 판단 - 적절한 것 고르기 2021년 3월 학평 19번 정답률 75%, 매력적 오답 ④ 15%	정답 ②

다음은 윗글을 읽은 학생의 독후 활동이다. ㉮에 들어갈 내용으로 가장 적절한 것은?

> 독후 활동
>
> [1]유사한 화제(話題, 이야깃거리)를 다룬 다음 자료를 읽고, 관점의 차이를 정리해 보자.
>
> [자료]
>
> [2]조선 시대의 교육은 신분 질서 유지를 통해 통치 계층의 우위(優位, 남보다 나은 위치)를 확보하는 데 기여했다. [3]현실적으로 통치 계층이 아닌 백성은 정치에 참여하는 관료가 되기 어려웠는데, 이는 신분에 따라 교육 기회가 제한된 것과 관련된다. [4]한편, 백성을 대상으로 하는 교육은 대체로 도덕적 교화를 위한 것에 한정되었다.(限定-, 제한되어 정해졌다.)
>
> [결론]
>
> [5][자료]와 [A]는 조선 시대의 (㉮)에 대하여 관점의 차이를 보이고 있다.

① 백성이 교육 기회를 얻고자 노력했는지

풀이 윗글과 독후 활동의 [자료] 모두에서 조선 시대 백성이 교육 기회를 얻고자 노력했는지와 관련된 내용은 찾을 수 없다. 따라서 이에 대한 두 글의 관점 차이를 확인할 수 없다.

→ 적절하지 않음!

② 교육이 *본질적으로 백성을 위한 것인지 *本質的-, 근본적인 성질과 관련하여

근거 <독후 활동>-2 조선 시대의 교육은 신분 질서 유지를 통해 통치 계층의 우위를 확보하는 데 기여, <독후 활동>-3 신분에 따라 교육 기회가 제한, <독후 활동>-4 백성을 대상으로 하는 교육은 대체로 도덕적 교화를 위한 것에 한정, ❺-2 백성을 대상으로 한 교육 제도, … 등은 백성을 위한 정책이 구현된 사례라 할 수 있다.

풀이 독후 활동의 [자료]에서는 조선 시대 교육이 본질적으로 백성을 위한 것이 아니라, 통치 계층의 우위 확보에 기여하기 위한 것이었다는 관점을 보여 준다. 반면 윗글에서는 백성을 대상으로 한 교육 제도 등이 '백성을 위한 정책'이었다고 하여, 교육이 본질적으로 백성을 위한 것이었다는 관점을 보이고 있다. 따라서 [자료]와 [A]가 조선 시대의 '교육이 본질적으로 백성을 위한 것인지'에 대하여 관점의 차이를 보이고 있다는 [결론]은 적절하다.

→ 적절함!

③ 교육 방식이 현대적으로 *계승되었는지 *繼承-, 이어져 나아갔는지

풀이 윗글과 독후 활동의 [자료] 모두에서 조선 시대 교육 방식의 현대적 계승과 관련된 내용은 나오지 않으므로, 이에 대한 두 글의 관점 차이를 확인할 수 없다.

→ 적절하지 않음!

④ 신분 질서가 어떤 의미를 지니는지

풀이 윗글과 독후 활동의 [자료] 모두에서 조선 시대의 신분 질서가 지닌 의미와 관련된 내용을 찾을 수 없다. 따라서 이에 대한 두 글의 관점 차이를 확인할 수 없다.

→ 적절하지 않음!

⑤ 백성이 어떻게 정치에 참여했는지

풀이 윗글과 독후 활동의 [자료] 모두에서 백성이 어떻게 정치에 참여했는지에 관해서는 설명하지 않았다. 따라서 이에 대한 두 글의 관점 차이를 확인할 수 없다.

→ 적절하지 않음!

116	문맥적 의미 파악 - 적절하지 않은 것 고르기 2021년 3월 학평 20번 정답률 90%	정답 ③

문맥상 ⓐ~ⓔ와 바꿔 쓰기에 적절하지 않은 것은?

ⓐ순응해야 ⓑ정비하는 ⓒ순조롭게 ⓓ부합하는 ⓔ기반한

① ⓐ : 따라야

풀이 ⓐ에서 쓰인 '순응(順 따르다 순 應 응하다 응)하다'는 '환경이나 변화에 적응하여 익숙하여지거나 체계, 명령 따위에 적응하여 따르다'의 의미이다. 그리고 '따르다'는 '관례, 유행이나 명령, 의견 따위를 그대로 실행하다'의 의미를 가지고 있다. 따라서 ⓐ의 '순응해야'를 '따라야'로 바꿔 쓰는 것은 문맥상 적절하다.

예문 우리 조상들은 자연에 순응하며 모든 생명을 귀하게 여겼다.
그는 아버지의 뜻을 따라서 법대에 진학했다.

→ 적절함!

② ⓑ : 가다듬는

풀이 ⓑ에서 쓰인 '정비(整 가지런하다 정 備 갖추다 비)하다'는 '흐트러진 체계를 정리하여 제대로 갖추다'의 의미이다. 그리고 '가다듬다'는 '흐트러진 조직이나 대열을 바로 다스리고 꾸리다'의 의미를 가지고 있다. 따라서 ⓑ의 '정비하는'을 '가다듬는'으로 바꿔 쓰는 것은 문맥상 적절하다.

예문 병력이 다시 부대를 정비하고 대기하고 있다.
그들은 전열을 가다듬어 다시 진격했다.

→ 적절함!

③ ⓒ : 끊임없이

풀이 ⓒ에서 쓰인 '순조(順 순하다 순 調 고르다 조)롭다'는 '일 따위가 아무 탈이나 말썽 없이 예정대로 잘되어 가는 상태에 있다'의 의미이다. 한편 '끊임없이'는 '계속하거나 이어져 있던 것이 끊이지 아니하게'의 의미이다. 따라서 ⓒ를 '끊임없이'로 바꿔 쓰는 것은 문맥상 적절하지 않다.

예문 선거가 순조롭게 끝났다.
작은 사고가 끊임없이 일어났다.

→ 적절하지 않음!

④ ⓓ : 걸맞은

풀이 ⓓ에서 쓰인 '부합(符 들어맞다 부 合 맞다 합)하다'는 '사물이나 현상이 서로 꼭 들어맞다'의 의미이다. 그리고 '걸맞다'는 '두 편을 견주어 볼 때 서로 어울릴 만큼 비슷하다'의 의미를 가지고 있다. 따라서 ⓓ의 '부합하는'을 '걸맞은'으로 바꿔 쓰는 것은 문맥상 적절하다.

예문 국민 투표는 민주 정치의 근본이념과 부합하는 제도이다.
그는 직업에 걸맞은 단단한 체격을 갖추고 있었다.

→ 적절함!

⑤ ⓔ : 바탕을 둔

풀이 ⓔ에서 쓰인 '기반(基 터 기 盤 받침 반)하다'는 '기초가 되는 바탕이나 토대를 두다'의 의미이다. 따라서 ⓔ의 '기반한'을 '바탕을 둔'으로 바꿔 쓰는 것은 문맥상 적절하다.

예문 요즘엔 실화에 기반한 영화가 많다.
성리학은 이기론에 바탕을 둔 학문이다.

→ 적절함!

[117~121] 다음 글을 읽고 물음에 답하시오.

1 [1]아리스토텔레스의 고전 논리학에서는 기본 명제(命題, 참이나 거짓을 가리기 위해 논리적 판단의 내용을 언어, 기호, 식 등으로 나타낸 것)를 네 가지로 분류하고(分類-, 종류에 따라 가르고) 이(네 가지로 분류한 기본 명제)를 각각 '전체 긍정(肯定, 그러하다고 생각함) 명제', '전체 부정(否定, 그렇지 않다고 단정함) 명제', '부분 긍정 명제', '부분 부정 명제'라고 이름을 붙였다. [2]삼단논법(三段論法, 전제가 되는 두 개의 명제로부터 새로운 결론을 이끌어 내는 방법)에 이용되는 명제는 어떤 것이든 이 네 가지 기본 명제('전체 긍정 명제', '전체 부정 명제', '부분 긍정 명제', '부분 부정 명제') 중 어느 하나의 형식을 가져야 하며, 이(네 가지 기본) 명제들은 그 뜻이 애매하다거나(曖昧-, 희미하여 분명하지 않다거나) 모호하지(模糊-, 분명하지 않고 흐리지) 않아야 하므로 표준(標準, 가장 일반적이거나 평균적인

것) **형식**으로 고쳐 주어야 한다.

→ 아리스토텔레스의 고전 논리학에서 말하는 네 가지 기본 명제

2 [1]먼저, 전체 긍정을 뜻하는 명제의 표준 형식은 "모든 철학자(哲學者, 인간과 세계에 대한 근본 원리와 삶의 본질 등을 연구하는 학문인 '철학'을 전문적으로 연구하는 사람)는 이상주의자(理想主義者, 인생의 의의를 도덕적, 사회적 이상의 실현에 두는 이상주의를 따르는 사람)이다."와 같이 '모든 ~는 ~이다.'로 하면 된다. [2]전체 부정을 뜻하는 명제의 표준 형식의 경우, "모든 철학자는 이상주의자가 아니다."라는 말은 애매하다. [3]왜냐하면 "철학자는 한 사람도 이상주의자가 아니다."를 뜻하는 것인지, 아니면 "철학자 중에는 이상주의자가 아닌 사람도 있다."를 뜻하는 것인지 분명하지 않기 때문이다. [4]그러므로 '모든 ~는 ~가 아니다.'라는 형식은 전체 부정 명제의 표준 형식이 될 수 없다. [5]전체 부정의 뜻을 분명하게 나타내어 줄 수 있는 표준 형식은 "어느 철학자도 이상주의자가 아니다."와 같이 '어느 ~도 ~가 아니다.'로 하면 된다. [6]부분 긍정을 뜻하는 명제의 표준 형식은 "어떤 철학자는 염세주의자(厭世主義者, 세상과 인생을 악하고 괴로운 것으로 보며, 아무런 가치가 없고 나아질 수도 없다고 생각하는 사람)이다."와 같이 '어떤 ~는 ~이다.'라는 형식이면 된다. [7]'어떤'이란 말이 '어떤 낯선 사람'이라고 할 때처럼 불확정적인(不確定的-, 확실히 결정되어 있지 않은) 대상이라는 뜻을 가질 수도 있으나 그것은 부분 긍정을 뜻하는 데는 별 문제가 되지 않는다. [8]마지막으로, 부분 부정을 뜻하는 명제의 표준 형식은 "어떤 철학자는 도덕주의자가 아니다."에서와 같이 '어떤 ~는 ~가 아니다.'라는 형식이면 된다.

→ 네 가지 기본 명제들의 표준 형식

3 [1]"고래는 포유동물이다."라는 일상 언어(日常言語, 일상생활에서 자연스럽게 쓰는 말)의 문장은 모든 고래에 대한 긍정을 뜻하는 것이므로 이것(일상 언어의 문장인 "고래는 포유동물이다.")을 표준 형식의 명제로 고치면 "모든 고래는 포유동물이다."가 된다. [2]그러나 "칼을 쓰는 자는 칼로 망한다."라는 말은 전체 긍정의 뜻으로 받아들일 수도 있고 부분 긍정의 뜻으로 받아들일 수도 있다. [3]이것("칼을 쓰는 자는 칼로 망한다.")을 "칼을 쓰는 모든 사람은 칼로 망하는 사람이다."라고 한다면 전체 긍정이 되지만, "칼을 쓰는 어떤 사람은 칼로 망하는 사람이다."라고 한다면 부분 긍정이 된다. [4]㉠ 어느 쪽 해석(解釋, 문장으로 표현된 내용을 이해하고 설명함)이 옳은가라는 문제는 논리학의 관심 문제가 아니다. [5]그것("칼을 쓰는 자는 칼로 망한다.")을 사실의 서술(敍述, 차례대로 말하거나 적음)로 보는 사람은 칼을 쓰는 사람들 중 일부분의 사람만 칼로 망하게 된다는 사실을 긍정하는 것으로 이해하는 것이며, 그 반면(反面, 반대로) 그것("칼을 쓰는 자는 칼로 망한다.")을 하나의 교훈적인(敎訓的-, 행동이나 생활에 도움이 되는 가르침이 될 만한 것의) 말로 받아들이는 사람은 그것("칼을 쓰는 자는 칼로 망한다.")이 하나의 ⓐ 보편적인 법칙(法則, 지켜야 할 규칙) 같은 것을 뜻하는 것으로 이해하기 때문에 전체 긍정으로 읽게 되는 것이다.

→ 전체 긍정이나 부분 긍정으로 해석될 수 있는 일상 언어의 예문

4 [1]"대부분의 젊은이들은 현실 부정적이다."에서 '대부분'은 전체가 아니라는 뜻이므로 이런 경우는 '어떤'으로, 즉 부분 긍정이나 부분 부정으로 이해할 수밖에 없다. [2]전체 중에서 단 한 사람에 대한 긍정을 한 것도 부분 긍정으로 ⓑ 일반화시킬 수밖에 없으며, 한 사람만 제외한(除外-, 따로 떼어 뺀) 다른 모든 사람들에 대한 긍정도 부분 긍정으로 ⓒ 간주할 수밖에 없다. [3]명제의 양을 전체와 부분으로만 나누어 두었기 때문에 전체에 관한 것이 아닌 것은 모두 부분에 관한 것으로 표현되어야 한다는 뜻이다. [4]부분에 관한 명제들 중에서 그(전체에서 차지하는 부분의) 양의 정도가 다른 것을 나타낼 수 있는 방법은 없다. [5]이것은 곧 모든 명제를 네 가지 기본 형식으로만 나누어야 하는 고전 논리의 한계점(限界點, 능력이 더 이상 미치지 못하는 지점)이 된다. [6]그러므로 위의 명제("대부분의 젊은이들은 현실 부정적이다.")도 "어떤 젊은이들은 현실 부정적인 사람이다."라고 고칠 수밖에 없다.

→ 부분 긍정이나 부분 부정으로 해석될 수 있는 일상 언어의 예문

5 [1]"미국 흑인들 외에는 아무도 흑인 영가*의 참뜻(겉으로 드러나지 않은, 알맹이가 지닌 본디의 뜻)을 느낄 수 없다." [2]이 문장에는 흑인 영가의 참뜻을 느낄 수 있는 미국 흑인에 대한 것과 그것(흑인 영가의 참뜻)을 느낄 수 없는 다른 사람들에 대한 것이 포함되어 있다. [3]따라서 "모든 미국 흑인들은 흑인 영가의 참뜻을 느낄 수 있는 사람이다."라는 명제와 "미국 흑인이 아닌 모든 사람은 흑인 영가의 참뜻을 느낄 수 없는 사람이다."라는 명제로 고쳐야 한다. [4]그리고 둘째 명제("미국 흑인이 아닌 모든 사람은 흑인 영가의 참뜻을 느낄 수 없는 사람이다.")는 다음과 같이 전체 부정 명제로 고쳐 쓸 수 있다. [5]"미국 흑인이 아닌 어느 사람도 흑인 영가의 참뜻을 느낄 수 있는 사람이 아니다."

→ 하나의 문장 안에 두 개의 기본 명제를 포함하고 있는 일상 언어의 예문

6 [1]일상 언어의 문장은 그것이 어떤 사실을 긍정하는 것일지라도 위에서 ⓓ 검토해 본 예문(例文, 설명을 위해 예로 드는 글)들처럼 그것(일상 언어의 문장)의 논리적 의미가 분명치 못한 것이 많다. [2]그것(일상 언어의 문장)이 이용되는 경우에 따라서, 또 내용에 따라서 그(일상 언어의 문장에 담긴) 의미가 다르게 이해되어야 할 때가 많다. [3]이러한 문제는 논리학의 범위에 속하지 않는 것이므로 그것(일상 언어의 문장)을 사용하는 사람이 자기대로 ⓔ 타당한 이해를 할 수밖에 없는 것이다. [4]그러한(일상 언어의) 문장을 표준 형식의 명제로 고치고자 할 때는 먼저 적절한 해석을 한 후 그것(적절한 해석을 한 일상 언어의 문장)이 이해되는 뜻에 따라서 그것(이해된 뜻)에 맞는 형식으로 고쳐 주면 된다.

→ 일상 언어의 문장을 네 가지 기본 명제의 표준 형식으로 고치는 방법

* 영가(靈歌) : 미국의 흑인들이 부르는 일종의 종교적인 노래

■ 지문 이해
〈일상 언어의 문장과 명제의 표준 형식〉

❶ 아리스토텔레스의 고전 논리학에서 말하는 네 가지 기본 명제
- 전체 긍정 명제, 전체 부정 명제, 부분 긍정 명제, 부분 부정 명제
- 삼단논법에 이용되는 명제는 네 가지 기본 명제 중 하나의 형식을 가져야 하며, 표준 형식으로 고쳐 주어야 함

❷ 네 가지 기본 명제들의 표준 형식
- 전체 긍정 명제 : '모든 ~는 ~이다.'
- 전체 부정 명제 : '어느 ~도 ~가 아니다.'
- 부분 긍정 명제 : '어떤 ~는 ~이다.'
- 부분 부정 명제 : '어떤 ~는 ~가 아니다.'

❸ 전체 긍정이나 부분 긍정으로 해석될 수 있는 일상 언어의 예문
- 하나의 일상 언어 문장이 받아들이는 사람에 따라 전체 긍정이나 부분 긍정으로 해석될 수 있음
- 어느 쪽 해석이 옳은가의 문제는 논리학의 범위에 속하지 않음

❹ 부분 긍정이나 부분 부정으로 해석될 수 있는 일상 언어의 예문
- 명제의 양을 전체와 부분으로만 나눔 → 전체에 관한 것이 아닌 것은 모두 부분에 관한 것으로 표현되어야 함
- 부분에 관한 명제들 중에서 그 양의 정도가 다른 것을 나타낼 수 있는 방법은 없음

❺ 하나의 문장 안에 두 개의 기본 명제를 포함하고 있는 일상 언어의 예문
- 하나의 일상 언어 문장을 두 개의 명제로 고친 후, 표준 형식으로 고쳐야 함

❻ 일상 언어의 문장을 네 가지 기본 명제의 표준 형식으로 고치는 방법
- 일상 언어의 문장
  - 논리적 의미가 분명하지 못한 것이 많음
  - 경우나 내용에 따라 의미가 다르게 이해되어야 할 때가 많음
  - 사용하는 사람이 자기대로 타당한 이해를 할 수밖에 없음
  → 먼저 적절한 해석을 한 후, 이해되는 뜻에 따라 그에 맞는 형식으로 고침

117 세부 정보 이해 - 적절한 것 고르기 2020년 6월 학평 37번
정답률 70%, 매력적 오답 ③ 10% 정답 ④

윗글의 내용과 일치하는 것은?

① "미국 흑인이 아닌 모든 사람은 흑인 영가의 참뜻을 느낄 수 없는 사람이다."는 다른 명제로 고칠 수 없다.
　　　　　　　　　　　　　　　　　　　　　　　　　　　　있다

근거 ❺-4~5 둘째 명제("미국 흑인이 아닌 모든 사람은 흑인 영가의 참뜻을 느낄 수 없는 사람이다.")는 다음과 같이 전체 부정 명제로 고쳐 쓸 수 있다. "미국 흑인이 아닌 어느 사람도 흑인 영가의 참뜻을 느낄 수 있는 사람이 아니다."
→ 적절하지 않음!

② "칼을 쓰는 모든 사람은 칼로 망하는 사람이다."를 교훈의 말로 받아들이는 사람은 부분 긍정으로 이해한다.
　　　　　　　　　　　　　　　　　　　　　　　　　　　　　전체

근거 **3**-3 "칼을 쓰는 모든 사람은 칼로 망하는 사람이다."라고 한다면 전체 긍정이 되지만, **3**-5 그것을 하나의 교훈적인 말로 받아들이는 사람은 … 전체 긍정으로 읽게 되는 것

→ 적절하지 않음!

③ "모든 철학자는 이상주의자가 아니다."라는 말의 표준 형식은 "모든 ~는 ~가 아니다."
〔어느 ~도〕
라는 형식이 될 수 있다.

근거 **2**-2~5 전체 부정을 뜻하는 명제의 표준 형식의 경우, "모든 철학자는 이상주의자가 아니다."라는 말은 애매하다. … '모든 ~는 ~가 아니다.'라는 형식은 전체 부정 명제의 표준 형식이 될 수 없다. 전체 부정의 뜻을 분명하게 나타내어 줄 수 있는 표준 형식은 … '어느 ~도 ~가 아니다.'로 하면 된다.

→ 적절하지 않음!

④ 부분 명제 중에서 그 양의 정도가 다른 것을 나타낼 수 있는 방법이 없다는 점은 고전 논리의 한계로 볼 수 있다.

근거 **4**-4~5 부분에 관한 명제들 중에서 그 양의 정도가 다른 것을 나타낼 수 있는 방법은 없다. 이것은 곧 모든 명제를 네 가지 기본 형식으로만 나누어야 하는 고전 논리의 한계점이 된다.

→ 적절함!

⑤ 일상 언어의 문장은 어떤 사실을 긍정할 경우에만 그것의 논리적 의미가 분명해진다고
〔에도〕 〔분명하지 못한 것이 많다고〕
볼 수 있다.

근거 **6**-1 일상 언어의 문장은 그것이 어떤 사실을 긍정하는 것일지라도 … 그것의 논리적 의미가 분명치 못한 것이 많다.

→ 적절하지 않음!

---

118 세부 정보 이해 – 적절한 것 고르기 2020년 6월 학평 38번
정답률 85% 정답 ⑤

㉠의 이유로 가장 적절한 것은?

㉠ 어느 쪽 해석이 옳은가라는 문제는 논리학의 관심 문제가 아니다.

① 일상 언어는 논리학의 표준 명제로 고칠 수 없기 때문이다.

근거 **6**-4 그러한 (일상 언어의) 문장을 표준 형식의 명제로 고치고자 할 때는 먼저 적절한 해석을 한 후 그것이 이해되는 뜻에 따라서 그것에 맞는 형식으로 고쳐 주면 된다.

→ 적절하지 않음!

② 논리학은 명제의 형식에 대해서는 문제로 삼지 않기 때문이다.

근거 **1**-2 삼단논법에 이용되는 명제는 어떤 것이든 이 네 가지 기본 명제 중 어느 하나의 형식을 가져야 하며

→ 적절하지 않음!

③ 일상 언어의 문장과 논리학의 문장은 *본질적으로 다르기 때문이다. *本質的~. 처음부터
가지고 있는 그 자체의 성질에 관한 것

근거 **3**-1 "고래는 포유동물이다."라는 일상 언어의 문장은 … 표준 형식의 명제로 고치면 "모든 고래는 포유동물이다."가 된다, **4**-1~6 "대부분의 젊은이들은 현실 부정적이다."에서 … , **5**-1~5 "미국 흑인들 외에는 아무도 흑인 영가의 참뜻을 느낄 수 없다." 이 문장에는 … .

풀이 윗글에서는 일상 언어의 문장을 아리스토텔레스의 고전 논리학에서 말하는 네 가지 기본 명제의 표준 형식으로 고치는 방법을 다양한 예문을 통해 보여주고 있다. 따라서 일상 언어의 문장과 논리학의 문장이 본질적으로 다르다는 말은 윗글의 내용과 어긋나는 설명이며, ㉠의 이유로도 적절하지 않다.

→ 적절하지 않음!

④ 논리학은 일상 언어의 문장을 우선 네 가지 기본 명제의 형식으로 고친 후 해석해야 하기 때문이다.

근거 **6**-4 그러한 (일상 언어의) 문장을 표준 형식의 명제로 고치고자 할 때는 먼저 적절한 해석을 한 후 그것이 이해되는 뜻에 따라서 그것에 맞는 형식으로 고쳐 주면 된다.

풀이 윗글에서 일상 언어의 문장을 명제의 표준 형식으로 고치려 할 때는 '네 가지 기본 명제의 형식으로 고친 후 해석'하는 것이 아니라, '먼저 적절한 해석을 한 후 그것을 네 가지 기본 명제 중 하나의 표준 형식으로 고치면 된다'고 소개하고 있다. 또한 일상 언어의 문장을 명제의 표준 형식으로 고치는 순서를 통해 ㉠을 설명할 수도 없다.

→ 적절하지 않음!

---

⑥ 일상 언어의 문장들은 읽는 사람에 따라서 혹은 그것이 쓰이는 상황에 따라서 그것의 논리적 의미가 다르기 때문이다.

근거 **3**-5 그것("칼을 쓰는 자는 칼로 망한다."라는 일상 언어의 문장)을 사실의 서술로 보는 사람은 칼을 쓰는 사람들 중 일부분의 사람만 칼로 망하게 된다는 사실을 긍정하는 것으로 이해하는 것이며, 그 반면 그것을 하나의 교훈적인 말로 받아들이는 사람은 그것이 하나의 보편적인 법칙 같은 것을 뜻하는 것으로 이해하기 때문에 전체 긍정으로 읽게 되는 것, **6**-1~3 일상 언어의 문장은 그것이 어떤 사실을 긍정하는 것일지라도 … 그것의 논리적 의미가 분명치 못한 것이 많다. 그것이 이용되는 경우에 따라서, 또 내용에 따라서 그 의미가 다르게 이해되어야 할 때가 많다. 이러한 문제는 논리학의 범위에 속하지 않는 것이므로 그것을 사용하는 사람이 자기대로 타당한 이해를 할 수밖에 없는 것이다.

→ 적절함!

1등급 문제

119 추론의 적절성 판단 – 적절하지 않은 것 고르기 2020년 6월 학평 39번
정답률 50%, 매력적 오답 ③ 20% ④ 20% 정답 ⑤

윗글을 참고하여 〈보기〉에 대해 판단한 내용으로 적절하지 않은 것은?

| 보기 |
"문제의식이 투철한 사람만 참석했다."

① '참석한 모든 사람은 문제의식이 투철한 사람이었다.'라는 뜻이군.

근거 **2**-1 전체 긍정을 뜻하는 명제의 표준 형식은 … '모든 ~는 ~이다.'로 하면 된다.
풀이 '문제의식이 투철한 사람만 참석했다.'라는 말은 '참석한 사람들'에 대한 전체 긍정을 뜻하며, 이 문장은 전체 긍정 명제의 표준 형식인 '모든 ~는 ~이다.'를 써서 '참석한 모든 사람은 문제의식이 투철한 사람이다.'로 고칠 수 있다. 따라서 '참석한 모든 사람은 문제의식이 투철한 사람이었다.'라는 뜻이라는 판단은 적절하다.

→ 적절함!

② '문제의식이 투철한 사람은 누구나 다 참석했다.'는 것을 뜻하지는 않는군.

풀이 '참석한 사람은 모두 문제의식이 투철한 사람이라는 뜻일 뿐, 문제의식이 투철한 모든 사람이 누구나 빠짐없이 다 참석한 것인지, 문제의식이 투철한 사람들 중 일부분이 참석한 것인지는 분명하지 않다. 따라서 '문제의식이 투철한 사람은 누구나 다 참석했다.'는 것을 뜻하지는 않는다는 판단은 적절하다.

→ 적절함!

③ '문제의식이 투철한 사람의 일부분이 참석했다.'라는 것을 긍정하지도 않는군.

풀이 '참석한 사람은 모두 문제의식이 투철한 사람이라는 뜻일 뿐, 문제의식이 투철한 사람의 일부분이 참석한 것인지, 문제의식이 투철한 모든 사람이 참석한 것인지는 분명하지 않다. 따라서 '문제의식이 투철한 사람의 일부분이 참석했다.'라는 것을 긍정하지도 않는다는 판단은 적절하다.

→ 적절함!

④ 참석한 사람들만이 문제의식이 투철한 사람들인지 어떤지에 대한 긍정은 없군.

풀이 '참석한 사람들'은 모두 문제의식이 투철한 사람들이었다는 사실만 긍정할 뿐, 그 사람들만이 문제의식이 투철한 사람들인지, 참석하지 않은 사람들 중에서도 문제의식이 투철한 사람들이 있는지는 분명하지 않다. 따라서 참석한 사람들만이 문제의식이 투철한 사람들인지 어떤지에 대한 긍정은 없다는 판단은 적절하다.

→ 적절함!

⑤ '문제의식이 투철한 사람만 참석했다.'는 하나의 표준 형식으로서 분명한 뜻을 지니는군.

근거 **1**-1 아리스토텔레스의 고전 논리학에서는 기본 명제를 네 가지로 분류하고 이를 각각 '전체 긍정 명제', '전체 부정 명제', '부분 긍정 명제', '부분 부정 명제'라고 이름을 붙였다, **2**-1 전체 긍정을 뜻하는 명제의 표준 형식은 … '모든 ~는 ~이다.'로 하면 된다, **2**-5 전체 부정의 뜻을 분명하게 나타내어 줄 수 있는 표준 형식은 … '어느 ~도 ~가 아니다.'로 하면 된다, **2**-6 부분 긍정을 뜻하는 명제의 표준 형식은 … '어떤 ~는 ~이다.'라는 형식이면 된다, **2**-8 부분 부정을 뜻하는 명제의 표준 형식은 … '어떤 ~는 ~가 아니다.'라는 형식이면 된다.

풀이 '문제의식이 투철한 사람만 참석했다.'는 윗글에서 말하는 네 가지 기본 명제의 표준 형식에 해당하지 않는다.

→ 적절하지 않음!

120 구체적인 사례에 적용 - 적절하지 않은 것 고르기 2020년 6월 학평 40번
정답률 50%, 매력적 오답 ① 25% ⑤ 10% **정답 ③**

윗글을 바탕으로, 〈보기〉의 문장들을 표준 형식의 명제로 고친 것으로 적절하지 <u>않은</u> 것은? **3점**

| 보기 |
㉠ 원숭이도 나무에서 떨어진다. → '나무에서 떨어지는 일부분의 원숭이'에 관한 부분 긍정
㉡ 소수(少數, 적은 수)의 사람들만이 특혜(特惠, 특별한 혜택)를 받았다. → '특혜를 받은 일부분의 사람들'에 관한 부분 긍정
㉢ 경마(競馬, 일정한 거리를 가장 빨리 달릴 것이라고 예상되는 말에 돈을 걸어 내기를 하는 오락)에 미친 사람은 경마만 좋아한다. → '경마에 미친 사람이 좋아하는 것'에 관한 전체 긍정
㉣ 비가 오는 날이면 언제나 그는 택시를 탄다. → '비가 오는 날'에 관한 전체 긍정
㉤ 이번 여름은 피서지(避暑地, 더위를 피하기에 알맞은 곳)마다 초만원(超滿員, 사람이 정해진 인원을 넘어 더할 수 없이 꽉 찬 상태)을 이루었다. → '피서지'에 관한 전체 긍정

▶ 지문 핵심 개념 정리

네 가지 기본 명제의 표준 형식
• 전체 긍정 명제 : '모든 ~는 ~이다.' **②**-1
• 전체 부정 명제 : '어느 ~도 ~가 아니다.' **②**-5
• 부분 긍정 명제 : '어떤 ~는 ~이다.' **②**-6
• 부분 부정 명제 : '어떤 ~는 ~가 아니다.' **②**-8

① ㉠ : 어떤 원숭이는 나무에서 떨어지는 원숭이이다.
풀이 '원숭이도 나무에서 떨어진다.'라는 말은 일반적으로 원숭이는 나무에서 떨어지지 않는다는 사실의 예외적인 사실을 긍정하는 것으로 이해할 수 있다. 따라서 ㉠는 부분 긍정 명제의 표준 형식인 '어떤 ~는 ~이다.'를 써서, '어떤 원숭이는 나무에서 떨어지는 원숭이이다.'로 고칠 수 있다.

→ 적절함!

② ㉡ : 어떤 사람은 특혜를 받은 사람이다.
근거 **④**-1 "대부분의 젊은이들은 현실 부정적이다."에서 '대부분'은 전체가 아니라는 뜻이므로 이런 경우는 '어떤'으로, 즉 부분 긍정이나 부분 부정으로 이해할 수밖에 없다.
풀이 '소수의 사람들만이 특혜를 받았다.'라는 문장은 특혜를 받은 사람들이 전체가 아니라 전체 중에서 일부분인 소수라는 뜻이므로, 부분 긍정인 '어떤'으로 이해할 수 있다. 따라서 ㉡는 부분 긍정 명제의 표준 형식인 '어떤 ~는 ~이다.'를 써서, '어떤 사람은 특혜를 받은 사람이다.'로 고칠 수 있다.

→ 적절함!

경마에 미친 사람이 좋아하는 모든 것은 경마이다.
③ ㉢ : 경마에 미친 모든 사람은 경마를 좋아한다.
풀이 '경마에 미친 사람은 경마만 좋아한다.'라는 말은 '경마에 미친 사람'이 아니라, '경마에 미친 사람이 좋아하는 것'에 관한 전체 긍정이다. ㉢를 '경마에 미친 모든 사람은 경마를 좋아한다.'라고 고칠 경우, 경마에 미친 모든 사람은 경마를 좋아하면서 경마가 아닌 다른 것도 좋아할 수 있다는 뜻을 포함하게 되므로 적절하지 않다. 따라서 ㉢는 전체 긍정 명제의 표준 형식인 '모든 ~는 ~이다.'를 써서, '경마에 미친 사람이 좋아하는 모든 것은 경마이다.'라고 고치는 것이 적절하다.

→ 적절하지 않음!

④ ㉣ : 비가 오는 모든 날은 그가 택시를 타는 날이다.
풀이 '비가 오는 날이면 언제나 그는 택시를 탄다.'에서 '언제나'는 비가 오는 날 전체를 의미하므로, ㉣는 비가 오는 날에 관한 전체 긍정을 뜻한다. 따라서 전체 긍정 명제의 표준 형식인 '모든 ~는 ~이다.'를 써서, '비가 오는 모든 날은 그가 택시를 타는 날이다.'라고 고치는 것이 적절하다.

→ 적절함!

⑤ ㉤ : 이번 여름의 모든 피서지는 초만원을 이루는 곳이다.
풀이 '이번 여름은 피서지마다 초만원을 이루었다.'에서 '피서지마다'는 피서지 전체를 의미하므로, ㉤는 피서지에 관한 전체 긍정을 뜻한다. 따라서 전체 긍정 명제의 표준 형식인 '모든 ~는 ~이다.'를 써서, '이번 여름의 모든 피서지는 초만원을 이루는 곳이다.'라고 고치는 것이 적절하다.

→ 적절함!

121 단어의 사전적 의미 - 적절하지 않은 것 고르기 2020년 6월 학평 41번
정답률 85% **정답 ②**

ⓐ~ⓔ의 사전적 의미로 적절하지 않은 것은?

ⓐ 보편적   ⓑ 일반화   ⓒ 간주   ⓓ 검토   ⓔ 타당한

① ⓐ : 두루 널리 미치는
풀이 ⓐ에서 쓰인 '보편적(普 넓다 보 遍 두루 편 的 ~의 적)'의 사전적 의미는 '모든 것에 두루 미치거나 통하는'이다.
예문 자유와 평등은 인류 사회가 지향해야 할 보편적 이념이다.

→ 적절함!

② ⓑ : 구체적인 것으로 됨
풀이 ⓑ에서 쓰인 '일반화(一 하나 일 般 가지 반 化 되다 화)'의 사전적 의미는 '개별적인 것이나 특수한 것이 일반적인 것으로 됨. 또는 그렇게 만듦'이다. '구체적인 것으로 됨'의 의미를 지닌 단어는 '일반화'가 아니라 '구체화(具 갖추다 구 體 몸 체 化 되다 화)'이다.
예문 하나의 특수한 사건을 통해 일반화를 시도하는 것은 위험하다.

→ 적절하지 않음!

③ ⓒ : 상태, 모양, 성질 따위가 그와 같다고 봄
풀이 ⓒ에서 쓰인 '간주(看 보다 간 做 짓다 주)'의 사전적 의미는 '상태, 모양, 성질 따위가 그와 같다고 봄. 또는 그렇다고 여김'이다.
예문 그들은 나를 적으로 간주하고, 위협했다.

→ 적절함!

④ ⓓ : 사실이나 내용을 분석해 따짐
풀이 ⓓ에서 쓰인 '검토(檢 검사하다 검 討 공격하다 토)'의 사전적 의미는 '어떤 사실이나 내용을 분석하여 따짐'이다.
예문 이 문제는 많은 검토가 필요하다.

→ 적절함!

⑤ ⓔ : 일의 이치로 보아 옳은
풀이 ⓔ에서 쓰인 '타당(妥 마땅하다 타 當 마땅 당)하다'의 사전적 의미는 '일의 이치로 보아 옳다'이다.
예문 여러 가지 정황으로 볼 때 그의 견해가 가장 타당하고 합리적이었다.

→ 적절함!

Ⅱ 사 회 | 1. 경제에 대한 기초적 이해

[001~005] 다음 글을 읽고 물음에 답하시오.

1 ¹원가회계란 정확한 원가(原 원래 원 價 값 가)나 수익(收益, 거두어들인 이익)을 측정하고(測定–, 크기를 재고) 분석하는(分析–, 개별적 요소나 성질로 나누는) 경영(經營, 관리하고 운영함) 관리 활동 중 하나이다. ²여기서 원가란 기업이 제품을 만들기 위해 재료를 구입하거나 서비스를 얻기 위해 소비된(消費–, 써서 없어진) 경제적 가치를 화폐액(貨幣額, 돈으로 환산한 금액)으로 측정한 것으로, 기업의 입장에서는 원가가 항목별로 얼마나 소비되었는지를 알아야 기업을 경영하는 데 필요한 의사 결정을 할 수 있다. ³그래서 기업은 원가를 항목별로 분류하여(分類–, 종류에 따라 갈라) 집계하고(集計–, 한데 모아 계산하고) 분석하기 위해 원가회계를 활용한다.

→ 원가회계와 원가의 개념

2 ¹먼저 원가회계에서는 원가를 크게 제조(製造, 원료를 가공하여 제품을 만듦)원가와 비제조원가로 나눈다. ²제조원가는 재료비, 인건비(人件費, 사람을 시켜 일을 하게 하는 데에 드는 비용), 기계 설비(設備, 갖추어 놓은 시설) 대여비(貸與費, 빌려쓰는 대가로 내는 비용), 공장 임차료(賃借料, 빌려 쓰는 대가로 내는 돈) 등과 같이, 기업이 재료를 구입하고 제품을 만드는 활동에서 소요된(所要–, 쓰인) 모든 비용이다. ³비제조원가는 광고비(廣告費, 상품이나 서비스에 대한 정보를 널리 알리는 데 지출되는 비용)나 운반비(運搬費, 옮겨 나르는 데 드는 비용) 등과 같이, 생산된 제품을 판매하고 관리하는 활동에서 소요된 모든 비용으로, 제조원가를 제외한(除外–, 뺀) 모든 원가이다. ⁴일반적으로 제조원가와 비제조원가의 합에 예상(豫想, 미리 생각해 둠) 수익을 더한 것이 판매가격이 된다. ⁵원가회계에서는 제조원가를 계산할 때 단위당 제조원가를 기준으로 한다. ⁶여기서 단위당 제조원가는 특정 기간에 생산된 제품 한 개의 제조원가를 의미하는 것으로, 발생한 제조원가의 총액(總額, 전체의 액수)을 총생산량으로 ⓐ 나누어 구한다.

→ 원가회계에서 원가의 분류 : 제조원가와 비제조원가

3 ¹한편 원가회계에서는 원가행태(行態, 행동하는 모양, 상태)에 따라 원가를 분류하기도 한다. ²원가행태란 조업도(操 부리다 조 業 일 업 度 횟수 도)의 변화에 따라, 발생한 원가의 총액이 일정한 방식으로 변화하는 움직임을 의미한다. ³이때 조업도란 기업이 자원을 최대한 투입하여(投入–, 필요한 곳에 넣어) 생산할 수 있는 규모(規模, 범위, 한도)에서, 현재 어느 정도를 생산하고 있는가를 의미하는 것이다. ⁴조업도는 주로 생산량으로 나타낼 수 있는데, 예를 들어 조업도가 80 %라면, 기업이 최대로 생산할 수 있는 총생산량의 80 %를 생산하고 있다는 뜻이다. ⁵일반적으로 조업도와 기업의 수익은 비례할(比例–, 한쪽의 양이나 수가 증가하는 만큼 그와 관련 있는 다른 쪽의 양이나 수도 증가할) 것이라 예측하기(豫測–, 미리 헤아려 짐작하기) 쉽지만, 경우에 따라서는 비용이 추가로 지출될(支出–, 지급될) 수 있어 오히려 단위당 제조원가의 변화를 예측하기 어려울 수 있다. ⁶그래서 원가회계에서는 조업도의 변화에 따른 원가의 움직임을 유효하게(有效–, 효과가 있게) 적용할 수 있는 조업도의 범위를 임의로(任意–, 일정한 기준이나 원칙 없이 마음대로) 정하고, 그 범위 안의 원가행태를 분석한다.

→ 원가행태와 조업도의 개념

4 ¹이러한 원가행태에 따라 원가를 분류하면 고정원가, 변동원가, 혼합원가로 나눌 수 있다. ²먼저 고정(固定, 한번 정한 대로 변경하지 않음)원가는 조업도의 변화와 상관없이 원가의 총액이 일정하게 발생하는 것으로, 기계 설비 대여비, 공장 임차료 등을 들 수 있다. ³예를 들어 제과점이 빵을 만들기 위해 일정 금액을 지불하고(支拂–, 내고) 공장을 1 년간 빌렸다면, 임차료로 발생한 원가의 총액은 빵을 생산하지 않아도 일정하다. ⁴또한 빵 생산량이 늘거나 줄어도 임차료로 발생한 원가의 총액은 항상 일정하다. ⁵따라서 빵 하나를 생산하는 데 필요한 단위당 임차료는 조업도가 증가할수록 오히려 감소한다.(예를 들어 1 년간 공장 임차료가 100만 원일 때 1 년간 빵을 100 개 만들었을 경우, 빵 하나를 생산하는 데 필요한 단위당 임차료는 10,000 원, 빵을 1000 개 만들었을 경우 단위당 임차료는 1,000 원이다. 즉 빵 생산량이 늘수록(= 조업도가 증가할수록) 고정원가의 단위당 임차료는 감소한다.)

→ 원가행태에 따른 원가의 분류 ① : 고정원가

5 ¹다음으로 변동(變動, 바뀌어 달라짐)원가는 조업도의 변화에 따라 원가의 총액이 비례적으로 증가하거나 감소하는 것으로, 대표적인 예로 제품의 재료비를 들 수 있다. ²가령(假令, 예를 들어) 제과점에서 빵 생산량을 늘리면 그만큼 밀가루 구입비도 늘어나므로, 밀가루 구입비로 발생한 원가의 총액은 조업도의 증가에 따라 비례하여 증가한다.(예를 들어 빵 100 개 만들 때 밀가루 5 봉지가 필요하다면, 빵 1000 개 만들 때는 밀가루 50 봉지가 필요하므로, 밀가루 구입비로 발생한 원가의 총액은 조업도 증가에 따라 비례하여 증가한다.) ³따라서 빵 하나를 생산하는 데 필요한 단위당 밀가루 구입비는 조업도의 증감(增減, 많아지거나 적어짐, 또는 늘리거나 줄임)과 상관없이 동일하다.(빵을 하나 만드는 데 필요한 밀가루의 양은 빵을 100 개 만들 때나 1000 개 만들 때나 상관없이 동일하므로, 빵 하나의 생산에 필요한 밀가루 구입비는 조업도의 증감과 상관없이 동일하다.)

→ 원가행태에 따른 원가의 분류 ② : 변동원가

6 ¹마지막으로 혼합(混合, 뒤섞어서 한데 합함)원가는 고정원가와 변동원가의 합으로, 전기 요금이 대표적인 예이다. ²전기 요금은 사용량과 관계없이 발생하는 기본요금과 사용량에 따라 발생하는 추가 요금으로 이루어져 있어 고정원가와 변동원가의 특성을 모두 가진다. ³그래서 전기 요금으로 발생한 원가의 총액은 조업도의 증가에 따라 비례하여 증가(변동원가의 특성)하고, 단위당 전기 요금은 조업도가 증가할수록 감소(고정원가의 특성)한다.

→ 원가행태에 따른 원가의 분류 ③ : 혼합원가

7 ¹이러한 고정원가, 변동원가, 혼합원가를 활용하여 기업은 효율적으로(效率的–, 들인 노력에 비해 얻는 결과가 큰) 경영 관리 활동을 할 수 있다. ²가령 ㉠ 기계 설비 대여비에 투자한 비용이 커서 고정원가 비중(比重, 다른 것과 비교할 때 차지하는 중요도)이 변동원가보다 높은 기업은 조업도를 높이는 데 집중하면 기업의 수익을 높이는 데 효과적이다.

→ 고정원가, 변동원가, 혼합원가를 활용한 기업의 효율적 경영 관리

■지문 이해

〈원가회계의 개념과 기업의 원가회계 활용〉

❶ 원가회계와 원가의 개념

• 원가회계 : 정확한 원가나 수익을 측정·분석하는 경영 관리 활동 중 하나
• 원가 : 기업이 제품 생산을 위해 소비된 경제적 가치를 화폐액으로 측정한 것
→ 기업은 경영에 필요한 의사 결정을 위해 원가회계를 활용함

❷ 원가회계에서 원가의 분류 : 제조원가와 비제조원가

제조원가	재료비, 인건비, 기계 설비 대여비, 공장 임차료 등 재료 구입과 제품 생산에 소요된 모든 비용
비제조원가	광고비, 운반비 등 제품 판매 관리에 소요된 비용 제조원가를 제외한 모든 원가

• 판매가격 = 제조원가 + 비제조원가 + 예상 수익
• 단위당 제조원가 : 특정 기간에 생산된 제품 한 개의 제조원가(제조원가 총액 ÷ 총생산량)

❸ 원가행태와 조업도의 개념

• 원가행태 : 조업도의 변화에 따라, 발생한 원가의 총액이 일정한 방식으로 변화하는 움직임
• 조업도 : 기업이 자원을 최대한 투입해 생산할 수 있는 규모 중 현재 생산하고 있는 정도, 주로 생산량으로 나타냄
→ 원가회계에서는 조업도의 범위를 임의로 정하고 그 범위 안의 원가행태를 분석함

③ **기업은 원가를 항목별로 분류하여 집계하고 분석하기 위해 원가회계를 활용한다.**

> 근거 **❶-3** 기업은 원가를 항목별로 분류하여 집계하고 분석하기 위해 원가회계를 활용한다.

→ 적절함!

④ **원가회계는 정확한 원가나 수익을 측정하고 분석하는 경영 관리 활동 중 하나이다.**

> 근거 **❶-1** 원가회계란 정확한 원가나 수익을 측정하고 분석하는 경영 관리 활동 중 하나이다.

→ 적절함!

⑤ **원가회계는 조업도의 변화에 따른 원가의 움직임을 유효하게 적용할 수 있는 조업도의 범위를 임의로 정한다.**

> 근거 **❸-6** 원가회계에서는 조업도의 변화에 따른 원가의 움직임을 유효하게 적용할 수 있는 조업도의 범위를 임의로 정하고

→ 적절함!

원가행태에 따른 원가의 분류

❹~❻ 원가행태에 따른 원가의 분류 : 고정원가, 변동원가, 혼합원가

고정원가	- 예) 기계 설비 대여비, 공장 임차료 등 - 원가의 총액 : 조업도 변화(생산량 증감)와 상관없이 발생함 - 단위당 비용 : 조업도가 증가할수록 감소함
변동원가	- 예) 제품의 재료비 - 원가의 총액 : 조업도 변화에 따라 비례적으로 증가하거나 감소함 - 단위당 비용 : 조업도의 증감과 상관없이 동일함
혼합원가	- 고정원가와 변동원가의 합, 고정원가의 특성과 변동원가의 특성을 모두 가짐 - 예) 전기 요금 = 기본요금 + 사용량에 따른 추가 요금 - 원가의 총액 : 조업도의 증가에 따라 비례하여 증가함 - 단위당 전기 요금 : 조업도가 증가할수록 감소함

❼ 고정원가, 변동원가, 혼합원가를 활용한 기업의 효율적 경영 관리

---

001 세부 정보 이해 - 적절하지 않은 것 고르기 | 2023년 11월 학평 26번 | 정답률 90% | **정답 ③**

윗글을 읽고, 답을 찾을 수 없는 질문은?

① **원가의 개념은 무엇인가?**

> 근거 **❶-2** 원가란 기업이 제품을 만들기 위해 재료를 구입하거나 서비스를 얻기 위해 소비된 경제적 가치를 화폐액으로 측정한 것

→ 적절함!

② **변동원가의 예로 들 수 있는 것은 무엇인가?**

> 근거 **❺-1** 변동원가는 조업도의 변화에 따라 원가의 총액이 비례적으로 증가하거나 감소하는 것으로, 대표적인 예로 제품의 재료비를 들 수 있다.

→ 적절함!

③ **비제조원가를 줄일 수 있는 구체적인 방법은 무엇인가?**

> 풀이 윗글에서 비제조원가의 개념을 설명하고 있지만, 줄일 수 있는 구체적인 방법에 대해서는 이야기하지 않았다.

→ **적절하지 않음!**

④ **기업이 원가 정보를 파악하여 얻을 수 있는 효과는 무엇인가?**

> 근거 **❶-2** 기업의 입장에서는 원가가 항목별로 얼마나 소비되었는지를 알아야 기업을 경영하는 데 필요한 의사 결정을 할 수 있다. **❼-1~2** 고정원가, 변동원가, 혼합원가를 활용하여 기업은 효율적으로 경영 관리 활동을 할 수 있다. 가령 기계 설비 대여비에 투자한 비용이 커서 고정원가 비중이 변동원가보다 높은 기업은 조업도를 높이는 데 집중하면 기업의 수익을 높이는 데 효과적이다.

→ 적절함!

⑤ **기업이 판매가격을 책정하는 데 *고려할 수 있는 요소는 무엇인가?** *考慮 ㅡ, 생각해 볼

> 근거 **❷-4** 일반적으로 제조원가와 비제조원가의 합에 예상 수익을 더한 것이 판매가격이 된다.

→ 적절함!

---

002 핵심 개념 파악 - 적절하지 않은 것 고르기 | 2023년 11월 학평 27번 | 정답률 70% | **정답 ②**

원가회계 에 대한 설명으로 적절하지 않은 것은?

① **원가회계에서는 단위당 제조원가를 기준으로 제조원가를 계산한다.**

> 근거 **❷-5** 원가회계에서는 제조원가를 계산할 때 단위당 제조원가를 기준으로 한다.

→ 적절함!

② **원가회계에서는 원가를 원가행태에 따라 제조원가와 비제조원가로 나눈다.** ~~고정원가, 변동원가, 혼합원가~~

> 근거 **❹-1** 원가행태에 따라 원가를 분류하면 고정원가, 변동원가, 혼합원가로 나눌 수 있다.

1등급 문제

003 구체적인 사례에 적용 - 적절하지 않은 것 고르기 | 2023년 11월 학평 28번 | 정답률 45%, 매력적 오답 ② 15% ④ 30% | **정답 ③**

〈보기〉는 윗글을 이해하기 위한 학습지의 일부이다. 윗글을 바탕으로 〈보기〉에 대해 보인 반응으로 적절하지 않은 것은? [3점]

| 보기 |

A 회사는 나무 의자 제조를 위해 **무인**(無人, 사람이 없음) 자동화 기계 설비를 대여하고 2023년 1월부터 1년간 공장을 임차하여 근로자 없이 공장을 가동하였다. 이 회사는 2023년 1월부터 3월까지 의자를 1200개 생산하였고, 지역 신문에 광고를 실어 매달 생산한 의자를 모두 해당 월에 판매하였다. 다음은 이 회사의 2023년 1월부터 3월까지의 원가 분석 자료이다.

항목 ＼ 월	1월	2월	3월
의자 생산량 : 조업도	200개	400개	600개
목재 구입비(개당) → 재료비 · 단위당 제조원가 / 변동원가	5만 원	5만 원	5만 원
공장 임차료 · 제조원가 / 고정원가	100만 원	100만 원	100만 원
기계 설비 대여비 · 제조원가 / 고정원가	10만 원	10만 원	10만 원
공장 전기 요금 · 제조원가 / 혼합원가	15만 원	25만 원	35만 원
광고비 : 비제조원가	1만 원	1만 원	1만 원

(단, 제시된 항목 외에 다른 비용은 발생하지 않았고, 조업도는 생산량으로 나타냄.)

① **1월부터 3월까지 비제조원가는 매달 동일하군.**

> 근거 **❷-3** 비제조원가는 광고비나 운반비 등과 같이, 생산된 제품을 판매하고 관리하는 활동에서 소요된 모든 비용으로, 제조원가를 제외한 모든 원가이다.

> 풀이 〈보기〉의 표에서 1월부터 3월까지 비제조원가인 광고비는 1만 원으로 매달 동일하다.

→ 적절함!

② **목재 구입비로 발생한 원가의 총액은 3월이 가장 높군.**

> 근거 **❺-1~2** 변동원가는 조업도의 변화에 따라 원가의 총액이 비례적으로 증가하거나 감소하는 것으로, 대표적인 예로 제품의 재료비를 들 수 있다. 가령 제과점에서 빵 생산량을 늘리면 그만큼 밀가루 구입비도 늘어나므로, 밀가루 구입비로 발생한 원가의 총액은 조업도의 증가에 따라 비례하여 증가한다.

> 풀이 윗글에서 변동원가인 제품의 재료비로 발생한 원가의 총액은 조업도의 증가에 따라 비례하여 증가한다고 하였으므로, 의자 생산량이 가장 많은 3월의 원가의 총액이 가장 높다는 설명은 적절하다.

→ 적절함!

③ **단위당 공장 전기 요금은 2월에 비하여 3월에 증가하는군.** 감소

> 근거 **❻-3** 단위당 전기 요금은 조업도가 증가할수록 감소한다.

> 풀이 윗글에서 단위당 전기 요금은 조업도가 증가할수록 감소한다고 하였다. 〈보기〉의 예에서 조업도는 생산량으로 나타낸다고 하였으므로, 2월보다 조업도가 증가한 3

월의 단위당 공장 전기 요금이 2월의 단위당 공장 전기 요금에 비해 감소하였을 것이다.

→ 적절하지 않음!

④ 1월부터 3월까지 발생한 변동원가의 비중은 고정원가의 비중보다 높군.

근거 **4**-2 고정원가는 조업도의 변화와 상관없이 원가의 총액이 일정하게 발생하는 것으로, 기계 설비 대여비, 공장 임차료 등을 들 수 있다. **5**-1 변동원가는 조업도의 변화에 따라 원가의 총액이 비례적으로 증가하거나 감소하는 것으로, 대표적인 예로 제품의 재료비를 들 수 있다.

풀이 <보기>의 표에서 고정원가에 해당하는 항목은 공장 임차료, 기계 설비 대여비이며 변동원가에 해당하는 항목은 목재 구입비이다. A 회사는 생산한 의자를 모두 해당 월에 판매하였다고 하였으므로,

	고정원가	변동원가
1월	110만 원(100만 원 + 10만 원)	1000만 원(개당 5만 원×200 개)
2월	110만 원(100만 원 + 10만 원)	2000만 원(개당 5만 원×400 개)
3월	110만 원(100만 원 + 10만 원)	3000만 원(개당 5만 원×600 개)

따라서 1월부터 3월까지 발생한 변동원가의 비중은 고정원가의 비중보다 높다는 설명은 적절하다.

→ 적절함!

⑤ 4월에 생산량이 없더라도 공장 임차료로 발생한 원가의 총액은 변하지 않겠군.

근거 **4**-2~3 고정원가는 조업도의 변화와 상관없이 원가의 총액이 일정하게 발생하는 것으로, 기계 설비 대여비, 공장 임차료 등을 들 수 있다. 예를 들어 제과점이 빵을 만들기 위해 일정 금액을 지불하고 공장을 1 년간 빌렸다면, 임차료로 발생한 원가의 총액은 빵을 생산하지 않아도 일정하다.

풀이 공장 임차료는 조업도의 변화와 상관없이 원가의 총액이 일정하게 발생하는 고정원가에 해당한다. 따라서 4월에 생산량이 없더라도 공장 임차료로 발생한 원가의 총액은 변하지 않는다.

→ 적절함!

---

004 추론의 적절성 파악 - 적절한 것 고르기 2023년 11월 학평 29번
정답률 70% | 정답 ③

㉠의 이유를 추론한 내용으로 가장 적절한 것은?

㉠ 기계 설비 대여비에 투자한 비용이 커서 고정원가 비중이 변동원가보다 높은 기업은 조업도를 높이는 데 집중하면 기업의 수익을 높이는 데 효과적이다.

▶ 지문 핵심 개념 정리

고정원가
• 조업도의 변화와 상관없이 원가의 총액이 일정하게 발생하는 것(**4**—2)
• 기계 설비 대여비, 공장 임차료 등(**4**—2)
• 빵 하나를 생산하는 데 필요한 단위당 임차료는 조업도가 증가할수록 오히려 감소(**4**—5)

조업도 변화와 상관없이 일정함

① 기계 설비 대여비 원가의 총액이 제품의 생산량이 늘어날수록 줄어들기 때문이겠군.

근거 **3**-4 조업도는 주로 생산량으로 나타낼 수 있는데,

풀이 윗글에서 조업도는 주로 생산량으로 나타낼 수 있다고 하였으므로, ㉠의 경우 기계 설비 대여비 원가의 총액은 제품의 생산량의 증감(=조업도의 변화)과 상관없이 일정하게 발생한다. 따라서 기계 설비 대여비 원가의 총액이 제품의 생산량이 늘어날수록 줄어든다는 설명은 적절하지 않으며, ㉠의 이유와도 관련이 없다.

→ 적절하지 않음!

조업도 변화와 상관없이 일정함

② 기계 설비 대여비 원가의 총액이 단계별로 증가해야 기업의 수익을 높일 수 있기 때문이겠군.

풀이 기계 설비 대여비와 같은 고정원가는 조업도의 변화와 상관없이 원가의 총액이 일정하게 발생한다. 따라서 ㉠에서 기업이 조업도를 높인다고 해서 기계 설비 대여비 원가의 총액이 단계별로 증가하지 않으며, ㉠의 이유와도 관련이 없다.

→ 적절하지 않음!

③ 조업도를 높이면 단위당 기계 설비 대여비가 감소하여 기업의 수익을 높이는 데 효과적이기 때문이겠군.

풀이 윗글에서 기계 설비 대여비와 같은 고정원가는 조업도가 증가할수록 단위당 비용이 감소한다고 하였으므로, 조업도를 높이면 단위당 기계 설비 대여비가 감소할 것이다. 이로 인해 단위당 제조원가가 절감되므로 기업의 수익을 높이는 데 효과적이다.

→ 적절함!

조업도가 증가하면 감소

④ 단위당 기계 설비 대여비가 증가함에 따라 조업도가 증가하여 판매가격을 올리는 데 효과적이기 때문이겠군.

풀이 기계 설비 대여비와 같은 고정원가는 조업도가 증가할수록 단위당 비용이 감소한다. 이에 따르면, ㉠의 경우 단위당 기계 설비 대여비가 증가함에 따라 조업도가 증가하는 것이 아니라, 조업도가 증가할수록 단위당 기계 설비 대여비가 감소한다. 따라서 ㉠의 이유를 추론한 내용으로 적절하지 않다.

→ 적절하지 않음!

조업도 변화와 상관없이 일정함

⑤ 조업도를 높이면 기계 설비 대여비 원가의 총액이 비례적으로 증가해서 제품의 판매가격이 오르기 때문이겠군.

풀이 기계 설비 대여비와 같은 고정원가는 조업도의 변화와 상관없이 원가의 총액이 일정하게 발생한다. 따라서 조업도를 높이면 기계 설비 대여비 원가의 총액이 비례적으로 증가한다는 설명은 적절하지 않다. 조업도의 변화에 따라 원가의 총액이 비례적으로 변화하는 것은 고정원가가 아니라 변동원가의 특성에 해당하며, ㉠의 이유와도 관련이 없다.

→ 적절하지 않음!

---

005 문맥적 의미 파악 - 적절한 것 고르기 2023년 11월 학평 30번
정답률 90% | 정답 ①

밑줄 친 부분의 문맥적 의미가 ⓐ와 가장 유사한 것은?

발생한 제조원가의 총액을 총생산량으로 ⓐ 나누어 구한다.

풀이 ⓐ에서 '나누다'는 '나눗셈을 하다'의 의미로 쓰였다.

① 20을 5로 나누면 4가 된다.

풀이 '나눗셈을 하다'의 의미이다.

예문 총 주행 거리에 소모된 연료량을 나누면 차량의 연비를 산출해 낼 수 있다.

→ 적절함!

② 나와 내 동생은 피를 나눈 형제이다.

풀이 '같은 핏줄을 타고나다'의 의미이다.

예문 형제란 한 부모의 피를 나눈 사람들이다.

→ 적절하지 않음!

③ 나는 고향 친구와 이야기를 나누었다.

풀이 '말이나 이야기, 인사 따위를 주고받다'의 의미이다.

예문 우리는 그 문제에 대해서 의견을 나누었으나 결론을 내지는 못했다.

→ 적절하지 않음!

④ 나는 아내와 모든 즐거움을 나누며 살았다.

풀이 '즐거움이나 고통, 고생 따위를 함께하다'의 의미이다.

예문 그들은 슬픔과 기쁨을 함께 나누며 산다.

→ 적절하지 않음!

⑤ 그들은 물건을 불량품과 정품으로 나누는 작업을 한다.

풀이 '여러 가지가 섞인 것을 구분하여 분류하다'의 의미이다.

예문 토론을 하다 보면 자기편과 상대편을 나눌 수 있다.

→ 적절하지 않음!

1 ¹경기(景氣, 경제 활동 상태)가 침체되어(沈滯−, 활발하게 이루어지지 못하고 제자리에 머무르게 되어) 가계(家計, 경제 주체로서의 가정)의 소비(消費, 욕망을 충족시키 위해 재화나 용역을 쓰는 일)가 줄어들면 시중(市中, 사람들이 오가며 일상적으로 생활하고 활동하는 곳)의 제품이 팔리지 않아 기업은 생산(生産, 생활에 필요한 각종 물건을 만들어 냄) 규모(規模, 크기나 범위)를 축소하게(縮小−, 줄이게) 된다. ²그 결과 실업률(失業率, 노동하고자 하는 생각과 능력을 가진 인구 중 일자리를 잃거나 일할 기회를 얻지 못한 사람이 차지하는 비율)이 증가하고(增加−, 늘고) 가계의 수입(收入, 경제 활동을 통해 벌어들이는 돈이나 물품)이 감소하면서(減少−, 줄면서) 소비는 더욱 위축된다.(萎縮−, 줄어들게 된다.) ³이와 같은 악순환(惡循環, 나쁜 현상이 끊임없이 되풀이됨)으로 경기 침체가 심화되면(深化−, 점점 깊어지면) 국가는 이(경기 침체)에서 벗어나기 위해 유동성(流 흐르다 유 動 움직이다 동 性 성질 성)을 늘리는 통화 정책(通貨政策, 화폐의 수량을 늘리거나 줄여서 국내 경제의 흐름을 통제하고 조절하려는 정책)을 시행한다.(施行−, 실제로 행한다.)
→ **경기 침체의 악순환에서 벗어나기 위한 국가의 통화 정책**

2 ¹유동성이란 자산(資産, 개인이나 법인이 가진 경제적 가치가 있는 유형·무형의 재산) 또는 채권(債券, 국가, 지방 자치 단체, 은행, 회사 등이 사업에 필요한 돈을 빌리기 위해 발행하는 유가 증권)을 손실(損失, 손해를 봄) 없이 현금화할(現金化−, 현금으로 바꿀) 수 있는 정도로, 현금과 같은 화폐는 유동성이 높은 자산인 반면(反面, 반대로) 토지나 건물과 같은 부동산은 유동성이 낮은 자산이다. ²이처럼 유동성은 자산의 성격을 나타내는 용어이지만, 흔히 시중에 유통되는(流通−, 널리 쓰이는) 화폐의 양, 즉 통화량을 나타내는 말로도 사용된다. ³가령(假令, 예를 들어) 시중에 통화량이 지나치게 많을 때 '유동성이 넘쳐 난다'고 표현하고, 반대로 통화량이 줄어들 때 '유동성이 감소한다'고 표현한다. ⁴유동성이 넘쳐 날 경우 시중에 화폐가 흔해지는 상황이므로 화폐의 가치는 떨어지게 된다.
→ **유동성의 개념**

3 ¹유동성은 금리(金 돈 금 체 이자 리)와 밀접한(密接−, 아주 가까운) 관련이 있기 때문에 국가는 정책적으로 금리를 올리고 내림으로써 유동성을 조절할 수 있다. ²이때 금리는 예금이나 빌려준 돈에 붙는 이자율로, 이는 기준 금리와 시중 금리 등으로 구분된다. ³기준 금리는 국가가 정책적인 차원에서 결정하는 금리로, 한 나라의 금융 및 통화 정책의 주체인 중앙은행(우리나라는 '한국은행'이 여기에 해당함)에 의해 결정된다. ⁴반면 시중 금리는 기준 금리의 영향을 받아 중앙은행 이외(以外, 밖)의 시중 은행이 세우는 표준적인 금리로, 가계나 기업의 금융 거래에 영향을 미친다. ⁵가령 시중 금리가 내려가면 예금을 통한 이자 수익(收益, 이익을 거두어들임)과 대출(貸出, 돈을 빌림)에 따른 이자 부담(負擔, 의무나 책임을 짐)이 줄어 가계나 기업에서는 예금을 인출하거나(引出−, 찾거나) 대출을 받으려는 경향성(傾向性, 어떤 방향으로 기울어지는 성향)이 늘어난다. ⁶그 결과 시중의 유동성이 증가하게 된다. ⁷반대로 시중 금리가 올라가면 이자 수익과 대출 이자 부담이 모두 늘어나기 때문에 유동성이 감소하게 된다.
→ **금리와 유동성의 관계**

4 ¹이와 같은 금리와 유동성의 관계를 고려하여(考慮−, 생각하고 헤아려), 중앙은행은 기준 금리를 조절하는 통화 정책을 통해 경기를 안정시키려고(安定−, 일정한 상태를 유지시키려고) 한다. ²만일 경기가 침체되면 중앙은행은 기준 금리를 인하하는(引下−, 낮추는) 정책을 도입하여 시중 금리를 낮추도록 유도한다.(誘導−, 이끈다.) ³그 결과 유동성이 증가하여 가계의 소비가 늘고 주식이나 부동산에 대한 투자(投資, 이익을 얻기 위해 자금을 댐)가 확대된다. ⁴또한 기업의 생산과 고용(雇用, 일한 데 대한 값을 주고 사람을 부림)이 늘고 다양한 분야에 대한 투자가 확대되어 물가(物價, 물건의 값)가 상승하고 경기가 전반적으로 활성화된다.(活性化−, 활발해진다.) ⁵반대로 경기가 과열되어(過熱−, 지나치게 상승되어) 자산 가격이나 물가가 지나치게 오르면 중앙은행은 기준 금리를 인상하는(引上−, 올리는) 정책을 통해 유동성을 감소시킨다. ⁶그 결과 기준 금리를 인하할 때와 반대의 현상이 나타나(시중 금리↑, 가계 소비↓, 투자↓, 기업 생산과 고용↓, 물가↓) 자산 가격이 하락하고 물가가 안정되어 과열된 경기가 진정된다.(鎭靜−, 가라앉는다.)
→ **경기에 따라 기준 금리를 조절하는 중앙은행의 통화 정책**

5 ¹그러나 중앙은행이 경기 활성화를 위해 통화 정책을 시행했음에도 불구하고 애초에(−初−, 본래) 의도한 결과가 나타나지 않기도 한다. ²즉, 기준 금리를 인하하여 시중에 유동성을 충분히 공급하더라도, 증가한 유동성이 기대만큼 소비나 투

자로 이어지지 않으면 경기가 활성화되지 않는다. ³특히 심각한 경기 침체로 인해 경기 회복에 대한 전망(展望, 내다보이는 장래의 상황)이 불투명한(不透明−, 분명하지 않은) 경우, 경제 주체들은 쉽게 소비를 늘리지 못하거나 투자를 결정하지 못해 돈을 손에 쥐고만 있게 된다.(소비하거나 투자하지 않고 가지고 있게 된다.) ⁴이 경우 충분한 유동성이 경기 회복으로 이어지지 못해 경기 침체가 지속되는데(持續−, 오래 계속되는데), 마치 유동성이 함정(陷穽, 빠져나올 수 없는 상황이나 남을 해치기 위한 계략)에 빠진 것 같다고 하여 케인스는 이를 유동성 함정이라 불렀다. ⁵그(케인스)는 이러한 유동성 함정을 통해 통화 정책의 한계를 설명하면서, 정부가 재정 지출을 확대하여 소비와 투자를 유도하는 정책을 시행하는 것이 중요하다고 역설하였다.(力說−, 힘주어 말하였다.)
→ **통화 정책의 한계를 설명한 케인스의 '유동성 함정'**

■지문 이해
〈경기 안정을 위한 중앙은행의 통화 정책〉

❶ 경기 침체의 악순환에서 벗어나기 위한 국가의 통화 정책
- 경기 침체, 가계 소비↓, 기업 생산↓ ⇒ 실업률↑, 가계 수입↓, 소비↓↓ ⇒ 경기 침체 심화
- 국가는 경기 침체의 악순환에서 벗어나기 위해 유동성을 늘리는 통화 정책을 시행함

❷ 유동성의 개념
- 유동성 : 자산 또는 채권을 손실 없이 현금화할 수 있는 정도
- 유동성은 자산의 성격을 나타내는 용어이지만, 시중에 유통되는 화폐의 양(= 통화량)을 나타내는 말로도 사용됨
  - '유동성이 넘쳐 난다' : 시중에 통화량이 지나치게 많음, 화폐가 흔함, 화폐 가치↓
  - '유동성이 감소한다' : 시중에 통화량이 줄어듦

❸ 금리와 유동성의 관계
- 금리 : 예금이나 빌려준 돈에 붙는 이자율
  - 기준 금리 : 국가(중앙은행)가 정책적 차원에서 결정하는 금리
  - 시중 금리 : 기준 금리의 영향을 받아 시중 은행이 세우는 표준적 금리, 가계나 기업의 금융 거래에 영향을 미침
- 시중 금리↓ ⇒ 예금 이자 수익↓, 대출 이자 부담↓ ⇒ 유동성↑
  시중 금리↑ ⇒ 예금 이자 수익↑, 대출 이자 부담↑ ⇒ 유동성↓

❹ 경기에 따라 기준 금리를 조절하는 중앙은행의 통화 정책
- 경기가 침체되면 기준 금리를 인하하는 정책을 도입, 시중 금리를 낮추도록 유도
  ⇒ 유동성↑, 소비↑, 투자↑, 생산↑, 고용↑, 물가↑, 경기 활성화
- 경기가 과열되어 자산 가격이나 물가가 지나치게 오르면 기준 금리를 인상하는 정책을 도입
  ⇒ 유동성↓, 소비↓, 투자↓, 생산↓, 고용↓, 자산 가격↓, 물가↓, 경기 진정

❺ 통화 정책의 한계를 설명한 케인스의 '유동성 함정'
- 케인스의 '유동성 함정' : 경기 침체로 기준 금리를 인하하여 시중에 유동성을 충분히 공급하더라도, 그 유동성이 소비나 투자로 이어지지 않아 경기 회복으로 이어지지 못해 경기 침체가 지속되는 것
- 케인스는 유동성 함정을 통해 통화 정책의 한계를 설명하고, 정부가 재정 지출을 확대하여 소비와 투자를 유도하는 정책을 시행해야 한다고 주장함

---

006 세부 정보 이해 − 적절하지 않은 것 고르기 2023년 3월 학평 19번
정답률 80% **정답 ⑤**

윗글을 통해 알 수 있는 내용이 아닌 것은?

① 중앙은행이 하는 역할
근거 **❸-3** 기준 금리는 국가가 정책적인 차원에서 결정하는 금리로, 한 나라의 금융 및 통화 정책의 주체인 중앙은행에 의해 결정된다. **❹-1~2** 중앙은행은 기준 금리를 조절하는 통화 정책을 통해 경기를 안정시키려고 한다. 만일 경기가 침체되면 중앙은행은 기준 금리를 인하하는 정책을 도입하여 시중 금리를 낮추도록 유도한다. **❹-5** 반대로 경기가 과열되어 자산 가격이나 물가가 지나치게 오르면 중앙은행은 기준 금리를 인상하는 정책을 통해 유동성을 감소시킨다.
→ 적절함!

② **유동성이 높은 자산의 예**
- 근거 **②**-1 현금과 같은 화폐는 유동성이 높은 자산
→ 적절함!

③ **기준 금리와 시중 금리의 관계**
- 근거 **③**-2~4 이(금리)는 기준 금리와 시중 금리 등으로 구분된다. 기준 금리는 국가가 정책적인 차원에서 결정하는 금리로, 한 나라의 금융 및 통화 정책의 주체인 중앙은행에 의해 결정된다. 반면 시중 금리는 기준 금리의 영향을 받아 중앙은행 이외의 시중 은행이 세우는 표준적인 금리로, 가계나 기업의 금융 거래에 영향을 미친다. **④**-2 만일 경기가 침체되면 중앙은행은 기준 금리를 인하하는 정책을 도입하여 시중 금리를 낮추도록 유도한다.
→ 적절함!

④ **경기 침체로 인해 나타나는 현상**
- 근거 **❶**-1~2 경기가 침체되어 가계의 소비가 줄어들면 시중의 제품이 팔리지 않아 기업은 생산 규모를 축소하게 된다. 그 결과 실업률이 증가하고 가계의 수입이 감소하면서 소비는 더욱 위축된다.
→ 적절함!

⑤ **유동성에 대한 케인스 주장의 한계**
- 근거 **⑤**-5 그(케인스)는 이러한 유동성 함정을 통해 통화 정책의 한계를 설명하면서, 정부가 재정 지출을 확대하여 소비와 투자를 유도하는 정책을 시행하는 것이 중요하다고 역설하였다.
- 풀이 윗글을 통해 케인스가 '유동성 함정'을 통해 통화 정책의 한계를 설명하였음을 알 수 있으나, 유동성에 대한 케인스 주장의 한계는 찾아볼 수 없다.
→ 적절하지 않음!

---

007 핵심 개념 파악 - 적절한 것 고르기 2023년 3월 학평 20번 / 정답률 70%, 매력적 오답 ② 15% | 정답 ①

윗글을 바탕으로 할 때, 〈보기〉의 ㄱ ~ ㄷ에 들어갈 말로 적절한 것은?

| 보기 |
국가의 통화 정책이 정상적으로 작동될 때, 중앙은행이 기준 금리를 (ㄱ) 시중의 유동성이 (ㄴ)하며, 화폐의 가치가 (ㄷ)한다.

- 근거 **②**-3~4 시중에 통화량이 지나치게 많을 때 '유동성이 넘쳐 난다'고 표현하고, 반대로 통화량이 줄어들 때 '유동성이 감소한다'고 표현한다. 유동성이 넘쳐 날 경우 시중에 화폐가 흔해지는 상황이므로 화폐의 가치는 떨어지게 된다. **④**-1~3 중앙은행은 기준 금리를 조절하는 통화 정책을 통해 경기를 안정시키려고 한다. 만일 경기가 침체되면 중앙은행은 기준 금리를 인하하는 정책을 도입하여 시중 금리를 낮추도록 유도한다. 그 결과 유동성이 증가하여, **④**-5 반대로 경기가 과열되어 자산 가격이나 물가가 지나치게 오르면 중앙은행은 기준 금리를 인상하는 정책을 통해 유동성을 감소시킨다.
- 풀이 경기가 침체되면 중앙은행이 기준 금리를 인하하는(ㄱ) 정책을 도입하고, 그 결과 유동성이 증가(ㄴ)한다. 유동성이 증가한다는 것은 시중에 화폐가 많아져 화폐의 가치가 떨어진다(ㄷ)는 것을 의미한다. 반대로 경기가 과열되면 중앙은행은 기준 금리를 인상하는 정책을 도입하여, 유동성을 감소시킨다. 유동성이 감소한다는 것은 시중에 유통되는 화폐의 양이 줄어든다는 것을 의미하므로, 화폐의 가치는 상승한다. 따라서 정답은 ①번이다.

	ㄱ	ㄴ	ㄷ	
✓①	내리면	증가	하락	→ 적절함!
②	내리면	증가	상승	
③	내리면	감소	상승	
④	올리면	증가	상승	
⑤	올리면	감소	하락	

---

008 세부 정보 이해 - 적절한 것 고르기 2023년 3월 학평 21번 / 정답률 90% | 정답 ①

유동성 함정에 대해 이해한 내용으로 가장 적절한 것은?

✓① **시중에 유동성이 충분히 공급되더라도 경기 침체가 지속되는 상황을 의미한다.**
- 근거 **⑤**-2~4 기준 금리를 인하하여 시중에 유동성을 충분히 공급하더라도, 증가한 유동성이 기대만큼 소비나 투자로 이어지지 않으면 경기가 활성화되지 않는다. 특히 심각한 경기 침체로 인해 경기 회복에 대한 전망이 불투명할 경우, 경제 주체들은 쉽게 소비를 늘리지 못하거나 투자를 결정하지 못해 돈을 손에 쥐고만 있게 된다. 이 경우 충분한 유동성이 경기 회복으로 이어지지 못해 경기 침체가 지속되는데, 마치 유동성이 함정에 빠진 것 같다고 하여 케인스는 이를 유동성 함정이라 불렀다.
→ 적절함!

② **시중 금리의 상승으로 유동성이 감소하여 물가가 하락하는 상황을 의미한다.**
- 근거 **④**-5~6 경기가 과열되어 자산 가격이나 물가가 지나치게 오르면 중앙은행은 기준 금리를 인상하는 정책을 통해 유동성을 감소시킨다. 그 결과 기준 금리를 인하할 때와 반대의 현상이 나타나 자산 가격이 하락하고 물가가 안정되어 과열된 경기가 진정된다.
- 풀이 중앙은행이 기준 금리를 인상할 때 나타날 수 있는 상황으로, 유동성 함정과는 무관하다.
→ 적절하지 않음!

③ **기업의 생산과 가계의 소비가 줄어들어 유동성이 넘쳐 나는 상황을 의미한다.**
- 풀이 케인스가 말하는 '유동성 함정'은 심각한 경기 침체 상황에서 시중에 유동성이 충분히 공급되더라도 경기 회복이 이루어지지 못해 경기 침체가 지속되는 상황을 의미하므로, 시중의 유동성이 충분한 상황인 것은 맞다. 그러나 이때 시중의 충분한 유동성은 기준 금리 인하 정책을 통해 유동성을 공급한 결과이지, 기업의 생산과 가계의 소비가 줄어든 결과라고 볼 수 없다.
→ 적절하지 않음!

④ **경기 과열로 인해 유동성이 높은 자산에 대한 *선호가 늘어나는 상황을 의미한다.**
*選好, 여럿 가운데서 특별히 가려서 좋아함
- 풀이 유동성 함정은 심각한 '경기 침체' 상황에서 시중에 유동성이 충분히 공급되더라도 경기 회복으로 이어지지 못해 경기 침체가 지속되는 것을 의미한다. 또한 윗글에서 경기가 과열되면 유동성이 높은 자산에 대한 선호가 늘어난다는 언급은 찾아볼 수 없다.
→ 적절하지 않음!

⑤ **유동성이 감소하여 경기 회복에 대한 전망이 긍정적으로 바뀌는 상황을 의미한다.**
- 풀이 유동성 함정은 심각한 경기 침체로 인해 '경기 회복에 대한 전망이 불투명'할 경우, 시중에 '유동성이 충분히 공급되더라도 경기 회복이 이루어지지 못해 경기 침체가 지속되는 상황을 의미한다.
→ 적절하지 않음!

---

009 구체적인 사례에 적용 - 적절하지 않은 것 고르기 2023년 3월 학평 22번 / 정답률 65%, 매력적 오답 ① 15% | 정답 ②

윗글을 바탕으로 경제 주체들이 〈보기〉의 신문 기사를 읽고 보일 수 있는 반응으로 적절하지 않은 것은? 3점

| 보기 |
금융 당국(當局, 직접 맡아 하는 기관) **'빅스텝' 단행**(斷行, 결단하여 실행함)
기준 금리 인상 정책
금융 당국은 오늘 '빅스텝'을 단행하였다. 빅스텝이란 기준 금리를 한 번에 0.5 %p 인상하는 것을 의미한다. 이처럼 금리를 큰 폭으로 인상한 것은 **과도하게**(過度-, 정도에 지나치게) 증가한 유동성으로 인해 물가가 지나치게 상승하고 부동산, 주식 등의 자산 가격이 **폭등했기**(暴騰-, 갑자기 큰 폭으로 올랐기) 때문이다.

중앙은행의 통화 정책과 그 결과	
경기가 침체되었을 경우	경기가 과열되었을 경우
가계 소비↓, 기업 생산↓, 실업률↑, 가계 수입↓(❶~1~2)	자산 가격↑, 물가↑(❹~5)
↓	↓
기준 금리 인하 정책을 도입하여 시중 금리를 낮추도록 유도(❹~2)	기준 금리 인상 정책을 도입하여 시중 금리를 높이도록 유도(❹~5)
↓	↓
유동성↑, 소비↑, 투자↑, 생산↑, 고용↑, 물가↑, 경기 활성화(❹~3~4)	유동성↓, 자산 가격↓, 물가↓, 경기 진정(❹~5~6)

① 투자자 : 부동산의 가격이 하락할 수 있으니, 당분간 부동산 투자를 미루고 시장 상황을 지켜봐야겠군.

> 풀이 경기가 과열되면 중앙은행은 기준 금리를 인상하는 정책을 통해 유동성을 감소시키고, 그 결과 자산 가격이 하락한다. 〈보기〉에서 금융 당국은 빅스텝을 단행하여 기준 금리를 인상하였다. 따라서 투자자는 기준 금리 인상의 결과로 유동성이 감소하고 부동산과 같은 자산 가격이 하락할 것으로 보고, 당분간 투자를 미루고 시장 상황을 지켜볼 것이다.

→ 적절함!

✓② 소비자 : 위축된 소비 심리가 회복되어 지금보다 물가가 오를 수 있으니, 자동차 구매 시기를 앞당겨야겠군.

> 풀이 위축된 소비 심리가 회복된다거나 물가가 오르고 가계 소비가 는다는 것은 경기가 침체되어 중앙은행이 '기준 금리를 인하하는 정책'을 도입한 결과에 해당하는 내용이므로, 〈보기〉와 같이 기준 금리를 인상한다는 신문 기사를 읽고 보일 수 있는 반응으로 적절하지 않다.

→ 적절하지 않음!

③ 기업인 : 대출을 통해 자금을 확보하는 것이 부담스러워질 수 있으니, 공장을 확장하려던 계획을 *보류해야겠군. *保留-, 나중으로 미루어 두어야겠군.

> 근거 ❸-7 시중 금리가 올라가면 이자 수익과 대출 이자 부담이 모두 늘어나기 때문에 유동성이 감소하게 된다.

> 풀이 기준 금리를 인상하는 정책을 시행하여 시중 금리가 올라가면 대출 이자 부담이 늘어나게 된다. 따라서 기업인이 대출을 통해 자금을 확보하는 것이 부담스러워질 수 있음을 예상하여 공장 확장 계획을 보류하겠다고 반응한 것은 적절하다.

→ 적절함!

④ 공장장 : 당분간 우리 공장에서 생산한 부품에 대한 *수요가 줄 수 있으니, **재고가 늘어날 것에 대비해야겠군. *需要, 일정한 가격으로 사려고 하는 욕구 **在庫, 창고에 있는 물건

> 풀이 기준 금리를 인상하는 정책을 통해 유동성을 감소시킬 경우, 가계의 소비가 줄고 기업의 생산이 주는 등 기준 금리를 인하할 때와 반대의 현상이 나타난다. 따라서 공장장이 해당 공장에서 생산한 부품에 대한 수요가 줄 것을 예상하고 재고가 늘어날 것에 대비해야겠다고 반응한 것은 적절하다.

→ 적절함!

⑤ 은행원 : 시중 은행에 저축하려는 사람들이 늘어날 수 있으니, 다양한 상품을 개발하여 고객을 *유치해야겠군. *誘致-, 이끌어 들여야겠군.

> 근거 ❸-7 시중 금리가 올라가면 이자 수익과 대출 이자 부담이 모두 늘어나기 때문에 유동성이 감소하게 된다.

> 풀이 기준 금리를 인상하는 정책을 시행하여 시중 금리가 올라가면 이자 수익이 늘어난다. 따라서 해당 신문 기사를 읽은 은행원이, 늘어난 이자 수익을 얻기 위해 저축하려는 사람들이 늘어날 수 있음을 예상하고 다양한 상품을 개발해 이들을 고객으로 유치해야겠다고 반응한 것은 적절하다.

→ 적절함!

[010~014] 다음 글을 읽고 물음에 답하시오.

1 ¹수요(需要, 바라는 것을 충족시켜 주는 물건, 즉 재화를 일정한 가격으로 사고자 하는 욕구)의 법칙에 따르면 어떤 상품의 가격 변화에 따라 그 상품의 수요량(需要量, 수요의 크기를 나타내는 양)은 변화한다. ²수요의 가격탄력성은 가격이 변할 때 수요량이 변하는 정도를 나타내는 지표(指標, 방향, 목적, 기준을 나타내는 표지)다. ³가격 변화에 따른 수요량의 변화가 ㉠민감하면 탄력적이라 하고, 가격 변화에 따른 수요량의 변화가 민감하지 않으면 비탄력적이라고 한다.

→ '수요의 가격탄력성'의 개념

2 ¹수요의 가격탄력성에 영향을 주는 대표적인 요인(要因, 조건이 되는 요소)에는 세 가지가 있다. ²첫째, 대체재(代替財, 서로 대신 쓸 수 있는 관계에 있는 두 가지의 재화)의 존재 여부(존재하는가 존재하지 않는가)이다. ³어떤 상품에 ㉡밀접한 대체재가 있으면, 소비자들은 그 상품 대신에 대체재를 사용할 수 있으므로 그 상품 수요의 가격탄력성은 탄력적이다.(가격 변화에 따른 수요량의 변화가 민감하다.) ⁴예를 들어 버터는 마가린이라는 밀접한 대체재가 있기 때문에 버터 가격이 오르면 버터의 수요량은 크게 감소(버터 가격이 오르면 소비자들은 가격이 오른 버터 대신 대체재인 마가린을 사용할 수 있으므로, 가격이 오른 버터의 수요량은 크게 감소)하므로 버터 수요의 가격탄력성은 탄력적이다. ⁵반면에 달걀은 마땅한 대체재가 없으므로, 달걀 수요의 가격탄력성은 비탄력적이다.(달걀 가격 변화에 따른 수요량의 변화가 민감하지 않다.) ⁶둘째, 필요성(必要性, 반드시 요구되는 성질)의 정도이다. ⁷필수재(必須財, 일반적으로 일상생활에서 반드시 필요한 재화) 수요의 가격탄력성은 대체로 비탄력적인 반면에, 사치재(奢侈財, 일상생활에 반드시 필요하지는 않은 재화) 수요의 가격탄력성은 대체로 탄력적이다. ⁸예를 들어 필수재인 휴지의 가격이 오르면 아껴 쓰기는 하겠지만 그 수요량이 ㉢급격하게 줄어들지는 않는다. ⁹그러나 사치재인 보석의 가격이 상승하면 그 수요량이 감소한다. ¹⁰셋째, 소득(所得, 일정 기간 동안의 근로 사업이나 자산의 운영 등으로 얻는 수입)에서 지출(支出, 어떤 목적을 위해 돈을 쓰는 일)이 차지하는 비중(比重, 다른 것과 비교할 때 차지하는 중요도)이다. ¹¹해당 상품을 구매하기 위한 지출이 소득에서 차지하는 비중이 높을수록 수요의 가격탄력성은 커진다.(가격 변화에 따른 수요량의 변화가 커진다.) ¹²소득에서 차지하는 비중이 큰 상품의 가격이 인상되면(引上-, 오르면) 개인의 소비 생활에 지장(支障, 거치장스러워 자꾸 거슬리거나 방해가 되는 장애)을 ㉣초래할 수 있으므로 그만큼 가격 변화에 민감하게 반응할 수밖에 없다.

→ 수요의 가격탄력성에 영향을 주는 세 가지 요인

3 ¹그렇다면 수요의 가격탄력성은 어떻게 계산할 수 있을까? ²수요의 가격탄력성은 수요량의 변화율(變化率, 바뀌어 달라지는 비율)을 가격의 변화율로 나눈 값이다.

³수요의 가격탄력성 = $\left| \dfrac{\text{수요량의 변화율}}{\text{가격의 변화율}} \right|$ = $\left| \dfrac{\text{수요량 변화분/기존 수요량}}{\text{가격 변화분/기존 가격}} \right|$

[A] ⁴예를 들어 아이스크림 가격이 10 % 인상되었는데, 아이스크림 수요량이 20 % 감소했다고(減少-, 줄었다고) 하자. ⁵이 경우 수요량의 변화율이 가격 변화율의 2 배($\left| \dfrac{-20(\%)}{10(\%)} \right|$)에 해당하므로 수요의 가격탄력성은 2가 된다. ⁶일반적으로 수요의 가격탄력성이 1보다 크면 탄력적, 1보다 작으면 비탄력적이라 하고, 수요의 가격탄력성이 1이면 단위탄력적이라 한다.

→ 수요의 가격탄력성을 산출하는 방식

4 ¹수요의 가격탄력성은 총수입에 큰 영향을 미친다. ²총수입은 상품 판매자의 판매 수입(收入, 경제적 활동을 통해 벌어들이거나 거두어들이는 돈이나 물품)이며 동시에 상품에 대한 소비자의 지출액(支出額, 어떤 목적을 위해 지급한 돈의 액수)인데, 이(총수입 = 판매자의 판매 수입 = 소비자의 지출액)는 상품의 가격에 거래량(去來量, 상품을 사고파는 수량)을 곱한 수치로 ㉤산출할 수 있다. ³일반적으로 수요의 가격탄력성이 비탄력적인 경우 가격이 상승하면 총수입도 증가하지만, 수요의 가격탄력성이 탄력적인 경우 가격이 상승하면 총수입은 감소한다. ⁴예를 들어 어느 상품의 가격이 500 원에서 600 원으로 20 % 상승할 때 수요량이 100 개에서 90 개로 10 % 감소했다면, 이 상품 수요의 가격탄력성은 비탄력적이다.(수요의 가격탄력성 = $\left| \dfrac{-10(\%)}{20(\%)} \right|$ = 0.5 → 1보다 작으므로 비탄력적) ⁵이때 총수입은 상품의 가격에 거래량을 곱한 수치이므로 가격 인상 전 50,000 원(500 원 × 100 개)에서 인상 후 54,000 원(600 원 × 90 개)으로 4,000 원 증가하게 되는 것이다. ⁶그러므로 ⓐ수요의 가격탄력성을 파악하는 것은 판매자에게 매우 중요한 일이다.

→ 수요의 가격탄력성이 총수입에 미치는 영향

■ 지문 이해
〈수요의 가격탄력성〉

❶ '수요의 가격탄력성'의 개념
- 수요의 가격탄력성 : 가격이 변화할 때 수요량이 변하는 정도를 나타내는 지표
- 가격 변화에 따른 수요량의 변화가 민감하면 탄력적, 민감하지 않으면 비탄력적

❷ 수요의 가격탄력성에 영향을 주는 세 가지 요인
- 대체재의 존재 여부
  - 대체재가 있는 경우 수요의 가격탄력성이 탄력적
  - 대체재가 없는 경우 수요의 가격탄력성이 비탄력적
- 필요성의 정도
  - 필수재 수요의 가격탄력성은 대체로 비탄력적
  - 사치재 수요의 가격탄력성은 대체로 탄력적
- 소득에서 지출이 차지하는 비중
  - 비중이 높을수록 수요의 가격탄력성이 커짐(탄력적)

❸ 수요의 가격탄력성을 산출하는 방식
- 수요의 가격탄력 = $\left|\dfrac{\text{수요량의 변화율}}{\text{가격의 변화율}}\right|$ = $\left|\dfrac{\text{수요량 변화분/기존 수요량}}{\text{가격 변화분/기존 가격}}\right|$
- 수요의 가격탄력성이 1보다 크면 탄력적, 1보다 작으면 비탄력적, 1이면 단위탄력적

❹ 수요의 가격탄력성이 총수입에 미치는 영향
- 수요의 가격탄력성이 비탄력적인 경우 가격이 상승하면 총수입도 증가함
- 수요의 가격탄력성이 탄력적인 경우 가격이 상승하면 총수입이 감소함

---

010 세부 정보 이해 – 적절하지 않은 것 고르기 2021년 6월 학평 33번
정답률 65%, 매력적 오답 ③ 25% | **정답 ⑤**

윗글을 통해 알 수 있는 내용으로 적절하지 <u>않은</u> 것은?

① 수요의 가격탄력성 개념
> 근거 ❶-2 수요의 가격탄력성은 가격이 변할 때 수요량이 변하는 정도를 나타내는 지표다.
> → 적절함!

② 수요의 가격탄력성 산출 방법
> 근거 ❸-2 수요의 가격탄력성은 수요량의 변화율을 가격의 변화율로 나눈 값이다.
> → 적절함!

③ 상품 판매자의 판매 수입 산출 방법
> 근거 ❹-2 총수입은 상품 판매자의 판매 수입이며 동시에 상품에 대한 소비자의 지출액인데, 이는 상품의 가격에 거래량을 곱한 수치로 산출할 수 있다.
> → 적절함!

④ 대체재의 유무가 수요의 가격탄력성에 미치는 영향
> 근거 ❷-2~3 첫째, 대체재의 존재 여부이다. 어떤 상품에 밀접한 대체재가 있으면, 소비자들은 그 상품 대신에 대체재를 사용할 수 있으므로 그 상품 수요의 가격탄력성은 탄력적이다.
> → 적절함!

⑤ 수요의 가격탄력성에 영향을 주는 요인들 간의 관계
> 풀이 윗글에서는 수요의 가격탄력성에 영향을 주는 세 가지 요인(대체재의 존재 여부, 필요성의 정도, 소득에서 지출이 차지하는 비중)을 제시하고 각각에 대해 설명하고 있지만, 이 세 요인들 간의 관계에 대해서는 이야기하지 않았다.
> → 적절하지 않음!

---

011 구체적인 사례에 적용 – 적절한 것 고르기 2021년 6월 학평 34번
정답률 70%, 매력적 오답 ④ 15% | **정답 ②**

윗글을 참고할 때, 〈보기〉의 ㉮~㉱에 들어갈 말을 바르게 짝지은 것은?

| 보기 |
쌀 : 필수재   자동차 : 사치재
[1]쌀을 주식(主食, 끼니에 주로 먹는 음식)으로 하는 갑국은 밀을 주식으로 하는 나라에 비해 쌀 수요의 가격탄력성은 (㉮)이고, 자동차보다 저렴한 오토바이가 주요 이동 수단인 을국은 자동차가 주요 이동 수단인 나라에 비해 자동차를 (㉯)로 인식하여(認識 −, 판단하여 알아) 자동차 수요의 가격탄력성은 (㉱)이다.

> 근거 ❷-7~9 필수재 수요의 가격탄력성은 대체로 비탄력적인 반면에, 사치재 수요의 가격탄력성은 대체로 탄력적이다. 예를 들어 필수재인 휴지의 가격이 오르면 아껴 쓰기는 하겠지만 그 수요량이 급격하게 줄어들지는 않는다. 그러나 사치재인 보석의 가격이 상승하면 그 수요량이 감소한다.

> 풀이 〈보기〉에서 갑국은 쌀을 주식으로 하는 국가이므로, 밀을 주식으로 하는 나라에 비해 쌀을 필수재로 인식할 것이다. 갑국에서 필수재인 쌀의 가격이 오르더라도 그 수요량은 급격하게 줄어들지 않으므로, 갑국에서 쌀 수요의 가격탄력성은 비탄력적㉮이다. 한편 오토바이가 주요 이동 수단인 을국에서는 자동차가 주요 이동 수단인 나라에 비해 자동차를 사치재㉯로 인식할 것이다. 을국에서 사치재인 자동차의 가격이 상승하면 그 수요량이 감소할 것이다. 즉 을국에서 자동차 수요의 가격탄력성은 탄력적㉱이다. 따라서 정답은 ②번이다.

	㉮	㉯	㉱
①	비탄력적	사치재	비탄력적
✓②	비탄력적	사치재	탄력적	→ 적절함!
③	비탄력적	필수재	탄력적
④	탄력적	사치재	비탄력적
⑤	탄력적	필수재	탄력적

---

012 추론의 적절성 판단 – 적절한 것 고르기 2021년 6월 학평 35번
정답률 85% | **정답 ④**

ⓐ의 이유로 가장 적절한 것은?

> ⓐ 수요의 가격탄력성을 파악하는 것은 판매자에게 매우 중요한 일이다.

① 수요의 가격탄력성으로 소비자의 소득 규모를 판단할 수 있기 때문에
> 풀이 수요의 가격탄력성을 통해 소비자의 소득 규모는 판단할 수 없다.
> → 적절하지 않음!

② 수요의 가격탄력성으로 판매 상품의 문제점을 파악할 수 있기 때문에
> 풀이 수요의 가격탄력성으로 가격이 변할 때 수요량이 어떻게 변하는지는 알 수 있지만, 판매 상품의 문제점이 무엇인지 파악할 수는 없다.
> → 적절하지 않음!

③ 수요의 가격탄력성이 판매 상품의 *생산 단가를 예측 가능하게 하기 때문에 *生産單價, 물건 한 단위를 만드는 데 드는 가격
> 근거 ❶-2 수요의 가격탄력성은 가격이 변할 때 수요량이 변하는 정도를 나타내는 지표, ❸-2 수요의 가격탄력성은 수요량의 변화율을 가격의 변화율로 나눈 값
> 풀이 수요의 가격탄력성으로 상품의 생산 단가를 예측할 수는 없다.
> → 적절하지 않음!

④ 수요의 가격탄력성이 판매자의 총수입 증가 여부에 영향을 미칠 수 있기 때문에
> 근거 ❹-1 수요의 가격탄력성은 총수입에 큰 영향을 미친다, ❹-3 일반적으로 수요의 가격탄력성이 비탄력적인 경우 가격이 상승하면 총수입도 증가하지만, 수요의 가격탄력성이 탄력적인 경우 가격이 상승하면 총수입은 감소한다.
> 풀이 일반적으로 수요의 가격탄력성이 비탄력적인 경우 가격이 상승하면 판매자의 총수입이 증가하고, 수요의 가격탄력성이 탄력적인 경우 가격이 상승하면 판매자의 총수입이 감소한다. 이처럼 수요의 가격탄력성은 판매자의 총수입 증가 여부에 영향을 미칠 수 있기 때문에, 수요의 가격탄력성을 파악하는 것은 판매자에게 매우 중요한 일이다. 따라서 ⓐ의 이유로 적절하다.

Ⅱ 사회

→ 적절함!

⑤ 수요의 가격탄력성으로 판매자의 판매 수입과 소비자의 지출액 차이를 파악할 수 있기 때문에

근거 **④-2~3** 총수입은 상품 판매자의 판매 수입이며 동시에 상품에 대한 소비자의 지출액인데, 이는 상품의 가격에 거래량을 곱한 수치로 산출할 수 있다. 일반적으로 수요의 가격탄력성이 비탄력적인 경우 가격이 상승하면 총수입도 증가하지만, 수요의 가격탄력성이 탄력적인 경우 가격이 상승하면 총수입은 감소한다.

풀이 상품에 대한 판매자의 판매 수입과 소비자의 지출액은 상품의 총수입과 같고, 이는 상품의 가격에 거래량을 곱한 수치로 산출할 수 있다. 수요의 가격탄력성이 탄력적이거나 비탄력적인 경우, 가격이 상승할 때 총수입이 어떻게 변하는지는 파악할 수 있지만, 수요의 가격탄력성으로 판매자의 판매 수입과 소비자의 지출액 차이를 파악할 수는 없다.

→ 적절하지 않음!

1등급 문제

013 구체적인 사례에 적용 – 적절한 것 고르기 2021년 6월 학평 36번
정답률 55%, 매력적 오답 ② 15% ③ 15%

정답 ⑤

〈보기〉는 김밥과 영화 관람권의 가격 인상 이후 하루 동안의 수요량 감소를 나타낸 표이다. [A]를 바탕으로 〈보기〉를 탐구한 내용으로 적절한 것은? **3점**

| 보기 |

구분	김밥	영화 관람권
기존 가격	2,000 원	10,000 원
가격 변화분	500 원	2,000 원
기존 수요량	100 개	2,500 장
수요량 변화분	20 개	1,000 장

※ 단, 김밥과 영화 관람권의 가격과 수요량에 영향을 끼치는 다른 요인은 없는 것으로 한다.

근거 **❸-3** 수요의 가격탄력성 $= \left| \dfrac{\text{수요량의 변화율}}{\text{가격의 변화율}} \right| = \left| \dfrac{\text{수요량 변화분/기존 수요량}}{\text{가격 변화분/기존 가격}} \right|$,

❸-6 일반적으로 수요의 가격탄력성이 1보다 크면 탄력적, 1보다 작으면 비탄력적이라 하고, 수요의 가격탄력성이 1이면 단위탄력적이라 한다.

풀이 수요의 가격탄력성은 수요량의 변화율을 가격의 변화율로 나눈 값이다. 이때 수요량의 변화율은 수요량 변화분을 기존 수요량으로 나눈 값이며, 가격의 변화율은 가격 변화분을 기존 가격으로 나눈 값이다. 따라서 김밥 수요의 가격탄력성은

$\left| \dfrac{-20/100}{+500/2000} \right| = \left| \dfrac{-20(\%)}{+25(\%)} \right|$, 즉 0.8이고 수요의 가격탄력성이 1보다 작으므로 비탄력적이다. 반면에 영화 관람권 수요의 가격탄력성은

$\left| \dfrac{-1000/2500}{+2000/10000} \right| = \left| \dfrac{-40(\%)}{+20(\%)} \right|$, 즉 2이고 수요의 가격탄력성이 1보다 크므로 탄력적이다.

크다
① 김밥은 가격의 변화율이 수요량의 변화율보다 ~~작다.~~

풀이 가격의 변화율은 '가격 변화분/기존 가격'의 값이고, 수요량의 변화율은 '수요량 변화분/기존 수요량'의 값이다. 김밥 가격의 변화율은 500/2000으로 0.25, 김밥 수요량의 변화율은 20/100으로 0.2이다. 따라서 김밥은 가격의 변화율이 수요량의 변화율보다 크다.

→ 적절하지 않음!

작다
② 영화 관람권은 가격의 변화율이 수요량의 변화율보다 ~~크다.~~

풀이 가격의 변화율은 '가격 변화분/기존 가격'의 값이고, 수요량의 변화율은 '수요량 변화분/기존 수요량'의 값이다. 영화 관람권 가격의 변화율은 2000/10000으로 0.2, 영화 관람권 수요량의 변화율은 1000/2500으로 0.4이다. 따라서 영화 관람권은 가격의 변화율이 수요량의 변화율보다 작다.

→ 적절하지 않음!

김밥 수요의 가격탄력성은
③ ~~김밥과 영화 관람권 수요의 가격탄력성은 모두~~ 1보다 작다.

풀이 김밥 수요의 가격탄력성은 0.8로 1보다 작지만, 영화 관람권 수요의 가격탄력성은 2이므로, 1보다 크다.

→ 적절하지 않음!

---

④ 김밥과 영화 관람권은 가격의 변화율에 대한 수요량의 변화율이 같다.

=가격이 변할 때 수요량이 변하는 정도
=수요의 가격탄력성   다르다

풀이 김밥의 경우 가격의 변화율(500/2000)에 대한 수요량의 변화율(20/100)은 0.8이고, 영화 관람권의 경우 가격의 변화율(2000/10000)에 대한 수요량의 변화율(1000/2500)은 2이다. 따라서 김밥과 영화 관람권은 가격의 변화율에 대한 수요량의 변화율이 서로 다르다.

→ 적절하지 않음!

✓⑤ 김밥 수요의 가격탄력성은 비탄력적이고, 영화 관람권 수요의 가격탄력성은 탄력적이다.

풀이 김밥 수요의 가격탄력성은 0.8로, 수요의 가격탄력성이 1보다 작으므로 비탄력적이다. 반면에 영화 관람권 수요의 가격탄력성은 2로, 탄력적이다.

→ 적절함!

---

014 단어의 사전적 의미 – 적절하지 않은 것 고르기 2021년 6월 학평 37번
정답률 85%

정답 ⑤

㉠~㉤의 사전적 의미로 적절하지 않은 것은?

㉠ 민감   ㉡ 밀접   ㉢ 급격   ㉣ 초래   ㉤ 산출

① ㉠ : 자극에 빠르게 반응을 보이거나 쉽게 영향을 받음.

풀이 ㉠에서 쓰인 '민감(敏 민첩하다 민 感 느끼다 감)'의 사전적 의미는 '자극에 빠르게 반응을 보이거나 쉽게 영향을 받음. 또는 그런 상태'이다.

예문 그는 유행에 민감하다.

→ 적절함!

② ㉡ : 아주 가깝게 맞닿아 있음.

풀이 ㉡에서 쓰인 '밀접(密 빽빽하다 밀 接 잇다 접)'의 사전적 의미는 '아주 가깝게 맞닿아 있음. 또는 그런 관계에 있음'이다.

예문 글을 읽는 과정은 글을 쓰는 과정과 밀접한 관련이 있다.

→ 적절함!

③ ㉢ : 변화의 움직임 따위가 급하고 격렬함.

풀이 ㉢에서 쓰인 '급격(急 급하다 급 激 격하다 격)'의 사전적 의미는 '변화의 움직임 따위가 급하고 격렬함'이다.

예문 십 대에는 신체적, 심리적으로 급격한 변화를 겪는다.

→ 적절함!

④ ㉣ : 일의 결과로서 어떤 현상을 생겨나게 함.

풀이 ㉣에서 쓰인 '초래(招 부르다 초 來 오다 래)'의 사전적 의미는 '일의 결과로서 어떤 현상을 생겨나게 함'이다.

예문 한순간의 부주의가 재앙을 초래할 수도 있다.

→ 적절함!

✓⑤ ㉤ : 어떤 일에 필요한 돈이나 물자 따위를 내놓음.

풀이 ㉤에서 쓰인 '산출(算 계산 산 出 내놓다 출)'의 사전적 의미는 '계산하여 냄'이다. '어떤 일에 필요한 돈이나 물자 따위를 내놓음'의 뜻을 가진 단어는 '산출'이 아니라 '출력(出 내놓다 출 力 힘 력)'이다.

예문 두 건물 사이의 거리를 산출하여 주차장의 규모를 정해 보자.

→ 적절하지 않음!

[015~019] 다음 글을 읽고 물음에 답하시오.

1 ¹역사적으로 은행의 첫 장(場, 행해지는 곳)을 연 것은 금세공업자(金細工業者, 금을 재료로 물건을 만드는 일을 직업으로 하는 사람)들이었다. ²금을 스스로 보관하기 어렵다고 생각한 사람들은 금고(金庫, 화재나 도난을 막기 위해 돈이나 귀중품 등을 보관하는 곳)를 가진 금세공업자에게 금을 맡기고 보관증(保管證, 남의 물건을 맡아 관리하는 사실을 증명하는 표)을 받았다. ³사람들은 물건을 거래할(去來-, 사고팔) 때 금보다 보관증만을 주고받는 것이 훨씬 편리하다는 것을 알게 되면서 보관증을 오늘날의 지폐나 수표(手票, 예금주가 작성한 증권으로, 은행이 제3자에게 본인의 계좌에서 일정한 금액을 지급할 수 있도록 맡겨 부탁하는 것)처럼 사용하게 되었다. ⁴한편 금세공업자들은 금을 맡긴 사람들이 일시에(一時-, 같은 때) 몰려와 금을 찾아가지 않는다는 것을 알고, 자신이 써 준 보관증만큼의 금을 반드시 가지고 있을 필요가 없음을 깨달았다. ⁵그래서 그들(금세공업자들)은 보관된 금의 일정 부분만 남기고 나머지를 원하는 사람에게 빌려 주며 수수료(手數料, 맡아 처리해 준 데 대한 대가로 주는 요금)를 받아 이윤(利潤, 장사 등을 해서 남은 돈)을 얻었다. ⁶그 과정에서 금세공업자들은 금의 양이 많아질수록 더 많은 수입을 얻을 수 있다고 생각하여 금을 맡기는 사람에게 사례(謝禮, 선물 등으로 상대에게 고마운 뜻을 나타냄)를 했다. ⁷ⓘ금세공업자가 했던 일은 결국 오늘날의 은행이 하는 일과 크게 다르지 않다.

→ 은행의 첫 장을 연 금세공업자들

2 ¹여기서 우리는 은행의 두 가지 기능을 알 수 있다. ²첫째, 돈의 여유가 있는 사람으로부터 자금(資金, 사업을 경영하는 데에 쓰는 돈)을 ⓐ조성하여 이(자금)를 필요로 하는 사람에게 융통해 주는(融通-, 돌려쓰도록 해 주는) 금융(金融, 경제에서, 자금의 수요와 공급에 관계된 활동) 중개(仲介, 제삼자로서 두 당사자 사이에서 일을 주선하여 잘되도록 힘씀) 기능이다. ³은행은 금융중개 기능을 통해 금융 시장의 거래비용(去來費用, 거래 과정에서 발생하는 비용)을 낮추고, 조성된 자금이 효율적으로(效率的-, 들인 노력에 비해 얻는 결과가 크게) 활용되도록 자금의 흐름을 조정하는(調整-, 기준이나 실제 사정에 맞게 조절하여 정리하는) 역할을 수행한다. ⁴은행은 자금 수요자(需要者, 필요해서 얻고자 하는 사람)의 수익성(收益性, 수익을 거둘 수 있는 정도)과 안전성(安全性, 안전을 보장하는 성질)을 정확하게 평가할 수 있는 안목(眼目, 좋고 나쁨, 진짜와 가짜, 사물의 가치를 구별하고 판단하는 능력)과 정보를 가지고 있어서, 조성된 자금이 한층 더 건전하고(健全-, 상태가 한쪽으로 치우치지 않고 정상적이며 위험하지 않고) 수익성 높은 곳으로 투자되도록(投資-, 이익을 얻을 목적으로 자금이 돌려지도록) ⓑ유도하기도 한다.

→ 은행의 기능 ①: 금융중개 기능

3 ¹둘째, 화폐(貨幣, 돈. 상품 교환 가치의 표준이 되며 교환을 매개하는 일반화된 수단)를 창출하는(創出-, 만들어 내는) 예금(預金, 계약에 의해 은행이나 우체국 등에 돈을 맡기는 일)창조(創造, 없던 것을 만듦) 기능으로, 예금창조는 신용(信用, 상대방이 일정 기간 후 갚을 수 있는 능력을 갖는다고 인정함으로써 돈을 빌려 주거나, 지불을 미루도록 해 주는 일)창조라고도 한다. ²다시 금세공업자의 경우를 살펴보자. ³만일 금세공업자가 맡아 놓은 금 전체를 그냥 가지고만 있다면 그 경제의 통화량(通貨量, 한 나라 안에서 실제로 사용되고 있는 돈(화폐)의 양)은 변하지 않는다. ⁴금세공업자가 써 준 모든 보관증에 기록된 금의 합은 그가 맡아 놓은 금의 양과 같을 것이기 때문이다. ⁵그러나 맡아 놓은 금의 일부만 지급(支給, 정해진 몫만큼 내줌) 준비용으로 ⓒ보유하고 나머지를 다른 사람에게 대출해 줄(貸出-, 빌려줄) 경우 사정(事情, 일의 형편)은 달라진다. ⁶금세공업자들이 맡아 놓은 금의 30 %만 남겨 놓기로 결정했다면, 70 %만큼의 금을 다른 사람이 빌려다 필요한 곳에 쓸 수 있다. ⁷이는 유통되는(流通-, 널리 쓰이는) 금의 양, 즉 통화량이 그만큼 더 늘어난 것을 뜻한다. ⁸만약 금을 대출받은 사람이 그것(대출받은 금)을 다른 금세공업자에게 맡기고 보관증을 받는다면 통화량은 한층 더 늘어난다. ⁹그(대출받은 금을 맡은) 금세공업자가 다시 30 %만 남겨 놓고 나머지를 또 다른 사람에게 대출해 줄 것이기 때문이다.

→ 은행의 기능 ②: 예금창조 기능

4 ¹이런 일이 반복되면 통화량은 처음의 몇 배 크기로 늘어나게 되고, 금세공업자들이 맡아 두었다고 기록된 금의 양도 늘어나게 된다. ²이는 새로운 예금이 만들어진(화폐가 창출된) 셈으로 예금창조가 이루어졌다고 할 수 있다. ³그러나 새롭게 만들어진 예금은 누군가가 빌려서 생긴 빚이기 때문에 사람들이 갚아야 할 빚도 그만큼 늘어난 상황으로 볼 수 있다. ⁴은행의 예금창조 기능은 결국 예금의 일부만을 지급준비금으로 보유하는 지급준비제도에서 비롯되는 것이다. ⁵은행은 예금의 일부만 보유하고 그 나머지를 대출하면서 예금통화(預金通貨, 여유 자금이 있는 개인과 기관이 은행에 맡겨둔 것으로, 이를 근거로 수표가 발행되고 현금과 같이 사용할 수 있

으며, 필요할 때 쉽게 찾아 쓸 수 있음. 현금통화(돈)와 함께 통화를 구성함)라는 화폐를 창출하게 되고(예금창조가 이루어지게 되고), 대출받은 사람들은 재화와 서비스를 구입할 수 있는 능력이 커지게 된다. ⁶이러한 화폐 창출 과정이 이루어지면 ⓒ교환의 매개수단(媒介手段, 양편의 관계를 맺어 주는 도구)으로 쓰이는 화폐의 양이 늘어 경제의 유동성(流動性, 자산을 현금으로 바꿀 수 있는 정도)은 증가하지만, 경제가 종전(從前, 지금보다 이전)에 비해 더 부유해지는 것은 아니다.

→ 예금창조 기능을 통해 화폐 창출이 이루어진 결과

5 ¹은행의 일정 시점의 총체적(總體的, 모두 하나로 합친) 재무(財務, 돈이나 재산에 관한) 상태를 기록해 놓은 대차(貸借, 대변과 차변을) 대조(對照, 맞대어 같고 다름을 검토한)표를 활용하면 은행의 예금창조 기능을 좀 더 자세히 이해할 수 있다. ²자금의 ⓓ조달 원천(源泉, 시작되는 본바탕)을 나타내는 자본(資本, 사업의 밑천. 자산에서 부채를 뺀 것) 및 부채(負債, 금전상의 빚)의 내역은 대차대조표의 오른편에 기록되며, 자금의 운영(運營, 관리하고 이끌어 경영함) 상태를 나타내는 자산(資産, 부채를 포함해 조달된 자본의 구체적인 형태)의 내역은 왼편에 기록된다. ³이때 대차대조표의 오른편을 대변(貸 빌리다 대 邊 측면 변), 왼편을 차변(借 빌리다 차 邊 측면 변)이라고 한다.

자금의 운영 상태를 나타냄, 차변

→ 대차대조표의 항목과 기록 위치

자금의 조달 원천을 나타냄, 대변

자산		자본 및 부채	
지급준비금	300	예금	1,500
대출	1,200	기타 부채	300
유가증권	300	자본금	200
기타 자산	200	-	-
총계	2,000	총계	2,000

〈표〉 가상 은행의 대차대조표(단위 : 십억 원)

6 ¹〈표〉는 가상(假想, 실제로 있는 것처럼 가정하여 생각함) 은행의 대차대조표를 요약해 놓은 것이다. ²일반적으로 은행의 중요한 자금 조달 원천은 예금이기 때문에 은행은 예금을 많이 유치하려고(誘致-, 이끌어 들이려) 한다. ³오른편을 보면 예금이 가장 큰 비중을 차지하고 있음을 알 수 있는데, 은행의 입장에서 예금은 언제든 ⓔ요구가 있으면 지급해야 하는 부채의 성격을 갖는다. ⁴은행이 다른 금융 기관(신탁 회사, 보험 회사, 농협, 수협, 증권 회사, 상호 신용 금고 등)이나 중앙은행(한 나라의 금융과 통화 정책의 중심이 되는 은행으로, 우리나라의 중앙은행은 한국은행임)으로부터 자금을 빌려 온 내역은 기타 부채로 나타나 있고, 마지막 항목은 은행의 자본금이다. ⁵이렇게 조성된 자금은 왼편에 나타나 있는 여러 가지 형태의 자산으로 운영된다. ⁶이 은행(〈표〉의 가상 은행)은 예금액의 일정 부분을 지급준비금으로 떼어 놓고, 나머지 자금은 대출을 해 주거나 유가증권(有價證券, 그 자체가 재산권 또는 재산적 이익을 받을 자격을 나타내는 증권) 등 그 밖의 여러 가지 자산을 보유하는 데 사용하고 있다. ⁷이렇듯 은행의 지급준비제도와 대출을 통해 예금통화가 창출되고 있는 것이다.

→ 가상 은행의 대차대조표 예시를 통해 살펴본 은행의 예금창조 기능

7 ¹그렇다면 은행은 어떻게 이득을 얻을까? ²대차대조표에서도 알 수 있듯 이 은행은 주로 예금으로 자금을 조달하고 대출로 자금을 운영하는데, 통상(通常, 보통) 예금 이자에 비해 대출 이자가 높으므로 양(兩, 둘. 여기에서는 예금 이자와 대출 이자) 이자의 차이로 발생한 예대(預貸, 예금과 대출) 금리 차가 은행의 주된(主-, 중심이 되는) 수익원(收益源, 수익의 원천)이 된다. ³대출 이자가 더 높은 까닭은 차입자(借入者, 돈을 빌린 사람)가 원금(元金, 빌린 돈)과 이자(利子, 돈을 빌려 쓴 대가로 치르는 일정한 비율의 돈)를 갚지 못하는 대출 손실(損失, 손해를 봄)이 일어날 수 있어, 차입자의 신용도(信用度, 빌린 돈을 갚을 수 있음을 보여 주는 능력의 정도)에 맞춰 위험 할증금(割增金, 일정 금액의 한도에 차고 남은 금액을 더하여 주는 금액)을 부과하기 때문이다. [A] ⁴은행의 영업 이익(營業利益, 주된 영업 활동으로 생기는 이익으로 매출 총액에서 매출 원가와 판매비, 일반 관리비를 뺀 것)은 예대 금리 차로 발생한 수익에서 인력(人力, 노동력)과 지점(支店, 본점에서 갈라져 나온 점포) 조직, IT 인프라(IT infrastructure, 정보 기술과 관련된 사회적 생산 기반, 경제 활동의 기반을 형성하는 기초적인 시설)를 유지하기 위한 경상(經常, 변동 없이 늘 일정한) 운영비를 차감한 것이 된다. ⁵그래서 은행은 대출 손실을 영업 이익보다 적게 유지해야만 안정적으로 이득을 얻을 수 있다. ⁶만일 대출 손실이 영업 이익을 넘어선다면 은행은 자본금까지 잠식당하게(蠶食-, 누에가 뽕잎을 먹듯이 조금씩 먹혀 들어가게) 된다. ⁷따라서 예금을 받아 대출을 하되 신용 위험을 적극적으로 관리해야 하는 것이 은행업의 본질(本質, 처음부터 가지고 있는 그 자체의 성질)이다.

→ 은행이 이득을 얻는 방법 및 은행업의 본질

〈은행의 두 가지 기능과 은행이 이득을 얻는 방법〉

❶ 은행의 첫 장을 연 금세공업자들

- 금세공업자가 사람들의 금을 보관해 주고, 보관된 금의 일정 부분만 남기고 나머지를 빌려 주며 수수료를 받아 이윤을 얻었던 일은 오늘날의 은행이 하는 일과 크게 다르지 않음

은행의 기능 ①

❷ 금융중개 기능

- 돈의 여유가 있는 사람으로부터 자금을 조성하여 이를 필요로 하는 사람에게 융통해 주는 기능
- 금융 시장의 거래비용을 낮추고 자금의 흐름을 조정하는 역할을 수행함

은행의 기능 ②

❸~❹ 예금창조(= 신용창조) 기능

- 화폐를 창출하는 기능
- 금세공업자가 맡아 놓은 금 전체를 가지고만 있을 경우 → 통화량은 변하지 않음
- 금세공업자가 맡아 놓은 금의 일부만 보유(지급 준비용)하고 나머지를 다른 사람에게 대출해 줄 경우 → 통화량이 늘어남
- 금을 대출받은 사람이 그 금을 다른 금세공업자에게 맡기고 보관증을 받을 경우 → 그 금세공업자가 다시 맡아 놓은 금의 일부만 남기고 나머지를 또 다른 사람에게 대출해 줌 → 통화량이 더 늘어남
- 이것이 반복되면 통화량은 처음의 몇 배로 늘어나고, 맡아두었다고 기록된 금의 양(예금)도 늘어남 → 예금창조
- 새롭게 만들어진 예금은 누군가가 대출받은 것이므로, 결국 새로운 예금이 만들어진 만큼 사람들이 갚아야 할 빚도 늘어난 것임

❹ 예금창조 기능을 통해 화폐 창출이 이루어진 결과

- 은행은 예금의 일부만 지급준비금으로 보유하고 나머지를 대출하면서 예금통화라는 화폐를 창출하게 되고, 대출받은 사람들은 재화와 서비스의 구입 능력이 커지게 됨
- 화폐 창출 과정이 이루어지면 화폐의 양이 늘어 경제 유동성은 증가하지만, 경제가 더 부유해지는 것은 아님

❺ 대차대조표의 항목과 기록 위치

- 대차대조표의 오른편(대변) : 자금 조달 원천을 나타내는 자본 및 부채 내역
- 대차대조표의 왼편(차변) : 자금 운영 상태를 나타내는 자산 내역

❻ 가상 은행의 대차대조표 예시를 통해 살펴본 은행의 예금창조 기능

- 대차대조표의 오른편에 기록된 자금 조달 원천을 통해 조성된 자금은 왼편에 기록된 여러 형태의 자산으로 운영됨
- 은행의 지급준비제도와 대출을 통해 예금통화가 창출됨

❼ 은행이 이득을 얻는 방법 및 은행업의 본질

- 은행은 주로 예금으로 자금을 조달하고 대출로 자금을 운영함
- 예대 금리 차가 은행의 주된 수익원이 됨
- 은행 영업 이익 = 예대 금리 차로 발생한 수익 - 경상 운영비
- 은행은 대출 손실을 영업 이익보다 적게 유지해야만 안정적으로 이득을 얻을 수 있음
- 은행업의 본질 : 예금을 받아 대출을 하되 신용 위험을 적극적으로 관리하는 것

---

015 세부 정보 이해 - 적절하지 않은 것 고르기 2020년 9월 학평 16번 | 정답률 80% | **정답 ②**

윗글의 내용으로 적절하지 않은 것은?

① 은행은 자금을 조성하여 필요한 사람에게 융통해 주며 금융 시장의 거래비용을 낮춘다.

> 근거 ❷-2~3 돈의 여유가 있는 사람으로부터 자금을 조성하여 이를 필요로 하는 사람에게 융통해 주는 금융중개 기능이다. 은행은 금융중개 기능을 통해 금융 시장의 거래비용을 낮추고

→ 적절함!

✔② 은행의 입장에서 예금은 부채의 성격을 갖기 때문에 대차대조표에 기타 부채로 기재된다. ← 예금으로

> 근거 ❻-3~4 오른편을 보면 예금이 가장 큰 비중을 차지하고 있음을 알 수 있는데, 은행의 입장에서 예금은 언제든 요구가 있으면 지급해야 하는 부채의 성격을 갖는다. 은행이 다른 금융 기관이나 중앙은행으로부터 자금을 빌려 온 내역은 기타 부채로 나타나 있고,

> 풀이 은행의 입장에서 예금이 부채의 성격을 갖는 것은 맞지만, 대차대조표에 '기타 부채'로 기재되지는 않는다. 윗글에 제시된 〈표〉의 오른편 자본 및 부채 내역을 살펴보면 예금은 '기타 부채' 항목이 아니라 '예금' 항목으로 기록되어 있다. '기타 부채'는 은행이 다른 금융 기관이나 중앙은행으로부터 빌려 온 자금의 내역을 기록하는 항목이다.

→ 적절하지 않음!

③ 은행의 예금창조는 예금의 일부만 보유하고 그 나머지를 대출해 주는 과정에서 일어난다.

> 근거 ❹-4~5 은행의 예금창조 기능은 결국 예금의 일부만을 지급준비금으로 보유하는 지급준비제도에서 비롯되는 것이다. 은행은 예금의 일부만 보유하고 그 나머지를 대출하면서

→ 적절함!

④ 은행의 대차대조표에는 자금의 조달 원천을 나타내는 내역과 자금의 운영 상태를 나타내는 내역이 기록된다.

> 근거 ❺-2 (대차대조표에는) 자금의 조달 원천을 나타내는 자본 및 부채의 내역은 대차대조표의 오른편에 기록되며, 자금의 운영 상태를 나타내는 자산의 내역은 왼편에 기록된다.

→ 적절함!

⑤ 은행은 조성된 자금이 수요자의 수익성과 안전성에 대한 정보를 바탕으로 건전한 곳에 투자되도록 유도한다.

> 근거 ❷-4 은행은 자금 수요자의 수익성과 안전성을 정확하게 평가할 수 있는 안목과 정보를 가지고 있어서, 조성된 자금이 한층 더 건전하고 수익성 높은 곳으로 투자되도록 유도하기도 한다.

→ 적절함!

---

016 세부 정보 이해 - 적절하지 않은 것 고르기 2020년 9월 학평 17번 | 정답률 75%, 매력적 오답 ④ 10% | **정답 ⑤**

윗글을 읽은 학생이 ㉠에 대해 정리한 내용이다. 적절하지 않은 것은?

> ㉠금세공업자가 했던 일은 결국 오늘날의 은행이 하는 일과 크게 다르지 않다.

금세공업자가 했던 일	오늘날의 은행이 하는 일	
다른 사람의 금을 맡아 주는 것	**고객의 돈을 보관해 주는 것**	… ①

> 근거 ❶-2 금을 스스로 보관하기 어렵다고 생각한 사람들은 금고를 가진 금세공업자에게 금을 맡기고 보관증을 받았다. ❶-7 금세공업자가 했던 일은 결국 오늘날의 은행이 하는 일과 크게 다르지 않다.

> 풀이 금세공업자가 했던 일은 오늘날 은행이 하는 일과 크게 다르지 않다고 하였으므로, 금세공업자가 다른 사람들의 금을 맡아 주었던 일은 오늘날의 은행이 고객의 돈을 맡아 주는 일과 대응시킬 수 있다.

→ 적절함!

맡아 둔 금의 일정 부분을 남겨 두는 것	지급준비금을 보유하고 있는 것	… ②

> 근거 ❶-5 그들(금세공업자들)은 보관된 금의 일정 부분만 남기고 나머지를 원하는 사람에게 빌려 주며 수수료를 받아 이윤을 얻었다, ❹-4 은행의 예금창조 기능은 결국 예금의 일부만을 지급준비금으로 보유하는 지급준비제도에서 비롯

> 풀이 금세공업자가 맡아 둔 금의 일정 부분을 남겨 둔 것처럼, 은행도 예금의 일부를 지급준비금으로 보유한다.

→ 적절함!

맡아 둔 금의 일부를 원하는 사람에게 빌려 주는 것	예금의 일부를 필요한 사람에게 대출해 주는 것	… ③

근거 **①-5 그들**(금세공업자들)은 보관된 금의 일정 부분만 남기고 나머지를 원하는 사람에게 빌려 주며, **④-5** 은행은 예금의 일부만 보유하고 그 나머지를 대출하면서

풀이 금세공업자가 맡아 둔 금의 일정 부분을 남기고 나머지를 원하는 사람에게 빌려 준 것처럼, 은행도 예금의 일부를 보유하고 나머지는 필요한 사람에게 대출한다.

→ 적절함!

금을 많이 맡아 두려고 하는 것	예금을 많이 유치하려고 하는 것 … ④

근거 **①-6** 금세공업자들은 금의 양이 많아질수록 더 많은 수입을 얻을 수 있다고 생각하여 금을 맡기는 사람에게 사례를 했고, **⑥-2** 일반적으로 은행의 중요한 자금 조달원천은 예금이기 때문에 은행은 예금을 많이 유치하려고 한다.

풀이 금세공업자가 금의 양이 많아질수록 더 많은 수입을 얻을 수 있다고 생각해 더 많은 금을 맡아 두려고 했던 것처럼, 은행도 예금을 많이 유치하려고 한다.

→ 적절함!

금을 맡기는 사람에게 사례하는 것	대출에 대해 이자를 부과하는 것 … ⑤ ✓
	예금 · 지급

근거 **①-6** 금세공업자들은 금의 양이 많아질수록 더 많은 수입을 얻을 수 있다고 생각하여 금을 맡기는 사람에게 사례를 했고, **⑦-2** 은행은 주로 예금으로 자금을 조달하고 … 예금 이자

풀이 금세공업자가 다른 사람들의 금을 맡아 주었던 일은 오늘날의 은행이 고객의 돈을 맡아 주는 일과 대응시킬 수 있다. 따라서 금세공업자가 금을 맡기는 사람에게 사례를 하는 것은 오늘날의 은행이 '대출'에 대해 이자를 부과하는 것이 아니라 '예금'에 대해 이자를 지급하는 것에 대응된다. 대출에 대해 이자를 부과하는 것은 금세공업자들이 금을 빌려 주며 수수료를 받는 것과 연결할 수 있다.

→ 적절하지 않음!

---

017 추론의 적절성 판단 – 적절한 것 고르기 2020년 9월 학평 18번 | 정답 ⑤
정답률 60%, 매력적 오답 ④ 25% | **1등급 문제**

윗글을 바탕으로 ⓒ의 이유를 추론한 것으로 가장 적절한 것은?

> 화폐 창출 과정이 이루어지면 ⓒ 교환의 매개수단으로 쓰이는 화폐의 양이 늘어 경제의 유동성은 증가하지만, 경제가 종전에 비해 더 부유해지는 것은 아니다.

① 대출을 받은 사람들에게 화폐라는 자산이 생기지만 그 경제의 **통화량은 줄어들기 때문**이다.

근거 **③-6~7** 금세공업자들이 맡아 놓은 금의 30 %만 남겨 놓기로 결정했다면, 70 % 만큼의 금을 다른 사람이 빌려가 필요한 곳에 쓸 수 있다. 이는 유통되는 금의 양, 즉 통화량이 그만큼 더 늘어난 것을 뜻한다. **④-5** 은행은 예금의 일부만 보유하고 그 나머지를 대출하면서 예금통화라는 화폐를 창출하게 되고

풀이 윗글에서 금세공업자가 맡은 금의 일부만 보유하고 나머지를 필요한 사람에게 빌려 줄 경우 통화량이 늘어난다고 하였다. 이와 마찬가지로, 은행이 예금의 일부만 보유하고 나머지를 대출하여 화폐를 창출할 경우 통화량은 늘어난다. 따라서 통화량이 줄어들기 때문이라는 것은 적절하지 않은 추론이다.

→ 적절하지 않음!

② 은행에 서류상으로 맡겨 놓은 예금이 늘어나는 만큼 창출되는 예금통화는 줄어들기 때문이다.

근거 **③-8** 만약 금을 대출받은 사람이 그것을 다른 금세공업자에게 맡기고 보관증을 받는다면 통화량은 한층 더 늘어난다. **④-1~2** 이런 일이 반복되면 통화량은 처음의 몇 배 크기로 늘어나게 되고, 금세공업자들이 맡아 두었다고 기록된 금의 양도 늘어나게 된다. 이는 새로운 예금이 만들어진 셈으로 예금창조가 이루어졌다고 할 수 있다, **④-5** 은행은 예금의 일부만 보유하고 그 나머지를 대출하면서 예금통화라는 화폐를 창출하게 되고

풀이 윗글에서 금세공업자가 맡은 금의 일부만 보유하고 나머지를 필요한 사람에게 빌려 줄 경우 통화량이 늘어나며, 이런 일이 반복되면 통화량은 처음의 몇 배로 늘어나고 금세공업자들이 맡아 두었다고 기록된 금의 양도 늘어나게 된다고 하였다. 또 이를 예금창조가 이루어진 것으로 보았다. 이와 마찬가지로 은행에서 예금의 일부만 보유하고 나머지를 대출하면서 예금통화라는 화폐가 창출될 때(= 예금창조가 이루어질 때) 통화량은 늘어나고, 은행에 서류상 맡겨 놓은 예금도 늘어난다. 따라서 창출되는 예금통화가 줄어들기 때문이라는 것은 적절하지 않은 추론이다.

→ 적절하지 않음!

③ 대출을 받은 사람들이 그 돈을 다른 은행에 예금으로 맡겨도 통화량에 아무 변화가 일어나지 않기 때문이다.

근거 **③-8** 만약 금을 대출받은 사람이 그것을 다른 금세공업자에게 맡기고 보관증을 받는다면 통화량은 한층 더 늘어난다.

풀이 윗글에서 금세공업자에게서 금을 대출받은 사람이 그것을 다른 금세공업자에게 맡길 경우 통화량이 더 늘어난다고 하였다. 이와 마찬가지로 은행에서 대출을 받은 사람들이 그 돈을 다른 은행에 맡길 경우, 통화량은 더 늘어날 것이다. 따라서 통화량에 아무 변화가 일어나지 않기 때문이라는 것은 적절하지 않은 추론이다.

→ 적절하지 않음!

④ 은행이 새로운 예금을 만들어 내는 만큼 은행에 돈을 맡긴 사람들이 부담해야 하는 부채도 늘어나기 때문이다.

근거 **④-3** 새롭게 만들어진 예금은 누군가가 빌려서 생긴 빚이기 때문에 사람들이 갚아야 할 빚도 그만큼 늘어난 상황

풀이 새롭게 만들어진 예금은 은행에서 대출을 받은 사람들이 부담해야 하는 부채인 것이지, 은행에 돈을 맡긴(= 예금을 한) 사람들이 부담해야 하는 부채가 아니다. 따라서 은행에 돈을 맡긴 사람들이 부담해야 하는 부채가 늘어나기 때문이라는 것은 적절하지 않은 추론이다.

→ 적절하지 않음!

⑤ ✓ 대출을 받은 사람들이 재화와 서비스를 구입할 수 있는 능력이 커진 만큼 그에 *상응하는 부채도 늘어나기 때문이다. *相應–. 서로 어울리는

근거 **③-1** 화폐를 창출하는 예금창조 기능, **④-3** 새롭게 만들어진 예금(= 화폐가 창출됨 = 예금창조가 이루어짐)은 누군가가 빌려서 생긴 빚이기 때문에 사람들이 갚아야 할 빚도 그만큼 늘어난 상황으로 볼 수 있다, **④-5** 은행은 예금의 일부만 보유하고 그 나머지를 대출하면서 예금통화라는 화폐를 창출하게 되고(= 예금창조가 이루어지게 되고), 대출받은 사람들은 재화와 서비스를 구입할 수 있는 능력이 커지게 된다.

풀이 대출을 통해 화폐 창출이 이루어지면 대출받은 사람들은 재화와 서비스를 구입할 수 있는 능력이 커지게 되지만, 이는 누군가가 빌려서 생긴 빚으로 창출된 화폐이기 때문에 결국 사람들이 갚아야 할 빚도 그만큼 늘어난 상황으로 볼 수 있다. 따라서 ⓒ의 이유는 대출받은 사람들이 재화와 서비스를 구입할 수 있는 능력이 커진 만큼 그에 상응하는 부채도 늘어나기 때문이다.

→ 적절함!

---

018 구체적인 사례에 적용 – 적절하지 않은 것 고르기 2020년 9월 학평 19번 | 정답 ⑤
정답률 65%, 매력적 오답 ④ 10%

[A]를 참고하여 〈보기〉를 이해한 내용으로 적절하지 않은 것은? `3점`

> **│ 보기 │**
> [1]2019년 ○○은행의 자산은 1,000억 원인데, 이 자산은 모두 대출로 구성되어 있다. [2]이 중 900억 원은 예금으로, 100억 원은 자본금으로 조달한 것이다. [3]이 은행의 예금 금리는 평균 2 %이고, 대출 금리는 평균 4 %이다. [4]○○은행은 예대 금리 차에 의해 (1,000억 원 × 4 %) - (900억 원 × 2 %)에 해당하는 22억 원의 수익이 발생하였고, 12억 원은 경상 운영비로 사용하였다. [5](단, 다른 요인은 고려하지 않는다.)
>
> | 자산 | | 자본 및 부채 | |
> | --- | --- | --- | --- |
> | 지급준비금 | | 예금 | 900 |
> | 대출 | 1,000 | 기타 부채 | |
> | 유가증권 | | 자본금 | 100 |
> | 기타 자산 | | - | - |
> | 총계 | 1,000 | 총계 | 1,000 |
>
> ○○은행의 대차대조표(단위 : 억 원)

① ○○은행의 영업 이익은 예대 금리 차에 의한 수익에서 경상운영비를 차감한 10억 원이겠군.

근거 **⑦-4** 은행의 영업 이익은 예대 금리 차로 발생한 수익에서 인력과 지점 조직, IT 인프라를 유지하기 위한 경상 운영비를 차감한 것, **〈보기〉-4** ○○은행은 예대 금리 차에 의해 (1,000억 원 × 4 %) - (900억 원 × 2 %)에 해당하는 22억 원의 수익이 발생하였고, 12억 원은 경상 운영비로 사용

풀이 ○○은행의 영업 이익은 예대 금리 차로 발생한 수익 22억 원에서 경상 운영비 12억 원을 차감한 금액인 10억 원이다.

→ 적절함!

② ○○은행의 수익은 22억 원으로, 주로 예금으로 자금을 조달하고 대출로 자금을 운영하여 발생한 것이겠군.

근거 **❼-2** 은행은 주로 예금으로 자금을 조달하고 대출로 자금을 운영하는데, … 예대 금리 차가 은행의 주된 수익원, **〈보기〉-1~2** ○○은행의 자산은 1,000억 원인데, 이 자산은 모두 대출로 구성되어 있다. 이 중 900억 원은 예금으로, 100억 원은 자본금으로 조달한 것, **〈보기〉-4** ○○은행은 예대 금리 차에 의해 (1,000억 원×4 %) - (900억 원×2 %)에 해당하는 22억 원의 수익이 발생

풀이 윗글에서 은행은 주로 예금으로 자금을 조달하고 대출로 자금을 운영하며, 예대 금리 차로 수익을 얻는다고 하였다. 〈보기〉의 ○○은행은 1,000억 원의 자금 중 900억 원을 예금으로 조달하였고, 1,000억 원의 자산이 모두 대출로 구성되어 있으며, 예대 금리 차에 의해 22억 원의 수익이 발생하였다. 즉 ○○은행은 주로 예금으로 자금을 조달하고 대출로 자금을 운영하여 예대 금리 차에 의해 22억 원의 수익이 발생한 것이다.

→ 적절!

③ ○○은행의 대출 금리가 평균 4 %로 평균 예금 금리보다 높은 것은 대출 손실에 대한 위험 할증금이 반영된 것이겠군.

근거 **❼-3** 대출 이자가 더 높은 까닭은 차입자가 원금과 이자를 갚지 못하는 대출 손실이 일어날 수 있어, 차입자의 신용도에 맞춰 위험 할증금을 부과하기 때문, **〈보기〉-3** 이 은행의 예금 금리는 평균 2 %이고, 대출 금리는 평균 4 %

풀이 ○○은행의 대출 금리가 평균 예금 금리보다 높은 것은 대출 손실에 대한 위험 할증금을 부과하기 때문이다.

→ 적절!

④ 만약 ○○은행의 대출 손실이 12억 원 발생했다면, ○○은행의 자본금은 잠식되었겠군.

근거 **❼-4** 은행의 영업 이익은 예대 금리 차로 발생한 수익에서 인력과 지점 조직, IT 인프라를 유지하기 위한 경상 운영비를 차감한 것, **❼-6** 만일 대출 손실이 영업 이익을 넘어선다면 은행은 자본금까지 잠식당하게 된다, **〈보기〉-4** ○○은행은 예대금리 차에 의해 (1,000억 원×4 %) - (900억 원×2 %)에 해당하는 22억 원의 수익이 발생하였고, 12억 원은 경상 운영비로 사용

풀이 ○○은행의 영업 이익은 예대 금리 차로 발생한 수익 22억 원에서 경상 운영비 12억 원을 차감한 금액인 10억 원이다. 만약 ○○은행의 대출 손실이 12억 원 발생했다면 이는 대출 손실이 영업 이익을 넘어선 것이므로, ○○은행은 자본금을 잠식당하게 된다.

→ 적절함!

✓⑤ 만약 ○○은행이 평균 2 %인 예금 금리를 올린다면, 지점 조직을 유지하기 위한 비용이 더 줄어서 수익이 늘어나겠군.

근거 **❼-2** 양 이자(대출 이자와 예금 이자)의 차이로 발생하는 예대 금리 차가 은행의 주된 수익원, **❼-4** 은행의 영업 이익은 예대 금리 차로 발생한 수익에서 인력과 지점 조직, IT 인프라를 유지하기 위한 경상 운영비를 차감한 것

풀이 지점 조직을 유지하기 위한 비용은 '경상 운영비'에 해당한다. ○○은행이 평균 2 % 인 예금 금리를 올린다면, 예대 금리 차가 줄어들게 되므로 예대 금리 차로 발생한 수익은 줄어들 수 있다. 그러나 예금 금리를 올린다고 해서 지점 조직을 유지하기 위한 비용이 줄어들거나(= 경상 운영비가 줄어들거나) 수익이 늘어나지는 않는다.

→ 적절하지 않음!

---

019 단어의 사전적 의미 - 적절하지 않은 것 고르기 2020년 9월 학평 20번
정답률 65%, 매력적 오답 ④ 20% **정답 ①**

ⓐ~ⓔ의 사전적 의미로 적절하지 않은 것은?

| ⓐ조성 | ⓑ유도 | ⓒ보유 | ⓓ조달 | ⓔ요구 |

✓①ⓐ : 어떤 기준이나 실정에 맞게 정돈함.

풀이 ⓐ의 '조성(造 만들다 조 成 이루다 성)'은 '무엇을 만들어서 이룸'의 의미이다. '어떤 기준이나 실정에 맞게 정돈함'의 의미를 지닌 단어는 '조성'이 아니라 '조정(調 고르다 조 整 정돈하다 정)'이다.

예문 이 지역은 대규모 공업 단지의 조성이 추진되고 있다.

→ 적절하지 않음!

②ⓑ : 사람이나 물건을 목적한 장소나 방향으로 이끎.

풀이 ⓑ의 '유도(誘 꾀다 유 導 이끌다 도)'는 '사람이나 물건을 목적한 장소나 방향으로 이끎'의 의미이다.

예문 비행기는 지상의 유도에 따라 착륙하였다.

→ 적절함!

③ⓒ : 가지고 있거나 간직하고 있음.

풀이 ⓒ의 '보유(保 지키다 보 有 있다 유)'는 '가지고 있거나 간직하고 있음'의 의미이다.

예문 외환 보유를 허용하였다.

→ 적절함!

④ⓓ : 자금이나 물자 따위를 대어 줌.

풀이 ⓓ의 '조달(調 고르다 조 達 통달하다 달)'은 '자금이나 물자 따위를 대어 줌'의 의미이다.

예문 식량은 현지에서 조달을 할 예정이다.

→ 적절함!

⑤ⓔ : 받아야 할 것을 필요에 의하여 달라고 청함.

풀이 ⓔ의 '요구(要 바라다 요 求 구하다 구)'는 '받아야 할 것을 필요에 의하여 달라고 청함'의 의미이다.

예문 정부는 국민들의 요구를 적극 수용하였다.

→ 적절함!

[020~024] 다음 글을 읽고 물음에 답하시오.

1 [1]최근 수입품(輸入品, 다른 나라로부터 사들인 물품)에 높은 관세(關 세관 관 稅 세금 세)를 부과하여(賦課-, 값을 정해 내게 하여) 국제 무역 분쟁(國際貿易紛爭, 나라와 나라 사이에서 서로 물품을 사고팔 때 말썽이 일어나거나 시끄럽고 복잡하게 다툼)이 발생하면서 관세에 대한 관심이 높아지고 있다. [2]관세란 수입되는 재화(財貨, 사람이 바라는 바를 충족시켜 주는 모든 물건)에 부과되는 조세(租稅, 국가에서 필요한 비용을 충당하기 위해 거두어들이는 돈)로, 정부는 조세 수입을 늘리거나 국내 산업을 보호하기 위한 목적으로 관세를 부과한다. [3]그런데 관세를 부과하면 국내 경기(景氣, 경제 활동의 상황) 및 국제 교역(交易, 나라와 나라 사이에서 물건을 사고팔아 서로 바꿈)에 영향을 미치게 된다.

→ 관세의 개념과 부과 목적 및 관세 부과가 끼치는 영향

2 [1]관세가 국내 경기에 미치는 영향을 살펴보기 위해서는 시장에서의 수요(需要, 특정 재화나 서비스를 일정한 가격으로 사려고 하는 욕구)와 공급(供給, 특정 재화나 서비스를 일정한 가격에 팔고자 하는 욕구)의 원리(原理, 근본 이치)를 알아야 한

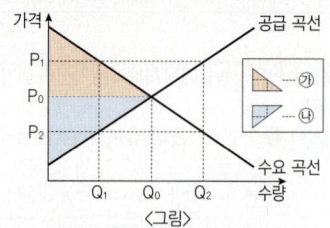

〈그림〉

다. [2]〈그림〉은 가격에 따른 수요량과 공급량의 변화를 나타내는 그래프이다. [3]여기서 수요 곡선은 재화의 가격에 따른 수요량의 변화를 나타내는데, 그래프에서 가격은 재화 1 단위 추가 소비(消費, 돈을 씀)를 위한 소비자(消費者, 물건을 사거나 쓰는 사람)의 지불 용의 가격(支拂用意價格, 구입을 위해 최대한 지불해도 좋다고 생각하는 가격)을 나타내기도 한다. [4]공급 곡선은 재화의 가격에 따른 공급량의 변화를 나타내는데, 그래프에서 가격은 재화 1 단위 추가 생산(生産, 인간 생활에 필요한 각종 물품을 만들어 냄)을 위한 생산자(生産者, 재화를 생산하는 사람)의 판매 용의 가격(販賣用意價格, 생산자가 팔기로 마음먹을 수 있는 최저 가격)을 나타내기도 한다. [5]수요와 공급의 원리에 따르면 재화의 균형 가격은 수요 곡선과 공급 곡선이 만나는 P_0에서 형성된다.(形成-, 만들어진다.) [6]재화의 가격이 P_1로 올라가면 수요량은 Q_1로 줄어들고 공급량은 Q_2로 증가하지만(增加-, 늘어나지만), 재화의 가격이 P_2로 내려가면 수요량은 Q_2로 증가하고 공급량은 Q_1로 줄어든다.

→ 시장에서의 수요와 공급의 원리

3 [1]이처럼 재화의 가격 변화로 수요량과 공급량이 달라지면 소비자 잉여(剩 남다 잉 餘 남다 여)와 생산자 잉여에도 변화가 생기게 된다. [2]여기서 잉여란 제품을 소비하거나 판매함으로써 얻는 이득으로, 소비자 잉여는 소비자가 어떤 재화를 구입할 때 지불할 용의가 있는 가격과 실제 지불한 가격의 차이(지불 용의 가격 – 실제 지불 가격)이고, 생산자 잉여는 생산자가 어떤 재화를 판매할 때 실제 판매한 가격과 판매할 용의가 있는 가격의 차이(실제 판매 가격 – 판매 용의 가격)이다. [3]〈그림〉에서 수요 곡선과 실제 재화의 가격의 차이에 해당하는(該當-, 바로 들어맞는) ㉑는 소비

자 잉여를, 실제 재화의 가격과 공급 곡선의 차이에 해당하는 ㉯는 생산자 잉여를 나타낸다. [4]만일 재화의 가격이 P_0에서 P_1로 올라가면 소비자 잉여는 줄어들고 생산자 잉여는 늘어나는 반면, 재화의 가격이 P_2로 내려가면 소비자 잉여는 늘어나고 생산자 잉여는 줄어들게 된다.

→ 소비자 잉여와 생산자 잉여

4 [1]이를 바탕으로 관세가 국내 경기에 미치는 영향을 살펴보자. [2]밀가루 수입 전에 형성된 K국의 밀가루 가격이 500 원/kg이고, 국제 시장에서 형성된 밀가루의 가격이 300 원/kg이라고 **가정해**(假定해, 임시로 사실인 것처럼 정해) 보자. [3]K국이 **자유 무역**(自由貿易, 국가가 외국 무역에 제한이나 보호를 하지 않고, 관세도 매기지 않는 무역)을 통해 관세 없이 밀가루를 수입하면 국산 밀가루 가격은 수입 가격 수준인 300 원/kg까지 내려가게 된다. [4]그(자유 무역으로 국산 밀가루 가격이 수입 가격 수준으로 내려간) 결과 국산 밀가루 공급량은 줄어들지만 오히려 수요량은 늘어나기 때문에, 국내 수요량에서 국내 공급량을 뺀 나머지 부분만큼 밀가루를 수입하게 된다. [5]밀가루 수입으로 국산 밀가루 가격이 **하락하면**(下落-, 떨어지면) 결과적으로 생산자 잉여가 **감소하지만**(減少-, 줄어들지만) 소비자 잉여는 증가하게 된다. [6]증가한 소비자 잉여가 감소한 생산자 잉여보다 크기 때문에 소비자 잉여와 생산자 잉여의 총합인 사회적 잉여는 밀가루를 수입하기 전에 비해 커지게 된다.

→ K국의 사례를 통해 살펴본 사회적 잉여 : 관세 없이 수입할 경우

5 [1]그런데 K국이 수입 밀가루에 100 원/kg의 관세를 부과할 경우, 수입 밀가루의 국내 판매 가격은 400 원/kg으로 올라가게 된다.(국제 시장에서 형성된 밀가루의 가격 300 원/kg + 관세 100 원/kg = 400 원/kg) [2]그렇게 되면 국산 밀가루 생산자는 관세 부과 전보다 100 원/kg 오른 가격에 밀가루를 판매할 수 있으므로 국산 밀가루의 공급량이 늘어 관세를 부과하기 전보다 생산자 잉여가 증가하게 된다. [3]반대로 소비자 입장에서는 가격이 올라가면 그만큼 수요량이 줄어들게 되므로 소비자 잉여는 감소하게 된다. [4]하지만 증가한 생산자 잉여가 감소한 소비자 잉여보다 작기 때문에 소비자 잉여와 생산자 잉여의 총합인 사회적 잉여는 수입 밀가루에 관세를 부과하기 전에 비해 작아지게 된다.

→ K국의 사례를 통해 살펴본 사회적 잉여 : 관세를 부과하여 수입할 경우

6 [1]그런데 관세 정책이 **장기화될**(長期化-, 빨리 끝나지 않고 오래 끌어질) 경우, 국내 경기가 **침체**(沈滯, 발전하지 못하고 제자리에 머무름)에 빠질 수 있다. [2]예컨대 K국 정부가 국내 밀가루 산업을 보호하기 위하여 수입 밀가루에 높은 관세를 부과할 경우, **단기적으로는**(短期的-, 짧은 기간에 걸쳐서는) 국내 밀가루 생산자의 이익을 늘려 자국의 밀가루 산업을 보호할 수 있다. [3]하지만 높은 관세로 국내 밀가루 가격이 상승하면 밀가루를 **원료**(原料, 물건을 만드는 재료)로 하는 제품들의 가격이 줄줄이 상승하게 되어, 국내 소비자들은 밀가루를 이용하여 만든 제품들의 소비를 줄이게 된다. [4]이러한 과정이 장기화된다면 K국의 경기는 결국 침체에 빠질 수도 있다. [5]실제로 1930년대 국내 산업을 보호할 목적으로 **시행된**(施行-, 실제로 행해진) **각국**(各國, 여러 나라)의 관세 정책으로 인해 오히려 **경제 대공황**(經濟大恐慌, 1929년부터 1939년까지 경제 위기가 전 세계에 한꺼번에 닥쳐 유럽과 아메리카 나라들의 경제가 한꺼번에 무너진 세계적인 공황)이 심화된 사례가 이(관세 정책이 장기화될 경우 국내 경기가 침체에 빠지는 문제)를 잘 보여 주고 있다.

→ 관세 정책이 장기화될 경우 국내 경기의 변화

7 [1]이렇게 볼 때 국내 산업을 보호할 목적으로 부과한 ㉠ 관세는 사회적 잉여를 감소시키고, **해당**(該當, 관계되는 바로 그) 제품에 대한 국내 소비를 줄어들게 한다. [2]그리고 그(관세가 부과된 해당 제품)와 관련된 다른 산업에까지 **악영향**(惡影響, 나쁜 영향)을 미칠 수 있다. [3]또한 **과도한**(過度-, 정도에 지나친) 관세는 국제 교역을 감소시켜 국제 무역 시장을 침체시킬 뿐만 아니라, 국제 무역 분쟁을 **야기할**(惹起-, 일으킬) **소지**(素地, 문제가 되거나 부정적인 일이 생기게 될 가능성)도 있다. [4]이러한 이유로 대다수의 경제학자들은 과도한 관세에 대한 **우려**(憂慮, 근심과 걱정)를 드러내고 있다.

→ 관세의 부정적 영향과 이에 대한 경제학자들의 입장

■ 지문 이해

〈관세 정책이 국내 경기 및 국제 교역에 미치는 영향〉

❶ 관세의 개념과 부과 목적 및 관세 부과가 끼치는 영향
• 관세 : 수입되는 재화에 부과되는 조세 • 관세 부과 목적 : 정부의 조세 수입 증대, 국내 산업 보호 • 관세를 부과하면 국내 경기 및 국제 교역에 영향을 미침

---

❷~❸ 시장에서의 수요와 공급의 원리 및 소비자 잉여와 생산자 잉여
• 재화의 균형 가격 : 수요 곡선과 공급 곡선이 만나는 지점에서 형성됨 • 소비자 잉여 = 지불 용의 가격 - 실제 지불 가격 • 생산자 잉여 = 실제 판매 가격 - 판매 용의 가격 ┌ 재화의 가격↑ : 수요량↓, 공급량↑, 소비자 잉여↓, 생산자 잉여↑ └ 재화의 가격↓ : 수요량↑, 공급량↓, 소비자 잉여↑, 생산자 잉여↓

❹~❺ K국의 사례를 통해 살펴본 사회적 잉여	
관세×	**관세○**
국산 밀가루 가격이 수입 가격 수준으로 내려감 → 국산 밀가루 공급량 감소, 수요량 증가 → 밀가루 수입 증가 → 국산 밀가루 가격 하락 → 생산자 잉여 감소, 소비자 잉여 증가	수입 밀가루의 국내 판매 가격 상승 → 국산 밀가루 가격 상승 → 국산 밀가루 공급량 증가, 수요량 감소 → 생산자 잉여 증가, 소비자 잉여 감소
증가한 소비자 잉여 > 감소한 생산자 잉여 → 사회적 잉여는 밀가루 수입 전보다 커짐	증가한 생산자 잉여 < 감소한 소비자 잉여 → 사회적 잉여는 관세 부과 전보다 작아짐

❻ 관세 정책이 장기화될 경우 국내 경기의 변화
• 관세 정책을 시행할 경우 단기적으로는 자국의 산업을 보호할 수 있음 • 높은 관세로 인한 재화의 가격 상승은 이를 원료로 하는 제품들의 가격 상승으로 이어져 소비량이 줄게 됨 → 장기화될 경우 국내 경기가 침체에 빠질 수 있음

❼ 관세의 부정적 영향과 이에 대한 경제학자들의 입장
• 관세는 사회적 잉여를 감소시키고 해당 제품에 대한 국내 소비를 줄어들게 하여 관련된 다른 산업에까지 악영향을 미칠 수 있음 • 과도한 관세는 국제 교역을 감소시켜 국제 무역 시장 침체와 국제 무역 분쟁을 야기할 소지가 있음 → 대다수의 경제학자들은 과도한 관세에 대해 우려하는 입장임

※ 2020년 4월 24일에 시행된 3월 전국연합 학력평가는 자율 원격 시험으로 시행되어 교재에 기입된 정답률은 실제와 다를 수 있습니다.

020 | 글의 서술 방식 파악 - 적절한 것 고르기 2020년 3월 학평 38번
정답률 75% | **정답 ⑤**

윗글에 대한 설명으로 가장 적절한 것은?

근거 ❷-1 관세가 국내 경기에 미치는 영향을 살펴보기 위해서는 시장에서의 수요와 공급의 원리를 알아야 한다. ❸-1 이처럼 재화의 가격 변화로 수요량과 공급량이 달라지면 소비자 잉여와 생산자 잉여에도 변화가 생기게 된다. ❹-1~3 이를 바탕으로 관세가 국내 경기에 미치는 영향을 살펴보자 … K국의 밀가루 가격이 500 원/kg이고, 국제 시장에서 형성된 밀가루의 가격이 300 원/kg이라고 가정해 보자. K국이 자유 무역을 통해 관세 없이 밀가루를 수입하면 … , ❺-1 그런데 K국이 수입 밀가루에 100 원/kg의 관세를 부과할 경우 … .

풀이 윗글에서는 먼저 시장에서의 수요와 공급의 원리 및 소비자 잉여와 생산자 잉여의 변화에 대해 설명하고, 이를 바탕으로 K국의 사례를 구체적으로 제시함으로써 관세가 국내 경기와 국제 교역에 미치는 영향에 대해 설명하고 있다. 따라서 정답은 ⑤번이다.

① *상반된 두 입장을 제시한 후 이를 **절충하고 있다. *相反-, 서로 반대된 **折衷-, 알맞게 조절하여 서로 잘 어울리게 하고

② 문제 상황을 언급한 후 *해결책을 **구체화하고 있다. *解決策, 문제를 풀거나 잘 처리하기 위한 방법 **具體化-, 구체적인 것으로 나타나게 하고

③ *이론의 **한계를 ***단계적인 순서에 따라 설명하고 있다. *理論, 사물이나 현상의 이치를 논리적으로 일반화한 체계 **限界, 작용할 수 있는 범위 ***段階的-, 일정한 차례에 따라 나아가는

④ *학설이 나타난 배경과 그 학문적 **성과를 ***분석하고 있다. *學說, 학문에서의 주장이나 가설 **成果, 이루어 낸 결실 ***分析-, 여러 요인으로 나누어 논리적으로 풀어 밝히고

✔⑤ 원리를 설명한 후 구체적 사례를 들어 이해를 돕고 있다. → 적절함!

윗글에 대한 이해로 적절하지 않은 것은?

①소비자의 지불 용의 가격은 균형 가격보다 항상 높다.

근거 ❷-3 그래프에서 가격은 재화 1 단위 추가 소비를 위한 소비자의 지불 용의 가격을 나타내기도 한다, ❷-5~6 재화의 균형 가격은 수요 곡선과 공급 곡선이 만나는 P₀에서 형성된다. 재화의 가격이 P₁로 올라가면 수요량은 Q₁로 줄어들고 공급량은 Q₂로 증가하지만, 재화의 가격이 P₂로 내려가면 수요량은 Q₂로 증가하고 공급량은 Q₁로 줄어든다.

풀이 윗글의 〈그림〉에서 가격은 소비자의 지불 용의 가격을 나타내기도 한다고 하였다. 재화의 균형 가격은 수요 곡선과 공급 곡선이 만나는 지점에서 형성되고, 재화의 가격은 균형 가격을 기준으로 올라가기도 하고 내려가기도 하므로, 소비자의 지불 용의 가격이 균형 가격보다 항상 높다는 설명은 적절하지 않다.

→ 적절하지 않음!

② 균형 가격에서는 재화의 수요량과 공급량이 동일하다.

근거 ❷-3~5 수요 곡선은 재화의 가격에 따른 수요량의 변화를 나타내는데 … 공급 곡선은 재화의 가격에 따른 공급량의 변화를 나타내는데 … 재화의 균형 가격은 수요 곡선과 공급 곡선이 만나는 P₀에서 형성된다.

풀이 수요 곡선은 재화의 가격에 따른 수요량의 변화를 나타내고, 공급 곡선은 재화의 가격에 따른 공급량의 변화를 나타낸다. 균형 가격은 수요 곡선과 공급 곡선이 만나는 지점에서 형성된다고 하였으므로, 균형 가격에서 재화의 수요량과 공급량은 같다.

→ 적절함!

③ 원료의 가격은 이에 *기반한 제품의 가격에 영향을 미친다. *基盤−. 바탕을 둔

근거 ❻-3 밀가루 가격이 상승하면 밀가루를 원료로 하는 제품들의 가격이 줄줄이 상승하게 되어

→ 적절함!

④ 관세는 국가 간의 무역 분쟁의 원인으로 작용하기도 한다.

근거 ❼-3 과도한 관세는 국제 교역을 감소시켜 국제 무역 시장을 침체시킬 뿐만 아니라, 국제 무역 분쟁을 야기할 소지가 있다.

→ 적절함!

⑤ 대다수의 경제학자들은 과도한 관세에 대해 부정적 입장을 취한다.

근거 ❼-4 대다수의 경제학자들은 과도한 관세에 대한 우려를 드러내고 있다.

→ 적절함!

㉠의 이유로 적절한 것은?

국내 산업을 보호할 목적으로 부과된 ㉠ 관세는 사회적 잉여를 감소시키고, 해당 제품에 대한 국내 소비를 줄어들게 한다.

근거 ❺-1~4 K국이 수입 밀가루에 100 원/kg의 관세를 부과할 경우 … 증가한 생산자 잉여가 감소한 소비자 잉여보다 작기 때문에 소비자 잉여와 생산자 잉여의 총합인 사회적 잉여는 수입 밀가루에 관세를 부과하기 전에 비해 작아지게 된다.

풀이 관세를 부과할 경우 '증가한 생산자 잉여가 감소한 소비자 잉여보다 작기 때문에' 사회적 잉여가 작아진다. 바꿔 말하면, 관세를 부과할 경우 '감소한 소비자 잉여가 증가한 생산자 잉여보다 크기 때문에' 사회적 잉여가 작아진다는 말과 같다. 따라서 정답은 ②번이다.

① 소비자 잉여 *감소분이 생산자 잉여 **증가분과 같기 때문에   보다크기   *減少分, 감소한 분량 **增加分. 증가한 분량

②소비자 잉여 감소분이 생산자 잉여 증가분보다 크기 때문에
→ 적절함!

③ 소비자 잉여 증가분이 생산자 잉여 증가분보다 크기 때문에   감소분

④ 소비자 잉여 감소분이 생산자 잉여 감소분보다 작기 때문에   증가분   크기

⑤ 소비자 잉여 증가분이 생산자 잉여 감소분보다 작기 때문에   감소분   증가분   크기

윗글을 바탕으로 〈보기〉를 설명한 내용으로 적절하지 않은 것은?   3점

| 보기 |

P국에서는 국산 바나나만을 소비하다 값싼 수입산 바나나를 관세 없이 수입하면서 국산 바나나 가격이 국제 시장 가격 수준으로 하락했다. 이에 정부에서는 국내 바나나 산업 보호를 위하여 관세를 부과하였다.

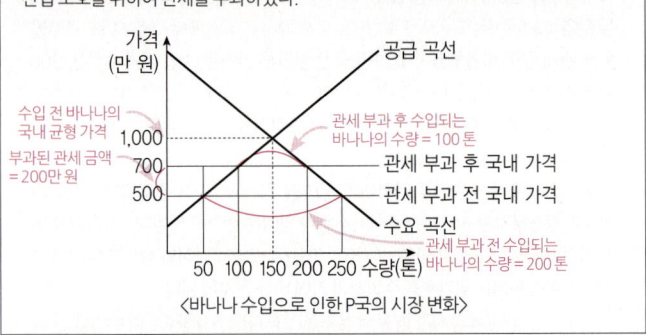

〈바나나 수입으로 인한 P국의 시장 변화〉

① 바나나를 수입하기 전 바나나의 국내 균형 가격은 톤당 1,000만 원이었다.

근거 ❷-5 재화의 균형 가격은 수요 곡선과 공급 곡선이 만나는 P₀에서 형성된다.

풀이 재화의 균형 가격은 수요 곡선과 공급 곡선이 만나는 지점에 해당하는 가격이다. 따라서 바나나를 수입하기 전 바나나의 국내 균형 가격은 두 곡선이 만나는 지점에 해당하는 가격인 톤당 1,000만 원이다.

→ 적절함!

② 관세를 부과하기 이전에는 수입되는 바나나의 수량이 200 톤이었다.

근거 ❹-3~4 K국이 자유 무역을 통해 관세 없이 밀가루를 수입하면 국산 밀가루 가격은 수입 가격 수준인 300 원/kg까지 내려가게 된다. 그 결과 국산 밀가루 공급량은 줄어들지만 오히려 수요량은 늘어나기 때문에, 국내 수요량에서 국내 공급량을 뺀 나머지 부분만큼 밀가루를 수입하게 된다.

풀이 〈보기〉의 그래프에서 관세 부과 전 국내 가격은 톤당 500만 원이다. 이때 공급 곡선을 살펴보면 공급량은 50 톤이고, 수요 곡선을 살펴보면 수요량은 250 톤이다. 따라서 관세를 부과하기 이전에 수입되는 바나나의 수량은 전체 수요량(250 톤)에서 국내 공급량(50 톤)을 뺀 200 톤이 된다.

→ 적절함!

③ 관세를 부과하기 이전과 이후의 가격을 비교해 보니 톤당 200만 원만큼의 관세가 부과되었다.

근거 ❹-3 K국이 자유 무역을 통해 관세 없이 밀가루를 수입하면 국산 밀가루 가격은 수입 가격 수준인 300 원/kg, ❺-1 K국이 수입 밀가루에 100 원/kg의 관세를 부과할 경우, 수입 밀가루의 국내 판매 가격은 400 원/kg으로 올라가게 된다.

풀이 〈보기〉의 그래프에서 관세 부과 전 국내 가격은 톤당 500만 원이고, 관세 부과 후 국내 가격은 톤당 700만 원이다. 따라서 P국에서 수입 바나나에 부과한 관세는 톤당 200만 원이다.

→ 적절함!

④ 관세를 부과한 결과 국내 생산자는 바나나의 공급량을 50 톤에서 100 톤으로 늘리게 된다.

풀이 그래프의 공급 곡선을 살펴보면, 관세를 부과하기 전 국내 공급량은 50 톤이고, 관세를 부과한 후 국내 공급량은 100 톤이다. 즉 관세를 부과한 결과 국내 생산자는 바나나의 공급량을 50 톤에서 100 톤으로 늘리게 되었다.

→ 적절함!

⑤관세를 부과한 결과 수입되는 바나나의 수량은 이전보다 50 톤이 줄어드는 효과가 발생한다.   100 톤

근거 ❹-4 국내 수요량에서 국내 공급량을 뺀 나머지 부분만큼 밀가루를 수입하게 된다.

풀이 그래프의 수요 곡선과 공급 곡선을 살펴보면, 관세를 부과하기 전 바나나의 국내 가격이 톤당 500만 원일 때 수요량은 250 톤이고 이때 국내 공급량은 50 톤이므로, 수입되는 바나나의 수량은 200 톤이다. 한편 관세를 부과한 후 바나나의 국내 가격이 톤당 700만 원일 때 수요량은 200 톤이고, 이때 국내 공급량은 100 톤이므로, 수입되는 바나나의 수량은 100 톤이다. 따라서 관세를 부과한 결과 수입되는 바나나의 수량은 관세를 부과하기 전보다 100 톤이 줄어든다.

→ 적절하지 않음!

024 | 추론의 적절성 판단 – 적절하지 않은 것 고르기 2020년 3월 학평 42번
정답률 60%, 매력적 오답 ④ 15% ⑤ 10% | **정답 ③**

윗글의 '관세(A)'와 〈보기〉의 '수입 할당제(B)'에 대해 이해한 내용으로 적절하지 <u>않은</u> 것은?

> | 보기 |
> [1]'수입 할당제'는 일정 기간 특정(特定, 특별히 가리켜 확실히 정한) 재화를 수입할 수 있는 양을 제한하여(制限–, 일정하게 정한 한도를 넘지 못하게 막아서) 제한된 할당량(割當量, 몫을 갈라서 나눈 양)까지는 자유 무역 상태에서 수입하고 그 할당량이 채워지면 수입을 전면적으로(全面的–, 일정한 범위 전체에 걸쳐서) 금지하는 비관세(非關稅, 관세를 부과하지 않는) 정책이다. [2]수입 할당제는 수입되는 재화의 양을 제한함으로써 그 재화의 국내 가격을 자연적으로 상승시켜 국내 생산자를 보호하는 기능을 한다.

▶ 관세와 수입 할당제 비교	관세	수입 할당제
수입품의 가격을 상승시키는 원인이 됨	○	
수량을 기준으로 수입되는 재화의 양을 제한함		○
정책 시행 시 국내 생산자가 혜택을 봄	○	○
정부의 조세 수입 발생	○	
국제 무역 규모의 감소를 유발함	○	○

① A는 수입품의 가격을 상승시키는 원인으로 작용하겠군.

근거 **⑤**-1 K국이 수입 밀가루에 100 원/kg의 관세를 부과할 경우, 수입 밀가루의 국내 판매 가격은 400 원/kg으로 올라가게 된다.

풀이 윗글에서 관세를 부과할 경우 수입품의 국내 가격이 부과한 관세만큼 올라간다고 하였으므로, 관세(A)가 수입품의 가격을 상승시키는 원인으로 작용한다는 설명은 적절하다.

→ 적절함!

② B는 수량을 기준으로 수입되는 재화의 양을 제한하겠군.

근거 〈보기〉-1 '수입 할당제'는 일정 기간 특정 재화를 수입할 수 있는 양을 제한, 〈보기〉-2 수입 할당제는 수입되는 재화의 양을 제한

→ 적절함!

A와 B는 모두
③ A는 B와 달리 정책 시행 시의 혜택을 국내 생산자가 보겠군.

근거 **❶**-2 국내 산업을 보호하기 위한 목적으로 관세를 부과, **⑥**-2 예컨대 K국 정부가 국내 밀가루 산업을 보호하기 위하여 수입 밀가루에 높은 관세를 부과할 경우, 단기적으로는 국내 밀가루 생산자의 이익을 늘려 자국의 밀가루 산업을 보호할 수 있다, 〈보기〉-2 수입 할당제는 … 국내 생산자를 보호하는 기능을 한다.

풀이 관세(A)와 수입 할당제(B) 모두 국내 생산자를 보호하여 국내 산업을 보호하려는 목적을 가지고 시행된다.

→ 적절하지 않음!

④ B는 A와 달리 수입품에 대한 정부의 조세 수입이 없겠군.

근거 **❶**-2 관세란 수입되는 재화에 부과되는 조세로, 정부는 조세 수입을 늘리거나 국내 산업을 보호하기 위한 목적으로 관세를 부과, 〈보기〉-1 '수입 할당제'는 일정 기간 특정 재화를 수입할 수 있는 양을 제한하여 제한된 할당량까지는 자유 무역 상태에서 수입하고 그 할당량이 채워지면 수입을 전면적으로 금지하는 비관세 정책

풀이 관세(A)는 수입되는 재화에 조세를 부과함으로써 정부의 조세 수입이 늘어나게 된다. 반면 수입 할당제(B)의 경우에는 수입되는 재화의 수량을 제한하는 비관세 정책이므로, 수입품에 대한 정부의 조세 수입은 발생하지 않는다.

→ 적절함!

⑤ A와 B 모두 국제 무역 *규모의 감소를 **유발할 수 있겠군. *規模, 크기나 범위 **誘發–, 일으킬

근거 **❼**-3 과도한 관세는 국제 교역을 감소시켜 국제 무역 시장을 침체시킬 뿐만 아니라, 국제 무역 분쟁을 야기할 소지도 있다, 〈보기〉-1 '수입 할당제'는 일정 기간 특정 재화를 수입할 수 있는 양을 제한하여 … 할당량이 채워지면 수입을 전면적으로 금지, 〈보기〉-2 수입 할당제는 수입되는 재화의 양을 제한

풀이 관세(A)는 국제 교역을 감소시켜 국제 무역 시장을 침체시킬 소지가 있다. 수입되는 재화의 양을 제한하는 수입 할당제(B)도 국제 무역 규모의 감소를 유발할 수 있다.

→ 적절함!

[025~029] 다음 글을 읽고 물음에 답하시오.

1 ¹2002년 월드컵 조별 예선에서 우리나라가 폴란드를 이기고 사상(史上, 역사상) 처음 1승을 거두자 'Be the Reds'라고 새겨진 티셔츠 수요(需要, 특정 재화나 서비스를 일정한 가격으로 사려고 하는 욕구)가 폭발했다.(暴發-, 강한 기세로 겉으로 드러났다.) ²하지만 실제 월드컵 기간 동안 불티나게(내놓기가 무섭게 빨리) 팔린 티셔츠로 수익을 본 업체는 모조품(模造品, 어떤 물건을 똑같이 본떠서 만든 물품)을 판매하는 업체와 이(모조품)를 제조하는(製造-, 만드는) 업체였다. ³오히려 정품(正品, 정상적으로 만들어진 물품)을 생산해 대리점(代理店, 일정한 회사의 위탁을 받아 거래를 대신하거나 중개하는 곳)에서 판매하는 ⊙ 스포츠 브랜드 업체는 수익을 내지 못했다. ⁴실제로 많은 브랜드 업체들은 월드컵 이후 수요가 폭락해(暴落-, 큰 폭으로 떨어져) 팔지 못한 재고(在庫, 창고에 남아 있는 물품)로 난처했다. ⁵도대체 왜 이런 상황이 벌어졌을까?
→ 2002년 월드컵 시기에 나타난 현상

2 ¹간단한 문제 같지만 이 현상은 요즘 경영(經營, 기업이나 사업을 계획적으로 관리하고 운영함)에서 유행처럼 번지는(작용하는 범위가 넓어지는) 공급 사슬망 관리(Supply Chain Management, SCM)의 핵심(核心, 가장 중심이 되는 부분)을 설명해 줄 수 있는 사례(事例, 실제 일어난 예)이다. ²공급 사슬망이란 상품의 흐름이 고리처럼 연결되어 있고, 이들(고리처럼 연결된 상품의 흐름)의 상관관계(相關關係, 둘 중 한쪽이 변하면 다른 한쪽도 따라서 변화하는 관계) 또한 서로 긴밀하게(緊密-, 서로 틈이 없을 정도로 '매우 가깝게') 연결되어 있는 것을 말한다.
→ 공급 사슬망의 개념

3 ¹이 현상의 원인을 설명하기 위해서는 공급 사슬망의 '채찍 효과(Bullwhip effect)'를 우선 이해해야 한다. ²아기 기저귀라는 상품을 예로 들어보면, 상품 특성상(特性上, 일정한 사물에만 있는 특별한 성질과 관계된 측면) 소비자(消費者, 물건을 사거나 쓰는 사람) 수요는 일정한데(一定-, 정해져 있는데) 소매점(小賣店, 생산자나 도매점을 통해 물건을 구입하여 직접 소비자에게 판매하는 상점) 및 도매점(都賣店, 물건을 낱개로 팔지 않고 일정한 묶음으로 파는 가게) 주문 수요는 들쑥날쑥했다. ³그리고 이러한 주문 변동폭(變動幅, 바뀌어 달라지는 범위)은 '최종 소비자-소매점-도매점-제조업체-원자재(原資材, 생산의 원료가 되는 기본 재료) 공급(供給, 요구에 따라 물품을 제공하는)업체'로 이어지는 공급 사슬망에서 최종 소비자로부터 멀어질수록 더 증가하였다. ⁴공급 사슬망에서 이와 같이 수요 변동폭이 확대되는 현상을 공급 사슬망의 '채찍 효과'라 한다. ⁵이(채찍 효과)는 채찍을 휘두를 때 손잡이 부분을 작게 흔들어도 이 파동이 끝쪽으로 갈수록 더 커지는 현상과 유사하기(類似-, 서로 비슷하기) 때문에 붙여진 이름이다. ⁶이런 변동폭은 유통업체나 제조업체 모두 반길(반가워할) 만한 사항이 아니다. ⁷왜냐하면 수요가 일정하면 이(일정한 수요)를 기준으로 생산이나 마케팅(marketing, 생산자가 상품을 소비자에게 유통시키는 데 관련된 경영 활동)의 자원(資源, 자료, 노동력, 기술 등)을 적절히 분배하여(分配-, 나누어) 계획하고 효율적으로(效率的-, 들인 노력에 비해 얻는 결과가 크도록) 운영할(運營-, 관리하고 이끌어 경영할) 수 있지만, 변동폭이 크면 계획이나 운영을 원활하게(圓滑-, 탈 없이 순조롭게) 수행하기(遂行-, 계획한 대로 일을 해내기) 어렵기 때문이다.

〈참고 그림〉

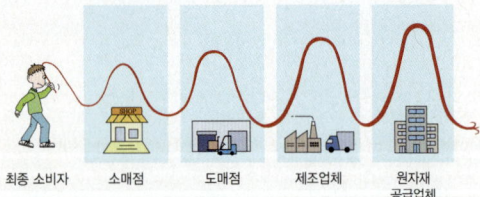

최종 소비자   소매점   도매점   제조업체   원자재 공급업체

❸-3~4 '최종 소비자-소매점-도매점-제조업체-원자재 공급업체'로 이어지는 공급 사슬망에서 최종 소비자로부터 멀어질수록 주문 변동폭이 더 증가하였다. 공급 사슬망에서 이와 같이 수요 변동폭이 확대되는 현상을 공급 사슬망의 '채찍 효과'라 한다.
→ 공급 사슬망의 '채찍 효과'

4 ¹그렇다면 이런 채찍 효과가 생기는 이유는 무엇일까? ²여러 가지 이유가 있지만 첫 번째는 수요의 왜곡(歪曲, 사실과 달리 잘못되게 함)이다. ³소비자의 수요가 갑자

기 늘면 소매점은 앞으로 수요 증가를 기대하는(期待-, 바라고 기다리는) 심리(心理, 마음의 작용)로 기존(旣存, 이미 있는) 주문량보다 더 많은 양을 도매점에 주문하게 된다. ⁴그리고 도매점도 같은 이유로 소매점 주문량보다 더 많은 양을 제조업체에 주문한다. ⁵즉, 공급 사슬망에서 최종 소비자로부터 멀어질수록 점점 더 심하게 왜곡되는 현상이 발생하는 것이다. ⁶이러한 왜곡 현상은 공급자가 시장에서 제한적일(制限的-, 일정한 범위로 정해져 있을) 때 더 크게 발생한다. ⁷즉 공급자가 한정된(限定-, 제한되어 정해진) 상황에서는 더 많은 양을 주문해야 제품을 공급받기가 수월하기(쉽기) 때문이다. ⁸티셔츠를 공급하는 제조업체에서 물량(物量, 물건의 분량)이 한정돼 있으면 한꺼번에 많은 양을 주문하는 도매업체에게 우선권(優先權, 남보다 먼저 행사할 수 있는 권리)을 주는 것은 당연하다. ⁹결국 물건을 공급받기 위해서 업체들은 경쟁적으로(競爭的-, 이기려고 서로 다투듯) 더 많은 주문을 해 공급을 보장받으려(保障-, 어려움 없이 이루어지도록 보호받으려) 한다. ¹⁰결국 '수요의 왜곡'이 발생한다.
→ 채찍 효과가 일어나는 이유 ①: 수요의 왜곡

5 ¹채찍 효과가 일어나는 두 번째 이유는 공급 사슬망에서 최종 소비자로부터 멀어질수록 대량(大量, 아주 많은 분량이나 수량) 주문 방식을 요하기(要-, 필요로 하기) 때문이다. ²예를 들면 소비자는 소매점에서 물건을 한두 개 단위로 구입하지만 소매점은 도매상에서 물건을 박스 단위로 주문한다. ³그리고 다시 도매점은 제조업체에 트럭 단위로 주문을 한다. ⁴이처럼 최종 소비자로부터 멀어질수록 기본 주문 단위가 커진다. ⁵그런데 이렇게 주문 단위가 커질수록 재고량(在庫量, 창고에 남아 있는 물건의 수량)이 증가하게 되고, 재고량 증가는 변화에 민첩하게(敏捷-, 재빠르게) 대응하지(對應-, 맞추어 행동을 취하지) 못하게 하는 원인이 된다.
→ 채찍 효과가 일어나는 이유 ②: 대량 주문 방식

6 ¹채찍 효과의 세 번째 원인은 주문 발주(發注, 물건을 보내 달라고 주문함)에서 도착까지의 발주 실행(實行, 실제로 행함) 시간에 의한 시차(時差, 일을 하는 데서 생기는 시간상의 차이) 때문이다. ²물건을 주문했다고 바로 물건이 도착하지 않는다. ³주문을 처리하고 물류(物流, 유통 과정에서 이루어지는 상품의 포장, 하역, 수송, 보관, 통신 등의 활동)가 이동하는 시간이 있기 때문이다. ⁴그런데 문제는 각 공급 사슬망 주체의 발주 실행 시간이 저마다 다르다는 데에 있다. ⁵예를 들어 소매점이 도매점으로 주문을 했을 때 물건을 받기까지 걸리는 시간이 3~4일 정도라면, 도매점이 제조업체에 주문을 했을 때 물건을 받기까지는 몇 주 정도가 걸릴 수도 있다. ⁶즉 최종 소비자로부터 멀어질수록 이런 물류 이동 시간이 증가하게 된다. ⁷그리고 이처럼 발주 실행 시간이 길어지면 주문량이 많아지고, 이(주문량이 많아지는 것)는 재고량 증가로 이어질 수 있다.
→ 채찍 효과가 일어나는 이유 ③: 발주 실행 시간에 의한 시차

7 ¹공급 사슬망에서 채찍 효과로 인해 발생하는 재고는 기업 입장에서는 큰 부담이 될 수 있다. ²왜냐하면 재고를 쌓아둘 공간을 마련하거나 재고를 손상(損傷, 품질이 변하여 나빠짐) 없이 관리하는 데 큰 비용이 들기 때문이다. ³그러므로 공급 사슬망에서 각 주체들 간에 수요와 공급 정보를 공유함으로써(共有-, 공동으로 가짐으로써) 불필요한(不必要-, 필요하지 않은) 재고를 줄여야 한다.
→ 채찍 효과로 인해 발생하는 재고를 줄여야 할 필요성

■ 지문 이해
〈공급 사슬망의 채찍 효과〉

❶ 2002년 월드컵 시기에 나타난 현상
• 'Be the Reds' 티셔츠 수요 증가 → 정품 업체는 오히려 모조품 업체보다 수익 ↓, 월드컵 이후 재고 ↑

❷~❸ 공급 사슬망의 개념과 '채찍 효과'
• 공급 사슬망 : 상품의 흐름이 고리처럼 연결되어 있고, 상관관계가 서로 긴밀하게 연결되어 있는 것 • 최종 소비자-소매점-도매점-제조업체-원자재 공급업체 • 공급 사슬망의 '채찍 효과' : 공급 사슬망에서 수요 변동폭이 확대되는 현상 • 수요 변동폭이 클 경우 계획이나 운영을 원활하게 수행하기 어려움

④ 채찍 효과가 일어나는 이유 ① : 수요의 왜곡
- 소비자의 수요 증가 → 수요 증가 기대 심리 → 주문량 증가
- 공급 사슬망에서 최종 소비자로부터 멀어질수록 점점 더 심하게 왜곡
- 공급자가 시장에서 제한적일 때 크게 발생함

⑤ 채찍 효과가 일어나는 이유 ② : 대량 주문 방식
- 공급 사슬망에서 최종 소비자로부터 멀어질수록 기본 주문 단위가 커짐 → 재고량 증가 → 변화에 민첩하게 대응 불가

⑥ 채찍 효과가 일어나는 이유 ③ : 발주 실행 시간에 의한 시차
- 각 공급 사슬망 주체의 발주 실행 시간이 저마다 다름
- 최종 소비자로부터 멀어질수록 물류 이동 시간이 증가함
- 발주 실행 시간이 길어짐 → 주문량 증가 → 재고량 증가

⑦ 채찍 효과로 인해 발생하는 재고를 줄여야 할 필요성
- 재고를 보관할 공간을 마련하거나 손상 없이 관리하는 데 큰 비용이 듦
- 공급 사슬망에서 각 주체들 간에 수요와 공급 정보를 공유하여 불필요한 재고를 줄여야 함

---

025 글의 서술 방식 파악 - 적절한 것 고르기 2020년 6월 학평 21번
정답률 85%

정답 ②

윗글에 대한 설명으로 적절한 것은?

근거 ❶-1~5 2002년 월드컵 … 티셔츠 수요가 폭발했다. 하지만 실제 월드컵 기간 동안 불티나게 팔린 티셔츠로 수익을 본 업체는 모조품을 판매하는 업체와 이를 제조하는 업체였다. … 왜 이런 상황이 벌어졌을까? ❷-1 이 현상은 요즘 경영에서 유행처럼 번지는 공급 사슬망 관리(Supply Chain Management, SCM)의 핵심을 설명해 줄 수 있는 사례이다. ❸-1 이 현상의 원인을 설명하기 위해서는 공급 사슬망의 '채찍 효과(Bullwhip effect)'를 우선 이해해야 한다. ❸-4 공급 사슬망에서 이와 같이 수요 변동폭이 확대되는 현상을 공급 사슬망의 '채찍 효과'라 한다. ❹-1 그렇다면 이런 채찍 효과가 생기는 이유는 무엇일까?

풀이 윗글에서는 2002년 월드컵 당시 우리나라에서 특정 티셔츠의 수요가 폭발적으로 증가했지만, 정품을 생산해서 판매하는 스포츠 브랜드 업체가 아니라 모조품을 판매하는 업체와 제조 업체에서 수익을 본 사례를 제시하고, 이러한 현상이 발생한 원인을 공급 사슬망의 '채찍 효과'를 통해 설명하고 있다. 따라서 정답은 ②번이다.

① 사회 현상과 관련된 *이론의 문제점을 **지적하고 있다. *理論. 현상의 이치를 논리적으로 일반화한 체계 **指摘−. 드러내어 꼭 집어 말하고

② 사회 현상의 발생 원인을 관련 개념을 통해 설명하고 있다. → 적절함!

③ 사회 현상과 관련된 원인을 역사적 *변천 과정에 따라 설명하고 있다. *變遷. 세월의 흐름에 따라 바뀌고 변함

④ 사회 현상의 원인에 대한 *대립적 의견들을 소개하고 그 공통점과 차이점을 설명하고 있다. *對立的. 서로 반대되는

⑤ 사회 현상의 원인을 파악하기 위해 *가설을 **설정하고 실험을 통해 그 ***타당성을 ****검증하고 있다. *假說. 임시로 세운 이론 **設定−. 새로 만들어 정해 두고 ***妥當性. 이치에 맞는 옳은 성질 ****檢證−. 검사하여 증명하고

---

026 세부 정보 이해 - 적절하지 않은 것 고르기 2020년 6월 학평 22번
정답률 55%, 매력적 오답 ① 35% · 1등급 문제

정답 ②

윗글에 대한 이해로 적절하지 않은 것은?

① 주문 변동폭은 원자재 공급업체에 가까워질수록 커진다.

근거 ❸-3 주문 변동폭은 '최종 소비자-소매점-도매점-제조업체-원자재 공급업체'로 이어지는 공급 사슬망에서 최종 소비자로부터 멀어질수록 더 증가하였다.

풀이 주문 변동폭은 최종 소비자로부터 멀어질수록, 즉 원자재 공급업체에 가까워질수록 더 증가한다.

→ 적절함!

---

② 소비자의 수요가 일정한 상품에서는 채찍 효과가 나타나지 않는다.

근거 ❸-2~4 아기 기저귀라는 상품을 예로 들어보면, 상품 특성상 소비자 수요는 일정한데 소매점 및 도매점 주문 수요는 들쑥날쑥했다. 그리고 이러한 주문 변동폭은 '최종 소비자-소매점-도매점-제조업체-원자재 공급업체'로 이어지는 공급 사슬망에서 최종 소비자로부터 멀어질수록 더 증가하였다. 공급 사슬망에서 이와 같이 수요 변동폭이 확대되는 현상을 공급 사슬망의 '채찍 효과'라 한다.

풀이 윗글에서 아기 기저귀를 예로 들어 설명한 바와 같이, 소비자 수요가 일정한 상품일 경우에도 공급 사슬망의 채찍 효과가 발생할 수 있다.

→ 적절하지 않음!

③ 주문 변동폭이 클수록 유통업체와 제조업체의 계획이나 운영에 어려움이 생긴다.

근거 ❸-6~7 이런(주문) 변동폭은 유통업체나 제조업체 모두 반길 만한 사항이 아니다. … 변동폭이 크면 계획이나 운영을 원활하게 수행하기 어렵기 때문

→ 적절함!

④ 물건의 기본 주문 단위가 커질수록 재고량이 증가하고 변화에 민첩하게 대처하지 못한다.

근거 ❺-5 주문 단위가 커질수록 재고량이 증가하게 되고, 재고량 증가는 변화에 민첩하게 대응하지 못하게 하는 원인이 된다.

→ 적절함!

⑤ 주문하고 바로 물건을 받을 수 없는 이유는 주문 처리 시간과 물류 이동 시간이 있기 때문이다.

근거 ❻-2~3 물건을 주문했다고 바로 물건이 도착하지 않는다. 주문을 처리하고 물류가 이동하는 시간이 있기 때문

→ 적절함!

---

027 추론의 적절성 판단 - 적절한 것 고르기 2020년 6월 학평 23번
정답률 45%, 매력적 오답 ② 30% ⑤ 15% · 1등급 문제

정답 ③

윗글을 바탕으로 ⑤의 원인을 추론한 것으로 가장 적절한 것은?

정품을 생산해 대리점에서 판매하는 ⑤ 스포츠 브랜드 업체는 수익을 내지 못했다.

근거 ❷-1 이 현상은 요즘 경영에서 유행처럼 번지는 공급 사슬망 관리(Supply Chain Management, SCM)의 핵심을 설명해 줄 수 있는 사례이다. ❸-1 이 현상의 원인을 설명하기 위해서는 공급 사슬망의 '채찍 효과(Bullwhip effect)'를 우선 이해해야 한다.

풀이 ⑤의 원인은 공급 사슬망의 '채찍 효과'의 발생과 관련지어 추론하여야 한다.

① *적정 재고량을 **유지했기 때문이겠군. *適正. 알맞고 바른 정도 **維持−. 변함없이 계속 이어나갔기

근거 ❺-5 주문 단위가 커질수록 재고량이 증가하게 되고, 재고량 증가는 변화에 민첩하게 대응하지 못하게 하는 원인이 된다. ❻-7 발주 실행 시간이 길어지면 주문량이 많아지고, 이는 재고량 증가로 이어질 수 있다. ❼-1~2 공급 사슬망에서 채찍 효과로 인해 발생하는 재고는 기업 입장에서는 큰 부담이 될 수 있다. 왜냐하면 재고를 쌓아둘 공간을 마련하거나 재고를 손상 없이 관리하는 데 큰 비용이 들기 때문

풀이 윗글에서 채찍 효과는 재고량의 증가로 이어진다고 하였고, 재고는 관리에 큰 비용이 들기 때문에 기업에 큰 부담이 된다고 이야기하고 있다. 따라서 적정 재고량을 유지한 것은 ⑤에서 스포츠 브랜드 업체가 수익을 내지 못한 이유로 적절하지 않다.

→ 적절하지 않음!

② 공급 사슬망에서 벗어났기 때문이겠군.

근거 ❷-1 이 현상은 요즘 경영에서 유행처럼 번지는 공급 사슬망 관리(Supply Chain Management, SCM)의 핵심을 설명해 줄 수 있는 사례

풀이 윗글에서 ⑤과 관련된 현상은 공급 사슬망 관리의 핵심을 설명해 줄 수 있는 사례라고 하였다. 따라서 ⑤의 원인을 공급 사슬망에서 벗어났기 때문이라고 보는 것은 적절하지 않다.

→ 적절하지 않음!

③ 시장에서 공급자가 제한적이기 때문이겠군.

근거 ❹-1~2 채찍 효과가 생기는 이유는 무엇일까? 여러 가지 이유가 있지만 첫 번째는 수요의 왜곡이다. ❹-6 이러한 왜곡 현상은 공급자가 시장에서 제한적일 때 더 크게 발생, ❹-8~10 티셔츠를 공급하는 제조업체에서 물량이 한정돼 있으면 … 결국 '수요의 왜곡'이 발생

풀이 시장에서 공급자가 제한적일 경우 수요의 왜곡 현상이 더 크게 발생하게 되고, 이는 채찍 효과가 생기는 원인이 된다. 윗글에서는 ㉠과 같은 사회 현상의 원인을 공급 사슬망의 '채찍 효과' 발생과 관련지어 설명하고 있으므로, ㉠의 원인을 시장에서 공급자가 제한적이기 때문이라고 보는 것은 적절하다.

→ 적절함!

④ **수익보다 재고 관리 비용이 적었기 때문이겠군.**

근거 **❼-1~2** 공급 사슬망에서 채찍 효과로 인해 발생하는 재고는 기업 입장에서는 큰 부담이 될 수 있다. 왜냐하면 재고를 쌓아둘 공간을 마련하거나 재고를 손상 없이 관리하는 데 큰 비용이 들기 때문

풀이 윗글에서는 채찍 효과로 인해 발생하는 재고는 관리에 큰 비용이 들기 때문에, 기업 입장에서 큰 부담이 된다고 말하고 있다. 한편 수익보다 재고 관리 비용이 적다는 것은 수익에서 재고 관리에 드는 비용을 빼더라도 남는 수익이 있다는 뜻이다. 따라서 수익보다 재고 관리 비용이 적은 것은 ㉠의 스포츠 브랜드 업체가 수익을 내지 못한 이유로 적절하지 않다.

→ 적절하지 않음!

⑤ **발주 실행 시간이 물건을 공급받기에 짧았기 때문이군.**

근거 **❻-1** 채찍 효과의 세 번째 원인은 주문 발주에서 도착까지의 발주 실행 시간에 의한 시차 때문, **❻-6~7** 최종 소비자로부터 멀어질수록 이런 물류 이동 시간이 증가하게 된다. 그리고 이처럼 발주 실행 시간이 길어지면 주문량이 많아지고, 이는 재고량 증가로 이어질 수 있다.

풀이 윗글에서는 발주 실행 시간이 길어지는 것을 채찍 효과가 일어나는 이유로 들고 있으므로, 발주 실행 시간이 물건을 공급받기에 짧았다는 것은 ㉠의 스포츠 브랜드 업체가 수익을 내지 못한 이유로 적절하지 않다.

→ 적절하지 않음!

---

028 추론의 적절성 판단 - 적절하지 않은 것 고르기 | 2020년 6월 학평 24번
정답률 70%, 매력적 오답 ⑤ 15% | 정답 ③

윗글과 〈보기〉를 읽고 이해한 내용으로 적절하지 않은 것은?

| 보기 |
[1]예상치(豫想–, 미리 생각해 두지) 못한 수요가 급격히(急激–, 갑자기 매우 빠르게) 증가할 경우 소매점에서 재고량이 없다면 급히 도매점에 상품을 주문할 것이다. [2]만일 도매점에도 재고가 모자라 주문 물량을 다 소화할(消化–, 처리할) 수 없다면 제조업체에 추가 주문을 할 것이고 예상치 못한 주문에 야간 조업(操業, 공장 등에서 일을 함) 등 계획에 없던 공장 가동(稼動, 기계 등을 움직여 일하게 함)을 할 수도 있다. [3]이처럼 최종 소비자의 갑작스러운 수요 증가로 인한 불확실성(不確實性, 확실하지 않은 성질)이 '소매점-도매점-제작업체'로 전달된다. [4]그러나 반대로 소매점에 갑작스러운 수요 증가를 흡수할(吸收–, 받아들여 자기 것으로 할) 수 있는 충분한 재고가 있다면 소매점은 도매점에 계획에 없던 추가 주문을 할 필요도 없다. [5]공급 사슬망에서 재고는 한쪽에서 발생된 불확실성의 충격이 다른 곳으로 전이되는(轉移–, 옮겨지는) 것을 완화시켜주는(緩和–, 줄어들게 하는) 기능이 있다.

① **공급 사슬망에서 재고는 긍정적 측면뿐만 아니라 부정적 측면도 있다.**

근거 **〈보기〉-5** 공급 사슬망에서 재고는 한쪽에서 발생된 불확실성의 충격이 다른 곳으로 전이되는 것을 완화시켜주는 기능이 있다, **❼-1~2** 공급 사슬망에서 채찍 효과로 인해 발생하는 재고는 기업 입장에서는 큰 부담이 될 수 있다. 왜냐하면 재고를 쌓아둘 공간을 마련하거나 재고를 손상 없이 관리하는 데 비용이 들기 때문

풀이 〈보기〉에서 공급 사슬망에서 재고가 불확실성의 전이를 완화시켜주는 긍정적 측면이 있음을 설명하였고, 윗글에서 공급 사슬망에서 채찍 효과로 인해 발생하는 재고가 기업 입장에서 큰 부담이 된다는 부정적 측면에 대해서도 설명하고 있다.

→ 적절함!

② **수요의 왜곡 현상과 불확실성의 전이는 공급 사슬망의 주체들에게 부담을 준다.**

근거 **❹-3~4** 소비자의 수요가 갑자기 늘면 소매점은 앞으로 수요 증가를 기대하는 심리로 기존 주문량보다 더 많은 양을 도매점에 주문하게 된다. 그리고 도매점도 같은 이유로 소매점 주문량보다 더 많은 양을 제조업체에 주문, **❹-9** 물건을 공급받기 위해서 업체들은 경쟁적으로 더 많은 주문을 해 공급을 보장받으려 한다, **〈보기〉-2~3** 만일 도매점에도 재고가 모자라 주문 물량을 다 소화할 수 없다면 제조업체에 추가 주문을 할 것이고 예상치 못한 주문에 야간 조업 등 계획에 없던 공장 가동을 할 수도 있다. 이처럼 최종 소비자의 갑작스러운 수요 증가로 인한 불확실성이 '소매점-도매점-제작업체'로 전달된다.

풀이 윗글에서는 소비자의 수요가 갑자기 늘면 소매점과 도매점이 주문량보다 더 많은 양을 주문하게 되는 수요의 왜곡 현상이 발생한다고 하였는데, 이는 결국 재고량 증가로 이어지게 된다. 또한 〈보기〉에서는 불확실성의 전이로 인해 추가 주문, 이를 소화하기 위한 야간 조업, 공장 가동 등 계획에 없던 일이 일어나게 된다고 하였다. 결국 이와 같은 점들은 각 공급 사슬망의 주체들에게 부담을 주는 것이 된다.

→ 적절함!

③ **공급 사슬망의 채찍 효과로 인해 공급자가 최종 소비자로부터 가까울수록(멀어질수록) 주문량이 많다.**

근거 **❹-3~5** 소비자의 수요가 갑자기 늘면 소매점은 앞으로 수요 증가를 기대하는 심리로 기존 주문량보다 더 많은 양을 도매점에 주문하게 된다. 그리고 도매점도 같은 이유로 소매점 주문량보다 더 많은 양을 제조업체에 주문한다. 즉, 공급 사슬망에서 최종 소비자로부터 멀어질수록 점점 더 심하게 왜곡되는 현상이 발생하는 것, **❺-4** 최종 소비자로부터 멀어질수록 기본 주문 단위가 커진다.

풀이 윗글을 통해 공급 사슬망의 채찍 효과로 인해, 공급자가 최종소비자로부터 멀어질수록 주문량이 많다는 것을 확인할 수 있다.

→ 적절하지 않음!

④ **소비자의 수요가 갑자기 늘어나면 수요의 왜곡 현상과 불확실성의 전이가 나타날 수 있다.**

근거 **❹-3~5** 소비자의 수요가 갑자기 늘면 … 공급 사슬망에서 최종 소비자로부터 멀어질수록 점점 더 심하게 왜곡되는 현상이 발생하는 것, **〈보기〉-3** 이처럼 최종 소비자의 갑작스러운 수요 증가로 인한 불확실성이 '소매점-도매점-제작업체'로 전달된다.

풀이 윗글에서 소비자의 수요가 갑자기 늘면 수요의 왜곡 현상이 나타난다고 설명하고 있다. 또한 〈보기〉에서는 예상치 못하게 수요가 갑자기 늘어나면 이로 인한 불확실성이 소매점에서부터 제작업체로 전달되는 불확실성의 전이가 나타난다고 설명하였다. 따라서 소비자의 수요가 갑자기 늘어나면 수요의 왜곡 현상과 불확실성의 전이가 나타날 수 있다는 설명은 적절하다.

→ 적절함!

⑤ **수요의 왜곡을 겪은 도매점은 다음 주문부터는 기존 주문량보다 더 많은 양의 주문을 고려할 것이다.** *考慮–, 생각할

근거 **❹-2~5** 수요의 왜곡 … 소비자의 수요가 갑자기 늘면 소매점은 앞으로 수요 증가를 기대하는 심리로 기존 주문량보다 더 많은 양을 도매점에 주문하게 된다. 그리고 도매점도 같은 이유로 소매점 주문량보다 더 많은 양을 제조업체에 주문한다. 즉, 공급 사슬망에서 최종 소비자로부터 멀어질수록 점점 더 심하게 왜곡되는 현상이 발생

풀이 수요의 왜곡은 소비자의 수요가 갑자기 늘 때 앞으로의 수요 증가를 기대하는 심리로 기존 주문량보다 더 많은 양을 주문하게 되는 현상을 말한다. 따라서 도매점이 수요의 왜곡을 겪었다면 기존 주문량보다 더 많은 양을 주문하려 할 것이다.

→ 적절함!

---

029 구체적인 사례에 적용 - 적절한 것 고르기 | 2020년 6월 학평 25번
정답률 65%, 매력적 오답 ⑤ 25% | 정답 ③

윗글을 바탕으로 〈보기〉에 대해 이해한 것으로 가장 적절한 것은? [3점]

| 보기 |
[1]'협력 공급 기획 예측(CPFR) 프로그램'이란 제조사와 이동통신 사업자 간 협력(協力, 힘을 합하여 서로 도움)을 통해 물량 수요 예측(豫測, 미리 헤아려 짐작함)을 조정해(調整–, 실제 사정에 맞게 조절해) 나가는 프로세스(process, 진행 과정)다. [2]국내 이동통신 시장은 돌발적인(突發的–, 뜻밖의 일이 갑자기 일어나는) 수요 변화가 많다. [3]이런 환경에서 A전자와 B통신은 CPFR 프로그램을 이용하여 판매, 재고, 생산계획의 정보를 실시간으로 공유하며 적기(適期, 알맞은 시기)에 필요한 물량을 공급하고 재고를 최소화하기로(最小化–, 가장 적게 하기로) 하였다. ([4]단, 여기에서는 A전자와 B통신 외에 다른 요인(要因, 조건이 되는 요소)이 작용하지 않는다.)

① **B통신은 A전자 휴대폰을 항상 대량 주문할 것이다.**

근거 **〈보기〉-3** A전자와 B통신은 CPFR 프로그램을 이용하여 판매, 재고, 생산계획의 정보를 실시간으로 공유하며 적기에 필요한 물량을 공급하고 재고를 최소화하기로 하였다.

풀이 B통신은 A전자 휴대폰을 항상 대량 주문하는 것이 아니라, CPFR 프로그램을 통해 적기에 필요한 물량만큼 주문할 것이다.

→ 적절하지 않음!

② A전자와 B통신의 휴대폰 재고량이 늘어나게 될 것이다.

근거 〈보기〉-3 A전자와 B통신은 CPFR 프로그램을 이용하여 … 재고를 최소화하기로 하였다.

풀이 A전자와 B통신은 CPFR 프로그램을 이용하여 적기에 필요한 물량을 공급하고 재고를 '최소화'하기로 하였다. 따라서 A전자와 B통신의 휴대폰 재고량이 늘어나지 않을 것이다.

→ 적절하지 않음!

③ A전자와 B통신이 서로 정보를 공유함으로써 *과잉주문이 줄어들 것이다. *過剩, 필요한 수량보다 많아 남음

근거 〈보기〉-3 A전자와 B통신은 CPFR 프로그램을 이용하여 판매, 재고, 생산계획의 정보를 실시간으로 공유하며 적기에 필요한 물량을 공급하고 재고를 최소화하기로 하였다.

풀이 A전자와 B통신은 CPFR 프로그램을 이용하여 서로 정보를 공유함으로써 적기에 필요한 물량을 공급하고 재고를 최소화하기로 하였으므로, 이를 통해 필요한 수량보다 많아 재고가 남게 되는 과잉주문은 줄어들 것이다.

→ 적절함!

④ B통신이 A전자 휴대폰 공장 근처로 *이전하게 되어 주문량에 상관없이 물건을 받는 시간은 일정하게 유지될 것이다. *移轉–, 옮기게

풀이 〈보기〉에서 '협력 공급 기획 예측(CPFR) 프로그램'이 이동통신 사업자의 사업장 이전과 어떤 상관관계를 가지고 있는지 이야기하지 않았다.

→ 적절하지 않음!

⑤ A전자가 휴대폰을 B통신에 *안정적으로 공급함으로써 국내 이동통신 시장에서 돌발적인 수요 변화가 줄어들 것이다. *安定的–, 바뀌어 달라지지 않고 일정하게 유지되도록

근거 〈보기〉-2 국내 이동통신 시장은 돌발적인 수요 변화가 많다.

풀이 〈보기〉에서 국내 이동통신 시장은 돌발적인 수요 변화가 많다고 하였다. 제조사 A전자와 이동통신 사업자 B통신은 물량 수요 예측을 조정하는 프로세스인 '협력 공급 기획 예측(CPFR) 프로그램'을 이용해 이와 같은 국내 이동통신 시장의 돌발적인 수요 변화에 대처하고 재고를 최소화하고자 하였다. A전자가 휴대폰을 B통신에 안정적으로 공급한다고 해서 국내 이동통신 시장의 돌발적인 수요 변화 자체가 줄어드는 것은 아니다.

→ 적절하지 않음!

[030~035] 다음 글을 읽고 물음에 답하시오.

1 [1]심리학자(心理學者, 인간과 동물의 행동과 정신 과정을 과학적으로 연구하는 사람)인 카너먼은 인간이 논리적(論理的, 감정이나 직관이 아닌 이치에 맞는) 사고 과정을 통해 합리적으로(合理的–, 이치나 논리에 맞게) 문제를 해결하기보다는 직감(直感, 어떠한 사물이나 상황을 접하였을 때 논리적인 생각 없이 곧바로 느낌)에 의해 문제를 해결하는 경향(傾向, 일정한 방향성)이 강하다고 주장하였다. [2]예컨대(例–, 예를 들자면) "영어 단어 중 R로 시작하는 단어와 R이 세 번째에 있는 단어 중 어느 것이 더 많은가?"라는 질문에, 실제로는 후자의(後者–, 뒤의 것의, 여기서는 'R이 세 번째에 있는'의 의미) 단어가 더 많지만 전자의(前者–, 앞의 것의, 여기서는 'R로 시작하는'의 의미) 단어가 더 쉽게 떠오르기 때문에 대부분의 사람들은 R로 시작하는 단어가 더 많다고 대답한다. [3]그(카너먼)는 이(대부분의 사람들이 R로 시작하는 단어가 더 많다고 대답하는 것)를 ㉠ 해당 사례(事例, 전에 실제로 일어난 예)를 자주 접하거나(接–, 듣거나 알거나 경험하게 되거나) 쉽게 떠올릴 수 있으면, 발생 빈도수(發生頻度數, 같은 현상이나 일이 반복되어 나타나는 정도)가 높다고 판단하는 인간의 심리적 특성에 기인한다고(起因–, 원인을 둔다고) 보았다. [4]그(카너먼)는 실제 인간의 행동에 나타나는 다양한 양상(樣相, 모습이나 상태)을 연구하여 인간은 합리적 선택을 한다는 전통 경제학의 전제(前提, 어떤 주장을 하기 위해 먼저 필요한 이론이나 주장)에 반기(反旗, 반대를 나타내는 행동이나 표시)를 들고, 심리학적 연구 성과를 경제학에 접목시킨(接木–, 알맞게 조화시킨) 새로운 이론을 제안했다.

→ 인간의 선택에 관한 전통 경제학의 전제에 반기를 든 카너먼

2 [1]전통 경제학에서는 인간을 합리적 선택을 하는 존재로 가정하고(假定–, 결론을 내기 위해 어떤 조건을 내세우고), 시장(市場, 재화와 용역의 거래가 이루어지는 곳)에서의 재화(財貨, 인간이 바라는 것을 충족시켜 주는 것 중 쌀, 옷처럼 만질 수 있는 것)와 용역(用役, 인간이 바라는 것을 충족시켜 주는 것 중 강의, 공연처럼 만질 수 없는 것)의 생산(生産, 만들고), 분배(分配, 나누고), 소비(消費, 쓰는) 활동을 연구한다. [2]전통 경제학의 대표적 이론인

기대 효용 이론에 따르면, 인간은 대안(對案, 어떤 일에 대처할 수 있는 방법)이 여러 개일 때 각 대안의 효용을 계산하여 자신에게 최대 이득(最大利益, 가장 큰 이익)을 주는 대안을 선택한다. [3]이때 '효용'이란 재화를 소비할 때 느끼는 만족감이다. [4]어떤 대안의 기댓값인 기대 효용은, 대안을 선택했을 때 발생할 수 있는 개별(個別, 각각의) 사건의 효용에, 각 사건의 발생 확률을 곱해 모두 더한 값이다.

→ 전통 경제학의 '기대 효용 이론'과 '기대 효용'의 개념

3 [1]예컨대 동전을 던져 앞면이 나오면 20,000 원을 얻고 뒷면이 나오면 10,000 원을 잃는 게임 A, 앞면이 나오면 10,000 원을 얻고 뒷면이 나오면 5,000 원을 잃는 게임 B가 있다고 해 보자. [2]화폐 효용은 그것의 액면가(額面價, 겉면에 적힌 가격, 여기에서는 20,000 원, 10,000 원, 5,000 원을 각각 의미함)와 같다고 할 때, 동전의 앞면, 뒷면이 나올 확률은 각각 0.5이므로, 게임 A의 기대 효용은 (20,000 원 × 0.5) - (10,000 원 × 0.5) = 5,000 원, 게임 B의 기대 효용은 (10,000 원 × 0.5) - (5,000 원 × 0.5) = 2,500 원이다. [3]기대 효용 이론에 따라 합리적 판단을 한다면 기대 효용이 더 큰 게임 A를 선택해야 하지만, 실제 선택 상황에서는 대다수의(大多數–, 대부분의) 사람들이 게임 B를 선택한다.

→ 기대 효용 계산의 예시와 실제 선택 상황에서의 결과

4 [1]카너먼은 이러한(대다수의 사람들이 기대 효용 계산 결과에 따른 합리적 판단을 하지 않는) 선택의 문제를 설명하기 위해 전망 이론을 제시하였다. [2]ⓐ 전망 이론은 이득(利得, 이익을 얻음)보다 손실(損失, 손해를 봄)에 대해 민감하게(敏感–, 날카롭고 빠르게) 반응하는 인간의 심리가 선택 행동에 미치는 영향을 설명하는 이론이다. [3]여기서 '전망'은 이득과 손실에 대해 사람들이 느끼는 심리 상태를 의미한다. [4]전망은 대안을 선택했을 때 발생할 수 있는 개별 성과의 가치에, 각각의 결정 가중치*를 곱해 모두 더한 값이다.

→ 카너먼의 '전망 이론'과 '전망'의 개념

5 [1]〈그림〉은 전망 이론에서 이득과 손실에 대한 인간의 반응을 설명하는 그래프다. [2]여기서 x축은 성과를, y축은 성과에 대해 사람들이 부여하는(附與–, 매기는) 가치(v)를 나타낸다. [3]그리고 두 축이 교차하는(交叉–, 서로 맞닿는) 지점은 현재 '나'의 상황을 의미하는 준거점(準據點, 기준이 될 만한 점)으로, 이(두 축이 교차하는 지점, 현재 '나'의 상황을 의미하는 준거점)를 기

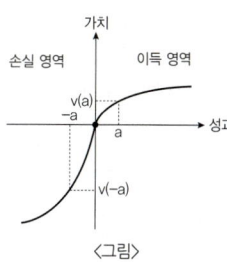

〈그림〉

준으로 오른쪽은 이득 영역이고, 왼쪽은 손실 영역이다. [4]이 그래프에서 이득 영역의 v(a)와 손실 영역의 v(-a)의 절댓값(絶對–, 숫자에서 양이나 음의 부호를 떼버린 값)을 비교하면 후자(손실 영역의 v(-a)의 절댓값)의 값이 더 크다는 것을 알 수 있는데, 이(이득 영역의 v(a)의 절댓값보다 손실 영역의 v(-a)의 절댓값이 더 큰 것)는 같은 크기의 이득과 손실이 있을 때 이득감보다 손실감이 더 크다는 것을 의미한다.

→ 전망 이론 그래프의 해석

6 [1]이 그래프에 따라 앞서 예를 든 게임 A와 B 중에서 사람들이 후자(게임 B)를 더 많이 선택하는 이유를 분석하면, 20,000 원을 얻었을 때의 이득감이 10,000 원을 얻었을 때의 이득감보다 크지만, 10,000 원을 잃었을 때의 손실감이 5,000 원을 잃었을 때의 손실감보다 훨씬 더 크기 때문에, 더 큰 손실감을 피하고자 하는 심리가 반영된(反映–, 영향을 미쳐 나타난) 결과로 해석할 수 있다.

→ 전망 이론 그래프에 따른, 예시의 선택 이유 분석

7 [1]전망 이론에서는 이러한(더 큰 손실감을 피하고자 하는) 심리가 실제 선택 행동에 영향을 미치는 현상을 ⓑ '틀 효과'로 설명한다. [2]이(틀 효과)에 따르면 사람들은 여러 대안 중 하나를 선택할 때, 선택 상황이 자신에게 이득을 주는지, 손실을 주는지에 따라 전자(이득을 주는 선택 상황)를 '긍정적 틀'로, 후자(손실을 주는 선택 상황)를 '부정적 틀'로 인식한다.(認識–, 구별하고 판단하여 안다.) [3]그(이득을 주는 선택 상황을 '긍정적 틀'로, 손실을 주는 선택 상황을 '부정적 틀'로 인식한) 결과 사람들은 긍정적 틀에서는 확실한 이득을 주는 대안을 선택하고, 부정적 틀에서는 불확실한 손실을 주는(손실을 줄 수도 안 줄 수도 있는) 대안을 선택한다. [4]불확실성을 '위험'이라 할 때, 불확실성을 피해 확실성을 추구하는(追求–, 좇아 구하는) 것은 '위험 회피 성향'에, 불확실성을 추구하는 것은 '위험 추구 성향'에 해당하므로, 사람들은 긍정적 틀에서는 위험 회피 성향을, 부정적 틀에서는 위험 추구 성향을 보인다고 할 수 있다. [5]다음의 선택 상황에서 이와 같은 틀 효과를 확인할 수 있다.

→ 전망 이론의 '틀 효과'

[상황 1] 100만 원이 있으며, Ⓐ안과 Ⓑ안 중 택 1
- ○ Ⓐ안 : 0.5의 확률로 100만 원을 받거나, 아무것도 받지 못한다. (불확실한 이득)
- ○ Ⓑ안 : 1의 확률로 50만 원을 받는다. (확실한 이득)
- → 긍정적 틀로 인식하므로 위험 회피 성향을 보임 : 확실한 이득을 주는 대안인 Ⓑ안 선택

[상황 2] 100만 원이 있으며, Ⓒ안과 Ⓓ안 중 택 1
- ○ Ⓒ안 : 0.5의 확률로 100만 원을 잃거나, 아무것도 잃지 않는다. (불확실한 손실)
- ○ Ⓓ안 : 1의 확률로 50만 원을 잃는다. (확실한 손실)
- → 부정적 틀로 인식하므로 위험 추구 성향을 보임 : 불확실한 손실을 주는 대안인 Ⓒ안 선택

8 [1]'상황 1'은 이득을 주는 상황으로, 사람들은 이(상황 1)를 긍정적 틀로 인식하므로 많은 사람들이 이득이 불확실한 Ⓐ안보다 이득이 확실한 Ⓑ안을 선택한다. [2]반대로 '상황 2'는 손실을 주는 상황으로, 사람들은 이(상황 2)를 부정적 틀로 인식하므로 많은 사람들이 손실이 확실한 Ⓓ안보다 손실이 불확실한 Ⓒ안을 선택한다.

→ '상황 1'과 '상황 2' 예시를 통한 '틀 효과' 이해

9 [1]전통 경제학은 인간이 합리적 선택을 한다는 전제로 이상적인(理想的−, 인간이 생각할 수 있는 범위 안에서 가장 완전하다고 여기는) 경제 상황을 설명했다면, 카너먼은 이러한(인간이 합리적 선택을 한다는) 전제를 비판하며 실제 인간의 삶에서 나타나는 선택 행동의 특성을 심리학에 근거해 설명했다. [2]그(카너먼이 실제 인간의 선택 행동의 특성을 심리학에 근거해 설명한) 결과 인간의 선택 과정에 영향을 주는 요인(要因, 원인)들에 주목해(注目−, 관심을 가지고 주의 깊게 살펴) 행동 경제학이라는 새로운 분야(分野, 영역)를 개척하였다. (開拓−, 처음으로 열어 나갔다.)

→ 행동 경제학을 개척한 카너먼

* 결정 가중치 : 어떤 성과에 대해 사람들이 주관적으로(主觀的−, 개인적으로 각각 다르게) 느끼는 발생 확률

■ 지문 이해

⟨카너먼의 전망 이론⟩

❶ 인간의 선택에 관한 전통 경제학의 전제에 반기를 든 카너먼
- 전통 경제학 : 인간을 합리적 선택을 하는 존재로 봄
- 카너먼 : 인간은 직감에 의해 문제를 해결하는 경향이 강하다고 주장하였으며, 실제 인간의 행동에 나타나는 다양한 양상을 연구하여 심리학적 연구 성과를 경제학에 접목시킨 새로운 이론을 제안함

❷~❸ 전통 경제학의 대표적 이론인 '기대 효용 이론'
- 기대 효용 이론 : 인간은 대안이 여러 개일 때 각 대안의 효용을 계산하여 자신에게 최대 이득을 주는 대안을 선택한다고 봄
- 기대 효용 : 대안 선택 시 발생할 수 있는 개별 사건의 효용(만족감)에 각 사건의 발생 확률을 곱해 모두 더한 값
  ⇒ 실제 선택 상황에서는 기대 효용 이론에 따른 합리적 판단을 하지 않음

❹ 카너먼의 '전망 이론'과 '전망'의 개념
- 전망 이론 : 이득보다 손실에 대해 민감하게 반응하는 인간의 심리가 선택 행동에 미치는 영향을 설명하는 이론
- 전망
  - 이득과 손실에 대해 사람들이 느끼는 심리 상태
  - 대안 선택 시 발생할 수 있는 개별 성과의 가치에 각각의 결정 가중치를 곱해 모두 더한 값

❺ 전망 이론 그래프의 해석
- 이득 영역의 절댓값보다 손실 영역의 절댓값이 큼 → 같은 크기의 이득과 손실이 있을 때 이득감보다 손실감이 더 크다는 것을 의미함

❻ 전망 이론 그래프에 따른, 예시의 선택 이유 분석
- 더 큰 손실감을 피하고자 하는 심리가 반영된 결과로 해석할 수 있음

❼ 전망 이론의 '틀 효과'
- 여러 대안 중 하나를 선택할 때, 선택 상황이 자신에게 이득을 주면 '긍정적 틀'로, 손실을 주면 '부정적 틀'로 인식함
  - 긍정적 틀 : 확실한 이득을 주는 대안을 선택, 확실성 추구, 위험 회피 성향
  - 부정적 틀 : 불확실한 손실을 주는 대안을 선택, 불확실성 추구, 위험 추구 성향

---

❽ '상황 1'과 '상황 2' 예시를 통한 '틀 효과' 이해

❾ 행동 경제학을 개척한 카너먼
- 전통 경제학의 전제를 비판하고, 실제 인간의 삶에서 나타나는 선택 행동의 특성을 심리학에 근거해 설명함 → 행동 경제학을 개척함

1등급 문제

030 세부 정보 이해 – 적절하지 않은 것 고르기 2019년 3월 학평 28번
정답률 50%, 매력적 오답 ② 20% ③ 10% ⑤ 10% **정답 ①**

윗글의 내용과 일치하지 않는 것은?

카너먼의 이론
① 기대 효용 이론은 자신의 현재 상황을 *준거로 하여 나타나는 선택 행동의 다양한 양상을 분석하였다. *準據, 근거나 기준
- 근거 ❷-2 전통 경제학의 대표적 이론인 기대 효용 이론에 따르면, 인간은 대안이 여러 개일 때 각 대안의 효용을 계산하여 자신에게 최대 이득을 주는 대안을 선택한다. ❹-1~2 카너먼은 … 선택의 문제를 설명하기 위해 전망 이론을 제시하였다. 전망 이론은 이득보다 손실에 대해 민감하게 반응하는 인간의 심리가 선택 행동에 미치는 영향을 설명하는 이론이다. ❼-2~3 (카너먼이 설명하는 틀 효과에 따르면) 사람들은 여러 대안 중 하나를 선택할 때, 선택 상황이 자신에게 이득을 주는지, 손실을 주는지에 따라 … 대안을 선택한다.
- 풀이 기대 효용 이론에 따르면 인간은 여러 대안을 고려할 때 각 대안에서 기대되는 효용만을 계산하여 최대 이득을 주는 대안을 선택한다. 그러나 카너먼은 대안이 이득을 주는 상황인지, 손실을 주는 상황인지를 고려한다고 지적한다. 따라서 자신의 현재 상황을 준거로 하여 나타나는 선택 행동의 다양한 양상을 분석한 것은 기대 효용 이론이 아니라, 카너먼의 이론에 해당한다.

→ 적절하지 않음!

② 기대 효용 이론에 따르면 인간은 여러 대안이 있을 때 자신에게 가장 큰 이득을 주는 대안을 선택한다.
- 근거 ❷-2 기대 효용 이론에 따르면, 인간은 대안이 여러 개일 때 각 대안의 효용을 계산하여 자신에게 최대 이득을 주는 대안을 선택한다.

→ 적절함!

③ 카너먼은 인간이 논리적 사고 과정보다는 직감에 의존해 문제를 해결하는 경향이 강하다고 주장하였다.
- 근거 ❶-1 심리학자인 카너먼은 인간이 논리적 사고 과정을 통해 합리적으로 문제를 해결하기보다는 직감에 의해 문제를 해결하는 경향이 강하다고 주장하였다.

→ 적절함!

④ 카너먼은 심리학적 연구 성과를 경제학에 접목시켜 전통 경제학과 구별되는 새로운 이론을 *구축하였다. *構築, 기초를 만들어 세웠다.
- 근거 ❶-4 그(카너먼)는 실제 인간의 행동에 나타나는 다양한 양상을 연구하여 인간은 합리적 선택을 한다는 전통 경제학의 전제에 반기를 들고, 심리학적 연구 성과를 경제학에 접목시킨 새로운 이론을 제안했다.

→ 적절함!

⑤ 카너먼은 인간이 합리적인 선택을 한다는 전통 경제학의 전제를 실제 인간의 행동을 근거로 *반박하였다. *反駁, 반대하여 말하였다.
- 근거 ❶-4 그(카너먼)는 실제 인간의 행동에 나타나는 다양한 양상을 연구하여 인간은 합리적 선택을 한다는 전통 경제학의 전제에 반기를 들고, 심리학적 연구 성과를 경제학에 접목시킨 새로운 이론을 제안, ❾-1 전통 경제학은 인간이 합리적 선택을 한다는 전제로 이상적인 경제 상황을 설명했다면, 카너먼은 이러한 전제를 비판하며 실제 인간의 삶에서 나타나는 선택 행동의 특성을 심리학에 근거해 설명

→ 적절함!

031

추론의 적절성 판단 - 적절한 것 고르기 2019년 3월 학평 29번
정답률 80%

정답 ③

㉠에 해당하는 사례로 가장 적절한 것은?

> ㉠ 해당 사례를 자주 접하거나 쉽게 떠올릴 수 있으면, 발생 빈도수가 높다고 판단

① (질문) 신은 존재하는가?
(대답) 그렇다. 왜냐하면 신이 없음을 증명한 사람이 없기 때문이다.
> **풀이** '신이 없음을 증명한 사람이 없다'는 대답은 '자주 접하거나 쉽게 떠올릴 수 있는' 사례에 해당하지 않으므로, ㉠의 사례로 적절하지 않다.

→ 적절하지 않음!

② (질문) '1부터 10까지의 합'과 '11부터 15까지의 합' 중 더 큰 것은?
(대답) 전자이다. 왜냐하면 전자가 후자보다 많은 숫자를 더하기 때문이다.
> **풀이** '1부터 10까지의 합이 11부터 15까지의 합보다 많은 숫자를 더하기 때문에 1부터 10까지의 합이 더 크다'는 대답은 논리적 사고 과정을 통한 문제 해결에 해당하므로, ㉠의 사례로 적절하지 않다.

→ 적절하지 않음!

③ (질문) '교통사고로 인한 사망률'과 '당뇨로 인한 사망률' 중 사망률이 더 높은 것은?
(대답) 전자이다. 왜냐하면 전자를 후자보다 매체를 통해 자주 보기 때문이다.
자주 접할 수 있는 것을 발생 빈도수가 높다고 판단함
> **풀이** '교통사고로 인한 사망'과 '당뇨로 인한 사망' 중 뉴스나 신문과 같은 매체를 통해 더 자주 접할 수 있는 것에 해당하는 '교통사고로 인한 사망률'이 발생 빈도수가 더 높다고 판단하고 있다. 따라서 ㉠에 해당하는 사례로 적절하다.

→ 적절함!

④ (질문) '지방이 10 % 함유된 우유'와 '지방이 90 % 제거된 우유' 중 선택하고 싶은 것은?
(대답) 후자이다. 왜냐하면 후자가 전자보다 지방이 적게 함유된 식품으로 느껴지기 때문이다.
> **풀이** 지방이 '10 % 함유된' 우유와 '90 % 제거된' 우유 중 무엇이 실제로 지방이 적게 함유된 식품인지는 알 수 없다. 숫자 10과 90이 주는 느낌에 따라 선택하는 것은 '자주 접하거나 쉽게 떠올릴 수 있는 것을 발생 빈도수가 높다고 판단하는 것'과 관계가 없으므로 ㉠에 해당하는 사례로 적절하지 않다.

→ 적절하지 않음!

⑤ (질문) '한 명이 빵 한 개를 만드는 것'과 '열 명이 빵 열 개를 만드는 것' 중 시간이 더 오래 걸리는 것은?
(대답) 후자이다. 후자가 전자보다 힘이 더 많이 드는 일로 느껴지기 때문이다.
> **풀이** 한 명이 빵 한 개를 만드는 것보다 열 명이 빵 열 개를 만드는 것이 더 힘든 일이라고 느껴지는 것은 '자주 접하거나 쉽게 떠올릴 수 있는 것'과 관계가 없으므로, ㉠의 사례로 적절하지 않다.

→ 적절하지 않음!

1등급 문제

032

자료 해석의 적절성 판단 - 적절한 것 고르기 2019년 3월 학평 30번
정답률 55%, 매력적 오답 ② 25%

정답 ①

〈보기〉는 윗글의 〈그림〉에 대한 설명이다. A, B에 들어갈 내용을 바르게 짝지은 것은?

> | 보기 |
> 이득 영역에서는 성과가 동일한 크기로 증가할 때마다 성과에 대하여 부여하는 가치의 크기가 (A)하는 폭이 (B).

> **근거** ⑤-2~3 x축은 성과를, y축은 성과에 대해 사람들이 부여하는 가치(v)를 나타낸다. … 이(두 축이 교차하는 지점)를 기준으로 오른쪽은 이득 영역

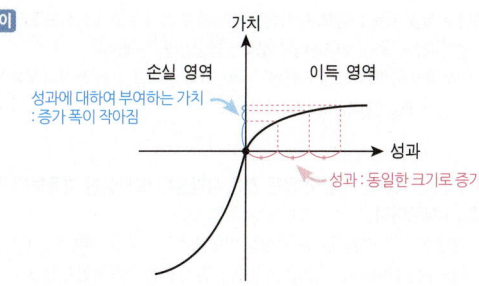

〈그림〉의 그래프에서 이득 영역은 두 축이 교차하는 지점의 오른쪽에 해당한다. 이득 영역에서 x축에 해당하는 '성과'가 동일한 크기로 증가할 때, y축에 해당하는 '성과에 대하여 부여하는 가치'도 증가하고 있지만, 그 기울기는 점점 완만해지고 있다. 즉 이득 영역에서는 성과가 동일한 크기로 증가할 때 성과에 대하여 부여하는 가치의 크기가 증가하는 폭은 작아진다. 따라서 정답은 ①번이다.

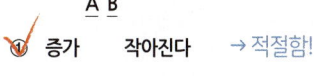

	A	B	
①	증가	작아진다	→ 적절함!
②	증가	커진다	
③	증가	같아진다	
④	감소	작아진다	
⑤	감소	커진다	

033

세부 정보 이해 - 적절하지 않은 것 고르기 2019년 3월 학평 31번
정답률 75%

정답 ②

'카너먼'의 입장에서 윗글의 '상황 1'과 '상황 2'에 대해 설명한 것으로 적절하지 않은 것은?

> **[상황 1]** 100만 원이 있으며, Ⓐ안과 Ⓑ안 중 택 1
> ○ Ⓐ안 : 0.5의 확률로 100만 원을 받거나, 아무것도 받지 못한다. (불확실한 이득)
> ○ Ⓑ안 : 1의 확률로 50만 원을 받는다. (확실한 이득)
>
> **[상황 2]** 100만 원이 있으며, Ⓒ안과 Ⓓ안 중 택 1
> ○ Ⓒ안 : 0.5의 확률로 100만 원을 잃거나, 아무것도 잃지 않는다. (불확실한 손실)
> ○ Ⓓ안 : 1의 확률로 50만 원을 잃는다. (확실한 손실)

① Ⓑ안의 50만 원과 Ⓓ안의 50만 원에 대해 사람들이 부여하는 가치는 다르다.
> **근거** ❹-2 (카너먼의) 전망 이론은 이득보다 손실에 대해 민감하게 반응하는 인간의 심리가 선택 행동에 미치는 영향을 설명하는 이론, ❺-4 같은 크기의 이득과 손실이 있을 때 이득감보다 손실감이 더 크다는 것
> **풀이** Ⓑ안의 50만 원은 이득에 해당하고, Ⓓ안의 50만 원은 손실에 해당한다. 카너먼의 전망 이론에 따르면 인간은 이득보다 손실에 대해 민감하게 반응하며, 같은 크기의 이득과 손실이 있을 때 이득감보다 손실감을 크게 느낀다. 따라서 카너먼의 입장에서는 금액이 50만 원으로 같더라도, 사람들은 Ⓑ안보다 Ⓓ안의 50만 원에 더 큰 가치를 부여한다고 볼 것이다.

→ 적절함!

위험 추구 성향
② Ⓐ안을 선택하는 사람들은 위험 회피 성향이고, Ⓒ안을 선택하는 사람들은 위험 추구 성향이다.
> **근거** ❼-4 불확실성을 '위험'이라 할 때, 불확실성을 피해 확실성을 추구하는 것은 '위험 회피 성향'에, 불확실성을 추구하는 것은 '위험 추구 성향'에 해당
> **풀이** Ⓐ안은 불확실한 이득을 주는 대안이다. Ⓐ안을 선택한 사람들은 불확실성을 추구하는 것이므로 '위험 추구 성향'에 해당한다. 또한 Ⓒ안은 불확실한 손실을 주는 대안이다. Ⓒ안을 선택한 사람 역시 불확실성을 추구하는 것이므로 '위험 추구 성향'에 해당한다.

→ 적절하지 않음!

③ Ⓐ, Ⓒ안은 이득이나 손실이 불확실한 대안, Ⓑ, Ⓓ안은 이득이나 손실이 확실한 대안에 해당한다.
> **근거** ❽-1~2 '상황 1'은 이득을 주는 상황으로, 사람들은 이를 긍정적 틀로 인식하므로 많은 사람들이 이득이 불확실한 Ⓐ안보다 이득이 확실한 Ⓑ안을 선택한다. 반대로

'상황 2'는 손실을 주는 상황으로, 사람들은 이를 부정적 틀로 인식하므로 많은 사람들이 손실이 확실한 ⓓ안보다 손실이 불확실한 ⓒ안을 선택한다.

풀이 Ⓐ안은 이득이 불확실한 대안, Ⓑ안은 이득이 확실한 대안, Ⓒ는 손실이 불확실한 대안, Ⓓ는 손실이 확실한 대안에 해당한다.

→ 적절!

④ '상황 1'에서 Ⓑ안을 선택하는 사람이 많은 것은 사람들이 불확실한 이득보다 확실한 이득을 *선호하기 때문이다. *選好–, 여럿 중에서 특별히 좋아하기

근거 ❼-3 사람들은 긍정적 틀에서는 확실한 이득을 주는 대안을 선택하고, ❽-1 '상황 1'은 이득을 주는 상황으로, 사람들은 이를 긍정적 틀로 인식하므로 많은 사람들이 이득이 불확실한 Ⓐ안보다 이득이 확실한 Ⓑ안을 선택한다.

풀이 이득을 주는 상황인 '상황 1'에서 사람들은 이득이 불확실한 Ⓐ안보다는 이득이 확실한 Ⓑ안을 선호한다.

→ 적절!

⑤ '상황 2'에서 Ⓒ안을 선택하는 사람이 많은 것은 확실한 손실을 *꺼리는 인간의 심리가 반영된 결과이다. *피하거나 싫어하는

근거 ❼-3 사람들은 … 부정적 틀에서는 불확실한 손실을 주는 대안을 선택한다. ❽-2 '상황 2'는 손실을 주는 상황으로, 사람들은 이를 부정적 틀로 인식하므로 많은 사람들이 손실이 확실한 Ⓓ안보다 손실이 불확실한 Ⓒ안을 선택한다.

풀이 손실을 주는 상황인 '상황 2'에서 사람들은 손실이 확실한 Ⓓ안보다 손실이 불확실한 Ⓒ안을 선호한다.

→ 적절함!

034	추론의 적절성 판단 – 적절한 것 고르기 2019년 3월 학평 32번 정답률 80%	**정답 ④**

ⓐ를 바탕으로, 〈보기〉의 밑줄 친 부분의 이유를 추론한 것으로 가장 적절한 것은?

ⓐ 전망 이론

| 보기 |
[1]"먼저 써 보시고 한 달 후에 제품이 마음에 들지 않으면 반품하십시오.(返品–, 도로 돌려보내십시오.) [2]금액은 전액(全額, 액수의 전부) 환불해(還拂–, 이미 낸 돈을 돌려) 드립니다." 라는 광고 문구에 많은 소비자들이 귀가 솔깃해져 쉽게 제품을 구매한다. [3]하지만 막상(실제로 이르러) 한 달 후, 제품이 마음에 들지 않더라도 사용하던 제품을 반품하고 구매한 금액을 환불받는 소비자는 소수(少數, 적은 수)에 지나지 않는다. [4]이(일단 제품을 써 보게 하고 한 달 후 마음에 들지 않을 경우 반품하도록 하는 전략)는 이득과 손실에 대한 심리 반응의 차이를 이용한 효과적인 판매 전략(戰略, 교묘한 방법)이라 할 수 있다.

① 제품을 사용하는 기간만큼 제품을 통해 얻는 이득감이 줄어들기 때문에

풀이 전망 이론ⓐ은 이득보다 손실에 민감한 인간 심리가 선택에 영향을 준다는 이론이다. 제품을 사용하는 기간만큼 제품을 통해 얻는 이득감이 줄어들기 때문에 소수의 소비자만이 제품을 반품한다는 설명은 전망 이론과 관련이 없을 뿐만 아니라 논리적으로 앞뒤가 맞지 않는다.

→ 적절하지 않음!

② 제품에 대한 불만족은 심리적인 현상일 뿐, 제품 자체의 문제가 아니기 때문에

풀이 전망 이론ⓐ은 이득보다 손실에 민감한 인간 심리가 선택에 영향을 준다는 이론이다. 제품에 대한 불만족은 심리적 현상일 뿐 제품 자체의 문제가 아니기 때문에 소수의 소비자만이 제품을 반품한다는 것은 전망 이론과 관련이 없는 설명이다.

→ 적절하지 않음!

③ 제품을 반품했을 때의 이득감이 제품을 그대로 사용했을 때의 이득감보다 더 크기 때문에

풀이 제품을 반품했을 때의 이득감이 제품을 그대로 사용했을 때의 이득감보다 더 크다면 제품을 반품하는 것이 더 적절한 선택이므로, 소수의 소비자만이 제품을 반품하는 이유로 들기에 적절하지 않다.

→ 적절하지 않음!

④ 제품을 반품할 때 느끼는 손실감이 구매한 금액을 환불받을 때 느끼는 이득감보다 크게 느껴지기 때문에

근거 ❹-2 전망 이론은 이득보다 손실에 대해 민감하게 반응하는 인간의 심리가 선택 행동에 미치는 영향을 설명하는 이론이다. ❺-4 이(전망 이론에서 이득과 손실에 대한 인

간의 반응을 설명하는) 그래프에서 이득 영역의 v(a)와 손실 영역의 v(-a)의 절댓값을 비교하면 후자의 값이 더 크다는 것을 알 수 있는데, 이는 같은 크기의 이득과 손실이 있을 때 이득감보다 손실감이 더 크다는 것을 의미한다.

풀이 전망 이론ⓐ에 따르면 사람들은 이득보다는 손실에 민감하게 반응하며, 같은 크기의 이득과 손실이 있을 때 손실감을 이득감보다 더 크게 느낀다. 따라서 구매 후 한 달이 지난 상황에서 제품이 마음에 들지 않더라도 실제로 사용하던 제품을 반품하고 환불받는 소비자가 소수에 지나지 않는 이유는, 제품을 반품하고 구매한 금액을 환불받는 것으로 느끼는 이득감보다 사용하던 제품을 반품할 때 느끼는 손실감이 더 크게 느껴지기 때문이라고 볼 수 있다.

→ 적절함!

⑤ 제품을 구매하는 과정에 투입된 시간과 노력을 계산했을 때, 제품을 반품하는 것이 합리적 선택이기 때문에

풀이 제품을 반품하는 것이 합리적인 선택이라는 설명은 인간이 논리적 사고 과정을 통해 합리적 선택을 하는 존재임을 가정하는 전통 경제학의 입장이다. 이는 전망 이론과 관련이 없는 설명일 뿐만 아니라 소수의 소비자만이 제품을 반품하는 이유로 들기에 적절하지 않은 설명이다.

→ 적절하지 않음!

035	구체적인 상황에 적용 – 적절한 것 고르기 2019년 3월 학평 33번 정답률 65%, 매력적 오답 ① 10% ③ 10%	**정답 ②**

ⓑ를 *고려할 때, 〈보기〉의 '상황'에 대한 사람들의 선택을 **예측한 것으로 적절한 것은? *考慮–, 생각해 보았을 **豫測–, 미리 헤아려 짐작한   **3점**

ⓑ 틀 효과

| 보기 |
[상황]
○○ 지역에 전염병이 돌아 600명의 주민이 죽을 것으로 예상된다. 이 전염병을 막기 위한 프로그램 ㉮와 ㉯가 있다.

○ 프로그램 ㉮ : 400명의 사람이 죽게 됨. ← 확실한 손실
○ 프로그램 ㉯ : 아무도 죽지 않을 확률이 3분의 1이고, 600명이 죽게 될 확률이 3분의 2임. ← 불확실한 손실

[질문]
만약 여러분이 정책 담당자라면 프로그램 ㉮와 ㉯ 중 어느 것을 선택하겠는가?

근거 ❼-2~3 이(틀 효과)에 따르면 사람들은 여러 대안 중 하나를 선택할 때, 선택 상황이 자신에게 이득을 주는지, 손실을 주는지에 따라 전자를 '긍정적 틀로', 후자를 '부정적 틀로' 인식한다. 그 결과 사람들은 긍정적 틀에서는 확실한 이득을 주는 대안을 선택하고, 부정적 틀에서는 불확실한 손실을 주는 대안을 선택한다.

풀이 ⓑ(틀 효과)에 따르면 〈보기〉의 상황은 선택 상황이 손실을 주는 경우에 해당하므로, 사람들은 이를 '부정적 틀로' 인식한다. 부정적 틀에서 사람들은 불확실한 손실을 주는 대안을 선택하므로, 프로그램 ㉯를 선택하는 사람들이 더 많을 것이다. 따라서 정답은 ②번이다.

① 사람들은 상황을 부정적 틀로 인식하기 때문에 프로그램 ㉮를 선택하는 사람들이 더 많을 것이다.

② 사람들은 상황을 부정적 틀로 인식하기 때문에 프로그램 ㉯를 선택하는 사람들이 더 많을 것이다.

→ 적절함!

③ 사람들은 상황을 긍정적 틀로 인식하기 때문에 프로그램 ㉮를 선택하는 사람들이 더 많을 것이다.
　　　　　　　　　　　부정적 틀

④ 사람들은 상황을 긍정적 틀로 인식하기 때문에 프로그램 ㉯를 선택하는 사람들이 더 많을 것이다.
　　　　　　　　　　　부정적 틀

⑤ 사람들은 상황을 긍정적 틀로 인식하기 때문에 프로그램 ㉮와 ㉯를 선택하는 사람들이 비슷할 것이다.
　　　　　　　　　　　부정적 틀　　　　　　　　㉯를 선택하는 사람들이 더 많을 것이다

Ⅱ 사회 3. 우리는 법의 울타리 안에서 어떤 보호를 받을 수 있는가?

[036~040] 다음 글을 읽고 물음에 답하시오.

1 ¹건축법(建築法, 건축물의 대지, 구조, 설비 기준 및 용도에 관하여 규정한 법률)에서 건축물(建築物, 땅 위에 지은 구조물 중에서 지붕, 기둥, 벽이 있는 건물을 통틀어 이르는 말)의 건축(建築, 집이나 성, 다리 등의 구조물을 그 목적에 따라 설계하여 흙, 나무, 돌, 벽돌, 쇠 등을 써서 세우거나 쌓아 만드는 일)은 공공복리(公共福利, 사회 구성원 전체에 두루 관계되는 복지)를 저해할(沮害ㅡ, 막아서 못 하도록 해칠) 수 있는 위험한 행위로 간주된다.(看做ㅡ, 여겨진다.) ²그래서 허가(許可, 법령에 의해 일반적으로 금지되어 있는 행위를 행정 기관이 특정한 경우에 해제하고 적법하게 이를 행할 수 있게 하는 일) 요건(要件, 필요한 조건)에 맞춘 설계(設計, 건축물 설립이나 토지 공사, 기계의 제작 따위에서 그 목적에 따라 실제적인 계획을 세우고 구체적으로 도면을 그려 명시하는 일)로 최소한의 안전이 보장되었다고(保障ㅡ, 마련되었다고) 판단되는 경우에 한해(限ㅡ, 제한되어) 건축 금지가 해제되어(解除ㅡ, 풀려 자유롭게 되어) 건축이 가능해진다.

→ **건축법에서 건축 허가 요건을 규정하는 까닭**

2 ¹건축 행위는 건축물을 건축할 수 있는 땅인 대지(垈 집터 대 地 땅 지) 위에서 이루어진다. ²원칙적으로 하나의 대지는 하나의 지번(地番, 토지의 일정한 구획을 표시한 번호)을 가지며, 이것이 건축 허가의 단위가 된다. ³일반적으로 건축은 신축(新 새 신 築 짓다 축), 증축(增 더하다 증 築 짓다 축), 개축(改 고치다 개 築 짓다 축), 재축(再 다시 재 築 짓다 축), 이전(移 옮기다 이 轉 바꾸다 전)의 다섯 가지 유형으로 나뉜다.

→ **'대지'의 개념과 건축의 다섯 가지 유형 구분**

3 ¹신축이란 건축물이 없는 대지에 새로 건축물을 축조하는(築造ㅡ, 쌓아서 만드는) 것을 말한다. ²신축에서 건축물을 축조하려는 대지는 처음부터 건축물이 존재하지 않는 나대지(裸 벌거벗다 나 垈 집터 대 地 땅 지)일 수도 있고, 기존 건축물이 건축주(建築主, 건축에 관한 공사를 주문한 사람)의 자발적(自發的, 남이 시키거나 요청하지 않고 자기 스스로) 의지(意志, 어떠한 일을 이루고자 하는 마음)에 의해 인위적으로(人爲的ㅡ, 사람의 힘으로) 부서지는 해체(解 가르다 해 體 몸 체)나 천재지변(天災地變, 지진, 홍수, 태풍 등의 자연 현상으로 인한 재앙)으로 인해 부서지는 멸실(滅 없어지다 멸 失 잃다 실)로 인해 전부 소실된(消失ㅡ, 사라져 없어진) 대지일 수도 있다. ³전부 소실된 경우 새로 축조한 건축물의 규모(規模, 크기나 범위)가 개축이나 재축에 해당하면 신축으로 보지 않는다. ⁴한편, 주된(主ㅡ, 중심이 되는) 용도(用途, 쓰임새)의 건축물을 이용 및 관리하는 데 필요한 부속(附屬, 주된 것에 딸려서 붙음) 용도의 건축물만 존재하는 대지 내에서 이 부속건축물과는 별도로(別途ㅡ, 원래의 것에 덧붙여서 추가로) 주된 건축물을 새로 짓는 경우도 신축에 해당한다.

〈참고 그림〉 신축

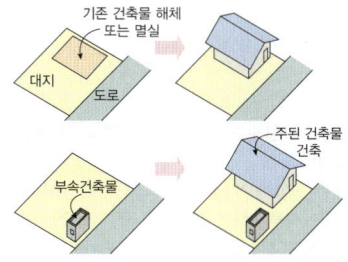

→ **건축의 다섯 가지 유형 ① : 신축**

4 ¹증축은 기존 건축물이 있는 대지에서 건축물의 규모를 늘려 짓는 것을 말하며, 건축물의 규모에는 건축면적(面積, 면이 차지하는 넓이의 크기), 연(延 늘어놓다 연)면적, 층수(層數, 층의 개수), 높이가 포함된다. ²건축면적은 일반적으로 지상층(地上層, 땅 위로 지은 건물의 층) 중 가장 넓은 층의 면적을, 연면적은 각 층 바닥면적의 총합(總合, 모두를 합함)을 의미한다. ³증축에는 지하층(地下層, 땅 밑에 지은 아래층)의 바닥면적을 증가시키는(增加ㅡ, 더 넓어지게 하는) 경우, 바닥면적의 증감(增減, 많아지거나 적어짐) 없이 높이만 증가시키는 경우, 주된 건축물이 있는 대지에 부속건축물이나 다른 주된 건축물을 축조하는 경우 등이 있다. ⁴기존 지하층을 둘러싼 지표면(地表面, 땅의 겉면)을 깎아서 그 층(기존 지하층)이 지상에 노출되게(露出ㅡ, 겉으로 드러나게) 하는 것도 건축물의 높이가 증가한 경우이므로 증축에 속한다. ⁵또한 한 층의

층고(層高, 건물의 층과 층 사이의 높이)가 상당히 높아 중간층을 만들어 사용하는 경우도 증축에 해당한다. ⁶한편 냉난방, 급수(給水, 물을 대어 줌) 등 건축물의 기능을 안정적으로(安定的ㅡ, 바뀌어 달라지지 않고 일정한 상태를 유지하도록) 유지하기(維持ㅡ, 변함이 계속 이어 가기) 위해 설치하는 건축물의 설비(設備, 필요한 것을 갖춘 시설)는 건축물로 보지 않으므로 설비 설치는 증축에 해당하지 않는다.

〈참고 그림〉 증축

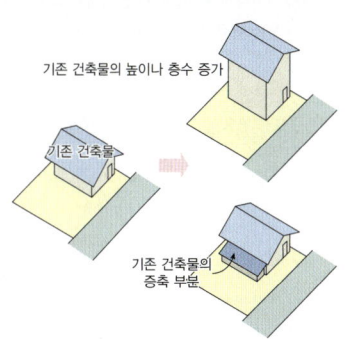

기존 건축물의 높이나 층수 증가

기존 건축물

기존 건축물의 증축 부분

→ **건축의 다섯 가지 유형 ② : 증축**

5 ¹㉠ 개축은 기존 건축물의 전부 또는 일부를 해체하고 그 대지에 건축물의 규모가 종전(從前, 지금보다 이전) 규모 범위 이하인 건축물을 다시 축조하는 것이다. ²이때 일부를 해체한다는 것은 내력벽*, 기둥, 보*, 지붕틀 중 셋 이상을 해체하는 것을 말한다. ³같은 대지 안에서 건축물의 위치를 이동하거나 구조를 변경하는 것은 개축에 해당하나, 한 대지에 여러 동(棟, 집채의 수를 세거나 차례를 나타내는 단위)이 있는 경우 개별(個別, 하나씩) 건축물 단위로 개축 해당 여부(개축에 해당하는지 해당하지 않는지)를 판단하므로 동수(棟數, 동의 수)를 늘려서 축조하는 경우는 개축에 해당하지 않는다.

〈참고 그림〉 개축

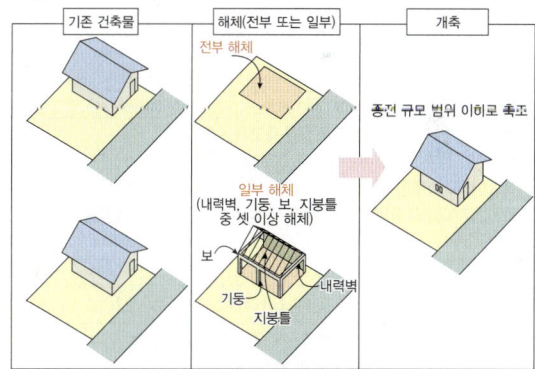

기존 건축물 | 해체(전부 또는 일부) | 개축

전부 해체

일부 해체
(내력벽, 기둥, 보, 지붕틀 중 셋 이상 해체)

종전 규모 범위 이하로 축조

보
기둥
내력벽
지붕틀

→ **건축의 다섯 가지 유형 ③ : 개축**

6 ¹㉡ 재축이란 기존 건축물의 전부 또는 일부가 멸실된 경우 그 대지에 건축물을 다시 축조하는 것이다. ²이때 연면적의 합계, 즉 그 대지에 존재하는 모든 건축물의 연면적의 합이 종전 규모 이하여야 하며, 동수, 층수, 높이 중 어느 하나는 종전 규모를 초과하는(超過ㅡ, 넘는) 것이 가능하다.

〈참고 그림〉 재축

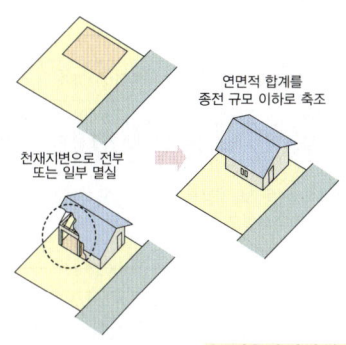

연면적 합계를 종전 규모 이하로 축조

천재지변으로 전부 또는 일부 멸실

→ **건축의 다섯 가지 유형 ④ : 재축**

¹이전이란 도시 개발 계획, 주변 환경의 변화, 안전 문제, 설계와 다른 배치(配置, 일정한 자리에 나누어 둠) 등의 사유(事由, 일의 까닭)로 건축물의 주요구조부를 해체하지 않고 같은 대지의 다른 위치로 ⓐ 옮기는 것이다. ²주요구조부는 철거 시(時, 일이 일어날 때, 경우) 건축물의 안전성에 결정적(決定的, 일의 결과를 결정지을 만큼 중요한) 위해(危害, 위험과 재해)가 되는 구조 부분인 내력벽, 기둥, 보, 바닥, 지붕틀, 주(主, 주되고 중요한)계단을 말하며, 최하층(最下層, 맨 아래의 층) 바닥, 옥외(屋外, 건물의 밖) 계단 등은 주요구조부에서 제외된다.(除外~, 한데 헤아리지 않는다.) ³일체식(一體式, 거푸집에 콘크리트를 부어 굳힌 뒤 거푸집을 떼어 한 덩어리로 건설하는 방법) 구조인 철근콘크리트조(鐵筋concrete造, 주요구조부를 철근콘크리트구조로 한 건축물) 건축물과 달리 조립식(組立式, 여러 부품을 하나의 구조물로 맞추어 짜는 방법으로 꾸미는 방식) 구조인 목조(木造, 건물의 주요 뼈대를 나무로 짜 맞추는 구조) 건축물은 최하층 바닥 등을 제외한 상층부의 구조체를 들어 올려서 이전할 수 있다.

〈참고 그림〉 이전

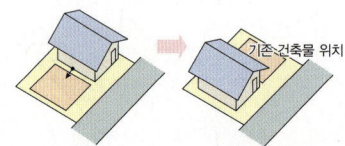

기존 건축물 위치

→ **건축의 다섯 가지 유형 ⑤ : 이전**

* **내력벽**(耐 견디다 내 力 힘 력 壁 벽 벽) : 구조물(構造物, 일정한 설계에 따라 여러 가지 재료를 얽어서 만든 건물, 다리, 축대, 터널 등)의 하중(荷重, 작용하는 무게)을 견디어 내기 위하여 만든 벽
* **보** : 기둥 위에서 지붕의 무게를 전달해 주는 건축 재료

■ 지문 이해

〈건축의 다섯 가지 유형〉

❶ 건축법에서 건축 허가 요건을 규정하는 까닭

* 건축법에서는 건축물의 건축을 위험한 행위로 간주함 → 허가 요건에 따라 최소한의 안전이 보장되었다고 판단되는 경우에 한해 건축 금지를 해제

❷ '대지'의 개념과 건축의 다섯 가지 유형 구분

* 대지 : 건축 행위가 이루어지는 땅
  - 하나의 대지는 하나의 지번을 가짐
* 건축의 다섯 가지 유형 : 신축, 증축, 개축, 재축, 이전

❸ 건축의 다섯 가지 유형 ① : 신축

* 건축물이 없는 대지에 새로 건축물을 축조하는 것
  - 건축물이 없는 대지 : 나대지, 기존 건축물이 해체·멸실로 소실된 대지
* 신축× : 새로 축조한 건축물의 규모가 개축·재축에 해당할 경우
* 신축○ : 부속건축물만 존재하는 대지 내에 별도로 주된 건축물을 새로 짓는 경우

❹ 건축의 다섯 가지 유형 ② : 증축

* 기존 건축물이 있는 대지에서 건축물의 규모를 늘려 짓는 것
  - 건축물의 규모 : 건축면적, 연면적, 층수, 높이
* 증축○
  - 지하층 바닥면적을 증가시키는 경우, 바닥면적 증감 없이 높이만 증가시키는 경우, 주된 건축물 있는 대지에 부속건축물이나 다른 주된 건축물을 축조하는 경우
  - 지표면을 깎아 기존 지하층이 지상에 노출되게 하여 건축물의 높이가 증가한 경우
  - 한 층 내에 중간층을 만들어 사용하는 경우
* 증축× : 건축물의 설비 설치

❺ 건축의 다섯 가지 유형 ③ : 개축

* 기존 건축물의 전부 또는 일부를 해체하고 그 대지에 건축물 규모가 종전 규모 범위 이하인 건축물을 다시 축조하는 것. 개별 건축물 단위로 개축 해당 여부를 판단함
  - 일부 해체 : 내력벽, 기둥, 보, 지붕틀 중 셋 이상을 해체하는 것
* 개축○ : 같은 대지 안에서의 건축물의 위치 이동, 구조 변경
* 개축× : 동수를 늘려서 축조하는 경우

---

❻ 건축의 다섯 가지 유형 ④ : 재축

* 기존 건축물의 전부 또는 일부가 멸실된 경우 그 대지에 건축물을 다시 축조하는 것
  - 연면적의 합계가 종전 규모 이하여야 함
  - 동수, 층수, 높이 중 어느 하나는 종전 규모 초과가 가능함

❼ 건축의 다섯 가지 유형 ⑤ : 이전

* 기존 건축물을 건축물의 주요구조부를 해체하지 않고 같은 대지의 다른 위치로 옮기는 것
  - 주요구조부 : 철거 시 건축물 안전성에 결정적 위해가 되는 구조 부분
  - 조립식 구조인 목조 건축물은 최하층 바닥 등을 제외한 상층부 구조체를 들어 올려 이전할 수 있음

| **036** | 세부 정보 이해 - 적절하지 않은 것 고르기 2025년 9월 학평 22번
정답률 65%, 매력적 오답 ③ 10% ⑤ 20% | 정답 ④ |

윗글을 통해 알 수 있는 내용으로 적절하지 않은 것은?

① 건축물의 건축은 설계상 최소한의 안전이 보장되도록 허가 요건을 *준수한 경우에 한해 허가된다. *遵守~, 그대로 좇아서 지킴

> **근거** ❶-2 허가 요건에 맞춘 설계로 최소한의 안전이 보장되었다고 판단되는 경우에 한해 건축 금지가 해제되어 건축이 가능해진다.

→ 적절함!

② 나대지에 신축하는 것은 기존에 건축물이 존재하지 않던 대지에 새로운 건축물을 축조하는 행위이다.

> **근거** ❸-1~2 신축이란 건축물이 없는 대지에 새로 건축물을 축조하는 것을 말한다. 신축에서 건축물을 축조하려는 대지는 처음부터 건축물이 존재하지 않는 나대지일 수도 있고

> **풀이** '신축'은 건축물이 없는 대지에 새로 건축물을 축조하는 것을 뜻하고, '나대지'는 처음부터 건축물이 존재하지 않는 대지를 뜻한다. 따라서 나대지에 신축하는 것은 기존에 건축물이 존재하지 않던 대지에 새로 건축물을 축조하는 행위라는 설명은 적절하다.

→ 적절함!

③ 건축물의 내력벽을 해체하는 것이 옥외 계단을 해체하는 것보다 건축물의 안전에 더 중대한 영향을 미친다.

> **근거** ❼-2 주요구조부는 철거 시 건축물의 안전성에 결정적 위해가 되는 구조 부분인 내력벽, 기둥, 보, 바닥, 지붕틀, 주계단을 말하며, 최하층 바닥, 옥외 계단 등은 주요구조부에서 제외된다.

> **풀이** 내력벽은 철거 시 건축물의 안전성에 결정적 위해가 되는 구조 부분 중 하나로, 주요구조부에 속한다. 이와 달리 옥외 계단은 주요구조부에서 제외된다. 따라서 주요구조부인 내력벽을 해체하는 것이 옥외 계단을 해체하는 것보다 건축물의 안전에 더 중대한 영향을 미친다는 설명은 적절하다.

→ 적절함!

조립식 구조인 목조 건축물

④ **철근콘크리트조** 건축물이 설계와 다르게 배치되었을 경우에 상층부의 구조체를 들어 이전하는 것이 가능하다.

> **근거** ❼-1 이전이란 … 설계와 다른 배치 등의 사유로 건축물의 주요구조부를 해체하지 않고 같은 대지의 다른 위치로 옮기는 것, ❼-3 일체식 구조인 철근콘크리트조 건축물과 달리 조립식 구조인 목조 건축물은 최하층 바닥 등을 제외한 상층부의 구조체를 들어 올려서 이전할 수 있다.

→ 적절하지 않음!

멸실

⑤ *자연재해로 인해 기존 건축물이 전부 소실된 대지에 층수와 높이를 증가시킨 새로운 건축물을 축조하는 것은 신축에 해당한다. *自然災害, 태풍, 가뭄, 홍수, 지진, 화산 폭발, 해일 따위의 피할 수 없는 자연 현상으로 인하여 일어나는 재해

> **근거** ❸-2~3 신축에서 건축물을 축조하려는 대지는 … 천재지변으로 인해 부서지는 멸실로 인해 전부 소실된 대지일 수도 있다. 전부 소실된 경우 새로 축조한 건축물의 규모가 개축이나 재축에 해당하면 신축으로 보지 않는다, ❺-1 개축은 기존 건축물의 전부 또는 일부를 해체하고 그 대지에 건축물의 규모가 종전 규모 범위 이하인 건축물을 다시 축조하는 것, ❻-1~2 재축이란 기존 건축물의 전부 또는 일부가 멸실된 경우 그 대지에 건축물을 다시 축조하는 것이다. 이때 … 동수, 층수, 높이 중 어느 하

나는 종전 규모를 초과하는 것이 가능

풀이 신축에서 건축물을 축조하려는 대지는 나대지이거나 해체·멸실로 기존 건축물이 소실된 대지일 수 있으며, 기존 건축물이 전부 소실된 대지일 경우, 새로 축조한 건축물의 규모가 개축이나 재축에 해당하면 신축으로 보지 않는다. 이때 개축은 기존 건축물의 전부 또는 일부를 해체하고 그 대지에 '종전 규모 범위 이하의' 건축물을 다시 축조하는 것이므로, 자연재해로 인해 기존 건축물이 전부 소실된 대지에 층수와 높이를 증가시킨 새로운 건축물을 축조하는 것은 개축에 해당하지 않는다.
한편 재축은 기존 건축의 전부 또는 일부가 멸실된 경우 그 대지에 건축물을 다시 축조하는 것인데, 재축의 경우 연면적의 합이 종전 규모 이하여야 하며, 동수, 층수, 높이 중 '어느 하나는' 종전 규모를 초과하는 것이 가능하다. 따라서 자연재해로 인해 기존 건축물이 전부 소실된 대지에 '층수와 높이'를 증가시킨 새로운 건축물을 축조하는 것은 재축에도 해당하지 않는다. 그러므로 자연재해로 인해 기존 건축물이 전부 소실된 대지에 층수와 높이를 증가시킨 새로운 건축물을 축조하는 것은 신축에 해당한다는 설명은 적절하다.

→ 적절함!

---

037 세부 정보 이해 - 적절하지 않은 것 고르기 2025년 9월 학평 23번 정답률 85%, 매력적 오답 ④ 10% **정답 ③**

증축 에 대해 이해한 내용으로 적절하지 <u>않은</u> 것은?

① 중간층을 만들어 건축물의 연면적을 늘린 것은 증축에 해당하겠군.

근거 **4**-5 한 층의 층고가 상당히 높아 중간층을 만들어 사용하는 경우도 증축에 해당한다.

→ 적절함!

↙ 설비 설치
② 건축물의 옥상에 물 공급을 위한 물탱크를 설치하는 것은 증축에 해당하지 않겠군.

근거 **4**-6 냉난방, 급수 등 건축물의 기능을 안정적으로 유지하기 위해 설치하는 건축물의 설비는 건축물로 보지 않으므로 설비 설치는 증축에 해당하지 않는다.

→ 적절함!

↙ 지상층 중 가장 넓은 층의 면적   해당하겠군 ↘
③ 건축면적은 그대로 유지하면서 지하층의 바닥면적만 증가시킨 것은 증축에 해당하지 않겠군.

근거 **4**-3 증축에는 지하층의 바닥면적을 증가시키는 경우, 바닥면적의 증감 없이 높이만 증가시키는 경우, 주된 건축물이 있는 대지에 부속건축물이나 다른 주된 건축물을 축조하는 경우 등이 있다.

풀이 지하층의 바닥면적만 증가시키는 경우도 증축에 해당한다.

→ 적절하지 않음!

④ 부속건축물만 있는 대지에 주된 용도의 건축물을 별도로 축조하는 것은 증축에 해당하지 않겠군.

근거 **3**-4 부속 용도의 건축물만 존재하는 대지 내에서 이 부속건축물과는 별도로 주된 건축물을 새로 짓는 경우도 신축에 해당한다.

풀이 부속건축물만 있는 대지에 주된 용도의 건축물을 별도로 축조하는 것은 증축이 아니라 신축에 해당한다.

→ 적절함!

⑤ 지하층이 존재하는 건축물 주변의 지표면을 깎아 지하층을 지상에 드러나게 한 것은 증축에 해당하겠군.

근거 **4**-4 기존 지하층을 둘러싼 지표면을 깎아서 그 층이 지상에 노출되게 하는 것도 건축물의 높이가 증가한 경우이므로 증축에 속한다.

→ 적절함!

1등급 문제

038 세부 정보 이해 - 적절한 것 고르기 2025년 9월 학평 24번 정답률 50%, 매력적 오답 ② 15% ③ 10% ④ 20% **정답 ①**

㉠과 ㉡을 비교하여 이해한 내용으로 가장 적절한 것은?

㉠ 개축 ㉡ 재축

↙ 해체
①㉠은 ㉡과 달리, 건축주의 자발적 의지로 기존 건축물이 소실된 상황에서 건축물을 다시 축조하는 것이다.

근거 **3**-2 기존 건축물이 건축주의 자발적 의지에 의해 인위적으로 부서지는 해체나 천재지변으로 인해 부서지는 멸실, **5**-1 개축은 기존 건축물의 전부 또는 일부를 해체하고 그 대지에 건축물의 규모가 종전 규모 범위 이하인 건축물을 다시 축조하는 것, **6**-1 재축이란 기존 건축물의 전부 또는 일부가 멸실된 경우 그 대지에 건축물을 다시 축조하는 것

풀이 개축(㉠)은 기존 건축물의 전부 또는 일부를 해체하고 그 대지에 새로 건축물을 축조하는 것이고, 재축(㉡)은 기존 건축물의 전부 또는 일부가 멸실된 경우 그 대지에 건축물을 다시 축조하는 것이다. 이때 해체는 기존 건축물이 건축주의 자발적 의지에 의해 인위적으로 부서지는 것을, 멸실은 기존 건축물이 천재지변으로 인해 부서지는 것을 뜻한다. 따라서 ㉠은 ㉡과 달리, 건축주의 자발적 의지로 기존 건축물이 소실된 상황에서 건축물을 다시 축조하는 것이라는 설명은 적절하다.

→ 적절함!

㉠과 ㉡은 모두
②㉠은 ㉡과 달리, 한 대지에 있는 여러 동의 건축물이 모두 소실되었을 때 일부 동만 다시 축조하는 것이 가능하다.

근거 **5**-1 개축은 기존 건축물의 전부 또는 일부를 해체하고 그 대지에 건축물의 규모가 종전 규모 범위 이하인 건축물을 다시 축조하는 것, **5**-3 동수를 늘려서 축조하는 경우는 개축에 해당하지 않는다, **6**-2 (재축할 때) 연면적의 합계, 즉 그 대지에 존재하는 모든 건축물의 연면적의 합이 종전 규모 이하여야 하며, 동수, 층수, 높이 중 어느 하나는 종전 규모를 초과하는 것이 가능

풀이 윗글에서 개축은 기존 건축물의 전부 또는 일부가 해체로 소실되었을 때 그 대지에 건축물의 규모가 종전 규모 범위 이하인 건축물을 다시 축조하는 것이라고 하였고, 이때 한 대지에 여러 동이 있는 경우 동수를 늘려서 축조하는 경우는 개축에 해당하지 않는다고 하였다. 이를 통해, 건축물의 규모가 종전 규모 범위 이하라면, 일부 동만 다시 축조하는 것은 개축에 해당한다는 점을 추론할 수 있다.
또한 윗글에서 재축은 기존 건축물의 전부 또는 일부가 멸실로 소실되었을 때 그 대지에 건축물을 다시 축조하는 것이라고 하였고, 이때 그 대지에 존재하는 모든 건축물의 연면적의 합이 종전 규모 이하여야 하며, 동수, 층수, 높이 중 어느 하나는 종전 규모를 초과하는 것이 가능하다고 하였다. 이를 통해 모든 건축물의 연면적의 합이 종전 규모 이하이고, 층수나 높이 중 어느 하나만 종전 규모를 초과하거나 층수와 높이 모두 종전 규모를 초과하지 않는다면, 일부 동만 다시 축조하는 것은 재축에 해당한다는 점을 추론할 수 있다. 따라서 ㉠과 ㉡은 모두, 한 대지에 있는 여러 동의 건축물이 모두 소실되었을 때 일부 동만 다시 축조하는 것이 가능하다.

→ 적절하지 않음!

㉠과 ㉡은 모두
③㉡은 ㉠과 달리, 기존 건축물이 존재하던 대지와 동일한 대지 내에서 이루어진다.

근거 **5**-1 개축은 기존 건축물의 전부 또는 일부를 해체하고 그 대지에 건축물의 규모가 종전 규모 범위 이하인 건축물을 다시 축조하는 것, **6**-1 재축이란 기존 건축물의 전부 또는 일부가 멸실된 경우 그 대지에 건축물을 다시 축조하는 것

풀이 ㉠과 ㉡은 기존 건축물의 전부 또는 일부가 소실되었을 때, 그 대지에 건축물을 다시 축조하는 것이다. 따라서 ㉠과 ㉡은 모두 기존 건축물이 존재하던 대지와 동일한 대지 내에서 이루어진다.

→ 적절하지 않음!

㉠과 ㉡은 모두   건축물의 규모에 포함됨 ↘
④㉡은 ㉠과 달리, 한 건축물의 일부만 소실된 경우 건축물의 연면적을 종전과 같게 다시 축조하는 것이 가능하다.

근거 **3**-2 기존 건축물이 건축주의 자발적 의지에 의해 인위적으로 부서지는 해체나 천재지변으로 인해 부서지는 멸실로 인해 전부 소실된 대지, **4**-1 건축물의 규모에는 건축면적, 연면적, 층수, 높이가 포함된다, **5**-1 개축은 기존 건축물의 전부 또는 일부를 해체하고 그 대지에 건축물의 규모가 종전 규모 범위 이하인 건축물을 다시 축조하는 것, **6**-1~2 재축이란 기존 건축물의 전부 또는 일부가 멸실된 경우 그 대지에 건축물을 다시 축조하는 것이다. 이때 연면적의 합계, 즉 그 대지에 존재하는 모든 건축물의 연면적의 합이 종전 규모 이하여야 하며

풀이 윗글에 따르면 기존 건축물의 일부를 해체하는 경우인 개축(㉠)과 기존 건축물의 일부가 멸실되는 경우인 재축(㉡) 모두 건축물의 소실에 해당한다. 즉 ㉠과 ㉡은 모두 기존 건축물의 전부 또는 일부가 소실되었을 때, 그 대지에 건축물을 다시 축조하는 것이다. 또한 개축은 건축물의 규모가 종전 규모 범위 이하여야 하고, 재축은 연면적의 합계가 종전 규모 이하여야 한다. 이때 '건축물의 연면적'은 건축물의 규모에 포함되므로, ㉠과 ㉡은 모두 한 건축물의 일부만 소실된 경우 건축물의 연면적을 종전과 같게 다시 축조하는 것이 가능하다.

→ 적절하지 않음!

건축물의 규모에 포함됨 ↘   가능 ↘
⑤㉠과 ㉡은 모두, 건축물의 높이를 기존 건축물보다 낮게 바꾸는 것이 불가능하다.

근거 **4**-1 건축물의 규모에는 건축면적, 연면적, 층수, 높이가 포함된다, **5**-1 개축은 … 건축물의 규모가 종전 규모 범위 이하인 건축물을 다시 축조하는 것, **6**-2 (재축할

때) 연면적의 합계, 즉 그 대지에 존재하는 모든 건축물의 연면적의 합이 종전 규모 이하여야 하며, 동수, 층수, 높이 중 어느 하나는 종전 규모를 초과하는 것이 가능

풀이 개축(㉠)은 기존 건축물의 전부 또는 일부를 해체하고 그 대지에 건축물의 규모가 종전 규모 범위 이하인 건물을 다시 축조하는 것이므로, 건축물의 높이를 기존 건축물보다 낮게 바꾸는 것이 가능하다. 또한 재축(㉡)은 기존 건축물의 전부 또는 일부가 멸실된 경우 그 대지에 건축물을 다시 축조하는 것으로, 연면적의 합계가 종전 규모 이하여야 하며, 동수, 층수, 높이 중 어느 하나를 종전 규모를 초과하는 것이 가능하다. 따라서 재축 또한 건축물의 높이를 기존 건축물보다 낮게 바꾸는 것이 가능하다.

→ 적절하지 않음!

1등급 문제

039 | 구체적인 사례에 적용 - 적절하지 않은 것 고르기 2025년 9월 학평 25번
정답률 30%, 매력적 오답 ② 20% ③ 15% ④ 20% ⑤ 15% **정답 ①**

윗글을 바탕으로 〈보기〉를 이해한 내용으로 적절하지 **않은** 것은? [3점]

> | 보 기 |
> ∘ A는 건축물을 새로 짓기로 결심하고 자신이 오래전부터 <u>소유하던</u>(所有−, 가지고 있던), 각 층의 바닥면적이 500 m²인 3층짜리 건축물을 모두 부수었다. 그리고 기존 건축물이 있던 대지에 건축물의 높이와 층별 바닥면적이 기존과 동일하면서 각 층의 층고만 높인 2 층짜리 건축물을 새로 축조하였다. → 개축 대지에 존재하는 모든 건축물의 연면적의 합 = 800 m²
> ∘ B는 한 대지 내에 연면적이 각 400 m²이면서 형태가 동일한 2 개 동의 상가 건축물을 소유하고 있었다. B는 이를 모두 부수고 그 대지에 새로운 상가 건축물을 짓는 방안을 검토하고 있었으나 지진이 발생해 기존 건축물이 모두 <u>붕괴되었다</u>.(崩壞−, 무너지게 되었다.) → 멸실

✓ **① A가 층고를 기존 건축물보다 높여 지은 것은 건축물의 규모를 늘려 지은 것이므로 증축에 해당한다.**

근거 ④-1 증축은 기존 건축물이 있는 대지에서 건축물의 규모를 늘려 짓는 것을 말하며, 건축물의 규모에는 건축면적, 연면적, 층수, 높이가 포함된다. ⑤-1 개축은 기존 건축물의 전부 또는 일부를 해체하고 그 대지에 건축물의 규모가 종전 규모 범위 이하인 건축물을 다시 축조하는 것

풀이 증축은 기존 건축물이 있는 대지에서 건축물의 규모를 늘려 짓는 것으로, 이때 건축물의 규모에는 건축면적, 연면적, 층수, 높이가 포함된다. '층고'는 건축물의 규모에 포함되지 않으므로, A가 층고를 기존 건축물보다 높여 지은 것은 증축에 해당하지 않는다. 또한 기존 건축물이 없는 상태에서 건물을 새로 축조한 것이므로 기존 건축물이 있는 대지에서 축조가 이루어진다는 조건도 성립하지 않는다. 〈보기〉에서 A의 사례는 기존 건축물이 건축주 A의 자발적 의지에 의해 인위적으로 부서지는 해체로 인해 전부 소실된 대지에, 건축물의 규모에 해당하는 높이와 층별 바닥면적을 기존과 동일하게 축조하였으므로 개축에 해당한다.

→ 적절하지 않음!

② A가 새로 지은 건축물을 관리하기 위해 같은 대지 안에 경비실을 추가로 짓는 것은 증축에 해당한다. 부속건축물

근거 ③-4 주된 용도의 건축물을 이용 및 관리하는 데 필요한 부속 용도의 건축물, ④-3 증축에는 … 주된 건축물이 있는 대지에 부속건축물이나 다른 주된 건축물을 축조하는 경우 등이 있다.

풀이 건축물을 관리하기 위한 경비실은 '부속건축물'이다. 주된 건축물이 있는 대지에 부속건축물을 축조하는 경우는 증축에 해당하므로, A가 새로 지은 건축물을 관리하기 위해 같은 대지 안에 경비실을 추가로 짓는 것은 증축에 해당한다는 설명은 적절하다.

→ 적절함!

③ B가 지진 발생 전에 기존 건축물을 전부 부수고 각 층 바닥 면적의 총합이 900 m²인 1 개 동의 건축물을 축조했다면, 이는 신축에 해당한다. 해체 연면적

근거 ③-2~3 기존 건축물이 건축주의 자발적 의지에 의해 인위적으로 부서지는 해체나 … 전부 소실된 경우 새로 축조한 건축물의 규모가 개축이나 재축에 해당하면 신축으로 보지 않는다, ④-2 연면적은 각 층 바닥면적의 총합을 의미한다, ⑤-1 개축은 기존 건축물의 전부 또는 일부를 해체하고 그 대지에 건축물의 규모가 종전 규모 범위 이하인 건축물을 다시 축조하는 것

풀이 B가 지진 발생 전에 기존 건축물을 전부 부수었다면, 이는 '해체'에 해당한다. 이렇게 기존 건축물을 해체하고 새로 건축물을 축조할 경우, 건축물의 규모가 '개축'에 해당하면 신축으로 보지 않는다. 이때 개축은 기존 건축물을 해체하고 그 대지에 건축물의 규모가 '종전 규모 범위 이하'인 건축물을 다시 축조하는 것을 의미한다. B가 지진

발생 전에 기존 건축물을 전부 부수고 각 층 바닥면적의 총합, 즉 연면적이 900 m²인 1 개 동의 건축물을 축조했다면, 건축물의 규모가 종전 규모인 800 m²보다 크므로 해당 건물은 개축이 아닌 신축에 해당한다.

→ 적절함!

연면적의 합계가 종전 규모 이하

④ B가 붕괴된 기존의 건축물을 연면적의 합계가 700 m²인 건축물로 재축한다면, 층수와 높이가 종전 규모 범위 이하인 3 개 동으로 축조할 수 있다.

근거 ⑥-1~2 재축이란 기존 건축물의 전부 또는 일부가 멸실된 경우 그 대지에 건축물을 다시 축조하는 것이다. 이때 연면적의 합계, 즉 그 대지에 존재하는 모든 건축물의 연면적의 합이 종전 규모 이하여야 하며, 동수, 층수, 높이 중 어느 하나는 종전 규모를 초과하는 것이 가능하다.

풀이 〈보기〉에서 B의 기존 건축물은 지진으로 모두 붕괴되었다. 이처럼 기존 건축물이 천재지변으로 인해 부서지는 것은 '멸실'에 해당한다. 재축은 기존 건축물이 멸실된 경우 그 대지에 건축물을 다시 축조하는 것으로, 연면적의 합계가 종전 규모 이하여야 하며, 동수, 층수, 높이 중 어느 하나는 종전 규모를 초과하는 것이 가능하다. B가 멸실된 기존 건축물을 연면적의 합계가 700 m²인 건축물로 재축한다면, 연면적이 종전 규모 범위 이하이고 동수만 종전 규모를 초과하여 3 개 동인 건축물을 축조할 수 있다.

→ 적절함!

⑤ B가 지진 발생 전에 기존 건축물을 모두 해체하고 개축했다면, 같은 대지 내에서 기존 건축물과 다른 위치에 새로운 건축물을 축조하는 것이 가능했을 것이다.

근거 ⑤-1 개축은 기존 건축물의 전부 또는 일부를 해체하고 그 대지에 건축물의 규모가 종전 규모 범위 이하인 건축물을 다시 축조하는 것, ④-1 증축은 기존 건축물이 있는 대지에서 건축물의 규모를 늘려 짓는 것

풀이 B가 지진이 발생하기 전에 기존 건축물의 전부를 해체한 후 해당 대지에 건축물을 다시 축조했다면, 해당 건축물이 있는 대지 내에서 기존 건축물과는 다른 위치에 새로운 건축물을 축조하는 것이 가능하다.

→ 적절함!

---

040 | 문맥적 의미 파악 - 적절한 것 고르기 2025년 9월 학평 26번
정답률 95% **정답 ①**

ⓐ와 문맥상 의미가 가장 가까운 것은?

> 같은 대지의 다른 위치로 ⓐ옮기는 것이다.

풀이 ⓐ에서 쓰인 '옮기다'는 '어떤 곳에서 다른 곳으로 자리를 바꾸게 하다'의 의미이다.

✓ **① 우리는 행사를 위해 물건을 강당으로 옮겼다.**

풀이 '어떤 곳에서 다른 곳으로 자리를 바꾸게 하다'의 의미이다.

예문 의사가 환자를 응급실로 옮겼다.

→ 적절함!

② 나는 남의 말을 다른 이에게 옮기는 것을 경계하였다.

풀이 '불길이나 소문 따위를 한 곳에서 다른 곳으로 번져 가게 하다'의 의미이다.

예문 그녀는 자기가 들은 말을 그대로 남편에게 옮겼다.

→ 적절하지 않음!

③ 그는 역사적 사건을 그림으로 옮겨서 후대에 전하였다.

풀이 '어떠한 사실을 표현법을 바꾸어 나타내다'의 의미이다.

예문 그녀는 자신의 느낌을 글로 옮겼다.

→ 적절하지 않음!

④ 그녀는 준비해 온 계획을 실행에 옮기고자 결심하였다.

풀이 '어떠한 일을 다음 단계로 진행시키다'의 의미이다.

예문 오랜 구상을 행동으로 옮겨야 할 때가 되었다.

→ 적절하지 않음!

⑤ 동생은 방향을 바꾸어 반대편으로 발걸음을 옮겨 갔다.

풀이 '발걸음을 한 걸음 한 걸음 떼어 놓다'의 의미이다.

예문 진석은 퇴근 후 집으로 가다가 식당으로 발걸음을 옮겼다.

→ 적절하지 않음!

[041~045] 다음 글을 읽고 물음에 답하시오.

1 [1]17세의 고등학생이 부모의 동의(同意, 다른 사람의 법률 행위에 대해 인정하거나 허가하는 의사표시) 없이 60만 원의 다이어트 식품을 할부(割賦, 돈을 여러 번에 나누어 냄)로 구매하여 절반 정도 복용(服用, 약을 먹음)을 했지만, 효과가 없자 결국 계약(契約, 일정한 법률 효과의 발생을 목적으로 두 사람의 의사를 표시함)을 취소하기로 했다. [2]하지만 판매업자는 미성년자에 의한 계약이라도 사용한 만큼의 대금(代金, 물건의 값으로 치르는 돈)은 지불해야(支拂-, 값을 치러야) 하므로 이미 지급한(支給-, 정해진 몫만큼 내어줌) 20만 원에 추가로 10만 원을 더 지불하라고 요구했다. [3]⊙만약 계약이 취소되었고 학생이 복용하고 남은 다이어트 식품을 반환했다면(返還-, 되돌려주었다면), 판매업자와 학생의 법적 책임은 어떻게 될까?

→ 미성년자의 계약 취소에 대한 분쟁 사례

2 [1]최근 10대들의 상품 구매력(購買力, 상품이나 서비스를 살 수 있는 능력)이 갈수록 높아지고 있는 현상과 맞물려(서로 밀접한 관련을 맺게 되어) 부모 동의 없이 행한 미성년자의 계약 취소에 대한 분쟁(紛爭, 말썽을 일으켜 시끄럽고 복잡하게 다툼)이 끊이지 않고 있다. [2]민법(民法, 개인의 권리나 사람들 간의 관계를 규율하는 법규와 이것을 규정한 법) 제5조에 의하면 19세 미만의 미성년자는 원칙적으로 부모와 같은 법정 대리인(法定代理人, 본인의 위임을 받지 않고도 법률의 규정에 의해 대리권이 발생하는 대리인)의 동의가 없으면 계약 등의 법률행위를 할 수 없으며, 만약 동의 없이 계약했다면 체결한(締結-, 공식적으로 맺은) 계약은 일단 유효하지만(有效-, 본래의 효과가 있지만), 법적으로 정해진 해약(解約, 계약 당사자 한쪽의 의사표시에 의해 계약에 기초한 법률관계를 지워서 없애는 것) 기간이 지났더라도 법정 대리인은 상품을 계약한 미성년자의 동의 없이 계약을 취소할 수 있다. [3]이는 미성년자가 성인과 달리 사회적인 경험과 지식, 판단 능력 등이 부족하기 때문에 자신의 미성숙한(未成熟-, 아직 성숙하지 못한) 행위로 스스로에게 불리한(不利-, 이롭지 않은) 법률행위를 하는 것을 방지함으로써(防止-, 막음으로써) 미성년자를 보호하기 위한 제도이다.

→ 민법 제5조에 따른 계약취소권

3 [1]문제는 앞서 든 사례와 같이 구매한 물건을 사용하다가 중도(中途, 일이 진행되어 가는 동안)에 취소를 요구하는 경우인데, 이때는 어떻게 되는 것일까? [2]일반적으로 계약을 취소한다는 것은 계약 이전의 상태로 원상회복함(原狀回復-, 원래의 모양이나 상태로 돌아가게 함)을 의미한다. [3]즉, 처음부터 계약을 맺지 않았던 것이 되기 때문에, 판매업자는 이미 받은 대금을 반환하고 상품 구매자는 그 상품을 반환해야 한다. [4]이때 상품을 이미 사용한 경우라면, 구매자는 사용한 만큼의 이익에 상당하는(相當-, 이르는) 금액을 반환하면 된다.

→ 일반적인 계약 취소

4 [A] [1]그런데 민법 제141조는, 미성년자가 법정 대리인의 동의 없이 구매한 상품의 계약을 취소하는 경우 '대금의 반환 의무 범위는 받은 이익이 현존하는(現存-, 현재에 있는) 한도(限度, 제한되어 정해진 정도)에서만 책임이 있는' 것으로 명시하고(明示-, 분명하게 드러내 보이고) 있다. [2]이를 구체적으로 설명하자면, 생활필수품(生活必需品, 일상생활에 반드시 있어야 할 물품)에 해당하는 상품을 구매 계약한 경우에는 실질적으로 미성년자가 그것을 소비함으로써 현존 이익이 발생했으므로 사용한 만큼의 대금을 반환할 의무가 있다. [3]하지만 다이어트 식품과 같이 생활필수품이 아닌 상품을 구매한 경우는 사용한 만큼에 상당하는 대금을 반환할 필요가 없다. [4]오히려 계약 취소에 따라 계약 이전의 상태로 되돌아가므로, 미성년 소비자는 구매한 상품을 반환하고 이미 지급한 대금에 대해서는 반환을 요구할 수 있다.

→ 민법 제141조에 따른, 미성년자 구매 상품의 계약 취소

5 [1]그런데 미성년자라는 이유로 임의로(任意-, 일정한 기준이나 원칙 없이 하고 싶은 대로 하여) 계약을 취소하면 미성년자와 거래한(去來-, 물건 따위를 사고팖) 판매업자가 손해를 입을 수도 있으므로 이(미성년자와 거래한 판매업자)를 보호하기 위한 제도도 마련되어 있다. [2]먼저 미성년자가 판매업자를 속여 자신이 미성년자가 아니라고 믿게 했거나, 법정 대리인이 동의한 것처럼 믿게 했을 때는 취소권을 행사할(行使-, 권리의 내용을 실현할) 수 없는 '취소권 행사의 배제(排除, 받아들이지 않고 물리쳐 제외함)'가 있다. [3]또한 미성년자와 거래한 판매업자는 1개월 이상의 기간을 정하여 미성년자의 법정 대리인에게 계약을 취소할 것인지에 대한 확답(確答, 확실한 대답)을 촉구할(促求-, 급하게 재촉하여 요구할) 수 있는 '확답을 촉구할 권리'가 있다. [4]이때 그 기간 내에 미성년자의 법정 대리인이 확답을 발송하지(發送-, 보내지) 아니하면 그 행위를 추인*한(미성년자와의 불완전한 법률행위를 유효하게 만드는 의사를 표시한) 것

으로 ⓐ 본다. [5]다음으로 판매업자는 미성년자의 법정 대리인의 추인이 있기 전까지 먼저 계약 의사(意思, 무엇을 하고자 하는 생각)를 철회할(撤回-, 도로 거두어들이거나 취소함) 수 있는 '철회권'이 있다. [6]다만, 판매업자가 계약 당시에 상품 구매자의 신분(身分, 개인의 사회적인 위치나 지위, 자격)이 미성년자임을 알았다면 철회권을 행사할 수 없다.

→ 판매업자를 보호하기 위한 법적 제도

6 [1]한편, ⓒ 민법 제5조에서는 미성년자가 법정 대리인의 동의 없이 단독(單獨, 단 한 사람)으로 할 수 있는 계약도 명시하고 있다. [2]예를 들어 철도나 버스와 같은 대중교통 이용, 김밥과 과자 같은 간단한 식음료(食飮料, 사람이 먹거나 마실 수 있도록 만든 것)의 구입 등 일상적인(日常的-, 날마다 볼 수 있는) 거래는 법정 대리인의 동의 없이 자유롭게 행할 수 있다.

→ 민법 제5조에 명시된, 미성년자가 단독으로 할 수 있는 계약

* 추인(追 따르다 추 認 허가하다 인) : 민법상 불완전한 법률행위를 사후(事後, 일이 끝난 뒤)에 보충하여 유효하게 만드는 일방적(一方的, 어느 한쪽으로 치우친) 의사표시(意思表示, 일정한 법률 효과를 발생시킬 목적으로 그 의사를 외부에 나타내는 행위)

■지문 이해

〈미성년자의 계약과 관련된 민법 규정〉

❶ 미성년자의 계약 취소에 대한 분쟁 사례

❷ 민법 제5조에 따른 계약취소권
- 민법 제5조 : 미성년자는 법정 대리인의 동의 없이 계약 등 법률행위를 할 수 없으며, 만약 동의 없이 계약했다면 체결한 계약은 일단 유효하지만, 법정 대리인이 상품을 계약한 미성년자의 동의 없이 계약을 취소할 수 있음

❸ 일반적인 계약 취소
- 계약을 취소한다는 것은 계약 이전의 상태로 원상회복함을 의미함
  → 판매업자는 이미 받은 대금을 반환, 구매자는 해당 상품을 반환
  → 상품을 이미 사용한 경우, 구매자는 사용한 만큼의 이익에 상당하는 금액 반환

❹ 민법 제141조에 따른, 미성년자 구매 상품의 계약 취소
- 민법 제141조 : 미성년자가 법정 대리인의 동의 없이 구매한 상품의 계약을 취소하는 경우, 대금의 반환 의무 범위는 받은 이익이 현존하는 한도에서만 책임이 있음
  → 생활필수품의 구매 계약 시 : 사용한 만큼의 대금 반환 의무가 있음
  → 생활필수품이 아닌 상품의 구매 계약 시 : 사용한 만큼의 대금 반환 의무×, 구매한 상품을 반환하고 이미 지급한 대금에 대해 반환을 요구할 수 있음

❺ 판매업자를 보호하기 위한 법적 제도
- 취소권 행사의 배제 : 미성년자가 판매자를 속여 자신이 미성년자가 아니라고 믿게 했거나, 법정 대리인이 동의한 것처럼 믿게 했을 때 취소권을 행사할 수 없음
- 확답을 촉구할 권리 : 1개월 이상의 기간을 정하여 미성년자의 법정 대리인에게 계약 취소 여부에 대한 확답을 촉구할 수 있음
  - 기간 내 미성년자의 법정 대리인이 확답을 발송하지 않으면 그 행위를 추인한 것으로 봄
- 철회권 : 판매업자가 미성년자의 법정 대리인의 추인이 있기 전까지 먼저 계약 의사를 철회할 수 있음
  - 계약 당시 구매자가 미성년자임을 알았다면 철회권을 행사할 수 없음

❻ 민법 제5조에 명시된, 미성년자가 단독으로 할 수 있는 계약
- 대중교통 이용, 간단한 식음료의 구입 등 일상적인 거래는 미성년자가 법정 대리인의 동의 없이 단독으로 행할 수 있음

1등급 문제

041 세부 정보 이해 - 적절하지 않은 것 고르기 | 2025년 6월 학평 21번
정답률 50%, 매력적 오답 ② 15% ④ 20%　　**정답 ③**

윗글을 이해한 내용으로 적절하지 <u>않은</u> 것은?

① 계약의 취소는 거래 자체가 *무효화됨을 의미한다. *無效化-, 효과가 없게 됨

근거 ❸-2~3 계약을 취소한다는 것은 계약 이전의 상태로 원상회복함을 의미한다. 즉, 처음부터 계약을 맺지 않았던 것이 되기 때문에

→ 적절함!

② 미성년자와 거래한 판매업자는 일정한 조건이 충족되면 먼저 계약 취소를 요구할 수 있다.

근거 ❺-5~6 판매업자는 미성년자의 법정 대리인의 추인이 있기 전까지 먼저 계약 의사를 철회할 수 있는 '철회권'이 있다. 다만, 판매업자가 계약 당시에 상품 구매자의 신분이 미성년자임을 알았다면 철회권을 행사할 수 없다.

풀이 판매업자는 상품 구매자의 신분이 미성년자임을 몰랐다는 조건이 충족되면, 계약 의사를 먼저 철회할 수 있는 '철회권'이 있다.

→ 적절함!

③ 미성년자가 맺은 계약을 유지하려는 법정 대리인은 판매업자의 확답 촉구에 대해 응답해야만 한다.
확답을 발송하지 않아도 된다

근거 ❺-3~4 미성년자와 거래한 판매업자는 1개월 이상의 기간을 정하여 미성년자의 법정 대리인에게 계약을 취소할 것인지에 대한 확답을 촉구할 수 있는 '확답을 촉구할 권리'가 있다. 이때 그 기간 내에 미성년자의 법정 대리인이 확답을 발송하지 아니하면 그 행위를 추인한 것으로 본다.

풀이 판매업자의 확답 촉구에 대해 미성년자의 법정 대리인이 '확답을 발송하지 않으면' 그 행위를 추인한 것, 즉 불완전한 법률행위를 유효한 것으로 만들려는 의사가 있다고 본다. 따라서 미성년자가 맺은 계약을 유지하려는 법정 대리인은 판매업자의 확답 촉구에 대해 응답해야만 한다는 설명은 적절하지 않다.

→ 적절하지 않음!

④ 미성년자가 부모 동의 없이 거래한 상품 계약의 취소는 법적으로 정해진 해약 기간에 영향을 받지 않는다.

근거 ❷-2 민법 제5조에 의하면 19세 미만의 미성년자는 원칙적으로 부모와 같은 법정 대리인의 동의가 없으면 계약 등의 법률행위를 할 수 없으며, … 법적으로 정해진 해약 기간이 지났더라도 법정 대리인은 상품을 계약한 미성년자의 동의 없이 계약을 취소할 수 있다.

→ 적절함!

⑤ 미성년자가 부모 동의 없이 계약한 상품을 사용 도중 취소하면 상품의 성격에 따라 *대금 반환 의무의 여부가 달라질 수 있다. *대금을 반환할 의무가 있느냐 없느냐

근거 ❹-2~3 생활필수품에 해당하는 상품을 구매 계약한 경우에는 실질적으로 미성년자가 그것을 소비함으로써 현존 이익이 발생했으므로 사용한 만큼의 대금을 반환할 의무가 있다. 하지만 다이어트 식품과 같이 생활필수품이 아닌 상품을 구매한 경우는 사용한 만큼에 상당하는 대금을 반환할 필요가 없다.

→ 적절함!

---

042 | 세부 정보 이해 - 적절한 것 고르기 2025년 6월 학평 22번
정답률 75%, 매력적 오답 ② 10% | 정답 ③

[A]를 바탕으로 ㉠에 대한 법적 판단으로 가장 적절한 것은?

㉠ 만약 계약이 취소되었고 학생이 복용하고 남은 다이어트 식품을 반환했다면, 판매업자와 학생의 법적 책임은 어떻게 될까?

근거 ❹-3~4 다이어트 식품과 같이 생활필수품이 아닌 상품을 구매한 경우는 사용한 만큼에 상당하는 대금을 반환할 필요가 없다. 오히려 계약 취소에 따라 계약 이전의 상태로 되돌아가므로, 미성년 소비자는 구매한 상품을 반환하고 이미 지급한 대금에 대해서는 반환을 요구할 수 있다.

풀이 민법 제141조에 따르면 미성년자가 부모 등 법정 대리인의 동의 없이 구매한 상품의 계약을 취소하는 경우, 구매한 상품이 다이어트 식품 등 생활필수품이 아닌 때에는 사용한 만큼에 상당하는 대금을 반환할 필요가 없으며, 구매한 상품을 반환하고 이미 지급한 대금에 대해 반환을 요구할 수 있다. ㉠에서 계약이 취소되고 학생이 남은 다이어트 식품을 반환했다면, 학생은 사용한 만큼에 상당하는 대금을 반환할 필요가 없으며, 이미 지급한 대금 20만 원에 대해서도 반환을 요구할 수 있다. 따라서 정답은 ③번이다.

① 학생은 판매업자에게 지불한 20만 원을 돌려받을 수 있지만, 판매업자가 추가로 요구한 10만 원은 지불해야 한다.

② 학생은 판매업자에게 지불한 20만 원을 돌려받을 수 없지만, 판매업자가 추가로 요구한 10만 원은 지불하지 않아도 된다.

③ 학생은 판매업자에게 지불한 20만 원을 돌려받을 수 있고, 판매업자가 추가로 요구한 10만 원은 지불하지 않아도 된다.

→ 적절함!

④ 판매업자는 학생에게 이미 받은 20만 원 외에 추가로 10만 원을 더 받을 수 있다.

⑤ 판매업자는 학생에게 계약 당시 체결한 다이어트 식품 대금 60만 원을 모두 받을 수 있다.

---

043 | 추론의 적절성 판단 - 적절한 것 고르기 2025년 6월 학평 23번
정답률 70%, 매력적 오답 ⑤ 15% | 정답 ①

㉡의 이유를 추론한 내용으로 가장 적절한 것은?

㉡ 민법 제5조에서는 미성년자가 법정 대리인의 동의 없이 단독으로 할 수 있는 계약도 명시하고 있다.

근거 ❷-2~3 민법 제5조에 의하면 19세 미만의 미성년자는 원칙적으로 부모와 같은 법정 대리인의 동의가 없으면 계약 등의 법률행위를 할 수 없으며, 만약 동의 없이 계약했다면 체결한 계약은 일단 유효하지만, 법적으로 정해진 해약 기간이 지났더라도 법정 대리인은 상품을 계약한 미성년자의 동의 없이 계약을 취소할 수 있다. 이는 미성년자가 성인과 달리 사회적인 경험과 지식, 판단 능력 등이 부족하기 때문에 자신의 미성숙한 행위로 스스로에게 불리한 법률행위를 하는 것을 방지함으로써 미성년자를 보호하기 위한 제도이다.

풀이 민법 제5조에 따르면 미성년자는 법정 대리인의 동의 없이 계약 등 법률행위를 할 수 없으며, 만약 동의 없이 계약하였다면 법정 대리인은 미성년자의 동의 없이 그 계약을 취소할 수 있다. 이는 미성년자가 미성숙한 행위로 스스로에게 불리한 법률행위를 하는 것을 방지함으로써 '미성년자를 보호하기 위한 것'이다. 한편 민법 제5조에서는 대중교통 이용, 간단한 식음료의 구입 등 일상적인 거래에 대해서는 법정 대리인의 동의 없이 미성년자가 단독으로 계약할 수 있다고도 명시하고 있다. 이는 대중교통 이용이나 식음료의 구입 등 일상적인 거래 행위는 미성년자가 특별히 보호받을 필요가 없는 계약이기 때문이다. 따라서 정답은 ①번이다.

① 미성년자가 특별히 보호받을 필요가 없는 계약이기 때문이다.

→ 적절함!

② 미성년자가 경제적 이익을 취할 수 있는 계약이기 때문이다.

풀이 철도나 버스와 같은 대중교통 이용, 김밥과 과자 같은 간단한 식음료의 구입 등 일상적인 거래 행위를 통해 미성년자가 경제적 이익을 취할 수 없다.

③ 미성년자가 상대방과 *암묵적으로 합의한 계약이기 때문이다. *暗默的-. 자기의 의사를 밖으로 나타내지 않고

풀이 윗글에서는 미성년자의 법률행위가 원칙적으로 이루어지지 않는다고 언급하였다. 미성년자와 상대방의 암묵적 합의 등에 관련해서는 언급하지 않았다.

④ 미성년자와 거래한 상대방이 경제적 손해를 보지 않는 계약이기 때문이다.

풀이 불리한 법률행위를 방지함으로써 미성년자를 보호한다는 민법 제5조의 목적 및 미성년자가 단독으로 할 수 있는 계약이 명시된 이유와 관련이 없다.

⑤ 미성년자와 거래한 상대방이 법률적 불이익을 당하지 않는 계약이기 때문이다.

풀이 불리한 법률행위를 방지함으로써 미성년자를 보호한다는 민법 제5조의 목적 및 미성년자가 단독으로 할 수 있는 계약이 명시된 이유와 관련이 없다.

1등급 문제

044 | 구체적인 사례에 적용 - 적절하지 않은 것 고르기 2025년 6월 학평 24번
정답률 40%, 매력적 오답 ① 10% ② 20% ③ 15% ④ 15% | 정답 ⑤

윗글을 바탕으로 〈보기〉를 이해한 내용으로 적절하지 않은 것은? [3점]

| 보기 |
¹갑(17세)은 부모의 동의를 얻지 않고, 을(17세)은 부모의 동의서(同意書. 동의를 표시하는 문서나 서류)를 위조하여(僞造-. 속일 목적으로 꾸며 진짜처럼 만들어) 판매자 병으로부터 고가(高價. 비싼 가격)의 노트북을 구매하였다. ²거래 당시 병은 갑과 을이 모두 미성년자임을 알고 있었고, 을의 동의서가 위조된 사실은 알지 못했다. ³며칠 후 갑과 을의 부모는 갑과 을이 자신들의 동의 없이 노트북을 구매한 사실을 알게 되었다.

① 갑의 부모는 갑의 의사와 *무관하게 노트북 구매 계약을 취소할 수 있겠군. *無關-. 관계 없이

근거 〈보기〉-1 갑(17 세)은 부모의 동의를 얻지 않고, … 판매자 병으로부터 고가의 노트북을 구매, **❷-2** 민법 제5조에 의하면 19 세 미만의 미성년자는 원칙적으로 부모와 같은 법정 대리인의 동의가 없으면 계약 등의 법률행위를 할 수 없으며, 만약 동의 없이 계약했다면 … 법정 대리인은 상품을 계약한 미성년자의 동의 없이 계약을 취소할 수 있다.

풀이 민법 제5조에 의하면 미성년자가 부모 등 법정 대리인의 동의 없이 계약하였을 경우, 법정 대리인은 상품을 계약한 미성년자의 동의 없이 계약을 취소할 수 있다. 〈보기〉에서 미성년자인 갑은 부모의 동의를 얻지 않고 노트북을 구매하였으므로, 갑의 부모는 갑의 동의 없이도 노트북 구매 계약을 취소할 수 있다.

→ 적절함!

② 을과 을의 부모는 노트북 구매 계약을 취소할 수 없겠군.

근거 〈보기〉-1~2 을(17 세)은 부모의 동의서를 위조하여 판매자 병으로부터 고가의 노트북을 구매하였다. 거래 당시 병은 … 을의 동의서가 위조된 사실은 알지 못했다, **❺-2** 미성년자가 판매업자를 속여 자신이 미성년자가 아니라고 믿게 했거나, 법정 대리인이 동의한 것처럼 믿게 했을 때는 취소권을 행사할 수 없는 '취소권 행사의 배제'가 있다.

풀이 〈보기〉에서 을은 부모의 동의서를 위조하여 판매자 병으로부터 노트북을 구매하였고, 거래 당시 병은 해당 사실을 알지 못했다. 윗글의 설명에 따르면 미성년자가 판매업자를 속여 법정 대리인이 동의한 것처럼 믿게 했을 때는 취소권을 행사할 수 없다. 따라서 을과 을의 부모는 노트북 구매 계약을 취소할 수 없다.

→ 적절함!

③ 갑과 을이 병과 체결한 노트북 구매 계약은 일단 유효하겠군.

근거 **❷-2** 민법 제5조에 의하면 19 세 미만의 미성년자는 원칙적으로 부모와 같은 법정 대리인의 동의가 없으면 계약 등의 법률행위를 할 수 없으며, 만약 동의 없이 계약했다면 체결한 계약은 일단 유효

→ 적절함!

④ 병은 갑과 체결한 계약에 대해 철회권을 행사할 수 없겠군.

근거 〈보기〉-2 거래 당시 병은 갑과 을이 모두 미성년자임을 알고 있었고, **❺-6** 판매업자가 계약 당시에 상품 구매자의 신분이 미성년자임을 알았다면 철회권을 행사할 수 없다.

풀이 〈보기〉에서 판매자 병은 노트북 구매 계약 시 갑과 을이 미성년자임을 알고 있었다. 윗글의 설명에 따르면, 판매업자가 계약 당시에 상품 구매자의 신분이 미성년자임을 알았다면 철회권을 행사할 수 없다. 따라서 병은 갑과 체결한 계약에 대해 철회권을 행사할 수 없다.

→ 적절함!

✓ 갑과 을의 법정 대리인에게
⑤ 병은 갑과 ~~을에게~~ 노트북 구매 계약의 취소 여부에 대한 확답을 촉구할 수 있겠군.

근거 **❺-3** 미성년자와 거래한 판매업자는 1 개월 이상의 기간을 정하여 미성년자의 법정 대리인에게 계약을 취소할 것인지에 대한 확답을 촉구할 수 있는 '확답을 촉구할 권리'가 있다.

풀이 미성년자와 거래한 판매업자는 기간을 정하여 '미성년자의 법정 대리인에게' 계약의 취소 여부에 대한 확답을 촉구할 권리가 있다. 〈보기〉의 사례에서 병은 갑과 을이 아니라, 갑과 을의 법정 대리인인 부모에게 노트북 구매 계약의 취소 여부에 대한 확답을 촉구할 수 있다.

→ 적절하지 않음!

---

045 문맥적 의미 파악 - 적절한 것 고르기 2025년 6월 학평 25번 | **정답 ①**
정답률 90%

ⓐ와 문맥상 의미가 가장 가까운 것은?

그 기간 내에 미성년자의 법정 대리인이 확답을 발송하지 아니하면 그 행위를 추인한 것으로 ⓐ 본다.

풀이 ⓐ는 문맥상 '대상을 어떠하다고 평가하다'의 의미이다.

① 그는 *매사를 부정적으로 보는 경향이 있다. *每事, 하나하나의 모든 일

풀이 '대상을 어떠하다고 평가하다'의 의미이다.

예문 어쩐지 그의 행동을 실수로 볼 수가 없었다.

→ 적절함!

② 그녀는 여전히 부모님의 눈치를 보고 있다.

풀이 '기회, 때, 시기 따위를 살피다'의 의미이다.

예문 기회를 봐서 부모님께 말씀드리는 게 좋겠다.

→ 적절하지 않음!

③ 나는 친구가 추천한 책을 감명 깊게 보았다.

풀이 '책이나 신문 따위를 읽다'의 의미이다.

예문 너는 집에서 무슨 신문을 보니?

→ 적절하지 않음!

④ 선생님은 지금 병원에서 환자를 보고 계십니다.

풀이 '의사가 환자를 진찰하다'의 의미이다.

예문 원장님은 오전에만 환자를 보십니다.

→ 적절하지 않음!

⑤ 노부모는 하루빨리 손자를 보고 싶으신 모양이다.

풀이 '어떤 관계의 사람을 얻거나 맞다'의 의미이다.

예문 아버지께서는 뒤늦게 며느리를 보고 무척 기뻐하셨다.

→ 적절하지 않음!

[046~050] 다음 글을 읽고 물음에 답하시오.

1 [1]법질서(法秩序, 국가와 사회의 모든 활동이 법에 의해 질서 있게 유지되는 상태) 아래에서는 관계의 종류에 따라 적용해야(適用−, 맞추어 써야) 할 법의 분야가 달라지는데, 법의 대표적인 두 분야는 형사법과 민사법이다. [2]형사법은 국가와 범죄자 간(間, 사이, 관계)의 법률관계를 규율하며(規律−, 질서나 제도를 좇아 다스리며) 민사법은 개인과 개인 혹은 개인으로 인정되는 법인*과의 관계에 적용된다.

→ 법의 대표적인 두 분야 : 형사법과 민사법

2 [1]형사법의 목적은 사회 질서 유지 및 범죄 처벌(處罰, 형벌에 처함)로, 공익(公益, 사회 전체의 이익)을 위해 국가가 범죄자에게 형벌(刑罰, 범죄에 대한 법률의 효과로서 범죄자에게 제재를 가함)을 가한다.(加−. 준다.) [2]여기서 형벌은 생명, 자유, 명예, 재산 등에 관한 기본권(基本權, 헌법에 의하여 보장되는 국민의 기본적 권리)을 박탈하는(剝奪−. 빼앗는) 것을 내용으로 한다. [3]민사법은 개인 간 분쟁 해결 및 개인의 권리 보호를 목적으로 한다. [4]사건 당사자(當事者, 직접 관계가 있거나 관계한 사람)들이 평등한(平等−, 권리, 의무, 자격 등이 차별 없이 고르고 한결같은) 관계임을 전제하고(前提−, 먼저 내세우고) 손해와 이익을 조정하여(調停−, 중간에서 화해에 하거나 서로 타협점을 찾아 합의하도록 하여) 당사자 사이의 수평적 균형 관계를 회복시키고자 하는 것이다. [5]그러므로 소송(訴訟, 재판을 통해 소송 당사자 사이의 법률관계를 확정하여 줄 것을 법원에 요구하는 것)이 진행될 때, 형사법과 민사법의 소송 당사자와 소송 내용은 ⓐ 상이할 수밖에 없다.

→ 형사법과 민사법의 목적

3 [1]형사 소송의 당사자는 검사(檢事, 범죄 수사를 지휘하고 기소를 담당하는 등의 일을 하는 검찰청 소속 공무원)와 피고인(被告人, 형사 사건에 관하여, 검사에 의해 형사 책임을 져야 할 자로 공소 제기를 받은 사람 또는 공소 제기를 받은 것으로 취급된 사람)으로, 공익의 대표자인 검사가 범죄 혐의(嫌疑, 범죄를 저질렀을 가능성)가 있는 자를 피고인으로 기소하며 소송이 시작된다. [2]이때 기소란 검사가 특정 형사 사건에 대하여 법원에 심판(審判, 심리와 재판. 여기서 '심리'는 재판의 기초가 되는 사실 관계 및 법률관계를 명확히 하기 위해 법원이 증거나 방법 등을 심사하는 것을 뜻하고, '재판'은 구체적인 소송 사건을 해결하기 위해 법원 또는 법관이 판단을 내리는 일을 뜻함)을 요구하는 일이다. [3]피고인의 유죄(有罪, 피고 사건이 법률상 죄가 되거나 범죄로 증명됨) 입증(立證, 증거를 내세워 증명함)은 검사가 담당하고, 피고인은 변호인을 통하여 반박할(反駁−, 반대하여 말할) 수 있다. [4]법원은 검사의 입증과 피고인의 반박을 토대로(土臺−, 밑바탕으로) 피고인의 범죄 성립 여부(범죄가 이루어진 것인지 이루어지지 않은 것인지) 및 잘못의 정도(程度, 분량, 수준)를 따진 후 그에 합당한(合當−, 꼭 알맞은) 벌을 내린다. [5]이때 어떤 두 사람이 같은 종류의 범죄로 기소되었더라도 범죄 동기(動機, 행동을 일으키게 하는 계기)와 정황(情況, 일의 사정과 상황), 피고인과 피해자의 합의 여부(의사가 일치하는지 일치하지 않는지) 등을 ⓑ 고려하여 형량(刑量, 죄인에게 내리는 형벌의 정도)이 결정되므로 두 사람의 최종 선고형(宣告刑, 법원이 어떤 범죄에 대한 형량을 정하여 피고인에게 알리는 형)은 달라질 수 있다. [6]그리고 검사가 피고인을 기소하면 소송이 시작되는 것이 원칙이다. [7]하지만 예

외적으로 피해자가 처벌을 원하지 않으면 국가가 나서(적극적으로 끼어들어) 규율하지 않기로 정한 폭행죄, 모욕죄 등의 경우에는 소송이 진행되지 않을 수 있다.

→ 형사 소송의 소송 당사자와 소송 내용

4 ¹민사 소송의 당사자는 원고와 피고로, 피해자라고 주장하며 소송을 제기한(提起-, 일으킨) 개인이 원고가 되고, 가해자로 지목된(指目-, 가리켜져 정해진) 상대방은 피고가 된다. ²이때 각 당사자는 모두 소송 대리인(訴訟代理人, 소송 당사자를 대신하여 자신의 의사에 따라 소송 행위를 하고 소송 행위를 받는 제삼자)인 변호인을 쓸 수 있다. ³민사 소송의 당사자들은 자신에게 유리한(有利-, 이익이 있는) 법규(法規, 법 규범)를 근거로 하여 자신에게 책임이 없다는 사실을 입증해야 한다. ⁴만약 입증해야 하는 사실을 입증하지 못하는 경우 법원은 해당 당사자에게 불리하게 판단할 수밖에 없다. ⁵민사 소송은 형사 소송과 달리 두 당사자가 손해와 이익을 ⓒ 적절하게 타협하면(妥協-, 서로 양보하여 협의하면) 바로 소송이 종결된다.(終結-, 끝난다.)

→ 민사 소송의 소송 당사자와 소송 내용

5 ¹형사법과 민사법은 서로 다른 분야인 만큼 하나의 사건이더라도 그중 한 분야에서만, 또는 두 분야 모두에서 문제가 될 수도 있다. ²만약 갑이 을에게 맞아 갑이 다쳤다는 하나의 사건이 있다고 가정해 보자. ³이때 검사가 법원에 을을 상해죄(傷害罪, 폭행 또는 그 밖의 행위로 일부러 남의 몸에 상처를 입힘으로써 성립하는 범죄)라는 법규로 처벌해 달라는 형사 소송을 제기할 수도 있고, 갑이 을에게 치료비와 위자료(慰藉料, 불법 행위로 인해 생기는 손해 가운데 정신적 고통이나 피해에 대한 배상금. 여기서 '배상금'은 남에게 입힌 손해에 대해 물어 주는 돈을 뜻함)를 청구하는(請求-, 달라고 요구하는) 민사 소송을 제기할 수도 있다. ⁴하지만 하나의 사건이라 하더라도 똑같은 결론이 ⓓ 도출되지 않을 수 있다. ⁵소송마다 입증해야 하는 사실 관계가 다를 수 있을 뿐만 아니라 입증의 정도도 다르기 때문이다.

→ 하나의 사건에 대해 두 분야에서 서로 다른 결론이 도출되는 이유

6 ¹형사 소송은 '법관(法官, 법원에 소속되어 소송 사건을 심리하고, 분쟁이나 이해의 대립을 법률적으로 해결하고 조정하는 권한을 가진 사람)으로 하여금 합리적인 의심을 할 여지(餘地, 가능성)가 없을 정도'의 강한 입증을 요구한다. ²즉, 증거가 기소 내용이 진실하다고 확신하게(確信-, 굳게 믿게) 하는 증명력이 부족하다면 피고인에게 유죄의 의심이 간다고 하더라도 피고인의 이익으로 판단한다. ³이는 무죄(無罪, 피고 사건이 법률상 죄가 되지 않거나 범죄의 증명이 없음) 추정(推定, 미루어 생각하여 판정함)의 원칙, 즉 형사 소송법 제275조의2에서 '피고인은 유죄의 판결이 확정될(確定-, 확실하게 정해질) 때까지는 무죄로 추정된다.'라는 법규를 근거로 하기 때문이다. ⁴따라서 형사 소송에서는 100을 기준으로 검사의 유죄 입증 정도가 51이라면 유죄가 될 수 없다. ⁵⊙ '열 사람의 범인을 놓치는 한(限, 어떤 일을 위해 희생하거나 무릅써야 할 극단적 상황)이 있더라도 한 사람의 죄 없는 자를 벌해서는 안 된다.'라는 법언(法諺, 법에 관한 속담이나 격언)은 이를 뒷받침한다. ⁶그래서 흉악한(凶惡-, 아주 나쁘거나 심한) 범죄를 범한(犯-, 저지른) 혐의로 중형(重刑, 아주 무거운 형벌)을 선고받은(宣告-, 재판장이 판결을 알리는 '선고'를 받은) 피고인이 상급심(上級審, 상급 법원에서 하는 소송의 심리)에서 무죄를 선고받기도 하는데, 여기서 무죄는 반드시 피고인의 결백(潔白, 행동이나 마음씨가 깨끗하여 아무런 허물이 없음)을 의미하지는 않는다. ⁷반면(反面, 반대로), 민사 소송에서는 '통상인(通常人, 특별하지 않고 늘 예사로 있는, 보통 사람)이라면 의심을 품지 않을 정도'의 입증을 요구한다. ⁸이는 '어떤 사실이 있었다는 점을 인정할 수 있는 개연성(蓋然性, 절대적으로 확실하지 않으나 아마 그럴 것이라고 생각되는 성질)을 증명하는 정도'로 해석된다. ⁹결국 법원은 원고와 피고의 증거를 바탕으로 ⓔ 신뢰할 만한 증거를 누가 더 많이 제시하는가를 기준으로 판단한다. ¹⁰만일 원고와 피고의 입증 정도가 51 대 49라면 원고의 손을 들어 주게 된다.

→ '입증 정도'에 대한 형사 소송과 민사 소송의 차이

* 법인(法人) : 법률상 권리와 의무의 주체가 될 수 있는 사단(社團, 특정 목적을 위해 두 사람 이상이 결합하여 설립한 단체)과 재단(財團, 일정한 목적에 바친 재산을 개인이 소유하지 않고 독립된 것으로 운영하기 위해 법률적으로 구성된 법인)

■ 지문 이해
〈형사법과 민사법〉

❶ 법의 대표적인 두 분야 : 형사법과 민사법
- 형사법 : 국가와 범죄자 간 법률관계를 규율함
- 민사법 : 개인과 개인 혹은 개인으로 인정되는 법인과의 관계에 적용됨

❷ 형사법과 민사법의 목적

형사법	민사법
- 사회 질서 유지 및 범죄 처벌 - 공익을 위해 국가가 범죄자에게 기본권을 박탈하는 형벌을 가함	- 개인 간 분쟁 해결, 개인의 권리 보호 - 손익을 조정하여 당사자 사이의 수평적 균형 관계를 회복시키고자 함

소송 진행 시 형사법과 민사법의 소송 당사자와 소송 내용

	❸ 형사 소송	❹ 민사 소송
소송 당사자	검사, 피고인	- 원고, 피고 - 소송 대리인(변호인)을 쓸 수 있음
소송의 시작	검사가 피고인을 기소	피해자라고 주장하는 자(원고)가 소송을 제기
소송 내용	- 검사 : 피고인의 유죄 입증 - 피고인 : 변호인을 통해 반박	자신에게 유리한 법규를 근거로 책임이 없다는 사실을 입증
소송의 종결	법원은 범죄 성립 여부 및 잘못의 정도를 따진 후 범죄 동기, 정황, 합의 여부 등을 고려하여 형량을 결정함	당사자들이 손익을 적절하게 타협하면 소송이 종결됨

❺ 하나의 사건에 대해 두 분야에서 서로 다른 결론이 도출되는 이유
- 소송마다 입증해야 하는 사실 관계가 다를 수 있고, 입증의 정도도 다름

❻ '입증 정도'에 대한 형사 소송과 민사 소송의 차이

형사 소송	민사 소송
- 합리적인 의심을 할 여지가 없을 정도의 강한 입증을 요구함 - 증거의 증명력이 부족할 경우 피고인에게 유죄의 의심이 가더라도 피고인의 이익으로 판단함 → 무죄추정의 원칙	- 통상인이라면 의심을 품지 않을 정도(= 어떤 사실이 있었다는 점을 인정할 수 있는 개연성을 증명하는 정도)의 입증을 요구함 - 법원은 원고와 피고 중 신뢰할 만한 증거를 누가 더 많이 제시하는가를 기준으로 판단함

---

046 | 글의 서술 방식 파악 - 적절하지 않은 것 고르기 2025년 3월 학평 34번
정답률 75%, 매력적 오답 ④ 10% | 정답 ⑤

윗글에서 사용된 설명 방식으로 적절하지 않은 것은?

① 용어의 개념을 설명하여 내용에 대한 이해를 돕고 있다.
> **근거** ❸-2 기소란 검사가 특정 형사 사건에 대하여 법원에 심판을 요구하는 일이다.
> → 적절함!

② 규범 내용을 *인용하여 특정 원칙에 대해 설명하고 있다. *인용-, 자신의 말이나 글 속에 끌어 써서
> **근거** ❻-3 무죄추정의 원칙, 즉 형사 소송법 제275조의2에서 '피고인은 유죄의 판결이 확정될 때까지는 무죄로 추정된다.'라는 법규를 근거로 하기 때문
> → 적절함!

③ 문제 상황을 가정하여 서로 다른 분야에 적용하고 있다.
> **근거** ❺-2~3 만약 갑이 을에게 맞아 갑이 다쳤다는 하나의 사건이 있다고 가정해 보자. 이때 검사가 법원에 을을 상해죄라는 법규로 처벌해 달라는 형사 소송을 제기할 수도 있고, 갑이 을에게 치료비와 위자료를 청구하는 민사 소송을 제기할 수도 있다.
> → 적절함!

④ 예외적 조건을 제시하여 원칙과 다른 경우를 소개하고 있다.
> **근거** ❸-6~7 검사가 피고인을 기소하면 소송이 시작되는 것이 원칙이다. 하지만 예외적으로 피해자가 처벌을 원하지 않으면 국가가 나서 규율하지 않기로 정한 폭행죄, 모욕죄 등의 경우에는 소송이 진행되지 않을 수 있다.
>
> → 적절함!

⑤ 서로 다른 견해를 *절충하여 현실적인 **대책을 제시하고 있다. *折衷-, 알맞게 조절하고 서로 잘 어울리게 하여 **對策, 대처할 계획이나 수단
> **근거** ❶-1 법질서 아래에서는 관계의 종류에 따라 적용해야 할 법의 분야가 달라지는데, 법의 대표적인 두 분야는 형사법과 민사법이다.
>
> **풀이** 윗글에서는 법의 대표적인 두 분야인 형사법과 민사법에 대해 설명하고 있지만, 서로 다른 견해를 절충하거나 대책을 제시하고 있지는 않다.
>
> → 적절하지 않음!

1등급 문제

047 세부 정보 이해 - 적절하지 않은 것 고르기 2025년 3월 학평 35번
정답률 60%, 매력적 오답 ④ 20% ⑤ 10% | **정답 ③**

윗글을 이해한 내용으로 적절하지 <u>않은</u> 것은?

① 형사법에서는 형벌을 가함으로써 사회 질서가 유지되도록 하고자 한다.
> **근거** ❷-1 형사법의 목적은 사회 질서 유지 및 범죄 처벌로, 공익을 위해 국가가 범죄자에게 형벌을 가한다.
>
> → 적절함!

② 민사법에서는 당사자들이 타협을 하면 수평적 균형 관계가 회복된 것으로 *간주한다. *看做-, 여긴다.
> **근거** ❷-4 사건 당사자들이 평등한 관계임을 전제하고 손해와 이익을 조정하여 당사자 사이의 수평적 균형 관계를 회복시키고자 하는 것, ❹-5 민사 소송은 형사 소송과 달리 두 당사자가 손해와 이익을 적절하게 타협하면 바로 소송이 종결된다.
>
> **풀이** 민사법은 사건 당사자 사이의 수평적 균형 관계 회복을 목적으로 한다. 한편 민사 소송에서는 두 당사자가 손해와 이익을 적절하게 타협하면 바로 소송이 종결된다고 하였으므로, 이러한 내용을 통해 민사법에서는 두 당사자가 타협한 것을 수평적 균형 관계가 회복된 것으로 본다는 점을 알 수 있다.
>
> → 적절함!

③ 형사 소송은 검사의 기소로 시작하며 <s>피해자가</s> 변호인을 통하여 소송의 당사자로 참여한다. (피고인은)
> **근거** ❸-1 형사 소송의 당사자는 검사와 피고인으로, 공익의 대표자인 검사가 범죄 혐의가 있는 자를 피고인으로 기소하며 소송이 시작된다, ❸-3 피고인은 변호인을 통하여 반박할 수 있다.
>
> **풀이** 형사 소송이 검사의 기소로 시작되는 것은 맞지만, 피해자는 형사 소송의 당사자가 아니므로 피해자가 변호인을 통하여 소송의 당사자로 참여한다는 설명은 적절하지 않다. 소송의 당사자로서 변호인을 통해 소송에 참여하는 것은 피해자가 아니라 피고인이다.
>
> → 적절하지 않음!

④ 형사 소송에서의 최종 선고형에는 범죄의 종류 외에도 피고인의 상황이 영향을 미칠 수 있다.
> **근거** ❸-5 어떤 두 사람이 같은 종류의 범죄로 기소되었더라도 범죄 동기와 정황, 피고인과 피해자의 합의 여부 등을 고려하여 형량이 결정되므로 두 사람의 최종 선고형은 달라질 수 있다.
>
> → 적절함!

⑤ 민사 소송에서는 특정 사실이 있었을 개연성을 증명하는 증거를 많이 제출하는 당사자가 유리할 수 있다.
> **근거** ❻-7~9 민사 소송에서는 '통상인이라면 의심을 품지 않을 정도'의 입증을 요구한다. 이는 '어떤 사실이 있었다는 점을 인정할 수 있는 개연성을 증명하는 정도'로 해석된다. 결국 법원은 원고와 피고의 증거를 바탕으로 신뢰할 만한 증거를 누가 더 많이 제시하는가를 기준으로 판단한다.
>
> **풀이** 민사 소송의 당사자는 원고와 피고로, 법원은 두 당사자 중 누가 '어떤 사실이 있었다는 점을 인정할 수 있는 개연성을 증명하는 정도'를 입증하는 증거를 더 많이 제시하는가를 기준으로 판단한다. 따라서 특정 사실이 있었을 개연성을 증명하는 증거를 많이 제출하는 당사자가 유리할 수 있다는 설명은 적절하다.
>
> → 적절함!

---

048 추론의 적절성 판단 - 적절한 것 고르기 2025년 3월 학평 36번
정답률 80% | **정답 ⑤**

㉠의 의미를 추론한 것으로 가장 적절한 것은?

> ㉠'열 사람의 범인을 놓치는 한이 있더라도 한 사람의 죄 없는 자를 벌해서는 안 된다.'라는 법언

① 피고인과 피해자의 타협이 이루어지기 전까지는 피고인을 무죄로 간주해야 한다는 것이겠군.
> **근거** ❸-5 범죄 동기와 정황, 피고인과 피해자의 합의 여부 등을 고려하여 형량이 결정되므로
>
> **풀이** 형사 소송에서 피고인이 피해자와 합의했는지 여부는 형량 결정에 영향을 끼칠 수 있지만, 이것을 ㉠의 의미라고 볼 수 없다.
>
> → 적절하지 않음!

개인의 기본권 침해
② 재판 과정에서 개인의 재산상 피해가 발생하더라도 국가는 사회 질서 유지를 *우선시해야 한다는 것이겠군. *優先視-, 다른 것보다 중요하게 보아야
> **풀이** ㉠의 내용은 유죄 판결이 확정될 때까지는 피고인을 무죄로 추정한다는 무죄추정의 원칙과 관련된 법언으로, 이는 오히려 피고인 개인의 권리를 중시하는 것이지 개인의 재산상 피해보다 사회 질서 유지를 우선시하는 것이라고 볼 수 없다.
>
> → 적절하지 않음!

③ 잘못된 행위를 하더라도 그 행위와 관련된 법규가 없다면 검사가 해당 내용으로 기소할 수 없다는 것이겠군.
> **풀이** ㉠은 유죄 판결이 확정될 때까지는 피고인을 무죄로 추정하여, 억울하게 기본권이 침해당하는 사람이 없도록 해야 한다는 것으로, 관련 법규의 유무에 따라 검사의 기소 여부가 결정된다는 내용과는 관련이 없다.
>
> → 적절하지 않음!

④ 재판에서 피고인은 자신에게 불리한 사실과 관련한 질문에 답하지 않을 수 있는 권리를 지니고 있다는 것이겠군.
> **풀이** ㉠은 유죄 판결이 확정될 때까지는 피고인을 무죄로 추정하여, 억울하게 기본권이 침해당하는 사람이 없도록 해야 한다는 것으로, 재판에서 피고인이 자신에게 불리한 질문에 답하지 않을 권리를 지닌다는 내용과는 관련이 없다.
>
> → 적절하지 않음!

⑤ 범죄 사실이 확실하게 입증되지 않았음에도 처벌을 받아 개인의 기본권이 침해되는 경우를 *방지하기 위한 것이겠군. *防止-, 일어나지 못하게 막기
> **근거** ❷-1~2 형사법의 목적은 사회 질서 유지 및 범죄 처벌로, 공익을 위해 국가가 범죄자에게 형벌을 가한다. 여기서 형벌은 생명, 자유, 명예, 재산 등에 관한 기본권을 박탈하는 것을 내용으로 한다.
>
> **풀이** 형사 소송에서 유죄의 판결이 확정된 피고인은 개인의 기본권을 박탈하는 형벌에 처해지게 되므로, 범죄 사실이 확실하게 입증되지 않은 피고인을 섣부르게 유죄로 판결하면 개인의 기본권이 억울하게 침해당할 가능성이 있다. 이에 형사 소송에서는 '법관으로 하여금 합리적 의심을 할 여지가 없을 정도'의 강한 입증이 요구되며, 증거의 증명력이 부족하다면 피고인에게 유죄의 의심이 간다고 하더라도 유죄의 판결이 확정될 때까지는 무죄로 추정한다. ㉠은 이처럼 범죄 사실이 확실하게 입증되지 않았음에도 처벌을 받아 개인의 기본권이 침해되는 경우가 없어야 한다는 의미를 담고 있다고 볼 수 있다.
>
> → 적절함!

049 구체적인 사례에 적용 - 적절하지 않은 것 고르기 2025년 3월 학평 37번
정답률 55%, 매력적 오답 ③ 15% ⑤ 15% | 정답 ④

〈보기〉의 ㄱ과 ㄴ은 동일한 사건을 바탕으로 제기된 소송이다. 윗글을 바탕으로 〈보기〉를 이해할 때, 적절하지 <u>않은</u> 것은? [3점]

| 보기 |
ㄱ. ¹운전 중이던 A는 도로에 쓰러져 있던 B를 밟고 지나갔으나, 이를 인지하지(認知 –, 알지) 못하였다. ²검사는 A가 주의 의무(注意義務, 어떤 행위를 함에 있어 일정한 주의를 하여야 할 법률상 의무)를 위반하는(違反–, 지키지 않고 어기는) 과실(過失, 부주의로 인해 어떤 결과의 발생을 미리 내다보지 못한 일)을 범해 B를 밟았다고 판단하고 A를 기소했다. ³하지만 구조가 복잡하여 도로 환경이 열악했던(劣惡–, 매우 떨어지고 나빴던) 점 등을 고려하면, 주의 의무 위반으로 인해 사고가 났음을 인정하기 어렵다며 무죄가 선고되어 확정되었다. ← 형사 소송
ㄴ. ⁴이후 B는 A가 가입한 보험사에 손해 배상(損害賠償, 법률에 따라 남에게 끼친 손해를 물어 주는 일) 민사 소송을 제기했다. ⁵보험사는 A의 형사 소송 판결을 증거로 제출하며 이 사건은 손해 배상 면책(免責, 책임을 지지 않게 됨) 사유(事由, 일의 까닭)에 해당한다고 맞섰다. ⁶하지만 법원은 A가 도로에 사람이 다닐 가능성을 염두(念頭, 마음속)에 두어 안전하게 운행할(運行–, 차량을 움직이게 할) 의무가 있었고, 제출한 증거로는 해당 사실을 입증하기에 부족하여 B에게 보험금을 지급하라고 판결하였다. ← 민사 소송

(주석: A : 피고인, 원고, 피고)

① ㄱ은 피고인의 범죄 사실을 *규명하여 처벌하기 위한 소송에, ㄴ은 피고와 원고 간의 분쟁을 해결하기 위한 소송에 해당하겠군. *糾明–, 자세히 따져서 밝혀

근거 〈보기〉-2 검사는 … A를 기소했다. ❷-1 형사법의 목적은 사회 질서 유지 및 범죄 처벌, ❸-1 형사 소송의 당사자는 검사와 피고인으로, 공익의 대표인 검사가 범죄 혐의가 있는 자를 피고인으로 기소하며 소송이 시작, 〈보기〉-4 B는 … 손해 배상 민사 소송을 제기, ❷-3 민사법은 개인 간 분쟁 해결 및 개인의 권리 보호를 목적으로 한다.

풀이 ㄱ에서 검사는 주의 의무 위반 혐의로 A를 기소하였다. 윗글에서 형사 소송의 당사자는 검사와 피고인이고, 검사가 범죄 혐의가 있는 자를 피고인으로 기소하며 소송이 시작된다고 하였으므로, ㄱ은 형사 소송에 해당함을 알 수 있다. 또한 윗글에서 형사법의 목적은 사회 질서 유지 및 범죄 처벌이라고 하였으므로, ㄱ의 형사 소송은 피고인 A의 범죄 사실을 규명하여 처벌하기 위한 것으로 볼 수 있다. 한편 ㄴ은 B가, A가 가입한 보험사에 제기한 민사 소송이다. 윗글에서 민사법은 개인 간 분쟁 해결 및 개인의 권리 보호를 목적으로 한다고 하였으므로, ㄴ의 민사 소송은 피고와 원고 간의 분쟁을 해결하기 위한 소송에 해당한다고 볼 수 있다.

→ 적절함!

② ㄱ에서 A의 주의 의무 위반 여부와 ㄴ에서 A의 안전하게 운행할 의무 위반 여부를 판단할 때 입증해야 하는 사실 관계가 동일하지 않을 수 있었겠군.

근거 ❺-1 형사법과 민사법은 서로 다른 분야인 만큼 하나의 사건이더라도 그중 한 분야에서만, 또는 두 분야 모두에서 문제가 될 수도 있다. ❺-4~5 하지만 하나의 사건이라 하더라도 똑같은 결론이 도출되지 않을 수 있다. 소송마다 입증해야 하는 사실 관계가 다를 수 있을 뿐만 아니라 입증의 정도도 다르기 때문

풀이 윗글의 설명에 따르면 하나의 사건이더라도 형사 소송과 민사 소송이 각각 제기될 수 있으며, 이때 소송마다 입증해야 하는 사실 관계와 입증의 정도가 다르기 때문에, 하나의 사건이라 하더라도 똑같은 결론이 도출되지 않을 수 있다. 〈보기〉의 ㄱ과 ㄴ은 동일한 사건을 바탕으로 제기된 소송이지만, ㄱ은 형사 소송, ㄴ은 민사 소송으로, 입증해야 하는 사실 관계가 다를 수 있으며, 입증의 정도도 다를 수 있다.

→ 적절함!

③ ㄱ에서는 A의 유죄를 입증할 만한 증거의 증명력이 부족했을 것으로, ㄴ에서는 B가 통상인이 의심을 품지 않을 정도의 입증을 한 것으로 볼 수 있겠군.

근거 ❻-2 (형사 소송은) 증거가 기소 내용이 진실하다고 확신하게 하는 증명력이 부족하다면 피고인에게 유죄의 의심이 간다고 하더라도 피고인의 이익으로 판단, ❻-7 민사 소송에서는 '통상인이라면 의심을 품지 않을 정도'의 입증을 요구, ❻-9 법원은 원고와 피고의 증거를 바탕으로 신뢰할 만한 증거를 누가 더 많이 제시하는가를 기준으로 판단

풀이 ㄱ의 형사 소송에서 법원은 A의 주의 의무 위반으로 인해 사고가 났음을 인정하기 어렵다고 보고 무죄를 선고하였다. 형사 소송에서 법원은 증거가 '기소 내용이 진실하다고 확신하게 하는' 증명력이 부족할 경우 피고인의 이익으로 판단한다. 따라서 ㄱ에서 무죄 선고가 확정된 것은 검사가 제시한 증거가 A의 유죄를 입증할 만한 증명력이 부족했기 때문이라고 볼 수 있을 것이다. 한편 ㄴ의 민사 소송에서 법원은 보험사(피고)가 제출한 증거로는 사실을 입증하기에 부족하다고 보고, B(원고)에게 보험금을 지급하라고 판결하였다. 민사 소송에서는 '통상인이라면 의심을 품지 않을 정도'의 입증을 요구하며, 법원은 원고와 피고의 증거를 바탕으로 신뢰할 만한 증거를 누가 더 많이 제시하는가를 기준으로 판단한다. 따라서 ㄴ에서 법원이 B의 손을

들어 준 것은 B가 통상인이 의심을 품지 않을 정도의 입증을 보험사보다 더 많이 하였기 때문이라고 볼 수 있다.

→ 적절함!

④ ㄱ에서는 도로에 쓰러져 있던 B의 과실이 크다는 것이 피고인에게 유리하게 작용했고, ㄴ에서는 A가 도로의 보행자를 인지하지 못했다는 것이 원고에게 유리하게 작용했겠군.

근거 〈보기〉-3 구조가 복잡하여 도로 환경이 열악했던 점 등을 고려하면, 주의 의무 위반으로 인해 사고가 났음을 인정하기 어렵다며 무죄가 선고되어 확정, ❻-1 형사 소송은 '법관으로 하여금 합리적인 의심을 할 여지가 없을 정도'의 강한 입증을 요구한다, 〈보기〉-6 법원은 A가 도로에 사람이 다닐 가능성을 염두에 두어 안전하게 운행할 의무가 있었고, 제출한 증거로는 해당 사실을 입증하기에 부족하여 B에게 보험금을 지급하라고 판결

풀이 ㄱ에서 피고인 A가 무죄 판결을 받은 것은, 구조가 복잡하여 도로 환경이 열악했던 점 등이 고려되어 A의 주의 의무 위반으로 인해 사고가 났음이 '의심할 여지가 없을 정도'로 강하게 입증되지 못했기 때문이지, B의 과실이 크기 때문이 아니다. 따라서 ㄱ에서 도로에 쓰러져 있던 B의 과실이 크다는 것이 피고인에게 유리하게 작용했다는 설명은 적절하지 않다. 한편 ㄴ에서 법원이 'B에게 보험금을 지급하라'고 판결한 것은, A가 도로에 사람이 다닐 가능성을 염두에 두어 안전하게 운행할 의무가 있었다는 점과 보험사가 제출한 증거의 증명력이 부족한 점을 고려한 것이다. 따라서 ㄴ에서 A가 도로의 보행자를 인지하지 못했다는 것이 원고에게 유리하게 작용했을 것이라는 설명은 적절하다.

→ 적절하지 않음!

⑤ ㄱ에서는 법관이 열악한 도로 환경을 근거로 A의 유죄에 대해 합리적인 의심을 품었지만, ㄴ에서는 도로에 사람이 다닐 가능성을 근거로 피고의 법적 책임을 인정한 것이겠군.

근거 ❻-1 형사 소송은 '법관으로 하여금 합리적인 의심을 할 여지가 없을 정도'의 강한 입증을 요구한다, ❹-3~4 민사 소송의 당사자들은 자신에게 유리한 법규를 근거로 하여 자신에게 책임이 없다는 사실을 입증해야 한다. 만약 입증해야 하는 사실을 입증하지 못하는 경우 법원은 해당 당사자에게 불리하게 판단할 수밖에 없다.

풀이 형사 소송은 법관으로 하여금 합리적인 의심을 할 여지가 없을 정도의 강한 입증을 요구한다. ㄱ에서 법원은 구조가 복잡하여 도로 환경이 열악했던 점 등을 고려하면 주의 의무 위반으로 인해 사고가 났음을 인정하기 어렵다고 보았다. 이는 법관이 열악한 도로 환경을 근거로 A의 유죄에 대해 '합리적인 의심'을 할 여지가 있었음을 뜻한다. 한편 민사 소송에서 원고와 피고는 각각 자신에게 책임이 없다는 사실을 입증하여야 한다. ㄴ에서 법원은 A가 도로에 사람이 다닐 가능성을 염두에 두어 안전하게 운행할 의무가 있었다는 점과 보험사가 제출한 증거의 증명력이 부족하다는 점을 들어 B에게 보험금을 지급하라고 판결하였다. 이는 법관이 도로에 사람이 다닐 가능성을 근거로 들어 피고의 법적 책임을 인정한 것이라고 볼 수 있다.

→ 적절함!

---

050 문맥적 의미 파악 - 적절하지 않은 것 고르기 2025년 3월 학평 38번
정답률 90% | 정답 ③

문맥상 ⓐ~ⓔ와 바꿔 쓰기에 적절하지 <u>않은</u> 것은?

ⓐ 상이할 ⓑ 고려하여 ⓒ 적절하게 ⓓ 도출되지 ⓔ 신뢰할

① ⓐ : 서로 다를

풀이 ⓐ에서 쓰인 '상이(相 서로 상 異 다르다 이)하다'는 '서로 다르다'의 뜻이다. 따라서 ⓐ의 '상이할'을 '서로 다를'로 바꿔 쓰는 것은 적절하다.

→ 적절함!

② ⓑ : 따져

풀이 ⓑ에서 쓰인 '고려(考 생각하다 고 慮 생각하다 려)하다'는 '생각하고 헤아려 보다'의 뜻으로, '계산, 득실, 관계 따위를 낱낱이 헤아리다'의 의미를 가진 '따지다'와 바꿔 써도 문맥상 의미가 달라지지 않는다. 따라서 ⓑ의 '고려하여'를 '따져'로 바꿔 쓰는 것은 적절하다.

→ 적절함!

③ ⓒ : 견주어

풀이 ⓒ에서 쓰인 '적절(適 알맞다 적 切 적절하다 절)하다'는 '꼭 알맞다'의 의미이다. 한편 '견주다'는 '둘 이상의 사물을 양이나 질 등에서 어떤 차이가 있는지 알기 위해 서로 대어 보다'의 의미로, ⓒ로 바꿔 쓸 경우 해당 문장의 의미가 달라진다. 따라서 ⓒ를

'견주어'로 바꿔 쓰는 것은 적절하지 않다.

→ 적절하지 않음!

④ ⓓ : 나오지

풀이 ⓓ에서 쓰인 '도출(導 이끌다 도 出 나다 출)되다'는 '판단이나 결론 따위가 이끌려 나오다'의 뜻으로, '나오다'와 바꿔 써도 문맥상 의미가 달라지지 않는다. 따라서 ⓓ의 '도출되지'를 '나오지'로 바꿔 쓰는 것은 적절하다.

→ 적절함!

⑤ ⓔ : 믿을

풀이 ⓔ에서 쓰인 '신뢰(信 믿다 신 賴 의지하다 뢰)하다'는 '굳게 믿고 의지하다'의 뜻으로, '믿다'와 바꿔 써도 문맥상 의미가 달라지지 않는다. 따라서 ⓔ의 '신뢰할'을 '믿을'로 바꿔 쓰는 것은 적절하다.

→ 적절함!

[051~056] 다음 글을 읽고 물음에 답하시오.

(가)

1 ¹민법(民法, 개인의 권리나 사람들 간의 관계를 다스리는 법규와 이것을 규정한 법)에서 **불법행위**(不法行爲, 고의나 과실에 의하여 타인의 권리를 침해하여 손해를 발생시키는 행위)는 **가해자**(加害者, 다른 사람의 생명이나 신체, 재산, 명예 등에 해를 끼친 사람)의 고의 또는 과실로 인한(因~, 말미암은) **위법행위**(違法行爲, 법률 질서에 위배되는 것으로 평가되는 행위)로 **피해자**(被害者, 자신의 생명이나 신체, 재산, 명예 등에 침해 또는 위협을 받은 사람)에게 **손해**(損害, 해를 입음)를 **가하는**(加~, 어떤 행위를 하거나 영향을 끼치는) 행위로 **규정된다.**(規定~, 내용, 성격, 의미가 밝혀져 정해진다.) ²이때 고의는 자신의 행위가 **타인**(他人, 다른 사람)에게 손해를 가할 것임을 알고도 **의도적으로**(意圖的~, 하려고 꾀하여) **실행한**(實行~, 실제로 행한) 것, 과실은 자신의 행위가 타인에게 손해를 가할 것이라고 예상하지 못한 상태에서 실행한 것을 말한다. ³여기서 과실은 정상적으로 요구되는 의무인 **주의 의무**(注意義務, 어떤 행위를 함에 있어서 일정한 주의를 하여야 할 법률상의 의무)를 다하지 못한 것을 의미하며, 정상적으로 요구된다는 것은 사회적인 **통념상**(通念上, 일반적으로 널리 통하는 개념에 따라) **보편적인**(普遍的~, 모든 것에 두루 미치거나 통하는) 사람인 '사회 평균인'을 기준으로 한다는 것을 뜻한다. ⁴즉, 일반적인 개인의 능력이나 사정 등은 **고려하지**(考慮~, 생각하고 헤아려 보지) 않는다는 것이다. ⁵그리고 손해는 불법행위 **전후**(前後, 앞과 뒤)에 따른 피해자의 **이익**(利益, 물질적으로나 정신적으로 보탬이 되는 것) 상태의 차이를 의미한다.

→ 민법에서 규정하는 '불법행위'의 개념

2 ¹우리나라는 민법에서 피해자가 입은 손해는 가해자가 **배상하도록**(賠償~, 그 손해를 물어주도록) 규정하고 있다. ²이는 그 손해가 가해자의 불법행위에 의한 것이므로 원래 상태에 가장 가까운 상태로 **회복시켜야**(回復~, 원래의 상태로 돌이켜야) 한다고 본 것이다. ³이러한 점에서 일반적으로 **법적 정의**(法的正義, 법을 통해 정의를 실현하는 것)가 **구현된**(具現~, 구체적인 사실로 나타난) 것으로 받아들여진다. ⁴피해자가 손해를 배상받으려면 가해자의 고의나 과실은 피해자가 **입증해야**(立證~, 증거 등을 내세워 증명해야) 하고, 이를 법원에서 인정했을 때 가해자는 피해자가 입은 손해에 대해 **금전적**(金錢的, 경제적 이익과 관련되는 것)으로 배상해야 한다.

→ 민법의 손해배상 규정

3 ¹그런데 피해자의 손해에 피해자의 과실이 관련된 것으로 인정된 경우도 있다. ²이때 고의에 의한 불법행위라면 손해배상에서 피해자의 과실은 고려하지 않는다. ³하지만 가해자의 과실에 의한 불법행위라면, 가해자는 피해자에게 손해를 가할 의도가 없었고, 피해자 본인의 과실도 일정 부분 있으므로 피해자의 과실을 고려하지 않는 것은 **부당하다고**(不當~, 이치에 맞지 않다고) 할 수 있다. ⁴가해자가 자신의 과실이 아닌 부분에 대한 책임을 지게 되기 때문이다. ⁵이러한 **시각**(視角, 기본적인 자세)에서는 피해자의 손해를 원래 상태에 가장 가까운 상태로 회복하는 것만이 아니라 가해자와 피해자 각각의 과실에 따른 책임을 고려해 손해에 대한 **부담**(負擔, 의무나 책임을 짐)을 **배분하는**(配分~, 나누는) 것까지를 법적 정의를 구현한 것으로 본다. ⁶이를 법적 정의의 관점에서는 **배분적 정의**라고 **일컫는다.**(가리켜 말한다.)

→ 가해자의 고의나 과실에 의한 불법행위에서 피해자의 과실 고려 여부

4 ¹우리나라는 피해자가 입은 손해에 피해자의 과실도 관련된 것으로 인정된 경우에는 '**과실상계**(過 과실 과 失 잘못 실 相 서로 상 計 셈하다 계)'를 적용한다. ²과실상계는 가해자가 **지급해야**(支給~, 줘야) 할 **손해배상액**(損害賠償額, 남에게 입힌 손해를 물어주기 위한 금액) 중에서 피해자의 과실에 해당하는 만큼을 **감액하는**(減額~, 액수를 줄이는) 것을 의미한다. ³이때 피해자의 과실에 대해 판단할 때도 '사회 평균인'을 기준으로 한다. ⁴⊙이는 과실상계를 **공정하게**(公正~, 공평하고 올바르게) 적용하기 위한 것으로 볼 수 있다.

→ '과실상계'의 개념과 적용

(나)

1 ¹불법행위가 여러 명의 가해자에 의해 발생한 경우는 공동불법행위라고 규정한다. ²공동불법행위가 가해자들의 고의 없이 과실만에 의해 발생했고 그 손해에 피해자의 과실도 있다고 인정될 때는, 가해자들이 부담해야 할 손해배상액에서 피해자의 과실에 해당하는 만큼을 감액할 수 있다. ³그런데 공동불법행위는 가해자 각각의 과실이 피해자가 입은 손해에 미친 영향이 서로 다를 수 있다. ⁴이때 피해자의 손해를 가해자가 부담하는 방식이 다양하게 적용될 수 있다.

[여백 주석] 과실상계

→ 공동불법행위의 규정

2 ¹우리나라는 원칙적으로 공동불법행위로 인해 피해자가 입은 손해는 가해자들이 **연대하여**(連帶~, 여럿이 함께 책임을 저) 배상해야 한다는 민법 규정을 적용한다. ²여기서 연대하여 배상한다는 것은, 손해배상액 전체를 가해자들이 함께 책임지는 방식을 의미한다. ³이는 과실이 **경미한**(輕微~, 가볍고 아주 적어서 대수롭지 않은) 가해자라도 본인 외의 다른 가해자에게 경제적 능력이 전혀 없다면 **단독**(單獨, 단 한 사람)으로 손해배상액 전체를 책임져야 할 수 있다는 의미이다. ⁴대신 피해자의 입장에서는 자신이 입은 손해를 원래의 상태에 가장 가까운 상태로 회복할 가능성이 크다는 장점이 있다. ⁵④이 방식에 따르면, 손해배상액은 가해자 각각이 피해자가 입은 손해에 영향을 미친 정도에 관계없이 가해자들이 공동으로 책임진다. ⁶예를 들어, 피해자 갑이 가해자 을과 병의 공동불법행위로 100만 원의 손해를 입었을 때 갑, 을, 병의 과실이 각각 10 %, 30 %, 60 % 인정되면, 을과 병은 갑의 전체 손해액 중에서 10 %만큼 감액된 금액을 공동으로 배상해야 한다. ⁷이때 법원에서는 과실의 비율만 판단하고 각자가 실제 배상할 금액을 **지정**(指定~, 가리켜 확실히 정해) 주지는 않기 때문에, 을과 병은 법원이 판단한 과실의 비율을 기준으로 ⓐ **삼아** 각자가 배상할 금액을 **합의하여**(合議~, 토의하여 의견을 종합하여) 정하게 된다. ⁸만약 병이 **파산**(破産, 재산을 모두 잃고 망함) 등의 이유로 경제적 능력이 전혀 없다면, 을이 연대책임자라는 이유로 90만 원을 모두 배상하게 될 수 있다.

→ 피해자의 손해를 가해자가 부담하는 방식 ① : 연대 배상 방식

3 ¹하지만 손해배상액에 대한 책임을 연대하는 방식을 적용하는 것이 적절하지 않은 경우도 있을 수 있다. ²독립적으로 일어난 여러 불법행위가 우연한 이유로 하나의 손해를 일으켜 공동불법행위가 되는 때도 있는데, 과실이 가장 적은 사람인데도 손해배상액 **전액**(全額, 액수의 전부)을 배상하게 된다면 특히 부당하다고 여겨질 수 있기 때문이다. ³우리나라는 자신이 부담해야 할 손해배상액보다 더 많은 금액을 실제로 배상한 경우, **초과**(超過, 일정 수나 한도, 기준을 넘음) 부담한 만큼의 금액을 다른 가해자들에게 **청구할**(請求~, 달라고 요구할) 수 있는 권리를 인정하고 있다. ⁴하지만 청구를 받은 가해자가 경제적 능력이 전혀 없으면 청구한 금액을 돌려받기 어려울 수 있다.

→ 연대 배상 방식의 적용이 적절하지 않은 경우

4 ¹이를 고려해 **판례**(判例, 법원이 같거나 비슷한 소송 사건에 대하여 행한 재판의 선례)에서는 예외적으로 연대 배상 방식이 아닌, 가해자가 자신의 과실만큼만 **개별적으로**(個別的~, 하나씩 따로따로) 배상하게 하는 방식을 **취하기도**(取~, 골라 가지기도) 한다. ²⑧이 방식은 가해자들 사이에 **공모**(共謀, 두 사람 이상이 불법적 행위를 하기로 합의하는 일을 뜻하는 '공동 모의'를 줄여서 이르는 말) 행위가 없다는 것을 **전제**(前提, 먼저 내세우는 조건)로, 손해배상액이 **거액**(巨額, 아주 많은 액수의 돈)이고, 가해자 각각의 과실이 손해에 끼친 영향의 차이를 비교적 명확하게 비교할 수 있는 경우에 법원의 판단으로 적용될 수 있다. ³이 방식에 따르면, 법원이 피해자의 과실과 가해자 각각의 과실을 개별적으로 비교해 가해자가 실제 배상할 금액을 지정한다. ⁴예를 들어 법원이 피해자와 가해자 1의 과실 비율을 1 : 1, 피해자와 가해자 2의 과실 비율을 1 : 3이라고 판단해 가해자 1, 2 각각의 실제 배상 금액을 지정할 수 있는 것이다. ⁵이 방식에 따를 경우 피해자 입장에서는 가해자 각각에게 손해배상을 청구해야 한다는 어려움이 존재한다. ⁶하지만 자신의 과실에 대한 책임만 부담하면 된다는 점에서 이것이 가해자에게는 **정당한**(正當~, 이치에 맞아 올바르고 마땅한) 방식이라고

여겨질 수 있다.

→ 피해자의 손해를 가해자가 부담하는 방식 ② : 개별 배상 방식

(가)

〈민법상 불법행위의 규정과 과실상계의 개념〉

❶ 민법에서 규정하는 '불법행위'의 개념

- 불법행위 : 가해자의 고의 또는 과실로 인한 위법행위로 피해자에게 손해를 가하는 행위
  - 고의 : 타인에게 손해를 가할 것임을 알고도 의도적으로 실행한 것
  - 과실 : 타인에게 손해를 가할 것을 예상하지 못한 상태에서 실행한 것
  - 손해 : 불법행위 전후에 따른 피해자의 이익 상태의 차이

❷ 민법의 손해배상 규정

- 민법에서 피해자가 입은 손해는 가해자가 배상하도록 규정 → 법적 정의 구현
  - 가해자의 고의나 과실은 피해자가 입증해야 함
  - 가해자는 피해자가 입은 손해를 금전적으로 배상해야 함

❸ 가해자의 고의나 과실에 의한 불법행위에서 피해자의 과실 고려 여부

- 고의에 의한 불법행위일 때 : 손해배상에서 피해자의 과실을 고려하지 않음
- 과실에 의한 불법행위일 때 : 손해배상에서 가해자와 피해자 각각의 과실에 따른 책임을 고려해 손해에 대한 부담을 배분 → 배분적 정의

❹ '과실상계'의 개념과 적용

- 과실상계 : 가해자가 지급해야 할 손해배상액 중 피해자의 과실에 해당하는 만큼을 감액하는 것

(나)

〈민법상 공동불법행위의 규정과 손해배상 방식〉

❶ 공동불법행위의 규정

- 공동불법행위 : 불법행위가 여러 명의 가해자에 의해 발생한 경우
- 공동불법행위가 가해자들의 과실만에 의해 발생했고, 그 손해에 피해자의 과실도 있다고 인정될 때 손해배상액에서 피해자의 과실에 해당하는 만큼 감액할 수 있음

❷ 피해자의 손해를 가해자가 부담하는 방식 ① : 연대 배상 방식(원칙)

- 연대 배상 방식 : 손해배상액 전체를 가해자들이 함께 책임지는 것
  - 피해자가 입은 손해를 원래의 상태에 가장 가까운 상태로 회복할 가능성이 큼
  - 가해자 각각이 피해자의 손해에 영향을 미친 정도와 관계없이, 손해배상액을 공동으로 책임짐
  - 법원에서는 과실의 비율만 판단하고 배상할 금액을 지정해 주지 않음 → 각자의 배상 금액을 합의하여 정함

❸ 연대 배상 방식의 적용이 적절하지 않은 경우

- 독립적으로 일어난 여러 불법행위가 우연히 하나의 손해를 일으켜 공동불법행위가 되는 때 → 과실이 가장 적은 사람이 손해배상액 전액을 배상하게 될 경우 부당하게 여겨질 수 있음
  - 가해자가 초과 부담한 금액을 다른 가해자들에게 청구할 수 있는 권리를 인정함

❹ 피해자의 손해를 가해자가 부담하는 방식 ② : 개별 배상 방식(예외)

- 적용 조건
  - 가해자들 사이에 공모 행위가 없음
  - 손해배상액이 거액
  - 가해자 각각의 과실이 손해에 끼친 영향의 차이를 비교적 명확히 비교 가능
- 법원이 피해자의 과실과 가해자 각각의 과실을 개별적으로 비교해 가해자가 실제 배상할 금액을 지정함
  - 피해자는 가해자 각각에게 손해배상을 청구해야 함
  - 가해자는 자신의 과실에 대한 책임만 부담하면 됨

---

tip • 공동불법행위 관련 판례

[사례 1] 연대 배상 방식

회사의 부회장인 B 씨는 부정한 방법으로 회사를 운영하는 과정에서 주어진 임무를 저버리고 회사에 재산상 손해를 입히는 배임 행위를 함. 회사의 회장인 피고 A 씨는 이 사실을 어렴풋이 알고 있었음에도 묵인한 채 회사의 운영을 B 씨에게 계속 맡김.
☞ 법원은 피고 A 씨의 행위가 B 씨의 배임 행위를 방조한 것에 해당한다고 보아 B 씨가 일으킨 손해액의 일부를 B 씨도 배상하라고 판결함.

[사례 2] 개별 배상 방식

신고를 받고 수사에 들어간 경찰 4명이 피해자들의 진술만 듣고 C 씨를 긴급체포함. C 씨는 자신의 결백을 주장하였으나 피해자들의 진술이 일치한다는 점을 들어 C 씨에 대한 구속영장을 신청하여 구속함. 이후 C 씨가 조사를 받는 과정에서 우연히 진범을 알아내게 됨.
☞ 피해자들에게 범인을 식별하게 하는 데 있어 절차를 제대로 지키지 못한 점, C 씨가 범행 당시의 알리바이를 구체적으로 진술한 점, 증거 조사를 미흡하게 한 점 등을 이유로 하여 C 씨가 입은 손해의 20%에 해당하는 금액을 경찰 4명이 각각 배상하도록 판결함.

〈출처 : 대법원〉

---

051 | 글의 서술 방식 파악 - 적절한 것 고르기 | 2024년 10월 학평 16번 | 정답률 85% | 정답 ⑤

(가), (나)에 대한 설명으로 가장 적절한 것은?

근거 (가)-❶-1 민법에서 불법행위는 … 규정된다, (가)-❷-1 우리나라의 민법에서 피해자가 입은 손해는 가해자가 배상하도록 규정, (가)-❹-1 우리나라는 피해자가 입은 손해에 피해자의 과실도 관련된 것으로 인정된 경우에는 '과실상계'를 적용, (나)-❶-1 불법행위가 여러 명의 가해자에 의해 발생한 경우는 공동불법행위라고 규정한다, (나)-❶-4 이때 피해자의 손해를 가해자가 부담하는 방식이 다양하게 적용될 수 있다.

풀이 윗글의 (가)에서는 먼저 불법행위 및 피해자가 입은 손해의 배상에 대한 민법상 규정을 밝히고, 가해자의 과실에 의한 불법행위의 손해배상에서 피해자의 과실을 판단할 때 과실상계를 적용한다는 점을 설명하고 있다. 한편 (나)에서는 공동불법행위에 대한 민법 규정을 밝히고, 해당 규정에 따른 가해자의 손해배상 방식의 적용 양상을 제시하였다. 따라서 정답은 ⑤번이다.

① (가)는 우리나라의 불법행위와 관련된 법률 규정이 **등장하게 된 배경을 밝히고 발전해 온 과정**을 소개하고 있다.

② (가)는 우리나라의 불법행위와 관련된 법률 규정이 적용되는 사례를 *열거하고 각각에 적용된 구체적인 **조항을 제시하고 있다. *列擧-, 여러 가지 예나 사실을 낱낱이 죽 늘어놓고 **條項, 법률이나 규정 따위의 낱낱의 조나 항

③ (나)는 불법행위에 영향을 끼치는 원인을 *분류하고 각 원인에 대한 해결 방안을 **모색하고 있다. *分類-, 종류에 따라서 가르고 **摸索-, 해결할 수 있는 방법이나 실마리를 더듬어 찾고

④ (나)는 불법행위의 개념과 법률의 이론적 배경을 제시하고 이에 대한 다양한 학자들의 법률적 이론을 *분석하고 있다. *分析-, 얽혀 있거나 복잡한 것을 풀어서 개별적 요소나 성질로 나누고 ← (가)

⑤ (가)와 (나)는 모두 불법행위와 관련된 법률 규정을 밝히고 그 규정이 적용되는 *양상을 다루고 있다. *樣相, 모양이나 상태

→ 적절함!

052
세부 정보 이해 - 적절하지 않은 것 고르기 | 2024년 10월 학평 17번
정답률 75%, 매력적 오답 ④ 10%

정답 ②

윗글의 내용과 일치하지 <u>않는</u> 것은?

① 민법에서는 불법행위 전후에 따른 피해자의 이익 상태의 차이를 손해라고 한다.

근거 (가)-**①**-5 손해는 불법행위 전후에 따른 피해자의 이익 상태의 차이를 의미한다.

→ 적절함!

② 민법에서는 피해자가 손해를 배상받으려면 가해자의 고의나 과실은 법원이 입증하도록 규정하고 있다.

근거 (가)-**②**-4 피해자가 손해를 배상받으려면 가해자의 고의나 과실은 피해자가 입증해야 하고

피해자가

→ 적절하지 않음!

③ 민법에 따르면 가해자는 피해자가 입은 손해를 금전적으로 배상해야 한다.

근거 (가)-**②**-4 가해자는 피해자가 입은 손해에 대해 금전적으로 배상해야 한다.

→ 적절함!

④ 공동불법행위 중에는 독립적으로 일어난 여러 불법행위가 우연한 이유로 하나의 손해를 일으켜 발생하는 경우가 있다.

근거 (나)-**③**-2 독립적으로 일어난 여러 불법행위가 우연한 이유로 하나의 손해를 일으켜 공동불법행위가 되는 때도 있는데

→ 적절함!

⑤ 공동불법행위에서 가해자가 부담해야 할 금액을 초과해 배상했을 때 초과한 금액을 다른 가해자에게 청구할 수 있는 경우가 있다.

근거 (나)-**③**-3 우리나라는 자신이 부담해야 할 손해배상액보다 더 많은 금액을 실제로 배상한 경우, 초과 부담한 만큼의 금액을 다른 가해자들에게 청구할 수 있는 권리를 인정하고 있다.

→ 적절함!

053
핵심 개념 파악 - 적절한 것 고르기 | 2024년 10월 학평 18번
정답률 75%

정답 ③

배분적 정의 의 관점에서, Ⓐ와 Ⓑ를 평가한 내용으로 가장 적절한 것은?

Ⓐ 이 방식(손해배상액 전체를 가해자들이 함께 책임지는 방식)
Ⓑ 이 방식(가해자가 자신의 과실만큼만 개별적으로 배상하게 하는 방식)

▶ 지문 핵심 개념 정리

배분적 정의의 관점
• 가해자가 자신의 과실이 아닌 부분(피해자의 과실)에 대한 책임을 지는 것은 부당하다고 볼 수 있음(가)-**③**-3~4)
• 피해자의 손해 회복만이 아니라 가해자와 피해자 각각의 과실에 따른 책임을 고려해 손해에 대한 부담을 배분하는 것까지를 법적 정의 구현으로 봄(가)-**③**-5)

① 과실 여부를 판단할 때 사회 평균인을 기준으로 한다는 점에서, Ⓐ를 Ⓑ보다 정당한 것으로 평가하겠군.

근거 (가)-**④**-1~3 우리나라는 피해자가 입은 손해에 피해자의 과실도 관련된 것으로 인정된 경우에는 '과실상계'를 적용한다. … 이때 피해자의 과실에 대해 판단할 때도 '사회 평균인'을 기준으로 한다.

풀이 우리나라는 피해자가 입은 손해에 피해자의 과실도 관련된 것으로 인정된 경우 과실상계를 적용하여 가해자가 지급할 손해배상액 중 피해자의 과실에 해당하는 만큼을 감액하고, 이때 피해자의 과실에 대해 '사회 평균인을 기준으로' 판단한다. 즉 Ⓐ와 Ⓑ는 모두 과실 여부를 판단할 때 사회 평균인을 기준으로 하므로, 과실 여부를 판단할 때 사회 평균인을 기준으로 한다는 점에서 Ⓐ를 Ⓑ보다 정당한 것으로 평가하는 것은 적절하지 않다.

→ 적절하지 않음!

② 피해자의 과실이 있는 경우 가해자가 피해자의 손해를 예상했다면 피해자와 책임을 나눈다는 점에서, Ⓐ를 Ⓑ보다 정당한 것으로 평가하겠군.

고의

근거 (가)-**①**-2 고의는 자신의 행위가 타인에게 손해를 가할 것임을 알고도 의도적으로 실행한 것, (가)-**③**-2 고의에 의한 불법행위라면 손해배상에서 피해자의 과실은 고려하지 않는다, (나)-**①**-2 공동불법행위가 가해자들의 고의 없이 과실에 의해 발생했고 그 손해에 피해자의 과실도 있다고 인정될 때는, 가해자들이 부담해야 할 손

해배상액에서 피해자의 과실에 해당하는 만큼을 감액할 수 있다.

풀이 가해자가 피해자의 손해를 예상했다는 것은 가해자의 행위가 고의에 의한 불법행위임을 의미한다. 윗글의 (가)에서 고의에 의한 불법행위의 경우 손해배상에서 피해자의 과실은 고려하지 않는다고 하였고, (나)에서 공동불법행위가 가해자들의 고의 없이 과실만에 의해 발생했고 그 손해에 피해자의 과실도 있다고 인정될 때 손해배상액에서 피해자의 과실에 해당하는 만큼을 감액할 수 있다고 하였다. 만약 가해자가 피해자의 손해를 예상했다면, Ⓐ와 Ⓑ 모두 피해자의 과실은 고려하지 않으므로 피해자의 과실에 해당하는 만큼을 감액할 수 없다. 따라서 가해자가 피해자의 손해를 예상했다면 피해자와 책임을 나눈다는 점에서 Ⓐ를 Ⓑ보다 정당한 것으로 평가하는 것은 적절하지 않다.

→ 적절하지 않음!

③ 가해자의 입장에서는 자신의 과실에 대한 책임만 부담하면 된다는 점에서, Ⓑ를 Ⓐ보다 정당한 것으로 평가하겠군.

근거 (나)-**②**-3 (Ⓐ에 따를 경우) 과실이 경미한 가해자라도 본인 외의 다른 가해자에게 경제적 능력이 전혀 없다면 단독으로 손해배상액 전체를 책임져야 할 수 있다는 의미, (나)-**③**-2 과실이 가장 적은 사람인데도 손해배상액 전액을 배상하게 된다면 특히 부당하다고 여겨질 수 있기 때문에, (나)-**④**-6 (Ⓑ에 따를 경우) 자신의 과실에 대한 책임만 부담하면 된다는 점에서 이것이 가해자에게는 정당한 방식이라고 여겨질 수 있다.

풀이 Ⓐ 방식에 따르면 과실이 가장 적은 가해자라도 본인 외의 다른 가해자에게 경제적 능력이 없다면 단독으로 손해배상액 전액을 배상하게 될 수도 있으므로, 가해자의 입장에서는 부당하다고 여길 수 있다. 반면 Ⓑ 방식에 따르면 가해자는 자신의 과실에 대한 책임만 부담하면 된다는 점에서 가해자의 입장에서는 정당한 방식이라고 여길 수 있다. 따라서 가해자의 입장에서는 자신의 과실에 대한 책임만 부담하면 된다는 점에서, Ⓑ를 Ⓐ보다 정당한 것으로 평가할 것이라는 설명은 적절하다.

→ 적절함!

④ 피해자가 여럿이고 가해자가 단독일 경우 가해자가 손해배상액을 각각의 피해자에게 배분한다는 점에서, Ⓑ를 Ⓐ보다 정당한 것으로 평가하겠군.

근거 (나)-**①**-1 불법행위가 여러 명의 가해자에 의해 발생한 경우는 공동불법행위라고 규정한다.

풀이 Ⓐ와 Ⓑ는 여러 명의 가해자에 의해 '공동불법행위'가 발생했을 경우, 가해자가 피해자의 손해를 부담하는 방식이다. 즉 Ⓐ와 Ⓑ는 모두 피해자가 여럿이고 가해자가 단독일 경우에 해당하지 않으므로, 가해자가 손해배상액을 각각의 피해자에게 배분한다는 점에서 Ⓑ를 Ⓐ보다 정당한 것으로 평가하는 것은 적절하지 않다.

→ 적절하지 않음!

⑤ 피해자의 입장에서는 가해자가 적을수록 자신이 받을 손해배상액이 늘어난다는 점에서, Ⓐ와 Ⓑ를 모두 정당한 것으로 평가하겠군.

근거 (나)-**②**-2~3 연대하여 배상한다는 것은, 손해배상액 전체를 가해자들이 함께 책임지는 방식을 의미한다. 이는 과실이 경미한 가해자라도 본인 외의 다른 가해자에게 경제적 능력이 전혀 없다면 단독으로 손해배상액 전체를 책임져야 할 수 있다는 의미, (나)-**④**-1 연대 배상 방식이 아닌, 가해자가 자신의 과실만큼만 개별적으로 배상하게 하는 방식

풀이 공동불법행위에 따른 피해자의 손해에 대해 Ⓐ는 손해배상액 전체를 가해자들이 함께 책임지는 방식이고, Ⓑ는 가해자 각각이 자신의 과실만큼만 개별적으로 배상하는 방식이다. Ⓐ와 Ⓑ 두 방식 모두 피해자의 입장에서 가해자가 적을수록 받을 수 있는 손해배상액이 늘어나는 것은 아니므로, 가해자가 적을수록 자신이 받을 손해배상액이 늘어난다는 점에서 Ⓐ와 Ⓑ를 모두 정당한 것으로 평가하는 것은 적절하지 않다.

→ 적절하지 않음!

054
추론의 적절성 판단 - 적절한 것 고르기 | 2024년 10월 학평 19번
정답률 85%

정답 ④

㉠의 이유로 가장 적절한 것은?

㉠ 이는 과실상계를 공정하게 적용하기 위한 것으로 볼 수 있다.

▶ 지문 핵심 개념 정리

과실상계
• 과실상계는 가해자가 지급해야 할 손해배상액 중에서 피해자의 과실에 해당하는 만큼을 감액하는 것을 의미((가)-**④**-2)
• 피해자의 과실에 대해 판단할 때도 '사회 평균인'을 기준으로 함((가)-**④**-3)

① 가해자와 피해자가 서로에게 동일한 금액을 배상하는 것이 공평하기 때문이다.

풀이 윗글에 따르면 과실상계는 가해자가 지급해야 할 손해배상액 중에서 '피해자의 과실에 해당하는 만큼'을 감액하는 것을 의미한다. 따라서 가해자와 피해자가 서로에게 '동일한 금액'을 배상하는 것이 공평하기 때문이라는 것은 ㉠의 이유로 적절하지 않다.

→ 적절하지 않음!

② 과실상계 여부를 판단할 때 가해자와 피해자의 과실 비율이 동일해야 하기 때문이다.

풀이 과실상계는 가해자가 지급해야 할 손해배상액 중 '피해자의 과실에 해당하는 만큼'을 감액하는 것이므로, 과실상계 여부를 판단할 때 '가해자와 피해자의 과실 비율이 동일해야 하기 때문'이라는 것은 ㉠의 이유로 적절하지 않다.

→ 적절하지 않음!

③ 과실상계는 피해자가 이미 지급 받은 손해배상액의 액수를 고려하여 적용되기 때문이다.

풀이 과실상계는 가해자가 '지급해야 할' 손해배상액 중에서 피해자의 과실을 고려하는 것이다. 따라서 피해자가 '이미 지급 받은' 손해배상액의 액수를 고려하여 적용되기 때문이라는 것은 ㉠의 이유로 적절하지 않다.

→ 적절하지 않음!

✓④ 과실상계를 적용할 때 동일한 기준으로 가해자와 피해자의 과실에 대해 판단하기 때문이다.

근거 (가)-❶-3~4 여기서 과실은 정상적으로 요구되는 의무인 주의 의무를 다하지 못한 것을 의미하며, 정상적으로 요구된다는 것은 사회적인 통념상 보편적인 사람인 '사회 평균인'을 기준으로 한다는 것을 뜻한다. 즉, 일반적인 개인의 능력이나 사정 등은 고려하지 않는다는 것

풀이 윗글의 설명에 따르면 과실상계를 적용할 때 피해자의 과실에 대해서도 '사회 평균인'을 기준으로 판단한다. 이때 사회 평균인을 기준으로 한다는 것은 개인의 능력이나 사정 등을 고려하지 않고 동일한 기준으로 공정하게 판단한다는 것을 의미한다. 따라서 과실상계를 적용할 때 동일한 기준으로 가해자와 피해자의 과실에 대해 판단하기 때문이라는 것은 ㉠의 이유로 적절하다.

→ 적절함!

⑤ 피해자의 과실에 적용된 과실상계가 피해자가 받을 전체 손해배상액을 *증액시키기 때문이다. *增額-, 액수를 늘리기

풀이 과실상계는 가해자가 지급해야 할 손해배상액 중 피해자의 과실에 해당하는 만큼을 '감액하는' 것을 의미하므로, 과실상계가 피해자가 받을 전체 손해배상액을 증액시키기 때문이라는 것은 ㉠의 이유로 적절하지 않다.

→ 적절하지 않음!

---

055 | 구체적인 상황에 적용 - 적절하지 않은 것 고르기 | 2024년 10월 학평 20번
정답률 75% | **정답 ③**

〈보기〉는 (가), (나)의 내용을 학습하기 위한 자료의 일부이다. (가), (나)를 읽은 학생의 〈보기〉에 대한 반응으로 적절하지 않은 것은? **[3점]**

| 보기 |
[가상의 상황]
○ 사건 당사자(當事者, 직접 관계가 있거나 관계된 사람) : A 법인(法人, 법에 의해 권리 능력이 주어지는 '사단'과 '재단'), B 사, C 씨
○ 사건 내용
　A 법인은 부주의(不注意, 조심을 하지 않음)로 인해 오류(誤謬, 잘못되고 이치에 맞지 않는 일)가 있는 경제 보고서를 작성했다. B 사는 이 보고서를 근거한 투자(投資, 이익을 얻을 목적으로 돈을 대거나, 시간이나 정성을 쏟는 것) 상품을 C 씨에게 판매했는데, 이 과정에서 B 사는 투자 유의(留意, 마음에 새겨 두어 조심하며 관심을 가짐) 사항을 제대로 설명하지 않았다. 그리고 C 씨는 잘못된 판단으로 성급하게(性急-, 성질이 급하게) 투자를 결정하여 10만 원의 손해를 입었다. C 씨는 자신의 손해가 A 법인과 B 사 때문임을 주장했다.

[판결 결과]
　법원은 이 사건이 A 법인과 B 사의 과실만에 의해 발생한 공동불법행위라고 판단하며 C 씨의 과실도 인정함. 법원은 A 법인, B 사, C 씨의 과실 비율만 각각 30 %, 60 %, 10 %로 판단하고 A 법인, B 사 각자가 실제 배상할 금액은 지정해 주지 않음. (단, 다른 상황은 고려하지 않음.) 《고의 ×》 《공동불법행위로 인해 피해자가 입은 손해를 가해자들이 연대하여 배상하는 방식》

▶ 지문 핵심 개념 정리

공동불법행위로 인한 손해를 가해자들이 연대하여 배상하는 방식
• 손해배상액 전체를 가해자들이 함께 책임지는 방식((나)-❷-2)
• 과실이 경미한 가해자라도 단독으로 손해배상액 전체를 책임져야 할 수 있음((나)-❷-3)
• 가해자 각각이 피해자가 입은 손해에 영향을 미친 정도에 관계없이 공동으로 책임짐((나)-❷-5)
• 법원은 과실의 비율만 판단하고, 배상할 금액을 지정하지 않음 : 가해자들이 배상할 금액을 합의하여 정함((나)-❷-7)

① A 법인에 고의가 없다고 판결한 것은, A 법인의 부주의는 C 씨에게 손해를 가할 것임을 의도한 것은 아니라고 본 것이겠군.

근거 (가)-❶-2 고의는 자신의 행위가 타인에게 손해를 가할 것임을 알고도 의도적으로 실행한 것을, 과실은 자신의 행위가 타인에게 손해를 가할 것이라고 예상하지 못한 상태에서 실행한 것을 말한다.

풀이 〈보기〉에서 A 법인은 부주의로 인해 오류가 있는 경제 보고서를 작성하였고, 법원은 이 사건을 A 법인과 B 사의 과실만에 의해 발생한 공동불법행위라고 판단하였다. 윗글의 (가)에서 '고의'는 자신의 행위가 타인에게 손해를 가할 것임을 알고도 의도적으로 실행한 것을, '과실'은 자신의 행위가 타인에게 손해를 가할 것이라고 예상하지 못한 상태에서 실행한 것을 말한다고 설명하고 있다. 따라서 〈보기〉의 판결에서 법원은 A 법인의 부주의가 C 씨에게 손해를 가할 것임을 의도한 것은 아니라고 본 것이라는 점을 알 수 있다.

→ 적절함!

② A 법인과 B 사의 과실에 대해 법원이 지정한 비율은, A 법인과 B 사 각자가 배상할 금액을 합의하여 정하는 기준이 될 수 있겠군.

풀이 〈보기〉에서 법원은 이 사건에 대해 A 법인, B 사, C 씨의 과실 비율만 판단하고, 각자가 실제 배상할 금액을 지정해 주지 않았다. 윗글의 (나)를 통해 이와 같은 경우 가해자들은 법원이 판단한 과실의 비율을 기준으로 각자가 배상할 금액을 합의하여 정하게 됨을 알 수 있다. 따라서 〈보기〉의 A 법인과 B 사의 과실에 대해 법원이 지정한 비율은, A 법인과 B 사 각자가 배상할 금액을 합의하여 정하는 기준이 될 수 있다는 설명은 적절하다.

→ 적절함!

✓③ A 법인의 과실이 B 사보다 작다고 판결한 것은, B 사가 파산하여 경제적 능력이 없더라도 A 법인이 단독으로 책임질 필요가 없다고 본 것이겠군.

풀이 〈보기〉에서 법원은 이 사건을 공동불법행위로 보고, A 법인과 B 사의 과실 비율을 판단하였으나 각자가 실제 배상할 금액은 지정해 주지 않았다. 이는 법원이 이 사건에 연대하여 배상하는 방식을 적용하였음을 의미한다. 연대하여 배상하는 방식에 따르면 가해자들은 손해배상액 전체를 함께 책임져야 하며, 과실이 경미한 가해자라 하더라도 다른 가해자가 파산 등의 이유로 경제적 능력이 전혀 없다면 과실이 경미한 가해자 본인이 연대책임자로서 단독으로 손해배상액 전체를 책임져야 할 수 있다. 즉 〈보기〉의 사건의 경우 A 법인의 과실이 B 사보다 작다고 하더라도, B 사가 파산하여 경제적 능력이 없다면 A 법인이 단독으로 손해배상액 전체를 책임져야 한다. 따라서 'A 법인이 단독으로 책임질 필요가 없다고 본 것'이라는 설명은 적절하지 않다.

→ 적절하지 않음!

④ A 법인과 B 사가 실제 배상할 금액을 법원이 지정해 주지 않은 것은, C 씨가 입은 손해를 A 법인과 B 사가 연대하여 배상해야 한다고 본 것이겠군.

풀이 〈보기〉에서 법원은 이 사건에서 A 법인과 B 사의 과실 비율을 판단하였으나, 각자가 실제 배상할 금액은 지정해 주지 않았다. 이러한 점과 윗글의 (나)를 통해, 〈보기〉의 법원은 이 사건에 '연대하여 배상하는 방식'을 적용하였음을 알 수 있다. 따라서 A 법인과 B 사가 실제 배상할 금액을 법원이 지정해 주지 않은 것은, C 씨가 입은 손해를 A 법인과 B 사가 연대하여 배상해야 한다고 본 것이라는 설명은 적절하다.

→ 적절함!

⑤ C 씨의 과실을 인정한다고 판결한 것은, C 씨가 투자를 할 때 투자자에게 정상적으로 요구되는 의무를 제대로 지키지 않은 것이라고 본 것이겠군. 《주의 의무》

근거 (가)-❶-3 과실은 정상적으로 요구되는 의무인 주의 의무를 다하지 못한 것을 의미하며

풀이 〈보기〉에서 피해자 C 씨는 잘못된 판단으로 성급하게 투자를 결정한 점이 있고, 법원은 C 씨에 대해 그 과실을 인정하였다. 윗글의 (가)에서 '과실'은 정상적으로 요구되는 의무인 주의 의무를 다하지 못한 것을 의미한다고 하였다. 따라서 〈보기〉에서 법원이 이 사건 피해자인 C 씨의 과실을 인정한다고 판결한 것은, C 씨가 투자를 할 때 투자자에게 정상적으로 요구되는 의무인 주의 의무를 다하지 못한 것이라고 본 것이라는 설명은 적절하다.

→ 적절함!

056 문맥적 의미 파악 - 적절한 것 고르기 2024년 10월 학평 21번
정답률 90% | 정답 ⑤

밑줄 친 부분의 문맥적 의미가 ⓐ와 가장 유사한 것은?

을과 병은 법원이 판단한 과실의 비율을 기준으로 ⓐ <u>삼아</u> 각자가 배상할 금액을 합의하여 정하게 된다.

풀이 ⓐ에서 '삼다'는 문맥상 '무엇을 무엇이 되게 하거나 여기다'의 의미이다.

① 나는 그를 제자로 <u>삼을</u> 것이다.
풀이 '어떤 대상과 인연을 맺어 자기와 관계있는 사람으로 만들다'의 의미이다.
예문 그는 친구의 딸을 며느리로 <u>삼았다</u>.
→ 적절하지 않음!

② 비단은 명주실을 <u>삼아서</u> 만든다.
풀이 '삼이나 모시 따위의 섬유를 가늘게 찢어서 그 끝을 맞대고 비벼 꼬아 잇다'의 의미이다.
예문 <u>삼을</u> 삼다 말고 쉬는 때면 무를 깎아 먹었다.
→ 적절하지 않음!

③ 나는 요즘 취미 <u>삼아</u> 그림을 배우고 있다.
풀이 '무엇을 무엇으로 가정하다'의 의미이다.
예문 할아버지는 아이들에게 자신의 경험을 이야깃거리 <u>삼아</u> 들려주셨다.
→ 적절하지 않음!

④ 그는 시골에서 자연을 벗 <u>삼아</u> 살고 있다.
풀이 '무엇을 무엇으로 가정하다'의 의미이다.
예문 그녀는 고양이를 친구 <u>삼아</u> 여행을 떠났다.
→ 적절하지 않음!

⑤ 그는 근면을 신조로 <u>삼아</u> 최선을 다해 살았다.
풀이 '무엇을 무엇이 되게 하거나 여기다'의 의미이다.
예문 이제 와서 그것을 굳이 문제 <u>삼을</u> 것까지는 없다.
→ 적절함!

고3 실전 문제

[057~060] 다음 글을 읽고 물음에 답하시오.

1 ¹사회 구성원들(사회를 이루는 사람들)이 경제적 이익을 추구하는(追求-, 좇는) 과정에서 불법 행위를 감행하기(敢行-, 저지르기) 쉬운 상황일수록 이를 억제하는(抑制-, 억눌러 그치게 하는) 데에는 금전적 제재 수단(돈을 내게 해서 처벌하는 방법)이 효과적이다.
→ 불법 행위의 금전적 제재 수단 도입 배경

2 ¹현행법상(현재 시행되고 있는 법에서 보면) 불법 행위에 대한 금전적 제재 수단에는 민사적 수단인 손해 배상(손해를 물어 주는 일), 형사적 수단인 벌금, 행정적 수단인 과징금(법규를 어겼을 때 걷는 돈)이 있으며, 이들은 각각 피해자의 구제(救濟, 도와줌), 가해자의 징벌(懲罰, 죄를 지은 것에 대해 벌을 줌), 법 위반(違反, 어김) 상태의 시정(是正, 잘못된 것을 바로잡음)을 목적으로 한다. ²예를 들어 기업들이 담합하여(談合-, 서로 짜고 의견을 맞추어) 제품 가격을 인상했다가(引上-, 올렸다가) 적발된(摘發-, 걸린) 경우, 그 기업들은 피해자에게 손해 배상 소송을 제기당하거나 법원으로부터 벌금형을 선고받을 수 있고 행정 기관으로부터 과징금도 부과받을(賦課-, 내게 될) 수 있다. ³이처럼 하나의 불법 행위에 대해 세 가지 금전적 제재가 내려질 수 있지만 제재의 목적이 서로 다르므로 중복 제재는 아니라는 것이 법원의 판단이다.

	주체	목적	특징
민사	(손해를 본 사람)	피해자의 금전적 손해 보전	피해자에게 입증 책임이 있음. 피해자는 손해를 얼마나 보았고, 상대방의 과실이 얼마인지를 명확히 제기해야 함
형사	국가(국가의 대리인인 검사)	사적 구제의 폐해를 줄이고, 피해자의 복수를 대신함	가해자의 불법 행위에 대해 검사가 증명, 판사가 판단. 국가의 질서를 유지하기 위해 형벌을 행사할 것인지 여부에 주된 관심
행정	행정 기관	행정적 명령 이행	사회 질서 및 규칙 준수를 위해 과징금을 부과

→ 현행법상의 금전적 제재 수단

3 ¹그런데 우리나라에서는 기업의 불법 행위에 대해 손해 배상 소송이 제기되거나 벌금이 부과되는 사례는 드물어서, 과징금 등 행정적 제재 수단이 억제 기능을 수행하는 경우가 많다. ²이런 상황에서는 과징금 등 행정적 제재의 강도(强度, 센 정도)를 높임으로써 불법 행위의 억제력(抑制力, 억누르는 힘)을 끌어올릴 수 있다. ³그러나 적발 가능성이 매우 낮은 불법 행위의 경우에는 과징금을 올리는 방법만으로는 억제력을 유지하는 데 한계가 있다. ⁴또한 피해자에게 귀속되는(歸屬-, 돌아가는) 손해 배상금과는 달리 벌금과 과징금은 국가에 귀속되므로 과징금을 올려도 피해자에게는 ⊙ 직접적인 도움이 되지 못한다. ⁵이 때문에 적발 가능성이 매우 낮은 불법 행위에 대해 억제력을 높이면서도 손해 배상을 더욱 충실히 할 수 있는 방안(方案, 해결 방법)들이 요구되는데 그 방안 중 하나가 '징벌적 손해 배상 제도'이다.
→ 현행법상 금전적 제재 수단의 한계

4 ¹이 제도는 불법 행위의 피해자가 손해액에 해당하는 배상금(賠償金, 손해에 대해 물어 주는 돈)에다 가해자에 대한 징벌(懲罰, 죄를 지은 것에 대한 벌)의 성격이 가미된(加味-, 더해진) 배상금을 더하여 배상받을 수 있도록 하는 것을 내용으로 한다. ²일반적인 손해 배상 제도에서는 피해자가 손해액을 초과하여(超過-, 넘겨) 배상받는 것이 불가능하지만 징벌적 손해 배상 제도에서는 ⓛ 그것이 가능하다는 점에서 이례적(異例的, 보통 사례에서 벗어나 특이한 것)이다. ³그런데 ⓒ 이 제도는 민사적 수단인 손해 배상 제도이면서도 피해자가 받는 배상금 안에 ⓔ 벌금과 비슷한 성격이 가미된 배상금이 포함된다는 점 때문에 중복 제재의 발생과 관련하여 의견이 엇갈리며(중복 제재로 보기도 하고 그렇지 않기도 하며), 이 제도 자체에 대한 찬반양론으로 이어지고 있다.
→ 현행법의 대안인 '징벌적 손해 배상 제도'

5 ¹이 제도의 반대론자들은 징벌적 성격이 가미된 배상금이 피해자에게 부여되는 ⓜ 횡재(橫財, 뜻밖에 얻는 재물)라고 본다. ²또한 징벌적 성격이 가미된 배상금이 형사적 제재 수단인 벌금과 함께 부과될 경우에는 가해자(加害者, 피해를 입힌 사람)에 대한 중복 제재가 된다고 주장한다. ³반면에 찬성론자들은 징벌적 성격이 가미된 배상금을 피해자들이 소송을 위해 들인 시간과 노력에 대한 정당한 대가로 본다. ⁴따라서 징벌적 성격이 가미된 배상금도 피해자의 구제를 목적으로 하는 민사적 제재의 성격을 갖는다고 보아야 하므로 징벌적 성격이 가미된 배상금과 벌금이 함께 부과되더라도 중복 제재가 아니라고 주장한다.
→ 징벌적 손해 배상 제도에 대한 찬반 논쟁

■지문 이해
〈징벌적 손해 배상 제도에 대한 논쟁〉

❶ 불법 행위의 금전적 제재 수단 도입 배경
- 경제적 이익을 추구하는 과정에서의 불법 행위 감행
  →금전적 제재 수단이 억제에 효과적

❷ 현행법상의 금전적 제재 수단
- 민사적 수단인 손해 배상 - 피해자의 구제 목적
- 형사적 수단인 벌금 - 가해자의 징벌 목적
- 행정적 수단인 과징금 - 법 위반 상태의 시정 목적
  →하나의 불법 행위에 대해 세 가지 제재 가능하나 목적이 서로 다르므로 중복 제재는 아님(법원의 판단)

❸ 현행법상 금전적 제재 수단의 한계
- 우리나라의 경우 행정적 제재 수단이 억제 기능을 수행하는 경우가 많음
- 과징금의 강도를 높여 불법 행위의 억제력을 끌어올릴 수 있음
  한계 - 적발 가능성이 매우 낮은 불법 행위의 경우 억제력 유지에 한계
  - 손해 배상금과 달리 벌금과 과징금은 국가에 귀속되어 피해자는 직접적인 도움을 받지 못함
  →억제력을 높이면서도 손해 배상이 가능한 '징벌적 손해 배상 제도'의 도입

❹ 현행법의 대안인 '징벌적 손해 배상 제도'
- 불법 행위의 피해자 배상 : 손해에 대한 배상금 + 가해자를 징벌하는 배상금
- 피해자가 손해액을 초과하여 배상받는 것이 가능하다는 점에서 이례적
  →배상금 안에 벌금과 비슷한 성격의 배상금이 포함되어 중복 제재에 대한 찬반 논란 발생

⑤ 징벌적 손해 배상 제도에 대한 찬반 논쟁

반대론자	찬성론자
피해자에게 부여되는 횡재(부당한 대가)	피해자들이 소송에 들인 시간과 노력에 대한 정당한 대가
징벌적 성격이 가미된 동시에 형사적 제재 수단과 함께 부과되므로 중복 제재	민사적 제재이므로 형사적 제재 수단과 함께 부과되더라도 중복 제재 아님

---

057 | 세부 정보 이해 - 적절하지 않은 것 고르기 2016학년도 6월 모평AB 27번 정답률 85% | **정답 ④**

윗글에서 다룬 내용이 아닌 것은?

① 징벌적 손해 배상 제도의 내용
- 근거 **④-1** 이(징벌적 손해 배상) 제도는 불법 행위의 피해자가 손해액에 해당하는 배상금에다 가해자에 대한 징벌의 성격이 가미된 배상금을 더하여 배상받을 수 있도록 하는 것
- → 적절함!

② 징벌적 손해 배상 제도와 관련한 논쟁
- 근거 **④-3** 이(징벌적 손해 배상) 제도는 민사적 수단인 손해 배상 제도이면서도 피해자가 받는 배상금 안에 벌금과 비슷한 성격이 가미된 배상금이 포함된다는 점 때문에 중복 제재의 발생과 관련하여 의견이 엇갈리며, 이 제도 자체에 대한 찬반양론으로 이어지고 있다.
- → 적절함!

③ 불법 행위에 대한 금전적 제재 수단의 종류
- 근거 **②-1** 현행법상 불법 행위에 대한 금전적 제재 수단에는 민사적 수단인 손해 배상, 형사적 수단인 벌금, 행정적 수단인 과징금이 있으며
- → 적절함!

✓④ 징벌적 손해 배상 제도의 도입 사례와 문제점
- 풀이 징벌적 손해 배상 제도의 도입에 대한 찬반 양측의 의견은 제시되었으나, 이것이 도입된 사례와 문제점에 대해서는 특별히 언급되지 않았다.
- → 적절하지 않음!

⑤ 징벌적 손해 배상 제도의 도입이 요구되는 배경
- 근거 **③-3~5** 적발 가능성이 매우 낮은 불법 행위의 경우에는 과징금을 올리는 방법만으로는 억제력을 유지하는 데 한계가 있다. 또한 피해자에게 귀속되는 손해 배상금과는 달리 벌금과 과징금은 국가에 귀속되므로 과징금을 올려도 피해자에게는 직접적인 도움이 되지 못한다. 이 때문에 적발 가능성이 매우 낮은 불법 행위에 대해 억제력을 높이면서도 손해 배상을 더욱 충실히 할 수 있는 방안들이 요구되는데 그 방안 중 하나가 '징벌적 손해 배상 제도'이다.
- → 적절함!

---

058 | 세부 정보 이해 - 적절하지 않은 것 고르기 2016학년도 6월 모평AB 28번 정답률 85% | **정답 ⑤**

윗글에 대한 이해로 적절하지 않은 것은?

① 과징금은 불법 행위를 행정적으로 제재하는 수단에 해당된다.
- 근거 **②-1** 현행법상 불법 행위에 대한 금전적 제재 수단에는 민사적 수단인 손해 배상, 형사적 수단인 벌금, 행정적 수단인 과징금이 있으며
- → 적절함!

② 기업이 담합해 제품 가격을 인상한 행위는 불법 행위에 해당한다.
- 근거 **②-2~3** 기업들이 담합하여 제품 가격을 인상했다가 적발된 경우, 그 기업들은 피해자에게 손해 배상 소송을 제기당하거나 법원으로부터 벌금형을 선고받을 수 있고 행정 기관으로부터 과징금도 부과받을 수 있다. 이처럼 하나의 불법 행위에 대해 세 가지 금전적 제재가 내려질 수 있지만
- → 적절함!

③ 불법 행위로 인한 피해자는 손해 배상으로 구제받는 것이 가능하다.
- 근거 **②-1** 현행법상 불법 행위에 대한 금전적 제재 수단에는 민사적 수단인 손해 배상, 형사적 수단인 벌금, 행정적 수단인 과징금이 있으며, 이들은 각각 피해자의 구제, 가해자의 징벌, 법 위반 상태의 시정을 목적으로 한다.
- → 적절함!

④ 하나의 불법 행위에 대해 두 가지 이상의 금전적 제재가 내려질 수 있다.
- 근거 **②-3** 하나의 불법 행위에 대해 세 가지 금전적 제재가 내려질 수 있지만 제재의 목적이 서로 다르므로 중복 제재는 아니라는 것이 법원의 판단
- → 적절함!

✓⑤ 우리나라에서는 기업의 불법 행위를 과징금보다 벌금으로 제재하는 사례가 많다. （벌금보다 과징금으로）
- 근거 **③-1** 우리나라에서는 기업의 불법 행위에 대해 손해 배상 소송이 제기되거나 벌금이 부과되는 사례는 드물어서, 과징금 등 행정적 제재 수단이 억제 기능을 수행하는 경우가 많다.
- → 적절하지 않음!

---

059 | 추론의 적절성 판단 - 적절하지 않은 것 고르기 2016학년도 6월 모평AB 29번 정답률 80% | **정답 ④**

문맥을 고려할 때 ㉠~㉤에 대한 설명으로 적절하지 않은 것은?

㉠ 직접적인 도움 ㉡ 그것 ㉢ 이 제도 ㉣ 벌금과 비슷한 성격 ㉤ 횡재

① ㉠은 피해자가 금전적으로 구제받는 것을 의미한다.
- 근거 **③-4** 피해자에게 귀속되는 손해 배상금과는 달리 벌금과 과징금은 국가에 귀속되므로 과징금을 올려도 피해자에게는 직접적인 도움이 되지 못한다.
- 풀이 벌금과 과징금은 국가에 귀속되어 피해자에게 직접적인 도움이 되지 못한다고 하였으므로, 여기서의 ㉠은 손해 배상금과 같이 돈이 피해자에게 귀속되는 것, 즉 금전적으로 구제받는 것을 말한다.
- → 적절함!

② ㉡은 피해자가 손해액을 초과하여 배상받는 것을 가리킨다.
- 근거 **④-2** 일반적인 손해 배상 제도에서는 피해자가 손해액을 초과하여 배상받는 것이 불가능하지만 징벌적 손해 배상 제도에서는 그것이 가능하다
- 풀이 일반적인 손해 배상 제도에서는 '피해자가 손해액을 초과하여 배상받는 것'이 불가능하지만 징벌적 손해 배상 제도에서는 가능하다고 했으므로, ㉡이 가리키는 것은 앞에 제시된 '피해자가 손해액을 초과하여 배상받는 것'을 말한다.
- → 적절함!

③ ㉢은 징벌적 손해 배상 제도를 가리킨다.
- 근거 **④-2~3** 징벌적 손해 배상 제도에서는 그것이 가능하다는 점에서 이례적이다. 그런데 이 제도는
- 풀이 바로 앞 문장에서 '징벌적 손해 배상 제도'에 대해 설명하고 있고, 바로 다음 문장에서 '이 제도'라는 지시어를 썼으므로, 여기서 ㉢은 바로 앞에서 설명한 '징벌적 손해 배상 제도'를 가리킨다.
- → 적절함!

✓④ ㉣은 행정적 제재 수단으로서의 성격을 말한다. （형사적）
- 근거 **②-1** 현행법상 불법 행위에 대한 금전적 제재 수단에는 민사적 수단인 손해 배상, 형사적 수단인 벌금, 행정적 수단인 과징금이 있으며, 이들은 각각 피해자의 구제, 가해자의 징벌, 법 위반 상태의 시정을 목적으로 한다. **④-3** 벌금과 비슷한 성격이 가미된 배상금
- 풀이 벌금은 행정적 제재 수단이 아니라 형사적 제재 수단에 해당하므로, ㉣은 행정적 제재 수단으로서의 성격을 말한다는 설명은 적절하지 않다.
- → 적절하지 않음!

⑤ ㉤은 배상금 전체에서 손해액에 해당하는 배상금을 제외한 금액을 의미한다. （= 손해액에 해당하는 배상금 + 징벌적 배상금）
- 근거 **④-1** 이(징벌적 손해 배상) 제도는 불법 행위의 피해자가 손해액에 해당하는 배상금에다 가해자에 대한 징벌의 성격이 가미된 배상금을 더하여 배상받을 수 있도록 하는 것, **⑤-1** 이 제도의 반대론자들은 징벌적 성격이 가미된 배상금이 피해자에게 부여되는 횡재라고 본다.
- 풀이 징벌적 손해 배상 제도에서 피해자에게 주는 배상금은 손해액에 해당하는 배상금 + 징벌적 성격이 가미된 배상금이므로, 여기서의 ㉤은 전체 배상금에서 원래 받게 되

는 손해액에 해당하는 배상금을 뺀 추가 금액(징벌적 성격이 가미된 배상금)을 의미
한다.

→ 적절함!

---

060 자료 해석의 적절성 판단 - 적절하지 않은 것 고르기 2016학년도 6월 모평AB 30번 정답률 90% | 정답 ①

윗글을 바탕으로 〈보기〉를 이해한 내용으로 적절하지 않은 것은? 3점

| 보 기 |
　우리나라의 법률 중에는 징벌적 손해 배상 제도의 성격을 가진 규정이 「하도급거래
공정화에 관한 법률」제35조에 포함되어 있다. 이 규정에 따르면 하도급거래(중소기업이
대기업으로부터 특정 물품의 제조나 수리를 위탁받아 이를 납품하고 대금을 받는 것) 과정에서 자
기의 기술자료를 유용당하여(流用−, 허락 없이 다른 곳에 바꿔 쓰이게 되어) 손해를 입은
피해자는 그 손해의 3배까지 가해자로부터 배상을 받을 수 있다.

▶ 지문 핵심 개념 정리

현행법상의 금전적 제재 수단의 한계
• 불법 행위 감행을 억제하는 데에 금전적 제재 수단이 효과적(❶-1) 한계 ① 적발 가능성이 매우 낮은 불법 행위의 경우 억제력 유지에 한계(❸-3) ② 벌금과 과징금이 국가에 귀속되어 피해자는 직접적인 도움을 받지 못함(❸-4) → 억제력을 높이면서도 손해 배상이 가능한 '징벌적 손해 배상 제도'의 도입(❸-5)

⇩

현행법의 대안인 '징벌적 손해 배상 제도'
• 불법 행위의 피해자 배상 : 손해에 대한 배상금 + 가해자를 징벌하는 배상금(❹-1) • 피해자가 손해액을 초과하여 배상받는 것이 가능하다는 점에서 이례적(❹-2)

✔️① 이 규정에 따라 피해자가 받게 되는 배상금은 국가에 귀속되겠군. <피해자>

풀이 징벌적 손해 배상 제도에서의 배상금은 피해자에게 귀속된다.

→ 적절하지 않음!

② 이 규정의 시행으로, 기술자료를 유용해 타인에게 손해를 끼치는 행위가 억제되는 효
과가 생기겠군.

풀이 징벌적 손해 배상 제도를 비롯한 금전적 제재 수단은 불법 행위의 억제에 효과가 있
다.

→ 적절함!

= 손해액에 해당하는 배상금
+ 징벌적 배상금

③ 이 규정에 따라 피해자가 손해의 3배를 배상받을 경우에는 배상금에 징벌적 성격이
가미된 배상금이 포함되겠군.

풀이 징벌적 손해 배상 제도에서 손해액을 초과한 금액을 배상받는 것은 손해를 본 금액
(손해액)에 징벌적 성격이 가미된 배상금이 포함되기 때문이다.

→ 적절함!

피해자가 손해액을 초과하여　　피해자기 손해액에 해당하는 배상금
배상받는 것이 불가능　　+ 징벌적 배상금을 받을 수 있음

④ 일반적인 손해 배상 제도를 이용할 때보다 이 규정을 이용할 때에 피해자가 받을 수 있
는 배상금의 *최대한도가 더 커지겠군. *가장 많이 받을 수 있는 정도

풀이 징벌적 손해 배상 제도에 따르면 손해액에 해당하는 배상금 이외에 징벌적 성격이
가미된 배상금이 추가로 배상되므로, 손해 배상 제도에서 배상받을 수 있는 금액보
다 많은 금액을 배상받을 수 있다.

→ 적절함!

⑤ 이 규정이 만들어진 것으로 볼 때, 하도급거래 과정에서 발생하는 기술자료 유용은 적
발 가능성이 매우 낮은 불법 행위에 해당되겠군.

풀이 징벌적 손해 배상 제도는 적발 가능성이 매우 낮은 불법 행위에 대한 억제력을 높이
고 손해 배상을 충실히 하기 위한 방안이다.

→ 적절함!

---

tip • 미국에서의 징벌적 손해 배상 사례

　미국에서 징벌적 손해 배상으로 배상금을 받은 사례로 1992년 2월에 있었던 맥
도날드 스텔라 리벅 소송이 있다. 당시 79세였던 리벅 씨는 손자가 운전하는 차를
타고 맥도날드 드라이브스루(drive-through)에서 커피를 주문했다. 리벅 씨는 컵
뚜껑을 열다가 무릎에 커피를 쏟아 3도 화상을 입었다. 그는 8일간 입원하며 피부
이식 등 수술을 받았고 화상 후유증과 정신적인 스트레스로 몸무게가 9 kg 가량
빠졌으며 이로 인해 2년 동안 부분적인 장애를 겪었다고 주장, 맥도날드를 상대로
소송을 제기했다. 리벅 씨 측은 당시 커피 물의 온도가 82~88도로 정상에 비해
훨씬 뜨거웠으나 맥도날드가 리벅 씨에게 적절한 주의를 하도록 고지하지 않은 부
주의를 저질렀다고 주장했고 법원은 64만 달러(약 7억 5천만 원)를 배상하도록 결
정했다. 이 판결은 특정 제품이나 서비스를 제공하는 기업의 책임 범위를 확대하
는 대표적인 소송이 되었다.

[061~065] 다음 글을 읽고 물음에 답하시오.

1 ¹형법(刑 형벌 형 法 법 법)은 범죄(犯罪, 법규를 어기고 저지른 잘못)와 형벌(刑罰, 범죄에
대하여 국가가 범죄자에게 가하는 제재)을 규정한(規定−, 제한하여 정한) 법률로 어떤 행위
가 형법상 범죄 행위로 성립하려면 '구성 요건 해당성', '위법성', '책임'이라는 세
가지 요건(要件, 필요한 조건)을 순차적으로(順次的−, 순서를 따라 차례대로) 모두 충족해
야(充足−, 채워야) 한다.

→ 형법의 개념

2 ¹첫 번째 성립 요건인 구성 요건 해당성은 어떤 행위에 대한 구체적인 사실이
형법상 규정된 범죄의 유형에 해당하는 것을 말한다. ²이때 구성 요건으로 행위
와 결과를 요구하는 경우에는 구성 요건상 행위와 결과 간(間, 관계)에 인과관계(因
果關係, 원인과 결과의 관계가 있는 일)가 인정되어야(認定−, 확실히 그렇다고 여겨져야) 한
다. ³두 번째 성립 요건인 위법성은 전체 법질서(法秩序, 법에 의해 유지되는 질서)에 위
배된다는(違背−, 지켜지지 않고 어긋난다는) 가치 판단(價値判斷, 판단하는 사람의 가치관이
개입되는 판단)으로, 어떤 행위가 구성 요건에 해당하는 행위이면 일반적으로 위법
성이 추정된다(推定−, 미루어져 생각되어 판정된다.) ⁴하지만 구성 요건에 해당하는 행
위이더라도 예외적으로 위법성을 소멸시키는(消滅−, 사라져 없어지게 하는) 사유(事
由, 일의 까닭, 원인)인 위법성 조각 사유(違法性阻却事由, 형식적으로는 범죄 행위나 불법 행
위로서의 조건을 갖추고 있어도, 실질적으로는 위법이 아니라고 인정할 만한 특별한 사유. 형법에
서는 정당 행위, 정당방위, 긴급 피난 등을 규정하고 있음)에 해당한다면 범죄가 성립하지
않는다. ⁵예를 들어 범죄의 구성 요건에 해당하는 타인(他人, 다른 사람)에 대한 폭력
이 형법에 규정된 위법성 조각 사유 중 하나인 정당방위(正當防衛, 자기 또는 타인에
대한 급박하고 부당한 침해를 막기 위하여 어쩔 수 없이 취하는 가해 행위)에 해당한다면 위법
성이 조각되어(阻却−, 물리쳐져 없어지게 되어) 범죄라고 볼 수 없다는 것이다. ⁶세 번
째 성립 요건인 책임은 행위자(行爲者, 행위를 하는 사람)에 대해 사회적 비난(非難, 남
의 잘못이나 결점을 들어 나무라며 나쁘게 말함)이 가능하다는 성질을 의미한다. ⁷어떤
행위가 구성 요건에 해당하는 위법한 행위라도 행위자에 대한 사회적 비난이 가
능하지 않다면 범죄가 되지 않는다. ⁸이때 행위자에 대한 책임을 물을 수 없는 사
유인 책임 조각 사유 역시 형법에 규정되어 있는데 그 예로 강요된(強要−, 억지로 또
는 강제로 요구된) 행위가 있다.

→ 형법상 범죄 행위 성립의 세 가지 요건 : 구성 요건 해당성, 위법성, 책임

3 ¹형법에서 다루는 범죄는 '고의범'과 '과실범'으로 나눌 수 있다. ²고의범은 행
위자가 죄를 범할(犯−, 저지를) 의사(意思, 하고자 하는 생각)를 가지고 저지르는 범죄
로, 범죄 사실의 발생 가능성에 대한 인식(認識, 분별하고 판단하여 앎)이 있음은 물론
나아가 범죄 사실이 발생할 위험을 용인하는(容認−, 용납하여 인정하는) 마음속의 의
사(위험이 발생할 것을 받아들이고자 하는 생각)를 가지고 행동하는 '미필적 고의'에 의한
범죄 역시 고의범에 포함하고 있다. ³형법에서 다루는 범죄는 고의범이 대부분이
지만, 실수로 타인의 생명과 신체를 침해하는(侵害−, 침범하여 해를 끼치는) 사례가 많
아지면서 죄를 범할 의사는 없지만 부주의(不注意, 조심을 하지 않음)로 타인에게 상
처를 입히는 등의 과실(過失, 부주의로 인하여 어떤 결과의 발생을 미리 내다보지 못한 일)로
인한 범죄인 과실범에 대해서도 특별한 규정을 두어 처벌하고(處罰−, 형벌에 처하
고) 있다.

→ 형법에서 다루는 범죄의 구분 : 고의범과 과실범

Ⅱ
사
회

4 [1]과실은 결과 발생의 위험성에 대한 인식의 유무(有無, 있음과 없음)와 형법상의 과실범 규정에 따라 그 유형을 나눌 수 있다. [2]먼저 인식의 유무에 따라 과실의 유형을 나누면 '인식 없는 과실'과 '인식 있는 과실'로 나눌 수 있다. [3]자동차 운전을 하면서 통화를 하다가 정지신호를 보지 못하고 통과하던 중 교통사고를 ⓐ 일으킨 경우, 운전 중 통화 행위가 사고를 발생시킬 수 있는 위험한 행동이라고 인식하지 못하였다면 운전자의 행위는 인식 없는 과실에 해당한다. [4]그러나 운전 중 통화 행위가 사고를 발생시킬 수 있는 위험한 행동이라고 인식했지만 주의해서(注意−, 마음에 새겨 두고 조심해서) 운전하면 교통사고는 발생하지 않을 것이라고 생각하면서 계속 통화를 하던 중 교통사고를 일으켰다면 운전자의 행위는 인식 있는 과실에 해당한다고 볼 수 있다. [5]두 과실은 형법상 취급(取扱, 어떤 태도로 대하거나 처리함)에는 차이가 없고 과실범의 성립 여부에 영향을 주지 않는다.(과실범인지 아닌지 판단하는 데 영향을 주지 않는다. 즉 위험성에 대한 인식이 있든 없든 과실범에 해당한다.) [6]하지만 ㉮ 두 과실을 구분함으로써 인식 있는 과실을 미필적 고의와 구별할 수 있다.

→ 인식의 유무에 따른 과실의 유형 : 인식 없는 과실과 인식 있는 과실

5 [1]다음으로 과실은 형법상의 과실범 규정에 따라 ㉠ 통상(通常, 특별하지 않고 보통 있는 일)의 과실, ㉡ 업무상(業務上, 업무와 관련된) 과실, ㉢ '중과실'로 나눌 수 있는데, 이들은 법정형(法定刑, 형법의 조문에 각 범죄별로 그 내용과 범위를 규정하고 있는 형벌)에 차이가 있다. [2]업무상 과실은 업무가 계속적·반복적인 수행을 요건으로 하기 때문에 결과 발생에 대한 예견(豫見, 앞으로 일어날 일을 미리 짐작함)가능성이 높다고 할 수 있으므로 일반인에게 통상적으로 요구되는 주의의무를 위반하는(違反−, 지키지 않고 어기는) 통상의 과실에 비해 상대적으로 무겁게 처벌한다. [3]이 경우 업무는 결과 발생 야기(惹起, 끌어 일으킴) 행위의 내용이어야 하며(업무의 내용으로 인해 과실이라는 결과가 발생되어야 하며) 이(결과 발생 야기 행위의 내용)와 무관한(無關−, 관계가 없는) 업무를 수행하던 중 발생한 결과에 대해서는 업무상 과실을 인정할 수 없다. [4]중과실은 통상의 과실에 비해 주의의무를 현저히(顯著−, 뚜렷이 드러날 정도로) 태만히(怠慢−, 열심히 하려는 마음이 없고 게으르게) 한 경우, 즉 극히(極−, 더할 수 없는 정도로) 근소한(僅少−, 얼마 되지 않을 만큼 아주 적은) 주의만 기울여더라도 결과의 발생을 예견할 수 있었다는 점에서 통상의 과실에 비해 상대적으로 무겁게 처벌한다.

→ 형법상 과실범 규정에 따른 과실의 유형 : 통상의 과실, 업무상 과실, 중과실

■ 지문 이해

〈형법상 범죄 행위의 성립 요건과 형법에서 다루는 범죄의 구분〉

❶ 형법의 개념
• 형법 : 범죄와 형벌을 규정한 법률 • 어떤 행위가 형법상 범죄 행위로 성립하려면 구성 요건 해당성, 위법성, 책임 요건을 순차적으로 모두 충족해야 함

❷ 형법상 범죄 행위 성립의 세 가지 요건

• 구성 요건 해당성 : 어떤 행위에 대한 구체적 사실이 형법상 규정된 범죄의 유형에 해당하는 것
• 위법성 : 전체 법질서에 위배된다는 가치 판단
  - 구성 요건에 해당하는 행위는 일반적으로 위법성이 추정됨
  - 위법성 조각 사유에 해당하면 범죄 성립×(예 : 정당방위)
• 책임 : 행위자에 대해 사회적 비난이 가능하다는 성질
  - 책임 조각 사유에 해당하면 범죄 성립×(예 : 강요된 행위)

❸ 형법에서 다루는 범죄의 구분
• 고의범 : 행위자가 죄를 범할 의사를 가지고 저지르는 범죄, 형법에서 다루는 범죄의 대부분   - 범죄 사실의 발생 가능성에 대한 인식을 가지고 범죄 사실이 발생할 위험을 용인하는 마음속의 의사를 가지고 행동하는 미필적 고의에 의한 범죄도 포함됨 • 과실범 : 죄를 범할 의사는 없지만 부주의로 타인에게 상처를 입히는 등의 과실로 인한 범죄

과실의 유형

❹ 인식의 유무에 따른 과실의 유형	❺ 형법상 과실범 규정에 따른 과실의 유형
• 인식 없는 과실 : 결과 발생의 위험성에 대해 인식하지 못한 과실 행위 • 인식 있는 과실 : 결과 발생의 위험성에 대해 인식하였지만 발생 위험을 용인하는 의사를 가지지 않은 과실 행위 → 형법상 취급에 차이가 없고, 과실범 성립 여부에 영향을 주지 않음	• 통상의 과실 : 일반인에게 통상적으로 요구되는 주의의무를 위반한 과실 • 업무상 과실 : 결과 발생에 대한 예견가능성이 높아 통상의 과실에 비해 상대적으로 무겁게 처벌함 • 중과실 : 통상의 과실에 비해 주의의무를 현저히 태만히 한 경우로, 상대적으로 무겁게 처벌함 → 법정형에 차이가 있음

061 세부 정보 이해 - 적절하지 않은 것 고르기 2024년 9월 학평 33번
정답률 40%, 매력적 오답 ② 40% ③ 15%   정답 ①

윗글의 내용에 대한 이해로 적절하지 않은 것은?

책임
✔① *협박에 의해 강요된 행위였다면 위법성이 조각되어 범죄로 볼 수 없다. *脅迫, 상대에게 공포심을 일으키기 위해 생명, 신체, 자유, 명예, 재산 등에 해를 입힐 뜻을 보임

근거 ❷-7~8 어떤 행위가 구성 요건에 해당하는 위법한 행위라도 행위자에 대한 사회적 비난이 가능하지 않다면 범죄가 되지 않는다. 이때 행위자에 대한 책임을 물을 수 없는 사유인 책임 조각 사유 역시 형법에 규정되어 있는데 그 예로 강요된 행위가 있다.

풀이 윗글에 따르면 어떤 행위가 위법한 행위라도, 강요된 행위에 의한 것이라면 책임 조각 사유가 되어 그 행위는 범죄가 되지 않는다. 따라서 협박에 의해 강요된 행위였다면 '위법성'이 조각된 것이 아니라 '책임'이 조각되어 범죄로 볼 수 없다.

→ 적절하지 않음!

② 어떤 행위에 대한 결과가 없더라도 그 행위만으로도 구성 요건에 해당할 수 있다.

근거 ❷-1~2 첫 번째 성립 요건인 구성 요건 해당성은 어떤 행위에 대한 구체적인 사실이 형법상 규정된 범죄의 유형에 해당하는 것을 말한다. 이때 구성 요건으로 행위와 결과를 요구하는 경우에는 구성 요건상 행위와 결과 간에 인과관계가 인정되어야 한다.

풀이 윗글에서 구성 요건 해당성을 설명하면서, 구성 요건으로 '행위와 결과를 요구하는 경우에는' 구성 요건상 행위와 결과 간에 인과관계가 인정되어야 한다고 설명하고 있다. 이를 통해 구성 요건으로 행위와 결과를 요구하는 경우도 있고, 행위와 결과를 모두 요구하지는 않는 경우도 있을 것임을 추론할 수 있다. 따라서 어떤 행위에 대한 결과가 없더라도, 그 행위만으로도 구성 요건에 해당할 수 있다는 설명은 적절하다.

→ 적절함!

③ 어떤 행위가 형법에 규정된 범죄 행위의 유형에 속하지 않는다면 범죄로 볼 수 없다.

근거 ❶-1 어떤 행위가 형법상 범죄 행위로 성립하려면 '구성 요건 해당성', '위법성', '책임'이라는 세 가지 요건을 순차적으로 모두 충족해야 한다, ❷-1 첫 번째 성립 요건인 구성 요건 해당성은 어떤 행위에 대한 구체적인 사실이 형법상 규정된 범죄의 유형에 해당하는 것을 말한다.

풀이 어떤 행위가 형법상 범죄 행위로 성립하려면 구성 요건 해당성, 위법성, 책임 등 세 가지 요건을 순차적으로 모두 충족해야 한다. 이 중 첫 번째 성립 요건인 구성 요건 해당성은 어떤 행위에 대한 구체적인 사실이 형법상 규정된 범죄의 유형에 해당하는 것을 뜻한다. 따라서 어떤 행위가 형법에 규정된 범죄 행위의 유형에 속하지 않는다면, 형법상 범죄 행위 성립의 첫 번째 요건인 구성 요건 해당성을 충족하지 않으므로 해당 행위를 형법상 범죄 행위라고 볼 수 없다.

→ 적절함!

④ 어떤 행위가 형법상 범죄로 성립하기 위해서는 범죄 성립의 세 가지 요건을 순차적으로 모두 충족해야 한다.

근거 ❶-1 어떤 행위가 형법상 범죄 행위로 성립하려면 '구성 요건 해당성', '위법성', '책임'이라는 세 가지 요건을 순차적으로 모두 충족해야 한다,

→ 적절함!

⑤ 범죄의 구성 요건으로 행위와 결과를 요구하는 경우, 구성 요건상 행위와 결과는 인과관계가 인정되어야 한다.

근거 **❷-2** 구성 요건으로 행위와 결과를 요구하는 경우에는 구성 요건상 행위와 결과 간에 인과관계가 인정되어야 한다.

→ 적절함!

---

062 추론의 적절성 판단 - 적절한 것 고르기 2024년 9월 학평 34번
정답률 40%, 매력적 오답 ② 15% ③ 20% ④ 20%

정답 ⑤

㉮의 이유를 추론한 내용으로 가장 적절한 것은?

> ㉮ 두 과실을 구분함으로써 인식 있는 과실을 미필적 고의와 구별할 수 있다.

▶ 지문 핵심 개념 정리

고의범	• 행위자가 죄를 범할 의사를 가지고 저지르는 범죄(❸-2) • 범죄 사실의 발생 가능성에 대한 인식이 있음은 물론 나아가 범죄 사실이 발생할 위험을 용인하는 마음속의 의사를 가지고 행동하는 '미필적 고의'에 의한 범죄 역시 고의범에 포함됨(❸-2)
과실범	• 죄를 범할 의사는 없지만 부주의로 타인에게 상처를 입히는 등의 과실로 인한 범죄(❸-3) • 인식의 유무에 따라 과실의 유형을 나누면 '인식 없는 과실'과 '인식 있는 과실'로 나눌 수 있음(❹-2) • 인식 있는 과실의 예 : 운전 중 통화 행위가 사고를 발생시킬 수 있는 위험한 행동이라고 인식했지만 주의해서 운전하면 교통사고는 발생하지 않을 것이라고 생각하면서 계속 통화를 하던 중 교통사고를 일으킨 경우(❹-4)

공통점 *차이점*

풀이 '미필적 고의에 의한 범죄'는 범죄 사실의 발생 가능성에 대한 인식이 있음과 더불어 범죄 사실이 발생할 위험을 용인하는 의사를 가지고 행동하는 것을 뜻한다. 한편 윗글에서 제시한 '인식 있는 과실'의 사례는 운전 중 통화 행위가 사고를 유발할 수 있는 위험한 행동이라고 인식했지만 주의해서 운전하면 교통사고는 발생하지 않을 것이라고 생각하면서 계속 통화를 하던 중 교통사고를 일으킨 경우이다. 이때 행위자는 결과 발생의 위험성에 대한 인식은 있으나 위험을 용인하는 마음속의 의사를 가지고 행동했다고는 볼 수 없다. 그러므로 결과 발생의 위험성에 대한 인식의 유무에 따라 과실의 유형을 '인식 없는 과실'과 '인식 있는 과실'로 나누는 것은, 두 과실을 구분함으로써 행위자가 자신의 행위로 인하여 발생할 위험을 용인하는 의사도 가지고 있었는지를 파악할 수 있고, 이를 통해 해당 행위가 '인식 있는 과실'인지 '미필적 고의에 의한 범죄'인지 구별할 수 있기 때문임을 추론할 수 있다. 따라서 정답은 ⑤번이다.

① 고의는 과실보다 부주의로 인해 죄를 범할 가능성이 상대적으로 낮기 때문이다.

　풀이 고의범은 행위자가 죄를 범할 의사를 가지고 저지르는 범죄로, 미필적 고의에 의한 범죄는 고의범에 포함된다. 한편 과실범은 죄를 범할 의사는 없지만 부주의 등의 과실로 인해 저지르는 범죄를 뜻한다. 따라서 '부주의로 인해 죄를 범할 가능성'은 행위자가 죄를 범할 의사를 가지고 저지르는 범죄인 고의에 적용될 수 없으므로 적절하지 않다.

② 과실은 행위의 위험성에 대한 인식 유무에 따라 서로 다른 유형으로 나뉘기 때문이다.

　풀이 '과실'이 결과 발생의 위험성에 대한 인식의 유무에 따라 '인식 없는 과실'과 '인식 있는 과실'의 두 유형으로 나뉘는 것은 맞으나, 인식 있는 과실과 미필적 고의는 모두 행위의 위험성에 대한 인식이 있는 경우에 해당하므로, ㉮의 이유로 적절하지 않다.

인식 없는 과실과 인식 있는 과실의 구분 기준

③ 결과 발생의 위험성에 대한 인식 유무가 고의와 과실을 나누는 중요한 기준이기 때문이다.

　풀이 고의와 과실을 나누는 기준은 행위자의 죄를 범할 의사 유무이다. 결과 발생의 위험성에 대한 인식 유무는 과실 중 인식 없는 과실과 인식 있는 과실을 나누는 기준에 해당하므로, 결과 발생의 위험성에 대한 인식 유무가 고의와 과실을 나누는 중요한 기준이라는 설명은 적절하지 않다.

고의범 *미필적 고의에 의한 고의범*

④ 고의와 과실은 범죄 사실의 발생 가능성에 대한 인식 유무와 그 결과를 용인하는 의사 유무 모두에 차이가 있기 때문이다.

　풀이 형법에서 다루는 범죄는 행위자가 죄를 범할 의사를 가지고 저지르는 범죄인 '고의범'과 죄를 범할 의사는 없지만 부주의 등의 과실로 인한 범죄인 '과실범'으로 구분된다. 범죄 사실의 발생 가능성에 대한 인식 유무와 그 결과를 용인하는 의사 유무는 미필적 고의에 의한 범죄를 포함한 '고의범'에 관련된 것이지, '과실범'에 관한 규정이 아니므로 적절하지 않다.

✓⑤ 행위자가 자기 행위로 인하여 발생할 위험을 용인하는 의사의 유무에 따라 그 행위가 고의와 과실로 구별되기 때문이다.

→ 적절함!

---

063 핵심 개념 파악 - 적절하지 않은 것 고르기 2024년 9월 학평 35번
정답률 60%, 매력적 오답 ② 15% ③ 10%

정답 ①

㉠~㉢에 대한 설명으로 적절하지 않은 것은?

> ㉠ '통상의 과실'　㉡ '업무상 과실'　㉢ '중과실'

✓① ㉠과 ㉡은 업무로 인한 결과 발생 가능성을 얼마만큼 예견했는가에 따라 법정형이 달라진다.

　근거 **❺-2~3** 업무상 과실(㉡)은 업무가 계속적·반복적인 수행을 요건으로 하기 때문에 결과 발생에 대한 예견가능성이 높다고 할 수 있으므로 일반인에게 통상적으로 요구되는 주의의무를 위반하는 통상의 과실(㉠)에 비해 상대적으로 무겁게 처벌한다. 이 경우 업무는 결과 발생 야기 행위의 내용이어야 하며

　풀이 '통상의 과실'은 일반인에게 통상적으로 요구되는 주의의무를 위반하는 경우에 해당하고, '업무상 과실'은 결과 발생 야기 행위의 내용이 되는 업무를 수행하던 중 발생한 과실에 대한 것이다. 윗글에 따르면 업무상 과실은 결과 발생에 대한 예견가능성이 높다고 볼 수 있으므로, 통상의 과실에 비해 법정형이 높다. 그러나 업무로 인한 결과 발생 가능성을 '얼마만큼 예견했는가'에 따라 ㉠과 ㉡의 법정형이 달라지는 것은 아니다.

→ 적절하지 않음!

② ㉠과 ㉢은 주의의무에 대한 태만의 정도 차이를 기준으로 나뉜다.

　근거 **❺-4** 중과실(㉢)은 통상의 과실(㉠)에 비해 주의의무를 현저히 태만히 한 경우, 즉 극히 근소한 주의만 기울였더라도 결과의 발생을 예견할 수 있었다는 점에서 통상의 과실에 비해 상대적으로 무겁게 처벌한다.

→ 적절함!

③ ㉡은 계속적이고 반복적인 수행으로 인해 결과 발생에 대한 예견가능성이 ㉠에 비해 상대적으로 높다.

　근거 **❺-2** 업무상 과실(㉡)은 업무가 계속적·반복적인 수행을 요건으로 하기 때문에 결과 발생에 대한 예견가능성이 높다고 할 수 있으므로 일반인에게 통상적으로 요구되는 주의의무를 위반하는 통상의 과실(㉠)에 비해 상대적으로 무겁게 처벌한다.

→ 적절함!

④ ㉢은 조금만 주의를 기울여도 결과의 발생을 피할 수 있다는 점에서 ㉠에 비해 상대적으로 무겁게 처벌한다.

　근거 **❺-4** 중과실(㉢)은 … 극히 근소한 주의만 기울였더라도 결과의 발생을 예견할 수 있었다는 점에서 통상의 과실(㉠)에 비해 상대적으로 무겁게 처벌한다.

→ 적절함!

⑤ ㉠~㉢은 형법상 과실 행위를 *세분화한 것으로 법정형에 차이가 있다. *細分化-, 여러 갈래로 자세히 가름

　근거 **❺-1** 과실은 형법상의 과실범 규정에 따라 '통상의 과실', '업무상 과실', '중과실'로 나눌 수 있는데, 이들은 법정형에 차이가 있다.

→ 적절함!

윗글을 참고했을 때, <보기>의 판결문에 대한 반응으로 적절하지 않은 것은? [3점]

| 보기 |
[1]A 씨(견주(犬主, 개의 주인))는 자신의 의류 매장에서 반려견을 키우고 있었다. [2]A 씨는 ○월 ○일 11시에 자신의 매장에서 환불을 요구하는 손님과 다툼을 벌였고, 그 과정에서 A 씨의 반려견이 밖으로 나갔다. [3]이때 지나가던 B 씨에게 A 씨의 반려견이 달려들었고, B 씨는 A 씨의 반려견에게 물려 상해(傷害, 남의 몸에 상처를 내어 해를 끼침)를 입게 되었다. [4]A 씨의 과실 여부를 판단하는 재판 과정에서, A 씨는 자신의 반려견이 매장 밖으로 나가 타인에게 해를 끼칠 수도 있겠다고 생각했지만 손님과의 다툼으로 어쩔 수 없었던 상황이었다고 호소했다.(呼訴-. 간곡히 알렸다.) [5]이에 대한 판결은 다음과 같다.

[판결문]
[6]피고인(被告人, 형법의 적용을 받는 사건의 소송에서, 검사에 의해 책임을 져야 할 자로 재판이 청구된 사람)(A 씨)은 피고인이 운영하는(運營-. 이끌어 관리하고 경영하는) 의류 매장에서 견주로서 반려견에게 목줄을 채우지 않은 채 풀어놓고 출입문의 잠금 상태를 소홀히(疏忽-. 대수롭지 않게) 한 과실로 피해자(B 씨)에게 상세 불명의(詳細不明-. 어느 한 부위로 분명하게 특정할 수 없는) 신체 부위에 상처를 입게 하였으므로 피고인을 벌금 150만 원에 처한다.(處-. 형벌에 놓이게 한다.)
↳ A 씨의 행위가 형법상 범죄 행위로 성립함

'책임' 요건 성립
① A 씨가 반려견에 대한 관리를 소홀히 한 사실에 대해 A 씨에 대한 사회적 비난이 가능하다고 판단한 것이겠군.
근거 ❶-1 어떤 행위가 형법상 범죄 행위로 성립하려면 '구성 요건 해당성', '위법성', '책임'이라는 세 가지 요건을 순차적으로 모두 충족해야 한다, ❷-6 책임은 행위자에 대해 사회적 비난이 가능하다는 성질
풀이 어떤 행위가 형법상 범죄 행위로 성립하였다는 것은 구성 요건 해당성, 위법성, 책임의 세 가지 요건을 순차적으로 모두 충족하였음을 뜻하며, 이때 '책임'은 행위자에 대해 사회적 비난이 가능하다는 성질을 의미한다. <보기>의 판결문에 따르면 A 씨는 벌금 150만 원 형에 처해졌다. 이는 법원이 A 씨의 과실 행위가 구성 요건 해당성, 위법성, 책임의 요건을 순차적으로 모두 충족한다고 보고, 이를 형법상 범죄 행위로 판단하였음을 뜻한다. 따라서 <보기>의 판결문은 A 씨가 반려견에 대한 관리를 소홀히 한 사실에 대해 A 씨에 대한 사회적 비난이 가능하다고 판단하였다고 볼 수 있다.
→ 적절함!

결과 발생의 위험성에 대한 인식이 있음 : 인식 있는 과실
✓② A 씨가 반려견에 대한 관리를 소홀히 하면 타인에게 해를 끼칠 수 있다고 인식한 점은 과실범의 성립 여부에 영향을 미쳤겠군.
근거 <보기>-4 A 씨는 자신의 반려견이 매장 밖으로 나가 타인에게 해를 끼칠 수도 있겠다고 생각했지만, ❹-2 (결과 발생의 위험성에 대한) 인식의 유무에 따라 과실의 유형을 나누면 '인식 없는 과실'과 '인식 있는 과실'로 나눌 수 있다, ❹-5 두 과실은 형법상 취급에는 차이가 없고 과실범의 성립 여부에 영향을 주지 않는다.
풀이 A 씨가 반려견에 대한 관리를 소홀히 하면 타인에게 해를 끼칠 수 있다고 인식한 점은 결과 발생의 위험성에 대해 인식한 것이므로, 해당 과실을 인식 없는 과실과 인식 있는 과실로 나누는 기준이 될 수 있다. 그러나 인식 없는 과실과 인식 있는 과실을 구분하는 것은 과실범의 성립 여부에 영향을 주지 않으므로, A 씨가 반려견에 대한 관리를 소홀히 하면 타인에게 해를 끼칠 수 있다고 인식한 점은 과실범의 성립 여부에 영향을 미치지 않는다.
→ 적절하지 않음!

③ A 씨가 손님과의 다툼으로 반려견에 대한 관리를 소홀히 할 수밖에 없었다고 주장하는 부분에 대해 책임 조각 사유로 인정하지 않았겠군.
근거 ❶-1 어떤 행위가 형법상 범죄 행위로 성립하려면 '구성 요건 해당성', '위법성', '책임'이라는 세 가지 요건을 순차적으로 모두 충족해야 한다, ❷-8 행위자에 대한 책임을 물을 수 없는 사유인 책임 조각 사유
풀이 책임 조각 사유란 행위자에 대한 책임을 물을 수 없는 사유를 말한다. <보기>의 판결문에 따르면 A 씨는 벌금 150만 원 형에 처해졌는데, 이는 A 씨의 과실 행위가 구성 요건 해당성, 위법성, 책임의 요건을 순차적으로 모두 충족하여 형법상 범죄 행위로 성립하였음을 뜻한다. 따라서 <보기>의 판결문은 A씨가 손님과의 다툼으로 반려견에 대한 관리를 소홀히 할 수밖에 없었다고 주장하는 부분에 대해 책임 조각 사유로 인정하지 않았다고 볼 수 있다.
→ 적절함!

④ A 씨가 반려견에 대한 관리를 소홀히 하였고 그로 인해 B 씨가 상해를 입게 된 점을 형법상 규정된 범죄 유형에 해당한다고 판단한 것이겠군.
'구성 요건 해당성' 요건 성립
근거 <보기>-6 피고인(A 씨)은 … 반려견에게 목줄을 채우지 않은 채 풀어놓고 출입문의 잠금 상태를 소홀히 한 과실로 피해자(B 씨)에게 상세 불명의 신체 부위에 상처를 입게 하였으므로 피고인을 벌금 150만 원에 처한다, ❶-1 어떤 행위가 형법상 범죄 행위로 성립하려면 '구성 요건 해당성', '위법성', '책임'이라는 세 가지 요건을 순차적으로 모두 충족해야 한다, ❷-1 구성 요건 해당성은 어떤 행위에 대한 구체적인 사실이 형법상 규정된 범죄의 유형에 해당하는 것을 말한다.
풀이 <보기>의 판결문에 따르면 A 씨는 벌금 150만 원 형에 처해졌는데, 이는 A 씨의 과실 행위가 구성 요건 해당성, 위법성, 책임의 요건을 순차적으로 모두 충족하여 형법상 범죄 행위로 성립하였음을 뜻한다. 이때 구성 요건 해당성은 어떤 행위에 대한 구체적인 사실이 형법상 규정된 범죄의 유형에 해당하는 것을 말한다. 따라서 <보기>의 판결문은 A 씨가 반려견에 대한 관리를 소홀히 하였고 그로 인해 B 씨가 상해를 입게 된 점에 대해, A 씨의 행위는 형법상 규정된 범죄의 유형에 해당하여 '구성 요건 해당성' 요건을 충족한다고 판단하였음을 알 수 있다.
→ 적절함!

⑤ A 씨가 반려견에 대한 관리 소홀로 타인을 다치게 하여 벌금형을 받은 점은 구성 요건에 해당하는 행위에 위법성이 있다고 판단한 것이겠군.
'위법성' 요건 성립
근거 ❶-1 어떤 행위가 형법상 범죄 행위로 성립하려면 '구성 요건 해당성', '위법성', '책임'이라는 세 가지 요건을 순차적으로 모두 충족해야 한다, ❷-3 위법성은 전체 법질서에 위배된다는 가치 판단으로, 어떤 행위가 구성 요건에 해당하는 행위이면 일반적으로 위법성이 추정된다.
풀이 <보기>의 판결문에 따르면 A 씨는 벌금 150만 원 형에 처해졌는데, 이는 A 씨의 과실 행위가 구성 요건 해당성, 위법성, 책임의 요건을 순차적으로 모두 충족하여 형법상 범죄 행위로 성립하였음을 뜻한다. 이때 A 씨가 반려견 관리를 소홀히 하여 그로 인해 B 씨가 상해를 입게 된 점에 대해 <보기>의 판결문은 A 씨의 행위가 구성 요건 해당성의 요건을 충족한 것으로 판단하였으며, 구성 요건에 해당하는 행위에 대해서는 일반적으로 위법성을 추정할 수 있으므로 해당 행위가 위법성의 요건 또한 충족하였다고 판단하였음을 알 수 있다.
→ 적절함!

ⓐ와 문맥상 의미가 가장 가까운 것은?

교통사고를 ⓐ일으킨 경우

풀이 ⓐ는 문맥상 '어떤 사태나 일을 벌이거나 터뜨리다'의 의미이다.

✓① 동생이 학교에서 말썽을 일으켰다.
풀이 '어떤 사태나 일을 벌이거나 터뜨리다'의 의미이다.
예문 그의 발언이 보도되어 물의를 일으켰다.
→ 적절함!

② 말이 먼지를 일으키며 달려가고 있다.
풀이 '물리적이거나 자연적인 현상을 만들어 내다'의 의미이다.
예문 부싯돌을 부딪쳐 불을 일으켰다.
→ 적절하지 않음!

③ 그는 넘어지자마자 재빨리 몸을 일으켰다.
풀이 '일어나게 하다'의 의미이다.
예문 친구가 넘어진 아이를 일으켰다.
→ 적절하지 않음!

④ 선풍기는 전기를 동력으로 삼아 바람을 일으킨다.
풀이 '물리적이거나 자연적인 현상을 만들어 내다'의 의미이다.
예문 파도가 암벽에 부딪쳐 물보라를 일으켰다.
→ 적절하지 않음!

⑤ 우리는 무너진 집안을 일으키기 위해 열심히 노력했다.
풀이 '무엇을 시작하거나 흥성하게(興盛-. 기운차게 일어나거나 대단히 번성하게) 만들다'의 의미이다.

예문 경영난에 빠진 회사를 전 임직원이 협력하여 다시 일으켰다.

→ 적절하지 않음!

[066~070] 다음 글을 읽고 물음에 답하시오.

1 ¹법의 효력(效 효과 효 力 힘 력, 법률이나 규칙 등의 작용)이란 사회 규범(社會規範, 법률, 도덕, 관습 등 사회의 질서를 유지하고 사회생활을 바람직하게 이끄는 여러 규범)으로서의 법이 타당성과 실효성을 바탕으로 그 목적과 내용대로 실현되는(實現–, 실제로 이루어지는) 힘을 의미한다. ²이때 타당성이란 법이 구속력(拘束力, 개인이 규율에서 벗어나 자기 마음대로 하는 행동을 제한하는 효력)을 가질 수 있는 정당한(正當–, 올바르고 마땅한) 자격을 말한다. ³국민과 법이 추구하는(追求–, 좇아 구하는) 정의(正義, 진리에 맞는 바른 도리)가 서로 같고, ⓐ 적법한 절차(節次, 일을 하는 데 거쳐야 하는 순서나 방법)에 의해서 법이 제정된(制定–, 만들어져 정해진) 경우에는 타당성이 있다고 할 수 있다. ⁴실효성이란 법이 현실로 지켜져 실현되게 하는 강제력(強制力, 이행할 수 있게 하는 힘)을 의미한다. ⁵실효성이 없는 법은 법을 이행하도록(履行–, 실제로 행하도록) 하는 실제적인(實際的–, 현실에 바탕을 둔) 힘이 없기 때문에 공동체의 법으로서 효력이 없다. ⁶ⓐ법은 이러한 타당성과 실효성을 모두 갖추어야 효력을 발휘하며(發揮–, 떨쳐 나타내며), 효력을 갖춘 법이 미치는 범위는 시간, 사람, 장소로 구분할 수 있다.

→ 법의 효력의 개념과 발생 근거

2 ¹법의 시간적 효력은 법의 부칙(附則, 법률이나 명령의 끝에 붙여 경과 규정, 시행 기일, 구법의 폐지, 세칙을 정하는 법 등을 정해 놓은 것)에 별도로(別途–, 덧붙여 추가로) 규정된(規定–, 규칙으로 정해진) 시행일(施行日, 제도나 법령의 효력을 현실적으로 발생시키는 일을 행하는 날)로부터 발생한다. ²만약 시행일을 규정하지 않은 경우에는 법을 공포*한 날로부터 20 일이 ⓑ 경과되면 법의 효력이 자동적으로 발생한다. ³규정된 폐지일(廢止日, 실시해 오던 제도, 법규, 일 등을 그만두거나 없애는 날)이 지나거나, 폐지일 이전(以前, 앞선 때)에 법 자체가 폐지되면 법의 효력은 소멸한다.(消滅–, 사라져 없어진다.) ⁴폐지일이 규정되지 않은 경우에는 구법(舊法, 예전에 제정한 법)의 내용과 상충되는(相衝–, 서로 어긋나게 되는) 신법(新法, 새로 제정한 법)이 시행되었을 때 구법의 효력이 소멸된다. ⁵법의 효력은 시행 후에 발생한 사항(事項, 항목, 내용)에만 적용되며(適用–, 알맞게 이용되거나 맞추어져 쓰이며) ⓒ 시행 이전에 발생한 사항에 대해서는 적용되지 않는다. ⁶왜냐하면 법을 ⓓ 소급해서 적용할 경우 이미 신법 시행 이전에 적법하게 취득한(取得–, 자기 것으로 만들어 가진) 권리를 침해하여(侵害–, 침범하여 해를 끼쳐) 사회적 혼란(混亂, 뒤죽박죽이 되어 어지럽고 질서가 없음)을 일으킬 수 있기 때문이다. ⁷그러나 신법이 시행될 때 이전에 발생한 사건에 대한 구법의 시간적 효력이 남아 있는 경우 예외적(例外的, 일반적 규칙이나 예에서 벗어나는 것)으로 신법을 소급하여 적용할 수 있다.

→ 법의 효력이 미치는 범위 ① : 시간적 효력

3 ¹법의 인적 효력은 한 사람에게 어느 나라의 법을 적용하느냐에 관한 문제로, 속인(屬 따르다 속 人 사람 인)주의와 속지(屬 따르다 속 地 땅 지)주의 중 어떤 원칙을 선택하느냐에 따라 효력이 미치는 범위가 달라진다. ²속인주의란 그 나라의 국적(國籍, 한 나라의 구성원이 되는 자격)을 가진 사람이 어느 장소에 있든지 관계 없이 국적국(國籍國, 국적이 등록되어 있는 나라)의 법을 적용하는 원칙이다. ³예를 들어 우리나라 사람이 외국에서 죄를 지은 경우 속인주의에 따르면 우리나라 법의 적용을 받게 된다. ⁴그런데 외국에 있는 우리나라 사람이 불법적인(不法的–, 법에 어긋나는) 행위를 한 상황에서 속인주의를 적용한다면 다른 나라의 영토 주권(領土主權, 한 나라가 다른 나라의 지배를 받지 않고 자기 나라 영토 내의 모든 사람과 사물을 통치할 수 있는 권리)을 침범하여(侵犯–, 넘어 들어가 해를 끼쳐) 문제가 발생할 수 있다. ⁵이러한 한계는 속지주의로 보완할(補完–, 모자라거나 부족한 것을 보충하여 완전하게 할) 수 있다. ⁶속지주의란 자국(自國, 자기 나라)의 영역(領域, 한 나라의 주권이 미치는 범위) 내(內, 안)에 있는 모든 사람에 대하여 내·외국인(內外國人, 자기 나라 사람과 다른 나라 사람)을 불문하고(不問–, 가리지 않고) 자국법(自國法, 자기 나라의 법)을 적용한다는 원칙이다. ⁷가령(假令, 예를 들어) 외국인이 우리나라에서 범죄를 저질렀을 때, 속지주의에 따르면 우리나라 법의 적용을 받게 된다. ⁸그런데 주한(駐韓, 한국에 파견되어 머물러 있음) 외교 사절(外交使節, 국가 간의 외교 교섭을 위해 다른 나라에 파견되는 국가의 대표자 또는 대표 기관)은 기본적으로 우리나라의 법을 준수해야(遵守–, 그대로 좇아서 지켜야) 하지만, ⓔ

면책 특권(特權, 특별한 권리) 때문에 예외적으로 법의 효력이 발생하지 않는다.

→ 법의 효력이 미치는 범위 ② : 인적 효력

4 ¹법의 장소적 효력은 법이 어떤 공간에 적용되느냐에 관한 문제이다. ²국가의 법은 원칙적으로 그 국가의 주권이 미치는 전체 영역인 영토(領 다스리다 영 土 땅 토, 한 나라의 주권이 미치는 땅의 범위), 영해(領 다스리다 영 海 바다 해, 한 나라의 주권이 미치는 바다), 영공(領 다스리다 영 空 하늘 공, 나라의 주권이 미치는 하늘의 범위로, 영토와 영해의 대기권 이내의 상공에 해당하는 국가 영역)에 걸쳐 적용되는데, 예외적으로 도시계획법 중 일부 조항(條項, 법률이나 규정 등의 낱낱의 조목이나 항목)처럼 특정 지역에만 적용되는 법도 있다.

→ 법의 효력이 미치는 범위 ③ : 장소적 효력

＊ 공포(公 널리 공 布 드러내다 포) : 이미 확정된(確定–, 확실하게 정해진) 법률(法律, 법 가운데 입법부인 국회에서 만든 것), 조약(條約, 국가 간의 합의에 따라 만들어진 국제 법규), 명령(命令, 행정부에서 법률을 시행하기 위하여 세부적인 내용을 규정한 법 규범) 따위를 일반 국민에게 널리 알리는 일

■지문 이해

〈법의 효력〉

❶ 법의 효력의 개념과 발생 근거

• 법의 효력 : 법이 타당성과 실효성을 바탕으로 그 목적과 내용대로 실현되는 힘
 - 타당성 : 법이 구속력을 가질 수 있는 정당한 자격
 - 실효성 : 법이 현실로 지켜져 실현되게 하는 강제력
→ 법은 타당성과 실효성을 모두 갖추어야 효력을 발휘함

법의 효력이 미치는 범위

❷ 시간적 효력

법의 시간적 효력 발생	법의 시간적 효력 소멸
- 부칙에 별도로 규정된 시행일로부터 발생함 - 시행일을 규정하지 않은 경우 : 법을 공포한 날로부터 20 일 경과 시 발생 - 시행 후에 발생한 사항에만 적용됨 (소급 적용×) - 신법이 시행될 때 이전에 발생한 사건에 대한 구법의 시간적 효력이 남아 있는 경우 예외적으로 신법 소급 적용 가능	- 규정된 폐지일이 지나거나 폐지일 이전에 법 자체가 폐지되면 소멸함 - 폐지일이 규정되지 않은 경우 : 구법의 내용과 상충되는 신법이 시행되었을 때 구법의 효력이 소멸됨

❸ 인적 효력

• 한 사람에게 어느 나라의 법을 적용하느냐에 관한 문제
• 속인주의 : 그 나라 국적을 가진 사람은 장소와 무관하게 국적국의 법을 적용하는 원칙
 → 다른 나라의 영토 주권 침범의 문제가 발생할 수 있음
• 속지주의 : 자국 영역 내 모든 사람에 대해 자국법을 적용하는 원칙
 → 외교 사절에 대한 면책 특권 등 예외적으로 법의 효력이 발생하지 않는 경우가 있음

❹ 장소적 효력

• 법이 어떤 공간에 적용되느냐에 관한 문제
• 국가의 법은 원칙적으로 그 국가의 주권이 미치는 전체 영역(영토, 영해, 영공)에 걸쳐 적용됨
 - 예외적으로 특정 지역에만 적용되는 법이 있음

윗글의 내용과 일치하는 것은?

① 법의 효력은 국가 영역의 일부에만 적용될 수도 있다.

근거 ❹-2 예외적으로 도시계획법 중 일부 조항처럼 특정 지역에만 적용되는 법도 있다.

→ 적절함!

② 법의 폐지일이 경과하지 않으면 법을 폐지할 수 없다.
　　　　　　　　　　　　않아도　　　　있다

근거 ❷-3 폐지일 이전에 법 자체가 폐지되면 법의 효력은 소멸한다.

풀이 법의 폐지일이 경과하지 않은 경우라도 폐지일 이전에 법 자체가 폐지되었을 때 해당 법의 효력이 소멸한다고 하였으므로, 법의 폐지일이 경과하지 않아도 법을 폐지할 수 있음을 알 수 있다.

→ 적절하지 않음!

③ 법의 효력은 부칙에 시행일을 반드시 규정해야 발생한다.

근거 ❷-1~2 법의 시간적 효력은 법의 부칙에 별도로 규정된 시행일로부터 발생한다. 만약 시행일을 규정하지 않은 경우에는 법을 공포한 날로부터 20일이 경과되면 법의 효력이 자동적으로 발생한다.

→ 적절하지 않음!

④ 주한 외교 사절은 우리나라의 법을 준수하지 않아도 된다.
　　　　　　　　　　　　　　　　　　　준수해야 한다

근거 ❸-8 주한 외교 사절은 기본적으로 우리나라의 법을 준수해야 하지만

→ 적절하지 않음!

⑤ 외국에 있는 우리나라 사람에게 우리나라 법을 적용하더라도 *타국의 영토 주권을*
　　　　　　　　　　　　　　　　　　　　　적용하면
침범하지 않는다. *他國. 자기 나라가 아닌 남의 나라
침범하여 문제가 발생할 수 있다

근거 ❸-3~4 우리나라 사람이 외국에서 죄를 지은 경우 속인주의에 따르면 우리나라 법의 적용을 받게 된다. 그런데 외국에 있는 우리나라 사람이 불법적인 행위를 한 상황에서 속인주의를 적용한다면 다른 나라의 영토 주권을 침범하여 문제가 발생할 수 있다.

풀이 외국에 있는 우리나라 사람에게 우리나라 법을 적용하게 되면, 다른 나라의 영토 주권을 침범하여 문제가 생길 수 있다.

→ 적절하지 않음!

㉠의 이유로 가장 적절한 것은?

> ㉠ 법은 이러한 타당성과 실효성을 모두 갖추어야 효력을 발휘하며

▶ 지문 핵심 개념 정리

법의 타당성	– 법이 구속력을 가질 수 있는 정당한 자격(❶-2) – 국민과 법이 추구하는 정의가 서로 같고, 적법한 절차에 의해서 법이 제정된 경우에는 타당성이 있다고 할 수 있음(❶-3)
법의 실효성	– 법이 현실로 지켜져 실현되게 하는 강제력(❶-4) – 실효성이 없는 법은 법을 이행하도록 하는 실제적인 힘이 없기 때문에 공동체의 법으로서 효력이 없음(❶-5)

　　　　　　　　　　　　　　　　법의 타당성
① 법이 타당성만 있고 실효성이 없으면, 법의 제정 과정에서 절차적 정당성을 가질 수 없기 때문에

풀이 법이 타당성이 있으면, 법의 제정 과정에서 절차적 정당성을 가질 수 있다.

→ 적절하지 않음!

　　　　　　　　　　　　　　　　法의 타당성
② 법이 타당성만 있고 실효성이 없으면, 법 위반 행위를 금지하는 정당한 자격을 갖출 수 없기 때문에

풀이 법이 타당성이 있으면, 법 위반 행위를 금지하는 정당한 자격을 갖출 수 있다.

→ 적절하지 않음!

　　　　　　　　　　　　　　　　법의 실효성
③ 법이 실효성만 있고 타당성이 없으면, 해당 법의 실현을 위한 강제력을 가질 수 없기 때문에

풀이 법이 실효성이 있으면, 해당 법의 실현을 위한 강제력을 가질 수 있다.

→ 적절하지 않음!

④ 법이 실효성만 있고 타당성이 없으면, 법이 추구하는 정의를 국민으로부터 인정받을 수 없기 때문에

풀이 법이 타당성이 있으면 해당 법은 국민과 추구하는 정의가 서로 같으며, 적법한 절차에 의해 제정되어 정당한 자격을 갖추고 있다고 볼 수 있다. 따라서 법이 실효성만 있고 타당성이 없으면, 법이 추구하는 정의를 국민으로부터 인정받을 수 없기 때문이라는 추론은 ㉠의 이유로 적절하다.

→ 적절함!

⑤ 법이 타당성과 실효성을 모두 갖추더라도, 법을 실제적으로 이행하도록 하는 힘을 국민들에게 인정받지 못하기 때문에

풀이 법이 타당성이 있으면 정당한 자격을 갖추어 법이 추구하는 정의를 국민으로부터 인정받을 수 있다. 또한 법이 실효성을 갖추었을 경우 법을 이행하도록 하는 실제적인 힘을 가진다. 따라서 법이 타당성과 실효성을 모두 갖추었다면, 그 법은 실제적으로 이행하도록 하는 힘을 국민들에게 인정받을 수 있다.

→ 적절하지 않음!

윗글을 참고할 때, <보기>의 ㉮~㉰에 들어갈 수 있는 말을 바르게 짝지은 것은?

| 보기 |
　　　　　　　B국 영역 내에서의 불법적 행위　　　　　　　국적국 : A
음주(飮酒, 술을 마심)가 허용된(許容−, 허락되어 너그럽게 받아들여진) 나라인 A국 국민 ○
○씨가 음주가 금지된 B국에서 음주를 한 경우, ㉮ 에 따르면 ㉯ 의 법을 적용해야 하고, 이에 따르면 ○○씨는 ㉰ .

※ 단, ○○씨는 A국에서 B국으로 파견된 외교 사절은 아님
면책특권으로 인한 예외적 상황×

근거 ❸-2 속인주의란 그 나라의 국적을 가진 사람이 어느 장소에 있든지 관계 없이 국적국의 법을 적용하는 원칙, ❸-6 속지주의란 자국의 영역 내에 있는 모든 사람에 대하여 내·외국인을 불문하고 자국법을 적용한다는 원칙, ❸-8 주한 외교 사절은 기본적으로 우리나라의 법을 준수해야 하지만, 면책 특권 때문에 예외적으로 법의 효력이 발생하지 않는다.

풀이 속인주의란 그 나라의 국적을 가진 사람은 어느 장소에 있든지 국적국의 법을 적용하는 원칙이다. 음주가 허용된 A국의 국민인 ○○씨가 음주가 금지된 B국에서 음주를 하여 불법적인 행위를 하였더라도, 속인주의에 따르면 국적국인 A국의 법을 적용해야 하고, 이에 따르면 ○○씨는 처벌받지 않을 것이다. 한편 속지주의는 자국의 영역 내에 있는 모든 사람에 대해 자국법을 적용한다는 원칙이다. ○○씨가 A국에서 B국으로 파견된 외교 사절은 아니므로 속지주의에 따라 B국의 법을 적용할 수 있다. 따라서 음주가 금지된 B국에서 음주를 한 경우, 속지주의에 따르면 B국의 법을 적용해야 하고, 이에 따르면 ○○씨는 내국인이든 외국인이든 관계없이 처벌을 받을 것이다. 따라서 정답은 ②번이다.

	㉮	㉯	㉰	
①	속지주의	A국	처벌받을 것이다	
②	속지주의	B국	처벌받을 것이다	→ 적절함!
③	속지주의	B국	~~처벌받지 않을 것이다~~	
④	속인주의	A국	~~처벌받을 것이다~~	
⑤	속인주의	B국	처벌받지 않을 것이다	

069 구체적인 사례에 적용 - 적절하지 않은 것 고르기 2024년 6월 학평 29번
정답률 55%, 매력적 오답 ③ 10% ④ 20%

1등급 문제

정답 ⑤

윗글을 바탕으로 <보기>를 이해한 내용으로 적절하지 않은 것은? [3점]

| 보기 |
[1]△△기업은 2010년 1월부터 2월까지 가격 **담합**(談合. 생산품이 비슷한 회사끼리 서로 짜고 생산량과 물건의 가격을 미리 결정해서 소비 시장에서 큰 이익을 챙기는 행위)을 했다는 **혐의**(嫌疑. 죄를 저질렀을 가능성이 있다고 봄)로 2016년 6월에 조사를 받기 시작했다. [2]1990년 1월에 제정된 관련법은 별도의 폐지 시기를 규정하지 않았는데, 이에 따르면 **과징금**(課徵金, 서로 지키도록 협의하여 정해 놓은 규칙을 위반하였을 때 그 제재로 거두어들이는 돈)은 **위법**(違法. 법률이나 명령 등을 어김) 행위 종료일부터 5년까지 **부과**(賦課-. 매겨서 부담하게 할)할 수 있다. [3]그런데 이 법이 **개정되어**(改定-. 고쳐서 다시 정해져) 2012년 2월 1일에 공포된 후 2월 10일부터 시행되었다. [4]과징금을 부과할 수 있는 기간은 '위법 행위에 대한 조사 개시일로부터 5년'으로 **변경되었고**(變更-. 다르게 바뀌어 새롭게 고쳐졌고), 효력을 현재까지 계속 유지하고 있다.

① **구법의 효력은 개정된 법의 시행일로부터 소멸했겠군.**
> **근거** <보기>-2~3 1990년 1월에 제정된 관련법은 별도의 폐지 시기를 규정하지 않았는데, … 그런데 이 법이 개정되어 … 2월 10일부터 시행되었다, ❷-4 폐지일이 규정되지 않은 경우에는 구법의 내용과 상충되는 신법이 시행되었을 때 구법의 효력이 소멸된다.
> **풀이** <보기>에서 1990년 1월에 제정된 관련법은 별도의 폐지 시기를 규정하지 않았으나, 해당 법이 개정되어 2012년 2월 10일부터 시행되었다. 윗글에서 폐지일이 규정되지 않은 경우 신법이 시행되었을 때 구법의 효력이 소멸된다고 하였으므로, <보기>의 구법의 효력은 개정된 법의 시행일로부터 소멸된다.
> → 적절함!

② **개정된 법에 따르면 △△기업에 대한 과징금은 2021년 7월에는 부과할 수 없겠군.**
> **근거** <보기>-1 △△기업은 2010년 1월부터 2월까지 가격 담합을 했다는 혐의로 2016년 6월에 조사를 받기 시작, <보기>-4 (개정된 법에 따르면) 과징금을 부과할 수 있는 기간은 '위법 행위에 대한 조사 개시일로부터 5년'으로 변경되었고,
> **풀이** 개정된 법에 따르면 과징금을 부과할 수 있는 기간은 위법 행위에 대한 조사 개시일로부터 5년까지이다. 해당 기업에 대한 조사는 2016년 6월에 개시되었으므로, 개정된 법에 따르면 조사 개시로부터 이미 5년이 지난 이후인 2021년 7월에는 해당 기업에 대한 과징금을 부과할 수 없다.
> → 적절함!

③ **△△기업에 과징금이 부과되었다면 개정된 법을 소급하여 적용한 것으로 볼 수 있겠군.**
> **근거** <보기>-1 △△기업은 2010년 1월부터 2월까지 가격 담합을 했다는 혐의, <보기>-2~3 1990년 1월에 제정된 관련법은 … 이에 따르면 과징금은 '위법 행위 종료일부터 5년까지 부과할 수 있다. 그런데 이 법이 개정되어 2012년 2월 1일에 공포된 후 2월 10일부터 시행, ❷-7 신법이 시행될 때 이전에 발생한 사건에 대한 구법의 시간적 효력이 남아 있는 경우 예외적으로 신법을 소급하여 적용할 수 있다.
> **풀이** <보기>의 구법에 따르면 △△기업의 위법 행위에 대한 과징금은 위법 행위 종료일로부터 5년까지, 즉 2015년 2월까지 부과할 수 있다. 개정된 법은 구법의 시간적 효력이 남아 있는 2012년 2월에 시행되었으므로, 해당 사건에 대해 예외적으로 개정된 법을 소급하여 적용할 수 있다.
> → 적절함!

④ **개정된 법이 공포된 시점에는 △△기업의 담합 행위에 대한 구법의 효력이 존재했겠군.**
> **근거** <보기>-2~3 1990년 1월에 제정된 관련법은 별도의 폐지 시기를 규정하지 않았는데, … 이 법이 개정되어 2012년 2월 1일에 공포된 후 2월 10일부터 시행, ❷-1 법의 시간적 효력은 법의 부칙에 별도로 규정된 시행일로부터 발생, ❷-4 폐지일이 규정되지 않은 경우에는 구법의 내용과 상충되는 신법이 시행되었을 때 구법의 효력이 소멸
> **풀이** 윗글에 따르면 법의 시간적 효력은 '공포된 시점'이 아니라 '시행일로부터' 발생한다. 또한 구법의 폐지일이 규정되지 않은 경우 신법이 '시행되었을 때' 구법의 효력이 소멸된다. <보기>에서 구법은 별도의 폐지 시기를 규정하지 않았으며, 개정된 법은 2012년 2월 1일에 공포되고 2월 10일부터 시행되었다. 따라서 개정된 법이 '공포

된 시점'인 2012년 2월 1일에는 여전히 구법의 효력이 존재하며, 개정된 법이 '시행된 시점'인 2월 10일부터 구법의 효력은 소멸되고 신법의 효력이 발생한다.
> → 적절함!

⑤ ~~있~~ 없었겠군

법이 개정되지 않았더라도 2016년 6월에 △△기업에 대해 과징금 처분을 내릴 수 ~~있었겠군.~~ ← 않았다면
> **근거** <보기>-1 △△기업은 2010년 1월부터 2월까지 가격 담합을 했다는 혐의, <보기>-2 1990년 1월에 제정된 관련법 … 이에 따르면 과징금은 '위법 행위 종료일부터 5년까지 부과할 수 있다.
> **풀이** <보기>에서 법이 개정되지 않았을 경우 과징금은 위법 행위 종료일로부터 5년까지 부과할 수 있다. 이 법을 적용하였을 때 △△기업의 위법 행위 종료일은 2010년 2월이므로, 2016년 6월에는 해당 기업에 대해 과징금 처분을 내릴 수 없다. 따라서 법이 개정되지 않았다면 2016년 6월에 △△기업에 대해 과징금 처분을 내릴 수 없었을 것이다.
> → 적절하지 않음!

070 단어의 의미 파악 - 적절하지 않은 것 고르기 2024년 6월 학평 30번
정답률 90%

정답 ③

ⓐ~ⓔ의 사전적 의미로 적절하지 않은 것은?

ⓐ 적법   ⓑ 경과   ⓒ 시행   ⓓ 소급   ⓔ 면책

① ⓐ : **법규에 맞음.**
> **풀이** '적법(適 맞다 적 法 법)'은 '법규에 맞음'의 의미이다.
> → 적절함!

② ⓑ : **시간이 지나감.**
> **풀이** '경과(經 지나다 경 過 지나다 과)'는 '시간이 지나감'의 의미이다.
> → 적절함!

③ ⓒ : **어려운 점을 *무릅쓰고 행함.** *참고 견디어
> **풀이** '시행(施 실시하다 시 行 행하다 행)'은 '법령을 공포한 뒤에 그 효력을 실제로 발생시키는 일'의 의미이다. '어려운 점을 무릅쓰고 행함'은 '강행(強 강하다 강 行 행하다 행)'의 사전적 의미이다.
> → 적절하지 않음!

④ ⓓ : **과거에까지 거슬러 올라가서 미치게 함.**
> **풀이** '소급(遡 거스르다 소 及 미치다 급)'은 '과거에까지 거슬러 올라가서 미치게 함'의 의미이다.
> → 적절함!

⑤ ⓔ : **책임이나 *책망을 **면함.** *責望. 잘못을 꾸짖거나 나무라며 못마땅하게 여김 **免-. 책임이나 의무를 지지 않게 됨
> **풀이** '면책(免 면하다 면 責 꾸짖다 책)'은 '책임이나 책망을 면함'의 의미이다.
> → 적절함!

[071~074] 다음 글을 읽고 물음에 답하시오.

1 [1]**매매**(賣買. 물건을 팔고 사는 일) **계약**(契約. 일정한 법률 효과의 발생을 목적으로 두 사람의 의사를 표시함), **유언**(遺言. 자기의 사망으로 인해 효력을 발생시킬 것을 목적으로 한, 한 사람의 의사 표시) 등과 같은 **법률행위**(法律行爲. 일정한 법률 효과를 발생하게 하려는 의도를 가지고 하는 행위)가 **법률효과**(法律效果. 일정한 법률 요건에 근거를 두고 발생하는 권리와 의무)를 발생시키려면 **성립**(成立. 제대로 이루어짐) **요건**(要件. 필요한 조건)과 **효력**(效力. 규칙 등의 작용)요건을 갖추어야 한다. [2]성립요건은 법률행위가 성립되기 위한 요건으로, 성립요건을 갖추지 못한 경우 법률행위가 **불성립했다고**(不成立-. 제대로 이루어지지 않았다고) 한다. [3]효력요건은 이미 성립한 법률행위가 효력을 발생하는 데 필요한 요건으로, 이(효력요건)를 갖추어 효력을 발생시켰을 때 법률행위가 **유효하다고**(有效

−, 의도한 원래의 효과가 있다고) 한다.

→ **법률행위의 성립요건과 효력요건의 개념**

2 ¹그런데 법률행위는 성립하였지만, 효력요건이 불충분하여 그 법률행위가 성립한 당시부터 법률상 당연히 그(법률행위의) 효력이 발생하지 않는 경우 그 법률행위는 **무효**(無效, 효과 없음)가 된다. ²ⓐ 법률행위의 무효는 무효 **사유**(事由, 일의 까닭)가 존재한다면 **특정인**(特定人, 특별히 지정한 사람)의 무효 주장이 없이도 그 법률행위가 처음부터 효력이 없는 것이 되며, 기간이 **경과해도**(經過−, 지나가도) 무효라는 사실은 변하지 않는다.

→ **법률행위의 무효**

3 ¹한편 ⓑ 법률행위의 취소는 법률행위로서 일단 효력이 발생하였다가 어떤 사유가 있어 그 법률행위가 성립한 당시로 **소급하여**(遡及−, 거슬러 올라가) 효력을 잃게 되는 경우를 말한다. ²법률행위의 취소가 **확정되면**(確定−, 확실하게 정해지면) 법률상의 효력이 **무효와 같아지지만**(처음부터 효력이 없는 것이 되지만), 취소 사유가 존재하더라도 **취소권을 가진 특정인이 취소를 주장할 때만 그 법률행위의 효력이 없어질 수 있다**(취소권을 가진 특정인의 취소 주장이 없으면 그 법률행위는 유효하다)는 점에서 무효와 차이가 있다. ³또한 취소권은 일정한 기간이 경과하면 **소멸되고**(消滅−, 사라져 없어지게 되고), 취소권이 소멸된 법률행위는 결국 유효한 것으로 확정된다.

→ **법률행위의 취소**

4 ¹무효인 법률행위에서는 아무런 효력도 생기지 않으며, 법적으로는 아무것도 없는 것이라 보기 때문에 소급하여 유효로 할 수 있는 대상이 없는 상태라 할 수 있다. ²그래서 무효인 법률행위, 즉 무효행위는 다른 법률행위로 **전환**(轉換, 바꿈)을 하기도 하고, **추인함으로써**(追認−, 일단 행해진 불완전한 법률행위를 뒤에 보충하여 완전하게 하는 일방적 의사 표시인 '추인'을 함으로써) 그때부터 새로운 법률행위가 되게 만들기도 한다. ³무효는 이미 성립된 법률행위를 **전제**(前提, 바탕)로 하기 때문에 이러한 전환이나 추인이 가능한 것이며, 만약 법률행위가 불성립했다면 전환이나 추인은 할 수 없다. ⁴무효행위를 전환한다는 것은 무효인 법률행위가 다른 법률행위로서의 효력요건은 갖추고 있을 때, 그 법률행위로서의 효력을 인정하는 것을 말한다. ⁵이때 전환을 위해서는 당사자가 무효임을 알았더라면, 그 법률행위가 아니라 처음부터 다른 법률행위를 했을 것이라고 인정되어야 한다. ⁶무효행위의 전환의 예로는, **징계해고**(懲戒解雇, 회사의 규칙이나 질서를 어긴 벌로서 고용주가 고용계약을 해제하여 피고용인을 내보냄)로서 효력요건을 갖추지 못해 무효가 된 법률행위가 **징계휴직**(懲戒休職, 회사의 규칙이나 질서를 어긴 벌로서, 그 신분과 자격을 유지하면서 일정 기간 동안 직무를 쉼)로서의 효력요건은 갖추고 있을 때 징계휴직으로 전환하여 법률행위가 유효가 되는 경우를 들 수 있다.

→ **무효행위의 전환**

5 ¹무효행위를 추인한다는 것은 무효가 된 법률행위가 갖추지 못했던 효력요건을 **추후**(追後, 나중)에 보충하여 새로운 법률행위로서의 효력을 인정하는 것을 말한다. ²ⓒ 무효행위를 추인하면 그 무효행위가 처음 성립한 때로 소급하여 유효한 것이 되는 것이 아니라 추인한 때부터 새로운 법률행위를 한 것으로 본다. ³**민법**(民法, 개인의 권리와 관련된 법규)은 원칙적으로 무효행위의 추인을 인정하지 않지만, 무효 원인이 소멸한 상태이고 **당사자**(當事者, 소송의 주체가 되는 사람)가 기존 법률행위가 무효임을 알고 추인한 경우에 한해서는 추인을 인정하고 있다.

→ **무효행위의 추인**

6 ¹법률행위가 무효가 되면 그 법률행위에 따른 법률효과도 생기지 않으므로 무효행위를 근거로 하는 **청구권**(請求權, 채권, 손해 배상권 등 특정인에 대해 일정한 행위를 요구할 수 있는 권리)도 부인된다.(否認−, 인정되지 않는다.) ²따라서 해당 법률행위(무효가 된 법률행위)에 따라 **채무**(債務, 특정인이 다른 특정인에게 어떤 행위를 해야 할 의무)가 있는 경우 상대방이 청구권을 **행사할**(行使−, 권리의 내용을 실제로 이룸) 수 없으므로 채무를 **이행할**(履行−, 실제로 행함) 필요가 없다. ³만약 이미 채무가 이행된 경우라면 **수령자**(受領者, 받는 사람)는 해당 이득을 **반환해야**(返還−, 되돌려주어야) 하는 **부당이득**(不當利得, 법을 어기는, 이치에 맞지 않은 방법으로 남에게 손해를 주면서 얻는 이익) 반환의무를 진다. ⁴무효는 시간이 흘러도 그대로 유지되지만, 부당이득의 반환청구권은 **소멸시효**(消滅時效, 권리를 가진 사람이 일정 기간 그 권리를 행사하지 않은 경우, 그 권리의 소멸을 인정하는 제도)가 있으므로 **영구적으로**(永久的−, 오래도록 변함 없이) 주장할 수 있는 것은 아니다.

→ **무효행위를 근거로 하는 청구권의 부인**

■ **지문 이해**
〈무효인 법률행위의 전환과 추인〉

❶ 법률행위의 성립요건과 효력요건의 개념
- 법률행위의 법률효과는 성립요건과 효력요건을 갖추어야 발생함
  - 성립요건 : 법률행위가 성립되기 위한 요건
  - 효력요건 : 이미 성립한 법률행위의 효력 발생에 필요한 요건

❷ 법률행위의 무효
- 법률행위는 성립하였으나 효력요건이 불충분하여, 성립 당시부터 법률상 당연히 그 효력이 발생하지 않는 경우
  → 무효 사유 존재 시 특정인의 무효 주장 없이도 처음부터 효력이 없는 것이 됨
  → 기간이 경과해도 무효임이 변하지 않음

❸ 법률행위의 취소
- 법률행위로서 효력이 발생했다가 어떤 사유가 있어 성립 당시로 소급하여 효력을 잃게 되는 경우
  → 취소 사유가 존재해도 취소권을 가진 특정인이 취소를 주장할 때만 효력이 없어질 수 있음
  → 취소권은 일정 기간이 경과하면 소멸되며, 취소권이 소멸된 법률행위는 유효한 것으로 확정됨

❹ 무효행위의 전환
- 무효인 법률행위가 다른 법률행위로서의 효력요건은 갖추고 있을 때, 그 법률행위로서의 효력을 인정하는 것
  - 당사자가 무효임을 알았더라면 그 법률행위가 아니라 처음부터 다른 법률행위를 했을 것이라고 인정되어야 함

❺ 무효행위의 추인
- 무효가 된 법률행위가 갖추지 못했던 효력요건을 추후에 보충하여 새로운 법률행위로서의 효력을 인정하는 것
  - 무효행위가 처음 성립한 때로 소급하여 유효한 것이 되는 것×
  - 추인한 때부터 새로운 법률행위를 한 것으로 봄
- 무효 원인이 소멸한 상태이고 당사자가 기존 법률행위가 무효임을 알고 추인한 경우에 한해 추인을 인정함

❻ 무효행위를 근거로 하는 청구권의 부인
- 법률행위가 무효일 때 법률행위에 따른 법률효과가 생기지 않으며, 청구권도 부인됨
  → 청구권을 행사할 수 없으므로 채무를 이행할 필요가 없음
  → 이미 채무가 이행된 경우 수령자는 부당이득 반환의무를 짐 : 부당이득 반환청구권은 소멸시효가 있음

---

071 | 세부 정보 이해 - 적절하지 않은 것 고르기 | 2023년 9월 학평 30번
정답률 75%, 매력적 오답 ④ 10%

정답 ①

윗글의 내용과 일치하지 않는 것은?

① 법률행위가 불성립한 경우에~~도~~ 법률행위의 전환이나 추인을 할 수 있다. _없다_

근거 **❹**-3 법률행위가 불성립했다면 전환이나 추인은 할 수 없다.

→ 적절하지 않음!

② 성립요건과 효력요건을 모두 갖추어야 법률행위는 법률효과를 발생시킬 수 있다.

근거 **❶**-1 법률행위가 법률효과를 발생시키려면 성립요건과 효력요건을 갖추어야 한다.

→ 적절함!

③ 법률행위가 효력을 발생시켰더라도 어떤 사유가 있어 그 효력을 잃게 되기도 한다.

근거 **❸**-1 법률행위의 취소는 법률행위로서 일단 효력이 발생하였다가 어떤 사유가 있어 그 법률행위가 성립한 당시로 소급하여 효력을 잃게 되는 경우를 말한다.

→ 적절함!

④ 법률행위가 무효가 되면 해당 법률행위에 따른 채무가 발생한 경우라도 그 채무를 이행할 필요가 없다.

근거 **❻**-1~2 법률행위가 무효가 되면 그 법률행위에 따른 법률효과도 생기지 않으므로 무효행위를 근거로 하는 청구권도 부인된다. 따라서 해당 법률행위에 따라 채무가 있는 경우 상대방이 청구권을 행사할 수 없으므로 채무를 이행할 필요가 없다.

⑤ 법률행위가 무효라는 사실이 그대로 유지되더라도 부당이득의 반환청구권을 영구적으로 주장할 수 있는 것은 아니다.

> **근거** **⑥-4** 무효는 시간이 흘러도 그대로 유지되지만, 부당이득의 반환청구권은 소멸시효가 있으므로 영구적으로 주장할 수 있는 것은 아니다.

→ 적절함!

---

072 | 핵심 개념 파악 - 적절하지 않은 것 고르기 | 2023년 9월 학평 31번
정답률 75% | 정답 ⑤

㉠, ㉡에 대한 이해로 적절하지 않은 것은?

> ㉠ 법률행위의 무효 ㉡ 법률행위의 취소

① ㉠은 효력요건이 불충분하여 법률상 당연히 효력이 발생하지 않는 경우이다.

> **근거** **②-1** 법률행위는 성립하였지만, 효력요건이 불충분하여 그 법률행위가 성립한 당시부터 법률상 당연히 그 효력이 발생하지 않는 경우 그 법률행위는 무효가 된다.

→ 적절함!

② ㉡은 취소 사유가 존재하더라도 법률행위의 효력이 발생하는 경우가 있다.

> **근거** **③-2~3** 법률행위의 취소가 확정되면 법률상의 효력이 무효와 같아지지만, 취소 사유가 존재하더라도 취소권을 가진 특정인이 취소를 주장할 때만 그 법률행위의 효력이 없어질 수 있다는 점에서 무효와 차이가 있다. 또한 취소권은 일정한 기간이 경과하면 소멸되고, 취소권이 소멸된 법률행위는 결국 유효한 것으로 확정된다.

> **풀이** 취소 사유가 존재하더라도 취소권을 가진 사람이 취소권 소멸 기간 내에 취소를 주장하지 않거나, 일정한 기간이 지나 취소권이 소멸된 경우에는 해당 법률행위의 효력이 처음 발생했을 때부터 유효하다. 따라서 법률행위의 취소(㉡)는 취소 사유가 존재하더라도 법률행위의 효력이 발생하는 경우가 있다는 설명은 적절하다.

→ 적절함!

③ ㉠과 ㉡은 모두 법률행위가 성립한 것을 전제로 한다.

> **근거** **①-3** 효력요건은 이미 성립한 법률행위가 효력을 발생하는 데 필요한 요건으로, 이를 갖추어 효력을 발생시켰을 때 법률행위가 유효하다고 한다, **②-1** 법률행위는 성립하였지만, 효력요건이 불충분하여 그 법률행위가 성립한 당시부터 법률상 당연히 그 효력이 발생하지 않는 경우 그 법률행위는 무효가 된다, **③-1** 법률행위의 취소는 법률행위로서 일단 효력이 발생하였다가 어떤 사유가 있어 그 법률행위가 성립한 당시로 소급하여 효력을 잃게 되는 경우를 말한다.

> **풀이** 법률행위의 무효(㉠)는 법률행위는 성립하였지만 효력요건이 불충분하여 그 효력이 발생하지 않는 경우를 말하며, 법률행위의 취소(㉡)는 법률행위로서 일단 효력이 발생하였다가 어떤 사유로 인해 그 효력을 잃게 되는 경우를 말한다. 이때 '법률행위로서 효력이 발생하였다'는 것은 '이미 성립한' 법률행위가 효력요건을 갖추어 효력을 발생시켰다는 것을 의미한다. 따라서 법률행위의 무효(㉠)와 법률행위의 취소(㉡)는 모두 법률행위가 성립한 것을 전제로 한다는 설명은 적절하다.

→ 적절함!

④ ㉡은 ㉠과 달리 법률행위의 효력 유무에 변화를 줄 수 있는 기한이 존재한다.

> **근거** **②-2** 법률행위의 무효는 … 기간이 경과해도 무효라는 사실은 변하지 않는다, **③-3** 취소권은 일정한 기간이 경과하면 소멸되고, 취소권이 소멸된 법률행위는 결국 유효한 것으로 확정된다.

→ 적절함!

⑤ ㉡은 ㉠과 달리 특정인의 주장이 없어도 법률행위의 효력이 없어질 수 있다. ← ㉠은 ㉡과 달리

> **근거** **②-2** 법률행위의 무효는 무효 사유가 존재한다면 특정인의 무효 주장이 없이도 그 법률행위가 처음부터 효력이 없는 것이 되며, **③-2** 취소 사유가 존재하더라도 취소권을 가진 특정인이 취소를 주장할 때만 그 법률행위의 효력이 없어질 수 있다는 점에서 무효와 차이가 있다.

> **풀이** 특정인의 주장이 없이도 법률행위가 처음부터 효력이 없는 것이 된다는 것은 법률행위의 무효(㉠)에 해당하는 설명이다. 법률행위의 취소(㉡)는 취소권을 가진 특정인이 취소를 주장할 때만 그 법률행위의 효력이 없어질 수 있다.

→ 적절하지 않음!

---

073 | 구체적인 사례에 적용 - 적절한 것 고르기 | 2023년 9월 학평 32번
정답률 60%, 매력적 오답 ③ 15% ④ 15% | 정답 ②

윗글을 바탕으로 <보기>의 ⓐ와 ⓑ에 대해 이해한 내용으로 가장 적절한 것은? [3점]

> | 보기 |
> ¹갑은 자신의 유언을 법적으로 인정받고자 ⓐ '비밀증서(祕密證書, 유언 증서 작성 방식 중 하나로, 일정한 방식에 따라 작성한 유언서를 밀봉하여 공증인에게 제출하여 확인을 받아 두는 증서)에 의한 유언'의 형태로 유언증서(遺言證書, 법률이 정하고 있는 방식에 따라 유언을 기록한 서류)를 남겼다. ²하지만 갑의 사망 후 이 유언증서는 봉인(封印, 밀봉한 자리에 찍은 도장)상(上, 위쪽)의 확정일자(確定日字, 증서가 작성된 일자에 대하여 완전한 증거력이 있다고 법률에서 인정하는 일자)를 받아야 한다는 조건을 충족하지 않아 무효임이 밝혀졌다. ³이에 대해 법원에서는 해당 유언증서가 다른 형태의 유언증서인 ⓑ '자필(自筆, 자기가 직접 글씨를 씀)서명(署名, 자기의 이름을 써넣음)에 의한 유언'의 조건은 모두 충족하고 있으며 갑이 자신의 유언증서가 무효임을 알았다면 이러한 형태의 유언증서를 남겼을 것이라 보아, '자필서명에 의한 유언'으로서는 유효하다고 판단했다.

> **근거** **②-1** 법률행위는 성립하였지만, 효력요건이 불충분하여 그 법률행위가 성립한 당시부터 법률상 당연히 그 효력이 발생하지 않는 경우 그 법률행위는 무효가 된다, **④-4~5** 무효행위를 전환한다는 것은 무효인 법률행위가 다른 법률행위로서의 효력요건은 갖추고 있을 때, 그 법률행위로서의 효력을 인정하는 것을 말한다. 이때 전환을 위해서는 당사자가 무효임을 알았더라면, 그 법률행위가 아니라 처음부터 다른 법률행위를 했을 것이라고 인정되어야 한다.

> **풀이** <보기>의 ⓐ는 법률행위의 무효에 해당한다. <보기>에서 법원은 ⓐ가 ⓑ로서의 효력요건을 갖추고 있으며, 갑이 무효임을 알았다면 ⓐ가 아니라 처음부터 ⓑ를 남겼을 것이라고 인정하여 ⓐ를 ⓑ로서 유효하다고 판단하였다. 따라서 <보기>는 무효가 된 ⓐ를 ⓑ로 전환하여 유효가 된 사례에 해당한다.

① ⓐ가 무효가 되면서 ⓑ의 성립요건도 불충분하게 된 것이군.

> **근거** **①-1** 매매 계약, 유언 등과 같은 법률행위가 법률효과를 발생시키려면 성립요건과 효력요건을 갖추어야 한다, **②-1** 법률행위는 성립하였지만, 효력요건이 불충분하여 그 법률행위가 성립한 당시부터 법률상 당연히 그 효력이 발생하지 않는 경우 그 법률행위는 무효가 된다, <보기>-3 법원에서는 … '자필서명에 의한 유언'으로서는 유효하다고 판단

> **풀이** 무효는 법률행위는 성립하였지만 효력요건이 불충분하여 법률상 그 효력이 발생하지 않는 경우에 해당한다. <보기>의 ⓐ가 무효라는 것은 갑의 유언 작성을 법률행위의 성립으로 보았음을 전제한다. 한편 <보기>에서 법원은 ⓑ의 효력을 인정하고 있으므로, ⓑ는 성립요건과 효력요건을 모두 갖추었다고 볼 수 있다. 따라서 ⓐ가 무효인 것은 맞지만, 이로 인해 ⓑ의 성립요건이 불충분하게 된 것은 아니다.

→ 적절하지 않음!

② ⓐ는 효력요건을 갖추지 못했지만 ⓑ는 효력요건을 갖추고 있군.

> **근거** **①-3** 효력요건은 이미 성립한 법률행위가 효력을 발생하는 데 필요한 요건으로, 이를 갖추어 효력을 발생시켰을 때 법률행위가 유효하다고 한다, **②-1** 법률행위는 성립하였지만, 효력요건이 불충분하여 그 법률행위가 성립한 당시부터 법률상 당연히 그 효력이 발생하지 않는 경우 그 법률행위는 무효가 된다, <보기>-2 이 유언증서(ⓐ)는 봉인상의 확정일자를 받아야 한다는 조건을 충족하지 않아 무효임이 밝혀졌다, <보기>-3 법원에서는 … '자필서명에 의한 유언'으로서는 유효하다고 판단

> **풀이** <보기>의 ⓐ는 봉인상의 확정일자를 받아야 한다는 조건을 갖추지 못하여 무효임이 밝혀진 법률행위에 해당한다. 윗글에서 무효행위는, 법률행위는 성립하였지만 효력요건이 불충분하여 그 효력이 발생하지 않는 것이라고 하였으므로, 이를 통해 ⓐ는 효력요건을 갖추지 못하였음을 알 수 있다. 한편 <보기>의 ⓑ는 무효행위를 전환하여 유효가 된 경우이다. 윗글에 따르면 법률행위가 성립요건과 효력요건을 모두 갖추었을 때 그 법률행위를 유효하다고 하였으므로, ⓑ는 성립요건과 효력요건을 모두 갖추고 있음을 알 수 있다. 따라서 ⓐ는 효력요건을 갖추지 못했지만 ⓑ는 효력요건을 갖추고 있다는 설명은 적절하다.

→ 적절함!

③ ⓐ의 부족한 효력요건이 추후에 보충되어 ⓑ가 유효하게 된 것이군.

> **근거** <보기>-3 법원에서는 해당 유언증서가 다른 형태의 유언증서인 '자필서명에 의한 유언'의 조건은 모두 충족하고 있으며 갑이 자신의 유언증서가 무효임을 알았다면 이러한 형태의 유언증서를 남겼을 것이라 보아, '자필서명에 의한 유언'으로서는 유효하다고 판단, **④-4** 무효행위를 전환한다는 것은 무효인 법률행위가 다른 법률행위로서의 효력요건은 갖추고 있을 때, 그 법률행위로서의 효력을 인정하는 것을 말한다, **⑤-1** 무효행위를 추인한다는 것은 무효가 된 법률행위가 갖추지 못했던 효력요건을 추후에 보충하여 새로운 법률행위로서의 효력을 인정하는 것을 말한다.

〈보기〉는 무효인 ⓐ가 ⓑ로서의 효력요건은 갖추고 있어, ⓑ로 전환함으로써 그 효력을 인정한 '무효행위의 전환'에 해당한다. 부족한 효력요건을 추후에 보충하여 새로운 법률행위로서의 효력을 인정하는 것은 '전환'이 아니라 '추인'에 해당하는 설명이며, 〈보기〉에서 ⓐ의 부족한 효력요건이 추후에 보충되지 않았으므로, ⓐ와 ⓑ에 대해 이해한 내용으로 적절하지 않다.

→ 적절하지 않음!

④ ⓐ는 ⓑ로 바뀌면서 ~~무효 원인이 소멸되어 다시 효력을 가지게 되는군.~~

근거 〈보기〉-3 법원에서는 해당 유언증서가 다른 형태의 유언증서인 '자필서명에 의한 유언'의 조건은 모두 충족하고 있으며 갑이 자신의 유언증서가 무효임을 알았다면 이러한 형태의 유언증서를 남겼을 것이라 보아, '자필서명에 의한 유언'으로서는 유효하다고 판단 **④-4** 무효행위를 전환한다는 것은 무효인 법률행위가 다른 법률행위로서의 효력요건은 갖추고 있을 때, 그 법률행위로서의 효력을 인정하는 것을 말한다.

풀이 〈보기〉는 ⓐ가 ⓑ로 바뀌면서 무효 원인이 소멸되어 다시 효력을 가지게 되는 것이 아니라, 무효인 ⓐ가 ⓑ로서의 효력요건을 갖추고 있어서, ⓑ로서의 효력을 인정하는 '무효행위의 전환'에 해당한다.

→ 적절하지 않음!

⑤ ~~ⓑ~~의 효력이 발생하려면 ~~ⓐ~~가 무효임을 당사자가 ~~알았다는~~ 조건이 충족되어야 하는군.

근거 **④-4~5** 무효행위를 전환한다는 것은 무효인 법률행위가 다른 법률행위로서의 효력요건은 갖추고 있을 때, 그 법률행위로서의 효력을 인정하는 것을 말한다. 이때 전환을 위해서는 당사자가 무효임을 알았더라면, 그 법률행위가 아니라 처음부터 다른 법률행위를 했을 것이라고 인정되어야 한다. 〈보기〉-3 법원에서는 해당 유언증서가 다른 형태의 유언증서인 '자필서명에 의한 유언'의 조건은 모두 충족하고 있으며 갑이 자신의 유언증서가 무효임을 알았다면 이러한 형태의 유언증서를 남겼을 것이라 보아, '자필서명에 의한 유언'으로서는 유효하다고 판단

풀이 〈보기〉에서 무효인 법률행위는 ⓑ가 아니라 ⓐ이다. 또한 윗글에서 법률행위가 무효임을 알았더라면, 그 법률행위가 아니라 처음부터 다른 법률행위를 했을 것이라고 인정되는 경우 다른 법률행위로서의 효력을 인정한다고 하였다. 즉 당사자가 ⓐ가 무효임을 알았더라면, ⓐ가 아니라 처음부터 ⓑ를 했을 것이라고 인정되어야 무효행위의 전환이 성립하므로, ⓑ의 효력이 발생하려면 ⓐ가 무효임을 당사자가 알지 못했다는 조건이 충족되어야 한다.

→ 적절하지 않음!

1등급 문제

074 추론의 적절성 파악 - 적절한 것 고르기 2023년 9월 학평 33번
정답률 40%, 매력적 오답 ① 20% ② 10% ④ 15% ⑤ 15%   **정답 ③**

㉮의 이유를 추론한 내용으로 가장 적절한 것은?

> ㉮ 무효행위를 추인하면 그 무효행위가 처음 성립한 때로 소급하여 유효한 것이 되는 것이 아니라 추인한 때부터 새로운 법률행위를 한 것으로 본다.

근거 **④-1** 무효인 법률행위에서는 아무런 효력도 생기지 않으며, 법적으로는 아무것도 없는 것이라 보기 때문에 소급하여 유효로 할 수 있는 대상이 없는 상태라 할 수 있다.

풀이 무효행위는 법적으로는 아무것도 없는 것과 같다. 즉 무효행위를 추인하여 그 법률행위가 갖추지 못했던 효력조건을 추후에 보충하더라도, 그 무효행위가 처음 성립한 때로 소급하여 유효한 것이라고 할 수 있는 대상 자체가 없다. 이러한 이유에서, 무효행위를 추인하면 그 무효행위가 처음 성립한 때로 소급하여 유효한 것이 되는 것이 아니라, 추인한 때부터 새로운 법률행위를 한 것으로 본다. 따라서 정답은 ③번이다.

① 법률행위를 추인할 때 추인의 조건을 갖춘 상태라면 이를 ~~소급하여 유효한 것으로~~ 만들 수도 있기 때문이다.

근거 **④-1** 무효인 법률행위에서는 아무런 효력도 생기지 않으며, 법적으로는 아무것도 없는 것이라 보기 때문에 소급하여 유효로 할 수 있는 대상이 없는 상태라 할 수 있다.

풀이 무효인 법률행위는 소급하여 유효로 할 수 있는 대상이 없는 상태이다.

② 추인으로 인해 무효행위의 유효요건이 보충되면서 새로운 법률행위로서 효력을 발생시킬 ~~필요가 없어졌기 때문이다.~~

근거 **④-2** 무효인 법률행위, 즉 무효행위는 … 추인함으로써 그때부터 새로운 법률행위가 되게 만들기도 한다. **⑤-1** 무효행위를 추인한다는 것은 무효가 된 법률행위가 갖

추지 못했던 효력요건을 추후에 보충하여 새로운 법률행위로서의 효력을 인정하는 것을 말한다.

풀이 무효행위를 추인한다는 것은 무효가 된 법률행위가 갖추지 못했던 효력요건을 추후에 보충하여 '새로운 법률행위로서의 효력을 인정하는 것'을 뜻한다. 즉 무효행위를 추인함으로써 그때부터 새로운 법률행위가 되도록 만드는 것이다. 따라서 추인으로 인해 무효행위의 유효요건이 보충되면서 '새로운 법률행위로서 효력을 발생시킬 필요가 없어졌기 때문이다'라는 내용은 ㉮의 이유를 추론한 것으로 적절하지 않다.

✓③ 무효인 법률행위는 법적으로 아무것도 없는 것이어서 소급해서 추인할 수 있는 대상 자체가 없는 상태이기 때문이다.

→ 적절함!

④ 무효인 법률행위가 성립한 때를 ~~정확하게 증명할 수 없다면 추인을 통해 유효하게 된 시점도 특정할 수 없기 때문이다.~~

근거 **⑤-2** 무효행위를 추인하면 그 무효행위가 처음 성립한 때로 소급하여 유효한 것이 되는 것이 아니라 추인한 때부터 새로운 법률행위를 한 것으로 본다.

풀이 무효행위를 추인하면 그 무효행위가 처음 성립한 때로 소급하여 유효한 것이 되는 것이 아니라, '추인한 때부터' 새로운 법률행위를 한 것으로 본다. 즉 추인을 통해 유효하게 된 시점은 무효인 법률행위가 성립한 때와 관계없이 '추인한 때부터'로 특정할 수 있다.

⑤ 무효인 법률행위는 원칙적으로 추인할 수 없도록 법률상으로 정해 놓은 것이어서 추인을 통해 유효한 것이 될 수는 없기 때문이다.

근거 **⑤-3** 민법은 원칙적으로 무효행위의 추인을 인정하지 않지만, 무효 원인이 소멸한 상태이고 당사자가 기존 법률행위가 무효임을 알고 추인한 경우에 한해서는 추인을 인정하고 있다.

풀이 윗글에서는 민법상 원칙적으로 무효행위의 추인을 인정하지 않지만, 무효 원인이 소멸한 상태이고 당사자가 기존 법률행위가 무효임을 알고 추인한 경우에 한해 추인을 인정한다고 설명하고 있다. 따라서 '추인을 통해 유효한 것이 될 수는 없기 때문이다'라는 내용은 ㉮의 이유를 추론한 내용으로 적절하지 않다.

[075~080] 다음 글을 읽고 물음에 답하시오.

(가)

1 ¹저작권법 제2조 제1호에서 정의하고(定義-, 뜻을 뚜렷하게 밝혀 규정하고) 있는 저작물(著 나타내다 저 作 짓다 作 物 물건 물)이란 인간의 사상(思想, 사물에 대해 갖고 있는 구체적인 생각) 또는 감정을 표현한 창작물(創作物, 다른 것을 모방하지 않고 새로운 것을 처음으로 만들어 내거나 생각해 내어 지어낸 예술 작품)을 말한다. ²저작권법으로 보호받는 저작물이 되려면 창작성이 있어야 한다. ³여기에서의 창작성이란 완전히 새로워야 한다거나 예술적 수준이 높아야 한다는 것이 아니라, 남의 것을 단순히 베끼지 않고 최소한의 개성(個性, 다른 사람이나 개체와 구별되는 고유한 특징)을 담아야 함을 의미한다. ⁴우연히 기존의(既存-, 이미 있는) 저작물과 유사하더라도(類似-, 서로 비슷하더라도) 베끼지 않고 독자적으로(獨自的-, 다른 것과 구별되는 혼자만의 특유한 것으로) 창작한 것이라면 저작권을 보호받을 수 있다.

→ 저작권법상 '저작물'의 정의와 저작물이 갖춰야 할 요건

2 ¹저작권법상 원저작물(原著作物, 2차적저작물의 원형이 되는, 처음 만든 저작물)을 번역(飜譯, 어떤 언어로 된 글을 다른 언어의 글로 옮김)·편곡(編曲, 지어 놓은 곡을 다른 형식으로 바꾸어 꾸미거나 다른 악기를 쓰도록 하여 연주 효과를 달리하는 일)·변형(變形, 모양이나 형태가 달라지게 함)·각색(脚色, 소설 등의 문학 작품을 희곡이나 시나리오로 고쳐 쓰는 일) 등의 방법으로 작성한 창작물을 2차적저작물이라 한다. ²이러한 2차적저작물이 되려면 원저작물을 기초로 하여야 한다. ³또한 원저작물과 실질적(實質的, 실제를 이루는 바탕이 되는) 유사성을 유지하여야(維持-, 그대로 계속 이어 가야) 한다. ⁴소설을 기초로 하는 영화가 2차적저작물이 되려면 영화의 사건 구성과 전개, 등장인물의 교차(交叉, 서로 엇갈리거나 마주침) 등이 소설과 실질적 유사성을 유지하여야 한다. ⁵그리고 원저작물에 사회 통념상(社會通念上, 일반에 널리 퍼져 있는 공통된 사고방식에 따라) 새로운 저작물이 될 수 있을 정도의 수정(修整, 고쳐 정돈함)·증감(增減, 늘리거나 줄임)을 가하여(加-, 더하여) 새로운 창작성을 부가하여야(附加-, 덧붙여야) 한다. ⁶근대 소설을 현대 표기법(表記法, 언어 부호나 문자로 한 언어를 적어 나타내는 규칙)에 맞도록 수정한 것은 원저작물의 복제물(複製物, 원래의 것과 똑같게 본떠 만든 물건에 가까운 것으로

2차적저작물로 보기 어렵다. [7]반면 소설을 원저작물로 하여 이를 각색한 후 영화로 제작한다면 이 영화는 2차적저작물이 된다.

→ 저작권법상 '2차적저작물'의 정의와 2차적저작물이 갖춰야 할 요건

3 [1]만약 원저작물을 떠올릴 수 없을 정도로 완전히 바뀌어 실질적 유사성이 인정되지 않는다면 이것은 2차적저작물이 아니라 원저작물과는 다른 독립저작물로 인정받을 수 있다. [2]2차적저작물과 독립저작물을 구별하는 기준으로 원저작물과 시장적 경쟁 관계에 있는지 여부가 있다. [3]시장적 경쟁 관계에 있다는 것은 어떤 저작물을 구매할 때 원저작물의 수요(需要, 일정한 가격으로 사려고 하는 욕구)가 줄어드는 것이다. [4]이는 구매한 저작물이 원저작물을 대체한다(代替~, 대신한다)는 것이다. [5]일반적으로 2차적저작물은 원저작물과 시장적 경쟁 관계에 있다고 보지만, 독립저작물은 원저작물과 시장적 경쟁 관계에 있다고 보지 않는다.

→ 2차적저작물과 독립저작물의 구별 기준

(나)

1 [1]저작권이란 저작자(著作者, 책이나 작품 등을 지은 사람)가 자신이 창작한 저작물에 대해 갖는 권리이다. [2]저작권은 여러 가지 권리의 총집합(總集合, 한곳에 모두 모임)으로 저작인격권과 저작재산권으로 ⓐ 나눌 수 있다. [3]저작인격권은 저작자가 자신의 저작물에 대하여 가지는 인격적(人格的, 권리 능력이 있고 법률상 독자적 가치가 인정되는 자격인 '인격'에 바탕을 둔) 권리로, 저작자만이 가질 수 있으며 양도할(讓渡~, 남에게 넘겨줄) 수 없고 저작자가 사망하면 소멸한다.(消滅~, 사라져 없어진다.) [4]저작자가 사망한 뒤에라도 유족(遺族, 죽은 사람의 남은 가족) 등은 명예 회복(名譽回復, 잃었던 명예를 다시 찾는 일)을 위한 조치(措置, 벌어지는 상황이나 상태를 잘 살펴 필요한 대책을 세워 행함)를 취할(取~, 행동을 할) 수 있는데, 저작물을 이용하는 사람이 저작자가 살아 있었다면 저작인격권의 침해(侵害, 침범하여 해를 끼침)가 될 행위를 하여 저작자의 명예를 훼손한(毀損~, 손상한) 경우가 이(저작자의 유족 등이 명예 회복을 위한 조치를 취할 수 있는 경우)에 해당한다. [5]이와 달리 저작재산권은 저작물을 일정한 방식으로 이용함으로써 발생하는 재산적 이익을 보호하는 권리로, 양도가 가능하다. [6]이때 저작재산권 전체를 양도할 수도 있지만 저작재산권을 구성하는 각각의 권리를 나누어 일부를 양도할 수도 있다.

→ 저작권의 의미와 종류 : 저작인격권과 저작재산권

2 [1]저작권 침해 사안(事案, 문제가 되는 일)은 저작재산권을 구성하는 권리 중 하나인 2차적저작물 작성권과 관련되어 있는 경우가 많다. [2]저작권법 제22조에 의하면 저작자는 자신의 저작물을 원저작물로 하는 2차적저작물을 작성하여 이용할 권리, 즉 2차적저작물 작성권을 갖는다. [3]만약 누군가 원저작물의 저작자, 즉 원저작자 허락 없이 원저작물에 의기하여(依據~, 근거하여) 그 저작물과 실질적으로 유사한 저작물을 작성하여 이용한다면 그 사람은 원저작자의 2차적저작물 작성권을 침해한 것이 된다.

→ 2차적저작물 작성권의 의미와 침해

3 [1]㉮ 저작권법 제5조 제1항에 의하면 2차적저작물은 독자적인 저작물로서 보호를 받는다. [2]그런데 원저작자의 허락 없이 작성된 2차적저작물도 저작권법의 보호를 받을 수 있을까? [3]받을 수 있다. [4]즉 원저작자에게 허락을 받지 않아도 일단 2차적저작물이 만들어지면 2차적저작물의 저작권은 원저작물의 저작권과는 별개(別個, 관련성이 없이 서로 다름)의 권리로서 보호를 받으며, 원저작자의 허락이 있었는지 여부는 2차적저작물의 저작권 발생에 영향을 주지 않는다.

→ 원저작자의 허락 여부와 관계없이 보호받는 2차적저작물의 저작권

4 [1]다만 허락 없이 2차적저작물을 작성하여 이용하는 것은 원저작자의 권리를 침해하는 것이므로, 원저작자는 자기 허락 없이 만들어진 2차적저작물을 이용하지 못하도록 금지하거나 손해배상(損害賠償, 법률에 따라 남에게 끼친 손해를 물어 주는 일)을 청구하는(請求~, 상대편에 대해 요구하는) 등 권리를 침해한 사람에게 자신의 권리를 주장할 수 있다. [2]그러므로 2차적저작물을 작성하여 이용하려는 사람은 원저작자의 저작권을 침해하지 않기 위해 원저작자에게 원저작물 이용에 대한 허락을 받을 필요가 있다. [3]만약 원저작자가 2차적저작물 작성권을 다른 사람에게 양도하였다면 양도받은 사람에게 허락을 받아야 한다.

→ 원저작자가 권리 침해에 대처하는 방법

5 [1]㉠원저작물을 기초로 만들어진 ㉡2차적저작물을 기반(基盤, 기초가 되는 바탕)으로 하여 ㉢또 다른 2차적저작물을 제작하는 경우라면, 원저작물의 2차적저작물 작성권을 가진 사람의 허락까지 받을 필요가 있다. [2]소설을 각색한 2차적저작물인 영화를 기반으로 또 다른 2차적저작물인 연극을 제작한다고 할 때, 연극이

소설을 기반으로 창작된 것임을 부인할(否認~, 인정하지 않을) 수는 없을 것이다. [3]그러므로 연극을 제작하려는 사람은 소설과 영화의 2차적저작물 작성권을 가진 사람 모두에게 허락을 받을 필요가 있다.

→ 또 다른 2차적저작물을 제작하는 경우 받아야 하는 허락의 범위

■ **지문 이해**

(가)

〈저작권법상 저작물과 2차적저작물의 정의〉

> **❶ 저작권법상 '저작물'의 정의와 저작물이 갖춰야 할 요건**
>
> • 저작물 : 인간의 사상, 감정을 표현한 창작물
> • 저작권법으로 보호받는 저작물이 되려면 '창작성'이 있어야 함
>   - 기존 저작물과 유사하더라도 독자적으로 창작한 것이라면 저작권을 보호받을 수 있음

> **❷ 저작권법상 '2차적저작물'의 정의와 2차적저작물이 갖춰야 할 요건**
>
> • 2차적저작물 : 원저작물을 번역·편곡·변형·각색 등의 방법으로 작성한 창작물
> • 2차적저작물은 원저작물을 기초로 하여, 그와 실질적 유사성을 유지하고, 새로운 창작성을 부가해야 함

> **❸ 2차적저작물과 독립저작물의 구별 기준**
>
> • 2차적저작물과 독립저작물은 원저작물과 '시장적 경쟁 관계에 있는지'를 기준으로 구별할 수 있음
>   - 2차적저작물은 원저작물과 시장적 경쟁 관계 ○
>   - 독립저작물은 원저작물과 시장적 경쟁 관계 ×

(나)

〈2차적저작물 작성권〉

> **❶ 저작권의 의미와 종류 : 저작인격권과 저작재산권**
>
> • 저작권 : 저작자가 자신이 창작한 저작물에 대해 갖는 권리
>   - 저작인격권 : 저작자가 자신의 저작물에 대해 갖는 인격적 권리로, 저작자만이 가질 수 있음(양도 불가, 저작자 사망 시 소멸)
>   - 저작재산권 : 저작물을 이용함으로써 발생하는 재산적 이익을 보호하는 권리로, 양도가 가능함

> **❷ 2차적저작물 작성권의 의미와 침해**
>
> • 저작권법에 따라 저작자는 2차적저작물 작성권을 가짐
> • 2차적저작물 작성권 : 자신의 저작물을 원저작물로 하는 2차적저작물을 작성하여 이용할 권리
> • 원저작자의 허락 없이 원저작물을 바탕으로 2차적저작물을 작성·이용 ← 원저작자의 2차적저작물 작성권 침해에 해당함

> **❸ 원저작자의 허락 여부와 관계없이 보호받는 2차적저작물의 저작권**
>
> • 원저작자의 허락 여부와 관계없이 2차적저작물의 저작권은 발생하며, 원저작물의 저작권과 별개의 권리로서 보호받음

> **❹ 원저작자가 권리 침해에 대처하는 방법**
>
> • 허락 없는 2차적저작물 작성 및 이용으로 원저작자의 권리를 침해당한 경우, 원저작자는 허락 없이 만들어진 2차적저작물을 이용하지 못하도록 금지하거나 손해배상을 청구할 수 있음
>   → 2차적저작물을 작성하여 이용하기 위해서는 원저작자나 2차적저작물 작성권을 양도받은 사람에게 원저작물 이용에 대한 허락을 받아야 함

> **❺ 또 다른 2차적저작물을 제작하는 경우 받아야 하는 허락의 범위**
>
> • 원저작물 → 2차적저작물 → 또 다른 2차적저작물의 제작으로 이어진 경우 : 또 다른 2차적저작물을 제작하려는 사람은 2차적저작물의 2차적저작물 작성권을 가진 사람과, 원저작물의 2차적저작물 작성권을 가진 사람 모두에게 허락을 받을 필요가 있음

II
사
회

075 글의 서술 방식 파악 - 적절하지 않은 것 고르기 2022년 9월 학평 16번
정답률 70%, 매력적 오답 ⑤ 15% | 정답 ④

(가), (나)에 대한 설명으로 적절하지 않은 것은?

① (가)는 일정한 기준에 따라 2차적저작물과 독립저작물을 구분하고 있다.

근거 (가)-❸-2 2차적저작물과 독립저작물을 구별하는 기준으로 원저작물과 시장적 경쟁 관계에 있는지 여부가 있다, (가)-❸-5 일반적으로 2차적저작물은 원저작물과 시장적 경쟁 관계에 있다고 보지만, 독립저작물은 원저작물과 시장적 경쟁 관계에 있다고 보지 않는다.

풀이 윗글의 (가)에서는 원저작물과 시장적 경쟁 관계에 있는지 여부를 기준으로 2차적저작물과 독립저작물을 구분하고 있다.

→ 적절함!

② (가)는 예시를 활용하여 2차적저작물이 갖추어야 할 요건을 설명하고 있다.

근거 (가)-❷-4 소설을 기초로 하는 영화가 2차적저작물이 되려면 영화의 사건 구성과 전개, 등장인물의 교차 등이 소설과 실질적 유사성을 유지하여야 한다, (가)-❷-6~7 근대 소설을 현대 표기법에 맞도록 수정한 것은 원저작물의 복제물에 가까운 것으로 2차적저작물로 보기 어렵다. 반면 소설을 원저작물로 하여 이를 각색한 후 영화로 제작한다면 이 영화는 2차적저작물이 된다.

풀이 (가)의 ❷문단에서는 2차적저작물이 갖추어야 할 요건에 대해 소설과 영화를 예시로 들면서 2차적저작물은 원저작물과 실질적 유사성을 유지하여야 하고, 원저작물에 새로운 창작성을 부가하여야 함을 설명하고 있다.

→ 적절함!

③ (나)는 차이점을 밝히며 저작인격권과 저작재산권을 구별하고 있다.

근거 (나)-❶-2~3 저작권은 여러 가지 권리의 총집합으로 저작인격권과 저작재산권으로 나눌 수 있다. 저작인격권은 … 양도할 수 없고 저작자가 사망하면 소멸한다, (나)-❶-5 이와 달리 저작재산권은 … 양도가 가능하다.

→ 적절함!

④ (나)는 묻고 답하는 방식을 통하여 저작권 침해가 발생하는 경우를 나열하고 있다.

근거 (나)-❸-2~3 원저작자의 허락 없이 작성된 2차적저작물도 저작권법의 보호를 받을 수 있을까? 받을 수 있다.

풀이 (나)의 ❸문단에서 묻고 답하는 방식을 사용한 것은 맞지만, 이를 통해 원저작자의 허락 없이 작성된 2차적저작물도 저작권법의 보호를 받을 수 있다는 점을 밝히고 있을 뿐, 저작권 침해가 발생하는 경우를 나열하고 있지는 않다.

→ 적절하지 않음!

⑤ (가)와 (나)는 모두 법에 제시된 내용에 근거하여 2차적저작물과 관련된 *용어를 설명하고 있다. *用語, 일정한 분야에서 주로 사용하는 말

근거 (가)-❶-1 저작권법 제2조 제1호에서 정의하고 있는 저작물이란 인간의 사상 또는 감정을 표현한 창작물을 말한다, (가)-❷-1 저작권법상 원저작물을 번역·편곡·변형·각색 등의 방법으로 작성한 창작물을 2차적저작물이라 한다, (나)-❷-2 저작권법 제22조에 의하면 저작자는 자신의 저작물을 원저작물로 하는 2차적저작물을 작성하여 이용할 권리, 즉 2차적저작물 작성권을 갖는다.

→ 적절함!

1등급 문제

076 세부 정보 이해 - 적절한 것 고르기 2022년 9월 학평 17번
정답률 45%, 매력적 오답 ② 35% | 정답 ⑤

(가), (나)의 내용과 일치하는 것은?

① 저작인격권은 저작자 사망 시 유족에게 양도되어 보호받는다. (소멸한다)

근거 (나)-❶-3 저작인격권은 저작자가 자신의 저작물에 대하여 가지는 인격적 권리로, 저작자만이 가질 수 있으며 양도할 수 없고 저작자가 사망하면 소멸한다.

→ 적절하지 않음!

② 2차적저작물의 저작권은 2차적저작물 작성권을 가진 사람이 갖게 된다. (2차적저작물의 저작자가 가짐 / 원저작자가 가짐)

근거 (나)-❷-2 저작자는 자신의 저작물을 원저작물로 하는 2차적저작물을 작성하여 이용할 권리, 즉 2차적저작물 작성권을 갖는다, (나)-❸-1 2차적저작물은 독자적인 저작물로서 보호를 받는다, (나)-❸-4 원저작자에게 허락을 받지 않아도 일단 2차적저작물이 만들어지면 2차적저작물의 저작권은 원저작물의 저작권과는 별개의 권리로서 보호를 받으며

풀이 윗글에 따르면 2차적저작물 작성권은 원저작자가 갖는다. 한편 원저작자에게 허락을 받지 않은 2차적저작물이라고 하더라도, 그 2차적저작물의 저작권은 원저작물의 저작권과 별개로 2차적저작물의 저작자가 갖는다. 따라서 2차적저작물의 저작권을 2차적저작물 작성권을 가진 사람, 즉 원저작자가 갖게 된다는 설명은 적절하지 않다.

→ 적절하지 않음!

③ 원저작물을 수정한 것이라면 복제물에 가깝더라도 2차적저작물로 *간주할 수 있다.
*看做-, 그렇다고 여김

근거 (가)-❷-5~6 (2차적저작물은) 원저작물에 사회 통념상 새로운 저작물이 될 수 있을 정도의 수정·증감을 가하여 새로운 창작성을 부가하여야 한다. 근대 소설을 현대 표기법에 맞도록 수정한 것은 원저작물의 복제물에 가까운 것으로 2차적저작물로 보기 어렵다.

풀이 2차적저작물은 원저작물에 수정·증감을 가하여 새로운 창작성을 부가하여야 하며, 원저작물의 복제물에 가까운 것은 2차적저작물로 보기 어렵다.

→ 적절하지 않음!

④ 다른 사람의 저작물을 베낀 것이 아니더라도 그 저작물과 유사하면 저작권 보호를 받을 수 없다.

근거 (가)-❶-4 우연히 기존의 저작물과 유사하더라도 베끼지 않고 독자적으로 창작한 것이라면 저작권을 보호받을 수 있다.

→ 적절하지 않음!

⑤ 2차적저작물 작성권은 2차적저작물을 작성하여 이용함으로써 발생하는 재산적 이익을 보호하기 위한 권리이다.

근거 (나)-❶-5 저작재산권은 저작물을 일정한 방식으로 이용함으로써 발생하는 재산적 이익을 보호하는 권리, (나)-❷-1 저작재산권을 구성하는 권리 중 하나인 2차적저작물 작성권, (나)-❷-2 저작권법 제22조에 의하면 저작자는 자신의 저작물을 원저작물로 하는 2차적저작물을 작성하여 이용할 권리, 즉 2차적저작물 작성권을 갖는다.

풀이 자신의 저작물을 원저작물로 하는 2차적저작물을 작성하여 이용할 권리인 2차적저작물 작성권은 저작재산권을 구성하는 권리 중 하나이다. 이때 저작재산권은 저작물을 이용함으로써 발생하는 재산적 이익을 보호하는 권리를 뜻한다. 따라서 2차적저작물 작성권은 2차적저작물을 작성하여 이용함으로써 발생하는 재산적 이익을 보호하기 위한 권리라는 설명은 적절하다.

→ 적절함!

077 세부 정보 이해 - 적절하지 않은 것 고르기 2022년 9월 학평 18번
정답률 75%, 매력적 오답 ③ 10% | 정답 ⑤

㉠~㉢을 이해한 내용으로 적절하지 않은 것은?

㉠ 원저작물 ㉡ 2차적저작물 ㉢ 또 다른 2차적저작물

① ㉠의 저작자와 ㉡을 작성하여 이용할 수 있는 권리를 가진 사람은 다를 수 있다. (2차적저작물 작성권)

근거 (나)-❶-5 저작재산권은 저작물을 일정한 방식으로 이용함으로써 발생하는 재산적 이익을 보호하는 권리로, 양도가 가능하다, (나)-❷-1 저작재산권을 구성하는 권리 중 하나인 2차적저작물 작성권, (나)-❷-2 저작권법 제22조에 의하면 저작자는 자신의 저작물을 원저작물로 하는 2차적저작물을 작성하여 이용할 권리, 즉 2차적저작물 작성권을 갖는다, (나)-❹-3 원저작자가 2차적저작물 작성권을 다른 사람에게 양도하였다면 양도받은 사람에게 허락을 받아야 한다.

풀이 '2차적저작물을 작성하여 이용할 수 있는 권리'란 원저작자가 가지는 2차적저작물 작성권을 뜻하며, 이는 저작재산권에 해당한다. 저작재산권은 양도가 가능하므로 원저작자가 2차적저작물 작성권을 다른 사람에게 양도할 수 있고, 이 경우 ㉡을 작성하여 이용할 수 있는 권리를 가진 사람은 ㉠의 저작자가 아니라 2차적저작물 작성권을 양도받은 사람이 된다. 따라서 ㉠의 저작자와 ㉡을 작성하여 이용할 수 있는 권리를 가진 사람은 다를 수 있다는 설명은 적절하다.

→ 적절함!

② ㉡은 ㉠을 기반으로 창작된 것으로 본다.

근거 (가)-❷-1~3 저작권법상 원저작물을 번역·편곡·변형·각색 등의 방법으로 작성한 창작물을 2차적저작물이라 한다. 이러한 2차적저작물이 되려면 원저작물을 기초로 하여야 한다. 또한 원저작물과 실질적 유사성을 유지하여야 한다.

→ 적절함!

③ ⓒ과 ⓔ은 시장적 경쟁 관계에 있다고 보는 것이 일반적이다.

근거 (가)-❸-5 일반적으로 2차적저작물은 원저작물과 시장적 경쟁 관계에 있다고 보지만, (나)-❺-1 2차적저작물을 기반으로 하여 또 다른 2차적저작물을 제작하는 경우

풀이 일반적으로 2차적저작물은 원저작물과 시장적 경쟁 관계에 있다고 본다. ⓔ은 ⓒ을 원저작물로 한 2차적저작물에 해당하므로, 일반적으로 ⓒ과 ⓔ은 시장적 경쟁 관계에 있다고 볼 수 있다.

→ 적절함!

④ ⓔ은 ⓐ과 실질적 유사성이 있다고 간주한다.

근거 (가)-❷-2~3 2차적저작물이 되려면 원저작물을 기초로 하여야 한다. 또한 원저작물과 실질적 유사성을 유지하여야 한다, (나)-❺-1~2 원저작물을 기초로 만들어진 2차적저작물을 기반으로 하여 또 다른 2차적저작물을 제작하는 경우라면, 원저작물의 2차적저작물 작성권을 가진 사람의 허락까지 받을 필요가 있다. 소설을 각색한 2차적저작물인 영화를 기반으로 또 다른 2차적저작물인 연극을 제작한다고 할 때, 연극이 소설을 기반으로 창작된 것임을 부인할 수는 없을 것

풀이 원저작물을 기초로 한 2차적저작물은 원저작물과 실질적 유사성을 가지고 있다. 윗글에 따르면 원저작물ⓐ을 기초로 만들어진 2차적저작물ⓒ을 기반으로 또 다른 2차적저작물ⓔ을 제작할 경우, 이 또 다른 2차적저작물ⓔ 또한 원저작물ⓐ을 기반으로 창작된 것으로 보아 원저작물ⓐ의 2차적저작물 작성권을 가진 사람의 허락도 받아야 한다. 따라서 ⓔ은 ⓐ과 실질적 유사성이 있다고 간주한다는 설명은 적절하다.

→ 적절함!

⌐ⓒ과 ⓔ을 작성할 때는 모두

⑤ ⓒ을 작성할 때는 ⓔ과 달리 ⓐ의 2차적저작물 작성권을 가진 사람의 허락을 받을 필요가 있다.

근거 (나)-❹-2 2차적저작물을 작성하여 이용하려는 사람은 원저작자의 저작권을 침해하지 않기 위해 원저작자에게 원저작물 이용에 대한 허락을 받을 필요가 있다, (나)-❺-1 원저작물을 기초로 만들어진 2차적저작물을 기반으로 하여 또 다른 2차적저작물을 제작하는 경우라면, 원저작물의 2차적저작물 작성권을 가진 사람의 허락까지 받을 필요가 있다.

풀이 ⓒ과 ⓔ을 작성할 때 모두 ⓐ의 2차적저작물 작성권을 가진 사람의 허락을 받을 필요가 있다.

→ 적절하지 않음!

---

078 추론의 적절성 판단 - 적절한 것 고르기 2022년 9월 학평 19번
정답률 80%
정답 ③

(가)를 참고하여 ㉮의 이유를 추론한 것으로 가장 적절한 것은?

㉮ 저작권법 제5조 제1항에 의하면 2차적저작물은 독자적인 저작물로서 보호를 받는다.

① 원저작물을 떠올릴 수 없을 정도로 바뀌었으므로

근거 (가)-❸-1 만약 원저작물을 떠올릴 수 없을 정도로 완전히 바뀌어 실질적 유사성이 인정되지 않는다면 이것은 2차적저작물이 아니라 원저작물과는 다른 독립저작물로 인정받을 수 있다.

풀이 윗글에서는 2차적저작물이 원저작물을 떠올릴 수 없을 정도로 바뀌었다면, 이때의 저작물은 2차적저작물이 아니라 독립저작물로 볼 수 있다고 하였다. 따라서 이를 2차적저작물이 독자적 저작물로서 보호받는 이유로 보기는 어렵다.

→ 적절하지 않음!

② 원저작물의 저작자가 아닌 사람이 창작하였으므로

근거 (가)-❷-1~3 저작권법상 원저작물을 번역·편곡·변형·각색 등의 방법으로 작성한 창작물을 2차적저작물이라 한다. 이러한 2차적저작물이 되려면 원저작물을 기초로 하여야 한다. 또한 원저작물과 실질적 유사성을 유지하여야 한다, (가)-❷-5 원저작물에 사회 통념상 새로운 저작물이 될 수 있을 정도의 수정·증감을 가하여 새로운 창작성을 부가하여야 한다.

풀이 2차적저작물은 원저작물을 기초로 하여 그와 실질적 유사성을 유지한 창작물로, 원저작물에 새로운 창작성을 부가하여야 한다. 단지 원저작물의 저작자가 아닌 사람이 창작하였다는 이유만으로 2차적저작물이 독자적 저작물로서 보호를 받는다고 볼 수 없다.

→ 적절하지 않음!

⌐③ 원저작물에 없는 새로운 창작성이 부가되어 있으므로

근거 (가)-❶-2~3 저작권법으로 보호받는 저작물이 되려면 창작성이 있어야 한다. 여기

에서의 창작성이란 완전히 새로워야 한다거나 예술적 수준이 높아야 한다는 것이 아니라, 남의 것을 단순히 베끼지 않고 최소한의 개성을 담아야 함을 의미, (가)-❷-1~3 저작권법상 원저작물을 번역·편곡·변형·각색 등의 방법으로 작성한 창작물을 2차적저작물이라 한다. 이러한 2차적저작물이 되려면 원저작물을 기초로 하여야 한다. 또한 원저작물과 실질적 유사성을 유지하여야 한다, (가)-❷-5 원저작물에 사회 통념상 새로운 저작물이 될 수 있을 정도의 수정·증감을 가하여 새로운 창작성을 부가하여야 한다.

풀이 저작권법으로 보호받는 저작물이 되려면 '창작성'이 있어야 한다. 그리고 2차적저작물이 되려면 원저작물을 기초로 하여 그와 실질적 유사성을 유지하여야 하며, 원저작물에 '새로운 창작성을 부가'하여야 한다. 이처럼 원저작물에 없는 새로운 창작성이 부가된 2차적저작물은 독자적 저작물로서 저작권법으로 보호받을 수 있는 것이다. 따라서 원저작물에 없는 새로운 창작성이 부가되어 있기 때문이라는 것은 ㉮의 이유로 적절하다.

→ 적절함!

④ 원저작물에 비해 예술적 수준이 높다고 볼 수 있으므로

풀이 2차적저작물이 원저작물에 비해 예술적 수준이 높다고 볼 수 있는지는 윗글을 통해 확인할 수 없다.

→ 적절하지 않음!

⑤ 원저작물의 저작자가 지닌 권리를 침해하지 않았으므로

근거 (나)-❸-4 원저작자에게 허락을 받지 않아도 일단 2차적저작물이 만들어지면 2차적저작물의 저작권은 원저작물의 저작권과는 별개의 권리로서 보호를 받으며, (나)-❹-1 허락 없이 2차적저작물을 작성하여 이용하는 것은 원저작자의 권리를 침해하는 것

풀이 저작권법 제5조 제1항에 의하면 2차적저작물은 독자적인 저작물로서 보호를 받는데 이는 원저작자에게 허락을 받지 않고, 즉 원저작자의 권리를 침해하여 만들어진 2차적저작물에도 적용된다. 따라서 '원저작물의 저작자가 지닌 권리를 침해하지 않았다'는 것은 2차적저작물이 독자적인 저작물로서 보호를 받는 이유로 적절하지 않다.

→ 적절하지 않음!

1등급 문제

079 구체적인 사례에 적용 - 적절하지 않은 것 고르기 2022년 9월 학평 20번
정답률 35%, 매력적 오답 ① 15% ④ 35%
정답 ⑤

(가), (나)를 읽은 학생이 <보기>에 대해 보인 반응으로 적절하지 않은 것은?

[3점]

| 보기 |

○ ¹A는 오디션 프로그램에 나가기 위해 기존 가요를 [원저작물] 편곡하였고 편곡한 곡을 [2차적저작물] 자신의 블로그에 올렸다. ²A의 친구는 기존 가요의 저작자인 B의 허락을 받지 않고 편곡한 것이 문제가 될 수 있음을 말해 주었다. ³A는 편곡은 B의 허락을 받을 필요가 없다고 생각하고 있다.

○ ⁴C는 인터넷 검색을 하다가 평소 관심 있던 외국 영화의 한글 자막을 [2차적저작물] 보게 되었고 이것을 자신이 운영하는 영화 관련 웹 사이트에 올렸다. ⁵그런데 영어 자막을 번역하여 이 한글 자막을 작성한 D가 자신의 저작물을 무단으로 이용했다는 이유로 C에게 권리를 주장했다. ⁶하지만 D가 영어 자막의 저작자에게 허락받지 않고 한글 자막으로 번역하였다는 것을 알게 된 C는 자신에게 잘못이 없다고 생각하고 있다. [원저작물]

※ 단, 저작자가 아닌 다른 사람에게 양도된 저작권은 없다고 가정하고, 주어진 상황 이외에는 고려하지 않음

① B는 A가 편곡하여 블로그에 올린 곡에 대한 저작권을 가지고 있지 않겠군.

근거 <보기>-1 A는 오디션 프로그램에 나가기 위해 기존 가요를 편곡하였고, <보기>-2 기존 가요의 저작자인 B, (가)-❷-1 저작권법상 원저작물을 번역·편곡·변형·각색 등의 방법으로 작성한 창작물을 2차적저작물이라 한다, (나)-❶-1 저작권이란 저작자가 자신이 창작한 저작물에 대해 갖는 권리, (나)-❸-4 원저작자에게 허락을 받지 않아도 일단 2차적저작물이 만들어지면 2차적저작물의 저작권은 원저작물의 저작권과는 별개의 권리로서 보호를 받으며

풀이 저작권이란 저작자가 자신이 창작한 저작물에 대해 갖는 권리를 말한다. <보기>의 A가 기존 가요를 편곡한 것은 기존 가요를 원저작물로 한 2차적저작물에 해당한다. 2차적저작물의 저작권은 원저작자에게 허락을 받지 않더라도 원저작물의 저작권과 별개의 독자적 저작물로 보호받는다. 따라서 <보기>의 A가 편곡하여 블로그에 올린 곡에 대한 저작권은 원저작자인 B가 아니라, 2차적저작물의 창작자인 A에게 있다.

→ 적절함!

② 영어 자막의 저작자는 D에게 손해배상을 청구할 수 있겠군.

근거 〈보기〉-6 D가 영어 자막의 저작자에게 허락받지 않고 한글 자막으로 번역하였다는 것, (가)-❷-1 저작권법상 원저작물을 번역·편곡·변형·각색 등의 방법으로 작성한 창작물을 2차적저작물이라 한다, (나)-❹-1 허락 없이 2차적저작물을 작성하여 이용하는 것은 원저작자의 권리를 침해하는 것이므로, 원저작자는 자기 허락 없이 만들어진 2차적저작물을 이용하지 못하도록 금지하거나 손해배상을 청구하는 등 권리를 침해한 사람에게 자신의 권리를 주장할 수 있다.

풀이 D는 영어 자막을 한글 자막으로 번역하였다. 이때 영어 자막은 원저작물, D가 번역한 한글 자막은 2차적저작물에 해당한다. 〈보기〉에서 D는 영어 자막의 원저작자에게 허락받지 않고 한글 자막으로 번역하였으므로, 원저작자의 권리를 침해하였다. 이에 대해 영어 자막의 저작자는 D에게 손해배상을 청구하거나, 자기 허락 없이 만들어진 한글 자막을 이용하지 못하도록 금지할 수 있다.

→ 적절함!

③ 기존 가요와 영어 자막은 원저작물로 볼 수 있겠군.

근거 〈보기〉-1 A는 오디션 프로그램에 나가기 위해 기존 가요를 편곡하였고, 〈보기〉-5 영어 자막을 번역하여 이 한글 자막을 작성한 D, (가)-❷-1 저작권법상 원저작물을 번역·편곡·변형·각색 등의 방법으로 작성한 창작물을 2차적저작물이라 한다.

풀이 〈보기〉에서 A가 기존 가요를 편곡하여 만든 곡은 2차적저작물에, 기존 가요는 원저작물에 해당한다. 또 D가 영어 자막을 번역하여 작성한 한글 자막은 2차적저작물에, 영어 자막은 원저작물에 해당한다.

→ 적절함!

④ A는 C와 달리 2차적저작물 작성권을 침해한 것이겠군.

근거 〈보기〉-2 기존 가요의 저작자인 B의 허락을 받지 않고 편곡한 것, 〈보기〉-4 C는 인터넷 검색을 하다가 평소 관심 있던 외국 영화의 한글 자막을 보게 되었고 이것을 자신이 운영하는 영화 관련 웹 사이트에 올렸다, (가)-❷-1 저작권법상 원저작물을 번역·편곡·변형·각색 등의 방법으로 작성한 창작물을 2차적저작물이라 한다, (나)-❷-2-3 저작권법 제22조에 의하면 저작자는 자신의 저작물을 원저작물로 하는 2차적저작물을 작성하여 이용할 권리, 즉 2차적저작물 작성권을 갖는다. 만약 누군가 원저작물의 저작자, 즉 원저작자 허락 없이 원저작물에 의거하여 그 저작물과 실질적으로 유사한 저작물을 작성하여 이용한다면 그 사람은 원저작자의 2차적저작물 작성권을 침해한 것이 된다.

풀이 2차적저작물 작성권은 저작자가 자신의 저작물을 원저작물로 하는 2차적저작물을 작성하여 이용할 권리를 말한다. 〈보기〉에서 A는 기존 가요의 저작자인 B의 허락을 받지 않고 기존 가요를 편곡하였다. 이는 B의 2차적저작물 작성권을 침해한 것에 해당한다. 한편 C는 D가 작성한 한글 자막을 자신의 웹 사이트에 올렸다. 이는 D의 한글 자막을 이용한 것은 맞지만, D의 한글 자막을 원저작물로 하는 2차적저작물을 작성한 것은 아니므로, C가 D의 2차적저작물 작성권을 침해한 것이라고 보기는 어렵다. 따라서 A는 C와 달리 2차적저작물 작성권을 침해한 것이라는 설명은 적절하다.

→ 적절함!

B는

⑤ B와 D는 모두 2차적저작물 작성권을 침해받은 것이겠군.

근거 〈보기〉-2 기존 가요의 저작자인 B의 허락을 받지 않고 편곡한 것, 〈보기〉-4 C는 인터넷 검색을 하다가 평소 관심 있던 외국 영화의 한글 자막을 보게 되었고 이것을 자신이 운영하는 영화 관련 웹 사이트에 올렸다, (가)-❷-1 저작권법상 원저작물을 번역·편곡·변형·각색 등의 방법으로 작성한 창작물을 2차적저작물이라 한다, (나)-❷-2-3 저작권법 제22조에 의하면 저작자는 자신의 저작물을 원저작물로 하는 2차적저작물을 작성하여 이용할 권리, 즉 2차적저작물 작성권을 갖는다. 만약 누군가 원저작물의 저작자, 즉 원저작자 허락 없이 원저작물에 의거하여 그 저작물과 실질적으로 유사한 저작물을 작성하여 이용한다면 그 사람은 원저작자의 2차적저작물 작성권을 침해한 것이 된다.

풀이 2차적저작물 작성권은 저작자가 자신의 저작물을 원저작물로 하는 2차적저작물을 작성하여 이용할 권리를 말한다. 〈보기〉에서 A는 기존 가요의 저작자인 B의 허락을 받지 않고 기존 가요를 편곡하였다. 이는 B의 2차적저작물 작성권을 침해한 것에 해당한다. 한편 C는 D가 작성한 한글 자막을 자신의 웹 사이트에 올렸다. C가 D의 한글 자막을 이용한 것은 맞지만, D의 한글 자막을 기초로 하여 번역·편곡·변형·각색 등의 방법으로 2차적저작물을 작성한 것은 아니므로, C가 D의 2차적저작물 작성권을 침해한 것이라고 보기는 어렵다. 즉 〈보기〉에서 B는 2차적저작물 작성권을 침해받은 경우에 해당하지만, D는 2차적저작물 작성권을 침해받은 경우에 해당하지 않는다.

→ 적절하지 않음!

문맥상 ⓐ와 바꾸어 쓰기에 가장 적절한 것은?

저작권은 … 저작인격권과 저작재산권으로 ⓐ 나눌 수 있다.

풀이 ⓐ에서 '나누다'는 '여러 가지가 섞인 것을 구분하여 분류하다'의 의미로 쓰였다.

① 분류(分類)할

풀이 '분류(分 나누다 분 類 무리 류)하다'는 '종류에 따라서 가르다'의 의미이다.

→ 적절함!

② 변별(辨別)할

풀이 '변별(辨 분별하다 변 別 나누다 별)하다'는 '사물의 옳고 그름이나 좋고 나쁨을 가리다'의 의미이다.

→ 적절하지 않음!

③ 배분(配分)할

풀이 '배분(配 나누다 배 分 나누다 분)하다'는 '몫몫이 별러 나누다'의 의미이다.

→ 적절하지 않음!

④ 판별(判別)할

풀이 '판별(判 판단하다 판 別 나누다 별)하다'는 '옳고 그름이나 좋고 나쁨을 판단하여 구별하다'의 의미이다.

→ 적절하지 않음!

⑤ 해석(解釋)할

풀이 '해석(解 풀다 해 釋 설명하다 석)하다'는 '문장이나 사물 따위로 표현된 내용을 이해하고 설명하다'의 의미이다.

→ 적절하지 않음!

고3 실전 문제

[081~083] 다음 글을 읽고 물음에 답하시오.

1 ¹문화가 발전하려면 저작자(著作者, 예술이나 학문에 관한 책이나 작품 따위를 만든 사람)의 권리 보호와 저작물(著作物, 사상이나 기술, 연구 결과, 문예 작품 따위를 글로 써서 책으로 펴낸 것)의 공정(公正, 공평하고 올바른) 이용이 균형을 이루어야 한다. ²저작물의 공정 이용이란 저작권자의 권리를 일부 제한하여 저작권자의 허락이 없어도 저작물을 자유롭게 이용하는 것을 말한다. ³비영리적인(非營利的인, 재산상의 이익과 관련이 없는) 사적(私的, 개인적인) 복제를 허용하는 것이 그 예이다. ⁴우리나라의 저작권법에서는 오래전부터 공정 이용으로 볼 수 있는 저작권 제한 규정을 두었다.

→ 저작물의 공정 이용

2 ¹그런데 디지털 환경에서 저작물의 공정 이용은 여러 장애에 부딪혔다. ²디지털 환경에서는 저작물을 원본과 동일하게 복제할 수 있고 용이하게(容易-, 매우 쉽게) 개작할(改作-, 작품을 고쳐서 다시 지을) 수 있다. ³따라서 저작물이 개작되더라도 그것이 원래 창작물인지 이차적 저작물인지 알기 어렵다. ⁴그 결과 디지털화된 저작물의 이용 행위가 공정 이용의 범주에 드는 것인지 가늠하기가(어림잡아 헤아리기가) 더 어려워졌고 그에 따른 처벌 위험도 커졌다.

→ 디지털 환경에서 저작물 공정 이용 장애의 요인

3 ¹이러한 문제를 해소하기 위한 시도의 하나로 포괄적으로(包括的-, 모두 끌어넣어) 적용할 수 있는 '저작물의 공정한 이용' 규정이 저작권법에 별도로 신설되었다.(新設-, 새로 만들어졌다.) ²그리하여 저작권자의 동의가 없어도 저작물을 공정하게 이용할 수 있는 영역이 확장되었다. ³그러나 공정 이용 여부에 대한 시비(是非, 옳음과 그름을 따지는 것)가 자율적으로 해소되지 않으면 예나 지금이나 법적인 절차를 밟아 갈등을 해소해야 한다. ⁴저작물 이용의 영리성과 비영리성, 목적과 종류, 비중, 시장 가치 등이 법적인 판단의 기준이 된다.

→ 저작물의 공정한 이용에 대한 규정

4 ¹저작물 이용자들이 처벌에 대한 불안감을 여전히 느낀다는 점에서 저작물의 자유 이용 허락 제도와 같은 '저작물의 공유' 캠페인이 주목을 받고 있다. ²이 캠페인은 저작권자들이 자신의 저작물에 일정한 이용 허락 조건을 표시해서 이용자

들에게 무료로 개방하는 것을 말한다. ³누구의 저작물이든 개별적인 저작권을 인정하지 않고 모두가 공동으로 소유하자고 주장하는 사람들과 달리, 이 캠페인을 펼치는 사람들은 기본적으로 자신과 타인의 저작권을 존중한다. ⁴캠페인 참여자들은 저작권자와 이용자들의 자발적인 참여를 통해 자유롭게 활용할 수 있는 저작물의 양과 범위를 확대하려고 노력한다. ⁵이들은 저작물의 공유가 확산되면 디지털 저작물의 이용이 활성화되고 그 결과 인터넷이 더욱 창의적이고 풍성한 정보 교류의 장이 될 것이라고 본다. ⁶그러나 캠페인에 참여한 저작물을 이용할 때 허용된 범위를 벗어난 경우 법적 책임을 질 수 있다.

→ 저작물의 공유 캠페인에 대한 설명

5 ¹한편 ⑤ 다른 시각을 가진 사람들도 있다. ²이들은 저작물의 공유 캠페인이 확산되면 저작물을 창조하려는 사람들의 <u>동기</u>(動機, 어떤 일이나 행동을 일으키게 하는 계기)가 크게 감소할 것이라고 우려한다. ³이들은 결과적으로 활용 가능한 저작물이 줄어들게 되어 이용자들도 피해를 입게 된다고 주장한다. ⁴또 디지털 환경에서는 사용료 지불 절차 등이 간단해져서 '저작물의 공정한 이용' 규정을 별도로 신설할 필요가 없었다고 본다. ⁵이들은 저작물의 공유 캠페인과 신설된 공정 이용 규정으로 인해 저작권자들의 정당한 권리가 침해받고 있으므로 이를 시정하는 것이 오히려 공익에 더 도움이 된다고 말한다.

→ 저작물의 공유 캠페인에 대한 부정적 시각

■ 지문 이해

〈저작물의 공정 이용에 관한 주장〉

> **❶ 저작물의 공정 이용**
> • 저작권자의 권리를 일부 제한하여 저작권자의 허락이 없어도 저작물을 자유롭게 이용하는 것
> • 우리나라의 저작권법에서는 오래전부터 공정 이용으로 볼 수 있는 저작권 제한 규정을 두었음

> **❷ 디지털 환경에서 저작물 공정 이용 장애의 요인**
> • 디지털 환경에서는 저작물을 원본과 동일하게 복제할 수 있고 용이하게 개작할 수 있음 → 저작물이 개작되더라도 그것이 원래 창작물인지 이차적 저작물인지 알기 어려움 → 디지털화된 저작물의 이용 행위가 공정 이용의 범주에 드는 것인지 가늠하기가 더 어려워졌고 그에 따른 처벌 위험도 커짐

> **❸ 저작물의 공정한 이용에 대한 규정**
> • 디지털 환경에서의 문제를 해소하기 위해 '저작물의 공정한 이용' 규정이 저작권법에 별도로 신설됨 → 저작권자의 동의가 없어도 저작물을 공정하게 이용할 수 있는 영역이 확장됨

> **❹ 저작물의 공유 캠페인에 대한 설명**
> • '저작물의 공유' 캠페인 : 저작권자들이 자신의 저작물에 일정한 이용 허락 조건을 표시해서 이용자들에게 무료로 개방하는 것

> **❺ 저작물의 공유 캠페인에 대한 부정적 시각**
> • 캠페인이 확산되면 저작물을 창조하려는 사람들의 동기가 크게 감소할 것 → 활용 가능한 저작물이 줄어들게 되어 이용자들도 피해를 입게 된다고 주장

tip • 공공저작물의 자유 이용

공공저작물이란 국가, 지방자치단체, 공공기관이 저작권을 가진 저작물을 말한다. 2014년 7월 1일부터 국가나 지방자치단체에서 보유한 저작물을 일반 국민이 이용 허락 없이 자유롭게 활용할 수 있게 되었다. 또한, 공공기관이 '공공저작물 자유 이용 허락표시(공공누리)'를 적용하여 표시한 저작물의 경우에도 자유로운 이용이 가능하다.

'공공누리(Korea Open Government License)'는 문화체육관광부에서 개발한 한국형 공공저작물 자유이용허락 라이선스를 말한다.

▼ 공공누리 공유저작물의 네 가지 유형(출처 http://www.kogl.or.kr)

제1유형 : 출처표시	제2유형 : 출처표시 + 상업적 이용금지

이용자가 공공저작물을 상업적 활용을 포함하여 무료로 자유롭게 이용하고 2차적 저작물 작성 등 변형하여 이용할 수 있음	이용자가 공공저작물을 무료로 자유롭게 이용하고 2차적 저작물 작성 등 변형하여 이용할 수 있으나, 상업적 목적으로는 이용할 수 없음
제3유형 : 출처표시 + 변경금지	제4유형 : 출처표시 + 상업적 이용금지 + 변경금지

이용자가 공공저작물을 상업적 활용을 포함하여 무료로 자유롭게 이용할 수 있으나, 공공저작물의 내용을 변형 또는 변경할 수 없음	이용자가 공공저작물을 무료로 자유롭게 이용할 수 있으나, 상업적 목적으로 이용하거나 2차적 저작물 작성 등 변형하여 이용할 수는 없음

081 | 세부 정보 이해 - 적절하지 않은 것 고르기 2014학년도 6월 모평B 21번 정답률 85% | 정답 ⑤

윗글에 대한 이해로 적절하지 <u>않은</u> 것은?

① 저작자의 권리 보호는 문화 발전의 한 축을 이룬다. 문화 발전 〈 저작자의 권리 보호 / 저작물의 공정 이용

> **근거** ❶-1 문화가 발전하려면 저작자의 권리 보호와 저작물의 공정 이용이 균형을 이루어야 한다.
>
> → 적절함!

② 디지털 환경 이전에도 공정 이용과 관련된 규정이 있었다. = 오래전부터 / = 저작권 제한 규정

> **근거** ❶-4 우리나라의 저작권법에서는 오래전부터 공정 이용으로 볼 수 있는 저작권 제한 규정을 두었다.
>
> → 적절함!

③ 저작권자의 동의가 없을 경우에도 저작물의 공정 이용은 성립할 수 있다. = 허락이 없어도

> **근거** ❶-2 저작물의 공정 이용이란 저작권자의 권리를 일부 제한하여 저작권자의 허락이 없어도 저작물을 자유롭게 이용하는 것
>
> → 적절함!

④ 공정 이용의 대상이 되는 저작물에도 저작권이 인정된다. 일부 제한됨

> **근거** ❶-2 저작물의 공정 이용이란 저작권자의 권리를 일부 제한
> **풀이** 저작권을 인정하되, '일부 제한'한다.
>
> → 적절함!

✔⑤ 저작물이 모두의 소유라는 주장은 저작물 공유 캠페인의 핵심이다. ≠ 자신과 타인의 저작권 존중

> **근거** ❹-3 누구의 저작물이든 개별적인 저작권을 인정하지 않고 모두가 공동으로 소유하자고 주장하는 사람들과 달리, 이(저작물의 공유) 캠페인을 펼치는 사람들은 기본적으로 자신과 타인의 저작권을 존중
>
> → 적절하지 않음!

▶ 지문 핵심 개념 정리

저작물의 공정 이용 규정	저작물의 공유 캠페인에 대한 설명
• 디지털 환경에서의 문제를 해소하기 위해 '저작물의 공정한 이용' 규정이 저작권법에 별도로 신설됨 → 저작권자의 동의가 없어도 저작물을 공정하게 이용할 수 있는 영역이 확장됨(❸-1~2) • 그러나 공정 이용 여부에 대한 시비가 자율적으로 해소되지 않으면, 저작물 이용의 영리성과 비영리성, 목적과 종류, 비중, 시장 가치 등이 판단의 기준이 되는 법적인 절차를 밟아 갈등을 해소해야 하는 것은 예전과 같음(❸-3~4)	• '저작물의 공유' 캠페인 : 저작권자들이 자신의 저작물에 일정 이용 허락 조건을 표시해서 이용자들에게 무료로 개방하는 것(❹-2) • 캠페인 참여자들은 자발적인 참여를 통해 자유롭게 활용할 수 있는 저작물의 양과 범위를 확대하려고 노력 → 저작물의 공유가 확산되면 디지털 저작물의 이용이 활성화되고 인터넷이 더욱 창의적이고 풍성한 정보 교류의 장이 될 것이라고 봄(❹-4~5) • 캠페인에 참여한 저작물을 이용할 때 허용된 범위를 벗어난 경우 법적 책임을 질 수 있음(❹-6)

㉠의 주장에 가장 가까운 것은?

㉠ 다른 시각을 가진 사람들 = 저작물 공유 캠페인에 대한 부정적 시각

저작물 공유 캠페인 / 의 동기가 감소한다
① 이용 허락 조건을 저작물에 표시하면 창작 활동을 더욱 활성화한다.
근거 ❺-2 저작물의 공유 캠페인이 확산되면 저작물을 창조하려는 사람들의 동기가 크게 감소할 것
→ 적절하지 않음!

을 시정해야
② 저작권자의 정당한 권리 보호를 위해 저작물의 공유 캠페인이 확산되어야 한다.
근거 ❺-5 저작물의 공유 캠페인과 신설된 공정 이용 규정으로 인해 저작권자들의 정당한 권리가 침해받고 있으므로 이를 시정하는 것이 오히려 공익에 더 도움
→ 적절하지 않음!

③ 비영리적인 경우 저작권자의 동의가 없어도 복제가 허용되는 영역을 확장해야 한다.
근거 ❺-2 저작물의 공유 캠페인이 확산되면 저작물을 창조하려는 사람들의 동기가 크게 감소할 것, ❺-5 저작물의 공유 캠페인과 신설된 공정 이용 규정으로 인해 저작권자들의 정당한 권리가 침해받고 있으므로 이를 시정하는 것이 오히려 공익에 더 도움이 된다
→ 적절하지 않음!

✓④ 저작권자가 자신들의 노력에 상응하는 대가를 정당하게 받을수록 창작 의욕이 더 커진다.
근거 ❺-2 저작물의 공유 캠페인이 확산되면 저작물을 창조하려는 사람들의 동기가 크게 감소할 것
→ 적절함!

저작물 창조 동기를 감소 → 활용 가능한 저작물이 줆
⑤ 자신의 저작물을 자유롭게 이용하도록 양보하는 것은 다른 저작권자의 저작권 개방을 유도하여 공익을 확장시킨다.
근거 ❺-2~3 이들은 저작물의 공유 캠페인이 확산되면 저작물을 창조하려는 사람들의 동기가 크게 감소할 것이라고 우려한다. 이들은 결과적으로 활용 가능한 저작물이 줄어들게 되어 이용자들도 피해를 입게 된다고 주장
→ 적절하지 않음!

윗글을 바탕으로 〈보기〉를 이해할 때, 적절하지 않은 것은? [3점]

| 보기 |

【자료 1】
다음은 저작물 공유 캠페인의 '자유 이용 허락' 조건 표시의 한 예이다.

(ⓘ) : 출처를 표시하고 자유롭게 사용 가능함.

(ⓘ)(ⓢ) : 출처를 표시하고 사용하되 상업적 사용은 안 됨.

【자료 2】
저작물 공유 캠페인에 참여 / 저작물 공유 캠페인에 참여
[1]A는 자신의 미술 평론에 항상 (ⓘ) 표시를 하여 블로그에 올렸다. [2]B는 표시의 조건을 지키며 A의 미술 평론을 이용해왔다. [3]최근 A는 조카의 돌잔치 동영상을 만들고
비영리적 : 저작물의 공정한 이용
(ⓘ)(ⓢ) 표시를 하여 블로그에 올렸다. [4]그런데 B는 그 동영상에서 자신의 저작물인 예술 사진이 동의 없이 사용된 것을 발견하였다. [5]B는 A에게 예술 사진에 대한 저작권
저작권 침해
사용료를 지불하라고 요구하였다.

① A는 '자유 이용 허락' 조건 표시를 사용하는 것으로 보아 저작물의 공유 캠페인에 참여하는 사람이겠군.
근거 〈보기〉-1 A는 자신의 미술 평론에 항상 (ⓘ) 표시를 하여 블로그에 올렸다.
→ 적절함!

표시의 조건을 지키며
② B가 평소 A의 자료를 이용한 것에 대해서 A는 B에게 사용료 지불을 요구할 수 없겠군.
근거 〈보기〉-1 A는 자신의 미술 평론에 항상 (ⓘ) 표시를 하여 블로그에 올렸다.
→ 적절함!

③ A의 행위가 공정 이용에 해당한다면, A는 B에게 사용료를 지불하지 않아도 되겠군.
풀이 A가 '저작물 이용의 영리성과 비영리성, 목적과 종류, 비중, 시장 가치' 등의 판단 기준에 따라 규정을 준수하였다면 사용료를 지불하지 않아도 된다.
→ 적절함!

저작자의 저작권을 일부 제한하는 규정 / 있겠군
✓④ B는 공정 이용 규정이 없었다면, A에게 사용료 지불을 요구할 수 없겠군.
풀이 A와 달리 B는 자신의 저작물에 '자유 이용 허락' 조건 표시를 하지 않았으므로, 공정 이용 규정의 존재 여부와 상관없이 A가 B의 저작권을 침해한 것으로 볼 수 있다. 따라서 B는 A에게 사용료 지불을 요구할 수 있다. 한편, 공정 이용 규정은 저작자의 저작권을 일부 제한하는 규정으로, 이러한 규정이 없었다면 B가 자신의 저작물에 온전한 저작권을 가져 A에게 사용료 지불을 요구할 수 있었을 것이다.
→ 적절하지 않음!

= 자유롭게 사용 / 저작물 공유 캠페인에 참여하는 사람
⑤ B가 A의 미술 평론의 일부를 편집해 자신의 블로그에 올렸다면, A의 동의를 별도로 받지 않아도 되었겠군.
근거 〈보기〉-1 A는 자신의 미술 평론에 항상 (ⓘ) 표시를 하여 블로그에 올렸다.
→ 적절함!

[084~088] 다음 글을 읽고 물음에 답하시오.

1 [1]손해보험은 계약에서 정한 보험 사고(保險事故, 보험자에게 보험금 지급 의무가 발생하게 되는 사고)가 발생했을 때 보험가입자 측에게 생긴 재산상의 손해를 보상하는(報償-, 되돌려 갚는) 보험(保險, 재해나 각종 사고가 일어날 경우의 경제적 손해에 대비해 미리 일정한 돈을 내게 하고, 사고를 당했을 때 일정 금액을 주어 손해를 보상하는 제도)이다. [2]교통사고, 화재, 도난 등으로 생기는 피해에 대비하기(對備-, 미리 준비하기) 위해 가입하는 손해보험은 오늘날 우리 생활과 가까운 곳에 있다.
→ 손해보험의 정의

2 [1]보험 사고가 발생할 때에 보험금(保險金, 보험 계약에 따라 보험자가 피보험자에게 실제로 지급하는 돈)을 받을 자를 피보험자, 보험금을 지급할(支給-, 내줄) 의무를 지는 자를 보험자라 한다. [2]손해보험의 피보험자는 보험의 목적에 피보험이익을 가져야 한다. [3]이때 보험의 목적이란 보험 사고의 대상을 말한다. [4]손해보험 계약은 손해 보상을 목적으로 하는데, 손해의 전제(前提, 먼저 내세우는 것)로서 피보험자는 보험의 목적에 경제상의 이익을 가져야 하고, 이(피보험자가 보험의 목적에 가지는 경제상의 이익)를 피보험이익이라 한다. [5]시가(市價, 시장에서 사고 팔리는 가격) 100 원의 주택(住宅, 사람이 들어가 살 수 있게 지은 건물)을 소유한 사람은 화재로 주택이 전소하면(全燒-, 다 타버리면) 100 원을 잃는데, 이렇게 보험 사고 발생으로 잃어버릴 염려

가 있는 이익이 피보험이익이다. [6]피보험이익이 없는 자에게 보험금 청구권(保險金請求權, 보험금을 지급할 사유가 생겼을 때, 피보험자가 보험자에게 보험금을 달라고 요구할 수 있는 권리)을 인정하면, 보험계약이 도박(賭博, 뜻밖에 얻는 운수를 바라고 불가능하거나 위험한 일에 손을 댐)처럼 될 수 있고 고의로(故意−, 일부러) 보험 사고를 유발하는(誘發−, 일어나게 하는) 보험 범죄의 가능성도 생길 수 있다.

→ 보험의 목적과 피보험이익의 개념

3 [1]피보험이익으로 인정되려면 몇 가지 요건(要件, 필요한 조건)이 필요하다. [2]우선 객관적으로 금전(金錢, 돈)으로 산정할(算定−, 셈하여 정할) 수 있는 경제적 가치를 가져야 한다. [3]따라서 개인적, 정신적, 도덕적 이익은 피보험이익이 될 수 없다.(객관적으로 금전으로 산정할 수 없으므로 피보험이익으로 인정되기 위한 요건에 부합하지 않기 때문) [4]예컨대 소중히 간직한 자신의 일기장을 5억 원의 손해보험에 가입하는 것은 허용되지 않는다. [5]그리고 적법한(適法−, 법규에 맞는) 이익이어야 하며, 계약 체결(締結, 공식적으로 맺음) 당시(當時, 그 시기) 그 가치가 객관적으로 확정되어(確定−, 확실하게 정해져) 있거나 적어도 보험 사고가 발생할 때까지는 확정되어야 한다.

→ 피보험이익의 요건

4 [1]손해보험은 실손보상원칙을 기본 원칙으로 삼는다. [2]실손보상원칙이란 실제 발생한 손해만을 보상하고 그(실제 발생한 손해) 이상은 보상하지 않는다는 것을 뜻한다. [3]따라서 손해보험을 통해 피보험자가 재산상 이익을 얻는 것은 허용되지 않는데, 이를 이득금지의 원칙이라고 한다. [4]실손보상원칙은 손해보험 계약의 도박화(賭博化, 도박처럼 되는 것)를 막고 보험 범죄를 방지하는(防止−, 일어나지 못하게 막는) 역할을 한다.

→ 손해보험의 실손보상원칙과 그 역할

5 [1]보험가액(價 값 가 額 가격 액)은 피보험이익의 객관적인 금전적 평가액(評價額, 일정한 기준에 의해 가치나 수준을 따져 매긴 금액)으로, 보험자가 보험금의 형태로 부담하게 되는 보상책임의 법률상의 최고 한도액(限度額, 일정하게 한정된 액수)이다. [2]보험가액은 고정된 것이 아니며 경제상황 등에 따라 변동될 수 있는데, 이득금지의 원칙과 관련해 피보험자에게 이득이 생겼는가 여부를 판단하는 기준이 된다. [A] [3]이와 달리 보험 사고 발생 시 보험자가 지급하기로 보험계약에서 실제 약정한(約定−, 약속하여 정한) 최고 한도액은 보험금액이라 한다. [4]보험금액은 당사자 간(間, 사이의) 약정에 의하여 일정한 금액으로 정해지며, 보험 기간 중에는 이(보험금액)를 변경하지 않는 것이 원칙이다. [5]보험금은 보험 사고가 발생할 때 실제로 보험자가 지급하는 금액이다. [6]보험 사고가 발생하였다고 해서 항상 보험금액만큼 지급되는 것은 아니므로 보험금액은 보험금의 최고 한도라는 의미만을 갖는다.

→ 보험가액과 보험금액, 보험금의 개념

6 [1]보험가액과 보험금액은 서로 일치하지 않을 수 있다. [2]보험금액이 보험가액을 현저하게(顯著−, 뚜렷이 드러나게) 초과하는 경우를 초과보험이라 한다. [3]시가 100원(보험가액) 상당의(相當−, 해당하는 정도의) 건물을 보험금액 200원으로 하여 가입한 화재보험이 그(초과보험의) 예이다. [4]손해보험에서 보험가액을 초과하는 부분에는 피보험이익이 존재하지 않으므로 보험금액을 보험가액과의 비율에 따라 조정해야(調整−, 바로잡아 정리해야) 한다. [5]위 사례에서 건물이 100% 손실(損失, 잃어버려 손해를 봄)을 입었다면 100원만을 지급한다는 의미이다. [6]보험계약 체결 당시엔 초과보험이 아니었으나 보험가액이 감소한 경우처럼, 당사자가 의도하지 않은 채 초과보험 계약을 한 경우는 단순한 초과보험이라 한다. [7]이런(단순한 초과보험의) 경우 예외적으로 보험자는 보험금액의 감액(減額, 액수를 줄임)을, 보험에 가입한 보험계약자는 보험자에 지급하는 금액인 보험료의 감액을 각각 청구할(請求−, 요구할) 수 있다. [8]그러나 보험계약자가 재산상 이익을 얻을 목적으로 초과보험을 체결한 경우는 사기(詐欺, 나쁜 꾀로 남을 속임)에 의한 초과보험이라 하여 그 계약 전부를 무효(無效, 효과가 없음)로 한다.

→ 초과보험의 개념과 구분

7 [1]한 명의 피보험자가 동일한 피보험이익과 동일한 보험 사고에 관하여 여러 보험자와 계약을 체결한 경우에 그 보험금액의 합계가 보험가액을 초과하는 경우를 중복보험이라 한다. [2]이때 각각의 보험은 보험의 목적이 서로 같아야 하고, 보험 기간도 공통이어야 한다. [3]중복보험은 초과보험과 유사하게 보험계약자가 중복보험을 의도한 경우와 그렇지 않은 경우를 구분하고 있다. [4]사기에 의한 중복보험(보험계약자가 중복보험을 의도한 경우)은 그 계약 전부를 무효로 한다. [5]단순한 중복보험(보험계약자가 중복보험을 의도하지 않은 경우)의 경우, 각 보험자가 보험금액의 비율에 따라 연대 책임(連帶責任, 함께 지는 책임)을 지지만 그 보상액은 각각의 보험

금액으로 제한된다.(制限−, 일정한 한도가 정해진다.) [6]예를 들어 보험가액 100원인 건물에 대하여 각기 다른 세 보험자와 보험금액을 각각 100원, 60원, 40원으로 하여 화재보험 계약을 한 경우, 각 보험자는 보험 사고가 발생할 때 가입 당시 보험금액의 한도 내에서 연대 책임을 진다. [7]만약 100% 손실을 입으면 피보험자가 100원의 보상을 받을 수 있도록 각 보험자는 보험금액의 비율에 따라 50원, 30원, 20원을 보험금으로 지급하게 된다.

→ 중복보험의 개념과 구분 및 보험금 지급의 예

■ 지문 이해

〈손해보험의 개념〉

❶ 손해보험의 정의

- 손해보험 : 약정한 보험 사고 발생 시 보험가입자 측에게 생긴 재산상의 손해를 보상하는 보험

↓

❷ 보험의 목적과 피보험이익의 개념

- 보험의 목적 : 보험 사고의 대상
- 피보험이익 : 손해 보상을 목적으로 하는 손해보험 계약에서, 손해의 전제로서 피보험자가 보험의 목적에 가지는 경제상 이익

↓

❸ 피보험이익의 요건

- 객관적으로 금전으로 산정 가능한 경제적 가치를 가져야 함
- 적법한 이익이어야 함
- 계약 체결 당시, 또는 적어도 보험 사고가 발생할 때까지는 그 가치가 확정되어야 함

↓

❹ 손해보험의 실손보상원칙과 그 역할

- 실손보상원칙 : 실제 발생한 손해만을 보상함
- 이득금지의 원칙 : 손해보험을 통해 피보험자가 재산상 이익을 얻는 것은 허용되지 않음
  → 손해보험 계약의 도박화나 보험 범죄를 방지함

↓

❺ 보험가액과 보험금액, 보험금의 개념

- 보험가액
  - 피보험이익의 객관적 금전적 평가액
  - 보험자가 보험금으로 부담하는 보상책임의 법률상 최고 한도액
  - 변동될 수 있음
- 보험금액
  - 당사자 간 약정에 의해 정해진 일정 금액
  - 보험금의 최고 한도라는 의미를 가짐
  - 보험 기간 중 변경하지 않음
- 보험금
  - 보험 사고 발생 시 실제로 보험자가 지급하는 금액
  - 항상 보험금액만큼 지급되는 것은 아님

↓

❻ 초과보험의 개념과 구분

- 보험금액이 보험가액을 현저히 초과하는 경우
- 보험금액을 보험가액과의 비율에 따라 조정해야 함
- 의도하지 않은 '단순한 초과보험' : 보험자는 보험금액의 감액을, 보험계약자는 보험료의 감액을 청구할 수 있음
- 의도하여 체결한 '사기에 의한 초과보험' : 계약 전부를 무효로 함

↓

❼ 중복보험의 개념과 구분 및 보험금 지급의 예

- 피보험자가 동일한 피보험이익과 동일한 보험 사고에 관해 보험금액의 합계가 보험가액을 초과하도록 여러 보험자와 계약을 체결한 경우
- 각각의 보험은 보험의 목적과 보험 기간이 서로 같아야 함
- 의도한 '사기에 의한 중복보험' : 계약 전부를 무효로 함
- 의도하지 않은 '단순한 중복보험' : 각 보험자가 보험금액의 비율에 따라 연대 책임을 지며 그 보상액은 각각의 보험금액으로 제한됨

084 | 세부 정보 이해 - 적절하지 않은 것 고르기 2021년 11월 학평 20번
정답률 80%, 매력적 오답 ⑤ 10%　　　　　　　　**정답 ④**

다음은 윗글을 읽은 후 메모한 내용의 일부이다. ⊙에 들어갈 수 있는 내용으로 적절하지 않은 것은?

```
○ 글을 선택한 이유 : 광고를 접하면서 손해보험에 관심이 생겨서.
○ 글을 통해 알게 된 내용 : _____⊙_____.
○ 더 알고 싶은 것 : 손해보험이 아닌 보험에는 어떤 것이 있을까?
```

① 손해보험 계약이 초과보험인 경우는 어떤 때인지
> 근거 **6**-2~3 보험금액이 보험가액을 현저하게 초과하는 경우를 초과보험이라 한다. 시가 100 원 상당의 건물을 보험금액 200 원으로 하여 가입한 화재보험이 그 예
→ 적절함!

② 손해보험 계약에서 실손보상원칙이 어떤 역할을 하는지
> 근거 **4**-4 실손보상원칙은 손해보험 계약의 도박화를 막고 보험 범죄를 방지하는 역할을 한다.
→ 적절함!

③ 손해보험 계약에서 보험자, 피보험자란 각각 무엇을 의미하는지
> 근거 **2**-1 보험 사고가 발생할 때에 보험금을 받을 자를 피보험자, 보험금을 지급할 의무를 지는 자를 보험자라 한다.
→ 적절함!

④ 손해보험 계약이 보험 사고에 따른 보상이 이루어진 뒤에도 계속 *효력이 **유지되는지　*效力, 법률이나 규칙의 작용 **維持−, 그대로 계속되는지
> 풀이 윗글에서 손해보험 계약이 보험 사고에 따른 보상이 이루어진 뒤에도 계속 효력이 유지되는지에 대해서는 설명하지 않았다.
→ 적절하지 않음!

⑤ 손해보험 계약에서 정신적, 도덕적 이익이 피보험이익이 될 수 없는 이유는 무엇인지
> 근거 **3**-1~3 피보험이익으로 인정되려면 몇 가지 요건이 필요하다. 우선 객관적으로 금전으로 산정할 수 있는 경제적 가치를 가져야 한다. 따라서 개인적, 정신적, 도덕적 이익은 피보험이익이 될 수 없다.
→ 적절함!

1등급 문제

085 | 핵심 개념 파악 - 적절하지 않은 것 고르기 2021년 11월 학평 21번
정답률 35%, 매력적 오답 ① 20% ② 10% ③ 25% ④ 10%　　**정답 ⑤**

피보험이익에 대한 설명으로 적절하지 않은 것은?

① 보험가액을 초과하는 피보험이익은 존재하지 않는다.
> 근거 **6**-4 손해보험에서 보험가액을 초과하는 부분에는 피보험이익이 존재하지 않으므로
→ 적절함!

② 보험의 목적에 피보험이익이 없으면 피보험자가 될 수 없다.
> 근거 **2**-2 손해보험의 피보험자는 보험의 목적에 피보험이익을 가져야 한다.
→ 적절함!

③ 피보험이익이 서로 다른 손해보험 계약은 중복보험으로 볼 수 없다.
> 근거 **7**-1 한 명의 피보험자가 동일한 피보험이익과 동일한 보험 사고에 관하여 여러 보험자와 계약을 체결한 경우에 그 보험금액의 합계가 보험가액을 초과하는 경우를 중복보험이라 한다.
→ 적절함!

④ 피보험이익은 피보험자가 보험 사고의 대상에 갖는 경제상의 이익이다.
> 근거 **2**-3~4 보험의 목적이란 보험 사고의 대상을 말한다. 손해보험 계약은 손해 보상을 목적으로 하는데, 손해의 전제로서 피보험자는 보험의 목적에 경제상의 이익을 가져야 하고, 이를 피보험이익이라 한다.
→ 적절함!

⑤ 보험계약 체결 당시 그 가치가 확정되어 있어야만 피보험이익으로 인정될 수 있다.
> 근거 **3**-5 (피보험이익으로 인정되려면) 계약 체결 당시 그 가치가 객관적으로 확정되어 있거나 적어도 보험 사고가 발생할 때까지는 확정되어야 한다.
> 풀이 보험계약 체결 당시에는 그 가치가 확정되어 있지 않더라도, 보험 사고가 발생하

086 | 세부 정보 이해 - 적절하지 않은 것 고르기 2021년 11월 학평 22번
정답률 70%, 매력적 오답 ① 15%　　　　　　　　**정답 ②**

[A]에 대한 이해로 적절하지 않은 것은?

① 보험금은 보험가액을 초과할 수 없고 보험금액을 초과할 수도 없다.
> 근거 **5**-1 보험가액은 … 보험자가 보험금의 형태로 부담하게 되는 보상책임의 법률상의 최고 한도액, **5**-3 보험 사고 발생 시 보험자가 지급하기로 보험계약에서 실제 약정한 최고 한도액은 보험금액이라 한다, **5**-5 보험금은 보험 사고가 발생할 때 실제로 보험자가 지급하는 금액, **5**-6 보험금액은 보험금의 최고 한도라는 의미
> 풀이 보험금은 보험 사고 발생 시 실제로 보험자가 지급하는 금액을 뜻한다. 한편 보험가액은 보험자가 부담하게 되는 보험금의 법률상 최고 한도액을, 보험금액은 보험자가 지급하기로 약정한 최고 한도액으로 보험금의 최고 한도를 말한다. 따라서 보험자가 지급하는 보험금은 보험가액과 보험금액을 모두 초과할 수 없다.
→ 적절함!

② 보험금액은 변동될 수 있으나 보험 기간 중 보험가액은 바뀌지 않는 것이 원칙이다.　〔보험가액〕〔보험금액〕
> 근거 **5**-2 보험가액은 고정된 것이 아니며 경제상황 등에 따라 변동될 수 있는데, **5**-4 보험금액은 … 보험 기간 중에는 이를 변경하지 않는 것이 원칙이다.
→ 적절하지 않음!

③ 보험가액은 보험금의 액수가 이득금지의 원칙에 *위배되는지 여부를 판단하는 기준이 된다. *違背−, 지켜지지 않고 어겨지는지
> 근거 **5**-2 보험가액은 … 이득금지의 원칙과 관련해 피보험자에게 이득이 생겼는가 여부를 판단하는 기준이 된다.
→ 적절함!

④ 보험가액은 객관적인 금전적 가치 평가에 의해, 보험금액은 계약 당사자 사이의 약정에 의해 정해진다.
> 근거 **5**-1 보험가액은 피보험이익의 객관적인 금전적 평가액, **5**-4 보험금액은 당사자 간 약정에 의하여 일정한 금액으로 정해지며
→ 적절함!

⑤ 보험자가 일정한 보험금액을 약정했더라도 보험 사고 발생 시 항상 보험금액만큼 지급하는 것은 아니다.
> 근거 **5**-6 보험 사고가 발생하였다고 해서 항상 보험금액만큼 지급되는 것은 아니므로
→ 적절함!

※ <보기>는 윗글과 관련된 상황이다. 087번과 088번 물음에 답하시오.

```
| 보 기 |　〔피보험자〕
[1]갑은 2 년 전 시가가 1,000만 원의 건물 X를 소유하고 있었는데 당시 ㉮X에 대하여
〔보험자〕 보험사 A와 보험금액을 600만 원으로 하는 화재보험에 가입하고, ㉯같은 건물에 대하
〔보험자〕 여 보험사 B와 보험금액 400만 원의 화재보험에 가입했다. [2]그런데 그 뒤 X의 시세가
하락해 현재 평가액은 800만 원이다. [3]갑이 가입한 손해보험의 보험금액과 보험료는
모두 가입 당시와 달라지지 않았다.　〔보험가액의 변동〕
　(4단, 갑이 가입한 손해보험은 피보험자가 모두 갑 본인이다. 모두 계약일이 같으며 보
험 기간은 5년이다.)
```

- 한 명의 피보험자(갑)가 동일한 피보험이익과 동일한 보험 사고(건물 X에 화재 발생)에 관하여 여러 보험자(보험사 A, B)와 계약을 체결함
- 시세 하락으로 현재 보험금액의 합계가 보험가액을 초과함(당사자 의도 아님)
- 보험의 목적(건물 X)이 서로 같음
- 보험 기간(5년)이 공통임
⇒ 단순한 중복보험

087 반응의 적절성 판단 - 적절하지 않은 것 고르기 2021년 11월 학평 23번
정답률 50%, 매력적 오답 ② 10% ③ 10% ④ 25% | **정답 ⑤** | `1등급 문제`

윗글을 읽은 학생이 〈보기〉의 ㉮와 ㉯에 대해 보인 반응으로 적절하지 않은 것은? `3점`

① ㉮와 ㉯는 보험의 목적과 보험 사고가 동일하고, 보험자는 서로 다른 손해보험이겠군.

근거 ❷-3 보험의 목적이란 보험 사고의 대상을 말한다, ❷-1 보험 사고가 발생할 때에 … 보험금을 지급할 의무를 지는 자를 보험자라 한다, 〈보기〉-1 갑은 2 년 전 시가 1,000만 원의 건물 X를 소유하고 있었는데 당시 X에 대하여 보험사 A와 보험금액을 600만 원으로 하는 화재보험에 가입하고, 같은 건물에 대하여 보험사 B와 보험금액 400만 원의 화재보험에 가입

풀이 ㉮와 ㉯는 모두 건물 X(보험의 목적)에 화재 사고(보험 사고)가 발생했을 때 피보험자 갑에게 생긴 재산상 손해를 보상하는 보험이다. 또한 ㉮의 보험자는 보험사 A, ㉯의 보험자는 보험사 B로 서로 다른 손해보험이다.

→ 적절함!

② ㉮와 ㉯의 보험금액의 합계는 가입 당시와 달리 현재는 보험가액과 일치하지 않겠군.

근거 ❺-1 보험가액은 피보험이익의 객관적인 금전적 평가액, ❺-3 보험 사고 발생 시 보험자가 지급하기로 보험계약에서 실제 약정한 최고 한도액은 보험금액, 〈보기〉-1 갑은 2 년 전 시가 1,000만 원의 건물 X를 소유하고 있었는데 당시 X에 대하여 보험사 A와 보험금액을 600만 원으로 하는 화재보험에 가입하고, 같은 건물에 대하여 보험사 B와 보험금액 400만 원의 화재보험에 가입, 〈보기〉-2 X의 시세가 하락해 현재 평가액은 800만 원, 〈보기〉-3 보험금액과 보험료는 모두 가입 당시와 달라지지 않았다.

풀이 보험가액은 피보험이익의 객관적 금전적 평가액을 뜻한다. 〈보기〉에서 2 년 전 갑이 보험에 가입할 당시 건물 X의 보험가액은 1,000만 원이었지만, 현재 평가액은 800만 원으로 하락하였다. 한편 보험금액은 당사자 간 약정에 의해 보험 사고 발생 시 보험자가 지급하기로 한 일정한 금액을 뜻한다. 〈보기〉에서 ㉮와 ㉯의 보험금액의 합계는 가입 당시와 현재 모두 1,000만 원으로 동일하다. 따라서 ㉮와 ㉯의 보험금액의 합계는 가입 당시에는 보험가액과 일치하였으나, 현재는 건물의 시세 하락으로 보험가액을 초과한다.

→ 적절함!

③ 보험계약 후 건물 시세가 하락하였지만 ㉮와 ㉯ 중 어느 것도 계약 전부가 무효로 되지 않겠군.

근거 ❼-1 한 명의 피보험자가 동일한 피보험이익과 동일한 보험 사고에 관하여 여러 보험자와 계약을 체결한 경우에 그 보험금액의 합계가 보험가액을 초과하는 경우를 중복보험이라 한다, ❼-4 사기에 의한 중복보험은 그 계약 전부를 무효로 한다.

풀이 〈보기〉에서 피보험자 갑은 2년 전 시가 1,000만 원인 건물 X의 화재 사고에 관해 서로 다른 보험자인 보험사 A, B와 계약일이 같으며 보험 기간이 같은 보험계약 ㉮와 ㉯를 체결하였다. 그런데 계약 체결 당시에는 ㉮와 ㉯의 보험금액의 합계가 보험가액과 동일하였지만, X의 시세 하락으로 ㉮와 ㉯의 보험금액의 합계가 보험가액을 초과하는 중복보험에 해당하게 되었다. 이때 갑은 중복보험을 의도하지 않았으므로 ㉮와 ㉯는 단순한 중복보험에 해당하며, ㉮와 ㉯ 중 어느 것도 계약 전부가 무효로 되지 않는다.

→ 적절함!

④ 계약에서 정한 보험 사고가 발생하기 전이라면, ㉮와 ㉯의 피보험자인 갑은 A와 B로부터 보상을 받을 수 없겠군.

근거 ❶-1 손해보험은 계약에서 정한 보험 사고가 발생했을 때 보험가입자 측에게 생긴 재산상의 손해를 보상하는 보험

풀이 손해보험은 '계약에서 정한 보험 사고가 발생하였을 때' 보험가입자 측에게 발생한 재산상의 손해를 보상하는 보험이므로, 건물 X의 화재가 발생하기 전에는 보험자인 A와 B로부터 보상을 받을 수 없다.

→ 적절함!

⑤ 갑이 ㉮에 가입하지 않았다고 가정하면, ㉯의 보험자는 보험가액의 변동을 근거로 보험금액의 감액을 청구할 수 있었겠군.

근거 ❻-2 보험금액이 보험가액을 현저하게 초과하는 경우를 초과보험이라 한다, ❻-6~7 보험계약 체결 당시엔 초과보험이 아니었으나 보험가액이 감소한 경우처럼, 당사자가 의도하지 않은 채 초과보험 계약을 한 경우는 단순한 초과보험이라 한다. 이런 경우 예외적으로 보험자는 보험금액의 감액을 … 청구할 수 있다.

풀이 〈보기〉에서 갑이 화재보험에 가입할 당시 건물 X의 시가는 1,000만 원이었지만, 그 뒤 시세가 하락해 현재 평가액은 800만 원이라고 하였다. 갑이 ㉮에 가입하지 않았다고 가정하였을 때, ㉯가 단순한 초과보험에 해당할 경우 ㉯의 보험자인 보험사 B는 보험금액의 감면을 청구할 수 있다. 그러나 보험가액이 1,000만 원에서 800만

원으로 변동되었다고 하더라도, ㉯의 보험금액은 400만 원으로 '보험금액이 보험가액을 현저하게 초과하는' 초과보험에 해당하지 않는다. 따라서 ㉯의 보험자가 보험가액의 변동을 근거로 보험금액의 감액을 청구할 수 없다.

→ 적절하지 않음!

088 구체적인 상황에 적용 - 적절한 것 고르기 2021년 11월 학평 24번
정답률 45%, 매력적 오답 ① 10% ④ 30% | **정답 ③** | `1등급 문제`

다음은 〈보기〉와 관련한 보험 사고 상황이다. 윗글을 참고할 때 ⓐ~ⓒ에 들어갈 금액을 바르게 짝지은 것은?

> 건물 X에 화재가 일어나 50 %의 손실이 발생하였다. 이에 갑은 보험사 A와 B에 보험금을 청구하였다. A는 보험계약에서 실제 약정한 (ⓐ)의 한도 내에서 책임을 질 의무가 있다. 그런데 다른 보험사와 연대 책임을 질 의무가 있는 A는 각 보험사의 보험금액의 비율에 따라 갑에게 (ⓑ)을 보험금으로 지급하였다. 역시 연대 책임을 질 의무가 있는 B는 (ⓒ)을 갑에게 보험금으로 지급하였다. 단, X의 평가액은 현재 기준으로 산정되었다.

ⓐ

근거 ❺-3 보험 사고 발생 시 보험자가 지급하기로 보험계약에서 실제 약정한 최고 한도액은 보험금액이라 한다, 〈보기〉-1 당시 X에 대하여 보험사 A와 보험금액을 600만 원으로 하는 화재보험에 가입하고

풀이 ⓐ는 보험사 A가 갑과의 보험계약에서 실제 약정한 한도액, 즉 '보험금액'을 뜻한다. 〈보기〉에서 갑은 보험사 A와 보험금액을 600만 원으로 하는 화재보험에 가입했다고 하였으므로, ⓐ에 들어갈 금액은 600만 원이다.

ⓑ, ⓒ

근거 ❹-2 실손보상원칙이란 실제 발생한 손해만을 보상하고 그 이상은 보상하지 않는다는 것을 뜻한다, ❼-5 단순한 중복보험의 경우, 각 보험자가 보험금액의 비율에 따라 연대 책임을 지지만 그 보상액은 각각의 보험금액으로 제한된다, 〈보기〉-1~2 당시 X에 대하여 보험사 A와 보험금액을 600만 원으로 하는 화재보험에 가입하고, 같은 건물에 대하여 보험사 B와 보험금액 400만 원의 화재보험에 가입했다. 그런데 그 뒤 X의 시세가 하락해 현재 평가액은 800만 원이다.

풀이 손해보험은 실손보상원칙에 따라 실제 발생한 손해만을 보상한다. 〈보기〉에서는 현재 기준으로 산정된 평가액이 800만 원인 건물 X에 화재가 나 50 %의 손실이 발생하였다고 하였으므로, 실제 발생한 손해는 400만 원이다. 〈보기〉는 단순한 중복보험에 해당하므로, 보험사 A와 B는 보험금액의 비율(6 : 4)에 따라 연대 책임을 지게 된다. 따라서 갑에게 보험사 A는 240만 원(ⓑ)을, 보험사 B는 160만 원(ⓒ)을 보험금으로 지급하여야 한다.

	ⓐ	ⓑ	ⓒ
①	300만 원	240만 원	160만 원
②	300만 원	480만 원	320만 원
③	600만 원	240만 원	160만 원 → 적절함!
④	600만 원	480만 원	320만 원
⑤	800만 원	480만 원	320만 원

`고3 실전 문제`

[089~094] 다음 글을 읽고 물음에 답하시오.

1 ¹보험은 같은 위험을 보유한(保有-. 가지고 있는) 다수인(多數人. 많은 사람들)이 위험 공동체를 형성하여(形成-. 이루어서) 보험료를 납부하고(納付-. 내고) 보험 사고가 발생하면(發生-. 생기면) 보험금을 지급받는(支給-. 받는) 제도이다. ²보험 상품을 구입한 사람은 장래의 우연한 사고로 인한 경제적 손실(損失. 손해)에 ⓐ 대비할 수 있다. ³보험금 지급은 사고 발생이라는 우연적 조건에 따라 결정되는데, 이처럼 보험은 조건의 실현 여부(實現與否. 실제 이루어짐과 이루어지지 아니함)에 따라 받을 수 있는 재화(財貨. 인간의 욕구를 충족시켜 주는 물질)나 서비스가 달라지는 조건부(條件附. 일정한 제한이 붙는) 상품이다.

→ 보험의 개념과 조건부 상품으로서의 특징

2 ¹위험 공동체의 구성원이 납부하는 보험료와 지급받는 보험금은 그 위험 공동체의 사고 발생 확률을 근거로 산정된다(算定−, 셈하여 정해진다). ²특정 사고가 발생할 확률은 정확히 알 수 없지만 그동안 발생된 사고를 바탕으로 그 확률을 예측한다면 관찰 대상이 많아짐에 따라 실제 사고 발생 확률에 근접하게(近接−, 가까워지게) 된다. ³본래 보험 가입의 목적은 금전적(金錢的, 돈과 관련된) 이득을 취하는 데 있는 것이 아니라 장래의 경제적 손실을 보상받는 데 있으므로 위험 공동체의 구성원은 자신이 속한 위험 공동체의 위험에 상응하는(相應−, 서로 응하거나 어울리는) 보험료를 납부하는 것이 공정할 것이다.

[가] ⁴따라서 공정한 보험에서는 구성원 각자가 납부하는 보험료와 그가 지급받을 보험금에 대한 기댓값이 일치해야(一致−, 같거나 들어맞아야) 하며 구성원 전체의 보험료 총액(總額, 전체의 액수)과 보험금 총액이 일치해야 한다. ⁵이때 보험금에 대한 기댓값은 사고가 발생할 확률에 사고 발생 시 수령할(受領−, 받을) 보험금을 곱한 값이다. ⁶보험금에 대한 보험료의 비율(보험료 / 보험금)을 보험료율이라 하는데, 보험료율이 사고 발생 확률보다 높으면 구성원 전체의 보험료 총액이 보험금 총액보다 더 많고, 그 반대의 경우에는 구성원 전체의 보험료 총액이 보험금 총액보다 더 적게 된다. ⁷따라서 공정한 보험에서는 보험료율과 사고 발생 확률이 같아야 한다.

→ 보험료, 보험금의 산정 근거 및 보험 가입의 목적과 공정한 보험

3 ¹물론 현실에서 보험사는 영업 활동에 소요되는(所要−, 필요로 되거나 요구되는) 비용 등을 보험료에 반영하기 때문에 공정한 보험이 적용되기 어렵지만 기본적으로 위와 같은 원리를 바탕으로 보험료와 보험금을 산정한다. ²그런데 보험 가입자들이 자신이 가진 위험의 정도에 대해 진실한 정보를 알려 주지 않는 한, 보험사는 보험가입자 개개인이 가진 위험의 정도를 정확히 ⓑ파악하여 거기에 상응하는 보험료를 책정하기(策定−, 결정하기) 어렵다. ³이러한 이유로 사고 발생 확률이 비슷하다고 예상되는 사람들로 구성된 어떤 위험 공동체에 사고 발생 확률이 더 높은 사람들이 동일한 보험료를 납부하고 진입하게(進入−, 들어가게) 되면, 그 위험 공동체의 사고 발생 빈도(頻度, 정도나 횟수)가 높아져 보험사가 지급하는 보험금의 총액이 증가한다(增加−, 늘어난다). ⁴보험사는 이(지급해야 하는 보험금의 총액이 증가하는 것)를 보전하기(補塡−, 부족한 부분을 보태어 채우기) 위해 구성원이 납부해야 할 보험료를 ⓒ인상할 수밖에 없다. ⁵결국 자신의 위험 정도에 상응하는 보험료보다 더 높은 보험료를 납부하는 사람이 생기게 되는 것이다. ⁶이러한 문제는 정보의 비대칭성(相互 간 거래에서 한쪽만이 특정 정보를 가지고 있는 현상)에서 비롯되는데 보험 가입자의 위험 정도에 대한 정보는 보험 가입자가 보험사보다 더 많이 갖고 있기 때문이다. ⁷이를 해결하기 위해 보험사는 보험 가입자의 감춰진 특성을 파악할 수 있는 수단이 필요하다.

→ 정보의 비대칭성으로 인한 문제와 해결 수단의 필요성

4 ¹우리 상법(商法, 기업의 경영과 상거래에 대한 법)에 규정되어 있는 고지 의무(告知義務, 보험 가입자가 보험 계약을 맺을 때에 중요한 사실을 알리고, 중요한 사실에 관하여 거짓말을 하지 않을 의무)는 이러한(보험 가입자의 감춰진 특성을 파악할 수 있는) 수단이 법적으로 구현된(具現−, 나타난) 제도이다. ²보험 계약은 보험 가입자의 청약(請約, 일정한 내용의 계약을 맺을 것을 목적으로 하는 일방적·확정적 의사 표시)과 보험사의 승낙으로 성립된다. ³보험 가입자는 반드시 계약을 체결하기(締結−, 공식적으로 맺기) 전에 '중요한 사항'을 알려야 하고, 이를 사실과 다르게 진술해서는(陳述−, 알려서는) 안 된다. ⁴여기서 '중요한 사항'은 보험사가 보험 가입자의 청약에 대한 승낙을 결정하거나 차등적인(差等的−, 고르거나 가지런하지 않고 차별이 있는) 보험료를 책정하는 근거가 된다. ⁵따라서 고지 의무는 결과적으로 다수의 사람들이 자신의 위험 정도에 상응하는 보험료보다 더 높은 보험료를 납부해야 하거나, 이를 이유로 아예 보험에 가입할 동기를 상실하게(喪失−, 잃어버리게) 되는 것을 방지한다(防止−, 막는다.)

→ 보험 계약에서 '고지 의무'의 역할

5 ¹보험 계약 체결 전 보험 가입자가 고의(故意, 자기의 행위에 의하여 일정한 결과가 생길 것을 인식하면서 그 행위를 하는 경우의 심리 상태)나 중대한 과실(過失, 부주의로 인하여, 어떤 결과의 발생을 미리 내다보지 못한 일)로 '중요한 사항'을 보험사에 알리지 않거나 사실과 다르게 알리면 고지 의무를 위반하게(違反−, 어기게) 된다. ²이러한 경우에 우리 상법은 보험사에 계약 해지권(解止權, 계약 당사자의 한쪽이 계약을 해지할 수 있는 권리)을 부여한다(附與−, 가지게 해 준다.) ³보험사는 보험 사고가 발생하기 이전이나 이후에 상관없이 고지 의무 위반을 이유로 계약을 해지할 수 있고, 해지권 행사(行使, 시행함)는 보험사의 일방적인 의사 표시로 가능하다. ⁴해지를 하면 보험사는 보험금을 지급할 책임이 없게 되며, 이미 보험금을 지급했다면 그에 대한 반환(返還, 되돌려 줌)을 청구할(請求−, 요구할) 수 있다. ⁵일반적으로 법에서 의무를 위반하게 되면 위반한 자에게 그 의무를 이행하도록(履行−, 실행하도록) 강제하거나 손해 배상을 청구할 수 있는 것과 달리, 보험 가입자가 고지 의무를 위반했을 때에는 보

험사가 해지권만 행사할 수 있다. ⁶그런데 보험사의 계약 해지권이 제한되는 경우도 있다. ⁷계약 당시에 보험사가 고지 의무 위반에 대한 사실을 알았거나 중대한 과실로 인해 알지 못한 경우에는 보험 가입자가 고지 의무를 위반했어도 보험사의 해지권은 ⓓ배제된다. ⁸이는 보험 가입자의 잘못보다 보험사의 잘못에 더 책임을 둔 것이라 할 수 있다. ⁹또 보험사가 해지권을 행사할 수 있는 기간에도 일정한 제한을 두고 있는데, 이는 양자(兩者, 일정한 관계에 있는 두 사람이나 두 개의 사물, 여기서는 보험 가입자와 보험사를 말함)의 법률관계를 신속히 확정함으로써(確定−, 확실하게 정함으로써) 보험 가입자가 불안정한 법적 상태에 장기간(長期間, 긴 기간) 놓여 있는 것을 방지하려는 것이다. ¹⁰그러나 고지해야 할 '중요한 사항' 중 고지 의무 위반에 해당되는 사항이 보험 사고와 인과 관계(因果關係, 원인과 결과의 관계)가 없을 때에는 보험사는 보험금을 지급할 책임이 있다. ¹¹그렇지만 이때에도 해지권은 행사할 수 있다.

→ 고지 의무 위반에 따른 보험사의 계약 해지권과 그 제한

6 ¹보험에서 고지 의무는 보험에 가입하려는 사람의 특성을 검증함으로써(檢證−, 검사하여 증명함으로써) 다른 가입자에게 보험료가 부당하게 ⓔ전가되는 것을 막는 기능을 한다. ²이로써 사고의 위험에 따른 경제적 손실에 대비하고자 하는 보험 본연(本然, 본래)의 목적이 달성될 수 있다.

→ 고지 의무의 기능과 보험의 목적 달성

■ 지문 이해

〈공정한 보험의 경제학적 원리와 보험의 목적을 실현하는 데 기여하는 법적 의무〉

❶ 보험의 개념과 조건부 상품으로서의 특징

- 보험 : 같은 위험을 보유한 다수인이 위험 공동체를 형성하여 보험료를 납부하고 보험 사고가 발생하면 보험금을 지급받는 제도
- 보험금 지급 : 우연적 조건(사고의 발생)에 따라 결정
  → 조건의 실현 여부에 따라 받을 수 있는 재화나 서비스가 달라지는 조건부 상품

❷ 보험료, 보험금의 산정 근거 및 보험 가입의 목적과 공정한 보험

- 보험료, 보험금은 위험 공동체의 사고 발생 확률을 근거로 산정
- 보험 가입의 목적 : 장래의 경제적 손실에 대한 보상
- 공정한 보험
  - 구성원 각자가 납부하는 보험료 = 구성원이 지급받을 보험금에 대한 기댓값
  - 구성원 전체의 보험료 총액 = 보험금 총액
  - 보험료율(보험금에 대한 보험료의 비율(보험료 / 보험금)) = 사고 발생 확률

❸ 정보의 비대칭성으로 인한 문제와 해결 수단의 필요성

- 정보의 비대칭성 : 보험 가입자의 위험 정도에 대한 정보(보험 가입자 > 보험사)
  예 사고 발생 확률이 비슷한 위험 공동체에 사고 발생 확률이 높은 보험 가입자가 진입 → 사고 발생 빈도 증가로 인해 보험사의 보험금 지급 총액 증가 → 구성원이 납부하는 보험료 인상 → 자신의 위험 정도보다 더 높은 보험료를 납부하는 사람이 발생

❹ 보험 계약에서 '고지 의무'의 역할

- 보험 계약의 성립 조건 : 보험 가입자의 청약, 보험사의 승낙
- 보험 계약에서의 고지 의무 : 보험 가입자는 반드시 계약 전 '중요한 사항(보험 가입자의 청약에 대한 보험사의 승낙 결정이나 차등적인 보험료 책정의 근거)'을 사실대로 알려야 함
- 고지 의무는 자신의 위험 정도보다 더 높은 보험료를 납부하거나, 이로 인해 보험 가입 동기를 상실하는 것을 방지함

❺ 고지 의무 위반에 따른 보험사의 계약 해지권과 그 제한

- 보험 가입자의 고지 의무 위반 시 보험사에 계약 해지권 부여
  → 보험사는 보험 사고 발생 전후에 상관없이 고지 의무 위반을 이유로 계약 해지 가능
  → 해지권 행사는 보험사의 일방적인 의사 표시로 가능함
  → 해지할 경우 보험사는 보험금 지급 책임 X, 이미 보험금 지급 시 그에 대한 반환 청구 O
- 해지권 행사 제한
  - 계약 당시 보험사가 고지 의무 위반에 대한 사실을 알았거나 중대한 과실로 인해 알지 못했을 경우
  - 해지권 행사 기간 제한 : 양자의 법률관계를 신속히 확정
- 고지해야 할 '중요한 사항' 중 고지 의무 위반에 해당되는 사항이 보험 사고와 인과 관계가 없을 때, 보험사는 보험금 지급 책임이 있음(보험사는 해지권 행사 가능)

⑥ 고지 의무의 기능과 보험의 목적 달성

- 보험에 가입하려는 사람의 특성을 검증 → 다른 가입자에 대한 보험료 부당 전가 방지
- 사고 위험에 따른 경제적 손실에 대비하고자 하는 보험 본연의 목적 달성

---

tip · 3~4 '고지 의무' 관련 규정 및 사례

상법 제651조 ('고지 의무' 위반으로 인한 계약 해지)
보험 계약 당시에 보험 계약자 또는 피보험자가 고의 또는 중대한 과실로 인하여 중요한 사항을 고지하지 아니하거나 부실의 고지를 한 때에는 보험자는 그 사실을 안 날로부터 1월 내에, 계약을 체결한 날로부터 3년 내에 한하여 계약을 해지할 수 있다. 그러나 보험자가 계약 당시에 그 사실을 알았거나 중대한 과실로 인하여 알지 못한 때에는 그러하지 아니하다.
〈개정 1991.12.31〉

[사례 1] A 씨는 2005년 8월 보험에 가입하면서 2년 전 당뇨로 진단·치료받은 사실이 있음에도 가입 당시 B 보험 회사에 이를 알리지 않은 사실은 인정하고 있으나, 계약 전 알릴 의무를 위반하였다고 해서 보험금을 지급하지 않는 것은 부당하다고 주장
☞ 계약 전 알릴 의무를 위반한 경우 보험 가입자 A 씨에게 사고가 발생했는지 여부와 관계없이 B 보험 회사는 보험 계약을 해지할 수 있으며, 계약 전 알릴 의무 위반사항과 관련된 사고가 발생할 경우 A 씨는 보험금을 지급받을 수 없음

[사례 2] C 씨는 2007년 6월 위암 수술을 받은 후 D 보험 회사에 암 보험금을 청구하였으나, D 보험 회사는 C 씨가 보험에 가입하기 3년 전에 위염으로 장기간 치료를 받은 사실이 있음에도 보험 계약 청약 시 이를 보험 회사에 알리지 않았다는 이유로 보험금 지급을 거절
☞ 과거 위염으로 진단받고 장기간 투약치료를 받은 사실은 보험 회사에 알려야 할 '중요한 사항'에 해당하므로 D 사가 보험금 지급을 거절
〈출처 : 금융감독원〉

---

089 글의 서술 방식 파악 - 적절한 것 고르기 2017학년도 수능 37번
정답률 80% **정답 ③**

윗글에 대한 설명으로 가장 적절한 것은?

근거 ②-4 공정한 보험에서는 구성원 각자가 납부하는 보험료와 그가 지급받을 보험금에 대한 기댓값이 일치해야 하며 구성원 전체의 보험료 총액과 보험금 총액이 일치해야 한다. ②-7 공정한 보험에서는 보험료율과 사고 발생 확률이 같아야 한다, ⑥-2 이로써(고지 의무를 통해) 사고의 위험에 따른 경제적 손실에 대비하고자 하는 보험 본연의 목적이 달성될 수 있다.

풀이 윗글은 보험금 지급이 사고 발생이라는 우연적 조건에 따라 결정되는 특성에 따라, 위험 공동체의 구성원이 자신이 속한 위험 공동체의 위험에 상응하는 보험료를 납부하는 것이 공정하다고 언급하고, 공정한 보험의 경제학적 원리를 설명하였다. 또한 정보의 비대칭성으로 인해 자신의 위험 정도에 상응하는 보험료보다 더 높은 보험료를 납부하는 사람이 생기는 문제를 해결하기 위한 법적 수단인 '고지 의무'를 언급하고, 이를 통해 보험 본연의 목적을 실현할 수 있다고 보았다. 따라서 정답은 ③번이다.

① 보험 계약에서 보험사가 *준수해야 할 법률 규정의 **실효성을 검토하고 있다. *遵守−, 지켜야 **實效性, 실제로 효과를 나타내는 성질

② 보험사의 보험 상품 판매 전략에 *내재된 경제학적 원리와 **법적 규제의 필요성을 강조하고 있다. *內在−, 들어 있는 **法的規制, 어떤 활동이 정부 규칙과 집행에 의해서 통제받는 것

✓③ 공정한 보험의 경제학적 원리와 보험의 목적을 실현하는 데 *기여하는 법적 의무를 살피고 있다. *寄與−, 이바지하는
→ 적절함!

④ 보험금 지급을 두고 벌어지는 분쟁의 원인을 나열한 후 경제적 해결책과 법적 해결책을 *모색하고 있다. *摸索−, 찾고

⑤ 보험 상품의 거래에 부정적으로 작용하는 법률 조항의 문제점을 경제학적인 시각에서 분석하고 있다.

---

090 세부 정보 이해 - 적절한 것 고르기 2017학년도 수능 38번
정답률 75% **정답 ④**

윗글을 이해한 내용으로 가장 적절한 것은?

① 보험사가 청약을 하고 보험 가입자가 승낙해야 보험 계약이 해지된다.
　[보험 가입자]　[보험사]　[성립]
근거 ④-2 보험 계약은 보험 가입자의 청약과 보험사의 승낙으로 성립된다.
풀이 윗글에서 보험 계약의 성립 조건은 설명하고 있지만, 보험사의 계약 해지권 행사 이외의 해지 조건에 대해서는 설명하지 않았다.
→ 적절하지 않음!

② 구성원 전체의 보험료 총액보다 보험금 총액이 더 많아야 공정한 보험이 된다.
　　　　　　　[과]　　　　　　　　　　[같아야]
근거 ②-4 공정한 보험에서는 … 구성원 전체의 보험료 총액과 보험금 총액이 일치해야 한다.
→ 적절하지 않음!

③ 보험 사고 발생 여부와 관계없이 같은 보험료를 납부한 사람들은 동일한 보험금을 지급받는다.
　　[발생했을 때]　　　　　　　　　　　[알 수 없음]
근거 ①-1 보험은 … 보험료를 납부하고 보험 사고가 발생하면 보험금을 지급받는 제도, ①-3 보험금 지급은 사고 발생이라는 우연적 조건에 따라 결정
풀이 보험금은 사고가 발생한 경우에 지급되며, 같은 보험료를 납부한 사람들이 동일한 보험금을 지급받는지는 윗글에 언급되지 않았다.
→ 적절하지 않음!

✓④ 보험에 가입하고자 하는 사람이 알린 중요한 사항을 근거로 보험사는 보험 가입을 거절할 수 있다.
근거 ④-2~4 보험 계약은 보험 가입자의 청약과 보험사의 승낙으로 성립된다. 보험 가입자는 반드시 계약을 체결하기 전에 '중요한 사항'을 알려야 하고, 이를 사실과 다르게 진술해서는 안 된다. 여기서 '중요한 사항'은 보험사가 보험 가입자의 청약에 대한 승낙을 결정하거나 차등적인 보험료를 책정하는 근거가 된다.
→ 적절함!

⑤ 우리 상법은 보험 가입자보다 보험사의 잘못을 더 중시하기 때문에 보험사에 계약 해지권을 부여하고 있다.
　　　　　　　　　　　　[제한]
근거 ⑤-6~8 보험사의 계약 해지권이 제한되는 경우도 있다. … 보험 가입자가 고지 의무를 위반했어도 보험사의 해지권은 배제된다. 이는 보험 가입자의 잘못보다 보험사의 잘못에 더 책임을 둔 것이라 할 수 있다, ⑤-2 이러한(보험 가입자가 고지 의무를 위반) 경우에 우리 상법은 보험사에 계약 해지권을 부여하며, ⑥-2 이로써 사고의 위험에 따른 경제적 손실에 대비하고자 하는 보험 본연의 목적이 달성
풀이 우리 상법은 보험 가입자의 잘못보다 보험사의 잘못을 더 중시하기 때문에 보험사에 계약 해지권을 부여하는 것이 아니라, 이를 제한하고 있다. 보험사에 계약 해지권을 부여하는 이유는 보험에 가입하려는 사람들이 고지 의무를 준수하도록 하여 보험 본연의 목적을 달성하기 위함이다.
→ 적절하지 않음!

[1등급 문제]

091 구체적인 상황에 적용 - 적절한 것 고르기 2017학년도 수능 39번
정답률 30% | 매력적 오답 ① 15% ② 20% ③ 15% ④ 20% **정답 ⑤**

[가]를 바탕으로 〈보기〉의 상황을 이해한 내용으로 적절한 것은? [3점]

| 보기 |
사고 발생 확률이 각각 0.1과 0.2로 고정되어 있는 위험 공동체 A와 B가 있다고 가정한다. A와 B에 모두 공정한 보험이 항상 적용된다고 할 때, 각 구성원이 납부할 보험료와 사고 발생 시 지급받을 보험금을 산정하려고 한다.
단, 동일한 위험 공동체의 구성원끼리는 납부하는 보험료가 같고, 지급받는 보험금이 같다. 보험료는 한꺼번에 모두 납부한다.

공정한 보험의 조건
• 구성원 각자의 보험료 = 지급받을 보험금에 대한 기댓값(❷-4)   보험금에 대한 기댓값 = 사고 발생 확률 × 사고 발생 시 수령할 보험금(❷-5)
• 구성원 전체의 보험료 총액 = 보험금 총액(❷-4)
• 보험료율 = 사고 발생 확률(❷-7) = $\dfrac{\text{보험료}}{\text{보험금}}$ (❷-6)

① A에서 보험료를 두 배로 높이면 보험금은 두 배가 되지만 보험금에 대한 기댓값은 ~~변하지 않는다.~~
<u>높아진다</u>

> **풀이** A는 공정한 보험이 적용되므로, A의 보험료 총액과 보험금 총액이 같다. 따라서 보험료를 두 배로 높이면 보험금도 두 배가 된다. 또한 지급받을 보험금에 대한 기댓값은 구성원 각자의 보험료와 일치한다고 하였으므로, 보험료가 두 배 높아지면 보험금에 대한 기댓값도 높아질 것이다.

→ 적절하지 않음!

② B에서 보험금을 두 배로 높이면 보험료는 ~~변하지 않지만~~ 보험금에 대한 기댓값은 두 배가 된다.
<u>변하며</u>

> **풀이** B는 공정한 보험이 적용되므로, 보험료 총액과 보험금 총액이 같다. 따라서 B의 보험금을 두 배로 높이면 보험료도 두 배로 높아질 것이다. 또한 보험금에 대한 기댓값은 '사고 발생 확률(0.2) × (보험금 × 2)'로, 보험금을 높이기 전의 기댓값인 '사고 발생 확률(0.2) × (보험금)'의 두 배가 된다.

→ 적절하지 않음!

③ A에 적용되는 보험료율과 B에 적용되는 보험료율은 서로 ~~같다.~~
<u>다르다</u>

> **풀이** 공정한 보험에서 보험료율은 사고 발생 확률과 같으므로, A의 보험료율은 0.1이고 B의 보험료율은 0.2이다.

→ 적절하지 않음!

④ A와 B에서의 보험금이 서로 같다면 A에서의 보험료는 B에서의 보험료의 두 배이다.
       B   A

> **풀이** 공정한 보험에서 보험료율은 사고 발생 확률과 같고, 이 값은 $\dfrac{\text{보험료}}{\text{보험금}}$ 의 값과 같다고 하였다. 이에 따라 〈보기〉의 내용은
>
> $$A\text{의 보험료율} = \dfrac{\text{보험료}}{\text{보험금}} = 0.1$$
> $$B\text{의 보험료율} = \dfrac{\text{보험료}}{\text{보험금}} = 0.2$$
>
> 와 같이 정리할 수 있다. 따라서 A와 B에서의 보험금이 서로 같다면, B의 보험료는 A의 보험료의 두 배이다.

→ 적절하지 않음!

✓⑤ A와 B에서의 보험료가 서로 같다면 A와 B에서의 보험금에 대한 기댓값은 서로 같다.

> **풀이**
> $$A\text{의 보험료율} = \text{사고 발생 확률} = \dfrac{\text{보험료}}{\text{보험금}} = 0.1$$
> $$B\text{의 보험료율} = \text{사고 발생 확률} = \dfrac{\text{보험료}}{\text{보험금}} = 0.2$$
> 이다. 따라서 A와 B의 보험료가 같을 경우, A의 보험금은 B의 보험금의 2배가 된다. 보험금에 대한 기댓값은 '사고 발생 확률 × 보험금'과 같은데, B의 사고 발생 확률은 A의 사고 발생 확률의 2배이고, A의 보험금은 B의 보험금의 2배이므로 결국 A와 B의 보험금에 대한 기댓값은 서로 같다.

→ 적절함!

---

092 | 핵심 개념 이해 - 적절하지 않은 것 고르기 2017학년도 수능 40번
정답률 70%, 매력적 오답 ⑤ 10%   정답 ①

윗글의 <u>고지 의무</u>에 대한 설명으로 적절하지 않은 것은?

✓① 고지 의무를 위반한 보험 가입자가 보험사에 손해 배상을 해야 하는 근거가 된다.

> **근거** ❺-5 일반적으로 법에서 의무를 위반하게 되면 위반한 자에게 그 의무를 이행하도록 강제하거나 손해 배상을 청구할 수 있는 것과 달리, 보험 가입자가 고지 의무를 위반했을 때에는 보험사가 해지권만 행사할 수 있다.

> **풀이** 보험사는 고지 의무를 위반한 보험 가입자에게 손해 배상을 청구할 수 없고, 해지권만 행사할 수 있다.

→ 적절하지 않음!

---

② 보험사가 보험 가입자의 위험 정도에 따라 차등적인 보험료를 책정하는 데 도움이 된다.

> **근거** ❹-4 (보험 가입자의) '중요한 사항'은 보험사가 보험 가입자의 청약에 대한 승낙을 결정하거나 차등적인 보험료를 책정하는 근거가 된다.

> **풀이** 고지 의무는 보험 가입자가 보험사에게 위험 정도를 알리게 함으로써 보험사가 차등적인 보험료를 책정하게 한다.

→ 적절함!

③ 보험 계약 과정에서 보험사가 가입자들의 특성을 파악하는 데 드는 어려움을 줄여 준다.

> **근거** ❸-7 보험사는 보험 가입자의 감춰진 특성을 파악할 수 있는 수단이 필요하다,
> ❹-1 고지 의무는 이러한 수단이 법적으로 구현된 제도이다.

→ 적절함!

④ 보험사와 보험 가입자 간의 정보 비대칭성에서 *기인하는 문제를 줄일 수 있는 법적 장치이다. *起因-. 원인이 생기는, 말미암은

> **근거** ❸-5~7 자신의 위험 정도에 상응하는 보험료보다 더 높은 보험료를 납부하는 사람이 생기게 되는 것이다. 이러한 문제는 정보의 비대칭성에서 비롯되는데 보험 가입자의 위험 정도에 대한 정보는 보험 가입자가 보험사보다 더 많이 갖고 있기 때문이다. 이를 해결하기 위해 보험사는 보험 가입자의 감춰진 특성을 파악할 수 있는 수단이 필요하다, ❹-1 우리 상법에 규정되어 있는 고지 의무는 이러한 수단이 법적으로 구현된 제도이다.

→ 적절함!

⑤ 자신의 위험 정도에 상응하는 보험료보다 높은 보험료를 내야 한다는 이유로 보험 가입을 포기하는 사람들이 생기는 것을 방지하는 효과가 있다.

> **근거** ❹-5 고지 의무는 결과적으로 다수의 사람들이 자신의 위험 정도에 상응하는 보험료보다 더 높은 보험료를 납부해야 하거나, 이를 이유로 아예 보험에 가입할 동기를 상실하게 되는 것을 방지한다.

→ 적절함!

1등급 문제

093 | 구체적인 사례에 적용 - 적절한 것 고르기 2017학년도 수능 41번
정답률 60%, 매력적 오답 ③ 20%   정답 ④

윗글을 바탕으로 〈보기〉의 사례를 검토한 내용으로 가장 적절한 것은?

| 보기 |
> 보험사 A는 보험 가입자 B에게 보험 사고로 인한 보험금을 지급한 후, B가 중요한 사항을 고지하지 않았다는 사실을 뒤늦게 알고 해지권을 행사할 수 있는 기간 내에 보험금 반환을 청구했다.

① 계약 체결 당시 A에게 중대한 과실이 있었다면 A는 계약을 해지할 수 없으나 보험금은 돌려받을 수 있다.
                                                                 <u>없다</u>

> **근거** ❺-7 계약 당시에 보험사가 고지 의무 위반에 대한 사실을 알았거나 중대한 과실로 인해 알지 못한 경우에는 보험 가입자가 고지 의무를 위반했어도 보험사의 해지권은 배제된다.

> **풀이** 계약 체결 당시 A에게 중대한 과실이 있었다면 A의 계약 해지권이 제한되므로, 계약을 해지할 수 없어 보험금도 돌려받을 수 없다.

→ 적절하지 않음!

② 계약 체결 당시 A에게 중대한 과실이 없다 하더라도 A는 보험금을 이미 지급했으므로 계약을 해지할 수 ~~없다.~~
                                                            <u>있다</u>

> **근거** ❺-3 보험사는 보험 사고가 발생하기 이전이나 이후에 상관없이 고지 의무 위반을 이유로 계약을 해지할 수 있고

> **풀이** 계약 체결 당시 A에게 중대한 과실이 없으면 A는 B의 고지 의무 위반을 이유로 계약을 해지할 수 있고, 이미 지급한 보험금에 대한 반환을 청구할 수 있다.

→ 적절하지 않음!

③ 계약 체결 당시 A에게 중대한 과실이 있고 B 또한 중대한 과실로 고지 의무를 위반했다면 A는 보험금을 돌려받을 수 있다.
                                                            <u>없다</u>

> **근거** ❺-7 계약 당시에 보험사가 고지 의무 위반에 대한 사실을 알았거나 중대한 과실로 인해 알지 못한 경우에는 보험 가입자가 고지 의무를 위반했어도 보험사의 해지권은 배제된다.

풀이 계약 체결 당시 B가 고지 의무를 위반했다고 하더라도 A에게 중대한 과실이 있으면 A의 계약 해지권이 제한되므로 계약을 해지할 수 없어 보험금을 돌려받을 수 없다.

→ 적절하지 않음!

✓④ B가 고지하지 않은 중요한 사항이 보험 사고와 인과 관계가 없다면 A는 보험금을 돌려받을 수 없다.

근거 ⑤-10 고지해야 할 '중요한 사항' 중 고지 의무 위반에 해당되는 사항이 보험 사고와 인과 관계가 없을 때에는 보험사는 보험금을 지급할 책임이 있다.

→ 적절함!

⑤ B가 자신의 고지 의무 위반 사실을 보험 사고가 발생한 후 A에게 즉시 알렸다면 고지 의무를 위반한 것이 아니다.
~~위반한 것이다~~

근거 ⑤-1 보험 계약 체결 전 보험 가입자가 고의나 중대한 과실로 '중요한 사항'을 보험사에 알리지 않거나 사실과 다르게 알리면 고지 의무를 위반하게 된다.

풀이 B는 보험 계약 체결 전에 '중요한 사항'을 A에게 알리지 않았으므로, 사고 발생 후 즉시 A에게 알린다고 하더라도 이미 고지 의무를 위반한 것이 된다.

→ 적절하지 않음!

틀리기 쉬운 문제

094 | 어휘의 적절성 판단 - 적절하지 않은 것 고르기 2017학년도 수능 42번
정답률 60%, 매력적 오답 ④ 25% ⑤ 10% | 정답 ①

@~@를 사용하여 만든 문장으로 적절하지 **않은** 것은?

ⓐ 대비 ⓑ 파악 ⓒ 인상 ⓓ 배제 ⓔ 전가

✓① ⓐ : 지난해의 이익과 손실을 대비해 올해 예산을 세웠다.
풀이 ⓐ의 '대비(對 대하다 대 備 준비하다 비)'는 '앞으로 일어날지도 모르는 어떠한 일에 대응하기 위하여 미리 준비함'의 의미이다. 그러나 ①의 '대비(對 대하다 대 比 견주다 비)'는 '두 가지의 차이를 밝히기 위하여 서로 맞대어 비교함'의 의미이다.

→ 적절하지 않음!

② ⓑ : 일을 시작하기 전에 상황을 파악하는 것이 중요하다.
풀이 윗글의 ⓑ와 ②의 '파악(把 잡다 파 握 쥐다 악)'은 모두 '어떤 대상의 내용이나 본질을 확실하게 이해하여 앎'의 의미이다.

→ 적절함!

③ ⓒ : 임금이 인상되었다는 소식에 많은 사람들이 기뻐했다.
풀이 윗글의 ⓒ와 ③의 '인상(引 끌다 인 上 위 상)'은 모두 '물건값, 봉급, 요금 따위를 올림'의 의미이다.

→ 적절함!

④ ⓓ : 이번 실험이 실패할 가능성을 전혀 배제할 수는 없다.
풀이 윗글의 ⓓ와 ④의 '배제(排 밀치다 배 除 덜다 제)'는 모두 '받아들이지 아니하고 물리쳐 제외함'의 의미이다.

→ 적절함!

⑤ ⓔ : 그는 자신의 실수에 대한 책임을 동료에게 전가했다.
풀이 윗글의 ⓔ와 ⑤의 '전가(轉 구르다 전 嫁 떠넘기다 가)'는 '잘못이나 책임을 다른 사람에게 넘겨씌움'의 의미이다.

→ 적절함!

[095~098] 다음 글을 읽고 물음에 답하시오.

1 ¹의사능력이란 '자기의 행위의 의미나 결과를 합리적으로(合理的–, 이치에 알맞게) 예견할(豫見–, 미리 짐작할) 수 있는 정신적인 능력 내지(乃至, 또는) 지능(知能, 지적 작업에서 성취 정도에 따라 정해지는 적응 능력)'을 의미한다. ²사람이 자신의 법률행위(法律行爲, 일정한 법률 효과를 발생하게 하고자 이루어지는 행위)에 의하여 권리(權利, 어떤 일을 하거나 다른 사람에게 요구할 수 있는 힘이나 자격)를 취득하거나(取得–, 자기의 것으로 만들어 가지거나) 의무(義務, 규범에 의해 부담하게 되는 제한이나 책임)를 부담할(負擔–, 질) 수 있으려면 의사능력이 있어야 한다. ³따라서 의사능력이 없는 의사무능력자의

법률행위는 무효(無 없다 무 效 효과 효), 즉 법률행위의 효력(效力, 법률의 작용)이 처음부터 발생하지 않은 것으로 본다.

→ 의사무능력자의 법률행위를 무효로 보는 근거

2 ¹하지만 의사무능력자가 자기에게 불리한 법률행위를 무효화하려면(無效化–, 무효로 만들려면) 법률행위 당시 자신에게 의사능력이 없었다는 점을 증명하여야(證明–, 증거를 들어 밝혀야) 하는데, 이(법률행위 당시 자신에게 의사능력이 없었다는 점)를 증명하는 것이 쉽지 않다. ²이(법률행위 당시 자신에게 의사능력이 없었다는 점을 증명하는 것이 쉽지 않음)에 민법(民法, 개인의 권리와 관련된 법 규범을 통틀어 이르는 말)에서는 의사무능력자 여부(의사무능력자인지 아닌지), 즉 의사능력의 유무(有無, 있음과 없음)와 관계없이 나이나 법원의 결정이라는 일정하고 객관적인(客觀的–, 개인의 생각이나 감정에 치우치지 않고 사건이나 사물을 있는 그대로 보는) 기준에 따라 제한능력자를 규정하고(規定–, 제한하여 정하고) 있다. ³구체적으로 만 19세 미만의 미성년자(未成年者, 성년이 아닌 사람), 그리고 가정법원(家庭法院, 이혼, 상속 등 가정에 관한 사건과 소년에 관한 사건을 처리할 목적으로 설치된 법원)으로부터 심판(審判, 심리와 재판)을 받은 피성년후견인*과 피한정후견인* 등이 제한능력자에 해당하는데, 이들(제한능력자들)은 독자적으로(獨自的–, 남에게 기대지 않고 혼자서) 완전하고 유효한(有效–, 당사자나 법률이 의도한 원래의 효과가 있는) 법률 행위를 할 수 있는 행위능력자와 구분되며, 자신의 의사무능력을 증명할 필요가 없다. ⁴제한능력자는 단독으로 재산상의 법률행위를 한 경우 10년 내에 취소권(取消權, 취소할 수 있는 권리)을 행사할(行使–, 권리의 내용을 실현할) 수 있는데, 이(제한능력자가 단독으로 재산상의 법률행위를 한 경우 10년 내에 취소권을 행사할 수 있는 것)를 제한능력자제도라고 한다. ⁵이때 제한능력자의 법률행위의 취소 여부는 제한능력자 측, 즉 제한능력자 본인(本人, 해당되는 사람)이나 그(제한능력자)의 법정대리인(法定代理人, 본인의 위임을 받지 않고도 법률의 규정에 의하여 대리행위를 할 수 있는 자격, 즉 대리권이 발생하는 대리인)의 의사에 따라서만 결정된다. ⁶제한능력자 측에서 취소권을 행사할 경우 법률행위는 처음부터 무효인 것으로 보지만, 행위를 취소하지 않을 경우에는 그(취소하지 않은) 법률행위에 대해서는 그대로 효력이 유지된다.

→ 제한능력자 규정의 필요성과 제한능력자제도의 특징

3 ¹미성년자는 주민등록증과 가족관계등록부를 통해, 피성년후견인과 피한정후견인은 후견등기부를 통해 확인할 수 있다. ²하지만 제한능력자의 계약 상대방이 이(주민등록증, 가족관계등록부, 후견등기부 등을 통해 제한능력자 여부)를 항상 확인하지는 않으므로 계약을 한 후 자신이 계약한 상대방이 제한능력자라는 사실을 뒤늦게 알게 되는 경우가 있다. ³제한능력자 측은 자신의 법률행위에 대해 10년 내에 취소할 수 있는 취소권을 갖기 때문에 제한능력자의 계약 상대방은 불이익을 당할 수도 있다. ⁴이(제한능력자제도로 인해 계약 상대방이 불이익을 당할 수 있음)에 민법은 제한능력자를 보호함으로써 불이익을 당하게 되는 상대방을 위해 '상대방의 확답촉구권', '상대방의 철회권·거절권', '제한능력자의 속임수'와 같은 제도를 운영하고 있다.

→ 제한능력자의 계약 상대방을 보호하는 제도

4 ¹먼저 ⓐ 상대방의 확답촉구권은 제한능력자의 계약 상대방이 1개월 이상의 기간을 정해 계약 취소 여부에 대한 확답(確答, 확실한 대답)을 요구할 수 있는 권리이다. ²이때 확답촉구(促求, 급하게 재촉하여 요구함)는 제한능력자에게는 할 수 없으며, 제한능력자의 법정대리인이나 제한능력자가 행위능력자가 된 경우에만 요구할 수 있다. ³특별한 절차(節次, 일을 하는 데 거쳐야 하는 순서나 방법)가 필요한 행위를 제외하고 확답촉구를 받은 사람은 상대방이 설정한 유효기간(有效期間, 효력을 정상적으로 사용할 수 있는 기간) 내에 취소 여부에 대한 확답을 해야 하며, 유효기간 내에 확답을 하지 않으면 제한능력자와 계약한 법률행위는 취소할 수 없는 것으로 확정된다.(確定–, 확실하게 정해진다.)

→ 상대방의 확답촉구권

5 ¹상대방의 철회권·거절권은 제한능력자의 계약 상대방이 법률행위의 효력 발생을 원하지 않는 경우 제한능력자 측에게 행사할 수 있는 권리이다. ²ⓑ 상대방의 철회권은 제한능력자의 계약 상대방이 계약 당시 제한능력자와 계약한 사실을 알지 못했을 때 계약을 철회할 수 있는 권리이고, ⓒ 상대방의 거절권은 제한능력자의 계약 상대방이 계약 당시 제한능력자와 계약한 사실을 인지했는지의(認知–, 알고 있었는지의) 여부와 상관없이 제한능력자가 단독행위*를 한 경우에 상대방이 거절할 수 있는 권리이다. ³다만 위의 철회권·거절권은 제한능력자 측에서 해당(該當, 바로 그) 법률행위에 대해 취소권을 행사하지 않겠다는 의사를 표시하기 전까지만 권리가 인정된다.

→ 상대방의 철회권·거절권

6 ¹제한능력자의 속임수는 제한능력자가 속임수를 써서 자신을 행위능력자로 믿게 한 경우나 미성년자나 피한정후견인이 속임수를 써서 법정대리인의 동의(同意, 승인하거나 인정함)가 있는 것으로 믿게 한 경우에는 제한능력자의 취소권을 박탈하는(剝奪-, 빼앗는) 것이다. ²예를 들어 미성년자인 갑이 자신을 성년(成年, 만 19 세 이상으로, 민법에서 법정대리인의 동의 없이 법률행위를 할 수 있는 나이)인 것처럼 신분증을 위조하는(僞造-, 속일 목적으로 꾸며 진짜처럼 만드는) 등의 적극적인 사기수단을 써서 을과 계약을 하는 법률행위를 했다면 갑의 취소권이 배제됨(排除-, 받아들여지지 않고 제외됨)은 물론이고 갑의 법정대리인의 취소권까지 배제되는 것이다.

→ 제한능력자의 속임수

7 ¹이처럼 민법에서는 제한능력자제도를 통해 제한능력자가 행한 재산상의 법률행위를 일정한 요건하에(要件下-, 조건 아래에) 취소할 수 있게 하여 제한능력자를 보호하고 있다. ²또한 제한능력자의 법률행위로 인해 불이익을 당할 수 있는 상대방을 보호하는 제도 역시 규정함으로써 제한능력자의 계약 상대방이 입을 수 있는 손해를 최소화하고 있다.

→ 제한능력자제도 및 상대방을 보호하는 제도가 가진 의의

* 피성년후견인 : 정신적 제약(制約, 조건에 따른 제한)으로 사무(事務, 맡은 일)를 처리할 능력이 지속적으로 결여되어(缺如-, 없거나 모자라) 가정법원의 심판에 의해 단독으로 유효하게 법률행위를 할 수 없는 자(者, 사람)
* 피한정후견인 : 정신적 제약으로 사무를 처리할 능력이 부족하여 가정법원의 심판에 의해 행위능력이 부분적으로 제한된 자
* 단독행위 : 일방적인(一方的-, 한쪽 당사자만의) 의사표시에 의하여 법률효과를 발생하게 하는 법률행위

■지문 이해
〈민법에서 운영하는 제한능력자제도 및 상대방을 보호하기 위한 제도〉

❶ 의사무능력자의 법률행위를 무효로 보는 근거
* 자신의 법률행위에 의해 권리를 얻거나 의무를 부담하려면 의사능력이 있어야 함
* 의사무능력자의 법률행위는 법률행위의 효력이 처음부터 발생하지 않은 것(무효)으로 봄

❷ 제한능력자 규정의 필요성과 제한능력자제도의 특징
* 의사무능력자가 법률행위 당시 자신에게 의사능력이 없었다는 점을 증명하기는 쉽지 않음
  → 민법 : 의사능력의 유무와 관계없이 나이, 법원의 결정을 기준으로 제한능력자를 규정함
* 제한능력자
  - 미성년자, 피성년후견인, 피한정후견인
  - 행위능력자와 구분되며 자신의 의사무능력을 증명할 필요가 없음
* 제한능력자제도
  - 제한능력자 단독으로 재산상 법률행위를 한 경우 10 년 내에 취소권을 행사할 수 있음
  - 제한능력자의 법률행위 취소 여부는 제한능력자 측의 의사에 따라서만 결정됨
  - 제한능력자 측에서 취소권을 행사할 경우 법률행위는 처음부터 무효인 것으로 봄

❸ 제한능력자의 계약 상대방을 보호하는 제도
* 미성년자는 주민등록증과 가족관계등록부를 통해, 피성년후견인과 피한정후견인은 후견등기부를 통해 확인할 수 있음
* 제한능력자제도로 인해 제한능력자의 계약 상대방이 불이익을 당할 수 있음
  → 민법 : 상대방의 확답촉구권, 상대방의 철회권·거절권, 제한능력자의 속임수 등 계약 상대방을 보호하는 제도를 운영함

제한능력자의 계약 상대방을 보호하는 제도

❹ 상대방의 확답촉구권
* 계약 상대방이 기간을 정해 계약 취소 여부에 대한 확답을 요구할 수 있는 권리
* 제한능력자의 법정대리인, 행위능력자가 된 제한능력자에게만 확답촉구를 할 수 있음
* 확답촉구를 받은 사람이 유효기간 내에 확답하지 않으면 해당 법률행위는 취소할 수 없는 것으로 확정됨

---

❺ 상대방의 철회권·거절권
* 계약 상대방이 법률행위의 효력 발생을 원치 않는 경우 제한능력자 측에 행사할 수 있는 권리
* 상대방의 철회권 : 계약 당시 제한능력자와 계약한 사실을 알지 못했을 때
* 상대방의 거절권 : 계약 당시 제한능력자와 계약한 사실을 인지했는지 여부와 상관없이
* 제한능력자 측에서 해당 법률행위에 대해 취소권을 행사하지 않겠다는 의사를 표시하기 전까지만 권리가 인정됨

❻ 제한능력자의 속임수
* 제한능력자가 속임수를 써서 자신을 행위능력자로 믿게 하거나 법정대리인의 동의가 있는 것으로 믿게 한 경우, 제한능력자와 법정대리인의 취소권을 박탈하는 것

❼ 제한능력자제도 및 상대방을 보호하는 제도가 가진 의의
* 제한능력자제도를 통해 제한능력자가 행한 재산상 법률행위를 취소할 수 있게 하여 제한능력자를 보호함
* 제한능력자의 법률행위로 인해 불이익을 당할 수 있는 상대방을 보호하는 제도를 규정함으로써 상대방이 입을 수 있는 손해를 최소화함

---

095 글의 서술 방식 파악 - 적절한 것 고르기 2021년 9월 학평 16번
정답률 85% | 정답 ②

윗글에 대한 설명으로 가장 적절한 것은?

근거 ❷-1~4 이를 증명하는 것이 쉽지 않다. 이에 민법에서는 … 제한능력자를 규정하고 있다. … 이들은 … 자신의 의사무능력을 증명할 필요가 없다. … 이를 제한능력자제도라고 한다. ❸-3~4 제한능력자의 계약 상대방은 불이익을 당할 수도 있다. 이에 민법은 … '상대방의 확답촉구권', '상대방의 철회권·거절권', '제한능력자의 속임수'와 같은 제도를 운영, ❹-1 상대방의 확답촉구권은, ❺-1 상대방의 철회권·거절권은, ❻-1 제한능력자의 속임수는, ❼-1~2 이처럼 민법에서는 제한능력자제도를 통해 … 제한능력자를 보호하고 있다. 또한 … 상대방을 보호하는 제도 역시 규정함으로써 제한능력자의 계약 상대방이 입을 수 있는 손해를 최소화하고 있다.

풀이 윗글에서는 먼저 ❷문단에서 제한능력자 규정 및 제한능력자제도의 필요성을 제시하고, ❷~❸문단에서 제한능력자의 범위, 제한능력자제도의 개념, 제한능력자제도의 행사 기한 등을 설명하고 있다. 또 ❸문단에서 제한능력자제도에 의해 계약 상대방이 불이익을 당할 수도 있다는 점을 들어 상대방을 보호하기 위한 상대방의 확답촉구권, 철회권·거절권, 제한능력자의 속임수와 같은 제도의 필요성을 제시하고, ❹~❻문단에서 이들 각각의 특징을 설명하고 있다. 마지막으로 ❼문단에서는 제한능력자제도와 상대방을 보호하는 제도가 가진 의의를 제시하였다. 따라서 정답은 ②번이다.

① 특정 제도가 발전한 과정을 제시한 뒤 *전망을 **예측하고 있다. *展望, 내다보이는 앞날의 상황 **豫測-, 미리 헤아려 짐작하고

② 특정 제도의 필요성을 제시하고 제도의 특징을 설명하고 있다. → 적절함!

③ 특정 제도가 변화된 원인을 분석하고 제도의 의의를 평가하고 있다.

④ 특정 제도를 바라보는 *상반된 입장을 제시하고 **절충안을 ***모색하고 있다. *相反-, 서로 반대되는 **折衷案, 두 가지 이상의 입장을 서로 보충하여 알맞게 조정한 것 ***摸索-, 찾고

⑤ 특정 제도의 *영향력을 분석한 뒤 사회적 **인식의 변화 ***양상을 서술하고 있다. *影響力, 효과나 작용이 다른 것에 미치는 힘 **認識, 분별하고 판단하여 앎 ***樣相, 모양, 상태

---

096 세부 정보 이해 - 적절하지 않은 것 고르기 2021년 9월 학평 17번
정답률 70%, 매력적 오답 ⑤ 10% | 정답 ②

윗글을 통해 알 수 있는 내용으로 적절하지 않은 것은?

① 미성년자의 경우 따로 법원의 결정을 받지 않아도 제한능력자로 규정한다.

근거 ❷-2~3 민법에서는 의사무능력자 여부, 즉 의사능력의 유무와 관계없이 나이나 법원의 결정이라는 일정하고 객관적인 기준에 따라 제한능력자를 규정하고 있다. 구체적으로 만 19 세 미만의 미성년자, 그리고 가정법원으로부터 심판을 받은 피성년

후견인과 피한정후견인 등이 제한능력자에 해당되는데
풀이 미성년자는 나이를 기준으로 제한능력자로 규정된다.

→ 적절함!

                    유무와 관계없이,   있다
✓③ 의사능력이 있는 제한능력자의 경우 재산상의 법률행위를 법에 의해 보호받을 수 없다.

근거 ❷-2 민법에서는 의사무능력자 여부, 즉 의사능력의 유무와 관계없이 … 제한능력자를 규정하고 있다, ❷-4 제한능력자는 단독으로 재산상의 법률행위를 한 경우 10년 내에 취소권을 행사할 수 있는데, 이를 제한능력자제도라고 한다.

풀이 민법에서는 의사능력의 유무와 관계없이 제한능력자를 규정하며, 제한능력자는 단독으로 재산상의 법률행위를 한 경우 제한능력자제도를 통해 보호받을 수 있다.

→ 적절하지 않음!

③ 가족관계등록부나 후견등기부를 통해 계약을 한 상대방이 제한능력자임을 확인할 수 있다.

근거 ❷-3 만 19세 미만의 미성년자, 그리고 가정법원으로부터 심판을 받은 피성년후견인과 피한정후견인 등이 제한능력자에 해당되는데, ❸-1 미성년자는 주민등록증과 가족관계등록부를 통해, 피성년후견인과 피한정후견인은 후견등기부를 통해 확인할 수 있다.

→ 적절함!

                        10년 내에
④ 제한능력자는 일정 기간 내에 취소권을 행사하여 자신의 재산상의 법률행위를 처음부터 무효로 만들 수 있다.

근거 ❷-4 제한능력자는 단독으로 재산상의 법률행위를 한 경우 10년 내에 취소권을 행사할 수 있는데, 이를 제한능력자제도라고 한다, ❷-6 제한능력자 측에서 취소권을 행사할 경우 법률행위는 처음부터 무효인 것으로 보지만

풀이 제한능력자는 재산상의 법률행위를 한 10년 내에 취소권을 행사하여 자신의 법률행위를 처음부터 무효로 만들 수 있다.

→ 적절함!

⑤ 법원에서 제한능력자로 규정한 자는 재산상의 법률행위를 취소할 때마다 자신의 의사무능력을 증명할 필요가 없다.

근거 ❷-2~3 민법에서는 의사무능력자 여부, 즉 의사능력의 유무와 관계없이 나이나 법원의 결정이라는 일정하고 객관적인 기준에 따라 제한능력자를 규정하고 있다. … 가정법원으로부터 심판을 받은 피성년후견인과 피한정후견인 등이 제한능력자에 해당되는데, 이들은 … 자신의 의사무능력을 증명할 필요가 없다.

풀이 법원의 결정에 따라 제한능력자로 규정된 자들은 자신의 의사무능력을 증명할 필요가 없다.

→ 적절함!

---

097 세부 정보 이해 – 적절하지 않은 것 고르기 2021년 9월 학평 18번
정답률 55%, 매력적 오답 ① 20% ② 10%   **1등급 문제**   **정답** ③

ⓐ~ⓒ에 대한 설명으로 적절하지 **않은** 것은?

|ⓐ 상대방의 확답촉구권   ⓑ 상대방의 철회권   ⓒ 상대방의 거절권|

① ⓑ는 제한능력자의 계약 상대방이 제한능력자와 제한능력자의 법정대리인 모두에게 행사할 수 있다.

근거 ❺-1 상대방의 철회권·거절권은 제한능력자의 계약 상대방이 법률행위의 효력 발생을 원하지 않는 경우 제한능력자 측에게 행사할 수 있는 권리, ❷-5 제한능력자 측, 즉 제한능력자 본인이나 그의 법정대리인

풀이 상대방의 철회권과 거절권(ⓑ, ⓒ)은 제한능력자의 계약 상대방이 제한능력자 측, 즉 제한능력자 본인이나 그의 법정대리인에게 행사할 수 있다.

→ 적절함!

② ⓒ는 제한능력자의 계약 상대방이 법률행위의 효력 발생을 원하지 않는 경우에 사용한다.

근거 ❺-1 상대방의 철회권·거절권은 제한능력자의 계약 상대방이 법률행위의 효력 발생을 원하지 않는 경우 제한능력자 측에게 행사할 수 있는 권리이다.

→ 적절함!

          ⓑ와 ⓒ는
✓④ ⓐ와 ⓒ는 모두 제한능력자의 계약 상대방이 제한능력자에게 직접 행사하여 자신의 권리를 보장받을 수 있다.

근거 ❹-2 확답촉구는 제한능력자에게는 할 수 없으며, 제한능력자의 법정대리인이나 제한능력자가 행위능력자가 된 경우에만 요구할 수 있다, ❺-1 상대방의 철회권·거절권은 제한능력자의 계약 상대방이 법률행위의 효력 발생을 원하지 않는 경우 제한능력자 측에게 행사할 수 있는 권리

풀이 상대방의 철회권, 상대방의 거절권(ⓑ, ⓒ)은 제한능력자의 계약 상대방이 제한능력자 측, 즉 제한능력자 본인이나 그의 법정대리인에게 행사할 수 있다. 반면 상대방의 확답촉구권(ⓐ)은 제한능력자에게 직접 행사할 수 없으며, 제한능력자의 법정대리인이나 제한능력자가 행위능력자가 된 경우에만 요구할 수 있다.

→ 적절하지 않음!

④ ⓑ와 ⓒ는 모두 제한능력자 측이 취소권을 행사하지 않겠다는 의사를 표시하기 전까지만 행사할 수 있다.

근거 ❺-3 철회권·거절권은 제한능력자 측에서 해당 법률행위에 대해 취소권을 행사하지 않겠다는 의사를 표시하기 전까지만 권리가 인정된다.

→ 적절함!

⑤ ⓐ~ⓒ는 모두 제한능력자제도에 의해 받을 수 있는 불이익으로부터 제한능력자의 계약 상대방을 보호하기 위한 제도이다.

근거 ❸-4 민법은 제한능력자를 보호함으로써 불이익을 당하게 되는 상대방을 위해 '상대방의 확답촉구권', '상대방의 철회권·거절권', '제한능력자의 속임수'와 같은 제도를 운영

풀이 민법에서는 제한능력자를 보호하는 '제한능력자제도'에 의해 불이익을 당할 수 있는 상대방을 보호하기 위해 '상대방의 확답촉구권(ⓐ)', '상대방의 철회권·거절권(ⓑ, ⓒ)', '제한능력자의 속임수' 등의 제도를 운영하고 있다.

→ 적절함!

---

098 구체적인 사례에 적용 – 적절한 것 고르기 2021년 9월 학평 19번
정답률 60%, 매력적 오답 ② 10% ⑤ 15%   **1등급 문제**   **정답** ④

윗글을 바탕으로 <보기>를 이해한 내용으로 가장 적절한 것은?   **3점**

| 보기 | 미성년자, 제한능력자   단독으로 재산상의 법률행위를 함
[1]17세인 A는 악기를 1,000만 원에 구입하였다. [2]이 사실을 1년 뒤에 알게 된 A의 법정대리인은 판매자가 법정대리인의 동의 여부를 확인하지 않고 악기를 판매한 것이므로, 판매자에게 계약 취소를 요구하였다. [3]판매자는 판매 당시 직원의 강요가 없었고 악기의 특성상 판매 후에는 반품 및 환불이 불가함을 설명하였기 때문에 판매 과정에 잘못이 없다며 계약 취소를 인정하지 않았다.

                                                    가능하겠군
① A가 악기를 구입한 후 성년이 된 다음 날은 계약 취소가 불가능하겠군.

근거 ❷-4 제한능력자는 단독으로 재산상의 법률행위를 한 경우 10년 내에 취소권을 행사할 수 있는데

풀이 A는 미성년자, 즉 제한능력자로서 단독으로 재산상의 법률행위를 하였다. 제한능력자가 단독으로 재산상의 법률행위를 한 경우 10년 내에 취소권을 행사할 수 있으므로, A가 악기를 구입한 후 만 19세 성년이 된 다음 날에도 계약 취소가 가능하다.

→ 적절하지 않음!

② A는 법정대리인의 동의를 얻어야 악기 매매 계약을 취소할 수 있는 권리가 생기겠군.

근거 ❷-5 제한능력자의 법률행위의 취소 여부는 제한능력자 측, 즉 제한능력자 본인이나 그의 법정대리인의 의사에 따라서만 결정된다.

풀이 제한능력자인 A의 법률행위 취소 여부는 A 본인이나 법정대리인의 의사에 따라 결정된다. 따라서 A는 법정대리인의 동의를 얻지 않아도 본인의 의사만으로 악기 매매 계약을 취소할 수 있는 권리가 있다.

→ 적절하지 않음!

③ A의 법정대리인이 A의 악기 구매 사실을 1년 뒤에 알았기 때문에 이 계약은 취소될 수 없겠군.

근거 ❷-4~6 제한능력자는 단독으로 재산상의 법률행위를 한 경우 10년 내에 취소권을 행사할 수 있는데, 이를 제한능력자제도라고 한다. 이때 제한능력자의 법률행위의 취소 여부는 제한능력자 측, 즉 제한능력자 본인이나 그의 법정대리인의 의사에 따라서만 결정된다. 제한능력자 측에서 취소권을 행사할 경우 법률행위는 처음부터 무효인 것으로 보지만

풀이 제한능력자제도에 따르면 제한능력자가 재산상의 법률행위를 한 경우 10년 내에 취소권을 행사할 수 있다. 또 제한능력자의 법률행위의 취소 여부는 제한능력자 본인이나 그의 법정대리인의 의사에 따라 결정된다. 따라서 A의 법정대리인이 A의 악기 구매 사실을 1년 뒤에 알았더라도, 이 계약에 대해 취소 의사를 가질 경우 취소권

을 행사할 수 있다.

→ 적절하지 않음!

④ A가 법정대리인의 *동의서를 위조하여 판매자를 믿게 하고 계약을 했다면 이 계약은 취소될 수 없겠군. *同意書, 동의를 표시하는 문서나 서류

근거 ❻-1~2 제한능력자의 속임수는 … 미성년자나 피한정후견인이 속임수를 써서 법정대리인의 동의가 있는 것으로 믿게 한 경우에는 제한능력자의 취소권을 박탈하는 것이다. 예를 들어 미성년자인 갑이 자신이 성년인 것처럼 신분증을 위조하는 등의 적극적인 사기수단을 써서 을과 계약을 하는 법률행위를 했다면 갑의 취소권이 배제됨은 물론이고 갑의 법정대리인의 취소권까지 배제되는 것

풀이 A가 법정대리인의 동의서를 위조하여 판매자에게 법정대리인의 동의가 있는 것으로 믿게 하고 계약을 했다면, 이는 제한능력자의 속임수에 해당한다. 이 경우 제한능력자와 그의 법정대리인의 취소권이 배제되므로, 이 계약은 취소될 수 없다.

→ 적절함!

⑤ 판매자가 계약 취소를 인정하지 않았기 때문에 A의 법정대리인이 취소권을 행사한다고 하더라도 계약을 취소할 수 없겠군.

근거 ❷-4~5 제한능력자는 단독으로 재산상의 법률행위를 한 경우 10년 내에 취소권을 행사할 수 있는데, 이를 제한능력자제도라고 한다. 이때 제한능력자의 법률행위의 취소 여부는 제한능력자 측, 즉 제한능력자 본인이나 그의 법정대리인의 의사에 따라서만 결정된다.

풀이 제한능력자제도에 따르면 제한능력자는 단독으로 한 재산상의 법률행위에 대해 취소권을 행사할 수 있는데, 이때 제한능력자의 법률행위의 취소 여부는 제한능력자 본인이나 그의 법정대리인의 의사에 따라서만 결정된다. 따라서 <보기>의 경우 판매자가 계약 취소를 인정하지 않는다고 하더라도, A의 법정대리인이 취소권을 행사하겠다는 의사가 있다면 계약을 취소할 수 있다.

→ 적절하지 않음!

[099~103] 다음 글을 읽고 물음에 답하시오.

1 ¹공익(公益, 사회 전체의 이익)을 위한 적법한(適法-, 법규에 맞는) 행정 작용(行政作用, 행정 주체가 행정 목적을 실제로 이루기 위해 행하는 모든 작용)으로 개인의 재산권*에 특별한 희생(犧牲, 다른 사람이나 어떤 목적을 위하여 자신의 재산, 이익 등을 바치거나 버림)이 발생한 경우, 개인은 자신이 입은 재산상(財産上, 재산과 관계된) 손실(損失, 잃어버리거나 모자라서 보는 손해)을 보상하도록(補償-, 끼친 손해를 갚도록) 요구할 수 있는 권리인 '손실 보상 청구권'을 갖는다. ²여기서 '특별한 희생'이란 보호할 필요가 있는 재산권에 대한 침해(侵害, 침범하여 해를 끼침)를 이르는 말로, 이(공익을 위한 적법한 행정 작용으로 개인의 재산권에 발생한 특별한 희생)로 인한 손실은 국가가 보상해야 한다. ³가령(假令, 예를 들어) 감염병예방법에 따르면, 행정 기관이 감염병 예방을 위해 의료 기관의 병상(病牀, 병든 사람이 눕는 침상)이나 연수원(研修院, 직원이나 회원을 교육하는 기관), 숙박 시설(宿泊施設, 잠을 자고 머무를 수 있도록 만든 시설) 등을 동원한(動員-, 목적 달성을 위해 물건, 수단, 방법을 집중한) 경우 이로 인한 손실을 개인에게 보상하여야 하는데, 이때의 재산권 침해가 특별한 희생에 해당하는 것이다.

→ 손실 보상 청구권과 '특별한 희생'의 개념

2 ¹손실 보상 청구권은 ⓐ공적(公的, 국가나 사회에 관계되는) 부담(負擔, 의무나 책임을 짐)의 평등을 위해 인정되는 헌법상 권리이다. ²행정 작용으로 누군가에게 특별한 희생이 발생하면, 그(행정 작용으로 발생한 누군가의 특별한 희생)로 인한 부담을 공공(公共, 국가나 사회 구성원에게 두루 관계되는 것)이 분담하는(分擔-, 나누어서 맡는) 것이 평등 원칙에 부합하기(符合-, 꼭 들어맞기) 때문이다. ³또한 헌법 제23조 제3항은 "공공필요에 의한 재산권의 수용(收 거두다 수 用 쓰다 용)·사용(使 쓰다 사 用 쓰다 용) 또는 제한(制 절제하다 제 限 한정하다 한) 및 그(공공필요에 의한 재산권의 수용·사용·제한)에 대한 보상은 법률로써 하되, 정당한(正當-, 이치에 맞아 올바르고 마땅한) 보상을 지급하여야(支給-, 정해진 몫만큼 내주어야) 한다."라고 하여, '공공필요에 의한 재산권의 수용·사용 또는 제한', 즉 공용 침해와 이(공용 침해)에 대한 보상이 법률에 규정되어야(規定-, 양이나 범위 등이 제한되어 정해져야) 함을 명시하고(明示-, 분명하게 드러내 보이고) 있다. ⁴공용 침해 중 수용이란 개인의 재산권을 국가로 이전하는(移轉-, 넘겨주는) 것, 사용이란 행정 기관이 개인의 재산권을 일시적으로(一時的-, 짧은 어느 한 시기 동안) 사용하는 것, 제한이란 개인의 재산권 사용 또는 그(개인의 재산권 사용)로 인한 수익(收益, 이익을 거두어들임)을 한정하는 것을 의미한다. ⁵한편 제23조 제3항은 내용상

분리될(分離-, 서로 나뉘어 떨어질) 수 없는 사항(事項, 항목이나 내용)은 함께 규정되어야 한다는 의미의 '불가분(不 아니다 불 可 허락하다 가 分 나누다 분, 나눌 수 없음) 조항(條項, 법률이나 규정의 조목, 항목)'이다. ⁶따라서 ⓑ공용 침해 규정과 보상 규정은 하나의 법률에서 규정되어야 한다.

→ 재산권의 침해가 특별한 희생에 해당하는 경우 : 헌법 제23조 제3항

3 ¹그러나 헌법은 제23조 제1항에서 "모든 국민의 재산권은 보장된다. 그(국민의 재산권 보장에 대한) 내용과 한계(限界, 실제 작용할 수 있는 범위)는 법률로 정한다."라고 규정하여, 재산권은 법률에 의해 구체화된다고(具體化-, 형태와 성질을 갖추다고) 밝히고 있다. ³또한 제2항에서 "재산권의 행사(行使, 권리의 내용을 실제로 이룸)는 공공복리에 적합하도록 하여야 한다."라고 하여, 개인의 재산권 행사가 공익에 적합하여야 한다는 재산권의 '사회적 제약(社會的制約, 사회 집단과 관계된 일의 내용에 따르는 조건이나 제한)'을 규정하고 있다. ⁴특히 토지(土地, 땅)처럼 공공성(公共性, 한 개인이나 단체가 아닌 일반 사회 구성원 전체에 두루 관련되는 성질)이 강한 사유 재산(私有財産, 개인이나 사법인(私法人)이 마음대로 사들이거나 처분할 수 있는 현금, 부동산, 지적 재산권 등의 재산)은 재산권 행사에 더욱 강한 사회적 제약을 받을 수 있다. ⁵만약 재산권 침해가 ⓒ사회적 제약의 범위 내에 있다면 이(사회적 제약의 범위 내에 있는 재산권 침해)로 인한 손실은 보상의 대상이 되지 않는다. ⁶즉 재산권 침해가 특별한 희생에 해당할 때만 보상이 가능한 것이다.

→ 재산권의 사회적 제약 : 헌법 제23조 제2항

4 ¹재산권의 사회적 제약과 특별한 희생의 구별에 대해 ㉠경계 이론과 ㉡분리 이론은 서로 다른 입장을 취한다. ²경계 이론에 따르면 ⓓ양자(재산권의 사회적 제약과 특별한 희생)는 별개(別個, 관련성이 없이 서로 다름)가 아니라 단지 침해의 정도(程度, 분량이나 수준)에 있어서만 차이가 있을 뿐이다. ³재산권 침해는 그(침해의) 정도가 사회적 제약의 범위를 넘어서면 특별한 희생으로 바뀐다는 것이다. ⁴따라서 경계 이론은 사회적 제약을 벗어나는 재산권 침해(특별한 희생)는 보상 규정이 없어도 보상이 이루어져야 한다고 본다. ⁵보상을 규정하지 않은 채 공용 침해를 규정하고 있는 법률은, 불가분 조항인 헌법 제23조 제3항에 위반되어(違反-, 지켜지지 않고 어겨져) 위헌(違憲, 헌법의 조항이나 정신을 어기는 일)이고, 위헌임이 밝혀진 법률에 근거한(根據-, 그 바탕을 둔) 공용 침해 행위는 위법한(違法-, 법률을 어긴) 행정 작용이 된다는 것이다. ⁶경계 이론은 적법한 공용 침해 행위의 경우에 보상이 인정된다면, 위법한 공용 침해 행위의 경우에도 헌법 제23조 제3항을 근거로 보상을 인정해야 한다는 입장이다.

→ 재산권의 사회적 제약과 특별한 희생의 구별에 대한 경계 이론의 입장

5 ¹이(경계 이론의 입장)에 반해(反-, 반대로) 분리 이론은 재산권의 사회적 제약에 대한 헌법 제23조 제2항의 규정과 특별한 희생에 대한 제3항의 규정은 ⓔ입법자(立法者, 법률을 만들어 정하는 사람)의 의사(意思, 생각)에 따라 완전히 분리된다고 주장한다. ²따라서 재산권 침해를 규정한 법률에 보상 규정이 없는 경우 입법자가 이러한(규정한 법률에 보상 규정이 없는) 재산권 침해를 특별한 희생이 아닌 사회적 제약으로 규정한 것으로 본다. ³재산권 침해가 사회적 제약 또는 특별한 희생 중 무엇에 해당하는지 결정하는 것은 법률을 제정하는(制定-, 만들어 정하는) 입법자의 권한(權限, 권리나 권력이 미치는 범위)이라는 것이다. ⁴만약 해당 법률에 규정된 재산권 침해가 헌법 제23조 제2항에서 규정한 재산권의 공익 적합성을 넘어서서(사회적 제약의 범위를 넘어서서) 개인의 재산권을 과도하게 침해한다면, 이러한 법률은 헌법 제23조 제2항을 위반하여 위헌이고, 위헌임이 밝혀진 법률에 근거한 행정 작용은 위법하게 된다. ⁵분리 이론은 이러한 경우 ⓕ손실을 보상하는 것이 아니라, 위법한 행정 작용 자체를 제거해야 한다고 본다. ⁶재산권을 존속시키는(存續-, 그대로 남아 있게 하는) 것이 재산권을 침해하면서 그 손실을 보상하는 것보다 우선한다고(優先-, 앞서 다루어진다고) 보기 때문이다.

→ 재산권의 사회적 제약과 특별한 희생의 구별에 대한 분리 이론의 입장

* 재산권 : 재산의 소유권(所有權, 물건을 지배하는 권리), 사용·수익권(使用收益權, 물건을 사용하거나 그 물건으로 수익을 얻을 수 있는 권리), 처분권(處分權, 물건의 소유권을 옮기거나 그 물건에 담보권을 설정하는 등의 행위를 할 수 있는 권리) 등 일체의(一切-, 모든) 재산적 가치가 있는 권리

■지문 이해

〈손실 보상 청구권과 관련한, 경계 이론과 분리 이론의 입장〉

❶ 손실 보상 청구권과 '특별한 희생'의 개념

- 손실 보상 청구권 : 공익을 위한 적법한 행정 작용으로 개인의 재산권에 특별한 희생이 발생한 경우, 재산상 손실을 보상하도록 요구할 수 있는 권리. 공적 부담의 평등을 위해 인정되는 헌법상 권리임(❷)
- 특별한 희생 : 보호할 필요가 있는 재산권에 대한 침해
- 특별한 희생으로 인한 손실은 국가가 보상해야 함

❷ 재산권의 침해가 특별한 희생에 해당하는 경우 : 헌법 제23조 제3항

- 공공필요에 의한 재산권의 수용·사용·제한, 즉 공용 침해와 이에 대한 보상이 법률에 규정되어야 함을 명시함
  - 수용 : 개인의 재산권을 국가로 이전하는 것
  - 사용 : 행정 기관이 개인의 재산권을 일시적으로 사용하는 것
  - 제한 : 개인의 재산권 사용 또는 그로 인한 수익을 한정하는 것
- 불가분 조항 : 공용 침해 규정과 보상 규정은 하나의 법률에서 규정되어야 함

❸ 재산권의 사회적 제약 : 헌법 제23조 제2항

- 개인의 재산권 행사가 공익에 적합하여야 한다는 재산권의 사회적 제약을 규정함
- 재산권 침해가 사회적 제약의 범위 내에 있을 때 이때의 손실은 보상의 대상 ×
  → 재산권 침해가 특별한 희생에 해당할 때만 보상이 가능함

재산권의 사회적 제약과 특별한 희생의 구별에 대한 입장

❹ 경계 이론	**❺ 분리 이론**
• 침해의 정도 차이 : 재산권 침해의 정도가 사회적 제약의 범위를 넘어서면 특별한 희생으로 바뀜 → 보상 규정이 없어도 보상이 이루어져야 한다고 봄 • 헌법 제23조 제3항을 근거로 위헌 여부를 판단함 • 적법한 공용 침해 행위의 경우에 보상이 인정된다면, 위법한 공용 침해 행위의 경우에도 헌법 제23조 제3항을 근거로 보상을 인정해야 한다는 입장	• 입법자의 의사에 따라 완전히 분리됨 : 재산권 침해를 규정한 법률에 보상 규정이 없는 경우 입법자가 사회적 제약으로 규정한 것으로 봄 • 헌법 제23조 제2항을 근거로 위헌 여부를 판단함 • 위헌인 법률에 근거한 위법한 행정 작용의 경우, 손실을 보상하는 것이 아니라 위법한 행정 작용 자체를 제거해야 한다는 입장 • 재산권의 존속을 우선함

상의 대상이 되지 않는다. 즉 재산권 침해가 특별한 희생에 해당할 때만 보상이 가능한 것

풀이 재산권 침해가 특별한 희생에 해당할 때만 보상이 가능하다.

→ 적절하지 않음!

④ 재산권의 사회적 제약을 규정하는 모든 법률은 공용 침해와 손실 보상이 내용상 분리될 수 없다는 원칙에 어긋난다.

근거 ❷-3 헌법 제23조 제3항은 "공공필요에 의한 재산권의 수용·사용 또는 제한 및 그에 대한 보상은 법률로써 하되, 정당한 보상을 지급하여야 한다."라고 하여 … 공용 침해와 이에 대한 보상이 법률에 규정되어야 함을 명시, ❷-6 공용 침해 규정과 보상 규정은 하나의 법률에서 규정되어야 한다, ❸-3 제2항에서 "재산권의 행사는 공공복리에 적합하도록 하여야 한다"라고 하여, 개인의 재산권 행사가 공익에 적합하여야 한다는 재산권의 '사회적 제약'을 규정, ❸-5 만약 재산권 침해가 사회적 제약의 범위 내에 있다면 이로 인한 손실은 보상의 대상이 되지 않는다.

풀이 손실 보상 청구권은 재산권의 침해가 특별한 희생에 해당될 때 보상을 요구할 수 있는 권리이다. 헌법 제23조 제2항은 재산권 행사에 대한 사회적 제약과 관련된 것으로, 재산권 침해가 사회적 제약을 벗어나는 특별한 희생에 해당될 때만 보상이 가능하다고 언급했다. 한편 특별한 희생에 해당되는 경우 헌법 제23조 제3항에서 공용 침해와 이에 대한 보상이 법률에 규정되어야 한다는 원칙을 담고 있다. 따라서 재산권 침해가 특별한 희생에 해당하지 않으면 공용 침해와 손실 보상이 내용상 분리될 수 없다는 원칙은 적용되지 않는다.

→ 적절하지 않음!

⑤ 감염병 예방을 위해 행정 기관이 사설 연수원을 일정 기간 동원하는 것은 공공필요에 의한 재산권의 '수용'에 해당한다. ('사용')

근거 ❷-4 공용 침해 중 수용이란 개인의 재산권을 국가로 이전하는 것, 사용이란 행정 기관이 개인의 재산권을 일시적으로 사용하는 것

풀이 감염병 예방을 위해 행정 기관이 사설 연수원을 일정 기간 동원하는 것은 공용 침해 중 행정 기관이 개인의 재산권을 일시적으로 사용하는 '사용'에 해당한다.

→ 적절하지 않음!

---

100 핵심 개념 파악 - 적절하지 않은 것 고르기 2021년 3월 학평 22번
정답률 30%, 매력적 오답 ② 20% ④ 10% ⑤ 35%   **정답 ③**

㉠과 ㉡에 대한 이해로 적절하지 않은 것은?

㉠ 경계 이론   ㉡ 분리 이론

① ㉠은 법률에 보상 규정이 없는 경우에도 헌법 제23조 제3항을 근거로 하여, 행정 작용으로 인한 재산상 손실을 보상할 수 있다고 본다.

근거 ❹-4~6 경계 이론은 사회적 제약을 벗어나는 재산권 침해는 보상 규정이 없어도 보상이 이루어져야 한다고 본다. 보상을 규정하지 않은 채 공용 침해를 규정하고 있는 법률은, 불가분 조항인 헌법 제23조 제3항에 위반되어 위헌이고, 위헌임이 밝혀진 법률에 근거한 공용 침해 행위는 위법한 행정 작용이 된다는 것이다. 경계 이론은 적법한 공용 침해 행위의 경우에 보상이 인정된다면, 위법한 공용 침해 행위의 경우에도 헌법 제23조 제3항을 근거로 보상을 인정해야 한다는 입장

→ 적절함!

② ㉡은 헌법 제23조 제2항과 제3항의 규정은 전혀 다른 내용을 규정하고 있다고 본다.

근거 ❺-1 분리 이론은 재산권의 사회적 제약에 대한 헌법 제23조 제2항의 규정과 특별한 희생에 대한 제3항의 규정은 입법자의 의사에 따라 완전히 분리된다고 주장

→ 적절함!

③ ㉠은 행정 작용으로 인한 재산상 손실을 항상 보상해야 한다고 보는 반면, ㉡은 보상하지 않을 수 있다고 본다.

근거 ❸-5~6 만약 재산권 침해가 사회적 제약의 범위 내에 있다면 이로 인한 손실은 보상의 대상이 되지 않는다. 즉 재산권 침해가 특별한 희생에 해당할 때만 보상이 가능한 것, ❹-3~4 재산권 침해는 그 정도가 사회적 제약의 범위를 넘어서면 특별한 희생으로 바뀐다는 것이다. 따라서 경계 이론은 사회적 제약을 벗어나는 재산권 침해는 보상 규정이 없어도 보상이 이루어져야 한다고 본다, ❺-2 (분리 이론은) 재산권 침해를 규정한 법률에 보상 규정이 없는 경우 입법자가 이러한 재산권 침해를 특별한 희생이 아닌 사회적 제약으로 규정한 것으로 본다.

풀이 재산권 침해는 특별한 희생에 해당할 때만 보상이 가능하다. 경계 이론(㉠)과 분리 이론(㉡)은 재산권의 사회적 제약과 특별한 희생의 구별에 대해 서로 다른 입장을 가지

---

099 세부 정보 이해 - 적절한 것 고르기 2021년 3월 학평 21번
정답률 50%, 매력적 오답 ② 15% ③ 20%   **정답 ①**

윗글에 대한 이해로 가장 적절한 것은?

① 헌법이 개인에게 보장하는 재산권의 내용은 법률로써 그 내용이 구체화된 것이다.

근거 ❸-1 헌법은 제23조 제1항에서 "모든 국민의 재산권은 보장된다. 그 내용과 한계는 법률로 정한다."라고 규정하여, 재산권은 법률에 의해 구체화된다고 밝히고 있다.

→ 적절함!

② 공용 침해 중 '사용'과 달리 '제한'의 경우, 행정 작용에도 불구하고 개인의 재산권은 국가로 이전되지 않는다. ('사용'과 '제한'은 모두)

근거 ❷-4 공용 침해 중 수용이란 개인의 재산권을 국가로 이전하는 것, 사용이란 행정 기관이 개인의 재산권을 일시적으로 사용하는 것, 제한이란 개인의 재산권 사용 또는 그로 인한 수익을 한정하는 것을 의미한다.

풀이 공용 침해 중 '사용'은 행정 기관이 개인의 재산권을 일시적으로 사용하는 것이고, '제한'은 개인의 재산권 사용이나 그로 인한 수익을 한정하는 것이다. 개인의 재산권이 국가로 이전되는 것은 '사용'이나 '제한'이 아니라, '수용'에 해당한다.

→ 적절하지 않음!

③ 재산권을 침해하는 모든 행정 작용에 대해, 개인은 자신이 입은 손실을 보상하도록 요구할 수 있는 권리를 갖는다.

근거 ❸-5~6 만약 재산권 침해가 사회적 제약의 범위 내에 있다면 이로 인한 손실은 보

고 있지만, 재산권 침해가 특별한 희생에 해당할 때에만 보상이 가능하다는 점 자체에 대해 입장 차를 보이는 것이 아니다.

경계 이론(㉠)에서는 재산권 침해의 정도가 사회적 제약의 범위를 넘어서면 특별한 희생으로 바뀐다고 보고, 특별한 희생에 해당할 경우 보상해야 한다고 보았다. 한편 분리 이론(㉡)에서는 법률에서 보상 규정이 있는 특별한 희생에 해당하는 경우 재산상 손실을 보상해야 한다고 보았다. 따라서 경계 이론(㉠)과 분리 이론(㉡)은 모두 행정 작용으로 인한 재산상 손실이 '특별한 희생'에 해당할 경우 보상해야 한다고 본다.

→ 적절하지 않음!

④ ㉠은 재산권 침해의 정도를, ㉡은 입법자의 의사를 기준으로 손실 보상 청구권의 성립 여부를 판단해야 한다고 본다.

> 근거 **④**-2 경계 이론에 따르면 양자(재산권의 사회적 제약과 특별한 희생)는 별개가 아니라 단지 침해의 정도에 있어서만 차이가 있을 뿐, **⑤**-1 이에 반해 분리 이론은 … 입법자의 의사에 따라 완전히 분리된다고 주장

→ 적절함!

⑤ ㉠과 ㉡은 모두 보상 규정 없이 사회적 제약의 범위를 벗어나는 재산권 침해를 규정한 법률은 위헌이라고 본다.

> 근거 **④**-4~5 경계 이론은 사회적 제약을 벗어나는 재산권 침해는 보상 규정이 없어도 보상이 이루어져야 한다고 본다. 보상을 규정하지 않은 채 공용 침해를 규정하고 있는 법률은, 불가분 조항인 헌법 제23조 제3항에 위반되어 위헌이고, **⑤**-2 (분리 이론에 따르면) 재산권 침해를 규정한 법률에 보상 규정이 없는 경우 입법자가 이러한 재산권 침해를 특별한 희생이 아닌 사회적 제약으로 규정한 것으로 본다. **⑤**-4 만약 해당 법률에 규정된 재산권 침해가 헌법 제23조 제2항에서 규정한 재산권의 공익 적합성을 넘어서서 개인의 재산권을 과도하게 침해한다면, 이러한 법률은 헌법 제23조 제2항을 위반하여 위헌이고

> 풀이 보상 규정 없이 사회적 제약의 범위를 벗어나는 재산권 침해를 규정한 법률에 대해 경계 이론(㉠)은 헌법 제23조 제3항에, 분리 이론(㉡)은 헌법 제23조 제2항에 위반되어 위헌이라고 본다.

→ 적절함!

101 추론의 적절성 판단 – 적절한 것 고르기 2021년 3월 학평 23번
정답률 30%, 매력적 오답 ② 20% ③ 25% ④ 20%
정답 ⑤

㉡의 *전제로 가장 적절한 것은? *前提, 먼저 내세우는 것

> ㉡ 손실을 보상하는 것이 아니라, 위법한 행정 작용 자체를 제거해야 한다

> 근거 **⑤**-2 재산권 침해를 규정한 법률에 보상 규정이 없는 경우 입법자가 이러한 재산권 침해를 특별한 희생이 아닌 사회적 제약으로 규정한 것으로 본다. **⑤**-4~6 만약 해당 법률에 규정된 재산권 침해가 헌법 제23조 제2항에서 규정한 재산권의 공익 적합성을 넘어서서 개인의 재산권을 과도하게 침해한다면, 이러한 법률은 헌법 제23조 제2항을 위반하여 위헌이고, 위헌임이 밝혀진 법률에 근거한 행정 작용은 위법하게 된다. 분리 이론은 이러한 경우 손실을 보상하는 것이 아니라, 위법한 행정 작용 자체를 제거해야 한다고 본다. 재산권을 존속시키는 것이 재산권을 침해하면서 그 손실을 보상하는 것보다 우선한다고 보기 때문

> 풀이 분리 이론에서는 재산권 침해를 규정한 법률에 보상 규정이 없는 경우 입법자가 이러한 재산권 침해를 사회적 제약으로 규정한 것으로 본다. 또 법률에 규정된 재산권 침해가 개인의 재산권을 과도하게 침해한다면, 그 법률은 헌법 제23조 제2항을 위반하여 위헌이고, 해당 법률에 근거한 행정 작용은 위법하다고 본다. 이 경우 분리 이론에서는 손실을 보상하는 것이 아니라 위법한 행정 작용 자체를 제거해야 한다고 보는데(㉡), 이는 위법한 행정 작용을 제거하여 '재산권을 그대로 있도록 보존하는 것'이, 재산권을 침해하면서 그 손실을 보상하는 것보다 우선시된다고 보기 때문이다. 따라서 입법자가 별도로 규정하여 재산권의 침해에 대해 그 손실을 보상하도록 하는 '특별한 희생'이 아닌 한, 재산권은 그대로 보존되어야 하는 권리라는 내용이 ㉡의 전제로 적절하다. 따라서 정답은 ⑤번이다.

① 재산권은 입법자의 의사에 따라 보상 없이 제한해야 하는 권리이다.

> 근거 **⑤**-2 재산권 침해를 규정한 법률에 보상 규정이 없는 경우 입법자가 이러한 재산권 침해를 특별한 희생이 아닌 사회적 제약으로 규정한 것으로 본다.

> 풀이 분리 이론에서는 재산권의 침해에 대한 보상 규정이 없는 경우, 입법자가 이러한 재산권 침해를 사회적 제약으로 규정한 것으로 본다. 그러나 '재산권'을 입법자의 의사에 따라 보상 없이 제한해야 하는 권리라고 보지는 않았다. 따라서 ㉡의 전제로 적절하지 않다.

---

② 공용 침해 규정과 손실 보상 규정이 동일한 법률에서 규정될 필요는 없다.

> 근거 **②**-5~6 제23조 제3항은 내용상 분리될 수 없는 사항은 함께 규정되어야 한다는 의미의 '불가분 조항'이다. 따라서 공용 침해 규정과 보상 규정은 하나의 법률에서 규정되어야 한다.

> 풀이 헌법 제23조 제3항은 불가분 조항이므로 공용 침해 규정과 보상 규정이 하나의 법률에서 규정되어야 한다. 따라서 공용 침해 규정과 손실 보상 규정이 동일한 법률에서 규정될 필요는 없다는 것은 적절하지 않은 설명이며, 헌법 제23조 제2항과 관련한 ㉡의 전제로도 적절하지 않다.

③ 재산권의 사회적 제약은 입법자의 의사에 따라 제한 없이 규정될 수 있다.

> 근거 **⑤**-4 만약 해당 법률에 규정된 재산권 침해가 헌법 제23조 제2항에서 규정한 재산권의 공익 적합성을 넘어서서 개인의 재산권을 과도하게 침해한다면, 이러한 법률은 헌법 제23조 제2항을 위반하여 위헌이고, 위헌임이 밝혀진 법률에 근거한 행정 작용은 위법하게 된다.

> 풀이 분리 이론에서는 법률에 규정된 재산권의 침해가 헌법 제23조 제2항에서 규정한 재산권의 공익 적합성을 넘어서서 개인의 재산권을 과도하게 침해할 경우 위헌이라고 본다. 따라서 재산권의 사회적 제약은 '제한 없이' 규정될 수 없다.

④ 행정 작용이 공익을 목적으로 한다면 이로 인한 손실은 보상할 필요가 없다.

> 근거 **①**-1 공익을 위한 적법한 행정 작용으로 개인의 재산권에 특별한 희생이 발생한 경우, 개인은 자신이 입은 재산상 손실을 보상하도록 요구할 수 있는 권리인 '손실 보상 청구권'을 갖는다, **③**-5~6 만약 재산권 침해가 사회적 제약의 범위 내에 있다면 이로 인한 손실은 보상의 대상이 되지 않는다. 즉 재산권 침해가 특별한 희생에 해당할 때만 보상이 가능한 것

> 풀이 공익을 목적으로 한 적법한 행정 작용으로 개인의 재산권에 '특별한 희생'이 발생하였을 때, 개인은 재산상의 손실을 보상받을 수 있으며, 이는 분리 이론의 입장에서도 마찬가지이다. 따라서 행정 작용이 공익을 목적으로 한다면 이로 인한 손실은 보상할 필요가 없다는 것은 적절하지 않은 설명이며, ㉡의 전제로도 적절하지 않다.

✓⑤ 입법자가 *별도로 규정하지 않는 한, 재산권은 그대로 **보존되어야 하는 권리이다.

*別途–, 덧붙여 추가로 **保存–, 잘 보호되고 지켜져 남겨져야

→ 적절함!

102 구체적인 상황에 적용 – 적절하지 않은 것 고르기 2021년 3월 학평 24번
정답률 20%, 매력적 오답 ② 40% ③ 20% ④ 15%
정답 ⑤

윗글을 참고하여 〈보기〉의 '헌법 재판소'의 판단에 대해 추론한 내용으로 적절하지 않은 것은? **3점**

| 보기 |

[1]A 법률에 따르면, 국가는 도시 환경을 보전하기(保全–, 온전하게 보호하여 유지하기) 위해 개발 제한 구역을 지정할(指定–, 가리켜 정함) 수 있고, 개발 제한 구역으로 지정된 토지에서는 건축 등 토지 사용이 제한된다. [2]하지만 A 법률은 개발 제한 구역 지정으로 인한 손실을 보상하는 규정은 포함하고 있지 않았다. [3]이러한 상황에서 A 법률에 대한 헌법 소원(憲法訴願, 국가 권력이 국민의 기본권을 침해하는 경우에, 침해받은 국민이 헌법 재판소에 효력을 없애줄 것을 요청하는 제도)이 제기되었다.

[4]헌법 재판소(憲法裁判所, 헌법에 관한 분쟁이나 의심스러운 부분을 법적인 절차에 따라 해결하는 특별 재판소)는 분리 이론의 입장을 취하면서, 토지 재산권의 공공성을 고려하면 A 법률은 원칙적으로 합헌(合憲, 헌법의 근본적 목적에 맞는 일)이라고 판단하였다. [5]하지만 개발 제한 구역으로 지정되어 토지를 사용할 방법이 전혀 없는 등 개인에게 가혹한(苛酷–, 몹시 모질고 혹독한) 부담이 발생하는 예외적인 경우에는 사회적 제약을 벗어나서 토지 소유자의 재산권을 과도하게 침해한다고 판단하였다. [6]따라서 이러한 예외적인 경우까지 고려하지 않은 A 법률은 헌법에 위반된다고 판단하였다.

▶ 지문 핵심 개념 정리

〈보기〉	윗글
• 헌법 재판소가 분리 이론의 입장을 취함 (〈보기〉-4)	• 분리 이론의 입장⑤
• A 법률은 손실 보상 규정을 포함하고 있지 않음〈보기〉-2	• 재산권 침해를 규정한 법률에 보상 규정이 없는 경우, 입법자가 이를 '사회적 제약'으로 규정한 것으로 봄⑤-2 • 재산권 침해가 사회적 제약의 범위 내에 있다면 이로 인한 손실은 보상의 대상이 되지 않음⑤-4

• 토지 재산권의 공공성을 고려하면 A 법률은 원칙적으로 합헌이라고 판단〈보기〉-4	• 헌법 제23조 제2항에서 규정한 재산권의 공익 적합성의 위반 여부를 판단⑤-4
• 토지 소유자의 재산권을 과도하게 침해하는 예외적 경우까지 고려하지 않은 A 법률이 헌법에 위반된다고 판단〈보기〉-5~6	• 법률에 규정된 재산권 침해가 헌법 제23조 제2항의 규정을 넘어서서 개인의 재산권을 과도하게 침해 → 헌법 제23조 제2항을 위반하여 위헌이고, 위헌임이 밝혀진 법률에 근거한 행정 작용은 위법이 됨⑤-4
	• 손실을 보상하는 것이 아니라, 위법한 행정 작용 자체를 제거해야 한다고 봄⑤-5

① 헌법 재판소는 개발 제한 구역을 지정하는 행위가 헌법 제23조 제2항에 위반되는지를 판단하였겠군.

풀이 A 법률이 손실 보상 규정을 포함하고 있지 않으므로, 분리 이론의 입장을 취하고 있는 헌법 재판소에서는 A 법률에 따른 개발 제한 구역 지정으로 인한 재산권의 침해가 사회적 제약으로 규정된다고 보고, 해당 법률에 규정된 재산권 침해가 헌법 제23조 제2항에 위반되는지를 판단하였을 것이다.

→ 적절함!

② 헌법 재판소는 개발 제한 구역을 지정하는 행위가 헌법 제23조 제3항과는 관련이 없다고 판단하였겠군.

풀이 〈보기〉에서 A 법률은 개발 제한 구역 지정으로 인한 손실을 보상하는 규정을 포함하고 있지 않다. 분리 이론에 따르면 이처럼 재산권 침해를 규정한 법률에 보상 규정이 없는 경우 입법자가 이를 특별한 희생이 아닌 '사회적 제약'으로 규정한 것으로 보고, 재산권의 사회적 제약과 특별한 희생이 완전히 분리된다고 주장한다. 따라서 분리 이론의 입장을 취하는 〈보기〉의 헌법 재판소는 개발 제한 구역을 지정하는 행위가, '특별한 희생'에 대한 헌법 제23조 제3항의 규정과는 관련이 없다고 판단하였을 것이다.

→ 적절함!

③ 헌법 재판소는 개발 제한 구역을 지정하는 행위가 헌법에 위반되었는지 여부를 토지의 공공성을 근거로 판단하였겠군.

풀이 분리 이론의 입장을 취하고 있는 〈보기〉의 헌법 재판소는 개발 제한 구역 지정에 관한 A 법률이 손실 보상 규정을 포함하고 있지 않으므로, 개발 제한 구역 지정으로 인한 재산권 침해가 '사회적 제약에 해당한다고 보았을 것이다. 윗글에서 헌법 제23조 제2항은 개인의 재산권 행사가 공익에 적합해야 한다는 재산권의 사회적 제약을 규정하고 있고, 토지처럼 공공성이 강한 사유 재산은 재산권 행사에 더욱 강한 사회적 제약을 받을 수 있다고 하였다. 또한 〈보기〉에서 헌법 재판소는 토지 재산권의 공공성을 고려하여 A 법률의 헌법 위반 여부를 판단하고 있다. 이러한 내용을 바탕으로 했을 때 〈보기〉의 헌법 재판소는 토지 재산권의 공공성을 근거로, A 법률에 따라 개발 제한 구역을 지정하는 행위가 합헌인지 위헌인지를 판단하였을 것임을 추론할 수 있다.

→ 적절함!

④ 헌법 재판소는 개발 제한 구역 지정으로 인한 재산권 침해는 개인에게 가혹한 부담이 발생하지 않는 범위 내에서만 가능하다고 판단하였겠군.

풀이 〈보기〉에서 헌법 재판소는 토지 재산권의 공공성을 고려하면 A 법률은 원칙적으로 합헌이지만, 개발 제한 구역 지정으로 인해 개인에게 가혹한 부담이 발생하는 예외적인 경우에 대해 사회적 제약을 벗어나 토지 소유자의 재산권을 과도하게 침해한다고 보고, 이러한 예외적인 경우까지 고려하지 않은 A 법률이 헌법에 위반된다고 판단하였다. 따라서 〈보기〉의 헌법 재판소는 개발 제한 구역 지정으로 인한 재산권 침해가 개인에게 가혹한 부담이 발생하지 않는 범위 내에서만 가능하다고 판단하였을 것이다.

→ 적절함!

⑤ 헌법 재판소는 개발 제한 구역을 지정하는 행위가 개인에게 가혹한 부담을 *초래한 경우, 이때의 재산권 침해는 특별한 희생에 해당한다고 판단하였겠군. *招來-. 생겨나게 한 / 사회적 제약

풀이 〈보기〉에서 A 법률은 개발 제한 구역 지정으로 인한 손실을 보상하는 규정을 포함하고 있지 않다. 분리 이론에 따르면 이처럼 재산권 침해를 규정한 법률에 보상 규정이 없는 경우, 입법자가 이를 특별한 희생이 아닌 '사회적 제약으로 규정한 것으로 본다. 따라서 분리 이론의 입장을 취하는 〈보기〉의 헌법 재판소는 개발 제한 구역 지정으로 인한 재산권 침해가 '특별한 희생'이 아니라 '사회적 제약'에 해당한다고 판단하였을 것이다.

한편 분리 이론의 입장에서 법률에 규정된 재산권 침해가 헌법 제23조 제2항에서 규정한 재산권의 공익 적합성을 넘어서서 개인의 재산권을 과도하게 침해할 경우, 이러한 법률은 위헌이고, 위헌임이 밝혀진 법률에 근거한 행정 작용은 위법하다고 본다. 따라서 분리 이론의 입장을 취하는 〈보기〉의 헌법 재판소는 개발 제한 구역을 지정하는 행위가 개인에게 가혹한 부담을 초래한 경우, 그 근거가 되는 A 법률이 헌

법 제23조 제2항을 위반한 위헌이고, 해당 개발 제한 구역 지정 행위가 위법하다고 판단할 것이다. 분리 이론은 재산권의 사회적 제약과 특별한 희생이 완전히 분리된다는 입장이므로, 이때에도 여전히 재산권 침해가 '특별한 희생'에 해당한다고 판단하지는 않을 것이다.

→ 적절하지 않음!

---

103 문맥적 의미 파악 - 적절하지 않은 것 고르기 2021년 3월 학평 25번 | 정답 ④
정답률 35%, 매력적 오답 ③ 25% ⑤ 30%

문맥상 ⓐ~ⓔ를 바꿔 쓴 것으로 적절하지 <u>않은</u> 것은?

ⓐ 공적 부담의 평등을 위해   ⓑ 공용 침해 규정과   ⓒ 사회적 제약의 범위 내에
ⓓ 양자는 별개가 아니라   ⓔ 입법자의 의사에 따라 완전히 분리된다고

① ⓐ : 행정 작용으로 인한 부담을 개인이 모두 떠안게 되는 불평등을 *조정하기 위해
*調整-. 기준에 맞게 고쳐 정리하기

근거 ❷-1~2 손실 보상 청구권은 공적 부담의 평등을 위해 인정되는 헌법상 권리이다. 행정 작용으로 누군가에게 특별한 희생이 발생하면, 그로 인한 부담을 공공이 분담하는 것이 평등 원칙에 부합하기 때문

풀이 공적 부담의 평등은 행정 작용으로 발생한 특별한 희생으로 인한 부담을 개인이 모두 지는 것이 아니라, 공공이 분담하여 평등 원칙에 부합하도록 하는 것이다. 따라서 ⓐ를 '행정 작용으로 인한 부담을 개인이 모두 떠안게 되는 불평등을 조정하기 위해'로 바꿔 쓰는 것은 문맥상 적절하다.

→ 적절함!

② ⓑ : 공공필요에 의해 개인의 재산권을 수용·사용·제한하는 규정과   ← 공용 침해

근거 ❷-3 '공공필요에 의한 재산권의 수용·사용 또는 제한', 즉 공용 침해

풀이 윗글에서 '공공필요에 의한 재산권의 수용·사용 또는 제한'을 '공용 침해'라고 설명하고 있으므로, ⓑ를 '공공필요에 의해 개인의 재산권을 수용·사용·제한하는 규정과'로 바꿔 쓰는 것은 문맥상 적절하다.

→ 적절함!

③ ⓒ : 헌법 제23조 제2항에 규정된 재산권의 한계 안에   ← 재산권의 사회적 제약 규정

근거 ❸-3 (헌법 제23조) 제2항에서 "재산권의 행사는 공공복리에 적합하도록 하여야 한다."라고 하여, 개인의 재산권 행사가 공익에 적합하여야 한다는 재산권의 '사회적 제약'을 규정

풀이 헌법 제23조 제2항에서는 재산권 행사가 공공복리에 적합해야 한다는 재산권의 '사회적 제약'을 규정하고 있다. 이는 재산권을 행사할 수 있는 범위, 즉 재산권의 한계를 규정한 것이다. 따라서 ⓒ에서 재산권의 침해가 '사회적 제약의 범위 내에' 있다는 말은 문맥상 재산권의 침해가 '헌법 제23조 제2항에서 규정된 재산권의 한계 내에' 있다는 말과 바꿔 쓸 수 있다.

→ 적절함!

④ ⓓ : 경계 이론의 입장과 분리 이론의 입장은 전혀 다른 것이 아니라   ← 재산권의 사회적 제약과 특별한 희생은

근거 ❹-1~2 재산권의 사회적 제약과 특별한 희생의 구별에 대해 경계 이론과 분리 이론은 서로 다른 입장을 취한다. 경계 이론에 따르면 양자는 별개가 아니라 단지 침해의 정도에 있어서만 차이가 있을 뿐

풀이 ⓓ에서 말하는 '양자'는 '경계 이론의 입장'과 '분리 이론의 입장'을 뜻하는 것이 아니라, 재산권의 '사회적 제약'과 '특별한 희생'을 뜻한다. 따라서 윗글의 ⓓ를 '경계 이론의 입장과 분리 이론의 입장은 전혀 다른 것이 아니라'로 바꿔 쓰는 것은 문맥상 적절하지 않으며, '재산권의 사회적 제약과 특별한 희생은 전혀 다른 것이 아니라'로 바꿔 쓰는 것이 적절하다.

→ 적절하지 않음!

⑤ ⓔ : 재산권 침해 정도에 따라 구분되는 것이 아니라 입법자의 서로 다른 의사가 반영된 것이라고

근거 ❹-1~2 재산권의 사회적 제약과 특별한 희생의 구별에 대해 경계 이론과 분리 이론은 서로 다른 입장을 취한다. 경계 이론에 따르면 양자는 별개가 아니라 단지 침해의 정도에 있어서만 차이가 있을 뿐이다, ❺-1 이에 반해 분리 이론은 … 입법자의 의사에 따라 완전히 분리된다고 주장

풀이 재산권의 사회적 제약과 특별한 희생의 구별에 대해 경계 이론에서는 침해의 정도에 따라 구분되는 것이라고 주장한 반면, 분리 이론은 침해의 정도에 따라 구분되는 것이 아니라 입법자의 의사에 따라 서로 완전히 분리된다고 주장한다. 따라서 윗글

의 ⓔ를 '재산권 침해 정도에 따라 구분되는 것이 아니라 입법자의 서로 다른 의사가 반영된 것이라고'로 바꿔 쓰는 것은 문맥상 적절하다.

→ 적절함!

[104~108] 다음 글을 읽고 물음에 답하시오.

1 [1]현대 산업 사회에서는 주로 대량 생산(大量生産, 기계를 이용해 아주 많은 수량의 같은 제품을 만들어 내는 일)이 이루어지기 때문에 그(대량 생산) 과정에서 결함(缺陷, 부족하거나 완전하지 못한) 상품이 발생하고, 이(결함 상품의 발생)에 따라 소비자(消費者, 물건을 사거나 쓰는 사람)의 피해도 발생한다. [2]이런(대량 생산 과정에서 결함 상품이 발생해 소비자의 피해가 발생한) 경우 피해를 입은 소비자가 구제(救濟, 피해를 당했을 때 필요로 하는 도움)를 받기 위해서는 제조물(製造物, 소비자에게 팔 목적으로 공장에서 만드는 제품)의 제조(製造, 공장에서 물건을 만드는) 과정에서 제조자(製造者, 물건을 만드는 사람)의 과실(過失, 주의하지 않아 생긴 잘못이나 실수)이 있었고 그(제조물의 제조 과정에서 발생한 제조자의) 과실에 따른 결함으로 피해가 발생하였음을 입증하여야(立證-, 증거를 내세워 증명해야) 하는데 그것(제조자의 과실과 피해 사실의 입증)은 상당히 어렵다. [3]이(소비자가 피해 사실을 입증하는 것이 상당히 어려움)에 소비자가 쉽게 피해 구제를 받을 수 있도록 하기 위해 제조물 책임법을 제정하여(制定-, 법률을 만들어 정해) 시행하고(施行-, 법률의 효력을 발생시키고) 있다.

→ 제조물 책임법의 도입 배경

2 [1]㉮ 제조물 책임법은 제조업자에게 고의(故意, 자신의 행동으로 인해 어떤 결과가 생길 것을 알면서 일부러 그 행동을 하는 것)나 과실이 없더라도 제조물의 결함으로 인해 생명·신체·재산상의 손해를 입은 사람에 대하여 제조업자가 손해 배상(損害賠償, 법률에 따라 남에게 끼친 손해를 물어 주는 일) 책임을 지도록 하는 법률이다. [2]이 법(제조물 책임법)이 적용되는(適用-, 알맞게 이용되는) ⓐ 제조물과 ⓑ 제조업자의 범위를 살펴보면, 제조물은 공산품(工産品, 공업에 의해 생산된 물품), 가공 식품(加工食品, 농수축산물 등을 인공적으로 처리하여 보존과 조리가 간편하게 만든 식품) 등의 제조 또는 가공된(加工-, 인공적으로 처리되어 새로운 제품이 된) 물품을 의미하는 것으로, 일상생활에서 사용하고 있는 거의 모든 물품이 포함된다. [3]또한 중고품(中古品, 이미 사용하였거나 오래된 물건), 폐기물(廢棄物, 못 쓰게 되어 버리는 물건), 부품(部品, 기계 등의 어떤 부분에 쓰는 물품), 원재료(原材料, 어떤 물건을 만드는 데 들어가는 기본이 되는 재료)도 적용 대상이 된다. [4]그러나 미가공(未加工, 가공하지 않은) 농수축산물(農水畜産物, 농산물, 수산물, 축산물을 아울러 이르는 말) 등은 원칙적으로 제조물의 범위에서 제외되는데(除外-, 빠지는데), 농수축산물 등 일차(一次, 근본적인, 여기서는 원자재, 식량 등 생산물의 생산에 관련되는 가장 기초적인 산업이라는 뜻의 '일차 산업'을 말함) 농산품(農産品, 농업에 의해 생산된 물품)에까지 확대할 경우 농업인(農業人, 농업에 종사하는 사람) 등이 쉽게 소송(訴訟, 법률상의 판결을 법원에 요구함)의 대상이 될 뿐만 아니라 연대 책임 조항(連帶責任條項, 두 사람 이상이 함께 책임을 지도록 하는 법률)에 의하여 유통업자(流通業者, 물품을 생산자로부터 소비자, 수요자에게 전달하는 유통 산업에 종사하는 사람)와 가공업자(加工業者, 가공을 전문적으로 하는 산업 분야에 종사하는 사람)의 과실에 대해서도 불공정하게(不公正-, 공평하고 바르지 않게) 책임을 질 우려(憂慮, 근심과 걱정)가 있기 때문이다. [5]그리고 손해 배상의 책임 주체(主體, 담당하는 사람)인 제조업자에는 부품 또는 완성품의 제조업자, 제조물 수입(輸入, 다른 나라로부터 상품을 국내로 사들임)을 업(業)(직업)으로 하는 자(者, 사람), 자신을 제조자 혹은 수입업자로 표시한 자가 포함된다. [6]제조업자를 알 수 없는 경우에는 제조물의 공급업자(供給業者, 물품을 제공하는 일을 전문적으로 하는 사람)도 해당된다.

→ 제조물 책임법의 내용 및 적용 범위

3 [1]제조물 책임은 제조물에 결함이 존재하는가(存在-, 실제로 있는가) 여부(與否, 그러함과 그러하지 아니함, 여기서는 결함이 존재하는가 존재하지 않는가를 말함)에 의해 결정되는데, 결함의 유형(類型, 종류)에는 제조상의 결함, 설계상의 결함, 표시상의 결함이 있다. [2]제조상의 결함은 제조업자가 제조 또는 가공상의 주의(注意, 마음에 새겨 두고 조심함) 의무를 이행하였음에도(履行-, 실제로 해 나갔음에도) 불구하고 제조물이 원래 의도한(意圖-, 하고자 계획한) 설계와 다르게 제조 또는 가공됨으로써 안전하지 못하게 된 경우이며, 설계상의 결함은 제조업자가 소비자를 고려하여(考慮-, 생각하고 헤아려 보아) 합리적으로 설계했다면 피해나 위험을 줄이거나 피할 수 있

었음에도 그렇게(소비자를 고려하여 합리적으로 설계) 하지 않아 제조물이 안전하지 못하게 된 경우를 말한다. [3]표시상의 결함은 제조업자가 합리적인 설명·지시·경고 또는 그 밖의 표시를 하였더라면 해당 제조물에 의하여 발생할 수 있는 피해나 위험을 줄이거나 피할 수 있었음에도 이(합리적인 설명·지시·경고 등)를 표시하지 않은 경우를 말한다.

→ 제조물 결함의 세 가지 유형

4 [1]그런데 피해자가 제조업자에게 손해 배상을 청구하려면(請求-, 요구하려면) 원칙적으로 제조물의 결함 사실과 손해 발생의 사실, 그리고 제조물의 결함과 손해 발생의 인과 관계(因果關係, 원인과 결과의 관계)를 입증해야 한다. [2]하지만 소비자의 입장에서 이(제조물의 결함 사실과 손해 발생의 사실, 제조물의 결함과 손해 발생의 인과 관계)를 입증하는 것은 쉽지 않다. [3]그래서 제조물 책임법은 소비자가 제조물을 통상적인(通常的-, 특별하지 않고 흔히 있을 만한) 방법으로 사용하다가 사고가 발생했다는 사실만 입증하면 해당(該當, 관계되는 바로 그) 제조물 자체(自體, 다른 것을 제외한 바로 그 제조물)에 결함이 있었고 그(해당 제조물 자체의) 결함으로 인하여 피해가 발생한 것으로 추정하도록(推定-, 진실한 것으로 인정하여 법적 효과를 발생시키도록) 하고 있다.

→ 피해자의 결함 입증 방법

5 [1]한편 제조물의 결함으로 손해가 발생한 경우에 제조업자는 다음 중 어느 하나를 입증하면 손해 배상 책임을 면할(免-, 지지 않을) 수 있다. [2]첫째, 제조업자가 해당 제조물을 공급하지(供給-, 교환이나 판매를 위해 시장에 제조물을 내놓지) 아니한 사실, 둘째, 제조업자가 해당 제조물을 공급한 때의 과학·기술 수준으로는 결함의 존재를 발견할 수 없었다는 사실, 셋째, 제조업자가 해당 제조물을 공급할 당시의(當時-, 그때의) 법령(法令, 법률과 명령)이 정하는 기준을 준수함으로써(遵守-, 그대로 좇아서 지킴으로써) 제조물의 결함이 발생한 사실 등이다. [3]그 밖에 원재료 또는 부품 제조업자의 경우에는 해당 원재료 또는 부품을 사용한 제조물 제조업자의 설계 또는 제작에 관한 지시로 인하여 결함이 발생하였다는 사실을 입증하면 책임을 지지 않아도 된다. [4]그러나 면책(免責, 책임을 면함) 사유(事由, 이유나 까닭)에 해당하더라도 제조업자가 제조물의 결함을 ㉠ 알면서도 적절한 피해 예방 조치를 하지 않은 경우, 또는 주의를 기울였다면(관심을 집중하여 모았다면) 충분히 알 수 있었을 결함을 발견하지 못한 경우에는 책임을 피할 수 없다.

→ 제조업자의 면책 사유와 면책의 제한

6 [1]제조물 책임법에 따른 제조업자의 배상 의무는 피해자의 생명·신체 또는 재산상의 손해에 대한 것으로 한정되고(限定-, 제한되어 정해지고), 결함이 있는 제조물 자체는 민법(民法, 개인의 권리와 관련된 법규를 통틀어 이르는 말)에 따라 유통업자나 판매업자에게 구제받아야 한다. [2]예컨대(例-, 예를 들자면), 결함이 있는 녹즙기(綠汁機, 채소 등을 갈아 즙을 내어 먹을 수 있도록 만든 기구)로 인하여 손을 다쳤을 경우, 치료비는 제조업자에게 배상받고 불량품인 녹즙기는 판매업자에게 환불받을(還拂-, 이미 낸 돈을 되돌려 받을) 수 있다.

→ 제조업자의 배상 범위 및 결함 상품의 구제 방법

■ 지문 이해

〈제조물 책임법〉

❶ 제조물 책임법의 도입 배경
• 대량 생산 과정에서 결함이 발생한 상품으로 피해를 입은 소비자 구제

❷ 제조물 책임법의 내용 및 적용 범위
• 제조물 책임법 : 제조업자에게 고의나 과실이 없더라도 제조물의 결함으로 손해를 입은 사람에 대하여 제조업자가 손해 배상 책임을 지도록 하는 법률
• 제조물 책임법이 적용되는 제조물의 범위
  - 공산품, 가공 식품 등의 제조 또는 가공된 물품, 중고품, 폐기물, 부품, 원재료
  - 미가공 농수축산물은 제외됨
• 제조물 책임법이 적용되는 제조업자의 범위
  - 부품 또는 완성품의 제조업자, 제조물 수입을 업(業)으로 하는 자, 자신을 제조자 혹은 수입업자로 표시한 자
  - 제조업자를 알 수 없는 경우 제조물의 공급업자

❸ 제조물 결함의 세 가지 유형
① 제조상의 결함 ② 설계상의 결함 ③ 표시상의 결함

❹ 피해자의 결함 입증 방법
• 소비자가 제조물을 통상적인 방법으로 사용하다가 사고가 발생했다는 사실만 입증하면 해당 제조물 자체에 결함이 있었고 그 결함으로 인하여 피해가 발생한 것으로 추정하도록 함

❺ 제조업자의 면책 사유와 면책의 제한
• 제조업자의 면책 사유 　- 해당 제조물을 공급하지 않은 사실 입증 　- 해당 제조물을 공급한 때의 과학·기술 수준으로는 결함의 존재를 발견할 수 없었다는 사실 입증 　- 해당 제조물을 공급할 당시의 법정 기준을 준수함으로써 결함이 발생한 사실 입증 　- 원재료 또는 부품 제조자 : 해당 원재료 또는 부품을 사용한 제조물 제조업자의 설계·제작에 관한 지시로 결함이 발생하였다는 사실 입증 • 면책의 제한 　- 결함을 알면서도 예방 조치를 하지 않은 경우 　- 주의를 기울였다면 충분히 알 수 있었을 결함을 발견하지 못한 경우

❻ 제조업자의 배상 범위 및 결함 상품의 구제 방법
• 제조업자의 배상 범위 : 피해자의 생명·신체·재산상의 손해 • 결함 상품의 구제 : 유통업자나 판매업자에게 청구

---

104 세부 정보 이해 - 적절한 것 고르기 2019년 6월 학평 22번
정답률 75%, 매력적 오답 ③ 10%
　　　정답 ②

윗글을 읽고 해결할 수 있는 질문으로 적절한 것을 〈보기〉에서 고른 것은?

| 보기 |
ㄱ. 제조물 책임법이 제정된 배경은 무엇인가?
ㄴ. 제조물의 결함을 해결할 수 있는 방안(方案, 해결해 나갈 방법이나 계획)은 무엇인가?
ㄷ. 제조물 책임법이 적용되는 제조물과 제조업자의 범위는 어디까지인가?
ㄹ. 제조물 책임법상 피해자가 손해 배상을 청구할 수 있는 기한(期限, 미리 정해놓은 때)은 언제까지인가?

✓ㄱ. 제조물 책임법이 제정된 배경은 무엇인가? (○)
> 근거 ❶-1~3 현대 산업 사회에서는 주로 대량 생산이 이루어지기 때문에 그 과정에서 결함 상품이 발생하고, 이에 따라 소비자의 피해도 발생한다. 이런 경우 피해를 입은 소비자가 구제를 받기 위해서는 제조물의 제조 과정에서 제조자의 과실이 있었고 그 과실에 따른 결함으로 피해가 발생하였음을 입증하여야 하는데 그것은 상당히 어렵다. 이에 소비자가 쉽게 피해 구제를 받을 수 있도록 하기 위해 제조물 책임법을 제정하여 시행하고 있다.

ㄴ. 제조물의 결함을 해결할 수 있는 방안은 무엇인가? (×)
> 풀이 윗글에서 제조물 결함의 해결 방안에 대해서는 이야기하지 않았다. 제조물의 결함으로 피해를 입었을 때 구제받을 수 있는 방법에 대해서만 언급하고 있다.

✓ㄷ. 제조물 책임법이 적용되는 제조물과 제조업자의 범위는 어디까지인가? (○)
> 근거 ❷-2~6 이 법(제조물 책임법)이 적용되는 제조물과 제조업자의 범위를 살펴보면, 제조물은 … 일상생활에서 사용하고 있는 거의 모든 물품이 포함된다. 또한 중고품, 폐기물, 부품, 원재료도 적용 대상이 된다. 그러나 미가공 농수축산물 등은 원칙적으로 제조물의 범위에서 제외되는데, … 손해 배상의 책임 주체인 제조업자에는 부품 또는 완성품의 제조업자, 제조물 수입을 업(業)으로 하는 자, 자신을 제조자 혹은 수입업자로 표시한 자가 포함된다. 제조업자를 알 수 없는 경우에는 제조물의 공급업자도 해당된다.

ㄹ. 제조물 책임법상 피해자가 손해 배상을 청구할 수 있는 기한은 언제까지인가? (×)
> 풀이 윗글에서 피해자의 손해 배상 청구 기한에 대해서는 이야기하지 않았다.

① ㄱ, ㄴ　　　　　　　②ㄱ, ㄷ → 적절함!　　　　③ ㄴ, ㄷ

④ ㄴ, ㄹ　　　　　　　⑤ ㄷ, ㄹ

---

105 반응의 적절성 판단 - 적절하지 않은 것 고르기 2019년 6월 학평 23번
정답률 50%, 매력적 오답 ① 20% ③ 15% ④ 10%
　　　정답 ②

윗글을 바탕으로 〈보기〉의 사례를 이해한 반응으로 적절하지 않은 것은?

| 보기 |
(가) ¹A는 안심 버튼이 있어 사용 중 넘어져도 뜨거운 물이 쏟아지지 않는다는 광고를 보고 B사의 전기 주전자를 C마트에서 구입하였다. ²그러나 물을 끓이던 도중 B사의 전기 주전자가 넘어져 쏟아진 물에 생후(生後, 태어난 후) 8개월 된 A의 딸이 양팔에 2~3도의 화상을 입었다. ³한국소비자원의 조사 결과 주전자의 개폐(開閉, 열고 닫음) 버튼 부분이 잘못 결합되어 물이 새는 결함이 발견되었다. → 제조상의 결함

(나) ¹D가 E사의 승용차 탈취제(脫臭劑, 냄새를 없애는 데 쓰는 제품)를 구입하여 사용 설명서에 따라 에어컨 통풍구(通風口, 공기가 통하도록 낸 구멍)에 분사하던(噴射-, 뿌리던) 중 승용차에 화재가 발생하였다. ²제품 사용 설명서에는 탈취제가 LP가스를 포함하고 있어 화재가 발생할 위험이 있다는 문구(文句, 글의 구절)가 없었다. ³조사 결과 탈취제의 LP가스가 화재의 원인으로 밝혀졌다. → 표시상의 결함

① A가 B사에 책임을 물으려면 전기 주전자를 통상적으로 사용했음을 입증해야겠군.
> 근거 ❹-3 제조물 책임법은 소비자가 제조물을 통상적인 방법으로 사용하다가 사고가 발생했다는 사실만 입증하면 해당 제조물 자체에 결함이 있었고 그 결함으로 인하여 피해가 발생한 것으로 추정하도록 하고 있다.

→ 적절함!

C마트
✓② A는 B사로부터 전기 주전자에 대해 환불을 받을 수 있겠군.
> 근거 ❻-1 제조물 책임법에 따른 제조업자의 배상 의무는 피해자의 생명·신체 또는 재산상의 손해에 대한 것으로 한정되고, 결함이 있는 제조물 자체는 민법에 따라 유통업자나 판매업자에게 구제받아야 한다.
> 풀이 A는 제조업자인 B사로부터 피해자인 딸의 신체상 손해에 대한 배상을 받을 수 있다. 그러나 결함이 있는 제조물인 전기 주전자 자체에 대해서는 민법에 따라 B사가 아니라, 판매업자인 C마트로부터 환불받을 수 있다.

→ 적절하지 않음!

③ B사는 제조상의 결함을 지닌 제품을 생산했군.
> 근거 〈보기〉-(가)-1 안심 버튼이 있어 사용 중 넘어져도 뜨거운 물이 쏟아지지 않는다는 광고, 〈보기〉-(가)-3 주전자의 개폐 버튼 부분이 잘못 결합되어 물이 새는 결함이 발견, ❸-2 제조상의 결함은 … 제조물이 원래 의도한 설계와 다르게 제조 또는 가공됨으로써 안전하지 못하게 된 경우
> 풀이 B사의 전기 주전자는 사용 중 넘어져도 뜨거운 물이 쏟아지지 않는다는 원래 의도한 설계와 다르게, 주전자의 개폐 버튼 부분이 잘못 결합되어 물이 새는 결함이 있게 제조되었다. 이러한 결함으로 인해 사고가 발생하였으므로, B사는 '제조상의 결함'을 지닌 제품을 생산하였다고 볼 수 있다.

→ 적절함!

④ D는 승용차 화재로 인해 발생한 피해에 대해 E사에 손해 배상을 청구할 수 있겠군.
> 근거 〈보기〉-(나)-2~3 제품 사용 설명서에는 탈취제가 LP가스를 포함하고 있어 화재가 발생할 위험이 있다는 문구가 없었다. 조사 결과 탈취제의 LP가스가 화재의 원인으로 밝혀졌다, ❷-1 제조물 책임법은 제조업자에게 고의나 과실이 없더라도 제조물의 결함으로 인해 생명·신체·재산상의 손해를 입은 사람에 대하여 제조업자가 손해 배상 책임을 지도록 하는 법률, ❸-3 표시상의 결함은 제조업자가 합리적인 설명·지시·경고 또는 그 밖의 표시를 하였더라면 해당 제조물에 의하여 발생할 수 있는 피해나 위험을 줄이거나 피할 수 있었음에도 이를 표시하지 않은 경우
> 풀이 D의 승용차 화재는 E사 탈취제의 LP가스로 인해 발생하였다. E사의 탈취제는 LP가스를 포함하고 있어 화재가 발생할 위험이 있다는 문구를 제품 사용 설명서에 넣지 않은 '표시상의 결함'이 존재하였다. 따라서 D는 제조업자인 E사에 손해 배상을 청구할 수 있다.

→ 적절함!

⑤ E사가 제조한 승용차 탈취제는 표시상의 결함을 지녔군.
> 근거 〈보기〉-(나)-2~3 제품 사용 설명서에는 탈취제가 LP가스를 포함하고 있어 화재가 발생할 위험이 있다는 문구가 없었다. 조사 결과 탈취제의 LP가스가 화재의 원인으로 밝혀졌다, ❸-3 표시상의 결함은 제조업자가 합리적인 설명·지시·경고 또는 그 밖의 표시를 하였더라면 해당 제조물에 의하여 발생할 수 있는 피해나 위험을 줄이거나 피할 수 있었음에도 이를 표시하지 않은 경우
> 풀이 E사가 제조한 승용차 탈취제는 LP가스를 포함하고 있어 화재가 발생할 위험이 있다는 문구를 표시하지 않았다. 이는 '표시상의 결함'에 해당한다.

→ 적절함!

Ⅱ
사
회

106 | <보기>와 내용 비교 - 적절하지 않은 것 고르기 2019년 6월 학평 24번
정답률 60%, 매력적 오답 ② 10% ④ 15%　　　　　　　　정답 ⑤

㉮와 <보기>의 ㉯를 비교한 것으로 적절하지 않은 것은?　　　[3점]

㉮ 제조물 책임법

| 보기 |
　[1]㉯리콜제도는 소비자의 생명·신체 및 재산상에 위해(危害, 위험과 재해)를 끼치거나 끼칠 우려가 있는 제품 결함이 발견된 경우, 제조업자 스스로 또는 정부의 강제 명령에 의해 제품의 결함 내용을 소비자에게 알리고 제품 전체를 대상으로 수거(收去, 거두어 감)·파기(破棄, 깨뜨리거나 찢어서 버림) 및 수리·교환·환급(還給, 돈을 도로 돌려줌) 등의 적절한 시정(是正, 잘못된 것을 바로잡음) 조치를 취함으로써 결함 제품으로 인한 위해 확산(擴散, 널리 퍼짐)을 방지하고자(防止~, 막고자) 하는 소비자 보호 제도이다.
　[2]소비자의 입장에서 보면 결함 제품에 의한 피해의 확산을 방지하여 안전한 소비 생활을 영위할(營爲~, 꾸려 나감) 수 있도록 하며, 기업의 입장에서 보면 안전사고(安全事故, 주의를 기울이지 못했거나 안전 교육을 다 갖추지 못하는 등의 이유로 일어나는 사고)를 미연(未然, 아직 일어나지 않은 때)에 방지함으로써 소비자 피해에 대한 손해 배상의 부담을 줄일 수 있다.

▶ ㉮(제조물 책임법)와 ㉯(리콜제도)의 비교	㉮	㉯
사후 피해 구제에 중점을 둠	○	
결함 제품에 의한 피해 확산 방지에 중점을 둠		○
결함 제품으로 인한 소비자 피해 사실에 대해 책임을 짐	○	
결함 제품에 대해 책임을 짐		○
제품 결함이 발견된 경우 소비자에게 결함 내용을 알림		○
소비자의 요청이 있어야만 이행됨	○	
제조물의 결함으로 인한 소비자의 손해 발생을 필수 조건으로 함	○	

① ㉮가 *사후 피해 구제에 **중점을 두고 있다면, ㉯는 결함 제품에 의한 피해 확산 방지에 중점을 두고 있다. *事後, 일이 끝난 뒤 **重點, 가장 중요하게 여겨야 할 점

　근거 ❷-1 제조물 책임법은 … 제조물의 결함으로 인해 생명·신체·재산상의 손해를 입은 사람에 대하여 제조업자가 손해 배상 책임을 지도록 하는 법률, <보기>-1 결함 제품으로 인한 위해 확산을 방지하고자 하는 소비자 보호 제도

　풀이 ㉮(제조물 책임법)는 제조물의 결함으로 이미 손해를 입은 사람의 피해를 구제하는 법률이고, ㉯(리콜제도)는 결함 제품으로 인한 피해의 확산을 방지하고자 하는 소비자 보호 제도이다.

　→ 적절함!

② ㉮는 결함 제품으로 인한 소비자 피해 사실에 대해, ㉯는 결함 제품에 대해 책임을 지는 제도이다.

　근거 ❷-1 제조물 책임법은 … 제조물의 결함으로 인해 생명·신체·재산상의 손해를 입은 사람에 대하여 제조업자가 손해 배상 책임을 지도록 하는 법률, <보기>-1 제품 결함이 발견된 경우, … 제품의 결함 내용을 소비자에게 알리고 제품 전체를 대상으로 수거·파기 및 수리·교환·환급 등의 적절한 시정 조치를 취함으로써 결함 제품으로 인한 위해 확산을 방지하고자 하는 소비자 보호 제도

　풀이 ㉮(제조물 책임법)는 제조물의 결함으로 인해 발생한 소비자의 피해 사실에 대해 제조업자가 손해 배상 책임을 지는 법률이고, ㉯(리콜제도)는 제품의 결함을 발견할 경우 제품 전체를 대상으로 수거·파기 및 수리·교환·환급 등의 시정 조치를 취함으로써 결함 제품에 대해 책임을 지는 제도이다.

　→ 적절함!

③ ㉮와 달리 ㉯는 제품 결함이 발견된 경우 소비자에게 결함 내용을 알리는 제도이다.

　근거 <보기>-1 제품 결함이 발견된 경우, 제조업자 스스로 또는 정부의 강제 명령에 의해 제품의 결함 내용을 소비자에게 알리고

　풀이 <보기>를 통해 ㉯(리콜제도)는 제품 결함이 발견된 경우 소비자에게 결함 내용을 알리는 제도임을 확인할 수 있다. ㉮(제조물 책임법)는 제품 결함이 발견된 경우 소비자에게 결함 내용을 알리는 제도가 아니라, 제조물의 결함으로 인해 손해를 입은 소비자에 대해 제조업자가 손해 배상 책임을 지도록 하는 법률이다.

　→ 적절함!

④ ㉯와 달리 ㉮는 소비자의 *요청이 있어야만 이행된다. *要請, 필요한 일이나 행동이 이루어지도록 하는 부탁

　근거 ❹-1 피해자가 제조업자에게 손해 배상을 청구, <보기>-1 제품 결함이 발견된 경

우, 제조업자 스스로 또는 정부의 강제 명령에 의해 제품의 결함 내용을 소비자에게 알리고 제품 전체를 대상으로 수거·파기 및 수리·교환·환급 등의 적절한 시정 조치를 취함으로써 결함 제품으로 인한 위해 확산을 방지하고자 하는 소비자 보호 제도

　풀이 ㉮(제조물 책임법)는 피해자인 소비자가 제조업자에게 손해 배상을 청구해야 이행된다. 반면 ㉯(리콜제도)는 제조업자 스스로, 또는 정부의 강제 명령으로 시행된다.

　→ 적절함!

✓⑤ ㉮와 ㉯는 모두 제조물의 결함으로 인한 소비자의 손해 발생을 필수 조건으로 하고 있다.　[㉮는]

　근거 ❷-1 제조물 책임법은 … 제조물의 결함으로 인해 생명·신체·재산상의 손해를 입은 사람에 대하여 제조업자가 손해 배상 책임을 지도록 하는 법률, <보기>-1 소비자의 생명·신체 및 재산상에 위해를 끼치거나 끼칠 우려가 있는 제품 결함이 발견된 경우

　풀이 ㉮(제조물 책임법)는 제조물의 결함으로 인해 손해를 입은 소비자에 대해 제조업자가 손해 배상 책임을 지도록 하는 법률이므로, 제조물의 결함으로 인한 소비자의 손해 발생을 필수 조건으로 한다. 반면 ㉯(리콜제도)는 소비자에게 위해를 끼친 경우뿐만 아니라 위해를 끼칠 '우려가 있는' 제품 결함이 발견된 경우에도 시행되므로, 제조물의 결함으로 인한 소비자의 손해 발생을 필수 조건으로 한다고 볼 수 없다.

　→ 적절하지 않음!

tip • 제조물책임제도와 리콜제도의 관계

구분	제조물책임제도	㉯ 리콜제도
시점	소비자 피해 사후 배상	소비자 위해의 사전 예방
대상 품목	결함이 발생한 특정 제품	결함 물품 전체
절차	개별 소비자에 대한 손해 배상	수리, 교환, 환급, 수거 등
관련법	㉮ 제조물 책임법	제품안전기본법, 개별법

〈출처 : 산업통상자원부 국가기술표준원〉

107 | 세부 정보 이해 - 적절하지 않은 것 고르기 2019년 6월 학평 25번
정답률 55%, 매력적 오답 ② 20%　　　　　　　　정답 ③

ⓐ와 ⓑ에 대한 이해로 적절하지 않은 것은?

ⓐ 제조물　　ⓑ 제조업자

① 화장품, 건전지와 달리 고등어는 ⓐ에 포함되지 않는다.　[공산품]　[미가공 수산물]

　근거 ❷-2 제조물은 공산품, 가공 식품 등의 제조 또는 가공된 물품을 의미하는 것, ❷-4 미가공 농수축산물 등은 원칙적으로 제조물의 범위에서 제외되는데,

　풀이 '고등어'는 미가공 농수축산물에 해당하므로, 공산품인 화장품, 건전지와 달리 원칙적으로 제조물의 범위에서 제외된다.

　→ 적절함!

② 중고 자동차는 ⓐ에 포함되며, 이를 수입하는 자는 ⓑ에 해당된다.　[중고품]　[제조물 수입을 업으로 하는 자]

　근거 ❷-3 중고품, 폐기물, 부품, 원재료도 (제조물의) 적용 대상이 된다, ❷-5 제조업자에는 … 제조물 수입을 업(業)으로 하는 자, … 가 포함된다.

　풀이 중고품인 '중고 자동차'는 제조물에 포함되며, 제조물에 해당하는 중고 자동차의 수입을 업으로 하는 자는 제조업자에 해당한다.

　→ 적절함!

✓③ 복숭아 통조림은 ⓐ에 포함되고, 이를 제조한 자와 복숭아를 생산한 자 모두 ⓑ에 해당된다.　[가공 식품]　[가공 식품의 제조업자]　[미가공 농산물인 복숭아를 생산한 농업인]

　근거 ❷-2 제조물은 공산품, 가공 식품 등의 제조 또는 가공된 물품을 의미하는 것, ❷-4 미가공 농수축산물 등은 원칙적으로 제조물의 범위에서 제외, ❷-5 제조업자에는 부품 또는 완성품의 제조업자, … 가 포함된다.

　풀이 '복숭아 통조림'은 가공 식품이므로 제조물에 포함되며, 가공 식품인 복숭아 통조림을 제조한 자는 제조업자에 해당한다. 그러나 복숭아 통조림의 재료로 쓰인 '복숭아'는 미가공 농산물에 해당하므로 복숭아 자체는 제조물에 포함되지 않으며, 이를 생산한 농업인 또한 제조업자에 포함되지 않는다.

　→ 적절하지 않음!

④ **자동차 부품의 결함으로 자동차가 고장이 났다면 자동차 부품을 만든 자는 ⓑ에 해당되므로 손해 배상의 책임이 있다.**

> **근거** ❷-1 제조물 책임법은 제조업자에게 고의나 과실이 없더라도 제조물의 결함으로 인해 생명·신체·재산상의 손해를 입은 사람에 대하여 제조업자가 손해 배상 책임을 지도록 하는 법률, ❷-3 중고품, 폐기물, 부품, 원재료도 (제조물로 이 법의) 적용 대상이 된다, ❷-5 제조업자에는 부품 또는 완성품의 제조업자, … 가 포함된다.
>
> **풀이** 제조물 책임법에 따르면 제조물의 결함으로 인해 재산상의 손해가 발생하였다면, 제조업자에게 손해 배상의 책임이 있다. '자동차 부품'은 제조물에 해당하므로, 자동차 부품을 만든 제조업자는 자동차 고장으로 인한 재산상의 손해에 따른 손해 배상의 책임이 있다.
>
> → 적절함!

⑤ **전자 제품에 결함이 발생했지만 제품을 공급했을 당시의 기술 수준으로는 발견할 수 없었던 결함이라면 ⓑ는 손해 배상에 대한 *면책 요건을 갖추고 있다.** *免責要件, 책임을 면하기 위해 필요한 조건

> **근거** ❺-1~2 제조물의 결함으로 손해가 발생한 경우에 제조업자는 다음 중 어느 하나를 입증하면 손해 배상 책임을 면할 수 있다. … 제조업자가 해당 제조물을 공급한 때의 과학·기술 수준으로는 결함의 존재를 발견할 수 없었다는 사실
>
> → 적절함!

틀리기 쉬운 문제

108 | 문맥적 의미 파악 - 적절한 것 고르기 | 2019년 6월 학평 26번
정답률 50%, 매력적 오답 ③ 15% ④ 10% ⑤ 20% | **정답 ②**

문맥상 의미가 ㉠과 가장 가까운 것은?

> 제조업자가 제조물의 결함을 ㉠알면서도 적절한 피해 예방 조치를 하지 않은 경우

> **풀이** ㉠의 '알다'는 문맥상 '어떤 사실이나 존재, 상태에 대해 의식이나 감각으로 깨닫거나 느끼다'의 의미로 쓰였다.

① **이 문제는 당신이 알아서 처리해야 한다.**

> **풀이** '사람이 어떤 일을 어떻게 할지 스스로 정하거나 판단하다'의 의미로 쓰였다. 한자어로는 '자기의 생각과 판단에 따라 일을 처리함'의 의미인 '재량(裁 헤아리다 재 量 추측하다 량)'과 유사한 의미이다.
>
> **예문** 네 일은 네가 알아서 해라.
>
> → 적절하지 않음!

② **밖으로 나와서야 날씨가 추운 것을 알았다.**

> **풀이** '어떤 사실이나 존재, 상태에 대해 의식이나 감각으로 깨닫거나 느끼다'의 의미로 쓰였다. 한자어로는 '어떤 사실을 인정하여 알다'의 의미인 '인지(認 알다 인 知 알다 지)하다'와 유사한 의미이다.
>
> **예문** 책을 읽으라고 누가 왔는지도 알지 못했다.
>
> → 적절함!

③ **그녀는 차는 없었지만 운전을 할 줄 알았다.**

> **풀이** '어떤 일을 할 능력이나 지식이 있다'의 의미로 쓰였다. 한자어로는 '할 수 있거나 될 수 있다'의 의미인 '가능(可 가히 가 能 할 수 있다 능)하다'와 유사한 의미이다.
>
> **예문** 형은 기타를 칠 줄 안다.
>
> → 적절하지 않음!

④ **그 사람은 공부만 알지 세상 물정을 통 모른다.**

> **풀이** '어떤 사람이나 사물에 대하여 소중히 생각하다'의 의미로 쓰였다. 한자어로는 '매우 사랑하고 소중히 여기다'의 의미인 '애지중지(愛 사랑하다 애 之 어조사 지 重 소중하다 중 之 어조사 지)하다'와 유사한 의미이다.
>
> **예문** 그는 돈만 아는 구두쇠였다.
>
> → 적절하지 않음!

⑤ **그녀는 그의 사랑 고백을 농담으로 알고 지나쳤다.**

> **풀이** '어떤 사물이나 사람에 대하여 그것을 어떠한 성격을 가진 것으로 여기다'의 의미로 쓰였다. 한자어로는 '상태, 모양, 성질 따위가 그와 같다고 보거나 그렇다고 여기다'의 의미인 '간주(看 보다 간 做 만들다 주)하다'와 유사한 의미이다.
>
> **예문** 어떤 부모는 자식을 전부로 알아 자식에게 모든 것을 다 해 준다.
>
> → 적절하지 않음!

[109~113] 다음 글을 읽고 물음에 답하시오.

1 [1]어떤 안건(案件, 토의하거나 조사하여야 할 사실)을 대하는 집단 구성원들의 생각은 각기 다르므로, 상이한(相異–, 서로 다른) 생각들을 집단적 합의(合意, 서로 의견이 일치함)에 이르게 하는 의사(意思, 무엇을 하고자 하는 생각) 결정 과정이 필요하다. [2]공공(公共, 국가나 사회의 구성원에게 두루 관계되는 것) 선택 이론은 이처럼 집단을 구성하는 개인의 의사가 집단의 의사로 통합되는(統合–, 하나로 합쳐지는) 과정을 다룬다. [3]직접 민주주의(直接民主主義, 의사 결정과 집행에 구성원들이 직접 참여하는 민주주의)하(下, 관련된 조건이나 환경)에서의 의사 결정 방법으로 단순 과반수제, 최적 다수결제, 점수 투표제, 보르다(Borda) 투표제 등이 있다.

→ **의사 결정 과정의 개념 및 방법**

2 [1]⊙ 단순 과반수제는 투표자의 과반수(過半數, 절반이 넘는 수)가 지지하는(支持–, 옳거나 좋다고 판단하여 그에 뜻을 같이하는) 안건이 채택되는(採擇–, 뽑히는) 다수결(多數決, 많은 사람의 의견에 따라 안건의 찬성과 반대를 결정하는 일) 제도이다. [2]효율적으로(效率的–, 들인 노력에 비해 얻는 결과가 크도록) 의사 결정이 이루어져 많이 사용되고 있으나, 각 투표자는 찬반(贊反, 찬성과 반대) 여부를 표시할 뿐 투표 결과에는 선호(選好, 여럿 가운데 특별히 가려서 좋아함) 강도(强度, 센 정도)가 드러나지 않아 안건 채택 시 사회 전체의 후생*이 감소할(減少–, 줄어들) 가능성이 있다. [3]이는 다수(多數, 수가 많음)의 횡포(橫暴, 제멋대로 굴며 몹시 난폭함)에 의해 소수(少數, 적은 수)의 이익이 침해되는(侵害–, 침범되어 손해를 입는) 상황이 발생할 수 있음을 의미한다. [4]또한 어떤 대안(對案, 대처할 방안)들을 먼저 비교하는가에 따라 그 결과가 달라지는 ⓐ '투표의 역설(逆說, 일반적으로 인정되는 내용과 반대되는 것)' 현상이 나타날 수 있다. [5]예를 들어, 갑, 을, 병 세 사람이 사는 마을에 정부에서 병원, 학교, 경찰서 중 하나를 지어 줄 테니 투표를 통해 선택하라고 제안하였고, 이때 세 사람의 선호 순위가 다음 〈표〉와 같다고 하자. [6]세 가지 대안을 동시에 투표에 부치면(넘겨서 맡기면) 하나의 대안으로 결정되지 않는다. [7]그래서 먼저 병원, 학교, 경찰서 중 두 대안을 선정하여

선호 순위 투표자	1순위	2순위	3순위
갑	병원	학교	경찰서
을	학교	경찰서	병원
병	경찰서	병원	학교

〈표〉

(選定–, 여럿 가운데서 뽑아 정하여) 다수결로 결정한 후 남은 한 가지 대안과 다수결로 승자(勝者, 이긴 편)를 결정하면 최종적으로 하나의 대안이 결정된다. [8]즉, 비교하는 대안의 순서에 따라 〈표〉의 투표 결과는 달라지게 된다.

→ **의사 결정 방법 ① : 단순 과반수제의 개념과 장단점**

3 [A] [1]최적(最適, 가장 알맞음) 다수결제는 투표에 따르는 총비용(總費用, 들어간 모든 돈)이 최소화되는(最少化–, 가장 적게 되는) 지점을 산정한(算定–, 셈하여 정한) 후, 안건의 찬성자 수가 그 이상이 될 때 안건이 통과되는(通過–, 마땅하다고 받아들여지는) 제도이다. [2]이때의 총비용은 의사 결정 비용과 외부 비용의 합으로 결정된다. [3]의사 결정 비용은 투표자들의 동의(同意, 다른 사람의 행위를 마땅하다고 받아들이거나 옳다고 인정함)를 구하는 데 드는 시간과 노력에 따른 비용을 의미하며, 찬성표의 비율이 높을수록(더 많은 사람의 동의를 구해야 할수록) 증가한다. [4]외부 비용은 어떤 안건이 통과됨에 따라 그 안건에 반대하였던 사람들이 느끼는 부담을 의미하며, 찬성표의 비율이 높아질수록 낮아지며(찬성표의 비율이 높아질수록 반대하는 사람이 적어지기 때문) 모든 사람이 찬성할 경우에는 0이 된다. [5]안건 통과에 필요한 투표자 수(찬성자 수)가 증가할수록 의사 결정 비용이 증가하므로 의사 결정 비용 곡선은 우상향한다.(右上向–, 그래프에서 선의 방향이 왼쪽에서 오른쪽으로 올라가는 형태가 된다.) [6]이와 달리 외부 비용은 감소하므로 외부 비용 곡선은 우하향하며(右下向–, 그래프에서 선의 방향이 왼쪽에서 오른쪽으로 내려가는 형태를 보이며), 두 곡선을 합한 총비용 곡선은 U자 형태로 나타난다. [7]이때 총비용이 최소화되는 곳이 최적 다수결제에서의 안건 통과의 기준이 되는 최적 다수 지점이 된다. [8]이 제도는 의사 결정 과정을 이론적으로 명쾌하게 설명할 수 있지만, 최적 다수결의 기준을 정하는 데 시간을 지나치게 소비하게(消費–, 써서 없애게) 된다는 단점이 있다.

→ **의사 결정 방법 ② : 최적 다수결제의 개념과 장단점**

4 [1]ⓒ 점수 투표제는 각 투표자에게 일정한 점수를 주고 각 투표자가 자신의 선호에 따라 각 대안에 대하여 주어진 점수를 배분하여(配分–, 나누어) 투표하는 제도로, 합산하여(合算–, 합하여 계산하여) 가장 많은 점수를 얻은 대안이 선택된다. [2]투표자의 선호 강도에 따라 점수를 배분하므로 투표자의 선호 강도가 잘 반영된다.(反映–, 영향을 받아 나타난다.) [3]소수의 의견도 투표 결과에 잘 반영되며, 투표의 역설이 나타나지 않는다는 장점이 있다. [4]하지만 전략적(戰略的, 목적을 이루기 위한 방법이나 계획과 관련된) 행동에 취약하여(脆弱–, 단단하지 않고 약하여) 투표 결과가 불규칙하게 바뀔 수 있다는 단점이 있다. [5]전략적 행위란 어떤 투표자가 다른 투표자의 투표 성향(性向, 성질에 따른 방향성)을 예측하고(豫測–, 미리 헤아려 짐작하고) 자신의 행동을 이에 맞춰 변화시킴으로써 자기가 원하는 것을 얻으려 하는 태도를 뜻한다. [6]이 행위(전략적 행위)는 어떤 투표 제도에서든 나타날 수 있으나, 점수 투표제에서 나타날 가능성이 높다.

→ **의사 결정 방법 ③ : 점수 투표제의 개념과 장단점**

5 [1]ⓒ 보르다 투표제는 n 개의 대안이 있을 때 가장 선호하는 대안부터 순서대로 n, (n-1), …, 1 점을 주고, 합산하여 가장 높은 점수를 받은 대안을 선택하는 투표 방식으로, 점수 투표제와 달리 오로지 순서에 의해서만 선호 강도를 표시한다. [2]이 제도(보르다 투표제)하에서는 일부에게 선호도가 아주 높은 대안보다는 투표자 모두에게 어느 정도 차선(次善, 최선의 다음)이 될 수 있는 ⓑ 중도(中道, 어느 한쪽으로 치우치지 않은 입장)의 대안이 채택될 가능성이 높으며, 점수 투표제와 마찬가지로 투표의 역설이 발생하지 않는다.

→ **의사 결정 방법 ④ : 보르다 투표제의 개념과 특징**

* 후생(厚 두텁다 후 生 살다 생) : 사회 구성원들의 복지(福祉, 행복한 삶) 수준

■ 지문 이해

〈네 가지 의사 결정 방법의 개념과 특징〉

❶ 의사 결정 과정의 개념 및 방법

• 의사 결정 과정 : 집단 구성원들의 서로 다른 생각을 집단적 합의에 이르게 하는 것

직접 민주주의하에서의 의사 결정 방법

❷ 단순 과반수제의 개념과 장단점

• 개념 : 투표자의 과반수가 지지하는 안건이 채택되는 다수결 제도
• 장점 : 효율적으로 의사 결정이 이루어짐
• 단점
  - 투표 결과에 선호 강도가 드러나지 않아 사회 후생이 감소할 가능성이 있음
  - 비교하는 대안의 순서에 따라 투표 결과가 달라지는 투표의 역설 현상이 일어날 수 있음

❸ 최적 다수결제의 개념과 장단점

• 개념 : 투표에 따르는 총비용이 최소화되는 지점(= 최적 다수 지점)을 산정하여, 안건 찬성자 수가 그 이상이 될 때 안건이 통과되는 제도
  - 총비용 = 의사 결정 비용 + 외부 비용 → U자 형태의 곡선
  - 의사 결정 비용 : 투표자들의 동의를 구하는 데 드는 시간과 노력에 따른 비용, 찬성표 비율이 증가할수록 증가 → 우상향 곡선
  - 외부 비용 : 안건에 반대하였던 사람들이 느끼는 부담, 찬성표 비율이 증가할수록 감소 → 우하향 곡선
• 장점 : 의사 결정 과정을 이론적으로 명쾌하게 설명할 수 있음
• 단점 : 최적 다수결의 기준을 정하는 데 시간을 지나치게 소비하게 됨

---

④ 점수 투표제의 개념과 장단점

- 개념 : 각 투표자가 자신의 선호에 따라 주어진 점수를 각 대안에 배분하여 투표하는 제도 → 합산하여 가장 많은 점수를 얻은 대안이 선택됨
- 장점
  - 투표자의 선호 강도가 잘 반영됨
  - 소수 의견도 투표 결과에 잘 반영되며 투표의 역설이 나타나지 않음
- 단점 : 전략적 행동에 취약하여 투표 결과가 불규칙하게 바뀔 수 있음

⑤ 보르다 투표제의 개념과 특징

- 개념 : n 개의 대안을 가장 선호하는 대안부터 순서대로 n, (n-1), …, 1 점을 주고, 합산하여 가장 높은 점수를 받은 대안을 선택하는 투표 방식으로, 순서에 의해서만 선호 강도를 표시함
- 특징
  - 중도의 대안이 채택될 가능성이 높음
  - 투표의 역설이 발생하지 않음

---

110 자료 해석의 적절성 판단 - 적절하지 않은 것 고르기 2023년 6월 학평 39번
정답률 45%, 매력적 오답 ① 20% ③ 15% ④ 10% ⑤ 10% │ 정답 ②

ⓐ와 관련하여 〈표〉를 이해한 것으로 적절하지 않은 것은?

투표자 ＼ 선호 순위	1순위	2순위	3순위
갑	병원	학교	경찰서
을	학교	경찰서	병원
병	경찰서	병원	학교

ⓐ '투표의 역설'

① '병원'과 '학교'를 먼저 비교할 경우, '병원'과 '경찰서'의 다수결 승자가 최종의 대안으로 결정된다.

> **풀이** 〈표〉에서 '병원'과 '학교'를 먼저 비교할 경우, 세 사람은 각자 병원과 학교 중 선호 순위가 더 높은 대안을 선택하여 투표할 것이다. 따라서 갑은 병원, 을은 학교, 병은 병원에 투표할 것이고, 다수결로 결정된 '병원'이 남은 대안인 '경찰서'와 다시 다수결로 승자를 결정한 후 최종의 대안이 결정될 것이다.
>
> → 적절함!

✓ ② '학교'와 '경찰서'를 먼저 비교할 경우, '갑'과 '을'이 '학교'에 투표하여 최종적으로 '학교'가 결정된다. ~~'학교'~~ '병원'이

> **풀이** 〈표〉를 살펴보면, '갑'의 선호 순위는 학교(2순위)가 경찰서(3순위)보다 높고, '을'의 선호 순위 또한 학교(1순위)가 경찰서(2순위)보다 높다. 따라서 '학교'와 '경찰서'를 먼저 비교할 경우 갑과 을은 '학교'에 투표할 것이다. 과반수를 넘은 '학교'를 다시 '병원'과 비교하면 갑은 '병원', 을은 '학교', 병은 '병원'을 각각 선택할 것이므로, 다수결에 따라 최종의 대안으로 결정되는 것은 '병원'이 된다.

1단계 : 학교 vs 경찰서	2단계 : 학교 vs 병원
갑 : 학교	갑 : 병원
을 : 학교 →	을 : 학교
병 : 경찰서	병 : 병원

> → 적절하지 않음!

③ '병원'과 '학교'를 먼저 비교하는지, '학교'와 '경찰서'를 먼저 비교하는지에 따라 투표의 결과가 달라진다.

> **근거** ❷-8 비교하는 대안의 순서에 따라 〈표〉의 투표 결과는 달라지게 된다.
>
> **풀이** '병원'과 '학교'를 먼저 비교하였을 경우, 세 사람은 각자의 선호 순위에 따라 갑은 병원, 을은 학교, 병은 병원에 각각 투표할 것이다. 그 후 과반수를 넘은 '병원'을 다시 '경찰서'와 비교하여 갑은 병원, 을은 경찰서, 병은 경찰서에 각각 투표할 것이고, 다수결로 결정된 최종적 대안은 '경찰서'가 된다. 반면 '학교'와 '경찰서'를 먼저 비교하였을 경우, 갑은 학교, 을은 학교, 병은 경찰서에 각각 투표할 것이고, 과반수를 넘은 '학교'를 다시 '병원'과 비교하게 된다. 그 결과 갑은 병원, 을은 학교, 병은 병원에 각각 투표하여, 다수결로 결정된 최종적 대안은 '병원'이 된다. 따라서 비교하는 대안의 순서에 따라 투표의 결과가 달라진다는 설명은 적절하다.
>
> → 적절함!

④ '병원', '학교', '경찰서'를 동시에 투표에 부치면, 모두 한 표씩 얻어 어떤 대안도 과반수가 되지 않는다.

> **근거** ❷-6 세 가지 대안을 동시에 투표에 부치면 하나의 대안으로 결정되지 않는다.
>
> **풀이** 〈표〉에서 갑은 병원, 을은 학교, 병은 경찰서를 각각 1순위로 선호하므로, '병원', '학교', '경찰서'를 동시에 투표에 부치면 모두 한 표씩을 얻게 되어 어떤 대안도 과반수가 되지 않는다.
>
> → 적절함!

⑤ 대안에 대한 '갑', '을', '병' 세 사람의 선호 순위는 바뀌지 않아도, 투표의 결과가 바뀌는 현상이 나타난다.

> **근거** ❷-4 어떤 대안들을 먼저 비교하는가에 따라 그 결과가 달라지는 '투표의 역설' 현상이 나타날 수 있다. ❷-8 비교하는 대안의 순서에 따라 〈표〉의 투표 결과는 달라지게 된다.
>
> → 적절함!

---

109 세부 정보 이해 - 적절하지 않은 것 고르기 2023년 6월 학평 38번
정답률 80% │ 정답 ②

윗글에 대한 이해로 적절하지 않은 것은?

① 어떤 투표제에서든 투표자의 전략적 행위가 나타날 수 있다.

> **근거** ❹-6 이 행위(전략적 행위)는 어떤 투표 제도에서든 나타날 수 있으나
>
> → 적절함!

✓ ② 보르다 투표제에서는 가장 선호하지 않는 대안에 0 점을 부여한다. 1 점

> **근거** ❺-1 보르다 투표제는 n 개의 대안이 있을 때 가장 선호하는 대안부터 순서대로 n, (n-1), …, 1 점을 주고
>
> **풀이** 보르다 투표제에서는 가장 선호하지 않는 대안에 1 점을 부여한다.
>
> → 적절하지 않음!

③ 단순 과반수제에서는 채택된 대안으로 인해 사회의 후생이 감소되기도 한다.

> **근거** ❷-2 (단순 과반수제는) 안건 채택 시 사회 전체의 후생이 감소할 가능성이 있다.
>
> → 적절함!

④ 점수 투표제는 최적 다수결제와 달리 대안에 대한 선호 강도를 표시할 수 있다.

> **근거** ❹-2 (점수 투표제는) 투표자의 선호 강도에 따라 점수를 배분하므로 투표자의 선호 강도가 잘 반영된다.
>
> → 적절함!

⑤ 최적 다수결제는 단순 과반수제와 달리 안건 통과의 기준이 안건에 따라 달라질 수 있다.

> **근거** ❷-1 단순 과반수제는 투표자의 과반수가 지지하는 안건이 채택되는 다수결 제도, ❸-1 최적 다수결제는 투표에 따르는 총비용이 최소화되는 지점을 산정한 후, 안건의 찬성자 수가 그 이상이 될 때 안건이 통과되는 제도, ❸-7 총비용이 최소화되는 곳이 최적 다수결제에서의 안건 통과의 기준이 되는 최적 다수 지점이 된다.
>
> **풀이** 단순 과반수제는 투표자의 과반수가 지지하는 안건이 채택되므로, 안건 통과의 기준은 안건과 무관하게 투표자의 과반수가 된다. 이와 달리 최적 다수결제에서는 총비용이 최소화되는 곳이 안건 통과의 기준이 되고, 안건의 찬성자 수가 그 기준 이상이 될 때 안건이 통과되는 제도이다. 따라서 최적 다수결제에서는 안건 통과의 기준이 안건에 따라 달라질 수 있다.
>
> → 적절함!

111 추론의 적절성 판단 - 적절한 것 고르기 2023년 6월 학평 40번
정답률 55%, 매력적 오답 ⑤ 25%

정답 ④

ⓑ의 이유로 가장 적절한 것은?

> ⓑ 중도의 대안이 채택될 가능성이 높으며

근거 **5**-1~2 보르다 투표제는 n 개의 대안이 있을 때 가장 선호하는 대안부터 순서대로 n, (n-1), …, 1 점을 주고, 합산하여 가장 높은 점수를 받은 대안을 선택하는 투표 방식으로, 점수 투표제와 달리 오로지 순서에 의해서만 선호 강도를 표시한다. 이 제도 하에서는 일부에게 선호도가 아주 높은 대안보다는 투표자 모두에게 어느 정도 차선이 될 수 있는 중도의 대안이 채택될 가능성이 높으며

풀이 보르다 투표제에서는 순서에 의해 선호 강도를 표시하여 점수를 주고, 합산하여 가장 높은 점수를 받은 대안을 선택하게 된다. 이때 일부에게만 선호도가 높은 대안이 다수에게 선호도가 매우 낮다면, 그 합산 점수가 다수의 투표자들이 골고루 적당한 정도의 선호도를 보이는 대안보다 낮을 수 있다. 예를 들어 5 명의 투표자들에게 각각 5, 1, 1, 1, 1의 점수를 받은 대안 A보다 같은 5 명의 투표자들에게 각각 3, 3, 3, 3, 3의 점수를 받은 대안 B의 합산 점수가 더 높다. 이와 같은 이유에서 보르다 투표제에서는 일부에게 선호도가 아주 높은 대안보다 투표자 모두에게 어느 정도 차선이 될 수 있는 중도의 대안이 채택될 가능성이 높다. 따라서 정답은 ④번이다.

① 주어진 점수를 투표자가 *임의대로 배분할 수 있기 때문이다. *任意. 일정한 기준이나 원칙 없이 하고 싶은 대로 함

풀이 보르다 투표제에서 투표자는 주어진 점수를 임의대로 배분하는 것이 아니라, 순서에 의해서만 선호 강도를 표시하여 가장 선호하는 대안부터 순서대로 n, (n-1), …, 1 점을 준다.

② 투표자는 중도의 대안에 관해서만 자신의 의사를 표현할 수 있기 때문이다.

풀이 보르다 투표제에서 투표자는 중도의 대안에 관해서만 자신의 의사를 표현하는 것이 아니라, 모든 대안에 대하여 순서에 의해 선호 강도를 표시할 수 있다.

③ 점수 투표제와 달리 투표자의 전략적 행동을 유발하여 투표 결과를 조작할 수 있기 때문이다.

근거 **4**-4 (점수 투표제는) 전략적 행동에 취약하여 투표 결과가 불규칙하게 바뀔 수 있다는 단점이 있다. **4**-6 이 행위(전략적 행위)는 어떤 투표 제도에서든 나타날 수 있으나, 점수 투표제에서 나타날 가능성이 높다.

풀이 윗글에서 점수 투표제는 전략적 행동에 취약하며, 전략적 행위는 어떤 투표 제도에서든 나타날 수 있으나 점수 투표제에서 나타날 가능성이 높다고 설명하였다. 또한 투표자의 전략적 행동은 ⓑ의 이유와 관련이 없다.

✔④ 일부에게만 선호도가 높은 대안이 다수에게 선호도가 매우 낮으면 점수 합산 면에서 불리하기 때문이다.
→ 적절함!

⑤ 순서로만 선호 강도를 표시할 경우, 모든 투표자에게 선호도가 가장 높은 대안이라도 최종 승자가 아닐 수 있기 때문이다.

풀이 순서로만 선호 강도를 표시하는 보르다 투표제에서 '모든 투표자에게 선호도가 가장 높은 대안의 경우 모든 투표자에게 각각 가장 높은 점수(n)를 받게 되므로, 합산하면 가장 높은 점수를 받아 항상 최종 승자가 된다. 예를 들어 보르다 투표제에서 5 명의 투표자가 5 개의 대안에 대해 투표를 할 때 어떠한 대안이 모든 투표자에게 선호도가 가장 높다면 그 대안은 5, 5, 5, 5, 5의 점수를 받아 합산했을 때 가장 높은 점수를 받게 될 것이다.

---

112 세부 정보 이해 - 적절하지 않은 것 고르기 2023년 6월 학평 41번
정답률 60%, 매력적 오답 ① 10% ② 10% ③ 10% ④ 10%

정답 ⑤

〈보기〉가 [A]의 각 비용들에 대한 그래프라고 할 때, 이에 대한 이해로 적절하지 않은 것은?

3점

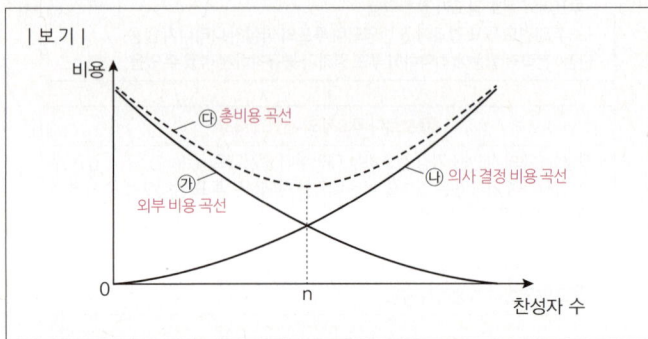

| 보기 |
비용 — ⓓ 총비용 곡선 — ⓐ 외부 비용 곡선 — ⓑ 의사 결정 비용 곡선 — 0 — n — 찬성자 수

① ⓐ는 외부 비용으로, 반대하는 투표자 수가 많아질수록 그 값이 커진다.

근거 **3**-4 (외부 비용은) 찬성표의 비율이 높아질수록 낮아지며, **3**-6 외부 비용 곡선은 우하향하며

풀이 〈보기〉의 그래프에서 ⓐ 곡선은 우하향하는 형태를 보이므로, 외부 비용 곡선에 해당한다. 외부 비용은 찬성표의 비율이 높아질수록, 즉 반대표의 비율이 낮아질수록 낮아진다고 하였으므로, 반대표의 비율이 높아질수록 그 값은 커질 것이다.
→ 적절함!

② ⓑ는 의사 결정 비용으로, 투표 참가자들을 설득하는 데 드는 시간과 노력이 적을수록 그 값이 작아진다.

근거 **3**-3 의사 결정 비용은 투표자들의 동의를 구하는 데 드는 시간과 노력에 따른 비용을 의미하며, **3**-5 의사 결정 비용 곡선은 우상향한다.

풀이 〈보기〉의 그래프에서 ⓑ 곡선은 우상향하는 형태를 보이므로, 의사 결정 비용 곡선에 해당한다. 의사 결정 비용은 투표자들의 동의를 구하기 위한 설득 과정에서 드는 시간과 노력에 따른 비용을 의미하므로, 투표 참가자들을 설득하는 데 드는 시간과 노력이 적을수록 그 값이 작아진다.
→ 적절함!

= 총비용
③ ⓓ는 총비용으로, ⓐ와 ⓑ를 합한 값이 최소가 되는 지점 n이 최적 다수 지점이 된다.

근거 **3**-2 총비용은 의사 결정 비용과 외부 비용의 합으로 결정된다. **3**-6~7 두 곡선을 합한 총비용 곡선은 U자 형태로 나타난다. 이때 총비용이 최소화되는 곳이 … 최적 다수 지점이 된다.

풀이 〈보기〉의 ⓓ는 ⓐ 곡선과 ⓑ 곡선을 합한 U자 형태의 총비용 곡선에 해당하며, ⓓ 곡선에서 n 지점은 총비용, 즉 의사 결정 비용과 외부 비용을 합한 값이 최소화되는 최적 다수 지점에 해당한다.
→ 적절함!

④ 투표에 참가하는 모든 사람이 찬성하면 ⓐ의 값은 0이 된다.

근거 **3**-4 외부 비용은 … 모든 사람이 찬성할 경우에는 0이 된다. **3**-6 외부 비용 곡선은 우하향하며

풀이 〈보기〉의 그래프에서 ⓐ 곡선은 우하향하는 형태를 보이므로, 외부 비용 곡선에 해당한다. 외부 비용은 모든 사람이 찬성할 경우 0이 되므로, 모든 사람이 찬성하면 ⓐ의 값은 0이 된다.
→ 적절함!

⑦와 ⓑ는 모두 이동한다
✔⑤ 안건 통과에 필요한 투표자가 많아지게 되면 ⓑ는 이동하지만 ⓐ는 이동하지 않는다.

근거 **3**-5~6 안건 통과에 필요한 투표자 수가 증가할수록 의사 결정 비용이 증가하므로 의사 결정 비용 곡선은 우상향한다. 이와 달리 외부 비용은 감소하므로 외부 비용 곡선은 우하향하며

풀이 〈보기〉의 그래프에서 ⓐ 곡선은 우하향하는 형태를 보이므로 외부 비용 곡선에 해당하고, ⓑ 곡선은 우상향하는 형태를 보이므로 의사 결정 비용 곡선에 해당한다. 윗글에 따르면 안건 통과에 필요한 투표자, 즉 찬성자 수가 많아지게 되면 의사 결정 비용은 증가하여 우상향하고, 외부 비용은 감소하여 우하향한다. 따라서 안건 통과에 필요한 투표자가 많아지게 되면 ⓐ와 ⓑ는 모두 이동하게 된다.
→ 적절하지 않음!

1등급 문제

113 구체적인 사례에 적용 - 적절한 것 고르기 2023년 6월 학평 42번
정답률 60%, 매력적 오답 ② 20%

정답 ③

대안 Ⅰ~Ⅲ에 대한 투표자 A~E의 선호 강도가 〈보기〉와 같다고 할 때, ㉠~㉢을 통해 채택될 대안으로 적절한 것은?

[3점]

㉠ 단순 과반수제 ㉡ 점수 투표제 ㉢ 보르다 투표제

| 보기 |

대안＼투표자	A	B	C	D	E
Ⅰ	3	1	1	3	1
Ⅱ	1	7	6	2	5
Ⅲ	6	2	3	5	4

(단, 표 안의 수치가 높을수록 더 많이 선호함을 나타내며, 투표에 미치는 외부적인 요인과 투표자들의 전략적 행동은 없다고 가정한다.)

근거 ❷-1 단순 과반수제(㉠)는 투표자의 과반수가 지지하는 안건이 채택되는 다수결 제도, ❹-1 점수 투표제(㉡)는 각 투표자에게 일정한 점수를 주고 각 투표자가 자신의 선호에 따라 각 대안에 대하여 주어진 점수를 배분하여 투표하는 제도로, 합산하여 가장 많은 점수를 얻은 대안이 선택된다, ❺-1 보르다 투표제(㉢)는 n 개의 대안이 있을 때 가장 선호하는 대안부터 순서대로 n, (n-1), …, 1 점을 주고, 합산하여 가장 높은 점수를 받은 대안을 선택하는 투표 방식으로, 점수 투표제와 달리 오로지 순서에 의해서만 선호 강도를 표시

풀이 먼저 단순 과반수제(㉠)에서는 투표자의 과반수가 지지하는 안건이 채택된다. 〈보기〉의 대안 Ⅰ~Ⅲ에 대하여 투표자들은 자신이 가장 선호하는 대안에 투표할 것이므로, A는 Ⅲ, B는 Ⅱ, C는 Ⅱ, D는 Ⅲ, E는 Ⅱ에 각각 투표할 것이다. 따라서 다수결에 따라 과반수가 지지한 대안 Ⅱ가 채택될 것이다.

한편 점수 투표제(㉡)에서는 각 투표자가 자신의 선호에 따라 각 대안에 대해 점수를 배분하여 투표하고, 합산하여 가장 많은 점수를 얻은 대안이 선택된다. 〈보기〉에서 대안 Ⅰ의 합산 점수는 9 점, 대안 Ⅱ의 합산 점수는 21 점, 대안 Ⅲ의 합산 점수는 20 점이므로, 합산하여 가장 많은 점수를 얻은 대안 Ⅱ가 채택될 것이다.

마지막으로 보르다 투표제(㉢)는 가장 선호하는 대안부터 순서대로 n, (n-1), …, 1 점을 주고 합산하여 가장 높은 점수를 받은 대안을 선택하는 방식이다. 〈보기〉의 경우 대안의 개수가 3 개이므로, n은 3이 된다. 보르다 투표제의 점수 부여 방식을 〈보기〉에 적용하면 아래와 같이 정리할 수 있다.

대안＼투표자	A	B	C	D	E
Ⅰ	3 (n-1)=2	1 1	1 1	3 (n-1)=2	1 1
Ⅱ	1 1	7 n=3	6 n=3	2 1	5 n=3
Ⅲ	6 n=3	2 (n-1)=2	3 (n-1)=2	5 n=3	4 n=3

대안 Ⅰ의 합산 점수는 7 점, 대안 Ⅱ의 합산 점수는 11 점, 대안 Ⅲ의 합산 점수는 12 점이므로, 합산하여 가장 많은 점수를 얻은 대안 Ⅲ이 채택될 것이다. 따라서 정답은 ③번이다.

	㉠	㉡	㉢
①	Ⅰ	Ⅲ	Ⅱ
②	Ⅱ	Ⅱ	Ⅱ
③	Ⅱ	Ⅱ	Ⅲ
④	Ⅲ	Ⅰ	Ⅲ
⑤	Ⅲ	Ⅱ	Ⅱ

③ → 적절함!

[114~117] 다음 글을 읽고 물음에 답하시오.

1 ¹양면시장은 플랫폼 사업자(事業者, 사업을 경영하는 사람)가 서로 구분되는 두 개의 이용자 집단에 플랫폼을 제공하고(提供-, 내주고) 이용자들은 플랫폼을 통해 상대 집단과 거래하면서(去來-, 주고받거나 사고팔면서) 경제적 가치나 편익(便益, 편리하고 유익함)을 창출하는(創出-, 만들어 내는) 시장을 의미한다. ²이때 플랫폼이란 양쪽(兩-, 서로 구분되는 두 개의) 이용자 집단의 연결 고리 역할을 하는 물리적(物理的, 구체적인 형태를 가지고 존재하는 대상과 관련된), 가상적(假想的, 실제로 존재하는 것이 아닌 가정으로 생각하는), 제도적(制度的, 사회생활에 필요한 일정한 방식이나 기준 등을 법률이나 제도로 규정하는) 환경을 일컫는다. ³이용자 집단은 플랫폼을 통해 거래가 이루어지기까지의 시간이나 노력 등과 같은 거래비용(去來費用, 거래과정에서 드는 돈)을 절감하여(節減-, 아껴 줄여서) 상대 집단과 거래하게 된다. ⁴대표적인 플랫폼으로 신용 카드 회사가 제공하는 카드 결제 시스템을 들 수 있다. ⁵플랫폼의 한쪽에는 카드로 결제하는 회원들이 있고, 플랫폼의 반대쪽에는 그것을 지불(支拂, 값을 치름) 수단(手段, 방법, 도구)으로 받는 가맹점(加盟店, 가입되어 있는 가게)들이 있다. ⁶플랫폼 사업자인 신용 카드 회사 입장에서는 양쪽 이용자 집단인 카드 회원들과 가맹점들 모두가 고객(顧客, 물건을 사거나 서비스를 받는 사람)이 된다.
→ 양면시장과 플랫폼의 개념

2 ¹플랫폼을 통해 연결되는 양쪽 이용자 집단의 관계는 '네트워크 외부성'을 통해 설명할 수 있다. ²네트워크 외부성은 어떤 제품이나 서비스를 사용하는 이용자의 규모(規模, 크기, 범위)가 이용자의 효용(效用, 재화의 효능)에 영향을 미치는 것으로 직접 네트워크 외부성과 간접 네트워크 외부성으로 구분된다. ³직접 네트워크 외부성이란 동일(同-, 같은) 집단 내에서 발생하는 것으로, 동일 집단에 속한 이용자의 규모가 커지면 집단 내(內, 안) 개별(個別, 각각 하나씩 따로 나뉜) 이용자의 효용이 증가하는(增加-, 늘어나는) 특성이다. ⁴이와 달리 간접 네트워크 외부성이란 서로 다른 집단 간에 발생하는 것으로, 한쪽 이용자 집단의 규모가 커지면 반대쪽 이용자 집단의 효용이 증가하고, 한쪽 이용자 집단의 규모가 작아지면 반대쪽 이용자 집단의 효용이 감소하게(減少-, 줄어들게) 된다. ⁵양면시장에서는 간접 네트워크 외부성이 필수적으로 작용하므로 양쪽 이용자 집단이 서로 긴밀하게(緊密-, 관계가 매우 가깝게) 영향을 주고받는다.
→ 네트워크 외부성과 양쪽 이용자 집단의 관계

3 ¹이를 바탕으로 플랫폼 사업자는 플랫폼 이용료를 통해 수익을 창출하기 때문에 양쪽 이용자 집단 모두를 플랫폼에 참여하도록 유도할(誘導-, 이끌) 수 있는 가격구조를 결정하게 된다. ²이때 가격구조란 플랫폼 이용료를 각각의 이용자 집단에 어떻게 부과하느냐(賦課-, 값을 정하여 이를 부담하게 하느냐)를 의미한다. ³플랫폼 사업자는 수익을 극대화할(極大化-, 아주 크게 할) 수 있는 전략(戰略, 방법)으로 양쪽 이용자 집단에 차별적인(差別的-, 차이를 두어 구별함이 있는) 가격을 부과하는 것이 일반적인데, 한쪽 이용자 집단의 플랫폼 이용료를 아주 낮게 책정하거나(策定-, 결정하거나) 한쪽 이용자 집단에 보조금(補助金, 일정한 목적을 달성하기 위해 내어 주는 돈)을 지급하는(支給-, 내주는) 경우도 있다.
→ 가격구조의 개념과 플랫폼 사업자의 가격구조 결정

4 ¹위에서 언급된(言及-, 이야기된) 카드 결제 시스템을 바탕으로 간접 네트워크 외부성이 가격구조에 미치는 영향을 살펴보면 다음과 같다. ²카드 회원들이 가맹점에 미치는 간접 네트워크 외부성(카드 회원의 수가 늘어나면 가맹점들의 효용이 증가함)이 클수록, 카드 회사는 카드 회원 수를 늘리기 위해 낮은 연회비를 부과할 수 있다. ³이에 따라 카드 회원 수가 늘어나면 가맹점들의 효용이 증가하기 때문에 가맹점은 높은 결제 건당(件當, 낱낱의 일마다, 여기에서는 결제할 때마다 뜻함) 수수료를 지불하더라도 카드 결제 시스템을 이용하게 된다. ⁴이는 가맹점이 카드 회원들에게 미치는 간접 네트워크 외부성이 큰 경우에도 마찬가지로 적용된다.
→ 간접 네트워크 외부성이 가격구조에 미치는 영향

5 ¹한편 가격구조는 수요의 가격탄력성에도 영향을 받는다. ²수요의 가격탄력성이란 가격이 오르거나 내릴 때 수요량이 얼마나 변동하느냐(變動-, 달라지느냐)를 의미하는 것으로, 양면시장에서 양쪽 이용자 집단 각각은 플랫폼 이용료의 변동에 따라 이용자 수나 서비스 이용량과 같은 수요량에 영향을 받게 된다. ³카드 회원의 수요의 가격탄력성이 높은 경우에는 연회비(年會費, 회원으로 가입한 곳에 회원의 자격을 유지하는 대가로 일 년에 한 번씩 내는 일정한 금액의 돈)가 오를 때 카드 회원 수가 크게 감소하고, 수요의 가격탄력성이 낮은 경우에는 변동이 크지 않다. ⁴따라서

플랫폼 사업자는 자신의 수익을 극대화하기 위해 양쪽 이용자 집단의 특성을 파악하여 각 집단에 최적(最適, 가장 알맞음)의 이용료를 부과하게 된다. ⁵일반적으로 플랫폼 사업자는 수요의 가격탄력성이 높은 집단에 낮은 이용료를 부과하여 해당 집단의 이용자 수를 늘리려고 한다.(수요의 가격탄력성이 높은 집단은 이용료가 오를 때 이용자 수가 크게 감소하기 때문)

→ **수요의 가격탄력성이 가격구조에 미치는 영향**

6 ¹플랫폼 사업자가 수익을 창출하기 위해 사용하는 대표적인 전략으로 공짜 미끼와 프리미엄(free-mium) 등이 있다. ²공짜 미끼 전략은 무료 서비스를 통해 한쪽 집단의 이용자 수를 늘리면서 반대쪽 집단 이용자의 플랫폼 참여를 유인하는(誘引-, 이끄는) 것이다. ³프리미엄 전략은 기본적 기능은 무료로 제공하지만 추가적인 기능은 유료로 제공하는 것으로, 무료에서 유료로 전환한(轉換-, 바꾼) 이용자의 긍정적 경험이 무료 이용자에게 전파되어(傳播-, 전하여 널리 퍼뜨려져) 그(무료 이용자)중 일부가 유료 이용자로 전환되도록 하는 것이다.

→ **플랫폼 사업자의 수익 창출 전략 : 공짜 미끼와 프리미엄**

■ 지문 이해
〈플랫폼 사업자의 가격구조 결정과 수익 창출 전략〉

❶ 양면시장과 플랫폼의 개념
- 양면시장 : 플랫폼 사업자가 두 개의 이용자 집단에 플랫폼을 제공하고 이용자들은 플랫폼을 통해 상대 집단과 거래하면서 경제적 가치나 편익을 창출하는 시장

| 이용자 집단1 | 플랫폼 | 이용자 집단2 |

- 플랫폼 : 양쪽 이용자 집단을 연결하는 물리적, 가상적, 제도적 환경
  - 플랫폼을 통해 거래비용 절감이 가능
  - 예) 신용 카드 회사가 제공하는 카드 결제 시스템

| 카드 회원 (고객) | 카드 결제 시스템 | 가맹점 (고객) |

❷ 네트워크 외부성과 양쪽 이용자 집단의 관계
- 직접 네트워크 외부성 : 동일 집단 내에서 발생, 동일 집단에 속한 이용자의 규모가 커지면 집단 내 개별 이용자의 효용이 증가함
- 간접 네트워크 외부성 : 서로 다른 집단 간에 발생, 한쪽 이용자 집단의 규모가 커지면 반대쪽 이용자 집단의 효용이 증가함
- → 양면시장에서는 간접 네트워크 외부성이 필수적으로 작용함 : 양쪽 이용자 집단이 서로 긴밀하게 영향을 주고받음

❸ 가격구조의 개념과 플랫폼 사업자의 가격구조 결정
- 가격구조 : 플랫폼 이용료를 각각의 이용자 집단에 어떻게 부과하느냐를 뜻함
- 플랫폼 사업자는 플랫폼 이용료를 통한 수익을 극대화할 수 있는 전략으로 양쪽 이용자 집단에 차별적 가격을 부과하는 것이 일반적임

❹ 간접 네트워크 외부성이 가격구조에 미치는 영향
- 카드 결제 시스템의 예시
  - 카드 회원들이 가맹점에 미치는 간접 네트워크 외부성이 클수록 카드 회사는 회원 수를 늘리기 위해 낮은 연회비를 부과할 수 있고, 이에 따라 회원 수가 증가하면 가맹점의 효용이 증가함 → 가맹점은 높은 수수료를 지불하더라도 카드 결제 시스템을 이용하게 됨

❺ 수요의 가격탄력성이 가격구조에 미치는 영향
- 양면시장에서 양쪽 이용자 집단 각각은 플랫폼 이용료의 변동에 따라 수요량에 영향을 받음
  - 카드 회원의 수요의 가격탄력성이 높은 경우 연회비가 오를 때 카드 회원 수가 크게 감소함
- 플랫폼 사업자는 수익 극대화를 위해 각 집단에 최적의 이용료를 부과함
  - 수요의 가격탄력성이 높은 집단에 낮은 이용료를 부과해 해당 집단의 이용자 수를 늘리려 함

❻ 플랫폼 사업자의 수익 창출 전략 : 공짜 미끼와 프리미엄
- 공짜 미끼 전략 : 무료 서비스를 통해 한쪽 집단의 이용자 수를 늘리면서 반대쪽 집단 이용자의 플랫폼 참여를 유인함
- 프리미엄 전략 : 기본적 기능은 무료로 제공하고, 추가적 기능은 유료로 제공함
  → 유료 전환 이용자의 긍정적 경험이 무료 이용자에게 전파됨 → 무료 이용자 중 일부가 유료 이용자로 전환됨

1등급 문제

114 세부 정보 이해 - 적절하지 않은 것 고르기 2022년 11월 학평 38번 | 정답 ②
정답률 55%, 매력적 오답 ④ 25%

윗글을 이해한 내용으로 적절하지 않은 것은?

① 카드 결제 시스템은 카드 회원들과 카드 가맹점을 연결하는 플랫폼이다.
> 근거 ❶-2 플랫폼이란 양쪽 이용자 집단의 연결 고리 역할을 하는 물리적, 가상적, 제도적 환경을 일컫는다, ❶-4~5 대표적인 플랫폼으로 신용 카드 회사가 제공하는 카드 결제 시스템을 들 수 있다. 플랫폼의 한쪽에는 카드로 결제하는 회원들이 있고, 플랫폼의 반대쪽에는 그것을 지불 수단으로 받는 가맹점들이 있다.
> → 적절함!

✓② 양면시장에서는 ~~신용 카드 회사와~~(가맹점과) 카드 회원 모두가 ~~가맹점의~~(신용 카드 회사) 고객이 된다.
> 근거 ❶-6 플랫폼 사업자인 신용 카드 회사 입장에서는 양쪽 이용자 집단인 카드 회원들과 가맹점들 모두가 고객이 된다.
> 풀이 신용 카드 회사는 플랫폼 사업자로, 카드 회원과 가맹점이 신용 카드 회사의 고객이 된다.
> → 적절하지 않음!

③ 플랫폼 사업자는 이용자 집단이 플랫폼에 참여하도록 보조금을 지급할 수 있다.
> 근거 ❸-1 플랫폼 사업자는 … 양쪽 이용자 집단 모두를 플랫폼에 참여하도록 유도할 수 있는 가격구조를 결정하게 된다, ❸-3 플랫폼 사업자는 … 한쪽 이용자 집단에 보조금을 지급하는 경우도 있다.
> → 적절함!

④ 플랫폼 사업자는 플랫폼 이용자들에게 경제적 가치를 창출하는 환경을 제공한다.
> 근거 ❶-1~2 양면시장은 플랫폼 사업자가 서로 구분되는 두 개의 이용자 집단에 플랫폼을 제공하고 이용자들은 플랫폼을 통해 상대 집단과 거래하면서 경제적 가치나 편익을 창출하는 시장을 의미한다. 이때 플랫폼이란 양쪽 이용자 집단의 연결 고리 역할을 하는 물리적, 가상적, 제도적 환경을 일컫는다.
> → 적절함!

⑤ 프리미엄 전략은 유료로 전환한 이용자들이 무료 이용자들의 유료화에 영향을 미치는 것이다.
> 근거 ❻-3 프리미엄 전략은 … 유료로 전환한 이용자의 긍정적 경험이 무료 이용자에게 전파되어 그중 일부가 유료 이용자로 전환되도록 하는 것
> → 적절함!

115 핵심 개념 파악 - 적절한 것 고르기 2022년 11월 학평 39번 | 정답 ①
정답률 75%, 매력적 오답 ② 10%

가격구조에 대한 설명으로 가장 적절한 것은?

✓① 플랫폼 사업자가 수익을 극대화하기 위해 고려하는 것이다.
> 근거 ❸-1~3 플랫폼 사업자는 플랫폼 이용료를 통해 수익을 창출 … 가격구조란 플랫폼 이용료를 각각의 이용자 집단에 어떻게 부과하느냐를 의미한다. 플랫폼 사업자는 수익을 극대화할 수 있는 전략으로 양쪽 이용자 집단에 차별적인 가격을 부과하는 것이 일반적인데
> → 적절함!

② 양쪽 이용자 집단의 이용료 지불 수단을 결정하는 방법이다.
> 근거 ❸-2 가격구조란 플랫폼 이용료를 각각의 이용자 집단에 어떻게 부과하느냐를 의미
> 풀이 가격구조는 플랫폼 이용료를 한쪽 이용자 집단에만 아주 낮게 책정하거나 보조금을 지급하는 등, 양쪽 이용자 집단에 '어떻게 부과할 것인지를 의미하는 것이지, 이용료

의 '지불 수단'을 결정하는 방법을 의미하지 않는다.

→ 적절하지 않음!

③ 양쪽 이용자 집단에 동일한 이용료를 부과하기 위한 원칙이다.

근거 ❸-2~3 가격구조란 플랫폼 이용료를 각각의 이용자 집단에 어떻게 부과하느냐를 의미한다. 플랫폼 사업자는 수익을 극대화할 수 있는 전략으로 양쪽 이용자 집단에 차별적인 가격을 부과하는 것이 일반적인데

→ 적절하지 않음!

④ 양쪽 이용자 집단의 규모가 항상 고정되어 있음을 *전제로 하는 것이다. *前提. 먼저 내세우는 조건

근거 ❹-2~3 카드 회원들이 가맹점에 미치는 간접 네트워크 외부성이 클수록, 카드 회사는 카드 회원 수를 늘리기 위해 낮은 연회비를 부과할 수 있다. 이에 따라 카드 회원 수가 늘어나면 가맹점들의 효용이 증가하기 때문에 가맹점은 높은 결제 건당 수수료를 지불하더라도 카드 결제 시스템을 이용하게 된다.

풀이 윗글에서는 플랫폼 사업자인 신용 카드 회사가 가격구조를 결정할 때 간접 네트워크 외부성이 영향을 미치게 된다는 설명의 예로, '카드 회원 수가 늘어남에 따른' 가맹점 효용 증가와 이에 따른 양쪽 집단 간 차별적 이용료 부과를 들고 있다. 이러한 내용을 통해 가격구조의 결정은 양쪽 이용자 집단의 규모가 '항상 고정되어 있음'을 전제로 하지 않음을 확인할 수 있다.

→ 적절하지 않음!

⑤ 플랫폼 사업자가 규모가 큰 이용자 집단에는 이용료를 부과하지 못한다.

근거 ❺-4~5 플랫폼 사업자는 자신의 수익을 극대화하기 위해 양쪽 이용자 집단의 특성을 파악하여 각 집단에 최적의 이용료를 부과하게 된다. 일반적으로 플랫폼 사업자는 수요의 가격탄력성이 높은 집단에 낮은 이용료를 부과

풀이 윗글에 따르면 플랫폼 사업자는 수요의 가격탄력성이 높은 이용자 집단에 낮은 이용료를 부과하는 경향이 있다. 그러나 이용자 집단의 규모를 기준으로 하였을 때 이용료를 어떻게 부과하는지에 대해서는 설명하지 않는다. 또한 플랫폼 사업자가 이용료를 부과하지 못하는 경우에 대해서도 언급되지 않았다.

→ 적절하지 않음!

※ 윗글과 〈보기〉를 바탕으로 116번과 117번 두 물음에 답하시오.

| 보기 |

[1]P사가 개발한 메신저 프로그램은 이용자끼리 무료로 메시지를 주고받을 수 있어서 ㉠ 메신저 이용자들이 빠르게 증가했고, 메신저 이용자들끼리 서로 편하게 연락을 주고받을 수 있게 되었다. [2]그러자 광고 효과를 기대하고 P사와 계약한 ㉡ 광고주들이 크게 늘어났고, P사는 모든 광고주들에게 원래보다 높은 광고 비용을 부과했다. [3]이후 P사는 더 많은 메신저 이용자들을 확보하기 위해 메신저에서 사용할 수 있는 무료 이모티콘을 배포하였고, 이를 통해 ㉢ 이모티콘 사용에 익숙해진 이용자를 많이 확보할 수 있었다. [4]이모티콘을 사용하는 이용자들이 점점 많아지자 P사는 메신저를 통해 ㉣ 이모티콘 공급 업체들이 유료 이모티콘을 판매할 수 있도록 하였다. [5]P사가 높은 판매 수수료를 부과했음에도 불구하고 이용자들에게 이모티콘을 판매하고자 하는 업체들이 모여들게 되었다.

---

116 구체적인 사례에 적용 - 적절하지 않은 것 고르기 2022년 11월 학평 40번
정답률 60%, 매력적 오답 ③ 10% ④ 10% ⑤ 15% **정답 ②**

윗글을 바탕으로 〈보기〉를 이해한 내용으로 적절하지 않은 것은? 3점

① P사가 메신저 이용자들에게 무료 이모티콘을 배포한 것은 무료 서비스를 통해 더 많은 메신저 이용자들을 플랫폼으로 유도하기 위한 공짜 미끼 전략이겠군.

근거 ❻-2 공짜 미끼 전략은 무료 서비스를 통해 한쪽 집단의 이용자 수를 늘리면서, 〈보기〉-3 P사는 더 많은 메신저 이용자들을 확보하기 위해 메신저에서 사용할 수 있는 무료 이모티콘을 배포하였고,

→ 적절함!

② P사가 이모티콘 사용에 익숙해진 메신저 이용자들을 확보한 것은 메신저를 통해 적은 거래비용으로 이용자에게 이모티콘을 직접 판매하고자 하는 목적이겠군.

근거 ❶-1~2 양면시장은 플랫폼 사업자가 서로 구분되는 두 개의 이용자 집단에 플랫폼을 제공하고 이용자들은 플랫폼을 통해 상대 집단과 거래하면서 경제적 가치나 편익을 창출하는 시장을 의미한다. 이때 플랫폼이란 양쪽 이용자 집단의 연결 고리 역

할을 하는 물리적, 가상적, 제도적 환경을 일컫는다. 〈보기〉-4 P사는 메신저를 통해 이모티콘 공급 업체들이 유료 이모티콘을 판매할 수 있도록 하였다.

풀이 양면시장에서 플랫폼 사업자는 서로 구분되는 양쪽의 이용자 집단에 플랫폼을 제공하고, 이용자들은 플랫폼을 통해 상대 집단과 거래하며 경제적 가치나 편익을 창출한다. 〈보기〉의 P사는 메신저 프로그램이라는 플랫폼을 제공하는 플랫폼 사업자에 해당하며, 메신저 이용자와 광고주, 메신저 이용자와 이모티콘 공급 업체는 각각 양쪽의 이용자 집단에 해당한다. P사의 메신저 프로그램은 양쪽 이용자 집단을 연결하는 역할을 하는 것이지, P사가 메신저를 통해 이용자에게 이모티콘을 '직접 판매'하는 것은 아니다.

→ 적절하지 않음!

플랫폼 사업자 / 플랫폼 이용료

③ P사가 광고주들에게 부과한 광고 비용과 이모티콘 공급 업체에게 부과한 판매 수수료는 P사의 수익 창출을 위한 플랫폼 이용료에 해당하겠군.

근거 ❸-1 플랫폼 사업자는 플랫폼 이용료를 통해 수익을 창출, 〈보기〉-2 P사는 모든 광고주들에게 원래보다 높은 광고 비용을 부과, 〈보기〉-5 (이모티콘 공급 업체들에게) P사가 높은 판매 수수료를 부과

→ 적절함!

④ P사가 모든 광고주들에게 원래보다 높은 광고 비용을 부과한 것은 메신저 이용자들의 수가 늘어남에 따라 광고주들이 얻는 편익이 증가했다고 판단했기 때문이겠군.

근거 ❷-4~5 간접 네트워크 외부성이란 서로 다른 집단 간에 발생하는 것으로, 한쪽 이용자 집단의 규모가 커지면 반대쪽 이용자 집단의 효용이 증가하고, … 양면시장에서는 간접 네트워크 외부성이 필수적으로 작용

풀이 〈보기〉와 같은 양면시장에서는 간접 네트워크 외부성이 필수적으로 작용하므로, 메신저 이용자 집단의 규모가 커짐에 따라 반대쪽 이용자 집단인 광고주들이 얻는 효용이 증가했을 것이다. 따라서 P사가 이를 근거로 원래보다 높은 광고 비용을 부과한 것이라는 추론은 적절하다.

→ 적절함!

= 동일 집단에 속한 이용자의 규모가 커져

⑤ P사가 개발한 메신저의 이용자 수가 많아져 이용자들끼리 더 편하게 연락을 주고받을
= 집단 내 개별 이용자의 효용이 증가
수 있게 된 것은 메신저 이용자들 사이에 직접 네트워크 외부성이 존재하는 것이겠군.

근거 ❷-3 직접 네트워크 외부성이란 동일 집단 내에서 발생하는 것으로, 동일 집단에 속한 이용자의 규모가 커지면 집단 내 개별 이용자의 효용이 증가하는 특성, 〈보기〉-1 P사가 개발한 메신저 프로그램은 이용자끼리 무료로 메시지를 주고받을 수 있어서 메신저 이용자들이 빠르게 증가했고, 메신저 이용자들끼리 서로 편하게 연락을 주고받을 수 있게 되었다.

→ 적절함!

---

117 반응의 적절성 판단 - 적절한 것 고르기 2022년 11월 학평 41번
정답률 45%, 매력적 오답 ① 15% ③ 30% **정답 ⑤**

다음은 윗글과 〈보기〉를 읽은 학생이 보인 반응이다. A~C에 들어갈 내용으로 적절한 것은?

㉠메신저 이용자들 ㉡광고주들 ㉢이모티콘 사용에 익숙해진 이용자
㉣이모티콘 공급 업체들

㉠의 수요의 가격탄력성이 높고, ㉠이 ㉡에 미치는 간접 네트워크 외부성이 클 때, P사가 무료이던 메신저 이용료를 유료로 전환한다고 가정하면, ㉠의 수는 (A)하고 ㉡의 효용은 크게 (B)할 것이다. 한편 ㉣이 ㉢에 미치는 간접 네트워크 외부성이 크다고 가정하면, P사가 ㉣에 부과하는 판매 수수료는 (C)할 것이다.

A

근거 ❺-3 카드 회원의 수요의 가격탄력성이 높은 경우에는 연회비가 오를 때 카드 회원 수가 크게 감소하고, 수요의 가격탄력성이 낮은 경우에는 변동이 크지 않다.

풀이 ㉠(메신저 이용자들)의 수요의 가격탄력성이 높다면, P사가 무료이던 메신저 이용료를 유료로 전환하였을 때 ㉠(메신저 이용자들)의 수는 감소할 것이다.

B

근거 ❷-4 간접 네트워크 외부성이란 서로 다른 집단 간에 발생하는 것으로, 한쪽 이용자 집단의 규모가 커지면 반대쪽 이용자 집단의 효용이 증가하고, 한쪽 이용자 집단의 규모가 작아지면 반대쪽 이용자 집단의 효용이 감소하게 된다.

풀이 ㉠(메신저 이용자들)이 ㉡(광고주들)에 미치는 간접 네트워크 외부성이 클 때, ㉠(메신저

Ⅱ 사 회

이용자들)의 수가 감소하면 반대쪽 이용자 집단인 ⓒ(광고주들)의 효용이 감소하게 된다.

C

근거 ❹-2 카드 회원들이 가맹점에 미치는 간접 네트워크 외부성이 클수록, 카드 회사는 카드 회원 수를 늘리기 위해 낮은 연회비를 부과할 수 있다.

풀이 ⓔ(이모티콘 공급 업체들)이 ⓒ(이모티콘 사용에 익숙해진 이용자)에 미치는 간접 네트워크 외부성이 크다고 가정하면, P사는 ⓔ(이모티콘 공급 업체들)의 수를 늘리기 위해 ⓔ(이모티콘 공급 업체들)에 부과하는 판매 수수료를 낮출 것이다.

	A	B	C
①	감소	증가	하락
②	증가	증가	하락
③	감소	증가	상승
④	증가	감소	상승
⑤✓	감소	감소	하락 → 적절함!

[118~122] 다음 글을 읽고 물음에 답하시오.

1 [1]어떤 제약(製藥, 약을 만드는) 회사에서 특정한 병에 효과가 있는 새로운 약을 만들고 있다고 가정해 보자. [2]신약(新藥, 새로 만들어 낸 약) 개발은 엄청난 자본(資本, 돈)이 들어가는 일이기 때문에 경영자는 신중하게 판단을 해야 한다. [3]경영자는 신약이 효과가 있다는 것을 확인하기 위해 가설 검정의 방법을 사용할 수 있다. [4]가설 검정은 ⓐ 모순된(矛盾-, 이치상 어긋나 서로 맞지 않은) 관계에 있는 두 개의 가설을 세우고 실험을 통해 얻은 통계(統計, 어떤 현상을 종합적으로 한눈에 알아보기 쉽게 일정한 체계에 따라 숫자로 나타낸) 자료로 가설의 참 또는 거짓을 판단하는 것이다. [5]가설 검정을 위해 경영자는 '신약이 효과가 있다.'와 '신약이 효과가 없다.'라는 가설을 설정한다. [6]전자(前者, 먼저 말한 것, 여기서는 '신약이 효과가 있다.'를 말함)는 판단하는 이(사람)가 주장하려는 가설로 '대립(對立, 대하다 대, 서다 립)가설'이라 하고 후자(後者, 뒤에 말한 것, 여기서는 '신약이 효과가 없다.'를 말함)는 주장하고 싶은 내용과는 반대되는 가설인 '귀무(歸無, 돌아가다 귀, 없다 무)가설'이라 한다.

→ **가설 검정의 개념과 가설 검정을 위한 두 가지 가설**

2 [1]'신약이 효과가 있다.'라는 대립가설을 입증하기(立證-, 증거를 내세워 증명하기) 위해서는 특정 질병을 겪고 있는 모든 환자에게 신약을 투약해(投藥-, 약을 지어 주거나 써) 보면 된다. [2]하지만 전체를 대상으로 실험하는 것은 현실적으로 불가능하기 때문에 대립가설을 기준으로 가설 검정을 하지는 않는다. [3]대신 가설 검정에서는 귀무가설이 참이라고 가정한 상태에서, 일부 환자에게 투약해서 얻은 자료를 바탕으로 확률(確率, 어떤 사건이 일어날 수 있는 가능성을 수치로 나타낸 것)에 근거하여 귀무가설의 기각 여부(棄却與否, 버릴 것인가 버리지 못할 것인가)를 결정한다. [4]'신약이 효과가 없다.'라는 귀무가설 아래에서 투약하였는데 관찰한 결과 ⓑ 병이 호전된(好轉-, 증세가 나아지게 된) 경우가 많았다고 하자. [5]이는 '신약이 효과가 없다.'가 타당하지(妥當-, 이치로 보아 옳지) 않은 것이므로, 경영자는 ⓒ 귀무가설을 버리고 대립가설을 채택하면(採擇-, 선택해서 쓰면) 된다. [6]한편 '신약이 효과가 없다.'라는 귀무가설 아래에서 투약하였고, 관찰 결과 병이 낫지 않은 경우가 더 많았다고 하자. [7]이때는 귀무가설을 버릴 수 없다. [8]이처럼 가설 검정은 '귀무가설을 기각한다.' 또는 '귀무가설을 기각하지 못한다.'라는 의사 결정을 중심으로 대립가설의 채택 여부가 결정된다.

→ **가설 검정의 방법**

3 [1]경영자가 의사 결정을 하는 과정에서는 두 가지 오류(誤謬, 잘못되어 이치에 맞지 않는 일)가 발생할 수 있다. [2]귀무가설이 참인데도 불구하고 귀무가설을 기각하는 결정을 내린 것을 '1종 오류'라고 한다. [3]앞선 예에서 실제로는 약효(藥效, 약의 효험)가 없는데도 약효가 있다고 판단하는 것이다. [4]그리고 귀무가설이 참이 아닌데 귀무가설을 기각하지 못한 결정을 내린 것을 '2종 오류'라고 한다. [5]실제로는 약효가 있지만 약효가 없다고 판단하는 것이다. [6]이러한 오류는 판결(判決, 법원이 변론을 거쳐 소송 사건에 대해 판단하고 결정하는 재판)에서도 나타날 수 있다. [7]증거에 의해

'피고인은 유죄이다.'라는 대립가설이 채택되기 전까지는 '피고인은 무죄이다.'(귀무가설)라고 가정한다. [8]판사는 확보된(確保-, 확실히 보증되거나 갖춰진) 증거를 바탕으로 ⓓ 귀무가설의 기각 여부를 판단해야 한다. [9]이때 판사가 무죄인 사람에게 유죄를 선고하는 것(귀무가설이 참인데도 불구하고 귀무가설을 기각하는 결정을 내린 것)은 1종 오류, 유죄인 사람에게 무죄를 선고하는 것(귀무가설이 참이 아닌데 귀무가설을 기각하지 못한 결정을 내린 것)은 2종 오류에 해당한다.

→ **의사 결정의 두 가지 오류 : 1종 오류와 2종 오류**

4 [1]오류들 중 상대적으로(相對的-, 서로 비교했을 때) 더 심각한 문제를 초래하는(招來-, 불러오는) 것은 1종 오류이다. [2]효과가 있는 약을 출시하지(出市-, 시중에 내보내지) 못해서 기업이 수익(收益, 이익을 거두어들임)을 창출할(創出-, 만들어 낼) 기회를 잃어버리는 상황에 비해, 시장에 출시했는데 약의 효능(效能, 효험을 나타내는 능력)이 없어서 회사가 신뢰를 잃는 위험이 더 크다. [3]또한 죄가 있는데 무죄 판결을 내리는 것보다 결백한(潔白-, 행동이 깨끗해 아무런 잘못이 없는) 사람에게 유죄 판결을 내리는 것이 더 심각한 문제이다. [4]그런데 ⓔ 두 가지 오류를 동시에 줄일 수는 없다. [5]한쪽 오류를 줄이면 그만큼 반대쪽 오류는 늘어나기 때문이다. [6]만약 경영자가 약의 효능과는 무관하게(無關-, 관계없이) 일단 약을 출시하기로 결정했다면 2종 오류는 배제할(排除-, 받아들이지 않고 제외할) 수 있지만 그만큼 1종 오류는 늘어나게 된다.

→ **두 오류 중 더 심각한 문제를 초래하는 1종 오류**

5 [1]따라서 가설 검정 과정에서는 1종 오류가 발생할 확률의 최대 허용(許容, 허락하여 받아들임) 범위인 ⓐ 유의 수준을 가급적(可及的, 할 수 있는 대로) 낮게 정한다. [2]예를 들어 유의 수준이 5 %라면 백 번의 시행 중 다섯 번 이내로 1종 오류가 발생하더라도 우연히 일어난 일로 보고 대립가설을 채택하지만, 이 값(유의 수준으로 정한 값, 여기서는 다섯 번)을 넘어서면 귀무가설을 기각하지 못한다는 것이다. [3]또한 유의 수준은 실험을 하기 전에 미리 정하며, 사람의 생명이나 인권(人權, 인간으로서 당연히 가지는 기본적 권리)과 결부된(結付-, 서로 연관된) 것이라면 유의 수준은 더 낮게 잡아야 한다.

→ **1종 오류가 발생할 확률을 줄이기 위한 방법**

■ 지문 이해

〈가설 검정의 방법 및 가설 검정 과정에서 발생하는 두 가지 오류〉

❶ 가설 검정의 개념과 가설 검정을 위한 두 가지 가설
- 가설 검정 : 모순된 관계에 있는 두 개의 가설을 세우고 실험을 통해 얻은 통계 자료로 가설의 참·거짓을 판단하는 것
- 대립가설 : 판단하는 이가 주장하려는 가설
- 귀무가설 : 주장하고 싶은 내용과 반대되는 가설

❷ 가설 검정의 방법
- 귀무가설의 기각 여부에 대한 의사 결정을 중심으로 대립가설의 채택 여부가 결정됨
  - 귀무가설이 기각됨 → 대립가설 채택
  - 귀무가설이 기각되지 않음 → 대립가설 채택할 수 없음

❸ 의사 결정의 두 가지 오류 : 1종 오류와 2종 오류
- 1종 오류 : 귀무가설이 참인데도 불구하고 귀무가설을 기각하는 결정을 내린 것
- 2종 오류 : 귀무가설이 참이 아닌데 귀무가설을 기각하지 못한 결정을 내린 것

❹ 두 오류 중 더 심각한 문제를 초래하는 1종 오류
- 오류들 중 1종 오류가 상대적으로 더 심각한 문제를 초래함
- 한쪽 오류를 줄이면 그만큼 반대쪽 오류가 늘어남 → 두 가지 오류를 동시에 줄일 수 없음

❺ 1종 오류가 발생할 확률을 줄이기 위한 방법
- 가설 검정 과정에서 유의 수준을 가급적 낮게 설정함
- 유의 수준 : 1종 오류가 발생할 확률의 최대 허용 범위
  - 실험 전에 미리 정함
  - 생명이나 인권과 결부된 것이라면 더 낮게 잡아야 함

118 세부 정보 이해 - 적절하지 않은 것 고르기 2022년 6월 학평 36번 【1등급 문제】
정답률 55%, 매력적 오답 ② 10% ③ 15% ④ 10% ⑤ 10% 정답 ①

가설 검정에 대하여 윗글을 통해 답을 찾을 수 없는 질문은?

① 귀무가설을 기각할 때 새롭게 설정하는 가설은 무엇인가?

근거 ❶-4 가설 검정은 모순된 관계에 있는 두 개의 가설을 세우고 실험을 통해 얻은 통계 자료로 가설의 참 또는 거짓을 판단하는 것, ❶-6 전자는 판단하는 이가 주장하려는 가설로 '대립(對立)가설'이라 하고 후자는 주장하고 싶은 내용과는 반대되는 가설인 '귀무(歸無)가설'이라 한다. ❷-8 가설 검정은 '귀무가설을 기각한다.' 또는 '귀무가설을 기각하지 못한다.'라는 의사 결정을 중심으로 대립가설의 채택 여부가 결정된다.

풀이 윗글을 통해 가설 검정은 모순된 관계에 있는 '대립가설'과 '귀무가설'을 세우고, 귀무가설의 기각 여부를 통해 대립가설의 채택 여부를 결정하는 방법임을 알 수 있다. 즉 귀무가설을 기각할 때는 대립가설이 채택되는 것이지, 새로운 가설을 설정하는 것은 아니다.

→ 적절하지 않음!

② 대립가설을 기준으로 가설을 검정하지 않는 이유는 무엇인가?

근거 ❷-2 전체를 대상으로 실험하는 것은 현실적으로 불가능하기 때문에 대립가설을 기준으로 가설 검정을 하지는 않는다.

→ 적절함!

③ 대립가설의 채택 여부를 판단하기 위해 사용하는 가설은 무엇인가?

근거 ❷-8 가설 검정은 '귀무가설을 기각한다.' 또는 '귀무가설을 기각하지 못한다.'라는 의사 결정을 중심으로 대립가설의 채택 여부가 결정된다.

풀이 귀무가설의 기각 여부로 대립가설의 채택 여부가 결정되므로, 대립가설의 채택 여부를 판단하기 위해 사용하는 가설은 귀무가설이다.

→ 적절함!

④ 1종 오류와 2종 오류를 함께 줄일 수 없는 이유는 무엇인가?

근거 ❹-4~5 두 가지 오류를 동시에 줄일 수는 없다. 한쪽 오류를 줄이면 그만큼 반대쪽 오류는 늘어나기 때문이다.

→ 적절함!

⑤ 1종 오류와 2종 오류 중 더 심각한 문제를 초래하는 오류는 무엇인가?

근거 ❹-1 오류들 중 상대적으로 더 심각한 문제를 초래하는 것은 1종 오류이다.

→ 적절함!

119 세부 정보 이해 - 적절한 것 고르기 2022년 6월 학평 37번
정답률 65%, 매력적 오답 ③ 10% ④ 15% 정답 ⑤

윗글의 내용과 일치하는 것은?

① 귀무가설이 기각되면 대립가설은 <s>채택될 수 없다.</s> 채택된다

근거 ❷-4~5 '신약이 효과가 없다.'라는 귀무가설 아래에서 투약하였는데 관찰한 결과 병이 호전된 경우가 많았다고 하자. 이는 '신약이 효과가 없다.'가 타당하지 않은 것이므로, 경영자는 귀무가설을 버리고 대립가설을 채택하면 된다.

→ 적절하지 않음!

② 판결에서 대립가설의 기각 여부는 <s>피고인이</s> 판사가 판단한다.

근거 ❸-7~8 증거에 의해 '피고인은 유죄이다.'라는 대립가설이 채택되기 전까지는 '피고인은 무죄이다.'라고 가정한다. 판사는 확보된 증거를 바탕으로 귀무가설의 기각 여부를 판단해야 한다.

→ 적절하지 않음!

③ 귀무가설은 대립가설이 채택될 때 받아들여지는 가설이다. 기각되었을 때 대립가설이 채택되는

근거 ❷-4~8 '신약이 효과가 없다.'라는 귀무가설 아래에서 투약하였는데 관찰한 결과 병이 호전된 경우가 많았다고 하자. 이는 '신약이 효과가 없다.'가 타당하지 않은 것이므로, 경영자는 귀무가설을 버리고 대립가설을 채택하면 된다. 한편 '신약이 효과가 없다.'라는 귀무가설 아래에서 투약하였고, 관찰 결과 병이 낫지 않은 경우가 더 많았다고 하자. 이때는 귀무가설을 버릴 수 없다. 이처럼 가설 검정은 '귀무가설을 기각한다.' 또는 '귀무가설을 기각하지 못한다.'라는 의사 결정을 중심으로 대립가설의 채택 여부가 결정된다.

풀이 윗글을 통해 귀무가설의 기각 여부에 따라 대립가설의 채택 여부가 결정됨을 알 수 있다. 즉 귀무가설이 기각되면 대립가설이 채택되고, 귀무가설이 기각되지 않을 경

우 대립가설을 채택할 수 없게 된다.

→ 적절하지 않음!

④ 귀무가설은 참과 거짓을 알기 전까지는 거짓으로 *간주한다. 참 *看做−, 그렇다고 여긴다.

근거 ❷-3 가설 검정에서는 귀무가설이 참이라고 가정한 상태에서, 일부 환자에게 투약해서 얻은 자료를 바탕으로 확률에 근거하여 귀무가설의 기각 여부를 결정한다.

풀이 가설 검정에서는 귀무가설이 참이라고 가정한 상태에서 실험을 통해 얻은 통계 자료를 바탕으로 확률에 근거해 가설의 참과 거짓을 판단한다.

→ 적절하지 않음!

⑤ 신약 개발을 하는 경영자가 채택하고 싶은 것은 대립가설이다.

근거 ❶-5~6 가설 검정을 위해 경영자는 '신약이 효과가 있다.'와 '신약이 효과가 없다.'라는 가설을 설정한다. 전자는 판단하는 이가 주장하려는 가설로 '대립(對立)가설'이라 하고 후자는 주장하고 싶은 내용과는 반대되는 가설인 '귀무(歸無)가설'이라 한다.

풀이 경영자가 설정한 가설 중 '신약이 효과가 있다.'라는 가설은 판단하는 이, 즉 경영자가 주장하려는 가설인 '대립가설'에 해당한다. 따라서 경영자가 채택하고 싶은 것은 그가 주장하려는 가설인 '대립가설'이다.

→ 적절함!

120 추론의 적절성 판단 - 적절하지 않은 것 고르기 2022년 6월 학평 38번 【1등급 문제】
정답률 40%, 매력적 오답 ① 10% ② 25% ③ 15% ⑤ 10% 정답 ④

윗글을 바탕으로 〈보기〉를 이해할 때, A~D에 대한 설명으로 적절하지 않은 것은? 【3점】

| 보기 |

구분		실제 상황	
		귀무가설 참	귀무가설 거짓
의사 결정	귀무가설 기각 못함	A	B
	귀무가설 기각함	C	D

풀이 〈보기〉의 A는 귀무가설이 실제로 참이라서 귀무가설을 기각할 수 없는 경우, 즉 대립가설을 채택하지 못한 경우에 해당하고, D는 귀무가설이 실제로는 거짓으로 판단되어 귀무가설을 기각하고 대립가설을 채택한 경우에 해당한다. 한편 C는 귀무가설이 참인데도 불구하고 귀무가설을 기각하는 결정을 내린 1종 오류에, B는 귀무가설이 참이 아닌데 귀무가설을 기각하지 못한 결정을 내린 2종 오류에 해당한다.

① 실제로 피고인이 죄를 저지르지 않은 것은 A와 C의 경우에 해당한다.

근거 ❸-7~8 증거에 의해 '피고인은 유죄이다.'라는 대립가설이 채택되기 전까지는 '피고인은 무죄이다.'라고 가정한다. 판사는 확보된 증거를 바탕으로 귀무가설의 기각 여부를 판단해야 한다.

풀이 판결에서 귀무가설은 '피고인은 무죄이다'이다. 확보된 증거를 바탕으로 판단한 결과 실제로 피고인이 죄를 저지르지 않았다면 귀무가설은 참이므로 A와 C에 해당한다.

→ 적절함!

② 경영자가 신약의 효능이 없다고 판단하는 것은 A와 B의 경우에 해당한다.

근거 ❷-6~7 '신약이 효과가 없다.'라는 귀무가설 아래에서 투약하였고, 관찰 결과 병이 낫지 않은 경우가 더 많았다고 하자. 이때는 귀무가설을 버릴 수 없다. ❸-4~5 귀무가설이 참이 아닌데 귀무가설을 기각하지 못한 결정을 내린 것을 '2종 오류'라고 한다. 실제로는 약효가 있지만 약효가 없다고 판단하는 것

풀이 윗글에서는 경영자가 신약의 효능이 없다고 판단하는 경우를 두 가지로 설명하였다. 첫 번째는 '신약이 효과가 없다.'라는 귀무가설에 대해, 관찰 결과 실제로 병이 낫지 않은 경우가 더 많아 귀무가설을 기각할 수 없는 경우이다. 이는 〈보기〉의 A에 해당한다. 두 번째로, 실제로는 약효가 있었지만 약효가 없다고 판단하는 경우, 즉 귀무가설이 참이 아닌데 귀무가설을 기각하지 못한 결정을 내린 '2종 오류'가 발생한 경우이다. 이는 〈보기〉의 B에 해당한다. 따라서 경영자가 신약의 효능이 없다고 판단하는 것은 A와 B의 경우에 해당한다는 설명은 적절하다.

→ 적절함!

③ A와 D는 피고인에 대해 판사가 내린 판결에 오류가 발생하지 않은 경우에 해당한다.

풀이 〈보기〉의 A는 귀무가설이 실제로 참이라서 귀무가설을 기각할 수 없는 경우에 해당하고, D는 귀무가설이 실제로는 거짓으로 판단되어 귀무가설을 기각한 경우에 해당한다. 이는 실제 상황에 맞게 귀무가설의 기각 여부에 관한 의사 결정을 내린 것으

로, 오류가 발생하지 않은 경우에 해당한다.

→ 적절함!

② **2종 오류** **실제로 죄를 저지르지 않은 사람을 유죄로 판결하는**
✓ **법원이 B를 줄이면, 실제로 죄를 저지른 피고인을 무죄로 판결해서 사회로 돌려보내는 수가 늘어난다.**

> 근거 ❸-4 귀무가설이 참이 아닌데 귀무가설을 기각하지 못한 결정을 내린 것을 '2종 오류'라고 한다, ❸-9 판사가 무죄인 사람에게 유죄를 선고하는 것은 1종 오류, 유죄인 사람에게 무죄를 선고하는 것은 2종 오류에 해당한다, ❹-4~5 두 가지 오류를 동시에 줄일 수는 없다. 한쪽 오류를 줄이면 그만큼 반대쪽 오류는 늘어나기 때문이다.

> 풀이 〈보기〉의 B는 귀무가설이 참이 아닌데 귀무가설을 기각하지 못한 결정을 내린 '2종 오류'에 해당한다. 윗글에서 한쪽 오류를 줄이면 그만큼 반대쪽 오류는 늘어난다고 하였으므로, 법원이 판결에서 2종 오류인 B를 줄이면 1종 오류, 즉 '판사가 무죄인 사람에게 유죄를 선고하는 경우'가 늘어날 것이다.

→ **적절하지 않음!**

⑤ **제약 회사가 C를 줄이려는 이유는 약의 효능이 없어 시장에서 신뢰를 잃는 상황을 심각하게 생각하기 때문이다.**

> 근거 ❸-2 귀무가설이 참인데도 불구하고 귀무가설을 기각하는 결정을 내린 것을 '1종 오류'라고 한다, ❹-1~2 오류들 중 상대적으로 더 심각한 문제를 초래하는 것은 1종 오류이다. 효과가 있는 약을 출시하지 못해서 기업이 수익을 창출할 기회를 잃어버리는 상황에 비해, 시장에 출시했는데 약의 효능이 없어서 회사가 신뢰를 잃는 위험이 더 크다.

> 풀이 〈보기〉의 C는 귀무가설이 참인데도 불구하고 귀무가설을 기각하는 결정을 내린 '1종 오류'에 해당한다. 윗글을 통해 제약 회사에서 1종 오류가 발생할 경우, 약을 시장에 출시했는데 약의 효능이 없어 회사가 신뢰를 잃을 수 있으므로, 상대적으로 더 심각한 문제를 초래할 수 있다는 것을 확인할 수 있다. 따라서 제약 회사가 C를 줄이려는 이유는 약의 효능이 없어 시장에서 신뢰를 잃는 상황을 심각하게 생각하기 때문이라는 설명은 적절하다.

→ 적절함!

| **1등급 문제** |

121 | 핵심 개념 파악 - 적절한 것 고르기 2022년 6월 학평 39번
정답률 55%, 매력적 오답 ② 15% ④ 15% ⑤ 15% | 정답 ③

㉠에 대한 설명으로 적절한 것은?

> ㉠ 유의 수준

더 낮게
① **인권과 관련된 판단일수록 값을 크게 설정한다.**

> 근거 ❺-3 사람의 생명이나 인권과 결부된 것이라면 유의 수준은 더 낮게 잡아야 한다.

→ 적절하지 않음!

1종 오류가 발생할 확률의 최대 허용 범위
② **귀무가설이 참일 확률과 거짓일 확률의 차이를 의미한다.**

> 근거 ❸-2 귀무가설이 참인데도 불구하고 귀무가설을 기각하는 결정을 내린 것을 '1종 오류'라고 한다, ❺-1 1종 오류가 발생할 확률의 최대 허용 범위인 유의 수준

> 풀이 유의 수준은 귀무가설이 참인데도 불구하고 귀무가설을 기각하는 '1종 오류'가 발생할 확률의 최대 허용 범위를 뜻한다.

→ 적절하지 않음!

✓③ **값을 낮게 정할수록 대립가설을 채택할 확률이 낮아진다.**

> 근거 ❺-1~2 가설 검정 과정에서는 1종 오류가 발생할 확률의 최대 허용 범위인 유의 수준을 가급적 낮게 정한다. 예를 들어 유의 수준이 5 %라면 백 번의 시행 중 다섯 번 이내로 1종 오류가 발생하더라도 우연히 일어난 일로 보고 대립가설을 채택하지만, 이 값을 넘어서면 귀무가설을 기각하지 못한다는 것

> 풀이 유의 수준은 1종 오류가 발생할 확률의 최대 허용 범위를 뜻한다. 가설 검정 과정에서 1종 오류가 발생하더라도, 오류의 발생률이 유의 수준 이내라면 대립가설을 채택한다. 예를 들어 유의 수준이 5 %라면 백 번의 시행 중 다섯 번 이내로 1종 오류가 발생할 경우 대립가설을 채택하고, 유의 수준이 3 %라면 백 번의 시행 중 세 번 이내로 1종 오류가 발생할 경우 대립가설을 채택한다. 즉 유의 수준의 값을 낮게 정할수록 대립가설을 채택할 확률이 낮아지게 된다.

→ 적절함!

이루어지기 전에 미리
④ **실험이 이루어진 후에 자료를 분석할 때 결정하는 값이다.**

> 근거 ❺-3 유의 수준은 실험을 하기 전에 미리 정하며

→ 적절하지 않음!
1종 오류가 발생할 확률의
⑤ **가설을 판단할 때 사용할 자료 개수의 최대 허용 범위이다.**

> 근거 ❸-2 귀무가설이 참인데도 불구하고 귀무가설을 기각하는 결정을 내린 것을 '1종 오류'라고 한다, ❺-1 1종 오류가 발생할 확률의 최대 허용 범위인 유의 수준

> 풀이 유의 수준은 가설을 판단할 때 사용할 자료 개수의 최대 허용 범위가 아니라, 귀무가설이 참인데도 불구하고 귀무가설을 기각하는 '1종 오류'가 발생할 확률의 최대 허용 범위를 뜻한다.

→ 적절하지 않음!

---

122 | 문맥적 의미 파악 - 적절하지 않은 것 고르기 2022년 6월 학평 40번
정답률 75% | 정답 ④

문맥상 ⓐ~ⓔ와 바꿔 쓰기에 적절하지 않은 것은?

> ⓐ 모순된   ⓑ 병이 호전된   ⓒ 귀무가설을 버리고
> ⓓ 귀무가설   ⓔ 두 가지 오류

① ⓐ : **동시에 참이 되거나 동시에 거짓이 될 수 없는**

> 근거 ❶-4 가설 검정은 모순된 관계에 있는 두 개의 가설을 세우고 실험을 통해 얻은 통계 자료로 가설의 참 또는 거짓을 판단하는 것, ❶-6 전자는 판단하는 이가 주장하려는 가설로 '대립(對立)가설'이라 하고 후자는 주장하고 싶은 내용과는 반대되는 가설인 '귀무(歸無)가설'이라 한다.

> 풀이 윗글에서 대립가설과 귀무가설은 서로 모순된 관계에 있다고 하였고, 대립가설은 판단하는 이가 주장하려는 가설, 귀무가설은 주장하고 싶은 내용과는 반대되는 가설이라고 설명하고 있다. 이러한 문맥을 통해 두 가설은 서로 반대되는 내용을 담고 있으며, '동시에 참이 되거나 동시에 거짓이 될 수 없는' 관계에 있음을 알 수 있다. 따라서 ⓐ의 '모순된'을 '동시에 참이 되거나 동시에 거짓이 될 수 없는'으로 바꿔 쓸 수 있다.

→ 적절함!

② ⓑ : **귀무가설과 어긋난**

> 근거 ❷-4 '신약이 효과가 없다.'라는 귀무가설 아래에서 투약하였는데 관찰한 결과 병이 호전된 경우가 많았다고 하자.

> 풀이 '신약이 효과가 없다.'라는 귀무가설 아래에서 투약하였는데 관찰한 결과 병이 호전된 경우가 많았다면, 이는 '신약이 효과가 없다.'라는 귀무가설과 어긋난 결과에 해당된다. 따라서 ⓑ는 '귀무가설과 어긋난'으로 바꿔 쓸 수 있다.

→ 적절함!

③ ⓒ : **'신약이 효과가 없다.'라는 가설을 기각하고**

> 근거 ❷-4 '신약이 효과가 없다.'라는 귀무가설

> 풀이 귀무가설을 버린다는 것은 귀무가설을 기각한다는 것을 의미한다. ⓒ에서의 귀무가설은 '신약이 효과가 없다.'이므로, ⓒ는 "신약이 효과가 없다.'라는 가설을 기각하고'로 바꿔 쓸 수 있다.

→ 적절함!

무죄
✓④ ⓓ : **'피고인은 유죄이다.'라는 가설**

> 근거 ❶-6 전자는 판단하는 이가 주장하려는 가설로 '대립(對立)가설'이라 하고 후자는 주장하고 싶은 내용과는 반대되는 가설인 '귀무(歸無)가설'이라 한다, ❸-7 증거에 의해 '피고인은 유죄이다.'라는 대립가설이 채택되기 전까지는 '피고인은 무죄이다.'라고 가정한다.

> 풀이 '피고인은 유죄이다'가 대립가설에 해당하므로, 대립가설과 반대되는 가설인 '피고인은 무죄이다'가 귀무가설이 된다. 따라서 ⓓ는 "피고인은 유죄이다.'라는 가설'이 아니라 "피고인은 무죄이다.'라는 가설'로 바꿔 쓰는 것이 적절하다.

→ 적절하지 않음!

⑤ ⓔ : **1종 오류와 2종 오류**

> 근거 ❸-1~2 의사 결정을 하는 과정에서는 두 가지 오류가 발생할 수 있다. 귀무가설이 참인데도 불구하고 귀무가설을 기각하는 결정을 내린 것을 '1종 오류'라고 한다, ❸-4 귀무가설이 참이 아닌데 귀무가설을 기각하지 못한 결정을 내린 것을 '2종 오류'라고 한다.

> 풀이 ⓔ에서 말하는 두 가지 오류는 의사 결정을 하는 과정에서 발생하는 1종 오류와 2종 오류를 뜻한다. 따라서 ⓔ는 문맥상 '1종 오류와 2종 오류로 바꿔 쓸 수 있다.

→ 적절함!

[123~127] 다음 글을 읽고 물음에 답하시오.

1 ¹⊙마르크스는 사물의 경제적 가치를 사용가치와 교환가치로 구분하면서 자본주의 사회에서는 경제적 가치가 교환가치에 의해 결정된다고 보았다. ²사용가치는 사물의 기능적(機能的, 하는 구실이나 작용과 관련된) 가치를, 교환가치는 시장 거래를 통해 부여된 가치를 의미하는데 사물 자체의 유용성(有用性, 쓸모가 있고 이용할 만한 특성)은 고정적이므로 시장에서의 수요(需要, 재화나 서비스를 일정 가격으로 사려고 하는 욕구)와 공급(供給, 교환이나 판매를 위해 시장에 재화나 서비스를 제공하는 것)에 의해서만 경제적 가치가 결정된다고 보았기 때문이다. ³또한 그(마르크스)는 사물의 거래 가격은 결국 사물의 생산 비용에 의해 결정된다는 점에서 소비를 생산에 종속된(從屬−, 딸려 있는) 현상으로 보고 소비의 자율성(自律性, 자기 스스로의 원칙에 따라 일을 하거나 스스로 통제할 수 있는 특성)을 인정하지 않았다.

→ 자본주의 사회에서의 경제적 가치에 대한 마르크스의 견해

2 ¹마르크스의 이러한 주장과 달리 ⓒ보드리야르는 교환가치가 아닌 사용가치가 경제적 가치를 결정하며, 자본주의 사회는 소비 우위의(消費優位−, 생산보다 소비를 더 중시하는) 사회라고 주장했다. ²이때 보드리야르가 제시한 사용가치는 사물 자체의 유용성에 대한 가치가 아니라 욕망(欲望, 무엇을 가지거나 누리고자 욕심을 내는 마음)의 대상으로서 기호(sign)가 ⓐ지니는 기능적 가치, 즉 기호가치를 의미한다.

→ 자본주의 사회에서의 경제적 가치에 대한 보드리야르의 견해 ①

3 ¹기호는 어떤 대상을 지시하는 상징(象徵, 추상적인 개념이나 사물을 구체적인 사물로 나타낸 것)으로서 문자나 음성같이 감각으로 지각되는(知覺−, 대상이 인식되는) 기표(記標, 겉으로 드러나는 형식)와 의미 내용인 기의(記意, 기표가 담고 있는 의미)로 구성되는데, 기표와 기의의 관계는 자의적이다.(恣意的−, 일정한 질서나 법칙에 따른 것이 아니다.) ²가령 '남성'이란 문자는 필연적으로(必然的, 결과가 반드시 그렇게 될 수밖에 없이) 어떤 대상을 지시하는 것이 아니며 '여성'이란 기호와의 관계 속에서 의미 내용이 결정된다. ³다시 말해, 어떤 기호의 의미 내용(기의)을 결정하는 것은 기표와 기의의 관계가 아니라 기호들 간의 관계, 즉 기호 체계이다.

→ '기호'와 '기호 체계'

4 [A] ¹보드리야르는 자본주의 사회에서 대량 생산 기술이 급속하게 발전하면서 소비자가 기호가치 때문에 사물을 소비한다고 보았다. ²대량 생산 기술의 발전으로 수요를 충족하고(充足−, 분량을 채워 모자람이 없게 하고) 남을 만큼의 공급이 이루어져 사물 자체의 유용성은 더 이상 소비를 결정하는 요인(要因, 조건이 되는 요소)으로 작용할 수 없기 때문이다. ³예를 들어 소비자는 특정 계층(階層, 사회적 지위가 비슷한 사람들의 층) 또는 집단의 일원(一員, 속한 한 구성원)이라는 상징을 얻기 위해 명품(名品, 세계적으로 이름난 비싼 가격의 상품) 가방을 소비한다. ⁴이때 사물은 소비자가 속하고 싶은 집단과 다른 집단 간의 차이를 부각하는(浮刻−, 두드러지게 하는) 기호로서 기능한다. ⁵따라서 보드리야르에 따르면 자본주의 사회에서 소비의 원인은 사물이 상징하는 특정 사회적 지위(社會的地位, 개인이 사회 전체의 위계 구조 속에서 재산, 직업, 출신, 교육, 성별 등을 기준으로 하여 차지하는 위치)에 대한 욕구이다.

→ 보드리야르의 견해 ② : 소비의 원인

5 ¹보드리야르는 현대인이 자연 발생적인(自然發生的−, 저절로 생겨나는) 욕구에 따라 자유롭게 소비하는 것처럼 보이지만 사실은 강제된(强制−, 자유의사를 억누르고 원하지 않는 일을 억지로 하게 된) 욕구에 따르는 것에 불과하다고(不過−, 지나지 않는다고) 보았다. ²이(현대인이 강제된 욕구에 따라 소비하는 것)는 기호가 다른 기호와의 관계(기호 체계) 속에서 그 의미 내용(기의)이 결정되는 것과 관계된다. ³특정 사물의 상징은 기호 체계, 즉 사회적 상징체계 속에서 유동적(流動的, 고정되지 않고 움직이는 것)이며, 따라서 ⓒ상징체계 변화에 따라 욕구도 유동적이다. ⁴이때 대중매체(大衆媒體, 신문, 잡지, 영화, 텔레비전 등 많은 사람에게 대량으로 정보와 사상을 전달하는 매체)는 사물의 기의(기호의 의미 내용)에 영향을 미침으로써 욕구를 강제할 수 있다. ⁵현실이 대중매체를 통해 전달될 때 현실은 현실 그 자체가 아니라 다른 기호와 조합될(組合−, 모아져 한 덩어리로 짜일) 수 있는 기호로서 추상화되기(抽象化−, 추상적인 것으로 되기) 때문이다. ⁶가령 텔레비전 속 유명 연예인이 소비하는 사물은 유명 연예인이라는 기호에 의해 새로운 의미 내용(기의)이 부여된다. ⁷요컨대 특정 사물에 대한 현대인의 욕망은 대중매체를 매개로 하여(대중매체를 통해 특정 사물과 욕망의 관계를 맺어 줌으로써) 자기도 모르는 사이에 강제된다.

→ 보드리야르의 견해 ③ : 강제된 욕구에 따른 소비

6 ¹보드리야르는 기술 문명이 초래한(招來−, 불러온) 사물의 풍요(豐饒, 많아서 넉넉함) 속에서 현대인의 일상생활이 사물의 기호가치와 이에 대한 소비에 의해 규정된다고(規定−, 밝혀져 정해진다고) 보고 자본주의 사회를 소비사회로 명명하였다.(命名−, 이름을 지어 붙였다.) ²그(보드리야르)의 이론은 소비가 인간에 미치는 영향을 비판적으로 성찰해야(省察−, 반성하고 살펴야) 한다는 점을 시사한다.(示唆−, 간접적으로 알려 준다.)

→ 보드리야르의 이론이 주는 시사점

■ 지문 이해
〈자본주의 사회에서의 경제적 가치에 관한 보드리야르의 견해〉

❶ 자본주의 사회에서의 경제적 가치에 대한 마르크스의 견해

사용가치	- 사물의 기능적 가치 - 사물 자체의 유용성(고정적)
교환가치	- 경제적 가치 결정 - 시장 거래를 통해 부여된 가치 - 시장에서의 수요와 공급에 의해 결정됨 - 사물의 거래 가격은 생산(공급) 비용에 의해 결정됨 └ 소비는 생산에 종속된 현상, 소비의 자율성 인정 ×

⇕

자본주의 사회에서의 경제적 가치에 대한 보드리야르의 견해

❷~❸ 견해 ①과 '기호'와 '기호 체계'

- 사용가치(= 기호가치)
  - 경제적 가치 결정
  - 욕망의 대상으로서 기호가 지니는 기능적 가치
- 기호 : 감각으로 지각되는 '기표'와 의미 내용인 '기의'로 구성되며, 기표와 기의의 관계는 자의적임
- 어떤 기호의 의미 내용(= 기의)을 결정하는 것은 기호들 간의 관계(= 기호 체계, 사회적 상징체계)임

❹ 견해 ② : 소비의 원인

- 소비자는 기호가치(= 기호가 지니는 기능적 가치) 때문에 사물을 소비함
- 소비자는 특정 계층 또는 집단의 일원이라는 상징을 얻기 위해 사물을 소비함
  └ 사물은 소비자가 속하고 싶은 집단과 다른 집단 간 차이를 부각하는 '기호'로 기능함
- 자본주의 사회에서 소비의 원인 : 사물이 상징하는 특정 사회적 지위에 대한 욕구

❺ 견해 ③ : 강제된 욕구에 따른 소비

- 현대인의 소비는 강제된 욕구에 따르는 것에 불과함(소비의 자율성 ×)
  - 기호가 다른 기호와의 관계 속에서 그 의미 내용이 결정되는 것과 관계됨
  - 특정 사물의 상징은 기호 체계(사회적 상징체계) 속에서 유동적 → 상징체계 변화에 따라 욕구도 유동적   기호 체계(사회적 상징체계)의 변화 → 기의 변화 → 기호가치에 영향을 끼침   욕구 변화
- 대중매체 : 사물의 기의에 영향을 미쳐 욕구를 강제할 수 있음
- 특정 사물에 대한 현대인의 욕망은 대중매체를 매개로 강제됨

❻ 보드리야르의 이론이 주는 시사점

- 소비가 인간에 미치는 영향을 비판적으로 성찰해야 한다는 점을 시사함

---

123 세부 정보 이해 - 적절한 것 고르기 2022년 3월 학평 16번
정답률 75%　　　　　　　　　　　　　　　　　　　정답 ⑤

'자본주의 사회'에 대한 ⊙, ⓒ의 주장을 이해한 내용으로 가장 적절한 것은?

⊙ 마르크스　　ⓒ 보드리야르

① ⊙ : 소비가 생산에 종속되므로 사용가치와 교환가치는 결국 동일하다.

근거 ❶-1~3 마르크스는 사물의 경제적 가치를 사용가치와 교환가치로 구분하면서 … 사용가치는 사물의 기능적 가치를, 교환가치는 시장 거래를 통해 부여된 가치를 의미 … 또한 그(마르크스)는 … 소비를 생산에 종속된 현상으로 보고

풀이 마르크스(⊙)가 소비를 생산에 종속된 현상으로 보았다는 설명은 적절하지만, 사용

가치와 교환가치를 구분하고 있으므로 사용가치와 교환가치가 동일하다고 보았다는 설명은 적절하지 않다.

→ 적절하지 않음!

② ㉠ : 사물 자체의 유용성은 변하지 않으므로 소비자의 욕구를 중심으로 분석해야 한다.

근거 ❶-2 사물 자체의 유용성은 고정적, ❶-3 또한 그(마르크스)는 사물의 거래 가격은 결국 사물의 생산 비용에 의해 결정된다는 점에서 소비를 생산에 종속된 현상으로 보고 소비의 자율성을 인정하지 않았다.

풀이 마르크스(㉠)가 사물 자체의 유용성을 고정적인 것으로 본 것은 맞다. 그러나 그는 소비를 생산에 종속된 현상으로 보아 소비의 자율성을 인정하지 않았으므로, 자본주의 사회에서의 경제적 가치를 소비자의 욕구를 중심으로 분석해야 한다고 보지 않았다.

→ 적절하지 않음!

③ ㉡ : 소비자에게 소비의 자율성이 존재하므로 교환가치가 사용가치를 결정한다.

근거 ❷-1 보드리야르는 교환가치가 아닌 사용가치가 경제적 가치를 결정하며, ❺-1 보드리야르는 현대인이 자연 발생적인 욕구에 따라 자유롭게 소비하는 것처럼 보이지만 사실은 강제된 욕구에 따르는 것에 불과하다고 보았다.

풀이 보드리야르(㉡)는 교환가치가 사용가치를 결정한다고 본 것이 아니라, 사용가치가 경제적 가치를 결정한다고 보았다. 또한 그는 현대인이 자연 발생적인 욕구에 따라 자유롭게 소비하는 것처럼 보이지만, 사실은 강제된 욕구에 따르는 것이라고 보았다.

→ 적절하지 않음!

④ ㉡ : 개인에게 욕구가 강제되므로 소비를 통해 집단 간의 사회적 차이가 소멸한다.

근거 ❹-1 보드리야르는 자본주의 사회에서 … 소비자가 기호가치 때문에 사물을 소비한다고 보았다, ❹-4 사물은 소비자가 속하고 싶은 집단과 다른 집단 간의 차이를 부각하는 기호로서 기능한다, ❺-1 보드리야르는 현대인이 자연 발생적인 욕구에 따라 자유롭게 소비하는 것처럼 보이지만 사실은 강제된 욕구에 따르는 것에 불과하다고 보았다.

풀이 보드리야르(㉡)는 현대인의 소비가 강제된 욕구에 따르는 것이라고 보았다. 따라서 보드리야르가 개인에게 욕구가 강제된다고 보았다는 설명은 적절하다. 그러나 보드리야르(㉡)는 소비자가 기호가치 때문에 사물을 소비하며, 사물은 소비자가 속하고 싶은 집단과 다른 집단 간 차이를 '부각하는' 기호로서 기능한다고 보았다. 따라서 보드리야르(㉡)가 소비를 통해 집단 간의 사회적 차이가 소멸한다고 보았다는 설명은 적절하지 않다.

→ 적절하지 않음!

= 기호 체계
✓⑤ ㉡ : 경제적 가치는 사회적 상징체계에 따라 결정되므로 기호가치가 소비의 원인이다.

근거 ❷-1~2 보드리야르는 교환가치가 아닌 사용가치가 경제적 가치를 결정하며, … 이때 보드리야르가 제시한 사용가치는 … 기호(sign)가 지니는 기능적 가치, 즉 기호가치를 의미, ❸-1 의미 내용인 기의, ❸-3 어떤 기호의 의미 내용을 결정하는 것은 … 기호들 간의 관계, 즉 기호 체계, ❹-1 보드리야르는 자본주의 사회에서 … 소비자가 기호가치 때문에 사물을 소비한다고 보았다, ❺-3 기호 체계, 즉 사회적 상징체계

풀이 보드리야르(㉡)는 어떤 기호의 의미 내용(기의)은 기호 체계(사회적 상징체계)에 의해 결정된다고 하였다. 기호는 기표와 기의로 구성되므로, 기호 체계에 따라 결정된 기의는 기호에 영향을 끼치게 되고, 기호가 지니는 기능적 가치인 기호가치에도 영향을 끼친다. 즉 기호 체계가 기호가치에 영향을 끼치게 되는 것이다. 보드리야르(㉡)는 사용가치, 즉 기호가치가 경제적 가치를 결정한다고 보았으므로, 기호 체계, 즉 사회적 상징체계는 경제적 가치에 영향을 끼친다고 볼 수 있다. 또한 보드리야르(㉡)는 소비자가 기호가치 때문에 사물을 소비한다고 보았으므로, 기호가치가 소비의 원인이라는 설명 역시 적절하다.

→ 적절함!

1등급 문제

124 세부 정보 이해 - 적절하지 않은 것 고르기 2022년 3월 학평 17번
정답률 30%, 매력적 오답 ② 25% ⑤ 30%
정답 ①

기호 체계 를 바탕으로 [A]를 이해한 내용으로 적절하지 않은 것은?

구체성   추상성
✓① 사물은 기표로서의 추상성과 기의로서의 구체성을 갖는다.

근거 ❸-1 기호는 어떤 대상을 지시하는 상징으로서 문자나 음성같이 감각으로 지각되는 기표와 의미 내용인 기의로 구성되는데, ❹-4 사물은 … 기호로서 기능한다.

풀이 윗글에서 보드리야르는 사물이 기호로서 기능한다고 하였다. 이때 '기호'는 '기표'와 '기의'로 구성되는데, '기표'는 문자, 음성과 같이 감각으로 지각되는 구체적인 것이고, '기의'는 추상적인 의미 내용을 말한다. 따라서 사물은 기표로서의 구체성과 기의로서의 추상성을 갖는다고 설명하는 것이 적절하다.

→ 적절하지 않음!

기표   기의
② 사물과 그것이 상징하는 특정한 사회적 지위와의 관계는 자의적이다.

근거 ❸-1 기호는 어떤 대상을 지시하는 상징으로서 문자나 음성같이 감각으로 지각되는 기표와 의미 내용인 기의로 구성되는데, 기표와 기의의 관계는 자의적이다, ❹-3~4 예를 들어 소비자는 특정 계층 또는 집단의 일원이라는 상징을 얻기 위해 명품 가방을 소비한다. 이때 사물은 소비자가 속하고 싶은 집단과 다른 집단 간의 차이를 부각하는 기호로서 기능한다.

풀이 보드리야르에 따르면 구체적인 '사물'은 기표에, 그것이 상징하는 '특정한 사회적 지위'는 기의에 해당한다. 기표와 기의의 관계는 자의적이라고 하였으므로, 사물과 그것이 상징하는 특정한 사회적 지위와의 관계는 자의적이라는 설명은 적절하다.

→ 적절함!

③ 사물은 사물 자체가 아닌 사물 간의 관계를 통해 의미 내용이 결정된다.

근거 ❸-3 어떤 기호의 의미 내용을 결정하는 것은 기표와 기의의 관계가 아니라 기호들 간의 관계, 즉 기호 체계, ❹-4 사물은 … 기호로서 기능한다.

풀이 보드리야르는 사물이 기호로서 기능한다고 하였다. 이때 기호의 의미 내용을 결정하는 것은 그 기호 자체의 기표와 기의의 관계가 아니라, 기호들 간의 관계인 '기호 체계'에 의해 결정된다.

→ 적절함!

④ 소비는 사물이라는 기호를 통해 특정 계층 또는 집단의 일원이라는 상징을 얻는 행위이다.

근거 ❹-3~5 예를 들어 소비자는 특정 계층 또는 집단의 일원이라는 상징을 얻기 위해 명품 가방을 소비한다. 이때 사물은 소비자가 속하고 싶은 집단과 다른 집단 간의 차이를 부각하는 기호로서 기능한다. 따라서 보드리야르에 따르면 자본주의 사회에서 소비의 원인은 사물이 상징하는 특정 사회적 지위에 대한 욕구이다.

풀이 보드리야르에 따르면 소비자는 사물이라는 기호를 소비함으로써 특정 계층 또는 집단의 일원이라는 상징을 얻는다.

→ 적절함!

⑤ 기호가치는 사물의 기의와 그에 대한 소비자의 욕구와 관련될 뿐 사물의 기표에 의해 결정되는 것은 아니다.

근거 ❷-2 보드리야르가 제시한 사용가치는 사물 자체의 유용성에 대한 가치가 아니라 욕망의 대상으로서 기호(sign)가 지니는 기능적 가치, 즉 기호가치를 의미, ❹-1~2 보드리야르는 … 소비자가 기호가치 때문에 사물을 소비한다고 보았다. … 사물 자체의 유용성은 더 이상 소비를 결정하는 요인으로 작용할 수 없기 때문, ❹-5 보드리야르에 따르면 자본주의 사회에서 소비의 원인은 사물이 상징하는 특정 사회적 지위에 대한 욕구

풀이 보드리야르에 따르면 기호가치는 욕망의 대상으로서 기호가 지니는 기능적 가치를 의미하며, 사물 자체의 유용성에 대한 가치가 아니다. 또한 그는 소비자가 기호가치 때문에 사물을 소비하며, 소비의 원인이 사물이 상징하는 특정 사회적 지위에 대한 욕구에 있다고 하였다. 따라서 기호가치는 그 사물이 상징하는 특정 사회적 지위인 '기의'와 그에 대한 소비자의 욕구와 관련되는 것이지, 사물 자체가 가진 구체성 즉 '기표'에 의해 결정되는 것이 아니다.

→ 적절함!

---

125 추론의 적절성 판단 - 적절한 것 고르기 2022년 3월 학평 18번
정답률 75%, 매력적 오답 ① 10%
정답 ③

㉢의 *전제로 가장 적절한 것은? *前提. 결론의 근거가 되는 판단

㉢ 상징체계 변화에 따라 욕구도 유동적이다.

① 상징체계 변화에 의해 사물 자체의 유용성이 변화한다.

근거 ❷-2 보드리야르가 제시한 사용가치는 사물 자체의 유용성에 대한 가치가 아니라 욕망의 대상으로서의 기호가 지니는 기능적 가치, 즉 기호가치를 의미한다.

풀이 보드리야르에 따르면 상징체계 변화는 기의의 변화를 가져오고 기호가치에도 영향을 미친다. 그러나 그는 사용가치가 사물 자체의 유용성에 대한 가치가 아닌 기호가치를 의미한다고 함으로써 사물 자체의 유용성과 기호가치를 무관한 것으로 보았

다. 따라서 '상징체계 변화에 의해 사물 자체의 유용성이 변화한다'는 것은 ©의 전제로 적절하지 않다.

→ 적절하지 않음!

② 사물에 대한 욕구는 사람마다 제각기 다른 양상을 보인다.

근거 ⑤-1 보드리야르는 현대인이 자연 발생적인 욕구에 따라 자유롭게 소비하는 것처럼 보이지만 사실은 강제된 욕구에 따르는 것에 불과하다고 보았다. ⑤-7 특정 사물에 대한 현대인의 욕망은 대중매체를 매개로 하여 자기도 모르는 사이에 강제된다.

풀이 윗글에서 보드리야르는 자본주의 사회에서 현대인의 사물에 대한 욕구는 강제된다고 하였으므로, 사물에 대한 욕구가 사람마다 제각기 다른 양상을 보인다는 것은 ©의 전제로 적절하지 않다.

→ 적절하지 않음!

③ 사물의 기호가치가 변화하면 사물에 대한 욕구도 변화한다.

근거 ④-1 보드리야르는 … 소비자가 기호가치 때문에 사물을 소비한다고 보았다. ④-5 보드리야르에 따르면 자본주의 사회에서 소비의 원인은 사물이 상징하는 특정 사회적 지위(기의)에 대한 욕구, ⑤-2 기호가 다른 기호와의 관계(기호 체계, 사회적 상징체계) 속에서 그 의미 내용(기의)이 결정되는 것, ⑤-3 특정 사물의 상징은 기호 체계, 즉 사회적 상징체계 속에서 유동적이며, 따라서 상징체계 변화에 따라 욕구도 유동적이다.

풀이 보드리야르는 사용가치, 즉 기호가치가 경제적 가치를 결정한다고 보았으며, 어떤 기호의 의미 내용은 기호 체계에 의해 결정된다고 하였다. 기호 체계, 즉 사회적 상징체계가 변화하면 기호의 의미 내용인 기의도 변화하고, 기의가 변화하면 기표와 기의로 구성된 기호에 영향을 끼쳐 기호가 지니는 기능적 가치인 기호가치에도 영향을 끼친다. 보드리야르는 소비자가 기호가치 때문에 사물을 소비한다고 하였는데, 기호가치가 변화하면 사물을 소비하고자 하는 소비자의 욕구도 변화하게 된다. 결국 사회적 상징체계의 변화에 따라 사물의 기호가치가 변화하게 되고, 이에 따라 사물에 대한 소비자의 욕구도 변화한다는 것이다. 따라서 '사물의 기호가치가 변화하면 사물에 대한 욕구도 변화한다'는 내용은 ©의 전제로 적절하다.

→ 적절함!

④ 사물을 소비하는 행위는 개인의 자연 발생적 욕구에 따른 것이다.

근거 ⑤-1 보드리야르는 현대인이 자연 발생적인 욕구에 따라 자유롭게 소비하는 것처럼 보이지만 사실은 강제된 욕구에 따르는 것에 불과하다고 보았다.

풀이 보드리야르는 자본주의 사회에서 현대인의 소비가 자연 발생적 욕구에 따른 것이 아니라, 사물에 대한 강제된 욕구에 따른 것이라고 보았다. 따라서 사물을 소비하는 행위가 개인의 자연 발생적 욕구에 따른 것이라는 전제는 적절하지 않다.

→ 적절하지 않음!

⑤ 사물이 지시하는 의미 내용과 사물에 대한 욕구는 서로 독립적이다.

근거 ④-5 보드리야르에 따르면 자본주의 사회에서 소비(사물에 대한 욕구)의 원인은 사물이 상징하는 특정 사회적 지위(사물이 지시하는 의미 내용)에 대한 욕구이다.

풀이 보드리야르는 사물에 대한 욕구에 따라 소비를 하게 되는 원인을 사물이 상징하는 특정 사회적 지위, 즉 사물이 지시하는 의미 내용에 대한 욕구 때문이라고 보았다. 따라서 사물이 지시하는 의미 내용과 사물에 대한 욕구가 서로 독립적이라는 전제는 적절하지 않다.

→ 적절하지 않음!

1등급 문제

126 구체적인 사례에 적용 - 적절하지 않은 것 고르기 2022년 3월 학평 19번
정답률 20%, 매력적 오답 ① 25% ② 20% ④ 20% ⑤ 15% **정답 ③**

윗글의 '보드리야르'의 관점을 바탕으로 〈보기〉를 이해한 내용으로 적절하지 않은 것은? **3점**

| 보 기 |
　개성이란 타인(他人, 다른 사람)과 구별되는 개인만의 고유한(固有-, 처음부터 특별히 가지고 있는) 특성으로, 현대 사회의 개인은 개성을 추구함으로써 자신의 고유함을 드러내려 한다. 이때 사물은 개성을 드러낼 수 있는 수단이다. 찢어진 청바지를 입는 것, 타투(tattoo, 문신)나 피어싱(piercing, 몸의 일부분에 구멍을 내어 각종 장신구를 다는 일)을 하는 것은 사물을 통한 개성 추구의 사례이다. 이런 점에서 '당신의 삶에 차이를 만듭니다'와 같은 광고 문구는 개성에 대한 현대인의 지향(志向, 어떤 목표로 뜻이 쏠리어 향함)을 단적으로(端的-, 아주 뚜렷하게) 드러낸 것이라 할 수 있다.

① 타인과 구별되는 개성이란 개인이 소속되길 바라는 집단의 *차별화된 속성일 수 있겠군. *差別化-, 등급이나 수준 등의 차이가 두어져 구별된

(우측 단)

근거 ④-3~4 예를 들어 소비자는 특정 계층 또는 집단의 일원이라는 상징을 얻기 위해 명품 가방을 소비한다. 이때 사물은 소비자가 속하고 싶은 집단과 다른 집단 간의 차이를 부각하는 기호로서 기능한다.

풀이 보드리야르의 관점에서 타인과 구별되는 개성이란, 개인이 속하고 싶은 집단과 다른 집단 간의 차이를 부각하는 차별화된 속성이라고 볼 수 있다.

→ 적절함!

② 소비사회에서 사물을 통한 개성의 추구는 그 사물의 기호가치에 대한 욕구에서 비롯되겠군.

근거 ②-1~2 보드리야르는 … 사용가치가 경제적 가치를 결정하며, 자본주의 사회는 소비 우위의 사회라고 주장했다. 이때 보드리야르가 제시한 사용가치는 사물 자체의 유용성에 대한 가치가 아니라 욕망의 대상으로서 기호(sign)가 지니는 기능적 가치, 즉 기호가치를 의미

풀이 보드리야르는 자본주의 사회가 소비 우위의 사회이며, 욕망의 대상으로서 기호가 지니는 기능적 가치인 '기호가치'가 경제적 가치를 결정한다고 보았다. 따라서 보드리야르는 사물을 소비함으로써 개성을 추구하는 것은 그 사물이 가진 기호가치에 대한 욕구에서 비롯된 것이라고 보았을 것이다.

→ 적절함!

③ 찢어진 청바지는 개인만의 고유한 특성을 드러내는 수단이자 젊은 세대의 일원이라는 기호를 상징하는 것일 수 있겠군.

근거 ④-3 소비자는 특정 계층 또는 집단의 일원이라는 상징을 얻기 위해 명품 가방을 소비, ④-5 보드리야르에 따르면 자본주의 사회에서 소비의 원인은 사물이 상징하는 특정 사회적 지위에 대한 욕구, ⑤-1 보드리야르는 현대인이 자연 발생적인 욕구에 따라 자유롭게 소비하는 것처럼 보이지만 사실은 강제된 욕구에 따르는 것에 불과하다고 보았다.

풀이 보드리야르는 사물을 소비함으로써 개인만의 고유한 특성을 드러낼 수 있다고 보지 않았다. 그는 소비자가 특정 계층 또는 집단의 일원이라는 상징을 얻기 위해, 즉 사물이 상징하는 특정 사회적 지위에 대한 욕구 때문에 사물을 소비한다고 보았다. 따라서 보드리야르는 찢어진 청바지를 '개인만의 고유한 특성을 드러내는 수단'이라고 보지 않았을 것이다.

→ 적절하지 않음!

④ '당신의 삶에 차이를 만듭니다'라는 광고 문구는 그 광고의 상품을 소비함으로써 사회적 차이를 드러내고 싶다는 욕구를 강제하는 것일 수 있겠군.

근거 ⑤-1 보드리야르는 현대인이 자연 발생적인 욕구에 따라 자유롭게 소비하는 것처럼 보이지만 사실은 강제된 욕구에 따르는 것에 불과하다고 보았다. ⑤-7 특정 사물에 대한 현대인의 욕망은 대중매체를 매개로 하여 자기도 모르는 사이에 강제된다.

풀이 보드리야르의 견해에 따르면 '당신의 삶에 차이를 만듭니다'라는 광고 문구는 그 광고의 상품에 대해 소비자가 속하고 싶은 집단과 다른 집단 간의 차이를 부각하는 기호로서의 의미 내용을 부여하고, 소비자에게 이를 소비함으로써 사회적 차이를 드러내고 싶다는 욕구를 강제하는 것이라고 볼 수 있다.

→ 적절함!

⑤ 타투나 피어싱을 한 유명 연예인을 텔레비전에서 보고, 이를 따라하기 위해 돈을 지불하는 것은 대중매체를 매개로 하여 추상화된 기호를 소비하는 것일 수 있겠군.

근거 ⑤-5~6 현실이 대중매체를 통해 전달될 때 현실은 현실 그 자체가 아니라 다른 기호와 조합될 수 있는 기호로서 추상화되기 때문이다. 가령 텔레비전 속 유명 연예인이 소비하는 사물은 유명 연예인이라는 기호에 의해 새로운 의미 내용이 부여된다.

→ 적절함!

틀리기 쉬운 문제

127 문맥적 의미 파악 - 적절한 것 고르기 2022년 3월 학평 20번
정답률 55%, 매력적 오답 ② 20% ③ 10% **정답 ④**

문맥상 의미가 ⓐ와 가장 가까운 것은?

(사용가치는) 욕망의 대상으로서 기호(sign)가 ⓐ 지니는 기능적 가치

풀이 ⓐ에서 '지니다'는 문맥상 '바탕으로 갖추고 있다'의 의미로 쓰였다.

① 그는 항상 지갑에 현금을 지니고 있었다.

풀이 '몸에 간직하여 가지다'의 의미이다.

예문 그는 어머니가 준 목걸이를 늘 몸에 지니고 다닌다.

→ 적절하지 않음!

② **그녀는 어릴 때의 모습을 그대로 지니고 있다.**

| 풀이 | '본래의 모양을 그대로 간직하다'의 의미이다. |
| 예문 | 근대화 바람에도 이 마을은 옛 모습들을 지니고 있다. |

→ 적절하지 않음!

③ **우리는 자기가 맡은 일에 책임을 지녀야 한다.**

| 풀이 | '어떠한 일 따위를 맡아 가지다'의 의미이다. |
| 예문 | 교사로서 책임을 지니고 학생들을 지도해야 한다. |

→ 적절하지 않음!

④ **사람은 누구나 고정 관념을 지니고 살기 마련이다.**

| 풀이 | '바탕으로 갖추고 있다'의 의미이다. |
| 예문 | 그는 착한 성품을 지녔다. |

→ 적절함!

⑤ **그는 어린 시절의 추억을 항상 마음속에 지니고 있다.**

| 풀이 | '기억하여 잊지 않고 새겨 두다'의 의미이다. |
| 예문 | 돌아가신 어머니의 유언을 마음에 지니고 있다. |

→ 적절하지 않음!

문제편 p.120

III 과학, 기술 | 1. 우리 몸의 이해

[001~004] 다음 글을 읽고 물음에 답하시오.

1 ¹진화론자(進化論者, 생물이 생명의 기원 이후로 변화하거나 발전해 왔다는 다윈의 진화론을 믿고 주장하는 사람)들은 생존(生存, 살아남음)에 유리한(有利-, 이익이 있는) 방향으로 우연히 돌연변이(突然變異, 생물체에서 부모의 계통에 없던 새로운 형질이 나타나 유전하는 현상으로, 유전자나 염색체의 구조에 변화가 생겨 일어남)가 발생한 유전자(遺傳子, 생물체의 개개의 유전 형질을 발현시키는 원인이 되는 요소)가 후대(後代, 뒤에 오는 세대)에 전해지는 자연선택(自然選擇, 자연계에서 그 생활 조건에 적응하는 생물은 생존하고, 그렇지 못한 생물은 저절로 사라지는 일) 과정의 누적(累積, 포개어 여러 번 쌓음)으로, 오늘날 생태계(生態系, 어느 환경 안에서 사는 생물군과 그 생물들을 제어하는 관련된 모든 요인을 포함한 복합 체계)의 생명체들이 현재와 같은 모습을 띠게 되었다고 본다. ²그런데 우리의 눈과 같이 고차원적인(高次元的-, 수준이 높은) 생체(生體, 생물의 몸) 기관(器官, 일정한 모양과 생리 기능을 가지고 있는 생물체의 부분)도 우연의 산물(産物, 어떤 것에 의해 생겨나는 사물이나 현상)이라고 보기는 어렵다며 의문을 제기하는 이들도 있다. ³이에 대해 진화생물학자 리처드 도킨스는 생명체의 진화 과정을 '불가능(不可能, 가능하지 않음) 산'에 오르는 것에 비유하면서(比喩-, 빗대어 설명하면서), 불가능 산의 최정점(最頂點, 가장 높은 지점)에 있다고 여겨지는 우리의 눈은 깎아지른(반듯하게 깎아 세운 듯 가파른) 절벽을 단숨에(單-, 쉬지 않고 곧장) 뛰어오르는 우연으로 그곳(불가능 산의 최정점)에 이른 게 아니라, 완만한(緩慢-, 경사가 급하지 않은) 비탈(기울어진 산이나 언덕)을 천천히 오르는 우연의 누적으로 그곳(불가능 산의 최정점)에 이른 것이라 말한다.

→ 자연선택 이론에 대한 의문과 이에 대한 리처드 도킨스의 견해

2 ¹눈의 진화 과정에서 시작 단계에 해당하는 불가능 산의 밑자락(아래로 드리워져 바닥에서 가까운 부분)에는 빛의 존재 여부(存在與否, 존재하는지 존재하지 않는지)만 희미하게 감지하는(感知-, 느껴 아는) 세포를 지닌, 일부 단세포(單細胞, 아메바, 짚신벌레 등 한 개의 세포로 이루어진 생물) 생물의 피부나 거머리(빨판으로 다른 동물에 달라붙어 피를 빨아 먹는 동물)의 피부가 자리한다. ²그 뒤에 이어지는 오르막에서는 빛의 광자(光子, 빛을 입자로 보았을 때의 이름)를 포획하고(捕獲-, 잡고) 그 충격을 신경 자극으로 변환하는(變換-, 바꾸는) 일을 담당하는(擔當-, 맡아서 하는) 광세포가 점차 늘어나는 경향(傾向, 일정한 방향성)이 나타난다. ³그러나 광세포 그 자체는 동물에게 빛의 유무(有無, 있음과 없음)만을 알려 주므로 빛의 방향과 주변 대상의 형태까지 감지하려면 한쪽 면에는 암막(暗幕, 빛이 들어오는 것을 막고 어둡게 하기 위해 덮어 가리는 막)이 있는 광세포가 필요하다. ⁴광세포가 투명하면 모든 방향에서 빛이 들어와 어느 쪽에서 빛이 오는지 알 수 없기 때문이다. ⁵그래서 광세포로 이루어진 평면(平面, 평평한 표면)을 활처럼 구부려서 그 곡면(曲面, 굽어 휘어진 면)의 뒤쪽에는 암막이 있게 만든 오목한(가운데가 동그스름하게 폭 패거나 들어가 있는 상태인) 눈이 등장하게 되는데, 대합(大蛤, 백합과에 속한 조개)이나 갯지렁이 등의 눈이 이 유형에 속한다. ⁶그러나 오목한 눈의 망막(網膜, 눈의 가장 안쪽에 위치한 얇고 투명한 막)에도 대상을 분별할(分別-, 구별하여 따로 나눌) 수 있는 하나의 상(像, 빛의 반사나 굴절로 말미암아 생기는 물체의 형상)이 형성되지는(形成-, 이루어지는) 못한다.

→ 눈의 진화 과정 ① : 시작 단계와 오목한 눈 유형의 등장

3 ¹오목한 눈에 돌고래의 상이 맺히는 상황을 생각해 보자. ²셀 수 없이 다양한 방향에서 무수히(無數-, 헤아릴 수 없이) 많은 빛이 동시(同時, 같은 때)에 들어오면 오목한 망막은 〈그림 1〉과 같이 무수히 많은 돌고래 상으로 뒤덮여 결국 하나의 상을 파악(把握, 확실하게 이해하여 앎)내지 못하게 된다. ³그래서 〈그림 2〉와 같이 상하(上下, 위와 아래)가 뒤바뀐 도립상(倒 반대로 되다 도 立 서다 립 像 모양 상)이긴 하지만 단 하나의 온전한(穩全-, 본바탕 그대로 고스란한) 돌고래 상이 망막에 맺힐 수 있을 때까지 빛의 유입구(流入口, 흘러 들어오는 입구)를 계속 좁혀 나가며 불가능 산을 오르는 긴 여정(旅程, 여행 과정)이 시작되었다. ⁴그 결과 전복이나 고둥(소라와 같이 말려 있는 껍데기를 가진 동물)의 눈처럼 빛의 유입구가 매우 좁아진 눈과 앵무조개(鸚鵡-, 껍데기의 주둥이가 앵무새의 부리와 비슷한 바닷조개)의 눈처럼 완전한 바늘구멍 눈이 나타나게 된다.

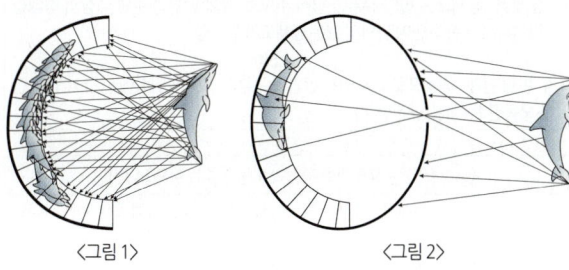

〈그림 1〉   〈그림 2〉

→ 눈의 진화 과정 ② : 오목한 눈 유형의 문제점과 바늘구멍 눈 유형의 등장

4 ¹그러나 하나의 상만 맺힐 만큼 빛 유입구가 좁아지면 빛의 유입량(流入量, 흘러 들어온 양)이 부족해 아주 밝을 때만 대상을 볼 수 있다. ²또한 빛은 파동(波動, 물결의 움직임)처럼 움직이며 서로 간섭(干涉, 서로 겹쳐져 파동을 강화하거나 약화하는 현상)을 일으켜 상이 흐릿해지는 회절(回 돌다 회 折 굽다 절) 현상을 보이는데, 빛의 유입구가 좁을수록 그 정도가 심화된다(深化-, 점점 심해진다). ³그래서 유입구를 더 넓게 하는 것도, 좁게 하는 것도 선택하기 어려운 진퇴양난(進退兩難, 이러지도 저러지도 못하는 어려운 처지)의 상황이 발생한다. ⁴바늘구멍 눈의 이러한 상황을, 두 장점을 동시에 취할 수 없는 상황이 흔히 다뤄지는 경제학의 특성을 본떠(本-, 본보기로 하여 그대로 좇아 하여) 광자 경제학이라 일컫는다.

→ 눈의 진화 과정 ③ : 바늘구멍 눈 유형의 문제점과 광자 경제학

5 ¹빛은 하나의 투명 물질에서 다른 투명 물질로 들어갈 때 굴절되는데(屈折-, 휘어져 꺾이는데), 볼록(겉 부분이 조금 도드라지거나 쏙 내밀린 모양) 렌즈 모양의 투명 물질은 빛의 굴절을 통해 물체의 상을 더 선명하게(鮮明-, 뚜렷하고 밝게) 만들어 준다. ²그래서 광자 경제학의 난제(難題, 해결하기 어려운 문제)를 해결하기 위한 대안(對案, 대처할 방법이나 계획)으로, 빛의 유입구를 더 넓게 한 뒤에 투명한 볼록 렌즈인 수정체를 그 뒤에 끼워 넣은 수정체 눈이 나타났다. ³수정체를 거친 빛도 도립상을 이루는 것은 여전하지만(如前-, 전과 같지만), 빛의 유입량이 늘어 아주 밝지 않아도 망막에 선명한 상이 맺힐 수 있게 되었다. ⁴일반적으로 척추동물(脊椎動物, 등뼈가 있는 동물로 포유류, 파충류, 조류, 어류, 양서류 등이 있음)은 불가능 산의 아주 높은 곳에 자리하고 있는 수정체 눈을 가지는데, 어류나 파충류 등은 수정체의 위치를 이동하는 방법으로, 조류나 포유류는 수정체의 두께를 조절하는 방법으로 빛의 굴절률(屈折率, 휘어서 꺾이는 정도)을 조절하여 대상과의 거리에 맞게 초점(焦點, 대상을 가장 똑똑하게 볼 수 있도록 맞추는 점)을 맞춘다.

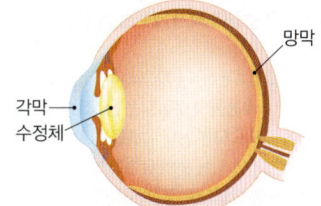

망막

각막
수정체

〈참고 그림〉
❺-2 광자 경제학의 난제를 해결하기 위한 대안으로, 빛의 유입구를 더 넓게 한 뒤에 투명한 볼록 렌즈인 수정체를 그 뒤에 끼워 넣은 수정체 눈이 나타났다.

→ 눈의 진화 과정 ④ : 광자 경제학의 대안으로 나타난 수정체 눈 유형

■ 지문 이해
〈리처드 도킨스의 '눈의 진화 과정'〉

❶ 자연선택 이론에 대한 의문과 이에 대한 리처드 도킨스의 견해

- 진화론자 : 오늘날 생태계의 생명체들은 자연선택 과정의 누적으로 현재의 모습을 띠게 됨
  - → 고차원적인 생체 기관도 우연의 산물이라 보기는 어렵다며 진화론에 의문을 제기함
  - → 리처드 도킨스 : 생명체의 진화 과정은 완만한 비탈을 천천히 오르는 우연의 누적으로 불가능 산의 최정점에 이른 것

리처드 도킨스가 제시한 눈의 진화 과정

III 과학, 기술</cite>

III. 과학, 기술 정답과 해설 165

❷ 시작 단계와 오목한 눈 유형의 등장
• 시작 단계(불가능 산의 밑자락) : 빛의 존재 여부만 희미하게 감지하는 세포를 지닌 **피부**(단세포 생물, 거머리) - 이어지는 오르막에서 광세포가 점차 늘어남 - 문제점 : 광세포는 빛의 유무만 알려 주므로, 빛의 방향과 주변 대상의 형태를 감지하려면 한쪽 면에 암막이 있는 광세포가 필요함 <div align="center">↓ 진화</div>• 두 번째 단계 : 광세포로 이루어진 평면을 구부려 곡면의 뒤쪽에 암막이 있게 만든 **오목한 눈**(대합, 갯지렁이)

❸ 오목한 눈 유형의 문제점과 바늘구멍 눈 유형의 등장
• 오목한 눈 유형의 문제점 : 다양한 방향에서 많은 빛이 동시에 들어오면 하나의 상을 파악하지 못함 <div align="center">↓ 진화</div>• 세 번째 단계 : 단 하나의 온전한 상(도립상)만 망막에 맺힐 때까지 빛의 유입구가 매우 좁아진 눈(전복, 고둥)과 **바늘구멍 눈**(앵무조개)

❹ 바늘구멍 눈 유형의 문제점과 광자 경제학
• 바늘구멍 눈 유형의 문제점 - 빛 유입량이 부족해 아주 밝을 때만 대상을 볼 수 있음 - 빛의 유입구가 좁을수록 회절 현상이 심화되어 상이 흐릿해짐 →유입구를 더 넓히는 것도, 좁히는 것도 선택하기 어려운 '광자 경제학' 상황 발생

❺ 광자 경제학의 대안으로 나타난 수정체 눈 유형
<div align="center">↓ 진화</div>• 불가능 산의 아주 높은 단계 : **수정체 눈**(척추동물) 유형의 등장 - 빛의 유입구를 더 넓히고 그 뒤에, 빛의 굴절을 통해 물체의 상을 더 선명하게 만들어 주는 투명한 볼록 렌즈인 '수정체'를 끼워 넣음 - 도립상을 이루지만, 빛의 유입량이 늘어 아주 밝지 않아도 망막에 선명한 상이 맺힐 수 있게 됨 - 어류, 파충류 : 수정체의 위치를 이동하여 초점을 맞춤 - 조류, 포유류 : 수정체의 두께를 조절하여 초점을 맞춤

1등급 문제

001 | 독서 방법의 적절성 - 적절한 것 고르기 2025년 9월 학평 27번
정답률 30%, 매력적 오답 ③ 10% ⑤ 45% | 정답 ②

윗글을 읽은 방법으로 가장 적절한 것은?

① 오늘날의 생태계에서 발견이 되는 눈의 유형과 발견이 되지 않는 눈의 유형을 비교하며 읽었다.

> 풀이 윗글에서는 눈의 진화 과정을 단계별로 설명하면서, 거머리의 피부나 대합 등의 오목한 눈, 앵무조개의 바늘구멍 눈, 그리고 척추동물의 수정체 눈 등 오늘날의 생태계에 존재하는 생명체들이 각각의 단계에서 서로 다른 눈의 유형을 가지고 있음을 설명하였다. 따라서 '오늘날의 생태계에서 발견이 되는 눈의 유형과 발견이 되지 않는 눈의 유형을 비교하며 읽는' 것은 윗글을 읽은 방법으로 적절하지 않다.

→ 적절하지 않음!

✓② 여러 가지 눈의 유형별 차이점에 *주목하여 각 유형의 눈이 나타나게 된 원인을 파악하며 읽었다. *注目−, 관심을 가지고 주의 깊게 살펴

> 근거 ❷-1~3 눈의 진화 과정에서 시작 단계에 해당하는 … 빛의 존재 여부만 희미하게 감지하는 세포를 지닌, 일부 단세포 생물의 피부나 거머리의 피부가 자리한다. … 그러나 … 빛의 방향과 주변 대상의 형태까지 감지하려면 한쪽 면에는 암막이 있는 광세포가 필요, ❷-5~6 그래서 … 오목한 눈이 등장, ❸-2~4 셀 수 없이 다양한 방향에서 무수히 많은 빛이 동시에 들어오면 오목한 망막은 … 결국 하나의 상을 파악해 내지 못하게 된다. 그래서 … 빛의 유입구를 계속 좁혀 나가며 … 그 결과 전복이나 고둥의 눈처럼 빛의 유입구가 매우 좁아진 눈과 앵무조개의 눈처럼 완전한 바늘구멍 눈이 나타나게 된다, ❹-1 그러나 하나의 상만 맺힐 만큼 빛 유입구가 좁아지면 …, ❹-3 유입구를 더 넓게 하는 것도, 좁게 하는 것도 선택하기 어려운 진퇴양난의 상황이 발생, ❺-2 광자 경제학의 난제를 해결하기 위한 대안으로, 빛의 유입구를 더 넓힌 뒤에 투명한 볼록 렌즈인 수정체를 그 뒤에 끼워 넣은 수정체 눈이 나타났다, ❺-4 척추동물은 … 수정체 눈을 가지는데

> 풀이 윗글에서는 진화생물학자인 리처드 도킨스가 제시한 눈의 진화 과정을 설명하고 있

다. 그는, 고차원적인 생체 기관인 눈의 진화 과정은 거머리의 피부, 대합이나 갯지렁이의 오목한 눈, 앵무조개의 바늘구멍 눈 등의 단계를 거치며 완만한 비탈길을 천천히 올라, 척추동물의 수정체 눈이라는 불가능 산의 최정점에 이르게 되었다고 하였다. 윗글에서는 이처럼 다양한 생물 종이 가진 눈의 유형을 설명하면서, 해당 눈의 유형이 가진 문제점에 대한 대안으로 다음 단계의 눈의 유형이 나타나게 되었음을 밝히고 있다. 따라서 여러 눈의 유형별 차이점에 주목하여, 각 유형의 눈이 나타나게 된 원인을 파악하며 읽는다는 것은 윗글을 읽는 방법으로 적절하다.

→ 적절함!

③ 광세포와 빛의 관계를 중심으로 생명체의 눈이 불가능 산의 *최정점에 오를 수 없는 이유를 추측하며 읽었다.

> 근거 ❶-3 불가능 산의 최정점에 있다고 여겨지는 우리의 눈, ❺-4 척추동물은 불가능 산의 아주 높은 곳에 자리하고 있는 수정체 눈을 가지는데

> 풀이 윗글에서 우리의 눈은 불가능 산의 최정점에 있다고 여겨진다고 설명하고 있으므로, '생명체의 눈이 불가능 산의 최정점에 오를 수 없는 이유'를 추측하며 읽었다는 것은 윗글을 읽은 방법으로 적절하지 않다.

→ 적절하지 않음!

④ 고차원적 생체 기관은 우연의 산물이 아니라고 보는 사람들이 제시한 눈의 진화 과정에서 *논리적 모순을 찾아내며 읽었다. *論理的矛盾, 생각이나 추론이 이치에 어긋나서 서로 맞지 않음

> 근거 ❶-2~3 우리의 눈과 같이 고차원적인 생체 기관도 우연의 산물이라고 보기는 어렵다며 의문을 제기하는 이들도 있다. 이에 대해 진화생물학자 리처드 도킨스는

> 풀이 윗글에서는 눈과 같이 고차원적인 생체 기관은 우연의 산물이라고 보기는 어렵다며 진화론에 의문을 제기한 사람들에 대해, '진화생물학자인 리처드 도킨스가 제시한 눈의 진화 과정'을 설명하고 있다. 윗글에서 '고차원적 생체 기관은 우연의 산물이 아니라고 보는 사람들이 제시한 눈의 진화 과정'은 설명하지 않았다. 따라서 '고차원적 생체 기관은 우연의 산물이 아니라고 보는 사람들이 제시한 눈의 진화 과정에서 논리적 모순을 찾아내며 읽는 것은 윗글을 읽은 방법으로 적절하지 않다.

→ 적절하지 않음!

⑤ 다양한 생물 종의 눈이 고차원적 눈의 유형으로 *수렴해 가는 원리를 시간의 흐름에 따라 **순차적으로 이해하며 읽었다. *收斂−, 점점 서로 닮은 형질을 나타내며 진화해 **順次的−, 순서를 따라 차례대로

> 풀이 윗글에서는 다양한 생물 종의 눈이 진화를 거치면서 불가능 산의 최정점에 이르는 과정을 설명하고 있다. 그러나 다양한 생물 종의 눈은 여전히 각각 종별로 서로 다른 다양한 유형의 눈을 가지고 있으며, '고차원적 눈의 유형으로 수렴해 가고' 있지는 않다. 따라서 '다양한 생물 종의 눈이 고차원적 눈의 유형으로 수렴해 가는 원리를 시간의 흐름에 따라 순차적으로 이해하며 읽는 것은 윗글을 읽은 방법으로 적절하지 않다.

→ 적절하지 않음!

1등급 문제

002 | 세부 정보 이해 - 적절하지 않은 것 고르기 2025년 9월 학평 28번
정답률 40%, 매력적 오답 ② 15% ③ 15% ④ 25% | 정답 ⑤

윗글에 대한 이해로 적절하지 않은 것은?

① 진화론자들은 생존에 유리한 돌연변이의 발생이 누적되어 생명체가 현재의 모습에 이르게 되었다고 본다.

> 근거 ❶-1 진화론자들은 생존에 유리한 방향으로 우연히 돌연변이가 발생한 유전자가 후대에 전해지는 자연선택 과정의 누적으로, 오늘날 생태계의 생명체들이 현재와 같은 모습을 띠게 되었다고 본다.

→ 적절함!

② 리처드 도킨스는 새로운 유형의 눈이 나타나는 진화의 과정을 완만한 비탈을 천천히 오르는 것에 비유했다.

> 근거 ❶-3 리처드 도킨스는 생명체의 진화 과정을 … 완만한 비탈을 천천히 오르는 우연의 누적으로 그곳에 이른 것이라 말한다.

→ 적절함!

③ 눈의 진화의 시작 단계에 있는 생물은 빛의 존재를 감지할 수 있는 피부를 통해 빛의 유무만 파악할 수 있다.

> 근거 ❷-1 눈의 진화 과정에서 시작 단계에 해당하는 불가능 산의 밑자락에는 빛의 존재 여부만 희미하게 감지하는 세포를 지닌, 일부 단세포 생물의 피부나 거머리의 피부가 자리한다.

→ 적절함!

④ 〔바늘구멍 눈〕 〔오목한 눈〕 앵무조개의 눈은 갯지렁이의 눈과 달리 바라보고 있는 대상의 모습이 망막에 하나의 상으로 맺힌다.

근거 ❷-5~6 오목한 눈이 등장하게 되는데, 대합이나 갯지렁이 등의 눈이 이 유형에 속한다. 그러나 오목한 눈의 망막에도 대상을 분별할 수 있는 하나의 상이 형성되지는 못한다. ❸-3~4 단 하나의 온전한 돌고래 상만 망막에 맺힐 수 있을 때까지 빛의 유입구를 계속 좁혀 나가는 불가능 산을 오르는 긴 여정이 시작되었다. 그 결과 … 앵무조개의 눈처럼 완전한 바늘구멍 눈이 나타나게 된다.

풀이 갯지렁이의 눈은 오목한 눈 유형으로, 망막에 하나의 상이 형성되지는 못한다. 그래서 단 하나의 온전한 상만 망막에 맺힐 수 있을 때까지 빛의 유입구를 계속 좁혀 나간 결과의 하나로 앵무조개의 눈처럼 완전한 바늘구멍 눈 유형이 나타나게 되었다. 따라서 앵무조개의 눈은 갯지렁이의 눈과 달리 바라보고 있는 대상의 모습이 망막에 하나의 상으로 맺힌다는 설명은 적절하다.

→ 적절함!

⑤ 〔대상과의 거리에 맞게 초점을 맞추기 위해〕 포유류의 눈은 어류의 눈과 달리 빛의 유입량을 늘리기 위해 수정체의 두께를 변화시켜 빛의 굴절률을 조절한다.

근거 ❺-4 어류나 파충류 등은 수정체의 위치를 이동하는 방법으로, 조류나 포유류는 수정체의 두께를 조절하는 방법으로 빛의 굴절률을 조절하여 대상과의 거리에 맞게 초점을 맞춘다.

풀이 어류의 눈은 수정체의 위치를 이동하는 방법, 포유류의 눈은 수정체의 두께를 조절하는 방법으로 각각 빛의 굴절률을 조절한다. 그러나 이처럼 각각 다른 방법으로 빛의 굴절률을 조절하는 것은 '빛의 유입량을 늘리기 위한' 것이 아니라, '대상과의 거리에 맞게 초점을 맞추기 위한' 것이다.

→ 적절하지 않음!

---

003 핵심 개념 파악 - 적절하지 않은 것 고르기 2025년 9월 학평 29번 　정답 ①

정답률 35%, 매력적 오답 ② 15% ③ 15% ④ 15% ⑤ 20%

〔광자 경제학〕을 중심으로 윗글에 대해 이해한 내용으로 적절하지 않은 것은?

① 〔회절 현상〕 파동처럼 움직이면서 서로 간섭을 일으키는 빛의 속성은 바늘구멍 눈의 빛 유입구를 더 넓히지 못하게 만드는 원인이 된다.
〔좁히지〕

근거 ❹-2 빛은 파동처럼 움직이며 서로 간섭을 일으켜 상이 흐릿해지는 회절 현상을 보이는데, 빛의 유입구가 좁을수록 그 정도가 심화된다.

풀이 빛이 파동처럼 움직이며 서로 간섭을 일으켜 상이 흐릿해지는 '회절 현상'은 빛의 유입구가 좁을수록 더 심화된다. 따라서 파동처럼 움직이면서 서로 간섭을 일으키는 빛의 속성은 바늘구멍 눈의 빛 유입구를 더 넓히지 못하게 만드는 원인이 아니라, 더 좁히지 못하게 만드는 원인이 된다.

→ 적절하지 않음!

② 〔광자 경제학〕 빛이 투명한 물질을 통과할 때 굴절되는 성질은 바늘구멍 눈의 빛 유입구를 더 넓히기도, 좁히기도 곤란한 문제 상황을 해결할 수 있게 한다.

근거 ❺-1~2 빛은 하나의 투명 물질에서 다른 투명 물질로 들어갈 때 굴절되는데, 볼록 렌즈 모양의 투명 물질은 빛의 굴절을 통해 물체의 상을 더 선명하게 만들어 준다. 그래서 광자 경제학의 난제를 해결하기 위한 대안으로, 빛의 유입구를 더 넓힌 뒤에 투명한 볼록 렌즈인 수정체를 그 뒤에 끼워 넣은 수정체 눈이 나타났다.

풀이 바늘구멍 눈처럼 하나의 상만 맺힐 만큼 빛 유입구가 좁아지면 빛의 유입량이 부족해 아주 밝을 때만 대상을 볼 수 있으며 빛의 회절 현상도 심화된다. 반대로 빛의 유입구를 넓히면 많은 빛이 동시에 들어와 하나의 상을 파악하지 못한다. 이는 바늘구멍 눈의 빛 유입구를 더 넓히기도 좁히기도 곤란한 문제 상황, 이른바 광자 경제학의 문제 상황으로 볼 수 있다. 이에 대한 대안으로 빛이 하나의 투명 물질에서 다른 투명 물질로 들어갈 때 굴절되는 성질을 이용해, 빛의 유입구를 더 넓힌 뒤 투명한 볼록 렌즈인 수정체를 그 뒤에 끼워 넣어, '빛의 유입량을 늘리면서도 선명한 상이 맺힐 수 있도록' 하는 수정체 눈이 나타났다. 따라서 빛이 투명한 물질을 통과할 때 굴절되는 성질은 바늘구멍 눈의 빛 유입구를 더 넓히기도, 좁히기도 곤란한 문제 상황을 해결할 수 있게 한다는 설명은 적절하다.

→ 적절함!

③ 바늘구멍 눈으로, 아주 밝지 않은 곳에서 대상을 볼 수 있는 것과 대상을 단 하나의 상으로 파악할 수 있는 것을 동시에 *충족시키기는 어렵다. *充足−, 채워 모자람이 없게 하는

근거 ❹-1 하나의 상만 맺힐 만큼 빛 유입구가 좁아지면 빛의 유입량이 부족해 아주 밝을 때만 대상을 볼 수 있다.

풀이 망막에 하나의 상이 형성되지 못한 오목한 눈에서, 하나의 온전한 상만 망막에 맺힐 수 있을 때까지 빛의 유입구를 계속 좁혀 나간 결과, 바늘구멍 눈이 나타나게 되었다. 그러나 이처럼 빛 유입구가 좁아지면 빛의 유입량이 부족해 아주 밝을 때만 대상을 볼 수 있다. 즉 바늘구멍 눈으로 대상을 단 하나의 상으로 파악할 수 있게 되었지만, 동시에 아주 밝을 때가 아니면 대상을 보기 어렵게 된 것이다. 따라서 바늘구멍 눈으로 아주 밝지 않은 곳에서 대상을 볼 수 있는 것과 대상을 단 하나의 상으로 파악할 수 있는 것을 동시에 충족시키기는 어렵다는 설명은 적절하다.

→ 적절함!

④ 〔아주 밝지 않은 곳에서도 대상을 볼 수 있음, 회절 현상이 줄어 더 선명한 상을 볼 수 있음〕 수정체는 바늘구멍 눈의 빛 유입구를 넓혔을 때 얻게 되는 *이점과 바늘구멍 눈의 빛 유입구를 좁혔을 때 얻게 되는 이점을 동시에 취할 수 있게 해 준다. *利點 이로운 점
〔하나의 상을 볼 수 있음〕

근거 ❺-1~3 빛은 하나의 투명 물질에서 다른 투명 물질로 들어갈 때 굴절되는데, 볼록 렌즈 모양의 투명 물질은 빛의 굴절을 통해 물체의 상을 더 선명하게 만들어 준다. 그래서 광자 경제학의 난제를 해결하기 위한 대안으로, 빛의 유입구를 더 넓힌 뒤에 투명한 볼록 렌즈인 수정체를 그 뒤에 끼워 넣은 수정체 눈이 나타났다. 수정체를 거친 빛도 도립상을 이루는 것은 여전하지만, 빛의 유입량이 늘어 아주 밝지 않아도 망막에 선명한 상이 맺힐 수 있게 되었다.

풀이 빛 유입구가 좁아지면 빛의 유입량이 부족해 아주 밝을 때만 대상을 볼 수 있고, 회절 현상이 심화되어 상이 흐릿해진다. 그렇다고 유입구를 넓히게 되면 다양한 방향에서 빛이 동시에 들어와 하나의 상을 파악하지 못하게 된다. 이러한 광자 경제학의 난제를 해결하기 위한 대안으로, 빛의 유입구를 더 넓힌 뒤 수정체를 그 뒤에 끼워 넣어, 빛의 유입량이 늘어 아주 밝지 않아도 망막에 선명한 하나의 상이 맺힐 수 있게 된 수정체 눈이 나타났다. 즉 수정체는 바늘구멍 눈의 빛 유입구를 넓혔을 때 얻게 되는, '빛의 유입량이 늘어나 아주 밝지 않아도 대상을 선명하게 볼 수 있는' 이점과, 바늘구멍 눈의 빛 유입구를 좁혔을 때 얻게 되는, '하나의 상만 맺히는' 이점을 동시에 취할 수 있게 해 준다.

→ 적절함!

⑤ 여러 방향에서 동시에 많은 빛이 유입될 때 *일시에 많은 상이 맺히는 현상은 아주 밝지 않아도 대상을 볼 수 있도록 바늘구멍 눈의 빛 유입구를 조절하는 데 **제약이 된다. *一時−, 같은 때 **制約, 조건을 붙여 내용을 제한함 　〔빛의 유입구를 넓히는 것〕

근거 ❸-2 셀 수 없이 다양한 방향에서 무수히 많은 빛이 동시에 들어오면 오목한 망막은 … 하나의 상을 파악해 내지 못하게 된다. ❹-1 그러나 하나의 상만 맺힐 만큼 빛 유입구가 좁아지면 빛의 유입량이 부족해 아주 밝을 때만 대상을 볼 수 있다.

풀이 하나의 상만 맺힐 만큼 빛의 유입구가 좁아지면 빛의 유입량이 부족해 아주 밝을 때만 대상을 볼 수 있다. 이를 해결하기 위해 눈의 빛 유입구를 넓히면 빛의 유입량이 늘어 아주 밝지 않아도 대상을 볼 수 있게 되겠지만, 그와 동시에 여러 방향에서 많은 빛이 유입되어 일시에 많은 상이 맺히게 되는 문제가 발생하게 된다. 즉 여러 방향에서 동시에 많은 빛이 유입될 때 일시에 많은 상이 맺히는 현상은, 아주 밝지 않아도 대상을 볼 수 있도록 빛의 유입구를 넓히는 데 제약이 된다.

→ 적절함!

004 구체적인 사례에 적용 - 적절하지 않은 것 고르기 **2025년 9월 학평 30번**
정답률 20%, 매력적 오답 ① 10% ③ 15% ④ 15% ⑤ 40%
| **정답 ②**

윗글을 바탕으로 〈보기〉에 대해 보인 반응으로 적절하지 <u>않은</u> 것은? [3점]

| 보기 |

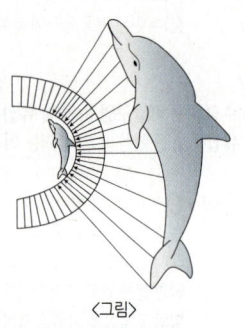

[1]곤충이나 <u>갑각류</u>(甲殼類, 게, 새우, 가재 등 딱딱한 껍질을 가진 동물)에게서 흔히 나타나는 <u>연립상</u>(聯立像, 여럿이 나란히 늘어서 있는) <u>겹눈</u>(여러 개의 낱눈이 모여 형성된 눈)은 오목한 눈의 원리를 <u>변형하여</u>(變更–, 다르게 바꾸어 새롭게 고쳐) 적용하고, 바늘구멍 눈의 원리도 적용하여 상하가 뒤바뀌지 않은 <u>정립상</u>(正 바르다 정 立 서다 립 像 모양 상)을 만든다. [2]이 눈은 〈그림〉처럼 오목한 그릇 모양의 뒷면, 즉 볼록한 표면에 광세포가 바깥쪽을 향하도록 배치되어 있고, 길쭉한 <u>관</u>(管, 몸 둘레가 둥글고 길며 속이 빈 물건)들이 <u>방사형</u>(放射形, 중앙의 한 점에서 사방으로 거미줄이나 바큇살처럼 뻗어 나간 모양)으로 빽빽하게 모여 있다. [3]각각의 관은 <u>아주 좁은 빛 유입구를 가진</u> <u>낱눈</u>(겹눈을 이루는 하나하나의 단위가 되는 눈)으로, <u>일직선상</u>(一直線上, 한 방향으로 쭉 곧은 줄의 형태 위)에 있는 관측 대상의 작은 일부분에 해당하는 빛만 망막에 맺힌다. [4]각 낱눈에는 투명한 볼록 렌즈가 달려 있고 광세포로 이루어진 망막도 있으나 각 망막에 맺힌 상은 무시되고 낱눈을 통해 들어온 빛의 양만 기록된다. [5]이렇게 빛의 분리 공급을 통해 각 낱눈에 들어온 빛이 모두 합쳐지면 최종적으로는 하나의 온전한 전체 상을 인식할 수 있게 된다. ← 수정체 역할

〈그림〉

① 연립상 겹눈이 빛의 유무를 넘어 관측 대상의 형태까지 파악할 수 있는 것으로 보아 연립상 겹눈의 광세포는 투명하지 않군.

근거 〈보기〉-5 최종적으로는 하나의 온전한 전체 상을 인식, ❷-3 광세포 그 자체는 동물에게 빛의 유무만을 알려 주므로 빛의 방향과 주변 대상의 형태까지 감지하려면 한쪽 면에는 암막이 있는 광세포가 필요하다.

풀이 광세포 그 자체는 동물에게 빛의 유무만을 알려 주므로, 빛의 방향과 주변 대상의 형태까지 감지하려면 한쪽 면에는 암막이 있는 광세포가 필요하다. 연립상 겹눈이 빛의 유무를 넘어 관측 대상의 형태까지 파악할 수 있는 것으로 보아, 연립상 겹눈의 광세포는 투명한 광세포가 아니라 한쪽 면에 암막이 있는 광세포일 것이다.

→ 적절함!

✓② 연립상 겹눈은 그릇 모양의 볼록한 표면에 광세포가 배치되어 있어서 오목한 눈에 비해 더 많은 양의 빛이 망막에 닿게 되겠군.

근거 〈보기〉-3~4 각각의 관은 아주 좁은 빛 유입구를 가진 낱눈으로, 일직선상에 있는 관측 대상의 작은 일부분에 해당하는 빛만 망막에 맺힌다. … 낱눈을 통해 들어온 빛의 양만 기록된다, ❸-2 셀 수 없이 다양한 방향에서 무수히 많은 빛이 동시에 들어오면 오목한 망막은, ④-1 하나의 상만 맺힐 만큼 빛 유입구가 좁아지면 빛의 유입량이 부족해

풀이 윗글에서 오목한 눈은 셀 수 없이 다양한 방향에서 무수히 많은 빛이 동시에 들어온다고 하였다. 이와 달리 〈보기〉에서 길쭉한 관 모양의 낱눈들이 연립하여 이루어진 연립상 겹눈은, 각각의 낱눈이 가진 '아주 좁은 빛 유입구'를 통해 들어온 빛만 망막에 맺힌다고 하였다. 따라서 '연립상 겹눈은 오목한 눈에 비해 더 많은 양의 빛이 망막에 닿게 된다'는 설명은 적절하지 않다. 한편 빛의 유입량은 빛 유입구의 폭에 따라 결정된다. 광세포는 빛의 유무, 빛의 방향 및 주변 대상의 형태 감지와 관련된 것으로, 광세포가 배치된 방향이 빛의 유입량의 판단 기준이 될 수 없다. 따라서 '그릇 모양의 볼록한 표면에 광세포가 배치되어 있다'는 점을 근거로 들어 연립상 겹눈과 오목한 눈의 '망막에 닿는 빛의 양'을 비교하는 것은 적절하지 않다.

→ 적절하지 않음!

③ 연립상 겹눈으로 분리 공급된 빛을 통해 최종적으로 인식되는 관측 대상의 전체 상은 실제 관측 대상의 모습과 상하 방향이 일치하겠군.

근거 〈보기〉-1 연립상 겹눈은 … 상하가 뒤바뀌지 않은 정립상을 만든다, 〈보기〉-5 빛의 분리 공급을 통해 각 낱눈에 들어온 빛이 모두 합쳐지면 최종적으로는 하나의 온전한 전체 상을 인식

→ 적절함!

④ 연립상 겹눈의 각 낱눈은 관측 대상의 작은 일부분만 감지한다는 점에서 관측 대상의 전체 형상을 감지할 수 있는 바늘구멍 눈과는 차이가 있겠군.

근거 〈보기〉-3 각각의 관은 아주 좁은 빛 유입구를 가진 낱눈으로, 일직선상에 있는 관측 대상의 작은 일부분에 해당하는 빛만 망막에 맺힌다, ❸-3~4 단 하나의 온전한 돌고래 상만 망막에 맺힐 수 있을 때까지 … 완전한 바늘구멍 눈

풀이 완전한 바늘구멍 눈이 단 하나의 온전한 상만 망막에 맺히는 것과 달리, 연립상 겹눈의 각 낱눈은 일직선상에 있는 관측 대상의 작은 일부분에 해당하는 빛만 망막에 맺힌다.

→ 적절함!

⑤ 연립상 겹눈을 구성하는 각 낱눈의 망막에 맺힌 관측 대상의 각 상은 수정체 눈의 망막에 맺힌 관측 대상의 상과 마찬가지로 모두 상하가 *전복되어 있겠군. *順覆–, 뒤집혀

근거 〈보기〉-1 연립상 겹눈은 … 바늘구멍 눈의 원리도 적용, ❸-3~4 상하가 뒤바뀐 도립상이긴 하지만 … 빛의 유입구를 계속 좁혀 나가며 … 완전한 바늘구멍 눈이 나타나게 된다, 〈보기〉-4 각 낱눈에는 투명한 볼록 렌즈가 달려 있고, ❺-1 볼록 렌즈 모양의 투명 물질은 빛의 굴절을 통해 물체의 상을 더 선명하게 만들어 준다, ❺-3 수정체를 거친 빛도 도립상을 이루는 것은 여전히지만

풀이 연립상 겹눈은 낱눈들이 길쭉한 관의 형태로 빽빽하게 모여 있는데, 이들 각각의 낱눈은 바늘구멍 눈과 마찬가지로 아주 좁은 빛 유입구를 통해 빛이 들어온다. 또한 연립상 겹눈의 각 낱눈에는 투명한 볼록 렌즈가 달려, 수정체의 역할을 한다. 윗글에서 바늘구멍 눈에는 상하가 뒤바뀐 도립상이 망막에 맺힌다고 하였고, 수정체를 거친 빛도 도립상을 이루는 것은 여전하다고 하였으므로, 연립상 겹눈을 구성하는 '각 낱눈의 망막에 맺힌' 관측 대상의 각 상은 바늘구멍 눈이나 수정체 눈의 망막에 맺힌 관측 대상의 상과 마찬가지로 상하가 전복된 도립상을 이룰 것이다.

한편 연립상 겹눈에서는 이렇게 각각의 낱눈에 맺힌 상은 무시되고 낱눈을 통해 들어온 빛의 양만 기록되며, 각 낱눈에 들어온 빛이 모두 합쳐지면 '최종적으로' 하나의 정립상을 이루는 온전한 전체 상이 인식된다고 하였다. 따라서 연립상 겹눈을 구성하는 각 낱눈의 망막에 맺힌 관측 대상의 각 상은 바늘구멍 눈이나 수정체 눈과 같이 도립상을 이루며, 각 낱눈에 들어온 빛이 모두 합쳐져 최종적으로 인식된 전체 상은 정립상을 이룬다는 점을 추론할 수 있다.

→ 적절함!

[005~009] 다음 글을 읽고 물음에 답하시오.

1 [1]전자 녹음 장치에 녹음된 자신의 목소리를 스피커를 통해 들으면 어색하게 느껴진다. [2]<u>그 이유</u>를 이해하기 위해서는 소리가 무엇이며 어떤 과정을 통해 들리게 되는지 살펴볼 필요가 있다.

→ 녹음된 자신의 목소리를 들으면 어색하게 느껴지는 이유

2 [1]소리는 물체의 진동에 의해 발생하고 <u>매질</u>(媒質, 파동이나 물리적 작용을 한 곳에서 다른 곳으로 옮겨 주는 매개물)의 진동으로 전달되는 <u>파동</u>(波動, 진동이 주변으로 퍼져 가는 현상)이다. [2]소리가 들린다는 것은 매질의 진동이 <u>내이</u>(內耳, 귀의 가운데 안쪽에 단단한 뼈로 둘러싸여 있는 부분으로, 달팽이관, 전정기관, 반고리관으로 이루어져 있음)에 도달하여 <u>달팽이관</u>(–管, 내이에 있는 달팽이 모양의 관으로, 림프로 가득 차 있으며 소리의 진동을 청각 신경에 전달함) 속 <u>림프액</u>(lymph液, 조직 사이를 채우는 빛깔이 없는 액체)을 진동시켜 <u>섬모</u>(纖毛, 세포 표면에 돋아 있는 가는 실 모양의 구조)가 흔들리고, 이로 인해 발생한 전기 신호가 청각 신경을 따라 뇌에 전달됨을 의미한다. [3]이때 소리가 내이에 도달하는 방식으로는 <u>외이</u>(外耳, 귀의 바깥쪽 부분)와 <u>중이</u>(中耳, 고막 안쪽 관자뼈 속에 있는 공간)를 거치는 공기 <u>전도</u>(傳 전하다 전 導 이끌다 도)와 <u>이</u>(외이와 중이)를 거치지 않는 골 전도가 있다.

→ '소리가 들린다'는 것의 의미와 소리가 내이에 도달하는 두 가지 방식

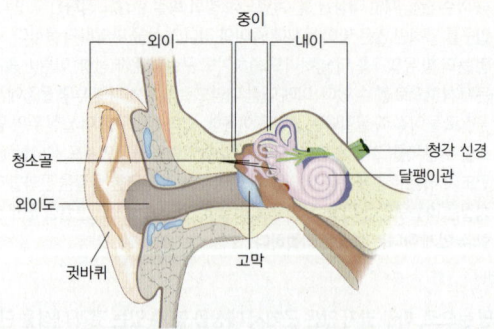

3 [1]공기 전도는 공기를 매질로 소리가 내이에 전달되는 것을 의미한다. [2]물체의 진동이 주변 공기를 진동시키면 <u>귓바퀴</u>(겉귀의 드러난 가장자리 부분, 연골로 되어 쭈그러져 있으며 밖에서 들려오는 소리를 귓구멍으로 쉽게 들어가게 함)가 이 진동을 모아 귓속

으로 보내고, 그 결과 진동은 **외이도**(外耳道, 귓구멍 입구부터 고막에 이르는 s자 모양의 관)를 지나게 된다. [3]귓바퀴와 외이도 등 진동이 지나가는 각 지점에서는 소리의 **공명**(共 한가지 공 鳴 울다 명)이 발생한다. [4]공명이란 공명 주파수*에서 **진폭**(振幅, 진동하는 폭의 절반)이 커지는 현상을 말하는데 외이도의 경우 공명 주파수는 성인 기준으로 2,500~2,700 Hz이다. [5]**공명 주파수는 외이도의 길이에 반비례하기**(외이도의 길이가 길어지면 공명 주파수가 낮아지고, 외이도의 길이가 짧아지면 공명 주파수가 높아지기) 때문에, 외이도의 길이가 성인보다 짧은 유아는 공명 주파수가 더 높다. [6]이러한 공명에 의해 **증폭된**(增幅-, 진폭이 늘어나 커진) 진동은 **고막**(鼓膜, 귓구멍 안쪽에 있는 타원형의 반투명한 막으로, 공기의 진동을 내이 쪽으로 전달함)을 진동시키고 고막의 진동은 **청소골**(聽小骨, 중이 속에 있는 세 개의 작은 뼈로, 고막의 진동을 내이에 전달함)에서 더욱 증폭되어 내이에 전달된다.

→ 공기 전도 방식의 소리 전달 과정

4 [1]**이**(공기 전도)에 반해 골전도는 귀 주변 뼈를 매질로 소리가 내이에 바로 전달되는 것이다. [2]대화할 때 들리는 자신의 목소리에는 성대에서 발생한 진동이 공기 전도를 통해 전달된 소리와 골전도를 통해 전달된 소리가 함께 있다. [3]자신의 목소리 중에서 20~1,000 Hz의 소리는 골전도로는 잘 전달이 되지만, 외이와 중이에서 공명이 잘 일어나지 않아 공기 전도로는 잘 전달되지 않는다. [4]녹음된 자신의 목소리를 스피커를 통해 들으면 골전도를 통해 듣던 소리는 잘 들리지 않으므로 어색함을 느끼게 되는 것이다.

→ 골전도 방식의 소리 전달 과정 및 녹음된 자신의 목소리를 스피커를 통해 들으면 어색함을 느끼게 되는 이유

5 [1]한편 외이와 중이에 이상이 있는 사람도 골전도를 통해서는 소리를 들을 수 있는데, 이를 이용한 **보청기**(補聽器, 청력이 약해 잘 들리지 않는 것을 보강하는 기구)도 사용되고 있다. [2]최근에는 이어폰에도 골전도의 원리가 이용되고 있다. [3]이어폰 내부에는 일반적으로 내부 자기장을 형성하는 자석과 보이스코일이 있다. [4]보이스코일에 교류 전류를 **가하면**(加-, 더해주면) 내부 자기장에 의해 보이스코일에 **인력**(引力, 서로 끌어당기는 힘)과 **척력**(斥力, 서로 밀어내는 힘)이 교대로 작용하여 보이스코일에 진동이 발생한다. [5]이때 전류의 방향이 바뀌는 **주기**(週期, 한 번 나타나고부터 다음번 되풀이되기까지의 시간)를 짧게 할수록 주파수가 높아져 높은 음의 소리가 난다. [6]또 전류를 세게 할수록 진폭이 커져 음량이 높아진다. [7]㉠ 일반적인 이어폰은 이러한 진동을 공기를 통해 전달하는데, ㉡ 골전도 이어폰은 귀 주변 뼈에 진동판을 밀착하여 진동을 내이로 직접 전달한다.

→ 골전도 이어폰의 구조와 원리

6 [1]골전도 이어폰은 일반적인 이어폰과 달리 귀를 막지 않고 사용하기 때문에 다양한 장점이 있다. [2]우선 귀 내부가 **습해지는**(濕-, 마르지 않고 물기가 많아 축축해지는) 것을 방지할 수 있고 고막을 직접 자극하지 않는다. [3]또 야외 활동 시 착용해도 주변 소리를 들을 수 있어 위험 상황에 잘 대처할 수 있다. [4]그러나 골전도 이어폰을 사용해도 내이는 자극이 되므로 **장시간**(長時間, 오랜 시간) 사용하면 청각 신경이 손상될 수 있어 주의해야 한다.

→ 골전도 이어폰의 장점과 주의할 점

* 공명 주파수 : 공명 현상이 일어나거나 공명에 의해 강해지는 주파수

■ **지문 이해**

〈소리가 내이에 도달하는 두 가지 방식과 골전도 이어폰의 원리〉

❶ 녹음된 자신의 목소리를 들으면 어색하게 느껴지는 이유

❷ '소리가 들린다'는 것의 의미와 소리가 내이에 도달하는 두 가지 방식
- 소리 : 물체의 진동에 의해 발생하고 매질의 진동으로 전달되는 파동
- '소리가 들린다' : 매질의 진동이 내이에 도달 → 달팽이관 속 림프액 진동 → 섬모 흔들림 → 전기 신호 발생 → 청각 신경을 따라 뇌에 전달
- 소리가 내이에 도달하는 방식
  - 공기 전도 : 소리가 외이와 중이를 거쳐 내이에 도달
  - 골전도 : 소리가 외이와 중이를 거치지 않고 내이에 도달

❸ 공기 전도 방식의 소리 전달 과정
- 공기 전도 : 공기를 매질로 소리가 내이에 전달됨
- 귓바퀴가 진동을 모아 귓속으로 보냄 → 외이도를 지남 → 공명에 의해 증폭된 진동이 고막을 진동시킴 → 청소골에서 더욱 증폭되어 내이에 전달됨

❹ 골전도 방식의 소리 전달 과정 및 녹음된 자신의 목소리를 스피커를 통해 들으면 어색함을 느끼게 되는 이유
- 골전도 : 귀 주변 뼈를 매질로 소리가 내이에 바로 전달됨
- 대화할 때 들리는 자신의 목소리 : 공기 전도를 통해 전달된 소리 + 골전도를 통해 전달된 소리
- 자신의 목소리 중 20~1,000 Hz의 소리는 골전도로는 잘 전달되지만, 공기 전도로는 잘 전달되지 않음 → 녹음된 자신의 목소리를 스피커로 들으면 골전도를 통해 듣던 소리는 잘 들리지 않으므로 어색함을 느끼게 됨

❺ 골전도 이어폰의 구조와 원리
- 외이, 중이에 이상이 있는 사람도 골전도를 통해서는 소리를 들을 수 있음
- 보이스코일에 교류 전류를 가함 → 내부 자기장에 의해 인력, 척력이 교대로 작용 → 진동 발생
  - 일반적인 이어폰 : 진동을 공기를 통해 내이로 전달함
  - 골전도 이어폰 : 귀 주변 뼈에 진동판을 밀착하여 진동을 내이로 직접 전달함

❻ 골전도 이어폰의 장점과 주의할 점
- 장점
  - 귀 내부가 습해지는 것을 방지할 수 있고, 고막을 직접 자극하지 않음
  - 야외 활동 시 착용해도 주변 소리를 들을 수 있어 위험 상황에 잘 대처할 수 있음
- 주의할 점 : 내이가 자극되어 장시간 사용 시 청각 신경이 손상될 수 있음

---

005 | 글의 서술 방식 파악 - 적절한 것 고르기 2022년 6월 학평 21번 | **정답** ①
정답률 85%

윗글에 대한 설명으로 가장 적절한 것은?

근거 **❷**-3 소리가 내이에 도달하는 방식으로는 외이와 중이를 거치는 공기 전도와 이를 거치지 않는 골전도가 있다, **❸**-1 공기 전도는 공기를 매질로 소리가 내이에 전달되는 것을 의미한다, **❹**-1 이에 반해 골전도는 귀 주변 뼈를 매질로 소리가 내이에 바로 전달되는 것이다, **❺**-2 최근에는 이어폰에도 골전도의 원리가 이용되고 있다, **❻**-1 골전도 이어폰은

풀이 윗글에서는 먼저 소리가 내이에 도달하는 두 가지 방식인 공기 전도와 골전도를 설명하고, 골전도의 원리가 이용된 골전도 이어폰에 대해 소개하고 있다. 따라서 정답은 ①번이다.

✔① 소리가 전달되는 두 가지 방식을 제시하고 이와 관련한 기술을 소개하고 있다.
→ 적절함!

② 이어폰 기술의 과학적 원리를 살펴보고 앞으로 *전개될 발전 방향을 **예측하고 있다. *展開-, 진행되어 펴져 나갈 **豫測-, 미리 헤아려 짐작하고

③ 청각에 대한 두 가지 관점을 언급하고 이를 *절충한 새로운 관점을 제시하고 있다. *折衷-, 알맞게 조절하여 서로 잘 어울리게 한

④ 골전도 현상이 일어나는 과정을 제시하고 이에 대한 서로 다른 견해를 분석하고 있다.

⑤ 청각에 이상이 생기는 사례를 소개하고 이를 예방하기 위한 구체적인 방안을 제시하고 있다.

---

006 | 세부 정보 이해 - 적절하지 않은 것 고르기 2022년 6월 학평 22번 | **정답** ⑤
정답률 80%, 매력적 오답 ① 10%

윗글을 읽고 알 수 있는 내용으로 적절하지 않은 것은?

① 주파수가 낮아지면 낮은 음의 소리가 난다.
근거 **❺**-5 전류의 방향이 바뀌는 주기를 짧게 할수록 주파수가 높아져 높은 음의 소리가 난다.
풀이 윗글에서 주파수가 높아지면 높은 음의 소리가 난다고 하였으므로, 이를 통해 주파수가 낮아지면 낮은 음의 소리가 난다는 것을 알 수 있다.
→ 적절함!

② 고막의 진동은 청소골을 통과할 때 증폭된다.

근거 **③-6** 고막의 진동은 청소골에서 더욱 증폭되어 내이에 전달된다.

→ 적절함!

③ 외이도의 길이가 짧을수록 공명 주파수는 높아진다.

근거 **③-5** 공명 주파수는 외이도의 길이에 반비례하기 때문에, 외이도의 길이가 성인보다 짧은 유아는 공명 주파수가 더 높다.

풀이 공명 주파수는 외이도의 길이에 반비례하므로, 외이도의 길이가 짧을수록 공명 주파수는 높아진다.

→ 적절함!

④ 이어폰의 보이스코일에 흐르는 전류가 세지면 음량이 높아진다.

근거 **⑤-6** (이어폰의 보이스코일에 흐르는) 전류를 세게 할수록 진폭이 커져 음량이 높아진다.

→ 적절함!

✓⑤ 20~1,000 Hz의 소리는 <u>물체의 진동에 의해서는 발생할 수 없다.</u>

근거 **④-2~3** 대화할 때 들리는 자신의 목소리에는 성대에서 발생한 진동이 공기 전도를 통해 전달된 소리와 골전도를 통해 전달된 소리가 함께 있다. 자신의 목소리 중에서 20~1,000 Hz의 소리는 골전도로는 잘 전달이 되지만, 외이와 중이에서 공명이 잘 일어나지 않아 공기 전도로는 잘 전달되지 않는다.

풀이 윗글에서 자신의 목소리는 성대에서 발생한 진동이 공기 전도를 통해 전달된 소리와 골전도를 통해 전달된 소리가 함께 있는데, 이 중 20~1,000 Hz의 소리는 골전도로는 잘 전달이 되지만 공기 전도로는 잘 전달되지 않는다고 하였다. 이는 성대의 진동으로 발생한 목소리 중 20~1,000 Hz의 소리는 '공기 전도로 잘 전달되지 않는다'는 것이지, 20~1,000 Hz의 소리가 '발생할 수 없다'는 것을 의미하지 않는다.

→ 적절하지 않음!

---

007 세부 정보 이해 - 적절한 것 고르기 2022년 6월 학평 23번
정답률 65%, 매력적 오답 ⑤ 20% | 정답 ④

윗글의 내용을 고려할 때, 그 이유 로 가장 적절한 것은?

근거 **④-2~4** 대화할 때 들리는 자신의 목소리에는 성대에서 발생한 진동이 공기 전도를 통해 전달된 소리와 골전도를 통해 전달된 소리가 함께 있다. 자신의 목소리 중에서 20~1,000 Hz의 소리는 골전도로는 잘 전달이 되지만, 외이와 중이에서 공명이 잘 일어나지 않아 공기 전도로는 잘 전달되지 않는다. 녹음된 자신의 목소리를 스피커를 통해 들으면 골전도를 통해 듣던 소리는 잘 들리지 않으므로 어색함을 느끼게 되는 것

풀이 대화할 때 들리는 자신의 목소리에는 공기 전도를 통해 전달된 소리와 골전도를 통해 전달된 소리가 함께 있지만, 녹음된 자신의 목소리를 스피커를 통해 들을 때에는 골전도를 통해 듣던 소리, 특히 자신의 목소리 중 20~1,000 Hz의 소리는 잘 들리지 않으므로, 어색함을 느끼게 된다. 따라서 정답은 ④번이다.

① 평소에 골전도로 전달되는 소리를 들을 기회가 적었으므로

풀이 평소 대화할 때 들리는 자신의 목소리에는 공기 전도를 통해 전달된 소리와 골전도를 통해 전달된 소리가 함께 있다고 하였으므로, 평소에 골전도로 전달되는 소리를 들을 기회가 적다고 볼 수 없다.

② 스피커에서 나온 녹음된 목소리는 내이를 거치지 않고 뇌에 전달되므로

근거 **②-2** 소리가 들린다는 것은 매질의 진동이 내이에 도달하여 달팽이관 속 림프액을 진동시켜 섬모가 흔들리고, 이로 인해 발생한 전기 신호가 청각 신경을 따라 뇌에 전달됨을 의미한다.

풀이 소리가 들린다는 것은 매질의 진동이 내이에 도달한 후 일정 과정을 거쳐 발생한 전기 신호가 청각 신경을 따라 뇌에 전달되는 것을 의미한다. 따라서 스피커에서 나온 녹음된 목소리를 들을 때, 스피커에서 나온 녹음된 목소리는 내이를 거치지 않고 뇌로 전달될 수 없다.

③ 전자 장치의 전기적 에너지로 인해 청각 신경이 받는 자극의 크기가 커졌으므로

풀이 윗글에서 확인할 수 없는 내용이다.

✓④ 녹음된 소리를 들을 때에는 골전도로 전달되는 주파수의 소리가 잘 들리지 않으므로

→ 적절함!

⑤ 자신이 말할 때 듣는 목소리에는 녹음된 목소리와 달리 <u>외이에서 공명이 일어나는 소리가 빠져 있으므로</u> 공기 전도

근거 **④-2** 대화할 때 들리는 자신의 목소리에는 성대에서 발생한 진동이 공기 전도를 통

해 전달된 소리와 골전도를 통해 전달된 소리가 함께 있다. **③-1** 공기 전도는 공기를 매질로 소리가 내이에 전달되는 것, **③-3** 귓바퀴와 외이도 등 진동이 지나가는 각 지점에서는 소리의 공명이 발생, **③-6** 이러한 공명에 의해 증폭된 진동은 고막을 진동시키고 고막의 진동은 청소골에서 더욱 증폭되어 내이에 전달

풀이 대화할 때 들리는 자신의 목소리에는 공기 전도를 통해 전달된 소리와 골전도를 통해 전달된 소리가 함께 있다고 하였다. '외이에서 공명이 일어나는 소리'는 공기 전도로 전달되는 소리에 해당한다. 따라서 자신이 말할 때 듣는 목소리에는 외이에서 공명이 일어나는 소리가 포함된다. 또한 녹음된 자신의 목소리를 스피커를 통해 들으면 어색한 이유는 골전도를 통해 듣던 소리가 잘 들리지 않아서이지, 공기 전도를 통해 전달되는 소리에 변화가 있어서는 아니다.

---

008 반응의 적절성 판단 - 적절한 것 고르기 2022년 6월 학평 24번
정답률 65%, 매력적 오답 ④ 15% ⑤ 10% | 정답 ③

윗글을 바탕으로 〈보기〉에 대해 보인 반응으로 가장 적절한 것은? [3점]

| 보기 |
[1]난청(難 어렵다 난 聽 듣다 청, 청력이 떨어지거나 손실된 상태)이란 소리가 잘 들리지 않거나 전혀 들리지 않는 증상으로 외이도에서 뇌에 이르기까지 소리가 전달되는 과정 중 특정 부분에 문제가 생기면 발생한다. [2]그중 전음성(傳 전하다 전 音 소리 음 性 성질 성) 난청은 외이와 중이에 문제가 있어 발생하는 증상으로, 이 경우 소리가 커지면 알아듣는 정도가 좋아질 수 있다.
[3]이와 달리 감각 신경성 난청은 달팽이관까지 소리가 잘 전달되었음에도 소리가 잘 들리지 않는 것으로 달팽이관의 청각 세포나, 청각 자극을 뇌로 전달하는 청각 신경 또는 중추 신경계 이상 등으로 발생한다. [4]이 경우 소리가 커져도 그것을 알아듣는 정도가 좋아지지 않는다.

① 골전도 이어폰은 장시간 사용해도 감각 신경성 난청을 유발하지는 않겠군. 유발할 수 있겠군

근거 **⑥-4** 골전도 이어폰을 사용해도 내이는 자극이 되므로 장시간 사용하면 청각 신경이 손상될 수 있어 주의해야 한다. 〈보기〉-3 감각 신경성 난청은 … 달팽이관의 청각 세포나, 청각 자극을 뇌로 전달하는 청각 신경 또는 중추 신경계 이상 등으로 발생한다.

풀이 골전도 이어폰을 장시간 사용하면 청각 신경이 손상될 수 있다. 〈보기〉에서 감각 신경성 난청은 달팽이관의 청각 세포나 청각 신경, 중추 신경계 이상 등으로 발생한다고 하였으므로, 골전도 이어폰을 장시간 사용하여 청각 신경이 손상될 경우 감각 신경성 난청이 발생할 수 있다.

→ 적절하지 않음!

② <u>청각 신경의 이상으로 인한 난청</u>이 있는 사람의 경우 이어폰의 음량을 높이면 잘 들을 수 있겠군. 감각 신경성 난청   =소리가 커지면

근거 〈보기〉-3~4 감각 신경성 난청은 … 달팽이관의 청각 세포나, 청각 자극을 뇌로 전달하는 청각 신경 또는 중추 신경계 이상 등으로 발생한다. 이 경우 소리가 커져도 그것을 알아듣는 정도가 좋아지지 않는다.

풀이 〈보기〉에 따르면 감각 신경성 난청의 경우, 소리가 커져도 그것을 알아듣는 정도가 좋아지지 않는다. 따라서 청각 신경의 이상으로 인한 난청이 있는 사람의 경우 이어폰의 음량을 높여 소리를 커지게 한다고 해서 더 잘 들을 수 있는 것은 아니다.

→ 적절하지 않음!

✓③ 자신이 말하는 목소리가 전혀 들리지 않는 사람은 감각 신경성 난청 증상이 있다고 볼 수 있겠군.

근거 〈보기〉-2~3 전음성 난청은 외이와 중이에 문제가 있어 발생하는 증상으로, … 이와 달리 감각 신경성 난청은 … 달팽이관의 청각 세포나, 청각 자극을 뇌로 전달하는 청각 신경 또는 중추 신경계 이상 등으로 발생, **④-2** 대화할 때 들리는 자신의 목소리에는 성대에서 발생한 진동이 공기 전도를 통해 전달된 소리와 골전도를 통해 전달된 소리가 함께 있다, **⑤-1** 외이와 중이에 이상이 있는 사람도 골전도를 통해서는 소리를 들을 수 있는데

풀이 전음성 난청은 외이와 중이에 문제가 있어 발생하는 증상으로, 외이와 중이에 이상이 있는 사람도 골전도를 통해서는 소리를 들을 수 있다. 대화할 때 들리는 자신의 목소리에는 공기 전도를 통해 전달된 소리와 골전도를 통해 전달된 소리가 함께 있는데, 전음성 난청이 있는 사람은 자신의 말하는 목소리 중 골전도를 통해 전달된 소리는 들을 수 있다. 자신이 말하는 목소리가 전혀 들리지 않는다면, 전음성 난청이 아니라 달팽이관의 청각 세포나, 청각 자극을 뇌로 전달하는 청각 신경 또는 중추 신경계 이상 등으로 발생하는 감각 신경성 난청 증상이 있다고 볼 수 있을 것이다.

→ 적절함!

④ 고막의 이상으로 난청이 있는 경우 골전도의 원리를 이용한 보청기는 사용해도 효과 _{전음성 난청}
가 없겠군.
_{있겠군}

근거 〈보기〉-2 전음성 난청은 외이와 중이에 문제가 있어 발생하는 증상, ❺-1 외이와 중이에 이상이 있는 사람도 골전도를 통해서는 소리를 들을 수 있는데, 이를 이용한 보청기도 사용되고 있다.

풀이 고막은 중이에 위치하므로 고막의 이상으로 난청이 있는 것은 전음성 난청에 해당한다. 전음성 난청의 경우라도 소리가 내이에 바로 전달되는 골전도의 원리를 이용한 보청기를 사용하면 소리를 들을 수 있다.

→ 적절하지 않음!

⑤ 전음성 난청이 있는 사람은 골전도 이어폰의 소리는 들을 수 없지만 일반적인 이어폰 _{있지만}
의 소리는 들을 수 있겠군.
_{듣기 어렵겠군}

근거 〈보기〉-2 전음성 난청은 외이와 중이에 문제가 있어 발생하는 증상, ❷-3 소리가 내이에 도달하는 방식으로는 외이와 중이를 거치는 공기 전도와 이를 거치지 않는 골전도가 있다. ❺-1 외이와 중이에 이상이 있는 사람도 골전도를 통해서는 소리를 들을 수 있는데, ❺-7 일반적인 이어폰은 이러한 진동을 공기를 통해 전달하는데, 골전도 이어폰은 귀 주변 뼈에 진동판을 밀착하여 진동을 내이로 직접 전달

풀이 전음성 난청은 외이와 중이에 문제가 있어 발생하는 증상이므로, 진동을 공기를 통해 전달하는 공기 전도 방식의 일반적 이어폰의 소리는 듣기 어렵다. 한편 외이와 중이에 이상이 있는 사람, 즉 전음성 난청이 있는 사람도 골전도를 통해서는 소리를 들을 수 있으므로, 골전도 이어폰의 소리는 들을 수 있다.

→ 적절하지 않음!

1등급 문제

009 세부 정보 이해 - 적절하지 않은 것 고르기 2022년 6월 학평 25번
정답률 60%, 매력적 오답 ⑤ 20%
| 정답 ③

㉠, ㉡에 대한 설명으로 적절하지 않은 것은?

㉠ 일반적인 이어폰   ㉡ 골전도 이어폰

① ㉠은 교류 전류를 진동으로 바꾸고 공기를 통해 그 진동을 내이에 전달한다.
근거 ❺-4 보이스코일에 교류 전류를 가하면 … 진동이 발생한다, ❺-7 일반적인 이어폰(㉠)은 이러한 진동을 공기를 통해 전달
→ 적절함!

② ㉡은 진동판을 통해 뼈에 진동을 발생시켜 소리를 내이로 전달한다.
근거 ❺-7 골전도 이어폰(㉡)은 귀 주변 뼈에 진동판을 밀착하여 진동을 내이로 직접 전달
→ 적절함!

_{㉠과 ㉡은 모두}
③ ㉠은 ㉡과 달리 섬모의 흔들림을 유발하여 전기 신호를 발생시킨다.
근거 ❷-2~3 소리가 들린다는 것은 매질의 진동이 내이에 도달하여 달팽이관 속 림프액을 진동시켜 섬모가 흔들리고, 이로 인해 발생한 전기 신호가 청각 신경을 따라 뇌에 전달됨을 의미한다. 이때 소리가 내이에 도달하는 방식으로는 외이와 중이를 거치는 공기 전도와 이를 거치지 않는 골전도가 있다.
풀이 공기 전도와 골전도 방식 모두 소리가 내이에 도달하면 달팽이관 속 림프액을 진동시켜 섬모가 흔들리고, 이로 인해 발생한 전기 신호가 청각 신경을 따라 뇌에 전달된다. 따라서 일반적인 이어폰(㉠)과 골전도 이어폰(㉡)은 모두 섬모의 흔들림을 유발하여 전기 신호를 발생시킨다.
→ 적절하지 않음!

④ ㉡은 ㉠과 달리 야외 활동 시 사용해도 주변 소리를 들을 수 있어 위험 상황에 잘 대처할 수 있다.
근거 ❻-3 (골전도 이어폰(㉡)은) 야외 활동 시 착용해도 주변 소리를 들을 수 있어 위험 상황에 잘 대처할 수 있다.
→ 적절함!

⑤ ㉠과 ㉡은 모두 내부 자기장과 교류 전류로 인해 인력과 척력이 발생한다.
근거 ❺-3~4 이어폰 내부에는 일반적으로 내부 자기장을 형성하는 자석과 보이스코일이 있다. 보이스코일에 교류 전류를 가하면 내부 자기장에 의해 보이스코일에 인력과 척력이 교대로 작용하여 보이스코일에 진동이 발생한다, ❺-7 일반적인 이어폰은 이러한 진동을 공기를 통해 전달하는데, 골전도 이어폰은 귀 주변 뼈에 진동판을

밀착하여 진동을 내이로 직접 전달한다.

풀이 일반적인 이어폰(㉠)과 골전도 이어폰(㉡)은 모두 보이스코일에 교류 전류가 가해지면, 내부 자기장에 의해 보이스코일에 인력과 척력이 교대로 작용하여 진동이 발생한다. 일반적인 이어폰(㉠)은 이러한 진동을 공기를 통해 전달하고, 골전도 이어폰(㉡)은 귀 주변 뼈에 진동판을 밀착하여 진동을 내이로 직접 전달한다.

→ 적절함!

고3 실전 문제

[010~013] 다음 글을 읽고 물음에 답하시오.

❶ ¹이어폰으로 스테레오 음악을 ㉠ 들으면 두 귀에 약간 차이가 나는 소리가 들어와서 자기 앞에 공연장이 펼쳐진 것 같은 공간감을 느낄 수 있다. ²이러한 효과는 어떤 원리가 적용되어 나타난 것일까?

→ 소리에서 느껴지는 공간감에 적용된 원리

❷ ¹사람의 귀는 주파수(周波數, 소리의 파동이 1초 동안 진동하는 횟수) 분포(分布, 흩어져 있는 상태)를 감지하여 음원의 종류를 알아내지만, 음원의 위치를 알아낼 수 있는 직접적인 정보는 감지하지 못한다. ²하지만 사람의 청각 체계는 두 귀 사이 그리고 각 귀와 머리 측면 사이의 상호 작용에 의한 단서들을 이용하여 음원의 위치를 알아낼 수 있다.('시각'과 같은 원리이다. 사람은 눈이 두 개이기 때문에 사물을 입체적으로 볼 수 있다.) ³음원의 위치는 소리가 오는 수평·수직 방향과 음원까지의 거리를 이용하여 지각하는데, 그 정확도는 음원의 위치와 종류에 따라 다르며 개인차도 크다. ⁴음원까지의 거리는 목소리 같은 익숙한 소리의 크기와 거리의 상관관계를 이용하여 추정한다.

→ 음원의 위치를 파악할 수 있는 사람의 청각 체계

❸ ¹음원이 청자의 정면 정중앙에 있다면 음원에서 두 귀까지의 거리가 같으므로 소리가 두 귀에 도착하는 시간 차이는 없다. ²반면 음원이 청자의 오른쪽으로 ㉡ 치우치면 소리는 오른쪽 귀에 먼저 도착하므로, 두 귀 사이에 도착하는 시간 차이가 생긴다. ³이때 치우친 정도가 클수록 시간 차이도 커진다. ⁴도착 순서와 시간 차이는 음원의 수평 방향을 ㉢ 알아내는 중요한 단서가 된다.

〈참고 그림〉

정면 정중앙 음원
음원에서 두 귀까지 거리가 같다

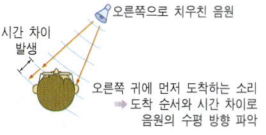

청자
소리가 두 귀에 도착하는 시간 차이는 없다

❸-1 음원이 청자의 정면 정중앙에 있다면 음원에서 두 귀까지의 거리가 같으므로 소리가 두 귀에 도착하는 시간 차이는 없다.

시간 차이 발생
오른쪽으로 치우친 음원

오른쪽 귀에 먼저 도착하는 소리
→ 도착 순서와 시간 차이로 음원의 수평 방향 파악

더 오른쪽으로 치우친 음원

더 커진 시간 차이 발생

❸-2~3 음원이 청자의 오른쪽으로 치우치면 소리는 오른쪽 귀에 먼저 도착하므로 두 귀 사이에 도착하는 시간 차이가 생긴다. 이때 치우친 정도가 클수록 시간 차이도 커진다.

→ 음원의 수평 방향을 알아내는 단서 : 도착 순서와 시간 차이

❹ ¹음원이 청자의 오른쪽 귀 높이에 있다면 머리 때문에 왼쪽 귀에는 소리가 작게 들린다. ²이러한 현상을 '소리 그늘'이라고 하는데, 주로 고주파 대역(高周波帶域, 주파수가 높은 파동의 범위)에서 ㉣ 일어난다. ³고주파의 경우 소리가 진행하다가 머리에 막혀 왼쪽 귀에 잘 도달하지 않는 데 비해, 저주파의 경우 머리를 넘어 왼쪽 귀까지 잘 도달하기 때문이다.(이처럼 장애물(머리) 뒤쪽까지 파동이 전달하는 현상을 '회절'이라고 한다. 회절은 저주파(주파수가 작고, 파장이 긴 파동)의 경우에 더 잘 일어난다.) ⁴소리 그늘 효과는 주파수가 1,000 Hz 이상인 고음에서는 잘 나타나지만, 그 이하의 저음에서는 거의 나타나지 않는다. ⁵이 현상은 고주파 음원의 수평 방향을 알아내는 데 특히 중요한 단서가 된다.

〈참고 그림〉

회절 잘 안됨 / 큰 소리 그늘 / 오른쪽 귀 높이에 있는 음원 : 고주파의 경우

회절 잘 됨 / 작은 소리 그늘 / 오른쪽 귀 높이에 있는 음원 : 저주파의 경우

❹-1~3 음원이 청자의 오른쪽 귀 높이에 있어 머리 때문에 왼쪽 귀에는 소리가 작게 들리는 현상을 '소리 그늘'이라 하는데, 주로 고주파 대역에서 일어난다. 고주파의 경우 소리가 진행하다가 머리에 막혀 왼쪽 귀에 잘 도달하지 않는 데 비해, 저주파의 경우 머리를 넘어 왼쪽 귀까지 잘 도달하기 때문이다.

→ 고주파 음원의 수평 방향을 알아내는 단서 : '소리 그늘' 현상

⑤ [1]한편, 소리는 귓구멍에 도달하기 전에 머리 측면과 귓바퀴의 굴곡(屈曲, 이리저리 굽어 꺾여 있는 모양)의 상호 작용에 의해 여러 방향으로 반사되고, 반사된 소리들은 서로 간섭(干涉, 두 개 이상의 파동이 서로 만나 다른 파동에 영향을 주는 현상으로 원래의 신호보다 커지는 효과를 나타내는 보강 간섭과 원래의 신호보다 약해지는 상쇄 간섭이 있다.)을 일으킨다. [2]같은 소리라도 소리가 귀에 도달하는 방향에 따라 상호 작용의 효과가 달라지는데, 수평 방향뿐만 아니라 수직 방향의 차이도 영향을 준다. [3]이러한 상호 작용에 의해 주파수 분포의 변형이 생기는데, 이는 간섭에 의해 어떤 주파수의 소리는 ⓔ 작아지고 어떤 주파수의 소리는 커지기 때문이다. [4]이 또한 음원의 방향을 알아낼 수 있는 중요한 단서가 된다.

→ 음원의 방향을 알아낼 수 있는 단서 : 소리의 간섭 현상

■ 지문 이해

〈음원의 위치 파악 원리〉

❶ 소리에서 느껴지는 공간감에 적용된 원리
- 이어폰으로 스테레오 음악을 들을 때 : 약간 차이가 나는 소리가 두 귀로 들어옴 → 공간감을 느끼게 함

❷ 음원의 위치를 파악할 수 있는 사람의 청각 체계
- 두 귀 사이, 각 귀와 머리 측면 사이의 상호 작용에 의한 단서들을 이용 → 음원의 위치를 알아낼 수 있음
- 음원의 위치 : 소리가 오는 수평·수직 방향과 음원까지의 거리를 이용하여 지각, 음원의 위치와 종류에 따라 정확도가 다르며 개인차도 큼
- 음원까지의 거리 : 목소리 같은 익숙한 소리의 크기와 거리의 상관관계를 이용하여 추정

❸ 음원의 수평 방향을 알아내는 단서 : 도착 순서와 시간 차이
- 음원이 청자의 정면 정중앙에 있을 때 : 음원에서 두 귀까지의 거리가 같음 → 소리가 두 귀에 도착하는 시간 차이가 없음
- 음원이 청자의 오른쪽으로 치우쳤을 때 : 소리가 오른쪽 귀에 먼저 도착 → 두 귀 사이에 도착하는 시간 차이가 생김

❹ 고주파 음원의 수평 방향을 알아내는 단서 : '소리 그늘' 현상
- 음원이 청자의 오른쪽 귀 높이에 있을 때, 머리 때문에 왼쪽 귀에는 소리가 작게 들리는 현상 → 소리 그늘
- 주파수가 1,000 Hz 이상인 고음에서는 잘 나타나지만, 그 이하의 저음에서는 거의 나타나지 않음

❺ 음원의 방향을 알아낼 수 있는 단서 : 소리의 간섭 현상
- 소리는 귓구멍에 도달하기 전에 머리 측면과 귓바퀴의 굴곡의 상호 작용에 의해 여러 방향으로 반사되고, 반사된 소리들은 서로 간섭을 일으킴 → 어떤 주파수의 소리는 작아지고 어떤 주파수의 소리는 커짐 → 주파수 분포의 변형이 생김
- 같은 소리라도 소리가 귀에 도달하는 수평 방향이나 수직 방향의 차이에 따라 상호 작용의 효과가 달라짐

---

010 | 세부 정보 이해 - 적절하지 않은 것 고르기 2012학년도 수능 21번
정답률 95% | 정답 ③

윗글의 내용과 일치하지 않는 것은?

① 사람의 귀는 소리의 주파수 분포를 감지하는 감각 기관이다.
근거 ❷-1 사람의 귀는 주파수 분포를 감지하여 음원의 종류를 알아내지만

→ 적절함!

= 두 귀 사이, 각 귀와 머리 측면 사이의 상호 작용에 의한 단서들

② 청각 체계는 여러 단서를 이용해서 음원의 위치를 지각한다.
근거 ❷-2 사람의 청각 체계는 두 귀 사이 그리고 각 귀와 머리 측면 사이의 상호 작용에 의한 단서들을 이용하여 음원의 위치를 알아낼 수 있다.

→ 적절함!

음원의 위치와 종류에 따라 다르다

③ 위치 감지의 정확도는 소리가 오는 방향에 관계없이 일정하다.
근거 ❷-3 음원의 위치는 소리가 오는 수평·수직 방향과 음원까지의 거리를 이용하여 지각하는데, 그 정확도는 음원의 위치와 종류에 따라 다르며 개인차도 크다.

→ 적절하지 않음!

= 머리에 막혀

④ 소리 그늘 현상은 머리가 장애물로 작용하기 때문에 일어난다.
근거 ❹-2~3 (소리 그늘 현상은) 주로 고주파 대역에서 일어난다. 고주파의 경우 소리가 진행하다가 머리에 막혀 왼쪽 귀에 잘 도달하지 않는 데 비해, 저주파의 경우 머리를 넘어 왼쪽 귀까지 잘 도달하기 때문이다.

→ 적절함!

⑤ 반사된 소리의 간섭은 소리의 주파수 분포에 변화를 일으킨다.
근거 ❺-1 소리는 귓구멍에 도달하기 전에 머리 측면과 귓바퀴의 굴곡의 상호 작용에 의해 여러 방향으로 반사되고, 반사된 소리들은 서로 간섭, ❺-3 이러한 상호 작용에 의해 주파수 분포의 변형

→ 적절함!

---

011 | 추론의 적절성 판단 - 적절한 것 고르기 2012학년도 수능 22번
정답률 65%, 매력적 오답 ② 10%, ④ 10% | 정답 ⑤

사람의 청각 체계에 대한 설명으로 옳은 것은?

음원의 수평 방향을

① 두 귀에 소리가 도달하는 순서와 시간 차이를 감지했다면 생소한 소리라도 음원까지의 거리를 알아낼 수 있다.
근거 ❸-4 도착 순서와 시간 차이는 음원의 수평 방향을 알아내는 중요한 단서

→ 적절하지 않음!

② 이어폰을 통해 두 귀에 크기와 주파수 분포가 같은 소리를 동시에 들려주면 수평 방향의 공간감이 느껴진다.
근거 ❸-4 도착 순서와 시간 차이는 음원의 수평 방향을 알아내는 중요한 단서가 된다.
풀이 윗글에서는 소리를 들을 때 공간감을 느끼게 되는 현상에 대해 설명하기 위해 음원의 위치나 방향을 알아 내는 원리를 소개하고 있다. 이때 음원의 수평 방향을 알아 내는 단서로 도착 순서와 시간 차이를 제시하고 있다. 따라서 수평 방향의 공간감을 느끼기 위해서는 이어폰을 통해 두 귀에 도착 순서와 시간에 차이가 나는 소리를 들려주어야 한다.

→ 적절하지 않음!

③ 소리가 울리는 실내라면 소리가 귀까지 도달하는 시간이 다양해져서 음원의 방향을 더 잘 찾아낼 수 있다.
찾아내기 어렵다
근거 ❸-4 도착 순서와 시간 차이는 음원의 수평 방향을 알아내는 중요한 단서가 된다.
풀이 실내에서 소리가 울린다는 것은 음원이 여러 방향에서 시간 차이를 두고 들린다는 것을 의미하는데, 이로 인해 음원의 (수평) 방향을 찾아내기 어려워진다.

→ 적절하지 않음!

도착 순서, 시간 차를 통해서도 알 수 있음

④ 귓바퀴의 굴곡을 없애도록 만드는 보형물을 두 귀에 붙이면 음원의 수평 방향을 지각할 수 없다.
있다
근거 ❸-4 도착 순서와 시간 차이는 음원의 수평 방향을 알아내는 중요한 단서가 된다.
풀이 ❺문단에서 '소리는 귓구멍에 도달하기 전에 머리 측면과 귓바퀴의 굴곡의 상호 작용에 의해 여러 방향으로 반사되고, 반사된 소리들은 서로 간섭을 일으킨다'고 하며, 소리의 간섭이 음원의 방향을 알아낼 수 있는 중요한 단서가 된다고 하였으므로 귓바퀴의 굴곡이 음원의 방향을 지각하는 데 영향을 미친다는 것을 알 수 있다. 하지만, '음원의 수평 방향은 도착 순서와 시간 차이를 통해서도 알 수 있으므로 '지각할 수 없다'는 설명은 틀린 것이 된다.

→ 적절하지 않음!

⑤ 소리의 주파수에 따라 음원의 수평 방향 지각에서 소리 그늘을 활용하는 정도가 달라진다.
주파수 1,000 Hz 이상에서 잘 나타남 ⇒ 소리 그늘을 활용
주파수 1,000 Hz 이하의 저음에서는 거의 나타나지 않음 ⇒ 소리 그늘 활용 ×

근거 **④**-4~5 소리 그늘 효과는 주파수가 1,000 Hz 이상인 고음에서는 잘 나타나지만, 그 이하의 저음에서는 거의 나타나지 않는다. 이 현상은 고주파 음원의 수평 방향을 알아내는 데 특히 중요한 단서가 된다.

→ 적절함!

평가원 이의 신청 답변

이 문항은 사람의 청각 체계가 음원의 위치를 지각하는 원리를 설명하는 글을 읽고, 정보를 종합하여 사람의 청각 체계에 대해 이해하는 능력을 평가하고자 한 것입니다. 이의 제기는 답지 ③, ④의 내용이 추론 가능하다는 것과, ⑤의 내용을 추론할 수 없다는 것입니다.

답지 ③은 소리의 울림에 의해 소리가 귀까지 도달하는 시간이 다양해질 경우, 음원의 위치 파악이 더 잘 되는지의 여부를 판단하는 내용입니다. 지문에서 음원의 위치에 따라 소리가 두 귀까지 도달하는 시간의 차이가 다르다고 서술하고 있습니다. 그런데 소리가 울리는 실내라면 한 음원에서 발생한 소리가 반사되면서 귀까지 도달하는 시간 차이가 다양해지므로 음원이 여기저기 있는 것처럼 느껴져서 음원의 방향 지각의 정확도가 떨어질 것임을 추론할 수 있습니다. 그러므로 답지 ③은 틀린 진술입니다.

답지 ④는 귓바퀴의 굴곡을 없앨 경우 수평 방향 지각 능력이 상실되는지를 판단하는 내용입니다. 지문에 따르면 귓바퀴의 굴곡이 없어지면 상호 작용의 정도가 현저히 떨어져 상호 작용에 의한 수평과 수직 방향의 지각 능력이 떨어집니다. 하지만 소리의 도착 순서와 시간 차이, 그리고 소리 그늘 현상에 의해 소리의 수평 방향 지각은 여전히 가능합니다. 그러므로 답지 ④는 틀린 진술입니다.

답지 ⑤는 음원의 수평 방향을 지각할 때 소리의 주파수에 따라 소리 그늘을 활용하는 정도가 달라지는지를 추론하는 내용입니다. 지문에 따르면 소리 그늘 현상은 1,000 Hz 이상의 고주파 영역에서 활용될 수 있고 그 이하의 저주파 영역에서는 거의 활용될 수 없기 때문에, 소리 주파수의 높낮이에 따라 소리 그늘을 활용하는 정도가 달라질 수밖에 없습니다. 그러므로 답지 ⑤는 맞는 진술입니다.

이와 같은 이유로 이 문항의 정답에는 이상이 없습니다.

---

012 자료 해석의 적절성 판단 - 적절하지 않은 것 고르기 2012학년도 수능 23번
정답률 70%, 매력적 오답 ④ 10% | 정답 ③

〈보기〉에서 ⓐ~ⓔ의 합성에 적용된 원리를 분석한 내용으로 옳지 않은 것은?

| 보 기 |
은영이는 이어폰을 이용한 소리 방향 지각 실험에 참여하였다. 이 실험에서는 컴퓨터가 각각 하나의 원리만을 이용해서 합성한 소리를 들려준다. 은영이는 ⓐ 멀어져 가는 자동차 소리, ⓑ 머리 위에서 나는 종소리, ⓒ 발 바로 아래에서 나는 마루 삐걱거리는 소리, ⓓ 오른쪽에서 나는 저음의 북소리, ⓔ 왼쪽에서 나는 고음의 유리잔 깨지는 소리로 들리도록 합성한 소리를 차례로 들었다.

▶ 지문 핵심 개념 정리

음원 위치 파악 원리
- 두 귀 사이, 각 귀와 머리 측면 사이의 상호 작용에 의한 단서들을 이용(**②**-2)
- 음원의 위치 : 소리가 오는 수평·수직 방향과 음원까지의 거리를 이용하여 지각(**②**-3)
- 음원까지의 거리 : 목소리 같은 익숙한 소리의 크기와 거리의 상관관계를 이용하여 추정(**②**-4)

음원의 수평 방향을 알아내는 단서 : 도착 순서와 시간 차이
- 음원이 청자의 정면 정중앙에 있을 때 = 음원에서 두 귀까지의 거리가 같음 → 소리가 두 귀에 도착하는 시간 차이가 없음(**③**-1)
- 음원이 청자의 오른쪽으로 치우쳤을 때 = 소리가 오른쪽 귀에 먼저 도착 → 소리가 두 귀 사이에 도착하는 시간 차이가 생김(**③**-2)

고주파 음원의 수평 방향을 알아내는 단서 : '소리 그늘' 현상
- 음원이 청자의 오른쪽 귀 높이에 있을 때, 머리 때문에 왼쪽 귀에는 소리가 작게 들리는 현상(**④**-1)

음원의 방향을 알아낼 수 있는 단서 : 소리의 간섭 현상
- 소리는 귓구멍에 도달하기 전에 머리 측면과 귓바퀴의 굴곡의 상호 작용에 의해 여러 방향으로 반사되고, 반사된 소리들은 서로 간섭을 일으킴 → 어떤 주파수의 소리는 작아지고 어떤 주파수의 소리는 커짐 → 주파수 분포의 변형이 생김(**⑤**-1~3)

① ⓐ는 소리의 크기가 시간에 따라 점점 작아지도록 했겠군.

근거 **②**-4 음원까지의 거리는 목소리 같은 익숙한 소리의 크기와 거리의 상관관계를 이용하여 추정
풀이 같은 크기의 목소리로 말을 하더라도 가까이에 있는 사람의 말소리는 잘 들리지만, 멀리 있는 사람의 목소리는 잘 들리지 않는 것을 통해 소리의 크기와 거리는 서로 반비례의 상관관계를 갖는다고 볼 수 있다. 즉, ⓐ는 대상과의 거리가 점점 멀어진다는 인식을 주기 위해 소리를 점점 작아지도록 했을 것임을 추정할 수 있다.
→ 적절!

② ⓑ는 귓바퀴와 머리 측면의 상호 작용이 일어난 소리가 두 귀에 들리도록 했겠군.
근거 **⑤**-1~2 소리는 귓구멍에 도달하기 전에 머리 측면과 귓바퀴의 굴곡의 상호 작용에 의해 여러 방향으로 반사되고, 반사된 소리들은 서로 간섭을 일으킨다. 같은 소리라도 소리가 귀에 도달하는 방향에 따라 상호 작용의 효과가 달라지는데, 수평 방향뿐만 아니라 수직 방향의 차이도 영향을 준다.
풀이 ⓑ는 수직 방향으로 귀에 도달하는 소리이므로 소리의 간섭 현상, 즉 상호 작용과 관련이 있다.
→ 적절함!

③ ⓒ는 같은 소리가 두 귀에서 시간 차이를 두고 들리도록 했겠군.
근거 **⑤**-1~2 소리는 귓구멍에 도달하기 전에 머리 측면과 귓바퀴의 굴곡의 상호 작용에 의해 여러 방향으로 반사되고, 반사된 소리들은 서로 간섭을 일으킨다. 같은 소리라도 소리가 귀에 도달하는 방향에 따라 상호 작용의 효과가 달라지는데, 수평 방향뿐만 아니라 수직 방향의 차이도 영향을 준다.
풀이 ⓒ는 수직 방향에서 들려오는 소리이다. 그런데 같은 소리가 두 귀에 도착하는 시간의 차이는 음원의 수평 방향을 알아내는 단서이다. 또한 '발 바로 아래'는 은영이의 정중앙 아래에서 들리는 소리이므로 두 귀까지의 거리가 같아 시간 차이가 없을 것이므로 적절한 합성 원리로 볼 수 없다.
→ 적절하지 않음!

④ ⓓ는 특정 주파수 분포를 가진 소리가 오른쪽 귀에 먼저 들리도록 했겠군.
근거 **③**-2 음원이 청자의 오른쪽으로 치우치면 소리는 오른쪽 귀에 먼저 도착
→ 적절함!

⑤ ⓔ는 오른쪽 귀에 소리 그늘 효과가 생긴 소리가 들리도록 했겠군.
근거 **④**-1~2 음원이 청자의 오른쪽 귀 높이에 있다면 머리 때문에 왼쪽 귀에는 소리가 작게 들린다. 이러한 현상을 '소리 그늘'이라고 하는데, 주로 고주파 대역에서 일어난다.
풀이 왼쪽에서 들리는 고음의 유리잔 깨지는 소리는 머리 때문에 오른쪽 귀까지 잘 도달하지 않아 작게 들리는 소리 그늘 효과가 생길 것이다.
→ 적절함!

---

013 어휘의 적절성 판단 - 적절하지 않은 것 고르기 2012학년도 수능 24번
정답률 75%, 매력적 오답 ⑤ 15% | 정답 ②

㉠~㉤을 바꾸어 쓴 말로 적절하지 않은 것은?

㉠ 들으면   ㉡ 치우치면   ㉢ 알아내는   ㉣ 일어난다   ㉤ 작아지고

① ㉠ : 청취(聽取)하면
풀이 '청취(聽 듣다 청 取 가지다 취)하다'는 '의견, 보고, 방송 따위를 듣다'의 의미이다. ㉠을 '청취하면'으로 바꿔 써도 문맥상 의미가 달라지지 않으므로 바꿔 쓰기에 적절하다.
→ 적절함!

② ㉡ : 치중(置重)하면
풀이 ㉡의 '치우치다'는 '균형을 잃고 한쪽으로 쏠리다'의 의미이다. 한편 '치중(置 두다 치 重 무겁다 중)하다'는 '어떠한 것에 특히 중점을 두다'의 의미이다. ㉡을 '치중하면'으로 바꿔 쓸 경우 '음원이 청자의 오른쪽으로 중점을 두면'의 의미가 되므로, 바꿔 쓰기에 적절하지 않다.
→ 적절하지 않음!

③ ㉢ : 파악(把握)하는
풀이 '파악(把 잡다 파 握 쥐다 악)하다'는 '어떤 대상의 내용이나 본질을 확실하게 이해하여 알다'의 의미이다. ㉢을 '파악하는'으로 바꿔 써도 문맥상 의미가 달라지지 않으므로 바꿔 쓰기에 적절하다.
→ 적절함!

④ ㉣ : 발생(發生)한다

tip • 주파수의 종류와 특징

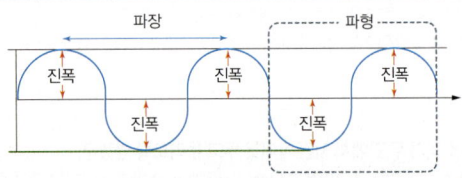

주파수(Frequency) : 단위시간(1 초) 내에 몇 개의 파형이 반복되었는가를 나타내는 수. 1초당 1 회 반복하는 것을 1Hz라고 한다.

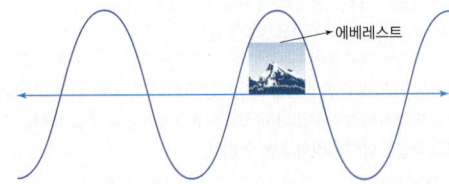

에베레스트

• 저주파(Low Frequency) : 대략 주파수 3 ~ 300 kHz 사이의 전파로서 파장 1 ~ 100 km로 매우 길어 장애물의 영향을 거의 받지 않고 널리 퍼질 수 있다. 저주파는 에베레스트 산보다 더 길고 높다. 고래들은 우리가 들을 수 있는 소리(20 Hz ~ 20 kHz)보다 낮은 주파수로 서로 대화하며, 심지어 남극과 북극 사이에서도 서로 들을 수 있다.
• 중파(Medium Frequency) : 주파수 300 kHz ~ 3,000 kHz, 파장은 1,000 ~ 100 m. 라디오 방송용으로 가장 많이 사용되고 있다.
• 고주파(High Frequency) : 주파수가 대략 3,000 kHz 이상, 파장은 10 ~ 0.1 m. 파장이 짧아 직진성이 강하고 장애물의 영향을 받는다. 가시 범위(지상 50 m 높이에서 전파를 발사한 경우 50 km 이내 지역) 내에만 도달한다. 돌고래는 고주파를 발사하여 먹이를 찾고 지형지물 및 이동 중인 선박과의 충돌을 피한다.

[014~018] 다음 글을 읽고 물음에 답하시오.

1 [1]식욕(食 음식 식 慾 욕심 욕)은 음식을 먹고 싶어 하는 욕망(欲望, 부족을 느껴 가지려고 욕심을 내는 마음)으로, 인간이 살아가는 데 필요한 영양분을 얻기 위해서 반드시 필요하다. [2]식욕은 기본적으로 뇌의 시상 하부*에 있는 식욕 중추*의 영향을 받는데, 이 중추(뇌의 시상 하부에 있는 식욕 중추)에는 배가 고픈 느낌이 들게 하는 '섭식(攝食, 음식을 섭취함) 중추'와 배가 부른 느낌이 들게 하는 '포만(飽滿, 넘치도록 가득함) 중추'가 함께 있다. [3]우리 몸이 영양분을 필요로 하는 상태가 되면 섭식 중추는 뇌 안의 다양한 곳에 신호를 보낸다. [4]그러면 식욕이 느껴져 침의 분비(分泌, 밖으로 내보냄)와 같이 먹는 일과 관련된 무의식적인(無意識的-, 스스로 깨닫는 '자각'이나 사물을 판단하여 아는 '인식'이 없는 의식 상태에서 일어나는) 행동이 촉진된다.(促進-, 빨리 진행된다.) [5]그러다 영양분의 섭취가 늘어나면, 포만 중추가 작용해서 식욕이 억제된다.(抑制-, 내리눌러 그치게 된다.)

→ '식욕 중추'의 작용

2 [1]그렇다면 뇌에 있는 섭식 중추나 포만 중추는 어떻게 몸속 영양분의 상태에 따라 식욕을 조절하는 것일까? [2]여기에서 중요한 역할을 하는 것이 혈액 속을 흐르는 영양소인데, 특히 탄수화물에서 분해된(分解-, 둘 이상의 간단한 화합물로 나뉘어 변한) '포도당'과 지방에서 분해된 '지방산'이 중요하다. [3]먼저 탄
[A] 수화물은 식사를 통해 섭취된(攝取-, 몸속으로 빨아들여진) 후 소장에서 분해되면, 포도당으로 변해 혈액 속으로 흡수된다. [4]그러면 혈중(血中, 혈액 속) 포도당의 농도가 높아지고, 이(높아진 혈중 포도당 농도)를 줄이기 위해 췌장에서 '인슐린'이라는 호르몬이 분비된다. [5]이 포도당과 인슐린이 혈액을 타고 시상

하부로 이동하여 포만 중추의 작용은 촉진하고 섭식 중추의 작용은 억제한다. [6]반면에 지방은 피부 아래의 조직에 중성지방의 형태로 저장되어 있다가 공복(空腹, 배 속이 비어 있는) 상태가 길어지면 혈액 속으로 흘러가 간(肝)으로 운반된다. [7]그러면 부족한 에너지를 보충하기 위해 간에서 중성지방이 분해되고, 이(간에서 중성지방이 분해되는) 과정에서 생긴 지방산이 혈액을 타고 시상 하부로 이동하여 섭식 중추의 작용은 촉진하고 포만 중추의 작용은 억제한다. [8]이와 같은 작용 원리에 따라 우리의 식욕은 자연스럽게 조절된다.

→ '섭식 중추'와 '포만 중추'의 식욕 조절 원리

3 [1]그런데 우리는 온전히 영양분 섭취만을 목적으로 식욕을 느끼는 것은 아니다. [2]예를 들어, '스트레스를 받으니까 매운 음식이 먹고 싶어.'처럼 영양분의 섭취와 상관없이 취향이나 기분에 좌우되는(左右-, 영향을 받는) 식욕도 있다. [3]이와 같은(취향이나 기분에 좌우되는) 식욕은 대뇌의 앞부분에 있는 '전두 연합 영역'에서 조절되는데, 본래 이 영역('전두 연합 영역')은 정신적이고(精神的-, 정신에 관계되고) 지적인(知的-, 지식이나 지성에 관한) 활동을 담당하는 곳이지만 식욕에도 큰 영향을 미친다. [4]이곳('전두 연합 영역')에서는 음식의 맛, 냄새 등 음식에 관한 다양한 감각 정보를 정리해 종합적으로 기억한다. [5]또한 맛이 없어도 건강을 위해 음식을 섭취하는 것과 같이, 먹는 행동을 이성적으로(理性的-, 개념, 구성, 판단, 추리 등을 하는 인간의 이성 작용에 따라) 조절하는 일도 이곳('전두 연합 영역')에서 담당하는데, 전두 연합 영역의 지령(指令, 명령)은 신경 세포의 신호를 통해 섭식 중추와 포만 중추로 전해진다.

→ '전두 연합 영역'의 작용

4 [1]한편 전두 연합 영역의 기능을 알면, ⓐ 음식을 먹은 후 '이젠 더 이상 못 먹겠다.'라고 생각하면서도 디저트(dessert, 식사 뒤에 먹는, 과일이나 아이스크림 따위의 간단한 음식 = 후식)를 먹는 현상을 쉽게 이해할 수 있다. [2]흔히 사람들이 '이젠 더 이상 못 먹겠다.'고 생각하는 이유는 ⓑ 실제로 배가 찼기 때문일 수도 있고, 배가 차지는 않았지만 특정한(特定-, 특별히 정해진) 맛에 질렸기(싫증이 났기) 때문일 수도 있다. [3]그런데 이런('이젠 더 이상 못 먹겠다.'고 생각하는) 상황에도 불구하고 디저트를 먹는 현상은 모두 전두 연합 영역의 영향을 받는다. [4]먼저, 배가 찬 상태에서는 전두 연합 영역의 영향으로 위(胃) 속에 디저트가 들어갈 공간을 마련할 수 있다. [5]전두 연합 영역의 신경 세포가 '맛있다'와 같은 신호를 섭식 중추로 보내면, 거기(섭식 중추)에서 '오렉신'이라는 물질이 나온다. [6]오렉신은 위(胃)의 운동에 관련되는 신경 세포에 작용해서, 위(胃)의 내용물을 밀어내고 다시 새로운 음식이 들어갈 공간을 마련하는 것이다. [7]다음으로, 배가 차지 않은 상태이지만 전두 연합 영역의 영향으로 특정한 맛에 질릴 수 있다. [8]그래서 식사가 끝난 후에는 대개(大槪, 일반적인 경우에) 단맛의 음식을 먹고 싶어 하게 되는데, 이(식사가 끝난 후 단맛의 음식을 먹고 싶어 하는 것)는 주식(主食, 밥이나 빵처럼 끼니에 주로 먹는 음식)이나 반찬에는 그 정도의 단맛을 내는 음식이 없기 때문이다. [9]따라서 우리가 '디저트 먹을 배는 따로 있다.'라고 하는 것은 생물학적으로(生物學的-, 생물의 기능, 구조, 발달, 생명 현상 등을 연구하는 학문에 근거하여) 충분히 설득력(說得力, 상대편이 이쪽 편의 이야기를 따르도록 깨우치는 힘) 있는 표현이 되는 것이다.

→ '전두 연합 영역'의 식욕 조절 원리

* 시상 하부 : 사람이 의식적으로(意識的-, 스스로 깨닫거나 판단하여 알면서 일부러 하여) 통제하지(統制-, 조건을 붙이거나 한도를 정하고 넘지 못하게 막지) 못하는 다양한 신체 시스템을 감시하고 조절하는 뇌의 영역
* 중추 : 신경 기관 가운데, 신경 세포가 모여 있는 부분

■지문 이해

〈식욕의 작용 원리 - 식욕 중추와 전두 연합 영역의 역할〉

❶ '식욕 중추'의 작용

• 식욕은 뇌의 시상 하부에 있는 식욕 중추의 영향을 받음
• 섭식 중추 : 우리 몸이 영양분을 필요로 하는 상태가 되면 식욕을 느끼게 함
• 포만 중추 : 영양분 섭취가 늘어나면 작용하여 식욕을 억제함

❷ '섭식 중추'와 '포만 중추'의 식욕 조절 원리

• 식사를 통해 섭취된 탄수화물이 소장에서 분해되어 포도당으로 변함 → 혈액 속으로 흡수되어 혈중 포도당 농도가 높아짐 → 췌장에서 인슐린이 분비됨 → 포도당, 인슐린이 혈액을 타고 시상 하부로 이동 → 포만 중추의 작용을 촉진하고 섭식 중추의 작용을 억제함
• 공복 상태가 길어지면, 피부 아래에 중성지방의 형태로 저장되어 있던 지방이 간으로 이동·분해 → 이 과정에서 생긴 지방산이 혈액을 타고 시상 하부로 이동 → 섭식 중추의 작용을 촉진하고 포만 중추의 작용을 억제함

③ '전두 연합 영역'의 작용
• 취향이나 기분에 좌우되는 식욕을 조절 • 음식의 맛, 냄새 등 음식에 관한 감각 정보를 정리해 종합적으로 기억함 • 맛이 없어도 건강을 위해 음식을 섭취하는 등 먹는 행동을 이성적으로 조절함

④ '전두 연합 영역'의 식욕 조절 원리
• 배가 찬 상태에서 전두 연합 영역의 신경 세포가 섭식 중추로 신호를 보내면, 섭식 중추에서 오렉신이 나와 위의 내용물을 밀어내고 새로운 음식이 들어갈 공간을 마련함 • 배가 차지 않았지만 전두 연합 영역의 영향으로 특정한 맛에 질린 경우 다른 맛을 먹고 싶어 하게 됨

---

014 | 중심 화제 파악 – 적절한 것 고르기 **2021년 6월 학평 16번**
정답률 90% | **정답 ①**

윗글의 *표제와 **부제로 가장 적절한 것은? *標題: 제목 **副題: 보충하는 제목

근거 ❶-2 식욕은 기본적으로 뇌의 시상 하부에 있는 식욕 중추의 영향을 받는데, ❶-3~5 섭식 중추는 … 식욕이 느껴져 … 포만 중추가 작용해서 식욕이 억제된다, ❷-1 섭식 중추나 포만 중추는 어떻게 몸속 영양분의 상태에 따라 식욕을 조절하는 것일까?, ❷-8 이와 같은 작용 원리에 따라 우리의 식욕은 자연스럽게 조절된다, ❸-2~3 영양분의 섭취와 상관없이 취향이나 기분에 좌우되는 식욕도 있다. 이와 같은 식욕은 대뇌의 앞부분에 있는 '전두 연합 영역'에서 조절되는데, ❹-3 이런('이젠 더 이상 못 먹겠다.'고 생각하는) 상황에도 불구하고 디저트를 먹는 현상은 모두 전두 연합 영역의 영향을 받는다.

풀이 윗글에서는 식욕의 작용 원리에 대해 식욕 중추에 있는 섭식 중추와 포만 중추의 역할과 전두 연합 영역의 역할을 중심으로 설명하고 있다. 따라서 정답은 ①번이다.

✓① 식욕의 작용 원리
- 식욕 중추와 전두 연합 영역을 중심으로 → 적절함!

② 식욕의 개념과 특성
- 영양소의 종류와 역할을 중심으로

③ 식욕이 생기는 이유
- 탄수화물과 지방의 영향 관계를 중심으로

④ 전두 연합 영역의 특성
- 디저트의 섭취와 소화 과정을 중심으로

⑤ 전두 연합 영역의 여러 기능
- 포도당과 지방산의 작용 관계를 중심으로

---

015 | 세부 정보 이해 – 적절하지 않은 것 고르기 **2021년 6월 학평 17번**
정답률 75%, 매력적 오답 ② 10% | **정답 ③**

윗글을 이해한 내용으로 적절하지 <u>않은</u> 것은?

① 식욕은 인간이 살아가는 데 반드시 필요한 욕망이다.
근거 ❶-1 '식욕'은 음식을 먹고 싶어 하는 욕망으로, 인간이 살아가는 데 필요한 영양분을 얻기 위해서 반드시 필요하다.
→ 적절함!

② 인간의 뇌에 있는 시상 하부는 인간의 식욕에 영향을 끼친다.
근거 ❶-2 식욕은 기본적으로 뇌의 시상 하부에 있는 식욕 중추의 영향을 받는데
→ 적절함!

✓③ 위(胃)의 운동에 *관여하는 오렉신은 전두 연합 영역에서 분비된다. *關與–: 관계하여 참여하는
    (섭식 중추)
근거 ❹-5~6 전두 연합 영역의 신경 세포가 '맛있다'와 같은 신호를 섭식 중추로 보내면, 거기에서 '오렉신'이라는 물질이 나온다. 오렉신은 위(胃)의 운동에 관련되는 신경 세포에 작용
풀이 위의 운동에 관여하는 오렉신은 전두 연합 영역이 아니라, 섭식 중추에서 분비된다.
→ 적절하지 않음!

---

④ 음식의 특정한 맛에 질렸을 때 더 이상 먹을 수 없다고 생각할 수 있다.
근거 ❹-2 흔히 사람들이 '이젠 더 이상 못 먹겠다.'고 생각하는 이유는 실제로 배가 찼기 때문일 수도 있고, 배가 차지는 않았지만 특정한 맛에 질렸기 때문일 수도 있다.
→ 적절함!

⑤ 전두 연합 영역은 정신적이고 지적인 활동뿐만 아니라 식욕에도 관여한다.
근거 ❸-3 이와 같은 식욕은 대뇌의 앞부분에 있는 '전두 연합 영역'에서 조절되는데, 본래 이 영역은 정신적이고 지적인 활동을 담당하는 곳이지만 식욕에도 큰 영향을 미친다.
→ 적절함!

1등급 문제

016 | 추론의 적절성 판단 – 적절한 것 고르기 **2021년 6월 학평 18번**
정답률 40%, 매력적 오답 ① 15% ② 10% ⑤ 30% | **정답 ④**

ⓑ와 '식욕 중추의 작용'을 고려하여 ⓐ를 이해한 내용으로 적절한 것은?

ⓐ 음식을 먹은 후 '이젠 더 이상 못 먹겠다.'라고 생각하면서도 디저트를 먹는 현상
ⓑ 실제로 배가 찼기 때문

근거 ❶-2~5 식욕은 기본적으로 뇌의 시상 하부에 있는 식욕 중추의 영향을 받는데, 이 중추에는 배가 고픈 느낌이 들게 하는 '섭식 중추'와 배가 부른 느낌이 들게 하는 '포만 중추'가 함께 있다. 우리 몸이 영양분을 필요로 하는 상태가 되면 섭식 중추는 뇌 안의 다양한 곳에 신호를 보낸다. 그러면 식욕이 느껴져 침의 분비와 같이 먹는 일과 관련된 무의식적인 행동이 촉진된다. 그러다 영양분의 섭취가 늘어나면, 포만 중추가 작용해서 식욕이 억제된다.

풀이 음식을 먹은 후 실제로 배가 차서 '이젠 더 이상 못 먹겠다'고 생각하는 것은 식욕 중추 중 포만 중추의 작용이 촉진되어 식욕이 억제되었기 때문이다. 이런 상황에도 불구하고 디저트를 먹는 현상은 포만 중추의 작용이 촉진되어 식욕이 억제된 것과 모순된다. 따라서 정답은 ④번이다.

① 섭식 중추의 작용이 억제되므로 ⓐ는 타당하다.

② 섭식 중추의 작용이 활발하므로 ⓐ는 *모순적이다. *矛盾的–: 두 사실이 이치상 어긋나 서로 맞지 않는다.

③ 포만 중추의 작용이 억제되므로 ⓐ는 모순적이다.

✓④ 포만 중추의 작용이 활발하므로 ⓐ는 모순적이다. → 적절함!

⑤ 섭식 중추와 포만 중추의 작용이 반복되므로 ⓐ는 타당하다.

---

017 | 자료 해석의 적절성 판단 – 적절한 것 고르기 **2021년 6월 학평 19번**
정답률 75%, 매력적 오답 ③ 10% | **정답 ④**

[A]를 바탕으로 〈보기〉에 대해 설명한 내용으로 가장 적절한 것은?

| 보기 |
다음은 탄수화물이 포함된 식사 전후에 혈액 속을 흐르는 물질이 식욕 중추에 끼치는 영향 관계를 표현한 모식도(模式圖, 모양을 그림으로 정리하여 배열한 것)이다.

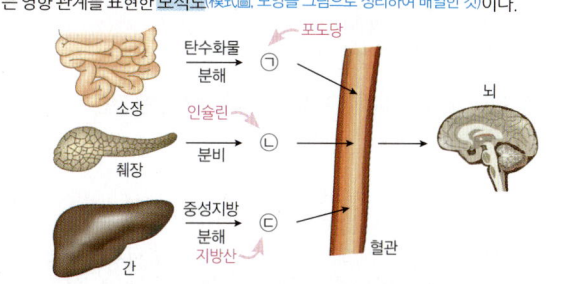

▶ 지문 핵심 개념 정리

- 탄수화물에서 분해된 '포도당'(②-2) : 탄수화물은 소장에서 분해되면, 포도당으로 변해 혈액 속으로 흡수됨 → 혈중 포도당 농도가 높아짐 → 높아진 혈중 포도당 농도를 줄이기 위해 췌장에서 '인슐린'이 분비됨 → 포도당과 인슐린이 혈액을 타고 시상 하부로 이동하여 포만 중추의 작용은 촉진하고 섭식 중추의 작용은 억제함(②-3~5)
- 지방에서 분해된 '지방산'(②-2) : 지방은 중성지방의 형태로 있다가 공복 상태가 길어지면 간으로 운반됨 → 간에서 중성지방이 분해되는 과정에서 생긴 지방산이 혈액을 타고 시상 하부로 이동하여 섭식 중추의 작용은 촉진하고 포만 중추의 작용은 억제함(②-6~7)

풀이 〈보기〉의 모식도에서 ㉠은 탄수화물에서 분해된 '포도당', ㉡은 췌장에서 분비된 '인슐린', ㉢은 지방에서 분해된 '지방산'에 해당한다.

늘어나면
① 혈관 속에 ㉠의 양이 줄어들면 ㉡이 분비된다.

풀이 혈관 속에 포도당(㉠)의 양이 늘어나면 췌장에서 인슐린(㉡)이 분비된다.

→ 적절하지 않음!

부른
② 혈관 속에 ㉠과 ㉡의 양이 많아지면 배가 고픈 느낌이 든다.

근거 ❶-5 포만 중추가 작용해서 식욕이 억제된다.

풀이 혈중 포도당(㉠)의 농도가 높아져 인슐린(㉡)이 분비되면 이들 포도당과 인슐린이 혈액을 타고 시상 하부로 이동하여 포만 중추의 작용을 촉진하고 섭식 중추의 작용을 억제한다. 포만 중추가 작용하면 식욕이 억제된다고 하였으므로, 혈관 속에 포도당(㉠)과 인슐린(㉡)의 양이 많아지면 배가 고픈 느낌이 아니라, 배가 부른 느낌이 들 것이다.

→ 적절하지 않음!

③ 공복 상태가 길어지면 ㉠과 ㉢은 시상 하부의 명령을 식욕 중추에 전달한다.

풀이 공복 상태가 길어지면 지방산(㉢)이 시상 하부로 이동하여 섭식 중추의 작용을 촉진하고 포만 중추의 작용을 억제한다. 그러나 이 과정에서 포도당(㉠)이나 지방산(㉢)이 시상 하부의 명령을 식욕 중추에 전달하지는 않는다.

→ 적절하지 않음!

✓④ 공복 상태가 길어지면 혈관 속에 ㉠의 양은 줄어들고 ㉢의 양은 늘어난다.

풀이 공복 상태가 길어지면 중성지방의 형태로 저장되어 있던 지방이 간으로 운반되어 분해되고, 이 과정에서 생긴 지방산이 혈액을 타고 시상 하부로 이동한다. 따라서 공복 상태가 길어지면 혈관 속 지방산(㉢)의 양은 늘어난다. 한편 식사를 통해 탄수화물이 섭취되면 소장에서 분해되어 포도당으로 변하고, 혈액 속으로 흡수된다. 즉 혈관 속 포도당(㉠)의 양은 식사를 하면 늘어나고, 공복 상태가 길어지면 줄어들 것이다. 따라서 공복 상태가 길어지면 혈관 속에 포도당(㉠)의 양은 줄어들고 지방산(㉢)의 양은 늘어난다는 설명은 적절하다.

→ 적절함!

⑤ 식사를 하는 동안에 ㉡은 ㉢의 도움으로 피부 아래의 조직에 중성지방으로 저장된다.

풀이 인슐린(㉡)은 높아진 혈중 포도당의 농도를 줄이기 위해 췌장에서 분비되는 호르몬이다. 피부 아래의 조직에 중성지방의 형태로 저장된 것은 인슐린이 아니라 지방이며, 이 지방이 분해되는 과정에서 생기는 것이 지방산(㉢)이다. 따라서 식사를 하는 동안 인슐린(㉡)이 지방산(㉢)의 도움으로 피부 아래의 조직에 중성지방으로 저장된다는 설명은 적절하지 않다.

→ 적절하지 않음!

1등급 문제

018 구체적인 상황에 적용 - 적절하지 않은 것 고르기 2021년 6월 학평 20번
정답률 60%, 매력적 오답 ④ 15% ⑤ 10%
정답 ②

윗글을 바탕으로 〈보기〉를 이해한 내용으로 적절하지 않은 것은? **[3점]**

| 보기 |

¹(뷔페에서 음식을 먹은 후)

A : ²너무 많이 먹어서 배가 터질 것 같아.

B : ³나도 배가 부르기는 한데, 그래도 내가 좋아하는 떡볶이를 좀 더 먹어야겠어.

⁴(잠시 후 디저트를 둘러보며)

A : ⁵예전에 여기서 이 과자 먹어 봤는데 정말 달고 맛있었어. ⁶오늘도 먹어 볼까?

B : ⁷너 조금 전에 배가 터질 것 같다고 하지 않았니?

A : ⁸후식 먹을 배는 따로 있다는 말도 못 들어 봤어?

B : ⁹와! ¹⁰그게 또 들어가? ¹¹진짜 대단하다. ¹²나는 입맛에는 안 맞지만 건강을 위해 녹차나 마셔야겠어.

---

① A는 오렉신의 영향으로 위(胃)에 후식이 들어갈 공간이 더 마련되었겠군.

근거 ❹-6 오렉신은 위(胃)의 운동에 관련되는 신경 세포에 작용해서, 위(胃)의 내용물을 밀어내고 다시 새로운 음식이 들어갈 공간을 마련하는 것

→ 적절함!

✓ 전두 연합 영역
②A는 섭식 중추의 작용으로 뷔페의 과자가 맛있었다고 떠올릴 수 있었겠군.

근거 ❸-4 이곳(전두 연합 영역)에서는 음식의 맛, 냄새 등 음식에 관한 다양한 감각 정보를 정리해 종합적으로 기억한다. ❶-2~4 배가 고픈 느낌이 들게 하는 '섭식 중추' … 우리 몸이 영양분을 필요로 하는 상태가 되면 섭식 중추는 뇌 안의 다양한 곳에 신호를 보낸다. 그러면 식욕이 느껴져 침의 분비와 같이 먹는 일과 관련된 무의식적인 행동이 촉진된다.

풀이 음식의 맛에 관한 감각 정보를 기억하는 것은 '섭식 중추'가 아니라 '전두 연합 영역'의 작용에 해당한다. 섭식 중추는 우리 몸이 영양분을 필요로 하는 상태가 되었을 때, 배가 고픈 느낌이 들게 한다.

→ 적절하지 않음!

③ B는 영양분의 섭취와는 *무관하게 떡볶이가 먹고 싶다고 생각했겠군. *無關-. 상관없이

근거 〈보기〉-3 나도 배가 부르기는 한데, 그래도 내가 좋아하는 떡볶이를 좀 더 먹어야겠어, ❸-2 영양분의 섭취와 상관없이 취향이나 기분에 좌우되는 식욕

풀이 〈보기〉에서 B는 자신이 좋아하는 떡볶이를 좀 더 먹어야겠다고 말하고 있다. 이는 영양분의 섭취와 상관없이 취향에 따라 식욕을 느끼는 것에 해당한다.

→ 적절함!

④ B는 전두 연합 영역의 작용으로 건강을 위해 입맛에 맞지 않는 녹차를 마셨겠군.

근거 〈보기〉-12 나는 입맛에는 안 맞지만 건강을 위해 녹차나 마셔야겠어, ❸-5 맛이 없어도 건강을 위해 음식을 섭취하는 것과 같이, 먹는 행동을 이성적으로 조절하는 일도 이곳(전두 연합 영역)에서 담당

→ 적절함!

⑤ A와 B는 디저트를 둘러보기 전까지 섭식 중추의 작용이 점점 억제되었겠군.

근거 〈보기〉-2 너무 많이 먹어서 배가 터질 것 같아, 〈보기〉-3 나도 배가 부르기는 한데, ❶-2 배가 고픈 느낌이 들게 하는 '섭식 중추'

풀이 〈보기〉에서 A와 B는 모두 배가 부르다고 말하고 있으므로, 디저트를 둘러보기 전까지 배가 고픈 느낌이 들게 하는 '섭식 중추'의 작용은 점점 억제되었을 것이다.

→ 적절함!

[019~024] 다음 글을 읽고 물음에 답하시오.

1 ¹실어증(失語症)(失 잃다 실 語 말 어 症 증세 증)이란 후천적인(後天的-. 태어난 뒤에 얻어진) 뇌 손상(損傷. 병들거나 다침)으로 인해 언어의 표현과 이해에 장애(障礙. 본래의 제 기능을 하지 못함)가 발생하는 것이다. ²1865년 프랑스의 외과(外科. 몸 외부의 상처나 내장 기관의 질병을 주로 수술에 의하여 치료하는 의학의 한 분야) 의사 브로카는 좌뇌(左腦. 뇌의 왼쪽 부분)의 전두엽(前頭葉. 대뇌 반구의 앞부분)과 측두엽(側頭葉. 대뇌 반구의 가쪽 고랑 아랫부분) 사이가 손상되어 나타나는 실어증을 발견하였다. ³(브로카)는 이 부위(좌뇌의 전두엽과 측두엽 사이)를 브로카 영역이라 ⓐ 명명하고 이곳(브로카 영역 = 좌뇌의 전두엽과 측두엽 사이)이 손상되어 나타나는 증상(症狀. 병을 앓을 때 나타나는 여러 가지 상태나 모양)을 브로카 실어증이라 하였다.

→ 실어증의 개념과 브로카 실어증의 발견

2 ¹이후 1874년 독일의 신경정신과(神經精神科. 정신 질환을 앓고 있는 사람을 진단하고 치료하는 의학의 한 분야) 의사인 베르니케는 좌뇌의 두정엽(頭頂葉. 대뇌 반구의 가운데 꼭대기) 아래가 손상되어 나타나는 또 다른 실어증을 발견하였다. ²그(베르니케)는 이 부위(좌뇌의 두정엽 아래)를 베르니케 영역이라 명명하고 이곳(베르니케 영역 = 좌뇌의 두정엽 아래)이 손상되어 나타나는 증상을 베르니케 실어증이라 하였다. ³이와 같은 실어증 환자들의 뇌 손상 부위와 증상을 연구하는 과정에서 인간의 언어 처리 과정에 대한 관심이 ⓑ 대두되면서 그(인간의 언어 처리 과정)와 관련된 이론이 발전해 왔다.

→ 베르니케 실어증의 발견 및 인간의 언어 처리 과정과 관련된 이론의 발전

3 ¹최근 언어 처리 과정에 대한 이론은 뇌의 여러 영역들이 결합하여(結合-. 서로 관계를 맺어 하나가 되어) 언어를 처리한다는 결합주의 이론이 지배적이다.(支配的-.

매우 세력이 강하여 이끈다.) ²최초의 결합주의 이론은 베르니케가 주장한 '베르니케 모형'으로, 그(베르니케)는 베르니케 영역과 브로카 영역 간(間, 사이)의 긴밀한(緊密-, 매우 가까운) 정보 교류(交流, 서로 주고받음)에 의해서 언어가 처리된다는 이론을 발표하였다.

³이후 1885년 리시트하임은 베르니케 모형에 개념 중심부를 추가하여 베르니케 영역, 브로카 영역, 개념 중심부가 결합하여 언어가 처리된다는 ⊙'리시트하임 모형'을 제시하였다. ⁴그(리시트하임)에 의하면 베르니케 영역은 일종의 머릿속 사전으로, 단어가 소리의 형태로 저장되어 있는 언어 중추*이고, 브로카 영역은 단어를 조합하여(組合-, 한데 모아 한 덩어리로 짜) 문장이나 발화(發話, 소리 내어 하는 말)를 생성하는 언어 중추, 그리고 개념 중심부는 의미를 형성하거나 해석하는 언어 중추이다. ⁵리시트하임 모형은 베르니케 영역, 브로카 영역, 개념 중심부를 꼭짓점으로 하는 삼각형 모양으로, 베르니케 영역에서 개념 중심부로, 개념 중심부에서 브로카 영역으로는 일방향(一方向, 한쪽 방향)으로 정보가 이동하지만, 브로카 영역과 베르니케 영역 간에는 쌍방향(雙方向, 양쪽을 서로 향함)으로 정보가 이동한다는 특징이 있다.

〈참고 그림〉

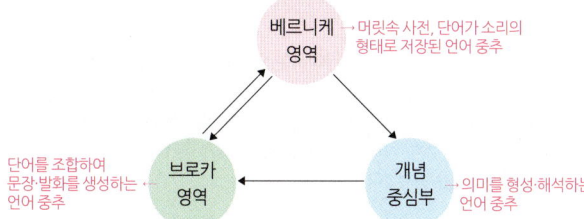

베르니케 영역 → 머릿속 사전, 단어가 소리의 형태로 저장된 언어 중추
단어를 조합하여 문장·발화를 생성하는 언어 중추 → 브로카 영역
개념 중심부 → 의미를 형성·해석하는 언어 중추

❸-5 리시트하임 모형은 베르니케 영역, 브로카 영역, 개념 중심부를 꼭짓점으로 하는 삼각형 모양으로, 베르니케 영역에서 개념 중심부로, 개념 중심부에서 브로카 영역으로는 일방향으로 정보가 이동하지만, 브로카 영역과 베르니케 영역 간에는 쌍방향으로 정보가 이동한다는 특징이 있다.

→ 최초의 결합주의 이론인 '베르니케 모형'과 이후의 '리시트하임 모형'

4 ¹리시트하임은 자신의 모형(리시트하임 모형)을 바탕으로 뇌에서 이루어지는 듣기와 말하기 과정을 다음과 같이 설명하였다. ²우선 듣기 과정은 '베르니케 영역 → 개념 중심부'의 순서로 이루어진다. ³즉, 귀로 들어온 청각 자극이 베르니케 영역으로 송부되면(送付-, 부치어 보내지면), 베르니케 영역은 자신(베르니케 영역)이 저장하고 있는 단어 중 청각 자극과 일치하는(一致-, 들어맞는) 단어를 찾아 개념 중심부로 송부하고, 개념 중심부는 이(베르니케 영역에서 송부된 단어)를 받아 의미를 해석한다는 것이다. ⁴이(뇌에서 이루어지는 듣기 과정)에 비해 말하기 과정은 '개념 중심부 → 브로카 영역 → 베르니케 영역 → 브로카 영역'과 같이 ㉠브로카 영역을 두 번 거치는 복잡한 순서로 이루어진다. ⁵먼저 개념 중심부에서 말하고자 하는 의미를 형성하여 브로카 영역을 거쳐서 베르니케 영역으로 송부하면, 베르니케 영역은 이(개념 중심부에서 형성된 후 브로카 영역을 거쳐 송부된 의미)에 해당하는 단어를 찾아 브로카 영역으로 송부하고, 마지막으로 브로카 영역에서 이(베르니케 영역에서 송부된 단어)를 조합하여 문장이나 발화를 만든다는 것이다. ⁶그런데 실제로 말하기 위해서는 발음 기관을 움직여 소리를 만드는 과정이 필요한데 그의 모형(리시트하임 모형)에는 그러한(발음 기관을 움직여 소리를 만드는) 과정이 드러나 있지 않다. ⁷또한 그(리시트하임)는 개념 중심부를 새롭게 추가하였으나 그것(개념 중심부)의 정확한 위치를 규명하지는(糾明-, 자세히 따져서 바로 밝히지는) 못하였다.

→ 리시트하임 모형의 언어 처리 과정과 한계

5 ¹이후 실어증 환자들에 대한 연구가 발전됨에 따라 뇌에서 언어를 담당하는 중추가 추가로 발견되었다. ²이(추가로 발견된 뇌의 언어 담당 중추)를 토대로(土臺-, 밑바탕으로) 1964년 게쉬윈드는 ⓒ'베르니케-게쉬윈드 모형'을 새롭게 제시하였다. ³그(게쉬윈드)는 리시트하임의 모형에서 개념 중심부를 제외하고(除外-, 따로 떼어 내고) 새롭게 운동 영역과 각회를 언어 중추로 추가하였다. ⁴〈그림〉은 게쉬윈드가 제시한 언어 처리 모형으로, 청각 자극을 ⓒ수용하는 기본 청각 영역과 시각 자극을 수용하는 기본 시각 영역, 그리고 베르니케 영역, 브로카 영역, 운동 영역, 각회라는 네 개의 언어 중추를 중심으로 언어 처리 과정을 설명하고 있다. ⁵게쉬윈드는 기존의(旣存-, 이미 있는) 모형에서 개념 중심부를 제외하는 대신, 청각 형태로 단어가 저장되어 있는 베르니케 영역에서 그

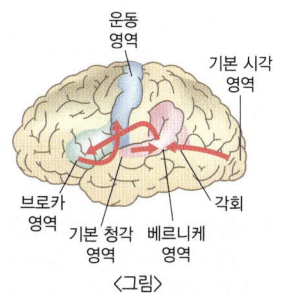

운동 영역
기본 시각 영역
브로카 영역
기본 청각 영역
베르니케 영역
각회
〈그림〉

러한(의미를 형성·해석하는 개념 중심부의) 역할도 함께 한다고 설명하였다. ⁶즉, 베르니케 영역은 듣기와 읽기에서는 수용된 자극에 해당하는 단어를 찾아 의미를 해석하고, 말하기와 쓰기에서는 의미를 형성한 뒤 해당 단어를 찾는 역할을 한다고 보았다.

→ 게쉬윈드가 제시한 '베르니케-게쉬윈드 모형'과 베르니케 영역의 역할

6 ¹브로카 영역에는 단어를 조합하여 문장이나 발화를 생성하는 역할 외에 말하기나 쓰기에 필요한 운동 프로그램을 만들어 운동 영역으로 송부하는 역할을 추가하였다. ²그리고 운동 영역은 브로카 영역에서 받은 운동 프로그램에 근거하여(根據-, 바탕을 두고) 말하기나 쓰기에 필요한 신경적(神經的, 체내외의 각종 변화를 중추에 전달하고, 중추로부터의 자극을 몸의 각 부분으로 전달하는 신경 기관과 관련된) 지시를 내리는 기능을 ⓓ담당한다고 보았다. ³마지막으로 각회는 베르니케 영역과 인접해(隣接-, 옆에 닿아) 있으면서 읽기에서는 시각 형태의 정보를 청각 형태로 전환하고(轉換-, 바꾸고), 쓰기에서는 청각 형태의 정보를 시각 형태로 전환하여 베르니케 영역으로 송부하는 역할을 한다고 보았다.

→ 베르니케-게쉬윈드 모형이 설명하는 브로카 영역, 운동 영역, 각회의 역할

7 ¹이 모형(베르니케-게쉬윈드 모형)에 ⓔ의거하면 듣기 과정은 '기본 청각 영역 → 베르니케 영역'의 순서로 이루어진다. ²이(듣기 과정이 이루어지는 순서)와 달리 말하기 과정은 '베르니케 영역 → 브로카 영역 → 운동 영역'의 순서로 이루어진다. ³읽기나 쓰기 과정도 듣기나 말하기 과정과 유사하지만(類似-, 서로 비슷하지만), 베르니케 영역에 저장된 단어가 청각 형태이기 때문에 각회를 거치는 과정이 추가된다. ⁴각회에서 처리된 정보는 베르니케 영역으로 송부되어 읽기의 경우에는 의미를 해석하고, 쓰기의 경우에는 바로 다음 단계인 브로카 영역으로 정보를 송부한다.

〈참고 그림〉

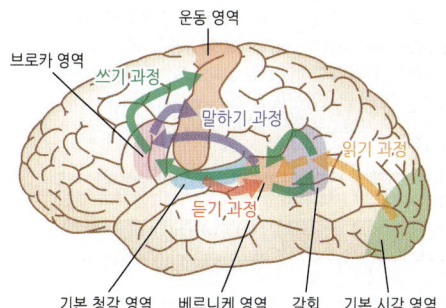

운동 영역
브로카 영역
쓰기 과정
말하기 과정
읽기 과정
듣기 과정
기본 청각 영역
베르니케 영역
각회
기본 시각 영역

❼-1~3 '베르니케-게쉬윈드 모형'에 의거하면 듣기 과정은 '기본 청각 영역 → 베르니케 영역'의 순서로, 말하기 과정은 '베르니케 영역 → 브로카 영역 → 운동 영역'의 순서로 이루어진다. 읽기나 쓰기 과정은 듣기나 말하기 과정에 각회를 거치는 과정이 추가된다.

→ 베르니케-게쉬윈드 모형이 설명하는 언어 처리 과정

8 ¹이처럼 뇌에 대한 연구가 발전됨에 따라 언어 처리 과정에 대한 이론도 정교화되고(精巧化-, 정확하고 치밀해 빈틈이 없고 자세하게 되고) 있다. ²특히 베르니케-게쉬윈드 모형은 이전의 모형(리시트하임 모형)과 달리 듣기와 말하기뿐만 아니라 읽기와 쓰기에 대해서도 종합적인 설명을 제시하고 있다는 점에서 오늘날 뇌의 언어 처리 과정을 설명하는 표준형(標準型, 근거, 기준이 되는 유형)으로 평가받는다.

→ 베르니케-게쉬윈드 모형에 대한 평가

* 언어 중추 : 언어의 생성과 이해를 관장하는 뇌의 중추(中樞, 신경 기관 가운데, 신경 세포가 모여 있는 부분)

■지문 이해
〈언어 처리 과정에 대한 결합주의의 세 가지 모형〉

❶ 실어증의 개념과 브로카 실어증의 발견
• 실어증 : 후천적 뇌 손상으로 언어의 표현과 이해에 장애가 발생하는 것
• 1865년 브로카가 좌뇌의 전두엽과 측두엽 사이의 손상으로 나타나는 '브로카 실어증'을 발견

❷ 베르니케 실어증의 발견 및 인간의 언어 처리 과정과 관련된 이론의 발전
• 1874년 베르니케가 좌뇌 두정엽 아래의 손상으로 나타나는 '베르니케 실어증'을 발견
• 실어증 환자들의 뇌 손상 부위와 증상을 연구하는 과정에서 인간의 언어 처리 과정과 관련된 이론이 발전함

Ⅲ 과학, 기술

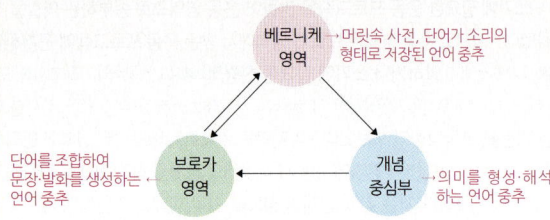
※ 2020년 4월 24일에 시행된 3월 전국연합 학력평가는 자율 원격 시험으로 시행되어 교재에 기입된 정답률은 실제와 다를 수 있습니다.

---

019 세부 정보 이해 – 적절하지 않은 것 고르기 2020년 3월 학평 16번
정답률 75%, 매력적 오답 ⑤ 10% | **정답 ③**

윗글의 내용과 일치하지 않는 것은?

① 실어증은 후천적인 뇌 손상으로 인해 언어 처리에 장애가 생기는 증상이다.
- 근거 ❶-1 실어증(失語症)이란 후천적인 뇌 손상으로 인해 언어의 표현과 이해에 장애가 발생하는 것
  → 적절함!

② 실어증 환자에 대한 연구를 바탕으로 언어 처리 과정에 대한 이론이 발전했다.
- 근거 ❷-3 실어증 환자들의 뇌 손상 부위와 증상을 연구하는 과정에서 인간의 언어 처리 과정에 대한 관심이 대두되면서 그와 관련된 이론이 발전해 왔다.
  → 적절함!

③ ✓ 게쉬윈드
베르니케가 제시한 모형은 오늘날 언어 처리 과정의 표준형으로 인정받고 있다.
- 근거 ❸-2 베르니케가 주장한 '베르니케 모형', ❺-2 1964년 게쉬윈드는 '베르니케-게쉬윈드 모형'을 새롭게 제시, ❽-2 베르니케-게쉬윈드 모형은 … 오늘날 뇌의 언어

처리 과정을 설명하는 표준형으로 평가받는다.
- 풀이 오늘날 언어 처리 과정의 표준형으로 인정받는 모형은 베르니케가 제시한 '베르니케 모형'이 아니라 게쉬윈드가 제시한 '베르니케-게쉬윈드 모형'이다.
  → 적절하지 않음!

④ 언어 처리 과정에 대한 이론이 발전됨에 따라 설정되는 언어 중추의 개수가 많아졌다.
- 근거 ❸-2~3 최초의 결합주의 이론은 베르니케가 주장한 '베르니케 모형'으로, 그는 베르니케 영역과 브로카 영역 간의 긴밀한 정보 교류에 의해서 언어가 처리된다는 이론을 발표 … 리시트하임은 베르니케 모형에 개념 중심부를 추가하여 … '리시트하임 모형'을 제시, ❺-2~3 게쉬윈드는 '베르니케-게쉬윈드 모형'을 새롭게 제시하였다. 그는 리시트하임의 모형에서 개념 중심부를 제외하고 새롭게 운동 영역과 각회를 언어 중추로 추가
- 풀이 '베르니케 모형'은 베르니케 영역과 브로카 영역 등 두 개의 언어 중추를, '리시트하임 모형'은 베르니케 영역과 브로카 영역에 개념 중심부를 추가한 세 개의 언어 중추를, '베르니케-게쉬윈드 모형'은 베르니케 영역, 브로카 영역, 운동 영역, 각회 등 네 개의 언어 중추를 설정하였다. 따라서 언어 처리 과정에 대한 이론이 발전됨에 따라 설정되는 언어 중추의 개수가 많아졌다는 설명은 적절하다.
  → 적절함!

⑤ 리시트하임은 뇌에서 의미 형성에 관여하는 영역의 구체적 위치를 밝혀내지 못하였다.
- 근거 ❸-4 □(리시트하임)에 의하면 … 개념 중심부는 의미를 형성하거나 해석하는 언어 중추, ❹-7 □(리시트하임)는 개념 중심부를 새롭게 추가하였으나 그것의 정확한 위치를 규명하지는 못하였다.
  → 적절함!

1등급 문제

020 핵심 개념 파악 – 적절한 것 고르기 2020년 3월 학평 17번
정답률 60%, 매력적 오답 ② 15% ④ 10% | **정답 ⑤**

㉠과 ㉡에 대한 설명으로 적절한 것은?

> ㉠ '리시트하임 모형' ㉡ '베르니케-게쉬윈드 모형'

① ㉠은 실제 발음 기관을 움직여 소리를 만드는 과정에 대한 설명이 가능하다.
- 근거 ❹-6 실제로 말하기 위해서는 발음 기관을 움직여 소리를 만드는 과정이 필요한데 □그의 모형(리시트하임 모형)에는 그러한 과정이 드러나 있지 않다.
  → 적절하지 않음!

운동 영역과 각회를
② ㉡은 기본 시각 영역과 기본 청각 영역을 새로운 언어 중추로 추가하였다.
- 근거 ❺-3~4 □(게쉬윈드)는 리시트하임의 모형에서 개념 중심부를 제외하고 새롭게 운동 영역과 각회를 언어 중추로 추가하였다. … 청각 자극을 수용하는 기본 청각 영역과 시각 자극을 수용하는 기본 시각 영역, 그리고 베르니케 영역, 브로카 영역, 운동 영역, 각회라는 네 개의 언어 중추를 중심으로 언어 처리 과정을 설명하고 있다.
- 풀이 베르니케-게쉬윈드 모형(㉡)은 운동 영역과 각회를 새로운 언어 중추로 추가하여 베르니케 영역, 브로카 영역, 운동 영역, 각회의 네 개 언어 중추를 중심으로 언어 처리 과정을 설명하였다. 기본 시각 영역과 기본 청각 영역은 각각 시각 자극과 청각 자극을 수용하는 부분으로, 언어 중추에는 포함되지 않는다.
  → 적절하지 않음!

㉡은 ㉠과 달리
③ ㉠은 ㉡과 달리 말하기, 듣기, 읽기, 쓰기의 전 과정에 대한 설명이 가능하다.
- 근거 ❹-1 리시트하임은 자신의 모형을 바탕으로 뇌에서 이루어지는 듣기와 말하기 과정을 다음과 같이 설명하였다, ❽-2 베르니케-게쉬윈드 모형은 이전의 모형(리시트하임 모형)과 달리 듣기와 말하기뿐만 아니라 읽기와 쓰기에 대해서도 종합적인 설명을 제시하고 있다는 점
- 풀이 말하기, 듣기, 읽기, 쓰기의 전 과정에 대한 설명을 제시한 것은 리시트하임 모형(㉠)이 아니라 베르니케-게쉬윈드 모형(㉡)이다.
  → 적절하지 않음!

㉠은 ㉡과 달리
④ ㉡은 ㉠과 달리 귀로 들어온 청각 자극이 베르니케 영역으로 송부된다고 보았다.
- 근거 ❹-2~3 (리시트하임 모형에서) 듣기 과정은 '베르니케 영역 → 개념 중심부'의 순서로 이루어진다. 즉, 귀로 들어온 청각 자극이 베르니케 영역으로 송부되면, ❼-1 이 모형(베르니케-게쉬윈드 모형)에 의거하면 듣기 과정은 '기본 청각 영역 → 베르니케 영역'의 순서로 이루어진다, ❺-4 청각 자극을 수용하는 기본 청각 영역
- 풀이 귀로 들어온 청각 자극이 베르니케 영역으로 송부된다고 설명한 것은 베르니케-게

쉬윈드 모형(ⓒ)이 아니라 리시트하임 모형(ⓐ)이다. 베르니케-게쉬윈드 모형에서는 귀로 들어온 청각 자극이 기본 청각 영역을 거쳐 베르니케 영역으로 송부된다고 보았다.

→ 적절하지 않음!

✔⑤ ⓐ과 ⓒ 모두 베르니케 영역에 단어가 소리의 형태로 저장되어 있다고 보았다.

근거 ③-4 ᄀ(리시트하임)에 의하면 베르니케 영역은 … 단어가 소리의 형태로 저장되어 있는 언어 중추, ⑤-5 게쉬윈드는 … 청각 형태로 단어가 저장되어 있는 베르니케 영역, ⑦-3 (베르니케-게쉬윈드 모형에 따르면) 베르니케 영역에 저장된 단어가 청각 형태이기 때문에

풀이 리시트하임 모형(ᄀ)과 베르니케-게쉬윈드 모형(ⓒ)은 모두 베르니케 영역에 단어가 소리의 형태로 저장되어 있다고 보았다.

→ 적절함!

---

021 | 추론의 적절성 판단 – 적절한 것 고르기 2020년 3월 학평 18번 | 정답 ④
정답률 55%, 매력적 오답 ⑤ 25%

㉮의 이유를 추론한 내용으로 가장 적절한 것은?

말하기 과정은 '개념 중심부 → 브로카 영역 → 베르니케 영역 → 브로카 영역'과 같이 ㉮브로카 영역을 두 번 거치는 복잡한 순서로 이루어진다.

근거 ③-5 베르니케 영역에서 개념 중심부로 … 일방향으로 정보가 이동, ④-5 개념 중심부에서 말하고자 하는 의미를 형성하여 브로카 영역을 거쳐서 베르니케 영역으로 송부하면, 베르니케 영역은 이에 해당하는 단어를 찾아 브로카 영역으로 송부하고, 마지막으로 브로카 영역에서 이를 조합하여 문장이나 발화를 만든다

풀이 리시트하임 모형에서는 베르니케 영역에서 개념 중심부로는 일방향으로만 정보가 이동한다고 보았기 때문에, 개념 중심부에서 베르니케 영역으로 정보를 직접 송부하지 못하고 개념 중심부에서 브로카 영역으로, 브로카 영역에서 다시 베르니케 영역으로 정보를 송부하는 복잡한 순서를 거치게 된다. 즉 말하기 과정 중 첫 번째로 브로카 영역을 거치는 과정은 개념 중심부에서 베르니케 영역으로 정보를 송부하는 징검다리로서의 역할을 하는 것이고, 두 번째로 브로카 영역을 거치는 과정은 단어를 조합하여 문장이나 발화를 만드는 역할을 하는 것이다. 따라서 정답은 ④번이다.

듣기 과정
① 베르니케 영역에서 개념 중심부로 직접 정보를 송부하기 때문에
근거 ④-2 듣기 과정은 '베르니케 영역 → 개념 중심부'의 순서로 이루어진다.

② 브로카 영역과 개념 중심부 사이의 정보가 ~~쌍방향~~으로 송부되기 때문에
근거 ③-5 개념 중심부에서 브로카 영역으로는 일방향으로 정보가 이동
풀이 브로카 영역과 개념 중심부 사이의 정보는 쌍방향이 아니라 일방향으로 송부된다. 브로카 영역과 개념 중심부 사이의 정보가 쌍방향으로 송부된다 하더라도 말하기 과정이 브로카 영역을 두 번 거치는 복잡한 순서로 이루어지는 이유와는 관련이 없다.

③ 개념 중심부에서 브로카 영역으로 정보를 ~~직접 송부하지 못하기 때문에~~
근거 ③-5 개념 중심부에서 브로카 영역으로는 일방향으로 정보가 이동
풀이 개념 중심부에서 브로카 영역으로는 정보를 직접 송부할 수 있다. 개념 중심부에서 브로카 영역으로 정보를 직접 송부하지 못한다 하더라도 말하기 과정이 브로카 영역을 두 번 거치는 복잡한 순서로 이루어지는 이유와는 관련이 없다.

✔④ 개념 중심부에서 베르니케 영역으로 정보를 직접 송부하지 못하기 때문에
→ 적절함!

⑤ 베르니케 영역과 브로카 영역 사이의 정보가 ~~쌍방향~~으로 송부되기 때문에
근거 ③-5 브로카 영역과 베르니케 영역 간에는 쌍방향으로 정보가 이동, ④-5 개념 중심부에서 말하고자 하는 의미를 형성하여 브로카 영역을 거쳐서 베르니케 영역으로 송부하면, 베르니케 영역은 이에 해당하는 단어를 찾아 브로카 영역으로 송부하고, 마지막으로 브로카 영역에서 이를 조합하여 문장이나 발화를 만든다
풀이 브로카 영역과 베르니케 영역 간에는 쌍방향으로 정보가 이동하는 것은 맞지만, 이 때문에 말하기 과정이 브로카 영역을 두 번 거치는 복잡한 순서로 이루어지는 것은 아니다. 말하기 과정이 브로카 영역을 두 번 거치는 복잡한 순서로 이루어지는 이유는 베르니케 영역에서 개념 중심부로는 일방향으로만 정보가 이동하기 때문이다.

---

022 | 자료 해석의 적절성 판단 – 적절하지 않은 것 고르기 2020년 3월 학평 19번 | 정답 ③
정답률 60%, 매력적 오답 ② 20%

윗글을 바탕으로 <보기>의 과정에 대해 이해한 내용으로 적절하지 않은 것은?

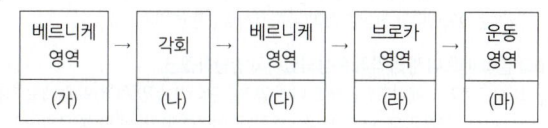

| 보기 |
'베르니케-게쉬윈드 모형'에 의하면 쓰기 과정은 다음과 같은 언어 처리 과정을 거친다.

베르니케 영역	→	각회	→	베르니케 영역	→	브로카 영역	→	운동 영역
(가)		(나)		(다)		(라)		(마)

① (가) : 의미를 형성하고 해당하는 단어를 찾는다.
근거 ⑤-6 베르니케 영역은 … 쓰기에서는 의미를 형성한 뒤 해당 단어를 찾는 역할
→ 적절함!

② (나) : 청각 형태의 정보를 시각 형태로 전환한다.
근거 ⑥-3 각회는 베르니케 영역과 인접해 있으면서 … 쓰기에서는 청각 형태의 정보를 시각 형태로 전환하여 베르니케 영역으로 송부하는 역할
→ 적절함!

읽기 과정의 언어 처리 과정
✔③ (다) : 각회에서 처리한 정보를 받아 의미를 해석한다.
근거 ⑦-4 각회에서 처리된 정보는 베르니케 영역으로 송부되어 읽기의 경우에는 의미를 해석하고, 쓰기의 경우에는 바로 다음 단계인 브로카 영역으로 정보를 송부
풀이 쓰기 과정에서는 각회에서 처리된 정보가 베르니케 영역으로 송부되어, 바로 다음 단계인 브로카 영역으로 정보를 송부한다.
→ 적절하지 않음!

④ (라) : 쓰기를 하는 데 필요한 운동 프로그램을 만든다.
근거 ⑥-1 브로카 영역에는 … 쓰기에 필요한 운동 프로그램을 만들어 운동 영역으로 송부하는 역할
→ 적절함!

⑤ (마) : 운동 프로그램을 바탕으로 신경적 지시를 내린다.
근거 ⑥-2 운동 영역은 브로카 영역에서 받은 운동 프로그램에 근거하여 말하기나 쓰기에 필요한 신경적 지시를 내리는 기능을 담당
→ 적절함!

---

023 | 구체적인 사례에 적용 – 적절한 것 고르기 2020년 3월 학평 20번 | 정답 ⑤
정답률 65%, 매력적 오답 ③ 15%

윗글을 바탕으로 할 때, <보기>를 보고 '리시트하임(A)'과 '게쉬윈드(B)'가 *진단할 만한 내용으로 적절한 것은? *診斷–, 환자의 병 상태를 판단함 [3점]

| 보기 |
[실어증 환자 관찰 결과]
○ 문법에 어긋난 문장을 사용함. ← 문장을 잘 만들지 못함
○ 조사나 어미를 제대로 사용하지 못함. ← 단어를 조합하지 못함
○ 단어를 조합하여 문장을 잘 만들지 못함.

▶ 지문 핵심 개념 정리

리시트하임의 '리시트하임 모형'	게쉬윈드의 '베르니케-게쉬윈드 모형'
• 베르니케 영역 : 단어가 소리 형태로 저장되어 있는 언어 중추(③-4) • 브로카 영역 : 단어를 조합하여 문장이나 발화를 생성하는 언어 중추(③-4) • 개념 중심부 : 의미를 형성하거나 해석하는 언어 중추(③-4)	• 베르니케 영역 : 청각 형태로 단어가 저장되어 있음, 수용된 자극에 해당하는 단어를 찾아 의미를 해석하거나, 의미를 형성한 뒤 해당 단어를 찾는 역할(⑤-5~6) • 브로카 영역 : 단어를 조합하여 문장이나 발화를 생성하는 역할, 말하기나 쓰기에 필요한 운동 프로그램을 만들어 운동 영역으로 송부하는 역할(⑥-1) • 운동 영역 : 운동 프로그램에 근거하여 말하기나 쓰기에 필요한 신경적 지시를 내리는 역할(⑥-2) • 각회 : 정보의 형태를 전환하여 베르니케 영역으로 송부하는 역할(⑥-3)

풀이 〈보기〉의 실어증 환자는 단어를 조합하여 문장을 잘 만들지 못하는 증상을 보이고 있다. 리시트하임은 단어를 조합하여 문장이나 발화의 생성을 브로카 영역이 담당한다고 설명하였고, 게쉬윈드 또한 브로카 영역이 단어를 조합하여 문장이나 발화를 생성하는 역할을 한다고 보았다. 따라서 단어를 조합하여 문장을 만들지 못하는 〈보기〉의 실어증 환자에 대하여 '리시트하임(A)'과 '게쉬윈드(B)'는 모두 브로카 영역이 손상되었다고 진단할 것이다. 따라서 정답은 ⑤번이다.

① A는 B와 달리 베르니케 영역이 손상되었다고 진단하겠군.

풀이 리시트하임과 게쉬윈드는 베르니케 영역을 단어가 소리(청각)의 형태로 저장되어 있는 언어 중추라고 설명하였다. 〈보기〉의 실어증 환자는 단어를 조합하여 문장을 만들지 못하는 증상을 보이고 있으므로, 리시트하임과 게쉬윈드가 이야기하는 베르니케 영역의 역할과는 관련이 없다. 따라서 리시트하임(A)과 게쉬윈드(B)가 이 환자에 대하여 베르니케 영역이 손상되었다고 진단하지는 않을 것이다.

② B는 A와 달리 브로카 영역이 손상되었다고 진단하겠군.

③ A는 브로카 영역이, B는 베르니케 영역이 손상되었다고 진단하겠군.

④ A는 개념 중심부가, B는 브로카 영역이 손상되었다고 진단하겠군.

풀이 리시트하임은 개념 중심부가 의미를 형성하거나 해석하는 언어 중추라고 설명하였다. 〈보기〉의 실어증 환자는 단어를 조합하여 문장을 만들지 못하는 증상을 보이고 있으므로, 리시트하임(A)은 이 환자에 대하여 개념 중심부가 아니라, 브로카 영역이 손상되었다고 진단할 것이다.

✓⑤ A와 B 모두 브로카 영역이 손상되었다고 진단하겠군.

→ 적절함!

---

024 | 문맥적 의미 파악 – 적절하지 않은 것 고르기 2020년 3월 학평 21번
정답률 90% | 정답 ②

문맥에 따라 ⓐ~ⓔ를 바꿔 쓴 것으로 적절하지 않은 것은?

ⓐ 명명하고 　ⓑ 대두되면서 　ⓒ 수용하는 　ⓓ 담당한다고 　ⓔ 의거하면

① ⓐ : 이름 붙이고

풀이 ⓐ에서 쓰인 '명명(命 이름 붙이다 명 名 이름 명)하다'는 '사람, 사물, 사건 따위의 대상에 이름을 지어 붙이다'의 의미이다. 따라서 ⓐ를 문맥상 '이름 붙이고'로 바꿔 쓰는 것은 적절하다.

→ 적절함!

✓② ⓑ : 옮겨지면서

풀이 ⓑ에서 쓰인 '대두(擡 들다 대 頭 머리 두)되다'는 '어떤 세력이나 현상이 새롭게 나타나게 되다'의 의미이다. 한편 '옮겨지다'는 '어떤 곳에서 다른 곳으로 자리가 바뀌다'의 의미이다. 따라서 ⓑ는 문맥상 '옮겨지면서'가 아니라 '나타나면서', 혹은 '생겨나면서' 등으로 바꿔 쓰는 것이 더 적절하다.

→ 적절하지 않음!

③ ⓒ : 받아들이는

풀이 ⓒ에서 쓰인 '수용(受 받다 수 容 받아들이다 용)하다'는 '어떠한 것을 받아들이다'의 의미이다. 따라서 ⓒ를 문맥상 '받아들이는'으로 바꿔 쓰는 것은 적절하다.

→ 적절함!

④ ⓓ : 맡는다고

풀이 ⓓ에서 쓰인 '담당(擔 맡다 담 當 맡다 당)하다'는 '어떤 일을 맡다'의 의미이다. 따라서 ⓓ를 문맥상 '맡는다고'로 바꿔 쓰는 것은 적절하다.

→ 적절함!

⑤ ⓔ : 따르면

풀이 ⓔ에서 쓰인 '의거(依 따르다 의 據 근거 거)하다'는 '어떤 사실이나 원리 따위에 근거하다'의 의미이다. '따르다'는 '어떤 경우, 사실이나 기준 따위에 의거하다'의 의미를 가진 단어로, 문맥상 ⓔ의 '의거하면'과 바꿔 쓰기에 적절하다.

→ 적절함!

Ⅲ 과학, 기술

2. 물리와 관련된 이야기

[025~029] 다음 글을 읽고 물음에 답하시오.

1 ¹물이 담긴 욕조의 마개를 빼면 물이 배수구(排水口, 물이 빠져나가는 곳) 주변에서 회전하며 소용돌이를 일으킨다. ²배수구에서 멀리 떨어져 있으면 빨려 들어가는 속도의 크기가 0에 가깝고, 배수구 중앙에 가까울수록 속도가 빨라진다. ³원운동을 하는 물체의 이동 거리, 즉 호의 길이가 시간에 따라 변하는 비율을 원주속도라고 한다. ⁴욕조의 소용돌이 중심과 가장 가까운 부분에서 최대(最大, 가장 큰) 원주속도가 나오고, 소용돌이 중심에서 멀어져 반지름이 커짐에 따라 원주속도가 감소한다.(減少, 줄어든다.) ⁵이 소용돌이를 '자유 소용돌이'라 하는데, 배수구로 들어간 물은 물체의 자유낙하(自由落下, 일정한 높이에서 정지하고 있는 물체가 중력의 작용만으로 떨어질 때의 운동)처럼 중력의 영향 아래 물 자체의 에너지로 운동을 유지한다.

〈참고 사진〉

❶-3~4 원운동을 하는 물체의 이동 거리, 즉 호의 길이가 시간에 따라 변하는 비율을 원주속도라고 한다. 욕조의 소용돌이 중심과 가장 가까운 부분에서 최대 원주속도가 나오고, 소용돌이 중심에서 멀어져 반지름이 커짐에 따라 원주속도가 감소한다.

→ 원주속도의 개념 및 '자유 소용돌이'에서 중심과의 거리에 따른 원주속도

2 ¹이와 달리 컵 속의 물을 숟가락으로 강하게 휘젓거나 컵의 중심선(中心線, 물체의 한가운데를 지나는 선)을 회전축(回轉軸, 회전 운동의 중심이 되는 직선)으로 하여 컵과 물을 함께 회전시키는 상황을 생각해 보자. ²이때 원심력(遠心力, 원운동을 하고 있는 물체가 원의 중심에서 멀어지려는 방향으로 작용하는 힘) 등이 작용해 중심의 물 입자들이 컵 가장자리로 쏠려 컵 중앙에 있는 물의 압력이 낮아지면서 ㉠ 가운데가 오목한 소용돌이가 만들어진다. ³회전이 충분히 안정되면(安定-, 일정한 상태가 유지되면) 물 전체의 회전 속도, 즉 회전하는 물체의 단위 시간당 각도 변화 비율인 ㉡ 각속도가 똑같아져 마치 팽이가 돌듯이 물 전체가 고체처럼 회전한다. ⁴이때 물은 팽이의 회전과 같이 회전 중심은 원주속도가 0이 되고 중심에서 멀어질수록 반지름에 비례하여 원주속도가 증가하는(增加-, 늘어나는) 분포(分布, 일정한 범위에 흩어져 퍼져 있음)를 보인다. ⁵이 소용돌이를 '강제 소용돌이'라 하는데, 용기(容器, 그릇) 안의 물이 회전 운동을 유지하려면 에너지를 외부에서 인위적으로(人爲的-, 자연의 힘이 아닌 사람의 힘으로 이루어지도록) 제공해야(提供-, 주어야) 한다.

〈참고 사진〉

❷-3 회전이 충분히 안정되면 물 전체의 회전 속도, 즉 회전하는 물체의 단위 시간당 각도 변화 비율인 각속도가 똑같아져 마치 팽이가 돌듯이 물 전체가 고체처럼 회전한다.

각속도
중심과의 거리에 상관없이 단위 시간당 각도 변화 비율은 동일함

원주속도
중심에서 멀어질수록 단위 시간당 이동 거리 변화 비율이 증가함

❷-4 회전 중심은 원주속도가 0이 되고 중심에서 멀어질수록 반지름에 비례하여 원주속도가 증가하는 분포를 보인다.

→ '강제 소용돌이'에서 중심과의 거리에 따른 원주속도

3

원주속도 / 반지름 / 자유 소용돌이 / 강제 소용돌이 / 조합 소용돌이
〈그림〉

¹숟가락으로 컵 안에 강제 소용돌이를 만든 후 숟가락을 빼고 일정한(一定-, 정해진) 시간 동안 관찰하면 가운데에는 강제 소용돌이, 주변에는 자유 소용돌이가 발생한다. ²〈그림〉에서 보는 것처럼 이를 '랭킨의 조합(組合, 여럿을 한데 모아 한 덩어리로 짬) 소용돌이'라고 한다. ³이는 전체를 강제로 회전시키던 힘을 제거했을(除去-, 없애 버렸을) 때 바깥쪽에서는 원주속도가 서서히 떨어지고, 중심에서는 원주속도가 유지되는 상태의 소용돌이다. ⁴조합 소용돌이에서는 소용돌이 중심에서 원주속도가 최소(最小, 가장 작음)가 되고, 강제 소용돌이에서 자유 소용돌이로 전환되는(轉換-, 바뀌는) 점에서 원주속도가 최대가 된다. ⁵조합 소용돌이의 예로 ㉢ 태풍의 소용돌이를 들 수 있다.

→ '조합 소용돌이'에서 중심과의 거리에 따른 원주속도

4 ¹이러한 원리를 적용한 분체(粉體, 고체 입자가 많이 모여 있는 상태의 물체를 통틀어 이르는 말) 분리기는 기체나 액체의 흐름으로 분진(粉塵, 아주 작은 부스러기와 먼지를 통틀어 이르는 말) 등 혼합물(混合物, 여러 가지가 뒤섞여서 이루어진 물건)을 분리하는 장치이다. ²혼합물에 작용하는 원심력도 이용하기 때문에 원심 분리기, 공기의 흐름이 기상 현상의 사이클론(cyclone, 인도양, 아라비아해, 벵골만 등에서 발생하는 열대 저기압으로, 발생하는 장소에 따라 태풍, 허리케인, 사이클론으로 부름)과 비슷해서 사이클론 분리기라고도 한다. ³그 예로 쓰레기용 필터가 없는 가정용, 산업용 ㉣ 사이클론식 청소기를 들 수 있다. ⁴원통 아래에 원추(圓錐, 원뿔) 모양의 통을 붙이고 원추 아래에 혼합물 상자를 두는데, 내부(內部, 안쪽 부분) 중앙에는 별도(別途, 원래의 것에 덧붙여서 추가한 것)의 작은 원통인 내통(內筒, 내부에 설치되는 통)이 있다. ⁵혼합물을 함유한(含有-, 포함하고 있는) 공기를 원통부 가장자리를 따라 소용돌이를 만들어 시계 방향으로 흘려보내면, 혼합물은 원통부와 원추부 벽면에 충돌하여 떨어져 바닥에 쌓인다. ⁶유입된(流入-, 흘러든) 공기는 아래쪽 원추부로 향할수록 원주속도를 증가시키는 자유 소용돌이를 만들고, 원추부 아래쪽에서는 강해진 자유 소용돌이가 돌면서 강제 소용돌이를 만들어 낸다. ⁷강제 소용돌이는 용기 중앙의 내통에서 혼합물이 없는 공기로 흐르게 되어 반시계 방향으로 돌며 배기된다.(排氣-, 밖으로 뽑아내지다.)

〈참고 그림〉

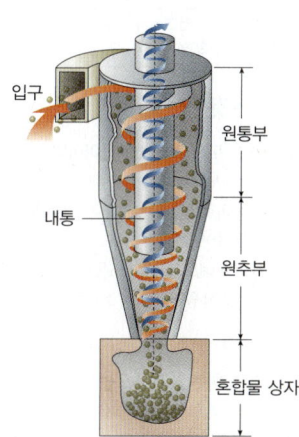

입구 / 원통부 / 내통 / 원추부 / 혼합물 상자

❹-5~7 혼합물을 함유한 공기를 원통부 가장자리를 따라 소용돌이를 만들어 시계 방향으로 흘려보내면, 혼합물은 원통부와 원추부 벽면에 충돌하여 떨어져 바닥에 쌓인다. 유입된 공기는 아래쪽 원추부로 향할수록 원주속도를 증가시키는 자유 소용돌이를 만들고, 원추부 아래쪽에서는 강해진 자유 소용돌이가 돌면서 강제 소용돌이를 만들어 낸다. 강제 소용돌이는 용기 중앙의 내통에서 혼합물이 없는 공기로 흐르게 되어 반시계 방향으로 돌며 배기된다.

→ 분체 분리기에 적용된 소용돌이의 원리

소용돌이의 세 가지 종류		
❶ 자유 소용돌이	**❷ 강제 소용돌이**	**❸ 조합 소용돌이**
• 소용돌이 중심과 가까울수록 원주속도가 커지고, 중심에서 멀어져 반지름이 커짐에 따라 원주속도가 감소함 • 중력의 영향 아래, 물 자체의 에너지로 운동을 유지함 • 예 : 마개를 뺀 욕조 속의 물	• 회전 중심은 원주속도가 0, 중심에서 멀어질수록 반지름에 비례하여 원주속도가 증가함 • 회전 운동의 유지를 위해 외부에서 에너지를 제공해야 함 • 예 : 회전시킨 컵 속의 물	• 가운데에는 강제 소용돌이, 주변에는 자유 소용돌이 • 전체를 강제로 회전시킨 힘을 제거했을 때 바깥쪽에서는 원주속도가 서서히 떨어지고 중심에서는 원주속도가 유지되는 상태의 소용돌이 • 소용돌이 중심에서 원주속도가 최소, 강제 소용돌이에서 자유 소용돌이로 전환되는 점에서 원주속도가 최대가 됨 • 예 : 태풍의 소용돌이

❹ 분체 분리기에 적용된 소용돌이의 원리
• 분체 분리기 = 원심 분리기 = 사이클론 분리기 : 소용돌이의 원리를 적용하여 기체나 액체의 흐름으로 혼합물을 분리하는 장치 • 사이클론식 청소기에서 분진을 분리하는 과정 ① 혼합물을 함유한 공기를 원통부 가장자리를 따라 소용돌이를 만들어 시계 방향으로 흘려보냄 ② 혼합물이 원통부와 원추부 벽면에 충돌하여 떨어져 바닥(혼합물 상자)에 쌓임 ③ 유입된 공기는 아래쪽 원추부로 향할수록 원주속도를 증가시키는 자유 소용돌이를 만듦 ④ 원추부 아래쪽에서는 강해진 자유 소용돌이가 돌면서 강제 소용돌이를 만들어 냄 ⑤ 강제 소용돌이는 중앙의 내통에서 혼합물 없는 공기로 흘러 반시계 방향으로 돌며 배기됨

---

025 | 세부 정보 이해 - 적절하지 않은 것 고르기 2023년 6월 학평 21번
정답률 70%, 매력적 오답 ④ 20% | **정답 ①**

윗글의 내용과 일치하지 않는 것은?

① 자연에서 발생하는 소용돌이는 모두 자유 소용돌이이다.

근거 ❸-4~5 조합 소용돌이에서는 소용돌이 중심에서 원주속도가 최소가 되고, 강제 소용돌이에서 자유 소용돌이로 전환되는 점에서 원주속도가 최대가 된다. 조합 소용돌이의 예로 태풍의 소용돌이를 들 수 있다.

풀이 윗글에서 조합 소용돌이의 예로 '태풍'의 소용돌이를 들어 설명하고 있다. 이를 통해 자연에서 발생하는 모든 소용돌이가 자유 소용돌이는 아니라는 것을 알 수 있다.

→ 적절하지 않음!

② 배수구에서 멀어지면 원운동을 하는 물의 속도는 느려진다.

근거 ❶-2 배수구에서 멀리 떨어져 있으면 빨려 들어가는 속도의 크기가 0에 가깝고, 배수구 중앙에 가까울수록 속도가 빨라진다.

→ 적절함!

③ 강제 소용돌이는 고체처럼 회전하고 회전 중심의 속도는 0이다.

근거 ❷-3~5 회전이 충분히 안정되면 물 전체의 회전 속도, 즉 회전하는 물체의 단위 시간당 각도 변화 비율인 각속도가 똑같아져 마치 팽이가 돌듯이 물 전체가 고체처럼 회전한다. 이때 물은 팽이의 회전과 같이 회전 중심은 원주속도가 0이 되고 … 이 소용돌이를 '강제 소용돌이'라 하는데

→ 적절함!

④ 분체 분리기는 자유 소용돌이로 강제 소용돌이를 만들어 낼 수 있는 기계 장치이다.

근거 ❹-6 유입된 공기는 아래쪽 원추부로 향할수록 원주속도를 증가시키는 자유 소용

돌이를 만들고, 원추부 아래쪽에서는 강해진 자유 소용돌이가 돌면서 강제 소용돌이를 만들어 낸다.

→ 적절함!

⑤ 용기 안의 강제 소용돌이는 외부에서 가해지는 힘이 있어야 운동을 유지할 수 있다.

근거 ❷-5 이 소용돌이를 '강제 소용돌이'라 하는데, 용기 안의 물이 회전 운동을 유지하려면 에너지를 외부에서 인위적으로 제공해야 한다.

→ 적절함!

---

026 | 세부 정보 이해 - 적절한 것 고르기 2023년 6월 학평 22번
정답률 60%, 매력적 오답 ② 15% ③ 10% | **정답 ④**

㉠에 대한 설명으로 적절한 것은?

㉠ 가운데가 오목한 소용돌이 ← 강제 소용돌이

① 물이 회전할 때 원심력과 압력은 서로 관련이 없다.

근거 ❷-2 원심력 등이 작용해 중심의 물 입자들이 컵 가장자리로 쏠려 컵 중앙에 있는 물의 압력이 낮아지면서 가운데가 오목한 소용돌이가 만들어진다.

풀이 물이 회전할 때, 원심력의 작용으로 인해 중심의 물 입자들이 컵 가장자리로 쏠려서 컵 중앙에 있는 물의 압력이 낮아진다고 하였으므로, 원심력과 압력이 서로 관련이 없다는 설명은 적절하지 않다.

→ 적절하지 않음!
가장자리

② 컵 중앙 부분으로 갈수록 물 입자의 양이 많아진다.

근거 ❷-2 원심력 등이 작용해 중심의 물 입자들이 컵 가장자리로 쏠려 컵 중앙에 있는 물의 압력이 낮아지면서 가운데가 오목한 소용돌이가 만들어진다.

풀이 가운데가 오목한 소용돌이가 만들어질 때, 중심의 물 입자들이 컵 가장자리로 쏠리므로, 컵 가장자리에 있는 물 입자의 양은 컵 중앙에 있는 물 입자의 양보다 많다. 따라서 컵 가장자리 부분으로 갈수록 물 입자의 양이 많아진다.

→ 적절하지 않음!
커진다

③ 컵 반지름이 클수록 물을 회전시키는 에너지 크기는 작아진다.

근거 ❷-4~5 물은 팽이의 회전과 같이 회전 중심은 원주속도가 0이 되고 중심에서 멀어질수록 반지름에 비례하여 원주속도가 증가하는 분포를 보인다. 이 소용돌이를 '강제 소용돌이'라 하는데, 용기 안의 물이 회전 운동을 유지하려면 에너지를 외부에서 인위적으로 제공해야 한다.

풀이 강제 소용돌이에서 물의 원주속도는 반지름에 비례하여 증가하므로, 컵 반지름이 클수록 원주속도도 클 것이다. 강제 소용돌이의 회전 운동 유지를 위해서는 외부 에너지가 제공되어야 한다고 하였는데, 이때 더 큰 원주속도를 유지하기 위해서는 더 큰 에너지가 필요할 것이다. 따라서 컵 반지름이 클수록 물을 회전시키는 에너지 크기는 커질 것이다.

→ 적절하지 않음!
= 물이 쏠린 컵 가장자리

④ 컵 속에서 회전하는 물의 압력이 커진 부분은 수면이 높아진다.

근거 ❷-2 원심력 등이 작용해 중심의 물 입자들이 컵 가장자리로 쏠려 컵 중앙에 있는 물의 압력이 낮아지면서 가운데가 오목한 소용돌이가 만들어진다.

풀이 컵 속에서 회전하는 물에 원심력 등이 작용하여 중심의 물 입자들은 컵 가장자리로 쏠려 컵 중앙에 있는 물의 압력은 낮아지며, 압력이 낮아진 컵 중앙의 수면은 오목하게 낮아진다. 반대로 컵 가장자리에는 물이 쏠리면서 압력이 높아진다. 따라서 컵 속에서 회전하는 물의 압력이 커진 부분, 즉 '물이 쏠린 컵 가장자리'는 수면이 높아진다는 설명은 적절하다.

→ 적절함!
가하면   더 오목해진다

⑤ 외부 에너지를 더 가하더라도 회전 중심의 수면 높이는 변화가 없다.

근거 ❷-2 원심력 등이 작용해 중심의 물 입자들이 컵 가장자리로 쏠려 컵 중앙에 있는 물의 압력이 낮아지면서 가운데가 오목한 소용돌이가 만들어진다, ❷-5 이 소용돌이를 '강제 소용돌이'라 하는데, 용기 안의 물이 회전 운동을 유지하려면 에너지를 외부에서 인위적으로 제공해야 한다.

풀이 강제 소용돌이의 회전 운동 유지를 위한 외부 에너지를 더 가할 경우, 원심력도 더 크게 작용하게 된다. 따라서 회전 중심의 물 입자들이 컵 가장자리로 쏠리는 현상이 더 심해지게 되고, 그만큼 가운데는 더 오목해진다.

→ 적절하지 않음!

027 추론의 적절성 판단 - 적절한 것 고르기 2023년 6월 학평 23번
1등급 문제
정답률 60%, 매력적 오답 ② 15% ④ 10%
정답 ③

㉡을 통해 알 수 있는 것은?

㉡ 각속도가 똑같아져 마치 팽이가 돌듯이 물 전체가 고체처럼 회전한다.

① 각속도가 시간이 지남에 따라 점점 빨라지겠군.
근거 ❷-5 이 소용돌이를 '강제 소용돌이'라 하는데, 용기 안의 물이 회전 운동을 유지하려면 에너지를 외부에서 인위적으로 제공해야 한다.

풀이 만약 외부에서 현재보다 더 큰 에너지가 제공된다면 용기 안의 물이 가지는 각속도는 점점 빨라질 것이다. 그러나 현재 각속도가 똑같다는 사실만으로는 시간이 지남에 따라 각속도가 빨라질지 느려질지는 알 수 없다.

→ 적절하지 않음!

= 각속도
② 단위 시간당 각도가 변하는 비율이 수시로 달라지겠군.
근거 ❷-3 회전하는 물체의 단위 시간당 각도 변화 비율인 각속도

풀이 현재 물 전체의 단위 시간당 각도 변화 비율인 각속도가 똑같아졌다는 사실만으로는 추후 각속도가 수시로 달라질지 여부는 알 수 없다.

→ 적절하지 않음!

③ 각속도는 회전 중심에서 가깝든 멀든 상관없이 일정하겠군.
근거 ❷-3 각속도가 똑같아져 마치 팽이가 돌듯이 물 전체가 고체처럼 회전한다.

풀이 ㉡에서 물 전체의 각속도가 똑같아진다고 하였으므로, 각속도는 수면의 어느 지점에서든 같다. 따라서 각속도가 회전 중심과의 거리와 상관없이 일정하다는 설명은 적절하다.

→ 적절함!

④ 강제 소용돌이의 수면 어느 지점에서나 원주속도는 항상 같겠군.
근거 ❷-4~5 물은 팽이의 회전과 같이 회전 중심은 원주속도가 0이 되고 중심에서 멀어질수록 반지름에 비례하여 원주속도가 증가하는 분포를 보인다. 이 소용돌이를 '강제 소용돌이'라 하는데

풀이 윗글에 따르면 강제 소용돌이의 회전 중심의 원주속도는 0이 되고, 중심에서 멀어질수록 원주속도가 증가한다. 따라서 강제 소용돌이의 어느 지점에서나 원주속도가 항상 같다는 설명은 적절하지 않으며, ㉡을 통해 알 수 있는 것도 아니다.

→ 적절하지 않음!

⑤ 강제 소용돌이는 자유 소용돌이와 같은 원주속도 분포를 보이겠군.
근거 ❶-4~5 욕조의 소용돌이 중심과 가장 가까운 부분에서 최대 원주속도가 나오고, 소용돌이 중심에서 멀어져 반지름이 커짐에 따라 원주속도가 감소한다. 이 소용돌이를 '자유 소용돌이'라 하는데, ❷-4~5 물은 팽이의 회전과 같이 회전 중심은 원주속도가 0이 되고 중심에서 멀어질수록 반지름에 비례하여 원주속도가 증가하는 분포를 보인다. 이 소용돌이를 '강제 소용돌이'라 하는데

풀이 자유 소용돌이는 회전 중심에서 원주속도가 최대이고, 중심에서 멀어질수록 원주속도는 감소한다. 반면 강제 소용돌이는 회전 중심에서 원주속도가 0이 되고, 중심에서 멀어질수록 원주속도는 증가한다. 따라서 강제 소용돌이와 자유 소용돌이의 원주속도 분포는 같지 않으며, ㉡을 통해 알 수 있는 것도 아니다.

→ 적절하지 않음!

028 세부 정보 이해 - 적절한 것 고르기 2023년 6월 학평 24번
정답률 75%, 매력적 오답 ① 10%
정답 ⑤

윗글을 바탕으로 ㉢을 이해할 때, <보기>의 ⓐ~ⓒ에 들어갈 말로 적절한 것은?

㉢ 태풍의 소용돌이

| 보기 |
태풍 중심 부분은 '태풍의 눈'이라 하고 (ⓐ)의 중심에 해당한다. 강제 소용돌이와 자유 소용돌이의 경계층에 해당하는 부분은 '태풍의 벽'이라고 하여 바람이 (ⓑ). 이는 윗글 <그림>의 (ⓒ)에 해당한다.

근거 ❸-1 가운데에는 강제 소용돌이, 주변에는 자유 소용돌이가 발생한다, ❸-4~5 조

합 소용돌이에서는 소용돌이 중심에서 원주속도가 최소가 되고, 강제 소용돌이에서 자유 소용돌이로 전환되는 점에서 원주속도가 최대가 된다. 조합 소용돌이의 예로 태풍의 소용돌이를 들 수 있다.

풀이 조합 소용돌이는 가운데에는 강제 소용돌이, 주변에는 자유 소용돌이가 발생하며, 강제 소용돌이에서 자유 소용돌이로 전환되는 점에서 원주속도가 최대가 된다. 이러한 조합 소용돌이의 예로 태풍의 소용돌이를 들 수 있는데, 태풍 중심 부분은 강제 소용돌이(ⓐ)의 중심에 해당하며, 강제 소용돌이와 자유 소용돌이의 경계층에 해당하는 '태풍의 벽'에서 원주속도가 최대가 되어 바람이 강하다(ⓑ). 이때 강제 소용돌이에서 자유 소용돌이로 전환되는 점인 '태풍의 벽'은 윗글의 <그림>에서 자유 소용돌이와 강제 소용돌이의 교차점(ⓒ)에 해당한다. 따라서 정답은 ⑤번이다.

	ⓐ	ⓑ	ⓒ
①	자유 소용돌이	강하다	자유 소용돌이와 강제 소용돌이의 교차점
②	자유 소용돌이	약하다	반지름이 가장 큰 자유 소용돌이의 지점
③	강제 소용돌이	강하다	반지름이 가장 작은 자유 소용돌이의 지점
④	강제 소용돌이	약하다	반지름이 가장 큰 강제 소용돌이의 지점
⑤	강제 소용돌이	강하다	자유 소용돌이와 강제 소용돌이의 *교차점

→ 적절함!

*交叉點 서로 엇갈리거나 마주친 곳

029 구체적인 사례에 적용 - 적절하지 않은 것 고르기 2023년 6월 학평 25번
1등급 문제
정답률 50%, 매력적 오답 ② 10% ④ 30%
정답 ③

<보기>는 ㉣의 구조를 그림으로 나타낸 것이다. 윗글을 읽은 학생의 반응으로 적절하지 않은 것은?
3점

㉣ 사이클론식 청소기

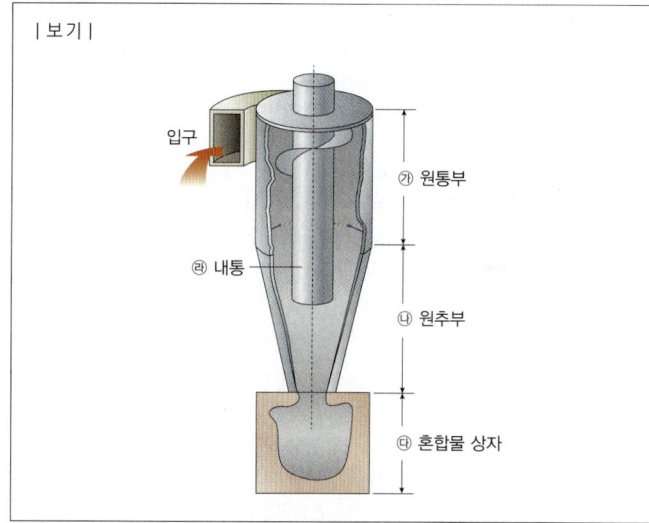

| 보기 |
입구
㉮ 원통부
㉰ 내통
㉯ 원추부
㉱ 혼합물 상자

① ㉮에서는 소용돌이가 시계 방향으로 돌아 혼합물에 원심력이 작용하겠군.
근거 ❹-2 혼합물에 작용하는 원심력도 이용하기 때문에, ❹-5 혼합물을 함유한 공기를 원통부(㉮) 가장자리를 따라 소용돌이를 만들어 시계 방향으로 흘려보내면

→ 적절함!

② ㉮보다 ㉯에서 소용돌이의 원주속도가 상대적으로 빠르겠군.
근거 ❹-6 유입된 공기는 아래쪽 원추부(㉯)로 향할수록 원주속도를 증가시키는 자유 소용돌이를 만들고

→ 적절함!

③ ㉱에 모인 쓰레기나 혼합물이 ㉰ 내부에서 도는 소용돌이를 통해 외부로 배출되겠군.
근거 ❹-5 혼합물을 함유한 공기를 원통부 가장자리를 따라 소용돌이를 만들어 시계 방향으로 흘려보내면, 혼합물은 원통부와 원추부 벽면에 충돌하여 떨어져 바닥에 쌓인다, ❹-7 강제 소용돌이는 용기 중앙의 내통에서 혼합물이 없는 공기로 흐르게 되어 반시계 방향으로 돌며 배기된다

풀이 혼합물을 함유한 공기를 원통부 가장자리를 따라 소용돌이를 만들어 시계 방향으로 흘려보내면, 혼합물은 원통부(㉮)와 원추부(㉯) 벽면에 충돌하여 떨어져 혼합물 상자

ⓔ에 쌓인다. 한편 원추부 아래쪽에서 만들어 낸 강제 소용돌이는 내통(ⓐ)에서 '혼합물이 없는' 공기로 흘러 외부로 배출된다. 따라서 ⓔ에 모인 쓰레기나 혼합물이 ⓐ 내부에서 도는 소용돌이를 통해 외부로 배출된다는 설명은 적절하지 않다.

→ 적절하지 않음!

↙ 강제 소용돌이
④ ⓐ의 반지름이 커지면 ⓐ에서 반시계 방향으로 도는 소용돌이의 원주속도는 빨라지겠군.

근거 ④-7 강제 소용돌이는 용기 중앙의 내통(ⓐ)에서 혼합물이 없는 공기로 흐르게 되어 반시계 방향으로 돌며 배기된다. ②-4 (강제 소용돌이에서 물은) 중심에서 멀어질수록 반지름에 비례하여 원주속도가 증가하는 분포를 보인다.

풀이 내통(ⓐ)에서 도는 소용돌이는 강제 소용돌이이다. 강제 소용돌이에서 원주속도는 반지름에 비례하여 증가하므로, ⓐ의 반지름이 커지면 ⓐ에서 반시계 방향으로 도는 소용돌이의 원주속도도 그에 비례하여 증가할 것이다.

→ 적절함!

⑤ 산업용으로 돌조각을 분리한다면 ㉮와 ㉯에 충격이나 *마모에 강한 소재를 써야겠군.

*磨耗, 마찰 부분이 닳아서 없어짐

근거 ④-5 혼합물을 함유한 공기를 원통부 가장자리를 따라 소용돌이를 만들어 시계 방향으로 흘려보내면, 혼합물은 원통부와 원추부 벽면에 충돌하여 떨어져 바닥에 쌓인다.

풀이 사이클론식 청소기에 유입된 혼합물은 원통부(㉮)와 원추부(㉯) 벽면에 충돌하여 떨어져 혼합물 상자(ⓔ)에 쌓인다. 따라서 산업용으로 돌조각을 분리한다면, 벽면에 충돌하는 돌조각으로 인한 손상을 줄이기 위해 원통부(㉮)와 원추부(㉯)에 충격이나 마모에 강한 소재를 써야 할 것이다.

→ 적절함!

고3 실전 문제

[030~031] 다음 글을 읽고 물음에 답하시오.

1 ¹회전 운동을 하는 물체는 외부로부터 돌림힘이 작용하지 않는다면(돌림힘이 없다면) 일정한 빠르기로 회전 운동을 유지하는데(같은 속도로 회전하는데), 이를 각운동량 보존(保存, 잘 보호해서 남김) 법칙이라 한다. ²각운동량은 질량(質量, 무게)이 m인 작은 알갱이가 회전축(回轉軸, 회전하는 물체의 중심)으로부터 r만큼 떨어져 속도 v로 운동하고 있을 때 mvr(질량이 클수록, 회전축에서 멀리 떨어져 있을수록, 회전 속도가 빠를수록 각운동량은 커짐)로 표현된다. ³그런데 회전하는 물체에 회전 방향으로 힘이 가해지거나 마찰 또는 공기 저항이 작용하게 되면(회전 반대 방향으로 힘이 가해지면), 회전하는 물체의 각운동량이 변화하여 회전 속도는 빨라지거나 느려지게 된다. ⁴이렇게 회전하는 물체의 각운동량을 변화시키는 힘을 돌림힘이라고 한다.

→ 각운동량 보존 법칙과 돌림힘

2 ¹그러면 팽이와 같은 물체의 각운동량은 어떻게 표현할까? ²아주 작은 균일한(均一, 한결같이 고른) 알갱이들로 팽이가 이루어졌다고 볼 때, 이 알갱이 하나하나를 질량 요소(팽이의 질량을 이루는 요소)라고 한다. ³이 질량 요소 각각의 각운동량의 총합이 팽이 전체의 각운동량에 해당한다.(질량 요소의 각운동량을 합치면 팽이 전체의 각운동량이 된다.) ⁴회전 운동에서 물체의 각운동량은 (각속도) × (회전 관성)으로 나타낸다. ⁵여기에서 각속도는 회전 운동에서 물체가 단위 시간당 회전하는 각이다.(회전 속도이다.) ⁶질량이 직선 운동에서 물체의 속도를 변화시키기 어려운 정도를 나타내듯이(물체가 무거우면 운동 속도를 변화시키기가 어려운 것처럼), 회전 관성은 회전 운동에서 각속도를 변화시키기 어려운 정도를 나타낸다.(회전 관성이 크면 회전 속도를 변화시키기가 어렵다.) ⁷즉, 회전체의 회전 관성이 클수록 그것의 회전 속도를 변화시키기 어렵다.

→ 회전 운동에서 물체의 각운동량 = 각속도 × 회전 관성

3 ¹회전체의 회전 관성은 회전체를 구성하는 질량 요소들의 회전 관성의 합과 같은데, 질량 요소들의 회전 관성은 질량 요소가 회전축에서 떨어져 있는 거리가 멀수록 커진다. ²그러므로 질량이 같은 두 팽이가 있을 때 홀쭉하고 키가 큰 팽이(질량 요소가 회전축에서 가까운 팽이)보다 넓적하고 키가 작은 팽이(질량 요소가 회전축에서 먼 팽이)가 회전 관성이 크다.

〈참고 그림〉

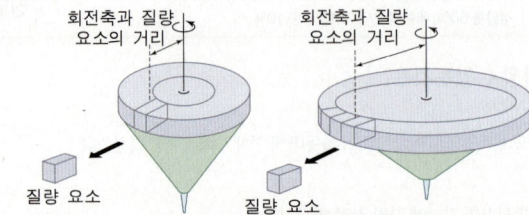

회전축과 질량 요소의 거리 / 질량 요소
회전축과 질량 요소의 거리 / 질량 요소

③-1~2 질량 요소가 회전축에서 떨어져 있는 거리가 멀수록 회전 관성은 커진다. 질량이 같을 때, 홀쭉하고 키가 큰 팽이보다 넓적하고 키가 작은 팽이의 회전 관성이 더 크다.

→ 질량 요소와 회전축의 거리에 따른 회전 관성의 크기 변화

4 ¹각운동량 보존의 원리는 스포츠에서도 쉽게 확인할 수 있다. ²피겨 선수에게 공중 회전수는 중요한데 이를 확보하기 위해서는(공중에서 많이 회전하기 위해서는) 공중회전을 하는 동안 각속도를 크게 해야 한다. ³이를 위해 피겨 선수가 공중에서 팔을 몸에 바짝 붙인 상태로 회전하는 것을 볼 수 있다. ⁴피겨 선수의 회전 관성은 몸을 이루는 질량 요소들의 회전 관성의 합과 같다. ⁵따라서 팔을 몸에 붙이면 팔을 구성하는 질량 요소들이 회전축에 가까워져서 팔을 폈을 때보다 몸 전체의 회전 관성이 줄어들게 된다. ⁶점프 이후에 공중에서 각운동량은 보존되기 때문에 팔을 붙였을 때가 폈을 때보다 각속도가 커지는 것이다.(각운동량은 보존되므로 회전 관성이 줄어들면 각속도가 커지는 것이다.) ⁷반대로 착지 직전에는 각속도를 줄여 착지 실수를 없애야 하기 때문에 양팔을 한껏 펼쳐 회전 관성을 크게 만드는 것(각속도를 줄이는 것)이 유리하다.

〈참고 그림〉

④-2~7 피겨 선수는 공중회전 각속도를 크게 하기 위해 팔을 몸에 바짝 붙여 회전 관성을 줄인다. 반대로 착지 직전에는 각속도를 줄이기 위해 양팔을 펼쳐 회전 관성을 크게 만든다.

→ 피겨에서 확인할 수 있는 각운동량 보존의 원리

■지문 이해

〈각운동량 보존 법칙〉

❶ 각운동량 보존 법칙과 돌림힘
• 회전 운동을 하는 물체에 돌림힘(회전하는 물체의 각운동량을 변화시키는 힘)이 작용하지 않는다면 일정한 빠르기로 회전 운동을 유지함(각운동량이 일정함)
• 돌림힘이 작용하는 경우, 각운동량은 변화
  - 회전 방향으로 작용 : 회전 속도가 빨라짐
  - 회전 반대 방향으로 작용 : 회전 속도가 느려짐(마찰력, 공기 저항)

❷ 회전 운동에서 물체의 각운동량 =

각속도(회전 운동에서 물체가 단위 시간당 회전하는 각) × 회전 관성(회전 운동에서 물체의 각속도를 변화시키기 어려운 정도)

❸ 질량 요소가 회전축에서 떨어져 있는 거리가 멀수록 회전 관성이 커짐

❹ 피겨에서 확인할 수 있는 각운동량 보존의 원리
• 각운동량이 보존되는 경우, 회전 관성이 클수록 각속도는 작아지고 회전 관성이 작을수록 각속도가 커짐
• 예 피겨스케이팅
  - 회전 시 : 팔을 몸에 붙여 회전 관성을 작게 함 → 각속도가 커져 회전수를 늘릴 수 있음
  - 착지 시 : 팔을 펼쳐 회전 관성을 크게 함 → 각속도가 작아져 흔들리지 않고 안정된 착지를 할 수 있음

030
1등급 문제

추론의 적절성 판단 – 적절한 것 고르기 2014학년도 9월 모평B 28번
정답률 40%, 매력적 오답 ③ 40% ⑤ 10%

정답 ④

윗글로 미루어 알 수 있는 내용으로 적절한 것은?

회전 관성이 작용하지 않음

① 정지되어 있는 물체는 회전 관성이 클수록 회전시키기 쉽다.

근거 ❷-6 회전 관성은 회전 운동에서 각속도를 변화시키기 어려운 정도

풀이 회전 관성이 클수록 회전 운동에서 각속도를 변화시키기 어렵다. 덧붙여서 정지되어 있는 물체에는 회전 관성이 작용하지도 않는다.

→ 적절하지 않음!

없다

② 회전하는 팽이는 외부에서 가해지는 돌림힘의 작용 없이 회전을 멈출 수 있다.

근거 ❶-1 회전 운동을 하는 물체는 외부로부터 돌림힘이 작용하지 않는다면 일정한 빠르기로 회전 운동을 유지

→ 적절하지 않음!

질량 요소-회전축 간의 거리에 따라 결정되므로, 지면과의 마찰과는 관련 ×

③ 지면과의 마찰은 회전하는 팽이의 회전 관성을 작게 만들어 팽이의 각운동량을 줄어들게 한다.

근거 ❸-1 회전체의 회전 관성은 회전체를 구성하는 질량 요소들의 회전 관성의 합과 같은데, 질량 요소들의 회전 관성은 질량 요소가 회전축에서 떨어져 있는 거리가 멀수록 커진다, ❶-3 (회전하는 물체에) 마찰 또는 공기 저항이 작용하게 되면, 회전하는 물체의 각운동량이 변화

풀이 팽이의 회전 관성은 팽이를 구성하는 질량 요소가 회전축에서 떨어져 있는 거리에 따라 결정되는 것이므로, 지면과의 마찰은 팽이의 회전 관성에 영향을 줄 수 없다. 마찰은 팽이의 '회전 관성'이 아니라 '각운동량'을 변화시킨다.

→ 적절하지 않음!

질량 요소-회전축 거리 멀다 ⇒ 회전 관성 더 큼

✔**④ 크기와 질량이 동일한, 속이 빈 쇠공과 속이 찬 플라스틱 공이 자전할 때 회전 관성은 쇠공이 더 크다.**

질량 요소-회전축 거리 짧다 ⇒ 회전 관성 더 작음

근거 ❸-1 질량 요소들의 회전 관성은 질량 요소가 회전축에서 떨어져 있는 거리가 멀수록 커진다.

풀이

<참고 그림>

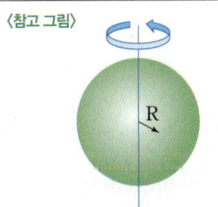 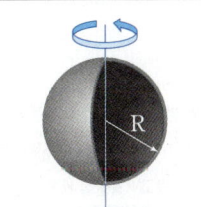

| 속이 찬 플라스틱 공은 질량 요소가 회전축에 맞닿아 있다. 즉 질량 요소가 회전축에서 떨어져 있는 거리가 짧다. | 속이 빈 쇠공은 질량 요소가 회전축에서 떨어져 있는 거리가 속이 찬 플라스틱 공보다 멀다. 따라서 속이 찬 플라스틱 공보다 회전 관성이 더 크다. |

→ **적절함!**

⑤ 회전하는 하나의 시곗바늘 위의 두 점 중 회전축에 가까이 있는 점이 멀리 있는 점보다 각속도가 작다.

같다

근거 ❷-5 각속도는 회전 운동에서 물체가 단위 시간당 회전하는 각

풀이 <참고 그림>

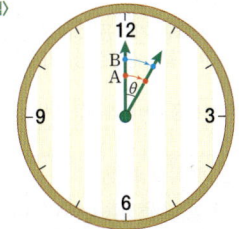

하나의 시곗바늘 위의 두 점 A와 B는 같은 선상에 있으므로, 회전축과의 거리와 상관없이 회전각(θ)이 같다. 따라서 두 점의 각속도 또한 같다.

→ 적절하지 않음!

031

구체적인 사례에 적용 – 적절한 것 고르기 2014학년도 9월 모평B 29번
정답률 70%, 매력적 오답 ① 10%

정답 ⑤

윗글을 바탕으로 <보기>를 이해한 내용으로 적절한 것은?

3점

| 보기 |

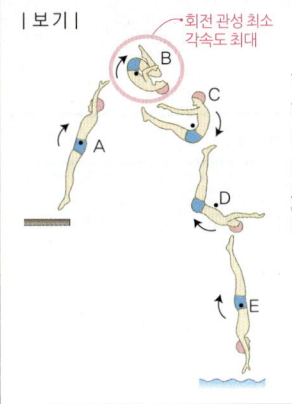

회전 관성 최소 각속도 최대

¹다이빙 선수가 발판에서 점프하여 공중회전하며 A~E 단계를 거쳐 1.5 바퀴 회전하여 입수하고 있다. ²여기에서 검은 점은 회전 운동의 회전축을 나타내며 회전 운동은 화살표 방향으로만 진행된다. ³단, 다이빙 선수가 공중에 머무는 동안은 외부에서 돌림힘이 작용하지 않는다고 간주한다.

각운동량 일정

▶ 지문 핵심 개념 정리

| 각운동량 보존 법칙 | 회전 운동을 하는 물체가 외부로부터 돌림힘이 작용하지 않을 때 일정한 빠르기로 회전 운동을 유지하는 현상(❶—1) |

각속도 × 회전 관성 – 질량 요소가 회전축에서 떨어져 있는 거리가 멀수록 커짐(❸—1)

(= 회전 속도(❷—5))

① A보다 B에서 다이빙 선수의 각운동량이 더 크겠군.

같겠군

근거 <보기>-3 다이빙 선수가 공중에 머무는 동안은 외부에서 돌림힘이 작용하지 않는다고 간주

풀이 돌림힘이 작용하지 않을 때 회전 운동을 하는 물체의 각운동량은 일정하므로, A와 B의 각운동량은 같다.

→ 적절하지 않음!

② B보다 D에서 다이빙 선수의 질량 요소들의 합은 더 작겠군.

같겠군 = 몸무게

근거 ❷-2-3 아주 작은 균일한 알갱이들로 팽이가 이루어졌다고 볼 때, 이 알갱이 하나하나를 질량 요소라고 한다. 이 질량 요소 각각의 각운동량의 총합이 팽이 전체의 각운동량에 해당한다.

풀이 다이빙 선수의 질량 요소들의 총합은 다이빙 선수의 질량(몸무게)이므로, 두 점에서 질량 요소들의 합은 같다.

→ 적절하지 않음!

③ A~E의 다섯 단계 중 B 단계에서 다이빙 선수는 가장 ~~작은~~ 각속도를 갖겠군.

큰

질량 요소들이 회전축에 가장 가까움 = 회전 관성 최소

근거 <보기>-2 검은 점은 회전 운동의 회전축, ❹-5 팔을 몸에 붙이면 팔을 구성하는 질량 요소들이 회전축에 가까워져서 팔을 폈을 때보다 몸 전체의 회전 관성이 줄어들게 된다.

풀이 돌림힘이 작용하지 않으므로 다이빙 선수의 각운동량은 A~E의 다섯 단계에서 모두 같다. A~E 단계 중 B 단계에서 다이빙 선수의 질량 요소들이 회전축에 가장 가까우므로, 몸 전체의 회전 관성이 모든 단계 중에서 최소가 될 것이다. 각운동량은 (각속도) × (회전 관성)이므로 회전 관성이 줄어들면 각속도가 늘어난다. 따라서 B 단계의 각속도가 가장 크다는 것을 알 수 있다.

→ 적절하지 않음!

④ C에서 E로 진행함에 따라 다이빙 선수의 팔과 다리가 펼쳐지면서 회전 관성이 ~~작아지~~겠군.

커

= 질량 요소들이 회전축과 멀어지면서

근거 <보기>-2 검은 점은 회전 운동의 회전축, ❹-7 착지 직전에는 각속도를 줄여 착지 실수를 없애야 하기 때문에 양팔을 한껏 펼쳐 회전 관성을 크게 만드는 것

풀이 C에서 E로 진행함에 따라 질량 요소인 다이빙 선수의 팔과 다리가 회전축에서 멀어지고 있다. 질량 요소가 회전축에서 멀어질수록 회전 관성은 커진다.

→ 적절하지 않음!

✔*<보기>에서보다 각속도(= 회전 속도) 커짐*

⑤ B 단계부터 같은 자세로 회전 운동을 계속하여 입수한다면 다이빙 선수는 1.5 바퀴보다 더 많이 회전하겠군.

근거 <보기>-1 다이빙 선수가 발판에서 점프하여 공중회전하며 A~E 단계를 거쳐 1.5 바퀴 회전하여 입수

[032~036] 다음 글을 읽고 물음에 답하시오.

1 [1]조상들은 더운 여름에 얼음을 이용하기 위해 석빙고(石 돌 석 氷 얼음 빙 庫 창고 고)를 활용하였다. [2]석빙고는 겨울철에 입구를 개방하여 내부(內部, 안쪽 부분)를 냉각시킨(冷却–, 식혀서 차게 한) 후 얼음을 저장한 냉동 창고(冷凍倉庫, 얼린 상태로 저장하는 창고)로, 내부의 낮아진 온도가 장기간(長期間, 긴 기간) 지속되는(持續–, 오래 계속되는) 구조를 통해 다음 해 가을까지 얼음을 보관하였다. [3]석빙고에서 얼음을 어떻게 보관할 수 있었는지 알아보자.

→ 얼음을 저장하는 냉동 창고, 석빙고

2

[1]우선 석빙고를 낮은 온도로 유지하는 데에는 얼음이 중요한 역할을 한다. [2]에너지는 항상 높은 쪽에서 낮은 쪽으로 이동하여 평형(平衡, 한쪽으로 기울지 않고 안정해 있음)을 이루려고 하고 에너지의 이동은 물질의 온도를 변화시킨다. [3]하지만 물질이 고체, 액체, 기체로 변화하는 상태변화가 일어나는 동안 온도는 변하지 않고 물질이 주변에서 에너지를 흡수하거나(吸收–, 안으로 끌어들이거나) 주변으로 방출하는데(放出–, 내보내는데) 이때의 에너지를 숨은열이라고 한다. [4]예를 들면 얼음이 녹아 물이 될 때는 주변에서 융해열(融解熱, 녹는점에서 물질의 상태를 고체에서 액체로 바꾸기 위해 흡수해야 하는 열에너지)을 흡수하고, 거꾸로 같은 양의 물이 얼어 얼음이 될 때는 같은 양의 응고열(凝固熱, 액체가 고체로 변하는 응고 현상이 일어날 때 방출되는 열에너지)을 방출한다. [5]그러므로 같은 양의 0℃ 얼음보다 0℃ 물이 더 큰 에너지를 갖게 되는 것이다. [6]석빙고 안에서 얼음이 상태변화가 일어날 때, 더 큰 에너지를 가진 물질로부터 에너지를 전달받을 수밖에 없다. [7]따라서 주변 공기로부터 에너지를 흡수하여 일부의 얼음이 물이 되면서 주변 공기는 차가워지고, 이는 다른 얼음이 녹지 않을 수 있게 한다. [8]⑦이 과정에서 생긴 물은 빨리 제거되어야 하므로 조상들은 석빙고 바닥을 경사면(傾斜面, 비스듬히 기울어진 면)으로 만들어 물이 원활하게(圓滑–, 거침없이 잘) 배수되도록(排水–, 안에 있는 물이 밖으로 내보내지도록) 하였다.

→ 석빙고에서 얼음의 역할

3 [1]내부를 차갑게 만들고 최대한 밀폐된(密閉–, 샐 틈 없이 꼭 막힌) 구조를 만들더라도 석빙고는 외부와 에너지 및 공기를 주고받아 내부의 온도는 올라갈 수밖에 없다. [2]이를 해결하기 위해 조상들은 석빙고 천장의 상단(上端, 위쪽 끝)에 통풍구(通風口, 공기가 통하도록 낸 구멍)를 설치하였다. [3]공기와 같은 유체(流體, 기체와 액체를 합쳐 이르는 말)는 온도가 올라가면 분자 사이의 거리가 멀어지면서 밀도가 낮아져 에너지를 동반하여(同伴–, 함께) 위로 이동한다. [4]밀도가 낮은 공기가 상승하면(上昇–, 올라가면) 밀도가 높은 공기, 즉 온도가 낮은 공기가 아래로 이동하게 된다. [5]석빙고 내부에서는 이와 같은 공기의 흐름에 따라 에너지의 이동이 나타나며, 상승한 공기는 아치형(arch形, 활과 같은 곡선으로 된 형태) 천장의 움푹 들어간 공간을 통해 그 위의 통풍구로 빠져나가 내부의 차가움을 유지하게 된다. [6]더불어 통풍구에는 얼음에 영향을 줄 수 있는 직사광선(直射光線, 정면으로 곧게 비치는 광선)이나 빗물을 차단하기(遮斷–, 통하지 못하게 막기) 위해 덮개돌을 설치하였다.

〈참고 사진〉

석빙고 내부의 아치형 천장

천장의 통풍구와 덮개돌

→ 석빙고에서 통풍구와 덮개돌의 역할

4 [1]또한 얼음이 최대한 녹지 않을 수 있도록 얼음과 얼음 사이에 일종의 단열재(斷熱材, 보온을 하거나 열을 차단할 목적으로 쓰는 재료) 역할을 하는 짚을 채워 넣어 보관하였다. [2]접촉하고(接觸–, 서로 맞닿아) 있는 두 물질의 분자들 사이에서는 에너지 교환이 일어나는데, 물질의 한쪽 끝에 에너지가 가해지면(加–, 더해지면) 해당 부분의 분자들이 에너지를 얻어 진동하게 되고 그 진동은 옆 분자를 다시 진동시키며 순차적으로(順次的–, 순서를 따라 차례대로) 에너지가 이동한다. [3]이러한 에너지 전달의 정도는 물질마다 서로 다르다. [4]짚은 얼음에 비해 에너지가 잘 전달되지 않는데, 이 때문에 얼음끼리 쌓아 놓는 것보다 짚을 활용하여 쌓는 것이 얼음 보관에 훨씬 효율적인(效率的–, 들인 노력에 비해 얻는 결과가 큰) 방법이라고 할 수 있다. [5]또 짚은 스티로폼처럼 미세한(微細–, 아주 작은) 공기구멍을 많이 포함하고 있어 단열 효과를 높일 수 있었다.

→ 석빙고에서 짚의 역할

5 [1]이 밖에도 석빙고 외부(外部, 바깥 부분)에 흙을 덮어 내부로 유입되는(流入–, 흘러 들게 되는) 에너지가 잘 차단되도록 하였고 풀을 심어 태양의 복사 에너지(輻射 energy, 물체에서 방출되는 열이나 전자기파의 에너지)로 인해 내부의 온도가 상승하는 것을 최대한 막고자 하였다. [2]또한 얼음을 저장하는 빙실(氷 얼음 빙 室 방 실)은 온도 유지를 위해 주변 지반(地盤, 땅의 표면)에 비해 낮게 만들었다.

〈참고 사진〉 석빙고 외부

→ 석빙고 외부의 흙과 풀의 역할

6 [1]석빙고는 조상들의 지혜가 집약된(集約–, 한데 모인) 천연 냉장고로, 당시 다른 나라의 장치에 비해서도 기술이 ⓐ떨어지지 않는 건축물이다.

→ 석빙고의 의의

■지문 이해
〈석빙고의 구조와 각 부분의 과학적 역할〉

❶ 얼음을 저장하는 냉동 창고, 석빙고
• 석빙고 : 겨울철에 입구를 개방해 내부를 냉각시킨 후 다음 해 가을까지 얼음을 저장한 냉동 창고

❷ 석빙고에서 얼음의 역할
• 숨은열 : 물질에 상태변화가 일어나는 동안 흡수되거나 방출되는 에너지
• 얼음이 녹을 때는 융해열 흡수, 물이 얼 때는 응고열 방출 → 같은 양의 0℃ 얼음보다 0℃ 물이 더 큰 에너지를 갖게 됨
• 석빙고 안에서 얼음이 상태변화가 일어남 → 주변 공기로부터 에너지를 흡수 → 일부의 얼음이 물이 됨 → 주변 공기는 낮아짐 → 다른 얼음이 녹지 않게 함
• 얼음이 녹아 생긴 물이 빨리 제거될 수 있도록 석빙고 바닥을 경사면으로 만듦

❸ 석빙고에서 통풍구와 덮개돌의 역할
• 아치형 천장 상단에 통풍구를 설치함 - 온도가 올라간 공기는 밀도가 낮아져 에너지를 동반하여 상승함 → 온도가 낮은(= 밀도가 높은) 공기는 아래로 이동함 → 상승한 공기가 통풍구로 빠져나감 → 내부의 차가움 유지
• 직사광선이나 빗물을 차단하기 위해 통풍구에 덮개돌을 설치함

❹ 석빙고에서 짚의 역할
• 얼음에 비해 에너지가 잘 전달되지 않는 짚을 얼음 사이에 채워 보관함 → 짚이 단열재 역할을 해 얼음끼리 쌓아 놓는 것보다 효율적으로 얼음 보관이 가능
• 짚은 미세한 공기구멍을 많이 포함하여 단열 효과를 높일 수 있음

❺ 석빙고 외부의 흙과 풀의 역할
• 외부에 흙을 덮어 내부로 유입되는 에너지가 차단되게 함
• 풀을 심어 태양의 복사 에너지로 인한 내부 온도 상승을 막음
• 온도 유지를 위해 빙실을 주변 지반에 비해 낮게 만듦

---

032 | 세부 정보 이해 – 적절하지 않은 것 고르기 | 2022년 9월 학평 30번
정답률 60%, 매력적 오답 ② 20%   `1등급 문제` | **정답 ③**

윗글의 내용과 일치하지 않는 것은?

① 석빙고 외부의 풀은 내부의 온도 상승을 막는 데 도움을 준다.

`근거` **⑤**-1 석빙고 외부에 흙을 덮어 내부로 유입되는 에너지가 잘 차단되도록 하였고 풀을 심어 태양의 복사 에너지로 인해 내부의 온도가 상승하는 것을 최대한 막고자 하였다.

→ 적절함!

② 석빙고에 얼음을 저장하기 전에 우선 내부를 차갑게 하는 과정이 필요하다.

`근거` **❶**-2 석빙고는 겨울철에 입구를 개방하여 내부를 냉각시킨 후 얼음을 저장한 냉동창고

→ 적절함!

✓③ 석빙고의 아치형 천장은 외부 공기를 이용하여 내부의 차가움을 유지하게 한다.

`근거` **❸**-1 내부를 차갑게 만들고 최대한 밀폐된 구조를 만들더라도 석빙고는 외부와 에너지 및 공기를 주고받아 내부의 온도는 올라갈 수밖에 없다. **❸**-4-5 밀도가 낮은 공기가 상승하면 밀도가 높은 공기, 즉 온도가 낮은 공기가 아래로 이동하게 된다. 석빙고 내부에서는 이와 같은 공기의 흐름에 따라 에너지의 이동이 나타나며, 상승한 공기는 아치형 천장의 움푹 들어간 공간을 통해 그 위의 통풍구로 빠져나가 내부의 차가움을 유지하게 된다.

`풀이` 석빙고 외부의 에너지와 온도는 석빙고 내부의 온도를 올라가게 한다고 하였으므로, 외부 공기를 이용해 내부의 차가움을 유지한다는 설명은 적절하지 않다. 석빙고의 아치형 천장은 내부의 공기 순환에 따라 상승한 온도가 높은 공기가 천장 위의 통풍구로 빠져나가게 하여 내부의 차가움을 유지하게 한다.

→ 적절하지 않음!

④ 빙실을 지반보다 낮게 만든 것은 석빙고 내부의 낮아진 온도를 지속하기 위해서이다.

`근거` **⑤**-2 얼음을 저장하는 빙실은 온도 유지를 위해 주변 지반에 비해 낮게 만들었다.

→ 적절함!

⑤ 석빙고의 통풍구에 덮개돌이 없으면 햇빛이 석빙고 내부로 들어와 온도를 높일 수 있다.

`근거` **❸**-6 통풍구에는 얼음에 영향을 줄 수 있는 직사광선이나 빗물을 차단하기 위해 덮개돌을 설치하였다.

`풀이` 윗글에서 석빙고의 통풍구에 설치한 덮개돌은 직사광선이나 빗물을 차단하는 역할을 한다고 하였다. 만약 석빙고의 통풍구에 덮개돌이 없으면 직사광선을 차단하지 못해 내부 온도를 높일 수 있다.

→ 적절함!

---

033 | 추론의 적절성 판단 – 적절한 것 고르기 | 2022년 9월 학평 31번
정답률 55%, 매력적 오답 ① 15% ③ 25%   `1등급 문제` | **정답 ④**

㉠의 이유로 가장 적절한 것은?

> ㉠ 이 과정에서 생긴 물은 빨리 제거되어야 하므로

`근거` **❷**-2 에너지는 항상 높은 쪽에서 낮은 쪽으로 이동하여 평형을 이루려고 하고 에너지의 이동은 물질의 온도를 변화시킨다. **❷**-4-7 얼음이 녹아 물이 될 때는 주변에서 융해열을 흡수하고, 거꾸로 같은 양의 물이 얼어 얼음이 될 때는 같은 양의 응고열을 방출한다. 그러므로 같은 양의 0℃ 얼음보다 0℃ 물이 더 큰 에너지를 갖게 되는 것이다. 석빙고 안에서 얼음이 상태변화가 일어날 때, 더 큰 에너지를 가진 물질로부터 에너지를 전달받을 수밖에 없다. 따라서 주변 공기로부터 에너지를 흡수하여 일

부의 얼음이 물이 되면서 주변 공기는 차가워지고, 이는 다른 얼음이 녹지 않을 수 있게 한다.

`풀이` 얼음이 상태변화가 일어나 물이 될 때, 주변 공기로부터 에너지를 흡수하여 주변 공기는 차가워진다. 이때 상태변화가 일어나 생긴 물은 같은 양의 얼음보다 더 큰 에너지를 갖게 되고, 이렇게 생긴 물을 제거하지 않을 경우 물의 큰 에너지가 얼음에 전달되어 다른 얼음들이 녹게 된다. 즉 얼음의 상태변화로 생긴 물이 빨리 제거되어야 하는 이유는 이렇게 생긴 물의 에너지가 얼음보다 더 크기 때문에, 물의 에너지가 다른 얼음에 전달되어 녹는 것을 막기 위해서이다. 따라서 정답은 ④번이다.

① ~~물이 얼음으로부터~~ 에너지를 전달받아 얼음을 녹이기 때문이다.
　얼음이 물로부터

② 에너지가 높은 쪽에서 낮은 쪽으로 이동하는 것을 물이 방해하기 때문이다.

`근거` **❷**-4 얼음이 녹아 물이 될 때는 주변에서 융해열을 흡수하고, 거꾸로 같은 양의 물이 얼어 얼음이 될 때는 같은 양의 응고열을 방출한다.

`풀이` 윗글에서 얼음이 녹아 물이 될 때는 주변에서 융해열을 흡수하고, 물이 얼어 얼음이 될 때는 응고열을 방출한다고 하였다. 즉 물은 상태변화 과정에서 에너지를 흡수하거나 방출하여 에너지를 이동시킨다. 윗글에서 물이 에너지의 이동을 방해한다는 내용은 확인할 수 없다.

③ 물이 상태변화가 시작되어 석빙고 내부의 온도를 상승시킬 수 있기 때문이다.

`근거` **❷**-4 물이 얼어 얼음이 될 때는 같은 양의 응고열을 방출한다.

`풀이` 물이 석빙고 내부의 온도를 상승시킬 수 있는 상태변화는 물이 얼어 얼음이 되면서 응고열을 방출하는 경우에 해당한다. 물이 다시 얼음이 되는 상태변화가 일어나기는 어려우므로 물이 상태변화가 시작되어 석빙고 내부의 온도를 상승시킬 수 있기 때문에 물을 빨리 제거해야 한다는 내용은 적절하지 않다.

✓④ 상태변화가 일어나 생긴 물이 얼음보다 더 큰 에너지를 가지고 있기 때문이다.

→ 적절함!

⑤ 물이 내부 공기와 에너지 평형을 이루어 석빙고 내부의 온도를 변화시킬 수 없기 때문이다.

`근거` **❷**-7 주변 공기로부터 에너지를 흡수하여 일부의 얼음이 물이 되면서 주변 공기는 차가워지고,

`풀이` 물이 내부 공기로부터 에너지를 흡수하면 주변 공기가 차가워지므로 석빙고 내부의 온도를 변화시킬 수 없다는 설명은 적절하지 않다. 또한 물이 내부 공기와 에너지 평형을 이루는 과정에서 석빙고 내부의 온도가 내려가는 것은, 이 과정에서 생긴 물을 빨리 제거해야 하는 이유와 관련이 없다.

---

034 | 세부 정보 이해 – 적절한 것 고르기 | 2022년 9월 학평 32번
정답률 55%, 매력적 오답 ② 20% ③ 15%   `1등급 문제` | **정답 ①**

윗글의 숨은열 에 대해 〈보기〉와 같이 정리했다고 할 때, ㉮~㉰에 들어갈 말로 가장 적절한 것은?

> | 보기 |
> 얼음 물질의 상태변화가 일어날 때는 숨은열이 개입한다.(介入~, 끼어든다.) 여름에 석빙고 안에서 물질이 (㉮)될 때 숨은열로 인해 에너지 교환이 일어난 주변 물질은 에너지가 (㉯)한다. 상태가 바뀌는 동안 물질의 온도는 (㉰). ← 주변 공기

`근거` **❷**-3~4 물질이 고체, 액체, 기체로 변화하는 상태변화가 일어나는 동안 온도는 변하지 않고 물질이 주변에서 에너지를 흡수하거나 주변으로 방출하는데 이때의 에너지를 숨은열이라고 한다. 예를 들면 얼음이 녹아 물이 될 때는 주변에서 융해열을 흡수하고, **❷**-6~7 석빙고 안에서 얼음이 상태변화가 일어날 때, 더 큰 에너지를 가진 물질로부터 에너지를 전달받을 수밖에 없다. 따라서 주변 공기로부터 에너지를 흡수하여 일부의 얼음이 물이 되면서 주변 공기는 차가워지고

`풀이` 우선 물질의 상태가 바뀌는 동안 온도는 변하지 않고 유지된다(㉰). 석빙고 안에서 얼음이 물이 되는 상태변화, 즉 융해(㉮)가 일어날 때 주변 공기로부터 에너지를 흡수하므로, 주변 공기의 에너지는 감소(㉯)한다. 따라서 정답은 ①번이다.

	㉮	㉯	㉰
✓①	*융해	감소	유지된다
②	융해	감소	하강한다

*融解. 고체 상태의 물질이 에너지를 흡수하여 액체로 상태변화가 일어나는 일

→ 적절함!

---

③ 융해　　증가　　유지된다

④ *응고　　감소　　하강한다 *凝固. 액체가 냉각되어 고체가 되는 상태변화

⑤ 응고　　증가　　유지된다

윗글의 '석빙고(A)'와 〈보기〉의 '이글루(B)'를 이해한 내용으로 적절하지 않은 것은? [3점]

| 보기 |
¹추운 지방에서 이누이트족이 전통적으로 **거주했던**(居住-. 일정한 곳에 머물러 살았던) 얼음집인 이글루는 우선 눈 벽돌을 쌓아 올린 후에, 이글루 안에서 불을 피워 내부 공기의 온도를 높인다. ²시간이 지나 공기가 **순환하여**(循環-. 주기적으로 자꾸 되풀이하여 돌아) 눈 벽돌이 녹으면서 물이 생기면 출입구를 열어 물이 얼도록 한다. ³이 과정에서 눈 사이에 들어 있던 공기는 빠져나가지 못하고 얼음 속에 갇히게 된다. ⁴이렇게 만들어진 얼음은 에너지의 전달을 방해한다. ⁵또한 물이 눈 벽돌 사이를 메우면서 얼어 만들어진 얼음 벽은 내부의 에너지 **유출**(流出. 밖으로 흘러 나감)을 막는다.

① B의 얼음 벽은 A의 외부 흙과 달리 외부로의 에너지 유출을 막기 위한 것이겠군.

근거　⑤-1 석빙고 외부에 흙을 덮어 내부로 유입되는 에너지가 잘 차단되도록 하였고, 〈보기〉-5 얼음 벽은 내부의 에너지 유출을 막는다.

풀이　A의 외부 흙은 외부의 에너지가 내부로 유입되는 것을 차단하기 위한 것인 반면, B의 얼음 벽은 내부의 에너지가 외부로 유출되는 것을 차단하기 위한 것이다.

→ 적절함!

② A의 짚에 포함된 공기구멍과 B의 얼음 속 공기층은 모두 단열 효과를 높일 수 있겠군.

근거　④-5 짚은 스티로폼처럼 미세한 공기구멍을 많이 포함하고 있어 단열 효과를 높일 수 있었다. 〈보기〉-3~4 눈 사이에 들어 있던 공기는 빠져나가지 못하고 얼음 속에 갇히게 된다. 이렇게 만들어진 얼음은 에너지의 전달을 방해한다.

→ 적절함!

③ A의 얼음 사이의 짚과 B의 눈 벽돌 사이를 메운 물은 모두 ~~외부와의 공기 출입을 막는~~ 역할을 하겠군. 외부로의 에너지 유출을

근거　④-1 얼음이 최대한 녹지 않을 수 있도록 얼음과 얼음 사이에 일종의 단열재 역할을 하는 짚을 채워 넣어 보관하였다. ④-4 짚은 얼음에 비해 에너지가 잘 전달되지 않는데, 〈보기〉-5 물이 눈 벽돌 사이를 메우면서 얼어 만들어진 얼음 벽은 내부의 에너지 유출을 막는다.

풀이　A의 얼음 사이의 짚은 얼음에 비해 에너지가 잘 전달되지 않아 얼음끼리 쌓아 놓는 것보다 훨씬 효율적으로 얼음을 보관할 수 있도록 한다. B의 물이 눈 벽돌 사이를 메우면서 얼어 만들어진 얼음 벽은 내부의 에너지 유출을 막는다. 따라서 A의 얼음 사이의 짚과 B의 눈 벽돌 사이를 메운 물은 모두 얼음에서 얼음 외부로, 얼음 벽 내부에서 얼음 벽 외부로의 에너지 유출을 막는 역할을 한다.

→ 적절하지 않음!

④ A와 B는 모두 공기의 밀도 변화에 따른 에너지의 이동이 나타나겠군.

근거　③-3~5 공기와 같은 유체는 온도가 올라가면 분자 사이의 거리가 멀어지면서 밀도가 낮아져 에너지를 동반하여 위로 이동한다. 밀도가 낮은 공기가 상승하면 밀도가 높은 공기, 즉 온도가 낮은 공기가 아래로 이동하게 된다. 석빙고 내부에서는 이와 같은 공기의 흐름에 따라 에너지의 이동이 나타나며, 〈보기〉-1~2 이글루는 우선 눈 벽돌을 쌓아 올린 후에, 이글루 안에서 불을 피워 내부 공기의 온도를 높인다. 시간이 지나 공기가 순환하여 눈 벽돌이 녹으면서 물이 생기면 출입구를 열어 물이 얼도록 한다.

풀이　공기는 온도가 올라가면 밀도가 낮아져 상승하고, 이에 따라 온도가 낮은, 즉 밀도가 높은 공기는 하강하게 된다. A는 이러한 공기의 흐름에 따라 에너지의 이동이 나타난다. B 또한 눈 벽돌을 쌓아 올려 안에서 불을 피워 내부 공기의 온도를 높이면, 온도가 올라간(밀도가 낮아진) 공기는 상승하고 온도가 낮은(밀도가 높은) 공기는 하강하는 공기의 순환이 일어난다. 따라서 A와 B 모두 공기의 밀도 변화에 따른 에너지의 이동이 나타난다는 설명은 적절하다.

→ 적절함!

⑤ A와 B는 모두 내부의 온도를 낮추기 위한 방법으로 출입구를 활용했겠군.

근거　①-2 석빙고는 겨울철에 입구를 개방하여 내부를 냉각시킨 후 얼음을 저장한 냉동

창고, 〈보기〉-1~2 이글루는 우선 눈 벽돌을 쌓아 올린 후에, 이글루 안에서 불을 피워 내부 공기의 온도를 높인다. 시간이 지나 공기가 순환하여 눈 벽돌이 녹으면서 물이 생기면 출입구를 열어 물이 얼도록 한다.

→ 적절함!

문맥상 ⓐ의 의미와 가장 가까운 것은?

다른 나라의 장치에 비해서도 기술이 ⓐ **떨어지지** 않는 건축물이다.

풀이　ⓐ에서 '떨어지다'는 '다른 것보다 수준이 처지거나 못하다'의 의미이다.

① 그의 실력은 평균보다 떨어지는 편이다.
풀이　'다른 것보다 수준이 처지거나 못하다'의 의미이다.
예문　이 옷은 다른 것에 비해 품질이 떨어지는 것 같다.
→ 적절함!

② 곧 너에게 중요한 임무가 떨어질 것이다.
풀이　'급한 일이나 임무가 맡겨지다'의 의미이다.
예문　우리 조에 떨어진 과제는 너무 무리라는 생각이 든다.
→ 적절하지 않음!

③ 이미 그 일에 정이 떨어진 지 꽤 되었다.
풀이　'정이 없어지거나 멀어지다'의 의미이다.
예문　사람에게 한번 정이 떨어지면 다시 친해지기 어렵다.
→ 적절하지 않음!

④ 아이는 잠시도 엄마에게서 떨어지지 않으려고 한다.
풀이　'함께 하거나 따르지 않고 뒤에 처지다'의 의미이다.
예문　여행 갔다 오는 길에 나 혼자만 대열에서 떨어져 삼촌 댁에 갔다.
→ 적절하지 않음!

⑤ 배가 고프다는 말이 떨어지기가 무섭게 밥상이 나왔다.
풀이　'말이 입 밖으로 나오다'의 의미이다.
예문　선생님의 불호령이 떨어졌다.
→ 적절하지 않음!

[037~041] 다음 글을 읽고 물음에 답하시오.

1 ¹원자핵(原子核. 양전하를 띠고 원자의 중심에 위치하며 원자 질량의 대부분을 차지함)은 양성자(陽性子. 중성자와 함께 원자핵을 구성하는 입자로, 양전하를 띰)나 중성자(中性子. 원자핵을 구성하는 입자로, 전하가 없음)와 같은 핵자(核子. 핵을 이루고 있는 기본 입자)들의 결합(結合. 둘 이상이 서로 관계를 맺어 하나가 됨)으로 이루어져 있다. ²원자핵을 구성하는 양성자와 중성자의 개수를 모두 더한 것을 질량수라고 하는데, 질량수가 큰 하나의 원자핵이 질량수가 작은 두 개의 원자핵으로 쪼개지는 것을 핵분열이라고 하고 질량수가 작은 두 개의 원자핵이 결합하여 질량수가 큰 하나의 원자핵이 되는 것을 핵융합이라고 한다.

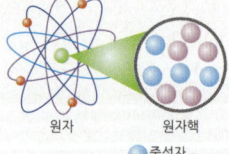

원자　　원자핵

〈참고 그림〉
● 중성자 ┐ 핵자
● 양성자 ┘
❶-1 원자핵은 양성자나 중성자와 같은 핵자들의 결합으로 이루어져 있다.

→ **핵분열과 핵융합의 개념**

2 ¹핵분열이나 핵융합은 핵자당(當. 마다) 결합 에너지로 설명할 수 있다. ²원자핵의 질량은 그 원자핵을 구성하는 개별 핵자들의 질량을 모두 더한 것보다 작다. ³이처럼 핵자들이 결합하여 원자핵이 되면서 질량이 줄어든 것을 질량 **결손**(缺損.

어느 부분이 없거나 잘못되어 불완전함)이라고 한다. [4]질량-에너지 등가(等價, 같은 값이나 가치) 원리'에 따르면 질량과 에너지는 상호 간(相互間, 서로 상대가 되는 이쪽과 저쪽 사이)의 전환(轉換, 다른 상태로 바뀜)이 가능하고, 이때 에너지는 질량에 광속(光速, 진공 속에서 빛이 나아가는 속도, 1초에 약 30만 ㎞)의 제곱을 곱한 값과 같다. [5]한편 핵자들의 결합에서 줄어든 질량은 에너지로 전환되는데, 이 에너지는 원자핵의 결합 에너지와 그 크기가 같다. [6]원자핵의 결합 에너지란 원자핵을 개별 핵자들로 분리할 때 가해야(加-, 줘야) 하는 에너지이다. [7]원자핵의 결합 에너지를 질량수로 나눈 것을 핵자당 결합 에너지라고 하고 그 값은 원자핵의 종류에 따라 다르다.

→ **핵자당 결합 에너지로 설명한 핵분열과 핵융합의 원리 ①**

3 [1]원자핵을 구성하는 핵자들은 핵자당 결합 에너지가 클수록 더 강력하게 결합되어 있고 이는 원자핵이 더 안정된(安定-, 바뀌어 달라지지 않고 일정하게 유지되는) 상태라는 것을 의미한다. [2]모든 원자핵은 안정된 상태가 되려는 성질이 있으므로, 핵자당 결합 에너지가 작은 원자핵들은 핵분열이나 핵융합을 거쳐 핵자당 결합 에너지가 큰 상태가 된다. [3]핵분열이나 핵융합도 반응 전후로 질량 결손이 일어나고, 줄어든 질량은 에너지로 전환된다.

→ **핵자당 결합 에너지로 설명한 핵분열과 핵융합의 원리 ②**

4 [1]핵분열과 핵융합에서 발생하는 에너지를 발전(發電, 전기를 일으킴)에 이용할 수 있다. [2]㉠ 우라늄-235(^{235}U) 원자핵을 사용하는 핵분열 발전의 경우, 우라늄 원자핵에 중성자를 흡수시키면 질량수가 작고 핵자당 결합 에너지가 큰 원자핵들로 분열된다.(分裂-, 쪼개진다.) [3]이때 2~3개의 중성자가 방출되는데(放出-, 내보내는데) 이 중성자는 다른 우라늄 원자핵에 흡수되어 연쇄 반응(連鎖反應, 생성 물질의 하나가 다시 반응물로 작용하여 생성과 소멸을 계속하는 반응)을 일으킨다. [4]이 과정에서 질량 결손으로 인해 전환되는 에너지를 발전에 이용하는 것이다.

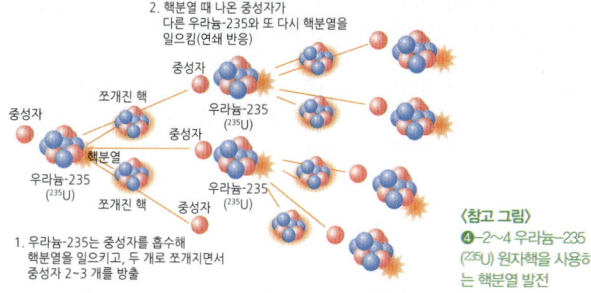

2. 핵분열 때 나온 중성자가 다른 우라늄-235와 또 다시 핵분열을 일으킴(연쇄 반응)

중성자
쪼개진 핵
중성자
우라늄-235
(^{235}U)
핵분열
우라늄-235
(^{235}U)
쪼개진 핵
중성자
우라늄-235
(^{235}U)
중성자

〈참고 그림〉
❹-2~4 우라늄-235
(^{235}U) 원자핵을 사용하는 핵분열 발전

1. 우라늄-235는 중성자를 흡수해 핵분열을 일으키고, 두 개로 쪼개지면서 중성자 2~3개를 방출

→ **우라늄-235 원자핵을 사용하는 핵분열 발전**

5 [1]핵분열 발전에서는 중성자의 속도를 느리게 해야 한다. [2]중성자가 너무 빠르게 움직이면 원자핵에 흡수될 확률이 낮기 때문이다. [3]특히 핵분열 과정에서 방출된 중성자는 속도가 매우 빠르기 때문에 이(중성자의 속도)를 느리게 해야 연쇄 반응을 일으킬 수 있다. [4]그래서 물이나 흑연(黑鉛, 순수한 탄소로 이루어진 광물의 하나로, 연필심으로도 쓰임)을 감속재(減 덜다 감 速 빠르다 속 材 재료 재, 원자로 안에서 핵분열 반응의 속도를 조절하는 재료)로 사용하여 중성자의 속도를 느리게 만든다. [5]한편 연쇄 반응이 급격하게 일어나면 과도한 에너지가 발생하여 폭발이 일어날 수 있기 때문에 제어봉(制 억제하다 제 御 다스리다 어 棒 막대 봉, 원자로 안의 연쇄 반응을 제어하기 위해 원자로 안에 넣었다 꺼냈다 하는 막대)을 사용한다. [6]제어봉은 중성자를 흡수하는 장치로, 핵분열에 관여하는(關與-, 관계하여 참여하는) 중성자 수를 조절하여 급격한 연쇄 반응을 방지한다.(防止-, 일어나지 못하게 막는다.)

→ **핵분열 발전에서 감속재와 제어봉의 역할**

6 [1]핵융합 발전을 위한 시도도 계속되고 있다. [2]태양이 에너지를 생성하는 방법이 바로 핵융합이다. [3]ⓐ 수소(^{1}H) 원자핵을 원료로 하는 태양의 핵융합은 주로 태양의 중심부에서 일어난다. [4]먼저 수소 원자핵 2개가 융합하여(融合-, 서로 다른 것이 구별이 없게 하나로 합하여져) 중수소(^{2}H) 원자핵이 되고, 중수소 원자핵은 수소 원자핵과 융합하여 헬륨-3(^{3}He) 원자핵이 된다. [5]그리고 2개의 헬륨-3 원자핵이 융합하여 헬륨-4(^{4}He) 원자핵이 된다. [6]이러한 과정에서 줄어든 질량이 에너지로 전환되는 것이다.

〈참고 그림〉

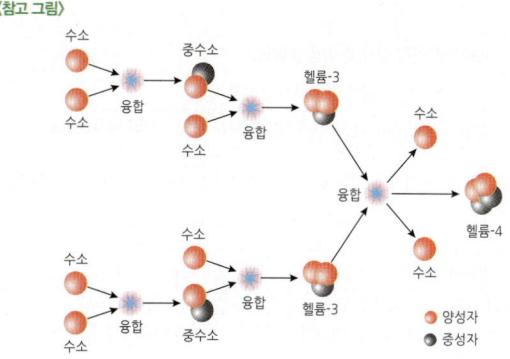

수소
수소
중수소
수소
융합
헬륨-3
수소
융합
수소
수소
융합
중수소
헬륨-3
융합
헬륨-4
양성자
중성자

❻-3~6 수소(^{1}H) 원자핵을 원료로 하는 태양의 핵융합

→ **수소 원자핵을 원료로 하는 태양의 핵융합**

7 [1]지구는 태양과 물리적 조건이 달라서 태양의 핵융합을 똑같이 재현할(再現-, 다시 나타낼) 수 없다. [2]가장 많이 시도하는 방식은 ⓑ D-T(Deuterium-Tritium, 중수소-삼중 수소) 핵융합이다. [3]이(D-T 핵융합) 방식에서는 중수소 원자핵과 삼중 수소(^{3}H) 원자핵이 융합하여 헬륨-4 원자핵이 된다. [4]중수소 원자핵과 삼중 수소 원자핵을 핵융합 발전의 원료로 사용하는 이유는 다른 원자핵들의 핵융합보다 반응 확률이 높고 질량 결손으로 전환되는 에너지도 크기 때문이다.

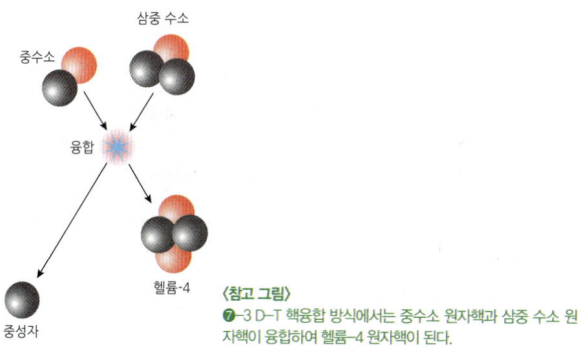

삼중 수소
중수소
융합
중성자
헬륨-4

〈참고 그림〉
❼-3 D-T 핵융합 방식에서는 중수소 원자핵과 삼중 수소 원자핵이 융합하여 헬륨-4 원자핵이 된다.

→ **핵융합 발전을 위한 시도 : D-T 핵융합**

8 [1]하지만 지구에서 핵융합을 일으키는 것은 간단하지 않다. [2]양(+)의 전하를 띤 원자핵은 음(-)의 전하를 띤 전자와 전기적 인력(引力, 서로 끌어당기는 힘)에 의해 단단히 결합되어 있어서 일반적인 상태에서 원자핵이 융합하는 것은 불가능하다. [3]따라서 핵융합 반응을 일으키기 위해서는 물질을 원자핵과 전자가 분리된 상태인 플라스마 상태로 만들어야 한다. [4]또한 원자핵은 양의 전하를 띠고 있어서 서로 가까이 다가갈수록 척력(斥力, 서로 밀어 내는 힘)이 강하게 작용한다. [5]척력을 이겨내고 원자핵이 융합하게 하기 위해서는 플라스마의 온도를 높여 원자핵이 고속(高速, 매우 빠른 속도)으로 움직일 수 있도록 해야 한다. [6]따라서 핵융합 발전을 위한 핵융합로(核融合爐, 핵융합을 유지하고 조정하여 핵융합 에너지를 이용하기 위한 장치)에서는 ㉡ 플라스마를 1억 ℃ 이상으로 가열해서 핵융합의 확률을 높인다. [7]융합로에서 플라스마의 온도를 높인 이후에는 고온 상태를 일정 시간 이상 유지하는 것도 중요하다. [8]플라스마는 융합로의 벽에 접촉하면 온도가 내려가기 때문에 자기장(磁氣場, 자석의 주위나 전류의 주위처럼 자기의 작용이 미치는 공간)을 활용해서 플라스마가 벽에 닿지 않게 하여 고온 상태를 유지할 수 있도록 한다. [9]안정적인 핵융합 발전을 위해서는 고온의 플라스마를 높은 밀도(密度, 물질의 단위 부피만큼의 질량, 빽빽한 정도)로 최소 300초 이상 유지해야 한다.

→ **지구에서 핵융합 반응을 일으키기 위한 방법**

Ⅲ
과학, 기술

〈핵분열과 핵융합의 원리 및 이를 이용한 발전〉

---

❶ 핵분열과 핵융합의 개념

- 핵분열 : 질량수가 큰 하나의 원자핵이 질량수가 작은 두 개의 원자핵으로 쪼개지는 것
- 핵융합 : 질량수가 작은 두 개의 원자핵이 결합해 질량수가 큰 하나의 원자핵이 되는 것

---

❷ 핵자당 결합 에너지로 설명한 핵분열과 핵융합의 원리 ①

- 핵자들이 결합하여 원자핵이 될 때 질량 결손이 일어나 질량이 줄어듦
- 줄어든 질량은 원자핵의 결합 에너지와 크기가 같은 에너지로 전환됨
- 원자핵의 결합 에너지 ÷ 질량수 = 핵자당 결합 에너지
- 핵자당 결합 에너지 값은 원자핵의 종류에 따라 다름

---

❸ 핵자당 결합 에너지로 설명한 핵분열과 핵융합의 원리 ②

- 원자핵을 구성하는 핵자 : 핵자당 결합 에너지가 클수록 더 강력하게 결합되어 있으며 원자핵이 더 안정된 상태임
- 안정된 상태가 되려는 원자핵의 성질 → 핵자당 결합 에너지가 작은 원자핵들은 핵분열, 핵융합을 거쳐 핵자당 결합 에너지가 큰 상태가 됨
- 핵분열, 핵융합 반응 전후로 질량 결손이 일어나며, 줄어든 질량은 에너지로 전환됨

핵분열 발전

---

❹ 우라늄-235 원자핵을 사용하는 핵분열 발전

- 우라늄 원자핵에 중성자를 흡수시킴 → 질량수가 작고 핵자당 결합 에너지가 큰 원자핵들로 분열됨 → 2~3 개의 중성자가 방출됨 → 방출된 중성자들은 다른 우라늄 원자핵에 흡수되어 연쇄 반응을 일으킴
- 이 과정에서 질량 결손으로 인해 전환되는 에너지를 발전에 이용함

---

❺ 핵분열 발전에서 감속재와 제어봉의 역할

- 감속재 : 중성자가 너무 빠르면 원자핵에 흡수될 확률이 낮으므로, 중성자의 속도를 느리게 하기 위해 사용
- 제어봉 : 급격한 연쇄 반응으로 인한 과도한 에너지 발생을 막기 위해 사용. 중성자를 흡수하여 핵분열에 관여하는 중성자 수를 조절 → 급격한 연쇄 반응을 방지함

핵융합 발전

---

❻ 수소 원자핵을 연료로 하는 태양의 핵융합

- 수소 원자핵 2 개가 융합하여 중수소 원자핵이 됨 → 중수소 원자핵이 수소 원자핵과 융합하여 헬륨-3 원자핵이 됨 → 2 개의 헬륨-3 원자핵이 융합하여 헬륨-4 원자핵이 됨
- 융합 과정에서 줄어든 질량이 에너지로 전환됨

---

❼ 핵융합 발전을 위한 시도 : D-T 핵융합

- 지구는 태양과 물리적 조건이 달라서 태양의 핵융합을 똑같이 재현할 수 없음
- D-T 핵융합 : 중수소 원자핵과 삼중 수소 원자핵이 융합하여 헬륨-4 원자핵이 됨

---

❽ 지구에서 핵융합 반응을 일으키기 위한 방법

- 물질을 원자핵과 전자가 분리된 플라스마 상태로 만들어야 함
- 원자핵 사이의 척력을 이겨내고 융합하게 하기 위해 플라스마의 온도를 높여 원자핵이 고속으로 움직이도록 함 : 핵융합로에서는 플라스마를 1억 ℃ 이상으로 가열함
- 플라스마가 융합로의 벽에 접촉해 온도가 내려가지 않도록 자기장을 활용

---

tip
- 핵분열 관련 지식채널e 영상 - '핵폭탄의 어머니'라 불린 과학자
- https://jisike.ebs.co.kr/jisike/vodReplayView?siteCd=JE&prodId=352&courseId=BP0PAPB00000000009&stepId=01BP0PAPB00000000009&lectId=60051470
[ebs 홈페이지에 '핵폭탄의 어머니라 불린 과학자'를 검색!]

1등급 문제

037 | 세부 정보 이해 – 적절한 것 고르기 2021년 3월 학평 26번
정답률 55%, 매력적 오답 ① 15% ② 10% ④ 15% | 정답 ⑤

윗글의 내용과 일치하는 것은?

① 양성자의 질량과 중성자의 질량을 더한 것을 질량수라고 한다.
(개수와 ... 개수를)
> 근거 ❶-2 원자핵을 구성하는 양성자와 중성자의 개수를 모두 더한 것을 질량수라고 하는데
→ 적절하지 않음!

② 원자핵과 전자 사이에는 척력이 작용하여 서로 단단하게 결합되어 있다.
(인력)
> 근거 ❽-2 양(+)의 전하를 띤 원자핵은 음(-)의 전하를 띤 전자와 전기적 인력에 의해 단단히 결합되어 있어서
→ 적절하지 않음!

③ 원자핵의 결합 에너지는 핵자당 결합 에너지를 질량수로 나눈 것이다.
(에 질량수를 곱한)
> 근거 ❷-7 원자핵의 결합 에너지를 질량수로 나눈 것을 핵자당 결합 에너지라고 하고
> 풀이 원자핵의 결합 에너지를 질량수로 나눈 것이 핵자당 결합 에너지이다. 따라서 원자핵의 결합 에너지는 핵자당 결합 에너지에 질량수를 곱한 값이다.
→ 적절하지 않음!

④ 질량-에너지 등가 원리에 따르면 질량은 에너지에 광속의 제곱을 곱한 값과 같다.
(에너지는 질량에)
> 근거 ❷-4 '질량-에너지 등가 원리'에 따르면 질량과 에너지는 상호 간의 전환이 가능하고, 이때 에너지는 질량에 광속의 제곱을 곱한 값과 같다.
→ 적절하지 않음!

✓⑤ 핵자들이 결합하여 원자핵이 될 때 줄어든 질량이 전환된 에너지의 크기는 그 원자핵을 다시 개별 핵자들로 분리할 때 필요한 에너지의 크기와 같다.
(= 원자핵의 결합 에너지)
> 근거 ❷-5~6 핵자들의 결합에서 줄어든 질량은 에너지로 전환되는데, 이 에너지는 원자핵의 결합 에너지와 그 크기가 같다. 원자핵의 결합 에너지란 원자핵을 개별 핵자들로 분리할 때 가해야 하는 에너지이다.
→ 적절함!

---

038 | 세부 정보 이해 – 적절하지 않은 것 고르기 2021년 3월 학평 27번
정답률 65%, 매력적 오답 ④ 15% | 정답 ①

㉠에 대한 이해로 적절하지 않은 것은?

> ㉠ 우라늄-235(^{235}U) 원자핵을 사용하는 핵분열 발전

✓① 우라늄-235 원자핵에 전자를 흡수시켜 핵분열을 일으킨다.
(중성자)
> 근거 ❹-2 우라늄-235(^{235}U) 원자핵을 사용하는 핵분열 발전의 경우, 우라늄 원자핵에 중성자를 흡수시키면 질량수가 작고 핵자당 결합 에너지가 큰 원자핵들로 분열된다.
→ 적절하지 않음!

② 물이나 흑연을 감속재로 사용하여 중성자의 속도를 조절한다.
> 근거 ❺-3~4 핵분열 과정에서 방출된 중성자는 속도가 매우 빠르기 때문에 이를 느리게 해야 연쇄 반응을 일으킬 수 있다. 그래서 물이나 흑연을 감속재로 사용하여 중성자의 속도를 느리게 만든다.
→ 적절함!

③ 제어봉으로 중성자를 흡수하여 과도한 에너지가 발생하지 않도록 한다.
> 근거 ❺-5~6 (핵분열 과정에서) 연쇄 반응이 급격하게 일어나면 과도한 에너지가 발생하여 폭발이 일어날 수 있기 때문에 제어봉을 사용한다. 제어봉은 중성자를 흡수하는 장치로, 핵분열에 관여하는 중성자 수를 조절하여 급격한 연쇄 반응을 방지한다.
→ 적절함!

④ 우라늄-235 원자핵이 분열되면 우라늄-235 원자핵보다 질량수가 작은 원자핵들로 나뉜다.
> 근거 ❶-2 질량수가 큰 하나의 원자핵이 질량수가 작은 두 개의 원자핵으로 쪼개지는 것을 핵분열이라고 하고, ❹-2 우라늄-235(^{235}U) 원자핵을 사용하는 핵분열 발전의 경우, 우라늄 원자핵에 중성자를 흡수시키면 질량수가 작고 핵자당 결합 에너지가

큰 원자핵들로 분열된다.

→ 적절함!

⑤ **우라늄-235 원자핵이 분열되면서 방출되는 중성자의 속도를 느리게 해서 연쇄 반응을 일으킨다.**

근거 ❺-3~4 핵분열 과정에서 방출된 중성자는 속도가 매우 빠르기 때문에 이를 느리게 해야 연쇄 반응을 일으킬 수 있다. 그래서 물이나 흑연을 감속재로 사용하여 중성자의 속도를 느리게 만든다.

풀이 핵분열 과정에서 우라늄-235 원자핵이 분열되면서 방출되는 중성자는 속도가 매우 빠르기 때문에, 물이나 흑연 등의 감속재를 사용하여 중성자의 속도를 느리게 만들어 연쇄 반응을 일으킨다.

→ 적절함!

1등급 문제

039 자료 해석의 적절성 판단 – 적절한 것 고르기 2021년 3월 학평 28번
정답률 40%, 매력적 오답 ② 15% ③ 15% ④ 15% ⑤ 15%
정답 ①

윗글을 읽은 학생이 〈보기〉의 설명을 이해한 내용으로 가장 적절한 것은? 3점

| 보기 |

선생님 : [1]이 그림은 여러 원자핵의 핵자당 결합 에너지를 나타내고 있어요. [2]철($^{56}_{26}$Fe) 원자핵은 다른 원자핵들에 비해 핵자당 결합 에너지가 크죠? [3]철 원자핵은 모든 원자핵 중에서 핵자당 결합 에너지가 가장 크고 가장 안정된 상태예요. [4]철 원자핵보다 질량수가 작은 원자핵은 핵융합을, 질량수가 큰 원자핵은 핵분열을 통해 핵자당 결합 에너지가 높은 원자핵이 됩니다.

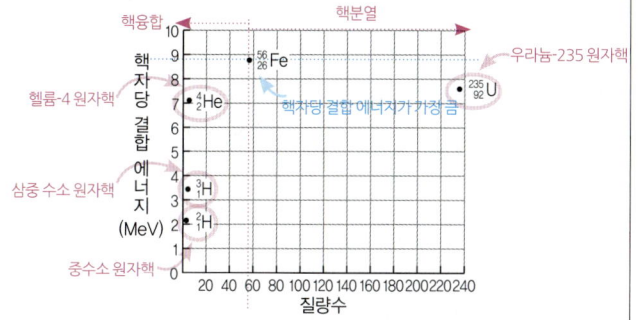

※ [5]원자핵의 질량수(A)와 양성자 수(Z)는 원소 기호(X)에 다음과 같이 표기한다.

$$^{A}_{Z}X$$

✓① **헬륨-4 원자핵은 핵융합을 거치면 더 안정된 상태의 원자핵으로 변하겠군.**

근거 〈보기〉-4 철 원자핵보다 질량수가 작은 원자핵은 핵융합을, … 통해 핵자당 결합 에너지가 높은 원자핵이 됩니다. ❸-1 원자핵을 구성하는 핵자들은 핵자당 결합 에너지가 클수록 더 강력하게 결합되어 있고 이는 원자핵이 더 안정된 상태라는 것을 의미

풀이 헬륨-4($^{4}_{2}$He) 원자핵은 철($^{56}_{26}$Fe) 원자핵보다 질량수가 작으므로, 헬륨-4 원자핵은 핵융합을 통해 핵자당 결합 에너지가 높은 원자핵이 된다는 것을 알 수 있다. 윗글에서 원자핵을 구성하는 핵자들의 핵자당 결합 에너지가 클수록 더 안정된 상태라고 설명하고 있으므로, 헬륨-4 원자핵은 핵융합을 거치면 더 안정된 상태의 원자핵으로 변할 것이라는 해석은 적절하다.

→ 적절함!

② **중수소 원자핵은 삼중 수소 원자핵과 양성자의 수는 같지만 더 안정된 상태이겠군.**

근거 〈보기〉-5 원자핵의 질량수(A)와 양성자 수(Z)는 원소 기호(X)에 다음과 같이 표기한다. $^{A}_{Z}$X, ❸-1 원자핵을 구성하는 핵자들은 핵자당 결합 에너지가 클수록 더 강력하게 결합되어 있고 이는 원자핵이 더 안정된 상태라는 것을 의미

풀이 〈보기〉에서 중수소 원자핵은 $^{2}_{1}$H로, 삼중 수소 원자핵은 $^{3}_{1}$H로 표기하였는데, 이를 통해 중수소 원자핵의 양성자의 수와 삼중 수소 원자핵의 양성자의 수가 같다는 점을 확인할 수 있다. 한편, 〈보기〉의 그림을 보면 중수소($^{2}_{1}$H) 원자핵보다 삼중 수소($^{3}_{1}$H) 원자핵의 핵자당 결합 에너지가 더 크다. 윗글에서 원자핵을 구성하는 핵자당 결합 에너지가 클수록 더 안정된 상태라고 하였으므로, 삼중 수소 원자핵이 중수소 원자핵보다 더 안정된 상태이다.

→ 적절하지 않음!

---

③ **철 원자핵의 결합 에너지는 철 원자핵의 핵자당 결합 에너지에 26을 곱한 값과 같겠군.**

근거 〈보기〉-2 철($^{56}_{26}$Fe) 원자핵, 〈보기〉-5 원자핵의 질량수(A)와 양성자 수(Z)는 원소 기호(X)에 다음과 같이 표기한다. $^{A}_{Z}$X, ❷-7 원자핵의 결합 에너지를 질량수로 나눈 것을 핵자당 결합 에너지라고 하고

풀이 원자핵의 결합 에너지를 질량수로 나눈 것이 핵자당 결합 에너지라고 하였으므로, 원자핵의 결합 에너지는 핵자당 결합 에너지에 질량수를 곱한 값임을 알 수 있다. 〈보기〉에서 철 원자핵은 $^{56}_{26}$Fe로 표기하였는데, 이를 통해 철 원자핵의 질량수가 56이라는 점을 확인할 수 있다. 따라서 철 원자핵의 결합 에너지는 핵자당 결합 에너지에 26이 아니라 56을 곱한 값과 같다.

→ 적절하지 않음!

④ **우라늄-235 원자핵이 핵분열하여 생성된 원자핵들은 핵자당 결합 에너지가 9 MeV 이상이겠군.**

근거 〈보기〉-3 철 원자핵은 모든 원자핵 중에서 핵자당 결합 에너지가 가장 크고

풀이 〈보기〉에서 선생님은 철($^{56}_{26}$Fe) 원자핵이 모든 원자핵 중에서 핵자당 결합 에너지가 가장 크다고 하였다. 〈보기〉의 그림에서 철($^{56}_{26}$Fe) 원자핵의 핵자당 결합 에너지가 9 MeV보다 작으므로, 우라늄-235 원자핵이 핵분열하여 생성된 원자핵들의 핵자당 결합 에너지는 9 MeV를 넘지 않을 것이다.

→ 적절하지 않음!

⑤ **우라늄-235 원자핵은 철 원자핵에 비해 원자핵을 구성하고 있는 핵자들이 더 강력하게 결합되어 있군.**

근거 〈보기〉-3 철 원자핵은 모든 원자핵 중에서 핵자당 결합 에너지가 가장 크고 가장 안정된 상태, ❸-1 원자핵을 구성하는 핵자들은 핵자당 결합 에너지가 클수록 더 강력하게 결합되어 있고

풀이 〈보기〉에서 선생님은 철($^{56}_{26}$Fe) 원자핵이 모든 원자핵 중에서 핵자당 결합 에너지가 가장 크다고 하였다. 〈보기〉의 그림을 통해서도 철($^{56}_{26}$Fe) 원자핵의 핵자당 결합 에너지가 우라늄-235($^{235}_{92}$U) 원자핵의 핵자당 결합 에너지보다 더 크다는 것을 확인할 수 있다. 윗글에서 원자핵을 구성하는 핵자들은 핵자당 결합 에너지가 클수록 더 강력하게 결합되어 있다고 하였으므로, 철 원자핵이 우라늄-235 원자핵에 비해 원자핵을 구성하고 있는 핵자들이 더 강력하게 결합되어 있을 것이다.

→ 적절하지 않음!

1등급 문제

040 세부 정보 이해 – 적절하지 않은 것 고르기 2021년 3월 학평 29번
정답률 50%, 매력적 오답 ① 15% ③ 15% ④ 15%
정답 ⑤

ⓐ와 ⓑ에 대한 설명으로 적절하지 않은 것은?

ⓐ 수소($^{1}_{1}$H) 원자핵을 원료로 하는 태양의 핵융합
ⓑ D-T 핵융합

① **ⓐ의 과정에서 헬륨-4 원자핵의 개수는 늘어난다.**

근거 ❻-3~5 수소($^{1}_{1}$H) 원자핵을 원료로 하는 태양의 핵융합은 주로 태양의 중심부에서 일어난다. 먼저 수소 원자핵 2 개가 융합하여 중수소($^{2}_{1}$H) 원자핵이 되고, 중수소 원자핵은 수소 원자핵과 융합하여 헬륨-3($^{3}_{2}$He) 원자핵이 된다. 그리고 2 개의 헬륨-3 원자핵이 융합하여 헬륨-4($^{4}_{2}$He) 원자핵이 된다.

풀이 수소 원자핵을 원료로 하는 태양의 핵융합(ⓐ) 과정을 거쳐 헬륨-4 원자핵이 만들어진다. 따라서 ⓐ의 과정에서 헬륨-4 원자핵의 개수는 늘어난다.

→ 적절함!

② **ⓑ는 중수소 원자핵과 삼중 수소 원자핵을 원료로 사용한다.**

근거 ❼-3 이(D-T 핵융합) 방식에서는 중수소 원자핵과 삼중 수소($^{3}_{1}$H) 원자핵이 융합하여 헬륨-4 원자핵이 된다.

→ 적절함!

③ **헬륨-4 원자핵은 ⓑ에서와 달리 ⓐ에서는 헬륨-3 원자핵이 융합하여 생성된다.**

근거 ❻-5 (ⓐ에서는) 2 개의 헬륨-3 원자핵이 융합하여 헬륨-4($^{4}_{2}$He) 원자핵이 된다, ❼-3 이(D-T 핵융합) 방식(ⓑ)에서는 중수소 원자핵과 삼중 수소($^{3}_{1}$H) 원자핵이 융합하여 헬륨-4 원자핵이 된다.

풀이 수소 원자핵을 원료로 하는 태양의 핵융합(ⓐ)에서는 2 개의 헬륨-3 원자핵이 융합하여 헬륨-4 원자핵이 생성되고, D-T 핵융합 방식(ⓑ)에서는 중수소 원자핵과 삼중 수소 원자핵이 융합하여 헬륨-4 원자핵이 된다.

④ ⓐ와 ⓑ에서는 모두 반응 전후로 질량 결손이 일어나고 줄어든 질량은 에너지로 전환된다.

근거 **❸-3** 핵분열이나 핵융합도 반응 전후로 질량 결손이 일어나고, 줄어든 질량은 에너지로 전환된다.

풀이 ⓐ와 ⓑ는 모두 핵융합으로, 반응 전후로 질량 결손이 일어나고 줄어든 질량은 에너지로 전환된다.

→ 적절함!

✓⑤ ⓑ를 일으키기 위해서는 ⓐ가 일어나기 위한 물리적 조건과 ~~동일한 조건을 만들어 주어야 한다.~~

근거 **❼-1** 지구는 태양과 물리적 조건이 달라서 태양의 핵융합을 똑같이 재현할 수 없다.

풀이 지구와 태양은 물리적 조건이 달라 지구에서는 수소 원자핵을 원료로 하는 태양의 핵융합(ⓐ)을 똑같이 재현할 수 없으므로, 중수소 원자핵과 삼중 수소 원자핵을 원료로 하는 D-T 핵융합 방식(ⓑ)을 시도한다고 하였다. 따라서 ⓑ를 일으키기 위해 ⓐ가 일어나기 위한 물리적 조건과 동일한 조건을 만들어 주어야 한다는 설명은 적절하지 않다.

→ 적절하지 않음!

---

041 | 추론의 적절성 판단 – 적절한 것 고르기 2021년 3월 학평 30번
정답률 60%, 매력적 오답 ④ 15% ⑤ 10% | 정답 ③

ⓛ의 이유로 가장 적절한 것은?

> ⓛ 플라스마를 1억 ℃ 이상으로 가열

근거 **❽-4~6** 원자핵은 양의 전하를 띠고 있어서 서로 가까이 다가갈수록 척력이 강하게 작용한다. 척력을 이겨내고 원자핵이 융합하게 하기 위해서는 플라스마의 온도를 높여 원자핵이 고속으로 움직일 수 있도록 해야 한다. 따라서 핵융합 발전을 위한 핵융합로에서는 플라스마를 1억 ℃ 이상으로 가열해서 핵융합의 확률을 높인다.

풀이 원자핵은 양의 전하를 띠고 있어 서로 가까이 다가갈수록 척력이 강하게 작용하기 때문에, 원자핵이 척력을 이겨내고 서로 융합할 수 있는 확률을 높이기 위해 플라스마를 1억 ℃ 이상의 고온으로 가열한다. 따라서 정답은 ③번이다.

① 원자핵이 융합로의 벽에 접촉하지 않게 하기 위해

근거 **❽-8** 자기장을 활용해서 플라스마가 벽에 닿지 않게 하여

풀이 원자핵과 전자가 분리된 상태인 플라스마가 융합로의 벽에 접촉하지 않게 하기 위해서는 자기장을 활용한다. 원자핵이 융합로의 벽에 접촉하지 않게 하기 위해 플라스마를 가열하는 것은 아니다.

② 자기장을 발생시켜 플라스마의 온도를 유지하기 위해

근거 **❽-7~8** 융합로에서 플라스마의 온도를 높인 이후에는 고온 상태를 일정 시간 이상 유지하는 것도 중요하다. 플라스마는 융합로의 벽에 접촉하면 온도가 내려가기 때문에 자기장을 활용해서 플라스마가 벽에 닿지 않게 하여 고온 상태를 유지할 수 있도록 한다.

풀이 자기장을 발생시켜 플라스마의 온도를 유지하기 위해 플라스마를 1억 ℃ 이상으로 가열하는 것이 아니라, 플라스마를 가열한 후 고온 상태를 유지하기 위해 자기장을 활용해 벽에 닿지 않게 하는 것이다.

✓③ 원자핵이 척력을 이겨내고 서로 융합할 수 있도록 하기 위해

→ 적절함!

④ 전자를~~(원자핵을)~~ 고속으로 움직이게 하여 핵융합의 효율을~~(확률)~~ 높이기 위해

근거 **❽-5~6** 플라스마의 온도를 높여 원자핵이 고속으로 움직일 수 있도록 해야 한다. … 플라스마를 1억 ℃ 이상으로 가열해서 핵융합의 확률을 높인다.

풀이 플라스마를 가열하는 것은 '전자'가 아니라 '원자핵'을 고속으로 움직일 수 있도록 하기 위해서이다.

⑤ 원자핵들 사이에 전기적 인력을 발생시켜 핵융합의 확률을 높이기 위해

근거 **❽-4~5** 원자핵은 양의 전하를 띠고 있어서 서로 가까이 다가갈수록 척력이 강하게 작용한다. 척력을 이겨내고 원자핵이 융합하게 하기 위해서는 플라스마의 온도를 높여 원자핵이 고속으로 움직일 수 있도록 해야 한다.

풀이 원자핵은 양의 전하를 띠고 있어서, 원자핵들 사이에는 척력이 작용한다. 이러한 척력을 이겨내고 원자핵이 융합할 수 있도록 하기 위해 플라스마를 가열하여 핵융합의 확률을 높인다.

Ⅲ 과학, 기술   3. 우주와 지구에 대한 이해

[042~046] 다음 글을 읽고 물음에 답하시오.

1 [1]지진(地 땅 지 震 지진 진)은 지구 내부(內部, 안쪽의 부분)에서 일어나는 지각(地殼, 지구의 바깥쪽을 차지하는 부분) 변동(變動, 바뀌어 달라짐)으로 인해 땅이 ⓐ 흔들리는 현상이다. [2]이때 지각 부분에서 방출된(放出~, 내보내진) 에너지는 파동(波動, 물결의 움직임과 같은 진동이 주위로 퍼져 가는 현상)의 형태로 전달되는데, 이를 지진파라고 한다. [3]대표적인 지진파로는 P파와 S파가 있다.

→ 지진과 지진파의 정의

2 ⎡ [1]P파는 에너지가 전달되는 파동의 진행 방향이 매질*의 진동 방향과 같은 지진파로, 매질이 압축(壓縮, 압력을 가해 그 부피를 줄임)과 팽창(膨脹, 부풀어서 부피가 커짐)을 반복하면서 전달되며 관측소(觀測所, 기상이나 천문 등 자연 현상을 관측하여 그 움직임을 측정하고 기록하는 곳)에 가장 먼저 도착한다. [2]P파의 전파 속도는 초속 약 6~8 km이지만, 진폭(振幅, 주기적인 진동이 있을 때 그 중심으로부터 최대로 움직인 거리 혹은 변위)은 작아 지진 피해는 비교적 작은 편이다. [3]반면에 S파는 파동의 진행 방향이 매질의 진동 방향과 수직(垂直, 서로 만나 직각을 이루는 방향)인 지진파로, 전파 속도는 초속 약 3~4 km로 P파보다 느리지만 진폭이 비교적 커서 지진 피해 정도는 훨씬 크게 나타난다. [4]두 지진파가 관측소에 도착하는 시간의 차이를 PS시라고 하는데 진원(震源, 최초로 지진파가 발생한 지역)에[A]서 멀어질수록 PS시는 커진다. [5]ⓒPS시를 활용하면 지진 발생 시 다른 지역의 지진 피해를 조금이나마 줄일 수 있다.

→ P파와 S파의 특징 ①

3 [1]P파와 S파가 통과할 수 있는 매질에는 차이가 있다. [2]P파는 고체, 액체, 기체를 모두 통과하는 반면, S파는 고체만 통과할 수 있다. [3]따라서 액체 상태인 외핵을 통과할 수 없으므로, S파가 도착하지 못하는 S파 암영대(暗影帶, 지진이 일어날 때 지진파가 도달하지 않는 일정한 지역)가 생긴다. [4]P파는 맨틀과 외핵, 외핵과 내핵과 같이 상태가 ⓑ 다르거나 같은 상태라도 밀도가 다른 매질의 경계면을 지날 때 굴절이 일어나는데, 이로 인해 P파 역시 암영대가 생긴다. [5]또 지진파의 전달 속도는 매질의 밀도가 높아지면 빨라지고 밀도가 낮아지면 느려진다.

→ P파와 S파의 특징 ②

4 [1]한편 지진 발생 시 건물 붕괴(崩壞, 무너지고 깨어짐)로 인한 피해를 줄이기 위해 지진에 저항할(抵抗~, 힘에 굽히거나 따르지 않고 버팀) 수 있도록 건물을 설계하는 것을 내진(耐 견디다 내 震 지진 진)설계라고 하는데, 내진구조, 제진(制 억제하다 제 震 지진 진)구조, 면진(免 벗어나다 면 震 지진 진)구조의 세 유형이 있다. [2]내진구조는 강한 지진파에도 건축물이 붕괴되지 않게 철근 콘크리트(鐵筋 concrete, 콘크리트에 철근을 넣어 강화한 것) 등을 보강하여(補强~, 보태거나 채워서 처음보다 더 튼튼하게 하여) 기둥과 벽 자체를 튼튼하게 짓는 것이다. [3]내진벽(耐震壁, 지진이 발생했을 때 구조물에 발생되는 힘을 분담하도록 배치된 벽체)과 같은 부자재(副資材, 보조적으로 쓰이는 자재)를 설치하여 강한 흔들림에도 무너지지 않고 버티는 내구성(耐久性, 원래의 상태에서 변질되거나 변형됨 없이 오래 견디는 성질)이 높아지도록 건물을 짓는 것이다. [4]이는 단순히 건물의 내구력(耐久力, 오래 견디는 힘)만을 높인 것이라 지진 발생 시 건물이 무너지지 않더라도 건물 구조에 심각한(深刻~, 매우 깊고 중요한) 손상(損傷, 깨지거나 상함)이 생길 수 있다.

→ 내진설계의 세 유형 ① : 내진구조

5 [1]이에 비해 제진구조는 제진 장치가 땅으로부터 건물에 전달되는 진동을 감지하고(感知~, 느껴 알고), 건물의 흔들림 방향과 반대 방향으로 건물을 지지하여(支持~, 받치거나 버티어) 건물의 붕괴를 ⓒ 막는 구조이다. [2]철제(鐵製, 쇠로 만든) 빔(beam, 수직 구조재인 기둥과 기둥 사이에 연결되어 윗부분의 무게를 지탱해 주는 수평 구조재)과 같은 장치로 건물에 X자 등의 제진 장치를 보강하여 건물 전체를 보호하는 것이다. [3]현재 대부분의 고층(高層, 건물의 층수가 많은 것) 건물은 이러한 방식을 사용하여, 내진구조에 비해 상대적으로 더 안전하다고 볼 수 있다.

→ 내진설계의 세 유형 ② : 제진구조

6 [1]앞선 두 구조가 건물이 지진력을 버티는 데 초점(焦點, 관심과 주의가 집중되는 가장 중요한 점)을 두었다면, 면진구조는 건물에 전달되는 지진력 자체를 줄이는 데 중점을 둔다. [2]파동의 에너지는 주기가 짧을수록 크기 때문에 면진구조는 지진파의 파장(波長, 파동에서, 같은 위상을 가진 서로 이웃하는 두 점 사이의 거리)을 길게 바꾸어 충격을 감소시킨다.(減少~, 줄인다.) [3]보통 지면(地面, 땅의 표면) 위에 바로 건물을 세우는 것과 달리 면진구조는 건물과 땅 사이에 고무 스프링과 댐퍼(damper, 충격이나 진동을 약하게 하는 장치), 베어링(bearing, 고정된 부분과 움직이는 부분 사이에서 움직이는 부분을 지지하고 운동 방향을 제어하며 마찰을 줄여주는 장치) 등을 설치해 흔들림이 건물로 전해지는 것을 막는 방식이다. [4]건물 자체와 지면을 떨어뜨리면 진동이 ⓓ 줄어들어 전달되기 때문에 아주 강한 지진이 ⓔ 일어나더라도 건물 내부에 있는 구조물이 쓰러지지 않기 때문에 지진에 대비할(對備~, 앞으로 일어날지도 모르는 일에 대응하기 위해 미리 준비할) 수 있는 효과적인 공법(工法, 공사하는 방법)으로 평가받고 있다.

→ 내진설계의 세 유형 ③ : 면진구조

* 매질 : 어떤 물리적 작용을 한 곳에서 다른 곳으로 전하여 주는 매개물(媒介物, 중간에서 양쪽의 관계를 맺어 주는 물건)로, 고체, 액체, 기체 등이 있음

■지문 이해

〈지진파의 특징과 내진설계의 세 유형〉

❶ 지진과 지진파의 정의

- 지진 : 지구 내부의 지각 변동으로 인해 땅이 흔들리는 현상
- 지진파 : 지각 부분에서 방출된 에너지가 파동의 형태로 전달되는 것(P파, S파)

❷~❸ P파와 S파의 특징

	P파	S파
개념	파동의 진행 방향과 매질의 진동 방향이 같은 지진파	파동의 진행 방향과 매질의 진동 방향이 수직인 지진파
전파 속도	빠름	느림
진폭	작음	큼
지진 피해	작음	큼
통과 가능한 매질	고체, 액체, 기체	고체
매질에 따른 특징	상태나 밀도가 다른 매질의 경계면을 지날 때 굴절이 일어남 → P파 암영대	액체 상태인 외핵을 통과할 수 없음 → S파 암영대

- PS시 : 두 지진파가 관측소에 도착하는 시간 차
  - 진원에서 멀어질수록 커짐
- 지진파의 전달 속도 : 매질의 밀도에 비례함

내진설계의 세 유형

❹ 내진구조

- 내진설계 : 지진 발생 시 건물 붕괴로 인한 피해를 줄이기 위해 지진에 저항할 수 있도록 건물을 설계하는 것
- 내진구조 : 건물의 내구력을 높여 강한 지진파에도 붕괴되지 않게 짓는 것
  - 철근 콘크리트, 내진벽
  - 지진 발생 시 건물이 무너지지 않더라도 건물 구조에 심각한 손상이 생길 수 있음
  → 건물이 지진력을 버티는 데 초점을 둔 방식

❺ 제진구조

- 제진구조 : 제진 장치가 진동을 감지하여 건물의 흔들림 방향과 반대 방향으로 건물을 지지해 붕괴를 막는 구조
  - 철제 빔 등 제진 장치를 보강해 건물 전체를 보호
  - 내진구조에 비해 상대적으로 더 안전함
  → 건물이 지진력을 버티는 데 초점을 둔 방식

---

❻ 면진구조
• 면진구조 : 지진파의 파장을 길게 바꾸어 충격을 감소시킴 - 건물과 땅 사이에 구조물을 설치해 흔들림이 건물로 전해지는 것을 막는 방식 - 건물에 전달되는 진동이 줄어들어 강한 지진에도 건물 내부의 구조물이 쓰러지지 않음 - 지진에 대비할 수 있는 효과적 공법으로 평가받음 → 건물에 전달되는 지진력 자체를 줄이는 방식

---

042 세부 정보 이해 - 적절하지 않은 것 고르기 2025년 6월 학평 29번
정답률 85%

정답 ③

윗글에 대한 이해로 적절하지 않은 것은?

① P파는 진폭이 작아 S파보다 지진 피해가 작은 편이다.

> 근거 ❷-2~3 P파의 … 진폭은 작아 지진 피해는 비교적 작은 편이다. 반면에 S파는 … 전파 속도는 초속 약 3~4 km로 P파보다 느리지만 진폭이 비교적 커서 지진 피해 정도는 훨씬 크게 나타난다.

→ 적절함!

② 지진파는 매질의 밀도에 따라 전달 속도가 달라진다.

> 근거 ❸-5 지진파의 전달 속도는 매질의 밀도가 높아지면 빨라지고 밀도가 낮아지면 느려진다.

→ 적절함!

③ P파 ^{S파} 암영대는 지진파가 외핵을 통과하지 못해 생긴다.

> 근거 ❸-2~4 P파는 고체, 액체, 기체를 모두 통과하는 반면, S파는 고체만 통과할 수 있다. 따라서 액체 상태인 외핵을 통과할 수 없으므로, S파가 도착하지 못하는 S파 암영대가 생긴다. P파는 맨틀과 외핵, 외핵과 내핵과 같이 상태가 다르거나 같은 상태라도 밀도가 다른 매질의 경계면을 지날 때 굴절이 일어나는데, 이로 인해 P파 역시 암영대가 생긴다.
>
> 풀이 P파는 고체, 액체, 기체를 모두 통과할 수 있으므로, 액체 상태인 외핵을 통과할 수 있다. 또한 P파 암영대는 외핵을 통과하지 못해 생기는 것이 아니라, 상태나 밀도가 다른 매질의 경계면을 지날 때 일어나는 굴절로 인해 발생한다. 따라서 P파 암영대는 지진파가 외핵을 통과하지 못해 생긴다는 설명은 적절하지 않다. 외핵을 통과하지 못해 암영대가 생기는 지진파는 P파가 아니라 S파이다.

→ 적절하지 않음!

④ P파는 통과할 수 있지만, S파는 통과할 수 없는 매질이 있다.

> 근거 ❸-2 P파는 고체, 액체, 기체를 모두 통과하는 반면, S파는 고체만 통과할 수 있다.

→ 적절함!

⑤ P파와 달리 S파는 파동의 진행 방향과 매질의 진동 방향이 서로 다르다.

> 근거 ❷-1 P파는 에너지가 전달되는 파동의 진행 방향이 매질의 진동 방향과 같은 지진파, ❷-3 반면에 S파는 파동의 진행 방향이 매질의 진동 방향과 수직인 지진파

→ 적절함!

---

043 구체적인 사례에 적용 - 적절하지 않은 것 고르기 2025년 6월 학평 30번
정답률 60%, 매력적 오답 ③ 15% ④ 10% ⑤ 10%

정답 ②

[A]를 참고하여 <보기>를 이해한 것으로 적절하지 않은 것은? [3점]

| 보기 |

진원에서 발생한 지진이 세 관측소에서 관측되었다. 관측소 1에는 P파만 도착하였고, 관측소 2와 관측소 3에는 P파와 S파가 모두 도착하였다. 그런데 관측소 2에는 P파와 S파가 한 번씩 도착한 반면, 관측소 3에는 P파와 S파가 두 번씩 도착하였다. 이 중, C를 지난 P파와 S파가 B를 지난 P파와 S파보다 먼저 도착하였다.

(단, 그림은 가상(假想, 사실이 아니거나 사실 여부가 분명하지 않은 것을 사실이라고 가정하여 생각함)의 땅속을 나타낸 것이다.)

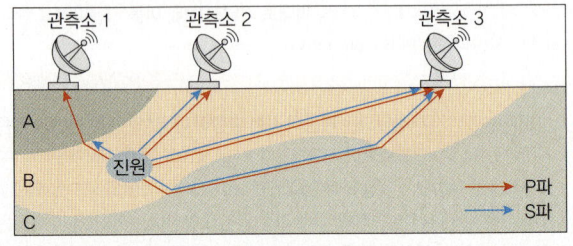

① 관측소 2에는 P파가 S파보다 먼저 도착했겠군.

> 근거 ❷-1 P파는 … 관측소에 가장 먼저 도착한다, ❷-3 (S파의) 전파 속도는 초속 약 3~4 km로 P파보다 느리지만
>
> 풀이 윗글의 설명에 따르면 P파는 관측소에 가장 먼저 도착하고, S파는 P파보다 전파 속도가 느리다. 따라서 관측소 2에는 P파가 S파보다 먼저 도착했을 것이라는 설명은 적절하다.

→ 적절함!

② 관측소 1에 도착한 지진파는 관측소 2에 도착한 지진파와 달리 상태는 동일하지만 밀도가 다른 두 매질을 지나왔겠군. ^{상태가 다른}

> 근거 ❸-2~3 P파는 고체, 액체, 기체를 모두 통과하는 반면, S파는 고체만 통과할 수 있다. 따라서 액체 상태인 외핵을 통과할 수 없으므로, S파가 도착하지 못하는 S파 암영대가 생긴다.
>
> 풀이 <보기>에서 A와 B를 지난 관측소 1에는 P파만 도착하였고, B만 지난 관측소 2에는 P파와 S파가 모두 도착하였으므로, B는 고체 상태이고, A는 고체 상태가 아니다. 관측소 1에 도착한 지진파는 고체 상태인 B와 고체 상태가 아닌 A를 지나온 것이므로, 관측소 1에 도착한 지진파가 '상태는 동일하지만 밀도가 다른 두 매질'을 지나왔다는 설명은 적절하지 않다.

→ 적절하지 않음!

③ 관측소 2에 도착한 지진파의 PS시보다 관측소 3에 도착한 지진파 중 B만 지난 지진파의 PS시가 더 크게 나타났겠군.

> 근거 ❷-4 두 지진파가 관측소에 도착하는 시간의 차이를 PS시라고 하는데 진원에서 멀어질수록 PS시는 커진다.
>
> 풀이 <보기>에서 관측소 3에 도착한 지진파 중 B만 지난 지진파는, 관측소 2에 도착한 지진파와 비교하였을 때 매질의 상태는 동일하고, 진원으로부터의 거리는 더 멀다. PS시는 진원에서 멀어질수록 커진다고 하였으므로, 관측소 2에 도착한 지진파의 PS시보다 관측소 3에 도착한 지진파 중 B만 지난 지진파의 PS시가 더 크게 나타났을 것이라는 설명은 적절하다.

→ 적절함!

④ 관측소 3과 달리 관측소 1에 S파가 도착하지 않은 것은 관측소 1과 관측소 3으로 가는 *경로의 매질의 상태가 다르기 때문이겠군. *經路. 지나는 길

> 근거 ❸-1~3 P파와 S파가 통과할 수 있는 매질에는 차이가 있다. P파는 고체, 액체, 기체를 모두 통과하는 반면, S파는 고체만 통과할 수 있다. 따라서 액체 상태인 외핵을 통과할 수 없으므로, S파가 도착하지 못하는 S파 암영대가 생긴다.
>
> 풀이 윗글의 설명에 따르면 S파는 고체 상태인 매질만 통과할 수 있다. 관측소 3에는 P파와 S파가 모두 도착하였으므로, 관측소 3으로 가는 경로는 고체 상태의 매질을 지날 것이다. 이와 달리 관측소 1에는 P파만 도착하였으므로, 관측소 1로 가는 경로는 고체가 아닌 매질을 지날 것이다. 따라서 관측소 3과 달리 관측소 1에 S파가 도착하지 않은 것은 관측소 1과 관측소 3으로 가는 경로의 매질의 상태가 다르기 때문이라는 설명은 적절하다.

→ 적절함!

⑤ 관측소 3에 도착한 지진파 중 C를 지난 지진파가 B만 지난 지진파보다 먼저 도착한 것

은 C의 매질 밀도가 B보다 높기 때문이겠군.

근거 ❸-5 지진파의 전달 속도는 매질의 밀도가 높아지면 빨라지고 밀도가 낮아지면 느려진다.

풀이 윗글에서 지진파의 전달 속도는 매질의 밀도가 높아지면 빨라진다고 하였으므로, <보기>에서 관측소 3에 도착한 지진파 중 C를 지난 지진파가 B만 지난 지진파보다 먼저 도착한 것은 C의 매질 밀도가 B보다 높기 때문이라는 설명은 적절하다.

→ 적절함!

---

044 추론의 적절성 판단 - 적절한 것 고르기 | 2025년 6월 학평 31번
정답률 55%, 매력적 오답 ④ 25% **1등급 문제** | 정답 ⑤

㉠의 이유를 추론한 내용으로 가장 적절한 것은?

> ㉠PS시를 활용하면 지진 발생 시 다른 지역의 지진 피해를 조금이나마 줄일 수 있다.

근거 ❷-1 P파는 … 관측소에 가장 먼저 도착, ❷-3~4 S파는 … P파보다 느리지만 진폭이 비교적 커서 지진 피해 정도는 훨씬 크게 나타난다. 두 지진파가 관측소에 도착하는 시간의 차이를 PS시라고 하는데 진원에서 멀어질수록 PS시는 커진다.

풀이 P파는 전파 속도가 빨라 관측소에 가장 먼저 도착하지만, 진폭이 작아 지진 피해는 비교적 작다. 반면 S파는 전파 속도가 P파보다 느리지만 진폭이 커 지진 피해 정도가 훨씬 크게 나타난다. PS시는 두 지진파가 관측소에 도착하는 시간의 차이를 말하며, 진원에서 멀어질수록 커진다고 하였으므로, 진원으로부터 먼 지역에서는 P파와 S파가 도착하는 시간의 차이가 커질 것이다. P파는 S파보다 전파 속도가 빠르므로, 해당 지역에서는 P파가 탐지된 후, 지진 피해 정도가 P파보다 훨씬 큰 S파가 도착하기 전에 미리 지진에 대비할 수 있다. 따라서 정답은 ⑤번이다.

① P파와 S파의 진폭을 *추정할 수 있어 지진의 강도를 예상할 수 있기 때문에 *推定-. 미루어 생각하여 판정할
풀이 PS시는 P파와 S파가 관측소에 도착하는 시간의 차이를 말하는 것으로, PS시를 통해 P파와 S파의 진폭을 추정할 수는 없다.

② 지진파가 통과하는 매질의 밀도를 확인하여 매질의 진동 방향을 예상할 수 있기 때문에
풀이 PS시는 P파와 S파가 관측소에 도착하는 시간의 차이를 말하는 것으로, PS시를 통해 매질의 진동 방향을 예상할 수는 없다.

③ 지진파가 도착하지 않는 암영대를 예측하여 피해가 적을 장소를 예측할 수 있기 때문에
풀이 PS시는 P파와 S파가 관측소에 도착하는 시간의 차이를 말하는 것으로, PS시를 통해 지진파가 도착하지 않는 암영대를 예측할 수는 없다.

④ P파와 S파가 도착한 시간을 통해 추후 지진 발생 시점과 진원의 위치를 예측할 수 있기 때문에
풀이 PS시는 P파와 S파가 관측소에 도착하는 시간의 차이를 말하는 것으로, PS시로 추후 지진 발생 시점을 예측할 수 있는 것은 아니다.

⑤ PS시를 측정한 지역보다 진원으로부터 먼 지역에서는 P파 탐지 후 S파 도착 전에 지진에 대비할 수 있기 때문에
→ 적절함!

---

045 자료 해석의 적절성 판단 - 적절한 것 고르기 | 2025년 6월 학평 32번
정답률 65%, 매력적 오답 ② 10% ③ 10% | 정답 ⑤

<보기>의 (가)~(다)는 내진설계의 각 구조를 *도식화한 것이다. 윗글을 바탕으로 <보기>를 이해한 내용으로 가장 적절한 것은? *圖式化-. 그림이나 양식으로 만든

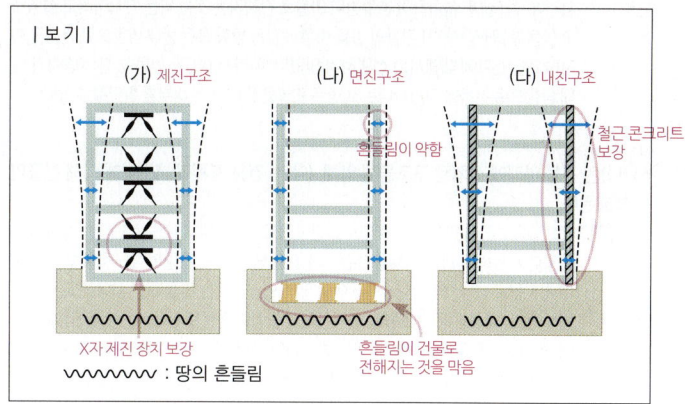

| 보기 |

(가) 제진구조 (나) 면진구조 (다) 내진구조
흔들림이 약함 철근 콘크리트 보강
X자 제진 장치 보강 흔들림이 건물로 전해지는 것을 막음
∿∿∿∿∿ : 땅의 흔들림

▶ 지문 핵심 개념 정리

내진설계의 세 유형		
내진구조❹	제진구조❺	면진구조❻
– 철근 콘크리트 등을 보강하여 기둥과 벽 자체를 튼튼하게 짓는 것 – 내진벽 등 부자재를 설치하여 건물의 내구성이 높아지게 함 – 건물의 내구력만 높인 것 – 지진 발생 시 건물이 무너지지 않더라도 건물 구조에 심각한 손상이 생길 수 있음	– 제진 장치가 진동을 감지해 건물의 흔들림 방향과 반대 방향으로 건물을 지지하여 붕괴를 막는 구조 – 철제 빔 등의 장치로 건물에 X자 등 제진 장치를 보강하여 건물 전체를 보호하는 것 – 내진구조에 비해 상대적으로 더 안전함	– 지진파의 파장을 길게 바꾸어 충격을 감소시킴 – 건물과 땅 사이에 고무 스프링, 댐퍼, 베어링 등을 설치해 흔들림이 건물로 전해지는 것을 막음 – 건물과 지면을 떨어뜨려 진동이 줄어듦 → 강한 지진에도 내부의 구조물이 쓰러지지 않음
건물이 지진력을 버티는 데 초점을 둠		건물에 전달되는 지진력 자체를 줄임

풀이 <보기>의 (가)는 제진구조, (나)는 면진구조, (다)는 내진구조에 해당한다.

(나)는 (가)보다
① (가)는 (나)보다 건물에 전달되는 지진력을 더 줄일 수 있다.
근거 ❻-1 앞선 두 구조(내진구조, 제진구조)가 건물이 지진력을 버티는 데 초점을 두었다면, 면진구조는 건물에 전달되는 지진력 자체를 줄이는 데 중점을 둔다.
풀이 <보기>의 (가)는 제진구조, (나)는 면진구조에 해당한다. 윗글에 따르면 내진구조와 제진구조가 건물이 지진력을 버티는 데 초점을 둔 것과 달리, 면진구조는 건물에 전달되는 지진력 자체를 줄이는 데 중점을 둔다. 따라서 (나)는 (가)보다 건물에 전달되는 지진력을 더 줄일 수 있다.
→ 적절하지 않음!

길게
② (나)는 (다)와 달리 지진파의 파장을 짧게 바꾸어 지진력을 줄인다.
풀이 <보기>의 (나)는 면진구조, (다)는 내진구조에 해당한다. 내진구조는 건물의 내구력을 높여 강한 지진파에도 건축물이 붕괴되지 않게 하는 것이다. 이와 달리 면진구조는 건물에 전달되는 지진력 자체를 줄이는 데 중점을 둔 내진설계 구조로, 지진파의 파장을 길게 바꾸어 충격을 감소시킨다. 즉 (나)는 (다)와 달리 지진파의 파장을 '짧게' 바꾸는 것이 아니라, '길게' 바꾸어 지진력을 줄인다.
→ 적절하지 않음!

(나)는 (다)보다
③ (다)는 (나)보다 지진 발생 시 건물 구조가 받는 손상이 상대적으로 적다.
풀이 <보기>의 (나)는 면진구조, (다)는 내진구조에 해당한다. 내진구조는 건물의 내구력을 높인 것으로, 지진 발생 시 건물이 무너지지 않더라도 건물 구조에 심각한 손상이 생길 수 있다. 이와 달리 면진구조는 건물에 전달되는 지진력 자체를 줄이는 데 중점을 두어, 지진으로 인한 흔들림이 건물로 전해지는 것을 막는 방식이다. 이러한 면진구조는 아주 강한 지진이 일어나더라도 건물 내부에 있는 구조물이 쓰러지지 않아 지진에 대비할 수 있는 효과적인 공법으로 평가받고 있다. 따라서 (나)와 (다) 중 지진 발생 시 건물 구조가 받는 손상이 상대적으로 적은 것은 (다)가 아니라 (나)이다.
→ 적절하지 않음!

반대   알 수 없음
④ (가)는 건물의 진동 방향과 같은 방향으로, (나)는 건물의 진동 방향과 반대 방향으로

건물을 지지한다.

> **풀이** 〈보기〉의 (가)는 제진구조, (나)는 면진구조에 해당한다. 윗글에서 제진구조는 건물의 흔들림 방향과 반대 방향으로 건물을 지지한다고 하였으므로, (가)가 건물의 진동 방향과 같은 방향으로 건물을 지지한다는 설명은 적절하지 않다. 한편 윗글에서 면진구조는 건물에 전달되는 지진력 자체를 줄이는 데 중점을 두었으며, 건물과 땅 사이에 구조물을 설치하여 흔들림이 건물로 전해지는 것을 막는 방식이라고 설명하고 있을 뿐, 면진구조가 건물의 진동 방향과 같은 방향 혹은 반대 방향으로 건물을 지지하고 있는지에 대해서는 설명하지 않았다. 따라서 (나)가 건물의 진동 방향과 반대 방향으로 건물을 지지한다는 설명은 윗글을 통해 진위 여부를 확인할 수 없다.

→ 적절하지 않음!

✓⑤ (나)는 건물 아래에 설치된 구조물에 의해, (다)는 건물 자체의 내구력에 의해 건물이 보호된다.

> **풀이** 〈보기〉의 (나)는 면진구조, (다)는 내진구조에 해당한다. 내진구조는 내구성이 높은 자재를 사용하여 건물 자체를 튼튼하게 짓는 방식으로, 건물의 내구력을 높여 건물이 지진력을 버티게 하는 것이다. 이와 달리 면진구조는 건물과 땅 사이에 고무 스프링과 댐퍼, 베어링 등 구조물을 설치하여 흔들림이 건물로 전해지는 것을 막아, 건물에 전달되는 지진력 자체를 줄이는 방식이다. 따라서 (나)는 건물 아래에 설치된 구조물에 의해, (다)는 건물 자체의 내구력에 의해 건물이 보호된다는 설명은 적절하다.

→ 적절함!

---

046 | 문맥적 의미 파악 - 적절하지 않은 것 고르기 2025년 6월 학평 33번
정답률 85% | 정답 ③

문맥상 ⓐ~ⓔ와 바꿔 쓰기에 적절하지 않은 것은?

> ⓐ 흔들리는 ⓑ 다르거나 ⓒ 막는 ⓓ 줄어들어 ⓔ 일어나더라도

① ⓐ : 진동(震動)하는
> **풀이** '진동(震 흔들리다 진 動 움직이다 동)하다'는 '물체가 몹시 울리어 흔들리다. 또는 물체 따위를 흔들다'의 뜻으로, '흔들리다'와 바꿔 써도 문맥상 의미가 달라지지 않는다. 따라서 ⓐ의 '흔들리는'을 '진동하는'으로 바꿔 쓰는 것은 문맥상 적절하다.

→ 적절함!

② ⓑ : 상이(相異)하거나
> **풀이** '상이(相 서로 상 異 다르다 이)하다'는 '서로 다르다'의 뜻으로, '다르다'와 바꿔 써도 문맥상 의미가 달라지지 않는다. 따라서 ⓑ의 '다르거나'를 '상이하거나'로 바꿔 쓰는 것은 문맥상 적절하다.

→ 적절함!

✓③ ⓒ : 보완(補完)하는
> **풀이** '보완(補 돕다 보 完 완전하다 완)하다'는 '모자라거나 부족한 것을 보충하여 완전하게 하다'의 뜻이다. 한편 ⓒ에서 쓰인 '막다'는 '어떤 현상이 일어나지 못하게 하다'의 의미로, ⓒ의 '막는'을 '보완하는'으로 바꿔 쓸 경우 해당 문장의 의미가 달라진다. 따라서 ⓒ를 '보완하는'으로 바꿔 쓰는 것은 적절하지 않다. ⓒ는 '어떤 일이나 현상이 일어나지 못하게 막다'의 뜻을 지닌 '방지(防 막다 방 止 그치다 지)하다'로 바꿔 쓰는 것이 적절하다.

→ 적절하지 않음!

④ ⓓ : 완화(緩和)되어
> **풀이** '완화(緩 늦추다 완 和 화하다 화)되다'는 '긴장된 상태나 급박한 것이 느슨하게 되다'라는 사전적 의미를 지닌 말로, 문맥에 따라 '하중이 낮아지다', '위험성을 줄이다' 등의 의미로도 쓰인다. 따라서 ⓓ의 '줄어들어'를 '완화되어'로 바꿔 쓰는 것은 문맥상 적절하다.

→ 적절함!

⑤ ⓔ : 발생(發生)하더라도
> **풀이** '발생(發 일어나다 발 生 생기다 생)하다'는 '어떤 일이나 사물이 생겨나다'의 뜻으로, '어떤 일이 생기다'의 뜻을 가진 '일어나다'와 바꿔 써도 문맥상 의미가 달라지지 않는다. 따라서 ⓔ의 '일어나더라도'를 '발생하더라도'로 바꿔 쓰는 것은 문맥상 적절하다.

→ 적절함!

---

① ¹식물은 광합성을 통하여 생장(生長, 나서 자람)에 필요한 포도당을 생산한다. ²광합성의 과정은 대부분의 식물이 동일한데, 식물이 서식하는(棲息−, 자리를 잡고 사는) 환경에 따라 그 효율(效率, 들인 노력과 얻은 결과의 비율)은 크게 달라질 수 있다. ³그래서 어떤 식물들은 일반적인 식물과 다른 방식으로 광합성을 하도록 진화하였다(進化−, 점차 변화해 왔다). ⁴그렇다면 이들의 광합성 방식은 일반적인 식물과 어떤 차이가 있을까?

→ 광합성의 역할과 식물에 따른 광합성 방식 차이

② ¹일반적인 식물의 광합성은 잎에 있는 엽육 세포(葉肉細胞, 잎의 기본 조직인 표피와 잎맥 이외의 조직을 이루는 세포)에서 주로 일어난다. ²광합성의 과정은 ㉠ 명(明 밝다 명)반응과 ㉡ 암(暗 어둡다 암)반응이라는 두 단계로 이루어져 있다. ³명반응(明反應, 광합성 작용에서 빛을 받아 진행되는 화학 반응)은 빛 에너지로 물을 분해하여 암반응(暗反應, 광합성 과정 중 빛이 관계하지 않는 반응 단계)에 필요한 화학 에너지를 생성하는 단계로, 이 과정에서 부산물(副産物, 주요 생산물의 생산 과정에서 더불어 생기는 물건)로 산소가 발생한다. ⁴명반응으로 발생하는 화학 에너지는 빛의 세기가 강할수록 많이 생성되는데, 일정 수준 이상으로 빛의 세기가 강해져도 생산량이 더 증가하지는 않는다. ⁵명반응 과정에서 발생하는 산소는 포도당을 생성하는 데 불필요한(不必要−, 필요하지 않은) 요소(要素, 성분)이기 때문에, 식물은 잎 뒤에 주로(主−, 대부분) 분포되어(分布−, 흩어져 퍼져) 있는 기공(氣孔, 식물의 잎이나 줄기의 겉껍질에 있는 작은 구멍으로, 잎의 뒤쪽에 많으며 빛과 습도에 따라 여닫음)을 열어 산소를 배출한다(排出−, 내보낸다). ⁶기공은 산소를 배출할 때뿐만 아니라 암반응에 필요한 이산화 탄소를 흡수하거나(吸收−, 안으로 끌어들이거나) 체내(體內, 몸의 내부)의 수분(水分, 물기)을 배출해야 할 때에도 열린다.

〈참고 그림〉

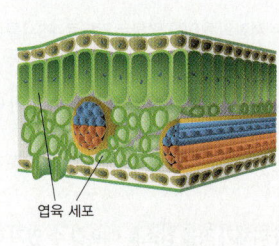 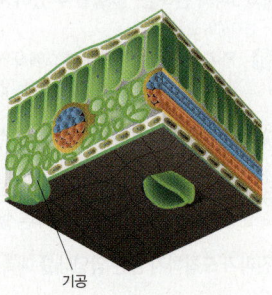

엽육 세포

기공

❷-1 일반적인 식물의 광합성은 잎에 있는 엽육 세포에서 주로 일어난다. ❷-5~6 명반응 과정에서 발생하는 산소는 식물의 잎 뒤에 주로 분포되어 있는 기공으로 배출된다. 기공은 암반응에 필요한 이산화 탄소를 흡수할 때에도 열린다.

→ 일반적인 식물(C3 식물)의 광합성 과정 ① : 명반응

③ ¹암반응은 명반응에서 생성된 화학 에너지와 기공을 통해 흡수한 이산화 탄소를 이용하여 포도당을 생성하고, 부산물로 물이 생기는 단계이다. ²암반응 과정은 캘빈 회로를 통하여 진행되는데 대기로부터 흡수된 이산화 탄소는 RuBP와 결합하며, 이 결합(이산화 탄소 + RuBP)은 루비스코라는 촉매(觸媒, 자신은 변화하지 않고, 화학 반응에 참여하여 반응 속도를 변화시키는 물질)를 통하여 촉진된다(促進−, 다그쳐 빨리 나아가게 된다). ³이 결합(이산화 탄소 + RuBP)으로 3개의 탄소가 결합한 3탄당이 형성되고, 3탄당은 화학적 변환(變換, 달라져 바뀜) 과정을 거쳐 포도당을 생성하며, 포도당 생성에 쓰이고 남은 화합물은 RuBP로 재생되어(再生−, 다시 만들어져) 이산화 탄소와 결합되는 과정이 다시 진행된다. ⁴이러한 순환(循環, 주기적으로 되풀이되는 과정) 과정을 캘빈 회로라고 하는데, 캘빈 회로로 포도당이 생성되려면 일정 수준 이상의 이산화 탄소 농도(濃度, 섞여 있는 비율), 적정한(適正−, 정도가 알맞은) 온도 등의 환경이 갖추어져야 한다. ⁵그렇지 않으면 RuBP가 이산화 탄소와 결합하는 비율이 낮아져 포도당 생산의 효율이 떨어진다. ⁶지구상 대부분의 식물은 이와 같은 과정으로 광합성을 하며, 이산화 탄소와 RuBP가 결합하여 생성되는 첫 화합물이 3탄당임을 고려하여 C3 식물이라고 부른다.

〈참고 그림〉 암반응

→ 일반적인 식물(C3 식물)의 광합성 과정 ②: 암반응

4 [1]그런데 ⓒ C3 식물은 기온이 높거나 건조할 때 광합성의 효율이 저하되는(低下-, 떨어져 낮아지는) 한계가 있다. [2]기온이 높거나 날씨가 건조할 때 기공을 열면 체내의 수분이 지나치게 배출되므로 식물은 기공을 열지 않는다. [3]이로 인해 포도당의 생산이 어려워지면 식물은 잘 생장하지 못한다. [4]가령(假令, 예를 들어) 이상 기후(異常氣候, 기온이나 강수량 등 기후 요소가 과거 30년 이상에 걸쳐 관측되지 않을 정도로 매우 높거나 낮은 수치를 나타내는 것) 현상으로 인하여 고온(高溫, 높은 온도)의 기후(氣候, 기온, 비, 눈, 바람 등의 대기 상태)가 지속되는(持續-, 오래 계속되는) 상황이 발생하면 위와 같은 문제가 심화될(深化-, 점점 깊어질) 수 있으며, C3 식물이자 대표적인 식량 작물(作物, 논밭에 심어 가꾸는 곡식이나 채소)인 쌀과 밀 등의 생산량이 감소하는(減少-, 줄어드는) 문제로 이어질 수 있다. [5]이에 따라 C3 식물과 다른 방식으로 광합성을 하여 고온에서도 잘 자랄 수 있는 C4 식물에 대한 연구가 활발히 진행되고 있다.

→ C3 식물의 한계 및 C4 식물 연구의 필요성

5 [1]옥수수, 조, 수수 등 고온의 열대 지방에서도 잘 자라도록 진화한 C4 식물은 두 개의 공간에서 광합성이 진행된다는 특징이 있다. [2]첫 번째 공간인 엽육 세포는 C3 식물과 같은 방식으로 명반응이 일어나는 곳이자, 암반응의 첫 번째 단계로 탄소를 저장하는 역할을 하는 곳이다. [3]이 식물(C4 식물)의 엽육 세포에는 이산화 탄소와 결합하는 역할을 하는 PEP가 존재한다. [4]PEP와 이산화 탄소가 결합되면 4개의 탄소가 포함된 화합물인 4탄당이 형성되는데, C4 식물은 이를 고려하여 붙여진 이름이다. [5]4탄당은 엽육 세포에 저장되어 있다가 유관속초 세포(維管束鞘細胞, 관다발 조직 주위를 둘러싸고 있는, 큰 엽록체를 갖추고 있는 세포)라는 두 번째 공간으로 이동한 후 분해되어 포도당 생성에 필요한 이산화 탄소를 배출한다. [6]그리고 배출된 이산화 탄소는 유관속초 세포 속에 농축되었다가(濃縮-, 쌓였다가) 캘빈 회로를 통하여 포도당을 형성하는 데 쓰이는데, C3 식물과 C4 식물의 캘빈 회로의 작동 방식은 동일하다. [7]이러한 방식으로 C4 식물은 유관속초 세포 속의 이산화 탄소 농도를 높게 유지함으로써(維持-, 변함없이 계속하여 이어 감으로써) C3 식물에 비해 높은 광합성 효율을 보인다.

→ C4 식물의 광합성 과정

6 [1]C4 식물의 비율은 전체 생물량의 5%에 불과하다.(不過-, 지나지 않는다.) [2]그러나 이들(C4 식물)의 광합성량은 전체 광합성량의 23%에 달한다.(達-, 이른다.) [3]이러한 C4 식물에 대한 연구는 미래에 발생할 수 있는 기후 위기에 대응하는(對應-, 맞추어 행동을 취하는) 중요한 열쇠가 될 수 있을 것으로 기대된다.

→ C4 식물 연구의 의의

■지문 이해
〈식물의 광합성 과정〉

❶ 광합성의 역할과 식물에 따른 광합성 방식 차이

• 광합성의 역할 : 생장에 필요한 포도당 생산
• 식물의 서식 환경에 따른 광합성 효율 차이 → 다른 방식으로 광합성하도록 진화함

❷ 일반적인 식물(C3 식물)의 광합성 과정 ①: 명반응

• 엽육 세포에서 주로 일어남
• 명반응 : 빛 에너지로 물을 분해해 암반응에 필요한 화학 에너지 생성(부산물 : 산소)
• 기공 : 명반응의 부산물인 산소 배출, 암반응에 필요한 이산화 탄소 흡수, 체내 수분 배출 시 열림

❸ 일반적인 식물(C3 식물)의 광합성 과정 ②: 암반응

• 암반응 : 명반응에서 생성된 화학 에너지와 기공으로 흡수한 이산화 탄소를 이용해 포도당 생성(부산물 : 물)
• 암반응 과정은 캘빈 회로를 통해 진행됨
  - 이산화 탄소 + RuBP(촉매 : 루비스코) → 3탄당 형성
  - 3탄당의 화학적 변환 → 포도당 생성
  - 남은 화합물은 RuBP로 재생되어 이산화 탄소와 결합
  → 일정 수준 이상의 이산화 탄소 농도, 적정한 온도가 갖춰지지 않으면 포도당 생산 효율이 떨어짐

❹ C3 식물의 한계 및 C4 식물 연구의 필요성

• C3 식물은 기온이 높거나 건조할 때 광합성 효율이 저하됨
• 이상 기후 현상으로 고온 기후가 지속되면 식량 작물의 생산량 감소 등 문제가 심화될 수 있음
  → 다른 방식으로 광합성을 하여 고온에서도 잘 자랄 수 있는 C4 식물 연구가 활발히 진행됨

❺ C4 식물의 광합성 과정

• 두 개의 공간에서 광합성이 일어남

엽육 세포	- 명반응 + 암반응의 첫 번째 단계 - PEP가 이산화 탄소와 결합되어 4탄당 형성
유관속초 세포	- 엽육 세포에 저장되어 있던 4탄당이 이동 후 분해되어 이산화 탄소 배출 - 배출된 이산화 탄소는 농축되었다가 캘빈 회로를 통해 포도당을 형성하는 데 쓰임

• 유관속초 세포 속의 이산화 탄소 농도를 높게 유지해 C3 식물보다 높은 광합성 효율을 보임

❻ C4 식물 연구의 의의

• 미래에 발생할 수 있는 기후 위기에 대응하는 중요한 열쇠가 될 수 있을 것으로 기대됨

---

047 | 세부 정보 이해 - 적절하지 않은 것 고르기 2025년 3월 학평 30번
정답률 80% | 정답 ③

윗글을 읽고 답할 수 있는 질문으로 적절하지 않은 것은?

① 식물이 광합성을 하는 목적은?
   근거 ❶-1 식물은 광합성을 통하여 생장에 필요한 포도당을 생산한다.
   → 적절함!

② C3 식물과 C4 식물의 이름에 담긴 의미는?
   근거 ❸-6 이산화 탄소와 RuBP가 결합하여 생성되는 첫 화합물이 3탄당임을 고려하여 C3 식물이라고 부른다, ❺-4 PEP와 이산화 탄소가 결합되면 4개의 탄소가 포함된 화합물인 4탄당이 형성되는데, C4 식물은 이를 고려하여 붙여진 이름
   → 적절함!

③ C4 식물의 광합성 방식이 진화되는 과정은?
   근거 ❺-1 옥수수, 조, 수수 등 고온의 열대 지방에서도 잘 자라도록 진화한 C4 식물은 두 개의 공간에서 광합성이 진행된다는 특징이 있다.
   풀이 윗글에서는 C4 식물이 두 개의 공간에서 광합성이 진행되어 고온의 열대 지방에서 잘 자라도록 진화하였음을 설명하고 있지만, C4 식물의 광합성 방식이 진화되는 과정을 설명하지는 않았다.
   → 적절하지 않음!

④ C4 식물에 대한 연구가 필요한 까닭은?
   근거 ❹-4~5 이상 기후 현상으로 인하여 고온의 기후가 지속되는 상황이 발생하면 … C3 식물이자 대표적인 식량 작물인 쌀과 밀 등의 생산량이 감소하는 문제로 이어질 수 있다. 이에 따라 C3 식물과 다른 방식으로 광합성을 하여 고온에서도 잘 자랄 수 있는 C4 식물에 대한 연구가 활발히 진행되고 있다, ❻-3 C4 식물에 대한 연구는 미래에 발생할 수 있는 기후 위기에 대응하는 중요한 열쇠가 될 수 있을 것으로 기대된다.
   → 적절함!

Ⅲ 과학, 기술

⑤ C4 식물이 C3 식물보다 광합성 효율이 높은 이유는?

근거 ⑤-1~7 옥수수, 조, 수수 등 고온의 열대 지방에서도 잘 자라도록 진화한 C4 식물은 두 개의 공간에서 광합성이 진행된다는 특징이 있다. … 이러한 방식으로 C4 식물은 유관속초 세포 속의 이산화 탄소 농도를 높게 유지함으로써 C3 식물에 비해 높은 광합성 효율을 보인다.

→ 적절함!

---

048 | 핵심 개념 파악 - 적절한 것 고르기 2025년 3월 학평 31번
정답률 75%, 매력적 오답 ④ 10% | 정답 ③

㉠과 ㉡에 대한 설명으로 가장 적절한 것은?

㉠ 명반응   ㉡ 암반응

▶ 지문 핵심 개념 정리

명반응	• 빛 에너지로 물을 분해하여 암반응에 필요한 화학 에너지를 생성하는 단계 (❷-3) • 부산물로 산소가 발생(❷-3) • 명반응으로 발생하는 화학 에너지는 빛의 세기가 강할수록 많이 생성되지만, 일정 수준 이상으로 빛의 세기가 강해져도 생산량이 증가하지는 않음(❷-4)
암반응	• 기공을 통해 흡수한 이산화 탄소를 이용하여 포도당을 생성하는 단계(❸-1) • 부산물로 물이 생김(❸-1) • 대기로부터 흡수한 이산화 탄소가 RuBP와 결합 → 3탄당 형성 → 포도당 생성 → 남은 화합물은 RuBP로 재생되어 이산화 탄소와 결합(❸-2~3)

㉡은 ㉠과 달리
① ㉠은 ㉡과 달리 이산화 탄소를 필요로 한다.
근거 ❷-6 암반응(㉡)에 필요한 이산화 탄소
풀이 명반응은 빛 에너지를 이용해 암반응에 필요한 화학 에너지를 생성하는 단계이다. 이 과정에서 식물은 기공을 열어 산소를 배출하는데, 기공은 '암반응에 필요한' 이산화 탄소를 흡수할 때에도 열린다. 한편 암반응은 명반응에서 생성된 화학 에너지와 기공을 통해 흡수한 이산화 탄소를 이용하여 포도당을 생성한다. 따라서 이산화 탄소를 필요로 하는 것은 명반응(㉠)이 아니라 암반응(㉡)이다.

→ 적절하지 않음!

㉠은   빛 에너지
② ㉡은 ㉠과 달리 산소를 활용한 물의 분해가 진행된다.
풀이 명반응은 빛 에너지로 물을 분해하며, 그 과정에서 부산물로 산소가 발생한다. 암반응은 이산화 탄소를 이용하여 포도당을 생성하고, 부산물로 물이 생성된다. 즉 '물의 분해'가 진행되는 과정은 명반응(㉠)이며, 이때 물의 분해는 '산소'가 아니라 '빛 에너지'를 활용하여 이루어진다.

→ 적절하지 않음!

③ ㉠은 산소가, ㉡은 물이 반응의 부산물로 생성된다.
근거 ❷-3 명반응은 … 이 과정에서 부산물로 산소가 발생, ❸-1 암반응은 … 부산물로 물이 생기는 단계

→ 적절함!

④ ㉠은 물을, ㉡은 RuBP를 재생하는 반응이 일어난다.
풀이 명반응은 빛 에너지로 물을 분해하여 화학 에너지를 생성하는 단계로, 윗글의 내용을 통해 명반응에서 물을 '재생하는 반응'이 일어나는지 여부는 알 수 없다. 한편 암반응 과정은 캘빈 회로를 통해 진행되는데, 이때 캘빈 회로는 흡수된 이산화 탄소가 RuBP와 결합하여 3탄당이 형성되고, 3탄당이 화학적 변환 과정을 거쳐 포도당을 생성하며, 포도당 생성에 쓰이고 남은 화합물은 'RuBP로 재생되어' 이산화 탄소와의 결합이 다시 진행되는 일련의 순환 과정을 말한다. 따라서 암반응(㉡)에서 RuBP를 재생하는 반응이 일어난다는 설명은 적절하지만, 명반응(㉠)에서 물을 재생하는 반응이 일어난다는 설명은 적절하지 않다.

→ 적절하지 않음!

⑤ ㉠과 ㉡은 모두 빛의 세기가 강해질수록 반응이 활성화된다.
풀이 명반응으로 발생하는 화학 에너지는 빛의 세기가 강할수록 많이 생성되지만, 일정 수준 이상으로 빛의 세기가 강해질 경우 생산량이 더 이상 증가하지 않는다. 따라서 명반응(㉠)은 빛의 세기가 강해질수록 반응이 활성화된다는 설명은 적절하지 않다. 한편 암반응은 명반응에서 생성된 화학 에너지와 기공으로 흡수된 이산화 탄소를 이용해 포도당을 생성하는 과정으로, 빛의 세기와 관련이 없다. 따라서 암반응(㉡)이 빛의 세기가 강해질수록 반응이 활성화된다는 설명 또한 적절하지 않다.

→ 적절하지 않음!

---

049 | 추론의 적절성 판단 - 적절한 것 고르기 2025년 3월 학평 32번
정답률 55%, 매력적 오답 ③ 15% ④ 15% | 정답 ⑤

ⓒ의 원인을 추론한 내용으로 가장 적절한 것은?

ⓒ C3 식물은 기온이 높거나 건조할 때 광합성의 효율이 저하되는 한계가 있다.

명반응
① 광합성에 필요한 빛 에너지가 적어지기 때문이다.
풀이 광합성에서 빛 에너지를 활용하는 것은 명반응과 관련이 있다. 기온이 높거나 건조할 때 이산화 탄소의 양이 줄어들어 광합성의 효율이 저하되는 것은 암반응과 관련이 있는 요소이므로, 광합성에 필요한 빛 에너지가 적어지기 때문이라는 것은 ⓒ의 원인으로 적절하지 않다.

→ 적절하지 않음!

잎 내부의
② 대기 중 이산화 탄소의 농도가 옅어지기 때문이다.
근거 ❹-2 기온이 높거나 날씨가 건조할 때 기공을 열면 체내의 수분이 지나치게 배출되므로 식물은 기공을 열지 않는다.
풀이 C3 식물이 기온이 높거나 건조할 때 광합성의 효율이 저하되는 것은 기공을 열지 않아 이산화 탄소의 흡수량이 줄어들고, 이 때문에 잎 내부의 이산화 탄소 농도가 옅어지기 때문이지, 대기 중 이산화 탄소의 농도가 옅어지기 때문이 아니다.

→ 적절하지 않음!

흡수   이산화 탄소   줄어들기
③ 기공을 통하여 배출되는 산소의 양이 늘어나기 때문이다.
근거 ❸-1 기공을 통해 흡수한 이산화 탄소를 이용하여 포도당을 생성, ❹-2 기온이 높거나 날씨가 건조할 때 기공을 열면 체내의 수분이 지나치게 배출되므로 식물은 기공을 열지 않는다.
풀이 식물은 기공을 통해 이산화 탄소를 흡수하는데 기온이 높거나 건조하면, 지나친 수분의 배출을 막기 위해 기공을 열지 않는다고 하였다. 즉 C3 식물이 기온이 높거나 건조할 때 광합성의 효율이 저하되는 것은 기공을 통하여 배출되는 산소의 양이 늘어나기 때문이 아니라, 기공이 열리지 않아 포도당이 생성될 만큼의 이산화 탄소를 흡수하지 못하기 때문이다.

→ 적절하지 않음!

C4 식물
④ 광합성에 사용되는 탄소보다 저장되는 탄소가 더 많아지기 때문이다.
근거 ⑤-1~2 C4 식물은 두 개의 공간에서 광합성이 진행된다는 특징이 있다. 첫 번째 공간인 엽육 세포는 C3 식물과 같은 방식으로 명반응이 일어나는 곳이자, 암반응의 첫 번째 단계로 탄소를 저장하는 역할을 하는 곳
풀이 C4 식물은 C3 식물과 달리 두 개의 공간에서 광합성이 진행되며, 그중 첫 번째 공간인 엽육 세포에서는 탄소를 저장한다. '저장되는 탄소'는 C4 식물과 관련된 설명이지, C3 식물과 관련된 설명이 아니므로, '광합성에 사용되는 탄소보다 저장되는 탄소가 더 많아지기 때문'이라는 것은 ⓒ의 원인으로 적절하지 않다.

→ 적절하지 않음!

⑤ 캘빈 회로에 사용될 수 있는 이산화 탄소의 양이 줄어들기 때문이다.
근거 ❷-6 기공은 산소를 배출할 때뿐만 아니라 암반응에 필요한 이산화 탄소를 흡수하거나 체내의 수분을 배출해야 할 때에도 열린다, ❸-1 암반응은 명반응에서 생성된 화학 에너지와 기공을 통해 흡수한 이산화 탄소를 이용하여 포도당을 생성, ❸-4~5 캘빈 회로로 포도당이 생성되려면 일정 수준 이상의 이산화 탄소 농도, 적정한 온도 등의 환경이 갖추어져야 한다. 그렇지 않으면 RuBP가 이산화 탄소와 결합하는 비율이 낮아져 포도당 생산의 효율이 떨어진다, ❹-2~3 기온이 높거나 날씨가 건조할 때 기공을 열면 체내의 수분이 지나치게 배출되므로 식물은 기공을 열지 않는다. 이로 인해 포도당의 생산이 어려워지면 식물은 잘 생장하지 못한다.
풀이 식물은 체내 수분 유지를 위해 기온이 높거나 날씨가 건조할 때 기공을 열지 않는다. 기공은 암반응에 필요한 이산화 탄소를 흡수하는 역할을 하는데, 식물이 기공을 열지 않으면 암반응에 필요한 이산화 탄소의 양이 줄어들게 된다. 이때 암반응은 명반응에서 생성된 화학 에너지와 기공을 통해 흡수한 이산화 탄소를 이용해 포도당을 생성하는 단계를 말하며, 암반응 과정은 캘빈 회로를 통해 진행된다. 그런데 캘빈 회로로 포도당이 생성되려면 일정 수준 이상의 이산화 탄소 농도가 필요하며, 그렇지 않으면 RuBP가 이산화 탄소와 결합하는 비율이 낮아져 포도당 생산, 즉 광합성의 효율이 떨어진다고 하였다. 따라서 C3 식물이 기온이 높거나 건조할 때, 광합성의 효율이 저하되는 원인은 캘빈 회로에 사용될 수 있는 이산화 탄소의 양이 줄어들기 때문이라는 추론은 적절하다.

→ 적절함!

198 마더텅 전국연합 학력평가 기출문제집 고1 국어 독서

050 추론의 적절성 판단 - 적절하지 않은 것 고르기 **2025년 3월 학평 33번** `1등급 문제`
정답률 35%, 매력적 오답 ① 10% ③ 15% ⑤ 35%
정답 ④

〈보기〉는 'C3 식물'과 'C4 식물'의 광합성 과정을 나타낸 것이다. a~c에 대한 설명으로 적절하지 **않은** 것은? `3점`

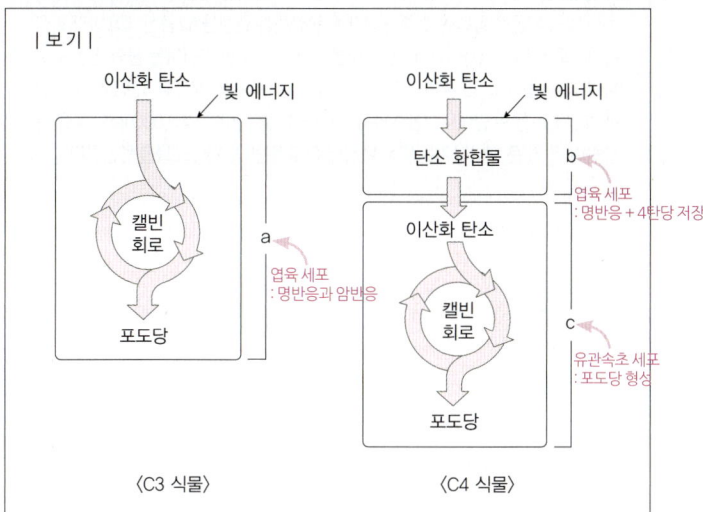

| 보기 |

〈C3 식물〉 〈C4 식물〉

▶ 지문 핵심 개념 정리

C3 식물의 광합성 과정	C4 식물의 광합성 과정
• 엽육 세포에서 주로 일어남(②-1) • 명반응 : 빛 에너지로 물을 분해해 암반응에 필요한 화학 에너지 생성(②-2) • 암반응 : 명반응에서 생성된 화학 에너지 + 기공으로 흡수한 이산화 탄소로 포도당 생성(③-1) – 캘빈 회로를 통해 진행됨(③-2)	• 두 개의 공간에서 광합성이 진행됨(⑤-1) – 엽육 세포 : 명반응(⑤-2), 탄소 화합물인 4탄당 저장(⑤-4) – 유관속초 세포 : 4탄당을 분해해 이산화 탄소 배출, 캘빈 회로를 통해 포도당 형성(⑤-5~6)

① a와 b는 엽육 세포에서, c는 유관속초 세포에서 일어나는 반응이다.

`풀이` C3 식물의 광합성은 주로 엽육 세포에서 일어나며, 이때 광합성의 과정은 명반응과 암반응의 두 단계로 이루어진다. 따라서 〈보기〉의 a는 C3 식물의 엽육 세포에서 일어나는 반응에 해당한다. 한편 C4 식물은 C3 식물과 달리 두 개의 공간에서 광합성이 진행되는데, 첫 번째 공간인 엽육 세포는 명반응이 일어나고 암반응의 첫 번째 단계로 탄소 화합물인 4탄당이 저장되는 곳이다. 두 번째 공간인 유관속초 세포에서는 엽육 세포에서 이동해온 4탄당이 분해되어 포도당 생성에 필요한 이산화 탄소를 배출하고, 이 이산화 탄소는 캘빈 회로에서 포도당을 형성하는 데 쓰인다. 따라서 〈보기〉의 b는 C4 식물의 광합성이 진행되는 첫 번째 공간인 엽육 세포, 〈보기〉의 c는 두 번째 공간인 유관속초 세포에서 일어나는 반응에 해당한다.

→ 적절함!

② a에서는 3탄당이, c에서는 b에서 이동한 4탄당이 포도당 생성에 *기여한다. *寄與-. 도움이 되게 한다.

`근거` ③-2~3 암반응 과정은 캘빈 회로를 통하여 진행되는데 대기로부터 흡수된 이산화 탄소는 RuBP와 결합하며, … 이 결합으로 3개의 탄소가 결합한 3탄당이 형성되고, 3탄당은 화학적 변환 과정을 거쳐 포도당을 생성하며, ⑤-5 4탄당은 엽육 세포에 저장되어 있다가 유관속초 세포라는 두 번째 공간으로 이동한 후 분해되어 포도당 생성에 필요한 이산화 탄소를 배출

`풀이` C3 식물의 암반응 과정에서 3탄당이 형성되는데, 이 3탄당은 화학적 변환 과정을 거쳐 포도당을 생성한다. 한편 C4 식물의 엽육 세포에서 형성되어 저장된 4탄당은 유관속초 세포로 이동한 후 분해되어 포도당 생성에 필요한 이산화 탄소를 배출한다. 따라서 a에서는 3탄당이, c에서는 b에서 이동한 4탄당이 포도당 생성에 기여한다는 설명은 적절하다.

→ 적절함!

③ a와 b에서는 빛 에너지를 활용하여 화학 에너지를 생성하는 반응이 진행된다. ← 명반응

`풀이` 식물의 광합성 과정 중 명반응은 빛 에너지로 물을 분해하여 암반응에 필요한 화학 에너지를 생성하는 단계로, C3 식물과 C4 식물 모두 명반응은 엽육 세포에서 일어난다. 따라서 a와 b에서는 빛 에너지를 활용하여 화학 에너지를 생성하는 반응이 진행된다는 설명은 적절하다.

→ 적절함!

④ a의 캘빈 회로에서는 RuBP가, c의 캘빈 회로에서는 PEP가 이산화 탄소와 결합한다. ← 도 RuBP가

`근거` ③-2 암반응 과정은 캘빈 회로를 통하여 진행되는데 대기로부터 흡수된 이산화 탄소는 RuBP와 결합하며, ⑤-6 C3 식물과 C4 식물의 캘빈 회로의 작동 방식은 동일, ⑤-3 이 식물(C4 식물)의 엽육 세포에는 이산화 탄소와 결합하는 역할을 하는 PEP가 존재

`풀이` 윗글의 설명에 따르면 C3 식물의 암반응 과정은 캘빈 회로를 통해 진행되며, 이때 대기로부터 흡수된 이산화 탄소는 RuBP와 결합한다. 따라서 a의 캘빈 회로에서 RuBP가 이산화 탄소와 결합한다는 설명은 적절하다. 한편 C4 식물의 엽육 세포에서 형성된 4탄당은 유관속초 세포로 이동한 후 분해되어 포도당 생성에 필요한 이산화 탄소를 배출하고, 배출된 이산화 탄소는 유관속초 세포 속에 농축되었다가 캘빈 회로를 통해 포도당을 형성하는 데 쓰인다. 이때 C4 식물의 캘빈 회로의 작동 방식은 C3 식물과 동일하다고 하였으므로, C4 식물 역시 c의 캘빈 회로에서 RuBP가 이산화 탄소와 결합할 것임을 알 수 있다.

또한 C4 식물의 광합성이 진행되는 첫 번째 공간인 엽육 세포에는 이산화 탄소와 결합하는 PEP가 존재한다. PEP는 유관속초 세포가 아닌 엽육 세포에서 이산화 탄소와 결합하므로 c의 캘빈 회로에서 PEP가 이산화 탄소와 결합한다는 설명은 적절하지 않다.

→ 적절하지 않음!

← 이산화 탄소 + RuBP (촉매 : 루비스코) → 3탄당

⑤ a와 c에서는 포도당을 생성하는 데 필요한 화합물을 만들 때 루비스코라는 촉매가 필요하다.

`근거` ③-2 암반응 과정은 캘빈 회로를 통하여 진행되는데 대기로부터 흡수된 이산화 탄소는 RuBP와 결합하며, 이 결합은 루비스코라는 촉매를 통하여 촉진된다, ⑤-6 배출된 이산화 탄소는 유관속초 세포 속에 농축되었다가 캘빈 회로를 통하여 포도당을 형성하는 데 쓰이는데, C3 식물과 C4 식물의 캘빈 회로의 작동 방식은 동일하다.

`풀이` 엽육 세포에서 진행되는 C3 식물의 암반응 과정은 캘빈 회로를 통해 진행되는데, 이때 대기로부터 흡수된 이산화 탄소는 RuBP와 결합하며, 이 결합은 루비스코라는 촉매를 통해 촉진된다. 한편 C4 식물의 엽육 세포에서 형성된 4탄당은 유관속초 세포로 이동한 후 분해되어 포도당 생성에 필요한 이산화 탄소를 배출하고, 배출된 이산화 탄소는 유관속초 세포 속에 농축되었다가 캘빈 회로를 통해 포도당을 형성하는 데 쓰인다. 이때 C4 식물의 캘빈 회로의 작동 방식은 C3 식물과 동일하다고 하였으므로, 이산화 탄소와 RuBP의 결합이 루비스코라는 촉매를 통해 촉진되는 과정 또한 C3 식물과 동일하게 진행될 것임을 추론할 수 있다. 따라서 a와 c에서는 캘빈 회로를 통하여 포도당을 생성하는 데 필요한 화합물, 즉 3탄당을 만들 때 루비스코라는 촉매가 필요하다는 설명은 적절하다.

→ 적절함!

[051~056] 다음 글을 읽고 물음에 답하시오.

1 ¹식물의 생장(生長. 나서 자라는 과정)에는 물이 필수적이다.(必須的−. 꼭 있어야 한다.) ²동물과 달리 식물은 잎에서 광합성(光合成. 녹색 식물이 빛에너지를 이용하여, 흡수한 이산화탄소와 수분을 유기물과 산소로 바꾸는 작용)을 통해 생장에 필요한 양분(養分. 영양이 되는 성분)을 만들어 내는데, 물은 바로 그(식물이 잎에서 광합성을 통해 생장에 필요한 양분을 만들어 내는) 원료(原料. 만드는 데 들어가는 재료)가 된다. ³물은 지구 중심으로부터 중력을 받기 때문에 높은 곳에서 낮은 곳으로 흐르지만, 식물은 지구 중심과는 반대 방향으로 자란다. ⁴따라서 식물이 줄기 끝에 달려 있는 잎에 물을 공급하려면(供給−. 대어 주려면) 중력의 반대 방향으로 물을 끌어 올려야 한다. ⁵미국의 캘리포니아 레드우드 국립공원에는 세계에서 키가 가장 큰 세쿼이아가 있다. ⁶이 나무(세계에서 키가 가장 큰 세쿼이아)는 키가 무려 112 m에 이르며, 뿌리는 땅속으로 약 15 m까지 뻗어 있다고 한다. ⁷따라서 물이 뿌리에서 나무의 꼭대기에 있는 잎까지 도달하려면(到達−. 다다르려면) 127 m나 끌어 올려져야 한다. ⁸펌프(pump. 압력을 통해 액체를 빨아 올리는 기계) 같은 장치도 보이지 않는데 대체 물이 어떻게 그 높은 곳(키가 112 m나 되는 나무의 꼭대기)까지 올라갈 수 있는 것일까? ⁹식물은 어떤 힘을 이용하여 뿌리에서부터 잎까지 물을 끌어 올릴까? ¹⁰식물이 물을 뿌리에서 흡수하여(吸水−. 안으로 빨아들여) 잎까지 보내는 데는 뿌리압(壓. 압력), 모세관(毛細管. 털과 같이 가느다란 관) 현상, 증산(蒸 증발하다 증 散 흩뿌리다 산) 작용으로 생긴 힘이 복합적으로(複合的−. 두 가지 이상이 합쳐져) 작용한다.(作用−. 영향을 미친다.)

〈참고 그림〉
❶-1 ◐ 식물이 물을 뿌리에서 흡수하여 잎까지 보내는 데는 뿌리압, 모세관 현상, 증산 작용으로 생긴 힘이 복합적으로 작용한다.

→ 식물이 생장에 필수적인 물을 잎까지 끌어 올리는 데 작용하는 세 가지 힘

[2] [A] [1]호박이나 수세미의 잎을 모두 ⓐ 떼어 내고 뿌리와 줄기만 남기고 자른 후 뿌리 끝을 물에 넣어 보면, 잘린 줄기 끝에서는 물이 힘차게 솟아오르지는 않지만 계속해서 올라온다. [2]뿌리털(식물의 뿌리 끝에 실처럼 길고 부드럽게 나온 가는 털)을 둘러싼 세포막(細胞膜, 세포의 가장 바깥층을 둘러싸고 있는 막)을 경계(境界, 구분되는 선)로 안쪽은 땅에 비해 여러 가지 유기물(有機物, 탄소(C)를 포함하고 있는 물질로, 탄수화물, 단백질, 지방, 비타민 등)과 무기물(無機物, 탄소(C)를 포함하고 있지 않은 물질로, 돌이나 흙을 구성하는 광물에서 얻을 수 있는 물질)들이 더 많이 섞여 있어서 뿌리 바깥보다 용액(溶液, 두 가지 이상의 물질이 고르게 섞인 액체)의 농도(濃度, 진한 정도)가 높다. [3]다시 말해 뿌리털 안은 농도가 높은 반면, 흙 속에 포함되어 있는 물은 농도가 낮다. [4]이때 농도의 균형을 맞추기 위해 흙 속에 있는 물 분자는 뿌리털의 세포막을 거쳐 물 분자가 상대적으로 적은 뿌리 내부로 ⓑ 들어온다. [5]이처럼 농도가 낮은 흙 속의 물을 농도가 높은 뿌리 쪽으로 이동시키는 힘이 생기는데, 이(농도가 낮은 흙 속의 물을 농도가 높은 뿌리 쪽으로 이동시키는 힘)를 뿌리압이라고 한다. [6]즉 뿌리압이란 뿌리에서 물이 흡수될 때 밀고 들어오는 압력으로, 물을 위로 밀어 올리는 힘이다.

〈참고 그림〉

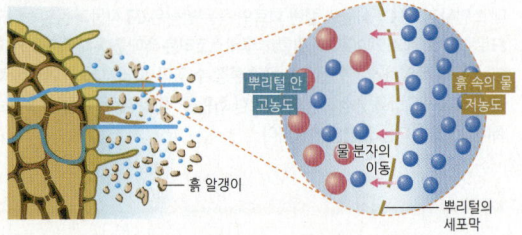

뿌리털 안 고농도
흙 속의 물 저농도
물 분자의 이동
흙 알갱이
뿌리털의 세포막

❷-3~4 뿌리털 안은 농도가 높은 반면, 흙 속에 포함되어 있는 물은 농도가 낮다. 이때 농도의 균형을 맞추기 위해 흙 속에 있는 물 분자는 뿌리털의 세포막을 거쳐 물 분자가 상대적으로 적은 뿌리 내부로 들어온다.

→ 식물이 물을 끌어 올리는 힘 ① : 뿌리압

[3] [1]물이 담긴 그릇에 가는 유리관을 ⓒ 꽂아 보면 유리관을 따라 물이 올라가는 것을 관찰할 수 있다. [2]이처럼 가는 관과 같은 통로를 따라 액체가 올라가거나 내려가는 것을 모세관 현상이라고 한다. [3]모세관 현상은 물 분자와 모세관 벽이 결합하려는(結合-, 서로 하나가 되려는) 힘이 물 분자끼리 결합하려는 힘보다 더 크기 때문에 일어난다. [4]따라서 관이 가늘어질수록 물이 올라가는 높이가 높아진다. [5]식물체 안에는 뿌리에서 줄기를 거쳐 잎까지 연결된 물관이 있다. [6]물관은 말 그대로 물이 지나가는 통로인데, 지름이 75 ㎛(마이크로미터, 1 ㎛ = 0.001 mm)로 너무 가늘어 눈으로는 볼 수 없다. [7]이처럼 식물은 물관의 지름이 매우 작기 때문에 ㉠ 모세관 현상으로 물을 밀어 올리는 힘이 생긴다.

〈참고 그림〉

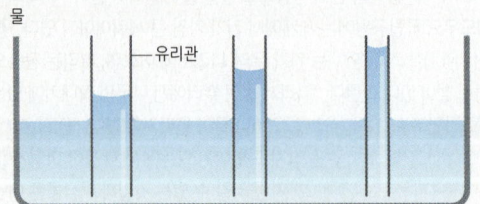

물
유리관

❸-1~2, 4 물이 담긴 그릇에 가는 유리관을 꽂아 보면 유리관을 따라 물이 올라가는 모세관 현상을 관찰할 수 있다. 이때 관이 가늘어질수록 물이 올라가는 높이가 높아진다.

→ 식물이 물을 끌어 올리는 힘 ② : 모세관 현상

[4] [1]뜨거운 햇볕이 내리쬐는 더운 여름철에는 큰 나무가 만들어 주는 그늘이 그렇게 고마울 수가 없다. [2]나무가 만들어 주는 그늘이 건물이 만들어 주는 그늘보다

더 시원한 이유는 무엇일까? [3]㉮ 나무의 잎은 물을 수증기 상태로 공기 중으로 내보내는데, 이때 물이 주위의 열을 흡수하기 때문에 나무의 그늘 아래가 건물이 만드는 그늘보다 훨씬 시원한 것이다. [4]식물의 잎에는 기공(氣 공기 기 孔 구멍 공)이라는 작은 구멍이 있다. [5]기공을 통해 공기가 들락날락하거나 잎의 물이 공기 중으로 증발하기도(蒸發-, 기체 상태로 변하기도) 한다. [6]이처럼 식물체 내의 수분(水分, 물기)이 잎의 기공을 통하여 수증기 상태로 증발하는 현상을 ㉡ 증산 작용이라고 한다. [7]가로 세로가 10 × 10 cm인 잔디밭에 1 년 동안 증산하는 물의 양을 조사한 결과, 놀랍게도 55 톤이나 되었다. [8]이는 1 리터짜리 페트병 5만 5천 개 분량에 해당하는 물의 양이다. [9]상수리나무는 6~11월 사이에 약 9,000 kg의 물을 증산하며, 키가 큰 해바라기는 맑은 여름날 하루 동안 약 1 kg의 물을 증산한다.

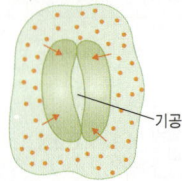

기공

〈참고 그림〉
❹-4~5 식물의 잎에는 기공이라는 작은 구멍이 있다. 기공을 통해 공기가 들락날락하거나 잎의 물이 공기 중으로 증발하기도 한다.

→ 식물이 물을 끌어 올리는 힘 ③ : 증산 작용의 개념

[5] [1]기공의 크기는 식물의 종류에 따라 ⓓ 다른데 보통 폭(幅, 너비)이 8 ㎛, 길이가 16 ㎛ 정도밖에 되지 않는다. [2]크기가 1 cm²인 잎에는 약 5만 개나 되는 기공이 있으며, 그 대부분은 잎의 뒤쪽에 있다. [3]이(잎의 뒤쪽에 있는 아주 작고 많은) 기공을 통해 그렇게 엄청난 양의 물이 공기 중으로 증발해 버린다. [4]증산 작용은 물을 식물체 밖으로 내보내는 작용으로, 뿌리에서 흡수된 물이 줄기를 거쳐 잎까지 올라가는 원동력(原動力, 움직임의 근본이 되는 힘)이다. [5]잎의 세포에서는 물이 공기 중으로 증발하면서 아래쪽의 물 분자를 끌어 올리는 현상이 일어난다. [6]즉, 물 분자들은 서로 잡아당기는 힘으로써 연결되는데, 이(물 분자들이 서로 잡아당기는 힘으로 연결되는 것)는 물 기둥을 형성하는(形成-, 모양을 이루는) 것과 같다. [7]사슬처럼 연결된 물 기둥의 한쪽 끝을 ⓔ 이루는 물 분자가 잎의 기공을 통해 빠져나가면 아래쪽 물 분자가 끌어 올려지는 것이다. [8]증산 작용에 의한 힘은 잡아당기는 힘으로 식물이 물을 끌어 올리는 요인(要因, 중요한 원인) 중 가장 큰 힘이다.

〈참고 그림〉

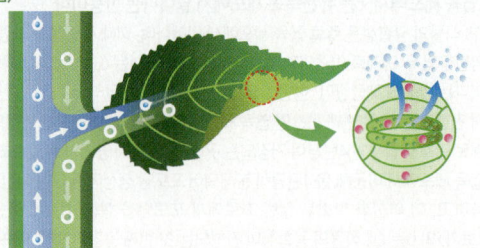

❺-4 증산 작용은 물을 식물체 밖으로 내보내는 작용으로, 뿌리에서 흡수된 물이 줄기를 거쳐 잎까지 올라가는 원동력이다.

→ 식물이 물을 끌어 올리는 힘 ③ : 증산 작용의 원리

■지문 이해

〈식물이 물을 끌어 올리는 세 가지 힘〉

❶ 식물이 생장에 필수적인 물을 잎까지 끌어 올리는 데 작용하는 세 가지 힘

· 물은 식물의 잎에서 일어나는 광합성의 원료가 됨
· 식물이 뿌리에서부터 잎까지 물을 끌어 올리는 데 작용하는 세 가지 힘 : 뿌리압, 모세관 현상, 증산 작용

식물이 물을 끌어 올리는 힘		
❷ 뿌리압	❸ 모세관 현상	❹~❺ 증산 작용
· 농도 차로 인해 뿌리에서 물이 흡수될 때 밀고 들어오는 압력	· 가는 관과 같은 통로를 따라 액체가 올라가거나 내려가는 것 · 식물의 물관을 따라 물이 올라감	· 식물체 내 수분이 잎의 기공을 통해 수증기 상태로 증발하는 현상 · 사슬처럼 연결된 물 분자 기둥의 한쪽 끝을 이루는 물 분자가 기공을 통해 빠져나가면서 아래쪽의 물 분자를 끌어 올림 · 식물이 물을 끌어 올리는 요인 중 가장 큰 힘

051
세부 정보 이해 - 적절하지 않은 것 고르기 **2019년 6월 학평 16번**
정답률 85%

정답 ②

윗글의 내용과 일치하지 <u>않는</u> 것은?

① 식물의 종류에 따라 기공의 크기가 다르다.

근거 **5**-1 기공의 크기는 식물의 종류에 따라 다른데

→ 적절함!

반대
✔② 식물의 뿌리압은 중력과 동일한 방향으로 작용한다.

근거 **1**-4 식물이 줄기 끝에 달려 있는 잎에 물을 공급하려면 중력의 반대 방향으로 물을 끌어 올려야 한다, **2**-6 뿌리압이란 뿌리에서 물이 흡수될 때 밀고 들어오는 압력으로, 물을 위로 밀어 올리는 힘이다.

→ 적절하지 않음!

③ 식물이 광합성 작용을 하기 위해서는 반드시 물이 필요하다.

근거 **1**-1~2 식물의 생장에는 물이 필수적이다. 동물과 달리 식물은 잎에서 광합성을 통해 생장에 필요한 양분을 만들어 내는데, 물은 바로 그 원료가 된다.

→ 적절함!

④ 뿌리에서 잎까지 물 분자들은 사슬처럼 서로 연결되어 있다.

근거 **1**-10 식물이 물을 뿌리에서 흡수하여 잎까지 보내는 데는 뿌리압, 모세관 현상, 증산 작용으로 생긴 힘이 복합적으로 작용한다, **5**-6~7 물 분자들은 서로 잡아당기는 힘으로써 연결되는데, 이는 물 기둥을 형성하는 것과 같다. 사슬처럼 연결된 물 기둥의 한쪽 끝을 이루는 물 분자가 잎의 기공을 통해 빠져나가면 아래쪽 물 분자가 끌어 올려지는 것

풀이 식물의 뿌리에서 잎까지 밀어 올려지는 물 분자들은 서로 사슬처럼 연결되어 물 기둥을 형성하고 있다.

→ 적절함!

⑤ 물관 내에서 물 분자와 모세관 벽이 결합하려는 힘으로 물이 위로 이동한다.

근거 **3**-3 모세관 현상은 물 분자와 모세관 벽이 결합하려는 힘이 물 분자끼리 결합하려는 힘보다 더 크기 때문에 일어난다, **3**-7 식물은 물관의 지름이 매우 작기 때문에 모세관 현상으로 물을 밀어 올리는 힘이 생긴다.

풀이 식물의 물관 내에서는 물 분자와 모세관 벽이 결합하려는 힘이 물 분자끼리 결합하려는 힘보다 더 크기 때문에 모세관 현상이 일어나서 물이 올라간다.

→ 적절함!

052
추론의 적절성 판단 - 적절하지 않은 것 고르기 **2019년 6월 학평 17번**
정답률 70%, 매력적 오답 ③ 10%

정답 ④

[A]와 〈보기〉를 이해한 것으로 적절하지 <u>않은</u> 것은? [3점]

| 보기 |
[1]삼투(滲 스며들다 삼 透 투과하다 투) 현상이란 용액의 농도가 낮은 곳에서 높은 곳으로 선택적 투과성 막(選擇的透過性膜, 어떤 물질은 쉽게 통과시키는 반면 다른 어떤 물질은 통과시키지 않는 성질을 가진 막)을 통해 물이 이동하는 현상이다. [2]이때(삼투 현상이 일어날 때) 물이 이동하는 힘을 삼투압이라 하며, 이 힘(삼투압)은 용액의 농도에 따라 비례한다. [3]삼투 현상의 예로 배추를 소금물에 담그면 소금 입자는 이동하지 못하고 배추에 있는 물이 소금물 쪽으로 이동하여 배추가 절여지는 것을 들 수 있다.

① 뿌리털을 둘러싼 세포막은 선택적 투과성 막 역할을 한다.

근거 **2**-2 뿌리털을 둘러싼 세포막을 경계로 안쪽은 땅에 비해 여러 가지 유기물과 무기물들이 더 많이 섞여 있어서 뿌리 바깥보다 용액의 농도가 높다, **2**-4 농도의 균형을 맞추기 위해 흙 속에 있는 물 분자는 뿌리털의 세포막을 거쳐 물 분자가 상대적으로 적은 뿌리 내부로 들어온다.

풀이 〈보기〉에서 삼투 현상은 용액의 농도가 낮은 곳에서 높은 곳으로 선택적 투과성 막을 통해 물이 이동하는 현상이라고 하였다. [A]에서는 뿌리털을 둘러싼 세포막을 경계로 안쪽 용액의 농도가 바깥쪽 용액의 농도보다 높아서, 물 분자가 농도가 낮은 뿌리 바깥에서 뿌리털 세포막을 거쳐 농도가 높은 뿌리 안쪽으로 들어온다고 하였다. 따라서 [A]의 '뿌리털을 둘러싼 세포막'은 〈보기〉의 '선택적 투과성 막의 역할'을 한다고 볼 수 있다.

→ 적절함!

= 삼투압
② 소금물에 소금을 추가하면 <u>배추에서 빠져나오는 물이 이동하는 힘</u>이 커진다.

근거 〈보기〉-2 이때(삼투 현상이 일어날 때) 물이 이동하는 힘을 삼투압이라 하며, 이 힘은 용액의 농도에 따라 비례한다.

풀이 삼투압은 용액의 농도에 따라 비례한다고 하였다. 소금물에 소금을 추가하여 농도가 높아지면 배추에서 빠져나오는 물이 이동하는 힘, 즉 삼투압은 농도에 비례하여 커질 것이다.

→ 적절함!

③ 선택적 투과성 막을 흙 속의 물 분자는 통과할 수 있지만 소금 입자는 통과할 수 없다.

근거 **2**-4 농도의 균형을 맞추기 위해 흙 속에 있는 물 분자는 뿌리털의 세포막을 거쳐 물 분자가 상대적으로 적은 뿌리 내부로 들어온다, 〈보기〉-3 배추를 소금물에 담그면 소금 입자는 이동하지 못하고 배추에 있는 물이 소금물 쪽으로 이동

풀이 선택적 투과성 막은 용액의 농도가 높은 곳과 낮은 곳을 경계로 하여 물이 이동하는 곳이다. [A]의 경우 뿌리털의 세포막이 선택적 투과성 막에 해당하며, 흙 속에 있는 물 분자가 이동한다. 한편 〈보기〉의 경우 농도가 다른 배추와 소금물 사이에 선택적 투과성 막이 존재함을 유추할 수 있으며, 소금 입자가 아닌 물이 이를 통과할 것이다.

→ 적절함!

농도가 낮은쪽 **농도가 높은 쪽** **낮아진다**
✔④ 흙 속의 물과 배추의 물이 이동하면 뿌리털 안의 용액과 소금물의 농도가 높아진다.

근거 **2**-3~4 뿌리털 안은 농도가 높은 반면, 흙 속에 포함되어 있는 물은 농도가 낮다. 이때 농도의 균형을 맞추기 위해 흙 속에 있는 물 분자는 뿌리털의 세포막을 거쳐 물 분자가 상대적으로 적은 뿌리 내부로 들어온다, 〈보기〉-3 배추를 소금물에 담그면 … 배추에 있는 물이 소금물 쪽으로 이동, 〈보기〉-1 삼투 현상이란 용액의 농도가 낮은 곳에서 높은 곳으로 선택적 투과성 막을 통해 물이 이동하는 현상

풀이 농도가 낮은 흙 속의 물과 배추의 물이 삼투 현상에 의해 선택적 투과성 막을 통과하여 농도가 높은 뿌리털 안과 소금물로 이동하면 뿌리털 안의 용액과 소금물의 농도는 낮아진다.

→ 적절하지 않음!

⑤ 뿌리가 흙 속의 물을 흡수하는 것과 배추에서 물이 빠져나오는 것은 용액의 농도 차이 때문에 발생한다.

근거 **2**-4 농도의 균형을 맞추기 위해 흙 속에 있는 물 분자는 뿌리털의 세포막을 거쳐 물 분자가 상대적으로 적은 뿌리 내부로 들어온다, 〈보기〉-1 삼투 현상이란 용액의 농도가 낮은 곳에서 높은 곳으로 선택적 투과성 막을 통해 물이 이동하는 현상, 〈보기〉-3 삼투 현상의 예로 배추를 소금물에 담그면 소금 입자는 이동하지 못하고 배추에 있는 물이 소금물 쪽으로 이동

풀이 [A]에서 뿌리가 흙 속의 물을 흡수하는 것과 〈보기〉에서 배추의 물이 빠져나오는 것은 모두 농도의 균형을 맞추기 위해 용액의 농도가 낮은 곳에서 높은 곳으로 물이 이동하는 삼투 현상의 예이다. 즉 [A]와 〈보기〉에서 물이 이동하는 것은 모두 용액의 농도 차이로 인한 것이다.

→ 적절함!

053
핵심 개념 이해 - 적절하지 않은 것 고르기 **2019년 6월 학평 18번**
정답률 70%, 매력적 오답 ④ 15%

정답 ⑤

㉠과 ㉡에 대한 설명으로 적절하지 <u>않은</u> 것은?

㉠ 모세관 현상   ㉡ 증산 작용

① ㉠은 관의 지름에 따라 물이 올라가는 높이가 달라진다.

근거 **3**-4 (모세관 현상은) 관이 가늘어질수록 물이 올라가는 높이가 높아진다.

→ 적절함!

② ㉡이 일어나면 물이 식물체 내에서 빠져나와 주변의 온도를 낮춘다.

근거 **4**-3 나무의 잎은 물을 수증기 상태로 공기 중으로 내보내는데, 이때 물이 주위의 열을 흡수하기 때문에 나무의 그늘 아래가 건물이 만드는 그늘보다 훨씬 시원한 것이다, **4**-6 이처럼 식물체 내의 수분이 잎의 기공을 통하여 수증기 상태로 증발하는 현상을 증산 작용이라고 한다.

풀이 ㉡(증산 작용)이 일어나면 식물체 내의 물이 수증기 상태로 공기 중으로 내보내지는데, 이때 물이 주변의 열을 흡수하여 주변 온도를 낮춘다.

→ 적절함!

③ ㉠에 의해서는 물의 상태가 바뀌지 않고, ㉡에 의해서는 물의 상태가 바뀐다.

근거 **3**-2 가는 관과 같은 통로를 따라 액체가 올라가거나 내려가는 것을 모세관 현상,

④-6 식물체 내의 수분이 잎의 기공을 통하여 수증기 상태로 증발하는 현상을 증산 작용

풀이 ㉠(모세관 현상)이 일어나면 물이 이동할 뿐, 물의 상태는 변화하지 않는다. 반면 ㉡(증산 작용)이 일어나면 물이 액체 상태에서 수증기(기체) 상태로 변화한다.

→ 적절함!

④ ㉠으로 물을 위로 밀어 올리는 힘이, ㉡으로 물을 위에서 잡아당기는 힘이 생긴다.

근거 ③-7 모세관 현상으로 물을 밀어 올리는 힘이 생긴다, ⑤-8 증산 작용에 의한 힘은 잡아당기는 힘

→ 적절함!

⑤ ㉠에 의해 식물이 물을 밀어 올리는 힘보다 ㉡에 의해 식물이 물을 끌어 올리는 힘이 더 작다.
　　　　　　　　　　　　　　　　　　　　　　　　　　　　　더 크다

근거 ⑤-8 증산 작용에 의한 힘은 잡아당기는 힘으로 식물이 물을 끌어 올리는 요인 중 가장 큰 힘

→ 적절하지 않음!

---

054 추론의 적절성 판단 - 적절한 것 고르기 2019년 6월 학평 19번
정답률 50%, 매력적 오답 ④ 30%
　　　　　　　　　　　　　　　　　　　　　정답 ①

㉮와 같은 현상이 일어나는 예로 적절한 것은?

> 　　　　　　　　　　　　　　　　　　　　열을 흡수하는 반응이 일어나는 현상
> ㉮ 나무의 잎은 물을 수증기 상태로 공기 중으로 내보내는데, 이때 물이 주위의 열을 흡수하기 때문에 나무의 그늘 아래가 건물이 만드는 그늘보다 훨씬 시원한 것

근거 ④-6 식물체 내의 수분이 잎의 기공을 통하여 수증기 상태로 증발하는 현상을 증산 작용이라고 한다.

풀이 ㉮는 식물의 증산 작용으로 식물체 내의 수분이 증발하면서 주변의 열을 흡수하여 주변 온도를 낮추는 현상이다.

① 피부에 알코올 솜을 문지를 때 — 열을 흡수하는 반응이 일어나는 현상

풀이 피부에 알코올 솜을 문지르면 액체 상태인 알코올이 기체로 변화해 날아가면서 몸의 열을 빼앗아 체온이 내려간다. 즉 액체 알코올이 기체가 되면서 주변으로부터 열을 흡수하는 반응이 일어난다.

→ 적절함!

② 주머니 난로의 액체가 하얗게 굳어갈 때 — 열을 방출하는 반응이 일어나는 현상

풀이 주머니 난로의 액체가 굳어져 고체가 되면서 열을 주변으로 방출하여 주변의 온도가 올라간다.

→ 적절하지 않음!

③ 음식물을 공기 중에 오래 두어 부패될 때 — 열을 방출하는 반응이 일어나는 현상

풀이 음식물이 산소와 반응하여 부패할 때 열이 방출되어, 주변의 온도가 올라간다.

→ 적절하지 않음!

④ 이누이트 족이 얼음집 안에 물을 뿌릴 때 — 열을 방출하는 반응이 일어나는 현상

풀이 이누이트 족이 얼음집 안에 물을 뿌리는 것은 집 안의 온도를 높이기 위해서이다. 얼음집 안에 물을 뿌리면 물이 얼어붙는데, 이때 열이 방출되어 주변의 온도가 올라간다.

→ 적절하지 않음!

⑤ 폭죽에 들어있는 화약이 터져 불꽃이 발생할 때 — 열을 방출하는 반응이 일어나는 현상

풀이 폭죽에 들어있는 화약이 폭발하여 산소와 만나 화학 반응을 일으키면 매우 높은 열이 발생하고 불꽃이 나타난다.

→ 적절하지 않음!

---

055 구체적인 사례에 적용 - 적절한 것 고르기 2019년 6월 학평 20번
정답률 35%, 매력적 오답 ③ 45%
　　　　　　　　　　　　　　　　　　　　　정답 ④

학생이 <보기>와 같은 실험을 하였다. 윗글을 바탕으로 <보기>에 대한 반응으로 적절한 것은?

| 보기 |

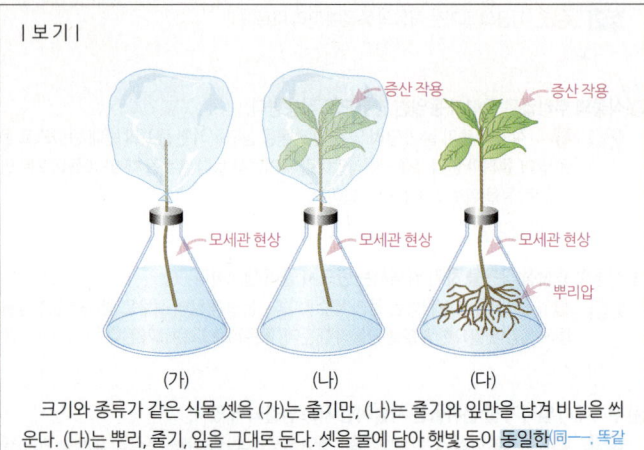

(가)　　　　(나)　　　　(다)

크기와 종류가 같은 식물 셋을 (가)는 줄기만, (나)는 줄기와 잎만을 남겨 비닐을 씌운다. (다)는 뿌리, 줄기, 잎을 그대로 둔다. 셋을 물에 담아 햇빛 등이 동일한(同一. 똑같은) 조건에서 변화를 관찰하였다.

　　　　　　　　　　　　　　　　　　　　더 많이
① (가)보다 (나)의 비닐 안쪽 면에 물방울이 덜 맺힐 것이다.

근거 ④-6 식물체 내의 수분이 잎의 기공을 통하여 수증기 상태로 증발하는 현상을 증산 작용이라고 한다.

풀이 (가)는 잎이 없으므로 증산 작용이 일어나지 않는다. 반면 (나)는 식물의 잎에서 증산 작용이 일어나 식물체 내의 수분이 잎의 기공을 통해 수증기 상태로 증발할 것이다. 따라서 물방울은 (가)보다 증산 작용이 일어나는 (나)의 비닐 안쪽 면에 더 많이 맺힐 것이다.

→ 적절하지 않음!

(나), (다)　　　　　　　　　　(가)
② (가)의 용기에 담긴 물이 (나), (다)의 용기에 담긴 물보다 더 많이 줄어들 것이다.

근거 ⑤-3~4 (잎의) 기공을 통해 그렇게 엄청난 양의 물이 공기 중으로 증발해 버린다. 증산 작용은 물을 식물체 밖으로 내보내는 작용

풀이 (가)는 잎이 없어 증산 작용이 일어나지 않는다. 반면 (나), (다)는 잎이 있어 물을 식물체 밖으로 내보내는 증산 작용이 일어난다. 따라서 (나), (다)의 용기에 담긴 물은 (가)의 용기에 담긴 물보다 많이 줄어들 것이다.

→ 적절하지 않음!

　　　두　　　　　　　세
③ (나)에서는 한 가지 힘이, (다)에서는 두 가지 힘이 작용하여 물이 이동한다.

풀이 (나)에서는 모세관 현상과 증산 작용, (다)에서는 뿌리압, 모세관 현상, 증산 작용에 의해 물이 이동한다. 즉 (나)에서는 두 가지 힘이, (다)에서는 세 가지 힘이 작용하여 물이 이동한다.

→ 적절하지 않음!

④ (가), (나), (다) 모두 물 분자들이 연결된 물 기둥이 형성될 것이다.

근거 ⑤-6~7 물 분자들은 서로 잡아당기는 힘으로써 연결되는데, 이는 물 기둥을 형성하는 것과 같다. 사슬처럼 연결된 물 기둥

풀이 물 분자들은 서로 잡아당기는 힘으로 연결되고, 이는 사슬처럼 연결된 물 기둥을 형성하는 것과 같다고 하였다. (가)에서는 모세관 현상, (나)에서는 모세관 현상과 증산 작용, (다)에서는 뿌리압, 모세관 현상, 증산 작용에 의해 각각 식물의 물이 이동하므로, 이들 (가), (나), (다) 식물은 모두 내부에 물 분자들이 사슬처럼 연결된 물 기둥을 형성하고 있을 것이다.

→ 적절함!

　　(가)는
⑤ (가), (나), (다) 모두 공기가 식물 내부로 출입하는 현상이 일어나지 않는다.

근거 ④-4~5 식물의 잎에는 기공이라는 작은 구멍이 있다. 기공을 통해 공기가 들락날락하거나 잎의 물이 공기 중으로 증발하기도 한다.

풀이 (나), (다)는 잎이 있으므로 기공을 통해 공기가 식물 내부로 출입하는 현상이 일어난다.

→ 적절하지 않음!

056 문맥적 의미 파악 - 적절한 것 고르기 2019년 6월 학평 21번
틀리기 쉬운 문제
정답률 40%, 매력적 오답 ② 20% ③ 10% ⑤ 25%
정답 ④

문맥상 ⓐ~ⓔ와 바꿔 쓰기에 가장 적절한 것은?

ⓐ 떼어 내고　ⓑ 들어온다　ⓒ 꽂아 보면　ⓓ 다른데　ⓔ 이루는

① ⓐ : 삭제(削除)하고

풀이 ⓐ에서 쓰인 '떼어 내다'는 동사 '떼다'와 연결 어미 '-어', 보조 동사 '내다'가 결합된 말이다. '떼다'는 '붙어 있거나 잇닿은 것을 떨어지게 하다'를 의미하는 말이고, 보조 동사로 쓰인 '내다'는 '앞말이 뜻하는 동작이 스스로의 힘으로 끝내 이루어짐'을 의미한다. 한편 '삭제(削 깎다 삭 除 없애다 제)하다'는 '깎아 없애거나 지워 버리다'의 의미를 지닌 말이다. 문맥상 ⓐ의 '떼어 내다'는 붙어 있는 호박이나 수세미의 잎을 떨어지게 하는 것이지, 없애버리는 것이 아니므로 ⓐ를 '삭제하고'로 바꾸어 쓰는 것은 적절하지 않다.

→ 적절하지 않음!

② ⓑ : 투입(投入)된다

풀이 ⓑ에서 '들어오다'는 '일정한 지역이나 공간의 범위와 관련하여 그 밖에서 안으로 이동하다'의 의미로 쓰였다. 한편 '투입(投 던지다 투 入 들다 입)되다'는 '사람이나 물자, 자본 따위가 필요한 곳에 넣어지다'의 의미를 지닌 말이다. 문맥상 물 분자는 '넣어지는' 것이 아니라 '이동하는' 것이므로, ⓑ를 '투입된다'로 바꾸어 쓰는 것은 적절하지 않다.

→ 적절하지 않음!

③ ⓒ : 부착(附着)하면

풀이 ⓒ에서 쓰인 '꽂아 보다'는 동사 '꽂다'와 연결 어미 '-아', 보조 동사 '보다'가 결합된 말이다. '꽂다'는 '쓰러지거나 빠지지 아니하게 박아 세우거나 끼우다'를 의미하는 말이고, 보조 동사 '보다'는 '어떤 행동을 시험 삼아 함'을 뜻하는 말이다. 한편 '부착(附 붙다 부 着 붙다 착)하다'는 '떨어지지 아니하게 붙다. 또는 그렇게 붙이거나 달다'의 의미를 지닌 말이다. 문맥상 ⓒ는 그릇에 유리관을 쓰러지지 않게 세우거나 끼우는 것이지, 그릇에 유리관을 붙이는 것이 아니므로 ⓒ를 '부착하면'으로 바꾸어 쓰는 것은 적절하지 않다.

→ 적절하지 않음!

④ ⓓ : 상이(相異)한데

풀이 '상이(相 서로 상 異 다르다 이)하다'는 '서로 다르다'의 의미를 지닌 말로, 문맥상 ⓓ를 '상이한데'로 바꾸어 써도 의미가 달라지지 않는다.

→ 적절함!

⑤ ⓔ : 조성(造成)하는

풀이 ⓔ에서 '이루다'는 '몇 가지 부분이나 요소들을 모아 일정한 성질이나 모양을 가진 존재가 되게 하다'의 의미로 쓰였다. 한편 '조성(造 만들다 조 成 이루다 성)하다'는 '무엇을 만들어서 이루다'의 의미를 가진 말로, '공원을 조성하다', '공업 단지를 조성하다'와 같이 쓰인다. 문맥상 ⓔ는 물 분자들이 모여서 물 기둥의 한쪽 끝 모양이 이루어지는 것이지, 없던 물 기둥을 만들어 내어 이루는 것이 아니므로 ⓔ를 '조성하는'으로 바꾸어 쓰는 것은 적절하지 않다.

→ 적절하지 않음!

[057~059] 다음 글을 읽고 물음에 답하시오.

1 ¹일반적으로 대기 중에서 만들어질 수 있는 물기둥의 최대 높이는 10 m 정도이다. ²그런데 지구상의 나무 중에는 그 높이가 110 m를 넘는 것들도 있다. ³어떻게 뿌리에서 흡수된 물이 높이 110 m의 나무 꼭대기에까지 전달될 수 있는 것일까?

→ **물이 높은 나무 꼭대기까지 전달되는 현상에 대한 의문**

2 ¹대기 중의 수분 농도(濃度, 어떤 성질이나 성분이 포함된 정도)는 잎의 수분 농도보다 낮기 때문에 물이 잎의 표피(表皮, 겉을 둘러싼 부분)에 있는 기공(氣孔, 식물의 잎이나 줄기의 겉껍질에 있는 숨구멍)을 통하여 대기 중으로 확산(수분 농도가 높은 잎에서 낮은 대기로 물이 이동)되는데, 이를 증산 작용이라고 한다. ²기공을 통해 물이 빠져나가면 물의 통로가 되는 조직인 물관부 내부에 물을 끌어 올리는 장력(張力, 당기거나 당겨지는 힘)이 생기며, 이에 따라 물관부의 물기둥이 위로 끌려 올라가게 된다.(뿌리에 있는 물이 줄기 → 잎으로 이동하게 된다.) ³이때 물기둥이 끊어지지 않고 끌려 올라갈 수 있는 것은 물의 강한 응집력(凝集力, 물체를 이루게 하는 서로 끌어당기는 힘) 때문이다. ⁴물의 응집력이 물관부에서 발생하는 장력보다 크기 때문에 물기둥이 뿌리에서부터 잎까지 끊어지지 않고 마치 끈처럼 연결되어 올라가는 것이다. ⁵물관부에서 물 수송이 이루어지도록 하는 이러한 작용을 '증산—장력—응집력' 메커니즘(mechanism, 작용 원리나 구조)이라 한다.

〈참고 그림〉

❷-4~5 물의 응집력이 물관부에서 발생하는 장력보다 크기 때문에 물기둥이 뿌리에서부터 잎까지 끊어지지 않고 마치 끈처럼 연결되어 올라간다. 이러한 작용을 '증산-장력-응집력' 메커니즘이라 한다.

→ **증산 작용의 개념과 '증산—장력—응집력' 메커니즘**

3 ¹⊙이 메커니즘은 수분 퍼텐셜로 설명할 수 있다. ²수분 퍼텐셜은 토양이나 식물체가 포함하고 있는 물의 양을 에너지 개념으로 바꾼 것으로, 물이 이동할 수 있는 능력을 나타낸다. ³단위로는 파스칼(Pa, $1 MPa = 10^6 Pa$)을 사용한다. ⁴물은 수분 퍼텐셜이 높은 쪽에서 낮은 쪽으로 별도의 에너지 소모 없이 이동한다. ⁵순수한 물의 수분 퍼텐셜은 0 MPa인데, 압력이 낮아지거나 용질*이 첨가되어 이온 농도가 높아지면 수분 퍼텐셜이 낮아진다. ⁶토양의 수분 퍼텐셜은 -0.01 ~ -3 MPa, 대기의 수분 퍼텐셜은 -95 MPa 정도이다. ⁷일반적으로 토양에서 뿌리, 줄기, 잎으로 갈수록 수분 퍼텐셜이 낮아지고, 그에 따라 물은 뿌리에서 줄기를 거쳐 잎에 도달한 후 기공을 통해 대기 중으로 확산된다.

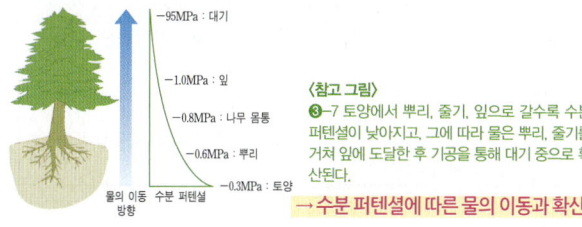

〈참고 그림〉

❸-7 토양에서 뿌리, 줄기, 잎으로 갈수록 수분 퍼텐셜이 낮아지고, 그에 따라 물은 뿌리, 줄기를 거쳐 잎에 도달한 후 기공을 통해 대기 중으로 확산된다.

→ **수분 퍼텐셜에 따른 물의 이동과 확산**

4 ¹기공의 개폐는 잎 표면에 있는 한 쌍의 공변세포(孔邊細胞, 식물의 기공을 이루고 있는 두 개의 세포)에 의해 이루어진다. ²빛의 작용으로 공변세포 내부의 이온 농도가 높아지면 수분 퍼텐셜이 낮아지고, 그에 따라 물이 공변세포로 들어와 기공이 열린다.(증산 작용이 일어난다.) ³그러면 식물은 대기 중의 이산화탄소를 흡수하여 광합성(光合成, 식물이 태양 에너지를 이용하여 이산화탄소와 물에서 유기물(포도당)을 합성하고 산소를 대기 중에 방출하는 과정)을 통해 포도당을 생산할 수 있다. ⁴문제는 식물이 이산화탄소를 흡수하기 위해 기공을 열면 물이 손실되고, 반대로 물 손실을 막기 위해 기공을 닫으면 이산화탄소를 포기해야 하는 데 있다. ⁵물과 포도당이 모두 필요한 식물은, 이러한 딜레마(dilemma, 어느 쪽을 선택해도 바람직하지 못한 결과가 나오게 되는 곤란한 상황)를 해결하기 위해 광합성에 필요한 햇빛이 있는 낮에는 기공을 열고 그렇지 않은 밤에는 기공을 닫아서 이산화탄소의 흡수와 물의 배출을 조절하는 시스템을 만들어 냈다. ⁶그 결과 기공의 개폐는 일정한 주기(이산화탄소의 흡수와 물의 배출을 조절하는 일정한 흐름)를 가지게 된다.

〈참고 사진〉

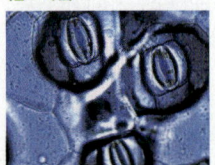

◀ 공변세포(나뭇잎 뒤편)

〈참고 그림〉

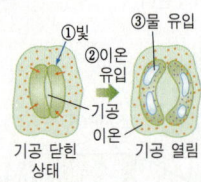

①빛
②이온 유입
③물 유입
기공 이온
기공 닫힌 상태
기공 열림

④-2 빛의 작용으로 공변세포 내부의 이온 농도가 높아지면 수분 퍼텐셜이 낮아지고, 그에 따라 물이 공변세포로 들어와 기공이 열린다.

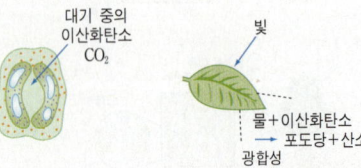

대기 중의 이산화탄소 CO_2
빛
물 + 이산화탄소 → 포도당 + 산소
광합성

④-3 그러면 식물은 대기 중의 이산화탄소를 흡수하여 광합성을 통해 포도당을 생산할 수 있다.

→ 기공의 개폐가 일정한 주기를 갖는 이유

＊ 용질 : 용액에 녹아 있는 물질

■ 지문 이해
〈수분 퍼텐셜에 따른 식물에서의 물의 이동 원리〉

❶ 물이 높은 나무 꼭대기까지 전달되는 현상에 대한 의문

❷ 증산 작용의 개념과 '증산—장력—응집력' 메커니즘
• 대기 중의 수분 농도는 잎의 수분 농도보다 낮기 때문에 잎의 수분이 대기 중으로 확산되는 증산 작용이 일어남
• 물이 빠져나가면 식물의 물관부 내부에서 장력이 생겨 물기둥이 위로 올라감
• 물기둥이 끊어지지 않는 이유는 물의 응집력이 물관부의 장력보다 크기 때문
• 이러한 작용이 '증산—장력—응집력' 메커니즘

❸ 수분 퍼텐셜에 따른 물의 이동과 확산
• 수분 퍼텐셜은 물이 이동할 수 있는 능력
• 물은 수분 퍼텐셜이 높은 쪽에서 낮은 쪽으로 이동
• 토양에서 뿌리, 줄기, 잎으로 갈수록 수분 퍼텐셜이 낮아짐
• 뿌리부터 줄기, 잎을 거쳐 대기 중으로 물이 확산

❹ 기공의 개폐가 일정한 주기를 갖는 이유
• 빛 + 낮아진 수분 퍼텐셜 + 이산화탄소 흡수 —광합성→ 포도당 생산
• 기공 열림 : 이산화탄소 흡수, 물 손실
• 기공 닫힘 : 물 손실×, 이산화탄소 흡수×
• 물과 포도당이 모두 필요하므로 낮에는 기공을 열고, 밤에는 기공을 닫아 이산화탄소의 흡수와 물의 배출을 조절

---

057 | 세부 정보 이해 - 적절하지 않은 것 고르기 2013학년도 6월 모평 23번 정답률 90% | 정답 ③

윗글의 내용과 일치하지 않는 것은?

① 기공의 개폐는 빛의 영향을 받는다. ← 햇빛이 있는 낮에 열림
  근거 ❹-5 햇빛이 있는 낮에는 기공을 열고 그렇지 않은 밤에는 기공을 닫아서
  → 적절함!

② 광합성의 결과로 포도당이 만들어진다.
  근거 ❹-3 식물은 대기 중의 이산화탄소를 흡수하여 광합성을 통해 포도당을 생산
  → 적절함!

③ 기공이 열리면 식물 내부의 이산화탄소가 손실된다. ← 물이
  근거 ❹-4 식물이 이산화탄소를 흡수하기 위해 기공을 열면 물이 손실
  → 적절하지 않음!

④ 증산 작용으로 물관부 내의 물기둥에 장력이 발생한다.
  근거 ❷-1~2 대기 중의 수분 농도는 잎의 수분 농도보다 낮기 때문에 물이 잎의 표피에 있는 기공을 통하여 대기 중으로 확산되는데, 이를 증산 작용이라고 한다. 기공을 통해 물이 빠져나가면 물의 통로가 되는 조직인 물관부 내부에 물을 끌어올리는 장력이 생기며
  → 적절함!

⑤ 물의 응집력으로 인해 물관부 내의 물기둥이 끊어지지 않는다.
  근거 ❷-3 물기둥이 끊어지지 않고 끌려 올라갈 수 있는 것은 물의 강한 응집력 때문
  → 적절함!

---

058 | 핵심 개념 이해 - 적절한 것 고르기 2013학년도 6월 모평 24번 정답률 80% | 정답 ④

㉠의 내용으로 옳은 것만을 〈보기〉에서 있는 대로 고른 것은?

㉠ 이('증산—장력—응집력') 메커니즘은 수분 퍼텐셜로 설명할 수 있다.

| 보기 |
ⓐ 뿌리의 수분 퍼텐셜이 토양의 수분 퍼텐셜보다 낮아 물이 토양에서 뿌리로 이동한다.
ⓑ 줄기의 물이 잎으로 이동하면 줄기의 수분 퍼텐셜이 낮아져 뿌리의 물이 줄기로 이동한다.
ⓒ 증산 작용으로 잎의 수분이 공기 중으로 빠져나가면 잎의 수분 퍼텐셜이 낮아져 줄기의 물이 잎으로 이동한다.
ⓓ 광합성이 일어나는 동안에는 잎의 수분 퍼텐셜이 대기의 수분 퍼텐셜보다 낮아진다.

▶ 지문 핵심 개념 정리

	수분 퍼텐셜		물의 이동 방향
대기	낮음	• 수분 퍼텐셜 : 토양이나 식물체가 포함하고 있는 물의 양을 에너지 개념으로 바꾼 것으로, 물이 이동할 수 있는 능력(❸-2)	• '증산—장력—응집력' 메커니즘 : 물기둥이 뿌리에서부터 잎까지 끊어지지 않고 올라감(❷-4~5)
잎	↑		• 물은 수분 퍼텐셜이 높은 쪽에서 낮은 쪽으로 별도의 에너지 소모 없이 이동함(❸-4)
줄기		• 토양에서 뿌리, 줄기, 잎으로 갈수록 수분 퍼텐셜이 낮아짐(❸-7)	
뿌리			• 물은 뿌리에서 줄기를 거쳐 잎에 도달한 후 기공을 통해 대기 중으로 확산(❸-7)
토양	높음		

	빛의 작용에 따른 식물의 상태	
수분 퍼텐셜	낮아짐	빛의 작용으로 공변세포 내부의 이온 농도가 높아지면 수분 퍼텐셜이 낮아지고, 그에 따라 물이 공변세포로 들어와 기공이 열린다.(❹-2)
기공	열림	
광합성	발생함	식물은 대기 중의 이산화탄소를 흡수하여 광합성을 통해 포도당을 생산한다.(❹-3)

ⓐ 뿌리의 수분 퍼텐셜이 토양의 수분 퍼텐셜보다 낮아 물이 토양에서 뿌리로 이동한다. (O)

근거 ❸-4 물은 수분 퍼텐셜이 높은 쪽에서 낮은 쪽으로 별도의 에너지 소모 없이 이동,
❸-7 토양에서 뿌리, 줄기, 잎으로 갈수록 수분 퍼텐셜이 낮아지고, 그에 따라 물은 뿌리에서 줄기를 거쳐 잎에 도달한 후 기공을 통해 대기 중으로 확산

ⓑ 줄기의 물이 잎으로 이동하면 줄기의 수분 퍼텐셜이 낮아져 뿌리의 물이 줄기로 이동한다. (O)

근거 ❸-4 물은 수분 퍼텐셜이 높은 쪽에서 낮은 쪽으로 별도의 에너지 소모 없이 이동한다, ❸-7 일반적으로 토양에서 뿌리, 줄기, 잎으로 갈수록 수분 퍼텐셜이 낮아지고, 그에 따라 물은 뿌리에서 줄기를 거쳐 잎에 도달한 후 기공을 통해 대기 중으로 확산

풀이 잎보다 수분 퍼텐셜이 높은 줄기에서 잎으로 물이 이동하면 줄기의 수분 퍼텐셜이 낮아지므로, 줄기보다 수분 퍼텐셜이 높은 뿌리의 물이 줄기로 이동하게 된다.

ⓒ 증산 작용으로 잎의 수분이 공기 중으로 빠져나가면 잎의 수분 퍼텐셜이 낮아져 줄기의 물이 잎으로 이동한다. (O)

근거 ❸-7 물은 뿌리에서 줄기를 거쳐 잎에 도달한 후 기공을 통해 대기 중으로 확산

풀이 잎의 물이 공기 중으로 빠져나가면 수분 퍼텐셜이 줄어들게 된다. 따라서 상대적으로 수분 퍼텐셜이 높은 줄기의 물이 잎으로 이동하게 된다.

= 기공이 열린 동안 = 물이 대기 중으로 확산되는 동안　　　　　　　　　　　높다

ⓓ 광합성이 일어나는 동안에는 잎의 수분 퍼텐셜이 대기의 수분 퍼텐셜보다 ~~낮아진다~~. (×)

근거 ❹-2~3 빛의 작용으로 공변세포 내부의 이온 농도가 높아지면 수분 퍼텐셜이 낮아지고, 그에 따라 물이 공변세포로 들어와 기공이 열린다. 그러면 식물은 대기 중의 이산화탄소를 흡수하여 광합성을 통해 포도당을 생산

풀이 물은 수분 퍼텐셜이 높은 쪽에서 낮은 쪽으로 이동한다. 광합성이 일어나는 동안에는 기공이 열려 잎의 물이 대기 중으로 확산되므로, 잎의 수분 퍼텐셜이 대기의 수분 퍼텐셜보다 높다는 것을 알 수 있다.

① ⓐ, ⓑ

② ⓐ, ⓓ

③ ⓒ, ⓓ

④ ⓐ, ⓑ, ⓒ → 적절함!

⑤ ⓑ, ⓒ, ⓓ

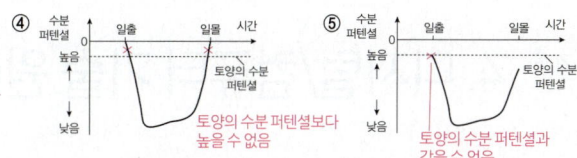

평가원 이의 신청 답변

이 문항의 출제 의도는 지문을 이해하고 지문의 내용과 일치하는 그래프를 찾는 데 있습니다. 이의 제기의 주된 내용은 일출과 일몰 때의 수분 퍼텐셜의 위치라고 요약할 수 있습니다.

지문에서 용질이 첨가되면 수분 퍼텐셜이 낮아진다고 설명하고 있습니다. 낮 동안에는 잎에서 빛에 의해 광합성이 진행되므로 광합성 작용에 의해 수분 퍼텐셜이 낮아진다는 것을 알 수 있습니다. 그러므로 광합성이 일어나기 전인 일출보다 빛에 의해 광합성 작용이 일어난 후인 일몰에 잎의 수분 퍼텐셜이 더 낮음을 알 수 있습니다.

또한 지문에서 순수한 물의 수분 퍼텐셜은 0이고, 잎의 수분 퍼텐셜은 토양보다 낮다고 명시되어 있습니다. 따라서 일출과 일몰 때의 잎의 수분 퍼텐셜은 토양보다 낮은 수분 퍼텐셜에 위치합니다. 그러므로 잎의 수분 퍼텐셜이 0이 되거나 잎의 수분 퍼텐셜과 토양의 수분 퍼텐셜이 같을 수 없습니다.

따라서 이 문항의 정답에는 이상이 없습니다.

1등급 문제

059 | 자료 해석의 적절성 판단 - 적절한 것 고르기 2013학년도 6월 모평 25번 | 정답 ②
정답률 50%, 매력적 오답 ③ 20%

일출부터 일몰까지의 '잎'의 수분 퍼텐셜을 나타낸 그래프로 윗글의 내용에 부합하는 것은?

근거 ❸-7 일반적으로 토양에서 뿌리, 줄기, 잎으로 갈수록 수분 퍼텐셜이 낮아지고, 그에 따라 물은 뿌리에서 줄기를 거쳐 잎에 도달한 후 기공을 통해 대기 중으로 확산, ❹-2 빛의 작용으로 공변세포 내부의 이온 농도가 높아지면 수분 퍼텐셜이 낮아지고, 그에 따라 물이 공변세포로 들어와 기공이 열린다, ❹-5 광합성에 필요한 햇빛이 있는 낮에는 기공을 열고 그렇지 않은 밤에는 기공을 닫아서 이산화탄소의 흡수와 물의 배출을 조절하는 시스템

풀이 일출 시간부터 일몰 시간까지는 햇빛이 있기 때문에 기공이 열려 수분 퍼텐셜이 낮아지게 되고 광합성 작용이 일어나게 된다. 그러다가 일몰 시간이 되면 햇빛이 없기 때문에 기공이 닫히고 수분 퍼텐셜이 높아지게 된다. 하지만 토양의 수분 퍼텐셜은 잎보다 높기 때문에 어떤 시간이라도 잎의 수분 퍼텐셜이 토양의 수분 퍼텐셜보다 같거나 높아질 수는 없다.

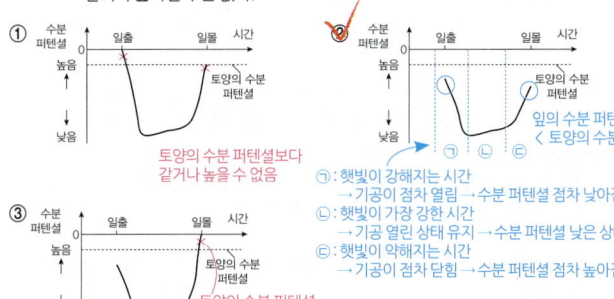

→ 적절함!

Ⅲ 과학, 기술

4. 디지털/컴퓨터 기술 원리

[060~064] 다음 글을 읽고 물음에 답하시오.

1 ¹인터넷의 발달로 데이터 저장 및 분석 과정이 인터넷상에서 ⓐ 이루어지고 있으며 그에 따라 개인정보와 같은 **민감한**(敏感−, 쉽게 영향을 받는 데가 있는) 데이터는 **암호화되어**(暗號化−, 일정한 체계에 따라 암호로 바뀌어) 인터넷 서버(server, 인터넷을 통해 클라이언트에게 서비스나 정보를 제공하는 역할을 수행하는 컴퓨터)에 저장된다. ²그런데 현재 널리 사용되는 **공개키 암호화 방식**(데이터를 암호화할 때는 공개키를 이용하고, 암호문을 원래 데이터로 복호화할 때는 비밀키를 이용하는 방식)으로 암호화된 데이터는 통계 처리를 위한 **연산**(演算, 식이 나타낸 규칙에 따라 계산함)을 **수행하기**(遂行−, 해내기) 위해서 원래 데이터로 복원하는(復元−, 원래대로 회복하는) 복호화 과정을 거친 후 연산을 수행하고 그 결과를 다시 암호화해야 한다. ³하지만 이 과정에서 비밀키나 민감한 개인정보가 **유출되는**(流出−, 밖으로 흘러 나가는) 일이 생길 수 있다. ⁴그래서 암호화된 데이터를 복호화하지 않고 암호화된 상태로 안전하게 연산을 수행할 수 있는 **동형**(同 같다 形 모양 형)암호가 등장하였다.

→ 동형암호의 등장 배경

2 ¹동형암호는 동형성을 **기반**(基盤, 기초가 되는 바탕)으로 하는데, 동형성이란 데이터를 암호화한 상태에서 특정 연산을 수행했을 때 나오는 결과가 암호화하지 않은 상태에서 같은 연산을 수행하고 암호화를 한 결과와 같은 것을 ⓑ 말한다. ²이때 연산의 횟수에 **제한**(制限, 일정한 한도를 정함) 없이 특정한 한 종류의 연산에만 동형성을 갖는 암호를 부분 동형암호, 연산의 종류와 관계없이 특정 횟수까지만 동형성을 갖는 암호를 제한적 동형암호라고 하며, 횟수에 제한 없이 컴퓨터의 주된 연산인 덧셈, 곱셈에 동형성을 갖는 암호를 완전 동형암호라고 한다.

→ 동형성의 개념과 동형암호의 구분

3 ¹완전 동형암호는 암호화에 사용하는 원리에 따라 격자 기반, CRT(Chinese Remainder Theorem) 기반 등으로 ⓒ 나뉜다. ²그중 ㉠ 격자 기반 완전 동형암호는 수학계(界, 분야, 영역)에서 답을 찾기 어렵다고 알려진 격자 문제를 **응용하여**(應用−, 적용하여) 만들어졌다. ³이 방식은 **원문**(原文, 원래의 글) 데이터를 비트* 단위로 **변환하고**(變換−, 다르게 하여 바꾸고) 각각의 비트를 **개별적으로**(個別的−, 여럿 중 하나씩 따로 나뉘어 있는 것으로) 암호화한다. ⁴암호키 p와 **임의**(任意−, 일정하게 정하지 않은)의 정수를 곱한 수를 원문에 더하면 암호문이 만들어지는데, 이 과정에서 **무작위로**(無作爲−, 일어날 수 있는 모든 일이 동등한 확률로 발생하도록 하여) 오룻값을 **추가하여**(追加−, 나중에 더 보태어) 안전성을 높인다. ⁵그래서 암호문의 연산을 반복할수록 오룻값이 커지게 되며, 특히 곱셈 연산을 수행할수록 오룻값이 **급격하게**(急激−, 급하고 격렬하게) 커지기 때문에 일정 횟수 이상 수행하면 원문 복호화가 불가능하다.

→ 격자 기반 완전 동형암호 방식의 과정

4 ¹따라서 연산을 **지속적으로**(持續的−, 오래 계속) 수행하기 위해서는 오룻값이 **한계치**(限界值, 발생할 수 있는 최대 범위의 값)에 ⓓ 이른 암호문은 <u>부트스트래핑</u> 과정을 반드시 거쳐야 한다. ²일정 횟수의 덧셈과 곱셈 연산을 수행하여 암호문에 오룻값이 **누적되면**(累積−, 여러 번 쌓이면), 다른 암호키로 해당 암호문과 암호키 p를 암호화한다. ³그리고 복호화 회로를 통해 기존의 암호키 p에 의한 이전 암호문을 복호화하면 그동안의 연산 과정에서 누적된 오룻값이 **제거된**(除去−, 없어지게 된) 새로운 암호문이 ⓔ 만들어진다. ⁴이때 새로운 암호문이 만들어지면서 오룻값이 추가되지만 그 크기가 기존의 누적된 것보다 작아서 적절하게 부트스트래핑 과정을 수행한다면 지속적인 연산이 가능하다.

→ 부트스트래핑의 방법

5 ¹이(격자 기반 완전 동형암호) 방식은 원문을 비트 단위로 변환하여 각 비트별로 암호화하기 때문에 원문에 비해 암호문의 값이 10~100 배가량 커져서 데이터의 저장 공간이 많이 필요하다. ²그리고 개별 비트 단위로 암호문의 연산과 부트스트래핑 과정을 거쳐야 하기 때문에 연산 속도가 느리다.

→ 격자 기반 완전 동형암호 방식의 단점

6 ¹그래서 최근에는 **효율성**(效率性, 들인 노력과 얻은 결과의 비율이 높은 특성)을 **개선한**(改善−, 고쳐 더 좋게 만든) ㉢ CRT 기반 완전 동형암호가 등장하였다. ²이 방식은 하나의 원문을 특정한 **정수**(整數, 자연수, 0, 자연수의 음수를 통틀어 이르는 말)인 암호키로 나눈 나머지 값을 암호문으로 이용하고, 이 나머지 값에서 원문을 복호화하는 방법이다. ³이때 암호키의 개수는 임의로 설정할 수 있으며 각각의 원문마다 암호키의 개수만큼 암호문이 만들어진다. ⁴암호키가 두 개일 때 정수로 된 원문 A와 B를 덧셈 연산한 결과가 동형성을 갖는 원리를 간단히 알아보자. ⁵우선 서로소*인 임의의 정수 p와 q를 암호키로 정하고 정수로 된 원문 A와 B를 각각의 암호키로 나눈 나머지 값을 구하면 A_p, A_q와 B_p, B_q가 되는데 이 나머지 값이 원문 A와 B의 암호문이 된다. ⁶그리고 〈그림〉처럼 각 원문을 동일한 암호키로 나눈 나머지 값인 A_p와 B_p, A_q와 B_q끼리 서로 덧셈 연산을 수행한다. ⁷만약 연산 수행의 결괏값이 암호키와 같거나 암호키보다 크면 한 번 더 암호키로 나누어 나머지 값을 구한다. ⁸그러면 연산 수행의

[A] 결괏값인 $A_p + B_p$, $A_q + B_q$가 원문 A와 B를 직접 덧셈 연산한 결괏값을 암호키 p와 q로 나눈 나머지 값인 $(A + B)_p$, $(A + B)_q$와 같다. ⁹그리고 원문을 각 암호키로 나누었을 때의 나머지 값과 각 암호키를 알면 원문을 복호화할 수 있다.

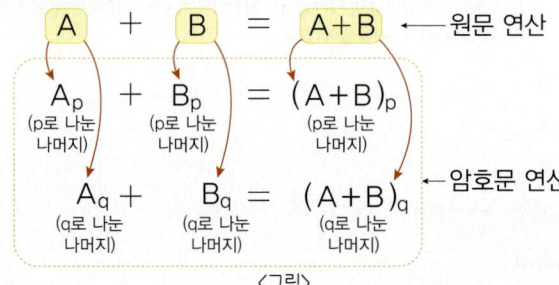

〈그림〉

→ CRT 기반 완전 동형암호 방식의 과정

7 ¹이(CRT 기반 완전 동형암호) 방식 또한 안전성을 위해서 암호키의 개수를 늘려 계산이 복잡하고 무작위로 오룻값을 추가하기 때문에 부트스트래핑 과정이 필요하다. ²하지만 데이터를 정수 단위로 암호화하기 때문에 비트 단위로 암호화하는 격자 기반의 방식보다 더 많은 데이터를 저장할 수 있다. ³또한 CRT 방식은 원문보다 작은 나머지 값으로 연산을 수행하기 때문에 격자 기반의 방식에 비해 연산값이 상대적으로 작아 연산 속도가 빠르고, 격자 기반의 방식과 달리 **병렬적으로**(竝列的−, 한꺼번에 여러) 연산을 수행할 수 있다.

→ CRT 기반 완전 동형암호 방식의 장단점

* 비트 : 정보량의 최소 기본 단위. 1비트는 이진수 체계(0, 1)의 한 자리
* 서로소 : 여러 개의 수 사이에 1 이외의 공약수가 없음을 이르는 말

■ 지문 이해

〈완전 동형암호의 두 가지 방식〉

❶ 동형암호의 등장 배경
• 공개키 암호화 방식으로 암호화된 데이터는 연산 수행을 위해 복호화 과정을 거쳐야 하며, 이 과정에서 비밀키나 개인정보가 유출될 수 있음 → 암호화된 데이터를 복호화하지 않고 안전하게 연산을 수행할 수 있는 동형암호가 등장함

❷ 동형성의 개념과 동형암호의 구분
• 동형암호는 동형성을 기반으로 함 　- 동형성 : 데이터를 암호화한 상태에서 특정 연산을 수행한 결과 = 암호화하지 않은 상태에서 같은 연산을 수행하고 암호화한 결과 • 동형암호의 구분 　- 부분 동형암호 : 연산의 횟수에 제한 없이 특정한 한 종류의 연산에만 동형성을 갖는 암호 　- 제한적 동형암호 : 연산의 종류와 관계없이 특정 횟수까지만 동형성을 갖는 암호 　- 완전 동형암호 : 횟수에 제한 없이 덧셈, 곱셈에 동형성을 갖는 암호

암호화에 사용하는 원리에 따른 완전 동형암호의 두 가지 방식

격자 기반 완전 동형암호	→ 효율성 개선	CRT 기반 완전 동형암호
❸ 격자 기반 완전 동형암호 방식의 과정		**❻ CRT 기반 완전 동형암호 방식의 과정**
• 원문 데이터를 비트 단위로 변환하고 각 비트를 개별적으로 암호화 • 암호키와 임의의 정수를 곱한 수를 원문에 더하여 암호문을 만듦, 이 과정에서 무작위로 오룻값을 추가하여 안전성을 높임 • 암호문의 연산을 반복할수록 오룻값이 커지며, 특히 곱셈 연산 수행 시 급격하게 커짐 : 일정 횟수 이상 수행 시 원문 복호화 불가능		• 원문을 정수인 암호키로 나눈 나머지 값을 암호문으로 이용함 • 암호키 개수는 임의로 설정할 수 있음 : 각 원문마다 암호키 개수만큼 암호문이 만들어짐 • 각 원문을 동일한 암호키로 나눈 나머지 값들끼리 덧셈 연산을 수행함 • (연산 수행의 결괏값)이 (원문을 직접 덧셈 연산한 결괏값을 암호키로 각각 나눈 나머지 값)과 같음 • 원문을 각 암호키로 나누었을 때의 나머지 값과 각 암호키를 알면 원문을 복호화할 수 있음

❹ 부트스트래핑의 방법
• 연산 수행으로 암호문에 오룻값이 누적되면 다른 암호키로 해당 암호문과 기존 암호키를 암호화함
• 복호화 회로를 통해 기존 암호키에 의한 이전 암호문을 복호화하면 누적된 오룻값이 제거된 새로운 암호문이 만들어짐
• 오룻값이 추가되지만 기존보다 크기가 작아 지속적 연산이 가능함

❺ 격자 기반 완전 동형암호 방식의 단점
• 원문에 비해 암호문의 값이 커져 데이터의 저장 공간이 많이 필요
• 연산 속도가 느림

❼ CRT 기반 완전 동형암호 방식의 장단점
• 부트스트래핑 과정이 필요하지만, 데이터를 정수 단위로 암호화하므로 비트 단위로 암호화하는 격자 기반 방식보다 더 많은 데이터를 저장할 수 있음
• 연산 속도가 빠름
• 병렬적 연산 수행이 가능함

---

tip • 완전 동형암호 관련 YTN사이언스 핫클립 영상

https://terms.naver.com/entry.naver?cid=51648&docId=6234011&categoryId=63595
→ 네이버에서 '정보를 해킹해도 해독이 불가능한 체계'를 검색!

---

060 | 세부 정보 이해 - 적절하지 않은 것 고르기 2024년 9월 학평 21번
정답률 75%, 매력적 오답 ③ 10% | **정답 ①**

윗글의 내용과 일치하지 않는 것은?

✓① 제한적 동형암호는 컴퓨터의 특정한 한 종류의 연산에만 동형성을 갖는 암호이다. (부분 동형암호)
> **근거** ❷-2 연산의 횟수에 제한 없이 특정한 한 종류의 연산에만 동형성을 갖는 암호를 부분 동형암호, 연산의 종류와 관계없이 특정 횟수까지만 동형성을 갖는 암호를 제한적 동형암호라고 하며
→ 적절하지 않음!

② 격자 기반 완전 동형암호는 수학적으로 답을 찾기 어려운 문제를 응용하여 만들어졌다.
> **근거** ❸-2 격자 기반 완전 동형암호는 수학계에서 답을 찾기 어렵다고 알려진 격자 문제를 응용하여 만들어졌다.
→ 적절함!

③ 공개키 방식으로 암호화된 데이터를 연산하기 위해서는 원래의 데이터로 복호화해야 한다.
> **근거** ❶-2 공개키 암호화 방식으로 암호화된 데이터는 통계 처리를 위한 연산을 수행하기 위해서 원래 데이터로 복원하는 복호화 과정을 거친 후 연산을 수행하고
→ 적절함!

---

④ CRT 기반 완전 동형암호는 원문을 특정한 정수로 나눈 나머지 값을 암호문으로 사용한다.
> **근거** ❻-2 이(CRT 기반 완전 동형암호) 방식은 하나의 원문을 특정한 정수인 암호키로 나눈 나머지 값을 암호문으로 이용하고
→ 적절함!

⑤ 격자 기반 완전 동형암호는 암호키와 임의의 정수를 곱한 수를 원문에 더해서 암호문을 만든다.
> **근거** ❸-4 암호키 p와 임의의 정수를 곱한 수를 원문에 더하면 암호문이 만들어지는데
→ 적절함!

---

061 | 세부 정보 이해 - 적절하지 않은 것 고르기 2024년 9월 학평 22번
정답률 75% | **정답 ⑤**

부트스트래핑에 대해 이해한 내용으로 적절하지 않은 것은?

① 부트스트래핑은 동일한 암호문을 연산할 때 덧셈 연산보다 곱셈 연산을 많이 수행할수록 더 빨리 시작된다.
> **근거** ❸-5 암호문의 연산을 반복할수록 오룻값이 커지게 되며, 특히 곱셈 연산을 수행할수록 오룻값이 급격하게 커지기 때문에, ❹-1 연산을 지속적으로 수행하기 위해서는 오룻값이 한계치에 이른 암호문은 부트스트래핑 과정을 반드시 거쳐야 한다.
> **풀이** 부트스트래핑은 오룻값이 한계치에 이른 암호문이 거치는 과정이다. 이때 오룻값은 암호문의 연산을 반복할수록 커지며, 특히 곱셈 연산을 수행할수록 오룻값이 급격하게 커진다. 따라서 동일한 암호문을 연산할 때 덧셈 연산보다 곱셈 연산을 많이 수행할수록 오룻값이 한계치에 더 빨리 도달할 것이므로, 부트스트래핑이 더 빨리 시작된다는 설명은 적절하다.
→ 적절함!

② 부트스트래핑은 암호문의 연산 과정에서 오룻값이 한계치에 이르렀을 때 진행된다.
> **근거** ❹-1 연산을 지속적으로 수행하기 위해서는 오룻값이 한계치에 이른 암호문은 부트스트래핑 과정을 반드시 거쳐야 한다.
→ 적절함!

③ 부트스트래핑에 사용되는 암호키는 이전 암호화에 사용된 암호키와 다르다.
> **근거** ❹-2 일정 횟수의 덧셈과 곱셈 연산을 수행하여 암호문에 오룻값이 누적되면, 다른 암호키로 해당 암호문과 암호키 p를 암호화한다.
→ 적절함!

④ 부트스트래핑의 과정을 거치면 이전 암호화된 암호문이 복호화된다.
> **근거** ❹-3 복호화 회로를 통해 기존의 암호키 p에 의한 이전 암호문을 복호화하면
→ 적절함!

✓⑤ 부트스트래핑의 결과로 생성된 새로운 암호문에는 오룻값이 없다.
> **근거** ❹-4 새로운 암호문이 만들어지면서 오룻값이 추가되지만 그 크기가 기존의 누적된 것보다 작아서 적절하게 부트스트래핑 과정을 수행한다면 지속적인 연산이 가능하다.
> **풀이** 윗글에 따르면 부트스트래핑의 결과 새로운 암호문이 만들어지면서 오룻값이 추가되지만, 그 크기가 기존의 것보다 작아서 지속적인 연산이 가능하다. 따라서 부트스트래핑의 결과로 생성된 새로운 암호문에 오룻값이 없다는 설명은 적절하지 않다.
→ 적절하지 않음!

---

062 | 세부 정보 이해 - 적절하지 않은 것 고르기 2024년 9월 학평 23번
정답률 65%, 매력적 오답 ⑤ 20% | **정답 ③**

㉠과 ㉡을 비교하여 이해한 내용으로 적절하지 않은 것은?

㉠ 격자 기반 완전 동형암호   ㉡ CRT 기반 완전 동형암호

① ㉠은 ㉡과 달리 비트 단위로 암호문 연산을 수행한다.
> **근거** ❸-3 이(격자 기반 완전 동형암호) 방식은 원문 데이터를 비트 단위로 변환하고 각각의 비트를 개별적으로 암호화한다, ❼-2 (CRT 기반 완전 동형암호 방식은) 데이터를 정수 단위로 암호화하기 때문에 비트 단위로 암호화하는 격자 기반의 방식보다 더 많은 데이터를 저장할 수 있다.
> **풀이** 격자 기반 완전 동형암호(㉠) 방식은 데이터를 비트 단위로 암호화하고, CRT 기반 완전 동형암호(㉡) 방식은 데이터를 정수 단위로 암호화한다.

→ 적절함!

② ⊙은 ⓒ과 달리 원문을 암호화했을 때 암호문의 값이 원문보다 커진다.

근거 **5**-1 이(격자 기반 완전 동형암호) 방식은 원문을 비트 단위로 변환하여 각 비트별로 암호화하기 때문에 원문에 비해 암호문의 값이 10~100 배가량 커져서, **6**-2 이(CRT 기반 완전 동형암호) 방식은 하나의 원문을 특정한 정수인 암호키로 나눈 나머지 값을 암호문으로 이용

풀이 격자 기반 완전 동형암호(⊙) 방식은 원문을 비트 단위로 변환하여 각 비트별로 암호화하므로 암호문의 값이 원문보다 커진다. 반면 CRT 기반 완전 동형암호(ⓒ) 방식은 원문을 특정 정수인 암호키로 나눈 나머지 값을 암호문으로 이용하므로, 암호문의 값이 원문보다 작다.

→ 적절함!

✓⊙과 ⓒ은 모두
③ ⓒ은 ⊙과 달리 암호문에 오룻값을 추가하여 안전성을 높인다.

근거 **3**-4 (격자 기반 완전 동형암호 방식은) 암호키 p와 임의의 정수를 곱한 수를 원문에 더하면 암호문이 만들어지는데, 이 과정에서 무작위로 오룻값을 추가하여 안전성을 높인다, **7**-1 이(CRT 기반 완전 동형암호) 방식 또한 안전성을 위해서 … 무작위로 오룻값을 추가하기 때문에

풀이 격자 기반 완전 동형암호(⊙) 방식과 CRT 기반 완전 동형암호(ⓒ) 방식은 모두 무작위로 오룻값을 추가하여 안전성을 높인다.

→ 적절하지 않음!

④ ⓒ은 ⊙과 달리 데이터를 병렬적으로 연산하는 것이 가능하다.

근거 **7**-3 CRT(ⓒ) 방식은 … 격자 기반(⊙)의 방식과 달리 병렬적으로 연산을 수행할 수 있다.

→ 적절함!

⑤ ⊙과 ⓒ은 모두 암호문을 연산하는 횟수에 제한이 없다.

근거 **2**-2 횟수에 제한 없이 컴퓨터의 주된 연산인 덧셈, 곱셈에 동형성을 갖는 암호를 완전 동형암호라고 한다, **3**-1 완전 동형암호는 암호화에 사용하는 원리에 따라 격자 기반, CRT(Chinese Remainder Theorem) 기반 등으로 나뉜다.

풀이 격자 기반 완전 동형암호(⊙) 방식과 CRT 기반 완전 동형암호(ⓒ) 방식은 모두 완전 동형암호에 해당하며, 이때 완전 동형암호는 연산 횟수에 제한 없이 덧셈 연산과 곱셈 연산에 동형성을 갖는 암호를 뜻한다. 따라서 ⊙과 ⓒ은 모두 암호문을 연산하는 횟수에 제한이 없다는 설명은 적절하다.

→ 적절함!

1등급 문제

063 | 구체적인 사례에 적용 - 적절한 것 고르기 2024년 9월 학평 24번
정답률 45%, 매력적 오답 ② 20% ④ 20% ⑤ 10% | 정답 ③

[A]를 바탕으로 〈보기〉를 이해한 내용으로 가장 적절한 것은? 3점

| 보기 |

다음은 CRT 기반 완전 동형암호를 활용하여 연산하는 과정이다.

⑦ 원문 연산 | 27 A + 15 B = 42 A+B

암호키 p | 암호키 q

⑭ 암호화 | 11로 나눈 나머지 | 13으로 나눈 나머지 | 11로 나눈 나머지 | 13으로 나눈 나머지 | (A+B)ₚ의 나머지 값 = 9 / (A+B)_q의 나머지 값 = 3

⑭ 암호문 연산 | 5 A_p | 1 A_q + 4 B_p | 2 B_q | $A_q + B_q = 3$ / $A_p + B_p = 9$

⑭ 복호화 | 11로 나누었을 때의 나머지 값과 13으로 나누었을 때의 나머지 값을 동시에 만족하는 수

▶ 지문 핵심 개념 정리

CRT 기반 완전 동형암호 방식의 연산 과정	〈보기〉에 적용
① 서로소인 임의의 정수 p와 q를 암호키로 정함(**6**-5)	– 암호키 : 11, 13(⑭)
② 정수로 된 원문 A와 B를 각각의 암호키로 나눈 나머지 값(A_p, A_q와 B_p, B_q)을 구함 → 나머지 값 = 암호문 (**6**-5)	– 원문 : 27, 15(⑦) – 암호문 : 5, 1, 4, 2(⑭)
③ 각 원문을 동일한 암호키로 나눈 나머지 값인 A_p와 B_p, A_q와 B_q끼리 서로 덧셈 연산을 수행함($A_p + B_p$, $A_q + B_q$)(**6**-6, **6**-8)	– 덧셈 연산 수행(⑭) $A_p + B_p = 9$ $A_q + B_q = 3$

④ 연산 수행의 결괏값이 암호키와 같거나 암호키보다 크면 한 번 더 암호키로 나누어 나머지 값을 구함(**6**-7) | – 결괏값(9, 3)이 암호키(11, 13)보다 작음

⑤ 연산 수행의 결괏값 $A_p + B_p$, $A_q + B_q$는 원문 A와 B를 직접 덧셈 연산한 결괏값을 암호키 p와 q로 나눈 나머지 값인 $(A + B)_p$, $(A + B)_q$와 같음(**6**-8) | – 연산 수행 결괏값 $A_p + B_p = 9$, $A_q + B_q = 3$
 – 원문을 직접 덧셈 연산한 결괏값을 암호키로 나눈 나머지 값 $(A + B)_p$의 나머지 값 = 9, $(A + B)_q$의 나머지 값 = 3

9, 3이
① ⑦에서 원문 연산의 결괏값을 암호키로 암호화하면 5, 4가 된다.

근거 **6**-8 원문 A와 B를 직접 덧셈 연산한 결괏값을 암호키 p와 q로 나눈 나머지 값인 $(A + B)_p$, $(A + B)_q$

풀이 〈보기〉의 ⑦에서 원문 27과 15를 직접 덧셈 연산한 결괏값인 42를 암호키 11과 13으로 나누면 나머지 값은 9, 3이 된다. 따라서 ⑦에서 원문 연산의 결괏값을 암호키로 암호화하면 5, 4가 된다는 설명은 적절하지 않다.

→ 적절하지 않음!

2개
② ⑭에서 각 원문을 암호화한 암호키의 개수는 총 4개이다.

근거 **6**-2~3 하나의 원문을 특정한 정수인 암호키로 나눈 나머지 값을 암호문으로 이용하고, … 암호키의 개수는 임의로 설정할 수 있으며 각각의 원문마다 암호키의 개수만큼 암호문이 만들어진다.

풀이 〈보기〉의 ⑭에서 원문 27과 15 각각을 나누는 정수, 즉 암호키는 11과 13으로 총 2개이다. 또한 CRT 기반 완전 동형암호 방식에서는 각각의 원문마다 암호키의 개수만큼 암호문이 만들어진다. 〈보기〉의 ⑭를 보면 원문 27과 15에 각각 암호문이 2개씩 만들어졌으므로, 각 원문을 암호화한 암호키의 개수는 총 4개가 아니라 2개임을 다시 확인할 수 있다.

→ 적절하지 않음!

✓③ ⑭에서 만들어진 암호문을 연산한 결괏값은 암호키로 다시 나눌 필요가 없다.

근거 **6**-6~8 각 원문을 동일한 암호키로 나눈 나머지 값인 A_p와 B_p, A_q와 B_q끼리 서로 덧셈 연산을 수행한다. 만약 연산 수행의 결괏값이 암호키와 같거나 암호키보다 크면 한 번 더 암호키로 나누어 나머지 값을 구한다. 그러면 연산 수행의 결괏값인 $A_p + B_p$, $A_q + B_q$

풀이 ⑭는 각 원문을 동일한 암호키로 나눈 나머지 값인 A_p와 B_p, A_q와 B_q끼리 서로 덧셈 연산을 수행하는 과정으로, 이때 연산 수행의 결괏값이 암호키와 같거나 암호키보다 크면 한 번 더 암호키로 나누어 나머지 값을 구하여야 한다. ⑭에서 연산 수행의 결괏값은 각각 9($A_p + B_p$), 3($A_q + B_q$)으로 암호키 11, 13보다 작으므로, 이를 다시 암호키로 나눌 필요가 없다.

→ 적절함!

④ ⑭에서 암호키를 알면 나머지 값을 몰라도 원문 27과 15를 복호화할 수 있다.

근거 **6**-9 원문을 각 암호키로 나누었을 때의 나머지 값과 각 암호키를 알면 원문을 복호화할 수 있다.

풀이 CRT 기반 완전 동형암호 방식에서는 원문을 각 암호키로 나누었을 때의 나머지 값과 각 암호키를 알아야 원문을 복호화할 수 있다. 따라서 ⑭에서 암호키를 알면 '나머지 값을 몰라도' 원문 27과 15를 복호화할 수 있다는 설명은 적절하지 않다.

→ 적절하지 않음!

⑤ ⑦~⑭의 과정을 통해 만들어진 연산 결괏값은 암호문과 달리 정수이다.

근거 **6**-5 서로소인 임의의 정수 p와 q를 암호키로 정하고 정수로 된 원문 A와 B를 각각의 암호키로 나눈 나머지 값을 구하면 A_p, A_q와 B_p, B_q가 되는데 이 나머지 값이 원문 A와 B의 암호문이 된다, **6**-8 연산 수행의 결괏값인 $A_p + B_p$, $A_q + B_q$

풀이 〈보기〉에서 원문(27, 15), 암호키(11, 13), 암호문(5, 1, 4, 2), 연산 결괏값(9, 3)은 모두 정수이다. 따라서 ⑦~⑭의 과정을 통해 만들어진 연산 결괏값이 '암호문과 달리' 정수라고 설명하는 것은 적절하지 않다.

→ 적절하지 않음!

---

064 | 문맥적 의미 파악 - 적절한 것 고르기 2024년 9월 학평 25번
정답률 75%, 매력적 오답 ③ 10% | 정답 ④

문맥상 ⓐ~ⓔ와 바꾸어 쓰기에 가장 적절한 것은?

ⓐ 이루어지고 ⓑ 말한다 ⓒ 나뉜다 ⓓ 이른 ⓔ 만들어진다

① ⓐ : 달성(達成)되고

> **풀이** ⓐ에서 쓰인 '이루어지다'는 문맥상 '어떤 대상에 의하여 일정한 상태나 결과가 생기거나 만들어지다'의 뜻이다. 한편 '달성(達 이르다 달 成 이루다 성)되다'는 '목적한 것이 이루어지다'의 의미로, ⓐ와 바꿔 쓸 경우 해당 문장의 의미가 달라진다. 따라서 ⓐ를 '달성되고'로 바꿔 쓰는 것은 적절하지 않다.

→ 적절하지 않음!

② ⓑ : 제시(提示)한다

> **풀이** ⓑ에서 쓰인 '말하다'는 문맥상 '어떤 사정이나 사실, 현상 따위를 나타내 보이다'의 뜻이다. 한편 '제시(提 제시하다 제 示 보이다 시)하다'는 '어떠한 의사(意思, 무엇을 하고자 하는 생각)를 말이나 글로 나타내어 보이게 하다'의 의미로, ⓑ와 바꿔 쓸 경우 해당 문장의 의미가 달라진다. 따라서 ⓑ를 '제시한다'로 바꿔 쓰는 것은 적절하지 않다.

→ 적절하지 않음!

③ ⓒ : 분리(分離)된다

> **풀이** ⓒ에서 쓰인 '나뉘다'는 문맥상 '여러 가지가 섞인 것이 구분되어 분류되다'의 뜻이다. 한편 '분리(分 나누다 분 離 떨어지다 리)되다'는 '서로 나뉘어 떨어지다'의 의미로, ⓒ와 바꿔 쓸 경우 해당 문장의 의미가 달라진다. 따라서 ⓒ를 '분리된다'로 바꿔 쓰는 것은 적절하지 않다. ⓒ는 문맥상 '종류에 따라서 갈라지다'의 의미를 가진 '분류(分 나누다 분 類 무리 류)된다'로 바꿔 쓰는 것이 적절하다.

→ 적절하지 않음!

④ ⓓ : 도달(到達)한

> **풀이** ⓓ에서 쓰인 '이르다'는 '어떤 정도나 범위에 미치다'의 뜻으로, '목적한 곳이나 수준에 다다르다'의 뜻을 지닌 '도달(到 이르다 도 達 이르다 달)하다'와 바꿔 써도 문맥상 그 의미가 달라지지 않는다. 따라서 ⓓ의 '이른'을 '도달한'으로 바꿔 쓰는 것은 문맥상 적절하다.

→ 적절함!

⑤ ⓔ : 결성(結成)된다

> **풀이** ⓔ에서 쓰인 '만들어지다'는 문맥상 '되어지거나 변하게 되다'의 뜻이다. 한편 '결성(結 맺다 결 成 이루다 성)되다'는 '조직이나 단체 따위가 짜여 만들어지다'의 의미로, ⓔ와 바꿔 쓸 경우 해당 문장의 의미가 달라진다. 따라서 ⓔ를 '결성된다'로 바꿔 쓰는 것은 적절하지 않다.

→ 적절하지 않음!

[065~069] 다음 글을 읽고 물음에 답하시오.

1 [1]디지털 이미지 워터마킹은 디지털 이미지에 저작권자(著作權者, 저작권법에 따라 저작권을 인정받아 이를 행사할 수 있는 사람)나 배급자(配給者, 상품 등을 생산자에서 소비자에게 유통하는 일을 하는 사람)의 서명(署名, 자기의 이름을 써넣은 것), 마크(mark, 어떠한 뜻을 나타내기 위해 쓰는 부호나 문자) 등의 특정 정보를 다른 사람들이 인식하지(認識−, 구별하고 판단하여 알지) 못하도록 삽입하는(挿入−, 끼워 넣는) 것을 말한다. [2]이때 삽입된 정보를 디지털 워터마크라고 하며, 이것(디지털 워터마크)은 디지털 이미지의 무단(無斷, 사전에 허락이 없음) 배포(配布, 널리 나누어 줌), 무단 복사 등이 발생했을 때 저작권(著作權, 창작물에 대하여 그것을 만든 사람이 가지는 권리)을 주장하거나 원본 이미지의 훼손(毀損, 헐거나 깨뜨려 못 쓰게 만듦) 여부를 검증하기(檢證−, 검사하여 증명하기) 위한 수단으로 활용된다.

→ 디지털 이미지 워터마킹의 개념과 디지털 워터마크의 활용

2 [1]디지털 이미지 워터마킹은 이미지의 공간 영역 활용 방식과 주파수 영역 활용 방식으로 나눌 수 있는데, 공간 영역 활용 방식으로는 LSB(Least Significant Bit) 치환(置換, 바꾸어 놓음) 방법이 있다. [2]흑백(黑白, 검은색과 흰색) 원본 이미지에 흑백 워터마크 이미지를 삽입하는 과정을 통해 그(LSB 치환 방법을 통한 디지털 이미지 워터마킹의) 원리를 살펴보자. [3]흑백 이미지를 구성하는 한 픽셀*의 색상은 밝기에 따라 0 ~ 255까지의 정숫값(整數−, 자연수의 수치)을 가지는데 0은 검은색, 255는 흰색을 나타낸다. [4]이(0~255의 정숫값)를 컴퓨터가 처리하는 데이터의 기본 단위인 8 비트*로 나타내면 각각의 픽셀은 검은색인 [0][0][0][0][0][0][0][0] 부터 흰색인 [1][1][1][1][1][1][1][1] 까지 총 256 가지의 값 중 하나를 갖게 되며, 그 숫자가 클수록 흰색에 가깝다. [5]이때 각 픽셀은 8 비트의 데이터 중 왼쪽에 위치하는 상위 비트가 바뀔수록 그에 해당하

[A]

는 정숫값의 변화가 크기 때문에 색상의 변화를 육안(肉眼, 직접 보는 눈)으로 인식하기 쉽고, 오른쪽 하위 비트가 바뀔수록 색상의 변화를 육안으로 인식하기 어렵다. [6]LSB는 색상 변화에 가장 영향을 적게 주는 오른쪽 마지막 최하위 비트를 ⊙ 말한다. [7]LSB 치환 과정에서는 원본 이미지에 시각적인 변화를 주지 않기 위해 워터마크 이미지의 픽셀 데이터를 원본 이미지의 각 픽셀의 LSB에 하나씩 나누어 숨긴다.

→ 공간 영역 활용 방식의 디지털 이미지 워터마킹 : LSB 치환 방법

3 [1]이때 원본 이미지 각 픽셀의 8 개의 비트 중 LSB에만 데이터를 삽입하기 때문에 워터마크 이미지의 한 픽셀 데이터를 삽입하기 위해서는 원본 이미지의 픽셀 8 개가 필요하다. [2]결국 원본 이미지의 픽셀 수는 최대로 삽입 가능한 비트 수와 같기 때문에 원본 이미지의 픽셀 수가 워터마크 이미지의 전체 비트 수보다 적다면 워터마크 이미지의 데이터 일부는 삽입할 수 없게 된다. [3]그리고 원본 이미지의 픽셀 수가 워터마크 이미지의 전체 비트 수보다 많을수록 원본 이미지에 시각적 변화가 적게 나타난다. [4]이 방법(LSB 치환 방법)은 많은 양의 데이터를 빠르고 간단하게 삽입할 수 있으며, 원본 이미지의 각 픽셀에서 LSB만 변경하기(變更−, 다르게 바꾸어 새롭게 고치기) 때문에 시각적으로 색상이나 감도(感度, 빛에 반응하는 정도)의 변화를 감지하기(感知−, 느껴서 알기) 어렵다. [5]그러나 워터마크가 삽입된 이미지의 LSB를 인위적으로(人爲的−, 사람의 힘으로) 조작하는(造作−, 꾸며 만드는) 경우 워터마크가 쉽게 제거될 수 있다는 단점이 있다.

→ LSB 치환 방법의 특징과 장단점

4 [1]주파수 영역을 활용하는 방식으로는 DCT(Discrete Cosine Transform)를 이용하는 방법이 주로 쓰인다. [2]DCT는 이미지 데이터를 공간값에서 주파수값으로 바꾸는 과정이다. [3]이미지에 DCT를 적용하면 주변 픽셀과 색상이나 밝기 차이가 적은 픽셀은 낮은 주파숫값으로, 경계선(境界線, 사물이 어떤 기준에 의해 구별되는 한계인 '경계'가 되는 선) 등 주변 픽셀과 색상이나 밝기 차이가 큰 픽셀은 높은 주파숫값으로 나타난다. [4]원본 이미지를 일정한 크기의 여러 블록으로 나누고 블록별로 각 픽셀의 색상값을 DCT 수식(數式, 수나 양을 나타내는 숫자나 문자를 계산 기호로 연결한 식)에 따라 변환하면(變換−, 다르게 하여 바꾸면) 주파숫값 분포표를 얻을 수 있다. [5]주파숫값 분포표에는 좌측 상단으로 갈수록 낮은 주파숫값, 우측 하단으로 갈수록 높은 주파숫값이 분포하게(分布−, 퍼져 있게) 되는데 이미지의 색상이나 밝기에 따라 각 주파숫값이 분포하는 영역의 비율(比率, 일정한 양이나 수에 대한 다른 양이나 수의 비)은 다르게 나타난다. [6]이때 워터마크 이미지의 픽셀의 색상값을 주파숫값 형태로 삽입한 후 다시 역변환(逆變換, 어떤 변환에 대한 반대 변환) 수식에 따라 변환하면, 어느 주파숫값에 삽입하든 워터마크가 원본 이미지의 전 영역에 걸쳐 고르게 분산된(分散−, 흩어진) 형태로 삽입된다.

→ 주파수 영역 활용 방식의 디지털 이미지 워터마킹 : DCT를 이용하는 방법 ①

5 [1]인간의 시각은 낮은 주파수 성분의 변화에는 민감하나(敏感−, 자극에 빠르게 반응을 보이거나 쉽게 영향을 받는 데가 있으나) 높은 주파수 성분의 변화에는 둔감하기(鈍感−, 감정이나 감각을 느끼고 깨닫는 힘이 부족하고 둔하기) 때문에 높은 주파숫값이 분포하는 영역에 워터마크를 삽입하면 원본 이미지의 시각적인 변화를 최소화할 수 있다. [2]그러나 JPEG와 같은 방식의 압축 이미지 알고리즘(algorism, 문제를 해결하기 위하여 수행하는 해결 과정 혹은 방법)은 높은 주파수 성분의 요소(要素, 구성하는 데 꼭 필요한 성분)를 제거하여 이미지를 압축하기 때문에 높은 주파숫값이 분포하는 영역에 워터마크를 삽입하면 이미지 압축과 같은 과정에서 워터마크가 삭제될 수 있다. [3]그래서 워터마크를 삽입할 때는 낮은 주파숫값이 분포하는 영역과 높은 주파숫값이 분포하는 영역의 경계면에 해당하는 특정 주파숫값 영역을 중심으로 워터마크 정보를 삽입한다.

→ DCT를 이용하는 방법 ②

6 [1]이 방법(DCT를 이용하는 방법)은 이미지의 왜곡(歪曲, 이미지가 변형되어 다르게 되는 현상)이 적어 시각적으로 원본 이미지와의 차이를 식별하기(識別−, 분별하여 알아보기) 어렵다. [2]또한 삽입할 데이터를 이미지 영역에 골고루 분산시키기 때문에 변형의 과정을 거쳐도 LSB 치환 방법에 비해 워터마크가 상대적으로 쉽게 제거되지 않는다. [3]그러나 데이터 삽입이 가능한 주파숫값의 개수가 원본 이미지의 픽셀 수보다는 훨씬 적기 때문에, 삽입할 수 있는 데이터의 양이 LSB 치환 방법보다 상대적으로 적다. [4]그리고 픽셀의 개수가 같은 이미지라 하더라도 이미지의 색상이나 밝기에 따라 각 주파숫값이 분포하는 영역의 비율이 달라지기 때문에 이미지에 따라 삽입할 수 있는 데이터의 양이 달라질 수 있다.

→ DCT를 이용하는 방법의 장단점

* 픽셀 : 작은 점의 행과 열로 이루어져 있는 화면의 작은 점 각각을 이르는 말
* 비트 : 2진 기수법 표기의 기본 단위. 2진 기수법에서는 모든 수를 0과 1로만 표기하는데 이 0 또는 1이 각각 하나의 비트가 된다.

■지문 이해
〈디지털 이미지 워터마킹의 개념과 방법〉

❶ 디지털 이미지 워터마킹의 개념과 디지털 워터마크의 활용
• 디지털 이미지 워터마킹 : 디지털 이미지에 디지털 워터마크를 다른 사람들이 인식하지 못하도록 삽입하는 것 • 디지털 워터마크는 디지털 이미지의 무단 배포, 무단 복사 발생 시 저작권 주장, 원본 훼손 여부 검증 수단으로 활용됨

공간 영역 활용 방식의 디지털 이미지 워터마킹 : LSB 치환 방법

❷ LSB 치환 방법의 원리
• LSB : 이미지의 각 픽셀을 나타낸 8 비트의 데이터 중 색상 변화에 가장 영향을 적게 주는 오른쪽 마지막 최하위 비트 →LSB 치환 과정에서 원본 이미지에 시각적 변화를 주지 않기 위해 워터마크 이미지의 픽셀 데이터를 원본 이미지의 각 픽셀의 LSB에 하나씩 나누어 숨김

❸ LSB 치환 방법의 특징과 장단점
• 원본 이미지의 각 픽셀의 8 개 비트 중 LSB에만 데이터를 삽입 - 원본 이미지의 픽셀 수 = 최대 삽입 가능한 비트 수 - 원본 이미지의 픽셀 수 < 워터마크 이미지의 전체 비트 수 : 워터마크 이미지의 데이터 일부를 삽입할 수 없음 - 원본 이미지의 픽셀 수 > 워터마크 이미지의 전체 비트 수 : 원본 이미지에 시각적 변화가 적게 나타남 • LSB 치환 방법의 장점 - 많은 양의 데이터를 빠르고 간단하게 삽입할 수 있음 - 원본 이미지의 각 픽셀에서 LSB만 변경하므로 시각적 변화를 감지하기 어려움 • LSB 치환 방법의 단점 - 워터마크가 삽입된 이미지의 LSB를 인위적으로 조작할 경우 워터마크가 쉽게 제거될 수 있음

주파수 영역 활용 방식의 디지털 이미지 워터마킹 : DCT를 이용하는 방법

❹ DCT를 이용하는 방법 ①
• DCT : 이미지 데이터를 공간값에서 주파숫값으로 바꾸는 과정 - 주변 픽셀과 색상, 밝기 차이가 적은 픽셀은 낮은 주파숫값으로, 차이가 큰 픽셀은 높은 주파숫값으로 나타남 • 주파숫값 분포표 - 블록별로 각 픽셀의 색상값을 DCT 수식에 따라 변환하면 얻을 수 있음 - 좌측 상단은 낮은 주파숫값이, 우측 하단은 높은 주파숫값이 분포함 - 이미지의 색상, 밝기에 따라 각 주파숫값이 분포하는 영역의 비율이 다르게 나타남 • 워터마크 이미지 픽셀의 색상값을 주파숫값 형태로 삽입한 후 역변환 수식에 따라 변환하면 어느 주파숫값에 삽입하든 워터마크가 원본 이미지의 전 영역에 고르게 분산된 형태로 삽입됨

❺ DCT를 이용하는 방법 ②
• 높은 주파숫값이 분포하는 영역에 워터마크를 삽입하면 원본 이미지의 시각적 변화를 최소화할 수 있음 • JPEG 압축 방식은 높은 주파숫값 분포 영역에 워터마크를 삽입하면 압축 과정에서 워터마크가 삭제될 수 있음 → 경계면에 해당하는 주파숫값 영역을 중심으로 워터마크를 삽입함

❻ DCT를 이용하는 방법의 장단점
• DCT를 이용하는 방법의 장점 - 이미지 왜곡이 적어 시각적으로 원본 이미지와의 차이 식별이 어려움 - 삽입할 데이터를 이미지 영역에 고루 분산시키므로 LSB 치환 방법에 비해 워터마크가 쉽게 제거되지 않음 • DCT를 이용하는 방법의 단점 - 삽입할 수 있는 데이터의 양이 LSB 치환 방법보다 상대적으로 적음 - 픽셀의 개수가 같더라도 이미지의 색상, 밝기에 따라 삽입할 수 있는 데이터의 양이 달라짐

---

065 | 세부 정보 이해 - 적절하지 않은 것 고르기 2023년 9월 학평 34번
정답률 85% | 정답 ③

윗글을 통해 답을 찾을 수 없는 질문은?

① 디지털 워터마크의 용도는 무엇인가?

> 근거 **❶**-2 이것(디지털 워터마크)은 디지털 이미지의 무단 배포, 무단 복사 등이 발생했을 때 저작권을 주장하거나 원본 이미지의 훼손 여부를 검증하기 위한 수단으로 활용된다.

→ 적절함!

② 디지털 이미지 워터마킹의 개념은 무엇인가?

> 근거 **❶**-1 디지털 이미지 워터마킹은 디지털 이미지에 저작권자나 배급자의 서명, 마크 등의 특정 정보를 다른 사람들이 인식하지 못하도록 삽입하는 것을 말한다.

→ 적절함!

✓③ 디지털 이미지 워터마킹 기술의 *전망은 어떠한가? *展望, 내다보이는 앞날의 상황

> 풀이 윗글에서 디지털 이미지 워터마킹 기술의 전망에 대해서는 이야기하지 않았다.

→ 적절하지 않음!

= 디지털 이미지 워터마킹

④ 디지털 이미지 워터마크를 삽입하는 원리는 무엇인가?

> 근거 **❷**-1~2 디지털 이미지 워터마킹은 이미지의 공간 영역 활용 방식과 주파수 영역 활용 방식으로 나눌 수 있는데, 공간 영역 활용 방식으로는 LSB(Least Significant Bit) 치환 방법이 있다. 흑백 원본 이미지에 흑백 워터마크 이미지를 삽입하는 과정을 통해 그 원리를 살펴보자, **❹**-1 주파수 영역을 활용하는 방식으로는 DCT(Discrete Cosine Transform)를 이용하는 방법이 주로 쓰인다, **❹**-3~6 이미지에 DCT를 적용하면 … 주파숫값으로 나타난다. … 분산된 형태로 삽입된다.

> 풀이 윗글에서는 **❷**문단에서 디지털 이미지 워터마킹은 공간 영역 활용 방식과 주파수 영역 활용 방식으로 나눌 수 있다고 설명하고, **❷~❸**문단에서 공간 영역 활용 방식인 LSB 치환 방법으로 디지털 이미지 워터마크를 삽입하는 원리에 대해 설명하였다. 또 **❹**문단에서는 주파수 영역 활용 방식인 DCT를 이용하는 방법으로 디지털 이미지 워터마크를 삽입하는 원리에 대해 설명하고 있다.

→ 적절함!

⑤ 디지털 이미지 워터마킹의 방식에는 어떤 것들이 있는가?

> 근거 **❷**-1 디지털 이미지 워터마킹은 이미지의 공간 영역 활용 방식과 주파수 영역 활용 방식으로 나눌 수 있는데

→ 적절함!

1등급 문제

066 | 세부 정보 이해 - 적절하지 않은 것 고르기 2023년 9월 학평 35번
정답률 60%, 매력적 오답 ② 10% ③ 10% ④ 15% | 정답 ①

윗글에 대해 이해한 내용으로 적절하지 않은 것은?

DCT를 이용하는 방법은 LSB 치환 방법에 비해

✓①LSB 치환 방법은 DCT를 이용하는 방법에 비해 상대적으로 쉽게 워터마크가 제거되지 않는다.

> 근거 **❻**-2 (DCT를 이용하는 방법은) LSB 치환 방법에 비해 워터마크가 상대적으로 쉽게 제거되지 않는다.

→ 적절하지 않음!

② LSB 치환 방법은 DCT를 이용하는 방법에 비해 동일한 원본 이미지에 삽입할 수 있는 데이터의 양이 많다.

> 근거 **❻**-3 (DCT를 이용하는 방법은) 삽입할 수 있는 데이터의 양이 LSB 치환 방법보다 상대적으로 적다.

→ 적절함!

③ DCT를 적용하기 위해서는 원본 이미지를 여러 개의 블록으로 분할하고 블록 단위로 변환을 수행해야 한다.

> 근거 **❹**-4 원본 이미지를 일정한 크기의 여러 블록으로 나누고 블록별로 각 픽셀의 색상값을 DCT 수식에 따라 변환

→ 적절함!

높은 주파수 성분의 요소

④ JPEG 압축 방식은 이미지에서 주변 픽셀과 색상이나 밝기 차이가 큰 픽셀을 제거하는 방식으로 이루어진다.

> 근거 **❹**-3 경계선 등 주변 픽셀과 색상이나 밝기 차이가 큰 픽셀은 높은 주파숫값으로 나타난다, **❺**-2 JPEG와 같은 방식의 압축 이미지 알고리즘은 높은 주파수 성분의

요소를 제거하여 이미지를 압축하기 때문에

→ **적절함!**

⑤ DCT를 이용하는 방법은 원본 이미지의 색상이나 밝기에 따라 삽입할 수 있는 데이터의 양이 달라질 수 있다.

근거 ❻-4 픽셀의 개수가 같은 이미지라 하더라도 이미지의 색상이나 밝기에 따라 각 주파숫값이 분포하는 영역의 비율이 달라지기 때문에 이미지에 따라 삽입할 수 있는 데이터의 양이 달라질 수 있다.

→ **적절함!**

1등급 문제

067 구체적인 사례에 적용 - 적절하지 않은 것 고르기 2023년 9월 학평 36번
정답률 40%, 매력적 오답 ④ 25% ④ 20% ⑤ 10% **정답 ③**

[A]를 바탕으로 〈보기〉를 이해한 내용으로 적절하지 않은 것은? 3점

| 보 기 |

다음은 LSB 치환 방법을 통해 흑백 이미지에 또 다른 흑백 이미지를 워터마크로 삽입하는 과정을 **도식화하여**(圖式化-, 그림으로 만들어) 나타낸 것이다.

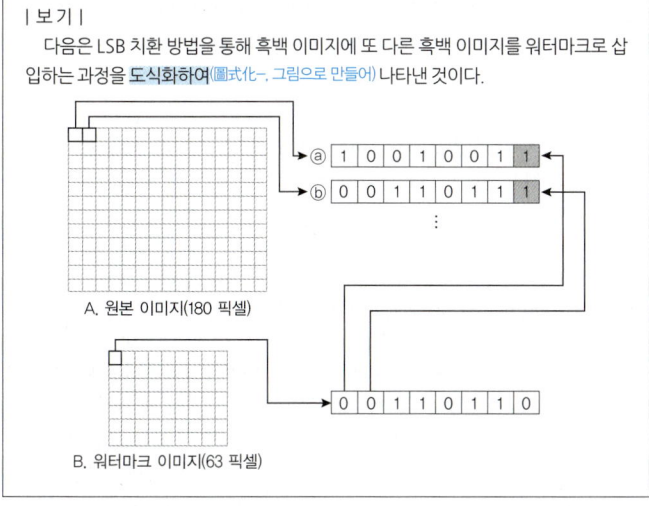

A. 원본 이미지(180 픽셀)

B. 워터마크 이미지(63 픽셀)

① A에 최대로 삽입 가능한 비트 수는 180이다.

근거 ❸-2 원본 이미지의 픽셀 수는 최대로 삽입 가능한 비트 수와 같기 때문에

풀이 〈보기〉의 A에서 원본 이미지의 픽셀 수는 180이다. 윗글에서 원본 이미지의 픽셀 수는 최대로 삽입 가능한 비트 수와 같다고 하였으므로, A에 최대로 삽입 가능한 비트 수는 180이라는 설명은 적절하다.

→ **적절함!**

② B의 전체 데이터 중 일부 비트는 A에 삽입할 수 없다.

근거 ❸-1 원본 이미지 각 픽셀의 8개의 비트 중 LSB에만 데이터를 삽입하기 때문에 워터마크 이미지의 한 픽셀 데이터를 삽입하기 위해서는 원본 이미지의 픽셀 8개가 필요하다.

풀이 윗글에서 워터마크 이미지의 한 픽셀 데이터를 삽입하기 위해서는 원본 이미지의 픽셀 8개가 필요하다고 하였다. 〈보기〉의 B에서 워터마크 이미지는 63 픽셀이므로 B의 전체 데이터를 삽입하기 위해서는 원본 이미지의 픽셀이 504(63 × 8)개 필요하다. A에서 원본 이미지의 픽셀 수는 180개이므로, B의 전체 데이터 중 일부 비트는 A에 삽입할 수 없다는 설명은 적절하다.

→ **적절함!**

③ B의 픽셀 수가 더 많아지면 A의 시각적인 변화는 줄어든다.

근거 ❸-3 원본 이미지의 픽셀 수가 워터마크 이미지의 전체 비트 수보다 많을수록 원본 이미지에 시각적 변화가 적게 나타난다.

풀이 윗글에서 원본 이미지의 픽셀 수가 워터마크 이미지의 전체 비트 수보다 많을수록 원본 이미지에 시각적 변화가 적게 나타난다고 하였으므로, 〈보기〉에서 워터마크 이미지인 B의 픽셀 수가 더 많아지면 원본 이미지인 A의 시각적 변화는 커진다고 할 수 있다. 그러나 〈보기〉는 워터마크 이미지의 전체 데이터 중 일부 비트를 원본 이미지에 삽입할 수 없는 상황이므로 워터마크 이미지인 B의 픽셀 수가 더 많아지더라도 원본 이미지인 A는 더 이상의 시각적인 변화가 나타나지 않는다.

→ **적절하지 않음!**

④ ⓐ 픽셀의 색상이 ⓑ 픽셀의 색상에 비해 더 흰색에 가깝다.

근거 ❷-4 컴퓨터가 처리하는 데이터의 기본 단위인 8 비트로 나타내면 각각의 픽셀은 검은색인 0 0 0 0 0 0 0 0 부터 흰색인 1 1 1 1 1 1 1 1 까지 총 256가지의 값 중 하나를 갖게 되며, 그 숫자가 클수록 흰색에 가깝다.

풀이 윗글에서 각각의 픽셀을 8 비트로 나타내면 검은색인 00000000부터 흰색인 11111111까지의 값 중 하나를 갖게 되며, 숫자가 클수록 흰색에 가깝다고 하였다. 〈보기〉의 ⓐ는 10010011, ⓑ는 00110111로 ⓐ가 ⓑ보다 숫자가 크다. 따라서 ⓐ 픽셀의 색상이 ⓑ 픽셀의 색상에 비해 더 흰색에 가깝다는 설명은 적절하다.

→ **적절함!**

⑤ ⓐ 픽셀과 ⓑ 픽셀에 데이터가 삽입되면 LSB가 모두 1에서 0으로 바뀌게 된다.

근거 ❷-6~7 LSB는 색상 변화에 가장 영향을 적게 주는 오른쪽 마지막 최하위 비트를 말한다. LSB 치환 과정에서는 원본 이미지에 시각적인 변화를 주지 않기 위해 워터마크 이미지의 픽셀 데이터를 원본 이미지의 각 픽셀의 LSB에 하나씩 나누어 숨긴다.

풀이 LSB 치환 방법에서 워터마크 이미지의 픽셀 데이터는 원본 이미지의 각 픽셀의 오른쪽 마지막 최하위 비트, 즉 LSB에 하나씩 삽입된다. 〈보기〉에서는 ⓐ 픽셀의 LSB에 0, ⓑ 픽셀의 LSB에 0이 각각 삽입되므로, ⓐ 픽셀과 ⓑ 픽셀에 데이터가 삽입되면 LSB가 모두 1에서 0으로 바뀌게 된다는 설명은 적절하다.

→ **적절함!**

1등급 문제

068 구체적인 사례에 적용 - 적절한 것 고르기 2023년 9월 학평 37번
정답률 40%, 매력적 오답 ① 10% ③ 20% ④ 20% ⑤ 10% **정답 ②**

DCT(Discrete Cosine Transform)를 이용하는 방법에 대한 이해를 바탕으로 〈보기〉의 ㉮~㉱에 대해 보인 반응으로 가장 적절한 것은?

| 보 기 |

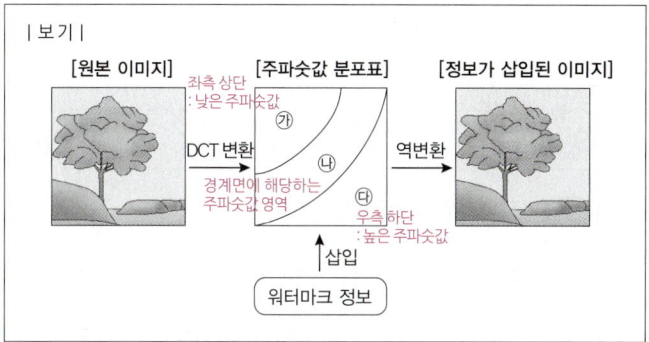

[원본 이미지] [주파숫값 분포표] [정보가 삽입된 이미지]
좌측 상단: 낮은 주파숫값
DCT 변환 ㉮ 역변환
경계면에 해당하는 주파숫값 영역 ㉰
㉱ 우측 하단: 높은 주파숫값
삽입
워터마크 정보

근거 ❹-5 주파숫값 분포표에는 좌측 상단으로 갈수록 낮은 주파숫값, 우측 하단으로 갈수록 높은 주파숫값이 분포하게 되는데

풀이 〈보기〉의 [주파숫값 분포표]에서 좌측 상단의 ㉮는 낮은 주파숫값이 분포하는 영역, ㉰는 낮은 주파숫값이 분포하는 영역과 높은 주파숫값이 분포하는 영역의 경계면에 해당하는 주파숫값 영역, 우측 하단의 ㉱는 높은 주파숫값이 분포하는 영역에 해당한다.

① ㉮는 ㉱보다 원본 이미지에서 주변 픽셀과 색상이나 밝기 차이가 더 ~~큰~~ 작은 부분이겠군.

근거 ❹-3 이미지에 DCT를 적용하면 주변 픽셀과 색상이나 밝기 차이가 적은 픽셀은 낮은 주파숫값으로, 경계선 등 주변 픽셀과 색상이나 밝기 차이가 큰 픽셀은 높은 주파숫값으로 나타난다. ❹-5 주파숫값 분포표에는 좌측 상단으로 갈수록 낮은 주파숫값, 우측 하단으로 갈수록 높은 주파숫값이 분포하게 되는데

풀이 〈보기〉의 주파숫값 분포표에서 ㉮는 좌측 상단에 위치한 낮은 주파숫값으로, 주변 픽셀과 색상이나 밝기 차이가 적은 부분에 해당한다.

→ **적절하지 않음!**

② ㉮에 워터마크를 삽입하면 ㉱에 삽입하는 것보다 역변환 후 원본 이미지의 시각적 변화가 더 크겠군.

근거 ❺-1 인간의 시각은 낮은 주파수 성분의 변화에는 민감하나 높은 주파수 성분의 변화에는 둔감하기 때문에 높은 주파숫값이 분포하는 영역에 워터마크를 삽입하면 원본 이미지의 시각적인 변화를 최소화할 수 있다.

풀이 높은 주파숫값이 분포하는 영역에 워터마크를 삽입하면 원본 이미지의 시각적 변화를 최소화할 수 있다. 따라서 낮은 주파숫값이 분포하는 영역인 ㉮에 워터마크를 삽입하면 높은 주파숫값이 분포하는 영역인 ㉱에 삽입하는 것보다 원본 이미지의 시각적 변화가 더 클 것이다.

→ **적절함!**

③ ~~㉰~~에 삽입된 워터마크가 ~~㉱~~에 삽입된 워터마크보다 JPEG와 같은 방식의 압축에 의해 더 쉽게 제거되겠군.

근거 ❺-2 JPEG와 같은 방식의 압축 이미지 알고리즘은 높은 주파수 성분의 요소를 제거하여 이미지를 압축하기 때문에 높은 주파숫값이 분포하는 영역에 워터마크를 삽

Ⅲ 과학, 기술

입하면 이미지 압축과 같은 과정에서 워터마크가 삭제될 수 있다.

풀이 ㉯보다 높은 주파숫값이 분포하는 영역에 해당하는 ㉰에 삽입된 워터마크는, JPEG 와 같은 방식의 압축 과정에서 더 쉽게 삭제될 수 있다.

→ 적절하지 않음!

④ ㉰에 삽입된 워터마크가 ㉮에 삽입된 워터마크보다 역변환 후 전체 이미지에 더 고르게 분산되겠군.

근거 **4-6** 워터마크 이미지의 픽셀의 색상값을 주파숫값 형태로 삽입한 후 다시 역변환 수식에 따라 변환하면, 어느 주파숫값에 삽입하든 워터마크가 원본 이미지의 전 영역에 걸쳐 고르게 분산된 형태로 삽입된다.

풀이 DCT를 이용하는 방법에서 워터마크를 삽입한 후 다시 역변환하면, 어느 주파숫값에 삽입하든 워터마크가 원본 이미지의 전 영역에 고르게 분산된 형태로 삽입된다. 따라서 <보기>에서 워터마크는 ㉮, ㉰ 어느 영역에 삽입되든, 역변환 후 원본 이미지의 전 영역에 걸쳐 고르게 분산될 것이다.

→ 적절하지 않음!

의 색상이나 밝기에 따라 그 비율이 다르게

⑤ ㉮, ㉯, ㉰ 영역은 원본 이미지와 상관없이 항상 일정한 비율로 나타나겠군.

근거 **4-4~5** 원본 이미지를 일정한 크기의 여러 블록으로 나누고 블록별로 각 픽셀의 색상값을 DCT 수식에 따라 변환하면 주파숫값 분포표를 얻을 수 있다. 주파숫값 분포표에는 좌측 상단으로 갈수록 낮은 주파숫값, 우측 하단으로 갈수록 높은 주파숫값이 분포하게 되는데 이미지의 색상이나 밝기에 따라 각 주파숫값이 분포하는 영역의 비율은 다르게 나타난다.

풀이 ㉮, ㉯, ㉰ 영역은 원본 이미지의 색상이나 밝기에 따라 그 비율이 다르게 나타난다.

→ 적절하지 않음!

---

069 문맥적 의미 파악 - 적절한 것 고르기 2023년 9월 학평 38번
정답률 90% | 정답 ①

문맥상 ㉠과 가장 가까운 의미로 쓰인 것은?

LSB는 색상 변화에 가장 영향을 적게 주는 오른쪽 마지막 최하위 비트를 ㉠말한다.

풀이 ㉠에서 '말하다'는 '어떤 사정이나 사실, 현상 따위를 나타내 보이다'의 의미로 쓰였다.

✓① 북극은 지구 자전축의 북쪽 끝을 말한다.
풀이 '어떤 사정이나 사실, 현상 따위를 나타내 보이다'의 의미로 쓰였다.
예문 수채화는 투명한 그림물감을 써서 그린 그림을 말한다.

→ 적절함!

② 선생님은 그 작가에 대해 항상 좋게 말했다.
풀이 '평하거나 논하다'의 의미로 쓰였다.
예문 그는 김 과장을 좋지 않게 말하고 있다.

→ 적절하지 않음!

③ 난 내 생각을 다른 사람에게 솔직하게 말한다.
풀이 '생각이나 느낌 따위를 말로 나타내다'의 의미로 쓰였다.
예문 청중들에게 자신의 느낌을 말하는 일은 매우 어렵다.

→ 적절하지 않음!

④ 친구에게 동생이 오면 문을 열어 달라고 말했다.
풀이 '무엇을 부탁하다'의 의미로 쓰였다.
예문 자네가 김 씨에게 내 아들 일자리를 하나 말해 주게.

→ 적절하지 않음!

⑤ 그녀에게 약속 장소를 말하지 않은 것이 생각난다.
풀이 '어떠한 사실을 말로 알려 주다'의 의미로 쓰였다.
예문 누나가 내일 할머니께서 서울에 올라오신다고 나에게 말해 주었다.

→ 적절하지 않음!

[070~074] 다음 글을 읽고 물음에 답하시오.

① ¹수학자 힐베르트는 어떤 1차 논리의 논리식이 주어졌을 경우 이 논리식이 타당한지 여부(옳은지 옳지 않은지)를 결정하는 알고리즘(algorism, 문제를 해결하기 위한 절차, 방법, 명령어들의 집합)이 존재하느냐 하는 문제를 제기했다.(提起-, 내어놓았다.) ²튜링은 이(힐베르트가 제기한) 문제에 대한 답을 얻는 과정에서 가상(假想, 사실이 아닌 것을 사실인 것처럼 임시로 정하여 생각함)의 기계 장치인 '튜링 기계'를 ⓐ고안하게 된다.

→ 튜링 기계의 고안 배경

② ¹튜링 기계는 사람이 계산할 때 일어나는 사고(思考, 생각하고 궁리함) 과정을 응용한(應用-, 적용하여 이용한) 가상의 기계로 ㉠테이프, ㉡헤드, ㉢상태 기록기 등의 부품(部品, 기계의 어떤 부분에 쓰이는 물품)으로 ⓑ구성된다. ²테이프는 좌우 양방향(兩方向, 양쪽으로 향하는 두 방향)으로 무한히(無限-, 제한이나 한계가 없이) 많은 칸을 갖고 있다고 가정하며(假定-, 임시로 사실처럼 정하며), 각 칸은 비어 있거나 한 개의 기호가 기록되어 있다. ³헤드는 테이프에 기록된 기호를 읽거나 기호를 기록하는 장치인데, 테이프 위를 좌우로 한 칸씩 움직일 수 있다. ⁴상태 기록기는 튜링 기계의 상태를 나타낸다.

→ 튜링 기계의 구성과 각 부품의 역할

③ ¹튜링 기계는 작동규칙이 주어지면 튜링 기계의 상태와 헤드로 판독한(判讀-, 읽은) 기호에 따라 작동되는데, 작동규칙은 예를 들면 (A, 1, P0, R, B)와 같이 표시할 수 있으며 이와 같은 형식을 '5순서열(順序列, 순서대로 배열한 것)'이라고 한다. ²5순서열의 첫 번째 자리와 다섯 번째 자리에는 A, B, C 등의 임의의(任意-, 기준이나 원칙을 일정하게 정하지 않은) 기호가 사용되어 튜링 기계의 상태를 나타낸다. ³(A, 1, P0, R, B)에서 'A'는 튜링 기계의 현재 상태를, 'B'는 튜링 기계의 다음 상태를 나타낸다. ⁴이렇게 현재 상태를 나타내는 기호와 다음 상태를 나타내는 기호가 다르면 기계는 다음 상태로 바뀌고, 이와 달리 두 기호가 같으면 현재 상태가 유지된다.(維持-, 그대로 변함없이 계속되다.) ⁵5순서열의 두 번째 자리와 세 번째 자리에는 0, 1, □ 등의 기호가 사용되는데, □는 빈칸을 의미한다. ⁶(A, 1, P0, R, B)에서 '1'은 헤드가 읽는 기호를 나타내며, 'P0'은 기호를 읽은 칸에 0을 기록하라는 것을 나타낸다. ⁷만약 P□가 사용되면 이는 □를 기록하라는 뜻으로 테이프에 기록된 기호가 있을 경우에는 이(테이프에 기록된 기호)를 지우게 된다. ⁸튜링 기계는 헤드가 읽는 기호와 테이프에 기록된 기호가 서로 같으면 주어진 5순서열을 수행하게 되지만(기호를 읽은 칸에 새로운 기호를 기록하게 되지만, 위 예에 따르면 헤드가 읽는 기호와 테이프에 기록된 기호가 '1'로 서로 같으면 'P0'에 따라 기호를 읽은 칸에 '0'을 기록하게 되지만), 다르면(헤드가 읽는 기호와 테이프에 기록된 기호가 서로 같지 않으면) 주어진 5순서열을 수행하지 않게 된다. ⁹5순서열의 네 번째 자리에는 헤드의 위치 변경(變更, 바꾸어 새롭게 고침)을 지시하는(指示-, 시키는) 기호로 L, R, N이 사용되는데, L은 헤드를 왼쪽으로 한 칸, R은 헤드를 오른쪽으로 한 칸 이동하는 것을 나타내며, N은 헤드의 위치를 이동하지 않는 것을 나타낸다.

→ 5순서열의 형식으로 표시한 튜링 기계의 작동규칙

④ ¹튜링 기계를 결정하는 5순서열은 여러 개가 모여 5순서열의 모임을 이룰 수도 있는데 이때는 세미콜론(;)을 사용해 나타낼 수 있다. ²튜링 기계는 테이프의 시작 모습, 기계의 시작 상태, 그리고 테이프에서 헤드의 시작 위치가 정해지면 주어진 5순서열의 모임 중 수행 가능한 5순서열이 있을 경우, 이에 따라 작동하게 된다. ³그러나 수행 가능한 5순서열이 없을 경우에는 작동을 멈추게 된다. ⁴<그림>은 테이프의 시작 모습이 모두 빈칸이고, 기계의 시작 상태는 A이며, 헤드의 시작 위치는 화살표의 위치일 때, 5순서열의 모임 (A, □, P0, R, B) ; (B, □, P1, R, A)가 하나의 테이프에서 작동하는 상황을 단계

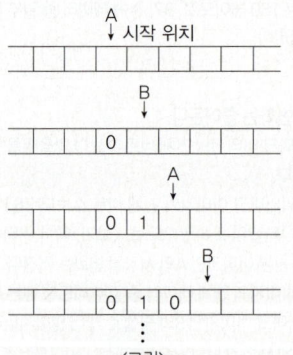

<그림>

별로 도식화한(圖式化-, 그림으로 나타낸) 것이다. ⁵먼저 튜링 기계의 현재 상태가 A이고 테이프가 빈칸이므로, (A, □, P0, R, B)에 따라 그 칸에 0을 기록하고 오른쪽으로 헤드를 한 칸 이동한 후 상태를 B로 변경한다. ⁶다음으로 튜링 기계의 현재 상태가 B이고 테이프가 빈칸이므로, (B, □, P1, R, A)에 따라 그 칸에 1을 기록하고 오른쪽으로 헤드를 한 칸 이동한 후 상태를 A로 변경한다. ⁷그러면 다시 (A,

□, P0, R, B)에 따라 작동하게 되어 결국 튜링 기계는 테이프에 0과 1을 무한히 반복하며 기록하게 된다.

→ **튜링 기계의 작동 조건과 5순서열 모임의 작동 예시**

5 [1]튜링은 위와 같이 무한히 반복되는 5순서열의 모임뿐만 아니라 사칙연산(四則演算, 덧셈, 뺄셈, 곱셈, 나눗셈을 이용하여 하는 셈)과 같은 유한한(有限-, 한도, 한계가 있는) 계산을 수행하는 5순서열의 모임을 제시하며 5순서열을 어떻게 ⓒ 조합하느냐에 따라 다양한 튜링 기계의 알고리즘을 만들 수 있다고 말한다. [2]나아가 테이프 한 칸에 튜링 기계의 알고리즘 하나하나가 들어가는 '보편(普遍, 모든 것에 두루 미치거나 통함) 튜링 기계'라는 것을 제시하며, 아무리 복잡한 알고리즘도 간단한 단위로 ⓓ 분해해서 처리할 수 있다고 주장한다. [3]현대의 컴퓨터 역시, 용량이 크고 속도가 빠를 뿐 결국 복잡한 알고리즘을 아주 간단한 단위로 분해해서 수행하는 것이다. [4]이런 면에서 튜링 기계는 현대 컴퓨터 발명의 기본적인 착상(着想, 풀어 나갈 수 있는 첫머리가 되는 생각이나 구상)을 제공하는(提供-, 내놓는) 데 크게 ⓔ 공헌한 것으로 평가받고 있다.

→ **튜링 기계에 대한 평가**

■ **지문 이해**

〈튜링 기계의 작동규칙과 작동 조건〉

❶ 튜링 기계의 고안 배경
- 튜링 : '1차 논리 논리식의 타당성 여부를 결정하는 알고리즘이 존재하느냐 하는 힐베르트의 문제 제기에 대한 답을 얻는 과정에서 튜링 기계를 고안하게 됨

❷ 튜링 기계의 구성과 각 부품의 역할
- 튜링 기계 : 사람이 계산할 때 일어나는 사고 과정을 응용한 가상의 기계
  - 테이프 : 좌우 양방향으로 무한히 많은 칸을 갖는다고 가정, 각 칸은 비어 있거나 한 개의 기호가 기록되어 있음
  - 헤드 : 테이프에 기록된 기호를 읽거나 기호를 기록함, 좌우로 한 칸씩 움직임
  - 상태 기록기 : 튜링 기계의 상태를 나타냄

❸ 5순서열의 형식으로 표시한 튜링 기계의 작동규칙
- 작동규칙이 주어지면 튜링 기계가 작동되며, 작동규칙은 5순서열의 형식으로 표시할 수 있음
- 5순서열의 형식으로 표시한 튜링 기계의 작동규칙

첫 번째 자리 : 튜링 기계의 현재 상태 다섯 번째 자리 : 튜링 기계의 다음 상태	두 기호가 서로 다르면 기계는 다음 상태로 바뀌고, 같으면 현재 상태가 유지됨
두 번째 자리 : 헤드가 읽는 기호 세 번째 자리 : 기호를 읽은 칸에 기록할 기호	헤드가 읽는 기호와 테이프에 기록된 기호가 서로 같으면 5순서열을 수행하고, 다르면 수행하지 않음
네 번째 자리 : 헤드의 위치 변경 지시	L : 헤드를 왼쪽으로 한 칸 이동 R : 헤드를 오른쪽으로 한 칸 이동 N : 헤드의 위치를 이동하지 않음

❹ 튜링 기계의 작동 조건과 5순서열 모임의 작동 예시
- 5순서열은 모임을 이룰 수 있고, 세미콜론(;)을 사용해 나타낼 수 있음
- 테이프의 시작 모습, 기계의 시작 상태, 헤드의 시작 위치가 정해졌을 때
  → 주어진 5순서열의 모임 중 수행 가능한 5순서열이 있을 경우 이에 따라 작동
  → 주어진 5순서열의 모임 중 수행 가능한 5순서열이 없을 경우 작동을 멈춤

❺ 튜링 기계에 대한 평가
- 복잡한 알고리즘을 간단한 단위로 분해해 수행하는 컴퓨터 발명의 기본적 착상을 제공하는 데 공헌한 것으로 평가됨

---

070 세부 정보 이해 - 적절하지 않은 것 고르기 2022년 11월 학평 25번
정답률 85% **정답 ⑤**

윗글에서 답을 찾을 수 있는 질문에 해당하지 않는 것은?

① 튜링 기계가 등장하게 된 배경은 무엇인가?
근거 **❶**-1~2 수학자 힐베르트는 … 문제를 제기했다. 튜링은 이 문제에 대한 답을 얻는

과정에서 가상의 기계 장치인 '튜링 기계'를 고안하게 된다.
→ 적절함!

② 튜링 기계의 작동규칙을 표시하는 형식은 무엇인가?
근거 **❸**-1 작동규칙은 예를 들면 (A, 1, P0, R, B)와 같이 표시할 수 있으며 이와 같은 형식을 '5순서열'이라고 한다.
→ 적절함!

③ 보편 튜링 기계와 현대 컴퓨터의 공통점은 무엇인가?
근거 **❺**-2~3 '보편 튜링 기계'라는 것을 제시하며, 아무리 복잡한 알고리즘도 간단한 단위로 분해해서 처리할 수 있다고 주장한다. 현대의 컴퓨터 역시, 용량이 크고 속도가 빠를 뿐 결국 복잡한 알고리즘을 아주 간단한 단위로 분해해서 수행하는 것이다.
풀이 보편 튜링 기계와 현대 컴퓨터는 복잡한 알고리즘을 간단한 단위로 분해해서 처리한다는 공통점이 있다.
→ 적절함!

④ 튜링 기계가 작동되기 위해 필요한 조건들은 무엇인가?
근거 **❸**-1 튜링 기계는 작동규칙이 주어지면 튜링 기계의 상태와 헤드로 판독한 기호에 따라 작동되는데, 작동규칙은 예를 들면 (A, 1, P0, R, B)와 같이 표시할 수 있으며 이와 같은 형식을 '5순서열'이라고 한다. **❸**-8 튜링 기계는 헤드가 읽는 기호와 테이프에 기록된 기호가 서로 같으면 주어진 5순서열을 수행하게 되지만, 다르면 주어진 5순서열을 수행하지 않게 된다. **❹**-2~3 튜링 기계는 … 수행 가능한 5순서열이 있을 경우, 이에 따라 작동하게 된다. 그러나 수행 가능한 5순서열이 없을 경우에는 작동을 멈추게 된다.
→ 적절함!

⑤ 보편 튜링 기계가 처리하지 못하는 알고리즘의 종류는 무엇인가?
풀이 윗글에서 보편 튜링 기계가 처리하지 못하는 알고리즘의 종류가 무엇인지는 설명하지 않았다.
→ 적절하지 않음!

---

071 추론의 적절성 판단 - 적절한 것 고르기 2022년 11월 학평 26번 **1등급 문제**
정답률 45%, 매력적 오답 ② 10% ③ 15% ④ 20% ⑤ 10% **정답 ①**

㉠~ⓒ을 이해한 내용으로 가장 적절한 것은?

㉠ 테이프 ⓛ 헤드 ⓒ 상태 기록기

① ㉠의 길이를 무한으로 가정한 것은 튜링 기계가 가상의 장치라는 것을 보여 주는 것이겠군.
근거 **❷**-2 테이프는 좌우 양방향으로 무한히 많은 칸을 갖고 있다고 가정하며
풀이 튜링 기계에서 테이프(㉠)는 좌우 양방향으로 무한히 많은 칸을 갖고 있다고 가정하지만, 현실에서 '길이가 좌우로 무한한' 테이프는 존재하지 않는다. 따라서 테이프(㉠)의 길이를 무한으로 가정한 것은, 튜링 기계가 현실의 장치가 아니라 가상의 장치라는 것을 보여 주는 것이라고 볼 수 있다.
→ 적절함!

② ⓒ이 한 번에 판독할 수 있는 기호의 개수는 항상 동일하게 유지되겠군.
근거 **❷**-2~4 (테이프의) 각 칸은 비어 있거나 한 개의 기호가 기록되어 있다. 헤드는 테이프에 기록된 기호를 읽거나 기호를 기록하는 장치인데, 테이프 위를 좌우로 한 칸씩 움직일 수 있다. 상태 기록기는 튜링 기계의 상태를 나타낸다.
풀이 튜링 기계에서 기호를 판독하는 부품은 상태 기록기(ⓒ)가 아니라 헤드(ⓛ)이다. 헤드는 하나의 5순서열을 수행할 때 테이프 한 칸을 읽고, 테이프 한 칸은 비어 있거나 한 개의 기호가 기록되어 있으므로 한 번에 판독할 수 있는 기호의 개수는 항상 동일하게 유지된다.
→ 적절하지 않음!

③ ㉠의 시작 모습은 ⓛ의 위치 변경을 지시하는 기호에 따라 결정되겠군.
근거 **❹**-2 튜링 기계는 테이프의 시작 모습, 기계의 시작 상태, 그리고 테이프에서 헤드의 시작 위치가 정해지면 주어진 5순서열의 모임 중 수행 가능한 5순서열이 있을 경우, 이에 따라 작동하게 된다.
풀이 테이프(㉠)의 시작 모습은 튜링 기계의 작동이나 5순서열의 수행 전에 이미 정해진 것으로, 헤드(ⓛ)의 위치 변경을 지시하는 기호와는 관련이 없다.
→ 적절하지 않음!

④ ⓛ의 시작 위치가 정해지는 것은 ⓒ이 나타내는 튜링 기계의 상태와 관련이 있겠군.

Ⅲ 과학, 기술

풀이 헤드(ⓒ)의 시작 위치는 튜링 기계의 작동이나 5순서열의 수행 전에 이미 정해진 것으로, 상태 기록기(ⓒ)가 나타내는 튜링 기계의 상태와는 관련이 없다.

→ 적절하지 않음!

⑤ ⓒ에 임의의 기호가 사용된다는 것은 ⑤에 기록된 기호의 종류가 항상 달라진다는 것을 의미하는 것이겠군.

근거 **3**-2 5순서열의 첫 번째 자리와 다섯 번째 자리에는 A, B, C 등의 임의의 기호가 사용되어 튜링 기계의 상태를 나타낸다. **3**-4 현재 상태를 나타내는 기호와 다음 상태를 나타내는 기호가 다르면 기계는 다음 상태로 바뀌고, 이와 달리 두 기호가 같으면 현재 상태가 유지된다.

풀이 상태 기록기(ⓒ)에 임의의 기호가 사용된다는 것은 튜링 기계의 상태를 나타낼 때 반드시 규칙으로 정해져 있는 기호만을 사용해야 한다는 것이 아니라, A, B, C 등의 기호들 중 임의의 기호를 사용하여 나타낼 수 있다는 것을 의미한다. 상태 기록기에 사용되는 임의의 기호들은 기계의 상태 변화 여부에 영향을 주는 것이지, 테이프(⑤)에 기록된 기호의 종류와는 관련이 없다.

→ 적절하지 않음!

※ 윗글과 다음을 참고하여 072번과 073번 두 물음에 답하시오.

[1진법의 덧셈을 하는 튜링 기계의 알고리즘]
㉮ (X, 1, P1, R, X) ; ㉯ (X, □, P1, R, Y) ; ㉰ (Y, 1, P1, R, Y) ;
㉱ (Y, □, P□, L, Z) ; ㉲ (Z, 1, P□, N, Z)

[1진법의 덧셈을 하는 튜링 기계의 시작 모습]

아래는 1진법의 덧셈을 하는 튜링 기계의 시작 모습을 도식화한 것이다. 튜링 기계의 시작 상태는 X이며, 헤드의 시작 위치는 화살표의 위치이다. 테이프에는 1진법에서 2를 의미하는 '11'과 3을 의미하는 '111'이 기록되어 있으며, '11'과 '111'을 구분하기 위해 사이에 빈칸이 하나 삽입되어 있다.

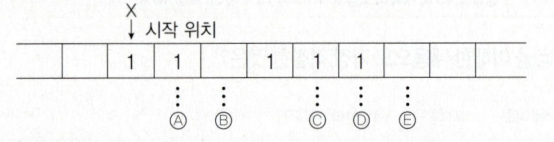

▶ 지문 핵심 개념 정리

5순서열의 형식으로 표시한 튜링 기계의 작동규칙
• 첫 번째 자리는 튜링 기계의 현재 상태를 나타내는 기호, 다섯 번째 자리에는 다음 상태를 나타내는 기호(**3**-2~3)
• 현재 상태를 나타내는 기호와 다음 상태를 나타내는 기호가 다르면 기계는 다음 상태로 바뀌고, 같으면 현재 상태가 유지됨(**3**-4)
• 두 번째 자리는 헤드가 읽는 기호, 세 번째 자리는 기호를 읽은 칸에 기록할 기호(**3**-5~6)
• 헤드가 읽는 기호와 테이프에 기록된 기호가 서로 같으면 주어진 5순서열을 수행하지만, 다르면 수행하지 않음(**3**-8)
• 네 번째 자리는 헤드의 위치 변경을 지시하는 기호(**3**-9)
– L : 헤드를 왼쪽으로 한 칸 이동
– R : 헤드를 오른쪽으로 한 칸 이동
– N : 헤드의 위치를 이동하지 않음

072 자료 해석의 적절성 판단 - 적절한 것 고르기 2022년 11월 학평 27번
정답률 55%, 매력적 오답 ② 15% ③ 15%
정답 ④

윗글을 바탕으로 ㉮~㉲에 대해 이해한 내용으로 적절한 것은?

동일하게
① ㉮는 튜링 기계의 현재 상태와 다음 상태가 다르게 지정되어 있다.

풀이 5순서열의 첫 번째 자리의 기호는 튜링 기계의 현재 상태를, 다섯 번째 자리의 기호는 튜링 기계의 다음 상태를 나타낸다. ㉮ (X, 1, P1, R, X)는 현재 상태를 나타내는 첫 번째 자리와 다음 상태를 나타내는 다섯 번째 자리의 기호가 'X'로 서로 같으므로, 튜링 기계의 현재 상태와 다음 상태가 다르게 지정되어 있다는 설명은 적절하지 않다.

→ 적절하지 않음!

---

② ㉲는 튜링 기계의 헤드가 읽는 기호와 기록할 기호가 동일하게 지정되어 있다.

풀이 ㉲ (Z, 1, P□, N, Z)에서 두 번째 자리인 1은 헤드가 읽는 기호를 나타내고, 세 번째 자리인 'P□'는 기호를 읽은 칸에 기록된 기호를 지우고 빈칸으로 만들라는 것을 나타낸다. 따라서 ㉲는 튜링 기계의 헤드가 읽는 기호와 기록할 기호가 동일하게 지정되어 있지 않다.

→ 적절하지 않음!

다르게
③ ㉮와 ㉯는 튜링 기계의 헤드가 읽는 기호가 동일하게 지정되어 있다.

풀이 5순서열에서 두 번째 자리의 기호는 헤드가 읽는 기호를 나타낸다. ㉮ (X, 1, P1, R, X)에서 헤드가 읽는 기호는 '1', ㉯ (X, □, P1, R, Y)에서 헤드가 읽는 기호는 □(빈칸)'이다. 따라서 ㉮와 ㉯는 튜링 기계의 헤드가 읽는 기호는 동일하게 지정되어 있지 않다.

→ 적절하지 않음!

✓④ ㉯와 ㉱는 튜링 기계의 헤드가 기록할 기호가 다르게 지정되어 있다.

근거 **3**-6~7 (A, 1, P0, R, B)에서 '1'은 헤드가 읽는 기호를 나타내며, 'P0'은 기호를 읽은 칸에 0을 기록하라는 것을 나타낸다. 만약 P□가 사용되면 이는 □를 기록하라는 뜻으로 테이프에 기록된 기호가 있을 경우에는 이를 지우게 된다.

풀이 튜링 기계의 헤드가 기록할 기호는 5순서열의 세 번째 자리의 기호로 나타낸다. ㉯ (X, □, P1, R, Y)에서 세 번째 자리에 사용된 기호 'P1'은 기호를 읽은 칸에 1을 기록하라는 것을 나타낸다. 즉 헤드가 기록할 기호가 1로 지정되어 있다. 이와 달리 ㉱ (Y, □, P□, L, Z)에서 세 번째 자리에 사용된 기호 'P□'는 □를 기록하라는 것을 나타낸다. 즉 헤드가 기록할 기호는 □(빈칸)로 지정되어 있다. 따라서 ㉯와 ㉱는 튜링 기계의 헤드가 기록할 기호가 다르게 지정되어 있다는 설명은 적절하다.

→ 적절함!

다르게
⑤ ㉱와 ㉲는 튜링 기계의 헤드가 이동할 방향이 동일하게 지정되어 있다.

풀이 5순서열의 네 번째 자리에는 튜링 기계의 헤드가 이동할 방향을 지시하는 기호가 표시된다. ㉰ (Y, 1, P1, R, Y)에서 네 번째 자리의 기호는 'R'로, 튜링 기계의 헤드를 오른쪽으로 한 칸 이동하는 것을 나타낸다. 이와 달리 ㉱ (Y, □, P□, L, Z)에서 네 번째 자리의 기호는 'L'로, 튜링 기계의 헤드를 왼쪽으로 한 칸 이동하는 것을 나타낸다. 따라서 ㉱와 ㉲는 튜링 기계의 헤드가 이동할 방향이 동일하게 지정되어 있지 않다.

→ 적절하지 않음!

---

073 구체적인 사례에 적용 - 적절하지 않은 것 고르기 2022년 11월 학평 28번
정답률 50%, 매력적 오답 ② 20% ③ 15%
정답 ④

윗글과 [1진법의 덧셈을 하는 튜링 기계의 시작 모습]을 바탕으로 Ⓐ~Ⓔ에 대해 이해한 내용으로 적절하지 않은 것은? 3점

① Ⓐ에서 튜링 기계의 상태가 X일 때, ㉮에 따라 헤드는 오른쪽으로 한 칸 이동하고 기계는 상태를 유지하게 되겠군.

풀이 Ⓐ에서 튜링 기계의 현재 상태가 X이면 5순서열의 첫 번째 자리의 기호가 X인 ㉮와 ㉯ 중 테이프에 기록된 기호와 헤드가 읽는 기호가 '1'과 같은 ㉮에 따라 튜링 기계가 작동하게 된다. ㉮ (X, 1, P1, R, X)의 네 번째 자리의 기호 'R'은 헤드의 위치를 오른쪽으로 한 칸 이동하라는 것을 나타내며, 다섯 번째 자리의 기호 'X'는 현재 상태를 유지하라는 것을 나타낸다. 따라서 Ⓐ에서 튜링 기계의 상태가 X일 때, ㉮에 따라 헤드는 오른쪽으로 한 칸 이동하고 기계는 상태를 유지하게 된다는 설명은 적절하다.

→ 적절함!

② Ⓑ에서 튜링 기계의 상태가 X일 때, ㉯에 따라 헤드는 빈칸에 1을 기록하고 기계는 상태를 바꾸게 되겠군.

풀이 Ⓑ에서 튜링 기계의 현재 상태가 X이면 5순서열의 첫 번째 자리의 기호가 X인 ㉮와 ㉯ 중 테이프에 기록된 기호와 헤드가 읽는 기호가 □(빈칸)로 같은 ㉯에 따라 튜링 기계가 작동하게 된다. ㉯ (X, □, P1, R, Y)의 세 번째 자리의 기호 'P1'은 헤드가 기호를 읽은 칸에 1을 기록하라는 것을 나타내며, 다섯 번째 자리의 기호 'Y'는 튜링 기계의 다음 상태를 Y로 바꾸라는 것을 나타낸다. 따라서 Ⓑ에서 튜링 기계의 상태가 X일 때, ㉯에 따라 헤드는 빈칸에 1을 기록하고 기계는 상태를 바꾸게 된다는 설명은 적절하다.

→ 적절함!

③ Ⓒ에서 튜링 기계의 상태가 Y일 때, ㉰에 따라 헤드는 오른쪽으로 한 칸 이동하고 기계는 상태를 유지하게 되겠군.

풀이 Ⓒ에서 튜링 기계의 현재 상태가 Y이면 5순서열의 첫 번째 자리의 기호가 Y인 ㉰와 ㉱ 중 테이프에 기록된 기호와 헤드가 읽는 기호가 '1'로 같은 ㉰에 따라 튜링 기계가

작동하게 된다. ㉰ (Y, 1, P1, R, Y)의 네 번째 자리의 기호 'R'은 헤드의 위치를 오른쪽으로 한 칸 이동하라는 것을 나타내며, 다섯 번째 자리의 기호 'Y'는 현재 상태를 유지하라는 것을 나타낸다. 따라서 ⓒ에서 튜링 기계의 상태가 Y일 때, ㉰에 따라 헤드는 오른쪽으로 한 칸 이동하고 기계는 상태를 유지하게 된다는 설명은 적절하다.

→ 적절함!

④ ⓓ에서 튜링 기계의 상태가 Z일 때, ㉮에 따라 헤드는 테이프에 기록된 1을 지우고 기계는 상태를 바꾸게 되겠군.
　　　　　　　　　　　　　　　　　유지하게

풀이 ⓓ에서 튜링 기계의 현재 상태가 Z이면 5순서열의 첫 번째 자리의 기호가 Z이면서 테이프에 기록된 기호와 헤드가 읽는 기호가 '1'로 같은 ㉮에 따라 튜링 기계가 작동하게 된다. ㉮ (Z, 1, P□, N, Z)의 세 번째 자리의 기호 'P□'에서 □는 빈칸을 의미하며, P□는 테이프에 기록된 기호가 있을 경우 이를 지우고 □(빈칸)를 기록하라는 것을 나타낸다. 즉 여기에서는 테이프에 기록된 1을 지우게 된다. 다섯 번째 자리의 기호 'Z'는 현재 상태의 기호와 같으므로, 현재 상태를 유지하라는 것을 나타낸다. 따라서 ⓓ에서 튜링 기계의 상태가 Z일 때, ㉮에 따라 헤드는 테이프에 기록된 1을 지우고 기계는 상태를 유지하게 된다.

→ 적절하지 않음!

⑤ ⓔ에서 튜링 기계의 상태가 Y일 때, ㉯에 따라 헤드는 왼쪽으로 한 칸 이동하고 기계는 상태를 바꾸게 되겠군.

풀이 ⓔ에서 튜링 기계의 현재 상태가 Y이면 5순서열의 첫 번째 자리의 기호가 Y인 ㉱와 ㉲ 중 테이프에 기록된 기호와 헤드가 읽는 기호가 □(빈칸)로 같은 ㉯에 따라 튜링 기계가 작동하게 된다. ㉯ (Y, □, P□, L, Z)의 네 번째 자리의 기호 'L'은 헤드의 위치를 왼쪽으로 한 칸 이동하라는 것을 나타내며, 다섯 번째 자리의 기호 'Z'는 튜링 기계의 다음 상태를 Z로 바꾸라는 것을 나타낸다. 따라서 ⓔ에서 튜링 기계의 상태가 Y일 때, ㉯에 따라 헤드는 왼쪽으로 한 칸 이동하고 기계는 상태를 바꾸게 된다는 설명은 적절하다.

→ 적절함!

---

074 문맥적 의미 파악 - 적절하지 않은 것 고르기 2022년 11월 학평 29번
정답률 90%　　　　　　　　　　　　　　　　　**정답 ④**

문맥상 ⓐ~ⓔ와 바꾸어 쓰기에 적절하지 않은 것은?

ⓐ 고안하게　　ⓑ 구성된다　　ⓒ 조합하느냐에　　ⓓ 분해해서　　ⓔ 공헌한

① ⓐ : 생각해 내게
풀이 ⓐ에서 쓰인 '고안(考 생각하다 고 案 안건 안)하다'는 '연구하여 새로운 안을 생각해 내다'의 뜻으로, '생각해 내다'와 바꿔 써도 문맥상 의미가 달라지지 않는다. 따라서 ⓐ의 '고안하게'를 '생각해 내게'로 바꿔 쓰는 것은 문맥상 적절하다.

→ 적절함!

② ⓑ : 이루어진다
풀이 ⓑ에서 쓰인 '구성(構 얽다 구 成 이루다 성)되다'는 '몇 가지 부분이나 요소들이 모여 일정한 전체가 짜여 이루어지다'의 뜻으로, '이루어지다'와 바꿔 써도 문맥상 의미가 달라지지 않는다. 따라서 ⓑ의 '구성된다'를 '이루어진다'로 바꿔 쓰는 것은 문맥상 적절하다.

→ 적절함!

③ ⓒ : 짜느냐에
풀이 ⓒ에서 쓰인 '조합(組 짜다 조 合 합하다 합)하다'는 '여럿을 한데 모아 한 덩어리로 짜다'의 뜻으로, '짜다'와 바꿔 써도 문맥상 의미가 달라지지 않는다. 따라서 ⓒ의 '조합하느냐에'를 '짜느냐에'로 바꿔 쓰는 것은 문맥상 적절하다.

→ 적절함!

④ ⓓ : 퍼뜨려서
풀이 ⓓ에서 쓰인 '분해(分 나누다 분 解 풀다 해)하다'는 '여러 부분이 결합되어 이루어진 것을 그 낱낱으로 나누다'의 의미이다. 한편 '퍼뜨리다'는 '널리 퍼지게 하다'의 의미로, ⓓ와 바꿔 쓸 경우 해당 문장의 의미가 달라진다. 따라서 ⓓ를 '퍼뜨려서'로 바꿔 쓰는 것은 적절하지 않다.

→ 적절하지 않음!

⑤ ⓔ : 이바지한
풀이 ⓔ에서 쓰인 '공헌(貢 이바지하다 공 獻 드리다 헌)하다'는 '힘을 써 이바지하다(도움이 되게 하다)'의 뜻으로, '이바지하다'와 바꿔 써도 문맥상 의미가 달라지지 않는다. 따

라서 ⓔ의 '공헌한'을 '이바지한'으로 바꿔 쓰는 것은 문맥상 적절하다.

→ 적절함!

[075~079] 다음 글을 읽고 물음에 답하시오.

1 [1]컴퓨터 네트워크에서 데이터(data, 컴퓨터가 처리할 수 있는 정보)가 전송될(傳送~, 전하여 보내어질) 때 수신된(受信~, 받은) 데이터에 오류(誤謬, 잘못되어 어긋남)가 있는 경우가 있다. [2]오류를 검출하기(檢出~, 존재하는지 알아내기) 위해 송신기(送信機, 데이터를 전기 신호로 바꾸어 내보내는 장치)는 오류 검출 부호를 포함한 데이터를 전송하고 수신기는 수신한 데이터를 검사하여 오류가 있으면 재전송(再電送, 다시 전하여 보냄)을 요청한다.

→ 컴퓨터 네트워크에서 데이터 오류의 발생과 검출

2 [1]수신한 데이터에 오류가 있는지 검출하는 가장 간단한 방식은 ㉠패리티 검사이다. [2]이 방식(패리티 검사)은 전송할 데이터에 패리티 비트라는 오류 검출 부호를 추가하는 방법으로, 패리티 비트를 추가하여 데이터의 1의 개수를 짝수나 홀수로 만든다. [3]1의 개수를 짝수로 만드는 방식을 짝수 패리티, 홀수로 만드는 방식을 홀수 패리티라고 하고 송·수신기는 모두 같은 방식을 사용해야 한다. [4]예를 들어 짝수 패리티를 사용한다면 송신기는 항상 데이터의 1의 개수를 짝수로 만들어서 전송하지만 만일 수신한 데이터의 1의 개수가 홀수가 되면 수신기는 오류가 발생했다고 판단하는 것이다. [5]하지만 패리티 검사는 ㉮ 수신한 데이터에서 짝수 개의 비트(bit, 정보량의 최소 기본 단위)에 오류가 동시에 있으면 이(오류)를 검출하기 어렵다. [6]또한 오류의 발생 여부를 검출할 수 있을 뿐 데이터 내 오류의 위치는 알아낼 수 없다.

〈참고 그림〉
• 짝수 패리티를 사용한 경우

송신기　　　　　　　　　　　　　수신기　　　　　오류 발생 위치
1 1 0 1 0 1 0　　전송 →　　　1 1 0 1 0 0 0
데이터의 1의 개수를　　　　　수신한 데이터의 1의
짝수로 만들어 전송　　　　　　개수가 홀 : 오류

❷-4 짝수 패리티를 사용했을 때 수신한 데이터의 1의 개수가 홀수가 되면 수신기는 오류가 발생했다고 판단한다.

• 짝수 패리티를 사용, 짝수 개의 오류가 발생한 경우

송신기　　　　　　　　　　　　　수신기　　　　　오류 발생 위치
1 1 0 1 0 1 0　　전송 →　　　1 1 1 1 0 0 0
데이터의 1의 개수를　　　　　수신한 데이터의 1의
짝수로 만들어 전송　　　　　　개수가 짝 : 오류가
　　　　　　　　　　　　　　　　검출되지 않음

❷-5 패리티 검사는 수신한 데이터에서 짝수 개의 비트에 오류가 동시에 있으면 이를 검출하기 어렵다.

→ 데이터 오류 검출 방식 ① : 패리티 검사의 방법과 단점

3 [1]전송할 데이터를 2차원 배열(二次元配列, 데이터를 가로(행)와 세로(열)로 묶어 나타냄)로 구성해서 패리티 비트를 생성하면 오류의 발생 여부뿐만 아니라 오류의 위치도 알아낼 수 있다. [2]예를 들어 송신기가 1100011 1111111을 전송한다고 하자. [3]송신기는 이를 $\frac{1100011}{1111111}$ 과 같이 2차원 배열로 구성하고 가로 방향인 모든 행과 세로 방향인 모든 열에 패리티 비트를 생성한 후 이(생성한 패리티 비트)를 포함한 데이터를 전송한다. [4]수신기는 수신한 데이터의 각각의 행과 열의 1의 개수를 세어 오류를 검사한다. [5]만약 어떤 비트에 오류가 발생하면 그(오류가 발생한) 비트가 포함된 행과 열에서 모두 오류가 검출된다. [6]따라서 오류가 발생한 위치를 알 수 있다. [7]다만 동일한 행 또는 열에서 짝수 개의 오류가 발생하면 오류가 발생한 정확한 위치를 알 수 없다.

<참고 그림>
- 짝수 패리티를 사용한 경우

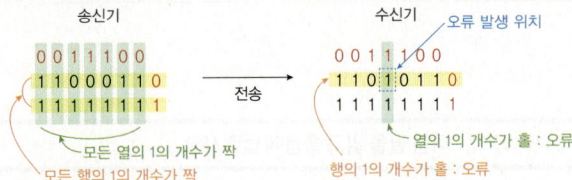

송신기 / 수신기 / 오류 발생 위치

- 모든 열의 1의 개수가 짝 / 열의 1의 개수가 홀 : 오류
- 모든 행의 1의 개수가 짝 / 행의 1의 개수가 홀 : 오류

❸-5~6 만약 어떤 비트에 오류가 발생하면 그 비트가 포함된 행과 열에서 모두 오류가 검출된다. 따라서 오류가 발생한 위치를 알 수 있다.

- 짝수 패리티를 사용, 동일한 행에서 짝수 개의 오류가 발생한 경우

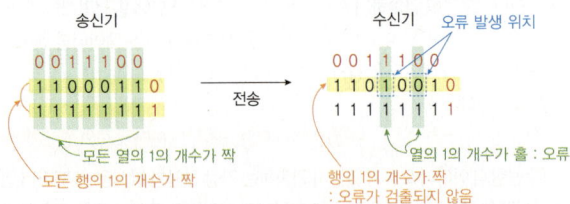

송신기 / 수신기 / 오류 발생 위치

- 모든 열의 1의 개수가 짝 / 열의 1의 개수가 홀 : 오류
- 모든 행의 1의 개수가 짝 / 행의 1의 개수가 짝 : 오류가 검출되지 않음

❸-7 동일한 행 또는 열에서 짝수 개의 오류가 발생하면 오류가 발생한 정확한 위치를 알 수 없다.

→ 데이터 오류 검출 방식 ①
: 전송할 데이터를 2차원 배열로 구성한 패리티 검사

4 [1] ⓒ CRC 방식은 미리 선택된 생성 부호를 사용해서 오류 검출 부호를 생성하는 방식이다. [2] 전송할 데이터를 생성 부호로 나누어서 오류 검출 부호를 생성하는 데 모듈로-2 연산을 활용한다. [3] 모듈로-2 연산은 자릿수가 제한된(制限–, 정해진) 상태에서 나머지를 구하는 연산으로 해당 자릿수의 비트 값이 같으면 0, 다르면 1이 된다.

→ 데이터 오류 검출 방식 ② : CRC 방식

```
                    111101
        1011 ) 110101000
 생성 부호 →   1011           ← 전송할 데이터
               1100
               1011
               1111
               1011
               1000
               1011
               0110
               0000
               1100
               1011
                111  ← 오류 검출 부호
```

<그림>

5 [1] <그림>과 같이 생성 부호가 1011이고 전송할 데이터가 110101인 경우를 보자. [2] 전송할 데이터는 오류 검출 부호를 추가해야 하기 때문에 그만큼의 비트가 더 필요하다. [3] 송신기는 전송할 데이터의 오른쪽 끝에 생성 부호의 비트 수보다 하나 작은 비트 수만큼 0을 추가한 후 이를 생성 부호로 나누고 그(생성 부호로 나눈 값의) 나머지가 오류 검출 부호가 된다. [4] 송신기는 오류 검출 부호를 포함한 데이터 ⓔ 110101 111만을 전송하고 수신기는 수신한 데이터를 송신기와 동일한 생성 부호로 나눈다. [5] 수신한 데이터는 전송할 데이터에 나머지를 추가했으므로 오류가 없다면 생성 부호로 나누었을 때 나머지가 0이 된다. [6] 이때 나머지가 0이 아니면 수신한 데이터에 오류가 있다고 판단한다. [7] CRC 방식은 복잡하지만 여러 개의 오류가 동시에 생겨도 이(동시에 생긴 여러 개의 오류)를 검출할 수 있어서 오류 검출 확률이 높다.

전송할 데이터 / 오류 검출 부호 = 송신기에서 연산 결과의 나머지

→ 데이터 오류 검출 방식 ② : CRC 방식의 과정과 CRC 방식의 장단점

■ 지문 이해
<데이터 오류의 검출 방식>

❶ 컴퓨터 네트워크에서 데이터 오류의 발생과 검출
- 데이터 전송 시 수신된 데이터의 오류가 발생할 수 있음
  - 송신기 : 오류 검출 부호를 포함한 데이터 전송
  - 수신기 : 수신한 데이터를 검사하여 오류 검출 시 재전송 요청

데이터 오류 검출 방식 ① : 패리티 검사	데이터 오류 검출 방식 ② : CRC 방식

❷ 패리티 검사의 방법과 단점
- 전송할 데이터에 오류 검출 부호인 '패리티 비트'를 추가하여 데이터의 1의 개수를 짝수나 홀수로 만드는 방법
- 송·수신기는 짝수 패리티/홀수 패리티 중 같은 방식을 사용해야 함
- 송신기가 짝수 패리티를 사용해 전송 → 수신한 데이터의 1의 개수가 홀수일 경우 수신기는 오류가 발생했다고 판단함
- 단점
  - 수신한 데이터에서 짝수 개의 비트에 오류가 동시에 있을 경우 오류 검출이 어려움
  - 오류 발생 여부만 검출할 뿐, 데이터 내 오류의 위치를 알 수 없음

❸ 전송할 데이터를 2차원 배열로 구성한 패리티 검사
- 오류 발생 여부와 오류의 위치를 알 수 있음
- 송신기가 데이터를 2차원 배열로 구성하고 모든 행과 열에 패리티 비트를 생성한 후 이를 전송하면, 수신기는 수신한 데이터의 각 행과 열의 1의 개수를 세어 오류를 검사함
- 오류 발생 시 해당 비트가 포함된 행과 열 모두에서 오류가 검출됨 → 오류 발생 위치 파악 가능
- 단점 : 같은 행이나 열에서 짝수 개의 오류가 발생할 경우 오류 발생의 정확한 위치를 알 수 없음

❹ CRC 방식
- 미리 선택된 생성 부호를 사용하여 오류 검출 부호를 생성하는 방식
- 전송할 데이터를 생성 부호로 나누어 오류 검출 부호를 생성 : 모듈로-2 연산 활용

❺ CRC 방식의 과정과 CRC 방식의 장단점
- 송신기 : 전송할 데이터의 오른쪽 끝에 생성 부호의 비트 수보다 하나 작은 비트 수만큼 0을 추가함 → 생성 부호로 나눔 → 나머지가 오류 검출 부호가 됨 → 오류 검출 부호를 포함한 데이터를 전송함
- 수신기 : 수신한 데이터를 송신기와 동일한 생성 부호로 나눔
  - 나머지가 0 : 수신한 데이터에 오류가 없다고 판단
  - 나머지가 0이 아님 : 수신한 데이터에 오류가 있다고 판단
- 장점 : 오류가 동시에 생겨도 검출할 수 있어 오류 검출 확률이 높음
- 단점 : 복잡함

1등급 문제

075 세부 정보 이해 - 적절하지 않은 것 고르기 2022년 3월 학평 26번
정답률 40%, 매력적 오답 ③ 40% ④ 15%   정답 ①

윗글에서 알 수 있는 내용으로 적절하지 않은 것은?

오류 검출 부호를 생성한다
✓① CRC 방식은 모듈로-2 연산을 사용해서 생성 부호를 만들어 낸다.

　근거　❹-1~2 CRC 방식은 미리 선택된 생성 부호를 사용해서 오류 검출 부호를 생성하는 방식이다. 전송할 데이터를 생성 부호로 나누어서 오류 검출 부호를 생성하는 데 모듈로-2 연산을 활용

　풀이　CRC 방식은 모듈로-2 연산을 사용해서 생성 부호를 만들어 내는 것이 아니라, 미리 선택된 생성 부호를 사용한다. CRC 방식에서 모듈로-2 연산은 전송할 데이터를 미리 선택된 생성 부호로 나누어 오류 검출 부호를 생성하는 데 활용된다.

→ 적절하지 않음!

② 패리티 검사에서 송신기와 수신기는 동일한 패리티 방식을 사용해야 한다.

　근거　❷-3 1의 개수를 짝수로 만드는 방식을 짝수 패리티, 홀수로 만드는 방식을 홀수 패리티라고 하고 송·수신기는 모두 같은 방식을 사용해야 한다.

→ 적절함!

③ CRC 방식에서 생성 부호의 비트 수는 오류 검출 부호의 비트 수보다 하나가 더 많다.

근거 ⑤-2-3 전송할 데이터는 오류 검출 부호를 추가해야 하기 때문에 그만큼의 비트가 더 필요하다. 송신기는 전송할 데이터의 오른쪽 끝에 생성 부호의 비트 수보다 하나 작은 비트 수만큼 0을 추가한 후

풀이 CRC 방식에서 전송할 데이터는 오류 검출 부호만큼의 비트가 더 필요하다고 하였고, 송신기는 전송할 데이터에 생성 부호의 비트 수보다 하나 작은 비트 수를 추가한다고 하였다. 이를 통해 오류 검출 부호의 비트 수는 생성 부호의 비트 수보다 하나 작음을 알 수 있다. 따라서 CRC 방식에서 생성 부호의 비트 수는 오류 검출 부호의 비트 수보다 하나가 더 많다는 설명은 적절하다.

→ 적절함!

④ 짝수 패리티는 패리티 비트를 포함한 데이터의 1의 개수가 짝수인지 여부를 검사한다.

근거 ❷-2~4 이 방식(패리티 검사)은 … 패리티 비트를 추가하여 데이터의 1의 개수를 짝수나 홀수로 만든다. 1의 개수를 짝수로 만드는 방식을 짝수 패리티, … 예를 들어 짝수 패리티를 사용한다면 송신기는 항상 데이터의 1의 개수를 짝수로 만들어서 전송하지만 만일 수신한 데이터의 1의 개수가 홀수가 되면 수신기는 오류가 발생했다고 판단하는 것

풀이 짝수 패리티를 사용할 경우 송신기는 패리티 비트를 추가하여 데이터 1의 개수를 짝수로 만들어서 전송하고, 수신기는 수신한 데이터의 1의 개수가 짝수인지를 검사하여 오류 발생 여부를 판단한다. 만약 수신한 데이터의 1의 개수가 홀수가 되면 수신기는 오류가 발생했다고 판단한다.

→ 적절함!

⑤ CRC 방식은 여러 개의 오류가 동시에 생겨도 검출할 수 있어서 오류 검출 확률이 높다.

근거 ⑤-7 CRC 방식은 복잡하지만 여러 개의 오류가 동시에 생겨도 이를 검출할 수 있어서 오류 검출 확률이 높다.

→ 적절함!

---

076 핵심 개념 파악 - 적절하지 않은 것 고르기 2022년 3월 학평 27번
정답률 45%, 매력적 오답 ③ 15% ④ 20% ⑤ 15% **정답 ②**

㉠과 ㉡에 대해 이해한 내용으로 적절하지 않은 것은?

> ㉠ 패리티 검사   ㉡ CRC 방식

① ㉠은 ㉡과 달리 데이터에 포함된 1의 개수가 짝수나 홀수가 되도록 오류 검출 부호를 생성한다.

근거 ❷-2 이 방식(패리티 검사)은 전송할 데이터에 패리티 비트라는 오류 검출 부호를 추가하는 방법으로, 패리티 비트를 추가하여 데이터의 1의 개수를 짝수나 홀수로 만든다, **④-1** CRC 방식은 미리 선택된 생성 부호를 사용해서 오류 검출 부호를 생성하는 방식

→ 적절함!

~~㉠과 ㉡은 모두~~   ~~수신기에서~~
✓② ㉡은 ㉠과 달리 데이터의 오류를 검출하기 위해 송신기와 수신기 모두에서 오류 검사를 해야 한다.

근거 ❶-2 오류를 검출하기 위해 송신기는 오류 검출 부호를 포함한 데이터를 전송하고 수신기는 수신한 데이터를 검사하여 오류가 있으면 재전송을 요청한다.

풀이 패리티 검사(㉠)와 CRC 방식(㉡)은 모두 수신기가 데이터를 검사하여 오류를 검출한다.

→ 적절하지 않음!

③ ㉠과 ㉡은 모두, 수신한 데이터의 오류 발생 여부를 수신기가 판단한다.

근거 ❷-4 만일 수신한 데이터의 1의 개수가 홀수가 되면 수신기는 오류가 발생했다고 판단하는 것, **⑤-4~6** 수신기는 수신한 데이터를 송신기와 동일한 생성 부호로 나눈다. 수신한 데이터는 전송할 데이터에 나머지를 추가했으므로 오류가 없다면 생성 부호로 나누었을 때 나머지가 0이 된다. 이때 나머지가 0이 아니면 수신한 데이터에 오류가 있다고 판단

→ 적절함!

④ ㉠과 ㉡은 모두, 데이터를 전송하기 전에 오류 검출 부호를 생성해야 한다.

근거 ❷-2 이 방식(패리티 검사)은 … 패리티 비트라는 오류 검출 부호, **❸-3** 송신기는 … 가로 방향인 모든 행과 세로 방향인 모든 열에 패리티 비트를 생성한 후 이를 포함한 데이터를 전송, **④-1** CRC 방식은 미리 선택된 생성 부호를 사용해서 오류 검출 부호를 생성하는 방식, **⑤-4** 송신기는 오류 검출 부호를 포함한 데이터 110101111

만을 전송

풀이 패리티 검사(㉠)는 오류 검출 부호인 패리티 비트를 생성한 후 데이터를 전송하며, CRC 방식(㉡)은 미리 선택된 생성 부호를 사용하여 오류 검출 부호를 생성하고, 생성된 오류 검출 부호를 포함한 데이터를 전송한다. 즉 ㉠과 ㉡은 모두 데이터를 전송하기 전에 오류 검출 부호를 생성한다.

→ 적절함!

⑤ ㉠과 ㉡은 모두, 전송할 데이터가 같더라도 오류 검출 부호는 다를 수 있다.

근거 ❷-2~3 이 방식(패리티 검사)은 전송할 데이터에 패리티 비트라는 오류 검출 부호를 추가하는 방법으로, 패리티 비트를 추가하여 데이터의 1의 개수를 짝수나 홀수로 만든다. 1의 개수를 짝수로 만드는 방식을 짝수 패리티, 홀수로 만드는 방식을 홀수 패리티라고 하고, **④-1~2** CRC 방식은 미리 선택된 생성 부호를 사용해서 오류 검출 부호를 생성하는 방식이다. 전송할 데이터를 생성 부호로 나누어서 오류 검출 부호를 생성하는 데 모듈로-2 연산을 활용

풀이 패리티 검사(㉠)는 전송할 데이터에 오류 검출 부호인 패리티 비트를 추가하여 데이터의 1의 개수를 짝수나 홀수로 만든다. 전송할 데이터가 같더라도, 짝수 패리티를 사용하는 경우와 홀수 패리티를 사용하는 경우의 오류 검출 부호는 서로 다르다. 한편 CRC 방식(㉡)은 미리 선택된 생성 부호를 사용하여 오류 검출 부호를 생성하는 방식으로, 전송할 데이터를 생성 부호로 나누어 그 나머지를 오류 검출 부호로 사용한다. 따라서 전송할 데이터가 같더라도, 미리 선택된 생성 부호가 서로 다르다면 전송할 데이터를 생성 부호로 나누어 생성한 오류 검출 부호도 다를 수 있다. 따라서 ㉠과 ㉡은 모두 전송할 데이터가 같더라도 오류 검출 부호는 다를 수 있다.

→ 적절함!

---

077 추론의 적절성 판단 - 적절한 것 고르기 2022년 3월 학평 28번
정답률 40%, 매력적 오답 ② 10% ③ 35% **정답 ⑤**

㉮의 이유로 가장 적절한 것은?

> ㉮ 수신한 데이터에서 짝수 개의 비트에 오류가 동시에 있으면 이를 검출하기 어렵다.

근거 ❷-2 이 방식(패리티 검사)은 전송할 데이터에 패리티 비트라는 오류 검출 부호를 추가하는 방법으로, 패리티 비트를 추가하여 데이터의 1의 개수를 짝수나 홀수로 만든다, **❷-4** 예를 들어 짝수 패리티를 사용한다면 송신기는 항상 데이터의 1의 개수를 짝수로 만들어서 전송하지만 만일 수신한 데이터의 1의 개수가 홀수가 되면 수신기는 오류가 발생했다고 판단하는 것

풀이 수신한 데이터에서 짝수 개의 비트에 오류가 동시에 있을 경우, 수신한 데이터의 1의 개수의 홀짝 여부는 송신기에서의 '전송할 데이터에 패리티 비트를 추가하여 만든' 1의 개수의 홀짝 여부와 달라지지 않는다. 예를 들어 짝수 패리티를 사용하여 전송한 데이터에서 한 개의 오류가 발생하였을 경우 수신한 데이터의 1의 개수는 홀수가 되어 수신기가 오류를 검출할 수 있다. 그러나 두 개의 오류 즉 짝수 개의 오류가 발생하였을 경우에는 송신기에서 전송된 데이터와 수신기에서 수신한 데이터가 같지 않음에도 불구하고 수신한 데이터의 1의 개수는 짝수가 되므로, 수신기는 오류를 검출할 수 없다. 홀수 패리티를 사용하여 전송한 데이터에서도 한 개의 오류가 발생하였을 경우 수신한 데이터의 1의 개수는 짝수가 되어 수신기가 오류를 검출할 수 있지만, 두 개의 오류가 발생하였을 경우에는 수신한 데이터의 1의 개수가 송신기에서 전송된 데이터의 1의 개수와 마찬가지로 홀수가 되고, 패리티 비트에 의해서도 수신한 데이터의 1의 개수의 홀짝 여부가 달라지지 않으므로, 수신기가 오류를 검출할 수 없다.

요컨대 수신한 데이터에서 짝수 개의 비트에 오류가 동시에 있으면, 오류가 있음에도 불구하고 수신한 데이터의 1의 개수의 홀짝 여부가 송신기에서 전송된 데이터의 1의 개수의 홀짝 여부와 달라지지 않으며, 수신한 데이터에 오류가 없을 때와 수신한 데이터에 오류가 있을 때의 패리티 비트가 동일하기 때문에 수신기가 오류를 검출하기 어렵다. 따라서 ㉮의 이유로 가장 적절한 것은 ⑤번이다.

① 송신기가 패리티 비트를 생성하는 것이 불가능하기 때문에

근거 ❷-2 이 방식(패리티 검사)은 전송할 데이터에 패리티 비트라는 오류 검출 부호를 추가하는 방법

풀이 패리티 검사에서 패리티 비트 생성은 송신기가 데이터를 전송하기 전에 이루어지므로, 수신기의 오류 검출과는 관계가 없다.

② 전송되는 데이터에 포함된 1의 개수가 항상 홀수로 나타나기 때문에

풀이 송신기가 짝수 패리티를 사용할 경우 전송되는 데이터의 1의 개수는 짝수가 되고, 홀수 패리티를 사용할 경우 전송되는 데이터의 1의 개수는 홀수가 된다. 즉 전송되는 데이터에 포함된 1의 개수는 사용되는 방식에 따라 달라진다.

③ 전송되는 데이터에 포함된 1의 개수가 항상 짝수로 나타나기 때문에

풀이 송신기가 사용하는 방식이 짝수 패리티인지 홀수 패리티인지에 따라 전송되는 데이터의 1의 개수는 전자의 경우 짝수가, 후자의 경우 홀수가 된다. 즉 전송되는 데이터에 포함된 1의 개수는 사용하는 방식에 따라 달라진다.

④ 오류가 발생했을 때 전송되는 패리티 비트의 크기가 늘어나기 때문에

풀이 패리티 비트는 데이터를 전송하기 전에 추가하는 것으로, 전송 과정에서 패리티 비트의 크기가 늘어나거나 줄어들지 않는다.

✓⑤ **수신한 데이터가 정상일 때와 수신한 데이터에 오류가 있을 때의 패리티 비트가 동일하기 때문에**

→ 적절함!

---

078 구체적인 사례에 적용 - 적절하지 않은 것 고르기 2022년 3월 학평 29번
정답률 45%, 매력적 오답 ③ 20% ⑤ 20% **정답 ④**

윗글을 바탕으로 〈보기〉를 설명한 내용으로 적절하지 **않은** 것은? **3점**

| 보기 |

송신기는 오류 검출 방식으로 <u>홀수 패리티</u>를 활용하기로 하였다. 수신기는 수신한 데이터에 오류가 있다고 다음과 같이 판단하였다.

```
        행
        →
열   0  1  0  0  1  1  0  ┊0┊ ← 행의 1의 개수가 홀 : 오류 없음
     1  1 ┌1┐ 1  0  0 ┌1┐ 1 ← 행의 1의 개수가 짝 : 오류 발생
        └ⓐ┘       └ⓑ┘
     0  0  1  1  0  0  1  ┊0┊ ← 행의 1의 개수가 홀 : 오류 없음
     ┌─────────────────┐
     ┊0  1  0  1  0  0  1┊
     └─────────────────┘
                ⓒ              ← 패리티 비트
```

오류 발생 위치 : 해당 비트가 포함된 행과 열에서 모두 오류 검출

열의 1의 개수가 짝 : 오류 발생

열의 1의 개수가 홀 : 오류 없음

(단, 패리티 비트의 오류는 없다고 가정한다.)

▶ 지문 핵심 개념 정리

패리티 검사
• 전송할 데이터에 오류 검출 부호인 '패리티 비트'를 추가하여 데이터의 1의 개수를 짝수나 홀수로 만듦(❷-2)
• 짝수 패리티 : 1의 개수를 짝수로 만드는 방식(❷-3)
• 홀수 패리티 : 1의 개수를 홀수로 만드는 방식(❷-3)
• 송신기가 짝수 패리티를 사용해 데이터의 1의 개수를 짝수로 만들어 전송 → 수신기가 수신한 데이터의 1의 개수가 홀수일 경우 오류 발생했다고 판단(❷-4)

전송할 데이터를 2차원 배열로 구성하여 패리티 비트를 생성하는 방법
• 송신기가 2차원 배열로 구성한 데이터의 모든 행과 열에 패리티 비트 생성 후 전송 → 수신기가 수신한 데이터의 각 행과 열의 1의 개수를 세어 오류 검사(❸-3~4)
• 오류 발생 시 해당 비트가 포함된 행과 열 모두에서 오류 검출 → 오류 발생 위치 파악(❸-5~6)
• 같은 행이나 열에서 짝수 개의 오류 발생 시 오류의 정확한 위치를 알 수 없음(❸-7)

① 첫 번째 행은 패리티 비트를 포함한 데이터의 1의 개수가 홀수이므로 오류가 없다고 판단했을 것이다.

풀이 홀수 패리티를 활용한 〈보기〉의 데이터에서, 패리티 비트를 포함한 첫 번째 행의 1의 개수는 3 개로 홀수이다. 따라서 수신기는 수신한 데이터의 해당 행에 오류가 없다고 판단하였을 것이다.

→ 적절함!

② 여섯 번째 열은 패리티 비트를 포함한 데이터의 1의 개수가 홀수이므로 오류가 없다고 판단했을 것이다.

풀이 홀수 패리티를 활용한 〈보기〉의 데이터에서, 패리티 비트를 포함한 여섯 번째 열의 1의 개수는 1 개로 홀수이므로 수신기는 오류가 없다고 판단하였을 것이다.

→ 적절함!

두 번째 행, 세 번째 열

③ ⓐ가 포함된 행과 열의 패리티 비트를 포함한 데이터의 1의 개수가 각각 짝수이므로 수신기는 ⓐ를 오류라고 판단했을 것이다.

풀이 ⓐ가 포함된 행과 열은 두 번째 행과 세 번째 열이다. 홀수 패리티를 활용한 〈보기〉의 데이터에서, 두 번째 행의 1의 개수는 6 개로 짝수이므로 수신기는 수신한 데이터의 해당 행에 오류가 발생했다고 판단하였을 것이다. 또 패리티 비트를 포함한 세 번

째 열의 1의 개수도 2 개로 짝수이므로, 수신기는 수신한 데이터의 해당 열에 오류가 발생했다고 판단하였을 것이다. ⓐ가 포함된 행과 열에서 모두 오류가 검출되었으므로, 수신기는 ⓐ를 오류라고 판단했을 것이다.

→ 적절함!

오류가 발생한 정확한 위치를 알 수 없었을

✓④ **수신한 데이터에서 ⓑ도 0으로 바뀌어서 수신되었다면 데이터의 오류 발생 여부를 검출할 수 없었을 것이다.**

풀이 수신한 데이터에서 ⓐ와 같은 행의 ⓑ도 0으로 바뀌어서 수신되었다면, 해당 행에서 오류 2 개가 동시에 발생한 것으로, 패리티 비트를 포함한 두 번째 행의 1의 개수가 5 개로 홀수가 된다. 1의 개수가 홀수이므로 수신기는 수신한 데이터의 해당 행에 오류가 없다고 판단할 것이다. 그러나 이때 ⓑ가 포함된 일곱 번째 열은 패리티 비트를 포함한 1의 개수가 2 개가 되어 수신기는 수신한 데이터의 해당 열에 오류가 발생했다고 판단할 것이다. 즉 동일한 행에서 짝수 개의 오류가 발생하여 오류가 발생한 행의 위치를 알 수 없으므로 오류가 발생한 정확한 위치를 알 수는 없으나, ⓐ와 ⓑ가 각각 포함된 세 번째 열과 일곱 번째 열에 오류가 발생하였다는 것은 알 수 있다. 따라서 데이터의 오류 발생 여부를 검출할 수 없었을 것이라는 설명은 적절하지 않다.

〈참고 그림〉

열의 1의 개수가 짝 : 오류 발생

```
0 1 0 0 1 1 0 0
1 1 1 1 0 0 0 1  ← 행의 1의 개수가 홀 : 오류 없음
    ⓐ       ⓑ
0 0 1 1 0 0 1 0
0 1 0 1 0 0 1
```

오류가 있는 비트가 포함된 행에서는 오류가 검출되지 않으나 열에서는 오류 검출 : 오류가 발생한 정확한 위치를 알 수 없음

열의 1의 개수가 짝 : 오류 발생

→ 적절하지 않음!

⑤ 짝수 패리티를 활용했다면 송신기는 ⓒ를 1010110으로 생성했을 것이다.

풀이 짝수 패리티는 데이터의 1의 개수를 짝수로 만드는 방식이고, 홀수 패리티는 데이터의 1의 개수를 홀수로 만드는 방식이다. 〈보기〉에서는 홀수 패리티를 활용하여 송신기에서 각 열의 1의 개수가 홀수가 되도록 모든 열의 패리티 비트를 생성하여, ⓒ를 0101001로 생성하였다. 만약 〈보기〉에서 짝수 패리티를 활용하였다면, 송신기는 각 열의 1의 개수가 짝수가 되도록 모든 열의 패리티 비트를 생성하여야 하므로, ⓒ를 1010110으로 생성하였을 것이다.

→ 적절함!

1등급 문제

079 자료 해석의 적절성 판단 - 적절하지 않은 것 고르기 2022년 3월 학평 30번
정답률 35%, 매력적 오답 ② 25% ③ 25% **정답 ④**

〈보기〉는 수신기가 ⓒ의 오류를 검사한 연산이다. 윗글을 바탕으로 〈보기〉를 이해한 내용으로 적절하지 **않은** 것은?

송신기는 오류 검출 부호를 포함한 데이터 ⓒ <u>110101111</u>만을 전송하고

| 보기 |

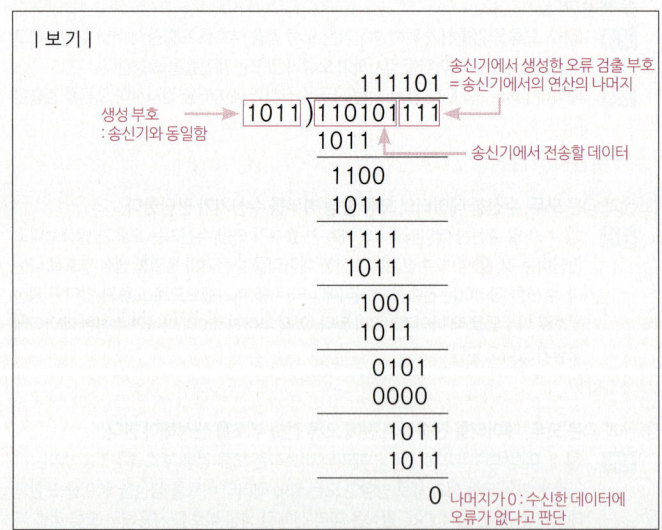

송신기에서 생성한 오류 검출 부호 = 송신기에서의 연산의 나머지

```
                      111101
생성 부호 →   1011 )110101111  ← 송신기에서 전송할 데이터
:송신기와 동일함   1011
                1100
                1011
                 1111
                 1011
                  1001
                  1011
                   0101
                   0000
                    1011
                    1011
                       0  나머지가 0 : 수신한 데이터에 오류가 없다고 판단
```

218 마더텅 전국연합 학력평가 기출문제집 고1 국어 독서

① 수신기는 송신기와 동일한 생성 부호인 '1011'을 사용하여 모듈로-2 연산을 하였군.

근거 **④**-2 (CRC 방식에서) 전송할 데이터를 생성 부호로 나누어서 오류 검출 부호를 생성하는 데 모듈로-2 연산을 활용한다, **⑤**-4 수신기는 수신한 데이터를 송신기와 동일한 생성 부호로 나눈다.

→ 적절함!

② 수신기가 수신한 데이터의 오른쪽 끝에 있는 '111'은 송신기에서 생성한 오류 검출 부호이군.

근거 **⑤**-3~4 송신기는 전송할 데이터의 오른쪽 끝에 생성 부호의 비트 수보다 하나 작은 비트 수만큼 0을 추가한 후 이를 생성 부호로 나누고 그 나머지(111)가 오류 검출 부호가 된다. 송신기는 오류 검출 부호를 포함한 데이터 110101111만을 전송

풀이 송신기에서 연산한 결과의 나머지가 오류 검출 부호가 되며, 송신기는 이 오류 검출 부호를 포함한 데이터 110101111을 전송한다. 따라서 수신기가 수신한 데이터의 오른쪽 끝 '111'은 송신기에서 생성한 오류 검출 부호에 해당한다.

→ 적절함!

③ 수신기가 모듈로-2 연산을 할 때는 수신한 데이터에 생성 부호보다 하나 작은 비트 수만큼의 0을 추가하지 않았군.

근거 **⑤**-2~3 전송할 데이터는 오류 검출 부호를 추가해야 하기 때문에 그만큼의 비트가 더 필요하다. 송신기는 전송할 데이터의 오른쪽 끝에 생성 부호의 비트 수보다 하나 작은 비트 수만큼 0을 추가, **⑤**-4 수신기는 수신한 데이터를 송신기와 동일한 생성 부호로 나눈다.

풀이 모듈로-2 연산 시 전송할 데이터에 생성 부호보다 하나 작은 비트 수만큼의 0을 추가하는 과정은 송신기에서 이루어진다. 수신기는 송신기가 전송한 데이터를 수신하여 이것을 송신기와 동일한 생성 부호로 나눌 뿐, 이 과정에서 수신한 데이터에 비트를 추가하지 않는다.

→ 적절함!

결과 나머지가 0이므로

✔ 수신기가 연산한 몫인 '111101'이 송신기가 전송한 데이터와 동일하기 때문에 수신기는 오류가 없다고 판단했겠군.

근거 **⑤**-5~6 수신한 데이터는 전송할 데이터에 나머지를 추가했으므로 오류가 없다면 생성 부호로 나누었을 때 나머지가 0이 된다. 이때 나머지가 0이 아니면 수신한 데이터에 오류가 있다고 판단한다.

풀이 CRC 방식에서 오류 유무의 판단은 수신기가 연산한 몫이 아니라, 수신기가 수신한 데이터를 생성 부호로 나누었을 때 나머지가 0인지 그렇지 않은지에 따라 이루어진다. 〈보기〉의 경우 수신기가 연산한 결과 나머지가 0이므로, 수신기는 오류가 없다고 판단하였을 것이다.

→ 적절하지 않음!

⑤ 수신기가 연산한 결과의 나머지가 0이 아니었다면 수신기는 송신기에 재전송을 요청했겠군.

근거 **❶**-2 오류를 검출하기 위해 송신기는 오류 검출 부호를 포함한 데이터를 전송하고 수신기는 수신한 데이터를 검사하여 오류가 있으면 재전송을 요청한다, **⑤**-5~6 수신 데이터는 전송할 데이터에 나머지를 추가했으므로 오류가 없다면 생성 부호로 나누었을 때 나머지가 0이 된다. 이때 나머지가 0이 아니면 수신한 데이터에 오류가 있다고 판단한다.

풀이 〈보기〉에서 수신기가 연산한 결과, 나머지가 0이 아니었다면 수신기는 데이터에 오류가 있다고 판단하여 송신기에 재전송을 요청했을 것이다.

→ 적절함!

[080~084] 다음 글을 읽고 물음에 답하시오.

1 [1]우리는 내비게이션(navigation, 지도를 보여 주거나 지름길을 찾아 주는 길 안내 프로그램)을 통해 목적지(目的地, 가고자 하는 곳)까지의 경로(經路, 지나는 길)를 ⓐ 탐색하거나 스마트폰을 이용해 자신이 현재 있는 위치를 확인할 수 있다. [2]이는 GPS(Global Positioning System)로 인해 가능한 것이다. [3]그렇다면 GPS는 어떻게 현재 위치를 파악하는(把握-, 확실히 이해하여 아는) 것일까?

→ 현재 위치를 파악하는 GPS

2 [1]GPS는 크게 GPS 위성(衛星, 지구 등의 행성 둘레를 돌도록 쏘아 올린 장치)과 GPS 수신기(受信機, 신호를 받아 필요한 정보를 얻는 장치) 등으로 구성된다(構成-, 이루어진다.)

[2]현재 지구를 도는 약 30개의 GPS 위성은 일정한 속력으로 정해진 궤도(軌道, 물체 혹은 천체가 중력의 영향을 받아 천체의 둘레를 돌면서 그리는 원이나 타원 모양의 일정한 길)를 돌면서, 자신의 위치 정보 및 시각(時刻, 흐르는 시간의 어느 한 순간) 정보를 담은 신호를 지구로 송신한다.(送信-, 보낸다.) [3]이(GPS 위성이 송신한) 신호를 받은 수신기는 위성에서 신호를 보낸 시각과 자신이 신호를 받은 시각의 차이를 근거로, 위성 신호가 수신기까지 이동하는 데 걸린 시간을 계산하여 위성과 수신기 사이의 거리를 구한다. [4]위성이 보낸 신호는 빛의 속력으로 이동하므로, 신호가 이동하는 데 걸린 시간(t)에 빛의 속력(c)을 곱하면 위성과 수신기 사이의 거리(r)를 구할 수 있다. [5]이(위성과 수신기 사이의 거리를 구하는 방법)를 식으로 ⓑ 표시하면 'r=t×c'이다.

→ GPS 위성과 GPS 수신기 사이의 거리를 구하는 식

3 [1]그런데 GPS가 현재 위치를 정확하게 파악하기 위해서는 상대성 이론(相對性理論, 아인슈타인이 세운 이론으로, 시간과 공간이 관측자에 따라 상대적이라는 이론)을 고려해야(考慮-, 생각하고 헤아려 보아야) 한다. [2]상대성 이론에 따르면 대상이 빠르게 움직일수록 시간은 느리게 흐르고, 대상에 미치는(영향을 주는) 중력이 약해질수록 시간은 빠르게 흐른다. [3]실제로 위성은 지구의 자전(自轉, 천체가 스스로 고정된 축을 중심으로 회전하는 운동) 속력보다 빠르게 지구 주변을 돌고 있기 때문에 지표면(地表面, 지구의 가장 겉면)에 비해 시간이 느리게 흘러, 위성의 시간은 하루에 약 7.2 μs*씩 느려지게 된다. [4]또한 위성은 약 20,000 km 이상의 상공(上空, 높은 하늘)에 있기 때문에 중력이 지표면보다 약하게 작용해(作用-, 영향을 미쳐) 지표면에 비해 시간이 하루에 약 45.8 μs씩 빨라지게 된다. [5]그(위성이 지구보다 빠르게 움직여 시간이 하루에 약 7.2 μs씩 느려지고, 지표면보다 중력이 약하게 작용해 시간이 하루에 약 45.8 μs씩 빨라지는 것. 즉 45.8-7.2 μs) 결과 ㉠ GPS 위성에 있는 원자시계의 시간은 지표면의 시간에 비해 매일 약 38.6 μs씩 빨라진다. [6]이러한 차이는 하루에 약 11 km의 오차(誤差, 측정한 값과 실제 값과의 차이)를 발생시킨다. [7]이(오차의 발생)를 방지하기(防止-, 막기) 위해 GPS는 위성에 ⓒ 탑재된 원자시계의 시간을 지표면의 시간과 일치하도록(一致-, 같도록) 조정하여(調整-, 기준에 맞게 조절하여) 위성과 수신기 사이의 거리를 정확하게 구하게 된다.

→ 위성과 수신기 사이의 거리를 정확하게 구하는 방법 : 상대성 이론을 고려

4 [1]이렇게 계산된 거리는 수신기가 자신의 위치를 파악하는 데 사용되는데, 이를 이해하기 위해서는 삼변 측량법을 알아야 한다. [2]삼변 측량법은 세 기준점 A, B, C의 위치와, 각 기준점에서 대상 P까지의 거리를 이용하여 P의 위치를 측정하는(測定-, 재는) 방법이다.

→ 수신기의 위치 파악 방법 : 삼변 측량법

5 [1]가령(假令, 가정하여 말해서), 〈그림〉과 같이 평면상(平面上, 평면 위)의 A(0, 0)에서 거리가 5만큼 떨어진 지점(地點, 일정한 어느 한 곳)에, B(4, 0)에서 거리가 3만큼 떨어진 지점에, C(0, 3)에서 거리가 4만큼 떨어진 지점에 P(x, y)가 있다고 하자. [2]평면상의 한 점에 같은 거리에 있는 점을 모두 ⓓ 연결하면 원이 된다. [3]그러므로 A를 중심으로 반지름이 5인 원, B를 중심으로 반지름이 3인 원, C를 중심으로 반지름이 4인 원을 그리면 세 원이 교차하는(交叉-, 서로 마주치는) 지점이 하나 생기는데, 이(세 원이 교차하는) 지점이 바로 P(4, 3)의 위치가 된다. [4]이때 세 개의 점 A, B, C를 GPS 위성으로 본다면 이들의 좌푯값(座標-, 평면이나 공간 안의 점의 위치를 숫자로 나타낸 값)은 위성의 위치 정보이고, P의 좌푯값은 GPS 수신기의 위치 정보에 해당한다고 할 수 있다.

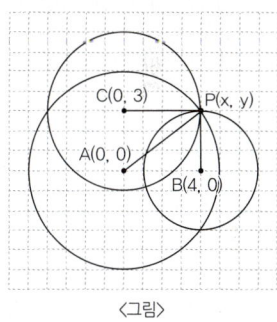

〈그림〉

→ 삼변 측량법을 이용한 GPS 위성과 GPS 수신기의 위치 정보

6 [1]그러나 실제 공간은 2차원(二次元, 상하, 좌우의 두 방향으로 이루어진) 평면이 아닌 3차원(三次元, 상하, 좌우, 전후의 세 방향으로 이루어진) 입체이기 때문에 GPS 위성으로부터 ⓔ 동일한 거리에 있는 점들은 원이 아니라 구(球)(공처럼 둥근 모양)의 형태로 나타난다. [2]그(GPS 위성으로부터 동일한 거리에 있는 점들이 구의 형태로 나타난) 결과 세 개의 GPS 위성을 중심으로 하는 세 개의 구가 겹치는 지점은 일반적으로 두 군데가 된다. [3]하지만 이(세 개의 구가 겹치는 지점 두 군데) 중 한 지점은 지구 표면(表面, 가장 겉면) 가까이에 위치하게 되고, 나머지 한 지점은 우주 공간에 위치하게 된다. [4]GPS 수신기는 이 두 교점(交點, 서로 만나는 점) 중 지구 표면 가까이에 있는 지점을 자신의 현재 위치로 파악하게 된다.

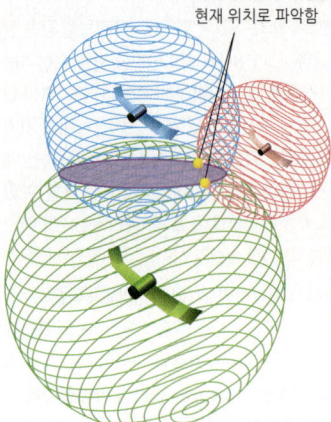

두 교점 중 지구 표면 가까이에 있는 지점을 현재 위치로 파악함

〈참고 그림〉
❻-1~2 실제 공간은 2차원 평면이 아닌 3차원 입체이기 때문에 GPS 위성으로부터 동일한 거리에 있는 점들은 원이 아니라 구(球)의 형태로 나타난다. 그 결과 세 개의 GPS 위성을 중심으로 하는 세 개의 구가 겹치는 지점은 일반적으로 두 군데가 된다.

→ 3차원 실제 공간에서의 GPS 수신기 위치

* ㎲(마이크로초) : 1 초의 100만분의 1

■**지문 이해**
〈GPS가 위치를 파악하는 원리〉

❶ 현재 위치를 파악하는 GPS

❷ GPS 위성과 GPS 수신기 사이의 거리를 구하는 식

- GPS 위성 : 일정한 속력으로 정해진 궤도를 돌면서 자신의 위치 정보 및 시각 정보를 담은 신호를 지구로 보냄
- GPS 수신기 : 위성이 보낸 신호를 받아 위성 신호가 수신기까지 이동하는 데 걸린 시간을 계산하여 위성과 수신기 사이의 거리를 구함
- 위성과 수신기 사이의 거리(r) = 신호가 이동하는 데 걸린 시간(t) × 빛의 속력(c)

❸ 위성과 수신기 사이의 거리를 정확하게 구하는 방법 : 상대성 이론을 고려

- 위성은 지구의 자전 속력보다 빠르게 돌기 때문에 지표면보다 시간이 느리게 흐름 : 위성의 시간이 하루에 약 7.2 ㎲씩 느려짐
- 위성은 중력이 지표면보다 약하게 작용하기 때문에 지표면보다 시간이 빠르게 흐름 : 위성의 시간이 하루에 약 45.8 ㎲씩 빨라짐
  → GPS 위성에 있는 원자시계의 시간이 지표면의 시간보다 매일 약 38.6 ㎲씩 빨라지고, 하루에 약 11 km의 오차를 발생시킴
- 오차 방지를 위해 위성에 탑재된 원자시계의 시간을 조정하여 위성과 수신기 사이의 거리를 정확하게 구함

❹ 수신기의 위치 파악 방법 : 삼변 측량법

- 삼변 측량법 : 세 기준점 A, B, C의 위치, 각 기준점에서 대상 P까지의 거리를 이용하여 P의 위치를 측정하는 방법

❺ 삼변 측량법을 이용한 GPS 위성과 GPS 수신기의 위치 정보

- 평면상 세 개의 기준점 A, B, C의 좌푯값 : GPS 위성의 위치 정보
- 각 기준점에서 대상 P까지의 거리를 반지름으로 하는 세 원이 교차하는 지점(= P의 좌푯값) : GPS 수신기의 위치 정보

❻ 3차원 실제 공간에서의 GPS 수신기 위치

- 3차원 실제 공간에서 GPS 위성으로부터 동일한 거리에 있는 점들은 구(球)의 형태 → 세 개의 GPS 위성을 중심으로 하는 세 개의 구가 겹치는 지점은 일반적으로 두 군데가 됨
- GPS 수신기는 두 교점 중 지구 표면 가까이에 있는 지점을 자신의 현재 위치로 파악함

---

080 | 글의 서술 방식 파악 – 적절한 것 고르기 2019년 3월 학평 34번
정답률 85% **정답 ①**

윗글의 내용 전개 방식으로 가장 적절한 것은?

근거 ❸-1~7 GPS가 현재 위치를 정확하게 파악하기 위해서는 상대성 이론을 고려해야 한다. 상대성 이론에 따르면 … 실제로 위성은 … 그 결과 GPS 위성에 있는 원자시계의 시간은 지표면의 시간에 비해 매일 약 38.6 ㎲씩 빨라진다. 이러한 차이는 하루에 약 11 km의 오차를 발생시킨다. 이를 방지하기 위해 GPS는 위성에 탑재된 원자시계의 시간을 지표면의 시간과 일치하도록 조정하여 위성과 수신기 사이의 거리를 정확하게 구하게 된다. ❹-1~2 이렇게 계산된 거리는 수신기가 자신의 위치를 파악하는 데 사용되는데, 이를 이해하기 위해서는 삼변 측량법을 알아야 한다. 삼변 측량법은 … , ❻-1 실제 공간은 2차원 평면이 아닌 3차원 입체이기 때문에 … , ❻-4 GPS 수신기는 이 두 교점 중 지구 표면 가까이에 있는 지점을 자신의 현재 위치로 파악하게 된다.

풀이 윗글은 GPS가 현재 위치를 파악하는 원리에 대해 설명한 글이다. 먼저 GPS 위성과 GPS 수신기 사이의 거리를 구할 때는 상대성 이론을 고려해야 한다. 또 GPS 수신기는 삼변 측량법을 이용해 자신의 위치를 파악한다. 윗글에서는 이처럼 상대성 이론, 삼변 측량법 등 GPS에 적용된 원리를 설명하고, 이를 바탕으로 GPS가 현재 위치를 파악하는 방법에 대해 설명하고 있다. 따라서 정답은 ①번이다.

✓① GPS에 적용된 원리를 구체적으로 설명하고 있다. → 적절함!

② GPS의 발전 과정을 시간의 순서로 제시하고 있다.

③ GPS를 다른 대상과 비교하며 장단점을 설명하고 있다.

④ GPS의 다양한 종류를 일정 기준에 따라 분류하고 있다.

⑤ GPS의 *유용성을 설명하며 앞으로의 **전망을 제시하고 있다. *有用性. 쓸모 있고 이용할 만한 특성 **展望. 미리 내다보이는 앞날

1등급 문제

081 | 세부 정보 이해 – 적절하지 않은 것 고르기 2019년 3월 학평 35번
정답률 35%, 매력적 오답 ① 35% ④ 20% **정답 ③**

윗글에서 알 수 있는 내용으로 적절하지 않은 것은?

① GPS 위성은 약 20,000 km 이상의 상공에서 일정한 속력으로 정해진 궤도를 돈다.

근거 ❷-2 GPS 위성은 일정한 속력으로 정해진 궤도를 돌면서, ❸-4 위성은 약 20,000 km 이상의 상공에 있기 때문에

→ 적절함!

② GPS를 이용하면 스마트폰이나 내비게이션으로 현재의 위치 정보를 확인할 수 있다.

근거 ❶-1~2 우리는 내비게이션을 통해 목적지까지의 경로를 탐색하거나 스마트폰을 이용해 자신이 현재 있는 위치를 확인할 수 있다. 이는 GPS(Global Positioning System)로 인해 가능한 것

→ 적절함!

✓③ GPS 수신기는 GPS 위성에 보낸 신호를 바탕으로 자신의 위치 정보를 계산한다. *(GPS 위성이)*

근거 ❷-2~3 GPS 위성은 … 자신의 위치 정보 및 시각 정보를 담은 신호를 지구로 송신한다. 이 신호를 받은 수신기는 위성에서 신호를 보낸 시각과 자신이 신호를 받은 시각의 차이를 근거로, 위성 신호가 수신기까지 이동하는 데 걸린 시간을 계산하여 위성과 수신기 사이의 거리를 구한다. ❹-1 계산된 거리는 수신기가 자신의 위치를 파악하는 데 사용되는데

풀이 GPS 수신기는 GPS 위성에 신호를 보내는 것이 아니라 GPS 위성이 보낸 신호를 받아 위성과 수신기 사이의 거리를 구하고, 이를 이용해 자신의 위치 정보를 파악한다.

→ 적절하지 않음!

④ GPS 위성과 GPS 수신기 간의 거리를 빛의 속력으로 나누면 위성의 신호가 수신기에 *도달하는 데 걸린 시간이 된다. *到達–. 도착하는

근거 ❷-4~5 (위성에서 수신기까지) 신호가 이동하는 데 걸린 시간(t)에 빛의 속력(c)을 곱하면 위성과 수신기 사이의 거리(r)를 구할 수 있다. 이를 식으로 표시하면 '$r = t × c$'이다.

풀이 신호가 이동하는 데 걸린 시간(t)과 빛의 속력(c)을 곱한 값이 위성과 수신기 사이의 거리(r)이므로, 위성과 수신기 사이의 거리를 빛의 속력으로 나누면 신호가 이동하는 데 걸린 시간이 된다. ($\frac{r}{c} = \frac{t × c}{c} = t$)

→ 적절함!

⑤ 삼변 측량법이란 기준점의 위치 및 대상과 기준점 사이의 거리를 이용하여 대상의 위치를 파악하는 방법이다.

근거 **④-2** 삼변 측량법은 세 기준점 A, B, C의 위치와, 각 기준점에서 대상 P까지의 거리를 이용하여 P의 위치를 측정하는 방법이다.

→ 적절함!

---

082 추론의 적절성 판단 - 적절한 것 고르기 **2019년 3월 학평 36번**
정답률 65%, 매력적 오답 ④ 20%

정답 ⑤

문맥을 고려할 때, ㉠의 이유로 가장 적절한 것은?

㉠ GPS 위성에 있는 원자시계의 시간은 지표면의 시간에 비해 매일 약 38.6 μs씩 빨라진다.

근거 **③-2~5** 상대성 이론에 따르면 대상이 빠르게 움직일수록 시간은 느리게 흐르고, 대상에 미치는 중력이 약해질수록 시간은 빠르게 흐른다. 실제로 위성은 지구의 자전 속력보다 빠르게 지구 주변을 돌고 있기 때문에 지표면에 비해 시간이 느리게 흘러, 위성의 시간은 하루에 약 7.2 μs씩 느려지게 된다. 또한 위성은 약 20,000 km 이상의 상공에 있기 때문에 중력이 지표면보다 약하게 작용해 지표면에 비해 시간이 하루에 약 45.8 μs씩 빨라지게 된다. 그 결과 GPS 위성에 있는 원자시계의 시간은 지표면의 시간에 비해 매일 약 38.6 μs씩 빨라진다.

풀이 상대성 이론에 따르면 대상이 빠르게 움직일수록 시간은 느리게 흐르므로, 지구의 자전 속력보다 빠르게 지구 주변을 도는 위성은 지표면에 비해 시간이 느리게 흐른다(-7.2 μs). 한편 상대성 이론에 따르면 대상에 미치는 중력이 약해질수록 시간이 빠르게 흐르므로, 중력이 지표면보다 약하게 작용하는 위성은 지표면에 비해 시간이 빠르게 흐른다(+45.8 μs). 즉 GPS 위성에 있는 원자시계의 시간은 지표면의 시간에 비해 매일 약 7.2 μs 느려지고 약 45.8 μs 빨라지므로, 결과적으로 매일 약 38.6(45.8-7.2) μs씩 빨라진다. 이는 GPS 위성의 중력으로 인한 시간의 변화(+45.8 μs)가 이동 속력으로 인한 시간의 변화(-7.2 μs)보다 약 38.6만큼 더 크기 때문이다.

① GPS 위성에는 지구의 중력이 지표면에 비해 강하게 작용하기 때문이다.

근거 **③-4** 위성은 약 20,000 km 이상의 상공에 있기 때문에 중력이 지표면보다 약하게 작용해

풀이 GPS 위성은 지구에서 높이 떠 있기 때문에 지구의 중력이 지표면에 비해 약하게 작용한다. 또한 GPS 위성에 작용하는 중력의 강도뿐만 아니라 GPS 위성의 이동 속력의 영향을 받아서 GPS 위성에 있는 원자시계의 시간이 지표면에 비해 약 38.6 μs 빨라지는 것이므로, GPS 위성에 작용하는 중력의 강도만으로는 ㉠을 설명할 수 없다.

→ 적절하지 않음!

② GPS 위성이 지구를 도는 속력이 지구가 자전하는 속력보다 ~~느리기~~ 때문이다.

근거 **③-3** 실제로 위성은 지구의 자전 속력보다 빠르게 지구 주변을 돌고 있기 때문에

풀이 GPS 위성이 지구를 도는 속력은 지구가 자전하는 속력보다 빠르다. GPS 위성의 이동 속력뿐만 아니라 GPS 위성에 작용하는 중력의 강도의 영향을 받아서 GPS 위성에 있는 원자시계의 시간이 지표면에 비해 약 38.6 μs씩 빨라지는 것이다.

→ 적절하지 않음!

③ GPS 위성이 지구를 도는 방향과 지구가 자전을 하는 방향이 동일하기 때문이다.

풀이 위성에 있는 원자시계의 시간이 지표면의 시간에 비해 빨라지는 것은 '속력'의 빠르기와 '중력'의 세기에 영향을 받았기 때문이다. 윗글에서 GPS 위성이 지구를 도는 방향과 지구가 자전을 하는 방향에 관해서는 설명하지 않았다.

→ 적절하지 않음!

④ GPS 수신기가 GPS 위성의 신호를 받는 과정에서 ~~시간의 차이가 생기기~~ 때문이다.

근거 **②-3** (GPS 위성이 송신한) 신호를 받은 수신기는 위성에서 신호를 보낸 시각과 자신이 신호를 받은 시각의 차이를 근거로, 위성 신호가 수신기까지 이동하는 데 걸린 시간을 계산하여 위성과 수신기 사이의 거리를 구한다.

풀이 위성과 수신기 사이의 거리 때문에 GPS 수신기가 GPS 위성의 신호를 받는 과정에서는 시간이 아닌 시각의 차이가 생기게 된다. 또한 수신기가 위성의 신호를 받는 과정에서 생기는 시각의 차이는 위성에 있는 원자시계의 시간이 지표면의 시간에 비해 빨라지는 이유와 관련이 없다.

→ 적절하지 않음!

✓⑤ GPS 위성의 이동 속력으로 인한 시간의 변화보다 중력으로 인한 시간의 변화가 더 크기 때문이다.

→ 적절함!

1등급 문제

083 구체적인 사례에 적용 - 적절하지 않은 것 고르기 **2019년 3월 학평 37번**
정답률 55%, 매력적 오답 ② 15% ③ 15%

정답 ④

윗글을 바탕으로 〈보기〉에 대해 이해한 내용으로 적절하지 않은 것은? **3점**

| 보기 |

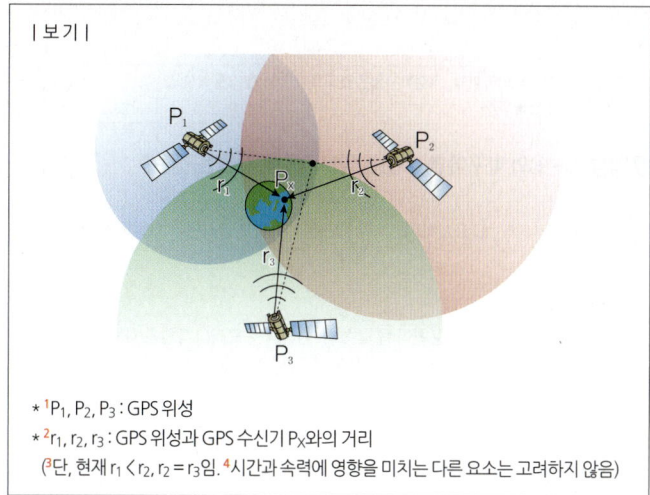

* ¹P₁, P₂, P₃ : GPS 위성
* ²r₁, r₂, r₃ : GPS 위성과 GPS 수신기 P_X와의 거리
 (³단, 현재 r₁ < r₂, r₂ = r₃임. ⁴시간과 속력에 영향을 미치는 다른 요소는 고려하지 않음)

GPS 위성
① P₁~P₃가 송신하는 신호에는 위성의 위치 정보와 위성이 신호를 보낸 시각 정보가 담겨 있다.

근거 **②-2** GPS 위성은 일정한 속력으로 정해진 궤도를 돌면서, 자신의 위치 정보 및 시각 정보를 담은 신호를 지구로 송신한다.

→ 적절함!

GPS 위성 ／ 위성과 수신기 사이의 거리
② P₁~P₃의 위치 정보가 달라져도 r₁~r₃의 값이 변하지 않으면, 각각의 위성이 보낸 신호가 P_X에 도달하는 데 걸리는 시간은 달라지지 않는다.

GPS 수신기
근거 **②-4~5** (위성에서 수신기까지) 신호가 이동하는 데 걸린 시간(t)에 빛의 속력(c)을 곱하면 위성과 수신기 사이의 거리(r)를 구할 수 있다. 이를 식으로 표시하면 'r = t × c'이다.

풀이 윗글에서 'r = t × c'라고 하였는데, 여기에서 빛의 속력 c는 항상 일정한 값이므로 P₁~P₃의 위치 정보가 달라져도 GPS 위성과 GPS 수신기 사이의 거리를 나타내는 'r'의 값이 변하지 않으면, 걸린 시간 't'의 값도 변하지 않는다.

→ 적절함!

GPS 위성 ／ GPS 수신기
③ P₁에서 보낸 신호가 P_X에 도달하는 데 걸린 시간이 실제보다 짧게 계산되면, r₁의 값은 실제보다 작게 계산된다.

근거 **②-4~5** (위성에서 수신기까지) 신호가 이동하는 데 걸린 시간(t)에 빛의 속력(c)을 곱하면 위성과 수신기 사이의 거리(r)를 구할 수 있다. 이를 식으로 표시하면 'r = t × c'이다.

풀이 위성과 수신기 사이의 거리(r) = 걸린 시간(t) × 빛의 속력(c)이다. 빛의 속력 c는 항상 일정한 값이므로, P₁에서 보낸 신호가 P_X에 도달하는 데 걸린 시간(t)이 실제보다 짧게 계산된다면, 여기에 빛의 속력(c)을 곱한 값인 r₁의 값도 실제보다 작게 계산될 것이다.

→ 적절함!

✓④ GPS 위성 ／ GPS 수신기
P₁이 송신한 신호가 P_X에 도달할 때까지 걸린 시간은 P₂가 송신한 신호가 P_X에 도달할 때까지 걸린 시간보다 ~~길다.~~
짧다

근거 〈보기〉-3~4 현재 r₁ < r₂, r₂ = r₃임. 시간과 속력에 영향을 미치는 다른 요소는 고려하지 않음. **②-4~5** (위성에서 수신기까지) 신호가 이동하는 데 걸린 시간(t)에 빛의 속력(c)을 곱하면 위성과 수신기 사이의 거리(r)를 구할 수 있다. 이를 식으로 표시하면 'r = t × c'이다.

풀이 위성과 수신기 사이의 거리(r)는 위성이 송신한 신호가 수신기에 도달할 때까지 걸린 시간(t)에 빛의 속력(c)을 곱한 값(r = t × c)이다. 〈보기〉에서 r₁(P₁과 P_X의 거리) < r₂(P₂와 P_X의 거리)라고 하였으므로, 이를 식에 대입하면 t₁(P₁이 송신한 신호가 P_X에 도달할 때까지 걸린 시간) < t₂(P₂가 송신한 신호가 P_X에 도달할 때까지 걸린 시간)이다. 따라서 P₁이 송신한 신호가 P_X에 도달할 때까지 걸린 시간은 P₂가 송신한 신호가 P_X에 도달할 때까지 걸린 시간보다 짧을 것이다.

→ 적절하지 않음!

Ⅲ 과학, 기술

⑤ r_1～r_3를 반지름으로 하는 구의 교점 중 지표면에 가까운 교점이 P_x의 현재 위치이다.

└─ 위성과 수신기 사이의 거리

└─ GPS 수신기

근거 **6**-4 GPS 수신기는 이 두 교점 중 지구 표면 가까이에 있는 지점을 자신의 현재 위치로 파악하게 된다.

→ 적절함!

---

084 | 문맥적 의미 파악 - 적절하지 않은 것 고르기 2019년 3월 학평 38번
정답률 90% | 정답 ③

문맥상 ⓐ~ⓔ와 바꾸어 쓸 수 있는 말로 적절하지 않은 것은?

ⓐ 탐색하거나 　 ⓑ 표시하면 　 ⓒ 탑재된 　 ⓓ 연결하면 　 ⓔ 동일한

① ⓐ : 찾거나

풀이 ⓐ에서 쓰인 '탐색(探 찾다 탐 索 찾다 색)하다'는 '드러나지 않은 사물이나 현상 따위를 찾아내거나 밝히기 위하여 살피어 찾다'의 의미를 지닌 말로, 문맥상 ⓐ를 '찾거나'로 바꾸어 써도 의미가 달라지지 않는다.

→ 적절함!

② ⓑ : 나타내면

풀이 ⓑ에서 쓰인 '표시(表 겉 표 示 보이다 시)하다'는 '겉으로 드러내 보이다'의 의미를 지닌 말이고, '나타내다'는 '드러내어 보이다'의 의미를 지닌 말이다. 따라서 문맥상 ⓑ를 '나타내면'으로 바꾸어 써도 의미가 달라지지 않는다.

→ 적절함!

③ ⓒ : 태운 ✓

풀이 ⓒ에서 쓰인 '탑재(搭 타다 탑 載 싣다 재)되다'는 '물건이 배나 비행기 따위에 옮겨서 실리다'의 의미를 지닌 말이다. 한편 '태우다'는 '탈것이나 짐승의 등 따위에 몸을 얹게 하다'의 의미를 지닌 말로, 일반적으로 사람을 대상으로 할 때 쓰인다. 문맥상 ⓒ는 '물체를 운반하기 위하여 차, 배, 수레, 비행기, 짐승의 등 따위에 올려지다'의 의미를 지니므로, 일반적으로 물건을 대상으로 할 때 쓰이는 '실리다'의 활용형 '실린'으로 바꾸어 쓰는 것이 적절하다.

→ 적절하지 않음!

④ ⓓ : 이으면

풀이 ⓓ에서 쓰인 '연결(連 이어지다 연 結 맺다 결)하다'는 '서로 이어서 맺다'의 의미를 지닌 말로, 문맥상 ⓓ를 '이으면'으로 바꾸어 써도 의미가 달라지지 않는다.

→ 적절함!

⑤ ⓔ : 같은

풀이 ⓔ에서 쓰인 '동일(同 같다 동 一 하나 일)하다'는 '어떤 것과 비교하여 똑같다'의 의미를 지닌 말로, 문맥상 ⓔ를 '같은'으로 바꾸어 써도 의미가 달라지지 않는다.

→ 적절함!

Ⅲ 과학, 기술

5. 생활 속 기술 이야기

[085~088] 다음 글을 읽고 물음에 답하시오.

1 ¹구조물(構造物, 건물, 다리, 터널 등 일정한 설계에 따라 여러 가지 재료를 얽어서 만든 물건)은 부재(部材, 구조물의 뼈대를 이루는 데 중요한 요소가 되는 여러 가지 재료)를 바탕으로 구성되는데(構成-, 짜여 이루어지는데), 외부(外部, 바깥 부분)에서 작용하는 힘인 하중(荷重, 짊어지다 하 重 무겁다 중)을 받는다. ²구조물은 하중에 의해 파손되어(破損-, 깨어져 못 쓰게 되어) 영구적으로(永久的-, 오랫동안 계속되어) 변형될(變形-, 모양이나 형태가 달라질) 수 있으므로, 구조물을 설계할(設計-, 목적에 따라 실제적인 계획을 세워 도면 등으로 분명하게 드러내 보일) 때는 부재에 가해질(加-, 더해질) 하중과 부재의 허용하중을 계산해야 한다. ³허용하중은 구조물의 안전을 위해 부재에 허용되는(許容-, 너그럽게 받아들여지는) 하중의 최댓값인데, 구조물의 안전을 위해서는 부재에 가해질 하중보다 부재의 허용하중을 더 크게 설계해야 한다.

→ 구조물의 안전을 위해 설계 시 유의할 점

2 ¹하중에는 부재의 단면(斷面, 잘라 낸 면)에 수직 방향으로 작용하는 수직하중이 있다. ²수직하중은 부재를 수축시키는(收縮-, 오그라들거나 줄어들게 하는) 방향으로 작용하는 힘과 부재를 늘리는 방향으로 작용하는 힘을 말하며, 이를 각각 압축(壓縮, 압력을 가해 그 부피를 줄임)하중과 인장(引張, 어떤 힘이 물체의 중심축에 평행하게 바깥 방향으로 작용할 때 물체가 늘어나는 현상)하중이라고 한다. ³일반적으로 부재는 압축하중보다 인장하중에 더 취약한(脆弱-, 무르고 약한) 경우가 많다. ⁴따라서 구조물을 설계할 때 인장하중에 대한 허용하중은 중요한 요소(要素, 근본 조건)로 다뤄진다. ⁵인장하중에 대한 허용하중을 계산하기 위해서는 부재의 단면에 작용하는 허용응력을 먼저 계산해야 한다. ⁶응력(應力, 물체가 외부 힘의 작용에 저항하여 원형을 지키려는 힘)은 하중에 의해 부재의 단면에 나타나는 힘으로, 하중을 단면의 면적으로 나누어 구한다. ⁷허용응력은 부재의 안전을 위해 부재에 허용되는 응력의 최댓값(부재에 외부의 힘에 의해 중량이 가해질 때, 그 중량 때문에 부재가 파괴되지 않고 안전하게 사용될 수 있도록 허용되는 변형력의 최댓값)으로, 인장하중에 대한 허용응력을 구할 때는 부재를 구성하는 재료의 다양한 물리적 성질을 파악해야 한다. ⁸이를 위해 인장 시험을 시행한다.(施行-, 실제로 행한다.) ⁹인장 시험은 시편*에 가하는 인장하중을 일정 크기만큼 점진적으로(漸進的-, 조금씩 앞으로 나아가도록) 늘리는 방식으로 진행하는데, 인장하중의 변화에 따라 시편의 늘어난 길이를 측정한다.

→ 인장하중에 대한 허용하중이 중요한 이유와 허용응력의 개념

3 ¹구조물에 널리 사용되는 금속인 연강(軟 연하다 연 鋼 강철 강, 탄소 함유량이 비교적 적은 강철)을 대상으로 인장 시험을 한다고 해 보자. ²시편에 인장하중이 점진적으로 가해지면 시편의 단면에는 인장하중에 의한 응력이 나타나고, 시편의 최초 길이에 대해 늘어난 길이의 비율인 변형률을 구할 수 있다. ³연강의 응력과 변형률의 관계에서는 크게 탄성(彈性, 물체에 외부에서 힘을 가하면 부피와 모양이 바뀌었다가, 그 힘을 제거하면 원래의 모양으로 되돌아가려고 하는 성질) 구간(區間, 어떤 지점과 다른 지점과의 사이), 소성변형(塑性變形, 외부의 힘이 작용하여 변형된 물체가 그 힘을 없애도 원래 상태로 되돌아가지 않는 변형) 구간, 변형경화(變形硬化, 변형이 커질수록 금속의 변형 저항이 높아지는 일) 구간, 네킹(necking, 부재에 하중을 가했을 때 단면이 수축하여, 잘록하게 가늘어지는 현상) 구간이 나타나는 것이 일반적이다. ⁴먼저 탄성 구간에서는 인장하중을 점진적으로 증가시킬 때 응력이 증가함에 따라 시편의 변형률이 증가하며, 응력과 시편의 변형률은 비례 관계이다. ⁵이 구간(탄성 구간)은 재료의 탄성이 작용하는 구간이므로, 만약 이 구간에서 시편에 가해진 인장하중을 제거한다고(除去-, 없애 버린다고) 가정하면(假定-, 임시로 사실인 것처럼 인정하면), 시편은 탄성에 의해 원래의 길이로 되돌아가게 된다. ⁶탄성의 정도는 탄성계수(彈性係數, 탄성체가 탄성 한계 내에서 가지는 응력과 변형의 비)로 나타낸다. ⁷탄성계수는 재료마다 다른 고유한(固有-, 처음부터 특별히 가지고 있는) 값으로 탄성계수가 작은 재료일수록 탄성이 크다. ⁸이후 탄성 구간을 넘어서는 인장하중이 가해지면 소성변형 구간이 시작된다. ⁹소성변형 구간이 시작되는 지점에서 시편은 탄성을 잃는다. ¹⁰이는 소성변형 구간에서 시편의 결정 구조(結晶構造, 결정을 이루는 원자, 이온 및 분자의 배열 상태) 및 원자의 결합 상태에 변형이 일어나, 시편에 영구적인 변형이 생겼음을 의미한다. ¹¹소성변형 구간이 시작되는 지점의 응력을 항복(降伏, 물체가 외부에서 가해지는 힘에 저항하여 그

원형을 지키려는 힘을 잃고 변형이 생기려는 상태)응력이라고 하며, 소성변형 구간에서는 시편의 변형률이 급격하게(急激-, 급하고 격렬하게) 증가한다. ¹²소성변형 구간이 끝나면 변형경화 구간이 나타난다. ¹³이 구간(변형경화 구간)에서는 응력이 증가함에 따라 시편의 변형률이 증가하고, 응력이 계속 증가하여 극한응력(極限應力, 재료가 견딜 수 있는 최대의 응력)을 넘으면 네킹 구간에 진입한다.(進入-, 향하여 들어간다.) ¹⁴네킹 구간에서는 시편의 변형률이 계속 증가하다가 시편이 완전히 끊어지는 파단(破 깨뜨리다 파 斷 끊다 단) 현상이 발생한다.

→ 인장 시험의 예 : 연강 인장 시험의 네 구간과 구간별 특징

4 ¹이처럼 연강의 인장 시험에서는 네 개의 구간과 항복응력 및 극한응력이 뚜렷하게 나타난다. ²이는 인장하중이 가해졌을 때, 연강이 가늘고 길게 늘어나는 성질을 가진 재료인 연성(延 늘이다 연 性 성질 성) 재료이기 때문이다. ³반면에, 취성(脆 연하다 취 性 성질 성) 재료는 가늘고 길게 늘어나는 성질이 거의 없어, 탄성 구간을 넘어서는 인장하중이 가해졌을 때 거의 늘어나지 않고 끊어지는 재료이다. ⁴취성 재료는 항복응력과 소성변형 구간이 뚜렷하지 않고 대체로 극한응력이 뚜렷하다. ⁵유리는 대표적인 취성 재료로, 연성이 거의 없어서 탄성 구간을 넘어서는 인장하중이 가해졌을 때 거의 늘어나지 않고 파단되어 영구적 변형이 일어난다.

→ 연성 재료와 취성 재료의 특성

5 ¹부재가 하중에 의해 파손되어 영구적으로 변형되는 것을 예방하기 위해, 재료의 특성에 따라 먼저 허용응력을 산출해야(算出-, 계산해 내야) 한다. ²일반적으로 연성 재료는 항복응력을, 취성 재료는 극한응력을 각각 안전계수(安全係數, 재료, 장치 따위를 파괴하는 극한의 세기와 안전 허용 응력과의 비율)로 나누어 허용응력을 구한다. ³이때 안전계수는 부재가 하중에 의해 파손되어 영구적으로 변형되지 않도록 하는 역할을 한다. ⁴안전계수는 허용응력을 항복응력이나 극한응력보다 낮추기 위해 1을 초과하는(超過-, 넘는) 값으로 결정되며 ⊙ 안전계수가 클수록 허용응력은 낮아진다. ⁵허용응력을 구한 후에는 허용응력에 부재의 단면의 면적을 곱하여 허용하중을 산출할 수 있다. ⁶이는 부재의 단면의 면적에 따라 허용하중이 달라질 수 있음을 의미한다.

→ 허용응력과 허용하중의 산출 방법

* 시편(試 시험하다 시 片 조각 편) : 역학적 시험을 하기 위하여 만든 일정한 형상과 치수의 재료

■ 지문 이해

〈구조물 설계에서 부재의 허용하중 산출〉

❶ 구조물의 안전을 위해 설계 시 유의할 점
- 구조물은 하중에 의해 파손·변형될 수 있으므로, 설계 시 부재에 가해질 하중과 부재의 허용하중을 계산해야 함
- 부재에 가해질 하중보다 부재의 허용하중을 더 크게 설계해야 함

❷ 인장하중에 대한 허용하중이 중요한 이유와 허용응력의 개념
- 압축하중 : 부재를 수축시키는 방향으로 작용하는 힘
- 인장하중 : 부재를 늘리는 방향으로 작용하는 힘 ← 일반적으로 더 취약함
- 인장하중에 대한 허용하중을 계산하기 위해, 부재 단면에 작용하는 허용응력을 먼저 계산해야 함
- 허용응력 : 부재의 안전을 위해 부재에 허용되는 응력의 최댓값
  - 부재 구성 재료의 다양한 물리적 성질을 파악하기 위해 인장 시험을 시행함

❸ 인장 시험의 예 : 연강 인장 시험의 네 구간과 구간별 특징
- 인장 시험 : 시편에 인장하중을 점진적으로 가함 → 시편의 단면에 인장하중에 의한 응력이 나타남 → 시편의 변형률을 구함
- 연강의 응력과 변형률의 관계를 나타내는 네 구간
  - 탄성 구간 : 응력과 시편의 변형률이 비례 관계임, 인장하중을 제거하면 시편은 원래의 길이로 되돌아가게 됨
  - 소성변형 구간 : 항복응력 지점에서 시작됨, 시편의 변형률이 급격하게 증가함, 시편이 탄성을 잃음
  - 변형경화 구간 : 응력이 증가함에 따라 시편의 변형률이 증가함
  - 네킹 구간 : 응력이 계속 증가해 극한응력을 넘으면 진입, 시편의 파단 현상이 발생함

Ⅲ 과학, 기술

---

085 | 세부 정보 이해 - 적절하지 않은 것 고르기 | 2024년 10월 학평 27번 | 정답 ⑤
정답률 70%, 매력적 오답 ③ 10%

윗글을 이해한 내용으로 적절하지 않은 것은?

① 유리는 탄성 구간을 넘어서는 인장하중이 가해졌을 때 거의 늘어나지 않는다.

> **근거** ❹-3 취성 재료는 … 탄성 구간을 넘어서는 인장하중이 가해졌을 때 거의 늘어나지 않고 끊어지는 재료, ❹-5 유리는 대표적인 취성 재료

→ 적절함!

② 구조물을 설계할 때는 부재에 가해질 하중과 허용하중을 계산할 필요가 있다.

> **근거** ❶-2 구조물을 설계할 때는 부재에 가해질 하중과 부재의 허용하중을 계산해야 한다.

→ 적절함!

③ 탄성계수는 재료마다 다른 고유한 값이며, 탄성계수가 작은 재료일수록 탄성이 크다.

> **근거** ❸-7 탄성계수는 재료마다 다른 고유한 값으로 탄성계수가 작은 재료일수록 탄성이 크다.

→ 적절함!

④ 수직하중은 부재의 단면에 수직 방향으로 작용하는 힘으로, 압축하중과 인장하중으로 구분된다.

> **근거** ❷-1~2 하중에는 부재의 단면에 수직 방향으로 작용하는 수직하중이 있다. 수직하중은 부재를 수축시키는 방향으로 작용하는 힘과 부재를 늘리는 방향으로 작용하는 힘을 말하며, 이를 각각 압축하중과 인장하중이라고 한다.

→ 적절함!

압축하중보다 인장하중에

⑤ 부재는 인장하중보다 압축하중에 취약한 경우가 많으므로 인장하중은 구조물 설계 시 중요하게 고려되는 요소이다.

> **근거** ❷-3~4 일반적으로 부재는 압축하중보다 인장하중에 더 취약한 경우가 많다. 따라서 구조물을 설계할 때 인장하중에 대한 허용하중은 중요한 요소로 다뤄진다.

→ 적절하지 않음!

---

086 | 핵심 개념 파악 - 적절하지 않은 것 고르기 | 2024년 10월 학평 28번 | 정답 ④
정답률 65%, 매력적 오답 ③ 15%

〈보기〉는 인장 시험 에 대해 학생이 정리한 내용이다. ⓐ~ⓔ에 들어갈 내용으로 적절하지 않은 것은?

보기
○ 시험 대상 : 구조물에 널리 사용되는 금속인 연강 ○ 시험 목적 : ⓐ ○ 시험 내용 정리 : 인장하중의 변화에 따른 연강의 응력과 변형률의 관계를 바탕으로 네 개의 구간을 나눌 수 있으며, 구간별 특징을 정리하면 다음과 같다.

탄성 구간	→	소성변형 구간	→	변형경화 구간	→	네킹 구간
ⓑ		ⓒ		ⓓ		ⓔ

① ⓐ : 연강의 다양한 물리적 성질을 파악한다.

> **근거** ❷-7~8 허용응력은 부재의 안전을 위해 부재에 허용되는 응력의 최댓값으로, 인장

하중에 대한 허용응력을 구할 때는 부재를 구성하는 재료의 다양한 물리적 성질을 파악해야 한다. 이를 위해 인장 시험을 시행한다.

→ 적절함!

② ⓑ : 연강 시편에 가해진 인장하중을 제거한다면 시편의 길이가 원래의 길이로 되돌아가게 된다.

> **근거** ❸-5 이 구간(탄성 구간)에서 시편에 가해진 인장하중을 제거한다고 가정하면, 시편은 탄성에 의해 원래의 길이로 되돌아가게 된다.

→ 적절함!

③ ⓒ : 연강 시편이 탄성을 잃으며 시편의 변형률은 급격하게 증가한다.

> **근거** ❸-9 소성변형 구간이 시작되는 지점에서 시편은 탄성을 잃는다, ❸-11 소성변형 구간에서는 시편의 변형률이 급격하게 증가한다.

→ 적절함!

네킹 구간

④ ⓓ : 응력이 증가하여 연강 시편에 파단 현상이 발생한다.

> **근거** ❸-13~14 이 구간(변형경화 구간)에서는 응력이 증가함에 따라 시편의 변형률이 증가하고, 응력이 계속 증가하여 극한응력을 넘으면 네킹 구간에 진입한다. 네킹 구간에서는 시편의 변형률이 계속 증가하다가 시편이 완전히 끊어지는 파단 현상이 발생

> **풀이** 응력이 증가한다는 것은 변형경화 구간에 대한 설명이 맞지만, 시편에 파단 현상이 발생한다는 것은 변형경화 구간이 아니라 네킹 구간에 대한 설명이다.

→ 적절하지 않음!

⑤ ⓔ : 연강 시편의 변형률이 계속 증가하다가 시편이 완전히 끊어진다.

> **근거** ❸-14 네킹 구간에서는 시편의 변형률이 계속 증가하다가 시편이 완전히 끊어지는 파단 현상이 발생

→ 적절함!

1등급 문제

087 | 추론의 적절성 판단 - 적절한 것 고르기 | 2024년 10월 학평 29번 | 정답 ③
정답률 60%, 매력적 오답 ① 10%, ② 15%

㉠의 이유로 가장 적절한 것은?

> ㉠ 안전계수가 클수록 허용응력은 낮아진다.

> **근거** ❺-2 일반적으로 연성 재료는 항복응력을, 취성 재료는 극한응력을 각각 안전계수로 나누어 허용응력을 구한다.

> **풀이** 허용응력은 항복응력이나 극한응력을 안전계수로 나누어 구하므로, 안전계수가 클수록 허용응력은 낮아진다. 따라서 허용응력은 항복응력이나 극한응력을 안전계수로 나눈 값이기 때문이라는 것은 ㉠의 이유로 적절하다.

① 안전계수가 항복응력이나 극한응력보다 커야 하기 때문이다.

> **근거** ❺-4 안전계수는 허용응력을 항복응력이나 극한응력보다 낮추기 위해 1을 초과하는 값으로 결정

> **풀이** 허용응력을 구하는 방법은 연성 재료의 경우에는 항복응력을 안전계수로 나누고, 취성 재료의 경우에는 극한응력을 안전계수로 나누는 것이다. 이때 안전계수는 '허용응력을 항복응력이나 극한응력보다 낮추기 위해' 1을 초과하는 값으로 결정되고, 안전계수가 클수록 허용응력은 낮아진다. 안전계수가 항복응력이나 극한응력보다 커야 한다는 것은 윗글의 내용에서 근거를 찾을 수 없다.

② 항복응력이나 극한응력이 커질수록 안전계수는 작아지기 때문이다.

> **풀이** 허용응력을 구할 때 일반적으로 연성 재료는 항복응력을, 취성 재료는 극한응력을 각각 안전계수로 나눈다고 하였다. 항복응력이나 극한응력이 커진다면 이들을 안전계수로 나눈 허용응력의 값이 커질 것이다. 그러나 항복응력이나 극한응력이 커진다고 해서 안전계수가 작아지지는 않는다.

③ 허용응력은 항복응력이나 극한응력을 안전계수로 나눈 값이기 때문이다.

→ 적절함!

④ 항복응력이나 극한응력에 따라 안전계수를 다르게 계산할 수 있기 때문이다.

> **근거** ❺-4 안전계수는 허용응력을 항복응력이나 극한응력보다 낮추기 위해 1을 초과하는 값으로 결정

> **풀이** 안전계수는 허용응력을 항복응력이나 극한응력보다 낮추기 위해 1을 초과하는 값으로 결정된다. 허용응력을 산출할 때에는 재료의 특성에 따라, 연성 재료는 항복응력을 안전계수로, 취성 재료는 극한응력을 안전계수로 나누어 각각의 허용응력을 구하는 것이지, '항복응력이나 극한응력에 따라 안전계수를 다르게 계산할 수 있'는 것은 아니다.

⑤ 허용응력과 항복응력을 안전계수로 나눈 값이 극한응력과 비례하기 때문이다.

근거 ❷-7 허용응력은 부재의 안전을 위해 부재에 허용되는 응력의 최댓값

풀이 허용응력은 부재에 허용되는 응력의 최댓값으로, 연성 재료의 허용응력은 항복응력을 안전계수로 나누어서 구하고, 취성 재료의 허용응력은 극한응력을 안전계수로 나누어 구한다. 허용응력과 항복응력을 안전계수로 나눈 값이 극한응력과 비례한다는 것은 윗글의 내용과 부합하지 않는다.

---

088 | **1등급 문제**
구체적인 사례에 적용 - 적절하지 않은 것 고르기 2024년 10월 학평 30번
정답률 40%, 매력적 오답 ① 10% ② 10% ③ 25% ⑤ 15% | **정답 ④**

〈보기〉는 윗글의 내용을 이해하기 위한 학습 자료의 일부이다. 학생의 반응으로 적절하지 <u>않은</u> 것은? [3점]

| 보기 |
[1]항복응력이 140 MPa*, 극한응력이 150 MPa인 연성 재료 A와 항복응력이 뚜렷하지 않고 극한응력이 100 MPa인 취성 재료 B가 있다. [2]갑은 부재 ㄱ의 제작에 재료 A를, 부재 ㄴ의 제작에 재료 B를 사용하는 설계 시안(試案, 시험으로 또는 임시로 만든 계획이나 의견)을 다음과 같이 구성하였다. [3]이때 현재 시점에서 ㄱ, ㄴ에 가해질 것으로 예상되는 인장하중은 300 N이며, ㄱ, ㄴ의 허용응력 계산에는 안전계수 2를 사용한다.
([4]단, A, B는 ㄱ, ㄴ의 제작에 모두 사용 가능하며, ㄱ, ㄴ은 각각 단일(單一, 다른 것이 섞여 있지 않은) 재료로 제작한다. [5]다른 상황은 고려하지 않는다.)

부재	허용응력(MPa)	단면의 면적(mm²)	허용하중(N)
ㄱ	70	10	700
ㄴ	50	5	250

* MPa : 응력의 단위

① ㄱ은 ㄴ보다 부재에 허용되는 하중의 최댓값이 크게 설계되어 있군. ← 허용하중

근거 ❶-3 허용하중은 구조물의 안전을 위해 부재에 허용되는 하중의 최댓값

풀이 '허용하중'은 부재에 허용되는 하중의 최댓값을 말한다. 〈보기〉의 표를 살펴보면 ㄱ의 허용하중은 700 N, ㄴ의 허용하중은 250 N이다. 따라서 ㄱ은 ㄴ보다 부재에 허용되는 하중의 최댓값이 크게 설계되어 있다는 설명은 적절하다.

→ 적절함!

② ㄱ과 ㄴ의 허용응력을 구하기 위해 A는 항복응력을, B는 극한응력을 안전계수로 나누었군. ← 연성 재료 / 취성 재료

근거 〈보기〉-1 연성 재료 A와 … 취성 재료 B, 〈보기〉-2 부재 ㄱ의 제작에 재료 A를, 부재 ㄴ의 제작에 재료 B를 사용하는 설계 시안, ❺-2 일반적으로 연성 재료는 항복응력을, 취성 재료는 극한응력을 각각 안전계수로 나누어 허용응력을 구한다.

풀이 윗글의 설명에 따르면 연성 재료는 항복응력을, 취성 재료는 극한응력을 각각 안전계수로 나누어 허용응력을 구한다. 〈보기〉의 자료는 부재 ㄱ의 제작에 연성 재료인 A를, 부재 ㄴ의 제작에 취성 재료인 B를 사용하는 설계 시안이라고 하였고, ㄱ의 허용응력은 항복응력 140 MPa을 안전계수 2로 나눈 70 MPa, ㄴ의 허용응력은 극한응력 100 MPa을 안전계수 2로 나눈 50 MPa과 각각 그 값이 일치한다. 따라서 ㄱ과 ㄴ의 허용응력을 구하기 위해 A는 항복응력을, B는 극한응력을 안전계수로 나누어 산출하였다는 설명은 적절하다.

→ 적절함!

③ ㄱ은 예상되는 인장하중에 의한 응력이 A의 항복응력보다 작으므로, ㄱ의 결정 구조 및 원자의 결합 상태에 변형이 생기지 않겠군. ← 30 MPa / 140 MPa

근거 ❷-6 응력은 … 하중을 단면의 면적으로 나누어 구한다. ❸-2 시편에 인장하중이 점진적으로 가해지면 시편의 단면에는 인장하중에 의한 응력이 나타나고, ❸-10~11 소성변형 구간에서 시편의 결정 구조 및 원자의 결합 상태에 변형이 일어나, 시편에 영구적인 변형이 생겼음을 의미한다. 소성변형 구간이 시작되는 지점의 응력을 항복응력이라고 하며

풀이 윗글에서 응력은 하중을 단면의 면적으로 나누어 구한다고 하였고, 인장 시험에서 시편에 인장하중이 가해지면 시편의 단면에 '인장하중에 의한 응력'이 나타난다고 하였다. 〈보기〉의 ㄱ의 경우, 현재 시점에서 가해질 것으로 예상되는 인장하중은 300 N, 단면의 면적은 10 mm²이므로, 이때 ㄱ의 응력은 30 MPa이다. 〈보기〉의 표에서 A의 항복응력은 140 MPa이라고 하였으므로, ㄱ은 예상되는 인장하중에 의한 응력이 A의 항복응력보다 작다는 설명은 적절하다.
한편 윗글의 설명에 따르면 소성변형 구간에서는 시편의 결정 구조 및 원자의 결합 상태에 변형이 일어나며, 소성변형 구간이 시작되는 지점의 응력을 항복응력이라고 한다. 〈보기〉의 ㄱ은 예상되는 인장하중에 의한 응력이 A의 항복응력보다 작으므

로, 소성변형 구간이 시작되지 않았다. 따라서 ㄱ의 결정 구조 및 원자의 결합 상태에 변형이 생기지 않을 것이라는 설명 또한 적절하다.

→ 적절함!

④ ㄴ은 단면의 면적을 변경하지 않고 재료를 A로 교체하면, 허용하중이 인장하중보다 작아지므로 안전을 *담보할 수 없겠군. *擔保-, 맡아서 보증할
커지므로 교체하기 전보다 안전하겠군

근거 ❶-3 구조물의 안전을 위해서는 부재에 가해질 하중보다 부재의 허용하중을 더 크게 설계해야 한다. ❺-5 허용응력에 부재의 단면의 면적을 곱하여 허용하중을 산출할 수 있다.

풀이 윗글에서 구조물의 안전을 위해 부재에 가해질 하중보다 부재의 허용하중을 더 크게 설계해야 한다고 하였고, 허용응력에 부재의 단면의 면적을 곱하면 허용하중을 산출할 수 있다고 하였다. 〈보기〉에서 ㄴ의 단면의 면적을 변경하지 않고 재료를 A로 교체하면 허용하중은 허용응력 70 MPa에 단면의 면적 5 mm²를 곱한 값인 350 N이 되고, 이는 인장하중 300 N보다 크다. 따라서 ㄴ의 단면의 면적을 변경하지 않고 재료를 A로 교체하면, 허용하중이 인장하중보다 작아진다는 설명은 적절하지 않다.

→ 적절하지 않음!

⑤ ㄱ과 ㄴ에 가해질 인장하중이 예상보다 2배로 커질 경우, ㄱ은 ㄴ과 달리 단면의 면적을 늘리지 않더라도 영구적 변형이 일어나지 않겠군.

근거 ❶-2~3 구조물은 하중에 의해 파손되어 영구적으로 변형될 수 있으므로, … 구조물의 안전을 위해서는 부재에 가해질 하중보다 부재의 허용하중을 더 크게 설계해야 한다. ❺-5~6 허용응력에 부재의 단면의 면적을 곱하여 허용하중을 산출할 수 있다. 이는 부재의 단면의 면적에 따라 허용하중이 달라질 수 있음을 의미

풀이 윗글의 설명에 따르면 구조물은 하중에 의해 파손되어 영구적으로 변형될 수 있으므로, 구조물의 안전을 위해 부재에 가해질 하중보다 부재의 허용하중을 더 크게 설계해야 한다. 또한 윗글에서는 허용하중은 허용응력에 부재의 단면의 면적을 곱하여 산출한다고 설명하였다. 〈보기〉에서 ㄱ의 허용하중은 700 N, ㄴ의 허용하중은 250 N이다. ㄱ과 ㄴ에 가해질 인장하중이 예상되는 인장하중인 300 N보다 2배로 커질 경우, 즉 인장하중이 600 N일 경우, ㄱ은 인장하중보다 허용하중이 더 크므로 단면의 면적을 늘리지 않더라도 하중에 의한 파손으로 영구적 변형이 일어나지 않을 것이다. 반면 ㄴ은 인장하중이 600 N일 경우 허용하중이 인장하중보다 더 작으므로, 단면의 면적을 늘림으로써 허용하중을 키워 하중에 의한 파손 및 영구적 변형이 일어나지 않도록 할 수 있다. 따라서 ㄱ과 ㄴ에 가해질 인장하중이 예상보다 2배로 커질 경우, ㄱ은 ㄴ과 달리 단면의 면적을 늘리지 않더라도 영구적 변형이 일어나지 않을 것이라는 설명은 적절하다.

→ 적절함!

[089~094] 고3 실전 문제
다음 글을 읽고 물음에 답하시오.

1 [1]'콘크리트'는 건축 재료로 다양하게 사용되고 있다. [2]일반적으로 콘크리트가 근대(近代, 중세와 현대 사이의 시대) 기술의 ⑦ 산물로 알려져 있지만 콘크리트는 이미 고대 로마 시대에도 사용되었다. [3]로마 시대의 탁월한(卓越-, 높고 뛰어난) 건축미(建築美, 건축물이 지니고 있는 아름다움)를 보여 주는 판테온은 콘크리트 구조물인데, 반구형(半球形, 구를 절반으로 나눈 모습)의 지붕인 돔(dome)은 오직 콘크리트로만 이루어져 있다. [4]로마인들은 콘크리트의 골재 배합(骨材配合, 재료로 사용되는 모래나 자갈을 섞어서 합치는 비율)을 달리하면서 돔의 상부(上部, 윗부분)로 갈수록 두께를 점점 줄여 지붕을 가볍게 할 수 있었다. [5]돔 지붕이 지름 45 m 남짓의 넓은 원형 내부 공간과 이어지도록 하였고, 지붕의 중앙에는 지름 9 m가 넘는 ⓒ 원형의 천창(天窓, 지붕에 낸 창문)을 내어 빛이 내부 공간을 채울 수 있도록 하였다.

〈참고 사진〉

▲ 판테온

→ 고대 로마 시대에도 사용되었던 콘크리트

2 ¹콘크리트는 시멘트에 모래와 자갈 등의 골재(骨材, 콘크리트를 만드는 재료)를 섞어 물로 반죽한 혼합물이다. ²콘크리트에서 결합재(結合材, 서로 합치는 데 쓰는 재료) 역할을 하는 시멘트가 물과 만나면 ⓒ 점성을 띠는 상태가 되며, 시간이 지남에 따라 수화 반응(水和反應, 시멘트와 물이 만났을 때 화학 반응이 일어나 굳어지고 단단해지는 현상)이 일어나 골재, 물, 시멘트가 결합하면서 굳어진다. ³콘크리트의 수화 반응은 상온(常溫, 자연 그대로의 온도, 보통 15 ℃)에서 일어나기 때문에 작업하기에도 좋다. ⁴반죽 상태의 콘크리트를 거푸집(만들려는 물건의 모양대로 속이 비어서 공간에 쇠붙이나 콘크리트를 붓도록 되어 있는 틀)에 부어 경화시키면(硬化-, 단단히 굳게 만들면) 다양한 형태와 크기의 구조물을 만들 수 있다. ⁵콘크리트의 골재는 종류에 따라 강도(強度, 단단하고 센 정도)와 밀도(密度, 빽빽한 정도)가 다양하므로 골재의 종류와 비율을 조절하여 콘크리트의 강도와 밀도를 다양하게 변화시킬 수 있다. ⁶그리고 골재들 간의 접촉을 높여야(서로 맞붙어 닿는 정도를 높여야) 강도가 높아지기 때문에, 서로 다른 크기의 골재를 배합하는 것이 효과적이다.

→ 콘크리트의 제작 과정과 특성

3 ¹콘크리트가 철근 콘크리트로 발전함에 따라 건축은 구조적으로 더욱 견고해지고(堅固-, 굳고 단단해지고), 형태 면에서는 더욱 다양하고 자유로운 표현이 가능해졌다. ²일반적으로 콘크리트는 누르는 힘인 압축력에는 쉽게 부서지지 않지만 당기는 힘인 인장력(引 당기다 인 張 벌이다 장 力 힘 력)에는 쉽게 부서진다. ³압축력이나 인장력에 재료가 부서지지 않고 그 힘에 견딜 수 있는, 단위 면적당 최대의 힘을 각각 압축 강도와 인장 강도라 한다. ⁴콘크리트의 압축 강도는 인장 강도보다 10 배 이상 높다. ⁵또한 압축력을 가했을(加-, 주었을) 때 최대한 줄어드는 길이는 인장력을 가했을 때 최대한 늘어나는 길이보다 훨씬 길다. ⁶그런데 철근이나 철골과 같은 철재는 인장력과 압축력에 의한 변형(變形, 형태 변화) 정도가 콘크리트보다 작은 데다가 압축 강도와 인장 강도 모두가 콘크리트보다 높다. ⁷특히 인장 강도는 월등히(越等-, 뛰어나게) 더 높다. ⁸따라서 보강재(補強材, 강도를 높이기 위해 쓰이는 재료)로 철근을 콘크리트에 넣어 대부분의 인장력을 철근이 받도록 하면 인장력에 취약한(脆弱-, 무르고 약한) 콘크리트의 단점이 크게 보완된다.(補完-, 모자라거나 부족한 것이 보충된다.) ⁹다만 철근은 무겁고 비싸기 때문에, 대개는 인장력을 많이 받는 부분을 정확히 계산하여 그 지점을 ⓓ위주로 철근을 보강한다.(補強-, 보충해서 더 튼튼하게 한다.) ¹⁰또한 가해진 힘의 방향에 수직인 방향으로 재료가 변형되는 점도 고려해야 하는데, 이때 필요한 것이 포아송 비이다. ¹¹철재는 콘크리트보다 포아송 비가 크며, 대체로 철재의 포아송 비는 0.3, 콘크리트는 0.15 정도이다.

→ 콘크리트를 보완한 철근 콘크리트

4 ¹강도가 높고 지지력(支持力, 버티는 힘)이 좋아진 철근 콘크리트를 건축 재료로 사용하면서, 대형 공간을 축조하고(築造-, 쌓아서 만들고) 기둥의 간격도 넓힐 수 있게 되었다. ²20 세기에 들어서면서부터 근대 건축에서 철근 콘크리트는 예술적 ⓔ영감을 줄 수 있는 재료로 인식되기 시작하였다. ³기술이 예술의 가장 중요한 근원(根源, 본바탕)이라는 신념(信念, 굳은 믿음)을 가졌던 르 코르뷔지에는 철근 콘크리트 구조의 장점을 사보아 주택에서 완벽히 구현하였다.(具現-, 구체적인 모습으로 나타냈다.) ⁴사보아 주택은, 벽이 건물의 무게를 지탱하는(支撐-, 버티는) 구조로 설계된 건축물과는 달리 기둥만으로 건물 본체의 하중(荷重, 무게)을 지탱하도록 설계되어 건물이 공중에 떠 있는 듯한 느낌을 준다. ⁵2층 거실을 둘러싼 벽에는 수평으로 긴 창이 나 있고, 건축가가 '건축적 산책로'라고 이름 붙인 경사로(傾斜路, 기울어진 길)는 지상(地上, 땅 위)의 출입구에서 2층의 주거 공간(住居空間, 머물러 사는 곳)으로 이어지다가 다시 테라스로 나와 지붕까지 연결된다. ⁶목욕실 지붕에 설치된 작은 천창을 통해 하늘을 바라보면 이 주택이 자신을 중심으로 펼쳐진 또 다른 소우주(小宇宙, 우주의 일부이면서도 그 자체가 하나의 독립된 우주로 여겨지는 것)임을 느낄 수 있다. ⁷평평하고 넓은 지붕에는 정원이 조성되어(造成-, 만들어져), 여기서 산책하다 보면 대지(大地, 넓고 큰 땅)를 바다 삼아 항해하는(航海-, 바다 위를 떠다니는) 기선(汽船, 배)의 갑판(甲板, 큰 배 위에 나무나 철판 따위를 깔아 놓은 넓고 평평한 바닥)에서 있는 듯하다.

〈참고 사진〉

▲ 사보아 주택 – 기둥만으로 건물 무게를 지탱하도록 설계 ▲ 일반 주택 - 벽이 건물 무게를 지탱하도록 설계

→ 철근 콘크리트를 활용한 건물의 예 : 사보아 주택

5 ¹철근 콘크리트는 근대 이후 가장 중요한 건축 재료로 널리 사용되어 왔지만 철근 콘크리트의 인장 강도를 높이려는 연구가 계속되어 프리스트레스트(prestressed, 속에 철근을 넣어 압축 응력을 받은) 콘크리트가 등장하였다. ²프리스트레스트 콘크리트는 다음과 같이 제작된다. ³먼저, 거푸집에 철근을 넣고 철근을 당긴 상태에서 콘크리트 반죽을 붓는다. ⁴콘크리트가 굳은 뒤에 당기는 힘을 제거하면(除去-, 없애면), 철근이 줄어들면서 콘크리트에 압축력이 작용하여 외부의 인장력에 대한 저항성(抵抗性, 버티는 성질)이 높아진 프리스트레스트 콘크리트가 만들어진다. ⁵킴벨 미술관은 개방감(開放感, 열린 느낌)을 주기 위하여 기둥 사이를 30 m 이상 벌리고 내부의 전시 공간을 하나의 층으로 만들었다. ⁶이 간격(30 m 이상 벌어진 기둥 사이)은 프리스트레스트 콘크리트 구조를 활용하였기에 구현할 수 있었고, 일반적인 철근 콘크리트로는 구현하기 어려웠다. ⁷이(프리스트레스트 콘크리트) 구조로 이루어진 긴 지붕의 틈새로 들어오는 빛이 넓은 실내를 환하게 채우며 철근 콘크리트로 이루어진 내부를 대리석처럼 빛나게 한다.

〈참고 그림〉 프리스트레스트 콘크리트 제작 과정

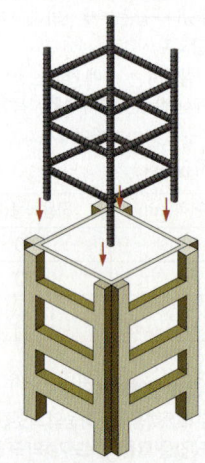
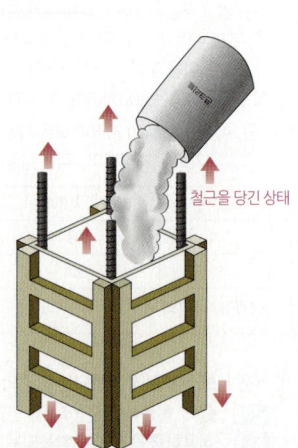

철근을 당긴 상태

① 거푸집에 철근을 넣는다. ② 철근을 당긴 상태에서 콘크리트 반죽을 넣는다.

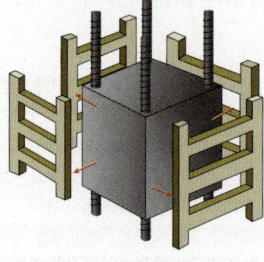
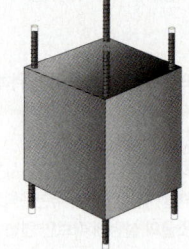

③ 콘크리트가 굳은 뒤에(이때 거푸집을 떼어 낸다.) 당기는 힘을 제거하면 철근이 줄어들면서 저항성이 높아진 프리스트레스트 콘크리트가 만들어진다.

〈참고 사진〉 킴벨 미술관

➏–5~6 킴벨 미술관은 개방감을 주기 위하여 프리스트레스트 콘크리트 구조를 활용하여 기둥 사이를 30 m 이상 벌리고 내부의 전시 공간을 하나의 층으로 만들었다.

→ 프리스트레스트 콘크리트의 특징과 활용한 건물의 예 : 킴벨 미술관

6 ¹이처럼 건축 재료에 대한 기술적 탐구는 언제나 새로운 건축 미학(建築美學, 건축물을 아름답게 꾸미고 배치하기 위하여 연구하는 학문)의 원동력(原動力, 밑바탕이 되는 힘)이 되어 왔다. ²특히 근대 이후에는 급격한 기술의 발전으로 혁신적인(革新的-, 이전에는 볼 수 없었던 완전히 새로운) 건축 작품들이 탄생할 수 있었다. ³건축 재료와 건축 미학의 유기적인(有機的-, 서로 밀접하게 관련을 맺고 있어 뗄 수 없는) 관계는 앞으로도 지속될(持續-, 오래 계속될) 것이다.

→ 건축 재료 기술 발달과 건축 미학의 관계 전망

■ 지문 이해

〈콘크리트를 통해 살펴본 건축 재료와 건축 미학의 관계〉

❶ 고대 로마 시대에도 사용되었던 콘크리트

❷ 콘크리트의 제작 과정과 특성
- 콘크리트 제작 과정
  ① 시멘트에 골재(모래, 자갈 등)를 섞어 물로 반죽
  ② 시간이 지나면서 수화 반응이 일어나 굳어짐
  ③ 반죽 상태의 콘크리트를 거푸집에 부어 경화시키면 다양한 구조물을 만들 수 있음
- 골재의 종류와 비율을 조절해 강도와 밀도 변화 가능
- 서로 다른 크기의 골재를 배합하는 것이 강도를 높이는 데 효과적

❸ 콘크리트를 보완한 철근 콘크리트
- 철근 콘크리트의 특징
  - 건축이 구조적으로 견고해지고 형태는 더욱 다양하고 자유로워짐
  - 콘크리트보다 압축 강도와 인장 강도가 높음
  - 철근은 무겁고 비싸 인장력을 많이 받는 지점 위주로 보강
- 포아송 비 : 가해진 힘의 방향에 수직 방향으로 재료가 변형되는 점을 고려할 때 필요한 수치
  ⇒ 철재는 0.3, 콘크리트는 0.15

❺-1 프리스트레스트 콘크리트의 특징
- 프리스트레스트 콘크리트
  : 철근 콘크리트의 인장 강도를 높임
- 제작 과정
  ① 거푸집에 철근을 넣음
  ② 철근을 당긴 상태에서 콘크리트 반죽을 부음
  ③ 콘크리트가 굳은 뒤에 당기는 힘을 제거
  ④ 철근이 줄어들면서 콘크리트에 압축력이 작용
  ⑤ 외부의 인장력에 대한 저항성이 높아진 프리스트레스트 콘크리트 제작

❹ 철근 콘크리트를 활용한 건물의 예 : 사보아 주택
- 철근 콘크리트의 장점을 구현
  - 기둥만으로 건물 본체의 하중을 지탱하도록 설계 → 공중에 떠 있는 느낌
  - 2층 벽에는 수평으로 긴 창이 있음
  - 경사로는 출입구 → 2층 주거 공간 → 테라스 → 지붕까지 연결
  - 목욕실 지붕에 천창을 설치
  - 평평하고 넓은 지붕에 정원이 조성되어 있음

❺-2 프리스트레스트 콘크리트를 활용한 건물의 예 : 킴벨 미술관
- 프리스트레스트 콘크리트 활용
  - 기둥 사이를 30 m 이상 벌리고 내부 전시 공간을 하나의 층으로 만듦 → 개방감을 확보함
  - 긴 지붕의 틈새로 들어오는 빛이 넓은 실내를 환하게 채움 → 건물 내부가 대리석처럼 빛나게 됨

❻ 건축 재료 기술 발달과 건축 미학의 관계 전망
- 건축 재료 기술의 발전으로 혁신적 건축 작품 탄생 가능 : 건축 미학의 원동력
- 건축 재료와 건축 미학의 유기적 관계는 앞으로도 지속될 것

---

089 글의 서술 방식 파악 - 적절한 것 고르기 2017학년도 9월 모평 25번
정답률 90% **정답 ①**

윗글에 대한 설명으로 가장 적절한 것은?

① 건축 재료의 특성과 발전을 서술하면서 각 건축물들의 공간적 특징을 설명하고 있다.

근거 ❶-3 판테온은 콘크리트 구조물인데, … 콘크리트로만 이루어져 있다, ❷-1~4 콘크리트는 시멘트에 모래와 자갈 등의 골재를 섞어 물로 반죽한 혼합물이다. … 다양한 형태와 크기의 구조물을 만들 수 있다. ❸-2 일반적으로 콘크리트는 누르는 힘인 압축력에는 쉽게 부서지지 않지만 당기는 힘인 인장력에는 쉽게 부서진다, ❹-1 강도가 높고 지지력이 좋아진 철근 콘크리트를 건축 재료로 사용하면서, 대형 공간을 축조하고 기둥의 간격도 넓힐 수 있게 되었다, ❹-4 사보아 주택은, … 기둥만으로 건물 본체의 하중을 지탱하도록 설계되어 건물이 공중에 떠 있는 듯한 느낌을 준다, ❺-1 프리스트레스트 콘크리트가 등장하였다, ❺-5~6 킴벨 미술관은 개방감을 주기 위하여 기둥 사이를 30 m 이상 벌리고 내부의 전시 공간을 하나의 층으로 만들었다. 이 간격은 프리스트레스트 콘크리트 구조를 활용하였기에 구현할 수 있었고, 일반적인 철근 콘크리트로는 구현하기 어려웠다.

→ 적절함!

---

② 건축 재료의 특성에 기초하여 건축물들의 특징에 대한 *상반된 평가를 제시하고 있다. *相反–, 서로 반대되는

근거 ❶-3 판테온은 콘크리트 구조물, ❹-3 철근 콘크리트 구조의 장점을 사보아 주택에서 완벽히 구현하였다, ❺-5~6 킴벨 미술관은 개방감을 주기 위하여 기둥 사이를 30 m 이상 벌리고 내부의 전시 공간을 하나의 층으로 만들었다. 이 간격은 프리스트레스트 콘크리트 구조를 활용하였기에 구현할 수 있었고, 일반적인 철근 콘크리트로는 구현하기 어려웠다.

풀이 건축 재료의 특성에 기초한 건축물들의 특징은 설명하고 있지만, 이에 대한 상반된 평가를 제시하지는 않았다.

→ 적절하지 않음!

③ 건축 재료의 *기원을 검토하여 다양한 건축물들의 미학적 특성과 한계를 평가하고 있다. *起源, 처음으로 생긴 근본

근거 ❶-3 로마 시대의 탁월한 건축미를 보여 주는 판테온은 콘크리트 구조물인데, 반구형의 지붕인 돔은 오직 콘크리트로만 이루어져 있다, ❹-7 평평하고 넓은 지붕에는 정원이 조성되어, 여기서 산책하다 보면 대지를 바다 삼아 항해하는 기선의 갑판에서 있는 듯하다, ❺-7 이 구조로 이루어진 긴 지붕의 틈새로 들어오는 빛이 넓은 실내를 환하게 채우며 철근 콘크리트로 이루어진 내부를 대리석처럼 빛나게 한다.

풀이 콘크리트가 로마 시대부터 사용되었다는 기원과 다양한 건축물들의 미학적 특성은 제시되지만 건축물들의 미학적 한계를 평가하지는 않았다.

→ 적절하지 않음!

④ 건축 재료의 시각적 특성을 설명하면서 각 재료와 건축물들의 경제적 가치를 탐색하고 있다.

근거 ❷-5 콘크리트의 골재는 종류에 따라 강도와 밀도가 다양하므로 골재의 종류와 비율을 조절하여 콘크리트의 강도와 밀도를 다양하게 변화시킬 수 있다, ❹-1 강도가 높고 지지력이 좋아진 철근 콘크리트를 건축 재료로 사용하면서, ❺-1 철근 콘크리트의 인장 강도를 높이려는 연구가 계속되어 프리스트레스트 콘크리트가 등장하였다.

풀이 건축 재료의 '강도'를 중심으로 설명하고 있지만, 건축 재료의 시각적 특성이나 각 재료와 건축물들의 경제적 가치에 대해서는 이야기하지 않았다.

→ 적절하지 않음!

⑤ 건축물들의 특징에 대한 평가가 시대에 따라 달라진 원인을 제시하고 건축 재료와의 관계를 설명하고 있다.

풀이 시대의 흐름에 따라 개발된 건축 재료별 건축물의 특성을 설명하고 있지만, 시대에 따라 달라진 평가와 그 원인, 건축 재료와의 관계는 설명하지 않았다.

→ 적절하지 않음!

---

090 세부 정보 이해 - 적절하지 않은 것 고르기 2017학년도 9월 모평 26번
정답률 80% **정답 ⑤**

윗글의 내용에 대한 이해로 적절하지 않은 것은?

① 판테온의 돔에서 상대적으로 더 얇은 부분은 상부 쪽이다.

근거 ❶-4 돔의 상부로 갈수록 두께를 점점 줄여 지붕을 가볍게 할 수 있었다.

→ 적절함!

② 사보아 주택의 지붕은 여유를 즐길 수 있는 공간으로도 활용되었다.

근거 ❹-7 (사보아 주택의) 평평하고 넓은 지붕에는 정원이 조성되어, 여기서 산책하다 보면 대지를 바다 삼아 항해하는 기선의 갑판에 서 있는 듯하다.

→ 적절함!

③ 킴벨 미술관은 철근 콘크리트의 인장 강도를 높이는 방법을 이용하여 넓고 개방된 내부 공간을 확보하였다.

근거 ❺-1 철근 콘크리트의 인장 강도를 높이려는 연구가 계속되어 프리스트레스트 콘크리트가 등장하였다, ❺-5~6 킴벨 미술관은 개방감을 주기 위하여 기둥 사이를 30 m 이상 벌리고 내부의 전시 공간을 하나의 층으로 만들었다. 이 간격은 프리스트레스트 콘크리트 구조를 활용하였기에 구현할 수 있었고, 일반적인 철근 콘크리트로는 구현하기 어려웠다.

풀이 킴벨 미술관은 철근 콘크리트의 인장 강도를 높이려는 연구 결과로 나온 프리스트레스트 콘크리트를 재료로 사용하였다.

→ 적절함!

④ 판테온과 사보아 주택은 모두 천창을 두어 빛이 위에서 들어올 수 있도록 하였다.

근거 ❶-5 (판테온의) 지붕의 중앙에는 지름 9 m가 넘는 원형의 천창을 내어 빛이 내부

공간을 채울 수 있도록 하였다. **④-6** (사보아 주택의) 목욕실 지붕에 설치된 작은 천창을 통해 하늘을 바라보면 이 주택이 자신을 중심으로 펼쳐진 또 다른 소우주임을 느낄 수 있다.

→ 적절함!

2층

⑤ 사보아 주택과 킴벨 미술관은 모두 층을 구분하지 않도록 구성하여 개방감을 확보하였다.

근거 **④-5** (사보아 주택의) 2층 거실을 둘러싼 벽에는 수평으로 긴 창이 나 있고, … 경사로는 지상의 출입구에서 2층의 주거 공간으로 이어지다가 다시 테라스로 나와 지붕까지 연결된다. **⑤-5** 킴벨 미술관은 개방감을 주기 위하여 … 내부의 전시 공간을 하나의 층으로 만들었다.

풀이 사보아 주택은 2층의 주거 공간을 구분하였고, 킴벨 미술관은 내부의 전시 공간을 하나의 층으로 만들었다.

→ 적절하지 않음!

---

091 추론의 적절성 판단 - 적절한 것 고르기 2017학년도 9월 모평 27번
정답률 80%   **정답 ④**

윗글을 바탕으로 추론한 내용으로 가장 적절한 것은?

= 인장력

① 당기는 힘에 대한 저항은 철근 콘크리트가 철재보다 크다.

근거 **③-2** (콘크리트는) 당기는 힘인 인장력에는 쉽게 부서진다. **③-6** 철근이나 철골과 같은 철재는 인장력과 압축력에 의한 변형 정도가 콘크리트보다 작은 데다가 압축 강도와 인장 강도 모두가 콘크리트보다 높다. **③-8** 보강재로 철근을 콘크리트에 넣어 대부분의 인장력을 철근이 받도록 하면 인장력에 취약한 콘크리트의 단점이 크게 보완된다.

풀이 인장 강도는 콘크리트보다 철재가 더 높다. 철근 콘크리트는 인장 강도를 높이기 위해 콘크리트에 철근을 보강재로 넣은 것으로, 철재보다 당기는 힘에 대한 저항이 크다고 볼 수 없다.

→ 적절하지 않음!

인장력

② 일반적으로 철근을 콘크리트에 보강재로 사용할 때는 압축력을 많이 받는 부분에 넣는다.

근거 **③-8~9** 보강재로 철근을 콘크리트에 넣어 대부분의 인장력을 철근이 받도록 하면 인장력에 취약한 콘크리트의 단점이 크게 보완된다. 다만 철근은 무겁고 비싸기 때문에, 대개는 인장력을 많이 받는 부분을 정확히 계산하여 그 지점을 위주로 철근을 보강한다.

풀이 압축력을 많이 받는 부분이 아니라 인장력을 많이 받는 부분을 위주로 철근을 보강한다.

→ 적절하지 않음!

③ 프리스트레스트 콘크리트에서는 철근의 인장력으로 높은 강도를 얻게 되어 수화 반응이 일어나지 않는다.

근거 **②-2** 콘크리트에서 결합재 역할을 하는 시멘트가 물과 만나면 점성을 띠는 상태가 되며, 시간이 지남에 따라 수화 반응이 일어나 골재, 물, 시멘트가 결합하면서 굳어진다. **⑤-3~4** 거푸집에 철근을 넣고 철근을 당긴 상태에서 콘크리트 반죽을 붓는다. 콘크리트가 굳은 뒤에 당기는 힘을 제거하면, 철근이 줄어들면서 콘크리트에 압축력이 작용하여 외부의 인장력에 대한 저항성이 높아진 프리스트레스트 콘크리트가 만들어진다.

풀이 수화 반응은 시멘트가 물과 만나 굳어지는 현상을 말한다. 프리스트레스트 콘크리트 또한 콘크리트가 굳는 과정에서 수화 반응이 일어난다.

→ 적절하지 않음!

✓ ④ 프리스트레스트 콘크리트는 철근이 *복원되려는 성질을 이용하여 콘크리트에 압축력을 줌으로써 인장 강도를 높인 것이다. *復元−. 원래대로 돌아가려는

근거 **⑤-3~4** 거푸집에 철근을 넣고 철근을 당긴 상태에서 콘크리트 반죽을 붓는다. 콘크리트가 굳은 뒤에 당기는 힘을 제거하면, 철근이 줄어들면서 콘크리트에 압축력이 작용하여 외부의 인장력에 대한 저항성이 높아진 프리스트레스트 콘크리트가 만들어진다.

풀이 프리스트레스트 콘크리트의 제작 과정을 살펴보면 '철근을 당긴 상태'에서 콘크리트를 굳힌 후 당기는 힘을 제거하여 '철근이 원래대로 줄어드는 성질'을 활용해 인장 강도를 높인다.

→ 적절함!

---

⑤ 콘크리트의 강도를 높이는 데에는 크기가 다양한 자갈을 사용하는 것보다 *균일한 크기의 자갈만 사용하는 것이 효과적이다. *均—. 고른

근거 **②-6** (콘크리트는) 골재들 간의 접촉을 높여야 강도가 높아지기 때문에, 서로 다른 크기의 골재를 배합하는 것이 효과적이다.

→ 적절하지 않음!

1등급 문제

092 자료 해석의 적절성 판단 - 적절하지 않은 것 고르기 2017학년도 9월 모평 28번
정답률 40%, 매력적 오답 ① 10% ② 15% ③ 20% ⑤ 15%   **정답 ④**

윗글을 바탕으로 〈보기〉에 대해 탐구한 내용으로 적절하지 않은 것은?

| 보기 |

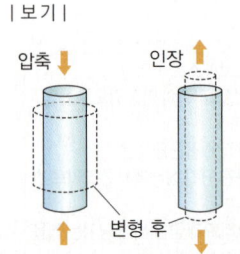

압축   인장

변형 후

[1]철재만으로 제작된 원기둥 A와 콘크리트만으로 제작된 원기둥 B에 힘을 가하며 변형을 관찰하였다. [2]A와 B의 윗면과 아랫면에 수직인 방향으로 압축력을 가했더니 높이가 줄어들면서 지름은 늘어났다. [3]또, A의 윗면과 아랫면에 수직인 방향으로 인장력을 가했더니 높이가 늘어나면서 지름이 줄어들었다. [4]이때 지름의 변화량의 절댓값을 높이의 변화량의 절댓값으로 나누어 포아송 비를 구하였더니, 일반적으로 알려진 철재와 콘크리트의 포아송 비와 동일하게(同—. 같게) 나왔다. [5]그리고 A와 B의 포아송 비는 변형 정도에 상관없이 그 값이 변하지 않았다. (단, 힘을 가하기 전 A의 지름과 높이는 B와 동일하다.)

〈참고 그림〉

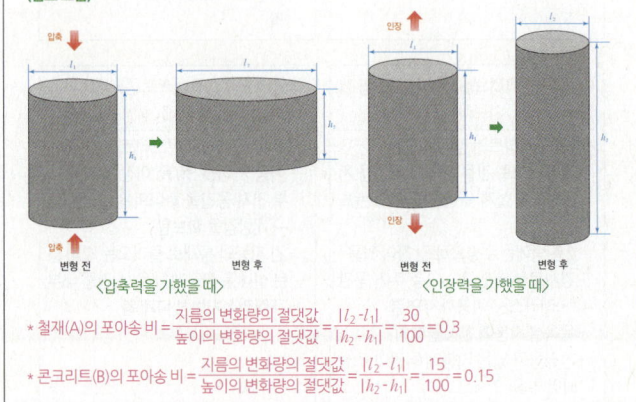

변형 전   변형 후   변형 전   변형 후
〈압축력을 가했을 때〉   〈인장력을 가했을 때〉

* 철재(A)의 포아송 비 = $\dfrac{\text{지름의 변화량의 절댓값}}{\text{높이의 변화량의 절댓값}} = \dfrac{|l_2-l_1|}{|h_2-h_1|} = \dfrac{30}{100} = 0.3$

* 콘크리트(B)의 포아송 비 = $\dfrac{\text{지름의 변화량의 절댓값}}{\text{높이의 변화량의 절댓값}} = \dfrac{|l_2-l_1|}{|h_2-h_1|} = \dfrac{15}{100} = 0.15$

① 동일한 압축력을 가했다면 B는 A보다 높이가 더 줄어들었을 것이다.

근거 〈보기〉-1 철재만으로 제작된 원기둥 A와 콘크리트만으로 제작된 원기둥 B, **③-6** 철근이나 철골과 같은 철재는 인장력과 압축력에 의한 변형 정도가 콘크리트보다 작은 데다가 압축 강도와 인장 강도 모두가 콘크리트보다 높다.

풀이 압축력을 가하면 높이가 줄어든다. 동일한 압축력에서 높이가 더 줄어든다는 것은 압축력에 의한 변형 정도가 더 크다는 의미이다. 철재의 압축력에 의한 변형 정도가 콘크리트보다 작다고 하였으므로, 압축력을 가했을 때 A(철재)보다 B(콘크리트)의 높이가 더 줄어들었을 것이다.

→ 적절함!

② A에 인장력을 가했다면 높이의 변화량의 절댓값은 지름의 변화량의 절댓값보다 컸을 것이다.

근거 〈보기〉-4 지름의 변화량의 절댓값을 높이의 변화량의 절댓값으로 나누어 포아송 비를 구하였더니, 일반적으로 알려진 철재와 콘크리트의 포아송 비와 동일하게 나왔다. **③-11** 철재는 콘크리트보다 포아송 비가 크며, 대체로 철재의 포아송 비는 0.3, 콘크리트는 0.15 정도이다.

풀이 A(철재)의 포아송 비는 0.3이므로, 분모에 해당하는 높이의 변화량의 절댓값(10)이 분자에 해당하는 지름의 변화량의 절댓값(3)보다 크다.

→ 적절함!

③ B에 압축력을 가했다면 지름의 변화량의 절댓값은 높이의 변화량의 절댓값보다 작았을 것이다.

근거 〈보기〉-4 지름의 변화량의 절댓값을 높이의 변화량의 절댓값으로 나누어 포아송 비를 구하였더니, 일반적으로 알려진 철재와 콘크리트의 포아송 비와 동일하게 나왔다. **③-11** 철재의 포아송 비는 0.3, 콘크리트는 0.15 정도이다.

풀이 B(콘크리트)의 포아송 비는 0.15이므로, 분자에 해당하는 지름의 변화량의 절댓값

(15)이 분모에 해당하는 높이의 변화량의 절댓값(100)보다 작다.

→ 적절함!

④A와 B에 압축력을 가했을 때 줄어든 높이의 변화량이 같았다면 B의 지름이 A의 지름
보다 더 늘어났을 것이다.

근거 〈보기〉-4 지름의 변화량의 절댓값을 높이의 변화량의 절댓값으로 나누어 포아송
비를 구하였더니, 일반적으로 알려진 철재와 콘크리트의 포아송 비와 동일하게 나
왔다, ③-11 철재는 콘크리트보다 포아송 비가 크며, 대체로 철재의 포아송 비는
0.3, 콘크리트는 0.15 정도이다.

풀이 높이의 변화량이 같다는 것은 포아송 비에서 분모에 해당하는 높이의 변화량의 절
댓값이 같다는 의미이다. 포아송 비는 A인 철재가 B인 콘크리트보다 크므로, 분자에
해당하는 지름의 변화량의 절댓값은 A가 B보다 더 클 것이다. 따라서 지름이 더 늘
어난 것은 A이다.

→ 적절하지 않음!

⑤A와 B에 압축력을 가했을 때 늘어난 지름의 변화량이 같았다면 A의 높이가 B의 높이
보다 덜 줄어들었을 것이다.

근거 〈보기〉-4 지름의 변화량의 절댓값을 높이의 변화량의 절댓값으로 나누어 포아송
비를 구하였더니, 일반적으로 알려진 철재와 콘크리트의 포아송 비와 동일하게 나
왔다, ③-11 철재는 콘크리트보다 포아송 비가 크며, 대체로 철재의 포아송 비는
0.3, 콘크리트는 0.15 정도이다.

풀이 지름의 변화량이 같다는 것은 포아송 비에서 분자에 해당하는 지름의 변화량의 절
댓값이 같다는 의미이다. 포아송 비는 A인 철재가 B인 콘크리트보다 크므로, 분모에
해당하는 높이의 변화량의 절댓값은 B가 A보다 더 클 것이다. 따라서 높이가 덜 줄
어든 것은 A이다.

→ 적절함!

---

093 구체적인 사례에 적용 - 적절하지 않은 것 고르기 2017학년도 9월 모평 29번
정답률 80% | **정답 ④**

윗글과 〈보기〉를 읽고 추론한 내용으로 적절하지 않은 것은? 3점

| 보기 |

1 [1]철골은 매우 높은 강도를 지닌 건축 재료로, 규격화된(規格化~. 일정한 표준에 맞춰진)
직선의 형태로 제작된다. [2]철근 콘크리트 대신 철골을 사용하여 기둥을 만들면 더 가는
기둥으로도 간격을 더욱 벌려 세울 수 있어 훨씬 넓은 공간 구현이 가능하다. [3]하지만
산화되어 녹이 슨다는 단점이 있어 내식성(耐蝕性, 부식을 잘 견디는 성질) 페인트를 칠하
거나 콘크리트를 덧입히는 등 산화 방지 조치를 하여 사용한다.

2 [1]베를린 신국립미술관은 철골의 기술적 장점을 미학적으로 승화시킨 건축물이다.
[2]거대한 평면 지붕은 여덟 개의 십자형 철골 기둥만이 떠받치고 있고, 지붕과 지면 사이
에는 가벼운 유리벽이 사면(四面, 전후좌우의 모든 방향)을 둘러싸고 있다. [3]최소한의 설비
(設備, 시설) 외에는 어떠한 것도 천장에 닿아 있지 않고 내부 공간이 텅 비어 있어 지붕은
공중에 떠 있는 느낌을 준다. [4]미술관 내부에 들어가면 넓은 공간 속에서 개방감을 느끼
게 된다.

〈참고 사진〉 베를린 신국립미술관

▶ 지문 핵심 개념 정리

콘크리트의 기술 발전이 적용된 건축물	
철근 콘크리트를 활용	프리스트레스트 콘크리트를 활용
• 사보아 주택 : 철근 콘크리트 활용(④-3) – 기둥만으로 건물 본체의 하중을 지탱하 도록 설계 → 공중에 떠 있는 느낌(④-4) – 2층 벽에는 수평으로 긴 창이 있음 (④-5) – 경사로는 테라스로 나와 지붕까지 연결 (④-5) – 목욕실 지붕에 천창을 설치(④-6) – 평평하고 넓은 지붕에 정원이 조성되어 있음(④-7)	• 킴벨 미술관 : 프리스트레스트 콘크리트 활 용(⑤-6) – 기둥 사이를 30 m 이상 벌리고 내부 전 시 공간을 하나의 층으로 만듦 → 개방 감을 확보함(⑤-5) – 긴 지붕의 틈새로 들어오는 빛이 넓은 실내를 환하게 채움 → 건물 내부가 대 리석처럼 빛나게 됨(⑤-7)

①베를린 신국립미술관의 기둥에는 산화 방지 조치가 되어 있겠군.

근거 〈보기〉-①-2-3 철골을 사용하여 기둥을 만들면 … 산화되어 녹이 슨다는 단점이
있어 … 산화 방지 조치를 하여 사용한다, 〈보기〉-②-1~2 베를린 신국립미술관은
… 십자형 철골 기둥만이 떠받치고 있고

→ 적절함!

②휘어진 곡선 모양의 기둥을 세우려 할 때는 대체로 철골을 재료로 쓰지 않겠군.

근거 〈보기〉-①-1 철골은 … 규격화된 직선의 형태로 제작된다.

→ 적절함!

③베를린 신국립미술관은 철골을, 킴벨 미술관은 프리스트레스트 콘크리트를 활용하여
개방감을 구현하였겠군.

근거 〈보기〉-②-1 베를린 신국립미술관은 철골의 기술적 장점(더 가는 기둥으로도 간격을
더욱 벌려 세울 수 있어 훨씬 넓은 공간 구현이 가능함)을 미학적으로 승화시킨 건축물이
다, 〈보기〉-②-4 미술관 내부에 들어가면 넓은 공간 속에서 개방감을 느끼게 된다,
⑤-5~6 킴벨 미술관은 개방감을 주기 위하여 기둥 사이를 30 m 이상 벌리고 내부
의 전시 공간을 하나의 층으로 만들었다. 이 간격은 프리스트레스트 콘크리트 구조
를 활용하였기에 구현할 수 있었고

→ 적절함!

④가는 기둥들이 넓은 간격으로 늘어선 건물을 지을 때 기둥의 재료로는 철골보다 **철골이**~~철근~~
~~콘크리트~~가 더 적합하겠군.

근거 〈보기〉-①-2 철근 콘크리트 대신 철골을 사용하여 기둥을 만들면 더 가는 기둥으
로도 간격을 더욱 벌려 세울 수 있어 훨씬 넓은 공간 구현이 가능하다.

풀이 가는 기둥으로 간격을 더 넓게 구현할 수 있는 건축 재료는 철근 콘크리트가 아니라
철골이다.

→ 적절하지 않음!

⑤베를린 신국립미술관의 지붕과 사보아 주택의 건물이 공중에 떠 있는 느낌을 주는 것
은 벽이 아닌 기둥이 구조적으로 중요한 역할을 하고 있기 때문이겠군.

근거 〈보기〉-②-2~3 거대한 평면 지붕은 여덟 개의 십자형 철골 기둥만이 떠받치고 있
고, … 최소한의 설비 외에는 어떠한 것도 천장에 닿아 있지 않고 내부 공간이 텅 비
어 있어 지붕은 공중에 떠 있는 느낌을 준다, ④-4 사보아 주택은, 벽이 건물의 무게
를 지탱하는 구조로 설계된 건축물과는 달리 기둥만으로 건물 본체의 하중을 지탱
하도록 설계되어 건물이 공중에 떠 있는 듯한 느낌을 준다.

→ 적절함!

---

094 어휘의 적절성 판단 - 적절하지 않은 것 고르기 2017학년도 9월 모평 30번
정답률 90% | **정답 ②**

㉠~㉤을 사용하여 만든 문장으로 적절하지 않은 것은?

㉠산물 ㉡원형 ㉢점성 ㉣위주 ㉤영감

①㉠ : 행복은 성실하고 꾸준한 노력의 산물이다.

풀이 ㉠과 ①의 '산물(産 생기다 산 物 만물 물)'은 '어떤 것에 의하여 생겨나는 사물이나 현
상을 비유적으로 이르는 말'이라는 뜻으로 쓰였다.

→ 적절함!

②㉡ : 이 건축물은 후대 미술관의 원형이 되었다.

풀이 ㉡에서 '원형(圓 둥글다 원 形 모양 형)'은 문맥상 중앙에 있는 천장의 지붕 모양을 나타내는데, 이는 '둥근 모양'을 뜻한다. 반면 ②에서 쓰인 '원형(原 원래 원 型 본보기 형)'은 '같거나 비슷한 여러 개가 만들어져 나온 본바탕'을 뜻하는 말이다.

→ 적절하지 않음!

③ ㉢ : 이 물질은 점성 때문에 끈적끈적한 느낌을 준다.

풀이 ㉢과 ③의 '점성(粘 끈끈하다 점 性 성질 성)'은 '차지고 끈끈한 성질'이라는 뜻으로 쓰였다.

→ 적절함!

④ ㉣ : 그녀는 채소 위주의 식단을 유지하고 있다.

풀이 ㉣과 ④의 '위주(爲 삼다 위 主 우두머리 주)'는 '으뜸으로 삼음'이라는 뜻으로 쓰였다.

→ 적절함!

⑤ ㉤ : 그의 발명품은 형의 조언에서 영감을 얻은 것이다.

풀이 ㉤과 ⑤의 '영감(靈 정신 영 感 생각하다 감)'은 '창조적인 일의 계기가 되는 기발한 착상이나 자극'이라는 뜻으로 쓰였다.

→ 적절함!

[095~099] 다음 글을 읽고 물음에 답하시오.

1 ¹최근 인구 증가와 기후변화(氣候變化, 일정 지역에서 오랜 기간에 걸쳐서 진행되는 기상의 변화)로 전 세계적인 물 부족 현상이 발생하고 있다. ²지구상에 존재하는 물의 대부분은 해수(海 바다 해 水 물 수, 바닷물)이며 염분(鹽分, 바닷물 등에 포함된 소금기)이 없는 물인 담수(淡 맑다 담 水 물 수)는 전체의 약 2.5 %이다. ³담수 중에서도 빙하, 지하수 등을 제외하면(除外–, 한데 헤아리지 않으면) 인간이 손쉽게 활용할(活用–, 잘 이용할) 수 있는 것은 물의 총량(總量, 전체의 양) 중 극히 일부에 지나지 않는다. ⁴따라서 해수를 담수로 ⓐ 만드는 여러 가지 기술이 연구되어 왔다.

→ 해수 담수화 기술의 필요성

2 ¹1세대 해수 담수화(淡水化, 바닷물의 소금기를 줄임) 기술로는 다단 증발법이 있다. ²이(다단 증발법)는 물의 상변화* 원리를 활용한 것으로, 가열된(加熱–, 열이 가해진) 해수를 수증기(水蒸氣, 기체 상태로 되어 있는 물)로 변화시켜 응축함으로써(凝縮–, 액체로 바꿈으로써) 담수를 얻는 방법이다. ³일반적으로 다단 증발법을 적용한 해수 담수화 설비(設備, 필요한 것을 갖춘 시설)는 해수 가열기, 진공(眞空, 공기 등의 물질이 존재하지 않는 공간) 유지(維持, 그대로 변함없이 지탱함) 장치, 직렬(直列, 일렬로 연결하는 일)로 연결된 여러 개의 증발기(蒸發器, 증류수를 만드는 장치) 등으로 구성된다. ⁴해수는 증발기 내부(內部, 안쪽 부분)의 냉각관(冷却管, 식혀서 차게 하는 장치가 되어 있는 관)을 통과하여 해수 가열부 내부로 이동한다. ⁵해수 가열기는 고온(高溫, 높은 온도)의 증기(蒸氣, 기체 상태로 되어 있는 물)로 해수의 온도를 해수의 끓는점인 110 ℃ 이상까지 높이는 역할을 하며, 가열된 해수는 앞서 통과한 증발기들의 하부(下部, 아래쪽 부분)를 역순(逆順, 거꾸로 된 순서)으로 통과한다. ⁶이때 증발기들의 내부는 진공 유지 장치에 의해 대기압(大氣壓, 대기의 압력)보다 훨씬 낮은 압력을 유지하고 있다. ⁷해수의 끓는점은 대기압이 낮을수록 낮아지기 때문에 증발기로 진입한(進入–, 향하여 들어간) 해수는 순간적으로 끓어올라 수증기로 바뀌게 된다. ⁸생성된 수증기에 포함된 미량(微量, 아주 적은 분량)의 해수는 필터를 통과하며 제거되어(除去–, 없어지게 되어) 순수한(純粹–, 전혀 다른 것의 섞임이 없는) 수증기가 되고 설비 밖으로 빠져나간다. ⁹순수한 수증기는 증발기 상부(上部, 위쪽 부분)의 냉각관과 만나서 응축되어 담수가 된다. ¹⁰해수는 증발기들을 거칠수록(지날수록) 염분 농도는 높아지고 온도는 계속 낮아진다. ¹¹하지만 증발기들의 내부 압력 또한 설비 끝으로 갈수록 더 낮아지기 때문에 마지막 증발기까지 담수가 계속 생성된다. ¹²다단 증발법은 해수를 끓여 수증기만 얻는 방식이므로 해수의 수질(水質, 물의 온도, 오염도, 빛깔, 세균의 함유량 등에 따라 결정되는 물의 성질) 조건에 큰 영향을 받지 않으며 담수를 대량(大量, 아주 많은 분량)으로 생산할 수 있다는 장점이 있지만, 에너지 소비량(消費量, 쓰는 분량)이 매우 많다는 단점이 있다.

→ 1세대 해수 담수화 기술 : 다단 증발법의 원리와 장단점

3 ¹2세대 해수 담수화 기술인 역삼투법은 다단 증발법의 대안(代案, 대신하는 방법)으로 제시된 기술로, 반투막(半透膜, 용액이나 기체의 혼합물에 대해 어떤 성분은 통과시키

고 다른 성분은 통과시키지 않는 막)을 이용하여 해수에서 담수를 얻는 방법이다. ²같은 양의 담수와 해수 사이에 물 분자만 통과할 수 있는 반투막을 설치하면 염도(鹽度, 소금기의 정도)가 낮은 담수에서 염도가 높은 해수 방향으로 물 분자가 옮겨 가는 삼투 현상이 일어나며, 이때 담수에 작용하는 힘을 삼투압이라고 한다. ³위와 같은 조건에서 압력 펌프(壓力pump, 액체, 기체를 빨아올리거나 이동시키기 위하여 압력을 가하는 기계)를 사용하여 삼투압보다 더 큰 압력을 해수에 가하면(加–, 더하면) 오히려 반대로 해수에 있는 물 분자가 반투막을 거쳐 담수 방향으로 이동하며 담수가 생성되는데, 이를 역삼투법이라고 한다. ⁴역삼투법은 반투막의 오염 정도가 심해짐에 따라(사용을 반복하여 반투막이 오염될수록) 담수 생성 효율(들인 힘과 노력에 대해 실제로 담수가 생성되는 비율)이 저하되므로(低下–, 떨어져 낮아지므로) 반투막과 맞닿는 해수의 수질 조건이 매우 중요하다. ⁵따라서 해수에 섞인 이물질(異物質, 정상적이 아닌 다른 물질)을 제거하는 전처리(前處理, 어떤 처리를 할 때 처리 기능이 충분히 발휘되도록 미리 실행하는 처리) 과정이 필수적이라고 할 수 있다. ⁶역삼투법은 다단 증발법에 비해 담수 생성 효율은 높고 에너지 소비량은 적지만, 삼투압보다 높은 압력을 얻기 위해 여전히 에너지를 많이 소비한다는 문제가 있다.

〈참고 그림〉

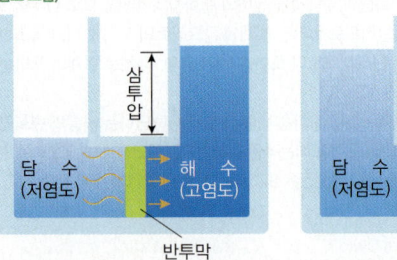 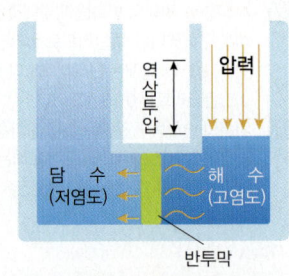

❸-2 같은 양의 담수와 해수 사이에 물 분자만 통과할 수 있는 반투막을 설치하면 염도가 낮은 담수에서 염도가 높은 해수 방향으로 물 분자가 옮겨 가는 삼투 현상이 일어난다.

❸-3 삼투압보다 더 큰 압력을 해수에 가하면 해수에 있는 물 분자가 반투막을 거쳐 담수 방향으로 이동하며 담수가 생성되는데, 이를 역삼투법이라고 한다.

→ 2세대 해수 담수화 기술 : 역삼투법의 원리와 장단점

4 ¹해수 담수화 기술은 에너지 소모량(消耗量, 써서 없애는 양)이 적은 방식으로 발전해 왔으며, 에너지원(源 근원 원) 확보(確保, 확실히 가지고 있음)가 어려운 지역을 위한 해수 담수화 설비에 대한 요구도 점차 커지고 있다. ²이를 위해 세계 각국(各國, 각 나라)에서도 많은 연구 비용을 투자하여 신재생 에너지(新再生energy, 신에너지와 재생에너지를 합쳐 부르는 말로, 화석 연료를 대체하고 환경 훼손과 오염이 적으면서 지속적인 에너지 공급이 가능한 미래 에너지 자원을 뜻함. 수소 에너지, 석탄 액화·가스화, 태양열 에너지, 태양광 에너지, 풍력 에너지, 지열 에너지, 해양 에너지 등이 있음)를 활용한 차세대(次世代, 지금 세대가 지난 다음 세대) 해수 담수화 기술을 상용화하기(常用化–, 일상적으로 쓰게 하기) 위해 노력하고 있다.

→ 해수 담수화 기술의 발전 동향

* 상변화 : 물질이 온도와 압력에 따라 기체, 액체, 고체로 변하는 현상

■ 지문 이해

〈해수 담수화 기술 : 다단 증발법과 역삼투법〉

❶ 해수 담수화 기술의 필요성

• 인구 증가와 기후변화로 물 부족 현상이 발생함
• 물의 총량 중 인간이 손쉽게 활용할 수 있는 물의 양은 극히 일부임
→ 지구상에 존재하는 물의 대부분인 해수를 담수로 만드는 기술이 연구되어 옴

❷ 1세대 해수 담수화 기술 : 다단 증발법의 원리와 장단점

• 물의 상변화 원리를 활용, 가열된 해수를 수증기로 변화시켜 응축함으로써 담수를 얻는 방법
• 해수 가열기, 진공 유지 장치, 직렬로 연결된 증발기들로 구성됨
• 다단 증발법의 원리
 ① 해수가 증발기 내부의 냉각관을 통과하여 해수 가열부 내부로 이동
 ② 해수 가열기가 해수를 110 ℃ 이상까지 높이고, 가열된 해수는 증발기들의 하부를 역순으로 통과함 : 증발기 내부는 대기압보다 낮은 압력 유지
 ③ 증발기로 진입한 해수가 낮은 압력에 끓어올라 수증기로 바뀜
 ④ 생성된 수증기에 포함된 해수는 필터를 통과하며 제거됨
 ⑤ 순수한 수증기가 증발기 상부의 냉각관과 만나 응축되어 담수가 됨
 ⑥ 마지막 증발기까지 담수가 계속 생성됨
• 장점 : 해수의 수질 조건에 큰 영향을 받지 않으며 담수를 대량으로 생산 가능
• 단점 : 에너지 소비량이 매우 많음

❸ 2세대 해수 담수화 기술 : 역삼투법의 원리와 장단점

- 반투막을 이용해 해수에서 담수를 얻는 방법
- 역삼투법의 원리
  ① 같은 양의 담수와 해수 사이에 물 분자만 통과할 수 있는 반투막 설치 : 삼투 현상이 일어나 담수의 물 분자가 해수 방향으로 옮겨 감
  ② 압력 펌프를 사용해 삼투압보다 더 큰 압력을 해수에 가함 : 역삼투 현상이 일어나 해수의 물 분자가 반투막을 거쳐 담수 방향으로 이동하며 담수가 생성됨
- 반투막과 맞닿는 해수의 수질 조건이 중요해 해수의 이물질을 제거하는 전처리 과정이 필수적임
- 장점 : 다단 증발법에 비해 담수 생성 효율이 높고 에너지 소비량이 적음
- 단점 : 삼투압보다 높은 압력을 얻기 위해 에너지를 많이 소비함

❹ 해수 담수화 기술의 발전 동향

- 해수 담수화 기술은 에너지 소모량이 적은 방식으로 발전해 옴
- 에너지원 확보가 어려운 지역을 위한 설비에 대한 요구가 커지고 있음
  → 세계 각국이 신재생 에너지를 활용한 차세대 해수 담수화 기술 상용화를 위해 노력하고 있음

---

tip • 다단 증발법 관련 유튜브 동영상

https://youtu.be/k8OXqvH__QQ?si=hJBGTnaiK4abaflz
→ 유튜브에서 '사막의 기적, 해수담수화 플랜트_#002'를 검색! (5분 50초부터 시청)

• 역삼투법 관련 유튜브 동영상

https://youtu.be/rlD91zz68Pk?si=Fi_lzYyaXMqd0QCR
→ 유튜브에서 '사막의 기적, 해수담수화 플랜트_#005'를 검색!

---

095 세부 정보 이해 - 적절하지 않은 것 고르기 2024년 6월 학평 21번 | 정답률 65%, 매력적 오답 ② 15% ⑤ 15% | 정답 ④

윗글을 통해 답을 찾을 수 없는 질문은?

① 다단 증발법의 장점은 무엇인가?
근거 ❷-12 다단 증발법은 해수를 끓여 수증기만 얻는 방식이므로 해수의 수질 조건에 큰 영향을 받지 않으며 담수를 대량으로 생산할 수 있다는 장점
→ 적절함!

② 물 부족 현상의 원인은 무엇인가?
근거 ❶-1 최근 인구 증가와 기후변화로 전 세계적인 물 부족 현상이 발생하고 있다.
→ 적절함!

③ 해수 담수화 기술은 어떤 방식으로 발전해 왔는가?
근거 ❹-1 해수 담수화 기술은 에너지 소모량이 적은 방식으로 발전해 왔으며
→ 적절함!

④ 해수 속 이물질을 제거하는 과정은 어떻게 이루어지는가?
근거 ❸-4~5 역삼투법은 반투막의 오염 정도가 심해짐에 따라 담수 생성 효율이 저하되므로 반투막과 맞닿는 해수의 수질 조건이 매우 중요하다. 따라서 해수에 섞인 이물질을 제거하는 전처리 과정이 필수적이라고 할 수 있다.
풀이 윗글에서 역삼투법은 해수의 수질 조건이 매우 중요하므로 해수에 섞인 이물질을 제거하는 전처리 과정이 필수적이라고 언급하였으나, 그 과정에 대해서는 설명하지 않았다.
→ 적절하지 않음!

⑤ 인간이 쉽게 활용할 수 없는 물은 어떤 상태로 존재하는가?
근거 ❶-2~3 지구상에 존재하는 물의 대부분은 해수이며 염분이 없는 물인 담수는 전체의 약 2.5 %이다. 담수 중에서도 빙하, 지하수 등을 제외하면 인간이 손쉽게 활용할 수 있는 것은 물의 총량 중 극히 일부에 지나지 않는다.
풀이 윗글에서 인간이 손쉽게 활용할 수 있는 물은 지구상에 존재하는 물 중 해수를 제외한 담수, 그중에서도 빙하와 지하수 등을 제외한 물이라고 설명하고 있다.
→ 적절함!

---

096 핵심 개념 파악 - 적절하지 않은 것 고르기 2024년 6월 학평 22번 | 정답률 35%, 매력적 오답 ① 20% ② 20% ③ 15% ④ 10% | 정답 ⑤

〈보기〉는 다단 증발법 을 적용한 설비의 구조이다. 윗글을 바탕으로 〈보기〉를 이해한 내용으로 적절하지 않은 것은?

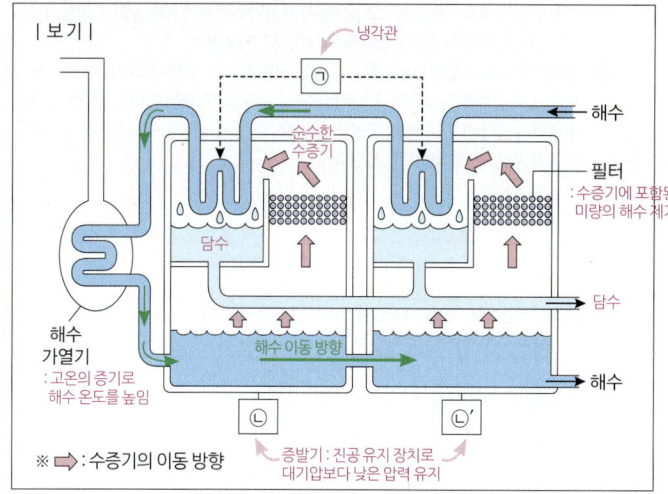

| 보기 |
냉각관 ㉠ / 순수한 수증기 / 해수 / 필터 :수증기에 포함된 미량의 해수 제거 / 담수 / 담수 / 해수 가열기 :고온의 증기로 해수 온도를 높임 / 해수 / ㉡ 해수 이동 방향 ㉡′ / 해수
※ ⇨ : 수증기의 이동 방향
증발기 :진공 유지 장치로 대기압보다 낮은 압력 유지

근거 ❷-4~5 해수는 증발기 내부의 냉각관을 통과하여 해수 가열기 내부로 이동한다. 해수 가열기는 고온의 증기로 해수의 온도를 해수의 끓는점인 110 ℃ 이상까지 높이는 역할을 하며, 가열된 해수는 앞서 통과한 증발기들의 하부를 역순으로 통과한다.
풀이 윗글에서 해수 담수화 설비에 해수가 들어오면 먼저 냉각관을 통과하여 해수 가열기 내부로 이동한다고 하였으므로 ㉠은 냉각관이다. 그리고 해수 가열기를 통과하면서 가열된 해수는 증발기들의 하부를 역순으로 통과한다고 하였으므로 ㉡과 ㉡′은 증발기에 해당한다.

① 해수의 염분 농도는 ㉡보다 ㉡′에서 더 높다.
근거 ❷-10 해수는 증발기들(㉡과 ㉡′)을 거칠수록 염분 농도는 높아지고 온도는 계속 낮아진다.
풀이 윗글에서 해수는 증발기들을 거칠수록 염분 농도가 높아진다고 하였으므로, 증발기 ㉡을 지난 ㉡′의 해수 염분 농도는 증발기 ㉡의 해수 염분 농도보다 더 높다는 설명은 적절하다.
→ 적절함!

② ㉡과 ㉡′에서 생성된 담수는 설비 밖으로 빠져나온다.
근거 ❷-7~9 증발기(㉡과 ㉡′)로 진입한 해수는 순간적으로 끓어올라 수증기로 바뀌게 된다. 생성된 수증기에 포함된 미량의 해수는 필터를 통과하며 제거되어 순수한 수증기가 되고 설비 밖으로 빠져나간다. 순수한 수증기는 증발기 상부의 냉각관과 만나서 응축되어 담수가 된다.
풀이 증발기에서 생성된 수증기는 냉각관과 만나서 담수가 된 후 설비 밖으로 빠져나간다.
→ 적절함!

③ 해수 가열기에서 온도가 끓는점보다 더 높아진 해수는 ㉡으로 이동한다.
근거 ❷-5 해수 가열기는 고온의 증기로 해수의 온도를 해수의 끓는점인 110 ℃ 이상까지 높이는 역할을 하며, 가열된 해수는 앞서 통과한 증발기들(㉡과 ㉡′)의 하부를 역순으로 통과한다.
풀이 해수 가열기는 고온의 증기로 해수의 온도를 해수의 끓는점 이상까지 높이는 역할을 하고, 여기에서 가열된 해수는 증발기의 하부를 역순으로 통과한다. 즉 〈보기〉에서 해수 가열기 내부로 이동한 해수는 온도가 끓는점보다 더 높아진 뒤 증발기를 ㉡ → ㉡′의 순서로 통과하게 된다. 따라서 해수 가열기에서 온도가 끓는점보다 더 높아진 해수는 ㉡으로 이동한다는 설명은 적절하다.
→ 적절함!

④ ㉡과 ㉡′에서 생성된 수증기는 필터에 의해 해수가 제거된 상태로 ㉠과 만나 응축된다.
근거 ❷-7~9 증발기(㉡과 ㉡′)로 진입한 해수는 순간적으로 끓어올라 수증기로 바뀌게 된다. 생성된 수증기에 포함된 미량의 해수는 필터를 통과하며 제거되어 순수한 수증기가 되고 설비 밖으로 빠져나간다. 순수한 수증기는 증발기 상부의 냉각관(㉠)과 만나서 응축되어 담수가 된다.
풀이 증발기로 진입한 해수는 수증기로 바뀌고, 필터를 통과하면서 수증기에 포함된 해수가 제거된 후 순수한 수증기의 상태로 증발기 상부의 냉각관과 만나 응축되어 담수가 된다.

---

⑥ 내부 압력이 같은 ⓒ과 ⓒ'은 대기압보다 낮은 내부 압력을 유지하고 있으므로 해수를 순간적으로 끓어오르게 한다.

근거 ❷-6~7 증발기들(ⓒ과 ⓒ')의 내부는 진공 유지 장치에 의해 대기압보다 훨씬 낮은 압력을 유지하고 있다. 해수의 끓는점은 대기압이 낮을수록 낮아지기 때문에 증발기로 진입한 해수는 순간적으로 끓어올라 수증기로 바뀌게 된다. ❷-11 증발기들의 내부 압력 또한 설비 끝으로 갈수록 더 낮아지기 때문에

풀이 증발기들의 내부 압력이 대기압보다 낮은 것은 맞으나, 증발기들의 내부 압력은 설비 끝으로 갈수록 더 낮아진다고 하였으므로 ⓒ과 ⓒ'의 내부 압력이 같다는 설명은 적절하지 않다. 또한 ⓒ과 ⓒ'으로 진입한 해수는 낮은 내부 압력으로 인해 끓는점이 낮아져 순간적으로 끓어오르게 된다.

→ 적절하지 않음!

---

097 핵심 개념 파악 - 적절하지 않은 것 고르기 2024년 6월 학평 23번
정답률 75%, 매력적 오답 ② 15% | 정답 ⑤

역삼투법에 대한 설명으로 적절하지 않은 것은?

① 다단 증발법보다 담수 생성 효율이 높은 기술이다.

근거 ❸-6 역삼투법은 다단 증발법에 비해 담수 생성 효율은 높고

→ 적절함!

② 에너지 소비 측면에서 다단 증발법보다 더 발전된 기술이다.

근거 ❷-12 다단 증발법은 … 에너지 소비량이 매우 많다는 단점이 있다, ❸-6 역삼투법은 다단 증발법에 비해 담수 생성 효율은 높고 에너지 소비량은 적지만

풀이 역삼투법은 에너지 소비량이 매우 많은 다단 증발법에 비해 에너지 소비량이 적으므로, 에너지 소비 측면에서 더 발전된 기술이라는 설명은 적절하다.

→ 적절함!

③ 다단 증발법보다 전처리 과정이 더 중요한 역할을 하는 기술이다.

근거 ❷-12 다단 증발법은 해수를 끓여 수증기만 얻는 방식이므로 해수의 수질 조건에 큰 영향을 받지 않으며, ❸-5 (역삼투법은) 해수에 섞인 이물질을 제거하는 전처리 과정이 필수적

풀이 다단 증발법은 해수의 수질 조건에 큰 영향을 받지 않는다. 반면 역삼투법은 해수의 수질 조건이 매우 중요해 해수에 섞인 이물질을 제거하는 전처리 과정이 필수적이다. 따라서 역삼투법이 다단 증발법보다 전처리 과정이 더 중요한 역할을 하는 기술이라는 설명은 적절하다.

→ 적절함!

④ 삼투압보다 더 큰 압력을 해수에 가하여 담수를 생성하는 기술이다.

근거 ❸-3 압력 펌프를 사용하여 삼투압보다 더 큰 압력을 해수에 가하면 오히려 반대로 해수에 있는 물 분자가 반투막을 거쳐 담수 방향으로 이동하며 담수가 생성되는데, 이를 역삼투법이라고 한다.

→ 적절함!

물 분자
⑤ 염분만 통과할 수 있는 반투막의 성질을 이용하여 해수에서 담수를 분리하는 기술이다.

근거 ❸-2 같은 양의 담수와 해수 사이에 물 분자만 통과할 수 있는 반투막을 설치

풀이 역삼투법은 염분이 아니라 물 분자만 통과할 수 있는 반투막의 성질을 이용한다.

→ 적절하지 않음!

1등급 문제

098 구체적인 사례에 적용 - 적절하지 않은 것 고르기 2024년 6월 학평 24번
정답률 60%, 매력적 오답 ② 15% | 정답 ①

윗글을 참고하여 〈보기〉의 ㉮를 이해한 내용으로 적절하지 않은 것은? 3점

| 보기 |
¹㉮'막 증류법'의 대표적인 방식은 고온의 해수와 저온의 담수 사이에 소수성*을 띤 다공성* 막을 설치하여 온도 차이에 의해 해수에서 증발된 수증기만 막을 통과하도록 해 담수를 얻는 것이다. ²이 방식(막 증류법)은 해수의 온도를 50~70 ℃로 높이는 것을 제외하면 압력 등 다른 요소를 변화시키지 않아도 되기에 1, 2세대 해수 담수화 기술(다단 증발법, 역삼투법)에 비해 에너지 소비량이 적어 소규모(小規模, 범위나 크기가 작음)의 신재생 에너지 설비로도 담수를 생산할 수 있다. ³하지만 막이 물과 맞닿기 때문에 막이 오염되지 않도록 관리하는 것이 중요하다.

* 소수성 : 물과 친화력이 적은 성질
* 다공성 : 물질의 내부나 표면에 작은 구멍이 많이 있는 성질

〈참고 그림〉

다르군
① 압력을 변화시키지 않아도 된다는 점에서 다단 증발법과 유사하군.

근거 〈보기〉-2 이 방식(막 증류법)은 … 압력 등 다른 요소를 변화시키지 않아도 되기에, ❷-6 증발기들의 내부는 진공 유지 장치에 의해 대기압보다 훨씬 낮은 압력을 유지하고 있다. ❷-11 증발기들의 내부 압력 또한 설비 끝으로 갈수록 더 낮아지기 때문에 마지막 증발기까지 담수가 계속 생성된다.

풀이 다단 증발법은 진공 유지 장치로 증발기 내부의 압력을 낮춰 담수를 생성한다. 따라서 막 증류법은 압력을 변화시키지 않아도 된다는 점에서 다단 증발법과 다르다.

→ 적절하지 않음!

② 역삼투법과 달리 물의 상변화를 이용하여 담수를 생성하고 있군.

근거 〈보기〉-1 '막 증류법'의 대표적인 방식은 … 해수에서 증발된 수증기만 막을 통과하도록 해 담수를 얻는 것, ❸-1 역삼투법은 … 반투막을 이용하여 해수에서 담수를 얻는 방법, ❸-3 물 분자가 반투막을 거쳐 담수 방향으로 이동하며 담수가 생성

풀이 윗글의 설명에 따르면 상변화란 물질이 온도와 압력에 따라 기체, 액체, 고체로 변하는 현상이다. 〈보기〉에서는 해수와 담수의 온도 차이에 의해 해수에서 증발된 수증기(액체 → 기체로의 상변화)가 막을 통과하도록 하여 담수를 얻는 막 증류법의 대표적 방식을 설명하고 있다. 즉 해당 방식은 물의 상변화를 이용하여 담수를 생성하고 있다. 반면 역삼투법은 물 분자가 반투막을 거쳐 이동하면서 담수가 생성되는 방식으로, 액체인 물이 기체나 고체로 변하는 과정이 없다. 따라서 〈보기〉의 막 증류법은 역삼투법과 달리 물의 상변화를 이용하여 담수를 생성한다는 설명은 적절하다.

→ 적절함!

③ 막의 오염을 관리하는 것이 매우 중요하다는 점에서 역삼투법과 유사하군.

근거 〈보기〉-3 막이 물과 맞닿기 때문에 막이 오염되지 않도록 관리하는 것이 중요하다, ❸-4~5 역삼투법은 반투막의 오염 정도가 심해짐에 따라 담수 생성 효율이 저하되므로 반투막과 맞닿는 해수의 수질 조건이 매우 중요하다. 따라서 해수에 섞인 이물질을 제거하는 전처리 과정이 필수적

→ 적절함!

④ 다단 증발법과 달리 해수의 온도를 끓는점 이상까지 높이지 않아도 되겠군.

근거 〈보기〉-2 이 방식(막 증류법)은 해수의 온도를 50~70 ℃로 높이는 것을 제외하면 압력 등 다른 요소를 변화시키지 않아도 되기에, ❷-5 (다단 증발법의 설비 중) 해수 가열기는 고온의 증기로 해수의 온도를 해수의 끓는점인 110 ℃ 이상까지 높이는 역할을 하며

→ 적절함!

⑤ 다단 증발법과 역삼투법에 비해 에너지원 확보가 어려운 지역에 설치하기 유리하겠

군.

근거 〈보기〉-2 이 방식(막 증류법)은 해수의 온도를 50~70 ℃로 높이는 것을 제외하면 압력 등 다른 요소를 변화시키지 않아도 되기에 1, 2세대 해수 담수화 기술(다단 증발법, 역삼투법)에 비해 에너지 소비량이 적어 소규모의 신재생 에너지 설비로도 담수를 생산할 수 있다.

풀이 막 증류법은 다단 증발법과 역삼투법에 비해 에너지 소비량이 적어 소규모의 신재생 에너지 설비로도 담수를 생산할 수 있으므로, 비교적 에너지원 확보가 어려운 지역에 설치하기 유리할 것이다.

→ 적절함!

099 문맥적 의미 파악 - 적절한 것 고르기 2024년 6월 학평 25번
정답률 90% 정답 ③

문맥상 의미가 ⓐ와 가장 가까운 것은?

해수를 담수로 ⓐ 만드는 여러 가지 기술이 연구되어 왔다.

풀이 ⓐ에서 쓰인 '만들다'는 '무엇이 되게 하다'의 의미이다.

① 새 학년을 맞아 동아리를 만들었다.
풀이 '기관이나 단체 따위를 결성하다'의 의미이다.
예문 중세 유럽에서는 동업자끼리 길드라는 조합을 만들어 운영하였다.
→ 적절하지 않음!

② 경기 규칙을 새롭게 만드는 일은 어렵다.
풀이 '규칙이나 법, 제도 따위를 정하다'의 의미이다.
예문 국회는 각종 법률을 만드는 일을 한다.
→ 적절하지 않음!

✓③ 시를 소설로 만드는 과정은 매우 흥미롭다.
풀이 '무엇이 되게 하다'의 의미이다.
예문 이웃 나라를 속국으로 만들었다.
→ 적절함!

④ 생일 선물로 친구에게 줄 케이크를 만드는 중이다.
풀이 '노력이나 기술 따위를 들여 목적하는 사물을 이루다'의 의미이다.
예문 임진왜란 때에, 이순신이 거북선을 만들었다.
→ 적절하지 않음!

⑤ 송진을 채취하기 위해 소나무에 칼로 흠집을 만들었다.
풀이 '허물이나 상처 따위를 생기게 하다'의 의미이다.
예문 동생의 얼굴에 상처를 만들었다.
→ 적절하지 않음!

[100~104] 다음 글을 읽고 물음에 답하시오.

1 ¹사계절이 뚜렷한 곳에서 자라는 나무는 매해(每− 해마다) 하나씩 나이테를 만들기 때문에 나이테를 세면 나무의 나이를 알 수 있다. ²그렇다면 나이테는 단순히 나무의 나이를 알기 위해서만 활용되는 것일까? ³그렇지 않다. ⁴나이테는 현재 남아 있는 다양한 목제(木製, 나무로 만든 물건) 유물(遺物, 앞선 세대의 인류가 뒤에 오는 세대에 남긴 물건)들이 언제 만들어졌는지 그 제작(製作, 만듦) 연도를 ⓐ 규명하는 데도 활용되고 있다.

→ 나무 나이테의 활용

2 ¹나무의 나이테는 위치에 따라 크게 심재(心 중심 심 材 재목 재), 변재(邊 가장자리 변 材 재목 재)로 구분된다. ²심재는 나무의 성장 초기에 형성된(形成−, 이루어진) 안쪽 부분으로 생장(生長, 나서 자람)이 거의 멈추면서 진액(津液, 생물의 몸 안에서 생겨나는 액체)이 내부(內部, 안쪽의 부분)에 갇혀 색깔이 어둡게 변한 부분이다. ³변재는 심재의 끝부터 껍질인 수피(樹 나무 수 皮 껍질 피) 전까지의 바깥 부분으로 물과 영양분

을 공급하는(供給−, 내주는) 생장 세포가 활성화되어(活性化−, 그 기능을 하고) 있어 밝은 색상을 띠는 부분이다. ⁴나무의 나이는 이 심재와 변재의 나이테 수를 합한 것이 된다.

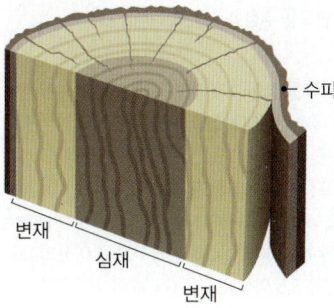
— 수피
변재
심재
변재

〈참고 그림〉
❷-2~3 심재는 나무의 성장 초기에 형성된 안쪽 부분으로 색깔이 어둡게 변한 부분이다. 변재는 심재의 끝부터 껍질인 수피 전까지의 바깥 부분으로 밝은 색상을 띠는 부분이다.

→ 위치에 따른 나이테의 종류와 나무 나이 계산 방법

3 ¹그런데 나무의 나이테 너비(가로로 건너지른 거리)를 살펴보면 매해 그 너비가 동일하지 않다. ²그(나무의 나이테 너비가 해마다 변화하는) 이유는 '제한 요소의 법칙'에 의해서 나무의 생장량이 결정되기 때문이다. ³나무가 생장하기 위해서는 물, 빛, 온도, 이산화 탄소 등의 다양한 환경 요소(環境要素, 생물을 둘러싸고 있으면서 그 생사나 생육 상태에 영향을 주는 요인)가 필요한데 환경 요소들은 해마다 다르기 때문에 나이테의 너비도 변하게 된다. ⁴그렇다고 모든 환경 요소가 나이테의 너비 변화에 영향을 주는 것은 아니다. ⁵여러 환경 요소 중에서 가장 부족한 요소가 나이테의 너비 변화에 가장 큰 영향을 주게 되는데 이것이 바로 제한 요소의 법칙이다.

→ 나무의 나이테 너비가 변화하는 이유 : 제한 요소의 법칙

4 ¹나무가 가장 부족한 요소에 모든 생물학적 활동을 맞추는 것은 안전하게 생장하기 위한 전략(戰略, 방법이나 책략)이다. ²만일 나무의 생장이 가장 풍족한(豊足−, 매우 넉넉하여 부족함이 없는) 요소를 기준으로 이뤄진다면 생장에 필요한 생물학적 활동을 제한하는 요소가 많아져(그보다 부족한 환경 요소들의 경우 기준을 충족하지 못하여 나무의 생물학적 활동을 제한하게 되므로) ⓑ 고사할 위험이 높아지게 될 것이기 때문이다. ³제한 요소의 법칙은 모든 나무의 생장에 예외(例外, 일반적 규칙이나 관례에서 벗어나는 일) 없이 적용되며, 그 결과로 동일한 수종(樹種, 나무의 종류)이 유사한(類似−, 서로 비슷한) 생장 환경에서 자라면 나이테의 너비 변화 패턴(pattern, 일정한 형태, 양식, 유형)이 유사하다. ⁴하지만 수종이 같더라도 지역이 다르면 생장 환경이 다르기 때문에 나이테의 너비 변화 패턴은 달라지게 된다.

→ 제한 요소의 법칙이 적용되는 이유

5 ¹나이테를 활용하여 목제 유물에 사용된 나무의 벌채* 연도나 환경 조건을 추정하는(推定−, 미루어 생각하여 판정하는) 것을 연륜(年 해 연 輪 바퀴 륜, 나이테) 연대 측정이라 하는데 이(연륜 연대 측정)를 위해서는 나이테의 너비 변화 패턴을 그래프로 나타낸 ㉠ 연륜 연대기가 있어야 한다. ²수천 년 살 수 있는 나무는 많지 않으나 아래 〈그림〉과 같은 방법으로 수천 년에 달하는(達−, 이르는) 연륜 연대기 작성은 가능하다.

→ 연륜 연대 측정의 개념

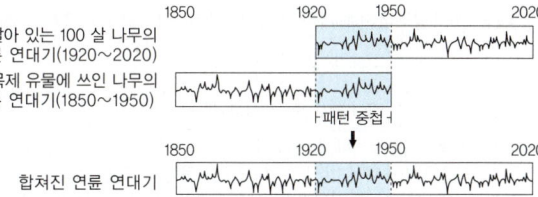

살아 있는 100 살 나무의 연륜 연대기(1920~2020)
목제 유물에 쓰인 나무의 연륜 연대기(1850~1950)
├ 패턴 중첩 ┤
합쳐진 연륜 연대기

6 ¹살아 있는 나무에서 나이테 너비를 ⓒ 측정하면 정확한 연도가 부여된(附與−, 붙여진) 연륜 연대기를 작성할 수 있다. ²다음으로 오래지 않은 과거에 제작된 목제 유물의 나이테로 연륜 연대기를 작성하여 이미 작성된 연륜 연대기와 비교하면 패턴이 겹치는 기간을 확인할 수 있다. ³그(패턴이 겹치는) 기간은 지금 살아 있는 나무와 과거 유물에 사용된 나무가 함께 생장하던 기간이 된다. ⁴이러한 방법으로 보다 과거의 목제 유물로 작성된 연륜 연대기와 패턴 비교를 반복하면 수백, 수천 년에 달하는 나무의 연륜 연대기 작성이 가능해진다. ⁵이렇게 작성된 장기간(長期間, 긴 기간)의 연륜 연대기를 표준 연대기라 하는데 우리나라는 현재 소나무, 참나무, 느티나무의 표준 연대기를 ⓓ 보유하고 있다. ⁶연륜 연대 측정은 이 표준 연대기와 목제 유물의 나이테로 작성한 유물 연대기의 패턴을 비교함으로써 진행되고 그 방법은 다음과 같다.

→ 연륜 연대기와 표준 연대기의 작성 방법

7 ¹먼저 목제 유물의 나이테에 변재가 있는지 확인해야 한다. ²나무를 가공할(加工−, 자재를 처리하여 새로운 제품을 만듦) 때는 벌레가 먹거나 쉽게 썩는 변재의 일부(一部, 한 부분) 또는 전체가 잘려 나가기도 하는데 만일 유물의 나이테에 변재가 없는 경우에는 벌채 연도를 추정할 수 없게 된다.

→ 연륜 연대 측정 방법 ①

8 ¹변재의 존재 여부(있는지 없는지)를 확인한 후에는 목제 유물의 각 부분에서 나이테를 채취해(採取−, 얻어 내어) 패턴이 중첩되는(重疊, 겹치는) 부분을 비교하여 유물 연대기를 만든 다음, 비교 대상으로 사용할 표준 연대기를 정해야 한다. ²이때 유물 연대기와 표준 연대기의 상관도(相關度, 서로 관련을 가지는 정도)를 나타내는 t값과 일치도(一致度, 서로 어긋나지 아니하고 같거나 들어맞는 정도)를 나타내는 G값을 고려해야(考慮−, 따져 봐야) 하는데 100 년 이상의 기간을 상호(相互, 서로) 비교할 때 t값은 3.5 이상, G값은 65 % 이상의 값을 가져 [A] 야 통계적으로 유의성(有意性, 의미를 갖는 성질)이 있는 것으로 ⓔ간주된다.

→ 연륜 연대 측정 방법 ②

9 ¹표준 연대기를 정한 후에는 유물 연대기와 표준 연대기의 패턴을 비교하여 중첩되는 부분의 시작 나이테의 연도부터 마지막 나이테의 연도를 확정하여(確定−, 확실하게 정하여) 절대 연도를 부여한다. ²유물의 나이테가 변재를 완전하게 갖고 있을 경우에는 마지막 나이테의 절대 연도가 벌채 연도가 된다. ³하지만 변재의 바깥쪽 나이테 일부가 잘려 나갔다면 마지막 나이테의 절대 연도에 잘려 나간 변재 나이테 수를 더한 값이 벌채 연도가 되는데 이때는 수령별(樹齡別, 나무의 나이에 따른) 평균 변재 나이테 수를 참고한다. ⁴비슷한 수령의 나무가 갖는 평균 변재 나이테 수에서 유물에 남아 있는 변재 나이테 수를 빼, 나무를 가공할 때 잘라 낸 변재 나이테 수를 구한다. ⁵그리고 이를 마지막 나이테의 절대 연도에 더해 벌채 연도를 확정한다. ⁶그 다음, 벌채한 후 가공할 때까지 나무를 건조하는 일반적인 기간인 1~2 년을 더해 목제 유물의 제작 연도를 추정한다.

→ 연륜 연대 측정 방법 ③

* 벌채 : 나무를 베어 냄

■지문 이해
〈연륜 연대 측정의 개념과 방법〉

❶ 나무 나이테의 활용
• 나이테는 나무의 나이뿐 아니라 목제 유물의 제작 연도 규명에도 활용됨

❷ 위치에 따른 나이테의 종류와 나무 나이 계산 방법
• 심재 : 나무 성장 초기에 형성된 안쪽 부분, 진액이 갇혀 어두운 색깔
• 변재 : 심재 끝부터 수피 전까지의 바깥 부분, 생장 세포가 활성화되어 있어 밝은 색깔
• 나무의 나이 = 심재 나이테 수 + 변재 나이테 수

❸ 나무의 나이테 너비가 변화하는 이유
• '제한 요소의 법칙'에 의해 나무의 생장량이 결정되기 때문에, 나무의 나이테는 매해 그 너비가 변함 → 여러 환경 요소 중 가장 부족한 요소가 나이테 너비 변화에 가장 큰 영향을 주는 것

❹ 제한 요소의 법칙이 적용되는 이유
• 나무의 생장이 가장 풍부한 요소를 기준으로 이루어질 경우 고사할 위험이 높아짐 → 안전한 생장을 위해 가장 부족한 요소에 생물학적 활동을 맞춤
• 제한 요소의 법칙은 모든 나무의 생장에 적용되며 동일 수종, 유사한 생장 환경에서는 나이테 너비 변화 패턴이 유사하게 나타남

❺ 연륜 연대 측정의 개념
• 연륜 연대 측정
- 나이테를 활용해 목제 유물에 사용된 나무의 벌채 연도, 환경 조건을 추정하는 것
- 나이테 너비 변화 패턴을 그래프로 나타낸 연륜 연대기가 필요함
- 표준 연대기와 목제 유물의 유물 연대기의 패턴을 비교하여 진행됨(❻)

---

❻ 연륜 연대기와 표준 연대기의 작성 방법
① 살아 있는 나무에서 나이테 너비를 측정하여 정확한 연도가 부여된 연륜 연대기 작성
② 오래지 않은 과거에 제작한 목제 유물의 나이테로 연륜 연대기를 작성하여 ①과 패턴 비교 후 패턴이 겹치는 기간 확인
③ 보다 과거의 목제 유물로 작성된 연륜 연대기와 ②의 패턴 비교
↓ (반복)
④ 수백, 수천 년에 달하는 나무의 연륜 연대기(표준 연대기) 작성이 가능해짐

❼~❾ 연륜 연대 측정 방법
① 목제 유물 나이테에 변재가 있는지 확인 : 변재가 없는 경우 벌채 연도 추정 불가능
② 목제 유물 각 부분에서 나이테를 채취하여 패턴이 중첩되는 부분을 비교해 유물 연대기를 만듦
③ 비교 대상으로 사용할 표준 연대기를 정함 : t값, G값을 고려해 통계적으로 유의성이 있어야 함
④ 유물 연대기와 표준 연대기의 패턴을 비교 : 중첩 부분의 나이테 연도를 확정하여 절대 연도 부여
• 벌채 연도
- 유물의 나이테가 변재를 완전히 갖고 있을 경우 : 마지막 나이테의 절대 연도
- 변재 나이테 일부가 잘려 나갔을 경우 : 마지막 나이테의 절대 연도 + 잘려 나간 변재 나이테 수(수령별 평균 변재 나이테 수 - 유물에 남아 있는 변재 나이테 수)
• 목제 유물의 제작 추정 연도 = 벌채 연도 + 나무 건조 기간(1~2 년)

---

100 | 글의 서술 방식 파악 - 적절하지 않은 것 고르기 2024년 3월 학평 39번
정답률 65%, 매력적 오답 ⑤ 15% | **정답 ④**

윗글에서 사용된 전개 방식으로 적절하지 않은 것은?

① *자문자답의 방식으로 **화제를 제시하고 있다. *自問自答, 스스로 묻고 스스로 대답함 **話題, 이야깃거리

근거 ❶-2~3 나이테는 단순히 나무의 나이를 알기 위해서만 활용되는 것일까? 그렇지 않다.

→ 적절함!

② 대상의 특성을 관련 개념을 통해 설명하고 있다.

근거 ❸-1~5 나무의 나이테 너비를 살펴보면 매해 그 너비가 동일하지 않다. 그 이유는 '제한 요소의 법칙'에 의해서 나무의 생장량이 결정되기 때문이다. … 이것이 바로 제한 요소의 법칙이다.

풀이 윗글에서는 나무의 나이테 너비가 매해 동일하지 않은 이유를 '제한 요소의 법칙'이라는 개념을 통해 설명하고 있다.

→ 적절함!

③ 일정한 기준에 따라 대상을 나누어 설명하고 있다.

근거 ❷-1 나무의 나이테는 위치에 따라 크게 심재, 변재로 구분된다. ❾-2~3 유물의 나이테가 변재를 완전하게 갖고 있을 경우에는 마지막 나이테의 절대 연도가 벌채 연도가 된다. 하지만 변재의 바깥쪽 나이테 일부가 잘려 나갔다면 마지막 나이테의 절대 연도에 잘려 나간 변재 나이테 수를 더한 값이 벌채 연도가 되는데

→ 적절함!

✔④ 어려운 개념을 *친숙한 대상에 **빗대어 설명하고 있다. *親熟−, 친하여 익숙한 **바로 말하지 않고 빙 둘러서

풀이 윗글에서 '제한 요소의 법칙', '연륜 연대 측정', '연륜 연대기와 표준 연대기' 등의 개념을 친숙한 대상에 빗대어서 설명하는 부분은 나타나지 않는다.

→ 적절하지 않음!

⑤ 반대 상황을 *가정하여 현상에 대한 이해를 돕고 있다. *假定−, 사실인 것처럼 정하여

근거 ❹-1~2 나무가 가장 부족한 요소에 모든 생물학적 활동을 맞추는 것은 안전하게 생장하기 위한 전략이다. 만일 나무의 생장이 가장 풍족한 요소를 기준으로 이뤄진다면 생장에 필요한 생물학적 활동을 제한하는 요소가 많아져 고사할 위험이 높아지게 될 것이기 때문

풀이 나무가 가장 부족한 요소에 모든 생물학적 활동을 맞추는 이유를 설명하기 위하여

나무의 생장이 가장 풍족한 요소를 기준으로 이뤄지는 상황을 가정하고 있다.

→ 적절함!

---

101 세부 정보 이해 - 적절한 것 고르기 2024년 3월 학평 40번
정답률 55%, 매력적 오답 ② 15% ③ 15%
정답 ⑤

윗글에서 알 수 있는 내용으로 가장 적절한 것은?

① 심재는 생장이 거의 멈춘 나이테로 수피에 **인접하여** 있다. *隣接–. 옆에 닿아
<변재>

근거 ❷-2~3 심재는 나무의 성장 초기에 형성된 안쪽 부분으로 생장이 거의 멈추면서 진액이 내부에 갇혀 색깔이 어둡게 변한 부분이다. 변재는 심재의 끝부터 껍질인 수피 전까지의 바깥 부분

풀이 심재가 생장이 거의 멈춘 나이테라는 설명은 적절하지만, 수피에 인접해 있다는 설명은 적절하지 않다. 껍질인 수피에 인접한 바깥 부분은 심재가 아니라 변재에 해당한다.

→ 적절하지 않음!

생장 세포가 활성화되어 있어
② 변재는 생장 세포에 있는 ~~진액으로 인해~~ 밝은 색상을 띤다.

근거 ❷-2~3 심재는 … 진액이 내부에 갇혀 색깔이 어둡게 변한 부분이다. 변재는 … 물과 영양분을 공급하는 생장 세포가 활성화되어 있어 밝은 색상을 띠는 부분

풀이 변재가 밝은 색상을 띠는 이유는 생장 세포가 활성화되어 있기 때문이다. 진액이 있는 부분은 변재가 아니라 심재이다.

→ 적절하지 않음!

심재와 변재
③ 나무의 수령은 ~~변재~~ 나이테의 개수로 파악할 수 있다.

근거 ❷-4 나무의 나이는 이 심재와 변재의 나이테 수를 합한 것

→ 적절하지 않음!

부족한
④ 나이테의 너비는 가장 ~~풍족한~~ 환경 요소로 결정된다.

근거 ❸-5 여러 환경 요소 중에서 가장 부족한 요소가 나이테의 너비 변화에 가장 큰 영향을 주게 되는데

→ 적절하지 않음!

⑤ 심재 나이테만 남아 있다면 연륜 연대 측정은 **불가하다.** *不可–. 가능하지 않다.

근거 ❼-2 만일 유물의 나이테에 변재가 없는 경우에는 벌채 연도를 추정할 수 없게 된다.

풀이 유물의 나이테에 변재 나이테는 남아 있지 않고 심재 나이테만 남아 있다면, 벌채 연도를 추정할 수 없어 연륜 연대 측정이 불가능하다.

→ 적절함!

---

102 세부 정보 이해 - 적절하지 않은 것 고르기 2024년 3월 학평 41번
정답률 75%, 매력적 오답 ④ 10%
정답 ③

㉠에 대한 설명으로 적절하지 않은 것은?

㉠ 연륜 연대기

① 동일한 수종이라도 환경이 다르면 패턴이 달라진다.

근거 ❹-4 수종이 같더라도 지역이 다르면 생장 환경이 다르기 때문에 나이테의 너비 변화 패턴은 달라지게 된다, ❺-1 나이테의 너비 변화 패턴을 그래프로 나타낸 연륜 연대기

풀이 연륜 연대기는 나이테의 너비 변화 패턴을 그래프로 나타낸 것이다. 이때 수종이 같더라도 생장 환경이 다르면 나이테의 너비 변화 패턴이 달라진다고 하였으므로, 동일한 수종이라도 환경이 다르면 패턴이 달라진다는 설명은 적절하다.

→ 적절함!

② 패턴 비교를 반복하면 장기간의 연대기 작성이 가능하다.

근거 ❻-4 이러한 방법으로 보다 과거의 목제 유물로 작성된 연륜 연대기와 패턴 비교를 반복하면 수백, 수천 년에 달하는 나무의 연륜 연대기 작성이 가능해진다.

→ 적절함!

③ 나이테의 너비가 **일정하면** 패턴 분석의 대상이 될 수 없다. *一定–. 달라지지 않고 같으면

근거 ❺-1 나이테의 너비 변화 패턴을 그래프로 나타낸 연륜 연대기

풀이 연륜 연대기는 나이테의 너비 변화 패턴을 그래프로 나타낸 것이다. 어떤 나무의 나이테의 너비가 일정하다면, 해당 나무의 나이테는 '너비가 일정한' 패턴을 가지는 것이다. 따라서 나이테의 너비가 일정한 경우에도 패턴 분석의 대상이 될 수 있다.

→ 적절하지 않음!

④ 제한 요소의 법칙에 따라 나무가 생장한 결과를 보여 준다.

근거 ❸-5 여러 환경 요소 중에서 가장 부족한 요소가 나이테의 너비 변화에 가장 큰 영향을 주게 되는데 이것이 바로 제한 요소의 법칙, ❹-3 제한 요소의 법칙은 모든 나무의 생장에 예외 없이 적용, ❺-1 나이테의 너비 변화 패턴을 그래프로 나타낸 연륜 연대기

풀이 연륜 연대기는 나이테의 너비 변화 패턴을 그래프로 나타낸 것이다. 모든 나무는 제한 요소의 법칙에 따라 나이테의 너비 변화가 나타나므로, 연륜 연대기가 제한 요소의 법칙에 따라 나무가 생장한 결과를 보여 준다는 설명은 적절하다.

→ 적절함!

⑤ 현재 국내에는 3종의 나무에 대한 표준 연대기가 존재한다.

근거 ❻-5 우리나라는 현재 소나무, 참나무, 느티나무의 표준 연대기를 보유하고 있다.

→ 적절함!

---

103 구체적인 사례에 적용 - 적절하지 않은 것 고르기 2024년 3월 학평 42번
정답률 40%, 매력적 오답 ② 10% ④ 25% ⑤ 20%
정답 ③

[A]를 바탕으로 <보기>의 '연륜 연대 측정 자료'를 이해한 내용으로 적절하지 않은 것은? 3점

| 보기 |

[소나무 서랍장에 대한 연륜 연대 측정]

Ⅰ. 측정 참고 자료

○ 두 곳의 서랍에서 같은 나무의 나이테를 채취하였고, 이 중 서랍 2에서는 좁은 나이테 모양으로 보아 바깥쪽 나이테가 거의 수피에 **근접한**(近接–. 가까운) 것을 확인하였음.

→ 나이테에 변재가 있음 : 벌채 연도 추정이 가능함

○ 서랍 1, 2 연대기의 패턴을 비교하여 유물 연대기를 작성한 후 표준 연대기와 비교하여 절대 연도를 부여함.

Ⅱ. 유의성 및 수령별 평균 변재 나이테 수 자료

표준 연대기	t값	G값	평균 변재 나이테 수	
			수령 100년	수령 150년
a산 소나무	3.7	69%	60개	77개
b산 소나무	3.2	60%	58개	65개

통계적으로 유의성 있음

Ⅲ. 소나무 서랍장 유물 연대기 및 절대 연도 부여 자료

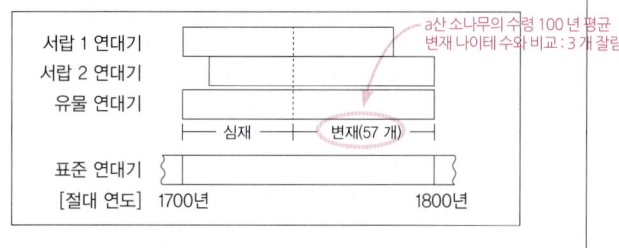

a산 소나무의 수령 100년 평균 변재 나이테 수와 비교 : 3개 잘림

서랍 1 연대기 / 서랍 2 연대기 / 유물 연대기 / 심재 변재(57개) / 표준 연대기
[절대 연도] 1700년 ~ 1800년

---

t값 3.7, G값 69%
① t값과 G값을 고려할 때 표준 연대기는 a산 소나무의 연대기가 사용되었을 것이다.

근거 ❽-2 유물 연대기와 표준 연대기의 상관도를 나타내는 t값과 일치도를 나타내는 G값을 고려해야 하는데 100년 이상의 기간을 상호 비교할 때 t값은 3.5 이상, G값은 65% 이상의 값을 가져야 통계적으로 유의성이 있는 것으로 간주된다.

풀이 서랍장의 유물 연대기와 비교 대상으로 사용할 표준 연대기를 정하기 위해서는 t값과 G값을 고려해야 하는데, t값은 3.5 이상, G값은 65% 이상의 값을 가져야 통계적으로 유의성이 있다고 볼 수 있다. <보기>에서 a산 소나무는 t값 3.7, G값 69%로 통계적으로 유의성이 있다고 볼 수 있는 반면, b산 소나무는 t값 3.2, G값 60%로 통계적 유의성이 있다고 볼 수 없다. 따라서 t값과 G값을 고려할 때 표준 연대기는 a산 소나무의 연대기가 사용되었을 것이다.

→ 적절함!

② 유물 연대기와 표준 연대기의 패턴이 중첩되는 기간은 1700년부터 1800년까지일 것이다.

근거 〈보기-Ⅲ〉

서랍 1 연대기		
서랍 2 연대기		
유물 연대기		
	패턴이 중첩되는 기간	심재	변재(57 개)
표준 연대기		
[절대 연도] 1700년		1800년

풀이 〈보기〉의 소나무 서랍장 유물 연대기 및 절대 연도 부여 자료를 살펴보면, 소나무 서랍장의 유물 연대기와 표준 연대기의 패턴이 중첩되는 기간은 1700년부터 1800년까지임을 알 수 있다.

→ 적절함!

~~1800년~~ → 1803년

③ 마지막 나이테의 절대 연도를 고려할 때 서랍장에 사용된 나무의 벌채 연도는 ~~1802년~~일 것이다.

근거 ❾-2~5 유물의 나이테가 변재를 완전하게 갖고 있을 경우에는 마지막 나이테의 절대 연도가 벌채 연도가 된다. 하지만 변재의 바깥쪽 나이테 일부가 잘려 나갔다면 마지막 나이테의 절대 연도(1800 년)에 잘려 나간 변재 나이테 수를 더한 값이 벌채 연도가 되는데 이때는 수령별 평균 변재 나이테 수(60 개)를 참고한다. 비슷한 수령의 나무가 갖는 평균 변재 나이테 수에서 유물에 남아 있는 변재 나이테 수(57 개)를 빼, 나무를 가공할 때 잘라 낸 변재 나이테 수를 구한다. 그리고 이를 마지막 나이테의 절대 연도에 더해 벌채 연도(1800＋3)를 확정한다.

풀이 먼저 t값과 G값을 고려하였을 때, 소나무 서랍장의 유물 연대기와 비교할 표준 연대기는 a산 소나무의 표준 연대기가 사용되었을 것이다. a산 소나무의 표준 연대기와 소나무 서랍장 유물 연대기의 패턴을 비교하였을 때, 소나무 서랍장에 사용된 소나무의 절대 연도는 1700년부터 1800년까지이다. 이때 유물의 나이테가 변재를 완전하게 갖고 있을 경우에는 마지막 나이테의 절대 연도가 벌채 연도가 되지만, 변재의 나이테 일부가 잘려 나갔다면 마지막 나이테의 절대 연도에 잘려 나간 변재 나이테 수를 더한 값이 벌채 연도가 된다. 〈보기〉에서 소나무 서랍장의 변재 나이테 수는 57 개로, 비교 대상인 a산 소나무의 비슷한 수령(수령 100 년)의 나무가 갖는 평균 변재 나이테 수 즉 60 개와 비교해 보면 소나무 서랍장을 가공할 때 변재 나이테를 3 개 잘라낸 것을 확인할 수 있다. 따라서 소나무 서랍장 유물의 마지막 나이테의 절대 연도인 1800년에 잘라 낸 변재 나이테 수인 3을 더하여 서랍장에 사용된 나무의 벌채 연도가 1803년임을 알 수 있다.

→ 적절하지 않음!

~~60 개~~

④ 비슷한 수령의 소나무가 갖는 평균 변재 나이테 수를 참고하면 가공할 때 잘려 나간 변재 나이테 수는 3 개일 것이다.

근거 ❾-4~5 비슷한 수령의 나무가 갖는 평균 변재 나이테 수에서 유물에 남아 있는 변재 나이테 수를 빼, 나무를 가공할 때 잘라 낸 변재 나이테 수를 구한다. 그리고 이를 마지막 나이테의 절대 연도에 더해 벌채 연도를 확정한다.

풀이 〈보기〉에서 소나무 서랍장의 변재 나이테 수는 57 개로, 비교군인 a산 소나무의 비슷한 수령(수령 100 년)의 나무가 갖는 평균 변재 나이테 수, 즉 60 개와 비교해 보면 소나무 서랍장을 가공할 때 변재 나이테를 3 개 잘라낸 것을 확인할 수 있다. 참고로 〈보기〉에서 서랍 2의 바깥쪽 나이테가 거의 수피에 근접한 것을 확인했다고 하였으므로, 서랍 2는 1800년 이후 오래 살지 않았음을 알 수 있다. 따라서 수령 150 년이 아닌 수령 100 년의 나무가 비교군이 된다.

→ 적절함!

~~1~2 년~~

⑤ 벌채한 나무의 건조 기간을 고려하면 서랍장의 제작 연도는 1804년에서 1805년 사이일 것이다.

근거 ❾-6 벌채한 후 가공할 때까지 나무를 건조하는 일반적인 기간인 1~2 년을 더해 목제 유물의 제작 연도를 추정한다.

풀이 ③번 정답 풀이를 참조하여 소나무 서랍장에 사용된 나무의 벌채 연도가 1803년임을 알 수 있다. 목제 유물의 제작 연도는 벌채 후 가공까지 나무를 건조하는 일반적인 기간인 1~2 년을 더해 추정하므로, 벌채한 나무의 건조 기간을 고려하면 서랍장의 제작 연도는 1804년에서 1805년 사이일 것이다.

→ 적절함!

---

104 문맥적 의미 파악 - 적절하지 않은 것 고르기 2024년 3월 학평 43번
정답률 70%, 매력적 오답 ② 20% |정답 ③

ⓐ~ⓔ를 바꿔 쓴 것으로 적절하지 않은 것은?

| ⓐ규명하는 | ⓑ고사할 | ⓒ측정하면 | ⓓ보유하고 | ⓔ간주된다 |

① ⓐ : 밝히는
풀이 ⓐ에서 쓰인 '규명(糾 규명하다 규 明 밝히다 명)하다'는 '어떤 사실을 자세히 따져서 바로 밝히다'의 뜻이므로, ⓐ의 '규명하는'을 '밝히는'으로 바꿔 쓰는 것은 문맥상 적절하다.

→ 적절함!

② ⓑ : 말라 죽을
풀이 ⓑ에서 쓰인 '고사(枯 마르다 고 死 죽다 사)하다'는 '나무나 풀 따위가 말라 죽다'의 뜻이므로, ⓑ의 '고사할'을 '말라 죽을'로 바꿔 쓰는 것은 문맥상 적절하다.

→ 적절함!

✓③ ⓒ : 헤아리면
풀이 ⓒ에서 쓰인 '측정(測 재다 측 定 정하다 정)하다'는 '일정한 양을 기준으로 하여 같은 종류의 다른 양의 크기를 재다'의 의미이다. 한편 '헤아리다'는 '수량을 세다'의 의미로, ⓒ와 바꿔 쓸 경우 해당 문장의 의미가 달라진다. ⓒ는 '자, 저울 따위의 계기를 이용하여 길이, 너비, 높이, 깊이, 무게, 온도, 속도 따위의 정도를 알아보다'의 뜻을 지닌 '재다'로 바꿔 쓰는 것이 더 적절하다.

→ 적절하지 않음!

④ ⓓ : 가지고
풀이 ⓓ에서 쓰인 '보유(保 지키다 보 有 가지다 유)하다'는 '가지고 있거나 간직하고 있다'의 뜻으로, '가지다'와 바꿔 써도 문맥상 의미가 달라지지 않는다. 따라서 ⓓ의 '보유하고'를 '가지고'로 바꿔 쓰는 것은 문맥상 적절하다.

→ 적절함!

⑤ ⓔ : 여겨진다
풀이 ⓔ에서 쓰인 '간주(看 보다 간 做 짓다 주)되다'는 '상태, 모양, 성질 따위가 그와 같다고 여겨지다'의 뜻으로, ⓔ의 '간주된다'를 '여겨진다'로 바꿔 쓰는 것은 문맥상 적절하다.

→ 적절함!

[105~108] 다음 글을 읽고 물음에 답하시오.

1 ¹최근 해양(海洋, 넓고 큰 바다)에서 얻을 수 있는 재생 에너지(再生energy, 태양열, 수력, 풍력, 조력, 지열 등 계속 써도 무한에 가깝도록 다시 공급되는 에너지)원(源, 근원)에 대한 관심이 커지면서 해양 온도차(溫度差, 최고 온도와 최저 온도의 차이) 발전(發電, 전기를 일으킴)이 주목받고(注目-, 관심을 받고) 있다. ²해양에서는 태양열을 흡수한 정도에 따라, 수심(水深, 물의 깊이)이 얕은 표층수(表層水, 바닷물의 표면 가까이에 있는 바닷물)와 수심이 깊은 심층수(深層水, 온도가 낮고 밀도가 높은, 표층수가 밑으로 가라앉아 생긴 바닷물) 사이에 온도 차이가 발생한다. ³일반적으로 해양 온도차 발전은 약 20 ℃를 유지하는(維持-, 변함없이 계속하여 이어 가는) 표층수로 냉매(冷媒, 암모니아, 이산화 황, 프레온 등 저온의 물체에서 열을 빼앗아 고온의 물체에 운반해 주는 물체)를 가열하고, 약 4 ℃를 유지하는 심층수로 냉매를 냉각하는(冷却-, 식혀서 차게 하는) 과정을 반복하여 전력을 생산한다. ⁴이(표층수와 심층수의 온도 차를 이용해 냉매를 가열하고 냉각하는) 과정에서 냉매는 발전 설비(設備, 필요한 것을 갖춘 시설)를 순환하면서(循環-, 주기적으로 되풀이하여 돌면서) 열전달을 통해 기화(氣化, 액체가 기체로 변하는 현상)와 액화(液化, 기체가 냉각·압축되어 액체로 변하는 현상)를 반복한다. ⁵이때 열전달이란 고온부(高溫部, 온도가 높은 부분)의 열에너지가 저온부(低溫部, 온도가 낮은 부분)로 전달되는 현상으로, 열전달량은 열을 전달하는 면적과 온도 차이에 비례한다.

→ 해양 온도차 발전 방법과 열전달의 개념

2 ¹발전 설비는 냉매 펌프(pump, 압력을 통하여 액체, 기체를 빨아올리거나 이동시키는 기계), 기화기, 터빈, 응축기(凝縮器, 수증기를 식혀서 물이 되게 하는 증기 기관의 장치) 등의 기기(機器, 기구, 기계 등을 통틀어 이르는 말)로 구성된다. ²이 기기들은 냉매가 이동할

수 있는 배관(配管, 기체나 액체 등을 다른 곳으로 보내기 위하여 이어 배치한 관)으로 연결되어 있고, 냉매는 이 배관을 따라 기기들을 순차적으로(順次的-, 순서를 따라 차례대로) 지나며 순환한다. ³냉매 펌프는 배관에 일정한 압력을 가하여 액체 상태의 냉매를 기화기 입구 쪽으로 이동시킨다. ⁴기화기의 내부(內部, 안쪽 부분)에는 냉매가 이동하는 다수(多數, 수효가 많음)의 배관이 있으며, 기화기 양옆에는 표층수가 이동하는 취수관(取水管, 물을 끌어오는 관)과 배수관(排水管, 물을 빼내는 관)이 있다. ⁵기화기 입구로 들어온 냉매가 다수의 배관을 따라 기화기 내부를 이동할 때, 취수관을 통해 기화기 내부로 유입된(流入-, 흘러들게 된) 고온의 표층수와 열전달이 일어난다. ⁶이때 열전달을 마친 표층수는 배수관을 통해 바깥으로 배출되며(排出-, 내보내지며), 냉매는 가열되어 액체와 기체가 혼합된(混合-, 섞인) 상태로 기화기 출구 쪽에 설치된 노즐(nozzle, 액체나 기체를 내뿜는 대롱형의 작은 구멍)로 이동한다. ⁷노즐은 좁은 구멍을 통해, 기화기 출구에서 터빈으로 이어진 배관으로 냉매를 내뿜는 역할을 한다. ⁸냉매는 노즐을 통과할 때 속도가 증가하여(增加-, 빨라져) 냉매의 내부 압력은 감소한다.(減少-, 줄어든다.) ⁹내부 압력이 감소한 냉매는 끓는점이 낮아져 모두 기체 상태가 되어 배관을 따라 터빈으로 이동한다.

→ 해양 온도차 발전 설비의 구성과 발전 과정 ①

3 ¹터빈은 회전식(回轉式, 이리저리 돌 수 있는 방식) 기계 장치로, 회전하는 날개가 회전축에 부착되어(附着-, 붙어) 있다. ²배관을 이동한 냉매가 터빈의 내부 공간으로 유입될 때 냉매는 열에너지가 운동 에너지로 전환되면서 부피가 급격히(急激-, 급하고 격렬하게) 팽창하며(膨脹-, 부풀어 커지며) 회전 날개를 움직인다. ³이때 냉매가 회전 날개를 움직이며 발생한 회전 날개의 운동 에너지는 회전축과 연결된 발전기를 구동시키면서(驅動-, 동력을 주어 움직이게 하면서) 전기 에너지를 생산한다. ⁴이 과정에서 회전 날개를 움직이며 기체 상태를 유지할 에너지를 상실한(喪失-, 잃은) 냉매는 온도가 떨어져 액체와 기체가 혼합된 상태가 되어 배관을 통해 응축기로 이동한다.

→ 발전 과정 ②

4 ¹응축기의 내부에는 기화기와 마찬가지로 냉매가 이동하는 다수의 배관이 있으며, 응축기 양옆에는 심층수가 이동하는 취수관과 배수관이 있다. ²응축기 입구로 들어온 냉매가 다수의 배관을 따라 응축기 내부를 이동할 때, 취수관을 통해 응축기 내부로 유입된 저온의 심층수와 열전달이 일어난다. ³이때 열전달을 마친 심층수는 배수관을 통해 바깥으로 배출되며, 냉매는 냉각되어 액체 상태로 노즐이 없는 응축기 출구를 지나, 냉매 펌프를 거쳐 다시 기화기로 이동한다.

→ 발전 과정 ③

5 ¹해양 온도차 발전은 바닷물의 온도 차이를 이용하므로 환경 오염을 일으키지 않으며, 재생 에너지원 중 경제적 가치가 높은 것으로 평가받고 있다. ²특히, 우리나라 동해는 수심이 깊고 난류(暖流, 따뜻한 바닷물의 흐름)가 흘러들어서 해양 온도차 발전에 유리하다고(有利-, 이익이 있다고) 평가받기 때문에 앞으로 우리나라 전력 수급(需給, 수요와 공급)의 한 축(軸, 중심)을 담당할 수 있을 것으로 기대된다.

→ 해양 온도차 발전의 의의

〈참고 그림〉 해양 온도차 발전

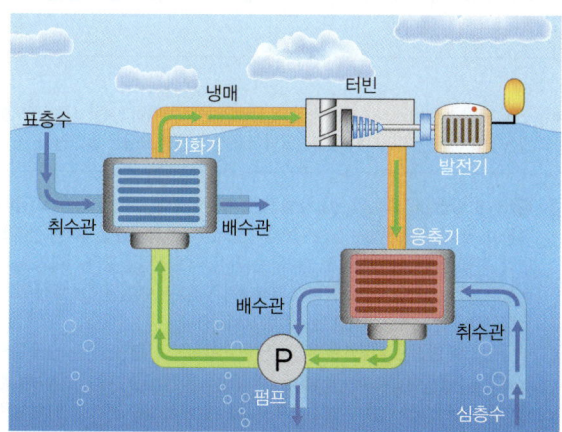

〈해양 온도차 발전의 과정과 의의〉

❶ 해양 온도차 발전 방법과 열전달의 개념

- 해양 온도차 발전 : 해양에서 표층수와 심층수 사이의 온도차를 이용해 냉매를 가열·냉각하는 과정을 반복하여 전력을 생산함
  - 냉매 : 발전 설비를 순환하며 열전달을 통해 기화·액화를 반복함
  - 열전달 : 고온부의 열에너지가 저온부로 전달되는 현상
  - 열전달량 : 열을 전달하는 면적과 온도 차이에 비례함

❷~❹ 해양 온도차 발전 설비의 구성과 발전 과정

- 냉매 펌프, 기화기, 터빈, 응축기 등으로 구성됨
- 발전 과정
  ① 냉매 펌프가 배관에 압력을 가해 액체 상태의 냉매를 기화기 입구 쪽으로 이동시킴
  ② 기화기 입구로 들어온 냉매가 배관을 따라 기화기 내부를 이동할 때 취수관을 통해 유입된 고온의 표층수와 열전달이 일어남
  ③ 표층수는 배수관을 통해 배출되고 냉매는 가열되어 액체 + 기체 혼합 상태로 기화기 출구의 노즐로 이동함
  ④ 노즐을 통과하면서 냉매의 속도는 증가, 내부 압력은 감소함
  ⑤ 끓는점이 낮아진 냉매가 기체 상태로 터빈으로 이동함
  ⑥ 냉매가 터빈 내부로 유입될 때 열에너지가 운동 에너지로 전환되고 터빈 내부의 회전 날개를 움직임 → 회전 날개의 운동 에너지가 회전축과 연결된 발전기를 구동하여 전기 에너지를 생산함
  ⑦ 냉매의 온도가 떨어져 액체 + 기체 혼합 상태가 되어 응축기로 이동함
  ⑧ 응축기 입구로 들어온 냉매가 배관을 따라 응축기 내부를 이동할 때 취수관을 통해 유입된 저온의 심층수와 열전달이 일어남
  ⑨ 심층수는 배수관을 통해 배출되고 냉매는 냉각되어 액체 상태로 노즐 없는 응축기 출구를 지남
  ⑩ 응축기 출구를 지난 냉매가 냉매 펌프를 거쳐 다시 기화기로 이동함

❺ 해양 온도차 발전의 의의

- 환경 오염을 일으키지 않으며 재생 에너지원 중 경제적 가치가 높다고 평가됨
- 수심이 깊고 난류가 흘러드는 동해는 해양 온도차 발전에 유리함 → 전력 수급에 기대

---

105 | 세부 정보 이해 - 적절하지 않은 것 고르기 2023년 11월 학평 22번
정답률 95% | 정답 ②

윗글의 내용과 일치하지 않는 것은?

① 해양 온도차 발전은 재생 에너지원의 하나로 최근 주목받고 있다.
> **근거** ❶-1 최근 해양에서 얻을 수 있는 재생 에너지원에 대한 관심이 커지면서 해양 온도차 발전이 주목받고 있다.
> → 적절함!

증가시키는
✓② 노즐은 냉매가 좁은 공간으로 지나가게 하여 속도를 감소시키는 역할을 한다.
> **근거** ❷-7~8 노즐은 좁은 구멍을 통해, 기화기 출구에서 터빈으로 이어진 배관으로 냉매를 내뿜는 역할을 한다. 냉매는 노즐을 통과할 때 속도가 증가하여
> → 적절하지 않음!

③ 기화기와 응축기 양옆에는 바닷물이 드나드는 취수관과 배수관이 연결되어 있다.
> **근거** ❷-4 기화기 양옆에는 표층수가 이동하는 취수관과 배수관이 있다, ❹-1 응축기 양옆에는 심층수가 이동하는 취수관과 배수관이 있다.
> → 적절함!

④ 해양에서는 태양열을 흡수한 정도에 따라 표층수와 심층수 사이에 온도 차이가 발생한다.
> **근거** ❶-2 해양에서는 태양열을 흡수한 정도에 따라, 수심이 얕은 표층수와 수심이 깊은 심층수 사이에 온도 차이가 발생
> → 적절함!

⑤ 우리나라 동해는 수심이 깊고 난류가 흘러들어서 해양 온도차 발전에 유리하다고 평가받는다.
> **근거** ❺-2 우리나라 동해는 수심이 깊고 난류가 흘러들어서 해양 온도차 발전에 유리하다고 평가받기 때문에
> → 적절함!

※ 〈보기〉는 윗글의 내용을 냉매의 이동을 중심으로 도식화한 것이다. 윗글을 참고하여 106번과 107번의 물음에 답하시오.

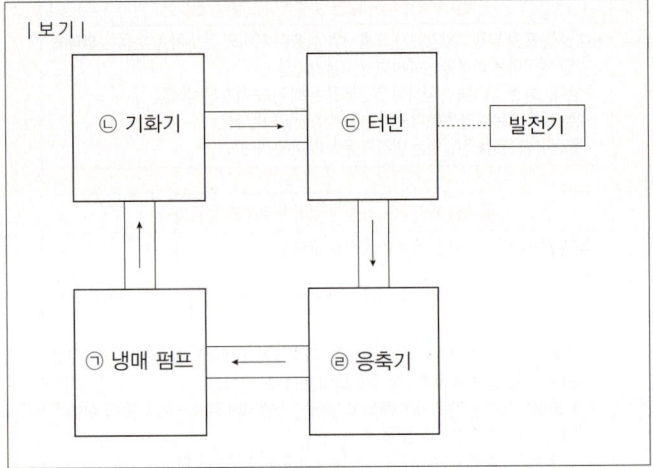

| 보 기 |

ⓛ 기화기 → ⓒ 터빈 ⋯⋯⋯ 발전기

ⓛ 기화기 ↑　　ⓒ 터빈 ↓

㉠ 냉매 펌프 ← ㉣ 응축기

---

106 구체적인 사례에 적용 - 적절하지 않은 것 고르기 2023년 11월 학평 23번
정답률 85%　　정답 ②

윗글을 참고하여 〈보기〉의 ㉠~㉣에 대해 이해한 내용으로 적절하지 않은 것은?　　3점

① ㉠은 배관에 일정한 압력을 가하여 냉매를 ⓛ으로 이동시킨다.
　근거 **❷**-3 냉매 펌프(㉠)는 배관에 일정한 압력을 가하여 액체 상태의 냉매를 기화기(ⓛ) 입구 쪽으로 이동시킨다.
　→ 적절함!

✓② ⓛ의 취수관을 통해 들어오는 해수의 온도는 ㉣의 취수관을 통해 들어오는 해수의 온도보다 낮다.
　　　높다
　근거 **❶**-3 일반적으로 해양 온도차 발전은 약 20 ℃를 유지하는 표층수 ⋯ 약 4 ℃를 유지하는 심층수, **❷**-5 취수관을 통해 기화기 내부로 유입된 고온의 표층수, **❹**-2 취수관을 통해 응축기 내부로 유입된 저온의 심층수
　풀이 윗글에 따르면 기화기(ⓛ)의 취수관을 통해 유입되는 해수는 약 20 ℃를 유지하는 고온의 표층수이고, 응축기(㉣)의 취수관을 통해 유입되는 해수는 약 4 ℃를 유지하는 저온의 심층수이다. 따라서 기화기(ⓛ)의 취수관을 통해 들어오는 해수의 온도는 응축기(㉣)의 취수관을 통해 들어오는 해수의 온도보다 높다.
　→ 적절하지 않음!

③ ⓒ의 내부 공간으로 유입될 때 냉매는 부피가 급격히 팽창한다.
　근거 **❸**-2 냉매가 터빈(ⓒ)의 내부 공간으로 유입될 때 냉매는 열에너지가 운동 에너지로 전환되면서 부피가 급격히 팽창하며
　→ 적절함!

④ ⓒ의 회전 날개에서 발생한 운동 에너지는 발전기를 구동시켜 전기 에너지를 생산한다.
　근거 **❸**-1 터빈(ⓒ)은 회전식 기계 장치로, 회전하는 날개가 회전축에 부착되어 있다. **❸**-3 냉매가 회전 날개를 움직이며 발생한 회전 날개의 운동 에너지는 회전축과 연결된 발전기를 구동시키면서 전기 에너지를 생산한다.
　→ 적절함!

⑤ ㉠과 달리 ⓛ은 냉매가 이동하는 출구 쪽에 노즐이 설치되어 있다.
　근거 **❷**-6 기화기(ⓛ) 출구 쪽에 설치된 노즐, **❹**-3 노즐이 없는 응축기(㉣) 출구
　→ 적절함!

---

107 반응의 적절성 판단 - 적절하지 않은 것 고르기 2023년 11월 학평 24번
정답률 70%, 매력적 오답 ⑤ 10%　　정답 ③

윗글을 바탕으로 〈보기〉에 대해 보인 반응으로 적절하지 않은 것은?

① ㉠을 지나는 냉매는 액체 상태이겠군.

　근거 **❷**-3 냉매 펌프(㉠)는 배관에 일정한 압력을 가하여 액체 상태의 냉매를 기화기 입구 쪽으로 이동시킨다.
　→ 적절함!

② ⓛ을 나와 ⓒ으로 이동하는 냉매는 기체 상태이겠군.
　근거 **❷**-6 열전달을 마친 표층수는 배수관을 통해 바깥으로 배출되며, 냉매는 가열되어 액체와 기체가 혼합된 상태로 기화기(ⓛ) 출구 쪽에 설치된 노즐로 이동한다. **❷**-9 (노즐을 통과하면서) 내부 압력이 감소한 냉매는 끓는점이 낮아져 모두 기체 상태가 되어 배관을 따라 터빈(ⓒ)으로 이동한다.
　→ 적절함!

　　　　　　　　　　　　　　　　　낮겠군
✓③ ⓛ으로 유입되는 냉매의 온도는 ⓒ으로 유입되는 냉매의 온도보다 더 높겠군.
　근거 **❷**-5~7 기화기(ⓛ) 입구로 들어온 냉매가 다수의 배관을 따라 기화기 내부를 이동할 때, 취수관을 통해 기화기 내부로 유입된 고온의 표층수와 열전달이 일어난다. ⋯ 냉매는 가열되어 액체와 기체가 혼합된 상태로 기화기 출구 쪽에 설치된 노즐로 이동한다. 노즐은 좁은 구멍을 통해, 기화기 출구에서 터빈(ⓒ)으로 이어진 배관으로 냉매를 내뿜는 역할을 한다.
　풀이 기화기로 들어온 냉매는 배관을 따라 기화기 내부를 이동하면서, 기화기 내부로 유입된 고온의 표층수와 열전달이 일어나 가열된다. 이렇게 가열된 냉매는 기화기 출구 쪽에 설치된 노즐로 이동하여 배관을 따라 터빈으로 이동한다. 즉 기화기로 유입되는 냉매의 온도는 터빈으로 유입되는 냉매의 온도보다 낮다.
　→ 적절하지 않음!

④ ⓒ에서 나갈 때 냉매는 액체와 기체가 혼합된 상태이겠군.
　근거 **❸**-4 (터빈(ⓒ)의 내부에서) 회전 날개를 움직이며 기체 상태를 유지할 에너지를 상실한 냉매는 온도가 떨어져 액체와 기체가 혼합된 상태가 되어 배관을 통해 응축기로 이동한다.
　→ 적절함!

⑤ ㉣로 들어올 때보다 나갈 때의 냉매의 온도가 더 낮겠군.
　근거 **❹**-2~3 응축기(㉣) 입구로 들어온 냉매가 다수의 배관을 따라 응축기 내부를 이동할 때, 취수관을 통해 응축기 내부로 유입된 저온의 심층수와 열전달이 일어난다. 이때 열전달을 마친 심층수는 배수관을 통해 바깥으로 배출되며, 냉매는 냉각되어 액체 상태로 노즐이 없는 응축기 출구를 지나, 냉매 펌프를 거쳐 다시 기화기로 이동한다.
　풀이 응축기로 이동한 냉매는 응축기 내부로 유입된 저온의 심층수와 열전달이 일어나 냉각된 상태로 응축기 출구를 지난다. 따라서 응축기로 들어올 때보다 나갈 때의 냉매의 온도가 더 낮다는 설명은 적절하다.
　→ 적절함!

---

108 추론의 적절성 판단 - 적절한 것 고르기 2023년 11월 학평 25번
정답률 90%　　정답 ①

윗글을 읽은 학생이 〈보기〉와 같이 메모했을 때, ㉮~㉰에 들어갈 말로 적절한 것은?

| 보기 |
　해양 온도차 발전 설비에서는 해수와 냉매 사이의 온도 차이가 (㉮) 해수와 냉매 사이의 열을 전달하는 면적이 (㉯) 열전달량이 (㉰), 발전 효율은 높아진다.

　근거 **❶**-3~5 일반적으로 해양 온도차 발전은 약 20 ℃를 유지하는 표층수로 냉매를 가열하고, 약 4 ℃를 유지하는 심층수로 냉매를 냉각하는 과정을 반복하여 전력을 생산한다. 이 과정에서 냉매는 발전 설비를 순환하면서 열전달을 통해 기화와 액화를 반복한다. 이때 열전달이란 고온부의 열에너지가 저온부로 전달되는 현상으로, 열전달량은 열을 전달하는 면적과 온도 차이에 비례한다.
　풀이 해양 온도차 발전은 냉매를 통한 열전달을 이용하므로, 열전달량이 많을수록 발전 효율이 높아질 것이다. 해수와 냉매 사이의 온도 차이가 클수록(㉮), 해수와 냉매 사이의 열을 전달하는 면적이 넓을수록(㉯) 열전달량이 많아진다(㉰). 따라서 정답은 ①번이다.

	㉮	㉯	㉰
✓①	클수록	넓을수록	많아지고 → 적절함!
②	클수록	넓을수록	적어지고

---

③ 클수록   좁을수록   적어지고
④ 작을수록   좁을수록   적어지고
⑤ 작을수록   넓을수록   많아지고

[109~113] 다음 글을 읽고 물음에 답하시오.

1 ¹맑고 화창한 날 밖에서 스마트폰 화면이 잘 보이지 않았던 경험이 한 번쯤은 있을 것이다. ²이는 화면에 반사된(反射−, 부딪혀서 나아가던 방향이 반대로 바뀐) 햇빛이 화면에서 나오는 빛과 많이 @ 혼재될수록 야외(野外, 건물의 밖) 시인성(視認性, 분별하여 알아보기 쉬운 성질)이 저하되기(低下−, 떨어져 낮아지기) 때문이다. ³야외 시인성이란, 빛이 밝은 야외에서 대상을 명확하게(明確−, 아주 뚜렷하고 확실하게) 인식할(認識−, 분별하고 판단하여 앎) 수 있는 성질을 의미한다. ⁴그렇다면 스마트폰에는 야외 시인성 개선(改善, 고쳐 더 좋게 만듦)을 위해 어떠한 기술이 적용되어 있을까?

→ 맑은 날 밖에서 스마트폰 화면이 잘 보이지 않는 이유 및 야외 시인성의 개념

2 ¹㉠스마트폰 화면의 명암비가 높으면 우리는 화면에 표현된 이미지를 선명하다고(鮮明−, 뚜렷하다고) 인식한다. ²명암비는 가장 밝은 색과 가장 어두운 색을 화면이 얼마나 잘 표현하는지를 나타내는 수치(數値, 계산하여 얻은 값)로, 흰색을 표현할 때의 휘도(輝 빛 度 정도 도)를 검은색을 표현할 때의 휘도로 나눈 값이다. ³여기서 휘도는 화면에서 나오는 빛이 사람의 눈에 얼마나 들어오는지를 나타내는 양이다. ⁴가령, 흰색을 표현할 때의 휘도가 2,000 cd/m²이고 검은색을 표현할 때의 휘도가 2 cd/m²인 스마트폰의 명암비는 1,000(흰색을 표현할 때의 휘도 ÷ 검은색을 표현할 때의 휘도 = 2,000 ÷ 2 = 1,000)이다.

→ 명암비의 개념과 계산 방법

3 ¹명암비는 휘도를 측정하는(測定−, 재는) 환경에 따라 암실(暗 어둡다 암 室 방 실, 밖으로부터 빛이 들어오지 못하게 만든 방) 명암비와 명실(明 밝다 명 室 방 실) 명암비로 구분된다. ²암실 명암비는 햇빛과 같은 외부(外部, 바깥)광(光, 빛) 없이 오로지 화면에서 나오는 빛만을 인식할 수 있는 조건에서의 명암비를, 명실 명암비는 외부광이 ⓑ 존재하는 조건에서의 명암비를 의미한다. ³스마트폰의 야외 시인성을 높이기 위해서는 명실 명암비를 높여야 한다. ⁴이를 위해 화면에서 흰색을 표현할 때의 휘도를 높이는 방법과 검은색을 표현할 때의 휘도를 낮추는 방법을 사용할 수 있다.

→ 명암비의 종류와 야외 시인성을 높이기 위한 방법

4 ¹그런데 스마트폰에 흔히 사용되는 OLED는 흰색을 표현할 때의 휘도를 높이는 데 한계(限界, 실제 작용할 수 있는 범위)가 있다. ²OLED는 화면의 내부에 있는 기판*에서 빛을 내는 소자(素子, 장치의 구성 요소가 되는 낱낱의 부품)로, 빨간색, 초록색, 파란색 빛을 조합하여(組合−, 한데 모아 한 덩어리로 짜서) 다양한 색을 ⓒ 구현한다. ³이렇게 OLED가 색을 표현할 때, 출력되는(出力−, 나오는) 빛의 세기를 높이면 해당(該當, 바로 그) 색의 휘도가 높아진다. ⁴그러나 강한 세기의 빛을 출력할수록 OLED의 수명(壽命, 사용에 견디는 기간)이 ⓓ 단축되는 문제가 있다. ⁵이러한 이유로 OLED 스마트폰에는 편광판(偏光板, 자연광을 투과하면 직선 편광으로 변화하는 얇은 판, 여기서 편광은 일정한 방법으로 진동하는 빛을 말함)과 위상지연(位相遲延, 단일 주파수의 파동이 어떤 점에서 계통이 다른 점으로 퍼져 갈 때 짧은 시간에 생기는 늦어짐)필름을 활용하여, 외부광의 반사로 높아진, 검은색을 표현할 때의 휘도를 낮추는 기술이 적용되고(適用−, 맞추어져 쓰이고) 있다.

→ OLED 스마트폰의 야외 시인성을 높이기 위해 적용되는 기술

5 ¹〈그림〉은 OLED 스마트폰에 적용된 편광판의 원리를 나타낸 것이다. ²일반적으로 빛은 진행하는 방향에 수직인 모든 방향으로 진동하며 나아간다. ³빛이 편광판을 통과하면 그(진행 방향에 수직으로 진동하며 나아가는 빛)중 편광판의 투과축(透過軸, 편광판에서 전자기파의 전기장이 투과할 수 있는 축)과 평행한 방향으로 진동하며 나아가는 선형(線形, 선처럼 가늘고 긴 모양) 편광만 남고, 투과축의 수직 방향으로 진동하는 빛은 차단된다.(遮斷−, 막혀서 통하지 못하게 된다.) ⁴이러한 과정에서 편광판을 통과한 빛의 세기

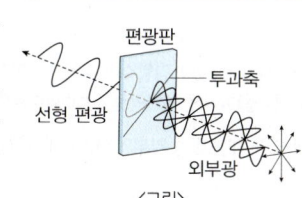

〈그림〉

는 감소하게(減少−, 줄게) 된다.

〈참고 그림〉 편광판의 원리

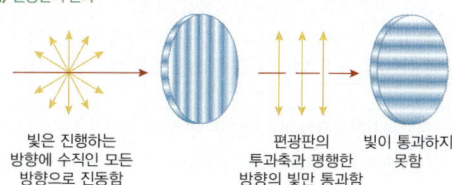

빛은 진행하는   편광판의   빛이 통과하지
방향에 수직인 모든   투과축과 평행한   못함
방향으로 진동함   방향의 빛만 통과함

→ OLED 스마트폰에 적용된 편광판의 원리

6 ¹이러한 원리를 이용해 OLED 스마트폰에서 야외 시인성을 높이는 기술을 설명하면 다음과 같다. ²먼저 스마트폰 화면 안으로 들어오는 외부광은 편광판을 거치면서 일부(一部, 한 부분. 여기서는 투과축의 수직 방향으로 진동하는 빛을 뜻함)가 차단되고 투과축과 평행한 방향으로 진동하는 선형 편광만 남게 된다. ³그런 다음 이 선형 편광은 위상지연필름을 지나면서 회전하며 나아가는 빛이 원형(圓形, 둥근 모양) 편광으로 편광의 형태가 바뀐다. ⁴이 원형 편광은 스마트폰 화면의 내부 기판에 반사된 뒤, 다시 위상지연필름을 통과하며 선형 편광으로 바뀐다. ⁵그런데 이 선형 편광의 진동 방향은 외부광이 처음 편광판을 통과했을 때 남은 선형 편광의 진동 방향(= 편광판의 투과축과 평행한 방향)과 수직을 이루게 되어(= 투과축의 수직 방향) 편광판에 가로막히게 된다.(= 편광판의 투과축의 수직 방향으로 진동하는 빛이므로 차단된다) ⁶그 결과 기판에 반사된 외부광은 화면 밖으로 빠져나가지 못하게 된다.

[A]

→ 편광판의 원리를 이용해 OLED 스마트폰에서 야외 시인성을 높이는 기술

7 ¹이와 같은 기술은 OLED 스마트폰의 야외 시인성을 높이는 데에는 매우 효과적이지만, 편광판을 사용할 수밖에 없기 때문에 스마트폰 화면이 일정 수준의 명암비를 유지하기(維持−, 그대로 이어 가기) 위해서는 ㉡OLED가 내는 빛의 세기를 높게 유지해야 한다는 단점이 존재한다. ²그리고 외부광이 화면의 외부 표면에 반사되어 나타나는 야외 시인성의 저하도 ⓔ 방지하지 못한다. ³최근에는 이러한 문제점들을 개선하기 위한 연구가 다양한 분야에서 이루어지고 있다.

→ 편광판의 원리를 이용해 OLED 스마트폰에서 야외 시인성을 높이는 기술의 장단점

* 기판: 전기 회로가 편성되어(編成−, 짜여 만들어져) 있는 판

Ⅲ

과학, 기술

1등급 문제

109 | 세부 정보 이해 - 적절한 것 고르기 2023년 3월 학평 38번
정답률 60%, 매력적 오답 ③ 15% ⑤ 15% | **정답 ①**

윗글에서 알 수 있는 내용으로 가장 적절한 것은?

① 햇빛은 진행하는 방향에 수직인 모든 방향으로 진동한다. ✓

근거 ⑤-2 일반적으로 빛은 진행하는 방향에 수직인 모든 방향으로 진동하며 나아간다.

→ 적절함!

② OLED는 네 가지의 색을 조합하여 다양한 색을 구현한다. (세)

근거 ④-2 OLED는 화면의 내부에 있는 기판에서 빛을 내는 소자로, 빨간색, 초록색, 파란색 빛을 조합하여 다양한 색을 구현한다.

→ 적절하지 않음!

③ 사람의 눈에 들어오는 빛의 양이 많으면 휘도는 낮아진다. (높아진다)

근거 ②-3 휘도는 화면에서 나오는 빛이 사람의 눈에 얼마나 들어오는지를 나타내는 양

풀이 휘도는 화면에서 나오는 빛이 사람의 눈에 얼마나 들어오는가를 나타내는 양이므로, 사람의 눈에 들어오는 빛의 양이 많으면 휘도는 높아진다.

→ 적절하지 않음!

④ 야외 시인성은 사물 간의 크기 차이를 비교하는 기준이다.

근거 ①-3 야외 시인성이란, 빛이 밝은 야외에서 대상을 명확하게 인식할 수 있는 성질을 의미한다.

→ 적절하지 않음!

⑤ OLED는 화면의 외부 표면에 반사되는 외부광을 차단한다.

근거 ④-2 OLED는 화면의 내부에 있는 기판에서 빛을 내는 소자로, 빨간색, 초록색, 파란색 빛을 조합하여 다양한 색을 구현한다. ⑦-2 (OLED는) 외부광이 화면의 외부 표면에 반사되어 나타나는 야외 시인성의 저하도 방지하지 못한다.

풀이 OLED는 화면의 내부에 있는 기판에서 빛을 내는 소자이므로, 화면의 외부 표면에 반사되는 외부광을 차단하는 역할을 하지는 않는다. 또한 OLED는 화면의 외부 표면에 반사되는 외부광을 차단하지 못하여 야외 시인성의 저하도 방지하지 못한다.

→ 적절하지 않음!

---

110 | 세부 정보 이해 - 적절하지 않은 것 고르기 2023년 3월 학평 39번
정답률 65%, 매력적 오답 ⑤ 15% | **정답 ②**

㉠에 대한 설명으로 적절하지 않은 것은?

㉠ 스마트폰 화면의 명암비

① 명실 명암비를 높이면 야외 시인성이 높아지게 된다.

근거 ③-3 스마트폰의 야외 시인성을 높이기 위해서는 명실 명암비를 높여야 한다.

→ 적절함!

② 흰색을 표현할 때의 휘도가 낮아질수록 암실 명암비가 높아진다. (낮아진다)

근거 ②-2 명암비는 … 흰색을 표현할 때의 휘도를 검은색을 표현할 때의 휘도로 나눈 값, ②-4 가령, 흰색을 표현할 때의 휘도가 2,000 cd/m²이고 검은색을 표현할 때의 휘도가 2 cd/m²인 스마트폰의 명암비는 1,000이다.

풀이 명암비는 흰색을 표현할 때의 휘도를 검은색을 표현할 때의 휘도로 나눈 값이므로, 암실 명암비와 명실 명암비 모두 흰색을 표현할 때의 휘도가 낮아질수록 명암비가 낮아진다.

→ 적절하지 않음!

③ 휘도를 측정하는 환경에 따라 명실 명암비와 암실 명암비로 나뉜다.

근거 ③-1 명암비는 휘도를 측정하는 환경에 따라 암실 명암비와 명실 명암비로 구분된다.

→ 적절함!

④ 흰색을 표현할 때의 휘도를 검은색을 표현할 때의 휘도로 나눈 값이다.

근거 ②-2 명암비는 … 흰색을 표현할 때의 휘도를 검은색을 표현할 때의 휘도로 나눈 값이다.

→ 적절함!

⑤ 화면에 반사된 외부광이 눈에 많이 들어올수록 명실 명암비가 낮아진다.

근거 ①-2 화면에 반사된 햇빛이 화면에서 나오는 빛과 많이 혼재될수록 야외 시인성이 저하, ③-2~3 명실 명암비는 외부광이 존재하는 조건에서의 명암비를 의미한다. 스마트폰의 야외 시인성을 높이기 위해서는 명실 명암비를 높여야 한다.

풀이 윗글에서 야외 시인성을 높이기 위해서는 명실 명암비를 높여야 한다고 하였으므로, 이를 통해 명실 명암비가 낮을 때는 야외 시인성이 낮을 것임을 알 수 있다. 또 윗글에서는 화면에 반사된 햇빛(외부광)이 화면에서 나오는 빛과 뒤섞여 눈에 많이 들어올수록 야외 시인성이 낮아진다고 하였다. 따라서 화면에 반사된 외부광이 눈에 많이 들어올수록 명실 명암비가 낮아진다는 설명은 적절하다.

→ 적절함!

---

111 | 추론의 적절성 판단 - 적절한 것 고르기 2023년 3월 학평 40번
정답률 70%, 매력적 오답 ④ 10% ⑤ 10% | **정답 ③**

㉡의 이유를 추론한 것으로 가장 적절한 것은?

㉡ OLED가 내는 빛의 세기를 높게 유지해야 한다

근거 ⑤-3~4 빛이 편광판을 통과하면 그중 편광판의 투과축과 평행한 방향으로 진동하며 나아가는 선형 편광만 남고, 투과축의 수직 방향으로 진동하는 빛은 차단된다. 이러한 과정에서 편광판을 통과한 빛의 세기는 감소하게 된다.

풀이 빛이 편광판을 통과하면 투과축의 수직 방향으로 진동하는 빛은 차단되고, 이 과정에서 편광판을 통과한 빛의 세기는 감소한다. 윗글에서 소개한 OLED 스마트폰의 야외 시인성을 높이는 기술에서는 편광판을 사용하므로, 외부광의 경우와 마찬가지로 OLED가 내는 빛 중 투과축의 수직 방향으로 진동하는 빛이 차단되면서 화면에서 나오는 빛의 세기가 감소할 것이다. 따라서 OLED가 내는 빛의 세기를 높게 유지해야 하는 이유는 편광판 사용으로 인해 OLED가 내는 빛 중 일부가 편광판에서 차단되어, 화면에서 나오는 빛의 세기가 감소되기 때문이라고 추론할 수 있다. 따라서 정답은 ③번이다.

① OLED가 내는 빛의 휘도를 조절할 수 없기 때문이다.

근거 ④-3 OLED가 색을 표현할 때, 출력되는 빛의 세기를 높이면 해당 색의 휘도가 높아진다.

② OLED가 내는 빛이 강할수록 수명이 길어지기 때문이다.

근거 ④-4 강한 세기의 빛을 출력할수록 OLED의 수명이 단축되는 문제가 있다.

③ OLED가 내는 빛 중 일부가 편광판에서 차단되기 때문이다. ✓

→ 적절함!

④ OLED가 내는 빛이 약하면 명암비 계산이 어렵기 때문이다.

근거 ②-2 명암비는 가장 밝은 색과 가장 어두운 색을 화면이 얼마나 잘 표현하는지를 나타내는 수치로, 흰색을 표현할때의 휘도를 검은색을 표현할 때의 휘도로 나눈 값

풀이 명암비는 흰색을 표현할 때의 휘도를 검은색을 표현할 때의 휘도로 나눈 값이다. 명

암비 계산에 사용되는 휘도는 OLED에서 나오는 빛의 세기와 관련이 있으므로 그 세기가 약하면 측정이 어려워 계산이 어려울 것이라 추론할 수 있다. 그러나 이는 편광판을 사용하여 OLED 스마트폰의 야외 시인성을 높이고자 할 때 OLED가 내는 빛의 세기를 높게 유지해야 하는 이유와 관련이 없다.

⑤ OLED가 내는 빛의 세기를 높이는 데 한계가 있기 때문이다.

근거 **④-4** 강한 세기의 빛을 출력할수록 OLED의 수명이 단축되는 문제가 있다.

풀이 윗글에서는 강한 세기의 빛을 출력할수록 OLED의 수명이 단축되는 문제가 있다고 설명하면서 OLED가 내는 빛의 세기를 높이는 데 한계가 있음을 밝히고 있다. 그러나 OLED가 내는 빛의 세기를 높이는 데 한계가 있기 때문에 OLED가 내는 빛의 세기를 높게 유지해야 하는 것은 아니다.

1등급 문제

112 세부 정보 이해 - 적절하지 않은 것 고르기 2023년 3월 학평 41번
정답률 50%, 매력적 오답 ② 20% ④ 15% **정답 ③**

〈보기〉는 [A]의 과정을 나타낸 그림이다. 윗글을 바탕으로 〈보기〉를 이해한 내용으로 적절하지 않은 것은? [3점]

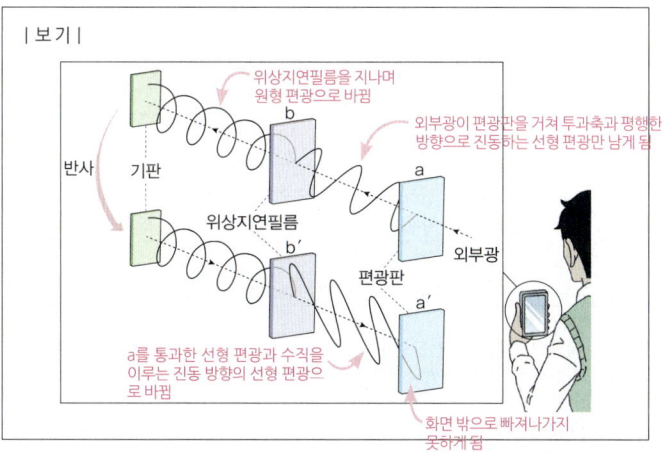

| 보기 |

① 외부광은 a를 거치면서 투과축과 평행한 방향으로 진동하는 빛만 남게 된다.

근거 **⑥-2** 스마트폰 화면 안으로 들어오는 외부광은 편광판(a)을 거치면서 일부가 차단되고 투과축과 평행한 방향으로 진동하는 선형 편광만 남게 된다.

→ 적절함!

② a를 거쳐 b로 나아가는 빛은 진행 방향에 수직인 방향으로 진동한다.

근거 **⑤-2** 일반적으로 빛은 진행하는 방향에 수직인 모든 방향으로 진동하며 나아간다.

풀이 모든 빛은 진행하는 방향에 수직인 방향으로 진동하며 나아간다. 따라서 a를 거쳐 b로 나아가는 빛, 즉 편광판의 투과축과 평행한 방향으로 진동하며 나아가는 빛 역시 진행 방향에 수직인 방향으로 진동한다.

→ 적절함!

원형 편광   선형 편광   다른

③ b를 거친 빛은 기판에 의해 a를 거쳐 b로 나아가는 빛과 같은 형태의 편광으로 바뀌게 된다.

근거 **⑥-2~3** 먼저 스마트폰 화면 안으로 들어오는 외부광은 편광판(a)을 거치면서 일부가 차단되고 투과축과 평행한 방향으로 진동하는 선형 편광만 남게 된다. 그런 다음 이 선형 편광은 위상지연필름(b)을 지나면서 회전하며 나아가는 빛인 원형 편광으로 편광의 형태가 바뀐다.

→ 적절하지 않음!

④ b′를 거친 빛의 진동 방향은 a를 거쳐 b로 나아가는 빛의 진동 방향과 수직을 이룬다.

근거 **⑥-4~5** 이 원형 편광은 스마트폰 화면의 내부 기판에 반사된 뒤, 다시 위상지연필름(b′)을 통과하며 선형 편광으로 바뀐다. 그런데 이 선형 편광의 진동 방향은 외부광이 처음 편광판(a)을 통과했을 때 남은 선형 편광의 진동 방향과 수직을 이루게 되어

→ 적절함!

⑤ b′를 거친 빛은 진동 방향이 a′의 투과축과 수직을 이루므로 화면 밖으로 빠져나가지 못하게 된다.

근거 **⑥-4~6** 이 원형 편광은 스마트폰 화면의 내부 기판에 반사된 뒤, 다시 위상지연필름(b′)을 통과하며 선형 편광으로 바뀐다. 그런데 이 선형 편광의 진동 방향은 외부광이 처음 편광판을 통과했을 때 남은 선형 편광의 진동 방향과 수직을 이루게 되어 편광판(a′)에 가로막히게 된다. 그 결과 기판에 반사된 외부광은 화면 밖으로 빠져나가지 못하게 된다.

---

113 문맥적 의미 파악 - 적절하지 않은 것 고르기 2023년 3월 학평 42번
정답률 90% **정답 ③**

문맥상 ⓐ~ⓔ와 바꾸어 쓰기에 적절하지 않은 것은?

ⓐ 혼재될수록   ⓑ 존재하는   ⓒ 구현한다   ⓓ 단축되는   ⓔ 방지하지

① ⓐ : 뒤섞일수록

풀이 ⓐ에서 쓰인 '혼재(混 섞이다 혼 在 있다 재)되다'는 '뒤섞여 있다'의 뜻으로, '뒤섞이다'와 바꿔 써도 문맥상 의미가 달라지지 않는다. 따라서 ⓐ의 '혼재될수록'을 '뒤섞일수록'으로 바꿔 쓰는 것은 문맥상 적절하다.

→ 적절함!

② ⓑ : 있는

풀이 ⓑ에서 쓰인 '존재(存 있다 존 在 있다 재)하다'는 '현실에 실재하다(실제로 존재하다)'의 뜻으로, '실제로 존재하는 상태이다'를 뜻하는 '있다'와 바꿔 써도 문맥상 의미가 달라지지 않는다. 따라서 ⓑ의 '존재하는'을 '있는'으로 바꿔 쓰는 것은 문맥상 적절하다.

→ 적절함!

③ ⓒ : 고른다

풀이 ⓒ에서 쓰인 '구현(具 갖추다 구 現 나타나다 현)하다'는 '어떤 내용을 구체적인 사실로 나타나게 하다'의 의미이다. 한편 '고르다'는 '여럿 중에서 가려내거나 뽑다'의 의미로, ⓒ와 바꿔 쓸 경우 해당 문장의 의미가 달라진다. 따라서 ⓒ를 '고른다'로 바꿔 쓰는 것은 적절하지 않다. ⓒ는 '보이지 아니하던 어떤 대상이 모습을 드러내다'의 뜻을 지닌 '나타낸다'로 바꿔 쓰는 것이 더 적절하다.

→ 적절하지 않음!

④ ⓓ : 줄어드는

풀이 ⓓ에서 쓰인 '단축(短 짧다 단 縮 줄이다 축)되다'는 '시간이나 거리 따위가 짧게 줄어들다'의 뜻으로, '줄어들다'와 바꿔 써도 문맥상 의미가 달라지지 않는다. 따라서 ⓓ의 '단축되는'을 '줄어드는'으로 바꿔 쓰는 것은 문맥상 적절하다.

→ 적절함!

⑤ ⓔ : 막지

풀이 ⓔ에서 쓰인 '방지(防 막다 방 止 그치다 지)하다'는 '어떤 일이나 현상이 일어나지 못하게 막다'의 뜻으로, '막다'와 바꿔 써도 문맥상 의미가 달라지지 않는다. 따라서 ⓔ의 '방지하지'를 '막지'로 바꿔 쓰는 것은 문맥상 적절하다.

→ 적절함!

[114~118] 다음 글을 읽고 물음에 답하시오.

1 ¹양전자 단층 촬영(PET)(Positron Emission Tomography)은 세포의 대사량 등 인체에 대한 정보를 확인하기 위해 몸속에 특정 물질을 ⓐ 주입하여 그(몸속에 주입한) 물질의 분포(分布, 일정한 범위에 흩어져 퍼져 있음)를 영상화하는(映像化-, 화면으로 볼 수 있게 하는) 기술이다. ²이때 대사량이란 사람의 몸속 세포가 생명 유지를 위해 필요로 하는 에너지의 총량(總量, 전체의 양)으로 정상 세포(正常細胞, 질병과 관계없이 신체의 부분이나 기관에 자연적으로 나타나는 세포)와 비정상 세포(非正常細胞, 바이러스 감염, 종양 등 주로 질병이 있을 경우 나타나는 정상 세포가 아닌 세포)는 대사량에서 차이가 난다. ³PET는 특정 물질과 비정상 세포의 반응을 이용하여 이들(특정 물질과 반응한 비정상 세포)의 분포를 확인할 수 있다.

〈참고 사진〉 양전자 단층 촬영(PET)

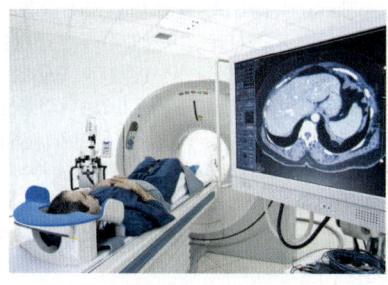

Ⅲ
과학, 기술

2 [1]PET를 통해 이(특정 물질과 반응한 비정상 세포의 분포)를 확인하기 위해서는 우선 몸속에 방사성추적자를 주입해야 한다. [2]일반적으로 PET에 사용되는 방사성추적자는 방사성 동위원소(放射性同位元素, 동위원소 중 방사능을 가져서 원자핵이 불안정하고 스스로 방사선을 방출하고 붕괴하는 원소, 아주 작은 양으로도 쉽게 검출할 수 있는 방사선을 방출하므로, 이것을 기준으로 하여 물질의 이동을 추적할 수 있음)를 결합한 포도당 성분의 특정 물질로 이(PET에 사용되는 방사성추적자)는 특정한 원소 또는 물질의 이동 양상(樣相, 모양, 상태)을 알아내기 위해 쓰인다. [3]이렇게 주입된 방사성추적자는 에너지원(energy源, 에너지의 근원)으로 쓰이는 포도당과 유사하기 때문에, 대사량이 높아서 많은 에너지원을 필요로 하는 비정상 세포에 다량(多量, 많은 분량) 흡수된다. [4]그런데 세포 안으로 흡수된 방사성추적자는 일반 포도당과 달리 세포의 에너지원으로 사용되지 않고, 일정 시간 동안 세포 안에 머무른다.

→ PET에 사용되는 방사성추적자의 특성

3 [1]세포 내에 축적된(蓄積-, 모여서 쌓인) 방사성추적자의 방사성 동위원소는 붕괴되면서(崩壞-, 방사성 원소의 불안정한 원자핵이 입자나 방사선의 방출을 통해 안정한 원자핵으로 변하면서) 양전자(陽電子, 전자의 반대 입자로, 질량은 전자와 같고 전하는 반대임)를 ⓑ 방출한다. [2]방출된 양전자는 몸속의 전자(電子, 모든 원자 안에서 음전하를 띠고 있는 작은 입자)와 결합하여 소멸하는데(消滅-, 그 에너지가 다른 입자의 형태로 내보내지는데), 이때 두 입자(양전자와 전자)의 질량이 에너지로 바뀐다. [3]이 에너지는 180도 각도를 이루는 한 쌍의 감마선(gamma線, 방사성 물질에서 나오는 방사선의 하나로, 에너지가 높고 파장이 짧음)으로 방출되어 몸 밖으로 나온다.

→ 방사성추적자에서 감마선이 방출되는 과정

4 [1]몸 밖으로 나온 감마선은 PET 스캐너를 통해 검출되는데(檢出-, 그 안에 있는지 없는지가 밝혀지는데), PET 스캐너는 수많은 검출기(檢出器, 방사선, 화학 물질 등을 검출하는 데 쓰는 장치)가 검사 대상을 원형으로 둘러싸고 있는 구조이다. [2]180도로 방출된 한 쌍의 감마선은 각각의 진행 방향에 있는 검출기에 ⓒ 도달하게 된다. [3]이때 한 쌍의 감마선이 도달한 검출기의 두 지점을 잇는 직선을 동시검출응답선이라고 하며 감마선의 방출 지점은 이 선(동시검출응답선)의 어느 한 점에 있다고 할 수 있다. [4]그런데 한 쌍의 감마선이 각각의 검출기에 도달하는 시간에는 미세한(微細-, 구별해 내기 어려울 정도로 아주 작은) 차이가 발생하는데, 이는 몸의 어느 지점에서 감마선이 방출되었는지에 따라 검출기까지의 거리가 달라지기 때문이다.

→ PET 스캐너를 통해 검출되는 감마선

〈참고 그림〉

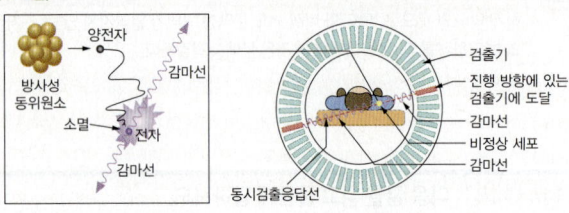

양전자 방출 및 양전자 소멸 　　　　PET 스캐너

③~④ 세포 내에 축적된 방사성추적자의 방사성 동위원소는 붕괴되면서 양전자를 방출한다. 방출된 양전자는 몸속의 전자와 결합하여 소멸하는데, 이때 두 입자의 질량이 에너지로 바뀐다. 이 에너지는 180도 각도를 이루는 한 쌍의 감마선으로 방출되어 각각의 진행 방향에 있는 검출기에 도달하게 된다.

5 [1]감마선이 PET 영상의 유효한(有效-, 효과가 있는) 성분이 되기 위해서는 한 지점에서 방출된 한 쌍의 감마선이 PET 스캐너의 검출기로 동시에 도달해야 하는데 이 경우를 동시계수라고 한다. [2]하지만 ㉠ 한 쌍의 감마선이 완전히 동시에 도달하는 경우는 현실적으로 불가능하므로 PET 스캐너는 동시계수로 인정할 수 있는 최대 시간폭인 동시계수시간폭을 설정하고 동시계수시간폭 안에 들어온 경우를 유효한 성분으로 ⓓ 간주한다.

→ 감마선이 PET 영상의 유효한 성분이 되기 위한 조건 : 동시계수

6 [1]그런데 동시계수시간폭 내에 도달한 한 쌍의 감마선 즉 동시계수 중에서도 PET 영상에 유효한 성분이 되지 않는 경우가 있다. [2]우선 감마선이 주변의 물질과 상호 작용을 일으켜 진행 방향이 바뀌면서 검출기에 도달하는 시간의 변화가 생겼으나 동시계수시간폭 내에 검출되는 경우가 있는데 이를 산란계수라고 한다. [3]다음으로 한 지점에서 방출된 두 개의 감마선 중 한 개의 감마선만이 검출기로 도달할 때, 다른 지점에서 방출된 한 개의 감마선과 동시계수시간폭 내에 도달하는 경우가 있는데 이를 랜덤계수라고 한다. [4]이 두 경우(산란계수와 랜덤계수)는 모두 실제 감마선이 방출된 지점이 동시검출응답선 위에 존재하지 않기 때문에

PET 영상의 정확도를 떨어뜨리는 요인(要因, 까닭)이 된다. [5]즉, 한 지점에서 방출된 한 쌍의 감마선이 아무런 방해를 받지 않고 동시계수시간폭 내에 도달하는 참계수만이 유효한 영상 성분이 되는 것이다. [6]따라서 PET 영상의 정확도를 높이기 위해서는 산란계수와 랜덤계수의 검출을 최소화하기 위해 동시계수시간폭을 적절하게 ⓔ 설정하는 것이 중요하다.

→ 산란계수, 랜덤계수와 참계수의 차이 및
PET 영상의 정확도를 높이기 위한 방법

■ **지문 이해**
〈양전자 단층 촬영(PET)의 원리와 과정〉

❶ 양전자 단층 촬영(PET)의 개념과 활용
• 양전자 단층 촬영(PET) 　- 몸속에 특정 물질(방사성추적자)을 주입하여 그 물질의 분포를 영상화하는 기술 　- 특정 물질과 비정상 세포의 반응을 이용하여 그 분포를 확인

❷ PET에 사용되는 방사성추적자의 특성
• PET에 사용되는 방사성추적자 　- 방사성 동위원소를 결합한 포도당 성분의 특정 물질 　- 비정상 세포에 다량 흡수되어, 일정 시간 동안 세포 안에 머무름

❸ 방사성추적자에서 감마선이 방출되는 과정
• 방사성추적자의 방사성 동위원소가 붕괴되면서 양전자가 방출됨 → 방출된 양전자가 몸속 전자와 결합하여 소멸함 → 두 입자의 질량이 에너지로 바뀜 → 에너지가 180도 각도를 이루는 한 쌍의 감마선으로 방출되어 몸 밖으로 나옴

❹ PET 스캐너를 통해 검출되는 감마선
• PET 스캐너 　- 몸 밖으로 나온 감마선을 검출 　- 180도로 방출된 한 쌍의 감마선이 각각의 진행 방향에 있는 검출기에 도달하게 됨 • 동시검출응답선 　- 한 쌍의 감마선이 도달한 검출기의 두 지점을 잇는 직선 　- 감마선의 방출 지점은 동시검출응답선의 어느 한 점에 있음 • 감마선의 방출 지점에 따라 한 쌍의 감마선이 각각 검출기에 도달하는 시간에는 미세한 차이가 발생함

❺ 감마선이 PET 영상의 유효한 성분이 되기 위한 조건 : 동시계수
• 동시계수 : 한 지점에서 방출된 한 쌍의 감마선이 PET 스캐너의 검출기로 동시에 도달하는 경우 • 동시계수시간폭 : PET 스캐너에 동시계수로 인정할 수 있는 최대 시간폭 　→ 동시계수시간폭 안에 들어온 경우를 유효한 성분으로 간주함

❻ 산란계수, 랜덤계수와 참계수의 차이 및 PET 영상의 정확도를 높이기 위한 방법	
동시계수 중 유효하지 않은 영상 성분	동시계수 중 유효한 영상 성분
- 산란계수 : 감마선의 진행 방향이 바뀌면서 검출기에 도달하는 시간의 변화가 생겼으나 동시계수시간폭 내에 검출되는 경우 - 랜덤계수 : 한 지점에서 방출된 두 개의 감마선 중 한 개의 감마선만 검출기로 도달할 때, 다른 지점에서 방출된 한 개의 감마선과 동시계수시간폭 내에 도달하는 경우 　→ 실제 감마선이 방출된 지점이 동시검출응답선 위에 존재하지 않으므로 PET 영상의 정확도를 떨어뜨리는 요인이 됨	- 참계수 : 한 지점에서 방출된 한 쌍의 감마선이 아무런 방해를 받지 않고 동시계수시간폭 내에 도달하는 경우
• PET 영상의 정확도를 높이기 위한 방법 : 동시계수시간폭을 적절히 설정해야 함	

114 | 세부 정보 이해 - 적절하지 않은 것 고르기 2021년 11월 학평 28번
정답률 70%, 매력적 오답 ② 15% | 정답 ③

윗글의 내용과 일치하지 <u>않는</u> 것은?

① PET는 특정 물질과 비정상 세포의 반응을 이용한다.

근거 ❶-3 PET는 특정 물질과 비정상 세포의 반응을 이용하여 이들의 분포를 확인할 수 있다.

→ 적절함!

② PET에서 동시검출응답선은 직선의 형태로 표현된다.

근거 ❹-3 한 쌍의 감마선이 도달한 검출기의 두 지점을 잇는 직선을 동시검출응답선이라고 하며

→ 적절함!

검출하여
③ PET 스캐너는 감마선을 ~~방출하여~~ PET 영상을 만든다.

근거 ❶-1 양전자 단층 촬영(PET)은 … 영상화하는 기술, ❸-1~3 세포 내에 축적된 방사추적자의 방사성 동위원소는 붕괴되면서 양전자를 방출한다. 방출된 양전자는 몸속의 전자와 결합하여 소멸되는데, 이때 두 입자의 질량이 에너지로 바뀐다. 이 에너지는 180도 각도를 이루는 한 쌍의 감마선으로 방출되어 몸 밖으로 나온다. ❹-1 몸 밖으로 나온 감마선은 PET 스캐너를 통해 검출되는데

풀이 PET 스캐너는 감마선을 방출하는 것이 아니라, 몸 밖으로 방출된 감마선을 검출하여 영상화하는 기기이다.

→ 적절하지 않음!

④ PET는 인체의 정보를 확인하기 위한 영상화 기술이다.

근거 ❶-1 양전자 단층 촬영(PET)은 세포의 대사량 등 인체에 대한 정보를 확인하기 위해 몸속에 특정 물질을 주입하여 그 물질의 분포를 영상화하는 기술

→ 적절함!

⑤ PET 스캐너는 수많은 검출기로 이루어진 원형 구조이다.

근거 ❹-1 PET 스캐너는 수많은 검출기가 검사 대상을 원형으로 둘러싸고 있는 구조

→ 적절함!

115 | 핵심 개념 파악 - 적절하지 않은 것 고르기 2021년 11월 학평 29번
정답률 70%, 매력적 오답 ⑤ 10% | 정답 ②

방사성추적자에 대한 설명으로 적절하지 <u>않은</u> 것은?

① 비정상 세포 내에 다량으로 흡수되어 축적된다.

근거 ❷-3 주입된 방사성추적자는 … 대사량이 높아서 많은 에너지원을 필요로 하는 비정상 세포에 다량 흡수된다. ❸-1 세포 내에 축적된 방사성추적자

→ 적절함!

특정한 원소 또는 물질의 이동 양상을 알아내기 위해
② 세포의 대사량을 ~~평소보다 높이기 위해~~ 사용된다.

근거 ❷-2 일반적으로 PET에 사용되는 방사성추적자는 … 특정한 원소 또는 물질의 이동 양상을 알아내기 위해 쓰인다.

풀이 일반적으로 PET에 사용되는 방사성추적자는 세포의 대사량을 높이기 위해서가 아니라 특정 원소 또는 물질의 이동 양상을 알아내기 위해 쓰인다.

→ 적절하지 않음!

③ 일반 포도당과 유사하지만 에너지원으로 사용되지 않는다.

근거 ❷-3~4 주입된 방사성추적자는 에너지원으로 쓰이는 포도당과 유사하기 때문에, … 그런데 세포 안으로 흡수된 방사성추적자는 일반 포도당과 달리 세포의 에너지원으로 사용되지 않고

→ 적절함!

④ 특정 물질의 이동 양상을 밝히기 위해 사용되는 *화합물이다. *化合物, 두 종류 이상의 물질이 결합하여 만들어진 물질

근거 ❷-2 일반적으로 PET에 사용되는 방사성추적자는 방사성 동위원소를 결합한 포도당 성분의 특정 물질로 이는 특정한 원소 또는 물질의 이동 양상을 알아내기 위해 쓰인다.

→ 적절함!

⑤ 양전자를 방출하며 붕괴되는 방사성 동위원소가 결합된 물질이다.

근거 ❷-2 일반적으로 PET에 사용되는 방사성추적자는 방사성 동위원소를 결합한 포도당 성분의 특정 물질, ❸-1 세포 내에 축적된 방사성추적자의 방사성 동위원소는 붕

괴되면서 양전자를 방출한다.

→ 적절함!

116 | 추론의 적절성 판단 - 적절한 것 고르기 2021년 11월 학평 30번
정답률 80% | 정답 ⑤

㉠의 이유를 추론한 내용으로 가장 적절한 것은?

㉠ 한 쌍의 감마선이 완전히 동시에 도달하는 경우는 현실적으로 불가능하므로

근거 ❹-4 한 쌍의 감마선이 각각의 검출기에 도달하는 시간에는 미세한 차이가 발생하는데, 이는 몸의 어느 지점에서 감마선이 방출되었는지에 따라 검출기까지의 거리가 달라지기 때문

풀이 윗글에 따르면 한 쌍의 감마선이 완전히 동시에 도달하는 경우가 현실적으로 불가능한 이유는, 몸의 어떤 지점에서 감마선이 방출되었는지에 따라 두 감마선이 검출기까지 도달하는 거리가 서로 달라지기 때문이라고 추론할 수 있다. 따라서 정답은 ⑤번이다.

① 방출된 감마선이 180도 방향으로 진행하기 때문이다.

② 양전자와 전자의 질량이 에너지로 바뀌었기 때문이다.

③ 한 쌍의 감마선이 동시에 검출기에 도달하면 동시계수로 인정되기 때문이다.

④ 한 쌍의 감마선 중 하나의 감마선만이 PET 영상의 유효한 성분이 되기 때문이다.

⑤ 감마선 방출 지점에 따라 두 감마선이 검출기까지 이동하는 거리가 서로 다르기 때문이다. → 적절함!

117 | 자료 해석의 적절성 판단 - 적절하지 않은 것 고르기 2021년 11월 학평 31번
정답률 65%, 매력적 오답 ③ 10% ⑤ 10% | 정답 ④

윗글을 바탕으로 〈보기〉를 이해한 내용으로 적절하지 <u>않은</u> 것은? 3점

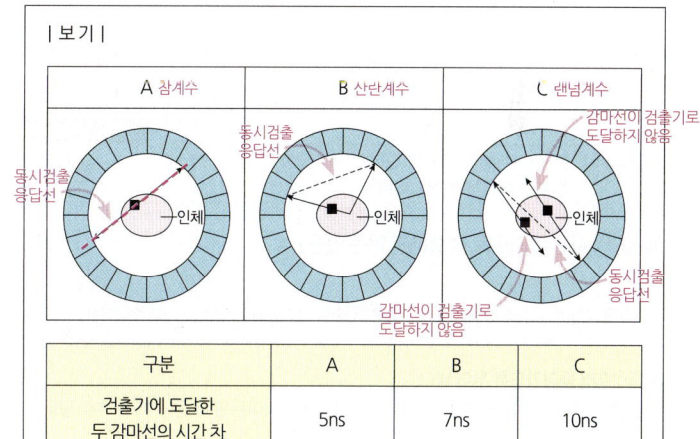

| 보기 |

구분	A	B	C
검출기에 도달한 두 감마선의 시간 차	5ns	7ns	10ns

A~C 모두 동시계수시간폭 내에 도달함

○ A ~ C는 모두 동시계수시간폭을 12ns로 설정한, 동일한 PET 스캐너로 감마선을 검출한 경우이고 ■는 감마선의 방출 지점을 나타낸다.

○ ns는 시간 단위로 10억분의 1 초를 나타낸다.

▶ 지문 핵심 개념 정리

참계수	• 한 지점에서 방출된 한 쌍의 감마선이 아무런 방해를 받지 않고 동시계수시간폭 내에 도달하는 경우(❻-5)
산란계수	• 감마선이 주변의 물질과 상호 작용을 일으켜 진행 방향이 바뀌면서 검출기에 도달하는 시간의 변화가 생겼으나 동시계수시간폭 내에 검출되는 경우(❻-2)
랜덤계수	• 한 지점에서 방출된 두 개의 감마선 중 한 개의 감마선만이 검출기로 도달할 때, 다른 지점에서 방출된 한 개의 감마선과 동시계수시간폭 내에 도달하는 경우(❻-3)

① A의 경우 한 쌍의 감마선이 주변 물질과 상관없이 도달했다면, 참계수라고 할 수 있겠군.

> 풀이 〈보기〉의 A는 검출기에 도달한 두 감마선의 시간 차가 5ns로, 설정한 동시계수시간폭 내에 도달한다. 또 한 쌍의 감마선이 주변 물질의 아무런 방해를 받지 않고 도달하고 있다. 따라서 A는 '참계수'라고 볼 수 있다.
>
> → 적절함!

② B의 경우 한 감마선의 진행 방향이 바뀌었지만 동시계수시간폭 내에 도달하였다고 할 수 있겠군.

> 풀이 〈보기〉의 B는 한쪽에서 방출된 감마선의 진행 방향이 바뀌었지만 검출기에 도달한 두 감마선의 시간 차는 7ns로, 동시계수시간폭 내에 도달하였다.
>
> → 적절함!

③ C의 경우 PET 영상에 유효한 성분이 될 수 없는 랜덤계수라고 할 수 있겠군.

> 풀이 〈보기〉의 C는 한 지점에서 방출된 두 개의 감마선 중 한 개의 감마선만 검출기로 도달하고, 다른 지점에서 방출된 다른 한 개의 감마선과 동시계수시간폭 내에 도달한 경우, 즉 '랜덤계수'에 해당한다. 랜덤계수는 동시계수 중 PET 영상에 유효한 성분이 될 수 없는 경우에 해당한다.
>
> → 적절함!

✓④ A와 B의 경우 동시계수시간폭이 8ns이었다면, 참계수와 산란계수 모두 검출되었겠군 산란계수는 검출되지 않았겠군.

> 풀이 〈보기〉의 A는 한 쌍의 감마선이 주변 물질의 아무런 방해를 받지 않고 동시계수시간폭 내에 도달하고 있으므로 '참계수'에 해당한다. 한편 〈보기〉의 B는 한쪽에서 방출된 감마선의 진행 방향이 바뀌었지만 동시계수시간폭 안에 도달한 '산란계수'에 해당한다. 만약 동시계수시간폭이 8ns이라고 하더라도 A와 B 모두 동시계수시간폭인 8ns 내에 도달하므로 참계수인 A와 산란계수인 B 모두 검출되었을 것이다.
>
> → 적절하지 않음!

⑤ B와 C의 경우 실제 감마선의 방출 지점이 동시검출응답선 위에 존재하지 않겠군.

> 근거 ⑥-4 이 두 경우(산란계수와 랜덤계수)는 모두 실제 감마선이 방출된 지점이 동시검출응답선 위에 존재하지 않기 때문에
>
> 풀이 〈보기〉의 B는 한쪽에서 방출된 감마선의 진행 방향이 바뀌었지만 동시계수시간폭 안에 도달한 '산란계수'에 해당한다. 또한 〈보기〉의 C는 한 지점에서 방출된 두 개의 감마선 중 한 개의 감마선만 검출기로 도달하고, 다른 지점에서 방출된 다른 한 개의 감마선과 동시계수시간폭 내에 도달한 '랜덤계수'에 해당한다. 이러한 B와 C는 모두 〈보기〉에서 ■로 나타낸 실제 감마선의 방출 지점이 점선으로 나타낸 동시검출응답선 위에 존재하지 않는다.
>
> → 적절함!

틀리기 쉬운 문제

118 단어의 의미 파악 - 적절하지 않은 것 고르기 | 2021년 11월 학평 32번
정답률 45%, 매력적 오답 ⑤ 35%   정답 ④

ⓐ~ⓔ의 사전적 의미로 적절하지 않은 것은?

> ⓐ 주입하여 ⓑ 방출한다 ⓒ 도달하게 ⓓ 간주한다 ⓔ 설정하는

① ⓐ : 흘러 들어가도록 부어 넣다.

> 풀이 '주입(注 붓다 주 入 들이다 입)하다'의 사전적 의미는 '흘러 들어가도록 부어 넣다'이다.
>
> 예문 체내에 약물을 주입하였다.
>
> → 적절함!

② ⓑ : 입자나 전자기파의 형태로 에너지를 내보내다.

> 풀이 '방출(放 내놓다 방 出 내놓다 출)하다'의 사전적 의미는 '입자나 전자기파의 형태로 에너지를 내보내다'이다.
>
> 예문 은하가 태양계에 방출하는 빛의 양은 은하의 기울기에 따라 달라진다.
>
> → 적절함!

③ ⓒ : 목적한 곳이나 수준에 다다르다.

> 풀이 '도달(到 이르다 도 達 이르다 달)하다'의 사전적 의미는 '목적한 곳이나 수준에 다다르다'이다.
>
> 예문 탐험대가 목적지에 도달하였다.
>
> → 적절함!

✓④ ⓓ : 유사한 점에 기초하여 다른 사물을 미루어 추측하다.

> 풀이 '간주(看 보다 간 做 만들다 주)하다'의 사전적 의미는 '상태, 모양, 성질 따위가 그와 같다고 보거나 그렇다고 여기다'이다. '유사한 점에 기초하여 다른 사물을 미루어 추측하다'의 뜻을 가진 단어는 '간주하다'가 아니라 '유추(類 비슷하다 유 推 추측하다 추)하다'이다.
>
> 예문 조직 위원회에서는 이번 올림픽을 성공적이었다고 간주했다.
>   우리는 사람들의 행동에서 그의 마음을 유추해 낼 수 있다.
>
> → 적절하지 않음!

⑤ ⓔ : 새로 만들어 정해 두다.

> 풀이 '설정(設 세우다 설 定 정하다 정)하다'의 사전적 의미는 '새로 만들어 정해 두다'이다.
>
> 예문 마음속에 목표를 설정하였다.
>
> → 적절함!

고3 실전 문제

[119~121] 다음 글을 읽고 물음에 답하시오.

① [1]1895년에 발견된 X선(독일의 물리학자 뢴트겐이 발견하였으며, 뢴트겐은 이에 대한 공로로 제1대 노벨 물리학상을 수상하였다. 발견 당시 이것이 무엇인지 알 수 없어 'X'라고 불렀는데, 아직까지도 X선이라고 불리고 있다.)은 진단의학의 혁명을 일으켰다. [2]이후 X선 사진 기술은 단면(斷面, 잘라낸 면) 촬영을 통해 입체 영상 구성이 가능한 CT(컴퓨터 단층 촬영장치)로 진화하면서 해부를 하지 않고 인체 내부를 정확하게 진단하는 기술로 발전하였다.

→ X선 사진 기술과 CT

② [1]X선 사진은 X선을 인체에 조사하고(照射-, 빛이나 방사선을 비추어 쬐고), 투과된(透過-, 인체를 통과한) X선을 필름에 감광시켜(減光-, 빛에 반응시켜 변화하게 하여) 얻어 낸 것이다. [2]조사된 X선의 일부는 조직에서 흡수·산란되고(스며들거나 흩어지고) 나머지는 조직을 투과하여 반대편으로 나오게 된다. [3]X선이 투과되는 정도를 나타내는 투과율은 공기가 가장 높으며 지방, 물, 뼈의 순서로 낮아진다.(통과율이라고 이해하면 쉽다. 공기는 통과하기 쉽고, 뼈는 통과하기 힘들다.) [4]또한 투과된 X선의 세기는 통과한 조직의 투과율이 낮을수록, 두께가 두꺼울수록 약해진다. [5]이런 X선의 세기에 따라 X선 필름의 감광 정도가 달라져 조직의 흑백 영상을 얻을 수 있다. [6]그렇지만 X선 사진에서는 투과율이 비슷한 조직들 간의 구별이 어려워서, X선 사진은 다른 조직과의 투과율 차이가 큰 뼈나 이상 조직의 검사에 주로 사용된다. [7]이러한 X선 사진의 한계를 극복한 것이 CT이다.

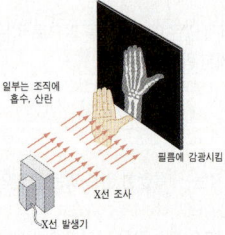

일부는 조직에 흡수, 산란

필름에 감광시킴

X선 조사

X선 발생기

〈참고 그림〉
❷-6 인체에 X선을 투과하여 조직의 투과율에 따른 필름의 감광 정도 차이로 조직의 흑백 영상을 얻을 수 있다. X선 사진은 다른 조직과의 투과율 차이가 큰 뼈나 이상 조직의 검사에 주로 사용된다.

→ X선 사진의 원리와 한계

③ [1]CT는 인체에 투과된 X선의 분포를 통해 인체의 횡단면(橫斷面, 가로로 잘라서 생긴 면)을 영상으로 재구성한다. [2]CT 촬영기 한쪽 편에는 X선 발생기가 있고 반대편에는 여러 개의 X선 검출기(X선의 존재를 알아내기 위해 사용하는 기기)가 배치되어 있다. [3]CT 촬영기 중심에, 사람이 누운 침대가 들어가면 X선 발생기에서 나온 X선이 인체를 투과한 후 맞은편 X선 검출기에서 검출된다.

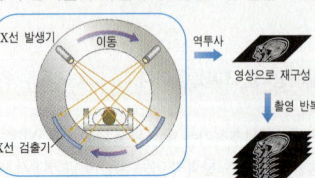

X선 발생기 이동 역투사

영상으로 재구성

촬영 반복

X선 검출기

연속적인 단면 영상

〈참고 그림〉
❸-1 CT는 인체에 투과된 X선의 분포를 통해 횡단면을 영상으로 재구성한다.
❻-2 CT 촬영기가 움직이면서 인체의 여러 단면에 대한 촬영을 반복하면 연속적 단면 영상을 얻을 수 있고, 이 단면 영상을 조합하여 입체 영상도 얻을 수 있다.

→ CT 촬영기의 구조와 작동 원리

④ [1]X선 검출기로 인체를 투과한 X선의 세기를 검출하는데, 이때 공기를 통과하며 감쇄된(減殺-, 줄어 없어진) 양을 빼고, 인체 조직만을 통과하면서 감쇄된 X선의 총량(總量, 전체의 양)을 구해야 한다. [2]이것은 공기만을 통과한 X선 세기와 조직을

투과한 X선 세기의 차이를 계산하면 얻을 수 있고, 이를 환산값이라고 한다. [3]즉, 환산값은 특정 방향에서 X선이 인체 조직을 통과하면서 산란되거나 흡수되어 감쇄된 총량을 의미한다. [4]이 값을 여러 방향에서 구하기 위해 CT 촬영기를 회전시킨다. [5]그러면 동일 단면에 대한 각 방향에서의 환산값을 구할 수 있고, 이를 활용하여 컴퓨터가 단면 영상을 재구성한다.

→ '환산값'의 정의와 활용 방법

5 [1]CT에서 영상을 재구성하는 데에는 역투사(back projection) 방법이 이용된다. [2]역투사는 어떤 방향에서 X선이 진행했던 경로(經路, 지나는 길)를 거슬러 진행하면서 경로상에 환산값을 고르게 분배하는 방법이다. [3]CT 촬영기를 회전시키며 얻은 여러 방향의 환산값을 경로별로 역투사하여 더해 나가는데, 이처럼 여러 방향의 환산값들이 더해진 결과가 역투사 결괏값이다. [4]역투사를 하게 되면 뼈와 같이 감쇄를 많이 시키는 조직에서는 여러 방향의 값들이 더해지게 되고, 그 결과 다른 조직에서보다 더 큰 결괏값이 나오게 된다.

→ '역투사'의 개념과 CT의 영상 재구성

6 [1]역투사 결괏값들을 합성하면 투과율의 차이에 따른 조직의 분포를 영상으로 재구성할 수 있다. [2]CT 촬영기가 조금씩 움직이면서 인체의 여러 단면에 대하여 촬영을 반복하면 연속적인 단면 영상을 얻을 수 있고, 필요에 따라 이 단면 영상들을 조합하여 입체 영상도 얻을 수 있다.

→ 역투사 결괏값의 합성을 통한 입체 영상

■ 지문 이해
〈CT 촬영 기술〉

❶ X선 사진 기술과 CT
X선 사진 기술의 발전과 CT의 등장

❷ X선 사진의 원리와 한계
· 원리 : 투과된 X선으로 조직의 흑백 영상을 얻음
· 한계 : 투과율이 비슷한 조직 간 구별이 어려움

❸ CT 촬영기의 구조와 작동 원리
· 작동 원리 : X선 분포로 인체의 횡단면 영상 재구성
· 구조 : X선 발생기와 X선 검출기

❹ 환산값의 정의와 활용 방법
· 특정 방향에서 X선이 인체 조직을 통과하면서 산란되거나 흡수되어 감쇄된 총량
· 동일 단면에 대한 각 방향의 환산값을 활용하여 단면 영상으로 재구성

❺ 역투사의 개념과 CT의 영상 재구성
· X선의 진행 경로를 거슬러 환산값을 고르게 분배하는 방법

❻ 역투사 결괏값의 합성을 통한 입체 영상
· 투과율의 차이에 따른 조직의 분포를 영상으로 재구성

119 세부 정보 이해 - 적절하지 않은 것 고르기 2014학년도 9월 모평A 19번 | 정답률 85% | 정답 ④

윗글에 대한 이해로 적절하지 **않은** 것은?

① CT 촬영을 할 때 X선 발생기와 X선 검출기는 회전한다.
근거 ❸-2 CT 촬영기 한쪽 편에는 X선 발생기가 있고 반대편에는 여러 개의 X선 검출기가 배치, ❹-4 (환산값을) 여러 방향에서 구하기 위해 CT 촬영기를 회전
풀이 CT 촬영기는 X선 발생기와 X선 검출기로 구성되어 있는데, CT 촬영을 할 때 CT 촬영기를 회전시키므로 촬영 시에 X선 발생기와 X선 검출기가 회전할 것임을 알 수 있다.
→ 적절함!

② X선 사진에서는 비슷한 투과율을 가진 조직들 간의 구별이 어렵다.
근거 ❷-6 X선 사진에서는 투과율이 비슷한 조직들 간의 구별이 어려워서
→ 적절함!

③ CT에서의 환산값은 통과한 조직에서 감쇄된 X선의 총량을 나타낸다.
근거 ❹-3 환산값은 특정 방향에서 X선이 인체 조직을 통과하면서 산란되거나 흡수되어 감쇄된 총량
→ 적절함!

④ 조직에서 흡수·산란된 X선의 세기는 그 조직을 투과한 X선 세기와 항상 같다.
조사된 X선은 / 되거나 / 하여 반대편으로 나온다
근거 ❷-2 조사된 X선의 일부는 조직에서 흡수·산란되고 나머지는 조직을 투과하여 반대편으로 나오게 된다.
풀이 X선을 인체에 조사할 때, 조직에서 흡수·산란되는 X선의 양이 많을수록 조직을 투과하는 X선의 세기는 약해지고, 흡수·산란되는 양이 적을수록 조직을 투과하는 X선의 세기는 강해진다.
→ 적절하지 않음!

⑤ 조직의 투과율이 높을수록, 조직의 두께가 얇을수록 X선은 더 많이 투과된다.
근거 ❷-4 투과된 X선의 세기는 통과한 조직의 투과율이 낮을수록, 두께가 두꺼울수록 약해진다.
조직의 투과율이 높을수록, 두께가 얇을수록 세진다
→ 적절함!

120 핵심 개념 이해 - 적절하지 않은 것 고르기 2014학년도 9월 모평A 20번 | 정답률 85% | 정답 ②

역투사에 대한 설명으로 적절하지 **않은** 것은?

① X선 사진의 흑백 영상을 만드는 과정에서 역투사는 필요하지 않다.
CT 영상 재구성에 필요함
근거 ❷-5 X선의 세기에 따라 X선 필름의 감광 정도가 달라져 조직의 흑백 영상을 얻을 수 있다, ❺-1 CT에서 영상을 재구성하는 데에는 역투사(back projection) 방법이 이용
풀이 역투사는 X선 사진의 흑백 영상이 아니라 CT에서 영상을 재구성하는 데 필요한 것이다.
→ 적절함!

② 역투사 결괏값은 조직이 없고 공기만 있는 부분에서 가장 크다.
작다
근거 ❷-3 투과율은 공기가 가장 높으며 지방, 물, 뼈의 순서로 낮아진다, ❹-3 환산값은 특정 방향에서 X선이 인체 조직을 통과하면서 산란되거나 흡수되어 감쇄된 총량, ❺-3~4 여러 방향의 환산값들이 더해진 결과가 역투사 결괏값이다. 역투사를 하게 되면 뼈와 같이 감쇄를 많이 시키는 조직에서는 여러 방향의 값들이 더해지게 되고, 그 결과 다른 조직에서보다 더 큰 결괏값이 나오게 된다.
풀이 역투사 결괏값은 환산값이 클수록 커진다. 그런데 '조직이 없고 공기만 있는 부분'은 투과율이 높기 때문에(❷-3), X선이 감쇄된 양이 적을 것이다. 환산값은 감쇄된 총량과 비례하므로 공기만 있는 부분의 환산값도 작을 것이다. 이에 따라 역투사 결괏값 역시 작을 것임을 알 수 있다.
→ 적절하지 않음!

③ 역투사 결괏값들을 활용하여 조직의 분포에 대한 영상을 얻을 수 있다.
= 합성하면
근거 ❻-1 역투사 결괏값들을 합성하면 투과율의 차이에 따른 조직의 분포를 영상으로 재구성할 수 있다.
→ 적절함!

④ X선 투과율이 낮은 조직일수록 그 위치에 대응하는 역투사 결괏값은 커진다.
= 환산값이 큰
근거 ❹-3 환산값은 특정 방향에서 X선이 인체 조직을 통과하면서 산란되거나 흡수되어 감쇄된 총량, ❺-3 여러 방향의 환산값들이 더해진 결과가 역투사 결괏값
풀이 투과율이 낮으면 감쇄되는 X선이 많아 환산값이 커질 것이다. 역투사 결괏값은 환산값의 합이므로 X선 투과율이 낮을수록 역투사 결괏값은 커질 것임을 알 수 있다.
→ 적절함!

⑤ 역투사 결괏값은 CT 촬영기에서 구한 환산값을 컴퓨터에서 처리하여 얻을 수 있다.
근거 ❹-5 이(동일 단면에 대한 각 방향에서의 환산값)를 활용하여 컴퓨터가 단면 영상을 재구성, ❺-3 CT 촬영기를 회전시키며 얻은 여러 방향의 환산값을 경로별로 역투사하여 더해 나가는데, 이처럼 여러 방향의 환산값들이 더해진 결과가 역투사 결괏값
→ 적절함!

Ⅲ 과학, 기술

121 구체적인 사례에 적용 - 적절한 것 고르기 2014학년도 9월 모평A 21번
정답률 40%, 매력적 오답 ② 20% ③ 10% ④ 10% ⑤ 20% │ 정답 ①

윗글을 바탕으로 〈보기〉와 같은 실험을 했을 때, B에 해당하는 그래프로 알맞은 것은? [3점]

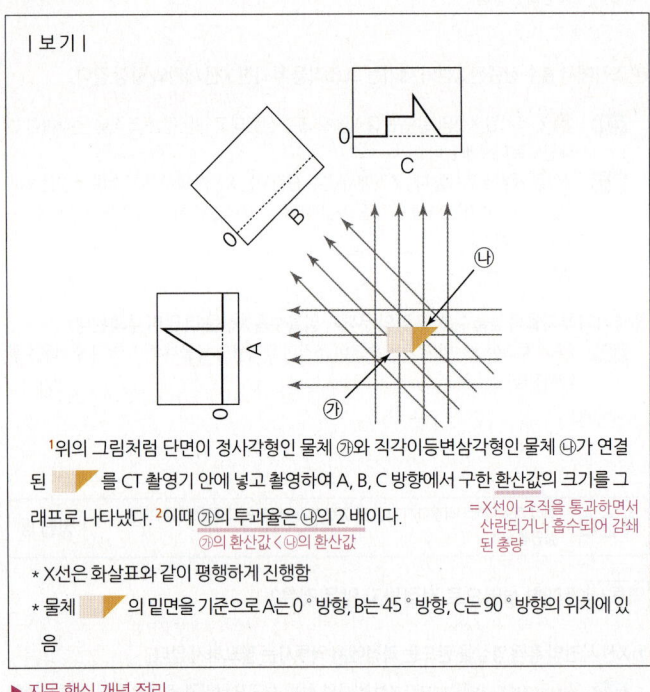

| 보기 |

[1]위의 그림처럼 단면이 정사각형인 물체 ㉮와 직각이등변삼각형인 물체 ㉯가 연결된 ▨ 를 CT 촬영기 안에 넣고 촬영하여 A, B, C 방향에서 구한 환산값의 크기를 그래프로 나타냈다. [2]이때 ㉮의 투과율은 ㉯의 2 배이다.

= X선이 조직을 통과하면서 산란되거나 흡수되어 감쇄된 총량
㉮의 환산값 < ㉯의 환산값

* X선은 화살표와 같이 평행하게 진행함
* 물체 ▨ 의 밑면을 기준으로 A는 0°방향, B는 45°방향, C는 90°방향의 위치에 있음

▶ 지문 핵심 개념 정리

환산값	특정 방향에서 X선이 인체 조직을 통과하면서 산란되거나 흡수되어 감쇄된 총량(**4**-3)
투과율	X선이 투과되는 정도(**2**-3) 투과된 X선의 세기는 통과한 조직의 투과율이 낮을수록, 두께가 두꺼울수록 약해짐(**2**-4)

근거 〈보기〉-2 ㉮의 투과율은 ㉯의 2 배
풀이 〈참고 그림〉

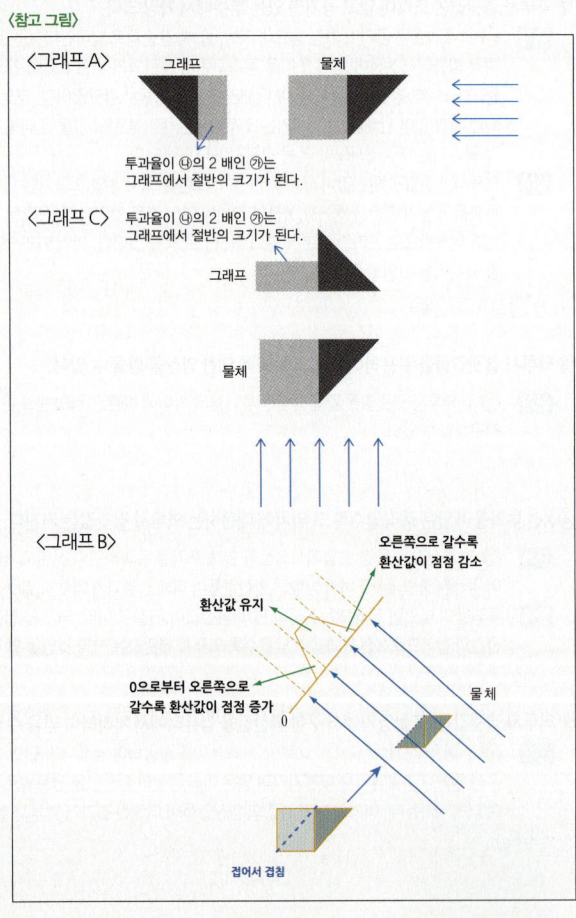

〈그래프 A〉 그래프 물체
투과율이 ㉯의 2 배인 ㉮는 그래프에서 절반의 크기가 된다.

〈그래프 C〉 투과율이 ㉯의 2 배인 ㉮는 그래프에서 절반의 크기가 된다.
그래프 물체

〈그래프 B〉
오른쪽으로 갈수록 환산값이 점점 감소
환산값 유지
0으로부터 오른쪽으로 갈수록 환산값이 점점 증가
물체
접어서 겹침

투과율이 높다는 것은 감쇄량이 적다는 것이고, 이는 환산값이 작다는 것을 의미한다. 반대로 투과율이 낮으면 감쇄량은 많아지고 환산값이 커진다. B의 그래프에는 'B 방향에서 구한 환산값의 크기'가 순서대로 반영되어야 하는데, ㉮의 투과율이 ㉯의 2 배이므로 환산값은 ㉯가 ㉮의 2 배가 될 것임을 알 수 있다. 또한 A와 C를 통해 공기 중의 환산값은 0임을 확인할 수 있다.

㉮를 ◩ 의 점선을 따라 삼각형 모양으로 접어서 두 겹으로 겹치면 (◥) ㉯의 두께와 같아지고 환산값도 2 배가 되므로 ㉯와 환산값이 같아질 것이다.

결과적으로 물체 ◩ 의 환산값은 ◪ 모양의 환산값과 같게 된다. 먼저 물체의 왼쪽은 공기만 투과되는 구간으로, 환산값은 0이다. 이후 물체가 점점 두꺼워지므로 환산값도 점차 증가하고, ◪ 의 평평한 부분을 지날 때에는 환산값이 일정하게 유지되다가 물체의 두께가 점점 얇아지면서 환산값도 점점 감소하게 된다. 마지막으로 물체의 오른쪽은 다시 공기만 투과되는 구간이므로 환산값이 0이 된다. 이 과정을 그래프에 대응시키면 '0 → 높아짐 → 유지 → 낮아짐 → 0'의 형태의 그래프가 그려진다. 따라서 정답은 ①번이다.

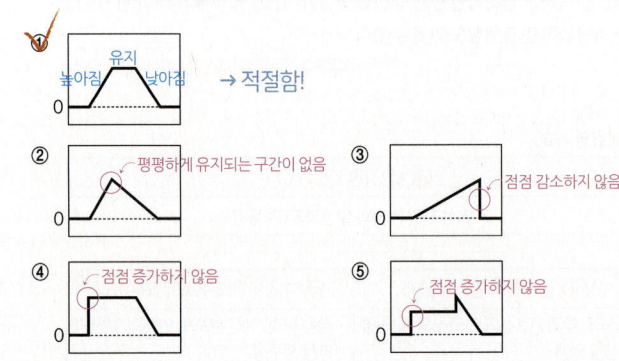

① 높아짐 유지 낮아짐 → 적절함!
② 평평하게 유지되는 구간이 없음
③ 점점 감소하지 않음
④ 점점 증가하기 않음
⑤ 점점 증가하지 않음

[122~125] 다음 글을 읽고 물음에 답하시오.

1 [1]자동차에서 배출되는(排出-, 안에서 밖으로 내보내지는) 오염 물질로 인한 대기 오염 및 기후 변화 문제가 심각해지면서 세계 각국(各國, 각 나라)은 온실가스(溫室gas, 지구 대기를 오염시켜 온실 효과를 일으키는 이산화탄소, 메탄 등의 가스)의 배출 억제(抑制, 억눌러 그치게 함)를 위해 자동차 분야 규제(規制, 규칙으로 일정한 한도를 정하고 이를 넘지 못하게 막음)를 강화하고 있어 오염 물질의 배출이 적은 친환경(親環境, 자연환경을 오염하지 않고 자연 그대로의 환경과 잘 어울리는)차가 주목을 ㉮받고 있다.

→ 친환경차가 주목을 받게 된 배경

2 [1]친환경차에는 전기차, 수소전기차, 하이브리드차가 있는데 이(전기차, 수소전기차, 하이브리드차) 중 ㉠ 전기차와 수소전기차는 전기에너지를 운동에너지로 변환하여(變換-, 바꾸어) 주는 모터만으로 구동되고(驅動-, 동력의 힘으로 움직여지고), ㉡ 하이브리드차는 모터와 함께 ㉢ 내연기관차(內燃機關車, 가솔린 등의 연료가 기관 내부에서 폭발하여 연소하는 내연기관을 원동기로 하는 차량)처럼 연료(燃料, 연소하여 열, 빛, 동력 에너지를 얻을 수 있는 물질)를 연소시킬(燃燒-, 산소와 반응하여 높은 열과 많은 빛을 내게 할) 때 발생하는 열에너지를 운동에너지로 바꿔 주는 엔진을 사용하여 구동된다. [2]내연기관차는 마찰 제동장치(制動裝置, 속도를 조절하기 위한 장치)를 사용하므로 차가 감속할(減速-, 속도를 줄일) 때 운동에너지가 열에너지로 변환된 후 사라지는 반면, 친환경차는 감속 시 운동에너지를 전기에너지로 변환하여 배터리에 충전해 다시 사용할 수 있게 하는 회생(回生, 사라져 가던 상태에서 다시 살아남) 제동장치도 사용해 에너지 효율을 높이고 있다.

→ 친환경차의 구동 및 제동 방식

3 [1]하이브리드차는 출발할 때에는 전기에너지를 이용하여 모터를 구동하고 주행 시(走行時, 달릴 때)에는 주행 상황에 따라 모터와 엔진을 적절히 이용하므로 일반 내연기관차보다 연비(燃費, 단위 주행 거리 또는 단위 시간당 소비하는 연료의 양)가 좋고 배기가스(排氣gas, 연소 장치 등에서 배출되는 가스로, 일산화탄소 등의 해로운 성분이 포함

되어 있어 도시 공해의 원인이 됨)가 저감되는(低減-, 줄어드는) 효과가 있다. [2]전기차와 수소전기차는 엔진 없이 모터를 사용해 전기에너지만으로 달리는 차라 할 수 있다. [3]전기차는 고전압(高電壓, 높은 전압) 배터리에 충전을 해 전기에너지를 모터로 공급하여 움직이고, 수소전기차는 연료 탱크에 저장된 수소를 연료전지를 통해 전기에너지로 변환하여 동력원(動力源, 동력의 근원이 되는 에너지)으로 사용한다. [4]연료전지는 차량 구동에 필요한 수준의 전기에너지를 발전시키기 위해 다수의 연료전지를 직렬(直列, 일렬로 연결하는 일)로 연결하여 가로로 쌓아 만드는데 이(다수의 연료전지를 직렬로 연결하여 가로로 쌓아 만든 것)를 스택(stack)이라 한다. [5]연료전지는 저장된 수소와 외부로부터 공급되는 공기 속 산소가 만나 일어나는 산화·환원 반응 과정을 통해 전기에너지를 생성하는데, 산화란 어떤 물질이 전자를 내어 주는 것을, 환원이란 전자를 받아들이는 것을 의미한다. [6]이렇게 물질이 전자를 얻거나 잃는 것을 이온화라고도 하는데 물질이 전자를 얻으면 음이온이, 전자를 잃으면 양이온이 된다.

→ 친환경차의 주행에 사용되는 동력원

4 [1]수소전기차에는 백금(白金, 산화·환원의 촉매로 쓰이거나 장식품, 화학 기계, 전극 등으로 쓰이는 은백색의 금속 원소)을 넣은 촉매(觸媒, 자신은 변화하지 않으면서 다른 물질의 화학 반응을 매개하여 반응 속도를 빠르게 하거나 늦추는 물질)와 고분자전해질막을 지닌 연료전지를 많이 사용하는데 다른 연료전지에 비해 출력(出力, 외부에 공급하는 힘)이 크고 저온에서도 작동이 되며 구조도 간단하다. [2]연료전지의 -극과 +극에 사용되는 촉매 속에 들어있는 백금은 -극에서는 수소의 산화 반응을, +극에서는 산소의 환원 반응을 활성화한다.(活性化-, 활발하게 일어나게 한다.) [3]그리고 두 극 사이에 있는 고분자전해질막은 양이온의 이동은 돕고 음이온과 전자의 이동을 억제하는(抑制-, 억눌러 그치게 하는) 역할을 한다.

→ 수소전기차에 많이 사용되는 연료전지의 특성

5 [1]연료전지에서 전기에너지가 생성되는 과정은 수소를 저장한 연료 탱크로부터 수소가 -극으로, 공기공급기로 유입되는(流入-, 흘러들게 되는) 외부의 공기 속 산소가 +극으로 공급되며 시작된다. [2]-극에 공급된 수소는 촉매 속 백금에 의해 수소 양이온(H^+)과 전자(e^-)로 분리되고, 수소 양이온은 고분자전해질막을 통과해 +극으로, 전자는 외부 회로를 통해 +극으로 이동한다. [3]이렇게 전자가 외부 회로로 흐르며 전기에너지가 발생하는데, 생성된 전기에너지는 모터로 전해져 동력원이 되고 일부는 배터리에 축전된다.(蓄電-, 전기가 모아지게 된다.) [4]+극에서는 공급된 산소가 외부 회로를 통해 이동해 온 전자(e^-)와 결합해 산소 음이온(O^-)이 된 후, 수소 양이온(H^+)과 만나 물(H_2O)이 되어 외부로 배출된다.

→ 수소전기차의 연료전지에서 전기에너지가 생성되는 과정

6 [1]수소전기차에 사용되는 수소는 가솔린(gasoline, 자동차나 비행기 등의 연료로 쓰이는, 석유의 휘발 성분을 이루는 무색 투명한 액체)의 세 배나 되는 단위질량당 에너지 밀도를 지니고 있어 에너지 효율(energy效率, 에너지가 전환되는 과정에서 유효한 에너지의 양이 어느 정도인지를 나타내는 것)이 높다. [2]그리고 수소와 산소의 반응을 이용하므로 오염 물질이나 온실가스의 배출이 적고 외부로부터 공급되는 공기를 필터(filter, 이물질을 걸러 내는 장치)로 정화하여(淨化-, 더러운 것을 깨끗하게 하여) 사용한 후 배출하므로 공기를 정화하는 기능도 한다. [3]그러나 고가(高價, 비싼 가격)인 백금과 고분자전해질막을 사용해 연료전지를 제작해 가격이 비싸다는 점, 수소는 고압(高壓, 높은 압력)으로 압축해야(壓縮-, 압력을 가하여 부피를 줄여야) 하므로 폭발할 위험성이 커 보관과 이동에 어려움이 있다는 점 등 해결해야 할 문제들이 남아 있다.

→ 수소전기차의 장단점

■지문 이해
〈수소전기차를 중심으로 살펴본 친환경차의 성질〉

❶ 친환경차가 주목을 받게 된 배경
- 자동차에서 배출되는 오염 물질로 인한 대기 오염 및 기후 변화 문제가 심각해짐
  → 온실가스의 배출 억제를 위해 오염 물질의 배출이 적은 친환경차가 주목받음

❷ 친환경차의 구동 및 제동 방식
- 전기차, 수소전기차 : 전기에너지를 운동에너지로 변환해 주는 모터로 구동
- 하이브리드차 : 모터와 열에너지를 운동에너지로 바꿔 주는 엔진을 사용해 구동
- 마찰 제동장치를 사용하는 내연기관차와 달리, 친환경차는 회생 제동장치를 사용하여 에너지 효율을 높임

❸ 친환경차의 주행에 사용되는 동력원
- 하이브리드차 : 출발 시 전기에너지를 이용해 모터 구동, 주행 시 모터와 엔진을 적절히 이용 → 내연기관차보다 연비가 좋고 배기가스가 저감됨
- 전기차 : 고전압 배터리에 충전해 전기에너지를 모터로 공급하여 움직임
- 수소전기차
  - 연료 탱크에 저장된 수소를 연료전지를 통해 전기에너지로 변환해 동력원으로 사용함 ← 연료전지는 산화·환원 반응 과정(이온화)을 통해 전기에너지 생성
  - 다수의 연료전지를 직렬로 연결하여 가로로 쌓아 만든 '스택'을 사용함

수소전기차

❹ 수소전기차에 많이 사용되는 연료전지의 특성
- 백금을 넣은 촉매와 고분자전해질막을 지닌 연료전지를 사용 : 출력이 크고, 저온에서도 작동하며, 구조도 간단함
- 백금 : 촉매 속에서 -극에서 수소, +극에서 산소의 이온화를 촉진함
- 고분자전해질막 : 두 극 사이에서 양이온의 이동을 돕고, 음이온과 전자의 이동을 억제함

❺ 수소전기차의 연료전지에서 전기에너지가 생성되는 과정
① 연료 탱크에서 수소가 -극으로, 외부의 공기 속 산소가 +극으로 공급됨
② -극에 공급된 수소가 촉매 속 백금에 의해 수소 양이온과 전자로 분리됨
③ 수소 양이온은 고분자전해질막을 통과해 +극으로, 전자는 외부 회로를 통해 +극으로 이동함
④ 전자가 외부 회로로 흐르며 생성된 전기에너지가 모터로 전해져 동력원이 되거나 배터리에 축전됨
⑤ +극으로 이동해 온 전자는 산소와 결합해 산소 음이온이 되고, 그 후 수소 양이온과 만나 물이 되어 배출됨

❻ 수소전기차의 장단점
- 에너지 효율이 높으며, 오염 물질과 온실가스의 배출이 적고 공기를 정화하는 기능도 함
- 고가인 백금, 고분자전해질막을 사용해 연료전지를 제작하여 가격이 비싸며, 수소를 고압으로 압축해야 하므로 보관과 이동에 어려움이 있음

---

122 | 세부 정보 이해 - 적절하지 않은 것 고르기 2021년 9월 학평 38번 정답률 80% | 정답 ③

윗글에 대해 이해한 내용으로 적절하지 않은 것은?

① 고압으로 압축한 수소는 폭발할 위험이 크니 보관이나 이동에 어려움이 많겠군.
  근거 **❻**-3 수소는 고압으로 압축해야 하므로 폭발할 위험성이 커 보관과 이동에 어려움이 있다는 점
  → 적절함!

② 수소전기차는 공급되는 외부 공기를 필터로 걸러 사용하므로 정화된 공기가 배출되겠군.
  근거 **❻**-2 (수소전기차는) 외부로부터 공급되는 공기를 필터로 정화하여 사용한 후 배출하므로 공기를 정화하는 기능도 한다.
  → 적절함!

✓③ 수소가 연료로 쓰이는 이유는 가솔린보다 ~~에너지 효율은 낮지만~~ 친환경적이기 때문이겠군. *에너지 효율이 높고*
  근거 **❻**-1 수소전기차에 사용되는 수소는 가솔린의 세 배나 되는 단위질량당 에너지 밀도를 지니고 있어 에너지 효율이 높다.
  → 적절하지 않음!

④ 백금과 고분자전해질막을 대신할 *저가의 **원료를 개발한다면 연료전지의 가격을 낮출 수 있겠군. *低價, 싼 가격 **原料, 물건을 만드는 데 들어가는 재료
  근거 **❻**-3 고가인 백금과 고분자전해질막을 사용해 연료전지를 제작해 가격이 비싸다는 점, … 등 해결해야 할 문제들이 남아 있다.
  풀이 수소전기차에는 백금을 넣은 촉매와 고분자전해질막을 지닌 연료전지를 많이 사용하는데, 백금과 고분자전해질막은 고가이므로 연료전지의 가격이 비싸다는 문제가 있다. 백금과 고분자전해질막을 대신할 저가의 원료를 개발한다면, 연료전지의 가

III 과학, 기술

격을 낮출 수 있을 것이다.

→ 적절함!

⑤ **수소전기차를 구동할 수준의 전기에너지를 만들어 내려면 다수의 연료전지를 직렬로 연결해 만들어야겠군.**

근거 **③**-3~4 수소전기차는 연료 탱크에 저장된 수소를 연료전지를 통해 전기에너지로 변환하여 동력원으로 사용한다. 연료전지는 차량 구동에 필요한 수준의 전기에너지를 발전시키기 위해 다수의 연료전지를 직렬로 연결하여 가로로 쌓아 만드는데 이를 스택(stack)이라 한다.

→ 적절함!

---

123 자료 해석의 적절성 판단 - 적절하지 않은 것 고르기 2021년 9월 학평 39번
정답률 50%, 매력적 오답 ① 10% ② 15% ③ 15% ⑤ 10% | 정답 ④

〈보기〉는 수소전기차의 연료전지에서 전기에너지가 생성되는 과정을 *도식화한 것이다. 윗글을 바탕으로 〈보기〉를 이해한 내용으로 적절하지 않은 것은? *圖式化-, 그림이나 일정한 형식으로 만든 [3점]

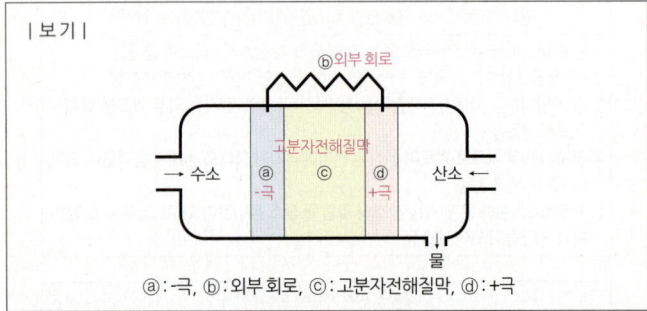

| 보기 |

ⓐ: -극, ⓑ: 외부 회로, ⓒ: 고분자전해질막, ⓓ: +극

① **ⓐ와 ⓓ에 들어 있는 금속은 각각 수소와 산소의 이온화를 촉진하겠군.**

근거 **③**-5~6 산화란 어떤 물질이 전자를 내어 주는 것을, 환원이란 전자를 받아들이는 것을 의미한다. 이렇게 물질이 전자를 얻거나 잃는 것을 이온화라고도 하는데, **④**-2 연료전지의 -극과 +극에 사용되는 촉매 속에 들어있는 백금은 -극에서는 수소의 산화 반응을, +극에서는 산소의 환원 반응을 활성화한다.

풀이 연료전지의 -극(ⓐ)과 +극(ⓓ)의 촉매 속에 들어 있는 백금은 -극에서는 수소의 산화 반응을, +극에서는 산소의 환원 반응을 활성화한다. 이때 산화는 물질이 전자를 잃는 것을, 환원은 물질이 전자를 얻는 것을 각각 의미하며, 물질이 전자를 얻거나 잃는 것을 이온화라고 한다. 따라서 -극(ⓐ)과 +극(ⓓ)에 들어 있는 백금이 -극에서는 수소의 이온화를, +극에서는 산소의 이온화를 촉진한다는 설명은 적절하다.

→ 적절함!

② **ⓑ를 통해 전자가 흘러가는 이유는 ⓒ가 전자의 이동을 억제하기 때문이겠군.**

근거 **④**-3 두 극 사이에 있는 고분자전해질막은 양이온의 이동은 돕고 음이온과 전자의 이동은 억제하는 역할을 한다. **⑤**-2 수소 양이온은 고분자전해질막을 통과해 +극으로, 전자는 외부 회로를 통해 +극으로 이동한다.

풀이 수소전기차의 연료전지에서 전자는 외부 회로(ⓑ)를 통해 +극으로 흘러가는데, 그 이유는 두 극 사이에 있는 고분자전해질막(ⓒ)이 전자의 이동을 억제하는 역할을 하기 때문이다.

→ 적절함!

③ **ⓒ를 통과하여 ⓓ로 이동하는 수소 양이온은 ⓐ에서 전자를 잃은 수소이겠군.**

근거 **⑤**-2 -극에 공급된 수소는 촉매 속 백금에 의해 수소 양이온(H⁺)과 전자(e⁻)로 분리되고, 수소 양이온은 고분자전해질막을 통과해 +극으로, 전자는 외부 회로를 통해 +극으로 이동한다.

풀이 -극(ⓐ)에 공급된 후 전자와 분리된 수소 양이온은 고분자전해질막(ⓒ)을 통과해 +극(ⓓ)으로 이동한다.

→ 적절함!

④✓ **ⓐ와 ⓓ에서 분리된 전자는 ⓑ에서 만나 전기에너지를 생성하겠군.** ~~ⓐ에서~~ ~~ⓑ로 흐르며~~

근거 **⑤**-2~4 -극에 공급된 수소는 촉매 속 백금에 의해 수소 양이온(H⁺)과 전자(e⁻)로 분리되고, … 전자는 외부 회로를 통해 +극으로 이동한다. 이렇게 전자가 외부 회로로 흐르며 전기에너지가 발생하는데, … +극에서는 공급된 산소가 외부 회로를 통해 이동해 온 전자(e⁻)와 결합해 산소 음이온(O⁻)이 된 후

풀이 -극(ⓐ)에서 '분리'된 전자가 외부 회로(ⓑ)로 흐르면서 전기에너지가 발생하며, 외부 회로를 통해 +극(ⓓ)으로 이동해 온 전자는 산소와 '결합'한다. 즉 ⓐ에서 분리된 전자

가 ⓑ에서 전기에너지를 생성하는 것은 맞지만, ⓓ에서는 전자가 분리되지 않는다. 따라서 ⓐ와 ⓓ에서 분리된 전자가 ⓑ에서 만나 전기에너지를 생성한다는 설명은 적절하지 않다.

→ 적절하지 않음!

⑤ **ⓓ에서는 수소 양이온과 산소 음이온이 결합하여 물이 생성되겠군.**

근거 **⑤**-4 +극(ⓓ)에서는 공급된 산소가 외부 회로를 통해 이동해 온 전자(e⁻)와 결합해 산소 음이온(O⁻)이 된 후, 수소 양이온(H⁺)과 만나 물(H₂O)이 되어 외부로 배출된다.

→ 적절함!

---

124 핵심 개념 파악 - 적절하지 않은 것 고르기 2021년 9월 학평 40번
정답률 45%, 매력적 오답 ③ 15% ⑤ 25% | 정답 ①

㉠~㉢에 대한 이해로 적절하지 않은 것은?

㉠ 전기차와 수소전기차   ㉡ 하이브리드차   ㉢ 내연기관차

①✓ **㉠은 ㉡, ㉢과 달리 연료 탱크를 제작할 필요가 없다.**

근거 **③**-3 수소전기차는 연료 탱크에 저장된 수소를 연료전지를 통해 전기에너지로 변환하여 동력원으로 사용한다.

풀이 윗글에서 ㉠ 중 수소전기차가 '연료 탱크에 저장된' 수소를 연료전지를 통해 전기에너지로 변환하여 동력원으로 사용한다는 것을 알 수 있다. 따라서 ㉠이 연료 탱크를 제작할 필요가 없다는 설명은 적절하지 않다.

→ 적절하지 않음!

② **㉡은 ㉠에 쓰이는 모터와 ㉢에 쓰이는 엔진을 주행 상황에 따라 이용한다.**

근거 **②**-1 전기차와 수소전기차는 전기에너지를 운동에너지로 변환하여 주는 모터만으로 구동되고, 하이브리드차는 모터와 함께 내연기관차처럼 연료를 연소시킬 때 발생하는 열에너지를 운동에너지로 바꿔 주는 엔진을 사용하여 구동된다.

풀이 하이브리드차(㉡)는 전기차와 수소전기차(㉠)처럼 모터를 사용하여 구동되기도 하고, 내연기관차(㉢)처럼 엔진을 사용하여 구동되기도 한다.

→ 적절함!

③ **㉢은 ㉠, ㉡과 달리 감속할 때 발생하는 에너지를 자동차의 주행에 활용하지 못한다.**

근거 **②**-1~2 친환경차에는 전기차, 수소전기차, 하이브리드차가 있는데 … 내연기관차는 … 차가 감속할 때 운동에너지가 열에너지로 변환된 후 사라지는 반면, 친환경차는 감속 시 운동에너지를 전기에너지로 변환하여 배터리에 충전해 다시 사용할 수 있게 하는 회생 제동장치도 사용해 에너지 효율을 높이고 있다.

풀이 친환경차인 전기차와 수소전기차(㉠), 하이브리드차(㉡)는 감속할 때 운동에너지를 전기에너지로 변환하여 다시 사용할 수 있다. 반면 내연기관차(㉢)는 감속할 때 발생하는 운동에너지가 열에너지로 변환된 후 사라지므로, 감속할 때 발생하는 에너지를 자동차의 주행에 활용하지 못한다.

→ 적절함!

④ **㉠, ㉡은 ㉢에 비해 배출되는 오염 물질과 온실가스의 양이 적다.**

근거 **❶**-1 오염 물질의 배출이 적은 친환경차, **②**-1 친환경차에는 전기차, 수소전기차, 하이브리드차가 있는데, **③**-1 하이브리드차는 … 일반 내연기관차보다 연비가 좋고 배기가스가 저감되는 효과가 있다, **⑥**-2 (수소전기차는) 오염 물질이나 온실가스의 배출이 적고

→ 적절함!

⑤ **㉠, ㉡은 ㉢과 달리 전기에너지를 운동에너지로 변환하여 출발한다.**

근거 **②**-1 전기차와 수소전기차는 전기에너지를 운동에너지로 변환하여 주는 모터만으로 구동되고, **③**-2 전기차와 수소전기차는 엔진 없이 모터를 사용해 전기에너지만으로 달리는 차, **③**-1 하이브리드차는 출발할 때에는 전기에너지를 이용하여 모터를 구동, **②**-1 내연기관차처럼 연료를 연소시킬 때 발생하는 열에너지를 운동에너지로 바꿔 주는 엔진을 사용

풀이 전기차와 수소전기차는 엔진 없이 전기에너지를 운동에너지로 변환하여 주는 모터를 사용해 달린다. 또 하이브리드차는 출발할 때 전기에너지를 이용하여 모터를 구동한다. 반면 내연기관차는 열에너지를 운동에너지로 바꿔 주는 엔진을 사용하여 구동된다. 즉 열에너지를 운동에너지로 변환하여 출발하는 내연기관차(㉢)와 달리, 전기차와 수소전기차(㉠), 하이브리드차(㉡)는 전기에너지를 운동에너지로 변환하여 출발한다.

→ 적절함!

125 | 문맥적 의미 파악 - 적절한 것 고르기 | 2021년 9월 학평 41번 | 정답 ③
정답률 85%

문맥상 ㉠와 가장 가까운 의미로 쓰인 것은?

> 친환경차가 주목을 ㉠<u>받고</u> 있다.

풀이 ㉠에서 '받다'는 문맥상 '다른 사람이나 대상이 가하는 행동, 심리적인 작용 따위를 당하거나 입다'의 의미로 쓰였다.

① 회사의 미래를 위해 신입 사원을 <u>받아야</u> 하겠군.

　풀이 '사람을 맞아들이다'의 의미이다.

　예문 그들은 기쁜 마음으로 손님을 <u>받았다</u>.

　→ 적절하지 않음!

② 네가 원하는 요구 조건은 무엇이든지 <u>받아</u> 주겠다.

　풀이 '다른 사람의 어리광, 주장 따위에 무조건 응하다'의 의미이다.

　예문 그는 아이의 어리광을 <u>받아</u> 주었다.

　→ 적절하지 않음!

③ 그 아이는 막내로 태어나 집에서 귀염을 <u>받고</u> 자랐다.

　풀이 '다른 사람이나 대상이 가하는 행동, 심리적인 작용 따위를 당하거나 입다'의 의미이다.

　예문 학교에서 싸운 두 친구는 벌을 <u>받았다</u>.

　→ 적절함!

④ 그는 좌회전 신호를 <u>받고</u> 천천히 차의 속도를 높였다.

　풀이 '요구, 신청, 질문, 공격, 도전, 신호 따위의 작용을 당하거나 거기에 응하다'의 의미이다.

　예문 내일까지 서류를 제출하라는 학교의 통고를 <u>받았다</u>.

　→ 적절하지 않음!

⑤ 예전에는 빗물을 큰 물통에 <u>받아</u> 빨래하는 데 쓰기도 했다.

　풀이 '흐르거나 쏟아지거나 하는 것을 그릇 따위에 담기게 하다'의 의미이다.

　예문 그는 따끈한 목욕물을 욕조에 <u>받았다</u>.

　→ 적절하지 않음!

[126~128] 다음 글을 읽고 물음에 답하시오.

1 ¹전기레인지(電氣range, 전기를 연료로 사용하여 요리를 만드는 기구)는 용기(容器, 물건을 담는 그릇)를 가열하는(加熱-, 열을 가하는) 방식에 따라 하이라이트 레인지와 인덕션 레인지로 나눌 수 있다. ²하이라이트 레인지는 상판(上-, 위쪽 판) 자체를 가열해서 열을 발생시키는 ㉠ 직접 가열 방식이고, 인덕션 레인지는 상판을 가열하지 않고 전자기유도 현상을 통해 용기에 자체적으로(自體的-, 그 물체에 의한, 스스로) 열을 발생시키는 ㉡ 유도 가열 방식이다.

→ **용기 가열 방식에 따른 전기레인지의 구분**
： 하이라이트 레인지와 인덕션 레인지

2 ¹하이라이트 레인지는 주로 니크롬(nichrome, 니켈과 크롬을 섞어 만든, 전기 저항이 높은 금속)으로 만들어진 열선(熱線, 열을 가하는 금속 선)을 원형으로 배치하고(配置-, 일정한 자리에 알맞게 두고) 열선의 열을 통해 그(열선) 위의 세라믹글라스(ceramics glass, 고온에서 구워 만든 유리) 판을 직접 가열한다. ²이렇게(열선의 열을 통해 그 위의 판을 직접 가열하여) 발생한 열이 용기에 전달되어 음식을 조리할 수 있게 된다. ³하이라이트 레인지는 비교적 다양한 소재의 용기를 쓸 수 있지만 에너지 효율(energy效率, 투입한 에너지에 비해 이용할 수 있는 에너지의 비율)이 낮아 조리 속도가 느리고 상판의 잔열(殘熱, 남은 열)로 인한 화상의 우려가 있다.

→ **하이라이트 레인지의 가열 방식과 장단점**

3 ¹인덕션 레인지는 표면(表面, 가장 윗부분)이 세라믹글라스 판으로 되어 있고 그(세라믹글라스 판) 밑에 나선형(螺旋形, 소라 껍데기처럼 빙빙 비틀려 돌아간 모양) 코일(coil, 나사 모양이나 원통형으로 여러 번 감아, 전기의 양극을 이어 전류를 통하게 하는 쇠붙이 줄)이 설치되어 있다. ²전원이 켜지면 코일에 2만 Hz 이상의 고주파(高周波, 1초 동안에 전류의 방향이 바뀌는 횟수가 많은 전자기파) 교류 전류(交流電流, 일정한 시간마다 흐름의 방향

이 바뀌는 전류)가 흐르면서 그(코일에 흐르는 고주파 교류 전류) 주변으로 1 초에 2만 번 이상 방향이 바뀌는 교류 자기장(交流磁氣場, 방향이 바뀌는, 자기력이 작용하는 공간)이 발생하게 되고, 그(교류 자기장) 위에 도체(導體, 열이나 전기를 잘 전달하는 물체)인 냄비를 놓으면 교류 자기장에 의해 냄비 바닥에는 수많은 폐회로*가 생겨나며 그 회로(냄비 바닥에 생겨난 폐회로) 속에 소용돌이 형태의 유도 전류(誘導電流, 주위의 자기장 변화에 의해 발생하는 전류)인 맴돌이전류가 발생한다. ³이때 흐르는 맴돌이전류가 냄비 소재의 저항(抵抗, 도체에 전류가 흐르는 것을 방해하는 작용)에 부딪혀 줄열 효과*가 나타나게 되고 이(줄열 효과)에 의해 냄비에 열이 발생하게 되는데, 이때(냄비에 열이 발생할 때) 맴돌이전류의 세기는 나선형 코일에 흐르는 전류의 세기에 비례한다.(코일에 흐르는 전류의 세기가 커지는 만큼 맴돌이전류의 세기도 커진다.)

→ **인덕션 레인지의 가열 방식**

4 ¹인덕션 레인지의 가열 원리는 강자성체(強磁性體, 외부 자기장에 의해 강하게 자화되어 자기장을 없앤 후에도 오래 자성이 남아있는 물질)의 자기(磁氣, 자석의 성질) 이력(履歷, 지내온 경로) 현상과도 관련이 있다. ²일반적으로 물체는 자기장의 영향을 받으면 자석의 성질을 갖게 되는데 이것(자기장의 영향을 받아 자석의 성질을 갖는 것)을 자화(磁 자석 자 化 되다 화)라고 하며, 자화된 물체를 자성체라고 한다. ³자성체의 자화 세기는 물체에 가해 준 자기장의 세기에 비례하여 커지다가 일정값 이상으로는 더 이상 커지지 않는데, 이(자화 세기가 더 이상 커지지 않는 것)를 자기 포화(飽和, 더 이상 채울 수 없을 만큼 가득 채움) 상태라고 한다. ⁴이때(자기 포화 상태에서) 물체에 가해 준 자기장의 세기를 줄이면 자화의 세기도 줄어들기 시작하며, 외부의 자기장이 사라지면 자석의 성질도 사라진다. ⁵그런데 강자성체의 경우에는 외부 자기장의 세기가 줄어들어도 자화의 세기가 상대적으로(相對的-, 외부 자기장의 세기가 줄어드는 속도보다) 천천히 줄어들게 되고 외부 자기장이 사라져도 어느 정도 자화된 상태를 유지하게 되는데, 이(강자성체의 경우 외부 자기장의 세기가 줄어드는 것보다 천천히 자화의 세기가 줄어들고, 외부 자기장이 사라져도 자화된 상태를 유지하는 것)를 자기 이력 현상이라고 하며 자성체에 남아 있는 자화의 세기를 잔류(殘類, 남은) 자기라고 한다. ⁶그리고 처음에 가해 준 외부 자기장의 역방향(逆方向, 반대 방향)으로 일정 세기의 자기장을 가해 주면 자화의 세기가 0이 되고, 자기장을 더 세게 가해 주면 반대쪽으로 커져 자기 포화 상태가 된다. ⁷이러한 과정을 반복하면 자기장의 세기에 따른 자화의 세기는 일정한 곡선을 그리게 되는데 이를 자기 이력 곡선이라고 한다. ⁸이(자기 이력 곡선을 그리는) 과정에서 자기에너지는 열에너지로 전환되어(轉換-, 바뀌어) 자성체의 온도를 높이는데, 이때(자기에너지가 열에너지로 전환될 때) 발생하는 열에너지는 자기 이력 곡선의 내부 면적과 비례한다. ⁹만약 인덕션에 사용하는 냄비의 소재가 강자성체인 경우, 자기 이력 현상으로 인해 냄비에 추가로 열이 발생하게 된다.

→ **강자성체의 자기 이력 현상과 관련된 인덕션 레인지의 가열 원리**

5 ¹이러한 가열 방식(유도 가열 방식) 때문에 인덕션 레인지는 음식 조리에 필요한 열을 낼 수 있도록 소재의 저항이 크면서 강자성체인 용기를 사용해야 한다는 제약(制約, 제한되는 조건)이 있다. ²또한 고주파 전류를 사용하기 때문에 조리 시 전자파에 대한 우려도 있다. ³하지만 직접 가열 방식보다 에너지 효율이 높아 순식간(瞬息間, 아주 짧은 동안)에 용기가 가열되기 때문에 상대적으로 빠르게 음식을 조리할 수 있다. ⁴그리고 무엇보다 상판이 직접 가열되지 않기 때문에 발화(發火, 불이 일어나게 됨)에 의한 화재의 가능성이 매우 낮고, 뜨거운 상판에 의한 화상 등의 피해로부터 비교적 안전하다는 장점이 있다.

→ **인덕션 레인지의 장단점**

* 폐회로 : 전류가 흐를 수 있도록 구성된 회로
* 줄열 효과 : 도체에 전류를 흐르게 했을 때 도체의 저항 때문에 열에너지가 증가하는 현상

〈하이라이트 레인지와 인덕션 레인지의 가열 방식과 장단점〉

❶ 용기 가열 방식에 따른 전기레인지의 구분
- 직접 가열 방식 : 상판 자체를 가열해서 열을 발생시킴. 하이라이트 레인지
- 유도 가열 방식 : 상판을 가열하지 않고 전자기유도 현상을 통해 용기에 자체적으로 열을 발생시킴. 인덕션 레인지

❷ 하이라이트 레인지의 가열 방식과 장단점
- 원형으로 배치한 니크롬 열선의 열을 통해 세라믹글라스 상판을 직접 가열하여 발생한 열이 용기에 전달되어 음식을 조리함
- 장점 : 다양한 소재의 용기 사용이 가능함
- 단점 : 에너지 효율이 낮아 조리 속도가 느리고 화상의 우려가 있음

❸ 인덕션 레인지의 가열 방식
- 전원이 켜지면 코일에 고주파 교류 전류가 흘러 그 주변에 교류 자기장이 발생하고, 그 위의 냄비 바닥에 폐회로가 생겨나 회로 속에 맴돌이전류가 발생함 → 맴돌이전류가 냄비 소재의 저항에 부딪혀 나타난 줄열 효과에 의해 냄비에 열이 발생함

❹ 강자성체의 자기 이력 현상과 관련된 인덕션 레인지의 가열 원리
- 인덕션에 사용하는 냄비의 소재가 강자성체인 경우, 자기 이력 현상으로 인해 냄비에 추가로 열이 발생함

❺ 인덕션 레인지의 장단점
- 단점 : 소재의 저항이 크고 강자성체인 용기를 사용해야 하며, 전자파에 대한 우려가 있음
- 장점 : 용기 가열 속도가 빨라 조리 속도가 빠르고, 화재 가능성과 화상의 피해로부터 비교적 안전함

---

④ ㉠은 ㉡과 달리 빠른 시간 안에 용기를 가열할 수 있다.

근거 ❷-3 (직접 가열 방식의) 하이라이트 레인지는 … 조리 속도가 느리고, ❺-3 (유도 가열 방식의 인덕션 레인지는) 직접 가열 방식보다 에너지 효율이 높아 순식간에 용기가 가열되기 때문에 상대적으로 빠르게 음식을 조리할 수 있다.

→ 적절하지 않음!

(㉡은 ㉠과 달리)

⑤ ㉡은 ㉠보다 사용할 수 있는 용기 소재에 제약이 많다.

근거 ❷-3 (직접 가열 방식의) 하이라이트 레인지는 비교적 다양한 소재의 용기를 쓸 수 있지만, ❺-1 (유도 가열 방식의) 인덕션 레인지는 음식 조리에 필요한 열을 낼 수 있도록 소재의 저항이 크면서 강자성체인 용기를 사용해야 한다는 제약이 있다.

→ 적절함!

127	자료 해석의 적절성 파악 – 적절하지 않은 것 고르기 2019년 9월 학평 25번 정답률 75%	정답 ③

윗글을 바탕으로 〈보기〉의 '전기레인지'를 이해한 내용으로 적절하지 않은 것은?

| 보 기 |

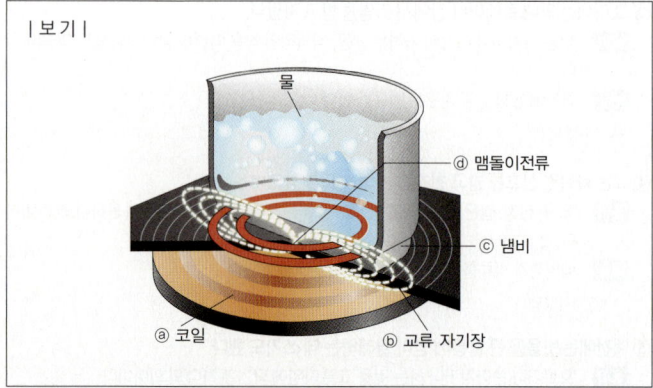

- 물
- ⓓ 맴돌이전류
- ⓒ 냄비
- ⓐ 코일
- ⓑ 교류 자기장

① ⓐ에 고주파 교류 전류가 흐르면 ⓑ가 만들어지는군.

근거 ❸-2 (인덕션 레인지의) 전원이 켜지면 코일(ⓐ)에 2만 Hz 이상의 고주파 교류 전류가 흐르면서 그 주변으로 1 초에 2만 번 이상 방향이 바뀌는 교류 자기장(ⓑ)이 발생하게 되고

→ 적절함!

② ⓑ의 영향을 받으면 ⓒ의 바닥에 ⓓ가 발생하는군.

근거 ❸-2 전원이 켜지면 코일에 … 고주파 교류 전류가 흐르면서 그 주변으로 … 교류 자기장(ⓑ)이 발생하게 되고, 그 위에 도체인 냄비(ⓒ)를 놓으면 교류 자기장(ⓑ)에 의해 냄비 바닥에는 수많은 폐회로가 생겨나며 그 회로 속에 소용돌이 형태의 유도 전류인 맴돌이전류(ⓓ)가 발생한다.

풀이 교류 자기장(ⓑ)의 영향을 받으면 냄비(ⓒ)의 바닥에 수많은 폐회로가 생겨나고, 그 회로 속에 맴돌이전류(ⓓ)가 발생한다.

→ 적절함!

(ⓐ에 흐르는 전류의 세기가)

③ ⓒ 소재의 저항이 커지면 ⓑ의 세기도 커지겠군.

근거 ❸-2~3 전원이 켜지면 코일(ⓐ)에 … 고주파 교류 전류가 흐르면서 그 주변으로 … 교류 자기장(ⓑ)이 발생하게 되고, 그 위에 도체인 냄비(ⓒ)를 놓으면 교류 자기장(ⓑ)에 의해 냄비 바닥에는 수많은 폐회로가 생겨나며 그 회로 속에 소용돌이 형태의 유도 전류인 맴돌이전류(ⓓ)가 발생한다. 이때 흐르는 맴돌이전류(ⓓ)가 냄비(ⓒ) 소재의 저항에 부딪혀 줄열 효과가 나타나게 되고 이에 의해 냄비(ⓒ)에 열이 발생하게 되는데, 이때 맴돌이전류(ⓓ)의 세기는 나선형 코일(ⓐ)에 흐르는 전류의 세기에 비례한다.

풀이 전원이 켜지면 코일에 교류 전류가 흐르면서 교류 자기장이 발생하고, 이 교류 자기장이 냄비 바닥에 폐회로를 생겨나게 하여 맴돌이전류를 발생하게 한다. 즉 코일에 흐르는 교류 전류가 교류 자기장에 영향을 미치고, 다시 교류 자기장이 맴돌이전류에 영향을 미치는 것이다. 따라서 교류 자기장(ⓑ)의 세기에 영향을 주는 것은 냄비 소재의 저항이 아닌 코일(ⓐ)에 흐르는 전류의 세기이다.

→ 적절하지 않음!

④ ⓓ의 세기는 ⓐ에 흐르는 전류의 세기에 비례하겠군.

근거 ❸-3 맴돌이전류(ⓓ)의 세기는 나선형 코일(ⓐ)에 흐르는 전류의 세기에 비례한다.

→ 적절함!

126	세부 정보 이해 – 적절한 것 고르기 2019년 9월 학평 24번 정답률 85%	정답 ⑤

㉠과 ㉡에 대한 설명으로 적절한 것은?

하이라이트 레인지 → ㉠ 직접 가열 방식 ㉡ 유도 가열 방식 ← 인덕션 레인지

(㉡)
① ㉠은 유도 전류를 이용하여 용기를 가열한다.

근거 ❷-1 하이라이트 레인지는 … 열선의 열을 통해 그 위의 세라믹글라스 판을 직접 가열, ❸-1~3 인덕션 레인지는 … 소용돌이 형태의 유도 전류인 맴돌이전류가 발생한다. 이때 흐르는 맴돌이전류가 … 냄비에 열이 발생

풀이 직접 가열 방식(㉠)의 전기레인지인 하이라이트 레인지는 상판 자체를 직접 가열하여 발생한 열이 용기에 전달된다. 유도 전류를 이용하여 용기를 가열하는 것은 직접 가열 방식(㉠)이 아니라 유도 가열 방식(㉡)이다.

→ 적절하지 않음!

(㉠)
② ㉡은 상판을 가열하여 그 열로 음식을 조리한다.

근거 ❶-2 하이라이트 레인지는 상판 자체를 가열해서 열을 발생시키는 직접 가열 방식, ❷-1~2 하이라이트 레인지는 … 열선의 열을 통해 그 위의 세라믹글라스 판을 직접 가열한다. 이렇게 발생한 열이 용기에 전달되어 음식을 조리

풀이 상판 자체를 직접 가열하여 발생한 열이 용기에 전달되어, 그 열로 음식을 조리하는 것은 직접 가열 방식(㉠)이다.

→ 적절하지 않음!

(㉡은 ㉠에 비해)
③ ㉠은 ㉡에 비해 상대적으로 화상의 위험이 적다.

근거 ❷-3 (직접 가열 방식의) 하이라이트 레인지는 … 상판의 잔열로 인한 화상의 우려가 있다, ❺-4 (유도 가열 방식의 인덕션 레인지는) 상판이 직접 가열되지 않기 때문에 … 뜨거운 상판에 의한 화상 등의 피해로부터 비교적 안전하다는 장점

→ 적절하지 않음!

⑤ ⓓ가 흐르면 ⓒ 소재의 저항에 의해 열이 발생하는군.

근거 ❸-3 맴돌이전류(ⓓ)가 냄비(ⓒ) 소재의 저항에 부딪혀 줄열 효과가 나타나게 되고 이에 의해 냄비에 열 발생

→ 적절함!

1등급 문제

128 추론의 적절성 파악 - 적절하지 않은 것 고르기 2019년 9월 학평 26번
정답률 45%, 매력적 오답 ① 10% ④ 30%

정답 ②

윗글을 바탕으로 〈보기〉를 이해한 내용으로 적절하지 않은 것은? [3점]

| 보기 |

아래 그림은 두 물체 A, B의 자기장의 세기에 따른 자화 세기의 변화를 나타낸 자기 이력 곡선이다.

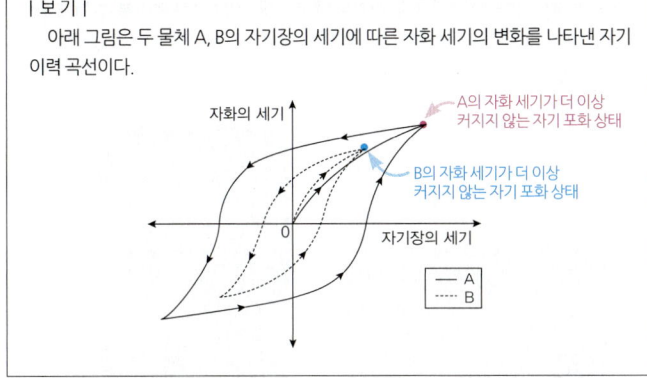

① 외부 자기장이 사라져도 자석의 성질을 지닌다는 점에서 A와 B는 모두 인덕션 레인지 용기의 소재로 *적합하겠군. *適合 - 알맞겠군.

근거 ❹-2 일반적으로 물체는 자기장의 영향을 받으면 자석의 성질을 갖게 되는데 이것을 자화라고 하며, ❹-5 강자성체의 경우에는 … 외부 자기장이 사라져도 어느 정도 자화된 상태를 유지하게 되는데, ❺-1 인덕션 레인지는 … 강자성체인 용기를 사용해야 한다

풀이 〈보기〉의 그래프에서 자기장의 세기가 0인(= 자기장이 사라진) 지점을 살펴보면 A, B 모두 자기장이 사라져도 자화된(= 자석의 성질을 갖는) 상태를 유지하고 있다. 따라서 이들 A, B는 강자성체라고 볼 수 있고, 인덕션 레인지 용기의 소재로 적합하다.

→ 적절함!

✓② A 소재의 용기 외부에 가해지는 자기장의 세기가 커질수록 발생하는 열에너지의 크기는 계속 증가하겠군.

근거 ❹-3 자성체의 자화 세기는 물체에 가해 준 자기장의 세기에 비례하여 커지다가 일정값 이상으로는 더 이상 커지지 않는데, 이를 자기 포화 상태라고 한다. ❹-8 자기에너지는 열에너지로 전환되어 자성체의 온도를 높이는데

풀이 A 소재의 용기 외부에 가해지는 자기장의 세기가 커질 때, A 소재의 용기의 자화 세기는 자기장의 세기에 비례하여 커지다가 자기 포화 상태에 이르면 더 이상 커지지 않는다. 따라서 자기에너지가 전환되어 발생하는 열에너지의 크기도 자기 포화 상태에 이르면 더 이상 증가하지 않을 것이다.

→ 적절하지 않음!

③ 인덕션 레인지의 전원을 차단했을 때 A 소재의 용기가 B 소재의 용기보다 잔류 자기의 세기가 더 크겠군.

근거 ❹-5 강자성체의 경우에는 외부 자기장의 세기가 줄어들어도 자화의 세기가 상대적으로 천천히 줄어들게 되고 외부 자기장이 사라져도 어느 정도 자화된 상태를 유지하게 되는데, 이를 자기 이력 현상이라고 하며 자성체에 남아 있는 자화의 세기를 잔류 자기라고 한다.

풀이 인덕션 레인지의 전원을 차단하면 외부 자기장이 사라진다. 〈보기〉의 그래프에서 자기장의 세기가 0인(= 자기장이 사라진) 지점을 살펴보면 A, B 모두 자기장이 사라져도 자화된 상태를 유지하고 있고, A가 B보다 자화의 세기가 크다. 따라서 자성체에 남아 있는 자화의 세기를 뜻하는 잔류 자기의 세기는 자성체에 남아 있는 자화의 세기가 더 큰 A 소재의 용기가 B 소재의 용기보다 더 클 것이다.

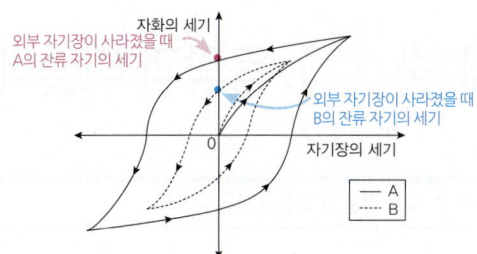

→ 적절함!

④ 용기의 잔류 자기를 제거하기 위해서는 B 소재의 용기보다 A 소재의 용기에 더 큰 세기의 자기장을 가해 주어야겠군.

근거 ❹-5~6 강자성체의 경우에는 … 외부 자기장이 사라져도 어느 정도 자화된 상태를 유지하게 되는데, 이를 자기 이력 현상이라고 하며 자성체에 남아 있는 자화의 세기를 잔류 자기라고 한다. 그리고 처음에 가해 준 외부 자기장의 역방향으로 일정 세기의 자기장을 가해 주면 자화의 세기가 0이 되고

풀이 용기의 잔류 자기를 제거하기 위해서는 역방향으로 자기장을 가해 자성체에 남아 있는 자화의 세기를 0으로 만들어야 한다. 〈보기〉 그래프에서 자기장의 세기를 나타내는 가로축을 살펴보면, A의 자화의 세기가 0이 되는 지점의 자기장의 크기가 B의 자화의 세기가 0이 되는 지점의 자기장의 크기보다 큰 것을 확인할 수 있다. 따라서 용기의 잔류 자기를 제거하기 위해서는 B 소재의 용기보다 A 소재의 용기에 더 큰 세기의 자기장을 가해 주어야 한다.

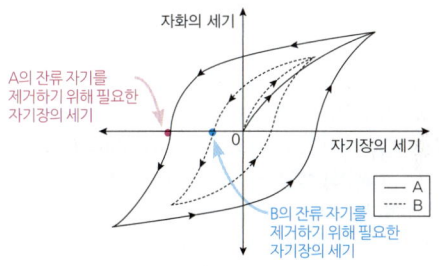

→ 적절함!

⑤ B 소재의 용기는 A 소재의 용기보다 자기장의 변화에 따라 발생하는 열에너지가 적겠군.

근거 ❹-8 자기에너지는 열에너지로 전환되어 자성체의 온도를 높이는데, 이때 발생하는 열에너지는 자기 이력 곡선의 내부 면적과 비례한다.

풀이 〈보기〉의 그래프에서 A와 B의 자기 이력 곡선의 내부 면적을 비교해 보면, A의 면적이 B의 면적보다 크므로, 발생하는 열에너지도 A가 B보다 큼을 알 수 있다.

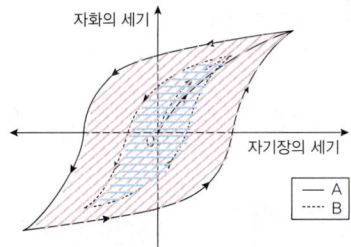

→ 적절함!

[001~004] 다음 글을 읽고 물음에 답하시오.

1 ¹20세기 초 유럽에서 일어난 과학 문명의 발전은 현실을 이루는 법칙을 하나씩 부정하였다. ²절대적이라고(絕對的-, 비교하거나 상대될 만한 것이 없다고) 믿어 왔던 시공간(時空間, 시간과 공간)마저 상대적인(相對的-, 서로 맞서거나 비교되는 관계에 있는) 것으로 밝혀지면서, 사람들은 기존에 당연시되어(當然視-, 당연한 것으로 여겨져) 온 인식(認識, 사물을 구별하여 가르고, 판단하여 앎)에 의문을 품었다. ³이(기존 인식에 대한 의문)는 서양의 회화(繪畫, 여러 가지 선이나 색채로 평면상에 형상을 그려 내는 조형 미술)에도 영향을 미쳐 큐비즘(cubism, 입체파)이라는 새로운 미술 양식(樣式, 시대나 부류에 따라 각기 독특하게 지니는 문학, 예술의 형식)을 탄생시켰다.

→ 큐비즘의 등장 배경

2 ¹큐비즘은 대상의 사실적 재현(再現, 다시 나타냄)에 집중했던 전통 회화와 달리, 대상의 본질(本質, 처음부터 가지고 있는 사물 그 자체의 성질이나 모습)을 구현하기(具現-, 구체적인 모습으로 뚜렷이 나타나게 하기) 위해 그 근원적(根源的, 비롯되는 근본) 형태를 그려 내는 것을 목표로 삼았다. ²이를 위해 대상의 본질과 관련 없는 세부적(細部的, 아주 작은 부분까지 세세한) 묘사를 배제하고(排除-, 받아들이지 않고 제외하고) 구(球, 공처럼 둥글게 생긴 모양)와 원기둥(圓-, 위와 아래에 있는 면이 서로 평행이고, 합동인 원으로 되어 있는 입체 도형) 등의 기하학적(幾何學的, 직선, 원, 다각형 등 기하학에 바탕을 둔) 형태로 대상을 단순화하여 질감(質感, 재질의 차이에서 받는 느낌)과 부피감(-感, 물건이 공간에서 차지하는 크기의 느낌)을 부각하였다.(浮刻-, 특징지어 두드러지게 하였다.) ³색채 또한 본질 구현에 있어 부차적인(副次的-, 주된 것이 아니라 그것에 덧붙어서 따르게 된) 것으로 판단하여 몇 가지 색으로 제한하였다.(制限-, 일정한 한도를 정하였다.)

→ 큐비즘의 목표와 표현 방식 ①

3 ¹또한 큐비즘은 하나의 시점(視點, 어떤 대상을 볼 때에 시력의 중심이 가 닿는 점)으로는 대상의 한쪽 형태밖에 표현할 수 없다고 생각하여, 하나의 시점에서 대상을 보고 표현하는 원근법(遠近法, 물체나 공간을 멀고 가까움을 느낄 수 있도록 표현하는 기법)을 거부하였다.(拒否-, 받아들이지 않았다.) ²그리고 대상의 전체 형태를 표현하기 위해 다중(多重, 여러 겹) 시점을 적용하였는데, 이(다중 시점)는 여러 시점에서 관찰한 대상을 한 화면에 그려 내고자 한 기법이다. ³예를 들어, 한 인물을 그릴 때 얼굴의 정면(正面, 앞쪽으로 향한 면)과 측면(側面, 왼쪽이나 오른쪽의 면)을 동시에 표현함으로써 대상의 전체 형태를 관람자(觀覽者, 구경하는 사람)들에게 보여 주는 것이다. ⁴이렇게 큐비즘은 사실적 재현에서 벗어나 대상의 근원적 형태를 표현하려 하였으며, 관람자들에게 새로운 미적(美的, 사물의 아름다움에 관한) 인식을 환기하였다.(喚起-, 불러일으켰다.)

〈참고 작품〉

▲ 조르주 브라크(Georges Braque), '라 로슈 귀용의 성(La Roche-Guyon, le château)' (1909), ⓒ Georges Braque / ADAGP, Paris – SACK, Seoul, 2025
: 절벽에 위치하여 폐허가 된 저택을 그림. 실제와 다른 색채를 사용하였고 납작한 평면이 겹쳐진 형태를 보임

▲ 파블로 피카소(Pablo Picasso), '아비뇽의 아가씨들(Les Demoiselles d'Avignon)'(1907), ⓒ 2025 – Succession Pablo Picasso – SACK (Korea)
: 각지고 분리된 신체, 왜곡된 얼굴 등 기하학적 형태로 대상이 단순화됨

→ 큐비즘의 표현 방식 ②

4 ¹대상의 형태를 더 다양한 시점으로 보여 주려는 시도(試圖, 이루려고 계획하거나 행동함)는 다중 시점의 극단화(極端化, 한쪽으로 크게 치우침)로 치달았는데(힘차고 빠르

게 나아갔는데), 이 시기의 큐비즘을 ⓐ 분석적 큐비즘이라고 일컫는다. ²분석적 큐비즘은 대상을 여러 시점으로 해체하여(解體-, 나누거나 분리하여) 작은 격자(格子, 바둑판처럼 가로세로를 일정한 간격으로 직각이 되게 짠 구조나 물건, 형식) 형태로 쪼개어 표현했고, 색채 또한 대상의 고유색(固有色, 갖고 있는 본래의 색깔)이 아닌 무채색(無彩色, 검정, 하양, 회색 등 색상이나 채도는 없고 명도의 차이만 가지는 색)으로 한정하였다.(限定-, 제한하여 정하였다.) ³해체 정도가 심해짐에 따라 대상은 부피감이 사라질 정도로 완전히 분해되었다. ⁴이로 인해 관람자는 대상이 무엇인지조차 알아볼 수 없게 되었고, 제목이나 삽입된(揷入-, 넣어진) 문자를 통해서만 대상이 무엇인지 추측할 수 있게 되었다.

〈참고 작품〉

▲ 조르주 브라크(Georges Braque), '기타를 든 사람(L'homme à la Guitare)'(1911~12), ⓒ Georges Braque / ADAGP, Paris – SACK, Seoul, 2025
: 제목을 통해서만 대상 추측

▲ 파블로 피카소(Pablo Picasso), '투우 경기 애호가(투우사)(L'aficionado(Le Torero))' (1912), ⓒ 2025 – Succession Pablo Picasso – SACK (Korea)
: 왼쪽 하단에 있는 'Le Torero'라는 글자를 통해 대상 추측

→ 큐비즘의 변화 양상 ① : 분석적 큐비즘

5 ¹㉠대상이 극단적으로 해체되어 형태를 파악하지 못하게 된 문제를 해결하기 위해, 큐비즘은 화면 안으로 실제 대상 혹은 대상의 특성(特性, 일정한 사물에만 있는 특수한 성질)을 잘 드러내는 화면 밖의 재료들을 끌어들였다. ²이것을 ⓑ 종합적 큐비즘이라고 일컫는다.(가리켜 말한다.) ³종합적 큐비즘의 특징을 보여 주는 대표적 기법(技法, 기교와 방법)으로는 '파피에 콜레'가 있다. ⁴이(파피에 콜레)는 화면에 신문이나 벽지 등의 실제 종이를 오려 붙여 대상의 특성을 표현하는 기법이다. ⁵예를 들어, 나무 탁자의 질감을 표현하기 위해 화면에 나뭇결무늬의 종이를 직접 붙였다. ⁶화면에 붙인 종이의 색으로 인해 색채도 다시 살아났다.

〈참고 작품〉

▲ 조르주 브라크(Georges Braque), '과일 접시와 유리컵(Fruit Dish and Glass)'(1912), ⓒ Georges Braque / ADAGP, Paris – SACK, Seoul, 2025
: 벽지와 종이를 오려 붙여 접시, 유리컵, 배, 포도를 표현

▲ 파블로 피카소(Pablo Picasso), '유리잔과 수즈의 병(Verre et Bouteille de Suze)'(1912), ⓒ 2025 – Succession Pablo Picasso – SACK (Korea)
: 판지를 오려 붙여 유리잔과 '수즈'라는 술의 병을 표현

→ 큐비즘의 변화 양상 ② : 종합적 큐비즘

6 ¹큐비즘은 대상의 근원적 형태를 화면에 구현하기 위해 대상을 표현하는 새로운 방법을 모색하였다.(摸索–. 더듬어 찾았다.) ²큐비즘이 대상의 형태를 실제에서 **해방한**(解放–. 벗어나게 한) 것은 회화 예술에 **무한한**(無限–. 제한이나 한계가 없는) 표현의 가능성을 가져다주었다. ³이는 표현 대상을 보이는 세계에 한정하지 않는 현대 **추상 회화**(抽象繪畫. 비구상적(일정한 형태와 성질을 갖추고 있지 않은 것)이고 반사실주의적 경향의 미술)의 탄생에 직접적인 영향을 미쳤다.

→ 큐비즘의 의의

■ 지문 이해

〈큐비즘의 특징과 의의〉

❶ 큐비즘의 등장 배경

- 20 세기 초 과학 문명의 발전으로 사람들은 기존의 인식에 의문을 품었고, 서양 회화에도 영향을 미쳐 큐비즘을 탄생시킴

❷~❸ 큐비즘의 목표와 표현 방식

- 목표 : 대상의 본질을 구현하기 위해 근원적 형태를 그려 내는 것
- 표현 방식
  - 대상의 본질과 관련 없는 세부적 묘사 배제
  - 기하학적 형태로 대상을 단순화하여 질감과 부피감 부각
  - 색채를 본질 구현에 있어 부차적인 것으로 판단하여 몇 가지 색으로 제한
  - 여러 시점에서 관찰한 대상을 한 화면에 그려 내는 기법인 다중 시점을 적용
  - → 사실적 재현에서 벗어나 대상의 근원적 형태를 표현하려 함
  - → 관람자들에게 새로운 미적 인식을 환기함

❹ 큐비즘의 변화 양상 ① : 분석적 큐비즘

- 대상의 형태를 더 다양한 시점으로 보여 주려는 시도 → 다중 시점의 극단화
- 분석적 큐비즘
  - 대상을 여러 시점으로 해체하여 작은 격자 형태로 쪼개어 표현
  - 색채를 대상의 고유색이 아닌 무채색으로 한정
  - 해체 정도가 심해져 대상의 부피감이 사라질 정도로 완전히 분해됨
  - 관람자는 대상을 알아볼 수 없고, 제목이나 삽입된 문자를 통해 대상을 추측

❺ 큐비즘의 변화 양상 ② : 종합적 큐비즘

- 종합적 큐비즘
  - 대상이 극단적으로 해체되어 형태를 파악하지 못하게 된 문제를 해결하기 위해 화면 안에 실제 대상이나 대상의 특성을 잘 드러내는 화면 밖 재료를 활용
  - 파피에 콜레 : 화면에 신문, 벽지 등을 오려 붙여 대상의 특성을 표현하는 기법
  - 화면에 붙인 종이의 색으로 인해 색채도 다시 살아남

❻ 큐비즘의 의의

- 대상의 근원적 형태 구현을 위해 대상을 표현하는 새로운 방법을 모색함
- 대상의 형태를 실제에서 해방하여 회화 예술에 무한한 표현의 가능성을 가져다 줌
- 현대 추상 회화의 탄생에 직접적 영향을 미침

---

001 | 세부 정보 이해 - 적절하지 않은 것 고르기 2024년 3월 학평 21번 | 정답 ③
정답률 95%

윗글에서 알 수 있는 내용으로 적절하지 않은 것은?

① 큐비즘이 사용한 표현 기법

근거 ❸-2 대상의 전체 형태를 표현하기 위해 다중 시점을 적용하였는데, 이는 여러 시점에서 관찰한 대상을 한 화면에 그려 내고자 한 기법, ❺-3~4 종합적 큐비즘의 특징을 보여 주는 대표적 기법으로는 '파피에 콜레'가 있다. 이는 화면에 신문이나 벽지 등의 실제 종이를 오려 붙여 대상의 특성을 표현하는 기법

→ 적절함!

② 큐비즘이 등장한 시대적 배경

근거 ❶-1 20 세기 초 유럽에서 일어난 과학 문명의 발전은 … , ❶-3 서양의 회화에도 영향을 미쳐 큐비즘이라는 새로운 미술 양식을 탄생시켰다.

→ 적절함!

③ 큐비즘에 대한 다른 화가들의 *논쟁 *論爭. 서로 다른 의견을 가진 사람들이 각각 자기의 주장을

말이나 글로 논하여 다툼

풀이 윗글에서 큐비즘에 대한 다른 화가들의 논쟁은 다루지 않았다.

→ 적절하지 않음!

④ 큐비즘의 작품 *경향이 변화된 **양상 *傾向. 현상, 사상, 행동 등에서 나타나는 일정한 방향성 **樣相. 모양·상태

근거 ❹-1 대상의 형태를 더 다양한 시점으로 보여 주려는 시도는 다중 시점의 극단화로 치달았는데, 이 시기의 큐비즘을 분석적 큐비즘이라고 일컫는다. ❺-1~2 대상이 극단적으로 해체되어 형태를 파악하지 못하게 된 문제를 해결하기 위해, 큐비즘은 화면 안으로 실제 대상 혹은 대상의 특성을 잘 드러내는 화면 밖 재료들을 끌어들였다. 이것을 종합적 큐비즘이라고 일컫는다.

→ 적절함!

⑤ 큐비즘이 현대 추상 회화에 미친 영향

근거 ❻-3 표현 대상을 보이는 세계에 한정하지 않는 현대 추상 회화의 탄생에 직접적인 영향을 미쳤다.

→ 적절함!

---

002 | 세부 정보 이해 - 적절한 것 고르기 2024년 3월 학평 22번 | 정답 ①
정답률 85%

㉠을 이해한 내용으로 가장 적절한 것은?

㉠ 대상이 극단적으로 해체되어 형태를 파악하지 못하게 된 문제

① 대상의 본질을 화면에 구현하기 위해 다중 시점에 *집착한 결과이겠군. *執着–. 마음이 쏠려 잊지 못하고 매달린

근거 ❷-1 큐비즘은 … 대상의 본질을 구현하기 위해 그 근원적 형태를 그려 내는 것을 목표로 삼았다, ❸-2 (큐비즘은) 다중 시점을 적용하였는데, 이는 여러 시점에서 관찰한 대상을 한 화면에 그려 내고자 한 기법, ❸-4 큐비즘은 사실적 재현에서 벗어나 대상의 근원적 형태를 표현하려 하였으며, ❹-1 대상의 형태를 더 다양한 시점으로 보여 주려는 시도는 다중 시점의 극단화로 치달았는데

풀이 큐비즘은 여러 시점에서 관찰한 대상을 한 화면에 그려 내는 다중 시점 기법을 적용하여 대상의 근원적 형태를 표현하려 하였다. 대상의 형태를 더 다양한 시점으로 보여 주려 한 큐비즘의 시도는 다중 시점의 극단화로 치달아, 대상의 해체 정도가 심해져 그 형태를 파악하지 못하게 되었다. 즉 분석적 큐비즘에서 대상이 극단적으로 해체되어 형태를 파악하지 못하게 된 문제는 다중 시점의 극단화로 인한 것이라고 볼 수 있다. 따라서 ㉠이 대상의 본질을 화면에 구현하기 위해 다중 시점에 집착한 결과라고 보는 것은 ㉠을 이해한 내용으로 적절하다.

→ 적절함!

② 인식의 절대적 기준을 제시하기 위해 대상의 변화를 무시한 결과이겠군.

풀이 큐비즘이 인식의 절대적 기준을 제시하려고 했다거나 대상의 변화를 무시하였다는 내용은 윗글에서 찾아볼 수 없다.

→ 적절하지 않음!

③ 화면의 공간을 사실적으로 표현하기 위해 대상의 형태를 희생한 결과이겠군.

근거 ❷-1 큐비즘은 대상의 사실적 재현에 집중했던 전통 회화와 달리, 대상의 본질을 구현하기 위해 그 근원적 형태를 그려 내는 것을 목표로 삼았다.

풀이 큐비즘은 대상의 사실적 재현에서 벗어나 대상의 본질을 구현하기 위해 그 근원적 형태를 그려 내고자 하였으며, 하나의 시점으로는 대상의 한쪽 형태밖에 표현할 수 없다고 보고 대상의 전체 형태를 표현하기 위해 여러 시점에서 관찰한 대상을 한 화면에 그려 내는 다중 시점을 적용하였다. 따라서 ㉠을 '화면의 공간을 사실적으로 표현하기 위해' 대상의 형태를 희생한 결과라고 보는 것은 적절하지 않다.

→ 적절하지 않음!

④ 기하학적 형태에서 *탈피하기 위해 대상의 정면과 측면을 동시에 표현한 결과이겠군. *脫皮–. 완전히 벗어나기

근거 ❷-2 (큐비즘은) 대상의 본질과 관련 없는 세부적 묘사를 배제하고 구와 원기둥 등의 기하학적 형태로 대상을 단순화하여 질감과 부피감을 부각

풀이 큐비즘은 대상의 사실적 재현에서 벗어나 기하학적 형태로 대상을 단순화하여 질감과 부피감을 부각하였다. 따라서 ㉠을 '기하학적 형태에서 탈피하기 위해' 대상의 정면과 측면을 동시에 표현한 결과라고 보는 것은 적절하지 않다.

→ 적절하지 않음!

⑤ 관람자들에게 새로운 미적 인식을 환기하기 위해 ~~대상을 있는 그대로 재현한 결과이~~
겠군.

근거 ❷-1 큐비즘은 대상의 사실적 재현에 집중했던 전통 회화와 달리, 대상의 본질을
구현하기 위해 그 근원적 형태를 그려 내는 것을 목표로 삼았다. ❸-4 큐비즘은 사
실적 재현에서 벗어나 대상의 근원적 형태를 표현하려 하였으며, 관람자들에게 새
로운 미적 인식을 환기

풀이 큐비즘은 대상을 있는 그대로 재현한 것이 아니라, 대상의 사실적 재현에서 벗어나
대상의 본질을 구현하기 위해 그 근원적 형태를 표현하려 하였다. 따라서 ㉠을 '대상
을 있는 그대로 재현한 결과'라고 보는 것은 적절하지 않다.

→ 적절하지 않음!

---

003 핵심 개념 파악 - 적절한 것 고르기 2024년 3월 학평 23번
정답률 85% | 정답 ④

ⓐ와 ⓑ에 대한 설명으로 가장 적절한 것은?

> ⓐ 분석적 큐비즘   ⓑ 종합적 큐비즘

무채색
① ⓐ는 ⓑ와 달리 고유색을 통해 대상을 그려 낸다.

근거 ❹-2 분석적 큐비즘(ⓐ)은 … 색채 또한 대상의 고유색이 아닌 무채색으로 한정, ❺
-6 (종합적 큐비즘(ⓑ)은) 화면에 붙인 종이의 색으로 인해 색채도 다시 살아났다.

→ 적절하지 않음!

② ⓐ는 ⓑ와 달리 삽입된 문자로만 대상을 드러낸다.

근거 ❹-4 (분석적 큐비즘(ⓐ) 작품에서) 관람자는 대상이 무엇인지조차 알아볼 수 없게
되었고, 제목이나 삽입된 문자를 통해서만 대상이 무엇인지 추측할 수 있게 되었다.

풀이 분석적 큐비즘은 대상의 해체 정도가 심해져 관람자가 제목이나 삽입된 문자를 통
해 대상이 무엇인지 추측할 수 있게 되었다. 따라서 분석적 큐비즘이 '삽입된 문자로
만 대상을 드러낸다'는 설명은 적절하지 않다.

→ 적절하지 않음!

③ ⓑ는 ⓐ와 달리 작은 격자 형태로 대상을 해체한다.

근거 ❹-2 분석적 큐비즘(ⓐ)은 대상을 여러 시점으로 해체하여 작은 격자 형태로 쪼개
어 표현

→ 적절하지 않음!

④ ⓑ는 ⓐ와 달리 화면 밖의 재료를 활용해 대상을 표현한다.

근거 ❺-1~4 화면 안으로 실제 대상 혹은 대상의 특성을 잘 드러내는 화면 밖의 재료들
을 끌어들였다. 이것을 종합적 큐비즘(ⓑ)이라고 일컫는다. 종합적 큐비즘의 특징을
보여 주는 대표적 기법으로는 '파피에 콜레'가 있다. 이는 화면에 신문이나 벽지 등의
실제 종이를 오려 붙여 대상의 특성을 표현하는 기법

→ 적절함!

⑤ ⓐ와 ⓑ는 모두 질감과 부피감을 살려서 대상을 형상화한다.

근거 ❹-3 (분석적 큐비즘(ⓐ) 작품에서) 해체 정도가 심해짐에 따라 대상은 부피감이 사
라질 정도로 완전히 분해, ❺-3~5 종합적 큐비즘(ⓑ)의 특징을 보여 주는 대표적 기
법으로는 '파피에 콜레'가 있다. 이는 화면에 신문이나 벽지 등의 실제 종이를 오려
붙여 대상의 특성을 표현하는 기법이다. 예를 들어, 나무 탁자의 질감을 표현하기 위
해 화면에 나뭇결무늬의 종이를 직접 붙였다.

풀이 분석적 큐비즘은 대상의 부피감이 사라질 정도로 대상을 완전히 분해하여 표현하였
다고 하였으므로, 분석적 큐비즘이 질감과 부피감을 살려 대상을 형상화한다는 설
명은 적절하지 않다. 한편 종합적 큐비즘은 화면 밖 재료를 활용하여 대상의 질감을
표현하는 파피에 콜레 기법을 사용하였으나 부피감을 살려 대상을 형상화하였는지
는 윗글에서 확인할 수 없다.

→ 적절하지 않음!

---

004 구체적인 사례에 적용 - 적절하지 않은 것 고르기 2024년 3월 학평 24번
정답률 90% | 정답 ②

윗글을 바탕으로 〈보기〉의 작품을 감상한 내용으로 적절하지 않은 것은? 3점

| 보기 |

조르주 브라크(Georges Braque), '에스
타크의 집들(Houses at L'Estaque)'
(1908), © Georges Braque / ADAGP,
Paris – SACK, Seoul, 2025

[1]브라크의 「에스타크의 집들」은 집과 나무를
그린 풍경화이다. [2]그런데 회화 속 풍경은 실제
와 다르다. [3]집에 당연히 있어야 할 문이 생략되
어 있으며, 집들은 부피감이 두드러지는(겉으로
뚜렷하게 드러나는) 입방체(立方體, 정육면체, cube)
형태로 단순화되어 있다. [4]그림자의 방향은 일
관성(一貫性, 한결같은 성질) 없이 다양하게 표현
되어 광원(光源, 빛을 내는 물체)이 하나가 아님을
알 수 있다. [5]그리고 집과 나무는 모두 황토색과
초록색, 회색으로 칠해져 있다. [6]큐비즘의 시작
을 알린 이 풍경화는 처음 공개되었을 때 평론
가로부터 "작은 입방체(cube)를 그렸다."라는
비판을 받았는데, 이는 '큐비즘(Cubism)'이라는
명칭(名稱, 사람이나 사물 등을 일컫는 이름)의 기원
(起源, 처음으로 생긴 근원)이 되었다.

① 집이 입방체 형태로 단순화된 것은 대상의 근원적 형태를 드러내기 위한 것이겠군.

근거 ❷-1~2 큐비즘은 … 대상의 본질을 구현하기 위해 그 근원적 형태를 그려 내는 것
을 목표로 삼았다. 이를 위해 … 구와 원기둥 등의 기하학적 형태로 대상을 단순화하
여 질감과 부피감을 부각

→ 적절함!

✓② 풍경의 모습이 실제와 다른 것은 관찰한 대상이 무엇인지 추측할 수 없도록 하기 위한
것이겠군.

근거 〈보기〉-3~5 집에 당연히 있어야 할 문이 생략되어 있으며, 집들은 부피감이 두드
러지는 입방체 형태로 단순화되어 있다. 그림자의 방향은 일관성 없이 다양하게 표
현 … 집과 나무는 모두 황토색과 초록색, 회색으로 칠해져 있다. ❷-1~3 큐비즘은
… 대상의 본질을 구현하기 위해 그 근원적 형태를 그려 내는 것을 목표로 삼았다. 이
를 위해 대상의 본질과 관련 없는 세부적 묘사를 배제하고 구와 원기둥 등의 기하학
적 형태로 대상을 단순화하여 질감과 부피감을 부각하였다. 색채 또한 … 몇 가지 색
으로 제한, ❸-2 대상의 전체 형태를 표현하기 위해 다중 시점을 적용하였는데, 이
는 여러 시점에서 관찰한 대상을 한 화면에 그려 내고자 한 기법

풀이 〈보기〉에서 소개된 브라크의 작품 속 풍경은 문이 생략되고, 집들이 입방체 형태로
단순화되어 있으며, 집과 나무가 모두 황토색과 초록색, 회색으로 칠해져 있다. 또한
그림자의 방향이 다양하게 표현되어 있다. 이처럼 작품에서 대상의 본질과 관련 없
는 세부적 묘사 배제, 기하학적 형태로 대상을 단순화, 색채의 제한, 다중 시점 적용
등의 방식을 사용한 것은 대상의 본질을 구현하기 위해 그 근원적 형태를 그려 내는
것을 목표로 삼았기 때문이다. 큐비즘의 이러한 기법이 관찰한 대상이 무엇인지 추
측할 수 없도록 하기 위한 것인지는 윗글을 통해 알 수 없다.

→ 적절하지 않음!

③ 그림자의 방향이 일관성 없이 다양하게 표현된 것은 하나의 시점을 강제하는 원근법
을 거부한 것이겠군.

근거 ❸-1~2 큐비즘은 하나의 시점으로는 대상의 한쪽 형태밖에 표현할 수 없다고 생각
하여, 하나의 시점에서 대상을 보고 표현하는 원근법을 거부하였다. 그리고 대상의
전체 형태를 표현하기 위해 다중 시점을 적용

→ 적절함!

④ 집에 당연히 있어야 할 문이 없는 것은 세부적 묘사는 대상의 본질과 관련이 없다는 생
각을 *반영한 것이겠군. *反映~, 나타낸

근거 ❷-2 대상의 본질과 관련 없는 세부적 묘사를 배제

→ 적절함!

⑤ 색이 황토색, 초록색, 회색으로 제한된 것은 색채는 본질을 구현하는 데 부차적인 요
소라는 생각에 근거한 것이겠군.

근거 ❷-3 색채 또한 본질 구현에 있어 부차적인 것으로 판단하여 몇 가지 색으로 제한

→ 적절함!

[005~007] 다음 글을 읽고 물음에 답하시오.

1 ¹국악(國樂, 우리나라 고유의 전통 음악)의 장단(춤, 노래 등의 빠르기나 가락을 이끄는 박자)이란 일반적으로 일정한 주기(週期, 한 번 나타나고부터 다음번 되풀이되기까지의 기간)로 소리의 길이와 강약이 규칙적으로 되풀이되는 것을 말하며, 기본 단위인 '박(拍 박 자 박)'으로 구성된다. ²박은 음의 길이를 재는 단위로, 기준이 되는 박을 보통박이라 하고 보통박을 더 작은 단위로 쪼갠 박을 소박(小 작다 소 拍 박자 박)이라 한다. ³여러 개의 소박이 모여서 하나의 보통박을 이루며, 우리 민요 장단은 굿거리장단처럼 3 개의 소박으로 이루어진 보통박이 4 번 나타나는 3 소박 4 보통박으로 구성되는 경우가 많다. ⁴이(3 소박 4 보통박)를 정간보(井間譜, 조선 세종 때 소리의 길이와 높이를 정확히 표시하기 위해 만든 악보)에 나타낼 때는 〈그림 1〉과 같이 12 정간(칸)이 필요하다.

1 칸 = 1 정간

3 개의 소박으로 이루어진 1 개의 보통박
〈그림 1〉

→ **국악 장단의 기본 단위 및 구성**

2 ¹국악 연주에서 장단을 맡는 대표적인 악기는 장구로, 장단을 맞추기 위해 장구의 가죽 면을 치는 것을 '점(點)'이라 한다. ²〈그림 2〉는 굿거리장단의 기본 장구 장단을 나타낸 것으로 장구 장단을 정간보에 기보(記譜−, 악보를 기록함)할 때는 각각의 점에 해당하는 부호를 사용하며, 악기에서 울려 나오는 특징적인 소리를 입으로 흉내 낸 구음(口 입 구 音 소리 음)을 부호 아래에 첨가하기도(添加−, 덧붙이기도) 한다.

부호	⏀		┃	┃	┋		○		┃	○	┋
구음	덩		기덕	쿵	더러러러		쿵		기덕	쿵	더러러러

〈그림 2〉

→ **굿거리장단의 기본 장구 장단을 정간보에 기보하는 방법**

3 ¹㉠장구 장단을 칠 때는 한 손으로 채(북, 장구, 꽹과리, 징 등의 타악기를 치거나 현악기를 타서 소리를 내게 하는 도구)를 잡아 채편(−便, 채로 치는 오른쪽 얇은 가죽 면)을 치고 다른 손으로는 북편(−便, 손으로 치는 왼쪽 가죽 면)을 치는데, 장구의 채편과 북편을 동시에 치는 것을 '덩'이라 하고 정간보에 '⏀'로 표시한다. ²이(장구의 채편과 북편을 동시에 치는 '덩')는 합장단이라고도 하며 주로 음악을 시작할 때 사용한다. ³채편을 한 번 치는 것을 '덕'이라 하고 '┃'로 표시하며, 채편을 칠 때 짧은 꾸밈음(−音, 악곡에 여러 가지 변화를 주기 위해 꾸미는 음)을 붙여 치는 것을 '기덕'이라고 하고 '┃'로 표시한다. ⁴'기덕'은 채편을 겹쳐 친다고 하여 겹채라고도 한다. ⁵채의 탄력(彈力, 용수철처럼 튀거나 팽팽하게 버티는 힘)을 이용하여 채를 굴리며 채편을 칠 때는 '더러러러'라고 하고 '┋'로 표시한다. ⁶'덕', '기덕', '더러러러'에서는 북편을 치지 않고 채편만 치며, 장구의 북편만 칠 때는 '쿵'이라 하고 '○'로 표시한다.

〈참고 사진〉 장구

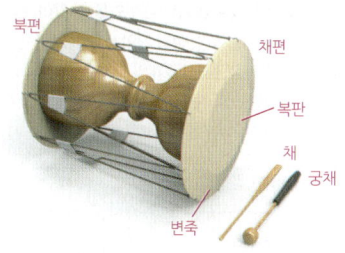

북편
채편
복판
채
궁채
변죽

→ **장구 장단의 종류와 기보 부호**

4 ¹또한 정간보에는 점의 길이도 나타낼 수 있다. ²한 정간에 점을 나타내는 부호 하나가 있으면 그 점은 한 소박이 되고, 한 정간에 점을 나타내는 부호 하나가 있고 그 다음 정간이 빈칸으로 남아 있으면 그 점은 두 소박이 되는 식이다. ³비어 있는 정간은 앞의 소리를 연장한다는(延長−, 길게 늘린다는) 표시이기 때문이다. ⁴예를 들어 〈그림 2〉에서 첫 번째 보통박의 '덩'은 두 소박, '기덕'은 한 소박이 된다. ⁵또한 장단을 칠 때는 기본이 되는 장단을 흐트러뜨리지 않는 범위 내에서 악곡의 흐름이나 연주자의 해석에 따른 변주(變奏, 바꾸어 연주함)도 가능하다. ⁶예를 들어 연주자에 따라 '기덕'을 '덕'으로 바꾸거나 '쿵더러러러'를 '쿵덕쿵'으로 바꾸어 변주

할 수 있는 것이다. ⁷이러한 변주는 악곡의 흐름에 맞게 장단에 변화를 주어 음악을 더욱 풍성하게 만드는 역할을 한다.

	한 소박 한 소박	두 소박		두 소박	한 소박 한 소박	두 소박	
⏀	┃	⏀	┋		○	┃	┋
덩	기덕	쿵	더러러러		쿵	기덕	더러러러

다음 정간이 빈칸이므로, '덩'은 두 소박

→ **정간보에 점의 길이를 나타내는 방법과 변주의 효과**

5 ¹한편 실외음악이나 사물놀이처럼 큰 소리를 내야 할 때에는 북편을 손 대신 궁채로 치기도 한다. ²또한 채편을 칠 때는 채편 가죽의 중앙 부분인 복판을 치는 것이 일반적이지만 독창(獨唱, 혼자서 노래를 부름) 또는 독주(獨奏, 한 사람이 악기를 연주함)의 반주나 실내악(室內樂, 기악을 중심으로 하여 5 명에서 10 명 안팎의 적은 인원으로 실내 혹은 작은 규모의 연주장에서 연주되는 음악) 연주처럼 소리를 작게 내어야 할 경우에는 가죽의 가장자리 부분인 변죽을 친다. ³변죽은 작고 높은 소리가 나는 반면, 복판은 크고 낮은 소리가 나기 때문에 연주 상황에 어울리는 소리가 나도록 치는 것이다.

→ **연주 상황에 따라 달라지는 장구의 연주 방법**

6 ¹장단은 단지 음악의 진행을 시간적으로 안배하는(按排−, 알맞게 잘 배치하는) 역할만을 하는 것이 아니라 연주자(演奏者, 악기를 연주하는 사람)나 창자(唱者, 노래하는 사람)의 호흡을 조절하며 음악의 분위기를 이끌어 나간다. ²따라서 국악을 깊이 있게 감상하려면 장단을 이해하는 것이 중요하며, 이(장단의 이해)를 통해 우리 음악에 담긴 흥(興, 재미나 즐거움을 일어나게 하는 감정)을 더욱 잘 느낄 수 있을 것이다.

→ **장단의 역할과 장단 이해의 중요성**

■**지문 이해**

〈**국악의 장단**〉

❶ 국악 장단의 기본 단위 및 구성

- 국악의 장단 : 일정한 주기로 소리의 길이와 강약이 규칙적으로 되풀이되는 것
- 국악 장단의 기본 단위 : 박
  - 보통박 : 기준이 되는 박
  - 소박 : 보통박을 더 작은 단위로 쪼갠 박
  - 우리 민요 장단은 3 소박 4 보통박으로 구성되는 경우가 많음

❷ 굿거리장단의 기본 장구 장단을 정간보에 기보하는 방법

- 국악 연주에서 장단을 맡는 대표적 악기는 장구
- 장구 장단을 정간보에 기보할 때 각각의 점에 해당하는 부호를 사용하며, 구음을 첨가하기도 함

❸ 장구 장단의 종류와 기보 부호

- '⏀(덩)' : 장구의 채편과 북편을 동시에 침, 합장단, 주로 음악을 시작할 때 사용함
- '┃(덕)' : 채편을 한 번 침
- '┃(기덕)' : 채편을 칠 때 짧은 꾸밈음을 붙여 침, 겹채
- '┋(더러러러)' : 채의 탄력을 이용해 채를 굴리며 채편을 침
- '○(쿵)' : 북편만 침

❹ 정간보에 점의 길이를 나타내는 방법과 변주의 효과

- 점의 길이를 나타내는 방법
  - 한 정간에 점을 나타내는 부호 하나가 있을 때 : 한 소박
  - 한 정간에 점을 나타내는 부호 하나가 있고, 그 다음 정간이 빈칸일 때 : 두 소박
- 기본이 되는 장단을 흐트러뜨리지 않는 범위 내에서 변주가 가능함

❺ 연주 상황에 따라 달라지는 장구의 연주 방법

- 큰 소리를 내야 할 때는 북편을 궁채로 침
- 작은 소리를 내야 할 때는 채편의 복판 대신 변죽을 침

❻ 장단의 역할과 장단 이해의 중요성

- 장단은 음악의 진행을 시간적으로 안배하고 연주자나 창자의 호흡을 조절하며 음악의 분위기를 이끎
- 장단 이해를 통해 국악을 깊이 있게 감상하고 우리 음악에 담긴 흥을 더욱 잘 느낄 수 있음

Ⅳ
예
술

005 세부 정보 이해 - 적절하지 않은 것 고르기 | 2021년 9월 학평 24번
정답률 85%　　　　　　　　　　　　　　　　　　　**정답 ③**

윗글에서 답을 찾을 수 있는 질문으로 적절하지 <u>않은</u> 것은?

① 국악에서 장단의 개념은 무엇일까?

근거 ❶-1 국악의 장단이란 일반적으로 일정한 주기로 소리의 길이와 강약이 규칙적으로 되풀이되는 것을 말하며

→ 적절함!

② 장단을 구성하는 단위는 무엇일까?

근거 ❶-1 국악의 장단이란 … 기본 단위인 '박'으로 구성된다.

→ 적절함!

③ 정간보에 점의 강약을 나타내는 방법은 무엇일까?

풀이 윗글에서는 정간보에 장구의 장단을 기보할 때 부호와 구음, 점의 길이를 표시하는 방법에 대해 설명하고 있다. 그러나 정간보에 점의 강약을 나타내는 방법은 설명하지 않았다.

→ 적절하지 않음!

④ 장단을 변주할 때 얻을 수 있는 효과는 무엇일까?

근거 ❹-7 변주는 악곡의 흐름에 맞게 장단에 변화를 주어 음악을 더욱 풍성하게 만드는 역할을 한다.

→ 적절함!

⑤ 국악 감상에서 장단을 이해하는 것이 중요한 이유는 무엇일까?

근거 ❻-2 국악을 깊이 있게 감상하려면 장단을 이해하는 것이 중요하며, 이를 통해 우리 음악에 담긴 흥을 더욱 잘 느낄 수 있을 것이다.

→ 적절함!

---

006 세부 정보 이해 - 적절한 것 고르기 | 2021년 9월 학평 25번
정답률 85%　　　　　　　　　　　　　　　　　　　**정답 ①**

㉠에 대한 이해로 가장 적절한 것은?

> ㉠ 장구 장단을 칠 때

① 정간보를 보면 연주할 점의 길이를 알 수 있다.

근거 ❹-1 정간보에는 점의 길이도 나타낼 수 있다.

→ 적절함!

② 크고 낮은 소리를 내기 위해 채편의 변죽을 친다.　　（복판）

근거 ❺-3 변죽은 작고 높은 소리가 나는 반면, 복판은 크고 낮은 소리가 나기 때문에

풀이 채편의 변죽은 작고 높은 소리가 나고, 복판은 크고 낮은 소리가 난다. 따라서 크고 낮은 소리를 내기 위해서는 채편의 '변죽'이 아니라 '복판'을 친다.

→ 적절하지 않음!

③ 여러 개의 보통박을 쳐서 하나의 소박을 연주한다.　（소박）　（보통박）

근거 ❶-2~3 보통박을 더 작은 단위로 쪼갠 박을 소박이라 한다. 여러 개의 소박이 모여서 하나의 보통박을 이루며

풀이 보통박을 더 작은 단위로 쪼갠 박이 소박이며, 여러 개의 소박이 모여서 하나의 보통박을 이룬다. 따라서 여러 개의 보통박을 쳐서 하나의 소박을 연주한다는 설명은 적절하지 않다.

→ 적절하지 않음!

④ 북편을 치는 도구는 기본이 되는 장단에 의해 결정된다.　（연주 상황）

근거 ❺-1 실외음악이나 사물놀이처럼 큰 소리를 내야 할 때에는 북편을 손 대신 궁채로 치기도 한다.

풀이 북편은 손으로 치는데, 실외음악이나 사물놀이처럼 큰 소리를 내야 할 때는 손 대신 궁채로 치기도 한다. 즉 북편을 치는 도구는 '기본이 되는 장단'이 아니라 '연주 상황'에 따라 결정된다.

→ 적절하지 않음!

⑤ 기본이 되는 장단을 연주할 때에는 북편과 채편을 동시에 칠 수 없다.　（있다）

근거 ❷-2 〈그림 2〉는 굿거리장단의 기본 장구 장단을 나타낸 것으로, ❸-1 장구 장단

을 칠 때는 한 손으로 채를 잡아 채편을 치고 다른 손으로는 북편을 치는데, 장구의 채편과 북편을 동시에 치는 것을 '덩'이라 하고 정간보에 '①'로 표시한다.

풀이 윗글을 통해 굿거리장단의 기본 장구 장단에 채편과 북편을 동시에 치는 '덩'이 포함되어 있다는 것을 알 수 있다. 따라서 기본이 되는 장단을 연주할 때 북편과 채편을 동시에 칠 수 없다는 설명은 적절하지 않다.

→ 적절하지 않음!

---

007 구체적인 사례에 적용 - 적절하지 않은 것 고르기 | 2021년 9월 학평 26번
정답률 75%　　　　　　　　　　　　　　　　　　　**정답 ④**

윗글을 바탕으로 〈보기〉의 창작 장단을 연주한다고 할 때, 이에 대한 이해로 적절하지 <u>않은</u> 것은? [3점]

| 보기 |
학생 : ¹오늘 배운 내용을 가지고 나만의 창작 장단을 만들어 연주해 볼까? ²3 소박 4 보통박으로 치면 재미있을 것 같아. ³우선은 정간보에 부호와 구음을 표시하고 그대로 연주해 봐야지.

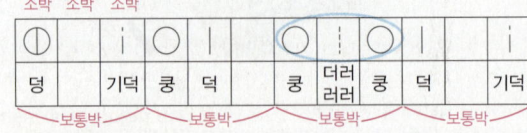

① '❘(덕)'은 각각 두 소박으로 연주해야겠군.

근거 ❹-2 한 정간에 점을 나타내는 부호 하나가 있고 그 다음 정간이 빈칸으로 남아 있으면 그 점은 두 소박이 되는 식이다.

풀이 〈보기〉에서 '❘(덕)'은 모두 그 다음 정간이 빈칸으로 남아 있으므로, 두 소박이다.

→ 적절함!

② 마지막 보통박에서는 채편만 치면 되겠군.

근거 ❸-3 채편을 한 번 치는 것을 '덕'이라 하고 '❘'로 표시하며, 채편을 칠 때 짧은 꾸밈음을 붙여 치는 것을 '기덕'이라고 하고 'ⅰ'로 표시한다.

풀이 〈보기〉의 마지막 보통박은 '❘(덕)'과 'ⅰ(기덕)'으로 구성되어 있다. '❘(덕)'은 채편을 한 번 치는 것이며, 'ⅰ(기덕)'은 채편을 칠 때 꾸밈음을 붙여 치는 것이다. 따라서 '❘(덕)'과 'ⅰ(기덕)'으로 구성된 마지막 보통박에서는 채편만 치면 된다.

→ 적절함!

③ 합장단으로 시작하고 겹채로 마무리해야겠군.

근거 ❸-1~2 한 손으로 채를 잡아 채편을 치고 다른 손으로는 북편을 치는데, 장구의 채편과 북편을 동시에 치는 것을 '덩'이라 하고 정간보에 '①'로 표시한다. 이는 합장단이라고도 하며, ❸-4 '기덕'은 채편을 겹쳐 친다고 하여 겹채라고도 한다.

풀이 〈보기〉의 정간보는 장구의 채편과 북편을 동시에 치는 합장단 '①(덩)'으로 시작되고, 채편을 겹쳐 치는 겹채 'ⅰ(기덕)'으로 마무리된다.

→ 적절함!

④ 세 번째 보통박에서는 종류가 다른 세 점을 연주해야겠군.

근거 〈보기〉-2 3 소박 4 보통박으로 치면 재미있을 것 같아, ❶-2~3 보통박을 더 작은 단위로 쪼갠 박을 소박이라 한다. 여러 개의 소박이 모여서 하나의 보통박을 이루며, 우리 민요 장단은 굿거리장단처럼 3 개의 소박으로 이루어진 보통박이 4 번 나타나는 3 소박 4 보통박으로 구성되는 경우가 많다, ❷-1 장단을 맞추기 위해 장구의 가죽 면을 치는 것을 '점(點)'이라 한다.

풀이

	소박	소박	소박							
①		ⅰ	○	❘	○	ⅰ	○	❘		ⅰ
덩		기덕	쿵	덕	쿵	더러러러	쿵	덕		기덕

보통박 / 보통박 / 보통박 / 보통박

〈보기〉의 정간보는 3 소박 4 보통박으로 구성되어 있다. 보통박을 더 작은 단위로 쪼갠 박이 소박이며, 3 소박 4 보통박은 3 개의 소박으로 이루어진 보통박이 4 번 나타나는 것을 말한다. 이에 따라 〈보기〉의 정간보를 살펴보면, 세 번째 보통박은 '○(쿵)', 'ⅰ(더러러러)', '○(쿵)'으로 구성되어 있다. 따라서 세 번째 보통박에서는 두 종류('○(쿵)', 'ⅰ(더러러러)')의 점을 연주해야 한다.

→ 적절하지 않음!

⑤ 첫 번째와 마지막 보통박의 세 번째 소박에서는 'ⅰ(기덕)'을 쳐야겠군.

근거 〈보기〉-2 3 소박 4 보통박으로 치면 재미있을 것 같아, ❶-2~3 보통박을 더 작은 단위로 쪼갠 박을 소박이라 한다. 여러 개의 소박이 모여서 하나의 보통박을 이루며,

우리 민요 장단은 굿거리장단처럼 3 개의 소박으로 이루어진 보통박이 4 번 나타나는 3 소박 4 보통박으로 구성되는 경우가 많다.

풀이

〈보기〉의 정간보는 3 소박 4 보통박으로 구성되어 있다. 보통박을 더 작은 단위로 쪼갠 박이 소박이며, 3 소박 4 보통박은 3 개의 소박으로 이루어진 보통박이 4 번 나타나는 것을 말한다. 이에 따라 〈보기〉의 정간보를 살펴보면, 첫 번째 보통박과 마지막 보통박의 세 번째 소박은 모두 'i (기덕)'이다. 따라서 첫 번째와 마지막 보통박의 세 번째 소박에서는 'i (기덕)'을 쳐야겠다는 설명은 적절하다.

→ 적절함!

[008~011] 다음 글을 읽고 물음에 답하시오.

1 ¹최근 예술 분야(分野, 여러 갈래로 나누어진 범위나 부분)에서는 과학 기술을 이용하여 새로운 장르(genre, 갈래)를 ⓐ 개척하려는 시도(試圖, 이루어 보려고 계획하고 행동함)가 이루어지고 있다. ²이러한 배경을 바탕으로 등장한(登場-, 세상에 나온) 예술의 하나가 바로 'ⓐ 엑스레이 아트(X-ray Art)'이다. ³엑스레이 아트는 엑스레이 사진을 활용하여 만든 예술 작품을 의미한다.

→ '엑스레이 아트'의 등장과 개념

2 ¹엑스레이 아트의 거장(巨匠, 일정한 분야에서 특히 뛰어난 사람)인 닉 베세이는 엑스레이를 활용하여 오브제* 내부(內部, 안쪽 부분)에 ⓑ 주목한 작품을 만들었다. ²그(닉 베세이)는 「튤립」이라는 작품을 통해 꽃봉오리(아직 피지 않은 꽃)에 감추어진 암술과 수술을 드러냄으로써, 꽃의 보이지 않는 내부의 아름다움을 탐색하였다.(探索-, 밝히기 위해 살펴 찾았다.) ³또한 「셀피」라는 작품을 통해 현대 사회의 외모 지상주의(外貌至上主義, 가치의 중심을 외모에 두는 사고방식)를 비판하기도 했다. ⁴이 작품(「셀피」)은 자기 얼굴을 찍는 사람의 모습을 엑스레이로 촬영한(撮影-, 찍은) 것으로, 엑스레이로 인체(人體, 사람의 몸)를 촬영할 경우 외양(外樣, 겉모습)이 드러나지 않는 점을 이용하여 창작 의도(創作意圖, 작품을 통해 드러내고자 하는 본뜻)를 나타낸 것이다.

→ 엑스레이 아트의 거장 닉 베세이의 작품들

3 ¹엑스레이 아트의 창작 의도를 ⓒ 구현하기 위해서는 오브제의 특성을 고려해야(考慮-, 생각하고 헤아려 보아야) 한다. ²이(오브제의 특성을 고려해야 하는 이유)는 오브제의 재질(材質, 재료가 가진 성질)과 두께에 따라 엑스레이의 투과율(透過率, 방사선이 물체의 내부를 통과하는 능력을 나타내는 비율)이 달라지기 때문이다. ³이러한(오브제의 재질과 두께에 따라 엑스레이의 투과율이 달라지는) 이유로 엑스레이 아트에서는 엑스레이가 투과되지(透過-, 내부를 통과하게 되지) 않는 물질이 포함된 오브제를 배제하기도(排除-, 활용하지 않기도) 하고, 역으로(逆-, 반대로) 이(엑스레이가 투과되지 않는 물질을 활용하기도 한다. ⁴촬영을 할 때에는 오브제의 두께에 따라 엑스레이의 강도(强度, 센 정도)와 오브제에 엑스레이가 투과되는 시간을 조절해야 의도하는 명도(明度, 색의 밝고 어두운 정도)의 사진을 얻을 수 있다. ⁵또한 오브제와 근접한(近接-, 가까이 다가간) 거리에서 촬영해야 하는 엑스레이의 특성상, 가로 35 cm, 세로 43 cm인 엑스레이 필름의 크기보다 오브제가 클 경우 오브제를 여러 부분으로 나누어서 촬영한다. ⁶한편 작품 창작 의도를 구현하는 데 오브제의 모든 구성 요소가 필요하지 않다면 오브제의 일부(一部, 어느 한 부분) 구성 요소만 선택하여 창작 의도를 드러낼 수도 있다. ⁷그리고 오브제가 겹쳐 있을 경우, 창작 의도와 다른 사진이 나올 수 있으므로 이(창작 의도)를 고려하여 오브제를 적절하게 ⓓ 배치하고 촬영 각도를 결정한다.

→ 엑스레이 아트의 창작 의도를 구현하기 위해 고려할 점과 촬영 방법

4 ¹이렇게 촬영한 엑스레이 사진은 컴퓨터 그래픽 작업을 거치는데, 창작 의도를 드러내기 위해 여러 장의 사진을 합성하기도(合成-, 하나로 합치기도) 한다. ²특히 항공기(航空機, 사람이나 물건을 싣고 비행할 수 있는 탈것) 동체(胴體, 항공기의 날개와 꼬리를 뺀 중심 부분)와 같이 크기가 큰 대상을 오브제로 삼아(이용하여) 여러 날에 걸쳐 촬영할 경우, 촬영할 당시의 기온, 습도 등의 영향으로 각각의 사진들마다 명도가 다르게 나타날 수 있다. ³그러므로 그래픽 작업을 통해 사진들의 명도를 보정한(補

正-, 보충하고 바로잡은) 뒤, 이(보정한 각각의) 사진들을 퍼즐처럼 맞추어 하나의 사진으로 합성하여 작품을 완성한다.

→ 엑스레이 아트 촬영 후 작업

5 ¹엑스레이는 대상의 골격(骨格, 뼈대)이나 구조를 노출하는(露出-, 겉으로 드러내는) 기술이라는 점에서 차가운 느낌을 주기도 한다. ²하지만 이(대상의 골격이나 구조의 노출)를 활용한 엑스레이 아트는 발상(發想, 생각)의 전환(轉換, 다른 방향으로 바꿈)을 통해 감상자들에게 기존의(旣存-, 이미 있어 온) 예술 작품과는 다른 미적 감수성(美的感受性, 사물의 아름다움에 대해 자극을 받아들이고 느끼는 성질이나 성향)을 불러일으킨다는 점에서 현대 예술의 외연(外延, 개념이 적용될 수 있는 것의 전체 범위)을 넓히는 데 ⓔ 기여하였다는 평가를 받고 있다.

→ 현대 예술의 외연을 넓히는 데 기여한 엑스레이 아트

* 오브제(objet) : 일상 용품이나 물건을 본래의 용도로 쓰지 않고 예술 작품에 사용하는 기법 또는 그 물체

■ 지문 이해

〈엑스레이 아트〉

❶ '엑스레이 아트'의 등장과 개념
• 엑스레이 아트 : 과학 기술을 이용한 새로운 장르 개척 시도로 등장한 예술, 엑스레이 사진을 활용하여 만든 예술 작품

❷ 엑스레이 아트의 거장 닉 베세이의 작품들
• 엑스레이를 활용하여 오브제 내부에 주목
• 「튤립」, 「셀피」 등의 작품을 통해 창작 의도를 드러냄

❸ 엑스레이 아트의 창작 의도를 구현하기 위해 고려할 점과 촬영 방법
• 재질, 두께 등 오브제의 특성을 고려해야 함
• 엑스레이 필름보다 크기가 큰 오브제는 여러 부분으로 나누어 촬영함
• 오브제의 일부 구성 요소만 선택하여 창작 의도를 드러낼 수 있음
• 창작 의도를 고려해 오브제를 적절하게 배치하고 촬영 각도를 결정함

❹ 엑스레이 아트 촬영 후 작업
• 촬영한 엑스레이 사진은 보정, 합성 등 컴퓨터 그래픽 작업을 거쳐 작품으로 완성됨

❺ 현대 예술의 외연을 넓히는 데 기여한 엑스레이 아트
• 발상의 전환을 통해 감상자들에게 기존의 예술 작품과는 다른 미적 감수성을 불러일으킴

1등급 문제

008 세부 정보 이해 - 적절하지 않은 것 고르기 2019년 3월 학평 21번
정답률 55%, 매력적 오답 ④ 30%   정답 ⑤

윗글에서 *언급된 내용이 **아닌** 것은? *급及-, 이야기된

① 엑스레이 아트의 개념
근거 ❶-3 엑스레이 아트는 엑스레이 사진을 활용하여 만든 예술 작품을 의미한다.
→ 적절함!

② 엑스레이 아트의 작품 *사례 *事例, 전에 실제로 일어난 예
근거 ❷-1~3 엑스레이 아트의 거장인 닉 베세이는 엑스레이를 활용하여 오브제 내부에 주목한 작품을 만들었다. 그는 「튤립」이라는 작품을 통해 … 또한 「셀피」라는 작품을 통해 현대 사회의 외모 지상주의를 비판하기도 했다.
→ 적절함!

③ 엑스레이 아트의 창작 방법
근거 ❸-4~7 촬영을 할 때에는 오브제의 두께에 따라 엑스레이의 강도와 오브제에 엑스레이가 투과되는 시간을 조절해야 의도하는 명도의 사진을 얻을 수 있다. 또한 … 엑스레이 필름의 크기보다 오브제가 클 경우 오브제를 여러 부분으로 나누어서 촬영한다. … 오브제의 일부 구성 요소만 선택하여 창작 의도를 드러낼 수도 있다. 그리고 오브제가 겹쳐 있을 경우, … 오브제를 적절하게 배치하고 촬영 각도를 결정한다.
❹-1 이렇게 촬영한 엑스레이 사진은 컴퓨터 그래픽 작업을 거치는데, 창작 의도를

IV 예술

드러내기 위해 여러 장의 사진을 합성하기도 한다. **④**-3 그래픽 작업을 통해 사진들의 명도를 보정한 뒤, 이 사진들을 퍼즐처럼 맞추어 하나의 사진으로 합성하여 작품을 완성한다.

→ 적절함!

④ **엑스레이 아트의 등장 배경**

근거 **❶**-1~2 최근 예술 분야에서는 과학 기술을 이용하여 새로운 장르를 개척하려는 시도가 이루어지고 있다. 이러한 배경을 바탕으로 등장한 예술의 하나가 바로 '엑스레이 아트(X-ray Art)'이다.

→ 적절함!

✓⑤ **엑스레이 아트의 발전 *양상** *樣相, 모양이나 상태

풀이 윗글에서 엑스레이 아트의 발전 양상에 대해서는 이야기하지 않았다. 현대 예술의 발전 양상 중 하나로 엑스레이 아트가 등장한 것이다.

→ 적절하지 않음!

---

009 | 반응의 적절성 판단 – 적절하지 않은 것 고르기 2019년 3월 학평 22번 | **정답 ③**
정답률 65%, 매력적 오답 ① 10%

윗글을 바탕으로 할 때, 〈보기〉의 작품에 대해 보인 반응으로 적절하지 않은 것은? [3점]

| 보기 |
¹「버스」는 실제(實際, 현실 그대로의) 버스와 사람을 오브제로 삼아, 이(실제 버스와 사람)를 여러 날에 걸쳐 각각 촬영한 뒤 합성한 엑스레이 아트이다. ²작가는 작품의 창작 의도를 구현하는 데 필요한 바퀴나 차체(車體, 차의 몸체) 등의 일부 구성 요소들만 선택하였다. ³그리고 버스의 측면(側面, 옆면)이 보이도록 촬영하여 버스에 타고 있는 사람들의 여러 가지 자세와 인체 골격의 다양한 모습을 드러내고 있다.

〈닉 베세이, 「버스」〉

① 물체를 투과하는 엑스레이를 이용한 것은 *일상적 시선으로는 볼 수 없는 인체 골격의 모습을 보여 주려는 의도였겠군. *日常的, 특별하지 않고 날마다 볼 수 있는

근거 〈보기〉-3 버스에 타고 있는 사람들의 여러 가지 자세와 인체 골격의 다양한 모습을 드러내고 있다. **❶**-3 엑스레이 아트는 엑스레이 사진을 활용하여 만든 예술 작품, **⑤**-1 엑스레이는 대상의 골격이나 구조를 노출하는 기술

풀이 〈보기〉의 작품은 엑스레이 아트로, 대상의 골격이나 구조를 노출하는 엑스레이 기술을 이용하여 일상적 시선으로는 볼 수 없는 인체 골격의 모습을 보여 주려 한 것임을 알 수 있다.

→ 적절함!

② 바퀴나 차체 등의 일부 구성 요소만 선택한 것에는 필요하지 않은 부분을 배제하려는 작가의 의도가 반영된 것이겠군.

근거 〈보기〉-2 작가는 작품의 창작 의도를 구현하는 데 필요한 바퀴나 차체 등의 일부 구성 요소들만 선택, **❸**-6 작품 창작 의도를 구현하는 데 오브제의 모든 구성 요소가 필요하지 않다면 오브제의 일부 구성 요소만 선택하여 창작 의도를 드러낼 수도 있다.

→ 적절함!

✓③ 버스의 측면이 보이도록 촬영한 것은 촬영 각도에 따라 ~~엑스레이가 투과되지 않는 효과를 이용하기 위한 것이겠군.~~

근거 〈보기〉-3 버스의 측면이 보이도록 촬영하여 버스에 타고 있는 사람들의 여러 가지 자세와 인체 골격의 다양한 모습을 드러내고 있다. **❸**-2~3 오브제의 재질과 두께에 따라 엑스레이의 투과율이 달라지기 때문이다. 이러한 이유로 엑스레이 아트에서는 엑스레이가 투과되지 않는 물질이 포함된 오브제를 배제하기도 하고, 역으로 이를 활용하기도 한다. **❸**-7 오브제가 겹쳐 있을 경우, 창작 의도와 다른 사진이 나올 수 있으므로 이를 고려하여 오브제를 적절하게 배치하고 촬영 각도를 결정

풀이 〈보기〉의 작품에서 버스의 측면이 보이도록 배치하여 촬영한 것은 버스에 타고 있는 사람들의 여러 자세와 골격의 다양한 모습을 겹치지 않게 잘 보여 주기 위해서이

다. 엑스레이의 '투과율'을 이용하여 엑스레이가 투과되지 않는 물질이 포함된 오브제를 배제하거나 역으로 활용하는 것은 '오브제의 배치와 촬영 각도'가 아닌 '오브제의 재질과 두께에 관련된 내용이다.

→ 적절하지 않음!

④ 작품이 한 번에 촬영한 사진처럼 보이는 것은 컴퓨터 그래픽 작업을 통해 각 사진의 명도를 보정한 결과이겠군.

근거 〈보기〉-1 「버스」는 실제 버스와 사람을 오브제로 삼아, 이를 여러 날에 걸쳐 각각 촬영한 뒤 합성한 엑스레이 아트, **④**-2~3 크기가 큰 대상을 오브제로 삼아 여러 날에 걸쳐 촬영할 경우, 촬영할 당시의 기온, 습도 등의 영향으로 각각의 사진들마다 명도가 다르게 나타날 수 있다. 그러므로 그래픽 작업을 통해 사진들의 명도를 보정한 뒤, 이 사진들을 퍼즐처럼 맞추어 하나의 사진으로 합성하여 작품을 완성한다.

→ 적절함!

⑤ 엑스레이 필름보다 큰 실제 크기의 오브제를 *선정하였기 때문에 촬영한 여러 장의 사진을 합성한 것이겠군. *選定-, 뽑아서 정했기

근거 〈보기〉-1 「버스」는 실제 버스와 사람을 오브제로 삼아, 이를 여러 날에 걸쳐 각각 촬영한 뒤 합성한 엑스레이 아트, **❸**-5 가로 35 cm, 세로 43 cm인 엑스레이 필름의 크기보다 오브제가 클 경우 오브제를 여러 부분으로 나누어서 촬영한다.

→ 적절함!

---

tip **· 닉 베세이의 「버스」**

닉 베세이의 「버스」는 엑스레이로 찍은 버스 사진으로, 뉴욕 근교에 새로 문을 연 한 정형외과가 맨해튼을 오가는 버스에 광고를 싣기 위해 닉 베세이에게 요청한 작품이다. 그러나 버스의 전면에 붙였던 이 작품은 해골이 탄 버스가 움직이는 것 같다는 뉴욕 시민들의 큰 항의로 일주일 만에 버스에서 떼어졌다.

닉 베세이는 사망한 지 얼마 안 된 시신 한 구를 버스에 태운 뒤 각기 다른 포즈로 촬영, 합성하는 방법으로 이 작품을 완성했다. 즉 버스에 타고 있는 많은 수의 승객들은 실제로는 단 한 구의 시신만으로 촬영된 것이다. 촬영에 살아 있는 사람이 아니라 시신을 쓴 이유는 방사능 노출 위험 때문이다. 작가가 사용하는 엑스선은 일반적으로 병원에서 사용하는 엑스선에 비해 사람에게 직접 쬐기에는 너무 수치가 높기 때문에, 작가는 기증된 사망 직후의 시신을 이용하여 엑스레이 사진을 촬영하였다.

닉 베세이가 엑스레이 아트로 인체를 보여 주는 이유는 겉모습에 대한 집착이 무의미하다는 것을 말하기 위해서이다. 그는 멋진 옷을 입은 미남이든, 누더기를 걸친 거지든 엑스레이로 들여다보면 누가 누구인지 알 수 없고, 아름다움과 추함, 귀함과 천함의 구분 없이 모두 똑같다는 자신의 생각을 작품을 통해 드러내고자 하였다.

---

010 | 핵심 개념 이해 – 적절한 것 고르기 2019년 3월 학평 23번 | **정답 ⑤**
정답률 85%

㉠의 의의로 가장 적절한 것은?

㉠ 엑스레이 아트(X-ray Art)

① 오브제를 찍은 사진에 *의도적인 **변형을 ***가하여 오브제의 ****실체를 감추는 예술이다. *意圖的-, 목적을 이루기 위해 생각이나 계획을 품고 힘을 쓰는 **變形, 모양이나 형태가 달라지게 함 ***加-, 하거나 영향을 끼쳐 ****實體, 본모습

근거 **④**-1 촬영한 엑스레이 사진은 컴퓨터 그래픽 작업을 거치는데, 창작 의도를 드러내기 위해 여러 장의 사진을 합성하기도 한다. **④**-3 그래픽 작업을 통해 사진들의 명도를 보정한 뒤, 이 사진들을 퍼즐처럼 맞추어 하나의 사진으로 합성하여 작품을 완성한다.

풀이 엑스레이 아트는 겉으로 드러나지 않는 오브제의 내부에 주목함으로써 작가의 창작 의도를 구현하는 예술이다. 윗글의 **④**문단에서 촬영한 엑스레이 사진을 보정하거나 합성하는 등 컴퓨터 그래픽 작업을 통해 작품을 완성한다는 내용이 나오지만, 이러한 작업은 작품의 창작 의도를 드러내기 위함이지 오브제의 실체를 감추기 위함이라고 보기 어렵다.

→ 적절하지 않음!

② *실존하지 않는 대상을 그래픽 작업으로 만들어 사회의 **병폐를 ***풍자하는 예술이다. *實存-, 실제로 존재하지 **病弊, 옳지 못한 경향이나 해로운 요소 ***諷刺-, 다른 것에 빗대어 비웃으며 비판하는

근거 **❶**-3 엑스레이 아트는 엑스레이 사진을 활용하여 만든 예술 작품, **⑤**-1~2 엑스레

이는 대상의 골격이나 구조를 노출하는 기술 … ㅁ(엑스레이)를 활용한 엑스레이 아트, ❷-3 현대 사회의 외모 지상주의를 비판하기도 했다.

풀이 엑스레이 아트는 대상의 골격이나 구조를 노출하는 엑스레이 사진을 활용한 예술 작품이다. 즉 엑스레이로 실존하는 대상을 촬영하고 컴퓨터 그래픽 작업을 거쳐 작가의 창작 의도를 나타내는 작품으로 완성하는 것이다. 따라서 엑스레이 아트가 실존하지 않는 대상을 그래픽 작업으로 만들었다는 설명은 적절하지 않다. 또한 닉 베세이는 엑스레이 아트를 통해 현대 사회의 병폐인 외모 지상주의를 비판하기는 했지만, 그것이 엑스레이 아트의 주된 목적은 아니다.

→ 적절하지 않음!

③ 인체나 사물의 외양을 있는 그대로 드러냄으로써 아름다움의 의미를 구현하는 예술이다.

근거 ❶-3 엑스레이 아트는 엑스레이 사진을 활용하여 만든 예술 작품, ❷-1~4 엑스레이 아트의 거장인 닉 베세이는 엑스레이를 활용하여 오브제 내부에 주목한 작품을 만들었다. 그는 「튤립」이라는 작품을 통해 꽃봉오리에 감추어진 암술과 수술을 드러냄으로써, 꽃의 보이지 않는 내부의 아름다움을 탐색하였다. 또한 「셀피」라는 작품을 통해 … 엑스레이로 인체를 촬영할 경우 외양이 드러나지 않는 점을 이용하여 창작 의도를 나타낸 것

풀이 엑스레이 아트는 인체나 사물의 외양을 있는 그대로 드러내는 것이 아니라, 엑스레이 사진을 활용해 대상의 내부에 주목함으로써 작가의 창작 의도를 나타내고 아름다움의 의미를 구현하는 예술이다.

→ 적절하지 않음!

않는 오브제의 내부를
④ 눈에 보이지 않을 만큼 작은 오브제를 *가시화하여 대상의 **본질에 대해 탐색하는 예술이다. *可視化–. 실제로 눈앞에 드러나게 하여 **本質. 원래부터 가지고 있는 사물 자체의 성질이나 모습

근거 ❷-2 「튤립」이라는 작품을 통해 꽃봉오리에 감추어진 암술과 수술을 드러냄으로써, 꽃의 보이지 않는 내부의 아름다움을 탐색, ❷-4 자기 얼굴을 찍는 사람의 모습을 엑스레이로 촬영한 것, ❸-5 가로 35 cm, 세로 43 cm인 엑스레이 필름의 크기보다 오브제가 클 경우 오브제를 여러 부분으로 나누어서 촬영, ❹-2 항공기 동체와 같이 크기가 큰 대상을 오브제로 삼아 여러 날에 걸쳐 촬영할 경우

풀이 윗글에서 엑스레이 아트의 오브제로 튤립, 사람, 항공기 동체 등 크기가 큰 대상이 활용됨을 알 수 있다. 따라서 엑스레이 아트가 눈에 보이지 않을 만큼 작은 오브제를 가시화한 것이라는 설명은 적절하지 않다.

→ 적절하지 않음!

✔⑤ 겉으로 드러나지 않는 오브제의 내부를 의도적으로 보여 주어 예술의 영역을 확장한 예술이다.

근거 ❷-1 엑스레이 아트의 거장인 닉 베세이는 엑스레이를 활용하여 오브제 내부에 주목한 작품을 만들었다, ❺-1~2 엑스레이는 대상의 골격이나 구조를 노출하는 기술 … ㅁ(엑스레이)를 활용한 엑스레이 아트는 발상의 전환을 통해 감상자들에게 기존의 예술 작품과 다른 미적 감수성을 불러일으킨다는 점에서 현대 예술의 외연을 넓히는 데 기여하였다는 평가를 받고 있다.

풀이 엑스레이 아트는 오브제의 골격이나 구조를 노출하는 엑스레이를 활용한 것으로, 겉으로 드러나지 않는 오브제의 내부를 보여 준다. 또 윗글에서 이러한 엑스레이 아트는 기존의 예술 작품과 다른 미적 감수성을 불러일으킴으로써 현대 예술의 외연을 넓혔다고 하였으므로, 엑스레이 아트가 예술의 영역을 확장한 예술이라는 설명도 적절하다.

→ 적절함!

틀리기 쉬운 문제

011 단어의 의미 파악 – 적절하지 않은 것 고르기 2019년 3월 학평 24번
정답률 60%, 매력적 오답 ③ 20%
정답 ①

ⓐ~ⓔ의 사전적 의미로 적절하지 **않은** 것은?

ⓐ 개척　ⓑ 주목　ⓒ 구현　ⓓ 배치　ⓔ 기여

✔①ⓐ : 새로운 물건을 만들거나 새로운 생각을 내어놓음.

풀이 ⓐ의 '개척(開 열다 개 拓 넓히다 척)'은 '새로운 영역, 운명, 진로 따위를 처음으로 열어 나감'의 의미이다. '새로운 물건을 만들거나 새로운 생각을 내어놓음'을 의미하는 단어는 '개척'이 아니라 '개발(開 열다 개 發 일어나다 발)'이다.

예문 그는 새로운 항공 노선 개척을 위해 노력했다.

→ 적절하지 않음!

②ⓑ : 관심을 가지고 주의 깊게 살핌.

풀이 ⓑ의 '주목(注 모으다 주 目 눈 목)'은 '관심을 가지고 주의 깊게 살핌'의 의미이다.

예문 그는 이번 사건의 용의자로 주목을 받아 왔다.

→ 적절함!

③ⓒ : 어떤 내용이 구체적인 사실로 나타나게 함.

풀이 ⓒ의 '구현(具 갖추다 구 現 나타나다 현)'은 '어떤 내용이 구체적인 사실로 나타나게 함'의 의미이다.

예문 인간다운 삶은 인간 존엄성의 구현으로 나아가는 것이어야 한다.

→ 적절함!

④ⓓ : 사람이나 물자 따위를 일정한 자리에 알맞게 나누어 둠.

풀이 ⓓ의 '배치(配 나누다 배 置 두다 치)'는 '사람이나 물자 따위를 일정한 자리에 알맞게 나누어 둠'의 의미이다.

예문 그의 방은 가구의 배치가 독특하게 되어 있었다.

→ 적절함!

⑤ⓔ : 도움이 되도록 이바지함.

풀이 ⓔ의 '기여(寄 부치다 기 與 주다 여)'는 '도움이 되도록 이바지함'의 의미이다.

예문 그는 팀 승리에 결정적인 기여를 한 선수이다.

→ 적절함!

---

2. 그 밖의 예술 이야기

(가)

1 ¹샤프츠베리는 근대(近代, 중세와 현대 사이의 시대) 미학(美學, 자연이나 인생, 예술 등에 담긴 미의 본질과 구조를 연구하는 학문)의 기초를 마련한 인물로 ⓐ 간주된다. ²그(샤프츠베리)의 미학은 초월적(超越的, 한계나 표준, 이해나 자연 등을 뛰어넘거나 경험과 인식의 범위를 벗어나는) 신의 존재가 모든 것에 우선한다는 형이상학적(形而上學的, 사물의 본질, 존재의 근본 원리를 사유나 직관에 의하여 탐구하는 학문인 '형이상학'에 바탕을 둔) 전제(前提, 먼저 내세우는 것)를 바탕으로 한다. ³온 우주가 신의 피조물(被造物, 신에 의해 만들어진 모든 것)이라고 보았던 샤프츠베리는 우주의 속성(屬性, 특징이나 성질)인 질서, 균형, 조화(調和, 서로 잘 어울림)를 지닌 대상을 아름답다고 여겼으며 그(샤프츠베리)가 생각하는 미(美 아름다운 미)는 대상 속에 실재하는(實在~, 실제로 존재하는) 형식적 성질로부터 기인하는(起因~, 원인을 두는) 것이었다.

→ 샤프츠베리의 미학에 담긴 형이상학적 전제 ①

2 ¹샤프츠베리가 가지고 있는 또 다른 형이상학적 전제는 미의 위계성(位階性, 위치나 지위, 계층 등의 등급에 따른 성질)이다. ²그(샤프츠베리)는 대상이 지닌 형성력(形成力, 어떤 형상을 이룰 수 있는 힘)을 기준으로 미를 3등급으로 나누었다. ³모든 것을 만들 수 있는 형성력을 지닌 존재인 신을 가장 높은 등급으로 보았고, 신에 의해서 형성되어 예술품과 같은 아름다운 것도 형성할 수 있는 인간을 그다음 등급으로, 예술품과 같이 형성된 결과물에 해당하는 물질적 대상은 가장 낮은 등급으로 보았다. ⁴그(샤프츠베리)는 하위(下位, 낮은 지위나 위치) 등급은 언제나 상위(上位, 높은 위치나 지위) 등급으로부터 기인한다고 강조하면서, 물질적 대상보다는 인간이, 인간보다는 신이 더 아름답다고 말했다.

→ 샤프츠베리의 미학에 담긴 형이상학적 전제 ②

3 ¹그렇다면 샤프츠베리는 미적 경험에 있어서 인간이 어떻게 미를 감지한다고(感知~, 느껴서 안다고) 보았을까? ²샤프츠베리는 이를 설명하기 위해 인간이 신으로부터 받은 자연적 본능(本能, 학습이나 경험, 교육에 의하지 않고 태어날 때부터 이미 갖추고 있는 행동 양식)인 '취미(趣味, 아름다운 대상을 감상하고 이해하는 힘)'를 제시한다. ³㉠ 취미는 미를 감각하는 하나의 독립적인 내감(內感, 내부 감각)이자 미를 판단하는 능력으로서, 감각 기관(感覺器官, 동물의 몸에서 바깥 세계의 감각을 받아들여 뇌에 전달하는 기관)이 대상의 맛, 색깔 등을 즉각적으로(卽刻的~, 당장에 바로) 감지하는 것처럼 취미도 대상을 접하는(接~, 알거나 경험하게 되는) 순간 즉각적으로 미를 판단해 낸다는 것이다. ⁴그런데 취미는 자연적 본능임에도 문화권이나 사람에 따라 미적 판단이 달라질 수 있다. ⁵샤프츠베리는 그 이유를 본능이 왜곡되기(歪曲~, 사실과 다르게 해석되거나 일의 이치에 맞지 않게 되기) 때문이라고 보았다. ⁶취미는 본능이므로 인간의 노력으로 새롭게 얻을 수는 없지만, 사회적 영향에 따라 ⓑ 발현되는 양상(樣相, 모양이나 상태)이 달라질 수 있다는 것이다. ⁷따라서 취미가 제대로 발현되기 위해서는 교육이나 계발(啓發, 슬기나 재능, 사상 등을 일러 주거나 가르쳐서 깨닫게 함)이 필요하다고 보았다.

→ 샤프츠베리가 제시한 '취미' 개념

4 ¹한편 취미의 반응이 즉각적이라는 점은 미적 판단이 우리의 이익과 무관한(無關~, 관계가 없는) 것임을 시사하는데(示唆~, 넌지시 드러내는데) 이와 관련하여 샤프츠베리는 무관심성이라는 개념을 제시했다. ²무관심성이란 대상에 대해 무신경한(無神經~, 관심이나 반응이 없는) 태도를 취하는(取~, 가지는) 것이 아니라 사적(私的, 개인에 관계된) 욕망(欲望, 무엇을 가지거나 누리고자 몹시 욕심을 부리는 마음)으로부터 벗어나는 것을 의미한다. ³이는 미적 경험의 주체인 인간이 대상의 도구적(道具的, 목적을 이루기 위한 수단이나 방법으로써의) 가치(價値, 쓸모)에 주목하거나(注目~, 관심을 가지고 주의 깊게 살피거나) 대상에 대한 소유욕(所有欲, 자기 것으로 만들어 가지고 싶어 하는 욕망)을 갖는 것에서 벗어나 대상 그 자체가 지닌 미적 성질, 즉 내재적(內在的, 안에 존재하는) 가치에 주목해야 대상의 아름다움을 관조할(觀照~, 관찰하거나 비추어 볼) 수 있다는 점을 강조한 것이다.

→ 샤프츠베리가 제시한 '무관심성' 개념

(나)

1 ¹존 듀이는 인간을 자연의 일부이자 환경과 긴밀하게(緊密~, 매우 가까워 빈틈이 없게) 연결되는 유기체(有機體, 각 부분이 일정한 목적 아래에 하나로 통일되어 이루어져 있어 부분과 전체가 긴밀한 관계를 가지는 조직체)로 보았다. ²그래서 경험의 주체인 인간은 환경과 같은 경험 대상에 적응할 뿐만 아니라 그 대상을 자신에게 적응시키는 과정을 반복하며 경험을 생성한다고(生成~, 만든다고) 보았다.

→ 존 듀이의 인간관

2 ¹듀이는 어떤 경험의 시작부터 의도된(意圖~, 이루어지도록 꾀하여진) 목적이 ⓒ 달성되는 완결(完結, 완전하게 끝을 맺음)에 이르기까지, 경험을 이루는 행위들이 온전하게(穩全~, 그대로 고스란히) 이어지는 경험을 '하나의 경험'이라고 하였다. ²듀이는 이렇게 경험을 이루는 각 행위가 서로 긴밀히 연결되어 경험이 완결되면 하나로 통합된 단일체(單一體, 단 하나로 되어 있는 형체)가 된다고 말했다. '하나의 경험'이 단일체가 될 수 있는 것은 ㉡ 질성으로 묶여 있기 때문이다. ³질성이란 경험 주체가 어떠한 경험 상황에서 직접 포착하는(捕捉~, 알아차리는) 것으로, 경험 상황만이 가진 고유하며(固有~, 본래부터 가지고 있어 특유하며) 독특한(獨特~, 특별하게 다른) 성질을 의미한다. ⁴가령(假令, 예를 들어), 가족과 함께 식사를 한 후 자신이 포착한 그 식사의 지배적인(支配的~, 압도적으로 우위를 차지하는) 특징이 풍성함(豐盛~, 넉넉하고 많음)이었다면 풍성함이 그 식사의 질성이 된다. ⁵만약 다른 가족 구성원에게는 우아함(優雅~, 고상하고 기품이 있는 아름다움)이 지배적인 특징이었다면 우아함이 그 식사의 질성이 된다. ⁶이와 같이 질성은 경험 주체가 경험 대상과 상호 작용한(相互作用~, 서로 영향을 주고받은) 결과로 나타나기에 같은 경험에 대해서도 주체마다 ⓓ 상이하게 나타날 수 있다.

→ 듀이가 제시한 '하나의 경험' 및 '질성'의 개념

3 ¹또한 듀이는 예술도 '하나의 경험'이라는 차원(次元, 사물을 바라보거나 생각하는 입장)에서 설명하고자 했다. ²그(듀이)는 창작(創作, 예술 작품을 독창적으로 지어냄) 행위가 '하나의 경험'이 되려면 창작자(創作者, 새로운 것이나 예술 작품 등을 새롭게 만들어낸 사람)가 작품을 창작하는 과정에서 스스로가 감상자(鑑賞者, 예술 작품 등의 아름다움을 이해하여 즐기고 평가하는 사람)로서의 관점(觀點, 사물이나 현상을 관찰하고 바라보는 생각, 태도, 방향)을 지녀야 한다고 보았다. ³이는 자신의 행위가 의도한 목적을 향하여 제대로 수행되고(遂行~, 생각한 대로 일이 행해지고) 있는지 감상을 통해 지속적으로(持續的~, 오래 계속되게) 판단하며, 끊임없이 행위를 선택하고 결정함으로써 작품을 완성해야 한다는 것을 의미한다. ⁴또한 듀이는 창작자가 기술적 정교함(精巧~, 정밀하고 교묘함)이 아니라 자신의 작품을 통해 감상자가 어떠한 경험을 갖게 될 것인가에 더 주목해야 한다고 보았다.

→ '하나의 경험' 차원에서 설명한 예술의 창작 행위

4 ¹한편 듀이는 감상자의 미적 경험에서 감상 행위가 '하나의 경험'이 되려면 감상자도 창작자가 작품을 실제로 만드는 행위에 견줄(어떤 차이가 있는지 알기 위해 서로 대어 볼) 만한 자기만의 경험을 창조해야 한다고 보았다. ²창작자가 자신의 의도대로 작품을 완성하기 위해 노력한 것처럼, 감상자도 연습이나 수련(修鍊, 닦아서 단련함)을 통해 길러진 자신의 관점과 관심에 따라 작품을 감상해야 한다는 것이다. ³따라서 듀이의 관점에서 예술 작품의 의미와 가치는 고정되어(固定~, 한번 정한 대로 바뀌지 않게) 있지 않고 그것을 ⓔ 대면하는 감상자의 문화적, 시대적 배경 등에 따라 달라질 수 있다.

→ '하나의 경험' 차원에서 설명한 예술의 감상 행위

■ 지문 이해

(가)

〈샤프츠베리의 미학적 관점〉

> **❶ 샤프츠베리의 미학에 담긴 형이상학적 전제 ①**
> • 온 우주는 초월적 존재인 신의 피조물
> • 우주의 속성(질서, 균형, 조화)을 지닌 대상을 아름답다고 여김
> • 미는 대상 속에 실재하는 형식적 성질로부터 기인하는 것

> **❷ 샤프츠베리의 미학에 담긴 형이상학적 전제 ②**
> • 미의 위계성
> - 가장 높은 등급 : 모든 것을 만들 수 있는 신
> - 그다음 등급 : 신에 의해 형성되어 아름다운 것을 형성할 수 있는 인간
> - 가장 낮은 등급 : 예술품 등 형성된 결과물인 물질적 대상

> **❸ 샤프츠베리가 제시한 '취미' 개념**
> • 취미 : 미를 감각하는 독립적 내감이자 미를 판단하는 능력
> - 대상을 접하는 순간 즉각적으로 미를 판단함
> - 문화권이나 사람에 따라 미적 판단이 달라질 수 있음
> - 본능이므로 인간의 노력으로 새롭게 얻을 수 없으나, 발현되는 양상은 달라질 수 있음
> - 제대로 발현되기 위해 교육, 계발이 필요함

> **❹ 샤프츠베리가 제시한 '무관심성' 개념**
> • 무관심성 : 대상 그 자체가 지닌 미적 성질(= 내재적 가치)에 주목해야 함
> - 무신경한 태도 ×, 사적 욕망 ×, 대상의 도구적 가치 ×, 소유욕 ×

(나)

〈존 듀이의 '하나의 경험'〉

> **❶ 존 듀이의 인간관**
> • 경험의 주체인 인간은 경험 대상에 적응할 뿐 아니라 대상을 자신에게 적응시키는 과정을 반복하며 경험을 생성함

> **❷ 듀이가 제시한 '하나의 경험' 및 '질성'의 개념**
> • 하나의 경험 : 경험의 시작부터 의도된 목적이 달성되는 완결에 이르기까지, 경험을 이루는 행위들이 온전히 이어지는 경험 ← 질성으로 묶여 있어 단일체가 될 수 있음
> • 질성 : 경험 주체가 경험 상황에서 직접 포착하는, 경험 상황만이 가진 고유하며 독특한 성질
> - 경험 주체가 경험 대상과 상호 작용한 결과로 나타남
> - 같은 경험에 대해서도 주체마다 다르게 나타날 수 있음

> **❸ '하나의 경험' 차원에서 설명한 예술의 창작 행위**
> • 창작 행위가 '하나의 경험'이 되려면 창작자가 창작 과정에서 스스로 감상자로서의 관점을 지녀야 함
> • 의도한 목적을 향하고 있는지 감상을 통해 지속적으로 판단, 선택, 결정하여 작품을 완성해야 함
> • 기술적 정교함이 아니라, 작품을 통해 감상자가 갖게 될 경험에 더 주목해야 함

> **❹ '하나의 경험' 차원에서 설명한 예술의 감상 행위**
> • 창작자의 창작 행위에 견줄 만한 자기만의 경험을 창조해야 함
> • 연습, 수련을 통해 길러진 자신의 관점과 관심에 따라 작품을 감상해야 함
> • 예술 작품의 의미와 가치는 고정되어 있지 않고, 감상자에 따라 달라질 수 있음

경험'이라는 차원에서 설명하고자 했다. **(나)-❹-1** 한편 듀이는 감상자의 미적 경험에서 감상 행위가 '하나의 경험'이 되려면

풀이 (가)에서는 샤프츠베리의 미학과 미에 대한 관점을 소개하고, 그의 견해가 미적 경험 과정에서 어떻게 적용되는지 설명하였다. 또한 (나)에서는 듀이가 제시한 '하나의 경험'의 개념을 설명하고, 창작자의 창작 과정과 감상자의 미적 경험에서 '하나의 경험'이 어떻게 적용되는지 설명하고 있다. 따라서 정답은 ⑤번이다.

① (가)는 미적 경험에 대한 특정 철학자의 견해가 ~~변화해 온 과정을 시간의 흐름에 따라~~ 설명하고 있다.

② (나)는 특정 철학자의 견해가 ~~비판을 받는 이유를~~ 미적 경험에 대한 ~~구체적 사례를 들어~~ 설명하고 있다.

③ (가)는 (나)와 달리, 미적 경험에 대한 특정 철학자의 견해를 ~~긍정적 측면과 부정적 측면으로 구분하여~~ 설명하고 있다.

④ (나)는 (가)와 달리, 특정 철학자가 제시한 미적 경험에 관한 개념이 ~~어떤 역사적 배경을 지니고 있는지~~ 설명하고 있다.

⑤ (가)와 (나)는 모두, 미적 경험의 과정에 특정 철학자의 견해가 어떻게 적용되는지 설명하고 있다.
→ 적절함!

---

013 | 세부 정보 이해 - 적절하지 않은 것 고르기 | 2025년 9월 학평 17번 | **정답 ②**
정답률 70%, 매력적 오답 ④ 20%

윗글에 대한 이해로 적절하지 않은 것은?

① (가) : 샤프츠베리는 인간을 신의 피조물이자, 예술품을 만들 수 있는 존재로 본다.
> **근거** **(가)-❷-2** 신에 의해서 형성되어 예술품과 같은 아름다운 것도 형성할 수 있는 인간
> **풀이** 샤프츠베리는 온 우주가 신의 피조물이라고 보고, 인간을 신에 의해 형성되어 예술품과 같은 아름다운 것도 형성할 수 있는 존재로 보았다.
> → 적절함!

② (가) : 샤프츠베리는 취미가 지속적인 교육과 계발을 통해 얻을 수 있는 것이라고 본다. *(제대로 발현될 수 있는 것)*
> **근거** **(가)-❸-6~7** 취미는 본능이므로 인간의 노력으로 새롭게 얻을 수는 없지만, 사회적 영향에 따라 발현되는 양상이 달라질 수 있다는 것이다. 따라서 취미가 제대로 발현되기 위해서는 교육이나 계발이 필요하다고 보았다.
> **풀이** 샤프츠베리는, 취미는 본능이므로 노력으로 새롭게 얻을 수 없다고 보았다. 다만 사회적 영향에 따라 그 발현 양상이 달라질 수 있으므로, 취미가 제대로 발현되기 위해서는 교육이나 계발이 필요하다고 보았다. 따라서 샤프츠베리는 취미가 지속적인 교육과 계발을 통해 '얻을 수 있는 것'이라고 본다는 설명은 적절하지 않다.
> → 적절하지 않음!

③ (나) : 듀이는 경험의 주체인 인간을 환경과 긴밀하게 연결되는 유기체로 본다.
> **근거** **(나)-❶-1~2** 존 듀이는 인간을 자연의 일부이자 환경과 긴밀하게 연결되는 유기체로 보았다. 그래서 경험의 주체인 인간은
> → 적절함!

④ (나) : 듀이는 의도한 목적이 달성되는 완결에 이르지 못한 경험은 '하나의 경험'이 아니라고 본다.
> **근거** **(나)-❷-1** 듀이는 어떤 경험의 시작부터 의도된 목적이 달성되는 완결에 이르기까지, 경험을 이루는 행위들이 온전히 이어지는 경험을 '하나의 경험'이라고 하였다.
> → 적절함!

⑤ (나) : 듀이는 기술적 정교함만으로는 '하나의 경험'으로서의 창작 행위가 성립될 수 없다고 본다.
> **근거** **(나)-❸-2** 그(듀이)는 창작 행위가 '하나의 경험'이 되려면 창작자가 작품을 창작하는 과정에서 스스로가 감상자로서의 관점을 지녀야 한다고 보았다. **(나)-❸-4** 듀이는 창작자가 기술적 정교함이 아니라 자신의 작품을 통해 감상자가 어떠한 경험을 갖게 될 것인가에 더 주목해야 한다고 보았다.
> **풀이** 듀이는 창작 행위가 '하나의 경험'이 되려면, 창작자가 작품 창작 과정에서 기술적 정교함이 아니라 감상자로서의 관점을 지녀야 한다고 보았다. 따라서 듀이는 기술적 정교함만으로는 '하나의 경험'으로서의 창작 행위가 성립될 수 없다고 본다는 설명은 적절하다.
> → 적절함!

IV 예술

---

012 | 글의 서술 방식 파악 - 적절한 것 고르기 | 2025년 9월 학평 16번 | **정답 ⑤**
정답률 90%

(가), (나)에 대한 설명으로 가장 적절한 것은?

> **근거** **(가)-❶-2~3** 그(샤프츠베리)의 미학은 … 그가 생각하는 미는 … , **(가)-❸-1** 그렇다면 샤프츠베리는 미적 경험에 있어서 인간이 어떻게 미를 감지한다고 보았을까?, **(나)-❷-1** 듀이는 … '하나의 경험'이라고 하였다. **(나)-❸-1** 듀이는 예술도 '하나의

무관심성을 바탕으로 대상의 가치를 판단한 사례로 가장 적절한 것은?

▶ 지문 핵심 개념 정리

무관심성
• 대상에 대해 무신경한 태도를 취하는 것이 아니라 사적 욕망으로부터 벗어나는 것((가)-❹-2)
• 대상의 도구적 가치에 주목하거나 대상에 대한 소유욕을 갖는 것에서 벗어나야 함((가)-❹-3)
• 미적 경험의 주체인 인간은 대상 그 자체가 지닌 미적 성질, 즉 내재적 가치에 주목해야 대상의 아름다움을 관조할 수 있음((가)-❹-3)

대상의 도구적 가치에 주목함
① 별을 보고, 별의 탄생 원리를 밝혀 학문적 성취를 이루고자 하는 것

풀이 별을 보고 그 별의 탄생 원리를 밝혀 자신의 학문적 성취를 이루고자 하는 것은 대상의 도구적 가치에 주목한 것이므로, 무관심성을 바탕으로 대상의 가치를 판단한 사례로 적절하지 않다.

→ 적절하지 않음!

② 바다를 보고, 물결이 끝없이 이어져 있는 바다의 광활함에 감탄하는 것

풀이 샤프츠베리는 '무관심성' 개념을 제시하면서, 인간이 대상의 도구적 가치에 주목하거나 대상에 대한 소유욕을 갖는 것에서 벗어나 '대상 그 자체가 지닌 미적 성질'에 주목해야 한다고 주장하였다. 바다를 보고, 물결이 끝없이 이어져 있는 바다의 광활함에 감탄하는 것은 바다 그 자체가 지닌 미적 성질에 주목한 것이므로, 샤프츠베리가 제시한 무관심성을 바탕으로 대상의 가치를 판단한 사례로 적절하다.

→ 적절함!

무신경한 태도
③ 은행나무를 보고, 은행잎이 노랗게 물든 것도 모른 채 그 옆을 **무심히 지나가는 것** *無心─, 관심이 전혀 없이

풀이 샤프츠베리가 제시한 '무관심성' 개념은 대상에 대해 무신경한 태도를 취하는 것이 아니다. 은행나무를 보고 은행잎이 노랗게 물든 것도 모른 채 그 옆을 무심히 지나가는 것은 대상에 대해 무신경한 태도를 취하는 것에 해당하므로, 무관심성을 바탕으로 대상의 가치를 판단한 사례로 적절하지 않다.

→ 적절하지 않음!

사적 욕망
④ 조각상을 보고, 좋아하는 작가의 작품이라는 것을 알게 되어 이를 **소장하고자 하는 것** *所藏─, 자기의 것으로 지녀 간직하고자

풀이 조각상을 소장하고자 하는 마음은 대상에 대한 소유욕을 갖는 것이다. 샤프츠베리는 무관심성 개념을 제시하면서, 미적 경험의 주체인 인간이 대상에 대한 소유욕을 갖는 것에서 벗어나 대상 그 자체의 내재적 가치에 주목해야 한다고 주장하였다. 따라서 좋아하는 작가의 조각상을 '소장하고자 하는 것'은 무관심성을 바탕으로 대상의 가치를 판단한 사례로 적절하지 않다.

→ 적절하지 않음!

대상의 도구적 가치에 주목함
⑤ 꽃을 보고, 그 꽃이 연인에게 사랑을 전달하기에 *적합한 아름다움을 가지고 있다고 여기는 것 *適合─, 꼭 알맞은

풀이 꽃을 '연인에게 사랑을 전달하기 위한 수단'으로 여기는 것은, 대상의 도구적 가치에 주목한 것으로, 이는 샤프츠베리가 제시한 무관심성을 바탕으로 대상의 가치를 판단한 사례로 적절하지 않다.

→ 적절하지 않음!

체가 경험 대상과 상호 작용한 결과로 나타나기에 같은 경험에 대해서도 주체마다 상이하게 나타날 수 있다.

풀이 (가)에서 취미(㉠)는 미를 감각하는 독립적인 내감이라고 하였고, 미적 판단이 우리의 이익과 무관하게 이루어진다고 하였다. 따라서 ㉠은 미를 객관적으로 감지하는 수단이라는 이해는 적절하다. 한편 (나)에서 질성(㉡)은 경험 주체가 경험 상황에서 직접 포착하는 고유하고 독특한 성질을 말하며, 같은 경험에 대해서도 주체마다 상이하게 나타날 수 있다고 하였다. 따라서 ㉡이 '객관적으로' 파악된 미적 대상의 특성이라는 설명은 적절하지 않다.

→ 적절하지 않음!

② ㉠은 미를 감지하는 독립적인 능력이고, ㉡은 경험 대상과의 상호 작용을 통해 나타나는 성질이다.

근거 (가)-❸-3 취미는 미를 감각하는 하나의 독립적인 내감, (나)-❷-6 질성은 경험 주체가 경험 대상과 상호 작용한 결과로 나타나기에

→ 적절함!

대상의 미를 감각하여 판단하는 능력 | 경험 주체가 경험 대상과 상호 작용한
③ ㉠은 주체가 대상의 특성을 판단한 결과이고, ㉡은 경험 대상이 주체의 특성을 만들어 낸 결과이다.

근거 (가)-❸-3 취미는 미를 감각하는 하나의 독립적인 내감이자 미를 판단하는 능력으로서, … 취미도 대상을 접하는 순간 즉각적으로 미를 판단해 낸다는 것, (가)-❷-6 질성은 경험 주체가 경험 대상과 상호 작용한 결과로 나타나기에

풀이 취미(㉠)는 경험 주체가 미를 감각하는 내감이자 미를 판단하는 능력이지, '주체가 대상의 특성을 판단한 결과'가 아니다. 또한 질성(㉡)은 경험 주체가 경험 대상과 상호 작용한 결과로 나타나는 것이지, '경험 대상이 주체의 특성을 만들어 낸 결과'가 아니다.

→ 적절하지 않음!

경험 주체가 경험 대상과 상호 작용한 결과로 나타나는 것
④ ㉠은 초월적인 존재가 *부여하는 특성이고, ㉡은 경험 주체의 경험이 의도한 목적에서 벗어나지 않게 해 주는 수단이다. *附與─, 지니도록 해 주는

근거 (가)-❸-2 인간이 신으로부터 받은 자연적 본능인 '취미', (나)-❷-6 질성은 경험 주체가 경험 대상과 상호 작용한 결과로 나타나기에

풀이 취미(㉠)는 인간이 초월적 존재인 신으로부터 받은 자연적 본능이라고 하였으므로, ㉠이 초월적인 존재가 부여하는 특성이라는 설명은 적절하다. 한편 질성(㉡)은 경험 주체가 경험 대상과 상호 작용한 '결과'로 나타나는 것이라고 하였으므로, ㉡이 경험 주체의 경험이 의도한 목적에서 벗어나지 않게 해 주는 '수단'이라는 설명은 적절하지 않다.

→ 적절하지 않음!

⑤ ㉠은 미적 대상을 감각할 때 즉각적으로 발현되는 능력이고, ㉡은 미적 대상을 창작하는 과정에서 습득하게 되는 능력이다.

근거 (가)-❸-3 취미도 대상을 접하는 순간 즉각적으로 미를 판단해 낸다는 것, (나)-❷-3 질성이란 경험 주체가 어떠한 경험 상황에서 직접 포착하는 것으로, 경험 상황만이 가진 고유하며 독특한 성질

풀이 취미(㉠)는 대상을 접하는 순간 즉각적으로 미를 판단해 내는 것이라고 하였으므로, ㉠가 미적 대상을 감각할 때 즉각적으로 발현되는 능력이라는 설명은 적절하다. 한편 질성(㉡)은, 경험 주체가 어떤 경험 상황에서 그 경험 상황만이 가진 고유하며 독특한 성질을 직접 포착하는 것이라고 하였으므로, 미적 대상을 '창작하는 과정에서 습득하게 되는 능력'이라는 설명은 적절하지 않다.

→ 적절하지 않음!

㉠과 ㉡을 이해한 내용으로 가장 적절한 것은?

| ㉠ 취미 | ㉡ 질성 |

① ㉠은 미를 객관적으로 감지하는 수단이고, ㉡은 객관적으로 파악된 미적 대상의 특성이다.

근거 (가)-❸-3 취미는 미를 감각하는 하나의 독립적인 내감이자 미를 판단하는 능력, (가)-❹-1 취미의 반응이 즉각적이라는 점은 미적 판단이 우리의 이익과 무관한 것임을 시사, (나)-❷-3 질성이란 경험 주체가 어떠한 경험 상황에서 직접 포착하는 것으로, 경험 상황만이 가진 고유하며 독특한 성질을 의미, (나)-❷-6 질성은 경험 주

016 구체적인 사례에 적용 - 적절하지 않은 것 고르기 2025년 9월 학평 20번
정답률 70%, 매력적 오답 ④ 10% | **정답 ⑤**

(가), (나)를 이해한 학생이 <보기>의 ⓐ에 대해 보인 반응으로 적절하지 않은 것은? 3점

| 보기 |
[1]라파엘로는 <u>토론</u>(討論. 어떤 문제에 대해 여러 사람이 각각 의견을 말하며 논의함)을 바탕으로 한 지식 <u>탐구</u>(探究. 진리, 학문 등을 파고들어 깊이 연구함)의 중요성을 드러내기 위해 ⓐ '아테네 학당'이라는 그림을 창작하였다. [2]그(라파엘로)는 책을 들고 탐구하는 모습, 토론에 <u>열중하는</u>(熱中-. 정신을 쏟는) 모습 등 <u>실존했던</u>(實存-. 실제로 존재했던) 철학자들을 다양한 모습으로 <u>묘사하였는데</u>(描寫-. 그려서 표현하였는데), 한 사람 한 사람을 그릴 때마다 이 묘사가 지식 탐구의 중요성을 드러내기에 적합한지를 고려하면서 창작하였다. [3]또한 건축물과 인물들을 완벽한 <u>대칭</u>(對稱. 좌우의 균형. 좌우 대칭. 그리고 부분과 부분, 부분과 전체의 조화가 이루어진 형식)과 <u>비례</u>(比例. 표현된 형상의 각 부분 사이, 전체와 부분 사이의 양적 관계)에 따라 균형 있게 구성하였고, 감상자가 공간의 깊이감과 현실감을 느끼도록 <u>원근법</u>(遠近法. 실제 눈에 보이는 것과 같이 멀고 가까운 거리감을 느낄 수 있도록 평면 위에 표현하는 방법)을 사용하였다. [4]이 작품을 감상한 사람들은 원근법을 통해 실제 그 공간 속에 있는 듯한 현실감을 느낀다고 평가하였다. [5]한편, 그림 속 일부 인물들은 분명하게 <u>식별</u>(識別. 분별하여 알아봄)이 안 되어 인물들의 <u>정체</u>(正體. 본디 지니고 있는 참된 형상)에 대해 다양한 <u>해석</u>(解釋. 표현된 내용을 이해하고 설명함)과 <u>논쟁</u>(論爭. 서로 다른 의견을 가진 사람들이 각각 자기 주장을 말이나 글로 논하여 다툼)이 발생하기도 하였다.

<참고 그림> 아테네 학당

① 샤프츠베리는 대칭과 비례에 따라 건축물과 인물을 균형 있게 배치한 ⓐ의 형식적 구성이 우주의 속성을 드러낸다고 보아 아름답다고 판단하겠군.

근거 <보기>-3 건축물과 인물들을 완벽한 대칭과 비례에 따라 균형 있게 구성, (가)-❶-3 온 우주가 신의 피조물이라고 보았던 샤프츠베리는 우주의 속성인 질서, 균형, 조화를 지닌 대상을 아름답다고 여겼으며 그가 생각하는 미는 대상 속에 실재하는 형식적 성질로부터 기인하는 것이었다.

풀이 샤프츠베리는 우주의 속성인 질서, 균형, 조화를 지닌 대상을 아름답다고 여겼으며, 미는 대상 속에 실재하는 형식적 성질로부터 나온다고 보았다. 따라서 샤프츠베리는 대칭과 비례에 따라 건축물과 인물을 균형 있게 배치한 ⓐ의 형식적 구성이 우주의 속성을 드러낸다고 보고, 이러한 형식적 성질이 담긴 ⓐ를 아름답다고 여겼을 것이다.

→ 적절함!

② 듀이는 라파엘로가 ⓐ에 원근법을 사용하여 감상자에게 현실감이 느껴지도록 의도했다는 점에서, 창작자가 감상자를 고려한 '하나의 경험'으로서의 창작 행위를 한 것으로 보겠군.

근거 <보기>-3 감상자가 공간의 깊이감과 현실감을 느끼도록 원근법을 사용, (나)-❸-2 그는 창작 행위가 '하나의 경험'이 되려면 창작자가 작품을 창작하는 과정에서 스스로가 감상자로서의 관점을 지녀야 한다고 보았다. (나)-❸-4 듀이는 창작자가 기술적 정교함이 아니라 자신의 작품을 통해 감상자가 어떠한 경험을 갖게 될 것인가에 더 주목해야 한다고 보았다.

풀이 듀이는 창작 행위가 '하나의 경험'이 되려면, 창작자가 창작 과정에서 '감상자가 어떤 경험을 갖게 될 것인가'에 주목해야 한다고 보았다. 이러한 듀이의 입장에서는 라파엘로가 ⓐ에 원근법을 사용하여 감상자에게 현실감이 느껴지도록 의도한 것은, 창작자가 감상자를 고려한 '하나의 경험'으로서의 창작 행위를 한 것이라고 보았을 것이다.

→ 적절함!

③ 듀이는 라파엘로가 지식 탐구의 중요성을 드러내기에 적합한지 고려하며 ⓐ의 각 인물을 그려 나간 것을, 창작자 스스로가 감상자로서의 관점에서 행위를 선택하고 결정해 나간 과정으로 보겠군.

근거 <보기>-2 한 사람 한 사람을 그릴 때마다 이 묘사가 지식 탐구의 중요성을 드러내기에 적합한지를 고려하며 창작, (나)-❸-2~3 그는 창작 행위가 '하나의 경험'이 되려

면 창작자가 작품을 창작하는 과정에서 스스로가 감상자로서의 관점을 지녀야 한다고 보았다. 이는 자신의 행위가 의도한 목적을 향하여 제대로 수행되고 있는지 감상을 통해 지속적으로 판단하며, 끊임없이 행위를 선택하고 결정함으로써 작품을 완성해야 한다는 것을 의미한다.

풀이 듀이는 창작 행위가 '하나의 경험'이 되려면, 창작자가 작품을 창작하는 과정에서 감상자로서의 관점을 지녀야 한다고 보았다. 이때 창작자가 감상자로서의 관점을 지녀야 한다는 것은, 자신의 행위가 의도한 목적을 향하여 제대로 수행되고 있는지 감상을 통해 지속적으로 판단하며 끊임없이 선택하고 결정함으로써 작품을 완성해야 한다는 것을 의미한다. 이러한 듀이의 입장에서는, 라파엘로가 '한 사람 한 사람을 그릴 때마다 이 묘사가 지식 탐구의 중요성을 드러내기에 적합한지를 고려하며 창작'한 것에 대해, 창작자 스스로가 감상자로서의 관점에서 행위를 선택하고 결정해 나간 과정이라고 보았을 것이다.

→ 적절함!

④ 샤프츠베리는 ⓐ를 자신이 생각하는 미의 위계 중 가장 낮은 등급에 해당하는 대상으로 보고, 듀이는 ⓐ를 감상자에 의해 그 작품의 의미가 재창조될 수 있는 대상으로 보겠군.

근거 (가)-❷-3 (샤프츠베리는) 예술품과 같이 형성된 결과물에 해당하는 물질적 대상은 가장 낮은 등급으로 보았다. (나)-❹-2~3 감상자도 연습이나 수련을 통해 길러진 자신의 관점과 관심에 따라 작품을 감상해야 한다는 것이다. 따라서 듀이의 관점에서 예술 작품의 의미와 가치는 고정되어 있지 않고 그것을 대면하는 감상자의 문화적, 시대적 배경 등에 따라 달라질 수 있다.

풀이 샤프츠베리는 예술품과 같은 물질적 대상은 미의 위계 중 가장 낮은 등급으로 보았으므로, ⓐ를 자신이 생각하는 미의 위계 중 가장 낮은 등급에 해당하는 대상으로 보았을 것이라는 설명은 적절하다. 한편 듀이는 감상자의 미적 경험에서 감상 행위가 '하나의 경험'이 되려면 감상자도 자신의 관점과 관심에 따라 작품을 감상해야 하며, 이러한 점에서 예술 작품의 의미와 가치는 고정되어 있지 않고 감상자에 따라 달라질 수 있다고 보았다. 따라서 듀이는 ⓐ를 감상자에 의해 그 작품의 의미가 재창조될 수 있는 대상으로 보았을 것이라는 설명 또한 적절하다.

→ 적절함!

⑤ ⓐ의 인물에 대한 다양한 해석과 논쟁에 대해 샤프츠베리는 취미가 왜곡되어 나타난 결과로 보고, 듀이는 감상자만의 관점에 따라 작품을 감상하는 연습이 부족해서 나타난 결과로 보겠군.

근거 <보기>-5 그림 속 일부 인물들은 분명하게 식별이 안 되어 인물들의 정체에 대해 다양한 해석과 논쟁이 발생, (가)-❸-4~5 취미는 자연적 본능임에도 문화권이나 사람에 따라 미적 판단이 달라질 수 있다. 샤프츠베리는 그 이유를 본능이 왜곡되기 때문이라고 보았다, (나)-❹-2~3 감상자도 연습이나 수련을 통해 길러진 자신의 관점과 관심에 따라 작품을 감상해야 한다는 것이다. 따라서 듀이의 관점에서 예술 작품의 의미와 가치는 고정되어 있지 않고 그것을 대면하는 감상자의 문화적, 시대적 배경 등에 따라 달라질 수 있다.

풀이 샤프츠베리는 문화권이나 사람에 따라 미적 판단이 달라지는 이유는, 자연적 본능인 취미가 왜곡되기 때문이라고 보았다. 이러한 샤프츠베리의 관점에 따르면, <보기>의 ⓐ에 대한 '미적 판단'이 달라지는 것은 취미가 왜곡되어 나타난 결과라고 볼 수 있을 것이다. 그러나 ⓐ 속의 일부 인물들의 정체에 대한 다양한 해석과 논쟁은 'ⓐ에 대한 미적 판단'과 관계가 없으므로, 샤프츠베리의 관점에서 이를 '취미가 왜곡되어 나타난 결과'라고 보지 않았을 것이다. 한편 듀이는 감상자의 미적 경험에서 감상 행위가 '하나의 경험'이 되려면 감상자도 자신의 관점과 관심에 따라 작품을 감상해야 하며, 이러한 점에서 예술 작품의 의미와 가치는 고정되어 있지 않고 감상자에 따라 달라질 수 있다고 보았다. 따라서 듀이는 ⓐ의 인물에 대한 다양한 해석과 논쟁에 대해 '작품을 감상하는 연습이 부족하여 나타난 결과'라고 보지 않았을 것이다.

→ 적절하지 않음!

017 문맥적 의미 파악 - 적절하지 않은 것 고르기 2025년 9월 학평 21번
정답률 95% | **정답 ③**

문맥상 ⓐ~ⓔ와 바꿔 쓰기에 적절하지 않은 것은?

ⓐ 간주된다 ⓑ 발현되는 ⓒ 달성되는 ⓓ 상이하게 ⓔ 대면하는

① ⓐ: 여겨진다

풀이 ⓐ에서 쓰인 '간주(看 보다 간 做 만들다 주)되다'는 '상태, 모양, 성질 따위가 그와 같다고 여겨지다'의 의미로, ⓐ의 '간주된다'를 '여겨진다'로 바꿔 쓰는 것은 문맥상 적절하다.

→ 적절함!

② ⓑ : 나타나는

풀이 ⓑ에서 쓰인 '발현(發 나타나다 발 現 나타나다 현)되다'는 '속에 있거나 숨은 것이 밖으로 나타나다'의 의미로, ⓑ의 '발현되는'을 '나타나는'으로 바꿔 쓰는 것은 문맥상 적절하다.

→ 적절함!

③ ✓ ⓒ : 세워지는

풀이 ⓒ에서 '달성(達 이루다 달 成 이루다 성)되다'는 '목적한 것이 이루어지다'의 의미로, ⓒ의 '달성되는'을 '세워지는'으로 바꿔 쓰는 것은 문맥상 적절하지 않다.

→ 적절하지 않음!

④ ⓓ : 서로 다르게

풀이 ⓓ에서 쓰인 '상이(相 서로 상 異 다르다 이)하다'는 '서로 다르다'의 의미로, ⓓ의 '상이하게'를 '서로 다르게'로 바꿔 쓰는 것은 문맥상 적절하다.

→ 적절함!

⑤ ⓔ : 마주하는

풀이 ⓔ에서 쓰인 '대면(對 대하다 대 面 얼굴 면)하다'는 '서로 얼굴을 마주 보고 대하다'의 의미이다. '마주하다'는 '마주 대하다'의 뜻으로, '대면하다'와 바꿔 써도 문맥상 의미가 달라지지 않는다. 따라서 ⓔ의 '대면하는'을 '마주하는'으로 바꿔 쓰는 것은 문맥상 적절하다.

→ 적절함!

[018~022] 다음 글을 읽고 물음에 답하시오.

(가)

1 1흔히 예술이라고 하면 고상한(高尙–, 수준이 높고 훌륭한) 소재(素材, 재료)를 활용하여 아름다움이나 만족감(滿足感, 만족한 느낌)을 주는 특별한 작품이나 행위를 떠올린다. 2하지만 현대 예술에서는 고상함을 찾기 힘든 일상적(日常的, 날마다 볼 수 있는) 소재를 활용하기도 하고 추함(醜–, 못생겨서 흉하게 보임)이나 불쾌감(不快感, 못마땅하여 기분이 좋지 않은 느낌)을 전달하기도 한다. 3이러한 경향(傾向, 일정한 방향성)에 큰 영향을 준 것이 바로 아방가르드이다. 4아방가르드는 주력(主力, 중심이 되는 세력) 부대(部隊, 일정한 규모로 편성된 군대 조직)가 전진할(前進–, 앞으로 나아갈) 수 있도록 새로운 길을 개척하는(開拓–, 열어 나가는) 병사(兵士, 군인)를 일컫는 말에서 유래한(由來–, 생겨난) 예술 용어로, 예술에 대한 기존의 통념(通念, 일반적으로 널리 통하는 개념)에 저항하고(抵抗–, 굽히지 않고) 새로운 예술의 모습을 제시하는 혁신적인(革新的–, 완전히 바꾸어 새롭게 하는) 예술 운동이다.

→ 아방가르드의 정의

2 1아방가르드의 탄생(誕生, 새로 생김)은 '예술이란 무엇인가'라는 물음과 관련이 있다. 2근대 이전(중세 시대)까지의 예술은 독립적인 영역으로 인정받지 못했으며 집단의 종교적 목적이나, 왕이나 귀족 개인의 세속적(世俗的, 세상의 일반적인 풍속을 따르는) 목적을 충족시키기(充足–, 충분히 채우기) 위한 종속적인(從屬的–, 딸려 붙어 있는) 수단(手段, 방법, 도구)이었다. 3예술가 또한 종교나 궁정(宮廷, 임금이 사는 집)에 소속된(所屬–, 딸린) 일개(一介, 보잘것없는 한 낱) 기술자에 불과하다고 인식되었다. 4반면 근대의 예술은 그 자체로 아름다움이나 만족감 등 고유한(固有–, 본래부터 특별히 가지고 있는) 미적(美的, 아름다움에 관한) 체험을 줄 수 있는 독립적인 영역으로 인식되었고, 예술가도 특별한 재능을 바탕으로 작품을 창작하는 주체로 인정받게 되었다. 5하지만 권위(權威, 일정 분야에서 사회적으로 인정을 받고 영향력을 끼칠 수 있는 능력) 있는 비평가(批評家, 사물의 가치, 우열, 선악 등을 평가하여 논하는 '평론'을 전문으로 하는 사람)들에게 작품의 아름다움을 인정받기 위해, 예술가들은 예술적 전통과 관습(慣習, 어떤 사회에서 오랫동안 지켜 내려와 그 사회의 구성원들이 널리 인정하는 질서나 풍습)이라는 당대(當代, 그 시대)의 미학적(美學的, 자연이나 인생, 예술 등에 담긴 아름다움의 본질과 구조를 연구하는 '미학'을 바탕으로 한) 기준을 철저히 따를 수밖에 없었다. 6당대의 미학적 기준은 예술을 고유의 영역으로 독립시켰지만, 오히려 전통과 관습에 종속되게 한 채 새로움을 잃게 만들었다. 7아방가르드는 이러한 미학적 기준에 저항하고, 새로운 예술의 기준을 제시하면서 예술의 자율성(自律性, 외부의 제약을 받지 않고 스스로의 원칙에 따라 어떤 일을 하는 성질)을 확립하기(確立–, 굳게 세우기) 위해 탄생하였다.

→ 아방가르드의 등장 배경

3 1아방가르드의 관점(觀點, 바라보는 방향, 생각하는 태도)에서 예술가는 전통이나 관습에 적극적으로 저항하면서 새로운 미래나 방향성을 제시하는 주체라고 볼 수 있다. 2새로운 예술의 모습을 제시하기 위해, 아방가르드 예술가들은 추하고 난해한(難解–, 뜻을 이해하기 어려운) 그림을 그리거나 알아들을 수 없는 말로 된 시를 낭송하는(朗誦–, 크게 소리를 내어 읽거나 외는) 등 의도적으로(意圖的–, 무엇을 하려고 꾀하여) 당대의 미학적 기준에 저항하였다. 3또한 변기, 자전거 바퀴 등 일상적인 소재들을 창작에 활용하거나, 예술 활동이 특별하고 독창적인(獨創的–, 다른 것을 모방함 없이 새로운 것을 처음으로 만들어 내거나 생각해 내는) 일이라는 통념을 깨기 위해 일상적 활동을 활용하여 예술과 일상의 구분을 무너뜨렸다. 4아울러(동시에 함께) 새로운 기술이나 매체(媒體, 사람들의 생각이나 의사를 전달하는 수단)를 적극적으로 예술 활동에 적용하였으며(適用–, 알맞게 이용하거나 맞추어 썼으며), 특별한 재능을 가진 사람만이 예술을 완성한다는 통념에서 벗어나 관객이 작품에 참여하거나 작품을 수정할 수 있게 하여 예술가와 관객의 경계(境界, 구별되는 한계)를 파괴하였다.

〈참고 사진〉

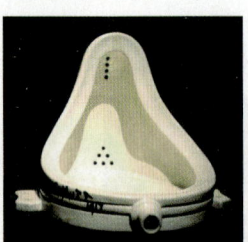
▲ 마르셀 뒤샹(Marcel Duchamp), '샘(Fountain)'(1917), © Association Marcel Duchamp / ADAGP, Paris – SACK, Seoul, 2025

▲ 마르셀 뒤샹(Marcel Duchamp), '자전거 바퀴(Bicycle Wheel)'(1913), © Association Marcel Duchamp / ADAGP, Paris – SACK, Seoul, 2025

❸-3 아방가르드 예술가들은 변기, 자전거 바퀴 등 일상적인 소재들을 창작에 활용하였다.

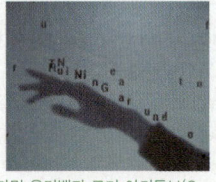
▲ 카밀 우터백과 로미 아키투브(Camille Utterback and Romy Achituv), 글자 비(Text Rain) : 관객의 모습이 화면에 비치고, 그 위로 글자들이 비처럼 떨어진다.

▲ 다니엘 로진(Daniel Rozin), 나무 거울(Wooden Mirror) : 나무 조각들이 회전하여 작품 앞에 선 사람의 모습을 거울처럼 이미지로 만들어 낸다.

❸-4 관객이 작품에 참여하거나 작품을 수정할 수 있게 하여 예술가와 관객의 경계를 파괴하였다.

→ 아방가르드의 특성

4 1예술계(藝術界, 예술 작품을 창작하거나 표현하는 일을 하는 사람들의 활동 분야)는 아방가르드가 제시한 예술을 처음에는 거부했지만(拒否–, 받아들이지 않고 물리쳤지만) 이후 새로운 경향으로 인정하였고, 이를 바탕으로 한 수많은 사조(思潮, 한 시대의 일반적인 사상의 흐름)와 작품들이 주류 예술로 편입되었다.(編入–, 끼어 들어가게 되었다.) 2그런데 ㉠이러한 변화가 역설적이게도(逆說的–, 모순적이게도) 아방가르드의 본질(本質, 처음부터 가지고 있는 그 자체의 성질)을 상실하게(喪失–, 사라지게 하게) 만들어 아방가르드 운동은 쇠퇴하였다.(衰退–, 점점 줄어서 약해져 전보다 못하게 되었다.) 3하지만 새로움과 저항이라는 가치로 예술의 새로운 모습을 제시한다는 아방가르드의 본질은 후대(後代, 뒤에 오는 시대)의 다양한 예술 분야에 큰 영향을 미쳤다.

→ 아방가르드의 쇠퇴와 영향

(나)

1 1기술 발달과 아방가르드 예술의 영향으로 등장한 비디오 아트는 비디오 카메라로 촬영한(撮影–, 찍은) 영상을 텔레비전과 같은 대중 매체를 활용해 상영하는(上映–, 영상으로 보여 주는) 방식에 기반한(基盤–, 바탕을 둔) 미술의 한 갈래이다.

→ 비디오 아트의 개념

2 1비디오 아트는 미술이 대중문화(大衆文化, 주로 대중 매체를 통해 만들어져, 특정 사회나 계층을 넘어 대중이 공통으로 쉽게 접하고 즐길 수 있는 문화)에 위축되어(萎縮–, 기를 펴지 못하게 되어) 그 역할과 위상(位相, 관계 속에서 가지는 위치, 상태)이 흔들리자 그 대안(對

案, 대처할 방안)으로 제시되었다. ²1960년대 미국을 중심으로 한 텔레비전의 **보급**(普及, 널리 펴서 많은 사람들에게 골고루 미치게 하여 누리게 함)은 대중문화의 **확산**(擴散, 흩어져 널리 퍼짐)을 가져왔다. ³하지만 텔레비전에서 **방영되는**(放映–, 방송이 되는) 영상은 국가나 기업에 의해 일방적으로 **편성된**(編成–, 만들어진) 것이었다. ⁴그 내용은 국가의 **이념**(理念, 이상적인 것으로 여겨지는 생각이나 견해)이나 **상업적**(商業的, 상품을 사고파는 행위를 통하여 이익을 얻는) 가치, 흥미 위주로 구성되었으며, 대중들은 이러한 일방적인 메시지를 **수동적으로**(受動的–, 스스로 생각하지 않고 주어지는 대로) 받아들일 수밖에 없었다. ⁵이러한 상황에서 가정용 비디오 카메라의 보급은 누구나 **저렴한**(低廉–, 값이 싼) **비용**(費用, 돈)으로 손쉽게 영상을 촬영하고 **배포하는**(配布–, 나누어 주는) 것을 가능케 했다. ⁶이는 메시지를 일방적으로 **수용했던**(受容–, 받아들였던) 대중을 메시지를 적극적으로 **생산하고**(生産–, 만들어 내고) **소통하는**(疏通–, 서로 뜻을 통하는) 주체로 변화시켰다. ⁷이런 **맥락**(脈絡, 서로 이어져 있는 관계나 연관)에서 탄생한 비디오 아트는 텔레비전이라는 새로운 매체와 새로운 표현 방식을 통해 기존 예술에서 흔히 볼 수 없었던 대중문화에 대한 저항, 시공간적 **제약**(制約, 내용을 제한하는 조건)으로부터의 자유, 창작자와 관람객의 상호 소통을 **지향한다.**(志向–, 목표로 한다.)

→ 비디오 아트의 등장 배경 및 특성

3 ¹비디오 아트의 유형은 **형태**(形態, 생김새나 모양)를 기준으로 비디오 영상과 설치 비디오로 나뉜다. ²비디오 영상은 맥락 없는 이미지, 빈 화면 등의 **실험적**(實驗的, 새로운 방법이나 형식을 시험 삼아 해 보는) 이미지나 **비판적**(批判的, 옳고 그름을 판단하여 밝히거나 잘못된 점을 지적하는) 내용을 담아 만든 영상 자체를 의미한다. ³설치 비디오는 영상을 텔레비전 등 다양한 사물이나 장치와 **결합하여**(結合–, 하나가 되게 하여) 제작한 설치물이다. ⁴설치 비디오에는 예술가가 텔레비전의 일방 소통적 특성을 비판하기 위해 기계 장치로 텔레비전의 기능을 **자의적으로**(恣意的–, 질서를 무시하고 제멋대로) **왜곡하여**(歪曲–, 사실과 다르게 해석하여) **변형된**(變形–, 달라진) 화면을 보여주는 것이 있다. ⁵또 예술가가 다양한 **장비**(裝備, 장치와 설비)를 활용하여 작품이 관람객의 행동이나 주위의 환경에 따라 반응하여 변하도록 만든 것도 있다.

→ 형태를 기준으로 나눈 비디오 아트의 두 가지 유형

4 ¹이처럼 비디오 아트는 대중문화에 대한 저항과, 작품이 이미 완결된 것이라는 **고정관념**(固定觀念, 잘 변하지 않는, 행동을 주로 결정하는 확고한 의식이나 관념)에서 벗어나 언제든지 **우연한**(偶然–, 뜻하지 않게 저절로 이루어져 공교로운) 사건의 **개입**(介入, 직접적 관계가 없는 일에 끼어듦)으로 변화될 수 있다는 것을 보여주었다. ²이는 관람객의 역할을 단순한 감상자에서 예술 작품 완성의 주체로 변화시켰다는 점에서 예술의 새로운 모습을 보여주었다는 **의의**(意義, 중요성, 가치)가 있다.

→ 비디오 아트의 의의

■ **지문 이해**

(가)
〈아방가르드의 등장과 그 특징〉

❶ 아방가르드의 정의
• 아방가르드 : 예술에 대한 기존의 통념에 저항하고 새로운 예술의 모습을 제시하는 혁신적 예술 운동

❷ 아방가르드의 등장 배경
• 근대 이후 예술은 독립적 영역으로 인식되었고, 예술가 또한 작품 창작의 주체로 인정받게 됨 • 예술가들은 권위 있는 비평가들에게 작품의 아름다움을 인정받기 위해 예술적 전통과 관습을 철저히 따름 : 예술은 전통과 관습에 종속되어 새로움을 잃게 됨 → 아방가르드는 미학적 기준에 저항하고 새로운 예술의 기준을 제시하며, 예술의 자율성 확립을 위해 탄생함

❸ 아방가르드의 특성
• 예술가는 전통이나 관습에 적극적으로 저항하면서 새로운 미래, 방향성을 제시하는 주체 • 의도적으로 당대의 미학적 기준에 저항함 • 일상적 소재나 일상적 활동을 창작에 활용해 예술과 일상의 구분을 무너뜨림 • 새로운 기술, 매체를 적극적으로 적용함 • 관객이 작품에 참여하거나 작품을 수정할 수 있게 해 예술가와 관객의 경계를 파괴함

❹ 아방가르드의 쇠퇴와 영향
• 예술계가 아방가르드를 새로운 경향으로 인정하게 되면서, 주류 예술로 편입 → 아방가르드의 본질을 상실하여 아방가르드 운동이 쇠퇴함 • 새로움과 저항을 바탕으로 예술의 새로운 모습을 제시하는 아방가르드의 본질은 후대의 다양한 예술 분야에 큰 영향을 미침

(나)
〈비디오 아트의 개념과 유형〉

❶ 비디오 아트의 개념
• 비디오 아트 : 비디오 카메라로 촬영한 영상을 대중 매체를 활용해 상영하는 방식에 기반한 미술 갈래

❷ 비디오 아트의 등장 배경 및 특성
• 비디오 아트의 등장 배경 - 대중문화에 위축된 미술에 대한 대안으로 제시됨 - 가정용 비디오 카메라의 보급 → 대중을 메시지를 적극적으로 '생산하고 소통하는 주체'로 변화시킴 • 비디오 아트의 특성 : 새로운 매체(텔레비전), 새로운 표현 방식을 통해 대중문화에 대한 저항, 시공간적 제약으로부터의 자유, 창작자와 관람객의 상호 소통을 지향함

❸ 형태를 기준으로 나눈 비디오 아트의 두 가지 유형
• 비디오 영상 : 맥락 없는 이미지, 빈 화면 등 실험적 이미지나 비판적 내용을 담은 영상 자체 • 설치 비디오 : 영상을 텔레비전 등 다양한 사물이나 장치와 결합해 제작한 설치물 - 예술가가 기계 장치로 텔레비전의 기능을 자의적으로 왜곡해 변형된 화면을 보여줌 ← 텔레비전의 일방 소통적 특성 비판 - 예술가가 다양한 장비를 활용해 작품이 관람객의 행동이나 환경에 따라 반응해 변하도록 만듦

❹ 비디오 아트의 의의
• 비디오 아트는 대중문화에 대한 저항, 작품이 언제든 우연한 사건의 개입으로 변화될 수 있다는 것을 보여줌 • 관람객의 역할을 작품 완성의 주체로 변화시켰다는 점에서 예술의 새로운 모습을 보여줌

IV

예
술

018 | 글의 서술 방식 파악 - 적절한 것 고르기 2024년 6월 학평 16번
정답률 85% | 정답 ④

(가), (나)에 대한 설명으로 가장 적절한 것은?

근거 **(가)-❶**-4 아방가르드는 … 예술에 대한 기존의 통념에 저항하고 새로운 예술의 모습을 제시하는 혁신적인 예술 운동이다. **(가)-❷**-1 아방가르드의 탄생은 … , **(가)-❷**-7 아방가르드는 … 탄생하였다. **(나)-❶**-1 기술 발달과 아방가르드 예술의 영향으로 등장한 비디오 아트는 … 미술의 한 갈래이다. **(나)-❷**-1 비디오 아트는 … 그 대안으로 제시되었다.

풀이 (가)의 ❶문단에서는 아방가르드의 개념을 정의하고, ❷문단에서 아방가르드의 등장 배경을 소개하고 있다. (나) 또한 ❶문단에서 비디오 아트의 개념을 정의하고, ❷문단에서 그 등장 배경을 소개하고 있다. 따라서 정답은 ④번이다.

① (가)는 중심 개념을 바라보는 여러 학자들의 *견해를 제시하고 있다. *見解, 의견, 생각

② (나)는 중심 개념의 의의와 *한계를 **분석하고 있다. *限界, 실제 작용할 수 있는 범위 **分析–, 복잡한 것을 풀어서 개별적 요소나 성질로 나누고

③ (가)와 (나)는 모두 중심 개념의 변화 과정을 제시하고 있다.

✓④ (가)와 (나)는 모두 중심 개념을 *정의하고 그 등장 배경을 밝히고 있다. *定義–, 뜻을 뚜렷하게 밝혀 정하고

→ 적절함!

⑤ (가)와 (나)는 모두 중심 개념의 *하위 유형 구분 기준을 **명시하고 관련 ***사례를 제시하고 있다. *下位, 낮은 지위, 등급, 위치 **明示–, 분명하게 드러내 보이고 ***事例, 실제로 일어난 예

019 세부 정보 이해 - 적절하지 않은 것 고르기 | 2024년 6월 학평 17번
정답률 65%, 매력적 오답 ③ 15%   **정답 ④**

(가)를 이해한 내용으로 적절하지 않은 것은?

① 근대 이전의 예술가는 기술자에 불과하다고 인식되었다.

근거 (가)-②-3 (근대 이전까지) 예술가 또한 종교나 궁정에 소속된 일개 기술자에 불과하다고 인식되었다.

→ 적절함!

② 근대에는 예술과 예술가에 대한 인식의 변화가 일어났다.

근거 (가)-②-2~4 근대 이전까지의 예술은 독립적인 영역으로 인정받지 못했으며 집단의 종교적 목적이나, 왕이나 귀족 개인의 세속적 목적을 충족시키기 위한 종속적인 수단이었다. 예술은 또한 종교나 궁정에 소속된 일개 기술자에 불과하다고 인식되었다. 반면 근대의 예술은 그 자체로 아름다움이나 만족감 등 고유한 미적 체험을 줄 수 있는 독립적인 영역으로 인식되었고, 예술가도 특별한 재능을 바탕으로 작품을 창작하는 주체로 인정받게 되었다.

풀이 근대 이전까지 예술은 종교적 목적이나 세속적 목적의 충족을 위한 종속적 수단이었으며, 예술가는 기술자로 인식되었다. 그러나 근대에는 예술이 독립적 영역으로 인식되고, 예술가는 기술자가 아닌 작품 창작의 주체로 인정받게 되었다. 따라서 근대에 예술과 예술가에 대한 인식의 변화가 일어났다는 설명은 적절하다.

→ 적절함!

③ 아방가르드라는 용어는 예술이 아닌 다른 분야에서 유래하였다.

근거 (가)-①-4 아방가르드는 주력 부대가 전진할 수 있도록 새로운 길을 개척하는 병사를 일컫는 말에서 유래한 예술 용어

풀이 아방가르드라는 용어는 군사 용어에서 유래하였다.

→ 적절함!

✓ 왕이나 귀족
④ 근대 이전의 예술은 예술가의 세속적 목적을 충족시키기 위해 이루어졌다.

근거 (가)-②-2 근대 이전까지의 예술은 독립적인 영역으로 인정받지 못했으며 집단의 종교적 목적이나, 왕이나 귀족 개인의 세속적 목적을 충족시키기 위한 종속적인 수단

→ 적절하지 않음!

⑤ 근대의 예술가들이 전통을 따랐던 이유는 작품의 아름다움을 비평가들에게 인정받기 위해서였다.

근거 (가)-②-5 권위 있는 비평가들에게 작품의 아름다움을 인정받기 위해, 예술가들은 예술적 전통과 관습이라는 당대의 미학적 기준을 철저히 따를 수밖에 없었다.

→ 적절함!

---

020 추론의 적절성 판단 - 적절한 것 고르기 | 2024년 6월 학평 18번
정답률 70%, 매력적 오답 ③ 10%   **정답 ①**

㉠의 이유를 추론한 것으로 가장 적절한 것은?

㉠ 이러한 변화가 역설적이게도 아방가르드의 본질을 상실하게 만들어

근거 (가)-①-4 아방가르드는 … 예술에 대한 기존의 통념에 저항하고 새로운 예술의 모습을 제시하는 혁신적인 예술 운동, (가)-④-1~3 예술계는 아방가르드가 제시한 예술을 처음에는 거부했지만 이후 새로운 경향으로 인정하였고, 이를 바탕으로 한 수많은 사조와 작품들이 주류 예술로 편입되었다. 그런데 이러한 변화가 역설적이게도 아방가르드의 본질을 상실하게 만들어 아방가르드 운동은 쇠퇴하였다. 하지만 새로움과 저항이라는 가치로 예술의 새로운 모습을 제시한다는 아방가르드의 본질

풀이 윗글에 따르면 아방가르드는 새로운 예술의 모습을 제시하는 혁신적 예술 운동으로 등장하였으나, 주류 예술로 편입되면서 그 본질을 상실하여 쇠퇴하게 되었다. 주류 예술로 편입된 아방가르드는 더 이상 새로움과 저항이라는 가치를 지닌 혁신적인 예술이 아니게 되었기 때문에, 아방가르드의 본질을 상실하게 된 것이다. 따라서 ㉠의 이유로 아방가르드가 주류 예술에 편입되어 더 이상 새로운 예술이 아니게 되었기 때문이라는 추론은 적절하다.

✓ **① 아방가르드가 주류 예술에 편입되어 더 이상 새로운 예술이 아니게 되었기 때문이다.**

→ 적절함!

② 아방가르드 운동의 쇠퇴로 인해 이를 뛰어넘는 새로운 예술이 등장하였기 때문이다.

풀이 아방가르드를 뛰어넘는 새로운 예술이 등장했는지는 윗글에서 확인할 수 없으며, 아방가르드 운동의 쇠퇴는 ㉠의 이유가 아닌 ㉠의 결과이다.

---

③ 아방가르드를 바탕으로 한 작품들이 등장하면서 기존의 주류 예술을 *보완한 사조들을 형성하게 되었기 때문이다. *補完-. 모자라거나 부족한 것을 보충하여 완전하게 한

근거 (가)-②-7 아방가르드는 이러한(예술적 전통과 관습이라는) 미학적 기준에 저항하고, 새로운 예술의 기준을 제시, (가)-④-1 예술계는 아방가르드가 제시한 예술을 처음에는 거부했지만 이후 새로운 경향으로 인정하였고, 이를 바탕으로 한 수많은 사조와 작품들이 주류 예술로 편입되었다.

풀이 아방가르드는 기존의 주류 예술이 제시한 미학적 기준에 저항하는 사조였으므로, 이들 작품의 등장이 기존의 주류 예술을 보완한 사조를 형성하게 되었다고 보기는 어렵다. 아방가르드를 바탕으로 한 작품들이 등장하고 이들이 주류 예술로 편입된 것은 아방가르드가 예술계에서 새로운 경향으로서 인정받았다는 뜻일 뿐, 기존의 주류 예술의 문제점을 보완했다는 의미를 지니지는 않는다.

④ 아방가르드가 추구하는 예술가의 모습이 기존의 주류 예술계에서 인식하는 예술가의 모습과 같지 않기 때문이다.

근거 (가)-③-1 아방가르드의 관점에서 예술가는 전통이나 관습에 적극적으로 저항하면서 새로운 미래나 방향성을 제시하는 주체, (가)-④-1 예술계는 아방가르드가 제시한 예술을 처음에는 거부했지만 이후 새로운 경향으로 인정하였고, 이를 바탕으로 한 수많은 사조와 작품들이 주류 예술로 편입되었다.

풀이 기존의 예술계에서는 전통이나 관습에 저항하고 새로운 예술의 모습을 제시하고자 한 아방가르드를 처음에는 거부하였으나, 이후 새로운 경향으로 인정하였고, 이를 바탕으로 아방가르드는 주류 예술로 편입되었다. 아방가르드가 추구하는 예술가의 모습이 기존의 주류 예술계에서 인식하는 예술가의 모습과 같지 않았던 것은 기존의 예술계가 아방가르드를 인정하고 받아들이기 이전의 상황이므로, 아방가르드가 주류 예술로 편입된 이후 그 본질을 상실하게 된 ㉠의 이유로 적절하지 않다.

⑤ 아방가르드가 제시하고 있는 예술의 방향성이 기존의 주류 예술계가 요구하는 미학적 기준에 *부합하지 않기 때문이다. *符合-. 서로 꼭 들어맞는

근거 (가)-③-1~3 아방가르드의 관점에서 예술가는 전통이나 관습에 적극적으로 저항하면서 새로운 미래나 방향성을 제시하는 주체라고 볼 수 있다. 새로운 예술의 모습을 제시하기 위해, 아방가르드 예술가들은 추하고 난해한 그림을 그리거나 알아들을 수 없는 말로 된 시를 낭송하는 등 의도적으로 당대의 미학적 기준에 저항하였다. … 예술 활동이 특별하고 독창적인 일이라는 통념을 깨기 위해

풀이 아방가르드가 제시하고 있는 예술의 방향성이 기존 주류 예술계가 요구하는 미학적 기준에 부합하지 않았던 것은 맞지만, 이는 기존의 예술계가 아방가르드를 인정하고 받아들이기 이전의 상황이므로, 아방가르드가 주류 예술로 편입된 이후 그 본질을 상실하게 된 ㉠의 이유로 적절하지 않다.

---

021 핵심 개념 파악 - 적절하지 않은 것 고르기 | 2024년 6월 학평 19번
정답률 70%, 매력적 오답 ③ 10%   **정답 ⑤**

비디오 아트를 이해한 내용으로 적절하지 않은 것은?

① 대중문화로 인해 미술의 역할과 위상이 흔들리자 그 대안으로 제시된 장르이다.

근거 (나)-②-1 비디오 아트는 미술이 대중문화에 위축되어 그 역할과 위상이 흔들리자 그 대안으로 제시되었다.

→ 적절함!

② 손쉽게 촬영할 수 있는 기기를 통해 창작자와 관람객의 상호 소통을 지향하는 예술이다.

근거 (나)-②-5 가정용 비디오 카메라의 보급은 누구나 저렴한 비용으로 손쉽게 영상을 촬영하고 배포하는 것을 가능하게 했다, (나)-②-7 비디오 아트는 텔레비전이라는 새로운 매체와 새로운 표현 방식을 통해 기존 예술에서 흔히 볼 수 없었던 대중문화에 대한 저항, 시공간적 제약으로부터의 자유, 창작자와 관람객의 상호 소통을 지향한다.

→ 적절함!

텔레비전
③ 대중문화의 확산을 일으킨 매체를 활용하여 대중문화에 대한 저항을 표현하는 예술이다.

근거 (나)-②-2 1960년대 미국을 중심으로 한 텔레비전의 보급은 대중문화의 확산을 가져왔다, (나)-②-7 비디오 아트는 텔레비전이라는 새로운 매체와 새로운 표현 방식을 통해 기존 예술에서 흔히 볼 수 없었던 대중문화에 대한 저항, 시공간적 제약으로부터의 자유, 창작자와 관람객의 상호 소통을 지향한다.

→ 적절함!

④ 기술의 발달로 인한 변화를 활용하여 시공간적 제약으로부터의 자유를 추구하는 예술이다.

근거 (나)-❶-1 기술 발달과 아방가르드 예술의 영향으로 등장한 비디오 아트, (나)-❷-7 비디오 아트는 텔레비전이라는 새로운 매체와 새로운 표현 방식을 통해 기존 예술에서 흔히 볼 수 없었던 대중문화에 대한 저항, 시공간적 제약으로부터의 자유, 창작자와 관람객의 상호 소통을 지향

→ 적절함!

대중의 역할이 확대된
⑥ 메시지의 생산과 수용 과정에서 이루어졌던 국가와 대중의 기존 역할이 서로 *전환되는 예술이다. *轉換-. 바뀌는

근거 (나)-❷-6 메시지를 일방적으로 수용했던 대중을 메시지를 적극적으로 생산하고 소통하는 주체로 변화시켰다.

풀이 윗글의 (나)에 따르면 비디오 아트의 등장은 '메시지를 일방적으로 수용했던 대중'을 '메시지를 적극적으로 생산하고 소통하는 주체인 대중'으로 변화시켰다. 이는 메시지의 생산과 수용 과정에서 국가와 대중의 기존 역할이 서로 전환된 것이 아니라, 대중의 역할이 확대된 것을 의미한다.

→ 적절하지 않음!

---

022 구체적인 사례에 적용 - 적절한 것 고르기 | 2024년 6월 학평 20번
정답률 35%, 매력적 오답 ② 20% ③ 20% ④ 10% ⑤ 15%

1등급 문제

정답 ①

윗글을 바탕으로 〈보기〉의 ⓐ, ⓑ를 이해한 내용으로 가장 적절한 것은? 3점

| 보기 |

○ ¹무대 공연을 위해 만들어진 백남준의 ⓐ 〈TV 첼로〉는 1971년에 제작된, 첼로에 텔레비전 세 대를 결합한 형태의 작품이다. ²이 작품에서 출력되는 영상은 첼리스트의 즉흥 연주나 행동에 반응하여 변형된다. (설치 비디오 / 설치 비디오)

○ ³백남준의 ⓑ 〈닉슨〉은 텔레비전 두 대에 변조(變調, 상태를 바꿈) 장치를 결합한 작품으로, 화면에 계속 등장하는 닉슨 대통령의 얼굴을 여러 형태로 일그러뜨려(한쪽을 매우 비뚤어지게 하거나 우글쭈글하게 하여) 희화화한(戲畫化-, 의도적으로 우스꽝스럽게 묘사한) 이미지를 관객에게 보여준다.

▶ 지문 핵심 개념 정리

비디오 아트의 유형
• 비디오 영상   – 맥락 없는 이미지, 빈 화면 등 실험적 이미지나 비판적 내용을 담아 만든 영상 자체 ((나)-❸-2)
• 설치 비디오   – 영상을 텔레비전 등의 사물이나 장치와 결합하여 제작한 설치물((나)-❸-3)   – 기계 장치로 텔레비전의 기능을 자의적으로 왜곡해 변형된 화면을 보여 줌((나)-❸-4)   – 예술가가 다양한 장비를 활용해 작품이 관람객의 행동이나 주위 환경에 따라 반응하여 변하게 만듦((나)-❸-5)

① 설치 비디오 유형에 해당하는 ⓐ는, 새로운 매체를 예술 활동에 적용했다는 점에서 새로운 예술의 모습을 제시하였다고 볼 수 있겠군.

근거 〈보기〉-1 첼로에 텔레비전 세 대를 결합한 형태의 작품, (가)-❹-3 새로움과 저항이라는 가치로 예술의 새로운 모습을 제시한다는 아방가르드의 본질, (나)-❶-1 기술 발달과 아방가르드 예술의 영향으로 등장한 비디오 아트, (나)-❷-7 비디오 아트는 텔레비전이라는 새로운 매체와 새로운 표현 방식을 통해 기존 예술에서 흔히 볼 수 없었던 … 지향

풀이 ⓐ는 첼로에 텔레비전 세 대를 결합한 형태의 작품으로, 비디오 아트의 유형 중 영상을 텔레비전 등의 장치와 결합하여 제작한 설치물, 즉 설치 비디오 유형에 해당한다. 윗글에 따르면 비디오 아트는 예술의 새로운 모습을 제시한다는 본질을 가진 아방가르드 예술의 영향으로 등장하였으며, 텔레비전이라는 새로운 매체와 새로운 표현 방식을 통해 기존 예술에서 흔히 볼 수 없었던 점들을 보여 준다. 따라서 설치 비디오 유형에 해당하는 ⓐ가 새로운 매체를 예술 활동에 적용했다는 점에서 새로운 예술의 모습을 제시하였다고 볼 수 있다는 설명은 적절하다.

→ 적절함!

② 텔레비전 기능의 자의적 *조정을 보여주는 ⓐ는, 기존 예술에서 보였던 예술가와 관객 사이의 경계를 파괴하려 하였다고 볼 수 있겠군. *調整. 어떤 기준이나 실제의 사정에 맞게 정돈함

근거 〈보기〉-1 무대 공연을 위해 만들어진 백남준의 〈TV 첼로〉, 〈보기〉-2 이 작품에서 출력되는 영상은 첼리스트의 즉흥 연주나 행동에 반응하여 변형된다.

풀이 ⓐ는 무대 공연을 위해 만들어진 작품으로, 해당 작품에서 출력되는 영상은 예술가인 첼리스트의 연주나 행동에 반응하여 변형되는 것이지, 관객이 작품에 참여하거나 관객과의 상호 소통을 통해 변형되는 것은 아니다. 따라서 ⓐ를 예술가와 관객 사이의 경계를 파괴하려 한 것으로 보기는 어렵다.

→ 적절하지 않음!
설치 비디오

③ 비디오 영상 유형에 해당하는 ⓑ는, 예술에 대한 기존 통념에 저항함으로써 새로운 예술의 모습을 제시하였다고 볼 수 있겠군.

근거 〈보기〉-3 백남준의 〈닉슨〉은 텔레비전 두 대에 변조 장치를 결합한 작품

풀이 ⓑ는 텔레비전 두 대에 변조 장치를 결합한 작품이라고 하였으므로, 비디오 영상 유형이 아니라 설치 비디오 유형에 해당한다.

→ 적절하지 않음!

④ 작품에 언제든 우연한 사건이 개입되어 변할 수 있다는 것을 보여주는 ⓑ는, 일상적인 소재를 활용하여 예술의 소재에 대한 기존 관점의 문제점을 드러냈다고 볼 수 있겠군.

근거 〈보기〉-3 백남준의 〈닉슨〉은 텔레비전 두 대에 변조 장치를 결합한 작품으로, 화면에 계속 등장하는 닉슨 대통령의 얼굴을 여러 형태로 일그러뜨려 희화화한 이미지를 관객에게 보여준다.

풀이 ⓑ는 '우연한 사건의 개입'이 아니라, 작품에 쓰인 '변조 장치'를 통해 화면의 이미지를 변형하고 있다. 따라서 작품에 언제든 우연한 사건이 개입되어 변할 수 있다는 것을 보여 준다는 설명은 ⓑ를 이해한 내용으로 적절하지 않다.

→ 적절하지 않음!

⑤ 실험적 이미지를 활용한 ⓐ와 ⓑ는, 일상적 활동을 예술에 적용하여 기존의 예술적 전통을 발전시킴으로써 새로운 예술의 모습을 제시하였다고 볼 수 있겠군.

근거 (나)-❶-1 기술 발달과 아방가르드 예술의 영향으로 등장한 비디오 아트, (가)-❸-1 아방가르드의 관점에서 예술가는 전통이나 관습에 적극적으로 저항하면서 새로운 미래나 방향성을 제시하는 주체

풀이 윗글에 따르면 비디오 아트는 예술의 새로운 모습을 제시한다는 본질을 가진 아방가르드 예술의 영향으로 등장하였다. 아방가르드는 기존의 전통이나 관습에 적극적으로 저항하면서 새로운 미래나 방향성을 제시한다고 하였으므로, ⓐ와 ⓑ가 기존의 예술적 전통을 발전시킴으로써 새로운 예술의 모습을 제시하였다는 설명은 적절하지 않다.

→ 적절하지 않음!

tip • 백남준 관련 EBS 지식채널e 영상
https://www.youtube.com/watch?v=F37lAVr3F6Y&t=82s
→ 유튜브에서 '굿모닝 미스터 백'을 검색!

고3 실전 문제

[023~026] 다음 글을 읽고 물음에 답하시오.

IV 예술

❶ ¹기차 안에서처럼 두 개의 의자가 서로 마주보고 있고, 그 옆에는 스크린이 창문처럼 설치되어 있다. ²관람객들이 이 의자에 앉아 대화를 나누면 대화 속의 단어들에 상응하는(相應-, 맞아떨어지는) 이미지들이 화면 가득히 나타나 입체적 영상을 만들어 낸다. ³이는 소머러와 미그노뉴의 디지털 아트 작품인 「인터넷 타기」에 대한 설명이다. ⁴이와 같은 최근의 예술적 시도 들은 ㉠ 작품과 수용자 사이의 경계를 넘어 작품의 생성과 전개(작품의 창작)에 수용자를 참여시킴으로써 ㉡ 작품과 수용자 사이의 상호 작용을 가능하게 한다.

「나비」 소몰나.버-- 「나비」

→ 최근 예술에서의 새로운 특징

❷ ¹이는 분명 종래(從來, 이전부터 지금까지)의 예술관에 대한 도전이다. ²종래의 예술관은 수용자의 참여를 허락하지 않았을 뿐만 아니라 예술 감상을 미적 관조(觀照, 조용하게 관찰하거나 바라보는 것)로 한정하고 있었기 때문이다. ³즉 예술 작품에 대한 감상은 ㉢ 예술 이외의 모든 관심과 욕구로부터 ⓐ 초연한 상태에서 가능하다는 것이다. ⁴더구나 이러한 관조적 태도와 함께 예술 작품 자체도 모든 것(예술 이외의 관심과 욕구)에서 벗어난 순수한 객체(순수한 감상의 대상)가 됨으로써 이제 예술은 그 어떤 ⓑ 권위도 침해할 수 없는 자율적 영역이 된다. ⁵이 때문에 종종 예술은 쓸모없는 것으로 평가절하되기도 하지만, 현실의 모든 ⓒ 긴장과 갈등으로부터 벗어날 수 있는 ㉣ 해방 공간으로 승화되기도(昇華-, 더 높은 상태로 발전되기도) 한다.

→ 종래의 예술관

3 [1]그렇다면 최근의 예술적 시도들이 예술을 상호 작용(相互作用, 서로 영향을 주고받는. 여기서는 '작품의 생성과 전개에 수용자가 참여하는'의 의미) 공간으로 만들 경우 미적 해방(예술적인 것만이 있어야 하는) 공간마저 일상적 삶의 긴장과 갈등, 그리고 예술 이외의 관심과 욕구로 얼룩지고 마는 것인가?(일상적인 것들이 개입하여, 예술의 본질을 훼손하고 마는 것인가?) [2]넓게 보자면 인간은 세상과의 상호 작용 속에서 살고 있기 때문에 인간의 경험이란 세상과의 ⓐ 부단한 상호 작용의 결과이다. [3]상호 작용이 외적·내적 요인으로 인해 긴장과 갈등을 낳을 때, 인간의 경험은 대립과 분열 속에 빠지며, 이것이 지속될 때 삶은 위기를 맞는다.(세상과 잘 어울리지 못하거나 개인적으로 고민이 많거나 하는 상황이 계속될 경우 삶은 위태롭게 된다.) [4]반면 각각의 상호 작용의 고유성이 보호되면서도 이것이 하나의 전체 속에서 통일될 때 인간의 삶은 ⓔ 극치를 이룬다.(살면서 경험하게 되는 여러 가지 일이나 여러 관계들에 문제가 없으며, 그것들이 한 사람의 인생에서 조화롭게 어울릴 때 그 삶은 최고가 된다.) [5]존 듀이는 이러한 통일성(상호 작용의 고유성이 보호되면서도 하나의 전체 속에서 통일될 때)에 대한 체험을 ⓜ 미적 체험으로 간주한다.(看做ㅡ, 여긴다.) [6]물론 이러한 미적 체험은 현실적 삶에서 실현되기 어렵다. [7]오히려 이것은 예술 작품 속에서 상이한(相異ㅡ, 서로 다른) 요소, 행동, 사건, 주체들이 고유성을 상실하지 않으면서도 하나의 통일성을 이룰 때 가능하다.

→ 미적 체험의 의미

4 [1]이런 점에서 듀이는 예술의 신성화가 아니라, 예술의 세속화를 원한다. [2]대립되고 분열된 일상의 수많은 상호 관계와 경험들은 이 세상 속에서 미적 체험으로 통합되어야 한다. [3]⑦ 상호 작용을 강조하는 예술적 시도가 이러한 미적 체험을 실험하고 연습하는 장(場, 어떤 일이 행하여지는 곳)을 만든다면, 이는 예술 작품을 넘어 삶 속에서도 미적 체험을 성취하는 데 기여할 것이다.

→ 존 듀이의 예술의 세속화

■ 지문 이해
〈작품과 수용자 사이의 상호 작용을 강조하는 예술적 시도의 의의〉

❶ 최근 예술에서의 새로운 특징	vs	❷ 종래의 예술관
• 작품과 수용자 사이의 경계를 넘어 작품의 생성과 전개에 수용자를 참여시킴 • 작품과 수용자 사이의 상호 작용 가능		• 수용자의 참여 불가 • 예술 감상을 미적 관조로 한정 • 예술 이외의 모든 관심과 욕구로부터 초연해야 함 • 예술 작품은 모든 것에서 벗어난 순수한 객체 • 예술은 현실의 모든 긴장과 갈등으로부터 벗어날 수 있는 해방 공간으로 승화

❸ 미적 체험의 의미
• 인간은 세상과 상호 작용 속에서 살고 있음
• 각각의 상호 작용의 고유성이 보호되면서도 전체 속에서 통일되는 것이 미적 체험
• 예술 작품 속에서 고유성을 상실하지 않은 채 하나의 통일성을 이룰 때 가능

❹ 존 듀이의 예술의 세속화
• 일상의 상호 관계와 경험은 세상 속에서 미적 체험으로 통합되어야 함

상호 작용을 강조하는 예술적 시도	→	미적 체험을 실험하고 연습하는 장	→	삶 속에서도 미적 체험을 성취

1등급 문제
023 세부 정보 이해 - 적절하지 않은 것 고르기 | 2010학년도 9월 모평 44번
정답률 55%, 매력적 오답 ① 10% ③ 15% ⑤ 15% | 정답②

⑦~ⓜ에 대한 이해로 적절하지 않은 것은?

⑦ 작품과 수용자 사이의 경계
ⓛ 작품과 수용자 사이의 상호 작용
ⓒ 예술 이외의 모든 관심과 욕구
ⓔ 해방 공간
ⓜ 미적 체험

= 허락하지 않음
① ⑦ : 예술 작품을 창작하는 데 수용자의 참여를 배제함으로써 예술 작품을 예술가만의 창작 결과로 만드는 것을 말한다.
근거 ❷-2 종래의 예술관은 수용자의 참여를 허락하지 않았을 뿐만 아니라 예술 감상을 미적 관조로 한정
→ 적절함!

작품의 생성과 전개에 참여하면서
✓② ⓛ : 수용자가 완결성을 갖는 작품을 변형하면서 이를 감상하는 것을 말한다.
근거 ❶-4 작품의 생성과 전개에 수용자를 참여시킴으로써 작품과 수용자 사이의 상호 작용을 가능
풀이 완결된 작품을 변형하는 것이 아니라 작품의 생성 과정에 수용자가 참여하며 감상하는 것이다.
→ 적절하지 않음!

③ ⓒ : 실용적, 윤리적, 정치적 목적을 달성하려는 욕구 혹은 과학적 호기심 등 예술 작품 자체를 향유하려는 것 이외의 관심과 욕구를 말한다.
= 예술 이외의 모든 관심과 욕구
풀이 '예술 이외의 관심과 욕구'를 '예술 작품 향유 이외의 관심과 욕구'와 같은 말로 볼 수 있다.
→ 적절함!

④ ⓔ : 사람들이 삶의 긴장과 갈등으로부터 벗어나 오직 예술 작품에만 관심을 집중하는 상태를 말한다. ←해방 공간
근거 ❷-5 (예술은) 현실의 모든 긴장과 갈등으로부터 벗어날 수 있는 해방 공간으로 승화
→ 적절함!

= 각각의 상호 작용의 고유성이 보호되면서도 하나의 전체 속에서 통일될 때
⑤ ⓜ : 한 인간이 맺고 있는 수많은 관계가 서로 조화를 이루어 자신의 삶에 대해 아름다움을 느끼는 것을 말한다.
= 미적 체험
근거 ❸-4~5 각각의 상호 작용의 고유성이 보호되면서도 이것이 하나의 전체 속에서 통일될 때 인간의 삶은 극치를 이룬다. 존 듀이는 이러한 통일성에 대한 체험을 미적 체험으로 간주한다.
풀이 ⓜ이 포함된 문장은 '존 듀이는 이러한 통일성에 대한 체험을 미적 체험으로 간주한다.'이다. 즉 '이러한 통일성에 대한 체험'이 '미적 체험'이 되는 것인데, 여기서 '이러한 통일성'이 가리키는 내용은 앞 문장의 '각각의 상호 작용의 고유성이 보호되면서도 이것이 하나의 전체 속에서 통일될 때'이다.
→ 적절함!

1등급 문제
024 반응의 적절성 판단 - 적절하지 않은 것 고르기 | 2010학년도 9월 모평 45번
정답률 55%, 매력적 오답 ① 15% ③ 15% ④ 10% | 정답⑤

〈보기〉의 입장에서 '예술의 세속화'에 대해 비판적으로 반응할 때, 적절하지 않은 것은?

| 보기 |
[1]쇼펜하우어에 따르면 이 세상은 의지의 표현이며, 이 의지는 스스로를 보존하려는 맹목적(盲目的, 이성을 잃어 적절한 판단이나 분별을 못하는) 충동일 뿐이다. [2]이 충동은 하나가 만족되면 새로운 충동으로 이어지고, 결국 인간은 맹목적 충동의 사슬이 불러일으키는 불만족과 갈등에 시달린다.(충동이 꼬리에 꼬리를 물고 이어져서 무엇에도 만족하기 어렵게 된다.) [3]미적 관조는 이러한 고통으로부터 벗어날 수 있는 길이며, 인간은 잠시나마 이를 통해 불교에서 말하는 해탈(解脫, 굴레나 얽매임에서 벗어남)의 경지에 이르게 된다.

▶ 지문 핵심 개념 정리

예술의 세속화
• 인간은 세상과의 상호 작용 속에서 살고 있음(❸-2) • 각각의 상호 작용의 고유성이 보호되면서도 전체 속에서 통일되는 것이 미적 체험(❸-4~5) • 미적 체험은 예술 작품 속에서 고유성을 상실하지 않은 채 하나의 통일성을 이룰 때 가능(❸-7) • 일상의 상호 관계와 경험은 세상 속에서 미적 체험으로 통합되어야 함(❹-2)

상호 작용을 강조하는 예술적 시도	→	미적 체험을 실험하고 연습하는 장	→	삶 속에서도 미적 체험을 성취

(❹-3)

① 예술의 세속화는 자기 보존을 둘러싼 대립과 갈등 때문에 실현 불가능한 것은 아닐까?

근거 〈보기〉-1 이 세상은 의지의 표현이며, 이 의지는 스스로를 보존하려는 맹목적 충동, 〈보기〉-2 인간은 맹목적 충동의 사슬이 불러일으키는 불만족과 갈등에 시달린다.

풀이 듀이는 일상의 상호 관계와 경험은 이 세상 속에서 미적 체험으로 통합되어야 한다고 주장했다. 이에 쇼펜하우어는 자기 보존을 둘러싼 대립과 갈등만이 존재하는 세상과 하나의 통일성을 이루는 것은 실현 불가능한 것이라고 비판할 수 있다.

→ 적절함!

② 예술의 세속화는 상호 관계를 강조함으로써 결국 예술의 순수성을 위협하는 것은 아닐까?   ↙미적 관조

근거 〈보기〉-3 미적 관조는 이러한 고통(불만족과 갈등)으로부터 벗어날 수 있는 길이며, 인간은 잠시나마 이를 통해 불교에서 말하는 해탈의 경지에 이르게 된다.

풀이 쇼펜하우어는 미적 관조를 통해 해탈의 경지에 이를 수 있다고 주장했으며, 이는 예술의 순수성을 지키려는 시도로 볼 수 있다. 따라서 세상과의 상호 작용을 강조하는 예술의 세속화는 예술의 순수성을 위협하는 것이라고 비판할 수 있다.

→ 적절함!

③ 예술의 세속화는 역으로 예술을 인간의 맹목적 충동에 *종속시킬 위험성을 갖는 것은 아닐까?   *從屬-, 딸려 붙게 할

근거 〈보기〉-2 인간은 맹목적 충동의 사슬이 불러일으키는 불만족과 갈등에 시달린다.

풀이 쇼펜하우어는 이 세상이 스스로를 보존하려는 맹목적 충동의 표현일 뿐이라고 생각한다. 따라서 이러한 세상과 상호 작용할 것을 강조하는 예술의 세속화는 오히려 예술을 주체성이 없이 인간의 맹목적 충동에 딸려 가는 것으로 만들 수 있다고 비판할 수 있다.

→ 적절함!

④ 예술의 세속화는 오히려 인간이 현실적 고통에서 벗어날 수 있는 길을 차단하는 것은 아닐까?   ↙미적 관조

근거 〈보기〉-3 미적 관조는 이러한 고통(불만족과 갈등)으로부터 벗어날 수 있는 길이며, 인간은 잠시나마 이를 통해 불교에서 말하는 해탈의 경지에 이르게 된다.

풀이 예술의 세속화는 미적 관조에서 벗어난 상호 작용을 강조한다. 그러나 쇼펜하우어는 인간이 현실적 고통에서 벗어날 수 있는 길이 미적 관조라고 주장하므로 예술의 세속화는 오히려 인간이 현실적 고통에서 벗어나는 길을 차단하는 것이라고 비판할 수 있다.

→ 적절함!

✓⑤ 예술의 세속화는 미적 관조를 현실 세계로 확산시키므로 삶의 통일성에 대한 경험을 가로막는 것은 아닐까?   ↙예술의 세속화

근거 ❸-4~5 각각의 상호 작용의 고유성이 보호되면서도 이것이 하나의 전체 속에서 통일될 때 인간의 삶은 극치를 이룬다. 존 듀이는 이러한 통일성에 대한 체험을 미적 체험으로 간주한다.

풀이 삶의 통일성에 대한 경험은 '예술의 세속화'의 입장이다. 따라서 '예술의 세속화'가 삶의 통일성에 대한 경험을 가로막는다는 설명은 〈보기〉의 입장에서 '예술의 세속화'를 비판하는 내용으로 적절하지 않다.

→ 적절하지 않음!

---

025 구체적인 상황에 적용 - 적절한 것 고르기 2010학년도 9월 모평 46번
정답률 70%, 매력적 오답 ② 10% | 정답 ⑤

윗글의 「인터넷 타기」에 대한 관람객의 반응 중, ㉮의 입장에 가장 가까운 것은?

㉮ 상호 작용을 강조하는 예술적 시도가 이러한 미적 체험을 실험하고 연습하는 장을 만든다면, 이는 예술 작품을 넘어 삶 속에서도 미적 체험을 성취하는 데 기여할 것이다.

풀이 ㉮의 입장에서는 수용자의 일상과 미적 체험이 상호 작용하는 것을 강조하고 있다.

① 전화기라는 단어를 말했다. 수많은 종류의 전화기가 실제 보는 것처럼 입체적으로 나타났다. 아마 작가는 영상을 활용하여 사물의 생생함을 전달하려고 한 것 같았다.

풀이 작가의 창작 의도만 드러났을 뿐, 수용자와의 상호 작용은 드러나지 않는다.   ↙작가의 의도

→ 적절하지 않음!

② 얼굴이란 단어를 말하자 수많은 얼굴 모습이, 인간을 말하자 각양각색의 사람들 이미지가 나타났다. 한순간이나마 세상의 관심과 욕구에 초연한 채 바로 내가 순수한 예술가가 된 것 같았다.   ↙미적 관조

근거 ❷-2 (종래의 예술관은) 예술 감상을 미적 관조로 한정, ❷-3 예술 작품에 대한 감상은 예술 이외의 모든 관심과 욕구로부터 초연한 상태에서 가능

풀이 종래의 예술관에 가까운 반응으로, 상호 작용을 통한 미적 체험이라고 보기 어렵다.

→ 적절하지 않음!

③ 정말 재미있었다. 내가 하는 말이 바로 영상으로 나타났고, 스크린을 만지니 영상이 정지하기도 했다. 나는 이 단어, 저 단어를 말하며 다양한 영상을 보았다. 컴퓨터 기술이 이렇게까지 발전한 것에 감탄했다.   ↙기술 발전에 대한 감탄

풀이 예술에 대한 감상이 아니라 컴퓨터 기술 발전에 대한 감탄이다.

→ 적절하지 않음!

④ 우리는 대화를 나누며 인터넷 검색하듯이 대화 속의 단어에 상응하는 이미지를 볼 수 있었다. 그런데 스크린에 이미지로 등장한 사물들은 일상생활의 맥락에서와는 달리 무언가 신비스런 느낌을 주는 것 같았다.   ↙일상이 아님

풀이 ㉮의 입장은 일상생활과의 상호 작용을 통해 미적 체험을 성취해야 한다. 그러나 신비스런 느낌은 일상생활과의 관련성이 적다.

→ 적절하지 않음!

✓⑤ 생활이 어려워 결혼반지를 팔았던 일을 아내가 이야기했다. 그런데 똑같지는 않지만, 반지의 모습이 나타난 것이다. 우리는 옛일을 회상했다. 삶과 작품 공간이 하나가 되고, 이 속에서 아내와 나도 하나 되는 느낌을 받았다.   ↙수용자의 일상과 미적 체험이 상호 작용

풀이 반지의 영상에서 아내와의 체험을 떠올리고 삶과 작품이 하나가 되었기 때문에 ㉮의 입장으로 적절하다.

→ 적절함!

---

026 단어의 의미 파악 - 적절하지 않은 것 고르기 2010학년도 9월 모평 47번
정답률 80% | 정답 ④

ⓐ~ⓔ의 사전적 의미로서 적절하지 않은 것은?   1점

ⓐ 초연한   ⓑ 권위   ⓒ 긴장   ⓓ 부단한   ⓔ 극치

① ⓐ : 어떤 현실 속에서 벗어나 그 현실에 아랑곳하지 않고 의젓하다.

풀이 '초연(超 뛰어넘다 초 然 그러하다 연)하다'의 사전적 의미는 '어떤 현실 속에서 벗어나 그 현실에 아랑곳하지 않고 의젓하다'이다.

→ 적절함!

② ⓑ : 일정한 분야에서 사회적으로 인정을 받고 영향력을 끼칠 수 있는 *위신.   *威信, 존경할 수 있는 힘과 믿음

풀이 '권위(權 권력 권 威 위엄 위)'의 사전적 의미는 '일정한 분야에서 사회적으로 인정을 받고 영향력을 끼칠 수 있는 위신'이다.

→ 적절함!

③ ⓒ : 마음을 조이고 정신을 바짝 차림.

풀이 '긴장(緊 팽팽하다 긴 張 벌이다 장)'의 사전적 의미는 '마음을 조이고 정신을 바짝 차림'이다.

→ 적절함!

✓④ ⓓ : 아주 가깝게 맞닿아 있다. 또는 그런 관계에 있다.

풀이 '부단(不 아니다 부 斷 끊다 단)하다'의 사전적 의미는 '꾸준하게 잇대어 끊임이 없다'이다. '아주 가깝게 맞닿아 있다. 또는 그런 관계에 있다'의 의미를 나타내는 말은 '부단하다'가 아니라 '밀접(密 빽빽하다 밀 接 잇다 접)하다'이다.

→ 적절하지 않음!

⑤ ⓔ : 도달할 수 있는 최고의 *정취나 **경지.   *情趣, 깊은 정서를 일으키는 흥과 취미 **境地, 어떤 단계에 도달해 있는 상태

풀이 '극치(極 지극하다 극 致 이르다 치)'의 사전적 의미는 '도달할 수 있는 최고의 정취나 경지'이다.

→ 적절함!

[001~005] 다음 글을 읽고 물음에 답하시오.

1 ¹서양 철학은 ⊙ 존재에 대한 물음에서 시작되었다. ²고대 그리스 철학자 파르메니데스는 있는 것은 있고 없는 것은 없다고 말했다. ³그(파르메니데스)는 어떤 존재가 있다가 없어지고 없다가 있게 되는 일은 불가능하다며 존재의 생성과 변화, 소멸(消滅, 사라져 없어짐)을 부정했다.(否定-, 인정하지 않았다.) ⁴그(파르메니데스)에게 존재는 영원하며 절대적이고(絶對的-, 비교하거나 상대될 만한 것이 없고) 불변성(不變性, 변하지 않는 성질)을 가지는 것이었다. ⁵이(파르메니데스의 견해)에 반해(反-, 반대되게) 헤라클레이토스는 존재의 생성과 변화를 긍정했다.(肯定, 옳다고 인정했다.) ⁶그(헤라클레이토스)는 존재하는 모든 것이 변화의 과정 중에 있으며 끊임없이 생성과 소멸을 반복하는 것이라고 생각했다. ⁷존재에 대한 두 철학자(파르메니데스와 헤라클레이토스)의 견해(見解, 의견과 생각)는 플라톤의 이데아론에 영향을 주었다. ⁸플라톤은 존재를 끊임없이 변하는 존재와 영원히 변하지 않는 존재로 나누었다. ⁹그(플라톤)는 우리가 경험하는 현실 세계의 존재는 변한다고 생각했다. ¹⁰그리고 현실 세계에 존재하는 모든 것의 근원(根源, 처음 시작되는 본바탕)을 이데아로 ⓐ 상정하고 이데아를 영원하고 불변하는 존재, 그 자체로 완전한 진리(眞理, 참된 이치)로 여겼다. ¹¹반면에(反面-, 반대로) 현실 세계의 존재는 이데아를 모방한(模倣-, 본뜬) 것일 뿐 이데아와 달리 불완전하다고 보았다. ¹²또한 감각(感覺, 눈, 코, 귀, 혀, 살갗을 통하여 바깥의 어떤 자극을 알아차림)을 통해 인식할(認識-, 구별하고 판단하여 앎) 수 있는 현실 세계의 존재와 달리 이데아는 오직 이성(理性, 논리적으로 생각하고 판단하는 능력)에 의해서만 인식할 수 있다는 이성 중심의 사유(思惟, 생각)를 전개했다.(展開-, 펴 나갔다.) ¹³플라톤의 이러한 철학적 견해는 이후 서양 철학의 주류(主流, 중심이 되는 흐름)가 되었다.

→ '존재'에 대한 서양 철학의 주류적 입장

2 ¹그러나 플라톤의 견해를 바탕으로 한 서양 철학의 주류적 입장은 근대에 이르러 니체에 의해 강한 비판을 받았다. ²헤라클레이토스의 견해를 받아들인 니체는 영원히 변하지 않는 존재, 절대적이고 영원한 진리는 없다고 주장했다. ³또한 우리가 살고 있는 현실 세계가 유일한(唯一-, 오직 하나밖에 없는) 세계라면서 '신은 죽었다'라고 선언하며(宣言-, 널리 드러내어 알리며) 형이상학적 이원론*이 말하는 진리, 신 중심의 초월적(超越的, 경험과 인식의 범위를 벗어나는) 세계, 합리적(合理的, 이치와 논리에 합당한) 이성 체계 모두를 부정했다. ⁴니체는 형이상학적 이원론이 진리를 영원불변한(永遠不變-, 영원히 변하지 않는) 것으로 고정하고, 현실 너머의(현실, 의식 등의 영역을 뛰어넘은) 이상 세계와 초월적 대상을 생명의 근원으로 설정함으로써(設定-, 만들어 정해 둠으로써) 인간이 현실의 삶을 부정하도록 만들었다고 보았다. ⁵그래서 생명의 근원과 삶의 의미를 상실한(喪失, 잃은) 인간은 허무(虛無, 아무런 가치가 없고 의미가 없게 느껴져 매우 허전하고 쓸쓸함)에 ⓑ 직면하게 되었다는 것이다.

→ 서양 철학의 주류적 입장을 비판한 니체

3 ¹니체는 허무에서 벗어나기 위해서는 생명의 본질(本質, 처음부터 가지고 있는 그 자체의 성질과 모습)을 ⓒ 회복해야 한다고 했다. ²그는 인간이 자신의 삶을 지탱할(支撐-, 버티낼) 수 있게 하는 것을 '힘에의 의지(意志, 이루고자 하는 마음)'로 보았다. ³니체가 말하는 '힘에의 의지'는 주변인이나 사물을 자기 마음대로 지배하고(支配-, 자기 의사대로 복종하게 하여 다스리고) 억압하려는(抑壓-, 자유롭게 행동하지 못하도록 억지로 억누르려는) 의지가 아니라 자기 극복(自己克服, 자신 스스로 어렵고 힘든 상태를 이겨 냄)을 이끌어 내고 생명의 상승(上昇, 가치가 높아짐)을 지향하는(志向-, 뜻을 모아 향하는) 의지로 이해할 수 있다. ⁴니체는 이러한(자기 극복을 이끌어 내고 생명의 상승을 지향하는 의지인) '힘에의 의지'가 생성과 변화의 끊임없는 과정 중에서 창조적(創造的, 새로운 것을 만들어 내는) 생성 작용을 하는데, 그(창조적 생성 작용의) 최고의 형태가 예술이라고 했다. ⁵그(니체)는 본능(本能, 태어날 때부터 가지고 있는 억누를 수 없는 감정이나 충동)에 내재한(內在-, 들어 있는) 감성(感性, 감각적 자극이나 인상을 받아들이는 마음의 성질)을 바탕으로 하는 예술적 충동(衝動, 순간적으로 어떤 행동을 하고 싶다고 느끼게 하는 마음속의 자극)을 중시하였고, 예술가의 창작(創作, 예술 작품을 독창적으로 만들어 내는) 활동을 인간의 삶의 가치 상승을 도와주는 '힘에의 의지'로 보았다. ⁶그(니체)는 예술을 통해 생명력(生命力, 생명을 유지해 나가는 힘)을 회복하고 허무를 극복할 수 있음을 강조한

것이다.

→ 니체가 말하는 '힘에의 의지'

4 ¹이러한 니체의 철학적 견해는 20세기 초의 예술가들에게 많은 영향을 주었는데, 특히 회화(繪畫, 여러 가지 선이나 색채로 평평한 면에 모양을 그리는 미술)에서 독일의 표현주의가 니체의 철학을 ⓓ 수용했다. ²표현주의는 전통적인 사실주의 미학(美學, 아름다움의 본질과 형태를 연구하는 학문)을 따르지 않았다. ³사실주의 미학은 형이상학적 이원론에 근거하여(根據-, 바탕을 두고) 존재와 진리의 참모습을 모방하는 것을 예술의 목적으로 받아들이는 재현(再現, 다시 나타냄)의 미학이었다. ⁴그러나 니체의 철학적 관점(觀點, 생각하는 태도나 방향)에서 예술을 이해한 표현주의 화가들은 예술의 목적을 대상의 재현이 아니라 인간의 감정과 충동을 표현하는 것으로 생각했다. ⁵그들(표현주의 화가들)은 사실주의 미학에서 이성보다 열등한(劣等-, 보통 수준보다 낮은) 것이라고 여겼던 감정을 존재의 본질을 드러내는 것으로 보았다. ⁶그들(표현주의 화가들)이 생각하는 인간의 감정은 시시각각(時時刻刻, 시간의 흐름에 따라) 변화하며 생성과 소멸을 반복하는 것이었기에 그림을 그리는 동안에도 매 순간 변화하는 감정을 중시했다. ⁷그래서 대상의 비례(比例, 각 부분 간 또는 전체와 부분 간이 양적으로 일정한 관계)와 고유(固有, 원래부터 가지고 있어서 특별한) 형태를 왜곡하고(歪曲-, 사실과 다르게 해석하고), 색채도 실제보다 더 강하게 과장해서(誇張-, 사실보다 부풀려서) 그리거나 대비되는(對比-, 서로 반대되는) 원색(原色, 모든 색의 바탕이 되는 기본적인 빛깔)을 대담하게 사용하는 등의 방법을 통해 자신의 감정과 충동을 표현했다. ⁸또한 원근법(遠近法, 그림을 그릴 때 실제 눈에 보이는 것처럼 멀고 가까운 거리감이 드러나게 표현하는 방법)에 얽매이지 않는 화면 구성을 보임으로써 작품에서 드러나는 공간이 현실 공간의 재현이 아니라 화가 자신의 감정을 표현하기 위한 상징(象徵, 추상적인 개념을 구체적인 사물로 나타내는 것)과 의미를 생산하는 공간이라는 인식을 드러냈다.

→ 니체의 견해가 20세기 초 표현주의에 끼친 영향

5 ¹표현주의 화가들은 이성과 합리성의 가치를 추구하던(推究-, 이치를 깊이 생각하여 밝히던) 당시(當時, 그 시기) 사회의 분위기에 ⓔ 반발하며 예술가로서의 감정적, 주관적인(主觀的-, 자기의 의견과 생각을 기초로 한) 표현을 예술이 추구해야 하는 가치로 보았다. ²그들(표현주의 화가들)은 자유로운 형태와 색채로 자신들이 가지고 있던 내면(內面, 속마음)의 불안, 공포, 고뇌(苦惱, 정신적 아픔과 괴로움에 시달림) 등을 예술로써 극복하려고 노력하면서 강한 생명력을 보여 주었다. ³결국 화가의 내면을 적극적으로 표현했던 표현주의는 니체의 철학을 근거로 예술에 대한 새로운 해석을 보여 주었다고 할 수 있다.

→ 표현주의 화가들이 추구한 가치와 표현주의의 의의

* 형이상학적 이원론 : 세계를 경험의 세계와 경험을 초월한 세계로 나누고, 사물의 본질과 존재의 근본 원리를 사유를 통해 연구하는 이론

■지문 이해

〈니체의 철학적 견해와 니체 철학이 표현주의에 미친 영향〉

❶ '존재'에 대한 서양 철학의 주류적 입장

파르메니데스	헤라클레이토스
존재는 영원하고 절대적이며 불변성을 가지는 것. 존재의 생성, 변화, 소멸을 부정함	존재의 생성, 변화, 소멸을 긍정함

↓

플라톤	이데아 : 영원불변함, 그 자체로 완전한 진리, 이성에 의해서만 인식할 수 있음	현실 세계 : 끊임없이 변함, 이데아를 모방한 것, 불완전함, 감각을 통해 인식할 수 있음

→ 플라톤의 견해는 이후 서양 철학의 주류가 됨

❷ 서양 철학의 주류적 입장을 비판한 니체

• 영원히 변하지 않는 존재, 절대적이고 영원한 진리는 없다고 봄
• 현실 세계를 유일한 세계로 보고, 형이상학적 이원론의 내용을 부정함
• 현실의 삶을 부정하게 만든 형이상학적 이원론으로 인해 인간이 허무에 직면하게 되었다고 봄

---

❸ 니체가 말하는 '힘에의 의지'
- '힘에의 의지' : 자기 극복을 이끌어 내고 생명의 상승을 지향하는 의지
- '힘에의 의지'의 창조적 생성 작용 중 최고의 형태가 예술이라고 봄
- 본능에 내재한 감성을 바탕으로 하는 예술적 충동을 중시하고, 예술가의 창작 활동을 '힘에의 의지'로 봄 → 예술을 통해 생명력을 회복하고 허무를 극복할 수 있음을 강조함

❹ 니체의 견해가 20 세기 초 표현주의에 끼친 영향
- 니체의 철학을 수용한 독일의 표현주의
  - 예술의 목적은 인간의 감정과 충동을 표현하는 것
  - 감정은 존재의 본질을 드러내며, 매 순간 변화하는 것
- 표현 방법의 변화
  - 대상의 비례와 형태를 왜곡, 과장된 색채나 과감한 원색의 사용 → 자신의 감정과 충동을 표현함
  - 원근법에 얽매이지 않음 → 작품의 공간은 화가 자신의 감정을 표현하기 위한 상징과 의미를 생산하는 공간이라는 인식을 드러냄

❺ 표현주의 화가들이 추구한 가치와 표현주의의 의의
- 예술가로서의 감정적, 주관적인 표현을 예술이 추구해야 하는 가치로 봄
- 의의 : 니체의 철학을 근거로 예술에 대한 새로운 해석을 보여 줌

---

001 | 글의 서술 방식 파악 - 적절한 것 고르기 2019년 9월 학평 16번 | 정답률 85% | 정답 ⑤

윗글에 대한 설명으로 가장 적절한 것은?

근거 ❶-13 플라톤의 이러한 철학적 견해는 이후 서양 철학의 주류가 되었다, ❷-1 플라톤의 견해를 바탕으로 한 서양 철학의 주류적 입장은 근대에 이르러 니체에 의해 강한 비판을 받았다, ❸-6 그(니체)는 예술을 통해 생명력을 회복하고 허무를 극복할 수 있음을 강조한 것, ❹-1 이러한 니체의 철학적 견해는 20 세기 초의 예술가들에게 많은 영향을 주었는데, 특히 회화에서 독일의 표현주의가 니체의 철학을 수용했다, ❹-4 니체의 철학적 관점에서 예술을 이해한 표현주의 화가들은 예술의 목적을 대상의 재현이 아니라 인간의 감정과 충동을 표현하는 것으로 생각했다, ❺-1~3 표현주의 화가들은 … 예술가로서의 감정적, 주관적 표현을 예술이 추구해야 하는 가치로 보았다. 그들은 자유로운 형태와 색채로 … 보여 주었다. … 표현주의는 니체의 철학을 근거로 예술에 대한 새로운 해석을 보여 주었다고 할 수 있다.

풀이 윗글은 플라톤의 견해를 바탕으로 한 서양 철학의 주류적 입장을 강하게 비판한 니체의 철학적 견해를 설명하고, 니체의 철학적 견해가 20 세기 초 예술가들에게 미친 영향을 표현주의를 중심으로 설명하고 있다. 따라서 정답은 ⑤번이다.

① 니체의 철학적 개념을 예술 *양식의 발전 단계에 따라 정리하고 있다. *樣式, 시대나 갈래에 따라 예술 작품에 나타나는 독특한 표현 형식

② 예술에 대한 니체의 견해가 시대에 따라 달리 평가받는 원인을 분석하고 있다.

③ 예술에 대한 니체의 시각과 서양 철학의 주류적 입장의 장단점을 비교하고 있다.

④ 예술에 대한 여러 철학자들의 견해가 니체에 의해 *통합되는 과정을 살펴보고 있다.
*統合, 하나로 모아져 합쳐지는

⑤ 서양 철학의 주류적 입장을 부정하는 니체의 철학이 예술에 미친 영향을 설명하고 있다.
→ 적절함!

---

002 | 핵심 개념 파악 - 적절한 것 고르기 2019년 9월 학평 17번 | 정답률 75% | 정답 ①

㉠에 대한 이해로 가장 적절한 것은?

㉠ 존재

① 헤라클레이토스와 니체는 ㉠이 변화한다고 생각했다.
근거 ❶-5~6 헤라클레이토스는 존재의 생성과 변화를 긍정했다. 그는 존재하는 모든 것

이 변화의 과정 중에 있으며 끊임없이 생성과 소멸을 반복하는 것이라고 생각했다, ❷-2 헤라클레이토스의 견해를 받아들인 니체는 영원히 변하지 않는 존재, 절대적이고 영원한 진리는 없다고 주장했다.
→ 적절함!

② 파르메니데스와 플라톤은 ㉠이 불완전하다고 여겼다. **현실 세계의 존재가**
근거 ❶-4 그(파르메니데스)에게 존재는 영원하며 절대적이고 불변성을 가지는 것이었다, ❶-8 플라톤은 존재를 끊임없이 변하는 존재와 영원히 변하지 않는 존재로 나누었다, ❶-10~11 이데아를 영원하고 불변하는 존재, 그 자체로 완전한 진리로 여겼다. 반면에 현실 세계의 존재는 이데아를 모방한 것일 뿐 이데아와 달리 불완전하다고 보았다.
풀이 파르메니데스는 존재를 영원하고 절대적이고 불변하는 것으로 보았다. 또 플라톤은 존재를 변하는 존재와 불변하는 존재로 나누고, 불변하는 존재인 이데아를 완전하다고 여긴 반면 변하는 존재인 현실 세계의 존재를 불완전하다고 여겼다. 따라서 파르메니데스와 플라톤이 모든 존재를 불완전하다고 여겼다는 설명은 적절하지 않다.
→ 적절하지 않음!

③ 플라톤과 헤라클레이토스는 영원히 변하지 않는 ㉠이 있다고 보았다. **플라톤은**
근거 ❶-5~6 헤라클레이토스는 존재의 생성과 변화를 긍정했다. 그는 존재하는 모든 것이 변화의 과정 중에 있으며 끊임없이 생성과 소멸을 반복하는 것이라고 생각했다, ❶-8 플라톤은 존재를 끊임없이 변하는 존재와 영원히 변하지 않는 존재로 나누었다.
풀이 헤라클레이토스는 모든 존재를 변화하는 것이라고 보았다. 한편 플라톤은 존재를 끊임없이 변하는 존재와 영원히 변하지 않는 존재로 나누었다.
→ 적절하지 않음!

④ 파르메니데스는 헤라클레이토스와 달리 ㉠의 생성을 긍정했다. **헤라클레이토스는 파르메니데스와 달리**
근거 ❶-3 그(파르메니데스)는 어떤 존재가 있다가 없어지고 없다가 있게 되는 일은 불가능하다며 존재의 생성과 변화, 소멸을 부정했다, ❶-5 이에 반해 헤라클레이토스는 존재의 생성과 변화를 긍정했다.
풀이 존재의 생성을 긍정한 것은 파르메니데스가 아니라 헤라클레이토스이다.
→ 적절하지 않음!

⑤ 플라톤은 니체와 달리 ㉠의 근원을 감각을 통해 인식할 수 있다고 보았다. **이성**
근거 ❶-10 현실 세계에 존재하는 모든 것의 근원을 이데아로 상정하고 이데아를 영원하고 불변하는 존재, 그 자체로 완전한 진리로 여겼다, ❶-12 (플라톤은) 감각을 통해 인식할 수 있는 현실 세계의 존재와 달리 이데아는 오직 이성에 의해서만 인식할 수 있다는 이성 중심의 사유를 전개했다.
풀이 플라톤은 존재하는 모든 것의 근원인 이데아는 감각이 아니라 이성에 의해서만 인식할 수 있다고 보았다. 따라서 플라톤이 존재의 근원을 감각을 통해 인식할 수 있다고 보았다는 설명은 적절하지 않다. 한편 니체는 현실 세계를 유일한 세계로 보고, 형이상학적 이원론의 내용을 부정하였으므로 존재의 근원 자체를 인정하지 않았다.
→ 적절하지 않음!

---

003 | 세부 정보 이해 - 적절하지 않은 것 고르기 2019년 9월 학평 18번 | 정답률 85% | 정답 ②

윗글에 나타난 표현주의 화가들의 생각으로 적절하지 않은 것은?

① 인간의 감정을 존재의 본질을 드러내는 것으로 인식했다.
근거 ❹-5 그들(표현주의 화가들)은 사실주의 미학에서 이성보다 열등한 것이라고 여겼던 감정을 존재의 본질을 드러내는 것으로 보았다.
→ 적절함!

② 존재와 진리의 참모습을 모방하는 것이 중요하다고 여겼다. **사실주의 미학의 내용**
근거 ❹-2~3 표현주의는 전통적인 사실주의 미학을 따르지 않았다. 사실주의 미학은 형이상학적 이원론에 근거하여 존재와 진리의 참모습을 모방하는 것을 예술의 목적으로 받아들이는 재현의 미학이었다.
풀이 존재와 진리의 참모습을 모방하는 것이 중요하다고 여긴 것은 표현주의가 아니라 사실주의 미학에 해당한다. 표현주의는 전통적인 사실주의 미학을 따르지 않았다고 하였으므로, 표현주의 화가들이 존재와 진리의 참모습을 모방하는 것이 중요하다고 여겼다는 설명은 적절하지 않다.
→ 적절하지 않음!

③ 시시각각 변화하며 생성과 소멸을 반복하는 감정을 중시했다.

근거 **④-6 그들**(표현주의 화가들)이 생각하는 인간의 감정은 시시각각 변화하며 생성과 소멸을 반복하는 것이었기에 그림을 그리는 동안에도 매 순간 변화하는 감정을 중시했다.

→ 적절함!

④ 예술가로서의 주관적 표현을 예술이 추구해야 하는 가치라고 생각했다.
근거 **⑤-1** 표현주의 화가들은 … 예술가로서의 감정적, 주관적인 표현을 예술이 추구해야 하는 가치로 보았다.

→ 적절함!

⑤ 작품에서 드러나는 공간을 화가의 감정을 표현하기 위한 공간으로 인식했다.
근거 **④-8** 작품에서 드러나는 공간이 현실 공간의 재현이 아니라 화가 자신의 감정을 표현하기 위한 상징과 의미를 생산하는 공간이라는 인식을 드러냈다.

→ 적절함!

---

004 | 구체적인 사례에 적용 – 적절한 것 고르기 | 2019년 9월 학평 19번
정답률 80% | 정답 ④

윗글에 나타난 니체의 *사상과 연결 지어 〈보기〉의 작품을 감상한 내용으로 가장 적절한 것은? *思想, 어떠한 사물에 대하여 가지고 있는 구체적인 사고나 생각 [3점]

| 보기 |

　　독일 표현주의 화가인 키르히너의 〈해바라기와 여인의 얼굴(1906)〉은 창가에 놓인 해바라기 꽃병과 여인의 모습을 그린 작품으로 화가의 내면이 잘 표현되었다는 평가를 받는다. 해바라기는 노란색, 꽃병은 녹색, 배경은 주황색의 화려한 원색으로 그려져 있고, 해바라기 앞의 여인은 슬프고 우울해 보인다. 활짝 핀 해바라기의 윤곽(輪廓, 둘레의 가장자리)은 빨갛고 두터운(굵은) 선으로 그려져 해바라기의 노란색과 대비를 이루고 있다. 또한 여인보다 뒤에 있는 해바라기 꽃병이 더 크게 그려진 화면 구성을 보이고 있다.

① 여인을 슬프고 우울해 보이게 그린 것을 보니 ~~인간은 결코 허무를 극복할 수 없다는 니체의 철학과 관련된 것으로 볼 수 있겠군.~~
근거 **③-6 그**(니체)는 예술을 통해 생명력을 회복하고 허무를 극복할 수 있음을 강조한 것
풀이 니체는 예술을 통해 허무를 극복할 수 있다고 보았으므로, 적절하지 않은 감상 내용이다.

→ 적절하지 않음!

② 해바라기를 강조한 화면 구성을 보니 ~~현실 너머의 이상 세계를 생명의 근원이라고 여긴 니체의 견해가 *반영된~~ 것으로 볼 수 있겠군. *反映–, 영향을 받아 나타난
근거 **②-3~4** (니체는) 현실 세계가 유일한 세계라면서 '신은 죽었다'라고 선언하며 형이상학적 이원론이 말하는 진리, 신 중심의 초월적 세계, 합리적 이성 체계 모두를 부정했다. 니체는 형이상학적 이원론이 진리를 영원불변한 것으로 고정하고, 현실 너머의 이상 세계와 초월적 대상을 생명의 근원으로 설정함으로써 인간이 현실의 삶을 부정하도록 만들었다고 보았다.
풀이 니체는 현실 너머의 이상 세계를 생명의 근원이라고 설정한 형이상학적 이원론을 부정하고 비판하였으므로, 적절하지 않은 감상 내용이다.

→ 적절하지 않음!

③ 해바라기의 노란색과 윤곽의 빨간색을 대비한 것을 보니 ~~초월적 세계를 재현한 것이 현실 세계라는~~ 니체의 입장과 관련된 것으로 볼 수 있겠군.
근거 **②-3** (니체는) 우리가 살고 있는 현실 세계가 유일한 세계라면서 '신은 죽었다'라고 선언하며 형이상학적 이원론이 말하는 진리, 신 중심의 초월적 세계, 합리적 이성 체계 모두를 부정했다.
풀이 니체는 현실 세계를 유일한 세계로 보았다. 따라서 초월적 세계를 재현한 것이 현실 세계라는 내용은 니체의 입장으로 볼 수 없다.

→ 적절하지 않음!

✔ ④ 해바라기, 꽃병, 배경 등을 화려한 원색으로 그린 것을 보니 감성을 바탕으로 한 예술적 충동을 중요하게 여겼던 니체의 생각에 영향을 받은 것으로 볼 수 있겠군.

근거 **③-5 그**(니체)는 본능에 내재한 감성을 바탕으로 하는 예술적 충동을 중시하였고,
근거 **④-7** (니체의 철학적 관점에서 예술을 이해한 표현주의 화가들은) 색채도 실제보다 더 강하게 과장해서 그리거나 대비되는 원색을 대담하게 사용하는 등의 방법을 통해 자신의 감정과 충동을 표현했다.
풀이 니체는 본능에 내재한 감성을 바탕으로 하는 예술적 충동을 중시하였다. 이러한 니체의 철학적 관점에 영향을 받은 표현주의 화가들은 실제보다 강한 색채나 대비되는 원색을 사용하는 등의 방법을 사용하였다. 따라서 〈보기〉의 표현주의 화가 키르히너가 작품에서 노란색, 녹색, 주황색 등의 화려한 원색을 사용한 것은 예술에 대한 니체의 철학적 견해에 영향을 받아 그러한 방법으로 자신의 감정과 충동을 표현한 것이라고 볼 수 있다.

→ 적절함!

⑤ 해바라기 꽃병과 여인을 원근법에 어긋나게 그린 것을 보니 ~~인간은 자기 주변의 사물을 지배해야 한다는 의지를 강조한~~ 니체의 주장이 수용된 것으로 볼 수 있겠군.
근거 **③-3** 니체가 말하는 '힘에의 의지'는 주변인이나 사물을 자기 마음대로 지배하고 억압하려는 의지가 아니라 자기 극복을 이끌어 내고 생명의 상승을 지향하는 의지로 이해할 수 있다.
풀이 니체가 말한 '힘에의 의지'는 주변인이나 사물을 자기 마음대로 지배하고 억압하려는 의지가 아니라, 자기 극복을 이끌어 내고 생명의 상승을 지향하는 의지이다. 따라서 니체가 인간은 자기 주변의 사물을 지배해야 한다는 의지를 강조했다는 것은 적절하지 않은 감상 내용이다.

→ 적절하지 않음!

---

005 | 단어의 사전적 의미 – 적절하지 않은 것 고르기 | 2019년 9월 학평 20번
정답률 90% | 정답 ③

ⓐ~ⓔ의 사전적 의미로 적절하지 않은 것은?

　ⓐ 상정　　ⓑ 직면　　ⓒ 회복　　ⓓ 수용　　ⓔ 반발

① ⓐ : 어떤 정황을 가정적으로 생각하여 단정함.
풀이 ⓐ의 '상정(想 생각 상 定 정하다 정)'은 '어떤 정황을 가정적으로 생각하여 단정함'을 의미하는 말이다.
예문 우리는 회사가 문을 닫아야 하는 최악의 경우를 상정하고 대책 회의를 시작하였다.

→ 적절함!

② ⓑ : 어떠한 일이나 사물을 직접 당하거나 접함.
풀이 ⓑ의 '직면(直 곧다 직 面 대면하다 면)'은 '어떠한 일이나 사물을 직접 당하거나 접함'을 의미하는 말이다.
예문 사람은 아무리 어려운 일에 직면하더라도 극복할 힘을 가지고 있다.

→ 적절함!

✔ ③ ⓒ : 온전하게 보호하여 유지함.
풀이 ⓒ의 '회복(回 돌이키다 회 復 돌아오다 복)'은 '원래의 상태로 돌이키거나 원래의 상태를 되찾음'을 의미한다. '온전하게 보호하여 유지함'을 의미하는 단어는 '회복'이 아니라 '보전(保 지키다 보 全 온전하다 전)'이다.
예문 떨어진 체력을 회복하는 데에는 충분한 휴식을 취하는 것이 하나의 방법이다.

→ 적절하지 않음!

④ ⓓ : 어떠한 것을 받아들임.
풀이 ⓓ의 '수용(受 받아들이다 수 容 받아들이다 용)'은 '어떠한 것을 받아들임'을 의미하는 말이다.
예문 우리는 그들의 제안을 수용하기로 했다.

→ 적절함!

⑤ ⓔ : 어떤 상태나 행동 따위에 대하여 거스르고 반항함.
풀이 ⓔ의 '반발(反 돌이키다 반 撥 다스리다 발)'은 '어떤 상태나 행동 따위에 대하여 거스르고 반항함'을 의미하는 말이다.
예문 그의 부당한 일 처리 방식에 반발하는 목소리가 점점 높아지고 있다.

→ 적절함!

[006~010] 다음 글을 읽고 물음에 답하시오.

[1] ¹특정 산업에서 선발(先發, 남보다 먼저 시작한) 기업이 후발(後發, 남보다 뒤늦게 시작한) 기업보다 기술력이나 마케팅 능력 면에서 더 뛰어나다는 점을 고려하면, 선발 기업이 산업의 주도권(主導權, 중심이 되어 행동하는 위치에서 이끌어 나갈 수 있는 권리, 권력)을 유지하는(維持~, 변함없이 계속 이어 가는) 것이 자연스러워 보인다. ²그런데 오늘날의 국제 경제 환경에서는 후발 기업이 선발 기업을 따라잡아 산업의 주도권이 선발 기업에서 후발 기업으로 이동하는 현상이 종종 관찰된다. ³이러한 현상을 설명하는 이론으로 추격(追擊, 뒤쫓아 가며 공격함) 사이클(cycle, 되풀이하여 순환적으로 나타나는 주기) 이론이 있다.

→ 산업의 주도권 이동 현상을 설명하는 추격 사이클 이론

[2] ¹산업의 주도권 이동과 관련하여 기업에는 세 가지 기회의 창이 열릴 수 있다. ²첫 번째는 새로운 기술의 등장이다. ³기존에 없었던 새로운 기술이 등장하는 경우에 선발 기업과 후발 기업은 비교적 동등한 출발점에 서게 된다. ⁴선발 기업이 자신들의 기존 기술을 최대한 활용하고 싶은 미련(未練, 깨끗이 잊지 못하고 남아 있는 마음)을 버리지 못해 새로운 기술의 도입(導入, 끌어들임)을 주저할(躊躇~, 머뭇거리며 망설일) 때 후발 기업이 새로운 기술을 도입한다면 선발 기업보다 유리한(有利~, 이익을 보는) 상황에 놓일 수 있다. ⁵두 번째는 시장의 갑작스러운 변화이다. ⁶경기 순환(景氣循環, 자본주의 경제에서 일정한 주기에 따라 경기가 상승, 호황, 후퇴, 불황을 되풀이하는 현상) 또는 새로운 소비자층의 등장과 같은 변화가 여기에 속하는데, 이는 새로운 기술의 등장과 마찬가지로 반복해서 발생한다. ⁷특히 불황기(不況期, 경제 활동이 일반적으로 침체되는 상태로, 물가와 임금이 내려가고 실업이 늘어나며 생산이 위축됨)에 일부 선발 기업은 적자(赤字, 지출이 수입보다 많아 손해를 봄)로 인해 자원을 방출하기도(放出~, 내놓기도) 하는데, 이때 후발 기업은 이런 자원을 적은 비용으로 이용할 수 있다. ⁸또 불황기에는 기술 이전(移轉, 넘겨주거나 넘겨받음)과 지식 획득(獲得, 얻어 가짐)이 쉬워지고 비용도 저렴해질 수 있는데, 이 역시 후발 기업에게 이득이 될 수 있다. ⁹세 번째는 정부의 규제(規制, 규칙이나 규정으로 일정한 한도를 정하고 그 한도를 넘지 못하게 막음) 혹은 직접적인 지원(支援, 지지하여 도움)이다. ¹⁰이를 통해 선발 기업과 후발 기업의 비대칭적인(非對稱的~, 서로 동일하지 않은) 환경이 조성될(造成~, 만들어질) 때 선발 기업은 시장에서 불리한(不利~, 이롭지 않은) 위치에 놓이게 된다. ¹¹이때 비대칭적인 환경의 의미는 정부가 산업 진입(進入, 향하여 들어섬) 허가(許可, 하도록 허용함) 또는 보조금(補助金, 일정한 목적을 이루기 위해 기업이나 개인에게 내어주는 돈) 등을 통해 선발 기업을 자국(自國, 자기 나라) 시장에서 불리한 위치에 놓이게 한다는 것이다. ¹²이는 후발 기업이 시장에 진입하면서 생기는 불리함을 상쇄할(相殺~, 서로 반대되는 것에 영향을 주어 효과가 없어지게 만들) 수 있는 계기(契機, 결정적인 원인이나 기회)로 작용한다.

→ 산업의 주도권 이동과 관련한 기업의 세 가지 기회의 창

[3] ¹이런 기회의 창과 관련해 산업의 주도권 이동은 '정상 사이클', 중도(中途, 일이 진행되어 가는 동안) 실패 사이클', '슈퍼 사이클'이라는 세 가지 종류의 추격 사이클로 설명이 가능하다. ²이 중 정상 사이클은 다음의 네 단계를 모두 경험하는 경우이다. ³제1단계는 진입 단계이다. ⁴국영(國營, 나라에서 경영함) 기업 혹은 정부의 지원을 받는 민간(民間, 관청이나 정부 기관에 속하지 않음) 기업이 후발 기업으로 나타날 때, 이들은 보조금 등의 이점(利點, 이로운 점)으로 선발 기업에 비해 일정한 비용 우위(優位, 남보다 나은 위치)를 누린다. ⁵제2단계는 점진적(漸進的, 조금씩 앞으로 나아가는) 추격 단계이다. ⁶이 단계에서 후발 기업들은 점차 투자(投資, 이익을 얻기 위해 자본을 댐)를 위한 이윤(利潤, 순이익)을 확보해 시장 점유율(市場占有率, 어떤 기업의 특정 상품 매출액이 그 상품의 국가 전체 매출액 가운데 차지하는 비율)을 높여 간다. ⁷투자를 위한 이윤의 확보는 선발 기업보다 후발 기업에서 일어날 가능성이 높다. ⁸왜냐하면 선발 기업의 주주(株主, 주식을 가지고 직간접으로 경영에 참여하는 개인이나 법인)들은 투자를 위한 이윤의 확보보다는 배당*을 더 선호하는(選好~, 여럿 중에서 특별히 좋아하는) 경향이 있지만 후발 기업의 주주들은 상대적으로 반대의(배당보다는 투자를 위한 이윤의 확보를 선호하는) 경향을 보이기 때문이다. ⁹그러나 점진적 추격 단계에 도달한(到達~, 다다른) 후발 기업이 저부가 가치(低附加價値, 생산 과정에서 새롭게 얻을 수 있는 가치가 적은) 제품 시장에서 고부가 가치(高附加價値, 투자에 비해 생산을 통해 얻을 수 있는 가치가 큰) 제품 시장으로 이동하지 못하면 다음 단계로 넘어가지 못할 가능성이 높은데, 이 경우를 중도 실패 사이클이라 한다. ¹⁰제3단계는 추월(追越, 뒤에서 따라잡아 앞의 것보다 먼저 나아감) 단계이다. ¹¹이 단계에서 후발 기업은 확보된 이윤을 새로운 기술과 같은 기회에 신속하고 과감하게(果敢~, 주저함 없이 용감하게) 투자

하고 채택하여(採擇~, 골라 뽑아) 산업 주도권에 갑작스럽고 큰 변화를 일으킨다. ¹²그 결과 선발 기업은 후발 기업에 밀려 추락을 경험하게 된다. ¹³제4단계는 추락 단계이다. ¹⁴새롭게 리더가 된 후발 기업이 새 기술 및 소비 패턴의 변화를 놓친다면 이 단계에서 다른 도전자에 밀려 추락하게 된다. ¹⁵그런데 제3단계(추월 단계)에서 선발 기업을 추월한 후발 기업이 기술, 시장, 또는 규제의 변화 등에 민첩하게(敏捷~, 재빠르고 날쌔게) 대응하는(對應~, 맞추어 태도나 행동을 취하는) 경우 산업의 주도권을 오랫동안 유지할 가능성이 높은데, 이 경우를 슈퍼 사이클이라고 한다.

→ 경험 단계에 따른 추격 사이클의 세 가지 종류

〈추격 사이클 정리〉
- 정상 사이클 : 진입 단계 → 점진적 추격 단계 → 추월 단계 → 추락 단계
- 중도 실패 사이클 : 진입 단계 → 점진적 추격 단계 ⇸ 추월 단계
- 슈퍼 사이클 : 진입 단계 → 점진적 추격 단계 → 추월 단계 ⇸ 추락 단계

[4] ¹결국 기업의 추격 사이클은 기회의 창들에 대한 기업의 전략적(戰略的, 목적을 이루기 위한 행동 방법이나 계획과 관련된) 선택에 따른 결과라고 할 수 있다. ²이런 관점에서 추격 사이클 이론은 특정 요소 결정론적이기보다는 ㉠외부적(外部的, 내부에 관계된 것이 아닌, 외부와 관계되는) 요인(要因, 조건이 되는 요소)과 주체적(主體的, 자주적이고 자유로운 성질을 가지고 있는) 요인을 모두 중시한다고 할 수 있다.

→ 외부적 요인과 주체적 요인을 모두 중시하는 추격 사이클 이론

* 배당 : 주식을 보유한(保有~, 가지고 있는) 사람들에게 그 지분(持分, 각자가 가진 몫)에 따라 기업이 이윤을 분배하는 것

■ 지문 이해
〈산업의 주도권 이동 현상을 설명하는 추격 사이클 이론〉

❶ 산업의 주도권 이동 현상을 설명하는 추격 사이클 이론
- 오늘날의 국제 경제 환경에서 후발 기업이 선발 기업을 따라잡아 산업의 주도권이 선발 기업에서 후발 기업으로 이동하는 현상을 설명함

❷ 산업의 주도권 이동과 관련한 기업의 세 가지 기회의 창
- 새로운 기술의 등장 : 선발 기업과 후발 기업이 비교적 동등한 출발점에 서게 됨
- 시장의 갑작스러운 변화 : 경기 순환 또는 새로운 소비자층의 등장. 불황기에 후발 기업은 선발 기업이 방출한 자원을 적은 비용으로 이용. 기술 이전, 지식 획득이 쉬워지고 비용이 저렴해짐
- 정부의 규제 혹은 직접적인 지원 : 비대칭적인 환경이 조성돼 선발 기업이 불리

❸ 경험 단계에 따른 추격 사이클의 세 가지 종류

① 진입 단계	국영 기업, 정부 지원을 받는 민간 기업이 후발 기업으로 등장하는 단계	
② 점진적 추격 단계	투자를 위한 이윤 확보로 시장 점유율을 높여가는 단계	
③ 추월 단계	확보된 이윤을 투자하여 산업 주도권을 변화시키는 단계 → 선발 기업 추락	
④ 추락 단계	시장 변화에 대응하지 못해 다른 도전자에 밀려 추락하는 단계	

- 정상 사이클 : ①→②→③→④
- 중도 실패 사이클 : ①→②⇸③
- 슈퍼 사이클 : ①→②→③⇸④

❹ 외부적 요인과 주체적 요인을 모두 중시하는 추격 사이클 이론
- 기업의 추격 사이클은 기회의 창들(외부적 요인)에 대한 기업의 전략적 선택(주체적 요인)에 따른 결과로 볼 수 있음

006 중심 화제 파악 - 적절한 것 고르기 | 2020년 11월 학평 20번
정답률 90%   **정답 ④**

다음은 윗글에 대한 한 줄 평이다. 주제를 고려할 때 밑줄 친 부분에 들어갈 내용으로 가장 적절한 것은?

_____가 궁금한 분에게 추천합니다.

근거 ❶-2~3 오늘날의 국제 경제 환경에서는 후발 기업이 선발 기업을 따라잡아 산업의 주도권이 선발 기업에서 후발 기업으로 이동하는 현상이 종종 관찰된다. 이러한 현상을 설명하는 이론으로 추격 사이클 이론이 있다. ❷-1 산업의 주도권 이동과 관련하여 기업에는 세 가지 기회의 창이 열릴 수 있다. ❸-1 기회의 창과 관련해 산업의 주도권 이동은 '정상 사이클', '중도 실패 사이클', '슈퍼 사이클'이라는 세 가지 종류의 추격 사이클로 설명이 가능하다. ❹-1 결국 기업의 추격 사이클은 기회의 창들에 대한 기업의 전략적 선택에 따른 결과라고 할 수 있다.

풀이 윗글에서는 오늘날 산업의 주도권이 선발 기업에서 후발 기업으로 이동하는 현상에 대해 추격 사이클 이론을 들어 설명하고 있다. 따라서 정답은 ④번이다.

① 추격 사이클 이론에 대한 비판의 *쟁점이 무엇인지 *爭點. 서로 다투는 중심이 되는 내용

② 기업의 전략적 선택이 정부 정책에 미치는 영향이 무엇인지

③ 산업의 주도권 이동이 *초래한 국제 경제의 위기는 무엇인지 *招來~. 결과로 생겨나게 한

✓④ 산업의 주도권 이동이 기업들 사이에서 어떻게 이루어지는지

→ 적절함!

⑤ 산업의 주도권을 가진 기업이 각종 경제 규제를 어떻게 극복하는지

문맥상 ㉠과 바꾸어 쓰기에 가장 적절한 것은?

> ㉠ 외부적 요인과 주체적 요인을 모두 중시한다고 할 수 있다.

근거 ❹-1~2 기업의 추격 사이클은 기회의 창들에 대한 기업의 전략적 선택에 따른 결과라고 할 수 있다. 이런 관점에서 추격 사이클 이론은 … 외부적 요인과 주체적 요인을 모두 중시한다고 할 수 있다.

풀이

❹-1	기업의 추격 사이클은	기회의 창들에 대한	기업의 전략적 선택	에 따른 결과
❹-2	추격 사이클 이론은	외부적 요인과	주체적 요인	을 모두 중시

윗글에서 기업의 추격 사이클은 기업에 주어지는 기회의 창들에 대한 기업의 전략적 선택에 따른 결과라 할 수 있다고 하였다. 여기에서 '기회의 창들'은 ㉠의 '외부적 요인'에, '기업의 전략적 선택'은 ㉠의 '주체적 요인'에 각각 대응하는 내용이다. 따라서 정답은 ①번이다.

✓① 기업에 주어지는 기회와 이에 대한 기업의 전략적 선택을 모두 고려한다고 할 수 있다.

→ 적절함!

② 특정 산업 분야의 선발 기업과 이와 다른 분야의 선발 기업을 모두 참고한다고 할 수 있다.

③ 선발 기업의 기술력과 이와 동등한 후발 기업의 마케팅 능력을 모두 인정한다고 할 수 있다.

④ 새로운 기술과 이에 대해 선발 기업이 취해야 하는 *수동적 태도를 모두 강조한다고 할 수 있다. *受動的. 스스로 움직이지 않고 다른 것의 작용을 받아 움직이는

⑤ 산업의 주도권과 그것에 의해 정부가 기업에 부여하는 의무적 역할을 모두 중시한다고 할 수 있다.

---

007 세부 정보 이해 – 적절하지 않은 것 고르기 2020년 11월 학평 21번

윗글의 내용과 일치하지 않는 것은?

① 산업 진입 허가와 관련된 정부의 규제를 통해 선발 기업이 자국 시장에서 불리해질 수 있다.

근거 ❷-9~11 세 번째는 정부의 규제 혹은 직접적인 지원이다. 이를 통해 선발 기업과 후발 기업의 비대칭적인 환경이 조성될 때 선발 기업은 시장에서 불리한 위치에 놓이게 된다. 이때 비대칭적인 환경의 의미는 정부가 산업 진입 허가 또는 보조금 등을 통해 선발 기업을 자국 시장에서 불리한 위치에 놓이게 한다는 것

→ 적절함!

② 새로운 기술은 선발 기업과 후발 기업이 비교적 동등한 출발점에서 경쟁을 할 수 있게 해 준다.

근거 ❷-3 새로운 기술이 등장하는 경우에 선발 기업과 후발 기업은 비교적 동등한 출발점에 서게 된다.

→ 적절함!

③ 시장의 갑작스러운 변화 중에는 기술 이전과 지식 획득이 쉬워지는 상황이 조성되는 경우가 있다.

근거 ❷-5~6 두 번째는 시장의 갑작스러운 변화이다. 경기 순환 또는 새로운 소비자층의 등장과 같은 변화가 여기에 속하는데, ❷-8 불황기에는 기술 이전과 지식 획득이 쉬워지고 비용도 저렴해질 수 있는데

풀이 시장의 갑작스러운 변화에는 경기 순환과 새로운 소비자층의 등장 등의 변화가 있는데, 경기 순환 주기 중 불황기에는 기술 이전과 지식 획득이 쉬워질 수 있다.

→ 적절함!

선발 기업에 비해

✓④ 국영 기업은 후발 기업으로 나타날 때 선발 기업에 대한 정부의 보조금으로 비용 우위를 누리기 어렵다.

누린다

근거 ❸-4 국영 기업 혹은 정부의 지원을 받는 민간 기업이 후발 기업으로 나타날 때, 이들은 보조금 등의 이점으로 선발 기업에 비해 일정한 비용 우위를 누린다.

풀이 국영 기업이 후발 기업으로 나타날 때, 이들 후발 기업은 정부의 보조금 지원 등의 이점이 있어 선발 기업에 비해 비용 우위를 누린다. 정부의 보조금 지원 대상이 되는 기업은 선발 기업이 아니라 후발 기업이므로, '선발 기업에 대한 정부의 보조금으로 비용 우위를 누리기 어렵다'는 설명은 적절하지 않다.

→ 적절하지 않음!

⑤ 경기 순환에 따른 불황기에는 선발 기업의 적자로 인해 방출되는 자원을 후발 기업이 활용하기 *용이해진다. *容易~. 쉬워진다.

근거 ❷-7 불황기에 일부 선발 기업은 적자로 인해 자원을 방출하기도 하는데, 이때 후발 기업은 이런 자원을 적은 비용으로 이용할 수 있다.

→ 적절함!

※ 윗글과 다음을 참고하여 009번과 010번 두 물음에 답하시오.

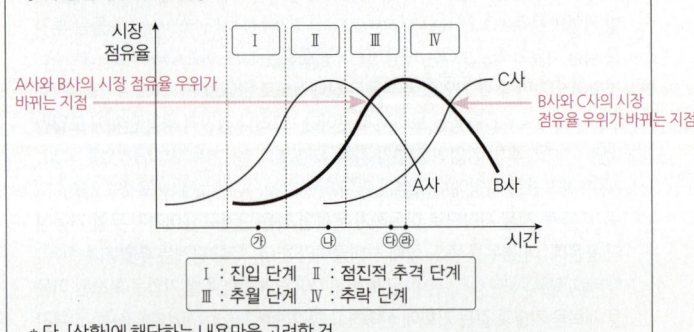

[상황]
선발 기업   A사 = 선발 기업
ㅇ 1A사는 B사보다 휴대전화 산업에 먼저 진입하여 산업을 선도하였다.(先導~. 앞장서서 이끌었다.) 2그런데 A사는 휴대전화 카메라 기능의 향상(向上. 나아짐)을 원하는 청년층의 요구에 민첩하게 대응할 수 있는 신기술을 채택하지 않았다. 3이로 인해 A사는 시장 점유율 하락을 겪게 되었고 이후에는 휴대전화 산업을 선도할 수 없게 되었다.

후발 기업   진입 단계 : A사에 비해 비용 우위를 누림   후발 기업에 밀려 추락
ㅇ 4B사는 개인이 창업한(創業~. 사업을 시작한) 기업으로 정부의 보조금으로 성장했고, 이 과정에서 얻은 이윤의 상당 부분을 주주들의 협조로 투자를 위해 확보하였다. 5그
점진적 추격 단계
후 ⓐ 부가 가치가 높은 휴대전화를 생산하게 되었고, 휴대전화 카메라 기능을 향상시킨 신기술을 채택하여 휴대전화 산업을 선도하는 기업으로 올라섰다. 6그러나
추월 단계
ⓑ 휴대전화 게임의 그래픽 기능 향상을 원하는 청소년층의 등장에 민첩하게 대응할 수 있는 신기술을 채택하지 않아서 매출의 감소를 경험하였다.
추락 단계   → 네 단계를 모두 경험하는 정상 사이클
다른 도전자
ㅇ 7C사는 B사보다 나중에 휴대전화 산업에 진입했다. 8시장 점유율을 높여가던 C사는, B사와 달리 휴대전화 게임의 그래픽 기능 향상을 가능하게 한 신기술을 채택하여 시장 점유율을 대폭 증가시켰다.

[B사 중심의 추격 사이클]

시장 점유율 / I / II / III / IV
A사와 B사의 시장 점유율 우위가 바뀌는 지점   C사
B사와 C사의 시장 점유율 우위가 바뀌는 지점
A사   B사
㉮ ㉯ ㉰㉱   시간

I : 진입 단계 II : 점진적 추격 단계
III : 추월 단계 IV : 추락 단계

* 단, [상황]에 해당하는 내용만을 고려할 것

---

009 구체적인 상황에 적용 - 적절하지 않은 것 고르기 2020년 11월 학평 23번
정답률 75% | 정답 ⑤

윗글을 바탕으로 [상황]과 [B사 중심의 추격 사이클]에 대해 이해한 내용으로 적절하지 **않은** 것은? [3점]

① ㉮에서 B사는 A사보다 시장 점유율이 낮지만 정부가 조성하는 비대칭적인 환경 때문에 비용 우위를 누렸다.
  근거 〈보기〉-4 B사는 … 정부의 보조금으로 성장, ❸-3~4 제1단계는 진입 단계이다. … 이들(후발 기업)은 보조금 등의 이점으로 선발 기업에 비해 일정한 비용 우위를 누린다, ❷-11 비대칭적인 환경의 의미는 정부가 산업 진입 허가 또는 보조금 등을 통해 선발 기업을 자국 시장에서 불리한 위치에 놓이게 한다는 것
  풀이 B사 중심의 추격 사이클에서 ㉮는 진입 단계로, 이 단계에서 후발 기업인 B사는 A사보다 시장 점유율이 낮지만, 정부의 보조금을 받아 비용 우위를 누렸다.
  → 적절함!

② ㉮에서보다 ㉯에서는 B사의 시장 점유율이 높은데, 이는 B사의 주주들이 배당보다는 투자를 위한 이윤 확보를 선호한 결과이다.
  근거 〈보기〉-4 B사는 … 이윤의 상당 부분을 주주들의 협조로 투자를 위해 확보, ❸-6 이 단계(점진적 추격 단계)에서 후발 기업들은 점차 투자를 위한 이윤을 확보해 시장 점유율을 높여 간다, ❸-8 선발 기업의 주주들은 투자를 위한 이윤의 확보보다는 배당을 더 선호하는 경향이 있지만 후발 기업의 주주들은 상대적으로 반대의 경향을 보이기 때문
  → 적절함!

③ ㉯부터의 A사 시장 점유율 변화 *양상이 ㉰부터의 B사 시장 점유율 변화 양상과 유사한 것은, 반복되는 새로운 기회의 창에 대한 A사와 B사의 유사한 대응에서 비롯된 것이다. *樣相, 모양
  근거 〈보기〉-2~3 A사는 … 민첩하게 대응할 수 있는 신기술을 채택하지 않았다. 이로 인해 A사는 시장 점유율 하락을 겪게 되었고 이후에는 휴대전화 산업을 선도할 수 없게 되었고, 〈보기〉-6 휴대전화 게임의 그래픽 기능 향상을 원하는 청소년층의 등장에 민첩하게 대응할 수 있는 신기술을 채택하지 않아서 매출의 감소를 경험, ❷-1~2 산업의 주도권 이동과 관련하여 기업에는 세 가지 기회의 창 … 첫 번째는 새로운 기술의 등장, ❷-4 선발 기업이 자신들의 기존 기술을 최대한 활용하고 싶은 미련을 버리지 못해 새로운 기술의 도입을 주저할 때 후발 기업이 새로운 기술을 도입한다면 선발 기업보다 유리한 상황에 놓일 수 있다.
  풀이 ㉯부터 A사의 시장 점유율은 하락하고, ㉰부터 B사의 시장 점유율 또한 ㉯부터의 A사 시장 점유율 변화 양상과 유사하게 하락한다. 이는 새로운 기술의 등장이라는 기회의 창에 대해 각각 민첩하게 대응할 수 있는 신기술을 채택하지 않아 새로운 기술을 도입한 후발 기업에게 밀려 추락하게 되었기 때문이다.
  → 적절함!

④ ㉯와 ㉰ 사이에서 A사와 B사의 시장 점유율 우위가 바뀌고 ㉰ 이후에 B사와 C사의 시장 점유율 우위가 바뀌는 데는, 각각의 경우 새로운 기술에 대한 B사의 선택 여부가 영향을 주었다.
  근거 〈보기〉-5~6 휴대전화 카메라 기능을 향상시킨 신기술을 채택하여 휴대전화 산업을 선도하는 기업으로 올라섰다. 그러나 휴대전화 게임의 그래픽 기능 향상을 원하는 청소년층의 등장에 민첩하게 대응할 수 있는 신기술을 채택하지 않아 매출의 감소를 경험, ❸-10~14 제3단계는 추월 단계이다. 이 단계에서 후발 기업은 확보된 이윤을 새로운 기술과 같은 기회에 신속하고 과감하게 투자하고 채택하여 산업 주도권에 갑작스럽고 큰 변화를 일으킨다. 그 결과 선발 기업은 후발 기업에 밀려 추락을 경험하게 된다. 제4단계는 추락 단계이다. 새롭게 리더가 된 후발 기업이 새 기술 및 소비 패턴의 변화를 놓친다면 이 단계에서 다른 도전자에 밀려 추락하게 된다.
  풀이 B사 중심의 추격 사이클을 살펴보면 ㉯와 ㉰ 사이인 추월 단계에서 A사와 B사의 시장 점유율 우위가 바뀐다. 이는 후발 기업인 B사가 신기술을 채택하여 산업 주도권에 큰 변화를 일으킨 것이다. 한편 ㉰ 이후인 추락 단계에서 B사와 C사의 시장 점유율 우위가 바뀌는 것은 B사가 휴대전화 게임의 그래픽 향상을 원하는 청소년층의 등장에 민첩하게 대응할 수 있는 신기술을 채택하지 않아 새로운 도전자인 C사에 밀려 추락한 것이다. 즉 두 경우에서 각각 시장 점유율의 우위가 바뀌는 데는, B사의 신기술 채택 여부가 영향을 끼쳤다고 볼 수 있다.
  → 적절함!

⑤ ㉯와 ㉰ 사이에서 A사의 시장 점유율과 달리 B사와 C사의 시장 점유율은 증가하기 때문에, A사는 새로운 도전자로서 *부상하는 움직임을 보였다. *浮上-, 올라서는
  근거 ❸-10~12 제3단계는 추월 단계이다. 이 단계에서 후발 기업은 확보된 이윤을 새로운 기술과 같은 기회에 신속하고 과감하게 투자하고 채택하여 산업 주도권에 갑작스럽고 큰 변화를 일으킨다. 그 결과 선발 기업은 후발 기업에 밀려 추락을 경험하게 된다.

풀이 B사 중심의 추격 사이클을 살펴보면 ㉯와 ㉰ 사이에서 B사와 C사의 시장 점유율이 증가하는 것과 달리 A사의 시장 점유율은 하락하고 있다. 따라서 A사가 '새로운 도전자로서 부상하는 움직임을 보였다'고 보는 것은 적절하지 않다. A사는 새로운 도전자가 아니라, 후발 기업인 B, C사에 밀려 추락하는 선발 기업에 해당한다.
  → 적절하지 않음!

010 추론의 적절성 판단 - 적절한 것 고르기 2020년 11월 학평 24번
정답률 85% | 정답 ③

윗글과 [상황]을 바탕으로 〈보기〉의 학습 활동을 수행한 학생의 반응으로 가장 적절한 것은?

ⓐ 부가 가치가 높은 휴대전화
ⓑ 휴대전화 게임의 그래픽 기능 향상을 원하는 청소년층의 등장

| 보기 |
[학습 활동] B사를 중심으로 ⓐ와 ⓑ에 의해 벌어질 수 있는 상황을 가정하여 각 상황에서 나타날 수 있는 추격 사이클의 종류를 파악해 보자. (단, B사에 대한 가정을 제외한 모든 조건은 동일하다.)

▶ 지문 핵심 개념 정리

세 가지 종류의 추격 사이클
• 정상 사이클 : 진입 → 점진적 추격 → 추월 → 추락 단계를 모두 경험하는 경우(❸-2) • 중도 실패 사이클 : 점진적 추격 단계에 도달한 후발 기업이 저부가 가치 제품 시장에서 고부가 가치 제품 시장으로 이동하지 못하여 추월 단계로 넘어가지 못하는 경우(❸-9) • 슈퍼 사이클 : 선발 기업을 추월한 후발 기업이 다양한 변화에 민첩하게 대응하여 산업의 주도권을 오래 유지하는 경우(❸-15)

중도 실패 사이클
① 만약 B사가 ⓐ를 생산하지 못했다면 ~~정상 사이클~~을 경험할 가능성이 높겠네요.
  풀이 만약 후발 기업인 B사가 부가 가치가 높은 휴대전화(ⓐ)를 생산하지 못했다면, 중도 실패 사이클을 경험할 가능성이 높다.
  → 적절하지 않음!

중도 실패 사이클
② 만약 B사가 ⓐ를 생산하지 못했다면 ~~슈퍼 사이클~~을 경험할 가능성이 높겠네요.
  풀이 만약 후발 기업인 B사가 부가 가치가 높은 휴대전화(ⓐ)를 생산하지 못했다면, 중도 실패 사이클을 경험할 가능성이 높다.
  → 적절하지 않음!

③ B사가 ⓐ를 생산했고, 만약 ⓑ에 민첩하게 대응했다면 슈퍼 사이클을 경험할 가능성이 높겠네요.
  풀이 만약 B사가 ⓑ에 민첩하게 대응했다면 B사는 다른 도전자에 밀려 추락하지 않고 산업의 주도권을 오래 유지하는 슈퍼 사이클을 경험할 가능성이 높다.
  → 적절함!

슈퍼 사이클
④ B사가 ⓐ를 생산했고, 만약 ⓑ에 민첩하게 대응했다면 ~~중도 실패 사이클~~을 경험할 가능성이 높겠네요.
  풀이 만약 B사가 ⓑ에 민첩하게 대응했다면 B사는 '중도 실패 사이클'이 아니라, 다른 도전자에 밀려 추락하지 않고 산업의 주도권을 오래 유지하는 '슈퍼 사이클'을 경험할 가능성이 높다.
  → 적절하지 않음!

중도 실패 사이클
⑤ 만약 B사가 ⓐ를 생산하지 못했고, ⓑ에 민첩하게 대응하지 못했다면 ~~정상 사이클~~을 경험할 가능성이 높겠네요.
  풀이 만약 후발 기업인 B사가 부가 가치가 높은 휴대전화(ⓐ)를 생산하지 못했다면, 다음 단계로 넘어가지 못하고 '중도 실패 사이클'을 경험할 가능성이 높다. B사가 ⓐ를 생산하지 못하고 ⓑ에 민첩하게 대응하지 못한다면 추월 단계와 추락 단계를 겪지 못하므로, 네 단계를 모두 경험하는 '정상 사이클'을 경험할 가능성이 높을 것이라는 반응은 적절하지 않다.
  → 적절하지 않음!

1 [1]컴퓨터의 중앙처리장치인 CPU는 데이터(data, 컴퓨터가 처리할 수 있는 문자, 숫자, 소리, 그림 등의 형태로 된 정보)를 처리하기 위해 주기억장치와 끊임없이 데이터를 주고받는다. [2]그런데 CPU는 처리 속도가 매우 빠른 반면, 주기억장치의 처리 속도는 상대적으로 느리다. [3]그렇기 때문에 CPU가 명령을 실행할(實行-, 명령어에 따라 작동시켰을) 때마다 주기억장치로부터 데이터를 읽어 오면 두 장치(CPU와 주기억장치)의 처리 속도의 차이로 인해 명령을 빠르게 실행할 수가 없다. [4]그래서 캐시 기억장치를 활용하여 데이터 처리 속도를 향상시킨다. [5]캐시 기억장치는 CPU 내에 또는 CPU와 주기억장치 사이에 위치한 기억장치로 주기억장치보다 용량(容量, 저장할 수 있는 정보의 양)은 작지만 처리 속도가 매우 빠르다. [6]이러한 캐시 기억장치에 주기억장치의 데이터 중 자주 사용되는 데이터의 일부를 복사해 두고 CPU가 이(복사해 둔) 데이터를 사용하도록 하는 과정을 '캐싱(caching)'이라고 한다.
→ 캐시 기억장치의 활용 목적 및 '캐싱'의 개념

2 [1]캐싱이 효율적으로(效率的-, 들인 노력에 비해 얻는 결과가 크도록) 이루어지려면 CPU가 캐시 기억장치에 저장된 데이터를 반복적으로 사용하는 것이 중요한데 이를 위해 고려되는 것이 참조의 지역성이다. [2]참조의 지역성은 시간적 지역성과 공간적 지역성으로 나눌 수 있다. [3]시간적 지역성은 CPU가 한 번 사용한 특정 데이터가 가까운 미래에 다시 사용될 가능성이 높은 것을 말하고, 공간적 지역성은 한 번 사용한 데이터 근처에 있는 데이터가 곧 사용될 가능성이 높은 것을 말한다.
→ 캐싱이 효율적으로 이루어지기 위한 '참조의 지역성'

3 [1]한편 주기억장치는 '워드(word)' 단위로 데이터가 저장되고 캐시 기억장치는 '블록(block)' 단위로 데이터가 저장된다. [2]이때 워드는 비트(bit)*의 집합이고 블록은 연속된 워드 여러 개의 묶음을 말한다. [3]주기억장치의 데이터가 캐시 기억장치에 저장되는 장소를 '라인(line)'이라고 한다. [4]캐시 기억장치는 일반적으로 하나의 라인에 하나의 블록이 들어갈 수 있도록 설계되어(設計-, 목적에 맞도록 계획이 세워져) 있기 때문에 주기억장치에서 캐시 기억장치로 데이터를 전송할(電送-, 보낼) 때에는 블록 단위로 데이터를 전송한다. [5]캐시 기억장치의 용량은 주기억장치보다 훨씬 작기 때문에 주기억장치의 블록 중에서 일부만 캐시 기억장치에 저장될 수 있다. [6]그러므로 캐싱을 위해서는 주기억장치의 여러 블록이 캐시 기억장치의 하나의 라인을 공유하여(共有-, 함께 가져서) 사용해야 한다.
→ 주기억장치와 캐시 기억장치의 데이터 저장 단위와 캐시 기억장치의 저장 장소 '라인'

4 [A] [1]예를 들어 어떤 컴퓨터의 주기억장치의 데이터 용량을 워드 2^n 개, 캐시 기억장치의 데이터 용량을 워드 M 개라고 가정해(假定-, 임시로 정해) 보자. [2]이때 주기억장치의 블록 한 개가 K 개의 워드로 이루어져 있다고 하면 이 주기억장치의 총 블록 개수는 $2^n/K$ 개가 되며 각 워드는 n 비트의 주소로 지정된다.(指定-, 가리켜져 확실히 정해진다.) [3]그리고 캐시 기억장치의 각 라인은 K 개의 워드로 채워지므로 캐시 기억장치에는 총 M/K 개의 라인이 만들어진다.
→ 주기억장치와 캐시 기억장치의 데이터 용량, 주기억장치의 블록당 워드 개수에 따른 주기억장치의 총 블록 개수, 워드 비트 주소, 캐시 기억장치의 라인 수

5 [1]캐싱이 이루어질 때 CPU가 요청한 데이터가 캐시 기억장치에 있는지 여부(캐시 기억장치에 있는지 없는지)를 확인하고 해당 데이터를 불러오기 위해 주기억장치의 데이터 주소가 사용된다. [2]이 주소(주기억장치의 데이터 주소)는 '태그 필드, 라인 필드, 워드 필드'의 형식으로 구성되어 있는데 '태그 필드'는 캐시 기억장치의 특정 라인에 주기억장치의 어떤 블록이 저장되어 있는지를 구분해 주는 역할을 한다. [3]그리고 '라인 필드'는 주기억장치의 블록이 들어갈 캐시 기억장치의 라인을 지정해 주며, '워드 필드'는 주기억장치의 각 블록에 저장되어 있는 워드를 지정해 준다.
→ 캐싱에 사용되는 주기억장치의 '데이터 주소'를 구성하는 세 가지 형식

6 [B] [1]주기억장치의 데이터를 캐시 기억장치에 저장하는 방식에는 여러 가지가 있는데 그중 하나가 ⓐ '직접 매핑'이다. [2]직접 매핑은 주기억장치의 데이터를 블록 단위로 캐시 기억장치의 지정된 라인에 저장하는 방식이다. [3]직접 매핑 방식에서 캐싱이 이루어지는 과정은 다음과 같다. [4]CPU가 '태그 필드, 라인 필드, 워드 필드'로 이루어진 주소를 통해 데이터를 요청하면(要請-, 필요한 일을 해 달라고 부탁하면), 우선 요청 주소의 라인 필드를 이용하여 캐시 기억장치의 해당 라인을 확인한다. [5]그리고 해당 라인에 데이터가 저장되어 있으

면 그 라인의 태그와 요청 주소의 태그를 비교한다. [6]이때 두 태그(요청 주소의 태그와 캐시 기억장치의 해당 라인의 태그)의 값이 일치하는 경우를 '캐시 히트(cache hit)'라고 하며, 캐시 히트가 일어나면(두 태그의 값이 일치하면) 주소의 워드 필드를 이용하여 라인 내 워드들 중에서 해당 데이터를 찾아 CPU에 보내 준다. [7]그런데 CPU가 요청한 주소의 태그와 캐시 기억장치 라인의 태그가 일치하지 않거나 해당 라인이 비어 있어서 요청한 데이터를 찾지 못하는 경우가 있다. [8]이는 CPU가 요청한 데이터가 캐시 기억장치에 저장되어 있지 않다는 의미로, 이 경우를 '캐시 미스(cache miss)'라고 한다. [9]캐시 미스가 일어나면(CPU가 요청한 데이터가 캐시 기억장치에 저장되어 있지 않으면) 요청 주소에 해당하는 블록을 주기억장치에서 복사하여 캐시 기억장치의 지정된 라인에 저장한다. [10]그리고 주소의 태그를 그 라인의 태그 필드에 기록하고 요청된 데이터를 CPU에 보내 준다. [11]만약 그 라인에 다른 블록이 저장되어 있다면 그(저장되어 있던) 블록은 지워지고 새롭게 가져온 블록이 저장된다.
→ '직접 매핑' 방식에서 캐싱이 이루어지는 과정

7 [1]직접 매핑은 CPU가 요청한 데이터가 캐시 기억장치에 있는지 확인할 때 해당 라인만 검색하면 되기 때문에 검색 속도가 빠르다. [2]그리고 회로의 구조가 단순하여 시스템을 구성하는 비용이 저렴한 장점이 있다. [3]하지만 같은 라인에 저장되어야 하는 서로 다른 블록을 CPU가 번갈아 요청하는 경우, 계속 캐시 미스가 발생해서 반복적으로 블록이 교체되므로(交替-, 대신하여 바뀌므로) 시스템의 효율이 ⓐ 떨어질 수 있다. [4]그래서 캐시 기억장치의 라인 어디에나 자유롭게 블록을 저장하는 '완전 연관 매핑', 직접 매핑과 완전 연관 매핑을 혼합한 '세트 연관 매핑' 등을 활용하기도 한다.
→ '직접 매핑'의 장단점

* 비트 : 컴퓨터에서 정보를 나타내는 가장 기본적인 단위. 2진수의 0 또는 1이 하나의 비트

■ 지문 이해
〈'캐싱'의 개념과 '직접 매핑' 방식에서 캐싱이 이루어지는 과정〉

❶ 캐시 기억장치의 활용 목적 및 '캐싱'의 개념
- CPU와 주기억장치의 처리 속도 차이로 인해 빠른 명령 실행이 어려움 → 주기억장치보다 용량은 작지만 처리 속도가 매우 빠른 캐시 기억장치를 활용해 데이터 처리 속도를 향상시킴
- 캐싱 : 캐시 기억장치에 주기억장치의 데이터 중 자주 사용되는 데이터 일부를 복사해 두고 CPU가 이를 사용하게 하는 과정

❷ 캐싱이 효율적으로 이루어지기 위한 '참조의 지역성'
- 시간적 지역성 : CPU가 한 번 사용한 특정 데이터가 가까운 미래에 다시 사용될 가능성이 높은 것
- 공간적 지역성 : CPU가 한 번 사용한 데이터 근처에 있는 데이터가 곧 사용될 가능성이 높은 것

❸ 주기억장치와 캐시 기억장치의 데이터 저장 단위와 캐시 기억장치의 저장 장소 '라인'
- 주기억장치의 데이터 저장 단위 : 워드
- 캐시 기억장치의 데이터 저장 단위 : 블록
- '라인' : 주기억장치의 데이터가 캐시 기억장치에 저장되는 장소
- 주기억장치에서 캐시 기억장치로 데이터를 전송할 때 블록 단위로 전송함
- 캐싱을 위해 주기억장치의 여러 블록이 캐시 기억장치의 한 라인을 공유하여 사용함

❹ 주기억장치와 캐시 기억장치의 데이터 용량, 주기억장치의 블록당 워드 개수에 따른 주기억장치의 총 블록 개수, 워드 비트 주소, 캐시 기억장치의 라인 수
- 주기억장치의 데이터 용량 : 워드 2^n 개, 캐시 기억장치의 데이터 용량 : 워드 M 개, 주기억장치의 블록 한 개 : 워드 K 개일 경우
- → 주기억장치의 총 블록 개수 : $2^n/K$ 개, 각 워드는 n 비트의 주소로 지정됨, 캐시 기억장치의 각 라인은 K 개의 워드로 채워지고, 총 M/K 개의 라인이 만들어짐

❺ 캐싱에 사용되는 주기억장치의 '데이터 주소'를 구성하는 세 가지 형식
- 태그 필드 : 캐시 기억장치의 특정 라인에 주기억장치의 어떤 블록이 저장되어 있는지 구분함
- 라인 필드 : 주기억장치의 블록이 들어갈 캐시 기억장치의 라인을 지정함
- 워드 필드 : 주기억장치의 각 블록에 저장되어 있는 워드를 지정함

⑥ '직접 매핑' 방식에서 캐싱이 이루어지는 과정

① CPU가 '태그 필드, 라인 필드, 워드 필드'로 이루어진 주소를 통해 데이터를 요청함
② 요청 주소의 라인 필드를 이용하여 캐시 기억장치의 해당 라인을 확인함
③ 해당 라인의 태그와 요청 주소의 태그를 비교함
  a. 두 태그 값이 일치하는 경우 : 캐시 히트
  b. CPU가 요청한 데이터가 캐시 기억장치에 저장되어 있지 않은 경우 : 캐시 미스
④-a 캐시 히트가 일어나면 주소의 워드 필드를 이용하여 라인 내 워드들 중 해당 데이터를 찾아 CPU에 보내 줌
④-b 캐시 미스가 일어나면 요청 주소에 해당하는 블록을 주기억장치에서 복사하여 캐시 기억장치의 지정된 라인에 저장하고, 주소의 태그를 그 라인의 태그 필드에 기록하여 요청된 데이터를 CPU에 보내 줌. 그 라인에 다른 블록이 저장되어 있다면 삭제되고 새롭게 가져온 블록이 저장됨

⑦ '직접 매핑'의 장단점

• 장점 : 검색 속도가 빠르고, 시스템 구성 비용이 저렴함
• 단점 : CPU가 같은 라인에 저장되어야 하는 서로 다른 블록을 번갈아 요청할 경우 시스템 효율이 떨어짐

---

011 세부 정보 이해 - 적절한 것 고르기 2020년 9월 학평 32번
정답률 75%
정답 ③

윗글의 내용과 일치하는 것은?

① 캐시 기억장치의 하나의 라인에는 하나의 ~~워드~~(블록)만 저장될 수 있다.
  근거 ❸-4 캐시 기억장치는 일반적으로 하나의 라인에 하나의 블록이 들어갈 수 있도록 설계되어 있기 때문에, ❸-2 블록은 연속된 워드 여러 개의 묶음
  풀이 캐시 기억장치의 하나의 라인에는 하나의 블록이 들어갈 수 있다. 이때 블록은 연속된 워드 여러 개의 묶음을 말하므로, 캐시 기억 장치의 하나의 라인에는 하나의 워드만 저장될 수 있다는 설명은 적절하지 않다.
  → 적절하지 않음!

② 캐시 기억장치는 주기억장치보다 용량이 ~~크고~~(작고) 처리 속도가 ~~느리다~~(빠르다).
  근거 ❶-5 캐시 기억장치는 … 주기억장치보다 용량은 작지만 처리 속도가 매우 빠르다.
  → 적절하지 않음!

✓③ 캐시 기억장치에 저장된 데이터가 반복적으로 사용되어야 캐싱의 효율이 높아진다.
  근거 ❷-1 캐싱이 효율적으로 이루어지려면 CPU가 캐시 기억장치에 저장된 데이터를 반복적으로 사용하는 것이 중요한데
  → 적절함!

④ ~~시간적~~(공간적) 지역성은 한 번 사용된 데이터 근처에 있는 데이터가 곧 사용될 가능성이 높은 것을 말한다.
  근거 ❷-3 시간적 지역성은 CPU가 한 번 사용한 특정 데이터가 가까운 미래에 다시 사용될 가능성이 높은 것을 말하고, 공간적 지역성은 한 번 사용한 데이터 근처에 있는 데이터가 곧 사용될 가능성이 높은 것을 말한다.
  → 적절하지 않음!

⑤ 캐싱은 ~~캐시 기억장치~~(주기억장치)의 데이터 중 자주 사용되는 데이터의 일부를 ~~주기억장치~~(캐시 기억장치)에 복사하여 사용하는 것을 말한다.
  근거 ❶-6 캐시 기억장치에 주기억장치의 데이터 중 자주 사용되는 데이터의 일부를 복사해 두고 CPU가 이 데이터를 사용하도록 하는 과정을 '캐싱(caching)'이라고 한다.
  → 적절하지 않음!

---

012 구체적인 사례에 적용 - 적절한 것 고르기 2020년 9월 학평 33번
정답률 70%, 매력적 오답 ② 10%
정답 ①

[A]를 참고할 때 〈보기〉의 ㉮~㉰에 들어갈 말을 바르게 짝지은 것은?

| 보기 |
  주기억장치의 데이터 용량이 64 개의 워드이고, 하나의 블록이 4 개의 워드로 이루어져 있다면, 주기억장치는 총 16 개의 (㉮)(으)로 구성되며, 각 워드는 (㉯)의 주소로 지정된다. 또한 캐시 기억장치의 데이터 용량이 16 개의 워드라면 캐시 기억장치의 라인은 (㉰)가 만들어진다.
= 2^6 개 ∴ n = 6   K = 4   M = 16

  근거 ❹-1~3 어떤 컴퓨터의 주기억장치의 데이터 용량을 워드 2^n 개, 캐시 기억장치의 데이터 용량을 워드 M 개라고 가정해 보자. 이때 주기억장치의 블록 한 개가 K 개의 워드로 이루어져 있다고 하면 이 주기억장치의 총 블록 개수는 $2^n/K$ 개가 되며 각 워드는 n 비트의 주소로 지정된다. 그리고 캐시 기억장치의 각 라인은 K 개의 워드로 채워지므로 캐시 기억장치에는 총 M/K 개의 라인이 만들어진다.

  풀이 〈보기〉에서 주기억장치의 데이터 용량인 64 개의 워드를 2^n 개로 나타내면 2^6 개이므로, 윗글 [A]의 n에 6을 대입할 수 있다. 또 주기억장치의 블록 한 개가 4 개의 워드로 이루어져 있다고 하였으므로, 윗글 [A]의 K에 4를, 캐시 기억장치의 데이터 용량이 16 개의 워드라고 하였으므로, 윗글 [A]의 M에 16을 각각 대입할 수 있다. [A]의 설명에 따르면, 〈보기〉의 주기억장치의 총 블록㉮ 개수는 $2^6/4$ 개이고, 각 워드는 6 비트㉯의 주소로 지정되며, 캐시 기억장치의 각 라인은 4 개의 워드로 채워지므로 총 16/4 개㉰의 라인이 만들어진다. 따라서 정답은 ①번이다.

	㉮	㉯	㉰	
✓①	블록	6 비트	4 개	→ 적절함!
②	블록	8 비트	6 개	
③	워드	8 비트	4 개	
④	라인	6 비트	4 개	
⑤	라인	8 비트	6 개	

1등급 문제

013 자료 해석의 적절성 판단 - 적절하지 않은 것 고르기 2020년 9월 학평 34번
정답률 55%, 매력적 오답 ② 15% ③ 15% ⑤ 10%
정답 ④

〈보기〉는 '직접 매핑' 과정을 *도식화한 것이다. [B]를 바탕으로 〈보기〉를 이해한 내용으로 적절하지 않은 것은? *圖式化−, 일정한 양식으로 나타낸
3점

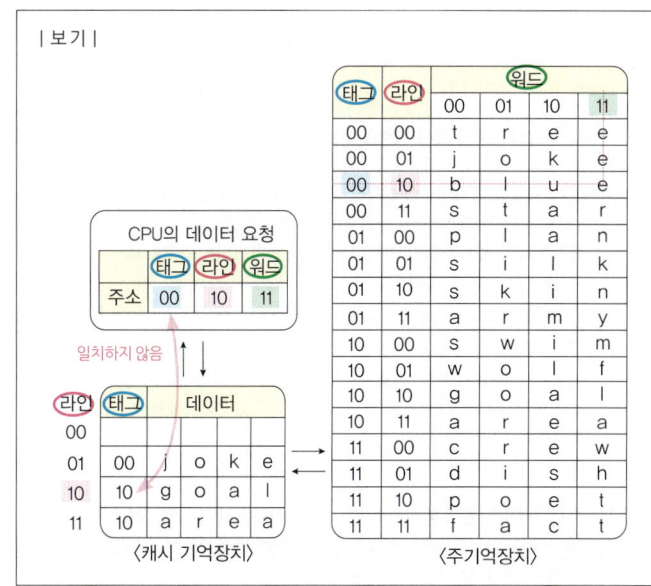

풀이 윗글의 [B]와 〈보기〉에서 직접 매핑 방식으로 캐싱이 이루어지는 과정은 아래와 같다.

1회 미니모의고사

[B] CPU가 '태그 필드, 라인 필드, 워드 필드'로 이루어진 주소를 통해 데이터를 요청함(⑥-4)

〈보기〉 CPU가 태그 '00', 라인 '10', 워드 '11'로 이루어진 주소를 통해 데이터를 요청함

↓

[B] 요청 주소의 라인 필드를 이용하여 캐시 기억장치의 해당 라인을 확인하고(⑥-4), 해당 라인에 데이터가 저장되어 있으면 그 라인의 태그와 요청 주소의 태그를 비교함(⑥-5)

〈보기〉 요청된 주소의 '10'을 이용하여 캐시 기억장치의 라인을 확인하고, 그 라인('10')의 태그와 요청된 주소의 태그가 일치하는지 확인한다.

↓

[B] CPU가 요청한 주소의 태그와 캐시 기억장치 라인의 태그가 일치하지 않는 경우 : CPU가 요청한 데이터가 캐시 기억장치에 저장되어 있지 않음을 의미함 → '캐시 미스'(⑥-8)

〈보기〉 CPU가 요청한 주소의 태그 '00'과 캐시 기억장치 라인의 태그가 일치하지 않음 → 캐시 미스가 일어남

↓

[B] 요청 주소에 해당하는 블록을 주기억장치에서 복사하여 캐시 기억장치의 지정된 라인에 저장함(⑥-9)

〈보기〉 주기억장치의 데이터 블록 중에서 라인 '10', 태그 '00'에 해당하는 'b, l, u, e'가 복사되어 캐시 기억장치의 라인 '10'에 저장됨

↓

[B] 주소의 태그를 그 라인의 태그 필드에 기록함(⑥-10), 이때 (캐시 기억장치의) 그 라인에 다른 블록이 저장되어 있다면 그 블록은 지워지고 새롭게 가져온 블록이 저장됨(⑥-11)

〈보기〉 주소의 태그 '00'을 그 라인('10')의 태그 필드에 기록함(요청 주소의 라인 '10', 태그 '00'과 캐시 기억장치의 해당 라인('10')의 태그 '00'이 일치하게 됨), 이때 저장되어 있던 캐시 기억장치의 'g, o, a, l'은 지워지고 새롭게 가져온 블록 'b, l, u, e'가 저장됨

↓

[B] 요청된 데이터를 CPU에 보내 줌(⑥-10) : 요청 주소의 워드 필드를 이용하여 라인 내 워드들 중에서 해당 데이터를 찾아 CPU에 보내 줌(⑥-6)

〈보기〉 요청된 데이터를 CPU에 보내 줌 : 요청 주소의 워드 '11'을 이용하여 라인 내 워드들 중에서 해당 데이터 'e'를 CPU에 보내 줌

① 요청된 주소의 '10'을 이용하여 캐시 기억장치의 라인을 확인한 후 태그 '00'이 그 라인('10')의 태그와 일치하는지 확인하겠군.

근거 ⑥-4~5 우선 요청 주소의 라인 필드를 이용하여 캐시 기억장치의 해당 라인을 확인한다. 그리고 해당 라인에 데이터가 저장되어 있으면 그 라인의 태그와 요청 주소의 태그를 비교한다.

풀이 CPU가 요청한 주소의 라인 '10'을 이용하여 캐시 기억장치의 라인을 확인한다. 그 후 요청 주소의 태그인 '00'이 그 라인('10')의 태그와 일치하는지 확인한다.

→ 적절함!

② CPU가 요청한 데이터가 캐시 기억장치에 저장되어 있지 않으므로 캐시 미스가 일어나겠군.

근거 ⑥-7~8 CPU가 요청한 주소의 태그와 캐시 기억장치 라인의 태그가 일치하지 않거나 해당 라인이 비어 있어서 요청한 데이터를 찾지 못하는 경우가 있다. 이는 CPU가 요청한 데이터가 캐시 기억장치에 저장되어 있지 않다는 의미로, 이 경우를 '캐시 미스(cache miss)'라고 한다.

풀이 CPU가 요청한 주소의 라인 '10'을 이용하여 캐시 기억장치의 라인을 확인한 후, 요청 주소의 태그인 '00'이 그 라인('10')의 태그와 일치하는지를 확인해야 한다. 그런데 〈보기〉에서는 CPU가 요청한 주소의 태그와 캐시 기억장치 라인의 태그가 일치하지 않는다. 이는 CPU가 요청한 데이터가 캐시 기억장치에 저장되어 있지 않다는 의미이며, '캐시 미스'가 일어난 경우에 해당한다.

→ 적절함!

③ 주기억장치의 데이터 블록 중에서 'b, l, u, e'가 복사되어 캐시 기억장치에 저장되겠군.

근거 ⑥-9 캐시 미스가 일어나면 요청 주소에 해당하는 블록을 주기억장치에서 복사하여 캐시 기억장치의 지정된 라인에 저장한다.

풀이 〈보기〉에서는 CPU가 요청한 주소의 태그와 캐시 기억장치 라인의 태그가 일치하지 않으므로 캐시 미스가 일어난다. 캐시 미스가 일어나면 요청 주소에 해당하는 블록을 주기억장치에서 복사하여 캐시 기억장치의 지정된 라인('10')에 저장한다. 〈보기〉의 경우 주기억장치의 데이터 블록 중 요청 주소인 라인 '10', 태그 '00'에 해당하는 블록 'b, l, u, e'를 복사하여 캐시 기억장치에 저장할 것이다.

→ 적절함!

✓ ④ 캐시 기억장치의 라인 '01'에 저장되어 있는 데이터 블록이 삭제되겠군.

근거 ⑥-9 캐시 미스가 일어나면 요청 주소에 해당하는 블록을 주기억장치에서 복사하여 캐시 기억장치의 지정된 라인에 저장한다, ⑥-11 만약 그 라인에 다른 블록이 저장되어 있다면 그 블록은 지워지고 새롭게 가져온 블록이 저장된다.

풀이 캐시 미스가 일어날 경우 요청 주소에 해당하는 블록을 주기억장치에서 복사하여 캐시 기억장치의 지정된 라인('10')에 저장한다. 만약 그 라인('10')에 다른 블록이 저장되어 있다면 그 블록은 삭제되고 새롭게 가져온 블록이 저장된다. 따라서 〈보기〉에서는 캐시 기억장치의 라인 '01'이 아니라 '10'에 저장되어 있는 데이터 블록 'g, o, a, l'이 삭제된다.

→ 적절하지 않음!

⑤ CPU의 데이터 요청에 의해 최종적으로 CPU로 보내지는 데이터는 'e'가 되겠군.

근거 ⑥-9~10 캐시 미스가 일어나면 요청 주소에 해당하는 블록을 주기억장치에서 복사하여 캐시 기억장치의 지정된 라인에 저장한다. 그리고 주소의 태그를 그 라인의 태그 필드에 기록하고 요청된 데이터를 CPU에 보내 준다, ⑥-6 주소의 워드 필드를 이용하여 라인 내 워드들 중에서 해당 데이터를 찾아 CPU에 보내 준다, ⑤-3 '워드 필드'는 주기억장치의 각 블록에 저장되어 있는 워드를 지정해 준다.

풀이 〈보기〉에서는 CPU가 요청한 주소의 태그와 캐시 기억장치 라인의 태그가 일치하지 않아 캐시 미스가 일어나 주기억장치에서 요청 주소에 해당하는 블록 'b, l, u, e'를 복사하여 캐시 기억장치의 지정된 라인에 저장한다. 그리고 주소의 태그 '00'을 그 라인('10')의 태그 필드에 기록한다. 그러면 요청 주소의 라인('10')에 해당하는 캐시 기억장치의 태그('00')와 요청 주소의 태그 값('00')이 일치하게 되고, 주소의 워드 '11'을 이용하여 주기억장치에서 복사되어 캐시 기억장치에 새롭게 저장된 라인 내 워드들 중에서 워드 '11'에 해당하는 값인 'e'를 CPU로 보낸다. 따라서 CPU의 데이터 요청에 의해 최종적으로 CPU로 보내지는 데이터는 'e'가 된다.

→ 적절함!

---

014 | 〈보기〉와 내용 비교 - 적절한 것 고르기 2020년 9월 학평 35번
정답률 70% | 정답 ④

㉠과 〈보기〉의 ㉡을 비교한 내용으로 가장 적절한 것은?

> ㉠ '직접 매핑'

| 보기 |
[1]㉡ 완전 연관 매핑은 캐시 기억장치에 블록을 저장할 때 라인을 지정하지 않고 임의로(任意-, 일정하게 정하지 않고) 저장하는 방식이다. [2]이(완전 연관 매핑) 방식은 필요한 데이터 위주로(爲主-, 중심으로) 저장할 수 있기 때문에 매핑 방식 중에 캐시 히트(두 태그의 값이 일치함)의 확률이 가장 높다. [3]그러나 히트 여부 확인이 모든 라인에 걸쳐 이루어져야 하므로 검색 시간이 가장 오래 걸린다. [4]그리고 회로의 구조가 복잡해서 시스템을 구성하는 비용이 높다. [5]주기억장치의 블록이 캐시 기억장치의 정해진 라인에 저장되는 것이 아니기 때문에 주기억장치의 주소는 태그 필드, 워드 필드로 이루어진다. [6]대신 블록이 교체될 때 어떤 블록을 삭제할지를 결정하는 블록 교체 알고리즘이 별도로 필요하다.

▶ '직접 매핑(㉠)'과 '완전 연관 매핑(㉡)'의 비교	㉠	㉡
주기억장치의 주소에 태그 필드가 있음	○	○
캐시 히트 여부를 확인하는 시간이 빠름	○	
블록 교체 알고리즘이 필요함		○
라인을 지정하여 블록을 저장함	○	
회로의 구조가 복잡함		○

㉠과 ㉡ 모두
① ㉠과 달리 ㉡은 주기억장치의 주소에 태그 필드가 있다.

근거 ⑥-3~4 직접 매핑 방식에서 캐싱이 이루어지는 과정은 다음과 같다. CPU가 '태그 필드, 라인 필드, 워드 필드'로 이루어진 주소를 통해 데이터를 요청하면, 〈보기〉-5 주기억장치의 주소는 태그 필드, 워드 필드로 이루어진다.

풀이 '직접 매핑(㉠)'과 '완전 연관 매핑(㉡)'은 모두 주기억장치의 주소에 태그 필드가 있다.

→ 적절하지 않음!

㉡과 달리 ㉠은
② ㉠과 달리 ㉡은 캐시 히트 여부를 확인하는 시간이 빠르다.

| 근거 | **❼-1** 직접 매핑은 CPU가 요청한 데이터가 캐시 기억장치에 있는지 확인할 때 해당 라인만 검색하면 되기 때문에 검색 속도가 빠르다, **〈보기〉-3** 히트 여부 확인이 모든 라인에 걸쳐 이루어져야 하므로 검색 시간이 가장 오래 걸린다. |
| 풀이 | '직접 매핑(㉠)'은 요청한 데이터가 캐시 기억장치에 있는지 확인하는 검색 속도가 빠르다. 반면 '완전 연관 매핑(㉡)'의 경우 검색 시간이 가장 오래 걸린다. 따라서 캐시 히트 여부를 확인하는 시간이 빠른 것은 '완전 연관 매핑(㉡)'이 아니라 '직접 매핑(㉠)'이다. |

→ 적절하지 않음!

㉠과 달리 ㉡은
③ **㉡과 달리 ㉠은 블록 교체 알고리즘이 필요하다.**

| 근거 | **❻-2** 직접 매핑은 주기억장치의 데이터를 블록 단위로 캐시 기억장치의 지정된 라인에 저장하는 방식, **❻-9** 캐시 미스가 일어나면 요청 주소에 해당하는 블록을 주기억장치에서 복사하여 캐시 기억장치의 지정된 라인에 저장, **❻-11** 만약 그 라인에 다른 블록이 저장되어 있다면 그 블록은 지워지고 새롭게 가져온 블록이 저장된다 (블록 교체), **〈보기〉-5~6** 주기억장치의 블록이 캐시 기억장치의 정해진 라인에 저장되는 것이 아니기 때문에 주기억장치의 주소는 태그 필드, 워드 필드로 이루어진다. 대신 블록이 교체될 때 어떤 블록을 삭제할지를 결정하는 블록 교체 알고리즘이 별도로 필요하다. |
| 풀이 | '직접 매핑(㉠)'의 경우 주기억장치의 데이터를 캐시 기억장치의 '지정된 라인'에 저장하는 방식으로, 블록이 교체될 때 해당 라인의 블록이 지워지고 새롭게 가져온 블록이 저장된다. 한편 '완전 연관 매핑(㉡)'의 경우 주기억장치의 블록이 캐시 기억장치의 '지정된 라인'에 저장되는 것이 아니기 때문에, 블록이 교체될 때 어떤 블록을 삭제할지 결정하는 블록 교체 알고리즘이 필요하다. 따라서 블록 교체 알고리즘이 필요한 것은 '직접 매핑(㉠)'이 아니라 '완전 연관 매핑(㉡)'이다. |

→ 적절하지 않음!

④ **㉡과 달리 ㉠은 라인을 지정하여 블록을 저장한다.**

| 근거 | **❻-2** 직접 매핑은 주기억장치의 데이터를 블록 단위로 캐시 기억장치의 지정된 라인에 저장하는 방식, **〈보기〉-5** 주기억장치의 블록이 캐시 기억장치의 정해진 라인에 저장되는 것이 아니기 때문에 |

→ **적절함!**

㉠과 달리 ㉡은
⑤ **㉠과 ㉡은 모두 회로의 구조가 복잡하다.**

| 근거 | **❼-2** (직접 매핑은) 회로의 구조가 단순하여, **〈보기〉-4** (완전 연관 매핑은) 회로의 구조가 복잡해서 |

→ 적절하지 않음!

| 예문 | 해가 떨어지자 어두침침하게 땅거미가 내리기 시작했다. |

→ 적절하지 않음!

⑤ **굵은 빗방울이 머리에 한두 방울씩 떨어지기 시작했다.**

| 풀이 | '위에서 아래로 내려지다'의 의미로 쓰였다. |
| 예문 | 그는 발을 헛디뎌서 구덩이로 떨어졌다. |

→ 적절하지 않음!

| **015** | 문맥적 의미 파악 – 적절한 것 고르기 2020년 9월 학평 36번 정답률 90% | 정답 ① |

문맥상 의미가 ⓐ와 가장 가까운 것은?

> 계속 캐시 미스가 발생해서 반복적으로 블록이 교체되므로 시스템의 효율이 ⓐ떨어질 수 있다.

| 풀이 | ⓐ에서 '떨어지다'는 '값, 기온, 수준, 형세 따위가 낮아지거나 내려가다'의 의미로 쓰였다. |

① **엔진의 성능이 떨어져서 큰일이다.**

| 풀이 | '값, 기온, 수준, 형세 따위가 낮아지거나 내려가다'의 의미로 쓰였다. |
| 예문 | 연일 주가가 떨어지고 있다. |

→ **적절함!**

② **소매에서 단추가 떨어져서 당황했다.**

| 풀이 | '달렸거나 붙었던 것이 갈라지거나 떼어지다'의 의미로 쓰였다. |
| 예문 | 마지막으로 남아 있던 잎마저 나무에서 떨어졌다. |

→ 적절하지 않음!

③ **감기가 떨어지지 않아 큰 고생을 했다.**

| 풀이 | '병이나 습관 따위가 없어지다'의 의미로 쓰였다. |
| 예문 | 약을 먹었는데도 며칠째 감기가 안 떨어져. |

→ 적절하지 않음!

④ **해가 떨어지기 전에 이 일을 마치기로 했다.**

| 풀이 | '해, 달이 서쪽으로 지다'의 의미로 쓰였다. |

[001~005] 다음 글을 읽고 물음에 답하시오.

1 ¹일반적으로(一般的~, 한 부분으로 범위가 제한되지 않고 전체적으로 널리) 사람들은 정서(情 뜻 정 緒 마음 서)와 감정(感 느끼다 감 情 뜻 정)을 동일한(同一, 서로 똑같은) 것으로 여긴다.(생각한다.) ²그런데 오늘날의 심리 철학(心理哲學, 몸과 마음 또는 정신의 관계에 대하여 연구하는 철학 분야)에서는 '정서'라는 개념을 특정(特定, 특별히 가리켜 정한) 시점(時點, 시간의 흐름 중 어느 한 순간)에서의 주관(主觀, 외부 세계나 현실 등을 인식하고 체험, 평가하는 의식과 의지를 가진 존재)의 정신 상태라고 정의하면서(定義~, 뜻을 뚜렷하게 밝혀 정하면서) 정서와 감정을 개념적으로 구분하고, 정서의 본질(本質, 근본적인 성질)에 대해 이전부터 계속되어 온 철학적 탐구를 이어가고 있다.

→ 정서의 본질에 대한 철학적 탐구를 이어가고 있는 오늘날의 심리 철학

2 ¹정서의 본질에 대한 전통적인(傳統的~, 예전부터 이어져 내려오는) 논의(論議, 서로 의견을 내는 일)는 크게 두 방향의 이론으로 설명할 수 있는데, 하나는 '감정 이론'이고 다른 하나는 '인지주의적 이론'이다. ²다음 사례에서 드러나는 정서의 요소(要素, 구성하는 데 없어서는 안 될 근본 조건)를 바탕으로 두 이론('감정 이론'과 '인지주의적 이론')의 대립하는(對立~, 서로 반대되는) 방향성(方向性, 어떤 쪽으로 나아가려는 성질)을 확인할 수 있다. ³민호가 전신주(電信柱, 전봇대) 옆에서 버스를 기다리고 있을 때, 전신주 변압기(變壓器, 전압이나 전류의 값을 바꾸는 장치)에서 연기가 솟아났고 민호는 갑자기 공포(恐怖, 두렵고 무서움)에 빠져들게 된 상황을 가정해(假定~, 임시로 사실인 것처럼 정해) 보자. ⁴이때 민호의 공포라는 정서에서 감정적(感情的, 마음이나 기분에 의한 것) 요소에 해당하는 것은 민호가 느끼는 공포감(恐怖感, 두렵고 무서운 느낌)이라는 느낌이고, 인지적(認知的, 사실을 인식하여 아는 것) 요소에 해당하는 것은 민호가 연기를 보았을 때 '민호 자신이 위험한 상황에 처했다.'라는 명제(命題, 논리적 판단의 내용과 주장을 말이나 글로 표현한 것)로 표현될 수 있는 판단이나 믿음이다. ⁵감정 이론은 전자(前者, 두 가지 중 먼저 말한 것. 여기에서는 '감정적 요소'를 말함)를 중심으로 정서를 정의하는 이론이고, 인지주의적 이론은 후자(後者, 두 가지 중 뒤에 말한 것. 여기에서는 '인지적 요소'를 말함)를 중심으로 정서를 정의하는 이론이다.

→ 정서의 본질에 대한 전통적 논의 : '감정 이론'과 '인지주의적 이론'

3 ¹㉠감정 이론은 특정 정서를 그 정서가 내포하는(內包~, 속에 가지고 있는) 특정 감정 즉 자신도 모르게 생기는 느낌과 동일시하는(同一視~, 똑같은 것으로 보는) 이론이다. ²감정 이론에 따르면, 정서를 이해하는 것은 인지적인 요소가 아니라 감정적인 요소를 통해서 가능하다. ³즉 상황에 대해서 어떻게 판단하고 믿느냐(인지적인 요소)가 아니라 어떻게 느끼느냐(감정적인 요소)를 이해하는 것을 통해서만 가능하다는 것이다. ⁴감정 이론은 앞의 예에서 공포라는 민호의 정서를 공포감이라는 감정적 요소와 동일시하면서 민호의 정서를 이해하는 데 있어 인지적 요소는 배제한다(排除~, 제쳐놓는다.) ⁵인지적 요소인 판단과 믿음은 앞의 예에서 민호가 연기를 보았다고 가정했을 때 그 '연기'와 같은 구체적인 대상(對象, 의식, 감각, 행동 등의 작용이 향하는 객관적인 사물)을 전제하는데(前提~, 조건으로 먼저 내세우는데), 감정 이론은 판단과 믿음을 배제하기 때문에 정서의 지향적인(志向的~, 목표나 목적을 향해 나아가는) 성격을 부정한다. ⁶또한 감정 이론을 바탕으로 할 때, 감정은 정서와 동일시되므로 의지(意志, 목적을 이루기 위한 인간의 의식적인 노력)에 의해 통제되기(統制~, 목적에 따라 제한되기) 힘든 감정의 속성(屬性, 특징)은 그대로 정서의 속성이 된다.

→ 감정 이론의 개념과 특징

4 ¹감정 이론은 사람들이 일상적으로 정서를 감정과 동일시하는 보편적인(普遍的~, 일반적으로 널리 해당되는) 성향(性向, 성질에 따른 방향성)을 잘 설명할 수 있다는 장점을 지닌다. ²사람들이 '어떤 사람이 공포의 정서 상태에 있다.'라는 말의 의미를 전달하기 위해서, 이 말보다 '어떤 사람이 공포를 느낀다.'라는 말을 더 자연스럽게 여기는 것은 정서와 감정을 동일시하는 사람들의 보편적인 성향을 잘 보여 준다. ³그러나 감정 이론은 정서들을 분류하는(分類~, 종류별로 가르는) 데 한계를 지닌다. ⁴왜냐하면 감정 이론은 감정 외적인(外的~, 범위의 바깥에 있는) 인지적 요소를 배제하고 감정적 요소만을 강조하기 때문에 개별(個別, 하나하나 따로 나뉘어 있는) 정서의 차이를 구분하여 설명하지 못하고 단지 각각의 정서가 다르게 느껴진다고 이야기한다. ⁵그리고 감정 이론은 정서가 규범적(規範的, 마땅히 따르고 지켜야 할 본보기

가 되는) 성격을 가질 수 있다는 점을 설명할 수 없다. ⁶왜냐하면 감정 이론은, 어떻게 느끼느냐에 대한 감정 외적인 상황을 고려하지(考慮~, 생각하고 헤아려 보지) 않은 채 내적인(內的~, 정신이나 마음, 심리와 관련된) 감정과 동일시되는 정서 자체에 초점을 맞추기 때문이다. ⁷그래서 감정 이론은 그 정서의 규범적인 적절성 여부(規範에 맞느냐, 그렇지 않느냐), 즉 그 정서가 당위적인 가치 기준(좋고 나쁨이나 옳고 그름 등을 판단하는 기준으로, 마땅히 그래야 한다고 여기는 것, 바람직하다고 생각하는 관습, 행동 규범, 원칙 등)에 부합하는지(符合~, 서로 꼭 들어맞는지) 여부를 판단하는 것이 불가능하다.

→ 감정 이론의 장단점

5 ¹인지주의적 이론은 정서의 인지적 요소를 정서와 동일시하거나 적어도 정서의 필수적인(必須的~, 꼭 있어야 하는) 요소로 인정하는(認定~, 확실히 그렇다고 생각하는) 이론이다. ²이 이론(인지주의적 이론)에 따르면, 감정 자체는 정서와 동일시될 수 없고 판단이나 믿음과 같은 인지적 요소들의 복합체(複合體, 모여서 하나로 이루어진 것)에 의해 초래되는(招來~, 이끌어 내어지는) 결과일 뿐이다. ³인지주의적 이론은, 앞의 예에서 민호가 자신의 머리 위에 변압기가 떨어질 수 있다고 판단하여 위험한 상황에 처했다고 믿는 것을 민호가 경험하는 공포라는 정서 상태와 동일시하거나 적어도 이 공포라는 정서를 규정하는(規定~, 밝혀 정하는) 데 필수적인 요소로 인정한다. ⁴그리고 민호의 공포감은 민호의 판단과 믿음의 결과로 가지게 된 감정일 뿐이라고 본다.

→ 인지주의적 이론의 개념과 특징

6 ¹인지주의적 이론의 장점은 앞서 언급한(言及~, 말한) 감정 이론의 두 가지 문제점을 해결할 수 있다는 것이다. ²인지주의적 이론은 정서들을 개별 정서로 분류하는 것이 가능하다. ³왜냐하면 사람들이 비슷하다고 생각하는 정서를 판단이나 믿음이라는 인지적 요소를 바탕으로 각각의 정서로 구분할 수 있기 때문이다. ⁴그리고 인지주의적 이론은 정서가 규범적 성격을 가질 수 있다는 점을 설명할 수 있다. ⁵왜냐하면 인지주의적 이론이 정서와 동일시하거나 적어도 정서의 필수적인 요소로 여기는 판단과 믿음에는 당위적인 가치 기준이 개입될(介入~, 끼어들) 수 있기 때문이다. ⁶그러나 인지주의적 이론은 인지적 요소만을 지나치게 강조하기 때문에, 사람들의 보편적인 성향에서 드러나는 감정적 요소를 경시하고(輕視~, 중요하지 않게 보고) 있다.

→ 인지주의적 이론의 장단점

7 ¹ⓐ감정 이론과 인지주의적 이론은 유사한(類似~, 서로 비슷한) 맥락(脈絡, 서로 이어져 있는 관계나 연관)에서 한계를 지니고 있다. ²그래서 오늘날의 심리 철학은 두 이론('감정 이론'과 '인지주의적 이론')을 정서의 다면적인(多面的~, 여러 방향에 걸친) 성격을 설명하기 위한 철학적 바탕으로 삼되, 두 이론과 달리 정서의 다면적 성격을 종합적으로(綜合的~, 한데 모아 통일된 하나로 합하여) 설명할 수 있는 새로운 이론적 틀을 마련하기 위해 노력하고 있다.

→ 두 이론의 한계를 극복하고자 하는 오늘날의 심리 철학의 노력

■지문 이해

〈정서의 본질에 대한 두 이론과 각 이론의 장단점〉

❶ 정서의 본질에 대한 철학적 탐구를 이어가고 있는 오늘날의 심리 철학

- 오늘날의 심리 철학이 정의한 '정서'의 개념 : 특정 시점에서의 주관의 정신 상태
- 정서와 감정을 개념적으로 구분하고, 정서의 본질에 대한 철학적 탐구를 이어감

❷ 정서의 본질에 대한 전통적 논의 : '감정 이론'과 '인지주의적 이론'

- 감정 이론 : 감정적 요소(느낌)를 중심으로 정서를 정의하는 이론
- 인지주의적 이론 : 인지적 요소(판단이나 믿음)를 중심으로 정서를 정의하는 이론

❸ 감정 이론의 개념과 특징	**❺ 인지주의적 이론의 개념과 특징**
• 특정 정서를 그 정서가 내포하는 특정 감정과 동일시하는 이론 • 상황에 대해 어떻게 느끼느냐를 이해하는 것을 통해 정서를 이해함 • 인지적 요소는 배제함 • 정서의 지향적 성격을 부정함 • 의지에 의해 통제되기 힘든 감정의 속성은 그대로 정서의 속성이 됨	• 정서의 인지적 요소를 정서와 동일시하거나, 정서의 필수적 요소로 인정하는 이론 • 감정 자체는 정서와 동일시될 수 없고, 인지적 요소들의 복합체에 의해 초래되는 결과일 뿐이라고 봄

❹ 감정 이론의 장단점	**❻ 인지주의적 이론의 장단점**
• 장점 - 정서를 감정과 동일시하는 사람들의 보편적인 성향을 잘 설명할 수 있음 • 단점 - 정서들을 분류하는 데 한계를 지님 - 정서가 규범적 성격을 가질 수 있다는 점을 설명할 수 없음	• 장점 - 정서들을 개별 정서로 분류할 수 있음 - 정서가 규범적 성격을 가질 수 있다는 것을 설명할 수 있음 • 단점 - 인지적 요소만을 지나치게 강조하여 사람들의 보편적 성향에서 드러나는 감정적 요소를 경시함

❼ 두 이론의 한계를 극복하고자 하는 오늘날의 심리 철학의 노력

---

001 | 글의 서술 방식 파악 - 적절한 것 고르기 2018년 11월 학평 33번
정답률 85% | 정답 ①

윗글의 전개 방식에 대한 설명으로 가장 적절한 것은?

✔① 중심 *화제에 대한 **대비되는 두 이론을 소개한 후 각 이론의 장단점을 제시하고 있다. *話題, 이야깃거리 **對比-, 서로 비교되어 차이가 드러나는

> **근거** ❷-1~2 정서의 본질에 대한 전통적인 논의는 크게 두 방향의 이론으로 설명할 수 있는데, 하나는 '감정 이론'이고 다른 하나는 '인지주의적 이론'이다. 다음 사례에서 드러나는 정서의 요소를 바탕으로 두 이론의 대립하는 방향성을 확인할 수 있다. ❸-1 감정 이론은 특정 정서를 그 정서가 내포하는 특정 감정 즉 자신도 모르게 생기는 느낌과 동일시하는 이론, ❹-1 감정 이론은 … 장점을 지닌다, ❹-3 그러나 감정 이론은 … 한계를 지닌다, ❹-5 그리고 감정 이론은 … 설명할 수 없다, ❺-1 인지주의적 이론은 정서의 인지적 요소를 정서와 동일시하거나 적어도 정서의 필수적인 요소로 인정하는 이론, ❻-1 인지주의적 이론의 장점은, ❻-6 그러나 인지주의적 이론은 … 경시하고 있다.

> **풀이** 윗글에서는 중심 화제인 '정서'에 대해 서로 대립하는 방향성을 가진 '감정 이론'과 '인지주의적 이론'을 각각 소개하고, 각 이론의 장단점을 설명하고 있다.

→ 적절함!

② 중심 화제에 대한 *상반된 이론을 제시한 후 두 이론을 **절충한 새로운 이론을 비판하고 있다. *相反-, 서로 반대되는 **折衷-, 알맞게 조절하여 서로 잘 어울리게 한

> **풀이** 윗글은 중심 화제인 '정서'에 대한 상반된 두 이론을 제시하고 있으며, 두 이론을 절충한 새로운 이론에 대한 연구가 계속되고 있음을 언급하고 있다. 그러나 절충적인 성격을 띤 이론을 소개하거나 이에 대한 비판을 제시하지는 않았다.

→ 적절하지 않음!

③ 중심 화제에 대한 두 이론의 *가설을 제시하고 통계를 바탕으로 가설의 **타당성을 ***검증하고 있다. *假說, 어떤 사실을 설명하기 위해 임시로 세운 이론 **妥當性, 이치에 맞는 옳

> **풀이** 윗글에 중심 화제인 '정서'에 대한 두 이론의 가설이나 통계는 나타나 있지 않다.

→ 적절하지 않음!

④ 중심 화제에 대한 두 이론의 대표적인 학자들을 제시하고 그들이 *후속 연구에 미친 영향을 소개하고 있다. *後續, 뒤를 잇는

> **풀이** 윗글은 중심 화제인 '정서'에 대한 두 이론의 개념과 장단점만 소개하고 있을 뿐, 두 이론의 대표적인 학자들을 제시하거나 그들이 후속 연구에 미친 영향에 대해서 설명하지는 않았다.

→ 적절하지 않음!

⑤ 중심 화제에 대해 새롭게 등장한 두 이론과 각각의 등장 배경을 소개하고 *기존 이론의 등장 배경과 대비하고 있다. *旣存, 이미 존재하는

> **근거** ❷-1 정서의 본질에 대한 전통적인 논의는 크게 두 방향의 이론으로 설명할 수 있는데, 하나는 '감정 이론'이고 다른 하나는 '인지주의적 이론'이다.

> **풀이** 윗글에서 중심 화제인 '정서'에 대한 두 이론을 소개한 것은 맞지만 이 두 이론은 정서의 본질에 대한 '전통적인 논의'라고 하였으므로, 새롭게 등장한 이론이라고 보기 어렵다. 또한 윗글에서 각 이론의 등장 배경을 소개하거나 기존의 다른 이론들과 등장 배경을 대비하여 설명한 내용은 나타나 있지 않다.

→ 적절하지 않음!

---

002 | 구체적인 상황에 적용 - 적절하지 않은 것 고르기 2018년 11월 학평 34번
1등급 문제 | 정답률 60%, 매력적 오답 ② 15% | 정답 ③

윗글을 바탕으로 〈보기〉를 이해한 내용으로 적절하지 않은 것은? 3점

> | 보기 |
> 집에 가던 수아는 갑자기 비가 내리자 버스 정류장에서 비를 피하고 있었다. 그때 멀리서 수아를 본 어머니가 웃는 얼굴로 우산을 들고 수아에게 다가왔다. 어머니를 만난 수아는 행복이라는 정서를 가지게 되었다.

① 감정 이론에 따르면, 수아가 집에 갈 때 어머니를 만난 특정 시점에서 가지게 된 행복이라는 정서는 수아가 느낀 감정인 행복감 자체와 동일시된다고 보겠군.

> **근거** ❸-1 감정 이론은 특정 정서를 그 정서가 내포하는 특정 감정 즉 자신도 모르게 생기는 느낌과 동일시하는 이론, ❸-4 감정 이론은 앞의 예에서 공포라는 민호의 정서를 공포감이라는 감정적 요소와 동일시

> **풀이** 감정 이론은 특정 정서를 그 정서가 내포하는 특정 감정과 동일시하는 이론이다. 따라서 감정 이론에 따르면 수아가 집에 갈 때 어머니를 만난 특정 시점에서 느낀 행복이라는 정서가 행복감이라는 감정적 요소와 동일시된다고 볼 것이다.

→ 적절함!

② 감정 이론에 따르면, 수아의 행복이라는 정서를 이해하려면 '수아가 비를 맞지 않게 하려고 어머니가 우산을 들고 나왔다.'라는 명제로 표현될 수 있는 요소는 배제해야겠군. ⟵ 인지적 요소

> **근거** ❷-4 민호의 공포라는 정서에서 … 인지적 요소에 해당하는 것은 민호가 연기를 보았을 때 '민호 자신이 위험한 상황에 처했다.'라는 명제로 표현될 수 있는 판단이나 믿음이다, ❸-2 감정 이론에 따르면, 정서를 이해하는 것은 인지적인 요소가 아니라 감정적인 요소를 통해서 가능하다, ❸-4 감정 이론은 앞의 예에서 공포라는 민호의 정서를 공포감이라는 감정적 요소와 동일시하면서 민호의 정서를 이해하는 데 있어 인지적 요소는 배제한다.

> **풀이** '수아가 비를 맞지 않게 하려고 어머니가 우산을 들고 나왔다.'라는 명제로 표현될 수 있는 요소는 '인지적 요소'에 해당한다. 감정 이론에 따르면 정서를 이해하는 것은 감정적 요소를 통해 가능하다. 또한 정서를 이해하는 데 있어 인지적 요소는 배제한다. 따라서 감정 이론에서는 수아의 행복이라는 정서를 이해하기 위해 명제로 표현될 수 있는 요소는 배제할 것이다.

→ 적절함!

✔③ 인지주의적 이론에 따르면, 자신을 본 어머니의 웃는 얼굴을 보게 됨으로써 수아가 가지게 된 행복이라는 정서는 감정에서 비롯된 결과라고 보겠군.

> **근거** ❺-1~2 인지주의적 이론은 정서의 인지적 요소를 정서와 동일시하거나 적어도 정서의 필수적인 요소로 인정하는 이론이다. 이 이론에 따르면, 감정 자체는 정서와 동일시될 수 없고 판단이나 믿음과 같은 인지적 요소들의 복합체에 의해 초래되는 결과일 뿐이다.

> **풀이** 인지주의적 이론에서는 감정 자체는 정서와 동일시될 수 없으며, 인지적 요소들의 복합체에 의해 초래되는 결과일 뿐이라고 보았다. 따라서 수아가 가지게 된 행복이라는 정서를 '감정'에서 비롯된 결과로 보지 않을 것이다.

→ 적절하지 않음!

④ 인지주의적 이론에 따르면, 수아의 행복이라는 정서를 설명하기 위해서는 어머니가 우산을 들고 수아에게 다가오는 상황을 고려해야 한다고 보겠군.

근거 ④-6 감정 이론은, 어떻게 느끼느냐에 대한 감정 외적인 상황을 고려하지 않은 채 내적인 감정과 동일시되는 정서 자체에 초점을 맞추기 때문이다. ⑤-3 인지주의적 이론은, 앞의 예에서 민호가 자신의 머리 위에 변압기가 떨어질 수 있다고 판단하여 위험한 상황에 처했다고 믿는 것을 민호가 경험하는 공포라는 정서 상태와 동일시하거나 적어도 이 공포라는 정서를 규정하는 데 필수적인 요소로 인정한다.

풀이 인지주의적 이론은 감정 이론과 달리, 상황에 대한 판단과 믿음을 정서와 동일시하거나 정서를 규정하는 데 필수적인 요소로 인정하는 이론이다. 즉 인지주의적 이론에서는 정서를 설명하기 위해 감정 외적인 상황을 고려한다. 따라서 인지주의적 이론에 따르면 수아의 행복이라는 정서를 설명하기 위해서 어머니가 우산을 들고 수아에게 다가오는 감정 외적인 상황을 고려할 것이다.

→ 적절함!

⑤ 인지주의적 이론에 따르면, 어머니의 표정과 행동이라는 구체적인 대상에 대한 수아의 판단은 수아가 가지게 된 행복이라는 정서 상태의 필수적인 요소로 인정되겠군.

근거 ③-5 인지적 요소인 판단과 믿음은 앞의 예에서 민호가 연기를 보았다고 가정했을 때 그 '연기'와 같은 구체적인 대상을 전제하는데, ⑤-3 인지주의적 이론은, 앞의 예에서 민호가 자신의 머리 위에 변압기가 떨어질 수 있다고 판단하여 위험한 상황에 처했다고 믿는 것을 민호가 경험하는 공포라는 정서 상태와 동일시하거나 적어도 이 공포라는 정서를 규정하는 데 필수적인 요소로 인정한다.

풀이 인지주의적 이론은 구체적인 대상을 전제로 한 판단과 믿음을 정서 상태와 동일시하거나 정서를 규정하는 필수적인 요소로 인정한다. 따라서 어머니의 표정과 행동이라는 구체적인 대상에 대한 수아의 판단을 수아가 가지게 된 행복이라는 정서 상태의 필수적인 요소로 인정할 것이다.

→ 적절함!

1등급 문제

003 <보기>와 내용 비교 - 적절한 것 고르기 | 2018년 11월 학평 35번
정답률 60%, 매력적 오답 ② 15% ③ 10% | 정답 ④

윗글과 <보기>에 대해 설명한 내용으로 가장 적절한 것은?

| 보기 |
[1]정서의 본질을 설명하는 전통적인 이론 중에서 행동주의 이론은 정서의 본질을 인간에게 가해지는(加-. 주어지는) 자극과 이(자극)에 대한 반응의 관계를 통해 파악하려고 했다. [2]행동주의 이론에 따르면, 인간의 모든 기능은 공통적으로 자극과 반응의 원리를 통해 설명될 수 있기 때문에 인간의 정서도, 내적인 감정이 아니라 자극에서 초래된 외적인 반응으로서의 특정한 행동과 현상으로 기술될(記述-. 설명될) 수 있다는 것이다.

▶ 지문 핵심 개념 정리

감정 이론	인지주의적 이론
• 인지적 요소는 배제함(③-4) • 특정 정서를 그 정서가 내포하는 특정 감정과 동일시함(③-1) • 정서를 이해하는 것은 인지적인 요소가 아니라 상황에 대해 어떻게 느끼느냐를 이해하는 감정적인 요소를 통해서 가능함(③-2~3) • 어떻게 느끼느냐에 대한 감정 외적인 상황을 고려하지 않은 채 내적인 감정과 동일시되는 정서 자체에 초점을 맞춤(④-6)	• 정서의 인지적 요소를 정서와 동일시하거나, 정서의 필수적 요소로 인정함(⑤-1) • 감정 자체는 정서와 동일시될 수 없고, 판단이나 믿음과 같은 인지적 요소들의 복합체에 의해 초래되는 결과일 뿐임(⑤-2)

① 감정 이론과 행동주의 이론은 모두 인간에게 가해지는 자극을 통해서 인지적인 요소가 정서의 필수적인 요소임을 증명할 수 있다고 보고 있다.

풀이 감정 이론에서는 정서를 이해하는 데 있어 인지적인 요소를 배제한다고 하였으므로 적절하지 않은 설명이다. 또 '인간에게 가해지는 자극'은 행동주의 이론과 관련된 내용이지만, 행동주의 이론에서 자극을 통해 인지적 요소가 정서의 필수적 요소임을 증명할 수 있다고 보지는 않았다. 한편 정서의 인지적 요소를 정서의 필수적 요소로 보는 입장은 인지주의적 이론에 해당하지만, 인지주의적 이론에서 이를 '자극'을 통해 증명할 수 있다고 보았는지는 알 수 없다.

→ 적절하지않음!

② 인지주의적 이론과 행동주의 이론은 모두 인간의 외적인 반응에 주목하여 사람의 마음에 일어나는 감정 그 자체인 정서를 설명하려 하고 있다.

풀이 사람의 마음에 일어나는 감정 그 자체가 정서라고 보는 것은 감정 이론에 해당하는

내용이지만, 감정 이론은 인간의 외적인 반응이 아니라 인간의 내적 감정과 동일시되는 정서 그 자체에 주목하였다. 한편 인간의 외적인 반응에 주목하였다는 것은 행동주의 이론과 관련된 내용이지만, 행동주의 이론에서는 정서를 감정 그 자체라고 보지 않았다.

→ 적절하지않음!

③ 감정 이론은 행동주의 이론과 달리, 인간이 어떻게 느끼느냐에 대한 스스로의 판단은 특정한 행동을 하게 만든다는 사실에 초점을 두어 정서를 설명하려 하고 있다.

풀이 감정 이론은 상황에 대한 판단과 같은 인지적인 요소가 아니라 감정적인 요소로 정서를 이해하려 하였으므로, 적절하지 않은 설명이다.

→ 적절하지않음!

④ 행동주의 이론은 감정 이론과 달리, 인간의 정서는 내적인 감정이 아니라 자극과 반응으로 기술될 수 있다는 특징에 주목하여 정서라는 개념을 설명할 수 있다고 보고 있다.

근거 <보기>-2 행동주의 이론에 따르면, 인간의 모든 기능은 공통적으로 자극과 반응의 원리를 통해 설명될 수 있기 때문에 인간의 정서도, 내적인 감정이 아니라 자극에서 초래된 외적인 반응으로서의 특정한 행동과 현상으로 기술될 수 있다는 것, ④-6 감정 이론은, 어떻게 느끼느냐에 대한 감정 외적인 상황을 고려하지 않은 채 내적인 감정과 동일시되는 정서 자체에 초점을 맞추기 때문

풀이 내적인 감정과 동일시되는 정서 자체에 초점을 맞춘 감정 이론과 달리, 행동주의 이론은 인간의 정서를 자극과 반응의 원리로 설명하고 있다.

→ 적절함!

⑤ 행동주의 이론은 인지주의적 이론과 달리, 인간의 모든 기능을 설명할 수 있는 공통적인 원리가 아닌 특수한 대상에 적용되는 원리를 바탕으로 정서에서의 감정적 요소를 설명하려 하고 있다.

근거 <보기>-2 행동주의 이론에 따르면, 인간의 모든 기능은 공통적으로 자극과 반응의 원리를 통해 설명될 수 있기 때문에 인간의 정서도, 내적인 감정이 아니라 자극에서 초래된 외적인 반응으로서의 특정한 행동과 현상으로 기술될 수 있다는 것이다.

풀이 행동주의 이론은 인간의 모든 기능을 자극과 반응의 원리라는 공통적 원리로 설명할 수 있다고 하였는데, 인간의 정서를 기술하는 데에도 이 공통의 원리를 적용할 수 있다고 보았다.

→ 적절하지 않음!

1등급 문제

004 반응의 적절성 판단 - 적절하지 않은 것 고르기 | 2018년 11월 학평 36번
정답률 50%, 매력적 오답 ② 15% ③ 20% ④ 10% | 정답 ①

윗글의 ㉠과 <보기>의 Ⓐ에 대해 보인 반응으로 적절하지 않은 것은?

㉠ 감정 이론

| 보기 |
[1]Ⓐ제임스의 이론에 따르면, 사람이 공포라는 정서 상태에 있을 때 얼굴이 핼쑥해지고(핏기가 없어지고) 등줄기에 식은땀이 흐르는 등 여러 가지 신체적 변화가 발생하는데 이러한 물리적인(物理的-. 구체적인 형태를 가지고 존재하는 대상들과 관련이 있는. 여기에서는 얼굴이 핼쑥해지고 등줄기에 식은땀이 흐르는 것과 같은) 변화는 의지에 의해 통제되기 힘든 특정 느낌을 동반한다.(同伴-. 함께 생기게 한다.) [2]제임스는 이러한 느낌을 중심으로, 느낌들의 복합체, 즉 신체적 감각의 복합체를 공포라는 정서와 동일시한다.

① ㉠과 Ⓐ는 정서의 지향적인 성격을 전제한다는 점에서 유사하겠군.

근거 ③-5 감정 이론은 … 정서의 지향적인 성격을 부정한다.

풀이 ㉠(감정 이론)은 정서의 지향적인 성격을 부정한다. Ⓐ(제임스의 이론)가 정서의 지향적인 성격을 전제하는지는 <보기>의 설명을 통해 확인할 수 없다.

→ 적절하지 않음!

② ㉠과 Ⓐ는 느낌이라는 것을 중심으로 정서를 이해한다는 점에서 유사하겠군.

근거 ③-1 감정 이론은 특정 정서를 그 정서가 내포하는 특정 감정 즉 자신도 모르게 생기는 느낌과 동일시하는 이론, <보기>-2 제임스는 이러한 느낌을 중심으로, 느낌들의 복합체, 즉 신체적 감각의 복합체를 공포라는 정서와 동일시한다.

풀이 ㉠(감정 이론)은 특정 정서를 특정 감정 또는 느낌과 동일시하는 이론이며, Ⓐ(제임스의 이론) 역시 느낌을 중심으로 느낌들의 복합체를 정서와 동일시하는 이론이다. 따라서 ㉠(감정 이론)과 Ⓐ(제임스의 이론) 모두 느낌이라는 것을 중심으로 정서를 이해한다고 볼 수 있다.

→ 적절함!

③ ㉠과 Ⓐ는 의지에 의해 통제되기 힘든 정서의 속성을 인정한다는 점에서 유사하겠군.

근거 ❸-6 감정 이론을 바탕으로 할 때, 감정은 정서와 동일시되므로 의지에 의해 통제되기 힘든 감정의 속성은 그대로 정서의 속성이 된다, <보기>-1~2 제임스의 이론에 따르면, 사람이 공포라는 정서 상태에 있을 때 … 이러한 물리적인 변화는 의지에 의해 통제되기 힘든 특정 느낌을 동반한다. 제임스는 이러한 느낌을 중심으로, 느낌들의 복합체, 즉 신체적 감각의 복합체를 공포라는 정서와 동일시한다.

풀이 ㉠(감정 이론)은 의지에 의해 통제되기 힘든 감정의 속성을 그대로 정서의 속성으로 보고 있으며, Ⓐ(제임스의 이론)도 의지에 의해 통제되기 힘든 특정 느낌을 중심으로, 느낌들의 복합체를 정서와 동일시하고 있다. 따라서 ㉠(감정 이론)과 Ⓐ(제임스의 이론) 모두 의지에 의해 통제되기 힘든 정서의 속성을 인정하고 있다고 볼 수 있다.

→ 적절함!

④ ㉠은 감정과 정서의 속성을 동일시하여 정서를 이해하려 하고 있군.

근거 ❸-6 감정 이론(㉠)을 바탕으로 할 때, 감정은 정서와 동일시되므로 의지에 의해 통제되기 힘든 감정의 속성은 그대로 정서의 속성이 된다.

→ 적절함!

⑤ Ⓐ는 신체적 감각의 복합체를 정서와 동일시하여 정서를 이해하려 하고 있군.

근거 <보기>-2 제임스(Ⓐ)는 이러한 느낌을 중심으로, 느낌들의 복합체, 즉 신체적 감각의 복합체를 공포라는 정서와 동일시한다.

→ 적절함!

1등급 문제

005 추론의 적절성 판단 - 적절한 것 고르기 2018년 11월 학평 37번
정답률 60%, 매력적 오답 ② 10% ④ 15% ⑤ 10%
정답 ③

ⓐ에 대한 설명으로 가장 적절한 것은?

> ⓐ 감정 이론과 인지주의적 이론은 유사한 맥락에서 한계를 지니고 있다.

감정 이론은
① 감정 이론과 인지주의적 이론은 모두 정서가 규범적인 속성을 가질 수 있다는 점을 설명하지 못한다.

근거 ❹-5 감정 이론은 정서가 규범적 성격을 가질 수 있다는 점을 설명할 수 없다, ❻-4 인지주의적 이론은 정서가 규범적 성격을 가질 수 있다는 점을 설명할 수 있다.

→ 적절하지 않음!

감정 이론은
② 감정 이론과 인지주의적 이론은 모두 사람들이 느끼는 개별 정서의 차이를 구분하여 설명하지 못한다.

근거 ❹-4 감정 이론은 … 개별 정서의 차이를 구분하여 설명하지 못하고, ❻-2 인지주의적 이론은 정서들을 개별 정서로 분류하는 것이 가능하다.

→ 적절하지 않음!

✓③ 감정 이론과 인지주의적 이론은 모두 특정 요소만을 강조하여 정서의 본질을 종합적으로 설명하지 못한다.

근거 ❹-4 감정 이론은 감정 외적인 인지적 요소를 배제하고 감정적 요소만을 강조하기 때문에 개별 정서의 차이를 구분하여 설명하지 못하고 단지 각각의 정서가 다르게 느껴진다고 이야기한다, ❻-6 인지주의적 이론은 인지적 요소만을 지나치게 강조하기 때문에, 사람들의 보편적인 성향에서 드러나는 감정적 요소를 경시하고 있다, ❼-2 오늘날의 심리 철학은 … 두 이론과 달리 정서의 다면적 성격을 종합적으로 설명할 수 있는 새로운 이론적 틀을 마련하기 위해 노력하고 있다.

풀이 감정 이론은 감정적 요소만을 강조하고, 인지주의적 이론은 인지적 요소만을 강조하기 때문에 정서의 본질을 종합적으로 설명하지 못한다는 한계를 가진다.

→ 적절함!

인지주의적 이론은
④ 감정 이론과 인지주의적 이론은 모두 정서에 대해서 사람들이 지니고 있는 보편적인 성향을 반영하지 못한다.

근거 ❹-1 감정 이론은 사람들이 일상적으로 정서를 감정과 동일시하는 보편적인 성향을 잘 설명할 수 있다는 장점을 지닌다, ❻-6 인지주의적 이론은 인지적 요소만을 지나치게 강조하기 때문에, 사람들의 보편적인 성향에서 드러나는 감정적 요소를 경시하고 있다.

→ 적절하지 않음!

감정 이론은
⑤ 감정 이론과 인지주의적 이론은 모두 상황에 따른 정서의 적절성 여부를 결정하는 당위적인 가치 기준을 제시하지 못한다.

근거 ❹-7 감정 이론은 그 정서의 규범적인 적절성 여부, 즉 그 정서가 당위적인 가치 기

준에 부합하는지 여부를 판단하는 것이 불가능하다, ❻-5 인지주의적 이론이 정서와 동일시하거나 적어도 정서의 필수적인 요소로 여기는 판단과 믿음에는 당위적인 가치 기준이 개입될 수 있기 때문

→ 적절하지 않음!

[006~010] 다음 글을 읽고 물음에 답하시오.

① [1]범죄(犯 범하다 범 罪 허물 죄)란 사회 질서를 파괴하고 타인(他人, 다른 사람)의 육체나 정신에 고통을 주거나 재산 또는 명예(名譽, 세상에 널리 인정받아 얻은 좋은 소문이나 이름)에 손상(損傷, 가치가 떨어지고 상함)을 입히는(당하게 하는) 행위로, 사회의 안녕(安寧, 아무 탈 없이 편안함)과 개인의 안전에 해(害, 이롭지 아니하게 함)를 끼친다. [2]그래서 사람들은 여러 논의(論議, 문제에 대해 서로 의견을 내는 토의)를 통해 범죄 발생률(發生率, 일어나는 비율)을 낮추려고 노력해 왔고, 그 결과 탄생한 것이 바로 '범죄학'이다.

→ **범죄의 개념과 범죄학의 탄생 배경**

② [1]㉠'고전주의 범죄학'은 법적 규정 없이 시행됐던(施行-, 실제로 행해졌던) 지배 세력(支配勢力, 다른 사람들을 복종시켜 다스리는 권력을 가진 집단)의 불합리한(不合理-, 이치에 맞지 않은) 형벌(刑罰, 법이나 규정을 어긴 범죄자를 처벌하거나 금지하는) 제도를 비판하며 18 세기 중반에 등장했다.(登場-, 나왔다.) [2]고전주의 범죄학에서는 범죄를 포함한 인간의 모든 행위는 자유 의지(自由意志, 선악에 대해 자기 스스로 판단할 수 있는 자유로운 정신 상태)에 입각한(立脚-, 근거를 둔) 합리적(合理的, 이론이나 이치에 알맞은) 판단에 따라 이루어지므로, 범죄에 비례해 형벌을 부과할(賦課-, 매겨 부담하게 할) 경우 개인의 합리적 선택에 의해 범죄가 억제될(抑制-, 억눌려 그치게 될) 수 있다고 보았다. [3]고전주의 범죄학의 대표인 베카리아는 형벌은 법으로 ⓐ 규정해야 하고, 그 법은 누구나 이해할 수 있도록 문서(文書, 글이나 기호 등으로 일정한 내용을 나타낸 것)로 만들어야 한다고 강조했다. [4]또한 형벌의 목적은 사회 구성원(社會構成員, 사회를 이루고 있는 사람들)에 대한 범죄 행위의 예방이며, 따라서 범죄를 저지를 경우 누구나 법에 의해 확실히 처벌받을 것이라는 두려움이 범죄를 억제할 것이라고 확신했다.(確信-, 굳게 믿었다.) [5]이러한 고전주의 범죄학의 주장은 각 국가의 범죄 및 범죄자에 대한 입법(立法, 법률을 만들어 정함)과 정책(政策, 정치적 목적 실현이나 사회적 문제 해결을 위한 방법)에 많은 영향을 끼쳤다.

→ **고전주의 범죄학**

③ [1]19 세기 중반 이후 사회 혼란으로 범죄율과 재범률(再犯率, 죄를 지은 뒤 다시 죄를 저지르는 비율)이 증가하자(增加-, 늘자), 범죄의 원인을 과학적으로 증명하려 한 ㉡'실증주의 범죄학'이 등장했다. [2]실증주의 범죄학은 고전주의 범죄학의 비과학성(非科學性, 과학적 근거가 없는 성질)을 비판하며, 범죄의 원인을 개인의 자유 의지로는 통제할(統制-, 행위를 막을) 수 없는 생물학적·심리학적·사회학적 요소(要素, 부분)에서 찾으려 했다. [3]이 분야의 창시자(創始者, 처음 내세운 사람)인 롬브로소는 범죄 억제를 위해서는 범죄자들의 개별적(個別的, 하나씩 따로 나뉜) 범죄 기질(氣質, 타고난 개인의 성격적 소질)을 도출하고(導出-, 이끌어내고) 그 기질에 따른 교정(矯正, 잘못된 품성이나 행동을 바로잡음)이나 교화(敎化, 가르치고 이끌어서 좋은 방향으로 나아가게 함), 또는 치료를 실시해야(實施-, 실제로 해야) 한다고 생각했다. [4]이를 위해 그는 범죄자만의 특성과 행위 원인을 연구하여 범죄자들의 유형(類型, 성질이나 특징이 공통적인 것끼리 묶은 틀)을 ⓑ 구분하고 그 유형에 따라 형벌을 달리할 것을 주장했다. [5]그는 출생부터 범죄자의 기질을 타고나(가지고 태어나) 범죄를 저지를 수밖에 없는 범죄자의 경우 초범(初犯, 처음으로 죄를 지은 사람)일지라도 무기한(無期限, 언제까지라고 제한하여 정한 시기가 없는) 구금(拘禁, 구치소나 교도소에 가두어 신체의 자유를 구속하는 강제 처분)을 해야 하지만, 우발적으로(偶發的-, 미리 생각하고 예상한 것이 아니라 우연히 일어난) 범죄를 저지른 범죄자의 수감(收監, 구치소나 교도소에 가둠)에는 반대했고, 이러한 생각은 이후 집행 유예(執行猶豫, 형이 선고된 범죄자에게 일정 기간 형벌의 집행을 미루고 그 기간이 지나간 뒤에는 형 선고의 효력을 잃도록 하며, 형 집행을 미룬 기간 동안 다시 범죄를 저질렀거나 지켜야 할 사항을 어긴 경우 선고한 형을 집행하도록 하는 것) 제도의 이론적 기초가 되었다. [6]비록 차별과 편견(偏見, 공평하거나 올바르지 못하고 한쪽으로 치우친 생각)이 개입됐다는(介入-, 끼어들어 관계되었다는) 비판을 받기는 했지만, 롬브로소의 연구는 이후 범죄 생물학, 범죄 심리학, 범죄 사회학의 탄생과 발전에 큰 영향을 끼쳤다.

→ **실증주의 범죄학**

2회
미니모의고사

4 ¹이러한 범죄학의 큰 흐름들은 범죄를 억제하려는 그동안의 **법체계**(法體系, 하나하나의 법 규범이나 법규를 일정한 원리에 따라 통괄하는 조직)와 정책의 **근간**(根幹, 바탕이 되는 중요한 것)이 되어 왔다. ²하지만 1970년대 이후 이러한 시도들의 범죄 **감소**(減少, 줆) 효과에 대한 비판이 일면서(생기면서), 환경에 의한 범죄 유발 요인과 환경 **개선**(改善, 부족하고 나쁜 것을 고쳐 더 좋게 만듦)을 통한 범죄 기회의 감소 효과 등을 연구하는 '환경 범죄학'이 **주목받기**(注目–, 관심을 끌기) 시작했다. ³이러한 가운데 건축학이나 **도시 설계**(都市設計, 도시 계획을 실제로 할 수 있도록 도면이나 수치로 표시하는 일) 전문가들은 범죄의 원인과 예방의 **해법**(解法, 어려운 일을 푸는 방법)을 환경과 디자인에서 찾아야 한다고 주장했다. ⁴바로 '셉테드(CPTED)'라 불리는 범죄 예방 설계가 그것이다. ⁵셉테드는 건축 설계나 도시 계획 등을 통해 대상 지역의 **방어적**(防禦的, 외부로부터의 공격을 피하거나 막기 위한) 공간 특성을 높여, 범죄 발생 가능성을 줄이고 지역 주민들이 안전감을 느끼도록 하여 **궁극적으로**(窮極的–, 그 과정의 마지막으로) 삶의 질(살아가는 것으로부터 얻어지는 가치, 의미, 만족의 정도)을 ⓒ 향상시키는 종합적인 범죄 예방 **전략**(戰略, 방법)을 의미한다.

→ 환경 범죄학과 셉테드(CPTED)

5 ¹셉테드는 다음의 원리로 이루어진다. ²우선 '자연적 **감시**(監視, 단속하기 위해 주의 깊게 살핌)의 원리'는 공간과 **시설물**(施設物, 어떤 목적을 위해 갖추어 놓은 기계, 장치, 도구 등)에 대한 **가시권**(可視圈, 눈으로 볼 수 있는 범위)을 **확보**(確保–, 확실히 가지고)하고 **잠재적**(潛在的, 겉으로 드러나지 않고 숨은 상태로 존재하는) 범죄자의 **은폐**(隱蔽, 숨어서 나오지 아니함) 장소를 최소화시킴으로써(最少化–, 가장 적게 함으로써) **내부인**(內部人, 안에 있는 사람)이나 **외부인**(外部人, 밖에 있는 사람)의 행동을 주변 사람들이 자연스럽게 관찰할 수 있게 만드는 것이다. ³다음으로 '**접근**(接近, 가까이 다가감) 통제의 원리'는 **보행로**(步行路, 사람이 걸어 다니는 길), **조경**(造景, 경치를 아름답게 꾸밈), 문 등을 통해 사람들의 **통행**(通行, 지나다님)을 일정한(一定–, 정해진) **경로**(經路, 지나는 길)로 ⓓ 유도하여 허가받지 않은 사람들의 출입을 통제하거나 차단하는(遮斷–, 막는) 것을 말한다. ⁴'영역성의 원리'는 안과 밖이라는 공간 **영역**(領域, 일정한 범위)을 **조성**(造成–, 만들어)하여 외부인의 **침범**(侵犯, 함부로 쳐들어가 해를 끼침) 기준을 명확히 ⓔ 확립하는 것을 말한다. ⁵이(자연적 감시의 원리, 접근 통제의 원리, 영역성의 원리) 외에도 **공공장소**(公共場所, 여러 사람이나 여러 단체에 공동으로 속하거나 이용되는 곳) 및 시설에 대한 내부인들의 활발한 사용을 유도하여 그(공공장소 및 시설) **근방**(近方, 근처)의 범죄를 감소시킨다는 '활동의 **활성화**(活性化, 활발하게 함) 원리', 공공장소와 시설물이 처음 설계된 대로 **지속적으로**(持續的–, 계속하여) 유지 및 관리되어야 한다는 '유지 및 관리의 원리'가 있다. ⁶이 모든 원리(자연적 감시의 원리, 접근 통제의 원리, 영역성의 원리, 활동의 활성화 원리, 유지 및 관리의 원리)는 범죄 예방의 전략과 목표를 범죄자 개인이 아닌 도시 및 건축 환경의 설계와 계획에 두고 있다는 점에서 공통적이다.

[A]

→ 셉테드의 다섯 가지 원리

6 ¹우리나라는 2005년 **즈음**(무렵)부터 셉테드를 도입하여(導入–, 끌어 들여) 도시 설계와 건축물에 범죄 예방 설계 활용을 **본격화하기**(本格化–, 적극적으로 하기) 시작했다. ²그동안의 법과 정책, 그리고 셉테드가 **동시에**(同時–, 함께) **강화된다면**(強化–, 수준이 높아진다면) 좀 더 안전한 사회를 만들 수 있을 것이다.

→ 우리나라의 셉테드 도입과 안전한 사회를 위한 방안

■ 지문 이해
〈시대에 따른 범죄학의 흐름과 '셉테드(CPTED)'〉

❶ 범죄의 개념과 범죄학의 탄생 배경
• 범죄 : 사회 질서를 파괴하고 타인의 육체나 정신에 고통을 주거나 재산 또는 명예에 손상을 입히는 행위 • 범죄학 : 사회의 안녕과 개인의 안전에 해를 끼치는 범죄의 발생률을 낮추기 위한 노력의 결과로 탄생

❷ 고전주의 범죄학
• 18세기 중반 등장 • 범죄에 비례해 형벌 부과 → 개인의 합리적 선택에 의해 범죄가 억제될 수 있다고 봄 • 베카리아 : 형벌을 법으로 규정해야 하고, 그 법은 문서로 만들어야 한다고 강조함 ⇒ 범죄 및 범죄자에 대한 입법과 정책에 영향을 끼침

❸ 실증주의 범죄학
• 19세기 중반 이후 등장 • 범죄의 원인을 생물학적·심리학적·사회학적 요소에서 찾으려 함 • 롬브로소 : 범죄자만의 특성과 행위 원인을 연구하여 범죄자 유형을 구분, 그 유형에 따라 형벌을 달리할 것을 주장함 ⇒ 집행 유예 제도의 이론적 기초가 됨 ⇒ 범죄 생물학, 범죄 심리학, 범죄 사회학의 탄생과 발전에 큰 영향을 끼침

❹ 환경 범죄학과 셉테드(CPTED)

• 환경 범죄학
  - 1970년대 이후 주목받기 시작함
  - 환경에 의한 범죄 유발 요인과 환경 개선을 통한 범죄 기회 감소 효과 등을 연구함
• 종합적 범죄 예방 전략 '셉테드(CPTED)'
  - 건축 설계, 도시 계획 등을 통해 대상 지역의 방어적 공간 특성을 높여 범죄 가능성을 줄이고 안전감을 느끼게 함 → 삶의 질 향상

❺ 셉테드의 다섯 가지 원리
• 자연적 감시의 원리 : 공간과 시설물에 대한 가시권 확보, 잠재적 범죄자의 은폐 장소 최소화 → 내부인·외부인의 행동 관찰 가능 • 접근 통제의 원리 : 사람들의 통행을 일정한 경로로 유도 → 허가받지 않은 사람의 출입 통제·차단 • 영역성의 원리 : 안과 밖이라는 공간 영역 조성 → 외부인의 침범 기준 확립 • 활동의 활성화 원리 : 공공장소 및 시설에 대한 내부인의 활발한 사용 유도 → 범죄 감소 • 유지 및 관리의 원리 : 공공장소와 시설물이 처음 설계된 대로 유지·관리 ⇒ 범죄 예방의 전략과 목표를 도시 및 건축 환경의 설계와 계획에 둠

❻ 우리나라의 셉테드 도입과 안전한 사회를 위한 방안
• 우리나라는 2005년 즈음 셉테드 도입 • 더 안전한 사회를 위해 법과 정책, 셉테드의 동시 강화가 필요함

006 글의 서술 방식 파악 – 적절한 것 고르기 2018년 9월 학평 33번
정답률 60%, 매력적 오답 ③ 10% ⑤ 20%   **정답 ④**

윗글에 대한 설명으로 가장 적절한 것은?

근거 ❶-2 사람들은 여러 논의를 통해 범죄 발생률을 낮추려고 노력해 왔고, 그 결과 탄생한 것이 바로 '범죄학'이다, ❷-1 '고전주의 범죄학은 … 18세기 중반에 등장했다, ❸-1 19세기 중반 이후 … '실증주의 범죄학'이 등장했다, ❹-2~4 1970년대 이후 … '환경 범죄학'이 주목받기 시작했다. 이러한 가운데 … '셉테드(CPTED)'라 불리는 범죄 예방 설계가 그것이다, ❺-1 셉테드는 다음의 원리로 이루어진다.

풀이 윗글에서는 범죄 발생률을 낮추기 위한 범죄학이 18세기 중반, 19세기 중반 이후, 1970년대 이후 등 시대의 흐름에 따라 어떻게 변화하여 왔는지를 설명하고, 각각의 범죄학의 특징을 설명하고 있다. 따라서 정답은 ④번이다.

① *예상되는 **반론을 ***반박하며 주장을 강화하고 있다. *豫想–, 앞으로 일어날 것으로 미리 생각되는 **反論, 반대되는 의견, 주장 ***反駁–, 반대하여 말하며

② *필자의 **관점을 ***명시한 후 다른 관점과 비교하고 있다. *筆者, 글쓴이 **觀點, 바라보는 방향, 생각하는 입장 ***明示–, 분명하게 드러내 보인

③ 핵심 개념의 *가치와 **효용을 ***비유적으로 제시하고 있다. *價値, 쓸모 있는 쓸모 **效用, 보람 있는 쓸모 ***比喩–, 다른 비슷한 사물이나 현상에 빗대어

✔④ *통시적 관점에서 문제 해결을 위한 방법들을 설명하고 있다. *通時的, 시간의 흐름에 따라 나타나는 변화와 관련되는

→ 적절함!

⑤ 두 이론의 장점을 *절충하여 새로운 이론으로 **통합하고 있다. *折衷–, 서로 다른 의견을 알맞게 조절해서 서로 잘 어울리게 하여 **統合–, 하나로 합치고

007

핵심 개념 파악 - 적절하지 않은 것 고르기 | 2018년 9월 학평 34번
정답률 80%　　　　　　　　　　　　　　　정답 ③

㉠과 ㉡에 대한 이해로 적절하지 않은 것은?

> ㉠ '고전주의 범죄학'　　㉡ '실증주의 범죄학'

① ㉠은 법적 근거 없이 부과된 형벌은 *정당하지 않다고 **지적하고 있군. *正當-. 이치에 맞아 올바르고 마땅하지 **指摘-. 드러내어 꼭 집어 말하고

근거 ❷-1 '고전주의 범죄학'(㉠)은 법적 규정 없이 시행됐던 지배 세력의 불합리한 형벌 제도를 비판

→ 적절함!

② ㉡은 범죄자들의 특성과 행위 원인을 바탕으로 범죄자의 유형을 구분해야 한다고 말하고 있군.

근거 ❸-4 (실증주의 범죄학(㉡)의 창시자인 롬브로소는) 범죄자만의 특성과 행위 원인을 연구하여 범죄자들의 유형을 구분하고 그 유형에 따라 형벌을 달리할 것을 주장

→ 적절함!

③ ㉠은 ㉡과 달리 연구의 초점을 범죄의 처벌보다는 범죄의 원인에 두고 있군. 　㉡ ㉠

근거 ❷-2 고전주의 범죄학(㉠)에서는 … 범죄에 비례해 형벌을 부과할 경우 개인의 합리적 선택에 의해 범죄가 억제될 수 있다고 보았다, ❷-4 (베카리아는) 범죄를 저지를 경우 누구나 법에 의해 확실히 처벌받을 것이라는 두려움이 범죄를 억제할 것이라고 확신, ❸-2 실증주의 범죄학(㉡)은 … 범죄의 원인을 개인의 자유 의지로는 통제할 수 없는 생물학적·심리학적·사회학적 요소에서 찾으려 했다, ❸-4 (롬브로소는) 범죄자만의 특성과 행위 원인을 연구

풀이 ㉠(고전주의 범죄학)에서는 연구의 초점을 범죄의 처벌에 두었고, ㉡(실증주의 범죄학)에서는 연구의 초점을 범죄의 원인에 두었다.

→ 적절하지 않음!

④ ㉠은 ㉡과 달리 범죄에 따른 형벌을 *예외 없이 적용하는 것이 범죄율을 낮출 수 있다고 보고 있군. *例外. 일반적인 규칙이나 정해진 예에서 벗어남

근거 ❷-4 형벌의 목적은 사회 구성원에 대한 범죄 행위의 예방이며, 따라서 범죄를 저지를 경우 누구나 법에 의해 확실히 처벌받을 것이라는 두려움이 범죄를 억제할 것이라고 확신했다, ❸-3~4 롬브로소는 범죄 억제를 위해서는 범죄자들의 개별적 범죄 기질을 도출하고 그 기질에 따른 교정이나 교화, 또는 치료를 실시해야 한다고 생각했다. 이를 위해 그는 범죄자만의 특성과 행위 원인을 연구하여 범죄자들의 유형을 구분하고 그 유형에 따라 형벌을 달리할 것을 주장했다.

풀이 ㉠(고전주의 범죄학)에서는 범죄를 지지를 경우 누구나 법에 의해 확실히, 즉 예외 없이 처벌받을 것이라는 두려움이 범죄율을 낮출 것이라고 보았다. 반면 ㉡(실증주의 범죄학)에서는 범죄 억제를 위해 범죄자들의 유형을 구분하고, 그 유형에 따라 형벌을 다르게 해야 한다고 주장했다.

→ 적절함!

⑤ ㉡은 ㉠과 달리 인간의 자유 의지를 통해서는 범죄 욕구를 *제어할 수 없다고 판단하고 있군. *制御-. 억눌러 다스림

근거 ❷-2 고전주의 범죄학(㉠)에서는 범죄를 포함한 인간의 모든 행위는 자유 의지에 입각한 합리적 판단에 따라 이루어지므로, 범죄에 비례해 형벌을 부과할 경우 개인의 합리적 선택에 의해 범죄가 억제될 수 있다고 보았다, ❸-2 실증주의 범죄학(㉡)은 … 범죄의 원인을 개인의 자유 의지로는 통제할 수 없는 생물학적·심리학적·사회학적 요소에서 찾으려 했다.

→ 적절함!

008

반응의 적절성 판단 - 적절한 것 고르기 | 2018년 9월 학평 35번
정답률 75%　　　　　　　　　　　　　　　정답 ⑤

윗글과 〈보기〉를 읽은 학생이 보일 수 있는 반응으로 가장 적절한 것은? [3점]

> | 보기 |
> [1]'합리적 선택이론'은 합리적 인간성을 기본 가정(假定, 사실인 것처럼 임시로 정함)으로 하여 각각의 상황에 따른 잠재적 범죄자의 의사(意思, 무엇을 하고자 하는 생각) 결정 과정을 설명한다. [2]즉 잠재적 범죄자들은 개인과 주변 상황 등을 모두 종합해 범죄로 인한 이익과 범죄의 실패 위험을 비교한 후 범행의 실행 여부(實行與否, 실제로 할 것인지 하지 않을 것인지)를 결정한다는 것이다. [3]따라서 범죄가 발각될(發覺-. 드러날) 환경적 요건이 강화될 경우 범죄 실행을 포기하게 된다고 설명한다.

고전주의 범죄학자　　　합리적 인간성

① 베카리아는 합리적 선택이론의 인간에 대한 기본 가정을 비판하겠군.

근거 〈보기〉-1 '합리적 선택이론'은 합리적 인간성을 기본 가정으로 하여, ❷-2~3 고전주의 범죄학에서는 범죄를 포함한 인간의 모든 행위는 자유 의지에 입각한 합리적 판단에 따라 이루어지므로, 범죄에 비례해 형벌을 부과할 경우 개인의 합리적 선택에 의해 범죄가 억제될 수 있다고 보았다. 고전주의 범죄학의 대표인 베카리아

풀이 베카리아는 고전주의 범죄학의 대표이다. 고전주의 범죄학에서는 인간의 모든 행위가 합리적 판단에 따라 이루어진다고 보았으므로, 고전주의 범죄학자인 베카리아는 합리적 선택이론의 기본 가정인 합리적 인간성을 비판하지 않을 것이다.

→ 적절하지 않음!

합리적 판단

② 베카리아와 합리적 선택이론은 모두 도덕성을 바탕으로 한 인간의 의사 결정 과정을 중시하고 있군.

근거 〈보기〉-1 '합리적 선택이론'은 합리적 인간성을 기본 가정으로 하여 … 의사 결정 과정을 설명한다, ❷-2 고전주의 범죄학에서는 범죄를 포함한 인간의 모든 행위는 자유 의지에 입각한 합리적 판단에 따라 이루어지므로, 범죄에 비례해 형벌을 부과할 경우 개인의 합리적 선택에 의해 범죄가 억제될 수 있다고 보았다.

풀이 베카리아와 합리적 선택이론은 모두 인간이 합리적 판단을 바탕으로 의사를 결정한다고 보았다.

→ 적절하지 않음!

③ 롬브로소가 범죄자의 유형을 구분한 것은 합리적 선택이론에 의해 *정당성이 **확보될 수 있겠군. *正當性. 이치에 맞아 옳고 정의로운 성질 **確保-. 확실히 보증함

근거 〈보기〉-2 (합리적 선택이론에 따르면) 잠재적 범죄자들은 개인과 주변 상황 등을 모두 종합해 범죄로 인한 이익과 범죄의 실패 위험을 비교한 후 범행의 실행 여부를 결정한다는 것, ❸-3~4 롬브로소는 범죄 억제를 위해서는 범죄자들의 개별적 범죄 기질을 도출하고 그 기질에 따른 교정이나 교화, 또는 치료를 실시해야 한다고 생각했다. 이를 위해 그는 범죄자만의 특성과 행위 원인을 연구하여 범죄자들의 유형을 구분하고 그 유형에 따라 형벌을 달리할 것을 주장했다.

풀이 롬브로소는 범죄자들의 개별적 범죄 기질에 따른 범죄자만의 특성과 행위 원인을 연구하여 유형을 구분하고 그 유형에 따라 형벌을 달리해야 한다고 주장하였다. 즉 범죄자마다 기질이 따로 있다고 본 것이다. 그러나 합리적 선택이론에서는 잠재적 범죄자들이 공통적으로 합리적 판단 과정을 통해 범죄 실행 여부를 결정한다고 하였다. 따라서 롬브로소의 견해가 합리적 선택이론에 의해 정당성이 확보되기는 어렵다.

→ 적절하지 않음!

④ 셉테드와 달리 합리적 선택이론은 합리적 판단이 불가능한 인간이 범죄를 유발한다고 보고 있군.

근거 〈보기〉-2 (합리적 선택이론에 따르면) 잠재적 범죄자들은 개인과 주변 상황 등을 모두 종합해 범죄로 인한 이익과 범죄의 실패 위험을 비교한 후 범행의 실행 여부를 결정한다는 것, ❹-3~4 범죄의 원인과 예방의 해법을 환경과 디자인에서 찾아야 한다고 주장했다. 바로 '셉테드(CPTED)'라 불리는 범죄 예방 설계가 그것

풀이 셉테드는 범죄의 원인을 환경과 디자인에서 찾아야 한다는 주장에서 비롯되었다. 즉 범죄를 유발하는 원인이 환경에 있다고 본 것이다. 한편 합리적 선택이론은 잠재적 범죄자가 합리적 판단에 의해 범죄로 인한 이익이 더 크다고 판단할 때 범행을 실행한다고 보았다. 따라서 셉테드와 합리적 선택이론 모두 합리적 판단이 불가능한 인간이 범죄를 유발한다는 견해를 가졌다고 보기 어렵다.

→ 적절하지 않음!

⑤ 셉테드와 합리적 선택이론은 모두 환경적 요인의 개선이 범죄 예방의 수단이라고 주장하고 있군.

근거 〈보기〉-3 (합리적 선택이론에서는) 범죄가 발각될 환경적 요건이 강화될 경우 범죄 실행을 포기하게 된다고 설명, ❹-5 셉테드는 건축 설계나 도시 계획 등을 통해 대상 지역의 방어적 공간 특성을 높여, 범죄 발생 가능성을 줄이고 지역 주민들이 안전감을 느끼도록 하여 궁극적으로 삶의 질을 향상시키는 종합적인 범죄 예방 전략, ❺-6 이 모든(셉테드의 다섯 가지) 원리는 범죄 예방의 전략과 목표를 범죄자 개인이 아닌 도시 및 건축 환경의 설계와 계획에 두고 있다는 점

→ 적절함!

[A]를 참고하여 〈보기〉의 사례를 설명한 것으로 적절하지 않은 것은?

| 보기 |

¹□□학교는 개교한 지가 오래돼 **다소**(多少, 어느 정도) **음침한**(陰沈-, 분위기가 어두컴컴하고 쓸쓸한) 느낌을 주는 곳이었다. ²이에 학교는 교내 **외진**(따로 떨어져 있어 으슥한) 장소에 다양한 운동 시설을 설치해 학생들의 이용을 활성화하고 학생들의 안전을 위해 **그곳**(교내 외진 장소)에 CCTV를 설치했다. ³사람들의 시선을 막고 있는 학교 담장은 **철거하고**(撤去-, 없애고), 대신 작은 나무와 꽃들을 심은 화단을 조성했다. ⁴또한 외부인의 출입을 통제하기 위해 후문(後門, 뒷문)을 **폐쇄하여**(閉鎖-, 막아) 사람들의 통행을 정문(正門, 건물의 정면에 있어 주로 드나드는 문)으로 **유도했고**(誘導-, 이끌었고), 학생들과 교사는 환경지킴이라는 동아리를 조직하여 개선된 학교 환경을 유지하기 위한 봉사 활동을 **주기적으로**(週期的-, 일정한 간격을 두고 되풀이하여) 실시하고 있다.

▶ **지문 핵심 개념 정리**

셉테드의 다섯 가지 원리
• 자연적 감시의 원리 : 공간과 시설물에 대한 가시권 확보, 잠재적 범죄자의 은폐 장소 최소화 → 내부인·외부인의 행동 관찰 가능(❺-2)
• 접근 통제의 원리 : 사람들의 통행을 일정한 경로로 유도 → 허가받지 않은 사람의 출입 통제·차단(❺-3)
• 영역성의 원리 : 안과 밖이라는 공간 영역 조성 → 외부인의 침범 기준 확립(❺-4)
• 활동의 활성화 원리 : 공공장소 및 시설에 대한 내부인의 활발한 사용 유도 → 범죄 감소(❺-5)
• 유지 및 관리의 원리 : 공공장소와 시설물이 처음 설계된 대로 유지·관리(❺-5)

① 후문을 폐쇄한 것은 '접근 통제의 원리'를 통해 사람들의 통행을 정문으로 유도하기 위한 것이다.

근거 〈보기〉-4 외부인의 출입을 통제하기 위해 후문을 폐쇄하여 사람들의 통행을 정문으로 유도, ❺-3 '접근 통제의 원리'는 보행로, 조경, 문 등을 통해 사람들의 통행을 일정한 경로로 유도하여 허가받지 않은 사람들의 출입을 통제하거나 차단하는 것

→ 적절함!

② 학교 담장을 허문 것은 '자연적 감시의 원리'를 통해 학교 시설물에 대한 가시권을 확보하기 위한 것이다.

근거 〈보기〉-3 사람들의 시선을 막고 있는 학교 담장은 철거, ❺-2 '자연적 감시의 원리'는 공간과 시설물에 대한 가시권을 확보하고 잠재적 범죄자의 은폐 장소를 최소화시킴으로써 내부인이나 외부인의 행동을 주변 사람들이 자연스럽게 관찰할 수 있게 만드는 것

→ 적절함!

③ 봉사 동아리를 조직해 운영하는 것은 '유지 및 관리의 원리'를 통해 환경 설계 효과를 지속시키려는 것이다.

근거 〈보기〉-4 환경지킴이라는 동아리를 조직하여 개선된 학교 환경을 유지하기 위한 봉사 활동을 주기적으로 실시, ❺-5 공공장소와 시설물이 처음 설계된 대로 지속적으로 유지 및 관리되어야 한다는 '유지 및 관리의 원리'

→ 적절함!

④ 다양한 운동 시설을 설치한 것은 '활동의 활성화 원리'를 통해 외진 장소에서의 범죄 발생률을 낮추려는 것이다.

근거 〈보기〉-2 교내 외진 장소에 다양한 운동 시설을 설치해 학생들의 이용을 활성화하고, ❺-5 공공장소 및 시설에 대한 내부인들의 활발한 사용을 유도하여 그 근방의 범죄를 감소시킨다는 '활동의 활성화 원리'

→ 적절함!

✓⑤ 교내 외진 장소에 CCTV를 설치한 것은 '영역성의 원리'를 통해 안과 밖이라는 공간 영역을 명확하게 확립한 것이다.

근거 〈보기〉-2 학생들의 안전을 위해 그곳(교내 외진 장소)에 CCTV를 설치, ❺-4 '영역성의 원리'는 안과 밖이라는 공간 영역을 조성하여 외부인의 침범 기준을 명확히 확립하는 것

풀이 '영역성의 원리'는 공간 영역을 안과 밖으로 구분되도록 조성하여 외부인의 침범 기준을 명확히 하는 것이다. 〈보기〉에서 학생들의 안전을 위해 CCTV를 설치한 것은 안과 밖의 공간 영역을 명확히 확립한 것으로 보기 어려우므로, '영역성의 원리'에 해당하지 않는다.

→ 적절하지 않음!

문맥상 ⓐ~ⓔ와 바꿔 쓰기에 적절하지 않은 것은?

ⓐ 규정해야　ⓑ 구분하고　ⓒ 향상시키는　ⓓ 유도하여　ⓔ 확립하는

✓① ⓐ : 고쳐야

풀이 ⓐ에서 쓰인 '규정(規 법칙 규 定 정하다 정)하다'는 '양이나 범위 등을 제한하여 정하다'의 의미를 지닌 말이다. 한편 '고치다'는 '잘못되거나 틀린 것을 바로잡다'의 의미를 지닌 말로, 문맥상 ⓐ를 '고쳐야'로 바꾸어 쓰면 의미가 달라지므로, 바꿔 쓰기에 적절하지 않다.

→ 적절하지 않음!

② ⓑ : 나누고

풀이 ⓑ에서 쓰인 '구분(區 나누다 구 分 나누다 분)하다'는 '일정한 기준에 따라 전체를 몇 개로 나누다'의 의미를 지닌 말로, 문맥상 ⓑ를 '나누고'로 바꾸어 써도 의미가 달라지지 않는다.

→ 적절함!

③ ⓒ : 높이는

풀이 ⓒ에서 쓰인 '향상(向 향하다 향 上 위 상)시키다'는 '(사람이나 사물이 무엇의 수준을) 이전보다 더 나아지거나 높아지게 하다'의 의미를 지닌 말로, 문맥상 ⓒ를 '높이는'으로 바꾸어 써도 의미가 달라지지 않는다.

→ 적절함!

④ ⓓ : 이끌어

풀이 ⓓ에서 쓰인 '유도(誘 꾀다 유 導 이끌다 도)하다'는 '사람이나 물건을 목적한 장소나 방향으로 이끌다'의 의미를 지닌 말로, 문맥상 ⓓ를 '이끌어'로 바꾸어 써도 의미가 달라지지 않는다.

→ 적절함!

⑤ ⓔ : 세우는

풀이 ⓔ에서 쓰인 '확립(確 굳다 확 立 서다 립)하다'는 '체계나 견해, 조직 따위를 굳게 서게 하다'의 의미를 지닌 말로, 문맥상 ⓔ를 '세우는'으로 바꾸어 써도 의미가 달라지지 않는다.

→ 적절함!

[011~015] 다음 글을 읽고 물음에 답하시오.

1 ¹지역난방은 **열병합 발전소**(熱併合發電所, 전기 생산과 열 공급을 동시에 할 수 있는 발전소, 열병합 발전은 전기를 생산함과 동시에 물을 가열해 그 온수로 난방을 하는 방식을 뜻함)에서 전기 생산을 위해 사용된 열을 **회수하여**(回收-, 도로 거두어들여) **인근**(隣近, 가까운) 지역의 **난방**(暖房, 실내의 온도를 높여 따뜻하게 하는 것)에 활용하는 것이다. ²지역난방에서는 회수된 열로 데워진 물을 **배관**(配管, 액체나 기체 등을 다른 곳으로 보내기 위해 관을 이어 배치한 것)을 통해 인근 지역으로 **공급함으로써**(供給-, 필요에 맞게 제공함으로써) 열을 **수송하는**(輸送-, 실어 옮기는) 방식을 주로 사용하는데, **근래**(近來, 요즈음)에는 열 수송의 **효율성**(效率性, 들인 노력에 비해 더 나은 결과를 얻을 수 있는 성질)을 높이기 위해 **상변화**(相 모양 상 變 변하다 변 化 되다 화) 물질을 활용하는 방식을 개발하고 있다.

→ 지역난방의 개념과 열 수송 방식

2 ¹열 수송에 사용되는 상변화 물질이란, 상변화를 할 때 **수반되는**(隨伴-, 따라서 더불어 생기게 되는) ㉠**잠열**(潛 감추다 잠 熱 열 열)을 효율적으로 사용하기 위해 활용되는 물질을 말한다. ²상변화란, 물질의 상태를 고체, 액체, 기체로 **분류할**(分類-, 종류에 따라 나눌) 때, 주변의 온도나 압력 변화에 의해 어떤 물질이 이전과 다른 상태로 변하는 것을 의미하는데, 얼음이 물이 되거나 물이 수증기가 되는 것 등이 이(상변화)에 해당한다. ³이러한 변화(상변화)에는 열이 수반되는데, 이(상변화에 수반되는 열)를 '잠열'이라고 한다. ⁴예를 들어 비커에 **일정량**(一定量, 정해져 있는 분량)의 얼음을 넣고 가열하면 얼음의 온도가 올라가게 되고, 0 ℃에 **도달하면**(到達-, 다다르면) 얼음이 물로 변하기 시작하여 비커 속에는 얼음과 물이 **공존하게**(共存-, 함께 존

재하게) 된다. ⁵그런데 비커 속 얼음이 모두 물로 변할 때까지는 온도가 올라가지 않고 계속 0 ℃를 유지하는데(維持-, 변함없이 그대로 이어 가는데), 이(비커 속 얼음이 모두 물로 변할 때까지 온도가 올라가지 않고 계속 0 ℃를 유지하는 것)는 비커에 가해진(加-, 주어진) 열이 물질의 온도 변화가 아닌 상변화에 사용되었기 때문이다. ⁶이렇게 상변화에 사용된 열이 잠열인데, 이(잠열)는 물질의 온도 변화로 나타나지 않는 숨어 있는 열이라는 뜻이다. ⁷잠열은 물질마다 그(잠열의) 크기가 다르며, 일반적으로 물질이 고체에서 액체가 되거나 액체에서 기체가 될 때, 또는 고체에서 바로 기체가 될 때에는 잠열을 흡수하고(吸收-, 내부로 모아들이고) 그 반대의 경우(물질이 액체에서 고체가 되거나 기체에서 액체가 될 때, 또는 기체에서 바로 고체가 될 때)에는 잠열을 방출한다.(放出-, 밖으로 내보낸다.) ⁸한편 비커를 계속 가열하여 얼음이 모두 녹아 물이 된 후에는 다시 온도가 올라가기 시작한다. ⁹이렇게 얼음의 온도가 올라가거나 물의 온도가 올라가는 것처럼 온도 변화로 나타나는 열을 '현열(顯 나타나다 현 熱 열 열)'이라고 한다.

→ 상변화 물질과 '상변화', '잠열', '현열'의 개념

3 ¹그렇다면 상변화 물질의 특성을 이용하여 열 수송을 하면 어떤 장점이 있는 것일까? ²상변화 물질을 활용하여 열병합 발전소에서 인근 지역 공동주택(共同住宅, 다세대 주택, 연립 주택, 아파트 등 한 건축물 안에서 각각 독립생활을 할 수 있도록 지어진 주택. 급수, 배수 설비, 복도, 계단 등을 공동으로 사용함)으로 열을 수송하는 과정을 통해 이(상변화 물질의 특성을 이용한 열 수송의 장점)를 살펴보자. ³열병합 발전소에서는 발전에 사용된 수증기를 열교환기로 ⓐ 보낸다. ⁴열교환기로 이동한 수증기는 열 수송에 사용되는 물에 열을 전달하여 물을 데운다. ⁵이(열 수송에 사용되는) 물 속에는 고체 상태의 상변화 물질이 담겨 있는 마이크로(micro, 100만분의 1의) 단위의 캡슐이 섞여 있다. ⁶이(캡슐에 담겨 있는) 상변화 물질의 녹는점(고체가 액체 상태로 바뀌는 온도)은 물의 어는점(물이 얼기 시작할 때의 온도)과 끓는점(물이 끓기 시작할 때의 온도) 사이에 있기 때문에, 물이 데워져 물의 온도가 상변화 물질의 녹는점 이상이 되면 상변화 물질은 액체로 상변화하게 된다. ⁷액체가 된 상변화 물질이 섞인 물은 열교환기에서 나와 온수 공급관을 통해 인근 지역 공동주택 기계실의 열교환기로 이동한다. ⁸이 과정에서 상변화 물질이 고체로 상변화되지 않아야 하므로(상변화 물질의 녹는점 이하로 온도가 떨어지지 않고 뜨거운 상태를 유지해야 하므로) 이동하는 물의 온도는 상변화 물질의 녹는점 이상으로 유지되어야 한다.

→ 상변화 물질을 활용한 열 수송 과정 ①

4 ¹공동주택 기계실의 열교환기로 이동한 물과 캡슐 속 상변화 물질은 공동주택의 찬물에 열을 전달하면서 온도가 내려간다. ²이렇게 공동주택의 찬물을 데우는 과정에서 상변화 물질의 온도가 상변화 물질의 녹는점 이하로 내려가면 캡슐 속 상변화 물질은 액체에서 고체로 상변화하면서 잠열을 방출하게 되는데, 이(캡슐 속 상변화 물질이 액체에서 고체로 상변화하면서 방출하는 잠열) 역시 찬물을 데우는 데 사용된다. ³즉 온수 공급관을 통해 이동해 온 물의 현열과 캡슐 속 상변화 물질의 현열, 그리고 상변화 물질의 잠열이 공동주택의 찬물을 데우는 데 모두 사용되는 것이다. ⁴이렇게 데워진 공동주택의 물은 각 세대(世帶, 가구, 집)의 난방기로 공급되어 세대 난방을 하게 되고, 상변화 물질 캡슐이 든 물은 온수 회수관을 통해 다시 발전소로 회수되어 재사용된다.(再使用-, 다시 쓰인다.)

〈참고 그림〉 지역난방의 열 수송 과정

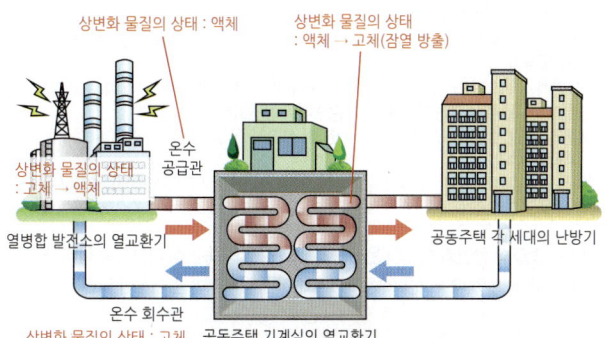

상변화 물질의 상태 : 액체
상변화 물질의 상태 : 액체 → 고체(잠열 방출)
온수 공급관
상변화 물질의 상태 : 고체 → 액체
열병합 발전소의 열교환기
공동주택 각 세대의 난방기
온수 회수관
상변화 물질의 상태 : 고체   공동주택 기계실의 열교환기

→ 상변화 물질을 활용한 열 수송 과정 ②

5 ¹이와 같이 상변화 물질을 활용한 열 수송 방식을 사용하면 현열만 사용하던 기존의 열 수송 방식과 달리 현열과 잠열을 모두 사용할 수 있으므로 온수 공급관을 통해 보내는 물의 온도를 현저히(顯著-, 뚜렷이 드러날 정도로) 낮출 수 있어 열 수송의 효율성이 개선된다.(改善-, 부족한 것이 고쳐져 더 좋게 된다.) ²이때(상변화 물질을 활용한 열 수송 방식을 사용할 때) 상변화 물질 캡슐의 양을 늘릴수록 열 수송에 활용할

수 있는 잠열의 양은 증가하겠지만 캡슐의 양이 일정(一定, 정해져 있는) 수준 이상으로 늘어나면 물이 원활하게(圓滑-, 거침 없이 잘) 이동할 수 없으므로 캡슐의 양을 증가시키는 데에는 한계가 있다.

→ 상변화 물질의 특성을 이용한 열 수송의 장점 및 유의점

■지문 이해
〈상변화 물질의 특성을 이용한 열 수송 방식〉

❶ 지역난방의 개념과 열 수송 방식
• 지역난방 : 열병합 발전소에서 전기 생산을 위해 사용된 열을 회수하여 인근 지역의 난방에 활용하는 것
• 지역난방의 열 수송 방식 : 회수된 열로 데워진 물을 인근 지역으로 공급하여 열을 수송
→ 열 수송의 효율성을 높이기 위해 상변화 물질을 활용하는 방식을 개발 중

❷ 상변화 물질과 '상변화', '잠열', '현열'의 개념
• 상변화 물질 : 상변화할 때 수반되는 잠열을 효율적으로 사용하기 위해 활용되는 물질
• 상변화 : 물질이 주변의 온도나 압력 변화에 의해 이전과 다른 상태로 변하는 것
• 잠열
 - 상변화에 사용된 열
 - 물질의 온도 변화로 나타나지 않는 숨어 있는 열
 - 물질마다 크기가 다름
 - 고체→액체, 액체 → 기체, 고체 → 기체 : 잠열 흡수
 - 액체→고체, 기체 → 액체, 기체 → 고체 : 잠열 방출
• 현열 : 온도 변화로 나타나는 열

❸~❹ 상변화 물질을 활용한 열 수송 과정

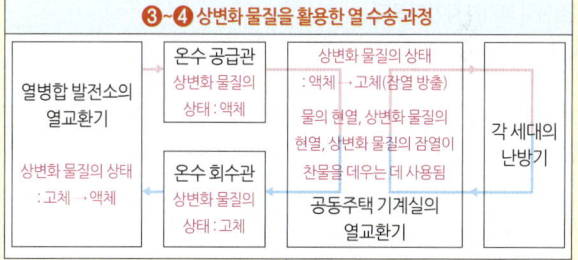

| 열병합 발전소의 열교환기 | 온수 공급관
상변화 물질의 상태 : 액체 | 상변화 물질의 상태 : 액체 → 고체(잠열 방출)
물의 현열, 상변화 물질의 현열, 상변화 물질의 잠열이 찬물을 데우는 데 사용됨 | 각 세대의 난방기 |
| 상변화 물질의 상태 : 고체 → 액체 | 온수 회수관
상변화 물질의 상태 : 고체 | 공동주택 기계실의 열교환기 | |

❺ 상변화 물질의 특성을 이용한 열 수송의 장점 및 유의점
• 장점 : 현열, 잠열을 모두 사용할 수 있어 온수 공급관을 통해 보내는 물의 온도를 현저히 낮출 수 있음 → 열 수송의 효율성이 개선됨
• 유의점 : 물의 원활한 이동을 위해 상변화 물질 캡슐의 양을 일정 수준 이상으로 늘릴 수 없음

---

011 | 세부 정보 이해 - 적절하지 않은 것 고르기 | 2019년 11월 학평 16번
정답률 70%, 매력적 오답 ② 15% | 정답 ⑤

윗글의 내용과 일치하지 않는 것은?

① 상변화는 주변의 온도나 압력 변화에 의해 물질의 상태가 변하는 것을 의미한다.

근거 ❷-2 상변화란, 물질의 상태를 고체, 액체, 기체로 분류할 때, 주변의 온도나 압력 변화에 의해 어떤 물질이 이전과 다른 상태로 변하는 것을 의미

→ 적절함!

② 열병합 발전소에서는 전기 생산에 사용된 수증기의 열을 회수하여 인근 지역으로 공급한다.

근거 ❶-1~2 지역난방은 열병합 발전소에서 전기 생산을 위해 사용된 열을 회수하여 인근 지역의 난방에 활용하는 것이다. 지역난방에서는 회수된 열로 데워진 물을 배관을 통해 인근 지역으로 공급, ❸-3 열병합 발전소에서는 발전에 사용된 수증기를 열교환기로 보낸다.

→ 적절함!

③ 상변화 물질이 들어 있는 캡슐의 양은 물의 이동을 *고려해야 하므로 일정 수준 이상 늘릴 수 없다. *考慮-, 생각해야

근거 ❺-2 상변화 물질 캡슐의 양을 늘릴수록 열 수송에 활용할 수 있는 잠열의 양은 증가하겠지만 캡슐의 양이 일정 수준 이상으로 늘어나면 물이 원활하게 이동할 수 없

으로 캡슐의 양을 증가시키는 데에는 한계가 있다.

→ 적절함!

④ 상변화 물질을 활용하여 열을 수송하는 방식을 사용하는 것은 열 수송의 효율성을 높이기 위해서이다.

근거 ❶-2 근래에는 열 수송의 효율성을 높이기 위해 상변화 물질을 활용하는 방식을 개발하고 있다.

→ 적절함!

⑤ 상변화 물질을 활용한 열 수송 방식에서는 온수 공급관으로 보내는 물의 온도를 기존 방식보다 높여야 한다.
　　　　　　　　　~~낮출 수 있다~~

근거 ❺-1 상변화 물질을 활용한 열 수송 방식을 사용하면 현열만 사용하던 기존의 열 수송 방식과 달리 현열과 잠열을 모두 사용할 수 있으므로 온수 공급관을 통해 보내는 물의 온도를 현저히 낮출 수 있어 열 수송의 효율성이 개선된다.

→ 적절하지 않음!

㉠에 대한 설명으로 적절하지 않은 것은?

　㉠ 잠열

① 물질마다 크기가 각기 다르다.

근거 ❷-7 잠열은 물질마다 그 크기가 다르며

→ 적절함!

② 물질의 온도 변화로 나타나지 않는다.

근거 ❷-6 상변화에 사용된 열이 잠열인데, 이는 물질의 온도 변화로 나타나지 않는 숨어 있는 열

풀이 윗글에서 물질의 온도 변화가 아닌 상변화에 사용된 열이 잠열이라고 하였으므로, 잠열이 물질의 온도 변화로 나타나지 않는다는 설명은 적절하다.

→ 적절함!

③ 숨어 있는 열이라는 뜻을 지니고 있다.

근거 ❷-6 상변화에 사용된 열이 잠열인데, 이는 물질의 온도 변화로 나타나지 않는 숨어 있는 열이라는 뜻이다.

→ 적절함!

④ 물질의 상변화가 일어날 때 흡수되거나 방출된다.

근거 ❷-2 상변화란, 물질의 상태를 고체, 액체, 기체로 분류할 때, 주변의 온도나 압력 변화에 의해 어떤 물질이 이전과 다른 상태로 변하는 것, ❷-7 일반적으로 물질이 고체에서 액체가 되거나 액체에서 기체가 될 때, 또는 고체에서 바로 기체가 될 때에는 잠열을 흡수하고 그 반대의 경우에는 잠열을 방출한다.

풀이 물질이 고체에서 액체가 되거나 액체에서 기체가 될 때, 고체에서 바로 기체가 될 때, 또 그 반대의 경우일 때, 즉 물질의 상변화가 일어날 때 물질은 잠열을 흡수하거나 방출한다.

→ 적절함!

⑤ 상변화하고 있는 물질의 현열을 증가시키는 역할을 한다.

근거 ❷-5~6 비커 속 얼음이 모두 물로 변할 때까지는 온도가 올라가지 않고 계속 0 ℃를 유지하는데, 이는 비커에 가해진 열이 물질의 온도 변화가 아닌 상변화에 사용되었기 때문이다. 이렇게 상변화에 사용된 열이 잠열, ❷-8~9 비커를 계속 가열하여 얼음이 모두 녹아 물이 된 후에는 다시 온도가 올라가기 시작한다. 이렇게 얼음의 온도가 올라가거나 물의 온도가 올라가는 것처럼 온도 변화로 나타나는 열을 '현열'

풀이 잠열은 물질의 온도 변화가 아니라 상변화에 사용되는 열을, 현열은 상변화가 이루어진 이후에 온도 변화로 나타나는 열을 뜻한다. 상변화하고 있는 물질은 온도가 변화하지 않고 유지되므로, 잠열이 상변화하고 있는 물질의 현열을 증가시키는 역할을 한다는 설명은 적절하지 않다.

〈참고 그림〉

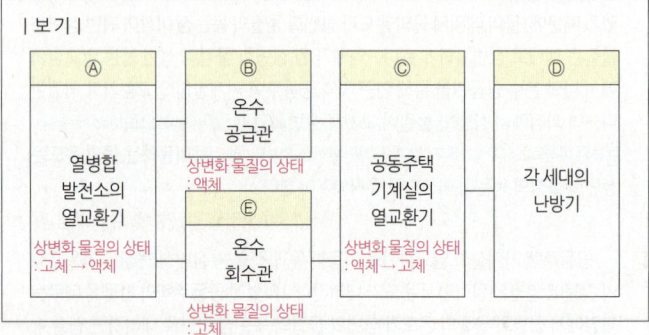

❷-4 비커에 일정량의 얼음을 넣고 가열하면 얼음의 온도가 올라가게 된다.
❷-4~5 0 ℃에 도달하면 비커 속 얼음이 모두 물로 변할 때까지 0 ℃를 유지한다. 비커에 가해진 열이 상변화에 사용되었기 때문이다.
❷-8 비커를 계속 가열하여 얼음이 모두 녹아 물이 된 후에는 다시 온도가 올라가기 시작한다.

→ 적절하지 않음!

〈보기〉는 상변화 물질을 활용한 열 수송 과정을 *도식화한 것이다. 윗글을 바탕으로 〈보기〉에 대해 이해한 내용으로 적절하지 않은 것은? *圖式化-. 그림이나 표로 나타낸 **3점**

| 보기 |

Ⓐ	Ⓑ 온수 공급관		Ⓒ 공동주택 기계실의 열교환기	Ⓓ 각 세대의 난방기

열병합 발전소의 열교환기
상변화 물질의 상태 : 고체 → 액체

Ⓔ 온수 회수관

상변화 물질의 상태 : 액체
상변화 물질의 상태 : 액체 → 고체
상변화 물질의 상태 : 고체

▶ 지문 핵심 개념 정리

상변화 물질을 활용한 열 수송 과정

- 열병합 발전소의 열교환기(Ⓐ)
  - 열교환기로 이동한 수증기가 열 수송에 사용되는 물을 데움(❸-4)
  - 열 수송에 사용되는 물에는 고체 상태의 상변화 물질이 캡슐에 담겨 섞여 있음(❸-5)
  - 물이 데워져 상변화 물질의 녹는점 이상이 되면 상변화 물질이 액체로 상변화함(❸-6)
- 온수 공급관(Ⓑ)
  - 액체가 된 상변화 물질이 섞인 물이 온수 공급관을 통해 공동주택 기계실의 열교환기로 이동함(❸-7)
  - 이동하는 물의 온도는 상변화 물질의 녹는점 이상으로 유지되어야 함(❸-8)
- 공동주택 기계실의 열교환기(Ⓒ)
  - 열교환기로 이동한 물과 상변화 물질은 공동주택의 찬물에 열을 전달하면서 온도가 내려감(❹-1)
  - 상변화 물질의 온도가 녹는점 이하로 내려가면 상변화 물질이 액체에서 고체로 상변화하면서 잠열을 방출하여 찬물을 데우는 데 사용됨(❹-2)
  ⇒ 물의 현열, 캡슐 속 상변화 물질의 현열, 상변화 물질의 잠열이 찬물을 데우는 데 모두 사용됨(❹-3)
- 데워진 공동주택의 물이 각 세대의 난방기(Ⓓ)로 공급되어 세대 난방이 이루어짐(❹-4)
- 상변화 물질 캡슐이 든 물은 온수 회수관(Ⓔ)을 통해 발전소로 회수되어 재사용됨(❹-4)

① Ⓐ에서 캡슐 속 상변화 물질의 온도는 상변화 물질의 녹는점 이상으로 올라가겠군.

근거 ❸-6 물이 데워져 물의 온도가 상변화 물질의 녹는점 이상이 되면 상변화 물질은 액체로 상변화하게 된다, ❸-8 이동하는 물의 온도는 상변화 물질의 녹는점 이상으로 유지되어야 한다.

→ 적절함!

② Ⓑ에서는 물에 있는 캡슐 속 상변화 물질의 상변화가 일어나지 않겠군.

풀이 상변화 물질은 액체가 된 뒤 열병합 발전소의 열교환기(Ⓐ)에서 나와 온수 공급관(Ⓑ)을 통해 공동주택 기계실의 열교환기(Ⓒ)로 이동한다. 이 과정에서 상변화 물질이 고체로 상변화되지 않도록 물의 온도가 유지되어야 한다고 하였으므로, 온수 공급관(Ⓑ)에서는 물에 있는 캡슐 속 상변화 물질의 상변화가 일어나지 않을 것이다.

→ 적절함!

→ 액체 상태
③ ⓑ와 ⓔ를 통해 이동하는 물에 있는 상변화 물질의 상태는 서로 같겠군. 다르겠군
→ 고체 상태

풀이 윗글에서 '액체'가 된 상변화 물질이 섞인 물이 온수 공급관을 통해 공동주택 기계실의 열교환기로 이동한다고 하였고, 이 과정에서 상변화 물질의 상태가 변하지 않도록 한다고 하였으므로, 온수 공급관(ⓑ)에서 상변화 물질의 상태는 '액체'임을 알 수 있다. 공동주택 기계실의 열교환기로 이동한 액체 상태의 상변화 물질은 공동주택의 찬물을 데우는 과정에서 그 온도가 녹는점 이하로 내려가 액체에서 '고체'로 상변화된다고 하였다. 이때 방출된 상변화 물질의 잠열은 찬물을 데우는 데 사용되고, '고체' 상태의 상변화 물질 캡슐이 든 물은 온수 회수관(ⓔ)을 통해 다시 발전소로 회수된다고 하였다. 따라서 온수 공급관(ⓑ)과 온수 회수관(ⓔ)을 통해 이동하는 물에 있는 상변화 물질의 상태는 각각 '액체'와 '고체'로, 서로 다르다.

→ 적절하지 않음!

④ ⓒ에서 공동주택의 찬물은 현열과 잠열에 의해 데워져 ⓓ에 공급되겠군.

근거 ❹-1~4 공동주택 기계실의 열교환기(ⓒ)로 이동한 물과 캡슐 속 상변화 물질은 … 공동주택의 찬물을 데우는 과정에서 … 즉 온수 공급관을 통해 이동해 온 물의 현열과 캡슐 속 상변화 물질의 현열, 그리고 상변화 물질의 잠열이 공동주택의 찬물을 데우는 데 모두 사용되는 것이다. 이렇게 데워진 공동주택의 물은 각 세대의 난방기(ⓓ)로 공급되어 세대 난방을 하게 되고

→ 적절함!

→ 고체 상태   → 고체 → 액체
⑤ ⓔ를 통해 회수된 물에 있는 상변화 물질은 ⓐ에서 다시 상변화 과정을 거쳐 재사용되겠군.

풀이 온수 회수관(ⓔ)을 통해 회수된 물에 있는 상변화 물질은 '고체' 상태이다. 회수된 물은 다시 열병합 발전소의 열교환기(ⓐ)로 이동하여 데워지는데, 이때 물 속 '고체' 상태의 상변화 물질은 '액체'로 상변화하게 된다. 즉 온수 회수관(ⓔ)을 통해 회수된 물에 있는 상변화 물질은 열병합 발전소의 열교환기(ⓐ)에서 다시 상변화 과정을 거쳐 재사용된다.

→ 적절함!

---

014 | 구체적인 상황에 적용 - 적절한 것 고르기 2019년 11월 학평 19번 | 정답 ①
정답률 65%, 매력적 오답 ② 20%

윗글을 읽은 학생이 〈보기 1〉을 보고 〈보기 2〉와 같이 메모했을 때, ㉮~㉰에 들어갈 말로 적절한 것은?

| 보기 1 |
A 기업에서는 녹는점이 15 ℃인 상변화 물질을 벽에 넣어 밤과 낮의 온도 차가 크더라도 벽의 온도를 일정하게 만들 수 있는 기술을 연구하고 있다.

| 보기 2 |
= 상변화 물질의 녹는점 이상이 되면
벽의 온도가 15 ℃보다 높아지면 이 상변화 물질은 (㉮)로 상변화할 것이고, 이때 잠열을 (㉯)할 것이다. 이렇게 상변화가 일어나는 중에는 상변화 물질의 온도가 (㉰) 것이다.

근거 ❸-6 물의 온도가 상변화 물질의 녹는점 이상이 되면 상변화 물질은 액체로 상변화하게 된다, ❷-7 일반적으로 물질이 고체에서 액체가 되거나 액체에서 기체가 될 때, 또는 고체에서 바로 기체가 될 때에는 잠열을 흡수하고, ❷-5 비커 속 얼음이 모두 물로 변할 때까지는 온도가 올라가지 않고 계속 0 ℃를 유지하는데, 이는 비커에 가해진 열이 물질의 온도 변화가 아닌 상변화에 사용되었기 때문

풀이 〈보기 2〉에서 벽의 온도가 15 ℃보다 높아지면 상변화 물질의 녹는점보다 높아지게 되므로, 이 상변화 물질은 액체(㉮)로 상변화할 것이다. 물질이 고체에서 액체가 될 때 잠열을 흡수한다고 하였으므로, 〈보기 2〉의 상변화 물질이 액체로 상변화할 때 잠열을 흡수(㉯)할 것이다. 이렇게 상변화가 일어나는 동안에는 열이 물질의 온도 변화가 아닌 상변화에 사용되기 때문에 상변화 물질의 온도가 올라가지 않고 유지된다(㉰). 따라서 정답은 ①번이다.

	㉮	㉯	㉰	
①	액체	흡수	유지될	→ 적절함!
②	액체	흡수	상승할	
③	액체	방출	유지될	

| ④ | 고체 | 흡수 | 유지될 |
| ⑤ | 고체 | 방출 | 상승할 |

---

015 | 문맥적 의미 파악 - 적절한 것 고르기 2019년 11월 학평 20번 | 정답 ①
정답률 90%

ⓐ와 문맥적 의미가 가장 *유사한 것은? *類似-. 비슷한

열병합 발전소에서는 발전에 사용된 수증기를 열교환기로 ⓐ 보낸다.

풀이 ⓐ에서 '보내다'는 '사람이나 물건 따위를 다른 곳으로 가게 하다'의 의미로 쓰였다.

① 그는 선물을 동생 집으로 보냈다.
풀이 '사람이나 물건 따위를 다른 곳으로 가게 하다'의 의미이다.
예문 그는 부모님께 돈을 보내 드렸다.
→ 적절함!

② 그는 그저 멍하니 세월만 보냈다.
풀이 '시간이나 세월을 지나가게 하다'의 의미이다.
예문 그는 평생을 아이들을 돌보며 보냈다.
→ 적절하지 않음!

③ 그는 아들을 작년에 장가를 보냈다.
풀이 '결혼을 시키다'의 의미이다.
예문 그는 딸을 미국으로 시집을 보냈다.
→ 적절하지 않음!

④ 관객들은 연주자에게 박수를 보냈다.
풀이 '상대편에게 자신의 마음가짐을 느끼어 알도록 표현하다'의 의미이다.
예문 관중들은 선수들에게 응원을 보내느라 정신이 없었다.
→ 적절하지 않음!

⑤ 그녀는 슬피 울며 정든 친구를 보냈다.
풀이 '놓아주어 떠나게 하다'의 의미이다.
예문 다친 새를 치료하여 보내 주었다.
→ 적절하지 않음!

[001~003] 다음 글을 읽고 물음에 답하시오.

1 ¹21 세기 들어 보편화된(普遍化-, 널리 일반인에게 퍼진) 디지털(digital, 정보를 숫자로 변환하여 데이터를 한 자리씩 끊어서 다루는 방식) 영상 기술은 영화 미학(美學, 아름다움의 본질과 가치, 법칙성 등을 탐구하는 학문), 영화 창작(創作, 독창적으로 지어낸 예술 작품) 방식, 관객(觀客, 공연이나 전시, 영화 등을 보거나 듣는 사람)의 영화 체험(體驗, 자기 몸으로 직접 겪음) 등 영화 전반(全般, 그것에 관계되는 전체)에 걸쳐 큰 변화를 초래했다.(招來-, 생겨나게 했다.) ²특히 컴퓨터를 이용해 이미지를 가공하는(加工-, 만들어 내는) '디지털 후반(後半, 전체를 반씩 둘로 나눈 것의 뒤쪽 반)작업'이 통상적(通常的, 특별하지 않고 흔히 있을 만한) 제작 과정으로 자리 잡으면서 영화는 현실을 사실적으로 재현하는(再現-, 다시 나타내는) 리얼리즘적(realism的, 현실을 있는 그대로 객관적으로 묘사하고 재현하려는 창작 태도와 관계된) 매체(媒體, 어떤 작용을 다른 쪽으로 전달하는 물체나 수단)라는 오랜 믿음이 흔들리기 시작했다.

→ **영화 전반에 큰 변화를 초래한 디지털 영상 기술의 보편화**

2 ¹영화는 처음 발명되었을 때부터 놀라운 현실 재현 능력으로 주목받았다. ²카메라의 셔터가 작동하면 피사체(被寫體, 사진을 찍는 대상이 되는 물체)의 이미지가 필름에 새겨진다. ³필름 표면(表面, 가장 바깥쪽)에 각인된(刻印-, 새겨 넣듯 깊이 기억된) 이미지는 영화가 촬영되는 순간에 영화 속 인물, 사물, 공간이 실제로 카메라 앞에 존재했음을 확인해 준다. ⁴따라서 영화는 하나의 기록(記錄, 시간이 지나 뒤에 올 날에 남길 목적으로 어떤 사실을 적은 글)이자 증언(證言, 어떤 사실을 증명하는 말)으로 인식되었다.(認識-, 분간되고 판단되어 이해되었다.) ⁵⊙ 지가 베르토프는 역동적인(力動的-, 힘차고 활발하게 움직이는) 현실 세계를 회화나 사진보다 더 사실적으로 재현하는 영화의 리얼리즘적 역량(力量, 해낼 수 있는 힘)을 '영화 - 눈'이라고 명명했다.(命名-, 이름을 지어 붙였다.) ⁶그(지가 베르토프)는 '영화 - 눈'이 인간의 지각(知覺, 사물의 이치나 도리를 분별하는 능력)을 확장하여(擴張-, 늘려서 넓혀) 현실에 대한 정확하고 총체적인(總體的-, 있는 것들을 모두 하나로 합치거나 묶은) 인식을 제공한다고 생각했다.

→ **필름 영화의 시대 : '사진적 리얼리즘'**

3 ¹필름 영화와 달리 디지털 영화에서는 현실과 영화 이미지 사이의 연관성(聯關性, 일정한 관계를 맺는 특성이나 성질)이 매우 느슨하거나, 아예 존재하지 않는다. ²디지털 영화에서 이미지는 0과 1의 이산적인(離散的-, 불연속적인) 전자 정보로 저장되며, 이 정보들은 디지털 후반작업 과정에서 변형되기(變形-, 달라지기) 때문이다. ³더 나아가 여러 개의 이미지를 합성하거나(合成-, 합쳐서 하나를 이루거나), 카메라를 사용하지 않고 컴퓨터 그래픽만으로 가상(假想, 사실이 아닌 것을 사실인 것처럼 가정하여 생각함)의 인물과 공간을 만들어 내는 것도 가능해졌다. ⁴ⓛ 레프 마노비치는 디지털 기술의 도입(導入, 끌어 들임)으로 인해 '영화 - 눈'의 시대가 지나가고 '영화 - 붓'의 시대가 열렸다고 주장한다. ⁵그(레프 마노비치)는 현실의 사실적 재현을 넘어 상상의 세계를 그려 내는, 이른바 '합성 리얼리즘'의 시대로 진입하면서(進入-, 향하여 들어가면서), 영화는 사진보다 회화나 애니메이션에 더 가까워졌다고 말한다.

→ **디지털 영화의 시대 : '합성 리얼리즘'**

4 ¹그런데 변형되고 가공된 디지털 이미지가 오히려 영화의 사실적인 느낌을 강화하는(强化-, 더 높이는) 역설적인(逆說的-, 겉보기에 모순되는 것 같으나 그 속에 진실을 담고 있는) 현상이 발생하기도 한다. ²ⓒ 스티븐 프린스는 컴퓨터 그래픽으로 가공된 이미지를 관객이 사실적이라고 인식하는 '트루 라이즈', 즉 '진짜 거짓말' 현상을 '지각적 리얼리즘'이라고 정의한다.(定義-, 뜻을 분명히 밝혀 규정한다.) ³그(스티븐 프린스)는 영화가 보여 주는 대상이 현실에 존재한다는 믿음에 기반한(基盤-, 바탕을 둔) '사진적 리얼리즘'은 더 이상 유효하지(有效-, 효과가 있지) 않으며, 컴퓨터 그래픽을 통해 인위적으로(人爲的-, 사람의 힘으로 이루어지는) 변형된 이미지에서 더 강한 사실감을 느끼는 관객의 심리에 대해 주목해야 한다고 주장한다. ⁴디지털 영화에서 관객이 보는 것은 0과 1로 이루어진 정보가 아니라, 지각 가능한 형태로 전환되어(轉換-, 바뀌어) 스크린에 투사된(透寫-, 비친) 이미지이다. ⁵따라서 필름 영화의 이미지와는 다른 관점(觀點, 바라보는 방향이나 생각하는 태도, 입장)에서 디지털 이미지의 실재성(實在性, 현실적 사물로 존재하는 성질) 문제를 고찰할(考察-, 깊이 생각하고 연구할)

필요가 있다.

→ **디지털 영화의 시대에서 관객의 인식 : '지각적 리얼리즘'**

■**지문 이해**

〈디지털 영상 기술의 보편화에 따른 영화의 리얼리즘적 속성 변화〉

❶ 영화 전반에 큰 변화를 초래한 디지털 영상 기술의 보편화
• 디지털 후반작업 : 영화가 현실을 사실적으로 재현하는 리얼리즘적 매체라는 인식이 흔들림

❷ 필름 영화의 시대 : '사진적 리얼리즘'
• 필름 영화 : 놀라운 현실 재현 능력으로 주목받음, 영화는 하나의 기록이자 증언으로 인식 • 지가 베르토프 - 역동적 현실 세계를 사실적으로 재현하는 영화의 리얼리즘적 역량을 '영화 - 눈'이라고 명명함 - '영화 - 눈' : 인간의 지각을 확장해 현실에 대한 정확하고 총체적인 인식을 제공한다고 봄

❸ 디지털 영화의 시대 : '합성 리얼리즘'
• 디지털 영화 : 현실과 영화 이미지 사이의 연관성이 매우 느슨하거나, 존재하지 않음 • 레프 마노비치 - 디지털 기술의 도입으로 '영화 - 붓'의 시대가 열렸다고 주장 - '합성 리얼리즘'의 시대로 진입 : 현실의 사실적 재현을 넘어 상상의 세계를 그려 냄

❹ 디지털 영화의 시대에서 관객의 인식 : '지각적 리얼리즘'
• 스티븐 프린스 - '트루 라이즈(진짜 거짓말)' 현상을 '지각적 리얼리즘'이라고 정의 - 사진적 리얼리즘은 더 이상 유효하지 않음 - 컴퓨터 그래픽을 통해 변형된 이미지에서 더 강한 사실감을 느끼는 관객의 심리에 주목해야 한다고 주장

---

001 | 세부 정보 이해 - 적절하지 않은 것 고르기 2028학년도 예시문항 11번 | **정답 ⑤**

윗글을 읽고 이해한 내용으로 적절하지 않은 것은?

① **필름 영화와 디지털 영화는 이미지의 실재성 측면에서 차이가 있다.**

근거 ❷-3 필름 표면에 각인된 이미지는 영화가 촬영되는 순간에 영화 속 인물, 사물, 공간이 실제로 카메라 앞에 존재했음을 확인해 준다. ❸-1 필름 영화와 달리 디지털 영화에서는 현실과 영화 이미지 사이의 연관성이 매우 느슨하거나, 아예 존재하지 않는다. ❹-5 필름 영화의 이미지와는 다른 관점에서 디지털 이미지의 실재성 문제를 고찰할 필요가 있다.

풀이 필름 영화의 이미지는 영화가 촬영되는 순간에 영화 속 인물, 사물, 공간이 실제로 카메라 앞에 존재했음을 확인해 준다. 이와 달리 디지털 영화에서는 현실과 영화 이미지 사이의 연관성이 매우 느슨하거나, 아예 존재하지 않는다. 윗글에서는 이러한 점에서, 필름 영화의 이미지와는 다른 관점에서 디지털 이미지의 실재성 문제를 고찰할 필요가 있다고 하였다. 따라서 필름 영화와 디지털 영화는 이미지의 실재성 측면에서 차이가 있다는 설명은 적절하다.

→ 적절함!

② **디지털 영화는 영화의 리얼리즘적 속성에 대한 인식의 전환을 초래했다.**

근거 ❶-1~2 디지털 영상 기술은 영화 미학, 영화 창작 방식, 관객의 영화 체험 등 영화 전반에 걸쳐 큰 변화를 초래했다. 특히 컴퓨터를 이용해 이미지를 가공하는 '디지털 후반작업'이 통상적 제작 과정으로 자리 잡으면서 영화는 현실을 사실적으로 재현하는 리얼리즘적 매체라는 오랜 믿음이 흔들리기 시작했다. ❸-5 현실의 사실적 재현을 넘어 상상의 세계를 그려 내는, 이른바 '합성 리얼리즘'의 시대로 진입하면서

풀이 윗글에 따르면 디지털 영상 기술의 도입으로 '영화는 현실을 사실적으로 재현하는 리얼리즘적 매체'라는 인식에 변화가 생겼으며, '합성 리얼리즘'의 시대로 진입하게 되었다.

→ 적절함!

③ '트루 라이즈'는 인위적으로 가공된 디지털 이미지에서 관객이 사실적인 느낌을 받는 현상을 말한다.

근거 **4**-2~3 스티븐 프린스는 컴퓨터 그래픽으로 가공된 이미지를 관객이 사실적이라고 인식하는 '트루 라이즈', 즉 '진짜 거짓말' 현상을 '지각적 리얼리즘'이라고 정의한다. … 컴퓨터 그래픽을 통해 인위적으로 변형된 이미지에서 더 강한 사실감을 느끼는 관객의 심리에 대해 주목해야 한다고 주장

→ 적절함!

필름 영화 시대의 영화에 대한 인식

④ 영화가 기록이자 증언이라는 주장은 영화의 이미지와 현실 사이에 실제적인 연관성이 존재한다는 의미이다.

근거 **2**-3~4 필름 표면에 각인된 이미지는 영화가 촬영되는 순간에 영화 속 인물, 사물, 공간이 실제로 카메라 앞에 존재했음을 확인해 준다. 따라서 영화는 하나의 기록이자 증언으로 인식되었다. **3**-1 필름 영화와 달리 디지털 영화에서는 현실과 영화 이미지 사이의 연관성이 매우 느슨하거나, 아예 존재하지 않는다.

풀이 필름 표면에 각인된 이미지는 영화가 촬영되는 순간 영화 속 인물, 사건, 공간이 실제로 카메라 앞에 존재했음을 확인해 준다. 이러한 점에서 필름 영화는 하나의 기록이자 증언으로 인식되었다. 한편 '필름 영화와 달리' 디지털 영화에서는 현실과 영화 이미지 사이의 연관성이 매우 느슨하거나, 아예 존재하지 않는다는 설명을 통해, 필름 영화에서는 현실과 영화 이미지 사이에 실제적 연관성이 존재한다는 점을 추론할 수 있다. 따라서 영화가 기록이자 증언이라는 주장은 영화의 이미지와 현실 사이에 실제적인 연관성이 존재한다는 의미라는 설명은 적절하다.

→ 적절함!

지각 가능한 형태로 전환되어 스크린에 투사된다

⑤ 디지털 영화에서 이미지는 0과 1의 정보로 투사되며 관객은 이 정보를 인지 가능한 형태로 전환하여 받아들인다.

근거 **4**-4 디지털 영화에서 관객이 보는 것은 0과 1로 이루어진 정보가 아니라, 지각 가능한 형태로 전환되어 스크린에 투사된 이미지

풀이 디지털 영화에서 이미지는 0과 1의 정보로 투사되고 관객이 이 정보를 인지 가능한 형태로 전환하여 받아들이는 것이 아니라, 관객은 이미 지각 가능한 형태로 전환되어 스크린에 투사된 이미지를 보게 된다.

→ 적절하지 않음!

---

002 세부 정보 이해 - 적절한 것 고르기 2028학년도 예시문항 12번 | 정답 ②

⊙~ⓒ의 관점에 대해 파악한 내용으로 가장 적절한 것은?

| ⊙ 지가 베르토프 | ⓒ 레프 마노비치 | ⓒ 스티븐 프린스 |

▶ 지문 핵심 개념 정리

지가 베르토프	- 역동적인 현실 세계를 회화나 사진보다 더 사실적으로 재현하는 영화의 리얼리즘적 역량을 '영화 – 눈'이라고 명명(**2**-5) - '영화 – 눈'은 인간의 지각을 확장하여 현실에 대한 정확하고 총체적인 인식을 제공(**2**-6)
레프 마노비치	- 디지털 기술의 도입으로 인해 '영화 – 눈'의 시대가 지나가고 '영화 – 붓'의 시대가 열림(**3**-4) - '합성 리얼리즘'의 시대로 진입하면서 영화는 사진보다 회화나 애니메이션에 더 가까워짐(**3**-5)
스티븐 프린스	- 컴퓨터 그래픽으로 가공된 이미지를 관객이 사실적이라고 인식하는 '트루 라이즈', 즉 '진짜 거짓말' 현상을 '지각적 리얼리즘'이라고 정의(**4**-2) - '사진적 리얼리즘'은 더 이상 유효하지 않음(**4**-3) - 컴퓨터 그래픽을 통해 인위적으로 변형된 이미지에서 더 강한 사실감을 느끼는 관객의 심리에 대해 주목해야 함(**4**-3)

① ⊙은 회화에 대한 영화의 *우위를, ⓒ은 영화에 대한 회화의 우위를 주장하고 있군.

*優位, 보다 나은 위치나 수준

풀이 지가 베르토프(⊙)는 영화가 회화나 사진보다 역동적 현실 세계를 더 사실적으로 재현한다고 보았으므로, ⊙이 회화에 대한 영화의 우위를 주장하였다는 설명은 적절하다고 볼 수 있다. 한편 레프 마노비치(ⓒ)는 영화가 사진보다 회화나 애니메이션에 더 가까워졌다고 언급하였을 뿐, 영화에 대한 회화의 우위를 주장하지는 않았다.

→ 적절하지 않음!

☑ ② ⊙은 영화의 현실 재현 능력을, ⓒ은 영화를 보는 관객의 인식을 중요하게 생각하겠군.

근거 **2**-5 지가 베르토프(⊙)는 역동적인 현실 세계를 회화나 사진보다 더 사실적으로 재현하는 영화의 리얼리즘적 역량을 '영화 - 눈'이라고 명명, **4**-3 그(스티븐 프린스)(ⓒ)는 … 컴퓨터 그래픽을 통해 인위적으로 변형된 이미지에서 더 강한 사실감을 느끼는 관객의 심리에 대해 주목해야 한다고 주장

→ 적절함!

⊙ ⓒ
③ ⓒ은 카메라가 대상을 *포착하는 역량을, ⓒ은 영화 이미지가 가상의 세계를 구현하는 역량을 중요하게 생각하겠군. *捕捉-, 놓치지 않고 꼭 붙잡는

근거 **3**-3 (디지털 영화에서는) 여러 개의 이미지를 합성하거나, 카메라를 사용하지 않고 컴퓨터 그래픽만으로 가상의 인물과 공간을 만들어 내는 것도 가능해졌다.

풀이 카메라가 대상을 포착하는 역량을 중요하게 생각한 것은 레프 마노비치(ⓒ)가 아니라, 영화의 리얼리즘적 역량을 '영화 - 눈'이라고 명명한 지가 베르토프(⊙)이다. 또한 영화 이미지가 가상의 세계를 구현하는 역량을 중요하게 생각한 것은 스티븐 프린스(ⓒ)가 아니라 레프 마노비치(ⓒ)이다.

→ 적절하지 않음!

ⓒ은
④ ⊙과 ⓒ은 모두 영화에서 '지각적 리얼리즘'을 중요하게 생각하겠군.

풀이 '지각적 리얼리즘'을 중요시한 것은 스티븐 프린스(ⓒ)이다. 지가 베르토프(⊙)는 지각적 리얼리즘이 아니라 '사진적 리얼리즘'을 중요시하였다.

→ 적절하지 않음!

유효하지 않다고
⑤ ⓒ과 ⓒ은 모두 ⊙의 리얼리즘 개념이 디지털 영화의 시대에도 여전히 유효하다고 생각하겠군.

풀이 지가 베르토프(⊙)는 현실 세계를 사실적으로 재현하는 '사진적 리얼리즘'을 중요하게 생각하였다. 한편 레프 마노비치(ⓒ)는 현실 세계를 사실적으로 재현하는 '영화 - 눈'의 시대가 지나가고 '영화 - 붓'의 시대가 열렸다고 주장하였고, 스티븐 프린스(ⓒ)는 '사진적 리얼리즘'이 더 이상 유효하지 않다고 보았다. 즉 ⓒ과 ⓒ은 모두 ⊙의 리얼리즘 개념이 디지털 영화의 시대에 유효하다고 보지 않았다.

→ 적절하지 않음!

---

003 구체적인 사례에 적용 - 적절하지 않은 것 고르기 2028 예시문항 13번 | 정답 ③

다음은 영화감독 A의 인터뷰이다. 윗글과 인터뷰를 바탕으로 ㉮, ㉯에 대한 비평문을 작성한다고 할 때, 떠올린 내용으로 적절하지 않은 것은? [3점]

2020○년 ○월 ○○일		□□일보

기자: [1]감독님께서는 ㉮ 이전 영화들에서 필름 작업만을 고집하다가(固執-, 자기의 의견을 바꾸거나 고치지 않고 굳게 버티다가) ㉯ 이번 작품에는 디지털 기술도 사용하셨는데, 특별한 의도(意圖, 하고자 하는 생각이나 계획)가 있나요?

A: [2]제가 디지털 영화에 대해 부정적으로 생각했던 것은 사실입니다. [3]컴퓨터 그래픽으로 가상 세계를 표현한 영화가 유행하고 있지만, 시각적 쾌감(快感, 상쾌하고 즐거운 느낌)을 제공하는 데 그치고 있다고 생각해요. [4]저는 제 영화가 언제나 현실과 밀접한(密接-, 아주 가깝게 맞닿아 있는) 관계를 맺고 있기를 원했고, 삶의 다양한 양상(樣相, 모양, 상태)들이 제 영화에 드러나기를 원했습니다. [5]지금도 같은 생각이에요. [6]그렇지만 이번에는 역사적 사건의 현실성을 높이는 목적으로만 컴퓨터 그래픽을 최소한도(最小限度, 더 이상 줄이기 어려운 가장 작은 한도)로 사용해 보았습니다. [7]다행히 많은 관객이 실제 현장에 있는 듯한 느낌을 받았다고 해서 기뻤습니다.

↙ '영화 - 눈'

지각적 리얼리즘
① A가 필름 작업을 고집했던 것을 통해 ㉮에 대한 *비평에서 A가 영화에서 현실의 역동적 양상을 포착하려고 노력했다는 것을 이야기할 수 있겠군. *批評, 대상의 옳고 그름, 아름다움과 추함, 선과 악 등을 분석하여 가치를 논함

근거 1 이전 영화들에서 필름 작업만을 고집, **2**-2~5 카메라의 셔터가 작동하면 피사체의 이미지가 필름에 새겨진다. 필름 표면에 각인된 이미지는 영화가 촬영되는 순간에 영화 속 인물, 사물, 공간이 실제로 카메라 앞에 존재했음을 확인해 준다. 따라서 영화는 하나의 기록이자 증언으로 인식되었다. 지가 베르토프는 역동적인 현실 세계를 회화나 사진보다 더 사실적으로 재현하는 영화의 리얼리즘적 역량을 '영화 - 눈'이라고 명명

풀이 카메라를 통해 필름에 피사체의 이미지를 새기는 필름 영화는 역동적인 현실 세계를 사실적으로 재현한다. 따라서 <보기>에서 A가 필름 작업을 고집했던 것을 통해,

㉮에 대한 비평에서 A가 영화에서 현실의 역동적 양상을 포착하려고 노력했다는 것을 이야기하는 것은 적절하다.

→ 적절함!

② A가 삶의 다양한 양상들이 자신의 영화에 드러나기를 원했다는 것을 통해 ㉮에 대한 비평에서 A가 현실의 총체적 인식을 중요하게 생각하고 있다는 것을 이야기할 수 있겠군.

근거 4 저는 … 삶의 다양한 양상들이 제 영화에 드러나기를 원했습니다, **❷-6** 그(지가 베르토프)는 '영화-눈'이 인간의 지각을 확장하여 현실에 대한 정확하고 총체적인 인식을 제공한다고 생각했다.

→ 적절함!

③ A가 자신의 영화가 현실과 밀접한 관련을 맺고 있기를 바란다는 것을 통해 ㉯에 대한 비평에서 A가 '영화 - 붓'과 '합성 리얼리즘'을 중시한다는 점을 이야기할 수 있겠군.
'영화 - 눈'과 '사진적 리얼리즘'을

근거 4 저는 제 영화가 언제나 현실과 밀접한 관계를 맺고 있기를 원했고, **❷-5~6** 지가 베르토프는 역동적인 현실 세계를 회화나 사진보다 더 사실적으로 재현하는 영화의 리얼리즘적 역량을 '영화 - 눈'이라고 명명했다. 그는 '영화-눈'이 인간의 지각을 확장하여 현실에 대한 정확하고 총체적인 인식을 제공한다고 생각, **❸-4~5** 레프 마노비치는 디지털 기술의 도입으로 인해 '영화 - 눈'의 시대가 지나가고 '영화 - 붓'의 시대가 열렸다고 주장한다. 그는 현실의 사실적 재현을 넘어 상상의 세계를 그려 내는, 이른바 '합성 리얼리즘'의 시대로 진입하면서, 영화는 사진보다 회화나 애니메이션에 더 가까워졌다고 말한다.

풀이 인터뷰 중 A가 자신의 영화가 현실과 밀접한 관련을 맺고 있기를 바란다는 내용은, A가 '영화 - 붓'과 '합성 리얼리즘'이 아니라 '영화 - 눈'과 '사진적 리얼리즘'을 중시한다는 것을 알 수 있는 부분이다.

→ 적절하지 않음!

④ A가 컴퓨터 그래픽을 사용하면서도 최소화하려는 것을 통해 ㉯에 대한 비평에서 A가 '영화 - 눈'의 가치를 여전히 중요하게 생각하고 있다는 것을 이야기할 수 있겠군.

근거 4~6 제 영화가 언제나 현실과 밀접한 관계를 맺고 있기를 원했고, 삶의 다양한 양상들이 제 영화에 드러나기를 원했습니다. 지금도 같은 생각이에요. 그렇지만 이번에는 역사적 사건의 현실성을 높이는 목적으로만 컴퓨터 그래픽을 최소한도로 사용, **❷-5** 지가 베르토프는 역동적인 현실 세계를 회화나 사진보다 더 사실적으로 재현하는 영화의 리얼리즘적 역량을 '영화 - 눈'이라고 명명

풀이 A는 자신의 영화가 언제나 현실과 밀접한 관련을 맺고 있기를 원했고, 삶의 다양한 양상들이 자신의 영화에 드러나기를 원했다. 그러한 A가 이번 영화에서 컴퓨터 그래픽을 최소한도로 사용한 것을 통해, ㉯에 대한 비평에서 A가 '영화 - 눈'의 가치를 여전히 중요하게 생각하고 있다는 것을 이야기할 수 있을 것이다.

→ 적절함!

⑤ A가 컴퓨터 그래픽에 대한 관객들의 반응을 긍정적으로 평가하는 것을 통해 ㉯에 대한 비평에서 A가 '지각적 리얼리즘'을 의도하고 *연출했다는 것을 이야기할 수 있겠군. *演出−, 연극, 영화 각본이나 시나리오를 바탕으로 연기, 장치, 의상, 조명 등의 요소들을 종합하여 일관성 있게 만들어 내었다는

근거 6~7 이번에는 역사적 사건의 현실성을 높이는 목적으로만 컴퓨터 그래픽을 최소한도로 사용해 보았습니다. 다행히 많은 관객이 실제 현장에 있는 듯한 느낌을 받았다고 해서 기뻤습니다. **❹-2~3** 스티븐 프린스는 컴퓨터 그래픽으로 가공된 이미지를 관객이 사실적이라고 인식하는 '트루 라이즈', 즉 '진짜 거짓말' 현상을 '지각적 리얼리즘'이라고 정의한다. … 컴퓨터 그래픽을 통해 인위적으로 변형된 이미지에서 더 강한 사실감을 느끼는 관객의 심리에 대해 주목해야 한다고 주장

풀이 〈보기〉의 인터뷰에서 A는 이번 영화에서 역사적 사건의 현실성을 높이는 목적으로만 컴퓨터 그래픽을 사용하였고, 많은 관객이 실제 현장에 있는 듯한 느낌을 받았다고 해서 기뻤다고 하였다. 이를 통해 ㉯에 대한 비평에서 A는, 컴퓨터 그래픽으로 가공된 이미지를 관객이 사실적이라고 인식하는 '지각적 리얼리즘'을 의도하고 연출했다는 점을 이야기할 수 있을 것이다.

→ 적절함!

---

1 ¹정보 시스템(情報system, 정보의 수집, 처리, 저장, 검색, 제시 등을 신속히 하여 확정한 데이터 처리 시스템에 포함하는 조직과 절차)에 대한 '접근'이란 시스템 자원(system資源, 컴퓨터에서 활용되는 프로그램, 데이터, 하드웨어 장치, 기억 영역 등 시스템이 제어하는 자원)을 사용하기 위해 시스템과 상호 작용하는 작업을 의미한다. ²이때 정보의 '객체(客體, 의사나 행위가 미치는 대상)'는 접근의 대상이 되는 시스템 또는 시스템 자원을, 정보의 '주체(主體, 작용이나 행동의 주가 되는 것)'는 접근을 통해 특정 목적을 달성하고자(達成−, 이루고자) 하는 사람 또는 프로그램 등을 의미한다. ³'접근제어'는 적절한 권한(權限, 권리나 권력이 미치는 범위)을 가진 정보 주체만이 정보 객체에 접근할 수 있도록 통제하는(統制−, 제한하거나 제약하는) 기술이다.

→ '접근제어' 기술의 의미

2 ¹접근제어에서는 보안(保安, 안전을 유지함)등급(等級, 높고 낮음을 여러 층으로 구분한 단계)에 따라 접근 권한이 관리되는데, 이때 '보안등급'은 정보 주체와 객체에 부여된(附與−, 주어진) 중요도(重要度, 중요한 정도) 또는 신뢰도(信賴度, 믿을 수 있는 정도)를 나타낸다. ²인터넷 카페에서 등급에 따라 읽기 또는 쓰기 권한을 주는 것은 이러한 예에 해당한다. ³접근제어에서 관리하는 권한(접근 권한)은 접근제어행렬, 접근제어목록 등으로 표현될 수 있다. ⁴'접근제어행렬'은 정보 주체를 행(行, 수나 기호, 식 등을 직사각형 모양으로 배열한 행렬에서 가로 방향의 줄)으로, 정보 객체를 열(列, 행렬에서 세로 방향의 줄)로 구성한 테이블(table, 하나 이상의 구성 요소들에 의해 관련지어진 각 항목이나 자료 배열)로서, 객체에 대한 주체의 접근 권한은 해당 주체의 행과 해당 객체의 열이 만나는 셀(cell, 기억 장치로서의 기능을 갖는 위치를 나타내는 단위)에 기록된다. ⁵접근제어목록은 특정 객체에 대한 접근 권한을 갖는 주체가 나열된(羅列−, 죽 벌여 놓아진) 목록이다.

→ 접근제어의 역할

3 ¹접근제어에는 임의적(任意的, 일정하게 정하지 않은) 접근제어, 강제적(強制的, 권력이나 힘으로 원하지 않는 일을 억지로 시키는) 접근제어 등이 있다. ㉠'임의적 접근제어'에서는 정보 객체의 소유자(所有者, 가지고 있는 사람)가 해당 객체에 대한 보안등급을 부여한다. ³또한 객체에 대한 주체의 접근 권한 역시 해당 정보 객체의 소유자가 결정한다. ⁴따라서 임의적 접근제어에서 접근 권한을 표현할 때는 접근제어목록이 주로 사용된다. ⁵임의적 접근제어는 구현(具現, 나타나게 함)이 쉽고 권한 관리가 유연한(柔軟−, 부드럽고 연한) 방식이지만, 정보 객체의 소유자가 접근 권한을 임의로 변경할 수 있어서 접근 권한의 일률적(一律的, 한결같은) 통제가 어렵다는 문제가 있다. ⁶㉡'강제적 접근제어'에서는 보안등급 부여와 접근 권한의 관리가 중앙화된(中央化−, 중앙으로 집중된) 방식으로 수행된다.(遂行−, 일이 행해진다.) ⁷따라서 접근 권한을 일률적으로 통제할 수 있다는 장점이 있다. ⁸강제적 접근제어에는 벨라파둘라 모델과 비바 모델 등이 있는데, ㉮벨라파둘라 모델은 기밀(機密, 외부에 드러내서는 안 될 중요한 비밀) 정보의 유출(流出, 밖으로 흘러 나감) 방지(防止, 일어나지 못하게 막음)에 적합하고(適合−, 꼭 알맞고), 비바 모델은 정보의 신뢰도 유지(維持, 변함없이 계속 이어 감)에 적합하다.

→ 접근제어의 유형 : 임의적 접근제어와 강제적 접근제어

4 ¹정보 객체가 문서이고 정보 주체가 객체에 대한 읽기와 쓰기 권한을 갖는다고 가정했을(假定−, 임시로 사실인 것처럼 정했을) 때, 벨라파둘라 모델에서 정보 주체는 자신보다 높은 등급의 문서를 읽는 것이 금지되지만, 등급이 같거나 낮은 문서에 대해서는 읽는 것이 가능하다. ²또한 정보 주체는 자신보다 낮은 등급의 문서에 쓰는 것은 금지되지만, 등급이 같거나 높은 문서에 쓰는 것은 허용된다.(許容−, 허락되어 너그럽게 받아들여진다.) ³비바 모델에서 정보 주체는 자신보다 높은 등급의 문서에 대해서는 쓰기 권한이 없지만, 등급이 같거나 낮은 문서에 대해서는 쓰기가 가능하다. ⁴또한 정보 주체는 자신보다 낮은 등급의 문서에 대해서는 읽기 권한이 없지만, 등급이 같거나 높은 문서를 읽는 것이 허용된다. ⁵정보 주체는 자신보다 낮은 등급의 문서에 포함된 신뢰도가 낮은 정보를 참조함으로써(參照−, 참고로 비교하고 대조하여 봄으로써) 자신이 보유한(保有−, 가지고 있는) 정보의 신뢰도를 떨어뜨릴 수 있는데, 비바 모델에서는 이를 방지할(防止−, 막을) 수 있다.

→ 벨라파둘라 모델과 비바 모델의 특징

■ 지문 이해

〈접근제어의 개념과 접근제어의 유형〉

❶ '접근제어' 기술의 의미

- 접근제어 : 적절한 권한을 가진 정보 주체만 정보 객체에 접근할 수 있도록 통제하는 기술
  - 접근 : 시스템 자원을 사용하기 위해 시스템과 상호 작용하는 작업
  - 정보 객체 : 접근 대상이 되는 시스템, 시스템 자원
  - 정보 주체 : 접근을 통해 특정 목적을 달성하고자 하는 사람, 프로그램

❷ 접근제어의 역할

- 접근제어 : 보안등급에 따라 접근 권한이 관리됨
  └─ 접근제어행렬, 접근제어목록 등으로 표현됨
  - 접근제어행렬 : 객체에 대한 주체의 접근 권한을 행렬로 기록
  - 접근제어목록 : 특정 객체에 대한 접근 권한을 갖는 주체가 나열된 목록

❸ 접근제어의 유형 : 임의적 접근제어와 강제적 접근제어

임의적 접근제어	강제적 접근제어
- 정보 객체의 소유자가 해당 객체에 대한 보안등급 부여, 객체에 대한 주체의 접근 권한 결정 - 주로 접근제어목록을 사용해 접근 권한을 표현함 - 구현이 쉽고 권한 관리가 유연함 - 정보 객체의 소유자가 접근 권한을 임의로 변경할 수 있어 접근 권한의 일률적 통제가 어려움	- 중앙화된 방식으로 보안등급 부여, 접근 권한 관리 - 접근 권한을 일률적으로 통제할 수 있다는 장점 - 벨라파둘라 모델 : 기밀 정보 유출 방지에 적합함 - 비바 모델 : 정보의 신뢰도 유지에 적합함

❹ 벨라파둘라 모델과 비바 모델의 특징

- 정보 주체의 접근 권한

	벨라파둘라 모델		비바 모델	
	읽기 권한	쓰기 권한	읽기 권한	쓰기 권한
등급이 높은 문서	×		○	×
등급이 같은 문서		○	○	
등급이 낮은 문서	○	×	×	○

- 비바 모델에서는 정보 주체가 자신보다 낮은 등급의 문서에 포함된 신뢰도 낮은 정보를 참조함으로써 자신이 보유한 정보의 신뢰도를 떨어뜨리는 것을 방지할 수 있음

---

004 세부 정보 이해 - 적절하지 않은 것 고르기 2028학년도 예시문항 14번 | 정답 ⑤

윗글의 내용과 일치하지 않는 것은?

① 접근제어행렬은 접근 권한을 나타내는 테이블이다.

> 근거 ❷-4 '접근제어행렬'은 정보 주체를 행으로, 정보 객체를 열로 구성한 테이블로서, 객체에 대한 주체의 접근 권한은 해당 주체의 행과 해당 객체의 열이 만나는 셀에 기록된다.

> 풀이 접근제어행렬은 정보 주체를 행으로, 정보 객체를 열로 구성하여, 객체에 대한 주체의 접근 권한을 기록하는 테이블이다.

→ 적절함!

② 임의적 접근제어의 접근 권한 표현에는 접근제어목록이 주로 사용된다.

> 근거 ❸-4 임의적 접근제어에서 접근 권한을 표현할 때는 접근제어목록이 주로 사용된다.

→ 적절함!

③ 접근은 시스템과의 상호 작용을 통해 시스템 자원을 사용하는 것을 목적으로 한다.

> 근거 ❶-1 정보 시스템에 대한 '접근'이란 시스템 자원을 사용하기 위해 시스템과 상호 작용하는 작업을 의미

→ 적절함!

---

④ 접근제어에서는 정보 주체와 정보 객체에 부여된 중요도나 신뢰도에 따라 접근 권한이 관리된다.

> 근거 ❷-1 접근제어에서는 보안등급에 따라 접근 권한이 관리되는데, 이때 '보안등급'은 정보 주체와 객체에 부여된 중요도 또는 신뢰도를 나타낸다.

→ 적절함!

✓ ⑤ 접근제어목록은 **특정 정보 주체가 접근할 수 있는 정보 객체를 목록화하여 관리하기** 위해 사용된다.

> 근거 ❷-5 '접근제어목록'은 특정 객체에 대한 접근 권한을 갖는 주체가 나열된 목록이다.

> 풀이 접근제어목록은 특정 정보 주체가 접근할 수 있는 정보 객체를 목록화한 것이 아니라, '특정 객체에 대한 접근 권한을 갖는 주체'가 나열된 목록이다. 따라서 접근제어목록이 '정보 객체'를 목록화하여 관리하기 위해 사용된다는 설명은 적절하지 않다.

→ 적절하지 않음!

---

005 핵심 개념 파악 - 적절하지 않은 것 고르기 2028학년도 예시문항 15번 | 정답 ②

㉠과 ㉡에 대한 이해로 적절하지 않은 것은?

> ㉠ '임의적 접근제어' ㉡ '강제적 접근제어'

① ㉠과 달리 ㉡은 중앙화된 방식으로 접근 권한을 통제하기 때문에 일률적인 권한 관리가 가능하다는 특징이 있다.

> 근거 ❸-5~7 임의적 접근제어(㉠)는 … 접근 권한의 일률적 통제가 어렵다는 문제가 있다. '강제적 접근제어(㉡)'에서는 보안등급 부여와 접근 권한의 관리가 중앙화된 방식으로 수행된다. 따라서 접근 권한을 일률적으로 통제할 수 있다는 장점이 있다.

→ 적절함!

✓ ② ㉠과 달리 ㉡은 정보 객체의 소유자 외의 정보 주체가 해당 객체를 변경하는 것을 방지하기 위해 사용되는 방식이다.

> 근거 ❸-5 ('임의적 접근제어'에서는) 정보 객체의 소유자가 접근 권한을 임의로 변경할 수 있어서, ❸-8 강제적 접근제어에는 벨라파둘라 모델과 비바 모델 등이 있는데, ❹-2~3 (벨라파둘라 모델에서) 정보 주체는 … 등급이 같거나 높은 문서에 쓰는 것은 허용된다. 비바 모델에서 정보 주체는 … 등급이 같거나 낮은 문서에 대해서는 쓰기가 가능하다.

> 풀이 임의적 접근제어(㉠)에서는 정보 객체의 소유자가 접근 권한을 임의로 변경할 수 있다고 하였으므로, 정보 객체의 소유자가 접근 권한을 어떻게 부여하는지에 따라 정보 객체의 소유자 외의 정보 주체가 해당 객체를 변경할 수 있는지의 여부가 정해진다. 한편 강제적 접근제어(㉡)에는 벨라파둘라 모델과 비바 모델 등이 있는데, 이들 모델에서는 정보 주체의 등급에 따라 문서에 쓰기, 즉 정보 객체 변경이 허용된다고 하였다. 따라서 ㉡이 정보 객체의 소유자 외의 정보 주체가 해당 객체를 변경하는 것을 방지하기 위해 사용되는 방식이라는 설명은 적절하지 않다.

→ 적절하지 않음!

③ ㉡과 달리 ㉠은 정보 객체의 소유자가 접근 권한을 관리하기 때문에 권한 관리가 유연한 방식이다.

> 근거 ❸-3 ('임의적 접근제어'에서는) 객체에 대한 주체의 접근 권한 역시 해당 정보 객체의 소유자가 결정, ❸-5 임의적 접근제어는 구현이 쉽고 권한 관리가 유연한 방식, ❸-6~7 '강제적 접근제어'에서는 보안등급 부여와 접근 권한의 관리가 중앙화된 방식으로 수행된다. 따라서 접근 권한을 일률적으로 통제할 수 있다는 장점이 있다.

> 풀이 보안등급 부여와 접근 권한 관리가 중앙화된 방식으로 수행되어 접근 권한의 일률적 통제가 가능한 강제적 접근제어(㉡)와 달리, 임의적 접근제어(㉠)는 정보 객체의 소유자가 주체의 접근 권한을 결정하므로, 권한 관리가 유연한 방식이다.

→ 적절함!

④ ㉠과 ㉡은 모두 권한을 부여하고 관리하기 위해 사용된다.

> 근거 ❷-1 접근제어에서는 보안등급에 따라 접근 권한이 관리되는데, ❸-2~3 '임의적 접근제어'에서는 정보 객체의 소유자가 해당 객체에 대한 보안등급을 부여한다. 또한 객체에 대한 주체의 접근 권한 역시 해당 정보 객체의 소유자가 결정, ❸-6 '강제적 접근제어'에서는 보안등급 부여와 접근 권한의 관리가 중앙화된 방식으로 수행된다.

→ 적절함!

⑤ ㉠과 ㉡은 모두 접근제어행렬을 이용한 접근 권한 표현이 가능한 방식이다.

근거 ❷-4 '접근제어행렬'은 정보 주체를 행으로, 정보 객체를 열로 구성한 테이블로서, 객체에 대한 주체의 접근 권한은 해당 주체의 행과 해당 객체의 열이 만나는 셀에 기록된다.

풀이 임의적 접근제어(㉠)와 강제적 접근제어(㉡)는 모두 정보 객체에 대한 주체의 접근 권한의 관리와 관련되므로, ㉠과 ㉡은 모두 접근제어행렬을 이용한 접근 권한 표현이 가능한 방식이라는 설명은 적절하다.

→ 적절함!

---

006 | 추론의 적절성 판단 - 적절한 것 고르기 2028학년도 예시문항 16번 | **정답 ③**

㉮의 이유로 가장 적절한 것은?

> ㉮ 벨라파둘라 모델은 기밀 정보의 유출 방지에 적합

▶ 지문 핵심 개념 정리

벨라파둘라 모델 접근제어
- 정보 주체는 자신보다 높은 등급의 문서를 읽는 것이 금지되지만, 등급이 같거나 낮은 문서에 대해서는 읽는 것이 가능함(❹-1)
- 정보 주체는 자신보다 낮은 등급의 문서에 쓰는 것은 금지되지만, 등급이 같거나 높은 문서에 쓰는 것은 허용됨(❹-2)

① 정보 객체의 정보가, 같은 등급의 정보 주체로 전달되지 않기 때문이다.

풀이 벨라파둘라 모델에서, 정보 객체가 문서이고 정보 주체가 객체에 대한 읽기와 쓰기 권한을 갖는다고 하였을 때, 정보 주체는 같은 등급의 문서에 대해 읽거나 쓰는 것이 가능하다. 즉 정보 객체의 정보가 같은 등급의 정보 주체로 전달되는 것이 가능하다. 따라서 정보 객체의 정보가 같은 등급의 정보 주체로 전달되지 않기 때문이라는 것은 ㉮의 이유로 적절하지 않다.

→ 적절하지 않음!

② 정보 주체와 정보 객체의 보안등급이 중앙화된 방식으로 관리되기 때문이다.

근거 ❸-6 '강제적 접근제어'에서는 보안등급 부여와 접근 권한의 관리가 중앙화된 방식으로 수행된다, ❸-8 강제적 접근제어에는 벨라파둘라 모델과 비바 모델 등이 있는데

풀이 벨라파둘라 모델과 비바 모델은 모두 강제적 접근제어에 해당한다. 윗글에서 벨라파둘라 모델은 기밀 정보의 유출 방지에 적합하고, 비바 모델은 정보의 신뢰도 유지에 적합하다고 하였는데, 그 이유를 찾기 위해서는 이 두 모델의 차이점을 살펴보아야 한다. '정보 주체와 정보 객체의 보안등급이 중앙화된 방식으로 관리'된다는 것은 벨라파둘라 모델뿐만 아니라 비바 모델에도 해당하는 설명이므로, 이것을 '벨라파둘라 모델이 기밀 정보의 유출 방지에 적합한 이유'로 볼 수 없다.

→ 적절하지 않음!

✓③ 정보 주체가 자신보다 낮은 등급의 정보 객체에 쓰는 것이 금지되기 때문이다.

풀이 벨라파둘라 모델에서는 정보 주체가 자신보다 높은 등급의 문서를 읽는 것이 금지되고, 자신보다 낮은 등급의 문서에 쓰는 것이 금지된다. 즉 벨라파둘라 모델이 기밀 정보의 유출 방지에 적합한 이유는 정보 주체가 자신보다 높은 등급의 정보 객체에 접근할 수 없고, 정보 주체가 자신이 보유한 정보를 자신보다 낮은 등급의 정보 객체에 쓰는 것 또한 허용되지 않기 때문이다.

→ 적절함!

④ 정보 주체가 자신보다 높은 등급의 정보 객체에 쓰는 것이 가능하기 때문이다.

풀이 벨라파둘라 모델에서 정보 주체가 자신보다 높은 등급의 정보 객체에 쓰는 것이 가능한 것은 맞지만, 이것이 벨라파둘라 모델이 기밀 정보의 유출 방지에 적합한 이유라고 볼 수는 없다.

→ 적절하지 않음!

⑤ 정보 주체와 정보 객체를 중요도에 따라 분류하고 이를 테이블을 이용해서 관리하기 때문이다.

근거 ❷-1 접근제어에서는 보안등급에 따라 접근 권한이 관리되는데, 이때 '보안등급'은 정보 주체와 객체에 부여된 중요도 또는 신뢰도를 나타낸다, ❷-4 '접근제어행렬'은 정보 주체를 행으로, 정보 객체를 열로 구성한 테이블

풀이 정보 주체와 정보 객체를 중요도에 따라 분류하는 것은 접근제어에서 '보안등급'과 관련된 것이고, 정보 주체와 정보 객체를 테이블을 이용해 관리하는 것은 접근제어에서 관리하는 권한이 '접근제어행렬'로 표현된 것을 말한다. '보안등급'이나 '접근제어행렬'은 접근제어 전체에 해당하는 내용이므로, ㉮의 이유로 적절하지 않다.

→ 적절하지 않음!

---

007 | 구체적인 사례에 적용 - 적절하지 않은 것 고르기 2028학년도 예시문항 17번 | **정답 ②**

윗글을 바탕으로 〈보기〉를 이해한 내용으로 적절하지 않은 것은? [3점]

| 보기 |

다음은 비바 모델 접근제어를 사용하는 ○○ 회사의 접근제어행렬이다. 이 회사에는 갑, 을, 병이라는 정보 주체와 A, B, C라는 정보 객체가 있다. 이 회사는 모든 정보 주체 및 객체를 1등급, 2등급, 3등급의 보안등급으로 분류하고 있다. 테이블에서 r은 읽기 권한을, w는 쓰기 권한을 의미한다.

주체＼객체	A	B	C
갑	[ ]	rw	r
을	rw	w	r
병	w	w	rw

▶ 지문 핵심 개념 정리

비바 모델 접근제어
- 정보 주체는 자신보다 높은 등급의 문서에 대해서는 쓰기 권한이 없지만, 등급이 같거나 낮은 문서에 대해서는 쓰기가 가능함(❹-3)
- 정보 주체는 자신보다 낮은 등급의 문서에 대해서는 읽기 권한이 없지만, 등급이 같거나 높은 문서를 읽는 것이 허용됨(❹-4)

① 모든 주체가 B에 대한 쓰기 권한을, C에 대한 읽기 권한을 가지고 있음을 고려할 때, 갑은 A에 대한 읽기 권한을 가지고 있겠군.

풀이 비바 모델에서 정보 주체는 자신보다 높은 등급의 문서에 대해서는 쓰기 권한이 없지만, 등급이 같거나 낮은 문서에 대해서는 쓰기가 가능하다. 〈보기〉에서 모든 주체가 B에 대한 쓰기 권한을 가지고 있다고 하였으므로, B의 보안등급은 3등급으로 분류됨을 알 수 있다. 만약 B의 보안등급이 2등급 이상이라면 3등급으로 분류된 정보 주체는 B에 대한 쓰기 권한을 가질 수 없기 때문이다. 한편 비바 모델에서 정보 주체는 자신보다 낮은 등급의 문서에 대해서는 읽기 권한이 없지만, 등급이 같거나 높은 문서를 읽는 것은 허용된다. 〈보기〉에서 모든 주체가 C에 대한 읽기 권한을 가지고 있다고 하였으므로, C의 보안등급은 1등급이라는 것을 알 수 있다. 만약 C의 보안등급이 2등급이라면 1등급으로 분류된 정보 주체는 C에 대한 읽기 권한을 가질 수 없고, C의 보안등급이 3등급이라면 모든 주체가 B에 대한 쓰기 권한을 가질 수 없기 때문이다. 또한 〈보기〉의 회사는 모든 정보 주체 및 객체를 1등급, 2등급, 3등급의 보안등급으로 분류하고 있다고 하였으므로, 앞에서 정리한 내용을 통해 A의 보안등급은 2등급이라는 것을 알 수 있다. 〈보기〉의 갑은 B에 대해 읽기와 쓰기 권한을 모두 가지고 있으므로, 갑의 보안등급은 B와 같은 3등급이다. 따라서 3등급인 갑은 2등급인 A에 대해 읽기 권한을 가진다.

→ 적절함!

✓② 을은 병에 비해 읽기 권한이 많다는 점을 고려할 때, 보안등급은 을이 병보다 높겠군. *낮겠군*

풀이 비바 모델에서 정보 주체는 자신보다 낮은 등급의 문서에 대해서는 읽기 권한이 없지만, 등급이 같거나 높은 문서를 읽는 것은 허용된다. 즉 비바 모델에서는 정보 주체의 보안등급이 높을수록 읽기 권한이 적다. 〈보기〉에서 을은 병에 비해 읽기 권한이 많으므로, 을의 보안등급은 병의 보안등급보다 낮을 것이다.

→ 적절하지 않음!

③ 을은 A에 대한 읽기 권한과 쓰기 권한을 모두 가지고 있음을 고려할 때, 을과 A의 보안등급은 같겠군.

풀이 비바 모델에서 정보 주체는 자신보다 높은 등급의 문서에 대해서는 쓰기 권한이 없지만, 등급이 같거나 낮은 문서에 대해서는 쓰기가 가능하다. 또한 정보 주체는 자신보다 낮은 등급의 문서에 대해서는 읽기 권한이 없지만, 등급이 같거나 높은 문서를 읽는 것이 허용된다. 〈보기〉에서 을은 A에 대한 읽기 권한과 쓰기 권한을 모두 가지고 있으므로, 을과 A의 보안등급은 같을 것이다.

→ 적절함!

④ 을은 C에 대한 읽기 권한이 있으므로 C보다 보안등급이 낮은 을에게 C의 중요 정보가 유출될 수 있겠군.

풀이 비바 모델에서 정보 주체는 자신보다 낮은 등급의 문서에 대해서는 읽기 권한이 없지만, 등급이 같거나 높은 문서를 읽는 것이 허용된다. 〈보기〉에서 을은 C에 대한 읽기 권한이 있으므로, 을은 C와 보안등급이 같거나 그보다 낮음을 알 수 있다. 따라서 C보다 보안등급이 낮은 을에게 C의 중요 정보가 유출될 수 있다는 설명은 적절하다.

→ 적절함!

⑤ 병이 A와 B에 대한 읽기 권한이 없는 것은 병이 보유한 정보의 신뢰도 *하락을 막기 위한 것이겠군. *下落, 떨어짐

근거 **④-5** 정보 주체는 자신보다 낮은 등급의 문서에 포함된 신뢰도가 낮은 정보를 참조함으로써 자신이 보유한 정보의 신뢰도를 떨어뜨릴 수 있는데, 비바 모델에서는 이를 방지할 수 있다.

풀이 정보 주체는 자신보다 낮은 등급의 문서에 포함된 낮은 정보를 참조함으로써 자신이 보유한 정보의 신뢰도를 떨어뜨릴 수 있는데, 비바 모델에서는 정보 주체가 자신보다 낮은 등급의 문서에 대해 읽기 권한이 없어 이를 방지할 수 있다. 따라서 <보기>에서 병이 A와 B에 대한 읽기 권한이 없는 것은 병이 보유한 정보의 신뢰도 하락을 막기 위한 것이라는 설명은 적절하다.

→ 적절함!

[008~013] 다음 글을 읽고 물음에 답하시오.

(가)

1 [1]표현의 자유는 개인의 인격(人格, 사람으로서의 품격) 발현(發現, 속에 있는 것이 밖으로 나타남)과 민주주의의 유지(維持, 변함없이 계속하여 이어 감) 발전을 위해 필수적이다.(必須的−, 꼭 있어야 한다.) [2]표현의 자유가 보장되지(保障−, 어려움 없이 이루어지도록 보호되지) 않으면 다양한 사상(思想, 어떠한 사물에 대하여 가지고 있는 구체적인 사고나 생각)과 의견이 공론(公論, 여럿이 의논함)의 장(場, 행하여지는 곳)에 진입하지(進入−, 향하여 들어가지) 못한다. [3]표현의 자유가 보장되기 위해서는 ㉠'사전(事前, 일이 일어나기 전)억제(抑制, 억눌러 그치게 함)의 금지원칙'과 '과잉(過剩, 예정하거나 필요한 수량보다 많이 남음)금지원칙'의 적용이 필요하다. [4]사전억제의 금지원칙은 표현하려는 내용을 사전에 심사하여(審査−, 자세하게 조사하여 등급이나 당락 등을 결정하여) 억제해서는 안 된다는 것이다. [5]과잉금지원칙이란, 기본권(基本權, 자유권, 참정권, 사회권 등 인간이 태어날 때부터 가지고 있는 기본적인 권리)을 제한하는(制限−, 일정한 한도를 정하거나 그 한도를 넘지 못하거나 막는) 법률은 '목적의 정당성(正當性, 일의 이치에 맞아 옳고 정의로운 성질)', '수단(手段, 어떤 목적을 이루기 위한 방법, 도구)의 적절성', '침해(侵害, 침범하여 해를 끼침)의 최소성' 그리고 '법익(法益, 어떤 법의 규정이 보호하려고 하는 이익)의 균형성'을 모두 충족해야 한다는 것이다. [6]이들 원칙은 표현의 자유의 본질을 침해하는 것을 막는 데 기여한다.(寄與−, 도움이 되게 한다.)

→ **표현의 자유가 보장되기 위해 필요한 두 가지 원칙**

2 [1]이러한 원칙을 반영하여 표현의 자유를 제한하는 방식, 범위, 대상에 의미 있는 변화가 있었다. [2]우선 표현을 규제하는(規制−, 규칙이나 규정에 의해 일정한 한도를 정하거나 정한 한도를 넘지 못하거나 막는) 방식이 변했다. [3]헌법재판소(憲法裁判所, 입법부에 의해 만들어진 법률이나 국가 기관의 작용이 헌법에 위배되거나 국민의 기본권을 침해하였는지 여부를 심판하는 '헌법 재판'을 담당하는 독립된 국가 기관으로서, 헌법 보장 기관인 동시에 기본권 보장 기관)는 방송 광고 등 상업적(商業的, 상품을 사고파는 행위를 통해 이익을 얻는) 표현물과 일반 영상물에 대한 사전심의(審議, 심사하고 토의함)제도가 행정 기관이 주체가 되어 운영된다는(運營−, 관리되고 쓰인다는) 점에서, 우리 헌법이 금지하는 검열(檢閱, 언론, 출판, 보도, 연극 등의 내용을 사전에 심사하여 그 발표를 통제하는 일)에 해당한다고 결정했다. [4]이들 영역의 심의는 법적인(法的−, 법에 따른) 사후(事後, 일이 끝난 뒤) 심의나 자율적인(自律的−, 자기 스스로의 원칙에 따라 하는) 사전심의로 대체되었다.(代替−, 바뀌었다.)

→ **'방식'의 변화 : 규제 방식의 변화**

3 [1]또한 익명(匿名, 이름을 숨김) 표현의 범위가 확대되었다. [2]인터넷 게시판에 글을 쓰려는 사람들이 사전에 요구 받았던 본인확인제를 헌법재판소는 위헌(違憲, 법률, 명령, 규칙, 처분 등이 헌법에 위반됨)으로 결정했다. [3]헌법재판소는 인터넷에서 건전한(健全−, 한쪽으로 치우치지 않고 정상적이며 위태롭지 않은) 정보의 유통(流通, 막힘 없이 흘러 통함)을 추구하려는 이 제도가 가진 목적의 정당성을 인정하였고, [4]또 본인 확인이 목적 달성에 기여한다는 점에서 수단의 적절성도 인정하였다. [5]그러나 본인확인제는 익명 표현의 장점까지 포괄적으로(包括的−, 모두 끌어넣어) 제한하므로 침해의 최소성은 인정하지 않았다. [6]또한 표현의 자유를 제한하여 얻는 이익에 비해 달성되는(達成−, 이루어지는) 공익(公益, 사회 전체의 이익)이 크지 않다는 점에서 법익의 균형성도 인정하지 않았다.

→ **'범위'의 변화 : 익명 표현 범위의 확대**

---

4 [1]또 일부 대상에 대한 명예훼손(名譽毀損, 공공연하게 다른 사람의 사회적 평가를 떨어뜨리는 사실 또는 허위 사실을 지적하는 일) 책임이 완화되었다.(緩和−, 부드러워지거나 약해졌다.) [2]2002년 대법원은 '공적(公的, 국가나 사회에 관계되는) 인물·공적 사안(事案, 법률, 규정 등에서 문제가 되는 일이나 안)의 법리(法理, 법률의 원리나 논리)'를 도입했다. [3]공적 인물이나 공적 사안에 대한 언론(言論, 매체를 통하여 어떤 사실을 밝혀 알리거나 어떤 문제에 대하여 여론을 형성하는 활동) 보도(報道, 매체를 통해 일반 사람들에게 새로운 소식을 알림)와 사적 인물이나 사적 사안에 대한 언론 보도의 명예훼손 책임을 달리(서로 같지 않게) 취급해야(取扱−, 다루어야) 한다는 것이다. [4]후자(사적 인물이나 사적 사안에 대한 언론 보도)의 경우 인격권의 보호가 우선할 수 있으나, 전자(공적 인물이나 공적 사안에 대한 언론 보도)의 경우 언론 보도의 법적 책임이 완화되어야 한다는 이 법리는 법원의 명예훼손 재판 기준으로 유지되고 있다. [5]법원은 공직자(公職者, 공무원, 국회의원 따위의 공직에 종사하는 사람)나 정치인 등의 도덕성이나 업무 처리에 대한 비판적 보도로 인해 생길 수 있는 언론의 법적 책임을 완화하고 있다. [6]공론의 장에 나선 공적 인물의 명예나 초상권(肖像權, 자기의 초상이 자기 의사를 거스르고 촬영되거나 공표되지 않을 권리) 등의 인격권은 표현의 자유를 위해 한발 물러서야 한다는 것이다.

→ **'대상'의 변화 : 명예훼손 책임의 완화**

(나)

1 [1]디지털 공간에서는 개인의 인격권을 침해하는 정보가 쉽게 확산된다.(擴散−, 흩어져 널리 퍼진다.) [2]자신의 인격권을 침해하는 정보가 인터넷에서 공유되고(共有−, 다른 사람에게 퍼지고), 그 내용이 언론을 통해 공론화되고(公論化−, 여럿이 의논하는 대상이 되고) 있는 상황을 가정해 보자. [3]어떻게 대응할(對應−, 일이나 사태에 맞추어 태도나 행동을 취할) 수 있을까?

→ **개인의 인격권을 침해하는 정보가 쉽게 확산되는 디지털 공간**

2 [1]개인의 사생활을 침해하거나 명예를 훼손하는 정보는 법적 절차를 통해 삭제가 가능하다. [2]일반 이용자가 작성한 게시물이나 댓글의 경우, '정보통신망법'에 의거(依據, 근거하여) 정보통신서비스 제공자에게 피해 사실을 ⓐ소명하고, 삭제를 요청할 수 있다. [3]삭제 요청을 받은 서비스 제공자는 해당 게시물을 ⓑ지체 없이 삭제해야 한다. [4]만약 언론의 보도 기사에 의해 인격권이 침해되고 있다면, 법원 혹은 언론중재위원회(言論仲裁委員會, 언론 등의 보도 또는 매개로 인해 피해를 입은 자들의 반론 보도, 정정 보도, 추후 보도 및 손해 배상 청구에 관한 사건을 접수하여 조정·중재하고, 언론 보도 등으로 인한 침해 사항을 심의하기 위해 설치한 기구)를 통한 기사삭제청구권의 행사(行使, 권리의 내용을 실현함)를 고려해 볼 수 있다. [5]기사삭제청구권은 법률에 규정은 없지만, 법원은 그 기사가 허위(虛僞, 진실이 아닌 것을 진실인 것처럼 꾸민 것)이며 중대하고 ⓒ현저한 침해가 계속되는 경우 기사 삭제 청구를 판례(判例, 법원에서 동일하거나 비슷한 소송 사건에 대해 행한 재판의 선례)를 통해 인정하고 있다. [6]이때 기사의 허위성은 피해자가 입증해야(立證−, 근거나 증거를 들어 증명해야) 한다.

→ **개인의 인격권을 침해하는 정보에 대응하는 방법 ① : 삭제 요청**

3 [1]언론의 보도 기사에 대해서는 언론사(言論社, 신문사나 방송국 등 언론을 담당하는 회사), 언론중재위원회 또는 법원에 정정(訂正, 잘못을 고쳐서 바로잡음)보도나 반론(反論, 남의 의견에 대해 반대하거나 되받아 논의함)보도, 추후(追後, 일이 지나간 얼마 뒤)보도를 청구할 수도 있다. [2]'언론중재법'은 언론 보도가 진실하지 않을 때 진실에 부합하게(符合−, 꼭 들어맞게) 고쳐 달라고 요구할 수 있는 정정보도청구권, 언론 보도의 진실 여부(眞實−, 진실한지 진실하지 않은지)와 관계없이 그에 대립되는 반박적(反駁的, 반대하여 말하는 성격을 띠는) 주장을 보도해 달라고 요구하는 반론보도청구권을 규정하고 있다. [3]또 범죄 혐의(嫌疑, 범죄를 저질렀을 가능성)가 있다거나 형사상의(刑事上−, 형법의 적용을 받는 사건과 관계된) 조치(措置, 벌어지는 사태에 필요한 대책)를 받았다고 언론이 보도했으나 무죄확정판결 또는 혐의없음으로 사건이 종결되었을 때 이를 보도해 달라고 요구할 수 있는 추후보도청구권을 규정하고 있다.

→ **개인의 인격권을 침해하는 정보에 대응하는 방법 ② : 정정·반론·추후보도의 청구**

4 [1]자신에 대한 허위 정보가 시사(時事, 그 당시에 일어난 여러 가지 사회적 사건) 보도 프로그램을 통해 방송될 예정이라면, 법원에 방영(放映, 텔레비전으로 방송을 하는 일)금지가처분(假處分, 법원의 재판으로 어떤 행위를 임시로 요구하는 것)을 신청해 그 내용이 방송되지 않도록 할 수도 있다. [2]방송될 내용이 진실이 아니고 피해자에게 회복하기 어려운 중대하고 현저한(顯著−, 뚜렷이 드러나는) 손해를 입힐 수 있는 경우 법원의 판단하에 방영금지가처분 신청이 ⓓ인용될 수 있다. [3]㉡방영금지가처분제도가 위헌이라는 주장이 있지만 헌법재판소는 방영금지가처분이 과잉금지원칙에 위배되지(違背−, 어겨지지) 않는다고 판단했다. [4]또한 검열에 해당한다는 점도

예시 문항

2028 학년도

ⓔ 부인했다.

→ 개인의 인격권을 침해하는 정보에 대응하는 방법 ③
: 방영금지가처분의 신청

■지문 이해
(가)
〈표현의 자유를 제한하는 방식, 범위, 대상의 변화〉

❶ 표현의 자유가 보장되기 위해 필요한 두 가지 원칙
• 표현의 자유가 필요한 이유 : 개인의 인격 발현과 민주주의의 유지 발전을 위해
• 표현의 자유 보장을 위해 적용해야 할 원칙
  - 사전억제의 금지원칙 : 표현하려는 내용을 사전에 심사하여 억제해서는 안 됨
  - 과잉금지원칙 : 기본권을 제한하는 법률은 목적의 정당성, 수단의 적절성, 침해의 최소성, 법익의 균형성을 모두 충족해야 함

표현의 자유가 확장된 양상

❷ '방식'의 변화 : 규제 방식의 변화
• 헌법재판소는 상업적 표현물과 일반 영상물에 대한 사전심의제도가 우리 헌법이 금지하는 검열에 해당한다고 결정함 → 법적인 사후심의나 자율적인 사전심의로 대체됨

❸ '범위'의 변화 : 익명 표현 범위의 확대
• 헌법재판소는 인터넷 게시판 사용을 위해 사전에 요구 받았던 본인확인제를 위헌으로 결정함
  - 목적의 정당성, 수단의 적절성 : 인정
  - 침해의 최소성, 법익의 균형성 : 인정 ×

❹ '대상'의 변화 : 명예훼손 책임의 완화
• 대법원은 '공적 인물·공적 사안의 법리'를 도입함
  - 공적 인물이나 공적 사안에 대한 언론 보도의 법적 책임을 완화함
  - 공적 인물의 명예나 초상권 등 인격권은 표현의 자유를 위해 한발 물러서야 한다고 봄

(나)
〈개인의 인격권 침해에 대응하는 방법〉

❶ 개인의 인격권을 침해하는 정보가 쉽게 확산되는 디지털 공간

개인의 인격권을 침해하는 정보에 대응하는 방법

❷ 삭제 요청
• 일반 이용자가 작성한 게시물이나 댓글에 의한 인격권 침해
  - 정보통신망법에 의거 정보통신서비스 제공자에게 피해 사실 소명, 삭제 요청
  - 삭제 요청을 받은 서비스 제공자는 해당 게시물을 지체 없이 삭제해야 함
• 언론 보도 기사에 의한 인격권 침해
  - 법원이나 언론중재위원회를 통한 기사삭제청구권 행사
  - 기사의 허위성은 피해자가 입증해야 함

❸ 정정·반론·추후보도의 청구
• 정정보도청구권 : 언론 보도가 진실하지 않을 때, 고쳐 달라고 요구할 수 있는 권리
• 반론보도청구권 : 언론 보도의 진실 여부와 관계없이, 반박적 주장을 보도해 달라고 요구할 수 있는 권리
• 추후보도청구권 : 범죄 혐의가 있다거나 형사상 조치를 받았다고 언론이 보도했으나 무죄확정판결 또는 혐의없음으로 사건이 종결되었을 때 이를 보도해 달라고 요구할 수 있는 권리

❹ 방영금지가처분의 신청
• 자신에 대한 허위 정보가 시사 보도 프로그램에 방송될 예정일 경우
  - 법원에 방영금지가처분 신청

tip • 과잉금지원칙의 네 가지 요건

① 목적의 정당성
  개별 법률의 입법 목적이 헌법에서 말하는 국가안전보장, 질서유지, 공공복리에 해당해야 한다.
② 수단의 적절성
  입법 목적을 달성하기 위한 방법이 효과적이고 적절해야 한다.
③ 침해의 최소성
  입법 목적이 정당하더라도, 다른 대안이 없을지 깊이 생각하여 기본권이 최소한으로 제한받는 방향을 찾아야 한다.
④ 법익의 균형성
  입법을 통해 보호하려는 공익과 그로 인해 불러오게 되는 사적 불이익을 비교했을 때, 규제함으로써 보호되는 공익이 크거나 적어도 둘 사이의 균형이 유지되어야 한다.

008 글의 서술 방식 파악 - 적절한 것 고르기 2028학년도 예시문항 18번 | 정답 ②

(가), (나)에 대한 설명으로 가장 적절한 것은?

근거 (가)-❷-1~2 표현의 자유를 제한하는 방식, 범위, 대상에 의미 있는 변화가 있었다. 우선 표현을 규제하는 방식이 변했다, (가)-❸-1 또한 익명 표현의 범위가 확대되었다, (가)-❹-1 또 일부 대상에 대한 명예훼손 책임이 완화되었다, (나)-❶-2~3 자신의 인격권을 침해하는 정보가 … 공론화되고 있는 상황을 가정해 보자. 어떻게 대응할 수 있을까?, (나)-❷-1 개인의 사생활을 침해하거나 명예를 훼손하는 정보는 법적 절차를 통해 삭제가 가능, (나)-❸-1 언론의 보도 기사에 대해서는 … 정정보도나 반론보도, 추후보도를 청구할 수도 있다, (나)-❹-1 법원에 방영금지가처분을 신청해 그 내용이 방송되지 않도록 할 수도 있다.

풀이 (가)에서는 표현의 자유가 필요한 이유와 표현의 자유가 보장되기 위해 필요한 원칙을 밝히고, 표현의 자유가 확장된 양상을 설명하였다. (나)에서는 개인의 인격권이 침해되었을 경우 대응할 수 있는 방법을 설명하고 있다. 따라서 정답은 ②번이다.

① (가)는 표현의 자유를 보호하는 절차를, (나)는 인격권의 필요성을 설명하고 있다.

② (가)는 표현의 자유가 확장된 *양상을, (나)는 인격권 침해에 대한 **구제 방법을 소개하고 있다. *樣相, 모습, 모양 **救濟, 재해를 겪거나 어려운 처지에 있는 사람을 도와줌
→ 적절함!

③ (가)는 표현의 자유가 강조된 배경을, (나)는 인격권의 정의에 대한 다양한 시각을 제시하고 있다.

④ (가)는 표현의 자유에 관한 *상반되는 의견을, (나)는 인격권에 관한 **절충적인 의견을 제시하고 있다. *相反-, 서로 반대되는 **折衷-, 서로 다른 견해나 관점을 어느 편에 치우침 없이 조절하여 알맞게 한

⑤ (가)와 (나)는 모두 표현의 자유와 관련하여 대립되는 학자들의 이론을 비교하여 설명하고 있다.

009 세부 정보 이해 - 적절한 것 고르기기 2028학년도 예시문항 19번 | 정답 ③

(가)에 대한 이해로 가장 적절한 것은?

① 상업적 광고에 대한 심의는 사후에만 허용된다.
근거 (가)-❷-4 이들 영역(방송 광고 등 상업적 표현물과 일반 영상물)의 심의는 법적인 사후심의나 자율적인 사전심의로 대체되었다.
풀이 상업적 광고에 대해서는 법적인 사후심의나 자율적인 사전심의가 가능하다.
→ 적절하지 않음!

② 표현의 자유를 보장하는 이유는 개인의 명예 보호와 민주주의 발전을 위해서이다.
근거 (가)-❶-1 표현의 자유는 개인의 인격 발현과 민주주의의 유지 발전을 위해 필수적이다.
풀이 윗글에서는 표현의 자유가 개인의 인격 발현과 민주주의의 유지 발전을 위해 필수적이라고 설명하였다. 한편 윗글의 ❹문단에서는 표현의 자유 보장을 위해 일부 대상에 대한 명예훼손 책임이 완화되었음을 설명하면서, '공적 인물의 명예나 초상권 등의 인격권은 표현의 자유를 위해 한발 물러서야 한다'고 본 법원의 법리 도입 취지를 설명하고 있다. 이러한 윗글의 설명을 바탕으로 할 때, 표현의 자유를 보장하는

이유가 '개인의 명예 보호'를 위한 것이라고 보기 어렵다.

→ 적절하지 않음!

✓③ 공적 인물에 대한 인격권과 표현의 자유가 대립할 때는 표현의 자유를 *우위에 둔다.
*優位, 남보다 유리한 위치나 입장

근거 (가)-❹-6 공적 인물의 명예나 초상권 등의 인격권은 표현의 자유를 위해 한발 물러서야 한다는 것

→ 적절함!

~~언론 보도의 법적 책임 완화를~~

④ 공적 사안에 대한 언론의 무분별한 보도를 방지하기 위해 '공적 인물·공적 사안의 법리'가 채택되었다.

근거 (가)-❹-2 2002년 대법원은 '공적 인물·공적 사안의 법리'를 도입, (가)-❹-4 전자의 경우 언론 보도의 법적 책임이 완화되어야 한다는 이 법리

풀이 '공적 인물·공적 사안의 법리'는 공적 인물이나 공적 사안에 대한 언론 보도의 법적 책임을 완화하기 위한 것이지, 공적 사안에 대한 언론의 무분별한 보도를 방지하기 위한 것이 아니다.

→ 적절하지 않음!

⑤ 영상물에 대한 심의가 검열이라고 판단된 것은 심의 시기와 관련 없이 행정 기관이 주체가 되어 진행되었기 때문이다.

근거 (가)-❷-3~4 헌법재판소는 방송 광고 등 상업적 표현물과 일반 영상물에 대한 사전 심의제도가 행정 기관이 주체가 되어 운영된다는 점에서, 우리 헌법이 금지하는 검열에 해당한다고 결정했다. 이들 영역의 심의는 법적인 사후심의나 자율적인 사전 심의로 대체되었다.

풀이 헌법재판소는 '행정 기관이 주체가 되어 운영된다는 점에서' 영상물에 대한 사전심의제도가 검열에 해당한다고 결정하였다. 따라서 영상물에 대한 심의가 검열이라고 판단된 것은 행정 기관이 주체가 되어 진행되었기 때문이라는 설명은 적절하다. 한편 이들 영역의 심의가 '법적인 사후심의'나 '자율적인 사전심의'로 대체되었다고 하였으므로, 헌법재판소는 심의 시기가 '사전'이 아니라 '사후'라면 검열에 해당한다고 보지 않았음을 알 수 있다. 따라서 이러한 결정이 '심의 시기와 관련 없이' 이루어진 것이라고 볼 수는 없다.

→ 적절하지 않음!

---

010 | 세부 정보 이해 - 적절하지 않은 것 고르기 2028학년도 예시문항 20번 | 정답 ①

다음은 학생이 작성한 학습 활동지이다. (나)를 바탕으로 할 때, 적절하지 않은 것은?

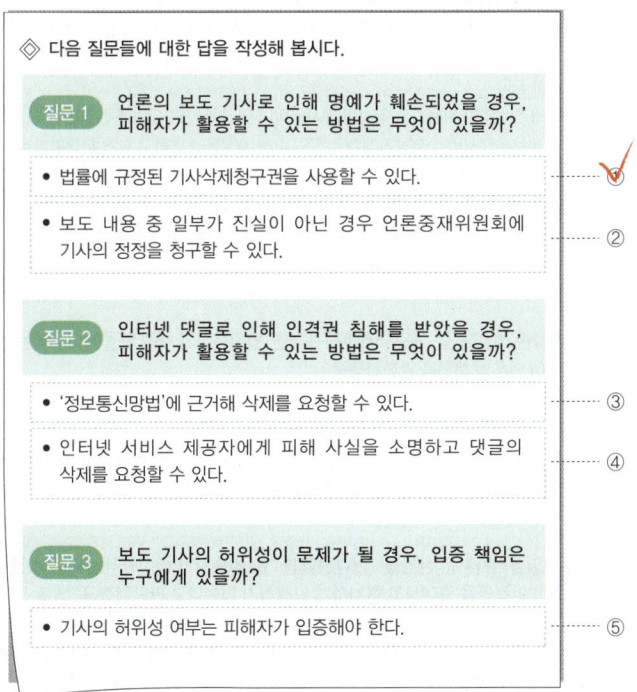

◇ 다음 질문들에 대한 답을 작성해 봅시다.

질문 1 언론의 보도 기사로 인해 명예가 훼손되었을 경우, 피해자가 활용할 수 있는 방법은 무엇이 있을까?

• 법률에 규정된 기사삭제청구권을 사용할 수 있다. ……………… ✓①

• 보도 내용 중 일부가 진실이 아닌 경우 언론중재위원회에 기사의 정정을 청구할 수 있다. ………………………… ②

질문 2 인터넷 댓글로 인해 인격권 침해를 받았을 경우, 피해자가 활용할 수 있는 방법은 무엇이 있을까?

• '정보통신망법'에 근거해 삭제를 요청할 수 있다. ……………… ③

• 인터넷 서비스 제공자에게 피해 사실을 소명하고 댓글의 삭제를 요청할 수 있다. …………………………… ④

질문 3 보도 기사의 허위성이 문제가 될 경우, 입증 책임은 누구에게 있을까?

• 기사의 허위성 여부는 피해자가 입증해야 한다. ……………… ⑤

✓① 법률에 규정된 기사삭제청구권을 사용할 수 있다.

근거 (나)-❷-5 기사삭제청구권은 법률에 규정은 없지만

풀이 언론의 보도 기사에 의해 인격권이 침해되고 있다면 기사삭제청구권을 행사할 수 있는 것은 맞지만, 기사삭제청구권이 법률에 규정된 것은 아니다.

→ 적절하지 않음!

② 보도 내용 중 일부가 진실이 아닌 경우 언론중재위원회에 기사의 정정을 청구할 수 있다.

근거 (나)-❸-1~2 언론의 보도 기사에 대해서는 언론사, 언론중재위원회 또는 법원에 정정보도나 반론보도, 추후보도를 청구할 수도 있다. … 언론 보도가 진실하지 않을 때 진실에 부합하게 고쳐 달라고 요구할 수 있는 정정보도청구권

풀이 언론의 보도 기사에 대해 보도 내용이 진실하지 않을 때 언론사, 언론중재위원회 또는 법원에 기사의 정정을 청구할 수 있다.

→ 적절함!

③ '정보통신망법'에 근거해 삭제를 요청할 수 있다.

근거 (나)-❷-2 일반 이용자가 작성한 게시물이나 댓글의 경우, '정보통신망법'에 의거 정보통신서비스 제공자에게 피해 사실을 소명하고, 삭제를 요청할 수 있다.

→ 적절함!

④ 인터넷 서비스 제공자에게 피해 사실을 소명하고 댓글의 삭제를 요청할 수 있다.

근거 (나)-❷-2 일반 이용자가 작성한 게시물이나 댓글의 경우, '정보통신망법'에 의거 정보통신서비스 제공자에게 피해 사실을 소명하고, 삭제를 요청할 수 있다.

→ 적절함!

⑤ 기사의 허위성 여부는 피해자가 입증해야 한다.

근거 (나)-❷-6 기사의 허위성은 피해자가 입증해야 한다.

→ 적절함!

---

011 | 추론의 적절성 판단 - 적절하지 않은 것 고르기 2028학년도 예시문항 21번 | 정답 ⑤

㉠을 바탕으로 ㉡을 비판한 내용으로 적절하지 않은 것은?

㉠ '사전억제의 금지원칙'과 '과잉금지원칙'의 적용이 필요하다.
㉡ 방영금지가처분제도가 위헌이라는 주장

① 행정 기관이 주체가 되어 심사하는 것이 아니므로 '사전억제의 금지원칙'에 위반되지 않는다.

근거 (가)-❶-4 사전억제의 금지원칙은 표현하려는 내용을 사전에 심사하여 억제해서는 안 된다는 것, (가)-❷-3 헌법재판소는 방송 광고 등 상업적 표현물과 일반 영상물에 대한 사전심의제도가 행정 기관이 주체가 되어 운영된다는 점에서, 우리 헌법이 금지하는 검열에 해당한다고 결정, (나)-❹-3~4 (헌법재판소는 방영금지가처분이) 검열에 해당한다는 점도 부인

풀이 헌법재판소는 상업적 표현물과 일반 영상물에 대한 사전심의제도가, 행정 기관이 주체가 되어 운영된다는 점에서 검열에 해당한다고 결정하였다. 이와 같은 관점에서 방영금지가처분제도는 행정 기관이 주체가 되어 운영되는 것이 아니라, 법원의 판단으로 인용과 기각이 결정되므로, '사전억제의 금지원칙'에 위반되지 않는다고 주장할 수 있다. 따라서 방영금지가처분제도가 위헌이라는 주장에 대해, 사전억제의 금지원칙에 위반되지 않는다는 점을 들어 비판할 수 있을 것이다.

→ 적절함!

② 방송으로 인해 훼손된 인격은 다시 회복되기 어려우므로 이를 예방한다는 '목적의 정당성'이 인정된다.

근거 (가)-❶-5 과잉금지원칙이란, 기본권을 제한하는 법률은 '목적의 정당성', '수단의 적절성', '침해의 최소성' 그리고 '법익의 균형성'을 모두 충족해야 한다는 것

풀이 방송으로 인해 훼손된 인격은 다시 회복되기 어려우므로 이를 예방한다는 '목적의 정당성'이 인정된다는 점을 들어 ㉡을 비판하는 것은, 과잉금지원칙을 충족한다는 점을 근거로 방영금지가처분제도가 위헌이 아니라고 주장하는 것이다. 따라서 ㉠을 바탕으로 ㉡을 비판한 내용으로 적절하다.

→ 적절함!

③ 인격권을 *손상할 것이 **명백한 방송이라면, 이를 사전에 금지하는 것이 ***불가피하므로 '수단의 적절성'이 인정된다. *損傷-, 상하게 할 **明白-, 의심할 바 없이 아주 뚜렷한 ***不可避-, 피할 수 없으므로

풀이 인격권 침해 방지라는 목적을 달성하기 위한 방법으로 방영금지가처분제도가 효과적이고 적절한 수단이 된다는 점을 인정하는 것은, 과잉금지원칙 중 '수단의 적절성'을 충족한다는 점을 근거로 방영금지가처분제도가 위헌이 아니라고 주장하는 것이다. 따라서 ㉠을 바탕으로 ㉡을 비판한 내용으로 적절하다.

→ 적절함!

④ **현저하게 피해가 예상되는 경우에만 제한적으로 허용한다는 점에서 '침해의 최소성'이 인정된다.**

근거 **(가)-①-5** 과잉금지원칙이란, 기본권을 제한하는 법률은 '목적의 정당성', '수단의 적절성', '침해의 최소성' 그리고 '법익의 균형성'을 모두 충족해야 한다는 것

풀이 방영금지가처분을 현저하게 피해가 예상되는 경우에만 제한적으로 허용하여 기본권의 제한을 최소화한다는 점을 인정하는 것은, 과잉금지원칙 중 '침해의 최소성'을 충족한다는 것을 근거로 방영금지가처분제도가 위헌이 아니라고 주장하는 것이다. 따라서 ㉠을 바탕으로 ㉡을 비판한 내용으로 적절하다.

→ 적절함!

⑤ **허위 사실의 방송을 금지함으로써 얻는 이익보다, 표현의 자유를 제한함으로써 발생하는 불이익이 크다는 면에서 '법익의 균형성'을 충족한다.**

근거 **(가)-①-5** 과잉금지원칙이란, 기본권을 제한하는 법률은 '목적의 정당성', '수단의 적절성', '침해의 최소성' 그리고 '법익의 균형성'을 모두 충족해야 한다는 것, **(나)-④-3** 방영금지가처분제도가 위헌이라는 주장이 있지만 헌법재판소는 방영금지가처분이 과잉금지원칙에 위배되지 않는다고 판단

풀이 허위 사실의 방송을 금지함으로써 얻는 이익보다 표현의 자유를 제한함으로써 발생하는 불이익이 크다면, 이는 법익의 균형성을 충족하지 못한 것이다. 따라서 이것을 '법익의 균형성을 충족한다'고 설명한 것은 적절하지 않다. 또한 방영금지가처분제도가 법익의 균형성을 충족하지 못한다고 보는 입장에서는 방영금지가처분이 과잉금지원칙에 위배된다고 판단하여, 방영금지가처분제도가 위헌이라고 주장할 것이다. 이는 ㉡을 비판하는 내용이 아니라, 오히려 ㉡에 동의하는 내용에 가깝다.

→ 적절하지 않음!

---

012 | 문맥적 의미 파악 - 적절하지 않은 것 고르기 | 2028학년도 예시문항 22번 | **정답 ②**

ⓐ~ⓔ의 문맥상 의미를 파악한 것으로 적절하지 않은 것은?

| ⓐ 소명하고, | ⓑ 지체 없이 | ⓒ 현저한 | ⓓ 인용될 | ⓔ 부인했다 |

① ⓐ : 근거를 갖추어 피해 사실을 '밝혀 설명하고'라는 의미이다.
풀이 '소명(疏 소통하다 소 明 밝히다 명)하다'는 '까닭이나 이유를 밝혀 설명하다'의 의미이다.
예문 의혹에 대해 소명할 기회를 주었다.

→ 적절함!

② ⓑ : 게시물을 충분히 검토하여 '착오가 없이'라는 의미이다.
풀이 '지체(遲 늦다 지 滯 막히다 체)'는 '때를 늦추거나 질질 끎'의 의미로, '지체 없이'는 문맥상 '착오가 없이'의 뜻이 아니라, '때를 늦추거나 질질 끄는 것이 없이'의 뜻이다.
예문 매우 급하니 지체 없이 이곳을 어서 떠나라.

→ 적절하지 않음!

③ ⓒ : 피해 사실이 '분명하게 드러나 있는'이라는 의미이다.
풀이 '현저(顯 드러나다 현 著 분명하다 저)하다'는 '뚜렷이 드러나 있다'의 의미이다.
예문 사람마다 그 사건에 대한 의견의 차이가 현저하다.

→ 적절함!

④ ⓓ : 신청이 '인정되고 받아들여질'이라는 의미이다.
풀이 '인용(認 알다 인 容 받아들이다 용)되다'는 '인정되어 받아들여지다'의 의미이다.
예문 법원에서 구속취소 청구가 인용되었다.

→ 적절함!

⑤ ⓔ : 검열이라는 주장을 '받아들이지 않았다'라는 의미이다.
풀이 '부인(否 아니다 부 認 인정하다 인)하다'는 '어떤 내용이나 사실을 옳거나 그러하다고 인정하지 아니하다'의 의미이다.
예문 그는 신문에 보도된 내용을 강력하게 부인했다.

→ 적절함!

---

013 | 구체적인 사례에 적용 - 적절하지 않은 것 고르기 | 2028학년도 예시문항 23번 | **정답 ①**

(가)와 (나)를 참고하여 〈보기〉를 이해한 내용으로 적절하지 않은 것은? [3점]

| 보기 |
[1]'갑' 신문사는 공적 인물인 A가 불법(不法, 법에 어긋남) 거래(去來, 주고받음, 또는 사고팖)로 부당한(不當−, 이치에 맞지 않은) 이익을 얻은 의혹(疑惑, 의심하여 수상히 여김)이 있다는 기사를 내보냈다. [2]일반인 B는 포털(portal, 수많은 인터넷 사이트들을 특정한 분류에 따라 정리해 놓고, 주소를 링크시켜서 사용자들이 원하는 곳을 쉽게 찾아갈 수 있도록 만든 사이트) 게시판에, 보도된 의혹 외에 A가 추가로 부당 이익을 얻은 적이 있다는 글을 익명으로 올렸다. [3]사건이 커지자 '을' 방송사는 A의 부당 이익 수취(受取, 받아서 가짐)에 대한 의혹을 다룬 시사 보도 프로그램을 1주일 후 방영하겠다고 방송에서 예고했다. [4]A는 방영금지가처분을 신청했다.

① **A에 대한 의혹이 진실이라면, A는 '갑' 신문사의 기사를 반박하는 내용을 보도해 달라고 청구할 수 없겠군.**
〔진실이라 하더라도 / 청구할 수 있다〕
근거 **(나)-③-2** 언론 보도의 진실 여부와 관계없이 그에 대립되는 반박적 주장을 보도해 달라고 요구하는 반론보도청구권
풀이 언론중재법의 규정에 따르면 언론 보도의 진실 여부와 관계없이, 그에 대립되는 반박적 주장을 보도해 달라고 요구할 수 있다. 따라서 A에 대한 의혹이 진실이든 아니든 상관없이, A는 '갑' 신문사의 기사를 반박하는 내용을 보도해 달라고 청구할 수 있다.

→ 적절하지 않음!

② **A의 혐의가 무죄로 종결되고 A의 청구가 있다면, 법원은 '을' 방송사에 해당 사실을 보도하라고 판결하겠군.**
근거 **(나)-③-3** 범죄 혐의가 있다거나 형사상의 조치를 받았다고 언론이 보도했으나 무죄확정판결 또는 혐의없음으로 사건이 종결되었을 때 이를 보도해 달라고 요구할 수 있는 추후보도청구권을 규정
풀이 A의 혐의가 무죄로 종결되었을 경우, 언론중재법에서 규정한 바에 따라 A는 법원에 '을' 방송사를 상대로 추후보도를 청구할 수 있다. 이때 법원은 규정에 따라 '을' 방송사에 해당 사실을 보도하라고 판결할 것이다.

→ 적절함!

③ **B가 게시한 A에 대한 의혹이 진실이 아니며 A의 삭제 요청이 있었다면, 포털의 서비스 제공자는 게시물을 삭제해야겠군.**
근거 **〈보기〉-2** 일반인 B는 포털 게시판에, … A가 추가로 부당 이익을 얻은 적이 있다는 글을 익명으로 올렸다, **(가)-②-2~3** 일반 이용자가 작성한 게시물이나 댓글의 경우, '정보통신망법'에 의거 정보통신서비스 제공자에게 피해 사실을 소명하고, 삭제를 요청할 수 있다. 삭제 요청을 받은 서비스 제공자는 해당 게시물을 지체 없이 삭제해야 한다.
풀이 피해자는 일반 이용자가 작성한 게시글이나 댓글에 대해, '정보통신망법'에 의거하여 정보통신서비스 제공자에게 자신의 피해 사실을 소명하고 삭제를 요청할 수 있다. 또한 삭제 요청을 받은 서비스 제공자는 해당 게시물을 지체 없이 삭제해야 한다. 따라서 〈보기〉에서 일반인 B가 게시한 A에 대한 의혹이 진실이 아니며, A의 삭제 요청이 있었다면, 포털의 서비스 제공자는 해당 게시물을 지체 없이 삭제해야 한다.

→ 적절함!

④ **A가 명예훼손 책임을 '갑' 신문사에게 묻는다면, 법원은 A가 사적 인물이 아니라는 점을 고려하여 언론의 책임을 완화하겠군.**
근거 **〈보기〉-1** '갑' 신문사는 공적 인물인 A가 불법 거래로 부당한 이익을 얻은 의혹이 있다는 기사를 내보냈다, **(가)-④-1** 일부 대상에 대한 명예훼손 책임이 완화되었다, **(가)-④-5** 법원은 공직자나 정치인 등의 도덕성이나 업무 처리에 대한 비판적 보도로 인해 생길 수 있는 언론의 법적 책임을 완화하고 있다.

→ 적절함!

⑤ **법원이 방영금지가처분 신청을 *기각했다면, '을' 방송사가 방송하려는 내용이 진실이거나 A의 인격권을 중대하고 현저하게 침해하지 않는다고 판단했겠군.** *棄却−, 법원이 소송을 심리한 결과, 이유가 없거나 적법하지 않다고 판단하여 도로 물리쳤다면
근거 **(나)-④-1~2** 자신에 대한 허위 정보가 시사 보도 프로그램을 통해 방송될 예정이라면, 법원에 방영금지가처분을 신청해 그 내용이 방송되지 않도록 할 수도 있다. 방송될 내용이 진실이 아니고 피해자에게 회복하기 어려운 중대하고 현저한 손해를 입힐 수 있는 경우 법원의 판단하에 방영금지가처분 신청이 인용될 수 있다.

풀이 윗글의 설명에 따르면 법원은 시사 보도 프로그램에서 방송될 내용이 진실이 아니고 피해자에게 회복하기 어려운 중대하고 현저한 손해를 입힐 수 있다고 판단하였을 때, 방영금지가처분을 인용하여 해당 내용이 방송되지 않도록 할 수 있다. 따라서 법원이 방영금지가처분 신청을 기각하였다면, 이때 법원은 '을' 방송사가 방송하려는 내용이 진실이거나, A에게 회복하기 어려운 중대하고 현저한 손해를 입히지 않는다고 판단하였을 것이다.

→ 적절함!

[014~017] (가)와 (나)는 학생이 읽은 글이고, (다)는 이를 바탕으로 쓴 논증하는 글의 초고이다. 물음에 답하시오.

(가)

1 [1]주어진 **자원**(資源, 인간 생활 및 경제 생산에 이용되는 원료로서의 광물, 산림, 수산물 등 물적 자료 및 노동력, 기술 등을 통틀어 이르는 말)이 **한정적인**(限定的−, 수량이나 범위 등이 제한된) 상황에서는 **합리적**(合理的, 이론이나 이치에 합당한) 선택이 중요하다. [2]합리적 선택을 위해서는 선택으로 얻게 되는 **만족**(滿足, 마음에 흡족함)과 기회비용을 함께 판단해야 한다. [3]기회비용은 어떤 선택을 함으로써 포기하는 것의 **가치**(價値, 지니고 있는 쓸모)가 무엇인지를 따지는 개념이다. [4]기회비용은 대안을 선택함으로써 실제 지출하는 **비용**(費用, 드는 돈)과 다른 대안을 선택했다면 얻을 수 있었던 가치를 함께 고려하여 구한다.

선택한 대안 *다른 대안*
대안을 선택함으로써 실제 지출하는 비용
→ **기회비용의 개념**

2 [1]일요일에 도서관에서 책을 읽으려고 했는데, 친구가 공연 **관람**(觀覽, 구경함)을 가자고 한다. [2]만약 공연 관람을 선택한다면 공연 **관람료**(觀覽料, 구경하기 위해 내는 요금)가 실제 지출하는 비용이고, 도서관에서 책을 읽는다면 얻을 수 있는 만족이 공연 관람으로 포기한 것의 가치에 해당한다. [3]기회비용을 구할 때, 공연 관람료처럼 대안을 선택함으로써 실제 지출하는 비용을 고려하지 못하는 경우가 종종 있다. [4]하지만 그 비용은 다른 곳에 사용했다면 얻을 수 있는 만족을 포기한 것이기 때문에 기회비용에 포함되어야 한다.

다른 대안을 선택했다면 얻을 수 있었던 가치
→ **기회비용 산출의 예**

3 [1]합리적 선택을 할 때 고려할 필요가 없는 비용도 있다. [2]바로 **매몰**(埋沒, 보이지 않게 파묻히거나 파묻음) 비용이다. [3]매몰 비용이란 이미 **투입되어**(投入−, 필요한 곳에 넣어져) 다시 **회수할**(回收−, 도로 거두어들일) 수 없는 비용으로, **의사**(意思, 무엇을 하고자 하는 생각) 결정 시 고려해서는 안 된다. [4]**가령**(假令, 예를 들어) 공연이 시시하여 관람을 계속할지 말지를 선택하는 경우 관람료가 아까워 계속 관람하는 것은 **비합리적**(非合理的, 정당한 이치나 도리에 맞지 않는) 선택이다. [5]그러므로 되돌릴 수 없는 매몰 비용이 아니라 앞으로의 선택이 가져올 기회비용을 **산출하는**(算出−, 계산해 내는) 것이 합리적 선택을 위한 효과적인 **전략**(戰略, 꾀와 방법)이다.

→ **매몰 비용의 개념**

(나)

1 [1]**정책**(政策, 정부나 공공 기관에서 공익을 실현할 목적으로 수행하는 활동 방침이나 계획) 영역에서는 정보가 충분한 경우 대안이 가져올 결과를 서로 비교 가능하다고 본다. [2]그런데 가치가 **충돌하는**(衝突−, 서로 맞서는) **공공사업**(公共事業, 국가 또는 지방자치단체가 쾌적하고 살기 좋은 지역을 만들기 위해 여러 가지 시설을 만들고 유지하는 일)의 경우 가치의 **우선순위**(優先順位, 어떤 것을 먼저 차지하거나 사용할 수 있는 차례, 위치)를 정하기 어려운 상황에서 의사 결정이 이루어지는 때가 많다. [3]이러한 현실 정책 상황으로 인해 딜레마에서의 의사 결정이 주목받고 있다. [4]이때 딜레마란 '두 개의 **배타적**(排他的, 동시에 선택할 수 없는) 대안이 존재하고, 두 대안이 가져올 결과가 **상충적**이며(相衝−, 맞지 않고 서로 어긋나며), 각 대안을 **지지하는**(支持−, 옳거나 좋다고 판단하여 그에 뜻을 같이하며 이를 위해 힘을 쓰는) 행위자들이 서로 **대립하고**(對立−, 서로 맞서거나 반대되는 상태에 서고) 있지만, 주어진 시간 내에 결정을 내려야 하는 문제 상황으로 **정의할**(定義−, 뜻을 명백히 밝혀 규정할) 수 있다.

→ **정책 결정 과정에서 발생하는 딜레마 상황과 딜레마의 정의**

2 [1]한편, 딜레마와 **유사해**(類似−, 서로 비슷해) 보이지만 딜레마와는 **구별되는**(區別−, 차이가 나는) 상황이 있다. [2]정보의 불확실성으로 인해 결정이 **곤란한**(困難−, 어려운) 상황이나 정책의 **모호성**(模糊性, 정확하게 무엇을 나타내는지 알기 어려운 성질)으로 인해 결정이 곤란한 상황 등이다. [3]불확실성은 정보를 추가적으로 **탐색하여**(探索

−, 살피어 찾아) **해소할**(解消−, 해결하여 없애 버릴) 수 있고 모호성은 정책의 의미를 보다 분명하게 제시하여 해소할 수 있기 때문에 이러한 상황들은 딜레마로 보기 어렵다.

→ **딜레마와 구별되는 상황**

3 [1]딜레마에서의 의사 결정에 관한 논의의 **함의**(含意, 말이나 글 속에 들어 있는 뜻)는 대안을 평가할 정보를 충분히 갖고 있다고 할지라도 대안을 비교하기 어렵다는 것이다. [2]딜레마에서의 의사 결정에는 가치가 개입되고 그 가치들이 서로 충돌하는 상황에서 의사 결정이 이루어질 수밖에 없다.

→ **딜레마에서의 의사 결정의 어려움**

(다)

1 [1]우리 지역의 ○○ **부지**(敷地, 건물을 세우거나 도로를 만들기 위해 마련한 땅)에 **하수**(下水, 빗물이나 집, 공장, 병원 등에서 쓰고 버리는 더러운 물) 처리 시설 **유치**(誘致, 이끌어 들임) 여부를 연말까지 결정해야 하는 상황에서 사람들의 **찬반**(贊反, 찬성과 반대) **논쟁**(論爭, 서로 다른 의견을 가진 사람들이 각각 자기의 주장을 말이나 글로 논하여 다툼)이 **첨예하게**(尖銳−, 날카롭고 격하게) 벌어지고 있다. [2]나는 하수 처리 시설을 유치해야 한다고 생각한다. [3]우리에게 주어진 자원이 한정적인 상황에서 하수 처리 시설을 유치하는 것이 합리적 선택이기 때문이다.

→ **주장과 이유**

2 [1]그 근거로 우선 지역 주민 소득 증가 효과를 들 수 있다. [2]시설을 유치할 경우 시설 **구축**(構築, 시설물을 쌓아 올려 만듦) 비용뿐만 아니라 **보조금**(補助金, 국가 또는 지방자치단체가 행정상의 목적을 달성하기 위해 공공 단체, 경제 단체 또는 개인에 대하여 내어 주는 돈)이 정부에서 **지급될**(支給−, 정해진 몫만큼 내어질) 예정이다. [3]이를 활용하여 지역 경제 **활성화**(活性化, 활발하게 함) 프로그램을 **시행할**(施行−, 실제 행할) 수 있다. [4]△△ 기관 연구 보고서에 따르면 지방 자치 단체의 경제 활성화 프로그램이 지역 주민의 소득 증가에 **유의미한**(有意味−, 의미가 있는) 영향을 미치는 것으로 조사되었다.

→ **근거①**

3 [1]또한, 지역민의 **정서적**(情緖的, 사람의 마음에 일어나는 여러 가지 감정과 관련된) 만족도를 높일 수 있다. [2]지하에 구축될 하수 처리 시설의 **지상**(地上, 땅 위)에는 공원이 들어설 예정이다. [3]도시 계획 전문가 이□□에 따르면 **여가**(餘暇, 일이 없어 남는 시간)와 휴식 공간이 있는 곳에 **거주하는**(居住−, 머물러 사는) 지역민은 그렇지 않은 지역민보다 정서적 만족도가 1.5배가량 높다고 한다.

→ **근거②**

4 [A] [1]물론, 이에 대해 해당 부지의 환경적 가치가 중요하다며 하수 처리 시설 유치를 반대할 수도 있다. [2]하지만 현재 산출한 기회비용은 해당 부지의 환경적 가치는 물론, 부지의 다른 가치도 모두 포함한 것이다.

→ **예상되는 반론에 대한 반박**

5 [1]그러므로 현재 우리에게 주어진 조건 속에서는 하수 처리 시설을 유치하는 것이 가장 합리적 선택이다.

→ **결론**

■**지문 이해**

(가)

〈합리적 선택을 위한 기회비용 산출〉

❶ 기회비용의 개념
• 합리적 선택을 위해서는 선택으로 얻을 수 있는 만족과 기회비용을 함께 판단해야 함 • 기회비용 : 어떤 선택을 함으로써 포기하는 것의 가치를 따지는 것 • 기회비용의 산출 : 대안을 선택함으로써 실제 지출하는 비용과 다른 대안을 선택했다면 얻을 수 있었던 가치를 함께 고려함

❷ 기회비용 산출의 예
• 기회비용 산출 시 대안을 선택함으로써 실제 지출하는 비용이 기회비용에 포함되는 이유 : 다른 곳에 사용했다면 얻을 수 있는 만족을 포기한 것이기 때문

❸ 매몰 비용의 개념
• 매몰 비용 : 이미 투입되어 다시 회수할 수 없는 비용, 의사 결정 시 고려 × • 되돌릴 수 없는 매몰 비용이 아니라, 앞으로의 선택이 가져올 기회비용을 산출하는 것이 합리적 선택을 위해 효과적임

예시문항
2028학년도

(나)

〈정책 결정 과정에서 발생하는, 딜레마에서의 의사 결정의 어려움〉

❶ 정책 결정 과정에서 발생하는 딜레마 상황과 딜레마의 정의

- 가치의 우선순위를 정하기 어려운 상황에서 의사 결정이 이루어질 때 : 딜레마에서의 의사 결정
- 딜레마 : 두 개의 배타적 대안이 가져올 결과가 상충적이고, 각 대안을 지지하는 행위자들이 서로 대립하고 있지만, 주어진 시간 내에 결정을 내려야 하는 문제 상황

❷ 딜레마와 구별되는 상황

- 정보의 불확실성으로 인해 결정이 곤란한 상황 → 정보의 추가적 탐색으로 해소 가능
- 정책의 모호성으로 인해 결정이 곤란한 상황 → 정책의 의미를 분명하게 제시하여 해소 가능

❸ 딜레마에서의 의사 결정의 어려움

- 대안을 평가할 정보를 충분히 갖고 있더라도 대안을 비교하기가 어려움
- 딜레마에서의 의사 결정에는 가치가 개입됨 → 그 가치들이 서로 충돌하는 상황에서 의사 결정이 이루어짐

의사 결정에는 가치가 개입되고 그 가치들이 서로 충돌하는 상황에서 의사 결정이 이루어질 수밖에 없다.

풀이 (나) 글에서 딜레마에서의 의사 결정은 대안을 평가할 정보를 충분히 갖고 있다고 하더라도 대안을 비교하기가 어렵다는 설명을 하고 있지만, '대안을 평가하는 방법'을 제시하지는 않았다.

→ 적절하지 않음!

---

015 | 세부 정보 이해 - 적절한 것 고르기 2028학년도 예시문항 25번 | 정답 ②

(다)를 작성하기 위해 (가), (나)를 읽은 방법으로 가장 적절한 것은?

① (가)에서 매몰 비용의 개념에 주목하고, 의사 결정 시 매몰 비용 산출이 *선행되어야 한다는 것을 확인하며 읽었다. *先行~, 앞서서 행해져야
~매몰 비용을 고려해서는 안 된다는

근거 (가)-❸-3 매몰 비용이란 이미 투입되어 다시 회수할 수 없는 비용으로, 의사 결정 시 고려해서는 안 된다.

풀이 (가)에서 매몰 비용이란 이미 투입되어 다시 회수할 수 없는 비용으로, 의사 결정 시 고려해서는 안 된다고 설명하고 있다. 따라서 매몰 비용의 개념에 주목하며 읽었다는 것은 (가)를 읽은 방법으로 적절하지만, 의사 결정 시 매몰 비용 산출이 선행되어야 한다는 것을 확인하며 읽었다는 것은 (가)를 읽은 방법으로 적절하지 않다.

→ 적절하지 않음!

② (가)에서 기회비용의 중요성에 주목하고, 선택하지 않은 대안의 가치도 고려해야 합리적 선택이 가능하다는 것을 확인하며 읽었다.
~= 다른 대안을 선택했다면 얻을 수 있었던 가치

근거 (가)-❶-2 합리적 선택을 위해서는 선택으로 얻게 되는 만족과 기회비용을 함께 판단해야 한다. (가)-❶-4 기회비용은 대안을 선택함으로써 실제 지출하는 비용과 다른 대안을 선택했다면 얻을 수 있었던 가치를 함께 고려하여 구한다.

풀이 (가)에서는 합리적 선택을 위해 선택으로 얻게 되는 만족과 기회비용을 함께 판단해야 한다고 설명하고, 이때 기회비용은 대안을 선택함으로써 실제 지출하는 비용과 다른 대안을 선택했다면 얻을 수 있었던 가치, 즉 선택하지 않은 대안의 가치를 함께 고려하여 구한다고 하였다. 따라서 기회비용의 중요성에 주목하고, 선택하지 않은 대안의 가치도 고려해야 합리적 선택이 가능하다는 것을 확인하며 읽은 것은 (가)를 읽은 방법으로 적절하다.

→ 적절함!

③ (가)에서 기회비용의 *효용성에 주목하고, 기회비용이 대안을 선택함으로써 얻게 되는 만족과 실제 지출하는 비용으로 구성된다는 것을 확인하며 읽었다. *效用性, 쓸모나 보람이 있는 성질
~과 다른 대안을 선택했다면 얻을 수 있었던 가치로

근거 (가)-❶-4 기회비용은 대안을 선택함으로써 실제 지출하는 비용과 다른 대안을 선택했다면 얻을 수 있었던 가치를 함께 고려하여 구한다.

→ 적절하지 않음!

④ (나)에서 딜레마에서의 선택에 가치가 개입된다는 점에 주목하고, 가치의 우선순위를 확정하는 것이 필요하다는 점을 확인하며 읽었다.

근거 (나)-❶-2~3 가치가 충돌하는 공공사업의 경우 가치의 우선순위를 정하기 어려운 상황에서 의사 결정이 이루어지는 때가 많다. 이러한 현실 정책 상황으로 인해 딜레마에서의 의사 결정이 주목받고 있다. (나)-❸-2 딜레마에서의 의사 결정에는 가치가 개입되고 그 가치들이 서로 충돌하는 상황에서 의사 결정이 이루어질 수밖에 없다.

풀이 (나)에 따르면 딜레마에서의 의사 결정에는 가치가 개입되고, 그 가치들이 서로 충돌하는 상황에서 의사 결정이 이루어진다고 하였으므로, 딜레마에서의 선택에 가치가 개입된다는 점에 주목하였다는 것은 (나)를 읽은 방법으로 적절하다. 한편 가치가 충돌하는 공공사업의 경우 '가치의 우선순위를 정하기 어려운 상황에서 의사 결정이 이루어지는 때가 많은데', 이러한 상황에서 딜레마에서의 의사 결정이 주목받고 있다고 하였으므로, 가치의 우선순위를 확정하는 것이 필요하다는 점을 확인하며 읽었다는 것은 (나)를 읽은 방법으로 적절하지 않다.

→ 적절하지 않음!

⑤ (나)에서 딜레마에서의 선택에 정보가 영향을 미친다는 점에 주목하고, 정보가 충분할수록 의사 결정이 *수월할 수 있다는 점을 확인하며 읽었다. *까다롭거나 힘들지 않아 하기가 쉬울

근거 (나)-❸-1 딜레마에서의 의사 결정에 관한 논의의 함의는 대안을 평가할 정보를 충분히 갖고 있다고 할지라도 대안을 비교하기가 어렵다는 것

풀이 (나)에서 딜레마에서의 의사 결정은 대안을 평가할 정보가 충분하다고 하더라도 대안을 비교하기가 어렵다고 하였다. 따라서 정보가 충분할수록 의사 결정이 수월할

---

014 | 세부 정보 이해 - 적절하지 않은 것 고르기 2028학년도 예시문항 24번 | 정답 ⑤

다음은 학생이 글을 읽는 과정에서 작성한 질문이다. (가), (나)에서 답을 확인할 수 없는 것은?

> **(가)와 관련하여,**
> ○ 의사 결정 상황에서 기회비용이란 무엇일까? ·············· ①
> ○ 대안을 선택함으로써 실제 지출하는 비용이 기회비용에 포함되는 이유는 무엇일까? ·············· ②
>
> **(나)와 관련하여,**
> ○ 정책 의사 결정 과정에서의 딜레마란 무엇일까? ·············· ③
> ○ 딜레마와 유사하지만 딜레마가 아닌 상황과 딜레마의 차이는 무엇일까? ·············· ④
> ○ 대안을 선택하기 어려운 상황에서 대안을 평가하는 방법은 무엇일까? ·············· ⑤

① 의사 결정 상황에서 기회비용이란 무엇일까?

근거 (가)-❶-3 기회비용은 어떤 선택을 함으로써 포기하는 것의 가치가 무엇인지를 따지는 개념

→ 적절함!

② 대안을 선택함으로써 실제 지출하는 비용이 기회비용에 포함되는 이유는 무엇일까?

근거 (가)-❷-4 그 비용은 다른 곳에 사용했다면 얻을 수 있는 만족을 포기한 것이기 때문에 기회비용에 포함되어야 한다.

→ 적절함!

③ 정책 의사 결정 과정에서의 딜레마란 무엇일까?

근거 (나)-❶-4 딜레마란 '두 개의 배타적 대안이 존재하고, 두 대안이 가져올 결과가 상충적이며, 각 대안을 지지하는 행위자들이 서로 대립하고 있지만, 주어진 시간 내에 결정을 내려야 하는 문제 상황'으로 정의할 수 있다.

→ 적절함!

④ 딜레마와 유사하지만 딜레마가 아닌 상황과 딜레마의 차이는 무엇일까?

근거 (나)-❷-1~3 딜레마와 유사해 보이지만 딜레마와는 구별되는 상황이 있다. … 불확실성은 정보를 추가적으로 탐색하여 해소할 수 있고 모호성은 정책의 의미를 보다 분명하게 제시하여 해소할 수 있기 때문에 이러한 상황들은 딜레마로 보기 어렵다.

→ 적절함!

⑤ 대안을 선택하기 어려운 상황에서 대안을 평가하는 방법은 무엇일까?

근거 (나)-❸-1~2 딜레마에서의 의사 결정에 관한 논의의 함의는 대안을 평가할 정보를 충분히 갖고 있다고 할지라도 대안을 비교하기가 어렵다는 것이다. 딜레마에서의

수 있다는 점을 확인하며 읽었다는 것은 (나)를 읽은 방법으로 적절하지 않다.

→ 적절하지 않음!

---

016 작문 계획의 반영 - 적절하지 않은 것 고르기 2028학년도 예시문항 26번 | 정답 ②

<보기>를 참고할 때, (다)를 작성하기 위해 세운 글쓰기 계획으로 적절하지 않은 것은?

| 보기 |
　논증은 자신의 주장이 옳음을 **입증하는**(立證–, 근거나 증거를 내세워 증명하는) 과정이다. 논증 요소는 주장과 왜 그러한 주장을 하는지에 관한 **주관적**(主觀的, 자기의 견해나 관점을 기초로 하는) 생각인 이유, 주장이나 이유를 뒷받침하는 객관적 자료인 근거, **예상되는**(豫想–, 미리 생각되는) **반론**(反論, 남의 의견에 대하여 반대하거나 되받아 논의함)과 이에 대한 **반박**(反駁, 반대하여 말함) 등이 있다.

① 하수 처리 시설 유치 쟁점에서 찬성 입장을 주장으로 제시한다.
　근거 (다)-❶-2 나는 하수 처리 시설을 유치해야 한다고 생각한다.
　→ 적절함!

② 자원이 한정적인 상황에서 발생한 논쟁이 첨예하여 갈등 해결이 시급하다는 내용을 이유로 제시한다.
　근거 (다)-❶-2~3 나는 하수 처리 시설을 유치해야 한다고 생각한다. 우리에게 주어진 자원이 한정적인 상황에서 하수 처리 시설을 유치하는 것이 합리적 선택이기 때문이다.
　풀이 (다)에서 학생은 하수 처리 시설 유치 여부를 두고 벌어진 찬반 논쟁에 대해 유치 찬성 입장을 주장으로 제시하면서, '주어진 자원이 한정적인 상황에서 하수 처리 시설을 유치하는 것이 합리적 선택이기 때문'이라는 주관적 이유를 제시하였다. 또한 지역 주민 소득 증가 효과가 있다는 점과 지역민의 정서적 만족도가 향상된다는 점을 근거로 들어 자신의 주장을 뒷받침하였다. 그러나 학생이 (다) 글에서 '갈등 해결이 시급하다'는 내용을 이유로 제시하지는 않았다.
　→ 적절하지 않음!

③ 지역 경제 활성화 프로그램 시행으로 주민 소득이 증가한다는 연구 보고서 내용을 근거로 제시한다.
　근거 (다)-❷-3~4 지역 경제 활성화 프로그램을 시행할 수 있다. △△ 기관 연구 보고서에 따르면 지방 자치 단체의 경제 활성화 프로그램이 지역 주민의 소득 증가에 유의미한 영향을 미치는 것으로 조사되었다.
　→ 적절함!

④ 해당 부지의 환경적 가치가 중요하다는 내용을 예상 반론으로 제시한다.
　근거 (다)-❹-1 이에 대해 해당 부지의 환경적 가치가 중요하며 하수 처리 시설 유치를 반대할 수도 있다.
　→ 적절함!

⑤ 고려할 수 있는 해당 부지의 모든 가치를 기회비용에 포함하였다는 내용을 반박으로 제시한다.
　근거 (다)-❹-2 하지만 현재 산출한 기회비용은 해당 부지의 환경적 가치는 물론, 부지의 다른 가치도 모두 포함한 것이다.
　→ 적절함!

---

017 자료 활용 방안 - 적절한 것 고르기 2028학년도 예시문항 27번 | 정답 ⑤

<보기>는 (다)를 작성한 후 추가로 수집한 자료이다. <보기>를 (가), (나)와 연결 지어 (다)의 [A]를 구체화하는 방안으로 가장 적절한 것은? [3점]

[A] 물론, 이에 대해 해당 부지의 환경적 가치가 중요하다며 하수 처리 시설 유치를 반대할 수도 있다. 하지만 현재 산출한 기회비용은 해당 부지의 환경적 가치는 물론, 부지의 다른 가치도 모두 포함한 것이다.

| 보기 | ← 딜레마에서의 의사 결정
　합리적 선택을 할 때, 정보나 지식이 충분하더라도 대안을 비교하기 어려운 경우가 있다. 이런 상황에 대한 적극적인 대응으로 절차적 합리성이 제안될 수 있다. 이는 내용적으로 어느 것이 더 합리적인지 판단하기 어려울 때, 일정한 **형식적**(形式的, 외부에 보이는) 절차를 거쳐서 나온 결과는 내용적으로도 합리적인 것으로 **간주할**(看做–, 그렇다고 여길) 수 있다는 의미이다.

　　　　　　　　　　　- ◇◇ 학회 논문 자료 -

① <보기>를 (가)와 연결 지어, 대안의 가치를 비교하여 합리적 선택이 가능함을 제시하고 절차적 합리성을 확보하면 대안의 대립이 해소될 수 있다는 내용으로 예상 반론을 구체화해야겠어.
　풀이 <보기>에서는 정보나 지식이 충분하더라도 '대안을 비교하기 어려운' 상황에서 절차적 합리성을 고려하여 합리적 선택을 이끌어 낼 수 있다고 하였다. '대안의 가치를 비교하여 합리적 선택이 가능함을 제시'한다는 것은 <보기>의 내용과 부합하지 않으므로, <보기>를 (가)와 연결 지은 내용으로 적절하지 않다.
　→ 적절하지 않음!

② <보기>를 (가)와 연결 지어, 정보가 충분하면 대안의 가치를 정확히 측정할 수 있음을 제시하고 형식적 절차를 위해 추가 정보가 필요하다는 내용으로 반박을 구체화해야겠어.
　풀이 <보기>에서는 '정보나 지식이 충분하더라도' 대안을 비교하기 어려운 상황에서 절차적 합리성을 고려하여 합리적 선택을 이끌어 낼 수 있다고 하였다. '정보가 충분하면' 대안의 가치를 정확히 측정할 수 있음을 제시한다는 것은 <보기>에서 제시한 문제 상황에 부합하지 않으므로, <보기>를 (가)와 연결 지은 내용으로 적절하지 않다.
　→ 적절하지 않음!

③ <보기>를 (나)와 연결 지어, 배타적 대안이 상충된 결과를 초래할 수 있음을 제시하고 형식적 절차를 거치더라도 기회비용 산출이 어렵다는 내용으로 예상 반론을 구체화해야겠어.
　근거 (나)-❶-4 딜레마란 '두 개의 배타적 대안이 존재하고, 두 대안이 가져올 결과가 상충적이며, 각 대안을 지지하는 행위자들이 서로 대립하고 있지만, 주어진 시간 내에 결정을 내려야 하는 문제 상황'으로 정의
　풀이 (나)에서 제시한 딜레마의 정의를 살펴보았을 때, '<보기>를 (나)와 연결지어 배타적 대안이 상충된 결과를 초래할 수 있음을 제시'하는 것은 적절하다. 그러나 <보기>에서 '일정한 형식적 절차를 거쳐 나온 결과는 내용적으로도 합리적인 것으로 간주할 수 있다'고 하였으므로, '형식적 절차를 거치더라도 기회비용 산출이 어렵다'는 내용으로 예상 반론을 구체화하는 것은 <보기>에서 제시한 내용과 부합하지 않는다. 따라서 <보기>를 (나)와 연결 지은 내용으로 적절하지 않다.
　→ 적절하지 않음!

④ <보기>를 (나)와 연결 지어, 딜레마에서 가치를 정확히 산출하는 것이 필수적임을 제시하고 형식적 절차에 따라 만족의 크기를 비교해야 한다는 내용으로 예상 반론을 구체화해야겠어.
　근거 (나)-❸-1 딜레마에서의 의사 결정에 관한 논의의 함의는 대안을 평가할 정보를 충분히 갖고 있다고 할지라도 대안을 비교하기가 어렵다는 것
　풀이 (나)에서, 딜레마에서의 의사 결정은 대안을 평가할 정보를 충분히 갖고 있다고 할지라도 대안을 비교하기 어렵다고 하였다. 또한 <보기>에서는 정보나 지식이 충분하더라도 대안을 비교하기 어려운 경우 절차적 합리성을 고려하여 합리적 선택을 이끌어 낼 수 있다고 하였다. '딜레마에서 가치를 정확히 산출하는 것이 필수적'임을 제시한다는 것은 <보기>와 (나)의 내용에 부합하지 않으므로, <보기>를 (나)와 연결 지은 내용으로 적절하지 않다.
　→ 적절하지 않음!

⑤ <보기>를 (나)와 연결 지어, 가치 충돌 상황에서 의사 결정이 요구됨을 제시하고 현재 산출한 기회비용이 절차적 합리성을 확보하고 있다는 내용으로 반박을 구체화해야겠어.
　근거 (나)-❸-1~2 딜레마에서의 의사 결정에 관한 논의의 함의는 대안을 평가할 정보를 충분히 갖고 있다고 할지라도 대안을 비교하기가 어렵다는 것이다. 딜레마에서의 의사 결정에는 가치가 개입되고 그 가치들이 서로 충돌하는 상황에서 의사 결정이 이루어질 수밖에 없다.
　풀이 (나)에서 딜레마 상황에서는 정보를 충분히 갖고 있다고 할지라도 대안을 비교하기 어려우며, 딜레마에서의 의사 결정에는 가치들이 서로 충돌하는 상황에서 의사 결정이 이루어진다고 하였다. 또한 <보기>에서는 정보나 지식이 충분하더라도 대안을 비교하기 어려운 경우, 절차적 합리성을 고려하여 합리적 선택을 이끌어 낼 수 있다고 하였다. 따라서 <보기>를 (나)와 연결지어, 가치 충돌 상황에서 의사 결정이 요구되는 상황, 즉 딜레마에서의 의사 결정 상황이 발생함을 제시하고, 절차적 합리성

을 통해 합리적 판단을 할 수 있다는 점을 제시할 수 있다. 한편 (다)의 [A]에서 학생은 하수 처리 시설 유치를 반대하는 예상 반론을 제시하고, 현재 산출한 기회비용이 해당 부지의 환경적 가치와 부지의 다른 가치를 모두 포함한 것이라고 반박하고 있다. 이에 대해 <보기>와 (나)를 연결 지어, 현재 산출한 기회비용이 절차적 합리성을 확보하고 있다는 내용으로 자신의 반박을 구체화할 수 있을 것이다.

→ 적절함!

📢 2028 대학 입시 제도 개편안

2025년 고1 학생부터 고교 내신 체제와 수학능력시험 체제가 변하게 됩니다.
고등학교 입학 전부터 이에 대비할 수 있도록 2028 대학 입시 제도 개편안을 간략하게 안내합니다.

입시 제도 개편의 취지

25년부터 **고교 학점제**로 공부하는 학생들을 위해 수능 및 내신 평가 방식 개선

 고교 학점제란? 학생들이 기초 소양과 기본 학력을 바탕으로 과목을 선택하여 학습하는 제도. 목표한 성취 수준에 충분히 도달했다고 판단하는 경우에 과목 이수를 인정하며, 출석 일수가 아닌 누적된 과목 이수 학점이 졸업 기준에 이르렀을 때 졸업이 가능하게 됨.

고교 내신 체제 주요 개편 내용

1. 내신 5등급제
- 기존 내신 9등급제를 내신 5등급제로 개편
- 1등급(10%) - 2등급(24%) - 3등급(32%) - 4등급(24%) - 5등급(10%)

2. 절대 평가와 상대 평가 병기
- 전 학년, 전 과목에 5등급 절대 평가(A ~ E)와 상대 평가(1 ~ 5등급)를 나란히 적음
- 예체능·사회·과학 교과는 상대 평가를 병기하지 않고 절대 평가만 실시

수학능력시험 주요 개편 내용

1. 선택 과목제 폐지
- 국어, 수학, 사회·과학탐구, 직업탐구 영역에서 선택 과목제 폐지
- 사회·과학탐구 영역은 2022 개정 교육과정 교과목인 '통합사회', '통합과학'을 출제하고, 응시자는 동일하게 2개 모두 응시

2. '심화 수학' 제외
'대수, 미적분 I, 확률과 통계'만 출제되고 심화 수학인 '미적분 II'와 '기하' 출제 제외

영역		현행	개편안
국어		**공통 + 2과목 중 택 1** **공통** : 독서, 문학 / **선택** : 화법과 작문, 언어와 매체	**공통** 화법과 언어, 독서와 작문, 문학
수학		**공통 + 3과목 중 택 1** **공통** : 수학 I , 수학 II / **선택** : 확률과 통계, 미적분, 기하	**공통** 대수, 미적분 I , 확률과 통계
영어		**공통** 영어 I , 영어 II	**공통** 영어 I , 영어 II
한국사		**공통** 한국사	**공통** 한국사
탐구	사회·과학	**17과목 중 최대 택 2** **사회** : 한국지리, 세계지리, 세계사, 동아시아사, 경제, 정치와 법, 사회·문화, 생활과 윤리, 윤리와 사상 **과학** : 물리학 I , 화학 I , 생명과학 I , 지구과학 I , 물리학 II , 화학 II , 생명과학 II , 지구과학 II	**공통** 통합사회, 통합과학
	직업	**1과목 : 5과목 중 택 1 / 2과목 : 공통 + 1과목** **공통** : 성공적인 직업생활 **선택** : 농업 기초 기술, 공업 일반, 상업 경제, 수산·해운 사업 기초, 인간 발달	**공통** 성공적인 직업생활
제2외국어 / 한문		**9과목 중 택 1** 독일어 I , 프랑스어 I , 스페인어 I , 중국어 I , 일본어 I , 러시아어 I , 아랍어 I , 베트남어 I , 한문 I	**9과목 중 택 1** 독일어, 프랑스어, 스페인어, 중국어, 일본어, 러시아어, 아랍어, 베트남어, 한문

2026 YEAR PLAN

세상에서 가장 소중한 당신을 응원합니다!

	1월	2월	3월	4월	5월	6월	7월	8월	9월	10월	11월	12월
1												
2												
3												
4												
5												
6												
7												
8												
9												
10												
11												
12												
13												
14												
15												
16												
17												
18												
19												
20												
21												
22												
23												
24												
25												
26												
27												
28												
29												
30												
31												